Peter Jung
Philippe Spitz
(Herausgeber)

Bundesgesetz gegen den unlauteren Wettbewerb (UWG)

Stämpflis Handkommentar SHK

Prof. Dr. Peter Jung
Dr. Philippe Spitz
(Herausgeber)

Bundesgesetz gegen den unlauteren Wettbewerb (UWG)

Stämpfli Verlag AG Bern · 2010

Bibliografische Information der Deutschen Nationalbibliothek
Die Deutsche Nationalbibliothek verzeichnet diese Publikation in der Deutschen Nationalbibliografie; detaillierte bibliografische Daten sind im Internet über http://dnb.d-nb.de abrufbar.

Alle Rechte vorbehalten, insbesondere das Recht der Vervielfältigung, der Verbreitung und der Übersetzung. Das Werk oder Teile davon dürfen ausser in den gesetzlich vorgesehenen Fällen ohne schriftliche Genehmigung des Verlags weder in irgendeiner Form reproduziert (z.B. fotokopiert) noch elektronisch gespeichert, verarbeitet, vervielfältigt oder verbreitet werden.

© Stämpfli Verlag AG Bern · 2010

Gesamtherstellung:
Stämpfli Publikationen AG, Bern
Printed in Switzerland

ISBN 978-3-7272-2540-6

Vorwort

Das Lauterkeitsrecht gewinnt auch in der Schweiz zunehmend an Bedeutung und Dynamik. So wird die wichtige Funktion dieses Sonderdeliktsrechts nicht mehr nur für den Schutz des lauteren und unverfälschten Wettbewerbs, sondern auch für den Schutz von Konsumenten- und Allgemeininteressen immer mehr erkannt. Hieraus sowie aus immer neuen technischen und werbewirtschaftlichen Entwicklungen erwächst dem traditionellen Rechtsgebiet zugleich eine erhebliche Dynamik, die sich auf nationaler, supranationaler und internationaler Ebene in ständigen Änderungen der rechtlichen Standards niederschlägt. Dazu kommt, dass das Lauterkeitsrecht als klassische Querschnittsmaterie einen ansehnlichen Fundus an zeitlosen Fragestellungen birgt, die namentlich auch in das Obligationen- und Strafrecht hineinragen.

Die Herausgeber und die neun weiteren Autoren aus Wissenschaft und Praxis freuen sich daher sehr, eine neue systematische Kommentierung des Bundesgesetzes gegen den unlauteren Wettbewerb (UWG) unter Einschluss der damit zusammenhängenden Fragen des Immaterialgüter-, Straf-, Wirtschaftsverwaltungs- und Verfahrensrechts sowie des Internationalen Privatrechts vorlegen zu können. Der Revisionsentwurf zum UWG von 2009, der ab der Sommersession 2010 im Parlament beraten werden wird, und die per 1. Januar 2011 in Kraft tretenden eidgenössischen Prozessordnungen (ZPO und StPO) finden ebenso eingehende Berücksichtigung wie die Selbstregulierung der Schweizer Werbewirtschaft und die einschlägigen EU-Richtlinien. Wir hoffen, damit allen am Schweizer Lauterkeitsrecht interessierten Personen ein in der Praxis nützliches und wissenschaftlich fundiertes Arbeitsmittel an die Hand zu geben.

Das Schweizer Lauterkeitsrecht verfolgt im Interesse aller am Wettbewerb beteiligten Personen traditionell sowohl einen geschäftsmoralischen wie wettbewerbsfunktionalen Ansatz. Dem wird in der Kommentierung durchgehend Rechnung getragen, indem der Bedeutung der Ansätze bei den diversen Bestimmungen spezielle Beachtung geschenkt wird. Im Vergleich zu anderen Rechtsgebieten ist das Lauterkeitsrecht zudem besonders durch die Rechtsprechung geprägt. Die vorliegende Kommentierung legt daher grossen Wert auf die umfassende Berücksichtigung der bis zum 31.12.2009 ergangenen gerichtlichen Entscheidungen auch unterer Instanzen. Schliesslich stehen fast alle Normen des UWG in einem besonders engen Verhältnis zu anderen Vorschriften innerhalb und ausserhalb des UWG, weshalb in diesem Kommentar jeweils gesondert auf die systematischen Bezüge und inhaltlichen Wechselbeziehungen zwischen den einschlägigen Vorschriften eingegangen wird.

Im Vergleich zu herkömmlichen Kommentaren soll der praktische Nutzen der Kommentierung durch eine englische Übersetzung der einzelnen UWG-Artikel, eine Zusammenstellung wichtiger sonstiger Normen des Lauterkeitsrechts (siehe dazu die Übersicht auf S. 1125 f.), ein aktuelles Rechtsprechungsverzeichnis unter Einbezug der kantonalen, teilweise auch unveröffentlichten Entscheidungen (S. 1269 ff.) sowie

Vorwort

umfangreiche Quellen- und Literaturangaben zum Lauterkeitsrecht der EU-Mitgliedstaaten (S. 106 ff.) erhöht werden.

Die Herausgeber sind zahlreichen Personen und Institutionen zu grossem Dank verpflichtet, da ohne sie dieser Kommentar nicht hätte entstehen können. Frau Andrea Rufener und zuletzt auch Frau Stephanie Leinhardt haben sich um die Sammlung und Aufbereitung der Rechtsprechung sehr verdient gemacht. Frau lic. phil. Kathrin Betz, Herrn lic. iur. Luca Maranta, Herrn MLaw Daniel Thut sowie zum Schluss auch noch Herrn RA lic. iur. Dieter Pfändler-Oling, Herrn RA lic. iur. Elias Bischof und Frau Esther Reymann sei ganz herzlich für die mit grossem Engagement geleisteten redaktionellen Endarbeiten und notwendigen Aktualisierungen gedankt. Schliesslich haben Frau Prof. Dr. Christiana Fountoulakis und Herr lic. iur. Geoffrey Zumstein die Übersetzung der UWG-Normen in die englische Sprache besorgt. Dem Stämpfli-Verlag und hier besonders Frau Sandra Hadorn sowie in der Anfangsphase Frau Tina Hediger-Sörensen und Frau Françoise Marcuard-Hammer danken wir für die stets verständnisvolle und zuverlässige Zusammenarbeit. Spezieller Dank gebührt auch der Vischer AG, namentlich Dr. Michael Pfeifer, M.B.L.-HSG und Herrn Dr. Roland M. Müller, LL.M., für die wohlwollende und aufmerksame Begleitung des Kommentarvorhabens. Die Stiftung der Bank für Internationalen Zahlungsausgleich zur Förderung der rechtlichen und wirtschaftlichen Forschung hat das Erscheinen des Kommentars schliesslich mit einer grosszügigen finanziellen Unterstützung ermöglicht.

Basel im März 2010   PETER JUNG
                                               PHILIPPE SPITZ

Inhaltsverzeichnis

Vorwort	V
Liste der Bearbeiter / Autorenverzeichnis	XXV
Abkürzungsverzeichnis	XXVII
Materialien	XXXIX
Standardliteratur	XLIII

Einleitung			1
A.	Grundlagen des schweizerischen Rechts gegen den unlauteren Wettbewerb		7
	I.	Gegenstand des schweizerischen Lauterkeitsrechts	7
		1. Schutzgegenstand	8
		2. Regelungsgegenstand	8
	II.	Der Standort des Lauterkeitsrechts in der schweizerischen Rechtsordnung	11
		1. Verhältnis des privaten Lauterkeitsrechts zum allgemeinen Privatrecht	12
		2. Verhältnis des Lauterkeitsrechts zum Unternehmensrecht	17
		3. Verhältnis des Lauterkeitsrechts zum Kartellrecht	18
		4. Verhältnis des Lauterkeitsrechts zum Immaterialgüterrecht	21
		5. Verhältnis des Lauterkeitsrechts zum Wirtschaftsverwaltungs- und Strafrecht	35
	III.	Rechtsquellen des schweizerischen Lauterkeitsrechts	35
		1. Kompetenzverteilung und Normenhierarchie	36
		2. Menschen- und Grundrechte	37
		3. Einfache Bundesgesetze	43
		4. Verordnungsrecht	44
		5. Richterrecht	45
		6. Selbstregulierung	46
	IV.	Prinzipien und Charakteristika des schweizerischen Rechts gegen den unlauteren Wettbewerb	47
	V.	Geschichte und Perspektiven des schweizerischen Lauterkeitsrechts	49
		1. Ursprünge des schweizerischen Lauterkeitsrechts	50
		2. Das schweizerische Lauterkeitsrecht unter dem alten UWG von 1943	51
		3. Das schweizerische Lauterkeitsrecht seit Inkrafttreten des UWG 1986	52
		4. Geplante Revision des UWG (E-UWG 2009)	55

B. Internationales Lauterkeitsrecht (IPR/IZVR) — 58
- I. Übersicht — 59
- II. Rechtsquellen — 60
  1. IPRG — 60
  2. Staatsverträge — 60
  3. Exkurs: Entwicklungen im EU-Recht — 61
- III. Internationalität — 64
- IV. Anwendbares Recht — 65
  1. Übersicht — 65
  2. Sachlicher Anwendungsbereich von Art. 136 IPRG — 65
  3. Regelanknüpfung — 66
  4. Vorrangige Sonderanknüpfungen — 69
  5. Korrektur der Verweisung aufgrund allgemeiner Vorschriften des IPRG — 71
  6. Geltungsbereich der lex causae — 71
  7. Abgrenzungen — 72
- V. Prozessuales — 73
  1. Zuständigkeit — 73
  2. Abgrenzung zwischen der materiell-rechtlichen lex causae und der prozessualen lex fori — 76
  3. Anerkennung und Vollstreckung ausländischer Urteile — 78
  4. Internationale Zivilrechtshilfe — 79

C. Transnationales Recht gegen den unlauteren Wettbewerb — 81
- I. Völkerrechtliche Grundlagen des Lauterkeitsrechts — 82
  1. Pariser Verbandsübereinkunft (PVÜ) — 82
  2. Agreement on Trade-Related Aspects of Intellectual Property Rights (TRIPS) — 83
  3. Übereinkommen im Rahmen der WTO — 84
  4. Bilaterale Staatsverträge — 85
- II. Transnationales Soft Law — 85

D. Supranationales Lauterkeitsrecht der EU — 86
- I. Primäres EU-Lauterkeitsrecht — 87
  1. Zielvorgaben und Kompetenzgrundlagen — 87
  2. Grundfreiheiten — 89
- II. Sekundäres EU-Lauterkeitsrecht — 92
  1. Liste der wichtigsten sekundären Rechtsakte mit Bezug zum Lauterkeitsrecht — 92
  2. Schutzzwecke des Sekundärrechts — 96
  3. Einzelne Tatbestände unlauteren Wettbewerbs — 97
  4. Regelung besonderer Werbeformen — 101
  5. Produktspezifische Regelungen — 102

III.	Bedeutung des EU-Rechts für das schweizerische Lauterkeitsrecht....		103
	1. Autonom nachvollzogenes EU-Lauterkeitsrecht.....................		103
	2. Lauterkeitsrechtliche Bedeutung der Warenverkehrsfreiheit......		105
	3. EU-Lauterkeitsrecht als Argumentationsschatz.......................		105

E. Ausländische Lauterkeitsrechte (Quellen und Literaturhinweise)......... 106

I.	Allgemeine Literatur zum ausländischen Lauterkeitsrecht.................		106
II.	Rechtsvergleichende Literatur zu lauterkeitsrechtlichen Einzelfragen (Mehrländervergleiche)...		107
	1. Behinderung...		107
	2. Irreführung...		107
	3. Vergleichende Werbung...		107
	4. Aggressive Geschäftspraktiken...		107
	5. Nachahmung..		108
III.	Lauterkeitsrecht in europäischen Ländern		108
	1.	Belgien...	108
	2.	Bulgarien..	109
	3.	Dänemark...	109
	4.	Deutschland...	110
	5.	Estland...	111
	6.	Finnland...	111
	7.	Frankreich...	112
	8.	Griechenland..	113
	9.	Grossbritannien..	114
	10.	Irland...	115
	11.	Italien..	116
	12.	Lettland...	117
	13.	Liechtenstein...	117
	14.	Litauen..	118
	15.	Luxemburg..	119
	16.	Niederlande...	119
	17.	Österreich..	120
	18.	Polen	121
	19.	Portugal...	121
	20.	Rumänien..	122
	21.	Russische Föderation...	123
	22.	Schweden..	123
	23.	Slowakei..	124
	24.	Slowenien..	125
	25.	Spanien...	125
	26.	Tschechische Republik..	126
	27.	Ukraine...	127
	28.	Ungarn..	127

IX

Inhaltsverzeichnis

1. Kapitel: Zweck ... 129
Art. 1 ... 129
- I. Normzweck und Entstehungsgeschichte ... 131
- II. Schutzobjekt ... 132
  1. Schutz des wirtschaftlichen Wettbewerbs ... 132
  2. Schutz des lauteren und unverfälschten Wettbewerbs ... 136
- III. Schutzsubjekte ... 146
  1. Schutz der Interessen der Mitbewerber ... 146
  2. Schutz der Interessen der Marktgegenseite ... 150
  3. Schutz der Interessen der Allgemeinheit ... 157
  4. Berücksichtigung der Interessen des Begünstigten und des Begünstigenden ... 158

2. Kapitel: Zivil- und prozessrechtliche Bestimmungen ... 159
1. Abschnitt: Widerrechtlichkeit des unlauteren Wettbewerbs ... 159
Art. 2 ... 159
- I. Normzweck ... 163
- II. Entstehungsgeschichte ... 163
- III. Systematik und Verhältnis zu anderen Vorschriften ... 164
- IV. Tatbestand der Generalklausel ... 166
  1. Tatbestandselemente ... 167
  2. Konkretisierungen der Unlauterkeit ... 174
  3. Bildung von Fallreihen ... 178
- V. Einzelne Fallreihen unlauteren Wettbewerbs ... 178
  1. Unlautere Kundenbeeinflussung ... 178
  2. Behinderung ... 197
  3. Ausbeutung ... 208
  4. Rechtsbruch ... 215
- VI. Einwendungen des Verletzers ... 220
  1. Besonderheiten des Lauterkeitsrechts ... 220
  2. Einzelne Einwendungsmöglichkeiten ... 221
- VII. Verfahrensfragen ... 224
- VIII. Rechtsfolgen ... 225

Art. 3 lit. a ... 226
- I. Normzweck ... 228
- II. Entstehungsgeschichte ... 229
- III. Systematik und Verhältnis zu anderen Vorschriften ... 230
  1. Systematik ... 230
  2. Verhältnis zu anderen Vorschriften ... 230
- IV. Objektive Tatbestandsvoraussetzungen ... 238
  1. Äusserung ... 238
  2. (Eignung zur) Herabsetzung ... 240

3.	Unlauterkeit der Äusserung	243
4.	Gegenstand der Äusserung	247
5.	Beurteilungsmassstab: Unbefangener Durchschnittsadressat	250
6.	Presse- bzw. Medienprivileg?	250
7.	Spezielle Fälle	252

V. Subjektiver Tatbestand ... 257
VI. Rechtfertigung und Einwendungen des Verletzers ... 258
VII. Rechtsfolgen ... 259
VIII. Verfahrensfragen ... 262

Art. 3 lit. b ... 266
    I. Normzweck ... 268
    II. Entstehungsgeschichte ... 269
    III. Systematik und Verhältnis zu anderen Vorschriften ... 270
        1. Verhältnis zu anderen privatrechtlichen Vorschriften ... 270
        2. Verhältnis zu den einschlägigen verwaltungsrechtlichen Regelungen ... 274
        3. Verhältnis zu den einschlägigen strafrechtlichen Regelungen ... 275
    IV. Tatbestand ... 275
        1. Angabe ... 275
        2. Angabe über wettbewerbsrelevante Verhältnisse des Werbenden bzw. Begünstigten ... 281
        3. Irreführung i.w.S. ... 302
        4. Wettbewerbsbeeinflussung ... 314
    V. Rechtfertigung ... 315
    VI. Rechtsfolgen und Verfahrensfragen ... 316

Art. 3 lit. c ... 318
    I. Normzweck, Entstehungsgeschichte und Systematik ... 319
    II. Tatbestand ... 320
        1. Titel oder Berufsbezeichnung ... 320
        2. Unzutreffende Verwendung (Täuschung) ... 322
        3. Anschein besonderer Auszeichnungen oder Fähigkeiten ... 324
        4. Wettbewerbshandlung ... 325
    III. Rechtfertigung, Rechtsfolgen und Verfahrensfragen ... 325

Art. 3 lit. d ... 326
    I. Normzweck ... 329
    II. Entstehungsgeschichte ... 329
    III. Systematik und Verhältnis zu anderen Vorschriften ... 331
    IV. Tatbestandsvoraussetzungen ... 333
        1. Objektiv ... 333
        2. Subjektiv ... 360
    V. Rechtsfolgen ... 361
    VI. Verfahrensfragen ... 365

Inhaltsverzeichnis

Art. 3 lit. e 367
    I.   Normzweck 368
    II. Entstehungsgeschichte 369
    III. Systematik und Verhältnis zu anderen Vorschriften 370
    IV. Tatbestandsvoraussetzungen 371
        1.   Vergleich 371
        2.   Besondere Arten von Vergleichen 381
        3.   Beeinflussung des Verhältnisses zwischen Mitbewerbern oder zwischen Anbietern und Abnehmern 387
        4.   Begünstigung Dritter 388
    V. Rechtfertigung 388
    VI. Rechtsfolgen 389
    VII. Verfahrensfragen 389

Art. 3 lit. f 390
    I.   Normzweck 392
    II. Entstehungsgeschichte 393
    III. Systematik und Verhältnis zu anderen Vorschriften 395
        1.   Systematik 395
        2.   Verhältnis zu anderen Vorschriften 396
    IV. Tatbestandsvoraussetzungen 406
        1.   Ausgangspunkt: Grundsätzliche Preisbildungs- und Kalkulationsfreiheit 406
        2.   Ausgewählte Waren, Werke oder Leistungen 406
        3.   Wiederholtes Angebot 407
        4.   Preis unterhalb des Einstandspreises 410
        5.   Besondere Hervorhebung durch Werbung 411
        6.   Täuschung des Kunden über die eigene Leistungsfähigkeit oder die der Konkurrenz 412
        7.   Vermutung der Täuschung bei einem Verkaufspreis unter dem Einstandspreis vergleichbarer Bezüge gleichartiger Waren, Werke oder Leistungen 414
    V. Subjektive Merkmale 416
    VI. Rechtfertigung und Einwendungen des Verletzers 416
    VII. Rechtsfolgen 417
    VIII. Verfahrensfragen 418

Art. 3 lit. g 421
    I.   Normzweck 422
    II. Entstehungsgeschichte 422
    III. Systematik und Verhältnis zu anderen Vorschriften 422
    IV. Tatbestandsvoraussetzungen 423
        1.   Zugabe 424
        2.   Täuschung 429
    V. Rechtsfolgen 431

Art. 3 lit. h ... 432
- I. Normzweck ... 433
- II. Entstehungsgeschichte ... 433
- III. Systematik und Verhältnis zu anderen Vorschriften ... 434
- IV. Tatbestandsvoraussetzungen ... 435
  1. Besonders aggressive Verkaufsmethode ... 435
  2. Beeinträchtigung der Entscheidungsfreiheit des Kunden ... 440
- V. Rechtsfolgen ... 441
- VI. Verfahrensfragen ... 441

Art. 3 lit. i ... 442
- I. Normzweck ... 443
- II. Entstehungsgeschichte ... 443
- III. Systematik und Verhältnis zu anderen Vorschriften ... 443
- IV. Tatbestandsvoraussetzungen ... 444
  1. Täuschung durch Verschleierung ... 444
  2. Gegenstand der Verschleierung ... 445
  3. Täuschung des Kunden ... 448
- V. Rechtsfolgen und Verfahrensfragen ... 448

Art. 3 lit. k–n ... 449
- I. Zweck der Normen ... 453
- II. Entstehungsgeschichte ... 454
- III. Systematik und Verhältnis zu anderen Vorschriften ... 456
  1. Systematik ... 456
  2. Verhältnis zu anderen Vorschriften ... 457
- IV. Tatbestandsvoraussetzungen ... 461
  1. Grundvoraussetzung: Konsumkreditvertrag bzw. Vorauszahlungsvertrag ... 461
  2. Inhaltliche Vorgaben für öffentliche Auskündigungen über Konsumkredite ... 469
  3. Vorgaben hinsichtlich der Verwendung von Vertragsformularen ... 482
- V. Rechtfertigung und Einwendungen des Verletzers ... 487
- VI. Rechtsfolgen ... 487
- VII. Verfahrensfragen ... 489

Art. 3 lit. o ... 490
- I. Normzweck ... 491
- II. Entstehungsgeschichte ... 492
- III. Systematik und Verhältnis zu anderen Vorschriften ... 493
- IV. Tatbestandsvoraussetzungen ... 494
  1. Fernmeldetechnische Versendung von Massenwerbung ... 494
  2. Pflichten des Werbetreibenden ... 496
  3. Ausnahmetatbestand ... 498
- V. Rechtsfolgen ... 499

Inhaltsverzeichnis

Art. 4 501
    I.   Normzweck 504
    II.   Entstehungsgeschichte 504
    III. Systematik und Verhältnis zu anderen Vorschriften 505
        1.   Systematik 505
        2.   Verhältnis zu anderen Vorschriften 508
    IV. Tatbestandsvoraussetzungen 514
        1.   Vorbemerkungen 514
        2.   Art. 4 lit. a 514
        3.   Art. 4 lit. c 524
        4.   Art. 4 lit. d 528
    V.   Einwendungen des Verletzers 531
    VI. Rechtsfolgen 532
    VII. Verfahrensfragen 535

Art. 4a 537
    I.   Normzweck 542
    II.   Entstehungsgeschichte 543
    III. Systematik und Verhältnis zu anderen Vorschriften 547
        1.   Systematik 547
        2.   Verhältnis zu anderen Vorschriften 551
    IV. Tatbestandsvoraussetzungen 557
        1.   Aktive Privatbestechung (Art. 4a Abs. 1 lit. a) 557
        2.   Passive Privatbestechung (Art. 4a Abs. 1 lit. b) 575
    V.   Einwendungen des Verletzers 577
    VI. Rechtsfolgen 578
    VII. Verfahrensfragen 582

Art. 5 585
    I.   Normzweck 587
    II.   Entstehungsgeschichte 588
    III. Systematik und Verhältnis zu anderen Vorschriften 589
    IV. Tatbestand der Vorlagenausbeutung: Art. 5 lit. a und b 590
        1.   Fremdes Arbeitsergebnis 590
        2.   Anvertrautsein 592
        3.   Unbefugte Verwertung 593
    V.   Tatbestand der Übernahme eines marktreifen Arbeitsergebnisses:
        Art. 5 lit. c 594
        1.   Marktreifes Arbeitsergebnis 594
        2.   Unmittelbare Übernahme und Verwertung 595
        3.   Fehlender angemessener Aufwand 596
        4.   Technische Reproduktionsverfahren 598
        5.   Zeitliche Begrenzung? 599
    VI. Subjektiver Tatbestand 599

	VII.	Rechtfertigung	600
	VIII.	Verfahrensfragen	600
	IX.	Rechtsfolgen	600

Art. 6 602
    I.   Normzweck 604
    II. Entstehungsgeschichte 605
    III. Verhältnis zu anderen Rechtsnormen 605
    IV. Voraussetzungen 607
        1. Geheimnis 607
        2. Wettbewerbshandlung 618
    V. Rechtsfolgen 623
    VI. Verfahrensfragen 625

Art. 7 628
    I.   Normzweck, Entstehungsgeschichte und Systematik 628
    II. Tatbestand 629
        1. Arbeitsbedingungen 629
        2. Geltung für Mitbewerber 630
        3. Nichteinhaltung 631
        4. Wettbewerbsbeeinflussung 632
    III. Rechtfertigung 633

Art. 8 634
    I.   Allgemeines 638
        1. Wirtschaftlicher Hintergrund und Begriff der Allgemeinen Geschäftsbedingungen 638
        2. Funktion und Problematik Allgemeiner Geschäftsbedingungen. 639
    II. Schutz vor nachteiligen AGB aufgrund der Bestimmungen des Obligationenrechts 640
        1. Konsensanforderungen an den vertraglichen Einbezug von AGB (Abschlusskontrolle) 641
        2. Die Schranke zwingender Gesetzesbestimmungen (Gültigkeitskontrolle) 648
        3. Auslegung vertraglich übernommener AGB (Auslegungskontrolle) 650
        4. Fazit: Unzureichender Schutz mangels (offener) Inhaltskontrolle 652
    III. Schutz vor nachteiligen AGB nach den Regeln über den unlauteren Wettbewerb 653
        1. Entstehungsgeschichte von Art. 8 653
        2. Normzweck 654
    IV. Tatbestandsvoraussetzungen 654
        1. Verwendung vorformulierter, allgemeiner Geschäftsbedingungen 655
        2. Erhebliche Abweichung von der unmittelbar oder sinngemäss anwendbaren gesetzlichen Ordnung 658
        3. Der Vertragsnatur erheblich widersprechende Verteilung von Rechten und Pflichten 661

Inhaltsverzeichnis

		4. Irreführender Charakter der AGB	662
		5. AGB zum Nachteil einer Vertragspartei	663
	V.	Rechtsfolge	667
	VI.	Prozessuales	669
	VII.	Kritik an Art. 8	669
	VIII.	Verhältnis zum EU-Gemeinschaftsrecht und übrigen Europarecht	670
	IX.	Ausblick de lege ferenda: UWG-Revision und VVG-Revision	671
		1. UWG-Revision	672
		2. VVG-Revision	675
		3. Das Verhältnis der UWG-Revision zur VVG-Revision	676

2. Abschnitt: Klageberechtigung ... 678

Art. 9 ... 678

- I. Normzweck ... 684
- II. Entstehungsgeschichte ... 685
- III. Systematik und Verhältnis zu anderen Vorschriften ... 686
- IV. Gemeinsame Voraussetzungen: Aktiv- und Passivlegitimation sowie Rechtsschutzinteresse ... 687
  1. Aktivlegitimation ... 687
  2. Passivlegitimation ... 694
  3. Rechtsschutzinteresse ... 707
- V. Negatorische Ansprüche (Art. 9 Abs. 1 und 2) ... 708
  1. Anspruch auf Unterlassung (Art. 9 Abs. 1 lit. a) ... 708
  2. Anspruch auf Beseitigung (Art. 9 Abs. 1 lit. b) ... 713
  3. Anspruch auf Feststellung (Art. 9 Abs. 1 lit. c) ... 718
  4. Anspruch auf Berichtigung, Mitteilung des Urteils an Dritte und Urteilspublikation (Art. 9 Abs. 2) ... 722
  5. Keine selbständigen Ansprüche auf Auskunftserteilung ... 727
- VI. Reparatorische Ansprüche (Art. 9 Abs. 3) ... 728
  1. Anspruch auf Schadenersatz ... 728
  2. Anspruch auf Genugtuung ... 748
  3. Anspruch auf Herausgabe eines Gewinnes ... 750
  4. Anspruch aus ungerechtfertigter Bereicherung (Art. 62 ff. OR) ... 761
- VII. Einwendungen des Verletzers ... 762
- VIII. Verjährung und Verwirkung ... 763
  1. Verjährung ... 763
  2. Verwirkung ... 765
- IX. Verfahrensfragen ... 768
  1. Allgemeine Aspekte ... 768
  2. Stufenklage im Besonderen ... 770

Art. 10 ... 775

- I. Normzweck ... 778
- II. Entstehungsgeschichte ... 779
- III. Systematik und Verhältnis zu anderen Vorschriften ... 781

	IV.	Kundenindividualklage (Art. 10 Abs. 1)	785
		1. Voraussetzungen	785
		2. Bedeutung	787
	V.	Verbandsklage (Art. 10 Abs. 2 lit. a)	788
		1. Voraussetzungen	788
		2. Bedeutung	791
	VI.	Konsumentenschutzorganisationsklage (Art. 10 Abs. 2 lit. b)	791
		1. Voraussetzungen	791
		2. Bedeutung	794
	VII.	Bundesklage (Art. 10 Abs. 2 lit. c)	794
		1. Voraussetzungen	794
		2. Bedeutung und Ausblick	799
	VIII.	Verfahrensfragen	801
Art. 11			803
	I.	Normzweck	804
	II.	Entstehungsgeschichte	805
	III.	Systematik und Verhältnis zu anderen Vorschriften	806
	IV.	Tatbestand	807
		1. Geschäftsherreneigenschaft des Anspruchgegners	807
		2. Unlauterer Wettbewerb einer untergeordneten Hilfsperson	808
		3. Funktioneller Zusammenhang mit der Verrichtung	809
		4. Geltendmachung eines negatorischen Anspruchs	809
	V.	Rechtsfolgen	810
		1. Verantwortlichkeit des Geschäftsherrn	810
		2. Verantwortlichkeit der Hilfsperson	810
	VI.	Verfahrensfragen	811

3. Abschnitt: Prozessrechtliche Bestimmungen 812

Vor Art. 12–15 812

	I.	Allgemeines	814
	II.	Überblick über wichtige Aspekte des Verfahrens nach den kantonalen Zivilprozessordnungen, ergänzender bundesrechtlicher Vorschriften und Bestimmungen zur Gerichtsorganisation	815
	III.	Verfahren der Selbstregulierung	826
		1. Verfahren vor der Schweizerischen Lauterkeitskommission (SLK)	826
		2. Sonstige Verfahren der Selbstregulierung im Bereich des Lauterkeitsrechts	831
		3. Staatliche Durchsetzung des Wettbewerbsrechts?	833
	IV.	Schiedsgerichtsbarkeit und UWG	835
	V.	Bedeutung aussergerichtlicher Streitbeilegung im Bereich des UWG	836
		1. Abmahnung	836
		2. Vergleichsweise Erledigung	838

Inhaltsverzeichnis

	VI.	Vollstreckung und Rechtshilfe	840
	VII.	Ausblick: Verfahrensrecht bei UWG-Streitigkeiten und ZPO-CH	840
Art. 12			845
	I.	Normzweck	847
	II.	Entstehungsgeschichte	847
	III.	Systematik und Verhältnis zu anderen Vorschriften	848
		1. Systematik	848
		2. Verhältnis zu anderen Vorschriften	848
	IV.	Sachliche Zuständigkeit	849
	V.	Örtliche Zuständigkeit: Gerichtsstand	851
	VI.	Wahlrecht der Klagpartei	855
	VII.	Konnexität	855
	VIII.	Anwendungsbereich	858
	IX.	Rechtsmittel an das Bundesgericht	859
	X.	Ausblick: Art. 12 Abs. 2 und ZPO-CH	860
Art. 13			862
	I.	Normzweck	863
	II.	Entstehungsgeschichte	864
	III.	Systematik und Verhältnis zu anderen Vorschriften	865
		1. Systematik	865
		2. Verhältnis zu anderen Vorschriften	865
	IV.	Umsetzung und Anwendung von Art. 13	866
		1. Anwendungsbereich	866
		2. Streitwertgrenze	867
		3. Umsetzung durch die Kantone	868
		4. Zwingende Beschreitung des Schlichtungsverfahrens?	871
		5. Direkte Anrufung von Art. 13	871
		6. Ausblick: Art. 13 und ZPO-CH	871
Art. 13a			874
	I.	Normzweck	875
	II.	Entstehungsgeschichte	876
	III.	Systematik und Verhältnis zu anderen Vorschriften	877
		1. Systematik	877
		2. Verhältnis zu anderen Vorschriften	877
	IV.	Voraussetzungen der Anwendung von Art. 13a	879
		1. Unrichtige Tatsachenbehauptungen	879
		2. Anwendungsbereich: Werbung	880
		3. Werbender	883
		4. Richterlicher Ermessensspielraum: Ausgestaltung als Kann-Vorschrift	884
		5. Anwendbarkeit der Beweislastumkehr über Art. 13a hinaus	884
	V.	Rechtsfolgen	886

	VI.	Verfahrensfragen	886
	VII.	Ausblick: Art. 13a und ZPO-CH	889

Art. 14 890
- I. Normzweck 893
- II. Entstehungsgeschichte und bevorstehende Änderungen 893
- III. Systematik und Verhältnis zu anderen Vorschriften 894
  1. Systematik 894
  2. Verhältnis zu anderen Vorschriften 894
- IV. Voraussetzungen, Inhalte und Änderung/Aufhebung/Wegfall vorsorglicher Massnahmen (Art. 14 i.V.m. Art. 28c ZGB) ... 898
  1. Allgemeines 898
  2. Voraussetzungen für den Erlass von vorsorglichen Massnahmen (Verfügungsanspruch und Verfügungsgrund) 899
  3. Inhalte vorsorglicher Massnahmen (Art. 28c Abs. 2 Ziff. 1 ZGB) 902
  4. Vorsorgliche Beweissicherung (Art. 28c Abs. 2 Ziff. 2 ZGB) 905
  5. Vorsorgliche Massnahmen gegenüber Medien (sog. Medienprivileg; Art. 28c Abs. 3 ZGB) 907
  6. Änderung und Aufhebung, Wegfall 908
- V. Das Verfahren bei vorsorglichen Massnahmen (Art. 14 i.V.m. Art. 28d ZGB) 909
  1. Allgemeines 909
  2. Örtliche Zuständigkeit 910
  3. Sachliche und funktionelle Zuständigkeit 912
  4. Glaubhaftmachen 912
  5. Rechtliches Gehör (Art. 28d Abs. 1 ZGB) 914
  6. Superprovisorische Massnahmen (vorläufige Anordnung; Art. 28d Abs. 2 ZGB) 915
  7. Exkurs: Die Schutzschrift 917
  8. Sicherheitsleistung (Art. 28d Abs. 3) 917
  9. Rechtsmittel 919
  10. Kosten 922
- VI. Vollstreckung und Prosekution vorsorglicher Massnahmen (Art. 14 i.V.m. Art. 28e ZGB) 923
  1. Vollstreckbarkeit (Art. 28e Abs. 1 ZGB) 923
  2. Prosekution (Art. 28e Abs. 2 ZGB) 924
- VII. Schadenersatz bei Aufhebung vorsorglicher Massnahmen (Art. 14 i.V.m. Art. 28f ZGB) 926

Art. 15 928
- I. Normzweck 929
- II. Entstehungsgeschichte 930
- III. Voraussetzungen 930
  1. Lockvogel oder Tatsachenbehauptung in der Werbung ... 930
  2. Fabrikations- und Geschäftsgeheimnisse 932

		3.	Adressat	932
	IV.	Rechtsfolgen		933
	V.	Verfahrensfragen		934

3. Kapitel: Verwaltungsrechtliche Bestimmungen 937

1. Abschnitt: Preisbekanntgabe an Konsumenten 937

Vor Art. 16–20 937

	I.	Einleitung und Grundlagen		939
		1.	Entwicklung	939
		2.	Vollzug	941
		3.	Öffentliches Recht, Privatrecht, Strafrecht	942
	II.	Anwendbarkeit des UWG auf die Tätigkeit des Gemeinwesens		945
	III.	UWG und Verfassungsrecht		951
	IV.	Verwaltungsrechtliche Bestimmungen im UWG		952
	V.	Gewerbe- und Handelspolizeirecht des Bundes sowie weitere marktrelevante Bundesvorschriften		952
		1.	Allgemeines	952
		2.	Lotterien und Glücksspiele sowie Spielbanken	954
		3.	Lebensmittelrecht	959
		4.	Alkohol und Tabak	962
		5.	Heilmittelrecht	963
		6.	Geografische Herkunftsangaben, insbes. sog. «Swissness»	965
		7.	Vorschriften zu Anpreisung, Kennzeichnung und Deklaration	971
		8.	Medienrecht	973
		9.	Finanzmarkt- und Versicherungsaufsichtsrecht	976
		10.	Bestimmungen über Werbung und Schutz von Titeln im Bereich freier Berufe	977
		11.	Weitere Erlasse	978
		12.	Bundesverwaltungsrecht und (Verwaltungs-)Strafrecht	979
	VI.	Kantonales Gewerbe- und Handelspolizeirecht sowie weitere lauterkeitsrechtlich relevante Vorschriften der Kantone		979
	VII.	Bestimmungen zu Rechts- sowie Amtshilfe		983

Art. 16 984

	I.	Gesetzliche Grundlagen		986
		1.	Systematik	986
		2.	Verhältnis zu anderen Vorschriften	986
		3.	Verordnungen	987
	II.	Preisbekanntgabe für Waren und Dienstleistungen		990
		1.	Normzweck	991
		2.	Anwendungsbereich	991
		3.	Inhalt der Preisbekanntgabe	995

Anhang zu Art. 16 ff. 1129

Art. 17		....	1001
	I.	Anwendungsbereich	1001
	II.	Spezifizierung und Bezifferung	1003
Art. 18		....	1005
	I.	Irreführende Preisbekanntgabe	1006
		1. Grundlagen	1006
		2. Anwendungsbereich	1006
	II.	Preisvergleiche	1007
		1. Grundsatz	1007
		2. Selbstvergleich	1009
		3. Vergleich mit Dritten	1010
Art. 19		....	1013
	I.	Auskunftspflicht	1015
		1. Sachlicher Anwendungsbereich	1015
		2. Persönlicher Anwendungsbereich	1015
	II.	Grenzen der Auskunftspflicht	1015
Art. 20		....	1016
	I.	Vollzug und Oberaufsicht	1016
	II.	Rechtsetzungskompetenzen des Bundesrates	1017
Art. 21–22		....	1018

4. Kapitel: Strafbestimmungen 1019

Art. 23		....	1019
	I.	Normzweck	1023
	II.	Entstehungsgeschichte	1023
	III.	Systematik und Verhältnis zu anderen Vorschriften ...	1023
		1. Systematik und Abstimmungsprobleme mit den zivilrechtlichen UWG-Regelungen	1024
		2. Verhältnis zu anderen Vorschriften	1026
	IV.	Tatbestandsvoraussetzungen	1040
		1. Verhalten gemäss Art. 3–6	1040
		2. Vorsatz	1041
		3. Besondere subjektive Tatbestandsmerkmale	1045
		4. Strafantrag	1045
	V.	Rechtfertigung	1050
	VI.	Schuldausschluss / Strafmilderung wegen Verbotsirrtums ...	1051
		1. Allgemeines	1051
		2. Spezifisch zur Vermeidbarkeit resp. Unvermeidbarkeit ...	1051
		3. Unvermeidbarkeit bei anwaltlicher Beratung?	1052
	VII.	Verfahrensfragen	1053
	VIII.	Rechtsfolgen	1053
		1. Strafen	1054

		2.	Massnahmen	1054
		3.	Strafregistereintrag	1059
		4.	Hinweis: Verwaltungssanktionen	1060
	IX.	Praktische Bedeutung		1060

Art. 24 ... 1061

- I. Normzweck ... 1063
- II. Entstehungsgeschichte ... 1063
- III. Systematik und Verhältnis zu anderen Vorschriften ... 1063
  1. Systematik ... 1063
  2. Verhältnis zu anderen Vorschriften ... 1065
- IV. Tatbestandsvoraussetzungen ... 1067
  1. Verletzung der Art. 16–20 UWG oder der PBV/Täterkreis ... 1067
  2. Vorsatz (Abs. 1) oder Sorgfaltspflichtverletzung (Abs. 2) ... 1068
  3. Kein Strafantragserfordernis bei Art. 24 ... 1069
- V. Rechtfertigung ... 1069
- VI. Schuldausschluss/Strafmilderung wegen Verbotsirrtums ... 1069
- VII. Verfahrensfragen ... 1069
- VIII. Rechtsfolgen ... 1069
  1. Allgemeines ... 1069
  2. Spezifika bei Übertretungen ... 1070

Art. 25 ... 1071

Art. 26 ... 1072

- I. Normzweck ... 1076
- II. Entstehungsgeschichte ... 1077
- III. Systematik und Verhältnis zu anderen Vorschriften ... 1078
  1. Systematik ... 1078
  2. Verhältnis zu anderen Vorschriften ... 1079
- IV. Tatbestandsvoraussetzungen ... 1082
  1. Täterprinzip (Art. 6 Abs. 1 VStrR) ... 1082
  2. Geschäftsherrenhaftung (Art. 6 Abs. 2, 3 VStrR) ... 1084
  3. Subsidiäre Verbandsstrafbarkeit (Art. 7 VStrR) ... 1089
- V. Rechtfertigung und Schuldausschluss ... 1091
- VI. Rechtsfolgen ... 1091
- VII. Verfahrensfragen ... 1092

Art. 27 ... 1094

- I. Normzweck ... 1096
- II. Entstehungsgeschichte ... 1096
- III. Systematik und Verhältnis zu anderen Vorschriften ... 1097
- IV. Verfahren (ausgewählte Aspekte) ... 1098
  1. Zuständige Behörden ... 1098
  2. Verfahren(sarten) ... 1099
  3. Stellung der geschädigten Personen (Strafantragssteller; Privatklägerschaft) im Besonderen ... 1105

	4. Rechtsmittelwege	1110
	5. Verjährung	1112
	6. Mitteilungspflicht gemäss Abs. 2	1113
	7. Hilfeleistung durch die Zollverwaltung	1115
	8. Amts- und Rechtshilfe in UWG-Strafsachen	1116
Art. 28		1120
Art. 29		1122

Anhänge ... 1123
Inhaltsverzeichnis zu den Anhängen ... 1125
Anhang I: Konkordanztabelle aUWG/UWG ... 1127

Anhang II: Pflicht zur Preisbekanntgabe ... 1129

Anhang III: Rechtsnormen
    I.   Internationale Übereinkommen ... 1131
    II. Autonomes Schweizer Recht ... 1148
    III. Revisionsvorhaben im Schweizer Lauterkeitsrecht ... 1212
    IV. Erlasse der Selbstregulierung ... 1219

Anhang IV: Rechtsprechungsübersicht
    Rechtsprechung der Bundesgerichte ab 1997 ... 1269
    Kantonale Rechtsprechung ab 1997 ... 1290

Sachregister/Index ... 1317

Liste der Bearbeiter / Autorenverzeichnis

PETER JUNG, Prof. Dr. iur.
Ordentlicher Professor für Privatrecht an der Universität Basel, Gastprofessor an der Université Panthéon-Assas Paris II
Einleitung; Art. 1; Art. 2; Art. 3 lit. b; Art. 3 lit. c; Art. 7; Art. 10; Art. 11

PHILIPPE SPITZ, Dr. iur., Advokat, LL.M.
(London School of Economics and Political Science)
Lehrbeauftragter an der Universität Basel
VISCHER AG, Basel/Zürich
Art. 3 lit. a; Art. 3 lit. d; Art. 3 lit. f; Art. 3 lit. k–n; Art. 4; Art. 4a; Art. 9–11; Vor Art. 12–15; Art. 13; Art. 13a; Vor Art. 16–20; Art. 23; Art. 26–29

SIMONE BRAUCHBAR BIRKHÄUSER, Dr. iur., Rechtsanwältin, LL.M.
(Cambridge, UK)
Rentsch & Partner, Rechtsanwälte und Patentanwälte, Zürich
Verhältnis des Lauterkeitsrechts zum Immaterialgüterrecht; Art. 3 lit. d; Art. 5

PASCAL GROLIMUND, PD Dr. iur., Advokat, LL.M. (Edinburgh)
Privatdozent an der Universität Zürich, Lehrbeauftragter an der Universität Basel
Kellerhals Anwälte, Basel
Internationales Lauterkeitsrecht (IPR/IZVR)

RAMON MABILLARD, Dr. iur., Anwalt und Notar, LL.M. (Columbia)
Assoziierter Professor für die Grundlagen des Rechts, Zivilprozess-, Schuldbetreibungs- und Konkursrecht an der Universität Freiburg i.Ue.
Art. 6; Art. 15

LUCA MARANTA, lic. iur.
Anwaltspraktikant, Basel
Art. 3 lit. k–n

Autorenverzeichnis

CHRISTIAN OETIKER, Dr. iur., Advokat, LL.M.
(London School of Ecomics and Political Science)
Vischer AG, Basel/Zürich
Art. 3 lit. e, g–i und o

THOMAS PROBST, Prof. Dr. iur., lic. oec. HSG, Rechtsanwalt, LL.M. (Harvard)
Ordentlicher Professor für Obligationenrecht, Europäisches Privatrecht
und Rechtsvergleichung an der Universität Freiburg i.Ue.
Art. 8

DANIEL SCHAFFNER, lic. iur.
Wissenschaftlicher Assistent an der Universität Basel
Art. 23; Art. 24

ERNST STAEHELIN, Dr. iur., Advokat und Notar, LL.M.
(University of Virginia),
Staehelin Advokatur und Notariat, Basel
Art. 12; Art. 14

FELIX UHLMANN, Prof. Dr. iur., Advokat, LL.M. (Harvard)
Professor für Staats- und Verwaltungsrecht sowie Rechtssetzungslehre
an der Universität Zürich
Vor Art. 16–20; Art. 16–20

Abkürzungsverzeichnis

a.A.	anderer Ansicht
a.a.O.	am angeführten Ort
aAWV	Verordnung über die Arzneimittelwerbung (Arzneimittel-Werbeverordnung), alte Fassung
ABGB	Allgemeines bürgerliches Gesetzbuch (Österreich)
ABl	Amtsblatt der Europäischen Union
AbR	Amtsbericht über die Rechtspflege des Kantons Obwalden
Abs.	Absatz
aBV	Bundesverfassung der Schweizerischen Eidgenossenschaft vom 29. Mai 1874 (AS 1875 1)
a.E.	am Ende
AEUV	Vertrag über die Arbeitsweise der Europäischen Union
a.F.	alte Fassung
AG	Aktiengesellschaft
AGB	Allgemeine Geschäftsbedingungen
AGVE	Aargauische Gerichts- und Verwaltungsentscheide (Aarau)
ähnl.	ähnlich
aHRegV	Handelsregisterverordnung vom 7. Juni 1937; in Kraft bis 31.12.2007
AIPPI	Association Internationale pour la Protection de la Propriété Intellectuelle
AJP	Aktuelle Juristische Praxis (Lachen)
aKMG	Bundesgesetz über das Kriegsmaterial, alte Fassung
AlkG	Bundesgesetz über die gebrannten Wasser (Alkoholgesetz; SR 680)
allg./Allg.	allgemein/allgemeine(s)/Allgemein/Allgemeine(s)
Alt.	Alternative
a.M.	anderer Meinung; am Main
Amtl. Bull.	Amtliches Bulletin der Bundesversammlung (Bern; bis 1966: StenBull)
aMWSTV	Verordnung über die Mehrwertsteuer; alte Fassung vom 22. Juni 1994
Anm.	Anmerkung
aPBV	Verordnung über die Bekanntgabe von Preisen, alte Fassung
AppGer	Appellationsgericht
AppHof	Appellationshof
AR	Anwaltsrevue (ehem. Der Schweizer Anwalt) (Basel)
ArG	Bundesgesetz vom 13. März 1964 über die Arbeit in Industrie, Gewerbe und Handel (Arbeitsgesetz; SR 822.11)
ArGV 1	Verordnung 1 vom 10.5.2000 zum Arbeitsgesetz (SR 822.111)
ArGV 2	Verordnung 2 vom 10.5.2000 zum Arbeitsgesetz (SR 822.112)
ArGV 3	Verordnung 3 vom 18.8.1993 zum Arbeitsgesetz (SR 822.113)
ArGV 4	Verordnung 4 vom 18.8.1993 zum Arbeitsgesetz (SR 822.114)
ArGV 5	Verordnung 5 vom 28.9.2007 zum Arbeitsgesetz – Jugendarbeitsschutzverordnung (SR 822.115)
Art.	Artikel
aRTVG	Bundesgesetz über Radio und Fernsehen, alte Fassung
aRTVV	Radio- und Fernsehverordnung, alte Fassung
ARV	Arbeitsrecht: Zeitschrift für Arbeitsrecht und Arbeitslosenversicherung (Zürich)
AS	Amtliche Sammlung der Bundesgesetze und Verordnungen (Bern)
ASA	Archiv für schweizerisches Abgaberecht (Bern)

Abkürzungsverzeichnis

aStGB	Schweizerisches Strafgesetzbuch, alte Fassung
AT	Allgemeiner Teil
Aufl.	Auflage
aUWG	Bundesgesetz vom 30. September 1943 über den unlauteren Wettbewerb; in Kraft bis 29. Februar 1988
AV	Verordnung über die Ausverkäufe und ähnliche Veranstaltungen (Ausverkaufsverordnung; SR 241.1; aufgehoben)
aVwVG	Bundesgesetz über das Verwaltungsverfahren, alte Fassung
AWV	Verordnung vom 17. Oktober 2001 über die Arzneimittelwerbung (Arzneimittel-Werbeverordnung; SR 812.212.5)
Az.	Aktenzeichen
BAKOM	Bundesamt für Kommunikation
BAIV	Verordnung vom 8.11.2006 über die Kennzeichnungen «Berg» und «Alp» für landwirtschaftliche Erzeugnisse und verarbeitete landwirtschaftliche Erzeugnisse (SR 910.19)
BankG	Bundesgesetz vom 8. November 1934 über die Banken und Sparkassen (Bankengesetz; SR 952.0)
BankV	Verordnung vom 17. Mai 1972 über die Banken und Sparkassen (Bankenverordnung; SR 952.02)
Baurecht	Baurecht/Droit de la Construction, Mitteilungen zum privaten und öffentlichen Baurecht (Freiburg)
BaZ	Basler Zeitung
BB	Bundesbeschluss / Betriebsberater (Heidelberg)
BBG	Bundesgesetz vom 13. Dezember 2002 über die Berufsbildung (Berufsbildungsgesetz; SR 412.10)
BBl	Bundesblatt
Bd./Bde.	Band/Bände
BEHG	Bundesgesetz vom 24. März 1995 über die Börsen und den Effektenhandel (Börsengesetz; SR 954.1)
BEHV	Verordnung vom 2. Dezember 1996 über die Börsen und den Effektenhandel (Börsenverordnung; SR 954.11)
BekM	Bekanntmachung
Ber. VS	Bericht des Kantonsgerichts (Tribunal Cantonal) des Kantons Wallis über die Rechtspflege (Sion)
bes.	besonders
betr.	betreffend
BEZ	Baurechtsentscheide des Kantons Zürich (Wädenswil)
BezGer	Bezirksgericht
BG	Bundesgesetz
BGB	Bürgerliches Gesetzbuch (Deutschland)
BGBM	Bundesgesetz vom 6. Oktober 1995 über den Binnenmarkt (Binnenmarktgesetz; SR 943.02)
BGE	Entscheidungen des Schweizerischen Bundesgerichts; Amtliche Sammlung der Entscheidungen des Schweizerischen Bundesgerichts (Lausanne)
BGer	Bundesgericht
BGFA	Bundesgesetz vom 23. Juni 2000 über die Freizügigkeit der Anwältinnen und Anwälte (Anwaltsgesetz; SR 935.61)
BGG	Bundesgesetz vom 17. Juni 2005 über das Bundesgericht (Bundesgerichtsgesetz; SR 173.110)

BGH	Bundesgerichtshof
BGHZ	Entscheidungen des Bundesgerichtshofes in Zivilsachen (Köln)
BIGA	Bundesamt für Industrie, Gewerbe und Arbeit (Bezeichnung bis 1999)
BJM	Basler Juristische Mitteilungen (Basel)
BK	Berner Kommentar
BLW	Bundesamt für Landwirtschaft
BR	Baurecht (Fribourg)
BS	Gesetzessammlung des Kantons Basel-Stadt
BSK	Basler Kommentar
Bsp.	Beispiel
bspw.	beispielsweise
BStGer	Bundesstrafgericht
BStP	Bundesgesetz vom 15. Juni 1934 über die Bundesstrafrechtspflege (SR 312.0)
BT	Besonderer Teil
BTJP	Berner Tage für die juristische Praxis
BV	Bundesverfassung der Schweizerischen Eidgenossenschaft vom 18. April 1999 (SR 101)
BVerwG	Bundesverwaltungsgericht
BZP	Bundesgesetz vom 4. Dezember 1947 über den Bundeszivilprozess (SR 273)
bzw.	beziehungsweise
CA	Cour d' Appel
CaS	Causa Sport
CC	Code civil (Frankreich)
CdJ	Cour de Justice
CEDIDAC	Centre du droit de l'entreprise de l'Université de Lausanne
ChemG	Bundesgesetz vom 15. Dezember 2000 über den Schutz vor gefährlichen Stoffen und Zubereitungen (Chemikaliengesetz; SR 232.21)
ChemV	Verordnung vom 18. Mai 2005 über den Schutz vor gefährlichen Stoffen und Zubereitungen (Chemikalienverordnung; SR 232.21)
CHF	Schweizer Franken
CHK	Handkommentar zum Schweizer Privatrecht
CISG	United Nations Convention on Contracts for the International Sale of Goods (Übereinkommen der Vereinten Nationen vom 11. April 1980 über Verträge über den internationalen Warenkauf; SR 0.221.211.1)
Co.	Compagnie, Company
Corp.	Corporation
CourCassPén	Cour de cassation pénale
CR	Computer und Recht, Zeitschrift für die Praxis des Rechts der Informationstechnologien (Köln)
DB	Der Betrieb: Wochenschrift für Betriebswirtschaft, Steuerrecht, Wirtschaftsrecht, Arbeitsrecht (Düsseldorf)
DBG	Bundesgesetz vom 14. Dezember 1990 über die direkte Bundessteuer (SR 642.11)
ders.	derselbe
DesG	Bundesgesetz vom 5. Oktober 2001 über den Schutz von Design (Designgesetz; SR 232.12)
d.h.	das heisst
Diss.	Dissertation

Abkürzungsverzeichnis

DSG	Bundesgesetz vom 19. Juni 1992 über den Datenschutz (Datenschutzgesetz; SR 235.1)
dStGB	Strafgesetzbuch der Bundesrepublik Deutschland
dt.	deutsch
dt. UWG	Deutsches Gesetz gegen den unlauteren Wettbewerb
E.	Erwägung
EBK	Eidgenössische Bankenkommission
EC	European Community
EFTA	European Free Trade Association (= Europäische Freihandelsassoziation)
EG	Europäische Gemeinschaft(en)
EGKSV	Vertrag zur Gründung der Europäischen Gemeinschaft für Kohle und Stahl (bis 2002)
EGMR	Europäischer Gerichtshof für Menschenrechte
EGVSZ	Entscheidungen der Gerichts- und Verwaltungsbehörden des Kantons Schwyz (Schwyz)
EHHR	European Human Rights Reports (London)
EICom	Eidgenössische Elektrizitätskommission
eidg.	eidgenössisch
Einl.	Einleitung
EJPD	Eidgenössisches Justiz- und Polizeidepartement
EKAS	Eidgenössische Koordinationskommission für Arbeitssicherheit
EmbG	Bundesgesetz vom 22. März 2002 über die Durchsetzung von internationalen Sanktionen (Embargogesetz; SR 946.231)
EMKG	Bundesgesetz vom 20. Juni 1933 über die Kontrolle des Verkehrs mit Edelmetallen und Edelmetallwaren (Edelmetallkontrollgesetz; SR 941.31)
EMRK	Konvention vom 4. November 1950 zum Schutze der Menschenrechte und Grundfreiheiten (SR 0.101)
E-MSchG	Änderung des Markenschutzgesetzes, Entwurf vom 18. November 2009
EpG	Bundesgesetz vom 18. Dezember 1970 über die Bekämpfung übertragbarer Krankheiten des Menschen (Epidemiengesetz; SR 818.101)
ERK	Eidgenössische Rekurskommission
Erw.	Erwägungsgrund
E-StPO 2006	Entwurf einer Schweizerischen Strafprozessordnung (BBl. 2006, 1389 ff.)
ESTV	Eidgenössische Steuerverwaltung
et al.	et alii (und andere)
etc.	et cetera
EU	Europäische Union
EUeR	Europäisches Übereinkommen vom 20. April 1959 über die Rechtshilfe in Strafsachen (SR 0.351.1)
EuG	Gericht (vormals «Gericht erster Instanz der Europäischen Gemeinschaften»)
EuGH	Gerichtshof der Europäischen Union (vormals «Gerichtshof der Europäischen Gemeinschaften»)
EuGVVO	Verordnung (EG) Nr. 44/2001 des Rates über die gerichtliche Zuständigkeit und die Anerkennung und Vollstreckung von Entscheidungen in Zivil- und Handelssachen vom 22. Dezember 2000
EuR	Europarecht (Baden-Baden)
EUV	Vertrag über die Europäische Union
E-UWG 2009	Änderung des Bundesgesetzes gegen den unlauteren Wettbewerb, Entwurf vom 2. September 2009

Abkürzungsverzeichnis

EuZW	Europäische Zeitschrift für Wirtschaftsrecht (München/Frankfurt)
EVD	Eidgenössisches Volkswirtschaftsdepartement
EWG	Europäische Wirtschaftsgemeinschaft
EWR	Europäischer Wirtschaftsraum
EWS	Europäisches Wirtschafts- und Steuerrecht (Heidelberg)
E-ZPO CH	Entwurf einer Schweizerischen Zivilprozessordnung (BBl. 2006, 7413 ff.)
f. / ff.	und folgende (Seite/Seiten)
FDV	Verordnung vom 9. März 2007 über Fernmeldedienste (SR 784.101.1)
FHA	Abkommen vom 22. Juli 1972 zwischen der Schweizerischen Eidgenossenschaft und der Europäischen Wirtschaftsgemeinschaft (SR 0.632.401)
FINMA	Eidgenössische Finanzmarktaufsicht
FINMAG	Bundesgesetz vom 22. Juni 2007 über die Eidgenössische Finanzmarktaufsicht (Finanzmarktaufsichtsgesetz; SR 956.1)
FINMA-RS	Rundschreiben der Eidgenössischen Finanzmarktaufsicht
FKVO	Verordnung (EG) Nr. 139/2004 des Rates vom 20. Januar 2004 über die Kontrolle von Unternehmenszusammenschlüssen
FMG	Fernmeldegesetz vom 30. April 1997 (SR 784.10)
Fn.	Fussnote
frz. CC	Code Civil (Frankreich)
FS	Festschrift
FZR	Freiburger Zeitschrift für Rechtsprechung (Fribourg)
GATS	General Agreement on Trade in Services (Allgemeines Abkommen über den Handel mit Dienstleistungen; SR 0.632.20)
GATT	General Agreement on Tariffs and Trade (Allgemeines Zoll- und Handelsabkommen; SR 0.632.21)
GD	Generaldirektion der EU-Kommission
GebrV	Verordnung vom 1. März 1995 über Gebrauchsgegenstände (aufgehoben)
GerKom	Gerichtskommission
GestG	Bundesgesetz vom 24. März 2000 über den Gerichtsstand in Zivilsachen (Gerichtsstandsgesetz; SR 272)
GetränkeV	Verordnung des EDI über alkoholische Getränke vom 23. November 2005 (Getränkeverordnung; SR 817.022.110)
ggf.	gegebenenfalls
GK	Gerichtskreis
GL	Geschäftsleitung
gl. A.	gleicher Ansicht
gl. M.	gleicher Meinung
GmbH	Gesellschaft(en) mit beschränkter Haftung
GmbHR	GmbH-Rundschau (Köln)
GOG	Gerichtsorganisationsgesetz (gefolgt von der amtlichen Abkürzung des Kantons [Bsp.: GOG BS])
GPA	Agreement on Government Procurement (Übereinkommen über das öffentliche Beschaffungswesen, abgeschlossen in Marrakesch am 15. April 1994; SR 0.632.231.422)
GPK-NR	Geschäftsprüfungskommission des Nationalrates
GPR	Zeitschrift für Gemeinschaftsprivatrecht (München)
Grds.	Grundsätzlich
GRUR	Gewerblicher Rechtsschutz und Urheberrecht (Weinheim)

XXXI

Abkürzungsverzeichnis

GRUR Int.	Gewerblicher Rechtsschutz und Urheberrecht, Auslands- und Internationaler Teil (Weinheim)
GSchG	Bundesgesetz vom 24. Januar 1991 über den Schutz der Gewässer (Gewässerschutzgesetz; SR 814.20)
GUB/GGA-	Verordnung vom 28. Mai 1997 über den Schutz von Ursprungsbezeichnungen und geographischen Angaben für landwirtschaftliche Erzeugnisse und verarbeitete landwirtschaftliche Erzeugnisse (SR 910.12)
GVP	Gerichts- und Verwaltungspraxis (Zug)
GWB	Gesetz gegen Wettbewerbsbeschränkungen der Bundesrepublik Deutschland
GwG	Bundesgesetz zur Bekämpfung der Geldwäscherei im Finanzsektor (Geldwäschereigesetz; SR 955.0)
GWR	Schriftenreihe zum Gewerblichen Rechtsschutz (Köln)
HAVE	Haftung und Versicherung (Zürich)
HBewUe	Haager Übereinkommen über die Beweisaufnahme im Ausland in Zivil- und Handelssachen vom 18. März 1970 (SR 0.274.132)
HGer	Handelsgericht
HK-OR	Handkommentar zum Schweizerischen Obligationenrecht
h.L.	herrschende Lehre
h.M.	herrschende Meinung
HMG	Bundesgesetz vom 15. Dezember 2000 über Arzneimittel und Medizinprodukte (Heilmittelgesetz; SR 812.21)
HRegV	Handelsregisterverordnung vom 17. Oktober 2007 (SR 221.411)
Hrsg.	Herausgeber(in)
ICC	International Chamber of Commerce
ICCO	International Communications Consultancy Organisation
i.d.F.	in der Fassung
i.d.R.	in der Regel
i.E.	im Ergebnis
i.e.S.	im engeren Sinn
i.f.	in fine
i.Ggs.	im Gegensatz
IHK	Internationale Handelskammer
IKV-RK	IKV-Rekurskommission
Inc.	Incorporated
inkl.	inklusiv/e
insb.	insbesondere
IntUnlWettbR	Internationales Recht gegen den unlauteren Wettbewerb
IPrax	Praxis des internationalen Privat- und Verfahrensrechts (Bielefeld)
IPRG	Bundesgesetz vom 18. Dezember 1987 über das Internationale Privatrecht (SR 291)
IRSG	Bundesgesetz vom 20. März 1981 über internationale Rechtshilfe in Strafsachen (Rechtshilfegesetz; SR 351.1)
i.S.	in Sachen
i.S.d.	im Sinne der/des
i.S.v.	im Sinne von
i.V.m.	in Verbindung mit
i.w.S.	im weiteren Sinne
JdT	Journal des Tribunaux (Lausanne)
JK	Justizkommission

Abkürzungsverzeichnis

JK LU	Justizkommission des Kantons Luzern
JKR	Jahrbuch des Schweizerischen Konsumentenrechts (Bern)
JLE	The Journal of Law and Economics (Chicago)
JZ	Juristen-Zeitung (Tübingen)
KAG	Bundesgesetz vom 23. Juni 2006 über die kollektiven Kapitalanlagen (Kollektivanlagengesetz; SR 951.31)
kant.	kantonal/kantonale(s)
KassGer	Kassationsgericht
KG	Bundesgesetz vom 6. Oktober 1995 über Kartelle und andere Wettbewerbsbeschränkungen (Kartellgesetz; SR 251)
KGer	Kantonsgericht
KGTG	Bundesgesetz vom 20. Juni 2003 über den internationalen Kulturgütertransfer (Kulturgütertransfergesetz; SR 444.1)
KIG	Bundesgesetz vom 5. Oktober 1990 über die Information der Konsumentinnen und Konsumenten (Konsumenteninformationsgesetz; SR 944.0)
KKG	Bundesgesetz vom 23. März 2001 über den Konsumkredit (SR 221.214.1)
KMU	Kleine und mittlere Unternehmen
KOM	Dokument der Europäischen Kommission
Komm.	Kommentar/Kommentare
KrG	Kreisgericht
krit.	kritisch
KSG	Konkordat über die Schiedsgerichtsbarkeit vom 27. März 1969 (SR 279)
LCD	Loi fédérale contre la concurrence déloyale du 19 décembre 1986 (SR 241)
LeGes	LeGes: Gesetzgebung und Evaluation (Bern)
LG	Bundesgesetz vom 8. Juni 1923 betreffend die Lotterien und die gewerbsmässigen Wetten (Lotteriegesetz; SR 935.51); Landgericht
LGV	Lebensmittel- und Gebrauchsgegenständeverordnung vom 23. November 2005 (SR 817.02)
LGVE	Luzerner Gerichts- und Verwaltungsentscheide (Luzern)
lit.	litera (= Buchstabe)
LMG	Bundesgesetz vom 9. Oktober 1992 über Lebensmittel und Gebrauchsgegenstände (Lebensmittelgesetz; SR 817.0)
LMV	Lebensmittelverordnung (aufgehoben)
LS	Loseblattsammlung der Gesetze des Kantons Zürich
Ltd.	Limited
LugÜ	Übereinkommen vom 16. September 1988 über die gerichtliche Zuständigkeit und die Vollstreckung gerichtlicher Entscheidungen in Zivil- und Handelssachen (SR 0.275.11)
LV	Verordnung vom 27. Mai 1924 zum Bundesgesetz betreffend die Lotterien und die gewerbsmässigen Wetten (SR 935.511)
LwG	Bundesgesetz vom 29. April 1998 über die Landwirtschaft (Landwirtschaftsgesetz; SR 910.1)
m. Anm.	mit Anmerkung(en)
m.E.	meines Erachtens
MedBG	Bundesgesetz vom 23. Juni 2006 über die universitären Medizinalberufe (Medizinalberufegesetz; SR 811.11)
medialex	Zeitschrift für Kommunikationsrecht (Bern)
MedbV	Verordnung vom 27. Juni 2007 über Diplome, Ausbildung, Weiterbildung und Berufsausübung in den universitären Medizinalberufen (SR 811.112.0)

XXXIII

Abkürzungsverzeichnis

MepV	Medizinprodukteverordnung vom 17. Oktober 2001 (SR 812.213)
MessG	Bundesgesetz vom 9. Juni 1977 über das Messwesen (SR 941.20)
MG	Bundesgesetz vom 3. Februar 1995 über die Armee und die Militärverwaltung (Militärgesetz; SR 510.10)
m.H.	mit Hinweisen
MHA	Madrider Abkommen über die Unterdrückung falscher oder irreführender Herkunftsangaben auf Waren vom 14. April 1891 (SR 0.232.111.13)
Mia.	Milliarde(n)
Mio.	Million(en)
MMG	Muster- und Modellgesetz vom 30. März 1900 (aufgehoben)
MMR	Multimedia und Recht (München)
MSchG	Bundesgesetz vom 28. August 1992 über den Schutz von Marken und Herkunftsangaben (Markenschutzgesetz; SR 232.11)
MüKo	Münchener Kommentar
m.V.	mit Verweis(en)
m.w.H.	mit weiteren Hinweisen
m.w.Nw.	mit weiteren Nachweisen
MWSTGV	Mehrwertsteuerverordnung vom 27. November 2009 (SR 641.201)
N	Note, Randnote
n.F.	neue Fassung
NJW	Neue juristische Wochenschrift (München)
NR	Nationalrat
Nr.	Nummer
NStZ	Neue Zeitschrift für Strafrecht
NZZ	Neue Zürcher Zeitung (Zürich)
o. ä.	oder ähnlich(es)
OG	Bundesrechtspflegegesetz vom 16. Dezember 1943 (SR 173.110; aufgehoben)
OGer	Obergericht
OGerKom	Obergerichtskommission
OGerPräs	Präsident des Obergerichts
OHG	Bundesgesetz vom 23. März 2007 über die Hilfe an Opfer von Straftaten (Opferhilfegesetz; SR 312.5)
OLG	Oberlandesgericht
OR	Bundesgesetz vom 30. März 1911 betreffend die Ergänzung des Schweizerischen Zivilgesetzbuches (Fünfter Teil: Obligationenrecht; SR 220)
Ordo	Jahrbuch für die Ordnung von Wirtschaft und Gesellschaft (Stuttgart)
PatG	Bundesgesetz vom 25. Juni 1954 über die Erfindungspatente (Patentgesetz; SR 232.14)
PauRG	Bundesgesetz vom 18. Juni 1993 über Pauschalreisen (SR 944.3)
PBV	Verordnung vom 11. Dezember 1978 über die Bekanntgabe von Preisen (Preisbekanntgabeverordnung; SR 942.211)
PDF	Portable Document Format (Dokumentformat von Adobe)
PKG	Praxis des Kantonsgerichts Graubünden (Chur)
plädoyer	Magazin für Recht und Politik (Zürich)
PlakatVO-BS	Plakatverordnung vom 7. Februar 1933 (Basel-Stadt; BS 569.500)
PLC	Public Limited Company
PMMBl	Schweizerisches Patent-, Muster- und Markenblatt (ab 1. Juli 2002: +pat+, Das schweizerische Patentblatt)
Pra	Die Praxis des Bundesgerichts (Basel)

Publ.	Publiziert
PüG	Preisüberwachungsgesetz vom 20. Dezember 1985 (SR 942.20)
PVÜ	Pariser Übereinkunft zum Schutz des gewerblichen Eigentums (SR 0.232.04; Paris Convention for the Protection of Industrial Property)
RB	Rechtsbuch
RBOG	Rechenschaftsbericht des Obergerichts des Kantons Thurgau
RBUR	Urner Rechtsbuch
recht	Zeitschrift für juristische Ausbildung und Praxis (Bern)
Red.	Redaktor
RegR	Regierungsrat
REP	Repertorio di giurisprudenza patria
Rev.LugÜ	LugÜ, Fassung vom 30.10.2007
RGZ	Entscheidungen des Deutschen Reichsgerichts in Zivilsachen (Leipzig)
RJN	Recueil de jurisprudence neuchâteloise (Neuchâtel)
RK	Rekurskommission
RL	Richtlinie
RPW	Recht und Politik des Wettbewerbs (Bern)
Rs.	Rechtssache
RSJU	Recueil systématique du droit jurassien (Delémont)
Rspr.	Rechtsprechung
RSV	Recueil systématique de la législation vaudoise (Lausanne)
RTD civ.	Revue trimestrielle de droit civil (Paris)
RTVG	Bundesgesetz vom 21. Juni 1991 über Radio und Fernsehen (SR 784.40)
RTVV	Radio und Fernsehverordnung vom 9. März 2007 (SR 784.401)
RVJ	Zeitschrift für Walliser Rechtsprechung (Sion; wird z.T. auch ZWR zitiert)
RVUS	Staatsvertrag vom 25. Mai 1973 zwischen der Schweizerischen Eidgenossenschaft und den Vereinigten Staaten von Amerika über die gegenseitige Rechtshilfe in Strafsachen (SR 0.351.933.6)
Rz.	Randzeile
S.	Seite
s.	siehe
s.a.	siehe auch
SA/S.A.	Société anonyme
SADV	Schweizer Adressbuch- und Datenbankverleger-Verband
SAG	Schweizerische Aktiengesellschaft (Zürich; ab 1990: SZW)
Sàrl	Société à responsabilité limitée
SAV	Schweizerischer Anwaltsverband
SchKG	Bundesgesetz vom 11. April 1889 über Schuldbetreibung und Konkurs (SR 281.1)
SchKonk	Konkordat über die Schiedsgerichtsbarkeit vom 27. März 1969 (SR 279)
SDV	Schweizer Direktmarketing Verband
SECO	Staatssekretariat für Wirtschaft (bis 1999 BIGA)
SemJud	La Semaine Judiciaire (Genève; wird z.T. auch SJ zitiert)
SGer	Strafgericht
SGGVP	Sankt Gallische Gerichts- und Verwaltungspraxis (St. Gallen)
SGK	Sankt Galler Kommentar (Die schweizerische Bundesverfassung: Kommentar)
sGS	Systematische Gesetzessammlung des Kantons St. Gallen
sic!	Zeitschrift für Immaterialgüter-, Informations- und Wettbewerbsrecht (Zürich; bis 1996: SMI)

Abkürzungsverzeichnis

SIWR	Schweizerisches Immaterialgüter- und Wettbewerbsrecht (Basel)
SJ	La Semaine Judiciaire (Genève; wird z.T. auch SemJud zitiert)
SJK	Schweizerische Juristische Kartothek (Genf)
SJZ	Schweizerische Juristenzeitung (Zürich)
Slg.	Amtliche Sammlung der Entscheidungen des Europäischen Gerichtshofes (Luxemburg)
SLK	Schweizerische Lauterkeitskommission
SLK-GS	Grundsatz der Schweizerischen Lauterkeitskommission
SMI	Schweizerische Mitteilungen über Immaterialgüterrecht (Zürich; ab 1997: sic!)
sog.	so genannt/e
SOG	Solothurnische Gerichtspraxis
SPR	Schweizerisches Privatrecht (Basel)
SPRG	Schweizerische Public Relations Gesellschaft
SpuRt	Zeitschrift für Sport und Recht (München)
SR	Systematische Sammlung des Bundesrechts (Bern)
SoSchG	Bundesgesetz vom 20. März 1975 über den Schutz von Pflanzenzüchtungen (Sortenschutzgesetz; SR 232.16)
SSV	Signalisationsverordnung vom 5. September 1979 (SR 741.21)
ST	Der Schweizer Treuhänder (Zürich)
StenBull	Amtliches Stenografisches Bulletin der Bundesversammlung (Bern; seit 1967: AmtlBull)
StGB	Schweizerisches Strafgesetzbuch vom 21. Dezember 1937 (SR 311)
StHG	Bundesgesetz vom 14. Dezember 1990 über die Harmonisierung der direkten Steuern der Kantone und Gemeinden (SR 642.14)
StoV	Verordnung vom 9. Juni 1986 über umweltgefährdende Stoffe (SR 814.013)
StPO	Strafprozessordnung (gefolgt von der amtlichen Abkürzung des Kantons [Bsp.: StPO BS])
StPO 2007	Schweizerische Strafprozessordnung vom 5. Oktober 2007
StR	Ständerat
StromVG	Bundesgesetz vom 23. März 2007 über die Stromversorgung (Stromversorgungsgesetz; SR 734.7)
st. Rspr.	ständige Rechtsprechung
SubmV ZH	Submissionsverordnung vom 23. Juli 2003 (Kanton Zürich; LS 720.11)
SZIER	Schweizerische Zeitschrift für internationales und europäisches Recht (Zürich)
SZW	Schweizerische Zeitschrift für Wirtschaftsrecht (Zürich; bis 1989: SAG)
TA	Tribunale d'appello
TabV	Verordnung vom 27. Oktober 2004 über Tabakerzeugnisse und Raucherwaren mit Tabakersatzstoffen (Tabakverordnung; SR 817.06)
TC	Tribunal Cantonal
TGI	Tribunal de Grande Instance
THG	Bundesgesetz vom 6. Oktober 1995 über die technischen Handelshemmnisse (THG; SR 946.51)
ToG	Bundesgesetz vom 9. Oktober 1992 über den Schutz von Topographien von Halbleitererzeugnissen (Topographiengesetz; SR 231.2)
Trib. Pol.	Tribunale de police
TRIPS	Agreement on Trade-Related Aspects of Intellectual Property Rights (Abkommen über handelsbezogene Aspekte der Rechte an Geistigem Eigentum; SR 0.632.20)

Abkürzungsverzeichnis

TT-GVO	Verordnung (EG) Nr. 240/96 der Kommission vom 31. Januar 1996 zur Anwendung von Art. 85 Abs. 3 des Vertrages auf Gruppen von Technologietransfer-Vereinbarungen (Technologietransfer-Gruppenfreistellungsverordnung)
u.	und
u.a.	unter anderem
u.ä.	und ähnliches / ähnlichem
UAbs.	Unterabsatz
UBI	Unabhängige Beschwerdeinstanz für Radio und Fernsehen
u.E.	unseres Erachtens
umstr.	umstritten
U Penn L. R.	University of Pennsylvania Law Review (Philadelphia)
URG	Bundesgesetz vom 9. Oktober 1992 über das Urheberrecht und verwandte Schutzrechte (Urheberrechtsgesetz; SR 231.1)
U.S./US	United States, United States Reports
USA	United States of America (Vereinigte Staaten von Amerika)
USG	Bundesgesetz vom 8. Oktober 1983 über den Umweltschutz (Umweltschutzgesetz; SR 814.01)
ÜTBT	Übereinkommen über technische Handelshemmnisse (SR 0.632.231.41)
u.U.	unter Umständen
UVEK	Eidgenössisches Departement für Umwelt, Verkehr, Energie und Kommunikation
UWG	Bundesgesetz vom 19. Dezember 1986 gegen den unlauteren Wettbewerb (SR 241)
v.	vom
v.a.	vor allem
Var.	Variante
VE	Vorentwurf
VerwG	Verwaltungsgericht
VE-UWG 2006	Bundesgesetz gegen den unlauteren Wettbewerb, Vorentwurf vom 17. Mai 2006
VE-UWG 2008	Bundesgesetz gegen den unlauteren Wettbewerb, Vorentwurf vom 6. Juni 2008
VG	Bundesgesetz vom 14. März 1958 über die Verantwortlichkeit des Bundes sowie seiner Behördenmitglieder und Beamten (Verantwortlichkeitsgesetz; SR 170.32)
VGer	Verwaltungsgericht
VGG	Bundesgesetz vom 17. Juni 2005 über das Bundesverwaltungsgericht (Verwaltungsgerichtsgesetz; SR 173.32)
vgl.	vergleiche
VKKG	Verordnung vom 6. November 2002 zum Konsumkreditgesetz (SR 221.214.11)
VKlin	Verordnung vom 17. Oktober 2001 über klinische Versuche mit Heilmitteln (VKlin; SR 812.214.2)
VKU	Verordnung vom 17. Juni 1996 über die Kontrolle von Unternehmenszusammenschlüssen (SR 251.4)
VO	Verordnung
Vorbem.	Vorbemerkungen
VPB	Verwaltungspraxis der Bundesbehörden (Bern; bis 1965: VEB)
VR	Verwaltungsrat
vs.	versus
VStrR	Bundesgesetz vom 22. März 1974 über das Verwaltungsstrafrecht (SR 313.0)

XXXVII

Abkürzungsverzeichnis

VTS	Verordnung vom 19. Juni 1995 über die technischen Anforderungen an Strassenfahrzeuge (SR 741.41)
VUB	Verordnung vom 9. April 2008 über die Beglaubigung des nichtpräferenziellen Ursprungs von Waren (SR 946.31)
VUV	Verordnung vom 19. Dezember 1983 über die Verhütung von Unfällen und Berufskrankheiten (Verordnung über die Unfallverhütung; SR 832.30)
VVG	Bundesgesetz vom 2. April 1908 über den Versicherungsvertrag (Versicherungsvertragsgesetz; SR 221.229.1)
VwGer	Verwaltungsgericht
VwVG	Bundesgesetz vom 20. Dezember 1968 über das Verwaltungsverfahren (SR 172.021)
Weko	Wettbewerbskommission
WIPO	World Intellectual Property Organization
WRP	Wettbewerb in Recht und Praxis (Frankfurt a.M.)
WSchG	Bundesgesetz vom 5. Juni 1931 zum Schutz öffentlicher Wappen und anderer öffentlicher Zeichen (SR 232.21)
WTO	World Trade Organization
WuR	Wirtschaft und Recht (Zürich)
WuW	Wirtschaft und Wettbewerb (Düsseldorf)
z.B.	zum Beispiel
ZBJV	Zeitschrift des Bernischen Juristenvereins (Bern)
ZBl	Schweizerisches Zentralblatt für Staats- und Gemeindeverwaltung (Zürich)
ZEuP	Zeitschrift für europäisches Privatrecht (München)
ZG	Zollgesetz vom 18. März 2005 (Zollgesetz; SR 631.0)
ZGB	Schweizerisches Zivilgesetzbuch vom 10. Dezember 1907 (SR 210)
ZGGVP	Gerichts- und Verwaltungspraxis des Kantons Zug (Zug)
ZHR	Zeitschrift für das gesamte Handelsrecht und Wirtschaftsrecht (Heidelberg)
Ziff.	Ziffer
zit.	zitiert
ZivGer	Zivilgericht
ZK	Zürcher Kommentar
ZLR	Zeitschrift für das gesamte Lebensmittelrecht (Frankfurt a.M.)
ZPO	Zivilprozessordnung (gefolgt von der amtlichen Abkürzung des Kantons [Bsp.: ZPO BS])
ZPO-CH	Schweizerische Zivilprozessordnung vom 19. Dezember 2008
ZR	Blätter für zürcherische Rechtsprechung (Zürich)
ZRP	Zeitschrift für Rechtspolitik (München)
Zshg.	Zusammenhang
ZSR	Zeitschrift für schweizerisches Recht (Basel)
ZStrR	Schweizerische Zeitschrift für Strafrecht (Bern)
z.T.	zum Teil
ZVglRWiss	Zeitschrift für vergleichende Rechtswissenschaft (Stuttgart)
ZWeR	Zeitschrift für Wettbewerbsrecht (Köln)
ZWR	Zeitschrift für Walliser Rechtsprechung (Sion; wird z.T. auch RVJ zitiert)
ZZZ	Schweizerische Zeitschrift für Zivilprozess- und Zwangsvollstreckungsrecht (Lachen)

Materialien

Bundesgesetz gegen den unlauteren Wettbewerb vom 19. Dezember 1986

Botschaft des Bundesrates an die Bundesversammlung zum Entwurf eines Bundesgesetzes über den unlauteren Wettbewerb vom 11. Juni 1934 (BBl 1934 II 513; zit. Botschaft 1934)
Botschaft des Bundesrates an die Bundesversammlung zum Entwurf eines Bundesgesetzes über den unlauteren Wettbewerb vom 3. November 1942 (BBl 1942 I 665; zit. Botschaft 1942)
Botschaft zur Teilrevision des Bundesgesetzes über den unlauteren Wettbewerb vom 16. November 1977 (BBl 1978 I 161 ff.; zit. Botschaft 1977)
Entwurf der Expertenkommission vom 31. Januar 1980 zur Revision des Schweizerischen Gesetzes gegen den unlauteren Wettbewerb (abgedruckt in GRUR Int. 1981, 169 ff.; zit. VE-UWG 1980)
Botschaft zu einem Bundesgesetz gegen den unlauteren Wettbewerb (UWG) vom 18. Mai 1983 (BBl 1983 II 1009; zit. Botschaft UWG)
Bericht des Eidgenössischen Justiz- und Polizeidepartements betreffend Revision des Strafgesetzbuches; Änderung des UWGs / Massnahmen gegen unlautere Absatzmethoden, die das Ansehen der Schweiz im Ausland beeinträchtigen vom 28. August 1991 (BBl 1992 I 355; zit. Bericht EJPD 1991)
Botschaft über die Änderung des Bundesgesetzes gegen den unlauteren Wettbewerb (UWG) Liberalisierung des Ausverkaufswesens vom 11. Mai 1994 (BBl 1994 III 442; zit. Botschaft Liberalisierung Ausverkaufswesen 1994)
Begleitbericht zum Vernehmlassungsentwurf vom 17. Mai 2006 betreffend Anpassung des Bundesgesetzes gegen den unlauteren Wettbewerb (UWG) im Zusammenhang mit der Durchführung der Fussball-Europameisterschaft 2008 (http://www.admin.ch/ch/d/gg/pc/documents/1404/Begleitbericht%20mit%20Inhaltsverzeichnis.pdf; zit. Begleitbericht VE Ambush-Marketing)
Vernehmlassungsentwurf vom 17. Mai 2006: Anpassung des Bundesgesetzes gegen den unlauteren Wettbewerb (UWG) im Zusammenhang mit der Durchführung der Fussball-Europameisterschaft 2008 (http://www.admin.ch/ch/d/gg/pc/documents/1404/Vernehmlassungsentwurf%20Ambush%20Marketing%2010_5_06.pdf; zit. VE-UWG 2006)
Ergebnis des Vernehmlassungsverfahrens vom 20. Oktober 2006 betreffend Anpassung des Bundesgesetzes gegen den unlauteren Wettbewerb (UWG) im Zusammenhang mit der Durchführung der Fussball-Europameisterschaft 2008 (http://www.admin.ch/ch/d/gg/pc/documents/1404/Ergebnisbericht_d.pdf; zit. Ergebnisse Vernehmlassungsverfahren VE Ambush-Marketing)
Vorlage zur Änderung des Bundesgesetzes gegen den unlauteren Wettbewerb (UWG) vom 6. Juni 2008 (http://www.news-service.admin.ch/NSBSubscriber/message/attachments/12275.pdf; zit. VE-UWG 2008)
Botschaft zur Änderung des Bundesgesetzes gegen den unlauteren Wettbewerb vom 2. September 2009 (BBl 2009 6151; zit. Botschaft E-UWG 2009)

Preisbekanntgabe

Die Informationsblätter des SECO zur Preisbekanntgabe sowie weitere Materialien des SECO zur Preisbekanntgabe sind im Anhang zu Art. 16 abgedruckt.

Materialien

Materialien der Schweizerischen Lauterkeitskommission

Tätigkeitsberichte der Schweizerischen Lauterkeitskommission (http://www.lauterkeit.ch/doku. htm; zit. SLK-Tätigkeitsbericht [Jahreszahl])
Richtlinien für Test der Lauterkeitskommission, April 2001 (http://www.lauterkeit.ch/pdf/ testricht.pdf; zit. SLK-Testrichtlinien)
Geschäftsreglement der Lauterkeitskommission vom 1. Januar 2005 (http://www.lauterkeit.ch/ pdf/reglement.pdf; zit. SLK-Geschäftsreglement)
Vereinbarung zwischen Swiss Cigarette und der Schweizerischen Lauterkeitskommission betreffend Selbstbeschränkung der Zigarettenindustrie in der Werbung vom 27. April 2005 (http://www.lauterkeit.ch/pdf/vereinbarung.pdf; zit. Vereinbarung Swiss Cigarette-SLK)
SLK-Grundsätze, Ausgabe April 2008 (http://www.lauterkeit.ch/pdf/grundsaetze.pdf; zit. SLK-Grundsätze)
Verhaltenskodex der Alkoholindustrie (http://www.lauterkeit.ch/pdf/verhaltensk.pdf; zit. Verhaltenskodex Alkoholindustrie)

Konsumentenschutz

Botschaft zu einem Preisüberwachungsgesetz (PüG) vom 30. Mai 1984 (BBl 1984 II 755; zit. Botschaft PüG)
Botschaft zu einem Bundesgesetz über die Förderung der Konsumenteninformation und zu einem Bundesgesetz über die Änderung des Obligationenrechts (Die Entstehung der Obligationen) vom 7. Mai 1986 (BBl 1986 II 354; zit. Botschaft KIG)
Zusammenfassung der Ergebnisse der Vernehmlassung zum Revisionsentwurf des Bundesgesetzes vom 5. Oktober 1990 über die Information der Konsumentinnen und Konsumenten (KIG), http://www.admin.ch/ch/d/gg/pc/documents/1025/Ergebnisse_d.pdf; zit. Ergebnisse Vernehmlassung VE KIG)
Botschaft betreffend die Änderung des Bundesgesetzes über den Konsumkredit vom 14. Dezember 1998 (BBl 1999 III 3155; zit. Botschaft KKG)
Vorentwurf zum Bundesgesetz über die Information und den Schutz der Konsumentinnen und Konsumenten (KISG) vom 16. März 2004, von Pascal Pichonnaz, Professor an der Universität Fribourg (http://www.konsum.admin.ch/themen/00129/00132/index.html?; zit. VE KIG Pichonnaz)
Konsumentenschutz im elektronischen Geschäftsverkehr: Vertragliche Aspekte und Datenschutz, Bericht der Geschäftsprüfungskommission des Nationalrates vom 9. November 2004 (http://www.admin.ch/ch/d/ff/2005/4967.pdf; zit. Bericht GPK NR 2004)

Persönlichkeitsschutz

Botschaft über die Änderung des Schweizerischen Zivilgesetzbuches vom 5. Mai 1982 (BBl 1982 II 636; zit. Botschaft Persönlichkeitsrecht)

Materialien zu diversen Bundesgesetzen

Botschaft zu einem Gesetzesentwurf enthaltend das schweizerische Strafgesetzbuch vom 23. Juli 1918 (BBl 1918 IV 1; zit. Botschaft StGB)
Botschaft zum Entwurf eines Bundesgesetzes betreffend die Lotterien und lotterieähnlichen Unternehmungen vom 13. August 1918 (BBl 1918 IV 333; zit. Botschaft LG)

Materialien

Botschaft des Bundesrates an die Bundesversammlung über den Entwurf eines Bundesgesetzes zum Schutz öffentlicher Wappen und anderer öffentlicher Zeichen vom 16. Dezember 1929 (BBl 1929 III 602; zit. Botschaft WSchG)

Botschaft des Bundesrates an die Bundesversammlung über die Revision des Bundesgesetzes betreffend die Erfindungspatente vom 25. April 1950 (BBl 1950 I 977); Ergänzungsbotschaft des Bundesrates an die Bundesversammlung zur Vorlage über die Revision des Bundesgesetzes betreffend die Erfindungspatente vom 28. Dezember 1951 (BBl 1952 I 1; zit. Botschaft PatG)

Botschaft des Bundesrates an die Bundesversammlung zum Entwurf eines Bundesgesetzes über das Verwaltungsstrafrecht vom 21. April 1971 (BBl 1971 I 993; zit. Botschaft VStrR)

Botschaft des Bundesrates an die Bundesversammlung zu einem Bundesgesetz über internationale Rechtshilfe in Strafsachen und zu einem Bundesbeschluss über Vorbehalte zum Europäischen Auslieferungsübereinkommen vom 8. März 1976 (BBl 1976 II 444; zit. Botschaft IRSG)

Botschaft zum Bundesgesetz über das internationale Privatrecht (IPR-Gesetz) vom 10. November 1982 (BBl 1983 I 263; zit. Botschaft IPRG)

Botschaft zu einem Bundesgesetz über das Urheberrecht und verwandte Schutzrechte (Urheberrechtsgesetz, URG), zu einem Bundesgesetz über den Schutz von Topographien von integrierten Schaltungen (Topographiengesetz, ToG) sowie zu einem Bundesbeschluss über verschiedene völkerrechtliche Verträge auf dem Gebiete des Urheberrechts und der verwandten Schutzrechte vom 19. Juni 1983 (BBl 1989 III 477; zit. Botschaft URG/ToG)

Botschaft betreffend das Lugano-Übereinkommen über die gerichtliche Zuständigkeit und die Vollstreckung gerichtlicher Entscheidungen in Zivil- und Handelssachen vom 21. Februar 1990 (BBl 1990 II 265; zit. Botschaft LugÜ)

Botschaft zu einem Bundesgesetz über den Schutz von Marken und Herkunftsangaben (Markenschutzgesetz, MSchG) vom 21. November 1990 (BBl 1991 I 1; Botschaft MSchG)

Botschaft über die Änderung des Schweizerischen Strafgesetzbuches und des Militärstrafgesetzes vom 24. April 1991 (BBl 1991 II 969 ff.; zit. Botschaft Änderung Strafgesetzbuch 1991)

Botschaft zur Genehmigung des Abkommens über den Europäischen Wirtschaftsraum vom 18. Mai 1992 (BBl 1992 IV 1; zit. Botschaft EWR)

Botschaft I über die Anpassung des Bundesrechts an das EWR-Recht (Zusatzbotschaft I zur EWR-Botschaft) vom 27. Mai 1992 (BBl 1992 V 1; zit. Zusatzbotschaft I EWR)

Botschaft über das Folgeprogramm nach der Ablehnung des EWR-Abkommens vom 24. Februar 1993 (BBl 1993 I 805; zit. Botschaft Folgeprogramm EWR-Ablehnung)

Botschaft zu einem Bundesgesetz über Kartelle und andere Wettbewerbsbeschränkungen (Kartellgesetz, KG) vom 23. November 1994 (BBl 1995 I 468; zit. Botschaft KG)

Botschaft über die Änderung des Schweizerischen Strafgesetzbuches und des Militärstrafgesetzes (Medienstraf- und Verfahrensrecht) vom 17. Juni 1996 (BBl 1996 IV 525; zit. Botschaft Medienstraf- und Verfahrensrecht)

Botschaft zur Änderung des Schweizerischen Strafgesetzbuches (Allgemeine Bestimmungen, Einführung und Anwendung des Gesetzes) und des Militärstrafgesetzes sowie zu einem Bundesgesetz über das Jugendstrafrecht vom 21. September 1998 (BBl 1999 1979; zit. Botschaft Änderung Strafgesetzbuch 1998)

Botschaft zum Bundesgesetz über den Gerichtsstand in Zivilsachen (Gerichtsstandsgesetz, GestG) vom 18. November 1998 (BBl 1999 2829; zit. Botschaft GestG)

Botschaft zu einem Bundesgesetz über Arzneimittel und Medizinprodukte (Heilmittelgesetz, HMG) vom 1. März 1999 (BBl 1999 3453; zit. Botschaft HMG)

Botschaft über die Änderung des Schweizerischen Strafgesetzbuches und des Militärstrafgesetzes (Revision des Korruptionsstrafrechts) sowie über den Beitritt der Schweiz zum Übereinkommen über die Bekämpfung der Bestechung ausländischer Amtsträger im internationalen

XLI

Materialien

Geschäftsverkehr vom 19. April 1999 (BBl 1999 5497; zit. Botschaft OECD-Übereinkommen 1999)

Botschaft zu einem Bundesbeschluss zur Genfer Akte des Haager Musterschutz-Abkommens und einem Bundesgesetz über den Schutz von Design vom 16. Februar 2000 (BBl 2000 2729; zit. Botschaft DesG)

Botschaft zur Totalrevision des Bundesgesetzes über Radio und Fernsehen (RTVG) vom 18. Dezember 2002 (BBl 2003 1569; zit. Botschaft RTVG)

Botschaft zur Änderung des Fernmeldegesetzes vom 12. November 2003 (BBl 2003 7951; zit. Botschaft FMG)

Botschaft über die Genehmigung und die Umsetzung des Strafrechts-Übereinkommens und des Zusatzprotokolls des Europarates über Korruption (Änderung des Strafgesetzbuches und des Bundesgesetzes gegen den unlauteren Wettbewerb) vom 10. November 2004 (BBl 2004 6983; zit. Botschaft Korruption)

Botschaft zur Änderung des Patentgesetzes und zum Bundesbeschluss über die Genehmigung des Patentrechtsvertrags und der Ausführungsordnung vom 23. November 2005 (BBl 2006 1; zit. Botschaft PatG 2005)

Botschaft zur Vereinheitlichung des Strafprozessrechts vom 21. Dezember 2005 (BBl 2006 1085; zit. Botschaft StPO)

Botschaft zum Bundesgesetz über die Eidgenössische Finanzmarktaufsicht (Finanzmarktaufsichtsgesetz; FINMAG) vom 1. Februar 2006 (BBl 2006 2829 ff.; zit.: Botschaft FINMAG)

Botschaft zur Schweizerischen Zivilprozessordnung (ZPO) vom 28. Juni 2006 (BBl 2006 7221; zit. Botschaft ZPO)

Botschaft zur Umsetzung der revidierten Empfehlungen der Groupe d'action financière (GAFE) vom 15. Juni 2007 (BBl 2007 6269; zit. Botschaft GAFI)

Botschaft zum UNO-Übereinkommen gegen Korruption vom 21. September 2007 (BBl 2007 7349; zit. Botschaft UNO-Übereinkommen gegen Korruption 2007)

Erläuternder Bericht: Schutz der Herkunftsbezeichnung Schweiz und des Schweizerkreuzes (Swissness-Vorlage) vom 28. November 2007; (http://www.ejpd.admin.ch/etc/medialib/data/pressemitteilung/2007/pm_2007-11-28_swissness.Par.0004.File.tmp/Swissness-erlauternder-Bericht_deutsch_20071128.pdf; zit. Erläuternder Bericht zur «Swissness-Vorlage»)

Botschaft zum Patentanwaltsgesetz vom 7. Dezember 2007 (BBl 2008 407 ff.; zit. Botschaft Patentanwaltsgesetz)

Erläuternder Bericht vom 21. Januar 2009 zur Revision des Bundesgesetzes über den Versicherungsvertrag (VVG) (http://www.efd.admin.ch/dokumentation/gesetzgebung/00571/01345/index.html?lang=de; zit. Erläuternder Bericht VVG)

Botschaft zur Änderung des Markenschutzgesetzes und zu einem Bundesgesetz über den Schutz des Schweizerwappens und anderer öffentlicher Zeichen vom 18. November 2009 (BBl 2009 8533; zit. Botschaft Swissness)

Standardliteratur

Standardliteratur zum aktuell geltenden UWG

BAUDENBACHER, CARL (Hrsg.), Das UWG auf neuer Grundlage, Bern 1989 (zit. UWG auf neuer Grundlage)
BAUDENBACHER, CARL, Lauterkeitsrecht – Kommentar zum Gesetz gegen den unlauteren Wettbewerb (UWG), Basel 2001 (zit. BEARBEITERIN, Kommentar UWG)
VON BÜREN, ROLAND/MARBACH, EUGEN/DUCREY, PATRIK, Immaterialgüter- und Wettbewerbsrecht, 3. Aufl, Bern 2008 (zit: Immaterialgüter- und Wettbewerbsrecht)
DAVID, LUCAS, in: R. von Büren/L. David (Hrsg.), SIWR I/2, Der Rechtsschutz im Immaterialgüterrecht, 2. Aufl., Basel/Frankfurt a.M. 1998 (zit. SIWR I/2)
DAVID, LUCAS, in: R. von Büren/L. David (Hrsg.), SIWR I/3, Lexikon des Immaterialgüterrechts, Basel 2005 (zit. SIWR I/3)
DAVID, LUCAS/JACOBS, RETO, Schweizerisches Wettbewerbsrecht, 4. Aufl., Bern 2005 (zit. Wettbewerbsrecht)
DAVID, LUCAS/REUTTER, MARK A., Schweizerisches Werberecht, 2. Aufl., Zürich 2001 (zit. Werberecht)
FERRARI HOFER, LORENZA/VASELLA, DAVID, Kommentar zu Art. 2–8 UWG, in: M. Amstutz et al. (Hrsg.), Handkommentar zum Schweizer Privatrecht, Zürich 2007, 3553 ff. (zit. CHK-FERRARI HOFER/VASELLA)
GUYET, JAQUES, Die weiteren Spezialklauseln (Art. 4–8 UWG), in: R. von Büren/L.David (Hrsg.), SIWR V/1, Lauterkeitsrecht, 2. Aufl., Basel 1998, 197 ff. (zit. SIWR V/1)
GUYET, JAQUES, Wettbewerbsverwaltungsrecht (Art. 16–22 UWG), in: R. von Büren/L. David (Hrsg.), SIWR V/1, Lauterkeitsrecht, 2. Aufl., Basel 1998, 287 ff. (zit. SIWR V/1)
GUYET, JAQUES, Wettbewerbsstrafrecht (Art. 23–27 UWG), in: R. von Büren/L. David (Hrsg.), SIWR V/1, Lauterkeitsrecht, 2. Aufl., Basel 1998, 303 ff. (zit. SIWR V/1)
MÜLLER, JÜRG, Einleitung und Generalklausel (Art. 1–2 UWG), in: R. von Büren/L. David (Hrsg.), SIWR V/1, Lauterkeitsrecht, 2. Aufl., Basel 1998, 1 ff. (zit. SIWR V/1)
PEDRAZZINI, MARIO M., Unlauterer Wettbewerb, UWG, 1. Aufl., Bern 1992 (zit. UWG 1992)
PEDRAZZINI, MARIO M./PEDRAZZINI, FEDERICO A., Unlauterer Wettbewerb, UWG, 2. Aufl., Bern 2002 (zit. UWG)
PUGATSCH, SIGMUND, Werberecht für die Praxis, 3. Aufl., Zürich 2007 (zit. Werberecht)
RAUBER, GEORG, Klageberechtigung und prozessuale Bestimmungen (Art. 9–15 UWG), in: R. von Büren/L. David (Hrsg.), SIWR V/1, Lauterkeitsrecht, 2. Aufl., Basel 1998, 239 ff. (zit. SIWR V/1)
SCHWENNINGER, MARC/SENN, MANUEL/THALMANN, ANDRÉ/DAVID, LUCAS (Hrsg.), Werberecht, Zürich 1999 (zit. Werberecht)
STREULI-YOUSSEF, MAGDA, Unlautere Werbe- und Verkaufsmethoden (Art. 3 UWG), in: R. von Büren/L. David (Hrsg.), SIWR V/1, Lauterkeitsrecht, 2. Aufl., Basel 1998, 79 ff. (zit. SIWR V/1)
TROLLER, ALOIS, Immaterialguterrecht, Bde. I und II, 3. Aufl., Basel/Frankfurt a.M. 1983/1985 (zit. Immaterialgüterrecht I bzw. II)
TROLLER, KAMEN, Grundzüge des schweizerischen Immaterialgüterrechts, 2. Aufl., Basel 2005 (zit. Grundzüge Immaterialgüterrecht)

Standardliteratur zum alten UWG

VON BÜREN, BRUNO, Kommentar zum Bundesgesetz über den unlautern Wettbewerb vom 30. Sept. 1943 unter Einschluss der Ausverkaufsverordnung vom 16. April 1947, Zürich 1957 (zit. Kommentar UWG)

DAVID, LUCAS, Schweizerisches Wettbewerbsrecht, Bern 1984 (zit. Wettbewerbsrecht 1984)

GERMANN, OSKAR ADOLF, Bundesgesetz über den unlauteren Wettbewerb mit Erläuterungen, bisheriger Rechtsprechung des Bundesgerichts und Sachregister, Zürich 1945 (zit. Unlauterer Wettbewerb)

Einleitung

Inhaltsübersicht

		Note	Seite
A.	**Grundlagen des schweizerischen Rechts gegen den unlauteren Wettbewerb**..	1	7
I.	Gegenstand des schweizerischen Lauterkeitsrechts (JUNG)..............	1	7
	1. Schutzgegenstand	1	8
	2. Regelungsgegenstand	2	8
II.	Der Standort des Lauterkeitsrechts in der schweizerischen Rechtsordnung......	8	11
	1. Verhältnis des privaten Lauterkeitsrechts zum allgemeinen Privatrecht (JUNG)..	10	12
	a) Lauterkeitsrecht und Deliktsrecht...............................	10	13
	b) Lauterkeitsrecht und Vertragsrecht............................	14	15
	c) Lauterkeitsrecht und Persönlichkeitsrecht..................	18	16
	2. Verhältnis des Lauterkeitsrechts zum Unternehmensrecht (JUNG).........	19	17
	3. Verhältnis des Lauterkeitsrechts zum Kartellrecht (JUNG)..................	20	18
	a) Gemeinsamkeiten und Berührungspunkte.................	20	18
	b) Unterschiede..	21	19
	c) Konkurrenzen...	25	20
	4. Verhältnis des Lauterkeitsrechts zum Immaterialgüterrecht (BRAUCHBAR)...	26	21
	a) Konkurrenzverhältnis im Allgemeinen........................	26	23
	aa) Vorbemerkungen...	26	23
	bb) Immaterialgüterrechte als lex specialis.............	28	23
	cc) Die Umwegthese und ihre Kritik.....................	29	24
	dd) Die autonome Anwendung des UWG..............	33	26
	ee) Kein direkter lauterkeitsrechtlicher Leistungsschutz.............	37	28
	b) Verhältnis zu den Immaterialgüterrechten im Einzelnen...............	39	29
	aa) Markenrecht..	39	29
	bb) Designrecht...	44	31
	cc) Urheberrecht..	47	33
	dd) Patentrecht...	51	34
	5. Verhältnis des Lauterkeitsrechts zum Wirtschaftsverwaltungs- und Strafrecht (JUNG)..	53	35
III.	Rechtsquellen des schweizerischen Lauterkeitsrechts (JUNG)...............	54	35
	1. Kompetenzverteilung und Normenhierarchie...........................	54	36
	2. Menschen- und Grundrechte..	57	37
	a) Wirkungsmechanismen der Menschen- und Grundrechte im Lauterkeitsrecht...	57	37
	aa) Abwehrfunktion...	57	37
	bb) Massstabs- und Schutzfunktion......................	58	37
	b) Bedeutung einzelner Menschen- und Grundrechte für das Lauterkeitsrecht...	59	38

				Note	Seite
		aa)	Wirtschaftsfreiheit	59	38
		bb)	Menschenwürde	60	39
		cc)	Kommunikationsgrundrechte	61	39
			aaa) EMRK	61	39
			bbb) Kommunikationsgrundrechte der Bundesverfassung	63	41
		dd)	Wissenschafts- und Kunstfreiheit	67	42
		ee)	Eigentumsgarantie	68	43
		ff)	Verfahrensgrundrechte	69	43
	3.	Einfache Bundesgesetze		70	43
		a)	Gesetz gegen den unlauteren Wettbewerb vom 19. Dezember 1986 (UWG)	70	43
		b)	Weitere Bundesgesetze mit lauterkeitsrechtlicher Relevanz	71	44
	4.	Verordnungsrecht		73	44
	5.	Richterrecht		75	45
	6.	Selbstregulierung		76	45
IV.	Prinzipien und Charakteristika des schweizerischen Rechts gegen den unlauteren Wettbewerb (JUNG)			80	47
V.	Geschichte und Perspektiven des schweizerischen Lauterkeitsrechts (JUNG)			84	49
	1.	Ursprünge des schweizerischen Lauterkeitsrechts		84	50
	2.	Das schweizerische Lauterkeitsrecht unter dem alten UWG von 1943		85	51
	3.	Das schweizerische Lauterkeitsrecht seit Inkrafttreten des UWG 1986		87	52
		a)	Entstehung des UWG von 1986	87	52
		b)	Änderungen durch die Neufassung des UWG im Jahre 1986	88	52
		c)	Änderungen des UWG seit 1986	91	53
		d)	Gescheiterte Revisionen	92	54
	4.	Geplante Revision des UWG (E-UWG 2009)		93	55
B.	Internationales Lauterkeitsrecht (JPR/JZVR) (GROLIMUND)			96	58
I.	Übersicht			96	59
II.	Rechtsquellen			98	60
	1.	IPRG		98	60
	2.	Staatsverträge		99	60
	3.	Exkurs: Entwicklungen im EU-Recht		101	61
		a)	«Rom II-Verordnung»	101	61
		b)	Primärrechtliches Herkunftslandprinzip	102	62
		c)	Sekundärrechtliches Herkunftslandprinzip	103	63
		d)	Verhältnis zwischen der «Rom II-Verordnung» und dem sekundärrechtlichen Herkunftslandprinzip	104	63
		e)	Auswirkungen auf die Schweiz	105	64
III.	Internationalität			106	65
IV.	Anwendbares Recht			107	65
	1.	Übersicht		107	65
	2.	Sachlicher Anwendungsbereich von Art. 136 IPRG		108	65

			Note	Seite
3.	Regelanknüpfung		110	66
	a)	Bestimmung des Marktortes	110	66
	b)	Multistate-Delikte (Streudelikte)	112	67
4.	Vorrangige Sonderanknüpfungen		116	69
	a)	Bilaterale Wettbewerbsverstösse	116	69
	b)	Rechtswahl und akzessorische Anknüpfung	118	71
5.	Korrektur der Verweisung aufgrund allgemeiner Vorschriften des IPRG		119	71
6.	Geltungsbereich der lex causae		120	71
7.	Abgrenzungen		121	72
	a)	Kartellrecht	121	72
	b)	Immaterialgüterrecht, Namens- und Firmenrecht	122	72
	c)	Persönlichkeitsrecht	123	73
	d)	Ansprüche aus Vertrag oder Vertragsverhandlungen	124	73
V. Prozessuales			125	73
1.	Zuständigkeit		125	73
	a)	Hauptverfahren	125	73
	b)	Vorsorgliche Massnahmen	131	75
2.	Abgrenzung zwischen der materiell-rechtlichen lex causae und der prozessualen lex fori		134	76
	a)	Sachliche Zuständigkeit	135	76
	b)	Verfahrensart	136	76
	c)	Aktiv- und Passivlegitimation	137	77
	d)	Ansprüche und Rechtsbegehren	138	77
	e)	Beweisfragen	139	77
	f)	Vorsorgliche Massnahmen	140	78
	g)	Verjährung, Verwirkung und Verrechnung	142	78
3.	Anerkennung und Vollstreckung ausländischer Urteile		143	78
4.	Internationale Zivilrechtshilfe		145	79
C. Transnationales Recht gegen den unlauteren Wettbewerb (JUNG)			150	81
I. Völkerrechtliche Grundlagen des Lauterkeitsrechts			150	82
1.	Pariser Verbandsübereinkunft (PVÜ)		151	82
2.	Agreement on Trade-Related Aspects of Intellectual Property Rights (TRIPS)		154	83
3.	Übereinkommen im Rahmen der WTO		158	84
4.	Bilaterale Staatsverträge		159	85
II. Transnationales Soft Law			160	85
D. Supranationales Lauterkeitsrecht der EU (JUNG)			161	86
I. Primäres EU-Lauterkeitsrecht			161	87
1.	Zielvorgaben und Kompetenzgrundlagen		161	87
2.	Grundfreiheiten		162	89
	a)	Warenverkehrsfreiheit	163	89
	b)	Dienstleistungsfreiheit	165	91

3

Einleitung PETER JUNG / SIMONE BRAUCHBAR BIRKHÄUSER / PASCAL GROLIMUND

				Note	Seite
II.	Sekundäres EU-Lauterkeitsrecht			167	92
	1.	Liste der wichtigsten sekundären Rechtsakte mit Bezug zum Lauterkeitsrecht		167	92
		a)	Richtlinien	167	92
		b)	Verordnungen	168	95
	2.	Schutzzwecke des Sekundärrechts		169	96
	3.	Einzelne Tatbestände unlauteren Wettbewerbs		171	97
		a)	Irreführung	171	97
			aa) Allgemeiner Schutz gegen Irreführung	171	97
			bb) Sonderregelungen des Irreführungsschutzes	173	99
		b)	Vergleichende Werbung	174	99
		c)	Aggressive Geschäftspraktiken	176	100
	4.	Regelung besonderer Werbeformen		178	101
		a)	Kommerzielle Kommunikation im elektronischen Geschäftsverkehr	178	101
		b)	Audiovisuelle Mediendienste	179	101
	5.	Produktspezifische Regelungen		182	102
		a)	Lebensmittel	182	102
		b)	Humanarzneimittel	183	103
		c)	Tabak	184	103
III.	Bedeutung des EU-Rechts für das schweizerische Lauterkeitsrecht			185	103
	1.	Autonom nachvollzogenes EU-Lauterkeitsrecht		185	103
	2.	Lauterkeitsrechtliche Bedeutung der Warenverkehrsfreiheit		187	105
	3.	EU-Lauterkeitsrecht als Argumentationsschatz		188	105
E.	Ausländische Lauterkeitsrechte – Quellen und Literaturhinweise (JUNG)			189	106
I.	Allgemeine Literatur zum ausländischen Lauterkeitsrecht			189	106
II.	Rechtsvergleichende Literatur zu lauterkeitsrechtlichen Einzelfragen (Mehrländervergleiche)			190	107
	1.	Behinderung		190	107
	2.	Irreführung		191	107
	3.	Vergleichende Werbung		192	107
	4.	Aggressive Geschäftspraktiken		193	107
	5.	Nachahmung		194	108
III.	Lauterkeitsrecht in europäischen Ländern			195	108
	1.	Belgien		195	108
		a)	Rechtsquellen	195	108
		b)	Literaturhinweise	196	108
	2.	Bulgarien		197	109
		a)	Rechtsquellen	197	109
		b)	Literaturhinweise	198	109
	3.	Dänemark		199	109
		a)	Rechtsquellen	199	109
		b)	Literaturhinweise	200	110

		Note	Seite
4.	Deutschland	201	110
	a) Rechtsquellen	201	110
	b) Literaturhinweise	202	110
5.	Estland	203	111
	a) Rechtsquellen	203	111
	b) Literatur	204	111
6.	Finnland	205	111
	a) Rechtsquellen	205	111
	b) Literaturhinweise	206	112
7.	Frankreich	207	112
	a) Rechtsquellen	207	112
	b) Literaturhinweise	208	113
8.	Griechenland	209	113
	a) Rechtsquellen	209	113
	b) Literaturhinweise	210	113
9.	Grossbritannien	211	114
	a) Rechtsquellen	211	114
	b) Literaturhinweise	212	115
10.	Irland	213	115
	a) Rechtsquellen	213	115
	b) Literaturhinweise	214	116
11.	Italien	215	116
	a) Rechtsquellen	215	116
	b) Literaturhinweise	216	116
12.	Lettland	217	117
	a) Rechtsquellen	217	117
	b) Literaturhinweise	218	117
13.	Liechtenstein	219	117
	a) Rechtsquellen	219	118
	b) Literaturhinweise	220	118
14.	Litauen	221	117
	a) Rechtsquellen	221	117
	b) Literaturhinweise	222	118
15.	Luxemburg	223	119
	a) Rechtsquellen	223	119
	b) Literaturhinweise	224	119
16.	Niederlande	225	119
	a) Rechtsquellen	225	119
	b) Literaturhinweise	226	120
17.	Österreich	227	120
	a) Rechtsquellen	227	120
	b) Literaturhinweise	228	120

5

			Note	Seite
18.	Polen		229	121
	a)	Rechtsquellen	229	121
	b)	Literaturhinweise	230	121
19.	Portugal		231	121
	a)	Rechtsquellen	231	121
	b)	Literaturhinweise	232	122
20.	Rumänien		233	122
	a)	Rechtsquellen	233	122
	b)	Literaturhinweise	234	122
21.	Russische Föderation		235	123
	a)	Rechtsquellen	235	123
	b)	Literaturhinweise	236	123
22.	Schweden		237	123
	a)	Rechtsquellen	237	123
	b)	Literaturhinweise	238	123
23.	Slowakei		239	124
	a)	Rechtsquellen	239	124
	b)	Literaturhinweise	240	124
24.	Slowenien		241	125
	a)	Rechtsquellen	241	125
	b)	Literaturhinweise	242	125
25.	Spanien		243	125
	a)	Rechtsquellen	243	125
	b)	Literaturhinweise	244	125
26.	Tschechische Republik		245	126
	a)	Rechtsquellen	245	126
	b)	Literaturhinweise	246	126
27.	Ukraine		247	127
	a)	Rechtsquellen	247	127
	b)	Literaturhinweise	248	127
28.	Ungarn		249	127
	a)	Rechtsquellen	249	127
	b)	Literaturhinweise	250	128

A. Grundlagen des schweizerischen Rechts gegen den unlauteren Wettbewerb

I. Gegenstand des schweizerischen Lauterkeitsrechts

Literatur

M. BAMMATTER, Der Begriff des Leistungswettbewerbs im schweizerischen Lauterkeitsrecht, Bern 1990; C. BAUDENBACHER, Suggestivwerbung und Lauterkeitsrecht, Zürich 1978; DERS., Zusammenhänge zwischen Recht des unlauteren Wettbewerbs und Kartellrecht, ZBJV 119 (1983), 161 ff.; DERS. (Hrsg.), Das UWG auf neuer Grundlage, Bern 1989; M. BERGER, Die funktionale Konkretisierung von Art. 2 UWG, Zürich 1997; F. DESSEMONTET, Théorie fonctionnaliste de la concurrence et droits subjectifs, SZW 1994, 117 ff.; B. DUTOIT, Les nouveaux délits de concurrence ou le droit à la poursuite de son ombre, in: La nouvelle loi fédérale contre la concurrence déloyale, CEDIDAC Nr. 11, Lausanne 1988, 17 ff.; A. M. GAUTSCHI, Konsumentenschutz als Dimension des UWG – Diskussion der Vernehmlassungsvorlage zur Revision des UWG, in: sic! 2008, 942 ff.; O. A. GERMANN, Zum Leistungsprinzip im Wettbewerbsrecht, WuR 1968, 143 ff.; C. HILTI, Zum Anwendungsbereich des neuen Bundesgesetzes gegen unlauteren Wettbewerb (UWG), SJZ 1989, 129 ff.; K. HOTZ, Zur Bedeutung des Bundesgesetzes über den unlauteren Wettbewerb (UWG) für die Massenmedien, SJZ 1990, 26 ff.; Y. JÖHRI, Werbung im Internet – Rechtsvergleichende, lauterkeitsrechtliche Beurteilung von Werbeformen, Zürich 2000; M. KUMMER, Anwendungsbereich und Schutzgut der privatrechtlichen Rechtssätze gegen unlautern und gegen freiheitsbeschränkenden Wettbewerb, Bern 1960; D. LINDER, Das UWG als Ansatz des Konsumentenschutzes – Instrumentalisierung des Lauterkeitsrechts im Hinblick auf den Schutz von Konsumenteninteressen?, Zürich 1994; E. MARTIN-ACHARD, La Loi fédérale contre la concurrence déloyale du 19 décembre 1986 (LCD), Lausanne 1988; J. MICHEL, Die Entwicklung des zivilrechtlichen Begriffes «Unlauterer Wettbewerb», unter besonderer Berücksichtigung der Bundesgerichtspraxis, Bern 1946; J. MÜLLER, Einleitung und Generalklausel (Art. 1–2 UWG), in: R. von Büren/L. David (Hrsg.), SIWR V/1, 2. Aufl., Basel 1998, 1 ff.; M. PEDRAZZINI, Zur Praxisrelevanz der UWG-Revision für das Gebiet des Zivilrechts, SJZ 1981, 121 ff.; M. PEDRAZZINI/F. PEDRAZZINI, Unlauterer Wettbewerb – UWG, 2. Aufl., Bern 2002, N 1.01 ff.; A. PERRIN, La concurrence économique selon les dispositions civiles de la loi fédérale sur la concurrence déloyale du 30 septembre 1943, Lausanne 1960; H. M. RIEMER, Persönlichkeitsrechte und Persönlichkeitsschutz gem. Art. 28 ff. ZGB im Verhältnis zum Datenschutz-, Immaterialgüter- und Wettbewerbsrecht, sic! 1999, 103 ff.; P. SALADIN, Das Recht auf Werbung und seine öffentlich-rechtlichen Schranken, Bern 1969; U. SAXER, Die Anwendung des UWG auf ideelle Grundrechtsbetätigungen: eine Problemskizze, AJP 1993, 604 ff.; W. SCHLUEP, Vom lauteren zum freien Wettbewerb, in: Zum Wirtschaftsrecht, Bern 1978; DERS., Wirksamer Wettbewerb – Schlüsselbegriff des neuen schweizerischen Wettbewerbsrechts, Bern 1987; DERS., Über den Begriff der Wettbewerbsverfälschung, in: H. Merz/W. Schluep (Hrsg.), Recht und Wirtschaft heute, FS Kummer, Bern 1980, 487 ff.; DERS., Wettbewerbsfreiheit – staatliche Wirtschaftspolitik: Gegensatz oder Ergänzung?, ZSR 1991, 51 ff.; M. SENN, Kommerzielle Äusserungen im Schutze der Meinungsäusserungsfreiheit, sic! 1999, 111 ff.; K. SPOENDLIN, Zum Verhältnis zwischen Privatrecht und öffentlichem Recht im schweizerischen Wettbewerbsrecht (Kartellgesetz und UWG), in: Privatrecht, Öffentliches Recht, Strafrecht: Grenzen und Grenzüberschreitungen, Festgabe zum Schweizerischen Juristentag, Basel 1985, 361 ff.; H. P. WALTER, Das Wettbewerbsverhältnis im neuen UWG, SMI 1992, 169 ff.

1. Schutzgegenstand

1   Der Gegenstand des schweizerischen Lauterkeitsrechts kann zum einen funktional mit Hilfe der objektiven und subjektiven Schutzziele dieses Rechtsgebiets (vgl. **Art. 1 UWG**) umschrieben werden. Danach geht es in sachlicher Hinsicht um den Schutz des lauteren und unverfälschten (wirtschaftlichen) Wettbewerbs sowie in subjektiver Hinsicht um den Schutz der Interessen aller am Wettbewerb beteiligten Personen und ggf. der Allgemeinheit (näher Art. 1 N. 2 ff.). Nach dem Willen des Gesetzgebers und der Konzeption des UWG soll das Lauterkeitsrecht diesen Schutz vor allem mit zivilrechtlichen Mitteln gewähren (Art. 9 ff.), doch kommen daneben auch strafrechtliche (Art. 23 ff.) und verwaltungsrechtliche (Art. 16 ff., VStrR) Sanktionen in Betracht[1].

2. Regelungsgegenstand

2   Regelungsgegenstand des schweizerischen Lauterkeitsrechts ist die nicht allein im UWG enthaltene rechtliche **Ordnung von wettbewerbsrelevanten Verhaltensweisen** (näher Art. 2 N 11 ff.) unter geschäftsmoralischen und wettbewerbsfunktionalen Aspekten (näher Art. 1 N. 15 ff.). Das sachlich erfasste Verhalten ist mithin ein wirtschafts- und wettbewerbsrelevantes Verhalten. Ein solches ist nur gegeben, wenn das Verhalten dazu bestimmt oder geeignet ist, sich auf die Marktverhältnisse auszuwirken[2] bzw. objektiv auf eine Beeinflussung der Wettbewerbsverhältnisse angelegt ist und nicht in einem völlig anderen Zusammenhang erfolgt[3]. Das wettbewerbsrelevante Verhalten kann nicht nur von einer am Wettbewerb selbst beteiligten Person, sondern auch von Dritten ausgehen (Art. 2 N 18).

3   In der Werbewirtschaft[4] und im EU-Recht[5] wird das für das UWG massgebliche wettbewerbsrelevante Verhalten auch als **kommerzielle Kommunikation** bezeichnet. Nach SLK-Grundsatz 1.2 ist unter kommerzieller Kommunikation «jede Massnahme von Konkurrenten oder Dritten zu verstehen, die eine Mehrheit von Personen systematisch in ihrer Einstellung zu bestimmten Waren, Werken, Leistungen oder Geschäftsverhältnissen zum Zweck des Abschlusses eines Rechtsgeschäftes oder seiner Verhinderung beeinflussen» kann. Hierzu werden neben der (öffentlichen) werbenden Äusserung auch andere Massnahmen wie die Verkaufsförderung, das Direktmarketing, das Sponsoring und die Öffentlichkeitsarbeit (auch sog. Pub-

---

[1] Botschaft UWG, 1009, 1017.
[2] BGE 124 III 297, 302 («Motor-Columbus AG»).
[3] BGE 120 II 76, 78 («Mikrowellenherd I»).
[4] Siehe dazu insbesondere die Grundsätze der SLK, die den Untertitel «Lauterkeit in der kommerziellen Kommunikation» tragen (abgedruckt im Anhang III Nr. 30; näher zu den SLK-Grundsätzen N 78); ferner etwa SCHWENNINGER, in: T. Geiser/P. Krauskopf/P. Münch (Hrsg.), Schweizerisches und europäisches Wettbewerbsrecht, 2005, N 5.1 ff.
[5] Vgl. dazu auch die ähnlichen Definitionen in Art. 2 lit. f der E-Commerce-Richtlinie 2000/31/EG (N 178) und in Art. 1 lit. h der Mediendienste-Richtlinie 89/552/EWG (N 179).

lic Relations) gezählt[6]. Im Vergleich hierzu noch weiter gefasst sind der in Art. 2 UWG verwendete Begriff **Geschäftsgebaren** (Art. 2 N 10) und der in der Richtlinie 2005/29/EG verwendete Begriff der **Geschäftspraktiken**[7].

Im **UWG** sowie auch sonst gelegentlich im juristischen Sprachgebrauch wird zwischen zwei Unterkategorien relevanten Wettbewerbsverhaltens, nämlich den **Werbe- und Verkaufsmethoden,** unterschieden (vgl. auch die Marginalie zu Art. 3). So nehmen Art. 3 lit. f und Art. 17 («in der Werbung») sowie Art. 3 lit. k, lit. l und lit. n («bei öffentlichen Auskündigungen») auf Werbemassnahmen i.e.S. Bezug. Demgegenüber stellen Art. 3 lit. h («aggressive Verkaufsmethoden») und Art. 16 («zum Kaufe angeboten») auf einen Zusammenhang mit der Anbahnung von Austauschgeschäften ab. Zumindest ausserhalb der genannten Vorschriften führt die überholte Dichotomie jedoch nicht weiter. Sie schafft unnötige Abgrenzungsprobleme und erweist sich bei der Erfassung der nach Art. 2 ff. grundsätzlich relevanten Wettbewerbshandlungen letztlich als zu eng. 4

Der **Begriff der Werbung** wird im allgemeinen Sprachgebrauch und im Gesetz **uneinheitlich** verwendet. Ausserhalb des UWG und gerade auch in der Umgangssprache dient er teilweise als Synonym für die kommerzielle Kommunikation insgesamt[8]. In der **Richtlinie 84/450/EWG** wird eine kommerzielle «Äusserung» verlangt, so dass tatsächliche Werbemassnahmen nur dann unter die Richtlinie fallen, wenn sie eine solche zumindest stillschweigend mit enthalten[9]. Im **Vertragsrecht** wird «Werbung» sehr häufig als Sammelbegriff für alle Äusserungen eines Anbieters verstanden werden, die nicht als verbindlicher Antrag i.S.v. Art. 3 ff. OR zu qualifizieren sind. Im **UWG** (Art. 3 lit. f, lit. k, lit. l und lit. n, Art. 17) und einigen anderen lauterkeitsrechtlich relevanten Normen ist die Werbung von anderen Massnahmen der kommerziellen Kommunikation und insbesondere den sog. Verkaufsmethoden zu unterscheiden, wobei die Abgrenzung je nach Normzweck durchaus an- 5

---

[6] SCHWENNINGER, in: T. Geiser/P. Krauskopf/P. Münch (Hrsg.), Schweizerisches und europäisches Wettbewerbsrecht, 2005, N 5.1 ff.; vgl. dazu auch die Definition des Begriffs «marketing communication» in der Einleitung des ICC Code of Advertising and Marketing Communication Practice, 11: «the term ... includes advertising as well as other techniques, such as promotions, sponsorships, and direct marketing, and should be interpreted broadly to mean any form of communication produced directly by or on behalf of marketers intended primarily to promote products or to influence consumer behaviour».

[7] So definiert Art. 2 lit. d der Richtlinie 2005/29/EG als Geschäftspraktiken «jede Handlung, Unterlassung, Verhaltensweise oder Erklärung, kommerzielle Mitteilung einschließlich Werbung und Marketing eines Gewerbetreibenden, die unmittelbar mit der Absatzförderung, dem Verkauf oder der Lieferung eines Produkts an Verbraucher zusammenhängt».

[8] Vgl. dazu etwa die Definition der Arzneimittelwerbung in Art. 2 lit. a AWV: «alle Massnahmen zur Information, Marktbearbeitung und Schaffung von Anreizen, welche zum Ziel haben, die Verschreibung, die Abgabe, den Verkauf, den Verbrauch oder die Anwendung von Arzneimitteln zu fördern».

[9] So definiert Art. 2 Nr. 1 der Richtlinie 84/450/EWG Werbung als «jede Äußerung bei der Ausübung eines Handels, Gewerbes, Handwerks oder freien Berufs mit dem Ziel, den Absatz von Waren oder die Erbringung von Dienstleistungen, einschließlich unbeweglicher Sachen, Rechte und Verpflichtungen zu fördern».

hand unterschiedlicher Kriterien vorgenommen wird. So soll bei **Art. 3 lit. f** dem Anbieter nur die Möglichkeit gegeben werden, im Einzelfall ein konkretes Angebot unter dem Einstandspreis zu machen, so dass unter den dortigen Begriff der Werbung jedes an einen unbestimmten bzw. nicht klar abgegrenzten Personenkreis gerichtete Angebot und mithin etwa auch die Schaufensterwerbung fällt (näher Art. 3 lit. f N 52 ff.). Im Rahmen der **Art. 3 lit. k, lit. l und lit. n** wird unter «öffentlichen Auskündigungen» eine Äusserung verstanden, die sich ebenfalls an einen unbestimmten bzw. nicht klar abgegrenzten Personenkreis richtet. Dies ist auch die bereits durch das Medium bedingte Vorstellung vom Begriff der öffentlichen (Radio- und Fernseh-)Werbung in **Art. 2 lit. k RTVG**[10]. Bei **Art. 17** wird der Werbebegriff in Abgrenzung zu Art. 16 hingegen etwas **enger** gezogen. Erfasst wird dort nämlich nur die öffentliche und räumlich von konkreten Leistungsangeboten getrennte Werbung, so dass etwa die Schaufensterwerbung hinsichtlich der Preisbekanntgabepflicht unter Art. 16 und nicht unter Art. 17 fällt (näher Art. 16 N 13)[11]. Ähnliches gilt für den Begriff der Werbemethode, der im Rahmen von **Art. 3 lit. h** den Gegenbegriff zur dort erwähnten Verkaufsmethode (N 7) bildet. Insbesondere im **Arzneimittelrecht** wird die Werbung, die durch das Ziel der Absatzförderung gekennzeichnet sei, von der neutralen Information unterschieden[12].

6 Uneinheitlich ist auch die Verwendung des Begriffes der **öffentlichen Werbung**. In der Regel wird mit dem Zusatz «öffentlich» auf das Erfordernis eines unbestimmten bzw. nicht abgegrenzten Personenkreises (z.B. Art. 2 lit. k RTVG, Art. 2 lit. d BEHG[13]) Bezug genommen. Teilweise erscheint der Begriff der öffentlichen Werbung aber auch als Synonym für die Publikumswerbung im Unterschied zur Fachwerbung[14]. «Öffentlich» bedeutet dann, dass sich die Werbung an jedermann unter Einschluss auch von nicht fachkundigen Personen richtet[15].

7 Gegenbegriff zur Werbung bzw. zur Werbemassnahme ist im UWG bisweilen der Begriff der **Verkaufsmethode** (Art. 3 lit. h, Art. 16). Bei ihm geht es um die An-

---

[10] Vgl. dazu etwa die Definition der (Radio- und Fernseh-)Werbung in Art. 2 lit. k RTVG: «jede öffentliche Äusserung im Programm, welche die Förderung des Abschlusses von Rechtsgeschäften über Waren oder Dienstleistungen, die Unterstützung einer Sache oder Idee oder die Erzielung einer anderen vom Werbetreibenden oder vom Rundfunkveranstalter selbst gewünschten Wirkung zum Zweck hat und gegen Bezahlung oder eine ähnliche Gegenleistung oder als Eigenwerbung verbreitet wird».

[11] Dazu PBV-Wegleitung SECO 2007, 14.

[12] BGer (2A.63/2006) sic! 2007, 129 («Relpax»).

[13] Siehe zur Konkretisierung des Begriffs des öffentlichen Angebots in Art. 2 lit. d BEHG sowie Art. 3 Abs. 2–4, 6 und 7, Art. 4 BEHV, N 14 des FINMA-RS 08/5 Effektenhändler v. 20.11.2008, wonach in Anlehnung an Art. 3 Abs. 1 BankV ein Angebot als öffentlich gilt, «wenn es sich an unbestimmt viele richtet, d.h. insbesondere durch Inserate, Prospekte, Rundschreiben oder elektronische Medien verbreitet wird».

[14] Siehe zur Unterscheidung zwischen Fach- und Publikumswerbung generell Art. 2 ff. AWV (Fachwerbung) und Art. 14 ff. AWV (Publikumswerbung).

[15] Siehe dazu etwa Art. 3 KAG: «Als öffentliche Werbung im Sinne dieses Gesetzes gilt jede Werbung, die sich an das Publikum richtet. ... Die Werbung gilt als nicht öffentlich, wenn sie sich ausschliesslich an qualifizierte Anleger gemäss Artikel 10 Absatz 3 richtet.»

bahnung konkreter Geschäfte. Zumindest im Privatrecht und im öffentlichen Recht wird der sprachlich zu eng gefasste Begriff der *Verkaufs*methode nicht auf die Anbahnung von Kaufgeschäften beschränkt. Lediglich im Strafrecht (Art. 23 i.V.m. Art. 3 lit. h) ist aufgrund des dort geltenden Bestimmtheitsgebots die Grenze des noch möglichen Wortsinns zu beachten, so dass insoweit nur individuelle Massnahmen im Hinblick auf den Abschluss von Kaufverträgen und typengemischten Verträgen mit kaufrechtlichem Element (z.b. Finanzierungsleasing) erfasst werden. Auch beim Begriff der Verkaufsmethode gilt es, unterschiedliche Nuancierungen zu beachten. So wird im Rahmen von **Art. 3 lit. h** verlangt, dass der Kunde direkt und persönlich (wenn auch nicht notwendig von Angesicht zu Angesicht[16]) angesprochen wird, so dass er sich entsprechend der *ratio legis* nur schwer dem auf ihn ausgeübten physischen oder psychischen Druck entziehen kann (näher Art. 3 lit. h N 5 ff.). Demgegenüber ist der auch sprachlich etwas anders gefasste Begriff im Rahmen von **Art. 16** («zum Kaufe angeboten») etwas weiter zu ziehen, so dass dort über die direkte und persönliche Ansprache hinaus jede in einem räumlichen Zusammenhang mit einem konkreten Angebot stehende Massnahme insbesondere unter Einschluss der Schaufensterwerbung erfasst wird.

II. Der Standort des Lauterkeitsrechts in der schweizerischen Rechtsordnung

Die Bestimmung des Standorts des Lauterkeitsrechts in der schweizerischen Rechtsordnung stösst auf **Schwierigkeiten, da** es sich um eine wesensmässig, inhaltlich und funktional **heterogene** sowie sehr dynamische **Rechtsmaterie** handelt. Dem **Wesen** nach finden sich im Lauterkeitsrecht sowohl privatrechtliche wie auch verwaltungs- und strafrechtliche Regelungen. Dies wirft nicht nur Fragen nach dem Verhältnis von privat-, verwaltungs- und strafrechtlichen Grundsätzen innerhalb des Lauterkeitsrechts auf[17], es entstehen damit auch Konkurrenzfragen[18]. **Inhaltlich** ist das Lauterkeitsrecht so vielfältig wie die seinen Regelungsgegenstand bildenden wettbewerbsrelevanten Verhaltensweisen (N 2 ff.). Während es insoweit gegenüber dem allgemeinen Deliktsrecht als die engere und gegenüber dem Immaterialgüterrecht als die weitere Materie erscheint, ist damit aber noch nichts über sein im Lichte der Schutzzwecke wertend zu betrachtendes Verhältnis zu diesen Rechtsmaterien ausgesagt (N 10 ff.). Die **Vielfalt der Schutzzwecke** des Lauterkeitsrechts (N 1 und Art. 1 N 2 ff.) erschwert auch in funktionaler Hinsicht die Abgrenzung zu ande-

8

---

[16] BGer sic! 2003, 354, E. 3.1 («Telefaxverzeichnis»); BGer sic! 2002, 697, E. 4.b.dd («Garantieversand»).
[17] Beispiele bilden das Problem einer sog. gespaltenen zivil- und strafrechtlichen Auslegung von UWG-Normen (Art. 23 N 5 ff.) oder die Frage des Verhältnisses von Art. 19 zur strafrechtlichen Selbstbelastungsfreiheit.
[18] Beispiele bilden das Konkurrenzverhältnis zwischen der zivilrechtlichen Gewinnabschöpfung, der verwaltungsrechtlichen Bebussung und der strafrechtlichen Einziehung sowie die Konkurrenz zwischen Art. 23 i.V.m. Art. 3 lit. d und den Strafnormen des Immaterialgüterrechts (Art. 23 N 44 ff.).

ren Rechtsgebieten. So werfen die Anerkennung des sog. funktionalen Ansatzes durch Art. 1 UWG 1986 (Art. 1 N 15 ff.) und die Einführung von unmittelbar die Konsumenten schützenden Regelungen (Art. 3 lit. k–n) zusätzliche Fragen bei der Abgrenzung zum Kartellrecht (N 20 ff.) bzw. zum allgemein privatrechtlichen Konsumentenschutz (N 15) auf.

9   Das Lauterkeitsrecht ist schliesslich in allen genannten und für die Abgrenzung wesentlichen Gesichtspunkten eine sehr **dynamische Rechtsmaterie**, die inzwischen nicht mehr nur durch die Rechtsprechung, sondern auch durch den Gesetzgeber in immer rascherer Folge fortentwickelt wird. Wie dies insbesondere die aktuelle Revisionsvorlage vom 6.6.2008 deutlich macht, zeichnen sich insoweit ein Trend weg vom privatrechtlichen hin zum verwaltungs-[19] und strafrechtlichen[20] Schutz sowie ein Trend zur Verortung des eigentlich zum Regelungsgegenstand des Obligationenrechts gehörenden unmittelbaren Schutzes der schwächeren Vertragspartei im Lauterkeitsrecht ab. Verwischt oder verschoben wird die Grenze zu anderen Rechtsgebieten auch durch die Auslagerung von bislang im UWG verorteten Regelungsmaterien in Spezialgesetze einerseits[21] und die Rückführung von bis anhin in Spezialgesetzen geregelten Materien in das UWG andererseits[22].

1. Verhältnis des privaten Lauterkeitsrechts zum allgemeinen Privatrecht

Literatur

P. ABBT, Konsumentenschutz und Wettbewerb – Ein Spannungsverhältnis. Erläutert am Bundesgesetz gegen den unlauteren Wettbewerb, UWG, Zürich 1994; C. ALEXANDER, Vertrag und unlauterer Wettbewerb – Eine Untersuchung der wechselseitigen Beziehungen von Vertragsrecht und Wettbewerbsrecht zueinander, Berlin 2002; M. LEISTNER, Richtiger Vertrag und lauterer Wettbewerb, Tübingen 2007; D. LINDER, Das UWG als Ansatz des Konsumentenschutzes – Instrumentalisierung des Lauterkeitsrechts im Hinblick auf den Schutz von Konsumenteninteressen, Zürich 1994; M. M. PEDRAZZINI, Helvetische Glossen zum Persönlichkeitsrecht, in: P. Hofmann/U. Meyer-Cording/H. Wiedemann (Hrsg.), Festschrift für Klemens Pleyer zum 65. Geburtstag, Köln 1986, 567 ff.; M. M. PEDRAZZINI/F. PEDRAZZINI, Unlauterer Wettbewerb, 2. Aufl., Bern 2002, N 3.12 ff.; H. M. RIEMER, Persönlichkeitsrechte und Persönlichkeitsschutz gemäss Art. 28 ff. ZGB im Verhältnis zum Datenschutz, Immaterialgüter- und Wettbewerbsrecht, sic! 1999, 103 ff.; S. TILLER, Gewährleistung und Irreführung – Eine Untersuchung zum Schutz des Verbrauchers bei irreführender Werbung, München 2005.

---

[19] Ein Beispiel bildet die angestrebte Ausweitung des Klagerechts des Bundes (Art. 10 Abs. 3 und 5 E-UWG 2009), die vom Misstrauen gegenüber der Effektivität der zivilrechtlichen Durchsetzung des Lauterkeitsrechts geprägt ist.
[20] Ausprägung dieses Trends sind die immer neuen Vorschläge zur Schaffung strafbewehrter Sondertatbestände im UWG (näher N 93 ff.).
[21] Ein Beispiel bildet die Ausweitung des Markenschutzes durch das MSchG von 1992.
[22] Ein Beispiel bildet die geplante Rückführung der Regelung über sog. Schneeballsysteme (Art. 43 Ziff. 1 LV) in das UWG (Art. 3 lit. r E-UWG 2009).

a) Lauterkeitsrecht und Deliktsrecht

Im Bereich seiner privatrechtlichen Regelungen erscheint das Lauterkeitsrecht systematisch zunächst als **Sonderdeliktsrecht**. Nicht zufällig hat es sich in der Schweiz als eine primär dem Schutz der Mitbewerber dienende Materie aus dem Deliktsrecht heraus entwickelt (N 84) und wird auch heute noch in manchen Rechtsordnungen dem Deliktsrecht zugeschlagen[23]. Auch im schweizerischen Recht findet die deliktsrechtliche Zuordnung noch im Internationalen Privatrecht (Art. 136 IPRG) ihren Ausdruck (näher N 107 ff.). Vom allgemeinen Deliktsrecht **unterscheidet sich** das Lauterkeitsrecht jedoch durch die ausdrückliche Zuerkennung verschuldensunabhängiger Abwehr-, Feststellungs- und Gewinnherausgabeansprüche[24], die generelle Ersatzfähigkeit sog. reiner Vermögensschäden, die grössere Vielfalt an Rechtsfolgen (Art. 9) sowie die erweiterte Aktiv- und Passivlegitimation (Art. 10). Im Gegensatz zum allgemeinen Deliktsrecht, das unmittelbar nur die Integritätsinteressen Dritter schützt, geht es dem Lauterkeitsrecht spätestens seit 1986 auch um den unmittelbaren Schutz des unverfälschten Wettbewerbs und damit einen Funktionsschutz. Der angestrebte Funktionsschutz ist neben der Tatsache, dass es sich bei einer wettbewerbsrelevanten Verhaltensweise um eine sich stets auf mehrere und häufig auf viele Personen auswirkende Massnahme handelt (sog. Multiplikatoreffekt[25]), auch der Grund für die genannten Besonderheiten des im Vergleich strengeren Lauterkeitsrechts.

Das allgemeine Deliktsrecht ist autonom neben dem Lauterkeitsrecht anwendbar[26]. Bei einem schuldhaften schädigenden unlauteren wettbewerbsrelevanten Verhalten stellt sich die Frage, ob neben den einschlägigen Tatbeständen des Lauterkeitsrechts auch **Art. 41 Abs. 1 OR** erfüllt ist. Ist mit dem Wettbewerbsverstoss zugleich eine Persönlichkeitsverletzung verbunden (N 18), kann dies wegen der Verletzung eines absoluten Rechts und der auf diese Weise vorliegenden Widerrechtlichkeit ohne weiteres angenommen werden. In den übrigen Fällen stellt sich nach der herrschenden objektiven Widerrechtlichkeitstheorie[27] die Frage, ob die einschlägigen Tatbestände des Lauterkeitsrechts Schutzgesetze darstellen. Insoweit wird zumeist darauf verwiesen, dass alle und nicht nur die strafbewehrten **Normen des Lauterkeitsrechts Schutzgesetze** i.S.v. Art. 41 Abs. 1 OR sind[28]. Für die

---

[23] So etwa im französischen Recht, wo das Lauterkeitsrecht nicht in einem eigenen Gesetz niedergelegt ist, sondern als Teil des Deliktsrechts (Art. 1382 f. frz.CC) betrachtet wird (näher GOTTHARD, in: C. von Bar (Hrsg.), Deliktsrecht in Europa, Frankreich, Köln 1993, 16 ff.).
[24] Die Ansprüche auf Schadenersatz und Genugtuung setzen nach Art. 9 Abs. 3 UWG i.V.m. Art. 41 OR hingegen ein Verschulden voraus; der Gewinnherausgabeanspruch nach Art. 9 Abs. 3 UWG i.V.m. Art. 423 OR besteht nach h M verschuldensunabhängig (näher ZK-SCHMID, Art. 423 OR N 26 ff.), setzt jedoch Bösgläubigkeit voraus (Art. 9 N 209).
[25] F. BYDLINSKI, System und Prinzipien des Privatrechts, Wien 1996, 447.
[26] So auch BAUDENBACHER, Kommentar UWG, Art. 1 N 74.
[27] Dazu nur BGE 124 III 297, 301 («Motor-Columbus AG») und BK-BREHM, Art. 41 OR N 33d.
[28] ZULLIGER, Eingriffe Dritter in Forderungsrechte, Zürich 1988, 150; BAUDENBACHER, Kommentar UWG, Art. 1 N 74; anders für das deutsche Recht ausdrücklich die Begründung zum dtUWG 2004 BT-Drucks. 15/1487, 22, 34 und 43 sowie BGH NJW 1974, 1503, 1505 («Prüfzeichen»).

Schutzgesetznatur aller lauterkeitsrechtlichen Normen sprechen der Wortlaut und die Systematik von Art. 2, wonach die Widerrechtlichkeit neben der Unlauterkeit eine Rechtsfolge wettbewerbsrelevanter Verstösse gegen Treu und Glauben ist. Während einfache Verstösse gegen Treu und Glauben ausserhalb von Sonderverbindungen nach h.M. nicht als widerrechtlich i.S.v. Art. 41 Abs. 1 OR angesehen werden[29], kann dies bei den nach dem UWG unlauteren Verhaltensweisen aufgrund ihrer Wettbewerbsrelevanz anders sein. Soweit das unlautere Verhalten nach Art. 23 f. auch strafrechtlich geahndet werden kann, kann zudem mit der regelmässig angenommenen Schutzgesetznatur der Strafnormen argumentiert werden. Ein Schutzgesetz liegt jedoch – eigentlich auch unabhängig von ihrer Strafbewehrung – nur vor, wenn die Norm gerade auch den Zweck verfolgt, die geschädigte Person vor entsprechenden Schäden zu bewahren. Nach Art. 1 soll das UWG den lauteren und unverfälschten Wettbewerb im Interesse aller Beteiligten gewährleisten (näher Art. 1 N 2 ff.). Das Schutzziel ist damit zunächst einmal objektiv definiert, so dass sich die Frage stellt, ob die zugleich angesprochenen kollektiven Interessen der Beteiligten nur reflexartig oder auch unmittelbar mit geschützt werden sollen. Zumindest hinsichtlich der Interessen der Mitbewerber wird man von einem unmittelbaren subjektiven Schutzanliegen ausgehen können, da sich das UWG aus dem deliktischen Mitbewerberschutz heraus entwickelt hat (N 84 ff.). Da die Schutzbedürfnisse der Konsumenten zuletzt immer stärker in das Blickfeld des UWG-Gesetzgebers getreten sind und Art. 1 nicht zwischen verschiedenen Kategorien der am Wettbewerb Beteiligten differenziert, sollte das UWG auch zugunsten von Personen auf der Marktgegenseite Schutzgesetzcharakter haben (zu den subjektiven Schutzzwecken des UWG näher Art. 1 N 22 ff.).

12 Bei einer vorsätzlichen («absichtlichen») sittenwidrigen Schädigung durch ein wettbewerbsrelevantes Verhalten besteht zudem Idealkonkurrenz mit **Art. 41 Abs. 2 OR**. Dabei ist zu beachten, dass nicht jedes nach Art. 2 ff. gegen Treu und Glauben verstossende wettbewerbsrelevante Verhalten auch sittenwidrig i.S.v. Art. 41 Abs. 2 OR ist. Überschneidungen ergeben sich insbesondere bei einem betrügerischen Verhalten, der gezielten Behinderung und der Ausbeutung fremder Leistung.

13 Da das UWG in Art. 9 f. UWG ein komplettes zivilrechtliches Sanktionssystem mit erweiterter Aktivlegitimation vorsieht[30] und die UWG-Ansprüche ebenfalls nach Art. 60 OR verjähren, hat die parallele Anwendbarkeit des Deliktsrechts nur **verfahrensrechtliche Bedeutung** (zu den Besonderheiten des UWG-Verfahrens siehe Art. 12–15).

---

[29] Siehe dazu nur BGE 108 II 305, 311 f.
[30] Das allgemeine Deliktsrecht kennt hingegen nur Schadenersatz- und Genugtuungsansprüche sowie bei der Verletzung absoluter Rechtsgüter auch vereinzelt weitere Rechtsfolgen (z.B. Unterlassungsansprüche nach Art. 28a Abs. 1 Ziff. 1 und 641 Abs. 2 ZGB).

b) Lauterkeitsrecht und Vertragsrecht

Was das Verhältnis des Lauterkeitsrechts zum Vertragsrecht anbetrifft, so muss zwischen den Beziehungen des Verletzers zur Marktgegenseite (Vertikalverhältnis) und seinen Beziehungen zu den Mitbewerbern (Horizontalverhältnis) sowie dem Eingriff in fremde Vertragsverhältnisse (Drittverhältnis) unterschieden werden:

Im **Vertikalverhältnis** zielt das wettbewerbsrelevante Verhalten in den meisten Fällen unmittelbar oder mittelbar auf den Abschluss eines auf die Leistungserbringung gegen Entgelt gerichteten Vertrags. Ein Teil der lauterkeitsrechtlichen Regelungen verlangt sogar einen unmittelbaren Bezug zu einem (Veräusserungs-)Vertrag (N 7). Ausserdem erstreckt sich kommerzielle Kommunikation in zunehmendem Masse auch auf die Vertragsdurchführung, Vertragsauflösung und das nachvertragliche Verhältnis zur Marktgegenseite. Daraus ergeben sich zahlreiche Überschneidungen zwischen Lauterkeits- und Vertragsrecht. Dabei ist das Vertragsrecht jedoch nur zur Regelung des (vor-/nach-)vertraglichen Individualverhältnisses zwischen Anbietern und Abnehmern berufen (z.b. Anfechtung des konkreten Vertrags bei Irreführung, Vertrauenshaftung), während das Lauterkeitsrecht dem **Schutz der kollektiven Interessen der Marktgegenseite** dient. Diese Kollektivinteressen sind nur im Falle der Wettbewerbsrelevanz berührt (Art. 2 N 11 ff.), woran es bei einem isolierten vertragsrechtlichen Verstoss in aller Regel fehlen wird. Umgekehrt sind auch die vertragsrechtlichen Voraussetzungen von Erfüllungsansprüchen, Anfechtungs-, Widerrufs- und Rücktrittsrechten sowie von Ansprüchen aus Vertrauenshaftung (v.a. c.i.c.) grundsätzlich unabhängig von der lauterkeitsrechtlichen Beurteilung zu prüfen. Dabei ist zu beachten, dass ein unlauteres Verhalten bei der Vertragsanbahnung noch nicht als solches zu einem widerrechtlichen Inhalt des sog. Folgevertrags i.S.v. **Art. 20 Abs. 1 OR** führt. Dies ist nur bei einem sog. Basisvertrag gegeben, der zumindest eine Partei zu einem unlauteren Wettbewerbsverhalten verpflichtet. Im Verhältnis zwischen den Irreführungs- und Drohungstatbeständen des UWG und dem **Irrtumsrecht** ist es von Bedeutung, dass sich das UWG mit einer generellen und ggf. weit im Vorfeld eines konkreten Vertragsabschlusses gegebenen Irreführungs- bzw. Beeinflussungseignung begnügt, während die Anfechtung wegen Irrtums bzw. Drohung einen für die individuelle Willenserklärung kausalen tatsächlichen Irrtum bzw. Zwang voraussetzt. Durchbrochen wird die Trennung von **jeweils autonomem Vertrags- und Lauterkeitsrecht** lediglich im Rahmen von Art. 8. Die Vorschrift stellt aktuell zwar noch mit der irreführenden Verwendung von AGB auf ein typisch lauterkeitsrechtliches Kriterium ab[31], doch tritt bereits heute nach h.M. mit der Nichtigkeit der entsprechenden AGB eine auf den konkreten Vertrag bezogene Rechtsfolge ein.

Betrachtet man das **Horizontalverhältnis** (auch sog. Wettbewerbsverhältnis) zu den Mitbewerbern, so ergeben sich deutlich **weniger Überschneidungen** mit dem Vertragsrecht. Aber auch hier kann in einzelnen Fällen neben dem Wettbewerbs-

---

[31] Nach Art. 8 E-UWG 2009 soll sich freilich auch dies ändern (näher Art. 8 N 77 ff.).

verhältnis ein Vertragsverhältnis bevorstehen, bestehen oder bestanden haben. Dies gilt insbesondere für Art. 5 lit. a und Art. 6 (im Zusammenhang mit einem Vertragsschluss anvertraute Arbeitsergebnisse bzw. Geheimnisse) sowie für Art. 7 (vertraglich begründete Schrankengleichheit der Arbeitsbedingungen)[32]. Auch hier stehen Vertrags- und Lauterkeitsrecht **autonom nebeneinander,** so dass anhand der jeweiligen Voraussetzungen im Einzelfall zu prüfen ist, ob die Verletzung eines UWG-Tatbestands zugleich auch eine schuldhafte Vertragsverletzung darstellt und umgekehrt[33].

17 Vertrags- und Lauterkeitsrecht berühren sich schliesslich dort, wo das unlautere Wettbewerbsverhalten in einem **Eingriff in fremde Vertragsverhältnisse** besteht (Art. 2 N 74 f., 88 und Art. 4). Aufgrund der Relativität des Drittverhältnisses, das Rechte und Pflichten nur zwischen den Vertragsparteien begründet, kommt es hier hinsichtlich des Drittvertrags jedoch zu keinem Nebeneinander von Vertrags- und Lauterkeitsrecht, sondern zwischen Delikts- und Lauterkeitsrecht (N 10 ff.). Sofern mit dem Eingriff in das fremde Vertragsverhältnis allerdings der Abschluss eines weiteren Vertrags zwischen dem Verletzer und einem der Partner des Erstvertrags verbunden ist, kann der Lauterkeitsverstoss die **Sittenwidrigkeit** des Zweitvertrags begründen[34].

c) Lauterkeitsrecht und Persönlichkeitsrecht

18 Das UWG hat auch eine persönlichkeitsrechtliche Wurzel, da die ursprünglich allgemein privatrechtliche Sanktionierung von Wettbewerbsverstössen von der Rechtsprechung immer wieder auch auf eine Verletzung des allgemeinen oder der besonderen Persönlichkeitsrechte gestützt wurde (N 84)[35]. **Bezüge** zwischen beiden Rechtsgebieten ergeben sich namentlich bei Herabsetzungen (Art. 3 lit. a), Verwechslungen (Art. 3 lit. b und lit. d), herabsetzenden Vergleichen (Art. 3 lit. e), aggressiven Verkaufsmethoden (Art. 3 lit. h) und beim Geheimnisverrat (Art. 6). Als Teile des Persönlichkeitsrechts können durch Wettbewerbshandlungen der Schutz der Ehre[36], des Namens[37], des Bildes[38] und der Privatsphäre[39] berührt sein. Die Grösse des Überschneidungsbereichs ist dabei davon abhängig, ob man den Persön-

---

[32] Siehe dazu näher bei Art. 5 N 2, Art. 6 N 6 und Art. 7 N 5.
[33] CJ GE (ACJC 1053/03), 44.
[34] Siehe etwa für den Mehrfachverkauf JUNG, FS Bucher 2009, 336.
[35] Ein frühes Beispiel bildet BGE 21, 1181, 1188 («Singer»).
[36] Siehe dazu Art. 3 lit. a N 11 ff.
[37] Zur wettbewerbsrechtlichen Beschränkbarkeit des Namensrechts im Rahmen einer umfassenden Interessenabwägung etwa BGE 116 II 614 («Gucci»), BGE 125 III 91 («Rytz gegen Rytz») und BGer 4C.376/2004 («maggi.com»); BGer sic! 2009, 268, 271 f. («Gallup»); in der Lehre etwa J. MÜLLER, SIWR V/1, 32 f.
[38] Vgl. dazu den Sachverhalt von OGer ZH ZR 71 (1972) Nr. 36; PEDRAZZINI/PEDRAZZINI, UWG, N 3.16.
[39] Zum Schutz der Privatsphäre vor aggressiver Werbung siehe Art. 3 lit. h N 1 und 19 sowie Art. 3 lit. o N 4.

lichkeitsschutz auch auf rein wirtschaftliche Interessen bzw. vermögensrechtliche Ansprüche erstreckt oder nicht[40]. Massgeblich sollte insoweit allein die Prüfung der Voraussetzungen einer Persönlichkeitsverletzung sein. Sofern eine solche vorliegt, sollte der Betroffene diese auch in einem wettbewerbsrelevanten Kontext nicht nur im Rahmen des UWG, sondern auch im Rahmen der Tatbestände des Persönlichkeitsschutzes geltend machen können[41]. Für das Verhältnis zwischen Persönlichkeits- und Lauterkeitsrecht gilt im Übrigen das zum Deliktsrecht Ausgeführte entsprechend. Beide Rechte stehen heute aufgrund ihrer unterschiedlichen Schutzzwecke und Anwendungsbereiche **autonom nebeneinander**[42]. Anders als vor 1943 braucht die Kundschaft heute allerdings nicht mehr als Teil der (wirtschaftlichen) Persönlichkeit betrachtet zu werden, da der Schutz gegen eine unlautere Abwerbung derselben hinreichend durch die UWG-Regelungen gewährleistet wird.

2. Verhältnis des Lauterkeitsrechts zum Unternehmensrecht

Literatur

C. HILTI, in: R. von Büren/L. David (Hrsg.), SIWR III/2, 2. Aufl., Basel 2005, 64 ff.;
J. MÜLLER, in: R. von Büren/L. David (Hrsg.), SIWR V/1, 2. Aufl., Art. 1–2 UWG, 35 ff.

Obwohl das Lauterkeitsrecht anders als etwa das Kartellrecht in formaler Hinsicht nicht nur für Unternehmen bzw. Unternehmensträger, sondern für alle sich wettbewerbsrelevant verhaltenden Personen und rechtlich verselbständigten Personenvereinigungen gilt, kann es **faktisch** auch als eine **Sondermaterie des Unternehmensaussenrechts** betrachtet werden. Mit dem Unternehmensrecht teilt das Lauterkeitsrecht insbesondere die im Vergleich zum allgemeinen Privatrecht schärferen Verhaltensanforderungen, die durch den sog. Multiplikatoreffekt, d.h. die regelmässig gegebene Betroffenheit zahlreicher Personen durch unternehmerische/wettbewerbsrelevante Handlungen, bedingt sind[43]. Mit dem Firmenrecht, dem Recht des Handelsnamens des Unternehmensträgers, besteht als einem anderen Teil des Unternehmensaussenrechts Idealkonkurrenz[44]. Bei der Firmenwahl ist damit neben Art. 944 ff. OR auch das UWG zu beachten, und der Schutz einer Firma kann ne-

---

[40] Nach BGE 110 II 411, 417 («Tosca») und 114 II 91, 105 («Dior») sowie PEDRAZZINI/ PEDRAZZINI, UWG, N 3.13 und J. MÜLLER, SIWR V/1, 34 kann Art. 28 ZGB nicht zum Schutz (zur Begründung) rein wirtschaftlicher Interessen (Ansprüche) angerufen werden; krit. dazu BAUDENBACHER, Kommentar UWG, Art. 1 N 79.
[41] BAUDENBACHER, Kommentar UWG, Art. 1 N 79.
[42] Gerichtskreis VIII BE-Laupen sic! 1999, 167, 172 («Gelbe Lebensversicherungen»); BGer 4C.224/2005 E. 2.2.4; PEDRAZZINI/PEDRAZZINI, UWG, N 3.13; J. MÜLLER, SIWR V/1, 35.
[43] Zum Multiplikatoreffekt F. BYDLINSKI, System und Prinzipien des Privatrechts, Wien 1996, 447.
[44] Siehe zur st. Rspr. nur BGE 73 II 110, 117 ff. («Autogen Endress») und BGE 100 II 224, 229 («Aussenhandel») sowie MÜLLER, SIWR V/1, 35 ff.

ben Art. 956 Abs. 2 OR auch auf das UWG (Art. 3 lit. b und lit. d i.V.m. Art. 9) gestützt werden[45].

3. Verhältnis des Lauterkeitsrechts zum Kartellrecht

Literatur

C. BAUDENBACHER, Zusammenhänge zwischen Recht des unlauteren Wettbewerbs und Kartellrecht, ZBJV 119 (1983), 161 ff.; L. DAVID/R. JAKOBS, Schweizerisches Wettbewerbsrecht, 4. Aufl., Bern 2005, N 9 ff.; W. FIKENTSCHER, Das Verhältnis von Kartellrecht und Recht des unlauteren Wettbewerbs, GRUR Int. 1966, 161 ff.; G. HERTIG, Les nouvelles LCD et LCart: Convergences et divergences, in: C. Baudenbacher (Hrsg.), Das UWG auf neuer Grundlage, Bern 1989, 37 ff.; C. HILTI, Zum Anwendungsbereich des neuen Bundesgesetzes gegen unlauteren Wettbewerb (UWG), SJZ 1989, 129 ff.; M. KUMMER, Anwendungsbereich und Schutzgut der privatrechtlichen Rechtssätze gegen unlautern und gegen freiheitsbeschränkenden Wettbewerb, Bern 1960; J. MÜLLER, in: R. von Büren/L. David (Hrsg.), SIWR V/1, 2. Aufl., Art. 1–2 UWG, 31 f.; M. M. PEDRAZZINI/F. PEDRAZZINI, Unlauterer Wettbewerb – UWG, 2. Aufl., Bern 2002, N 3.18 ff.; W. SCHLUEP, Vom lauteren zum freien Wettbewerb, GRUR Int. 1973, 446 ff.; K. SCHWIPPS, Wechselwirkungen zwischen Lauterkeitsrecht und Kartellrecht, Baden-Baden 2009; K. SPOENDLIN, Zum Verhältnis zwischen Privatrecht und öffentlichem Recht im schweizerischen Wettbewerbsrecht (Kartelgesetz und UWG), in: Privatrecht, Öffentliches Recht, Strafrecht: Grenzen und Grenzüberschreitungen, Festgabe zum schweizerischen Juristentag, Basel 1985, 361 ff.; P. TERCIER, Du droit des cartels au droit de la concurrence, ZSR 1993 I, 399 ff.; P. ULMER, Der Begriff «Leistungswettbewerb» und seine Bedeutung für die Anwendung von GWB und UWG-Tatbeständen, GRUR 1977, 565 ff.

a) Gemeinsamkeiten und Berührungspunkte

20 Das Lauterkeitsrecht, das auch als Wettbewerbsrecht im engeren Sinne bezeichnet wird, ist neben dem Kartellrecht Bestandteil des Wettbewerbsrechts im weiteren Sinne. Aufgrund der bestehenden Gemeinsamkeiten bei **Zielen und Mitteln** wurde auch schon öfters die Forderung nach einer Zusammenfassung von Lauterkeits- und Kartellrecht in einem einzigen Gesetz erhoben (sog. Einheitstheorie)[46]. So schützen beide Rechte mit dem Blick auf allgemeine und individuelle Interessen den Wettbewerb als Institution, indem sie durch Freiheitsbeschränkungen bestimmte wettbewerbsschädliche Verhaltensweisen zu unterbinden versuchen. Historisch haben Lauterkeits- und Kartellrecht zudem eine gemeinsame persönlichkeitsrechtliche Wurzel[47]. Es bestehen schliesslich zahlreiche Berührungspunkte zwischen beiden

---

[45] C. HILTI, SIWR III/2, 64 ff.
[46] Siehe zu entsprechenden Vorschlägen von CVP und SP im Vernehmlassungsverfahren 1980 die Botschaft UWG, 1009, 1029; zur Einheitstheorie BAUDENBACHER, Kommentar UWG, Art. 1 N 66 mit rechtsvergleichenden Hinweisen in Fn. 140 und für das deutsche Recht etwa KÖHLER, WRP 2005, 645 ff.
[47] DAVID/JAKOBS, Schweizerisches Wettbewerbsrecht, N 11.

Rechtsmaterien, die sich in einer **wechselseitigen Berücksichtigung** kartellrechtlicher Belange im Lauterkeitsrecht und lauterkeitsrechtlicher Belange im Kartellrecht niederschlagen. So bildet die Vereinbarkeit einer Massnahme bzw. eines Zustands (z.B. Vertriebssystem) mit dem Kartellrecht eine Voraussetzung des durch das Lauterkeitsrecht gewährten Schutzes. Kartellrechtliche Belange werden darüber hinaus im Lauterkeitsrecht namentlich im Rahmen des sog. funktionalen Ansatzes berücksichtigt (näher Art. 1 N 18). Auf der anderen Seite schützt auch das Kartellrecht nur den nach dem UWG lauteren Wettbewerb gegen Beschränkungen.

b) Unterschiede

Zwischen Lauterkeits- und Kartellrecht bestehen aber auch Unterschiede in den Nahzielen, Funktionen und Massstäben sowie in der Rechtsnatur und der Durchsetzung, so dass bisweilen auch von einem Dualismus beider Rechte ausgegangen wird (sog. Trennungstheorie)[48]. So gehört es zu den **Nahzielen** des Kartellrechts, eine möglichst grosse Freiheit des Wettbewerbs von Beschränkungen und Verfälschungen anzustreben, während sich das Lauterkeitsrecht unmittelbar gegen die Freiheit des Wettbewerbs richtet, indem es bestimmte Verhaltensweisen verbietet. Das Lauterkeitsrecht muss sich daher auch immer Rechenschaft darüber ablegen, ob die von ihm veranlasste Beschränkung der Wettbewerbsfreiheit geeignet, erforderlich und verhältnismässig ist. 21

Auch wenn beide Rechte **funktional** den Schutz des Wettbewerbs anstreben, soll das Kartellrecht sicherstellen, dass überhaupt ein hinreichender Wettbewerb stattfindet (Freiheitsschutz, Schutz der Quantität, Schutz vor Beschränkung und damit zu wenig Wettbewerb, Institutions- bzw. Marktstrukturschutz), während das Lauterkeitsrecht traditionell vor allem danach trachten soll, dass der Wettbewerb im Interesse aller Beteiligten nicht mit unlauteren Mitteln geführt wird (Lauterkeitsschutz, Schutz der Qualität, Schutz vor Ausuferung und damit «zu viel» Wettbewerb, kollektiver Subjektschutz)[49]. Diese beliebte funktionale Unterscheidung der beiden Rechtsgebiete, die auch in der unterschiedlichen Formulierung der Zweckartikel zum Ausdruck kommt[50], ist aber nicht mehr als eine zu nuancierende Faustregel, da einerseits im Kartellrecht anstelle der horizontalen Kartelle zunehmend die Tatbestände der vertikalen Wettbewerbsbeschränkung und insbesondere des Marktmiss- 22

---

[48] Botschaft UWG, 1009, 1038 und 1039 ff.; PEDRAZZINI/PEDRAZZINI, UWG, N 3.18; MÜLLER, SIWR V/1, 31 f.
[49] Botschaft UWG, 1009, 1038; BGE 107 II 277, 286 («Aktionsverkäufe»); zuvor bereits etwa KUMMER, Anwendungsbereich, 118 ff.
[50] Nach Art. 1 bezweckt das KG die Verhinderung von volkswirtschaftlich und sozial schädlichen Wettbewerbsbeschränkungen (Schutz der Wettbewerbsfreiheit) und damit die Förderung des Wettbewerbs im Interesse einer freiheitlichen marktwirtschaftlichen Ordnung (Institutionsschutz), während das UWG nach Art. 1 den lauteren (geschäftsmoralischer Ansatz) und unverfälschten (funktionaler Ansatz) Wettbewerb im Interesse aller Beteiligten (kollektiver Subjektschutz) gewährleisten möchte.

brauchs im Vordergrund stehen und andererseits im Lauterkeitsrecht zunehmend eine die Wettbewerbsintensität fördernde funktionale Betrachtung Platz greift (näher Art. 1 N 15 ff.). Als funktionale Eigenheit des Lauterkeitsrechts tritt zudem mehr und mehr der Konsumentenschutz in den Vordergrund (näher Art. 1 N 33 ff.).

23 Hinsichtlich der **Massstäbe** besteht ein Unterschied darin, dass das Lauterkeitsrecht das wettbewerbsrelevante Verhalten einheitlich nach Treu und Glauben und anders als das Kartellrecht prinzipiell unabhängig davon beurteilt, ob es von einem marktmächtigen Anbieter bzw. Abnehmer herrührt oder nicht[51].

24 In der **Rechtsnatur** unterscheiden sich die beiden Wettbewerbsrechte schliesslich insofern, als das Lauterkeitsrecht vor allem privatrechtlich geprägt ist, während das Kartellrecht starke öffentlich-rechtliche Elemente mit Eingriffsbefugnissen der Kartellbehörden aufweist. Dies ist auch der Grund dafür, dass das Lauterkeitsrecht das ältere der beiden Rechte ist[52] und in der **Durchsetzung** vor allem auf die individuelle (auch von Konsumenten) und verbandsmässige Privatklage vertraut, während sich das Kartellrecht des klassischen Instrumentariums der Wirtschaftsaufsicht bedient.

c) Konkurrenzen

25 Zu direkten Überschneidungen zwischen Kartell- und Lauterkeitsrecht kommt es insbesondere im Rahmen der Behinderungstatbestände und der UWG-Tatbestände mit ordnungspolitischer Funktion (Art. 3 lit. f sowie die von Art. 7 und Art. 2 erfassten Wettbewerbsverfälschungen durch Rechtsbruch)[53]. Beide Normkomplexe sind dann **autonom nebeneinander anwendbar** (sog. Doppelkontrolle)[54], auch wenn das KG inzwischen keinen ausdrücklichen Vorbehalt mehr zugunsten des UWG enthält[55]. Aufgrund der jeweils eigenständigen Prüfung bedeutet ein Verstoss gegen das eine Recht nicht zwingend auch einen solchen gegen das andere Recht[56]. Trotz seines engeren Anwendungsbereichs ist das Kartellrecht aufgrund der soeben beschriebenen Unterschiede auch nicht als lex specialis zu betrachten, das in seinem Geltungsbereich das Lauterkeitsrecht als lex generalis des

---

[51] BGE 107 II 277, 282 («Aktionsverkäufe»).
[52] Ein Kartellgesetz wurde in der Schweiz erst 1962 in Kraft gesetzt; zur bis dahin seit BGE 22, 175 zu den Boykotttatbeständen bestehenden kartellrechtlichen Rechtsprechung siehe den Überblick in BGE 86 II 365, 374 ff. («Vertglas»).
[53] In BGE 107 II 277 («Aktionsverkäufe») verneinte das BGer sowohl einen Verstoss gegen Art. 1 Abs. 1 und Abs. 2 lit. a und lit. b aUWG (280 ff.) als auch gegen Art. 4 Abs. 1 aKG (286 f.).
[54] BGE 107 II 277, 286 («Aktionsverkäufe»); VON BÜREN/MARBACH/DUCREY, Immaterialgüter- und Wettbewerbsrecht, 3. Aufl. N 1299; ZÄCH, Kartellrecht, N 331.
[55] Vgl. demgegenüber noch den ausdrücklichen Vorbehalt zugunsten des UWG in Art. 23 Abs. 2 KG 1962 (AS 1964, 53 ff.) und Art. 44 Abs. 2 lit. a KG 1985 (AS 1986, 874 ff.), der im KG 1995 (AS 1996, 546 ff.) gestrichen wurde.
[56] So auch MÜLLER, SIWR V/1, 32.

Wettbewerbsschutzes verdrängen würde[57]. Aufgrund der bestehenden Gemeinsamkeiten kann das Lauterkeitsrecht entgegen der sog. Trennungstheorie nicht nur parallel, sondern auch dort **ergänzend** herangezogen werden, wo es um den Schutz der Freiheit des Wettbewerbs geht, das Kartellrecht tatbestandlich aber z.B. mangels einer marktbeherrschenden Stellung des Verletzers (noch) nicht eingreift (sog. **Vorfeldthese**)[58]. Eine Umgehung der kartellrechtlichen Wertungen ist damit wie im Verhältnis zum Immaterialgüterrecht (N 26 ff.) nicht verbunden, solange die Voraussetzungen eines Verstosses gegen das Lauterkeitsrecht gegeben sind[59]. Hierzu müssen besondere Umstände vorliegen, die etwa die Behinderung trotz fehlender Marktbeherrschung des Behindernden als unlauter erscheinen lassen (dazu Art. 2 N 70 f.). Letztlich ist die Frage einer ergänzenden Anwendung des Lauterkeitsrechts im kartellrechtlichen Vorfeld wertend zu entscheiden und dann zu bejahen, wenn dessen Anwendung i.S.v. Art. 1 zum Schutz des lauteren und unverfälschten Wettbewerbs geboten ist. Da insoweit auch eine wettbewerbsfunktionale Betrachtung erfolgt (Art. 1 N 15 ff.), sind die Ziele und Wertungen des Kartellrechts zu berücksichtigen.

4. Verhältnis des Lauterkeitsrechts zum Immaterialgüterrecht

Literatur

C. BAUDENBACHER (Hrsg.), Lauterkeitsrecht – Kommentar zum Gesetz gegen den unlauteren Wettbewerb (UWG), Basel 2001, Art. 1 N 86 ff. und Art. 2 N 192 ff.; R. BLUM/M. PEDRAZZINI, Das Schweizerische Patentrecht, Bd. I, Bern 1957; R. VON BÜREN/E. MARBACH/P. DUCREY, Immaterialgüter- und Wettbewerbsrecht, 3. Aufl., Bern 2008; L. DAVID, Markenschutzgesetz, Muster- und Modellgesetz, 2. Aufl., Basel 1999, 1 ff.; DERS., Der Rechtsschutz im Immaterialgüterrecht, in: R. von Büren/L. David (Hrsg.), SIWR I/2, 2. Aufl., Basel 1998, 1 ff.; DERS., Ausstattungsrecht auf neuer Grundlage, AJP 1992, 1501 ff.; DERS., Kommentar zum Urheberrechtsgesetz (URG), B. K. Müller/R. Oertli, Bern 2006, Einführung; L. DAVID/R. JACOBS, Schweizerisches Wettbewerbsrecht, 4. Aufl., Bern 2005, N 17; F. DESSEMONTET, Einführung: Immaterialgüterrecht und Privatrecht, in: R. von Büren/L. David (Hrsg.), SIWR I/1, 2. Aufl., Basel/Frankfurt a.M. 2002, 1 ff.; L. FERRARI HOFER/D. VASELLA, Kommentar zu Art. 2–8 UWG, in: Marc Amstutz et. al. (Hrsg.), Handkommentar zum Schweizerischen Privatrecht, Zürich 2007, Art. 3 N 53 ff.; K.-H. FEZER (Hrsg.), Lauterkeitsrecht: Kommentar zum Gesetz gegen den unlauteren Wettbewerb (UWG), 2. Aufl., München 2010; DERS., Markenschutz durch Wettbewerbsrecht, GRUR 1986,

---

[57] Im Ergebnis auch BAUDENBACHER, Kommentar UWG, Art. 1 N 67, obwohl dieser im Anschluss an J. PURTSCHERT, Der Schutz des unmittelbaren Ergebnisses einer Arbeits- oder Unternehmensleistung, Freiburg 1974, 196 f. das Kartell- nur als einen Unterfall des Lauterkeitsrechts betrachtet; für eine Aufgabenteilung zwischen marktstrukturbezogenem Kartell- und verhaltensbezogenem Lauterkeitsrecht hingegen offenbar BÜRGI/LANG, recht 1998, 237, 240 f.

[58] So auch BAUDENBACHER, Kommentar UWG, Art. 1 N 67 ff.; für das deutsche Recht etwa P. ULMER, GRUR 1977, 565, 577 ff.

[59] A.A. aber für das deutsche Recht BRÜNING, in: Harte-Bavendamm/Henning-Bodewig, UWG Einl. F N 127.

485 ff.; P. GILLIÉRON, Les divers régimes de protection des signes distinctifs et leurs rapports avec le droit des marques, Bern 2000; A. GUBLER, Der Ausstattungsschutz nach UWG, Bern 1991; P. HEINRICH, PatG-EPÜ: Kommentar zum Schweizerischen Patentgesetz und den entsprechenden Bestimmungen des Europäischen Patentübereinkommens, synoptisch dargestellt mit ergänzenden Gesetzen und Staatsverträgen, Zürich 1998; DERS., DesG/HMA: Kommentar zum schweizerischen Designgesetz und den entsprechenden Bestimmungen des Haager Musterschutzabkommens mit Abgrenzung zum Urheber-, Marken- und Wettbewerbsrecht, ergänzenden Gesetzen und Staatsverträgen sowie Vergleich mit dem europäischen Recht, Zürich 2002; W. HEINZELMANN, Es kann nicht auf dem Weg des UWG verboten werden, was das Kennzeichenrecht erlaubt, in: M. Kurer et. al. (Hrsg.), Binsenwahrheiten des Immaterialgüterrechts: Festschrift für Lucas David zum 60. Geburtstag, Zürich 1996, 95 ff.; C. HILTI, Der Schutz nicht registrierter Kennzeichen, in: R. von Büren/L. David (Hrsg.), SIWR III/2, 2. Aufl., Basel/Frankfurt a.M. 2005, 105 ff.; DERS., Wettbewerbsrechtlicher Leistungsschutz statt Nachbarrechte? Bern 1987; R. M. HILTY, Elektronische Pressespiegel: iura novit curia?, Kritische Anmerkungen zum Entscheid des Zivilgerichts Basel-Stadt vom 19. Juni 2002, sic! 2003, 266 ff.; DERS., «Leistungsschutz» – made in Switzerland? – Klärung eines Missverständnisses und Überlegungen zum allgemeinen Schutz von Investitionen, in: H.-J. Ahrens/J. Bornkamm/H. P. Kunz-Hallstein (Hrsg.), FS für Eike Ullmann, Saarbrücken 2006, 643 ff.; A. JENNY, Die Nachahmungsfreiheit, Zürich 1997; E. MARBACH, in: R. von Büren/L. David (Hrsg.), SIWR III/1, Markenrecht, 2. Aufl., Basel 2009; J. MÜLLER, Einleitung und Generalklausel (Art. 1–2 UWG), in: R. von Büren/L. David (Hrsg.), SIWR V/1, 2. Aufl., Basel 1998, 1 ff.; E. PAHUD, Zur Kritik an der Umwegtheorie, sic! 2004, 804 ff.; M. M. PEDRAZZINI/ F. A. PEDRAZZINI, Unlauterer Wettbewerb – UWG, 2. Aufl., Bern 2002, N 3.04 ff. und N 5.166 f.; G. RAUBER, Klageberechtigung und prozessrechtliche Bestimmungen (Art. 9–15 UWG), in: R. von Büren/L. David (Hrsg.), SIWR V/1, 2. Aufl., Basel 1998, 239 ff.; DERS., Lauterkeitsrechtlicher Softwareschutz (Allgemeine und softwarespezifische Gedanken zu Art. 5 lit. c UWG), in: F. H. Thomann/G. Rauber (Hrsg.), Softwareschutz, Bern 1998, 59 ff.; M. RITSCHER, Markenschutz durch Wettbewerbsrecht – Wettbewerbsschutz durch Markenrecht, in: Institut für gewerblichen Rechtsschutz, INGRES (Hrsg.), Marke und Marketing, Bern 1990, 161 ff.; R. STAUB/A. L. CELLI, Kommentar zum Bundesgesetz über den Schutz von Design, Zürich 2003; M. STREULI-YOUSSEF, Unlautere Werbe- und Verkaufsmethoden (Art. 3 UWG), in: R. von Büren/L. David (Hrsg.), SIWR V/1, 2. Aufl., Basel 1998, 83 ff.; F. THOUVENIN, Funktionale Systematisierung von Wettbewerbsrecht (UWG) und Immaterialgüterrechten, Schriftenreihe zum gewerblichen Rechtsschutz, Bd. 145, Köln 2007; DERS./M. NOTH, Kommentar zum Markenschutzgesetz (MSchG), M. Noth/G. Bühler/F. Thouvenin, Bern 2009, Einleitung; A. TROLLER, Immaterialgüterrecht, Bde. I und II, 3. Aufl., Basel/Frankfurt a.M. 1983/1985, Bd. I 436 ff. und Bd. II 962 ff.; P. TROLLER, Gedanken zum Einfluss des Eintragungsprinzips nach dem neuen Markenrecht auf den Schutz nicht eingetragener Marken, AJP 1993, 514 ff.; C. WILLI, Markenschutzgesetz: MSchG; Kommentar zum schweizerischen Markenrecht unter Berücksichtigung des europäischen und internationalen Markenrechts, Zürich 2002.

a) Konkurrenzverhältnis im Allgemeinen

aa) Vorbemerkungen

Mit dem Begriff Immaterialgüterrecht werden das Marken-, Urheber-, Design- und Patentrecht sowie der Sorten- und der Topografieschutz zusammengefasst. Die entsprechenden Gesetze verleihen dem Inhaber eine **zeitlich begrenzte**[60] **absolute Rechtsposition,** die ihm eine Monopolstellung über das entsprechende Kennzeichen, das Werk, die Aufmachung, die Erfindung, die Pflanzenzüchtung oder die äussere Formgebung einer Topografie verleiht, sofern die jeweiligen materiellen und formellen Schutzvoraussetzungen erfüllt sind. **Geschützt wird ein immaterielles Gut,** das sich in einem materiellen Träger offenbart[61]. Unter den Titeln des Herbeiführens einer Verwechslung[62], der Verwertung einer fremden Leistung[63], der Rufausbeutung[64], der Anlehnung[65] sowie der Behinderung des Kennzeichengebrauchs[66] tut dies im Ergebnis auch das UWG. Mit Blick auf einen funktionierenden Wettbewerb muss jedoch das Kopieren von fremden, nicht durch absolute Rechtspositionen geschützten Produkten an und für sich erlaubt sein[67]. Man spricht in diesem Zusammenhang von der sog. **Nachahmungsfreiheit**[68].

Die Frage nach dem Konkurrenzverhältnis von Immaterialgüterrecht und UWG gehört zu den immer wieder umstrittenen Rechtsfragen und wurde im Verlaufe der Entwicklung der Rechtsgebiete und insbesondere auch in jüngerer Zeit laufend neu beurteilt.

bb) Immaterialgüterrechte als lex specialis

Ursprünglich wurde das unlautere Handeln über Art. 48 aOR von 1911 verfolgt[69]. Die Gesetze zum Schutz von Immaterialgütern waren damit **lex specialis zur Schutznorm des lauteren Wettbewerbs.** Gelangte die immaterialgüterrechtliche Spezialgesetzgebung zur Anwendung, wurde Art. 48 aOR von dieser ver-

---

[60] Als Ausnahme kann der Schutz einer Marke unbeschränkt jeweils um 10 Jahre verlängert werden (Art. 10 Abs. 1 und 2 MSchG).
[61] Vgl. zur Definition des sog. geistigen Eigentums DESSEMONTET, SIWR I/1, 3 ff.; VON BÜREN/ MARBACH/DUCREY, Immaterialgüter- und Wettbewerbsrecht, N 2 ff. Angesichts der geringeren praktischen Relevanz wird im Folgenden nicht weiter auf den Sorten- und den Topografieschutz eingegangen.
[62] Vgl. dazu insbesondere Art. 3 lit. d.
[63] Vgl. dazu Art. 5.
[64] Vgl. dazu Art. 2 N 104 ff.
[65] Vgl. dazu Art. 2 N 104 ff.
[66] Vgl. dazu Art. 2 N 93.
[67] BAUDENBACHER, Kommentar UWG, Art. 2 N 198.
[68] Vgl. dazu auch Art. 5 N 1; vgl. auch nicht publizierte E. 4.1. von BGE 135 III 446 («Maltesers/ Kit Kat Pop Choc II») (BGE 4A.86/2009).
[69] Vgl. dazu Einleitung N 84.

drängt[70]. Dies führte dazu, dass dort, wo die Gesetze zum geistigen Eigentum einen Schutz verwehrten, auch das UWG keinen Schutz bieten konnte. Mit Erlass des UWG von 1943 standen sich dann jedoch zwei Spezialgesetze gegenüber. Das Bundesgericht erklärte folgerichtig in einem Entscheid von 1947, dass sich die Auffassung, nach der neben den immaterialgüterrechtlichen Gesetzen eine Anrufung der Bestimmungen über den unlauteren Wettbewerb ausgeschlossen sei, nicht mehr aufrechterhalten lasse[71]. Dennoch wurde und wird der Grundsatz lex specialis derogat legi generali zur Abgrenzung von Immaterialgüterrecht und UWG immer wieder herbeigezogen[72].

cc) Die Umwegthese und ihre Kritik

29   Die Gerichte und mit ihnen die überwiegende Lehre haben nach formeller Aufgabe der These «lex specialis»/«lex generalis» lange Zeit die Auffassung vertreten, dass etwas nicht – auf dem Umweg – über das Lauterkeitsrecht als Verstoss gegen Treu und Glauben gewertet werden könne, was unter dem Titel der immaterialgüterrechtlichen Spezialgesetze ausdrücklich erlaubt sei[73]. Sei also ein Kennzeichen, eine Erfindung, ein Design oder ein urheberrechtlich schutzfähiges Werk unter den Spezialgesetzen nicht oder nicht mehr geschützt, so könne deren Nachahmung nicht über das Gesetz gegen den unlauteren Wettbewerb untersagt werden[74]. Es wurde argumentiert, dass über das Lauterkeitsrecht der **numerus clausus der Immaterialgüterrechte** und damit die abschliessende Gewährung von Ausschliesslichkeitsrechten nicht aufgehoben werden dürfe. Bereits unter der Umwegthese wurde allerdings ein Verstoss gegen das Lauterkeitsrecht dann geprüft, wenn das Verhalten vom betroffenen Spezialgesetz gar nicht erfasst wurde[75]. Eine kumulative oder ergänzende Anwendung des UWG neben dem Spezialgesetz wurde also dann als zulässig erachtet, wenn andere, einzig unter dem UWG relevante Umstän-

---

[70] BGE 54 II 56, 63; BGE 38 II 701 («Helvetia»); BGE 37 II 172 («Fruchtbilder»); vgl. dazu MÜLLER, SIWR V/1, 37 f.; A. TROLLER, Immaterialgüterrecht I, 436.
[71] BGE 73 II 110, 117 f. («Endress»); vgl. auch BGE 107 II 363.
[72] Vgl. dazu MÜLLER, SIWR V/1, 37; OGer ZH ZR 1983, Nr. 96 und ZR 1971, Nr. 60; HGer ZH ZR 1970, Nr. 104.
[73] So bereits in BGE 73 II 110, 118 («Endress»); zudem BGE 95 II 191, 198 («Tobler Mint»); BGE 116 II 471, 472 («Volvo-Kotflügel»); BGer SMI 1991, 417, 418 («Snapspot II»); ebenso BezGer Affoltern SMI 1990, 433; OGer LU sic! 1997, 185, E. 8b) («Ice Beer»); HGer SG sic! 2003, 796, E. II./4. («Alpha-Training»); CdJ GE vom 10. Oktober 2003 (C/5008/1995), E. 5.4.2; im Verhältnis zu Art. 19 URG (Verwendung zum Eigengebrauch) ZivGer Basel sic! 2003, 217, E. 3c («Elektronischer Pressespiegel II»); A. TROLLER, Immaterialgüterrecht I und II, 437 und 964; PEDRAZZINI/PEDRAZZINI, UWG, N 3.05 ff., 3.11 und 5.166.
[74] Vgl. zum Ganzen MÜLLER, SIWR V/1, 38 f.
[75] BGE 118 II 459, 466 («Just Elvis»); BGE 104 II 322, 334 («Bata Schuh»); BGE 92 II 257, 265 («Sihl»).

de dazu kamen, wie etwa ein systematisches oder raffiniertes Vorgehen oder das planmässige Heranschleichen an eine fremde Leistung[76].

Die vom Bundesgericht vertretene «Umwegthese» wurde in der **Lehre** verschiedentlich **kritisiert**[77]. Es wurde argumentiert, die Gesetze zum Schutz des geistigen Eigentums und das UWG verfolgten verschiedene Schutzzwecke, die je unterschiedliche Rechtsstellungen verliehen. Das Lauterkeitsrecht habe sich zu einem umfassenden Schutzsystem deliktischen Charakters zugunsten eines lauteren und unverfälschten Wettbewerbs entwickelt. Seine Funktion bestehe darin, den Wettbewerb zu erhalten[78]. Im Rahmen der lauterkeitsrechtlichen Prüfung sei deshalb über die reine Verletzung eines Immaterialgutes hinaus das gesamte Verhalten des Verletzers mit zu berücksichtigen[79]. Klagelegitimiert seien demgemäss die Wettbewerber, die Konsumenten sowie – unter besonderen Umständen – die Schweizer Eidgenossenschaft[80]. Solange ein Verhalten tatbestandsmässig sei, dauere der Schutz über das UWG grundsätzlich an. Demgegenüber verliehen die Gesetze des geistigen Eigentums dem Inhaber eines Schutzobjektes ein – mit Ausnahme des Markenrechts – zeitlich begrenztes subjektives und absolutes Ausschliesslichkeitsrecht, das bei den eingetragenen Schutzrechten auf einer gesetzlichen Vermutung basiere.

30

Während also das Lauterkeitsrecht die Lauterkeit und Funktionsfähigkeit des Wettbewerbs in seiner Gesamtheit schützt, bezweckt das Immaterialgüterrecht den Schutz von Individualinteressen durch das Verleihen eines Monopols an – vereinfacht gesagt – originellen und neuen Kreationen[81]. Wie der Zweck der immaterialgüterrechtlichen **Spezialgesetze nicht durch das Lauterkeitsrecht umgangen** werden darf, so darf umgekehrt der **Zweck des Lauterkeitsrechts auch nicht durch die Immaterialgüterrechte vereitelt** werden. Mit anderen Worten darf etwa

31

---

[76] So auch PEDRAZZINI/PEDRAZZINI, UWG, N 3.05 ff.; VON BÜREN/MARBACH/DUCREY, Immaterialgüter- und Wettbewerbsrecht, N 1083; CELLI, in: R. Staub/A. L. Celli (Hrsg.), Art. 1 DesG N 12; vgl. auch BGE 116 II 365, 368 («Nivea/Jana»); BGE 116 II 471, 473 («Volvo-Kotflügel»); BGer SMI 1990, 109 («Franck Aroma»); BGer SMI 1991, 418 («Snapspot/Hula Hoop»); HGer ZH sic! 1999, 581, E. Fc) f. («Rivella/Apiella II»).

[77] Vgl. dazu etwa HILTI, Leistungsschutz, 87 ff.; MARBACH, SIWR III/1, N 49 Fn. 47; STREULI-YOUSSEF, SIWR V/1, 166 ff., insbes. 168 f.; HEINRICH, Kommentar DesG/HMA, N 0.38; MÜLLER, SIWR V/1, 39 ff.; DERS, Anmerkungen zum Urteil 4C.32/2004 des BGer vom 19. Juni 2004, sic! 2005, 27 ff.; J. MÜLLER/M. BERGER, Anmerkungen zum Massnahmenentscheid des HGer ZH vom 8. November 2002 (sic! 2003, 722 ff. – «Lichtschalter»), sic! 2003, 726; PAHUD, Umwegtheorie, 804 ff.; HEINZELMANN, FS David, 95 ff.; WILLI, Kommentar MSchG, vor Art. 1 N 60; CHK-FERRARI HOFER/VASELLA, Art. 3 UWG N 53; für das dt. Recht FEZER, Lauterkeitsrecht, Einleitung N 316 ff. Vgl. zum Ganzen insb. auch THOUVENIN, Funktionale Systematisierung, 508 ff. und 512 ff.

[78] Vgl. zur sog. funktionalen Betrachtungsweise Art. 1 N 15 ff.

[79] In der Lehre wird in diesem Zusammenhang vom Lauterkeitsrecht als «Werkstatt des geistigen Eigentums» (DESSEMONTET, SIWR I/1, 8) und «Jungbrunnen des Immaterialgüterrechts» (FEZER, Lauterkeitsrecht, Einleitung N 317) gesprochen.

[80] Art. 10 N 34 ff.

[81] Selbstverständlich bezweckt im Ergebnis auch das Immaterialgüterrecht, den Wettbewerb durch Schaffung von Anreizen zur Innovation zu fördern.

eine unlautere Nachahmung nicht bloss deshalb sanktionsfrei bleiben, weil der Verletzte sein Werk immaterialgüterrechtlich hätte schützen können[82].

32 Daraus folgt, dass eine Handlung auch dann unter lauterkeitsrechtlichen Gesichtspunkten zu prüfen ist, wenn sie aus immaterialgüterrechtlicher Sicht erlaubt ist[83]. Es ist in jedem Einzelfall unabhängig von der immaterialgüterrechtlichen Beurteilung zu ermitteln, ob ein unlauteres, den Wettbewerb verfälschendes Verhalten gemäss UWG vorliegt. Allerdings begrenzen die immaterialgüterrechtlichen Regelungen das Lauterkeitsrecht insofern, als die in den Anforderungen an die Leistungs- und Gestaltungshöhe sowie die zeitliche Schutzgrenze zum Ausdruck kommenden **immaterialgüterrechtlichen Wertungen bei der Auslegung und Anwendung des UWG zu berücksichtigen** sind[84].

dd) Die autonome Anwendung des UWG

33 Als Antwort auf die oben aufgezeigten Einwände aus der Lehre ist das Bundesgericht dazu übergegangen, gestützt auf die unterschiedlichen Gesetzeszwecke, die Bestimmungen des Immaterialgüterrechts und des Lauterkeitsrechts **selbständig** nebeneinander **anzuwenden**[85]. Dies schliesst sowohl die exklusive, die ergänzende als auch die kumulative[86] Anwendung ein. Die **ergänzende Anwendung** wird von einem Teil der Lehre dort abgelehnt, wo eine durch das Spezialgesetz zulässige Nachahmung stattfindet, ohne dass zusätzliche Elemente dazukommen, welche gemäss UWG die Unlauterkeit begründen[87]. Die Grenze der ergänzenden Anwendung von Lauterkeitsrecht dürfte auf jeden Fall dort liegen, wo sie im Einzelfall zu unhaltbaren oder widersprüchlichen Ergebnissen führt, weshalb im Rahmen der Anwendung und Auslegung des UWG die immaterialgüterrechtlichen Wertungsentscheide des Gesetzgebers zu beachten sind[88].

---

[82] So auch BAUDENBACHER, Kommentar UWG, Art. 1 N 87.
[83] MÜLLER, SIWR V/1, 37; HEINRICH, Kommentar DesG/HMA, N 0.213.
[84] TC FR SMI 1969, 89, 90 ff.; so auch HEINRICH, Kommentar DesG/HMA, N 0.124 und PAHUD, Umwegtheorie, 807.
[85] Nicht publizierte E. 4.1 von BGE 135 III 446 («Maltesers Kit Kat Pop Choc II») (BGer 4A.86/2009); KGer VD sic! 2009, 803, E. V.a) («Plastic-Clogs II»); BGE 129 III 353 («Puls»); BGE 127 III 33, 38 («Brico»); BGer sic! 2002, 605, E. 8 («KWC»); vgl. dazu auch KGer AI sic! 2007, 917, E. 19 («MFC Merchant Bank S.A./MFC Finanz GmbH»); HGer BE sic! 1999, 451, E. 2 («Boss»); anders aber BGer sic! 2005, 23, E. 4.1 («Armbanduhren»; vgl. dazu Anmerkung von MÜLLER, sic! 2005, 28 ff.) und nicht amtlich publizierter BGer 4C.139/2003, E. 3.2 («CAP»); vgl. dazu HEINRICH, Kommentar DesG/HMA, N 0.211 und 0.289; STREULI-YOUSSEF, SIWR V/1, 147 ff.; THOUVENIN, Funktionale Systematisierung, 508 ff.
[86] Vgl. dazu MÜLLER, SIWR V/1, 40, m.w.H. in Fn. 72.
[87] DAVID, Kommentar MSchG, Vorbem. zum 1. Titel N 4; HEINRICH, Kommentar Pat/EPÜ, N 8.20; DERS., Kommentar DesG/HMA, N 0.213; so auch HGer AG sic! 2006, 187, E. 5.5 («Laufrad»).
[88] HGer ZH sic! 1999, 581, E. Fd) («Rivella/Apiella II»); nicht publizierte Erwägung 4.1 von BGE 130 III 645 («Armbanduhr») (BGer 4C.32/2004); BGE 134 III 547, 549 («Freischwinger Panton

Demgegenüber ist ein **stellvertretender Schutz** der Form eines Erzeugnisses, eines Kennzeichens, einer technischen Lehre oder eines Werkes der Literatur und Kunst durch das UWG **ausgeschlossen**, da das Lauterkeitsrecht nicht Erzeugnisse eines geistigen Schaffens als solche schützt, sondern beim Verhalten des Wettbewerbers ansetzt. Obwohl die Tatbestände des UWG im Ergebnis zum Schutz solcher Erzeugnisse führen können, ist das Kopieren fremder Produkte nicht an sich unlauter[89]. 34

Der autonomen Anwendung des **Lauterkeitsrechts** neben den Spezialgesetzen ist vor dem obigen Hintergrund auch deshalb zuzustimmen, da dieses in verschiedenen Punkten eine **breitere Anspruchsgrundlage** verleiht: So setzt der Schutz durch das Lauterkeitsrecht im Unterschied zum Marken-, Patent- und Designrecht[90] **keine formelle Registrierung** des Schutzgegenstandes voraus. Ein weiterer Vorteil kann sich mit Bezug auf Patent-, Urheber- und Designrecht daraus ergeben, dass im Lauterkeitsrecht im Unterschied zu diesen Spezialgesetzen[91] **keine Höchstschutzdauer** vorgesehen ist. Allerdings unterliegt auch der Anspruch aus Lauterkeitsrecht dem Einwand der Verwirkung[92]. Ein Vorgehen über das UWG kann auch dann interessant sein, wenn der Verletzte zwar über ein bestimmtes Immaterialgut verfügt, dieses aber keinen **Schutz über seine Art hinaus** verleiht; wenn also z.B. die als Design geschützte Form nicht als solches, sondern als Marke verwendet wird[93]. Allgemein sind im Rahmen einer lauterkeitsrechtlichen Beurteilung alle Umstände des Einzelfalles zu würdigen, die lauterkeitsrechtlich relevant sein können, während unter den Spezialgesetzen nur die auf den Bestand und die Verletzung des jeweiligen Schutzrechts sich beziehenden Tatbestandselemente zu berücksichtigen sind[94]. Schliesslich verfügt in den Spezialgesetzen in der Regel nur der Rechtsinhaber über eine **Klagebefugnis**[95]. Demgegenüber ist im Lauterkeitsrecht jeder zur Klage legitimiert, der «in seinen wirtschaftlichen Interessen bedroht oder verletzt wird»[96], und es können, unter Ausnahme der reparatorischen Ansprüche, auch Berufs- und Wirtschaftsverbände, Konsumentenorganisationen und, zur Wahrung des Ansehens der 35

(3D)») zur Abgrenzung unter den Immaterialgüterrechten; in diesem Sinne insbesondere auch PAHUD, Umwegtheorie, 805 f. und 807 f.

[89] PEDRAZZINI/PEDRAZZINI, UWG, N 3.05; HEINRICH, Kommentar DesG/HMA, N 0.212 f., N 0.247 und N 0.271; BGE 92 II 202, 206 («Wäschesack»); BGE 95 II 470, 477 («Milchkasten»); BGE 116 II 365, 368 («Nivea»); BGE 116 II 471, 472 («Volvo-Kotflügel»); HGer ZH sic! 2001, 658, E. XVI. 4.2 («Schmiermittel II»); vgl. dazu auch Art. 5 N 1.

[90] Art. 5 MSchG, Art. 49 PatG, Art. 5 Abs. 1 DesG; demgegenüber entsteht das Urheberrecht mit seiner Schöpfung (Art. 29 Abs. 1 URG).

[91] Art. 14 PatG, Art. 29 Abs. 2 URG, Art. 5 Abs. 2 und 3 DesG; anders aber das Markenrecht (Art. 10 Abs. 1 und 2 MSchG), das keine maximale Schutzdauer kennt.

[92] Art. 2 ZGB.

[93] Vgl. zur Funktion des UWG als Scharnier zwischen den Immaterialgüterrechten HEINRICH, Kommentar DesG/HMA, N 0.208 f.

[94] THOUVENIN, Funktionale Systematisierung, 510; vgl. dazu auch Art. 3 lit. d N 26 und 34 ff.

[95] Vgl. dazu DAVID, SIWR I/2, 36 ff. und 57 ff.

[96] Art. 9 Abs. 1 und Art. 10 Abs. 1 UWG; vgl. dazu RAUBER, SIWR V/1, 251 ff.

Schweiz im Ausland, auch der Bund Zivilklage erheben[97]. Alle diese zur Klage Legitimierten sind auch berechtigt, Strafantrag zu stellen[98]. Damit ist auch gesagt, dass die oft vertretene Auffassung[99], es bestehe gar kein Interesse an einem lauterkeitsrechtlichen Schutz, da die Spezialgesetze einen besseren Rechtsschutz verliehen, nicht in jedem Fall zutrifft.

36 Von **Vorteil** kann ein **Vorgehen über das Spezialgesetz** allerdings insofern sein, als die blosse Inhaberschaft eines Immaterialgutes ein Ausschliesslichkeitsrecht verleiht. Von einer allein auf das Lauterkeitsrecht gestützten Klage kann zudem der Umstand abhalten, dass nicht wie in den Spezialgesetzen eine einzige kantonale Instanz ohne Streitwertgrenze vorgesehen ist[100]. Vielmehr sind im Bereich des Lauterkeitsrechts unter zur Zeit geltendem Recht mehrere kantonale Instanzen zu durchlaufen[101].

ee) Kein direkter lauterkeitsrechtlicher Leistungsschutz

37 Wie oben dargelegt[102], pönalisiert das UWG einzig gewisse Verhaltensweisen im Wettbewerb. Zweck des UWG ist **nicht** der **Schutz einer Individualposition,** und es **verleiht** dem Einzelnen auch **kein Ausschliesslichkeitsrecht,** welches jede Konkurrenz durch einen Wettbewerber verhindert. Der Einzelne wird bloss deshalb in seiner Rechtsposition geschützt, «damit er als Marktteilnehmer erhalten bleibt und dazu beitragen kann, den funktionierenden Wettbewerb zu bewahren»[103]. Das Lauterkeitsrecht verleiht also keinen Schutz der Leistung an und für sich. Der oft verwendete Begriff des «lauterkeitsrechtlichen Leistungsschutzes» ist damit irreführend. Er hat sich aber dennoch zur Umschreibung des Umstandes eingebürgert, dass im Ergebnis via UWG eine in einem Arbeitsergebnis zum Ausdruck kommende schöpferische Leistung geschützt wird.

38 Nach der wohl überwiegenden Meinung verleiht das UWG zu Recht **keinen direkten Leistungsschutz,** da dieser abschliessend durch die immaterialgüterrechtlichen Spezialgesetze geregelt wird. Ein lauterkeitsrechtlicher Schutz der übernommenen

---

[97] Art. 10 Abs. 2 UWG i.V.m. Art. 9 Abs. 1 und 2 UWG.
[98] Art. 23 Abs. 2 UWG.
[99] Vgl. etwa DAVID/JACOBS, Wettbewerbsrecht, N 17; PEDRAZZINI/PEDRAZZINI, UWG, N 5.176, die unbestimmt von den «grösseren Unwägbarkeiten» des UWG-Schutzes sprechen; vgl. auch HEINRICH, Kommentar DesG/HMA, N 0.218 und N 0.264, der einen vergleichbaren Rechtsschutz sieht.
[100] Art. 76 Abs. 1 PatG, Art. 58 Abs. 3 MSchG, Art. 64 Abs. 3 URG und Art. 37 DesG. Vgl. aber BGer 4A.205/2009, E. 2.1 zur sachlichen Zuständigkeit einer einzigen kantonalen Instanz bei lauterkeitsrechtlich begründeter Nichtigkeit einer Marke. Vgl. auch Art. 5 Abs. 1 lit. a und d ZPO-CH.
[101] Vgl. aber Art. 12 Abs. 2 UWG und Art. 5 Abs. 1 lit. d ZPO-CH.
[102] Vgl. dazu N 30 f.
[103] HILTY, Elektronischer Pressespiegel, 273.

Leistung kommt **einzig de facto mittelbar** zustande[104]. Demgegenüber tritt BAUDENBACHER für einen echten, allerdings zeitlich begrenzten, lauterkeitsrechtlichen Leistungsschutz ein, wo ein solcher – wie bei kurzlebigen Konsumgütern – geboten sei[105]. Dabei lehnt er das Postulat der Nachahmungsfreiheit ab und plädiert für eine Interessenabwägung zwischen dem Nachahmungsinteresse der Allgemeinheit einerseits und andererseits dem Schutz des Innovators sowie dem Anspornungsinteresse der Allgemeinheit[106]. Ähnlich argumentiert DESSEMONTET, der das UWG als Werkstatt des geistigen Eigentums bezeichnet und ihm die Funktion zuschreibt, die Lücken der Spezialgesetze insbesondere bei der Umsetzung von völkerrechtlichen Verträgen oder dem Schutz von Know-how und Goodwill zu schliessen[107].

b) Verhältnis zu den Immaterialgüterrechten im Einzelnen

aa) Markenrecht

Unter dem alten Markenrecht war die **ergänzende Anwendung** des UWG von grosser praktischer Bedeutung, da dieses keine Dienstleistungsmarke und keine Formmarke kannte. Gegen die Übernahme solcher Marken konnte einzig gestützt auf das UWG vorgegangen werden. Nach der Revision des Markenrechts von 1993 gab es in der Lehre in Bezug auf die ergänzende Anwendung des UWG neben dem Markenrecht kritische Stimmen. Es wurde eine Aufweichung des Eintragungsprinzips befürchtet und dem MSchG ein abschliessender Schutz von Marken zuerkannt[108]. Insbesondere wurde aus dem Wechsel zum Eintragungsprinzip gefolgert, dass nicht eingetragene Marken grundsätzlich auch keinen lauterkeitsrechtlichen Schutz mehr geniessen würden[109]. Immerhin wurde dem Lauterkeitsrecht eine ergänzende Funktion dort zugebilligt, wo zu den vom Markenrecht erfassten Sachverhalten noch weitere Elemente hinzukommen, welche einzig lauterkeitsrechtlich von Bedeutung sind, wie etwa eine systematische Nachahmung[110].

39

---

[104] STREULI-YOUSSEF, SIWR V/1, 168; vgl. im Verhältnis zum Kennzeichenschutz auch HILTI, Schutz nicht registrierter Kennzeichen, 126; vgl. zur Opportunität eines allgemeinen Investitionsschutzrechts auch HILTY, FS Ullmann, 643 ff., insbes. 664 ff.
[105] BAUDENBACHER, Kommentar UWG, Art. 1 N 89 f. und Art. 2 N 194 ff.; vgl. auch S. ESCHMANN, Rechtsschutz von Modedesign, Bern 2005, 213, insbes. 216 ff., die mit Verweis auf die deutsche Rechtsprechung für die Unlauterkeit der Nachahmung von wettbewerblich eigenartigen Modeschöpfungen eintritt und einen zeitlich limitierten Schutz über das UWG postuliert.
[106] BAUDENBACHER, Kommentar UWG, Art. 2 N 194 ff.
[107] DESSEMONTET, SIWR I/1, 8 f.
[108] DAVID, Kommentar MSchG, Vorbem. zum 1. Titel N 3.
[109] L. DAVID, SJZ 1993, 109 ff., 112.
[110] DAVID, Kommentar MSchG, Vorbem. zum 1. Titel N 3 f.; L. DAVID, AJP 1992, 1501, 1502; anders nun aber DAVID/JACOBS, Wettbewerbsrecht, N 17. Vgl. zur Diskussion auch VON BÜREN/MARBACH/DUCREY, N. 1085 ff.

40 Dem kann aufgrund der **Unterschiede im Schutzzweck und den durch die Gesetze verliehenen Rechtspositionen** nicht zugestimmt werden. Während das MSchG ein auf die Unterscheidungs- und Herkunftsfunktion der Marke ausgerichtetes Ausschliesslichkeitsrecht verleiht[111], schützt das UWG im hier interessierenden Anwendungsbereich den lauteren und unverfälschten Wettbewerb dadurch, dass der Markt von täuschenden und anderen unlauteren Massnahmen freigehalten wird. Der lauterkeitsrechtliche Schutz kann im Einzelfall über den Schutz durch das MSchG hinausgehen[112], umfasst zusätzliche Kennzeichen[113] und erfasst insbesondere weitergehend als das MSchG nicht eingetragene Marken[114]. In Letzterem ist angesichts der unterschiedlichen Funktionen des MSchG und des UWG nicht per se eine Umgehung des Registrierungssystems zu sehen. Das UWG ist somit auch im Verhältnis zum revidierten MSchG ergänzend anwendbar[115]. Wie bereits erwähnt, darf die ergänzende Anwendung allerdings im Einzelfall nicht zu einem unhaltbaren oder widersprüchlichen Ergebnis führen[116].

41 Auch nach der Revision des Markenrechts kann zudem ein praktisches Bedürfnis nach einer ergänzenden Anrufung des UWG bestehen, wenn aus materiellen oder formellen Gründen kein Schutz (mehr) besteht, weil z.B. keine Markenanmeldung erfolgt, das Schutzrecht nichtig oder die Schutzdauer abgelaufen ist und damit kein Registerschutz besteht. Ein Interesse an der Anrufung des UWG kann sich aber auch daraus ergeben, dass dem Kläger die markenrechtliche Aktivlegitimation fehlt oder das im konkreten Fall angerufene Gericht sachlich nicht zuständig ist[117]. Wie vorne bereits erwähnt, hat sich das Bundesgericht in BGE 129 III 353 («Puls») nun ausdrücklich für die selbständige Anwendung des UWG neben dem Markenrecht ausgesprochen (N 33).

42 In ergänzender Rechtsanwendung wurde unter anderem **als unlauter bezeichnet:**

– das Ausnützen des von einem anderen aufgebauten Goodwills eines Zeichens als schmarotzerisches Profitieren von fremder Leistung[118],

---

[111] Vgl. dazu HEINZELMANN, FS David, 96.
[112] Vgl. auch MÜLLER, SIWR V/1, 41, insbes. Fn. 80 zum geringeren Schutzumfang des Markenrechts in örtlicher Hinsicht. Vgl. aber auch THOUVENIN, Funktionale Systematisierung, 511, zu Situationen des weiterreichenden Schutzes durch das Markenrecht.
[113] BGE 95 II 461, 468 («Parisiennes»).
[114] Vgl. dazu P. TROLLER, Schutz nicht eingetragener Marken, 516 ff.; MÜLLER, SIWR V/1, 42, m.w.H.; BGE 111 II 509; BGE 73 II 117 f.; BGE 72 II 390.
[115] Ebenso mit zum Teil unterschiedlicher Begründung WILLI, Kommentar MSchG, vor Art. 1 N 62; MÜLLER, SIWR V/1, 40; STREULI-YOUSSEF, SIWR V/1, 146 f., 165 ff.; P. TROLLER, Schutz nicht eingetragener Marken, 517; JENNY, Nachahmungsfreiheit, N 379; THOUVENIN/NOTH, SHK-MSchG, Einleitung, N 133 ff.; BGE 129 III 353 («Puls»); HGer BE sic! 1999, 451, E. 2 («Boss»).
[116] WILLI, Kommentar MSchG, vor Art. 1 N 57 mit Verweis auf HGer ZH sic! 1999, 581, E. F d («Rivella/Apiella II») sowie PAHUD, Umwegtheorie, 805 f. und 807 f. Vgl. auch MARBACH, SIWR III/1, N 49.
[117] Die immaterialgüterrechtlichen Spezialgesetze schreiben eine einzige Instanz zur Beurteilung von Streitigkeiten vor (Art. 58 Abs. 3 MSchG). Vgl. auch Art. 5 lit. a ZPO-CH.
[118] BGE 114 II 106 («CeBIT»); BGE 109 II 489 («Computerland»).

- wenn eine Partei nach dem Auseinanderbrechen einer partnerschaftlichen Kooperation ein von der anderen Partei zuerst verwendetes Zeichen als Marke hinterlegt und gebraucht und damit die Gefahr der Verwechslung mit den Leistungen oder dem Geschäftsbetrieb der Partei schafft, welche das Zeichen zuerst benutzte[119],
- der Gebrauch einer fremden Marke als Domainname als unlautere Behinderung[120],
- die Rufausbeutung und Verwässerung einer Marke[121].

Wo sich die Schutzbereiche des MSchG und des UWG überschneiden, ist selbstverständlich auch eine **kumulative Anwendung** der Erlasse denkbar. In der Praxis dürfte dies vor allem im Anwendungsbereich von Art. 3 lit. d der Fall sein. Dabei ist zu beachten, dass infolge der teilweise identischen Fragestellungen gewisse Prüfungsergebnisse vom einen Rechtsgebiet auf das andere übertragen werden können. Dies darf aber nicht darüber hinwegtäuschen, dass sich der markenrechtliche und der wettbewerbsrechtliche Blickwinkel, die zu berücksichtigenden Umstände sowie Teile der Beurteilungskriterien unterscheiden und die Prüfung unter dem einen Gesetz niemals die Prüfung unter dem anderen Gesetz ersetzen kann[122].

43

bb) Designrecht

Berührungspunkte zwischen dem Designrecht und dem Lauterkeitsrecht gibt es insbesondere dort, wo das UWG im Ergebnis[123] wie das DesG die **Kopie einer äusseren Formgebung** ahndet. Dies ist insbesondere der Fall, wenn:

44

- die Formgebung einer Ware kennzeichnenden Charakter hat und deren Nachahmung zu einer Verwechslungsgefahr führt (Art. 3 lit. d)[124];
- durch Nachahmungen in schmarotzerischer Weise der gute Ruf fremder Produkte ausgebeutet wird (Art. 2)[125];
- eine Serie von Produkten nachgemacht wird (Art. 2)[126];

---

[119] BGE 129 III 353 («Puls»).
[120] ZivGer BS sic! 2005, 821, E. 2c («www.tax-info.ch/www.info-tax.ch»).
[121] HGer BE SMI 1991, 234, 238 f. («Kopulierende Krokodile»).
[122] Vgl. zum Ganzen auch THOUVENIN, Funktionale Systematisierung, 528 ff.
[123] Schutzgegenstand bleibt im UWG die Lauterkeit im Wettbewerb. Die unlautere Handlung führt hier jedoch zur Kopie einer äusseren Formgebung und kommt damit dem DesG nahe, welches die Formgebung um ihrer selbst Willen schützt, d.h. unabhängig von den Umständen der Anfertigung der Kopie.
[124] Vgl. dazu Art. 3 lit. d N 57 ff.
[125] BGE 116 II 471 («Volvo-Kotflügel»); BGE 113 II 190, 201 f. («Le Corbusier»); vgl. zum Ganzen auch MÜNCH/KÖNIG HOROWICZ, Nachahmungen, in: T. Geiser/P. Krauskopf/P. Münch, Schweizerisches und europäisches Wettbewerbsrecht, 2. Aufl., Basel 2005, 231 ff. N 6.7.
[126] BGer sic! 2005, 23, E. 4.3 («Armbanduhren»); BGE 116 II 365, 369 («Nivea/Jana»); BGE 113 II 190, 201 f. («Le Corbusier»).

- in raffinierter Weise eine Reihe von Einzelheiten eines Designs übernommen wird, wobei mit Absicht Massnahmen gegen eine Verwechslungsgefahr unterlassen werden (Art. 2)[127];
- der Nachahmer sich die nachgeahmten Produkte hinterlistig beschafft hat (Art. 5 lit. a und b)[128];
- oder der Nachahmer durch technische Kopiermethoden und ohne eigenen angemessenen Aufwand das marktreife Arbeitsergebnis eines anderen übernimmt und verwertet (Art. 5 lit. c)[129].

45 Entsprechend der hier vertretenen Auffassung, sind in allen Fällen der ergänzenden Anwendung des UWG die Normen des **DesG** und des **UWG unabhängig** voneinander **anzuwenden**, und es ist unter dem jeweiligen Gesetz zu prüfen, ob die Tatbestände erfüllt sind. Dies kann im Einzelfall dazu führen, dass eine Formgebung, welche die formellen oder materiellen Schutzvoraussetzungen unter dem DesG nicht oder nicht mehr erfüllt, Gegenstand eines Verstosses gegen das UWG ist[130]. Auch hier darf die ergänzende Anwendung allerdings im Einzelfall nicht zu einem unhaltbaren oder widersprüchlichen Ergebnis führen[131].

46 Die weitaus häufigsten Fälle einer **ergänzenden Anwendung** des UWG betreffen das **Schaffen einer Verwechslungsgefahr nach Art. 3 lit. d**. Die Verwechslungsgefahr wird bejaht, wenn eine Ausstattung verwendet wird, welche die gleichen wesentlichen Merkmale wie ein sich bereits auf dem Markt befindliches Design enthält und dadurch denselben Gesamteindruck erweckt. Voraussetzung ist, dass die Ausstattung als Herkunftshinweis verstanden wird[132]. Mit der Revision des Bundesgesetzes betreffend die gewerblichen Muster und Modelle zum DesG haben sich die Grundsätze zur Beurteilung der Nachahmung angeglichen: Während unter altem Recht die zu beurteilenden Gegenstände nebeneinander zu halten und gleichzeitig zu betrachten waren[133], ist heute – gleich wie im Lauterkeitsrecht[134] – das Erinnerungsvermögen der angesprochenen Verkehrskreise massgebend[135]. Unter dem alten Recht galt somit ein engerer Begriff der Nachahmung als im Lauterkeitsrecht, weshalb eine Verwechslungsgefahr im Sinne des UWG gegeben sein konnte,

---

[127] Vgl. dazu Art. 2 N 99.
[128] Vgl. dazu Art. 5 N 9 ff.
[129] Vgl. dazu Art. 5 N 23 ff.
[130] Ebenso HEINRICH, Kommentar DesG/HMA, N 0.286 ff. und N 303 ff.
[131] Vgl. für das Markenrecht WILLI, Kommentar MSchG, vor Art. 1 N 57 mit Verweis auf HGer ZH sic! 1999, 581, E. F d («Rivella/Apiella II») sowie PAHUD, Umwegtheorie, 805 f. und 807 f.
[132] Vgl. zum Ganzen Art. 3 lit. d N 57 ff.
[133] Der massgebende Art. 24 Ziffer 1 lautete: «Gemäss der nachstehenden Bestimmungen kann zivil- und strafrechtlich zur Verantwortung gezogen werden: wer ein hinterlegtes Muster oder Modell widerrechtlich nachmacht oder derart nachahmt, dass eine Verschiedenheit nur bei sorgfältiger Vergleichung wahrgenommen werden kann; blosse Farbenänderung gilt aber nicht als Verschiedenheit.»
[134] Vgl. dazu Art. 3 lit. d N 32.
[135] BGE 129 III 545, 548ff. («Knoblauchpresse»).

während sie im Muster- und Modellrecht fehlte[136]. **Obwohl** sich nunmehr der **Vergleichsstandard** bei der Beurteilung der Nachahmung respektive der Verwechslungsgefahr **angeglichen** hat, kann es immer noch zu einer **unterschiedlichen Beurteilung eines Sachverhaltes** kommen, da im Lauterkeitsrecht auch die begleitenden Umstände berücksichtigt werden[137]. Zudem ist eine Ausstattung unter Art. 3 lit. d auch dann «geschützt», wenn sie nicht hinterlegt wurde oder sie nicht neu ist, aber dennoch für deren Herkunft Kennzeichnungskraft erworben hat. Schliesslich ist der Schutz unter dem DesG auf maximal 25 Jahre beschränkt, während das UWG keine Periode vorsieht, nach welcher eine Ausstattung gemeinfrei wird und das Schaffen einer Verwechslungsgefahr nicht mehr unlauter ist[138]. Es ist deshalb auch unter dem neuen Recht möglich, dass eine designrechtlich zulässige Handlung unter dem UWG als unlauter gilt.

cc) Urheberrecht

Hat ein urheberrechtlich nicht geschütztes Werk kennzeichnenden Charakter, so wird die **ergänzende Anwendung** von Lauterkeitsrecht, insbesondere Art. 3 lit. d relevant[139]. Wie MÜLLER[140] richtig feststellt, ist hier besonders evident, dass das Immaterialgüterrecht und das Lauterkeitsrecht verschiedene Zwecke verfolgen und die entsprechenden Gesetze deshalb **autonom nebeneinander** angewendet werden müssen. Der Schutz von Kennzeichen ist nämlich in keiner Weise Gegenstand des Urheberrechts. Deshalb muss Art. 3 lit. d unabhängig vom Grund der Gemeinfreiheit des Werkes eingreifen und dürfte sogar dort zur Anwendung gelangen, wo die Schutzfrist des Werkes abgelaufen ist. Fälle ergänzender Anwendung des UWG sind aber auch im Zusammenhang mit einer unmittelbaren Leistungsübernahme (Art. 5)[141] oder dem planmässigen Heranschleichen oder systematischen Kopieren (Art. 2)[142] von Bedeutung; dies insbesondere im Zusammenhang mit dem

47

---

[136] Tatsächlich wurde von der Rechtsprechung aber bei gleichzeitiger Anrufung des Muster- und Modellrechts und des UWG bei der Beurteilung der Verwechslungsgefahr nach UWG der engere Begriff der Nachahmung des Muster- und Modellrechts angewendet; vgl. zur Situation unter dem alten Recht STREULI-YOUSSEF, SIWR V/1, 149 ff.
[137] Vgl. zum Ganzen MÜLLER, SIWR V/1, 43 sowie Art. 3 lit. d N 34 ff.
[138] Vgl. zur Frage, ob dies im Sinne einer designrechtskonformen Auslegung des UWG berücksichtigt und der lauterkeitsrechtliche Schutz zeitlich begrenzt werden sollte, Art. 5 N 35.
[139] Vgl. dazu BGE 110 IV 102, 107 f. («Harlekin-Puppen»).
[140] MÜLLER, SIWR V/1, 44.
[141] Vgl. zur Abgrenzung von Art. 5 lit. c zum urheberrechtlichen Softwareschutz G. RAUBER, in: Thomann/Rauber (Hrsg.), Softwareschutz, 59 ff., 83 ff., der zu Recht darauf hinweist, dass das Urheberrecht aufgrund der Individualität eines Produkts einen Monopolschutz verleiht, während Art. 5 lit. c die unlautere Einsparung des Entwicklungs- und Herstellungsaufwandes pönalisiert. Vgl. zum Ganzen auch David, SHK-URG, Einführung, N 34 ff.
[142] BGE 113 II 190, 201 f. («Le Corbusier»); vgl. dazu auch ZR 1984, Nr. 106 («Personalbriefe»), in welchem die wörtliche Übernahme wesentlicher Teile eines urheberrechtlich nicht geschützten Werkes als unlauter bezeichnet wurde.

Schutz von Computersoftware, die gemäss Art. 2 Abs. 3 URG bei Vorliegen der erforderlichen Individualität durch das Urheberrecht geschützt ist[143].

48 Der Kläger muss bei Beanspruchung des urheberrechtlichen Schutzes den **Werkcharakter** und damit die Schutzwürdigkeit seiner geistigen Schöpfung im Prozess **nachweisen**[144]. Hier kann es für den Kläger von Interesse sein, sich auf eine lauterkeitsrechtliche Anspruchsgrundlage zu berufen, wo dieser Nachweis entfällt.

49 Die **häufig ablehnende Haltung der Gerichte**[145] gegenüber einer ergänzenden Anwendung von Urheberrecht und UWG unter Beizug der Umwegthese ist angesichts der sehr unterschiedlichen Zielsetzungen der Gesetze nicht gerechtfertigt[146]. Sie dürfte denn auch durch die neue Rechtsprechung des Bundesgerichts im Bereich des Kennzeichenrechts[147] überholt sein. Demzufolge muss auch die Frage nach der Anwendbarkeit von Art. 3 lit. a neben Art. 11 URG im Falle der Herabsetzung eines urheberrechtlich geschützten Werkes bejaht werden.

50 In der Lehre wird als Folge der unterschiedlichen Gesetzeszwecke auch die **kumulative** Anwendung des Urheber- und Lauterkeitsrechts bejaht[148].

dd) Patentrecht

51 Wie oben bereits festgestellt[149], verleiht das UWG **keinen stellvertretenden Schutz.** Dies wird im Verhältnis zum Patentrecht besonders deutlich. Der technische Fortschritt wird ausschliesslich durch das PatG und nicht durch das UWG geschützt[150]. Die Übernahme einer nach Patentrecht nicht geschützten technischen Lehre kann aber unlauter im Sinne des UWG sein, wenn zusätzlich vom UWG erfasste Unlauterkeitsmerkmale vorliegen[151]. In Frage kommt ein solcher **ergänzender Schutz** insbesondere bei der Übernahme kennzeichnender Merkmale, die zu einer Herkunftstäuschung und damit einer Verwechslungsgefahr im Sinne

---

[143] Vgl. zur Anwendung des UWG zum Schutz von Computersoftware STREULI-YOUSSEF, SIWR V/1, 156 f., m.w.H.
[144] Art. 1 i.V.m. Art. 2 URG. Demgegenüber handelt es sich bei der Marke, dem Design und dem Patent um sog. Registerrechte. Bei diesen verleiht der Registereintrag zumindest den Anschein einer absoluten Rechtsposition.
[145] BGE 118 II 459, 466 («Just Elvis»); BGE 113 II 306, 312; BGE 110 IV 102, 107 («Harlekin»); BGE 110 II 411, 420; BGE 107 II 82, 89.
[146] Vgl. zur Kritik an der Umwegthese oben N 29 ff.
[147] BGE 129 III 353 («Puls»).
[148] MÜLLER, SIWR V/1, 44, m.w.H. Ein Fall kumulativer Anwendung findet sich in OGer BE sic! 2009, 244, E. 3a ff. («Expo.02-Karte»)
[149] Vgl. dazu N 34.
[150] BGE 116 II 471, 473 («Volvo-Kotflügel»); HGer ZH sic! 2001, 658, E. XVI. 4.2 («Schmiermittel II»); HGer ZH ZR 1965, Nr. 149; entsprechend bereits BLUM/PEDRAZZINI, Patentrecht, Bd. I., 182, 193; A. TROLLER, Immaterialgüterrecht I, 439 ff.
[151] HEINRICH, Kommentar PatG-EPÜ, N 8.20; PEDRAZZINI/PEDRAZZINI, UWG, N 3.05.

von Art. 3 lit. d führt[152], sowie bei der Übernahme des marktreifen Arbeitsergebnisses eines anderen als solches ohne angemessenen eigenen Aufwand durch technische Reproduktionsverfahren (Art. 5 lit. c). Unabhängig vom patentrechtlichen Schutz der technischen Entwicklung wurde sodann als unlauter im Sinne von Art. 2 UWG beurteilt, dass eine Partei eines Zusammenarbeitsvertrages treuwidrig noch während der Dauer der Zusammenarbeit ein Nachahmerprodukt herstellen lässt[153].

Es ist unumstritten, dass ein Sachverhalt sowohl unter dem PatG als auch unter dem UWG relevant sein kann und beide Gesetze **kumulativ** geltend gemacht werden können. Dies allerdings auch hier in der Regel nur dann, wenn neben der eigentlichen Patentverletzung weitere, die Unlauterkeit begründende Umstände vorliegen[154]. Zu erwähnen ist an dieser Stelle sodann die Patentberühmung, welche zum einen unter dem PatG mit einer Busse geahndet wird (Art. 82 PatG) und zum andern als Fall der Irreführung über die Beschaffenheit einer Ware unlauter ist (Art. 3 lit. b)[155]. 52

5. Verhältnis des Lauterkeitsrechts zum Wirtschaftsverwaltungs- und Strafrecht

Das Verhältnis des privat-, verwaltungs- und strafrechtlichen Lauterkeitsrechts zum (sonstigen) Wirtschaftsverwaltungs- und Strafrecht wird in den Kommentierungen Vor Art. 16 (N 30 ff.) bzw. zu Art. 23 (N 42 ff.) behandelt. 53

III. Rechtsquellen des schweizerischen Lauterkeitsrechts

Literatur

B. EHRENZELLER/P. MASTRONARDI/R. J. SCHWEIZER/K. A. VALLENDER (Hrsg.), Die schweizerische Bundesverfassung, Kommentar, 2. Aufl., Zürich 2008; A. FURRER/ P. KRUMMENACHER, Grundrechtskonflikte im UWG? Was lernen wir aus der Rechtsprechung Hertel?, recht 2004, 169 ff.; U. HÄFELIN/W. HALLER/H. KELLER, Schweizerisches Bundesstaatsrecht, 7. Aufl., Zürich 2008; U. HÄFELIN/G. MÜLLER/F. UHLMANN, Allgemeines Verwaltungsrecht, 5. Aufl., Zürich 2006; R. KIENER/W. KÄLIN, Grundrechte, Bern 2007; P. MASTRONARDI, Menschenwürde als materielle «Grundnorm» des Rechtsstaates?, in: D. Thürer (Hrsg.), Verfassungsrecht der Schweiz, Zürich 2001, § 14; J. P. MÜLLER/M. SCHEFER, Grundrechte in der Schweiz, 4. Aufl., Bern 2008; P. SALADIN, Das Recht auf Werbung und seine öffentlich-rechtlichen Schranken, Bern 1969; U. SAXER, Die Anwendung des UWG auf ideelle Grundrechtsbetätigungen: eine Problemskizze, AJP 1993, 604 ff.; DERS., Die Kerngehalte von

---

[152] BGE 79 II 316; HGer ZH sic! 2001, 658, E. XVI. 4.2 («Schmiermittel II»); zu beachten ist allerdings, dass die Nachahmung von technisch und/oder funktionell bedingten Gestaltungselementen unter Art. 3 lit. d erlaubt ist; vgl. dazu unten Art. 3 d N 69 f.
[153] HGer SG vom 29. November 2005 (HG.2001.31-HGK), E. II/10.
[154] Vgl. zum Ganzen STREULI-YOUSSEF, SIWR V/1, 149, m.w.H.
[155] BGE 82 IV 204, 206.

Grundrechten: Geltung, Dogmatik, inhaltliche Ausgestaltung, Bern 2001; M. SENN, Kommerzielle Äusserungen im Schutze der Meinungsäusserungsfreiheit, sic! 1999, 111 ff.

1. Kompetenzverteilung und Normenhierarchie

54 Das unmittelbar anwendbare **Völkerrecht** mit Bezug zum Lauterkeitsrecht (dazu gesondert N 150 ff.) beansprucht aufgrund von Art. 5 Abs. 4 BV Vorrang vor dem autonomen schweizerischen Recht. Für die Staatsverträge des Internationalen Lauterkeitsrechts (IPR/IZVR) wird dieser Grundsatz noch einfach gesetzlich durch Art. 1 Abs. 2 IPRG bestätigt, wobei die Schweiz allerdings derzeit an keine kollisionsrechtlichen[156], sondern nur an internationalverfahrensrechtliche Staatsverträge wie insbesondere das LugÜ gebunden ist (näher N 100, 125 ff.).

55 Im Rahmen des autonomen schweizerischen Rechts steht dem **Bund** die Kompetenz für das **Lauterkeitsrecht (Art. 96 Abs. 2 lit. b BV),** den Konsumentenschutz (Art. 97 Abs. 1, 2 BV), das Zivil- und Strafrecht (Art. 122 f. BV) sowie das Messwesen (Art. 125 BV) zu. Auch für die meisten werberechtlich relevanten Regelungsbereiche besitzt der Bund die Kompetenz (v.a. Art. 98: Banken- und Versicherungen, Art. 104 BV: Landwirtschaft, Art. 105 BV: Alkoholgesetzgebung, Art. 106 BV: Glücksspiele und Lotterien, Art. 118 BV: Gesundheit).

56 Trotz der erwähnten weitreichenden Bundeskompetenzen kommt auch das **kantonale Recht** in den lauterkeitsrechtlich relevanten Bereichen zum Tragen. In seinem Anwendungsbereich regelt das UWG die privat- und kernstrafrechtlichen Aspekte zwar abschliessend. Da die Wahrung von Treu und Glauben im Geschäftsverkehr jedoch Teil der öffentlichen Ordnung und Sittlichkeit ist[157], können die Kantone, gestützt auf ihre **allgemeine Polizeibefugnis,** verwaltungs- und übertretungsstrafrechtliche Bestimmungen erlassen, die wie das UWG den fairen und unverfälschten Wettbewerb schützen sollen (vgl. auch Art. 6 ZGB)[158]. Hiervon haben sie etwa durch den Erlass von allgemeinen **Gewerbe- bzw. Handelspolizeigesetzen**[159], von **Übertretungsstraftatbeständen**[160] sowie von bauordnungs-, verkehrs-, gesundheits- oder jugendschutzrechtlich etc. motivierten **Werbevorschriften**[161] regen Gebrauch gemacht (näher Vor Art. 16 N 78 ff.). Bei der Schaffung wirtschaftsrechtlicher Regelungen haben die Kantone jedoch wiederum zu beachten, dass der Bund seinerseits zahlreiche wirtschaftspolizeirechtliche Regelungen geschaffen hat, deren Wertentscheidungen und Regelungsgehalte auch für das kantonale Recht massgebend sind. Dies gilt insbesondere auch für die verwaltungsrechtlichen Regelungen

---

[156] Zu gescheiterten und bestehenden Projekten vgl. SCHIBLI, Multistate-Werbung, 96 f.
[157] HÄFELIN/MÜLLER/UHLMANN, Verwaltungsrecht, N 2433 ff.
[158] BGE 82 IV 47, 52 («Torre») und 125 I 369, 375 f. («Scientology»).
[159] So etwa die Kantone Vaud (Loi sur l'exercice des activités économiques von 2005, RSV 930.0) und Jura (Loi sur le commerce, l'artisanat et l'industrie von 1978, RSJU 930.1).
[160] So etwa im ÜbertretungsstrafG-BS (BS 253.100) § 22a (Plakatwerbung für Alkohol und Tabak auf privatem Grund), § 23a (Anwerbung auf Allmend), §§ 64 ff. (Titelschutz).
[161] Siehe etwa BGE 128 I 295 («Genfer Tabak- und Alkoholwerbung»).

des UWG (Art. 16 ff.), so dass die Kantone etwa daran gehindert sind, die 1995 aus dem UWG gestrichenen ausverkaufsrechtlichen Regelungen (N 91) auf kantonaler Ebene beizubehalten bzw. wieder einzuführen[162]. Den Kantonen verbleibt hier lediglich der Vollzug der bundesrechtlichen Regelungen unter der Oberaufsicht des Bundes (Art. 20 Abs. 1). Die speziellen Kompetenzen der Kantone ausserhalb der allgemeinen Polizeibefugnis (z.B. Art. 106 Abs. 4 BV) haben für das Lauterkeitsrecht keine grössere praktische Bedeutung.

2. Menschen- und Grundrechte

a) Wirkungsmechanismen der Menschen- und Grundrechte im Lauterkeitsrecht

aa) Abwehrfunktion

Die in der Europäischen Menschenrechtskonvention (**EMRK**) von 1950 (SR 0.101) und den **Art. 7 bis 36 BV** enthaltenen Menschen- und Grundrechte erlangen im Wettbewerbsrecht zunächst als klassische **Abwehrrechte gegen staatliche Eingriffe** eine Bedeutung. Alle hoheitlichen Wettbewerbsbeschränkungen sind zumindest an der Wirtschaftsfreiheit von Art. 27 BV zu messen (N 59), so dass sie sich auf eine gesetzliche Grundlage stützen (z.B. UWG, PBV), zur Verfolgung eines legitimen Zwecks (z.B. Gewährleistung eines fairen und unverfälschten Wettbewerbs) geeignet und erforderlich sowie verhältnismässig i.e.S. sein müssen (vgl. Art. 36 BV). Bedeutung hat die Abwehrfunktion für die aufsichtsrechtlichen Normen und Verfügungen (s. Vor Art. 16 N 28 ff.). 57

bb) Massstabs- und Schutzfunktion

Nach **Art. 35 Abs. 3 BV** haben die Behörden dafür zu sorgen, «dass die Grundrechte, soweit sie sich dazu eignen, auch **unter Privaten** wirksam werden». Zu den Behörden i.S.d. Vorschrift gehören auch und gerade die Gerichte. Die Verpflichtung erstreckt sich in Verbindung mit Art. 5 Abs. 4 BV auch auf die Menschenrechte der EMRK. Unter Privaten haben die Grundrechte daher zunächst auch im Lauterkeitsrecht eine Funktion als Wertmassstab bei der verfassungskonformen **Auslegung der** gerade im Lauterkeitsrecht weit verbreiteten **Generalklauseln und unbestimmten Rechtsbegriffe**[163]. Das «Wirksamwerden» besteht aber auch darin, dass Personen, die von unverhältnismässigen Grundrechtseingriffen von privater 58

---

[162] Vgl. dazu auch die die Regelungen im UWG und in der PBV ausdrücklich als ausreichend ansehende Botschaft zur Teilrevision des UWG vom 11.5.1994 (Liberalisierung des Ausverkaufswesens), BBl 1994 III 442, 454 f. (Ziff. 116) sowie Vor Art. 16 N 29.

[163] Zur verfassungskonformen Auslegung im Lauterkeitsrecht siehe etwa BGE 123 IV 211, 215 ff. («Rinderwahnsinn»), BGE 125 I 369, 374 ff. («Scientology») und SAXER, AJP 1993, 604 ff.

Seite (z.B. herabsetzende Werbung) betroffen sind, gegen diese Eingriffe **in Schutz zu nehmen** sind. Unverhältnismässig ist ein privater Grundrechtseingriff allerdings nur, wenn er nicht seinerseits durch eine Grundrechtsausübung (z.B. Meinungsäusserungs- und Wirtschaftsfreiheit) gerechtfertigt ist. Es kommt mithin insoweit zu einer umfassenden Abwägung zwischen den betroffenen Grundrechtspositionen und der Suche nach einem angemessenen Interessenausgleich (sog. praktische Konkordanz). Dabei sind ggf. existierende Wertentscheidungen des Privatrechts zu berücksichtigen. Auf die Massstabs- und Schutzfunktion der Grundrechte wird in diesem Kommentar im Zusammenhang mit den jeweiligen Auslegungsfragen hingewiesen.

b) Bedeutung einzelner Menschen- und Grundrechte für das Lauterkeitsrecht

aa) Wirtschaftsfreiheit

59 Die Wirtschaftsfreiheit ist in Art. 27 und Art. 94 f. BV geregelt. Zum Schutzbereich der Wirtschaftsfreiheit gehört auch das **Recht auf freie Werbung**[164]. Abweichungen vom Grundsatz der Wirtschaftsfreiheit sind nach Art. 94 Abs. 4 BV nur zulässig, wenn sie in der Bundesverfassung vorgesehen oder durch kantonale Regalrechte begründet sind. Eingriffe in die Werbefreiheit betreffen aber grundsätzlich nur den Aspekt der Ausübung der Wirtschaftsfreiheit, so dass nach allgemeinen Grundsätzen bereits vernünftige Erwägungen des Gemeinwohls eine Beschränkung rechtfertigen können (vgl. auch Art. 36 BV). Unter dem Gesichtspunkt der Wirtschaftsfreiheit begegnen insbesondere die berufsständischen[165] und sonstigen **Werbeverbote** zunehmenden Bedenken[166]. Insbesondere die EU-Kommission hat hier in letzter Zeit die fragwürdige Tendenz erkennen lassen, die gerade auch für die neu in den Markt eintretenden Wettbewerber und die Marktwirtschaft überhaupt bedeutsame Werbefreiheit immer weiter hinter diversen politischen Lenkungsanliegen zurücktreten zu lassen. Es geht hier nicht mehr nur um Einschränkungen der (Publikums-)Werbung für Arzneimittel[167], Tabakerzeugnisse[168] und Alkoholika[169], sondern um die – sicherlich gut gemeinte – Einflussnahme z.B. auf das Geschlech-

---

[164] BGE 104 Ia 473, 475 f. («Guyot»); BGE 118 Ib 356, 363 («Camel-Trophy Uhren»); BGE 125 I 417, 422 ff. («Berner Fürsprecher»); BGE 133 II 136, 150 («Lovers TV»); HÄFELIN/HALLER/KELLER, Bundesstaatsrecht, N 647.

[165] Siehe dazu nur BGE 104 Ia 473, 475 f. («Guyot») und BGE 125 I 417, 422 ff. («Berner Fürsprecher») betreffend die Werbung von Architekten bzw. Rechtsanwälten.

[166] Dazu etwa SCHWENNINGER, in: T. Geiser/P. Krauskopf/P. Münch (Hrsg.), Schweizerisches und europäisches Wettbewerbsrecht, 2005, N 5.10 mit Kritik an BGE 128 I 295 («Genfer Tabak- und Alkoholwerbung»).

[167] BGE 123 I 201, 205.

[168] BGE 118 Ib 356, 363 («Camel-Trophy Uhren»).

[169] BGE 128 I 295, 308 ff. («Genfer Tabak- und Alkoholwerbung»).

ter-[170], Ess-[171] und Autofahrverhalten[172]. In dieser Logik kann die Erkenntnis, dass der durch Werbung vermeintlich gesteigerte Konsum von Waren und Dienstleitungen immer umweltschädlich ist und häufig die Wahrscheinlichkeit eines früheren durch Unfall oder Krankheit bedingten Todes erhöht, zu immer neuen gesetzgeberischen Schritten führen[173]. Angesichts der Tatsache, dass Werbemassnahmen zwar Einfluss auf Marktanteile und Substitution haben können, ihre verhaltenssteuernde Wirkung im Übrigen aber eher gering einzuschätzen ist, sollte sich der schweizerische Gesetzgeber bei paternalistischen Werbebeschränkungen Zurückhaltung auferlegen. Dies gilt insbesondere für medienspezifische Beschränkungen, die den Wettbewerb der verschiedenen Medien auf dem Werbemarkt verfälschen.

bb) Menschenwürde

Die Menschenwürde (Art. 7 BV) kann durch Herabsetzungen (Art. 3 lit. a und lit. e) und durch aggressive Werbemethoden im Bereich der aufdringlichen oder schockierenden Werbung (Art. 2 N 66 und Art. 3 lit. h) berührt werden. Sofern damit auch ein Eingriff in das Grundrecht nach Art. 7 BV verbunden ist, kann dieser nicht gerechtfertigt werden, da die Menschenwürde unantastbar und einer Abwägung nicht zugänglich ist (vgl. auch Art. 36 Abs. 4 BV[174]). 60

cc) Kommunikationsgrundrechte

aaa) EMRK

Nach ständiger Rechtsprechung des EGMR erfasst die in **Art. 10 EMRK** geregelte Meinungsfreiheit auch die Meinungsäusserung mit kommerzieller Zielsetzung[175]. Hieraus hat der EGMR ein **Recht auf Werbefreiheit** abgeleitet, das grundsätzlich etwa auch Freiberuflern eine den traditionellen Standesregeln wider- 61

---

[170] Z.B. wird eine Verschärfung von Art. 3e Abs. 1 lit. c ii) RL 89/552/EWG i.d.F. der RL 2007/65/EG (Verbot einer die Diskriminierung fördernden audiovisuellen Werbung) ins Auge gefasst (Klemens statt Klementine!).
[171] Z.B. Art. 3e Abs. 1 lit. g und Abs. 2 RL 89/552/EWG i.d.F. der RL 2007/65/EG (Slow statt Fast Food!).
[172] Z.B. wird eine Verschärfung der Autowerbe-RL 99/94/EG ins Auge gefasst (Verringerung von Verbrauch und CO_2-Ausstoss statt Fahrvergnügen!).
[173] Art. 3e Abs. 1 lit. c iii) und iiii) RL 89/552/EWG i.d.F. der RL 2007/65/EG enthalten insoweit bereits generalklauselartige Ansatzpunkte, indem sie audiovisuelle Werbung, die gesundheits- und in hohem Masse umweltschädliche Verhaltensweisen fördert, verbieten.
[174] Zur Grundrechts- und Kerngehaltsfunktion der Menschenwürde s. nur MASTRONARDI, Menschenwürde, § 14 N 24 ff.
[175] EGMR v. 5.12.2002, 2002-IX 1 (2004) 38 EHRR, 20 («Demuth/Schweiz»); EGMR v. 17.10.2002, Rs. 37928/97, NJW 2003, 497 («Stambuk/Deutschland»).

sprechende informative Werbung gestattet[176]. Auf Art. 8 EMRK (Schutz der Privatsphäre) i.V.m. Art. 10 EMRK (Schutz der negativen Meinungsäusserungsfreiheit) kann zudem ein **Verbot aufgedrängter Werbung** gestützt werden[177].

62 Im ersten seiner beiden **Hertel-Entscheide**[178] hat der EGMR einen Entscheid des Bundesgerichts[179] als unvereinbar mit Art. 10 EMRK betrachtet. Zwar habe das vom Bundesgericht bestätigte Verbot, auf die etwaigen Gesundheitsgefahren von Mikrowellenöfen öffentlich hinzuweisen, auf einer genügenden gesetzlichen Grundlage beruht und mit der Gewährleistung eines fairen und freien Wettbewerbs ein rechtmässiges Ziel verfolgt, doch sei es im Ergebnis unverhältnismässig. Durch die gegen den von Dritten verfassten Zeitschriftenbeitrag gerichtete Verfügung werde nämlich letztlich ein in dem Beitrag wiedergegebener moderat formulierter Forschungsbericht teilweise zensiert und der betroffene Wissenschaftler (Hertel) von einer unbestreitbar bestehenden Diskussion ausgeschlossen, die im Allgemeininteresse läge und nicht ausschliesslich einen wirtschaftlichen Charakter aufweisen würde. Unerheblich sei es, dass es sich in der letztlich noch offenen Diskussion um eine möglicherweise unbegründete Mindermeinung gehandelt habe. Im zweiten Hertel-Entscheid hat es der EGMR dann als noch vereinbar mit Art. 10 EMRK angesehen, dass der Beschwerdeführer nach Massgabe eines weiteren Bundesgerichtsentscheids[180] lediglich dazu verpflichtet worden sei, in seinen Äusserungen zur Schädlichkeit von Mikrowellengeräten auf abweichende Meinungen hinzuweisen. Hierdurch werde ein angemessener Ausgleich zwischen dem Interesse des Beschwerdeführers an freier Meinungsäusserung und dem Interesse des Fachverbandes Elektroapparate für Haushalt und Gewerbe in der Schweiz (FEA) hergestellt. Die Hertel-Entscheide haben die anhaltende Diskussion um eine insbesondere strafrechtliche Privilegierung der Medien im Lauterkeitsrecht erneut entfacht. Die in der Folge gestarteten Gesetzesinitiativen sind jedoch gescheitert[181].

---

[176] Dazu EGMR, NJW 2003, 497 («Stambuk/Deutschland»), wonach standesrechtliche Einschränkungen einer strengen Verhältnismässigkeitsprüfung (mit Beurteilungsspielraum der staatlichen Behörden) unterlägen, so dass ein über eine neue Operationstechnik sachlich informierender Zeitungsartikel mit Name und Foto des behandelnden Arztes als zulässig angesehen werden könne.
[177] W. FIKENTSCHER/T. MÖLLERS, NJW 1998, 1337, 1344; vgl. auch Erw. 17 der Richtlinie 97/7/EG.
[178] EGMR vom 25.8.1998, Rs. 59/1997/843/1049, sic! 1998, 491 («Hertel I»); EGMR vom 25.8.1998, Rs. 59/1997/843/1049, sic! 1998, 491 («Hertel I»); EGMR vom 17.1.2002, Rs. 53440/99, AJP 2003, 1508 («Hertel II»); näher A. FURRER/P. KRUMMENACHER, recht 2004, 169 ff.
[179] BGE 120 II 76 («Mikrowellenherd I»).
[180] BGE 125 III 185 («Mikrowellenherd II»).
[181] Ablehnung der auf eine Revision der Strafbestimmungen zugunsten der Medien zielenden Motion «UWG und Meinungsfreiheit» der Kommission für Rechtsfragen des Nationalrats durch den Ständerat am 8.12.1998 (SR 97.3390 und P 98.3528) und Ablehnung der auf eine generelle Befreiung der Journalisten von den Strafbestimmungen des UWG zielenden Initiative des Nationalrats Vollmer durch den Nationalrat am 4.10.1999 (NR 98.436).

bbb) Kommunikationsgrundrechte der Bundesverfassung

Die Meinungs- und Medienfreiheit (**Art. 16, 17 BV**) schützen die freie Meinungsbildung, die Meinungsäusserung und Verbreitung von Meinungen bzw. Informationen. Nach ständiger Rechtsprechung des Bundesgerichts umfassen die sog. Kommunikationsgrundrechte allerdings entgegen der zu Art. 10 EMRK entwickelten Auslegung des EGMR (N 61 f.) nur die ideelle und **nicht auch die kommerzielle Kommunikation**[182]. Kommerzielle Äusserungen sind dabei solche, bei denen das Anpreisen von Waren und Dienstleistungen bzw. das Bewirken einer finanziellen Transaktion eindeutig im Vordergrund stehen[183]. Danach kann sich der mit wirtschaftlicher Zielsetzung Werbende nur dann auf Art. 16 BV berufen, wenn die Werbung neben einer wirtschaftlichen Botschaft auch noch einen **besonderen ideellen Meinungsgehalt** aufweist. Fraglich ist, ob Werbemassnahmen bereits dann zu einer Meinungsäusserung im Sinne der Kommunikationsgrundrechte mutieren, wenn eine im öffentlichen Interesse (z.B. Umwelt- oder Gesundheitsschutz) stehende Leistung mit einem entsprechenden Hinweis beworben wird[184]. Nach Ansicht des Bundesgerichts muss die ideelle Meinungsäusserung in jedem Falle überwiegen, um die Anwendung der Art. 16 f. BV und damit einen über Art. 27 BV hinausgehenden Schutz der Wirtschaftswerbung rechtfertigen zu können[185].

63

Die auf ein Überwiegen der ideellen Aussage abstellende **Differenzierung des Bundesgerichts** bereitet Abgrenzungsschwierigkeiten und wird der umfassenden Abwägung, die bei Eingriffen in die Werbefreiheit ebenso wie bei anderen Grundrechtseingriffen vorzunehmen ist, nicht hinreichend gerecht[186]. Folgt man nämlich diesem «**Schwerpunktansatz**», muss man entweder bei der Prüfung von Art. 27 BV wegen des zwar geringen, aber doch gegebenen Meinungsgehalts eher von einer Grundrechtsverletzung ausgehen[187] oder bei der Prüfung von Art. 16 f. BV wegen der zumindest auch gegebenen wirtschaftlichen Zielsetzung der Äusserung Be-

64

---

[182] Das BGer prüft stattdessen Einschränkungen der rein kommerziellen Kommunikation am Massstab der Wirtschaftsfreiheit (Art. 27 BV): BGE 125 I 209, 221 ff. («Plakatmonopol Genf»); BGE 127 II 91, 100 f. («Kuh-Lovely-Werbung»); BGE 128 I 295, 308 («Genfer Tabak- und Alkoholwerbung») jeweils m.w.N.; dazu näher SENN, sic! 1999, 111 ff.; SGK-BURKERT, Art. 17 BV N 13, 15 und MÜLLER/SCHEFER, Grundrechte, 366 Fn. 122 mit dem Hinweis, dass die Differenzierung zwischen rein kommerziellen und «sonstigen» Äusserungen auch im deutschen und französischen Recht zu finden ist.

[183] MÜLLER/SCHEFER, Grundrechte, 365 Fn. 27; KIENER/KÄLIN, Grundrechte, 198.

[184] MÜLLER/SCHEFER, Grundrechte, 372 nennen das Beispiel der Werbung für Präservative, deren Verwendung auch der Prävention gegen AIDS diene.

[185] BGE 128 I 295, 308 («Genfer Tabak- und Alkoholwerbung»); SGK-BURKERT, Art. 17 BV N 13; krit. MÜLLER/SCHEFER, Grundrechte, 372 ff., wonach kommerzielle Werbung, die Ziele von öffentlichem Interesse verfolge, einen erhöhten Schutz verdiene und dabei die Meinungsfreiheit im Vordergrund stehe.

[186] Vgl. auch SGK-BURKERT, Art. 17 BV N 14; KIENER/KÄLIN, Grundrechte, 198.

[187] So denn auch konsequent KIENER/KÄLIN, Grundrechte, 198.

schränkungen eher zulassen[188]. Daher ist besser zwischen der rein kommerziellen und allein Art. 27 BV unterworfenen wirtschaftlichen Werbeaussage und der zu dieser ggf. hinzutretenden ideellen Meinungsäusserung zu trennen. Letztere ist prinzipiell unabhängig von ihrer Intensität, die erst bei einer allfälligen Abwägung bedeutsam wird, eigenständig am Massstab der Kommunikationsgrundrechte und insbesondere auch an deren Kerntatbestand, dem Zensurverbot (Art. 17 Abs. 2 BV[189]), zu messen.

65 Eine Berufung auf die Kommunikationsrechte kommt am ehesten bei der allgemeinen **Aufmerksamkeitswerbung,** d.h. einer Werbemassnahme ohne konkreten Bezug zu einer angebotenen Leistung, in Betracht. Legt man hier den Schwerpunktansatz des Bundesgerichts (N 63 f.) zugrunde, kann ein Überwiegen der ideellen Meinungsäusserung nämlich dann angenommen werden, wenn sich der letztlich mit wirtschaftlicher Zielsetzung generell für seine Produkte Werbende in der konkreten Werbung auf eine gesellschaftliche, politische, künstlerische, wissenschaftliche oder sonstige ideelle Botschaft konzentriert[190].

66 **Ideelle Meinungsäusserungen Dritter** – insbesondere auch in ihrer Verbreitung durch die Medien – werden in jedem Fall vom Anwendungsbereich der Kommunikationsgrundrechte erfasst[191]. Dies gilt auch dann, wenn sie i.S.d. 1986 neu gefassten Art. 2 zur Beeinflussung des Wettbewerbs geeignet sind (näher Art. 2 N 11 ff.) und sich mit ihnen eigene wirtschaftliche Zielsetzungen des Dritten (z.B. Steigerung der Auflage oder Einschaltquote, Werbung von Mitgliedern) verbinden[192].

dd) Wissenschafts- und Kunstfreiheit

67 Die Wissenschaftsfreiheit (Art. 20 BV) hat neben den Kommunikationsgrundrechten eine diesen vergleichbare lauterkeitsrechtliche Bedeutung, wenn wettbewerbsrelevante wissenschaftliche Ansichten von Dritten geäussert und/oder verbreitet werden (vgl. N 66). Die Kunstfreiheit (Art. 21 BV) spielt etwa für das Verbot der getarnten Werbung in Spielfilmen eine Rolle (Art. 2 N 43)[193].

---

[188] In diesem Sinne auch für Art. 10 EMRK EGMR vom 5.12.2002, 2002-IX 1 (2004) 38 EHRR, 20 («Demuth/Schweiz»); e contrario auch EGMR vom 17.1.2002, Rs. 53440/99, AJP 2003, 1508 («Hertel II»).

[189] Das Zensurverbot bildet den Kerngehalt sämtlicher Kommunikationsgrundrechte (näher SCHEFER, Kerngehalt, 462 ff.).

[190] Beispiele bilden die frühere Benetton-Werbekampagne, die mit schockierenden Bildern (z.B. hungernde Kinder, Kriegsversehrte, Aidsopfer) auf diverse Probleme in der Welt aufmerksam machte (dazu etwa BGHZ 130, 196 – «Ölverschmutzte Ente»), und der Sachverhalt von BGH GRUR 1997, 761 («Politikerschelte»), in dem die Beklagte für ihr Schmerzmittel in genereller Form u.a. mit dem Hinweis auf die mangelnde Präsenz der Abgeordneten des Deutschen Bundestages und der Forderung nach mehr Fleiss, Pünktlichkeit und Verantwortungsgefühl der Abgeordneten geworben hatte.

[191] BGE (2A.40/2006) sic! 2006, 574 («SpiderCatcher»); HEIERLI/WOLF, sic! 2010, 275 ff. (Massnahmeentscheid «Davidoff – Davideath»).

[192] Dazu etwa BGE 120 II 76, 82 («Mikrowellenherd I»), BGE 123 IV 211 («Rinderwahnsinn»).

[193] Vgl. für das deutsche Recht BGHZ 130, 205 ff. («Feuer, Eis & Dynamit I»), wonach der Produzent eines Spielfilms für sich zwar auch die Kunstfreiheit in Anspruch nehmen könne, jedoch auf

ee) Eigentumsgarantie

Da das in Art. 1 eine Eigentumsgarantie enthaltende und 1954 in Kraft getretene Erste Zusatzprotokoll zur EMRK[194] von der Schweiz bislang nicht ratifiziert worden ist, stützt sich der grundrechtliche Eigentumsschutz allein auf Art. 26 BV. Von dieser Vorschrift werden aber auch **wettbewerbsrelevante Besitzstände** wie etwa der geschäftliche Ruf (Art. 2 N 104 ff.) geschützt. Ausserdem werden die Immaterialgüterrechte als Eigentumspositionen von Art. 26 BV erfasst.

68

ff) Verfahrensgrundrechte

Die Verfahrensgrundrechte (Art. 6 EMRK, Art. 29, 29a, 30 und 32 BV) haben wie auch sonst Einfluss auf den Wettbewerbsprozess. Problematisch erscheint vor diesem Hintergrund insbesondere **Art. 15**, da der von dieser Vorschrift vorgesehene verfahrensmässige Geheimnisschutz das Recht der anderen Partei auf rechtliches Gehör beeinträchtigt (näher Art. 15 N 2 und 10).

69

3. Einfache Bundesgesetze

a) Gesetz gegen den unlauteren Wettbewerb
vom 19. Dezember 1986 (UWG)

Das am 19.12.1986 verabschiedete und am 1.3.1988 in Kraft getretene Bundesgesetz gegen den unlauteren Wettbewerb (UWG 1986) enthält die Kernbestimmungen des schweizerischen Lauterkeitsrechts (zu den Vorläuferregelungen, zur Entstehungsgeschichte und zu den Revisionen s. N 84 ff.). Das aus fünf Kapiteln bestehende **UWG ist so aufgebaut,** dass es im Anschluss an einen Zweckartikel (1. Kapitel: Art. 1) in einem 2. Kapitel zunächst die materiell-privatrechtlichen Tatbestände unlauteren Wettbewerbsverhaltens in Form einer Generalklausel (Art. 2) sowie mehrerer mit Ausnahme von Art. 7 und 8 auch strafbewehrter Sondertatbestände (Art. 3–8) aufführt (zu den Konkurrenzen siehe Art. 2 N 3 ff. sowie die jeweiligen Abschnitte in den Kommentierungen der Sondertatbestände). Hierauf folgen als weitere Abschnitte des 2. Kapitels die Regelungen zu den privatrechtlichen Sanktionen dieses Verhaltens und zur Aktiv- bzw. Passivlegitimation (Art. 9–11) sowie einige prozessrechtliche Vorschriften (Art. 12–15). Von den sich im 3. Kapitel anschliessenden verwaltungsrechtlichen Bestimmungen sind nach der 1995 erfolgten Abschaffung der Regelungen über Ausverkäufe und ähnliche Veranstaltungen (Art. 21 f. UWG a.F.) nur noch die Art. 16–20 übrig geblieben. Das

70

---

den Umstand, dass der Spielfilm von den in ihm mit ihren Markenprodukten zu sehenden Unternehmen massgeblich mitfinanziert worden sei, hinzuweisen habe.

[194] Zu dessen Bedeutung für den Schutz von Immaterialgüterrechten im Zusammenhang mit der Entscheidung des EGMR vom 11.1.2007 («Annheuser-Busch») etwa HOLZER, sic! 2007, 479 ff.

UWG endet mit Strafbestimmungen (4. Kapitel: Art. 23–27) und Schlussbestimmungen (5. Kapitel: Art. 28 f.).

b) Weitere Bundesgesetze mit lauterkeitsrechtlicher Relevanz

71 Neben dem UWG haben auch andere bundesgesetzliche Regelungen Bedeutung für das Lauterkeitsrecht. Im **Anhang III** zu diesem Kommentar **abgedruckt** wurden daher auch noch die Art. 28 ff. ZGB, Art. 47–51 **MSchG** (SR 232.11), Art. 2–4 **WSchG** (SR 232.21), Art. 1 ff. **KG** (SR 251), Art. 109 ff., 129, 132 f., 136 f. und 157 IPRG, Art. 41 Abs. 1 lit. g und 42b **AlkG** (SR 680), Art. 20 ChemG (SR 813.1), Art. 45, 45a **FMG** (SR 784.10), Art. 2 lit. k und Art. 9–14 **RTVG** (SR 784.40), Art. 31–33 **HMG** (SR 812.21), Art. 18–21 **LMG** (SR 817.0), Art. 14–16b **LwG** (SR 910.1), Art. 1–4 **LG** (SR 935.51), Art. 11 **MessG** (SR 941.20), Art. 1–4 **KIG** (SR 944.0).

72 Weitere im Anhang zu diesem Kommentar **nicht abgedruckte** werberechtliche Regelungen finden sich in diversen Wirtschaftsaufsichtsgesetzen (z.B. Art. 1 Abs. 4 **BankG** – SR 952.0) und in diversen freie Berufe betreffenden Gesetzen (z.B. Art. 12 lit. d **BGFA** – SR 935.61). Sonderregelungen zur Preisangabe enthalten im Privatrecht etwa noch Art. 6 **PauRG** (SR 944.3) und Art. 9 ff. **KKG** (SR 221.214.1). Titelschutzrelevante Regelungen finden sich insbesondere in Art. 63 f. i.V.m. Art. 36 **BBG** (SR 412.10) und in einzelnen Sondergesetzen (z.B. Art. 39, 58 **MedBG** – SR 811.11). Regelungen gegen Freizügigkeits- und Handelshemmnisse (z.B. **BGBM** – SR 943.02, **THG** – SR 946.51) können ebenfalls Auswirkungen auf das Lauterkeitsrecht zeitigen. In enger Verwandtschaft zum Lauterkeitsrecht des UWG stehen schliesslich die anderen Gesetze des gewerblichen Rechtsschutzes (**PatG** – SR 232.14, **MSchG** – SR 232.11, **DesG** – SR 232.12, **ToG** – SR 231.2) und das im **URG** (SR 231.1) geregelte Urheberrecht (näher N 26 ff.).

4. Verordnungsrecht

73 Insbesondere im Werberecht werden die eidgenössischen und kantonalen Gesetze aufgrund entsprechender Ermächtigungen (z.B. Art. 20 Abs. 2) durch zahlreiche **Verordnungen** konkretisiert (näher Vor 16 N 30 ff.). Bedeutsame lauterkeitsrechtliche Verordnungen sind die Verordnung über die Bekanntgabe von Preisen **(PBV)** vom 11.12.1978 (SR 942.211; näher Art. 16 N 4 und passim)[195] und die Verordnung über die Arzneimittelwerbung **(AWV)** vom 17.10.2001 (SR 812.212.5; näher Vor Art. 16 N 51). Im Anhang zu diesem Kommentar wurden neben PBV und AWV auch noch folgende Verordnungsregelungen **abgedruckt**: Art. 11–23 **RTVV** (SR 784.401), Art. 10–11a, 26–29, 31 **LGV** (SR 817.02), Art. 11–19 **TabV** (SR 817.06), Art. 2–4b **GUB/GGA-Verordnung** (SR 910.12), Art. 43 **LV** (SR

---

[195] Dazu etwa BGE 128 IV 177 («Telefonsex»).

935.511) und die Verordnung über die **Streitwertgrenze** in Verfahren des Konsumentenschutzes und des unlauteren Wettbewerbs (SR 944.8).

Nicht im Anhang zu diesem Kommentar **abgedruckt,** aber ebenfalls **noch** für das Lauterkeitsrecht **relevant,** sind die Deklarationsverordnungen[196], Art. 36, 45 und 75 ChemV, die BAIV[197], die Bio-Verordnung[198], die sog. «Swiss made»-Verordnung[199], die MepV[200], Art. 69 f. VTS[201] und Art. 95 ff. SSV[202].

74

5. Richterrecht

Im Lauterkeitsrecht kommt der Konkretisierung der Generalklauseln und unbestimmten Rechtsbegriffe durch die Rechtsprechung eine **besondere Bedeutung** zu. Dies gilt namentlich für die Bildung von Fallreihen im Rahmen von Art. 2 (näher zur Diskussion um diese Fallreihenbildung Art. 2 N 33 f.). Obwohl in letzter Zeit insbesondere aus Gründen der Strafbewehrung eine zunehmende Tendenz zur gesetzlichen Regelung von Einzelfragen in Sondertatbeständen feststellbar ist (N 91, 93 ff.), kann man im Angesicht von Art. 2 und der weitreichenden Übertragung von Entscheidungsbefugnissen auf den Richter auch von einer Kapitulation des UWG-Gesetzgebers vor der dynamischen Vielfalt der tatsächlichen Erscheinungsformen unlauteren Wettbewerbs sprechen. Aufgrund dieser eigenen Ohnmacht fordert der Gesetzgeber die Gerichte auch immer wieder zu einer verstärkten Nutzung der Generalklausel auf bzw. bedauert ausdrücklich die insoweit zu beobachtende Zurückhaltung der Gerichte[203].

75

6. Selbstregulierung

Die Selbstregulierung durch Regeln der Werbewirtschaft und der einzelnen Wirtschaftszweige hat im Lauterkeitsrecht ein breites Anwendungsgebiet. Wie auch in anderen Bereichen bietet sie die **Vorteile** einer sachnahen, flexiblen und weitge-

76

---

[196] Verordnung vom 8. Juni 1998 über das Abmessen und die Mengendeklaration von Waren in Handel und Verkehr (SR 941.281) sowie Verordnung vom 12. Juni 1998 über die technischen Vorschriften betreffend die Mengenangaben auf industriellen Fertigpackungen (SR 941.281.1).
[197] Verordnung vom 8. November 2006 über die Kennzeichnungen «Berg» und «Alp» für landwirtschaftliche Erzeugnisse und verarbeitete landwirtschaftliche Erzeugnisse (SR 910.19).
[198] Verordnung des EVD vom 22. September 1997 über die biologische Landwirtschaft mit ihren Anhängen (SR 910.18).
[199] Verordnung vom 23. Dezember 1971 über die Benutzung des Schweizer Namens für Uhren (SR 232.119).
[200] Medizinprodukteverordnung vom 17. Oktober 2001 (SR 812.213).
[201] Verordnung vom 19. Juni 1995 über die technischen Anforderungen an Strassenfahrzeuge (SR 741.41).
[202] Signalisationsverordnung vom 5. September 1979 (SR 741.21).
[203] Botschaft UWG, 1009, 1010, 1018, 1032 und 1042 f.; die Zurückhaltung bestreitend BGE 107 II 277, 281 («Aktionsverkäufe»).

hend akzeptierten Regelsetzung mit ggf. transnationaler Wirkung. Neben wettbewerbsrechtlichen können auch Fragen der Moral und des Geschmacks geregelt werden. Zu den **Nachteilen** gehören das Demokratiedefizit, eingeschränkte Sanktionsmöglichkeiten, das mögliche Platzgreifen von Formen der Selbstjustiz, die Gefahr einer den Wettbewerb einschränkenden Versteinerung der wettbewerblichen Praktiken sowie die Gefahr von Interessenkonflikten bzw. einer mangelnden Berücksichtigung von Drittinteressen. Bisweilen können sich auch mächtige Gruppen mit gegenläufigen Interessen beim Erlass von Massnahmen der Selbstregulierung blockieren, wie dies beispielsweise Anfang der 1980er Jahre im Einzelhandel der Fall war[204].

77   Die autonom gesetzten Regeln der betroffenen Wirtschafts- und Berufsverbände sowie die unverbindlichen Richtlinien internationaler Organisationen können bei der Auslegung des schweizerischen Lauterkeitsrechts und insbesondere bei der Konkretisierung der Generalklausel **Berücksichtigung** finden[205]. Man kann sich ihrer auch als **Argumentationsgrundlage** in entsprechenden Fällen bedienen. Es darf dabei **jedoch** nicht in Vergessenheit geraten, dass die Unlauterkeit eines Wettbewerbsverhaltens **letztlich nach normativen Massstäben** und damit unabhängig von den tatsächlichen Gepflogenheiten und Anschauungen einer Branche unter rechtlichen Gesichtspunkten zu beurteilen ist. Denn zum einen ist auch auf besonders umkämpften Märkten, in denen (traditionell) eine «raue Atmosphäre» herrscht und von den Wettbewerbern akzeptiert wird, dem Lauterkeitsrecht eine prinzipielle und allenfalls den besonderen Umständen angepasste Geltung zu verschaffen (s. auch Art. 2 N 125)[206]. Zum anderen darf es nicht durch die rechtliche Zementierung von Gepflogenheiten zu einer Erstarrung des Wettbewerbsverhaltens auf einem Markt (sog. Kartell der Konvention[207]) und zur Sanktionierung eines lediglich unkonventionellen Verhaltens kommen.

78   Die von der Schweizerischen Lauterkeitskommission (www.lauterkeit.ch) aufgestellten und zuletzt im April 2008 aktualisierten «Grundsätze Lauterkeit in der kommerziellen Kommunikation» (sog. **SLK-Grundsätze**) stellen in der Schweiz den wichtigsten Kodex der Selbstregulierung dar (zum Text siehe Anhang III Nr. 30[208]). Die der Selbstkontrolle der schweizerischen Werbewirtschaft dienenden

---

[204]   Trotz der von der Arbeitsgruppe für die private Selbstordnung des Wettbewerbs im Lebensmittelhandel 1982 vorgelegten «Charta des fairen Wettbewerbs» hatte daher die Botschaft UWG ein Defizit bei der Selbstregulierung zu konstatieren (Botschaft UWG, 1009, 1015 f. und 1018); siehe zur gegenseitigen Blockade von Interessenvertretern in der seit 1977 an der Revision des UWG von 1943 arbeitenden Expertenkommission BAUDENBACHER, Kommentar UWG, vor Art. 1 N 6.

[205]   Vgl. zur Bedeutung von Standesregeln als rechtliche Auslegungshilfe BGE 105 II 149, 158 und BGE 125 IV 139, 144.

[206]   Siehe dazu einerseits BGE 79 II 409, 412 («Lux II») und andererseits den Entscheid BGE 112 II 268, 284 («Denner/Bier II»), in dem eine raue Atmosphäre zwischen den Mitbewerbern im Rahmen von Art. 3 lit. a Berücksichtigung fand.

[207]   So plastisch Joachim Bornkamm in seiner am 6.2.2003 an der Universität Freiburg/Br. gehaltenen Antrittsvorlesung (unveröffentlicht).

[208]   Ferner abrufbar unter http://www.lauterkeit.ch/pdf/grundsaetze.pdf.

SLK-Grundsätze orientieren sich unter Berücksichtigung der schweizerischen Gesetzgebung und Rechtsprechung am Vorbild des ICC Code of Advertising and Marketing Communication Practice (sog. ICC-Code) der Internationalen Handelskammer (ICC) in Paris (näher zum ICC-Code N 160). Sie bilden wie auch die **SLK-Richtlinien für Tests** vom April 2001[209] die Grundlage für die Entscheidungen der drei Spruchkammern der Schweizerischen Lauterkeitskommission, die über die Stiftung der Schweizer Werbung von allen bedeutenden Organisationen der Kommunikationsbranche getragen wird (zum Verfahren vor den Spruchkammern der Lauterkeitskommission näher Vor Art. 12 N 32 ff.).

Weitere relevante Selbstregulierungskodizes bestehen im Tätigkeitsbereich der Schweizerischen Public Relations Gesellschaft (**SPRG**) mit dem Kodex von Lissabon, dem Athener Kodex betreffend Internationale Grundsätze der Öffentlichkeitsarbeit, dem ICO Kodex und der ICCO Stockholm Charter[210]. Für Massnahmen des Direktmarketings hat der Schweizer Direktmarketing Verband (SDV) bislang drei **Ehrenkodizes für Direktmarketing** aufgestellt[211]. Darüber hinaus enthalten viele **Verhaltenskodizes von Wirtschafts- und Berufsvereinigungen** Regeln über das Verhalten im Wettbewerb[212]. Auch das Verhalten von Journalistinnen und Journalisten als Drittpersonen im Wettbewerb wird massgeblich durch die Richtlinien des **Presserates** geprägt[213]. Ein gerade auch für die Werbung bedeutsames Anwendungsfeld der Selbstregulierung bildet schliesslich die **Zertifizierung** und die hiermit verbundene Verleihung von Zertifikaten und Gütesiegeln[214].

IV. Prinzipien und Charakteristika des schweizerischen Rechts gegen den unlauteren Wettbewerb

Literatur

P. ABBT, Konsumentenschutz und Wettbewerb – Ein Spannungsverhältnis, erläutert am Bundesgesetz gegen den unlauteren Wettbewerb, UWG, Zürich 1994; M. BAMMATTER, Der Begriff des Leistungswettbewerbs im schweizerischen Lauterkeitsrecht, Bern 1990; M. BERGER, Die

---

[209] Abrufbar unter http://www.sw-ps.ch/d/pdf/testricht.pdf.
[210] Aktuelle Informationen unter http://www.sprg.ch.
[211] Allgemeiner Ehrenkodex vom 14. April 2005, Ehrenkodex «Direct Sales» vom November 2005 und Ehrenkodex «Telefonmarketing im Privatbereich (B2C)» vom 1.1.2008 (gemeinsam mit dem Verband CallNet.ch erstellt); zu aktuellen Informationen siehe http://www.sdv-asmd.ch/index.php?TPL=10133.
[212] Siehe etwa Art. 16 der Standesregeln des Schweizerischen Anwaltsverbands SAV von 2005 und Art. 21 der Standesordnung 2007 der Schweizerischen Zahnärzte-Gesellschaft SSO.
[213] Aktuelle Informationen unter http://www.presserat.ch/richtlinien.htm; Bedeutung haben namentlich die Richtlinien 10.1 (Trennung zwischen redaktionellem Teil und Werbung), 10.2 (Publi-Reportagen) und 10.5 (Inserateboykotte).
[214] Näher zu Qualitäts-, Sicherheits-, Umwelt- und Sozialzeichen DÉDEYAN, Macht durch Zeichen, 61 ff.

funktionale Konkretisierung von Art. 2 UWG, Zürich 1997; F. DESSEMONTET, Théorie fonctionnaliste de la concurrence et droits subjectifs, SZW 1994, 117 ff.; O. A. GERMANN, Zum Leistungsprinzip im Wettbewerbsrecht, WuR 1968, 143 ff.; E. A. KRAMER, Konsumentenschutz als neue Dimension des Privat- und Wettbewerbsrechts, ZSR 1979, 49 ff.; M. KUMMER, Anwendungsbereich und Schutzgut der privatrechtlichen Rechtssätze gegen unlautern und gegen freiheitsbeschränkenden Wettbewerb, Bern 1960; D. LINDER, Das UWG als Ansatz des Konsumentenschutzes – Instrumentalisierung des Lauterkeitsrechts im Hinblick auf den Schutz von Konsumenteninteressen?, Zürich 1994; W. SCHLUEP, Vom lauteren zum freien Wettbewerb, in: Zum Wirtschaftsrecht, Bern 1978; DERS., Wirksamer Wettbewerb – Schlüsselbegriff des neuen schweizerischen Wettbewerbsrechts, Bern 1987; DERS., Über den Begriff der Wettbewerbsverfälschung, in: H. Merz/W. Schluep (Hrsg.), Recht und Wirtschaft heute, FS Kummer, Bern 1980, 487 ff.; DERS., Wettbewerbsfreiheit – staatliche Wirtschaftspolitik: Gegensatz oder Ergänzung?, ZSR 1991, 51 ff.; H. P. WALTER, Das Wettbewerbsverhältnis im neuen UWG, SMI 1992, 169 ff.

80 Das schweizerische Lauterkeitsrecht **schützt nach Art. 1** den lauteren und unverfälschten (wirtschaftlichen) Wettbewerb (näher zur objektiven Schutzrichtung Art. 1 N 2 ff.) im Interesse aller Beteiligten (näher zur dreidimensionalen subjektiven Schutzrichtung Art. 1 N 22 ff.). Es erfasst nur wettbewerbsrelevante Verhaltensweisen im wirtschaftlichen Verkehr, wobei seit 1986 kein Wettbewerbsverhältnis mehr zwischen dem Verletzer und den Betroffenen bestehen muss (näher Art. 2 N 18). Da es dem Lauterkeitsrecht um einen **objektiven Schutz** der Lauterkeit und Funktionsfähigkeit des Wettbewerbs geht, ist das unlautere Wettbewerbsverhalten im Privat- und Verwaltungsrecht auch ohne Verschulden tatbestandsmässig (Art. 2 N 23). Die **Interessen der Beteiligten** werden zudem weniger individuell, sondern **vorrangig kollektiv und reflexartig** geschützt[215]. Daher kommt es nur auf die generelle Irreführungs- bzw. Beeinflussungseignung und nicht auf eine tatsächliche Irreführung oder Beeinflussung einzelner Mitglieder des Adressatenkreises an (dazu etwa Art. 3 lit. b N 65 f.). Die Aktivlegitimation steht konsequenterweise auch Verbänden und teilweise sogar der Eidgenossenschaft zu (näher Art. 10). Die Mitbewerber (Art. 9) und im Gegensatz zu vielen anderen Rechtsordnungen auch die Kunden (Art. 10 Abs. 1) können jedoch zugleich individuell klagen (näher Art. 9 N 8 ff. und Art. 10 N 17 ff.).

81 Das Lauterkeitsrecht entzieht sich aufgrund der **Vielfalt der** von ihm zu erfassenden **Sachverhalte,** der dabei zu berücksichtigenden Auswirkungen und Interessen sowie der jeweils **schwierigen Abgrenzung** zwischen zulässigem und erwünschtem offensivem Wettbewerbsverhalten einerseits sowie unlauteren und verfälschenden Massnahmen andererseits einer detaillierten gesetzlichen Regelung. Dies hat auch im schweizerischen Recht zur Schaffung einer «grossen» (Art. 2) und einer «kleinen» Generalklausel (Art. 3 lit. b) sowie zur Verwendung unbestimmter Rechtsbegriffe (z.B. «unnötig verletzend», «besonders aggressive Verkaufsmethoden», «ohne angemessenen eigenen Aufwand») in den Sondertatbeständen geführt.

---

[215] Die Botschaft UWG bezeichnet dies als die seit dem UWG 1943 bestehende «sozialrechtliche Ausrichtung» des Lauterkeitsrechts (BBl 1983 II, 1009, 1038).

Das Lauterkeitsrecht ist daher in besonderem Masse auf eine **Konkretisierung durch Richterrecht** und auf eine Systematisierung durch **Fallreihenbildung** angewiesen (näher Art. 2 N 33 ff.). Im Strafrecht entsteht ein Konflikt mit dem Legalitätsgrundsatz, der teilweise zu einer engeren Interpretation des Lauterkeitsrechts im strafrechtlichen Kontext zwingt (zur sog. **gespaltenen Auslegung** Art. 23 N 5 ff.).

Rechtsvergleichend fällt es auf, dass der schweizerische Gesetzgeber bei der Formulierung der Sondertatbestände viele der auch in anderen Rechtsordnungen anerkannten Fallreihen unlauteren Wettbewerbsverhaltens ausschliesslich oder überwiegend unter dem **Blickwinkel der Täuschung und Irreführung** erfasst hat (Art. 2 Var. 1^{216}, Art. 3 lit. a bis lit. g, lit. i, lit. m und Art. 8), obwohl sie durchaus noch andere (teilweise wichtigere) Unlauterkeitsmerkmale aufweisen. Dies bietet zwar den Vorteil einer rechtssicheren Abgrenzung der Tatbestände, hat jedoch zum einen den Nachteil, dass die Täuschungseignung teilweise kaum feststellbar ist, weshalb der Tatbestand entweder geringe Bedeutung hat (Art. 8) oder der Gesetzgeber eine fiktive Täuschungsvermutung aufstellen musste (Art. 3 lit. f). Zum anderen ist der Irreführungstatbestand mit seinen mehr oder minder generellen Sondertatbeständen insgesamt nur schwer zu systematisieren (näher Art. 3 lit. b N 3 ff.).

82

Ein Charakteristikum des schweizerischen Lauterkeitsrechts ist schliesslich die besondere **Bedeutung des Strafrechts** (näher dazu bei Art. 23). Dies gilt nicht nur wegen des grossen und wachsenden (N 91, 93 ff.) Umfangs strafbewehrter Sondertatbestände (Art. 3–6), sondern auch aufgrund der grossen Zahl strafrechtlicher Entscheidungen im Bereich des Lauterkeitsrechts.

83

V. Geschichte und Perspektiven des schweizerischen Lauterkeitsrechts

Literatur

C. BAUDENBACHER, Die Revision des schweizerischen UWG. Bemerkungen zum Entwurf der Expertenkommission, GRUR Int. 1981, 162 ff.; DERS. (Hrsg.), Das UWG auf neuer Grundlage, Bern 1989; L. BAUMANN, Presse und unlauterer Wettbewerb – Vorschläge zur Vermeidung und Bewältigung von Konflikten, Bern 1999; R. BAUR, UWG und Wirtschaftsberichterstattung – Vorschläge zur Reduktion des Haftungsrisikos, Zürich 1995; M. DÜRINGER, Radio- und Fernsehwerbung, unter besonderer Berücksichtigung ihrer Funktion als Finanzierungsinstrument der elektronischen Medien, Zürich 1994; B. DUTOIT, Les nouveaux délits de concurrence ou le droit à la poursuite de son ombre, in: La nouvelle loi fédérale contre la concurrence déloyale, CEDIDAC Nr. 11, Lausanne 1988, 17 ff.; R. M. HILTY/H. C. VON DER CRONE/R. H. WEBER, Stellungnahme zur Anpassung des UWG: Ambush Marketing, sic! 2006, 702 ff.; P. JUNG, Tendenzen im Recht gegen den unlauteren Wettbewerb, in: Trigo Trindade et al. (Hrsg.), Economie – Environnement – Ethique, Liber Amicorum Anne Petitpierre-Sauvain, Zürich 2009, 201 ff.; J. MICHEL, Die Entwicklung des zivilrechtlichen Begriffs «Unlauterer Wettbewerb» unter

---

[216] Nicht ohne Grund wird die Täuschung in Art. 2 als Paradefall eines gegen Treu und Glauben verstossenden Wettbewerbsverhaltens zur unmittelbaren Illustration der Generalklausel angeführt.

besonderer Berücksichtigung der Bundesgerichtspraxis, Bern 1946; P. NOBEL, Zu den Schranken des UWG für die Presse, SJZ 1992, 245 ff.; M. G. NOTH, Ambush Marketing mit Augenmerk auf die UEFA EURO 2008™, AR 2008, 210 ff.; P. SCHALTEGGER, Die Haftung der Presse aus unlauterem Wettbewerb, Zürich 1992; K. TROLLER, Les interrelations entre l'ancienne et la nouvelle loi contre la concurrence déloyale selon l'interprétation du Tribunal Fédéral, SJZ 1989, 134 ff.; H. P. WALTER, Das Wettbewerbsverhältnis im neuen UWG, SMI 1992, 169 ff.; R. ZÄCH, Das UWG und die Medien – Plädoyer für besondere Anforderungen an die journalistische Sorgfalt, ZSR 1992, 173 ff.

1. Ursprünge des schweizerischen Lauterkeitsrechts

84   Mit der **Abschaffung des Zunftwesens**[217] durch die Festschreibung der Handels- und Gewerbefreiheit in Art. 31 der Bundesverfassung von 1874 entstand das Bedürfnis nach Regulierung eines zwischenzeitlich ausgearteten Wettbewerbsverhaltens. Da das Verwaltungsrecht Ende des 19. Jh. noch in den Kinderschuhen steckte, wurde dem Regelungsbedürfnis zunächst mit privatrechtlichen Mitteln entsprochen. Vor diesem Hintergrund hat sich das moderne schweizerische Lauterkeitsrecht nach dem Vorbild des französischen Rechts, dem auch der Begriff des unlauteren Wettbewerbs («concurrence déloyale») entlehnt wurde, aus dem **Persönlichkeits- und Deliktsrecht** heraus entwickelt. Zentrale Grundlage bildete zunächst die deliktsrechtliche Generalklausel (**Art. 50 OR 1881**[218]). Die erforderliche Widerrechtlichkeit konnte allerdings nur bei Verletzung eines absoluten subjektiven Rechts bejaht werden. Hierzu entwickelte man aus dem Recht auf Schutz der (wirtschaftlichen) Persönlichkeit und des Eigentums zwei absolute Rechte des Gewerbetreibenden auf den Schutz seines geschäftlichen Ansehens und seiner Kundschaftsbeziehungen[219]. Dieser Schutz richtete sich vor allem gegen Herabsetzungen und Verwechslungen[220]. Der am individuellen Konkurrentenschutz ausgerichtete deliktsrechtliche Ansatz bildete 1911 dann auch die Grundlage für die erste lauterkeitsrechtliche Sonderregelung in **Art. 48 OR 1911**[221]. Die 1925 in die Pariser Verbandsübereinkunft eingefügte Definition unlauteren Wettbewerbs enthielt neben einer generalklauselartigen Umschreibung (Art. 10bis Abs. 2 PVÜ) ebenfalls nur zwei am Konkurrentenschutz ausgerichtete Sondertatbestände (**Art. 10bis Abs. 3**

---

[217]   Zu dessen Bedeutung für das frühe Lauterkeitsrecht PEDRAZZINI/PEDRAZZINI, UWG, N 1.01 f.
[218]   Art. 50 OR 1881 lautete wie heute Art. 41 Abs. 1 OR: «Wer einem anderen widerrechtlich Schaden zufügt, sei es mit Absicht, sei es aus Fahrlässigkeit, wird demselben zum Ersatze verpflichtet.»
[219]   BGE 21, 1181, 1188 f. («Singer»); dazu auch mit krit. Anmerkungen GERMANN, Unlauterer Wettbewerb, 236 ff.; zu bis in die Gegenwart reichenden Fortwirkungen dieses Ansatzes siehe KUMMER, Anwendungsbereich, 77 ff. (subjektives Recht an der Wettbewerbsstellung als Teil des Persönlichkeitsrechts) und GUBLER, Der Ausstattungsschutz nach UWG, 12 ff. (subjektives Recht auf funktionierenden Wettbewerb als Teil des Persönlichkeitsrechts).
[220]   BGE 21, 1181, 1188 f. («Singer»).
[221]   Art. 48 OR 1911 lautete: *«Wer durch unwahre Auskündung oder andere Treu und Glauben verletzende Veranstaltungen in seiner Geschäftskundschaft beeinträchtigt oder in deren Besitz bedroht wird, kann die Einstellung dieses Geschäftsgebarens und im Falle des Verschuldens Ersatz des Schadens verlangen.»*

PVÜ 1925), nämlich das Verbot des Hervorrufens von Verwechslungen und das Verbot herabsetzender Falschbehauptungen. Das Irreführungsverbot fand erst 1934 Eingang in Art. 10bis Abs. 3 PVÜ.

2. Das schweizerische Lauterkeitsrecht unter dem alten UWG von 1943

Erst im Zusammenhang mit der Schaffung eines eigenständigen Lauterkeitsrechts im UWG von 1943 kam es zu einer Abkehr vom allgemein deliktsrechtlichen Ansatz. Dabei ging der auf Vorarbeiten von Germann[222] beruhende erste Entwurf für ein Bundesgesetz über den unlauteren Wettbewerb von 1934 in seiner Generalklausel noch von einem Eingriff in bestimmte Persönlichkeitsrechte der Mitbewerber aus und stellte den Individualschutz in den Vordergrund[223]. Dann rückte jedoch der Gedanke vom «Missbrauch des wirtschaftlichen Wettbewerbs» in das Zentrum der Betrachtung (Art. 1 Abs. 1 UWG 1943). Prägend wurde die **Idee des fairen Leistungswettbewerbs** um die Gunst der Kunden (näher Art. 1 N 13)[224]. Neben dem Konkurrentenschutz sollte das neu geschaffene UWG auch den Interessen der Kunden und aller am Wettbewerb Beteiligten dienen[225]. Wettbewerbsfunktionale Überlegungen wurden zwar ebenfalls angestellt, standen aber noch nicht im Mittelpunkt der Betrachtung[226].

85

Das **UWG von 1943**[227], das nach Ergreifung des Referendums am 29.10.1944 vom Volk mit 52,9 % Ja-Stimmen angenommen wurde und mit Ausnahme der Ausverkaufsregelungen am **1. März 1945 in Kraft** trat, **enthielt** allerdings noch keinen Zweckartikel i.S.d. geltenden Art. 1. Die nach der Generalklausel (Art. 1 Abs. 1) in Art. 1 Abs. 2 aufgeführten Sondertatbestände betrafen die Herabsetzung (lit. a), die Irreführung (lit. b), den Titelmissbrauch (lit. c), die Herbeiführung von Verwechslungsgefahren (lit. d), die Bestechung (lit. e), die unzulässige Geheimnisverwertung (lit. f und g) sowie die Verletzung von allgemeinen Arbeitsbedingungen (lit. h). Die Rechtsfolgen (Ansprüche auf Feststellung der Widerrechtlichkeit, Unterlassung, Beseitigung und Schadenersatz) konnten von den Mitbewerbern und Kunden sowie teilweise von Berufs- und Wirtschaftsverbänden geltend gemacht werden (Art. 2). Passivlegitimiert war neben dem verantwortlichen Verletzer ggf. auch der Geschäftsherr (Art. 3) sowie der verantwortliche Leiter des Anzeigenteils bzw. der

86

---

[222] Vorarbeiten zur eidg. Gewerbegesetzgebung. Gutachten über die Postulate zur «Förderung der Gewerbe» mit Vorentwurf und Motiven zu Bundesgesetzen gegen den unlauteren Wettbewerb und über den Schutz des Meistertitels, Basel 1927.
[223] Botschaft 1942, BBl 1942, 665, 674.
[224] Botschaft 1942, BBl 1942, 665, 674.
[225] Zur Aktivlegitimation von Kunden sowie Berufs- und Wirtschaftsverbänden siehe Art. 2 Abs. 2 und 3 UWG 1943.
[226] BAUDENBACHER, Kommentar UWG, Art. 1 N 6 f. und die Botschaft UWG, 1009, 1039 sehen den lediglich in der Folge von der Doktrin und Rechtsprechung vernachlässigten funktionalen Ansatz bereits im UWG von 1943 verankert.
[227] Siehe dazu die Kommentare von GERMANN (1945) und B. VON BÜREN (1957).

Verleger bzw. der Drucker (Art. 4). Nach einigen prozessualen Regelungen (Gerichtsstand, Urteilsveröffentlichung, Verjährung, Vorsorgliche Massnahmen) fanden sich die Strafvorschriften in Art. 13 ff. sowie die verwaltungs- und strafrechtlichen Vorschriften zu den Ausverkäufen und Zugaben in den Art. 17 ff. Art. 48 aOR wurde aufgehoben (Art. 22 Abs. 1).

3. Das schweizerische Lauterkeitsrecht seit Inkrafttreten des UWG 1986

a) Entstehung des UWG von 1986

87 Nach Auskunft der Botschaft[228] bildeten das Aufkommen neuer Handelsstrukturen, Verkaufsformen, Verkaufsmethoden und Technologien sowie ein neues Selbstverständnis und eine aufgewertete Rolle der Konsumenten in Wirtschaft und Gesellschaft den Anlass für eine wachsende Zahl von Motionen und Postulaten[229] und damit letztlich auch für die **ab 1976** in Angriff genommene Totalrevision des alten UWG von 1943. Das UWG von 1943 habe sich als nicht mehr zeitgemäss und die Selbstregulierung als unzureichend erwiesen[230]. 1977 wurde daher vom Eidg. Volkswirtschaftsdepartement eine sog. Expertenkommission eingesetzt, der als einziger Wissenschaftler Walter R. Schluep angehörte. Die Expertenkommission legte am 31.1.1980 einen aufgrund von Meinungsverschiedenheiten mehrfach durch Alternativvorschläge gekennzeichneten Entwurf zur Revision des Schweizerischen Gesetzes gegen unlauteren Wettbewerb vor[231].

b) Änderungen durch die Neufassung des UWG im Jahre 1986

88 Prinzipielle Änderungen im UWG von 1986 stellen zunächst der **geänderte Titel** des Gesetzes[232] und der neu in das Gesetz eingefügte Zweckartikel dar **(Art. 1)**. Die auch in den ausländischen Lauterkeitsrechten zu beobachtende sukzessive Ausweitung der sachlichen und subjektiven **Schutzzwecke** des UWG fand damit zumindest einen formalen Abschluss, der inzwischen auch zum Vorbild für das deutsche UWG geworden ist (vgl. Art. 1 dtUWG). In sachlicher Hinsicht bildet die Funktionsfähigkeit des Wettbewerbs neben dem traditionellen geschäftsmorali-

---

[228] Botschaft UWG, 1009, 1011 ff.
[229] Siehe dazu die Übersicht in der Botschaft UWG, 1009, 1013 ff. sowie insbesondere das Postulat LEUTENEGGER vom 20.6.1975 (75.425; N 19.3.76).
[230] Botschaft UWG, 1009, 1017 ff.
[231] Zu den Arbeiten der Kommission und ihren Ergebnissen Botschaft UWG, 1009, 1023 ff.; Entwurf abgedruckt in GRUR Int. 1981, 169 ff. mit einem Kommentar von BAUDENBACHER (a.a.O., 162 ff.).
[232] Der Titel lautet seither «Gesetz gegen den unlauteren Wettbewerb» statt früher «Gesetz über den unlauteren Wettbewerb»; dazu Botschaft UWG, 1009, 1058.

schen Ansatz nunmehr ein gleichberechtigtes Ziel des Lauterkeitsrechts. Der dreifache subjektive Schutz von Konkurrenten, Marktgegenseite und Allgemeinheit wurde mit der generalisierenden Wendung «im Interesse aller Beteiligten» ebenfalls im Zweckartikel festgeschrieben (näher zum Ganzen Art. 1 N 22 ff.). Hierdurch sollte insbesondere auch der Konsumentenschutz gestärkt werden[233].

Von praktischer Relevanz ist ferner die generelle Aufgabe des Erfordernisses eines Wettbewerbsverhältnisses, das durch das Erfordernis einer (spürbaren) **Wettbewerbsbeeinflussung** ersetzt wurde (näher Art. 2 N 11 ff.). Damit wird nunmehr auch das Verhalten von am eigentlichen Wettbewerbsgeschehen unbeteiligten **Dritten** – insbesondere der Medien – durch das UWG erfasst[234]. Einzelne Vorschriften (Art. 3 lit. b und lit. e) bringen dies nunmehr auch noch eigens durch den Zusatz «oder in entsprechender Weise Dritte im Wettbewerb begünstigt» zum Ausdruck. 89

Neben einer dem angestrebten Bedeutungsgewinn dienenden **Präzisierung der Generalklausel** (Art. 2 N 10) ist das UWG 1986 schliesslich noch durch den **Ausbau der Spezialtatbestände** (Art. 3 lit. f: Lockvogelwerbung; Art. 3 lit. g: Täuschung durch Zugaben; Art. 4 lit. a: Verleitung von Abnehmern zum Vertragsbruch; Art. 5: Verwertung fremder Leistung; Art. 8: Irreführende Verwendung missbräuchlicher AGB) gekennzeichnet[235]. Hiermit war zugleich eine Ausweitung der Strafbarkeit verbunden (Art. 23). 90

c) Änderungen des UWG seit 1986

Seit 1986 kam es zu folgenden Teilrevisionen des UWG (Daten gemäss Inkrafttreten): 91

– 1.8.1992: Einführung eines beschränkten **Klagerechts des Bundes** zum Schutz des Ansehens der Schweiz im Ausland (Art. 10 Abs. 2 lit. c; näher Art. 10 N 34 ff.) durch BG vom 20. März 1992 über die Änderung des UWG (AS 1992, 1514);
– 1.4.1994: Anpassung des schweizerischen Lauterkeitsrechts (Art. 3 lit. k–m, 4 lit. d, 13a, 15) an die Irreführungsrichtlinie 84/450/EWG und die Verbraucherkreditrichtlinie 87/102/EWG (näher zu beiden Richtlinien N 171 ff.) durch das BG vom 18. Juni 1993 über die Änderung des UWG (AS 1994, 376), Bestandteil des sog. «**Swisslex**»-Pakets (s. die Kommentierung zu den betreffenden Vorschriften);
– 1.11.1995: Aufhebung der verwaltungsrechtlichen Vorschriften über **Ausverkäufe** und ähnliche Veranstaltungen (Art. 21, 22, 25 UWG a.F.) und damit Verzicht auf die Genehmigungspflicht für Sonder-, Total- und Teilausverkäufe (näher Vor Art. 16 N 2) sowie Erweiterung des Art. 3 lit. b UWG um den Angabe-

---

[233] Botschaft UWG, 1009, 1019.
[234] Siehe dazu auch den Leitentscheid BGE 117 IV 193 («Bernina»).
[235] Botschaft UWG, 1009, 1018 sowie 1042 ff.

gegenstand der «Art der Verkaufsveranstaltung» (näher Art. 3 lit. b N 55) durch BG vom 24. März 1995 über die Änderung des UWG (AS 1995, 4086);
- 1.1.2001: Neufassung der Marginalie und Streichung von Art. 12 Abs. 1 durch Ziff. 14 (näher Art. 12 N 3) des Anhangs zum BG über den Gerichtsstand in Zivilsachen (**GestG**) vom 24.3.2000 (AS 2000, 2355);
- 1.1.2003: Redaktionelle Anpassung der Art. 3 lit. k–n und 4 lit. d (näher dort) durch das nunmehr auch das bislang in den Art. 226a bis 226m aOR geregelte Abzahlungsgeschäft erfassende BG über den **Konsumkredit** (KKG) vom 23. März 2001 (AS 2001, 3846);
- 1.7.2006: Aufhebung von Art. 4 lit. b UWG a.F. und Schaffung von Art. 4a UWG n.F. (näher dort) durch BG vom 7. Oktober 2005 über die Genehmigung und die Umsetzung des Strafrechtsübereinkommens und des Zusatzprotokolls des Europarates über **Korruption** (AS 2006, 2371);
- 1.4.2007: Einführung von Art. 3 lit. o (näher dort) und Art. 45a FMG zum Schutz vor fernmeldetechnisch versendeter unlauterer Massenwerbung (sog. **Spamming**) durch das BG über die Änderung des Fernmeldegesetzes vom 24.3.2006 (AS 2007, 921).
- 1.1.2011: Bereits beschlossen ist die mit Inkrafttreten der neuen **Eidgenössischen Zivilprozessordnung** wirksam werdende Aufhebung einiger zivilprozessualer Vorschriften des UWG. Art. 12 (künftig Art. 5 Abs. 1 lit. d ZPO-CH), Art. 13 (künftig Art. 243 ff. ZPO-CH), Art. 13a Abs. 2 (künftig Art. 157 ZPO-CH), Art. 14 (künftig Art. 261 ff. ZPO-CH) und Art. 15 (künftig Art. 156 ZPO-CH) werden mit teilweise vorgenommenen Änderungen in die Eidgenössische Zivilprozessordnung verlagert (dazu näher bei den jeweiligen Vorschriften).

d) Gescheiterte Revisionen

Einige weitere Reformbestrebungen sind jedoch gescheitert:
- 8.12.1998: Ablehnung der auf eine Revision der Strafbestimmungen zugunsten der **Medien** zielenden Motion «UWG und Meinungsfreiheit» der Kommission für Rechtsfragen des Nationalrats durch den Ständerat (SR 97.3390 und P 98.3528);
- 4.10.1999: Ablehnung der auf eine generelle Befreiung der **Journalisten** von den Strafbestimmungen des UWG zielenden Initiative des Nationalrats Vollmer durch den Nationalrat (NR 98.436);
- 18.5.2004: Sistierung der 2002 in die Vernehmlassung gegebenen Totalrevision des **Lotteriegesetzes** durch den Bundesrat[236], da die Kantone im Rahmen der Vernehmlassung vorgeschlagen hatten, die Missstände im Lotterie- und Wettbereich selbst zu beheben; eine Wiederaufnahme des Projekts, das u.a.

---

[236] Medienmitteilung des Bundesrats vom 19.5.2004 (abrufbar unter http://www.ejpd.admin.ch/ejpd/de/home/dokumentation/mi/2004/2004-05-19.html).

bereits eine Übernahme der Regelung von sog. Schneeballsystemen in das UWG vorsah (jetzt auch Art. 3b VE-UWG 2008), ab 2011 ist jedoch nicht ausgeschlossen[237];

- 9.11.2005: Rückzug der 2001 in die Vernehmlassung geschickten Vorlage für ein «Bundesgesetz über den **elektronischen Geschäftsverkehr** (Teilrevisionen des Obligationenrechts und des Bundesgesetzes gegen den unlauteren Wettbewerb)» durch den Bundesrat[238];
- 21.12.2005: Beschluss des Bundesrats, die geplante und Mitte 2005 in die Vernehmlassung gegebene Änderung des Konsumenteninformationsgesetzes **(KIG)** nicht weiterzuverfolgen[239];
- 22.11.2006: Beschluss des Bundesrates gegen die Aufnahme einer zuvor in die Vernehmlassung gegebenen Sondervorschrift (Art. 3 lit. e[bis] VE-UWG 2006) zum sog. **Ambush-Marketing.** Der Bundesrat widerstand damit dem insbesondere im Zusammenhang mit der UEFA EURO 2008 immer lauter gewordenen Ruf der Ausrichter und Sponsoren von (Sport-)Grossveranstaltungen nach einem stärkeren Schutz gegen Praktiken von Werbetreibenden, die darauf abzielen, die Bekanntheit von Grossveranstaltungen für eigene Werbezwecke zu nutzen, ohne sich gleichzeitig als Sponsor zu verpflichten. Dieses auch als Trittbrettfahrer-Marketing bezeichnete Verhalten wird nach zutreffender Ansicht[240] des Bundesrats nämlich bereits von Art. 2 erfasst. Dennoch will der Bundesrat in diesem Bereich die weitere Entwicklung genau beobachten[241].

4. Geplante Revision des UWG (E-UWG 2009)

Am 2.9.2009 hat der Bundesrat nach Abschluss des Vernehmlassungsverfahrens[242] die Botschaft zu einer vergleichsweise umfangreichen Revision des UWG beschlossen (E-UWG 2009)[243]. Die geplante Revision **beabsichtigt die:**

---

[237] Siehe dazu SECO, Erläuternder Bericht zur geplanten Änderung des Bundesgesetzes gegen den unlauteren Wettbewerb (UWG) vom 21.5.2008, 4 und den Beschluss des Bundesrats vom 30. Mai 2008 betreffend die weitere Sistierung des Revisionsprojekts und die Beauftragung des EJPD, bis 2011 die Situation im Lotteriewesen eingehend zu evaluieren.
[238] Medienmitteilung des Bundesrats vom 9.11.2005 (abrufbar unter http://www.ejpd.admin.ch/ejpd/de/home/dokumentation/mi/2005/2005-11-091.html).
[239] Eine Chronologie m.w.N. ist abrufbar unter http://www.konsum.admin.ch/themen/00129/00132/index.html; zur möglichen Wiederaufnahme des Projekts siehe SECO, Erläuternder Bericht zur geplanten Änderung des Bundesgesetzes gegen den unlauteren Wettbewerb (UWG) vom 21.5.2008, 4.
[240] Siehe dazu auch die Stellungnahme von HILTI/VON DER CRONE/WEBER, sic! 2006, 702 ff.
[241] Medienmitteilung des Bundesrats vom 22.11.2006 (abrufbar unter http://www.news.admin.ch/message/index.html?lang=de&msg-id=8453).
[242] Siehe zum VE-UWG 2008 SECO, Erläuternder Bericht zur geplanten Änderung des Bundesgesetzes gegen den unlauteren Wettbewerb (UWG) vom 21.5.2008, 1 ff. (abrufbar unter: http://www.admin.ch/ch/d/gg/pc/documents/1615/Bericht.pdf) und das Ergebnis des Vernehmlas-

- Einführung neuer strafbewehrter **Spezialtatbestände** betreffend Angebote und Rechnungen für **Verzeichniseinträge und Anzeigenaufträge** (Art. 3 lit. p und lit. q E-UWG; näher Art. 2 N 45) sowie zur Bekämpfung von sog. Schneeballsystemen (Art. 3 lit. r E-UWG; näher Art. 2 N 54);
- **Verschärfung** der künftig vom Irreführungskriterium losgelösten lauterkeitsrechtlichen **AGB-Inhaltskontrolle** (Art. 8 E-UWG; näher Art. 8 N 77 ff.);
- Ausweitung des **Klagerechts des Bundes** (Art. 10 Abs. 3 und 5 E-UWG; näher Art. 10 N 43) und strafverfahrensrechtliche Gleichstellung des Bundes mit einem Privatkläger (Art. 23 Abs. 3 E-UWG; Art. 27 N 36);
- Möglichkeit zur **Information der Öffentlichkeit** über unlautere Verhaltensweisen (Art. 10 Abs. 4 E-UWG; näher Art. 10 N 44);
- Verbesserung der **Zusammenarbeit mit ausländischen** Aufsichtsbehörden (Art. 21, 22 E-UWG; näher Art. 27 N 79 f.).

Die noch im Vernehmlassungsentwurf enthaltene Ausdehnung der **Preisbekanntgabepflicht** auf grundsätzlich alle Dienstleistungen (Art. 16 VE-UWG) wurde inzwischen fallengelassen (siehe dazu aber noch VE-PBV vom 7.5.2010).

94 Der Bundesrat verfolgt die Strategie einer eng begrenzten, dafür aber relativ rasch umzusetzenden Revision des UWG[244]. Im **Vernehmlassungsverfahren** wurden jedoch teilweise unter Bezugnahme auf die seit längerem hängige Motion Sommaruga[245] **weitergehende Vorschläge** gemacht[246]. Diese zielen auf die Einführung von Sondertatbeständen betreffend:

- die Verschleierung der Identität bzw. der Leistungsbedingungen im Fernabsatz (Art. 3 lit. b^{bis})
- die Nichteinhaltung von besonderen Informationspflichten im elektronischen Geschäftsverkehr (Art. 6a)
- die Zustellung unadressierter Werbesendungen gegen den erkennbaren Wunsch des Empfängers (Art. 3 lit. p)
- betrügerische Gewinnversprechen (Art. 3 lit. q)

---

sungsverfahrens (abrufbar unter: http://www.news-service.admin.ch/NSBSubscriber/message/attachments/14595.pdf).

[243] Botschaft vom 2. September 2009 zur Änderung des Bundesgesetzes gegen den unlauteren Wettbewerb (UWG), BBl 2009, 6151.

[244] Bericht des SECO (Fn 245), Ziff. 1.1 (Ausgangslage).

[245] Initiative Simonetta Sommaruga «Verbesserung des Konsumentenschutzes. Fernabsatz und Gewährleistung» (05.458), eingereicht im Ständerat am 15.12.2005 und dort behandelt am 13.11.2006 und 14.4.2008 (RK-SR) sowie am 2.6.2008 (SR).

[246] Zusammenfassend Ziff. 3.9 des Berichts über das Ergebnis des Vernehmlassungsverfahrens (Fn. 245).

Der Entwurf des Bundesrats und die in der Vernehmlassung gemachten weitergehenden Vorschläge lassen mehrere **bedenkliche Tendenzen** im aktuellen Lauterkeitsrecht erkennen[247]:

- Das UWG wird immer mehr zu einem **Konsumentenschutzgesetz,** obwohl das Lauterkeitsrecht nach Art. 1 den lauteren und unverfälschten Wettbewerb im Interesse aller Beteiligten gewährleisten und sich ein individueller Konsumentenschutz allenfalls als Reflex ergeben soll (Art. 1 N 45). Eine besondere bzw. gar ausschliessliche Ausrichtung des UWG an Konsumentenschutzinteressen ist daher mit dem einheitlichen objektiven Schutzziel des UWG und der gleichberechtigten Berücksichtigung aller Interessen unvereinbar. Berechtigte Anliegen des Konsumentenschutzes sollten in einem gesonderten Gesetz oder im allgemeinen Obligationenrecht ihren Platz finden. Dass **individualschützende Normen** generell **im UWG fehlplatziert** sind, verdeutlicht der nicht allein auf die Verwendung gegenüber Konsumenten beschränkte **Art. 8 E-UWG 2009.** Aus vertragsrechtlicher Sicht verzichtet der Revisionsvorschlag zwar völlig zu Recht auf das den Tatbestand in der Praxis zur Bedeutungslosigkeit verdammende Erfordernis der Irreführungseignung der AGB und ordnet als Rechtsfolge im Interesse des Individualschutzes die Unwirksamkeit einer unlauteren Klausel an. Nach wie vor unbefriedigend bleibt jedoch der Umstand, dass die Anwendung einer im UWG platzierten Norm mit Recht generell an das Erfordernis einer Wettbewerbshandlung gebunden ist (näher Art. 2 N 11 ff.). Die private Verwendung von AGB wird mithin nicht erfasst. Aus lauterkeitsrechtlicher Sicht stellt sich der Verzicht auf die Irreführungseignung und die Anordnung der Unwirksamkeit der Klausel hingegen als systemfremd dar. Im Lauterkeitsrecht geht es nämlich anders als im Vertrags- und Konsumentenschutzrecht nicht unmittelbar um den individuellen Schutz eines Vertragspartners gegen eine grob unausgewogene Vertragsgestaltung, sondern um den Schutz der Marktgegenseite gegen Irreführungen, weil dies in einer klassisch geschäftsmoralischen Perspektive der Sicherung von Wahrheit und Klarheit im Auftreten am Markt und in einer funktionalen Perspektive der sachgerechten Entscheidung der als neutrale Schiedsrichter fungierenden Vertreter auf der Marktgegenseite dient (näher Art. 3 lit. b N 1).

- Im UWG werden **immer mehr strafbewehrte Sondertatbestände** geschaffen, die sich vor dem Hintergrund des strafrechtlichen Legalitätsgrundsatzes um eine einerseits möglichst vollständige und andererseits möglichst genaue Eingrenzung des Tatbestandes bemühen. Beides gelingt nicht immer befriedigend, wie einerseits die Möglichkeiten zur Umgehung von Art. 3 lit. p und lit. q E-UWG 2009 (siehe Art. 2 N 45) und andererseits die Unvereinbarkeit des nunmehr allerdings durch Art. 3 lit. r E-UWG 2009 gestrichenen Art. 3b Abs. 2 VE-UWG 2008 mit dem Legalitätsgrundsatz (siehe Art. 2 N 54) ver-

95

---

[247] Näher dazu JUNG, FS Petitpierre-Sauvain, 201 ff.

deutlichen. Darüber hinaus sind die Tatbestände aus zivilrechtlicher Sicht zu eng gefasst, was im Zivilrecht zahlreiche Fragen nach ihrer ausdehnenden Auslegung bzw. Analogiefähigkeit sowie nach ihrem Verhältnis zur Generalklausel (siehe Art. 2 N 3 ff.) aufwirft. Die wachsende Zahl von Sondertatbeständen erhöht die ohnehin schon hohe systematische Komplexität des UWG weiter.

– Neben dem strafrechtlichen Element wird auch das **verwaltungsrechtliche Element** des Lauterkeitsrechts **gestärkt**, indem der Bund künftig generell dann klagen und Strafantrag stellen können soll, wenn er es zum Schutz des öffentlichen Interesses als nötig erachtet (Art. 10 N 43). Insoweit stellt sich zunächst die Frage, ob die zivilrechtliche Prozessführung zu den Aufgaben des Bundes gehört und ein derart weitreichendes Klagerecht des Bundes neben dem der Wirtschafts- und Konsumentenschutzverbände erforderlich ist (näher Art. 10 N 42). Bedenklich ist jedenfalls, dass die Aktivlegitimation des Bundes nach dem Wortlaut von Art. 10 Abs. 3 E-UWG 2009 nach wie vor von dessen Ermessen abhängig ist und nicht in vollem Umfang der Nachprüfung durch den Richter unterliegt[248].

B. Internationales Lauterkeitsrecht (IPR/IZVR)

Literatur

R. BÄR, Internationales Kartellrecht und unlauterer Wettbewerb, in: I. Schwander (Hrsg.), Festschrift für Prof. Rudolf Moser, Zürich 1987, 143 ff.; C. V. BAR, Wettbewerbsrechtlicher Verbraucherschutz und internationales Wettbewerbsrecht, in: A. K. Schnyder/H. Heiss/ B. Rudisch (Hrsg.), Internationales Verbraucherschutzrecht, Tübingen 1995, 75 ff.; C. BAUDENBACHER, Lauterkeitsrecht – Kommentar zum Gesetz gegen den unlauteren Wettbewerb (UWG), Basel 2001, Vor Art. 2; DERS., Die wettbewerbsrechtliche Beurteilung grenzüberschreitender Werbe- und Absatztätigkeit nach schweizerischem Recht, GRUR Int. 1988, 310 ff.; P. BERNHARD, Das internationale Privatrecht des unlauteren Wettbewerbs in den Mitgliedstaaten der EG, Baden-Baden 1994; A. BUCHER, Les actes illicites dans le nouveau droit international privé suisse, in: F. Dessemontet (Hrsg.), Le nouveau droit international privé suisse, Lausanne 1988, 107 ff.; B. VON BÜREN, Kommentar zum Bundesgesetz über den unlautern Wettbewerb, Zürich 1957; R. VON BÜREN/E. MARBACH/P. DUCREY, Immaterialgüter- und Wettbewerbsrecht, 3. Aufl., Bern 2008; F. J. DANTHE, Le droit international privé suisse de la concurrence déloyale, Thèse Lausanne 1998; F. DASSER, Art. 136 IPRG, in: H. Honsell/N. P.Vogt/ A. K. Schnyder/S. V. Berti (Hrsg.) Kommentar zum Schweizerischen Privatrecht, Internationales Privatrecht, 2. Aufl., Basel 2007; L. DAVID, in: B. von Büren/L. David (Hrsg.), SIWR I/2, Der Rechtsschutz im Immaterialgüterrecht, 2. Aufl., Basel/Frankfurt a.M. 1998; L. DAVID/

---

[248] Die gebotene Trennung zwischen der Aktivlegitimation, die an objektive Kriterien und eine volle Überprüfung durch den Richter gebunden ist, und ihrer Ausübung durch Klage, die in das durch öffentlich-rechtliche Vorschriften mehr oder weniger gebundene Ermessen des Bundes als zivilprozessualer Kläger gestellt ist, hat übrigens noch der ursprüngliche Vorschlag für ein Klagerecht des Bundes vorgenommen (Art. 11 des E-UWG 1983).

R. VON JACOBS, Schweizerisches Wettbewerbsrecht, 4. Aufl., Bern 2005; N. DETHLOFF, Marketing im Internet und Internationales Wettbewerbsrecht, NJW 1998, 1596 ff.; DIES., Europäisches Kollisionsrecht des unlauteren Wettbewerbs, JZ 2000, 179 ff.; W. DRASCH, Das Herkunftslandprinzip im internationalen Privatrecht: Auswirkungen des europäischen Binnenmarktes auf Vertrags- und Wettbewerbsstatut, Baden-Baden 1997; I. DREXL, Internationales Recht gegen den unlauteren Wettbewerb, in: K. V. Rebmann/F. J. Säcker/R. Rixecker (Hrsg.), Münchener Kommentar BGB, Bd. 11, Internationales Wirtschaftsrecht, 4. Aufl., München 2006; M. EHRICH, Der internationale Anwendungsbereich des deutschen und französischen Rechts gegen irreführende Werbung, Frankfurt/M. 2006; K. H. FEZER, Internationales Wirtschaftsrecht, in: U. Mangus (Red.), J. von Staudingers Kommentar zum BGB, IPR, Internationales Wirtschaftsrecht, Berlin 2000; R. GEIMER/R. A. SCHÜTZE, Europäisches Zivilverfahrensrecht, 3. Aufl., München 2010; A. HÖDER, Die kollisionsrechtliche Behandlung unteilbarer Multistate-Verstösse, München 2002; A. JUNKER, Die Rom II-Verordnung: Neues Internationales Deliktsrecht auf europäischer Grundlage, NJW 2007, 3675 ff.; A. KAMPF, EU-Dienstleistungsrichtlinie und Kollisionsrecht, IPRax 2008, 101 ff.; S. KOOS, Grundsätze des Lauterkeitskollisionsrechts im Lichte der Schutzzwecke des UWG, WRP 2006, 499 ff.; J. KROPHOLLER, Europäisches Zivilprozessrecht, 8. Aufl., Heidelberg 2005; P. MANKOWSKI, Internet und Internationales Wettbewerbsrecht, GRUR Int. 1999, 909 ff.; M. M. PEDRAZZINI/F. A. PEDRAZZINI, Unlauterer Wettbewerb, UWG, 2. Aufl., Bern 2002, § 21; H. R. SCHIBLI, Multistate-Werbung im internationalen Lauterkeitsrecht: mit besonderer Berücksichtigung der Internet-Werbung, Zürich 2004; A. K. SCHNYDER, Wirtschaftskollisionsrecht, Zürich 1990; I. SCHWANDER, Das UWG im grenzüberschreitenden Verkehr (IPR-Probleme des unlauteren Wettbewerbs), in: C. Baudenbacher (Hrsg.), Das UWG auf neuer Grundlage, Bern 1989, 161 ff.; DERS., Einführung in das internationale Privatrecht, Erster Band: Allgemeiner Teil, 3. Aufl., St. Gallen/Lachen 2000; H. J. SONNENBERGER, Einleitung zum IPR, in: K. Rebmann/ F. J. Säcker/R. Rixecker (Hrsg.), Münchener Kommentar BGB, Bd. 10, Internationales Privatrecht, 4. Aufl., München 2006; A. STAEHELIN/D. STAEHELIN/P. GROLIMUND, Zivilprozessrecht, Zürich 2008; K. TROLLER, Das internationale Privatrecht des unlauteren Wettbewerbs in vergleichender Darstellung der Rechte Deutschlands, Englands, Frankreichs, Italiens, der Schweiz und der USA, Freiburg 1962; D. VASELLA/C. WESTENBERG, Lauterkeitsrecht, in: H. Kronke/W. Melis/A. K. Schnyder (Hrsg.), Handbuch Internationales Wirtschaftsrecht, Köln 2005, Teil M, 1667 ff.; F. VISCHER, Art. 136 IPRG, in: D. Girsberger/A. Heini/M. Keller/ J. Kren Kostkiewicz/K. Siehr/F. Vischer/P. Volken (Hrsg.), Zürcher Kommentar zum IPRG, 2. Aufl., Zürich 2004; G. WALTER, Internationales Zivilprozessrecht der Schweiz, 4. Aufl., Bern 2007.

I. Übersicht

In **internationalen Sachverhalten** darf nicht einfach das Schweizer UWG angewendet werden, sondern ist vorab das in der Sache anwendbare Recht zu bestimmen. Bei einer gerichtlichen Auseinandersetzung bedarf es überdies der Festlegung der internationalen Zuständigkeit und – gegebenenfalls – der Prüfung der Voraussetzungen der grenzüberschreitenden Anerkennung und Vollstreckung von Entscheidungen.

96

Das internationale Lauterkeitsrecht erfährt sowohl in der Schweiz als auch in zahlreichen ausländischen Rechtsordnungen eine **kollisionsrechtliche** Sonderbehand-

97

lung[249]. In Abweichung zum allgemeinen Deliktsrecht – dieses sieht eine Verweisung auf das Recht am Handlungs- und/oder Erfolgsort vor – wird an das **Recht am Marktort** angeknüpft. Diese Anknüpfung ist Abbild der materiell-rechtlichen Sonderfunktion der Vorschriften über den unlauteren Wettbewerb. Letztere dienen nicht (ausschliesslich) dem deliktsrechtlichen Interessenausgleich zwischen Schädiger und Geschädigtem, sondern verfolgen (primär) eine wettbewerbsrechtliche Zielsetzung[250]. Geschützt wird die Funktionsfähigkeit des inländischen Markts bzw. das Institut des Wettbewerbs. Adressaten dieses Schutzzwecks sind – jedenfalls nach Schweizer Rechtsauffassung[251] – die Mitbewerber, die Kunden und die Allgemeinheit an sich. Ausgehend von dieser **marktfunktionalen Zielsetzung** kann auch das Kollisionsrecht nicht (ausschliesslich) individualistisch anknüpfen, sondern muss der besonderen Aufgabe des Lauterkeitsrechts Rechnung tragen[252]. Daraus folgt eine – je nach Rechtsordnung mehr oder weniger stark ausgeprägte – Verdrängung des Deliktsstatuts durch das Recht des betroffenen Marktes[253].

II. Rechtsquellen

1. IPRG

Das internationale Lauterkeitsrecht der Schweiz ist im Bundesgesetz über das Internationale Privatrecht (IPRG) geregelt. Im Zentrum steht die kollisionsrechtliche Sondernorm von Art. 136 IPRG. Für die Zuständigkeit gilt Art. 129 IPRG. Die Anerkennung und Vollstreckung richtet sich nach Art. 149 IPRG. Daneben sind die allgemeinen Vorschriften des IPRG zu beachten (Art. 2–32 IPRG).

2. Staatsverträge

Staatsverträge gehen den Vorschriften des IPRG vor (Art. 1 Abs. 2 IPRG). Im Lauterkeitsrecht ist die Schweiz an keine kollisionsrechtlichen Staatsverträge gebunden[254]. Die Pariser Verbandsübereinkunft zum Schutz von gewerblichem Eigentum vom 20. März 1883 (**PVÜ**, näher N 151 ff.) befasst sich zwar auch mit dem Schutz vor unlauterem Wettbewerb. Das diesbezüglich zentrale Inländerprinzip (Art. 2 Abs. 1 PVÜ) enthält indes keine Kollisionsnorm, sondern begründet ein

---

[249] Vgl. die rechtsvergleichenden Hinweise in IPRG-DASSER, Art. 136 N 31; MüKo-DREXL, IntUnlWettbR, N 1; VASELLA/WESTENBERG, Lauterkeitsrecht, 1730 ff.; vgl. sodann die Nachweise bei SCHIBLI, Multistate-Werbung, 127.
[250] SCHNYDER, Wirtschaftskollisionsrecht, 397.
[251] Statt vieler PEDRAZZINI/PEDRAZZINI, UWG, N 1.66 ff.
[252] SCHNYDER, Wirtschaftskollisionsrecht, 400 ff.
[253] Ausführlich zu diesen Zusammenhängen MüKo-DREXL, IntUnlWettbR, N 1 ff.
[254] Zu gescheiterten und bestehenden Projekten vgl. SCHIBLI, Multistate-Werbung, 96 f.

sachrechtliches Diskriminierungsverbot[255]. Sowohl das IPRG als auch das UWG müssen diskriminierungsfrei – d.h. ohne inhaltliche Unterscheidung zwischen in- und ausländischen Marktteilnehmern – angewendet werden. Entsprechendes gilt für die weiteren sachrechtlichen Staatsverträge, die lauterkeitsrechtliche Vorschriften enthalten[256].

In Fragen der Zuständigkeit und der Anerkennung und Vollstreckung von ausländischen Urteilen ist – nebst zahlreichen bilateralen Abkommen – auf das Lugano-Übereinkommen (LugÜ) hinzuweisen. Dieses wurde unlängst revidiert und an die Vorschriften der Verordnung (EG) Nr. 44/2001 über die gerichtliche Zuständigkeit und die Anerkennung und Vollstreckung von Entscheidungen in Zivil- und Handelssachen angepasst. Das revidierte LugÜ wird per 1. Januar 2011 in Kraft treten[257]. Von der Neunummerierung der Artikel abgesehen, wird dies jedoch nur marginalen Einfluss auf das Lauterkeitsrecht haben[258]. 100

3. Exkurs: Entwicklungen im EU-Recht

a) «Rom II-Verordnung»

Seit 2002 verfolgt die EG (jetzt EU) unter dem Titel «Rom II»[259] das Projekt einer Verordnung über das auf ausservertragliche Schuldverhältnisse anzuwendende Recht. Inzwischen hat das Europäische Parlament am 10. Juli 2007 der Verordnung (EG) Nr. 864/2007 über das auf ausservertragliche Schuldverhältnisse anzuwendende Recht zugestimmt; sie ist per 11. Januar 2009 in Kraft getreten[260]. Die Verordnung enthält in Art. 6 Abs. 1 und 2 eine **Sonderanknüpfung** für nichtvertragliche Ansprüche aus unlauteren Geschäftspraktiken. Ausgehend von der Zielsetzung des Lauterkeitsrechts bestimmt **Art. 6 Abs. 1 VO** das diesbezüglich anwendbare Recht **marktfunktional:** «Auf ausservertragliche Schuldverhältnisse aus unlauterem Wettbewerbsverhalten ist das Recht des Staates anzuwenden, in dessen Gebiet *die Wettbewerbsbeziehungen oder die kollektiven Interessen der* 101

---

[255] Dazu SCHIBLI, Multistate-Werbung, 65 ff., insbes. 69; zu dem in Art. 10bis PVÜ verankerten lauterkeitsrechtlichen Mindestschutz vgl. SCHIBLI, Multistate-Werbung, 75 ff.; zum PVÜ sodann auch MüKo-DREXL, IntUnlWettbR, N 20 ff.
[256] SCHIBLI, Multistate-Werbung, 91 ff.
[257] Weiterführend STAEHELIN/STAEHELIN/GROLIMUND, Zivilprozessrecht, § 4 N 14 ff., mit Abdruck der definitiven Fassung des rev. LugÜ vom 30.10.2007 im Anhang.
[258] Mit Blick auf das Lauterkeitsrecht von Interesse ist – soweit ersichtlich – nur die Neuregelung der grenzüberschreitenden Werbung im Bereich des Konsumentenrechts. Art. 15 Abs. 1 lit. c rev. LugÜ wird insofern – in Übereinstimmung mit der EuGVVO – neu von einem «Ausrichten» der Tätigkeit auf den Wohnsitzstaat des Verbrauchers sprechen; weiterführend dazu GEIMER/SCHÜTZE, Zivilverfahrensrecht, Art. 15 N 33 ff.
[259] In Anlehnung an Übereinkommen von Rom über das auf vertragliche Schuldverhältnisse anzuwendende Recht vom 19.6.1980, das unter der Bezeichnung Rom I ebenfalls in eine Verordnung gekleidet wurde.
[260] ABl. L 199 v. 31.7.2007, 40 ff.

Verbraucher beeinträchtigt worden sind oder wahrscheinlich beeinträchtigt werden» (Hervorhebung durch den Verfasser). Die Marktanknüpfung gilt indes nicht uneingeschränkt. Beeinträchtigt das Wettbewerbsverhalten ausschliesslich die Interessen eines bestimmten Wettbewerbers, gelten – ähnlich wie im Schweizer IPRG (Art. 136 Abs. 2) – **allgemein deliktsrechtliche Anknüpfungen (Art. 6 Abs. 2 i.V.m. 4 VO)**. Haben beide Parteien Aufenthalt in demselben Staat, findet das Recht des gemeinsamen Aufenthalts Anwendung (Art. 4 Abs. 2 VO). Soweit diese Anknüpfung nicht greift, wird auf den Erfolgsort abgestellt (Art. 4 Abs. 1 VO). Abweichend dazu kommt auch eine akzessorische Anknüpfung an ein zwischen den Parteien bestehendes Vertragsverhältnis in Frage (Art. 4 Abs. 3 VO), soweit sich aus der Gesamtheit der Umstände ergibt, dass dieses Recht eine offensichtlich engere Verbindung zum Sachverhalt aufweist[261].

b) Primärrechtliches Herkunftslandprinzip

102 Im Rechtsverkehr zwischen den EU-Mitgliedstaaten wird des Weiteren seit geraumer Zeit über mögliche Auswirkungen der **EU-Grundfreiheiten** auf die internationalprivatrechtliche Verweisung im Allgemeinen[262] und auf das internationale Lauterkeitsrecht im Besonderen[263] diskutiert. Im Raum steht ein kollisionsrechtliches Herkunftslandprinzip, demzufolge jeder Wettbewerber den einschlägigen Vorschriften seines Sitzstaates untersteht[264]. Die Herleitung einer solchen Kollisionsregel unmittelbar aus den Grundfreiheiten des AEUV erscheint indes kaum möglich. In der *Keck*-**Entscheidung**[265] geht der EuGH davon aus, dass lauterkeitsrechtliche Vorschriften – soweit sie nicht zwischen in- und ausländischen Marktteilnehmern unterscheiden und sich nicht produktbezogen auswirken – als blosse Regelung von Vertriebs- und Verkaufsmodalitäten im Grundsatz nicht in den Anwendungsbereich der Warenverkehrsfreiheit fallen (Art. 34 AEUV; näher N 163 f.). Entsprechendes dürfte für die anderen Grundfreiheiten gelten. Nationales Lauterkeitsrecht begründet insoweit – gemäss den Rahmenbedingungen der Grundfreiheiten – kein relevantes Hindernis für den Rechtsverkehr im Binnenmarkt. Gleiches muss *a fortiori* auf die Vorschriften des internationalen Lauterkeitsrechts zutreffen, die lediglich vorfrageweise darüber entscheiden, welches nationale Recht zur Anwendung gelangt.

---

[261] Weiterführend MüKo-DREXL, IntUnlWettbR, N 77 ff.; JUNKER, NJW 2007, 3679.
[262] Ausführlich MüKo-SONNENBERGER, Einl. IPR, N 146 ff.
[263] MüKo-DREXL, IntUnlWettbR, N 35 ff.
[264] KOOS, WRP 2006, 503.
[265] EuGH v. 24.11.1993, Rs. C-267/268-91, Slg. 1993, I-6097 («Keck und Mithouard»).

c) Sekundärrechtliches Herkunftslandprinzip

Der allgemeinen Regel folgend, wonach der EU-Gesetzgeber in erster Linie dort tätig wird, wo der EuGH in seiner Rechtsprechung zu den Grundfreiheiten keine Harmonisierung bewirken kann[266], liegt es demnach nahe, das Herkunftslandprinzip durch EU-Verordnungs- oder **Richtlinienrecht** zu implementieren. Diesbezügliche Hinweise finden sich namentlich in der Fernsehrichtlinie[267], der E-Commerce-Richtlinie[268], der Richtlinie über unlautere Geschäftspraktiken[269] sowie in der Dienstleistungsrichtlinie[270]. Die aufgeführten Richtlinien zielen – mehr oder weniger stark ausgeprägt – darauf ab, Marktteilnehmer im Binnenmarkt den wettbewerbsrechtlichen Vorschriften des Herkunftsstaates zu unterstellen. Eine Mindest- oder gar Vollharmonisierung des materiellen Lauterkeitsrechts soll zugleich dafür sorgen, dass der Schutz der Konsumenten gewährleistet wird (näher N 169 ff.).

103

d) Verhältnis zwischen der «Rom II-Verordnung» und dem sekundärrechtlichen Herkunftslandprinzip

Das internationale Lauterkeitsrecht wird in der EU also inskünftig sowohl durch die Rom II-Verordnung als auch – weiterhin in zunehmendem Masse – durch Richtlinienrecht geregelt. Entsprechend stellt sich die Frage der Abgrenzung. Diese erscheint umso dringender, als Rom II und die Richtlinien inhaltlich unterschiedliche Regelungskonzepte vorsehen. **Rom II** verfolgt den klassischen kollisionsrechtlichen Ansatz und beruft das Recht des betroffenen Marktes und damit das **Recht des Zielstaates** von Absatz- und Werbemassnahmen. Die **Richtlinien** demgegenüber sind bestrebt, Mehrfachanknüpfungen an die Marktrechte zu verhindern, indem sie auf das **Recht des Herkunftsstaates** von Absatz- und Werbemassnahmen verweisen. Die jeweiligen Anknüpfungspostulate sind **kaum miteinander zu vereinbaren.** Die Lehre tut sich entsprechend schwer damit, sie gegenseitig abzugren-

104

---

[266] Siehe die Mitteilung der Kommission über die Auswirkungen des Urteils des Europäischen Gerichtshofes vom 20.2.1979 in der Rs. 120/78 («Cassis de Dijon»), ABl. EG 1980 Nr. C 256/2.

[267] Vgl. Art. 2 der Richtlinie 89/552/EWG v. 3.10.1989 zur Koordinierung bestimmter Rechts- und Verwaltungsvorschriften der Mitgliedstaaten über die Ausübung der Fernsehtätigkeit, ABl. EG 1989 Nr. L 331/51, geändert durch Richtlinie 97/36/EG v. 30.6.1997, ABl. EG 1997 Nr. L 202/60.

[268] Vgl. Art. 3 der Richtlinie 2000/31/EG v. 8.6.2000 über bestimmte rechtliche Aspekte der Dienste der Informationsgesellschaft, insbesondere des elektronischen Geschäftsverkehrs, im Binnenmarkt, ABl. EG 2000 Nr. L 178/1.

[269] Vgl. Art. 4 der Richtlinie 2005/29/EG v. 11.5.2005 über unlautere Geschäftspraktiken im binnenmarktinternen Geschäftsverkehr zwischen Unternehmen und Verbrauchern, ABl. EG 2005 Nr. L 149/22.

[270] Vgl. Art. 3 Abs. 2, 17 Nr. 15 und 21 der Richtlinie 2006/123/EG v. 12.12.2006 über Dienstleistungen im Binnenmarkt, ABl. 2006 Nr. L 376/36; dazu A. KAMPF, IPRax 2008, 101 ff.

zen. Insbesondere[271] **zwei Lesarten** stehen heute im Vordergrund[272]. Nach einer ersten Auffassung enthalten sowohl die Rom II-Verordnung als auch die Richtlinien[273] eigentliches Kollisionsrecht[274]. Im sachlichen Anwendungsbereich des Richtlinienrechts soll das Herkunftslandprinzip Vorrang haben. Ausserhalb der Richtlinien, d.h. im nicht harmonisierten Bereich sowie im Verhältnis zu Drittstaaten, würde dagegen die Marktanknüpfung der Rom II-Verordnung gelten. Nach abweichender Auffassung geben die Richtlinien (teilweise) nur ein materiellrechtliches Herkunftslandprinzip vor. Demnach müsste zunächst nach den Regeln der Rom II-Verordnung das anwendbare (Markt-)Recht ermittelt werden. Sollte dieses – im Anwendungsbereich des Richtlinienrechts – inhaltlich vom Recht des Herkunftslandes abweichen, müsste es – im Sinne einer materiell-rechtlichen Verweisung – hinter die Vorschriften des Herkunftslandes zurücktreten, d.h. würde mithin von diesen überlagert[275]. Im Ergebnis würde auch hier das Recht des Herkunftslandes durchdringen.

e) Auswirkungen auf die Schweiz

105   Die Entwicklungen im EU-Recht sind auch für Schweizer Marktteilnehmer von Bedeutung. Zunächst ist festzustellen, dass das Inkrafttreten der **Rom II-Verordnung** positive Auswirkungen auch auf Schweizer Marktteilnehmer haben dürfte. Die Verordnung ist als *Erga-Omnes*-Regelung ausgestaltet. Wettbewerber mit Sitz in einem Drittstaat werden ebenfalls erfasst. Für Schweizer Marktteilnehmer, die im EU-Raum tätig sind, schafft dies Rechtssicherheit. Zusammen mit den einheitlichen Zuständigkeitsregeln des Lugano-Übereinkommens wird es für Schweizer Gesellschaften künftig verhältnismässig leicht ersichtlich, wo in der EU sie sich nach welchen Rechtsvorschriften zu verantworten haben. Demgegenüber führt das **Herkunftslandprinzip** in den EU-Richtlinien zu einem Wettbewerbsnachteil für Schweizer Marktteilnehmer. Als Drittstaater profitieren diese grundsätzlich nicht vom sekundärrechtlichen Herkunftslandprinzip. Das Schweizer UWG wird also gleichsam nicht in den EU-Binnenmarkt exportiert. Schweizer Marktteilnehmer müssen ihr Verhalten vielmehr weiterhin den Vorschriften des Zielstaats anpassen. Bei Marktteilnehmern, die in mehreren EU-Mitgliedstaaten tätig sind, führt dies gegebenenfalls zu einer Multiplizierung der zu berücksichtigenden Rechtsquellen (vgl. nachfolgend N 112 ff.).

---

[271] Vgl. die weitergehenden Differenzierungen bei MüKo-SONNENBERGER, Einl. IPR, N 202 ff.
[272] Vgl. KOOS, WRP 2006, 503.
[273] Wobei zwischen den einzelnen Richtlinien durchaus unterschieden wird; vgl. MüKo-DREXL, IntUnlWettbR, N 49 ff. für die E-Commerce-Richtlinie, N 68 ff. für die Richtlinie über unlautere Geschäftspraktiken und N 72 f. für die Dienstleistungsrichtlinie.
[274] Unterschiedliche Auffassungen bestehen alsdann aber über die Art der Verweisung: Sachnorm- oder Gesamtverweisung; vgl. MüKo-DREXL, IntUnlWettbR, N 56, 59.
[275] Ausführlich zu dieser Konzeption MüKo-DREXL, IntUnlWettbR, N 62 ff.

III. Internationalität

Fragestellungen des internationalen Lauterkeitsrechts ergeben sich nur in grenzüberschreitenden Sachverhalten. Gemeint sind Sachverhalte, die einen **wesentlichen Bezug zum Ausland** aufweisen. Wesentlich erscheinen namentlich Auslandsbezüge, welche die einschlägigen Verweisungs- und Zuständigkeitsnormen als Anknüpfungsbegriff verwenden[276]. Internationalität ist *in casu* folglich immer dann gegeben, wenn Wohnsitz, Sitz[277], gewöhnlicher Aufenthalt oder Niederlassung der Parteien in unterschiedlichen Staaten liegen, das in Frage stehende Verhalten im Ausland einwirkt[278] oder relevante Handlungen im Ausland vorgenommen wurden[279].

106

IV. Anwendbares Recht

1. Übersicht

Sedes materiae des internationalen Lauterkeitsrechts der Schweiz ist **Art. 136 IPRG**[280]. Der marktfunktionalen Zielsetzung des Wettbewerbsrechts folgend sieht dieser im Grundsatz eine Anknüpfung an das Recht des Marktes vor, der durch das unlautere Verhalten betroffen ist (Wirkungsstatut, Art. 136 Abs. 1 IPRG). Abweichendes gilt dort, wo wettbewerbsrelevantes Verhalten lediglich die betrieblichen Interessen des Geschädigten tangiert (z.B. Industriespionage oder Abwerben von Angestellten). Hier findet das Recht des Staates Anwendung, in dem der Geschädigte seine Niederlassung hat (Art. 136 Abs. 2 IPRG). Allgemein vorbehalten wird schliesslich die akzessorische Anknüpfung von **Art. 133 Abs. 3 IPRG** (Art. 136 Abs. 3 IPRG). Verletzt das unlautere Verhalten zugleich ein zwischen Schädiger und Geschädigtem bestehendes Rechtsverhältnis, untersteht der deliktische Anspruch dem auf dieses Rechtsverhältnis anzuwendenden Recht. Nach überwiegender Auffassung zulässig ist schliesslich auch eine Rechtswahl nach **Art. 132 IPRG**.

107

2. Sachlicher Anwendungsbereich von Art. 136 IPRG

Art. 136 IPRG nennt als Verweisungsbegriff «**Ansprüche aus unlauterem Wettbewerb**». Damit gemeint sind im Wesentlichen die Verhaltensweisen, die in

108

---

[276] IPRG-SCHNYDER/GROLIMUND, Art. 1 N 1 ff.
[277] Siehe BGE 131 III 76.
[278] BGE 117 II 204, 207 f.
[279] Vgl. HGer AG sic! 2000, 624.; wohl zu eng SCHIBLI, Multistate-Werbung, 114.
[280] Zur Rechtslage vor Inkrafttreten des IPRG vgl. SCHWANDER, Grenzüberschreitender Verkehr, 161 ff.; SCHIBLI, Multistate-Werbung, 108 ff., mit einer Übersicht über die Rechtsprechung des Bundesgerichts vor Inkrafttreten des IPRG (109 f.); DANTHE, Concurrence déloyale, 53 ff.

Art. 2 ff. geregelt sind[281]. Es geht mithin um die klassischen Formen unlauteren Handelns (Behinderung von Mitbewerbern, Täuschung und Irreführung von Verbrauchern, vergleichende Werbung, Ausbeutung, Verleitung zum Vertragsbruch usw.)[282], wobei die Abgrenzung zu benachbarten Verweisungsbegriffen im Auge zu behalten ist[283].

109 Nach heute herrschender und richtiger Auffassung wird der Begriff des unlauteren Wettbewerbs indes nicht von der *lex fori* bestimmt[284]. Die Art. 2 ff. dienen lediglich als (erstes, aber wichtiges) Indiz. Abzustellen ist auf die *lex causae*, d.h. auf das von Art. 136 IPRG (hypothetisch) berufene Recht[285]. *In praxi* auszugehen ist insoweit von der Behauptung des Klägers, ein bestimmtes Verhalten verletze die lauterkeitsrechtlichen Vorschriften am Einwirkungsort. Der diesbezügliche Vorwurf kann sich – insoweit – mittelbar auch auf öffentlich-rechtliche Verbote zum Schutz spezifischer Polizeigüter beziehen (Alkoholwerbeverbot, Verbot von Lotterien etc.), falls damit verbundene Wettbewerbsvorteile lauterkeitsrechtlich sanktioniert werden[286].

3. Regelanknüpfung

a) Bestimmung des Marktortes

110 Das (so definierte) unlautere Verhalten untersteht nach **Art. 136 Abs. 1 IPRG** dem Recht des Staates, auf dessen Markt es seine Wirkungen entfaltet. Dabei handelt es sich um den Ort, «an dem die wettbewerblichen Interessen aufeinanderstossen»[287]. Die Lehre spricht auch vom Ort, «an dem der Wettbewerber mit seinem Angebot auftritt, mit (allfälligen) Mitbewerbern in Konkurrenz tritt und sich an potentielle Abnehmer richtet»[288]. Nach ZK-VISCHER soll im Zweifel der Sitz bzw. Wohnsitz des betroffenen Kunden massgeblich sein[289]. Diese Auffassung ist abzulehnen. Mit MüKo-DREXL ist vielmehr auf den **Ort der unmittelbaren Einwir-**

---

[281] ZK-VISCHER, Art. 136 IPRG N 1.
[282] Vgl. die Kommentierung zu Art. 2 N 35 ff.
[283] Siehe dazu N 121 ff.; vgl. dazu auch die Abgrenzung im Schweizer Sachrecht N 8 ff.
[284] So aber BÄR, Kartellrecht, 144 f.
[285] ZK-VISCHER, Art. 136 IPRG N 1 f.; IPRG-DASSER, Art. 136 N 4; a.A. SCHIBLI, Multistate-Werbung, 119 ff., der für eine autonome, namentlich an Art. 2 ff. UWG und Art. 10bis PVÜ anlehnende Qualifikation eintritt; wohl ebenfalls für eine IPR-autonome Definition BAUDENBACHER, Kommentar UWG, Vor Art. 2 N 35.
[286] Unklar IPRG-DASSER, Art. 136 N 4.
[287] Grundlegend BGHZ 35, 329, 333 (Kindersaugflaschen-Fall); vgl. auch BGE 91 II 117, 124, wo das Bundesgericht, nach altem Recht, indes noch auf den Handlungs- und den Erfolgsort der unerlaubten Handlung abgestellt hat; dazu auch BGE 92 II 257, 264.
[288] IPRG-DASSER, Art. 136 N 12; ZK-VISCHER, Art. 136 IPRG N 13; vgl. auch BGer vom 1.10.2009, Urteil 4A 106/2009, E. 6.1 KGer VS vom 24.10.2006 (C1 05 110) KGer Glarus vom 26.9.2009, sic! 2010, 47.
[289] ZK-VISCHER, Art. 136 IPRG N 13.

kung abzustellen[290]. Dabei ist zwischen den verschiedenen Erscheinungsformen des unlauteren Wettbewerbs – Werbung, Äusserungsdelikte (Ehrverletzung, Aufruf zum Boykott), Abwerben von Arbeitskräften, Ausspähen von Betriebs- und Geschäftsgeheimnissen, Verleitung zum Vertragsbruch usw. – zu unterscheiden. Jeweils massgeblich ist, **gegen wen** sich die Handlung richtet – es kann dies ein Mitbewerber (Ehrverletzung *inter partes*), ein Angestellter (Aufforderung zum Geheimnisverrat, Abwerbung) oder direkt die Marktgegenseite (Werbung, irreführende AGB usw.) sein – und wo sich der Betroffene aufhält (z.B. wo die Werbung wahrgenommen wird). Zur Anwendung gelangt – Sonderanknüpfungen vorbehalten (vgl. insbes. Art. 136 Abs. 2 IPRG) – das **Recht des Staates, in dem sich der Betroffene im Zeitpunkt der Einwirkung aufhält**. Folgerichtig muss zwischen **Werbe- und Absatzmärkten unterschieden** werden[291]. Soweit diese räumlich auseinander fallen – z.B. wenn Schweizer Feriengäste im Ausland zum späteren Kauf von Ware in der Schweiz aufgefordert werden[292] –, ist einzig der Ort massgeblich, an dem die Werbung wahrgenommen wurde (Werbemarkt) und nicht der Ort, an dem die Ware zum Kauf angeboten wird (Absatzmarkt)[293]. Der Absatzmarkt ist nur dann von Bedeutung, wenn sich der lauterkeitsrechtliche Vorwurf unmittelbar auf Absatzhandlungen bezieht (z.B. unlautere Verkaufsmethoden).

Im Übrigen ist nicht vorausgesetzt, dass tatsächlich auf den Markt eingewirkt wurde[294]. Die **Möglichkeit einer Einwirkung** ist für sich **ausreichend**[295]. Dies zeigt sich am – praktisch bedeutsamen – Beispiel der vorsorglichen Massnahmen. Hier hat die unlautere Handlung *idealiter* noch gar nicht stattgefunden und kann vom Gericht verhindert werden. Folgerichtig wurde noch nicht auf den Betroffenen eingewirkt. Für die Bestimmung des anwendbaren Rechts massgeblich sein kann folglich nur die hypothetische Markteinwirkung. Zu prüfen ist, welcher Markt tangiert gewesen wäre, wenn das Gericht nicht angerufen worden wäre.

111

b) Multistate-Delikte (Streudelikte)

Die Anknüpfung nach Art. 136 Abs. 1 IPRG hat grundsätzlich für jeden betroffenen Markt gesondert zu erfolgen. Wirkt die unlautere Handlung in mehreren

112

---

[290] MüKo-DREXL, IntUnlWettbR, N 113; wohl ebenso SCHNYDER, Wirtschaftskollisionsrecht, 414, wobei dieser nicht von Einwirkung, sondern von Marktgerichtetheit spricht; sodann IPRG-DASSER, Art. 136 N 11; a.A. BAUDENBACHER, Kommentar UWG, Vor Art. 2 N 38 ␣f., der wie bei Art. 137 IPRG auf den Auswirkungsort abstellt; ebenfalls kritisch gegenüber der Anknüpfung an den Ort der Einwirkung KOOS, WRP 2006, 501 f., 504 ff.
[291] Zur Marktbestimmung von Werbemassnahmen SCHIBLI, Multistate-Werbung, 148 ff.; IPRG-DASSER, Art. 136 N 16.
[292] Vgl. das Gran-Canaria-Urteil des deutschen BGH v. 15.11.1990, I ZR 22/89.
[293] SCHIBLI, Multistate-Werbung, 182 ff.
[294] IPRG-DASSER, Art. 136 N 15.
[295] SCHIBLI, Multistate-Werbung, 210, m.w.N. in Fn. 1213; vgl. auch den Wortlaut von Art. 6 Abs. 1 Rom II-VO.

Staaten ein (z.B. grenzüberschreitende Werbung in Zeitungen, Radio, Fernsehen, Internet usw.), gelangen mehrere Rechte nebeneinander zur Anwendung (sog. **Multistate-Anknüpfung**)[296]. Der Richter hat nach jedem dieser Rechte einzeln zu ermitteln, ob eine verbotene Wettbewerbshandlung vorliegt und welches die Rechtsfolgen sind. Dabei kommt er gegebenenfalls nicht umhin, gewisse Anpassungen an den anwendbaren Rechten vorzunehmen, um zu einem sinnvollen und ganzheitlichen Urteil zu gelangen (Wie ist der rechtswidrige Zustand zu beseitigen? Wieviel Schadenersatz ist zuzusprechen?)[297].

113 Die kumulative Verweisung auf die betroffenen Marktrechte führt *de facto* zur **Anknüpfung an das Recht mit den strengsten Lauterkeitsregeln**[298]. Dies erscheint namentlich dort nicht restlos überzeugend, wo es dem jeweiligen Marktteilnehmer nicht oder nur sehr schwierig möglich ist, die räumliche Reichweite seiner Handlungen vorherzusehen oder zu beschränken[299]. Erstes Beispiel hierfür ist das **Internet**[300]. Aufgrund der weltweiten Empfangbarkeit einer Website führte die Multistate-Anknüpfung – streng gehandhabt – zur Anwendung der Lauterkeitsrechte aller Staaten dieser Erde. In der Lehre werden daher **Einschränkungen vorgeschlagen**. Diese zielen namentlich in zwei Richtungen, wobei sich eine konkrete Praxis noch nicht herausgebildet hat und daher zwangsläufig eine gewisse Rechtsunsicherheit für die Marktteilnehmer besteht[301]:

– Erfordernis der **Spürbarkeit** der Einwirkung auf den Wettbewerb. Nach verbreiteter Auffassung werden nach Art. 136 IPRG nur die Rechte jener Staaten berufen, auf deren Markt sich eine spürbare Behinderung/Verfälschung des Wettbewerbs (potentiell) ergibt. Die Lehre spricht von einer «kollisionsrechtlichen Spürbarkeitsgrenze» bzw. von (irrelevantem) «sporadischem Streuvertrieb», die/der im Einzelfall «unter Abwägung sämtlicher Interessen» zu ermitteln sei[302].

– Erfordernis der **Finalität:** Nach umstrittener Auffassung[303] soll auch die subjektive Absicht des jeweiligen Unternehmers Einfluss auf die Anknüpfung haben. Ziel ist es, die Verweisung auf das Recht jener Märkte zu beschränken, auf deren Bewirtschaftung sich der in Frage stehende Marktteilnehmer ausgerichtet hat.

---

[296] IPRG-DASSER, Art. 136 N 13; ZK-VISCHER, Art. 136 IPRG N 14; MüKo-DREXL, IntUnlWettbR, N 113; SCHIBLI, Multistate-Werbung, 188 ff.
[297] IPRG-DASSER, Art. 136 N 13 *in fine*.
[298] BAUDENBACHER, Kommentar UWG, Vor Art. 2 N 58; SCHIBLI, Multistate-Werbung, 188 ff.
[299] Ebenso BAUDENBACHER, Kommentar UWG, Vor Art. 2 N 60.
[300] Weiterführend zur Werbung im Internet und zu den Fragen des internationalen Wettbewerbsrechts DETHLOFF, NJW 1998, 1596 ff.; MANKOWSKI, GRUR Int. 1999, 909 ff.
[301] Zu diesen Einschränkungen vgl. nur IPRG-DASSER, Art. 136 N 13; BAUDENBACHER, Kommentar UWG, Vor Art. 2 N 61 ff.; MüKo-DREXL, IntUnlWettbR, N 122 ff.; SCHIBLI, Multistate-Werbung, 196, 201 ff., 209 ff.; DANTHE, Concurrence déloyale, 84 ff.
[302] Vgl. die weiterführenden Nachweise bei IPRG-DASSER, Art. 136 N 13.
[303] Vgl. die Nachweise bei MüKo-DREXL, IntUnlWettbR, N 122; SCHIBLI, Multistate-Werbung, 208, Fn. 1204.

Beide aufgeführten Kriterien – Spürbarkeit und Finalität – erlauben keine scharfe Abgrenzung und sind – für sich allein – mit Vor- und Nachteilen behaftet. Namentlich kann der Wille allein nicht ausschlaggebend sein, da das anwendbare (Lauterkeits-)Recht andernfalls ins Belieben jedes Marktteilnehmers gestellt würde. Gleichermassen sollte nicht jede spürbare Beeinträchtigung einen Anknüpfungspunkt begründen, wenn es einem Marktteilnehmer aus technischen Gründen nicht möglich ist, die Empfangbarkeit von Informationen zu begrenzen. Im Ergebnis folgt daraus eine kumulative und zugleich **abstrahierte Anwendung beider Kriterien**[304]. Anwendbar sind – nach der hier vertretenen Auffassung – die **Rechte jener Märkte, auf die mit einer gewissen Intensität eingewirkt wurde, soweit diese Einwirkung** nach Treu und Glauben – d.h. aus Sicht des objektiven Dritten – **angestrebt wird**. Die Prüfung hat im Einzelfall zu erfolgen. Eine gewisse Rechtsunsicherheit liegt in der Natur der Sache. Gefragt ist der gesunde Menschenverstand. Die wenigen (bekannt gewordenen) Anwendungsfälle zeigen[305], dass sich die praktischen Schwierigkeiten bisher (noch) in Grenzen halten.

114

Entsprechend stellt sich in einem konkreten Fall zunächst die Frage, wo eine Werbung bzw. Äusserung **tatsächlich empfangen** werden kann. Das betreffende Gebiet begründet im Ausgangspunkt den bzw. die relevanten Märkte nach Art. 136 IPRG. Mit der Anwendung dieser Rechte muss im Grundsatz gerechnet werden. Alsdann kann das Risiko einer tatsächlichen Rechtsanwendung allenfalls dadurch minimiert werden, dass klar zum Ausdruck gebracht wird, dass eine Werbung bzw. ein Angebot auf einen ganz bestimmten Markt oder mehrere ganz bestimmte Märkte ausgerichtet ist (Wahl der **Sprache**, explizite **Disclaimer** etc.)[306]. Soweit diese **Eingrenzung nach Treu und Glauben** ehrlich (effektives Nachleben dieser Selbstbeschränkung) und die Spürbarkeit in anderen Märkten nicht als voraussehbar gross erscheint, ist nicht auszuschliessen, dass die Gerichte dies bei der Anwendung von Art. 136 IPRG berücksichtigen werden.

115

4. Vorrangige Sonderanknüpfungen

a) Bilaterale Wettbewerbsverstösse

Richtet sich das unlautere Verhalten ausschliesslich **gegen betriebliche Interessen** des Geschädigten, ist nach Art. 136 Abs. 2 IPRG das Recht des Staates anzuwenden, in dem sich die betroffene **Niederlassung des Geschädigten** befindet. Die Vorschrift bezieht sich auf sog. bilaterale Wettbewerbsverstösse, d.h. un-

116

---

[304] A.A. mit Blick auf die Vorhersehbarkeit der Auswirkung IPRG-DASSER, Art. 136 N 15.
[305] In der Schweiz ist, soweit ersichtlich, noch kein Anwendungsfall bekannt; für Deutschland vgl. z.B. BGH v. 13.10.2004, I ZR 163/02 – *hotel-maritime.dk*; BGH v. 23.10.1970, I ZR 86/69; für weitere Hinweise auf die deutsche Rechtsprechung vgl. SCHIBLI, Multistate-Werbung, 206 f., 215 ff.
[306] Weiterführend DETHLOFF, NJW 1998, 1596 ff.

lauteres Verhalten, das sich ausschliesslich/v.a. gegen die Interessen eines bestimmten Wettbewerbers richtet. Nach h.L. erfasst werden – gegebenenfalls – Fälle von gezielter Behinderung eines Mitbewerbers, Abwerben von Mitarbeitern, Ausspähen von Geschäftsgeheimnissen, Geschäftsehrverletzungen, Kundenabwerbung, Boykottaufruf und Aufforderung zum Vertragsbruch[307]. Im Übrigen ist die sachliche **Reichweite** von Art. 136 Abs. 2 IPRG **umstritten**. Nach einer Meinung unterstehen der Sonderanknüpfung sämtliche Verhaltensweisen, die nicht publikumsgerichtet sind, d.h. direkt und spezifisch auf einen Konkurrenten einwirken, und zwar unabhängig davon, ob sich daraus (indirekt) spürbare Konsequenzen auf einem bestimmten Markt ergeben[308]. Nach anderer Auffassung ist auf die Wirkungen der jeweiligen Handlung abzustellen. Ergeben sich relevante Aussenwirkungen, soll Art. 136 Abs. 2 IPRG im Grundsatz nicht einschlägig sein bzw. die allgemeine Marktanknüpfung von Art. 136 Abs. 1 zur Anwendung gelangen[309].

117 Nach zutreffender Ansicht von MüKo-DREXL kann mit Blick auf die Wirkungen nicht zwischen publikumsrelevanten und anderen, d.h. bloss bilateralen, Wettbewerbsverstössen unterschieden werden[310]. Es liegt in der Natur der Sache, dass unlauteres Verhalten *per se* geeignet ist, den Wettbewerb zu verfälschen. Entsprechend kann es in Art. 136 Abs. 2 IPRG auf mögliche Aussenwirkungen nicht ankommen. Daher ist **richtigerweise auf die Zielrichtung der jeweiligen Handlung abzustellen**. Art. 136 Abs. 2 IPRG erfasst Verhaltensweisen, bei denen nicht direkt auf Kunden, sondern unmittelbar auf einen Mitbewerber, dessen Hilfspersonen oder dessen Vertragspartner eingewirkt wird. MüKo-DREXL will in solchen Fällen ebenfalls das Marktortprinzip anwenden, versteht als Ort der unmittelbaren Einwirkung hier aber nicht den Ort der potentiellen Abnehmer, sondern den Aufenthaltsort der jeweiligen Zielperson (z.B. Ort, an dem sich der Arbeitnehmer oder der Vertragspartner aufhält; vgl. N 110 ff.)[311]. Der Schweizer Gesetzgeber hat hier (vordergründig) einen anderen Weg eingeschlagen. Obwohl sich die betreffenden Handlungen zweifelsohne mittelbar auf einen spezifischen Markt auswirken, wird das Recht am Ort der betroffenen Niederlassung des Geschädigten zur Anwendung berufen. Damit wird im Ergebnis freilich oft dem Einwirkungsprinzip zum Durchbruch verholfen werden.

---

[307] Z.B. SCHWANDER, Grenzüberschreitender Verkehr, 179; IPRG-DASSER, Art. 136 N 18; vgl. auch HGer BE SMI 1993, 96.
[308] IPRG-DASSER, Art. 136 N 19; DANTHE, Concurrence déloyale, 124 ff.; wohl auch ZK-VISCHER, Art. 136 IPRG N 18 f.
[309] SCHWANDER, Grenzüberschreitender Verkehr, 179; SCHIBLI, Multistate-Werbung, 242 f.; PEDRAZZINI/PEDRAZZINI, UWG, N 21.21.
[310] MüKo-DREXL, IntUnlWettbR, N 116 ff.
[311] MüKo-DREXL, IntUnlWettbR, N 89 ff., 116 f.

b) Rechtswahl und akzessorische Anknüpfung

Die (nachträgliche) Rechtswahl (Art. 132 IPRG) und die akzessorische Anknüpfung an ein vorbestehendes Rechtsverhältnis (Art. 136 Abs. 3 IPRG) **gehen der Marktanknüpfung von Art. 136 Abs. 1 IPRG vor.** Wie zuvor bei den bilateralen Wettbewerbsverstössen kommt es auch hier auf (potentielle) Aussenwirkungen eines Wettbewerbsverstosses nicht an[312]. Eine Rechtswahl und die akzessorische Anknüpfung sind in allen Fällen des unlauteren Wettbewerbs möglich. Obwohl ein Abweichen von der Marktanknüpfung aufgrund der Funktion des Wettbewerbsrechts (hier) fragwürdig erscheint, hat sich der Schweizer Gesetzgeber für diese Lösung entschieden. Im Übrigen gelten die allgemeinen Voraussetzungen. Mit Blick auf die akzessorische Anknüpfung **erforderlich ist ein innerer Zusammenhang** zwischen dem vorbestehenden Rechtsverhältnis und dem deliktischen Anspruch. Dieser dürfte namentlich dort gegeben sein, wo Sonderwissen verwertet wird, das im Rahmen von Vertragsverhandlungen oder bei der Durchführung eines Vertrages (Lizenz-, Arbeits-, Gesellschaftsvertrag u.ä.) erlangt wurde[313].

118

5. Korrektur der Verweisung aufgrund allgemeiner Vorschriften des IPRG

Die Vorschriften des Allgemeinen Teils des IPRG sind auch im Bereich des Lauterkeitsrechts vorbehalten. Zu prüfen bleibt daher im Einzelfall eine Anwendung von **Art. 15** (Ausnahmeklausel)[314], **Art. 18/19** (Eingriffsnormen; für den Anwendungsfall des Klagerechts des Bundes vgl. nachfolgend N 137) und **Art. 17** IPRG (*Ordre public*; insbes. Problematik der punitive damages[315]).

119

6. Geltungsbereich der lex causae

Art. 136 IPRG enthält eine **Sachnormverweisung** (Art. 14 IPRG *e contrario*). Das in der Sache berufene materielle Wettbewerbsrecht regelt die Rechte und Pflichten der Parteien umfassend (Art. 13 IPRG). Zu beachten sind indes verschiedene Schnittstellen zwischen der materiell-rechtlichen *lex causae* und der prozessualen *lex fori*. Auf diese wird bei der Darstellung des Prozessrechts zurückzukommen sein (N 134 ff.).

120

---

[312] IPRG-DASSER, Art. 136 N 20, 22; ebenso BAUDENBACHER, Kommentar UWG, Vor Art. 2 N 27 ff.; SCHIBLI, Multistate-Werbung, 232 ff., 241 f.; zustimmenden mit Blick auf die Rechtswahl, kritisch demgegenüber bei der akzessorischen Anknüpfung ZK-VISCHER, Art. 136 IPRG N 20 f.; a.A. bei der Rechtswahl BUCHER, Droit international privé, 116; vgl. im Übrigen die Nachweise bei SCHIBLI, Multistate-Werbung, 232 ff., 241 f.

[313] IPRG-DASSER, Art. 136 N 20.

[314] Kritisch gegenüber einer Anwendung von Art. 15 IPRG-DASSER, Art. 136 N 17.

[315] Weiterführend IPRG-DASSER, Art. 136 N 23.

7. Abgrenzungen

a) Kartellrecht

121 Art. 136 IPRG ist zunächst von der Sondervorschrift für Wettbewerbsbehinderungen abzugrenzen: **Art. 137 IPRG**. Letztere Bestimmung findet auf klassisch kartellrechtliche Fragestellungen Anwendung. Gemeint sind allfällige Ansprüche aus Delikt wegen unzulässiger Wettbewerbsabrede, Missbrauchs einer marktbeherrschenden Stellung oder rechtswidrigen Zusammenschlusses. Diesbezügliche Verhaltensweisen können im Einzelfall zugleich einen Verstoss gegen das Lauterkeitsrecht begründen (z.B. kann eine bestimmte Werbeaktion im Inhalt unlauter sein und die Tatsache, dass der betreffende Marktteilnehmer sie so durchführen kann, dessen marktbeherrschende Stellung zum Ausdruck bringen). Die sich daraus ableitenden Ansprüche sind alsdann getrennt anzuknüpfen[316]. Da sowohl Art. 136 als auch Art. 137 IPRG eine Marktanknüpfung vorsehen, dürfte dies freilich in der Regel keine praktischen Konsequenzen haben[317].

b) Immaterialgüterrecht, Namens- und Firmenrecht

122 Verstösse gegen das Lauterkeitsrecht gehen vielfach einher mit der Verletzung von Immaterialgüterrechten (Patent-, Urheber-, Design-, Markenrecht) oder von Namens- und Firmenrechten. Die betreffenden Ansprüche sind ebenfalls **gesondert anzuknüpfen (Art. 33 Abs. 2, 110, 154 und 157 IPRG)**[318]. Stützt der Kläger seinen Anspruch auf mehrere Rechtsgrundlagen (z.B. Verletzung von Marken- und von Lauterkeitsrecht), ist dieser folglich, je nach Sachverhalt, parallel nach verschiedenen Rechtsordnungen zu beurteilen. Das Gericht hat alsdann gegebenenfalls die involvierten materiellen Rechte aufeinander anzupassen (z.B. zur Bemessung des Schadenersatzes)[319]. Fragen des Firmenrechts sind akzessorisch anzuknüpfen, soweit die streitgegenständliche Firma nicht im schweizerischen Handelsregister eingetragen ist oder die Verletzung im Ausland erfolgt ist (Art. 157 Abs. 2 IPRG)[320].

---

[316] IPRG-DASSER, Art. 136 N 9.
[317] ZK-VISCHER, Art. 136 IPRG N 10; weiterführend KOOS, WRP 2006, 504 ff., wobei dieser (508 f.) auch im Bereich des Lauterkeitsrechts – zum Schutz des Wettbewerbs – gegen die (aus seiner Sicht) deliktsrechtlich geprägte Anknüpfung an den Einwirkungsort und für die stärker wettbewerbsrechtlich motivierte Anknüpfung an den Auswirkungsort eintritt; ebenso BAUDENBACHER, Kommentar UWG, Vor Art. 2 N 43 ff.; vgl. dazu auch die Hinweise in Fn. 290.
[318] IPRG-DASSER, Art. 136 N 10; ZK-VISCHER, Art. 136 IPRG N 8 f.; für eine primär auf Firmenrecht gestützte Klage vgl. z.B. HGer ZH ZR 2004, Nr. 44.
[319] IPRG-DASSER, Art. 136 N 10.
[320] IPRG-DASSER, Art. 136 N 10 m.w.N.

c) Persönlichkeitsrecht

Widerhandlungen gegen den Wettbewerb, die in der Verletzung von Persönlichkeitsrechten gründen (z.B. Verletzung der Geschäftsehre), sind abschliessend nach **Art. 136 IPRG** zu beurteilen. Das allgemeine Deliktsrecht (Art. 132 f. IPRG) und die Sonderanknüpfung für Persönlichkeitsverletzungen durch Medien (Art. 139 IPRG) kommen nicht zur Anwendung[321]. Eine Ausnahme gilt nach herrschender Lehre für das **Gegendarstellungsrecht.** Hier soll **Art. 139 Abs. 2 IPRG** und damit das Recht des Erscheinungsortes oder des Ausstrahlungsortes massgeblich sein[322]. Dies erscheint jedenfalls dann richtig, wenn das nach Art. 139 Abs. 2 IPRG berufene Recht für die Gegendarstellung lediglich den Nachweis des Betroffenseins von einem Medienbericht und keinen Nachweis/keine Glaubhaftmachung einer spezifischen (Lauterkeits-)Rechtsverletzung voraussetzt. Andernfalls ist m.E. kumulativ nach Art. 139 Abs. 2 und nach Art. 136 IPRG anzuknüpfen.

123

d) Ansprüche aus Vertrag oder Vertragsverhandlungen

Eine wettbewerbswidrige Verhaltensweise kann zugleich eine Vertragsverletzung oder eine Verletzung von Verhandlungspflichten begründen (z.B. Geheimnisverrat). Die daraus folgenden Ansprüche sind ebenfalls selbständig anzuknüpfen. **Art. 136 Abs. 3 IPRG** sieht alsdann aber in der Regel eine akzessorische Anknüpfung des lauterkeitsrechtlichen Anspruchs vor[323].

124

V. *Prozessuales*

1. Zuständigkeit

a) Hauptverfahren

Ansprüche aus unlauterem Wettbewerb sind als Zivil- und Handelssache im Sinne von Art. 1 Abs. 1 des Lugano-Übereinkommens (**LugÜ**) zu qualifizieren. Die Zuständigkeit der Schweizer Gerichte bemisst sich nach den Bestimmungen des LugÜ, soweit der Beklagte in einem Vertragsstaat des Übereinkommens wohnt (Art. 2 Abs. 1 i.V.m. Art. 4 Abs. 1 LugÜ). Andernfalls – d.h. bei Wohnsitz des Beklagten in einem Drittstaat – ist **andere Staatsverträge** vorbehalten, auf die Regeln des **IPRG** abzustellen.

125

---

[321] IPRG-DASSER, Art. 136 N 9; BAUDENBACHER, Kommentar UWG, Vor Art. 2 N 37; a.A. DAVID/JACOBS, Wettbewerbsrecht, N 25, die von einem Wahlrecht des Geschädigten ausgehen.
[322] ZK-VISCHER, Art. 136 IPRG N 7.
[323] Im Ergebnis gleich IPRG-DASSER, Art. 136 N 8.

126 Einschlägig sind die Zuständigkeitsvorschriften für die unerlaubte Handlung[324]. Diesbezügliche Klagen sind am **Sitz des Beklagten** (Art. 2 Abs. 1 LugÜ, Art. 129 Abs. 1 S. 1 IPRG [vgl. dort auch die Zuständigkeit am Ort des gewöhnlichen Aufenthalts], am **Deliktsort** (Art. 5 Ziff. 3 LugÜ, Art. 129 Abs. 1 S. 2 IPRG[325]) sowie am Ort einer allenfalls involvierten **Geschäftsniederlassung** (Art. 5 Ziff. 5 LugÜ, 129 Abs. 1 S. 2 IPRG) anzubringen. Im Einzelfall von Bedeutung sein können auch die **Gerichtsstände des Sachzusammenhangs** (vgl. insbesondere die Möglichkeit der Klage am Ort der passiven Streitgenossenschaft nach Art. 6 Ziff. 1 LugÜ und (eingeschränkt) nach Art. 129 Abs. 2 IPRG[326]; ab 1.1.2011 Art. 8a rev IPRG), der **Adhäsionsgerichtsstand** (Art. 5 Ziff. 4 LugÜ)[327] und – ausserhalb des Geltungsbereichs des LugÜ – das *forum arresti* (Art. 4 IPRG). Weiter kann der ausschliessliche Gerichtsstand von Art. 16 Ziff. 4 LugÜ (**Registerort;** ab 1.1.2011 Art. 22 Ziff. 4 rev LugÜ) zum Tragen kommen, wenn mit einer u.a. wettbewerbsrechtlichen Argumentation die Löschung einer Marke beantragt wird[328].

127 Der **Deliktsort** umfasst gemeinhin alternativ den deliktischen Handlungs- und Erfolgsort[329]. Mit Blick auf Ansprüche aus unlauterem Wettbewerb ist strittig, ob der Deliktsort insgesamt[330] (oder doch wenigstens der Erfolgsort[331]) – in Übereinstimmung mit dem Kollisionsrecht – nach dem Marktortprinzip zu bestimmen ist. M.E. spricht nichts dagegen, wenn der deliktische Erfolgsort im betroffenen Markt lokalisiert wird[332]. Daneben aber muss dem Handlungsort – mangels zuständigkeitsrechtlicher Sonderanknüpfung – auch weiterhin zuständigkeitsbegründende Wirkung zukommen[333].

128 Bislang noch nicht endgültig entschieden ist die **Frage, ob** bei einer Mehrzahl von involvierten Märkten **an jedem Erfolgsort der gesamte Schaden** geltend gemacht werden kann, **oder** ob die vom EuGH für Pressedelikte entwickelte Rechtsprechung, wonach am Erfolgsort nur der inländische Schaden eingeklagt werden

---

[324] Vgl. auch KGer VS vom 24.10.2006 (C1 05 110).
[325] Vgl. etwa BGer sic! 1997, 600; ebenso HGer BE SMI 1993, 96; für den Fall einer negativen Feststellungsklage auf Nichtbestehen einer Wettbewerbsverletzung vgl. BGer sic! 1997, 331.
[326] Für ein Anwendungsbeispiel vgl. BGE 117 II 204.
[327] Vgl. zum Adhäsionsgerichtsstand auch den zweifelhaften Entscheid BGE 133 IV 71, in dem das BGer zum Schluss gelangt ist, dass bei Anwendbarkeit des IPRG ein Adhäsionsgerichtsstand gestützt auf kantonales (Straf-)Prozessrecht eröffnet sein kann. Für die Rechtslage ab 1.1.2011 vgl. Art. 8c rev IPRG.
[328] BGE 132 III 579.
[329] Für Anwendungsbeispiele vgl. PEDRAZZINI/PEDRAZZINI, UWG, N 18.24 ff.; vgl. sodann BGer 4C.329/2005 E. 2.
[330] Vgl. IPRG-DASSER, Art. 136 N 26.
[331] GEIMER/SCHÜTZE, Zivilverfahrensrecht, Art. 5 N 251.
[332] Ähnlich KGer LU LGVE 1999 I, 35; diesbezüglich von Interesse sein könnte auch der Ausgang der Vorlagen des BGH vom 10.11.2009 an der EuGH, mit welcher dieser fragt, wo sich zuständigkeitsrechtlich der Deliktsort bei einem behaupteten persönlichkeitsverletzenden Inhalt auf einer Website befindet (vgl. RIW 2020, 67).
[333] Insoweit unklar BAUDENBACHER, Kommentar UWG, Vor Art. 2 N 24, *in fine*.

kann[334], auch für Ansprüche aus unlauterem Wettbewerb gilt. Soweit Letzteres zuträfe – und hiervon muss zurzeit ausgegangen werden[335] –, könnte der Gesamtschaden **nur am Sitz des Beklagten bzw. deliktischen Handlungsort** eingefordert werden. Bezüglich der Kompetenzreichweite der Gerichte am Handlungsort erscheint die Rechtsprechung des EuGH freilich noch nicht eindeutig.

Mit Blick auf eine mögliche Anspruchskonkurrenz ist schliesslich auf die Praxis des EuGH hinzuweisen, wonach am **Deliktsforum nur die deliktischen**, nicht aber die vertraglichen **Ansprüche** geltend gemacht werden können[336]. Sollte der Kläger seine Ansprüche auf eine deliktische und auf eine vertragliche Grundlage abstützen, mag es – eine örtliche Übereinstimmung von Delikts- und vertraglichem Erfüllungsort vorbehalten – von Vorteil sein, am Sitz des Beklagten zu klagen. 129

Werden, was den Regelfall darstellt, aufgrund der (angeblich) wettbewerbswidrigen Verhaltensweise deliktische Ansprüche geltend gemacht, ist abzuklären, ob diese Ansprüche im Zusammenhang mit einem Vertragsverhältnis stehen. Allfällige **Schieds- oder Gerichtsstandsvereinbarungen** werden dann regelmässig auch die Ansprüche aus Delikt erfassen[337]. Soweit vertragliche Ansprüche geltend gemacht werden und soweit es Konsumenten betrifft, sind sodann die besonderen **Gerichtsstände des Konsumentenrechts** zu beachten (Art. 114 IPRG, Art. 13 ff. LugÜ; ab 1.1.2011 Art. 15 ff. rev LugÜ). 130

b) Vorsorgliche Massnahmen

Im Lauterkeitsrecht kommt den Regeln über den vorsorglichen Rechtsschutz ganz **herausragende Bedeutung** zu. Oft besteht zeitliche Dringlichkeit. Die Klägerin kann nicht bis zum Erlass des Endurteils zuwarten, weil dann ein nicht wiedergutzumachender Nachteil entstehen würde (vgl. insbesondere sich abzeichnende Medienberichte oder anstehende Werbekampagnen). 131

Im Anwendungsbereich des LugÜ – d.h. soweit der Beklagte in einem Vertragsstaat wohnt – richtet sich die Zuständigkeit zum Erlass von vorsorglichen Massnahmen nach **Art. 24 LugÜ;** ab 1.1.2011 Art. 31 rev LugÜ. Zuständig sind zunächst all jene Gerichte, die auch in der Hauptsache zuständig wären. Weitergehend dürfen die Gerichte der Vertragsstaaten gestützt auf autonomes Recht dort Schutz 132

---

[334] EuGH v. 7.3.1995 Rs. C-68/93, Slg. 1995, I-415, N 30 ff. («Shevill u.a.»).
[335] Vgl. auch KROPHOLLER, Zivilprozessrecht, Art. 5 N 66.
[336] EuGH v. 27.9.1988 Rs. 189/87, Slg. 1988, 5565, N 19 ff. («Kalfelis/Schröder u.a.»).
[337] Dazu etwa GEIMER/SCHÜTZE, Zivilverfahrensrecht, Art. 23 N 206, m.w.N.; vgl. demgegenüber HGer ZH ZR 103, 2004, Nr. 66, wo das Gericht zum Schluss gelangte, dass die in casu strittige Gerichtsstandsvereinbarung die klageweise geltend gemachten deliktsrechtlichen Handlungen nicht umfasste.

gewähren, wo zwischen der beantragten Massnahme und dem angerufenen Gericht eine tatsächlich-räumliche Verknüpfung besteht[338].

133 Eine vergleichbare Regelung sieht **Art. 10 IPRG** vor. Primär zuständig sind ebenfalls die in der Hauptsache zuständigen Gerichte. Zusätzlich muss überall dort Gerichtszugang gewährt werden, wo ein tatsächliches Schutzbedürfnis des Gesuchstellers besteht. Dies ist zu bejahen, wenn die vorsorgliche Massnahme im Inland (und am Gerichtsort) Wirkungen entfalten bzw. vollstreckt werden soll.

2. Abgrenzung zwischen der materiell-rechtlichen lex causae und der prozessualen lex fori

134 In lauterkeitsrechtlichen Verfahren können sich verschiedentlich Fragen der Abgrenzung zwischen dem in der Sache anwendbaren materiellen Recht und dem Prozessrecht des befassten (hier: Schweizer) Gerichts ergeben. Es betrifft dies im Wesentlichen die folgenden Bereiche:

a) Sachliche Zuständigkeit

135 Die sachliche Zuständigkeit des angerufenen Gerichts richtet sich nach der prozessualen *lex fori*[339]. Soweit aufgrund der Kompetenzattraktion gemäss Art. 12 Abs. 2 nur eine kantonale Instanz zuständig ist, gilt dies auch, wenn in der Sache ausländisches Lauterkeitsrecht zur Anwendung gelangt. Gleiches trifft auch auf die im Erkenntnisstaat zulässigen Rechtsmittel zu (Art. 12 Abs. 2 *in fine*). Für die Rechtslage ab 1.1.2011 vgl. Art. 5 Abs. 1. lit. d ZPO-CH bei Streitwert über CHF 30 000.– oder Ausübung des Klagerechts des Bundes (einzige kt. Instanz) bzw. Art. 243 ff. ZPO-CH bei Streitwert unter CHF 30 000.– (vereinfachtes Verfahren).

b) Verfahrensart

136 Die Ausführungen zur sachlichen Zuständigkeit und damit zur Massgeblichkeit der *lex fori* gelten sinngemäss auch für das anwendbare Verfahren. Das in Art. 13 von den Kantonen geforderte Schlichtungs- bzw. einfache und rasche Verfahren findet auch bei Geltung ausländischen Lauterkeitsrechts Anwendung. Für die Rechtslage ab 1.1.2011 vgl. Art. 243 ff. ZPO-CH. Das vereinfachte Verfahren gilt nunmehr bei einem Streitwert unter CHF 30 000.–.

---

[338] EuGH v. 17.11.1998 Rs. C-391/95, Slg. 1998, I-7091, N 40 («Van Uden/Deco-Line»).
[339] WALTER, Internationales Zivilprozessrecht, 88.

c) Aktiv- und Passivlegitimation

Die Aktiv- und die Passivlegitimation in lauterkeitsrechtlichen Prozessen richtet sich nach der einschlägigen materiell-rechtlichen *lex causae*[340]. Folglich bestimmt das in der Sache anwendbare Recht, ob und unter welchen Voraussetzungen Mitbewerber, Konsumenten, Berufs- und Wirtschaftsverbände sowie Konsumentenschutzorganisationen zur Klage legitimiert sind (für die Schweiz vgl. Art. 10)[341]. Abweichendes gilt für das Klagerecht des Bundes (Art. 10 lit. c)[342]. Diese Vorschrift begründet nach Auffassung des Bundesgerichts eine Eingriffsnorm im Sinne von Art. 18 IPRG. Sind die Voraussetzungen für das Klagerecht des Bundes gegeben, gelangt alsdann entgegen Art. 136 IPRG insgesamt nicht das Recht des betroffenen Marktes, sondern vielmehr Schweizer Recht zur Anwendung[343]. Schliesslich muss – im Rahmen des Schweizer *Ordre public* – im Allgemeinen der lex causae entnommen werden, inwieweit die jeweiligen Kläger ein konkretes Rechtsschutzbedürfnis auf- bzw. nachweisen müssen.

137

d) Ansprüche und Rechtsbegehren

Die im Einzelfall begründeten Ansprüche und – entsprechend – die zulässigen Rechtsbegehren[344] sind ebenfalls dem in der Sache anwendbaren Recht *(lex causae)* zu entnehmen. Art. 9 kommt nur bei Anwendung des Schweizer UWG zum Tragen.

138

e) Beweisfragen

Das Beweisrecht folgt primär der prozessualen *lex fori*[345]. Eine **Ausnahme** gilt für die Verteilung der **Beweislast**[346]. Diese hat ihren Ursprung im materiellen Recht, weshalb diesbezüglich die materiell-rechtliche *lex causae* massgeblich ist. Daher kann der Richter die in Art. 13a vorgesehene Umkehr der Beweislast nur bei Geltung des Schweizer UWG anordnen. Als Anordnung primär prozessrechtlicher Natur richtet sich die Beschränkung des Einsichtsrechts zwecks Wahrung von Fabrikations- oder Geschäftsgeheimnissen demgegenüber abschliessend nach

139

---

[340] Allg. SCHWANDER, AT, N 670, BGer vom 1.10.2009, Urteil 4A 106/2009, E. 5.
[341] IPRG-DASSER, Art. 136 N 6; a.A. hinsichtlich des Verbandsklagerechts BAUDENBACHER, Kommentar UWG, Vor Art. 2 N 65.
[342] Wobei hier das Schweizer Sachrecht – Art. 10 lit. c UWG – ausdrücklich einen spezifischen Auslandsbezug verlangt: Die (im Übrigen) klageberechtigten Personen müssen im Ausland ansässig sein.
[343] Vgl. ausführlich BGer vom 1.10.2009, Urteil 4A 106/2009, E. 6.6; entsprechend auch Art. 10 Abs. 5 des Entwurfs des Bundesgesetzes gegen den unlauteren Wettbewerb, BBl 2009, 6193.
[344] Allg. SCHWANDER, AT, N 673.
[345] WALTER, Internationales Zivilprozessrecht, 312.
[346] Allg. SCHWANDER, AT, N 679.

Art. 15. Mit Inkrafttreten der ZPO-CH werden Art. 13a Abs. 2 und Art. 15 UWG aufgehoben. Art. 13a Abs. 1 betreffend die Beweislastumkehr bleibt bestehen. Im Übrigen richten sich die Beweisfragen ab 1.1.2011 nach Art. 150 ff. ZPO-CH.

f) Vorsorgliche Massnahmen

140   Die allgemeinen **Voraussetzungen** zum Erlass von vorsorglichen Massnahmen (Dringlichkeit, Glaubhaftmachung des Anspruchs, drohender, nicht wiedergutzumachender Nachteil, Interessenabwägung) beurteilen sich nach der *lex fori*, d.h. vor Schweizer Gerichten nach den Vorschriften des Schweizer Rechts (Art. 14; ab 1.1.2011 Art. 261 ff. ZPO-CH; für die Möglichkeit der Schutzschrift vgl. Art. 270 ZPO-CH). Indes ist der **Anspruch,** den es glaubhaft zu machen gilt, aus der potentiellen *lex causa* abzuleiten. Nur in Fällen von besonderer Dringlichkeit darf – eine spätere Korrektur vorbehalten – gestützt auf Schweizer Recht entschieden werden (analoge Anwendung von Art. 16 Abs. 2 IPRG infolge zeitlicher Unmöglichkeit)[347].

141   Das **Verfahren**, in dem der vorsorgliche Rechtsschutz gewährt wird, bestimmt sich ebenfalls nach **Schweizer Recht.** Dieses legt fest, wann superprovisorischer und wann provisorischer Rechtsschutz zu gewähren ist und wie das bezügliche Verfahren ausgestaltet ist (schriftliche Eingabe, mündliches Verfahren, Einspracheverfahren etc.). Namentlich entscheidet das anwendbare inländische Prozessrecht auch über die Kautionspflicht des Gesuchstellers und die Folgen einer nicht oder ohne Erfolg prosequierten vorsorglichen Massnahme (z.B. Anspruch auf Schadenersatz). Ab 1.1.2011 gelten insoweit die Art. 263 ff. ZPO-CH.

g) Verjährung, Verwirkung und Verrechnung

142   Fragen der Verjährung und der Verwirkung gelten aus Sicht des Schweizer IPRG als materiell-rechtliche Fragestellungen. Insoweit gelangt grundsätzlich **Art. 148 IPRG** zur Anwendung. Gleiches gilt für die Verrechnung (Art. 148 Abs. 2 IPRG).

3. Anerkennung und Vollstreckung ausländischer Urteile

143   Die Anerkennung und Vollstreckung von ausländischen Urteilen bestimmt sich im europäischen Rechtsverkehr nach **Art. 25 ff. LugÜ;** ab 1.1.2011 Art. 32 ff. rev LugÜ. Ausserhalb des LugÜ, d.h. im Verkehr mit Drittstaaten, gelten – **andere Staatsverträge** vorbehalten – die **Art. 25 ff. IPRG.** Das Lauterkeitsrecht begründet

---

[347] Dazu SCHWANDER, AT, N 637.

insoweit **keine besonderen Frage- und Problemstellungen.** Voraussetzungen der Anerkennung und Vollstreckung nach LugÜ sind: Vorliegen einer im Ausland vollstreckbaren Entscheidung, Wahrung des formellen und des materiellen *Ordre public* sowie Beachtung der Regeln über die Verfahrenskoordination nach Art. 27 Ziff. 3 und 5 LugÜ; ab 1.1.2011 Art. 34 Ziff. 3 und 4 rev LugÜ. Im Anwendungsbereich des IPRG bedarf es überdies einer formell rechtskräftigen ausländischen Entscheidung und muss die indirekte Zuständigkeit des ausländischen Gerichts nach Art. 26 oder Art. 149 IPRG gegeben sein. Das Vollstreckungsverfahren ist in Art. 31 ff. LugÜ – ab 1.1.2011 Art. 38 ff. rev LugÜ – bzw. Art. 29 IPRG geregelt. Bei Geldforderungen sind sodann die Vorschriften des SchKG zu beachten. Im Übrigen gilt kantonales Vollstreckungsrecht. Ab 1.1.2011 sind insbes. zu beachten der «LugÜ-Arrest» nach Art. 271 rev SchKG sowie das Vollstreckungsrecht nach Art. 335 ff. ZPO-CH.

Im Ausland erwirkte **vorsorgliche Massnahmen** sind im Anwendungsbereich des **LugÜ** in der Schweiz vollstreckbar, soweit der Gegenseite rechtliches Gehör gewährt wurde (Anerkennung von provisorischen, nicht aber von superprovisorischen Massnahmen)[348]. In diesem Zusammenhang zu beachten ist die von der Rechtsprechung des EuGH inhaltlich leicht abweichende Praxis des Bundesgerichts. Danach werden ausländische Entscheidungen über vorsorgliche Massnahmen in der Schweiz nach LugÜ selbst dann vollstreckt, wenn das rechtliche Gehör im Ausland noch nicht gewährt wurde, soweit das ausländische Recht nur die Möglichkeit vorsieht, die Anhörung nachzuholen (insbes. in einem Einspracheverfahren)[349]. Im **IPRG** bleibt die Frage der Anerkennung und Vollstreckung von ausländischen Entscheidungen über vorsorgliche Massnahmen weiterhin offen. Das Bundesgericht hat dazu noch nicht Stellung genommen. In der kantonalen Gerichtspraxis wird die Vollstreckbarkeit von ausländischen Massnahmeentscheiden teilweise bejaht[350].

144

4. Internationale Zivilrechtshilfe

Die internationale Rechtshilfe in Zivilsachen betrifft Sachverhalte, in denen in einem Zivilverfahren eine Prozesshandlung im Ausland vorgenommen werden muss, etwa weil eine oder beide Parteien des Rechtsstreits im Ausland wohnen oder sich relevante Beweismittel im Ausland befinden. **Jeder Staat regelt selbst,** ob und unter welchen Voraussetzungen er ausländische Verfahren unterstützen will, z.B. indem er ausländischen Gerichten erlaubt, im Inland eine Zustellung zu vollziehen oder Beweise zu erheben. Die einschlägige Schweizer Regelung findet sich in **Art. 11 f. IPRG,** wonach die Ausgestaltung der internationalen Rechtshilfe aber vorwiegend den Kantonen überlassen bleibt (Art. 11 Abs. 1 IPRG). Ab 1.1.2011

145

---

[348] EuGH v. 21.5.1980 Rs. 125/79, Slg. 1980, 1553, N 7 f. und 17 («Denilauler/S.N.C. Couchet Frères»).
[349] BGE 129 III 626, 631 ff.
[350] So etwa im Kanton Basel-Stadt, vgl. AppGer BS BJM 2006, 29 ff.; AppGer BS BJM 1994, 147 f.

gelten neu die bundesrechtlichen Regeln von Art. 11–11c rev IPRG, wobei das geltende Staatsvertragsrecht selbstverständlich vorbehalten bleibt. Von vorrangiger Bedeutung sind sodann **verschiedene Haager Übereinkommen** über die internationale Zivilrechtshilfe, so namentlich das Haager Übereinkommen betreffend Zivilprozessrecht vom 1.3.1954 (SR 0.274.12), das Haager Übereinkommen über die Zustellung gerichtlicher und aussergerichtlicher Schriftstücke im Ausland in Zivil- und Handelssachen vom 15. November 1965 (SR 0.274.131) und das Haager Übereinkommen über die Beweisaufnahme im Ausland in Zivil- und Handelssachen vom 18. März 1970 (HBewUe; SR 0.274.132), welche der Regelung von Art. 11 IPRG vorgehen (Art. 1 Abs. 2 IPRG).

146 Das Lauterkeitsrecht wirft **grundsätzlich keine besonderen Fragestellungen** der internationalen Rechtshilfe auf. Entsprechend sei hier auf die allgemeine Literatur zur internationalen Rechtshilfe in Zivilsachen verwiesen[351]. Gewisse Probleme können sich indes und allenfalls mit Blick auf den Schutz von **Geschäftsgeheimnissen** ergeben. Dieser ist in der Schweiz namentlich im UWG (Art. 4 lit. c und Art. 6) und in Spezialgesetzen (z.B. Art. 47 BankG) verankert. Aufgrund der Partei- und Publikumsöffentlichkeit des Verfahrens drohen Geschäftsgeheimnisse in einem Zivilprozess publik zu werden. Das Zivilprozessrecht begegnet dieser Gefahr grundsätzlich auf zwei Wegen: Zum einen sieht es teilweise (Zeugnis-, Editions-) Verweigerungsrechte vor. Zum anderen werden die Gerichte für gewöhnlich verpflichtet, mit Geheimnissen möglichst schonend umzugehen (z.B. Abdecken von Urkunden).

147 Diesbezügliche Schutzmechanismen bestehen auch im internationalen Rechtsverkehr. Hinzuweisen ist zunächst auf **Art. 11 HBewUe.** Soll zugunsten eines ausländischen Erkenntnisverfahrens in der Schweiz eine Person einvernommen oder diese zur Herausgabe von Dokumenten verpflichtet werden, so kann sich diese auf sämtliche Aussageverweigerungsrechte oder Aussageverbote berufen, wie sie das Recht am (ausländischen) Prozessort und das anwendbare Schweizer Prozessrecht vorsehen. Soweit etwa das einschlägige kantonale Prozessrecht das Bankgeheimnis nicht einschränkt (vgl. Art. 47 Ziff. 4 BankG), vermag dieses folglich auch im internationalen Rechtsverkehr durchzudringen.

148 Von Bedeutung erscheint sodann die auslegende Erklärung der Schweiz zu **Art. 23 HBewUe.** Sie bezieht sich auf sog. **«pre-trial-discovery»-Verfahren,** wie sie das Recht der Common-Law-Staaten vorsieht[352]. Sie betreffen den Zeitraum zwischen der Einreichung der Klage und der Hauptverhandlung. Danach sind die Parteien gehalten, für den Prozess relevante Informationen herauszugeben. Zu beachten ist, dass sich das Verfahren grundsätzlich ohne Beisein des Gerichts abspielt und dass der Begriff der relevanten Informationen sehr weit ausgelegt wird. Die Schweiz hat

---

[351] Vgl. statt vieler STAEHELIN/STAEHELIN/GROLIMUND, Zivilprozessrecht, § 19, m.H. auf die einschlägige Lehre.
[352] Weiterführend BGE 132 III 291.

in diesem Zusammenhang die Rechtshilfe nicht gänzlich ausgeschlossen. Jedoch sollen sog. «**fishing expeditions**» verhindert werden, d.h. Rechtshilfeersuchen, die dazu dienen, nach Beweisen zu suchen, ohne dass konkrete Vorstellungen über den damit verbundenen Anspruch oder die Existenz von Beweismitteln bestehen würden. Eine «*fishing expedition*» steht namentlich dort zur Diskussion, wo der Anspruch und die Beweismittel im Rechtshilfeersuchen nicht näher dargelegt werden, sondern allgemein beantragt wird, die betroffene Person habe z.b. sämtliche Bankunterlagen über die Konten bei der Bank X herauszugeben[353]. In diesem Zusammenhang sei auch erwähnt, dass gerade die US-amerikanischen Gerichte dem HBewUe die ausschliessliche Geltung versagen. Trotz Auslandsbelegenheit der Beweismittel werden gegebenenfalls die innerstaatlichen Vorschriften über die Beweisaufnahme angewendet. Dabei wird z.B. die im Ausland ansässige beklagte Partei verpflichtet, an der Beweisaufnahme mitzuwirken. Unterlässt sie dies, kann dies entsprechende Nachteile nach innerstaatlichem Prozessrecht zur Folge haben[354].

Das HBewUe enthält schliesslich keine spezifische Regelung darüber, **wie die Beteiligten** (ausländisches Erkenntnisgericht, beweisführende Partei, Zentralbehörden) **mit** den ihnen im Beweisverfahren **anvertrauten Geheimnissen umzugehen haben.** Hier muss in erster Linie auf die Vorschriften am Prozessort vertraut werden. Zu erwägen wäre allenfalls auch eine analoge Anwendung von Art. 11 HBewUe. Danach könnte z.B. die Herausgabe von Dokumenten verweigert werden, wenn deren angemessener Schutz durch die ausländischen Behörden oder die beweisführende Partei nicht sichergestellt ist.

C. Transnationales Recht gegen den unlauteren Wettbewerb

Literatur

F.-K. BEIER, Hundert Jahre Pariser Verbandsübereinkunft – Ihre Rolle in Vergangenheit, Gegenwart und Zukunft, GRUR Int. 1983, 339 ff.; G. H. K. BODENHAUSEN, Guide to the application of the Paris Convention for the protection of industrial property as revised at Stockholm in 1967, Genf 1968; F. HENNING-BODEWIG, Wirksamer Schutz gegen den unlauteren Wettbewerb nach Art. 10bis der Pariser Verbandsübereinkunft, GRUR Int. 1994, 151 ff.; DIES., Der internationale Schutz gegen unlauteren Wettbewerb, in: G. Schricker/F. Henning-Bodewig (Hrsg.), Neuordnung des Wettbewerbsrechts, 1998/99, 21 ff.; P. JUNG, Die Netiquette – Grundlage eines globalen Rechts gegen den unlauteren Wettbewerb in internationalen Computernetzwerken, GRUR Int. 1998, 841 ff.; R. KNAAK, The Protection of Geographical Indications According to the TRIPs-Agreement, in: F.-K. Beier/G. Schricker (Hrsg.), From GATT to TRIPS, Weinheim 1996, 117 ff.; R. KRASSER, The Protection of Trade Secrets in the TRIPs-Agreement, in: F.-K. Beier/G. Schricker (Hrsg.), From GATT to TRIPS, Weinheim 1996, 216 ff.; G. REGER, Der internationale Schutz gegen unlauteren Wettbewerb und das TRIPS-Übereinkommen, Köln 1999; G. SCHRICKER, Twenty-Five Years of Protection Against Unfair Competition, IIC 26

---

[353] STAEHELIN/STAEHELIN/GROLIMUND, Zivilprozessrecht, § 19 N 39.
[354] Ebenda, N 40.

(1995), 782 ff.; R. H. WEBER, Internationale Harmonisierungsansätze im Lauterkeitsrecht, sic! 1998, 158 ff.

I. Völkerrechtliche Grundlagen des Lauterkeitsrechts

150 Aufgrund von Art. 5 Abs. 4 BV beansprucht das Völkerrecht[355] Vorrang vor dem autonomen schweizerischen Recht. Für das Internationale Lauterkeitsrecht wird dieser Grundsatz noch einfach gesetzlich durch Art. 1 Abs. 2 IPRG bestätigt. Im Folgenden sollen daher die wichtigsten völkerrechtlichen Quellen des schweizerischen Lauterkeitsrechts mit Ausnahme der bereits in anderem Zusammenhang behandelten EMRK (N 61 f.) und der international-zivilverfahrensrechtlichen Staatsverträge (N 99 f.) kurz vorgestellt werden.

1. Pariser Verbandsübereinkunft (PVÜ)

151 Der Pariser Verbandsübereinkunft zum Schutz des gewerblichen Eigentums (PVÜ) vom 20. März **1883** (SR 0.232.01 bis 04; auszugsweise abgedruckt im Anhang III Nr. 1) gehören inzwischen mehr als 100 Staaten an, wobei allerdings ab 1925 nicht alle Staaten wie die Schweiz die **unterschiedlichen Neufassungen** der Übereinkunft ratifiziert haben. So gilt die aktuelle Stockholmer Version von 1967 (Inkrafttreten in der Schweiz 1970) zwar für die allermeisten Verbandsländer[356], doch bleiben die Haager[357], Londoner[358] und Lissabonner[359] Fassungen für die Beziehungen der Schweiz gegenüber einigen Staaten relevant. Zielte die seit 1970 vom Internationalen Büro der World Intellectual Property Organization (WIPO) in Genf verwaltete PVÜ ursprünglich vor allem auf die Gewährleistung eines effektiven internationalen Patentschutzes, hat sie sich insbesondere auch auf französisches Betreiben hin seit 1900 zur wichtigsten Grundlage für das internationale Lauterkeitsrecht entwickelt.

152 Mit der sog. Brüsseler Fassung von 1900 wurde der die PVÜ prägende Grundsatz der Inländerbehandlung (Art. 2 PVÜ) nämlich mit Einführung von Art. 10bis PVÜ auch auf das Lauterkeitsrecht erstreckt und 1911 (sog. Washingtoner Fassung) in seine heutige Fassung (jetzt Art. 10bis Abs. 1) gebracht. Mit der sog. Haager Fassung von 1925 wurde erstmals der Begriff des unlauteren Wettbewerbs in **Art. 10bis Abs. 2**[360] allgemein definiert und in **Art. 10bis Abs. 3** durch zwei Sondertatbestände

---

[355] Zu den Rechtsquellen des Völkerrechts vgl. Art. 38 IGH-Statut.
[356] Siehe dazu die aktuelle Geltungsbereichstabelle im Anhang zu SR 0.232.04.
[357] Relevanz für die Dominikanische Republik.
[358] Relevanz für den Libanon, Neuseeland und Sri Lanka.
[359] Relevanz für Argentinien, Bahamas, Malta, Nigeria, Philippinen, Sambia und Tansania.
[360] Die Vorschrift lautet in ihrer aktuellen sog. Stockholmer Fassung von 1967 (SR 0.232.04): *«Unlauterer Wettbewerb ist jede Wettbewerbshandlung, die den anständigen Gepflogenheiten in Gewerbe oder Handel zuwiderläuft.»*

zur Verwechslung (Nr. 1) und Herabsetzung (Nr. 2) konkretisiert. 1934 erfolgte mit der sog. Londoner Fassung noch eine Erweiterung von Art. 10bis Abs. 3 um einen Irreführungstatbestand (Nr. 3). Seit 1925[361] verpflichtet **Art. 10ter** PVÜ die Verbandsländer zudem dazu, den Angehörigen der anderen Verbandsländer einen effektiven lauterkeitsrechtlichen Rechtsschutz unter Einschluss der Wirtschaftsverbandsklage zu gewähren. Von lauterkeitsrechtlicher Bedeutung ist schliesslich noch **Art. 8 PVÜ**, der für Handelsnamen unabhängig von ihrer Hinterlegung oder Eintragung bzw. ihrem Schutz als Teil einer Fabrik- oder Handelsmarke einen eigenständigen Schutz in allen Verbandsländern etabliert[362].

Art. 10bis PVÜ, der in Abs. 2 und Abs. 3 gewisse Mindeststandards im Lauterkeitsrecht vorsieht und eher dem geschäftsmoralischen als dem funktionalen lauterkeitsrechtlichen Ansatz folgt (zu diesen Ansätzen generell Art. 1 N 9 ff.), ist in allen Verbandsländern und mithin auch in der Schweiz **unmittelbar anwendbar**. Praktisch wichtiger ist jedoch der Grundsatz der Inländerbehandlung nach Art. 2 PVÜ i.V.m. Art. 10bis Abs. 1, da hiermit der zumindest mit den Vorgaben von Art. 10bis PVÜ gleichwertige und zumeist weitergehende Schutz des **UWG** (z.B. im Bereich des ergänzenden lauterkeitsrechtlichen Leistungsschutzes) auch auf die Staatsangehörigen der übrigen Verbandsstaaten **erstreckt wird**.

2. Agreement on Trade-Related Aspects of Intellectual Property Rights (TRIPS)

Das Abkommen über handelsbezogene Aspekte der Rechte an geistigem Eigentum (TRIPS) wurde am 15. April **1994** als Teil der WTO-Verträge geschlossen (SR 0.632.20 Anhang 1C; auszugsweise abgedruckt im Anhang III Nr. 2). Noch stärker als die PVÜ ist das TRIPS mit seinen Grundsätzen der Inländerbehandlung (Art. 3) und Meistbegünstigung (Art. 4) dem Immaterialgüterschutz verpflichtet. So gilt der Verweis auf die Art. 1 bis 12 und 19 PVÜ in Art. 2 Abs. 1 TRIPS nur für den in den Teilen II, III und IV niedergelegten Schutz des geistigen Eigentums und nicht den lauteren und unverfälschten Wettbewerb insgesamt[363]. Dennoch finden sich im TRIPS auch **einzelne lauterkeitsrechtlich relevante Sonderregelungen**, die sich inhaltlich an der PVÜ ausrichten.

So sollen die Mitgliedstaaten nach **Art. 22** Abs. 2 lit. a TRIPS sicherstellen, dass jede **Benutzung geographischer Angaben** i.S.v. Art. 22 Abs. 1 TRIPS in der Bezeichnung oder Aufmachung einer Ware, die zur Irreführung des Publikums über die Herkunft oder den Ursprung einer Ware geeignet ist, durch effektive rechtliche

---

[361] Art. 10ter wurde durch die Haager Fassung in die PVÜ eingefügt; der Wortlaut der Norm wurde im Rahmen der Londoner Fassung geringfügig modifiziert (BODENHAUSEN, Guide, Art. 10ter N a).
[362] Siehe dazu BGE 114 II 106 («CeBIT»), BGE 91 II 117 («Carl-Zeiss»).
[363] Für den Schutz von blossen Handelsnamen durch das TRIPS aufgrund des ausdrücklichen Verweises von Art. 2 Abs. 1 TRIPS auf Art. 8 PVÜ allerdings Appellate Body (2001/7) vom 2.1.2002, WT/DS176/AB/R, N 320 ff. («Havana Club»).

Mittel verboten werden kann³⁶⁴. Gleiches gilt nach Art. 22 Abs. 2 lit. b TRIPS für jede Benutzung, die eine unlautere Wettbewerbshandlung i.S.v. Art. 10ᵇⁱˢ PVÜ 1967 darstellt, so dass neben der Irreführung insbesondere auch die Rufausbeutung und Herabsetzung erfasst werden³⁶⁵. Weine und Spirituosen erfahren dabei nach **Art. 23 TRIPS** noch einen erweiterten Schutz, da bei ihnen die Verwendung unzutreffender geographischer Angaben in den Mitgliedstaaten auch dann verboten werden können muss, wenn eine Irreführungsgefahr durch sog. delokalisierende Zusätze (dazu Art. 3 lit. b N 39) eigentlich ausgeschlossen ist. Art. 24 TRIPS enthält ergänzende Verfahrens- und Ausnahmeregelungen.

156 Lauterkeitsrechtlich bedeutsam (vgl. auch Art. 4 lit. c, Art. 6 UWG) ist schliesslich die in **Art. 39 Abs. 2** TRIPS getroffene Regelung zum **Schutz von Unternehmensgeheimnissen,** wonach die Mitgliedstaaten dafür Sorge tragen müssen, dass geheime Informationen nicht unlauter wie z.B. durch Vertragsbruch, Vertrauensbruch und Verleitung gegenüber Dritten offenbart, von diesen erworben oder benutzt werden³⁶⁶. Die PVÜ erfasst diesen Tatbestand nur über die Generalklausel von Art. 10ᵇⁱˢ Abs. 2 PVÜ.

157 Die Regelungen des TRIPS verpflichten in jedem Fall die Mitgliedstaaten zur Einführung bzw. Beibehaltung entsprechender effektiver Schutzvorschriften. Sie sind zudem im Rahmen der **völkerrechtskonformen Auslegung** des schweizerischen Lauterkeitsrechts zu berücksichtigen. Die Art. 22 ff. und 39 TRIPS sind schliesslich derart detailliert, dass sie auch direkt angerufen werden können. Die **unmittelbare Anwendung** des TRIPS ist jedoch nicht unbestritten³⁶⁷ und hat in der Schweiz angesichts der bestehenden Schutzregelungen in Art. 3 lit. b UWG, Art. 47 ff. MSchG und weiteren Sondererlassen³⁶⁸ sowie in Art. 4 lit. c und Art. 6 UWG derzeit keine praktische Bedeutung.

3. Übereinkommen im Rahmen der WTO

158 Sofern der Absatz ausländischer Erzeugnisse durch eine formal oder auch nur faktisch diskriminierende lauterkeitsrechtliche Regelung behindert wird, liegt ein Verstoss gegen den Grundsatz der Inländerbehandlung nach **Art. III:4 GATT 1947/1994** vor (sog. nichttarifäres Handelshemmnis). Dieser Verstoss ist allerdings nach Art. XX (d) GATT 1947/1994 insbesondere dann gerechtfertigt, wenn die

---

³⁶⁴ Näher REGER, 174 ff.
³⁶⁵ Näher REGER, 176 f.
³⁶⁶ Näher REGER, 252 f. und 256 ff.
³⁶⁷ Vgl. zur direkten Anwendbarkeit von Art. 9 und 13 TRIPS in Deutschland BGH NJW 1999, 1953, 1958 («Kopienversanddienst») und grds. eine solche befürwortend auch REGER, 82 ff.; eine direkte Anwendung des TRIPS grundsätzlich ablehnend, wenngleich hinsichtlich von Art. 50 Abs. 6 TRIPS differenzierend EuGH Rs. C-300/98 und Rs. 392/98, Slg. 2000, I-11307 N 41 ff. («Dior»); eine direkte Anwendung der Art. I und XIII GATT 1994 ablehnend EuGH Rs C-307/99, Slg. 2001, I-3159 N 22 ff. («OGT Fruchthandelsgesellschaft»).
³⁶⁸ Näher Art. 3 lit. b N 34 ff.

Regelung dem Schutz von Immaterialgüterrechten oder der Verhinderung von Irreführungen dient und im Übrigen kein Mittel zur willkürlichen oder ungerechtfertigten Diskriminierung oder eine verschleierte Beschränkung im internationalen Handel darstellt. Ähnliches ergibt sich aus den Sonderregelungen über Ursprungsbezeichnungen in **Art. IX GATT** 1947/1994 und über technische Handelshemmnisse in **Art. 2 Abs. 1 und 2 ÜTBT**. Der Grundsatz der Inländerbehandlung gilt schliesslich auch für die grenzüberschreitende Erbringung von Dienstleistungen in den in der Liste des betreffenden Mitgliedstaats aufgeführten Sektoren unter den darin festgelegten Bedingungen und Vorbehalten (**Art. XVII GATS**).

4. Bilaterale Staatsverträge

Bilaterale Staatsverträge mit Bedeutung für das Lauterkeitsrecht hat die Schweiz insbesondere zum Schutz von **Herkunftsbezeichnungen** abgeschlossen (näher Art. 3 lit. b N 34 ff.). Das Freihandelsabkommen Schweiz/EWG von 1972 (**FHA**)[369] verbietet wie das GATT 1947/1994 (N 158) grundsätzlich alle Massnahmen, die wie mengenmässige Ein- oder Ausfuhrbeschränkungen wirken (Art. 13, 13A, 20 FHA). Es enthält zudem in Art. 23 FHA ein Verbot von Kartellen und wettbewerbsverfälschenden staatlichen Beihilfen sowie das Verbot, eine marktbeherrschende Stellung missbräuchlich auszunutzen.

159

II. Transnationales Soft Law

Der **ICC Code** of Advertising and Marketing Communication Practice (sog. ICC-Code) der Internationalen Handelskammer in Paris (ICC) gehört zu den ältesten internationalen Selbstregulierungsakten[370]. Er bildete auch das Vorbild für die der Selbstkontrolle der schweizerischen Werbewirtschaft dienenden SLK-Grundsätze zur Lauterkeit in der kommerziellen Kommunikation (N 78). Das Internationale Büro der World Intellectual Property Organization (**WIPO**) hat 1996 «Model Provisions on Protection Against Unfair Competition» veröffentlicht[371], die einerseits mit ihren detaillierten Vorschriften die nach Art. 10bis der PVÜ bestehenden Verpflichtungen der Verbandsländer konkretisieren sollen, andererseits aber auch über diese hinausgehen, da sie auf das nach Art. 10bis PVÜ noch vorausgesetzte Wettbewerbsverhältnis verzichten und konsumentenschützende Regelungen enthalten[372]. Die Öffentlichkeitsarbeit (**Public Relations**) ist Gegenstand mehrerer

160

---

[369] Abkommen zwischen der Schweizerischen Eidgenossenschaft und der Europäischen Wirtschaftsgemeinschaft vom 22. Juli 1972 (SR 0.632.401).
[370] Der erste ICC-Kodex (Code of Advertising Practice) wurde 1937 von der IHK veröffentlicht.
[371] WIPO-Publikation Nr. 832.
[372] HENNING-BODEWIG, Der internationale Schutz gegen unlauteren Wettbewerb, 21, 39.

Verhaltenskodizes, die von internationalen Verbänden herausgegeben wurden[373]. Für das Verhalten im Internet hat sich eine sog. **Netiquette** mit unverbindlichen Verhaltensmassstäben, Gebräuchen und Ratschlägen herausgebildet, die etwa mit dem Verbot der unaufgeforderten Versendung von Werbung, dem Gebot der Trennung von Sachaussage und Werbung oder dem Herabsetzungsverbot teilweise auch lauterkeitsrechtlichen Gehalt aufweist[374].

D. Supranationales Lauterkeitsrecht der EU

Literatur

H.-J. AHRENS, Das Herkunftslandprinzip in der E-Commerce-Richtlinie, CR 2000, 835 ff.; S. AUGENHOFER (Hrsg.), Die Europäisierung des Kartell- und Lauterkeitsrechts, Tübingen 2009; A. BEATER, Europäisches Recht gegen unlauteren Wettbewerb – Ansatzpunkte, Grundlagen, Entwicklungen, Erforderlichkeit, ZEuP 2003, 11 ff.; N. DETHLOFF, Europäisierung des Wettbewerbsrechts – Einfluss des europäischen Rechts auf das Sach- und Kollisionsrecht des unlauteren Wettbewerbs, Tübingen 2001; DIES., Europäisches Kollisionsrecht des unlauteren Wettbewerbs, JZ 2000, 179 ff.; W. DRASCH, Das Herkunftslandprinzip im internationalen Privatrecht: Auswirkungen des europäischen Binnenmarktes auf Vertrags- und Wettbewerbsstatut, Baden-Baden 1997; A. DRÖGE, Lauterkeitsrechtliche Generalklauseln im Vergleich, Frankfurt/M. 2007; B. DUTOIT, Convergence et Divergence des droits nationaux de la concurrence déloyale dans la CEE, in: B. Dutoit (Hrsg.), Un droit européen de la concurrence déloyale en formation? Acte du colloque de Lausanne, Genf 1994, 97 ff.; H. GAMERITH, Neue Herausforderungen für ein europäisches Wettbewerbsrecht, WRP 2003, 143 ff.; S. GIERSCHMANN, Die E-Commerce-Richtlinie, DB 2000, 1315 ff.; J. GLÖCKNER, Europäisches Lauterkeitsrecht, München 2006; R. GONZENBACH, EG-Richtlinien im Bereich des Lauterkeitsrechts aus schweizerischer Sicht, AJP 1992, 1367 ff.; C. HANDIG, Harmonisierung des Lauterkeitsrechts in der EU, Wien 2006; F. HENNING-BODEWIG, Unfair Competition Law – European Union and Member States, 2006; DIES., Das europäische Wettbewerbsrecht: Eine Zwischenbilanz, GRUR Int. 2002, 389 ff.; DIES., Die Richtlinie 2005/29/EG über unlautere Geschäftspraktiken, GRUR Int. 2005, 629 ff.; R. M. HILTY/F. HENNING-BODEWIG, Law Against Unfair Competition – Towards a New Paradigm in Europe?, Berlin 2007; DIES. (Hrsg.), Lauterkeitsrecht und Acquis communautaire, Berlin 2009; U. HÖSCH, Der Einfluss der Freiheit des Warenverkehrs (Art. 30 EWGV) auf das Recht des unlauteren Wettbewerbs, Frankfurt a.M. 1994; A. HUCKE, Erforderlichkeit einer Harmonisierung des Wettbewerbsrechts in Europa, Baden-Baden 2001; H. KÖHLER/ J. BORNKAMM/F. HENNING-BODEWIG, Vorschlag für eine Richtlinie zum Wettbewerbsrecht und einer UWG-Reform, WRP 2002, 1317 ff.; D. KRIMPHOVE, Europäisches Werberecht, München 2002; M. LEISTNER, Bestand und Entwicklungsperspektiven des Europäischen Lauterkeitsrechts, ZEuP 2009, 56 ff.; T. LETTL, Der lauterkeitsrechtliche Schutz vor irreführender Werbung in Europa, GRUR Int. 2004, 85 ff.; B. LUDWIG, Irreführende und vergleichende Werbung in der europäischen Gemeinschaft, Baden-Baden 1993; G. MÄSCH, Europäisches

---

[373] Zum Athener Kodex betreffend Internationale Grundsätze der Öffentlichkeitsarbeit, zum Kodex von Lissabon (zugleich Verhaltensnormen der SPRG), zu den Internationalen Grundsätzen für ICO-Mitglieder (ICO-Kodex) und zur ICCO Stockholm Charter siehe die Informationen und Downloads unter http://www.sprg.ch.
[374] Näher JUNG, GRUR Int 1998, 841 ff.

Lauterkeitsrecht – von Gesetzen und Würsten, EuR 2005, 625 ff.; C. MARX, Vergleichende Werbung – Wie weit reicht die Harmonisierung?, EWS 2001, 535 ff.; W. MIKLITZ/J. KEßLER, Europäisches Lauterkeitsrecht, GRUR Int. 2002, 885 ff.; B. MÖWES/A.-K. MEIER, Die Revision der EG-Fernsehrichtlinie, Berlin 2008; S. NIEMÖLLER, Das Verbraucherleitbild in der deutschen und europäischen Rechtsprechung, München 1999; A. OHLY, Das Herkunftslandprinzip im Bereich vollständig angeglichenen Wettbewerbsrechts, WRP 2006, 1401; A. PEUKERT, Der Wandel der europäischen Wirtschaftsverfassung im Spiegel des Sekundärrechts – Erläutert am Beispiel des Rechts gegen unlauteren Wettbewerb, ZHR 173 (2009), 536 ff.; G. PERAU, Werbeverbote im Gemeinschaftsrecht. Gemeinschaftsrechtliche Grenzen nationaler und gemeinschaftsrechtlicher Werbebeschränkungen, Baden-Baden 1997; U. REESE, Grenzüberschreitende Werbung in der Europäischen Gemeinschaft, München 1994; P. REMY-CORLAY, La directive 2005/29/CE sur les pratiques déloyales, directive d'harmonisation maximale, RTD civ. 2005, 746 f.; M. RITSCHER/S. BEUTLER, Vergleichende Werbung – Die neue EU-Richtlinie im Vergleich mit dem schweizerischen Recht, sic! 1998, 261 ff.; R. SACK, Probleme des neuen schweizerischen UWG im Vergleich mit dem deutschen UWG, in: C. Baudenbacher (Hrsg.), Das UWG auf neuer Grundlage, Bern 1989, 113 ff.; W. SCHLUEP, Die Europaverträglichkeit des schweizerischen Lauterkeitsrechts, in: B. Dutoit (Hrsg.), Un droit européen de la concurrence déloyale en formation? Acte du colloque de Lausanne, Genf 1994, 67 ff.; V. SCHMITZ, Die kommerzielle Kommunikation im Binnenmarkt im Lichte der neueren Rechtsprechung zur Warenverkehrsfreiheit, Baden-Baden 2000; G. SCHRICKER, Probleme der europäischen Angleichung des Rechts des unlauteren Wettbewerbs, in: H. Bernstein/U. Drobnig/H. Kötz (Hrsg.), Festschrift für Konrad Zweigert zum 70. Geburtstag, Tübingen 1981, 537 ff.; G. SCHRICKER/ F. HENNING-BODEWIG, Elemente einer Harmonisierung des Rechts des unlauteren Wettbewerbs in der europäischen Union, WRP 2001, 1367 ff.; E. STEINDORF, Unlauterer Wettbewerb im System des EG-Rechts, WRP 1993, 139 ff.; V. TRUCHET, Le concept du «consommateur informé» en droit européen, Bern/Zürich 2000; S. VIGNERON-MAGGIO-APRILE, L'information des consommateurs en droit européen et en droit suisse de la consommation, Zürich 2006; A. WEINAND, Europarecht und Recht gegen den unlauteren Wettbewerb. Entwicklung und Harmonisierung des Rechts gegen den unlauteren Wettbewerb im EG-Rechtssystem, Baden-Baden 1998; S. WIRTH, Vergleichende Werbung in der Schweiz, den USA und der EG, Zürich 1993.

I. Primäres EU-Lauterkeitsrecht

1. Zielvorgaben und Kompetenzgrundlagen

Nach der Überführung der Europäischen Gemeinschaft (EG) in die Europäische Union (EU) durch den am 1.12.2009 in Kraft getretenen Vertrag von Lissabon gehört das frühere EG-Lauterkeitsrecht nunmehr zum Recht der EU. Da die lauterkeitsrechtlichen EU-Regelungen der Verwirklichung des Binnenmarkts und der in ihm geltenden Grundfreiheiten dienen (Art. 26 ff. AEUV), haben sie zugleich Bedeutung für die Mitgliedstaaten des **EWR** (Art. 1, 4, 7 und 8 ff EWR-Abkommen). Nach der Präambel des Vertrags über die Arbeitsweise der Europäischen Union (AEUV) gehört es zu den Zielen der EU, einen **redlichen** Wettbewerb in dem von den EU-Mitgliedstaaten gebildeten Binnenmarkt zu gewährleisten. Der bislang nach Art. 3 Abs. 1 lit. g EGV zu den Tätigkeiten der EG zählende Schutz eines **unverfälschten** Wettbewerbs findet nach längeren

161

Debatten jedoch bewusst nur noch in einem Protokoll zum EUV und AEUV «Über den Binnenmarkt und den Wettbewerb»[375] Erwähnung. Demgegenüber ist in der Präambel sowie in Art. 1 Abs. 1 und Abs. 2 lit. e EWR-Abkommen für den EWR ausdrücklich nur vom Schutz des Wettbewerbs gegen Verfälschungen die Rede. In EUV und AEUV finden sich jedoch im Gegensatz zum Kartellrecht (Art. 101 ff. AEUV) weder eine spezifische primärrechtliche Regelung noch eine ausdrückliche Kompetenzgrundlage für den Erlass sekundären EU-Lauterkeitsrechts[376]. Ende der 60er und Anfang der 70er Jahre des letzten Jahrhunderts scheiterte zudem das Vorhaben, durch einen Staatsvertrag der Mitgliedstaaten ein detailliertes Lauterkeitsrecht in Kraft zu setzen[377]. Die **fehlende eigenständige Rechtsgrundlage** ist neben der im Vergleich zum Kartellrecht stärker nationalen Prägung des Lauterkeitsrechts und der eher national begrenzten Auswirkungen unlauteren Wettbewerbsverhaltens der Grund für die jahrelange relative Vernachlässigung des Lauterkeitsrechts in der EU-Rechtsetzung. Der Umstand trug zudem zur **Zersplitterung** des Lauterkeitsrechts bei. Lauterkeitsrechtliche Fragen wurden nämlich hauptsächlich im Zusammenhang mit verbraucherschutz-[378], gesundheitsschutz-[379], datenschutz-[380], immaterialgüterschutz-[381] und medienrechtlichen[382] Regelungsanliegen aufgegriffen. In den letzten Jahren ist das Lauterkeitsrecht jedoch mehr und mehr in den Blickwinkel der EG (jetzt EU) geraten, da einerseits die grenzüberschreitenden Aktivitäten der Konsumenten zugenommen haben und andererseits die Unternehmen nach einer möglichst einheitlichen Absatzstrategie für den gesamten Binnenmarkt streben[383]. Diese Entwicklungen

---

[375] ABl. C 306 vom 17.12.2007, 156; zur Bedeutung dieser Veränderung für das EU-Lauterkeitsrecht Peukert, ZHR 173 (2009) 536 ff.
[376] Die nach Art. 3 Abs. 1 lit. b AEUV zu den ausschliesslichen Zuständigkeiten der EU gehörende Festlegung der für das Funktionieren des Binnenmarkts erforderlichen Wettbewerbsregeln zielt auf das in den Art. 101 ff. AEUV unter dem Titel «Wettbewerbsregeln» primärrechtlich geregelte Kartell- und Beihilferecht; auch der bis 2002 geltende Art. 60 § 1 EGKSV enthielt zwar ein Verbot von «Praktiken unlauteren Wettbewerbs», zielte damit aber in Wahrheit auf unzulässige kartellrechtliche Praktiken zur Erlangung einer Monopolstellung.
[377] Dazu etwa Glöckner, in: Harte-Bavendamm/Henning-Bodewig, UWG, Einl. B N 7 f.
[378] Richtlinien (genaue Nachweise in N 167) 79/581/EWG (Preisangabe), 84/450/EWG (Irreführung; jetzt kodifiziert durch RL 2006/114/EG), 88/314/EWG (Preisangabe), 95/58/EG (Preisangabe), 97/7/EG (Fernabsatz), 97/55/EG (vergleichende Werbung; jetzt kodifiziert durch RL 2006/114/EG), 98/6/EG (Preisangabe), 98/27/EG (Unterlassungsklagen), 2000/13/EG (Etikettierung), 2000/31/EG (E-Commerce), 2002/65/EG (Fernabsatz von Finanzdienstleistungen), 2005/29/EG (unlautere Geschäftspraktiken).
[379] Richtlinien (genaue Nachweise in N 167 f.) 76/768/EWG (Kosmetika), 2001/83/EG (Humanarzneimittel) sowie Verordnung (EG) Nr. 1924/2006 (Lebensmitteletikettierung).
[380] Richtlinie 2002/58/EG (genauer Nachweis in N 167).
[381] Richtlinie 2004/48/EG und VO (EG) Nr. 40/94 (genauere Nachweise in N 167 f.); zum Verhältnis von supranationalem Immaterialgüter- und (nationalem) Lauterkeitsrecht Kur, GRUR Int. 1998, 771, 773 ff.
[382] Richtlinie 89/552/EWG (Fernsehtätigkeit), inzwischen ersetzt durch RL 2007/65/EG (genaue Nachweise in N 167).
[383] Zur wachsenden Bedeutung des supranationalen Lauterkeitsrechts auch Beater, Unlauterer Wettbewerb, § 5 N 5 f.

erleichtern auch die Rechtfertigung eines ggf. sogar die Vollharmonisierung anstrebenden Tätigwerdens der EU vor dem Hintergrund des Subsidiaritäts- und Verhältnismässigkeitsprinzips (Art. 5 EUV sowie das Protokoll über die Anwendung der Grundsätze der Subsidiarität und der Verhältnismäßigkeit, zuletzt geändert am 13.12.2007 durch den Vertrag von Lissabon, ABl. C 306 vom 17.12.2007, 150 ff.)[384].

2. Grundfreiheiten

Massgebliche Bedeutung für das Lauterkeitsrecht haben die bereits im Primärrecht verankerten Grundfreiheiten erlangt[385]. Unterschiedliche nationale Vorstellungen über lauteren Wettbewerb können sich nämlich auch dann als Hindernis für den freien Waren- oder Dienstleistungsverkehr und damit als eine sog. Massnahme gleicher Wirkung (Art. 34 AEUV) bzw. als sonstige Beschränkung (Art. 56 AEUV) erweisen, wenn sie unterschiedslos für aus- wie inländische Waren oder Dienstleistungen gelten. Sofern derartige Beschränkungen nicht gerechtfertigt sind, kann sich ein Marktteilnehmer aus einem anderen EWR-Mitgliedstaat mit dem Ergebnis auf die Grundfreiheit berufen, dass die beschränkende lauterkeitsrechtliche Regelung für ihn bzw. die von ihm angebotene Leistung nicht gilt, während sie bei blossen Inlandssachverhalten anwendbar bleibt (Problem der sog. Inländerdiskriminierung).

162

a) Warenverkehrsfreiheit

Der EuGH hatte sich in mehreren Entscheidungen zur Warenverkehrsfreiheit (Art. 34 AEUV, bis 30.11.2009 Art. 28 und bis 1999 Art. 30 EGV) mit der eingangs erwähnten Problematik auseinanderzusetzen, wobei er zunächst in den Entscheidungen Dassonville[386] und Cassis de Dijon[387] von einem sehr weiten Anwendungsbereich der Warenverkehrsfreiheit ausging[388], diesen später dann jedoch durch die Entscheidung **Keck** und Mithouard[389] wieder einschränkte. Seither fallen nur noch sog. produktbezogene Regelungen unter Art. 34 ff. AEUV (z.B. Bezeichnung, Form,

163

---

[384] Siehe dazu etwa Erw. 11 ff. RL 2005/29/EG.
[385] Siehe dazu auch die in Art. 4 RL 2005/29/EG enthaltene sog. Binnenmarktklausel (zu ihrer umstrittenen Auslegung eingehend BRÖMMELMEYER, GRUR 2007, 295, 299 ff.).
[386] EuGH Rs. 8/74, Slg. 1974, 837 («Dassonville»).
[387] EuGH Rs. 120/78, Slg. 1979, 649 («Cassis de Dijon»).
[388] Nach der sog. Dassonville-Formel (EuGH Rs. 8/74, Slg. 1974, 837 N 5 – «Dassonville») war jede Handelsregelung der Mitgliedstaaten, die geeignet war, den innergemeinschaftlichen Handel unmittelbar oder mittelbar, tatsächlich oder potentiell zu behindern, als Massnahme mit gleicher Wirkung wie eine mengenmässige Beschränkung anzusehen.
[389] EuGH Rs C-267/91 und Rs. 268/91, Slg. 1993, I-6097 N 15 f. («Keck und Mithouard»).

Zusammensetzung, Verpackung, Etikettierung)[390]. Vom Geltungsbereich der Warenverkehrsfreiheit sind hingegen diejenigen nationalen Vorschriften ausgenommen, die lediglich «bestimmte Verkaufsmodalitäten» beschränken und verbieten (z.B. Ladenöffnungszeiten, Preise, Rabatte)[391], sofern diese keine diskriminierende Wirkung haben, weil sie für alle im Inland tätigen Wirtschaftsteilnehmer gelten und die gleichen rechtlichen und tatsächlichen Auswirkungen auf inländische Waren und solche aus anderen Mitgliedstaaten haben.

164 Eine von Art. 34 AEUV erfasste nicht diskriminierende Massnahme gleicher Wirkung ist nach der sog. Cassis-de-Dijon-Formel nur **hinzunehmen, soweit** sie notwendig ist, um **zwingenden Erfordernissen**, wie insbesondere den Erfordernissen einer wirksamen steuerlichen Kontrolle, der öffentlichen Gesundheit, der Lauterkeit des Handelsverkehrs und des Verbraucherschutzes, gerecht zu werden[392]. Die zwingenden Erfordernisse begründen dabei bereits eine teleologische Reduktion des Tatbestandes von Art. 34 AEUV (bis 30.11.2009 Art. 28 und bis 1999 Art. 30 EGV) und nicht erst eine erweiterte Rechtfertigung nach Art. 36 AEUV (bis 30.9.2009 Art. 30 und bis 1999 Art. 36 EGV). Nach Art. 4 RL 2005/29/EG können die Mitgliedstaaten im Regelungsbereich der Richtlinie über unlautere Geschäftspraktiken allerdings keine über die grundsätzlich als Höchststandard konzipierten Regelungen der Richtlinie hinausgehenden Regelungen mehr aufrechterhalten oder einführen, sofern diese nicht durch Gründe i.S.v. **Art. 36 AEUV** gerechtfertigt sind (N 171). Offene und indirekte bzw. versteckte Diskriminierungen sind ohnehin unzulässig, sofern sie nicht ausnahmsweise unter den sehr strengen Voraussetzungen von Art. 36 AEUV gerechtfertigt werden können.

---

[390] Beispiele für eine derartige Regelung finden sich in: EuGH Rs. 120/78, Slg. 1979, 649 («Cassis de Dijon»): Festsetzung eines Mindestweingeistgehalts für Trinkbranntweine; EuGH Rs. C-315/92, Slg. 1994, I-317 («Clinique»): Verkauf eines kosmetischen Produkts unter der allenfalls irreführenden Bezeichnung «Clinique»; EuGH Rs. C-368/95, Slg. 1997, I-3689 N 18, 25 f. («Familiapress»): Verbot des Verkaufs von Druckwerken, die Gewinnspiele oder Preisausschreiben enthalten.

[391] Beispiele für derartige Regelungen finden sich in: EuGH Rs. C-267/91 und Rs. 268/91, Slg. 1993, I-6097 («Keck und Mithouard»): Verbot des Verkaufs von Waren unter Einstandspreis; EuGH Rs. C-292/92, Slg. 1993, I-6787 («Hünermund»): berufsständisches Werbeverbot für Apotheker; EuGH Rs. C-391/92, Slg. 1995, I-1621 («Kommission/Griechenland»): Beschränkung des Verkaufs von verarbeiteter Säuglingsmilch auf Apotheken.

[392] Beispiele aus der Rechtsprechung sind: EuGH Rs. C-368/95, Slg. 1997, I-3689 N 18 ff. («Familiapress»): Rechtfertigung des Verbots des Verkaufs von Gewinnspiele oder Preisausschreiben enthaltenden Druckwerken mit dem Schutz der Medienvielfalt; EuGH Rs. 6/81, Slg. 1982, 707 N 9 ff. («Industrie Diensten Groep»): Rechtfertigung des Verbots sklavischer Nachahmung mit dem Schutz der Verbraucher vor Verwechslungsgefahren und der Förderung der Lauterkeit des Handelsverkehrs; EuGH Rs. C-33/97, Slg. 1999, I-3175 N 35 ff. («Colim»): Rechtfertigung von Regelungen, wonach Produktinformationen in der Landessprache abzufassen sind, mit Gesichtspunkten des Verbraucherschutzes; EuGH Rs. C-313/94, Slg. 1996, I-6039 N 24 («Graffione»): Möglichkeit der Rechtfertigung von Handelshemmnissen durch hinreichend schwerwiegende Irreführungsgefahren für die Verbraucher.

b) Dienstleistungsfreiheit

Lauterkeitsrechtliche Regelungen können sich zudem als Beschränkungen der Dienstleistungsfreiheit (Art. 56 AEUV, bis 30.11.2009 Art. 49 und bis 1999 Art. 59 EGV) erweisen. Beschränkend sind nämlich alle Massnahmen, die eine zwischenstaatliche und nicht hoheitliche **Dienstleistungserbringung** unterbinden, behindern oder **weniger attraktiv** machen und mithin abschreckende Wirkung entfalten[393], wobei diese sowohl vom Aufnahmestaat wie vom Herkunftsstaat der Dienstleistung herrühren können[394]. Es ist fraglich und umstritten, ob und wie der Gedanke der **Keck-Rechtsprechung** zur Warenverkehrsfreiheit auch auf die Dienstleistungsfreiheit übertragen werden kann[395]. Der EuGH hat sich hierzu bislang nicht ausdrücklich geäussert und in problematischen Fällen jedenfalls eine Beschränkung der Dienstleistungsfreiheit angenommen[396]. Im Falle einer Übertragung, für die die Konvergenz der Grundfreiheitendogmatik spräche, wären alle Regelungen von Dienstleistungsmodalitäten, die die Erbringung von Dienstleistungen durch Inländer und Ausländer im Inland rechtlich wie tatsächlich in der gleichen Weise berühren und daher den Marktzugang nicht beeinträchtigen, nicht als Beschränkungen der Dienstleistungsfreiheit anzusehen[397]. Zu den **produktbezogenen Vorschriften** wären hier nicht nur die auf den Vertragsinhalt bezogenen Vorschriften, sondern auch die bestimmte Verhaltensweisen vorschreibenden Regelungen (z.b. Aufklärungspflichten) zu zählen. Zu den vertriebsbezogenen Regelungen dürften etwa die Regelungen zum Fernabsatz oder zum Haustürvertrieb von Finanzdienstleistungsprodukten sowie die allgemeinen Rahmenbedingungen der Tätigkeit (z.B. Arbeits- und Sozialrecht) gehören.

165

Nicht diskriminierende Beschränkungen der Dienstleistungsfreiheit sind aufgrund einer teleologischen Reduktion des Tatbestands dann zulässig, wenn sie aus zwingenden Gründen des **Allgemeinwohls** wie insbesondere des Verbraucherschutzes **erforderlich** sind[398]. Rein wirtschaftliche Überlegungen wie namentlich der Schutz inländischer Unternehmen sind allerdings keine hinreichenden Allgemeininteressen[399]. Offene und indirekte bzw. versteckte Diskriminierungen können nach **Art. 62 i.V.m. Art. 52 AEUV** nur aus Gründen der öffentlichen Ordnung, Sicher-

166

---

[393] Siehe zum weiten Begriff der Beschränkung nur EuGH Rs C-222/95, Slg. 1997, I-3899, N 18 («Parodi») und EuGH Rs 205/84, Slg. 1986, 3755, N 25 («Kommission/Deutschland»).
[394] EuGH Rs C-384/93, Slg. 1995, I-1141, N 30 («Alpine Investments»).
[395] Befürwortend etwa W. H. ROTH, in: H. Honsell (Hrsg.), VVG, Europ. VersR, N 22 ff.; ablehnend etwa TIEDJE/TROBERG, in: von der Groeben/Schwarze, Kommentar EU-/EG-Vertrag, Art. 49 EG N 102.
[396] EuGH Rs C-384/93, Slg. 1995, I-1141, N 39 («Alpine Investments»).
[397] Vgl. dazu EuGH Rs C-384/93, Slg. 1995, I-1141, N 33 ff. («Alpine Investments»); KORT, JZ 1996, 132, 136 f.
[398] Siehe dazu nur EuGH Rs C-384/93, Slg. 1995, I-1141, N 40 ff. («Alpine Investments») und EuGH, Rs. 205/84 Slg. 1986, 3755, N 27 («Kommission gegen Deutschland»).
[399] Vgl. dazu auch Art. 8 RL 2006/48/EG (Kreditinstitute) und Art. 22 RL 2009/138/EG (Versicherungen).

heit oder Gesundheit unter Beachtung des Verhältnismässigkeitsgrundsatzes gerechtfertigt werden[400].

II. Sekundäres EU-Lauterkeitsrecht

1. Liste der wichtigsten sekundären Rechtsakte mit Bezug zum Lauterkeitsrecht[401]

a) Richtlinien

- Richtlinie **76/768/EWG** des Rates vom 27. Juli 1976 zur Angleichung der Rechtsvorschriften der Mitgliedstaaten über kosmetische Mittel (sog. Kosmetikrichtlinie), ABl. L 262 vom 27.9.1976, 169 ff.
- Richtlinie **79/112/EWG** des Rates vom 18. Dezember 1978 zur Angleichung der Rechtsvorschriften der Mitgliedstaaten über die Etikettierung und Aufmachung von für den Endverbraucher bestimmten Lebensmitteln sowie die Werbung hierfür, ABl. L 33 vom 8.2.1979, 1 ff., **ersetzt** durch die Richtlinie 2000/13/EG
- Richtlinie **79/581/EWG** des Rates vom 19. Juni 1979 über den Schutz der Verbraucher bei der Angabe der Preise für Lebensmittel, ABl. L 158 vom 26.6.1979, 19 ff., **geändert** durch Richtlinie 95/58/EG
- Richtlinie **84/450/EWG** des Rates vom 10. September 1984 über irreführende und vergleichende Werbung (ABl. L 250 vom 19.9.1984, 17 ff.), **geändert** durch die Richtlinien 97/55/EG und 2005/29/EG, **ersetzt** durch Richtlinie 2006/114/EG (näher N 171 f.)
- Verbraucherkreditrichtlinie **87/102/EWG** des Rates vom 22. Dezember 1986 zur Angleichung der Rechts- und Verwaltungsvorschriften der Mitgliedstaaten über den Verbraucherkredit, ABl. L 42 vom 12.2.1987, 48 ff., zuletzt **geändert** durch die Richtlinie 98/7/EG und **ersetzt** durch die Richtlinie 2008/48/EG
- Richtlinie **88/314/EWG** des Rates vom 7. Juni 1988 über den Schutz der Verbraucher bei der Angabe der Preise von anderen Erzeugnissen als Lebensmitteln, ABl. L 142 vom 9.6.1988, 19 ff., **geändert** durch Richtlinie 95/58/EG
- Richtlinie **89/552/EWG** des Rates vom 3. Oktober 1989 zur Koordinierung bestimmter Rechts- und Verwaltungsvorschriften der Mitgliedstaaten über die Ausübung der Fernsehtätigkeit (sog. Fernsehrichtlinie), ABl. L 298 vom

---

[400] Näher dazu PACHE, in: Schulze/Zuleeg, Europarecht, § 10 N 147 f.
[401] Die konsolidierten Fassungen der nachfolgenden Unionsrechtsakte können abgerufen werden unter http://eur-lex.europa.eu/RECH_consolidated.do?ihmlang=de.

17.10.1989, 23 ff., **geändert** durch die Richtlinien 97/36/EG und 2007/65/EG (seither «Richtlinie über audiovisuelle Mediendienste»); näher N 179 ff.
- Richtlinie **89/622/EWG** des Rates vom 13. November 1989 zur Angleichung der Rechts- und Verwaltungsvorschriften der Mitgliedstaaten über die Etikettierung von Tabakerzeugnissen, ABl. L 359 vom 8.12.1989, 1 ff., **ersetzt** durch Richtlinie 2007/65/EG
- Richtlinie **92/28/EWG** des Rates vom 31. März 1992 über die Werbung für Humanarzneimittel, ABl. L 113 vom 30.4.1992, 13 ff., **ersetzt** durch Richtlinie 2001/83/EG
- Richtlinie **95/58/EG** des Europäischen Parlaments und des Rates vom 29. November 1995 zur Änderung der Richtlinie 79/581/EWG über den Schutz der Verbraucher bei der Angabe der Preise für Lebensmittel und der Richtlinie 88/314/EWG über den Schutz der Verbraucher bei der Angabe der Preise von anderen Erzeugnissen als Lebensmitteln, ABl. L 299 vom 12.12.1995, 11 f.
- Richtlinie **97/7/EG** des Europäischen Parlaments und des Rates vom 20. Mai 1997 über den Verbraucherschutz bei Vertragsabschlüssen im Fernabsatz, ABl. L 144 vom 4.6.1997, 19 ff., **geändert** durch Richtlinie 2005/29/EG
- Richtlinie **97/55/EG** des Europäischen Parlaments und des Rates vom 6. Oktober 1997 zur Änderung der Richtlinie 84/450/EWG über irreführende Werbung zwecks Einbeziehung der vergleichenden Werbung, ABl. L 290 vom 23.10.1997, 18 ff., **ersetzt** durch Richtlinie 2006/114/EG (näher N 171 ff.)
- Richtlinie **98/6/EG** des Europäischen Parlaments und des Rates vom 16. Februar 1998 über den Schutz der Verbraucher bei der Angabe der Preise der ihnen angebotenen Erzeugnisse (sog. Grundpreis-Richtlinie), ABl. L 080 vom 18.3.1998, 27 ff.
- Richtlinie **98/27/EG** des Europäischen Parlaments und des Rates vom 19. Mai 1998 über Unterlassungsklagen zum Schutz der Verbraucherinteressen, ABl. L 166 vom 11.6.1998, 51 ff., **geändert** durch Richtlinien 1999/44/EG, 2000/31/EG, 2002/65/EG und 2005/29/EG
- Richtlinie **98/43/EG** des Europäischen Parlaments und des Rates vom 6. Juli 1998 zur Angleichung der Rechts- und Verwaltungsvorschriften der Mitgliedstaaten über Werbung und Sponsoring zugunsten von Tabakerzeugnissen, ABl. L. 213 vom 30.7.1998, 9 ff., **für nichtig erklärt** durch EuGH Rs. C-376/98, Slg. 2000, I-8419 (Deutschland/Rat und Parlament) und **ersetzt** durch die Richtlinie 2003/33/EG
- Richtlinie **99/94/EG** des Europäischen Parlaments und des Rates vom 13. Dezember 1999 über die Bereitstellung von Verbraucherinformationen über den Kraftstoffverbrauch und CO_2-Emissionen beim Marketing für neue Personenkraftwagen, ABl. L 12 vom 18.1.2000, 16 ff., geändert durch RL 2003/73/EG und VO EG/1882/2003

- Richtlinie **2000/13/EG** des Europäischen Parlaments und des Rates vom 20. März 2000 zur Angleichung der Vorschriften der Mitgliedstaaten über die Etikettierung und Aufmachung von für den Endverbraucher bestimmten Lebensmitteln sowie die Werbung hierfür, ABl. L 109 vom 6.5.2000, 29 ff., geändert durch Richtlinien 2001/101/EG, 2002/67/EG, 2003/89/EG, 2006/142/EG
- Richtlinie **2000/31/EG** des Europäischen Parlaments und des Rates vom 8. Juni 2000 über bestimmte rechtliche Aspekte der Dienste der Informationsgesellschaft, insbesondere des elektronischen Geschäftsverkehrs, im Binnenmarkt («Richtlinie über den elektronischen Geschäftsverkehr»), ABl. L 178 vom 17.7.2000, 1 ff. (näher N 178)
- Richtlinie **2001/37/EG** des Europäischen Parlaments und des Rates vom 5. Juni 2001 zur Angleichung der Rechts- und Verwaltungsvorschriften der Mitgliedstaaten über die Herstellung, die Aufmachung und den Verkauf von Tabakerzeugnissen, ABl. L 194 vom 18.7.2001, 26 ff.
- Richtlinie **2001/83/EG** des Europäischen Parlaments und des Rates vom 6. November 2001 zur Schaffung eines Gemeinschaftskodexes für Humanarzneimittel, ABl. L 311 vom 28.11.2001, 67 ff., geändert durch Richtlinien 2002/98/EG, 2003/63/EG, 2004/24/EG und 2004/27/EG sowie durch Verordnung (EG) Nr. 1901/2006
- Richtlinie **2002/58/EG** des Europäischen Parlaments und des Rates vom 12. Juli 2002 über die Verarbeitung personenbezogener Daten und den Schutz der Privatsphäre in der elektronischen Kommunikation (sog. Datenschutzrichtlinie für elektronische Kommunikation), ABl. L 201 vom 31.7.2002, 37 ff.
- Richtlinie **2002/65/EG** des Europäischen Parlaments und des Rates vom 23. September 2002 über den Fernabsatz von Finanzdienstleistungen an Verbraucher und zur Änderung der Richtlinie 90/619/EWG des Rates und der Richtlinien 97/7/EG und 98/27/EG, ABl. L 271 vom 9.10.2002, 16 ff.
- Richtlinie **2003/33/EG** des Europäischen Parlaments und des Rates vom 26. Mai 2003 zur Angleichung der Rechts- und Verwaltungsvorschriften der Mitgliedstaaten über Werbung und Sponsoring zugunsten von Tabakerzeugnissen, ABl. L 152 vom 20.6.2003, 16 ff.
- Richtlinie **2004/48/EG** des Europäischen Parlaments und des Rates vom 29. April 2004 zur Durchsetzung der Rechte des geistigen Eigentums, ABl. L 195 vom 2.6.2004, 16 ff. (berichtigte Fassung)
- Richtlinie **2005/29/EG** des Europäischen Parlaments und des Rates vom 11. Mai 2005 über unlautere Geschäftspraktiken im binnenmarktinternen Geschäftsverkehr zwischen Unternehmen und Verbrauchern und zur Änderung der Richtlinie 84/450/EWG des Rates, der Richtlinien 97/7/EG, 98/27/EG und 2002/65/EG des Europäischen Parlaments und des Rates sowie der Verordnung (EG) Nr. 2006/2004 des Europäischen Parlaments und des Rates (Richt-

linie über unlautere Geschäftspraktiken, UGP-Richtlinie), ABl. L 149 vom 11.6.2005, 22 ff. (näher N 171 ff.)[402]
- Richtlinie **2006/114/EG** des Europäischen Parlaments und des Rates vom 12. Dezember 2006 über irreführende und vergleichende Werbung (kodifizierte Fassung), ABl. L 376 vom 27.12.2006, 21 ff. (näher N 171 ff.)[403]
- Richtlinie **2007/65/EG** des Europäischen Parlaments und des Rates vom 11. Dezember 2007 zur Änderung der Richtlinie 89/552/EWG des Rates zur Koordinierung bestimmter Rechts- und Verwaltungsvorschriften der Mitgliedstaaten über die Ausübung der Fernsehtätigkeit, ABl. L 332 vom 18.12.2007, 27 ff. (näher N 179 ff.)
- Richtlinie **2008/48/EG** des Europäischen Parlaments und des Rates vom 23. April 2008 über Verbraucherkreditverträge und zur Aufhebung der Richtlinie 87/102/EWG des Rates, ABl. L 133 vom 22.5.2008, 66 ff.
- Richtlinie **2008/95/EG** des Europäischen Parlaments und des Rates vom 22. Oktober 2008 zur Angleichung der Rechtsvorschriften der Mitgliedstaaten über die Marken (kodifizierte Fassung), ABl. L 299 vom 8.11.2008, 25 ff.

b) Verordnungen

- Verordnung (EWG) **Nr. 2092/91** des Rates vom 24. Juni 1991 über den ökologischen Landbau und die entsprechende Kennzeichnung der landwirtschaftlichen Erzeugnisse und Lebensmittel, ABl. L 198 vom 22.7.1991, 1 ff., mehrfach **geändert**
- Verordnung (EWG) **Nr. 2409/92** des Rates vom 23. Juli 1992 über Flugpreise und Flugpreisraten, ABl. L 240 vom 24.8.1992, 15 ff.
- Verordnung (EG) **Nr. 40/94** des Rates vom 20. Dezember 1993 über die Gemeinschaftsmarke, ABl. L 11 vom 14.1.1994, 1 ff., **geändert** durch die Verordnungen EG/3288/94, EG/807/2003, EG/1653/2003, EG/1992/2003, EG/422/2004 und EG/1891/2006 sowie diverse Beitrittsakte
- Verordnung (EG) **Nr. 2006/2004** des Europäischen Parlaments und des Rates vom 27. Oktober 2004 über die Zusammenarbeit zwischen den für die Durchsetzung der Verbraucherschutzgesetze zuständigen nationalen Behörden, ABl. L 364 vom 9.12.2004, 1 ff., **geändert** durch Richtlinie 2005/29/EG
- Verordnung (EG) **Nr. 1924/2006** des Europäischen Parlaments und des Rates vom 20. Dezember 2006 über nährwert- und gesundheitsbezogene Angaben über Lebensmittel, ABl. L 404 vom 30.12.2006, 9 ff. (sog. Health-Claims-Verordnung)

168

---

[402] Die Richtlinie ist abgedruckt im Anhang III Nr. 33; Informationen über den Stand der Umsetzung in den Mitgliedstaaten finden sich unter http://ec.europa.eu/consumers/rights/index_en.htm.
[403] Die Richtlinie ist abgedruckt im Anhang III Nr. 34.

2. Schutzzwecke des Sekundärrechts

169 Im Gegensatz zum schweizerischen Recht, in dem der im Interesse aller Beteiligten stehende objektive Schutz des lauteren und unverfälschten Wettbewerbs im Vordergrund steht, geht es dem sekundären EU-Lauterkeitsrecht vor allem um Subjektschutz, wobei sich insoweit für den Kern der Regelungen seit 2005 eine Zweiteilung in **Verbraucherschutz** (RL 2005/29/EG) und **Unternehmerschutz** (RL 2006/114/EG) ergeben hat, die durch die Arbeitsteilung und Rivalität in der EU-Kommission (GD Binnenmarkt und Dienstleistungen[404] versus GD Gesundheit und Verbraucher[405]) befördert wurde[406]. Da die Verbraucher bzw. Unternehmer aber nicht als solche und hinsichtlich all ihrer Interessen, sondern nur als Wirtschaftsteilnehmer auf der Marktgegenseite gegen wettbewerbsrelevante unlautere Beeinflussungen geschützt werden, ergibt sich zugleich ein Schutz der Mitbewerber[407] und der Funktionsfähigkeit des Wettbewerbs[408]. Dieser Schutz ist jedoch lediglich ein Reflex, so dass die RL 2005/29/EG nationale Regelungen zum unmittelbaren Schutz der Mitbewerber sogar ausdrücklich unberührt lässt[409].

170 Die funktionale Aufspaltung des Lauterkeitsrechts und die mit ihr einhergehenden unterschiedlichen subjektiven Anwendungsbereiche der Richtlinien steigern nicht nur die durch verhaltens-, medien- oder produktspezifische Regelungsansätze und die mit ihnen einhergehenden unterschiedlichen objektiven Anwendungsbereiche ohnehin schon hohe **Komplexität** des EU-Lauterkeitsrechts. Sie ist auch **systematisch verfehlt**, da es nur einen einheitlichen Schutz der Lauterkeit und der Funktionsfähigkeit des Wettbewerbs im kaum zu trennenden Interesse aller Beteiligten geben sollte (vgl. Art. 1 UWG-CH).

---

[404] Aus dieser Generaldirektion stammte der gescheiterte liberale Vorschlag für eine Verordnung über Verkaufsförderung im Binnenmarkt, KOM(2002) 585 endg.
[405] Aus dieser Generaldirektion stammte der Vorschlag für die auf den Verbraucherschutz beschränkte spätere RL 2005/29/EG, KOM(2003) 356 endg.
[406] Mit Recht krit. etwa MÄSCH, EuR 2005, 625, 640 f. Die Ursache des Gegensatzes zwischen den Generaldirektionen ist aber weniger «kleinkrämerische Kirchturmpolitik» als vielmehr eine rechtspolitisch unterschiedliche Zielsetzung.
[407] Siehe dazu etwa Erw. 6 und 8 RL 2005/29/EG.
[408] Siehe dazu etwa Erw. 3 RL 2006/114/EG, der auf die Gefahr von Wettbewerbsverfälschungen durch irreführende und vergleichende Werbung hinweist.
[409] Erw. 6 RL 2005/29/EG.

3. Einzelne Tatbestände unlauteren Wettbewerbs

a) Irreführung

aa) Allgemeiner Schutz gegen Irreführung

Seit Erlass der RL 2005/29/EG über unlautere Geschäftspraktiken ist der allgemeine Irreführungsschutz in **zwei Richtlinien mit unterschiedlichem Anwendungsbereich** enthalten. Während die **RL 2005/29/EG** den Verbraucher (Art. 2 lit. a) vor Irreführungen durch alle möglichen Geschäftspraktiken (Art. 2 lit. d[410]) eines Gewerbetreibenden/Unternehmens[411] schützen möchte, widmet sich die **RL 2006/114/EG** über irreführende und vergleichende Werbung im Gegensatz zu der bis Mitte 2005 geltenden Fassung der durch sie ersetzten RL 84/450/EWG[412] nur noch dem Schutz der Gewerbetreibenden (Art. 1 i.V.m. Art. 2 lit. d) gegen Irreführung (Art. 2 lit. b) durch Werbung (Art. 2 lit. a). Ein **Unterschied** zwischen den Richtlinien besteht auch **im Harmonisierungsziel:** Während die RL 2006/114/EG im Hinblick auf den Irreführungsschutz nur einen Mindeststandard setzt (Art. 8 Abs. 1), strebt die RL 2005/29/EG nach einer weitgehenden Vollharmonisierung. Das Ziel der grundsätzlichen Vollharmonisierung durch die RL 2005/29/EG kommt nicht nur in verschiedenen Erwägungsgründen[413], sondern auch in der Übergangsregelung von Art. 3 Abs. 5 und in der interpretationsbedürftigen Formulierung von Art. 4 zum Ausdruck[414]. Damit können die Mitgliedstaaten im Regelungsbereich (Art. 3) der Richtlinie nach Ablauf der sechsjährigen Übergangsfrist (Art. 3 Abs. 5) strengere Regelungen nur dann aufrechterhalten bzw. einführen, wenn diese rein geschäftsmoralisch[415] oder durch Gründe i.S.v. Art. 36 AEUV[416] gerechtfertigt sind. Nach ihrem Art. 3 Abs. 4 tritt die horizontale RL 2005/29/EG allerdings hinter spezielleren und damit auch hinter ggf. weiterreichenden unionsrechtlichen Regelungen gegen unlauteren Wettbewerb zurück[417].

---

[410] Der Begriff der Geschäftspraktiken/Geschäftspraxis umfasst denjenigen der Werbung (Art. 2 lit. a RL 2006/114/EG) und der kommerziellen Kommunikation (Art. 2 lit. f RL 2000/31/EG); zum weiten Begriffsverständnis siehe auch EuGH Rs. C-304/08 EuZW 2010, 183 N 35 ff. («Plus»).

[411] Die Richtlinie verwendet sowohl den Begriff des Unternehmens wie des Gewerbetreibenden als Synonyme, definiert aber nur den Begriff des Gewerbetreibenden in Art. 2 lit. b, der neben den Unternehmensträgern auch die in ihrem Namen oder Auftrag handelnden Personen erfasst.

[412] Zu dieser Richtlinie eingehend T. DILLY, Das Irreführungsverbot des Art. 3a der Richtlinie über irreführende und vergleichende Werbung, Baden-Baden 2001.

[413] Nach Erw. 5 und 11 ff. sollen sich die Verbraucher und Unternehmen im Binnenmarkt an einem «einzigen Rechtsrahmen» orientieren können.

[414] Näher zum Ziel der Vollharmonisierung der RL 2005/29/EG BRÖMMELMEYER, GRUR 2007, 295, 298 f. und REMY-CORLAY, RTDciv. 2005, 746 ff. sowie EuGH Rs. C-304/08 EuZW 2010, 183 N 41 («Plus») und EuGH Rs. C-261/07, C-299/07 EuZW 2009, 370 N 52 (Total/Sanoma).

[415] Nach Erw. 7 will sich die Richtlinie «nicht auf die gesetzlichen Anforderungen in Fragen der guten Sitten und des Anstands, die in den Mitgliedstaaten sehr unterschiedlich sind», beziehen und damit offenbar die vor allem geschäftsmoralisch motivierten nationalen Regelungen unangetastet lassen.

[416] Dazu auch Erw. 9.

[417] Siehe dazu auch die Erw. 9 und 10; zur Grundkonzeption der RL 2005/29/EG siehe LEISTNER, ZEuP 2009, 56, 57 ff.

172 Der eigentliche **Irreführungstatbestand** wird durch beide Richtlinien **ebenfalls unterschiedlich** umschrieben. So definiert Art. 2 lit. b der **RL 2006/114/EG** wie schon zuvor Art. 2 Ziff. 2 der RL 84/450/EWG als «‹irreführende Werbung› jede Werbung, die in irgendeiner Weise – einschließlich ihrer Aufmachung – die Personen, an die sie sich richtet oder die von ihr erreicht werden, täuscht oder zu täuschen geeignet ist und die infolge der ihr innewohnenden Täuschung ihr wirtschaftliches Verhalten beeinflussen kann oder aus diesen Gründen einen Mitbewerber schädigt oder zu schädigen geeignet ist». Art. 3 enthält sodann noch eine nicht abschliessende Liste der zur Beeinflussung der Marktgegenseite geeigneten und damit wettbewerbsrelevanten Angaben. **Demgegenüber differenziert** die **RL 2005/29/EG** zwischen irreführenden **Handlungen** (Art. 6 Abs. 1: positive irreführende Angaben; Art. 6 Abs. 2: Begründung einer Verwechslungsgefahr und Nichteinhaltung von kundgegebenen Selbstverpflichtungen) und irreführenden Unterlassungen (Art. 7). Für die Irreführung durch positive Angaben enthält Art. 6 Abs. 1 ebenfalls eine (erweiterte) Liste der wettbewerbsrelevanten Angaben. Eine Irreführung durch **Unterlassungen** ist nach Art. 7 Abs. 1 gegeben, wenn die Geschäftspraxis dem Verbraucher «im konkreten Fall unter Berücksichtigung aller tatsächlichen Umstände und der Beschränkungen des Kommunikationsmediums wesentliche Informationen vorenthält, die der durchschnittliche Verbraucher je nach den Umständen benötigt, um eine informierte geschäftliche Entscheidung zu treffen, und die somit einen Durchschnittsverbraucher zu einer geschäftlichen Entscheidung veranlasst oder zu veranlassen geeignet ist, die er sonst nicht getroffen hätte»[418]. Art. 7 Abs. 2 erfasst zudem die nicht gehörige Bereitstellung entsprechender Informationen als irreführende Unterlassung. Eine weitere Besonderheit der RL 2005/29/EG besteht darin, dass sie mit dem (ggf. gruppenspezifisch bestimmten) **Durchschnittsverbraucher** (Art. 5 Abs. 2 lit. b[419]) bzw. dem durchschnittlichen Mitglied eines erkennbar angesprochenen und besonders schutzwürdigen Adressatenkreises (Art. 5 Abs. 3) einen personenbezogenen Massstab für die Beurteilung der Irreführungseignung angibt. Allerdings fehlen auch bei ihr wie bei der RL 2006/114/EG Vorgaben zur massgeblichen Wahrnehmungssituation und zu der Frage, ob die Verkehrsauffassung empirisch oder vom Richter nach eigener Anschauung normativ zu bestimmen ist. Die RL 2005/29/EG enthält schliesslich in Anhang I Nr. 1–23 einen nicht abschliessenden detaillierten **Katalog** von zwingend unlauteren irreführenden Geschäftspraktiken.

---

[418] Art. 7 Abs. 4 enthält noch eine Liste als wesentlich i.S.v. Art. 7 Abs. 1 geltender Angaben bei einer Aufforderung zum Kauf; Art. 7 Abs. 5 verweist auf die nach anderen Unionsrechtsakten (vgl. auch Anhang II der RL; z.B. Art. 4 Verbraucherkredit-RL 2008/48/EG) hinsichtlich kommerzieller Kommunikation gegenüber Verbrauchern bestehenden Informationsanforderungen und erklärt diese ebenfalls für wesentlich i.S.v. Art. 7 Abs. 1.
[419] Nach Erw. 18 soll der «Durchschnittsverbraucher, der angemessen gut unterrichtet und angemessen aufmerksam und kritisch ist, unter Berücksichtigung sozialer, kultureller und sprachlicher Faktoren in der Auslegung des Gerichtshofs» den Massstab bilden.

bb) Sonderregelungen des Irreführungsschutzes

Für die Irreführung im Zusammenhang mit der vergleichenden Werbung gegenüber Gewerbetreibenden (Art. 4 lit. a **RL 2006/114/EG**) und für die Irreführung durch Markenbenutzung (Art. 3 Abs. 1 lit. g, Art. 4 Abs. 1 lit. b, Abs. 4 lit. g und Art. 5 **RL 2008/95/EG** bzw. Art. 7 Abs. 1 lit. g, 8 Abs. 1 lit. b, 9 Abs. 1 lit. b und 17 Abs. 4 **VO EG/40/1994**) bestehen Sonderregelungen. Auch für die Etikettierung (Art. 1 Abs. 3 lit. a), Aufmachung (Art. 2 Abs. 3 lit. a) und Bewerbung (Art. 2 Abs. 3 lit. b) von Lebensmitteln gelten nach der **RL 2000/13/EG** besondere Vorschriften zum Schutz gegen Irreführung (Art. 2 Abs. 1).

173

b) Vergleichende Werbung

Das Recht der vergleichenden Werbung wird zum Schutz von «**Gewerbetreibenden**» (Art. 2 lit. d) durch die konsolidierte Richtlinie über irreführende und vergleichende Werbung (**2006/114/EG**), die die seit 1997 (RL 97/55/EG) auch Regelungen über vergleichende Werbung enthaltende RL 84/450/EWG abgelöst hat, **vollständig harmonisiert**. Nach Art. 8 Abs. 1 UAbs. 2 begründet die RL 2006/114/EG nämlich hinsichtlich des Vergleichs einen Höchststandard[420]. Art. 2 lit. c RL 2006/114/EG definiert wie schon zuvor Art. 2 Ziff. 2a der RL 84/450/EWG i.d.F.d. RL 97/55/EG als «‹vergleichende Werbung› jede Werbung, die unmittelbar oder mittelbar einen Mitbewerber oder die Erzeugnisse oder Dienstleistungen, die von einem Mitbewerber angeboten werden, erkennbar macht»[421]. Erforderlich ist eine zumindest mittelbare Bezugnahme auf einen Mitbewerber oder die von ihm angebotenen Leistungen. Die Richtlinie umschreibt die **Zulässigkeitsvoraussetzungen positiv** und nicht wie das schweizerische Recht negativ, geht aber wie das schweizerische Recht vom sog. **Missbrauchsprinzip** aus und verzichtet im Gegensatz zum früheren deutschen Recht auf ein Per-se-Verbot der vergleichenden Werbung. Damit ist eine vergleichende Werbung nach Art. 4 der RL 2006/114/EG hinsichtlich des Vergleichs nur, aber auch immer dann zulässig, wenn sie nicht irreführend ist[422], bedarfs- bzw. funktionsgleiche Leistungen anhand relevanter Tatsachen vergleicht, keine Kennzeichen, Leistungen, Tätigkeiten oder Verhältnisse eines Mitbewerbers herabsetzt, sich auf Waren gleicher Ursprungsbezeichnung bezieht, keine unlautere Rufausbeutung darstellt, keine Imitationsbehauptung enthält sowie keine Verwechslungsgefahr begründet. Ein persönlicher Vergleich ist unzulässig, da nach Art. 4 lit. b und lit. c der RL 2006/114/EG nur Waren und Dienstleistungen miteinander verglichen werden dürfen.

174

---

[420] Zur seinerzeit systematisch noch anders und unklar eingebundenen Vorgängerregelung EuGH Rs. C-44/01, Slg. 2003, I-3095, N 38 ff. («Pippig»).
[421] Zum Begriff der vergleichenden Werbung auch EuGH Rs. C-112/99, Slg. 2001, I-7945, N 28 ff. («Toshiba») und EuGH Rs. C-44/01, Slg. 2003, I-3095, N 34 ff. («Pippig»).
[422] Die Irreführungseignung beurteilt sich nach Art. 2 Ziff. 2, Art. 3, Art. 7 Abs. 1 RL 2006/114/EG und Art. 6 f. RL 2005/29/EG.

175   Vergleichende Werbung, die sich an **Verbraucher** (Art. 2 lit. a) richtet, ist nach Art. 6 f. der **RL 2005/29/EG** über unlautere Geschäftspraktiken unzulässig, wenn sie irreführend ist. Dies ist insbesondere der Fall, wenn sie im konkreten Fall unter Berücksichtigung aller tatsächlichen Umstände beim Durchschnittsverbraucher die Gefahr von Verwechslungen mit einem anderen Produkt, Warenzeichen, Warennamen oder anderen Kennzeichen eines Mitbewerbers begründet (Art. 6 Abs. 2 lit. a). Zwar wollte die RL 2005/29/EG die Zulässigkeitsvoraussetzungen der RL 84/450/EWG unberührt lassen[423], doch wurde deren Funktion durch die konsolidierende RL 2006/114/EG inzwischen auf den Schutz von Gewerbetreibenden beschränkt, so dass insoweit offensichtlich ungewollte Regelungslücken entstanden sind.

c)   Aggressive Geschäftspraktiken

176   Nach **Art. 8 RL 2005/29/EG** über unlautere Geschäftspraktiken von Gewerbetreibenden (Art. 2 lit. b) gegenüber Verbrauchern (Art. 2 lit. a) gilt eine Geschäftspraxis (Art. 2 lit. d) als aggressiv und damit nach Art. 5 Abs. 1 und 4 lit. b verboten, «wenn sie im konkreten Fall unter Berücksichtigung aller tatsächlichen Umstände (dazu auch Art. 9) die Entscheidungs- oder Verhaltensfreiheit des Durchschnittsverbrauchers in Bezug auf das Produkt durch Belästigung, Nötigung, einschließlich der Anwendung körperlicher Gewalt, oder durch **unzulässige Beeinflussung** tatsächlich oder voraussichtlich erheblich beeinträchtigt und dieser dadurch tatsächlich oder voraussichtlich dazu veranlasst wird, eine geschäftliche Entscheidung zu treffen, die er andernfalls nicht getroffen hätte». In der Richtlinie findet sich zudem eine Liste der in jedem Fall unlauteren aggressiven Geschäftspraktiken (**Anhang Ziff. 24–31**).

177   Im Hinblick auf **unerbetene Nachrichten** differenziert **Art. 13 RL 2002/58/EG** (Datenschutzrichtlinie für elektronische Kommunikation) abweichend vom schweizerischen Recht zwischen dem Schutz von natürlichen und anderen als natürlichen Personen. So dürfen die Mitgliedstaaten die Verwendung von automatischen Anrufmaschinen, Faxgeräten oder elektronischer Post (Art. 2 lit. h) für die Zwecke der Direktwerbung gegenüber natürlichen Personen grundsätzlich nur bei vorheriger Einwilligung (Art. 2 lit. f i.V.m. RL 95/46/EG) gestatten (Art. 13 Abs. 1 und 2). Hinsichtlich aller anderen unerbetenen Nachrichten (v.a. individuelle Telefonwerbung) können die Mitgliedstaaten zwischen der Einführung einer Opt-in- oder einer Opt-out-Lösung wählen (Art. 13 Abs. 3). Die Interessen anderer Teilnehmer als natürlicher Personen sind lediglich «ausreichend» zu schützen (Art. 13 Abs. 5). Bei der E-Mail-Werbung muss die Identität und Adresse des Absenders in jedem Fall eindeutig offengelegt werden (Art. 13 Abs. 4).

---

[423] Erw. 6 RL 2005/29/EG.

4. Regelung besonderer Werbeformen

a) Kommerzielle Kommunikation im elektronischen Geschäftsverkehr

Nach Art. 3 Abs. 1 und 2 der **RL 2000/31/EG** über den elektronischen Geschäftsverkehr gilt im Regelungsbereich der Richtlinie grundsätzlich das **Herkunftslandprinzip** (zum Begriff N 102; zu Ausnahmen Art. 3 Abs. 3–6 und Anhang)[424]. Für das Lauterkeitsrecht ist namentlich **Art. 6 von Bedeutung**, der den Diensteanbietern (Art. 2 lit. b) gegenüber den Nutzern (Art. 2 lit. d) zusätzlich zu den sonstigen Informationsanforderungen nach dem Unionsrecht (z.B. Art. 4 Fernabsatz-RL 97/7/EG, Art. 4 Verbraucherkredit-RL 2006/48/EG) und den allgemeinen Informationsanforderungen im elektronischen Geschäftsverkehr (Art. 5) spezifische Informationspflichten im Zusammenhang mit kommerzieller Kommunikation (Art. 2 lit. f) auferlegt. Danach müssen Massnahmen der kommerziellen Kommunikation klar als solche zu erkennen und ihre Auftraggeber klar zu identifizieren sein (Art. 6 lit. a und b). Im Mitgliedstaat der Niederlassung des Diensteanbieters zulässige Angebote zur Verkaufsförderung wie Preisnachlässe, Zugaben und Geschenke sowie Preisausschreiben und Gewinnspiele müssen klar als solche erkennbar sein, und die Bedingungen für ihre Inanspruchnahme müssen leicht zugänglich sein sowie klar und unzweideutig angegeben werden (Art. 6 lit. c und d). Nach **Art. 8 Abs. 1** stellen die Mitgliedstaaten sicher, dass die Verwendung kommerzieller Kommunikationen, die Bestandteil eines von einem **Angehörigen eines reglementierten Berufs** angebotenen Dienstes der Informationsgesellschaft sind oder einen solchen Dienst darstellen, gestattet ist, soweit die berufsrechtlichen Regeln eingehalten werden. Der nicht angeforderte kommerzielle Kommunikationen betreffende **Art. 7** ist inzwischen **durch Art. 13 RL 2002/58/EG** (N 177) **überholt**.

178

b) Audiovisuelle Mediendienste

Die mehrfach geänderte **RL 89/552/EWG** über audiovisuelle Mediendienste (früher: über die Fernsehtätigkeit) enthält zahlreiche lauterkeitsrechtlich relevante Regelungen. Ein audiovisueller Mediendienst ist nach Art. 1 lit. a eine audiovisuelle kommerzielle Kommunikation (Art. 1 lit. h) oder eine Dienstleistung i.S.v. Art. 56 f. AEUV, für die ein Mediendiensteanbieter (Art. 1 lit. d) die redaktionelle Verantwortung (Art. 1 lit. c) trägt und deren Hauptzweck die Bereitstellung von Sendungen zur Information, Unterhaltung oder Bildung der allgemeinen Öffentlichkeit über elektronische Kommunikationsnetze (Art. 2 lit. a RL 2002/21/EG) ist. Die Richtlinie schreibt im Grundsatz das **Herkunftslandprinzip** fest, indem sie die Mitgliedstaaten einerseits für die Rechtsaufsicht über die ihrer Rechtshoheit unterworfenen Mediendiensteanbieter nach den im jeweiligen Staat geltenden Regelun-

179

---

[424] Krit. MANKOWSKI, GRUR Int. 1999, 909, 913 ff.

gen verantwortlich erklärt (Art. 2 Abs. 1) und andererseits dazu verpflichtet, den freien Empfang und die ungehinderte Weiterverbreitung in ihrem Hoheitsgebiet grundsätzlich nicht aus Gründen einzuschränken, die den durch die Richtlinie koordinierten (lückenhaften) Regelungsbereich betreffen (Art. 2a, 3).

180   Nach **Art. 3e** muss der Herkunftsstaat **sicherstellen, dass die audiovisuelle kommerzielle Kommunikation** (Art. 1 lit. h), die von den seiner Rechtshoheit unterworfenen Mediendiensteanbietern bereitgestellt wird, leicht als solche **zu erkennen ist** und keine Schleichwerbung (Art. 1 lit. j) darstellt (Art. 3e Abs. 1 lit. a), keine unterschwellige Beeinflussung mit sich bringt (Art. 3e Abs. 1 lit. b) sowie die **Menschenwürde** nicht verletzt, **keine Diskriminierungen** enthält und **keine schädlichen Verhaltensweisen** fördert (Art. 3e Abs. 1 lit. c). Der Herkunftsmitgliedstaat muss zudem jede Form der audiovisuellen kommerziellen Kommunikation für Tabakerzeugnisse (Art. 3e Abs. 1 lit. d) sowie für verschreibungspflichtige Arzneimittel und medizinische Behandlungen (Art. 3e Abs. 1 lit. f) untersagen und gewährleisten, dass sich die audiovisuelle kommerzielle Kommunikation für alkoholische Getränke nicht speziell an Minderjährige richtet oder den übermässigen Konsum solcher Getränke fördert (Art. 3e Abs. 1 lit. e). Die audiovisuelle kommerzielle Kommunikation darf nicht zur körperlichen oder seelischen Beeinträchtigung Minderjähriger führen (Art. 3e Abs. 1 lit. g). Für die auf den Absatz von Lebensmitteln und Getränken bezogene kommerzielle Kommunikation, die Kindersendungen begleitet oder in ihnen enthalten ist, soll die Ausarbeitung von Verhaltenskodizes gefördert werden (Art. 3e Abs. 2).

181   Weitere in der RL 2007/65/EG enthaltene Regelungen betreffen speziell die Anforderungen an zulässiges **Sponsoring** i.S.v. Art. 1 lit. k (Art. 3f), die **Produktplatzierung** i.S.v. Art. 1 lit. m (Art. 3g) sowie die **Fernsehwerbung** i.S.v. Art. 1 lit. i und das **Teleshopping** i.S.v. Art. 1 lit. l (Art. 10 ff.).

5. Produktspezifische Regelungen

a)   Lebensmittel

182   Nach der **RL 2000/13/EG** gelten für die Etikettierung (Art. 1 Abs. 3 lit. a), Aufmachung (Art. 2 Abs. 3 lit. a) und Bewerbung (Art. 2 Abs. 3 lit. b) von Lebensmitteln besondere Vorschriften zum Schutz gegen Irreführung (Art. 2 Abs. 1). Die Richtlinie legt zudem die Angaben auf dem Etikett und die Art und Weise ihrer Anbringung fest (Art. 3 ff.). Seit 1.7.2007 gilt zudem die sehr umstrittene sog. Health-Claims-Verordnung **EG/1924/2006** unmittelbar in jedem Mitgliedstaat[425].

---

[425] Näher SOSNITZA, ZLR 2007, 422 ff.

b) Humanarzneimittel

Die Art. 86 ff. der **RL 2001/83/EG**[426] enthalten Regelungen zur Werbung (Art. 86 Abs. 1) für (Human-)Arzneimittel i.S.v. Art. 1 Ziff. 2, die das mitgliedstaatliche Recht vollständig harmonisieren[427]. Ziel dieser Regelungen ist es nach Art. 87 Abs. 3, einen zweckmässigen Einsatz des Arzneimittels zu fördern, indem die Werbung die Eigenschaften des Arzneimittels sachlich und ohne Übertreibungen darstellt und nicht irreführend ist. Die Werbung muss zudem mit den zusammenfassenden Produktangaben vereinbar sein (Art. 87 Abs. 2). Wie im schweizerischen Recht wird sodann zwischen Öffentlichkeitswerbung (Art. 88 ff.) und der Werbung gegenüber den verschreibungs- bzw. abgabebefugten Personen (Art. 91 ff.) unterschieden. Nach Art. 88 Abs. 1 ist die Öffentlichkeitswerbung insbesondere für verschreibungspflichtige Humanarzneimittel zu verbieten.

183

c) Tabak

Die **RL 2003/33/EG** stellt diverse Werbeverbote für Tabakerzeugnisse (Art. 2 lit. a) auf, wobei sie zwischen der Werbung (Art. 2 lit. b) im Rundfunk (Totalverbot nach Art. 4 Abs. 1; zum Totalverbot der audiovisuellen kommerziellen Kommunikation für Tabakerzeugnisse auch Art. 3e Abs. 1 lit. d RL 2007/65/EG), der Werbung in der Presse, anderen gedruckten Veröffentlichungen und den gleichgestellten Diensten der Informationsgesellschaft (weitgehendes Verbot nach Art. 3) sowie dem Sponsoring (Einzelverbote nach Art. 4 Abs. 2 und Art. 5) unterscheidet. Aufgrund der **RL 2001/37/EG** bestehen zudem noch umfangreiche Vorschriften zur Aufmachung und zum Verkauf von Tabakerzeugnissen (z.B. Pflicht zu Warnhinweisen).

184

III. Bedeutung des EU-Rechts für das schweizerische Lauterkeitsrecht

1. Autonom nachvollzogenes EU-Lauterkeitsrecht

Beim Erlass des **UWG 1986** wurde das EU-Lauterkeitsrecht in Gestalt der damals kursierenden Vorschläge für Richtlinien über irreführende und unlautere Werbung berücksichtigt[428]. Darüber hinaus gab das Unionsrecht dem schweizerischen Gesetzgeber in einigen Fällen Anlass zur Revision des UWG. So wurde das schweizerische Lauterkeitsrecht 1994 im Rahmen des sog. Swisslex-Pakets im Rahmen eines autonomen Nachvollzugs an die Irreführungsrichtlinie 84/450/EWG

185

---

[426] EuGH Rs. C-374/05 GRUR 2008, 267 N 33 ff. («Gintec»).
[427] Zur Abgrenzung zum Lebensmittel und zur mit Art. 28 und 30 EGV unvereinbaren fälschlichen mitgliedstaatlichen Einstufung eines Knoblauchpräparats als Arzneimittel EuGH Rs. C-319/05 GRUR 2008, 271 N 34 ff. («Knoblauch-Extrakt-Pulver-Kapsel»).
[428] Botschaft UWG, 1009, 1021 unter Hinweis auf KOM(77) 724 endg.

und die inzwischen durch die RL 2008/48/EG ersetzte Verbraucherkreditrichtlinie 87/102/EWG angepasst (**Art. 3 lit. k–m, 4 lit. d, 13a, 15**)[429]. Art. 13 der Datenschutzrichtlinie 2002/58/EG diente schliesslich dem 2007 neu eingeführten **Art. 3 lit. o** als Vorbild[430]. Der autonome Nachvollzug hat insbesondere zu einer problematischen Berücksichtigung spezifischer Konsumentenschutzinteressen im UWG geführt. Das schweizerische Lauterkeitsrecht ist seither auch nicht mehr durch einen einheitlichen subjektiven Anwendungsbereich gekennzeichnet.

186 Die im Rahmen eines autonomen Vor- oder Nachvollzugs erlassenen lauterkeitsrechtlichen Regelungen sind aufgrund des Willens des Schweizer Gesetzgebers zur Europakompatibilität historisch und teleologisch auch[431] **im Lichte des Unionsrechts auszulegen**[432]. Ermittelt wird die im Rahmen der nationalen Auslegung zu berücksichtigende unionsrechtliche Bedeutung einer Norm ausschliesslich anhand des unionsrechtlichen Wortsinns, des Regelungszusammenhangs und der sich zumeist in den Erwägungsgründen widerspiegelnden Teleologie der nachvollzogenen Norm des Unionsprivatrechts. Handelt es sich dabei um eine Richtlinie, kann auch der Bedeutungsgehalt der einzelnen nationalen Umsetzungsgesetze und der zu ihnen ergangenen Rechtsprechung Berücksichtigung finden. Dies gilt insbesondere dann, wenn der Schweizer Gesetzgeber seinerseits auf eine solche Umsetzung besonders Bezug genommen hat. Bei der Ermittlung des Bedeutungsgehalts der unionsrechtlichen Norm bzw. etwaiger Umsetzungsgesetze sind die Präjudizien des EuGH bzw. der nationalen Obergerichte zu berücksichtigen[433]. Die unionsrechtskonforme Auslegung darf sich dabei nicht bloss an der europäischen Rechtslage im Zeitpunkt der Anpassung des schweizerischen Rechts orientieren, sondern muss aufgrund des generellen Kompatibilitätswillens des Gesetzgebers auch deren Weiterentwicklung im Auge behalten[434].

---

[429] BG vom 18. Juni 1993 über die Änderung des UWG (AS 1994, 376).
[430] Botschaft zur Änderung des Fernmeldegesetzes vom 12.11.2003, BBl 2003, 7951, 7991 und 8001 f.
[431] Nach st. Rspr. des BGer (z.B. BGE 129 III 335, 350) erfolgt die unionsrechtskonforme Auslegung nur «im Zweifel», was insbesondere bei widersprüchlichen Auslegungsergebnissen die Frage ihres Verhältnisses zur rein binnenstaatlichen Auslegung der Norm aufwirft; näher dazu PROBST, BJM 2004, 254 f.; unzulässig wäre jedenfalls eine dem positiven Schweizer Recht oder dem Schweizer Ordre public widersprechende unionsrechtskonforme Auslegung.
[432] BGE 129 III 335, 350 ff.; BGE 130 III 182, 190 f.; BGE 125 II 293, 306 f.; KRAMER, in: C. J. Meier-Schatz (Hrsg.), Die Zukunft des Rechts, Basel 1999, 71, 87; eingehend PROBST, BJM 2004, 225, 247 ff. und 253 ff.; speziell zu Art. 13a UWG auch PEDRAZZINI/PEDRAZZINI, UWG, N 20.03.
[433] SCHWEIZER, ZSR 112 (1993), 639, 640.
[434] BGE 129 III 335; PROBST, BJM 2004, 225, 248 f.

2. Lauterkeitsrechtliche Bedeutung der Warenverkehrsfreiheit

Soweit aufgrund von Art. 2 f. BGBM bzw. des (revidierten) THG[435] die Grundfreiheiten interkantonal bzw. im Verhältnis zum EWR auch nach schweizerischem Recht zum Tragen kommen, kann die **Rechtsprechung des EuGH** zu den Auswirkungen der Grundfreiheiten im EWR-Binnenmarkt auf das Lauterkeitsrecht (N 162 ff.) auch im schweizerischen Recht entsprechende **Berücksichtigung** finden[436]. Auch insoweit hat nämlich der Schweizer Gesetzgeber den im Rahmen der historischen und teleologischen Auslegung der entsprechenden Gesetze zu berücksichtigenden Willen kundgetan, ein aus seiner Sicht auch für die Schweiz unter Wettbewerbsgesichtspunkten Erfolg versprechendes Prinzip (im Bereich der Warenverkehrsfreiheit auch sog. Cassis-de-Dijon-Prinzip) zu übernehmen[437]. Anders als in den Fällen des autonomen Nachvollzugs geht es dem Schweizer Gesetzgeber insbesondere beim BGBM jedoch nur um die Übertragung eines Modells auf einen vergleichbaren Sachverhalt unter Berücksichtigung der schweizerischen Besonderheiten und nicht um die Herstellung einer mehr oder weniger vollständigen Rechtsangleichung. Als historisches Vorbild besitzt die gerade auch durch die Rechtsprechung des EuGH bereits konkretisierte Unionsrechtsordnung jedoch eine besondere Autorität.

187

3. EU-Lauterkeitsrecht als Argumentationsschatz

Das in Richtlinien und Rechtsprechung ausgeprägte EU-Lauterkeitsrecht kann ebenso wie ausländisches Lauterkeitsrecht als Argumentationsschatz zur Konkretisierung der Generalklauseln und unbestimmten Rechtsbegriffe des schweizerischen Lauterkeitsrechts herangezogen werden[438]. Besondere Bedeutung hat in diesem Zusammenhang der Katalog im Anhang zur RL 2005/29/EG, der eine sehr konkrete «schwarze» Liste von in jedem Fall unlauteren Geschäftspraktiken enthält. Dabei kommt dem EU-Recht als Kompromisslösung, die von mehreren dem schweizerischen Lauterkeitsrecht vergleichbaren und dieses beeinflussenden Nach-

188

---

[435] Siehe zur geplanten einseitigen Einführung des sog. Cassis-de-Dijon-Prinzips im Zuge der Teilrevision des Bundesgesetzes über die technischen Handelshemmnisse (THG) die Botschaft des Bundesrats vom 25. Juni 2008, abrufbar unter http://www.admin.ch/ch/d/ff/2008/7275.pdf.

[436] Vgl. dazu die Erwägungen für das BGBM in BGE 128 I 295, 304 ff. (Frage letztlich offengelassen) und generell BGE 125 I 276, 279 ff.; gegen eine entsprechende Anwendung der EuGH-Rechtsprechung in der Rs. Keck und Mithouard auf das BGBM V. MARTENET/C. RAPIN, Le marché intérieur suisse, Bern 1999, 20.

[437] Botschaft des Bundesrates über das Folgeprogramm nach der Ablehnung des EWR-Abkommens v. 24.2.1993, BBl 1993 I 805, 829 f.; Botschaft des Bundesrats vom 25. Juni 2008 zur Teilrevision des THG, abrufbar unter http://www.admin.ch/ch/d/ff/2008/7275.pdf.

[438] Siehe generell zur Berücksichtigung der EuGH-Rechtsprechung ausserhalb des Bereichs des autonom nachvollzogenen Rechts BGE 123 I 152, 166, wonach wegen der gleichen rechtlichen Rahmenbedingungen kein Anlass bestehe, das Urteil EuGH Rs. C-450/93 Slg. 1995, I-3051 («Kalanke») im Schweizer Recht als unbeachtlich anzusehen.

barrechtsordnungen gefunden wurde, eine im Vergleich etwa zum deutschen oder französischen Recht grössere Autorität zu.

E. Ausländische Lauterkeitsrechte (Quellen und Literaturhinweise)

I. Allgemeine Literatur zum ausländischen Lauterkeitsrecht

189 F.-K. BEIER/E.-M. BASTIAN/A. KUR (Hrsg.), Wettbewerbsrecht und Verbraucherschutz in Mittel- und Osteuropa, Köln 1992; P. BERNHARD, Das internationale Privatrecht des unlauteren Wettbewerbs in den Mitgliedstaaten der EG, Baden-Baden 1994; A. DIETZ, Die Einführung von Gesetzen gegen den unlauteren Wettbewerb in ehemals sozialistischen Staaten Mittel- und Osteuropas, GRUR Int. 1994, 649 ff.; B. DUTOIT, Convergence et Divergence des droits nationaux de la concurrence déloyale dans la CEE, in: B. Dutoit (Hrsg.), Un droit européen de la concurrence déloyale en formation? Acte du colloque de Lausanne, Genf 1994, 97 ff.; F. L. EKEY, Heidelberger Kommentar Wettbewerbsrecht, 2. Aufl., Heidelberg 2004, Teil III mit Länderberichten zu B, VRCN, DK, FIN, F, GR, GB, IN, I, JP, FL, HR, NL, N, AT, PL, P, RUS, S, CH, SLO, E, CZ, USA; P. GREFFE/F. GREFFE, La publicité et la loi, 10. Aufl., Paris 2004; F. HENNING-BODEWIG, Unfair Competition Law – European Union and Member States, Amsterdam 2006 (mit Länderberichten zum Lauterkeitsrecht der damaligen Mitgliedstaaten der EU ab 69 ff.); F. HENNING-BODEWIG/A. BAKARDJIEVA ENGELBREKT, Einl E: Ausländisches Recht (Recht der Mitgliedstaaten der EU), in: H. Harte-Bavendamm/F. Henning-Bodewig (Hrsg.), UWG – Gesetz gegen den unlauteren Wettbewerb – Kommentar, 2. Aufl., München 2009, 275 ff.; Y. JÖHRI, Werbung im Internet – Rechtsvergleichende, lauterkeitsrechtliche Beurteilung von Werbeformen, Bern 2000; A. KAMPERMAN SANDERS, Unfair Competition Law – The Protection Of Intellectual And Industrial Creativity, Oxford 1997; M. SCHMIDT-KESSEL (Hrsg.), Lauterkeitsrecht in Europa (mit Länderberichten zu GB, F, I, E, AT, P, CH, GR, D), angekündigt für 2010 bei Sellier ELP München; P. SCHOTTHÖFER (Hrsg.), Handbuch des Werberechts in den EU-Staaten einschließlich Norwegen, Schweiz, Liechtenstein und USA, 2. Aufl., Köln 1997 (Länderberichte zu B, DK, D, FIN, F, GR, GB, IRL, I, FL, NL, N, AT, P, S, CH, E, USA); G. SCHRICKER (Hrsg.), Recht der Werbung in Europa, Baden-Baden seit 1995 (Loseblattsammlung mit zahlreichen Länderberichten); U. W. SCHULZE (Hrsg.), Die Wettbewerbs- und Kartellgesetze der osteuropäischen Staaten, Berlin 1994; H. R. SPRÜNGLI, Der unlautere Wettbewerb. Grundzüge des Werberechts in rechtsvergleichender Darstellung unter besonderer Berücksichtigung der Regelungen von Frankreich, England, Deutschland und der Schweiz, Zürich 1955; E. ULMER (Hrsg.), Das Recht des unlauteren Wettbewerbs in den Mitgliedstaaten der Europäischen Wirtschaftsgemeinschaft, Band I: Vergleichende Darstellung mit Vorschlägen zur Rechtsangleichung, Köln 1965.

II. Rechtsvergleichende Literatur zu lauterkeitsrechtlichen Einzelfragen (Mehrländervergleiche)

1. Behinderung

C. EICHHOLZ, Herabsetzung durch vergleichende Werbung – Eine Untersuchung zum europäischen, deutschen, englischen und österreichischen Recht, München 2008; U. TROJAN-LIMMER, Die lauterkeitsrechtliche Beurteilung von Anzapfpraktiken – Eine rechtsvergleichende Untersuchung zum deutschen, schweizerischen und französischen Recht, Bern 1990. 190

2. Irreführung

T. DEHLFING, Das Recht der irreführenden Werbung in Deutschland, Großbritannien und Frankreich, Frankfurt/M. 1999; B. FISCHER, Das französische Rechtsschutzsystem gegen irreführende Werbung im Vergleich mit dem deutschen Recht, München 1998; T. KEYßNER, Täuschung durch Unterlassen – Informationspflichten in der Werbung, Rechtsvergleichende Untersuchung zum deutschen, schwedischen und dänischen Recht, Köln 1986; T. LETTL, Der lauterkeitsrechtliche Schutz vor irreführender Werbung in Europa, München 2004; B. LUDWIG, Irreführende und vergleichende Werbung in der Europäischen Gemeinschaft, Baden-Baden 1995; G. SCHRICKER, Die Bekämpfung der irreführenden Werbung in den Mitgliedstaaten der EG, GRUR Int. 1990, 112 ff. 191

3. Vergleichende Werbung

C. EICHHOLZ, Herabsetzung durch vergleichende Werbung: eine Untersuchung zum europäischen, deutschen, englischen und österreichischen Recht, München 2008; B. HARTLAGE, Vergleichende Werbung in England und Deutschland, München 1997; F. HASSELBLATT, Die vergleichende Werbung in der Europäischen Gemeinschaft für die Zeit nach Maastricht und Amsterdam unter besonderer Berücksichtigung der Errichtung des europäischen Binnenmarktes, Köln 2002; A. HEISTER, Harmonisierung des Rechts der vergleichenden Werbung durch die Richtlinie 97/55/EG? – Eine vergleichende Untersuchung des englischen, deutschen und französischen Rechts, Frankfurt/M. 2004; W. HUDELMAIER, Die neuere Praxis zur vergleichenden Werbung in Deutschland, Belgien, Frankreich, Grossbritannien und USA, München 1991; T. HÜGI, Die Veröffentlichung vergleichender Warentests unter lauterkeitsrechtlichen Aspekten in der Schweiz und in den USA, Bern 1997; B. LUDWIG, Irreführende und vergleichende Werbung in der Europäischen Gemeinschaft, Baden-Baden 1995; S. WIRTH, Vergleichende Werbung in der Schweiz, den USA und der EG, Zürich 1993. 192

4. Aggressive Geschäftspraktiken

R. ARN, La publicité choquante: vers une nouvelle dimension du droit de la concurrence déloyale? Étude des droits allemand, finlandais, norvégien, français et suisse, Basel 2001; T. BODEWIG/F. HENNING-BODEWIG, Rabatte und Zugaben in den Mitgliedstaaten der EU, WRP 2000, 1341 ff.; S. ENGEL, Grenzen des Direktmarketing aus europarechtlicher, rechtsvergleichender und wettbewerbsrechtlicher Sicht – Die Fallgruppe der belästigenden Werbung des 193

§ 1 UWG, Berlin 2000; S. FISCHER, Schutz der Entscheidungsfreiheit im Rahmen der Verkaufsförderung – Ein Vergleich des deutschen, französischen und englischen Rechts, Hamburg 2008; A. KUR, Die geschlechtsdiskriminierende Werbung im Recht der nordischen Länder, WRP 1995, 790 ff.; H. ZWENG, Die wettbewerbsrechtliche Beurteilung der Werbung mit Glücksspielen in Deutschland, Österreich, Schweiz, Frankreich und Großbritannien, München 1993.

5. Nachahmung

194   A. BEATER, Nachahmen im Wettbewerb – Eine rechtsvergleichende Untersuchung zu § 1 UWG, Tübingen 1995; F. BREM, Der ergänzende wettbewerbsrechtliche Leistungsschutz in Europa – Eine vergleichende Untersuchung zum Schutz immaterialgüterrechtlich nicht geschützter Leistungen im deutschen, französischen, spanischen, italienischen und schweizerischen Recht, Berlin 2005; M. BUYDENS, Produktpiraterie und unlauterer Wettbewerb – Die Situation in Belgien und Frankreich mit Hinweisen auf die Rechtslage in Deutschland, GRUR Int. 1995, 15 ff.; B. DUTOIT, La concurrence parasitaire en droit comparé, Actes du colloque de Lausanne, Genf 1981; E. GOLAZ, L'imitation servile des produits et de leur présentation – Étude comparée des droits français, allemand, belge et suisse, Paris 1992.

III.   Lauterkeitsrecht in europäischen Ländern [439]

1.   Belgien

a)   Rechtsquellen

195   Das allgemeine belgische Lauterkeitsrecht ist seit 1971 in einem Sondergesetz geregelt: **Loi du 14 juillet 1991** sur les pratiques du commerce et sur l'information et la protection du consommateur (Erstfassung des Gesetzes abgedruckt im Moniteur belge vom 29.8.1991; deutsche Übersetzung des Gesetzes über die Handelspraktiken und die Information und den Schutz des Verbrauchers in GRUR Int. 1992, 623 ff.; aktuelle Version des Gesetzes nach der Umsetzung der RL 2005/29/EG durch das Gesetz vom 5.6.2007 abrufbar unter http://www.ejustice.just.fgov.belcgi_loi/change_lg.pl?language=fr&la=F&cn=1991 071430&table=name=loi). Die Entscheidungen der belgischen **Cour de Cassation** finden sich unter http://www.cass.be.

b)   Literaturhinweise

196   R. VAN DEN BERGH, Wettbewerbsrechtliche Grenzen des Preiswettbewerbs nach belgischem Recht, GRUR Int. 1991, 192 ff.; DERS., Das neue belgische Gesetz über die Handelspraktiken und die Information und den Schutz des Verbrauchers, GRUR Int. 1992, 803 ff.; M. COIPEL/P. WÉRY/F. DE PATOUL, Les pratiques du commerce, l'information et la protection

---

[439]   Alle angegebenen Internetseiten wurden zuletzt am 31.12.2009 besucht.

du consommateur: commentaire de la loi du 14 juillet et de la loi du 2 août 2002, Antwerpen 2006; E. HEITKAMP, Das Wettbewerbsrecht in Belgien, in: Heidelberger Kommentar, 2. Aufl., Heidelberg 2004, 847 ff., F. HENNING-BODEWIG, in: G. Schricker (Hrsg.), Recht der Werbung in Europa (Loseblatt), Bd. 1, Belgien, Baden-Baden 1995; DIES., Die Regelung der Werbung im belgischen Handelspraktikengesetz vom 14. Juli 1991, GRUR Int. 1994, 455 ff.; C. KOCKS, Werberecht in Belgien, in: P. Schotthöfer (Hrsg.), Handbuch des Werberechts in den EU-Staaten einschließlich Norwegen, Schweiz, Liechtenstein und USA, 2. Aufl., Köln 1997, 113 ff.; D. RODERBURG, Das lauterkeitsrechtliche Irreführungsverbot in Deutschland und Belgien, Frankfurt/M. 2007; G. SCHRICKER/D. WUNDERLICH, in: E. Ulmer (Hrsg.), Das Recht des unlauteren Wettbewerbs in den Mitgliedstaaten der Europäischen Wirtschaftsgemeinschaft, Band II/1: Belgien und Luxemburg, Köln 1967; F. K. WOHLGEMUTH, Das Recht des unlauteren Wettbewerbs in Belgien (Dokumentation der «Besonderheiten» des Wettbewerbsrechts in Europa), WRP 1992, 457 ff.

2. Bulgarien

a) Rechtsquellen

Das sich in der Struktur an das schweizerische Recht anlehnende bulgarische Lauterkeitsrecht ist im **Gesetz zum Schutz des Wettbewerbs** geregelt (abgedruckt in Държавен вестник Бр. 52 от 1998; deutsche Übersetzung abgedruckt in Wirtschaftsblatt 6/1998, S. 26 ff.; englische Übersetzung abrufbar unter http://unpan1.un.org/intradoc/groups/public/documents/untc/unpan016305.pdf). Die Umsetzung der RL 2005/29/EG erfolgte durch ein Gesetz zur Änderung des **Verbraucherschutzgesetzes** (Закон за защита на потребителите; abrufbar unter http://ec.europa.eu/consumers/rights/docs/transpos_laws_bg_en.pdf). Aktuelle Materialien sind in englischer Sprache abrufbar über die Homepage (http://www.cpc.bg/default.aspx) der bulgarischen Wettbewerbsschutzkommission (Комисията защита на конкуренцията).

197

b) Literaturhinweise

A. BAKARDJIEVA, Das neue Wettbewerbsgesetz in Bulgarien, GRUR Int. 1999, 395 ff.; DIES., Das Recht des unlauteren Wettbewerbs in Bulgarien, GRUR Int. 1994, 671 ff.; DIES., Bulgarien, in: G. Schricker (Hrsg.), Recht der Werbung in Europa, Baden-Baden 2002, A. VERNY, Wettbewerbs- und Kartellrecht in Bulgarien, WiRO 1993, 381 ff.

198

3. Dänemark

a) Rechtsquellen

Das allgemeine dänische Wettbewerbsrecht hat seine Grundlage im **lov om markedsføring** (Marketinggesetz) Nr. 1389 vom 21.12.2005 (abrufbar unter https://www.retsinformation.dk/Forms/R0710.aspx?id=31600), das zur Umsetzung

199

der RL 2005/29/EG durch Gesetz vom 20.12.2006 geändert wurde (Änderungsgesetz abrufbar unter http://ec.europa.eu/consumers/rights/docs/transpos_laws2_da.pdf). Eine deutsche Übersetzung des Gesetzes in der Fassung von 1994 findet sich bei A. KUR/J. SCHOVSBO, Länderbericht Dänemark, in: G. Schricker (Hrsg.), Recht der Werbung in Europa (Loseblatt), Bd. I, Baden-Baden 1998. Eine englische Übersetzung der Fassung von 1994 ist abrufbar unter http://www.wipo.int/clea/en/text_pdf.jsp?lang=EN&id=1172.

b) Literaturhinweise

200 P. ALSTED, Das Wettbewerbsrecht in Dänemark, in: Heidelberger Kommentar, 2. Aufl., Heidelberg 2004, 864 ff.; M. ECKARDT-HANSEN, Werberecht in Dänemark, in: P. Schotthöfer (Hrsg.), Handbuch des Werberechts in den EU-Staaten einschließlich Norwegen, Schweiz, Liechtenstein und USA, 2. Aufl., Köln 1997, 147 ff.; T. KEYßNER, Täuschung durch Unterlassen – Informationspflichten in der Werbung, Rechtsvergleichende Untersuchung zum deutschen, schwedischen und dänischen Recht, Köln 1986; M. KOKTVEDGAARD, Lærebog i Konkurrenceret, 4. Aufl., Kopenhagen 2000; A. KUR/J. SCHOVSBO, Länderbericht Dänemark, in: G. Schricker (Hrsg.), Recht der Werbung in Europa (Loseblatt), Bd. I, Baden-Baden 1998; DIES., Die geschlechtsdiskriminierende Werbung im Recht der nordischen Länder, WRP 1995, 790 ff.; S. REINEL, Dänemark (Dokumentation der «Besonderheiten» des Wettbewerbsrechts in Europa), WRP 1990, 92 ff.; M. SÖCHTIG, Die Rechtsdurchsetzung des Lauterkeitsrechts in Dänemark, Saarbrücken 2008.

4. Deutschland

a) Rechtsquellen

201 Das allgemeine deutsche Wettbewerbsrecht ist im Gesetz gegen den unlauteren Wettbewerb (**UWG**) vom 3.7.2004 enthalten (aktuelle Version nach Umsetzung der RL 2005/29/EG durch Gesetz vom 22.12.2008, BGBL. 2008 I 2949, abrufbar unter http://bundesrecht.juris.de/uwg_2004). Die aktuelle Rechtsprechung des Bundesgerichtshofs (**BGH**) ist abrufbar unter http://www.bundesgerichtshof.de.

b) Literaturhinweise

202 A. BEATER, Unlauterer Wettbewerb, München 2002; DERS., Verbraucherschutz und Schutzzweckdenken im Wettbewerbsrecht, Tübingen 2000; V. EMMERICH, Unlauterer Wettbewerb, 7. Aufl., München 2004; H.-P. GÖTTING/A. NORDEMANN, UWG-Handkommentar, Baden-Baden 2009; S. ENGELS/T. H. SALOMON, Vom Lauterkeitsrecht zum Verbraucherschutz: UWG-Reform 2003, WRP 2004, 32 ff.; K. H. FEZER (Hrsg.), Kommentar zum Gesetz gegen den unlauteren Wettbewerb, Bd. 1 (§§ 1–4), Bd. 2 (§§ 5–22), München 2005; W. GLOY/ M. LOSCHELDER (Hrsg.), Handbuch des Wettbewerbsrechts, 3. Aufl., München 2005; H. HARTE-BAVENDAMM/F. HENNING-BODEWIG (Hrsg.), Gesetz gegen den unlauteren Wettbe-

werb, 2. Aufl., München 2009; P. W. HEERMANN/G. HIRSCH, Münchener Kommentar zum Lauterkeitsrecht (UWG), Bd. 1 (§§ 1–4), Bd. 2 (§§ 5–22), München 2006; F. EKEY/D. KLIPPEL/ J. KOTTHOFF/A. MECKEL (Hrsg.), Heidelberger Kommentar zum Wettbewerbsrecht, 2. Aufl., Heidelberg 2005; R. JACOBS/W. F. LINDACHER/O. TEPLITZKY (Hrsg.), Großkommentar zum Gesetz gegen den unlauteren Wettbewerb mit Nebengesetzen, Berlin 1991; L. LEHMLER, UWG – Kommentar zum Wettbewerbsrecht, Neuwied 2006; T. LETTL, Das neue UWG, München 2004; W. NORDEMANN, Wettbewerbs- und Markenrecht, 10. Aufl., Baden-Baden 2004; A. OHLY, Richterrecht und Generalklausel im Recht des unlauteren Wettbewerbs, Köln 1997; H. PIPER/A. OHLY, Gesetz gegen den unlauteren Wettbewerb (UWG), 4. Aufl., München 2006; R. SACK, Probleme des neuen schweizerischen UWG im Vergleich mit dem deutschen UWG, in: C. Baudenbacher (Hrsg.), Das UWG auf neuer Grundlage, Bern 1989, 113 ff.; O. TEPLITZKY, Wettbewerbsrechtliche Ansprüche und Verfahren, 9. Aufl., Köln 2007.

5. Estland

a) Rechtsquellen

Das estnische Lauterkeitsrecht findet sich zunächst in den §§ 50 ff. des Konkurentsiseadus (KS) vom 5.6.2001 (RT I 2001, 56, 332). Das Wettbewerbsgesetz ist in Estnisch (https://www.riigiteataja.ee/ert/act.jsp?id=73013) und Englisch (http://www.wipo.int/clea/en/text_pdf.jsp?lang=EN&id=1300) abrufbar. Die Werbung ist im Reklaamiseadus (RS) vom 11.6.1997 (abrufbar unter https://www.riigiteataja.ee/ert/act.jsp?id=192453) und der Verbraucherschutz im mehrfach geänderten Tarbijakaitseseadus (TKS) vom 11.2.2004 (geändert zur Umsetzung der RL 2005/29/EG durch Gesetz vom 17.10.2007; in der aktuellen Version abrufbar unter http://www.riigiteataja.ee/ert/act.jsp?id=12876059) geregelt. 203

b) Literatur

H. KOITEL, Länderbericht UdSSR und Estland, in: F.-K. Beier/E.-M. Bastian/A. Kur (Hrsg.), Wettbewerbsrecht und Verbraucherschutz in Mittel- und Osteuropa, Köln 1992, 60 ff.; V. MIZARAS, Unfair Competition Law in the Baltic States, in: R. Hilty/F. Henning-Bodewig (Hrsg.), Law Against Unfair Competition: Towards a New Paradigm in Europe? Berlin 2007, 249 ff. 204

6. Finnland

a) Rechtsquellen

Wie seit 2005 das EU-Lauterkeitsrecht ist auch das finnische Lauterkeitsrecht seit längerem durch eine legislative Zweiteilung gekennzeichnet. So gibt es ein Gesetz für den Schutz des Wettbewerbs im Verhältnis zwischen Gewerbetreibenden (Laki sopimattomasta menettelystä elinkeinotoiminnassa – **SopMenL**; 205

Gesetz Nr. 1061 vom 22.12.1978 über ungebührliches Verhalten im Geschäftsverkehr; abrufbar unter http://www.finlex.fi/fi/laki/ajantasa/1978/19781061; englische Übersetzung abrufbar unter http://www.wipo.int/clea/en/text_pdf.jsp?lang=EN&id= 1541) und ein Gesetz zum Verbraucherschutz (Kuluttajansuojalaki – **KSL**; Gesetz Nr. 38 vom 20.1.1978; abrufbar unter http://www.finlex.fi/fi/laki/ajantasa/1978/ 19780038).

b) Literaturhinweise

206 A. BEKARDJIEVA ENGELBREKT, The Scandinavian Model of Unfair Competition Law, in: R. Hilty/F. Henning-Bodewig (Hrsg.), Law Against Unfair Competition: Towards a New Paradigm in Europe?, Berlin 2007, 161 ff.; K. FAHLLUND/H. SALMI, Werberecht in Finnland, in: P. Schotthöfer (Hrsg.), Handbuch des Werberechts in den EU-Staaten einschließlich Norwegen, Schweiz, Liechtenstein und USA, 2. Aufl., Köln 1997, 217 ff.; K. KAULAMO, Probleme des finnischen Wettbewerbs und Marketingrechts, Köln 2004; KOIVUHOVI, Das Wettbewerbsrecht in Finnland, in: Heidelberger Kommentar, Heidelberg 2000, 705 ff.; A. KUR, Das Recht des unlauteren Wettbewerbs in Finnland, Norwegen und Schweden, GRUR Int. 1996, 38 ff.; DIES., Die geschlechtsdiskriminierende Werbung im Recht der nordischen Länder, WRP 1995, 790 ff.

7. Frankreich

a) Rechtsquellen

207 Das französische Lauterkeitsrecht ist nicht in einem eigenen Gesetz geregelt. Von grundlegender Bedeutung sind daher nach wie vor die deliktische Generalklausel (Art. 1382, 1383 **Code civil**) und die zu ihr in vier Hauptfallreihen (dénigrement, confusion, désorganisation de l'entreprise rivale, désorganisation du marché) ergangene Rechtsprechung (Entscheidungen der **Cour de Cassation** abrufbar unter http://www.courdecassation.fr/jurisprudence_2/). Es gibt aber auch viele verstreute und insbesondere aufgrund der unionsrechtlichen Vorgaben zunehmende und immer wichtiger werdende Sonderregelungen zu einzelnen lauterkeitsrechtlichen Aspekten. Die bedeutendsten Regelungen finden sich im **Code de la consommation** (Art. L. 121-1 ff. C. cons.: Verbot irreführender Geschäftspraktiken; Art. 121-8 ff.: [Vergleichende] Werbung, Art. 121-16 ff.: Fernabsatz, Art. 121-21 ff.: Haustürgeschäfte, Art. 121-34: Direktverkäufe, Art. 121-35: Zugaben, Art. 121-36 ff.: Preisausschreiben) und im **Code de commerce** (Art. L. 441-1 ff.: Preis- und Leistungstransparenz, Art. 442-1 ff.: Zugaben, Rabatte, Verkauf unter Einstandspreis, Behinderungen). Die RL 2005/29/EG wurde durch die Loi n° 2008-3 du 3 janvier 2008 pour le développement de la concurrence au service des consommateurs (JORF n° 0003 du 4 janvier 2008) sowie die Art. 83 und 84 der Loi n° 2008-776 du 4 août 2008 sur la modernisation de l'économie (JORF n° 0181 du 5 août 2008) umgesetzt. Konsolidierte aktuelle Gesetzestexte sind abrufbar unter www.legifrance.gouv.fr.

b) Literaturhinweise

R. BOUT/M. BRUSCHI/G. CAS/M. LUBY/S. POILLOT-PERUZZETTO, Lamy Droit économique – Concurrence, Distribution, Consommation, Paris 2003; E. CLAUDEL, Réformes du droit français de la concurrence, RTD com. 2008, 698 ff.; T. DREIER/S. VON LEWINSKI, in: G. Schricker (Hrsg.), Recht der Werbung in Europa (Loseblatt), Bd. 1, Frankreich, Baden-Baden 1995; B. FISCHER, Das französische Rechtsschutzsystem gegen irreführende Werbung im Vergleich mit dem deutschen Recht, München 1998; M.-A. FRISON-ROCHE/M.-S. PAYET, Droit de la concurrence, Paris 2006; P. GREFFE/F. GREFFE, La publicité et la loi, 10. Aufl., Paris 2004; R. KRASSER, in: E. Ulmer (Hrsg.), Das Recht des unlauteren Wettbewerbs in den Mitgliedstaaten der Europäischen Wirtschaftsgemeinschaft, Band IV: Frankreich, Köln 1967; J. LANGER, Das französische Wettbewerbsrecht (Dokumentation der «Besonderheiten» des Wettbewerbsrechts in Europa), WRP 1991, 11 ff.; F. RANKE, Werberecht in Frankreich, in: P. Schotthöfer (Hrsg.), Handbuch des Werberechts in den EU-Staaten einschließlich Norwegen, Schweiz, Liechtenstein und USA, 2. Aufl., Köln 1997, 245 ff.; H. J. SONNENBERGER/R. DAMMANN, Französisches Handels- und Wirtschaftsrecht, 3. Aufl., Frankfurt/M. 2008, N IV-134 ff.; C. SZÖNYI, Das französische Werbe- und Verbraucherrecht – Bemerkungen zum Code de la consommation, GRUR Int. 1996, 83 ff.; DIES., Die Neufassung des Kartell- und Wettbewerbsrechts in Frankreich, GRUR Int. 2002, 105 ff.; B. VICTOR-GRANZER, Das Wettbewerbsrecht in Frankreich, in: Heidelberger Kommentar, 2. Aufl., Heidelberg 2004, 871 ff.; L. VOGEL, Droit de la concurrence déloyale, 3. Aufl., Paris 2007; DERS., Französisches Wettbewerbs- und Kartellrecht, Heidelberg 2003.

8. Griechenland

a) Rechtsquellen

Die wichtigsten allgemeinen lauterkeitsrechtlichen Regelungen finden sich im **Gesetz Nr. 146/1914** gegen den unlauteren Wettbewerb vom 27.1.1914 (englische Übersetzung abrufbar unter http://www.wipo.int/clea/en/text_pdf.jsp?lang=EN&id=2004) und in dem 2007 zur Umsetzung der RL 2005/29/EG geänderten **Gesetz Nr. 2251/1994** vom 15.11.1994 (Verbraucherschutzgesetz; Erstfassung auszugsweise ins Deutsche übersetzt in GRUR Int. 1995, 894 ff.).

b) Literaturhinweise

E. ALEXANDRIDOU, in: E. Ulmer (Hrsg.), Das Recht des unlauteren Wettbewerbs in den Mitgliedstaaten der Europäischen Wirtschaftsgemeinschaft, Band VII: Griechenland, Köln 1994; DIES., The Greek Consumer Protection Act of 1994, GRUR Int. 1996, 400 ff.; DIES., Die gesetzgeberische Entwicklung des Verbraucherschutz- und Wettbewerbsrechts in Griechenland, GRUR Int. 1992, 1209 ff.; H. APOSTOLOPOULUS, Die Liberalisierung des griechischen Lauterkeitsrechts im Rahmen der europäischen Rechtsangleichung, Köln 2007; C. KOUTSONASSIOS, Das Wettbewerbsrecht in Griechenland, in: Heidelberger Kommentar, 2. Aufl., Heidelberg 2004, 876 ff.; W. MUCHTARIS, Werberecht in Griechenland, in: P. Schotthöfer (Hrsg.), Handbuch des Werberechts in den EU-Staaten einschließlich Norwegen, Schweiz, Liechtenstein und

Einleitung PETER JUNG

USA, 2. Aufl., Köln 1997, 303 ff.; A. PAPATHOMA-BAETGE, in: I. M. Papagiannis (Hrsg.), Griechisches Wirtschafts- und Unternehmensrecht, Athen 1997, 55 ff.

9. Grossbritannien

a) Rechtsquellen

211 Die aktuelle **Rechtsprechung** der britischen Gerichte zum Lauterkeitsrecht des Common Law (vor allem auf der Grundlage der passing-off-Klage, injurious-falsehood-Klage und der slander- bzw. libel of title/goods-Klage) ist abrufbar unter http://www.oft.gov.uk/advice_and_resources/resource_base/competitioncourts. Das geschriebene britische Lauterkeitsrecht verteilt sich auf verschiedene privat- und wirtschaftsverwaltungsrechtliche **Gesetze**, die namentlich zur Umsetzung von EU-Richtlinien erlassen wurden: Die RL 84/450/EWG wurde mit dem Statutory Instrument 1988/915 «The Control of Misleading Advertisements Regulations 1988» (abrufbar unter http://www.opsi.gov.uk/si/si1988/Uksi_19880915_en_1.htm), welches durch das Statutory Instrument 2003/3183 «The Control of Misleading Advertisements (Amendment) Regulations 2003» (abrufbar unter http://www.opsi.gov.uk/si/si2003/20033183.htm) reformiert wurde, umgesetzt. Das Statutory Instrument 2008/1277 «The Consumer Protection from Unfair Trading Regulations 2008» dient der Umsetzung der RL 2005/29/EG und wirkt sich auf die meisten anderen der hier genannten Erlasse revidierend aus (abrufbar unter http://www.oft.gov.uk/advice_and_resources/small_businesses/competing/protection). Die Fernabsatzregelungen finden sich in The Consumer Protection (Distance Selling) Regulations 2000 (Statutory Instrument 2000/2334; abrufbar unter http://www.opsi.gov.uk/si/si2000/20002334.htm) und die Regelungen über Haustürgeschäfte u.ä. in The Cancellation of Contracts made in a Consumer's Home or Place of Work etc. Regulations 2008 (Statutory Instrument 2008/1816; abrufbar unter http://www.opsi.gov.uk/si/si2008/uksi_20081816_en_1). Lauterkeitsrechtliche Bedeutung haben ferner der Consumer Protection Act 1987 (Statutory Instrument 1987/1680, abrufbar unter http://www.opsi.gov.uk/si/si1987/Uksi_19871680en1.htm), der Trade Marks Act 1994 (abrufbar unter http://www.opsi.gov.uk/acts/acts1994/Ukpga_19940026_en_1.htm) und der Trade Description Act 1968 (abrufbar unter http://www.opsi.gov.uk/acts/acts1968/pdf/ukpga_19680029_en.pdf). Eine bedeutende Rolle spielt in der Praxis schliesslich die **Selbstregulierung** der Werbewirtschaft durch die Advertising Standards Authority (ASA), die durch das Committee of Advertising Practice (CAP) und das Broadcast Committee of Advertising Practice (BCAP) unterstützt wird. Wichtige Selbstregulierungserlasse (sämtlich abrufbar unter http://www.asa.org.uk/asa/codes) sind der British Code of Advertising, Sales Promotion and Direct Marketing (sog. CAP Code, 11. Version von 2003), der Radio Advertising Standards Code und der TV Advertising Standards Code.

b) Literaturhinweise

M. BOYLE, Das Recht des unlauteren Wettbewerbs in Großbritannien (Dokumentation der «Besonderheiten» des Wettbewerbsrechts in Europa), WRP 1990, 159 ff.; M. M. DABBAH, EC and UK Competition Law – Commentary, Cases and Materials, Cambridge 2004; H. DAVIES, Unfair Competition Law in the United Kingdom, in: R. Hilty/F. Henning-Bodewig (Hrsg.), Law against Unfair Competition: Towards a New Paradigm in Europe?, Berlin 2007, 183 ff.; T. DEHLFING, Das Recht der irreführenden Werbung in Deutschland, Großbritannien und Frankreich, Frankfurt/M. 1999; B. FRÖNDHOFF, Die Inhaltsbeschränkungen irreführender und vergleichender Werbung – England und Deutschland im Vergleich, Berlin 2002; H. GRAF VON WESTERHOLT UND GYSENBERG, in: E. Ulmer (Hrsg.), Das Recht des unlauteren Wettbewerbs in den Mitgliedstaaten der Europäischen Wirtschaftsgemeinschaft, Band VI: Vereinigtes Königreich von Großbritannien und Nordirland, Köln 1981; S. GROOM, Werberecht in Großbritannien, in: P. Schotthöfer (Hrsg.), Handbuch des Werberechts in den EU-Staaten einschließlich Norwegen, Schweiz, Liechtenstein und USA, 2. Aufl., Köln 1997, 325 ff.; B. W. HARVEY/ D. L. PARRY, The law of Consumer Protection and Fair Trading, 6. Aufl., London 2000; M. JERGOLLA, Die Werbeselbstkontrolle in Großbritannien, Frankfurt/M. 2003; DIES., Der neue British Code of Advertising, Sales Promotion and Direct Marketing, WRP 2003, 606 ff.; M. KILIAN, Direktmarketing in Großbritannien nach der Umsetzung der EU-Richtlinie 97/66, GRUR Int. 2000, 198 ff.; S. OBERMAIR, Der Schutz des Verbrauchers vor unlauterer Werbung in Deutschland und Großbritannien, Berlin 2004; A. OHLY, Richterrecht und Generalklausel im Recht des unlauteren Wettbewerbs – Ein Methodenvergleich des englischen und des deutschen Rechts, Köln 1997; C. WADLOW, The Law of Passing-off. Unfair Competition by Misrepresentation, 3. Aufl., London 2004.

10. Irland

a) Rechtsquellen

Die höchstrichterliche **Rechtsprechung** des Supreme Court of Ireland ist abrufbar unter http://www.supremecourt.ie/supremecourt/sclibrary3.nsf/HomeEN? OpenPage). Die lauterkeitsrechtlich bedeutsamen **Gesetze** sind der Consumer Information Act 1978 (No. 1/1978; abrufbar unter http://acts.oireachtas.ie/ zza1y1978.1.html), die European Communities (Misleading Advertising) Regulations 1988 (No. 134/1988; abrufbar unter http://www.irishstatutebook.ie/1988/ en/si/0134.html) und der die RL 2005/29/EG umsetzende Consumer Protection Act 2007 (No. 19/2007; abrufbar unter http://www.oireachtas.ie/documents/bills28/acts/ 2007/a1907.pdf). Die Durchsetzung dieser Regelungen obliegt der National Consumer Agency (NCA; http://www.nca.ie/eng). Um die **Selbstkontrolle** der Werbewirtschaft kümmert sich die Advertising Standards Authority for Ireland (ASAI, http://www.asai.ie/): Code of Standards for Advertising, Promotional and Direct Marketing in Ireland (6. Aufl. vom 1.1.2007; abrufbar unter http://www.asai.ie/ asai%20codebook.pdf).

b) Literaturhinweise

214 G. BARRETT/D. VOIGT, Ireland, in: Micklitz/Keßler (Hrsg.), Marketing Practices Regulation and Consumer Protection in the EC Member States and the US, 2002, 149 ff.; T. BODEWIG, Das Recht des unlauteren Wettbewerbs in Irland, GRUR Int. 2004, 827 ff.; E. CONRADS-HASSEL, Das Recht des unlauteren Wettbewerbs in der Republik Irland (Dokumentation der «Besonderheiten» des Wettbewerbsrechts in Europa), WRP 1990, 223 ff.; D. S. J. GREHAN, Werberecht in Irland, in: P. Schotthöfer (Hrsg.), Handbuch des Werberechts in den EU-Staaten einschließlich Norwegen, Schweiz, Liechtenstein und USA, 2. Aufl., Köln 1997, 367 ff.

11. Italien

a) Rechtsquellen

215 Der Kern des italienischen Lauterkeitsrechts findet sich immer noch in Art. 1598 (Sondertatbestände der confusione, denigrazione und appropriazione di pregi sowie ergänzende Generalklausel) und den Art. 2599–2601 (Sanktionen und Verbandsklage) des **Codice Civile** (CC). Weitere wichtige gesetzliche Regelungen sind im Legge, 10 ottobre 1990, n. 287. Norme per la tutela della concorrenza e del mercato (englische Übersetzung abrufbar unter http://www.wipo.int/clea/en/text_pdf.jsp?lang=EN&id=2505) enthalten. Die Richtlinien 84/450/EWG und 97/55/EG wurden durch das **Decreto legislativo 25 gennaio 1992**, n. 74. Attuazione della direttiva 84/450/CEE in materia di pubblicità ingannevole (GU n. 36 del 13 febbraio 1992) bzw. das **Decreto legislativo 25 febbraio 2000**, n. 67. Attuazione della direttiva 97/55/CE che modifica la direttiva 84/450/CEE, in materia di pubblicità ingannevole e comparativa (GU n. 72 del 27 marzo 2000) umgesetzt (deutsche Übersetzungen der Verordnungen abgedruckt in GRUR Int. 1992, 825 ff. bzw. GRUR Int. 2003, 51 ff.). Die RL 2005/29/EG und die VO EG/2006/2004 haben ihre Umsetzung im **Decreto legislativo 2 Agosto 2007**, n. 146. Attuazione della direttiva 2005/29/CE relativa alle pratiche commerciali sleali tra imprese e consumatori nel mercato interno e che modifica le direttive 84/450/CEE, 97/7/CE, 98/27/CE, 2002/65/CE, e il Regolamento (CE) n. 2006/2004 (GU n. 207 del 6 settembre 2007) gefunden. Die verwaltungsrechtliche Durchsetzung des Lauterkeitsrechts obliegt der Autorità Garante della Concorrenza e del Mercato (http://www.agcm.it). Das Istituto dell'Autodisciplina Pubblicitaria hat als Grundlage der **Selbstregulierung** den Codice di Autodisciplina della Comunicazione Commerciale (49. Aufl. vom 1.1.2010; abrufbar unter http://www.iap.it/it/codice.htm) erlassen.

b) Literaturhinweise

216 E. M. BASTIAN, Werberecht in Italien, Köln 1996; DIES., in: G. Schricker (Hrsg.), Recht der Werbung in Europa (Loseblatt), Bd. 1, Italien, Baden-Baden 1997; S. HOFER/S. M. LÖSCH/ A. TORRICELLI/G. GENTA, Werberecht in Italien, in: P. Schotthöfer (Hrsg.), Handbuch des

Werberechts in den EU-Staaten einschließlich Norwegen, Schweiz, Liechtenstein und USA, 2. Aufl., Köln 1997, 389 ff.; L. LIUZZO, Prozessuale Aspekte des italienischen Werberechts, GRUR Int. 1992, 599 ff.; P. MARCHETTI/L. C. UBERTAZZI, Commentario breve al diritto della concorrenza, Padova 1997; P.-R PREUSSLER/A. GRUBER, Das Wettbewerbsrecht in Italien, in: Heidelberger Kommentar, 2. Aufl. Heidelberg 2004, 891 ff.; A. QUIRING, Die sklavische Nachahmung im italienischen Wettbewerbsrecht, Köln 1989; K.-J. SCHALTENBERG, Die Bekämpfung irreführender und unlauterer Werbung in Italien, Köln 1988; H.-J. SCHULTZ, Unlauterer Wettbewerb in Italien (Dokumentation der «Besonderheiten» des Wettbewerbsrechts in Europa), WRP 1991, 556 ff.; S. SOMARRIELLO, Vergleichende und irreführende Werbung in Italien nach Umsetzung der Richtlinie 97/55/EG, GRUR Int. 2003, 29 ff.

12. Lettland

a) Rechtsquellen

Lauterkeitsrechtliche Regelungen enthalten das Wettbewerbsgesetz (Koncurences Likums) vom 4.10.2001 in den Art. 22 ff. (in englischer Sprache abrufbar unter http://www.wipo.int/clea/en/text_pdf.jsp?lang=EN&id=2941) und das Werbegesetz (Reklāmas Likums) vom 20.12.1999. Die RL 2005/29/EG wurde durch Gesetz vom 12.12.2007 (Negodīgas komercprakses aizlieguma likums) umgesetzt (http://ec.europa.eu/consumers/rights/docs/transpos_laws_latvia.pdf). Aktuelle Informationen zu Rechtsakten und Rechtsprechung finden sich z.T. auch in englischer Sprache auf der Homepage der Wettbewerbsbehörde (Konkurences padome) unter http://www.kp.gov.lv. 217

b) Literaturhinweise

A. BAKARDJIEVA ENGELBREKT, Lettland (Einl E X.), in: H. Harte-Bavendamm/F. Henning-Bodewig (Hrsg.), UWG – Gesetz gegen den unlauteren Wettbewerb – Kommentar, 2. Aufl., München 2009, 366 ff. 218

13. Liechtenstein

a) Rechtsquellen

Im Zentrum des liechtensteinischen Lauterkeitsrechts steht das infolge des EWR-Vertrags am EU-Recht orientierte Gesetz vom 22. Oktober 1992 gegen den unlauteren Wettbewerb (**UWG**), LGBL. 1992 Nr. 121. 219

b) Literaturhinweise

220 R. J. PROKSCH, Werberecht in Liechtenstein, in: P. Schotthöfer (Hrsg.), Handbuch des Werberechts in den EU-Staaten einschließlich Norwegen, Schweiz, Liechtenstein und USA, 2. Aufl., Köln 1997, 433 ff.

14. Litauen

a) Rechtsquellen

221 Lauterkeitsrechtliche Regelungen enthalten die Art. 16 ff. **Wettbewerbsgesetz** (Konkurencijos Įstatymas, KĮ) Nr. VIII-1099 vom 23.3.1999 (aktuelle Versionen des Gesetzes Nr. IX-2126 vom 15.4.2004 sind abrufbar in Litauisch unter http://www.konkuren.lt/index.php?show=nutlrv_view&nut_id=881 und in Englisch unter http://www.konkuren.lt/en/index.php?show=antitrust&antitrust_doc=law_new), das **Werbegesetz** (Reklamos Įstatymas, RĮ) Nr. VIII-1871 vom 18.7.2000 (abrufbar in Litauisch unter http://www3.lrs.lt/pls/inter3/dokpaieska.showdoc_l?p_id =313737&p_query=&p_tr2= und in Englisch unter http://www3.lrs.lt/pls/inter3/ dokpaieska.showdoc_l?p_id=315631) und das **Verbraucherschutzgesetz** (Vartotojų teisių apsaugos įstatymas, VTAĮ) Nr. I-657 vom 10.11.1994 (aktuelle Version des Gesetzes Nr. X-1014 vom 12.1.2007 abrufbar in Litauisch unter http://www3.lrs.lt/pls/inter2/dokpaieska.showdoc_l?p_id=291694 und in Englisch unter http://www3.lrs.lt/pls/inter3/dokpaieska.showdoc_l?p_id= 306060). Aktuelle Informationen zu Rechtsakten und Rechtsprechung finden sich z.T. auch in englischer Sprache auf der Homepage der Wettbewerbsbehörde (Konkurencijos taryba) unter http://www.konkuren.lt/.

b) Literaturhinweise

222 A. BAKARDJIEVA ENGELBREKT, Litauen (Einl E XI.), in: H. Harte-Bavendamm/F. Henning-Bodewig (Hrsg.), UWG – Gesetz gegen den unlauteren Wettbewerb – Kommentar, 2. Aufl., München 2009, 370 ff. Š. KESERAUSKAS/A. KLIMAS, Enforcement of competition rules in Lithuania: the first decade, abrufbar unter http://www.lawin.lt/en/docs.download/601.php; L. MARKAUSKAS, Reklamos teisinis reglamentavimas: teorija ir praktika, Vilnius 2008; V. MIZARAS, Unfair Competition Law in the Baltic States, in: R. M. Hilty/F. Henning-Bodewig (Hrsg.), Law Against Unfair Competition: Towards a New Paradigm in Europe?, Berlin/ Heidelberg 2007, 249 ff.

15. Luxemburg

a) Rechtsquellen

Das eng an das belgische Recht (N 195 f.) angelehnte luxemburgische Lauterkeitsrecht findet sich vor allem im **Loi du 30 juillet 2002** réglementant certaines pratiques commerciales, sanctionnant la concurrence déloyale et transposant la directive 97/55/CE du Parlement Européen et du Conseil modifiant la directive 84/450/CEE sur la publicité trompeuse afin d'y inclure la publicité comparative (Gesetz zur Regelung gewisser Handelspraktiken und zur Sanktionierung des unlauteren Wettbewerbs), JO du 12 août 2002, S. 1830. Die RL 2005/29/EG wurde durch die Loi du 29 avril 2009 relative aux pratiques commerciales déloyales (JO n° 88 du 30 avril 2009, S. 1027) umgesetzt.

223

b) Literaturhinweise

P. BIRDEN, Das Wettbewerbsrecht in Luxemburg, in: Heidelberger Kommentar, Heidelberg 2000, 731 ff.; P. EMERING, Das Recht des unlauteren Wettbewerbs in Luxemburg (Dokumentation der «Besonderheiten» des Wettbewerbsrechts in Europa), WRP 1991, 72 ff.; F. HENNING-BODEWIG, Das Wettbewerbsrecht in Luxemburg, GRUR Int. 1994, 809 ff.; DIES., in: G. Schricker (Hrsg.), Recht der Werbung in Europa (Loseblatt), Bd. 1, Luxemburg, Baden-Baden 2002.

224

16. Niederlande

a) Rechtsquellen

In Ermangelung eines Sondergesetzes beruht das niederländische Lauterkeitsrecht seit 1992 auf der deliktischen Generalklausel (Art. 6:162) und Sonderregelungen zur irreführenden und vergleichenden Werbung (Art. 6:194–196) im **Burgerlijk Wetboek** (BW). Weitere Regelungen enthalten seit 2008 (Wet van 25 september 2008 tot aanpassing van de Boeken 3 en 6 van het Burgerlijk Wetboek en andere wetten aan de richtlijn betreffende oneerlijke handelspraktijken van ondernemingen jegens consumenten op de interne markt, Staatsblad 2008 397) die Art. 193a–193j BW zur Umsetzung der RL 2005/29/EG. Bedeutsam ist ferner das Wet van 20 november 2006, houdende regels omtrent instanties die verantwoordelijk zijn voor handhaving van de wetgeving inzake consumentenbescherming (Wet handhaving consumentenbescherming), Staatsblad 2006 591. Die seit 1999 ergangenen Entscheidungen des **Hoge Raad** sind abrufbar unter http://www.rechtspraak.nl/ Gerechten/HogeRaad. Die in den Niederlanden bedeutsame **Selbstregulierung** basiert auf dem Nederlandse Reclame Code (NRC; englische Übersetzung abrufbar unter http://www.reclamecode.nl/bijlagen/NRC%20brochure

225

Einleitung

PETER JUNG

%20Engels%202008.pdf) und wird von der Stichting Reclame Code (http://www.reclamecode.nl) wahrgenommen.

b) Literaturhinweise

226 L. BAEUMER, in: E. Ulmer (Hrsg.), Das Recht des unlauteren Wettbewerbs in den Mitgliedstaaten der Europäischen Wirtschaftsgemeinschaft, Band II/2: Niederlande, Köln 1967; F. HENNING-BODEWIG, Das neue (alte) Recht des unlauteren Wettbewerbs der Niederlande, GRUR Int. 1993, 126 ff.; F. HENNING-BODEWIG/D. W. F. VERKADE/A. QUAEDVLIEG, in: G. Schricker (Hrsg.), Recht der Werbung in Europa (Loseblatt), Bd. 2, Niederlande, Baden-Baden 1995; J. C. KABEL (Hrsg.), Praktijkboek Reclame- en Aanduidingenrecht (PRAR), Loseblattsammlung, Deventer; E. W. MEHRING, Das Recht des unlauteren Wettbewerbs in den Niederlanden (Dokumentation der «Besonderheiten» des Wettbewerbsrechts in Europa), WRP 1990, 477 ff.; G.-J. RIBBINK, Werberecht in den Niederlanden, in: P. Schotthöfer (Hrsg.), Handbuch des Werberechts in den EU-Staaten einschließlich Norwegen, Schweiz, Liechtenstein und USA, 2. Aufl., Köln 1997, 445 ff.

17. Österreich

a) Rechtsquellen

227 Das allgemeine österreichische Lauterkeitsrecht findet sich im Bundesgesetz gegen den unlauteren Wettbewerb 1984 – UWG (Wiederverlautbarung in BGBl. I Nr. 448/1984), das zuletzt zur Umsetzung der RL 2005/29/EG und der RL 2006/114/EG durch die UWG-Novelle 2007 (BGBl. I Nr. 79/2007) geändert wurde. Aktuelle Informationen zum österreichischen Recht finden sich unter www.ris.bka.gv.at.

b) Literaturhinweise

228 H. FITZ/H. GAMERITH, Handelsrecht – Wettbewerbsrecht: Unlauterer Wettbewerb und Kartelle, 4. Aufl., Wien 2003; M. GUMPOLDSBERGER/P. BAUMANN (Hrsg.), UWG – Bundesgesetz gegen den unlauteren Wettbewerb, Wien 2003; C. HANDIG, Harmonisierung des Lauterkeitsrechts in der EU, Wien 2006, 109 ff.; W. HAUSER/A. THOMASSER, Wettbewerbs- und Immaterialgüterrecht, Wien 1998; S. KOFLER, Werberecht in Österreich, in: P. Schotthöfer (Hrsg.), Handbuch des Werberechts in den EU-Staaten einschließlich Norwegen, Schweiz, Liechtenstein und USA, 2. Aufl., Köln 1997, 481 ff.; H.-G. KOPPENSTEINER, Österreichisches und europäisches Wettbewerbsrecht: Wettbewerbsbeschränkungen, unlauterer Wettbewerb, Marken, 3. Aufl., Wien 1997; H. KREJCI (Hrsg.), Lauterkeitsrecht im Umbruch: Europa, Deutschland, Österreich, Wien 2005; F. RÜFFLER, in: H.-G. Koppensteiner (Hrsg.) Österreichisches und europäisches Wirtschaftsprivatrecht, Teil 6/2: Wettbewerbsrecht – UWG, Wien 1998; L. WILTSCHECK (Hrsg.), UWG – Gesetz gegen den unlauteren Wettbewerb idF der UWG-Novelle 2007 samt Durchführungsverordnungen und einschlägigen EG-Richtlinien, 2. Aufl., Wien 2007; L. WILTSCHEK, Die

Beurteilung grenzüberschreitender Werbe- und Absatztätigkeit nach österreichischem Wettbewerbsrecht, GRUR Int. 1988, 299 ff.; C. WINTERNITZ/B. STEINMAIR, Das Wettbewerbsrecht in Österreich, in: Heidelberger Kommentar, 2. Aufl., Heidelberg 2004, 918 ff.

18. Polen

a) Rechtsquellen

Das allgemeine polnische Lauterkeitsrecht ist im mehrfach geänderten ustawa z dnia 16 kwietnia 1993 r. (Dz.U. 1993 Nr 47 poz. 211) o zwalczaniu nieuczciwej konkurencji (**ZNKU**; Gesetz v. 16.4.1993 zur Bekämpfung des unlauteren Wettbewerbs) sowie im Ustawa z dnia 16 lutego 2007 r. (Dz.U. 2007 Nr 50 poz. 331) o ochronie konkurencji i konsumentów (**OKiKU**; Gesetz v. 16.2.2007 zum Wettbewerbs- und Konsumentenschutz; abrufbar auf Polnisch unter http://isip.sejm.gov.pl/servlet/Search?todo=file&id=WDU20070500331&type =1&name=D20070331L.pdf) enthalten. Die RL 2005/29/EG wurde durch das ustawa z dnia 23 sierpnia 2007 r. (Dz.U. Nr 171 poz. 1206) o przeciwdziafaniu nieuczciwym praktykom rynkowym (Gesetz v. 23.8.2007 zur Bekämpfung unlauterer Wettbewerbspraktiken) umgesetzt (abrufbar unter http://ec.europa.eu/ consumers/cons_int/safe_shop/fair_bus_pract/transpos_laws_pl.pdf).

229

b) Literaturhinweise

H. GRALLE, Polen: Gesetz über die Bekämpfung des unlauteren Wettbewerbs, WiRO 1993, 304 ff.; H. KUBAS/M. LASSOTA, Das Wettbewerbsrecht in Polen, in: Heidelberger Kommentar, 2. Aufl., Heidelberg 2004, 976 ff.; R. SKUBISZ, Ustawa o zwalczaniu nieuczciwej konkurencji – komentarz, Warschau 2000; DERS., Das Recht des unlauteren Wettbewerbs in Polen, GRUR Int. 1994, 681 ff.; R. SKUBISZ/J. SZWAJA, Poland: Unfair competition Law, in: R. Hilty/F. Henning-Bodewig (Hrsg.), Law against Unfair Competition: Towards a New Paradigm in Europe?, Berlin 2007, 231 ff.; J. SZWAJA, Die Genese der Generalklausel des neuen polnischen UWG, GRUR 1996, 484 ff.; I. WISZNIEWSKA, in: G. Schricker (Hrsg.), Recht der Werbung in Europa (Loseblatt), Bd. 2, Polen, Baden-Baden 1999; DIES., Novellierung des polnischen Gesetzes über die Bekämpfung des unlauteren Wettbewerbs, GRUR Int. 2001, 213 ff.

230

19. Portugal

a) Rechtsquellen

Das Kernstück des portugiesischen Lauterkeitsrechts bilden der mehrfach geänderte **Código da Publicidade** vom 23.10.1990 (Decreto-Lei n.° 330/90 de 23 de Outubro; abrufbar unter http://www.idesporto.pt/DATA/DOCS/LEGISLACAO/ Doc172.pdf) und einzelne Vorschriften im **Código da Propriedade Industrial** (Art. 317: Generalklausel, Art. 318: Geheimnisschutz, Art. 331: Sanktionierung)

231

vom 5.3.2003 (Decreto-Lei n.° 36/2003 de 5 Março 2003; abrufbar unter http://oami.europa.eu/pdf/mark/nl_pt_1_pt.pdf). Am 26.3.2008 wurde vom Ministério da Economia e da Inovação zudem das Decreto-Lei n.° 57/2008 zur Umsetzung der RL 2005/29/EG erlassen (Diário da República, 1.ª série N.° 60 v. 26.3.2008).

b)   Literaturhinweise

232   I. JALLES/C. DEIN, Werberecht in Portugal, in: P. Schotthöfer (Hrsg.), Handbuch des Werberechts in den EU-Staaten einschließlich Norwegen, Schweiz, Liechtenstein und USA, 2. Aufl., Köln 1997, 507 ff.; M. KUHLMANN, Der unlautere Wettbewerb im portugiesischen Recht, Tübingen 1988; J. MÖLLERING, Das Recht des unlauteren Wettbewerbs in Portugal (Dokumentation der «Besonderheiten» des Wettbewerbsrechts in Europa), WRP 1991, 634 ff.; J. DE OLIVEIRA ASCENSAO, in: E. Ulmer (Hrsg.), Das Recht des unlauteren Wettbewerbs in den Mitgliedstaaten der Europäischen Wirtschaftsgemeinschaft, Band VIII: Portugal, Köln 2005; DERS., Concorrencia Desleal, Braga 2002; J. PATRICIO PAUL et al., Concorrência Desleal, Coimbra 1997; G. SCHRICKER, Einführung in das portugiesische Recht des unlauteren Wettbewerbs, GRUR Int. 1994, 819 ff.; I. WOLLMANN, Das Wettbewerbsrecht in Portugal, in: Heidelberger Kommentar, 2. Aufl., Heidelberg 2004, 987 ff.

20.   Rumänien

a)   Rechtsquellen

233   Das aus einer Generalklausel und Sondertatbeständen bestehende rumänische Lauterkeitsrecht ist in einem eigenen Gesetz gegen den unlauteren Wettbewerb, dem **Lege nr. 24/1991** vom 29.1.1991, enthalten (Monitorul Oficial al României, Partea I-a nr. 24/30.I.1991; in englischer Sprache abrufbar unter http://www.wipo.int/ clea/en/text_pdf.jsp?lang=EN&id=3581). Die RL 2005/29/EG wurde durch das Gesetz (**Lege nr. 250/2007** privind combaterea practicilor incorecte ale comercianților în relația cu consumatorii şi armonizarea reglementărilor cu legislația europeană privind protecția consumatorilor; abgedruckt im Monitorul Oficial al României, Partea I, nr. 899/28.XII.2007; abrufbar unter http://ec.europa.eu/ consumers/rights/docs/ transpos_laws_romania.pdf) umgesetzt. Aktuelle Materialien sind in englischer Sprache abrufbar über die Homepage (http://www.competition.ro) des rumänischen Wettbewerbsrats (Consiliul Concurentei).

b)   Literaturhinweise

234   Y. EMINESCU, Das Recht des unlauteren Wettbewerbs in Rumänien, GRUR Int. 1994, 688 ff.

21. Russische Föderation

a) Rechtsquellen

Das russische **Wettbewerbsschutzgesetz** vom 26.7.2006 (Федеральный закон о защите конкуренции N° 135–ФЗ; in Englisch abrufbar unter http://fas.gov.ru/english/legislation/8955.shtml) enthält die allgemeinen lauterkeitsrechtlichen Regelungen (v.a. Art. 14). Daneben besteht ein Gesetz der Russischen Föderation über die **Werbung** vom 13.3.2006 (Федеральный закон о рекламе N° 38–ФЗ; in der Fassung von 1995 in deutscher Sprache abgedruckt in GRUR Int. 1996, 1206 ff.; inoffizielle Version in Englisch abrufbar unter http://www.medialaw.ru/e_pages/laws/russian/advertising_eng/advertising eng_1.html). Aktuelle Materialien sind auch in Englisch abrufbar über die Homepage (http://fas.gov.ru/english) der Antimonopolkommission der Russischen Föderation (Федеральная антимонопольная служба).

235

b) Literaturhinweise

O. DILLENZ, Das russische Wettbewerbsrecht: Recht gegen den unlauteren Wettbewerb und Kartellrecht, Wien 1999; DERS., Der aktuelle Entwicklungsstand des Rechts gegen den unlauteren Wettbewerb in der Russischen Föderation, GRUR Int. 1997, 16 ff.; L. MALKOV, Unlauterer Wettbewerb in Russland – Paradoxe Wirkungen der Umwälzungsprozesse, GRUR Int. 1994, 692 ff.

236

22. Schweden

a) Rechtsquellen

Das allgemeine schwedische Lauterkeitsrecht findet sich im **Marknadsföringslag** (SFS 1995:450) vom 27.4.1995 (deutsche Übersetzung des Marktvertriebsgesetzes in GRUR Int. 1997, 37 ff.; englische Übersetzung abrufbar unter http://www.wipo.int/clea/en/text_html.jsp?lang=EN&id=3635). Zur Umsetzung der RL 2005/29/EG liegt bislang nur ein Regierungsentwurf (Prop. 2007/08:115) vor (abrufbar unter http://ec.europa.eu/consumers/cons_int/safe_shop/fair_bus_pract/ transpos_laws_sv.pdf). Aktuelle Informationen finden sich auf der Homepage des schwedischen Konsumentenschutzamts (http://www.konsumentverket.se).

237

b) Literaturhinweise

U. BERNITZ, Das neue schwedische Marktgesetz – insbesondere der Schutz von Gewerbetreibenden gegen Nachahmung, GRUR Int. 1996, 433 ff.; H. DAHLBECK/J. KOCH, Das Wettbewerbsrecht in Schweden, in: Heidelberger Kommentar, 2. Aufl., Heidelberg 2004, 994 ff.

238

T. KEYßNER, Täuschung durch Unterlassen – Informationspflichten in der Werbung, Rechtsvergleichende Untersuchung zum deutschen, schwedischen und dänischen Recht, Köln 1986; A. KUR, Das Recht des unlauteren Wettbewerbs in Finnland, Norwegen und Schweden, GRUR Int. 1996, 38 ff.; DIES., Die geschlechtsdiskriminierende Werbung im Recht der nordischen Länder, WRP 1995, 790 ff.; P. J. NORDELL, Marknadsrätten. En Introduktion, 3. Aufl., Stockholm 2004; M. PLOGELL, Werberecht in Schweden, in: P. Schotthöfer (Hrsg.), Handbuch des Werberechts in den EU-Staaten einschließlich Norwegen, Schweiz, Liechtenstein und USA, 2. Aufl., Köln 1997, 527 ff.; M. TREIS, Recht des unlauteren Wettbewerbs und Marktvertriebsrecht in Schweden, Köln 1991.

23. Slowakei

a) Rechtsquellen

239 Die Generalklausel (§ 44 Abs. 1) und die wichtigsten Sondertatbestände (§ 44 Abs. 2 i.V.m. §§ 45–52) unlauteren Wettbewerbs finden sich in dem noch aus der Zeit der CSFR stammenden und von der Slowakei übernommenen Handelsgesetzbuch (Obchodný zákonník č. 513/1991 Zb.), das in den §§ 41 bis 55 lauterkeitsrechtliche Regelungen enthält (abrufbar unter http://www.madeinslovakia.sk/zakony/obchz.pdf). Das Werberecht findet sich in einem gesonderten Gesetz (**Zákon 147/2001** z 5. apríla 2001 o reklame a o zmene a doplnení niektorých zákonov) vom 5.4.2001 (Uverejnené v Zbierke zákonov č. 62/2001 strana 1622; in deutscher Sprache abgedruckt in GRUR Int. 2003, 714 ff.). Die RL 2005/29/EG wurde durch das Gesetz vom 9.5.2007 über den Verbraucherschutz und zur Änderung des Gesetzes Nr. 372/1990 über Ordnungswidrigkeiten (**Zákon 250/2007** z 9. mája 2007 o ochrane spotrebiteľa a o zmene zákona Slovenskej národnej rady č. 372/1990 Zb. o priestupkoch v znení neskorších predpisov) umgesetzt (abrufbar unter http://ec.europa.eu/consumers/cons_int/safe_shop/fair_bus_pract/transposition_laws_slovakia.pdf).

b) Literaturhinweise

240 F. HENNING-BODEWIG, Slowakei (Einl E XIX), in: H. Harte-Bavendamm/F. Henning-Bodewig (Hrsg.), UWG – Gesetz gegen den unlauteren Wettbewerb – Kommentar, 2. Aufl., München 2009, 436 ff.; A. ŠKREKO, The Legal Regulation of Unfair Competition in the Slovak Republic, in: R. M. Hilty/F. Henning-Bodewig (Hrsg.), Law Against Unfair Competition – Towards a New Paradigm in Europe?, Berlin 2007, S. 211 ff.

24. Slowenien

a) Rechtsquellen

Das slowenische Lauterkeitsrecht findet sich im 1999 und 2002 geänderten Wettbewerbsschutzgesetz (Zakon o varstvu konkurence, **ZVK**) vom 25.3.1993 (Ur.l. RS, št. 18/1993; mit Änderungsgesetzen abrufbar unter http://zakonodaja.gov.si/rpsi/r05/predpis_ZAKO1875.html). Die Richtlinie 2005/29/EG wurde umgesetzt durch das Gesetz zum Schutz der Verbraucher gegen unlautere Geschäftspraktiken (Zakon o varstvu potrošnikov pred nepoštenimi poslovnimi praksami, **ZVPNPP**) vom 31.5.2007 (Ur.l. RS, št. 53/2007; abrufbar unter http://zakonodaja.gov.si/rpsi/r04/predpis_ZAKO5064.html).

241

b) Literaturhinweise

P. GRILC/K. PODOBNIK, Das Wettbewerbsrecht in Slowenien, in: Heidelberger Kommentar, 2. Aufl., Heidelberg 2004, 1006 ff.; S. KRNETA, Die Neuregelung des Wettbewerbsrechts in Slowenien, GRUR Int. 1994, 289, 294 ff.; F. PERNEK, Thesen zum Verbraucherschutzgesetz der Republik Slowenien (Dokumentation der «Besonderheiten» des Wettbewerbsrechts in Europa), WRP 1992, 621 ff.; J. STRAUS, Das Recht des unlauteren Wettbewerbs in Slowenien mit Hinweisen auf die Rechtslage in Kroatien, GRUR Int. 1994, 700 ff.

242

25. Spanien

a) Rechtsquellen

Das spanische Recht kennt mit dem Ley 3/1991, de 10 de enero de 1991 de Competencia Desleal (**LCD**) eine umfassende und allgemeine gesetzliche Regelung des Lauterkeitsrechts (deutsche Übersetzung des Gesetzes über unlauteren Wettbewerb vom 10.1.1991 in GRUR Int. 1991, 551 ff.).

243

b) Literaturhinweise

A. BERG, Das neue spanische Gesetz gegen den unlauteren Wettbewerb von 1991, München 1997; E. DOMÍNGUEZ PÉREZ, Nachahmung und ungerechtfertigte Ausnutzung fremder Leistungen im spanischen Recht gegen unlauteren Wettbewerb, GRUR Int. 2001, 1017 ff.; K. B. FISCHER/ A.-K. FISCHER, Spanisches Handels- und Wirtschaftsrecht, 2. Aufl., Heidelberg 1995; H. FREYER, Das neue spanische Gesetz gegen unlauteren Wettbewerb, ZVglRWiss 91 (1992), 96 ff.; S. LEIBLE, Bedeutung und Bestimmung der Verkehrsauffassung im spanischen Recht des unlauteren Wettbewerbs, WRP 1992, 1 ff.; M. MARTÌ, Das Wettbewerbsrecht in Spanien, in: Heidelberger Kommentar, 2. Aufl., Heidelberg 2004, 1016 ff.; J. MASSAGUER FUENTES, Comentario a la Ley de Competencia Desleal, Madrid 1999; A. MENENDEZ, La competencia desleal, Madrid 1988; J. S. NEBE, Die Regelung der Werbung in Spanien – Eine systematische Darstellung mit Hinwei-

244

sen auf das deutsche Recht, Hannover 1996; P. RÖHRENBACH/A. MEISTER, Wettbewerbsrecht in Spanien (Dokumentation der «Besonderheiten» des Wettbewerbsrechts in Europa), WRP 1990, 307 ff.; M. V. SCHILLER, Werberecht in Spanien, in: P. Schotthöfer (Hrsg.), Handbuch des Werberechts in den EU-Staaten einschließlich Norwegen, Schweiz, Liechtenstein und USA, 2. Aufl., Köln 1997, 571 ff.; A. TATO PLAZA, Das neue System zur Selbstkontrolle der Werbung in Spanien, GRUR Int. 1999, 853 ff.; A. WIRTH, Das neue Recht des unlauteren Wettbewerbs in Spanien. Eine Darstellung des Gesetzes 3/1991 über unlauteren Wettbewerb mit rechtsvergleichenden Bezügen, Frankfurt/M. 1996.

26. Tschechische Republik

a) Rechtsquellen

245 Die Generalklausel (§ 44 Abs. 1) und die wichtigsten Sondertatbestände (§ 44 Abs. 2 i.V.m. §§ 45–52) unlauteren Wettbewerbs finden sich in dem noch aus der Zeit der CSFR stammenden und von der Tschechischen Republik übernommenen **Handelsgesetzbuch** (Zákon č. 513/1991 Sb., obchodní zákonik), das in den §§ 41 bis 54 lauterkeitsrechtliche Regelungen enthält (abrufbar unter http://business.center.cz/business/pravo/zakony/obchzak/cast1.aspx). Wichtige gesetzliche Vorschriften zur (Rundfunk-)Werbung enthält zudem das **Werbegesetz** (Zákon č. 40/95 Sb., o regulaci reklamy a o zeměně a doplněni zákona č. 468/1991 Sb., o provozování rozhlasového a televizního vysílání, ve znění pozdějších předpisů s účinností) vom 1.4.1995 (dazu ein Bericht in GRUR Int. 1995, 742).

b) Literaturhinweise

246 Z. CÍSAŘOVÁ/V. KŘESŤANOVÁ, Zákon o regulaci reklamy, Prag 2002; D. KOUBA/R. SÖHLKE, Unlauterer Wettbewerb in der Tschechischen Republik, WiRO 2000, 329 ff., 366 ff.; J. MUNKOVÁ, Právo proti nekalé soutěži, 3. Aufl., Prag 2008; M. OPLTOVA, Das Recht des unlauteren Wettbewerbs in der Tschechischen Republik, GRUR Int. 1994, 710 ff.; E. SCHRAMM, Das Wettbewerbsrecht in der Tschechischen Republik, in: Heidelberger Kommentar, 2. Aufl., Heidelberg 2004, 1021 ff.

27. Ukraine

a) Rechtsquellen

In der Ukraine bestehen namentlich ein am 15.5.2003 (N 762-IV) geändertes **Gesetz über den Schutz vor unlauterem Wettbewerb** (Закон України про захист від недобросовісної конкуренції) vom 7.6.1996 (N 236/96-VR, Vidomosti Verchovnoj Rady Ukrainy Nr. 36 v. 3.9.1996 Pos. 164, S. 485; eine deutsche Übersetzung der ursprünglichen Fassung findet sich in GRUR Int. 1996, 1214 ff.; eine englische Übersetzung der Gesetzesversion von 2003 ist abrufbar unter http://www.wipo.int/clea/en/text_pdf.jsp?lang=EN&id=5122) und ein seither mehrfach geändertes **Gesetz über die Werbung** (Закон України про рекламу) vom 3.7.1996 (N 271/96-VR, Vidomosti Verchovnoj Rady Ukrainy Nr. 39 v. 24.9.1996 Pos. 181, S. 521 und Pos. 182, S. 533; eine deutsche Übersetzung findet sich in GRUR Int. 1997, 432 ff.). Aktuelle Informationen auch in englischer Sprache finden sich auf der Homepage (http://www.amc.gov.ua/amc/control/uk/index) der ukrainischen Antimonopolkommission (Антимонопольний комітет України).

247

b) Literaturhinweise

A. DERINGER, Ukraine: Gesetz gegen den unlauteren Wettbewerb, GRUR Int. 1996, 1201 ff.

248

28. Ungarn

a) Rechtsquellen

Im ungarischen Recht sind das **Gesetz LVII** über das Verbot des unlauteren Wettbewerbs und der Wettbewerbsbeschränkung (Versenytörvény, Magyar Közlöny 1996 Nr. 56, S. 3498) vom 25.6.1996 (in Deutsch abgedruckt in GRUR Int. 2001, 1025; in Englisch abrufbar unter http://www.gvh.hu/domain2/files/modules/module25/5723964C09A66629.pdf) und das **Gesetz LVIII** über geschäftliche Werbemassnahmen (Reklámtörvény) vom 1.9.1997 (in englischer Sprache abrufbar unter http://www.gvh.hu/domain2/files/modules/module25/pdf/Act_LVIII_of_1997.pdf) sowie das **Verbraucherschutzgesetz** aus dem Jahre 1997 (Törvény a fogyasztóvédelemröl) von lauterkeitsrechtlicher Bedeutung. Aktuelle Materialien sind auch in englischer Sprache über die Homepage des ungarischen Amts für wirtschaftlichen Wettbewerb (Gazdasági Versenyhivatal, GVH) zugänglich (http://www.gvh.hu).

249

b) Literaturhinweise

250 A. BAKARDJIEVA ENGELBREKT, Ungarn (Einl E XXIII), in: H. Harte-Bavendamm/F. Henning-Bodewig (Hrsg.), UWG – Gesetz gegen den unlauteren Wettbewerb – Kommentar, 2. Aufl., München 2009, 462 ff.; J. Firniksz, The Legal Framework of Unfair Marketing Practices in Hungary, in: R. Hilty/F. Henning-Bodewig (Hrsg.), Law against Unfair Competition: Towards a New Paradigm in Europe?, Berlin 2007, 200 ff.; SÁRKÖZY (Hrsg.), Versenyjog, Budapest 2001; A. VIDA, Das Recht des unlauteren Wettbewerbs in Ungarn (Dokumentation der «Besonderheiten» des Wettbewerbsrechts in Europa), WRP, 1991, 465 ff.; DERS., Schutz gegen unlauteren Wettbewerb in Ungarn, WiRO, 1993, 257 ff.

1. Kapitel: Zweck

Art. 1

Dieses Gesetz bezweckt, den lauteren und unverfälschten Wettbewerb im Interesse aller Beteiligten zu gewährleisten.

La présente loi vise à garantir, dans l'intérêt de toutes les parties concernées, une concurrence loyale et qui ne soit pas faussée.

La presente legge tende a garantire una concorrenza leale e inalterata nell'interesse di tutte le parti interessate.

The purpose of this Act is to ensure fair and undistorted competition in the interest of all concerned.

Inhaltsübersicht Note Seite

				Note	Seite
I.	Normzweck und Entstehungsgeschichte			1	131
II.	Schutzobjekt			2	132
	1.	Schutz des wirtschaftlichen Wettbewerbs		3	132
	2.	Schutz des lauteren und unverfälschten Wettbewerbs		9	136
		a)	Lauterer Wettbewerb	10	137
			aa) Inhalt des Schutzziels	10	137
			bb) Bedeutung des Schutzziels	14	139
		b)	Unverfälschter Wettbewerb	15	140
			aa) Inhalt des Schutzziels	15	140
			bb) Bedeutung des Schutzziels	18	142
		c)	Verhältnis zwischen lauterem und unverfälschtem Wettbewerb	19	143
III.	Schutzsubjekte			22	146
	1.	Schutz der Interessen der Mitbewerber		23	146
		a)	Begriff des Mitbewerbers	23	146
		b)	Arten von Mitbewerbern	24	147
			aa) Mitbewerber auf demselben Markt	24	147
			bb) Mitbewerber im blossen Substitutionswettbewerb	25	148
			cc) Mitbewerber im blossen Imagewettbewerb	26	148
			dd) Mitbewerber im Kaufkraft- bzw. Angebotskapazitätswettbewerb	27	149
		c)	Wirtschaftliche Interessen der Mitbewerber	28	149
		d)	Konsequenzen für das Lauterkeitsrecht	29	150
	2.	Schutz der Interessen der Marktgegenseite		30	150
		a)	Begriff der Marktgegenseite	30	150
		b)	Einzelne Gruppen auf der Marktgegenseite	31	151
			aa) Anbieter	31	151
			bb) Abnehmer bzw. Kunden	32	151
			cc) Konsumenten	33	152

			Note	Seite
	aaa)	Begriff des Konsumenten	33	152
	bbb)	Konsumentenleitbilder und -modelle	37	153
	c)	Wirtschaftliche Interessen der Marktgegenseite	44	157
	d)	Konsequenzen für das Lauterkeitsrecht	45	157
3.	Schutz der Interessen der Allgemeinheit		46	157
4.	Berücksichtigung der Interessen des Begünstigten und des Begünstigenden		47	158

Literatur

P. ABBT, Konsumentenschutz und Wettbewerb – Ein Spannungsverhältnis, erläutert am Bundesgesetz gegen den unlauteren Wettbewerb, UWG, Zürich 1994; M. BAMMATTER, Der Begriff des Leistungswettbewerbs im schweizerischen Lauterkeitsrecht, Bern 1990; H. BARTLING, Leitbilder der Wettbewerbspolitik, München 1980; C. BAUDENBACHER (Hrsg.), Lauterkeitsrecht – Kommentar zum Gesetz gegen den unlauteren Wettbewerb (UWG), Basel 2001, Art. 1; DERS., Suggestivwerbung und Lauterkeitsrecht, Bern 1978; DERS., Zur funktionalen Anwendung von § 1 UWG des deutschen und Art. 1 des schweizerischen UWG, ZHR 1980, 145 ff.; A. BEATER, Nachahmen im Wettbewerb, Tübingen 1995; DERS., Verbraucherschutz und Schutzzweckdenken im Wettbewerbsrecht, Tübingen 2000; M. BERGER, Die funktionale Konkretisierung von Art. 2 UWG, Zürich 1997; G. BIAGGINI, Wettbewerb und Staatsverantwortung aus verfassungs- und wirtschaftsrechtlicher Sicht, in: B. Ehrenzeller/R. Waldburger (Hrsg.), Wettbewerb und Staatsverantwortung, Zürich 2009, 7 ff.; R. H. BORK, The Antitrust Paradox – A Policy at War with Itself, New York 1978; C. BRÜHWILER, Der ruinöse Preiskampf – Marketinglösungen bei übersteigertem Preiswettbewerb, Zürich 1989; J. M. CLARK, Competition as a Dynamic Process, Washington 1961; L. DAVID/R. JACOBS, Schweizerisches Wettbewerbsrecht, 4. Aufl., Bern 2005, N 1 ff.; F. DESSEMONTET, Théorie fonctionnaliste de la concurrence et droits subjectifs, SZW 1994, 117 ff.; J. DREXL, Die wirtschaftliche Selbstbestimmung des Verbrauchers, Tübingen 1998; J. FAVRE, L'approche économique et sociale de la concurrence, in: L. Schürmann (Hrsg.), Probleme des Kartellverwaltungsrechts, Bern 1991, 41 ff.; A. M. GAUTSCHI, Konsumentenschutz als Dimension des UWG – Diskussion der Vernehmlassungsvorlage zur Revision des UWG, sic! 2008, 942 ff.; O. A. GERMANN, Zum Leistungsprinzip im Wettbewerbsrecht, WuR 1968, 143 ff.; E. HOPPMANN, Workable Competition als wettbewerbspolitisches Konzept, in: H. Besters (Hrsg.), Theoretische und institutionelle Grundlagen der Wirtschaftspolitik, FS für Th. Wessels, Berlin 1967, 145 ff.; E. KANTZENBACH, Die Funktionsfähigkeit des Wettbewerbs, 2. Aufl., Göttingen 1967; J. GOTTHOLD, Neuere Entwicklungen der Wettbewerbstheorie, ZHR 145 (1981), 286 ff.; F. A. V. HAYEK, Die Theorie komplexer Phänomene, Tübingen 1972; DERS., Der Wettbewerb als Entdeckungsverfahren, Kiel 1968; DERS., Die Anmaßung von Wissen, Ordo 26 (1975), 12 ff.; K. HERDZINA, Wettbewerbspolitik, 5. Aufl., Stuttgart 1999; R. KAPLAN, Das Interesse der Allgemeinheit bei der Konkretisierung der Generalklausel des § 3 UWG, Baden-Baden 2008; G. KIRCHGÄSSNER, Homo Oeconomicus, 3. Aufl., Tübingen 2008; DERS., Wettbewerb und Staatsverantwortung aus ökonomischer Sicht, in: B. Ehrenzeller/R. Waldburger (Hrsg.), Wettbewerb und Staatsverantwortung, Zürich 2009, 7 ff.; F. H. KNIGHT, Risk, Uncertainty, and Profit, Boston 1921; E. A. KRAMER, Konsumentenschutz als neue Dimension des Privat- und Wettbewerbsrechts, ZSR 1979, 49 ff.; W. KROEBER-RIEL/P. WEINBERG/A. GRÖPPEL-KLEIN, Konsumentenverhalten, 9. Aufl., München 2009; M. KUMMER, Anwendungsbereich und Schutzgut der privatrechtlichen Rechtssätze gegen den unlauteren und freiheitsbeschränkenden Wettbewerb, Bern 1960; D. LINDER, Das UWG als Ansatz des Konsumentenschutzes – Instrumentalisierung des Lauterkeitsrechts im Hinblick auf den Schutz von Konsumenteninteressen?, Zürich 1994; M. LUPI THOMANN, Die Anwendung des Konsumkreditgesetzes auf Miet-, Miet-Kauf- und Leasingverträge, Zürich 2003; E. MARTIN-ACHARD, La Loi fédérale contre la concurrence déloyale du 19 décembre 1986 (LCD), Lausanne 1988; DERS., La notion de la concurrence déloyale, JdT 1977, 1 ff.; DERS., La concurrence et les tiers, SJ 1991, 33 ff.; DERS., Les principes généraux de la nouvelle LCD, in: La nouvelle loi fédérale contre la concurrence déloyale, CEDIDAC Nr. 11, Lausanne, 1988, 9 ff. J. MICHEL, Die Entwicklung des zivilrechtlichen Begriffs: Unlauterer Wettbewerb, Bern 1946; J. MÜLLER, Einleitung und Generalklausel (Art. 1–2 UWG), in: R. von Büren/L. David (Hrsg.), SIWR V/1, 2. Aufl., Basel 1998, 1 ff.; S. NIEMÖLLER, Das Verbraucherleitbild in der deutschen und europäischen Rechtsprechung, München 1999; M. PEDRAZZINI/F. PEDRAZZINI, Unlauterer Wettbewerb – UWG, 2. Aufl., Bern 2002, N 1.30 ff.; R. POSNER, The Chicago School of Antitrust Analysis, U Penn L. R. 127 (1979), 925 ff.; W. SCHLUEP, Vom lauteren zum freien Wettbewerb, in: Zum Wirtschaftsrecht, Bern 1978; DERS., Über den Begriff der Wettbewerbsverfälschung, in: H. Merz/W. Schluep (Hrsg.), Recht und Wirtschaft heute, FS Kummer, Bern 1980, 487 ff.; DERS., Wirksamer Wettbewerb – Schlüsselbegriff des neuen schweizerischen Wettbewerbsrechts, Bern 1987; I. SCHMIDT, Wettbewerbspolitik und Kartellrecht, 8. Aufl., Stuttgart 2005; J. SCHUMPETER, Theorie der wirtschaftlichen Entwicklung – Eine Untersuchung über Unternehmergewinn, Kapital, Kredit, Zins und den Konjunkturzyklus, 8. Aufl. (unveränderter Nachdruck der 1934 erschienenen 4. Aufl.), Berlin 1993; B. STAUDER/X. FAVRE-BULLE, Droit de la consommation, Commentaire, Basel 2004; G. J. STIGLER, The Theory of Price, 4. Aufl., New York 1987; H. P. WALTER, Das Wettbewerbsverhältnis im neuen UWG, SMI 1992, 169 ff.; R. ZÄCH, Schweizerisches Kartellrecht, 2. Aufl., Bern 2005.

I. Normzweck und Entstehungsgeschichte

Art. 1 wurde 1986 den Regelungen des neuen UWG als sog. **Zweckartikel** vorangestellt, um die im Lauterkeitsrecht besonders bedeutsame teleologische Auslegung der vielfach unbestimmt gefassten Vorschriften in objektiver (Schutz des lauteren und unverfälschten Wettbewerbs) und subjektiver (Schutz der Interessen aller Beteiligten) Hinsicht zu leiten (s. z.B. Art. 2 N 26). Er beendet damit zugleich die bislang geführte Debatte um die Schutzobjekte (N 2 ff.) bzw. Schutzsubjekte (N 22 ff.) und spiegelt insoweit den aktuellen Stand in der Entwicklung des Lauterkeitsrechts wider (Einl. N 87 ff.). Inzwischen besitzt auch das neue deutsche UWG von 2004 einen inhaltlich vergleichbaren und lediglich stärker subjektiv sowie etwas konkreter gefassten Programmartikel nach Schweizer Vorbild[1].

1

---

[1] § 1 dt. UWG lautet: «Dieses Gesetz dient dem Schutz der Mitbewerber, der Verbraucherinnen und der Verbraucher sowie der sonstigen Marktteilnehmer vor unlauteren geschäftlichen Handlungen. Es schützt zugleich das Interesse der Allgemeinheit an einem unverfälschten Wettbewerb.»

II. Schutzobjekt

2   Schutzobjekt des UWG ist nach Art. 1 der lautere und unverfälschte Wettbewerb. Geschützt wird damit eine **Institution** und nicht mehr ein subjektives Recht, wie dies noch bis 1943 nach Art. 48 aOR mit dem Schutz eines besonderen Persönlichkeitsrechts der Konkurrenten der Fall war und bis heute vereinzelt in der Lehre vertreten wird[2]. Im Gegensatz zu vielen anderen Lauterkeitsrechten[3] betont das Schweizer Recht den Objekt- und nicht den Subjektschutz. Subjektive Rechte der Beteiligten und insbesondere der Konkurrenten können sich jedoch als Reflex des Institutionenschutzes ergeben und zur Klage legitimieren (N 22 ff.). Obwohl in Art. 1 anders als noch in Art. 1 Abs. 1 aUWG nicht mehr ausdrücklich davon die Rede ist, zielt das UWG in objektiver Hinsicht allein auf den Schutz **des wirtschaftlichen Wettbewerbs**. Dies folgt zum einen bereits aus den vom Gesetzgeber angegebenen verfassungsrechtlichen Kompetenzgrundlagen[4] und zum anderen aus den inhaltlichen Regelungen des Gesetzes[5]. Entgegen der Rechtsprechung sollte auch der Wettbewerb auf einem per se rechtswidrigen Markt geschützt werden (Art. 2 N 17).

1. Schutz des wirtschaftlichen Wettbewerbs

3   Trotz seiner zentralen Bedeutung in Art. 1 und im Lauterkeitsrecht überhaupt wird der Begriff des (wirtschaftlichen) Wettbewerbs vom Gesetzgeber nicht näher umschrieben, sondern in Anbetracht der Schwierigkeit der Aufgabe schlicht vorausgesetzt. **Sprachlich** leiten sich der deutsche Begriff von Wette und Bewerbung[6] sowie der französische (concurrence) und italienische (concorrenza) Begriff vom lateinischen «concurrere»[7] ab. Wettbewerb (insoweit auch Konkurrenz) ergibt sich in diesem Sinne überall dort, wo mindestens zwei[8] Akteure dasselbe Ziel zu erreichen suchen, dieses aber nicht von allen Akteuren gleichermassen erreicht

---

[2] KUMMER, Anwendungsbereich, 1960, 77 ff. (subjektives Recht der Konkurrenten an der Wettbewerbsstellung als Schutzgut des UWG) und GUBLER, Der Ausstattungsschutz nach UWG, Bern 1991, 12 ff. (subjektives Recht aller Beteiligten auf funktionierenden Wettbewerb).

[3] Vgl. dazu nur Art. 1 RL 84/450/EWG.

[4] Art. 31bis Abs. 2, 31^{sexies}, 64 und 64bis aBV (jetzt Art. 95, 97, 122 und 123 BV).

[5] Siehe etwa Art. 2 («Geschäftsgebaren», «Anbietern und Abnehmern»), in Art. 3 («Geschäftsverhältnisse», «Geschäftsbetrieb» etc.), Art. 6 («Geschäftsgeheimnisse» etc.) und Art. 9 («wirtschaftlichen Interessen»).

[6] Es geht mithin um das ideell oder materiell vorteilhafte Rechtbehalten in einer zwischen mindestens zwei Bewerbern strittigen Frage.

[7] Es geht mithin um ein Zusammenlaufen bzw. (feindliches) Zusammenstossen von Personen oder ein zeitgleiches Stattfinden von Ereignissen.

[8] Ein Monopolist ist nur dann einem (potentiellen) Wettbewerb ausgesetzt, wenn er mit dem Markteintritt eines weiteren Akteurs realistischerweise rechnen muss und sein Verhalten danach ausrichtet; dazu auch J. MÜLLER, SIWR V/1, 5.

werden kann[9]. Insofern gibt es neben dem wirtschaftlichen Wettbewerb, bei dem die Akteure um einen Geschäftsabschluss mit Tauschpartnern rivalisieren, etwa auch einen (ggf. zugleich wirtschaftlichen[10]) politischen, sportlichen, schulischen, wissenschaftlichen oder kulturellen Wettbewerb[11].

Bei einer **gegenständlichen Betrachtung** kann man den wirtschaftlichen Wettbewerb als die Summe aller auf einen bestimmten Gütermarkt bezogenen Handlungen von Anbietern, Nachfragern oder Dritten bezeichnen, die darauf abzielen, sich oder anderen einen wirtschaftlichen Vorteil auf diesem Markt zu verschaffen. Insoweit stellt sich die Aufgabe, den relevanten Markt und die auf diesen bezogenen wirtschaftlichen Handlungen genau einzugrenzen (näher Art. 2 N 11 ff.). Anhand der verschiedenen Wettbewerbsparameter kann man insoweit zwischen Preis-, Qualitäts-, Innovations-, Service- oder Werbungswettbewerb unterscheiden[12]. In Betracht zu ziehen sind dabei auch benachbarte Märkte (sog. Substitutionswettbewerb)[13] und mögliche Markteintritte potentieller Konkurrenten (sog. potentieller Wettbewerb). In **qualitativer Hinsicht** spricht man von funktionierendem oder versagendem (N 5), von unverfälschtem oder verfälschtem (näher N 15 ff.) sowie von lauterem oder unlauterem (N 10 ff.) Wettbewerb. Häufig ist auch vom («ehrlichen») Leistungswettbewerb (N 13) bzw. vom (verschärften oder ruinösen) Verdrängungswettbewerb (N 7) als besonderen Erscheinungsformen des lauteren bzw. unlauteren Wettbewerbs die Rede. 4

Blickt man unter Analyse des Marktverhaltens der Teilnehmer, der Marktstruktur und der Marktergebnisse[14] auf die **Funktionsbedingungen** wirksamen Wettbewerbs, wird der wirtschaftliche Wettbewerb bei statischer Betrachtung durch das marktwirtschaftliche Ideal der vollkommenen Konkurrenz verkörpert[15]. Danach herrschen optimale Wettbewerbsbedingungen auf einem transparenten und homogenen Markt mit einer grossen Zahl von Anbietern und Abnehmern, die sich rational verhalten und von denen keiner allein Einfluss auf das Marktergebnis (d.h. den Preis) nehmen kann (sog. beiderseitiges Polypol). Bei dynamischer Betrachtung ist er durch das ständige angereizte und ungehinderte Vorpreschen von Pionieren mit vorübergehender Monopolstellung (sog. Innovation) und das anschliessende Nach- 5

---

[9] So im Hinblick auf Parallelen zum sportlichen Wettkampf LOBE, Das Gesetz zur Bekämpfung des unlauteren Wettbewerbs, systematisch dargestellt, Leipzig 1896, 11 ff.
[10] Zu wirtschaftlichen Aspekten einer künstlerischen Tätigkeit siehe etwa BGE 50 I 157, 165 (Cairati); weitere Beispiele bei Art. 2 N 14.
[11] Vgl. dazu auch BGE 75 IV 21, 23 («VSA»).
[12] Näher SCHMIDT, Wettbewerbspolitik, 62 ff.
[13] Vgl. dazu den Fall BGH GRUR 1972, 553 («Statt Blumen ONKO-Kaffee»), in dem gerade mit der Substitutionsmöglichkeit geworben wurde.
[14] Zu dieser dreigeteilten Analyse im Rahmen der sog. «Workable Competition»-Konzepte näher BARTLING, Leitbilder, 20 ff. und SCHMIDT, Wettbewerbspolitik, 56 ff.
[15] Siehe umfassend zu den weitgehend bereits von den Klassikern der Wettbewerbstheorie (A. Smith, Ricardo etc.) herausgearbeiteten Modellbedingungen der vollkommenen Konkurrenz KNIGHT, Risk, 51 ff. sowie in neuerer Zeit etwa BARTLING, Leitbilder, 12 ff.

ziehen von Nachahmern (sog. Imitation) gekennzeichnet[16]. Die Intensität des Wettbewerbs ist dabei abhängig von den bestehenden Anreizen, der Anzahl der tatsächlichen und potentiellen Mitbewerber, der Marktmacht der Anbieter und Abnehmer sowie der Anzahl aktueller und potentieller Ersatzprodukte[17]. Aufgaben der Wettbewerbspolitik sind aus diesem Blickwinkel die Sicherung der Markttransparenz (sog. informierter Wettbewerb), die Gewährleistung des freien Markteintritts und Marktaustritts (sog. offener Wettbewerb)[18] sowie die Begrenzung der individuellen Marktmacht und die Verhinderung staatlicher[19] bzw. privater[20] Wettbewerbsverfälschungen (sog. freier Wettbewerb). Auf dieser Grundlage kann der Wettbewerb dann **auch negativ** als ein selbstregulatives Phänomen beschrieben werden, das sich überall dort einstellt, wo die auch verfassungsmässig durch Art. 94 BV geschützte Entschliessungs- und Handlungsfreiheit der Marktteilnehmer nicht durch exogene oder endogene Beschränkungen und Verfälschungen des Wettbewerbs beeinträchtigt wird[21] und Marktmachtpositionen immer wieder durch (potentielle) Wettbewerber in Frage gestellt werden[22]. Als durch das Lauterkeitsrecht zu bekämpfende Phänomene erscheinen dann etwa der Behinderungswettbewerb oder der durch Ver- und Irreführungen verfälschte Wettbewerb.

6 In **funktionaler Hinsicht** kann man den Wettbewerb als ein komplexes Verfahren verstehen, das der Suche, Entdeckung und Durchsetzung überlegener Lösungen dient[23], um damit bestimmte volkswirtschaftlich erwünschte Ergebnisse zu erzielen. Zu den möglichen Zielen gehören etwa die Steigerung des Wohlstands und der produktiven Effizienz, die Stimulation des Fortschritts, die effektive Zuteilung knapper Ressourcen, die Sicherstellung nachfrageorientierter Angebote, eine marktleistungsgerechte Einkommensverteilung oder eine Beschränkung privater Macht (näher N 16)[24]. Dabei ist es dann eine Frage des wettbewerbstheoretischen Stand-

---

[16] Siehe dazu etwa SCHUMPETER, Theorie, S. 88 ff. und CLARK, Competition, 486 ff. und passim.
[17] Zu den sog. «five forces» des Wettbewerbs PORTER, Wettbewerbsstrategie, 10. Aufl., Frankfurt a.M. 1999, 35 ff.
[18] Dazu etwa HERDZINA, Wettbewerbspolitik, 68 und die Theorie der bestreitbaren Märkte etwa bei BAUMOL/PANZAR/WILLIG, Contestable Markets and the Theory of Industry Structure, 2. Aufl., San Diego 1988, 4 ff. und passim.
[19] Hierzu gehören tarifäre und nichttarifäre Handelshemmnisse, Beihilfen sowie staatliche Monopole.
[20] Hierzu gehören abgestimmte horizontale bzw. vertikale Verhaltensweisen, der Missbrauch einer marktbeherrschenden Stellung, Konzentrationsprozesse und unlauterer Wettbewerb.
[21] Siehe dazu etwa HOPPMANN, ZBJV 102 (1966), 249, 251 ff. und 271; DERS., Ordo 18 (1967), 77 ff.
[22] Zu dieser Machtverteilungsfunktion des Wettbewerbs etwa HERDZINA, Wettbewerbspolitik, 30, der vom Abbau nichtleistungsgerechter Einkommen etc. durch Wettbewerb spricht; zur sog. Theorie der bestreitbaren Märkte etwa BAUMOL/PANZAR/WILLIG, Contestable Markets and the Theory of Industry Structure, 2. Aufl., San Diego 1988, S. 4 ff. und passim.
[23] Dazu etwa VON HAYEK, Entdeckungsverfahren, 3 ff.
[24] Siehe dazu etwa CLARK, Competition, 63 ff. und zusammenfassend KANTZENBACH, Funktionsfähigkeit, 15 ff. sowie für das Lauterkeitsrecht BEATER, Unlauterer Wettbewerb, § 2 N 7 ff.

punkts, ob man einzelnen Zielen Vorrang einräumt[25], ob man die vom Ansatz her wertneutralen Zielvorgaben inhaltlich auflädt[26] und inwieweit man den komplexen und im Einzelfall möglicherweise versagenden[27] Wettbewerbsprozess als steuerbar und korrekturbedürftig ansieht[28]. In der neoliberalen[29] und utilitaristisch-wohlfahrtökonomischen[30] Wettbewerbstheorie sowie mit gewissen Einschränkungen (vgl. z.B. Art. 101 Abs. 3 AEUV) auch im Wettbewerbs- und Kartellrecht wird der Wettbewerb per se als etwas Erstrebenswertes und damit nicht nur als Mittel, sondern auch als für sich schützenswertes Ziel betrachtet[31].

Aus der **Sicht der Anbieter** erscheint der Wettbewerb als ein Ansporn bzw. Druck, in Rivalität mit anderen Wettbewerbern die eigenen Leistungen bestmöglich zu erbringen, an der Nachfrage auszurichten und permanent zu verbessern sowie die Effizienz ihrer Erbringung zu steigern. Von einem (verschärften) Verdrängungswettbewerb bzw. ruinösen Wettbewerb werden sie sprechen, wenn auf dem relevanten Markt insbesondere aufgrund von Überkapazitäten ein intensiver Preiswettbewerb (auch sog. Preiskriege) mit Preisverfall zu beobachten ist, geringe Erträge bzw. Verluste erwirtschaftet werden und aussergewöhnlich viele Marktaustritte stattfinden[32]. Die **Vertreter der Marktgegenseite** betrachten demgegenüber den Wettbewerb als einen Garanten dafür, dass sie unter mehreren verhältnismässig kostengünstigen Alternativen nach ihren eigenen Präferenzen wählen können[33].

7

---

[25] Die sog. Chicago-School räumt den Wohlfahrtsgewinnen von Konsumenten («consumer welfare») Vorrang vor allen anderen denkbaren Zielen der Wettbewerbspolitik ein («single goal approach»); dazu etwa BORK, The Antitrust Paradox, 61 und POSNER, U Penn L. R. 127 (1979), 925 ff.

[26] In diese Richtung etwa J. MÜLLER, SIWR V/1, 3 f.; Beispiele für derartige sog. Wohlfahrtsorientierungen sind die Verfolgung sozialer (z.B. Realisierung einer existenzsichernden bzw. aufwands-, risiko- oder verantwortungsorientierten Vergütung), ökologischer (z.B. Herstellung sparsamer Automobile), industrie-, handels- oder agrarpolitischer Ziele (z.B. Schutz der heimischen Produktion).

[27] Zum Begriff des Markt- bzw. Wettbewerbsversagens WEIN/EWERS/FRITSCH, Marktversagen und Wirtschaftspolitik, 7. Aufl., München 2007.

[28] Von einer gewissen Steuerbarkeit gehen die sog. *workable competition*-Konzepte der sog. Harvard School aus (z.B. KAYSEN/TURNER, Antitrust Policy, Cambridge, 1959, 3 ff.; SCHMIDT, Wettbewerbspolitik, 56 ff.); die neoklassische Wettbewerbstheorie betrachtet den Wettbewerb hingegen als komplexes Phänomen und als ein letztlich nicht steuerbares und unvorhersehbares Entdeckungsverfahren (z.B. VON HAYEK, Die Theorie komplexer Phänomene; DERS., Ordo 26 (1975), 12 ff.).

[29] Siehe etwa HOPPMANN, FS Wessels, S. 145, 149 f.

[30] BORK, The Antitrust Paradox, 91.

[31] Vermittelnd SCHMIDT, Wettbewerbspolitik, S. 32 ff.

[32] Siehe dazu allgemein C. BRÜHWILER, Der ruinöse Preiskampf, und etwa im Zusammenhang mit der Rechtfertigung von Strukturkrisenkartellen KIRCHHOFF/GERLACH, in: C. Andreae (Hrsg.), FS für Benisch, Köln 1989, 367 ff.

[33] CLARK, Competition, 12 ff., spricht in diesem Zusammenhang von «consumer sovereignty».

8 Der wirtschaftliche (Leistungs-)Wettbewerb wird gerne mit dem **sportlichen Wettbewerb** verglichen[34], obwohl er sich grundlegend von diesem **unterscheidet**[35]. Der wirtschaftliche Wettbewerb ist nämlich multidimensional. Er ist hinsichtlich seiner zahlreichen Parameter den vielfältigen Ideen und Fähigkeiten der Anbieter bzw. den unterschiedlichen Präferenzen der Marktgegenseite zu überlassen und daher möglichst nicht zu regulieren. Demgegenüber wird die sportliche Wettkampfleistung, die unter bestimmten, von aussen festgelegten räumlichen und sachlichen Rahmenbedingungen (z.B. Nationalität der Teilnehmer, Streckenlänge, Fortbewegungsart, Hindernisse etc.) erbracht wird, an einem regelmässig eindimensionalen Kriterium gemessen (z.b. blosse Zeit-, Höhen- oder Weitenmessung). Anders als etwa 100-Meter-Läufer bewegen sich wirtschaftliche Wettbewerber in aller Regel weder zeitgleich vom selben Ausgangspunkt aus und auf parallelen Bahnen in derselben Form noch wissen sie von vorneherein, an welchen Kriterien sie von den Vertretern der Marktgegenseite gemessen werden. Auch mit einer unter den objektiv relevanten Bedingungen vermeintlich besten Leistung müssen sie ausserhalb von formalisierten Vergabeverfahren am Markt nicht notwendig den Gewinn davon tragen.

2. Schutz des lauteren und unverfälschten Wettbewerbs

9   Indem Art. 1 gleichermassen auf den lauteren wie den unverfälschten Wettbewerb Bezug nimmt, wird vom Schweizer Gesetzgeber verdeutlicht, dass der (in einem weiten Sinne verstanden) lautere wirtschaftliche Wettbewerb in zweierlei Hinsicht zu schützen ist, nämlich im Hinblick auf seine Lauterkeit i.e.S. und seine Funktionsfähigkeit. Lauterkeitsrechtliche **Eingriffe** in die Wirtschaftsfreiheit sind danach durch zwei prinzipielle Gesichtspunkte zu rechtfertigen, nämlich **aus geschäftsmoralischen** und/oder **aus ordnungspolitischen Gründen**. Sprachlich und systematisch ist dieser inhaltlich zutreffende Hinweis freilich nicht ganz geglückt, da der Begriff der Lauterkeit vom Gesetzgeber damit sowohl in einem weiteren Sinn als Oberbegriff (so im Titel des Gesetzes und in den Art. 2 ff.) wie auch in einem engeren Sinn als Unterbegriff (so in Art. 1) verwendet wird. Klarer wäre der Gedanke des Gesetzgebers durch die Gegenüberstellung eines moralischen bzw. sittlichen und eines unverfälschten bzw. funktionierenden bzw. wirksamen Wettbewerbs zum Ausdruck gekommen. Die verwirrende Formulierung in Art. 1 hat zu

---

[34] Dazu bereits LOBE, Bekämpfung des unlauteren Wettbewerbs, 11 ff.; ähnlich auch DERS., SächsArchiv 5 (1895) 59, 63 f.
[35] Krit. auch etwa RITTNER, Grundfragen des Wettbewerbs, in: H. Konzen/P. Kreutz/G. Hönn (Hrsg.), Festschrift für Alfons Kraft zum 70. Geburtstag, Neuwied 1998, 519, 527 ff. («Chimäre des Leistungswettbewerbs»).

unterschiedlichen Interpretationen und Schlussfolgerungen geführt (s. auch noch N 19 ff.)[36].

a) Lauterer Wettbewerb

aa) Inhalt des Schutzziels

Das Wort «lauter» steht als Adjektiv zum einen für Reinheit und Klarheit (z.B. «lauteres Gold», «lautere Wahrheit») und zum anderen für untadelige Charaktereigenschaften und redliche Absichten (z.B. «lauterer Charakter», «lautere Absichten»)[37]. Die Botschaft zum UWG spricht vom Ziel der «Sauberhaltung des Wettbewerbs»[38]. Bei der Gewährleistung des lauteren Wettbewerbs i.e.S. geht es mithin um die **Durchsetzung eines moralischen Geschäftsverhaltens**. Dieses sog. geschäftsmoralische Ziel, das in Gestalt einer «Charta des fairen Wettbewerbs» auch die Vorarbeiten zum UWG mit prägte[39], wird nach Art. 1 allerdings nicht in einem umfassenden Sinne, sondern nur im Interesse aller am Wettbewerb beteiligten Akteure und des Wettbewerbs selbst verfolgt. Es geht also nur um eine konkurrenten-, kunden- und marktbezogene Lauterkeit und nicht auch um eine Durchsetzung wettbewerbsfremder ethischer Zielsetzungen (z.B. Gesundheits-, Umwelt-, Tierschutz, Sozialstaatlichkeit, Pietät), die anderen Regelungen vor allem wirtschaftsverwaltungsrechtlicher Natur vorbehalten ist. 10

Nach der Konzeption des UWG kommt es auch zunächst allein auf die **objektiven Umstände** an. So handelt etwa ein Unternehmer, der Legehennen nur die rechtlich gerade noch zulässige Mindestbodenfläche zur Verfügung stellt, auch dann nicht unlauter, wenn dieses Verhalten überwiegend als Tierquälerei angesehen wird und sich der Unternehmer dessen vollauf bewusst ist[40]. **Subjektive Elemente** (Vorsatz, Absichten, Gesinnungen) können aber zunächst bei der Abgrenzung zwischen Wettbewerbshandlungen und lauterkeitsrechtlich irrelevanten Handlungen eine Rolle spielen (Art. 2 N 15 ff.)[41]. Bedeutung haben sie zudem als Indiz für die Unlauterkeit namentlich in den Fällen der Behinderung (Art. 2 N 70), der Ausbeutung (Art. 2 N 99) und des Vorsprungs durch Rechtsbruch (Art. 2 N 113). Auf der Rechtsfolgenseite spielen subjektive Elemente beim verschuldensabhängigen Scha- 11

---

[36] Siehe zu teilweise vom hiesigen Verständnis abweichenden Deutungen etwa BAUDENBACHER, Kommentar UWG, Art. 1 N 12 ff.; J. MÜLLER, SIWR V/1, 20 ff. und PEDRAZZINI/PEDRAZZINI, UWG, N 1.30 und 1.41 ff.
[37] Vgl. dazu die Stichworte «lauter» und «Lauterkeit» im Duden-Bedeutungswörterbuch, 1. Aufl., 1970 und im Duden-Stilwörterbuch, 6. Aufl., 1970.
[38] Botschaft UWG, 1017.
[39] Botschaft UWG, 1016.
[40] Vgl. dazu BGHZ 130, 182, 187 (Legehennenhaltung).
[41] Dazu auch STUDER, in: T. Geiser/P. Krauskopf/P. Münch (Hrsg.), Schweizerisches und europäisches Wettbewerbsrecht, Basel 2005, N 11.12; zu weitgehend und eine Absicht zur Wettbewerbsbeeinflussung voraussetzend SCHÜRMANN/NOBEL, Medienrecht, 2. Aufl., Bern 1993, 354 f.

deneratzanspruch und im Strafrecht (Art. 23 f.), wo ein zumindest eventualvorsätzliches Verhalten verlangt wird, eine Rolle. Die subjektive Einstellung des Täters ist zudem bei der Strafzumessung zu berücksichtigen.

12 Die **Massstäbe** der Lauterkeit i.e.S. haben sich im Laufe der Zeit in branchenspezifischer Weise als Verhaltensanweisungen für «ehrbare» Marktteilnehmer herausgebildet. Ausdruck fanden bzw. finden sie in Zunftregeln[42], Standesregeln[43], Verwaltungsrichtlinien[44], Verbandsempfehlungen[45] sowie in allgemein geltenden sittlichen Verhaltensgeboten formaler[46] oder inhaltlicher[47] Natur. Inhaltliche Gesichtspunkte der Lauterkeit sind – zusammengefasst unter dem Gebot von Treu und Glauben (Art. 2 N 20 ff.) – insbesondere die Achtung der Menschenrechte (v.a. Menschenwürde, Diskriminierungsverbot), das Gebot der Wahrheit und Klarheit, die Wahrung des Persönlichkeits-, Daten- und Geheimnisschutzes sowie das Verbot eines missbräuchlichen, widersprüchlichen bzw. unverhältnismässigen (vgl. Art. 2 ZGB) oder sittenwidrigen (vgl. Art. 20 und 41 Abs. 2 OR; dazu auch Art. 2 N 30) Verhaltens.

13 Als lauterer Wettbewerb gilt nach traditioneller Auffassung insbesondere der sog. («ehrliche») **Leistungswettbewerb**[48]. Bezogen auf bestimmte Wettbewerbsparameter ist auch vom Qualitäts-, Preis-, Innovations- oder Servicewettbewerb die Rede. Danach sollen im Wettbewerb nur die eigenen ehrlich erbrachten Leistungen herausgestellt, nicht aber die Mitbewerber in ihren eigenen Bemühungen behindert werden (sog. Leistungsprinzip)[49]. Das **Problem der Figur** des Leistungswettbe-

---

[42] Zum «Wettbewerbsrecht» der Zünfte näher etwa BEATER, Unlauterer Wettbewerb, § 3 N 13 ff.
[43] Dies gilt namentlich für die Selbstregulierung der freien Berufe durch Standesordnungen im Bereich der kommerziellen Kommunikation (siehe z.B. Art. 16 der Standesregeln des Schweizerischen Anwaltsverbands sowie Art. 21 der Standesordnung der Schweizerischen Zahnärzte-Gesellschaft); zur Bedeutung von Standesregeln als Auslegungshilfe siehe BGE 105 II 149, 158 und 125 IV 139, 144.
[44] Ein Beispiel bilden die Informationsblätter des Staatssekretariats für Wirtschaft (SECO) zur Preisbekanntgabe in einzelnen Branchen (abrufbar unter http://www.seco.admin.ch/themen/00645/00654/01453/index.html?lang=de).
[45] Beispiele bilden die SLK-Grundsätze «Lauterkeit in der kommerziellen Kommunikation» (näher Einl. N 78) und die Richtlinien des Presserats (http://www.presserat.ch/richtlinien.htm).
[46] Beispiele bilden der kategorische Imperativ oder Maximen wie «Was Du nicht willst, das man Dir tu, das füg' auch keinem andern zu!» oder (in Deutschland zuletzt sehr oft im Zusammenhang mit Parodien des Werbeauftritts der Tochtergesellschaften der Media-Saturn-Holding GmbH zu vernehmen) «Wer austeilt, muss auch einstecken können!».
[47] Beispiele bilden die speziellen Diskriminierungsverbote sowie die freilich ihrerseits konkretisierungsbedürftigen Bezugnahmen auf das «Anstandsgefühl aller billig und gerecht Denkenden» und den Grundsatz von «Treu und Glauben».
[48] Dazu etwa Botschaft 1942, 674; BGE 87 II 113, 116 («Örtli»); BGE 102 II 292, 293 («Lattoflex»); HGer ZH SMI 1991, 268, 273; GERMANN, WuR 1968, 143 ff.; PEDRAZZINI/PEDRAZZINI, UWG N 1.41 a.E. und 1.44; vgl. zum dt. Recht etwa RGZ 134, 342, 352 ff. («Benrather Tankstelle») und BGH NJW 1991, 701, 702 («Biowerbung mit Fahrpreiserstattung»).
[49] In diesem Sinne etwa PEDRAZZINI/PEDRAZZINI, UWG, N 1.41 a.E. und mit Einschränkungen (blosses Leitbild) GERMANN, WuR 1968, 143, 144 ff. und 149 ff.

werbs besteht jedoch zum einen darin, dass ihr die die Offenheit des Wettbewerbs beschränkende und daher fragwürdige Gleichstellung des wirtschaftlichen mit dem sportlichen Wettbewerb zugrunde liegt (dazu bereits krit. N 8). Zum anderen erweist sich die objektiv vorgenommene Bewertung der Leistung als zu eng, da es im Wettbewerb legitimerweise gerade auch und zunehmend darum geht, die Marktgegenseite mit «weichen» Faktoren (Image, Emotion, Engagement, Lebensfreude, Individualität etc.) zu überzeugen. So kann und soll die wettbewerbsrechtlich anerkennenswerte Leistung nicht anhand objektiver Kriterien durch Behörden und Gerichte, sondern allein durch die Teilnehmer auf der Marktgegenseite bestimmt werden. Ist ein Wettbewerber in diesem Sinne am Markt erfolgreich, geschieht dies entsprechend zu Lasten von Mitbewerbern. Auf die Frage, wo die aufgrund anderer Gesichtspunkte zu bestimmenden Grenzen dieser marktleistungsbedingten Behinderung der Mitbewerber liegen, gibt die Figur des Leistungswettbewerbs jedoch keine Antwort. Hinweise auf den durch das Lauterkeitsrecht gebotenen Schutz des Leistungswettbewerbs führen daher inhaltlich nicht weiter[50]. In der Botschaft zum UWG von 1983[51] und in der neueren Rechtsprechung[52] ist nunmehr auch eine gewisse Skepsis gegenüber dem Kriterium des Leistungswettbewerbs zu beobachten.

bb) Bedeutung des Schutzziels

Das Schweizer Wettbewerbsrecht darf (vgl. Art. 10bis Abs. 2 PVÜ[53]) und sollte auf die durch die genannten geschäftsmoralischen Massstäbe zur Verfügung gestellten Indizien zur Konkretisierung der weit und unbestimmt gefassten Generalklauseln nicht verzichten (siehe auch Art. 2 N 30). Besondere Bedeutung haben sie im Rahmen der Fallgruppe der Ausbeutung (Art. 2 N 98 ff.). Damit soll keineswegs einer irrationalen Verklärung überholter und im wertneutral funktionierenden Wettbewerb fehlplatzierter **Moralvorstellungen**[54] bzw. einer Verwechslung von

14

---

[50] Krit. auch SCHLUEP, Über Kritik im wirtschaftlichen Wettbewerb, in: P. Brügger (Hrsg.), Festschrift für Alois Troller, Basel 1976, 225, 249 («Scheinbegründung»), MARTIN-ACHARD, LCD, S. 18 f. und BAUDENBACHER, Kommentar UWG, Art. 1 N 48 ff.
[51] Botschaft UWG, 1039.
[52] In Anlehnung an SCHLUEP die Untauglichkeit attestierend BGE 107 II 277, 283 («Schokoladetafeln»).
[53] Nach dem unmittelbar anwendbaren Mindeststandard von Art. 10bis Abs. 2 PVÜ ist «jede Wettbewerbshandlung, die den anständigen Gepflogenheiten in Gewerbe oder Handel zuwiderläuft», unlauter.
[54] Insofern krit. insbesondere SCHLUEP, Über Kritik im wirtschaftlichen Wettbewerb, in: P. Brügger (Hrsg.), Festschrift für Alois Troller, Basel 1976, 225, 250 f.

Sein und Sollen[55] das Wort geredet werden. Deshalb muss man die massgeblichen Gesichtspunkte in einer genauen Begründung **offenlegen**[56] und sich immer wieder bewusst machen, dass es letztlich nicht tatsächliche Praktiken einer etwa an eine «raue Gangart» gewöhnten oder in Konventionen befangenen Branche, sondern normative Wertungen sind, anhand derer das (Un-)Lauterkeitsurteil zu begründen ist. So sind insbesondere die branchenspezifischen Umstände einer externen Betrachtung zu unterziehen und die Sanktionierung eines lediglich von wettbewerbsbeschränkenden Konventionen abweichenden Verhaltens zu vermeiden. Es kann schliesslich auch nicht Aufgabe des Wettbewerbsrechts sein, anstelle der Marktgegenseite wettbewerbsfremde ethische Anliegen durchzusetzen (dazu schon N 10) oder über reine Geschmacksfragen zu befinden (dazu etwa Art. 2 N 66).

b) **Unverfälschter Wettbewerb**

aa) Inhalt des Schutzziels

15 Seit 1986 dient das UWG nach Art. 1 auch dem Schutz des unverfälschten Wettbewerbs. Unverfälscht ist der Wettbewerb, wenn er sich selbst und **frei von künstlichen Beeinflussungen** in der Form von Wettbewerbsbeschränkungen regulieren kann[57]. Es geht mithin um die Sicherung eines offenen, freien, funktionierenden bzw. (in der Terminologie des KG) wirksamen Wettbewerbs durch die Gewährleistung seiner Funktionsbedingungen. Mit dieser Erweiterung des Normzwecks hat der Gesetzgeber die zumeist als funktional bezeichnete ordnungspolitische Betrachtungsweise ausdrücklich auch zur Aufgabe des Lauterkeitsrechts und nicht allein des Kartellrechts erklärt[58].

16 Zu schützende **Funktionen des Wettbewerbs** sind die sog. Steuerungs-, Verteilungs-, Auslese-, Belohnungs-, Innovations- und Machtverteilungsfunktion[59]. Die sog. Steuerungsfunktion (auch Koordinationsfunktion) beschreibt die sich durch Wettbewerb einstellende quantitative und qualitative Orientierung der Anbieter an der Nachfrage. Aufgrund seiner sog. Verteilungsfunktion (auch Allokationsfunktion) sorgt der Wettbewerb dafür, dass die stets knappen Ressourcen dort zum Ein-

---

[55] Insofern krit. etwa gegenüber Branchenübungen und den SLK-Grundsätzen BAUDENBACHER, Kommentar UWG, Art. 1 N 36, Vor Art. 12 N 8 ff.
[56] Blosse Hinweise auf einen «Verstoss gegen das Prinzip des Leistungswettbewerbs» oder ein «Schmarotzertum» genügen hierfür nicht.
[57] So im Zusammenhang mit dem EU-Wettbewerbsrecht auch SCHLUEP, FS Kummer, 487, 493, 498.
[58] Botschaft UWG, 1037 ff. und 1058.
[59] Siehe dazu teilweise auch die Botschaft UWG, 1038.

satz gelangen, wo sie den grössten Nutzen im utilitaristischen Sinne erbringen[60]. Die dem Wettbewerb immanente sog. Auslesefunktion sorgt für ein Ausscheiden weniger kompetitiver Teilnehmer aus dem Markt. Auf der anderen Seite werden die am Markt erfolgreichen Teilnehmer durch Erträge belohnt, wodurch Anreize geschaffen werden und sich eine marktleistungsgerechte Einkommensverteilung einstellt (sog. Belohnungs- oder Antriebsfunktion). Besonders die dynamischen Wettbewerbsmodelle betonen schliesslich die sog. Innovations- und die sog. Machtverteilungsfunktion des Wettbewerbs, wonach dieser einerseits die Anbieter und damit das Angebot vor Stillstand bewahrt und andererseits die einmal erlangten (Markt-) Machtpositionen immer wieder in Frage stellt und so für eine gleichmässigere Machtverteilung in Wirtschaft und Gesellschaft sorgt. Der Wettbewerb in diesem funktionalen Sinne ist ein ausgesprochen effektives, zugleich aber auch **wertneutrales Verfahren**. Über die «Richtigkeit» seiner Ergebnisse unter Wertungsgesichtspunkten ist damit noch nichts ausgesagt. Die damit unzählig verbundenen umstrittenen Fragen sind den religiösen, ethischen, politischen, sozialen, kulturellen, wissenschaftlichen usw. Debatten der jeweiligen Zeit, zu denen im Übrigen auch die lauterkeitsrechtliche Debatte um die Berücksichtigungsfähigkeit geschäftsmoralischer Vorstellungen gehört (N 10 ff. und 19 ff.), vorbehalten. Eine paradiesische Ordnung auf Erden kann leider auch der Wettbewerb nicht schaffen. Es wäre ungerecht, ihm dies als «Versagen» vorzuwerfen.

Den genannten Funktionen kann nur ein in seinen eigenen **Funktionsbedingungen** gesicherter Wettbewerb optimal gerecht werden. Zu den aus Sicht der Wettbewerbstheorie bestehenden Funktionsbedingungen des Wettbewerbs gehört zunächst dessen prinzipielle Existenz. Daher unterliegt auch der **Monopolist** nicht nur geschäftsmoralischen[61], sondern auch funktionalen Verhaltensanforderungen, wenn er versucht, potentielle Wettbewerber von einem Markteintritt abzuhalten. Auf der anderen Seite können **Marktaustritte**, die vor dem Hintergrund der Auslesefunktion durchaus erwünscht sind, in funktionaler Hinsicht auch zu einem Problem werden. Dies ist dann der Fall, wenn sie nicht durch den üblichen Marktmechanismus, sondern von Marktteilnehmern (insbesondere marktbeherrschenden Unternehmen) dadurch herbeigeführt werden, dass diese einzelne, mehrere oder alle Mitbewerber durch nach Anlass, Zweck, Inhalt, Bedeutung und Wirkung unverhältnismässige Massnahmen daran hindern, ihre für die Marktgegenseite massgebliche Leistungskraft zu entfalten (Art. 2 N 70 ff.). Voraussetzung der Steuerungs- und Verteilungsfunktion ist sodann, dass die Abnehmer einerseits den Anbietern

17

---

[60] Insoweit kann man noch zwischen einer (optimalen) sog. interindustriellen Reallokation (zwischen verschiedenen Branchen) und einer (optimalen) sog. intraindustrialen Allokation (innerhalb einer Branche) unterscheiden (dazu etwa HERDZINA, Wettbewerbspolitik, 23); zum nach den Arbeiten VILFREDO PARETOS benannten sog. Pareto-Optimum grösster wirtschaftlicher Effizienz näher und zugleich krit. SCHMIDT, Wettbewerbspolitik, 6 f.

[61] BAUDENBACHER, Kommentar UWG, Art. 1 N 43 sieht im Bereich der Verhaltenskontrolle von Monopolisten sogar einen der letzten bedeutenden Anwendungsfälle des traditionellen geschäftsmoralischen Ansatzes.

ungehindert ihre Bedürfnisse mitteilen und andererseits die von ihnen nachgefragten Leistungen frei von Irrtümern nach den von ihnen selbst bestimmten Kriterien auswählen können (sog. **Schiedsrichterfunktion der Marktgegenseite**)[62]. Dies bedingt im Rahmen des funktionalen Ansatzes insbesondere auch eine Irrelevanz wettbewerbsfremder Allgemeininteressen, wie sie etwa Gegenstand der Wirtschafts-, Struktur-, Gesundheits-, Umweltschutz- oder Sozialpolitik sind (z.B. Erhalt von Arbeitsplätzen, Förderung des Mittelstands[63], der heimischen Wirtschaft, strukturschwacher Gebiete[64] oder der sozial Schwachen; dazu auch bereits N 16)[65]. Im Hinblick auf die Belohnungs-, Innovations- und Machtverteilungsfunktion des Wettbewerbs ist es wichtig, dass ein erfolgreicher Marktteilnehmer zwar einerseits hinreichend für den von ihm betriebenen Aufwand entschädigt und für seinen Erfolg belohnt wird, dass er daraus andererseits aber keinen Grund für eine längerfristige Absicherung seiner Marktposition ableiten kann. Anderen Marktteilnehmern ist daher grundsätzlich die Nachahmung zu gestatten und ausserhalb des Immaterialgüterschutzes eine Ausbeutung nur dann als unlauter zu behandeln, wenn sie zum einen eine neue, wegen ihrer Schöpfungshöhe bzw. Kennzeichnungskraft schutzwürdige Leistung oder einen Ruf mit besonderer Verkehrsgeltung betrifft und zum anderen noch spezifische, die Unlauterkeit vor allem auch geschäftsmoralisch begründende Aspekte (Verwechslungsgefahr, Herabsetzung, Behinderung etc.) hinzutreten (näher Art. 2 N 98 ff.). Soweit der Staat durch Normen wettbewerbsrelevante Rahmenbedingungen setzt, sind diese im Hinblick auf die Verwirklichung sämtlicher Funktionen eines unverfälschten Wettbewerbs von allen Wettbewerbern gleichermassen zu respektieren (näher Art. 2 N 107 ff.).

bb) Bedeutung des Schutzziels

18   Auch wenn es einen in dem beschriebenen Sinne freien und optimal funktionierenden Wettbewerb in der Realität nicht gibt und auch nicht um jeden Preis bzw. unter allen z.B. sittenwidrigen Umständen geben darf, so ist es doch gerade auch die Aufgabe des Lauterkeitsrechts, das ungehinderte Funktionieren des Wett-

---

[62] Dazu auch BEATER, Unlauterer Wettbewerb, § 2 N 10 und § 13 N 22.
[63] Vgl. dazu etwa die von der Schweizerischen Republikanischen Bewegung am 3.10.1980 eingereichte Volksinitiative «zur Sicherung der Versorgung mit lebensnotwendigen Gütern und gegen das Ladensterben» (BBl 1980 III 1297) und die diesbezügliche Botschaft des Bundesrats (BBl 1982 III 261).
[64] Vgl. dazu etwa die Motion FISCHER-MUNZ vom 4.10.1972 (11 422; 11 424; N 7.3.73; S 7.12.72) und das Postulat der SVP-Fraktion vom 14.6.1979 (79.429; N 26.9.79) betreffend die Sicherung einer dezentralisierten Warenversorgung im Lebensmittelhandel) sowie den Bericht der vom Eidg. Volkswirtschaftsdepartement eingesetzten Arbeitsgruppe Versorgung entwicklungsschwacher Gebiete mit Gütern des täglichen Bedarfs, Bern 1975.
[65] Näher und zugleich zu gewissen Einschränkungen BEATER, Unlauterer Wettbewerb, § 25; ferner BAUDENBACHER, Kommentar UWG, Art. 1 N 19 und 56; zur umstrittenen Rolle strukturpolitischer Überlegungen im UWG siehe etwa die Botschaft UWG, 1029.

bewerbs möglichst zu fördern. Entgegen verbreiteter Praxis[66] ist daher in jedem lauterkeitsrechtlichen Fall eine rationale **Betrachtung aller** für den konkret zu bestimmenden Markt **relevanten Auswirkungen** des betreffenden Verhaltens auch dann vorzunehmen, wenn dies mit einem erheblichen Aufwand z.B. in Form eines Sachverständigengutachtens verbunden sein sollte[67]. Hinreichend plausible und abgesicherte ordnungspolitische Ergebnisse sind sodann bei der Gesamtbeurteilung eines Wettbewerbsverhaltens bzw. bei der Abwägung der betroffenen Interessen massgeblich zu berücksichtigen. **Besondere Bedeutung** hat der funktionale Ansatz in der Fallgruppe des unlauteren Vorsprungs durch **Rechtsbruch (Art. 2 N 107 ff.** und Art. 7) sowie im Zusammenhang mit den **Behinderungstatbeständen (Art. 2 N 69 ff.)** und den Angeboten unter Einstandspreis **(Art. 3 lit. f)**. So ist etwa eine unberechtigte Rufschädigung wegen der von ihr ausgehenden Wettbewerbsverfälschung auch dann unlauter, wenn sie aufgrund einer Entschuldigung als moralisch nicht mehr verwerflich erscheint (siehe auch Art. 3 lit. a N 19). Ein genereller Vorrang des funktionalen Aspekts gegenüber dem geschäftsmoralischen Aspekt könnte jedoch nur bei einer auch dem Wettbewerbsrecht fremden wertneutralen Betrachtung ökonomischer Sachverhalte befürwortet werden. So können auch ordnungspolitisch erwünschten Verhaltensweisen (z.B. Markteintritt durch aggressive oder herabsetzende Werbung, rasches Nachziehen von Wettbewerbern durch Nachahmung) absolute Grenzen durch die Geschäftsmoral (z.B. Persönlichkeitsschutz, Diskriminierungsverbot, Verbot der Rassenhetze, sog. Schmarotzertum) gesetzt sein, was nicht zuletzt auch in einigen ohnehin zu beachtenden traditionellen Spezialtatbeständen (z.B. Art. 3 lit. a Var. 3) zum Ausdruck kommt. Eine Ausprägung erfährt der funktionale Ansatz schliesslich noch im Internationalen Lauterkeitsrecht, wo mit der sog. **Marktortanknüpfung** auf den Ort des Zusammenstossens der wettbewerblichen Interessen und damit auf die das Marktgeschehen verfälschenden Auswirkungen einer unlauteren Verhaltensweise abgestellt wird (näher Einl. N 107 ff. und N 127).

c) **Verhältnis zwischen lauterem und unverfälschtem Wettbewerb**

Das in Art. 1 verwendete Begriffspaar «lauter» und «unverfälscht» bezeichnet wie dargelegt die beiden sachlichen Schutzrichtungen des UWG. Trotz bestehender Wechselbeziehungen und Überschneidungen handelt es sich um grundlegend **unterschiedliche Aspekte** des Lauterkeitsrechts und keinen schlichten

19

---

[66] In der Rechtsprechung erfolgen die Hinweise auf funktionale Aspekte zumeist sehr schematisch und kursorisch: BGE 114 II 91, 102 und 105 («Dior»); BGE 116 II 365, 372 («Nivea/Jana»); BGE 117 II 199, 201 («Touring Club»).

[67] Krit. im Hinblick auf die in der Praxis auftretenden Ermittlungs- und Feststellungsprobleme J. MÜLLER, SIWR V/1, 24 f., da «in der Praxis für solche Höhenflüge weder genügend Zeit noch Lust vorhanden» sei.

Pleonasmus[68]. Die Lauterkeit verweist auf die traditionellen verhaltensbezogenen Zulässigkeitskriterien moralischer Natur, wie sie sich als Verhaltensmassstab «ehrbarer» Gewerbetreibender herausgebildet haben (N 10 ff.). Demgegenüber trägt der Gesichtspunkt der Unverfälschtheit den hinter dem UWG stehenden wettbewerbstheoretischen und wettbewerbspolitischen Überlegungen Rechnung (N 15 ff.).

20 Bei der Beurteilung eines wettbewerbsrelevanten Verhaltens sind immer beide Aspekte im Lichte der betroffenen Interessen (N 22 ff.) zu beurteilen und aufgrund ihres hohen Abstraktionsgrades sowie aufgrund der sich wandelnden und divergierenden Anschauungen im Einzelfall zu konkretisieren und offenzulegen (näher dazu die Ausführungen zu den Normzwecken der einzelnen gesetzlichen Regelungen bzw. Fallgruppen). Die beiden Gesichtspunkte können dabei entweder **zusammen- oder einander entgegenwirken**. Im Rahmen der Fallgruppe der Irreführung wirken sie etwa zusammen, weil sich ein irreführendes Verhalten gleichermassen als geschäftsmoralisch unzulässig wie als den Wettbewerb verfälschend darstellt (näher Art. 3 lit. b N 1). Im Falle der aggressiven (Art. 3 lit. h) oder herabsetzenden (Art. 3 lit. a, lit. e Var. 2) Werbung durch einen in den Markt neu eintretenden Wettbewerber wirken sie etwa einander entgegen, weil das Verhalten zwar als geschäftsmoralisch bedenklich, aber zur Überwindung bestehender Schranken des wettbewerbstheoretisch erwünschten Markteintritts als geboten erscheinen kann[69]. Besonders augenfällig ist der Widerstreit der Gesichtspunkte auch in Fällen, in denen ein Wettbewerber als vorstossender Pionier (vgl. N 5) durch neue Werbe- oder Vertriebsmethoden die bislang in einer bestimmten Branche allgemein praktizierten geschäftsmoralischen Gepflogenheiten (Stichwort: «Kartell der Konvention»[70]) in Frage stellt (dazu etwa Art. 2 N 30). Wegen der möglichen Gegenläufigkeit der beiden Prinzipien und der möglichen unterschiedlichen Intensität ihrer Verletzung kann auch nicht generell davon ausgegangen werden, dass der Verstoss gegen bloss eines der beiden Unlauterkeitskriterien stets bereits für sich allein die Unlauterkeit zu begründen vermag[71]. Vielmehr ist es denkbar, dass ein solch bloss «einseitig» problematisches Verhalten die Schwelle der Unlauterkeit allein nicht erreicht oder ein unmoralisches Geschäftsverhalten ausnahmsweise durch rechtfertigende ord-

---

[68] Anders und für ein Hendiadyoin synonymer Begriffe BAUDENBACHER, Kommentar UWG, Art. 1 N 16 und J. MÜLLER, SIWR V/1, 22, obwohl im Folgenden dann doch zwischen einer funktionalen und einer geschäftsmoralischen Betrachtung unterschieden (N 38 ff.) bzw. von einem doppelten Ansatz (S. 23) gesprochen wird.

[69] In diesem Sinne auch BAUDENBACHER, Kommentar UWG, Art. 1 N 41, der als weitere Beispiele die transparenzfördernde vergleichende Werbung, die ein rasches Nachziehen der übrigen Marktteilnehmer ermöglichende sklavische Nachahmung und die zum Preisvergleich anregenden Niedrigstpreisgarantien nennt; zu streng daher BGE 102 II 292, 294 ff. («Bico-flex/Lattoflex»), wo eine unzulässige Rufausbeutung bei blosser direkter Bezugnahme auf ein bekanntes Konkurrenzprodukt angenommen wurde.

[70] So plastisch JOACHIM BORNKAMM in seiner am 6.2.2003 an der Universität Freiburg/Br. gehaltenen Antrittsvorlesung (unveröffentlicht).

[71] So aber J. MÜLLER, SIWR V/1, 24 f.

nungspolitische Gesichtspunkte unter die Schwelle der Unlauterkeit «gedrückt» wird[72].

Beide Gesichtspunkte stehen daher **prinzipiell gleichberechtigt nebeneinander**[73]. In **formaler Hinsicht** ergibt sich dies bereits aus ihrer vom Gesetzgeber bewusst vorgenommenen gleichberechtigten Nennung in Art. 1. Dem kann von den Anhängern eines stärker geschäftsmoralischen Ansatzes auch nicht entgegengehalten werden, dass in den älteren und daher in den Formulierungen noch eher dem traditionellen geschäftsmoralischen Ansatz verhafteten Art. 2 ff. sowie in der Bezeichnung des Rechtsgebiets und Gesetzes allein von der Unlauterkeit des wettbewerbsrelevanten Verhaltens die Rede ist[74]. Insoweit lassen bereits die Verwendung des im Vergleich zur überkommenen Sittenwidrigkeit[75] gegenüber objektiven Wertungsgesichtspunkten offeneren Begriffs der Treuwidrigkeit in Art. 2, die dort zudem geforderte Wettbewerbsbeeinflussung und die vor allem ordnungspolitisch motivierten Tatbestände von Art. 3 lit. f und Art. 7 Zweifel an der Richtigkeit dieses zudem rein formalen Arguments aufkommen[76]. Auch Art. 1 Abs. 1 des alten UWG sprach vor Einführung des Zweckartikels bereits von einem «Missbrauch des wirtschaftlichen Wettbewerbs» und nahm damit auf ordnungspolitische Aspekte Bezug. **Inhaltlich** kann es ebenfalls nicht allein auf einen der beiden Gesichtspunkte ankommen. Durch eine Berücksichtigung ordnungspolitischer Überlegungen ist einer Versteinerung der Verhaltensmuster vorzubeugen und der Wettbewerb möglichst offen und frei zu halten (N 20). Auf der anderen Seite sind ggf. auch einem ordnungspolitisch erwünschten Wettbewerbsverhalten absolute geschäftsmoralische Grenzen zu setzen (N 14). Schliesslich kann auch nicht aus Gründen der **Rechtssicherheit** einem der beiden Gesichtspunkte der Vorrang eingeräumt werden[77]. Der Vorwurf der Vagheit und Konkretisierungsbedürftigkeit durch ausserrechtliche Parameter trifft die beiden abstrakten Leitgedanken angesichts der Vielfalt der zu beurteilenden Phänomene und der dabei zu berücksichtigenden Auswirkungen und Interessen in gleicher Weise und mit ihnen das gesamte Lauterkeitsrecht (dazu Einl. N 81).

---

[72] Gegen eine lauterkeitsrechtliche Sonderbehandlung von selektiven Vertriebssystemen aufgrund möglicher funktionaler Vorteile allerdings BGE 114 II 91, 102 und 105 («Dior»).
[73] So auch Botschaft UWG, 1039 und J. MÜLLER, SIWR V/1, 23 ff.; anders jedoch PEDRAZZINI/PEDRAZZINI, UWG, N 1.30, 1.41 ff. und passim (tendenziell stärkere Betonung des «entscheidungsbegründenden» geschäftsmoralischen Ansatzes) und BAUDENBACHER, Kommentar UWG, Art. 1 N 12 ff. und passim (tendenziell stärkere Betonung des funktionalen Ansatzes).
[74] In diesem Sinne etwa PEDRAZZINI/PEDRAZZINI, UWG, N 1.30.
[75] Vgl. dazu etwa § 1 des bis 2004 geltenden alten dt. UWG.
[76] Krit. auch BAUDENBACHER, Kommentar UWG, Art. 1 N 13 ff.
[77] Siehe zum wechselseitig erhobenen Vorwurf der Vagheit und mangelnden Handhabbarkeit einerseits PEDRAZZINI/PEDRAZZINI, UWG, N 1.48 und J. MÜLLER, SIWR V/1, 25 ff. sowie andererseits BAUDENBACHER, Kommentar UWG, Art. 1 N 36 f.

III. Schutzsubjekte

22   Indem Art. 1 den Schutz des wirtschaftlichen Wettbewerbs «im Interesse aller Beteiligten» zum Ziel erhebt, nimmt er insbesondere Bezug auf eine während des letzten Jahrhunderts zum Abschluss gekommene Entwicklung des Lauterkeitsrechts hin zur sog. **Dreidimensionalität**[78]. Zu den personenbezogenen Schutzanliegen des UWG gehören nicht mehr nur der Schutz der Mitbewerber (N 23 ff.), sondern auch der Schutz der Marktgegenseite[79] (N 30 ff.) und der durch einen funktionierenden Wettbewerb mittelbar Begünstigten[80] (N 46). Die subjektive Ausrichtung des Schutzes gegen unlauteren Wettbewerb ist zugleich eine Einschränkung, da die Geschäftsmoral und die Funktionsbedingungen des Wettbewerbs nicht absolut um ihrer selbst willen, sondern nur im Interesse der Beteiligten geschützt werden sollen[81]. Dabei ergibt sich im Zusammenspiel mit Art. 9 und Art. 10, dass nicht alle Interessen, sondern nur die **wirtschaftlichen Interessen** der Beteiligten geschützt werden[82]. Schliesslich macht der Wortlaut[83] des Zweckartikels deutlich, dass auch die Interessen des durch eigenes oder fremdes Verhalten begünstigten Wettbewerbers bzw. eines begünstigenden Dritten (Konsumentenschutzverbände, Medien, Tester, Analysten etc.) zu berücksichtigen sind (N 47).

1.   Schutz der Interessen der Mitbewerber

a)   Begriff des Mitbewerbers

23   Das UWG spricht nicht vom Konkurrenten, sondern vom Mitbewerber (Art. 2, Art. 7). Es handelt sich dabei um **Unternehmensträger**, die als Anbieter von Leistungen auf einem Angebotsmarkt oder Abnehmer von Leistungen auf einem Beschaffungsmarkt mit anderen in einem aktuellen oder potentiellen Wettbewerbsverhältnis stehen und daher durch unlauteren Wettbewerb auf ihrem eigenen (Mitbewerber i.e.S.) oder einem fremden Markt (Mitbewerber i.w.S.) in ihren **wettbewerbsorientierten Interessen** (vgl. Art. 9 Abs. 1) bedroht oder **verletzt** werden können. Unternehmensträger können natürliche oder juristische Personen bzw. Gesamthandsgemeinschaften sein, die selbständig und auf Dauer angelegt ein gewerbliches, freiberufliches oder land- bzw. forstwirtschaftliches Unternehmen betreiben. Das Unternehmen muss aktuell betrieben werden, wobei Vorbereitungs-

---

[78]   Botschaft UWG, 1058.
[79]   Oft zu eng auch nur als Konsumenten bezeichnet (vgl. etwa Botschaft UWG, 1058).
[80]   Oft zu weit als Allgemeinheit bezeichnet (vgl. etwa Botschaft UWG, 1058).
[81]   BURMANN, WRP 1968, 258, 263 f. hat insoweit zutreffend von konkurrenzbezogener (unternehmer-, unternehmens-, betriebs- und absatzbezogener), verbraucherbezogener und marktbezogener Unlauterkeit gesprochen.
[82]   PEDRAZZINI/PEDRAZZINI, UWG, N 2.04.
[83]   Abweichend etwa § 1 dt, UWG, in dem nicht von Beteiligten, sondern von Konkurrenten, Verbrauchern, sonstigen Marktteilnehmern und der Allgemeinheit die Rede ist.

handlungen ausreichen. Personen, die kein Unternehmen betreiben, sind keine Mitbewerber.

b) Arten von Mitbewerbern

aa) Mitbewerber auf demselben Markt

Der weite Begriff des Mitbewerbers erfasst zunächst alle Unternehmensträger, die auf demselben **sachlichen, räumlichen und zeitlichen Markt** wie der durch die Wettbewerbshandlung Begünstigte tätig sind. Konkurrenzverhältnisse in diesem **engen Sinne** können dabei nicht nur zwischen Anbietern von Leistungen gleicher oder verwandter Art gegenüber dem- oder denselben Abnehmern (identischer Angebotsmarkt)[84], sondern auch zwischen Abnehmern gleicher oder verwandter Leistungen von dem- oder denselben Anbietern (identischer Beschaffungsmarkt)[85] bestehen. Massgeblich ist allein, dass die angebotenen bzw. nachgefragten Leistungen aus der Sicht der Abnehmer im Hinblick auf eine bestimmte Bedürfnisbefriedigung als austauschbar (Angebotsmarkt) bzw. aus der Sicht der Anbieter im Hinblick auf die bestehenden Produktions- und Vertriebsmöglichkeiten als abänderbar (Beschaffungsmarkt) erscheinen. Auf hierfür unerhebliche Unterschiede zwischen den Angebots- bzw. Nachfrageinhalten und ihrer Entstehung oder Erbringung (z.B. Art des Anbieters[86], Finanzierungsmodalitäten[87], Medium[88]) kommt es nicht an. Auch ein **potentieller Wettbewerber** gehört zu den Mitbewerbern i.e.S., sofern mit seinem Eintritt in den Markt des unlauter Begünstigten ernsthaft zu rechnen ist und der oder die auf dem Markt agierenden Unternehmensträger ihr Verhalten danach ausrichten. Das Konkurrenzverhältnis kann auch erst **durch die massgebliche Wettbewerbshandlung entstehen**, wenn der Begünstigte hierdurch zugleich erstmals auf einem neuen Leistungsgebiet[89] oder auf einer neuen

24

---

[84] Der Angebotsmarkt wird herkömmlich nach dem sog. Bedarfsmarktkonzept bestimmt, wonach nur Güter und Leistungen, die aus Sicht der Abnehmer austauschbar sind, einen einzigen Angebotsmarkt bilden; näher ZÄCH, Kartellrecht, N 538 f. und SCHMIDT, Wettbewerbspolitik, 50 f.

[85] Der Beschaffungsmarkt wird herkömmlich spiegelbildlich zum Bedarfsmarktkonzept anhand der Angebotsflexibilität der Anbieter durch Güter und Leistungen gebildet, auf die die Anbieter ihr Angebot ohne grössere Schwierigkeiten in der Produktion und im Vertrieb umstellen können; näher SCHMIDT, Wettbewerbspolitik, 55 f.; zum Verhältnis zwischen Beschaffungs- und Absatzmarkt ZÄCH, Kartellrecht, N 549.

[86] Ein Beispiel bildet die Filmentwicklung durch einen Fachhändler oder einen Drogeriemarkt.

[87] Beispiele bilden die Konkurrenzverhältnisse zwischen durch Verkauf und Anzeigen finanzierten Tageszeitungen mit redaktionellem Teil sowie zwischen gebühren- und werbefinanziertem Rundfunk.

[88] Ein Beispiel bildet die individuelle Rechtsberatung im persönlichen Gespräch, per Telefon, per Videokonferenz oder per (elektronischer) Post.

[89] Ein Beispiel bildet die Rechtsberatung in einer Fernsehsendung (vgl. dazu BGH GRUR 2002, 985 – «WISO»).

Wirtschaftsstufe[90] tätig wird. Da die Anbieter bzw. Abnehmer auf demselben Leistungsmarkt um die Befriedigung derselben Nachfragekapazität bzw. die Inanspruchnahme derselben Angebotskapazität rivalisieren, wirkt sich die (unlautere) Begünstigung eines Beteiligten nach Art einer kommunizierenden Röhre immer entsprechend zu Lasten der anderen aus, die man daher auch als Mitbewerber i.e.S. betrachten kann.

bb) Mitbewerber im blossen Substitutionswettbewerb

25   Auch soweit Leistungen (z.B. Blumen und Kaffee, Rechtstipp im Fernsehen und individuelle Rechtsberatung) auf einem Angebotsmarkt aus der Sicht der Abnehmer im Hinblick auf eine bestimmte Bedürfnisbefriedigung nicht mehr als austauschbar erscheinen, sind die Anbieter auf unterschiedlichen Märkten tätig. Entsprechendes gilt für Abnehmer, die dann nicht mehr auf demselben Beschaffungsmarkt agieren, wenn aus Sicht der Anbieter das Angebot aufgrund der bestehenden Produktions- und Vertriebsmöglichkeiten nicht mehr als abänderbar erscheint. Dennoch können sich in diesen beiden Fällen sowohl die Anbieter wie auch die Abnehmer auf einer «höheren», lediglich für die Marktabgrenzung nach dem Bedarfsmarktkonzept bzw. der Angebotsflexibilität irrelevanten Ebene (z.B. Markt für Mitbringsel oder rechtliche Hinweise) gegenseitig **im Absatz bzw. in der Nachfrage behindern**[91]. Dies ist insbesondere dann gegeben, wenn sogar gezielt mit einer zunächst fernliegenden Substitutionsmöglichkeit geworben wird[92]. Die Möglichkeit, auf einen auf einer höheren Abstraktionsstufe liegenden Substitutionswettbewerb abzustellen, macht im Lauterkeitsrecht zumindest insoweit eine genauere Marktabgrenzung entbehrlich (s. aber noch zur Bedeutung der Marktabgrenzung im Rahmen der sog. funktionalen Betrachtung des Wettbewerbsverhaltens N 18).

cc) Mitbewerber im blossen Imagewettbewerb

26   Zwischen Unternehmensträgern unterschiedlicher Branchen und/oder Wirtschaftsstufen[93] kann ein Wettbewerb auch dadurch entstehen, dass beide danach

---

[90] Ein Beispiel bildet die Eröffnungswerbung für einen Fabrikverkauf.
[91] Vgl. dazu BGH GRUR 1972, 553 («Statt Blumen ONKO-Kaffee») und BGH GRUR 2002, 985, 986 («WISO»).
[92] Vgl. dazu BGH GRUR 1972, 553 («Statt Blumen ONKO-Kaffee»).
[93] Ein Beispiel bildet der Werbeslogan «Champagner bei Aldi kaufen und Skoda Superb fahren – Perfekt!» mit seiner Betroffenheit von Unternehmensträgern unterschiedlicher Branchen (Automobile, alkoholische Getränke) und Wirtschaftsstufen (Hersteller, Einzelhändler).

trachten, **denselben geschäftlichen Ruf** auf ihren jeweiligen Märkten auszunutzen[94]. Insoweit ist dann keine wechselseitige Absatzbehinderung erforderlich.

dd) Mitbewerber im Kaufkraft- bzw. Angebotskapazitätswettbewerb

Schliesslich können Mitbewerber, die auf einem anderen Markt oder einer anderen Wirtschaftsstufe tätig sind und weder in einem Substitutions- noch einem Imagewettbewerb mit dem Begünstigten stehen, mit diesem noch um die Kaufkraft von Kunden bzw. die Angebotskapazität von Anbietern wetteifern. Nach dem **Modell des Kaufkraftwettbewerbs** buhlen letztlich alle Anbieter von Leistungen (z.B. Restaurants und Autohäuser) um dieselbe Kundenkaufkraft, weil der Kunde den Franken nur einmal (entweder für ein Essen oder ein Auto) ausgeben kann. Dieser Gedanke kann spiegelbildlich auch auf Beschaffungsmärkte erstreckt werden, weil auch dort eine erstellte Leistung nur einmal erbracht werden kann. Mit dem Hinweis auf einen jedenfalls bestehenden Kaufkraft- bzw. Angebotskapazitätswettbewerb können alle verbleibenden Fälle einer relevanten Beeinträchtigung wettbewerbsorientierter Interessen erfasst werden[95].

27

c) **Wirtschaftliche Interessen der Mitbewerber**

Die Mitbewerber stehen als Unternehmensträger selbst im Wettbewerb, so dass ihre wirtschaftlichen Interessen auf einen oder mehrere bestimmte Angebots- oder Beschaffungsmärkte gerichtet sind und als **wettbewerbsorientiert** bezeichnet werden können. Konkurrenten möchten das Marktgeschehen zu ihren Gunsten beeinflussen. Sie haben daher ein wirtschaftliches Interesse daran, dass ihre Anstrengungen um die Gunst der Marktgegenseite nicht durch andere Mitbewerber behindert werden (Art. 2 N 69 ff.). Sie erwarten, dass die ihnen aufgrund ihrer marktgerechten Leistungen eigentlich zukommenden Geschäftschancen nicht dadurch vereitelt werden, dass Mitbewerber die Vertreter der Marktgegenseite irreführen (Art. 2 N 39 ff.). Ausserdem möchten sie, dass der Ruf, den sie sich, ihr Unternehmen bzw. ihre Leistungen am Markt erworben haben, nicht durch andere geschädigt bzw. ausgebeutet wird (Art. 2 N 91 f. und N 95 ff.). Schliesslich haben sie ein schützenswertes Interesse daran, dass sich auch die Mitbewerber an die für das Marktverhalten geltenden rechtlichen Regelungen halten und nicht durch deren Missachtung einen ungerechtfertigten Vorsprung im Wettbewerb erlangen (Art. 2 N 107 ff.).

28

---

[94] Vgl. dazu etwa BGH GRUR 1988, 453, 454 («Ein Champagner unter den Mineralwässern»).
[95] Beispiele bilden der keinem potentiellen Wettbewerb und keinem Substitutionswettbewerb ausgesetzte und keinen fremden Ruf ausbeutende Monopolist und die Fälle einer Behinderung von Werbemassnahmen von Nichtkonkurrenten etwa durch TV-Werbeblocker, Telefonbuchschutzhüllen, Spam-Filter und das Überkleben von Plakaten (näher Art. 2 N 77).

d) Konsequenzen für das Lauterkeitsrecht

29 Der Individualschutz der Mitbewerber stand am deliktsrechtlichen Anfang des Lauterkeitsrechts (Einl. N 10 ff. und 84)[96]. Er prägte auch das Leitbild vom **Leistungswettbewerb** (N 13)[97]. Bis heute steht diese Schutzrichtung bei den Sondertatbeständen von Art. 3 lit. a (Herabsetzung), Art. 3 lit. d (Verwechslungsgefahr), Art. 3 lit. e (vergleichende Werbung) und Art. 4 bis 7 (Behinderung, Ausbeutung, Rechtsbruch) im Vordergrund. Der Begriff des Mitbewerbers findet sich in Art. 2 und Art. 7. Die Mitbewerber bilden zudem die Hauptadressaten, wenn im Gesetz auf «Andere» (Art. 3 lit. a, lit. d, lit. e, Art. 5 lit. c), «Dritte» (Art. 4a, Art. 5 lit. b) oder «Arbeitgeber» bzw. «Auftraggeber» (Art. 4 lit. c) Bezug genommen wird.

2. Schutz der Interessen der Marktgegenseite

a) Begriff der Marktgegenseite

30 Das UWG spricht an keiner Stelle von der Marktgegenseite, sondern (teilweise zu eng; s. bei den jeweiligen Kommentierungen) nur von einzelnen zu ihr gehörenden Personengruppen wie den:

– Anbietern (direkt: Art. 2; indirekt: Art. 20 Abs. 2 lit. b),
– Abnehmern (direkt: Art. 2, Art. 4 lit. a; indirekt: Art. 20 Abs. 2 lit. b),
– Kunden (Art. 3 lit. f, lit. g, lit. h, lit. i und lit. o, Art. 10 Abs. 1),
– Konsumenten (direkt: Art. 3 lit. n, Art. 16 Abs. 1, Art. 19 Abs. 2 lit. a, Art. 27 Abs. 2; indirekt: Art. 3 lit. k bis lit. m),
– Käufern (direkt: Art. 4 lit. d; indirekt: Art. 3 lit. m),
– Kreditnehmern (Art. 4 lit. d) oder der
– Vertragspartei (Art. 8).

Der Begriff der Marktgegenseite ist jedoch als **Oberbegriff** erforderlich, um sämtliche Konstellationen wie insbesondere auch den Fall unlauteren Wettbewerbs auf der Nachfrageseite (N 31 ff.) erfassen zu können. Die Sichtweise der Marktgegenseite ist zunächst ausschlaggebend für die Marktabgrenzung, die nicht nur im Kartellrecht, sondern im Rahmen der funktionalen Betrachtung auch im Lauterkeitsrecht von Bedeutung ist (N 18). Zudem bilden alle oder einzelne Vertreter der Marktgegenseite die angesprochenen Verkehrskreise, auf deren Verführbarkeit es für die Beurteilung von Massnahmen des Kundenfangs (näher Art. 2 N 35 ff.) und auf deren Verständnis es für die Beurteilung von Irreführungsgefahren (näher Art. 3 lit. b N 61 ff.) ankommt.

---

[96] Botschaft UWG, 1038.
[97] Dazu insbesondere LOBE, Bekämpfung des unlauteren Wettbewerbs, 11 ff.

b) Einzelne Gruppen auf der Marktgegenseite

aa) Anbieter

Stammt das lauterkeitsrechtlich zu beurteilende Verhalten ausnahmsweise nicht von einem Anbieter bzw. von einem diesen begünstigenden Dritten, sondern von einem Abnehmer bzw. von einem diesen begünstigenden Dritten (Handeln im Nachfragewettbewerb), bilden **ausnahmsweise** einmal die Anbieter (z.b. Lieferanten) die Marktgegenseite. **Anbieter sind** dann alle aktuellen bzw. potentiellen Marktteilnehmer, die zu einer Befriedigung des konkreten Bedarfs der Nachfrager in der Lage sind bzw. realistischerweise wären. Zu den Anbietern gehören die Erbringer der für ein wirtschaftliches Tauschverhältnis charakteristischen Leistungen (vgl. Art. 117 Abs. 3 IPRG), d.h. die verkaufenden, tauschenden oder verschenkenden Veräusserer (z.b. Hersteller, Grosshändler und Detailhändler), die den Gebrauch bzw. die Nutzung an einer Sache oder einem Recht überlassenden Vermieter, Verleiher oder Darlehensgeber sowie die Erbringer von erfolgs- oder tätigkeitsbezogenen Dienstleistungen aller Art. In Art. 8 spricht das Gesetz für den Fall von AGB eines Nachfragers nicht vom Anbieter, sondern von der Vertragspartei. 31

bb) Abnehmer bzw. Kunden

Stammt das lauterkeitsrechtlich zu beurteilende Verhalten wie regelmässig von einem Anbieter bzw. von einem diesen begünstigenden Dritten (Handeln im Angebotswettbewerb), wird die Marktgegenseite von allen Marktteilnehmern gebildet, die aktuell bzw. potentiell an einer Abnahme des konkreten Leistungsangebots interessiert sind bzw. realistischerweise interessiert sein könnten. Die **Abnehmer sind** mithin die Tauschpartner der Anbieter, also Erwerber, Nutzer, Werkbesteller und Dienstleistungsempfänger (vgl. N 31). Das Gesetz spricht teilweise synonym von Kunden (Art. 3 lit. f, lit. g, lit. h, lit. i und lit. o, Art. 10 Abs. 1)[98] und teilweise enger von Konsumenten (N 33 ff.), Käufern (direkt: Art. 4 lit. d; indirekt: Art. 3 lit. m), Kreditnehmern (Art. 4 lit. d) oder der Vertragspartei (Art. 8). Die engere Begriffswahl ist dabei teilweise vor dem Hintergrund einer weiter ausgreifenden Teleologie der Vorschrift ein offenbares Versehen des Gesetzgebers und daher teleologisch zu erweitern[99] sowie teilweise rechtspolitisch fragwürdig[100]. 32

---

[98] Der Begriff des Kunden im UWG (s. auch Art. 10 N 17) ist weiter als etwa derjenige in Art. 40a ff. OR, da dort nur Kunden erfasst werden, die unmittelbar zu Zwecken des persönlichen oder familiären Gebrauchs und damit als Konsumenten handeln (dazu BSK-GONZENBACH, Art. 40a ZGB N 3).

[99] Die Beschränkung von Art. 16 Abs. 1 auf Kaufpreisangaben ist teleologisch auf alle Entgeltangaben bei kaufähnlichen Geschäften zu erweitern (näher Art. 16 N 14).

[100] Dies gilt für die Beschränkung der Irreführungstatbestände in Art. 3 lit. k–n und des Vertragsbruchstatbestandes in Art. 4 lit. d auf Konsumentenkredite bzw. Vorauszahlungskäufe sowie für

cc) Konsumenten

aaa) Begriff des Konsumenten

33 Die insgesamt gesehen stärkste und rechtspolitisch bedeutsamste Teilgruppe der Marktgegenseite bilden die Konsumenten. Sie finden im Gesetz auch direkt (Art. 3 lit. n, Art. 16 Abs. 1, Art. 19 Abs. 2 lit. a, Art. 27 Abs. 2) oder indirekt (Art. 3 lit. k bis lit. m: «Konsumkredit») Erwähnung. Eine Definition des Konsumentenbegriffs enthält das UWG jedoch nicht.

34 Im **Recht der Preisbekanntgabe** (Art. 16 Abs. 1, Art. 19 Abs. 2 lit. a und Art. 27 Abs. 2 UWG, PBV) gelangt die Definition von **Art. 2 Abs. 2 PBV** zur Anwendung. Danach sind Konsumenten «Personen, die Waren oder Dienstleistungen für Zwecke kaufen, die nicht im Zusammenhang mit ihrer gewerblichen oder beruflichen Tätigkeit stehen» (näher dazu Art. 16 N 12). Juristische Personen mit wirtschaftlichem Zweck sollen nicht zu den Konsumenten i.S.d. Vorschrift zählen[101].

35 Soweit das UWG auf den **Konsumenten als Partner eines Konsumkreditvertrags** Bezug nimmt, ist die Begriffsdefinition von **Art. 3 KKG** auch im UWG massgeblich. Danach handelt es sich bei einem Konsumenten um eine «natürliche[102] Person, die den Konsumkreditvertrag zu einem Zweck abschliesst, der nicht ihrer beruflichen oder gewerblichen Tätigkeit zugerechnet werden kann»[103].

36 **Im Übrigen**, d. h. bei der Klärung des Empfängerhorizonts von Konsumenten als wichtiger Abnehmergruppe, ist der Begriff des Konsumenten aufgrund der eigenständigen Zielsetzung des UWG **teils weiter und teils enger** als im Preisangabe- und Konsumentenvertragsrecht zu fassen. Im UWG kommt es allein darauf an, dass der Konsument in Abgrenzung zu den in ihrem beruflichen oder gewerblichen Tätigkeitsbereich agierenden Abnehmern typischerweise nicht über die dem konkreten Geschäft angemessene geschäftliche Erfahrung, Gewandtheit und Aufmerksamkeit verfügt und dies eine Unterlegenheit gegenüber dem in seinem Geschäftskreis aufmerksam und routiniert handelnden Geschäftspartner erwarten lässt. Wie im Konsumentenvertragsrecht handelt es sich damit zwar auch um einen vom ökonomischen oder intellektuellen Status des Betroffenen unabhängigen situations-

---

die Einschränkung der Preisbekanntgabepflicht (Art. 16) auf Angebote gegenüber Konsumenten, obwohl hier in einem weiteren Sinne zumindest alle Endabnehmer schutzwürdig wären.

[101] PEDRAZZINI/PEDRAZZINI, UWG, N 23.06; siehe dazu noch krit. N 36.
[102] Zu den natürlichen Personen(-gesamtheiten) gehören auch die rechtlich nicht verselbständigten Bruchteils- und Gesamthandsgemeinschaften wie insbesondere die einfache Gesellschaft, soweit sie sich aus natürlichen Personen zusammensetzen (so auch SCHMELZER, Der Konsumentenvertrag, Chur 1995, 183 f.).
[103] Näher dazu STAUDER/FAVRE-BULLE, Droit de la consommation, Art. 3 KKG; CHK-BRUNNER, Art. 1–42 KKG N 27 ff.

bedingten Begriff. Im UWG gehören aber **auch juristische Personen**[104] oder nach aussen verselbständigte Personengesamtheiten (vgl. Art. 562 OR, Art. 712l ZGB) zu den Konsumenten, sofern sie durch ihre Organe, Gesellschafter bzw. Verwalter ausserhalb ihres gewöhnlichen Tätigkeitsbereichs agieren. Der Konsument i.S.d. UWG **muss** zudem **kein Endabnehmer** sein[105], sofern die Weiterveräusserung weder beruflich noch gewerbsmässig betrieben wird (z.b. einmaliger Weiterverkauf). Da subjektive Elemente im UWG grundsätzlich keine Rolle spielen (Art. 2 N 23 f.), kommt es im **Gegensatz zu Art. 2 lit. a CISG** auch nicht auf die Kenntnis oder das Kennenmüssen des Werbenden von der Konsumentenstellung an. Auf der anderen Seite ist unter dem UWG bei einer gemischten Gebrauchsbestimmung (auch sog. **Mischnutzung**) die Konsumenteneigenschaft bereits dann zu verneinen, wenn die geplante berufliche bzw. gewerbliche Nutzung nicht derart hinter der hauptsächlich beabsichtigten privaten Nutzung zurücktritt, dass sie das Verhalten des Erwerbers in der konkreten Situation nicht zu prägen vermag[106]. Auch der **unselbständig** in seinem beruflichen Wirkungskreis Handelnde ist aufgrund der einschlägigen Geschäftserfahrung etc. kein Konsument i.S.d. UWG[107].

bbb) Konsumentenleitbilder und -modelle

Generelle Vorstellungen, die sich der Gesetzgeber, die Behörden, die Gerichte oder die Wirtschafts- bzw. Rechtswissenschaftler von den Eigenschaften und Verhaltensweisen eines durchschnittlichen Konsumenten machen, werden herkömmlich als Konsumentenleitbilder bzw. -modelle bezeichnet[108]. Die wirtschaftswissenschaftliche Diskussion wird dabei im Wesentlichen durch zwei Leitbilder geprägt: Nach dem traditionellen **Modell des homo oeconomicus** trifft der Konsument eine Kaufentscheidung allein unter sachlichen Gesichtspunkten[109]. Bei hinreichender Information ist er danach in der Lage, eine sachgerechte Entscheidung zu

37

---

[104] Die Einbeziehung juristischer Personen in den Konsumentenbegriff wird demgegenüber im Konsumentenvertragsrecht entweder vom Gesetz ausgeschlossen (Art. 3 KKG) oder von der ganz h.M. abgelehnt (z.B. BSK-GONZENBACH, Art. 40a ZGB N 3; a.A. allerdings ENGEL, Traité des obligations en droit suisse – Dispositions générales, 2. Aufl., Bern 1997, N 3 zu Art. 40a ff. OR.
[105] Vgl. demgegenüber zu Art. 120 IPRG BGE 121 III 336, 339 («L'etztverbraucher»); zu Art. 40a OR BSK-GONZENBACH, Art. 40a ZGB N 3: «Weiterverkauf schliesst das Widerrufsrecht aus».
[106] Für eine weite Anwendung des Konsumentenvertragsrechts bei Mischnutzungen hingegen LUPI THOMANN, Anwendung, 32 f. (für das KKG) und HK-OR/KOLLER-TUMLER, Art. 40a N 7 (für Haustürgeschäfte).
[107] Siehe demgegenüber für die Konsumentenverträge SCHMELZER, Der Konsumentenvertrag, Chur 1995, 185.
[108] Siehe nur BEATER, Unlauterer Wettbewerb, § 13 N 20 ff. und BAUDENBACHER, Kommentar UWG, Art. 1 N 61 ff., der zugleich in genereller Form vom «Menschenbild» spricht.
[109] Siehe dazu etwa die eingehende Darstellung bei KIRSCH, Entscheidungsprozesse Bd. 1, Wiesbaden 1970, 27 ff. und KIRCHGÄSSNER, 2.

treffen. Dieses Modell gilt in der Marketingwissenschaft zwar als überholt[110], weil sich der Konsument immer mehr bewusst und damit aus Sicht der wertneutralen Wettbewerbstheorie auch legitimerweise von seinen Gefühlen (z.B. Image, Lebensfreude, Individualität etc.) leiten lässt. Dennoch zeigt es nicht nur in der Konsumentenschutzpolitik, sondern auch im Wettbewerbsrecht Auswirkungen, wenn es etwa um das Verbot gefühlsbetonter Werbung und das Sachlichkeitsgebot geht (Art. 2 N 63 ff.)[111].

38 Das verhaltenspsychologische sog. **Modell der komplexen Konsumentenentscheidung** versucht demgegenüber die unterschiedlichen psychischen und umweltbedingten Faktoren zu benennen, die die Entscheidung von Konsumenten beeinflussen können[112]. Hierzu gehören neben den Leistungs- und Gegenleistungsmodalitäten (näher Art. 3 lit. b N 32 ff.) etwa die Berücksichtigung der Entscheidungsbedingungen[113], von Stimmungen, des sog. Involvments[114], des sog. Reaktanzverhaltens[115], der Markentreue, des Geltungsbedürfnisses bzw. des Understatements etc. Die entsprechenden Analysen erlauben jedoch nur mehr oder weniger plausible Annahmen über das letztlich nicht vorhersagbare Verhalten der Konsumenten. Zumindest als Individuum bleibt der Konsument auch insoweit das «unbekannte Wesen».

39 In der Rechtswissenschaft interessiert man sich vor dem Hintergrund der Diskussion um die Reichweite und die Intensität des lauterkeitsrechtlichen Schutzes vornehmlich für den normativen Aspekt der Leitbilddiskussion. Mit dem vor allem für die Irreführungstatbestände massgeblichen **Leitbild des durchschnittlich informierten, verständigen und in der jeweiligen Werbesituation entsprechend aufmerksamen Durchschnittskonsumenten**[116] bzw. dem des eigenverantwortlich

---

[110] Siehe allerdings zu einem Rehabilitierungsversuch dieses klassischen Modells in neuerer Zeit BRETZKE, Homo oeconomicns. Bemerkungen zur Rehabilitation einer Kunstfigur ökonomischen Denkens, in: E. Kappler (Hrsg.), Rekonstruktion der Betriebswirtschaftslehre als ökonomische Theorie, Spardorf 1983, 27 ff.

[111] Siehe zu Erwägungen, nur die in Text und Bild den Konsumenten sachlich informierende Werbung zuzulassen, das Postulat NANCHEN vom 6.6.1973 (11 675; N 25.9.73).

[112] Eingehend dazu etwa KROEBER-RIEL/WEINBERG/GRÖPPEL-KLEIN, Konsumentenverhalten, 51 ff.

[113] Z.B. Distanzkauf im Internet, Impulskauf an der Kasse.

[114] Hierzu gehören die im Zusammenhang mit einer Werbebotschaft stehenden Aktivitäten, Interessen oder Motivationen des Konsumenten; näher KROEBER-RIEHL, Strategie und Technik der Werbung, 4. Aufl., Stuttgart 1993, 98 ff.

[115] Dabei geht es um mögliche Abwehrreaktionen des Konsumenten gegenüber unerwünschten Botschaften; Beispiele bilden Situationen, in denen sich der Konsument verärgert oder angewidert abwendet (z.B. aggressive oder geschmacklose Werbung), in die Enge getrieben oder irritiert fühlt (z.B. Kellerverkauf, Haustürgeschäft, komplexes Finanzdienstleistungsprodukt) oder Hindernisse überwinden muss (z.B. Ansprache einer Verkaufsperson); näher zur Reaktanz KROEBER-RIEL/WEINBERG/GRÖPPEL-KLEIN, Konsumentenverhalten, 261 ff.

[116] BGE 132 III 414, 427 («Taxes de pharmacie»); BGE 129 III 426, 435 («Unclean hands»); GK VIII Bern-Laupen sic! 2007, 43, 45 («Auskunftsdienst»); SLK-Entscheid v. 25.3.2003 sic! 2003, 661 («Ticino-Turismo»); generell auch BAUDENBACHER, Kommentar UWG, Art. 1 N 62.

handelnden Marktbürgers[117] hat man versucht, eine allgemeingültige Richtschnur für die Anwendung des UWG herauszuarbeiten. Das Leitbild des unaufmerksamen und unkritischen Durchschnittskonsumenten, das früher entgegen einem europaweiten Trend[118] etwa in Deutschland unter dem Schlagwort des «flüchtigen Verbrauchers» zugrunde gelegt wurde[119], konnte sich damit in der Schweiz zumindest in allgemeiner Form nicht durchsetzen. Der Schutz von besonders unerfahrenen, unintelligenten, unaufmerksamen, leichtgläubigen oder unsensiblen Personen gehört damit grundsätzlich nicht zu den Aufgaben des Schweizer Lauterkeitsrechts[120]. Es geht um einen Markt- und nicht um einen Minderheitenschutz.

Da es letztlich aber immer auf den konkret angesprochenen Adressatenkreis und dessen Durchschnittsteilnehmer sowie die konkrete Werbesituation (näher N 41) ankommt, finden sich neben dem allgemeinen Konsumentenleitbild auch im Schweizer Lauterkeitsrecht **spezifische Modelle für** bestimmte weniger aufmerksame, erfahrene oder wendige und daher besonders **schutzwürdige Konsumentengruppen**[121]. Dies gilt etwa für Kinder, Jugendliche, Ausländer, alte Menschen oder die sog. bildungsfernen Konsumenten. So ist auch das Bundesgericht etwa im Zusammenhang mit der Preisbekanntgabepflicht bei Mehrwertdienstnummern (z.B. TV-Gewinnspiele, Telefonsex) ausdrücklich vom Massstab des Durchschnittskonsumenten abgewichen und hat «auf den nicht besonders gewandten und deswegen verstärkt schutzwürdigen Konsumenten» abgestellt, der «selbst zur Lösung von einfachen Rechenaufgaben nicht in der Lage» sei[122]. 40

Das Konsumentenleitbild wird zudem auch immer mehr **situationsbedingt aufgefächert**. Bedeutsam für die Bestimmung der durchschnittlichen Aufmerksamkeit des Konsumenten sind nämlich neben dem Adressatenkreis auch die Werbesituation (z.B. Verkaufsgespräch, Selbstbedienung, Impulskauf, Ablenkung), das Werbemedium (z.B. Radio, Fernsehen, Internet, Printmedium, Plakat) und die Eigenschaften des Werbenden (z.B. Seriosität, Alter, Grösse). Eine besondere Berücksichtigung erfährt in diesem Zusammenhang die unterschiedliche Natur des Leistungsangebots, wobei herkömmlich zwischen Erfahrungs-, Such- und Vertrauens- 41

---

[117] Siehe dazu etwa die Medienmitteilung des Bundesrats zum Nichtausbau des Konsumentenschutzes vom 9.11.2005 (abrufbar unter http://www.ejpd.admin.ch/ejpd/de/home/dokumentation/mi/2005/2005-11-091.html); ferner BAUDENBACHER, Kommentar UWG, Art. 1 N 61.

[118] Siehe dazu nur das für die Rechtsprechung des EuGH (z.B. EuGH EuZW 1999, 281 – «Kessler Hochgewächs») massgebliche Leitbild des «durchschnittlich informierten, aufmerksamen und verständigen Durchschnittskonsumenten» bzw. des «aufgeklärten Marktbürgers».

[119] Siehe etwa BGH GRUR 1983, 512, 513 («Heilpraktikerkolleg»); BGH GRUR 1993, 127 f. («Teilzahlungspreis II»); siehe nunmehr aber auch BGH GRUR 2000, 619, 621 («Orient-Teppichmuster»).

[120] GK VIII Bern-Laupen sic! 2007, 43, 45 («Auskunftsdienst»); B. VON BÜREN, Kommentar UWG, Art. 1 Abs. 2 lit. b N 2.

[121] Zur gebotenen Differenzierung innerhalb der keineswegs homogenen Gruppe der Konsumenten etwa auch PEDRAZZINI/PEDRAZZINI, UWG, N 1.73.

[122] BGE 132 II 240, 249 f. («Nummernwiderruf»); BGE 128 IV 177, 182 («Telefonsex»).

gütern unterschieden wird[123]. Bei den sog. **Erfahrungsgütern** des täglichen Bedarfs (v.a. Lebensmittel[124]) kann der Konsument die Qualität erst nach dem Konsum feststellen, so dass er entweder auf seine mit dem Produkt gemachten Erfahrungen vertraut oder es ohne grössere Vorüberlegungen und Informationsanstrengungen schlicht ausprobiert. In diesen Fällen kommt es daher eher auch einmal auf einen flüchtigen Eindruck an[125]. Bei den sog. **Suchgütern** (z.B. Automobil, Waschmaschine, Malerarbeiten) kann der Konsument die Qualität der Leistung zuvor feststellen und will dies regelmässig auch mit einem für ihn angemessenen Zeitaufwand und erhöhter Aufmerksamkeit tun[126]. In diesen Fällen können mithin auch einmal Detailinformationen, die ansonsten eher verwirren oder ohne Einfluss auf den Wettbewerb sind, Bedeutung erlangen. Die sog. **Vertrauensgüter** (z.B. Finanzdienstleistungsprodukte) sind schliesslich dadurch gekennzeichnet, dass der Konsument bei ihnen zu einer eigenen Einschätzung nur bedingt in der Lage ist und daher in besonderer Weise auf die Angaben des Anbieters angewiesen ist und auf diese vertrauen muss. Bei der Bewerbung dieser Güter kommt es daher in besonderer Weise auf eine detaillierte und vollständige Information an.

42 Letztlich gibt es damit **kein einheitliches Konsumentenleitbild des UWG**. Dieses variiert vielmehr bereits prinzipiell nach Massgabe seiner Funktionen (z.B. Rechtfertigung des Verbots der Irreführung mit der Vorstellung des rational urteilenden Konsumenten und des Verbots des Kundenfangs mit der Vorstellung eines mehr oder weniger leicht verführbaren Konsumenten). Ausserdem ist es im Einzelfall im Lichte der besonderen Umstände zu konkretisieren, so dass es weniger auf die abstrakten ausfüllungsbedürftigen Begriffe der durchschnittlichen Aufmerksamkeit etc. als vielmehr auf den konkreten Kreis der angesprochenen Konsumenten (z.B. jüngere, ältere, gebildete, fachkundige etc. Konsumenten) und die spezifische Werbesituation (N 41) ankommt.

43 Das Konsumentenleitbild ist daher nur ein **grober Anhaltspunkt** für die Auslegung der einzelnen Tatbestände des UWG und darf in seiner Bedeutung für den konkreten Inhalt des Wettbewerbsrechts nicht überschätzt werden[127]. In der Summe spiegelt das Konsumentenleitbild immerhin die eher liberale (dann Leitbild des aufmerksamen und eigenverantwortlich handelnden Marktbürgers) oder eher restriktive (dann Leitbild des flüchtigen, einfältigen und verführbaren Konsumenten)

---

[123] Grundlegend zu dieser Unterscheidung NELSON, Journal of Political Economy 78 (1970), 311 ff. und DARBY/KARNI, JLE 16 (1973), 67 ff.; für das Lauterkeitsrecht auch BEATER, Unlauterer Wettbewerb, § 15 N 26 ff. und 143 ff.
[124] BGer sic! 2007, 384 («Rama Cremefine»).
[125] Siehe aber auch BGer sic! 2007, 384 («Rama Cremefine»): Bei Gütern des täglichen Konsums sei der Kunde zwar im Allgemeinen weniger aufmerksam (dazu auch BGE 122 III 382, 388), doch würde der Konsument im Falle eines breiten Angebots (in casu für Rahm) genau darauf achten, dass er das richtige Produkt erwerbe.
[126] BGer sic! 2009, 178, E. II 6 a («Staubsauger II»).
[127] Relativierend auch DREXL, Selbstbestimmung, 427 (Hilfsmittel bei der erforderlichen Interessenabwägung) und BEATER, Unlauterer Wettbewerb, § 13 N 20.

Tendenz des Lauterkeitsrechts wider. Bei den spezifischen Schutzleitbildern (N 42) ist aber wiederum zu bedenken, dass deren Berücksichtigung nicht notwendig auch zu einer Verschärfung des Lauterkeitsrechts führen muss[128].

c) Wirtschaftliche Interessen der Marktgegenseite

Die Personen auf der Marktgegenseite haben zunächst ein **Interesse an funktionierendem Wettbewerb**, weil ihnen hierdurch als Abnehmern Wahlmöglichkeiten zwischen bedarfsgerechten, fortschrittlichen und relativ preisgünstigen Angeboten eröffnet werden bzw. als Anbietern verschiedene Vertriebswege offenstehen (dazu bereits N 7). Sie möchten zudem auf einem **transparenten Markt** wahr und klar über die für ihre Entscheidungsfindung wesentlichen Gesichtspunkte eines Leistungs- bzw. Gegenleistungsangebots informiert und vor Verwechslungen bewahrt werden (Art. 3 lit. b N 1). Schliesslich geht es ihnen darum, ihre **Entscheidungen frei** von physischem oder psychischem Zwang treffen zu können sowie ihre private bzw. berufliche Sphäre gegenüber belästigenden Werbemassnahmen abzuschotten (Art. 2 N 48 ff.). 44

d) Konsequenzen für das Lauterkeitsrecht

Der Schutz der Marktgegenseite hat besondere **Bedeutung im Bereich des Kundenfangs** (v.a. Art. 3 lit. h) sowie der Täuschung und Irreführung (v.a. Art. 3 lit. b, lit. c, lit. f, lit. g, lit. i–n, Art. 8). In verfahrensmässiger Hinsicht wird er durch Art. 10 Abs. 1 und Abs. 2 lit. a und v.a. lit. b sowie Art. 13a ergänzt. Der **Konsumentenschutz**, dem im Lauterkeitsrecht speziell die Art. 3 lit. k–n, Art. 10 Abs. 2 lit. b, Art. 16 Abs. 1, Art. 19 Abs. 2 lit. a und Art. 27 Abs. 2 dienen, ist darüber hinaus auch im Lauterkeitsrecht bereits verfassungsrechtlich geboten (vgl. Art. 97 BV). Das UWG dient aber primär nur den kollektiven Interessen der Marktgegenseite zum Schutze eines lauteren und unverfälschten Wettbewerbs. Ein Individualschutz ergibt sich lediglich als Reflex aus den Abwehr- und Beseitigungsansprüchen des UWG und ist im Übrigen vor allem Aufgabe des Vertragsrechts (z.B. Irrtumsanfechtung, Einbeziehung von AGB), des Rechts der Geschäftsführung ohne Auftrag (Gewinnherausgabe) und des Haftungsrechts (vgl. Art. 9 Abs. 3). 45

3. *Schutz der Interessen der Allgemeinheit*

Das UWG schützt nach Art. 1 ausdrücklich nur die Interessen aller am Wettbewerb Beteiligten. Der **Schutz wettbewerbsfremder Allgemeininteressen** (z.B. Mittelstands-, Gesundheits-, Umwelt-, Tierschutz, Sozialstaatlichkeit, Pietät, 46

---

[128] Dazu etwa auch BEATER, Unlauterer Wettbewerb, § 13 N 38, der als Beispiel den Nutzen der vergleichenden Werbung für ungewandte und unbewegliche Konsumenten anführt.

Struktur- und Versorgungspolitik) ist damit **keine Aufgabe** des Lauterkeitsrechts. Interessen der Allgemeinheit werden nur reflexartig und insoweit geschützt, als sie sich mit den objektiven Zielen eines lauteren und unverfälschten Wettbewerbs (N 10 ff.) oder mit den berücksichtigungsfähigen Interessen der am Wettbewerb Beteiligten (N 22 ff.) decken. Auch im Rahmen der Fallgruppe des unlauteren Wettbewerbsvorsprungs durch Rechtsbruch (Art. 2 N 107 ff.) kommt es über die wettbewerbsrechtliche Sicherung der generellen Normgeltung indirekt zu einer Wahrung der hinter der betreffenden Norm stehenden Allgemeininteressen. Schliesslich können Allgemeininteressen über verfassungsrechtliche Vorgaben (z.B. Menschenwürde, institutioneller Schutz einer freien Presse; dazu Einl. N 57 ff.) und im Rahmen einer ausnahmsweisen Rechtfertigung unlauteren Verhaltens (dazu Art. 2 N 122 f.) Bedeutung erlangen. Die noch in Art. 11 des UWG-Entwurfs von 1983[129] vorgesehene allgemeine Klageberechtigung des Bundes zur Durchsetzung öffentlicher Interessen wurde jedoch nicht Gesetz. Der Bund hat lediglich nach Art. 10 Abs. 2 lit. c eine rudimentäre Klageberechtigung zum Schutz des Ansehens der Schweiz im Ausland erhalten. Die Klageberechtigung des Bundes soll nunmehr allerdings im Zuge der geplanten UWG-Revision ausgeweitet werden (Art. 10 Abs. 3 E-UWG 2009; näher Art. 10 N 43).

4. Berücksichtigung der Interessen des Begünstigten und des Begünstigenden

47   Zu den am Wettbewerb Beteiligten gehören auch der durch eine eigene oder fremde Wettbewerbshandlung Begünstigte und der einen anderen im Wettbewerb Begünstigende. Auch ihre Interessen sind in den allfälligen Abwägungssituationen zu berücksichtigen. Besonders anerkennenswert ist das Interesse eines Begünstigten am **Eintritt** in einen neuen Markt bzw. das Interesse an der Bekanntmachung eines neuen Leistungsangebots. Aber auch der Schutz wirtschaftlicher **Besitzstände** des Begünstigten kann bisweilen geboten sein (dazu Art. 3 lit. b N 86). In gewissem Umfang verdient auch das Interesse, sich selbst und die eigenen Leistungen möglichst **in einem guten Licht** erscheinen zu lassen, Anerkennung, doch bewahrt dies einen Wettbewerbsteilnehmer nicht vor unangenehmen Aufklärungspflichten bezüglich der für die Marktgegenseite wesentlichen Umstände (näher Art. 3 lit. b N 68 ff.). Die einen Wettbewerber begünstigenden **Dritten können eigene** wirtschaftliche (z.B. Absatz einer Testzeitschrift, Werbeeinnahmen) oder ideelle (z.B. Umweltschutz, Tierschutz, Mission) Interessen verfolgen. Diese sind dann zumeist im Rahmen der Rechtfertigung aufgrund einer Wahrnehmung berechtigter Interessen und im Rahmen der grundrechtskonformen Auslegung des UWG (v.a. Art. 16 und 17 BV sowie Art. 10 EMRK) zu berücksichtigen.

---

[129] Botschaft UWG, 1079.

2. Kapitel: Zivil- und prozessrechtliche Bestimmungen

1. Abschnitt: Widerrechtlichkeit des unlauteren Wettbewerbs

Art. 2

Grundsatz	**Unlauter und widerrechtlich ist jedes täuschende oder in anderer Weise gegen den Grundsatz von Treu und Glauben verstossende Verhalten oder Geschäftsgebaren, welches das Verhältnis zwischen Mitbewerbern oder zwischen Anbietern und Abnehmern beeinflusst.**
Principe	Est déloyal et illicite tout comportement ou pratique commercial qui est trompeur ou qui contrevient de toute autre manière aux règles de la bonne foi et qui influe sur les rapports entre concurrents ou entre fournisseurs et clients.
Principio	È sleale e illecito qualsiasi comportamento o pratica d'affari ingannevole, o altrimenti lesivo delle norme della buona fede, che influisce sui rapporti tra concorrenti o tra fornitori e clienti.
Principle	Any behaviour or business practice that is deceptive or that in any other way infringes the principle of good faith and which affects the relationship between competitors or between suppliers and customers shall be deemed unfair and unlawful.

Inhaltsübersicht

		Note	Seite
I.	Normzweck	1	163
II.	Entstehungsgeschichte	2	163
III.	Systematik und Verhältnis zu anderen Vorschriften	3	164
IV.	Tatbestand der Generalklausel	9	166
1.	Tatbestandselemente	10	167
a)	Verhalten oder Geschäftsgebaren	10	167
b)	Wettbewerbsbeeinflussung (Wettbewerbshandlung)	11	167
aa)	Funktion	11	167
bb)	Voraussetzungen	12	168
(1)	Wirtschaftsrelevanz	13	168
(2)	Wettbewerbsrelevanz	17	170
c)	Verstoss gegen Treu und Glauben	20	172
d)	Subjektive Tatbestandsmerkmale	23	174
2.	Konkretisierungen der Unlauterkeit	25	174
a)	Begriffliche Definitionen der unbestimmten Tatbestandselemente	25	174
b)	Schutzzwecke des UWG	26	174
c)	Gesetzliche Sonderregelungen	27	175
d)	Prinzipien	28	175

				Note	Seite
	e)	Typen und Leitbilder		29	176
	f)	Verkehrssitten und Moralvorstellungen		30	176
	g)	Dogmatische Konzepte		31	177
	h)	Topoikataloge, Abwägungs- und Prüfungsschemata, Kataloge unzulässiger Verhaltensweisen		32	177
3.	Bildung von Fallreihen			33	177
V. Einzelne Fallreihen unlauteren Wettbewerbs				35	178
1.	Unlautere Kundenbeeinflussung			35	178
	a)	Begriff, Schutzzwecke und systematische Einordnung		35	178
	b)	Allgemeine Unlauterkeitskriterien		38	179
	c)	Unterfallreihen und Bedeutung von Art. 2		39	179
		aa)	Täuschung und Irreführung	39	179
			(1) Getarnte Werbung	41	180
			(2) Schleichwerbung	43	181
			(3) Vortäuschung eines Vertragsverhältnisses zum Betroffenen	44	182
			(4) Täuschende Testimonials	46	183
			(5) Verdeckte Erhebung und Weiterleitung von Kundendaten	47	184
		bb)	Aggressive Geschäftspraktiken	48	184
			(1) Ausübung von nötigendem Druck	50	185
			(2) Anreize durch Risiko und Gewinn	51	185
			(3) Vertrieb über Privatpersonen (sog. Laienwerbung)	57	189
			(4) Belästigung	58	190
		cc)	Wertreklame	60	192
		dd)	Gefühlsbetonte Werbung	63	194
		ee)	Ausnutzung von Unerfahrenheit und Leichtgläubigkeit	67	196
		ff)	Ausnutzung der Trägheit	68	196
2.	Behinderung			69	197
	a)	Begriff, Schutzzwecke und systematische Einordnung		69	197
	b)	Allgemeine Unlauterkeitskriterien		70	197
	c)	Unterfallreihen und Bedeutung von Art. 2		72	198
		aa)	Absatzbehinderungen	72	198
			(1) Kundenbezogene Behinderung	72	198
			(2) Produktbezogene Behinderung	76	201
			(3) Werbebehinderung	77	201
			(4) Vertriebsbezogene Behinderung	78	202
			(5) Behindernde Angebotsbedingungen	79	202
			(6) Unlautere vergleichende Werbung	83	204
		bb)	Nachfragebehinderungen	84	204
		cc)	Boykott i.e.S.	85	204
		dd)	Betriebs- und unternehmensbezogene Behinderungen	86	205

	Note	Seite
(1) Störungen des Betriebsablaufs	87	205
(2) Rufschädigungen	91	206
(3) Behinderung von Kennzeichen	93	207
ee) Missbrauch der Nachfragemacht	94	208
3. Ausbeutung	95	208
a) Begriff, Schutzzweck und systematische Einordnung	95	208
b) Allgemeine Unlauterkeitskriterien	98	210
c) Unterfallreihen und Bedeutung von Art. 2	101	211
aa) Nachahmung	101	211
bb) Anlehnung	104	212
4. Rechtsbruch	107	215
a) Begriff, Schutzzweck und systematische Einordnung	107	215
b) Lauterkeitsrechtliche Relevanz des Rechtsbruchs	108	216
aa) Ansatzpunkt der Relevanzprüfung	109	216
bb) Voraussetzungen der lauterkeitsrechtlichen Relevanz	110	217
c) Unlauterkeit	113	218
d) Unterfallreihen und Bedeutung von Art. 2	114	218
aa) Normverstoss	114	218
bb) Vertragsverletzung	116	219
VI. Einwendungen des Verletzers	117	220
1. Besonderheiten des Lauterkeitsrechts	117	220
2. Einzelne Einwendungsmöglichkeiten	120	221
a) Einwilligung	120	221
b) Notstand, Notwehr und Selbsthilfe	121	221
c) Wahrnehmung berechtigter Interessen	122	222
d) Einwand einer Kompensation durch Vorteile	123	222
e) Einwand des Rechtsmissbrauchs (sog. unclean hands)	124	223
f) Einwand der Branchenüblichkeit	125	224
VII. Verfahrensfragen	127	224
VIII. Rechtsfolgen	128	225

Literatur

M. ALTENPOHL, Die Durchsetzbakeit selektiver Vertriebsbindungssysteme gegenüber Aussenseitern nach schweizerischem Recht, AJP 1992, 189 ff.; A. ANDERHUB, Zivilrechtliche Ansprüche gegen den Versand von elektronischer Massenwerbung (Spam) unter besonderer Berücksichtigung des neuen Art. 3 lit. o UWG, Zürich 2008; R. ARN, La publicité choquante – Vers une nouvelle dimension du droit de la concurrence déloyale?, Basel 2001; O. ARTER, Lauterkeitsrechtliche Aspekte von Werbung mittels E-Mail, AJP 2004, 1067 ff.; P. BARMAN, Die Antispam-Gesetzgebung in der Schweiz, Jusletter 2. April 2007; A. BARROT, Die Abwerbung von Arbeitskräften, Bern 1973; B. BATTISTOLO, La protection des idées publicitaires, Lausanne 1986; C. BAUDENBACHER (Hrsg.), Lauterkeitsrecht – Kommentar zum Gesetz gegen den unlauteren Wettbewerb (UWG), Basel 2001, Art. 2; DERS., Suggestivwerbung und Lauterkeitsrecht, Zürich 1978; A. BEATER, Nachahmen im Wettbewerb, Tübingen 1995; T. BECKER, Werbung für Produkte mit einem Suchtgefährdungspotential, Frankfurt/M. 2010; E. BENGTSSON-BÄNZIGER, Der Konsumentenboykott im Wettbewerb, Zürich 2008; M. BERGER, Die funktionale Konkretisierung von Art. 2 UWG, Zürich 1997; R. VON BÜREN/E. MARBACH/P. DUCREY, Immaterialgüter- und Wettbewerbsrecht, 3. Aufl., Bern 2008, N 1056 ff.; L. DAVID/R. JACOBS, Schweizerisches Wettbewerbsrecht, 4. Aufl. Bern 2005, N. 51 ff.; A. DUDLI, Spamming in der Schweiz – Rechtslage und ungelöste Probleme, sic! 2007, 563 ff.; G. ELSKAMP, Gesetzesverstoß und Wettbewerbsrecht, Baden-Baden 2008; P. EULAU, Verleitung zum Vertragsbruch und Ausnützung fremden Vertragsbruchs, Zürich 1976; M. FIECHTER, Der Leistungsschutz nach Art. 5 lit. c UWG, Bern 1992; C. FOUNTOULAKIS, Tupperware-Parties und Co. – Die wettbewerbsrechtliche Beurteilung des Vertriebs unter Einsatz von Laien, GRUR Int. 2009, 979 ff.; P. FRIEDRICH, Aggressive Werbemethoden in der Schweiz und deren lauterkeitsrechtliche Beurteilung, Zürich 1993; O. GERMANN, Zum Verhältnis zwischen der Generalklausel des Wettbewerbsrechts und seinen Spezialtatbeständen, Festschrift für Walther Hug zum 70. Geburtstag, Bern 1968, 207 ff.; A. GUBLER, Der Ausstattungsschutz nach UWG, Bern 1991; C. HILTI, Zum Anwendungsbereich des neuen Bundesgesetzes gegen den unlauteren Wettbewerb (UWG), SJZ 1989, 129 ff.; R. M. HILTY/H. C. V. D. CRONE/R. H. WEBER, Stellungnahme zur Anpassung des UWG: Ambush Marketing, sic! 2006, 702 ff.; K. M. HOTZ, Zur Bedeutung des Bundesgesetzes gegen den unlauteren Wettbewerb (UWG) für die Massenmedien, SJZ 1990, 26 ff.; A. JENNY, Die Nachahmungsfreiheit, Zürich 1997; R. P. JETZER, Lockvogelwerbung, Zürich 1979; K. JONAS/C. TANNER, Psychologischer Kaufzwang – individuell und kollektiv, aggressive Werbemethoden und Gruppenzwang, in: A. Brunner (Hrsg.), Konsumentenverhalten, Bern 2009, 105 ff.; W. JÖRGER, Die Strafbarkeit von Doping nach dem Bundesgesetz über Förderung von Turnen und Sport, Bern 2006, S. 137 f.; A. JOSSI, Unlauterer Wettbewerb durch Verletzung von Arbeitsbedingungen mit Berücksichtigung verwandter Tatbestände, Bern 1947; P. JUNG, Tendenzen im Recht gegen den unlauteren Wettbewerb, in: R. Trigo Trindade et al. (Hrsg.), Economie – Environnement – Ethique, Liber Amicorum Anne Petitpierre-Sauvain, Zürich 2009, 201 ff.; R. KAPLAN, Das Interesse der Allgemeinheit bei der Konkretisierung der Generalklausel des § 3 UWG, Baden-Baden 2008; R. KEEL, Der unlautere Wettbewerb ohne Verschulden, Bern 1944; C. KLEIN, Die Ausnützung des Spieltriebs durch Veranstaltungen der Wirtschaftswerbung und ihre Zulässigkeit nach schweizerischem Recht, Zürich 1970; J. LUX, Der Tatbestand der allgemeinen Marktbehinderung, Tübingen 2006; A. MATTER, Lockvogelproblematik und UWG-Revision, ZSR 105 I (1986), 429 ff.; E. MATTER, Zur Generalklausel im Bundesgesetz über den unlauteren Wettbewerb, ZBJV 87 (1951), 449 ff.; B. MESSERLI, Unlauterer Wettbewerb durch systematische Annäherung an fremde Ausstattung, SMI 1988, 29 ff.; L. MEYER, Das selektive Vertriebssystem, Seine Berührung mit dem KG, UWG, IPR und dem Europa-Recht, Bern 1993, 106 ff.; J. MÜLLER, Einleitung und Generalklausel (Art. 1–2 UWG), in: R. von Büren/L. David (Hrsg.), SIWR V/1, 2. Aufl., Basel 1998, 1 ff.; DERS., Rechtsfindung im Lauterkeitsrecht, sic! 2003, 301 ff.; M. G. NOTH, Ambush Marketing mit Augenmerk auf die UEFA EURO 2008™, AR 2008, 210 ff.; E. PAHUD, Zur Kritik an der Umwegtheorie, sic! 2004, 804 ff.; M. PEDRAZZINI, Die Verleitung zum Vertragsbruch nach dem neuen UWG, SMI 1991, 349 ff.; M. PEDRAZZINI/F. PEDRAZZINI, Unlauterer Wettbewerb – UWG, 2. Aufl., Bern 2002, N. 4.01 ff.; C. SAGER-GLUR, Direktmarketingmethoden – Eine Darstellung unter lauterkeitsrechtlichen Aspekten, Bern 2001; U. SAXER, Die Anwendung des UWG auf ideelle Grundrechtsbetätigungen: eine Problemskizze, AJP 1993, 604 ff.; P. SCHALTEGGER, Die Haftung der Presse aus unlauterem Wettbewerb, Zürich 1992; W. SCHLUEP, Wirtschaftsrechtliche Aspekte der Werbung durch Appell an das Unterbewusste, ZSR 91 I (1972), 353 ff.; DERS., Über das innere System des neuen schweizerischen Wettbewerbs, Freiheit und Zwang: rechtliche, wirtschaftliche und gesellschaftliche Aspekte, Festschrift zum 60. Geburtstag von Hans Giger, Bern

1989, 561 ff.; M. SENN, Kommerzielle Äusserungen im Schutze der Meinungsäusserungsfreiheit, sic! 1999, 111 ff.; R. STEYERT, Das Verhältnis von Generalklausel und Spezialtatbeständen im Bundesgesetz über den unlauteren Wettbewerb, Basel 1971; G. SUTTER, Das Lockvogelverbot im UWG (Art. 3 lit. f), Bern 1993; D. VASELLA, Zur Fallgruppe der Behinderung und beschreibenden Domainnamen: Der «Tax-Info»-Entscheid des Zivilgerichts Basel-Stadt, sic! 2006, 143 ff.; H. P. WALTER, Das Wettbewerbsverhältnis im neuen UWG, SMI 1992, 169 ff.; T. WYLER, Werbung mit dem Preis als unlauterer Wettbewerb, Basel 1990.

I. Normzweck

Art. 2 enthält eine unmittelbar anwendbare **Generalklausel** zum privatrechtlichen Schutz gegen unlauteren Wettbewerb. Funktional besteht sein Zweck mithin darin, neben den derzeit 17 Spezialtatbeständen einen (in der Praxis immer noch unterschätzten) Auffangtatbestand (näher N 3 ff.) für unlauteres Verhalten im Wettbewerb und eine Ermächtigungsgrundlage zur richterlichen Rechtsfortbildung bereitzustellen. Inhaltlich deckt sich der Normzweck mit der in Art. 1 formulierten **Zielsetzung des UWG** überhaupt.

1

II. Entstehungsgeschichte

Seit das schweizerische Lauterkeitsrecht in einem gesonderten Gesetz geregelt ist, verfügt es in der Nachfolge von Art. 48 aOR auch über einen generalklauselartigen Auffangtatbestand[1]. So umschrieb **Art. 1 Abs. 1 aUWG** von 1943 bis 1988 den unlauteren Wettbewerb als «Missbrauch des wirtschaftlichen Wettbewerbs durch täuschende oder andere Mittel, die gegen die Grundsätze von Treu und Glauben verstossen». Mit diesem sich an Art. 2 ZGB anlehnenden Wortlaut und dem überwiegend geforderten Wettbewerbsverhältnis zwischen dem Aktiv- und Passivlegitimierten wurde der Anwendungsbereich der Generalklausel bis 1988 allerdings weitgehend auf den Konkurrentenschutz eingeschränkt[2]. Von der Rechtsprechung wurde die Generalklausel neben den Spezialtatbeständen nur selten zur Begründung der Unlauterkeit herangezogen[3]. Mit der **Revision von 1986** und der Schaffung von Art. 1 kam es zu einer dem dreidimensionalen Schutzzweck des UWG (Art. 1 N 2 ff.) entsprechenden Anpassung des Wortlauts der Generalklausel.

2

---

[1] Anders etwa das deutsche Recht, das mit dem ersten UWG von 1896 noch über keine Generalklausel verfügte und erst mit dem UWG von 1909 eine solche einführte.
[2] Krit. die Botschaft UWG, 1016 ff.
[3] Krit. die Botschaft UWG, 1010, 1018, 1032 und 1042 f.; das KGer SZ (ZK 2006/24) konstatiert im Anschluss an J. MÜLLER, SIWR V/1, 52 f. eine «verwunderliche Zurückhaltung» und meint «kraftloser Rückgriff auf die Generalklausel erfolgt gewöhnlich nur in düsterer Verzweiflung» (S. 17); die angebliche Zurückhaltung der Rechtsprechung bestreitend BGE 107 II 277, 281 («Aktionsverkäufe»).

III. Systematik und Verhältnis zu anderen Vorschriften

3 Das schweizerische Lauterkeitsrecht ist durch ein komplexes und teilweise umstrittenes **Zusammenspiel** von Generalklausel und Sondertatbeständen gekennzeichnet. Art. 2 enthält dabei nicht nur die Generalklausel des schweizerischen Lauterkeitsrechts, sondern mit dem allgemeinen Täuschungsverbot (Art. 2 Var. 1) aus historischen Gründen[4] auch noch einen vergleichsweise allgemein gehaltenen Sondertatbestand (näher N 39 ff.). Das allgemeine Täuschungsverbot in Art. 2 Var. 1 steht als «kleine Generalklausel» systematisch zwischen dem allgemeinen Verbot unlauteren Wettbewerbsverhaltens (Art. 2 Var. 2) und den (mehr oder weniger weit gefassten) speziellen Täuschungsverboten der Art. 3 lit. b, c, e, f und g. Art. 2 ist nur für das private Lauterkeitsrecht bedeutsam, da er von der strafrechtlichen Verweisnorm des **Art. 23 nicht erfasst** wird.

4 Systematisch beruht auch die Anwendung des UWG auf dem allgemeinen Grundsatz des **Vorrangs der Spezialregelungen** vor der Generalklausel des Art. 2 (lex specialis derogat legi generali)[5], doch stellt sich stets und insbesondere bei einem Nichteingreifen der Spezialtatbestände die oft nicht einfach zu beantwortende Frage, ob durch diese das konkrete Verhalten überhaupt erfasst bzw. abschliessend geregelt werden sollte oder ob daneben noch ein Rückgriff auf Art. 2 Var. 2 möglich ist, um das Verhalten zusätzlich oder wenigstens nach der Generalklausel als unlauter und widerrechtlich zu qualifizieren. Die Gerichte greifen nur relativ selten auf die Generalklausel zurück[6].

5 Richtigerweise hat man die **Spezialtatbestände privatrechtlich als blosse Konkretisierungen** und beispielhafte Ausschnitte der Generalklausel aufzufassen («insbesondere»)[7], die nur für ihren durch bestimmte Anwendungsvoraussetzungen abgesteckten Normbereich spezifische Unlauterkeitsvoraussetzungen benennen und Wertungen erkennen lassen, die nur insoweit durch einen Rückgriff auf die

---

[4] Art. 48 OR 1911 enthielt als ersten konkretisierenden, aber noch nicht verselbständigten Sondertatbestand die «unwahre Auskündigung».

[5] So auch ausdrücklich BGE 131 III 384, 388 («Such-Spider»); 122 III 469, 481 («Parallelimporte von Parfümeriewaren»); BE SMI 1996, 175 178 E. 6.3.1 («Stadtanzeiger Bern II»); a.A. J. MÜLLER, SIWR V/1, 55 f.; PEDRAZZINI/PEDRAZZINI, UWG, N 4.07 (vorrangige Prüfung des Sachverhalts im Rahmen der Generalklausel wegen der inhaltlichen Prägung der Spezialtatbestände durch die Generalklausel) und SCHWENNINGER, Werbe- und Verkaufsmethoden, in: Th. Geiser/P. Krauskopf/P. Münch (Hrsg.), Schweizerisches und europäisches Wettbewerbsrecht, Basel 2005, 185 ff. N 5.20 (bloss strafrechtliches Spezialitätsverhältnis, um eine Rechtsfortbildung im Rahmen der Generalklausel zu ermöglichen).

[6] Mit Recht krit. SCHWENNINGER, Werbe- und Verkaufsmethoden, in: Th. Geiser/P. Krauskopf/P. Münch (Hrsg.), Schweizerisches und europäisches Wettbewerbsrecht, Basel 2005, 185 ff. N 5.20 und 5.22.

[7] So ausdrücklich etwa auch BGer sic! 2003, 354 («Telefaxverzeichnis»); plastisch DAVID/JACOBS, Schweizerisches Wettbewerbsrecht, 4. Aufl. 2005, N. 60 («Spitze eines Eisbergs»).

Generalklausel umgangen werden dürfen[8]. Auf diese Weise kann der Rechtsanwender durch Auslegung in jedem Einzelfall im privaten Lauterkeitsrecht zwischen der Skylla der weitgehenden Verdrängung der Generalklausel durch die Spezialtatbestände und der Charybdis der unzulässigen Umgehung der Spezialtatbestände durch die subsidiäre Anwendung der Generalklausel hindurchgelangen. Mit der steten Möglichkeit zum Rückgriff auf die Generalklausel entfällt auch die ansonsten bestehende Notwendigkeit zur Ausweitung der Spezialtatbestände praeter und möglicherweise sogar contra legem. Der allfällige Rückgriff auf die Generalklausel ermöglicht schliesslich auch im Privatrecht eine im Strafrecht durch den Legalitätsgrundsatz zwingend gebotene enge, am noch möglichen Wort- und Normsinn orientierte Auslegung der Spezialtatbestände der Art. 3 bis 6[9] und damit eine wünschenswerte einheitliche Auslegung dieser Tatbestände.

Das hier und generell in diesem Kommentar zugrunde gelegte Systemverständnis bedeutet einerseits, dass die **allgemeinen Unlauterkeitsvoraussetzungen** des Art. 2 (N 10 ff.) auch für die Spezialtatbestände gelten. Die Spezialtatbestände sind damit im Lichte des allgemeinen Massstabs von Treu und Glauben und der zu den jeweiligen Fallreihen der Unlauterkeit i.S.d. Generalklausel entwickelten Grundsätze (näher N 9 ff.) auszulegen[10]. Wenn etwa in Art. 2 eine Wettbewerbsbeeinflussung vorausgesetzt wird (N 11 ff.), gilt dies auch für die Spezialtatbestände der Art. 3 bis 8[11]. Dies ist auch der Hauptgrund für die regelmässig nur beiläufige Nennung von Art. 2 in der Rechtsprechung.

Auf der anderen Seite entfalten die Spezialtatbestände damit aber selbst dann **keine Sperrwirkung** gegenüber der Generalklausel von Art. 2, wenn sie selbst prinzipiell eingreifen[12]. Die Generalklausel ist lediglich ihrerseits im Lichte der Spezialtatbestände und der dort zum Ausdruck gekommenen gesetzgeberischen Wertungen auszulegen[13]. Ein Beispiel hierfür bildet etwa das Verhältnis zwischen Art. 2 und Art. 3 lit. f, der angesichts seiner engen Tatbestandsvoraussetzungen nicht daran hindern darf, bei anderen Formen des Angebots unter Einstandspreis (z.B. Angebot ohne Werbung oder ausserhalb des Einzelhandels) neben weiteren Spezialtatbeständen (z.B. unzulässige Irreführung nach Art. 3 lit. b bei unzureichender Verfügbarkeit des Lockvogelangebots; s. Art. 3 lit. b N 44) auf Art. 2 zurückzugreifen[14]. Bei der Anwendung von Art. 2 hat man allerdings dann die in Art. 3 lit. f zum Aus-

---

[8] Damit wirken die Spezialtatbestände, die konkrete Tatbestandsvoraussetzungen enthalten, tendenziell eher abschliessend; so auch BGE 133 III 431, 435 f. («Auf zu neuen Taten ...») und DAVID/JACOBS, Wettbewerbsrecht, N 60.
[9] Siehe zur restriktiven Auslegung der strafrechtlich relevanten Spezialtatbestände etwa auch BGer sic! 2003, 354 f. und BezGer ZH sic! 2008, 307 E.IV.1.3 («Online-Branchenverzeichnis»).
[10] So auch etwa BGer sic! 2003, 354 und BGer 6S.858/1999, E. 7b.
[11] So auch ausdrücklich etwa BGE 126 III 198, 202 («Loto Score») und BGer 4C.139/2003, E. 5.1.
[12] BGE 131 III 384, 388 («Such-Spider») m.w.N.
[13] BGE 133 III 431, 435 («Auf zu neuen Taten ...»).
[14] Gegen eine Sperrwirkung von Art. 3 lit. f «in besonderen Fällen» ausdrücklich auch die Botschaft UWG, 1067.

druck gekommene Wertung zu berücksichtigen, dass die Unlauterkeit nicht allein mit der Preisgestaltung begründet werden kann und damit an zusätzliche Voraussetzungen zu knüpfen ist (z.B. Unlauterkeit bei gezieltem Vernichtungswettbewerb; s. auch N 80).

8   Durch Überschneidungen zwischen den verschiedene Schutzzwecke verfolgenden und unterschiedlich speziellen Spezialtatbeständen[15] sowie ein allfälliges zusätzliches Eingreifen der Generalklausel mit ihren unterschiedlichen Fallreihen besteht die Möglichkeit einer **mehrfachen Unlauterkeit**[16], die Bedeutung für die Strafzumessung (Art. 23) und die Höhe des ggf. zu leistenden Schadenersatzes (Art. 43 Abs. 1 OR) haben kann.

IV.   Tatbestand der Generalklausel

9   Der Tatbestand von Art. 2 setzt sich im Wesentlichen aus **unbestimmten Rechtsbegriffen** zusammen (N 10 ff.), die von Rechtsprechung und Rechtswissenschaft einerseits deduktiv durch **Konkretisierungen** (N 25 ff.) und andererseits induktiv durch **Fallreihen** (N 33 ff.) präzisiert wurden und werden. Die bestmögliche Präzisierung durch Konkretisierung und Fallreihenbildung ist unabdingbar, um eine juristisch nachvollziehbare und einigermassen rechtssichere Handhabung der Generalklausel zu gewährleisten[17]. Die so gewonnenen Beurteilungskriterien und insbesondere die subsumtionsfähigen Fallreihentatbestände sollten weniger als Einbusse an Flexibilität denn als Anhalt für eine sachgerechte und konsistente Rechtsanwendung betrachtet werden[18]. Die Konkretisierungen lassen im Übrigen bei der Anwendung auf den Einzelfall erhebliche Wertungsspielräume, und die Fallreihen sind weder abschliessend noch in ihrem Randbereich klar definiert. Eine strenge Präjudizienbindung ist schliesslich dem schweizerischen Recht unbekannt[19]. Gerade im Lauterkeitsrecht ist insoweit den sich immer wieder ändernden

---

[15]   So sind z.B. Art. 2 Var. 1 (allgemeines Täuschungsverbot) und Art. 3 lit. b (allgemeines Täuschungs- und Irreführungsverbot) als «kleine Generalklauseln» im Bereich der Täuschungs- und Irreführungstatbestände aufzufassen (s. auch N 3, 39 und Art. 3 lit. b N 3 ff.), die durch speziellere Tatbestände (z.B. Art. 3 lit. f und lit. g) ergänzt werden; Schnittmengen bestehen etwa zwischen Art. 3 lit. d und lit. e oder Art. 3 lit. g und lit. h.

[16]   Zur kumulativen Anwendung von Spezialtatbeständen und Generalklausel etwa BGE 113 II 190, 201 f. («Le Corbusier»); BAUDENBACHER, Kommentar UWG, Art. 2 N 7.

[17]   Siehe dazu generell und rechtsvergleichend JUNG, Die Generalklausel im deutschen und französischen Vertragsrecht, in: C. Baldus/P.-C. Müller-Graff (Hrsg.), Die Generalklausel im Europäischen Privatrecht. Zur Leistungsfähigkeit der deutschen Wissenschaft aus romanischer Perspektive, München 2006, 37 ff.

[18]   Eher krit. PEDRAZZINI/PEDRAZZINI, UWG, N 4.14 und BAUDENBACHER, Kommentar UWG, Art. 2 N 6.

[19]   KRAMER, Juristische Methodenlehre, 3. Aufl., Bern 2010, 272 ff.

Gepflogenheiten und der sich mit diesen wandelnden Einstellungen Rechnung zu tragen[20].

1. Tatbestandselemente

a) Verhalten oder Geschäftsgebaren

Der Begriff des Verhaltens umfasst jedes Tun, Dulden oder Unterlassen und damit auch den gesondert genannten Unterfall des Geschäftsgebarens als einem Verhalten im geschäftlichen Bereich. Erfasst werden insbesondere Werbe- und Verkaufsmethoden (vgl. die Marginalie zu Art. 3), aber auch Massnahmen im Zusammenhang mit dem Angebot von Tausch-, Gebrauchs- und Nutzungsmöglichkeiten sowie Dienstleistungen. Der insoweit gegenüber Art. 1 Abs. 1 aUWG («Mittel») geänderte Wortlaut der Generalklausel dient der Vermeidung einer vom Gesetzgeber (zu Unrecht) befürchteten Einschränkung auf positives Tun, wobei zugleich mit der überflüssigen Erwähnung des vom Verhalten mit umfassten Geschäftsgebarens das jeder Wettbewerbshandlung eigene wirtschaftliche Element (dazu auch N 13 ff.) betont werden soll[21].

10

b) Wettbewerbsbeeinflussung (Wettbewerbshandlung)

aa) Funktion

Das Verhalten muss nach dem Wortlaut von Art. 2 zudem das Verhältnis zwischen Mitbewerbern oder zwischen Anbietern und Abnehmern beeinflussen[22]. Damit wird deutlich, dass es der Generalklausel sowie den auf ihr aufbauenden Sondertatbeständen der Art. 3 bis 8 nicht um die Sanktionierung jeglichen treuwidrigen Verhaltens, sondern nur um die Ahndung von **wettbewerbsrelevanten Lauterkeitsverstössen im geschäftlichen Bereich** geht, was auch bereits die explizite Nennung des Geschäftsgebarens als Unterfall des nach Art. 2 relevanten Verhaltens

11

---

[20] Siehe dazu auch SCHWENNINGER, Werbe- und Verkaufsmethoden, in: Th. Geiser/P. Krauskopf/ P. Münch (Hrsg.), Schweizerisches und europäisches Wettbewerbsrecht, Basel 2005, 185 ff. N 5.8 und 5.19, der zutreffend zur Vorsicht im Umgang mit alten Präjudizien mahnt.
[21] Botschaft UWG, 1060.
[22] Im Ergebnis vergleichbar SLK-Grundsatz 1.2 (wenn auch nicht auf die Beeinflussung des Verhältnisses zwischen Marktteilnehmern, sondern zwischen Personen und den Leistungen bzw. Geschäftsverhältnissen eines Anbieters abstellend und die individuelle Absatzförderung ausschliessend): «*Unter kommerzieller Kommunikation ist jede Massnahme von Konkurrenten oder Dritten zu verstehen, die eine Mehrheit von Personen systematisch in ihrer Einstellung zu bestimmten Waren, Werken, Leistungen oder Geschäftsverhältnissen zum Zweck des Abschlusses eines Rechtsgeschäftes oder seiner Verhinderung beeinflussen.*»

andeutet[23]. Dahinter steckt der traditionelle Grundgedanke des Lauterkeitsrechts, wonach ein wettbewerbsrelevantes Verhalten wegen seiner regelmässig schwerwiegenderen Folgen (Betroffenheit einer zumeist grösseren Zahl von Personen, Verfälschung des Wettbewerbs) nach dem UWG an einem strengeren Massstab gemessen und schärfer sanktioniert werden soll als ein allgemeines privates Verhalten nach dem ZGB und OR (dazu auch Einl. N 10).

bb) Voraussetzungen

12 Das vom UWG sachlich erfasste Verhalten ist mithin nur ein wirtschafts- und wettbewerbsrelevantes Verhalten. Ein solches ist nur gegeben, wenn das Verhalten dazu bestimmt oder geeignet ist, sich auf die Marktverhältnisse auszuwirken bzw. objektiv auf eine Beeinflussung der Wettbewerbsverhältnisse angelegt ist und nicht in einem völlig anderen Zusammenhang erfolgt[24]. Gegenbegriffe sind die private[25], die ideelle und die rein amtliche Tätigkeit (N 16).

(1) Wirtschaftsrelevanz

13 Erforderlich ist mithin zunächst ein wirtschaftsrelevantes Verhalten. Hierzu muss sich das massgebliche Verhalten **auf eine selbständige Tätigkeit** des Verletzers selbst oder des von ihm im Wettbewerb begünstigten Dritten **beziehen**. Das Verhalten unselbständiger Personen im Zusammenhang mit ihren dienstlichen oder geschäftlichen Verrichtungen wird nach Art. 11 auch dem jeweiligen Geschäftsherrn zugerechnet. Selbständig ist, wer im Wesentlichen frei seine Tätigkeit gestalten kann und auf eigenes Risiko handelt. Adressaten des UWG sind zwar vor allem Unternehmensträger (natürliche oder juristische Personen, Rechtsgemeinschaften), doch ist der Betrieb eines Unternehmens letztlich nicht erforderlich.

14 Zweite Voraussetzung der Wirtschaftsrelevanz ist ein sog. **Marktbezug**[26], d.h. die Teilnahme des Verletzers oder des begünstigten Dritten am Marktgeschehen. Eine Gewinnerzielung oder auch nur eine Gewinnerzielungsabsicht sind hierfür nicht erforderlich[27]. Es genügt die Absicht der Kosteneinsparung. Die Tätigkeit ist auch dann auf einen wirtschaftlichen Erfolg gerichtet, wenn die angestrebten geldwerten Vorteile nicht der einzige oder der Hauptzweck bzw. nur ein Mittel zur Erreichung eines ideellen Endzwecks sind[28]. Auch Organisationen mit ideeller oder gemeinnüt-

---

[23] Siehe dazu auch die Botschaft UWG, 1060.
[24] BGE 120 II 76, 78 («Mikrowellenherd I»); BGE 124 III 297, 302 («Motor-Columbus AG»).
[25] BGE 120 II 76, 78 («Mikrowellenherd I»); PEDRAZZINI/PEDRAZZINI, UWG, N 1.13 ff.
[26] BGE 120 II 76, 78 («Mikrowellenherd I»).
[27] BGE 75 IV 21, 24 («VSA»); a. A. BGE 120 II 76, 78 («Mikrowellenherd I»).
[28] BGE 75 IV 21, 23 f. («VSA»); BGE 110 II 411, 421 («Opernhaus Zürich»).

ziger Zielsetzung können am Erwerbsleben teilnehmen[29]. Professionelle Sportler stehen nicht nur in einem sportlichen, sondern auch in einem wirtschaftlichen Wettbewerb[30]. Sofern eine Teilnahme an einem fremden Erwerbsleben vorliegt, kann sogar auf das Element der Entgeltlichkeit verzichtet werden. Da ferner eine mittelbare Teilnahme am Erwerbsleben genügt, können ggf. auch entsprechende **Vorbereitungshandlungen** einbezogen werden. Noch kein Marktbezug ist jedoch bei der schlichten Herstellung eines Prototyps gegeben[31].

Das drittens vorausgesetzte Handeln **zu einem wirtschaftlichen Zweck** ist gegeben, wenn zumindest auch eine eigene oder fremde wirtschaftliche Tätigkeit am Markt objektiv gefördert werden soll. Der Begriff der Förderung ist dabei weit zu verstehen, so dass nicht nur die unmittelbar der Vergrösserung des Absatzes von Sach- oder Dienstleistungen dienenden Tätigkeiten, sondern auch reine Imagekampagnen ohne konkreten Produktbezug, Massnahmen zum blossen Erhalt des Absatzes und gewisse Vorbereitungshandlungen erfasst werden. Bei Gewerbetreibenden ist ein Handeln zu wirtschaftlichen Zwecken zu vermuten[32]. Auch Wirtschaftsverbände, die die wirtschaftlichen Interessen ihrer Mitgliedsunternehmen vertreten, handeln im geschäftlichen Verkehr. Werden neben wirtschaftlichen noch andere Motive verfolgt, darf die wirtschaftliche Zwecksetzung nicht völlig in den Hintergrund treten.

Vom UWG **ausgenommen** sind damit zunächst rein **private** Verhaltensweisen wie etwa der (einmalige) Verkauf eines Oldtimers durch einen privaten Sammler[33] oder das Angebot einer ererbten Immobilie durch einen Makler[34]. Keine Wettbewerbshandlungen sind auch Verhaltensweisen mit rein **ideeller** Zielsetzung wie die politische Werbung um Stimmen[35], die Werbung für gemeinnützige Vereine und Reli-

15

16

---

[29] Beispiele bilden die Herausgabe eines Fachblattes durch einen gemeinnützigen Verein (vgl. BGE 75 IV 21, 23 – «VSA») und die Versicherungsvermittlung durch eine Kirche (vgl. BGH NJW 1981, 2811 – «Ecclesia-Versicherungsdienst»); vgl. dazu auch den SLK-Grundsatz 1.5: *«Gemeinnützige und religiöse Propaganda gilt nicht als kommerzielle Kommunikation. Soweit religiöse oder gemeinnützige Organisationen eine kommerzielle Tätigkeit betreiben, haben diese die Grundsätze der werblichen Lauterkeit zu beachten.»*

[30] BStGer 2007, 45 E. 6; W. JÖRGER, Die Strafbarkeit von Doping nach dem Bundesgesetz über Förderung von Turnen und Sport, Bern 2006, 137 f.; SCHUBARTH, recht 2006, 222, 227.

[31] TC VD (TACC 2009/320).

[32] Die Vermutung ist widerlegt, wenn der Gewerbetreibende darlegt und allenfalls beweist, dass er zu privaten Zwecken gehandelt hat.

[33] BGer sic! 2002, 694, 696 («Ferrari»).

[34] Vgl. dazu BGH GRUR 1993, 761 («Makler-Privatangebot»).

[35] Vgl. dazu auch den SLK-Grundsatz 1.4 sowie den Nichteintretensentscheid der Bezirksanwaltschaft Zürich v. 3.12.2003 («Ärzteschaft c. Apotheker») und die Rekursabweisung durch AppGer TI 2000 («Thermoselect»), beide Entscheide referiert bei STUDER, Das UWG – eine «Medienfalle»?, in: T. Geiser/P. Krauskopf/P. Münch (Hrsg.), Schweizerisches und europäisches Wettbewerbsrecht, Basel 2005, 415 ff. N 11.55 f.

gionsgemeinschaften[36], die Betätigung als Amateursportler[37] oder Publikationen im akademischen Rahmen[38]. Nicht in den Anwendungsbereich des UWG fallen schliesslich noch die **öffentlich-rechtlichen** Zwecken dienenden hoheitlichen oder schlichthoheitlichen Handlungen[39], sofern es sich nicht um eine der staatlichen Neutralitätspflicht widersprechende Förderung fremden Wettbewerbsverhaltens handelt[40]. Bei fiskalischem Handeln wird der Staat jedoch wie ein Privater aus dem UWG berechtigt und verpflichtet[41].

(2) Wettbewerbsrelevanz

17 Ein wettbewerbsrelevantes Verhalten ist nach Art. 2 nur gegeben, wenn das Verhalten direkt oder indirekt **spürbare Auswirkungen auf dem Markt** zeitigt, indem es Unternehmen in ihrem Kampf um Kundschaft begünstigt bzw. benachteiligt oder ihre Marktanteile steigert bzw. verringert[42]. Dabei kommt es nur auf die **objektive Eignung** des Verhaltens zur Beeinflussung und damit weder auf einen Beeinflussungswillen des Handelnden[43] noch nach allgemeiner Meinung und entgegen dem Wortlaut von Art. 2 auf einen tatsächlich feststellbaren Einfluss[44] an. Relevant kann dabei auch eine sich nur an einen einzigen (bedeutenden) Marktteilnehmer richtende Massnahme sein[45]. Grundsätzlich unerheblich und allenfalls Frage der mangelnden Spürbarkeit (N 19) ist es auch, ob die massgebliche Wettbe-

---

[36] BGE 125 I 369, 375 ff. («Scientology»); vgl. dazu auch den SLK-Grundsatz 1.5 (Fn. 29) und für das deutsche Recht (in casu hinreichende wirtschaftliche Zwecksetzungen unterstellend) OLG Düsseldorf NJW-RR 1986, 531, 532 («Scientology»).
[37] Zum Profisport hingegen BStGer 2007, 45 E. 6.
[38] Publikationen im akademischen Rahmen (vgl. dazu aber auch BGE 120 II 76, 79 – «Mikrowellenherd I»: Anwendbarkeit des UWG, wenn nach dem Empfängerhorizont eine Wettbewerbsbeeinflussung intendiert ist).
[39] VON BÜREN/MARBACH/DUCREY, N 1060.
[40] Vgl. zu einem lauterkeitsrechtlich relevanten Verstoss gegen die Neutralitätspflicht bei der schlichthoheitlichen Förderung des Fremdenverkehrs durch eine städtische Hotelzimmervermittlung BGHZ 19, 299 («Bad Ems»).
[41] BGE 112 II 369, 374 f. («Appenzell»); HGer BE SMI 1994, 81, 82 («Steinbock»); Richteramt III BE SMI 1996, 175, 176 f. («Stadtanzeiger Bern»).
[42] Siehe dazu nur BGE 120 II 78 («Mikrowellenherd I»); BGer sic! 2002, 694, 696 («Ferrari»); ähnlich DAVID/JACOBS, Wettbewerbsrecht, N 19; vgl. dazu auch die Definitionen kommerzieller Kommunikation in SLK-Grundsatz 1.2 (Fn. 22) und Art. 2 lit. a des Kommissionsvorschlags für eine VO des Europäischen Parlaments und des Rates über Verkaufsförderung im Binnenmarkt v. 25.10.2002, KOM(2002) 585 endg.
[43] BGE 120 II, 76, 78 («Mikrowellenherd I»); BGer sic! 2001, 317, 318 («Central Perk»).
[44] BGE 82 II 544, 548 («Schmähschriften»); 117 IV 193, 197 f. («Bernina»); BGer sic! 1999, 576, 578 («Physikzeitschriften»)»; unentschieden BAUDENBACHER, Kommentar UWG, Art. 2 N 24 (Erforderlichkeit einer Marktbeeinflussungsprüfung) und N 28 (Genügen einer objektiven Eignung zur Beeinflussung).
[45] Siehe dazu etwa BGer 6S.244/2003, E. 3.3 (Herabsetzung gegenüber einem einzigen Adressaten); a.A. DUBS, Urteilsbesprechung zu 6S.589/1995, AJP 1996, 771, 773.

werbshandlung vor Vertragsschluss oder erst danach erfolgt, da auch eine erst nach Vertragsschluss stattfindende unlautere Beeinflussung den Kunden in seinem Entschluss bestätigen und ihn damit zum erneuten Vertragsschluss bzw. zur Empfehlung gegenüber Dritten bewegen kann (nach dem Kauf ist vor dem Kauf!)[46]. Unerheblich sollte es schliesslich noch sein, ob der betroffene Markt aufgrund der dort gehandelten Produkte oder Leistungen ein per se rechtswidriger Markt ist[47]. Denn auch auf rechtswidrigen Märkten findet ein Wettbewerb statt, der aus geschäftsmoralischen[48] und funktionalen[49] Gründen ebenfalls einen Schutz durch das UWG verdient. Insoweit sollte nichts anderes gelten als bei der zutreffenden Zurückweisung des sog. Unclean-hands-Einwands (dazu N 124).

Ein **Wettbewerbsverhältnis** ist unter dem neuen UWG **nicht mehr erforderlich**[50]. Es wird damit prinzipiell auch das Verhalten von Monopolisten[51], Angehörigen fremder Branchen oder Dritten wie insbesondere von Berufs- bzw. Wirtschaftsverbänden, Konsumentenschutzvereinigungen[52], Finanzanalysten und Medienschaffenden[53] erfasst. Die Äusserungen eines Dritten haben allerdings dann keine Wettbewerbsrelevanz, wenn sie einen Monopolisten betreffen, der ersichtlich nicht einmal einem potentiellen Wettbewerb ausgesetzt ist[54]. 18

Das Erfordernis der **Spürbarkeit** der denkbaren Wettbewerbsbeeinflussung findet sich nicht ausdrücklich in Art. 2. Da es aber nach allgemeiner Lesart der Vorschrift letztlich nur auf die abstrakte Eignung eines Verhaltens zur Wettbewerbsbeeinflussung ankommt, sollten mittels einer zusätzlichen Bagatellschwelle diejenigen Verhaltensweisen ausgegrenzt werden, die sich selbst theoretisch nur zu ganz unwesentlichen Einflussnahmen eignen. Zu berücksichtigen sind insbesondere das Gewicht der i.S.v. Art. 1 betroffenen Interessen, die Anzahl der Betroffenen und eine etwaige Nachahmungsgefahr. Die Bagatellschwelle darf dabei nicht zu hoch ange- 19

---

[46] So mit Recht BGer sic! 2006 583, 586 («tiq® of Switzerland») in einem Fall, in dem nicht in der Schweiz hergestellte Uhren nach dem Kauf in Etuis mit der Aufschrift «Switzerland» gesteckt wurden.
[47] A.A. BGE 126 III 198, 202 («Loto Score») und BGer 6B.824/2007 E.2.1.1.
[48] Eine Verunglimpfung des Wettbewerbers ist etwa auch dann ein Verstoss gegen die Geschäftsmoral, wenn sich der Wettbewerb auf einem rechtlich per se verbotenen Markt abspielt.
[49] Die ökonomische Funktionsfähigkeit eines Marktes oder ein Konsument verdienen auch dann Schutz, wenn es sich um einen rechtswidrigen Markt handelt.
[50] Siehe dazu nur die Botschaft UWG, 1060 und 1074 f.; BGE 117 IV 193, 196 f. («Bernina»); in der Begründung allerdings widersprüchlich und trotz eines gegenteiligen Obersatzes letztlich doch auf das Fehlen eines konkreten Wettbewerbsverhältnisses abstellend BGer sic! 2001, 317, 318 («Central Perk»).
[51] Problematisch daher die Begründung der Nichtanwendung des UWG in BGE 126 III 198, 202 («Loto Score»).
[52] CdJ GE SMI 1994, 235, 236 («Prévention Routière»); CdJ GE SMI 1993, 148, 152 («Kristall»).
[53] BGE 117 IV 193 («Bernina»); 120 IV 32 («Jenische»); 120 II 76 («Mikrowellenherd I»); 125 III 185 («Mikrowellenherd II»); VON BÜREN/MARBACH/DUCREY, N 1057 ff. und 1064.
[54] Siehe zur fehlenden Wettbewerbsrelevanz einer alle Chirurgen der Schweiz betreffenden Aussage BGE 124 IV 262 («Chirurgi»).

setzt werden. Die allgemeine Spürbarkeitsgrenze ist von spezifischen Bagatellschwellen wie dem Erfordernis einer Täuschung bzw. Irreführung über verkehrswesentliche Umstände (Art. 3 lit. b) oder der Spürbarkeit eines durch Rechtsbruch erlangten Vorsprungs im Wettbewerb (Art. 2 N 112) zu unterscheiden.

c) Verstoss gegen Treu und Glauben

20   Obwohl Art. 2 mit der Bezugnahme auf Treu und Glauben ausdrücklich den Wortlaut von Art. 2 ZGB aufnimmt, ist damit keine Übernahme der zu dieser allgemeinen privatrechtlichen Generalklausel entwickelten Konkretisierungen und Fallreihen in das Lauterkeitsrecht verbunden[55]. Art. 2 ist vielmehr unter **eigenen, lauterkeitsrechtlichen Gesichtspunkten** und namentlich im Lichte der Schutzzwecke von Art. 1 zu präzisieren (N 26). Insbesondere können diejenigen Verhaltenspflichten, die im Rahmen von Art. 2 ZGB für vertragliche und vertragsähnliche Sonderbeziehungen entwickelt wurden, auch im Lauterkeitsrecht nur dort zum Tragen kommen, wo es um die Anbahnung, Durchführung und Beendigung von Vertragsverhältnissen geht[56]. Im Übrigen gilt, dass selbst durch ein konkretes Wettbewerbsverhältnis keine Sonderverbindung i.S.v. Art. 2 ZGB entsteht[57]. Auf der anderen Seite begründet ein Verstoss gegen Art. 2 oder andere Tatbestände des UWG im Gegensatz zu einem Verstoss gegen Art. 2 ZGB die Widerrechtlichkeit i.S.v. Art. 41 Abs. 1 OR (Einl. N 11).

21   Sofern man die lauterkeitsrechtliche Treuwidrigkeit in **allgemeiner Form umschreiben** möchte (zu den Konkretisierungen und Fallreihen N 25 ff.), ist sie bei jedem Wettbewerbsverhalten gegeben, das unter Berücksichtigung des objektiven Schutzzwecks des UWG (Art. 1 N 2 ff.), der betroffenen Interessen (Art. 1 N 22 ff.) und der verfassungsrechtlichen Wertungen (Einl. N 57 ff.) den anständigen Gepflogenheiten im wirtschaftlichen Verkehr widerspricht, den Wettbewerb verfälscht oder von der Allgemeinheit missbilligt und für untragbar angesehen wird. Die Botschaft zum UWG 1986 spricht vom Ziel der „Sauberhaltung des Wettbewerbs"[58] sowie von der Einhaltung der «Gebote der beruflichen Korrektheit» und der «Grenzen ..., die durch das Erfordernis des normalen Wettbewerbsverhaltens gezogen

---

[55]   Zu den Unterschieden zwischen Art. 2 UWG und Art. 2 ZGB auch J. MÜLLER, SIWR V/1, 47 ff.; zur Unabhängigkeit zwischen Art. 2 ZGB und UWG BGer 1.P.584/2006, E.5; demgegenüber grds. a.A. unter Hinweis auf das Gebot einheitlicher Auslegung BezGer ZH sic! 2008, 307 E.IV.1.1.1 («Online-Branchenverzeichnis»).
[56]   So auch BAUDENBACHER, Kommentar UWG, Art. 2 N 17, der freilich zu Unrecht davon ausgeht, dass der generell für Rechtsverhältnisse geltende Art. 2 ZGB nur im Rahmen von Sonderverbindungen zur Anwendung gelangt.
[57]   Siehe dazu aber auch die Botschaft UWG, 1042 f., wonach sich durchaus die Meinung vertreten lasse, «auch zwischen Teilnehmern am Wettbewerb ... bestehe eine gewisse Sonderverbindung, aus der sich Loyalitätspflichten ergeben».
[58]   Botschaft UWG, 1017.

sind»⁵⁹. Damit wird zugleich dem unmittelbar anwendbaren Mindeststandard von **Art. 10ᵇⁱˢ Abs. 2 PVÜ** Rechnung getragen, der als unlauter «jede Wettbewerbshandlung, die den anständigen Gepflogenheiten in Gewerbe oder Handel zuwiderläuft», ansieht. Bisweilen wird auch ein inhaltlicher Zusammenhang zwischen Treu und Glauben und den **guten Sitten** hergestellt⁶⁰. Als regelmässig treuwidrig und damit unlauter wird zumindest jedes von Art. 41 Abs. 2 OR erfasste wettbewerbsrelevante vorsätzliche sittenwidrige Verhalten gelten können, obwohl die Begriffe der Unlauterkeit und der Sittenwidrigkeit aufgrund der zwischen dem Wettbewerbs- und dem Deliktsrecht bestehenden Funktionsunterschiede (Art. 1 N 10) nicht deckungsgleich sind (Einl. N 12)⁶¹. Einen nur auf den ersten Blick anderen Ansatz wählt Art. 5 Abs. 2 RL 2005/29/EG, wonach eine Geschäftspraxis unlauter ist, «wenn a) sie den Erfordernissen der beruflichen Sorgfaltspflicht widerspricht und b) sie in Bezug auf das jeweilige Produkt das wirtschaftliche Verhalten ... wesentlich beeinflusst oder dazu geeignet ist, es wesentlich zu beeinflussen». Denn der Massstab der beruflichen Sorgfaltspflicht ist auch hier nach Art. 2 lit. h RL 2005/29/EG «der Standard an Fachkenntnissen und Sorgfalt, bei denen billigerweise davon ausgegangen werden kann, dass der Gewerbetreibende sie gegenüber dem Verbraucher gemäß den anständigen Marktgepflogenheiten und/oder dem allgemeinen Grundsatz von Treu und Glauben in seinem Tätigkeitsbereich anwendet».

Aus dem allgemeinen lauterkeitsrechtlichen Gebot des Wettbewerbsverhaltens nach Treu und Glauben können auf einer etwas konkreteren, aber immer noch sehr abstrakten Ebene verschiedene allgemeine **Verhaltenspflichten** abgeleitet werden⁶². Hierzu gehören etwa das Gebot der Führung des Wettbewerbs mit der eigenen positiven Leistung⁶³, die Pflicht zu wahrem und klarem Auftreten im Wettbewerb⁶⁴, die Pflicht zur Achtung der Persönlichkeit und der Privatsphäre des Abnehmers⁶⁵ sowie der Respekt vor der Funktionsfähigkeit des Marktes als solchem⁶⁶.

22

---

⁵⁹ Botschaft UWG, 1043; ähnlich KGer GR (PZ 07 112) E.4a.
⁶⁰ ZivGer BS sic! 2005, 821, 823 («www.tax-info.ch/www.info-tax.ch») unter Hinweis auf BAUDENBACHER, Kommentar UWG, Art. 2 N 17.
⁶¹ Beispiele für ein zugleich gegen Art. 41 Abs. 2 OR verstossendes Wettbewerbsverhalten sind der Aufbau eines sog. Schneeballsystems i.S.v. Art. 43 Ziff. 1 LV (N 53 f.; vgl. dazu auch für das deutsche Recht BGH NJW 1997, 2314 ff. – «World Trading System») und die gezielte Behinderung mit Schädigungsabsicht z.B. in Fällen des Boykotts (N 85).
⁶² Siehe dazu etwa DAVID/JACOBS, Wettbewerbsrecht, N 59.
⁶³ Das Gebot hat vor allem Bedeutung für die Fallreihen der Herabsetzung (Art. 3 lit. a), der Ausbeutung fremder Leistung (Art. 2 und 5) und die Regelung zur vergleichenden Werbung (Art. 3 lit. e).
⁶⁴ Die Pflicht hat vor allem Bedeutung für das Täuschungs- und Irreführungsverbot (N 39 f., Art. 3 lit. a–g und i–m), das Verbot getarnter Werbung (N 41 ff.), das Verbot irreführender Geschäftsbedingungen (Art. 8), die Preistransparenz (vgl. Art. 16 ff.) und die Regelung zur vergleichenden Werbung (Art. 3 lit. e).
⁶⁵ Die Pflicht hat vor allem Bedeutung für die Fallreihe der unlauteren Kundenbeeinflussung (N 35 ff.) und das Verbot irreführender Geschäftsbedingungen (Art. 8).
⁶⁶ Diese Pflicht ergibt sich aufgrund der Betonung wettbewerbsfunktionaler Gesichtspunkte durch Art. 1.

d) **Subjektive Tatbestandsmerkmale**

23 Allgemein geltende subjektive Tatbestandsvoraussetzungen sind dem Lauterkeitsrecht insbesondere auch aufgrund seines wettbewerbsfunktionalen Ansatzes fremd. Es kommt danach grundsätzlich allein auf die objektive Unlauterkeit und Wettbewerbsverfälschung und nicht auf die subjektive Einstellung des Verletzers an. Ein **Verschulden** im Sinne eines fahrlässigen, vorsätzlichen oder gar arglistigen Verhaltens ist **grundsätzlich nicht erforderlich**. Lediglich die Schadenersatzsanktion (Art. 9 Abs. 3 UWG i.V.m. Art. 41 OR) und die Strafsanktionen (Art. 23 f.) setzen ein Verschulden voraus.

24 Dennoch können und müssen subjektive Elemente an **verschiedenen Stellen** im Rahmen einer typisierenden Gesamtbetrachtung aller relevanten Umstände des Einzelfalls **eine Rolle** spielen, um lauteres von unlauterem Verhalten zu scheiden[67]. Dies gilt zunächst für die Abgrenzung zwischen Wettbewerbshandlungen und lauterkeitsrechtlich irrelevanten Handlungen (N 12 ff.)[68]. Im Übrigen sind die subjektiven Anforderungen an ein unlauteres Verhalten i.S.d. Generalklausel abhängig von der jeweiligen Fallreihe. Bedeutung haben sie insbesondere in den Fällen der Behinderung (N 69 ff.), der Ausbeutung (N 95 ff.) und des Vorsprungs durch Rechtsbruch (N 107 ff.). Grundsätzlich muss der Handelnde die tatsächlichen Umstände kennen, die sein Handeln als wettbewerbswidrig erscheinen lassen.

2. *Konkretisierungen der Unlauterkeit*

a) **Begriffliche Definitionen der unbestimmten Tatbestandselemente**

25 Anhaltspunkte für die Konkretisierung von Art. 2 geben zunächst die unterschiedlichen Umschreibungen der unbestimmten Tatbestandselemente, d.h. der Wirtschafts- und Marktrelevanz (N 12 ff.), der Wettbewerbsrelevanz (N 17 ff.) sowie des gegen Treu und Glauben verstossenden Verhaltens (N 20 ff.).

b) **Schutzzwecke des UWG**

26 Besonders bedeutsam für die Auslegung von Art. 2 sind zudem die geschäftsmoralischen und funktionalen Schutzzwecke des UWG (Art. 1 N 9 ff.) sowie die vom UWG reflexartig geschützten Interessen aller Beteiligten (Art. 1 N 22 ff.). Trotz ihrer unterschiedlichen Formulierung[69] bilden Art. 1 und Art. 2 insoweit eine

---

[67] So auch bereits J. MÜLLER, SIWR V/1, 51 f.
[68] Dazu auch STUDER, Das UWG – eine «Medienfalle»?, in: T. Geiser/P. Krauskopf/P. Münch (Hrsg.), Schweizerisches und europäisches Wettbewerbsrecht, Basel 2005, 415 ff. N 11.80.
[69] Art. 2 spricht nur vom unlauteren und nicht auch vom verfälschten Wettbewerb, was aber sicherlich nicht Ausdruck einer Zurücksetzung des wettbewerbsfunktionalen Aspekts ist.

Einheit[70]. Geschäftsmoralische Aspekte spielen namentlich bei der Ausbeutung (N 95 ff.) und funktionale Überlegungen insbesondere bei der Lockvogelwerbung (N 80) und beim Rechtsbruch (N 107 ff.) eine Rolle.

c) Gesetzliche Sonderregelungen

Die exemplarischen Verdeutlichungen unlauteren Wettbewerbsverhaltens durch die Sondertatbestände der **Art. 3 bis 8** haben ebenfalls Rückwirkungen auf die Konkretisierung der Generalklausel. Die dort vom Gesetzgeber zum Ausdruck gebrachten Wertungen sind auch im Rahmen von Art. 2 zu beachten (N 5 und 7). Nach Anerkennung der wettbewerbsschützenden Funktion auch des UWG und der damit verbundenen Ablehnung einer Trennung zwischen Kartell- und Lauterkeitsrecht sind zudem die Wertungen und Regelungen des **Kartellgesetzes** (v.a. Art. 7 KG) bei der Auslegung von Art. 2 zu berücksichtigen (Einl. N 25). Weitere beachtenswerte Sonderregelungen finden sich etwa im LG, LMG, HMG, RTVG, MSchG, DesG, URG, PatG, DesG, SoSchG und ToG sowie in der PBV und LV.

27

d) Prinzipien

Die Anwendung der Generalklausel wird zudem durch allgemeine Prinzipien wie die Grundrechte (näher Einl. N 57 ff.; z.B. Art. 27[71], 15, 16 II[72], 17, 26, 34 II BV, Art. 10 EMRK[73])[74], das Diskriminierungsverbot (N 82), das Verhältnismässigkeitsprinzip (N 70, 105) oder das Prinzip des Vertrauensschutzes (N 99, 103) geleitet. Bedeutung haben zudem spezifisch wettbewerbsrechtliche Grundsätze wie das Prinzip des Leistungswettbewerbs (N 69), der Konsumentenschutz (Art. 97 BV; s. Art. 1 N 33 ff.) oder das Prinzip der Wahrheit und Klarheit des Auftretens am Markt (N 39).

28

---

[70] In diesem Sinne auch etwa HGer BE sic! 1999, 451 («Boss») und J. MÜLLER, SIWR V/1, 21 f.
[71] SCHWENNINGER, Werbe- und Verkaufsmethoden, in: Th. Geiser/P. Krauskopf/P. Münch (Hrsg.), Schweizerisches und europäisches Wettbewerbsrecht, Basel 2005, 185 ff. N 5.10.
[72] Nach BGE 128 I 295, 308 werden Wettbewerbshandlungen von BV 16 II allerdings nur erfasst, wenn diese einen überwiegend ideellen Inhalt aufweisen, der den wirtschaftlichen Zweck der Massnahme zurücktreten lässt.
[73] Nach EGMR sic! 1998, 491, 495 f. («Hertel I») wird von Art. 10 EMRK auch die kommerzielle Kommunikation erfasst.
[74] Siehe zu Grundrechtskonflikten im UWG näher FURRER/KRUMMENACHER, Grundrechtskonflikte im UWG – was lernen wir aus der Rechtsprechung Hertel?, recht 2004, 169 ff.

e) **Typen und Leitbilder**

29 Typisierte Vorstellungen, die man sich etwa vom Konsumenten als einem homo oeconomicus (N 63), einem durchschnittlich informierten, verständigen und in der jeweiligen Werbesituation entsprechend aufmerksamen[75] oder als einem flüchtigen, unaufmerksamen, unerfahrenen und verführbaren[76] Marktteilnehmer macht, können ebenfalls das Unlauterkeitsurteil massgeblich mitprägen (näher Art. 1 N 37 ff.).

f) **Verkehrssitten und Moralvorstellungen**

30 Gebräuche und Moralvorstellungen der beteiligten Verkehrskreise wie insbesondere die Grundsätze der Schweizerischen Lauterkeitskommission (Einl. N 78)[77] und die Richtlinien des Presserates[78] können zwar bei der Konkretisierung der Generalklausel **berücksichtigt werden**[79], doch darf dabei nicht in Vergessenheit geraten, dass die Unlauterkeit eines Wettbewerbsverhaltens **letztlich nach normativen Massstäben** und damit unabhängig von den tatsächlichen Gepflogenheiten und Anschauungen einer Branche unter rechtlichen Gesichtspunkten zu beurteilen ist. Denn zum einen ist auch auf besonders umkämpften Märkten, in denen (traditionell) eine «raue Atmosphäre» herrscht und von den Wettbewerbern akzeptiert wird, dem Lauterkeitsrecht eine prinzipielle und allenfalls den besonderen Umständen angepasste Geltung zu verschaffen (s. auch N 125 f.)[80]. Zum anderen darf es nicht durch die rechtliche Zementierung von Gepflogenheiten zu einer Erstarrung des Wettbewerbsverhaltens auf einem Markt (sog. Kartell der Konvention) und zur Sanktionierung eines lediglich unkonventionellen Verhaltens kommen.

---

[75] Siehe zu diesem das schweizerische Lauterkeitsrecht beherrschenden Konsumentenleitbild etwa BGer sic! 2007, 384, 386 («Rama Cremefine») und SLK-Entscheid v. 25.3.2003 sic! 2003, 659, 661 («Ticino-Turismo»); siehe auch etwa EuGH Rs. C-303/97 EuZW 1999, 281 («Kessler Hochgewächs») und (für die neuere deutsche Rechtsprechung) BGH GRUR 2000, 619, 621 («Orient-Teppichmuster»).

[76] Siehe zu dem teilweise ebenfalls zugrunde gelegten Massstab eines «nicht besonders gewandten und deswegen verstärkt schutzwürdigen Konsumenten» BGE 132 II 240, 249 f. («Nummernwiderruf») und BGE 128 IV 177, 182 («Telefonsex»); vgl. zu diesem früher das deutsche Lauterkeitsrecht beherrschenden Konsumentenleitbild etwa BGHZ 13, 244, 253 f. («Cupresa-Seide»).

[77] Abgedruckt im Anhang III Nr. 30.

[78] http://www.presserat.ch/richtlinien.htm.

[79] Vgl. zur Bedeutung von Standesregeln als rechtliche Auslegungshilfe BGE 105 II 149, 158 und 125 IV 139, 144.

[80] So auch BGE 79 II 409, 412 («Lux II») und BGE 94 IV 34, 38 («Billigste Preise der Schweiz»); a.A. und für eine Berücksichtigung der rauen Atmosphäre zwischen den Mitbewerbern im Rahmen von Art. 3 lit. a BGE 112 II 268, 284 («Denner/Bier II»).

g) Dogmatische Konzepte

Die Konkretisierung von Art. 2 wird zumindest in der Begründung nicht unerheblich durch dogmatische Grundansätze wie einen eher **geschäftsmoralischen**[81] oder einen eher wettbewerbstheoretisch **funktionalen**[82] Ansatz geprägt (näher Art. 1 N 9 ff.). Während sich die einen vorrangig an den anständigen Gepflogenheiten in Gewerbe und Handel (vgl. Art. 10bis PVÜ) orientieren, stellen die anderen entweder darauf ab, ob das Wettbewerbsverhalten von demjenigen eines vernünftigen Teilnehmers am Wettbewerb abweicht und mithin das sich ansonsten einstellende Ergebnis verfälscht[83] oder die Wirksamkeit und mithin die Funktionen des Wettbewerbs[84] bzw. die soziale Wohlfahrt[85] beeinträchtigt.

31

h) Topoikataloge, Abwägungs- und Prüfungsschemata, Kataloge unzulässiger Verhaltensweisen

Im Sinne einer Interessen- und Wertungsjurisprudenz ist Art. 2 auch durch Kataloge der in Betracht kommenden und gegeneinander **abzuwägenden Interessen** (z.b. Unternehmerfreiheit, Abwehrinteressen, Konkurrenteninteressen, Informationsbedürfnis der Marktgegenseite) und Wertungen (z.b. Konsumentenschutz, Erleichterung des Marktzugangs, Schutz der Grundrechte) zu konkretisieren (s. z.B. N 70 f.).

32

Eine dem Schweizer Lauterkeitsrecht noch unbekannte, aber von der RL 2005/29/EG und diversen Umsetzungsgesetzen der EU-Mitgliedstaaten bereits praktizierte Form der Konkretisierung ist schliesslich die mehr oder weniger konkrete Umschreibung bestimmter Verhaltensweisen in einer nicht abschliessenden «schwarzen Liste» unlauterer Wettbewerbshandlungen[86]. Wie die Sondertatbestände der Art. 3 bis 8 können die genannten Fälle unlauteren Verhaltens auch zur Beurteilung vergleichbarer Sachverhalte und zur Gewinnung von Unlauterkeitskriterien herangezogen werden. Auch im Schweizer Lauterkeitsrecht kann der Anhang I der RL 2005/29/EG als Argumentationsgrundlage dienen (Einl. N 188).

---

[81] Siehe dazu insbesondere PEDRAZZINI/PEDRAZZINI, UWG, N 1.06 und 1.41 ff.; SCHWENNINGER, Werbe- und Verkaufsmethoden, in: Th. Geiser/P. Krauskopf/P. Münch (Hrsg.), Schweizerisches und europäisches Wettbewerbsrecht, Basel 2005, 185 ff. N 5.20 ff.

[82] Siehe dazu insbesondere BAUDENBACHER, Kommentar UWG, Art. 1 N 12 ff. und passim; BERGER, Die funktionale Konkretisierung von Art. 2 UWG, Zürich 1997.

[83] So etwa SCHLUEP, FS Hans Giger, 561, 593; auch die Botschaft UWG, 1035 spricht von einem «normalen» Verhalten.

[84] BAUDENBACHER, Kommentar UWG, Art. 1 N 17 ff.

[85] AMSTUTZ/REINERT, Vertikale Preis- und Gebietsabreden, in: W. A. Stoffel/R. Zäch (Hrsg.), Die Kartellgesetzrevision 2003 – Neuerungen und Folgen, Zürich 2004, 73 ff.

[86] Anhang I der RL 2005/29/EG zählt 23 irreführende und 8 aggressive unlautere Geschäftspraktiken auf; krit. zu dieser etwa auch im deutschen UWG (UWG-Änderungsgesetz vom 22.12.2008, BGBl I, 2949) verwirklichten Methode SCHERER, NJW 2009, 324 ff.

3. Bildung von Fallreihen

33   Das traditionell **wichtigste Instrument** zur Präzisierung von Art. 2 und damit zugleich zur Systematisierung des gesamten Lauterkeitsrechts ist die Bildung von Fallreihen. Hierzu werden diejenigen Sachverhalte, die bereits vom Gesetzgeber in den Sondertatbeständen der Art. 3 bis 8 oder von der Rechtsprechung als Fälle unlauteren Wettbewerbs qualifiziert wurden, aufgrund von entscheidungserheblichen Gemeinsamkeiten im Sachverhalt und in der Problemstellung in Gruppen zusammengefasst und durch die Herausarbeitung gemeinsamer Entscheidungskriterien gegenüber zulässigen Verhaltensweisen abgegrenzt. Mit der gebotenen Vorsicht, die den Besonderheiten des funktionalen[87] und liberalen[88] Ansatzes des schweizerischen Lauterkeitsrechts Rechnung trägt, können dabei auch ausländische Entscheide und Klassifizierungen berücksichtigt werden. Aufgrund der bewussten Offenheit der Generalklausel sind auch die Fallreihen nur ein Instrument zur Präzisierung des Tatbestands und nach allgemeiner Ansicht als **nicht abschliessend** zu betrachten.

34   Die Fallreihen können **unter verschiedenen Gesichtspunkten gebildet** werden. Nach der Art der Treuwidrigkeit kann man grob zwischen Verstössen gegen die Geschäftsmoral und Beeinträchtigungen der Funktionsfähigkeit des Wettbewerbs trennen. Nach dem Inhalt der Wettbewerbshandlung lassen sich Bezugnahmen auf den Mitbewerber (Herabsetzung, Vergleich, Nachahmung, Anlehnung), täuschende und irreführende Angaben, aggressive Werbemassnahmen, die Verleitung zum Vertragsbruch, die Verletzung von Fabrikations- und Geschäftsgeheimnissen sowie der Rechtsbruch unterscheiden. Im Folgenden soll eine funktionale **Einteilung nach der Art und Zielrichtung** der Werbemassnahme und damit nach der durch sie hervorgerufenen Wettbewerbsstörung vorgenommen werden. Dabei kann ein und dasselbe Wettbewerbsverhalten durchaus mehreren Fallreihen zugleich zugeordnet werden.

V. Einzelne Fallreihen unlauteren Wettbewerbs

1. Unlautere Kundenbeeinflussung

a) Begriff, Schutzzwecke und systematische Einordnung

35   Die wichtigste und vielfältigste Fallreihe der Unlauterkeit bilden Wettbewerbshandlungen, die die Angehörigen der Marktgegenseite **sachfremd und unangemessen** in ihrer Entscheidungsgrundlage (Täuschung und Irreführung) oder in

---

[87] So sind etwa französische Präzisierungen wegen des in Frankreich vorherrschenden individualrechtlichen und geschäftsmoralischen Ansatzes (s. Einl. N 207 f., Art. 1 N 10 ff.) nicht ohne weiteres übertragbar.

[88] So sind etwa deutsche Präzisierungen wegen des zumindest traditionell strengeren Lauterkeitsmassstabs (s. Einl. N 201 f.) nicht ohne weiteres übertragbar.

ihrem Entscheidungsprozess (Ausübung von Druck, Ausnutzung von Schwächen) beeinflussen. Dabei ist die Konkretisierung der verschiedenen Tatbestände unlauterer Beeinflussung massgeblich davon abhängig, welche Vorstellungen man vom Empfängerhorizont und der Beeinflussbarkeit der angesprochenen Verkehrskreise hat (siehe zum Konsumentenleitbild Art. 1 N 37 ff.).

Der Schutz vor unlauterer Beeinflussung dient primär dem Schutz der freien **Selbstbestimmung des Kunden** als einem Teil seiner Persönlichkeit. Damit wird es dem Kunden aber auch ermöglicht, frei von Manipulationen nach sachlichen Kriterien als neutraler Schiedsrichter über die Leistungsangebote der Wettbewerber zu entscheiden. Die Fallreihe gewährleistet folglich zugleich den **Schutz der Konkurrenten** vor einem nicht gerechtfertigten Umleiten von Kundenströmen und den **Schutz des Wettbewerbs** als Institution. 36

Die unlautere Kundenbeeinflussung wird durch zahlreiche **Sondertatbestände** in Art. 3 mit ihrerseits teilweise generalklauselartiger Weite (Art. 3 lit. b, h) erfasst. Dennoch bleibt Art. 2 ein praktisch nicht zu vernachlässigender Anwendungsbereich (N 39 ff.). 37

b) Allgemeine Unlauterkeitskriterien

Da Wettbewerbshandlungen stets auf eine Beeinflussung der Marktgegenseite gerichtet sind, um Kundenströme zu verstärken und/oder umzulenken, sind nur solche Massnahmen unlauter, die den Kunden auf sachfremde oder unangemessene Weise zu beeinflussen suchen. Problematisch sind nur diejenigen Fälle, in denen die freie Willensbildung des Umworbenen unverhältnismässig beeinträchtigt wird. Dies kann durch eine Täuschung oder Irreführung (N 39 ff.), durch die Schaffung einer physischen oder psychischen Zwangslage (N 48 ff.), Verlockungen (N 60 ff.) oder das Ausnutzen von Gefühlen (N 63 ff.) und Schwächen (N 67 ff.) geschehen. 38

c) Unterfallreihen und Bedeutung von Art. 2

aa) Täuschung und Irreführung

Die Täuschung, die in Art. 2 Var. 1 als Unterfall der Unlauterkeit gesondert aufgeführt wird, verletzt durch unrichtige Angaben und eine dadurch bei den angesprochenen Verkehrskreisen hervorgerufene Fehlvorstellung das **Wahrheitsgebot** im Wettbewerb. Die Irreführung verletzt demgegenüber das **Klarheitsgebot** durch richtige oder zumindest richtig gestellte Angaben, die jedoch bei einer gewichteten Gesamtbetrachtung unvollständig oder verschleiert sind, eine unzutreffende Zweitbedeutung aufweisen oder sonst einen unzutreffenden Eindruck beim Durchschnittsteilnehmer des angesprochenen Verkehrskreises hervorrufen (näher Art. 3 39 lit. b N 59 ff.). Das Täuschungs- und das Irreführungsverbot bilden den **Kern des Schweizer Lauterkeitsrechts**, das in zahlreichen mehr oder minder generellen Sondertatbeständen (Art. 2 Var. 1, Art. 3 lit. a–g, lit. i–n und Art. 8) ausdrücklich an den Umstand einer Täuschungs- und/oder Irreführungsgefahr anknüpft. In **rechtsvergleichender Perspektive** fällt auf, dass der Schweizer Gesetzgeber bei der Formulierung der Sondertatbestände viele der auch in anderen Rechtsordnungen anerkannten Fallreihen unlauteren Wettbewerbsverhaltens ausschliesslich oder überwiegend unter dem Blickwinkel der Täuschung und Irreführung erfasst hat, obwohl sie durchaus noch andere (teilweise wichtigere) Unlauterkeitsmerkmale aufweisen. Dies bietet zwar den Vorteil einer rechtssicheren Abgrenzung der Tatbestände, hat jedoch zum einen den Nachteil, dass die Täuschungseignung teilweise kaum feststellbar ist, weshalb der Tatbestand entweder geringe Bedeutung hat (z.B. Art. 8) oder der Gesetzgeber eine meist fiktive Täuschungsvermutung aufstellen musste (z.B. Art. 3 lit. f). Zum anderen ist der Irreführungstatbestand insgesamt mit seinen mehr oder minder generellen Sondertatbeständen nur schwer zu systematisieren, so dass die wünschenswerte Herausarbeitung allgemeiner Voraussetzungen und die Klärung der Konkurrenzverhältnisse Probleme bereiten.

40 Im Bereich der Täuschung und Irreführung hat **Art. 2** wegen des weiten Anwendungsbereichs von Art. 3 lit. b und des Bestehens weiterer Sondertatbestände nur eine **geringe Bedeutung**. Verbleibende Schutzlücken können allerdings über Art. 2 geschlossen werden, sofern die auch für Art. 2 massgeblichen allgemeinen Voraussetzungen der wettbewerbsrelevanten Irreführung (näher zu diesen Voraussetzungen Art. 3 lit. b N 59 ff.) vorliegen[89]. Bedeutung hat Art. 2 namentlich bei folgenden Fallkonstellationen:

(1) Getarnte Werbung

41 Unlauter i.S.d. Generalklausel ist zunächst die Täuschung bzw. **Irreführung über den Werbecharakter** einer Wettbewerbshandlung überhaupt. Unzulässig ist etwa die Tarnung von Verkaufsfahrten als Ausflugsfahrten, von werbenden Hausbesuchen und Anrufen als informative bzw. karitative Massnahmen oder als Meinungsumfragen, von Werbebriefen als private bzw. amtliche Post sowie von Werbemails durch irreführende bzw. unkenntliche Betreffs- oder Absenderangaben[90].

---

[89] Ein Beispiel bildet Anhang I Ziff. 12 RL 2005/29/EG, da das Aufstellen einer unrichtigen Behauptung über die Art und das Ausmass der Gefahr für die persönliche Sicherheit des Kunden oder seiner Familie für den Fall, dass er das Produkt nicht kauft, nicht in jedem Fall auch eine unrichtige Angabe über die eigene Leistung (Art. 3 lit. b) oder eine Verschleierung des Nutzens der eigenen Leistung (Art. 3 lit. i) darstellt.

[90] BezG ZH sic! 2003, 619, 625 («Spamming»).

Eine grosse und traditionelle Bedeutung hat das Verbot der getarnten Werbung in den **Medien** als sog. **Trennungsgebot** erlangt (vgl. auch Art. 9 RTVG, 12 ff. RTVV[91] sowie RL 10.1. des Presserats und SLK-Grundsatz 3.12 Ziff. 1, 3, 4, 6 und 7). Nach dem Trennungsgebot sind Werbemassnahmen **räumlich und inhaltlich** klar von einem redaktionellen Teil zu trennen. Der werbende Charakter von Zeitungsanzeigen, Werbebannern, interaktiven Fernsehdiensten oder Links im Internet etc. muss klar erkennbar sein. Direkt oder indirekt (über Anzeigen) bezahlte redaktionelle Darstellungen, die wie ein redaktioneller Beitrag aussehen, sind wettbewerbswidrig, da sie den unzutreffenden Eindruck der Unabhängigkeit, Neutralität und Objektivität hervorrufen und der Kunde ihnen daher unkritischer und weniger abwehrend gegenübersteht[92]. Es ist auch unlauter, zur Erlangung von Werbeaufträgen redaktionelle Beiträge zuzusichern oder Werbeaufträge von einem Entgegenkommen im redaktionellen Teil abhängig zu machen (vgl. SLK-Grundsatz 3.12 Ziff. 3). Die mit dem Ziel der allgemeinen Imageförderung erfolgende Unterstützung von Anbietern redaktioneller, sportlicher, kultureller oder sonstiger Inhalte (Mediendienste, Veranstalter) durch finanzielle (sog. **Sponsoring**[93]) oder sachliche (sog. **Produktplatzierung**[94]) Beiträge ist eindeutig zu deklarieren, wobei die Sponsorennennung zumindest im Fernsehen keinen über die blosse Identifizierung des Sponsors hinausgehenden Werbecharakter aufweisen darf (vgl. Art. 12 Abs. 2 RTVG, Art. 20 f. RTVV und SLK-Grundsatz 3.12 Ziff. 4 und 5)[95]. Beilagen oder Sonderseiten, deren Erscheinen von einem bestimmten Anzeigenaufkommen abhängt, sind in besonderer Form zu gestalten und als Sonderbeilage bzw. Sonderseite zu kennzeichnen (SLK-Grundsatz 3.12 Ziff. 6).

42

(2) Schleichwerbung

Eng verwandt mit dem Trennungsgebot ist das Verbot der sog. Schleichwerbung (vgl. auch Art. 10 Abs. 3 RTVG), d.h. der in werbender Absicht und **zumeist gegen Entgelt** erfolgenden, jedoch nicht als Werbung erkennbaren Bezugnahme in Wort, Bild oder Ton auf Unternehmen bzw. deren Waren, Dienstleistungen oder Kennzeichen[96]. Die unentgeltliche journalistische Information über Unternehmen und ihre Produkte, bei der die sachliche Unterrichtung im Vordergrund steht und werbliche Auswirkungen lediglich eine zwangsläufige Folge darstellen (z.B. Konsumententipps, Publikation von Testergebnissen) ist hingegen grundsätzlich zulässig. Sie darf lediglich nicht die Grenzen einer unlauteren Schleichwerbung (vgl. auch Art. 15 Abs. 2 RTVV, RL 10.1. des Presserats und SLK-Grundsatz 3.12

43

---

[91] Siehe dazu auch den Entscheid des BAKOM vom 13.12.2001 sic! 2002, 160 («Splitscreen»).
[92] Vgl. auch Anhang I Ziff. 11 RL 2005/29/EG.
[93] Vgl. dazu auch die Definition in Art. 1 lit. k der RL 89/552/EWG i.d.F. der RL 2007/65/EG.
[94] Vgl. dazu auch die Definition in Art. 1 lit. m der RL 89/552/EWG i.d.F. der RL 2007/65/EG.
[95] Näher BAUDENBACHER, Kommentar UWG, Art. 2 N 75 ff.
[96] Vgl. dazu auch die Definition in Art. 1 lit. j der RL 89/552/EWG i.d.F. der RL 2007/65/EG.

Ziff. 2) überschreiten. Dies ist der Fall, wenn die Massnahme nicht mehr durch ein anerkennenswertes Interesse (Förderung des Leistungswettbewerbs, Befriedigung von Informationsinteressen) gedeckt ist oder das betroffene Unternehmen, das Produkt bzw. die Marke über Gebühr herausgestellt oder angepriesen werden. Ggf. ist hier auch kurz auf die Konkurrenz hinzuweisen («Was es sonst noch gibt ...»).

(3) Vortäuschung eines Vertragsverhältnisses zum Betroffenen

44 Die Vortäuschung eines in Wahrheit noch nicht oder nicht mehr bestehenden Vertragsverhältnisses[97] findet sich in der Praxis vornehmlich im Zusammenhang mit dem sog. **Adressbuchschwindel**. Es geht etwa um den Versand vermeintlicher Rechnungen, um nur vermeintlich kostenlose Angebote oder um die Aufforderung zur Kündigung eines vermeintlichen Vertrags oder zur Korrektur eines Eintrags, wobei das Kündigungs- bzw. Korrekturschreiben den Vertrag dann erst zustande bringt. Sofern man die Vortäuschung eines in Wahrheit nicht bestehenden Vertragsverhältnisses zum Betroffenen nicht bereits unter Art. 3 lit. b subsumieren möchte (s. Art. 3 lit. b N 58), muss man andere, nach dieser Vorschrift relevante Irreführungen oder weitere unlautere Verhaltensweisen (z.B. nach Art. 3 lit. d, lit. e, lit. h, lit i und lit. o) feststellen bzw. notfalls auf Art. 2 zurückgreifen[98].

45 Um den entsprechenden Praktiken insbesondere auch mit Hilfe des Strafrechts noch effektiver begegnen zu können, plant der Bundesrat, mit **Art. 3 lit. p und lit. q E-UWG 2009** zwei neue strafbewehrte Spezialtatbestände betreffend Angebote für Verzeichniseinträge und Anzeigenaufträge zu schaffen[99]. Die vorgeschlagenen Vorschriften[100] sind im Gegensatz zum Vernehmlassungsentwurf nicht mehr nur auf Eintragungen in Verzeichnisse und Register beschränkt, sondern erfassen nunmehr auch Anzeigenaufträge (z. B. in/auf Zeitungen, Ortsplänen, Karten, Tischsets oder Informationsblättern) und damit alle in der Praxis bislang aufgetretenen Problemfälle. Bei entsprechenden Praktiken in anderen Bereichen (z. B. falsche Behauptung eines Vertragsschlusses über andere Dienstleistungen) wird man ggf. auf Art. 3 lit. b, lit. d, lit. e, lit. h, lit. i und lit. o sowie jedenfalls auf Art. 2 zurückgrei-

---

[97] Vgl. dazu auch das auf den Produktvertrieb bezogene entsprechende Verbot in Anhang I Ziff. 14 der RL 2005/29/EG.
[98] Zur Behandlung des sog. Adressbuchschwindels nach geltendem Recht BGer sic! 2009, 46 («Amt für das Handelsregister»); BGE 136 III 23 («Registerhaie»); BGer sic! 2003, 354 («Telefaxverzeichnis»); BGE 129 IV 49 und indirekt BGer sic! 2008, 450 («Adressbuchschwindel»); HGer Bern SMI 1991, 410, 414 f. («Branchenregister»); HGer ZH SMI 1995, 406, 408 («World Telefax Edition»).
[99] Siehe dazu die Botschaft UWG 2009, 6151, 6157 f. und 6164 f.; SECO, Erläuternder Bericht zur geplanten Änderung des Bundesgesetzes gegen den unlauteren Wettbewerb (UWG) vom 21.5.2008, 5 f. und 17 f.
[100] Siehe dazu im Anhang III Nr. 29.

fen können[101]. Sofern Art. 3 lit. p und q E-UWG 2009 tatbestandsmässig eingreifen, wird den betrügerischen Praktiken durch Transparenzgebote ein Riegel vorgeschoben. Gut sichtbar und in verständlicher Sprache soll daher auf die Entgeltlichkeit und den privaten Charakter des Angebots, die Laufzeit des Vertrags, den Gesamtpreis entsprechend der Laufzeit sowie auf die wichtigsten Merkmale (geografische Verbreitung, Form, Mindestauflage, spätester Publikationszeitpunkt) der Publikation hingewiesen werden, damit die ein Formular unterzeichnende Person mühelos den (Gesamt-)Preis, die Laufzeit des Vertrags und die ihr zukommende Gegenleistung erkennen kann[102]. Durch die Angabe des privaten Charakters des Angebots soll jeglicher Eindruck, es handle sich um den mit entsprechenden formellen und materiellen Publizitätswirkungen verbundenen Eintrag in ein öffentliches Register (Handels-, Marken-, Patentregister) vermieden werden[103]. Die vorgeschlagenen Regelungen orientieren sich an der Rechtsprechung des Bundesgerichts[104] und am Ehrenkodex des SADV[105]. Die beiden neuen Vorschriften könnten zwar eine gewisse Signalwirkung entfalten und auch den Erlass von vorsorglichen Massnahmen sowie das Einschreiten der Strafbehörden erleichtern. Die praktischen Probleme der Betroffenen bei der häufig grenzüberschreitenden Rechtsdurchsetzung werden jedoch nicht gelöst werden.

(4)   Täuschende Testimonials

Durch das Raster der Spezialtatbestände fällt auch der Einsatz eines nicht ohne weiteres als Double erkennbaren **imitierten Prominenten** in der Werbung[106]. Zwar wird hierdurch das Bestehen eines Werbevertrags und damit eines in Wahrheit nicht gegebenen Geschäftsverhältnisses zum Prominenten suggeriert (vgl. Art. 3 lit. b), doch liegt nicht hierin, sondern in dem vermeintlichen positiven Verhältnis des Prominenten zu der beworbenen Leistung die eigentliche Täuschung, die keine Angabe über das Produkt darstellt und daher von Art. 3 lit. b nicht erfasst wird.

46

---

[101]   Zur ergänzenden Anwendbarkeit von Art. 3 lit. b und lit. d auch die Botschaft UWG 2009, 6151, 6175; zum Verhältnis zwischen zu eng gefassten Spezialtatbeständen und Art. 2 oben N 7.
[102]   Botschaft UWG 2009, 6151, 6174.
[103]   Botschaft UWG 2009, 6151, 6174 f.
[104]   BGE 129 IV 49; BGer sic! 2009, 46 («Amt für das Handelsregister»).
[105]   Ehrenkodex für die Mitglieder des Schweizerischen Adressbuch- und Datenbankverleger-Verbands (Ziff. 7); www.sadv.ch/html/ehrenkodex_sadv.html.
[106]   BAUDENBACHER, Kommentar UWG, Art. 2 N 44; vgl. auch SLK-Grundsatz 3.2 Ziff. 2 sowie zur zugleich gegebenen Unlauterkeit wegen Persönlichkeitsverletzung SLK-Grundsatz 3.2 Ziff. 1.

(5) Verdeckte Erhebung und Weiterleitung von Kundendaten

47 Unabhängig von allfälligen Persönlichkeitsverletzungen und einem Verstoss gegen datenschutzrechtliche Regelungen sind schliesslich die z.b. durch Gewinnspiele, Meinungsumfragen oder Zugabe- bzw. Rabattaktionen (z.b. Pay Back-Karten) getarnte Erhebung von Kundendaten und ihre anschliessende Weiterleitung an Werbe- oder Direktvertriebsunternehmen unlauter.

bb) Aggressive Geschäftspraktiken

48 Aggressive Geschäftspraktiken sind dadurch gekennzeichnet, dass sie den Kunden aufgrund einer durch Druck, Dankbarkeit, Pietät, Anstand oder Schwäche entstandenen erheblichen **Zwangslage** dazu veranlassen, gegen seinen Willen ein Geschäft abzuschliessen oder Konkurrenzangebote zu vernachlässigen[107].

49 Die aggressive Kundenbeeinflussung wird zunächst von **Art. 3 lit. h** erfasst. Dieser Sondertatbestand gilt nach dem ausdrücklichen Willen des Gesetzgebers jedoch nur für individuelle Werbemassnahmen (Verkaufsmethoden) und nicht für die an einen grösseren Adressatenkreis gerichtete schlichte Publikumswerbung, da der Kunde bei dieser nicht in eine unmittelbare Zwangslage gerät, weil der Vertragsschluss regelmässig noch zeitlich und räumlich fern liegt und er sich mithin einem allfälligen psychischen Druck entziehen kann. Bei der Beurteilung der Publikumswerbung nach Art. 2 ist dieser gesetzgeberischen Wertung durch gesteigerte Anforderungen an die Aggressivität Rechnung zu tragen, ohne dass Art. 3 lit. h insoweit eine Sperrwirkung entfalten würde (s. generell N 7)[108]. Ausserdem spricht Art. 3 lit. h nur von «Verkaufsmethoden», so dass er vor dem Hintergrund des strafrechtlichen Legalitätsprinzips allenfalls noch auf die Anbahnung und den Abschluss von typengemischten Verträgen mit kaufrechtlichem Element (z.B. Finanzierungsleasing), nicht jedoch im Zusammenhang mit Gebrauchsüberlassungs- und Dienstleistungsangeboten anwendbar ist. Insoweit kommt dann Art. 2 Var. 2 eine vergleichsweise grosse Bedeutung zu, da Art. 3 lit. h auch insoweit keine Sperrwirkung entfaltet. Einen Sonderfall der belästigenden Werbung regelt neuerdings auch noch **Art. 3 lit. o**.

---

[107] Vgl. dazu auch die in Art. 2 lit. j RL 2005/29/EG enthaltene Definition der unzulässigen Beeinflussung als «Ausnutzung einer Machtposition gegenüber dem Verbraucher zur Ausübung von Druck, auch ohne die Anwendung oder Androhung von körperlicher Gewalt, in einer Weise, die die Fähigkeit des Verbrauchers zu einer informierten Entscheidung wesentlich einschränkt».
[108] So auch FRIEDRICH, Aggressive Werbemethoden, 99 ff.; BAUDENBACHER, Kommentar UWG, Art. 2 N 46.

(1) Ausübung von nötigendem Druck

Die Ausübung von physischer **Gewalt** oder die **Drohung** mit nicht unerheblichen Nachteilen ist unlauter, weil sie unmittelbar auf die unsachliche Willensbeeinflussung des Kunden zielt. Auf die Tatbestandsmässigkeit nach Art. 181 StGB (Nötigung) kommt es nicht an. Unlauter ist der Missbrauch von Macht- oder Vertrauenspositionen z.b. als Vorgesetzter, Amtsträger oder Prüfer, um potentielle Abnehmer unter Druck zu setzen. Sofern der Druck auf der marktbeherrschenden Stellung des Werbenden beruht, sind die Wertungen des Kartellrechts (Art. 7 KG) einzubeziehen. Bei der Ausübung psychischen Drucks durch Drohung kommt es zu Überschneidungen mit anderen Unterfallreihen der unlauteren Kundenbeeinflussung (z.b. N 57 und 60 ff.). Unlauter ist es etwa, wenn bei objektiver Betrachtung der Eindruck erweckt wird, der Kunde könne die Räumlichkeiten des Anbieters nicht ohne Vertragsabschluss verlassen[109]. Nötigender Druck kann auch durch Kinder ausgeübt werden, die sich von gezielt an sie gerichteten Werbebotschaften angesprochen fühlen und ihre Eltern daraufhin zum Kaufabschluss drängen[110].

50

(2) Anreize durch Risiko und Gewinn

Bei Werbemassnahmen mit Anreizen durch Risiko und Gewinn (z.B. Lotterien, Ausspielungen, Geschicklichkeitsspiele, Schneeballsysteme, umgekehrte Versteigerungen, Powershopping) entsteht die massgebliche psychische Zwangslage durch die **Spiellust** des Betroffenen und die Aussicht auf einen Gewinn. Derartige Werbemethoden sind dennoch nur dann unlauter, wenn sich dies aus dem Lotterierecht oder aufgrund weiterer Umstände ergibt.

51

Das Lotterierecht hat auch für das Wettbewerbsrecht Bedeutung, da die unzulässige Verknüpfung der Teilnahme an einem Glücksspiel mit dem Erfordernis eines Vertragsschlusses einen unzulässigen Vorsprung im Wettbewerb durch Rechtsbruch darstellt[111]. **Lotterien** i.S.v. Art. 1 Abs. 2 LG sind nach dem Lotterierecht verboten, wenn sie nicht als vom kantonalen Recht (ggf. nur beschränkt) zugelassene sog. Tombola zur Unterhaltung veranstaltet (Art. 2 LG) oder wegen ihres gemeinnützigen bzw. wohltätigen Zwecks bewilligt (Art. 5 ff. LG) werden (vgl. auch SLK-Grundsatz 3.9 Ziff. 1; näher Vor Art. 16 N 32 ff.).

52

---

[109] Vgl. Anhang I Ziff. 24 RL 2005/29/EG.
[110] Siehe zum Einsatz von Kindern als «Quälgeister» BAUDENBACHER, Kommentar UWG, Art. 2 N 114 sowie Anhang I Ziff. 28 RL 2005/29/EG.
[111] SCHWENNINGER, Werbe- und Verkaufsmethoden, in: Th. Geiser/P. Krauskopf/P. Münch (Hrsg.), Schweizerisches und europäisches Wettbewerbsrecht, Basel 2005, 185 ff. N 5.35; STREULI-YOUSSEF, SIWR V/1, 192; vgl. dazu auch das Verbot in Anhang I Ziff. 31 der RL 2005/29/EG.

53 Nach **Art. 43 Ziff. 1 LV** sind den Lotterien seit 1938 Veranstaltungen gleichgestellt, bei denen Leistungen zu Bedingungen in Aussicht gestellt werden, die für die Gegenpartei des Veranstalters nur dann einen Vorteil bedeuten, wenn sie weitere Personen zum Abschluss gleicher Geschäfte veranlassen kann (sog. **Schneeballsysteme**). Es geht dabei nicht nur um Systeme, bei denen alle Teilnehmer mit dem Initiator kontrahieren (Schneeballsysteme i.e.S.), sondern auch um pyramidale Strukturen, bei denen die Teilnehmer der ersten Stufe mit denen der zweiten und diese mit denen der dritten Stufe usw. kontrahieren. Charakteristisch sind ein starker, entgegen der Ansicht des Bundesrats allerdings nicht notwendig unkontrollierter Zuwachs an Teilnehmenden sowie die Umverteilung von Geldern von den zuletzt in das System eintretenden Personen (Pyramidenbasis) zu den Begründern und früh eingetretenen Personen (Pyramidenspitze)[112]. Ein besonderer Waren- oder Dienstleistungsvertrieb bzw. eine besondere Ideologie oder Philosophie dienen zumeist nur der Tarnung. Dies ist der Hauptunterschied zu den grundsätzlich zulässigen Formen des sog. Multi-Level-Marketings, die dem Strukturvertrieb eines tatsächlich marktfähigen Produkts dienen (dazu näher N 57). Beispiele für Schneeballsysteme bilden Kettenbriefe, stufenförmige Vertriebssysteme oder esoterische Clubmitgliedschaften wie diejenige im 1994 zusammengebrochenen European Kings Club oder in sog. Herzkreisen. Schneeballsysteme **verstossen** nicht nur gegen das Lotterierecht, sondern auch gegen die guten Sitten und das Lauterkeitsrecht[113]. Im Rahmen des UWG geht es nicht nur i.V.m. Art. 43 Ziff. 1 LV um einen unzulässigen Vorsprung durch Rechtsbruch (N 107 ff.), sondern auch um eine Täuschung (Art. 2 Var. 1, Art. 3 lit. b), da die in Aussicht gestellten Gewinne nur von den ersten Teilnehmern erzielt werden, die später hinzukommenden Teilnehmer jedoch mit dem alsbald zwingend eintretenden Ausbleiben weiterer Interessenten und dem Zusammenbruch des Systems ihren Einsatz verlieren[114].

54 Mit dem Vorschlag von **Art. 3 lit. r E-UWG 2009** hat der Bundesrat im September 2009 einen erneuten Anlauf zur Integration der bislang im Lotterierecht enthaltenen Regelung in das UWG unternommen[115]. Im Gegensatz zu den vorangegangenen Regelungsvorschlägen von 2004 und 2008[116], die den Tatbestand jeweils durch eine

---

[112] Botschaft UWG 2009, 6151, 6176.
[113] Vgl. dazu auch das Verbot in Anhang I Ziff. 14 der RL 2005/29/EG.
[114] Vgl. dazu auch das Verbot von Schneeballsystemen in Anhang I Ziff. 14 der RL 2005/29/EG.
[115] Siehe dazu die Botschaft UWG 2009, 6151, 6159 und SECO, Erläuternder Bericht zur geplanten Änderung des Bundesgesetzes gegen den unlauteren Wettbewerb (UWG) vom 21.5.2008, 18.
[116] Art. 3b VE-UWG 2008 lautete noch:
«¹ Unlauter handelt insbesondere, wer die Lieferung von Waren, die Ausrichtung von Prämien oder andere Leistungen zu Bedingungen in Aussicht stellt, die für die Gegenpartei im Wesentlichen dann einen Vorteil bedeuten, wenn es ihr gelingt, weitere Personen anzuwerben (Schneeball-, Lawinen- oder Pyramidenprinzip).
² Ein System nach einem solchen Prinzip wird vermutet, wenn sich die Zahl der Teilnehmer schnell und unkontrollierbar erhöhen kann und zusätzlich mindestens zwei der nachfolgenden Kriterien erfüllt sind:

in einem gesonderten Absatz enthaltene Vermutungsregel mit diversen Typusmerkmalen konkreter zu fassen versuchten, damit aber zugleich mit Recht auf heftige Kritik stiessen[117], kehrt der Revisionsvorschlag von 2009[118] wieder grundsätzlich zur geltenden Regelung von Art. 43 Ziff. 1 LV (N 53) zurück, wobei er sich teilweise noch an die Formulierung in Ziff. 14 Anhang I RL 2005/29/EG[119] anlehnt. Die Typusmerkmale der ursprünglich beabsichtigten Regelung (Art. 3b Abs. 2 VE-UWG 2008; s. Fn. 115) finden sich allerdings noch in leicht modifizierter Form[120] in der Botschaft des Bundesrats als Indizien für das Vorliegen eines Schneeballsystems wieder[121]. Die beabsichtigte Neuregelung ist im Vergleich zu Art. 43 Ziff. 1 LV lediglich insofern **weiter gefasst**, als sie statt des bislang erforderlichen Anreizes, weitere Personen zum Abschluss gleicher Geschäfte zu veranlassen, nur noch den Anreiz voraussetzt, weitere Personen anzuwerben. Die gleiche Natur der Geschäfte wie auch ihr tatsächlicher Abschluss sind mithin nicht mehr erforderlich. Ausserdem muss der Vorteil nur noch hauptsächlich und nicht mehr ausschliesslich aus dem Anwerben weiterer Personen entspringen, so dass auch Systeme erfasst werden, bei denen ein Vertrieb von mehr oder weniger brauchbaren Waren- oder Dienstleistungen zur Tarnung vorgeschoben wird[122].

---

 a. Die Teilnehmer erhalten für die Anwerbung von neuen Teilnehmern einen vermögensrechtlichen Vorteil.
 b. Die Teilnehmer müssen eine Eintrittsinvestition leisten.
 c. Die Teilnehmer erhalten Provisionen auf den Umsätzen ihrer untergeordneten Teilnehmer.
 d. die Teilnehmer haben kein Recht, die nicht verkauften Produkte gegen Erstattung des Erwerbspreises zurück zu geben.
 e. Die Struktur des Systems oder die Berechnung der Provisionen ist unklar.
 f. Der Eigenverbrauch der Teilnehmer wird für die Provisionsberechnung herangezogen.»

[117] Siehe zur Kritik im Vernehmlassungsverfahren die Botschaft UWG 2009, 6151, 6168 f. und 6177 sowie näher JUNG, FS Petitpierre-Sauvain, 201, 205.
[118] Art. 3 lit. r E-UWG 2009 lautet nunmehr: «(Unlauter handelt insbesondere, wer:) jemandem die Lieferung von Waren, die Ausrichtung von Prämien oder andere Leistungen zu Bedingungen in Aussicht stellt, die für diesen hauptsächlich durch die Anwerbung weiterer Personen einen Vorteil bedeuten und weniger durch den Verkauf oder Verbrauch von Waren oder Leistungen (Schneeball-, Lawinen- oder Pyramidensystem).»
[119] Dort heisst es unter dem Titel «Geschäftspraktiken, die unter allen Umständen als unlauter gelten»: «14. Einführung, Betrieb oder Förderung eines Schneeballsystems zur Verkaufsförderung, bei dem der Verbraucher die Möglichkeit vor Augen hat, eine Vergütung zu erzielen, die hauptsächlich durch die Einführung neuer Verbraucher in ein solches System und weniger durch den Verkauf oder Verbrauch von Produkten zu erzielen ist.»
[120] In der Botschaft UWG 2009 (6151, 6176) wird neben redaktionellen Änderungen auf die Nennung des in Art. 3b Abs. 2 lit. c VE-UWG 2008 enthaltenen Kriteriums verzichtet und stattdessen noch auf das Charakteristikum verwiesen, dass in einem Schneeballsystem die Produkte nur innerhalb des Systems von Teilnehmenden an Teilnehmende verkauft werden können und jedenfalls ausserhalb des Systems kaum absetzbar sind. Mit Hilfe dieses Kriteriums soll die Abgrenzung zu den legalen Network-Marketing-Systemen, die dem Strukturvertrieb eines tatsächlich marktfähigen Produkts dienen, erleichtert werden.
[121] Botschaft UWG 2009, 6151, 6176.
[122] Siehe dazu auch die Botschaft UWG 2009, 6151, 6176.

55 Auch **Werbegewinnspiele** sind nach Art. 43 Ziff. 2 LV den Lotterien gleichgestellt, wenn sie als planmässige Spiele durchgeführt werden, bei denen ein Gewinn ausgesetzt wird, die Teilnahme und damit die Gewinnchance von einem Einsatz[123] abhängig ist und der Gewinner oder die Höhe des Gewinns durch Zufall ermittelt werden. Die Unlauterkeit von Gewinnspielen ergibt sich auch unmittelbar aus dem UWG, wenn Voraussetzung der Teilnahme die Abnahme einer Leistung ist (**Koppelung**)[124], wenn der Veranstalter die Teilnehmer über den Veranstalter, die Teilnahmebedingungen, Gewinnchancen, Gewinne oder eine vorab erfolgte Gewinnzuteilung **täuscht** bzw. **irreführt** (vgl. auch Art. 3 lit. b)[125] oder im Zusammenhang mit dem Gewinnspiel eine **psychische Zwangslage** geschaffen wird, die den Umworbenen von einer sachlichen Prüfung der Qualität und Preiswürdigkeit des Angebots abhält (vgl. auch Art. 3 lit. h)[126]. Die erforderliche psychische Zwangslage wird insbesondere durch ein gezieltes Ansprechen und Ausnutzen der Spiellust, durch das Hervorrufen eines Gefühls der Dankbarkeit (dem Kunden wurde bereits bei früheren Gewinnspielen ein Gewinn ausgerichtet oder angeboten)[127] oder des Anstands (z.B. der Kunde wird zur Abholung der Spielunterlagen in ein kleineres Ladenlokal gelockt oder dem Kunden wird trotz fehlender rechtlicher Koppelung eine Bestellung nahe gelegt) erzeugt (vgl. auch SLK-Grundsatz 3.9 Ziff. 2)[128]. Im Übrigen ist der Einsatz selbst starker aleatorischer Anreize als blosse sog. Aufmerksamkeitswerbung zulässig.

56 **Umgekehrte Versteigerungen**, bei denen sich die Leistungserbringer gegenseitig mit Angeboten unterhalb des von dem Kunden genannten Höchstpreises unterbieten oder bei denen sich der Preis für die angebotene Leistung nach Ablauf bestimmter Zeitintervalle (zumeist ein Tag) um einen festen oder progressiv steigenden Betrag verringert, sollten als zulässig angesehen werden, sofern hiermit nicht eine Irreführung (z.B. Angabe von sog. Mondpreisen zu Beginn der Versteigerung; Art. 3 lit. b N 52) oder ein unlauteres Angebot unter den Gestehungskosten bzw. dem Einstandspreis (dazu N 79 ff.) verbunden ist. Ein Verstoss gegen Regelungen zur Preisangabe ist nicht gegeben (Art. 16 N 16). Im Übrigen wird weder die Spiellust ausgenutzt (der Kunde kennt den Preis, zu dem er abschliesst, und verbaut sich lediglich die Chance auf weitere Preissenkungen) noch ein besonderer psychischer Druck zum Vertragsabschluss erzeugt. Denn die Angst, dass einem andere beim Vertragsschluss zuvorkommen, besteht auch sonst bei knappen Angeboten

---

[123] Einsatz ist auch der überhaupt oder zur Steigerung der Gewinnchancen (vermeintlich) erforderliche Abschluss eines Vertrags (vgl. BGE 99 IV 25, 28 ff.) oder die Notwendigkeit der Inanspruchnahme eines sog. Mehrwertdienstes (vgl. BGE 125 IV 213, 215 und BGer sic! 2010, 370 – «TV-Gewinnspiele III»); dazu auch STREULI-YOUSSEF, SIWR V/1, 176 ff.
[124] KGer ZG SMI 1992, 346, 354 («Sweepstake II»); a.A. JK LU SMI 1969, 102, 103.
[125] Siehe dazu etwa BGE 124 IV 73, 74 f. («Lotterie im Ausland»); BGer 6S.677/2001, E. 4.a. und KGer ZG SMI 1992, 346, 348 («Sweepstake II»).
[126] KGer ZG SMI 1992, 343, 345 («Sweepstake I»).
[127] Insoweit allerdings zurückhaltend KGer ZG SMI 1992, 346, 354 («Sweepstake II»).
[128] KLEIN, Die Ausnützung des Spieltriebs durch Veranstalter der Wirtschaftswerbung und ihre Zulässigkeit nach schweizerischem Recht, Zürich 1970, 155 ff.

(«solange Vorrat reicht»; «Ihre Nachbarin ist schon unterwegs»), und die Anlockwirkung des Vergleichs zwischen dem realen Ausgangspreis und dem aktuellen Abschlusspreis entspricht derjenigen eines gewöhnlichen Sonderangebots. Ähnliche Überlegungen gelten zunächst auch für das sog. **Powershopping**, bei dem den Kunden nach bestimmten Mindestabnehmerzahlen wiederum zumeist progressiv gestaffelte Rabatte gewährt werden. Hier können allerdings noch problematische Anreize für eine Laienwerbung (z.b. «Weitersagen»-Button) entstehen (dazu auch N 57).

(3) Vertrieb über Privatpersonen (sog. Laienwerbung)

Von sog. Laienwerbung spricht man beim vertriebsbezogenen Einsatz von privat- oder nebenberuflich tätigen Personen als Kundenwerber gegen Gewährung einer erfolgsbezogenen Vergütung. Die vielfältigen **Erscheinungsformen** der Laienwerbung (z.B. Partyverkäufe, Sammelbestellungen, Arbeitsplatzwerbung, «Leser werben Leser»)[129] werden dabei weder einheitlich bezeichnet noch klar gegeneinander abgegrenzt. Eine grundlegende Unterscheidung kann danach vorgenommen werden, ob die Privatpersonen in ihrem persönlichen Umfeld werben, um lediglich eine Prämie zu erlangen (dann zumeist Bezeichnung als Multi-Level-Marketing[130] oder Strukturvertrieb) oder ob sie zuvor dazu veranlasst wurden, Leistungen über den persönlichen Bedarf hinaus zu erwerben, die sie nunmehr zur Vermeidung von Verlusten im Kreise von Bekannten etc. absetzen müssen (dann zumeist Bezeichnung als progressive Kundenwerbung und ggf. Qualifikation als Schneeball-, Pyramiden- bzw. Lawinensystem; zu den Schneeballsystemen näher N 53 f.). Einen Sonderfall des Multi-Level-Marketings bildet die Aufforderung an Kunden, beim Powershopping (N 56) Rabatte durch das Gewinnen weiterer Kunden zu erlangen. Gemein ist allen Fällen der Laienwerbung, dass die persönlichen Beziehungen des Werbenden zu Dritten für den Vertrieb dienstbar gemacht werden. Die für die aggressive Kundenwerbung typische **Zwangslage** kann in diesen Fällen **durch die Bekanntschaft**, Freundschaft oder gar Verwandtschaft zwischen dem Werbenden und dem Kunden entstehen. Als problematisch erscheinen zudem die **Kommerzialisierung der Privatsphäre** sowie die je nach Komplexität der angebotenen Leistung mehr oder weniger relevante regelmässig fehlende fachliche Schulung der Laienwerber[131]. Bedenklich kann auch die gezielte bzw. durch die Suggestion von Nachteilen untermauerte **Ausnutzung einer besonderen Amts-, Macht- oder Vertrauensstellung** des Laienwerbers (z. B. Politiker, Lehrerin, Ärztin, Arbeitgeber, Geistlicher) sein[132]. Dennoch ist die Laienwerbung grundsätzlich zulässig, da

---

[129] Zu zahlreichen Beispielen aus der Schweizer Praxis FOUNTOULAKIS, GRUR Int. 2009, 979 ff.
[130] Dazu näher BRAMMSEN/LEIBLE, Multi-Level-Marketing im System des deutschen Lauterkeitsrechts, BB 1997, Beilage 10, 1 ff.
[131] Zu den diversen Einwänden näher und krit. FOUNTOULAKIS, GRUR Int. 2009, 979, 982 ff.
[132] BAUDENBACHER, Kommentar UWG, Art. 2 N 104 f.

die Schwelle hinreichender Aggressivität (v.a. i.S.v. Art. 3 lit. h) durch die blosse persönliche Nähe der Beteiligten noch nicht überschritten wird[133] und die private Beziehung sogar bewirken kann, dass der Dritte besonders interessengerecht und zutreffend informiert wird. Etwas anderes gilt nur, wenn sie als **Schneeballsystem** ausgestaltet ist (N 53 f.)[134] oder systembedingt **zu grosse Anreize** für eine unzulässige private Druckausübung durch den Laienwerber gegeben werden, weil dieser eine erhebliche Provision erhält oder sich eine erworbene Ware bzw. die hohen Einstiegskosten in das Vertriebssystem überhaupt nur wegen der Möglichkeit des Abverdienens durch Laienwerbung in erheblichem Umfang leisten konnte. In Einzelfällen (aufwändige Vorleistungen, Gruppendruck) mag auch auf privaten Vertriebspartys der die Entscheidungsfreiheit des Dritten beeinträchtigende Eindruck erweckt werden, er könne die privaten Räumlichkeiten ohne Vertragsschluss nicht verlassen[135]. Unzulässig ist das Multi-Level-Marketing auch dann, wenn es sich auf Waren oder Dienstleistungen bezieht, für die besondere Werbeverbote bestehen[136].

(4)   Belästigung

58   In den Fällen der unlauteren Kundenbelästigung entsteht die erforderliche Zwangslage durch eine **Ruhestörung**, die den Kunden dadurch zum Vertragsschluss veranlasst, dass er glaubt, nur dadurch wieder seine Ruhe erlangen zu können[137]. Hinzu tritt ein **Überraschungsmoment**, das einen Vertragsschluss aus Unüberlegtheit begünstigt. Allerdings gilt es in dieser Unterfallreihe zu beachten, dass jede Werbung mit einem gewissen Mass an Belästigung verbunden ist und dass aufklärende Werbemassnahmen durch mutmassliche Informationsinteressen des Kunden bzw. anderer Kunden gerechtfertigt sein können. Wettbewerbswidrig ist eine Belästigung daher erst, wenn sie bei Abwägung aller beteiligten Interessen (Schutz der Privatsphäre, freie gewerbliche Entfaltung, Informationsbedürfnis Dritter) das zumutbare Mass überschreitet. Massstab für die **Unzumutbarkeit** ist der Eindruck für einen nicht unerheblichen Teil der angesprochenen Verkehrskreise. Indizien für die Unlauterkeit sind die Nichtbeachtung einer ausdrücklichen Ablehnung durch den Betroffenen (sog. opting out), die Inanspruchnahme von Ressourcen des Betroffenen[138], eine direkte persönliche Ansprache im Privatbereich oder ohne einfache Ausweichmöglichkeit oder eine Überrumpelung (näher Art. 3 lit. h N 9 ff.). Bedeutsam ist es auch, wenn in Bezug auf die gewählte Werbemassnahme

---

[133] Näher FOUNTOULAKIS, GRUR Int. 2009, 979, 983 f.
[134] Ein Beispiel bildet der Sachverhalt von RGZ 115, 319 ff.
[135] Vgl. dazu Anhang I Ziff. 24 RL 2005/29/EG.
[136] Vgl. dazu für das deutsche Recht BGH GRUR 2006, 949 («Kunden werben Kunden»).
[137] Dazu auch J. MÜLLER, SIWR V/1, 59.
[138] Hierin liegt entgegen BAUDENBACHER, Kommentar UWG, Art. 2 N 49 keine unzulässige Vermengung mit der allgemein persönlichkeitsrechtlichen Dimension des Handelns oder der Fallreihe des unlauteren Wettbewerbsvorsprungs durch Rechtsbruch, sondern die Berücksichtigung eines wichtigen Kriteriums für die Unzumutbarkeit einer Belästigung.

insbesondere wegen ihres geringen Aufwands die Gefahr einer Nachahmung durch Wettbewerber besteht, da vieles erst dadurch belästigend wird, dass es häufig praktiziert wird (z. B. unerbetene Telefonanrufe). Für die Lauterkeit spricht hingegen das ausdrückliche, stillschweigende oder mutmassliche Einverständnis des Betroffenen. Im geschäftlichen Bereich sind Werbemassnahmen schliesslich in grösserem Umfang zumutbar.

Danach ist bei einer **Strassenwerbung** die ungezielte Kaufaufforderung zulässig (z.b. Marktschreierei, Verteilung von Handzetteln oder Werbegeschenken, Werbegespräch mit einfacher Ausweichmöglichkeit), das individuelle unaufgeforderte Ansprechen ohne leichte Ausweichmöglichkeit jedoch unlauter (z.b. Werbegespräch in der Tram, Abdrängen in ein Lokal)[139]. Zu beachten sind hier ggf. auch noch kantonale Vorschriften über das Anwerben auf Allmend, die durch das insoweit nicht abschliessende UWG nicht verdrängt werden[140]. Obwohl auch die **Haustürwerbung** ein nicht unerhebliches Belästigungspotential aufweist, ist sie wegen ihrer grundsätzlichen Abwehrbarkeit und der aufgrund ihres Aufwands geringeren Nachahmungsgefahr zulässig[141], sofern sich der Werbende nicht mit Gewalt (z.b. einen Fuss in der Tür), List (z.b. Übergabe eines Preisausschreibengewinns) oder gegen den ausdrücklich erklärten Willen des Betroffenen (z.b. den Hinweis «Hausieren verboten») den Zutritt verschafft oder in der Wohnung verbleibt[142]. Bei der **Briefkastenwerbung** durch Handzettel, Postwurfsendungen, Briefwerbung, Anzeigenblätter oder Zeitungsbeilagen ist die Belästigung des Betroffenen (Verstopfung des Briefkastens, Zeitaufwand, Beseitigungsprobleme etc.) gegen die Interessen des Werbenden und das Informationsinteresse anderer Umworbener abzuwägen. Werbende Brief- oder Paketbeilagen mit oder ohne Bezug zum Inhalt des Briefes sind grundsätzlich zulässig. Sperrvermerke («Keine Werbung») erfassen nur dann auch Anzeigenblätter mit einem redaktionellen Teil, wenn dies gesondert zum Ausdruck kommt oder die Werbung die redaktionellen Inhalte deutlich überwiegt. Die **Telefonwerbung** ist wegen des unmittelbaren Eindringens in die Privat- bzw. Geschäftssphäre, der Blockade des Anschlusses und der grossen Nachahmungsgefahr grundsätzlich auch dann unzulässig, wenn sich der Betroffene nicht ausdrücklich gegen sie (z.b. durch Eintrag in die Robinsonliste des Schweizer Direktmarketing Verbandes SDV oder durch Telefonregistereintrag mit Sternmarkierung) verwahrt hat. Zulässig ist sie allerdings dann, wenn der Betroffene in den Anruf ausdrücklich oder stillschweigend eingewilligt hat (sog. Opt-in-Modell). Im Rahmen einer bestehenden oder gerade beendeten Geschäftsbeziehung sind Anrufe zudem zulässig, wenn sie der Verbesserung des Leistungsangebots durch die Befragung des Kunden dienen (vgl. auch SLK-Grundsatz 4.4 Ziff. 2) oder dem insoweit mutmasslich einwilligenden Kunden einen Nutzen bringen (z.b. Hinweis auf neue Spartarife oder bevorstehende Rechtsänderungen). Auch die Werbung unter Ver-

59

---

[139] Vgl. dazu auch etwa § 23a ÜbertretungsstrafG-BS (BS 253.100).
[140] Siehe zu § 23a Abs. 1 ÜbertretungsstrafG-BS (BS 253.100) BGE 125 I 369 («Scientology»).
[141] BGE 102 II 286, 287 ff.
[142] Vgl. dazu auch Anhang I Ziff. 25 RL 2005/29/EG.

wendung von automatischen **Anrufmaschinen, Faxgeräten oder E-Mail** ist gegenüber allen Marktteilnehmern wegen der unzumutbaren Inanspruchnahme ihrer Ressourcen (Zeit, Papier, Kommunikationsverbindungen und Speicherkapazität) und der grossen Nachahmungsgefahr nur mit ausdrücklicher oder stillschweigender Einwilligung der Betroffenen zulässig. Mit **Art. 3 lit. o** besteht seit 2007 für die fernmeldetechnische Versendung nicht angeforderter Massenwerbung ein strafbewehrter Spezialtatbestand[143]. Die Voraussetzungen unlauterer Belästigung werden schliesslich trotz des Bestehens von Art. 6a OR durch die **Zusendung unbestellter Waren** erfüllt, weil die erforderliche Aufbewahrung oder Rücksendung bei fehlendem Behaltensinteresse unzumutbar sind und der Kunde hierdurch unsachlich beeinflusst wird[144]. Unlauter ist es auch, wenn der Kunde eine Zusendung der Ware nur durch Mitteilung abwehren kann[145]. Möglich ist allerdings die unentgeltliche Übersendung von Warenproben mit einer Bestellaufforderung.

cc) Wertreklame

60   Durch eine Wertreklame versucht der Werbende, den Kunden nicht nur durch die Qualität und Preiswürdigkeit der Leistung selbst, sondern zugleich und vor allem durch das **Gewähren einer besonderen Vergünstigung** zum Vertragsschluss zu bewegen. Die wichtigsten Vergünstigungen sind Preisnachlässe für Waren oder Dienstleistungen (sog. **Rabatte**) und die von **Art. 3 lit. g** gesondert erfassten **Zugaben**, d.h. wirtschaftlich selbständige Waren oder Leistungen (inkl. ideelles Sponsoring[146]), die neben und in Abhängigkeit von einer entgeltlich angebotenen Hauptleistung (akzessorisch) ohne eine gesonderte Berechnung gewährt werden[147]. Rabatte und Zugaben sind auch zentrale Bestandteile von **Kundenbindungssystemen** (z.B. Pay Back-Systeme, Miles & More), deren im Vergleich zur einmaligen Rabatt- oder Zugabengewährung anhaltende Anreizwirkung allerdings besonders in Rechnung zu stellen ist, wobei auch diese sog. Sogwirkung nur im Zusammenhang

---

[143] Demgegenüber noch für eine Zulässigkeit gezielter sowie knapp und transparent gestalteter Spam-Mails BezG ZH sic! 2003, 619 ff.; mit Recht krit. BERGER, sic! 2003, 625 f.; zur E-Mail-Werbung vor Einführung von Art. 3 lit. o ARTER, AJP 2004, 1069 ff.; zu einem aktuellen Überblick über die Rechtslage DUDLI, sic! 2007, 563 ff.; vor dem Hintergrund von Art. 3 lit. o UWG i.V.m. Art. 45a Abs. 1 FMG i.V.m. Art. 83 Abs. 1 und 2 FDV hat das BVGer (Urteil vom 16.2.2009, A-6437/2008, E.3.1) auch eine Pflicht der Anbieter von Fernmeldediensten zum Schutz der Kunden gegen den Erhalt unlauterer Massenwerbung im Rahmen des technisch Möglichen angenommen.
[144] Vgl. dazu auch das Verbot der Aufforderung zur Bezahlung bzw. Rücksendung unbestellt übersandter Produkte in Anhang I Ziff. 29 der RL 2005/29/EG.
[145] Vgl. dazu auch BGH GRUR 1977, 157, 158 («Filmzusendung»).
[146] Vgl. dazu BGH GRUR 2007, 247 («Regenwaldprojekt I»).
[147] Im Fall einer (nur) im Inland weitgehend kostenfrei einsetzbaren Kreditkarte die Eigenschaft als Zugabe bzw. die Koppelung mangels Abhängigkeit von einem entgeltlichen Hauptgeschäft mit Recht verneinend HGer AG (HSU.2006.14), 10 f. («SUPERCARDplus»).

mit weiteren Gesichtspunkten (z.B. undurchsichtige Bedingungen, Verfall angesparter Guthaben, sehr hohe Prämien, gezielte Behinderung) die Unlauterkeit begründen kann (s. auch N 61 und 47)[148]. Zur Wertreklame gehören zudem sog. **Vorspannangebote**, bei denen eine zumeist branchenfremde Ware zu einem günstigen Preis für den Fall angeboten wird, dass es zum Abschluss des Hauptgeschäfts kommt. Die Akzessorietät der Zugabe bzw. die rechtliche Koppelung von Vorspann- und Hauptangebot unterscheiden dabei die Wertreklame von der ohne weiteres zulässigen allgemeinen Aufmerksamkeitswerbung durch attraktive Zusatzangebote, Werbegeschenke, Warenproben oder Werbefahrten. Bei der Wertreklame kommt es oft zur Überschneidung mit anderen Fallreihen wie der Werbung durch Irreführung, psychischen Druck, der Ausnutzung der Spiellust oder der belästigenden Werbung.

Da es einem Anbieter grundsätzlich freigestellt ist, wie er sein Angebot zusammenstellt und ausgestaltet, ist auch die Wertreklame nur unter **besonderen Voraussetzungen** unlauter. Dies ist zunächst bei einer **Täuschungs- oder Irreführungsgefahr** der Fall. Eine solche ist etwa gegeben, wenn die Preise der einzelnen Leistungsbestandteile nicht gesondert ausgewiesen werden und der tatsächliche Wert des Hauptangebots nicht allgemein bekannt ist oder nicht auf zumutbare Weise ermittelt werden kann (sog. verdeckte Koppelungen). Garantieversprechen (z.B. Geld-zurück-Garantien) sind wegen Täuschungsgefahr unlauter, wenn der betreffende Erfolg nicht garantierbar ist, weil er nicht in der Macht des Garantierenden steht. Eine Irreführungsgefahr besteht auch, wenn die Voraussetzungen für die Inanspruchnahme der Vergünstigung z.B. auf Gutscheinen (vgl. dazu SLK-Grundsatz 3.8) oder der Werbecharakter von Ausflugsfahrten (vgl. zu sog. Kaffeefahrten auch SLK-Grundsatz 5.1) nicht hinreichend transparent gemacht werden. Vorrangig sind hier aber Art. 3 lit. g (durch eine Zugabe bedingte Täuschung über den Wert eines Angebots)[149], Art. 3 lit. i (intransparente Angaben über das Leistungsvolumen) und Art. 3 lit. b (täuschende bzw. irreführende Angaben über Leistungen oder Preise) einschlägig. Als **aggressive Werbemassnahme** ist die Wertreklame unlauter, wenn sie aufgrund einer rechtlichen Koppelung, eines durch Dankbarkeit bzw. Anstand bedingten psychologischen Drucks oder aufgrund ihrer besonderen Attraktivität (sog. magnetisches Anlocken) eine erhebliche Zwangslage hervorruft. Die Intensität des Drucks ist nicht nur von der Art und Weise sowie dem Wert der Zuwendung abhängig (z.B. besondere Attraktivität von Geldgeschenken, Kostenerstattungen oder zeitlich limitierten Vergünstigungen), sondern auch von den Branchengewohnheiten und der Einstellung der Beteiligten. Sofern es sich bei der Wertreklame um eine Verkaufsmethode handelt, ist allerdings Art. 3 lit. h einschlägig. Bei der Wertreklame im Zusammenhang mit Gewinnspielen begründet das **Ausnutzen der Spiellust** der Umworbenen die Unlauterkeit (N 51).

---

[148] Vgl. dazu näher für das deutsche Recht W. SCHÖNIG, Bonusprogramme, 2009.
[149] BGE 85 II 443, 449 ff. («unmodisch gewordene Kleider»).

62 **Zulässig** ist die Wertreklame bei **besonderen Anlässen** auf Seiten des Werbenden (z.B. Markteintritt, Jubiläen) oder des Kunden (z.B. Hochzeit). Auch **transparente Koppelungen** gleicher Leistungen (Mehrfachpackungen), komplementärer Leistungen (z.B. Film und Entwicklung) oder verschiedener Leistungen (z.B. Weinflasche bei Clubmitgliedschaft) sind grundsätzlich zulässig, da es dem Anbieter überlassen ist, wie er sein Angebot zusammenstellt. Hinreichend transparent sind nicht nur sog. offene Koppelungen (Ausweis der Einzelpreise), sondern auch verdeckte Koppelungen, wenn dem Kunden ein Preisvergleich möglich und zumutbar ist, weil er für die Berechnung der Einzelpreise über Erfahrungen verfügt, er sonst Anhaltspunkte für einen Preisvergleich hat oder er sich die entsprechenden Informationen zumutbar (Grenze der Nachforschungspflicht) verschaffen kann. Dies gilt auch für **branchenübliche Gesamtangebote**, bei denen die Vergünstigung für den Kunden erkennbar fest in ein Gesamtangebot integriert ist (z.B. vorteilhaftes Darlehensangebot einer Herstellerbank zum Erwerb von Waren des Herstellers; kostenlose Abgabe eines Mobiltelefons im Zusammenhang mit dem Abschluss eines Netzkartenvertrags). Mit dem Wettbewerbsrecht vereinbar sind ferner **Warenproben**, die insbesondere bei der Markteinführung sog. Erfahrungsgüter (Art. 1 N 41) zu Erprobungszwecken (nicht zum Anfüttern mittels Gewöhnungseffekts) hergestellt bzw. verpackt wurden und deren Verteilung nicht übertrieben anlockt bzw. den Erprobungszweck überschreitet oder eine (sehr seltene) Marktverstopfung (N 81) herbeiführt. Eine **Kundenbeförderung** zum Ausgleich von Standortnachteilen oder zu Informationszwecken (z.B. Besichtigung) ist ebenfalls zulässig, sofern sie nicht als Einzelbeförderung einen erheblichen psychologischen Abnahmezwang auslöst. **Bestpreisgarantien** (Umtauschmöglichkeit bei Nachweis eines günstigeren Konkurrenzangebots) oder Meistbegünstigungszusagen («Wir machen den gleichen Preis») sind zulässig, wenn der Kunde die Möglichkeit zum Preisvergleich hat, da sie den Kunden zum wettbewerbsrechtlich erwünschten Preisvergleich auffordern.

dd) Gefühlsbetonte Werbung

63 Emotionale Werbung widerspricht dem **Sachlichkeitsgebot** im Wettbewerb. Dennoch ist nicht jede die Gefühle der Kunden durch Worte, Töne, Musik, Farben, Bilder, Düfte, Stimmungen etc. ansprechende Werbemassnahme unlauter, zumal das dem Sachlichkeitsgebot zugrunde liegende Leitbild des Kunden als rational handelndem **homo oeconomicus** in der Wettbewerbstheorie an Bedeutung verliert (Art. 1 N 37)[150].

64 Unzulässig ist die gefühlsbetonte Werbung allerdings dann, wenn sie ausdrücklich verboten ist (z.B. Art. 12 lit. d BGFA[151], Art. 42b Abs. 1 AlkG[152]) oder wenn die

---
[150] Das Sachlichkeitsgebot stärker betonend J. MÜLLER, SIWR V/1, 59.
[151] BGer 2A.98/2006.
[152] BVGer sic! 2009, 186 («Verbotene Alkoholwerbung»).

Gefühlserregung auf irreführenden oder gar **falschen Tatsachen** beruht[153]. Die direkt auf das Unterbewusstsein durch Werbebotschaften unterhalb der Wahrnehmungsschwelle wirkende sog. **subliminale Werbung** stellt bei fehlender Kennzeichnung einen unlauteren Eingriff in das Persönlichkeitsrecht des von der Manipulation Betroffenen dar, der zugleich gegen das Trennungs- und Transparenzgebot (N 41 ff.) verstösst (vgl. auch Art. 10 Abs. 3 RTVG).

Unlauter sind auch **Appelle an Mitleid**, Hilfsbereitschaft, soziale Verantwortung oder Religiosität, sofern diese nicht untrennbar mit der Leistung verbunden sind (z.b. Verkauf von Behindertenwaren), sondern gezielt zur Absatzsteigerung eingesetzt werden (z.b. Einsatz von auf ihre Hilfsbedürftigkeit verweisenden Arbeitslosen etc. in sog. «Drückerkolonnen») und eine derartige Intensität aufweisen, dass der Kunde die Prüfung von Qualität und Preis vernachlässigt[154]. Ohne weiteres möglich ist hingegen die allgemeine Imagewerbung mit dem Hinweis auf ein gesellschaftliches, kulturelles oder umweltbezogenes Engagement[155]. Unzulässig ist ferner die **Ausnutzung von Angstgefühlen** (Tod, Krankheit, Krieg, Armut, Inflation etc.), wenn die sachliche Unterrichtung über Risikofaktoren und ihre Bewertung (z.B. Hinweise auf die sich verschlechternde demographische Lage oder Änderungen des Steuerrechts, Information über die Sicherheitsausstattung eines Autos) zurücktritt, der Hinweis auf Gefahren nicht leistungsimmanent ist (z.B. Werbung für Versicherungen oder Sicherheitstechnik) und die Suggestivwirkung von starken, ggf. gar panikartigen Angstgefühlen die Sach- und Bedarfsprüfung zurücktreten lässt. Im Gesundheits- und Lebensmittelbereich gilt insoweit ein vergleichsweise strenger Massstab. Die unmittelbare Verknüpfung einer **schockierenden Darstellung** mit dem Warenabsatz ist unlauter (zur grundsätzlichen Zulässigkeit einer allgemeinen Aufmerksamkeitswerbung hingegen Einl. N 65). Überschneidungen ergeben sich insoweit insbesondere mit der Fallreihe der aggressiven Beeinflussung (vgl. auch Art. 3 lit. h), die aber häufig rein verstandesbetont erfolgt. 65

Fraglich ist, inwieweit auch die Verletzung von schützenswerten **Gefühlen Dritter** etwa durch eine **sexistische oder rassistische** Werbung als unlauter anzusehen ist. In der Praxis der Schweizerischen Lauterkeitskommission nimmt diese Fallreihe einen nicht unerheblichen Raum ein (vgl. zur sexistischen Werbung auch den sehr weit reichenden SLK-Grundsatz 3.11). Wichtig ist, dass in diesem Zusammenhang die (berechtigten) Anliegen von Geschmack und Respekt nicht mit den wettbewerbsrechtlichen Aspekten des Sachverhalts vermengt werden dürfen. Die Wahrnehmung einer **Geschmackszensur** ist Aufgabe der öffentlichen Meinung und der Berufsverbände, nicht jedoch des Wettbewerbsrechts bzw. der zu seiner Durchset- 66

---

[153] Vgl. dazu BGH GRUR 2007, 247 («Regenwaldprojekt I»).
[154] Vgl. dazu auch das Verbot des Hinweises auf die eigene Existenzgefährdung des Anbieters in Anhang I Ziff. 30 der RL 2005/29/EG.
[155] So auch BAUDENBACHER, Kommentar UWG, Art. 2 N 94 f.

zung berufenen Behörden und Gerichte[156]. Unlauter sind derartige Werbemassnahmen allerdings dann, wenn die Darstellung gegen andere rechtliche Regelungen (z.B. Art. 261bis StGB) oder die Menschenwürde verstösst und der Werbende hierdurch bzw. durch die erregte Aufmerksamkeit einen ungerechtfertigten Vorsprung im Wettbewerb erlangt. Bei der Beurteilung spielt zudem der Umstand eine Rolle, ob zwischen Werbung und Produkt ein sachlicher Bezug besteht oder nicht.

ee) Ausnutzung von Unerfahrenheit und Leichtgläubigkeit

67 Eine unlautere Kundenbeeinflussung stellt das gezielte Ausnutzen der Unerfahrenheit, Leichtgläubigkeit, Unbeholfenheit und/oder Unkenntnis von **schutzbedürftigen Personen** wie Kindern[157], Jugendlichen, Behinderten, älteren Menschen, Ausländern usw. dar. Insoweit können sich auch Überschneidungen mit den Fallreihen der Irreführung (Art. 3 lit. b und Art. 3 lit. k–m) und des unzulässigen Vorsprungs durch Rechtsbruch wegen der Missachtung gewisser auch wettbewerbsrechtlich relevanter Informationspflichten (N 114) ergeben. Ein aktuelles Problem stellt insoweit etwa die direkte Ansprache von Jugendlichen beim Vertrieb von Mobiltelefon-Klingeltönen dar. Zum Schutz bestimmter Personengruppen können zudem spezialgesetzliche Werbeverbote und -beschränkungen bestehen[158].

ff) Ausnutzung der Trägheit

68 Unlauter ist es schliesslich, wenn Kunden durch schikanöse Massnahmen und verzögerte Reaktionen systematisch davon abgehalten werden, ihre vertraglichen Ansprüche und Gestaltungsrechte geltend zu machen[159].

---

[156] Siehe dazu allerdings auch etwa § 4 Abs. 3 der PlakatVO-BS: «Die Konzessionärin oder der Konzessionär ist verpflichtet, bei Hinweisen auf gemäss § 7 unzulässige Plakatinhalte die fraglichen Plakate der zuständigen Behörde vorab vorzulegen. Die Konzessionärin oder der Konzessionär sorgt für Betriebsabläufe, die eine Vorlage insbesondere von möglicherweise rassistischen oder Geschlechter diskriminierenden Plakatinhalten sicherstellen.»
[157] Vgl. dazu auch das Verbot der direkten Kaufanforderung an Kinder nach Anhang I Ziff. 28 der RL 2005/29/EG.
[158] Siehe etwa Art. 13 RTVG sowie speziell zum Verbot der Tabak- und Alkoholwerbung gegenüber Jugendlichen Art. 16 Abs. 1 lit. a RTVV, Art. 11 Abs. 3 LGV und Art. 18 TabV sowie SLK-Grundsatz 5.9; ferner Vor Art. 16 N 47 ff.
[159] Vgl. dazu auch das Verbot einer schleppenden Schadensfallbearbeitung durch Versicherungen in Anhang I Ziff. 27 RL 2005/29/EG.

2. Behinderung

a) Begriff, Schutzzwecke und systematische Einordnung

Als Behinderung wird die wettbewerbswidrige **Beeinträchtigung der wettbewerblichen Entfaltungsmöglichkeiten** eines einzelnen, mehrerer oder aller Konkurrenten bezeichnet. Die Behinderung kann dabei sämtliche Wettbewerbsbedingungen der Konkurrenz betreffen, d.h. Absatz, Bezug, Produktion, Dienstleistungserbringung, Finanzierung, Personal etc. Die Unterbindung von Behinderungen dient mit der Sicherung eines fairen Leistungswettbewerbs (Art. 1 N 13) in erster Linie dem Konkurrentenschutz, aber auch unmittelbar (Absatzbehinderung) oder mittelbar dem Interesse der Marktgegenseite an einem möglichst umfassenden und unverfälschten Angebot sowie dem Schutz der Institution des Wettbewerbs als solchem. Innerhalb des UWG bestehen Überschneidungen mit den Fallreihen der unlauteren Kundenbeeinflussung (N 35 ff.) und der Ausbeutung (N 95 ff.). Das Verhältnis zum Kartellrecht (Art. 7 KG) ist durch das Prinzip der Doppelkontrolle (Einl. N 25) geprägt. Für die Fallreihe der Behinderung hat die Generalklausel eine vergleichsweise grosse Bedeutung, obwohl auch einige Sondertatbestände eingreifen (Art. 3 lit. a, lit. e, lit. f, Art. 4, 4a und 6).

69

b) Allgemeine Unlauterkeitskriterien

Wettbewerbshandlungen sind stets mit einer Behinderung von Mitbewerbern verbunden, da der von einem Wettbewerber bei den Vertretern der Marktgegenseite erzielte Erfolg zwangsläufig (zumindest in Form geringerer Zuwachsraten) zulasten der Mitbewerber geht[160]. Dies gilt nicht nur bei einem stagnierenden oder gar rückläufigen Marktvolumen, sondern auch dann, wenn es um die Verteilung eines wachsenden Kundenzuspruchs geht. Unlauter kann eine Behinderung daher **nur unter zusätzlichen**, im Einzelfall zu bestimmenden **Voraussetzungen** sein, was teilweise in genereller Form mit dem Erfordernis ihrer (funktionalen) Wettbewerbswidrigkeit[161] bzw. ihrer direkten und gezielten Einwirkung auf einen Mitbewerber[162] umschrieben wird. Letztlich sollte es auf eine **Verhältnismässigkeitsprüfung** ankommen. Danach ist eine Behinderung unlauter, wenn sie nach Anlass, Zweck, Inhalt, Bedeutung und Wirkung der Massnahme einen einzelnen, mehrere oder alle Konkurrenten unverhältnismässig darin beeinträchtigt, seine für die Marktgegenseite massgebliche Leistungskraft zu entfalten[163]. Die Massnahme darf

70

---

[160] So auch J. MÜLLER, SIWR V/1, 63.
[161] BAUDENBACHER, Kommentar UWG, Art. 2 N 116.
[162] D. VASELLA, sic! 2006, 143, 144; vgl. auch § 4 Nr. 10 dt. UWG.
[163] Vgl. dazu auch SCHLUEP, FS Kummer, S. 487, 497, wonach es Mitbewerbern oder Dritten nicht erschwert oder verunmöglicht werden dürfe, ihre für die Bedürfnisbefriedigung aus der Sicht der Marktgegenseite relevante Leistungskraft zur Geltung zu bringen.

daher nicht allein auf die Beeinträchtigung der Handlungsfreiheit von (einzelnen) Mitbewerbern und insbesondere ihr Hinausdrängen aus dem Markt gerichtet sein, sondern muss zumindest auch zur Verfolgung eigener rechtmässiger Ziele geeignet, erforderlich und verhältnismässig i.e.S. sein. Kann der Handelnde seine Ziele genauso effektiv auch mit milderen Mitteln erreichen, besteht die Vermutung, dass er das gewählte Mittel gerade zur Behinderung von Mitbewerbern einsetzt. Die besondere Berücksichtigung der Zielsetzung der Massnahme führt zu einer für die Fallreihe charakteristischen ausnahmsweisen **Beachtlichkeit eines subjektiven Elements**[164].

71 Letztlich hat im Einzelfall eine Abwägung zwischen den beteiligten Interessen stattzufinden. Klassische **Unlauterkeitsindizien** sind in diesem Zusammenhang die Verhinderung der freien Willensbildung auf der Marktgegenseite oder bei Hilfspersonen und Gesellschaftern eines Konkurrenten (vgl. Art. 4 lit. c und Art. 4a Abs. 1 lit. a) nicht allein durch Drohungen und Gewalt (N 39 ff.), der Missbrauch einer marktbeherrschenden Stellung (vgl. Art. 7 KG), die Ausbeutung fremder Leistungen (N 95 ff.) sowie die Absicht, einen (potentiellen) Mitbewerber gezielt aus dem Markt zu drängen bzw. am Markteintritt zu hindern (z.B. N 80, 100). Gegen die Unlauterkeit spricht demgegenüber der Umstand, dass die Massnahme einen Markteintritt ermöglichen bzw. unterstützen oder eine vergleichsweise schwache Marktposition sichern bzw. ausbauen helfen soll (z.B. N 79).

c) **Unterfallreihen und Bedeutung von Art. 2**

aa) Absatzbehinderungen

(1) Kundenbezogene Behinderung

72 Da das Ausspannen von Kunden zum Wesen des Wettbewerbs gehört[165], liegt eine unlautere kundenbezogene Behinderung nur vor, wenn Kunden **gezielt und unverhältnismässig** daran gehindert werden, sich mit einem Konkurrenzangebot unvoreingenommen auseinanderzusetzen (sog. Abfangen) oder gezielt und unverhältnismässig dazu veranlasst werden, den mit einem Konkurrenten bestehenden Vertrag zu widerrufen, zu kündigen oder gar zu brechen (Abwerben bzw. Eindringen in fremde Vertragsbeziehungen; vgl. auch Art. 4 lit. a und d).

73 Ein unlauteres **Abfangen** ist nur gegeben, wenn sich der Handelnde zwischen den Kunden und den Mitbewerber schiebt und dabei dem Kunden, der bereits zur Inanspruchnahme einer Leistung des Konkurrenten entschlossen ist, eine Änderung seines Willens aufdrängt. Unlauter ist in jedem Falle die Einwirkung durch Drohung und Gewalt. Regelmässig unlauter ist auch das **Ansprechen** von Kunden in

---
[164] Dazu auch VASELLA, sic! 2006, 143, 144 (Behinderungsabsicht als Unlauterkeitsmoment).
[165] KGer SZ (ZK 2006/24), 17 f.

unmittelbarer Nähe der geschäftlichen Aktivität eines Mitbewerbers, da hier noch ein Ausbeutungselement hinzutritt. Zu einem solchen Abfangen kommt es auch im Internet, wenn fremde Unternehmens- oder Produktkennzeichen im verdeckten Kopf der eigenen Homepage (sog. **Meta-Tags**) angebracht werden, um damit die Benutzer von Suchmaschinen auch auf das eigene Angebot aufmerksam zu machen und ggf. umzuleiten[166]. **Zulässig** ist hingegen das **geschickte Lenken** von Kundenströmen auf das eigene Angebot z.b. durch die Platzierung eigener Werbung im Zusammenhang mit der Eingabe eines konkurrentenbezogenen Suchbegriffs in eine Suchmaschine[167], durch die Wahl einer zumeist aus werbewirksamen Gattungsbegriffen gebildeten Firma (z.b. AAA-Autovermietung AG) oder Domain (z.b. www.autovermietung.ch, www.tax-info.ch)[168], sofern nicht Elemente der Irreführung (Alleinstellungsbehauptung; s. Art. 3 lit. b N 80 ff.), der Rufausbeutung (N 104 ff.) oder (Kenzeichen-)Verwechslung hinzutreten[169].

Das **Abwerben** von Abnehmern wird zunächst durch die einschlägigen Sondertatbestände in Art. 4 lit. a und d erfasst, wobei Art. 4 lit. a eine «kleine» Generalklausel für die absichtliche eigennützige Verleitung zu jeder Art von Vertragsbruch enthält und Art. 4 lit. d einen sachlich auf den Konsumkreditbereich und den (seltenen) Vorauszahlungskauf begrenzten Sonderfall der absichtlichen eigennützigen Veranlassung eines Widerrufs bzw. einer Kündigung regelt. Bedeutung hat Art. 2 mithin im Bereich der unlauteren **Ausnutzung** eines nicht angeregten **fremden Vertragsbruchs,** bei einer nicht von Art. 4 lit. d erfassten **Verleitung zur rechtmässigen Lösung** vom Vertrag durch Anfechtung, Widerruf, Kündigung oder Aufhebungsvereinbarung sowie bei einer Verleitung zur Geltendmachung der (Teil-)Unwirksamkeit eines Vertrags oder der Undurchsetzbarkeit von Ansprüchen. Problematisch sind hier insbesondere Fälle, in denen Unterstützung bei der Kündigung (z.B. Formulierung des Kündigungsschreibens, Abklärung der Rechtslage)

74

---

[166] Es handelt sich allerdings regelmässig weder um eine Täuschung bzw. Irreführung (der potentielle Kunde wird die Fehlleitung in aller Regel bemerken) noch um eine Behinderung der fremden Werbung (diese kann vom potentiellen Kunden weiterhin wahrgenommen werden).
[167] Vgl. dazu die markenrechtlich geprägte Diskussion um die Verwendung markenrechtlich geschützter Begriffe als verdeckte Suchbegriffe im Google-Werbesystem «AdWords» in der Schweiz (für eine Markenrechtsverletzung: REINLE/OBRECHT, sic! 2009, 112 ff.; gegen eine Markenrechtsverletzung: KOHLI, sic! 2009, 629 ff.) und in Deutschland (drei Entscheidungen des BGH vom 22.1.2009, wobei in den Fällen I ZR 30/07 und I ZR 125/07 eine Markenrechtsverletzung verneint und im Fall I ZR 139/07 das Vorabentscheidungsverfahren zum EuGH eingeleitet wurde; abgedruckt in: MDR 2009, 705; siehe ferner OLG Braunschweig MMR 2007, 789; OLG Stuttgart MMR 2007, 649 und OLG Düsseldorf GRUR-RR 2007, 204).
[168] JOLLER, Gemeinfreie Begriffe in Domainnamen?!, AJP 2002, 947, 954; vgl. auch BGH GRUR 2001, 1061 («www.mitwohnzentrale.de») und BGH NJW 2003, 662 («www.presserecht.de»).
[169] Siehe zu einem nicht von Art. 3 lit. d erfassten Fall ZivGer BS sic! 2005, 821, 823 («www.tax-info.ch/www.info-tax.ch») sowie die einschränkende Anm. von VASELLA, sic! 2006, 143 ff. (Unlauterkeit nur bei Behinderungsabsicht).

gewährt wird (sog. **Kündigungshilfe**; dazu auch Art. 4 N 21)[170]. Zulässig sind jedenfalls allgemein gehaltene Hinweise auf bestehende Kündigungsmöglichkeiten und Hilfestellungen bei der Kündigung auf Wunsch des Abgeworbenen. Möglich ist auch vorbehaltlich wirksamer nachvertraglicher Wettbewerbsverbote die Konkurrenzierung durch ehemalige Mitarbeiter, Gesellschafter[171], Vertriebspersonen[172] oder sonstige Vertragspartner[173], sofern nicht besondere Umstände wie etwa ein widersprüchliches Verhalten[174], eine Existenzvernichtung[175], eine schmarotzerische Ausbeutung ohne eigenen Aufwand[176] oder eine Schädigungsabsicht die Unlauterkeit begründen. Als unzulässig kann demgegenüber die Verleitung zur Kündigung durch Druck[177], durch unrichtige oder unnötig verletzende Aussagen über den Mitbewerber[178] oder durch unzulässige Koppelungsstrategien[179] gelten. Unlauter ist auch das systematische Abwerben zur Schädigung bestimmter Konkurrenten.

75 Das **Eindringen** in ein lückenloses **selektives Vertriebssystem** stellt nach Ansicht der Rechtsprechung als solches ebenfalls keine unlautere Wettbewerbshandlung dar[180]. Unlauter ist ein solches Verhalten aber dann, wenn sich damit wie etwa beim sog. Schleichbezug[181] eine Täuschung des Herstellers/Dienstleistungserbringers bzw. seiner ausgewählten Vertriebspartner oder eine Täuschungsgefahr für die Kunden verbindet, die betroffene Leistung an Qualität bzw. Image verliert, der Ruf des Herstellers geschädigt wird oder eine Verleitung zum Vertragsbruch[182] vorliegt. Soweit ein selektives Vertriebssystem durch Kontrollnummern abgesichert ist, stellt

---

[170] Vgl. dazu den Sachverhalt von BGer sic! 2006, 277 («Yellowworld I»), wobei sich die Vorinstanz (HGer ZH vom 22.12.2004) allerdings gegen eine Verletzung von Art. 4 lit. a UWG aussprach.
[171] KGer SZ (ZK 2006/24), 18 f.
[172] HGer ZH SMI 1988, 188, 192 («Fugendichtung»).
[173] BGE 133 III 431, 436 f. («Auf zu neuen Taten...»).
[174] Ein Beispiel bildet das Abwerben von Kunden, für deren auch künftige Anbindung an das alte Unternehmen dem Ausscheidenden eine Ausgleichszahlung ausgerichtet wurde.
[175] KGer SZ (ZK 2006/24), 19, wonach die «Gefahr, dass dem betroffenen Unternehmen wirtschaftlich der Teppich unter den Füssen weggezogen wird», ein die Unlauterkeit begründender Gesichtspunkt sei.
[176] BGE 133 III 431, 437 («Auf zu neuen Taten...»).
[177] OGer LU sic! 2000, 221, 223 f. (Vertragsbruch); KGer SZ (ZK 2006/24), 18.
[178] Siehe dazu BGer sic! 2006, 277, 279 («Yellowworld I») und OGer ZH SMI 1991, 247, 250; in casu verneint von BGer sic! 2000, 712 («Club de l'Economie»).
[179] Siehe dazu N 55 und 60 ff.
[180] BGE 114 II 91, 95 («Parfums Christian Dior SA»); BGE 122 III 469, 483; BGer sic! 2002, 605, 608; OGer LU SJZ 1972, 98; a.A. noch BGH GRUR 1968, 272, 274 f. («Trockenrasierer III»); nunmehr jedoch auch in Deutschland BGH NJW 2000, 2504 («Aussenseiteranspruch II»); näher zum Ganzen L. MEYER, Das selektive Vertriebssystem, 106 ff.
[181] Zur Qualifikation des sog. Schleichbezugs von später auf dem «Schwarzmarkt» weiterverkauften Veranstaltungstickets als unlautere Behinderung des Vertriebskonzepts und legitimen Absatzinteressen eines Dienstleistungserbringers siehe für das dt. Recht BGHZ 178, 63 («bundesligakarten.de»).
[182] Verneint in casu von BGE 124 III 321, 335 («Donkey Kong Land»).

deren Entfernung grundsätzlich keine unlautere Wettbewerbshandlung dar[183]. Etwas anderes gilt jedoch dann, wenn das Nummernsystem auch anderen anerkennenswerten Zielen als der blossen Absicherung eines selektiven Vertriebssystems dient (z.B. Verfolgbarkeit des Produktabsatzes aus Sicherheits- oder Qualitätsgründen, Bekämpfung der Produktpiraterie)[184] oder gar gesetzlich vorgeschrieben ist (z.B. Arzneimittel- und Lebensmittelkennzeichnung). Ist bereits das selektive Vertriebssystem kartellrechtlich unzulässig, stellt das Anbringen, nicht jedoch die Beseitigung von Kontrollnummern eine unlautere Wettbewerbshandlung dar[185].

(2) Produktbezogene Behinderung

Zu den produktbezogenen Absatzbehinderungen gehören zunächst physische **Einwirkungen auf die Konkurrenzware** wie etwa deren Beschädigung oder das Entfernen von Firmenkennzeichen bzw. Codenummern zur Herkunftsverschleierung (s. auch N 75). Das **Aufkaufen von Konkurrenzware** ist dann als produktbezogene Behinderung unzulässig, wenn es etwa als Mittel zur Verhinderung des Markteintritts eines Konkurrenten, zum unzulässigen Abwerben des verkaufenden Abnehmers der Konkurrenzware oder zur Herbeiführung einer den Ruf des Konkurrenten schädigenden Lieferunfähigkeit eingesetzt wird. Schliesslich kann auch die **Nachahmung** eines Produkts unabhängig von der Tatbestandsmässigkeit nach Art. 3 lit. d und lit. e sowie Art. 5 unter Art. 2 fallen, wenn hierdurch die (weitere) Verbreitung des Originalprodukts verhindert werden soll[186].

76

(3) Werbebehinderung

Eine Werbebehinderung ist gegeben, wenn eine Werbung etwa durch Verdeckung oder Entfernung **gezielt ausgeschaltet** wird[187]. Unlauter sind derartige Massnahmen jedenfalls dann, wenn der Behindernde und der Werbende in einem Wettbewerbsverhältnis stehen. Unlauter ist es auch, durch die Behinderung der Werbung Dritter die auf der ungehinderten Zugänglichkeit der Werbung beruhende Geschäftsidee eines Konkurrenten auf dem Werbemarkt leer laufen zu lassen[188].

77

---

[183] BGE 114 II 91, 103 («Parfums Christian Dior SA»); a.A. noch BGer SJZ 1957, 367 («Omega II») ; a.A. auch J. MÜLLER, SIWR V/1, 65.
[184] So etwa für Skifabrikationsnummern AGer Nidau SMI 1992, 341, 343; zur Rückrufbarkeit von Produkten und zur Bekämpfung der Produktpiraterie als legitimen Zielen vgl. EuGH Rs. 349/95 EuZW 1998, 16 N 41 («Ballantine»); vgl. auch für das deutsche Recht und das Interesse der Allgemeinheit an sicheren Rasenmähern BGH GRUR 1978, 364, 367 («Golfrasenmäher»).
[185] Dazu auch BAUDENBACHER, Kommentar UWG, Art. 2 N 130.
[186] BGE 104 II 322, 334 («Plastikstiefel»).
[187] J. MÜLLER, SIWR V/1, 64 nennt als Beispiel das Überkleben oder Zerstören von Plakaten.
[188] Vgl. OLG Düsseldorf WRP 1967, 280 (Unzulässigkeit von Telefonbuch-Schutzhüllen mit Werbeaufdrucken).

Zulässig ist es hingegen, Produkte zum Schutz vor ungewollten Werbebotschaften zu vertreiben (z.B. Spam-Filter, TV-Werbeblocker)[189].

(4) Vertriebsbezogene Behinderung

78 Unlauter kann auch die rechtswidrige[190] oder unverhältnismässige Errichtung von Vertriebshindernissen sein. Soweit **Ausschliesslichkeitsbindungen** allerdings nach Art. 6 Abs. 1 lit. c KG gerechtfertigt sind, sind sie auch mit Art. 2 vereinbar[191]. Die **Einflussnahme auf Absatzmittler** zur Steigerung des eigenen Absatzes etwa durch Treueprämien, die Entrichtung einer Regalmiete oder durch Sonderaktionen ist ebenfalls zulässig, sofern sie nicht als boykottähnliche Massnahme zur übermässigen Behinderung des fremden Absatzes führt[192]. Nicht zu beanstanden ist schliesslich die Mitbenutzung einer fremden Verkaufshilfe (Kühltruhe, Kleiderständer[193] etc.).

(5) Behindernde Angebotsbedingungen

79 Sofern sich ein Anbieter nicht vertraglich (vgl. aber noch Art. 5 KG) zu einer bestimmten Preis- und/oder Konditionengestaltung verpflichtet hat, kann er seine Angebotsbedingungen **grundsätzlich frei** bestimmen (Gewerbefreiheit, Vertragsfreiheit). Dies gilt zunächst auch für Angebote und Verkäufe unter Selbstkosten, d.h. unter den Gestehungskosten bzw. dem Einstandspreis. Es gibt keine faktischen Mindestpreise. Mischkalkulationen, Not- und Saisonverkäufe sowie Sonderkonditionen etwa zur Förderung eines Markteintritts, bei Jubiläen, Neueröffnungen oder zur Reaktion auf Absatzkrisen müssen möglich sein. Auch eine etwaige Ruf- oder Absatzschädigung von Markenartikeln durch (wiederholte) Sonderangebote unter Einstandspreis begründet nicht die Wettbewerbswidrigkeit[194].

80 Unzulässig ist aber zunächst die Irreführung mittels **Lockvogelangeboten**, wobei dies nicht nur für die von Art. 3 lit. f erfassten und in der Werbung besonders hervorgehobenen Angebote unter Einstandspreis (also im Handel, weil nur dort ein Einstandspreis besteht[195]), sondern nach Art. 2 bzw. Art. 3 lit. b auch für Lockvo-

---

[189] Vgl. OLG Frankfurt GRUR 2000, 152 (Zulässigkeit eines TV-Werbeblockers).
[190] Siehe zur rechtswidrigen Erwirkung eines gerichtlichen Vertriebsverbots als Behinderung HGer BE vom 18.1.2000 (Nr. 8369), E. 2.c und BGer sic! 2001, 330, 333 («Kantenanleimmaschine»).
[191] BGE 114 II 91, 94 («Parfums Christian Dior SA»).
[192] Vgl. LG Köln vom 7.8.2003 (31 O 506/03) (Prämienzahlung für die längerfristige Schlechtplazierung von Konkurrenzware).
[193] HGer SG SMI 1994, 353, 352 f. («Verkaufsdrehständer»).
[194] BGE 107 II 277, 285 («Aktionsverkäufe/Denner»).
[195] Zur Unanwendbarkeit von Art. 3 lit. f im Vergabeverfahren VGer Zürich VB.2002.00384 BEZ 2003, 18 Nr. 48 («Stadtspital G»).

gelangebote unter den Gestehungskosten (also ausserhalb des Handels) und für nicht gesondert beworbene Angebote gilt. Insoweit ist die zu enge Fassung von Art. 3 lit. f nicht durch eine teleologische Extension oder Analogie, sondern durch einen Rückgriff auf Art. 3 lit. b bzw. Art. 2 zu korrigieren[196]. Unlauter ist zudem eine **längerfristige gezielte (Kampf-)Preisunterbietung**, um einen Wettbewerber, der nicht deutlich überlegen ist, am Markteintritt zu hindern oder ihn aus dem Markt zu drängen[197]. Insoweit stellt der Missbrauch einer marktbeherrschenden Stellung nach Art. 7 Abs. 2 lit. d KG zugleich einen Unlauterkeitsgrund dar. Unlauter ist auch ein Angebot unter Gestehungskosten, das nur dadurch ermöglicht wurde, dass eine vorhandene Nachfragemacht auf dem vorgelagerten Bezugsmarkt missbraucht wurde (vgl. auch Art. 7 Abs. 2 lit. c und f KG). Von Art. 2 bzw. Sondertatbeständen wird schliesslich noch die Preisunterbietung durch Nachahmung (Art. 3 lit. d, Art. 5), durch eine Missachtung administrierter Preise[198] oder andere wettbewerbsrelevante Rechtsvorschriften (z.B. Art. 7, Zoll- und Devisenvorschriften, Art. 41 Abs. 1 lit. g, Abs. 2 lit. b AlkG; zum unlauteren Vorsprung durch Rechtsbruch allg. N 107 ff.) erfasst[199].

Kostenlose Leistungsangebote wie insbesondere die kostenlose oder vergünstigte Abgabe von Warenproben und die kostenlose Verteilung von Presseerzeugnissen mit redaktionellem Teil sind ein Sonderfall des Angebots unter Gestehungskosten. Sie sind grundsätzlich zulässig zu Erprobungszwecken bzw. als Konsequenz einer anderen Form der Finanzierung (z. B. Finanzierung von Gratiszeitungen über Anzeigen oder durch Spenden bzw. Mitgliedsbeiträge). Wettbewerbswidrig werden sie erst, wenn durch sie Kunden unlauter abgefangen werden (zu den Voraussetzungen N 72 ff.), ein Konkurrent gezielt aus dem Markt verdrängt werden soll oder gegen Rechtsnormen[200] verstossen wird. Die mit der Abgabe verbundene Kundenbeeinflussung (Gewöhnungseffekt, Imagegewinn) spielt zumindest insoweit keine Rolle (vgl. noch N 62). Eine weitgehende Befriedigung der Nachfrage durch die kostenlosen Angebote (sog. **Marktverstopfung**) kann nur berücksichtigt werden, wenn diese nicht nur kurzfristig besteht. Dabei spielen nicht nur Art und Umfang der Massnahme (Systematik, räumliche Ausdehnung, Menge, Qualität und Wert der Leistung etc.), sondern auch die Marktverhältnisse (räumliche Ausdehnung, Angebotssituation, Substituierbarkeit, Machtverhältnisse, Verhalten der Mitbewerber

81

---

[196] So auch die Botschaft UWG, 1067 und etwa REINERT, Preisgestaltung, in: T. Geiser/P. Krauskopf/ P. Münch (Hrsg.), Schweizerisches und europäisches Wettbewerbsrecht, Basel 2005, 91 ff. N 4.251 f.
[197] Vgl. dazu (die Unlauterkeit verneinend) BGE 85 II 443, 450 («Gratiskleid»); CdJ GE SMI 1990, 182, 183 f. («Alexia»).
[198] Siehe zu einer Bestandsaufnahme der in der Schweiz bestehenden Preisregulierung den Bericht der Preisüberwachung an das Eidgenössische Volkswirtschaftsdepartement vom April 2005 (abrufbar über http://www.preisueberwacher.admin.ch).
[199] BGE 71 II 233, 235 («Florist»); 85 II 443, 450 («Gratiskleid»); näher SUTTER, Lockvogelangebot, 1 ff.
[200] Beispiele für die gesetzliche Einschränkung der Gratisabgabe bilden Art. 41 Abs. 1 lit. k AlkG, Art. 18 lit. f TabV sowie die Art. 10, 19, 21 Abs. 1 lit. e und Abs. 2 AWV).

etc.) und das Konsumentenverhalten (Umfang der Inanspruchnahme, verfügbares Budget, Wechselbereitschaft etc.) eine Rolle (siehe dazu auch noch Art. 3 lit. f N 15).

82 Eine weitere Fallreihe der behindernden Angebotsgestaltung bilden **Diskriminierungen**, d.h. sachlich nicht gerechtfertigte Ungleichbehandlungen bei der Preis- und/oder Konditionengestaltung, sofern diese von einem marktbeherrschenden Unternehmen (vgl. auch Art. 7 Abs. 2 lit. b KG) ausgehen[201] oder sich gezielt gegen einzelne Unternehmen richten, um diese am Markteintritt zu hindern bzw. zum Marktaustritt zu veranlassen. In diesen Fällen können auch die von Diskriminierungen auf dem Markt profitierenden Abnehmer (z.B. Bezug zu Dumpingpreisen) unlauter handeln[202].

(6) Unlautere vergleichende Werbung

83 Die täuschende, irreführende, unnötig herabsetzende oder anlehnende vergleichende Werbung ist zwar ein typischer Fall der Absatzbehinderung, doch kommt insoweit der Generalklausel neben dem Sondertatbestand von **Art. 3 lit. e** keine praktische Bedeutung zu.

bb) Nachfragebehinderungen

84 Nachfragebehinderungen betreffen die **Bezugswege von Konkurrenten**. So handelt etwa ein Unternehmer unlauter, der mehr oder andere Waren bzw. Dienstleistungen als für seinen Eigenbedarf bezieht, um den Bezug bzw. die Inanspruchnahme durch einen Mitbewerber unmöglich zu machen oder zu erschweren. Auch eine Liefersperre, d.h. der Ausschluss eines Unternehmens von der Belieferung zur Förderung eigenen oder fremden Wettbewerbs, verstösst gegen das Behinderungsverbot[203].

cc) Boykott i.e.S.

85 Der Begriff des Boykotts[204] bezeichnet in einem weiteren Sinne jedes **Absperren eines Teilnehmers vom üblichen Marktgeschehen** (vgl. dazu auch den kartellrechtlichen Missbrauchstatbestand von Art. 7 Abs. 2 lit. a KG). Beim Boy-

---

[201] REINERT, Preisgestaltung, in: T. Geiser/P. Krauskopf/P. Münch (Hrsg.), Schweizerisches und europäisches Wettbewerbsrecht, Basel 2005, 91 ff. N 4.236.
[202] KGer GL sic! 2009, 47, 50 («Spritzgiesssysteme»).
[203] Vgl. dazu etwa den von den Beschwerdeführern in BGer 1A.153/2004 behaupteten Sachverhalt.
[204] Die Bezeichnung geht auf die Massnahmen der irischen Landliga gegen den ungeliebten englischen Gutsverwalter Charles Cunningham Boycott zurück, die diesen letztlich zur Auswanderung zwangen.

kott i.e.S. handelt es sich um die Aufforderung einer Person zu einer Liefer- bzw. Bezugssperre oder zu anderen boykottähnlichen Behinderungsmassnahmen gegenüber einem Dritten. Im Gegensatz zu den anderen Behinderungsmassnahmen ist der Boykott i.e.s. mithin durch ein **Drei-Personen-Verhältnis** (Aufrufer, Adressat/ Boykottierender, Boykottierter/Verrufener) gekennzeichnet, wobei der Adressat in seiner Entscheidung über die Durchführung der Sperre frei sein muss, so dass Anweisungen an Tochtergesellschaften, Handelsvertreter etc. nicht tatbestandsmässig sind. Praktische Bedeutung haben namentlich die Aufrufe von Umwelt-, Tierschutz-, Menschenrechts- und Verbraucherorganisationen zum Boykott bestimmter Unternehmen oder Produkte durch Konsumenten[205]. Boykottaufrufe und -massnahmen sind **nur zulässig, wenn** offensichtlich überwiegende berechtigte Interessen verfolgt werden, die sonst auf keine andere Weise gewahrt werden könnten, und wenn damit keine Herabsetzung i.S.v. Art. 3 lit. a verbunden ist[206]. Neben dem UWG und KG können gerade beim Boykott auch Art. 28 ZGB und Art. 41 Abs. 2 OR Bedeutung erlangen.

dd) Betriebs- und unternehmensbezogene Behinderungen

Die betriebs- und unternehmensbezogenen Behinderungen richten sich nicht gegen die Tätigkeit des Unternehmens am Markt, sondern **gegen Betriebsabläufe** sowie das **Unternehmen** oder seinen Träger insgesamt. Einschlägige Sondertatbestände sind die Herabsetzung (Art. 3 lit. a), die Verleitung zum Vertragsbruch bzw. zur Vertragsauflösung (Art. 4 lit. a und lit. d), die Bestechung von Hilfspersonen und Gesellschaftern (Art. 4a Abs. 1 lit. a), die Anstiftung zum Geheimnisverrat (Art. 4 lit. c), die Herkunftsverwechslung (Art. 3 lit. d), der anlehnende Vergleich (Art. 3 lit. e) und die Verletzung von Fabrikations- und Geschäftsgeheimnissen (Art. 6). 86

(1) Störungen des Betriebsablaufs

Zu den Störungen des Betriebsablaufs gehören zunächst **physische Einwirkungen** auf Produktionsmittel wie die Zerstörung von Maschinen oder Daten oder das Verletzen von Mitarbeitern. 87

Erfasst werden aber auch die unlautere **Beeinflussung von Mitarbeitern**, zu der neben der Bestechung von Hilfspersonen und Gesellschaftern (Art. 4a Abs. 1 lit. a) sowie der Verleitung von Hilfspersonen zum Geheimnisverrat (Art. 4 lit. c) insbesondere auch das unlautere Abwerben von Mitarbeitern gehört. Wie generell bei 88

---

[205] Zum Konsumentenboykott eingehend BENGTSSON-BÄNZIGER, Der Konsumentenboykott im Wettbewerb, Zürich 2008; zu sog. «Flashmobs» als boykottähnlicher Arbeitskampfmassnahme vgl. BAG NJW 2010, 631.
[206] BGE 86 II 365, 376 ff. («Apothekerrundschreiben»).

einer Verleitung zum Vertragsbruch (vgl. für Abnehmer Art. 4 lit. a) ist aber auch insoweit zu beachten, dass das Abwerben von Mitarbeitern (z.B. in Form des sog. Headhunting) grundsätzlich ein legitimes Instrument im Wettbewerb darstellt. Es darf lediglich nicht zu treuwidrigen Zwecken (namentlich zur Ausbeutung durch Geheimnisverrat[207] oder zur gezielten Schädigung des Konkurrenten ohne ein eigenes nennenswertes Beschäftigungsinteresse) eingesetzt oder mit treuwidrigen Mitteln (z.B. Beratung in Kündigungsfragen, irreführende Angaben über den Konkurrenten, Garantie von Besitzständen[208], Zusage später nicht eingehaltener Arbeitsbedingungen) verfolgt werden. Eine gezielte Schädigung des Konkurrenten liegt nahe, wenn die Abwerbung in grösserem Umfang (z.b. Abwerbung ganzer Arbeitsteams) oder systematisch (z.b. wiederholte Abwerbung von Schlüsselfiguren) praktiziert wird.

89 Unlauter ist auch die mit dem Ziel einer Betriebsbehinderung durch **Bauverzögerung** eingelegte offensichtlich unzulässige Beschwerde gegen eine Baubewilligung[209].

90 Sofern die **Auskundschaftung** von Fabrikations- oder Geschäftsgeheimnissen nicht ohnehin unter die Sondertatbestände von Art. 4 lit. c und Art. 6 fällt, kann auch sie noch als Betriebsstörung durch Art. 2 erfasst werden. Testmassnahmen und Bestandsaufnahmen können allerdings grundsätzlich durchgeführt werden, um etwa Wettbewerbsverstösse eines Mitbewerbers aufzudecken. Der Mitbewerber muss solche Massnahmen dulden und kann kein Hausverbot aussprechen. Die Massnahmen dürfen den Betriebsablauf lediglich nicht unverhältnismässig stören.

(2) Rufschädigungen

91 Zu einer Behinderung des Unternehmensträgers kommt es ferner bei Rufschädigungen. Bedeutung hat Art. 2 hier zunächst bei einer unrichtigen, irreführenden oder unnötig verletzenden Herabsetzung[210] durch pflichtwidriges **Schweigen**, da von dem einschlägigen Spezialtatbestand (Art. 3 lit. a) nur Herabsetzungen durch Äusserungen erfasst werden. Unlautere Rufschädigungen können sich zudem **zulasten des Originalanbieters** aus einer Nachahmung oder Anlehnung (N 95 ff.) sowie einem Parallelimport[211] ergeben. Vorausgesetzt ist allerdings, dass die nachgeahmte Leistung bzw. die parallel importierte Ware nicht mit einem die Verwechslung ausschliessenden deutlichen Herkunftshinweis gekennzeichnet ist und

---

[207] Siehe etwa OGer BL BJM 1957, 103, 109 f. («Ingenieur»).
[208] Siehe etwa OGer ZG sic! 1997, 319, 322 ff. («Berater-Vertriebsnetz»).
[209] Problematisch insoweit, da bereits eine Wettbewerbshandlung ohne Begründung ablehnend BGer sic! 2003, 750 («Betonaufbereitungsanlage»).
[210] Zu den auch im Rahmen von Art. 2 relevanten Voraussetzungen der Herabsetzung siehe näher Art. 3 N 34 ff.
[211] BAUDENBACHER, Kommentar UWG, Art. 2 N 132.

dass sie entweder qualitativ minderwertig ist[212] oder der gerade auf der Exklusivität des Originals beruhende Ruf durch den Massenvertrieb spürbar beeinträchtigt wird. Keine unlautere Rufschädigung ist hingegen mit dem (und sei es auch wiederholten) Einsatz einer Markenware als Lockvogelangebot verbunden[213].

Werden **unberechtigte Vorwürfe**, insbesondere auch **Verwarnungen** wegen einer Wettbewerbs- oder Schutzrechtsverletzung, erhoben und musste der Urheber zumindest erhebliche Zweifel an der Berechtigung des Vorwurfes bzw. der Verwarnung haben[214], stellt dies im Falle ihrer Äusserung gegenüber Dritten (z. B. öffentliche Behauptung, Verwarnung von Abnehmern des vermeintlichen Verletzers) eine unlautere Herabsetzung (Art. 3 lit. a) und im Falle einer das Verhalten des Beschuldigten beeinflussenden oder diesem zusätzliche Kosten aufbürdenden Wirkung eine unzulässige gezielte Behinderung nach Art. 2 dar[215]. Gleiches gilt für unberechtigte **Betreibungen**, sofern mit diesen ausnahmsweise eine wettbewerbsrelevante Herabsetzung oder Betriebsbehinderung verbunden sein sollte. Werden die Vorwürfe allein an den Betroffenen gerichtet, können sie nur dann als unlauter angesehen werden, wenn sie das wettbewerbliche Verhalten des Adressaten zu beeinflussen vermögen, was aber etwa bei Abmahnungen und Verwarnungen durchaus vorstellbar ist.

92

(3) Behinderung von Kennzeichen

Unlauter ist nicht nur die Herbeiführung von **Verwechslungsgefahren** (Art. 3 lit. d) zwischen Marken (vgl. Art. 1 MSchG), Firmen (vgl. Art. 944 ff. OR), Enseignes (vgl. Art. 177 HRegV)[216], Handelsnamen (vgl. Art. 8 PVÜ), Kurzbezeichnungen (vgl. Art. 177 HRegV) und Domainnamen[217], sondern auch deren Behinderung durch **Verdeckung und Vernichtung**. Besondere Bedeutung haben in diesem Zusammenhang die missbräuchliche Reservierung eines Domainnamens

93

---

[212] Sofern die Qualitätsunterschiede nur in einem Labor festgestellt werden können, ist jedoch keine relevante Rufschädigung gegeben (dazu OGer LU SMI 1994, 313 – «Eau Sauvage II»).
[213] BGE 107 II 277, 285 («Aktionsverkäufe/Denner»).
[214] Vgl. zu diesen Voraussetzungen unter Hinweis auf die ständige Rechtsprechung nur BGE 108 II 225, 228 («Stranggussanlage»).
[215] Siehe zur unbegründeten Schutzrechtsverwarnung näher für das dt. Recht SACK, NJW 2009, 1642 ff. und zur unberechtigten Abmahnung im Lauterkeitsrecht eingehend N. GOLDBECK, Der «umgekehrte» Wettbewerbsprozess, Baden-Baden 2008; in Deutschland gerieten zuletzt insbesondere die gegen kleinere Elektrohändler und Online-Shops gerichteten schikanösen Abmahnpraktiken der Media-Saturn-Holding GmbH und ihrer die einzelnen Märkte betreibenden Tochtergesellschaften in das Visier der Wettbewerbshüter (dazu etwa LG München I GRUR-RR 2006, 416).
[216] Dazu etwa CJ GE sic! 2010, 29 ff. mit Anm. CHERPILLOD.
[217] ZivGer BS sic! 2005, 821, 823 («www.tax-info.ch/www.info-tax.ch»).

(sog. domain-grabbing)[218] und die behindernde Führung eines mit einer prioritätsälteren (berühmten) Marke oder Geschäftsbezeichnung übereinstimmenden Namens im geschäftlichen und/oder privaten Bereich[219].

ee) Missbrauch der Nachfragemacht

94   Zu einer wettbewerbs- und kartellrechtlich relevanten Behinderung kommt es schliesslich auch dann, wenn ein marktmächtiges Unternehmen seine Nachfragemacht auf dem Beschaffungsmarkt unverhältnismässig ausnutzt (z.b. Ausübung psychischen Drucks oder diskriminierender Praktiken) und hierdurch die Wettbewerbsbedingungen auf dem Beschaffungsmarkt nicht unerheblich verfälscht[220]. Eine besondere praktische Bedeutung hat insofern das **Begehren** marktmächtiger Nachfrager nach der Gewährung **von unentgeltlichen Zusatzleistungen** durch die Lieferanten erlangt (z.b. Entrichtung einer Regal- oder Schaufenstermiete, Befrachtung von Regalen, Bereitstellung von Kühlgeräten, Beteiligung von Lieferanten an den Werbekosten, nachträgliche Ergänzungswünsche). Dieses auch sog. Anzapfen ist jedoch aufgrund der bestehenden Vertragsfreiheit nicht generell, sondern nur dann unzulässig, wenn eine die Erheblichkeitsschwelle überschreitende Marktbeeinflussung vorliegt.

3.   Ausbeutung

a)   **Begriff, Schutzzweck und systematische Einordnung**

95   Unter Ausbeutung **versteht man** die unlautere Ausnutzung der wirtschaftlich verwertbaren Leistung eines anderen. Der lauterkeitsrechtliche Schutz gegen Ausbeutung begründet kein generelles Ausschliesslichkeitsrecht, sondern nur einen situationsbezogenen Schutz gegen unlauteres Wettbewerbsverhalten im Einzelfall[221]. **Bezweckt** wird der Schutz der von dem Ausgebeuteten getätigten Investitionen, der Schutz seines Rufs sowie die Gewährleistung der Anreiz- und Belohnungsfunktion (Art. 1 N 16) des Wettbewerbs. Daneben wird auch der Schutz der Marktgegenseite vor Verwechslungen angestrebt (vgl. insbesondere Art. 3 lit. d).

---

[218] BGE 126 III 239 («www.berneroberland.ch»); vgl. auch zur Unlauterkeit einer Defensivmarkenhinterlegung BGer sic! 2008, 732 («GMAIL»).
[219] Siehe dazu BGE 116 II 614 («Gucci»), 125 III 91 («Rytz») und BGer sic! 2005, 390 ff. («maggi.com»), wonach allerdings auch im Rahmen einer Interessenabwägung die Einschränkung des Rechts auf die Verwendung des eigenen Namens im Geschäftsverkehr nicht weiter gehen dürfe, als es das aktuelle Interesse des Inhabers der Marke bzw. Geschäftsbezeichnung rechtfertige.
[220] Näher zum Missbrauch von Nachfragemacht BAUDENBACHER, Kommentar UWG, Art. 2 N 152 ff.
[221] WILLI, Markenschutzgesetz, Vor Art. 1 MSchG N 56.

Die Vorschriften im **Immaterialgüterrecht** (URG, PatG, DesG, MSchG, SoSchG, ToG) entfalten **keine Sperrwirkung** gegenüber dem UWG (näher Einl. N 26 ff.)[222]. Dies bedeutet einerseits, dass der sog. **lauterkeitsrechtliche Leistungsschutz** aufgrund seiner eigenständigen Schutzzwecke und Voraussetzungen **kumulativ und ergänzend** neben den sondergesetzlichen Immaterialgüterschutz treten kann. Andererseits dürfen die in den spezifischen sachlichen und zeitlichen Grenzen des Immaterialgüterschutzes (Anforderungen an die Leistungs- bzw. Gestaltungshöhe, Schutzfristen) zum Ausdruck gekommenen immaterialgüterrechtlichen Wertungen aber auch nicht einfach durch den generellen stellvertretenden Rückgriff auf das UWG umgangen werden (sog. **Umwegthese**)[223]. Eine solche Umgehung ist jedoch nur gegeben, wenn neben der schlichten Ausnutzung der fremden Leistung keine weiteren Gesichtspunkte vorliegen, die die Unlauterkeit begründen. Liegen jedoch solche Umstände vor, müssen diese unter dem UWG Beachtung finden, da ansonsten umgekehrt eine Umgehung der eigenständigen Wertungen des UWG durch das Immaterialgüterrecht und seine Sperrwirkung drohen würde[224]. 96

Damit ist ein **Rückgriff auf das UWG** ohne weiteres möglich, wenn das **Immaterialgüterrecht** einen Sachverhalt aufgrund seiner Neuheit (neuer Gegenstand oder neue Methode der Ausbeutung) oder Kurzlebigkeit (ständige Produktwechsel) schon vom Ansatz her planwidrig **nicht regelt** bzw. verfahrenstechnisch nicht regeln kann[225]. Im Übrigen gilt, dass derjenige, der die immaterialgüterrechtlichen Schutzinstrumente nicht nutzt oder ihre spezifischen Voraussetzungen nicht erfüllt, keinen generellen Schutz nach dem UWG beanspruchen kann (kein sog. stellvertretender Schutz durch das UWG)[226]. Im Einzelfall ist allerdings noch zu prüfen, ob **spezifisch lauterkeitsrechtliche Gesichtspunkte** (N 99) die Treuwidrigkeit der Ausbeutung begründen können[227]. Dabei stehen allerdings entgegen verbreiteter Auffassung[228] nicht die wettbewerbsfunktionalen[229], sondern die geschäftsmorali- 97

---

[222] Siehe nur BGE 113 II 190, 201 f. («Le Corbusier»); 127 III 33, 38 («Brico»); 129 III 353, 358 («Puls»); HGer BE sic! 1999, 451 f. («Boss»); OGer BE vom 21.5.2001 (299/I/00), E. 9 («Media Clipping Service»); OGer BE vom 29.4.1998 (97/II/98), E. III.4 («Sion»).
[223] BGE 110 II 411, 420 («Opernhaus Zürich»); TC FR SMI 1969, 89, 90 ff.; mit Einschränkungen auch PAHUD, sic! 2004, 804 ff.
[224] Siehe dazu nur aus jüngerer Zeit BGer sic! 2008, 907, 908 («Botox/Botoina II»).
[225] Vgl. für das dt. Recht BEATER, Unlauterer Wettbewerb, München 2002, § 22 N 48 ff.
[226] PEDRAZZINI/PEDRAZZINI, UWG, N 3.05; vgl. auch für das dt. Recht BEATER, Unlauterer Wettbewerb, München 2002, § 22 N 45 ff.
[227] HGer ZH sic! 1999, 581, 583 («Rivella/Apiella II»); HGer BE sic! 1999, 451 ff. («Boss»).
[228] Siehe insbesondere BAUDENBACHER, Kommentar UWG, Art. 2 N 185 ff.
[229] In funktionaler Hinsicht geht es um eine Abwägung zwischen den Interessen des Ausbeuters (Gewerbefreiheit, Konkurrenzfähigkeit), der Allgemeinheit (Aufrechterhaltung des Wettbewerbsdrucks, breite Versorgung und günstige Preise einerseits sowie Schaffung von Innovationsanreizen andererseits) und des Innovators (Amortisation der getätigten Investitionen und Belohnung der Innovation durch Erhalt einer Monopolrente).

schen Aspekte des Lauterkeitsrechts im Vordergrund. Mit Ausnahme der Verwechslungsgefahr werden nämlich gerade die wettbewerbsfunktionalen Gesichtspunkte bereits weitgehend durch das Immaterialgüterrecht mit seiner Anreiz- und Belohnungsfunktion berücksichtigt. Im Rahmen des UWG kommt daher dem spezifischen **Verhalten des Ausbeuters** (z.B. technische Übernahme, systematisches und/oder wiederholtes Nachahmen, herabsetzende Rufausbeutung) eine besondere Bedeutung zu (näher N 99).

b) Allgemeine Unlauterkeitskriterien

98 Ausserhalb des immaterialgüterrechtlichen Leistungsschutzes besteht grundsätzlich **Nachahmungsfreiheit**[230]. Insbesondere die technisch, funktionell oder ästhetisch bedingte Nachahmung ist weitgehend zulässig (näher Art. 3 lit. d N 69 ff.). Dennoch können besondere Gesichtspunkte wie insbesondere die Gefahr von Verwechslungen (vgl. Art. 3 lit. d) und geschäftsmoralische Aspekte (Stichwort: parasitärer Wettbewerb) die **Unlauterkeit im Einzelfall** begründen[231].

99 Vor diesem Hintergrund ist eine Ausbeutung nur dann unlauter, wenn sie eine neue, wegen ihrer Schöpfungshöhe oder Kennzeichnungskraft **schutzwürdige Leistung** oder einen **Ruf** mit besonderer Verkehrsgeltung betrifft. Die Verkehrsdurchsetzung eines **Kennzeichens** setzt voraus, dass dieses von einem erheblichen Teil der Adressaten im Wirtschaftsverkehr als individualisierender Hinweis auf ein bestimmtes Unternehmen verstanden wird[232]. Nur ausnahmsweise können gemeinfreie Kennzeichen und Leistungen insbesondere aufgrund von Verwechslungsgefahren nach dem UWG Schutz erlangen[233]. Es müssen sodann spezifische, die Unlauterkeit begründende Aspekte hinzutreten. Hierzu gehören insbesondere eine **Verwechslungsgefahr** (vgl. Art. 3 lit. d)[234], eine **Herabsetzung** (vgl. Art. 3 lit. a), eine gezielte **Behinderung**[235] bzw. **planmässige Ausbeutung** durch systematische und/oder fortgesetzte Nachahmung bzw. Anlehnung[236], eine **unredliche Kenntniserlangung**

---

[230] Zu diesem Grundsatz etwa BGE 131 III 384, 394 («Such-Spider») m.w.N.; der Grundsatz darf jedoch nicht über die verbleibende lauterkeitsrechtliche Kontrolle hinwegtäuschen; so auch BGer 4C.316/1999, E. 5b («Rivella/Apiella II»); krit. daher MÜNCH/KÖNIG HOROWICZ, Nachahmungen, in: T. Geiser/P. Krauskopf/P. Münch (Hrsg.), Schweizerisches und europäisches Wettbewerbsrecht, Basel 2005, 231 ff. N 6.4 und BAUDENBACHER, Kommentar UWG, Art. 2 N 195.
[231] BGE 116 II 471, 473 ff. («Volvo») m.w.N.
[232] St. Rspr.; siehe zuletzt BGer sic! 2009, 348, 351 («Fairsicherungsberatung/fairsicherung»).
[233] Siehe etwa BGE 120 II 144, 154 («Raki»); 126 III 239 («www.berneroberland.ch»); im Grundsatz auch und lediglich die Verwechslungsgefahr verneinend 127 III 33, 38 f. («Brico»); ferner OGer BE v. 29.4.1998 (97/II/98) («Sion»).
[234] BGE 129 III 353, 358 ff. («Puls»); BGE 116 II 471, 473 («Volvo»).
[235] Vgl. BGer 4C.330/2003, E. 4.5 (eine Behinderung allerdings verneinend).
[236] CdJ GE SMI 1992, 363 («Méthode Sogny»).

(z.B. Vertrauensbruch[237], Erlangung von Mustern unter Vorwänden[238], Spionage, Bestechung, Abwerbung; vgl. zur hinterlistigen Erschleichung auch Art. 4 lit. c, Art. 5 lit. a, lit. b und Art. 6)[239] oder die **unmittelbare Übernahme** ohne erheblichen eigenen Aufwand (vgl. Art. 5 lit. c)[240]. Die wettbewerbliche Kennzeichnungskraft bzw. Eigenart und die Ausbeutungsmodalitäten stehen dabei in einer gewissen **Wechselwirkung**, so dass im Rahmen der Gesamtbetrachtung eine geringere Kennzeichnungskraft bzw. Eigenart durch ein besonders vorwerfbares Verhalten kompensiert werden kann und umgekehrt. Eine Wechselwirkung besteht auch insoweit, als eine höhere originäre Kennzeichnungskraft die Einhaltung eines grösseren Abstands ermöglicht und umgekehrt.

Der lauterkeitsrechtliche Leistungsschutz wird grundsätzlich unabhängig von den immaterialgüterrechtlichen **Schutzfristen** gewährt. Dies gilt insbesondere dann, wenn es um die Berücksichtigung «zeitloser» lauterkeitsrechtlicher Aspekte geht (z.B. Verwechslungsgefahr, gezieltes Verdrängen eines Konkurrenten). Auf der anderen Seite darf der wettbewerbsrechtliche Leistungsschutz auch nicht dazu führen, dass technische Lehren, unerlässliche Formen etc., die Waren bestimmter Art charakterisieren, auf unbestimmte Zeit monopolisiert werden[241]. Die Dauer des Lauterkeitsschutzes sollte dem Innovator aber grundsätzlich zumindest eine Amortisation seiner Investitionen ermöglichen. Ein kürzerer Schutz ist nur dann vorstellbar, wenn das betroffene Produkt vorzeitig vom Markt genommen wird bzw. vergriffen ist. 100

c) Unterfallreihen und Bedeutung von Art. 2

aa) Nachahmung

Eine Nachahmung ist dann gegeben, wenn das fremde Original (vorbestehende Ware, Dienstleistung, Werbemassnahme) in wesentlichen Teilen übernommen wird (vgl. auch SLK-Grundsatz 3.7). 101

Die **unmittelbare Übernahme** ist durch ein Überspringen von Produktionsstufen gekennzeichnet (Übernahme eines fremden marktreifen Arbeits*ergebnisses*). Bei der in **Art. 5 lit. c** geregelten unmittelbaren Übernahme handelt es sich um eine unveränderte Aneignung und Verwertung fremder Leistung durch ein technisches 102

---

[237] Der Gesichtspunkt des Vertrauensbruchs spielt insbesondere im Anschluss an aufgelöste Vertragsverhältnisse eine Rolle; siehe dazu etwa die Unlauterkeit bejahend BGer sic! 2005, 463, 466 («C'est bon la vie!») und die Unlauterkeit verneinend BGE 131 III 581 («Agentenmarke») sowie BGer 4C.76/2005, E. 3.3.
[238] BGE 113 II 319, 321 («Universal»); BGE 90 II 51, 56 ff. («Stoffmuster»).
[239] Vgl. BGer 4C.330/2003 E. 4.3.1 und 4.4 (eine Erschleichung allerdings verneinend).
[240] Siehe zur direkten Übernahme sowie generell zur Unlauterkeit der Nachahmung BGE 131 III 384, 389 ff. («Such-Spider»).
[241] BGE 129 III 514, 517 («Lego III (3D)»).

Reproduktionsverfahren (z.B. Fotokopieren, Einscannen), wobei weder bei der Übernahme noch der Verwertung (durch allfällige Weiterentwicklung oder Abwandlung) ein im Vergleich zum Aufwand der Erstherstellung angemessener eigener Aufwand entsteht[242]. Im Rahmen von Art. 2 ist der technischen Reproduktion die identische bzw. fast identische sonstige Nachbildung ohne eine nennenswerte eigene Leistung des Nachbildenden gleichzustellen (z.B. Abschreiben)[243].

103 Ein Rückgriff auf Art. 2 kann darüber hinaus in den Fällen der sog. **Nachschaffung** (auch sklavische Nachahmung oder fast identischer Nachbau) gerechtfertigt sein, in denen durch Nachahmung eines fremden Herstellungsprozesses ein im Wesentlichen identisches Produkt erzeugt wird. Da hier nicht allein die Art der Nachahmung die Unlauterkeit begründet, müssen weitere Unlauterkeitsgesichtspunkte wie etwa die besondere Kennzeichnungskraft bzw. Eigenart und Verkehrsgeltung (zur Rufausbeutung näher N 104 ff.)[244], das Einsparen mehrerer Produktionsstufen[245], eine Behinderung[246], die Planmässigkeit[247] oder ein unredliches Verhalten (Vertrauensbruch, Spionage, Abwerben von Mitarbeitern; vgl. dazu auch als Spezialtatbestände Art. 4 lit. c, Art. 5 lit. a, lit. b und Art. 6) hinzutreten. Das Hineindrängen in eine fremde Produktserie zur Befriedigung eines durch fremde Leistung geschaffenen Ersatz- und/oder Fortsetzungsbedarfs wurde vom Bundesgericht hingegen als zulässig erachtet, sofern damit keine Verwechslungsgefahren verbunden sind[248].

bb) Anlehnung

104 Anlehnung (auch Schmarotzertum, Trittbrettfahrertum oder Vorspannwerbung) ist die **Ausbeutung des guten Rufs** fremder Ware, Leistung oder Werbung als Werbemittel für das eigene Angebot. Es geht mithin nicht um den Schutz einer bestimmten Leistung, sondern um den Schutz der sog. wettbewerblichen Besitzstands, d.h. des guten Rufs, der sich als Ergebnis aus der guten Aufnahme von Leistungen durch die Marktgegenseite und von Massnahmen der Imagepflege ergibt. Der Rufschutz dient dabei nicht nur dem Ausgebeuteten, sondern auch dem Schutz der Marktgegenseite, die vor einer irreführenden Aufwertung des Ausbeu-

---

[242] BGE 131 III 384, 389 ff. («Such-Spider»); OGer BE vom 21.5.2001 (299/I/00), E. 9 («Media Clipping Service»).
[243] OGer ZH SMI 1993, 331, 336 und 338 («Eurotax II»); grundsätzlich auch, obwohl im Ergebnis verneinend BGE 131 III 384, 394 ff. («Such-Spider»); zum Problem des Ausbeutens fremder Inserate auch STUDER, Das UWG – eine «Medienfalle»?, in: T. Geiser/P. Krauskopf/P. Münch (Hrsg.), Schweizerisches und europäisches Wettbewerbsrecht, Basel 2005, 415 ff. N 11.45.
[244] OGer TG (Zl.2002.2), 21.
[245] OGer BE sic! 2009, 244, 250 («Expo.02-Karte»).
[246] Vgl. dazu (im Ergebnis allerdings ablehnend) BGer sic! 2001, 330, 789 («Kantenanleimmaschine»).
[247] BGer 4C.369/1999, E. 3.
[248] BGer SMI 1962, 157, 160 f. («Lego II»); mit Recht krit. BAUDENBACHER, Kommentar UWG, Art. 2 N 229.

tenden bzw. seiner Leistungen bewahrt wird, was zugleich einen unverfälschten Wettbewerb ermöglicht. Die Anlehnung kann offen durch direkte Bezugnahme (Nennung) oder aber auch indirekt durch Übernahme, Nachahmung oder planmässige Annäherung an Kennzeichen und Leistungen (sog. verdeckte Anlehnung) erfolgen.

Die Unlauterkeit (häufig dann auch sog. unnötige Anlehnung[249]) wird hier (ggf. auch kumulativ) durch unnötige Herabsetzungen (Art. 3 lit. a)[250] gezielte Behinderungen (Art. 2; N 69 ff.), Verwechslungsgefahren (Art. 3 lit. d)[251], unnötig anlehnende Vergleiche (Art. 3 lit. e)[252] oder eine schmarotzerische Rufausbeutung (Art. 2)[253] begründet. Der unnötig anlehnende Vergleich bzw. die schmarotzerische Rufausbeutung zielen bewusst auf einen **Imagetransfer** und/oder das Erregen von erhöhter **Aufmerksamkeit** durch das systematische und planmässige Ausnutzen der Bekanntheit und des Prestigewerts eines fremden Rufs[254]. **Vorausgesetzt** wird damit zunächst eine gewisse **Kennzeichnungskraft** (Erscheinungsbild gibt Hinweise auf Herkunft und/oder Qualität der Leistung)[255] und/oder **Eigenart** (besondere individuelle Gestaltung) bzw. ein sich daraus oder aus anderen Umständen ergebender hoher Bekanntheitsgrad (sog. Verkehrsdurchsetzung bzw. derivative Kennzeichnungskraft)[256]. Es darf sich nicht um Allerweltserzeugnisse, weniger bekannte Marken[257], nur kurz oder kaum gebrauchte Zeichen[258], unspezifische abstrakte

105

---

[249] Siehe etwa SCHWENNINGER, Werbe- und Verkaufsmethoden, in: Th. Geiser/P. Krauskopf/ P. Münch (Hrsg.), Schweizerisches und europäisches Wettbewerbsrecht, Basel 2005, 185 ff. N 5.35.

[250] Zur Rufausbeutung durch Scherzartikel siehe HGer BE SMI 1991, 234, 237 ff. («Kopulierende Krokodile»).

[251] Siehe nur BGE 105 II 297, 301 f. («Monsieur Pierre»); 126 III 239 («www.berneroberland.ch»); BGer sic! 2005, 463, 466 («C'est bon la vie!»); BGer sic! 2004, 430 ff. («CAP»); HGer ZH sic! 1999, 581, 582 («Rivella/Apiella II»); HGer BE sic! 1999, 451, 452 ff. («Boss»); eine Verwechslungsgefahr verneinend BGer sic! 2003, 915 ff. («Petit Suisse») und BGE 116 II 365, 370 ff. («Nivea-Flaschen»).

[252] Im Rahmen von Art. 3 lit. e ist umstritten, ob der Sondertatbestand nur die offene oder auch die verdeckte Anlehnung erfasst (siehe Art. 3 lit. e N 13 f.).

[253] BGE 102 II 292, 294 ff. („Bico-flex/Lattoflex"): Rufausbeutung bereits durch blosse Bezeichnung des eigenen Produkts als „Gegenprodukt" zu einer bekannten Markenmatratze.

[254] BGE 135 III 446, 460 («MALTESERS/KIT KAT POP CHOC II»); näher SPOENDLIN, Schmutzkonkurrenz im Schweizerischen Recht, in: La Concurrence parasitaire en droit comparé, Actes du Colloque de Lausanne, Genf 1981, 106, 112 ff.; zu einem typischen Fall HGer AG (HSU.2006.11), 15 ff.

[255] BGE 79 II 316, 321 («Schnurschalter»); 92 II 202, 208 («Wäschesack»); 105 II 297, 301 («Monsieur Pierre»); SLK sic! 2003, 180, 181 («Kult-Werbung»).

[256] Siehe dazu zuletzt nur BGer sic! 2009, 348, 350 f. («Fairsicherungsberatung/fairsicherung»); TC FR sic! 2009, 869, 872 («Dépôt frauduleux»); HGer AG (HSU.2006.11), 15.

[257] Nach BGer sic! 2005, 200, 204 («Riesen») ist für den lauterkeitsrechtlichen Schutz von Marken ausserhalb des angestammten Waren- bzw. Dienstleistungsbereichs eine überragende Verkehrsgeltung zu verlangen.

[258] BGer sic! 2007, 623, 624 f. («Eurojobs»).

Slogans[259], Ideen[260] oder Charaktere, keine bereits zuvor bestehenden Formgebungen[261] sowie um keine nahe liegenden bzw. technisch notwendigen oder gesetzlich vorgeschriebene Konzepte und Darstellungsformen[262] handeln. Erforderlich sind weiterhin **Güte- und Prestigevorstellungen** bei den angesprochenen Verkehrskreisen, die sich auf den Ausgebeuteten und/oder seine Leistungen beziehen. Ferner muss ein **Imagetransfer** hergestellt werden, der den Wert der eigenen Leistung heben soll. Dies kann insbesondere durch eine ausdrückliche (z.b. «Gegenprodukt»[263], «gleich gut wie», «Ersatz für») oder auch nur konkludente (z.b. ähnliche Ausstattung[264], Gedankenassoziationen[265]) konkrete Gleichstellungsbehauptung geschehen. Ein Imagetransfer ist umso eher anzunehmen, je ähnlicher sich die Gestaltungen und Ausstattungen nach ihrem Gesamteindruck und je näher sich die betreffenden Leistungen sind[266]. Die Ausbeutung muss schliesslich im Rahmen einer Verhältnismässigkeitsprüfung durch **besondere Unlauterkeitsmerkmale** gekennzeichnet sein. Hierfür kommt im Rahmen von Art. 2 nicht nur die Gefahr von **Verwechslungen** (vgl. Art. 3 lit. d) in Betracht[267]. Die Unlauterkeit kann auch unabhängig von Verwechslungsgefahren im Einzelfall durch ein **systematisches**, raffiniertes und planmässiges Vorgehen begründet werden, das dann gegeben ist, wenn sich die Anlehnung auf mehrere Leistungen bezieht (z.B. Modellserie, Produktpalette, gesamte Ausstattung), wiederholt erfolgt und/oder weitere Anlehnungen geplant sind[268]. Weitere Gesichtspunkte können eine besonders **enge** und ohne weiteres vermeidbare Anlehnung[269] oder ein **hinterlistiges** Verhalten des Verletzers[270] sein. Im Gegenzug können etwa der nicht (mehr) bestehende immaterial-

---

[259] So hat das BGer etwa dem Slogan *«C'est bon la vie!»* die Unterscheidungskraft abgesprochen (BGer sic! 2005, 463, 465 f.).
[260] TC VD sic! 2009, 803, 812 f. («Plastic-Clogs II»).
[261] BGer sic! 2004, 44, 47 («Knoblauchpresse II»).
[262] Siehe etwa zur Zulässigkeit der Abbildung derselben Hotels und Sehenswürdigkeiten in einem Reiseprospekt CdJ GE SMI 1994, 236, 239 ff. («Oasis»).
[263] BGE 102 II 292, 294 ff. („Bico-flex/Lattoflex").
[264] BGE 135 III 446, 460 ff. («MALTESERS/KIT KAT POP CHOC II»); BGer sic! 2009, 431, 436 («Ferrari II»).
[265] BGer sic! 2008, 454, 458 f. («IWC/WMC»).
[266] BGE 135 III 446, 462 («MALTESERS/KIT KAT POP CHOC II») – in casu mangels starker Ähnlichkeit verneint.
[267] A.A. offenbar BGE 116 II 365, 370 («Nivea-Flaschen») und OGer TG (Zl.2002.2), 21.
[268] BGE 104 II 322, 334 f. («Plastikstiefeln»); 105 II 297, 301 f. («Monsieur Pierre»); 108 II 69, 75 f. («Rubik-Würfel III»); 108 II 327, 332 f. («Lego/Suchard»); 113 II 190, 202 («Le Corbusier»); 113 II 306, 313 («Dissertation»); BGer SMI 1996, 496, 498 («Eames»); BGer sic! 2009, 431, 436 f. («Ferrari II»); J. MÜLLER, SIWR V/1, 51.
[269] BGE 116 II 365, 369 und 372 («Nivea-Flaschen»); 93 II 272, 280 f. («Kuttelreinigungsmaschine»).
[270] BGE 116 II 365, 369 («Nivea-Flaschen»); BGer sic! 2008, 445, 449 («Bagues»); BGer sic! 2009, 431, 435 («Ferrari II»); J. MÜLLER, SIWR V/1, 71.

güterrechtliche Schutz, die technische Bedingtheit und der geleistete Aufwand der Beteiligten Berücksichtigung finden[271].

Ein Anwendungsfall der unlauteren Rufausbeutung ist das sog. Trittbrettfahrer- bzw. **Ambush-Marketing**[272], bei dem durch ein vom Veranstalter nicht gestattetes Verhalten (z.B. Ballonüberflug, Einschleusen von werbenden Personen) gezielt die Nähe zu einem publikumswirksamen und prestigeträchtigen sportlichen oder kulturellen Ereignis (z.B. Fussballeuropameisterschaft, Kunstausstellung) gesucht wird, um davon wie ein Sponsor oder offizieller Lieferant ohne Erbringung entsprechender Gegenleistungen zu profitieren[273]. Einschlägig sind die Generalklausel mit ihren soeben für die Rufausbeutung genannten Voraussetzungen[274] sowie bei Irreführungs- und Verwechslungsgefahren auch Art. 3 lit. b (s. dort N 21, 57) und Art. 3 lit. d, während eine ebenfalls unter Art. 2 subsumierbare unverhältnismässige Behinderung (zu deren Voraussetzungen N 70 f.) der Werbung der Sponsoren zu verneinen ist. Der Beschluss des Bundesrats vom 22.11.2006, zumindest vorerst die Schaffung einer zuvor gerade im Zusammenhang mit der seinerzeit bevorstehenden Fussball-EM in die Vernehmlassung gegebenen Sondervorschrift zur unlauteren Rufausbeutung (Art. 3 lit. e^{bis} VE-UWG 2006[275]) aufzugeben[276], bedeutet nicht, dass derartige Verhaltensweisen nicht nach Art. 2 als unlauter qualifiziert werden könnten. Zur Durchsetzung ihrer Interessen stehen den Veranstaltern neben dem UWG zudem namentlich das Marken- und das Hausrecht zur Verfügung.

106

4. Rechtsbruch

a) Begriff, Schutzzweck und systematische Einordnung

Im Rahmen der Fallreihe des Rechtsbruchs geht es um **lauterkeitsrechtlich relevante Rechtsverstösse**. Der Rechtsbruch kann dabei nicht nur ein Gesetz, eine Rechtsverordnung, Gewohnheitsrecht, Satzungsrecht, Handelsbräuche oder allgemeinverbindliche Gesamtarbeitsverträge, sondern auch normkonkretisierende Verfügungen und vertragliche Verpflichtungen betreffen. Der Rechtsbruch ist bei einem tatbestandsmässigen und rechtswidrigen Verstoss gegeben. Die Vornahme einer Handlung im Ausland, die nur gegen das Schweizer, nicht jedoch gegen das

107

---

[271] Siehe nur BGE 113 II 306, 312 («Dissertation»); 116 II 365, 368 f. («Nivea-Flaschen»); vgl. dazu auch BGH (I ZR 29/03) GRUR 2006, 329 («Gewinnfahrzeug mit Fremdemblem»).
[272] «Ambush» für Angriff aus dem Hinterhalt.
[273] Näher HILTY/V. D. CRONE/WEBER, sic! 2006, 702 ff.
[274] Siehe auch die sich auf das deutsche Recht beziehenden Erwägungen bei HEERMANN, GRUR 2006, 359, 363.
[275] Die Vorschrift sollte lauten: «*Unlauter handelt insbesondere, wer: (...) e^{bis}. ohne hinreichenden Grund in schmarotzerischer Weise Bezug auf Dritte, ihre Waren, Werke oder Leistungen nimmt und dadurch deren Ruf ausnutzt*»; krit. HILTY/V. D. CRONE/WEBER, sic! 2006, 705 ff.
[276] Medienmitteilung des Bundesrats vom 22.11.2006 (abrufbar unter http://www.news.admin.ch/message/index.html?lang=de&msg-id=8453).

ausländische Recht unter Einbeziehung völkerrechtlicher Verpflichtungen verstösst[277], stellt keinen Rechtsbruch dar und kann daher nur unter anderen Gesichtspunkten als unlauter angesehen werden[278]. In Betracht kommt zudem eine Anwendung von Art. 19 f. und 41 Abs. 2 OR. Die mit Ausnahme von Art. 7 allein von Art. 2 erfasste Fallreihe kann inzwischen als grundsätzlich anerkannt gelten[279]. **Art. 7** entfaltet keine Sperrwirkung gegenüber der Generalklausel. Teilweise sind auch Lauterkeitsverstösse, die ihren Schwerpunkt in anderen Fallreihen haben, zusätzlich unter dem Gesichtspunkt des unlauteren Vorsprungs durch Rechtsbruch zu beurteilen (N 52 f., 67 und 80).

b) **Lauterkeitsrechtliche Relevanz des Rechtsbruchs**

108   Da es nicht Aufgabe des Lauterkeitsrechts ist und sein kann, jeden beliebigen Rechtsverstoss zu sanktionieren, besteht die Problematik der Fallreihe in ihrer sachlich angemessenen und rechtssicheren **Eingrenzung**. Diese erfolgt zunächst mit Hilfe des Erfordernisses der lauterkeitsrechtlichen Relevanz.

aa)   Ansatzpunkt der Relevanzprüfung

109   Zur Bestimmung der lauterkeitsrechtlichen Relevanz kann man zum einen bei der **Wettbewerbshandlung** ansetzen und dem Marktverhalten vorausgehende rechtswidrige Handlungen, die keinen unmittelbaren oder wenigstens durch ihre Fortwirkung gegebenen Marktbezug aufweisen (betriebsinterner Rechtsbruch), von lauterkeitsrechtlichen Sanktionen ausnehmen[280]. Dies ist allerdings wenig überzeugend. Die Abgrenzung zwischen betriebsinternem und marktbezogenem Verhalten bereitet nicht nur Schwierigkeiten, sie wird auch dem Lauterkeitsrecht nicht gerecht, da nicht nur der einschlägige Sondertatbestand von Art. 7 (Arbeitsbedingungen), sondern auch andere anerkannte Fälle unlauteren Wettbewerbsverhaltens (z.B. betriebsbezogene Behinderungen; dazu N 86 ff.) gerade auf die Verfälschung betriebsinterner Wettbewerbsbedingungen abstellen. Sachgerechter ist es daher, den Gedanken der unzulässigen **Wettbewerbsverfälschung** fruchtbar zu machen und

---

[277] Vgl. zur Werbung mit einer im Ausland entgegen dem früheren deutschen Recht zulässigen Rabattgewährung BGH GRUR 1977, 672 ff. («Weltweit-Club»).
[278] Im Fall BGH GRUR 1977, 672 ff. («Weltweit-Club») hätte etwa auf den Gesichtspunkt der unzulässigen Wertreklame (N 60 ff.) im Inland abgestellt werden können.
[279] Siehe dazu den Leitentscheid BGer sic! 1999, 156 («Kamov») und früher bereits BGE 71 II 233, 234 ff. («Florist») sowie aus der Literatur nur BAUDENBACHER, Kommentar UWG, Art. 2 N 300 ff. und SCHWENNINGER, Werbe- und Verkaufsmethoden, in: Th. Geiser/P. Krauskopf/ P. Münch (Hrsg.), Schweizerisches und europäisches Wettbewerbsrecht, Basel 2005, 185 ff. N 5.40 ff.
[280] Siehe dazu etwa für das dt. Recht BGHZ 144, 252 («Abgasemissionen»).

einen unlauteren Vorsprung im Wettbewerb durch Verstoss gegen eine unmittelbar (zumindest auch) den Wettbewerb regelnde Norm oder Vertragsbestimmung zu verlangen[281].

bb) Voraussetzungen der lauterkeitsrechtlichen Relevanz

Stellt man auf einen ungerechtfertigten Vorsprung durch Verstoss gegen eine unmittelbar den Wettbewerb betreffende Regelung ab, so besteht die erste Voraussetzung darin, dass die Norm zumindest auch dazu bestimmt ist, im Interesse der Marktteilnehmer das **Marktverhalten** (einschliesslich des Markteintritts) **zu regeln**. Hierzu kommt es, ähnlich wie bei der Widerrechtlichkeit nach Art. 41 Abs. 1 OR, auf den Schutzzweck und den Inhalt der Regelung an. Insbesondere Verstösse gegen Vorschriften, die den Wettbewerb regeln oder den Konsumenten schützen, sind damit lauterkeitsrechtlich relevant, während Verstösse gegen wettbewerbsneutrale und rein ordnungspolitische Regelungen grundsätzlich irrelevant sind (zu Einzelfällen N 114).

110

Der Rechtsbruch muss zweitens geeignet sein, die **Wettbewerbsposition** des Verletzers in irgendeiner Form **zu verbessern**. Dies ist nicht nur dann der Fall, wenn die Möglichkeit zur Preisunterbietung[282] besteht, sondern auch bei einer schlichten Vermeidung bzw. Verringerung von Verlusten oder einer sonstigen Steigerung der Attraktivität des Unternehmens bzw. seiner Leistungen am Markt. Die wettbewerbsrechtliche Relevanz ergibt sich damit vor allem auch dort, wo sich der Rechtsbruch im Übrigen wirtschaftlich lohnt, weil er sondergesetzlich nicht oder nicht hinreichend sanktioniert ist. Ein Vorsprung durch Rechtsbruch ist aber nur dort denkbar, wo die verletzte Vorschrift in gleicher Weise auch für (alle oder einzelne) Mitbewerber gilt und von diesen beachtet wird (sog. Schrankengleichheit). Wird eine Vorschrift auch von *allen* anderen Mitbewerbern missachtet, fehlt es am erforderlichen Vorsprung eines einzelnen Verletzers (sog. Massenübertretung), so dass insoweit (lauterkeitsrechtlich) einmal ausnahmsweise die Berufung auf eine Gleichbehandlung im Unrecht möglich ist[283]. Die Verletzung vertraglicher Pflichten kann damit nur dann relevant werden, wenn ihr auch Mitbewerber unterliegen, weil es sich um einen mehrseitigen oder standardisiert abgeschlossenen Vertrag (z.B. Vertriebssystem) handelt.

111

Der durch den Rechtsbruch erlangte Vorsprung muss die **Wettbewerbslage** schliesslich drittens **spürbar beeinflussen** (besondere Bagatellschwelle). Dies setzt

112

---

[281] So auch BGer sic! 1999, 156 («Kamov»); BAUDENBACHER, Kommentar UWG, Art. 2 N 303 ff.
[282] So im Fall BGE 71 II 233, 234 ff. («Florist»).
[283] Denkbar wäre dies etwa bei einer flächendeckenden Missachtung des Arzneimittelgesetzes im Radsport.

regelmässig voraus, dass der Rechtsbruch planmässig und nicht nur vereinzelt begangen wird. Ein dem Vorteil des Verletzers korrespondierender Nachteil bei den Mitbewerbern ist jedoch nicht erforderlich[284].

c) Unlauterkeit

113   Neben der lauterkeitsrechtlichen Relevanz ist noch gesondert die Unlauterkeit des Rechtsbruchs mittels **objektiver und subjektiver Kriterien** zu begründen[285]. In objektiver Hinsicht spielen insbesondere die Schwere des Verstosses, der Grad der Wettbewerbsrelevanz und die Nachahmungsgefahr eine wichtige Rolle. Subjektive Kriterien sind die Planmässigkeit des Vorgehens, die Erkennbarkeit des ungerechtfertigten Wettbewerbsvorsprungs sowie eine etwaige Vorsprungs- und Schädigungsabsicht. Nur ausnahmsweise kann sich der Verletzer auf einen die Unlauterkeit ausschliessenden **Verbotsirrtum** berufen, da er grundsätzlich die rechtlichen Rahmenbedingungen seiner Tätigkeit kennen muss. Möglich ist die Berufung auf einen Verbotsirrtum aber vor allem vor einer höchstrichterlichen Klärung umstrittener Rechtsfragen.

d) Unterfallreihen und Bedeutung von Art. 2

aa) Normverstoss

114   Neben dem gesondert in Art. 7 geregelten Fall sind nach Art. 2 insbesondere Verstösse gegen Vorschriften, die den Wettbewerb regeln oder den Konsumenten schützen, lauterkeitsrechtlich relevant. **Wettbewerbsregeln** sind etwa Marktzutrittsregelungen (Bewilligungsauflagen, Auflagen, Qualifikationsanforderungen, Rechtsberatungsmonopol etc.), kartellrechtliche Bestimmungen, Regelungen über Verkaufsmodalitäten (Preisbekanntgabe, Ladenschlussregelungen, Rezept- oder Apothekenpflicht beim Arzneimittelvertrieb etc.)[286] sowie Werbeverbote und Werbebeschränkungen[287]. Vorschriften gegen Doping im Sport sind insofern relevant,

---

[284] A.A. jedoch im Zusammenhang mit Art. 1 lit. h aUWG JOSSI, 79 ff.
[285] So auch BAUDENBACHER, Kommentar UWG, Art. 2 N 317.
[286] Vgl. BGE 83 II 458, 464 («Arts Ménagers/Brugger») zur bis 1995 geltenden Ausverkaufsverordnung.
[287] Relevante Werbeverbote und -beschränkungen bestehen etwa für die freiberufliche Tätigkeit (siehe etwa zum Verbot der sachfremden Werbung durch Rechtsanwälte Art. 12 lit. d BGFA), für Arzneimittel (Art. 31 f. HMG; AWV; SLK-Grundsatz Nr. 5.7), für Alkoholika (Art. 42b AlkG; Art. 11 LGV und SLK-Grundsatz Nr. 5.9; vgl. auch § 22a ÜbertretungsstrafG-BS, BS 253.100), für Tabak (Art. 14 f. TabV; SLK-Grundsatz Nr. 5.9) und für die Werbung mit Gewinnspielen (LG; SLK-Grundsatz Nr. 3.9); siehe dazu näher SCHWENNINGER, Werbe- und Verkaufsmethoden, in: Th. Geiser/P. Krauskopf/P. Münch (Hrsg.), Schweizerisches und europäisches Wettbewerbsrecht, Basel 2005, 185 ff. N 5.41 ff.; einschränkend allerdings AppHof BE sic! 2003, 976, 984

als sie nicht nur dem Schutz der Gesundheit der Sportler, sondern unmittelbar auch der Herstellung gleicher Wettbewerbsbedingungen dienen. Zu den den **Konsumenten schützenden Regelungen** gehört insbesondere das Konsumenteninformationsgesetz. Verstösse gegen wettbewerbsneutrale und rein ordnungspolitische Regelungen sind hingegen grundsätzlich irrelevant. Zu diesen sollen Steuervorschriften[288], Etikettierungsvorschriften und nicht unmittelbar wettbewerbsbezogene behördliche Erlaubnispflichten gehören[289].

Ein Normverstoss kommt nur in Betracht, wenn die betreffende Norm nach den einschlägigen kollisionsrechtlichen Regelungen (zu beachten ist insoweit auch Art. 18 IPRG) auch **räumlich anwendbar** ist. Die Ausnutzung liberalerer Rechtsvorschriften durch die Schaffung eines Auslandssachverhalts, auf den das strengere Schweizer Recht nicht anwendbar ist (sog. **Ausnutzung eines internationalen Rechtsgefälles**)[290], ist daher kein Fall des Vorsprungs durch Rechtsbruch. Auch die Ausnutzung des Rechtsgefälles ist als solche nicht unlauter, da dadurch nur von einer Handlungsmöglichkeit Gebrauch gemacht wird, die die beschränkte territoriale Reichweite des Schweizer Rechts bzw. das Kollisionsrecht einerseits und die Freizügigkeitsverpflichtungen der Schweiz im internationalen Handelsverkehr andererseits eröffnen[291]. Eine andere Frage ist es jedoch, ob das Verhalten unter anderen Gesichtspunkten (z.B. Irreführung durch mangelnde Aufklärung, Verstoss gegen die Menschenwürde) unmittelbar als ein Verstoss gegen das nach Art. 136 IPRG anwendbare UWG eingestuft werden kann.

115

bb)   Vertragsverletzung

Bei einem Verstoss gegen individuell begründete vertragliche Pflichten kommt es **regelmässig nicht** zu einem für die Fallreihe des Rechtsbruchs relevanten[292] Vorsprung im Wettbewerb, da zum einen die nur durch den konkreten Vertrag begründete vertragliche Pflicht wegen der Relativität des Vertragsverhältnisses zumeist nur den Verletzer trifft (fehlende sog. Schrankengleichheit; N 111) und ausserdem der durch die Pflichtverletzung dem Verletzer entstehende Vorteil häufig durch vertragsrechtliche Sanktionen (Schadenersatz, Vertragsauflösung) wieder ausgeglichen wird. Eine lauterkeitsrechtliche Relevanz kann sich aber dann ergeben, wenn die Vertragspflicht auch die Mitbewerber trifft, weil sie gleichfalls Ver-

116

(«Pure Red Cell Aplasia I»; konkreter Nachweis des Wettbewerbsvorsprungs erforderlich, da auch die AWV primär dem Gesundheitsschutz und nicht dem Lauterkeitsschutz diene).
[288] BGE 86 II 108, 117 («Fabrikneu»).
[289] BGE 94 I 628, 643 f. («Starkstrominspektorat»).
[290] Siehe dazu etwa die deutschen Entscheidungen BGH GRUR 1977, 672 («Weltweit-Club»); BGH GRUR 1980, 858 («Asbestimporte») und BGH GRUR Int. 1991, 563 («Kauf im Ausland»); näher OESTERHAUS, Die Ausnutzung des internationalen Rechtsgefälles und § 1 UWG, Frankfurt a.M. 1991.
[291] BAUDENBACHER, Kommentar UWG, Art. 2 N 329 ff.
[292] Relevant kann der Vertragsbruch aber in anderer Hinsicht sein (vgl. z.B. Art. 5 lit. a).

tragspartner sind (z.B. erlaubtes Kartell), mit ihnen gleich lautende Parallelverträge bestehen (z.B. lückenloses Vertriebssystem) oder sich die Vertragspflicht aus einer allgemein geltenden Norm ergibt (dann N 114). Wie bei Rechtsnormen muss die massgebliche vertragliche Bestimmung aufgrund ihres Zwecks und Inhalts einen unmittelbaren Wettbewerbsbezug aufweisen. Dies ist etwa bei wirksamen Vertriebsverträgen[293] sowie bei vertraglichen Wettbewerbsverboten[294] und Geheimhaltungspflichten[295] für Gesellschafter, Mitarbeiter und selbständige Absatzmittler der Fall.

VI. Einwendungen des Verletzers

1. Besonderheiten des Lauterkeitsrechts

117 Das UWG enthält **keine spezifischen Rechtfertigungsgründe**. Da das UWG dem objektiven Schutz des lauteren und unverfälschten Wettbewerbs und nur mittelbar den individuellen Interessen von Konkurrenten oder der Marktgegenseite dient, können zudem die Rechtfertigungstatbestände von Art. 28 Abs. 2 ZGB und Art. 52 OR nicht ohne weiteres auf das Lauterkeitsrecht übertragen werden[296].

118 Im Wettbewerbsrecht kommt es zudem zu einer **Einebnung** der das Deliktsrecht ansonsten kennzeichnenden Trennung in Tatbestandsmässigkeit und Rechtswidrigkeit, da ein etwa durch Notwehr gerechtfertigtes Verhalten schon gar nicht als treuwidrig und damit tatbestandsmässig angesehen werden kann[297]. Auf der anderen Seite begründet die Treuwidrigkeit eines Verhaltens i.S.d. Generalklausel zugleich die Unlauterkeit und die Widerrechtlichkeit als Rechtsfolgen (N 128). Die Widerrechtlichkeit ist damit selbst Rechtsfolge der Treuwidrigkeit und keine Voraussetzung der Unlauterkeit[298].

119 Dennoch kennt auch das Lauterkeitsrecht einige geschriebene und ungeschriebene **Rechtfertigungsansätze**, die möglicherweise ein an sich tatbestandsmässiges und damit unlauteres Verhalten ausnahmsweise als nicht wettbewerbswidrig erscheinen lassen, insbesondere weil das Verhalten auf wettbewerbliches Unrecht reagiert und dieses vermindert.

---

[293] B. VON BÜREN, UWG-Kommentar, Art. 1 I N 60.
[294] BGer SMI 1985, 108, 109 f. («Alterna»).
[295] BGE 80 IV 22, 32 ff. («Nova Werke/Brandenburger»).
[296] HGer ZH (HG020374/U/ei), 34 ff. («Saugeinlagen für Lebensmittel»).
[297] Siehe zu einer Unterscheidung zwischen Unlauterkeit und (bei gegebener Rechtfertigung fehlender) Widerrechtlichkeit allerdings die Motion Zölch vom 15.12.1993 (93.3626).
[298] SCHWENNINGER/SENN/THALMANN, Werberecht: kommentierte Textausgabe, Zürich 1999, 37 f.

2. Einzelne Einwendungsmöglichkeiten

a) Einwilligung

Die Einwilligung des Verletzten kann die Unlauterkeit eines wettbewerbsrelevanten Verhaltens nicht beseitigen, da das objektive Schutzgut des UWG, der lautere und unverfälschte Wettbewerb, nicht zur Disposition des Verletzten steht (siehe auch etwa Art. 7 N 9). Die Einwilligung kann jedoch dazu führen, dass ein ansonsten unlauteres Verhalten erst gar nicht als unlauter qualifiziert wird. Dies ist namentlich im Bereich von Persönlichkeits-[299] und Immaterialgüterrechtsverletzungen[300] der Fall, sofern diese nicht den unverzichtbaren Kernbereich der Persönlichkeit berühren. Die wirksame Einwilligung schliesst zudem Individualansprüche des Einwilligenden nach Art. 9 aus.

120

b) Notstand, Notwehr und Selbsthilfe

Die Berufung auf eine berechtigte Notwehr, einen rechtfertigenden Notstand oder eine zulässige Selbsthilfe (**Art. 52 OR**) kann einen an sich gegebenen Wettbewerbsverstoss nur dann rechtfertigen, wenn das bedrohte und auf diese Weise geschützte Individualinteresse des Handelnden bzw. Dritten die Interessen der anderen am Wettbewerb Beteiligten an der Unterbindung an sich unlauterer Verhaltensweisen überwiegt[301]. Da die berührten Kollektivinteressen regelmässig schwerer wiegen als die Individualinteressen, ist dies nur in Ausnahmefällen und insbesondere dann gegeben, wenn das zum Schutz von Individualinteressen ausgeübte Abwehrverhalten bzw. die Selbsthilfe auch dem Schutz von wettbewerbsrechtlichen Kollektivinteressen dient. Zu berücksichtigen ist auch, dass im Wettbewerb anders als in den klassischen Fällen von Art. 52 OR regelmässig genug Zeit für eine nicht wettbewerbswidrige Reaktion zur Verfügung steht[302]. Praktische **Bedeutung** hat die Rechtfertigung nach Art. 52 OR am ehesten bei der Rückwerbung abgeworbener Mitarbeiter und der Verteidigung gegenüber an sich wettbewerbswidrige Äusserungen durch an sich wettbewerbswidrige Äusserungen (z.B. gleichfalls unwahre oder irreführende Äusserungen, Verstoss der Gegenäusserung gegen ein Werbeverbot[303]). Hier ist grundsätzlich aber nur die Abwehr einer unwahren oder irreführenden Äusserung mit einer wahren und nicht irreführenden

121

---

[299] Ein Beispiel bildet die Zulässigkeit aggressiver Werbemethoden im Falle eines sog. «opt in» (näher N 59).
[300] Siehe dazu etwa den Fall BGer SMI 1991, 124, 129.
[301] In casu verneint von HGer ZH (HG020374/U/ei), 34 f. («Saugeinlagen für Lebensmittel»).
[302] So auch im Zusammenhang mit Art. 1 lit. h aUWG unter Hinweis auf die Möglichkeit vorsorglicher Massnahmen JOSSI, 68 f.; für die Selbsthilfe auch J. MÜLLER, SIWR V/1, 65; vgl. auch für das deutsche Recht DROSTE, GRUR 1971, 259, 261.
[303] Vgl. dazu BGHZ 140, 134, 140 ff. («Hormonpräparate»).

Äusserung zulässig[304]. Mit der grundsätzlichen Zulässigkeit der vergleichenden Werbung (Art. 3 lit. e) hat die häufig als Paradigma betrachtete Fallgestaltung des sog. Abwehrvergleichs, mit dem eine unzulässige vergleichende Werbung durch einen unzulässigen Gegenvergleich «abgewehrt» wird, an Bedeutung verloren.

c) Wahrnehmung berechtigter Interessen

122 Die Schutzzwecke des UWG stehen nicht per se über anderen Schutzzwecken der Rechtsordnung. Daher kann die Wahrnehmung eigener, fremder oder allgemeiner Interessen unter bestimmten Voraussetzungen ein wettbewerbswidriges Verhalten rechtfertigen[305]. Dazu muss das unlautere Wettbewerbsverhalten zunächst einem **anerkennenswerten Interesse dienen** sowie hierzu nach Inhalt und Form geeignet und durch die Beschränkung auf das gebotene Mass erforderlich sein. Wenn daneben noch andere Interessen verfolgt werden (Motivbündel), ist dies unschädlich, solange das berechtigte Interesse nicht völlig zurücktritt. Das Interesse muss schliesslich die **Schutzzwecke des UWG überwiegen**. Solche anerkennenswerten und die Schutzzwecke des Art. 1 überwiegenden Interessen sind vor allem die Ausübung von Grundrechten wie der Meinungsfreiheit (Einl. N 57 ff.) sowie die Informations- und Integritätsinteressen Dritter, die vor Irreführung und Schaden bewahrt werden sollen. Der für den Rechtfertigungsgrund typische Interessenkonflikt darf ferner nicht bereits abschliessend durch den Gesetzgeber geregelt sein[306]. Bei der Wahrnehmung fremder Interessen ist schliesslich noch erforderlich, dass der Handelnde sich deren **Wahrnehmung nicht nur angemasst** hat, sondern hierzu auch berechtigt ist. Dies ist namentlich bei Medien und Verbänden der Fall. Konkurrenten werden sich jedoch in aller Regel nur zur Bemäntelung ihres wettbewerbswidrigen Verhaltens auf den Schutz von Drittinteressen berufen[307]. Eine Bedeutung hat die Wahrnehmung berechtigter Interessen namentlich in den Fällen des Boykotts (N 85).

d) Einwand einer Kompensation durch Vorteile

123 Ein wettbewerbswidriges Verhalten kann nicht damit gerechtfertigt werden, dass es zugleich Vorteile für den Wettbewerb bzw. die Marktgegenseite mit sich bringt, da immer noch zumindest die schützenswerten Interessen der Mitbewerber berührt werden. So kann etwa der Verkauf von sog. Mogelpackungen (Art. 3 lit. i) nicht damit gerechtfertigt werden, dass diese sich leichter oder gefahrloser öffnen

---

[304] Näher BEATER, Unlauterer Wettbewerb, München 2002, § 29 N 13 ff.
[305] So im Zusammenhang mit Art. 1 lit. h aUWG JOSSI, 67 f.
[306] BGE 120 IV 208, 213.
[307] Dazu auch PEDRAZZINI/PEDRAZZINI, UWG, N 14.64.

lassen[308]. Es ist allenfalls möglich, etwaige Vorteile bereits bei der Beurteilung der Tatbestandsmässigkeit des Verhaltens **im Rahmen allfälliger Abwägungen zu berücksichtigen.** So ist etwa bei der Beurteilung einer vergleichenden Werbung in Rechnung zu stellen, dass der Vergleich mit etablierten Marktteilnehmern gerade für den unter Wettbewerbsgesichtspunkten erwünschten Markteintritt neuer Mitbewerber eine besondere Bedeutung hat. Ebenso kann die Informationswirkung vergleichender oder belästigender Werbung Berücksichtigung finden. Eine nur aus Sicht eines Teils der angesprochenen Verkehrskreise irreführende Werbemassnahme kann noch als lauter angesehen werden, wenn sie dem überwiegenden Teil der Konsumenten wichtige Informationen verschafft.

e) **Einwand des Rechtsmissbrauchs (sog. unclean hands)**

Der Einwand des unlauter Handelnden, der Kläger habe sich seinerseits unlauter verhalten, wird **von der h.M. mit Recht zurückgewiesen**[309]. Der Einwand könnte nämlich allenfalls auf einen subjektiven Rechtsmissbrauch des sich widersprüchlich verhaltenden Klägers gestützt werden (Art. 2 Abs. 2 ZGB). Das UWG dient jedoch anerkanntermassen nicht nur den subjektiven Interessen von Mitbewerbern, sondern auch dem Schutz der Marktgegenseite und dem Interesse aller Beteiligten an einem funktionierenden Wettbewerb. Wurde die Klagebefugnis dem Kläger gerade im Hinblick auf die Wahrnehmung dieser Interessen erteilt (Fälle der Aktivlegitimation nach Art. 10), kommt eine Berufung auf den sog. Unclean-hands-Einwand daher schon vom Ansatz her nicht in Betracht. Die effektive Bekämpfung des unlauteren Wettbewerbs ist aber auch und gerade auf Märkten, die durch Wettbewerbsverstösse mehrerer oder gar aller Wettbewerber besonders schwer betroffen sind, auf die Möglichkeit der Mitbewerberklage nach Art. 9 angewiesen, die bei einer Zulassung des sog. Unclean-hands-Einwands nicht durchgreifen bzw. erst gar nicht angehoben werden würde. Interessen der Marktgegenseite sind auch dort betroffen, wo der Individualschutz von Mitbewerbern im Vordergrund steht (z.B. Art. 3 lit. a, Art. 6). Schliesslich lässt sich auch eine Differenzierung zwischen negatorischen (Unzulässigkeit des Einwands) und reparatorischen (Zulässigkeit) Ansprüchen nicht begründen, da der Einwand des Rechtsmissbrauchs entweder gar nicht oder generell gegen alle denkbaren Ansprüche geltend gemacht werden kann und auch die reparatorischen Ansprüche nicht allein dem Schutz individueller Interessen, sondern zugleich dem Ausgleich von Wettbewerbsverzerrungen dienen.

124

---

[308] Vgl. BGHZ 82, 138 («Kippdeckeldose»).
[309] BGE 81 II 65, 70 f. («Verbandwatte»); 104 II 124, 128 f. («Weltcup-Rangliste»); 129 III 426, 429 f. («Fielmann/Visilab»); OGer ZH ZR 1983 Nr. 96, 246 f.; OGer LU LGVE 2004 I N. 29 E.8.1.2; J. MÜLLER, SIWR V/1, 11 m.w.N.; a.A. CdJ GE v. 11.10.2002 als Vorinstanz zu BGE 129 III 426.

f) Einwand der Branchenüblichkeit

125 Der Einwand der Branchenüblichkeit eines unlauteren Wettbewerbsverhaltens kann ebenfalls **kein Gehör** finden[310], da ein unlauteres Verhalten nicht allein deshalb hingenommen werden kann, weil es überwiegend oder gar allgemein praktiziert wird, und ein sich unrechtmässig verhaltender Wettbewerber auch nicht darauf berufen kann, dass das entsprechende Verhalten anderer Wettbewerber bislang ungeahndet blieb (keine Gleichbehandlung im Unrecht). Zumeist wird auch die Tatsache, dass ein unlauteres Verhalten bereits weite Verbreitung gefunden hat oder sich noch weiter auszubreiten droht, eher ein besonders entschlossenes Vorgehen gebieten[311].

126 Damit kommt allenfalls bei der Konkretisierung der Generalklausel auf der Tatbestandsseite eine Berücksichtigung der allgemein in einer Branche praktizierten wettbewerblichen Gepflogenheiten in Betracht[312], wobei auch hier letztlich eine **normative Beurteilung des Sachverhalts** angezeigt ist (dazu schon N 30). Die Branchenüblichkeit kann aber die Verkehrsauffassung beeinflussen und insoweit die Unlauterkeit etwa wegen Kundenfangs oder einer Irreführung von Konsumenten ausschliessen.

VII. Verfahrensfragen

127 Aufgrund des Nebeneinanders und des inhaltlichen Wechselspiels von Spezialtatbeständen und Generalklausel darf sich ein Rechtsberater nicht damit begnügen, nur diejenigen Sachverhaltselemente darzulegen und für sie Beweis anzutreten, die die Anwendung eines Spezialtatbestandes stützen. Die richtige Präzisierung und Anwendung der Generalklausel ist eine **revisible Rechtsfrage**. Die Regelung des **Art. 13a** zur Beweislastverteilung in Bezug auf die Richtigkeit von Tatsachenbehauptungen in der Werbung gilt auch für Art. 2. Sofern im Rahmen von Art. 2 ausnahmsweise subjektive Elemente für die Beurteilung der Unlauterkeit eine Rolle spielen (N 24), kann von entsprechenden äusseren Umständen widerleglich auf die inneren Tatsachen geschlossen werden.

---

[310] So auch etwa BGE 94 IV 34, 38 («Billigste Preise der Schweiz»); KassGer ZH SJZ 74 (1978) Nr. 37 E.1.
[311] BGE 104 II 124, 129 («Weltcup-Rangliste»); BGE 94 IV 34, 38 («Billigste Preise der Schweiz»); DAVID/JACOBS, Schweizerisches Wettbewerbsrecht, 4. Aufl. 2005, N. 432.
[312] BGE 112 II 268, 284 f. («Denner/Bier II»).

VIII. Rechtsfolgen

Als Rechtsfolgen der Tatbestandsmässigkeit eines Verhaltens nach Art. 2 nennt die Vorschrift die Unlauterkeit und die Widerrechtlichkeit. Die **Unlauterkeit** eines Verhaltens ist Voraussetzung für die negatorischen und reparatorischen Ansprüche der Art. 9 bis 11 sowie die verfahrensmässigen Sonderregelungen der Art. 12 und 13. Kann die Unlauterkeit allein auf Art. 2 (allgemeines Täuschungsverbot, Generalklausel) und nicht auch noch auf die Art. 3 bis 6 gestützt werden, ist das Verhalten **nicht strafbar** (Art. 23). Kommt die Generalklausel aufgrund zusätzlicher Gesichtspunkte neben Sondertatbeständen zum Tragen (mehrfache Unlauterkeit), kann dies jedoch bei der Straf- (Art. 23) und der Schadenersatzbemessung (Art. 43 Abs. 1 OR) berücksichtigt werden. Anders als ein Verstoss gegen Art. 2 ZGB ist ein gegen Art. 2 verstossendes Verhalten zudem widerrechtlich. Die **Widerrechtlichkeit** hat Bedeutung im Rahmen von Art. 20 OR (Unwirksamkeit von sog. vertraglichen Basisvereinbarungen)[313] und Art. 41 Abs. 1 OR (Schutznormcharakter des Art. 2 und der Sondertatbestände des UWG)[314].

128

---

[313] Siehe dazu generell Einl. N 15 und zur besonderen Problematik der Unwirksamkeit von unlauteren AGB Art. 8 N 67 f.
[314] Siehe dazu Einl. N 11 und Art. 9 N 156.

Art. 3 lit. a

Unlautere Werbe- und Verkaufsmethoden und anderes widerrechtliches Verhalten	**Unlauter handelt insbesondere, wer:** a. andere, ihre Waren, Werke, Leistungen, deren Preise oder ihre Geschäftsverhältnisse durch unrichtige, irreführende oder unnötig verletzende Äusserungen herabsetzt;
Méthodes déloyales de publicité et de vente et autres comportements illicites	Agit de façon déloyale celui qui, notamment: a. dénigre autrui, ses marchandises, ses oeuvres, ses prestations, ses prix ou ses affaires par des allégations inexactes, fallacieuses ou inutilement blessantes;
Metodi sleali di pubblicità e di vendita e altri comportamenti illeciti	Agisce in modo sleale, segnatamente, chiunque: a. denigra altri, le sue merci, le sue opere, le sue prestazioni, i suoi prezzi o le sue relazioni d'affari con affermazioni inesatte, fallaci o inutilmente lesive;
Unfair Advertising and Sales Methods and Other Unlawful Behaviour	Shall be deemed to have committed an act of unfair competition, anyone who, in particular: a. disparages others, their goods, their works, their services, their prices or business relationships by incorrect, misleading or unnecessary injurious statements;

Inhaltsübersicht

			Note	Seite
I.	Normzweck..		1	228
II.	Entstehungsgeschichte..		2	229
III.	Systematik und Verhältnis zu anderen Vorschriften		5	230
	1. Systematik..		5	230
	2. Verhältnis zu anderen Vorschriften...................................		6	230
	a) Verhältnis zu anderen Vorschriften des UWG............		6	230
	aa) Art. 3 lit. e..		6	230
	bb) Art. 3 lit. b..		8	231
	cc) Art. 3 lit. f...		9	231
	dd) Art. 2...		10	232
	b) Verhältnis zu Vorschriften ausserhalb des UWG........		11	232
	aa) Art. 28 ff. ZGB (Persönlichkeitsrecht).....................		11	232
	bb) Art. 41 Abs. 2 OR (sittenwidrige Handlungen)........		16	234
	cc) Art. 173 ff. StGB (Ehrverletzungsdelikte) und Strafbarkeit der Medien (Art. 28 ff. StGB)........................		18	235
	dd) Vorschriften des Medienrechts i.e.S.		23	236
	ee) SLK-Grundsätze...		24	237
	ff) Richtlinien des Schweizer Presserats....................		25	237
IV.	Objektive Tatbestandsvoraussetzungen.....................................		26	238
	1. Äusserung...		26	238

			Note	Seite
	2.	(Eignung zur) Herabsetzung	29	240
		a) Allgemeine Herabsetzungseignung	29	240
		b) Relevanz einzelner Äusserungen	33	242
	3.	Unlauterkeit der Äusserung	34	243
		a) Unrichtigkeit der Äusserung	35	243
		b) Irreführender Charakter der Äusserung	37	244
		c) Unnötig verletzende Äusserung	40	245
	4.	Gegenstand der Äusserung	43	247
	5.	Beurteilungsmassstab: Unbefangener Durchschnittsadressat	49	250
	6.	Presse- bzw. Medienprivileg?	50	250
	7.	Spezielle Fälle	54	252
V.	Subjektiver Tatbestand		62	257
VI.	Rechtfertigung und Einwendungen des Verletzers		64	258
VII.	Rechtsfolgen		67	259
VIII.	Verfahrensfragen		75	262

Literatur

C. BAUDENBACHER (Hrsg.), Lauterkeitsrecht – Kommentar zum Gesetz gegen den unlauteren Wettbewerb (UWG), Basel 2001, Art. 3 lit. a sowie Art. 11 N 23 ff.; L. BAUMANN, Presse und unlauterer Wettbewerb, Bern 1999; R. BAUR, UWG und Wirtschaftsberichterstattung, Vorschläge zur Reduktion des Haftungsrisikos, Zürich 1995; E. BENGTSSON-BÄNZIGER, Der Konsumentenboykott im Wettbewerb, Zürich 2008; C. BRÜCKNER, Das Personenrecht des ZGB, Zürich 2000; A. BUCHER, Natürliche Personen und Persönlichkeitsschutz, 4. Aufl., Basel 2009; B. VON BÜREN, Kommentar zum Bundesgesetz über den unlautern Wettbewerb vom 30. Sept. 1943 unter Einschluss der Ausverkaufsverordnung vom 16. April 1947, Zürich 1957, Kommentierung von Art. 1 Abs. 2 lit. a aUWG; R. VON BÜREN, Medienberichterstattung und UWG – Erforderliche Kurskorrekturen nach dem «Mikrowellenherd»-Entscheid aus Strassburg?, SZW 1999, 283 ff.; R. VON BÜREN/E. MARBACH/P. DUCREY, Immaterialgüter- und Wettbewerbsrecht, 3. Aufl., Bern 2008, N 1111 ff.; I. CHERPILLOD, Anwendung des UWG auf Journalisten, plädoyer 1992/4, 36 ff.; L. DAVID/R. JACOBS, Schweizerisches Wettbewerbsrecht, 4. Aufl., Bern 2005, N 151 ff.; B. DUTOIT, Wettbewerbsverhältnis als Erfordernis des Wettbewerbsrechts? Versuch einer Antwort aus schweizerischer und rechtsvergleichender Sicht, sic! 2000, 242 ff.; L. FERRARI HOFER/D. VASELLA, Kommentar zu Art. 2–8 UWG, in: M. Amstutz et al. (Hrsg.), Handkommentar zum Schweizer Privatrecht, Zürich 2007, Art. 3 N 1 ff.; A. FURRER/P. KRUMMENACHER, Grundrechtskonflikte im UWG?, recht 2004, 169 ff.; T. GEISER, Persönlichkeitsschutz: Pressezensur oder Schutz vor Medienmacht, SJZ 92 (1996), 73 ff.; DERS., Film und Persönlichkeitsschutz, medialex 2009, 131 ff.; A. GERSBACH, Der Produkttest im schweizerischen Recht, Zürich 2003; P. GILLIERON, Publicité en ligne: des modèles aux enjeux juridiques, medialex 2009, 3 ff.; C. HILTI, Zum Anwendungsbereich des neuen Bundesgesetzes gegen den unlauteren Wettbewerb (UWG), SJZ 85 (1989), 129 ff.; K. M. HOTZ, Zur Bedeutung des Bundesgesetzes gegen den unlauteren Wettbewerb (UWG) für die Massenmedien, SJZ 86 (1990), 26 ff.; A. MEILI, Art. 28–28f ZGB, in: H. Honsell et al. (Hrsg.), Basler Kommentar zum Zivilgesetzbuch, Bd. I, 3. Aufl., Basel 2006; P. NOBEL, Zu den Schranken des UWG für die Presse, SJZ 88 (1992), 245 ff.; P. NOBEL/R. H. WEBER, Medienrecht, 3. Aufl., Zürich 2007; P. NÜTZI, UWG ohne Grenzen, ZBJV 1994, 625 ff.; H. M. RIEMER, Persönlichkeitsschutz und qualifizierte Medienäusserung in der bundesgerichtlichen Praxis: Unsicherheitsfaktoren (Verdächtigungen, Andeutungen usw.), Zitate und andere Drittäusserungen, Satire, recht 2001, 34 ff.; DERS., Persönlichkeitsrechte und Persönlichkeitsschutz gemäss Art. 28 ff. ZGB im Verhältnis zum Datenschutz-, Immaterialgüter- und Wettbewerbsrecht, sic! 1999, 103 ff.; F. RIKLIN, Art. 173 ff. StGB, in: M. A. Niggli/H. Wiprächtiger (Hrsg.), Strafrecht, Bd. II, Basler Kommentar, 2. Aufl., Basel 2007; DERS., Schweizerisches Presserecht, Bern 1996; U. SAXER, Die Grundrechte und die Anwendung des UWG auf die Medien, in: C. Bovet (Hrsg.), Médias et concurrence/Grundrechte und Medien, Journée du droit de la concurrence 2001, Publications du Centre d'études juridiques européennes, Genf/Zürich 2003, 35 ff.; DERS., Die Anwendung des UWG auf ideelle Grundrechtsbetätigungen, AJP 1993, 604 ff.; P. SCHALTEGGER, Die Haftung der Presse aus unlauterem Wettbewerb, Zürich 1992; W. R. SCHLUEP, Über Kritik im wirtschaftlichen Wettbewerb, in: P. Brügger (Hrsg.), Homo creator: Festschrift für Alois Troller, Basel 1976, 225 ff.; J. SCHMID, Einleitungsartikel des ZGB und Personenrecht, Zürich 2001; M. SCHWENNINGER, Werbe- und Verkaufsmethoden, in: T. Geiser/P. Krauskopf/P. Münch (Hrsg.), Handbücher für die Anwaltspraxis, Band IX, Schweizerisches und europäisches Wettbewerbsrecht, Basel 2005, N 5.54 ff.; P. SIEBER, Die lauterkeitsrechtlichen Grenzen des Wirtschaftsjournalismus, Bern 2006; M. STREULI-YOUSSEF, Unlautere Werbe- und Verkaufsmethoden (Art. 3 UWG), in: R. von Büren/L. David (Hrsg.), SIWR V/1, Lauterkeitsrecht, 2. Aufl., Basel 1998, 83 ff. und 119 ff.; P. STUDER, Das UWG – eine «Medienfalle»?, in: T. Geiser/P. Krauskopf/P. Münch (Hrsg.), Handbücher für die Anwaltspraxis, Band IX, Schweizerisches und europäisches Wettbewerbsrecht, Basel 2005, 415 ff.; D. THALER, Ambush Marketing mit der UEFA EURO 2008[TM] – Eine Standortbestimmung, CaS 2008, 160 ff.; A. TROLLER, Immaterialgüterrecht, Bd. II, 3. Aufl., Basel/Frankfurt a.M. 1985, 924 ff.; K. TROLLER, Grundzüge des schweizerischen Immaterialgüterrechts, 2. Aufl., Basel 2005, 349 ff.; F. WERRO, La protection de la personnalité et les médias: Une illustration de la rencontre du droit civil et du droit constitutionnel, in: F. Werro (Hrsg.), Droit civil et Convention européenne des droits de l'homme, Zürich 2006, 161 ff.

I. Normzweck

1
Art. 3 lit. a bezweckt den **Schutz** der Marktteilnehmer **vor unlauterer Herabsetzung** bzw. Anschwärzung. Herabsetzungen sind im Kampf um Marktanteile wettbewerbsinhärent, weshalb eine Unlauterkeit nur vorliegt, soweit die herabsetzenden Äusserungen entweder unrichtig, irreführend oder unnötig verletzend sind. Gerade bei Art. 3 lit. a kommt neben dem naheliegenden und prägenden geschäftsmoralischen neu auch der funktionale Ansatz des UWG zur Geltung, indem eine unlautere Herabsetzung seit der UWG-Revision 1986 unabhängig vom Vorliegen eines Wettbewerbsverhältnisses möglich ist[1]. Praktische Bedeutung hat dies vor allem für die Tätigkeit der Medien.

---

[1] Dazu Art. 2 N 18.

II. Entstehungsgeschichte

Herabsetzungen wurden **schon unter** der alten allgemeinen Generalklausel des **Art. 50 aOR** und der lauterkeitsrechtlichen Generalklausel in **Art. 48 aOR erfasst**, sofern sie unlauter waren[2]. Schon von Beginn weg war eine Herabsetzung nicht erst bei unrichtigen Äusserungen unlauter, sondern auch bei irreführenden oder sonst unverhältnismässigen Äusserungen[3]. Den genannten beiden Generalklauseln war ein persönlichkeitsrechtlicher Bezug inhärent[4]. Direkter Vorläufer von Art. 3 lit. a war **Art. 1 Abs. 2 lit. a aUWG**, der **praktisch identisch** mit dem heutigen Art. 3 lit. a war. Auf die Tätigkeit der Presse kam gemäss Art. 4 aUWG eine besondere Haftungsordnung zur Anwendung, wobei nur eine eingeschränkte, teils auf Vorsatz beschränkte («geschäftsherrenartige») Mithaftung der Verantwortlichen vorgesehen war. Unlautere Herabsetzungen durch die Presse bzw. die Medien konnten unter dem Regime des alten UWG nicht erfasst werden, da (kritisierte) Voraussetzung für die Anwendung des aUWG das Vorliegen eines Wettbewerbsverhältnisses war[5]. Dessen Aufgabe war im Rahmen der Neukonzeption des UWG 1986 (Erweiterung um funktionale Dimension; Dreidimensionalität) namentlich für die Medientätigkeit von grosser praktischer Bedeutung. **Auf spezielle Bestimmungen über** die **Haftung** der **Presse** bzw. der **Medien** wurde im bundesrätlichen Entwurf zur Totalrevision des UWG und im schliesslich vom Parlament erlassenen Gesetzestext allerdings **verzichtet**[6]. Dies wurde damit begründet, dass in der Novelle zum Persönlichkeitsrecht von 1984 (heutige Art. 28 ff. ZGB) keine Sonderstellung der Medien mehr vorgesehen war[7].

2

---

[2] Vgl. bspw. zu Art. 50 aOR BGE 17, 462 ff. und BGE 21, 1181 ff. («Singer») sowie zu Art. 48 aOR BGE 58 II 449, 460 ff. («Ohä, ohne Henkel») sowie BGE 59 II 15, 21 ff. («Wim'ern sie nicht»). Zum Ganzen auch BAUDENBACHER/GLÖCKNER, Kommentar UWG, Art. 3 lit. a N 1.
[3] Vgl. BGE 21, 1181, 1189 («Singer»; Unlauterkeit der «ungerechten» Herabwürdigung).
[4] Vgl. z.B. BGE 21, 1181, 1189.
[5] Vgl. BGE 92 IV 38, 39 ff. und BGE 82 II 544, 546 f., BGE 93 II 135, 140 («Ingenieur HTL») sowie BGE 117 IV 193, 196 m.w.H., wo jedoch davon die Rede ist, dass die Anwendung des aUWG auf Dritte (also auch Medien) umstritten war. Zum neuen Recht (UWG 1986) BGE 120 II 76, 78 f. («Mikrowellenherd I») und BGE 120 IV 33, 35 f. («Jenischenhilfe»). Zum Ganzen auch SCHLUEP, FS A.Troller, 253 f., B. VON BÜREN, Kommentar UWG, Allgemeines N 40 ff. sowie NOBEL, SJZ 88 (1992), 246 m.w.H. Unlautere Herabsetzungen durch Dritte (z.B. die Presse) konnten aber ggf. über die Konstruktion einer Miturheber- oder Gehilfenschaft (vgl. instruktiv BGE 82 II 544, 547; dazu auch NOBEL, SJZ 88 (1992), 246) bzw. über das Persönlichkeitsrecht in Art. 28 ZGB, den Tatbestand der Kreditschädigung in Art. 160 aStGB oder die strafrechtlichen Ehrverletzungstatbestände in Art. 173 ff. StGB erfasst werden.
[6] Im VE-UWG 1980 war in Art. 11 noch eine mit Art. 4 aUWG vergleichbare Bestimmung enthalten, die explizit auch elektronische Medien einbezog, vgl. GRUR Int. 1981, 171.
[7] Vgl. dazu Botschaft UWG, 1009, 1055 f. Dies ist insofern ungenau, als bei periodisch erscheinenden Medien Art. 28c Abs. 3 ZGB (nur ausnahmsweise Zulässigkeit von vorsorglichen Massnahmen) und Art. 28g ff. (Anspruch auf Gegendarstellung) zu beachten sind (vgl. dazu auch Art. 14 N 11 und 41 ff.).

3   Der Wortlaut von Art. 3 lit. a unterscheidet sich von einer geringfügigen Ausnahme demjenigen der bundesrätlichen Botschaft. Gegenüber dem VE-UWG 1980 wurde lediglich der **Zusatz «deren Preise»** eingefügt, womit aber lediglich eine Klarstellung sowie ein Gleichklang mit Art. 3 lit. b und keine materielle Änderung bezweckt war[8].

4   Im Parlament kam es nach den ersten bundesgerichtlichen Entscheiden, in denen es zu als Zensur empfundenen und kritisierten Verurteilungen aufgrund von Art. 3 lit. a i.V.m. Art. 23 kam[9], zu **Bestrebungen**, die **Anwendbarkeit** des UWG, namentlich von Art. 3 lit. a **auf** die **Tätigkeit** der **Medien abzuschwächen**[10]. Solchen Vorstössen war jedoch **kein Erfolg** beschieden. Aus heutiger Sicht ist zu konstatieren, dass das Bundesgericht und auch kantonale Gerichte den berechtigten Anliegen der Meinungsäusserungs- und Medienfreiheit in den letzten Jahren zunehmend und in beachtlichem Masse Nachachtung verschafften, sodass das Problem heute als weitgehend entschärft erscheint[11].

III. Systematik und Verhältnis zu anderen Vorschriften

1. Systematik

5   Der in Art. 3 lit. a enthaltene Tatbestand der Herabsetzung ist als Äusserungsdelikt ausgestaltet, das alternativ die Unrichtigkeit, den irreführenden Charakter oder die Eignung zur unnötigen Verletzung durch herabsetzende Äusserungen voraussetzt.

2. Verhältnis zu anderen Vorschriften

a) Verhältnis zu anderen Vorschriften des UWG

aa)   Art. 3 lit. e

6   Sowohl die **vergleichende als auch die anlehnende Herabsetzung** wird **ausschliesslich von Art. 3 lit. e erfasst**. Art. 3 lit. e gilt diesbezüglich als lex specialis, mit der die vergleichende (bezugnehmende) Werbung umfassend geregelt

---

[8]   So z.B. auch BAUDENBACHER/GLÖCKNER, Kommentar UWG, Art. 3 lit. a N 1 und STREULI-YOUSSEF, SIWR V/1, 119 f. Vgl. auch Botschaft UWG, 1009, 1061. Schon unter dem alten Recht wurde die auf Preise bezogenene Herabsetzung berücksichtigt, vgl. BGE 61 II 343, 346.
[9]   Vgl. anstelle vieler die Kritik bei NOBEL, SJZ 88 (1992), 245 ff. sowie bei RIKLIN, Presserecht, § 10 N 14 ff. m.w.H.
[10] Vgl. dazu ausführlich RIKLIN, Presserecht, § 10 N 28 f. und R. VON BÜREN/BÜRGI, SZW 1999, 298, je m.w.H.
[11] Vgl. die Hinweise in N 50 ff.

werden sollte¹². Art. 3 lit. a erfasst somit nur Fälle herabsetzender Äusserungen ausserhalb der Bezugnahme auf Dritte oder deren Leistungen etc.¹³.

In der Praxis ist dies insbesondere für Preisvergleiche und Warentests relevant. Auf wettbewerbsrelevante Warentests durch Testinstitute oder Konsumentenorganisationen, die sich weder zur Eigen- noch zur Drittbegünstigung eignen, ist Art. 3 lit. a oder Art. 2 anwendbar, wobei die bei Vergleichen im Rahmen der Werbung für eigene Produkte zu Art. 3 lit. e entwickelten Anforderungen sinngemäss auch für **vergleichende Warentests** gelten¹⁴. Klargestellt wird durch den Wortlaut hingegen – obwohl angesichts des funktionalen Verständnisses des UWG gemäss Art. 1 an sich unnötig –, dass sich Art. 3 lit. e nicht nur auf Mitbewerber bezieht, sondern auf jedermann, der durch einen herabsetzenden Vergleich oder eine entsprechende Anlehnung potenziell in den Wettbewerb eingreift. Auch die **Markenverunglimpfung**, bei der der Bekanntheitsgrad einer Marke ausgenutzt wird, kann unter Art. 3 lit. e, ggf. aber auch unter Art. 2 fallen¹⁵.

bb) Art. 3 lit. b

Art. 3 lit. b bezieht sich nur auf (eigen- oder dritt-) **begünstigende Angaben**. Insofern verfolgt Art. 3 lit. b die genau umgekehrte Stossrichtung als Art. 3 lit. a, wenn man Herabsetzung und Begünstigung als Gegensatzpaare betrachtet und Angaben gemäss Art. 3 lit. b mit Äusserungen im Sinne von Art. 3 lit. a gleichsetzt. Aus diesem Grund kann mit Art. 3 lit. a keine Konkurrenz bestehen und erfolgt die **Anwendung von Art. 3 lit. b unabhängig von** derjenigen von **Art. 3 lit. a**¹⁶.

cc) Art. 3 lit. f

Soweit ein ggf. von Art. 3 lit. f erfasstes **Lockvogelangebot** auch **herabsetzende Äusserungen** gegenüber anderen Marktteilnehmern oder deren Waren, Werken, Leistungen etc. beinhaltet, kann auch Art. 3 lit. a zur Anwendung kommen¹⁷. Der Schluss vom tiefen Preis eines Lockvogelangebots auf übersetzte Kal-

---

¹² Botschaft UWG, 1009, 1063.
¹³ Vgl. BAUDENBACHER/GLÖCKNER, Kommentar UWG, Art. 3 lit. a N 4 m.w.H.
¹⁴ BGer 4C.170/2006 sic! 2007, 218, E. 3.1 («Vergleichender Warentest») und BezGer ZH sic! 2006, 103, E. 4 («Preisvergleich»), anders aber BAUDENBACHER/GLÖCKNER, Kommentar UWG, Art. 3 lit. a N 4 (vgl. zum Ganzen auch die dortigen weiterführenden Hinweise). Vgl. auch Art. 3 lit. e N 54 und N 59 f.
¹⁵ Dies soll gemäss BAUDENBACHER/GLÖCKNER, Kommentar UWG, Art. 3 lit. a N 79 ff., dann der Fall sein, wenn die Verbindung zum Markeninhaber nur für einzelne Adressaten erkennbar ist.
¹⁶ Vgl. auch Art. 3 lit. b N 4.
¹⁷ In BGE 107 II 277, 285 («Schokoladetafeln») wurde in der Preisaktion in Bezug auf einen Markenartikel noch keine Herabsetzung der Konkurrenz erblickt, «da es sich lediglich um ein kurz-

kulationen bei Mitbewerbern dürfte dabei nicht ohne weiteres naheliegen und in der heutigen Zeit eher ausser Betracht fallen, da in den letzten Jahrzehnten das Konsumentenbewusstsein stark gestiegen ist und auch die Mannigfaltigkeit des Angebots und des Marketings einen derartigen Schluss kaum mehr zulässt. Dazu kommt, dass die Sonderordnung für Ausverkäufe 1995 weggefallen ist[18].

dd) Art. 2

10   Art. 3 lit. a ist als Äusserungsdelikt ausgestaltet, das bei Werbe- oder Verkaufsmethoden Anwendung findet (Marginalie). **Soweit keine – ggf. auch konkludente – Äusserung** vorliegt, kann eine Unlauterkeit auch über die Generalklausel in Art. 2 begründet werden[19]. Eine Unlauterkeit dürfte dann aber grds. nur gegeben sein, sofern gleichzeitig auch die in Art. 3 lit. a enthaltenen Merkmale (Unrichtigkeit, Irreführung oder unnötige Verletzung) oder weitere zusätzliche Unlauterkeitsmerkmale und eine Aufklärungspflicht vorliegen[20]. Ebenfalls kann Art. 2 zur Anwendung kommen, wenn eine **Herabsetzung** nicht gegenüber einem Dritten erfolgt, sondern **nur gegenüber** dem **Betroffenen** selbst, sie also Dritten nicht zur Kenntnis gelangt, aber trotzdem wettbewerbsrelevant ist[21].

b)   **Verhältnis zu Vorschriften ausserhalb des UWG**

aa)   Art. 28 ff. ZGB (Persönlichkeitsrecht)

11   Gemäss st. Rspr. des BGer[22] weisen die in Art. 28 ff. ZGB enthaltenen Bestimmungen zum Schutz der Persönlichkeit **subsidiären Charakter** gegenüber Art. 3 lit. a auf. Rein auf wirtschaftliche Interessen basierte Verletzungen (atteintes) fallen nicht unter Art. 28 ZGB, da dieser Verletzungen ideeller Natur voraussetzt[23].

---

fristiges Aktionsangebot handelte». Dies dürfte nach heutigen Massstäben zu eng sein, soweit dies bei längerfristigen Angeboten eine Unlauterkeit suggeriert, kann doch der Preis für eine Ware etc. von verschiedensten Faktoren abhängen, was auch dem Konsumenten oder sonstigen Abnehmer bekannt sein dürfte. Aus tiefen Preisen eines Anbieters auf hohe Gewinnmargen etc. zu schliessen, dürfte heute unangebracht und noch weniger herabsetzend in der Wirkung sein. Vgl. zur Thematik näher BAUDENBACHER/GLÖCKNER, Kommentar UWG, Art. 3 lit. a N 62 ff.

[18] Dazu Vor Art. 16 ff. N 2.
[19] So BAUDENBACHER/GLÖCKNER, Kommentar UWG, Art. 3 lit. a N 5, die als Beispiel die Manipulation tatsächlicher Umstände, durch die ein nachteiliger Eindruck entsteht, erwähnen.
[20] Vgl. Art. 2 N 91.
[21] Vgl. Art. 2 N 92.
[22] BGer 4C.224/2005 sic! 2006, 280, E. 2.2.4 («Agefi/Edipresse») und der dort erwähnte BGer 5C.40/1991, E. 3b.
[23] BGer 4C.224/2005 sic! 2006, 280, E. 2.2.4 («Agefi/Edipresse») sowie BGE 114 II 91, 105 («Dior») und BGE 110 II 411, 417 f. («Tosca»).

Während sich eine **Persönlichkeitsverletzung** gemäss Art. 28 ZGB **notwendig** – direkt oder indirekt – **auf** eine identifizierbare natürliche oder juristische **Person beziehen** muss, um von Art. 28 ZGB erfasst zu sein[24], bezieht sich Art. 3 lit. a nicht nur auf die Person eines anderen Marktteilnehmers, sondern alternativ auch auf dessen Waren, Werke, Leistungen, Geschäftsverhältnisse oder Preise[25]. Eine sich auf Leistungen, Werke, Geschäftsverhältnisse oder deren Preise beziehende Herabsetzung stellt nur dann eine Persönlichkeitsverletzung dar, wenn durch die Herabsetzung der Waren, Werke, Leistungen etc. mittelbar auch ein erkennbarer Personenbezug geschaffen wird. Der Bezug ist damit zwar oft, aber **nicht notwendig direkt personenbezogen**. Ein indirekter Personenbezug liegt dann vor, wenn die betreffenden Waren, Werke und Leistungen etc. auf die sie anbietende bzw. sie erbringende Person hinweisen. Insofern hat Art. 3 lit. a einen weiteren Anwendungsbereich, kommt hingegen aber nur bei Wettbewerbshandlungen zur Anwendung. Die Anforderungen an eine Persönlichkeitsverletzung gemäss Art. 28 ZGB können somit weitgehend auch auf die unlautere Herabsetzung gemäss Art. 3 lit. a übertragen werden, da Art. 3 lit. a einen Anwendungsfall der Persönlichkeitsverletzung darstellt[26]. Zu beachten ist dabei, dass **im Wirtschaftsleben** prinzipiell **strengere Kriterien** erfüllt sein müssen, bevor von einer Verletzung der Ehre gesprochen werden kann[27].

12

Eine **vollständige Verdrängung des allgemeinen Persönlichkeitsrechts** durch Art. 3 lit. a erwiese sich jedoch im Hinblick auf die Rechtsfolge der **Gegendarstellung** (Art. 28g ff. ZGB) als **nicht sachgerecht**. Es wäre nicht einzusehen, wieso bei Wettbewerbshandlungen, die – ausschliesslich oder neben anderen Teilaspekten – auch die wirtschaftliche Persönlichkeit eines Wettbewerbsteilnehmers verletzen, die Möglichkeit einer **Gegendarstellung** nicht zur Verfügung stehen sollte[28]. Dies sollte unabhängig davon gelten, dass Art. 14 im Rahmen des vorsorglichen Rechtsschutzes bei seinem Verweis auf das Persönlichkeitsrecht das Recht der Gegendarstellung explizit vom Verweis ausnimmt. Zur Begründung ist ferner anzuführen, dass die in Art. 28c Abs. 3 ZGB vorgesehene Einschränkung der Zulässigkeit vorsorglicher Massnahmen bei periodisch erscheinenden Medien auch im Rahmen von UWG-Streitigkeiten zur Anwendung kommt, da sie vom Verweis in Art. 14 explizit

13

---

[24] BGE 95 II 481, 488 ff. («Club Méditerranée») sowie BGer 5C.4./2000 sic! 2000, 788, E. 3a und 3b («Berichte über Tierarzt»). Denkbar ist auch ein Bezug auf partei- und prozessfähige Personengesellschaften. Vgl. aktuell zur subjektiven Erkennbarkeit BGer 5A_188/2008, E. 4.
[25] Vgl. BGer 4C.342/2005, E. 4 («Erdöl-Vereinigung/Saldo»), wo das BGer ausführte, dass sich aus der verfremdeten Abbildung einer Werbung kein Bezug und damit kein Vorwurf gegenüber einer Vereinigung ergab, weshalb eine Persönlichkeitsverletzung verneint wurde.
[26] BGer 4C.295/2005 sic! 2006, 420, E. 4 und 5 («Pension équestre») unter Hinweis auf R. VON BÜREN/MARBACH, Immaterialgüter- und Wettbewerbsrecht, N 191. Vgl. als instruktive Anwendungsfälle bspw. BGE 123 III 354, 356 ff. («K-Tip») und BGer 4A.481/2007 sic! 2008, 450, E. 3.2 («Adressbuchschwindel»), BGer 4C.171/2006 sic! 2007, 649, E. 6.1 («Stauffer») sowie BGer 4A_254/2007, E. 2.1.
[27] A. BUCHER, Personen, N 472 sowie BSK-MEILI, Art. 28 ZGB N 29.
[28] Ähnlich BAUDENBACHER/GLÖCKNER, Kommentar UWG, Art. 9 N 174.

erfasst wird[29]. Deshalb sprechen gute Gründe für die Gewährung des Gegendarstellungsrechts **bei personenbezogenen Herabsetzungen**, die gleichzeitig von Art. 3 lit. a wie auch von Art. 28 ZGB erfasst werden.

14 Zu beachten ist ferner, dass die **Aktivlegitimation** bei unlauteren Herabsetzungen gemäss **Art. 3 lit. a weiter** als diejenige bei Persönlichkeitsverletzungen gemäss Art. 28 ZGB reicht, da einerseits die Möglichkeit von **Verbandsklagen** gemäss Art. 10 Abs. 2 lit. a und b besteht[30] und andererseits ggf. auch als Marktteilnehmer in Erscheinung tretende **öffentlich-rechtliche juristische Personen und Anstalten** vom Schutzbereich erfasst sind[31].

15 Demgegenüber ist es denkbar, die **Passivlegitimation** im Rahmen von Art. 3 lit. a bei **Herabsetzungen durch Organ- und Hilfspersonen** eines Marktteilnehmers mangels Qualifikation als Wettbewerbshandlung im Einzelfall zu verneinen, während sie je nach den Umständen im Rahmen von Art. 28 ZGB bejaht werden kann[32].

bb) Art. 41 Abs. 2 OR (sittenwidrige Handlungen)

16 Vorsätzliches sittenwidriges Verhalten kann zu (reparatorischen) Ansprüchen aus Art. 41 Abs. 2 OR führen. Als sittenwidrig dürften grds. auch von Art. 3 lit. a erfasste unlautere Herabsetzungen gelten, sofern sie **vorsätzlich** begangen werden[33]. Umgekehrt kann nicht in jedem sitttenwidrigen Verhalten eine im Sinne von Art. 3 lit. a unlautere Herabsetzung erblickt werden, da insoweit sowohl eine Wettbewerbshandlung wie auch eine übermässige Herabsetzung vorliegen müssen.

17 Zu beachten ist, dass bei sittenwidrigem Verhalten im Sinne von Art. 41 Abs. 2 OR **nur Schadenersatz- und Genugtuungsansprüche** zur Verfügung stehen. Demgegenüber gehen die Ansprüche einer aus Art. 3 lit. a klagenden Person weiter (negatorische Ansprüche gemäss Art. 9 Abs. 1 und 2, Anspruch auf Gewinnherausgabe gemäss Art. 9 Abs. 3 sowie Verbandsklagebefugnis gemäss Art. 10 Abs. 2).

---

[29] Vgl. dazu auch HGer SG sic! 2005, 362, E. 5.c) («Anlage-Opfer») und die kritische Anmerkung von STEFAN DAY zur vom HGer SG unterlassenen, gemäss Art. 28c Abs. 3 ZGB stark eingeschränkten Möglichkeit des Erlasses eines vorsorglichen Verbots einer in einem periodischen Medium erscheinenden herabsetzenden Äusserung.

[30] Vgl. zur Klagebefugnis öffentlich-rechtlicher juristischer Personen und zur Verbandsklage im Persönlichkeitsrecht näher BSK-MEILI, Art. 28 ZGB N 33 f. m.w.H.

[31] Dazu Art. 9 N 14 und Vor Art. 16 ff. N 16 ff.

[32] Vgl. HGer SG sic! 2003, 60, E. II./1 («Mini-Berlusconi»). Vgl. zur Frage der Passivlegitimation namentlich bei Mediendelikten auch N 80.

[33] Vgl. zum Verhältnis zum UWG allgemein und zu Ansprüchen aus Art. 41 Abs. 2 OR näher oben und Einl. N 12 f.

cc) Art. 173 ff. StGB (Ehrverletzungsdelikte) und Strafbarkeit der Medien (Art. 28 ff. StGB)

Die in Art. 173 ff. StGB enthaltenen Straftatbestände setzen allesamt **Vorsatz** voraus, im Falle von Art. 174 StGB (Verleumdung) sogar direkten Vorsatz («wider besseres Wissen»). Gleichzeitig handelt es sich um **Antragsdelikte**, die die rechtzeitige Stellung eines Strafantrags voraussetzen. Während Art. 173 f. StGB ausschliesslich unrichtige ehrverletzende Tatsachenbehauptungen gegenüber Dritten zum Gegenstand haben, bezieht sich Art. 177 StGB (Beschimpfung) auf Werturteile oder Tatsachen, die nicht notwendig gegenüber Dritten geäussert werden müssen[34]. Zu beachten ist, dass der **Wahrheits- bzw. Gutglaubensbeweis** dem **Beschuldigten obliegt**[35]. Art. 173 Ziff. 4 StGB sieht sodann eine ggf. strafmildernde oder gar strafbefreiende Rücknahme einer Ehrverletzung vor, und Art. 173 Ziff. 5 StGB ermöglicht es dem Richter, eine Ehrenerklärung zugunsten des Betroffenen abzugeben. Der strafrechtliche Ehrbegriff schützt auch die wirtschaftliche Ehre und umfasst dabei auch die Ehre bzw. den Ruf von einzelnen bestimmten oder zumindest bestimmbaren Marktteilnehmern (sofern es sich um Personenmehrheiten mit eigener Rechtspersönlichkeit handelt)[36]. **Auch richtige (wahre) Äusserungen** – etwa über in der Vergangenheit liegende oder aus dem Bezug gerissene Tatsachen (etwa Vergangenheit einer Person) einer Person – **können** widerrechtlich und **strafbar sein**. Es bestehen demnach gewisse Parallelen zum Tatbestand der Herabsetzung, wie auch das BGer immer wieder betont hat[37].

18

Infolge des weiten Bezugs, der **nicht notwendig personenbezogen** ist, geht **Art. 3 lit. a** – sofern eine Wettbewerbshandlung vorliegt – diesbezüglich jedoch **weiter** als der strafrechtliche Ehrenschutz gemäss Art. 173 ff. StGB[38]. Demgegenüber sind Art. 173 ff. StGB – wie auch Art. 28 ZGB – auch auf Äusserungen ohne Wettbewerbsbezug anwendbar. Ist Art. 173, Art. 174 oder Art. 177 StGB (letzterer allerdings nur bei gegenüber Dritten erfolgten Beschimpfungen) erfüllt und liegt gleichzeitig eine Wettbewerbshandlung vor, wird regelmässig auch Art. 3 lit. a (ggf. i.V.m. Art. 23) erfüllt sein. Je nach Schwergewicht der Äusserungen soll Art. 3 lit. a i.V.m. Art. 23 vorgehen[39]. Eine allfällige Rücknahme der ehrverletzenden Äusserungen gemäss Art. 173 Ziff. 4 StGB, die zu Strafmilderung oder -befreiung führen kann, berührt die lauterkeitsrechtliche Relevanz einer wettbewerbsrelevanten

19

---

[34] Vgl. dazu näher anstelle vieler BSK-RIKLIN, Vor Art. 173 StGB N 36 sowie BGer 6B_333/2008 sic! 2009, 442, E. 1 («Emserberg»).
[35] Vgl. zur Beweislast im Rahmen der Anwendung von Art. 3 lit. a i.V.m. Art. 13a N 22 ff.
[36] Vgl. z.B. BGE 124 IV 262, 266 f. («Chirurgi»). Im übrigen besteht weitgehende Deckungsgleichheit mit Art. 3 lit. a, vgl. bspw. BGer 6B_333/2008 sic! 2009, 442, E. 1 und E. 2 («Emserberg»).
[37] Z.B. BGer 6S.858/1999 sic! 2001, 754, E. 7b bb) («Zeitungsberichte II»; = Pra 2002 Nr. 47). Vgl. auch SAXER, AJP 1994, 1140 sowie SCHLUEP, FS A. Troller, 237 ff.
[38] Vgl. z.B. BGE 124 IV 262, 266 ff. («Chirurgi»). Im Übrigen besteht eine weitgehende Überlappung mit Art. 3 lit. a, vgl. bspw. Bger 6B_333/2008 sic! 2009, 442, E.1 und E.2 («Emserberg»).
[39] OGer ZH SJZ 66 (1970), Nr. 8 und BAUDENBACHER/GLÖCKNER, Kommentar UWG, Art. 3 lit. a N 85; vgl. auch BGE 118 IV 153, 160 ff. («Putschplanung»).

Äusserung angesichts des wettbewerbsfunktionalen Ansatzes des UWG grds. nicht; sie kann jedoch im Rahmen der strafrechtlichen Geltendmachung über Art. 23 beim Strafmass berücksichtigt werden.

20 Die **Strafbarkeit** der **Medien** wird zudem in **Art. 28 StGB besonders geordnet**. Im Rahmen einer **Kaskadenhaftung** ist der Autor einer ehrverletzenden Veröffentlichung alleine strafbar. Wenn der Autor nicht ermittelt werden oder in der Schweiz nicht vor Gericht gestellt werden kann, haftet im Rahmen von Art. 322bis StGB (Geschäftsherrenhaftung) der verantwortliche Redaktor, fehlt ein solcher, jene Person, die für die Veröffentlichung verantwortlich ist.

21 Bis Ende 1994 enthielt **Art. 160 aStGB** zudem den Tatbestand der vorsätzlichen **Kreditschädigung**[40]. Im Rahmen der Revision der Vermögensstraftatbestände und der Urkundenfälschung 1994 wurde von der Überführung dieses in der Praxis kaum angewendeten Tatbestands in das revidierte StGB abgesehen, da mit Aufnahme des funktionalen Ansatzes in Art. 1 und der damit verbundenen Aufgabe des Erfordernisses des Wettbewerbsverhältnisses über Art. 3 lit. a sämtliche Verhaltensweisen erfasst werden können, die auch ein revidierter Art. 160 VE-StGB erfasst hätte[41]. Art. 3 lit. a i.V.m. Art. 23 gehen sogar darüber hinaus, indem auch eventualvorsätzliches Verhalten erfasst ist, es auf das tatsächliche Vorliegen einer Vermögensgefährdung oder gar einer -schädigung nicht ankommt und der Richter höhere Bussen verhängen kann.

22 **Art. 48 BankG** stellte bis 2008 die vorsätzliche **Kreditschädigung** im Bereich der **Banken und Pfandbriefanstalten** unter Strafe, wobei er als Antragsdelikt ausgestaltet war und (nur) die «Behauptung oder Verbreitung unwahrer Tatsachen» zum Gegenstand hatte[42].

dd) Vorschriften des Medienrechts i.e.S.

23 Zu erwähnen sind medienrechtliche Bestimmungen vorwiegend verwaltungsrechtlicher Natur, die sich im RTVG finden. In **Art. 4 RTVG** finden sich in Konkretisierung von Art. 93 Abs. 2 BV **Mindestanforderungen an** den **Programminhalt**. Sendungen dürfen u.a. **weder diskriminierend** sein **noch zu Rassenhass beitragen**. **Redaktionelle Sendungen** mit Informationsgehalt müssen **Tatsachen und Ereignisse sachgerecht** darstellen, sodass sich das Publikum eine eigene Meinung bilden kann (Prinzip der Wahrhaftigkeit und Gebote der Objektivität und der Sachgerechtigkeit)[43]. Ansichten und Kommentare müssen als solche

---

[40] Vgl. dazu die Ausführungen bei BAUDENBACHER/GLÖCKNER, Kommentar UWG, Art. 3 lit. a N 84 sowie B. VON BÜREN, Kommentar UWG, Art. 13–16 aUWG N 31.
[41] Vgl. die Ausführungen in der Botschaft Änderung Strafgesetzbuch, 1056 f.
[42] Dazu BezGer ZH SJZ 90 (1994) Nr. 22, E. IV.
[43] Vgl. dazu anstelle vieler BGer 2A.283/2006 sic! 2007, 359, E. 5 («Nutzlose Schulmedizin»), BGer 2A.41/2005, E. 2 (Sendung 10 vor 10 vom 30. März 2004, Beitrag «Kunstfehler») und

erkennbar sein. Für die **Aufsicht** ist das **Bundesamt für Kommunikation** zuständig (BAKOM; Art. 86 Abs. 1 RTVG). Für **Beschwerden gegen redaktionelle Sendungen** besteht eine besondere Zuständigkeitsordnung. Zuständig ist die **Unabhängige Beschwerdeinstanz (UBI)**, die nur Beschwerden gegen schweizerische Veranstalter beurteilt und im Übrigen nicht von Amtes wegen tätig wird (Art. 86 Abs. 1 und 4 RTVG). Art. 89 RTVG sieht diverse Massnahmen vor, die von der zuständigen Aufsichtsbehörde verhängt werden können und von der Mangelbehebung oder Berichterstattung über getroffene Vorkehren bis zur Gewinnabschöpfung und zum Entzug der Konzession führen können. In den Fällen von Art. 90 RTVG (u.a. bei schweren Verstössen oder bei Verletzungen der Bestimmungen über das Sponsoring oder die Werbung) kann auch ein Bussgeld (Verwaltungssanktion) gemäss Art. 90 verhängt werden[44].

ee) Grundsätze der Schweizerischen Lauterkeitskommission (SLK)

Die SLK-Grundsätze enthalten nur wenige Bestimmungen, die sich inhaltlich mit Art. 3 lit. a überschneiden. Zu erwähnen ist **SLK-GS Nr. 3.2**, der den **Persönlichkeitsschutz** zum Gegenstand hat und auch die **Rechte der Angehörigen eines Verstorbenen** einbezieht. Ferner äussert sich **SLK-GS Nr. 3.3** zu **Tests**[45] und **SLK-GS Nr. 3.5** zur **vergleichenden Werbung**. Die beiden zuletzt genannten Bestimmungen sind jedoch vorrangig bei Art. 3 lit. e anzusiedeln. Die in SLK-GS Nr. 3.5 zur vergleichenden Werbung vorzufindenden Definitionen der Unrichtigkeit, Irreführung und zur unnötigen Verletzung können jedoch auch im Rahmen der Anwendung von Art. 3 lit. a mitberücksichtigt werden.

24

ff) Richtlinien des Schweizer Presserats

Der Presserat hat «Richtlinien zur Erklärung der Pflichten und Rechte der Journalistinnen und Journalisten» (sog. Pressekodex) erlassen, die sich mit **berufsethischen Fragen** der **Medientätigkeit** auseinandersetzen, die sich auf den redak-

25

BGer 2A.40/2006, E. 2 (Sendung Kassensturz vom 25. August 2005, Beitrag «Paul Ochsner») sowie schon BGE 119 Ib 166, 170 (Sendung Fragmente vom 11. April 1991, Beitrag zum VPM) sowie BGE 121 II 29, 34 (Sendung 10 vor 10 vom 29. September 1992, Beitrag «Mansour – Tod auf dem Schulhof»), je m.w.H. Eine nicht sachgerechte, unausgewogene Berichterstattung muss noch nicht per se herabsetzend sein, während eine herabsetzende Berichterstattung grds. immer auch unausgewogen erscheinen dürfte.

[44] Es ist eine Belastung des Sendeunternehmens mit einem Betrag von bis zu 10 Prozent des in den letzten drei Geschäftsjahren durchschnittlich in der Schweiz erzielten Jahresumsatzes möglich.

[45] Diesbezüglich bestehen von der SLK ausgearbeitete «Richtlinien für Tests» (aktuellste Fassung vom Juli 2001), abrufbar unter www.lauterkeit.ch/pdf/testricht.pdf. Vgl. dazu auch Art. 3 lit. e N 55 m.w.H.

tionellen Teil oder damit zusammenhängende Fragen beziehen[46]. Sie äussern sich in Teilen auch – explizit oder implizit – zur Wirtschaftsberichterstattung[47]. Ihre Befolgung beugt indirekt auch im Sinne von Art. 3 lit. a herabsetzender Information vor. Bei Verstössen gegen die obgenannten Richtlinien kann der Schweizerische Presserat auf Beschwerde hin zum entsprechenden Fall eine schriftliche Stellungnahme veröffentlichen, wobei die Stellungnahme **Feststellungen** und **Empfehlungen** enthalten kann. **Sanktionsmöglichkeiten** bestehen **keine**[48]. Zur Beurteilung nicht berufsethischer Fragestellungen wie programmrechtlicher Prinzipien – z.B. Ausgewogenheit, Sachgerechtigkeits- und Vielfaltsgebot – ist der Presserat hingegen nicht zuständig[49].

IV. Objektive Tatbestandsvoraussetzungen

1. Äusserung

26 Art. 3 lit. a setzt eine **Äusserung** voraus. Deren **Form** ist **unerheblich**, sie kann (ggf. kombiniert) mündlich, schriftlich oder bildlich erfolgen. Insoweit können durchaus Parallelen zu Angaben gemäss Art. 3 lit. b gemacht werden[50]. **Blosses Schweigen** kann demgegenüber nicht als Äusserung qualifiziert werden. Bei Verletzung von Aufklärungspflichten kann ein Schweigen eine Herabsetzung darstellen, die **ggf. über** die Generalklausel in **Art. 2 erfasst** werden kann[51]. Bei unvollständigen Äusserungen ist zu berücksichtigen, wie sie im Rahmen einer Gesamtbetrachtung vom Durchschnittsadressaten verstanden werden können, wobei eine Unlauterkeit auch bei an sich wahren Äusserungen gegeben sein kann, wenn durch

---

[46] Dazu näher STUDER, UWG – eine «Medienfalle»?, 459 ff. N 11.94 ff.; NOBEL/WEBER, Medienrecht, 6 N 20 ff.
[47] Abrufbar unter http://www.presserat.ch/Documents/richtlinien09.pdf (am 3. September 2008 letztmals revidierte Version, in Kraft seit 1. Juli 2009). Vgl. z.B. Ziff. 1.1 (Wahrheitssuche), Ziff. 5 (Berichtigungspflicht), Ziff. 7.5 und 7.7. (Gerichtsberichterstattung) sowie Ziff. 10.1 bis 10.3 (Trennung zwischen redaktionellem Teil und Werbung, Sponsoring, Lifestyle-Berichte/ Nennung von Marken und Produkten). Die Richtlinien setzen die «Erklärung über die Pflichten und Rechte der Journalistinnen und Journalisten» vom 21. Dezember 1999 um, die letztmals am 5. Juni 2008 revidiert wurde. Bis 1999 bestand ein sog. «Pressekodex». Vgl. zum Presserat und zum Pressekodex auch NOBEL/WEBER, Medienrecht, 6 N 20 ff. sowie Vor Art. 12–15 N
[48] Art. 16 Abs. 1 und Abs. 3 Geschäftsreglement des Schweizer Presserates (abrufbar unter: www.presserat.ch/Documents/Reglement2008.pdf). Wohl zu kritisch zur vom Presserat ausgeübten Selbstregulierung R. VON BÜREN/BÜRGI, SZW 1999, 301 f.
[49] Art. 10 Abs. 1 3. Spiegelstrich Geschäftsreglement des Schweizer Presserates (abrufbar unter: www.presserat.ch/Documents/Reglement2008.pdf).
[50] Vgl. zum Begriff der Angabe Art. 3 lit. b N 17 ff.
[51] Vgl. N 10 und Art. 2 N 91.

eine Unvollständigkeit oder die Gewichtung der Äusserungen eine Irreführung denkbar ist[52].

Eine Äusserung kann sich auf eine **Tatsache** beziehen oder ein **Werturteil** (z.B. Meinungsäusserungen, Kritik, Kommentare etc.) des Äussernden beinhalten[53]. Denkbar sind auch sog. **gemischte Äusserungen bzw. Werturteile**[54]. Zur Abgrenzung kann weitgehend auf die im Persönlichkeitsrecht zu Art. 28 ZGB und die im Recht der strafrechtlichen Ehrverletzung zu Art. 173 StGB entwickelte Dogmatik zurückgegriffen werden[55]. Die Relevanz der Unterscheidung besteht darin, dass nur Äusserungen über Tatsachen am Massstab der Richtigkeit gemessen werden können. Werturteile unterliegen grds. der Meinungsäusserungsfreiheit. Bei gemischten Äusserungen muss zunächst der **Tatsachenkern herausgeschält** werden[56]. Nur dieser ist einer Richtigkeitsprüfung zugänglich. Im Einzelfall können sich schwierige Abgrenzungsfragen stellen, so namentlich bei der Äusserung von Rechtsauffassungen, der Kolportierung von Drittäusserungen oder bei der Kommentierung wissenschaftlicher Erkenntnisse[57]. Ist eine Äusserung derart unbestimmt, dass unklar ist, ob sie als Äusserung über eine Tatsache oder als Werturteil aufzufassen ist, kann sie bzw. ein Teil davon als Tatsachenbehauptung aufzufassen sein, was die Anlegung des schärferen Massstabs der Unrichtigkeit zur Folge hat. Es ist auf den **Massstab des «unbefangenen Durchschnittsadressaten»** abzustellen[58]. Soweit die Unterscheidung Tatsachenäusserung-Werturteil in einem konkreten Fall Schwierigkeiten bereitet, hat die Praxis die Qualifikation oft offengelassen und eine Prüfung nach dem Massstab der unnötigen Verletzung vorgenommen[59].

27

---

[52] Vgl. z.B. AppHof BE sic! 1998, 207, E. 4 («Alzheimermedikament»), wonach äusserst fraglich sei, ob eine indirekte Herabsetzung durch die Äusserung «Neue Hoffnung für Alzheimerkranke», etwa «lediglich durch Nichterwähnen», unlauter sein kann.

[53] Zur Unterscheidung bzw. Abgrenzung instruktiv BGer 4C.55/2005 sic! 2006, 277, E. 2.2 («Yellowworld»); BGer 4C.439/1998 Pra 2001 Nr. 118, E. 1c («70 000 mal günstiger II»); BGE 126 III 305, 306 ff. (Personenrecht) und BGE 95 II 484, 494 f. («Club Méditerranée»). Vgl. auch BAUDENBACHER/GLÖCKNER, Kommentar UWG, Art. 3 lit. a N 16.

[54] Dazu bspw. BGE 126 III 305, 308 (Personenrecht), BGE 95 II 484, 494 f. («Club Méditerranée») sowie BAUDENBACHER/GLÖCKNER, Kommentar UWG, Art. 3 lit. a N 16 und BSK-MEILI, Art. 28 ZGB N 43.

[55] Dazu N 11 ff. und N 18 ff. Vgl. z.B. zu Art. 28 ZGB BGE 126 III 305, 306 f. zu Art. 173 StGB BGE 124 IV 262, 266 ff. («Chirurgi») sowie BGer 6B_333/2008 sic! 2009, 442, E. 1 ff. («Emserberg»). Vgl. zum fliessenden Übergang zwischen Tatsachenäusserungen und Werturteilen BGer 4C.55/2005 sic! 2006, 277, E. 2.2 («Yellowworld») und ZivGer BS sic! 2005, 768, E. 3c dd) («Ende des Kabelfernsehens»).

[56] BAUDENBACHER/GLÖCKNER, Kommentar UWG, Art. 3 lit. a N 16.

[57] Dazu näher unten, N 54 ff.

[58] Heikel können insofern oft «vorschnell» verwendete unpräzise Relativierungen sein, die wie etwa das Wort «bzw.» eine Unbestimmtheit der in Frage stehenden Äusserung zur Folge haben, wie BGer 4C.55/2005 sic! 2006, 277, E. 2.5f. («Yellowworld») eindrücklich aufzeigt.

[59] Vgl. z.B. HGer ZH SMI 1996, 120, E. V.1 («Sicherheitsetikette II»).

28 Damit eine Wettbewerbsbeeinflussung überhaupt erfolgen kann, muss die herabsetzende Äusserung **von Marktteilnehmern wahrnehmbar** sein. Eine **ausschliesslich gegenüber** dem **Betroffenen geäusserte Herabsetzung** (Beschimpfung) wird demnach **nicht** von Art. 3 lit. a **erfasst**. Ggf. kann sie über Art. 2 erfasst werden. Aus der Praxis sind diesbezüglich insbesondere **unberechtigte Abmahnungen** anzuführen[60].

2. *(Eignung zur) Herabsetzung*

a) Allgemeine Herabsetzungseignung

29 Gemäss Art. 3 lit. a unrichtige, irreführende oder unnötig verletzende Äusserungen sind nur dann tatbestandsmässig, wenn sie eine Herabsetzung beinhalten oder bezwecken. Eine solche liegt vor, wenn ein **negatives Einwirken auf das Bild eines Marktteilnehmers, das im Wettbewerb als relevant anzusehen ist**[61], erfolgt. Erfasst von Art. 3 lit. a werden nur Herabsetzungen von einer **gewissen Schwere**[62]. Unter Abstützung auf den französischen und italienischen Gesetzestext[63] genügt **nicht jede negative Äusserung**. Vorausgesetzt wird vielmehr ein eigentliches **Anschwärzen**, Verächtlich- oder Heruntermachen[64]. Verächtlich wird ein Erzeugnis etc. dann gemacht, wenn es als wertlos, seinen Preis nicht wert, unbrauchbar, fehler- oder schadhaft hingestellt wird[65]. Dies gilt sowohl **bei zivil- wie bei strafrechtlicher Geltendmachung** von Art. 3 lit. a[66]. So kann die Hervor-

---

[60] Dazu BAUDENBACHER/GLÖCKNER, Art. 3 lit. a N 12 m.w.H. sowie näher unten, N 58 sowie Art. 2 N 92.
[61] Vgl. PEDRAZZINI/PEDRAZZINI, UWG, N 5.04 sowie BAUDENBACHER/GLÖCKNER, Kommentar UWG, Art. 3 lit. a N 7, die jedoch (zu eng) vom Bild des Mitbewerbers sprechen, da ansonsten bspw. herabsetzende Medienberichte nicht erfasst würden.
[62] Anstelle vieler BGE 122 IV 33, 35 f. («Anlagestrategie») und 123 IV 211, 216 («Rinderwahnsinn»).
[63] In den romanischen Gesetzestexten werden die Begriffe «dénigrer» und «denigrare» verwendet, die am ehesten mit «anschwärzen» übersetzt werden können. Vgl. BGE 123 IV 211, 216 («Rinderwahnsinn»), BGE 122 IV 33, 36 («Anlagestrategie»), BGer 6S.858/1999 sic! 2001, 754, E. 7b bb) («Zeitungsberichte II»; = Pra 2002 Nr. 47) sowie die Botschaft UWG, 1009, 1061. Im deutschen UWG wird hingegen zwischen der Herabsetzung (§ 4 Nr. 7 dt. UWG) und der Anschwärzung (§ 4 Nr. 8 dt. UWG) unterschieden. Dabei umfasst die Herabsetzung nur Werturteile, während die Anschwärzung Tatsachenbehauptungen betrifft und zudem eine Herabsetzung nicht voraussetzt (dazu näher KÖHLER, in: W. Hefermehl/H. Köhler/J. Bornkamm (Hrsg.), Gesetz gegen den unlauteren Wettbewerb, 28. Aufl., München 2010, § 4 N 7.5).
[64] Vgl. z.B. BGer 4C.342/2005, E. 1.2 und 1.4 («Erdöl-Vereinigung/Saldo»), BGer 4C.295/2005 sic! 2006, 420, E. 4 («Pension équestre»).
[65] Vgl. die Beispiele bei BGE 122 IV 33, 36 («Anlagestrategie»).
[66] Vgl. z.B. BGer 4C.342/2005, E. 1.2 («Erdöl-Vereinigung/Saldo»); ähnlich SIEBER, Wirtschaftsjournalismus, N 410, der auf das Problem der Normspaltung hinweist; offenbar nur bzw. vorwiegend auf die strafrechtliche unlautere Herabsetzung gemäss Art. 3 lit. a i.V.m. Art. 23 bezogen noch BGE 123 IV 211, 216 («Rinderwahnsinn»), BGE 122 IV 33, 35 f. («Anlagestrategie»), BGer 6S.858/1999 sic! 2001, 754, E. 7b bb) und 7d bb) («Zeitungsberichte II»; = Pra 2002

hebung der eigenen Leistung und der Hinweis auf positive Eigenschaften eigener Waren, Werke und Leistungen etc. noch nicht per se unlauter sein[67]. Das Nichterwähnen von Marktteilnehmern im Sinne eines fehlenden Einbezugs bestimmter Marktteilnehmer in eine Äusserung kann jedoch je nach den Umständen eine indirekte Herabsetzung sein, wobei diesfalls an die (begünstigenden) Äusserungen anzuknüpfen ist, sofern sie eine indirekte Herabsetzung der nichterwähnten Marktteilnehmer bewirken[68]. Allerdings darf aus der blossen Nichterwähnung anderer Marktteilnehmer nicht ohne weiteres auf deren Herabsetzung geschlossen werden, ansonsten jegliche Werbung oder Wirtschaftsberichterstattung verunmöglicht würde.

Ein Herabsetzungserfolg ist nicht vorausgesetzt, vielmehr **genügt** die **objektive Eignung zur Herabsetzung**[69]. 30

Art. 3 lit. a kann dann nicht zur Anwendung kommen, wenn eine **Äusserung bzw. konkludente anderweitige Herabsetzung** nicht gegenüber Dritten erfolgt, sondern **nur gegenüber** dem **Betroffenen**[70]. Dabei ist gleichgültig, ob die Äusserung gegenüber der Öffentlichkeit, einem grösseren Kreis oder nur gegenüber einzelnen Personen erfolgt[71]. Allerdings ist jeweils zu prüfen, ob eine bestimmte, im engen Kreis (z.B. privater Kreis) gemachte Aussage überhaupt Wettbewerbsrelevanz bzw. Marktbezug aufweist[72]. 31

Im Gegensatz zu Art. 3 lit. e und lit. b ist bei Art. 3 lit. a **keine Eigen- oder Fremdbegünstigung vorausgesetzt**[73]. In der Praxis werden herabsetzende Äusserungen regelmässig zur Eigenbegünstigung, d.h. zur Förderung des eigenen Absatzes erfolgen. 32

Nr. 47). Vgl. zur über Art. 3 lit. a hinausgreifenden Thematik Art. 23 N 9 m.w.Nw. Die Relevanz der Schwere für das Strafrecht betonend PEDRAZZINI/PEDRAZZINI, UWG, N 5.28. Die Frage der Schwere wird oft mit der aus dem Legalitätsprinzip folgenden restriktiven strafrechtlichen Auslegung vermischt, so z.B. RIKLIN, Presserecht, § 10 N 24 und 28 sowie BAUR, UWG und Wirtschaftsberichterstattung, 169.

[67] DAVID/JACOBS, Wettbewerbsrecht, N 152 ff.
[68] Vgl. z.B. CdJ GE RPW 1997, 72, E. 7b) («Caisse maladie»).
[69] BGer SMI 1996, 498, E. 1b («Konkursverleumdung») und BAUDENBACHER/GLÖCKNER, Kommentar UWG, Art. 3 lit. a N 8.
[70] Vgl. auch BAUDENBACHER/GLÖCKNER, Kommentar UWG, Art. 3 lit. a N 12; vgl. zum Ganzen schon oben, N 10; CHK-FERRARI HOFER/VASELLA, Art. 3 UWG N 2 qualifizieren etwa die Schikanebetreibung als Herabsetzung.
[71] BGer 6S.244/2003, E. 3.3 sowie BGer SMI 1996, 499, E. 1b («Konkurs-Verleumdung»).
[72] BGer SMI 1996, 499, E. 1b («Konkurs-Verleumdung»).
[73] Vgl. BGer 4C.170/2006 sic! 2007, 218, E. 3.1 («Vergleichender Warentest») zu einem vergleichenden Warentest ohne Werbeabsicht und ohne Absicht der Fremdbegünstigung. Vgl. auch Art. 3 lit. e N 54 und N 59 f.

b) Relevanz einzelner Äusserungen

33   Zur Beurteilung einer Äusserung kommt es **nicht allein** auf das **Gesamtbild** an, das von verschiedenen Einzeläusserungen ausgeht. Vielmehr kann schon eine **einzelne Äusserung** genügen, um eine unlautere Herabsetzung zu bejahen. In seiner st. Rspr. geht das BGer davon aus, dass eine Herabsetzung in den einzelnen Äusserungen zu suchen ist; der Gesamteindruck, der aus dem Text als Ganzes hervorgeht, ist nur ein Auslegungsmittel für jede einzelne Aussage[74]. Bei der Überprüfung von einzelnen Äusserungen ist massgebend, wie der **Adressat** diese im **Gesamtzusammenhang** versteht, wobei je nach den Umständen auch Begleittexte und das Vorverständnis des Durchschnittsadressaten zu berücksichtigen sind[75]. Reisserische Überschriften sind je nach Medium und Adressatenkreis zu relativieren, soweit die Erwartung dahin geht, dass im Textteil eine Zurücknahme oder Relativierung erfolgt[76]. Dabei ist es dem Richter unbenommen, eine Vielzahl von eingeklagten Textpassagen soweit möglich zu Aussagen zusammenzufassen, die seines Erachtens der Leser daraus entnimmt[77]. Dies heisst jedoch noch nicht, dass stets nur eine Separatbetrachtung einzelner Äusserungen angebracht ist[78]. Eine Separatbetrachtung verbietet sich jedenfalls dann, wenn sie dem Gesamtbild klar widerspricht, sie also aus dem Zusammenhang gerissen erscheint[79]. Ferner ist auf die **weiteren Umstände**, also etwa auf die Aufmachung bzw. Art der Unterbringung der entsprechenden Äusserungen abzustellen. So ist etwa eine verfremdete Werbung in der Rubrik «Werbekritik» nach einem zurückhaltenderen Massstab zu beurteilen als im Falle ihrer Anordnung in einem auf Sachlichkeit bedachten Gefäss[80].

---

[74] BGE 124 IV 162, 167 f. («Negatives Gesamtbild»), BGer 6S.858/1999 sic! 2001, 754, E. 2c («Zeitungsberichte II»; = Pra 2002 Nr. 47; instruktives Beispiel für eine auf einzelne Äusserungen bezogene gerichtliche Beurteilung) sowie aus der neueren Rechtsprechung BGer 4C.295/2005 sic! 2006, 420, E. 4.1 und 4.3.1 («Pension équestre») sowie BGer 4C.224/2005 sic! 2006, 280, E. 3.2 i.f. («Agefi/Edipresse»).

[75] BGer 4A.481/2007 sic! 2008, 450, E. 3.3 und 3.4 («Adressbuchschwindel»).

[76] So zu Recht BAUDENBACHER/GLÖCKNER, Kommentar UWG, Art. 3 lit. a N 43. Vgl. auch SIEBER, Wirtschaftsjournalismus, N 499 ff.

[77] BGE 124 IV 162, 168 («Negatives Gesamtbild») und BGer 6S.858/1999 sic! 2001, 754 (= Pra 2002 Nr. 47, E. 2c bb); «Zeitungsberichte II»).

[78] Anschaulich ZivGer BS sic! 2005, 768, E. 3c ee) («Ende des Kabelfernsehens»; zu Art. 3 lit. e).

[79] In eine ähnliche Richtung geht BGE 123 III 354, 364, wo das BGer darauf abstellt, ob *«die Klägerin durch den Artikel in der Tat insgesamt in ein falsches Licht gesetzt wird»*; vgl. auch BGer 6S.340/2003 sic! 2004, 882, E. 3.3 («Jahrmarktveranstaltung»), wo der Schluss gezogen wird, dass «gesamthaft gesehen» eine Irreführung des Lesers nicht vorliege.

[80] BGer 4C.342/2005, E. 2.2.2 («Erdölvereinigung/Saldo»).

3. Unlauterkeit der Äusserung

Eine gemäss Art. 3 lit. a herabsetzende Äusserung kann nur dann unlauter 34
sein, wenn sie **alternativ** entweder unrichtig, irreführend oder unnötig verletzend
ist. Daraus erhellt, dass namentlich auch eine richtige (wahre) Äusserung unlauter
sein kann, nämlich dann, wenn sie entweder irreführend oder unnötig verletzend ist,
was in der Praxis manchmal übersehen wird.

a) Unrichtigkeit der Äusserung

Erster alternativer Anknüpfungspunkt bei der Lauterkeitsprüfung herabset- 35
zender Äusserungen ist deren **Richtigkeit (Wahrheit)**. Unrichtig ist eine Äusserung, wenn sie nicht der Wirklichkeit entspricht. Dies setzt voraus, dass der wahrheitswidrige Charakter einer Äusserung objektiv bestimmt werden kann, wobei der Wahrheitsbegriff relativ ist und sich am Zusammenhang orientiert, in dem eine Äusserung erfolgt[81]. Eine Unrichtigkeit ist deshalb nur bei **Tatsachenäusserungen**, nicht aber bei Werturteilen denkbar. Bei **gemischten Werturteilen** sowie namentlich bei der Äusserung von Rechtsauffassungen ist der **Tatsachenkern herauszuschälen** und der Richtigkeitsprüfung zugänglich[82]. Abgestellt wird auf den **Eindruck des «unbefangenen» Durchschnittsadressaten**[83]. Eine allfällige **Unbestimmtheit** muss demjenigen angelastet werden, der die Äusserung tätigt[84]. Namentlich blosse Anspielungen oder Unterstellungen können trotz an sich wahrheitsgemässem Inhalt irreführend und aus diesem Grund unlauter sein[85]. Es muss ein **relativer Wahrheitsbegriff** zur Anwendung kommen[86].

Eine unrichtige herabsetzende Äusserung über Tatsachen wird in aller Regel unlau- 36
ter sein[87]. Sie wird nur dann **ausnahmsweise nicht unlauter** sein, wenn sie in Anbetracht der **Umstände und des Gesamtzusammenhangs** als **untergeordnet**,

---

[81] PEDRAZZINI/PEDRAZZINI, UWG, N 5.14 sowie STREULI-YOUSSEF, SIWR V/1, 123 sowie OGer LU sic! 2000, 221, E. 3.6 («Vertragsbruch»).
[82] BAUDENBACHER/GLÖCKNER, Kommentar UWG, Art. 3 lit. a N 16 und BGer 4C.55/2005 sic! 2006, 277, E. 2.2 («Yellowworld»).
[83] Vgl. z.B. BGer 4C.342/2005, E. 2.2.2 («Erdöl-Vereinigung/Saldo»), wo berücksichtigt wurde, dass die in Frage stehende Zeitschrift zu 97% an Abonnenten verkauft wird und diese die Rubrik «Werbekritik» kennen, weshalb die Verfremdung eines Werbeinserates als solche erkannt werde.
[84] BGer 4C.55/2005 sic! 2006, 277, E. 2.6 («Yellowworld»), wonach schon die Verwendung des Worts «bzw.» eine dem Beklagten anzulastende Unbestimmtheit bewirkte. Vgl. auch SIEBER, Wirtschaftsjournalismus, N 459 ff.
[85] Vgl. z.B. CdJ GE sic! 2000, 714, E. 5 («Conseil en rémunérations»; unlautere Herabsetzung in casu verneint).
[86] PEDRAZZINI/PEDRAZZINI, UWG, N 5.14.
[87] Zu weit gehend wohl BGer 4C.55/2005 sic! 2006, 277, E. 2.7 i.f. («Yellowworld»; unter Verweis auf BAUDENBACHER/GLÖCKNER, Kommentar UWG, Art. 3 lit. a N 14).

nebensächlich oder **irrelevant** erscheint[88] oder aber – was namentlich bei erkennbar humoristischen oder sonst phantastischen (z.B. marktschreierischen) Übertreibungen der Fall sein kann – **von den Adressaten ohne weiteres als unrichtig erkannt** wird[89]. Daran ändert nichts, dass grds. schon eine einzelne, aus einer längeren Textpassage herausgegriffene Äusserung die Unlauterkeit bewirken kann, namentlich dann, wenn sie als solche hängenbleibt und nicht vom Gesamtbild zurechtgerückt wird.

b) Irreführender Charakter der Äusserung

37   Zweiter alternativer Anknüpfungspunkt bei der Lauterkeitsprüfung herabsetzender Äusserungen ist deren irreführender Charakter. Eine an und für sich richtige (wahre) **Äusserung** kann irreführend sein, wenn sie **geeignet** ist, **im Zusammenhang**, in der **Art** oder im **Rahmen** der **Umstände**, in denen sie **präsentiert** wird, beim Adressaten eine **fehlerhafte Vorstellung** (Irrtum) **hervorzurufen**[90]. So können wahre Äusserungen über eine Ware, ein Werk oder eine Leistung etc. dann irreführend sein, wenn negative Eigenschaften so dargestellt werden, dass sie als spezifische Merkmale erscheinen[91], oder wenn der unrichtige Eindruck vermittelt wird, dass gerade von einem bestimmten Anbieter angebotene Waren, Werke, Leistungen etc. negative Eigenschaften aufweisen bzw. die Möglichkeit des Auftretens negativer Eigenschaften beim betreffenden Anbieter wahrscheinlicher ist als bei anderen Anbietern (irreführende Exemplifizierung)[92].

---

[88]   BGE 122 IV 33, 36 f. («Anlageberater»); BGer 6S.858/1999 sic! 2001, 754, E. 7d aa) («Zeitungsberichte II»; = Pra 2002 Nr. 47); BezGer ZH SJZ 90 (1994) Nr. 22, E. 3.1 («Skepsis über Finanztransaktionen») sowie PEDRAZZINI/PEDRAZZINI, UWG, N 5.14 f. Vgl. auch BGE 123 III 354, 363 f. («K-Tip») und N 60 zu journalistischen Ungenauigkeiten.

[89]   Vgl. z.B. HGer ZH SMI 1996, 510, E. 3b und 3e («70 000 mal günstiger») sowie BGer 4C.439/1998 Pra 2001 Nr. 118, E. 1c und E. 1d («70 000 mal günstiger II»), beide zu Art. 3 lit. b, wobei der Bezugspunkt sowohl die Richtigkeit wie auch die Irreführung im Rahmen von Werbeäusserungen war. Zur Bedeutung von Fremd- und Schlagworten auch BGer SMI 1995, 438, E. 2c bb) («Diktatorische Sortimentskürzung»).

[90]   Vgl. z.B. BGer 4C.109/2000 sic! 2000, 712, E. 2b («Club de l'Economie») sowie PEDRAZZINI/ PEDRAZZINI, UWG, N 5.18 und BAUDENBACHER/GLÖCKNER, Kommentar UWG, Art. 3 lit. a N 23 ff.

[91]   BGE 124 III 72, 76 («Kassensturz/Contra-Schmerz»); auch Werbung mit Selbstverständlichkeiten kann im Einzelfall irreführend sein, wenngleich sie kaum je unter Art. 3 lit. a, sondern eher unter Art. 3 lit. b (siehe dort N 77) fallen dürfte (a.A. wohl STREULI-YOUSSEF, SIWR V/1, 124).

[92]   BGE 124 III 72, 76 («Contra-Schmerz»), BGE 123 IV 211, 217 («Rinderwahnsinn») sowie BezGer Winterthur SMI 1986, 328, E. II.a («Warnung vor Verwechslungen»; wo es um den Slogan «Verwechseln Sie dieses Produkt nicht mit einem Konkurrenzprodukt, das Sojamehl enthält», die Waren der Konkurrenten aber gar kein Sojamehl enthielten) und zum Persönlichkeitsrecht BGer 5C.31/2002 sic! 2002, 252, E. 3a («Heimaffäre») mit krit. Anmerkungen von R. AEBI-MÜLLER in ZBJV 2004, 248 ff. Vgl. zur Exemplifikation auch SIEBER, Wirtschaftsjournalismus, N 491 ff.

Massstab ist auch hier der **Eindruck** des **unbefangenen Durchschnittsadressaten** der Äusserung[93], wobei die blosse Gefahr der Irreführung genügt. Dass bei Werbeäusserungen höhere Anforderungen zu erfüllen sind als bei informierenden Mitteilungen, ist nur dann gerechtfertigt, wenn die Werbung einen sachlichen Anstrich hat und nicht erkennbar übertreibend ist[94].

38

Eine Irreführung kann namentlich auch bei **richtiger Wiedergabe von Drittäusserungen** vorliegen, soweit **notwendige Klarstellungen unterlassen** werden, so der Hinweis darauf, dass es sich um Drittäusserungen handelt[95] bzw. wenn Hinweise auf die Methode bzw. das Vorgehen des Dritten unterlassen werden[96].

39

c) Unnötig verletzende Äusserung

Dritter alternativer Anknüpfungspunkt bei der Lauterkeitsprüfung herabsetzender Äusserungen ist deren **unnötig verletzender Charakter**. Dieses bei wahren Äusserungen[97] de facto gleichsam als Auffangtatbestand zu bezeichnende Unlauterkeitsmerkmal ist Ausdruck des **Verhältnismässigkeitsgebots**. Die Rspr. hat im Laufe der Jahre Kautelen gebildet, anhand derer die Weite des Tatbestands in relativ rechtssichere Bahnen gelenkt wird, was namentlich im Rahmen der strafrechtlichen Geltendmachung von Art. 3 lit. a i.V.m. Art. 23 wichtig ist. So gilt eine Äusserung gemäss der st. Rspr. des BGer als unnötig verletzend, wenn sie angesichts des Sachverhalts, der damit beschrieben bzw. bewertet werden soll, **weit über das Ziel hinausschiesst, völlig sachfremd** bzw. **unsachlich**, mithin **unhaltbar** ist[98]. Erfasst sind also einerseits sachbezogene, aber namentlich im Ton zu weit gehende Äusserungen (unsachliche Äusserungen, «Entgleisungen»), andererseits solche, die nicht sachbezogen sind (sachfremde Äusserungen). Insofern schützt dieser Tatbestand vor Verletzungen der Menschenwürde und weist eine moralische Dimension auf:

40

---

[93] Vgl. bspw. BGer 4C.342/2005, E. 2.2.2 («Erdölvereinigung/Saldo») und BAUDENBACHER/ GLÖCKNER, Kommentar UWG, Art. 3 lit. a N 27.
[94] Vgl. bspw. Richteramt III Bern SJZ 91 (1995) Nr. 38, E. 5.5.2. («Lieber nackt als im Pelz»).
[95] Vgl. zur Kolportierung von Drittäusserungen N 54 sowie instruktiv den Fall in OGer ZH vom 16.12.2005 (LB040109/U; vorinstanzlicher Entscheid i.S. «Patty Schnyders Vater»; Persönlichkeitsverletzung).
[96] Vgl. dazu BGE 123 III 354, 362 («K-Tip»).
[97] BAUDENBACHER/GLÖCKNER, Kommentar UWG, Art. 3 lit. a N 31 f. Unwahre Äusserungen können schon über die erste Tatbestandsvariante (Unrichtigkeit) abgehandelt werden.
[98] Vgl. BGer 4C.342/2005, E. 2.3 («Erdöl-Vereinigung/Saldo»), BGer 6S.340/2003 sic! 2004, 882, E. 3.1 («Jahrmarktveranstaltung»), sowie BGer SMI 1995, 438, E. 2c aa) («Diktatorische Sortimentskürzung»). Zum Ganzen auch STREULI-YOUSSEF, SIWR V/1, 124 f. und SIEBER, Wirtschaftsjournalismus, N 508 ff. Vgl. den Grenzfall in BGer 4C.205/2000 sic! 2000, 807, E. 2c–e («Gratisagenda»), wo der Vorwurf der «Prellerei» nicht mit einem Betrugsvorwurf gleichgesetzt wurde und gerade noch als völlig sachfremd erachtet wurde. Diese Grenzfalloptik ist zu Recht kritisiert worden, vgl. z.B. J. MÜLLER in der Anmerkung in sic! 2000, 810 sowie PEDRAZZINI/PEDRAZZINI, UWG, N 5.13.

Verboten sind Demütigungen und ein eigentliches «Lächerlichmachen»[99]. Eine unnötige Verletzung wird auch in Fällen angenommen, in denen eine Äusserung ohne begründete Veranlassung und vorwiegend in der Absicht getätigt wird, jemand anderen schlecht zu machen[100]. Das subjektive Merkmal der Schädigungsabsicht kann diesfalls als Indiz für die objektive Verletzungseignung dienen. **Massstab** ist auch hier der **Eindruck des unbefangenen Durchschnittsadressaten** der Äusserung[101]. Pointiert abwertende Äusserungen wie z.B. «Betrüger», «Schwindler» oder «Bauernfänger» sind jedoch dann zulässig, wenn sie das tatsächliche Verhalten der kritisierten Person widerspiegeln[102]. Ebenso gilt bildhafte, auch prägnant formulierte Kritik, welche durchaus sachbezogen ist, noch nicht per se als unnötig herabsetzend[103]. So können gar an sich herabsetzende Äusserungen, die im journalistischen Bemühen um eine mit prägnanten Ausdrücken angereicherte Sprache in einem insgesamt nicht unnötig verletzenden Kontext getätigt werden, gerechtfertigt sein[104]. Soweit eine **Auseinandersetzung in der Öffentlichkeit** ausgetragen und mit harten Bandagen geführt wird, können auch **«reisserische, harte und angriffige Wendungen»** und gewagte Behauptungen zulässig sein[105]. Diese Zugeständnisse beziehen sich namentlich auf Medienberichte über von Dritten gemachte Äusserungen. Allerdings ist mit dieser Sichtweise die Gefahr einer Dynamisierung im Sinne einer Anpassung des Massstabs nach unten verbunden[106]. Zwar soll ein grober Angriff auch eine grobe Reaktion ermöglichen[107]. Prinzipiell kommt aber auch bei der unlauteren Herabsetzung ein absoluter Ansatz zur Anwendung. Unlauterer Wettbewerb wird nicht dadurch lauter, dass er branchenüblich ist[108]. Allerdings unterliegen die Massstäbe auch einem Wertewandel[109]. Ebenso ist zu erinnern, dass im Bereich des UWG der Einwand der «unclean hands» keine

---

[99] PEDRAZZINI/PEDRAZZINI, UWG, N 5.20 sowie BAUDENBACHER/GLÖCKNER, Kommentar UWG, Art. 3 lit. a N 47 ff.
[100] SMI 1995, 438, E. 2c aa) («Diktatorische Sortimentskürzung»), vgl. DAVID/JACOBS, Wettbewerbsrecht, N 153.
[101] Vgl. z.B. BGer 4C.342/2005, E. 2.2.2 («Erdölvereinigung/Saldo») und STREULI-YOUSSEF, SIWR V/1, 124.
[102] BGer 4A.81/2007 sic! 2008, 450 E. 3.4 («Adressbuchschwindel»).
[103] BGE 117 IV 193, 198 («Bernina»).
[104] BGE 112 II 268, 284 ff. («Denner/Bier II»); BGer SMI 1995, 438, E. 2c bb) («Diktatorische Sortimentskürzung»); HGer SG sic! 2003, 609, E. II.3 («Mini-Berlusconi») sowie BAUDENBACHER/ GLÖCKNER, Kommentar UWG, Art. 3 lit. a N 34. Vgl. zum Persönlichkeitsrecht BGE 127 III 487, 490 ff. («Minelli/Weltwoche»; Verwendung des Terminus «Wilderer» in einer Presseäusserung).
[105] BGE 112 II 268, 284 f. («Denner/Bier II»).
[106] Vgl. auch die Kritik bei STREULI-YOUSSEF, SIWR V/1, 125 und bei PEDRAZZINI/PEDRAZZINI, UWG, N 5.21 f., weniger kritisch BAUDENBACHER/GLÖCKNER, Kommentar UWG, Art. 3 lit. a N 34.
[107] So plastisch BAUDENBACHER/GLÖCKNER, Kommentar UWG, Art. 3 lit. a N 40.
[108] So KassGer ZH SJZ 74 (1978) Nr. 37, E. 1.
[109] Dazu auch BAUDENBACHER/GLÖCKNER, Kommentar UWG, Art. 3 lit. a N 46.

Anwendung finden kann[110]. Die Unzulässigkeit der unlauteren Herabsetzung gründet nicht bloss auf der Geschäftsmoral, sondern auch auf dem wettbewerbsfunktionellen Verständnis des UWG. **In Abwehr erfolgte Äusserungen** («Retorsion») sollen jedoch mit Zurückhaltung gewürdigt werden[111].

Die Offenheit des Tatbestands der unnötigen Verletzung verschafft dem erkennenden Richter einen **weiten Ermessensspielraum**, was es diesem erlaubt, in Grenzen auch den Wertewandel, die Entwicklung des Marktes und die Dynamik des Wettbewerbs zu berücksichtigen, die sich mit der Zeit verändern können, wobei der **Gefahr vorzubeugen** ist, Wertvorstellungen voreilig über Bord zu werfen und so eine **Erosion der Standards** zu bewirken. 41

Ferner erlaubt das Merkmal der unnötigen Verletzung im Interesse der Einheit der Rechtsordnung einen **Gleichklang mit** der Persönlichkeitsverletzung gemäss **Art. 28 ZGB bzw.** der Ehrverletzung im Sinne von **Art. 173 ff. StGB**. Was gemäss Art. 28 ZGB bzw. Art. 173 ff. StGB als unzulässig gilt, kann bei Vorliegen einer Wettbewerbshandlung ohne weiteres auch nach Art. 3 lit. a als unlauter qualifiziert werden[112]. Das Erfordernis der unnötig verletzenden Äusserung erlaubt es sodann, im Sinne einer Daumenregel auch gewisse **Tatbestände des sog. Nichtleistungswettbewerbs**[113] als unlauter zu erfassen[114]. Eine Verfälschung des Wettbewerbs ist insbesondere durch leistungsirrelevante, d.h. sachfremde Äusserungen denkbar[115]. 42

4. Gegenstand der Äusserung

Eine von Art. 3 lit. a erfasste herabsetzende Äusserung kann sich auf die Person eines andern, auf seine Waren, Werke, Leistungen, seine Geschäftsverhältnisse oder dessen Preise beziehen. 43

---

[110] So zu Recht BGer 4C.375/2002 sic! 2003, 831, E. 2.1 und 2.2 («Unclean hands»; =Pra 2004 Nr. 54). Zum Problem auch BAUDENBACHER/GLÖCKNER, Kommentar UWG, Art. 3 lit. a N 34.
[111] STREULI-YOUSSEF, SIWR V/1, 122.
[112] Vgl. z.B. BGer 4C.295/2005 sic! 2006, 420, E. 4 («Pension équestre») zur Kolportierung von Drittäusserungen, BGE 126 III 305, 307 zur Problematik der Äusserung des Verdachts einer Straftat und zur Kolportierung von Drittäusserungen im Rahmen von Art. 28 ZGB sowie BGer 4A.481/2007 sic! 2008, 450, E. 3.2 («Adressbuchschwindel») zu journalistischen Ungenauigkeiten und Vereinfachungen in Presseberichten. Der Umkehrschluss ist hingegen unzulässig, da Art. 28 ZGB zwingend einen Personenbezug voraussetzt und wohl schon früher eingreift und bei Art. 173 ff. StGB u.a. Vorsatz vorliegen muss, dazu auch N 12 bzw. 18.
[113] Dazu Einleitung N 2 ff.
[114] Ähnlich BAUDENBACHER/GLÖCKNER, Kommentar UWG, Art. 3 lit. a N 32. Vgl. z.B. die Wendung «… image négative, outrancière, que la lutte économique ne saurait justifier» BGer 4C.295/2005 sic! 2006, 420, E. 4.1 («Pension équestre») sowie in BGer 4C.224/2005 sic! 2006, 280, E. 3.2 («Agefi/Edipresse»). Unter Berufung auf die Figur des Nichtleistungswettbewerbs zu restriktiv HGer SG SMI 1991, 268, 273 («Tabakkartell»; jedoch zum alten Kartellrecht im aKG 1985).
[115] Ähnlich PEDRAZZINI/PEDRAZZINI, UWG, N 5.23.

44 Bezugspunkte einer herabsetzenden Äusserung können somit zunächst ein bestimmter oder mehrere bestimmte oder zumindest bestimmbare **andere Marktteilnehmer** sein, unabhängig von der Art ihrer Konstituierung[116]. Natürliche und juristische Personen sowohl des Privat- wie des öffentlichen Rechts sind ebenso erfasst wie Personengesellschaften und andere rechtliche oder soziologische Einheiten (z.B. einfache Gesellschaften). Vorausgesetzt ist, dass es sich bei «andere» um bestimmbare Marktteilnehmer handelt, die isoliert betrachtet werden können, damit überhaupt die Möglichkeit einer Beeinflussung des Wettbewerbs besteht. So müssen die betroffenen Marktteilnehmer (z.b. Mitbewerber) nicht namentlich genannt sein[117]. Auch die Herabsetzung von Mitarbeitern eines Marktteilnehmers kann je nach den Umständen unlauter sein[118]. Ist der Bezugspunkt einer herabsetzenden Äusserung unkonkret, dürfte der Wettbewerb in der Regel nicht beeinflusst werden können[119]. Die Herabsetzung kann sich sowohl auf das Geschäftsgebaren eines Marktteilnehmers wie auch auf sein Privatleben beziehen[120].

45 Die Herabsetzung von **Berufsgruppen oder Branchen in** ihrer **Gesamtheit**, d.h. ohne konkreten Bezug auf eine bestimmte oder bestimmbare Person oder Leistung etc., kann bei Wettbewerbsrelevanz ebenfalls unlauter sein. Eine eigentliche Wettbewerbsneutralität soll gemäss BGer jedenfalls dann vorliegen, wenn die entsprechende Berufsgruppe über ein Monopol in ihrem Fachgebiet verfügt und es daher keine Konkurrenten gibt[121]. Diesfalls wird das Vorliegen einer Wettbewerbshandlung laut Bundesgericht verneint, da der Wettbewerb nicht objektiv beeinflusst werden könne. Dem ist entgegenzuhalten, dass solche Monopole eher selten sein dürften. Sodann ist zu berücksichtigen, wie sich Nachfrager als Reaktion auf die Herabsetzung von Berufsgruppen oder Branchen in ihrer Gesamtheit gegenüber Monopolisten möglicherweise verhalten können: Kann die Herabsetzung die Folge

---

[116] Zu eng wohl PEDRAZZINI/PEDRAZZINI, UWG, N 5.07, nach denen nur Mitbewerber Gegenstand einer Herabsetzung sein können, da nach dieser Meinung bspw. herabsetzende Äusserungen durch die Medien nicht erfasst würden; vgl. auch BAUDENBACHER/GLÖCKNER, Kommentar UWG, Art. 3 lit. a N 6. Ausserhalb der Medientätigkeit werden sich herabsetzende Äusserungen aber vorwiegend gegen Mitbewerber richten, wobei eine Substituierbarkeit der betroffenen Waren, Werke und Leistungen nicht vorausgesetzt ist. Auch ein Bezug zur Marktgegenseite ist theoretisch denkbar, etwa um eine Marktstörung (Marktverwirrung) auszulösen. Theoretisch sind auch Herabsetzungen durch Konsumenten(-vereinigungen) denkbar. Letztendlich kommt es massgeblich darauf an, dass die herabsetzenden Äusserungen als Wettbewerbshandlung verstanden werden können. Herabsetzungen von Kunden bzw. Konsumenten durch Anbieter etc. dürften demgegenüber selten sein, da sie kaum den eigenen Absatz fördern.
[117] HGer ZH SMI 1996, 510, E. 3d («70 000 mal günstiger») und Richteramt Bern III SJZ 91 (1995) Nr. 38, E. 5.5 («Lieber nackt als im Pelz»).
[118] Vgl. auch BAUDENBACHER/GLÖCKNER, Kommentar UWG, Art. 3 lit. a N 50. In Bezug auf Art. 3 lit. a wird in derartigen Fällen nur der entsprechende Marktteilnehmer zur Geltendmachung von Ansprüchen im Sinne von Art. 9 aktivlegitimiert sein, dazu N 14.
[119] Vgl. zur Herabsetzung von Branchen oder Geschäftszweigen auch N 45.
[120] BGer 4C.224/2005 sic! 2006, 280, E. 3.2 («Agefi/Edipresse»).
[121] BGE 124 IV 262, 267 f. («Chirurgi»). Zu Recht streng BAUDENBACHER/GLÖCKNER, Kommentar UWG, Art. 3 lit. a N 26.

haben, dass die Nachfrage einbricht, sich auf benachbarte sachliche oder örtliche Märkte (Frage der Substitution bzw. der Abwanderung ins Ausland) verlagert, das Preisgefüge in Bewegung kommt oder als Folge der Herabsetzung neue Marktteilnehmer und damit neue Angebote auf den Markt drängen, dürfte eine Wettbewerbshandlung zu bejahen sein[122].

Soweit herabsetzende Äusserungen in Bezug auf **Personen** bzw. Einheiten erfolgen, die **nicht am Wettbewerb teilnehmen**, liegt schon **keine Wettbewerbshandlung** vor und scheidet eine Anwendung von Art. 3 lit. a deshalb aus[123]. Zu denken ist etwa an herabsetzende Äusserungen, die sich auf Politiker bzw. Parteien, staatliche Behörden bzw. deren Funktionäre, Mitglieder von Parlamenten, Regierungen oder religiösen Personen oder Gemeinschaften beziehen oder im privaten Umgang erfolgen[124]. 46

Zur Definition der weiteren Bezugspunkte herabsetzender Äusserungen wie **«Waren, Werke, Leistungen, deren Preise oder ihre Geschäftsverhältnisse»** kann auf die **Kommentierung in Art. 3 lit. b N 29 ff.** verwiesen werden, namentlich auch deshalb, weil der Gleichklang beim Bezug vom Gesetzgeber explizit beabsichtigt war, indem der Entwurf zu einem revidierten UWG 1983 etwa auch den Bezug auf die Preise aufnahm, der sich in der Vorentwurfsversion von 1980 noch nicht fand[125]. Im Gegensatz zur Regelung bei Art. 3 lit. b erfolgt jedoch kein Bezug auf die vorrätige Menge oder die Art der Verkaufsveranstaltung. Beziehen sich Herabsetzungen auf die vorrätige Menge oder die Art der Verkaufsveranstaltung, so dürfte Art. 3 lit. a trotzdem anwendbar sein, da diesbezüglich wohl immer auch ein Bezug auf die entsprechenden Waren, Werke und Leistungen vorliegen dürfte. Ansonsten ist eine Anwendung der Generalklausel gemäss Art. 2 denkbar. 47

Ob auch die **Werbung eines Marktteilnehmers** Bezugspunkt einer herabsetzenden Äusserung sein kann, hat das BGer offengelassen[126]. Auch wenn die Werbung als Bezugspunkt in Art. 3 lit. a nicht genannt wird und wohl auch nicht als Leistung eines anderen erfasst werden kann, kann durch die Herabsetzung einer Werbung eines Marktteilnehmers eine potenzielle Beeinflussung des Wettbewerbs erfolgen. Einer Erfassung der Werbung über die Generalklausel in Art. 2 steht damit nichts im Wege. Zumindest im Rahmen der strafrechtlichen Geltendmachung von Art. 3 lit. a i.V.m. Art. 23 wäre ein Analogieschluss jedoch unzulässig. Dasselbe muss mutatis mutandis etwa auch gelten, wenn die **Geschäftspraktiken eines Markt-** 48

---

[122] Vgl. z.B. Richteramt Bern III SJZ 91 (1995) Nr. 38, E. 5.5 («Lieber nackt als im Pelz»).
[123] Instruktiv BezGerKomm Arbon SJZ 98 (2002) Nr. 2, E. 5, wo es um eine Serviertochter ging, die durch einen Privaten bei Kunden und Personal ihres Arbeitsplatzes angeschwärzt wurde, wobei auch potenzielle Arbeitgeber Adressaten der Äusserungen waren. Das Vorliegen einer Wettbewerbshandlung wurde bejaht.
[124] Vgl. dazu auch Art. 2 N 16 ff.
[125] Dazu Botschaft UWG, 1061. Vgl. dazu die Beispiele zu den einzelnen Tatbestandsmerkmalen bei BAUDENBACHER/GLÖCKNER, Kommentar UWG, Art. 3 lit. a N 47 ff.
[126] BGer 4C.342/2005, E. 1.3 («Erdöl-Vereinigung/Saldo»).

teilnehmers herabgesetzt werden, mindestens solange nicht ohnehin schon ein indirekter Bezug auf die Person oder die Waren, Werke oder Leistungen etc. des entsprechenden Marktteilnehmers existiert, wobei Art. 3 lit. a Anwendung fände.

5. *Beurteilungsmassstab: Unbefangener Durchschnittsadressat*

49 Abgestellt wird jeweils auf den **Eindruck des «unbefangenen» Durchschnittsadressaten** («Durchschnittsleser») des entsprechenden Mediums bzw. der entsprechenden Äusserung, wobei eine **objektivierende Betrachtungsweise** zur Anwendung kommt, die die **konkreten Umstände** miteinbezieht[127]. Ausschlaggebend kann diesbezüglich etwa sein, ob das Medium sich vorwiegend an Fachkreise richtet oder vorwiegend von Abonnenten konsumiert wird[128] oder ob beim Publikum eine Sensibilisierung vorliegt[129]. Es kann somit nicht darauf abgestellt werden, ob einzelne Adressaten eine fragliche Äusserung allenfalls in einer vom objektivierten Durchschnitt der Leserschaft abweichenden Weise aufgefasst haben[130]. Das BGer sah in einem neueren Entscheid keine Gründe, die Figur des «Durchschnittslesers» zugunsten «des erheblichen Teils der Leser» eines bestimmten Mediums aufzugeben[131].

6. *Presse- bzw. Medienprivileg?*

50 Die Aufnahme des funktionalen Ansatzes in Art. 1 im Rahmen der UWG-Revision 1986 bedeutet, dass eine **unlautere Herabsetzung unabhängig vom Vorliegen eines Wettbewerbsverhältnisses** zwischen dem Herabsetzer und dem Herabgesetzten vorliegen kann. Dies hat praktisch eine sehr wichtige **Bedeutung** für die **Tätigkeit der Medienschaffenden** und ist im internationalen Vergleich einzigartig[132]. Allerdings kann der vom UWG bezweckte **unverfälschte Wettbewerb** namentlich auch durch mediale Kritik und dadurch erhöhte **Markttransparenz** bewirkt werden, für die in erster Linie die Medien besorgt sind. Diesbezüglich

---

[127] Vgl. bspw. BGE 117 IV 193, 198 f. («Bernina»), BGE 132 III 641, 644, BGE 127 III 481, 487, BGE 126 III 209, 213, BGer 4C.205/2000 sic! 2000, 807 («Gratisagenda»), BGer 4C.342/2005, E. 2.2.2 sowie E.2.3 («Erdöl-Vereinigung/Saldo») sowie BGer 4A_254/2007, E. 2.1. Instruktiv ferner CdJ GE RPW 1997, 72, E. 7b («Caisses maladie»).

[128] Vgl. z.B. BGer 4C.342/2005, E. 2.2.2 («Erdöl-Vereinigung/Saldo»), wo die fragliche Zeitschrift zu 97% an Abonnenten verkauft wurde.

[129] Richteramt III Bern SJZ 91 (1995) Nr. 38, E. 5.5.3 (im Werbefernsehen ausgestrahlter Spot mit Slogan «Lieber nackt als im Pelz»; jahrelange Kampagne gegen Pelztragen).

[130] BGer 4C.205/2000 sic! 2000, 807, E. 2b («Gratisagenda»).

[131] BGer 6S.858/1999 sic! 2001, 754, E. 4 («Zeitungsberichte II»; = Pra 2002 Nr. 47).

[132] Vgl. die Hinweise bei RIKLIN, Presserecht, § 10 N 15; vgl. zur Thematik eingehend auch R. VON BÜREN/BÜRGI, SZW 1999, 283 ff.

hat das BGer ausgeführt, dass «l'application de la LCD ne doit pas faire obstacle au but assigné par le Constituant à la fonction même des médias dans le monde économique, qui consiste à susciter un débat, informer le public sur les faits d'intérêt général, sur les événements économiques, de façon à favoriser l'échange des opinions et la discussion publique»[133].

Diese Bedeutung der Medien steht in einem Spannungsfeld mit der **oft weit tragenden**, ja manchmal vernichtenden **Wirkung medialer Kritik** im Wettbewerb. Die Gratwanderung zwischen erlaubter transparenzfördernder Kritik und unlauterem Eingriff in den Wettbewerb durch Herabsetzung ist deshalb bei Medien besonders schwierig. Eine **verfassungskonforme Auslegung** erlaubt die Berücksichtigung der **Meinungsäusserungs- und Medienfreiheit** bei der Anwendung von Art. 3 lit. a, sodass die Gefahr einer Pressezensur durch eine zu strikte Anwendung von Art. 3 lit. a weitgehend gebannt scheint[134]. Dies hat im Endeffekt zur Folge, dass im Bereich der unnötig verletzenden Herabsetzung die Grenzziehung zwischen erlaubten und unlauteren Äusserungen grosszügiger gezogen wird, wenn die Äusserung durch neutrale Dritte (namentlich Medien) bzw. nicht gewerbliche Organisationen erfolgt, als wenn es sich um Äusserungen eines Konkurrenten handelt[135]. Dies rechtfertigt sich auch dadurch, dass die Medientätigkeit, insbesondere die Wirtschaftsberichterstattung, auch für **Markttransparenz** sorgt und auf diese Weise dazu beiträgt, vom UWG verpönte Wettbewerbsverfälschungen zu vermeiden oder sie aufzudecken[136]. Dies gilt nur, solange diese öffentliche Funktion auch tatsächlich wahrgenommen wird, wobei bei branchenspezifischen Medienerzeugnissen ein Missbrauch öfters festzustellen sein wird als bei allgemeinen oder branchenübergreifenden[137]. 51

Auch wenn im Rahmen der Beurteilung der Medienberichterstattung vor dem Hintergrund der Meinungsäusserungsfreiheit sehr bedeutende Interessen auf dem Spiel stehen, ist bei der Beurteilung der Medientätigkeit auch die **weit tragende Wirkung der Medien** zu berücksichtigen, die insbesondere anerkannten und vertrauenswürdigen Medien(-gefässen) zukommt[138]. Das BGer betont diesbezüglich, dass 52

---

[133] BGer 4C.171/2006 sic! 2007, 649, E. 6.1 («Stauffer»).
[134] Vgl. zur grundrechtlichen Problematik näher anstelle vieler BAUDENBACHER/GLÖCKNER, Kommentar UWG, Art. 3 lit. a N 37 ff., PEDRAZZINI/PEDRAZZINI, UWG, N 17.08 ff., NOBEL/WEBER, Medienrecht, 10 N 111 ff. und STUDER, UWG – eine «Medienfalle»?, 415 ff. N 1146 ff.
[135] BAUDENBACHER/GLÖCKNER, Kommentar UWG, Art. 2 N 334 m.w.H. sowie NOBEL/WEBER, Medienrecht, 10 N 111.
[136] Dies wurde etwa auch in BGE 117 IV 193, 198 («Bernina») und BGE 120 IV 32, 36 («Jenischenhilfe») betont, ebenso SCHLUEP, FS A. Troller, 253 f., ähnlich R. VON BÜREN/BÜRGI, SZW 1999, 298 (unter Verweis auf den Konsumentenschutz).
[137] So wohl zu Recht PEDRAZZINI/PEDRAZZINI, UWG, N 17.13.
[138] Ihnen wird mehr Objektivität zugeschrieben als einer Äusserung eines Konkurrenten; vgl. zum Ganzen auch RIKLIN, Presserecht, § 10 N 22 und NOBEL/WEBER, Medienrecht, 10 N 107. Die

zum einen «der wichtigen Aufgabe der Medien in einer demokratischen Gesellschaft Rechnung zu tragen [ist]. Zum andern ist zu beachten, dass gerade Äusserungen in den an ein breites Publikum gerichteten Medien angesichts des hohen Verbreitungsgrades, weit mehr noch als Äusserungen auf andere Weise, für den Betroffenen schwerwiegende Folgen zeitigen und sowohl dessen Wettbewerbsstellung als auch dessen Persönlichkeit erheblich beeinträchtigen können[139]». Gleichzeitig hat das BGer immer wieder betont, dass **für Medienschaffende** – unter Vorbehalt von Art. 28 ff. StGB (Kaskadenhaftung) – **kein Sonderrecht** bestehe und die **Medienfreiheit** als solche **kein Rechtfertigungsgrund** sei[140].

53 Entsprechend übt das **BGer** in seiner **heutigen Praxis** eine **relativ grosse Zurückhaltung** in der Bejahung einer unlauteren **Herabsetzung durch Medien**, wohingegen es sich in früheren Entscheiden mit einer verfassungskonformen Auslegung und Anwendung von Art. 3 lit. a noch relativ schwertat und im Fall «Mikrowellenherd» sogar vom EGMR korrigiert wurde[141]. Dies führte zu umfassender Kritik in der Literatur[142]. In jüngeren Entscheiden wurde die Notwendigkeit der **verfassungskonformen Auslegung und Anwendung von Art. 3 lit. a** regelmässig prominent **betont**[143], was zu begrüssen ist[144].

7. Spezielle Fälle

54 Die Kolportierung von **Drittäusserungen** kann in unlauterer Weise herabsetzend sein, wenn die Drittäusserungen **falsch wiedergegeben** oder **nicht als solche erkennbar** sind. Aber auch die wahrheitsgetreue und irrtumsfreie Kolportierung von Drittäusserungen kann dann unlauter sein, wenn sie **unnötig verletzend** ist, d.h. wenn sie **sachfremd** ist und über das Ziel hinausschiesst[145]. Insofern sollten

---

weit tragende Wirkung wird bei elektronischen Medien in besonderem Masse vorhanden sein, so insbes. PEDRAZZINI/PEDRAZZINI, UWG, N 17.13.

[139] BGer 6S.858/1999 sic! 2001, 754, E. 7b cc) («Zeitungsberichte II»; = Pra 2002 Nr. 47).
[140] BGE 117 IV 27, 29 ff. (betreffend Ehrverletzungen zum Regime gem. Art. 27 aStGB) sowie BGer 6S.858/1999 sic! 2001, 754, E. 7b cc) («Zeitungsberichte II»; = Pra 2002 Nr. 47).
[141] Vgl. das Urteil des EGMR vom 25. August 1998 i.S. Hertel c. Schweiz, Rs. 59/1997/843/1049 – Hertel/Schweiz, publ. in sic! 1998, 491 ff. (m. Anm. STREULI-YOUSSEF) sowie BGE 125 III 185, 188 ff. («Mikrowellenherd II»); dazu eingehend R. VON BÜREN/BÜRGI, SZW 1999, 298 ff.
[142] Anstelle vieler RIKLIN, Presserecht, § 10 N 17 ff., insb. 28.
[143] Vgl. BGer 4C.171/2006 sic! 2007, 649, E. 6.1 («Stauffer»), BGer 4C.224/2005 sic! 2006, 280, E. 3.2 («Agefi/Edipresse»), BGer 4C.342/2005, E. 1.2 («Erdölvereinigung/Saldo») sowie BGer 6S.858/1999 sic! 2001, 754, E. 7b cc) («Zeitungsberichte II») sowie auch schon BGE 123 IV 211, 216 («Rinderwahnsinn»). Instruktiv auch BezGer ZH sic! 2006, 103, E. 5 («Preisvergleich»; UWG-Strafrecht).
[144] Für eine liberale Anwendung des UWG auch NOBEL/WEBER, Medienrecht, 15 N 16 ff.
[145] BGE 126 III 305, 308 (Persönlichkeitsrecht) sowie BSK-MEILI, Art. 28 ZGB N 52, PEDRAZZINI/PEDRAZZINI, UWG, N 17.16, GEISER, SJZ 92 (1996), 77 sowie NOBEL/WEBER, Medienrecht, 10 N 125 ff.

im Rahmen der Anwendung von Art. 3 lit. a die gleichen Massstäbe wie bei Persönlichkeitsverletzungen gemäss Art. 28 ZGB gelten[146]. Drittäusserungen können auch direkt gegenüber derjenigen Person ins Recht geführt werden, die die Äusserungen getätigt hat, ohne gleichzeitig auch gegen das sie kolportierende Medium vorgehen zu müssen[147].

Mit der Kolportierung von Drittäusserungen verwandt ist die in Praxis bedeutsame Thematik der **Haftung im Anzeigen- bzw. Werbegeschäft**. Auch hier sind zunächst die allgemeinen Grundsätze zur Störerhaftung anwendbar[148]. Die Zurverfügungstellung eines Gefässes (Anzeigen- oder Werbefeld) in einem Medium berechtigt den von einer diesbezüglichen Herabsetzung Betroffenen zur Geltendmachung von negatorischen Ansprüchen sowohl gegen den Urheber der Herabsetzung wie auch – ggf. gleichzeitig – gegen den für das Gefäss Verantwortlichen (Medium). Auf die Verletzung einer Prüfungspflicht kommt es dabei nicht an, denn der für das Gefäss Verantwortliche gilt als **(Mit-)Störer** und ist im Rahmen der negatorischen Ansprüche gemäss Art. 9 Abs. 1 und 2 **passivlegitimiert**, wobei Ansprüche auf Berichtigung und Urteilspublikation im Vordergrund stehen[149]. Die Frage der **Prüfungspflicht** wird demnach **nur** im Rahmen der **verschuldensabhängigen reparatorischen Ansprüche** aktuell[150]. Eine Prüfungspflicht lässt sich jedoch nur bei besonderen Umständen vertreten, wobei eine Grobkontrolle regelmässig ausreichen dürfte[151]. So muss etwa in «verletzungs- bzw. herabsetzungsgeneigten» Bereichen, bei Personen, die in der Vergangenheit bereits Rechtsverletzungen begangen haben, oder bei Hinweisen auf drohende Rechtsverletzungen eine derartige Prüfungspflicht bejaht werden. Ähnliche Grundsätze müssen für **Internetlinks bzw. Internet-Provider** gelten[152].

55

Häufige Gegenstände von Herabsetzungsklagen sind die **Gerichtsberichterstattung**, die sonstige Berichterstattung über behördliche Verfahren sowie Äusserungen über Vorstrafen u.a.[153]. Auch hier muss dem Wahrheitsgebot sowie dem Irrefüh-

56

---

[146] Dazu näher OGer ZH vom 16.12.2005 (LB040109/U; vorinstanzlicher Entscheid i.S. «Patty Schnyders Vater»; Persönlichkeitsrecht) und RIEMER, recht 2001, 35 ff. sowie NOBEL, SJZ 88 (1992), 248 f.
[147] Vgl. z.B. BGer 6S.340/2003 sic! 2004, 882 («Jahrmarktveranstaltung»), wo dem Beschuldigten in der NZZ veröffentlichte Äusserungen vorgeworfen wurden, ohne dass auch das die Äusserungen kolportierende Medium ins Recht gefasst wurde. Umgekehrt wurde in BGE 133 III 151 ff. («Patty Schnyders Vater»; Persönlichkeitsverletzung) nur das die Drittäusserungen kolportierende Medium (Sonntags-Blick) bzw. (teilweise) der entsprechende Redaktor ins Recht gefasst.
[148] Dazu Art. 9 N 32 ff.
[149] BAUDENBACHER/GLÖCKNER, Kommentar UWG, Art. 3 lit. a N 76.
[150] Vgl. auch BAUDENBACHER/GLÖCKNER, Kommentar UWG, Art. 3 lit. a N 67 ff.
[151] So BAUDENBACHER/GLÖCKNER, Kommentar UWG, Art. 3 lit. a N 72 ff., insb. N 76. Vgl. auch RIKLIN, Presserecht, § 10 N 13 und Art. 9 N 34 ff. sowie N 51 f.
[152] Dazu näher BAUDENBACHER/GLÖCKNER, Kommentar UWG, Art. 11 N 30 f. und NOBEL/WEBER, Medienrecht, 5 N 18 sowie Art. 9 N 34 ff. und N 49 ff. sowie Art. 9 N 34 ff. und N 49 ff.
[153] Dazu ausführlich RIKLIN, Presserecht, § 7 N 49 ff. m.w.H. sowie BGE 129 III 529 ff. (Persönlichkeitsrecht).

rungsverbot entsprochen werden. Besonderes Augenmerk gilt auch hier dem **Verhältnismässigkeitsgebot**, gemäss welchem auch unnötige Verletzungen unlauter sind. Äusserungen über einen Rechtsstreit zwischen zwei Parteien sind jedoch nicht herabsetzend und noch weniger unlauter, wenn beide Versionen dargelegt werden und keine Partei ergriffen wird[154]. Der Vorwurf eines Verbrechens gegenüber einem Mitbewerber dürfte regelmässig wettbewerbsrelevant sein[155], was jedoch seine Unlauterkeit noch nicht impliziert. Diesbezüglich kommt **auf** die **Medientätigkeit** infolge der Meinungsäusserungsfreiheit und der daraus folgenden verfassungskonformen Auslegung und Anwendung von Art. 3 lit. a auf die Medien (Wirtschaftsberichterstattung) aber ein **weniger restriktiver Ansatz** zum Tragen als bei Äusserungen von Marktteilnehmern, insbesondere über Mitbewerber.

57   Die **Äusserung von Rechtsauffassungen**, so namentlich auch der Vorwurf rechtswidrigen Verhaltens, kann herabsetzend und unlauter sein, wenn die der Rechtsauffassung zugrundeliegenden Tatsachenbehauptungen unrichtig, irreführend oder sonst unnötig verletzend dargestellt werden und so herabsetzend auf einen anderen Marktteilnehmer abfärben[156]. Darunter fällt etwa auch die Frage, ob ein behaupteter Sachverhalt so vorliegt oder eine ins Feld geführte Norm überhaupt besteht. Dasselbe gilt, wenn die Rspr. oder Lehrmeinungen falsch wiedergegeben werden. Insofern ist bei Rechtsauffassungen immer der **Tatsachenkern herauszuschälen** und ist zu verifizieren, ob die zugrunde gelegten Rechtsnormen existieren[157]. Die als solche **erkennbare eigene Rechtsauffassung** bzw. die **Subsumtion** eines bestimmten Sachverhalts unter eine Rechtsnorm ist als **Werturteil** hingegen nicht der Richtigkeitsprüfung zugänglich und nur dann unlauter, wenn sie unnötig verletzend, d.h. sachfremd oder unsachlich daherkommt[158].

58   Mit der Äusserung von Rechtsauffassungen verwandt ist die in der Praxis des gewerblichen Rechtsschutzes bedeutsame Thematik der **unberechtigten Abmahnung**[159]. Besteht das der Abmahnung zugrunde gelegte immaterialgüterrechtliche Schutzrecht nicht, nicht in der geschilderten Art und Weise bzw. nicht mehr, oder wird der ihr zugrunde gelegte Sachverhalt falsch oder irreführend dargestellt, kann die entsprechende Abmahnung ggf. als im Sinne von **Art. 3 lit. b** oder **ggf. Art. 2** unlauter qualifiziert werden[160]. Dasselbe trifft mutatis mutandis auch auf weitere

---

[154] BGer 4C.171/2006 sic! 2007, 649, E. 6.2 («Stauffer») betreffend Medienberichten in der «Tribune de Genève».
[155] Zurückhaltender aber BGer 6P.93/2003, E. 2.2 i.f.
[156] Vgl. BGE 93 II 135, 140 ff. («Ingenieur HTL») sowie die in BGer 4P. 183/1995 sic! 1997, 414, E. 5d («Hitzeschutzschild II») erfolgte Berufung auf die materielle Nichtigkeit eines Patents im Rahmen einer Abmahnung.
[157] Vgl. BGer 4C.55/2005 sic! 2006, 277, E. 2.2 («Yellowworld»; dreistufiges Vorgehen) unter Bezugnahme auf BAUDENBACHER/GLÖCKNER, Kommentar UWG, Art. 3 lit. a N 21.
[158] Dazu BGE 93 II 135, 140 ff. («Ingenieur HTL»).
[159] Vgl. zum Institut und zur prozessrechtlichen Bedeutung der Abmahnung Vor Art. 12–15 N 58.
[160] Vgl. Art. 3 lit. b N 42 sowie Art. 2 N 92. Vgl. zum Ganzen z.B. STREULI-YOUSSEF, SIWR V/1, 123, A. TROLLER, Immaterialgüterrecht II, 900 und BAUDENBACHER/GLÖCKNER, Kommentar

Rechtsverletzungen zu, die nicht in Schutzrechtsverletzungen bestehen, namentlich auf den Vorwurf unlauteren, kartellrechtswidrigen oder sonst rechtswidrigen Verhaltens[161]. Eine Herabsetzung gemäss Art. 3 lit. a stellt eine unberechtigte Abmahnung jedoch nur dann dar, wenn die Abmahnung nicht lediglich unter den Beteiligten erfolgt, sondern **auch Dritten, namentlich Mitbewerbern oder Kunden (inkl. Konsumenten), zur Kenntnis gebracht** wird und erst so potenziell ihre herabsetzende Wirkung entfalten kann[162]. In jedem Fall darf die Anwendung des UWG aber nicht dazu führen, dass derjenige im wirtschaftlichen Verkehr beschränkt wird, der in guten Treuen seine ihm tatsächlich oder vermeintlich zustehenden Rechte durchsetzen will[163].

Die **Publikation wissenschaftlicher Erkenntnisse** muss zunächst als Wettbewerbshandlung zu qualifizieren sein, damit ggf. Art. 3 lit. a überhaupt zur Anwendung kommen kann[164]. Dies ist etwa dann zu verneinen, wenn eine Publikation im wissenschaftlichen Rahmen erfolgt und nicht objektiv auf eine Beeinflussung des Konsumentenverhaltens angelegt ist. Sobald die Äusserungen jedoch objektiv dazu geeignet sind, den Wettbewerb zu beeinflussen, können die Bestimmungen des UWG und damit namentlich auch Art. 3 lit. a anwendbar sein. Eine unlautere Herabsetzung wurde vom BGer im Fall «Mikrowellenherd I» bejaht, weil die Forschungsergebnisse eines Umweltbiologen betreffend die schädigende Wirkung von Mikrowellen umstritten waren und aus der Publikation **nicht in genügendem Masse hervorging**, dass es sich um eine Minderheitsmeinung handelte bzw. in der Wissenschaft ein **Meinungsstreit** bestand[165]. Der Entscheid wurde vom EGMR 1994 wegen Verletzung der Meinungsäusserungsfreiheit gemäss Art. 10 EMRK kassiert[166]. Das BGer blieb im Revisionsentscheid – zumindest im Ergebnis – im Wesentlichen bei seiner Auffassung[167]. Hinweise auf in der Wissenschaft bestehende Meinungsstreite sind aber nur dann nötig, wenn bei umstrittenen Fragen über-

---

UWG, Art. 3 lit. a N 21 und 51 sowie BGer 4P.183/1995 sic! 1997, 414, E. 5c («Hitzeschutzschild II»), BGE 108 II 225, 226 f. und HGer SG vom 22.11.2005 (HG.2005.61), E. 2a. Eine unlautere Abmahnung liegt etwa dann vor, wenn der Verwarnende mit Sicherheit um die Nichtigkeit eines Patents weiss oder an dessen Rechtsbeständigkeit ernsthaft zweifeln muss, wobei diese Grundsätze auch dann gelten, wenn eine Patentverletzung an sich ernsthaft zweifelhaft ist.

[161] Vgl. auch BAUDENBACHER/GLÖCKNER, Kommentar UWG, Art. 3 lit. a N 51 m.w.H.
[162] Dazu näher BAUDENBACHER/GLÖCKNER, Kommentar UWG, Art. 3 lit. a N 12. Der Rechtsvertreter der abgemahnten Partei ist diesbezüglich jedoch noch nicht als Dritter zu qualifizieren. Vgl. auch den Fall in BGE 82 II 544 ff., wo eine Herabsetzung zum Zwecke der Geltendmachung vorvertraglicher Ansprüche erfolgte.
[163] BGer 4P.183/1995 sic! 1997, 414, E. 5c («Hitzeschutzschild II») sowie BGer SMI 1967, 141, E. 3.
[164] Anstelle vieler BGE 120 II 76, 78 f. («Mikrowellenherd I»).
[165] BGE 120 II 76, 81 («Mikrowellenherd I»). Weniger restriktiv jedoch BGE 123 IV 211, 216 ff. («Rinderwahnsinn»), wo eine Bezugnahme auf wissenschaftliche Gutachten fehlte; vgl. aus Sicht von Art. 173 StGB BGE 118 IV 153, 161 ff. («Putschplanung»).
[166] Urteil des EGMR vom 25. August 1998 i.S. Hertel c. Schweiz, Rs. 59/1997/843/1049 – Hertel/Schweiz, publ. in sic! 1998, 491 ff. (m. Anm. STREULI-YOUSSEF).
[167] BGE 125 III 185, 188 ff. («Mikrowellenherd II»).

haupt auf ein wissenschaftliches Gutachten Bezug genommen wird[168]. Die Äusserung der – als solchen erkennbaren – eigenen Überzeugung ist stets zulässig, wenn damit keine Irreführung oder unnötige Verletzung verbunden ist[169].

60 Hinsichtlich «**journalistischer Ungenauigkeiten**» und **Vereinfachungen in Presseberichten** geht die st. Rspr. des BGer zu Art. 28 ZGB dahin, dass eine Persönlichkeitsverletzung durch Presseberichte nur vorliegt, wenn die Ungenauigkeiten den Betroffenen bei der Leserschaft in einem falschen Licht erscheinen lassen[170]. Dies gilt auch für potentielle UWG-Verletzungen; so liegt eine Wettbewerbswidrigkeit dann vor, wenn sie die Leserschaft in Bezug auf Tatsachen, die einen wesentlichen Einfluss auf die wirtschaftliche Ehre eines Wettbewerbsteilnehmers haben, zu unzutreffenden Vorstellungen verleiten[171]. Eine **vereinfachende Darstellung** im Interesse der Allgemeinverständlichkeit (bzw. der Verständlichkeit des «unbefangenen Durchschnittsadressaten» der Äusserung) muss zulässig sein[172]. Letztlich ist nur ausschlaggebend, ob die betreffenden Äusserungen bei der Leserschaft Vorstellungen hervorrufen, die in für das Ansehen des Betroffenen wesentlichen Punkten von der wirklichen Sachlage abweichen[173].

61 Äusserungen über die **Finanzlage**, die **Bonität**, die **Zahlungsmoral** oder die **berufliche Leistungsfähigkeit eines Marktteilnehmers** sind grundsätzlich heikel und können schnell über das Ziel hinausschiessen und insofern unlauter sein, da sie potenziell schwerwiegend sein können[174]. Dies gilt insbesondere für Äusserungen von Marktteilnehmern über Mitbewerber[175]. Ob auch eine **Schikanebetreibung** gemäss Art. 3 lit. a unlauter sein kann, ist fraglich, da in der ungerechtfertigten oder

---

[168] BGE 123 IV 211, 215 f. («Rinderwahnsinn»).
[169] Ähnlich deutlich zu Recht BAUDENBACHER/GLÖCKNER, Kommentar UWG, Art. 3 lit. a N 18 f.
[170] BGE 123 III 354, 363 («K-Tip»), BezGer ZH sic! 2006, 103, E. 5.1 («Preisvergleich»; UWG-Strafrecht), BGE 107 II 1, 6, BGE 105 II 161, 165, BGE 119 II 97, 101 und BGE 111 II 209, 222 (ausser den ersten beiden alle zum Persönlichkeitsrecht).
[171] BGE 123 III 354, 363 («K-Tip») und BGer 4A.481/2007 sic! 2008, 450, E. 3.2 («Adressbuchschwindel»).
[172] GEISER, SJZ 92 (1996), 76 f. sowie ihm folgend BGE 123 III 354, 363 («K-Tip»). Zur «Problematik» der Vereinfachung auch SIEBER, Wirtschaftsjournalismus, N 472 ff.
[173] BGE 123 III 354, 363 f. («K-Tip»). Vgl. zum Zeitdruck-Argument PEDRAZZINI/PEDRAZZINI, UWG, N 17.13.
[174] Vgl. z.B. BGer SMI 1996, 499, E. 1b («Konkurs-Verleumdung»), HGer SMI 1985, 107, 107 f. («Drohende Enthüllungen») sowie BAUDENBACHER/GLÖCKNER, Kommentar UWG, Art. 3 lit. a N 53 f. und SIEBER, Wirtschaftsjournalismus, N 435 ff.
[175] Vgl. zu Äusserungen zur finanziellen Situation eines Unternehmens in den Medien BGer 6S.858/1999 sic! 2001, 754, E. 6b) («Zeitungsberichte II»; = Pra 2002 Nr. 47), wonach ein öffentliches Interesse an der finanziellen Situation eines Unternehmens nicht zuletzt auch deshalb bejaht werden kann, wenn Betriebsschliessungen drohen und «es auch zu den Aufgaben eines Journalisten [gehört], Mutmassungen über mögliche künftige Entwicklungen eines Unternehmens, beispielsweise über mögliche Betriebsschliessungen anzustellen». In casu wurde eine unlautere Herabsetzung jedoch bejaht, da diese Mutmassungen nicht auf der richtigen (wahren) Darstellung aktueller und vergangener Ereignisse basierten.

missbräuchlichen Zustellung eines Zahlungsbefehls noch keine Äusserung zu erblicken ist und der Eintrag im Betreibungsregister an sich noch keinen herabsetzenden Eindruck hinterlässt, da er weder über die Solvenz noch die Begründetheit der fraglichen Forderung Auskunft gibt[176].

V. Subjektiver Tatbestand

Gemäss den allgemeinen Grundsätzen setzen UWG-Tatbestände das **Vorliegen subjektiver Merkmale nicht voraus**. Eine Stufung erfolgt erst bei den Rechtsfolgen, insofern die reparatorischen Ansprüche verschuldensabhängig und die Strafsanktionen gemäss Art. 23 vorsatzabhängig sind[177]. Daran ändert nichts, dass das im Tatbestand enthaltene Wort «herabsetzt» ausnahmsweise eine besondere subjektive Einstellung impliziert, etwa das Bewusstsein bzw. den Willen des Herabsetzers, gegenüber einem Marktteilnehmer eine Äusserung zu tätigen, die negative Auswirkungen auf ihn hat.

62

Teilweise wird in Rspr. und Literatur spezifisch bei Art. 3 lit. a eine (Wettbewerbs-) **Absicht** vorausgesetzt bzw. postuliert[178]. Dies darf jedoch nicht darüber hinwegtäuschen, dass objektiv unlautere, zur Herabsetzung geeignete Äusserungen vom UWG erfasst werden, und zwar unabhängig davon, welche Bedeutung einer Äusserung vom Urheber beigemessen wird. Es kommt ausschliesslich auf die Wahrnehmung des Durchschnittsadressaten an. Allerdings kann das **Vorliegen einer (Wettbewerbs-) Absicht** ggf. als **Indiz** für das Vorliegen einer Herabsetzung betrachtet werden.

63

---

[176] Vgl. KGer FR FZR 2001, 330, E. 5d; a.A. wohl CHK-FERRARI HOFER/VASELLA, Art. 3 UWG N 2. Daran ändert jedoch nichts, dass eine Schikanebetreibung von Art. 2 erfasst werden kann (vgl. dazu Art. 2 N 92 sowie zur schikanösen Rechtsausübung die Hinweise bei BAUDENBACHER/ GLÖCKNER, Kommentar UWG, Art. 3 lit. a N 51 in Fn. 150).
[177] Vgl. schon BGE 82 II 544, 548 ff. und BGE 120 II 76, 78 f. («Mikrowellenherd I»), sowie BGer SMI 1995, 438, E. 2c aa) («Diktatorische Sortimentskürzung»). Dazu auch näher Art. 2 N 23 f.
[178] Vgl. z.B. NOBEL, SJZ 88 (1992), 252, ihm entgegentretend BGE 120 II 76, 78 f. («Mikrowellenherd I»), sowie SMI 1995, 438, E. 2c aa) («Diktatorische Sortimentskürzung»). Eingehend zur Thematik R.VON BÜREN/BÜRGI, SZW 1999, 293 f. m.w.H. (ablehnend).

VI. Rechtfertigung und Einwendungen des Verletzers

64 Auch im Rahmen der Anwendung von Art. 3 lit. a gelten grds. die **allgemeinen Voraussetzungen** einer Rechtfertigung. Insofern kann auf die Kommentierung in Art. 2 N 117 ff. verwiesen werden.

65 Besondere Bedeutung erlangt die Frage der Rechtfertigung bei Art. 3 lit. a wegen der **Nähe** der Herabsetzung **zur Persönlichkeitsverletzung** gemäss Art. 28 ZGB. So ist die Verletzung der Persönlichkeit als absolutem Rechtsgut per se rechtswidrig, es sei denn, es greifen Rechtfertigungsgründe. Demgegenüber schützt das UWG keine absoluten Rechtsgüter, sondern verbietet unlauteres und wettbewerbsverfälschendes Verhalten. Die **Rechtfertigungsgründe des Persönlichkeitsrechts** können jedoch im Rahmen der Anwendung von Art. 3 lit. a **berücksichtigt** werden[179]. Sie werden – falls sie vorliegen – oft schon **tatbestandsausschliessende Wirkung** aufweisen. Dabei ist jedoch zu differenzieren. Dass eine Anwendung von Art. 3 lit. a bei **Einwilligung des Verletzten** schon auf der Tatbestandsebene ausscheidet, liegt zwar nahe. Es muss aber letztlich infolge der funktionalen Dimension des UWG fraglich sein, ob dies in jedem Fall zutrifft. Soweit sich eine Herabsetzung auf eine **gesetzliche Grundlage** in Bund oder Kantonen stützt (z.B. behördliche Informations-, Warnungs- oder Aufsichtspflichten), scheidet eine Unlauterkeit gemäss Art. 3 lit. a ebenfalls aus. Gleichzeitig dürfte in diesen Fällen eine Unlauterkeit regelmässig schon deshalb ausscheiden, weil in solchen Fällen kaum je eine unlautere Herabsetzung vorliegen dürfte. Ferner wird die **Wahrnehmung berechtigter Interessen** (überwiegende private oder öffentliche Interessen; vgl. Art. 28 Abs. 2 ZGB) namentlich durch Medienberichterstattung und die diesbezügliche Gewährleistung der **Meinungsäusserungs- und Medienfreiheit** im Rahmen **einer verfassungskonformen Auslegung** berücksichtigt, ohne dass es eines speziellen Rückgriffs auf die Rechtfertigungsdogmatik bedürfte[180]. Die Frage der Rechtfertigung wird also quasi «vorweggenommen» und auf der Tatbestandsebene behandelt. Das insofern resultierende Presse- bzw. Medienprivileg[181] braucht also nicht auf der Rechtfertigungsebene behandelt zu werden. **In Abwehr erfolgte Äusserungen** («Retorsion») sollen mit Zurückhaltung gewürdigt werden, wobei schon auf Tatbestandsebene eine unnötige Verletzung verneint werden soll[182].

---

[179] Vgl. auch BAUDENBACHER/GLÖCKNER, Kommentar UWG, Art. 3 lit. a N 37 ff., der von Gesamtwürdigung spricht.
[180] Deutlich BGer 6S.858/1999 sic! 2001, 754, E. 7b cc) («Zeitungsberichte II»; = Pra 2002 Nr. 47), wonach die Medienfreiheit als solche keinen Rechtfertigungsgrund darstelle. Wohl anders RIKLIN, Presserecht, § 10 N 23. Vgl. zum Spannungsfeld Herabsetzung-Meinungsäusserungsfreiheit näher N 50 ff.
[181] Dazu oben, N 50 ff.
[182] STREULI-YOUSSEF, SIWR V/1, 122.

Eine **Analoganwendung** des **Gutglaubensbeweises**, der bei der strafrechtlichen Ehrverletzung in **Art. 173 Ziff. 2 StGB** vorgesehen ist und dort zur Strafmilderung oder -freiheit führen kann, verbietet sich, ist aber gleichzeitig entbehrlich. Zu beachten ist, dass Art. 173 StGB die Beweislast dem Beschuldigten überbürdet. Der Gutglaubensbeweis ist vor diesem Hintergrund zu würdigen. Bei Art. 3 lit. a kommt eine Beweislastumkehr nach Art. 13a nur dann in Betracht, wenn es um dessen zivilrechtliche Anwendung geht, die Richtigkeit von Tatsachenäusserungen in der Werbung in Frage steht und eine entsprechende richterliche Anordnung vorliegt[183]. Eine Erstreckung des Gutglaubensbeweises auf Tatbestände von Art. 3 lit. a wäre systemfremd, da negatorische Ansprüche im Sinne von Art. 9 Abs. 1 und 2 grds. unabhängig vom Vorliegen subjektiver Merkmale möglich sind und sein müssen. Insofern ist das Vorliegen einer objektiven Wettbewerbsrelevanz ausreichend. Die verschuldensunabhängigen negatorischen Ansprüche müssen auch dann zur Verfügung stehen, wenn der Verletzer gutgläubig gehandelt hat. Reparatorische Ansprüche gemäss Art. 9 Abs. 3 sind verschuldensabhängig, sodass es einer analogen Anwendung von Art. 173 Ziff. 2 StGB gar nicht bedarf.

66

VII. Rechtsfolgen

Bei Vorliegen der Voraussetzungen von Art. 3 lit. a i.V.m. Art. 9 stehen dem Betroffenen **negatorische Ansprüche** zur Verfügung. Von **praktischer Bedeutung** sind bei unlauteren Herabsetzungen im Sinne von Art. 3 lit. a weniger die Ansprüche auf Unterlassung, Beseitigung und Feststellung, sondern diejenigen auf **Publikation** und **Berichtigung**[184].

67

Soweit neben einer unlauteren Herabsetzung **gleichzeitig** eine **Verletzung des Persönlichkeitsrechts** durch periodisch erscheinende Medien vorliegt, kann gemäss Art. 28g ff. ZGB eine **Gegendarstellung** verlangt werden[185]. Dies kann insbesondere dann der Fall sein, wenn sich die Herabsetzung direkt gegen ein Unternehmen oder einen Unternehmer richtet, d.h. bei **Personenbezug**. Es wäre stossend, im Rahmen vorsorglicher Massnahmen über den Verweis in Art. 14 auf Art. 28c–28f ZGB (ohne Art. 28g ff. ZGB) nur die Einschränkung bei periodisch erscheinenden Medien in Art. 28c Abs. 3 ZGB anzuwenden, jedoch einem Betroffenen eine Gegendarstellung gemäss Art. 28g ff. ZGB deshalb zu versagen, weil die persönlich-

68

---

[183] Vgl. Art. 13a N 11 ff.
[184] Dies deshalb, weil der durch Herabsetzungen geschaffene Störungszustand oft nicht andauert oder sich nicht zu wiederholen droht, vgl. z.B. BGE 124 III 72, 74 («Contra-Schmerz») und HGer SG sic! 2003, 609, E. II./2a, 2b und 4c («Mini-Berlusconi»). Zum Ganzen näher Art. 9 N 60 ff.
[185] So auch RIKLIN, Presserecht, § 10 N 23; BAUDENBACHER/GLÖCKNER, Kommentar UWG, Art. 9 N 171. Für ein selbständiges lauterkeitsrechtliches Gegendarstellungsrecht R. VON BÜREN/BÜRGI, SZW 1999, 301 m.w.H.

keitsverletzende Herabsetzung im Rahmen einer Wettbewerbshandlung erfolgt ist[186]. In Fällen, in denen **kein direkter oder indirekter Personenbezug** besteht, **entfällt** die Möglichkeit einer **Gegendarstellung**, da einerseits der Verweis in Art. 14 nicht greift und andererseits ein Vorgehen über Art. 28 ZGB i.V.m. Art. 28g ff. ZGB mangels Vorliegens einer Persönlichkeitsverletzung nicht möglich ist.

69 Was die **reparatorischen Ansprüche** anbelangt, ist zunächst der **Schadenersatzanspruch** gemäss Art. 9 Abs. 3 zu nennen. Die **Berechnung des entgangenen Gewinns** kann namentlich in Fällen, in denen sich eine Herabsetzung gegen mehrere Parteien richtet, mit grossen **Schwierigkeiten** behaftet sein[187]. Im Vordergrund steht die **konkrete Schadensberechnung**, während abstrakte Schadensberechnungsarten (Lizenzanalogie oder Gewinn als Indiz) bei einer Herabsetzung ausscheiden dürften[188]. Immerhin kann der Schaden gemäss Art. 42 Abs. 2 OR auch auf Basis einer richterlichen Schätzung ermittelt werden, wobei dem erkennenden Gericht ein relativ grosser Spielraum zusteht und namentlich auch Schätzungen ex aequo et bono möglich sind. Auch die Frage, ob entgangener Gewinn gerade auf eine konkrete Herabsetzung zurückzuführen ist, bedarf sorgfältiger Prüfung. Vielfach führen (auch oder alleine) andere Gründe zu Umsatzeinbussen und Kundenverlusten[189]. Der Kausalzusammenhang kann in analoger Anwendung von Art. 42 Abs. 2 OR aber dann bejaht werden, wenn eine hohe Wahrscheinlichkeit für ihn spricht[190]. Die Haftung von Medienunternehmen bestimmt sich ferner nach Art. 55 OR, wobei im Fall, dass ein Mitglied der Redaktion einen Artikel zeichnet, auch Art. 55 ZGB zur Anwendung kommen kann[191].

70 Eher beschränkte praktische Bedeutung weisen Ansprüche auf **Genugtuung** auf, weil diese gemäss Art. 49 OR nur bei Vorliegen einer besonders schweren Persön-

---

[186] Ähnlich BAUDENBACHER/GLÖCKNER, Kommentar UWG, Art. 9 N 174. Im das Persönlichkeitsrecht betreffenden BGE 130 III 1 ff. wurde die Möglichkeit einer Gegendarstellung bejaht, wobei auch eine Wettbewerbsrelevanz vorgelegen haben dürfte.

[187] Vgl. z.B. BGer 4C.225/2006 sic! 2007, 215, E. 2 («Yellowworld II»), HGer ZH vom 25.06.2007 (HG060341/U), E. 5 («Yellowworld III») und BGE 122 III 219, 221 ff. («Spinnerei an der Lorze») zu Substanziierungspflichten im Rahmen der Schadensschätzung gemäss Art. 42 Abs. 2 OR, die über Art. 9 Abs. 3 zur Anwendung kommt.

[188] Dazu näher Art. 9 N 141 ff. m.w.H.

[189] In diesem Zusammenhang instruktiv BGer 4C.84/1999 sic! 2000, 644, E. 3 («Fitnessstudio»). Zum Problem der Faktorenanalyse näher Art. 9 N 128.

[190] Dazu näher Art. 9 N 158 m.w.H.; vgl. aber z.B. den Fall BGer 4C.84/1999 sic! 2000, 644, E. 3 («Fitnessstudio»), wo ein Kausalzusammenhang verneint wurde, weil die fraglichen herabsetzenden Äusserungen deren Empfänger in die Lage gebracht haben, ihre Marktposition neu einzuschätzen und neue Forderungen zu stellen, nicht aber ihre Vertragsabschlussabsichten grundsätzlich in Frage stellten. Die Tatsache, dass die herabsetzenden Äusserungen die Unterzeichnung der Verträge hinauszögerten und deren Inhalt beeinflussten, wurde nicht mehr als adäquate Folge der behaupteten herabsetzenden Äusserungen betrachtet.

[191] Dazu GEISER, SJZ 92 (1996), 78.

lichkeitsverletzung ausgerichtet werden können[192]. Der Verweis in Art. 9 Abs. 3 auf die Genugtuung dürfte als Rechtsgrundverweis zu betrachten sein, sodass die Voraussetzungen von Art. 49 i.V.m. Art. 41 Abs. 1 OR auch auf den Anspruch aus Art. 3 lit. a i.V.m. Art. 9 zur Anwendung kommen[193].

Fraglich ist, ob die in Art. 9 Abs. 3 allgemein als Rechtsfolge vorgesehene Sanktion der **Gewinnherausgabe** nach den Vorschriften über die Geschäftsführung ohne Auftrag nur bei Vorliegen der Voraussetzungen gemäss Art. 423 OR, also bei eigentlicher Fremdgeschäftsführung Anwendung finden kann[194]. Dies wäre jedoch stossend, da der Herabsetzer nicht das Geschäft des Herabgesetzten führt, da die Eigenherabsetzung nicht als Geschäft im Sinne von Art. 423 OR zu betrachten ist. Bei Persönlichkeitsverletzungen wurde ein Anspruch auf Gewinnherausgabe unter Anführung der Materialien und unter Berufung auf die präventive Stossrichtung des Persönlichkeitsrechts vom Bundesgericht im Jahre 2006 bejaht[195]. Es spricht einiges dafür, die Möglichkeit der Gewinnherausgabe auch bei unlauteren Herabsetzungen gemäss Art. 3 lit. a zu bejahen und den Verweis in Art. 9 Abs. 3 als **Rechtsfolgeverweis** zu qualifizieren, ansonsten die in Art. 9 Abs. 3 enthaltene Rechtsfolge der Gewinnherausgabe weitgehend leerlaufen würde[196]. Zudem weist die Gewinnherausgabe des Herabsetzers an den Herabgesetzten auch quasi-pönalen Charakter auf. Es ist nicht davon auszugehen, dass der Gesetzgeber im Rahmen der Revision von 1986 eine Rechtsfolge vorsah, die in der Praxis nicht oder kaum gewährt werden kann. Vielmehr spricht vieles dafür, dass namentlich bei der Herabsetzung gemäss Art. 3 lit. a die gleichen Überlegungen zum Zuge kommen können wie beim Persönlichkeitsschutz. Die gleiche Problematik stellt sich etwa auch im Kartellrecht (Art. 12 Abs. 1 lit. c KG), wo der Verweis auf die Gewinnherausgabe wohl ebenfalls als Rechtsfolgeverweis zu verstehen ist[197].

71

Mangels Zuweisungsgehalts dürfte bei Herabsetzungssachverhalten ein auf Art. 62 OR gestützter Anspruch aus sog. **Eingriffskondiktion** entfallen. Soweit es aufgrund von unlauteren herabsetzenden Äusserungen zu Vertragsabschlüssen oder Vertragsverhandlungen kam, sind ggf. **vertragliche Ansprüche**, **Ansprüche infolge Willensmangelanfechtung** oder aus **culpa in contrahendo** (c.i.c.-Haftung)

72

---

[192] Dies ist in Einzelfällen schwerer Angriffe auf die persönliche oder geschäftliche Ehre denkbar, vgl. BGE 79 II 317, 328 f. zu Art. 1 Abs. 2 lit. d aUWG (in casu verneint). Vgl. auch BGE 95 II 481, 502 f. («Club Méditerranée»).
[193] Dazu näher Art. 9 N 180 f. Vgl. zum Persönlichkeitsrecht näher BSK-MEILI, Art. 28a ZGB N 17 m.w.H.
[194] In diese Richtung scheint BGer 4C.163/2000 sic! 2001, 330, E. 5b («Kantenanleimmaschine») zu gehen, wo jedoch ein Anspruch aus Art. 5 (Übernahme fremder Leistung) beurteilt wurde.
[195] BGE 133 III 151, 157 ff. («Patty Schnyders Vater»). Dabei ist zu beachten, dass diesem persönlichkeitsrechtlichen Entscheid die II. Zivilabteilung des BGer zuständig war, während für Ansprüche aus UWG die I. Zivilabteilung zuständig ist, wobei soweit ersichtlich zwischen den beiden Abteilungen vorgängig kein Meinungsaustausch stattfand.
[196] Dazu näher Art. 9 N 186 ff. m.w.H.
[197] Dazu näher Art. 9 N 193 und dortige Fn. 420 f.

denkbar[198]. Dies muss zumindest in Fällen von unrichtigen oder irreführenden Äusserungen gelten. Die Praxisrelevanz dürfte jedoch gering sein.

73 Der Tatbestand der unlauteren Herabsetzung gemäss Art. 3 lit. a wird in der Praxis vergleichsweise oft auf dem **Strafrechtsweg** über Art. 23 angerufen, wobei auffällt, dass der Strafrechtsweg bei unlauteren Herabsetzungen durch Mitbewerber oft, aber bei solchen durch die Medien oder Konsumentenorganisationen bedeutend weniger angerufen wird. **Strafsanktionen** gemäss Art. 3 lit. a i.V.m. Art. 23 können bei Vorliegen der entsprechenden Voraussetzungen ergänzend neben die zivilrechtlichen Rechtsfolgen gemäss Art. 9 treten, wobei bei Mediendelikten die in Art. 28 StGB (ggf. i.V.m. Art. 322bis StGB) vorgesehene Kaskadenhaftung zur Anwendung kommt[199].

74 Wird gleichzeitig gegen Bestimmungen verwaltungsrechtlicher Regulierungen verstossen, können ergänzend neben zivil- und strafrechtlichen Sanktionen auch **verwaltungsrechtliche Sanktionen** zur Anwendung gelangen. Zu denken ist dabei namentlich an medienrechtliche Vorgaben im RTVG. Die Sanktionen gemäss RTVG können je nach den Umständen bis zum Entzug der Konzession und zu Bussgeld in erheblicher Höhe führen[200].

VIII. Verfahrensfragen

75 Die **Beweislast** für die herabsetzenden Äusserungen und deren Unlauterkeit (Unrichtigkeit, Irreführung oder unnötige Verletzung) obliegt gemäss den allgemeinen Regeln in Art. 8 ZGB der Klagepartei. Aufgrund von **Art. 13a** kann der Beweis für die Richtigkeit von Tatsachenbehauptungen in zivilrechtlichen UWG-Streitigkeiten über herabsetzende Äusserungen in der Werbung dem Beklagten überbunden werden[201]. Ferner kann der in **Art. 173 Ziff. 2 StGB** vorgesehene und dem Beschuldigten auferlegte **Gutglaubensbeweis nicht** ohne weiteres auch **auf** Fälle von **Herabsetzungen im Sinne von Art. 3 lit. a** erstreckt werden, namentlich nicht in Bezug auf die strafrechtliche Durchsetzung von Art. 3 lit. a (i.V.m. Art. 23)[202]. Die den Verletzer benachteiligende und an sich gegen die Unschuldsvermutung verstossende Beweislastumkehr darf nicht auf dem Wege der straferweiternden Analogie

---

[198] Dazu näher Art. 9 N 81 und N 178.
[199] Dazu näher unten, Art. 23 N 36; vgl. zur Konkurrenz mit den Ehrverletzungsdelikten gemäss Art. 173 ff. StGB Art. 23 N 42.
[200] Vgl. Art. 89 f. RTVG; dazu auch oben, N 23.
[201] Vgl. dazu BGer 4C.170/2006, E. 2.2 («Vergleichender Warentest»; nicht in sic! 2007, 218 ff. publ. E.), wonach die Beweislastumkehr auf Tatsachenbehauptungen in der Werbung beschränkt ist und nicht generell für alle Unlauterkeitstatbestände gilt, sowie BAUDENBACHER/GLÖCKNER, Kommentar UWG, Art. 3 lit. a N 87.
[202] Vgl. BGE 123 III 354, 365 («K-Tip»); a.A. BAUDENBACHER/GLÖCKNER, Kommentar UWG, Art. 3 lit. a N 88.

auch auf weitere Straftatbestände ausgedehnt werden[203]. Dafür spricht auch die im Rahmen von Art. 173 Ziff. 3 StGB teilweise postulierte enge Auslegung des Ausschlusses des Gutglaubensbeweises[204]. Für die zivilrechtliche Behandlung von Herabsetzungen gemäss Art. 3 lit. a gilt im Bereich der Werbung in Bezug auf Tatsachenbehauptungen ohnehin Art. 13a. Diesen auf unlauteres Geschäftsgebahren ausserhalb der Werbung, d.h. auf unlautere Geschäftspraktiken bzw. -methoden auszudehnen, verstiesse seinerseits gegen den Wortlaut von Art. 13a und ist deshalb – mindestens aus strafrechtlicher Sicht – abzulehnen.

Im Rahmen der Geltendmachung von reparatorischen Ansprüchen, namentlich von **Gewinnherausgabeansprüchen**, ist auf die verletztenfreundliche Praxis bei **Mediendelikten** gemäss BGE 133 III 151, 157 ff. («Patty Schnyders Vater»; Persönlichkeitsverletzung)[205] und die Möglichkeit, den Gewinn **ex aequo et bono** festzulegen[206], zu verweisen[207]. Ggf. kann mittels einer **Stufenklage** Auskunft über den Gewinn erlangt und dann eine (rechtzeitig vorbehaltene) Klageänderung bzw. Anspruchsbezifferung erfolgen[208]. 76

Wie eine **Äusserung von** den **Durchschnittsadressaten verstanden** wird bzw. wer als Durchschnittsadressat in Frage kommt, ist eine **Rechtsfrage**, die der freien richterlichen Überprüfung bis einschliesslich vor Bundesgericht unterliegt[209]. Das Bundesgericht hat deshalb Zeugenbefragungen zu diesem Thema abgelehnt[210], was sich mit seiner Zurückhaltung deckt, bei der Beurteilung dieser Frage Experten bzw. Gutachten oder Meinungsumfragen beizuziehen. Es sind aber auch Fälle denkbar, in denen Sachverständige zu beurteilen haben, ob und wie eine bestimmte Äusserung in Fach- sowie Laienkreisen verstanden wird[211]. Probleme können sich ergeben, wenn eine Äusserung in Fachkreisen als solche richtig wahrgenommen wird, aber in Laienkreisen, an die sich die Äusserung ebenfalls richtet, anders verstanden wird. Hier kann sich eine Zurückhaltung bei der Annahme einer Irreführ- 77

---

[203] So auch – jedoch ohne Hinweis auf Art. 13a und die diesbezügliche Thematik – BGE 123 III 354, 365 («K-Tip»); anders aber BAUDENBACHER/GLÖCKNER, Kommentar UWG, Art. 3 lit. a N 88.
[204] Vgl. z.B. NOBEL/WEBER, Medienrecht, 5 N 42.
[205] Dazu schon N 71.
[206] BGer 4C.414/2006, E. 3.2 («Reinigungs- und Polierstein»; nicht in sic! 2007, 660 f. publ. E., zu Art. 3 lit. d) und BGE 128 III 271, 276.
[207] Vgl. zur Schätzungsmöglichkeit gemäss Art. 42 Abs. 2 OR und den damit verbundenen Substanziierungsobliegenheiten bei Schadenersatzklagen BGE 122 III 219, 221 ff.
[208] Vgl. zur Stufenklage die Kommentierung in Art. 9 N 238 ff.
[209] Dazu schon Vor Art. 12–15 N 24 ff. Vgl. auch BGer SMI 1995, 438, E. 2 («Diktatorische Sortimentskürzung»); BGE 126 III 209, 212 ff.; BGE 119 II 97, 100 ff.; BGer 4C.205/2000 sic! 2000, 807, E. 2b («Gratisagenda») und BGer 4C.224/2005 sic! 2006, 280, E. 3.2 («Agefi/Edipresse»).
[210] BGer 4C.205/2000 sic! 2000, 807, E. 2b («Gratisagenda»).
[211] Vgl. HGer SG vom 25.04.2006 (HG.2003.76), E. 3d cc) zu Äusserungen über Eigenschaften einer Legierung (u.a. Korrosionsbeständigkeit) und zur Bezeichnung einer Ausstattung als «Elektroblech» und «Transformatorenblech».

rung bzw. einer unnötigen Verletzung empfehlen[212]. Hierbei muss es massgeblich darauf ankommen, an wen sich die Äusserung nach den konkreten Umständen richtete. Es darf einem Marktteilnehmer nicht zum Nachteil gereichen, wenn an sich an Fachkreise gerichtete Äusserungen im Markt durch irgendeinen Umstand, den er nicht zu vertreten hat, auch von Laienkreisen wahrgenommen werden[213].

78 Weil bei Art. 3 lit. a massgeblich auch auf einzelne Äusserungen abgestellt werden kann und muss, bedeutet dies – je nach anwendbarem Prozessrecht – die **prozessuale Obliegenheit, einzelne Äusserungen** im Prozessstoff gesondert **vorzutragen** und zu beweisen sowie sich mit ihnen auseinanderzusetzen, insbesondere auch deren Relevanz darzulegen und sie im Gesamtbild zu betrachten (Substanziierungspflicht)[214]. Gleichzeitig ist – wiederum je nach anwendbarem Prozessrecht – darzutun, unter welchen konkreten Umständen die fraglichen Äusserungen bzw. Werbemassnahmen getätigt wurden, um den Adressatenkreis zu ermitteln[215].

79 **Rechtsbegehren auf Unterlassung oder Beseitigung** werden regelmässig auf ein Verbot einer oder mehrerer Äusserungen ohne einen beantragten klarstellenden Zusatz hinzielen (Bsp: «Es sei der Beklagten zu verbieten, sich zu [Gegenstand] zu äussern, ohne auf [beanstandete Passagen/Äusserungen] hinzuweisen)[216]. Ebenfalls gebräuchlich sind Auflistungen all derjenigen Äusserungen und sinnentsprechenden Formulierungen, deren künftige Unterlassung oder Beseitigung einzeln oder in Kombination beantragt werden[217].

80 Zu **Aktiv- und Passivlegitimation** ist auf die allgemeinen Regeln hinzuweisen, wobei bei herabsetzenden Äusserungen durch **Medien** in der Praxis oft auch der Urheber der fraglichen Äusserungen (Redaktor) eingeklagt wird, zusätzlich zum fraglichen Medienunternehmen[218]. Die Frage der Passivlegitimation ist zu unterscheiden von der Frage der Prüfungspflicht von Medienunternehmen, die bei der Geltendmachung von reparatorischen Ansprüchen aktuell wird[219]. Im Rahmen des

---

[212] Vgl. dazu HGer SG vom 25.04.2006 (HG.2003.76), E. 3d cc), wo aber bei den Kunden aus Laienkreisen technischer Sachverstand vorausgesetzt werden konnte.
[213] Vgl. z.B. die Fallkonstellation in BGE 120 II 76 ff. («Mikrowellenherd I»).
[214] Vgl. BGer 4C.330/2003, E. 4. m.H. zum bundesgerichtlichen Verfahren.
[215] HGer ZH SMI 1996, 510, E. 3a («70 000 mal günstiger») sowie BGer 4C.439/1998 Pra 2001 Nr. 118, E. 1c («70 000 mal günstiger II»).
[216] Vgl. dazu BAUDENBACHER/GLÖCKNER, Kommentar UWG, Art. 3 lit. a N 28. Vgl. zum Erfordernis der Bestimmtheit von Unterlassungs- und Beseitigungsbegehren Art. 9 N 65 ff.
[217] Vgl. z.B. BGer 4A_254/2007, E. C (vorsorgliches Massnahmeverfahren).
[218] Vgl. z.B. BGer 4C.224/2005 sic! 2006, 280, E. 2.2.2 («Agefi/Edipresse»), BGer 4C.170/2006 sic! 2007, 218 ff. («Vergleichender Warentest»; Beklagte waren der für den TV-Bericht verantwortliche TV-Redaktor sowie der TV-Moderator sowie ihr Arbeitgeber, die Schweizerische Radio- und Fernsehgesellschaft SRG, ebenso das die Zeitschrift «saldo» herausgebende Medienunternehmen sowie dessen publizistischer Leiter und die Autorin des fraglichen Artikels – die Klage wurde allerdings abgewiesen) und BGE 133 III 151 ff. («Patty Schnyders Vater», Persönlichkeitsrecht).
[219] Dazu oben N 55.

Erlasses von vorsorglichen Massnahmen ist über Art. 14 der in Art. 28c Abs. 3 ZGB vorgesehenen besonderen Behandlung periodisch erscheinender Medien Rechnung zu tragen[220].

Auch im **Strafprozess** besteht auf Seiten der verletzten Person eine **Auseinandersetzungs- und Begründungspflicht**, namentlich soweit – noch bis zum Inkrafttreten der Schweizerischen StPO am 1. Januar 2011 – das Privatstrafklageverfahren zur Anwendung kommt und eine bestimmte Äusserung im Gesamtzusammenhang verschieden verstanden werden kann[221]. 81

---

[220] Vgl. Art. 14 N 41 ff.
[221] Vgl. die Hinweise bei BGE 117 IV 193, 200 und 202 («Bernina») sowie BGer 6S.858/1999 sic! 2001, 754, E. 6b) («Zeitungsberichte II»; = Pra 2002 Nr. 47) sowie die Hinweise bei BAUDENBACHER/ GLÖCKNER, Kommentar UWG, Art. 3 lit. a N 86.

Art. 3 lit. b

Unlautere Werbe- und Verkaufsmethoden und anderes widerrechtliches Verhalten	Unlauter handelt insbesondere, wer: b. über sich, seine Firma, seine Geschäftsbezeichnung, seine Waren, Werke oder Leistungen, deren Preise, die vorrätige Menge, die Art der Verkaufsveranstaltung oder über seine Geschäftsverhältnisse unrichtige oder irreführende Angaben macht oder in entsprechender Weise Dritte im Wettbewerb begünstigt;
Méthodes déloyales de publicité et de vente et autres comportements illicites	Agit de façon déloyale celui qui, notamment: b. donne des indications inexactes ou fallacieuses sur lui-même, son entreprise, sa raison de commerce, ses marchandises, ses oeuvres, ses prestations, ses prix, ses stocks, ses méthodes de vente ou ses affaires ou qui, par de telles allégations, avantage des tiers par rapport à leurs concurrents;
Metodi sleali di pubblicità e di vendita e altri comportamenti illeciti	Agisce in modo sleale, segnatamente, chiunque: b. dà indicazioni inesatte o fallaci su se stesso, la propria ditta, la designazione della propria impresa, le proprie merci, opere, prestazioni o i loro prezzi, le proprie scorte, i propri metodi di vendita o le proprie relazioni d'affari oppure, con tali indicazioni, favorisce terzi nella concorrenza;
Unfair Advertising and Sales Methods and Other Unlawful Behaviour	Shall be deemed to have committed an act of unfair competition, anyone who, in particular: b. makes incorrect or misleading statements in respect of himself, his company name, his trade name, his goods, his works or services, his prices, his stock, the kind of sales events or business relationships or who, by such statements, favours third parties in competition;

Inhaltsübersicht Note Seite

I.	Normzweck			1	268
II.	Entstehungsgeschichte			2	269
III.	Systematik und Verhältnis zu anderen Vorschriften			3	270
	1.	Verhältnis zu anderen privatrechtlichen Vorschriften		3	270
		a)	Verhältnis zu den anderen privatrechtlichen Sondertatbeständen der Täuschung und Irreführung im UWG	3	270
			aa) Art. 3 lit. b als begrenzter Auffangtatbestand im Bereich von Täuschung und Irreführung	3	270
			bb) Einzelne Konkurrenzverhältnisse	7	272
		b)	Verhältnis zu privatrechtlichen Vorschriften ausserhalb des UWG	13	273
	2.	Verhältnis zu den einschlägigen verwaltungsrechtlichen Regelungen		15	274
	3.	Verhältnis zu den einschlägigen strafrechtlichen Regelungen		16	275
IV.	Tatbestand			17	275
	1.	Angabe		17	275
		a)	Begriff und Überblick	17	275

			Note	Seite
	b)	Begriffselemente und Abgrenzungen	18	276
		aa) Äusserung	18	276
		bb) Nachprüfbare Tatsachenaussage	26	278
2.	Angabe über wettbewerbsrelevante Verhältnisse des Werbenden bzw. Begünstigten		29	281
	a)	Inhaberbezogene Angaben	30	281
	b)	Leistungsbezogene Angaben	32	283
		aa) Beschaffenheitsangaben	33	284
		bb) Herkunftsangaben	34	287
		cc) Schutzrechtsanmassung	42	293
		dd) Mengenangaben	43	294
		ee) Sonstige Leistungsbedingungen	44	294
	c)	Angaben zum Preis	46	295
	d)	Angaben zum Anlass und zur Natur des Angebots	55	299
	e)	Angaben über Geschäftsverhältnisse	57	299
3.	Irreführung i.w.S.		59	302
	a)	Begriff der Irreführung i.w.S.	59	302
		aa) Ermittlung des massgeblichen Verständnisgegenstands	60	302
		bb) Ermittlung des massgeblichen Verkehrsverständnisses	61	303
		cc) Eignung zur Täuschung bzw. Irreführung	65	305
	b)	Besondere Fallgruppen der Irreführung	67	306
		aa) Richtige Angaben	67	306
		(1) Unvollständige Angaben	68	306
		(2) Teilweise richtige Angaben	74	309
		(3) Unrichtig gewordene Angaben	75	310
		(4) Richtig gestellte Angaben	76	310
		(5) Sonstige falsch verstandene Angaben	77	311
		bb) Mehrdeutige und unklare Angaben	78	312
		cc) Suggestivwerbung	79	313
		dd) Spitzenstellungswerbung	80	313
		ee) Blickfangwerbung	83	314
4.	Wettbewerbsbeeinflussung		84	314
V.	Rechtfertigung		85	315
VI.	Rechtsfolgen und Verfahrensfragen		87	316

Literatur

E. ACHERMANN, Geographische Bezeichnungen in Firmen, SMI 1987, 11 ff; C. BAUDEN-BACHER, Suggestivwerbung und Lauterkeitsrecht, Zürich 1978; C. BAUDENBACHER (Hrsg.), Lauterkeitsrecht – Kommentar zum Gesetz gegen den unlauteren Wettbewerb (UWG), Basel 2001, Art. 3 lit. b; C. BORN, Schafft der Durchschnittsleser ab!, sic! 1998, 517 ff.; B. VON BÜREN, Kommentar zum Bundesgesetz über den unlautern Wettbewerb vom 30. Sept. 1943 unter Einschluss der Ausverkaufsverordnung vom 16. April 1947, Zürich 1957; R. VON BÜREN/ E. MARBACH/P. DUCREY, Immaterialgüter- und Wettbewerbsrecht, 3. Aufl., Bern 2008,

N 1120 ff.; M. BUNDI/B. SCHMIDT, Kann ein an sich täuschendes Markenelement durch weitere Elemente neutralisiert werden?, sic! 2009, 636 ff.; L. DAVID, Beweislastumkehr bei Tatsachenbehauptungen in der Werbung, AJP 1992, 616 ff.; L. DAVID/R. JACOBS, Schweizerisches Wettbewerbsrecht, 4. Aufl., Bern 2005, N 181 ff.; D. DÉDEYAN, Macht durch Zeichen, Rechtsprobleme der Kennzeichnung und Zertifikation, Baden-Baden 2004; T. DEHLFING, Das Recht der irreführenden Werbung in Deutschland, Großbritannien und Frankreich, Frankfurt a.M., 1999; A. FLURY, Grundprobleme des Rechts der geografischen Herkunftsbezeichnungen, Bern 2003; U. GLAUS, Die geographische Herkunftsangabe als Kennzeichen, Basel 1996; L. HIRT, Der Schutz schweizerischer Herkunftsangaben, Bern 2003; S. HOLZER, Geschützte Ursprungsbezeichnung (GUB) und geschützte geographische Angaben (GGA) landwirtschaftlicher Erzeugnisse, Bern 2005; J. KEßLER, Wettbewerbstheoretische Aspekte des Irreführungsverbots – Eine ökonomische und dogmengeschichtliche Analyse, WRP 1990, 73 ff.; O. KIENER, Kennzeichnung von Bioprodukten – Rechtliche Grundlagen in der EU und in der Schweiz, Bern 1998; C. LÜSCHER, Gratis ist nicht gleich gratis, oder gibt es in der Marktwirtschaft etwas umsonst? – Bemerkungen zum SUPERCARDplus – Urteil des BGer vom 15. Mai 2007, 4P.321/2006, sic! 2008, 158 ff.; J. D. MEISSER/D. ASCHMANN, Herkunftsangaben und andere geographische Bezeichnungen, in: R. von Büren/L. David (Hrsg.), SIWR III/2, 2. Aufl., Basel 2005, 155 ff.; M. PEDRAZZINI/F. PEDRAZZINI, Unlauterer Wettbewerb – UWG, 2. Aufl., Bern 2002, N 6.01 ff.; F. SABBADINI, Werbung für Waren und Dienstleistungen durch nicht autorisierte Händler – Rechtliche Überprüfung der Verwendung von fremden Immaterialgüterrechten in der Werbung, sic! 2000, 770 ff.; C. SCHMID, Irreführende Werbung, Diessenhofen 1976; M. C. SENN, Der «gedankenlose» Durchschnittsverbraucher als normative Figur, medialex 1998, 150 ff.; M. STREULI-YOUSSEF, Unlautere Werbe- und Verkaufsmethoden (Art. 3 UWG), in: R. von Büren/L. David (Hrsg.), SIWR V/1, 2. Aufl. Basel 1998, 83 ff.; G. SUTTER, Das Lockvogelangebot im UWG (Art. 3 lit. f), Bern 1993; DERS., Die Preisbekanntgabepflicht als Instrument der Konsumenteninformation, in: JKR 1999, 199 ff.; S. VIGNERON-MAGGIO-APRILE, L'informations des consommateurs en droit européen et en droit suisse de la consommation, Zürich 2006, 279 ff.; S. VITALI, La protection internationale des indications géographiques. Histoire d'un compromis difficile, Baden-Baden 2007; T. WYLER, Werbung mit dem Preis als unlauterer Wettbewerb, Basel 1990; R. ZÄCH, Die Werbung mit Warentests nach schweizerischem Recht, in: Les tests comparatifs en droit comparé: actes du Colloque de Lausanne, Genf 1979, 61 ff.

I. Normzweck

1 Als wichtigster Tatbestand der diversen Täuschungs- und Irreführungsverbote des UWG dient der vergleichsweise weit gefasste Art. 3 lit. b in einer klassisch geschäftsmoralischen Perspektive der Sicherung von Wahrheit und Klarheit im Auftreten am Markt. Der Schutz vor Täuschung (**Wahrheitsgebot**) und Irreführung i.e.S. (**Klarheitsgebot**) gehört aber auch zu den Grundbedingungen eines den Vertrauensschutz erfordernden Kundenschutzes und eines die **Markttransparenz** voraussetzenden funktionierenden Wettbewerbs[1]. Die Personen auf der Marktgegenseite sollen frei von Fehlvorstellungen hinsichtlich des tatsächlichen Leistungsangebots eine sachgerechte Entscheidung treffen und hierdurch eine neutrale

---

[1] Botschaft UWG, 1012; BGE 136 III 23, 44 («Registerhaie»).

Schiedsrichterfunktion im Wettbewerb ausüben können. Damit geht es Art. 3 lit. b nicht allein um den Schutz der Kunden, sondern zugleich um den Schutz der Mitbewerber vor einem auf unrichtigen oder irreführenden Angaben beruhenden und damit ungerechtfertigten Umleiten von Kundenströmen sowie den Schutz des Wettbewerbs als Institution. Noch zusätzlichen Schutzfunktionen dienen die besonderen Täuschungs- und Irreführungstatbestände in Art. 3 lit. c (Titelschutz), lit. d (Kennzeichenschutz), lit. f bzw. lit. g (Selbstbestimmung des Kunden, Verhinderung von Marktstörungen) und lit. k–n (Schutz vor Überschuldung) sowie in Art. 8 (Schutz vor missbräuchlichen AGB).

II. Entstehungsgeschichte

Das Täuschungs- und das Irreführungsverbot gehören zum Kernbestand des autonomen schweizerischen[2], internationalen[3] und supranationalen[4] Lauterkeitsrechts. Nach anfänglicher Subsumtion unter die deliktsrechtliche Generalklausel des Art. 50 OR 1881[5] und kantonale Sonderregelungen wurde die Täuschung mit ihrer gesonderten Nennung als «unwahre Auskündung» in Art. 48 OR 1911 zum ersten gesetzlichen Sondertatbestand des Schweizer Lauterkeitsrechts. Mit Art. 1 Abs. 2 lit. b aUWG wurden 1943 die Täuschung und klarstellend auch die Irreführung mittels begünstigender Angaben die wichtigsten Bestandteile des die Generalklausel konkretisierenden Katalogs der Sondertatbestände. Seit 1986 findet sich Art. 3 lit. b neben weiteren Täuschungs- und Irreführungsverboten (lit. a Var. 1 und 2, lit. c–g, lit. i und – im Rahmen der Konsumkreditgesetzgebung geändert bzw. eingefügt – lit. k–n) in Art. 3 UWG, wobei der bereits 1986 gegenüber dem aUWG vom 30.9.1943 ausgeweitete Katalog der Angabegegenstände (N 29 ff.)[6] 1995 im Zuge der Aufhebung der Ausverkaufsverordnung[7] zum Schliessen nunmehr vermeintlich drohender Schutzlücken auf Betreiben des Nationalrats noch um den Gegenstand der «Art der Verkaufsveranstaltung» erweitert wurde[8]. Wegen der 1986 erfolgten Aufgabe des Erfordernisses eines Wettbewerbsverhältnisses (Art. 2 N. 18 und Art. 1 N 23 ff.) musste die allein auf den am Wettbewerb beteiligten Unternehmensträger als Verletzer abstellende Formulierung von Art. 3 lit. b («über sich, seine Firma...») um die Wendung «oder in entsprechender Weise Dritte im Wettbewerb begünstigt» ergänzt werden.

2

---

[2] Näher C. SCHMID, Irreführende Werbung, 17 f.
[3] Siehe zu Art. 10bis Abs. 3 Nr. 3 PVÜ Einl. N 152 f.
[4] Siehe zum Schutz gegen Irreführungen im EU-Lauterkeitsrecht Einl. N 167 und 171 ff.
[5] BGE 19, 248, 253.
[6] Hinzu kamen Angaben über Preise, die Firma und Geschäftsbezeichnungen (dazu Botschaft UWG, 1061 f.).
[7] VO über Ausverkäufe und ähnliche Veranstaltungen v. 14.12.1987, AS 1988, 233.
[8] Siehe zu den Verhandlungen im National- und Ständerat N. 94.046, insbesondere Amtl. Bull. 1995, 350; a.A. Botschaft Liberalisierung Ausverkaufswesen 1994, 454 N 116.

III. Systematik und Verhältnis zu anderen Vorschriften

1. Verhältnis zu anderen privatrechtlichen Vorschriften

a) Verhältnis zu den anderen privatrechtlichen Sondertatbeständen der Täuschung und Irreführung

aa) Art. 3 lit. b als begrenzter Auffangtatbestand im Bereich von Täuschung und Irreführung

3   Das Täuschungs- und das Irreführungsverbot bilden den Kern des Schweizer Lauterkeitsrechts, das in zahlreichen mehr oder minder generellen Sondertatbeständen (Art. 2 Var. 1, Art. 3 lit. a bis lit. g, lit. i, lit. m und Art. 8) ausdrücklich an den Umstand einer Täuschungs- und/oder Irreführungsgefahr anknüpft (s. dazu auch krit. Art. 2 N 39; zu den Begriffen der Täuschung und Irreführung N 59 ff.). Art. 3 lit. b stellt mit seiner teilweise weiten Fassung der Täuschungs- und Irreführungsgegenstände («über sich», «seine ... Leistungen», «seine Geschäftsverhältnisse») einen begrenzten Auffangtatbestand für den Bereich des unlauteren Wettbewerbs durch täuschende oder irreführende begünstigende Angaben dar[9]. Für das Verhältnis der Vorschrift zu den Sondertatbeständen (Art. 3 lit. a Var. 1 und 2, lit. c–g, lit. i–n und Art. 8) kann jedoch nur zu einem geringen Teil auf das zu Art. 2 Var. 2 Ausgeführte zurückgegriffen werden. Während Art. 2 Var. 2 stets über die Sondertatbestände (Art. 2 Var. 1, Art. 3 bis 8) hinaus alle Fälle unlauteren wettbewerbsrelevanten Verhaltens erfasst und damit zu diesen in einem echten Verhältnis von lex generalis zu lex specialis steht (Art. 2 N 3 ff.)[10], ist Art. 3 lit. b ein lediglich **vergleichsweise weit gefasster Sondertatbestand**. Er erfasst nämlich nur ein täuschendes und irreführendes Verhalten in der Form von Angaben, die über die in der Vorschrift genannten Kategorien von geschäftlichen Verhältnissen des durch die Massnahme Begünstigten gemacht werden.

4   Selbst wenn man den insoweit zentralen Begriff der Angabe weit fasst (N 17 ff.), besteht damit im Rahmen der Täuschungs- und Irreführungstatbestände **nur zum Teil ein echtes Spezialitätsverhältnis** von lex specialis (Art. 3 lit. c, lit. e Var. 1 und 2, Art. 8) zu lex generalis (Art. 3 lit. b). In den übrigen Fällen überschneiden

---

[9] So auch BAUDENBACHER/GLÖCKNER, Kommentar UWG, Art. 3 lit. b N 4 und 243 ff.
[10] Das echte Spezialitätsverhältnis zwischen zwei Normen ist dadurch gekennzeichnet, dass alle unter den Spezialtatbestand subsumierbaren Sachverhalte auch durch den Generaltatbestand abgedeckt werden, nicht jedoch umgekehrt (dazu nur KRAMER, Juristische Methodenlehre, 3. Aufl., Bern 2010, 107 ff.).

sich die Anwendungsbereiche entweder gar nicht (Art. 3 lit. a Var. 1 und 2)[11] oder sie überschneiden sich aufgrund teilweise unterschiedlicher und nicht nur einseitig zusätzlicher Voraussetzungen jeweils nur in mehr oder weniger grossen Teilbereichen (Art. 3 lit. d, lit. f, lit. g, lit. i und lit. k–n). Die Konkurrenzproblematik kann daher nicht generell, sondern nur für jedes Konkurrenzverhältnis und im Zusammenhang mit der jeweils in den Randbereichen umstrittenen Auslegung der betroffenen Tatbestände gesondert gelöst werden (siehe dazu N 7 ff. sowie jeweils bei den Sondertatbeständen).

Ausserdem gilt es zu beachten, dass neben Art. 3 lit. b immer auch noch **Art. 2 Var. 1** (generelles Täuschungsverbot) und **Art. 2 Var. 2** (Generalklausel) als **Auffangtatbestände** zur Verfügung stehen. Diese können in Anbetracht ihrer milderen Rechtsfolgen (keine Möglichkeit der strafrechtlichen Sanktionierung bei vorsätzlichem Verhalten nach Art. 23) insbesondere dann zum Zuge kommen, wenn der Gesetzgeber die Strafbarkeit nach Art. 23 für bestimmte Verhaltensweisen (z.B. Verwendung irreführender AGB, Lockvogelangebote) entweder ganz ausgeschlossen (Art. 8) oder an bestimmte abschliessende Voraussetzungen geknüpft hat (Art. 3 lit. f). Insoweit dient der Rückgriff auf Art. 2 dann auch der Vermeidung einer vom Strafrecht abweichenden systematischen zivilrechtlichen Auslegung. In allen anderen Fällen sprechen jedoch die echte Spezialität von Art. 3 lit. b gegenüber Art. 2 sowie die Tatsache, dass die Vorschrift dieselben Rechtsfolgen (Anwendbarkeit von Art. 23 auf die Art. 3 bis 6) hat, für den Vorrang von Art. 3 lit. b vor Art. 2 als Auffangnorm. Auf Art. 2 ist jedoch insbesondere dann zurückzugreifen, wenn die Irreführung gerade darin besteht, dass falsche Vorstellungen über den Werbecharakter einer Massnahme hervorgerufen werden (Art. 2 N 41 ff.). 5

Im Verhältnis zwischen Art. 3 lit. b und den anderen privatrechtlichen Sondertatbeständen der Täuschung und Irreführung im UWG ist schliesslich noch auf ein **Wechselspiel** bei der Anwendung der Vorschriften hinzuweisen: Die Art. 3 lit. b prägenden Wertungen und Auslegungsgrundsätze strahlen auf die anderen Sondertatbestände aus, soweit dies der strafrechtliche Legalitätsgrundsatz bei den Tatbeständen des Art. 3 zulässt. Umgekehrt beeinflussen in den anderen Sondertatbeständen zum Ausdruck gekommenen Wertungen die Auslegung von Art. 3 lit. b. Insoweit gilt Vergleichbares wie für Art. 2 im Hinblick auf das gesamte Lauterkeitsrecht (vgl. Art. 2 N 6 f.). 6

---

[11] Zu einer Überschneidung kommt es weder bei fehlerhaft durchgeführten (unrichtigen) oder irreführenden Vergleichen durch Dritte (z.B. Tests), da dort die Begünstigung bzw. Herabsetzung der Mitbewerber nur Reflex der ungerechtfertigten Herabsetzung bzw. Begünstigung des betroffenen Wettbewerbers ist und sich die Tatbestände rechtlich gegenseitig ausschliessen, noch in dem in Anschluss an OGer BL SMI 1987, 273, 281 («Helio») diskutierten Fall der Schutzrechtsanmassung, da in der einen Behauptung, der Konkurrent verletze (Herabsetzung nach Art. 3 lit. a Var. 1) ein in Wahrheit gar nicht bestehendes/nicht so weit reichendes Patent (leistungsbezogene Täuschung nach Art. 3 lit. b), zwei wettbewerbsrechtlich getrennt zu beurteilende Angaben enthalten sind (a.A. BAUDENBACHER/GLÖCKNER, Kommentar UWG, Art. 3 lit. b N 244 und 246).

bb) Einzelne Konkurrenzverhältnisse

7   Die neben Art. 3 lit. b bestehenden **Sondertatbestände der Irreführung** zeichnen sich (insgesamt gesehen) durch engere Anwendungsbereiche aus. Sie sind zum einen auf *bestimmte Angaben* (Art. 3 lit. c: unzutreffende Angaben über Titel und Berufsbezeichnungen; Art. 3 lit. e: vergleichende Angaben; Art. 3 lit. f: lockende Preisangaben; Art. 8: irreführende Angaben in AGB) oder auf *bestimmte tatsächliche Angebotsgestaltungen bzw. Unterlassungen* (Art. 3 lit. g: Zugaben; Art. 3 lit. i: Verschleierungen; Art. 3 lit. k–n: Unterlassungen bei Angeboten von Konsumkredit- und/oder Vorauszahlungskaufverträgen) begrenzt. Zum anderen richten sie sich teilweise nur gegen besondere täuschende bzw. irreführende Methoden (Art. 3 lit. e: vergleichende Werbung; Art. 3 lit. f: Lockvogelpolitik; Art. 3 lit. g: Wertreklame; Art. 3 lit. i: verschleierte Angebote insbesondere in Form von Mogelpackungen; Art. 8: missbräuchliche AGB). Die Sondertatbestände sind daher **jedenfalls vorrangig zu prüfen.** Sofern die vorrangigen Sondertatbestände nicht eingreifen, stellt sich aber immer noch die Frage, ob durch diese das konkrete Verhalten überhaupt erfasst bzw. abschliessend geregelt werden sollte oder ob daneben noch ein **Rückgriff auf Art. 3 lit. b** und allenfalls Art. 2 (dazu Art. 2 N 7) möglich ist, um das Verhalten als unlauter und widerrechtlich zu qualifizieren. Es handelt sich um eine durch Wertung zu entscheidende Auslegungsfrage, bei der weder die bei Schaffung der Sondertatbestände vom Gesetzgeber subjektiv und/oder objektiv zum Ausdruck gebrachten Unbedenklichkeitsentscheidungen durch einen Rückgriff auf Art. 3 lit. b zunichte gemacht dürfen noch andererseits insbesondere wegen der durch den Bestimmtheitsgrundsatz gebotenen engen Auslegung der Sondertatbestände untragbare Lücken im Schutz gegen täuschende oder irreführende Wettbewerbspraktiken entstehen sollten. Vor diesem Hintergrund stellen sich die einzelnen Konkurrenzverhältnisse wie folgt dar:

8   – **Art. 3 lit. c**[12] und **Art. 8** sind in ihrem Anwendungsbereich als abschliessende Regelungen zu betrachten, weil sie fest umrissene Sachverhalte erfassen und für diese spezifische Unlauterkeitsvoraussetzungen aufstellen (Art. 3 lit. c: besonderer Anschein; Art. 8: einseitige erhebliche Abweichung vom Gesetz oder von der Vertragsnatur). Ausserhalb des Anwendungsbereichs dieser Vorschriften (Täuschung über Titel und Berufsbezeichnungen bzw. AGB) ist ein Rückgriff auf Art. 3 lit. b aber ohne weiteres möglich. Dies gilt insbesondere für die inhaltlich wahre und lediglich irreführende Angabe eines Titels bzw. einer Berufsbezeichnung, die aufgrund des engen Wortlauts von Art. 3 lit. c nur von Art. 3 lit. b erfasst wird (dazu Art. 3 lit. c N 8 f.).

9   – In den Fällen von **Art. 3 lit. e Var. 1 und Var. 2** wäre eine Anwendung von Art. 3 lit. b wegen der parallelen Unlauterkeitsvoraussetzungen (Täuschung und Irreführung) zwar nicht ausgeschlossen, zugleich aber auch bedeutungs-

---

[12] BGE 117 IV 324, 327.

los. Allgemein wird hier von einer Art. 3 lit. b verdrängenden Spezialität von Art. 3 lit. e ausgegangen[13].

- In den Fällen von **Art. 3 lit. g, lit. i und lit. k–n** wäre eine Konkurrenz mit Art. 3 lit. b überhaupt nur bei weiter Auslegung des Begriffs der Angabe (Angaben durch Zugaben, Angaben auch durch Unterlassen gebotener Aufklärung; dazu N 24) denkbar. Eine ergänzende Anwendung von Art. 3 lit. b wäre insoweit zudem nur möglich, wenn die hierzu erforderlichen Klarstellungs- und Aufklärungspflichten im Einzelfall überzeugend begründet werden könnten (dazu näher N 71). Im Falle der Zugabengewährung muss zudem noch beachtet werden, dass der Gesetzgeber Zugaben grundsätzlich erlauben wollte[14]. 10

- Im Verhältnis von **Art. 3 lit. f** zu Art. 3 lit. b bestehen unterschiedliche Anwendungs- und Unlauterkeitsvoraussetzungen, so dass zum einen bei einem Angebot ohne Werbung bzw. ausserhalb des Einzelhandels oder bei einer völlig unzureichenden Verfügbarkeit des Lockvogelangebots das Bedürfnis nach einem Rückgriff auf Art. 3 lit. b entsteht und zum anderen Art. 3 lit. f nicht nur enger und strenger, sondern mit der Täuschungsvermutung in Hs. 2 andererseits auch geringere Anforderungen als Art. 3 lit. b an die Unlauterkeit stellt. Art. 3 lit. f sollte daher keine Sperrwirkung gegenüber Art. 3 lit. b entfalten. Sofern man davon ausgeht, dass der Gesetzgeber die Fälle einer möglichen Strafbarkeit von Lockvogelangeboten mit Art. 3 lit. f hat abschliessend regeln wollen, kann im Privatrecht anstelle von Art. 3 lit. b immer noch Art. 2 Var. 1 als Auffangtatbestand herangezogen werden (dazu Art. 2 N 7)[15]. 11

- Im Verhältnis zu **Art. 3 lit. a und lit. d** besteht grundsätzlich kein Rangverhältnis, weil diese Vorschriften einen anderen Sachverhalt und Unlauterkeitsaspekt als die ungerechtfertigte Besserstellung im Wettbewerb durch begünstigende Angaben betreffen (Art. 3 lit. a: ungerechtfertigte Herabsetzung; Art. 3 lit. d: leistungs- und geschäftsbezogene Verwechslungsgefahren) und daher völlig eigenständige Sondertatbestände neben Art. 3 lit. b darstellen. Eine Ausnahme bildet lediglich die Verwechselbarkeit betrieblicher Herkunftsangaben, für die Art. 3 lit. d lex specialis ist (N 38). Sieht man davon ab, dass Art. 3 lit. b (Begünstigung) das inhaltliche Pendant zu Art. 3 lit. a (Herabsetzung) bildet, sind die Vorschriften unabhängig voneinander zu prüfen. 12

b) Verhältnis zu privatrechtlichen Vorschriften ausserhalb des UWG

Täuschungen und Irreführungen im Wettbewerb können sich auch auf die in ihrer Folge mit den Kunden abgeschlossenen Verträge auswirken und die Anfechtbarkeit nach Art. 24 und 28 OR oder Gewährleistungsrechte nach Art. 197 ff. 13

---

[13] HGer AG sic! 2005, 301, E. 3.3.1 («Knochenzement»); BAUDENBACHER/GLÖCKNER, Kommentar UWG, Art. 3 lit. b N 243.
[14] Botschaft UWG, 1051 und 1067; siehe dazu auch noch Art. 3 lit. g N 7.
[15] Die Botschaft UWG, 1067, hält dies «in besonderen Fällen» auch ausdrücklich für möglich.

OR (bei Abweichung der Ist-Beschaffenheit von Werbeangaben, die vertraglich zum Inhalt der Soll-Beschaffenheit gemacht wurden) begründen[16]. Konkurrenzprobleme mit dem **Vertragsrecht** entstehen hierdurch jedoch nicht. Betrachtet man (horizontal) das Verhältnis zu den Konkurrenten, ist Art. 3 lit. b dem (Sonder-) Deliktsrecht und nicht dem Vertragsrecht zuzuordnen. Blickt man (vertikal) auf das Verhältnis zur Marktgegenseite, ergeben sich zwar Überschneidungen, doch ist das Vertragsrecht zur Regelung des individuellen Anbieter-/Abnehmer-Verhältnisses berufen, während Art. 3 lit. b mit seinen darauf zugeschnittenen Rechtsfolgen kollektive Interessen der Marktgegenseite und der Allgemeinheit (Funktionsfähigkeit des Marktes) schützt.

14 Im **Kennzeichenrecht** (Schutz von Namen, Firmen, Geschäftsbezeichnungen, Enseignes, Marken, Herkunftsangaben und Titeln) nimmt das Wahrheits- und Klarheitsgebot ebenfalls eine zentrale Stellung ein (Art. 944 Abs. 1 OR, Art. 26 HRegV, Art. 2 lit. c, Art. 3 lit. b und c, Art. 47 Abs. 3 MSchG). Für das Verhältnis dieser Normen und ihrer Sanktionierung nach Art. 956 Abs. 2 OR bzw. Art. 52 ff., 61 ff. MSchG gilt das zum Verhältnis zwischen Immaterialgüterrecht und Lauterkeitsrecht generell ausgeführte entsprechend: Das Kennzeichenrecht entfaltet keine Sperrwirkung gegenüber Art. 3 lit. b. Bei der Anwendung von Art. 3 lit. b sind jedoch die sonderrechtlichen Wertungen (z.B. Hinnahme von Irreführungsgefahren im Interesse der Firmenkontinuität) zu berücksichtigen (siehe auch N 75).

2. *Verhältnis zu den einschlägigen verwaltungsrechtlichen Regelungen*

15 Die verwaltungsrechtlichen Vorschriften, die etwa für die wahre und klare Preisbekanntgabe gegenüber Konsumenten (Art. 16 ff. UWG, PBV)[17], die Lebensmittelkennzeichnung (Art. 18 ff. LMG, Art. 10 f., 26 ff. LGV, Art. 14 ff. LwG) und die Verwendung bestimmter Begriffe (N 64) existieren, stehen mit ihren eigenen Tatbeständen und Rechtsfolgen **unabhängig neben** dem privat- und strafrechtlich sanktionierten Art. 3 lit. b. Die Anwendung von Art. 3 lit. b wird jedoch in den betroffenen Bereichen massgeblich durch die konkreten verwaltungsrechtlichen Bestimmungen **geprägt** (N 46 ff., 64). Die zu Art. 3 lit. b entwickelten Auslegungsgrundsätze können andererseits auch im Rahmen der verwaltungsrechtlichen Regelungen verwendet werden (s. auch Vor Art. 16 N 9 ff.).

---

[16] Vgl. dazu für das dt. Recht TILLER, Gewährleistung und Irreführung – Eine Untersuchung zum Schutz des Verbrauchers bei irreführender Werbung, München 2005.
[17] Zur Preisbekanntgabe in einzelnen Branchen siehe auch noch die Informationsblätter des SECO unter http://www.seco.admin.ch/themen/00645/00654/01453/index.html?lang=de.

3. *Verhältnis zu den einschlägigen strafrechtlichen Regelungen*

Im Strafrecht sind die Konkurrenzen zwischen Art. 23 i.V.m. Art. 3 lit. b und dem Betrug (Art. 146 StGB) sowie der Warenfälschung (Art. 155 StGB) zu beachten (näher Art. 23 N 42). 16

IV. Tatbestand

1. Angabe

a) **Begriff und Überblick**

Unter einer Angabe i.S.v. Art. 3 lit. b ist eine mündliche, schriftliche oder 17 bildliche Äusserung zu verstehen, die nachprüfbare Tatsachen betrifft. Obwohl durchaus die Möglichkeit besteht, das Erfordernis der Wettbewerbsbeeinflussung als weiteres ungeschriebenes Element des Angabebegriffs zu betrachten, soll dieses hier als gesondertes Tatbestandsmerkmal von Art. 3 lit. b behandelt werden (N 84), weil es weniger aus dem Sinn des Wortes «Angabe» als vielmehr aus dem Normzweck und der Systematik des UWG abzuleiten ist. Trotz seiner in der Praxis weiten Auslegung grenzt das Tatbestandsmerkmal der Angabe Art. 3 lit. b nach zwei Richtungen hin ein: **Formal** setzt der Begriff eine mündliche, schriftliche oder bildliche Äusserung voraus[18]. Insoweit ist allerdings umstritten, ob nur ausdrückliche Kommunikationsakte zwischen Werbendem und Adressaten[19] oder ob auch konkludente und unvollständige Angaben, die erst aufgrund ihres Kontextes bzw. aufgrund von zusätzlichen Annahmen auf der Marktgegenseite Fehlvorstellungen hervorrufen, unter Art. 3 lit. b subsumiert werden können (N 18 ff.). Keine Angabe ist im Gegensatz zu Art. 2 jedenfalls ein schlichtes Verhalten oder Geschäftsgebaren, das nicht zumindest auch eine konkludente Äusserung enthält[20]. **Inhaltlich** ist die Angabe i.S.d. Vorschrift dadurch gekennzeichnet, dass sie nur nachprüfbare und damit auch dem Beweis zugängliche tatsächliche Aussagen über in der Vorschrift genannte bestimmte Verhältnisse bezeichnet. Insoweit kann es zu schwierigen Abgrenzungsfragen gegenüber erkennbar reisserischen Anpreisungen und reinen Werturteilen kommen (näher N 26 ff.).

---

[18] HGer AG AGVE 1963, 28, 38.
[19] Im Falle dieser engen Auslegung des Angabebegriffs müsste im Übrigen auf andere Sondertatbestände (Art. 3 lit. g und lit. i) und auf Art. 2 zurückgegriffen werden.
[20] SCHWENNINGER, Werbe- und Verkaufsmethoden, in: Th. Geiser/P. Krauskopf/P. Münch (Hrsg.), Schweizerisches und europäisches Wettbewerbsrecht, Basel 2005, 185 ff. N 5.58; zum Grenzfall der Mogelpackung N 23.

b) **Begriffselemente und Abgrenzungen**

aa) Äusserung

18   In der Form setzt der Begriff der Angabe eine (ggf. kombiniert) mündliche, schriftliche oder visuelle Äusserung voraus. **Mündliche** Äusserungen bestehen aus der Artikulation von ganzen oder abgekürzten Worten in einer beliebigen Sprache. Musik und Geräusche stellen als solche keine Angabe dar, können aber im Zusammenhang mit einer mündlichen Äusserung deren Bedeutungsgehalt beeinflussen[21]. **Schriftliche** Äusserungen sind alle mit der Hand bzw. Maschine geschriebenen oder gedruckten Mitteilungen, die im Zusammenhang mit einer bestimmten Werbebotschaft stehen. Neben blickfangmässig herausgestellten Worten sind dabei auch zusätzliche Erläuterungen im näheren Kontext des Blickfangs zu berücksichtigen (näher N 60, 83). **Visuelle** Botschaften sind in Form von Gemälden, Grafiken, Zeichnungen, Fotos, Filmen etc. denkbar. Sie können als Herkunftsangabe auch nur über ein einfaches Logo oder die Verwendung einer charakteristischen Farbe oder Farbkombination[22] transportiert werden. Die **Formgestaltung** der Ware oder ihrer Verpackung kann ebenfalls eine konkludente visuelle Angabe enthalten[23].

19   Unerheblich ist es, ob die Mitteilung ihre Adressaten **unmittelbar oder nur mittelbar** erreicht. Das Medium der Kommunikation spielt in formaler Hinsicht ebenfalls keine Rolle (zur inhaltlichen Bedeutung N 27, 62). **Fraglich ist allerdings, ob** die Fehlvorstellung ausschliesslich und unmittelbar durch einen unrichtigen oder irreführenden **Kommunikationsakt** des Werbenden hervorgerufen werden muss oder ob sie sich auch erst aufgrund von Annahmen der Adressaten ergeben kann, die durch die ausdrückliche Angabe und ihren Kontext ausgelöst wurden. Insoweit wird nämlich die Grenze des noch möglichen Sinns des Wortes «Angabe» berührt. Diese Grenze sollte vor dem Hintergrund der strafrechtlichen Bedeutung der Vorschrift und der zugleich wünschenswerten einheitlichen Auslegung im Straf- und Privatrecht beachtet werden (dazu generell Art. 23 N 7 ff.). Damit ist die Angabe i.S.v. Art. 3 lit. b zwar einer kontextbezogenen Auslegung fähig und sogar bedürftig, muss in ihrem Inhalt aber stets noch auf eine von ihrem Urheber zumindest konkludent getätigte Äusserung zurückzuführen sein. Eine Fehlvorstellung, die auf der Marktgegenseite unabhängig von einer zumindest konkludenten mündlichen,

---

[21] So kann etwa das Gegacker von Hühnern allenfalls im Zusammenhang mit vorangegangenen oder begleitenden mündlichen Äusserungen einen Hinweis auf die Frischeiverwendung bei der Teigwarenherstellung enthalten (vgl. BGH GRUR 1961, 544). Auch einem Meeresrauschen lässt sich nur dann eine Aussage entnehmen, wenn es etwa die Werbung für ein Hotel und dessen Lage begleitet.

[22] Beispiele sind die flaggenartige Präsentation der Farbkombination Rot–Weiss–Grün als mittelbare Angabe einer Herkunft aus Ungarn oder Italien sowie die Verwendung der Farbe Magenta als Bezugnahme auf die deutsche Telekom.

[23] Z.B. Form der Bocksbeutel- bzw. Cantil-Flasche als Hinweis auf Frankenwein aus Deutschland bzw. Mateus aus Portugal; zur Problematik von Mogelpackungen siehe N 23 und Art. 3 lit. i.

schriftlichen oder bildlichen Äusserung des Werbenden entsteht, ist im Rahmen von Art. 3 lit. b, der sich insoweit wie auch Art. 3 lit. a («Äusserungen») als Kommunikationsdelikt darstellt, irrelevant[24]. Damit gilt in den folgenden **Grenzfällen**:

- Eine **Zugabe** ist nur dann eine Angabe i.S.v. Art. 3 lit. b, wenn mit ihr gesonderte Äusserungen verbunden werden. Im Übrigen wird die irreführende Zugabe durch Art. 3 lit. g erfasst.   20
- Das schlichte Ausnutzen der im Zusammenhang mit einer regelmässig prestigeträchtigen sportlichen oder kulturellen (Gross-)Veranstaltung erhöhten Aufmerksamkeit (sog. Trittbrettfahrer- oder **Ambush-Marketing**) ist ein blosses Geschäftsgebaren i.S.v. Art. 2 und keine Angabe i.S.v. Art. 3 lit. b, sofern damit nicht durch Worte (z.b. Wortbestandteile wie EURO, WM, Olympia etc. in Produktnamen) oder visuelle Botschaften (z.b. Wiedergabe von Logos oder Maskottchen) auf eine Geschäftsbeziehung (v.a. Sponsorenstellung, offizieller Lieferant) zum Veranstalter hingewiesen wird[25].   21
- Die **Nachahmung der Form** eines Konkurrenzprodukts[26] ist für sich keine (konkludente) visuelle Angabe. Bei bestehender Verwechslungsgefahr greift jedoch die hinsichtlich der Tathandlung («Massnahmen») weiter gefasste Spezialregelung von Art. 3 lit. d ein. Ansonsten kommt auch ein Rückgriff auf Art. 2 in Betracht (s. dort N 101 ff.).   22
- Die technisch nicht notwendige Überdimensionierung einer Verpackung (sog. **Mogelpackung**)[27] stellt ebenfalls als solche keine (konkludente) visuelle Angabe dar. Gerade in diesen Fällen greift jedoch die hinsichtlich der Tathandlung («verschleiert») weiter gefasste Spezialregelung von Art. 3 lit. i ein.   23

Schweigen (z.B. Verschweigen eines Produktmangels) kann für sich genommen   24
keine Angabe darstellen. Auch Fehlvorstellungen kann es nur dann hervorrufen, wenn der Adressat von der in Wahrheit nicht gegebenen Vollständigkeit der Information ausgeht und sich eine mehr oder minder konkrete Vorstellung von der tatsächlichen Regellage im Bereich der Informationslücke (z.B. Mangelfreiheit des Produkts) macht. Ansonsten werden nur Nichtvorstellungen aufrechterhalten. In der Werbung oder bei der individuellen Kundenansprache finden sich neben dem

---

[24] So auch BAUDENBACHER/GLÖCKNER, Kommentar UWG, Art. 3 lit. b N 44; a.A. SCHMID, Irreführende Werbung, 36 Fn. 20.
[25] Siehe zur aktuellen Diskussion um das sog. Trittbrettfahrer- oder Ambush-Marketing im Zusammenhang mit der Durchführung der UEFA EURO 2008 und krit. zum zwischenzeitlich hierzu geplanten neuen Sondertatbestand in Art. 3 lit. e[bis] HILTY/VON DER CRONE/WEBER, Stellungnahme zur Anpassung des UWG: Ambush Marketing, sic! 2006, 702 ff. (speziell zu Art. 3 lit. b, wenn auch ohne Erörterung der Angabeproblematik, S. 707).
[26] HGer AG AGVE 1963, 28, 38.
[27] Siehe dazu neben Art. 3 lit. i auch Art. 11 Abs. 4 MessG (SR 941.20), Art. 18 der VO über das Abmessen und die Mengendeklaration von Waren in Handel und Verkehr (SR 941.281) und Art. 10 Abs. 2 lit. e LGV; vgl. auch BGHZ 82, 138 («Kippdeckeldose»).

Schweigen jedoch immer auch Angaben, die man bei der gebotenen Gesamtbetrachtung nach dem Empfängerhorizont hinsichtlich der verschwiegenen Umstände als unvollständig ansehen kann[28]. Unvollständig sind die Angaben dann, wenn eine Angabe entweder gar nicht oder ohne Erwähnung ihrer Rahmenbedingungen gemacht wird (näher N 68 ff.). Unlauter ist die Unvollständigkeit aber nur, wenn hinsichtlich des verschwiegenen Umstands eine Aufklärungspflicht besteht (näher N 71).

25 Von Art. 3 lit. b wird ausdrücklich auch die wettbewerbsrelevante **Begünstigung durch einen Dritten** erfasst, wenn diese in entsprechender Weise, d.h. durch eine irreführende Angabe, erfolgt. Daneben kann sich der Werbetreibende **auch** die irreführenden Äusserungen Dritter **zu eigen machen** und auf diese Weise selbst den Irreführungstatbestand durch eine eigene Angabe verwirklichen (z.B. Bezugnahme auf einen irreführenden Warentest[29], einen Zeitungsartikel, ein Empfehlungsschreiben oder ein wissenschaftliches Gutachten). Dabei ist die Angabe auch dann irreführend, wenn der Verkehr eine neutrale Stellungnahme des Dritten erwartet, dieser aber interessenmässig mit dem Werbenden verflochten ist (z.B. gekauftes Gutachten, wirtschaftliche Verflechtung)[30].

bb) Nachprüfbare Tatsachenaussage

26 Inhaltlich muss die Angabe i.S.v. Art. 3 lit. b eine nachprüfbare und damit auch **dem Beweis zugängliche** tatsächliche Aussage über die in der Vorschrift genannten bestimmten Verhältnisse enthalten. Keine Angaben sind mithin erkennbar übertriebene (reisserische) Anpreisungen, allgemein gehaltene Aussagen, Glücksversprechen und reine Werturteile, die keinen Tatsachenkern enthalten und sich einer Beurteilung nach objektiven Kriterien entziehen[31]. Die Abgrenzung bereitet erhebliche Schwierigkeiten, da Werbemassnahmen in aller Regel mit mehr oder weniger starken Anpreisungen verbunden sind und allgemeine Aussagen oder reine Werturteile ohne Tatsachenkern selten sind. Besondere Probleme bereiten die Suggestiv- (N 79) und die Spitzenstellungswerbung (N 80). Letztlich handelt es sich im Grenzbereich um Wertungsfragen, bei deren Beantwortung alle Umstände

---

[28] Sehr weitgehend BAUDENBACHER/GLÖCKNER, Kommentar UWG, Art. 3 lit. b N 57 ff., die vor dem Hintergrund einer grosszügigen Gesamtbetrachtung durch den angesprochenen Verkehrskreis etwa das Verschweigen einer vom Verkehr erwarteten leistungsbezogenen Angabe (z.B. Produktmangel) als irreführende Preisangabe betrachten (N 60).
[29] BGE 129 III 426, 439 («Undurchsichtige Optikerpreise»); zum Test näher Art. 3 lit. e N 50 ff.
[30] Vgl. zu Hinweisen auf Referenzen, Testimonials, Tests und Gutachten die SLK-Grundsätze Nr. 3.2 bis 3.4 sowie OGer ZH ZR 1978, Nr. 114 («Werbestudie»).
[31] Ein Beispiel bildet der Sachverhalt von BGE 128 IV 92, wonach eine AG im Ausland damit geworben hatte, mit ihren diversen esoterischen Methoden den Schlüssel zu Glück, Liebe, Erfolg und Wohlstand zu bieten; vgl. zu Art. 3 lit. a auch BGer sic! 2006, 277 f. («Yellowworld I»).

des Einzelfalls zu berücksichtigen sind. Werbeaussagen zu Qualität, Preis oder Vorratsmenge wird insbesondere bei seriösen Anbietern zumeist ein sachlicher Gehalt beigelegt. Subjektive Aussagen von (bekannten) natürlichen Personen über ihre positiven Erfahrungen mit bestimmten Waren oder Dienstleistungen (sog. Testimonials) müssen hinsichtlich ihres Inhalts und ihres nicht fiktiven Urhebers belegt werden können[32].

Keine Angaben bilden die sog. marktschreierischen Anpreisungen, die im Gegensatz zur werbenden Angabe von einem durchschnittlichen Teilnehmer der angesprochenen Verkehrskreise nicht auf einen nachprüfbaren Tatsachenkern zurückgeführt und wie eine Scherzerklärung nicht ernst genommen werden. Sie werden daher schon vom Ansatz her nicht am lauterkeitsrechtlichen Wahrheits- und Klarheitsgebot gemessen[33]. Die Abgrenzung erfolgt aus der Sicht des durchschnittlichen Adressaten der Werbung[34]. Im Falle der Publikumswerbung sind daher alle der breiten Öffentlichkeit bekannten Umstände zu berücksichtigen[35]. Nicht erfasst werden zunächst allgemein gehaltene und damit **nichts sagende Anpreisungen** (z.B. «Hagen trinkt Andreasbier», «Ein Tag ohne B ist wie Ostfriesland ohne Tee»)[36] oder **blosse (Kauf-)Appelle** (z.B. «Lassen Sie sich diese Gelegenheit nicht entgehen – Ihre Nachbarin ist schon unterwegs!»). Ferner gehören zu den reisserischen Anpreisungen Äusserungen, die aufgrund ihrer masslosen oder humorvollen **Übertreibung** (z.B. «Die grössten Hamburger der Welt», «Wir bringen Sie überall hin», «Brillenfassungen zum Nulltarif», «hält bis in alle Ewigkeit»)[37], ihrer Bedeutungslosigkeit für die angesprochenen Verkehrskreise (z.B. «Mit diesem Rührgerät können Sie hundert Kuchen an einem Tag backen!») oder ihrer Abhängigkeit von

27

---

[32] Vgl. dazu SLK-Grundsatz Nr. 3.2; vgl. dazu auch BGH I ZR 182/04 v. 26.10.2006 («Rücktritt des Finanzministers»), der eine auf ein aktuelles politisches Geschehen Bezug nehmende satirische Werbung mit dem Bild eines bekannten deutschen Politikers (Oskar Lafontaine) mit Recht weder vor dem Hintergrund der Meinungsäusserungsfreiheit als Persönlichkeitsverletzung noch wegen des Fehlens einer von der Person ausgehenden Produktempfehlung als eine Übertragung des Werbewerts der Person auf die beworbene unternehmerische Leistung angesehen hat.

[33] Siehe dazu aus neuerer Zeit nur BGE 129 III 426, 436 («Undurchsichtige Optikerpreise»); vgl. auch BGH GRUR 1965, 363 («Fertigbrei»): «Mutti gibt mir immer nur das Beste»; krit. zur traditionellen Gegenüberstellung von Angabe und Marktschreierei BAUDENBACHER, Suggestivwerbung, 163 ff.

[34] BGer 4C.439/1998 Pra 2001 Nr. 118, E. 1.c («70 000 mal günstiger»); HGer ZH sic! 2001, 41, E. V.1.3.c.cc («70'000 mal günstiger»).

[35] BGer 4C.439/1998 Pra 2001 Nr. 118, E. 1.c («70 000 mal günstiger»); STREULI-YOUSSEF, SIWR V/1, 85.

[36] Beispiele nach HGer ZH ZR 2001, Nr. 31 («70 000 mal günstiger»).

[37] Vgl. etwa CJ GE SemJud 1947, 529, 539 («Pernod»), wonach gewisse Übertreibungen der Werbung immanent seien.

individuellen und vom Werbenden erkennbar nicht zu beurteilenden **Einschätzungen** (z.B. «Das tollste Erlebnis Ihres Lebens», «Da werden Sie staunen!») **nicht ernst genommen** werden[38]. Unproblematisch sind Fälle, in denen sich mehrere der genannten Aspekte vereinigen (z.B. «Holen Sie sich die schönsten Blumen der Welt nach Haus – Sie werden es nicht bereuen!»). Nicht selten wird eine marktschreierische Primäraussage, «unschlagbar günstiger Schnäppchenmarkt», «hält bis in alle Ewigkeit») eine als Angabe anzusehende abgeschwächte Sekundäraussage (z.B. rasche und erhebliche Schmerzlinderung, durchgängiges Vorhandensein von besonders günstigen Waren, deutlich überdurchschnittliche Haltbarkeit) enthalten, die dann den Tatsachen entsprechen muss. Dies gilt insbesondere in Fällen der Suggestivwerbung (N 79) und der Spitzenstellungswerbung (N 80). Eine Doppeldeutigkeit der Werbeaussage geht zu Lasten des Werbenden[39]. Im Grenzbereich kommt es insbesondere auf den (in den Augen der Adressaten vermeintlichen) Grad der Seriosität des betreffenden Wettbewerbers (z.B. Bank, Restpostenhändler), der für ihn werbenden Personen (z.B. Wissenschaftler, Kind[40]), des Werbemediums (z.B. Fachzeitschrift, Boulevardblatt) und des Werbeumfelds (z.B. Fachmesse, Jahrmarkt) an.

28 Einen Sonderfall stellt die **Arzneimittelwerbung** dar, da die Publikumswerbung dort nicht nur als Angabe zutreffend sein, sondern auch «im Einklang» mit den zuletzt genehmigten Arzneimittelinformationen stehen muss (Art. 16 Abs. 1 AWV). Hinzu kommt, dass aus Gründen der Produktsicherheit nicht nur das Täuschungsverbot, sondern auch ein Informationsgebot über die wesentlichen Eigenschaften und Wirkungen der Heilmittel gilt[41]. Selbst als solche erkennbare marktschreierische Übertreibungen (z.B. «Eine Tablette genügt, und Ihre Schmerzen sind schon weg!») sind damit nach Art. 16 Abs. 2, 21 Abs. 1 lit. b AWV unzulässig und in Übertragung dieser sondergesetzlichen Regelung in das Lauterkeitsrecht nach Art. 2 und Art. 3 lit. b unlauter[42].

---

[38] Weitere Beispiele in BGE 129 III 426, 436 («Undurchsichtige Optikerpreise»).
[39] Ein Beispiel bildet HGer ZH und BGer ZR 2001, Nr. 31 («70 000 mal günstiger») zur Werbeaussage «Media Markt ist 70 000 mal günstiger», die sowohl als nicht ernst zu nehmende Übertreibung (Preisvergleich bezogen auf ein bestimmtes Produkt) als auch als Angabe (Preisvergleich bezogen auf 70 000 Produkte) verstanden werden kann.
[40] Dies dürfte etwa auch bei der von der Vorinstanz abweichenden Qualifikation der Aussage «Mutti gibt mir immer nur das Beste» als blosses Werturteil durch BGH GRUR 1965, 363 («Fertigbrei») eine Rolle gespielt haben.
[41] BGer sic! 2007, 126, E. 5.2 («Schmerzlinderung»).
[42] BGer sic! 2007, 126, E. 5.2 («Schmerzlinderung»).

2. Angabe über wettbewerbsrelevante Verhältnisse des Werbenden bzw. Begünstigten

Auch der Gegenstand der Angabe ist weit zu verstehen. Es geht um alle eigenen Verhältnisse des Werbenden (bzw. des Begünstigten bei der Förderung fremden Wettbewerbs; lit. b a.E.: «oder in entsprechender Weise Dritte im Wettbewerb begünstigt»), die nach der Verkehrsauffassung für den Kaufentschluss der potentiellen Kunden wesentlich sind. Damit muss es sich zwar um **eigene Verhältnisse** des Werbenden bzw. Begünstigten bei der Förderung fremden Wettbewerbs handeln, doch kann es auch einmal um Angaben über fremde geschäftliche Verhältnisse gehen (etwa im Rahmen einer Herabsetzung i.S.v. UWG 3 lit. a oder einer vergleichenden Werbung i.S.v. UWG 3 lit. e), wenn diese geeignet sind, Rückschlüsse auf das Geschäft des Werbenden bzw. Begünstigten selbst zuzulassen. Diese Sachverhalte werden regelmässig allerdings auch von den genannten Spezialtatbeständen erfasst. Die wettbewerbsrelevanten Angaben werden teilweise ausdrücklich in lit. b bzw. den anderen Sondertatbeständen der Täuschung und Irreführung aufgeführt und können in inhaber- (N 30 ff.) und leistungsbezogene (N 32 ff.) Angaben sowie in Angaben über den Preis (N 46 ff.), den Anlass bzw. die Natur des Angebots (N 55 f.) und die Geschäftsverhältnisse (N 57 f.) eingeteilt werden. Auch vor dem Hintergrund des strafrechtlichen Legalitätsprinzips sind nur die genannten Angabekategorien, nicht jedoch die einzelnen Angabegegenstände als abschliessend zu betrachten, wobei den zuletzt genannten Geschäftsverhältnissen noch eine gewisse Auffangfunktion zukommt (N 58)[43]. 29

a) Inhaberbezogene Angaben

Inhaberbezogene Angaben mit möglicher Wettbewerbsrelevanz sind zunächst alle Angaben, die der Unternehmensträger **über sich selbst** bzw. ein Dritter über den Begünstigten macht (lit. b: «über sich»)[44]. Dabei geht es um Angaben im Hinblick auf die: 30

---

[43] Noch weitergehend und generell gegen einen abschliessenden Charakter PEDRAZZINI/PEDRAZZINI, UWG, N 6.08.

[44] Offenbar enger und die Angaben «über sich, seine Firma, seine Geschäftsbezeichnung» als auf identitätsbezogene Angaben beschränkte Einheit betrachtend BAUDENBACHER/GLÖCKNER, Kommentar UWG, Art. 3 lit. b N 91 ff. Diese im Folgenden von den Autoren (z.B. a.a.O. N 92, 93 oder N 97) auch nicht durchgehaltene Ausgrenzung von Angaben über Eigenschaften und Verhältnisse des Unternehmensträgers kann jedoch weder mit dem Wortlaut noch der Systematik oder dem Normzweck von Art. 3 lit. b gerechtfertigt werden; für eine «weite» Auslegung auch etwa BGE 84 IV 39, 43 («Occasionsmöbel») und BGer SMI 1995, 155, 162 («Inserate»).

– *Identität* (z.B. Name⁴⁵, Adresse, Identifikationsnummern),
– *Eigenschaften* (z.B. Leistungsfähigkeit⁴⁶, Kenntnisse, Fertigkeiten),
– *Verhältnisse* (z.B. Rechtsform, Wohnsitz, Sitz bzw. Niederlassung⁴⁷, Familienstand, Parteizugehörigkeit, Gewerbsmässigkeit des Handelns⁴⁸, Gemeinnützigkeit⁴⁹, finanzielle Lage, staatliche Beaufsichtigung⁵⁰, Zugehörigkeit zu einer Selbstregulierungsorganisation bzw. Bindung an einen Verhaltenskodex⁵¹, Vertragsbeziehungen⁵²) und
– *Auszeichnungen* (z.B. Wettbewerbserfolge).

Für die unzutreffende Verwendung (bei blosser Irreführung gilt Art. 3 lit. b⁵³) von **Titeln** und Berufsbezeichnungen enthält Art. 3 lit. c einen abschliessenden Sondertatbestand (s. dort N 1, 9). Wer sich als **Scheininhaber** eines Unternehmens geriert oder seine Inhaberschaft tarnt, macht allerdings keine inhaber-, sondern eine geschäftsbezogene Angabe (N 58). Art. 3 lit. b verpflichtet den Werbenden im Übrigen nur zu nicht irreführenden Angaben, nicht jedoch auch dazu, überhaupt Angaben über seine Identität zu machen. Deshalb soll auf Initiative der GPK-NR eine über die blosse Firmengebrauchspflicht hinausgehende gesonderte **Impressumspflicht** für Internetanbieter eingeführt werden⁵⁴.

---

⁴⁵ Vgl. dazu etwa § 51 ÜbertretungsstrafG-BS (BS 253.100).

⁴⁶ Siehe etwa zur Irreführung über die eigene Leistungsfähigkeit durch die Abbildung fremder Produkte HGer ZH ZR 1946, Nr. 200 («Elektroöfen») oder die Verwendung der Logos von nicht im erwartbaren Umfang geführten Marken (dazu SABBADINI, sic! 2000, 775).

⁴⁷ Vgl. dazu die bankaufsichtsrechtliche Sonderregelung in Art. 4^quater BankG; zur Vortäuschung eines Sitzes bzw. einer Niederlassung in der Schweiz BGE 124 IV 73, 76 f. («Lotterie im Ausland»); BGer 4A_467/2007 und 4A_469/2007, E. 5.1 («WMC International Watch Group Switzerland»); zur Irreführung über das Bestehen eines realen Hauptverwaltungssitzes in der Schweiz durch eine Gesellschaft mit blossem Satzungssitz in der Schweiz OGer LU SMI 1987, 131 («Sabag Luzern AG»).

⁴⁸ BGE 84 IV 39, 43 («Occasionsmöbel»); zu Überschneidungen mit den Angaben über Geschäftsverhältnisse N 57.

⁴⁹ Siehe zur Irreführungseignung des Begriffs «Brockenhaus» u.ä. in der Firma/Geschäftsbezeichnung eines nicht gemeinnützigen Betriebs bejahend OGer AR SJZ 1984, 132 («Brockehus») und verneinend HGer ZH sic! 1999, 303, E. 3 («Brockenhaus»).

⁵⁰ Vgl. dazu insbesondere den durch die entsprechenden Aufsichtsgesetze gewährleisteten Schutz bestimmter auf die Beaufsichtigung hindeutender Bezeichnungen wie «Bank», «Sparen», «Effektenhändler», «Anlagefonds» u.ä. (Art. 1 Abs. 4, 15 BankG, Art. 10 Abs. 7 BEHG, Art. 12 KAG); SGer BS SJZ 1961, 130, Nr. 30 («Privatdetektiv»): Unzulässigkeit der Bezeichnung «staatlich geprüft und bewilligt», wenn es gar keiner gewerbepolizeilichen Bewilligung bedarf; vgl. auch Anhang I Ziff. 3 und 4 RL 2005/29/EG; zu Überschneidungen mit den Angaben über Geschäftsverhältnisse (N 57).

⁵¹ Vgl. zur Unlauterkeit der Bezugnahme auf einen Verhaltenskodex, der dann nicht eingehalten wird, Art. 6 Abs. 2 lit. b und Anhang I Ziff. 1 RL 2005/29/EG.

⁵² Zu Überschneidungen mit den Angaben über Geschäftsverhältnisse: N 57.

⁵³ Siehe dazu BGE 117 IV 324 («Dr. h.c.»).

⁵⁴ GPK-NR vom 9.11.2004 BBl 2005, 4967, 4970 und 4976; trotz der positiven Stellungnahme des Bundesrats vom 21.12.2005 (BBl 2006, 685, 687 f.) wurde das UWG bislang allerdings nicht in diesem Sinne geändert.

Ferner gehören hierzu **inhaberbezogene** (nicht produkt- oder unternehmensbezogene; dazu N 32 ff. bzw. N 57) **Kennzeichen** wie der bürgerliche Name, Namenskürzel und die ausdrücklich in Art. 3 lit. b genannte Firma. Die Firma ist der Name, unter dem der Träger/die Trägerin eines kaufmännischen Unternehmens im Geschäfts- und Prozessverkehr auftritt[55]. Erfasst werden nicht nur Täuschungen und Irreführungen *über* die Firma (so der Wortlaut von Art. 3 lit. b), sondern auch solche *durch* die Firma, was auch vor dem Hintergrund von Art. 23 als vom noch möglichen Wortsinn («über» im Sinne von «via» bzw. «mittels») gedeckt anzusehen ist. Die firmenrechtlichen Grundsätze können auf das Lauterkeitsrecht übertragen werden[56]. Die Firma kann auch Herkunftsangaben enthalten und insoweit irreführend sein (vgl. dazu N 34 ff.). Die fehlende Eignung der Firma zur Täuschung bzw. Irreführung wird zwar vor allem bei der Eintragung durch den Handelsregisterführer überprüft (Art. 28 HRegV i.V.m. Art. 944 Abs. 1 OR und Art. 26 HRegV)[57], doch kann sich der Inhaber einer zu Unrecht eingetragenen Firma hierauf nicht zu seiner lauterkeitsrechtlichen Entlastung berufen[58]. Ausserdem kann es zu Täuschungen und Irreführungen kommen, wenn entgegen der sog. Firmengebrauchspflicht (vgl. Art. 954a OR) im Geschäftsverkehr eine von der Eintragung abweichende Firma verwendet wird[59]. In der Werbung besteht allerdings nur ausnahmsweise die Pflicht, die Firma überhaupt anzugeben (z.B. Art. 3 lit. l UWG).

31

b) Leistungsbezogene Angaben

Die leistungsbezogenen Angaben betreffen Waren, Werke und (sonstige) Leistungen des Werbenden bzw. Begünstigten. **Waren** i.S.d. Vorschrift und generell i.S.d. UWG sind nicht nur bewegliche handelbare Sachen, sondern alle denkbaren Gegenstände eines potentiell mit dem Adressaten abzuschliessenden Kaufvertrags, d.h. bewegliche und unbewegliche Sachen, Rechte, Vermögensgesamtheiten, Software, Know-how etc. (vgl. Art. 184, 187 OR, Art. 655 Abs. 2 ZGB). **Werke** sind die Ergebnisse eines erfolgsbezogenen Tätigwerdens in körperlicher oder nicht körperlicher Form (vgl. Art. 363 OR). Mit den (sonstigen) **Leistungen** erfasst

32

---

[55] Näher zum Begriff der Firma und zum Firmenrecht HILTI, Firmenrecht, in: R. von Büren/ L. David (Hrsg.), SIWR III/2, 2. Aufl., Basel 2005, 1 ff.; BÜHLER, Grundlagen des materiellen Firmenrechts, Zürich 1991.

[56] BGer ZR 1976, Nr. 75, 193 («Mössinger»); näher zum handelsrechtlichen Grundsatz der Firmenwahrheit: MAIER-HAYOZ/FORSTMOSER, Schweizerisches Gesellschaftsrecht, 10. Aufl., Bern 2007, § 7 N 24 ff.

[57] Siehe z.B. zur Ablehnung des Firmenbestandteils «Grand Casino» bei entgegen Art. 8 SpielbankenG fehlender Konzession A BGE 132 III 532, 535 («Grand Casino»).

[58] Trib. Pol. La-Chaux-de-Fonds SMI 1983 II 103, 108 («Maître Opticien»).

[59] Dies war auch ein ausdrückliches Anliegen der UWG-Revision 1986 (dazu Botschaft UWG, 1061 f.); zur Firmengebrauchspflicht auch SLK-Grundsatz Nr. 3.1 sowie HGer BE ZBJV 1950, 81, 84 («Carbo-Nova»).

Art. 3 lit. b neben den Gebrauchs- und Nutzungsüberlassungen (vgl. Art. 253 ff. OR), den Darlehen (vgl. Art. 312 ff. OR), den Arbeitsleistungen i.w.S. (vgl. Art. 319 ff., 394 ff. OR), den Kooperationen (vgl. Art. 530 ff. OR) und den Risikoübernahmen (vgl. Art. 492 ff. OR, VVG) insbesondere auch versprochene Gewinne[60] und Zugaben (inkl. Sponsoring[61]). Für die leistungsbezogenen Angaben gilt neben Art. 3 lit. b noch Art. 3 lit. i als vorrangiger Spezialtatbestand für täuschende Verschleierungen. Aufgrund des Täuschungs- und Irreführungsverbots müssen die in der Werbung und ansonsten gemachten und von den angesprochenen Verkehrskreisen in einer bestimmten Weise verstandenen Angaben der tatsächlichen Beschaffenheit bzw. Ausgestaltung der Ware bzw. Dienstleistung einschliesslich ihrer Verhältnisse zur Umwelt entsprechen. Die Möglichkeit von vertragsrechtlichen Rechtsbehelfen des Kunden oder gar deren Realisierung nimmt dem Verhalten des irreführend Werbenden bzw. Begünstigenden nicht die Unlauterkeit, da es dem Lauterkeitsrecht nicht allein um den individuellen Kundenschutz geht[62].

aa) Beschaffenheitsangaben

33   Von besonderer Relevanz sind hier zunächst die unmittelbaren oder mittelbaren[63] Angaben über die einer Ware unmittelbar anhaftenden tatsächlichen Eigenschaften, die für ihre Wertschätzung von Bedeutung sind (sog. Beschaffenheitsangaben; dazu auch UWG 3 lit. i). Zur Beschaffenheit gehören:

– **Stoffangaben** (z.B. Art[64], Zusammensetzung[65], Massivität[66], Natur- oder Kunststoff[67]),

---

[60] BGer sic! 2002, 697 («Garantieversand»).
[61] Vgl. zur Kopplung eines Absatzgeschäfts mit einer Sponsoringleistung BGH GRUR 2007, 247 («Regenwaldprojekt I»).
[62] So zutreffend BAUDENBACHER/GLÖCKNER, Kommentar UWG, Art. 3 lit. b N 113 ff.
[63] KGer ZH SMI 1990, 202 («Sauce für Spaghetti Bolognese»): Unzulässigkeit der Bezeichnung «Sauce für Spaghetti Bolognese», wenn die Sauce nicht mindestens 10% Hackfleisch enthält; auch Hinweise auf Tests, Auszeichnungen etc. oder die Bezeichnung einer Ware als «Markenware» enthalten indirekte Qualitätsaussagen.
[64] Vgl. etwa für Edelmetalle (EMKG, SLK-Grundsatz 5.8.3) und Edelsteine (SLK-Grundsatz 5.8.1).
[65] Kaffeeanteil: BGer ZR 1949, Nr. 1 («Extrakt aus reinem Kaffee»); Kakaoanteil: BGE 66 I 190, 192 («Chocolate Manner»).
[66] BGE 111 IV 180 («Goldbesteck»): Unzulässigkeit der Bezeichnung «Goldbesteck» für ein lediglich vergoldetes Besteck (vgl. Art. 6 und 24 EMKG; ähnlich: Furnierholz statt Massivholz; Vorhandensein von Hohlräumen.
[67] BGE 63 I 91, 93 ff. («Zellwollerzeugnis»); BGE 56 I 46, 50 («Tragiseta»); BGE 55 II 342 («Kasha»); sehr weitgehend DAVID/JACOBS, Wettbewerbsrecht, N 186, die von der Unzulässigkeit der Bezeichnung «silk look» oder «seidiger Jersey» für nicht aus Naturseide gefertigte Kleidungsstücke ausgehen.

- Angaben zu **Eigenschaften** i.e.S. (z.B. Neuheit[68], Haltbarkeit[69], Leistungsfähigkeit[70], Gefährlichkeit[71], Umweltverträglichkeit[72], Ökologie[73], gesundheitsfördernde Wirkungen[74], gesundheitliche Nebenwirkungen[75], Grösse, Gewicht, Alter, Energieverbrauch, Kompatibilität, Verwendungsmöglichkeiten und -ergebnisse[76], Authentizität[77]),
- Angaben zur **Art** (z.B. Ausführung, Marktneuheit, Form),
- Angaben zur **Qualität** (z.B. Qualitätsklasse, Frische[78], Musterkonformität[79], interne bzw. amtliche Qualitätskontrollen[80], aktuelle Testergebnisse[81], Güte-

---

[68] Nach BGE 86 II 108, 116 ff. («Fabrikneu») bedeutet die Angabe «fabrikneu», dass die Ware nicht schon durch privaten Besitz gegangen oder gebraucht worden ist.
[69] Vgl. Art. 18 Abs. 3 LMG.
[70] Vgl. HGer SG sic! 2007, 122 («Staubsauger»); BGer sic! 2009, 178, E. II b–e («Staubsauger II»).
[71] Siehe dazu auch ausdrücklich die Sonderregelung zur Verschleierung in UWG 3 lit. i sowie etwa Art. 20 ChemG und Art. 36 lit. b, c ChemV.
[72] Siehe Art. 75 ChemV; näher BAUDENBACHER/GLÖCKNER, Kommentar UWG, Art. 3 lit. b N 61 ff. und C. Cordes, Umweltwerbung: Wettbewerbsrechtliche Grenzen der Werbung mit Umweltschutzargumenten, Köln 1994.
[73] Siehe dazu etwa die Bio-Verordnung (SR 910.18).
[74] Sog. Health-Claims; nach Art. 3 Abs. 2 LMG sowie Art. 10 Abs. 2 lit. c, d und g bzw. Art. 31 Abs. 3 LGV sind in der Lebensmittel- bzw. Gebrauchsgegenständewerbung allerdings direkte (z.B. «Essen Sie sich mit X gesund») oder indirekte (z.B. Abbildung der Äskulap-Natter) Hinweise auf gesundheitsfördernde oder krankheitsvorbeugende Wirkungen ohnehin grds. untersagt (BGE 127 II 91 – «Kuh-Lovely-Werbung» BGer sic! 2009, 365 – «Alpecin forte»; BGer sic! 2007, 922 – «S.O.S. Notfall-Bonbons nach Dr. Bach»). Ausnahmen bestehen nach Art. 10 Abs. 2 lit. c LGV a.E. für Hinweise auf die Wirkung von Zusätzen essenzieller oder ernährungsphysiologisch nützlicher Stoffe zu Lebensmitteln aus Gründen der Volksgesundheit (z.B. «Jod – so wichtig wie Vitamine», «für Diabetiker/Babys geeignet») und für zahnmedizinisch vorbeugende Eigenschaften (Art. 31 Abs. 4 LGV; in diesem Sinne auch bereits BGer 2A.213/2006); vgl. dazu auch für die EU-Mitgliedstaaten die VO (EG) Nr. 1924/2006 des Europäischen Parlaments und des Rates vom 20. Dezember 2006 über nährwert- und gesundheitsbezogene Angaben über Lebensmittel, ABl. L 404 vom 30.12.2006, 9 ff.
[75] Siehe dazu auch BGer 4P.311/2004, E. 3.3 («Gewichtsneutral»).
[76] Siehe dazu auch ausdrücklich die Sonderregelung zur Verschleierung in UWG 3 lit. i sowie zur unrichtigen Angabe der Wasserdichtigkeit einer lediglich Wasser abweisenden Uhr OGer ZH SMI 1971, 221, 222 («Wasserdicht») und zur Bewerbung von Modems ohne Hinweis auf eine fehlende bundesrechtliche Bewilligung BezGer Uster, SMI 1996, 160, 162 («Modems»); zur Irreführung über die Weiterverkäuflichkeit siehe Anhang I Ziff. 9 RL 2005/29/EG.
[77] Zur unlauteren Vortäuschung eigener Erinnerungen BGer 1P.584/2006 («Kindheitserinnerungen»).
[78] Untersuchungsrichteramt Bern I vom 20.9.1996 sic! 1997, 72 («Frischmilch»).
[79] So stellt etwa die Vorlage von von Dritten hergestellten Mustern eine Täuschung dar (Kassationshof Pra 1947, Nr. 144).
[80] Zur Unlauterkeit des unzutreffenden Hinweises auf eine behördliche Produktgenehmigung siehe Anhang I Ziff. 4 RL 2005/29/EG.
[81] Zur Lauterkeit von Warentests und der Bezugnahme auf sie sowie insbesondere zu den Richtlinien für Tests der Schweizerischen Lauterkeitskommission vom April 2001 näher Art. 3 lit. e N 50 ff.

siegel[82], Wettbewerbserfolge[83], Garantien[84], qualitätssteigernde Fertigungsweise[85], Anpreisung als Markenware[86] oder Schweizer Produkt[87]) und
- Angaben zum **Verfahren** und zur allgemeinen bzw. unternehmensspezifischen Tradition[88] der Herstellung bzw. Dienstleistungserbringung (z.B. Hausmacherart, Bauernart[89], Handwerksarbeit[90], Vollreinigung; «Seit 150 Jahren fertigen wir ...»).

Unrichtige oder irreführende Bezeichnungen sind auch dann zu beanstanden, wenn die anders beschaffene Ware bzw. ausgestaltete Dienstleistung im Ergebnis gleichwertig oder gar überlegen ist[91]. Ggf. sind hier klarstellende (sog. denaturierende) Hinweise erforderlich (z.b. Kunstfaser, Plastikleder[92]). Nicht ausreichend sind dabei Hinweise (z.B. «Façon», «Typ», «Ersatz»), die zwar die fehlende Identität

---

[82] BGer sic! 1997, 314 («Testsiegel II»); BezGer AG sic! 1997, 313 («Testsiegel I»); zur möglichen Irreführung durch in der Branche unbekannte Gütezeichen und Auszeichnungen BGer 4A_467/2007 und 4A_469/2007, E. 5.1 («WMC International Watch Group Switzerland»); näher zu Qualitäts-, Sicherheits-, Umwelt- und Sozialzeichen DÉDEYAN, Macht durch Zeichen, 61 ff.

[83] BGE 19, 248, 256 f. («Hors concours»).

[84] Ist die entsprechend beworbene Ware zwar fabrikneu, wurde jedoch die Kontrollnummer ausgefeilt und damit eine Herstellergarantie zum Erlöschen gebracht (vgl. den Sachverhalt von BGE 86 II 108, 116 ff. – «Fabrikneu»), bedeutet dies eine Irreführung über das Vorhandensein einer Herstellergarantie, wenn diese von den angesprochenen Verkehrskreisen etwa aufgrund ihrer Üblichkeit oder eines diesbezüglichen Werbehinweises erwartet wird.

[85] BGE 52 II 444, 448 («Vergoldungsverfahren»); vgl. dazu auch OGer LU SMI 1994, 362, 363 («Getrocknete Luft»), wonach nicht der unzutreffende Eindruck erweckt werden dürfe, ein bestimmtes Ergebnis könne nur durch ein bestimmtes Verfahren erzielt werden («Nur diese Methode erzeugt getrocknete Luft»).

[86] Zur Unlauterkeit der Markenvortäuschung OGer ZH SMI 1988, 230, 234 («Lacoste»); OGer ZH sic! 2002, 253 («Levi's Jeans»); CdJ GE SJZ 1957, 59 («Falscher Treibstoff») und TC NE RJN 1969–73 I 191 («Rémy Martin»).

[87] Zur irreführenden Qualitätsangabe durch Herkunftsangabe BGE 63 I 91, 93 ff. («Zellwollerzeugnis») und HGer ZH SMI 1988, 246, 247 («Swiss Residence I»); zur geplanten Verschärfung der Kriterien für die Zulässigkeit von geografischen Herkunftsangaben im Rahmen der sog. Swissness-Vorlage des Bundesrats (Botschaft vom 18.11.2009 sowie Revisionsentwürfe zum MSchG und WSchG, BBl 2009, 8533 ff.) siehe Art. 48 ff. E-MSchG.

[88] Die Angabe «Four Centuries old Tradition» auf einer Flasche «Maraschino di Zara» wurde von BGer SMI 1986, 256, 264 («Maraschino») als Angabe weder über das Alter des Herstellerunternehmens noch über die unternehmensspezifische Erfahrung mit der Herstellung von Maraschino, sondern als Angabe über die Tradition des in Zara generell angewendeten Herstellungsverfahrens interpretiert (anders im gleichen Fall BGH GRUR 1982, 111, 113).

[89] Zur Unzulässigkeit der Verwendung des Zusatzes «Bauern-» für eine industriell hergestellte Wurst CdJ GE SMI 1984, 323 («Saucisson vaudois»).

[90] Die Bezeichnung industriell gefertigter Bekleidung als «Modell-Mass» ist irreführend (BGE 88 II 54, 56 ff.), als «Industrielles Modell-Mass» hingegen hinreichend klar (BGer SMI 1967, 92, 93).

[91] SCHMID, Irreführende Werbung, 58.

[92] Zur Zulässigkeit der Bezeichnung «Plasticleder» BGE 87 II 345, 346 ff. («Plasticleder»).

kenntlich machen, zugleich aber in irreführender Weise eine entsprechende Beschaffenheit suggerieren[93].

bb) Herkunftsangaben

Herkunftsangaben kennzeichnen die geografische oder betriebliche Herkunft einer Ware oder Dienstleistung. Im Rahmen von Art. 3 lit. b können sie als solche oder auch nur mittelbar als Hinweis auf eine bestimmte Qualität oder Herstellungsart Bedeutung erlangen. Erforderlich ist in allen Fällen, dass die Bezeichnung aufgrund ihrer Bekanntheit bei den angesprochenen Verkehrskreisen eine **bestimmte realistische Herkunftserwartung** weckt (vgl. auch Art. 47 Abs. 2 MSchG). Keine Irreführungsgefahr besteht daher, wenn der angegebene geografische Ort offensichtlich als Produktions- oder Handelsort ausscheidet und daher nicht ernst genommen wird[94] oder die geografische Angabe (sonst) bei einer Gesamtbetrachtung der Werbeaussage und ihres Kontextes Fantasiecharakter hat[95], sofern damit nicht aufgrund einer wegen des Produktbezugs[96] ernstzunehmenden Zweitbedeutung auf die Herkunft aus einem Land bzw. einer Region mit Prestigewert im Hinblick auf Beschaffenheit oder Qualität verwiesen wird[97]. Angesichts der Massgeblichkeit der angesprochenen (schweizerischen) Verkehrskreise kann aus der Verneinung des Charakters als Herkunftsangabe im Herkunftsland nicht ohne weiteres auch ein entsprechender Schluss für die Schweiz gezogen werden[98].

34

---

[93] BGE 33 I 203, 205 ff.; BGE 58 II 449, 461 und BGE 60 II 249, 258 ff.; sehr streng DAVID/ JACOBS, Wettbewerbsrecht, N 186, die von der Unzulässigkeit der Bezeichnung «silk look» oder «seidiger Jersey» für nicht aus Naturseide gefertigte Kleidungsstücke ausgehen.

[94] Beispiele bilden die Bezeichnungen «Yukon» (BGE 128 III 454, 458 ff.), «Pole-Nord» (BGE 55 I 262, 271) und «Hollywood Duftschaumbad» (BGH GRUR 1963, 482, wobei das Gericht allerdings zu Unrecht von einer wettbewerbsrelevanten Angabe ausging).

[95] Siehe dazu näher und zu den sechs sog. «Yukon»-Ausnahmen BGE 128 III 454, 459 f. («Yukon»; BGE 73 II 183, 188 («Alpina»); im Hinblick auf die fehlende Bekanntheit der Orte auch BGE 79 II 101 («Solis») und HGer ZH SMI 1986, 253 («Carrera»); siehe hingegen BGE 132 III 770 (Qualifikation der Wort-/Bildmarke COLORADO als Herkunftsangabe).

[96] So kann etwa die Bezeichnung «Alpina» bei Tonaufnahmegeräten als Fantasiebezeichnung (BGE 73 II 183, 188 – «Alpina») und bei Skiern oder Käse als Herkunftsbezeichnung (Alpenraum) gelten.

[97] Grundsätzlich zutreffend, wenn auch in casu fragwürdig BGE 91 I 50, 52 ff. («Monte Bianco»); diese Möglichkeit wird verkannt von ERK für geistiges Eigentum vom 12.4.2006 sic! 2006, 681 f. («Burberry Brit»).

[98] In diese Richtung aber für die markenrechtliche Beurteilung ERK für geistiges Eigentum vom 12.4.2006 sic! 2006, 681, 682 («Burberry Brit»), wo angesichts der vielfach protektionistischen Natur des Herkunftsschutzes offenbar von einem Schluss a maiore ad minus ausgegangen wird; vgl. auch zur Beurteilung der Freihaltebedürftigkeit nach dem Herkunftslandprinzip BGE 117 II 327, 330 («Montparnasse»).

35 **Geografische** Herkunftsangaben sind Hinweise auf Gebäude[99], Strassen, Orte[100], Städte[101], Stadtteile[102], Regionen[103], Länder[104] oder einzelne geografische Erscheinungen[105]. Sie können auch indirekt z.B. durch die Bezugnahme auf fremdsprachige Worte[106], nationale bzw. regionale Symbole[107], Trachten, Farbkombinationen[108] oder berühmte Personen erfolgen. Zum Schutz geografischer Herkunftsangaben bestehen zahlreiche **Sonderregelungen**[109]. Auf staatsvertraglicher Ebene sind die PVÜ (Art. 1 Abs. 2, Art. 2, Art. 10 Abs. 1 i.V.m. Art. 9)[110], das TRIPS (Art. 22 ff.)[111], das MHA[112] und das Stresa-Abkommen[113] von Bedeutung. Dem LUA[114] ist die Schweiz hingegen bislang nicht beigetreten, hat dafür aber diverse bilaterale Abkommen mit breiterem Anwendungsbereich geschlossen[115]. Im autonomen Schweizer Recht bestehen mit den Art. 47 ff. MSchG, Art. 2 f. WSchG, der

---

[99] BGE 72 II 380, 389 f. («Prieuré St-Pierre»).
[100] BGE 79 II 98, 101 («Solis»).
[101] BGE 89 I 49, 51 ff. («Berna»).
[102] BGE 117 II 327 («Montparnasse»).
[103] Nach der VO über die Kennzeichnungen «Berg» und «Alp» für landwirtschaftliche Erzeugnisse und verarbeitete landwirtschaftliche Erzeugnisse (BAIV) vom 8.11.2006 (SR 910.19) setzen Bezeichnungen mit «Berg» bzw. «Alp» (z.B. «Bergkäse») zumindest die Gewinnung und ohne besondere Kennzeichnung (z.B. «Joghurt aus Bergmilch») auch die Verarbeitung in einer Bergregion voraus.
[104] BGE 73 II 126, 132 ff. («Cigarettes françaises/La Française»).
[105] Zur Unzulässigkeit der Verwendung von Schweizer Bergnamen für japanische Handelswaren OGer ZH SMI 1987, 104, 106 f. («Modell Tödi»).
[106] ERK für geistiges Eigentum vom 19.10.1999 sic! 1999, 644 («Uncle Sam»).
[107] Siehe etwa zum Schutz des Schweizerkreuzes Art. 2 des WSchG, das aktuell einer Revision im Zuge der sog. Swissness-Vorlage des Bundesrats (Botschaft vom 18.11.2009 sowie Revisionsentwürfe zum MSchG und WSchG, BBl 2009, 8533 ff.) unterliegt (Art. 8 ff. E-WSchG); zur Abbildung berühmter Gebäude BGE 32 I 682, 694 («Schloss Chillon») und BGE 56 I 469, 473 ff. («Kremlin»); fragwürdig BGer sic! 2006, 583, E. 3.5 («tiq® of Switzerland»), wonach die Abbildung des Matterhorns keine auf die schweizerische Herkunft hinweisende oder sinngemässe Angabe sein soll.
[108] BGE 38 II 560, 564; BGE 41 II 281, 283 ff.
[109] Näher MEISSER/ASCHMANN, SIWR III/2, 223 ff.
[110] Pariser Verbandsübereinkunft zum Schutz des gewerblichen Eigentums, revidiert in Stockholm am 14.7.1967 (SR 0.232.04).
[111] Abkommen über handelsbezogene Aspekte an geistigem Eigentum vom 15.4.1994, Anhang 1C des Abkommens zur Errichtung der Welthandelsorganisation (SR 632.20).
[112] Madrider Abkommen über die Unterdrückung falscher oder irreführender Herkunftsangaben i.d.F. von Lissabon vom 31.10.1958 (SR 0.232.111.13).
[113] Internationales Abkommen vom 1.6.1951 über den Gebrauch der Ursprungsbezeichnungen und der Benennungen für Käse (SR 0.817.142.1).
[114] Lissabonner Abkommen vom 31.10.1958 über den Schutz der Ursprungsbezeichnungen und ihre internationale Registrierung.
[115] Im Rahmen spezifischer Abkommen etwa mit Deutschland (SR 0.232.111.191.36), Frankreich (SR 0.232.111.193.49), Portugal (SR 0.232.111.196.54), Spanien (SR 0.232.111.193.32), Tschechoslowakei mit Weitergeltung für die Tschechische Republik und die Slowakei (SR 0.232.111.197.41), Ungarn (SR 0.232.111.194.18) sowie im grösseren Rahmen mit der EU (SR 0.916.026.81; v.a. Anhang 7) und Argentinien (SR 0.946.291.541; Art. 2).

GUB/GGA-Verordnung und weiteren Spezialverordnungen (z.B. BAIV) vorrangige Sonderregelungen. Insbesondere seit das MSchG alle Arten von Herkunftsangaben erfasst, hat der Rückgriff auf das UWG an Bedeutung verloren. Sämtliche Sondertatbestände schliessen jedoch die Anwendbarkeit von Art. 3 lit. b nicht aus. Praktische Bedeutung hat dies, nachdem die früher unterschiedliche[116] Verfolgungsverjährungsfrist zwischenzeitlich mit sieben Jahren vereinheitlicht wurde (Art. 23 UWG bzw. Art. 61 Abs. 3 MSchG i.V.m. Art. 97 Abs. 1 lit. c, 333 Abs. 2 lit. b StGB), insbesondere wegen der im UWG möglichen Verbandsklage (Art. 10 Abs. 2).

Im Bereich der geografischen Herkunftsangaben herrscht aufgrund der zahlreichen internationalen und nationalen Spezialregelungen eine grosse **Begriffsverwirrung**[117]. Unabhängig davon werden von Art. 3 lit. b alle Angaben erfasst, die eine unzutreffende wettbewerbsrelevante Vorstellung über die geografische Herkunft einer Ware oder Dienstleistung hervorrufen. Hinsichtlich der Irreführung hat man sodann zwischen einfachen und qualifizierten Herkunftsangaben zu unterscheiden. Die **einfachen Herkunftsangaben** rufen bei den angesprochenen Verkehrskreisen keine mit der Herkunft verbundenen Produkterwartungen hervor. Dennoch können sich auch mit ihnen wettbewerbsrelevante und damit von Art. 3 lit. b erfasste Fehlvorstellungen (z.B. bezüglich Lebensgefühl, Nostalgie, politischem Engagement) verknüpfen. Bedeutender sind jedoch die **qualifizierten Herkunftsangaben**, weil sich mit ihnen bei den angesprochenen Verkehrskreisen die Erwartung einer bestimmten Beschaffenheit, Herstellungsart und/oder Qualität verbindet (s. dazu etwa auch Art. 3 lit. b GUB/GGA-Verordnung). Derartige Angaben sind nur zutreffend, wenn wesentliche Bestandteile und mindestens ein bedeutender Produktionsschritt der angegebenen Herkunft entsprechen (s. auch noch N 37)[118]. Nach der sog. Swissness-Vorlage des Bundesrats sollen die Voraussetzungen für die zutreffende Verwendung von Herkunftsangaben zumindest markenrechtlich verschärft werden (Art. 48 ff. E-MSchG)[119]. Bei Hinweisen auf Gebäude, Orte und Gegenden reicht es aus, wenn die Anforderungen im entsprechenden Land erfüllt werden (vgl. für

---

[116] Siehe dazu noch BGE 117 IV 475, 477 f.
[117] Klärend MEISSER/ASCHMANN, SIWR III/2, 157 ff.
[118] BGE 81 IV 99 («Schweizer Schachtelkäse»): Unzulässigkeit der Verwendung der Bezeichnung «Schweizer Schachtelkäse», weil nur der Ort der Verarbeitung in der Schweiz lag; CdJ GE SMI 1984, 323 («Saucisson vaudois»); HGer ZH SMI 1996, 298 («Swiss Chocolate Liqueur»); vgl. dazu auch den SLK-Grundsatz Nr. 2.1, wonach die Bezeichnung als «Schweizer Ware» (o.ä.) nur geführt werden darf, wenn es sich um ein einheimisches Produkt (z.B. Emmentaler) oder um Fabrikate handelt, bei denen die Verarbeitung in der Schweiz wertmässig mindestens 50% ausmacht (dazu auch SLK-Entscheid vom 21.4.2004 sic! 2004, 737 – «Pfannen-Trophy»); vgl. dazu im Zusammenhang mit Art. 2 lit. c MSchG auch BGer sic! 2006, 677 («Fischmanufaktur Deutsche See»).
[119] Aktuelle Informationen zur sog. Swissness-Vorlage des Bundesrats sind abrufbar unter http://www.ige.ch/d/jurinfo/j108.shtm.

Dienstleistungen Art. 47 Abs. 4 MSchG)[120], sofern es sich nicht um eine Ursprungsbezeichnung (N 37) handelt. Im Falle ihrer regelmässig gegebenen Wettbewerbsrelevanz sind unzutreffende oder irreführende Angaben nach Art. 3 lit. b unzulässig. Bei entsprechender Verkehrsgeltung wird die qualifizierte Herkunftsangabe zudem nach Art. 2 gegen Rufausbeutung und Verwässerung geschützt (s. dort N 104 ff.).

37 Ein Sonderfall der qualifizierten Herkunftsangabe ist die sog. **Ursprungsbezeichnung**[121], die den besonderen Bezug einer Leistung zu einem geografischen Gebiet mit seinen besonderen natürlichen (z.b. Geologie, Klima, Wasserqualität) und menschlichen (z.B. Know-how, Fertigkeiten) Bedingungen kennzeichnet (s. dazu Art. 2 lit. b GUB/GGA-Verordnung). Wiederum ein Unterfall der Ursprungsbezeichnung ist die sog. **traditionelle Bezeichnung**, die dank einer notorischen Bekanntheit oder einem Ruf, der durch den Gebrauch und mit der Zeit erworben wurde, als indirekter Hinweis auf eine Region oder einen Ort wahrgenommen wird[122]. Zahlreiche Ursprungsbezeichnungen geniessen nach internationalen und nationalen Vorschriften einen absoluten Schutz gegen irreführende Verwendung, Nachahmung und Rufausbeutung[123]. Nach der in der Schweiz für (verarbeitete) landwirtschaftliche Erzeugnisse geltenden GUB/GGA-Verordnung werden die eingetragenen Ursprungsbezeichnungen bzw. geografischen Angaben nach Massgabe eines sog. Pflichtenhefts, das das massgebliche geografische Gebiet, die Beschaffenheit, die Herstellungsmethode und die Kennzeichnungselemente genau definiert, gegen eine irreführende Verwendung, Nachahmung und Rufausbeutung geschützt (Art. 16 ff.). Die entsprechende Bezeichnung ist nur dann nicht irreführend, wenn die entsprechenden Voraussetzungen erfüllt werden.

38 Für **betriebliche** Herkunftsangaben (z.B. Marke, Enseigne, Serienzeichen, Domainname) gilt Art. 3 lit. d als lex specialis. Art. 3 lit. b kommt nur dann zur Anwendung, wenn die betriebliche Herkunftsangabe zugleich eine geografische ent-

---

[120] BGE 117 II 327, 330 («Montparnasse»); BGE 76 I 168, 171 («Big Ben»).
[121] Der Begriff der Ursprungsbezeichnung wird teilweise auch als Synonym für qualifizierte Herkunftsangaben verwendet (dazu DESSEMONTET, Der Schutz geographischer Herkunftsangaben nach schweizerischem Recht, GRUR Int. 1979, 245 m.w.N.).
[122] Zum Begriff der traditionellen Bezeichnung, die in casu für «Raclette du Valais» nicht zugelassen wurde, siehe BGer sic! 2008, 131, 135 ff. («Raclette»).
[123] Siehe etwa zum absoluten Schutz der Provinz- und Warenbezeichnung «Champagne» nach Art. 2 Abs. 1 des Abkommens Schweiz–Frankreich über den Schutz von Ursprungsbezeichnungen vom 14.5.1974 (SR 0.232.111.193.49) BGer sic! 2007, 274 («Champ») sowie zu den Streitigkeiten um Produkte (Vin de Champagne, Flûte de Champagne) aus dem Ort Champagne (VD) EuG T-212/02 ABl. EG C 233/27 («Commune de Champagne») und TGI de Paris vom 9.4.2008 (Az. 05/10372), www.juriscom.net/jpt/visu.php?ID=1064 (Verbot der Benutzung des Wortes «Champagne» in Produktnamen und Domainnamen durch die im Schweizer Ort Champagne ansässige Cornu SA und ihre französische Tochtergesellschaft Cornu SAS wegen unzulässiger Verwässerung einer absolut geschützten Herkunftsbezeichnung); zum Ganzen näher VITALI, sic! 2009, 313 ff.

hält und sich die Produktion von Anfang an oder inzwischen an einem anderen Ort befindet[124] bzw. sich schwerpunktmässig an andere Orte verlagert hat[125].

Manche Herkunftsangaben haben sich im Laufe der Zeit nach der Verkehrsauffassung zu **Gattungsbezeichnungen** (bisweilen auch sog. Qualitätsbezeichnung) entwickelt[126]. In diesen Fällen muss dann lediglich die Beschaffenheit (s. N 33) im Wesentlichen den ursprünglichen Gattungsmerkmalen entsprechen[127]. Die Abgrenzung zwischen Herkunfts- und Gattungsbezeichnungen kann im Einzelfall Probleme bereiten, wobei die Unterscheidung nach Art. 4 MHA bzw. Art. 24 Abs. 6 TRIPS von den Gerichten im Schutzland nach den dort jeweils geltenden Kriterien zu treffen ist. Die Umwandlung wird herkömmlich nur unter sehr strengen Voraussetzungen angenommen[128], so dass die Angabe zumindest über Jahrzehnte in grossem Umfang als Sachbezeichnung verwendet worden sein muss[129]. Die heute in vielen Bereichen bestehenden Regelungen zum Schutz von Herkunftsbezeichnungen sollen dabei gerade auch die Umwandlung in Gattungsbezeichnungen verhindern. Ist die Umwandlung unklar, sollte der Unlauterkeitsvorwurf in der Praxis durch die deutliche Angabe eines abweichenden Herstellungsorts (sog. **delokalisierender Zusatz**) ausgeräumt werden können, da in diesen Fällen mit der Herkunftsangabe lediglich auf eine bestimmte Herstellungsart bzw. Leistungsbeschaffenheit verwiesen werden soll[130]. Der Schutz bekannter Herkunftsangaben gegen Rufausbeutung nach Art. 2 (dort N 104 ff.) bleibt allerdings vorbehalten. Hat sich die Herkunftsangabe noch nicht zu einer Gattungsbezeichnung gewandelt, muss klar darauf hingewiesen werden, dass die Leistung nicht aus dem vom Verkehr angenommenen Ort stammt, wofür Bezeichnungen wie «nach Art», «à la» oder «Façon» nicht ausreichen[131]. Auf der anderen Seite kann durch sog. **relokalisierende Zusät-**

39

---

[124] BGE 125 III 193, 201 («Budweiser»), wobei das Gericht allerdings zu Unrecht ausschliesslich Art. 3 lit. d heranzog.
[125] Vgl. zum Firmenrecht BGE 117 II 192 («Münsterkellerei»); vgl. dazu auch BGH GRUR 1999, 251 («Warsteiner I») und BGH GRUR 1999, 252 («Warsteiner II»), wobei die Schwerpunktverlagerung in casu verneint wurde.
[126] Siehe dazu Art. 4 GUB/GGA-Verordnung und BGE 128 III 454, 460 («Yukon»); Beispiele sind Emmentaler, Eau de Cologne und Dresdner Stollen, nicht jedoch Champagner (dazu auch Fn. 123).
[127] Vgl. dazu für Käsebenennungen Art. 4 Stresa-Abkommen (SR 0.817.142.1).
[128] BGE 40 I 298, 300 f. («Münchener Bier»); BGer GRUR Int. 1975, 26, 28 («Holiday Pils»); DESSEMONTET, Der Schutz geographischer Herkunftsangaben nach schweizerischem Recht, GRUR Int. 1979, 245, 251.
[129] Gegenüber noch weiter reichenden Anforderungen mit Recht krit. BAUDENBACHER/GLÖCKNER, Kommentar UWG, Art. 3 lit. b N 172 ff.
[130] Vgl. RGZ 79, 250, 253 ff. («Radeberger Pilsener»); a.A. B. VON BÜREN, Kommentar UWG, Art. 1 Abs. 2 lit. b N 54 und bei einem hohen Ansehen der verwendeten Bezeichnung MEISSER/ASCHMANN, SIWR III/2, 322 f.
[131] Art. 3 Stresa-Abkommen (SR 0.817.142.1); Art. 17 Abs. 2 lit. c GUB/GGA-Verordnung; BGer GRUR Int. 1975, 26, 28 («Holiday Pils»); DESSEMONTET, Der Schutz geographischer Herkunftsangaben nach schweizerischem Recht, GRUR Int. 1979, 245, 249.

ze (z.B. «original», «echt», «Ur», «alt»[132]) oder staatsvertragliche bzw. gesetzliche Schutzregelungen[133] eine Bezeichnung als Herkunftsangabe generell erhalten bzw. generell[134] oder im Einzelfall erstmals[135] bzw. wieder[136] in eine solche (zurück-) verwandelt werden. Schliesslich gibt es noch Bezeichnungen, die nur aufgrund einer zufälligen Namensgleichheit als geografische Herkunftsbezeichnungen erscheinen, in Wahrheit aber allenfalls Gattungsbezeichnungen darstellen (sog. **Pseudo-Herkunftsangaben**)[137].

40 Für die **Bestimmung des tatsächlichen Herkunftsortes**, dem die Herkunftsbezeichnung entsprechen muss, kommt es letztlich auf die Auffassung der angesprochenen Verkehrskreise an. Dennoch können das WTO-Übereinkommen über Ursprungsregeln[138] sowie markenrechtliche (Art. 48, 49 MSchG) bzw. verwaltungsrechtliche Sonderregelungen (vgl. Art. 50 MSchG[139]) hierfür gewisse Kriterien bereitstellen. Bei unbearbeiteten Naturerzeugnissen entspricht der Herkunftsort dem Ort der Gewinnung. Im Falle der Bearbeitung ist zu klären, ob dieser bei wertender Betrachtung ein hinreichendes Gewicht zukommt, um eine vom Gewinnungsort abweichende Herkunftsbezeichnung zu rechtfertigen bzw. die Angabe des Gewinnungsorts unlauter werden zu lassen[140]. Bei industriell gefertigten Produkten kommt es nicht auf den Ort der Konzeption, sondern den Ort der überwiegenden

---

[132] HGer ZH ZR 1937, Nr. 91, 177 («Alt-Koeln»): Unzulässigkeit der Bezeichnung «Alt-Koeln» für ein in der Schweiz hergestelltes Kölnischwasser.
[133] Siehe zu diesen Regelungen bereits N 35.
[134] Eine generelle Rückumwandlung ist selten; ein Beispiel bildet die Rückumwandlung der Gattungsbezeichnung «Havanna» in eine Herkunftsangabe (dazu HGer ZH ZR 1924, Nr. 139, 238 – «Habanahaus»).
[135] So hat sich nach Auffassung der ERK des Eidg. Volkswirtschaftsdepartements die Bezeichnung «Raclette», die ursprünglich ein Gericht bezeichnet habe, zu einer Gattungsbezeichnung für Käse entwickelt, die nur mit dem Zusatz «Walliser» oder «du Valais» als Ursprungsbezeichnung (AOC) geschützt werden könne; das Verfahren ist derzeit noch beim Bundesgericht anhängig.
[136] Ein Beispiel bildet die Entscheidung HGer ZH ZR 1937, Nr. 91, 177 («Alt-Koeln»).
[137] Beispiele für Pseudo-Herkunftsangaben, die inzwischen zu Gattungsbezeichnungen entwickelt haben, bilden die «Wiener Würstchen» (Bezeichnung nach dem Metzger Wiener) und die «Kassler Rippchen» (Bezeichnung nach dem Koch Cassler).
[138] Anhang IA.11 des Abkommens zur Errichtung der Welthandelsorganisation (SR 0.632.20).
[139] Auf der Grundlage von Art. 50 MSchG erging die VO über die Benutzung des Schweizer Namens für Uhren vom 23.12.1971 – sog. «Swiss made»-Verordnung (SR 232.119).
[140] HGer BE ZBJV 59 (1923), 124, 132 (Unzulässigkeit der Bezeichnung «Veritable Hollandsche Rooktabak» bei Verarbeitung des Tabaks in der Schweiz); BGE 72 II 380, 386 («Prieuré St-Pierre»): Massgeblichkeit der Lage des Weinbergs.

Herstellung an[141]. Bei Dienstleistungen wird zumeist auf den Geschäftssitz des Dienstleistungserbringers abzustellen sein[142].

Grundsätzlich darf jeder Produzent oder Dienstleistungsanbieter, der die Ursprungsregeln erfüllt, die entsprechende geografische Herkunftsangabe verwenden (**Grundsatz der Kollektivberechtigung**)[143]. Ausnahmen bestehen, wenn sich die geografische in eine betriebliche Herkunftsangabe gewandelt hat, weil ein Produzent bzw. Dienstleistungserbringer über ein Gebietsmonopol und damit auch über ein Alleinrecht auf die Herkunftsbezeichnung verfügt oder weil sich diese durch dauernden und intensiven Gebrauch durch einen bestimmten und über einen guten Ruf verfügenden Anbieter in den Augen der angesprochenen Verkehrskreise zu einer Individualbezeichnung entwickelt hat[144]. An die entsprechende Verkehrsdurchsetzung werden hohe Anforderungen gestellt[145]. 41

cc) Schutzrechtsanmassung

Angaben, die auf einen in Wahrheit (noch[146]) nicht (mehr[147]) bestehenden oder nicht in diesem Umfang[148] bestehenden schweizerischen[149] Immaterialgüterschutz hindeuten (sog. **Patent-, Muster- bzw. Markenberühmung**[150]), werden ebenfalls von Art. 3 lit. b erfasst[151]. Nach h.M. sollen allerdings die strafrechtlichen Sondertatbestände zur Patenberühmung (Art. 82 PatG), zum Markenmissbrauch 42

---

[141] BGE 89 I 49, 54 («Berna»); vgl. auch VO über die Benutzung des Schweizer Namens für Uhren vom 23.12.1971 – sog. «Swiss made»-Verordnung (SR 232.119) und SLK-Grundsatz Nr. 2.1 zur Verwendung des Begriffs «Schweizer Ware» o.ä. (dazu SLK-Entscheid vom 21.4.2004 sic! 2004, 737 – «Pfannen-Trophy»).
[142] Zu weiteren Kriterien Art. 49 MSchG sowie BGE 67 I 259, 260 («Ecole Rüegg») und HGer ZH SMI 1988, 246 («Swiss Residence I»).
[143] BGE 38 II 693, 695 («Brûlefer»); BGE 43 II 93, 98 («Geneva Watch Case»).
[144] BGE 117 II 321, 324 ff. («Valser»); BGE 82 II 346, 355 ff. («Weissenburger/Schwarzenburger»); BGE 77 II 321, 324 ff. («Sihl/Silta»).
[145] BGE 117 II 321, 324 ff. («Valser»).
[146] Zulässig ist dann nur die Werbung mit dem zutreffenden Hinweis «Patent etc. angemeldet»; dazu BGE 82 IV 204, 206 («Hofer/Rickli»); OGer ZH SMI 1984, 386, 387 («Vorgetäuschter Patentschutz»).
[147] In Falle eines weggefallenen Immaterialgüterschutzes sind lediglich noch sog. Aufbrauchfristen zu gewähren; dazu BAUDENBACHER/GLÖCKNER, Kommentar UWG, Art. 3 lit. b N 182.
[148] Die Begrenzung des Patentschutzes auf einen Teil des Produkts muss durch einen klarstellenden Hinweis deutlich gemacht werden; dazu BGE 70 I 194, 202 ff. («Patentex»).
[149] Besteht der Immaterialgüterschutz nur nach einem ausländischen Recht, ist dies durch einen verdeutlichenden Zusatz klarzustellen; dazu OGer ZH SMI 1982, 210, 213 ff. («Schlafsystem»).
[150] Die Markenberühmung kann auch durch das ®-Symbol und Zusätze wie «reg.(istriert)» oder «gesch.(ützt)» (BGE 82 IV 204 f. – «Text-O-Stat») erfolgen. Die Verwendung des ™-Symbols für eine nicht registrierte Marke ist nur in Ländern lauter, in denen der Markenschutz anders als in der Schweiz auch ohne Registrierung durch Gebrauch erworben werden kann.
[151] Näher RICHTER/BEUTLER, Der Schutzvermerk im Immaterialgüterrecht, sic! 1997, 540, 547 ff.

(Art. 61 Abs. 1 MSchG) und zur Designrechtsverletzung (Art. 41 ff. DesG) mit ihren teilweise abweichenden Sanktionsrahmen bzw. Verfolgungsvoraussetzungen Vorrang beanspruchen und Art. 3 lit. b i.V.m. Art. 23 UWG verdrängen[152]. Es ist jedoch nicht überzeugend, das Konkurrenzverhältnis zwischen Immaterialgüter- und Lauterkeitsrecht (dazu generell Einl. N 26 ff. und Art. 2 N 95 ff.) im Strafrecht anders als im Zivilrecht zu beurteilen.

dd) Mengenangaben

43   Eine weitere wichtige Gruppe leistungsbezogener Angaben sind diejenigen zur Leistungsmenge (dazu auch ausdrücklich für die Verschleierung Art. 3 lit. i; zur sog. **Mogelpackung** bereits N 23) und zum Leistungsumfang.

ee) Sonstige Leistungsbedingungen

44   Wettbewerbsrelevant sind schliesslich die Angaben zur **Verfügbarkeit** einer Ware oder Dienstleistung. Als wichtigster Fall neben der Lieferfrist und den Öffnungszeiten[153] wird die Angabe über die vorrätige Menge sogar ausdrücklich in Art. 3 lit. b erwähnt. **Lockvogelangebote**, die nicht in hinreichender Menge verfügbar sind oder dem Kunden sonst vorenthalten werden, sind unabhängig von der Art der Preisgestaltung und Bewerbung (s. dazu den Sondertatbestand von Art. 3 lit. f) bereits nach Art. 3 lit. b als unlauter anzusehen[154]. Mit welchen Angebotsmengen die angesprochenen Verkehrskreise berechtigterweise rechnen dürfen, richtet sich im Einzelfall nach folgenden Kriterien:

- der Reichweite, Intensität und dem Inhalt der **Werbung** («Sattelschlepperweise neue Ware eingetroffen!», «reduzierte Einzelteile»),
- der ex ante nach den bisherigen Erfahrungen zu erwartenden *Nachfrage* (z.B. generelle Gängigkeit des Artikels, Attraktivität des konkreten Angebots),
- der **Natur der angebotenen Waren** (z.B. Wert, Verderblichkeit, Sperrigkeit, Diversität),
- der Art und Lage der **Verkaufsstätte** (z.B. Discounter mit grosser Verkaufsfläche und Lager am Stadtrand, kleines Innenstadtgeschäft) sowie
- der **Finanzkraft** des Anbieters (z.B. Grossfilialist, Familienbetrieb)[155].

---

[152] Siehe etwa BGE 82 IV 204, 205 f. («Text-O-Stat») für die Patentberühmung.
[153] Siehe dazu etwa BGE 102 IV 263, 265 («Permanence dentaire»).
[154] Vgl. BGE 107 II 277, 285 («Schokoladetafeln») zur Rechtslage vor Einführung von Art. 3 lit. f durch das neue UWG, wobei in casu die Anwendung von Art. 1 Abs. 2 lit. b verneint wurde; vgl. auch Anhang I Ziff. 5 und 6 RL 2005/29/EG.
[155] Das BGE 107 II 277, 285 («Schokoladetafeln») sah den Vorrat von 1 000 000 Tafeln Schokolade verschiedener Sorten, die von der Denner AG schweizweit zu Billigpreisen angeboten worden

Ein besonderes Problem stellt sich, wenn eine Werbekampagne mit Lockvogelangeboten zwar zentral etwa durch eine Muttergesellschaft oder ein Gemeinschaftsunternehmen gesteuert wird, die den beworbenen Artikel nicht hinreichend vorrätig habenden Anbieter aber selbständige Gesellschaften sind[156]. Das **Scheinangebot**, bei dem die beworbene Ware überhaupt nicht erhältlich ist, stellt ebenfalls und stets eine Täuschung über die vorrätige Menge dar[157]. Gleiches gilt, wenn die Leistung in einem (Jahres-)Katalog beworben wird und voraussichtlich erst ab bzw. nur bis zu einem bestimmten Zeitpunkt (z.b. Jahresmitte) erbracht werden kann. Klare und sichtbare Hinweise zur begrenzten Verfügbarkeit sowie unverschuldete und ggf. auch verschuldete unvorhersehbare Lieferengpässe schliessen die Unlauterkeit aus[158]. Zu den wettbewerbsrelevanten Angaben über sonstige Leistungsbedingungen gehören etwa Angaben zu **Erfolgsgarantien**[159], **Rückgabemöglichkeiten**[160], **Kundendiensten**[161] oder zu den Bedingungen bei **Gewinnspielen**[162].

45

c) Angaben zum Preis

Als wichtigste Leistungsbedingung ist der Preis, d. h. das für eine Leistung (Ware, Werk oder sonstige Leistung) zu entrichtende **Entgelt**, ausdrücklich in Art. 3 lit. b sowie in den für Kreditgeschäfte geltenden Sondertatbeständen von Art. 3 lit. k bis lit. m als wettbewerbsrelevante Angabe erwähnt. Nach dem bundesrätlichen Entwurf für eine Änderung des UWG soll noch eine Verpflichtung zu einer der Laufzeit entsprechenden Gesamtpreisangabe bei der Werbung für die Eintragung in Branchen-, Telefon-, Marken- u.ä. Register hinzukommen (Art. 3 lit. p E-UWG 2009).

46

---

waren, als ausreichend an, obwohl die beliebteste Sorte in einzelnen Filialen bereits zwei Tage nach der ersten Anzeige ausverkauft war.

[156] Vgl. dazu den Beweisbeschluss des Landgerichts Ingolstadt vom 8.5.2007 (Az. 1 HK O 1286/06) zur zentralen Verantwortlichkeit der Media-Saturn-Holding GmbH und der Media Markt Systemzentrale GmbH für etwaige Lockvogelangebote.

[157] A.A. BAUDENBACHER/GLÖCKNER, Kommentar UWG, Art. 3 lit. b N 216, die stattdessen eine Irreführung über Waren, Werke oder Leistungen annehmen.

[158] So auch BAUDENBACHER/GLÖCKNER, Kommentar UWG, Art. 3 lit. b N 217.

[159] Ernstzunehmende (ansonsten Marktschreierei; dazu N 26 f.) Erfolgsgarantien sind nur bei Garantierbarkeit des Erfolgs lauter; vgl. dazu für das dt. Recht BGH GRUR 1983, 255 («Nachhilfeunterricht») und OLG Hamm GRUR 1984, 140, 141 (für eine Schlankheitskur mit Erfolgsgarantie innert kurzer Frist).

[160] Vgl. dazu SLK-Grundsatz Nr. 3.10.

[161] Vgl. Anhang I Ziff. 23 RL 2005/29/EG.

[162] BGer sic! 2002, 697 («Garantieversand»); vgl. dazu auch SLK-Grundsatz Nr. 3.9; gegen eine Erfassung durch Art. 3 lit. b KGer ZG SMI 1992, 346, 347 («Werbegewinnspiel») und PEDRAZZINI/PEDRAZZINI, UWG, N 6.08; offengelassen für das Versprechen eines Scheingewinns, der über eine Mehrwertdienstrufnummer abgerufen werden musste, BGer 1A.2/2006, E. 5; vgl. auch Anhang I Ziff. 19 RL 2005/29/EG.

47 Irreführend ist zunächst die Täuschung oder **Irreführung über die Entgeltlichkeit einer Leistung überhaupt.** Ein sich auf ein Leistungspaket beziehendes Angebot kann dann als Gratisangebot beworben werden, wenn die aufgrund ihres Gewichts und der Häufigkeit ihrer Inanspruchnahme im Zentrum stehende Leistung tatsächlich gratis erbracht wird und nur für Nebenleistungen, deren Erbringung die angesprochenen Verkehrskreise nur gegen Entgelt erwarten, ein Entgelt verlangt wird[163]. Für die Werbung betreffend die Eintragung in Branchen-, Telefon-, Marken- u.ä. Register soll künftig eine Entgeltlichkeitsangabe ausdrücklich vorgeschrieben werden (Art. 3 lit. p E-UWG 2009)[164].

48 Für die **eigentliche Preisangabe** gelten gegenüber Konsumenten vor allem – und dies ggf. auch bereits in der Werbung (vgl. Art. 17 UWG, Art. 15 PBV) – die verwaltungsrechtlichen Vorschriften der Art. 16 bis 20 UWG und der PBV mit ihren Grundsätzen der Preisklarheit und Preiswahrheit[165]. Die irreführende Preisangabe wird dabei sowohl für konkrete Angebote wie für die Werbung in Art. 18 UWG geregelt (näher dort N 1 ff.). Weitere Sonderregelungen enthalten etwa Art. 11 MessG mit den dazugehörigen Vollziehungsverordnungen[166], die Art. 12 ff. MWSTV[167] sowie im Privatrecht etwa Art. 6 PauRG und Art. 9 ff. KKG. Eine weitere Konkretisierung erfahren die Gesetzes- und Verordnungregelungen durch praxisnahe Informationsblätter des Staatssekretariats für Wirtschaft (SECO)[168]. Es handelt sich bei Verstössen gegen die verwaltungsrechtlichen Regelungen aber auch zivilrechtlich um ein unlauteres Verhalten nach Art. 3 lit. b sowie einen unter Art. 2 UWG fallenden unzulässigen Vorsprung im Wettbewerb (s. Art. 2 N 107 ff.). In der Praxis kommt es wegen der Effektivität der kantonalen Preisangabeüberwachung allerdings nur selten zu einer privatrechtlichen Sanktionierung (zum Konkurrenzverhältnis und zum Abstimmungsbedarf zwischen verwaltungs- und privatrechtlichen Regelungen N 15).

49 Bei Preisangaben in der Werbung muss immer ein **genauer Gegenleistungsbezug** gegeben sein, d.h. die Preisangabe muss auf eine klar nach Art, Ausstattung und Menge bestimmte Leistung bezogen sein (Art. 14 Abs. 1 PBV)[169]. Wird eine Leistung bildlich angeboten, müssen die abgebildeten Leistungen zum angegebenen

---

[163] BGer sic! 2007, 840 ff. («Supercardplus»).
[164] Zur Irreführung über die Entgeltlichkeit von Registereinträgen siehe aktuell BGE 136 III 23, 43 ff. («Registerhaie»).
[165] Zur Preisbekanntgabe in einzelnen Branchen siehe auch noch die Informationsblätter des SECO (Fn. 17).
[166] Verordnung vom 15. Juli 1970 über verbindliche Angaben im Handel und Verkehr mit messbaren Gütern (Deklarationsverordnung, SR 941.281), Deklarationsverordnung des EJPD vom 25. Oktober 1972 (Technische Vorschriften, SR 941.281.1).
[167] Mehrwertsteuerverordnung vom 27. November 2009 (SR 641.201).
[168] Das SECO hat neben einer (allgemeinen) «Wegleitung für die Praxis» zur PBV vom April 2007 auch zahlreiche branchenspezifische Informationsblätter herausgegeben (Fn. 17).
[169] BGE 90 IV 43 («Bettinhalt»); BGer SemJud 1954, 85 («Cuisinière»); BGer 6S.487/2005 («Werbeplakat»).

Preis erhältlich sein (Art. 14 Abs. 3 PBV)[170]. Gehört bei Angabe eines «*ab-Preises*» der abgebildete Gegenstand nicht der billigsten Preiskategorie an, ist die Preisangabe trotz des Zusatzes «ab» irreführend[171].

Wird direkt oder indirekt[172] mit **Fabrik-**[173]**, Grosshandels-**[174]**, Selbstkosten-, aufschlagsfreien Preisen**[175] **oder Verlustpreisen** geworben, muss die Leistung auch tatsächlich zu einem Preis angeboten werden, der vom Hersteller bzw. Grosshändler einem Wiederverkäufer berechnet wird, nur die Selbstkosten deckt, aufschlagsfrei erhoben wird bzw. unter dem Einstandspreis liegt. Werden Waren zu «**Liquidationspreisen**» angeboten, müssen diese im Vergleich zum bisherigen Angebot mit einem deutlichen Preisabschlag ausgezeichnet werden[176] und dürfen zudem nicht zugekauft oder in Kommission genommen worden sein[177]. Eine Täuschung über den Preis enthalten auch in der Werbung mitgeteilte Beschränkungen und **Kontingentierungen** der Abgabe (z.B. «Keine Abgabe an Wiederverkäufer», «Abgabe nur in haushaltsüblichen Mengen»), wenn der Preis nicht derart niedrig ist, dass er auch für Wiederverkäufer bzw. Hamsterkäufer attraktiv ist[178]. **Tiefstpreisgarantien**, d.h. Geld-zurück-Grantien oder Meistbegünstigungszusagen («Wir machen den gleichen Preis!») für den Fall, dass der Kunde ein billigeres Konkurrenzangebot nachweist, sind lauterkeitsrechtlich zulässig, wenn der Kunde die realistische Möglichkeit zum Preisvergleich hat, da sie den Kunden zum wettbewerbsrechtlich erwünschten Preisvergleich auffordern[179]. 50

Ist der Preis einer Leistung vom Umfang der Inanspruchnahme durch den Kunden abhängig, sind die **Kalkulationsgrundlagen** offenzulegen, wobei hierfür ggf. Sonderregelungen bestehen[180]. Sofern **Akontozahlungen** Bestandteil einer (Brutto-)Preisangabe sind, ist es eine Frage des Einzelfalls, ob die Marktgegenseite darauf vertrauen darf, dass die Akontozahlungen den tatsächlich entstehenden Zahlungsverpflichtungen annähernd entsprechen[181]. 51

---

[170] Vgl. BGer 6P.1/2006, E. 1.2.1 («Canon»).
[171] BGer SMI 1953, 218, 219 ff. («Gasherde»).
[172] CdJ GE SemJud 1954, 525: Die Bezeichnung als «Fabrikant» deute auf günstige Fabrikpreise hin.
[173] BGE 106 IV 218, 224 ff. («Tapis Berbère-Mira»); BGE 118 IV 184 («50% günstiger»); BezG Bülach SMI 1995, 410, 411 («Fabrikpreise»).
[174] TC VS RVJ/ZWR 1988, 240, 247; TC VS SMI 1991, 61, 65 («Fourrures Petit»).
[175] BGE 132 III 414, 423 («Taxes de pharmacie»).
[176] BGE 101 IV 344, 346 ff. («Zehnder»).
[177] RK TG SMI 1976, 101, 102.
[178] So auch BAUDENBACHER/GLÖCKNER, Kommentar UWG, Art. 3 lit. b N 200.
[179] CdJ GE SMI 1989, 116 («Garantie des prix»); vgl. dazu auch den Sachverhalt von BGer 4P.241/2002, E. 2.2 (Tiefstpreisversprechen mit Auslobung einer Flasche Champagner); zur kartellrechtlichen Zulässigkeit der in der Praxis kaum vorstellbaren branchenweiten Tiefstpreisgarantie BERNER, Tiefstpreisgarantie als Verstoss gegen das Kartellgesetz?, in: Jusletter 4. September 2006.
[180] Siehe dazu etwa für Mehrwertdienste Art. 13 Abs. 1bis PBV sowie BGE 128 IV 177 («Telefonsex»).
[181] Siehe dazu den Fall BGE 132 III 24, 31 f.

52 Bei der **Werbung mit Preissenkungen** ist insbesondere darauf zu achten, dass der eigene Vergleichspreis kein sog. Mondpreis ist, d.h. ernsthaft als (vermeintlich) marktgerechter Preis über eine gewisse Dauer (vgl. z.B. Art. 16 Abs. 3 und 4 PBV) und zeitnah tatsächlich verlangt wurde[182]. Zu berücksichtigen sind dabei alle Umstände des Einzelfalls, wobei die Natur der Ware (z.B. Saisonartikel[183], Frischwaren[184], Auslaufmodell) und des Geschäfts (z.B. Modeboutique, Fachhandel) sowie eine verschärfte Wettbewerbslage die Werbung mit erheblichen und kurzfristigen Preissenkungen ausnahmsweise rechtfertigen können. Ein nennenswerter Absatz zum Vergleichspreis sollte den Anbieter in jedem Fall vom Vorwurf der Unlauterkeit entlasten[185]. Preissenkungen dürfen auch nicht als ein eigenes Entgegenkommen des Detaillisten dargestellt werden, wenn die Ermässigungen auf Preisreduktionen des Herstellers beruhen[186].

53 Die **Werbung mit Rabatten** und anderen Sonderkonditionen ist nur dort lauter, wo der Bruttopreis dem für derartige Leistungen üblicherweise tatsächlich verlangten Preis entspricht oder diesen unterschreitet[187]. Bei der **Werbung mit Teilpreisen** eines Gesamtangebots (z.B. Gratismobiltelefon mit Netzkartenvertrag) ist der Gesamtpreis bzw. der Preis der anderen Teilangebote sichtbar und unmissverständlich anzugeben (vgl. auch für die Gesamtkosten eines Kredits die Sonderregelung in Art. 3 lit. k; zu den Anforderungen an eine Blickfangwerbung s. noch N 83). Für über den Wert des Angebots irreführende Zugaben enthält Art. 3 lit. g einen Sondertatbestand[188].

54 **Keine Täuschung über den Preis**, sondern über die Beschaffenheit der Leistung (N 33) bzw. die eigene Leistungsfähigkeit (vgl. N 44 und Art. 3 lit. f) ist gegeben, wenn der Anbieter eine mangelhafte Ware zu einem ordnungsgemäss angegebenen Niedrigpreis bzw. ein ausgewähltes Produkt zu einem unter dem Einstandspreis liegenden Preis anbietet. Eine ausgeprägte Mischkalkulation (sog. Lockvogelpolitik) kann auch ausserhalb von Art. 3 lit. f nach Art. 3 lit. b als Irreführung über die allgemeine Leistungsfähigkeit des Anbieters unlauter sein (N 11, 44).

---

[182] Vgl. dazu Art. 16 Abs. 1 lit. a PBV und für das dt. Recht OLG Karlsruhe v. 8.11.2006 (Az. 6 U 227/05) zur Unzulässigkeit einer Rabattgewährung auf zuvor nicht tatsächlich verlangte Verkaufspreise («Heute zahlt Deutschland keine MwSt – Alle Produkte dadurch 16% billiger!»).

[183] Art. 16 Abs. 3 aPBV, wonach für «modische Bekleidung und Schuhe» Vergleichspreise «bis Ende der laufenden Saison, jedoch höchstens während vier Monaten angegeben werden durften, wenn sie unmittelbar vorher während mindestens zweier Monate tatsächlich gehandhabt wurden», wurde allerdings ersatzlos gestrichen.

[184] Schnell verderbliche Waren (z.B. Fisch, Schnittblumen) dürfen, wenn sie mindestens während eines halben Tages gehandhabt wurden, noch bis zum Abend des folgenden Tages als Vergleichspreis bekannt gegeben werden (Art. 16 Abs. 4 PBV).

[185] So auch BAUDENBACHER/GLÖCKNER, Kommentar UWG, Art. 3 lit. b N 208.

[186] AppGer BS BJM 1954, 213 ff.

[187] BGE 82 IV 47, 54 ff. («Torre»); BGE 101 IV 344, 346 ff. («Zehnder»); AppG BS BJM 1954, 213, 215.

[188] Vgl. dazu BGE 85 II 443 («Unmodisch gewordene Kleider»).

d) Angaben zum Anlass und zur Natur des Angebots

Angaben zum Anlass und zur Natur des Angebots geben dem Kunden wichtige Hinweise auf das Preis-Leistungs-Verhältnis. Eine seit 1995 ausdrücklich in Art. 3 lit. b als wettbewerbsrelevant genannte Angabe ist daher die **Art der Verkaufsveranstaltung**. Ausverkäufe sind seit der Revision des UWG von 1995 zwar nicht mehr genehmigungspflichtig, doch sind Verkaufsveranstaltungen, die ausserhalb des regelmässigen Geschäftsverkehrs zum Zweck der Beschleunigung des Warenabsatzes den Eindruck besonderer Kaufvorteile erwecken (z.b. Liquidationsverkauf, Räumungsverkauf, Schlussverkauf, Zwangsversteigerung), täuschend, wenn der entsprechende Anlass und die Kaufvorteile nicht tatsächlich auch gegeben sind[189]. Dieser Gedanke kann zudem auf andere, nicht auf den Verkauf gerichtete Angebote (z.B. Last-Minute-Reisen[190], Saisonangebot eines Mietwagenunternehmens) erstreckt werden.

Auch über die **Natur des Angebots** darf nicht getäuscht werden. So ist die Täuschung über die geschäftliche Natur eines Angebots («von privat»; Angebot unter einer Privatadresse[191]) oder deren Verschleierung (Angebot unter einer Chiffre) ebenso unlauter wie die Täuschung über die Vertriebsstufe (Herstellung, Grosshandel, Einzelhandel), auf der der Anbieter agiert. Im Rahmen eines Liquidationsverkaufs darf keine hinzugekaufte oder in Kommission genommene Ware angeboten werden[192]. Unzulässig sind auch irreführende Angaben über die **Einmaligkeit** eines Angebots oder zur Dringlichkeit einer Angebotsannahme[193].

e) Angaben über Geschäftsverhältnisse

Zu den Angaben über die Geschäftsverhältnisse gehören die Angaben über das Unternehmen als Ganzes oder einzelne Teile des Unternehmens und die Angaben über geschäftliche Beziehungen des Unternehmensträgers und seines Unternehmens zu Dritten, d.h. insbesondere Angaben über die:

- **Marktposition** des Unternehmens (z.B. Einzigartigkeit[194], Auszeichnungen und Referenzen),

---

[189] BGer SMI 1995, 155 («Inserat»); vgl. auch Anhang I Ziff. 15 RL 2005/29/EG.
[190] Dazu BAUDENBACHER/GLÖCKNER, Kommentar UWG, Art. 3 lit. b N 211.
[191] BGE 84 IV 39, 43 («Occasionsmöbel»); vgl. auch Anhang I Ziff. 22 RL 2005/29/EG.
[192] RK TG SMI 1976, 101, 102.
[193] Beschluss der Lauterkeitskommission vom 1.7.2009, medialex 2009, Nr. 09-218.
[194] Ausdrücklich Botschaft 1942, 665.

- **Eigenschaften** des Unternehmens (Grösse[195], Absatz bzw. Umsatz, Gründungsjahr bzw. Alter[196], sachlicher[197] und räumlicher[198] Tätigkeitsbereich, Zahl und Lage der Betriebsstätten[199], Nationalität[200], Geschäftszweige[201]),
- unternehmensbezogenen **Kennzeichen** (neben den ausdrücklich in Art. 3 lit. b genannten Geschäftsbezeichnungen auch Enseignes),
- **Beaufsichtigung** durch eine staatliche Behörde[202],
- **Geschäftsbeziehungen zu Dritten** (z.B. Einbindung in einen Konzern[203], Kundenzahl und -struktur, Bezugsquellen, Nähe zu einem öffentlichen

---

[195] BGE 63 I 104, 105 f. («Besteckzentrale»); OGer SO SJZ 68 (1972), 99 («Taxi-Zentrale»); TC NE SMI 1990, 412, 418 («Garage du Roc»): Unzulässigkeit der Angabe «Le plus grand centre Opel» für die im Kanton, nicht aber in der gesamten Westschweiz grösste Garage; OGer BL BJM 1957, 103, 111 («Ingenieur»): Unzulässigkeit der Bezeichnung «Maschinenfabrik» für eine kleine Werkstatt; vgl. auch BGer sic! 2009, 190: Unzulässigkeit der Bezeichnung «Klinik» für eine Zahnarztpraxis mit 24-Stunden-Service.

[196] Bei unternehmensbezogenen Altersangaben (zu den produktbezogenen Angaben zur Herstellungsdauer s. N 33) kommt es auf die im Kern gegebene Kontinuität des Unternehmens als wirtschaftliche Einheit an, so dass kurze wie z.b. kriegsbedingte Unterbrechungen, Umwandlungen des Unternehmensträgers, Inhaberwechsel sowie Ausweitungen, branchenübliche Anpassungen und geringfügige Einschränkungen der Geschäftstätigkeit grundsätzlich unschädlich sind; dazu BGE 70 II 158, 159 ff. und B. VON BÜREN, Kommentar UWG, Art. 1 Abs. 2 lit. b N 23.

[197] Hierher gehören insbesondere Fachgeschäftshinweise, die neben der Beschränkung auf ein bestimmtes Produktsegment auch eine erhöhte Leistungsfähigkeit (Kompetenz, Beratung, Service etc.) indizieren.

[198] BGer ZR 1976, Nr. 75, 192, Gericht und Seitenzahl (Unlauterkeit der Angabe «Internationaler Fern- und Direktunterricht» für eine Zürcher Fernschule mit nur 8% Schülern im Ausland).

[199] OGer SO SJZ 68 (1972), 99 («Taxi-Zentrale»).

[200] Vgl. dazu BGE 124 IV 73, 76 f. («Lotterie im Ausland»); die Bezeichnung als «Schweizerisches Unternehmen» (o.ä.) darf nach SLK-Grundsatz Nr. 2.1 in der Werbung nur geführt werden, wenn die Firma des Unternehmensträgers (vorbehältlich der Einzelfirmen mit einem Jahresumsatz von weniger als 100 000 CHF) im schweizerischen Handelsregister eingetragen ist und in dem beworbenen Bereich eine Tätigkeit in der Schweiz ausgeübt wird.

[201] Bei einem gerade erst gegründeten Unternehmen muss noch nicht in allen angegebenen Bereichen auch tatsächlich eine geschäftliche Aktivität entwickelt werden; dazu BGE 68 I 118, 121 («Treuhand»).

[202] Vgl. dazu insbesondere den durch die entsprechenden Aufsichtsgesetze gewährleisteten Schutz bestimmter auf die Beaufsichtigung hindeutender Bezeichnungen wie «Bank», «Sparen», «Effektenhändler», «Anlagefonds» u.ä. (Art. 1 Abs. 4, 15 BankG, Art. 10 Abs. 7 BEHG, Art. 12 KAG); SGer BS SJZ 1961, 130, Nr. 30 («Privatdetektiv»): Unzulässigkeit der Bezeichnung «staatlich geprüft und bewilligt», wenn es gar keiner gewerbepolizeilichen Bewilligung bedarf; vgl. auch BGer sic! 2009, 190: Unzulässigkeit der Bezeichnung «Klinik» für eine Zahnarztpraxis mit 24-Stunden-Service; zu Überschneidungen mit den Angaben über Geschäftsverhältnisse: N 57.

[203] Zur Unlauterkeit der Erweckung des unzutreffenden Eindrucks bestehender wirtschaftlicher Beziehungen zu einem anderen Unternehmen BGE 59 II 155, 163 f. («Migros»).

Träger[204], Nähe zum Ausrichter einer prestigeträchtigen Veranstaltung[205], Einbindung in ein selektives Vertriebssystem als Vertragshändler[206], Franchisenehmer, Kommissionsagent oder als Vertreter[207]), Die unrichtige Behauptung einer **Geschäftsbeziehung zum Getäuschten** selbst (vgl. auch SLK-Grundsatz Nr. 4.6 und Art. 3 lit. q E-UWG 2009), wie sie insbesondere in den Fällen des sog. Adressbuchschwindels (Art. 2 N 45) vorkommt, sollte entgegen der h.M. de lege lata allerdings besser unter Art. 2 Var. 1 als unter Art. 3 lit. b subsumiert werden, weil sie nicht darauf abzielt, den Inhaber, das Unternehmen oder seine Leistungen in einem besseren Licht erscheinen zu lassen und hierdurch auf die Entscheidung der Marktgegenseite einzuwirken, sondern diese Entscheidung bereits als erfolgt hinstellt[208]. Schliesslich kann der letzte in Art. 3 lit. b erwähnte Irreführungsgegenstand als eine Art von **Auffangtatbestand** für weitere nicht eindeutig zuzuordnende wettbewerbsrelevante Angaben insbesondere im Verhältnis Inhaber/Unternehmen (z.B. Scheininhaberschaft[209], Scheinnachfolge[210], Tarnung der Inhaberschaft) fungieren.

58

---

[204] Siehe Art. 3 Abs. 2 lit. a WSchG und CdJ GE sic! 1997, 497 («SOS»): Verwendung eines dem Genfer Stadtwappen ähnlichen Zeichens.
[205] Siehe zur Erfassung des sog. Trittbrettfahrer- oder Ambush-Marketings durch Art. 3 lit. b, wenn der im Zusammenhang mit einer prestigeträchtigen Grossveranstaltung Werbende die Verkehrskreise irreführende Angaben über seine Stellung als Sponsor, offizieller Lieferant etc. macht HILTY/VON DER CRONE/WEBER, Stellungnahme zur Anpassung des UWG: Ambush Marketing, sic! 2006, 702, 707; siehe auch bereits N 21 (Problematik der Angabequalität) sowie Art. 2 N 106.
[206] BGE 104 II 58, 60 («Singer II»); Massnahmenentscheid des Gerichtspräsidenten Bern III vom 22.12.1995 SMI 1996, 306 («Swatch-Grauimporte»); SABBADINI, sic! 2000, 770, 773; ausführlich zur diesbezüglichen Problematik von auf bestimmte Marken bezogenen Spezialisierungshinweisen bei Automobil-Reparaturwerkstätten BAUDENBACHER/GLÖCKNER, Kommentar UWG, Art. 3 lit. b N 223 ff. (Zulässigkeit beschreibender Hinweise auf Tätigkeitsschwerpunkte und Erfahrungen; Unzulässigkeit indirekter Hinweise auf eine vertragliche Gebundenheit durch z.B. blickfangmässigen Einsatz der Marke); zur Zerstörung des falschen Anscheins durch ausdrückliche Hinweise («Gauimport») oder die discounthafte Art des Vertriebs siehe HGer ZH sic! 2000, 307, 308 («Chanel III»).
[207] Zur sog. Vertreterberühmung durch Vortäuschung eines Vertreterverhältnisses insbesondere durch den Verkauf von nur in einem selektiven System vertriebenen Waren siehe BGE 114 II 91, 104 («Dior») und BGer sic! 2000, 310, 312 («Chanel IV»).
[208] A.A. BGer sic! 2003, 354, E. 2.7 («World Telefax Edition»); BGer sic! 2009, 46, 47 («Amt für das Handelsregister»); BAUDENBACHER/GLÖCKNER, Kommentar UWG, Art. 3 lit. b N 230.
[209] HGer BE SMI 1985, 107, 108 («Drohende Enthüllungen»).
[210] BGer SemJud 1948, 113 («Grands Magasins fondés par Au Printemps»); TC NE SMI 1987, 125.

3. Irreführung i.w.S.

a) Begriff der Irreführung i.w.S.

59 Der Begriff der Irreführung i.w.S. umfasst die Täuschung und die Irreführung i.e.S. Die **Täuschung** verletzt durch unrichtige Angaben und eine dadurch bei den angesprochenen Verkehrskreisen entstehende Fehlvorstellung das Wahrheitsgebot im Wettbewerb. Unrichtig ist eine Angabe, wenn sie nach den vorhandenen Erkenntnissen im Zeitpunkt ihrer Äusserung (noch) nicht (mehr) den Tatsachen entspricht (zur Beweislastverteilung s. Art. 13a). Die **Irreführung i.e.S.** verletzt das Klarheitsgebot durch richtige oder zumindest richtig gestellte Angaben, die jedoch bei einer gewichteten Gesamtbetrachtung unvollständig oder verschleiert sind, eine unzutreffende Zweitbedeutung aufweisen oder sonst einen unzutreffenden Gesamteindruck beim Durchschnittsteilnehmer des angesprochenen Verkehrskreises hervorrufen. In beiden Unterfällen der Irreführung, insbesondere aber bei der Irreführung i.e.s. kommt es daher letztlich **allein auf das massgebliche Verkehrsverständnis** an. Eine richtige Angabe ist irreführend, wenn sie vom Modelladressaten falsch verstanden wird[211]. Auf der anderen Seite ist eine unrichtige Angabe dann nicht irreführend, wenn sie vom Modelladressaten ausnahmsweise richtig verstanden wird[212].

aa) Ermittlung des massgeblichen Verständnisgegenstands

60 Erforderlich ist immer eine **gewichtete Gesamtbetrachtung** aller Bestandteile (Blickfang, Fussnoten, Worte, Bilder etc.) einer zusammenhängenden Werbeaussage (s. auch N 83). Eine zergliedernde Betrachtungsweise, die die Werbeaussage in einzelne Bestandteile zerlegt, ist mithin unzulässig. Eine einheitliche Werbung kann deshalb nicht untersagt werden, wenn lediglich einzelne Stellen irreführend sind, insgesamt jedoch ein zutreffender Eindruck entsteht. Selbständige Teile einer Werbemassnahme dürfen aber als solche nicht irreführend sein. Wird eine Irreführung erst am Ende eines längeren Vertragsformulars bzw. versteckt richtig gestellt, bleibt das Formular irreführend[213]. Bei **Mehrdeutigkeit** einer Angabe darf keine der realistischen Verständnismöglichkeiten irreführend sein[214].

---

[211] BGer 1A.261/2004, E. 4.5 («Sonderprogramm»).
[212] Vgl. dazu auch BGer sic! 2000, 611, E. 4.b («WIR-Börse»).
[213] BGE 136 III 23, 47 ff. («Registerhaie»).
[214] BGer SMI 1986, 256, 264 («Maraschino»); HGer ZH und BGer ZR 2001, Nr. 31 («70 000 mal günstiger»); irreführend ist auch die Bezeichnung «aus Altpapier», wenn die Ware tatsächlich nur überwiegend, aber nicht vollständig aus Altpapier hergestellt wurde (vgl. dazu BGH NJW 1989, 712).

bb) Ermittlung des massgeblichen Verkehrsverständnisses

Die zentrale Bedeutung der Verkehrsauffassung für den Inhalt und die Wettbewerbsrelevanz der Werbeaussage im Rahmen der Irreführungstatbestände erfordert zunächst eine genaue **Bestimmung des angesprochenen Personenkreises** und eine genaue Ermittlung von dessen Verkehrsverständnis. So ist zunächst zu klären, ob sich die massgebliche Werbeaussage an das allgemeine Publikum (v.a. Konsumenten)[215], ein Fachpublikum[216], ein regionales Publikum[217] oder an Personen einer bestimmten Altersgruppe (Kinder, Jugendliche, alte Menschen) bzw. sozialen Gruppe (Arbeiter, Angestellte, Beamte, Selbständige, Ausländer, Touristen[218], Reiche etc.) richtet. Denkbar ist auch, dass mehrere abgrenzbare Verkehrskreise angesprochen werden (dazu auch noch N 66)[219]. 61

Zur Ermittlung des Verkehrsverständnisses ist sodann auf das **Durchschnittsmitglied** des massgeblichen Kreises abzustellen[220]. Bei der Werbung gegenüber Konsumenten gilt das Leitbild des durchschnittlich informierten, verständigen und in der jeweiligen Werbesituation entsprechend aufmerksamen Durchschnittskonsumenten (näher Art. 1 N 39 ff.). Es handelt sich mithin jeweils um einen den angesprochenen Verkehrskreis repräsentierenden Modelladressaten. Die Anschauungen von besonders (un-)erfahrenen, (un-)intelligenten, (un-)aufmerksamen oder (un-)sensiblen Personen bleiben ausser Betracht[221]. Zählt der Richter zu den angesprochenen Verkehrskreisen, wird er sich regelmässig zu den Durchschnittsadressaten zählen und seine eigene Auffassung zugrunde legen[222]. Ansonsten muss er sich in den Modelladressaten hineinfühlen und hineindenken[223]. Hierzu können auch Fach- 62

---

[215] Siehe z.B. Art. 31 Abs. 1 lit. b, 32 Abs. 2 lit. a HMG (Publikumswerbung i.S.v. Art. 2 lit. b, 14 ff. AWV für Arzneimittel; dazu auch BGer sic! 2008, 56 f. – «Neurodermitis»); OGer ZH SMI 1971, 221 («Wasserdicht»), wonach es bei einer Publikumswerbung nicht auf die Bedeutung eines Begriffes in Fachkreisen ankomme; zur Schaufensterwerbung als Publikumswerbung Art. 15 lit. e AWV und BGer sic! 2007, 126, 127; zur Inseratswerbung als Publikumswerbung OGer SO SJZ 68 (1972), 99 («Taxi-Zentrale»).
[216] Siehe z.B. Art. 31 Abs. 1 lit. a HMG (Fachwerbung i.S.v. Art. 2 lit. c, 3 ff. AWV für Arzneimittel) sowie BGE 98 II 138, 144 («Lumatic») und AppH BE sic! 1998, 207, 208 f. («Alzheimermedikament»).
[217] Vgl. dazu BGH GRUR 1983, 32 («Stangenglas I»).
[218] BGer sic! 2006, 583, E. 3.1. («tiq® of Switzerland»).
[219] Vgl. z.B. BGHZ 156, 250 («Marktführerschaft»).
[220] BGE 116 II 365, 370 («Nivea/Jana»); BGer sic! 2005, 463, 464 («C'est bon la vie»); AppH BE sic! 1998, 207, 208 («Alzheimermedikament»).
[221] GK VIII Bern-Laupen sic! 2007, 43, 45 («Auskunftsdienst»); B. VON BÜREN, Kommentar UWG, Art. 1 Abs. 2 lit. b N 2; hingegen auf den einfachen, flüchtigen und unkritischen Leser abstellend BGE 94 IV 34 («Billigste Preise der Schweiz»).
[222] BGE 40 I 298, 300 («Münchener Bier»); BGE 127 III 33, 38 («Brico»); BGE 132 III 414, 421 («Taxes de pharmacie»).
[223] Zu dieser nur prozessual (Prozessökonomie, Beschwerdefähigkeit) zu rechtfertigenden Vorgehensweise BGE 88 II 54, 56 («Modell-Mass»).

gremien (z.B. Handelskammer) oder Sachverständige befragt werden. Eine repräsentative Meinungsumfrage wird in der Schweizer Praxis wegen des zeitlichen und finanziellen Aufwands sowie der noch immer unsicheren Methoden nicht durchgeführt[224]. Bei der Bestimmung der durchschnittlichen Aufmerksamkeit sind die Werbesituation (z.B. Verkaufsgespräch, Selbstbedienung, Impulskauf, Ablenkung), das Werbemedium (z.B. Radio, Fernsehen, Internet, Printmedium, Plakat), die Art des Produkts und Angebots (z.B. Suchgut[225], Erfahrungsgut[226] oder Vertrauensgut; dazu Art. 1 N 41) und die Eigenschaften des Werbenden (z.b. Seriosität, Alter, Grösse) zu berücksichtigen.

63 Massgeblich ist sodann das **tatsächliche Verständnis** nach dem Empfängerhorizont des Durchschnittsmitglieds. Anders als im Vertragsrecht wird dieser Empfängerhorizont nicht normativ objektiviert, so dass es darauf ankommt, was der Durchschnittsempfänger unter der Angabe tatsächlich versteht und nicht, was er darunter in guten Treuen verstehen durfte[227]. Das Risiko von unberechtigten Irrtümern hat der Werbende zu tragen, da nur auf diese Weise dem Schutzzweck von Art. 3 lit. b (Kunden- und Konkurrentenschutz, Schutz vor Wettbewerbsverzerrungen, näher N 1) Rechnung getragen werden kann. Eine hinreichende normative Objektivierung findet bereits bei der Bestimmung des Durchschnittsempfängers und seines Verständnisses statt (N 62). Weitere Abwägungsgesichtspunkte können im Rahmen des Angabebegriffs (N 17 ff.), der Wettbewerbsrelevanz (N 84) und der Rechtfertigung (N 85 f.) berücksichtigt und offengelegt werden.

64 Für das Verständnis von Begriffen ist der in der Zielgruppe **jeweils herrschende Sprachgebrauch** (allgemeiner, fachbezogener oder gruppenspezifischer Sprachgebrauch) massgeblich, der ggf. mit Hilfe von (Fach-)Wörterbüchern oder Lexika ermittelt werden kann[228]. In der Praxis sind viele Bezeichnungen durch besondere Vorschriften des Verwaltungsrechts oder der branchenspezifischen Selbstregulierung definiert[229]. In diesen Fällen hat man zwischen vier Konstellationen zu unterscheiden: Macht sich der Verkehr entweder der Definition entsprechende

---

[224] BGer sic! 2007, 218, E. 3.2 und 3.3 («Handcremetest»).
[225] BGer sic! 2009, 178, E. II.6 a («Staubsauger II»).
[226] BGer sic! 2007, 384 («Rama Cremefine»): Bei Gütern des täglichen Konsums sei der Kunde zwar im Allgemeinen weniger aufmerksam (dazu auch BGE 122 III 382, 388), doch würde der Konsument im Falle eines breiten Angebots (in casu für Rahm) genau darauf achten, dass er das richtige Produkt erwerbe.
[227] Vgl. BGE 88 II 54, 55 («Modell-Mass»), wonach der Richter sich in die Denkart der umworbenen Kunden einzufühlen und nicht den Massstab des aufmerksamen etc. Lesers anzulegen habe; HGer ZH sic! 2001, 41, E. V.1.3.c.cc («70 000 mal günstiger»); ferner BAUDENBACHER/GLÖCKNER, Kommentar UWG, Art. 3 lit. b N 67; a.A. BGE 87 II 113, 117 («Örtli») und DAVID/JACOBS, Wettbewerbsrecht, N 186.
[228] Dazu etwa BGE 62 I 103, 106 ff. («Gartenarchitekt"); BGE 94 I 613, 614 («Center»).
[229] Siehe dazu z.B. das EMK, die LGV und Vor Art. 16 N 28 ff.; siehe dazu auch BGE 56 I 358, 362 («Kursaal») und BGE 81 II 65, 66 («Verbandwatte»); vgl. ferner die SLK-Grundsätze Nr. 5.2 (Finanzinstitute), 5.5.1 (Auflage), 5.8 (Schmuck und Edelmetalle), 5.11 (Versicherung).

(1. Fall) oder wie zumeist keine genauen (2. Fall) Vorstellungen von einem Begriffsinhalt, sind die gesetzlichen bzw. in Fachkreisen geltenden Standards massgeblich (auch sog. verweisende Verkehrsvorstellung)[230]. Geht der Modelladressat hingegen von einem von der Definition abweichenden eigenen Begriffsverständnis aus (3. Fall), ist bei branchenspezifischen Standards der Selbstregulierung nach allgemeinen Grundsätzen das Begriffsverständnis des Modelladressaten massgeblich. Die ordnungsgemässe Verwendung falsch verstandener verwaltungsrechtlich definierter Begriffe ist ausnahmsweise zulässig, da lauterkeitsrechtlich nicht verboten werden kann, was verwaltungsrechtlich vorgeschrieben ist (Gedanke der Einheit der Rechtsordnung). Allenfalls können beim Inkrafttreten neuer, dem Verkehr noch unbekannter Begriffsdefinitionen klarstellende Hinweise gefordert werden. Wird schliesslich ein nicht definitionsgemäss verwendeter Begriff vom Modelladressaten richtig verstanden (4. Fall), ist die tatsächliche Verkehrsauffassung massgeblich und ein unlauteres Verhalten nach Art. 3 lit. b zu verneinen. Im Falle einer durch die unzutreffende Begriffsverwendung bewirkten spürbaren Wettbewerbsbeeinflussung kann das Verhalten dann aber unter dem Gesichtspunkt des ungerechtfertigten Wettbewerbsvorsprungs durch Rechtsbruch geahndet werden (Art. 2 N 107 ff.).

cc) Eignung zur Täuschung bzw. Irreführung

Massgeblich sind **allein die objektive Eignung** zur Täuschung bzw. Irreführung und damit die hinreichende Gefahr einer Täuschung bzw. Irreführung[231]. Es kommt daher nicht darauf an, ob jemand konkret getäuscht bzw. irregeführt[232], aufgrund der Irreführung ein Rechtsgeschäft getätigt[233] oder die Irreführung von dem Werbenden beabsichtigt[234] wurde. Wenn sich der Verkehr aufgrund einer irreführenden Angabe überhaupt erst mit einem konkreten Angebot des Werbenden befasst, so liegt eine Irreführung auch dann vor, wenn die Angabe noch vor Vertragsschluss richtig bzw. klargestellt wird[235]. Aus diesem Grund kann sich der Angebende auch grundsätzlich nicht mit dem Hinweis entlasten, dass das beworbene Produkt den vom Verkehr aufgrund der irreführenden Angabe erwarteten Vorteil

---

[230] Siehe etwa für die als Firmenbestandteil verwendete Bezeichnung «Grand Casino», die nach Art. 8 Spielbankengesetz eine Konzession A voraussetzt, BGE 132 III 532 («Grand Casino»).
[231] Siehe dazu zuletzt nur BGE 136 III 23, 44 f. («Registerhaie»).
[232] Ebenfalls auf die blosse Täuschungseignung abstellend BGE 94 IV 34 («Billigste Preise der Schweiz») und OGer SO SJZ 68 (1972), 99 («Taxi-Zentrale»).
[233] Ausdrücklich auf ein Kausalitätserfordernis verzichtend OGer SO SJZ 68 (1972) 99 («Taxi-Zentrale»).
[234] Missverständlich PEDRAZZINI/PEDRAZZINI, UWG, N 6.07 (Täuschungsabsicht als «starkes Indiz des irreführenden Charakters»).
[235] OGer ZH SMI 1975, 122, 125 («Neue Omega-Damenarmbanduhr»).

im Endeffekt aufweist oder gar übertrifft[236]. Sofern tatsächliche Irreführungen nachgewiesen werden können, ist dies ein Indiz für die bestehende Irreführungsgefahr[237].

66 In Rechtsprechung und Literatur findet sich immer wieder die Anforderung, dass «ein nicht ganz unerheblicher Teil des Publikums» irregeführt werden muss[238]. Innerhalb eines Verkehrskreises soll es aber immer nur auf das Verständnis des Modelladressaten ankommen. In der Schweiz werden daher auch anders als etwa in Deutschland[239] **keine** demoskopischen Umfragen zur Ermittlung der **Irreführungsquote** innerhalb des angesprochenen Verkehrskreises durchgeführt. Das Erfordernis einer zahlenmässig nicht ganz unerheblichen Irreführung kann daher nur dahingehend verstanden werden, dass es bei der Ansprache mehrerer abgrenzbarer Verkehrskreise auf die Irreführung einer einzigen Gruppe nur dann ankommen kann, wenn diese einen nicht ganz unerheblichen Teil der insgesamt angesprochenen Personen ausmacht[240]. Die **Grösse der irregeführten Gruppe** kann zudem im Rahmen des Tatbestandsmerkmals der Wettbewerbsbeeinflussung Bedeutung erlangen, wonach die Irreführung eine spürbare Auswirkung auf dem relevanten Markt (allerdings nicht notwendig bei den angesprochenen Personen) zeitigen muss (dazu N 84 i.Vm. Art. 2 N 17 ff.).

b) Besondere Fallgruppen der Irreführung

aa) Richtige Angaben

67 Nur vollständige, vollständig richtige, richtig gebliebene, hinreichend richtig gestellte und richtig verstandene Angaben fallen von vornherein aus dem Anwendungsbereich von Art. 3 lit. b heraus. Auf der anderen Seite können unvollständige, teilweise unrichtige, unrichtig gewordene, nicht hinreichend richtig gestellte und falsch verstandene richtige Angaben unter Art. 3 lit. b fallen.

(1) Unvollständige Angaben

68 Die unvollständigen Angaben werden teilweise gesondert durch Art. 3 lit. i (Verschleierung), Art. 3 lit. k–n (Konsumkredit) und im Rahmen von Vergleichen (Unvollständigkeit der Vergleichsgrundlage) durch Art. 3 lit. e erfasst. Werbeanga-

---

[236] In Ausnahmefällen mag es hier lediglich an einer Wettbewerbsbeeinflussung (N 84) fehlen; vgl. dazu BGH GRUR 1991, 852 («Aquavit»).
[237] OGer ZH sic! 1997, 216, 219 («Copyright-Zentrale»).
[238] BGE 88 II 54, 55 («Modell-Mass»); BGE 136 III 23, 45 («Registerhaie»); TC VS Ber. VS 1963 Nr. 45, 149, 151; GK VIII Bern-Laupen sic! 2007, 43, 45 («Auskunftsdienst»).
[239] Dazu etwa T. MÜLLER, WRP 1989, 783 ff.
[240] Insgesamt krit. BAUDENBACHER/GLÖCKNER, Kommentar UWG, Art. 3 lit. b N 78.

ben können dabei und im Rahmen von Art. 3 lit. b in zweierlei Hinsicht unvollständig sein: Zum einen kann der Werbende dem Adressaten einen wettbewerbsrelevanten Angabegegenstand (N 29 ff.) **überhaupt verschweigen**. Zum anderen kann er hinsichtlich eines wettbewerbsrelevanten Umstands zwar eine zutreffende Angabe machen, diese jedoch aus dem Zusammenhang reissen und ihre sachlichen, räumlichen oder zeitlichen **Rahmenbedingungen verschweigen**. Keine Unvollständigkeit ist hingegen gegeben, wenn eine missverstandene (N 77) oder unklare (N 78) Angabe lediglich nicht klargestellt wird, wobei die Grenzen fliessend sind.

Fast jede Werbeaussage ist **unvollständig**. Sie **darf** dies durchaus auch sein, um den Werbenden nicht mit einem unverhältnismässigen Informationsaufwand zu belasten und ihn nicht zu einer unzumutbaren Negativdarstellung seines Angebots zu zwingen. Sie **muss** es in vielen Fällen aufgrund des Transparenzgebots bzw. Verwässerungsverbots sogar sein, um den Adressaten nicht durch überflüssige Informationen zu verwirren bzw. von der Prüfung der wettbewerbsrelevanten Gesichtspunkte eines Angebots abzuhalten. Es besteht daher keine Pflicht zur Vollständigkeit von Werbemassnahmen[241]. 69

Die **Grenzziehung** zwischen zulässiger und unlauterer Unvollständigkeit einer Werbeaussage **bereitet Schwierigkeiten**. Sie erfordert unabhängig von ihrer umstrittenen dogmatischen Verortung (Frage der Aufklärungspflicht hinsichtlich des verschwiegenen Umstands oder Frage der Irreführung bei umfassender Gesamtbetrachtung[242]) eine **Abwägung** der beteiligten Interessen (z.B. Schutzinteressen von Kunden und Konkurrenten, Werbefreiheit und Geheimhaltungsinteressen des Werbenden) und eine Berücksichtigung aller Umstände des Einzelfalls (z.B. Bedeutung für den Vertragszweck, Gefährdung, Vertrauen und Kenntnisse des Kunden). Dem Straf- (Art. 3 lit. b ist i.V.m. Art. 23 auch ein Straftatbestand), Delikts- und Vertragsrecht (vgl. Art. 28 OR) entspricht es, ein Unterlassen (hier Schweigen) nur dann zu sanktionieren, wenn eine Pflicht zum Tun (hier zur Aufklärung) aus Vertrag, Gesetz oder Ingerenz besteht. Bei Beantwortung der Frage, ob eine **Pflicht zur Aufklärung** besteht, können zudem ohne Probleme sämtliche Abwägungsgesichtspunkte und Umstände sowie die Rechtsprechung zu Art. 28 OR berücksichtigt werden. Wer wie bei einem Tun allein nach dem tatsächlichen Verständnis des Modelladressaten fragt, kann die Irreführung durch richtige Angaben nur dann bejahen, wenn er eine umfassende Gesamtbetrachtung der ggf. zu einem ganz anderen Angabegegenstand gemachten Aussage unter Einbeziehung 70

---

[241] GK VIII Bern-Laupen sic! 2007, 43, 45 («Auskunftsdienst»); missverständlich SCHWENNINGER, Werbe- und Verkaufsmethoden, in: Th. Geiser/P. Krauskopf/P. Münch (Hrsg.), Schweizerisches und europäisches Wettbewerbsrecht, Basel 2005, 185 ff. N 5.58 (Art. 3 lit. b verdeutliche das Bestehen einer Aufklärungspflicht); vgl. auch BGH GRUR 2007, 247 («Regenwaldprojekt I»): Keine Pflicht zur Information über die im Rahmen eines generell in der Werbung erwähnten Sponsorings konkret ergriffenen Fördermassnahmen.
[242] So BAUDENBACHER/GLÖCKNER, Kommentar UWG, Art. 3 lit. b N 60.

der verschwiegenen Umstände vornimmt[243]. Dabei muss er dann ebenfalls die Frage beantworten, wie weit er diese Gesamtbetrachtung ziehen möchte, d.h. welche der verschwiegenen Umstände er nach der Verkehrsauffassung als relevant für die Begründung des Fehlverständnisses ansieht. Dieses Vorgehen führt weder zu mehr Rechtssicherheit noch zu anderen Ergebnissen.

71 Eine **Aufklärungspflicht besteht, wenn** die verschwiegenen Umstände subjektiv (Nachfrage, vertragliche Vereinbarung, Vertrauensverhältnis) oder objektiv (wichtiger wettbewerbsrelevanter Umstand) **wesentlich** sind[244] und die angesprochenen Verkehrskreise die Werbeaussage **nicht auch so richtig verstehen**[245]. Aufklärungspflichten aus Vertrag ergeben sich, wenn zwischen dem Schweigenden und dem Umworbenen bereits ein Vertragsverhältnis auf Vertrauensbasis (z.B. Auftrag, Versicherungsvertrag) besteht und es etwa um die Fortsetzung oder Änderung dieses Vertragsverhältnisses geht. Besondere gesetzliche Aufklärungspflichten bestehen etwa nach Art. 3 lit. i sowie bei der Werbung für Konsumkredite (Art. 3 lit. k–n), für Heilmittel (Art. 16 f. AWV), für Lebensmittel (Art. 20 f. LMG[246], Art. 26 ff. LGV[247]) und für Preisangaben (PBV[248]). Im Falle der gesetzlichen Regelungen wird die Reichweite der Aufklärungspflichten massgeblich durch die enge oder weite Auslegung von deren Tatbestand festgelegt[249]. Daneben können aber auch Aufklärungspflichten aufgrund von Treu und Glauben (Art. 2 ZGB, Art. 2 UWG) bestehen. Aufklärungspflichten aus vorangegangenem Tun (Ingerenz) ergeben sich dann, wenn durch eine Wettbewerbshandlung bei den angesprochenen Verkehrskreisen bestimmte zunächst zutreffende Vorstellungen hervorgerufen wurden, die in der Folge aufgrund von Umstandsänderungen unrichtig oder irreführend werden (N 75).

---

[243] Siehe dazu BAUDENBACHER/GLÖCKNER, Kommentar UWG, Art. 3 lit. b N 60, die etwa das Verschweigen einer vom Verkehr erwarteten leistungsbezogenen Angabe (z.B. Produktmangel) als irreführend unvollständige Preisangabe betrachten.

[244] Vgl. dazu auch § 5 Abs. 2 S. 2 dt. UWG a.F. (bis Ende 2008); vgl. jetzt auch§ 5a dt. UWG: «Bei der Beurteilung, ob das Verschweigen einer Tatsache irreführend ist, sind insbesondere deren Bedeutung für die Entscheidung zum Vertragsschluss nach der Verkehrsauffassung sowie die Eignung des Verschweigens zur Beeinflussung der Entscheidung zu berücksichtigen.»

[245] Zur richtigen Vervollständigung einer unvollständigen Werbebotschaft durch die angesprochenen Verkehrskreise etwa die im Ergebnis allerdings fragwürdige Entscheidung GK VIII Bern-Laupen sic! 2007, 43, 45 («Auskunftsdienst»).

[246] Abgedruckt im Anhang III unter Nr. 17.

[247] Abgedruckt im Anhang III unter Nr. 18.

[248] Abgedruckt im Anhang III unter Nr. 25.

[249] Siehe dazu etwa BGE 120 IV 287 («Petit Crédit»), wonach auch ein allgemein gehaltenes Werbeplakat für Kleinkredite als zu den «öffentlichen Auskündigungen über einen Konsumkredit» i.S.v. Art. 3 lit. l zählt und daher die vorgeschriebenen Mindestangaben enthalten muss.

Sofern der Werbende einen wettbewerbsrelevanten Angabegegenstand (z.B. Pro- 72
duktmangel[250], unzureichende Verfügbarkeit der Leistung[251], Zusatzkosten)
überhaupt verschweigt, ist bei wettbewerbsrelevanten Umständen, die das Preis-
Leistungs-Verhältnis betreffen (z.b. nicht unerhebliche Produktmängel, Verdacht
eines erheblichen Produktmangels, Auslaufmodell, nicht abschliessender Charakter von detailliert aufgeführten Risikoausschlüssen in der Versicherungswer-
bung), auch ohne Nachfrage des Kunden grundsätzlich von einer Aufklärungspflicht auszugehen. Auf Nachteile im Vergleich zu Konkurrenzprodukten und auf
geringfügige Mängel ist jedoch nur auf Nachfrage hin zu informieren. Auf ein
eröffnetes Konkursverfahren ist nur bei einer Vorleistungspflicht des Kunden
hinzuweisen.

Sofern der Werbende hinsichtlich eines wettbewerbsrelevanten Umstands zwar eine 73
zutreffende Angabe macht, jedoch deren sachliche, räumliche oder zeitliche **Rahmenbedingungen verschweigt** (z.B. Verschweigen der besonderen Entstehungs-
bedingungen[252], der regionalen Begrenztheit oder der Veralterung[253] der Aussage),
ist die Angabe aus dem Zusammenhang gerissen. Es kommt dann darauf an, ob aus
Sicht des angesprochenen Verkehrskreises übliche oder unübliche Rahmenbedingungen verschwiegen wurden. Im ersten Fall werden die richtigen Angaben trotz
ihrer Isolierung durch den vom Normalfall ausgehenden Modelladressaten auch
richtig verstanden. Im zweiten Fall kommt es hingegen zu einer Irreführung, weil
der Modelladressat die Aussage aufgrund ihrer besonderen Rahmenbedingungen
nicht zutreffend vervollständigen bzw. in einen zutreffenden Kontext einordnen
kann.

(2) Teilweise richtige Angaben

Eine Angabe kann in einer Hinsicht (z.b. formal, prozessual, qualitativ) 74
richtig, in einer anderen Hinsicht (z.b. materiell, quantitativ) jedoch **teilweise unrichtig** sein. Vergleichbar einer mehrdeutigen Angabe, die hinsichtlich jedes möglichen Verständnisses zutreffend sein muss (N 78), genügt auch hier die teilweise
Unrichtigkeit unter den übrigen Voraussetzungen zur Begründung der Unlauterkeit.
So darf etwa eine wahre Medaillenwerbung nicht stillschweigend auf nicht prämier-

---

[250] BezG Uster SMI 1996, 160 («Modem»): Verschweigen der fehlenden bundesamtlichen Betriebs-
genehmigung.
[251] Vgl. dazu BGH GRUR 1983, 777 («Mobel-Katalog»).
[252] Vgl. dazu im Zusammenhang mit vergleichender Werbung etwa BGE 104 II 124, 134 («Weltcup-
Rangliste»): Irreführende Verzerrung eines Markenklassements durch die überproportionale Teilnahme von Skifahrern mit Skiern einer Marke; so ist etwa auch die Werbung mit Spitzenplätzen
in Rankings, Tests u.a. Wettbewerben irreführend, wenn an diesen überhaupt nur sehr wenige
oder nur die weniger leistungsstarken Wettbewerber teilgenommen haben.
[253] Vgl. BGH GRUR 1985, 932 («Veralteter Test»).

te Waren oder Leistungen erstreckt werden. Auch der Hinweis auf ein formal wirksam, inhaltlich aber zu Unrecht verliehenes Prüf- oder Gütekennzeichen (z.B. Bioknospe, IP-Zeichen, CE-Zeichen) ist unlauter[254]. Dies gilt auch für die Eintragung eines Immaterialgüterrechts. Die Praxis ist hier jedoch uneinheitlich und verlangt zum Teil die Kenntnis der irrtümlichen Erteilung bzw. erhebliche Zweifel an deren Richtigkeit[255]. Subjektive Elemente dürfen jedoch im Rahmen von Art. 3 lit. b mit Ausnahme der strafrechtlichen Sanktionierung (Art. 23) und der (seltenen) Interessenabwägung (N 85 f.) keine Rolle spielen.

(3) Unrichtig gewordene Angaben

75 Ursprünglich richtige Angaben können durch **Umstandsänderungen** unrichtig und damit täuschend werden. Massgeblicher Zeitpunkt ist bei einmaligen Werbemassnahmen derjenige Zeitpunkt, zu dem nach dem gewöhnlichen Lauf der Dinge mit einer Kenntnisnahme durch den Adressaten gerechnet werden konnte, und bei fortdauernden Werbemassnahmen derjenige Zeitpunkt, zu dem letztmals neue Tatsachen hätten vorgetragen werden können. Die mögliche Richtigstellung einer bereits geäusserten Werbebotschaft kann vom Absender nur im Rahmen des vor dem Hintergrund der bestehenden Irreführungsgefahren Zumutbaren verlangt werden[256]. Bei unmöglicher oder unzumutbarer Korrektur kann der Gesichtspunkt des Bestandsschutzes das Wahrheitsgebot ausnahmsweise in einer Übergangszeit oder bei geringer Irreführungsgefahr bzw. Wettbewerbsrelevanz auch längerfristig überwiegen (s. auch zur Firmenkontinuität N 14). Schliesslich können unverschuldete und ggf. auch verschuldete Umstandsänderungen die Unlauterkeit ausschliessen, wenn sie nicht vorhersehbar waren[257].

(4) Richtig gestellte Angaben

76 Eine Klarstellung kann den Irreführungscharakter regelmässig nur dann beseitigen, wenn dies sofort, in unmittelbarer räumlicher Nähe und hinreichend transparent geschieht. An Klarstellungen, die Qualitätshinweise (N 33) und Herkunftsangaben (N 39) denaturieren bzw. delokalisieren, stellt die Rechtsprechung ver-

---

[254] Vgl. BGH GRUR 1998, 1043 («GS-Zeichen»).
[255] PEDRAZZINI/PEDRAZZINI, UWG, N 6.28.
[256] Vgl. dazu BGH GRUR 1983, 777 («Möbel-Katalog»): Ein Möbelhaus, das 1 000 000 Kataloge mit dem Vermerk: «Selbst aussuchen, selbst transportieren, selbst aufbauen» per Post versendet und weitere Kataloge im Laden auslegt, müsse zwar nicht alle Kunden per Post benachrichtigen, wenn zwischenzeitlich einzelne Waren nicht mehr lieferbar seien, dies aber sehr wohl in den im Laden ausliegenden (und später noch versandten) Katalogen mitteilen.
[257] So auch für den Fall von Lieferungspässen BAUDENBACHER/GLÖCKNER, Kommentar UWG, Art. 3 lit. b N 217.

gleichsweise **hohe Anforderungen**. Befasst sich der Kunde aufgrund der Irreführung bereits näher mit dem Angebot und begibt er sich insbesondere deswegen in die Geschäftsräume des Anbieters, begründet dies die Irreführung (vgl. auch zum Blickfang N 83).

(5) Sonstige falsch verstandene Angaben

Richtige und vollständige Angaben, die eine **unzutreffende wettbewerbsrelevante Zweitbedeutung** haben, sind dann irreführend, wenn der angesprochene Verkehrskreis genau diese Zweitbedeutung als massgeblich erachtet. Daher ist etwa die Werbung mit vom Verkehr nicht als solchen erkannten[258] Selbstverständlichkeiten (z.B. mit gesetzlich vorgeschriebenen Eigenschaften oder Kundenrechten) unlauter[259]. Eine generell in der Branche aufgrund von Preisermässigungen des Herstellers praktizierte Preissenkung darf nicht als Alleingang dargestellt werden[260]. Eine zutreffende geografische Herkunftsangabe darf nicht den Eindruck einer betrieblichen Herkunftsangabe, d.h. der Herkunft aus einem bestimmten anderen renommierten Herstellerunternehmen, erwecken[261]. Abwegige Zweitbedeutungen, die eine gekünstelt wirkende Interpretation erfordern[262], sind jedoch nicht dazu geeignet, den Modelladressaten irrezuführen[263]. Auch diffuse Zweitbedeutungen können ihn häufig nicht beeinflussen. Hierdurch erhalten die Werbenden eine grössere Rechtssicherheit und Werbefreiheit.

77

---

[258] Erkennt der Verkehr hingegen etwa aufgrund eigener Erfahrungen, dass es sich um eine Selbstverständlichkeit handelt, besteht keine Irreführungsgefahr; so auch für die Aussage «Ainsi les conseils vous sont donnés ... sans rendez-vous dans les pharmacies-parfumeries A» BGE 132 III 414, 423 («Taxes de pharmacie»).

[259] Vgl. dazu etwa Art. 10 Abs. 2 lit. b LGV und SLK-Grundsatz Nr. 3.6 sowie KGer ZH SMI 1986, 328 («Torten ohne Sojamehl»); siehe aber auch BGE 130 II 83, 85 f. («Orangensaft»): Der wahre, bei Orangensaft aber selbstverständliche (vgl. den damals noch massgeblichen Art. 232 LMV, wonach Fruchtsäfte grundsätzlich gar nicht mit Zucker angereichert werden durften) Hinweis «ohne Zuckerzusatz» könne zwar ggf. irreführen, sei aber nicht unlauter, weil er dem Konsumenten eine wichtige Information gebe; ähnlich BGer sic! 2007, 387, 390 («Ramseier Süssmost – ohne Zuckerzusatz»); vgl. zum dt. Recht: MICHALSKI, Das Verbot der Werbung mit Selbstverständlichkeiten, BB 1992, 440 ff.; vgl. schliesslich Anhang I Ziff. 10 RL 2005/29/EG.

[260] AppGer BS BJM 1954, 213 («Radiopreise»).

[261] Vgl. BGH GRUR 1958, 39 («Rosenheimer Gummimäntel»).

[262] Vgl. dazu etwa BGE 132 III 414, 423 («Taxes de pharmacie»): «En argumentant de la sorte, les demanderesses paraissent vouloir jouer sur les mots.»

[263] Vgl. dazu BGH GRUR 1996, 985 («PVC-frei»): Die Angabe «PVC-frei» enthalte nicht zugleich die Angabe, das Produkt sei generell umweltverträglich; BGH GRUR 1996, 910 («Der meistverkaufte Europas»): Die Angabe «der meistverkaufte Europas» suggeriere lediglich, dass zugleich eine bedeutende, nicht notwendig aber auch eine Spitzenstellung auf dem deutschen Markt bestehe (anders noch BGH GRUR 1972, 129 – «Der meistgekaufte der Welt»).

bb) Mehrdeutige und unklare Angaben

78 Die mehrdeutigen und unklaren Angaben werden teilweise gesondert durch Art. 3 lit. i (Verschleierungstatbestand) erfasst. Eine mehrdeutige Aussage ist nur dann nicht zu beanstanden, wenn **hinsichtlich aller nicht abwegigen Deutungsmöglichkeiten** eine Irreführung ausgeschlossen werden kann[264]. Wer bewusst oder unbewusst mit doppeldeutigen oder missverständlichen Angaben wirbt, muss das Risiko einer Fehldeutung tragen. Auch **unspezifische Fehlvorstellungen** wie etwa die gesundheitsfördernde Eigenschaft eines z.b. mit dem Zusatz «Therapie»[265] oder durch Medizinalpersonen beworbenen Produkts kommen dann bei einer entsprechenden Natur des Produkts als Anknüpfungspunkt für eine Irreführung in Betracht[266]. Strenge Anforderungen werden insofern auch an die Werbung mit der Ungefährlichkeit und der Umweltfreundlichkeit bzw. der biologischen Herstellung eines Produkts gestellt[267]. Löst eine Werbeaussage etwa durch die Verwendung von Fachausdrücken oder Fremdwörtern **unsichere Verkehrsvorstellungen** aus, steht die subjektive Unsicherheit des Durchschnittsadressaten und sein Bewusstsein von dieser Unsicherheit einer Irreführung nicht entgegen[268]. Es kann dann lediglich an der Wettbewerbsbeeinflussung (N 84) fehlen, wenn die Unsicherheit geeignet ist, einen erheblichen Teil der angesprochenen Personen von der Inanspruchnahme der angebotenen Leistung abzuhalten. Macht sich der Verkehr **keine genauen Vorstellungen** von einem Begriffsinhalt, sind die gesetzlichen bzw. in Fachkreisen geltenden Standards massgeblich (auch sog. verweisende Verkehrsvorstellung).

---

[264] So auch DAVID/JACOBS, Wettbewerbsrecht, N 186; vgl. auch BGH GRUR 1992, 66 («Königlich-Bayerische Weisse»); OLG Frankfurt/M. WRP 1989, 526, 527 («Kosmetik ohne Tierversuche»).

[265] Vgl. dazu im Rahmen von Art. 31 Abs. 3 LGV BGer 2A.693/2005 («Clinique Water Therapy»): Die Bezeichnung «Clinique Water Therapy» sei in der Schweiz nur ohne den Zusatz «Therapy» zulässig, auch wenn damit der Hersteller von einem einheitlichen Produktvertrieb in Europa abgehalten werde (anders insoweit für den Zusatz «Clinique» im EU-Binnenmarkt EuGH Rs. C-315/92, Slg. 1994, I-317 – «Clinique»).

[266] Vgl. dazu für Lebensmittel und Gebrauchsgegenstände Art. 10 Abs. 2 lit. c, d und g bzw. Art. 31 Abs. 3 LGV sowie die ausführlichen SLK-Grundsätze Nr. 2.4. und 5.7; vgl. auch BGer sic! 2009, 365, 367 («Alpecin forte»): Auslobung eines zunächst unter der Umbrellamarke «Medicinal» und als aus der «Dr. Kurt Wolff-Forschung stammend beworbenen Shampoos als verbotene Heilanpreisung; das OLG Köln v. 30.10.2002 (Az. 6 U 117/02) hat eine Irreführung durch die Werbung für ein Waschmittel mit dem Zusatz «med» hingegen mit Recht verneint, da einem Waschmittel allgemein keine gesundheitsfördernde Wirkung beigemessen werde.

[267] Siehe etwa Art. 20 ChemG, Art. 75 ChemV, Art. 16a LwG und Art. 2 der Verordnung des EVD über die biologische Landwirtschaft vom 22.9.1997 mit ihren Anhängen (SR 910.18); näher BAUDENBACHER/GLÖCKNER, Kommentar UWG, Art. 3 lit. b N 61 ff. und O. KIENER, Kennzeichnung von Bioprodukten – Rechtliche Grundlagen in der EU und in der Schweiz, Bern 1998.

[268] B. VON BÜREN, Kommentar UWG, Art. 1 Abs. 2 lit. b N 3.

cc) Suggestivwerbung

Bei der Suggestivwerbung kann insbesondere die **Existenz eines Tatsachenkerns** und damit einer Angabe fraglich sein, da sich die Werbebotschaft primär an die Gefühle der Umworbenen richtet und weniger deren Verstand durch nachprüfbare Tatsachen zu überzeugen sucht. Dennoch können auch hier neben das Versprechen eines von den Lebensumständen des Kunden abhängigen und daher nicht garantierbaren Zusatznutzens (z.B. Lebensfreude, Glück, Abenteuer, sozialer Erfolg, Prüfungserfolg)[269] durchaus nachprüfbare *Sekundäraussagen* treten (z.B. Steigerung der körperlichen Entspannung oder Leistungsfähigkeit[270], Vorhandensein von technischen Voraussetzungen für ein gesteigertes Fahrvergnügen, inhaltliche und didaktische Qualität eines Kursprogramms[271]). Diese Aussagen müssen dann den Tatsachen entsprechen. 79

dd) Spitzenstellungswerbung

Angaben, die auf eine Allein-[272], Spitzen- oder Spitzengruppenstellung hinweisen, sind zunächst von der blossen **Marktschreierei abzugrenzen** (dazu N 26 ff.). Dabei ist zu beachten, dass zum einen die Rechtsprechung gerade bei Preissuperlativen im Zweifel die Angabequalität bejaht[273] und zum anderen in ersichtlich übertriebenen bzw. allgemein gehaltenen und daher marktschreierischen Primäraussagen (z.B. «unschlagbare Preise», «Schweizer Spitzenerzeugnis») durchaus Sekundäraussagen mit Angabequalität stecken können (z.B. niedriges Preisniveau bzw. überwiegend in der Schweiz hergestellte Ware von deutlich überdurchschnittlicher Qualität). 80

Als Angabe muss die einen wettbewerbsrelevanten Umstand betreffende Spitzenstellungswerbung **wahr** sein[274]. Wird die Spitzenstellung mit Hilfe eines allgemein gehaltenen Superlativs behauptet («grösster», «erster», «führender», «bester» etc.), verlangt die h.M. darüber hinaus einen deutlichen und einigermassen **dauerhaften Abstand** zum Rest der Konkurrenz hinsichtlich des aus Sicht der angesprochenen 81

---

[269] Vgl. dazu den Sachverhalt von BGE 128 IV 92.
[270] IKV-RK SMI 1994, 245 («Aktivkapseln»).
[271] Vgl. im Zusammenhang mit der Spitzenstellungswerbung HGer SG SMI 1995, 397 («Innovativste Sprachschule»).
[272] OGer ZH ZR 1952, Nr. 25, 49 («Spezialbüro»); HGer ZH SMI 1971, 59 («Einzig Drano»).
[273] BGE 94 IV 34, 38 («Billigste Preise der Schweiz»); BGer SMI 1983 II 109, 111 («Les prix les plus bas»); HGer ZH SMI 1980, 160, 167 («Denner immer am billigsten»); KGer SZ SMI 1984, 376 («Garantiert tiefste Preise der Schweiz»); HGer ZH und BGer ZR 2001, Nr. 31 («70 000 mal günstiger»).
[274] Siehe nur BGE 132 III 414, 427 («Taxes de pharmacie»); BGE 129 III 426, 435 («Unclean hands»); BGE 94 IV 34, 38 («Grundig»); HGer AG sic! 2005, 301, E. 3.4.5.1 («Knochenzement»).

Verkehrskreise massgeblichen Kriteriums[275]. Beim zutreffenden und spezifizierten Hinweis auf einen aktuell errungenen Testsieg besteht hingegen kein Abstandsgebot[276]. Alleinstellungsaussagen können schliesslich auch deshalb irreführend sein, weil sie den regelmässig unzutreffenden Eindruck erwecken, der Werbetreibende habe entsprechende umfassende Abklärungen durchgeführt[277].

82 Da die Werbung mit einer Allein-, Spitzen- oder Spitzengruppenstellung immer auch einen Vergleich mit den Leistungen der gesamten Konkurrenz enthält und Art. 3 lit. e keine Bezugnahme auf einen bestimmten Konkurrenten verlangt[278], stellt sich die Frage der **Konkurrenz zu Art. 3 lit. e**. Nach Ansicht der Rechtsprechung kann Art. 3 lit. e Vorrang beanspruchen. Da die Voraussetzungen dort im Übrigen dieselben wie bei Art. 3 lit. b sind, hat dies jedoch keine praktische Bedeutung.

ee) Blickfangwerbung

83 Von besonderer Bedeutung für den letztlich massgeblichen Gesamteindruck einer Werbemassnahme sind ihre bildlich, farblich, grafisch oder sonst besonders hervorgehobenen Teile (sog. Blickfang). Blickfangmässige Herausstellungen müssen **grundsätzlich bereits als solche** dem Wahrheits- und Klarheitsgebot entsprechen, da bereits das Anlocken durch Irreführung verboten ist. Eine Ausnahme ist nur dann gerechtfertigt, wenn die blickfangmässige Aussage ersichtlich unvollständig ist und in unmittelbarer Nähe – etwa durch entsprechend grosse Fussnoten – hinreichend und transparent ergänzt wird.

4. *Wettbewerbsbeeinflussung*

84 Die irreführende Angabe muss schliesslich den Wettbewerb spürbar beeinflussen[279]. Diese Voraussetzung ergibt sich zwar nicht aus dem Wortlaut des Tatbestands, sie ist jedoch aufgrund des Zwecks und der Systematik des Lauterkeitsrechts geboten. Lauterkeitsrechtlich relevant sind nur solche Verhaltensweisen, die das

---

[275] BGE 102 II 286, 290 ff. («Mössinger II»); für Grössenangaben B. VON BÜREN, Kommentar UWG, Art. 1 Abs. 2 lit. b N 28; vgl. auch BGHZ 156, 250 («Marktführerschaft»).
[276] Zur Lauterkeit von Warentests und der Bezugnahme auf sie sowie insbesondere zu den Richtlinien für Tests der Schweizerischen Lauterkeitskommission vom April 2001 näher Art. 3 lit. e N 50 ff.
[277] KGer SZ EGVSZ 1982, 98, E. 3 («Super-Disount»).
[278] BGE 132 III 414, 427 («Taxes de pharmacie»); BGE 129 III 426, 435 («Unclean hands»); HGer AG sic! 2005, 301, E. 3.4.5.1 («Knochenzement»).
[279] Siehe dazu nur aus neuerer Zeit BGE 132 III 414, 423 («Taxes de pharmacie») und BGE 128 IV 92.

Verhältnis zwischen Mitbewerbern oder zwischen Anbietern und Abnehmern **beeinflussen können** (vgl. auch Art. 1 und Art. 2 a. E.). Da Art. 3 lit. b systematisch zudem nur einen Sondertatbestand zu **Art. 2** darstellt, müssen die dort unter dem Begriff der Wettbewerbsbeeinflussung zusammengefassten allgemeinen Anwendungsvoraussetzungen der Art. 2 bis 8 (Wirtschafts- und Wettbewerbsrelevanz des Verhaltens) auch im Falle von Art. 3 lit. b vorliegen. Dabei besteht die nur **schwer zu widerlegende Vermutung**, dass die im Katalog von Art. 3 lit. b und in anderen Irreführungstatbeständen vom Gesetzgeber ausdrücklich genannten Angabegegenstände wettbewerblich relevant sind. Dies gilt insbesondere für preis- und leistungsbezogene Angaben. Letztlich ausschlaggebend ist aber allein die Auffassung der angesprochenen Verkehrskreise[280]. Unerheblich ist, ob die Irreführung vor Vertragsschluss oder erst danach erfolgt, da auch eine erst nach Vertragsschluss stattfindende Irreführung den Kunden in seinem Entschluss bestätigen und ihn damit zum erneuten Vertragsschluss bzw. zur Empfehlung gegenüber Dritten bewegen kann[281]. Im Übrigen bestehen keine Besonderheiten gegenüber den allgemeinen Anforderungen, so dass auf die Ausführungen zu Art. 2 verwiesen werden kann (dort N 17).

V. Rechtfertigung

Die auch sonst mögliche Rechtfertigung eines Wettbewerbsverstosses besitzt bei den Irreführungstatbeständen eine besondere **Bedeutung**. Im Ergebnis dürfte es unerheblich sein, ob man die mit einer etwaigen normativen Korrektur des Irreführungstatbestands verbundenen Fragen auf der Tatbestands- oder Rechtfertigungsebene erörtert. Das Regel-Ausnahme-Verhältnis wird freilich stärker durch die Prüfung im Rahmen der Rechtswidrigkeit betont. 85

Eine Rechtfertigung wegen der **Wahrnehmung berechtigter Interessen** ist dann gegeben, wenn der Werbende sich auf einen wettbewerbsrechtlich anerkennenswerten Besitzstand berufen kann[282]. Ein auch gesetzlich geregeltes Beispiel hierfür bildet das Recht der Firmenfortführung (Art. 947 Abs. 2, 948, 953 Abs. 2, 954 OR). Auch die Notwendigkeit, sich eines bestimmten kennzeichnenden Begriffes zu 86

---

[280] Sofern man etwa der Bezeichnung «Hollywood Duftschaumbad» überhaupt den Charakter einer realistischen Herkunftsangabe beimisst (dazu N 34), hat man jedenfalls deren Wettbewerbsrelevanz aus Sicht der angesprochenen Verkehrskreise zu verneinen.

[281] So mit Recht BGer sic! 2006, 583 E. 3.9 («tiq® of Switzerland») in einem Fall, in dem nicht in der Schweiz hergestellte Uhren nach dem Kauf in Etuis mit der Aufschrift «Switzerland» gesteckt wurden.

[282] Zum Schutz von Besitzständen bei Umstandsänderungen bereits N 75; vgl. ferner etwa BGH GRUR 1979, 415, 416 («Cantil-Flasche»): Verwendbarkeit der traditionellen Cantil-Flasche als Herkunftsangabe für Matéus trotz Verwechslungsfähigkeit mit der Bocksbeutel-Flasche als Herkunftsangabe für Frankenwein.

bedienen (z.B. Namensgleichheit[283], freihaltebedürftiger Begriff[284]), kann hierzu gezählt werden. Die «Einbürgerung» eines irreführenden Begriffs oder dessen «Branchenüblichkeit» sind hingegen keine Rechtfertigungsgründe, da sie entweder bereits die Irreführung des Modelladressaten ausschliessen[285] oder die Irreführung nicht zu rechtfertigen vermögen[286]. Der Hinweis auf berechtigte **Informationsinteressen anderer** (z.B. fachlich versierter) Adressaten kann ebenfalls nicht als Rechtfertigungsgrund anerkannt werden, solange der massgebliche Durchschnittsadressat irregeführt wird. Allerdings kann eine Irreführung des Durchschnittsadressaten durch dessen eigenes Informationsinteresse aufgewogen werden[287]. In Abwägungssituationen sind wiederum alle Umstände des Einzelfalls zu berücksichtigen (z.B. Täuschung oder Irreführung i.e.S., Vorhandensein einer Irreführungsabsicht, Bedeutung des Umstands für die Verkehrskreise, Art und Besonderheiten der Werbung, Intensität und Gefährlichkeit der Irreführung, Grad der Betroffenheit der Mitbewerber und Konsumenten, Informationsinteresse des Werbenden, Verwendung notwendiger oder eingebürgerter Begriffe).

VI. Rechtsfolgen und Verfahrensfragen

87   Die **Rechtsfolgen** eines Verstosses gegen Art. 3 lit. b ergeben sich aus den Art. 9 ff. und 23 ff. Bei der Strafzumessung sind insbesondere der Grad des vorsätzlichen Verschuldens des Verletzers (z.B. blosser dolus eventualis bei Angaben «ins Blaue hinein», Absicht), die Bedeutung der Angabe für den Irregeführten und das Ausmass der Wettbewerbsbeeinflussung zu berücksichtigen.

---

[283] Vgl. dazu etwa BGE 116 II 614 («Gucci»); BGE 125 III 91 («Rytz gegen Rytz») und BGer sic! 2005, 390 («maggi.com»).
[284] JK LU SMI 1978, 229 («Pikkolo»).
[285] Siehe dazu etwa BGE 89 I 290, 296 («Parisiennes»); BGer sic! 2009, 170, E. II.6 bf («Staubsauger II»): Bezeichnung einer vergleichbaren Saugleistung durch den klagenden Konkurrenten als ebenfalls «hoch».
[286] Siehe dazu etwa OGer ZH SMI 1971, 221, 222 («Wasserdicht»).
[287] BGE 130 II 83, 85 f. («Orangensaft»): Der wahre, bei Orangensaft aber selbstverständliche (vgl. den damals noch massgeblichen Art. 232 LMV, wonach Fruchtsäfte grundsätzlich gar nicht mit Zucker angereichert werden durften) Hinweis «ohne Zuckerzusatz» könne zwar ggf. irreführen, sei aber nicht unlauter, weil er dem Konsumenten eine wichtige Information gebe; ähnlich BGer sic! 2007, 387, 390 («Ramseier Süssmost – ohne Zuckerzusatz»); vgl. aber auch BGHZ 82, 138 («Kippdeckel»): Einer Modellverpackung werde nicht die Unlauterkeit durch anderweitige Konsumentenvorteile (leichtere Öffnung einer Dose) genommen; auch sofern eine Preisangabe mit dem Zusatz «incl. MwST» als «Werbung mit Selbstverständlichkeiten» (N 77) zu qualifizieren wäre (so BAUDENBACHER/GLÖCKNER, Kommentar UWG, Art. 16 N 19 Fn. 45), müsste geprüft werden, ob eine Rechtfertigung hierfür nicht in dem Bedürfnis der Adressaten gesehen werden könnte, über den Umfang und die Höhe staatlicher Abgaben informiert zu werden (dazu auch Art. 16 N 23).

Grundsätzlich hat der Kläger auch im Rahmen von Art. 3 lit. b alle anspruchsbegründenden Voraussetzungen darzulegen und im Bestreitensfall zu **beweisen**. Der Richter kann dem Werbenden jedoch nach **Art. 13a** den Beweis für die Richtigkeit seiner Angabe im Zeitpunkt ihrer Äusserung auferlegen[288]. Im Sonderfall der Alleinstellungswerbung hat dies die Rechtsprechung auch bereits vor Einführung der Sondervorschrift angenommen[289].

88

Die Beurteilung, ob eine Angabe richtig oder falsch ist, ist ebenso Tatfrage wie die Bestimmung des angesprochenen Verkehrskreises und die Beurteilung, ob die Angabe von den angesprochenen Verkehrskreisen tatsächlich richtig oder falsch verstanden wird. Das BGer kann jedoch **im Beschwerdeverfahren nachprüfen**, ob die entsprechenden Feststellungen methodisch korrekt getroffen wurden. Der Nachweis tatsächlicher Irreführungen im Adressatenkreis bildet zudem nur ein Indiz für die Annahme des Irreführungstatbestandes. Letztlich kommt es nämlich nicht darauf an, ob dieser oder jener bzw. ein erheblicher Teil der Adressaten tatsächlich irregeführt wurde, sondern ob die geäusserte Angabe geeignet ist, den Modelladressaten irrezuführen (N 65). Die entscheidenden Beurteilungen, nämlich die normative Bestimmung des Modelladressaten und seines Verständnisses sowie die objektive Feststellung der hinreichenden Täuschungs- bzw. Irreführungsgefahr auf der Grundlage einer wertenden Gesamtbetrachtung aller Umstände des Einzelfalls, stellen damit vom BGer nachzuprüfende Rechtsfragen dar[290]. Sofern sich der Richter nicht selbst zu den angesprochenen Verkehrskreisen zählen kann, muss er sich in den Modelladressaten hineinfühlen und hineindenken, wozu er auch Fachgremien oder Sachverständige befragen kann[291]. Eine repräsentative Meinungsumfrage wird wegen des zeitlichen und finanziellen Aufwands sowie der noch immer unsicheren Methoden hingegen nur sehr selten durchgeführt[292].

89

---

[288] Zur Problematik näher DAVID, AJP 1992, 616 ff.
[289] BGE 102 II 286, 290 f. («Mössinger II»). DAVID, AJP 1992, 616 ff.
[290] Siehe dazu nur aus neuerer Zeit BGE 126 III 315, 317 («Rivella») und BGE 132 III 414, 423 («Taxes de pharmacie») sowie für die entsprechende Problematik im Designrecht BGE 133 III 189, 194 f. («Schmuckschatulle»).
[291] Zu dieser nur prozessual (Prozessökonomie, Beschwerdefähigkeit) zu rechtfertigenden Vorgehensweise BGE 88 II 54, 56 («Modell-Mass») und HGer SG v. 25.4.2006 (HG.2003.76) E. 3d cc).
[292] BGer sic! 2007, 218, E. 3.2 und 3.3 («Handcremetest»).

Art. 3 lit. c

Unlautere Werbe- und Verkaufsmethoden und anderes widerrechtliches Verhalten	**Unlauter handelt insbesondere, wer:** c. unzutreffende Titel oder Berufsbezeichnungen verwendet, die geeignet sind, den Anschein besonderer Auszeichnungen oder Fähigkeiten zu erwecken;
Méthodes déloyales de publicité et de vente et autres comportements illicites	Agit de façon déloyale celui qui, notamment: c. porte ou utilise des titres ou des dénominations professionnelles inexacts, qui sont de nature à faire croire à des distinctions ou capacités particulières;
Metodi sleali di pubblicità e di vendita e altri comportamenti illeciti	Agisce in modo sleale, segnatamente, chiunque: c. si serve di titoli o denominazioni professionali non pertinenti, atti a far credere a distinzioni o capacità speciali;
Unfair Advertising and Sales Methods and Other Unlawful Behaviour	Shall be deemed to have committed an act of unfair competition, anyone who, in particular: c. uses inappropriate titles or professional designations that are likely to suggest special distinctions or capabilities;

Inhaltsübersicht

	Note	Seite
I. Normzweck, Entstehungsgeschichte und Systematik	1	319
II. Tatbestand	3	320
1. Titel oder Berufsbezeichnung	3	320
2. Unzutreffende Verwendung (Täuschung)	8	322
3. Anschein besonderer Auszeichnungen oder Fähigkeiten	10	324
4. Wettbewerbshandlung	11	325
III. Rechtfertigung, Rechtsfolgen und Verfahrensfragen	12	325

Literatur

A. AYER ET AL. (Hrsg.), Medizinalberufegesetz (MedBG) – Loi sur les professions médicales universitaires (LPMéd), Kommentar – Commentaire, Basel 2009; C. BAUDENBACHER (Hrsg.), Lauterkeitsrecht – Kommentar zum Gesetz gegen den unlauteren Wettbewerb (UWG), Basel 2001, Art. 3 lit. c; L. DAVID/R. JACOBS, Schweizerisches Wettbewerbsrecht, 4. Aufl. Bern 2005, N 193 ff.; J. GUYET, La protection des titres professionnels, notamment celui d'avocat en droit suisse, SMI 1991, 339 ff.; G. HÖNN, Akademische Grade, Amts-, Dienst- und Berufsbezeichnungen sowie Titel (Namensattribute) in der Firma in firmen- und wettbewerbsrechtlicher Sicht, ZHR 153 (1989), 386 ff.; M. PEDRAZZINI/F. PEDRAZZINI, Unlauterer Wettbewerb – UWG, 2. Aufl. Bern 2002, N 6.44 ff.; M. STREULI-YOUSSEF, Unlautere Werbe- und Verkaufsmethoden, in: R. von Büren/L. David (Hrsg.), SIWR V/1, 2. Aufl. Basel 1998, 93 ff.

I. Normzweck, Entstehungsgeschichte und Systematik

Mit der Täuschung (zur Irreführung i.e.S. N 9) über Titel oder Berufsbezeichnungen, die geeignet sind, den Anschein besonderer Auszeichnungen oder Fähigkeiten zu erwecken, enthält Art. 3 lit. c einen vorrangigen **Spezialtatbestand im Bereich der Täuschung durch inhaberbezogene Angaben** i.S.v. Art. 3 lit. b[1]. Ziel ist es, die Marktgegenseite davor zu bewahren, dem Anbieter einer Leistung ein durch unzutreffende Titel oder Berufsbezeichnungen hervorgerufenes besonderes Vertrauen entgegenzubringen[2]. Der Normzweck entspricht mithin dem allgemeinen Täuschungsverbot (s. Art. 3 lit. b N 1). Die Sondervorschrift ist seit Inkrafttreten des Art. 1 Abs. 2 lit. c aUWG im Jahre **1943** ein inhaltlich unveränderter Bestandteil des UWG.

1

Art. 3 lit. c regelt entsprechend der Zielsetzung des UWG nur die Titelanmassung im **Zusammenhang mit Wettbewerbshandlungen** (N 11)[3]. Die private Anmassung von Titeln, die erst nach einer bestimmten Ausbildung bzw. nach bestandener Prüfung oder einem gleichwertigen Qualifikationsverfahren geführt werden dürfen, kann jedoch nach Art. 63 f. i.V.m. 36 BBG[4], Sondervorschriften für einzelne Berufe[5] oder kantonalem Recht (z.B. §§ 64 ff. ÜbertretungsstrafG-BS[6]) strafbar sein, wobei Art. 63 Abs. 2 BBG die Strafbarkeit nach Art. 23 i.V.m. Art. 3 lit. c UWG wegen der unterschiedlichen Zielrichtung beider Vorschriften ausdrücklich vorbehält. Idealkonkurrenz besteht auch zu anderen Straftatbeständen wie dem Betrug (Art. 146 StGB) oder der aufgrund der Täuschung (z.B. mit einem «Dr. med.»-Titel) nicht durch Einwilligung gerechtfertigten Körperverletzung. Ein Nebeneinander kann sich auch mit dem allgemeinen Persönlichkeitsschutz nach Art. 28 ZGB ergeben, da Titel zwar kein Bestandteil von Namen i.S.v. Art. 29 ZGB, sehr wohl aber Teil der Persönlichkeit sein können[7].

2

---

[1] A.A. DAVID/JACOBS, Wettbewerbsrecht, N 193 (Spezialtatbestand im Bereich der leistungsbezogenen Angaben); unklar BAUDENBACHER/GLÖCKNER, Kommentar UWG, Art. 3 lit. c N 6 ff., die einerseits zutreffend von einer von Art. 3 lit. b (Art. 2 lit. b aUWG) umfassten Spezialnorm sprechen, dann aber auf «eigene Konturen» der Spezialregelung hinweisen, die darin bestehen soll, dass die in Art. 3 lit. b erwähnten Angaben «über sich etc.» nur auf die Identität des Inhabers oder Unternehmens bezogene Angaben erfassten, was jedoch eine weder vom Wortlaut noch der Systematik oder dem Normzweck gerechtfertigte Einschränkung des Tatbestandes von Art. 3 lit. b darstellt (dazu auch Art. 3 lit. b N 30 mit Fn. 44).

[2] Siehe dazu BGer 2P.74/2004 E. 3.3.2.

[3] Ausdrücklich dazu auch die Botschaft UWG, 1062.

[4] Bundesgesetz vom 13.12.2002 über die Berufsbildung (SR 412.10).

[5] Z.B. Art. 58 des Bundesgesetzes über die universitären Medizinalberufe (MedBG) vom 23. Juni 2006 (SR 811.11).

[6] BS 253.100.

[7] Zum Titelschutz im Rahmen des Persönlichkeitsschutzes BSK-MEILI, Art. 28 ZGB N 18.

II. Tatbestand

1. Titel oder Berufsbezeichnung

3   Titel i.S.v. Art. 3 lit. c sind:
- Standesbezeichnungen (z.B. Adelstitel[8]),
- Amts- und Dienstbezeichnungen (z.B. Minister, Botschafter, Konsul, Richter am Bezirksgericht, Notar, Professor[9]),
- Rangbezeichnungen beim Militär (z.B. General, Oberst)[10] oder bei Wettkämpfen (z.B. Weltmeister, Schweizer Meister, Mister Schweiz) oder
- Ehrenbezeichnungen (z.B. Dr. h.c., Titularprofessor, Honorarkonsul, Ehrensenator, Ehrenbürger),
- akademische Grade, die nach Abschluss eines Studiums verliehen werden (z.B. lic. iur., Master, Dr., LL.M., Dipl. Ing.[11]),
- Berufstitel, die nach Abschluss einer Berufsausbildung[12] verliehen werden (z.B. Ingenieur HTL[13], Meister mit eidg. Fachausweis, Avocat[14] etc.).

4   Titel werden stets **durch Dritte verliehen**. Die Verleihung durch eine staatliche oder staatlich anerkannte Stelle ist jedoch nicht erforderlich, da vom Wortsinn und Normzweck auch die von privaten Organisationen (z.B. Sportvereine) verliehenen Titel erfasst werden[15]. Auch im Ausland verliehene Titel fallen in den Anwendungsbereich der Vorschrift. Die Voraussetzungen und das Verfahren der Titelverleihung sowie die Führung des Titels sind regelmässig durch Gesetz oder Statuten geregelt.

---

[8]   A.A. STREULI-YOUSSEF, SIWR V/1, 94 und SCHWENNINGER, Werbe- und Verkaufsmethoden, in: Th. Geiser/P. Krauskopf/P. Münch (Hrsg.), Schweizerisches und europäisches Wettbewerbsrecht, Basel 2005, 185 ff. N 5.69, die die Adelstitel bereits von den Titeln ausnehmen.

[9]   BGE 50 I 157, 165 f. («Cairati»): Unzulässigkeit des in Italien durch Prüfung erworbenen Titels «Professore di Musica» aufgrund fehlender Ausübung eines Professorenamts; OGer ZH ZR 1915, Nr. 57, 119 («Italienischer Professor»).

[10] Zu den Graden in der Schweizer Armee siehe Art. 102 MG.

[11] Sofern der Diplomtitel ausschliesslich Hochschulabsolventen vorbehalten ist, darf er nicht von Absolventen einer höheren technischen Lehranstalt geführt werden (OGer ZH SMI 1989, 129, 135 – «Dipl. Architekt HTL»); vgl. aber auch zur grds. zulässigen Führung von Handwerksdiplomen (BGer SMI 1959, 183, 184 – «Eidg. dipl. Coiffeurmeister»).

[12] Siehe dazu Art. 36 und 63 f. des Bundesgesetzes vom 13.12.2002 über die Berufsbildung – BBG (SR 412.10).

[13] Zur Verwechselbarkeit mit «Ingenieur ETH» BGE 93 II 135, 149 («Ingenieur HTL»).

[14] CdJ GE SMI 1990, 394, 402 («Avocat I»); BGE 112 Ia 318, 322 («Führen des Anwaltstitels»); CdJ GE SMI 1996, 517, 520 («Avocat II»).

[15] BAUDENBACHER/GLÖCKNER, Kommentar UWG, Art. 3 lit. c N 11; a.A. CHK-FERRARI HOFER/VASELLA, Art. 3 UWG N 41.

Berufsbezeichnungen umschreiben die ausgeübte Erwerbstätigkeit einer Person, 5
wobei die zulässigen Bezeichnungen nicht auf die im Berufsverzeichnis des Bundesamts für Berufsbildung und Technologie genannten gut 300 Ausbildungsberufe (z.B. Augenoptiker, Autolackierer) und in der Bundesrats-Liste[16] der Freien Berufe (z.B. Anwalt[17], Zahnärztin[18], Apotheker, Architektin) beschränkt sind. Zulässig sind daher z.B. auch Privatdetektiv[19], Musiker, Patentanwalt[20] oder Sachverständiger. Auch Bezeichnungen, die in allgemeiner Form eine berufsmässig auszuübende Funktion oder Tätigkeit beschreiben (z.B. Geschäftsführer, Direktor, Prokurist, Abteilungsleiter, Fabrikant), können als Berufsbezeichnungen gelten[21]. Nicht selten finden sich unter einem Oberbegriff (z.B. Arzt, Anwältin) mehrere spezialisierte Berufsbezeichnungen (Facharzt/Fachanwältin für ...). Wird eine durch Gesetz[22] oder Standesregeln[23] näher definierte Berufsbezeichnung verwendet, sind die entsprechenden Regelungen zu beachten (dazu allgemein Art. 3 lit. b N 64).

Fragwürdig ist allerdings die teilweise in der Diskussion um die Zulässigkeit von 6
Anwaltskapitalgesellschaften geäusserte Ansicht, dass eine Titelanmassung vorliege, wenn die ein Anwaltsbüro betreibende Kapitalgesellschaft den Begriff «**Advokatur**» o.ä. in die Firma aufnehme, weil nicht die Gesellschaft, sondern nur die bei ihr angestellten und für sie forensisch bzw. beratend tätig werdenden Anwälte über die erforderliche Berufszulassung verfügten[24]. Sofern die Berufsträger die Kapitalgesellschaft kontrollieren und die berufsbezogene Geschäftsführung allein ausüben, sollte im Wettbewerbsrecht nämlich keine formal gesellschaftsrechtliche, sondern eine auch von den angesprochenen Verkehrskreisen zugrunde gelegte wirtschaftliche Betrachtung Platz greifen können.

---

[16] Siehe dazu: Freie Berufe in der Schweiz, Bericht des Bundesrates in Erfüllung des Postulats Cina vom 19. Dezember 2003 (N 03.3663), 8 f.
[17] OGer SH SJZ 23 (1926/27), 16 («Rechtsanwalt»).
[18] BGE 74 IV 108, 111 («Bächli»); OGer ZH ZR 1934, Nr. 62, 143 («Zahnarztpraxis»).
[19] Zur Umschreibung des Berufs siehe etwa Art. 1 Privatdetektiv-VO SG vom 18.11.1980 (sGS 451.13).
[20] BGE 38 I 442, 449 ff. («Patentanwalt»).
[21] BAUDENBACHER/GLÖCKNER, Kommentar UWG, Art. 3 lit. c N 13; a.A. für die Bezeichnung «Fabrikant» BGE 106 IV 218, 220 («Berbère-Mira»); keine Berufsbezeichnung ist jedenfalls die unzutreffende Angabe der einem bekannten Provider gehörenden Absenderadresse (dazu BezGer ZH sic! 2003, 619, 623).
[22] Z.B. Art. 39 und 58 des Bundesgesetzes über die universitären Medizinalberufe (MedBG) vom 23. Juni 2006 (SR 811.11) i.V.m. Art. 13 der Verordnung über die universitären Medizinalberufe (MedBV) vom 28. Mai 2008.
[23] Z.B. Standesregeln des Verbandes der Schweizer Psychotherapeutinnen und Psychotherapeuten, Ziff. 2, abrufbar unter http://www.psychotherapie.ch/medien/d/documents/Standesregeln_SPV_2004.pdf.
[24] Auskunft der Anwaltsaufsichtskommission Basel-Landschaft vom 30.8.2005, Jusletter vom 15.1.2007, E. II.1.

7 Art. 3 lit. c erfasst nur die Verwendung von Titeln oder Berufsbezeichnungen als Bestandteil von **ernstzunehmenden inhaberbezogenen Angaben** (z.B. Name, Firma). Nicht unter die Vorschrift fallen daher Phantasiebezeichnungen (z.B. Puppendoktor) und Künstlernamen (Dr. Alban, Prinz, Die Ärzte etc.). Nicht unter Art. 3 lit. c, sondern unter Art. 3 lit. b fällt auch die Verwendung von unzutreffenden und in diesem Fall auch irreführenden Titeln im Rahmen von produktbezogenen (z.B. Marken, Produktbeschreibungen) und unternehmensbezogenen (Geschäftsbezeichnungen, Spezialisierungshinweise[25]) Angaben, sofern diese nicht zugleich eine auf den Inhaber bezogene Angabe enthalten[26]. Auch Titelanmassungen durch Mitarbeiter, die dem Unternehmensträger als Geschäftsherrn und Teilnehmer am Wettbewerb zuzurechnen sind (dazu generell Art. 2 N 13), sind keine inhaberbezogenen Angaben, sondern werden als unzutreffende oder irreführende Angaben über Geschäftsverhältnisse unter den übrigen Voraussetzungen von Art. 3 lit. b erfasst[27].

2. Unzutreffende Verwendung (Täuschung)

8 Art. 3 lit. c erfasst allein die Verwendung unzutreffender Titel oder Berufsbezeichnungen. **Unzutreffend** sind Titel oder Bezeichnungen, **wenn** sie entweder gar nicht, nicht von dem zuständigen Dritten (bei Titeln und geschützten Berufsbezeichnungen)[28], nicht dem Träger der Bezeichnung[29], nicht rechtmässig (Titelerschleichung etc.)[30], nicht in dieser Form[31], von einer Scheininsti-

---

[25] Beispiele bilden «Elektrofachgeschäft» oder «Mercedes-Benz-Autohaus».
[26] Ein Beispiel aus der Rechtsprechung für eine zugleich auf den Inhaber (blosser Zahntechniker) zu beziehende Geschäftsbezeichnung («Zahnarztpraxis») bildet der Fall OGer ZH ZR 1934 Nr. 62, 143 («Zahnarztpraxis»).
[27] A.A. BAUDENBACHER/GLÖCKNER, Kommentar UWG, Art. 3 lit. b N 247, die auch in diesem Fall Art. 3 lit. c anwenden möchten, obwohl auch gegen diese auf Wettbewerbshandlungen beschränkte Vorschrift (N 11) nur ein selbständig am Wettbewerb teilnehmender Unternehmensträger durch eine auf seine Person bezogene Titelberühmung verstossen kann.
[28] Selbsternennung zum Fachberater, Sachverständigen etc.
[29] Unzutreffend ist auch die Fortführung eines zutreffenden Titels durch ein Familienmitglied oder einen Rechtsnachfolger; dazu Trib. pol. La Chaux-de-Fonds SMI 1983, 103, 107 – «Maître Opticien»); ein in der Firma enthaltener Titel kann allerdings bei entsprechendem Bestandsschutzinteresse mit einem Nachfolgezusatz fortgeführt werden (s. dazu generell Art. 3 lit. b N 31, 86).
[30] Unzutreffend ist etwa ein Doktortitel, wenn er nicht aufgrund einer wissenschaftlichen Leistung oder (im Falle des Ehrendoktortitels) sonstiger nicht in Geldzahlungen bestehender Verdienste durch eine hierfür zuständige Institution verliehen wurde; dazu OGer ZH ZR 1923 Nr. 9, 18 («Doctor of Philosophy h.c.»); OGer ZR 1938 Nr. 48, 93 f. («Université Philotechnique»); OGer AR SMI 1959, 184, 185 («Pinacoteca Ambrosiana»).
[31] Beispiele bilden die Verwendung des Titels «horlogers qualifiés» statt des von der zuständigen Behörde genehmigten Titels «remonteurs complets qualifiés» im Fall TC VS SMI 1969, 179, 182 (Horlogers qualifiés) und die Bezeichnung eines die Lehrabschlussprüfung bestanden und ein «Fähigkeitszeugnis» erhalten habenden Installateurs als «Inhaber des schweizerischen Fähigkeits-

tution[32] oder einer Institution minderen Ranges[33] verliehen wurden. Auch nur teilweise unrichtige (z.b. Auftreten eines «Dr. phil.» als «Dr. iur.» oder eines «Architekt HTL» als «Dipl. Architekt HTL»[34]) oder durch Ablauf einer Befristung bzw. durch Umstandsänderungen (z.b. Entzug des Doktortitels) unrichtig gewordene Bezeichnungen sind unzutreffend. Eine im Ausland ordnungsgemäss erworbene Bezeichnung wird nicht schon dadurch unzutreffend, dass die dortigen Anforderungen hinter denjenigen in der Schweiz zurückbleiben, so dass insoweit beim Fehlen klarstellender Herkunftshinweise nur die Anwendung von Art. 3 lit. b oder anderer spezieller Tatbestände der Irreführung in Betracht kommt[35]. Die nicht geschützten Berufsbezeichnungen (z.B. Patentanwalt[36], Gartenarchitekt[37], Treuhänder[38], Unternehmensberater) können von jedem als zutreffend geführt werden, der eine entsprechende Tätigkeit als Beruf, d.h. auf Dauer angelegt sowie zur Schaffung und Erhaltung einer Lebensgrundlage, tatsächlich ausübt und über die hierfür erforderlichen bzw. erwarteten Fachkenntnisse, Fertigkeiten und Erfahrungen verfügt.

Indem Art. 3 lit. c eine unzutreffende Verwendung voraussetzt, handelt es sich um einen **besonderen Täuschungstatbestand**. Die Irreführung i.e.S. durch richtige, aber aufgrund ihrer Unvollständigkeit[39] oder Missverständlichkeit[40] irreführende Angaben (näher Art. 3 lit. b N 67 ff.) wird vom Wortlaut nicht erfasst. Vor dem Hintergrund des strafrechtlichen Legalitätsprinzips und einer einheitlichen Ausle- 9

---

ausweises» in KGer GR SMI 1960, 84; sinnentstellende Übersetzungen eines im Ausland erworbenen oder dort ohne weiteres verwendbaren Titels (z.B. «Professore» für einen italienischen Lehrer) sind ebenfalls unzutreffend (vgl. OGer ZH ZR 1915 Nr. 57, 119 – «Italienischer Professor»).

[32] BGE 117 IV 324, 327 («Dr. h.c.»); siehe auch bereits BGE 47 I 133, 138 ff. («Oriental University»).

[33] So für die Verleihung eines Fachhochschultitels durch eine höhere Fachschule BGer 2P.74/2004, E. 3.3.2 («Titelumwandlung»).

[34] OGer ZH SMI 1989, 129, 135 («Dipl. Architekt HTL»).

[35] BGE 117 IV 324, 327 («Dr. h.c.»); BGE 50 I 157, 167 («Cairati»); vgl. zur Unlauterkeit ausländischer akademischer Titel ohne vergleichbares Anforderungsprofil auch SLK-Grundsatz 2.2.

[36] BGE 38 I 442, 449 ff. («Patentanwalt»).

[37] BGE 62 I 103, 106 f. («Gartenarchitekt»).

[38] BGE 64 I 338, 341 f. («Fiduciarie Amstutz»); BGE 68 I 118, 119 ff. («Treuhandbureau»).

[39] Beispiele sind BGer SMI 1959, 183, 184 («Eidg. dipl. Coiffeurmeister») und BGer ZBl 1946, 375, 376 («Zahnarzt»), weil wesentliche Einschränkungen (blosse Inhaberschaft des Herrencoiffeurdiploms bzw. des kantonalen Zahnarztpatents), die angesichts der gegebenen Umstände (Betrieb eines Herren- und Damensalons bzw. einer Zahnarztpraxis) zur Klarstellung erforderlich gewesen wären, verschwiegen wurden; vgl. generell zur Problematik der Unvollständigkeit richtiger Angaben Art. 3 lit. b N 68 ff.

[40] Ein Beispiel bildet die in OGer ZH ZR 1921, Nr. 93, 177 f. («med. Zahnarzt») irreführende Bezeichnung «med. Zahnarzt», weil sie suggerierte, der Inhaber verfüge über mehr als ein schlichtes Zahnarztpatent.

gung des Tatbestands erscheint insoweit auch privatrechtlich ein Rückgriff auf Art. 3 lit. b (Irreführung über eine inhaberbezogene Angabe) vorzugswürdig[41].

3. Anschein besonderer Auszeichnungen oder Fähigkeiten

10   Art. 3 lit. c erfordert zudem eine besondere Art der Täuschung. Relevant ist nämlich nur ein Irrtum der angesprochenen Verkehrskreise (näher Art. 3 lit. b N 61 ff.) über besondere Auszeichnungen oder Fähigkeiten. Auf eine Täuschungsabsicht oder eine tatsächliche Täuschung kommt es wie bei Art. 3 lit. b nicht an. Die angesprochenen Verkehrskreise müssen der Bezeichnung mithin eine Aussage über eine **branchenrelevante besondere Leistungsfähigkeit** des Inhabers (z.B. Fachkenntnisse, Methodenwissen, Erfahrungen, Know-how, Führungskompetenz, Kreativität) entnehmen können. Deutet die Bezeichnung nur allgemein auf einen für die Ausübung der betreffenden Tätigkeit nicht relevanten guten Ruf hin (z.B gehobene soziale Stellung, Vertrauenswürdigkeit), wie dies nach der Verkehrsauffassung etwa bei einem ererbten Adelstitel oder einem branchenfremden Doktor- bzw. Ehrentitel[42] sowie dem Hinweis auf eine staatliche Beaufsichtigung[43] der Fall sein mag, können allfällige wettbewerbsrelevante Irreführungen allein über Art. 3 lit. b erfasst werden[44]. Dies gilt auch für Bezeichnungen, die zwar irreführende Hinweise auf die Stellung des Trägers im Verhältnis zu einem bestimmten Unternehmen, die Grösse des Unternehmens[45], seine Stellung in einem Distributionssystem[46] oder seine Vertragsbeziehungen[47] geben, nicht jedoch über relevante persönliche Fähigkeiten täuschen.

---

[41] So auch etwa BGE 117 IV 324, 327 («Dr. h.c.») und BAUDENBACHER/GLÖCKNER, Kommentar UWG, Art. 3 lit. c N 23; a. A. SCHWENNINGER, Werbe- und Verkaufsmethoden, in: Th. Geiser/ P. Krauskopf/P. Münch (Hrsg.), Schweizerisches und europäisches Wettbewerbsrecht, Basel 2005, 185 ff. N 5.269.
[42] BAUDENBACHER/GLÖCKNER, Kommentar UWG, Art. 3 lit. c N 39.
[43] StrafGer BS SJZ 1961, 130, Nr. 30 («Privatdetektiv»); vgl. dazu auch Art. 10 Privatdetektiv-VO SG vom 18.11.1980 (sGS 451.13).
[44] BGer 1A.199/2005, E. 3.3.4 («Rechtsanwalt»).
[45] Zur Unzulässigkeit der Bezeichnung «Direktor» bzw. «Direktion» durch den Inhaber eines Einpersonenbetriebs OGer SO SJZ 1972, 99 («Taxi-Zentrale»).
[46] BGE 106 IV 218, 222 ff. («Verkäufer und Fabrikant»); BGE 114 II 91, 104 («Dior») und BGer sic! 2000, 310, 312 («Chanel IV»); BGE 104 II 58, 61 («Singer II»); Massnahmenentscheid des Gerichtspräsidenten Bern III vom 22.12.1995 SMI 1996, 306 («Swatch-Grauimporte»).
[47] So etwa bei der unzutreffenden Bezeichnung als «Nati-Sponsor»; zum sog. Ambush-Marketing Art. 3 lit. b N 21.

4. Wettbewerbshandlung

Aus dem Normzweck (Art. 1) und der Systematik der Art. 2 ff. ergibt sich, dass Art. 3 lit. c nur die Titelanmassung im Zusammenhang mit Wettbewerbshandlungen i.S.v. **Art. 2** (s. dort N 10 ff.) erfasst (zur Strafbarkeit des privaten Titelmissbrauchs s. bereits N 2). Dabei ist regelmässig davon auszugehen, dass der nach Art. 3 lit. c erforderliche Anschein besonderer Auszeichnung oder Fähigkeit (N 10) auch die im Rahmen des Begriffs der Wettbewerbshandlung zu prüfende spürbare Beeinflussung des Wettbewerbs bewirkt. 11

III. Rechtfertigung, Rechtsfolgen und Verfahrensfragen

Hinsichtlich der Rechtfertigungsmöglichkeiten, Rechtsfolgen und Verfahrensfragen kann vollumfänglich auf die Kommentierung zu Art. 3 lit. b verwiesen werden (dort N 85 ff.). 12

Art. 3 lit. d

Unlautere Werbe- und Verkaufsmethoden und anderes widerrechtliches Verhalten	Unlauter handelt insbesondere, wer: d. Massnahmen trifft, die geeignet sind, Verwechslungen mit den Waren, Werken, Leistungen oder dem Geschäftsbetrieb eines anderen herbeizuführen;
Méthodes déloyales de publicité et de vente et autres comportements illicites	Agit de façon déloyale celui qui, notamment: d. prend des mesures qui sont de nature à faire naître une confusion avec les marchandises, les oeuvres, les prestations ou les affaires d'autrui;
Metodi sleali di pubblicità e di vendita e altri comportamenti illeciti	Agisce in modo sleale, segnatamente, chiunque: d. si avvale di misure atte a generare confusione con le merci, le opere, le prestazioni o gli affari d'altri;
Unfair Advertising and Sales Methods and Other Unlawful Behaviour	Shall be deemed to have committed an act of unfair competition, anyone who, in particular: d. takes measures that may cause confusion with the goods, works, services or business of others;

Inhaltsübersicht

			Note	Seite
I.	Normzweck..		1	329
II.	Entstehungsgeschichte...		2	329
III.	Systematik und Verhältnis zu anderen Vorschriften		6	331
IV.	Tatbestandsvoraussetzungen		11	333
	1. Objektiv..		11	333
	a)	Massnahmen im Sinne von Art. 3 lit. d	11	333
	b)	Schutzfähigkeit..	12	333
		aa) Originäre Kennzeichnungskraft...............................	13	334
		bb) Erlangen der Kennzeichnungskraft infolge Verkehrsdurchsetzung...	15	335
		cc) Vom Schutz ausgeschlossene Zeichen/Elemente....	16	336
		aaa) Gemeingut	16	336
		bbb) Schutzunfähigkeit bei Gesetzeswidrigkeit und Sittenwidrigkeit	20	337
	c)	Vorliegen der Gebrauchspriorität	21	337
	d)	Vorliegen einer schutzwürdigen Marktposition	23	338
	e)	Verwechslungsgefahr...	25	338
		aa) Begriff..	25	338
		bb) Arten der Verwechslungsgefahr	28	340
		cc) Kriterien zur Beurteilung der Verwechslungsgefahr...	31	341

				Note	Seite
		aaa)	Kriterien des allgemeinen Kennzeichenschutzes	31	341
		bbb)	Zusätzliche Kriterien des lauterkeitsrechtlichen Kennzeichenschutzes	34	343
	f)	Kennzeichen im Einzelnen		46	346
		aa)	Marke	47	346
		bb)	Firma und Handelsnamen	49	347
		cc)	Enseignes und sonstige Geschäftsbezeichnungen	51	348
		dd)	Name	52	348
		ee)	Akronyme, Slogans und Titel	54	349
		ff)	Ausstattung und werbliche Gestaltung	57	350
		gg)	Konzepte und Geschäftsideen	61	353
		hh)	Internet-Domainnamen	62	354
	g)	Sklavische Nachahmung im Besonderen		65	355
	h)	Zumutbarkeit alternativer Kennzeichnung bzw. Gestaltungen		67	356
		aa)	Grundsatz	67	356
		bb)	Technisch bzw. funktionell bedingte Gestaltungselemente	69	357
		cc)	Ästhetisch bedingte Gestaltungselemente	71	358
		dd)	Sonderfall Kompatibilitätsinteresse	73	359
		ee)	Übrige Unzumutbarkeit	74	360
2.	Subjektiv			75	360
V.	Rechtsfolgen			76	361
VI.	Verfahrensfragen			88	365

Literatur

C. BAUDENBACHER (Hrsg.), Lauterkeitsrecht – Kommentar zum Gesetz gegen den unlauteren Wettbewerb (UWG), Basel 2001, Art. 3 lit. d sowie Art. 1 N 86 ff., Art. 2 N 198 ff. und Art. 5 N 80; R. VON BÜREN/C. GASSER, Strategische und taktische Fragen bei der Schaffung und Hinterlegung neuer Zeichen, sic! 1997, 28 ff.; R. VON BÜREN/E. MARBACH/P. DUCREY, Immaterialgüter- und Wettbewerbsrecht, 3. Aufl., Bern 2008, N 492 ff. und N 723 ff.; E. BRUNNER/L. HUNZIKER, Die Verwechslungsgefahr von Marken und das erhöhte Rechtsschutzbedürfnis des Markeninhabers im Marketing, in: Institut für gewerblichen Rechtsschutz (Hrsg.), Marke und Marketing, Schriften zum Medien- und Immaterialgüterrecht, Bd. 28, Bern 1990, 325 ff.; U. BURI, Die Verwechselbarkeit von Internet Domain Names nach schweizerischem Firmen-, Marken-, Namens- und Lauterkeitsrecht, Bern 2000; DERS., Domain-Namen, in: R. von Büren/L. David (Hrsg.), SIWR III/2, 337 ff.; L. DAVID, Lexikon des Immaterialgüterrechts, in: R. von Büren/L. David (Hrsg.), SIWR I/3, Basel 2005, 1 ff.; DERS., Markenschutzgesetz/Muster- und Modellgesetz, Kommentar zum Schweizerischen Privatrecht, 2. Aufl., Basel 1999; DERS., Ausstattungsrecht auf neuer Grundlage, AJP 1992, 1501 ff.; DERS., Das Akronym im Firmen- und Markenrecht, SMI 1991, 329 ff.; L. DAVID/R. JACOBS, Schweizerisches Wettbewerbsrecht, 4. Aufl., Bern 2005, N 223 ff.; L. FERRARI HOFER/D. VASELLA, Kommentar zu Art. 2–8 UWG, in: M. Amstutz et al. (Hrsg.), Handkommentar zum Schweizerischen Privatrecht, Zürich 2007, 3553 ff., Art. 3 N 45 ff.; A. GUBLER, Der Ausstattungsschutz nach UWG, Bern 1991; C. HILTI, Schutz nicht registrierter

Kennzeichen, in: R. von Büren/L. David (Hrsg.), SIWR III/2, 2. Aufl., Basel 2005, 105 ff.; DERS., Wettbewerbsrechtlicher Leistungsschutz statt Nachbarrechte, Zürich 1986; DERS., Schutzmöglichkeiten und Kollisionsprobleme nicht hinterlegter Zeichen, sic! Sondernummer 125 Jahre Markenhinterlegung, Zürich 2005, 27 ff.; R. M. HILTY, «Leistungsschutz» – made in Switzerland? – Klärung eines Missverständnisses und Überlegungen zum allgemeinen Schutz von Investitionen, in: H.-J. Ahrens/J. Bornkamm/H. P. Kunz-Hallstein (Hrsg.), FS für Eike Ullmann, Saarbrücken 2006, 643 ff.; I. JENE-BOLLAG, Die Schutzfähigkeit der Marke und Ausstattung unter dem Gesichtspunkt des Freihaltebedürfnisses, Basel 1981; A. JENNY, Die Nachahmungsfreiheit, Zürich 1997; G. JOLLER, Verwechslungsgefahr im Kennzeichenrecht, Bern 2000; DERS., in: M. Noth/ G. Bühler/F. Thouvenin, Kommentar zum Markenschutzgesetz (MSchG), Bern 2009, Kommentierung zu Art. 3 MSchG; H. KÖHLER, in: W. Hefermehl/H. Köhler/J. Bornkamm (Hrsg.), Gesetz gegen den unlauteren Wettbewerb, 28. Aufl., München 2010, diverse Stellen; E. MARBACH, Markenrecht, in: R. von Büren/L. David (Hrsg.), SIWR III/1, 2. Aufl., Basel 2009; DERS., Farben bilden Gemeingut, in: M. Kurer et al. (Hrsg.), Binsenwahrheiten des Immaterialgüterrechts: Festschrift für Lucas David zum 60. Geburtstag, Zürich 1996, 109 ff.; P. MÜNCH/T. KÖNIG HOROWICZ, Nachahmungen, in: Schweizerisches und europäisches Wettbewerbsrecht, T. Geiser/ P. Krauskopf/P. Münch (Hrsg.), Handbücher für die Anwaltspraxis, Bd. IX, Basel 2005, N 6.1 ff.; M. M. PEDRAZZINI/F. A. PEDRAZZINI, Unlauterer Wettbewerb – UWG, 2. Aufl., Bern 2002, N 5.57 ff.; G. RAUBER, Die Verwechslungsgefahr beurteilt sich im Firmen-, Marken- und Lauterkeitsrecht nach den gleichen Grundsätzen und Massstäben, in: M. Kurer et al. (Hrsg.), Binsenwahrheiten des Immaterialgüterrechts: Festschrift für Lucas David zum 60. Geburtstag, Zürich 1996, 129 ff.; M. RITSCHER, Markenschutz durch Wettbewerbsrecht – Wettbewerbsschutz durch Markenrecht, in: Institut für gewerblichen Rechtsschutz (Hrsg.), Marke und Marketing, Schriften zum Medien- und Immaterialgüterrecht, Bd. 28, Bern 1990, 161 ff.; M. RITSCHER/L. DAVID, Unterwegs zu einem Kennzeichenrecht, sic!, Sondernummer 125 Jahre Markenhinterlegung, Zürich 2005, 161 ff.; M. SCHWENNINGER, Werbe- und Verkaufsmethoden, in: Schweizerisches und europäisches Wettbewerbsrecht, T. Geiser/P. Krauskopf/P. Münch (Hrsg.), Handbücher für die Anwaltspraxis, Bd. IX, Basel 2005, N 5.60 ff.; M. STREULI-YOUSSEF, Unlautere Werbe- und Verkaufsmethoden (Art. 3 UWG), in: R. von Büren/L. David (Hrsg.), SIWR V/1, 2. Aufl., Basel 1998, 171 ff.; F. THOUVENIN, Funktionale Systematisierung von Wettbewerbsrecht (UWG) und Immaterialgüterrecht, GWR, Bd. 145, Köln/Berlin/München 2007; DERS./M. NOTH, in: M. Noth/ G. Bühler/F. Thouvenin, Kommentar zum Markenschutzgesetz (MSchG), Bern 2009, Einleitung; A. TROLLER, Immaterialgüterrecht, Bd. I, 3. Aufl., Basel/Frankfurt a.M. 1983/1985, Art. 1 Abs. 2 lit. d aUWG; K. TROLLER, Grundzüge des schweizerischen Immaterialgüterrechts, 2. Aufl., Basel 2005, 354 ff.; P. TROLLER, Kollisionen zwischen Firmen, Handelsnamen und Marken, Basel 1980; DERS., Gedanken zum Einfluss des Eintragungsprinzips nach dem neuen Markenrecht auf den Schutz nicht eingetragener Marken, AJP 1993, 514 ff.; M. WANG, Die schutzfähige Formgebung, Bern/Stuttgart/Wien 1998; R. H. WEBER, Schutz von Domänennamen im Internet, SJZ 92 (1996), 405 ff.; C. WILLI, Markenschutzgesetz: MSchG, Das schweizerische Markenrecht unter Berücksichtigung des europäischen und internationalen Markenrechts, Zürich 2002.

I. Normzweck

Art. 3 lit. d bezweckt, Verhalten zu unterbinden, welches geeignet ist, durch das Schaffen von Verwechslungsgefahr das Publikum über die betriebliche Herkunft von Waren, Werken oder Leistungen irrezuführen. In dieser Funktion ergänzt bzw. überlagert er den spezialgesetzlichen Schutz der übrigen Kennzeichen (Marke, Name, Firma). Art. 3 lit. d wird deshalb auch als Tatbestand des lauterkeitsrechtlichen Kennzeichenschutzes bezeichnet. Faktisch stellt er den **Grundtatbestand des Nachahmungsschutzes im Wettbewerb** dar. Dieser bezweckt keinen eigentlichen (selbständigen) Leistungsschutz[1], auch wenn im Ergebnis je nach den Umständen ein solcher resultieren kann. Er schafft im Unterschied zum Immaterialgüterrecht auch kein subjektives Recht des Betroffenen. Der **Schutz vor Verwechslungsgefahr** berührt zudem im Unterschied zum vorwiegend mitbewerberbezogenen Schutz durch die Spezialgesetze sowohl einen umfassend zu verstehenden **Mitbewerberschutz**[2] wie auch den **Schutz** der **Marktgegenseite** (namentlich der Konsumenten) und der **Allgemeinheit**[3]. Der Tatbestand des Art. 3 lit. d beinhaltet sowohl eine **geschäftsmoralische** (anständiges Geschäftsgebaren, Schutz der eigenen Leistung, Verhalten nach Treu und Glauben) wie auch eine **wettbewerbsfunktionale Komponente** (Schutz vor Ausbeutung bzw. Schutz vor Wettbewerbsverfälschung). Im Unterschied zu anderen Bestimmungen im In- und Ausland[4] knüpft er nicht bei der subjektive Elemente[5] suggerierenden Nachahmung an, sondern am rein objektiv verstandenen Bewirken einer unvermeidbaren Verwechslungsgefahr. Deren Bezugspunkt ist die **betriebliche Herkunft** von Waren, Werken oder Leistungen bzw. die **betriebliche Identität** an sich. Er schützt damit, als lex specialis zur «kleinen Generalklausel» für Irreführungssachverhalte in Art. 3 lit. b, vor rein betriebsbezogenen Fehlzurechnungen.

1

II. Entstehungsgeschichte

Wie der in Art. 3 lit. b enthaltene Schutz vor Täuschungen und Irreführungen gehört der mit Art. 3 lit. d bezweckte Schutz vor der Herbeiführung einer Verwechslungsgefahr zum **Kernbestand** des autonomen schweizerischen, internatio-

2

---

[1] Vgl. zum sog. wettbewerbsrechtlichen bzw. lauterkeitsrechtlichen Leistungsschutz aber BAUDENBACHER, Kommentar UWG, Art. 1 N 89, und BAUDENBACHER, Kommentar UWG, Art. 2 N 190 ff. je m.w.H.
[2] Also auch von Nachahmungen *nicht (direkt) betroffener* Mitbewerber.
[3] Vgl. z.B. KGer AI sic! 2007, 917, E. 19 («MFC Merchant Bank S.A./MFC Finanz GmbH»). Diese Frage aktualisiert sich namentlich bei der Frage der Aktivlegitimation zur Geltendmachung negatorischer Ansprüche, vgl. dazu näher Art. 9 N 8 ff.
[4] Vgl. z.B. Art. 19 LMG, Art. 155 StGB oder § 4 Nr. 9 dt. UWG.
[5] Kenntnis bzw. bewusste Nachschaffung des Originals.

nalen und supranationalen **Lauterkeitsrechts**[6]. Art. 3 lit. d schützt (nur) vor Irreführung über die betriebliche Herkunft einer Leistung (bzw. von Waren und Werken) bzw. über die betriebliche Identität (Geschäftsbetrieb) an sich und ist insofern zwingend mitbewerberbezogen.

3   Schon unter dem Regime der vor Inkrafttreten des UWG 1943 geltenden lauterkeitsrechtlichen Bestimmungen in **Art. 48 aOR** (1.1.1912 bis 28.2.1945; Spezialbestimmung über den unlauteren Wettbewerb) bzw. **Art. 50 aOR** (1.1.1882 bis 31.12.1911; Generalklausel der unerlaubten Handlung) knüpfte die BGer-Praxis zum Nachahmungsschutz an die **Schaffung einer Verwechslungsgefahr** an, ohne dass dies im Wortlaut von Art. 48 bzw. 50 aOR eine Stütze gefunden hätte[7]. Interessant ist dabei, dass auch Art. 28 ZGB (Schutz der wirtschaftlichen Persönlichkeitsrechte) angerufen werden konnte, da Kennzeichen und Ausstattungen als Erscheinungsformen bzw. «Kennzeichengüter» der wirtschaftlichen Persönlichkeit aufgefasst wurden[8].

4   Direkter Vorläufer von Art. 3 lit. d war **Art. 1 Abs. 2 lit. d aUWG** aus dem Jahre 1943. Die Rspr. zu Art. 1 Abs. 2 lit. d aUWG knüpfte praktisch nahtlos an die vor Inkrafttreten des UWG 1943 am 1. März 1945 zu Art. 48 aOR bzw. Art. 50 aOR bestehende BGer-Praxis zum Nachahmungsschutz an, auch wenn im Rahmen der Art. 48 aOR bzw. Art. 50 aOR noch eine Verletzung eines Individualrechts (Persönlichkeitsrecht) vorausgesetzt wurde[9]. Art. 1 Abs. 2 lit. d aUWG war nahezu identisch formuliert wie der aktuell geltende Art. 3 lit. d. Die unzulässigen Massnahmen mussten nach dem Wortlaut der Vorschrift lediglich nicht nur geeignet, sondern auch dazu «bestimmt» sein, Verwechslungen herbeizuführen. Mit der Streichung des Wortes «bestimmt» wurde im Zuge der UWG-Revision von 1986 eine sinnvolle Klarstellung erreicht[10]. Eine Verwechslungsgefahr konnte nämlich schon unter Art. 1 Abs. 2 lit. d aUWG 1943 unabhängig vom Vorliegen eines subjektiven Merkmals (bewusste bzw. erstrebte Nachahmung, «Nachahmungsabsicht») bejaht werden[11].

5   Der sog. **Ausstattungsschutz** (näher N 57 ff.) entspricht seit der Einführung der Formmarke im Rahmen der Revision des MSchG 1992/1993[12] in weiten Teilen dem Schutz der **Formmarke** und ist teilweise in diesem aufgegangen, sodass die Rspr. zum Ausstattungsschutz auch im Formmarkenrecht zur Anwendung kommen

---

[6]   Vgl. Art. 3 lit. b N 2 m.w.H.
[7]   Vgl. z.B. zu Art. 50 aOR Pra 1 (1912) Nr. 255, 595 f., Pra 1912 Nr. 273, 645, sowie zu Art. 48 aOR BGE 60 II 249, 258 f. («Bel Paese») und BGE 61 II 381, 385 f. («Gaba AG/G. Keller&Co, Wyberttabletten ‹Gaba›») sowie BGE 69 II 295, 296 f.; vgl. zum Ganzen auch B. VON BÜREN, Kommentar UWG, Allgemeines N 32 f.
[8]   Vgl. z.B. BGE 60 II 249, 258 f. («Bel Paese») sowie BGE 69 II 295, 296 («Stahl/Hummel») und BGE 70 II 110, 111 («Ostbye/Wehrli, Splitkein-Ski»).
[9]   Vgl. BGE 72 II 392, 393 ff.
[10] Vgl. Botschaft UWG, 1063, und BAUDENBACHER/CASPERS, Art. 3 lit. d N 103 (in Fn. 297).
[11] Dazu näher B. VON BÜREN, Kommentar UWG, Ansprüche N 1.
[12] Vgl. Art. 1 Abs. 2 MSchG.

kann[13], soweit sie nicht schon Ausdruck gesetzlicher Bestimmungen ist (vgl. Art. 2 lit. b MSchG). Gleichzeitig wurde mit der Revision des MSchG die Dienstleistungsmarke eingeführt. Gleichwohl ist das UWG mit Art. 3 lit. d weiterhin massgeblicher und **umfassendster Teil des Kennzeichenschutzes,** der je nach Konstellation gleichzeitig (kumulativ) auch vom MSchG, dem Firmen- und dem Namensrecht gewährt wird.

III. Systematik und Verhältnis zu anderen Vorschriften

Art. 3 lit. d schützt Elemente, welche Waren, Werke und Leistungen eines Mitbewerbers oder dessen Geschäftsbetrieb kennzeichnen und diese somit von den Waren, Werken und Leistungen eines anderen Marktteilnehmers oder dessen Geschäftsbetrieb unterscheiden[14]. Wie bereits erwähnt[15], spricht man deshalb im Zusammenhang mit Art. 3 lit. d auch vom lauterkeitsrechtlichen Kennzeichenschutz. Im Unterschied zum übrigen Kennzeichenschutz (Marke, Firma und Name) geht es aber beim Lauterkeitsrecht nicht nur um die Frage, ob zwei Zeichen miteinander verwechselbar sind, sondern darüber hinaus auch darum, ob ein bestimmtes Verhalten dazu geeignet ist, durch das **Schaffen von Verwechslungsgefahr** das Publikum irrezuführen[16]. Der Blickwinkel ist damit weiter[17]. 6

Art. 3 lit. d kann neben verschiedenen Bestimmungen des Zivil-[18], Verwaltungs-[19] und Strafrechts[20] zur Anwendung gelangen. Dabei kommt sowohl eine **kumulative** als auch eine **ergänzende Anwendung** in Frage. Grundsätzlich ist festzuhalten, dass Art. 3 lit. d einen ausgesprochen weiten Anwendungsbereich hat[21] und dass er dort, wo ein spezialgesetzlicher Schutz fehlt, auch ausschliesslich zur Anwendung gelangen kann. 7

---

[13] Vgl. BGE 129 III 514, 517 («Lego III (3D)»); BVerwG sic! 2007, 900 («Weihnachtsmann (3D)»), und BVerwG sic! 2007, 903 («Goldrentier (3D)»), sowie Anmerkungen von E. MARBACH, sic! 2007, 904 f.

[14] Vgl. aber PEDRAZZINI/PEDRAZZINI, UWG, N 5.64, und DAVID/JACOBS, Wettbewerbsrecht, N 224, die über den Gesetzeswortlaut hinaus Elemente einzubeziehen scheinen, welche den Mitbewerber selber kennzeichnen.

[15] Vgl. oben N 1.

[16] BGer 4P.222/2006 sic! 2007, 374, E. 3.1, m.w.H. («Maltesers (fig.)/Kit Kat Pop Choc»).

[17] BAUDENBACHER, Kommentar UWG, Art. 2 N 5; im Verhältnis zum Markenrecht: THOUVENIN, Funktionale Systematisierung, 529 ff.; vgl. dazu auch unten N 26 und 59.

[18] In Frage kommen insbesondere Bestimmungen des Kennzeichenschutzes (Namens-, Firmen- und Markenrecht) sowie übrige Bestimmungen des Immaterialgüterrechts. Vgl. zur Abgrenzung des UWG vom Immaterialgüterrecht im Allgemeinen Einleitung N 26 ff. Zur Konkurrenz mit vertragsrechtlichen Bestimmungen: BGer 4C.330/2003, E. 4.2.

[19] Art. 18 LMG, der auch die Irreführung über die betriebliche Herkunft von Lebensmitteln erfasst.

[20] Zu denken ist dabei insbesondere an Art. 155 StGB (Warenfälschung). Vgl. auch die Hinweise in Art. 23 N 42.

[21] Ebenso PEDRAZZINI/PEDRAZZINI, UWG, N 5.60 ff.; in der Systematik des Kennzeichenrechts BAUDENBACHER/CASPERS, Kommentar UWG, Art. 3 lit. d N 9, m.w.H.

8   Da Art. 3 lit. d sowohl die Mitbewerber vor unlauterer Anlehnung als auch die Abnehmer vor Irreführung schützt, sind verschiedene **Überschneidungen mit anderen Bestimmungen des UWG** denkbar und zu prüfen[22]. So kann das Schaffen einer Verwechslungsgefahr unter Art. 3 lit. d gleichzeitig als Anlehnung im Sinne der Generalklausel (Art. 2[23], Art. 3 lit. e), schmarotzerische Rufausbeutung (Art. 2)[24], Behinderung des Mitbewerbers (Art. 2)[25], Irreführung des Publikums (Art. 3 lit. b)[26] oder als Verwertung eines fremden marktreifen Arbeitsergebnisses (Art. 5 lit. c)[27] qualifiziert werden.

9   **Abzugrenzen** ist Art. 3 lit. d **namentlich von Art. 3 lit. b.** Da Art. 3 lit. d (nur) vor einer Irreführung über die betriebliche Herkunft einer Leistung bzw. über die betriebliche Identität an sich schützt und insofern zwingend mitbewerberbezogen ist, ist er in diesem Sinne lex specialis zum allgemeinen Irreführungstatbestand des Art. 3 lit. b. Dieser weist einen weiteren Irreführungsbezug auf und will namentlich Irreführungen in Bezug auf den Inhalt, die Werthaltigkeit oder Qualität von Leistungen und deren geografische Herkunft verhindern[28].

10 In Fällen, in denen die Voraussetzungen für einen spezialgesetzlichen Schutz in formeller und materieller Hinsicht erfüllt sind, kann zwar **kumulativ** die Anwendung des UWG und damit von Art. 3 lit. d in Frage kommen (sofern eine Wettbewerbshandlung vorliegt). Allerdings geht der **Schutz** über Art. 3 lit. d im Rahmen der Rechtsfolgen **kaum je über diejenigen der Spezialgesetze hinaus,** da deren Verletzung regelmässig umfassende negatorische und reparatorische Ansprüche verleiht und auch bei der Verjährung oder den strafrechtlichen Folgen zumindest im Ergebnis mittlerweile Gleichlauf besteht (vgl. dazu auch N 81 ff.).

---

[22] Vgl. zum Verhältnis der Generalklausel (Art. 2 UWG) zu den Spezialtatbeständen (Art. 3–8 UWG) BGE 133 III 431, 434 ff.
[23] BGE 116 II 471 («Kotflügel»); BGer SMI 1991, 417, E. 3.a («Snapspot II»); CdJ GE sic! 1999, 127, E. 4b)cc («Physiomins»); HGer BE sic! 1999, 451, E. V.6 («Boss»); HEINRICH, DesG/HMA, N 0.230.
[24] BGE 113 II 190, 201 f. («Le Corbusier»); vgl. zur Frage, ob Rufausbeutung auch dann unlauter ist, wenn keine Verwechslungsgefahr geschaffen wird, HILTI, SIWR III/2, 127 f.
[25] BGE 109 II 483, 488 («Computerland»), in welchem die Wahl einer gleichen Firma als Wettbewerbsbehinderung gewertet wurde. Vgl. auch ZivGer BS sic! 2005, 821; E. 2c («www.tax-info.ch/www.info-tax.ch»).
[26] Während unter Art. 3 lit. b UWG über Eigenschaften des eigenen Produkts irregeführt wird, wird unter Art. 3 lit. d UWG die Gefahr einer Irreführung über die betriebliche Herkunft geschaffen. Vgl. zum Verhältnis von Art. 3 lit. b und Art. 3 lit. d UWG im Einzelnen BAUDENBACHER/ CASPERS, Kommentar UWG, Art. 3 lit. d N 15.
[27] Vgl. zur Abgrenzung Art. 5 N 7 und BGer SMI 1991, 420, E. 2.a/ee («Touring-Hilfe»).
[28] Vgl. Art. 3 lit. b N 29 ff. sowie anschaulich BGer 4C.332/2006 sic! 2007, 384, E. 4.1 («Rama Cremefine»).

IV. Tatbestandsvoraussetzungen

1. Objektiv

a) Massnahmen im Sinne von Art. 3 lit. d

Von Art. 3 lit. d werden alle Massnahmen, d.h. Elemente bzw. Vorkehren, erfasst, welche **geeignet sind,** die Waren, Werke oder Leistungen eines Marktteilnehmers oder dessen Geschäftsbetrieb äusserlich **zu kennzeichnen** und damit zu individualisieren[29]. Das ist dann der Fall, wenn das Publikum annimmt, alle gleich aussehenden Elemente wiesen auf die gleiche Herkunft hin[30]. Im Vordergrund stehen somit variierbare Gestaltungs- bzw. Kennzeichnungselemente, die in ihrer Gesamtheit als Kennzeichen verstanden werden und Produkte und Dienstleistungen oder Geschäftsbetriebe identifizieren bzw. deren Unterscheidung ermöglichen und diese somit individualisieren[31]. Kennzeichen können Unternehmens-, Waren- oder Dienstleistungskennzeichen im eigentlichen Sinne, Slogans[32], Zeitschriftentitel[33], Domainnamen[34], Etiketten[35], Werbekonzepte[36], sonstige Namen[37] oder Ausstattungen sein[38]. Wo demgegenüber das Erzeugnis keinem Gebrauchszweck dient und die ästhetische Gestaltung die Leistung an und für sich darstellt, kann sie nicht Kennzeichen im Sinne von Art. 3 lit. d sein[39].

11

b) Schutzfähigkeit

Die Schutzfähigkeit setzt entweder die originäre Kennzeichnungskraft oder Verkehrsdurchsetzung eines Zeichens bzw. einer Leistung voraus. In Frage kommen nach herrschender Praxis und Lehre nur Zeichen, die nicht wegen Zugehörig-

12

---

[29] BGer 4C.332/2006 sic! 2007, 384, E. 2.3 («Rama Cremefine»); OGer ZH SMI 1995, 139, E. 3 («SWICA/Swisscare I»).
[30] HEINRICH, DesG/HMA, N 0.226; BAUDENBACHER/CASPERS, Kommentar UWG, Art. 3 lit. d N 4.
[31] Vgl. zum Begriff des Kennzeichens RITSCHER/DAVID, sic! 2005, 162 ff. m.w.H.
[32] Vgl. dazu unten N 55.
[33] Vgl. dazu unten N 56.
[34] Vgl. dazu unten N 62 ff.
[35] Als Marke geschützte Etikette: BGE 126 III 315 («Rivella (fig.)/Apiella III»); nicht als Marke geschützte Etikette: BGE 95 II 461 («Parisiennes/Stella»); BGE 90 IV 168, 172 f. («Berg-Wacholderhonig»); BGE 82 II 346 («Weissenburger»).
[36] GK VIII Bern-Laupen sic! 2002, 258 («Werbekonzept»).
[37] Zum Schutz des Namens einer Handelsmesse siehe BGE 114 II 106 («CeBIT»).
[38] Vgl. zu den einzelnen Kennzeichen auch unten N 46 ff.
[39] Dazu näher unten, N 67 ff. Vgl. auch BGE 104 II 322, 332 («Bata»-Stiefel); BGE 110 IV 102, 108 («Harlekin»), BGE 113 II 77, 83 ff. («Aiguille»); KGer ZG SMI 1987, 157, E. 4 («Landschaftsdessin»). Dies deckt sich mit dem Grundsatz des Formmarkenrechts, wonach die «Ware als Objekt der Kennzeichnung (...) in der Regel nicht zugleich ihr Kennzeichnungsmittel sein [kann]» (BGE 120 II 307, 310 unter Hinweis auf STREULI-YOUSSEF, SIWR V/1, 48).

keit zum Gemeingut oder wegen Gesetzes- bzw. Sittenwidrigkeit vom Schutz ausgeschlossen sind.

aa) Originäre Kennzeichnungskraft

13   Ein Element ist originär geeignet, den Geschäftsbetrieb eines Mitbewerbers respektive dessen Waren, Werke und Leistungen zu kennzeichnen, wenn es die erforderliche **Unterscheidungskraft** und damit – in der Regel – **Kennzeichnungskraft** aufweist. Diese liegt namentlich vor, wenn eine gewisse **Originalität**, Ungewöhnlichkeit oder Eigenart gegeben ist und mithin von einem individualisierenden Mitteilungsinhalt gesprochen werden kann[40]. Von Originalität wird bei Zeichen und Waren gesprochen, wenn sie dem Durchschnittsabnehmer als einprägsam erscheinen[41]. Dies kann auch dann der Fall sein, wenn die Voraussetzungen für den Schutz eines Gestaltungselements bzw. Kennzeichens unter einem immaterialgüterrechtlichen Gesetz nicht gegeben sind[42]. In solchen Fällen ergänzt der lauterkeitsrechtliche den spezialgesetzlichen Kennzeichenschutz und hat insofern selbständige Bedeutung. Keine Kennzeichnungskraft haben einfache Zeichen, Grundformen und Grundfarben, beschreibende Angaben und naheliegende Waren- und Verpackungsformen[43]. Zudem werden technisch bedingte Elemente zur Begründung der Originalität nicht berücksichtigt, da jedermann seine Ware auf technisch einfachste und billigste Weise herstellen und durch die Gestaltung den höchsten technischen Nutzen erzielen darf[44].

14   Die Entscheidung darüber, ob ein bestimmtes Element die notwendige Kennzeichnungskraft aufweist, ist dem **richterlichen Ermessen** anheimgestellt und lässt der urteilenden Instanz einen erheblichen Spielraum offen[45]. Prognosen über den Entscheid in dieser Frage sind deshalb schwierig[46].

---

[40] Vgl. z.B. HGer AG sic! 2000, 624, E. 4a («Swisslawyers»).
[41] Vgl. dazu BGer 4C.439/2006, E. 6.1 («Eurojobs»), und BGer 4C.121/2003 sic! 2004, 44 («Knoblauchpresse»), wo einer Knoblauchpresse unter anderem deshalb der Schutz unter Art. 3 lit. d verwehrt wurde, weil bereits vor deren Einführung ähnliche Modelle auf dem Markt vorhanden waren. BGE 134 III 547, 553 («Freischwinger Panton (3D)») zur Warenform als Herkunftshinweis.
[42] BGE 113 II 190, 202 («Le Corbusier»), wo das Bundesgericht erklärte, die Nachfertigung eines Stuhles werde von Art. 3 lit. d UWG erfasst, obwohl dem Stuhl die für einen urheberrechtlichen Schutz erforderliche Individualität fehle.
[43] Vgl. hierzu die Ausführungen zur Gemeinfreiheit in N 16 ff.
[44] HGer ZH ZR 1990, Nr. 62 («Haarentfernungsgerät»); BGE 108 II 69, 74 («Rubik-Würfel»).
[45] Entsprechend hat das Bundesgericht einen Anspruch auf Einholung eines Gutachtens zur Beurteilung der Eigenart eines Designs in BGE 133 III 189, 194 («Schmuckschatulle»), verneint. Soweit kein Branchenverständnis spezifischer Verkehrskreise zu berücksichtigen sei, könne das Bundesgericht die Beurteilung der Eigenart selbst vornehmen und als Rechtsfrage überprüfen.
[46] Vgl. etwa HGer AG sic! 2006, 187, E. 5.6.3 («Laufrad»), wo es der Gesuchstellerin nicht gelungen ist, die Kennzeichnungskraft ihres Laufrades rechtsgenügsam nachzuweisen. Gemäss GK VII Bern–Laupen sic! 2009, 356 E. 13 ff. («Plastic-Clogs») sind an die originäre Kennzeichnungs-

bb) Erlangen der Kennzeichnungskraft infolge Verkehrsdurchsetzung

Besitzt ein Zeichen (bzw. eine Leistung) keine originäre Kennzeichnungskraft, was insbesondere im Falle der Zugehörigkeit zum Gemeingut der Fall ist (vgl. dazu N 16 ff.), so kann ein Schutz aus Art. 3 lit. d dennoch erlangt werden, wenn es sich als Folge eines intensiven oder langen und im Wesentlichen unbestritten gebliebenen Alleingebrauchs im Verkehr als Zeichen des Geschäftsbetriebs eines Mitbewerbers bzw. von dessen Leistungen durchgesetzt hat und so zum Individualzeichen geworden ist (sog. Verkehrsdurchsetzung)[47]. Verkehrsdurchsetzung wird dann angenommen, wenn ein **erheblicher Teil der Durchschnittsabnehmer** ein **Zeichen** (bzw. eine Leistung) einem **bestimmten Mitbewerber zuordnet**[48]. Dabei ist nicht erforderlich, dass das Publikum den Mitbewerber dem Namen nach kennt. Es genügt, dass das Zeichen vom Publikum erkannt wird[49]. Eine Verkehrsdurchsetzung kann wie im Firmenrecht – aber im Unterschied zum Markenrecht – auch bloss örtlich begrenzt vorliegen[50]. Die Anwartschaft auf Verkehrsdurchsetzung ist jedoch nicht schutzfähig, weshalb bis zum Erlangen der Verkehrsdurchsetzung die Gefahr besteht, dass die eigene Leistung von anderen Marktteilnehmern übernommen wird[51]. Soweit allerdings die Anwartschaft durch weitere unlautere Verhaltensweisen vereitelt wird, kann an diese angeknüpft werden und ggf. die Unlauterkeit unter Art. 2 bejaht werden[52].

15

---

kraft einer Ausstattung hohe Anforderungen zu stellen, da sonst die Nachahmungsfreiheit bezüglich spezialgesetzlich nicht geschützter bzw. nicht schützbarer Formen unterlaufen würde.

[47] BGE 126 III 239, 245 f. («berneroberland»). Hat sich ein im Gemeingut stehendes Zeichen im Verkehr nicht durchgesetzt, so ist seine Nachahmung nicht unlauter im Sinne von Art. 3 lit. d. Verkehrsdurchsetzung wird oft als Synonym für überragende Verkehrsgeltung verwendet, vgl. z.B. HGer ZH ZR 1990, Nr. 62, E. III.2 («Haarentfernungsgerät»), und KGer ZG sic! 2005, 481, E. 5.2 («Dove/Flair»).

[48] Auch wenig originelle Zeichen bzw. Leistungen können sich im Verkehr durchsetzen. Massgebend ist alleine, dass sie sich beim Durchschnittspublikum durchgesetzt haben, was ausnahmsweise auch innert kurzer Zeit durch eine breit angelegte Werbekampagne geschehen kann; vgl. z.B. auch HGer ZH ZR 1990, Nr. 62, E. III.X. («Haarentfernungsgerät»). Vgl. auch BGE 108 II 69, 75. Allerdings gilt, dass je einfacher ein Zeichen ist, desto schwieriger es ist, eine Verkehrsdurchsetzung zu erlangen. Zudem können sich unentbehrliche Elemente und Ausdrücke des täglichen Geschäftsverkehrs nicht im Verkehr durchsetzen, da sie freihaltebedürftig sind. In HGer AG sic! 2009, 419, E. 5.3 («Beutelsuppen») reichten die primäre Bewerbung der Dachmarke («Knorr») und ein hoher Marktanteil bei einer Ausstattung noch nicht zur Bejahung der Verkehrsdurchsetzung aus. Vgl. zum Begriff der Verkehrsdurchsetzung: DAVID, SIWR I/3, 346.

[49] DAVID, Kommentar MSchG/MMG, Art. 2 MSchG N 39.

[50] Vgl. BGE 127 III 33, 35 ff. («Brico (fig.)»), BGer 4C.240/2006 sic! 2007, 287, E. 2.3.1 («Modissa/Modesa»), und SLK sic! 2003, 180, E. 4c («Kult-Werbung»).

[51] Vgl. zu diesem Problem HGer ZH ZR 1990, Nr. 62, E. III.2 («Haarentfernungsgerät»). Dieses Problem akzentuiert sich insbesondere bei sklavischen Nachahmungen und fast identischen Leistungsübernahmen.

[52] Vgl. A. TROLLER, Immaterialgüterrecht I, 435, und BGE 109 II 483, 488 f. («Computerland»).

cc) Vom Schutz ausgeschlossene Zeichen/Elemente

aaa) Gemeingut

16 Einfache Zeichen[53], Grundformen und Grundfarben[54] dürfen nicht von einem einzelnen Mitbewerber monopolisiert werden, sondern müssen **jedem** Mitbewerber **frei zur Verfügung** stehen. Sie sind deshalb vom Schutz unter Art. 3 lit. d ausgeschlossen[55]. Im Übrigen fehlt ihnen in der Regel aufgrund ihrer Gewöhnlichkeit auch die Fähigkeit, die Leistung eines Mitbewerbers zu kennzeichnen[56].

17 Ebenfalls zum Gemeingut zählen Sach- und Gattungsbezeichnungen[57], Beschaffenheitsangaben[58], Ausstattungs- und Formhinweise sowie unmittelbare Herkunftsangaben. Von solchen spricht man, wenn der **beschreibende Charakter** des Zeichens in Bezug auf die gekennzeichnete Leistung derart ist, dass er ohne besondere Denkarbeit und ohne besonderen Fantasieaufwand **sofort erkennbar** ist[59].

18 Gemeinfreie Zeichen können **durch langen, intensiven Gebrauch** mittels Verkehrsdurchsetzung **zum Individualzeichen** werden[60].

19 Die **Kombination** von einfachen Zeichen und/oder Grundformen/Grundfarben und/oder beschreibenden Angaben ist als solche unter Umständen aber wieder fantasievoll bzw. originell und damit aufgrund ihrer Kennzeichnungskraft schutzfähig[61].

---

[53] Z.B. Strich, Kreis, Quadrat. Vgl. auch BGE 111 II 508, 510, bezüglich eines Sonnenzeichens.
[54] KGer TI SMI 1989, 88, E. 7 («Chicco d'oro») und GK VII Bern–Laupen sic! 2009, 356, E. 13 ff. («Plastic-Clogs»).
[55] Die Übernahme solcher Leistungen kann aber unter einem anderen UWG-Tatbestand unlauter sein. In Frage kommen insb. Art. 5 lit. c und Art. 2.
[56] BGer 4C.332/2006 sic! 2007, 384, E. 2.3 («Rama Cremefine»); BGer 4C.431/2004 sic! 2005, 463, E. 2.2 («C'est bon la vie!»); SGGVP 1997, Nr. 16 («Kehrichtsäcke»); ERK für Geistiges Eigentum sic! 2000, 101, E. 4 («Buttermödeli»); KGer TI SMI 1989, 88, E. 4 («Chicco d'Oro»); ZivGer BS SMI 1991, 225 («Biokill»); OGerKom OW SMI 1991, 397 («Rockwatch»), E. 3.
[57] Vgl. z.B. GK VIII Bern-Laupen sic! 2002, 258, E. 9.2 («Werbekonzept»).
[58] BGE 127 III 33, 38 f. («Brico (fig.)»); Bundesamt für Geistiges Eigentum SMI 1996, 478, E. II.2.2 («Probios/Pro Bio»); ERK für Geistiges Eigentum SMI 1996, 320 («Postkonto»); ERK für Geistiges Eigentum SMI 1995, 305, E. 3.b–3.d («Loadleveler»).
[59] Vgl. zum Begriff des Gemeingutes DAVID, SIWR I/3, 125 f.
[60] Vgl. dazu BGE 130 III 113, 116 ff. («Montessori», zum Markenrecht), BGE 114 II 171, 172 ff. («Eile mit Weile», zum Markenrecht).
[61] Bezüglich Grundfarben OGer LU sic! 1997, 187, E. 7.3e («Becherfarben»); BGE 82 II 346, 353 («Weissenburger»); BGer SMI 1991, 420, E. 2.a/dd («Touring-Hilfe»); vgl. aber GK VIII Bern-Laupen sic! 2002, 258, E. 9.7 («Werbekonzept»).

bbb) Schutzunfähigkeit bei Gesetzeswidrigkeit und Sittenwidrigkeit

Gesetz- und sittenwidrige Zeichen werden durch Art. 3 lit. d nicht geschützt. Die Gesetzeswidrigkeit eines Zeichens kann sich aus dem Verstoss gegen eine Norm auf jeder Gesetzgebungsstufe ergeben. In der Praxis sind namentlich Verstösse gegen das Wappenschutzgesetz[62] sowie gegen die Lebensmittelgesetzgebung[63] verbreitet. Keinen Schutz erlangen sodann Zeichen, deren Verwendung gegen die guten Sitten verstösst[64]. Da hier – vergleichbar mit Art. 2 lit. d MSchG und Art. 4 lit. d und lit. e DesG – von einer **absoluten Schutzunfähigkeit** auszugehen ist, kann ein Schutz auch nicht nach erfolgter Verkehrsdurchsetzung erlangt werden.

20

c) **Vorliegen der Gebrauchspriorität**

Erforderlich ist sodann eine **Priorität** der **Zeichenbenutzung** in der Schweiz. Im Unterschied etwa zu Marken, Firmen und registrierten Enseignes, bei denen die Hinterlegung respektive deren Eintragung in einem Register Schutzvoraussetzung ist und gleichzeitig den Zeitpunkt der Schutzbegründung bestimmt[65], stellt der lauterkeitsrechtliche Kennzeichenschutz auf die sog. materielle Priorität, d.h. den **erstmaligen Gebrauch im Geschäftsverkehr**, ab (sog. Gebrauchspriorität)[66]. Diese bestimmt sich nach der erstmaligen nach aussen wahrnehmbaren Benutzung[67]. Nicht ausschlagend ist ein allfälliger Registereintrag[68]. Gebrauchspriorität liegt vor, wenn das Zeichen in der Schweiz im Wettbewerb im Zusammenhang mit Waren oder Dienstleistungen, dem Geschäftsbetrieb etc. benutzt wurde[69]. Gleichzeitig ist die blosse Absicht der Benutzung nicht ausreichend. In der Praxis zu Art. 3 lit. d ist die Gebrauchspriorität **oft ausschlaggebendes Kriterium**[70], namentlich bei nicht eingetragenen Kennzeichen.

21

---

[62] Bundesgesetz zum Schutz öffentlicher Wappen und anderer öffentlicher Zeichen, SR 232.21. Vgl. BGE 112 II 369 («AI»); BGE 116 IV 254 («NE»).
[63] BGE 99 Ib 385 («Bitter»).
[64] ERK für Geistiges Eigentum sic! 2001, 31 f. («Siddhartha», Markenrecht); vgl. dazu PEDRAZZINI/PEDRAZZINI, UWG, N 5.115 f., m.w.H.
[65] Wobei im Markenrecht die sog. Hinterlegungspriorität gilt (Art. 6 MSchG).
[66] KGer ZG sic! 2004, 586, E. 5.2 («IVF HARTMANN AG / IVF Immobilien, Verwaltungs- und Finanz AG»).
[67] Vgl. z.B. BGer 4C.240/2006 sic! 2007, 287, E. 2.3.1 («Modissa/Modesa»), ZivGer BS sic! 2005, 816, E. 4c («A. Braun/Braunpat»), und HGer SG sic! 2003, 348, E. 3c («breco.ch»). Die Übernahme vor diesem Zeitpunkt, z.B. durch einen Mitarbeiter oder einen Geschäftspartner, kann aber unter einem anderen Tatbestand des UWG (insb. Art. 5 lit. a und b sowie Art. 2) unlauter sein.
[68] BGE 109 II 483, 389 («Computerland»); vgl. zur Priorität nicht registrierter Zeichen allgemein HILTI, SIWR III/2, 118 ff.
[69] BGE 129 III 353, 359 («Puls»); BGE 107 II 356, 360 («La San Marco»).
[70] So schon B. VON BÜREN, Kommentar UWG, Art. 1 Abs. 2 lit. d N 108 f.

22 In besonderen Situationen, in denen eine aus dem Erstgebrauch fliessende Prioritätsberechtigung nach **Treu und Glauben** als nicht gerechtfertigt erscheint, kann der Richter im Rahmen einer umfassenden Interessenabwägung auf die **Anwendung** des **Prioritätsprinzips verzichten**[71]. Denkbar ist aber auch eine richterliche Abgrenzung der Zeichenbenutzung in sachlicher und/oder geografischer Hinsicht bzw. eine Zeichenbenutzung mit **Auflagen** (Benutzung von Zusätzen), die den auf dem Spiel stehenden Interessen gebührend Rechnung trägt[72].

d) Vorliegen einer schutzwürdigen Marktposition

23 Der aus Art. 3 lit. d folgende lauterkeitsrechtliche Schutz vor der Schaffung einer Verwechslungsgefahr setzt voraus, dass überhaupt eine **schutzwürdige Marktposition** gegeben ist[73]. So kann eine in der Schweiz mit Hilfe eines unbefugten Kennzeichengebrauchs aufgebaute Position nicht schutzwürdig sein und deshalb nicht zur Abwendung von durch andere geschaffenen Verwechslungsgefahren verwendet werden.

24 Eine schutzwürdige Marktposition dürfte auch dann fehlen, wenn ein Ansprecher eine Verwechslungsgefahr mit Bezug auf (nicht registrierte) Kennzeichen bzw. Ausstattungen geltend macht, die in der Schweiz von ihm **(noch) gar nicht** oder während längerer Zeit **nicht mehr benutzt** wurden. Während im ersteren Fall schon die Gebrauchspriorität fehlen dürfte, liegt im letzteren Fall eine Analogie zum Markenrecht (Nichtgebrauch gemäss Art. 12 MSchG) nahe. Gleichzeitig ergibt sich diese Lösung einerseits aus dem Gebot von Treu und Glauben (Art. 2 ZGB) und andererseits – auf der prozessrechtlichen Ebene – aus dem Erfordernis eines Rechtsschutzinteresses (dazu Art. 9 N 58 f.).

e) Verwechslungsgefahr

aa) Begriff

25 Art. 3 lit. d knüpft an eine (zumutbar) vermeidbare Verwechslungsgefahr über die betriebliche Herkunft von Leistungen etc. oder die betriebliche Identität an. Die Verwechslungsgefahr impliziert somit die **Gefahr von betrieblichen Fehlzurechnungen**.

---

[71] BGE 107 II 356, 363 («La San Marco»); ebenso – allerdings für das Namensrecht – BGer 4C.360/2005 sic! 2006, 480, E. 4.1 («BSA»).

[72] Vgl. etwa BGE 125 III 193, 207 («Budweiser»), wo das Bundesgericht der von der Verwechslungsgefahr betroffenen Partei auferlegte, die in Frage stehende Marke («Bud») nur unter deutlichem Hinweis auf die tschechische Herkunft des Bieres zu verwenden.

[73] BGE 125 III 193, 207 («Budweiser»).

Nach verbreiteter Ansicht in Literatur[74] und Praxis[75] ist der Begriff der Verwechslungsgefahr für das gesamte Kennzeichenrecht ein **einheitlicher**. Dies ist aber unpräzise und trifft nur dann zu, wenn man abstrakt auf den **Zeichenvergleich** abstellt. Das Bundesgericht hat denn auch wiederholt festgehalten, dass bei der Beurteilung der Verwechslungsgefahr jeweils **namens-, firmen- und lauterkeitsrechtliche Besonderheiten zu beachten** sind[76]. Im Unterschied zu den Registerrechten ergibt sich die Normverletzung im UWG aus dem Verhalten des Beklagten und damit aus den tatsächlichen Gegebenheiten. Verletzt wird kein subjektives Recht, sondern eine objektive Rechtsnorm. Es handelt sich demgemäss bei Art. 3 lit. d um eine **einzelfallbezogene Missbrauchsregelung**[77]. Im Lauterkeitsrecht können deshalb die **begleitenden Umstände** eine Verwechslungsgefahr begründen oder aufheben[78]. Insofern wird im Lauterkeitsrecht zur Beurteilung der Verwechslungsgefahr ein **weiterer Blickwinkel** angewendet. Es ist deshalb möglich, dass im einzelnen Fall die Verwechslungsgefahr z.B. markenrechtlich zu verneinen ist, demgegenüber aber lauterkeitsrechtlich bejaht werden muss[79]. Hinzu kommen Unterschiede bezüglich der Voraussetzung des Zeichenschutzes: Während der Schutz der Marke und der Firma in der Regel[80] einen Registereintrag voraussetzt, wird ein Kennzeichen lauterkeitsrechtlich alleine aufgrund seines Gebrauchs geschützt, weshalb ausreichende Bekanntheit im Sinne einer Verkehrsgeltung notwendig ist.

26

---

[74] BAUDENBACHER/CASPERS, Kommentar UWG, Art. 3 lit. d N 43; DAVID/JACOBS, Wettbewerbsrecht, N 225; HILTI, SIWR III/2, 127; JOLLER, Verwechslungsgefahr, 367 ff.; PEDRAZZINI/ PEDRAZZINI, UWG, N 5.80; MARBACH, SIWR III/1, 299.

[75] So etwa BGE 127 III 160, 165 («Securitas»); BGE 126 III 239, 245 («Berner Oberland»); BGE 125 III 193, 200 f. («Budweiser»); BGE 119 II 473, 475 («Radion/Radomat»); BGE 117 II 199, 201 («Touring-Hilfe»); BGE 116 II 365, 370 («Nivea/Jana»); BezGer ZH sic! 2006, 23, E. 3.1 («Grupo de danças»); OGer ZH SMI 1995, 142, E. 3 («Swica/Swisscare I»); HGer BE SMI 1995, 95, E.3 («Integra»); TC FR SMI 1994, 207, E. 6 («Bud/Buddy»).

[76] BGer 4C.439/2006, E. 6.2 («Eurojob»); BGer 4C.111/2001 sic! 2002, 428, E. 3 («Orfina (fig.)/Orfina»); vgl. auch BGer 4A_221/2007, E. 4.2.3, wo das BGer aus diesem Umstand schloss, dass es schlechterdings nicht möglich ist, «ein Verbot wegen einer Verwechslungsgefahr nachvollziehbar zu begründen, wenn die einzelnen Voraussetzungen, die das MSchG oder das UWG dafür aufstellen, [...], nicht genannt und auseinandergehalten werden.» Zu den Interdependenzen der Beurteilung: THOUVENIN/NOTH, SHK-MSchG, Einleitung, N 141 ff.

[77] RITSCHER, Markenschutz durch Wettbewerbsrecht, 177 f.

[78] P. TROLLER, Schutz nicht eingetragener Marken, 518; DERS., Kollisionen, 140; BRUNNER/ HUNZIKER, Verwechslungsgefahr, 340; im Verhältnis zum Markenrecht: THOUVENIN, Funktionale Systematisierung, 529 ff.; vgl. auch N 34 ff.

[79] So auch BAUDENBACHER/CASPERS, Kommentar UWG, Art. 3 lit. d N 49, m.w.H.; WILLI, Kommentar MSchG, vor Art. 1 MSchG N 58; vgl. zum Ganzen auch STREULI-YOUSSEF, SIWR V/1, 142 f.; RITSCHER, Markenschutz durch Wettbewerbsrecht, 172; BGE 116 II 614, 616 («Gucci II»); BGE 97 II 83; 95 II 461, 468 («Parisiennes/Stella»); HGer ZH sic! 1999, 581 («Rivella/Apiella II»). Allerdings plädiert in jüngster Zeit ein Teil der Lehre für eine Harmonisierung des Kennzeichenrechts (siehe RITSCHER/DAVID, Unterwegs zu einem Kennzeichenrecht, sic! 2005, 161).

[80] Eine Ausnahme besteht für die sog. notorisch bekannte Marke im Sinne von Art. 6bis PVÜ (Art. 3 Abs. 2 lit. b MSchG).

Gleichzeitig ist auf das Zeichen in seiner tatsächlichen Erscheinung/Gestaltung bzw. Verwendung abzustellen und nicht auf die Registrierung[81].

27 Zur Herbeiführung der vom UWG verpönten Verwechslungsgefahr genügt **jede Massnahme,** die hilft, den Erfolg objektiv zu verwirklichen. Insbesondere bedarf es nicht eines In-Verkehr-Bringens und Absetzens der Ware. Vielmehr reicht die Herstellung, auch wenn der Verkauf ins Ausland erfolgt[82]. Ein Nachweis, dass es tatsächlich zu Verwechslungen gekommen ist, ist nicht erforderlich[83]. Die **begründete Wahrscheinlichkeit von Verwechslungen** ist ausreichend. Einzelne Verwechslungsfälle vermögen noch keine rechtlich relevante Verwechslungsgefahr zu begründen[84]. Sie können jedoch **Indiz** für das Vorliegen einer Verwechslungsgefahr sein. Dasselbe gilt beim **Vorliegen einer Nachahmungsabsicht**[85].

bb)   Arten der Verwechslungsgefahr

28 Die Verwechslungsgefahr kann darin bestehen, dass das Publikum einen Dritten wegen dessen identischen oder ähnlichen Kennzeichen bzw. identischer oder ähnlicher Leistung irrtümlich für den Erbringer der geschützten prioritären Leistung hält (sog. **unmittelbare Verwechslungsgefahr**). Die diesbezügliche Verwechslungsgefahr kann sich entweder direkt auf die Leistungen oder das (sie erbringende) Unternehmen selbst beziehen (Zeichen- bzw. Unternehmensverwechslung)[86].

29 Eine im Sinne von Art. 3 lit. d massgebliche Verwechslungsgefahr kann sodann darin liegen, dass das Publikum zwar die Unterschiede zwischen den angebotenen Leistungen bemerkt und insofern eine (direkte leistungsbezogene) Verwechslungsgefahr ausscheidet, die Adressaten aber dennoch den unzutreffenden Eindruck gewinnen, die verwechselbar gekennzeichneten oder ausgestatteten Waren bzw. Leistungen stammten aus wirtschaftlich eng miteinander verbundenen Betrieben, sodass ein falscher betrieblicher Zusammenhang vermutet wird (sog. **mittelbare**

---

[81] Vgl. z.B. den Hinweis in BGer 4C.121/2003 sic! 2004, 44, E. 2.4 («Knoblauchpresse»), zu einer nicht registrierten Abbildung.
[82] DAVID/JACOBS, Wettbewerbsrecht, N 228; BezGer ZH sic! 2006, 23, E. 3.1 («Grupo de danças»).
[83] BGE 114 II 106, 111 («CeBit»).
[84] BGE 126 III 315, 317 («Rivella (fig.)/Apiella III») m.w.H. Verwechslungsfälle müssen hingegen wahrscheinlich sein, vgl. BGer 4C.199/2003 sic! 2004, 327, E. 2.3 («Euregio»), und BGE 95 II 456, 458.
[85] Vgl. dazu BAUDENBACHER/CASPERS, Kommentar UWG, Art. 3 lit. d N 103 f. m.w.H.
[86] Dazu näher BAUDENBACHER/CASPERS, Kommentar UWG, Art. 3 lit. d N 7, der drei Kategorien der Verwechslungsgefahr bildet und dabei die Zeichen- von der Unternehmensverwechslung unterscheidet. Die Terminologie ist insofern uneinheitlich, was aber soweit ersichtlich keine praktischen Konsequenzen hat.

Verwechslungsgefahr)[87]. Darunter sind Fälle sog. «Serienkennzeichen» bzw. des «Einschubs in eine Serie» zu zählen wie auch Fälle, in denen zweigleisiger Vertrieb vermutet wird[88].

Eine Verwechslungsgefahr wird vom BGer auch in Fällen bejaht, in denen das jüngere Kennzeichen eine Botschaft des Inhalts **«Ersatz für»** oder **«gleich gut wie»** vermittelt, eine eigentliche Fehlzurechnung aber unwahrscheinlich ist[89]. Auch in solchen Fällen werde die **Herkunfts- und Unterscheidungsfunktion** des älteren Zeichens **beeinträchtigt** bzw. gestört[90]. Soweit im massgeblichen Verkehrskreis keine Verwechslungsgefahr geschaffen wird, kann Art. 3 lit. d aber nicht zur Anwendung kommen. Hier eine Analogie zu ziehen, sollte vor dem Hintergrund des Gebots der einheitlichen Auslegung der Tatbestände des UWG vermieden werden[91]. Es liegt allenfalls ein Fall der Anlehnung bzw. Rufausbeutung oder ein Fall unrichtiger oder irreführender Angaben vor, der von Art. 3 lit. e oder Art. 2 (Generalklausel) bzw. von Art. 3 lit. b erfasst werden kann[92]. In BGE 135 III 446, 457 ff. («Maltesers/Kit Kat Pop Choc II») scheint das BGer nun dieser Sichtweise zu folgen.

30

cc) Kriterien zur Beurteilung der Verwechslungsgefahr

aaa) Kriterien des allgemeinen Kennzeichenschutzes

Ob eine Verwechslungsgefahr besteht, wird aus der Sicht der **angesprochenen Verkehrskreise** (Adressatenkreise) beurteilt[93], wobei das Gericht seine eigene Lebenserfahrung zugrunde legt[94] oder – bei spezialisierten Leistungen – die

31

---

[87] BGE 116 II 365, 368 («Nivea/Jana»); vgl. auch BGE 127 III 160, 166, BGE 128 III 146, 148 f. und BGer 4P.222/2006 sic! 2007, 374, E. 3.1 («Maltesers (fig.)/Kit Kat Pop Choc»). Zu denken ist dabei etwa an ein Konzern- oder Lizenzverhältnis, an ein Gemeinschaftsunternehmen oder eine sonstige Zusammenarbeit. Wird demgegenüber das Publikum nicht über die Beziehungen des Werbenden zum Markeninhaber getäuscht, so ist die Verwendung einer Drittmarke in der Werbung zulässig: BGE 128 III 146, 150 («VW/Audi-Spezialist»). Vgl. zur aus dem Begriff der mittelbaren Verwechslungsgefahr resultierenden Gefahr eines uferlosen indirekten Schutzes aus dem UWG PEDRAZZINI/PEDRAZZINI, UWG, N 5.79.
[88] Vgl. z.B. BGE 129 III 353, 359 («Puls»).
[89] BGE 126 III 315, 320 («Rivella (fig.)/Apiella III»); BGer 4P.222/2006 sic! 2007, 374, E. 3.1, m.w.H. («Maltesers (fig.)/Kit Kat Pop Choc»).
[90] BGE 122 III 382, 384 («Kamillosan/Kamillon»; Markenrecht).
[91] Dazu Art. 2 N 5 (Vermeidung einer sog. gespaltenen Auslegung).
[92] So zu Recht BAUDENBACHER/CASPERS, Kommentar UWG, Art. 3 lit. d N 17, und DAVID, SIWR I/3, 355. Unklar ist, ob sich das BGer im Fall «IWC/WMC» (sic! 2008, 454, E. 6.2 f.) nun dieser Auffassung angeschlossen und sich von seiner langjährigen Praxis abgewendet hat. Differenzierend TC VD sic! 2009, 431, E. IV/d und e («Ferrari II»). Vgl. dazu auch die Anmerkungen von R. SCHLOSSER, sic! 2008, 459 ff.
[93] BAUDENBACHER/CASPERS, Kommentar UWG, Art. 3 lit. d N 51, m.w.H.
[94] Vgl. Richteramt III BE SMI 1996, 175, E. 6.3.1 («Stadtanzeiger Bern II»).

Meinung der einschlägigen Handels- und Industriezweige eruiert. Massgeblich sind die Aufmerksamkeit und Wahrnehmungsfähigkeit des Durchschnittskäufers[95], wobei auf die Verhältnisse in der Schweiz abzustellen ist[96]. Gehören die zu vergleichenden **Leistungen zum täglichen Bedarf** und ist deshalb das Publikum beim Kauf weniger aufmerksam, so ist eine Verwechslungsgefahr leichter anzunehmen als etwa bei Luxusartikeln oder Investitionsgütern[97]. **Fachkundige Adressatenkreise**, zu denen zumeist die gewerblichen Marktteilnehmer zählen, sind demgegenüber für eine Irreführung regelmässig weniger empfänglich. Ebenso ist bei **Spezialprodukten**, deren Absatzmarkt auf einen mehr oder weniger geschlossenen Kreis von Berufsleuten beschränkt bleibt, von einem erhöhten Kenntnisstand und einer höheren Aufmerksamkeit auszugehen[98]. Das Risiko von Verwechslungen ist **umso grösser, je näher sich** die **Waren** sind, für welche die in Frage stehenden Zeichen bzw. Ausstattungen gebraucht werden. Daher ist bei der Beurteilung der Verwechslungsgefahr ein besonders strenger Massstab anzulegen, wenn ein Zeichen für identische Warengattungen verwendet wird[99].

32 Die Verwechslungsgefahr wird nicht aufgrund eines direkten, synoptischen Vergleichs der Leistungen bzw. der Kennzeichen beurteilt (Nebeneinanderhalten)[100], sondern es wird auf die Erinnerung der angesprochenen Verkehrskreise abgestellt (**Massgeblichkeit des Erinnerungsbilds**)[101]. Massgebender Zeitpunkt ist grundsätzlich der Moment des Kaufentschlusses[102]. Zu beurteilen ist der audiovisuelle **Gesamteindruck** der zu vergleichenden Leistungen bzw. Kennzeichen und nicht der Vergleich der einzelnen Elemente, wobei einzelne Elemente den Gesamtein-

---

[95] BGE 116 II 365, 370 («Nivea/Jana»).
[96] BGE 113 II 73, 75 (zum Markenrecht).
[97] BGE 126 III 315, 320 («Rivella (fig.)/Apiella III»), BGer 4C.126/1996 sic! 1997, 45, E. 3a («Kamillosan/Kamillan, Kamillon»), und BGer 4P.222/2006 sic! 2007, 374, E. 3.1 («Maltesers (fig.)/Kit Kat Pop Choc»); DAVID, Kommentar MSchG/MMG, Art. 3 MSchG N 14; JOLLER, Verwechslungsgefahr, 305.
[98] Vgl. z.B. BGE 126 III 315, 320 («Rivella (fig.)/Apiella III»), BGE 122 III 382, 387 f. («Kamillosan/Kamillan, Kamillon») sowie BGer 4C.332/2006 sic! 2007, 384, E. 4.3 («Rama Cremefine»).
[99] BGer 4P.222/2006 sic! 2007, 374, E. 3.1 («Maltesers (fig.)/Kit Kat Pop Choc»); BGer 4C.60/2003 sic! 2003, 915, E. 3.1 («Becherfarben II»; Massnahmeverfahren).
[100] Ein synoptischer Vergleich war im Rahmen des Muster- und Modellrechts (Art. 24 Ziff. 1 MMG, seit 1.7.2002 ausser Kraft infolge Inkrafttretens DesG) vorgesehen, vgl. BGE 130 III 636, 639 f. («Herzförmiger Schmuckanhänger») und BGer sic! 4C.121/2003 2004, 44, E. 2 («Knoblauchpresse»).
[101] BGE 116 II 365, 370 («Nivea/Jana»), BGE 121 III 377, 378 («Boss/Boks») und BGer 4C.79/2000, E. 4a («Helvetic»).
[102] Vgl. aber auch P. TROLLER, Zur Erheblichkeit der «post sale confusion» bei der Prüfung der Verwechslungsgefahr von Ausstattungen nach Art. 3 lit. d UWG, SJZ 1992, 332 ff., BGer 4C.361/2005 sic! 2006, 583, E. 3.9 («Tiq»), sowie BGer 4C.169/2004 sic! 2005, 221, E. 2.3 f. («Limmi II»): Das Bundesgericht berücksichtigte den (zeitlich dem Kaufzeitpunkt *nach*folgenden) Umstand, dass eine Etikette mit unterschiedlichem Schriftzeichen nach dem Kauf sofort vom Produkt gerissen wird.

druck entscheidend beeinflussen können[103]. Es steht damit nicht im Belieben der den Kennzeichenschutz anrufenden Partei, den Bezugspunkt der Verwechslungsgefahr beliebig zu variieren und einzelne Merkmale gesondert zu betrachten[104]. Bei der Beurteilung des Gesamteindrucks wird den kennzeichnungskräftigeren und damit den prägenderen Elementen, wie etwa dem Anfang des Kennzeichens oder in der Regel dem Bildelement bei Wort/Bild-Zeichen, ein grösseres Gewicht beigemessen. Zur Beurteilung der Ähnlichkeit von reinen Wortzeichen werden der Wortklang, der Wortsinn und das Schriftbild der zu vergleichenden Kennzeichen auf Übereinstimmung untersucht. Die Ähnlichkeit unter einem dieser Gesichtspunkte kann allerdings durch eine klare Verschiedenheit in anderen Elementen aufgehoben werden[105].

In konstanter Praxis lehnt es das Bundesgericht ab, über die Verwechslungsgefahr aufgrund des Ergebnisses einer demoskopischen Umfrage zu entscheiden, da es sich bei der Verwechslungsgefahr nicht um eine Tatfrage, sondern um eine **Rechtsfrage** handle[106]. 33

bbb) Zusätzliche Kriterien des lauterkeitsrechtlichen Kennzeichenschutzes

Bei der Beurteilung der lauterkeitsrechtlichen Verwechslungsgefahr ist neben dem reinen Vergleich der Kennzeichen auch das die Verwechslungsgefahr hervorrufende **Verhalten** und damit das **Umfeld** der **Kennzeichen** zu berücksichtigen[107]. Es ist unter Würdigung der gesamten die Individualisierung prägenden **Umstände des Einzelfalles** und einer **Interessenabwägung** zu entscheiden, ob eine unlautere Irreführung der Marktgegenseite vorliegt[108]. Dies folgt aus dem Zweck der Norm, die nicht nur die Interessen der Anbieter (Mitbewerber), sondern auch die Abnehmer vor Irreführung schützen möchte[109]. 34

---

[103] BGer 4P.222/2006 sic! 2007, 374, E. 3.4.2 («Maltesers (fig.)/Kit Kat Pop Choc»); BGE 121 III 377, 378 («Boss/Boks»); BGE 119 II 473, 475 («Radion/Radomat»).
[104] Vgl. dazu auch unten, N 59.
[105] Vgl. ausführlich zu den kennzeichenimmanenten Beurteilungskriterien BAUDENBACHER/CASPERS, Kommentar UWG, Art. 3 lit. d N 62 ff.; DAVID, Kommentar MSchG/MMG, Art. 3 MSchG N 10 ff.; MARBACH, SIWR III/1, 270 ff.
[106] BGE 126 III 315, 317 f. («Rivella (fig.)/Apiella III»). Anders nur dort, wo auf ein Branchenverständnis abzustellen ist: BGer 4C.199/2001 sic! 2002, 162, E. 5c («Audi III»), m.w.H.; BGE 128 III 401, 404 («luzern.ch»); BGE 126 III 239, 245 («berneroberland.ch»). Vgl. dazu auch DAVID, SIWR I/3, 353.
[107] STREULI-YOUSSEF, SIWR V/1, 144 f., m.w.H.; WILLI, Kommentar MSchG, vor Art. 1 MSchG N 64.
[108] BGer 4C.439/2006, E. 6.1 («Eurojobs»), m.w.H., BGE 116 II 471, 474 f. («Kotflügel»).
[109] So auch BAUDENBACHER/CASPERS, Kommentar UWG, Art. 3 lit. d N 47; ähnlich MÜLLER, SIWR V/1, 41.

35 Schlussendlich handelt es sich beim Entscheid über die Verwechslungsgefahr jedoch um einen **Ermessensentscheid der Gerichte**[110], was dessen Voraussehbarkeit auch für im Kennzeichenrecht versierte Juristen erschwert und der Kasuistik in der Rechtspraxis ein sehr grosses Gewicht zukommen lässt[111].

36 Aus der umfangreichen **Kasuistik** seien insbesondere die folgenden UWG-spezifischen Kriterien für die Beurteilung der Verwechslungsgefahr erwähnt:

37 – Im Unterschied zum Firmen- und Markenrecht ist massgebend, **wie** das Zeichen **tatsächlich gebraucht** wird, und nicht, wie es im Register eingetragen ist[112].

38 – Zur Beurteilung der lauterkeitsrechtlichen Verwechslungsgefahr wird anders als im Namensrecht auch das **Erscheinungsbild des Namens berücksichtigt**[113].

39 – Die Verwechslungsgefahr kann auch dann vorliegen, wenn bloss **Elemente** einer **Marke kopiert** werden[114].

40 – Die gesamte tatsächliche **Präsentation** einer **Ware** im Verkaufslokal ist bei der Beurteilung der Verwechslungsgefahr zu berücksichtigen[115]. Dabei sind alle Umstände in Betracht zu ziehen, die für den Durchschnittsabnehmer die gekennzeichneten Produkte individualisieren[116].

41 – Die Verwechslungsgefahr zwischen zwei Marken kann verstärkt werden durch die **Ähnlichkeit der Verpackung oder der Gegenstände,** auf denen die Marken angebracht sind[117].

42 – Die **Branchennähe** der Wettbewerber bzw. die Nähe der Waren und Dienstleistungen ist zu berücksichtigen[118], zeigt aber nicht zwingend wie im Mar-

---

[110] BGer SMI 1995, 265 f., E. 3b («Swica/Swisscare III»); BGE 118 II 322, 324 («Ferosped/Ferotrans»).
[111] Vgl. dazu die bei DAVID/JACOBS, Wettbewerbsrecht, N 231 f., aufgeführten Beispiele; ebenso RAUBER, Verwechslungsgefahr, 133.
[112] DAVID, Kommentar MSchG/MMG, Art. 3 MSchG N 12; RITSCHER, Markenschutz durch Wettbewerbsrecht, 171; BGE 119 II 473, 475 («Radion/Radomat», Markenrecht); BGer 4C.169/2004 sic! 2005, 221, E. 2.4 («Limmi II», Wettbewerbsrecht).
[113] GK VIII Bern-Laupen sic! 1997, 402, E. 5.2 («Yogaverband/Yogagesellschaft»).
[114] HGer BE SMI 1981, 67 ff. («Coca-Cola»): Verwendung des Schriftzugs von Coca-Cola für T-Shirts.
[115] OGer LU sic! 1997, 187, E. 7.2b («Becherfarben»), BGer 4C.439/2006, E. 6.2 («Eurojobs»); BGE 113 II 77, 82 («Aiguille»); BGE 108 II 327, 330 («Lego»); BGE 103 II 211, 213 («Schokoladendragées»).
[116] BGer 4P.222/2006 sic! 2007, 374, E. 3.1 («Maltesers (fig.)/Kit Kat Pop Choc»).
[117] TC VD sic! 2005, 42, E. 7b («Sacs d'engrais»).
[118] BGer 4C.31/2004 sic! 2005, 200, E. 6.2 («Riesen»); BGer 4C.60/2003 sic! 2003, 915, E. 3.1 («Becherfarben II»); BGer 4P.222/2006 sic! 2007, 374, E. 3.1 («Maltesers (fig.)/Kit Kat Pop Choc»); KGer AI sic! 2007, 917, E. 20 («MFC Merchant Bank S.A./MFC Finanz GmbH»); JK LU SMI 1976, 58, E. 5 («Winchester/Chesterfield»); BGE 87 II 40, 43 («Quick/Blick»); BAUDENBACHER/CASPERS, Kommentar UWG, Art. 3 lit. d N 43 ff. Siehe zum Verhältnis Verwechslungsgefahr und Branchennähe auch JOLLER, Verwechslungsgefahr, 314 ff.

kenrecht (Spezialitätsprinzip) die Grenzen der Verwechselbarkeit auf[119]. Dabei kann auch auf Umstände ausserhalb tatsächlicher Begebenheiten abgestellt werden, z.b. auf die statutarische Zweckbestimmung eines Unternehmens[120].

- Die **geografische Nähe** der Produkte bzw. der Wettbewerber kann die Verwechslungsgefahr erhöhen[121] und im Rahmen der erwähnten (N 41 f.) Wechselwirkung berücksichtigt werden. Dabei kann die Prüfung der Verwechslungsgefahr auf den vom Kennzeichen erreichten Wirkungskreis begrenzt werden und sich je nachdem nur auf eine bestimmte Region oder eine bestimmte Stadt beziehen[122].

43

- Eine an sich bestehende **Verwechslungsgefahr kann durch** ausserhalb des Kennzeichens bzw. der (Gestaltungs-)Leistung liegende **Massnahmen** (Kennzeichen i.e.S., Vorkehren, Zusätze) **aufgehoben oder verringert** werden[123]. Dies kann unter Umständen beim Anbringen einer unterscheidungskräftigen Marke auf einer nachgemachten Ausstattung der Fall sein[124]. Zu denken ist aber auch an einen kennzeichnungskräftigen Zusatz bei Übernahme einer Firma[125]. Das Weglassen einer (sichtbaren) Marke bzw. eines Kennzeichens kann die Verwechslungsgefahr ggf. verringern. Weist das nachgemachte Element eine grosse Unterscheidungskraft auf, so kann unter Umständen selbst der Hinweis, es handle sich um eine «Nachahmung», die Verwechslungsgefahr nicht aufheben[126]. Die Massnahmen zur Vermeidung der Ver-

44

---

[119] A.A. PEDRAZZINI/PEDRAZZINI, UWG, N 160. Mit Ausnahme der berühmten Marke (Art. 15 Abs. 2 MSchG) kann gestützt auf Markenrecht gegen die Verwendung einer identischen oder ähnlichen Marke für verschiedenartige Waren und Dienstleistungen nicht vorgegangen werden (Art. 3 Abs. 1 MSchG; sog. Spezialitätsprinzip).

[120] KGer AI sic! 2007, 917, E. 21 («MFC Merchant Bank S.A./MFC Finanz GmbH»).

[121] BGer 4C.240/2006 sic! 2007, 287, E. 2.3.1 («Modissa/Modesa»), und CdJ GE sic! 1997, 497, E. 3a m.w.H. («SOS»); vgl. zum Einfluss der geografischen Nähe auch BAUDENBACHER/ CASPERS, Kommentar UWG, Art. 3 lit. d N 50.

[122] BGer 4C.240/2006 sic! 2007, 287, E. 2.3.1 («Modissa/Modesa»), m.w.H. Anders im Markenrecht, wo nach herrschender Lehre und Praxis in räumlicher Hinsicht (nur) das Territorium der Schweiz massgeblich ist, vgl. BGE 127 III 33, 35 («Brico (fig.)»).

[123] Mit anderen Worten kann dem Nachahmer der Vorwurf unlauteren Verhaltens erst dann gemacht werden, «wenn er es unterlässt, im Rahmen des Zumutbaren geeignete Massnahmen zu treffen, um die Gefahr der Irreführung des Publikums über die Herkunft der Erzeugnisse zu beseitigen oder zu verringern» (BGE 116 II 471, 474 [«Kotflügel»]); vgl. auch BGE 84 II 450, 455 («Nationales»); BGE 83 II 154, 162 f. («Blumenhalter»).

[124] CdJ GE SMI 1994, 193, E. 4 («Softwatch»); OGer ZH SMI 1993, 154, E. 4.b («Chrono Watch»); BGE 116 II 365, 371 («Nivea/Jana»); Trib. Pol. GE SMI 1989, 143, E. 5 («Ferrari»); BGer SMI 1980, 157, E. 2.a; BGE 108 II 327, 332 («Bausteine»); 105 II 297, 301 ff. («Monsieur Pierre»); anders aber BGer 4P.222/2006 sic! 2007, 374 ff. («Maltesers (fig.)/Kit Kat Pop Choc»); vgl. dazu aber auch unten, N 59.

[125] BGer SMI 1994, 279, E. 3.b («Archeplan»).

[126] TC VD sic! 1997, 171, E. IIa («Chanel/Chenal»); vgl. dazu auch HGer BE SMI 1991, 234, E. 1 («Kopulierende Krokodile»).

wechslungsgefahr dürfen aber ihrerseits nicht anlehnend sein, ansonsten eine Unlauterkeit gemäss Art. 3 lit. e oder Art. 2 vorliegen kann[127].

45 – Beim Entscheid, ob ein Verstoss gegen Art. 3 lit. d vorliegt, sind das **Persönlichkeitsrecht** sowie die **Wirtschaftsfreiheit** (Art. 27 BV) mit einzubeziehen[128]. Daraus folgt insbesondere, dass bei Vorliegen von Namengleichheit das Interesse des Verletzers an der Führung seines Namens in die Interessenabwägung einzubeziehen ist[129].

f) Kennzeichen im Einzelnen

46 In der **Praxis** haben sich **spezifische Kategorien** von Kennzeichen und Fallgruppen **gebildet,** die nachfolgend im Sinne einer nicht abschliessenden Aufzählung darzustellen sind.

aa) Marke

47 Die **Marke** ist ein Zeichen, das geeignet ist, Waren oder Dienstleistungen eines Unternehmens von solchen anderer Unternehmen zu unterscheiden (Art. 1 MSchG). In dieser **Individualisierung** liegt der **Zweck** der Marke, der nur bei ausschliesslicher Nutzung der Marke durch deren Inhaber gewährleistet ist. Das Markenrecht verleiht dem Markeninhaber deshalb eine absolute Rechtsposition. Demgegenüber untersagt Art. 3 lit. d die mit der Verwendung eines verwechselbaren Zeichens zusammenhängende Täuschung des Publikums durch das Schaffen einer Verwechslungsgefahr, wobei er eine geschäftsmoralische und eine wettbewerbsfunktionale Komponente aufweist[130]. Daraus ergeben sich Unterschiede in der rechtlichen Beurteilung eines konkreten Sachverhaltes[131]. Art. 3 lit. d kann somit sowohl kumulativ als auch ergänzend neben dem markenrechtlichen Schutz angerufen werden[132].

---

[127] Die Ausführungen in Art. 3 lit. e N 36 ff. zur anlehnenden Werbung gelten auch dann, wenn auf Waren, Werke oder Leistungen in vergleichender und dabei anlehnender Weise Bezug genommen wird. Vgl. zur Anlehnung auch Art. 2 N 104 ff.
[128] Vgl. dazu CdJ GE SMI 1995, 163, E. 3 («320 20 20»), sowie Anmerkungen von BAUDENBACHER/ CASPERS, Kommentar UWG, Art. 3 lit. d N 15.
[129] BGE 125 III 91, 93 («Rytz»); BGE 117 II 321, 326 («Valser»); BGE 116 II 614, 617 («Paolo Gucci»); BGer 4C.516/1996 sic! 1997, 493, E. 3b m.w.H. («Anne Frank»); BGer 4C.376/2004 sic! 2005, 390 («Maggi/www.maggi.com»).
[130] Vgl. dazu N 1 und 25 ff.
[131] THOUVENIN, Funktionale Systematisierung, 529 ff.
[132] Vgl. zur in der Lehre zum Teil vertretenen Ablehnung einer ergänzenden Anwendung des UWG neben dem Markenrecht Einleitung N 39 ff.

Mit der Revision des Markenrechts wurde die Relevanz der ergänzenden Anwendung von Art. 3 lit. d stark eingeschränkt[133]. Sie ist aber immer dann noch von Bedeutung, wenn ein Schutz über das MSchG nicht möglich ist[134] oder wenn **Umstände** vorliegen, die **einzig lauterkeitsrechtlich zu berücksichtigen** sind, wie etwa das Verhalten des Nachahmers oder die Natur, der Preis und die Präsentation einer Ware bzw. Dienstleistung oder die Absatzmärkte und Distributionskanäle[135].

bb) Firma und Handelsnamen

Der firmenrechtliche Schutz setzt einen Handelsregistereintrag und zumindest die Absicht eines konkreten Firmengebrauchs voraus[136]. Nicht oder noch nicht im Handelsregister eingetragene Namen von einzelnen Geschäftsinhabern, Handelsgesellschaften oder Genossenschaften[137], eingetragene Firmen ausserhalb ihres territorialen Schutzgebietes[138] und eingetragene Namen von Vereinen und Stiftungen können ergänzend namens- und lauterkeitsrechtlich geschützt sein. Zudem kann über Art. 3 lit. d gegen den Gebrauch einer mit der Firma verwechselbaren Marke vorgegangen werden[139]. Der lauterkeitsrechtliche Schutz kann somit, insbesondere bei **nicht firmenmässigem Gebrauch**[140], kumulativ zum firmenrechtlichen Schutz hinzutreten[141].

Art. 8 PVÜ verpflichtet die Verbandsländer dazu, den Handelsnamen ohne Verpflichtung zu seiner Hinterlegung oder Eintragung unabhängig davon zu schützen,

---

[133] Dies insbesondere durch die Schaffung der Möglichkeit der Eintragung von Dienstleistungs- und Formmarken (Art. 1 MSchG).
[134] Vgl. dazu: BGE 129 III 353, 359 f. («Puls»).
[135] BGer 4A_467/2007 und 4A_469/2007 sic! 2008, 454 («IWC/WMC»); BGer SMI 1986, 256 («Maraschino»); BGE 93 II 260, 269.
[136] Art. 956 Abs. 2 OR; BSK-ALTENPOHL, Art. 956 OR N 4. SLK-GS Nr. 3.7 sieht eine Firmengebrauchspflicht in der Werbung vor, geht also insoweit über die firmenrechtliche Regelung im OR hinaus.
[137] BGE 109 II 483 ff. («Computerland»); BGE 98 II 57 ff. («Commerzbank Aktiengesellschaft»).
[138] Während der Firmenschutz für personenbezogene Firmen auf den Eintragungsort beschränkt ist (Art. 946 Abs. 2 und Art. 951 Abs. 1 OR), verleiht das Lauterkeitsrecht Schutz im gesamten Wirkungskreis, der aber je nach den Umständen örtlich begrenzt sein kann und sich somit nicht zwingend auf die gesamte Schweiz erstrecken muss. Vgl. dazu BGer 4C.51/2001 sic! 2002, 47, E. 5a («CannaBioland (fig.) II»).
[139] STREULI-YOUSSEF, SIWR V/1, 161 ff.; BAUDENBACHER/CASPERS, Kommentar UWG, Art. 3 lit. d N 119.
[140] BGE 128 III 224, 227 («Wache AG/Die Wache»); BGE 100 II 224, 228 f. («Aussenhandel»); BGE 77 II 321, 327 («Silta Werke»). Diese (ständige) Rspr. ist stark kritisiert worden, vgl. anstelle vieler HILTI, SIWR III/2, 65 ff., und BSK-BÜHLER, Art. 29 ZGB N 62 m.w.H.
[141] BGE 128 III 224 ff. («Die Wache»); KGer AI sic! 2007, 917, E. 19 («MFC Merchant Bank S.A./MFC Finanz GmbH»).

ob er Bestandteil einer Fabrik- oder Handelsmarke ist oder nicht[142]. Ein Unternehmensträger, der keinen Sitz oder keine im Handelsregister eingetragene Zweigniederlassung in der Schweiz hat, kann sich nicht auf den Schutz aus schweizerischem Firmenrecht berufen. Das Bundesgericht hat entschieden, dass solche Unternehmensträger nur Anspruch auf den Schutz haben, den das Schweizer Recht einem nicht im Handelsregister eingetragenen Unternehmensträger gewährt[143]. Daraus folgt, dass ausländische, nicht im Schweizer Handelsregister eingetragene Handelsnamen lediglich namens- und lauterkeitsrechtlich geschützt sind[144]. Der Schutz setzt allerdings kumulativ voraus, dass eine ausländische Firma in der Schweiz bekannt ist[145] und der Unternehmensträger die Absicht hat, auf dem Schweizer Markt Aktivitäten zu entwickeln[146].

cc) Enseignes und sonstige Geschäftsbezeichnungen

51   Gemäss Art. 48 HRegV a.F. konnten **besondere Bezeichnungen** des **Geschäftsbetriebes** (Geschäftsbezeichnungen)[147] und besondere Bezeichnungen des **Geschäftslokals** (Enseignes)[148] im Handelsregister eingetragen werden. Nach Art. 177 HRegV n.F. konnten diese Eintragungen noch während einer Übergangszeit bis Ende 2009 bestehen bleiben. Die Eintragung im Handelsregister gewährt jedoch für Enseignes und die sonstigen Geschäftsbezeichnungen kein Recht auf ausschliesslichen Gebrauch. Diese werden aber **durch Art. 3 lit. d geschützt,** was allerdings deren (originäre oder auf dem Wege der Verkehrsdurchsetzung erlangte) Kennzeichnungskraft voraussetzt[149].

dd) Name

52   Der Vor- und Nachname von natürlichen Personen sowie der Name von Vereinen und Stiftungen[150] werden primär durch das Namensrecht (Art. 29 ZGB) geschützt (sog. gesetzliche Namen). Daneben besteht ein Schutz von Fanta-

---

[142] Vgl. dazu BAUDENBACHER/CASPERS, Kommentar UWG, Art. 3 lit. d N 25, und BSK-BÜHLER, Art. 29 ZGB N 10 f.
[143] BGE 90 II 51, 54 («Stoffmuster»); BGE 79 II 305, 307 ff. («Interchemical/Interchemie»).
[144] STREULI-YOUSSEF, SIWR V/1, 162 m.w.H.
[145] BGE 91 II 117, 123; BGE 90 II 192, 200 ff. («Mondia/Mondial Trust»).
[146] BGE 109 II 483, 487 («Computerland»); HGer SG SMI 1989, 112, E. 2d («Metaplan»); BGE 76 II 77, 82 ff. («Cineac»).
[147] Gemeint sind alle Unternehmensbezeichnungen, die weder Firma noch Handelsnamen sind, z.B. im Verkehr verwendete Kurzbezeichnungen (BGE 80 II 281, 285 [«F.SA»]).
[148] Es handelt sich dabei z.B. um den Namen eines Restaurants, einer Apotheke oder eines Kinos.
[149] BGE 91 II 17, 20 («La Résidence»); BGE 81 II 467, 470 («Ciné-Studio»); HGer ZH ZR 44 (1945), Nr. 140, 292 («Apotheke Fluntern»).
[150] Auch dann, wenn sie ein nach kaufmännischer Art geführtes Gewerbe betreiben.

sienamen[151]. Der gesetzliche Name ist ab Entstehung geschützt (Geburt, Heirat, Scheidung, Adoption, Gründung der juristischen Person etc.). Kumulativ und ergänzend ist aber bei einem **im Geschäftsverkehr**[152] **benutzten Namen** auch ein Schutz durch Art. 3 lit. d gegeben[153]. Ein prioritätsjüngerer Mitbewerber darf deshalb einen Namen im geschäftlichen Verkehr nur dann verwenden, wenn sich daraus keine Verwechslungsgefahr mit den Leistungen eines prioritätsälteren Mitbewerbers ergibt[154]. Für die Priorität ist der erstmalige Gebrauch im Geschäftsverkehr massgebend und nicht ein allfälliger Registereintrag[155].

Zu beachten ist aber, dass das Firmenrecht zum Teil die Aufnahme des Personennamens in der Firma zwingend vorschreibt[156]. Wird der identische (sog. **Homonyme**) oder verwechselbare Name in der jüngeren Firma zulässigerweise verwendet, so kann auch unter dem Titel des Lauterkeitsrechts nur gefordert werden, dass im firmenrechtlich zulässigen Rahmen dem Namen in der jüngeren Firma unterscheidungskräftige Zusätze zugefügt werden.

ee) Akronyme, Slogans und Titel

Akronyme sind Zeichen, die sich aus den Anfangsbuchstaben von Personennamen, Sachbezeichnungen etc. zusammensetzen (z.b. «UKBB» für «Universitäts-Kinderspital beider Basel»)[157]. Solche Buchstabengruppen sind als Marke eintragbar, wenn sie mit Blick auf die dafür beanspruchten Waren und/oder Dienstleistungen keine beschreibenden Angaben darstellen oder sich im Verkehr als Kennzeichen durchgesetzt haben[158]. Sind Firmenkürzel wie ABB (Asea Brown Boveri) oder SBB (Schweizerische Bundesbahnen) im Handelsregister als Firma

---

[151] Vgl. BSK-BÜHLER, Art. 29 ZGB N 7; vgl. für das Namensrecht BGer 4C.141/2002 sic! 2003, 438, E. 3, m.w.H. («www.djbobo.ch»).
[152] Wird demgegenüber der wirtschaftliche Wettbewerb durch den Gebrauch eines Namens nicht beeinflusst, so kommt das UWG nicht zur Anwendung: BGer 4C.143/2006 sic! 2007, 115, E. 2 ff. («Fédération suisse de pédicure»).
[153] Vgl. zur Rechtsprechung PEDRAZZINI/PEDRAZZINI, UWG, N 5.139 und 5.141.
[154] Als prioritäres Kennzeichen kommt nicht nur der Name von lebenden natürlichen und juristischen Personen, sondern auch derjenige von verstorbenen und historischen Persönlichkeiten in Frage, vgl. dazu HILTI, SIWR III/2, 146 ff.
[155] BGE 109 II 483, 489 («Computerland»).
[156] Art. 945 OR für die Einzelfirma und Art. 947 bzw. 949 Abs. 2 OR für die Kollektivgesellschaft bzw. Kommanditaktiengesellschaft.
[157] Vgl. zum firmen- und markenrechtlichen Schutz DAVID, Akronym im Firmen- und Markenrecht, 329 ff.
[158] Richtlinien in Markensachen des Institutes für Geistiges Eigentum, Teil 4, Ziffer 4.5.2; DAVID, Kommentar MSchG/MMG, Art. 2 MSchG N 32; ERK für Geistiges Eigentum sic! 2000, 509, E. 3 («DK/dk Daniel Kramer Cosmetics (fig.)»); so bereits HGer BE SMI 1977, 156, E. 5, m.w.H. («BBC/BBT»); vgl. für einen einzelnen Buchstaben BGE 134 III 314, 321 f. («M (fig.); M-Budget/M-Joy»; Markenrecht).

oder als Bestandteil einer Firma eingetragen, kommt ihnen der firmenrechtliche Schutz zu[159]. Wird eine Kurzbezeichnung zudem im Verkehr als Name aufgefasst, so geniesst sie Namensschutz[160]. Akronyme sind auch lauterkeitsrechtlich geschützt, sofern sie die notwendige Kennzeichnungskraft aufweisen, welche wiederum originär oder nach einer Verkehrsdurchsetzung vorliegen kann[161].

55 **Slogans** sind prägnante Kurzsätze, die für eine Leistung werben (z.B. «Just do it», «Katzen würden Whiskas kaufen», «Mettez un tigre dans votre moteur»)[162]. Aufgrund ihrer originären oder durch Gebrauch erworbenen Kennzeichnungskraft können sie auf die betriebliche Herkunft einer Ware, eines Werkes oder einer Leistung oder die betriebliche Identität an sich hinweisen. Handelt es sich allerdings um allgemeine Redewendungen des Gemeinguts, sind sie nicht schutzfähig[163]. Ein Slogan kann sich aber angesichts der Möglichkeiten der modernen Werbewirtschaft bereits nach kurzer Zeit im Verkehr als Kennzeichen durchsetzen[164].

56 **Titeln von Medienerzeugnissen** kommt neben einem allfälligen urheberrechtlichen oder markenrechtlichen Schutz[165] ein Schutz aus UWG zu, sofern sie aufgrund ihrer Originalität oder ihrer Verkehrsdurchsetzung die notwendige Kennzeichnungskraft aufweisen und damit auf die betriebliche Herkunft im oben umschriebenen Sinne hinweisen[166].

ff) Ausstattung und werbliche Gestaltung

57 Unter Ausstattung wird jede Kennzeichnung einer Ware oder Dienstleistung verstanden, die nicht als Marke geschützt ist[167] bzw. ein **nicht registriertes Kennzeichen** darstellt[168]. Die Abgrenzung zur registrierten Marke wurde durch die Einführung der Formmarke im Zuge der Markenrechtsrevision von 1992/1993

---

[159] Vgl. etwa KGer AI sic! 2007, 917, E. 9–12 («MFC Merchant Bank S.A./MFC Finanz GmbH»).
[160] BGer 4C.360/2005 sic! 2006, 480, E. 2.1 m.w.H. («BSA»).
[161] Vgl. etwa BGer 4A_469/2007 sic! 2008, 454 («IWC/WMC»).
[162] CdJ GE SMI 1970, 228, E. I.A.a.
[163] BGer 4C.431/2004 sic! 2005, 463, E. 2.2 («C'est bon la vie!», Markenrecht).
[164] So auch BAUDENBACHER/CASPERS, Kommentar UWG, Art. 3 lit. d N 39, und PEDRAZZINI/PEDRAZZINI, UWG, N 5.132.
[165] Vgl. zur Frage, ob Titel als Marke geschützt werden können, BAUDENBACHER/CASPERS, Kommentar UWG, Art. 3 lit. d N 36 f. und 142 f.
[166] Vgl. dazu BGE 129 III 353, 358 f. («Puls»), BGE 102 II 122, 127 («Annabelle»), BGE 87 II 40, 44 ff. («Blick»), BGE 75 IV 21, 23 («Fachblatt für schweizerisches Anstaltswesen») sowie die Judikatur in PEDRAZZINI/PEDRAZZINI, UWG, N 5.170.
[167] HGer AG sic! 2005, 667, E. 4.1.1 («Fruchtdessert»), m.w.H.
[168] HILTI, SIWR III/2, 109; PEDRAZZINI/PEDRAZZINI, UWG, N 5.172 f.

erforderlich[169]. Dabei können nicht nur die unmittelbar auf den Waren oder ihrer Verpackung angebrachten Elemente[170], sondern auch etwa Geschäftspapiere[171], Werbeunterlagen[172], Ladeneinrichtungen[173] etc. Ausstattungscharakter haben[174]. Eine Ausstattung kann als Ganzes, d.h. mit allen ihren Gestaltungselementen, **gleich einem Zeichen i.e.S. schutzfähig** sein[175]. Dazu gehören namentlich auch die farbliche Ausgestaltung bzw. das Farbkonzept und die auf der Leistung oder deren Verpackung angebrachten Schriftzüge. Namentlich auch die Waren- und Verpackungsform kann als Ausstattung geschützt werden[176]. Grundsätzlich kann aber die Leistung (Ware) selbst in der Regel nicht zugleich ihr Kennzeichnungsmittel sein[177]. Macht die Form das Wesen der Ware bzw. Verpackung aus, ist sie weder formmarkenrechtlich noch lauterkeitsrechtlich schutzfähig.

Eine Ausstattung ist wie ein Zeichen nur dann unter Art. 3 lit. d vor Verwechslungen geschützt, wenn sie **kennzeichnungsfähig und -kräftig** ist[178]. Die Kennzeichnungskraft kann sich – gleich wie bei Zeichen i.e.S. – **originär** oder auch aus der **Verkehrsdurchsetzung** der fraglichen Ausstattung ergeben[179]. Die langjährige Verwendung einer gemeingebräuchlichen Warenform wird jedoch in der Regel weniger als ein Wort oder ein Bild als Kennzeichen wahrgenommen werden[180]. Je fantasievoller eine Ausstattung, desto schneller kann eine Verkehrsdurchsetzung vorliegen[181]. Einer Ausstattung fehlt die erforderliche Kennzeichnungskraft insbesondere dann, wenn alle Waren oder Dienstleistungen der betreffenden Art vollständig oder annähernd gleich aussehen und sie deshalb dem Abnehmer mangels

---

[169] Art. 1 Abs. 2 MSchG; vgl. dazu etwa HILTI, SIWR III/2, 109; demgegenüber treten BAUDENBACHER/CASPERS mit Verweis auf die deutsche Terminologie für eine weite Definition ein und verstehen unter «Ausstattung» jedes auf die Herkunft hinweisende Kennzeichen von Unternehmensleistungen, d.h. sowohl die Marke als auch die «Ausstattung im eigentlichen Sinne» (Kommentar UWG, Art. 3 lit. d N 34).
[170] BGE 70 II 110, 111 ff. («Randstreifen auf Skis»; noch zu Art. 48 aOR); HGer SMI 1977, 178, E. 2.b.
[171] BGer 4C.109/2000 sic! 2000, 712, E. 3a f. («Club de l'Economie»): Bestellformulare.
[172] Zum Schutz von Werbung durch das UWG im Allgemeinen PEDRAZZINI/PEDRAZZINI, UWG, N 5.189 ff.; vgl. auch die ausdrückliche Erwähnung in SLK-GS Nr. 3.7 (Nachahmung werblicher Gestaltungen).
[173] TC VD SMI 1968, 61: Shell-Tanksäule.
[174] Vgl. auch Richteramt III BE SMI 1996, 175, E. 6.3.1 («Stadtanzeiger Bern II»): Merkmale der Titelseite einer Zeitschrift als Ausstattung.
[175] BGer 4P.222/2006 sic! 2007, 374, E. 3.4.2 («Maltesers (fig.)/Kit Kat Pop Choc»).
[176] HILTI, SIWR III/2, 109. Denkbar ist ein gleichzeitiger Schutz der Warenform als Formmarke.
[177] BGE 120 II 307, 310 unter Hinweis auf STREULI-YOUSSEF, SIWR V/1, 48.
[178] BGE 103 II 211, 214 f., BGE 83 IV 198, 200, HGer ZH SMI 1991, 219, E. 2 («Chanel-Kostüm»); vgl. B.VON BÜREN, Kommentar UWG, Verwechslungen N 23, und zur Kennzeichnungsfunktion im Allgemeinen: GUBLER, Ausstattungsschutz, 42 ff.
[179] Vgl. dazu: BGer 4P.222/2006 sic! 2007, 374, E. 3.2 («Maltesers (fig.)/Kit Kat Pop Choc»); HGer AG sic! 2005, 667, E. 4.1.1. und 4.1.3 («Fruchtdessert»).
[180] BGE 130 III 328, 334 f. («Swatch-Uhrenarmband»).
[181] HGer AG sic! 2005, 667, E. 4.1.3 («Fruchtdessert»).

Originalität keinen Hinweis auf die betriebliche Herkunft der Leistung bzw. Ware oder Dienstleistung vermitteln kann (generische Gestaltung)[182].

59 Bei der Beurteilung der Verwechslungsgefahr wird auf das **Gesamterscheinungsbild** der zur Diskussion stehenden Ausstattung abgestellt, insbesondere auch auf die markenrechtlich nicht geschützten Teile[183]. Dabei sind die konkreten Begleitumstände der Werbung und der Präsentation mit zu berücksichtigen[184]. Ebenso können abnehmer- bzw. produktspezifische Gegebenheiten berücksichtigt werden. Die im Rahmen der Beurteilung eines Zeichens bzw. einer Ausstattung unter dem Blickwinkel von Art. 3 lit. d zur Anwendung kommende Würdigung der gesamten die Individualisierung prägenden **Umstände des Einzelfalles** ist beim Ausstattungsschutz besonders wichtig[185]. Die lauterkeitsrechtliche Verwechselbarkeit kann aber auch durch das Treffen von geeigneten Massnahmen verhindert werden[186]. Allerdings entfällt die Verwechslungsgefahr bei billigen und mittelmässig teuren Waren nicht schon deshalb, weil auf der nachgeahmten Ausstattung eine unterscheidungskräftige Marke angebracht wurde[187], es sei denn, die übrigen Elemente der Ausstattung sind entweder freihaltebedürftig oder nicht kennzeichnungskräftig[188]. In der Gerichtspraxis erfolgt je nach Fall eine intensive Auseinandersetzung mit einzelnen Ausstattungselementen, die den Gesamteindruck prägen[189]. Trotzdem ist nur der Gesamteindruck wesentlich, sodass sich das Herausgreifen einzelner Ausstattungselemente, d.h. die Zerlegung und isolierte Betrachtung der Zeichen und der Ele-

---

[182] BGE 108 II 69, 73 f. («Rubik-Würfel»); HGer AG sic! 2005, 667, E. 4.1.1 («Fruchtdessert»).
[183] BGer 4P.222/2006 sic! 2007, 374, E. 3.4.2 m.w.H. («Maltesers (fig.)/Kit Kat Pop Choc»); OGer LU sic! 1997, 185, E. 8c («Ice Beer»).
[184] OGer LU sic! 1997, 187, E. 7.2b («Becherfarben»): Es ist für die Beurteilung der Verwechslungsgefahr massgebend, ob das Publikum im Verkaufslokal Joghurts in Bechern von oben oder von der Seite wahrnimmt (bestätigt durch das BGer 4C.60/2003 sic! 2003, 915, E. 3.2.1 m.w.H.; «Becherfarben II»); vgl. auch PEDRAZZINI/PEDRAZZINI, UWG, N 5.177 f.
[185] Anschaulich BGer 4P.222/2006 sic! 2007, 374, E. 3.4.2 («Maltesers (fig.)/Kit Kat Pop Choc»).
[186] BGer SMI 1962, 157 («Lego II»): Änderung der Verpackung und der Farbe der Bausteine; CdJ GE SMI 1994, 237 («Oasis»): Anbringen der Geschäftsfirma; HGer AG SMI 1995, 384, E. 5 («Profilplatten»): Anbringen von Herstellungshinweisen bei an Fachleute gerichteten Produkten; TC FR SMI 1991, 240: Anbringen von unterschiedlicher Firma und Marke bei Spielautomaten; aber: TC VD sic! 1997, 171 («Chanel/Chenal»): Der diskrete Hinweis, es handle sich bei den nachgeahmten Produkten um Imitationen, genügt nicht. Allerdings können derartige Zusätze anlehnend im Sinne von Art. 3 lit. e und insoweit unlauter sein.
[187] BGer 4C.169/2004 sic! 2005, 221, E. 2.4 («Limmi II»); KGer ZG sic! 2005, 481, E. 5.1 («Dove/Flair»); aber CdJ GE SMI 1967, 146 («Zigarettenpackung»); BGE 103 II 211, 216 f. («Choco-Dragées»); vgl. aber BGer 4C.60/2003 sic! 2003, 915, 918, E. 3.3.1 f. («Becherfarben II»); BGE 116 II 365, 371 («Nivea/Jana»); BGE 95 II 461, 466 («Parisiennes/Stella»).
[188] BGer 4P.222/2006 sic! 2007, 374 («Maltesers (fig.)/Kit Kat Pop Choc»); KGer ZG sic! 2005, 481, E. 5.1 («Dove/Flair») m.w.H.
[189] Anschaulich BGer 4P.222/2006 sic! 2007, 374 («Maltesers (fig.)/Kit Kat Pop Choc»), BGer 4C.60/2003 sic! 2003, 915, E. 3.2–3.4 («Becherfarben II»; Massnahmeverfahren), HGer ZH ZR 1990, Nr. 62, E. III. 3 («Haarentfernungsgerät»), und GK VIII Bern-Laupen sic! 2002, 258 ff. («Werbekonzept»).

mente, verbietet[190]. Der Bezugspunkt der Verwechslungsgefahr ist somit nicht in das Belieben der Parteien gestellt. Trotzdem kann es sein, dass etwa nur die Verpackung und nicht auch die darin enthaltene Ware bzw. Leistung an sich Bezugspunkt des Ausstattungsschutzes ist[191]. Massgebend ist die konkret übliche bzw. tatsächlich gehandhabte Produktpräsentation[192].

Degeneriert eine Ausstattung in den Augen des Publikums zu einem Stil und verliert sie damit ihre Fähigkeit zur Individualisierung, fällt der Schutz dahin (sog. **Freizeichen- bzw. Stilbildung**)[193]. Allgemein ist zu bemerken, dass das Bundesgericht in seiner Rechtsprechung in der Tendenz regelmässig zugunsten der Lauterkeit einer Nachahmung urteilt und insoweit den Grundsatz der Nachahmungsfreiheit hochhält[194]. Eine Verkehrsdurchsetzung kann heute gerade bei erfolgreichen (nicht originär kennzeichnungskräftigen) Ausstattungen kaum mehr erreicht werden, da sich bei Erfolg sofort Trittbrettfahrer einfinden werden. Dies ist jedoch bis zu einem gewissen Grad in Kauf zu nehmen, ja erwünscht. Allfällige Schutzlücken wären vom Gesetzgeber zu füllen. Je nach den Umständen kann auch ein Fall unlauterer Anlehnung vorliegen (vgl. N 30).

60

gg) Konzepte und Geschäftsideen

Oft wird versucht, über Art. 3 lit. d einen **Schutz von Konzepten,** kreativen oder sonstigen guten **Ideen** (z.B. Anfertigung von Taschen aus Lastwagenplastikplanen, Veloschläuchen und Sicherheitsgurten) zu bewirken[195]. Diesbezüglich gilt unter dem Blickwinkel von Art. 3 lit. d, dass sich solche Konzepte und Ideen zunächst körperlich – und zwar im Sinne einer Wettbewerbshandlung – manifestieren müssen, um einerseits überhaupt als Wettbewerbshandlung vom UWG erfasst[196]

61

---

[190] BGer 4P.222/2006 sic! 2007, 374, E. 3.4.2 («Maltesers (fig.)/Kit Kat Pop Choc»), BGer 4C.60/2003 sic! 2003, 915, E. 3.2 («Becherfarben II»; Massnahmeverfahren), BGE 90 IV 168, 174 («Mythen Berg-Wacholder») und HGer ZH ZR 1990, Nr. 62, E. III. 3 («Haarentfernungsgerät»), sowie STREULI-YOUSSEF, SIWR V/1, 144 f., und BAUDENBACHER/CASPERS, Kommentar UWG, Art. 3 lit. d N 60. Zu beachten aber ist, dass einzelne Ausstattungselemente spezialgesetzlich geschützt werden können ([durchgesetzte] Formmarke, Design), vgl. z.B. BGE 130 III 328 ff. («Swatch-Uhrenarmband»; formmarkenrechtliches Eintragungsverfahren). Diesbezüglich besteht eine gewisse Gefahr der weiteren Monopolisierung von Grundformen, die sich aber bei strikter Einhaltung der formmarkenrechtlichen (kein Gemeingut/Freihaltebedürfnis bzw. Voraussetzung der Verkehrsdurchsetzung) und designrechtlichen (Neuheit) Schutzvoraussetzungen im Rahmen halten dürfte.

[191] Vgl. etwa BGer 4P.222/2006 sic! 2007, 374, E. 3.2 und 3.3 («Maltesers (fig.)/Kit Kat Pop Choc»).

[192] BGer 4C.60/2003 sic! 2003, 915, E. 3.2.1 («Becherfarben II»; Massnahmeverfahren).

[193] BGE 14 II 171, 172 ff. («Eile mit Weile», zum Markenrecht) und HGer ZH SMI 1991, 219, E. 4.2 («Chanel-Kostüm»).

[194] HILTI, Schutzmöglichkeiten, 31.

[195] Vgl. z.B. HGer ZH sic! 2003, 727, E. 4 («Freitag/Dörr»), GK VIII Bern-Laupen sic! 2002, 258 ff. («Werbekonzept»), und HGer AG sic! 2006, 187 ff. («Laufrad»).

[196] Vgl. zur Frage, inwiefern solche Ideen von Art. 5 lit. a und b erfasst werden, Art. 5 N 11.

und andererseits überhaupt zum Gegenstand einer Verwechslungsgefahr im Sinne von Art. 3 lit. d zu werden. Insofern können derartige Konzepte (nur) als **Ausstattungen geschützt** sein. Die Idee an sich ist jedoch nicht schutzfähig und kann in ihrer verkörperten Ausprägung in den Grenzen des Ausstattungsschutzes nachgeahmt werden, soweit nicht ganz oder teilweise ein **spezialgesetzlicher Schutz** (namentlich Urheber-, Design- oder Patentrecht) eingreift.

hh) Internet-Domainnamen

62   In der Schweiz existieren **keine allgemein verbindlichen Spezialvorschriften** zu Domainnamen, namentlich zu deren Verwendbarkeit, Exklusivität und Schutz. Ein Domainname dient lediglich dazu, in technischer Hinsicht den an das Netzwerk angeschlossenen Rechner zu identifizieren[197]. Er kennzeichnet weder eine Person noch ein Unternehmen direkt. Dennoch bezeichnet der Domainname aus der Sicht des Anwenders eine Website und weist bei geeigneter Ausgestaltung zudem auf die dahinter stehende Person, Betriebseinheit, Sache oder Dienstleistung hin. Der Domainname kann deshalb einen kennzeichnenden Charakter haben und in rechtlicher Hinsicht mit einem Namen, einer Firma oder einer Marke vergleichbar sein. Dies hat zur Folge, dass die Verwendung von Kennzeichen als Domainnamen dann unlauter im Sinne von Art. 3 lit. d sein kann, wenn sie dazu geeignet ist, Verwechslungen herbeizuführen[198]. Unklar ist, inwiefern zur Beurteilung der lauterkeitsrechtlichen Verwechslungsgefahr auf die **Gestaltung** respektive den **Inhalt der Website** abzustellen ist[199]. Je nach Gestaltung und Inhalt kann darin bei Nähe der Domainnamen ein die Unlauterkeit indizierendes Element liegen. Dies gilt namentlich dann, wenn es für den Zweitgebraucher ohne Weiteres zumutbar war, einen anderen Inhalt bzw. eine andere Gestaltung zu verwenden oder den Domainnamen anders zusammenzusetzen.

63   Da ein Domainname pro Top Level Domain nur einmal vergeben werden kann, kommt es regelmässig zu einem Konflikt, wenn mehrere Personen denselben Vor- oder Nachnamen tragen oder wenn ein Personenname mit einer registrierten Firma oder Marke identisch ist. In diesen Fällen werden unter **Berücksichtigung aller**

---

[197] Vgl. die ausführlichen sachlich-technischen Hinweise in BGE 126 III 239, 243 f. («berneroberland.ch»).
[198] Vgl. 126 III 239, 245 («bernoberland.ch»); BGer 6P.37/2005 resp. 6S.101/2005 sic! 2006, 43, E. 9.3 («Ars Intermedia»).
[199] Bejahend BGer 4C.31/2004 sic! 2005, 200, E. 6.2 («Riesen.ch»); BGer 4C.31/2003 sic! 2004, 325, E. 3 («Integra/Wintegra»); HGer SG sic! 2003, 348, E. III/3c («breco.ch»); BURI, Verwechselbarkeit, 140 f. Verneinend BGer 4C.377/2002 sic! 2003, 822, E. 2.2 («T-Online/tonline.ch»). Verneinend bezüglich Klage aus Namensrecht BGE 128 III 401, 409 («luzern.ch»). Im Ergebnis ebenfalls verneinend BGer 4C.376/2004 sic! 2005, 390, E. 3 ff. («Maggi/www.maggi.com»; Namens- und Markenrecht).

relevanten **Umstände die Interessen** der im Streit um einen Domainnamen beteiligten Personen gegeneinander abgewogen[200].

Der Inhaber eines Domainnamens erhält zwar **kein spezifisches Abwehrrecht** gegen fremde Kennzeichen (insbesondere verwechselbare Domainnamen)[201], kann sich aber unter Umständen gestützt auf das Lauterkeitsrecht gegen solche zur Wehr setzen[202]. Hier kommt neben **Art. 2**[203] auch **Art. 3 lit. d** in Frage. Die Anwendbarkeit von Art. 3 lit. d setzt voraus, dass der Domainname für den Inhaber oder dessen Leistung individualisierend, d.h. kennzeichnend, wirkt. Eine solche Kennzeichnungskraft kommt dem Domainnamen entweder originär zu oder ist – namentlich bei beschreibenden Domainnamen oder solchen, die gemeinfreie Elemente enthalten – durch die Verkehrsdurchsetzung entstanden[204]. Da die Marktteilnehmer regelmässig danach trachten, einen möglichst naheliegenden, kurzen und leicht einprägsamen Domainnamen zu reservieren und zu verwenden, und ein solcher daher oft gesamthaft oder in Teilen einen beschreibenden oder zumindest gemeinfreien Charakter aufweisen wird, schafft dies zumeist noch keine lauterkeitsrechtlich relevante Verwechslungsgefahr. Nur beim Vorliegen einer (regelmässig schwer beweisbaren) Verkehrsdurchsetzung kann ein lauterkeitsrechtlicher Schutz entstehen. Daneben kommt ein auf Art. 3 lit. b basierender Schutz von Domainnamen in Frage (Art. 3 lit. b N 38). Je nachdem, ob der in Frage stehende Domainname einen spezialgesetzlichen Schutz als **Marke, Name oder Firma** geniesst, können daneben auch die **einschlägigen Spezialbestimmungen** zur Anwendung kommen.

64

g) Sklavische Nachahmung im Besonderen

Unter sklavischer Nachahmung versteht man die **millimetergenaue Nachahmung** (auch: Nachschaffung bzw. Nachmachung) einer Leistung. Die sklavische Nachahmung einer Leistung ist lauterkeitsrechtlich unter Vorbehalt von Art. 5 (namentlich lit. c: Kopie mittels technischer Reproduktionsverfahren ohne ange-

65

---

[200] BGer 4C.376/2004 sic! 2005, 390, E. 3 ff. («Maggi/www.maggi.com»); BGE 128 III 353, 364 («Montana»); BGE 126 III 239, 245 («berneroberland.ch»); BGE 125 III 91, 93 («Rytz»); vgl. zum Ganzen BURI, Verwechslungsgefahr, 136 ff.; J. SIX, Der privatrechtliche Namensschutz von und vor Domänennamen im Internet, Zürich 2000.
[201] HGer SG sic! 2003, 348, E. III/1 («breco.ch»).
[202] Grundlegend BGE 126 III 239, 245 ff. («berneroberland.ch») und BGer 4C.31/2004 sic! 2005, 200, E. 2 («Riesen»).
[203] Die Reservierung eines Domainnamens verletzt namentlich dann das lauterkeitsrechtliche Gebot von Treu und Glauben (Art. 2), wenn damit der Ruf eines fremden Kennzeichens ausgebeutet wird (BGE 126 III 239, 247 [«berneroberland.ch»]) oder ein Behinderungstatbestand vorliegt (ZivGer BS sic! 2005, 821, E. 2c – «www.tax-info.ch/www.info-tax.ch»; HGer SG sic! 2003, 348, E. III/3b – «breco.ch»).
[204] ZivGer BS sic! 2005, 821, E. 2b («www.tax-info.ch/www.info-tax.ch»); HGer AG sic! 2000, 624, E. 4 («Swisslawyers»). Vgl. aber HILTI, Schutzmöglichkeiten, 32, der die Verkehrsdurchsetzung beschreibender Domainnamen nur mit äusserster Zurückhaltung bejahen will.

messenen eigenen Aufwand) **zulässig, solange** ihr **keine Kennzeichnungskraft** zukommt[205]. Werden kennzeichnungskräftige Leistungen sklavisch nachgeahmt, so kann Art. 3 lit. d zur Anwendung kommen, und es werden zur Beurteilung der Zulässigkeit dieselben Kriterien herangezogen wie im übrigen Anwendungsbereich von Art. 3 lit. d[206]. Art. 3 lit. d untersagt aber nur die Irreführung über die betriebliche Herkunft der Leistung, weshalb die Leistung als solche nicht geschützt wird.

66 Erfolgt die Nachschaffung einer kennzeichnungskräftigen Leistung mittels eines technischen Reproduktionsverfahrens und ohne angemessenen eigenen Aufwand, so können unter Umständen gleichzeitig die engen Tatbestandsvoraussetzungen von **Art. 5 lit. c** erfüllt sein[207]. Handelt es sich zwar nicht um eine einmalige genaue Nachahmung, sondern werden die Leistungen des Konkurrenten vielmehr in raffinierter Weise **systematisch nachgeahmt,** so liegt zwar kein Fall von sklavischer Nachahmung im Sinne von Art. 3 lit. d vor, dieses Vorgehen kann aber den Tatbestand von **Art. 2** erfüllen[208].

h) Zumutbarkeit alternativer Kennzeichnung bzw. Gestaltungen

aa) Grundsatz

67 Die Schaffung einer Verwechslungsgefahr kann nur dann unlauter sein, wenn für den entsprechenden Marktteilnehmer (Anbieter, Produzent) in den Grenzen einer näher zu definierenden Zumutbarkeit die **reelle Möglichkeit** besteht, eine **andere Gestaltung** seiner Leistung **vorzunehmen.**

68 Grundsätzlich ist – unter Vorbehalt eines sondergesetzlichen Schutzes – jedermann frei, «seine Ware auf technisch einfachste und billigste Weise herzustellen und sie so zu gestalten, dass sie den höchsten technischen Nutzen erzielt, selbst wenn sie dadurch der Ware eines andern gleicht oder ähnlich wird»[209]. Insofern besteht **Nachahmungsfreiheit.** Sie gilt insbesondere in Fällen **technisch, funktionell oder ästhetisch bedingter Nachahmung.** Die diesbezüglich explizit in Art. 2 lit. b MSchG und Art. 4 lit. b und c DesG enthaltenen und für (Form-)Marken bzw. Designs geltenden Kriterien sind insofern spezialgesetzliche Pendants der grundsätzlich auch im Lauterkeitsrecht geltenden Kriterien. Die Nachahmungsfreiheit findet ihre Grenzen jedoch dort, wo die Marktgegenseite in **vermeidbarer Weise** über die betriebliche Herkunft bzw. die betriebliche Identität **irregeführt** wird oder wo der

---

[205] HGer AG SMI 1995, 384, E. 4 («Profilplatten»); HGer AG SMI 1995, 377, E. 3.c («Gummifederelemente»); BGE 113 II 77, 80 («Tonkopf»). Vgl. zum Ganzen HILTI, Leistungsschutz, 79 ff. Eine andere Frage ist, ob die Nachahmung allenfalls ein gewerbliches Schutzrecht verletzt.
[206] STREULI-YOUSSEF, SIWR V/1, 170 f.; KGer SZ SMI 1995, 291, E. 6.b («Richtpreis Bodum»); BGE 116 II 471, 473 («Kotflügel»); BGE 103 II 211 («Choco-Dragées»).
[207] Vgl. dazu N 8.
[208] BGE 113 II 190, 201 f. («Le Corbusier»); BGE 104 II 322, 322 («Bata-Stiefel»).
[209] BGE 108 II 69, 75 f. («Rubik-Würfel»).

Nachahmer in schmarotzerischer Manier den guten **Ruf** der Erzeugnisse eines Mitbewerbers **ausbeutet**[210].

bb) Technisch bzw. funktionell bedingte Gestaltungselemente

Sind Gestaltungselemente einer Leistung technisch und/oder funktionell bedingt, so ist die Schaffung einer **Verwechslungsgefahr unvermeidlich**. Die Nachahmung begründet dann keine Unlauterkeit im Sinne von Art. 3 lit. d[211]. So kann der Herstellungsvorgang oder der Gebrauch, dem ein Erzeugnis dienen soll, eine Nachahmung notwendig machen und somit rechtfertigen. Zu den Elementen, die durch solche Rücksichten bedingt sind, gehören neben der Herstellungsweise, Nützlichkeitszwecken und den technischen Wirkungen eines Gegenstandes auch die Konstruktion eines Erzeugnisses. Mit anderen Worten muss es unter lauterkeitsrechtlichen Gesichtspunkten jedermann erlaubt sein, solche Gestaltungselemente zu übernehmen, die durch den Herstellungsvorgang oder den Gebrauchszweck bedingt sind[212]. Dies ist selbst dann der Fall, wenn es sich um eine **sklavische Nachahmung** handelt[213]. Beispiele sind die Farbe einer Leitung[214] oder Gestaltungselemente, die sich aus dem Gesetz oder aus Branchenbestimmungen ergeben[215].

69

Bei der Frage, ob eine Erscheinungsform durch ihre Funktion bedingt ist, handelt es sich um eine **Sachfrage,** bei welcher ein Expertengutachten herbeigezogen werden kann. Dennoch ist es in der Praxis nicht immer einfach, wenn auch zwingend notwendig, zwischen der Ware und deren Präsentation und Gestaltung bzw. Ausstattung, d.h. zwischen funktionsbedingten und frei wählbaren Elementen, zu unterscheiden. **Funktionsbedingt** sind **primär** die **technischen Elemente**. Im Einzelfall können aber auch nichttechnische Elemente Ausdruck der Ware selbst sein, d.h.,

70

---

[210] BGE 116 II 471, 474 m.w.H. («Kotflügel»); BGE 95 II 470, 477; BGE 92 II 202, 207 je mit Hinweisen; vgl. ferner BGE 113 II 77, 85 («Aiguille») bzw. BGE 113 II 190, 201 f. («Le Corbusier») m.w.H.
[211] So bereits A. TROLLER, Immaterialgüterrecht I, 439 ff. Sie kann aber eine widerrechtliche Benützung einer patentierten Erfindung darstellen.
[212] HGer AG SMI 1995, 377, E. 6.a («Gummifederelemente»); BGE 113 II 77 ff. («Aiguille»); BGE 108 II 327, 332 («Lego II»); BGE 108 II 69, 73 («Rubik-Würfel»); BGE 116 II 471, 474 («Kotflügel»); CdJ GE sic! 2004, 884, E. 5.1 («Wine Events»); HGer ZH SMI 1991, 219, E. 4.2 («Chanel-Kostüm»); KGer ZG SMI 1987, 157, E. 4 («Landschaftsdessin»); HGer ZH ZR 1965, Nr. 149, E. I.2. und E. II.2. («Mellttä»); BGE 95 II 470, 478; HGer AG sic! 2006, 187, E. 5.6.2 («Laufrad»); HGer AG sic! 2009, 419, E. 5.2 («Beutelsuppen»), vgl. zum Ganzen auch RITSCHER, Markenschutz durch Wettbewerbsrecht, 171.
[213] PEDRAZZINI/PEDRAZZINI, UWG, N 5.182; zur Zumutbarkeit anderweitiger Gestaltung im Formmarkenrecht BGE 129 III 514, 523 f. («Lego III (3D)»).
[214] Z.B. rot für warmes Wasser, blau für kaltes Wasser.
[215] PEDRAZZINI/PEDRAZZINI, UWG, N 5.94.

durch ihre Funktion bestimmt und damit kein Bestandteil der frei wählbaren Präsentation der Ware sein[216].

cc) Ästhetisch bedingte Gestaltungselemente

71 Wie bereits erwähnt, sind unter Art. 3 lit. d nur kennzeichnende Gestaltungselemente geschützt, weil nur sie verwechselt werden können[217]. Ist die Übernahme solcher kennzeichnender Gestaltungselemente allerdings **in ästhetischer Hinsicht zwingend,** so muss diese erlaubt sein. Gibt es für eine Ware keine andere Gestaltungsmöglichkeit, so darf jeder Mitbewerber der Ware dasjenige Aussehen geben, das sie ästhetisch am ansprechendsten und damit am besten verkäuflich macht[218].

72 Mit PEDRAZZINI/PEDRAZZINI[219] ist jedoch **vor** einer **ausufernden Anwendung** dieses Rechtfertigungsgrundes bzw. dieser Schutzausnahme **zu warnen.** Insbesondere darf sich der Mitbewerber, welcher mit seiner ästhetischen Gestaltung einen grossen kommerziellen Erfolg erlangt hat, nicht hilflos gegenüber der Übernahme seines Stiles sehen. Dies gilt namentlich bei **sklavischen Nachahmungen.** Liegt keine originäre Kennzeichnungskraft vor, kann insbesondere bei Modeneuheiten oder völlig neuartigen Produkten ohne Kennzeichnungskraft ggf. relativ rasch die zum lauterkeitsrechtlichen Schutz in Art. 3 lit. d vorausgesetzte **Verkehrsdurchsetzung** vorliegen. Die Gefahr, dass bis zur Erlangung der Verkehrsdurchsetzung Trittbrettfahrer auftauchen, ist hinzunehmen. Alles andere würde zu einem uferlosen Schutz gemeinfreier Elemente führen sowie Investitionen und Kreativität behindern und damit letztlich den (Innovations-)Wettbewerb eher lähmen denn fördern. Eine diesbezügliche «Schutzlücke» könnte nur vom Gesetzgeber gefüllt werden.

---

[216] Im Zusammenhang mit der Verweigerung des Markenschutzes für Formen von Waren oder Verpackungen, die technisch notwendig sind (Art. 2 lit. b MSchG), hat das Bundesgericht festgestellt, dass der Ausschlussgrund der technischen Notwendigkeit nur gegeben sei, wenn (i) keine andere Form zur Verfügung stehe oder vernünftigerweise verwendet werden könne oder (ii) wenn zwar eine andere Möglichkeit bestehe, deren Ausführung aber wenig praktisch oder mit grösseren Herstellungskosten verbunden wäre (BGE 131 III 121, 124 – «Smarties»; BGE 129 III 514, 522 ff. – «Lego III (3D)»). Diese Kautelen sind auch auf die Beurteilung im Rahmen von Art. 3 lit. d übertragbar.

[217] Nicht geschützt sind demgegenüber gemeinfreie Gestaltungen wie standardisierte Formate, Grundfarben, einfache geometrische Figuren und Körper (BGE 106 II 245, 249), dazu auch oben N 16 ff.

[218] BGE 116 II 365, 372 («Nivea/Jana»); BGE 108 II 69, 74 («Rubik-Würfel»); BGE 104 II 322, 332 («Bata-Stiefel»); HGer ZH SMI 1991, 425 f. («Haarentfernungsgerät»); so auch HGer AG sic! 2006, 187, E. 5.6.2 («Laufrad»). Vgl. für das Formmarkenrecht BGE 129 III 514, 520 («Lego III (3D)»).

[219] PEDRAZZINI/PEDRAZZINI, UWG, N 5.96 ff.

dd) Sonderfall Kompatibilitätsinteresse

Eine praktisch wichtige Fallgruppe betrifft Leistungen, die bestimmungsgemäss mit anderen Leistungen kompatibel sein sollen oder wollen, sei es zur Ergänzung oder zu deren (Teil-)Ersatz, falls sie auf Ergänzung oder Austausch angelegt sind[220]. Zu denken ist zunächst an das **Ersatzteil- und Zubehörgeschäft**, aber auch an die **Kompatibilität** mit Waren (z.B. Spielbausteinen wie Lego) oder Ladeneinrichtungen (Regale). An sich liegt ein Fall von funktionell bedingter identischer Gestaltung bzw. sklavischer Nachahmung vor, der aber in der Geschäftspraxis von grosser Bedeutung ist. Soweit für solche Leistungen kein sondergesetzlicher Schutz besteht und unter Vorbehalt von Art. 5 lit. c[221] können kompatible Teile nachgeahmt werden bzw. Leistungen kompatibel ausgestattet werden. Begriffsnotwendig wird es sich dabei regelmässig um sklavische Nachahmungen handeln, die jedoch technisch bzw. funktionell bedingt sind[222]. **Bei berechtigtem Kompatibilitätsinteresse** stellt die **blosse Austauschbarkeit** mit dem Originalerzeugnis noch **kein selbständiges Unlauterkeitsmerkmal** dar[223]. Es ist vielmehr im Interesse des weit verstandenen und auch vom UWG bezweckten Schutzes sowie der Förderung des Wettbewerbs, eine die Kompatibilität bezweckende Nachahmung zu gestatten[224]. Unabdingbar kann in solchen Fällen der Hinweis sein, dass es sich um ein Fremdprodukt handelt. Seine Unterlassung bzw. die Verwendung der Originalartikelnummern kann je nach den Umständen unlauter sein[225]. Demgegenüber dürfte die Nennung einer fremden Marke (bzw. eines übrigen Kennzeichens) unter Vorbehalt einer Rufausbeutung (Art. 2 und Art. 3 lit. e) zum Zwecke des Hinweises auf die Kompatibilität mit einem fremden Produkt zulässig sein. Die fremde Marke wird in diesem Fall zur Umschreibung des eigenen Angebots und nicht als Kennzeichen verwendet[226].

73

---

[220] Vgl. dazu R. VON BÜREN/MARBACH/DUCREY, Immaterialgüter- und Wettbewerbsrecht, N 1146 sowie näher KÖHLER, Wettbewerbsrecht, § 4 N 9.50.
[221] Der aber angesichts der sehr einschränkend formulierten und angewendeten Tatbestandsvoraussetzungen von Art. 5 lit. c kaum je verletzt sein dürfte, vgl. dazu Art. 5 lit. c N 23 ff.
[222] Vgl. dazu den Fall in BGE 116 II 471 ff. («Kotflügel»).
[223] So für das deutsche Recht KÖHLER, Wettbewerbsrecht, § 4 N 9.50 m.w.H.
[224] Ähnlich wohl R. VON BÜREN/MARBACH/DUCREY, Immaterialgüter- und Wettbewerbsrecht, N 1146, und für das deutsche Recht KÖHLER, Wettbewerbsrecht, § 4 N 9.50 m.w.H. Im Rahmen von § 4 Nr. 9 dt. UWG wird ein berechtigtes Kompatibilitätsinteresse des Abnehmers dann geschützt, wenn der Originalanbieter das Preis-Leistungs-Verhältnis schlechter abschneidet oder nicht rasch genug liefern kann. Dazu kommt gemäss BGH GRUR 1977, 666, 668, das Interesse der Allgemeinheit an Standardisierung und Rationalisierung im technischen Bereich zur Vermeidung unnötiger volkswirtschaftlicher Kosten.
[225] Vgl. BGE 116 II 471, 475 («Kotflügel») sowie den vorinstanzlichen Entscheid in HGer ZH SMI 1991, 154 («Kotflügel»).
[226] Vgl. dazu auch BGE 128 III 146, 151 f. («VW/Audi-Spezialist»).

ee) Übrige Unzumutbarkeit

74 Ist ein Produkt ohne ein bestimmtes Gestaltungselement gar nicht wettbewerbsfähig, so muss dessen Nachahmung zulässig sein, auch wenn dieses weder technisch, funktionell noch ästhetisch bedingt ist. Ein Verzicht auf dieses Gestaltungselement wäre unzumutbar und würde zu einer durch dessen Ratio nicht gerechtfertigten Ausdehnung von Art. 3 lit. d führen[227]. Dies gilt insbesondere für **Massen- und Standardartikel** sowie sonstige homogene Güter, bei denen naturgemäss ein intensiver Preiswettbewerb besteht und der Preisdruck zum «Zwang» zur Nachahmung führen kann. Oft wird sich der Konsument bei diesen Produkten ohnehin **nicht für** den **Hersteller interessieren,** weshalb eine Irreführung über die betriebliche Herkunft ausscheidet. Dies ist etwa bei billigen Artikeln des täglichen Bedarfs der Fall (sog. «low interest»-Produkte), nicht aber bei Gütern, bei denen auf der Marktgegenseite mit der betrieblichen Herkunft bestimmte Qualitätsvorstellungen verbunden werden[228]. Spielt die Herkunft der Ware für den Abnehmer keine Rolle, ist gemäss bundesgerichtlicher Rechtsprechung eine Übernahme nicht treuwidrig[229]. Dies leuchtet insofern ein, als nicht verwechselt werden kann, was nicht unterschieden werden will bzw. was allein aufgrund von Gattungseigenschaften gekauft wird. Insofern wird hier eine Verwechslungsgefahr vom Abnehmer «bewusst» in Kauf genommen.

2. Subjektiv

75 Aus den allgemeinen Grundsätzen der Wettbewerbshandlung (Art. 2 N 11 ff.) ergibt sich, dass schon die **objektive Schaffung** einer **Verwechslungsgefahr unlauter** sein kann. Subjektive Motive oder Absichten sind demnach grundsätzlich bedeutungslos[230]. Eine eigentliche Nachahmung oder Nachschaffung, die an sich ein subjektives Element bzw. ein bewusstes Nachschaffen erforderte, ist demnach entbehrlich[231]. Sie dürfte jedoch in der Praxis oft vorliegen. Umgekehrt

---

[227] ZivGer BS SMI 1991, 225, E. 4 («Bio Kill»); HGer ZG ZR 1967, Nr. 32 («Kehrichtbehälter»); HGer ZH ZR 1965, Nr. 149 («Melitta»); BGE 87 II 54, 57 («Scharnierbänder»); BGE 83 II 154, 158 («Blumenhalter»); vgl. zum Ganzen auch RITSCHER, Markenschutz durch Wettbewerbsrecht, 174 f.

[228] BGE 83 II 154, 161 und HGer AG sic! 2006, 187, E. 5.6.2. («Laufrad»); vgl. auch BGE 116 II 471, 477 («Kotflügel»).

[229] BGE 116 II 471, 473 («Kotflügel»); BGE 104 II 322, 333 («Bata-Stiefel»); BGE 92 II 202, 208 f.; BGE 83 II 154, 161; BGer SMI 1991, 417, E. 3.a («Snapspot II»); kritisch PEDRAZZINI/ PEDRAZZINI, UWG, N 5.74 und N 5.79.

[230] BGE 116 II 365, 369 («Nivea/Jana»), BGE 109 II 483, 488 («Computerland») und KGer AI sic! 2007, 917, E. 21 («MFC Merchant Bank S.A./MFC Finanz GmbH»), sowie BAUDENBACHER/ CASPERS, Kommentar UWG, Art. 3 lit. d N 103 f. m.w.H.

[231] Demgegenüber setzt § 4 Nr. 9 dt. UWG als Tatbestandsmerkmal eine Nachahmung begrifflich voraus, weshalb der Hersteller der Nachahmung in Kenntnis vom Original gehandelt haben muss (dazu KÖHLER, Wettbewerbsrecht, § 4 N 9.68).

kann das Vorliegen einer **Nachahmungsabsicht** bzw. einer bewussten Nachschaffung – soweit beweisbar – **Indiz** für das Vorliegen einer objektiven Verwechslungsgefahr sein[232].

V. Rechtsfolgen

Die Verletzung von Art. 3 lit. d zieht die Möglichkeit der Ergreifung der von **Art. 9** gewährten negatorischen[233] und reparatorischen[234] Klagen nach sich. 76

Bei den **negatorischen Ansprüchen** stehen neben Unterlassungsansprüchen in der Praxis Beseitigungsansprüche gemäss Art. 9 Abs. 1 lit. b im Vordergrund, deren Geltendmachung oft auf dem Wege des vorsorglichen Rechtsschutzes gemäss Art. 14 erfolgen wird. Diese können namentlich die Einziehung bzw. Zerstörung von Nachahmungen oder die Übertragung solcher Kennzeichen (inkl. Domainnamen) an den Verletzten beinhalten. Auch Feststellungsansprüche sind denkbar (Art. 9 Abs. 1 lit. c). Art. 9 Abs. 2 sieht sodann die Möglichkeit der Berichtigung und der Urteilspublikation vor. Im Einzelnen sei auf die Kommentierung in Art. 9 verwiesen. 77

Ferner stehen die gemäss Art. 9 Abs. 3 vorgesehenen **reparatorischen Ansprüche** zur Verfügung. In der Praxis ist zwar die zunehmende Geltendmachung von Ausgleichsansprüchen zu konstatieren, namentlich auch bei Verwechslungssachverhalten im Sinne von Art. 3 lit. d. Dies darf aber nicht darüber hinwegtäuschen, dass soweit sich die Verwechslungsgefahr nur auf (auf Leistungen angebrachte) Zeichen i.e.S., nicht aber auf eigentliche Ausstattungen bezieht, die Schadens- bzw. Gewinnberechnung sehr schwierig ist und sich namentlich auch die Frage stellt, ob der Schaden bzw. der Gewinn (nur) zulasten des Verletzten oder auch zulasten anderer Mitbewerber erfolgt bzw. erzielt wurde bzw. auf eigenen Anstrengungen beruht[235]. Beim Schadenersatzanspruch kann bei Verletzungen von Art. 3 lit. d die im Immaterialgüterrecht übliche sog. **dreifache Schadensberechnung** zur Anwendung kommen. Sie erlaubt neben der traditionellen konkreten Schadensberechnung anhand der Differenztheorie die Berechnung des Schadens auf dem Weg der Lizenzanalogie[236] oder ein Abstellen auf den Verletzergewinn als Indiz[237]. Da die Schaf- 78

---

[232] GK VIII Bern-Laupen sic! 2002, 258, E. 10.1 («Werbekonzept»), und PEDRAZZINI/PEDRAZZINI, UWG, N 5.81.
[233] Anspruch auf Unterlassung, Beseitigung, Berichtigung, Publikation und Feststellung, vgl. dazu Art. 9 N 60 ff.
[234] Anspruch auf Schadenersatz oder Gewinnherausgabe, allenfalls kombiniert mit Ansprüchen auf Genugtuung, vgl. dazu Art. 9 N 116 ff.
[235] Dazu näher Art. 9 N 134 und 199.
[236] Gemäss BGE 132 III 379, 382 ff. («Milchschäumer II»; Patentrecht) soll die Lizenzanalogie jedoch nur dann zum Zuge kommen, wenn die verletzte Partei überhaupt bereit ist bzw. war, Lizenzen einzuräumen. Dazu Art. 9 N 145 ff.
[237] Vgl. dazu näher Art. 9 N 150 ff.

fung einer Verwechslungsgefahr wohl regelmässig auch als Geschäftsanmassung im Sinne von Art. 423 OR zu qualifizieren sein wird, stehen dem Verletzten alternativ auch **Gewinnherausgabeansprüche** zur Verfügung[238]. **Genugtuungsansprüche** dürften nur in seltenen Fällen und namentlich dann entstehen, wenn mit der Schaffung der Verwechslungsgefahr nicht bloss ein Prestigeverlust und Umtriebe, sondern eine eigentliche Herabsetzung verbunden ist[239]. Solche Fälle dürften aber eher unter Art. 3 lit. e fallen, und überdies dürfte die vorausgesetzte Schwere kaum je vorliegen.

79 Für die **Aktiv-** und die **Passivlegitimation,** die sich namentlich auch aus den Bestimmungen in Art. 9 bis 11 ergeben, gelten grundsätzlich die allgemeinen Regeln[240]. Die Aktivlegitimation hängt nicht vom Vorliegen einer direkten Konkurrenzsituation ab. Erforderlich und hinreichend ist vielmehr, dass die eigene Stellung im Wettbewerb durch das als wettbewerbswidrig ausgegebene Verhalten verschlechtert wird[241]. Darüber hinaus muss zwischen dem Verhalten des Mitbewerbers und der Beeinträchtigung ein Kausalzusammenhang vorliegen[242]. Eine **Passivlegitimation** kann auch bei Verletzungen von Art. 3 lit. d naturgemäss nur bejaht werden, sofern überhaupt eine Wettbewerbshandlung[243] vorliegt. Diese kann namentlich bei Verletzungen des Namensrechts ohne ersichtlichen Bezug zum Wettbewerb fraglich sein[244].

80 In der Lehre umstritten und von der Rspr. bisher nicht geklärt ist die Frage, ob bei Verletzung von Art. 3 lit. d auch Ansprüche aus **ungerechtfertigter Bereicherung** (Art. 62 OR) entstehen können, namentlich solche aus der Fallgruppe der Eingriffskondition[245]. Angesichts der Verwandtschaft dieses Instituts mit dem Institut der Gewinnherausgabe bei Geschäftsführung ohne Auftrag (insbesondere Geschäftsanmassung i.S.v. Art. 423 OR) ist es denkbar, eine Eingriffskondiktion auch bei einer Verletzung von Art. 3 lit. d zuzulassen. Dass in Art. 9 Abs. 3 ein expliziter Verweis fehlt, schadet nicht (näher Art. 9 N 215 ff.).

---

[238] Dazu näher Art. 9 N 184 ff.
[239] Vgl. z.B. HGer BE SMI 1991, 234 ff. («Kopulierende Krokodile»).
[240] Vgl. die Kommentierung in Art. 9 N 8 ff., Art. 10 N 17 ff. und Art. 11 N 7 ff.
[241] BGE 121 III 168, 174 und BGer 4C.369/1999, E. 2.a.
[242] Diesbezüglich stellte sich in BGer 4C.369/1999, E. 2.b und c («Schmiermittel III», Entscheid erwähnt in sic! 2001, 668, Rubrik «Anmerkung»; vorinstanzlicher Entscheid des HGer ZH in sic! 2001, 658 ff. [«Schmiermittel II»], abgedruckt) u.a. die Frage, ob die (Erst-)Klägerin im schweizerischen Markt überhaupt auftritt (in casu verneint) bzw. ob die angeblich unlauteren Verhaltensweisen *vor* dem Marktauftritt der als Zweitklägerin fungierenden Vertriebsgesellschaft in der Schweiz erfolgten (in casu bejaht, d.h. Aktivlegitimation verneint).
[243] Dazu Art. 2 N 11 ff.
[244] Vgl. BGer 4C.143/2006 sic! 2007, 115, E. 2 ff. («Fédération suisse de pédicure»). Vgl. zur Passivlegitimation von Personen, die die Verletzung nicht selbst bzw. allein bewirkt haben (Teilnehmer, Begünstigte, «Zustandsstörer»), Art. 9 N 34 ff.
[245] Vgl. dazu näher oben, Art. 9 N 215 ff.

Insofern ein «absichtlich» (d.h. vorsätzlich) bewirkter Schaden vorliegt, sind auch Schadenersatz- und Genugtuungsansprüche aus **Art. 41 Abs. 2 OR** möglich (**absichtliche sittenwidrige Schädigung**), die aber nicht über den in Art. 9 Abs. 3 vorgesehen Schadenersatz- bzw. Genugtuungsanspruch hinausgehen. 81

Soweit eine von Art. 3 lit. d erfasste Handlung **zugleich** spezialgesetzliche Bestimmungen des Kennzeichenschutzes oder sonstige **Bestimmungen des gewerblichen Rechtsschutzes und Urheberrechts** verletzt, können auch die spezialgesetzlichen Rechtsfolgen in Frage kommen. Der spezialgesetzliche Schutz dürfte aber im Ergebnis regelmässig nicht über den vom UWG gewährten Schutz hinausgehen. Insbesondere besteht heute ein Gleichlauf im Bereich der Verjährung (Anwendbarkeit von Art. 60 OR). Umgekehrt kommen im Immaterialgüterrecht auch die vom UWG in Art. 9 zur Verfügung gestellten Ansprüche in Frage[246]. Zu erwähnen sind von den spezialgesetzlichen Instituten aber immerhin die im UWG nicht explizit vorgesehenen Institute der Übertragung/Abtretung (Art. 53 MSchG, Art. 34 DesG), der Einziehung im Zivilverfahren (vgl. z.B. Art. 57 MSchG, Art. 36 DesG und Art. 63 URG sowie Art. 69 PatG inkl. Zerstörung und Verwertung)[247] und die selbständigen Auskunftsansprüche (Art. 55 Abs. 1 lit. c MSchG, Art. 35 Abs. 1 lit. c DesG, Art. 62 Abs. 1 lit. c URG). Ebenso können bei Verletzungen der immaterialgüterrechtlichen Spezialgesetze **Hilfeleistungen durch die Zollverwaltung** erfolgen[248]. 82

Wird im Rahmen eines Vertragsverhältnisses eine Verwechslungsgefahr geschaffen, können **vertragliche Ansprüche** möglich sein, wobei namentlich an die Verletzung von Lizenz- und Vertriebsverträgen zu denken ist[249]. Auch im Rahmen von Arbeits- und Werkverträgen kann die Schaffung einer Verwechslungsgefahr vertragsrechtlich erfasst werden. Probleme stellen sich dabei namentlich im nachvertraglichen Verhältnis, soweit kein nachvertragliches Konkurrenzverbot stipuliert wurde, da Art. 4 lit. c und Art. 6 (Schutz von Geschäftsgeheimnissen) in Fällen berechtigter Geheimniskenntnis ausser Betracht fallen[250]. Gegebenenfalls kann ein solches Verhalten gemäss der Generalklausel in Art. 2 unlauter sein[251]. 83

---

[246] Die Möglichkeit der Gewinnherausgabe wird im Patent- und Firmenrecht zwar im Gesetz nicht selbst erwähnt, ist aber dennoch möglich (vgl. z.B. BGE 97 II 169, 175 [Patentrecht]). Der Anspruch auf Gewinnherausgabe bei Verletzung einer Firma ist allerdings infolge der Beweisschwierigkeiten (dazu auch Art. 9 N 184 ff.) von geringer praktischer Relevanz.

[247] Vgl. zum Verhältnis zum in Art. 9 Abs. 1 lit. b vorgesehenen Beseitigungsanspruch, Art. 9 N 6 und 77.

[248] Vgl. dazu auch Art. 27 N 68 ff.

[249] Vgl. z.B. BGE 116 II 463 ff. («Coca-Cola») und HGer ZH sic! 2001, 658 ff. («Schmiermittel II»). Soweit bei Vertriebsverträgen die Benutzung von Kennzeichen und Ausstattungen des Vertragspartners (Hersteller, Importeur, Grosshändler) nicht ausdrücklich thematisiert ist, kann ggf. eine culpa in contrahendo oder eine positive Vertragsverletzung vorliegen (Verletzung von Aufklärungs- und Treuepflichten).

[250] Vgl. dazu näher PEDRAZZINI/PEDRAZZINI, UWG, N 5.186 ff.

[251] Vgl. dazu Art. 2 N 99 ff.

84 Davon zu unterscheiden sind Fälle, in denen der **Lizenznehmer** einen **Verstoss gegenüber Dritten** begeht. In diesen Fällen ist die auf vertraglicher Grundlage durch den Lizenznehmer erfolgende Kennzeichen- bzw. Ausstattungsbenutzung grundsätzlich dem Lizenznehmer anzurechnen, sodass primär dieser passivlegitimiert ist. Dasselbe gilt umkehrt für die Aktivlegitimation[252].

85 Eine im Sinne von Art. 3 lit. d relevante Verwechslungsgefahr kann sodann bei **Lebensmitteln und Gebrauchsgegenständen** gleichzeitig das Nachahmungsverbot in **Art. 19 Abs. 1 LMG** sowie **Art. 10 Abs. 1 LGV** verletzen und die entsprechenden verwaltungsrechtlichen Folgen zeitigen[253]. Allerdings steht beim lebensmittelrechtlichen Täuschungsverbot nicht die Irreführung über die betriebliche Herkunft von Lebensmitteln und Gebrauchsgegenständen im Vordergrund, sondern die Täuschung über Qualitäts- und Wertvorstellungen sowie den Inhalt und die Deklaration von Lebensmitteln und Gebrauchsgegenständen.

86 Sofern sich die Verwechslungsgefahr auch auf Massnahmen der kommerziellen Kommunikation (insbesondere Werbung) bezieht, kann ein Verstoss gegen Art. 3 lit. d auch im Rahmen der von der **SLK** wahrgenommenen Selbstregulierung im Werbebereich Folgen zeitigen. Denkbar sind insbesondere Verstösse gegen SLK-GS Nr. 3.1 (allgemeine Firmengebrauchspflicht in der Werbung) und 3.7 (Nachahmung werblicher Gestaltungen). Die Verletzung von kennzeichenrechtlichen Normen ausserhalb der SLK-Grundsätze bzw. ausserhalb des UWG werden von der SLK jedoch nicht geprüft[254].

87 Bei Vorsatz (Eventualvorsatz genügt) und gleichzeitigem Vorliegen eines rechtzeitig gestellten Strafantrags sind auch – unabhängig von den privatrechtlichen Rechtsfolgen – **strafrechtliche Sanktionen** gemäss **Art. 23** möglich[255]. Daneben ist speziell der Tatbestand von **Art. 155 StGB** zu erwähnen, der als Vergehen sowie als Offizialdelikt ausgestaltet ist und u. a. warenbezogene Nachahmungen («Nachmachungen») erfasst. Tatbestandsmässig sind auch Vorfeldhandlungen wie das Einführen und Lagern nachgemachter Ware. Ebenso kann die Nachahmung von Marken, Designs, Werken oder Patenten auch aus strafrechtlicher Sicht von den **Strafbestimmungen der immaterialgüterrechtlichen Spezialgesetze** erfasst sein[256]. Dabei ist speziell auf die **Piraterietatbestände** (gewerbsmässige Begehung) hinzuweisen, die – für den Bereich des gewerblichen Rechtsschutzes aus-

---

[252] Vgl. zur Aktivlegitimation des Lizenznehmers auch Art. 9 N 14 ff.
[253] Vgl. dazu näher Vor Art. 16 ff. N 41 ff.
[254] Vgl. z.B. den SLK-Entscheid i.S. «Kult-Werbung» in sic! 2003, 180, E. 2 und 3b. Vgl. dazu auch Vor Art. 12 ff. N 39.
[255] Dazu näher Art. 23 N 50 ff.
[256] Vgl. Art. 61 ff. MSchG, Art. 41 DesG, Art. 67 ff. URG und Art. 81 f. PatG. Auch in Art. 326ter StGB (Übertretung firmenrechtlicher Bestimmungen; als Offizialdelikt ausgestalteter Übertretungsstraftatbestand, der u.a. auch Irreführungen hinsichtlich der betrieblichen Identität erfasst), in Art. 11 ToG und Art. 48 f. SSchG finden sich Strafbestimmungen, die Nachahmungen im Bereich von Firmen, Topografien und Sorten unter Strafe stellen.

nahmsweise – als Offizialdelikte ausgestaltet sind[257]. Der Strafrechtsschutz ist seit 1. Juli 2008 verschärft worden[258]. Ebenso wurde die Möglichkeit der **Hilfeleistung durch die Zollverwaltung** auch auf die Durchfuhr von Fälschungen und solche für den blossen Privatgebrauch **ausgeweitet**[259]. Demgegenüber ist das Namensrecht in Art. 29 ZGB nicht auch strafrechtlich geschützt, weshalb hier Art. 3 lit. d i.V.m. Art. 23 bei namensbezogenen Wettbewerbshandlungen eine gewisse selbständige praktische Bedeutung zukommt. Im Übrigen ist auf die Kommentierung zu Art. 23 zu verweisen.

VI. Verfahrensfragen

Art. 3 lit. d wird **in der Praxis** fast ausschliesslich **neben spezialgesetzlichen Bestimmungen**[260] angerufen bzw. geprüft. Reine UWG-Klagen sind im Bereich des Kennzeichen- bzw. Nachahmungsschutzes selten, was vor dem Hintergrund der umfassenden und kumulativen Anwendung des UWG erstaunen mag. Dies hat Auswirkungen auf die **gerichtliche Zuständigkeit**. So schreiben die immaterialgüterrechtlichen Sondergesetze eine einzige kantonale Instanz vor. In Kantonen mit Handelsgerichtsbarkeit (ZH, BE, SG, AG) wird regelmässig das Handelsgericht zuständig sein[261]. Gemäss **Art. 12 Abs. 2** kann eine Verletzung von Art. 3 lit. d durch dieselbe kantonale einzige Instanz beurteilt werden, die für gleichzeitig angerufene spezialgesetzliche Verletzungen zuständig ist (sog. Kompetenzattraktion; vgl. im Einzelnen die Kommentierung zu Art. 12 Abs. 2). Diverse Kantone sehen unter gewissen Voraussetzungen auch für reine UWG-Klagen die Zuständigkeit des Handelsgerichts oder desjenigen Gerichts vor, das für die Beurteilung der Verletzung spezialgesetzlicher Bestimmungen ausschliesslich und als einzige Instanz zuständig ist[262].

88

Die Prüfung der Voraussetzungen der Verwechslungsgefahr kann vom BGer als **Rechtsfrage** frei geprüft werden. Demgegenüber sind die Bestimmung des betroffenen Abnehmerkreises bzw. des massgeblichen Verkehrskreises und dessen Fachkundigkeit, das Vorliegen der Verkehrsdurchsetzung (überragende Verkehrsgeltung), die technische und funktionale Bedingtheit von Gestaltungselementen und die Frage, welche Elemente von Kennzeichen bzw. Ausstattungen vom massgeblichen Verkehrskreis tatsächlich berücksichtigt werden, **Tatfragen**. Deren Überprü-

89

---

[257] Vgl. z.B. Art. 61 Abs. 3 MSchG, Art. 41 Abs. 2 DesG, Art. 67 Abs. 2 URG und Art. 81 Abs. 3 PatG, Art. 11 Abs. 2 ToG und Art. 48 SoSchG sowie Art. 23 N 44 ff.
[258] Vgl. die vom Parlament im Rahmen der Patentgesetzrevision am 22. Juni 2007 beschlossenen Änderungen in diversen Gesetzen, AS 2008, 2551 ff.
[259] Vgl. Art. 70 ff. MSchG, Art. 46 ff. DesG, Art. 75 URG, Art. 86a ff. PatG und Art. 12 ToG.
[260] Namentlich des Marken-, Firmen- oder Namensrechts, aber auch des Urheber- bzw. Designrechts.
[261] Wichtige Ausnahme u. a. gemäss § 61 Ziff. 1 GVG ZH bei URG-Streitigkeiten; zur Handelsgerichtsbarkeit näher oben, Vor Art. 12–15 N 13 und Fn. 15.
[262] Dazu näher Art. 12 N 12.

fung ist im bundesgerichtlichen Verfahren auf die Willkürprüfung eingeschränkt[263]. **Demoskopische Gutachten** oder **Befragungen** des **Abnehmerkreises** können eine wichtige beweisrechtliche Funktion übernehmen[264].

90 Manchmal werden die in Frage stehenden **Kennzeichen bzw. Ausstattungen während** des **laufenden Verfahrens geändert**[265]. Diesbezüglich ist mit Bezug auf die negatorischen Ansprüche auf die tatsächlichen Umstände im Zeitpunkt des Schlusses des Beweisverfahrens abzustellen, was aber nicht bedeutet, ein Rechtsschutzinteresse mit Bezug auf davor bestehende Verhaltensweisen abzulehnen. So muss die vergangenheitsbezogene Feststellung einer Unlauterkeit möglich sein und insoweit ein Unterlassungsanspruch gewährt werden, da bzw. soweit der Nachahmer jederzeit wieder eine «Rückänderung» vornehmen kann. Demgegenüber ist für reparatorische Ansprüche naturgemäss ohnehin eine rückwärtsgerichtete Betrachtungsweise anzuwenden. Da Änderungen auf Seiten der beklagten Partei meist unpräjudiziell erfolgen, bedeuten sie noch nicht per se das Eingeständnis unlauteren Verhaltens, können aber je nach den Umständen als entsprechendes Indiz betrachtet werden.

91 Da materiellrechtliche **Ansprüche auf Auskunft** und Rechenschaftsablegung nur beim Gewinnherausgabeanspruch (Art. 9 Abs. 3 i.V.m. Art. 423 und Art. 400 Abs. 1 OR) zur Verfügung stehen, kann bei Schadenersatzansprüchen ein verfahrensrechtlicher (Hilfs-)Anspruch auf Auskunft und Rechenschaftsablegung nur im Wege der **Stufenklage** durchgesetzt werden. Im Rahmen der Geltendmachung von negatorischen Ansprüchen besteht deshalb kein Anspruch auf Auskunft oder Rechenschaftsablegung.

92 Soweit in einem Fall die Frage der Schaffung einer Verwechslungsgefahr zu beurteilen ist, die sich (auch) auf die **werbliche Gestaltung** bezieht, kann ein **Beschwerdeverfahren** bei der **SLK** eingeleitet werden, da diesfalls eine Verletzung von SLK-GS Nr. 3.7 vorliegen kann (Nachahmung werblicher Gestaltungen)[266]. Dasselbe gilt etwa mit Bezug auf die Frage der Firmengebrauchspflicht in der Werbung, die sich als solche nicht schon aus dem Firmenrecht ergibt, sondern erst aus SLK-GS Nr. 3.1 (Firmengebrauchspflicht in der Werbung). In Frage kommen die gemäss Art. 20 f. SLK-Geschäftsreglement vorgesehenen Sanktionen[267].

---

[263] Dazu näher Vor Art. 12–15 N 24 ff.
[264] Vgl. z.B. BGE 126 III 315, 318 ff. («Rivella (fig.)/Apiella III») und BGE 130 III 328, 332 («Swatch Uhrenarmband») zur beweismässigen Behandlung der Frage der Verkehrsdurchsetzung von Formmarken; vgl. zur Bedeutung der Demoskopie näher Vor Art. 12–15 N 21.
[265] Vgl. z.B. ZivGer BJM 1992, 262, E. 4.c («Biokill»), dazu auch Art. 9 N 66 ff.
[266] Vgl. z.B. den SLK-Entscheid i.S. «Kult-Werbung» in sic! 2003, 180, E. 2 und 3b.
[267] Dazu Vor Art. 12–15 N 43 ff.

Art. 3 lit. e

Unlautere Werbe- und Verkaufs- methoden und anderes widerrechtliches Verhalten	**Unlauter handelt insbesondere, wer:** e. sich, seine Waren, Werke, Leistungen oder deren Preise in unrichtiger, irreführender, unnötig herabsetzender oder anlehnender Weise mit anderen, ihren Waren, Werken, Leistungen oder deren Preisen vergleicht oder in entsprechender Weise Dritte im Wettbewerb begünstigt;.
Méthodes déloyales de publicité et de vente et autres comportements illicites	Agit de façon déloyale celui qui, notamment: e. compare, de façon inexacte, fallacieuse, inutilement blessante ou parasitaire sa personne, ses marchandises, ses oeuvres, ses prestations ou ses prix avec celles ou ceux d'un concurrent ou qui, par de telles comparaisons, avantage des tiers par rapport à leurs concurrents;
Metodi sleali di pubblicità e di vendita e altri comportamenti illeciti	Agisce in modo sleale, segnatamente, chiunque: e. paragona in modo inesatto, fallace, inutilmente lesivo o plagiante la propria persona, le proprie merci, opere, prestazioni o i loro prezzi con quelli d'altri, oppure, con tali paragoni, favorisce terzi nella concorrenza;
Unfair Advertising and Sales Methods and Other Unlawful Behaviour	Shall be deemed to have committed an act of unfair competition, anyone who, in particular: e. compares in an incorrect, misleading, unnecessary injurious or imitative manner his person, his goods, his works, his services or his prices with others, their goods, their works, their services or prices or who, by such comparison, favours third parties in competition;

Inhaltsübersicht

		Note	Seite
I.	Normzweck..	1	368
II.	Entstehungsgeschichte...	5	369
III.	Systematik und Verhältnis zu anderen Vorschriften	8	370
IV.	Tatbestandsvoraussetzungen	11	371
	1. Vergleich...	11	371
	a) Der Begriff des Vergleichs	11	371
	b) Anforderungen an die lautere vergleichende Werbung...............	16	373
	c) Unrichtiger Vergleich	18	374
	d) Irreführung	23	375
	e) Unnötige Herabsetzung	29	377
	f) Unnötige Anlehnung	36	378
	2. Besondere Arten von Vergleichen	43	381
	a) Preisvergleich	43	381
	b) Superlativ- oder Alleinstellungswerbung	46	383
	c) Publikation von Vergleichstests	50	384
	3. Beeinflussung des Verhältnisses zwischen Mitbewerbern oder zwischen Anbietern und Abnehmern.........	58	387
	4. Begünstigung Dritter	59	388

	Note	Seite
V. Rechtfertigung	61	388
VI. Rechtsfolgen	62	389
VII. Verfahrensfragen	63	389

Literatur

B. ABRECHT, La licéité des tests comparatifs: étude des droits anglais et écossais, allemand et suisse, Genf 1995; C. BAUDENBACHER (Hrsg.), Lauterkeitsrecht – Kommentar zum Gesetz gegen den unlauteren Wettbewerb (UWG), Basel 2001, Art. 3 lit. e; DERS., Suggestivwerbung und Lauterkeitsrecht, Zürich 1978; L. DAVID, Beweislastumkehr bei Tatsachenbehauptungen in der Werbung, AJP 1992, 616 ff.; L. DAVID/R. JACOBS, Wettbewerbsrecht, 4. Aufl., Bern 2005, N 239–257; L. DAVID/M. REUTTER, Schweizerisches Werberecht, 2. Aufl., Zürich 2001, 113–122; U. EGGENBERGER-STÖCKLI: Arzneimittel-Werbeverordnung: Verordnung vom 17. Oktober 2001 über die Arzneimittelwerbung (Arzneimittel-Werbeverordnung, AWV), Bern 2006; A. GERSBACH, Der Produkttest im schweizerischen Recht, Zürich 2003; A. GUBLER, Der Ausstattungsschutz nach UWG, Bern 1991; H. E. HUBER, Vergleichender Warentest und unlauterer Wettbewerb, Zürich, 1970; T. HÜGI, Die Veröffentlichung vergleichender Warentests unter lauterkeitsrechtlichen Aspekten, Bern 1997; A. KORALNIK, La publicité comparative en droit suisse et en droit européen, SZW 2000, 111 ff.; H. R. KÜNZLE, Die vergleichende Werbung im schweizerischen Wettbewerbsrecht – de lege lata und de lege ferenda, WuR 1982, 140 ff.; M. PEDRAZZINI/F. PEDRAZZINI, Unlauterer Wettbewerb – UWG, 2. Aufl., Bern 2002, N. 5.30–5.56; S. PUGATSCH, Werberecht für die Praxis, 3. Aufl., Zürich 2007, 20–37; M. RITSCHER/ S. BEUTLER, Vergleichende Werbung – Die neue EU-Richtlinie im Vergleich mit dem schweizerischen Recht, sic! 1998, 261 ff.; W. SCHLUEP, Die Werbung im revidierten Lauterkeitsrecht, in: C. Baudenbacher (Hrsg.), Das UWG auf neuer Grundlage, Bern 1989, 71 ff.; H. G. SCHMID, Die Bezugnahme in der Werbung nach dem Bundesgesetz gegen den unlauteren Wettbewerb (UWG) vom 19. Dezember 1986, St. Gallen 1988; M. STREULI-YOUSSEF, Unlautere Werbe- und Verkaufsmethoden (Art. 3 UWG), in: R. von Büren/L. David (Hrsg.), SIWR V/1, 2. Aufl., Basel 1998, 126–131; H. TROXLER, Kritische Würdigung der Rechtsprechung zur vergleichenden Werbung in der Schweiz und im Ausland, Zürich 1970; F. THOMANN, Vergleichende Werbung und Lockvogelangebote im Lichte des UWG, BJM 1981, 1 ff.; S. WIRTH, Vergleichende Werbung in der Schweiz, den USA und der EG, Zürich 1993; J. WYLER, Vergleichende Werbung gemäss neuem Wettbewerbsrecht in der Schweiz, AJP 1993, 612 ff.; T. WYLER, Werbung mit dem Preis als unlauterer Wettbewerb, Basel 1990.

I. Normzweck

1 Der Wettbewerb lebt davon, dass die Marktgegenseite verschiedene Angebote vergleicht. Der Anbieter wird sich deshalb bemühen, bei der Bewerbung seines Produktes nicht nur dessen Eigenschaften hervorzuheben, sondern seine Qualitäten auch in Relation zu den Konkurrenzprodukten zu setzen. Der Vergleich kann implizit oder ausdrücklich erfolgen.

2 Aus Sicht des Werbenden erscheint der offene Vergleich mit Konkurrenzprodukten als eine sehr **attraktive Art der Werbung**, ist sie doch dazu geeignet, die Marktgegenseite durch Abhebung von den Mitbewerbern entscheidend zu beeinflussen.

Allerdings ist nun auch das Fehler- und Missbrauchspotential in diesem Bereich sehr gross. Dies beweisen bereits die objektiven Produktvergleiche von Konsumentenorganisationen etc., die oft Mühe bekunden, in ihren Vergleichen den unterschiedlichen Eigenschaften der Produkte gerecht zu werden.

Umso mehr besteht die **Gefahr**, dass ein verzerrtes Bild entsteht, wenn ein Anbieter gerade und nur jene Eigenschaften von Produkten vergleicht, bei denen sein Produkt am besten abschneidet, die für eine Gesamtbetrachtung aber unter Umständen nicht die bedeutsamsten sind. Die Selektion der zu vergleichenden Eigenschaften der Produkte lädt sogar gerade dazu ein, die vergleichende Werbung zu missbrauchen. 3

Zweck von Art. 3 lit. e UWG ist es, fehlerhafte vergleichende Werbung zu vermeiden und dem Missbrauch dieses Instruments den Riegel zu schieben, ohne die vergleichende Werbung gänzlich zu verbieten. 4

II. Entstehungsgeschichte

In der Schweiz ist die vergleichende Werbung **seit jeher zulässig**, weil sie die Transparenz der Märkte fördert, der Information der Öffentlichkeit dient und dem Konsumenten ermöglicht, die für ihn günstigste Wahl zu treffen[1]. Der Vergleich ist eine zentrale Quelle der Konsumenteninformation, wovon auch die explizite Erwähnung in Art. 1 PBV und die Regelung in Art. 5 ff. KIG zeugen[2]. Allerdings gilt ebenfalls seit jeher, dass die vergleichende Werbung die allgemeinen Grundsätze von Treu und Glauben im Geschäftsverkehr beachten muss[3]. 5

Eine gesetzliche Regelung der vergleichenden Werbung wurde erst mit der Gesamtrevision des Bundesgesetzes gegen den unlauteren Wettbewerb im Jahre **1986** geschaffen. Dabei orientierte sich der Gesetzgeber an der damaligen bundesgerichtlichen Praxis[4]. Art. 3 lit. e ist eine Fortführung der unter dem alten Recht ergangenen Rechtsprechung zum Thema des Vergleichs[5]. In diesem Sinne kann die Rechtsprechung zum alten Recht – mit der angemessenen Vorsicht – auch heute noch berücksichtigt werden. 6

In der Europäischen Union ist die vergleichende Werbung seit 2007 in der Richtlinie 2006/114/EG des Europäischen Parlaments und des Rates vom 12. Dezember 7

---

[1] BGE 132 III 414, 426 («Taxes de pharmacie»); BGE 129 III 426, 433 («Unclean hands»); 125 III 286, 288 («Physikzeitschriften»); OGer ZH ZR 1978, Nr. 114, E. 2; Botschaft UWG, 1049; STREULI-YOUSSEF, SIWR V/1, 126; BAUDENBACHER/GLÖCKNER, Kommentar UWG, Art. 3 lit. e N 10 ff.; DAVID/REUTTER, Werberecht, 115; DAVID/JACOBS, Wettbewerbsrecht, N 240.
[2] PEDRAZZINI/PEDRAZZINI, UWG, N 5.38.
[3] BGE 129 III 426, 433 («Unclean hands»).
[4] Botschaft UWG, 1020 und 1049.
[5] PEDRAZZINI/PEDRAZZINI, UWG, N 5.53 ff.; BAUDENBACHER/GLÖCKNER, Kommentar UWG, Art. 3 lit. e N 3.

2006 über irreführende und vergleichende Werbung geregelt[6], die die Richtlinie 84/450/EWG i.d.F. der Richtlinie 97/55/EG und der Richtlinie 2005/29/EG abgelöst hat. Im Gegensatz zu dem in der Schweiz geltenden Missbrauchsprinzip bestimmt die EU-Richtlinie, welche Voraussetzungen erfüllt sein müssen, damit die vergleichende Werbung zulässig ist[7].

III. Systematik und Verhältnis zu anderen Vorschriften

8   Der vergleichenden Werbung ist eine Herabsetzung des Produkts, mit dem verglichen wird, inhärent[8], so dass stets auch die Anwendung von Art. 3 lit. a in Frage stehen kann. Diesbezüglich gilt, dass Art. 3 lit. e als **lex specialis** sämtliche herabsetzenden Aspekte im Rahmen der Bezugnahme auf ein anderes Produkt umfasst und Art. 3 lit. a somit konsumiert[9]. Letztere Bestimmung kann einzig noch für Herabsetzungen ausserhalb der Bezugnahme angewendet werden[10]. Analoges gilt im Verhältnis zu Art. 3 lit. b (Irreführungsverbot): Nimmt die Werbung auf Konkurrenzprodukte Bezug, wird die Irreführung ebenfalls von Art. 3 lit. e UWG erfasst, soweit die Irreführung gerade aus dem Vergleich herrührt[11]. Beim Tatbestand der unnötigen Anlehnung (Rufausbeutung) stellt sich in der Praxis regelmässig die Frage, ob sogar eine Verwechslungsgefahr gegeben und damit Art. 3 lit. d anwendbar ist[12].

9   Die vergleichende Werbung ist Gegenstand der Regelung verschiedener **Spezialerlasse**:

- Der Preisvergleich wird in der Verordnung über die Bekanntgabe von Preisen (Preisbekanntgabeverordnung, PBV) vom 11. Dezember 1978 (SR 942.211) geregelt[13].
- Das Bundesgesetz über die Information der Konsumentinnen und Konsumenten (Konsumenteninformationsgesetz; KIG) vom 5. Oktober 1990 (SR 944.0) regelt die Finanzhilfe an die Durchführung vergleichender Tests durch Konsumentenorganisationen.

---

[6] RITSCHER/BEUTLER, sic! 1998, 261 ff.; KORALNIK, SZW 2000, 111 ff.; PEDRAZZINI/PEDRAZZINI, UWG, N 5.31 f.; BAUDENBACHER/GLÖCKNER, Kommentar UWG, Art. 3 lit. e N 20 ff.
[7] Vgl. zur Vorgängerrichtlinie 97/55/EG RITSCHER/BEUTLER, sic! 1998, 264.
[8] BezGer ZH sic! 2006, 103, E. 4.4 («Preisvergleich»).
[9] BezGer ZH sic! 2006, 103, E. 3 («Preisvergleich»); HGer AG sic! 2005, 301, E. 3.2.1 («Knochenzement»); BAUDENBACHER/GLÖCKNER, Kommentar UWG, Art. 3 lit. e N 26.
[10] BezGer ZH sic! 2006, 103, E. 3 («Preisvergleich»); BAUDENBACHER/GLÖCKNER, Kommentar UWG, Art. 3 lit. a N 4.
[11] HGer AG sic! 2005, 301, E. 3.3.1 («Knochenzement»); BAUDENBACHER/GLÖCKNER, Kommentar UWG, Art. 3 lit. b N 5 und 249.
[12] BGE 135 III 446, 460 («Maltesers/Kit Kat Pop Choc II»); BGer 4A.103/2008, E. 6–8 («Botox/Botoina II»); BGer sic! 2008, 454, E. 4.3 («IWC/WMC»).
[13] Das SECO hat eine Wegleitung zur Preisbekanntgabeverordnung (27. April 2007) und zahlreiche Informationsblätter zum Thema veröffentlicht: siehe dazu Art. 16 N 30.

– Die Finanzierung vergleichender Tests, die von Konsumentenorganisationen durchgeführt werden, ist in der Verordnung über Finanzhilfen an Konsumentenorganisationen vom 1. April 1992 (SR 944.05944.05) geregelt. Diese enthält auch Bestimmungen darüber, wie die Tests ausgestaltet sein müssen.
– Für die Arzneimittelwerbung sieht die Verordnung über die Arzneimittelwerbung (Arzneimittel-Werbeverordnung; AWV) vom 17. Oktober 2001 (SR 812.212.5) besondere Vorschriften vor[14].

Zu beachten ist, dass die Verletzung verwaltungsrechtlicher Vorschriften, wie sie in diesen Erlassen enthalten sind, nicht ohne weiteres lauterkeitsrechtlich relevant sein muss. Dies ist nur dann anzunehmen, wenn der Rechtsbruch unter Berücksichtigung seiner ureigenen Sanktionen geeignet ist, dem Wettbewerber einen Vorsprung zu verschaffen[15]. 10

IV. Tatbestandsvoraussetzungen

1. Vergleich

a) Der Begriff des Vergleichs

Art. 3 lit. e setzt in erster Linie voraus, dass ein Vergleich stattfindet. Dabei ist unter einem Vergleich die **Gegenüberstellung von Fakten** aus dem Bereich der Leistungen mehrerer Wettbewerbsteilnehmer mit (explizit oder implizit) würdigender Wirkung zu verstehen[16]. Der Mitbewerber, der einen Vergleich anstellt, will seine eigenen, angeblich besseren Angebote durch Gegenüberstellung mit den Angeboten der Mitbewerber hervorheben[17]. 11

Aus der Entstehungsgeschichte der Norm ergibt sich, dass der Vergleich **in der Werbung** zu erfolgen hat, obwohl der Wortlaut diese Einschränkung nicht vorsieht. Immerhin lässt sich aus dem Fehlen dieses Tatbestandselements ableiten, dass der Begriff der Werbung nicht eng ausgelegt werden darf, sondern weit verstanden werden muss. Vorausgesetzt ist letztlich einzig die Veröffentlichung. Dies wird dadurch bestätigt, dass bei der Veröffentlichung von Vergleichen eine Werbeabsicht nicht vorausgesetzt ist[18]. Ein weiter Begriff der Werbung gilt insbesondere für den Tatbestand der unnötigen Anlehnung, kann sich Letztere doch auch auf die 12

---

[14] Siehe dazu: EGGENBERGER-STÖCKLI, Arzneimittel-Werbeverordnung, 1 ff.
[15] HGer AG sic! 2005, 301, E. 3.4.3.2 («Knochenzement»); Apphof BE sic! 2003, 976, E. 3.c («Pure Red Cell Aplasia I»); BAUDENBACHER/GLÖCKNER, Kommentar UWG, Art. 2 N 308 und 312.
[16] BezGer ZH sic! 2006, 23, E. 4.1 («Grupo de danças»); PEDRAZZINI/PEDRAZZINI, UWG, N 5.36 ff.; J. WYLER, AJP 1993, 612.
[17] BezGer ZH sic! 2006, 23, E. 4.1 («Grupo de danças»).
[18] BezGer ZH sic! 2006, 103, E. 4.1 («Preisvergleich»); Botschaft UWG, 1065.

Präsentation oder Ausstattung der Waren Dritter beziehen, die nur bedingt als Werbung verstanden werden können.

13 Auch der Begriff des Vergleichs ist weit zu verstehen. Als vergleichende Werbung im Sinne von Art. 3 lit. e gilt nicht nur die vergleichende Werbung, die auf bestimmte Mitbewerber oder ihre Produkte Bezug nimmt, sondern jede Werbeaussage, die in **irgendeiner Art eine Beziehung** zwischen dem eigenen Produkt, der eigenen Person oder dem eigenen Unternehmen und dem Produkt, der Person oder der Unternehmung eines oder mehrerer Mitbewerber herstellt[19]. Erfasst werden sowohl die persönlich (die Unternehmung oder die Person des Mitbewerbers ist Gegenstand der vergleichenden Werbung) als auch die sachlich vergleichende Werbung (der Vergleich bezieht sich auf die Produkte des Mitbewerbers)[20]. Dabei ist **nicht** vorausgesetzt, dass **bestimmte Mitbewerber** aus der vergleichenden Werbung individualisierbar sind: Es reicht, dass die Bezugnahme für den durch die Werbung angesprochenen Verkehrskreis klar erkennbar ist[21]. Ein direkter Vergleich mit einem Mitbewerber oder seinen Leistungen ist somit nicht erforderlich.

14 Der Vergleich kann **auch durch Anlehnung** an Konkurrenzprodukte erfolgen. Dabei vergleicht der Werbende sein Produkt nicht mit einem anderen, sondern er legt dar, dass sein Produkt gleich gut wie ein – in der Regel bekanntes – Konkurrenzprodukt sei[22]. Auch die anlehnende Ausgestaltung einer Etikette auf einer Getränkeflasche oder eines Inserats kann als vergleichende Werbung im Sinne von Art. 3 lit. e qualifiziert werden[23].

15 Der Vergleich hat grundsätzlich stattzufinden **zwischen** (a) dem vergleichenden Anbieter (*«sich»*), seinen Waren, Werken, Leistungen oder deren Preisen und (b) einem Dritten (*«anderen»*), dessen Waren, Werke, Leistungen oder deren Preisen. Beim vergleichenden Anbieter wird es sich in der Regel um einen Mitbewerber des Dritten handeln. Erfasst werden jedoch auch von einem Nichtmitbewerber angestellte Vergleiche Dritter, ihrer Waren, Werke, Leistungen oder deren Preisen (siehe N 59 f. unten). Zu den Begriffen «Waren», «Werke», «Leistungen» und «Preise» siehe im Einzelnen die Kommentierung zu Art. 3 lit. b, N 32 ff.

---

[19] AppGer BS sic! 2005, 768, E. 3.a («Ende des Kabelfernsehens?»); BAUDENBACHER/GLÖCKNER, Kommentar UWG, Art. 3 lit. e N 28 ff.
[20] BAUDENBACHER/GLÖCKNER, Kommentar UWG, Art. 3 lit. e N 29 f.
[21] AppGer BS sic! 2005, 768, E. 3.a («Ende des Kabelfernsehens?»); BAUDENBACHER/GLÖCKNER, Kommentar UWG, Art. 3 lit. e N 32.
[22] BezGer ZH sic! 2006, 23, E. 4.1 («Grupo de danças»); PEDRAZZINI/PEDRAZZINI, UWG, N 5.47; DAVID/REUTTER, Werberecht, 117; PUGATSCH, Werberecht, 28.
[23] HGer ZH sic! 1999, 581, E. G.d.aa («Apiella/Rivella II»); HGer ZH sic! 2000, 307, E. 3 («Chanel III»).

b) Anforderungen an die lautere vergleichende Werbung

Vergleichende Werbung ist grundsätzlich erlaubt. Vorausgesetzt ist, dass der Vergleich objektiv, wahrheitsgemäss und wirklichkeitsgetreu ist[24]. Zudem darf nur wirklich Vergleichbares miteinander in Beziehung gebracht werden[25]. Unlauter ist die vergleichende Werbung hingegen, wenn der angestellte Vergleich unrichtig, irreführend, unnötig herabsetzend oder unnötig anlehnend ist (Missbrauchsprinzip)[26]. Es gelten das Täuschungsverbot, das Irreführungsverbot sowie das Gebot der Nachvollziehbarkeit[27]. Die Aufzählung in Art. 3 lit. e ist abschliessend.

16

Aufgrund der nachweislichen Anziehungskraft und der Wirksamkeit der Werbung auf den durchschnittlichen Konsumenten und der erfahrungsgemäss beschränkten Fähigkeit des Durchschnittskonsumenten zur Aufmerksamkeit und zu kritischem Verstand rechtfertigt es sich, bei der Beurteilung der vergleichenden Werbung einen relativ **strengen Massstab** anzulegen[28]. Dies gilt insbesondere dann, wenn eine Werbung ihre Adressaten unter Berufung auf die uneingeschränkte Behauptung (angeblich) wissenschaftlich gestützter Aussagen zu beeinflussen sucht, sind doch die Werbeaussagen regelmässig in absoluter Form abgefasst, währenddem die Wissenschaft gerade Anspruch auf Vorläufigkeit und ständige Überprüfung hervorgebrachter Resultate erhebt[29].

17

---

[24] BGE 129 III 426, 434 («Unclean hands»); 132 III 414, 426 («Taxes de pharmacie»).
[25] BGE 132 III 414, 427 («Taxes de pharmacie»); 125 III 286, 289 («Physikzeitschriften»); 104 II 124, 133 («Weltcup-Rangliste»); HGer AG sic! 2005, 301, E. 3.4.2 («Knochenzement»); OGer ZG sic! 1997, 316, E. 2.c.aa («Hüftgelenkimplantate»); STREULI-YOUSSEF, SIWR V/I, 128; DAVID/REUTTER, Werberecht, 116; DAVID/JACOBS, Wettbewerbsrecht, N 241; PUGATSCH, Werberecht, 28.
[26] BGE 132 III 414, 426 («Taxes de pharmacie»); 129 III 426, 433 («Unclean hands»); 125 III 286, 288 («Physikzeitschriften»); 104 II 124, 127 («Weltcup-Rangliste»); 87 II 113, 116 («Örtli»); AppGer BS sic! 2005, 768, E. 3.a («Ende des Kabelfernsehens?»); HGer AG sic! 2005, 301, E. 3.4.1.1 («Knochenzement»); OGer ZH sic! 1997, 588, E. III.b («Denner-Preisvergleich»); OGer ZG sic! 1997, 316, E. 2.c.aa («Hüftgelenkimplantate»); CdJ GE sic! 1999, 297, E. 2.b («Pirates»); AppGer BS BJM 1996, 88, E. 4 («Differenz beim Kauf»); KGer VS ZWR 1995, 157, E. 3 («Air Zermatt»); KGer SZ EGVSZ 1982, 98, E. 2 («Super-Discount»); OGer ZH ZR 1978, Nr. 114, E. 2; KGer GR PKG 1976, Nr. 36, E. 2 («Kundenservice»); Botschaft UWG, 1049 und 1063; BAUDENBACHER/GLÖCKNER, Kommentar UWG, Art. 3 lit. e N 34 ff.; DAVID/REUTTER, Werberecht, 116; RITSCHER/BEUTLER, sic! 1998, 264; KORALNIK, SZW 2000, 117; PUGATSCH, Werberecht, 27 f.; J. WYLER, AJP 1993, 612.
[27] SLK-Tätigkeitsbericht 2002, 22.
[28] BGE 129 III 426, 435 («Unclean hands»); 94 IV 34, 36 («Grundig»); HGer AG sic! 2005, 301, E. 3.4.1.1 («Knochenzement»); OGer ZH ZR 1978, Nr. 114, E. 2; DAVID/REUTTER, Werberecht, 116; DAVID/JACOBS, Wettbewerbsrecht, N 241; PEDRAZZINI/PEDRAZZINI, UWG, N 5.39.
[29] OGer ZH ZR 1978, Nr. 114, E. 5; PEDRAZZINI/PEDRAZZINI, UWG, N 5.37.

c) Unrichtiger Vergleich

18 Lauter und damit zulässig sind nur solche vergleichende Werbungen, die auf objektiv wahren Angaben beruhen[30]. Unrichtige Vergleiche, die auf falschen Angaben beruhen, sind hingegen in jedem Fall unlauter[31], wobei es keine Rolle spielt, um wie viel der Vergleich von der Wahrheit abweicht[32]. Zum Begriff der Unrichtigkeit kann allgemein auf die Kommentierung zu Art. 3 lit. a (N 35 f.) verwiesen werden.

19 Unrichtig und damit unlauter sind auch Vergleiche, die zwar auf richtigen, aber als Vergleichsmassstab nicht geeigneten Daten oder auf verschiedenen, *nicht vergleichbaren Kategorien* von Daten beruhen[33]. Falsche und damit unlautere Aussagen können ferner dadurch entstehen, dass subjektive Aussagen für vergleichende Werbung benutzt werden, ohne transparent zu machen, welcher Massstab bei der Aussage angelegt wurde. So ist etwa bei Qualitätsaussagen offenzulegen, wenn ein besonders strenger Massstab angelegt wird, da ansonsten der Eindruck entsteht, die Aussage beziehe sich auf durchschnittliche Qualitätsanforderungen[34].

20 Gemäss Grundsatz 3.5 Ziff. 1 **SLK-Grundsätze** ist eine vergleichende Äusserung unrichtig, wenn

- die verglichenen Waren oder Leistungen nicht vergleichsfähig sind, d.h. einen umfassenden und abschliessenden sachlichen Vergleich nicht ermöglichen,
- der Bezugnahme nicht identische oder zumindest nicht vergleichbare – im System- oder Warenvergleich nicht austauschbare oder vertretbare – Elemente zugrunde gelegt werden,
- die Angaben den Tatsachen, wie sie das Publikum versteht, nicht entsprechen,
- die Bezugnahme fälschlicherweise als umfassend und abschliessend dargestellt wird.

21 Ob ein wettbewerbswirksamer Vergleich unwahre Angaben enthält, bestimmt sich grundsätzlich nach einem **objektiven Massstab**: der Inhalt der Werbebotschaft ist objektiv auf seinen Wahrheitsgehalt zu prüfen[35]. Der Inhalt der Werbebotschaft beurteilt sich dabei nach dem Sinn, den ein Zuschauer oder Leser nach der Lebens-

---

[30] Botschaft UWG, 1063. Es entspricht einem allgemeinen Grundsatz, dass sämtliche tatsächlichen Angaben in der kommerziellen Kommunikation wahr sein müssen: SLK-Tätigkeitsbericht 2000, 14.
[31] BGer sic! 2007, 218, E. 3.2 («Vergleichender Warentest»); BGE 132 III 414, 426 («Taxes de pharmacie»); 129 III 426, 434 («Unclean hands»).
[32] BGE 94 IV 34, 38 («Grundig»).
[33] BGE 132 III 414, 427 («Taxes de pharmacie»); KGer VS ZWR 1995, 157, E. 3 («Air Zermatt»); BezGer Zürich SMI 1995 399, E. 4.1 («Züritel»); J. WYLER, AJP 1993, 614; PEDRAZZINI/ PEDRAZZINI, UWG, N 5.40.
[34] AppGer BS sic! 2005, 768, E. 3.c.dd («Ende des Kabelfernsehens?»).
[35] BAUDENBACHER/GLÖCKNER, Kommentar UWG, Art. 3 lit. e N 51.

erfahrung einer Mitteilung nach den Umständen in guten Treuen beimisst. Die Verkehrsauffassung misst sich dabei am schweizerischen Durchschnittskonsumenten, der nicht fachkundig ist, aber über ein normales Wissen verfügt und den Äusserungen den Grad an Aufmerksamkeit schenkt, der nach den Umständen zu erwarten ist[36].

Das Verbot unrichtiger Vergleiche in der Werbung dient sowohl dem Schutz der Konsumenten und als auch dem Schutz der Mitbewerber. 22

d) Irreführung

Unlauter sind Vergleiche, die irreführend sind. Dabei **reicht die Gefahr** der Irreführung aus. Die Verwirklichung derselben ist für die Erfüllung des Tatbestands nicht vorausgesetzt[37]. Bezüglich des Begriffs der Irreführung kann auf die Ausführungen zu Art. 3 lit. a (N 37 ff.) und Art. 3 lit. b (N 59 ff.) verwiesen werden. Positiv formuliert ist letztlich gefordert, dass die Angaben in der kommerziellen Kommunikation für den Durchschnittskonsumenten hinlänglich klar («subjektiv wahr») sein müssen[38]. 23

Auch inhaltlich richtige Vergleiche können irreführend sein[39]. Dies kann etwa der Fall sein bei Vergleichen, die sich zwar auf wahrheitsgemässe Angaben stützen, diese **Angaben** aber **ungenau, nebensächlich oder unvollständig**[40] und damit geeignet sind, bei einem wesentlichen Teil der Öffentlichkeit einen Irrtum zu erwecken[41]. So darf ein Vergleich nicht mit unwesentlichen Vergleichsfaktoren operieren, wesentliche Tatsachen dagegen verschweigen[42]. Gleiches gilt, wenn bei der Publikation eines Vergleichs dem Publikum die Vergleichsgrundlagen, die das Resultat des Vergleichs entscheidend beeinflussen, nicht offengelegt werden[43]. Ebenso darf – auch bei richtigen Angaben – nur Vergleichbares miteinander in 24

---

[36] BGE 132 III 414, 427 («Taxes de pharmacie»); 129 III 426, 435 («Unclean hands»); BGer sic! 2007, 218, E. 3.2 («Vergleichender Warentest»); BAUDENBACHER/GLÖCKNER, Kommentar UWG, Art. 3 lit. e N 44, 47 und 51; DAVID/REUTTER, Wettbewerbsrecht, 116; KORALNIK, SZW 2000, 118.

[37] BGE 129 III 426, 435 («Unclean hands»); RITSCHER/BEUTLER, sic! 1998, 266; BAUDENBACHER/GLÖCKNER, Kommentar UWG, Art. 3 lit. e N 58.

[38] SLK-Tätigkeitsbericht 2000, 16.

[39] Botschaft UWG, 1064; J. WYLER, AJP 1993, 614.

[40] Als unlauter wegen Unvollständigkeit wurde z.B. die Publikation eines Vergleichs unter Weglassung eines wesentlichen Konkurrenten qualifiziert: SLK-Tätigkeitsbericht 2000, 22.

[41] BGer sic! 2007, 218, E. 3.2 («Vergleichender Warentest»); BGE 129 III 426, 434 («Unclean hands»); 125 III 286, 289 («Physikzeitschriften»); BGer sic! 2007, 218, E. 3.2 («Vergleichender Warentest»); Lauterkeitskommission SMI 1992, 121 («Frischester Frischkäse»); PEDRAZZINI/ PEDRAZZINI, UWG, N 5.43.

[42] BGer sic! 2007, 218, E. 3.2 («Vergleichender Warentest»); BezGer Uster SMI 1996, 160, E. 2.b («Modem»); J. WYLER, AJP 1993, 614.

[43] Illustrativ: BGE 104 II 124, 131 ff. («Weltcup-Rangliste»); ebenso: BGE 125 III 286, 289 («Physikzeitschriften»).

Beziehung gebracht werden[44]. Schliesslich ist beim Vergleich von Bearbeitungs- oder Behandlungsmethoden der Unterschied zwischen diesen Methoden so darzustellen, dass sie für den angesprochenen Durchschnittskonsumenten verständlich sind, was bei schlagwortartigen Angaben kaum je der Fall sein wird[45]. Dabei gilt, dass Unklarheiten in der kommerziellen Kommunikation stets dem Werbetreibenden anzurechnen sind[46].

25 Es besteht nun allerdings nicht der Anspruch, dass jeder angestellte Vergleich eine umfassende vergleichende Beurteilung der einander gegenübergestellten Angebote enthalten muss. Ein Vergleich ist demzufolge nicht schon deshalb unlauter, weil er nicht alle denkbaren Vergleichskriterien einbezieht. Sofern aus der Publikation hinreichend deutlich hervorgeht, dass sich der Vergleich **auf einzelne Kriterien beschränkt**, ist dies zulässig[47]. Dabei gilt: Wer Vergleiche anstellt, hat die Vergleichsgrundlagen offenzulegen, so dass das Publikum die Tragweite der Vergleichsergebnisse richtig einschätzen kann[48].

26 Bei der Beurteilung, ob eine vergleichende Werbung irreführende Angaben enthält, muss der Richter die Sichtweise des Adressaten einnehmen, wobei der Sinn massgebend ist, den der Adressat der Werbung berechtigterweise in guten Treuen nach der allgemeinen Lebenserfahrung und den Umständen des Einzelfalls der Werbung beimessen darf[49]. Abzustellen ist in der Regel auf den schweizerischen **Durchschnittsabnehmer**, der nicht vom Fach und normal begabt ist (N 21 und Art. 1 N 32 ff.)[50]. Dabei ist das tatsächliche Verständnis der Adressaten nicht relevant, wobei insbesondere einzelne Äusserungen nicht genügen können[51]. Richtet sich die Werbung allerdings nachweislich ausschliesslich an Fachleute, so ist deren Verständnis als massgebende Verkehrsauffassung zu betrachten[52]. Gleiches gilt, wenn die Adressaten nachweislich auf gewisse Informationen sensibilisiert sind[53].

---

[44] BGE 104 II 124, 133 («Weltcup-Rangliste»); BGer sic! 2007, 218, E. 3.2 («Vergleichender Warentest»); BezGer Zürich SMI 1995, 399, E. 4.1 («Züritel»); SLK-Tätigkeitsbericht 2005, 10; Botschaft UWG, 1064.
[45] SLK-Tätigkeitsbericht 1998, 22: Im konkreten Fall ging es um die Anpreisung von Haarersatz.
[46] SLK-Tätigkeitsbericht 2000, 16.
[47] BGer sic! 2007, 218, E. 3.2 («Vergleichender Warentest»); KGer GR vom 23. Januar 2006 (ZF 05 41), E. II.1.a.
[48] BGE 125 III 286, 289 («Physikzeitschriften»).
[49] BGE 132 III 414, 427 («Taxes de pharmacie»); 129 III 426, 435 («Unclean hands»); 94 IV 34, 36 («Grundig»).
[50] BGE 132 III 414, 427 («Taxes de pharmacie»); 129 III 426, 435 («Unclean hands»); BGer sic! 2007, 218, E. 3.2 («Vergleichender Warentest»). Siehe dazu: SLK-Tätigkeitsbericht 2002, 20; BAUDENBACHER/GLÖCKNER, Kommentar UWG, Art. 3 lit. b N 74 f.; PUGATSCH, Werberecht, 20.
[51] BGer sic! 2007, 218, E. 3.2 und 3.3 («Vergleichender Warentest»); BAUDENBACHER/GLÖCKNER, Kommentar UWG, Art. 3 lit. b N 79 ff.
[52] OGer LU LGVE 2004, Nr. 29, E.8.1.2 («Blutarmut»).
[53] Siehe etwa: SLK-Tätigkeitsbericht 2002, 22.

Die **SLK-Grundsätze** bezeichnen in Grundsatz 3.5 Ziff. 2 eine Äusserung als irreführend, wenn: 27

- die Angabe Tatsachen unterdrückt, die nach den Erwartungen des Publikums im Zusammenhang mit der Äusserung ebenfalls gesagt werden müssten,
- die Bezugnahme dem durchschnittlichen Verständnis des Empfängers nicht Rechnung trägt,
- lediglich einzelne Vor- und Nachteile miteinander verglichen werden und die übrigen Elemente nicht identisch sind.

Der Tatbestand der Irreführung dient dem Schutz der Konsumenten und der Mitbewerber[54]. 28

e) Unnötige Herabsetzung

Unlauter ist die unnötig herabsetzende vergleichende Werbung. Es gilt das **Primat des Leistungswettbewerbs** im Gegensatz zum Behinderungswettbewerb: In der Werbung soll die Hervorhebung der eigenen Leistung und nicht die Herabsetzung der Leistung eines Mitbewerbers den Konsumenten überzeugen[55]. Zum Begriff der Herabsetzung kann allgemein auf die Kommentierung zu Art. 3 lit. a (N 29 ff.) verwiesen werden. 29

Bereits die Herabsetzung bedarf einer **gewissen Schwere**, damit Art. 3 lit. e Anwendung findet: Die negative Aussage muss einen anderen oder seine Waren geradezu anschwärzen oder verächtlich machen, indem sie diese als wertlos, unbrauchbar, fehlerhaft oder beschädigt hinstellt[56]. Eine Herabsetzung kann durch Werturteil, durch unwahre, aber auch durch objektiv wahre Angaben erfolgen[57]. Dementsprechend kann die Wahrheit und Richtigkeit einer Aussage im Falle einer unnötigen Herabsetzung niemals Rechtfertigungsgrund sein[58]. 30

Da jeder vergleichenden Werbung eigen ist, dass sie die Mitbewerber oder deren Produkte in bestimmtem Mass herabsetzt, kann nicht jede herabsetzende vergleichende Werbung unlauter sein. Vielmehr ist zusätzlich vorausgesetzt, dass die Herabsetzung unnötig ist[59]. Mit dem Begriff *«unnötig»* wird das Prinzip der Verhältnismässigkeit angesprochen: unnötig ist eine Herabsetzung dann, wenn sie in 31

---

[54] Botschaft UWG, 1064.
[55] HGer ZH sic! 1997, 65, E. VII («Rivella/Apiella»); HGer ZH ZR 1989, Nr. 62, E. 4 («Zigarettenkartell»).
[56] OGer ZG sic! 1997, 316, E. 2.c.cc («Hüftgelenkimplantate»).
[57] AppGer BS sic! 2005, 768, E. 3.b («Ende des Kabelfernsehens?»); OGer ZG sic! 1997, 316, E. 2.c.cc («Hüftgelenkimplantate»); Botschaft UWG, 1064; BAUDENBACHER/GLÖCKNER, Kommentar UWG, Art. 3 lit. e N 357.
[58] AppGer BS sic! 2005, 768, E. 3.b («Ende des Kabelfernsehens?»).
[59] AppGer BS sic! 2005, 768, E. 3.b («Ende des Kabelfernsehens?»); BezGer ZH sic! 2006, 103, E. 4.4 («Preisvergleich»); BAUDENBACHER/GLÖCKNER, Kommentar UWG, Art. 3 lit. e N 66.

Ton und Inhalt über das hinausgeht, was sich ein Mitbewerber gefallen lassen muss[60], wenn sie mithin ohne rechtfertigenden Grund erfolgt[61].

32 Ein Vergleich ist erst dann unnötig herabsetzend, wenn er **unsachlich oder unverhältnismässig** ist, weil wettbewerbsfremde Vergleichsparameter verwendet oder bestimmte Wettbewerbsteilnehmer durch unnötig aggressive, gehässige Angriffe verunglimpft werden[62]. Zum Begriff der Unnötigkeit kann allgemein auf die Kommentierung zu Art. 3 lit. a (N 40 ff.) verwiesen werden.

33 Ob eine unnötige Herabsetzung vorliegt, lässt sich letztlich **nur im Einzelfall** entscheiden[63]. Als unnötig herabsetzend wurden etwa folgende Aussagen beurteilt: «Die Abonnementsgebühren [der Konkurrenten] steigen weiter ins Unendliche ...!» bei aktuellen Gebühren von CHF 25.70 monatlich[64]. Ebenfalls unnötig herabsetzend war die Darstellung des Konkurrenten als Teufel in einem Puppenspiel[65].

34 Gemäss Grundsatz 3.5 Ziff. 3 der **SLK-Grundsätze** ist eine Äusserung unnötig verletzend, wenn:

- ihr Inhalt unerlaubt ist, d.h. für sachliche Aufklärung der Abnehmerschaft nicht nötig ist,
- ihr Zweck unerlaubt ist, d.h. mehr als für die Erstellung der Markttransparenz nötig in die Persönlichkeit des oder der Mitbewerber eingreift,
- sie statt das beworbene Erzeugnis oder die beworbene Leistung zu rühmen, das verglichene Produkt oder die verglichene Leistung in direkter Weise herabsetzt.

35 Das Verbot der unnötigen Herabsetzung dient dem Schutz der Mitbewerber[66].

f) **Unnötige Anlehnung**

36 Unklar ist die unnötig anlehnende Werbung als besondere Spielart der vergleichenden Werbung. Beim anlehnenden Vergleich (zum Begriff der Anlehnung, siehe Kommentierung zu Art. 2, N 104 ff.) geht es – im Gegensatz zu den anderen Tatbeständen des Art. 3 lit. e – primär nicht um eine Gegenüberstellung mit den Angeboten der Konkurrenz, sondern darum, durch den Vergleich die eigene Leistung mit derjenigen des Mitbewerbers zu koppeln, um dessen **Bekanntheitsgrad**

---

[60] OGer ZG sic! 1997, 316, E. 2.c.cc («Hüftgelenkimplantate»).
[61] Botschaft UWG, 1064.
[62] BGE 125 III 286, 292 («Physikzeitschriften»); BezGer ZH sic! 2006, 103, E.4.4 («Preisvergleich»); OGer ZG sic! 1997, 316, E. 2.c.cc («Hüftgelenkimplantate»); STREULI-YOUSSEF, SIWR V/I, 124 f.; PEDRAZZINI/PEDRAZZINI, UWG, N 5.45.
[63] Botschaft UWG, 1064.
[64] AppGer BS sic! 2005, 768, E. 3.c.bb («Ende des Kabelfernsehens?»).
[65] SLK-Tätigkeitsbericht 2005, 10.
[66] Botschaft UWG, 1064.

auszunutzen[67]. Trendsetter und Marktführer müssen sich zwar gewisse Annäherungen der Konkurrenz gefallen lassen; dies gilt allerdings dann nicht, wenn die Mitbewerber bei ihren Anlehnungen die Bezugnahmen alleine um der Bezugnahme willen suchen[68]. Für die Schaffung einer Gedankenassoziation sind die Anforderungen an die Ähnlichkeit der Ausstattungen geringer als für die Erzeugung einer Verwechslungsgefahr. Dabei ist eine Rufausbeutung durch einen Image-Transfer umso eher anzunehmen, je ähnlicher sich die Konkurrenzausstattungen nach ihrem Gesamteindruck und je näher sich die Produkte sind. Hingegen reicht nicht schon jede noch so geringfügige Ähnlichkeit einer Ausstattung mit derjenigen eines Konkurrenten, die nicht zur Annahme einer lauterkeitsrechtlichen Verwechslungsgefahr genügt, für sich allein aus, um anstelle der Verwechslungsgefahr eine unlautere Anlehnung zu bejahen. Vielmehr ist überdies erforderlich, dass die Ausstattung in einer Weise verwendet wird, dass es nicht anders denn als Anlehnung an diejenige eines Dritten gedeutet werden kann, und dies objektiv geeignet ist, beim Adressaten eine gedankliche Verbindung zum Drittzeichen bzw. den damit gekennzeichneten Produkten zu wecken. Denn das Verbot der unlauteren Anlehnung an eine Konkurrenzausstattung soll nur eindeutige Fälle unnötiger Anlehnung erfassen, die nicht durch ein Informationsbedürfnis zu rechtfertigen sind[69].

Eine Anlehnung kann auch **bei Preisvergleichen** gegeben sein, wenn mit dem Vergleich der hohe Bekanntheitsgrad des Vergleichsprodukts ausgenützt wird, um Kunden für das eigene Produkt anzuziehen[70], oder wenn ein Mitbewerber die wesentlichen Gestaltungselemente eines Inserats eines Mitbewerbers übernimmt[71]. Damit eine werbliche Gestaltung einen lauterkeitsrechtlichen Schutz beanspruchen kann, muss sie selbst eine Kennzeichnungsfähigkeit besitzen[72]. Die Kennzeichnungsfähigkeit setzt eine Unterscheidungskraft voraus oder ist dann als gegeben zu betrachten, wenn die Verkehrsgeltung der fraglichen Gestaltung nachgewiesen wird[73]. 37

---

[67] BGE 135 III 446, 460 («Maltesers/Kit Kat Pop Choc II»); BGer 4A.103/2008, E. 6–7 («Botox/Botoina II»); BGer sic! 2008, 454, E. 4.3 («IWC/WMC»); KGer VS ZWR 1995, 157, E. 3 («Air Zermatt»); KGer SG vom 24. Mai 2005 (DZ.2003.3), E. IV.5.b; DAVID/REUTTER, Werberecht, 117; DAVID/JACOBS, Wettbewerbsrecht, N 245 f.; PUGATSCH, Werberecht, 28; PEDRAZZINI/PEDRAZZINI, UWG, N 5.47.
[68] HGer ZH sic! 1999, 581, E. G.d.bb («Rivella/Apiella II»).
[69] BGE 135 III 446, 462 («Maltesers/Kit Kat Pop Choc II»); BGer, sic! 2008, 454, E. 4.3 («IWC/WMC»); PEDRAZZINI/PEDRAZZINI, UWG, N 5.47; BAUDENBACHER/GLÖCKNER, Kommentar UWG, Art. 3 lit. e N Rz. 96 ff.; GUBLER, S. 379.
[70] BezGer ZH sic! 2006, 103, E. 4.5 («Preisvergleich»); HGer ZH ZR 1989, Nr. 62, E. 4 («Zigarettenkartell»).
[71] HGer ZH sic! 2000, 307, E. 3 («Chanel III»). Siehe auch: SLK-Tätigkeitsbericht 2002, 24 und 2004, 20.
[72] SLK-Tätigkeitsbericht 2004, 20 und 2005, 12.
[73] SLK-Tätigkeitsbericht 2004, 20 und 2005, 12.

38 Auch bei der Anlehnung ist auf den **durchschnittlichen Adressaten** der Werbung abzustellen. Erkennt dieser die Bezugnahme nicht, so ist eine vergleichende Werbung im Sinne einer Anlehnung von vornherein nicht gegeben[74].

39 **Unnötig** ist die Anlehnung, wenn sie ohne rechtfertigenden Grund erfolgt[75], mithin sachlich nicht gerechtfertigt oder verletzend in der Form ist[76]. Zum Begriff der Unnötigkeit kann allgemein auf die Kommentierung zu Art. 3 lit. a (N 40 ff.) verwiesen werden. Unter Art. 3 lit. e liegt eine unnötige Anlehnung vorab bei allen positiven Bezugnahmen auf die Konkurrenz vor, die zur angemessenen Aufklärung der Abnehmer des eigenen Angebots nicht erforderlich sind[77]. Weiter sind darunter Handlungen zu subsumieren, die darauf abzielen, den guten Ruf von Mitbewerbern in systematischer und raffinierter Weise zur Empfehlung der eigenen Ware auszunutzen[78]. Dies kann etwa der Fall sein, wenn ein Mitbewerber seine Firma so wählt, dass der Anschein der Zugehörigkeit zu einer renommierten und etablierten Unternehmensgruppe entsteht[79], oder sich gesamthaft in schmarotzerhafter Weise dem Betrieb und den Produkten eines Mitbewerbers annähert[80]. Ebenso erscheint eine Anlehnung unnötig, wenn ein Mitbewerber nicht mit eigenen Informationen zum eigenen Produkt wirbt, sondern stattdessen auf als bekannt vorausgesetzte Eigenschaften eines Konkurrenzproduktes verweist[81].

40 Gleiches gilt im Prinzip, wenn ein Mitbewerber das eigene Produkt explizit oder implizit als **Ersatz für ein Konkurrenzprodukt** bezeichnet[82]. Allerdings kann eine Anlehnung gerade notwendig sein, um den Alternativcharakter des beworbenen Produktes überhaupt erst darlegen zu können. In solchen Fällen ist die Anlehnung sachlich geboten und damit nicht unnötig im Sinne von Art. 3 lit. e, stets vorausgesetzt, sie erfolgt in angemessener Form[83]. Desgleichen ist eine Ausnahme für das so genannte Ersatzteilgeschäft sowie für ergänzende Produkte zu machen: Der Hersteller von (nicht offiziellen) Ersatzteilen oder Zusatzprodukten darf darauf hinweisen,

---

[74] BezGer ZH sic! 2006, 23, E. 4.3 («Grupo de danças»).
[75] Botschaft UWG, 1065.
[76] BGE 102 II 292, 296 («Latoflex»); KGer VS ZWR 1981, 444, E. 5 («Montana»).
[77] KrG VIII Bern-Laupen sic! 2004, 31, E. 3.9 («FMH/FNH»); BAUDENBACHER/GLÖCKNER, Kommentar UWG, Art. 3 lit. e N 92 und 96.
[78] BGer 4A.103/2008, E. 6–7 («Botox/Botoina II»); KGer ZG sic! 2003, 504, E. 7.3 («Metro»); HGer ZH sic! 1997, 65, E. VII («Rivella/Apiella»).
[79] BGer sic! 2008, 454, E. 4.3 («IWC/WMC»); KGer ZG sic! 2003, 504, E. 7.3 («Metro»).
[80] HGer ZH ZR 1992, Nr. 40, E. 3 («Schriften»).
[81] KGer SG vom 24. Mai 2005 (DZ.2003.3), E. IV.5.b.; BAUDENBACHER/GLÖCKNER, Kommentar UWG, Art. 3 lit. e N 103.
[82] BGE 135 III 446, 460 («Maltesers/Kit Kat Pop Choc II»); BGer 4A.103/2008, E. 6 («Botox/Botoina II»); BGer sic! 2008, 454, E. 4.3 («IWC/WMC»); KGer SG vom 24. Mai 2005 (DZ.2003.3), E. IV.5.b.; DAVID/REUTTER, Werberecht, 117; BAUDENBACHER/GLÖCKNER, Kommentar UWG, Art. 3 lit. e N 104.
[83] BGer sic! 2007, 384, E. 3.1 («Rama Cremefine»); KGer SG vom 24. Mai 2005 (DZ.2003.3), E. IV.5.b.; BAUDENBACHER/GLÖCKNER, Kommentar UWG, Art. 3 lit. e N 104.

dass sich seine Produkte für den Einbau in bestimmte andere Produkte eignen[84] bzw. mit Produkten anderer Hersteller kompatibel sind[85]. Allerdings dürfen solche Hinweise nicht ausschliesslich oder jedenfalls nicht ganz überwiegend dazu dienen, den Goodwill eines fremden Markenprodukts nutzbar zu machen[86].

Nach den **SLK-Grundsätzen**, ist eine Äusserung unnötig anlehnend (Grundsatz 3.5 Ziff. 4), die sich den guten Namen oder den Ruf eines anderen zunutze macht oder die von einer fremden Unternehmensleistung profitiert, wobei die unnötige Anlehnung vermutet wird, wenn die Äusserung systematisch oder wiederholt erfolgt. Gemäss Grundsatz Nr. 3.7 ist eine Nachahmung werblicher Gestaltung dann gegeben, wenn das Original in wesentlichen Teilen übernommen wird. Als Originale gelten kommerzielle Kommunikation sowie Waren, Werke und Leistungen anderer, die vorbestanden haben. Entsteht durch die Nachahmung eine Verwechslungsgefahr oder ist die Nachahmung unnötig anlehnend, so ist sie unlauter. 41

Am 17. Mai 2006 schickte der Bundesrat eine Vorlage für eine Änderung des UWG in die Vernehmlassung, wobei insbesondere ein neuer Art. 3 lit. e^{bis} vorgesehen war. Danach sollte unlauter handeln, wer ohne hinreichenden Grund in schmarotzerischer Weise Bezug auf Dritte, ihre Waren, Werke oder Leistungen nimmt und dadurch deren Ruf ausnutzt (**«Ambush Marketing»**). In der Vernehmlassung wurde von vielen Seiten in Zweifel gezogen, dass diese Ergänzung des Gesetzes notwendig, sinnvoll und gerechtfertigt sei. Zu Recht hat der Bundesrat deshalb mit Entscheid vom 22. November 2006 davon abgesehen, das Gesetzgebungsprojekt weiterzuverfolgen. 42

2. Besondere Arten von Vergleichen

a) Preisvergleich

Besonderes Augenmerk gilt Preisvergleichen, sind diese doch einerseits besonders geeignet, die Marktgegenseite entscheidend zu beeinflussen, und weisen sie andererseits ein **erhöhtes Missbrauchspotential** auf, da der Vergleich nur allzu leicht im Sinne des Werbetreibenden verfälscht werden kann. Die Vergleichsgrundlagen müssen deshalb stets offengelegt und es darf nur wirklich miteinander Vergleichbares miteinander in Beziehung gebracht werden[87]. Waren oder Leistungen, deren Preise verglichen werden, müssen mengen- und qualitätsmässig miteinander 43

---

[84] CdJ GE sic! 1999, 297, E. 2.c («Pirates»); DAVID/REUTTER, Werberecht, 117; DAVID/JACOBS, Wettbewerbsrecht, N 248; BAUDENBACHER/GLÖCKNER, Kommentar UWG, Art. 3 lit. e N 100 ff.
[85] PUGATSCH, Werberecht, 28 f.
[86] DAVID/JACOBS, Wettbewerbsrecht, N 248.
[87] BGE 125 III 286, 289 («Physikzeitschriften»); T. WYLER, Werbung, 192; WIRTH, Werbung, 50; BAUDENBACHER/GLÖCKNER, Kommentar UWG, Art. 3 lit. e N 122 ff.

vergleichbar sein[88]. Preisvergleiche sind allerdings nicht auf Vergleiche **identischer** Waren beschränkt. Der Vergleich **gleichartiger** Waren ist zulässig[89]. Unter Umständen ist allfälligen Fehlschlüssen des Publikums mit näheren Angaben zu den rechnerischen Grundlagen des Preisvergleichs vorzubeugen[90], was die Gefahr der Irreführung des Durchschnittskonsumenten aber nicht in allen Fällen ausschliessen kann[91].

44 Offenzulegen ist überdies, welche **Preisarten** verglichen werden. Der Vergleich unterschiedlicher Preisarten (etwa Normalpreis und Preis eines Spezialangebots) ohne speziellen Hinweis wäre unlauter[92]. Zulässig sind Preisvergleiche, die nur eine begrenzte Tragweite haben, da sie etwa nach rein quantitativen Kriterien durchgeführt werden, solange dies für die Adressaten ohne weiteres erkennbar ist[93]. Ebenfalls zulässig ist es, an anderen Orten oder zu früheren Zeitpunkten durchgeführte Vergleiche zu verwenden. Allerdings ist in diesem Fall vorausgesetzt, dass der Vergleich zeitlich und örtlich deklariert wird[94].

45 Der Gesetzgeber hat die Werbung mit mehreren Preisen in der Preisbekanntgabeverordnung geregelt. Die Vorschriften betreffend die irreführende Preisbekanntgabe gelten auch für die Werbung (Art. 15 PBV). **Art. 16 PBV** unterscheidet zwischen Selbstvergleich, Einführungspreis und Konkurrenzvergleich. Im Zusammenhang mit Art. 3 lit. e ist insbesondere der Konkurrenzvergleich beachtlich[95]. Art. 16 Abs. 1 lit. c PBV bestimmt bezüglich des Konkurrenzvergleichs, dass ein Anbieter neben dem tatsächlich zu bezahlenden Preis einen Vergleichspreis bekannt geben darf, wenn andere Anbieter im zu berücksichtigenden Marktgebiet die überwiegende Menge gleicher Waren oder Dienstleistungen tatsächlich zu diesem Preis anbieten. Dabei dürfen die verwendeten Preise nicht veraltet sein[96]. Dieselben Voraussetzungen gelten für Katalog- und Richtpreise (Art. 16 Abs. 5 PBV). Aus der Ankündigung muss die Art des Preisvergleichs (Selbstvergleich, Einführungspreis oder Konkurrenzvergleich) hervorgehen. Der Anbieter muss auf Verlangen das Vorliegen der gesetzlichen Voraussetzungen für die Verwendung von Vergleichs-

---

[88] BGE 132 III 414, 427 («Taxes de pharmacie»); 129 III 426, 434 («Unclean hands»); 125 III 286, 289 («Physikzeitschriften»); KGer SZ SMI 1995 291, E. 6.a («Bodum»); DAVID/REUTTER, Werberecht, 116 f.; PEDRAZZINI/PEDRAZZINI, UWG, N 5.41.
[89] BezGer ZH sic! 2006, 103, E. 4.3 («Preisvergleich»); siehe z.B. SLK-Tätigkeitsbericht 2001, 18.
[90] BGE 125 III 286, 289 («Physikzeitschriften»); 79 II 409, 413 f.; BezGer ZH sic! 2006, 103, E. 4.3 («Preisvergleich»).
[91] Unlauter kann es z.B. sein, wenn in einer grafischen Darstellung die Nullkoordinate weggelassen wird und so der (falsche) Eindruck eines Gratisangebots entsteht: SLK-Tätigkeitsbericht 2000, 20.
[92] BGE 129 III 426, 434 («Unclean hands»).
[93] BezGer ZH sic! 2006, 103, E. 4.3 («Preisvergleich»); siehe auch BGE 125 III 282, 291 («Physikzeitschriften»).
[94] SLK-Tätigkeitsbericht 2001, 16.
[95] BGE 132 III 414, 427 («Taxes de pharmacie»); OGer ZH sic! 1997, 588, E. III.b («Denner-Preisvergleich»), noch zum alten Recht.
[96] DAVID/REUTTER, Werberecht, 118.

preisen glaubhaft machen (Art. 16 Abs. 2 PBV). Für weitere Ausführungen sei auf die Kommentierung der Art. 16–20 verwiesen.

b) Superlativ- oder Alleinstellungswerbung

Superlativ- oder Alleinstellungswerbung ist dadurch gekennzeichnet, dass der Werbende seine eigenen Leistungen nicht nur mit denjenigen irgendeines bestimmten Mitbewerbers vergleicht, sondern mit den Leistungen der gesamten Konkurrenz[97]. Diese Art der Werbung wird nach bundesgerichtlicher Rechtsprechung **von Art. 3 lit. e erfasst**, soweit sie konkrete und objektiv überprüfbare Angaben enthält, die dann richtig sein müssen[98]. Wer behauptet, seine Preise seien «die billigsten in der Schweiz», muss den Beweis dafür antreten können[99]. Gleiches gilt, wenn die Marktführerschaft[100] oder das beste Preis-Leistungs-Verhältnis[101] behauptet wird. Dabei ist in der Regel der Zeitpunkt der Veröffentlichung der relevante Stichtag für den Antritt des Wahrheitsbeweises[102]. Davon sind Abweichungen denkbar, etwa wenn sich die Wahrheit einer Aussage mit der Zeit verändert. Zu beachten ist, dass Alleinstellungsaussagen wie «die billigsten Preise der Schweiz» bereits per se irreführend sein können, weil sie den Eindruck erwecken, sie beruhten auf umfassenden Preisabklärungen des Werbetreibenden, dies aber in Tat und Wahrheit gar nicht der Fall ist[103]. 46

Nicht als unlautere vergleichende Werbung im Sinne von Art. 3 lit. e qualifiziert die rein **marktschreierische Reklame**, soweit sie nur den Eindruck pathetischer Werbung («Werbepathos») erweckt oder Werturteile, subjektive Willensäusserungen oder für den Adressanten erkennbare Übertreibungen verwendet («das Muss», «das Beste vom Besten», «das schönste Kunstwerk des Menschen», «der beste Geruch der Welt», «der einzige Wagen ihrer Träume», «der unvergleichliche Fotoapparat», 47

---

[97] BGE 132 III 414, 427 («Taxes de pharmacie»); 129 III 426, 435 («Unclean hands»); HGer AG sic! 2005, 301, E. 3.4.5.1 («Knochenzement»); DAVID/REUTTER, Werberecht, 119; DAVID/JACOBS, Wettbewerbsrecht, N 253; STREULI-YOUSSEF, SIWR V/I, 129. Siehe dazu auch die Kommentierung zu Art. 3 lit. b, N 26 ff. und N 80 ff.

[98] BGE 132 III 414, 427 («Taxes de pharmacie»); 129 III 426, 435 («Unclean hands»); 94 IV 34, 38 («Grundig»); HGer AG sic! 2005, 301, E. 3.4.5.1 («Knochenzement»); KGer SZ EGVSZ 1982, 98, E. 3 («Super-Discount»); DAVID/REUTTER, Werberecht, 120 f.; BAUDENBACHER/GLÖCKNER, Kommentar UWG, Art. 3 lit. e N 41; STREULI-YOUSSEF, SIWR V/I, 129; KORALNIK, SZW 2000, 117.

[99] BGE 94 IV 34, 38 («Grundig»); HGer ZH sic! 2001, 41, E. V.1.3.c.bb («70 000 mal günstiger II»); SLK-Tätigkeitsbericht 2001, 14.

[100] BGE 129 III 426, 442 («Unclean hands»); 102 II 286, 290 f. («Fernunterricht»).

[101] SLK-Tätigkeitsbericht 2003, 22.

[102] DAVID/REUTTER, Werberecht, 120.

[103] KGer SZ EGVSZ 1982, 98, E. 3 («Super-Discount»).

«das Waschmittel, welches die Konkurrenz ruiniert» etc.)[104]. Ebenfalls nicht unlauter sind Anpreisungen, deren Inhalt zwar ganz oder teilweise objektiv nachprüfbar ist, die der Verkehr aber zweifelsfrei als reklamehafte Übertreibung ohne eigentlichen Wesensgehalt wertet («ewig haltbar»; «unzerreissbare Hose»).

48 Ob eine Angabe geeignet ist, einen objektiv nachprüfbaren Aussagegehalt zu vermitteln, beurteilt sich aus der **Sicht des Adressaten** der Werbung, wobei der durchschnittliche, nicht der besonders unintelligente Adressat massgebend ist[105]. Richtet sich eine Werbebotschaft an das breite Publikum, so sind alle der breiten Öffentlichkeit bekannten Umstände zu berücksichtigen[106].

49 Für die **Abgrenzung** von lauteren und unlauteren reklamehaften Übertreibungen gilt als Grundregel, dass Übertreibungen hinzunehmen sind, wenn jede Möglichkeit der Irreführung fehlt und das Publikum nicht in grob aufdringlicher Weise belästigt wird, diese aber unlauter sind, wenn der Verkehr eine Übertreibung nicht mit voller Sicherheit erkennt oder auf das Mass des Wahren zurückführt[107]. Dazu reicht die Gefahr, dass ein nicht unerheblicher Teil des Adressatenkreises irregeführt wird. Die Realisierung der Gefahr ist nicht vorausgesetzt[108]. Die Werbeaussagen sind daran zu messen, wie der Verkehr diese tatsächlich versteht und nicht etwa, wie der Verkehr eine Angabe objektiv vernünftigerweise auffassen sollte[109].

c) Publikation von Vergleichstests

50 Bei der Publikation von Vergleichstests kann sich die Unlauterkeit aus der Anlage des Tests selbst oder dessen Verwendung in der Werbung ergeben.

51 Zur Werbung dürfen nur Tests verwendet werden, die von kompetenten Personen neutral und nach **objektiven Kriterien durchgeführt** wurden[110]. Solange dies gewährleistet ist, spielt es keine Rolle, wer einen Test aus welchem Anlass durchführen liess. Dies darf durchaus der Werbetreibende in der Absicht getan haben, die

---

[104] BGE 129 III 426, 436 («Unclean hands»); BGer 4C.439/1998 Pra 2001, Nr. 118, E. 1.c («70 000 mal günstiger»); HGer ZH sic! 2001, 41, E. V.1.3.c.cc («70 000 mal günstiger II»); KGer VS ZWR 1981, 444, E. 6 («Montana»); HGer ZH SJZ 1971, Nr. 56, E. 5 («Drano»). Siehe auch: SLK-Tätigkeitsbericht 2000, 16; STREULI-YOUSSEF, SIWR V/1, 84; T. WYLER, Werbung, 96; DAVID/REUTTER, Werberecht, 120; DAVID/JACOBS, Wettbewerbsrecht, N 253; RITSCHER/BEUTLER, sic! 1998, 266; KORALNIK, SZW 2000, 117.
[105] BGer 4C.439/1998 Pra 2001 Nr. 118, E. 1.c («70 000 mal günstiger»); HGer ZH sic! 2001, 41, E. V.1.3.c.cc («70 000 mal günstiger II»).
[106] BGer 4C.439/1998 Pra 2001 Nr. 118, E. 1.c («70 000 mal günstiger»); STREULI-YOUSSEF, SIWR V/1, 85.
[107] HGer ZH sic! 2001, 41, E. V.1.3.c.cc («70 000 mal günstiger II»).
[108] HGer ZH sic! 2001, 41, E. V.1.3.c.cc («70 000 mal günstiger II»).
[109] HGer ZH sic! 2001, 41, E. V.1.3.c.cc («70 000 mal günstiger II»).
[110] BGE 129 III 426, 436 («Unclean hands»); GERSBACH, Produktetests, 132; PUGATSCH, Werberecht, 25 f.

Testergebnisse – sofern sie wie gewünscht ausfallen – zu Werbezwecken zu benützen[111]. Die Verantwortung für die Genauigkeit und die Vollständigkeit der Resultate des Vergleichstests trägt – im Kontext der Verwendung des Tests in der Werbung – stets der Werbende[112].

Für die **Verwendung der Testergebnisse** in der Werbung gilt, dass die Kommunikation sachlich und wahr sein muss[113]. Dazu gehört auch, dass der Test aktuell ist[114]. Die Information muss so erfolgen, dass das Publikum die durchgeführte Studie genau und ganz verstehen kann[115]. Unzulässig wäre es demnach, wenn der Werbende einzig die Eigenschaften hervorheben würde, bei dem sein Produkt gut abgeschnitten hat[116]. Er muss auch diejenigen Eigenschaften erwähnen, die weniger für sein Produkt sprechen[117]. Wichtige Merkmale darf er nicht verschweigen[118], er darf die Resultate nicht nur teilweise zitieren oder aus dem Zusammenhang reissen[119]. Die Verwendung von Vergleichskriterien, die keine umfassende Beurteilung der verglichenen Produkte erlaubt, ist hingegen nicht unlauter, solange die bloss beschränkte Tragweite des Vergleichsergebnisses für die Adressaten ohne weiteres ersichtlich ist[120]. Sollen die Namen der Verfasser einer von einer neutralen Institution durchgeführten Studie erwähnt werden, muss deren Zustimmung eingeholt werden[121]. 52

Besondere Sorgfalt ist angebracht, wenn der Werbende den Testergebnissen eigene **Kommentare** beifügen möchte, da die Missbrauchsgefahr in solchen Situationen besonders evident ist[122]. Die eigenen Kommentare des Werbenden sind in jedem Fall gesondert zu kennzeichnen, so dass nicht der Eindruck entsteht, die fraglichen 53

---

[111] Siehe auch: DAVID/JACOBS, Wettbewerbsrecht, N 256. Zu weit gehend GERSBACH, Produktetests, 128, der im Falle von vom Werbetreibenden in Auftrag gegebenen Tests stets von Irreführung ausgeht, weil es am Merkmal der Neutralität fehle. Nach der hier vertretenen Ansicht kann die Neutralität von Tests auch in dieser Situation gegeben sein. Klar ist, dass diesem Erfordernis bei im Auftrag durchgeführten Tests besondere Aufmerksamkeit zu schenken ist.

[112] BGE 129 III 426, 436 f. («Unclean hands»); BAUDENBACHER/GLÖCKNER, Kommentar UWG, Art. 3 lit. e N 129; T. WYLER, Werbung, 108; DAVID/JACOBS, Wettbewerbsrecht, N 256.

[113] GERSBACH, Produktetests, 132; PUGATSCH, Werberecht, 26.

[114] GERSBACH, Produktetests, 139 f.

[115] BGE 129 III 426, 436 («Unclean hands»); HGer AG sic! 2005, 301, E. 3.4.4 («Knochenzement»); PUGATSCH, Werberecht, 26.

[116] BGE 129 III 426, 436 («Unclean hands»); HGer AG sic! 2005, 301, E. 3.4.2 («Knochenzement»).

[117] BGE 129 III 426, 436 («Unclean hands»).

[118] Illustrativ in dieser Hinsicht: BGE 104 II 124 («Weltcup-Rangliste»).

[119] BGE 129 III 426, 436 («Unclean hands»); HGer AG sic! 2005, 301, E. 3.4.2 («Knochenzement»); CdJ GE SMI 1993, 317, E. 3 («Filets de Perche»); DAVID/REUTTER, Werberecht, 121 f.; BAUDENBACHER/GLÖCKNER, Kommentar UWG, Art. 3 lit. e N 130; GERSBACH, Produktetests, 137; DAVID/JACOBS, Wettbewerbsrecht, N 257.

[120] BGE 125 III 282, 291 («Physikzeitschriften»).

[121] BGE 129 III 426, 436 («Unclean hands»); DAVID/REUTTER, Werberecht, 121; BAUDENBACHER/GLÖCKNER, Kommentar UWG, Art. 3 lit. e N 130; DAVID/JACOBS, Wettbewerbsrecht, N 257.

[122] BGE 129 III 426, 436 («Unclean hands»); BAUDENBACHER/GLÖCKNER, Kommentar UWG, Art. 3 lit. e N 129.

Passagen seien Teil der übernommenen Testergebnisse gewesen[123]. Fehlt eine solche klare Kennzeichnung, so liegt eine unrichtige Angabe vor und die Werbung ist auch dann unlauter im Sinne von Art. 3 lit. e, wenn keine Irreführung vorliegt[124].

54 Die Publikation von Vergleichstests kann auch dann von Art. 3 lit. e erfasst werden, wenn sie von Testinstitutionen oder Konsumentenorganisationen selbst und **ohne Werbeabsicht** erfolgt[125]. Allerdings kann fraglich sein, ob solche Veröffentlichungen ohne weiteres als Drittbegünstigung oder Werbung für Dritte im Sinne von Art. 3 lit. e zu qualifizieren sind[126].

55 Auch die **SLK-Grundsätze** befassen sich mit der Durchführung und Kommunikation von Tests. Grundsatz Nr. 3.3 bestimmt, dass die Durchführung von Tests und die Kommunikation von Testergebnissen unter den Gesichtspunkten der Neutralität, Objektivität, Sachlichkeit und Transparenz zu erfolgen haben. Hinsichtlich der Objektivität gelten die Gebote der Wahrheit (Täuschungsverbot), der Klarheit (Irreführungsverbot), der Vollständigkeit und der Nachvollziehbarkeit. Diese Anforderungen decken sich ohne weiteres mit der geschilderten Gerichtspraxis zu Art. 3 lit. e. Des Weiteren bestimmt Grundsatz Nr. 3.4, dass der Hinweis auf ausländische Gutachten und dergleichen in der kommerziellen Kommunikation unlauter ist, soweit diese in der Schweiz nicht verifizierbar sind.

56 Die schweizerische Lauterkeitskommission hat im April 2001 Richtlinien für Tests (**«SLK-Testrichtlinien»**) erlassen. Diese sehen insbesondere vor, dass Tests den Kriterien der Neutralität und Objektivität zu genügen haben und die Kommunikation der Testergebnisse sachlich erfolgen muss (Ziff. 1). Dabei wird unter dem Oberbegriff Neutralität (Ziff. 1.1) verlangt, dass der Testveranstalter eigenständig sein muss, nicht mit dem Getesteten kooperieren darf[127] und über die notwendige Sachkunde verfügen muss. Die Objektivität (Ziff. 1.2) des Tests wird mit dem Bemühen um Richtigkeit gleichgesetzt, wobei den Geboten der Wahrheit (Täuschungsverbot), Klarheit (Irreführungsverbot), Vollständigkeit und Nachvollziehbarkeit Rechnung zu tragen ist. Die sachliche Kommunikation der Testergebnisse (Ziff. 1.3) verlangt, dass sich die Beurteilungen und Wertungen der Ergebnisse auf tatsächliche Feststellungen beziehen und nachvollziehbar sind, allfällige Kritik sachlich und fair ist, bei subjektiven Faktoren die Subjektivität des entsprechenden Ergebnisses klar gekennzeichnet ist und schliesslich die Testanlage klar dargelegt wird. Des Weiteren enthalten die SLK-Testrichtlinien Verfahrensregeln über die Testdurchführung (Ziff. 2.1), wobei die allgemeinen Gebote der Objektivität und Sachlichkeit konkretisiert werden. Betreffend die Testveröffentlichung (Ziff. 2.2) halten die Richtlinien fest, dass diese für den Adressaten (Durchschnittskonsument) klar,

---

[123] Siehe bezüglich Hinzufügen einer Spalte in einer Tabelle: BGE 129 III 426, 440 («Unclean hands»).
[124] BGE 129 III 426, 440 («Unclean hands»).
[125] BezGer ZH sic! 2006, 103, E. 4.1 («Preisvergleich»); Botschaft UWG, 1065.
[126] BGer sic! 2007, 218, E. 3.1 («Vergleichender Warentest»).
[127] Ausgenommen ist das Anhörungsrecht, das in Art. 6 Abs. 1 lit. d KIG vorgesehen ist.

verständlich und übersichtlich erfolgen soll, alle für das Verständnis notwendigen Informationen anzuführen sind und allfällige Empfehlungen ausgewogen zu erfolgen haben. Schliesslich hält Ziff. 3 der Richtlinien zur kommerziellen Kommunikation mit Tests durch Anbieter fest, dass die Verwendung von Testergebnissen nur bei entsprechender Freigabe zulässig ist. Zudem müssen Quelle und Publikationsdatum sowie die getesteten wesentlichen Eigenschaften bzw. Kriterien genau und klar angegeben werden. Schliesslich sind die Testergebnisse klar von der Werbung abzugrenzen.

Besondere Anforderungen an Vergleichstests und die durchführenden Konsumentenorganisationen stellt ferner das Konsumenteninformationsgesetz (**KIG**). Es sieht vor, dass der Bund Konsumentenorganisationen, deren Tätigkeit von gesamtschweizerischer Bedeutung ist und die sich statutengemäss ausschliesslich dem Konsumentenschutz widmen, für die objektive und fachgerechte Information in gedruckten oder in elektronischen Medien und die Durchführung vergleichender Tests über wesentliche und eindeutig erfassbare Eigenschaften von Waren und über den wesentlichen Inhalt von Dienstleistungen finanziell unterstützen kann (Art. 5 Abs. 1 lit. a und b KIG). Eine Finanzhilfe für die Durchführung vergleichender Tests gewährt der Bund allerdings nur unter den einschränkenden Voraussetzungen, dass die Konsumentenorganisation in ihrer gesamten Testtätigkeit bei der Auswahl der Testthemen und bei der Durchführung der Tests auf das Informationsbedürfnis der Konsumenten abstellt, die Tests nach wissenschaftlichen Prinzipien durchführt, eine technisch einwandfreie, fachkundige und neutrale Durchführung der Tests sicherstellt und den betroffenen Anbietern ein Anhörungsrecht einräumt (Art. 6 Abs. 1 KIG). Überdies muss eine Organisation, welche für die Durchführung vergleichender Tests Finanzhilfe erhält, so unabhängig sein, dass die objektive Durchführung der Tests gewährleistet ist (Art. 7 KIG). Obwohl diese Anforderungen nicht ohne weiteres ins Lauterkeitsrecht übernommen werden können, liefern sie doch im Sinne von Maximalanforderungen Anhaltspunkte für die lauterkeitsrechtliche Beurteilung von Vergleichstests[128].

3. *Beeinflussung des Verhältnisses zwischen Mitbewerbern oder zwischen Anbietern und Abnehmern*

Wettbewerbsrechtlich erheblich sind vergleichende Äusserungen – selbst wenn sie unrichtig oder irreführend sind – nur, sofern und soweit sie das Verhältnis zwischen Mitbewerbern oder zwischen Anbietern und Abnehmern in der Tat beeinflussen können. Dies setzt voraus, dass die Äusserungen geeignet sind, sich auf das Marktverhalten der massgebenden Verkehrskreise auszuwirken[129]. Siehe dazu eingehend die Kommentierung zu Art. 2 N 11 ff.

---

[128] PEDRAZZINI/PEDRAZZINI, UWG, N 5.35.
[129] BGE 125 III 286, 289 f. («Physikzeitschriften»).

4. Begünstigung Dritter

59   Mit dem Passus «*oder in entsprechender Weise Dritte im Wettbewerb begünstigt*» verdeutlicht das Gesetz, was sich bereits aus der Generalklausel ergibt, dass nämlich auch ein Nichtmitbewerber den Tatbestand der unlauteren vergleichenden Werbung erfüllen kann[130]. Der wohl häufigste Anwendungsfall dieser Bestimmung ist die Veröffentlichung von Vergleichstests durch neutrale Institutionen, etwa Konsumentenschutzorganisationen (siehe N 54 oben).

60   Neuerdings hat das Bundesgericht jedoch in Frage gestellt, ob die Veröffentlichung von Warentests durch Testinstitute oder Konsumentenschutzorganisationen **ohne Werbeabsicht** ohne weiteres als Drittbegünstigung zu qualifizieren ist[131]. Es ist folglich zu erwarten, dass in der Praxis zusätzliche Voraussetzungen entwickelt werden, die gegeben sein müssen, damit solche Testveröffentlichungen den Tatbestand von Art. 3 lit. e erfüllen. Im Grundsatz erscheint es sachgerecht, den Anwendungsbereich dieser Bestimmung hier einzuschränken, besteht doch ein offensichtliches Interesse an der Durchführung und Veröffentlichung neutraler Produktvergleiche. Überhöhte Anforderungen an neutrale Institutionen würden prohibitiv wirken. Immerhin muss im Interesse der Marktteilnehmer dennoch sichergestellt bleiben, dass publizierte Tests weder unwahr noch täuschend noch unnötig herabsetzend sind. Das Bundesgericht will hier über Art. 2 korrigierend eingreifen[132]. Ob dies angemessener als die Anwendung von Art. 3 lit. e ist, erscheint fraglich.

V. Rechtfertigung

61   Gemäss ständiger bundesgerichtlicher Praxis kann sich ein Mitbewerber nicht auf die Rechtswidrigkeit des Verhaltens eines oder mehrerer Mitbewerber berufen, um sich vergleichbar zu verhalten und dieses Verhalten zu rechtfertigen. Der so genannte Einwand der «*unclean hands*» ist nach dem Schweizer Recht unzulässig[133]. Siehe dazu auch die Kommentierung zu Art. 2, N 124. Auch die Selbsthilfe – etwa als Verteidigung gegen ein unrechtmässiges Kartell – kann nur in Ausnahmefällen als Rechtfertigungsgrund für die unlautere vergleichende Werbung dienen (siehe dazu auch die Kommentierung zu Art. 2, N 121)[134].

---

[130] Botschaft UWG, 1065; PEDRAZZINI/PEDRAZZINI, UWG, N 5.52; RITSCHER/BEUTLER, sic! 1998, 265; KORALNIK, SZW 2000, 116.
[131] BGer sic! 2007, 218, E. 3.1 («Vergleichender Warentest»); STREULI-YOUSSEF, SIWR V/I, 131.
[132] BGer sic! 2007, 218, E. 3.1 («Vergleichender Warentest»).
[133] BGE 129 III 426, 430 («Unclean hands»); ähnlich bereits BGE 104 II 124, 129 («Weltcup-Rangliste») mit weiteren Hinweisen; OGer LU LGVE 2004, Nr. 29, E. 8.1.2 («Blutarmut»).
[134] Ablehnend: HGer ZH ZR 1989, Nr. 62, E. 3 («Zigarettenkartell»).

VI. Rechtsfolgen

Zu den Rechtsfolgen einer Verletzung von Art. 3 lit. e, siehe die Kommentierung zu Art. 9 N 60 ff. und Art. 23 N 90 ff. 62

VII. Verfahrensfragen

In Übereinstimmung mit den allgemeinen Grundsätzen des Prozessrechts kann eine **Feststellungsklage** betreffend Verletzung von Art. 3 lit. e mangels Feststellungsinteresses in der Regel nicht erhoben werden, wenn gleichzeitig auf Unterlassung geklagt wird[135]. 63

Nach dem allgemeinen Grundsatz *negativa non sunt probanda* (Art. 8 ZGB) kann es dem Beklagten obliegen, die Richtigkeit der in seiner Werbung aufgestellten Behauptungen zu beweisen, andernfalls von der Unrichtigkeit und damit der Unlauterkeit der Aussage auszugehen ist[136]. Diese «Beweislastumkehr» ist hinzunehmen und erscheint in der Sache gerechtfertigt, hat der Werbende doch die Kontrolle über seine Werbung und auch den Zugang zu den notwendigen Informationen. **Art. 13a** sieht nunmehr ausdrücklich vor, dass der Richter vom Werbetreibenden den Beweis für die Richtigkeit von in der Werbung enthaltenen Tatsachenbehauptungen verlangen kann, wenn dies unter Berücksichtigung der berechtigten Interessen des Werbenden und anderer am Verfahren beteiligter Personen im Einzelfall angemessen erscheint. Sodann kann der Richter Tatsachenbehauptungen als unrichtig ansehen, wenn der Beweis nicht angetreten oder für unzureichend erachtet wird. Im Einzelnen wird auf die Kommentierung zu Art. 13a verwiesen. 64

---

[135] AppGer BS sic! 2005, 768, E. 2 («Ende des Kabelfernsehens?»).
[136] AppGer BS sic! 2005, 768, E. 3.c.aa («Ende des Kabelfernsehens?»); AppGer BS BJM 1996, 88, E. 4.a («Differenz beim Kauf»). Ähnlich: KGer SZ EGVSZ 1982, 98, E. 3 («Super-Discount»). Siehe auch: SLK-Tätigkeitsbericht 2001, 14.

Art. 3 lit. f

Unlautere Werbe- und Verkaufsmethoden und anderes widerrechtliches Verhalten	Unlauter handelt insbesondere, wer: f. ausgewählte Waren, Werke oder Leistungen wiederholt unter Einstandspreisen anbietet, diese Angebote in der Werbung besonders hervorhebt und damit den Kunden über die eigene oder die Leistungsfähigkeit von Mitbewerbern täuscht; Täuschung wird vermutet, wenn der Verkaufspreis unter dem Einstandspreis vergleichbarer Bezüge gleichartiger Waren, Werke oder Leistungen liegt; weist der Beklagte den tatsächlichen Einstandspreis nach, so ist dieser für die Beurteilung massgebend;
Méthodes déloyales de publicité et de vente et autres comportements illicites	Agit de façon déloyale celui qui, notamment: f. offre, de façon réitérée, au-dessous de leur prix coûtant, un choix de marchandises, d'oeuvres ou de prestations et met cette offre particulièrement en valeur dans sa publicité, trompant ainsi la clientèle sur ses propres capacités ou celles de ses concurrents; la tromperie est présumée lorsque le prix de vente est inférieur au prix coûtant pour des achats comparables de marchandises, d'oeuvres ou de prestations de même nature; si le défendeur peut établir le prix coûtant effectif, celui-ci est déterminant pour le jugement;
Metodi sleali di pubblicità e di vendita e altri comportamenti illeciti	Agisce in modo sleale, segnatamente, chiunque: f. offre reiteratamente sottocosto una scelta di merci, di opere o di prestazioni ed evidenzia particolarmente quest'offerta nella pubblicità, ingannando così la clientela sulle proprie capacità o su quelle dei propri concorrenti; l'inganno è presunto quando il prezzo di vendita è inferiore al prezzo di costo di forniture paragonabili di merci, opere o prestazioni dello stesso genere; se il convenuto fornisce la prova del prezzo di costo effettivo, questo prezzo è determinante per il giudizio;
Unfair Advertising and Sales Methods and Other Unlawful Behaviour	Shall be deemed to have committed an act of unfair competition, anyone who, in particular: f. repeatedly offers selected goods, works or services below cost price and makes particular mention of such offers in his advertising, thus deceiving the customers as to his own capabilities or those of his competitors; deception shall be presumed where the selling price is lower than the cost price for comparable purchases of goods, works or services of the same type; where the defendant is able to establish the effective cost price, that price shall be decisive for the judgement;

Inhaltsübersicht

	Note	Seite
I. Normzweck..	1	392
II. Entstehungsgeschichte...	2	393
III. Systematik und Verhältnis zu anderen Vorschriften	7	395
1. Systematik..	7	395

				Note	Seite
	2.	Verhältnis zu anderen Vorschriften		8	396
		a) Verhältnis zu anderen Vorschriften des UWG		8	396
			aa) Art. 3 lit. b sowie lit. i	8	396
			bb) Art. 3 lit. a	9	397
			cc) Art. 3 lit. e	10	398
			dd) Art. 3 lit. g	11	398
			ee) Art. 2 (Generalklausel)	12	398
			ff) Art. 3 lit. h	18	400
			gg) Art. 16 ff. und PBV	19	400
		b) Verhältnis zu Vorschriften ausserhalb des UWG		20	400
			aa) Kartellgesetz (KG)	20	400
			bb) Preisüberwachungsgesetz (PüG)	24	401
			cc) Preisunterbietungen im Vergabewesen (Submissionen)	25	402
			dd) Staatliche Preisvorschriften	29	403
			ee) Preisbildungs- und Transparenzvorschriften	30	403
			ff) Aus- und Sonderverkäufe	31	404
			gg) Ausgewählte spezifische Verbote bzw. Einschränkungen der Gratisabgabe von Waren	32	404
		c) Verstoss gegen vertragliche Preisbindungen		33	405
IV.	Tatbestandsvoraussetzungen			36	406
	1.	Ausgangspunkt: Grundsätzliche Preisbildungs- und Kalkulationsfreiheit		37	406
	2.	Ausgewählte Waren, Werke oder Leistungen		38	406
	3.	Wiederholtes Angebot		40	407
	4.	Preis unterhalb des Einstandspreises		50	410
	5.	Besondere Hervorhebung durch Werbung		52	411
	6.	Täuschung des Kunden über die eigene Leistungsfähigkeit oder die der Konkurrenz		56	412
	7.	Vermutung der Täuschung bei einem Verkaufspreis unter dem Einstandspreis vergleichbarer Bezüge gleichartiger Waren, Werke oder Leistungen		65	414
V.	Subjektive Merkmale			73	416
VI.	Rechtfertigung und Einwendungen des Verletzers			74	416
VII.	Rechtsfolgen			76	417
VIII.	Verfahrensfragen			83	418

Literatur

P. J. ABBT, Konsumentenschutz und Wettbewerb – ein Spannungsverhältnis, Zürich 1994; C. BAUDENBACHER (Hrsg.), Lauterkeitsrecht – Kommentar zum Gesetz gegen den unlauteren Wettbewerb (UWG), Basel 2001, Kommentierung zu Art. 3 lit. f sowie Art. 1 N 69 f., Art. 2 N 146 ff. und Art. 3 lit. a N 62 ff.; DERS., Schwerpunkte der schweizerischen UWG-Reform, in: C. Baudenbacher (Hrsg.), Das UWG auf neuer Grundlage, Bern/Stuttgart 1989, 15 ff.; C. BRÜHWILER, Der ruinöse Preiskampf – Marketinglösungen bei übersteigertem Wettbewerb,

Zürich 1989; B. VON BÜREN, Kommentar zum Bundesgesetz über den unlautern Wettbewerb vom 30. Sept. 1943 unter Einschluss der Ausverkaufsverordnung vom 16. April 1947, Zürich 1957, Kommentierung in N 41 ff. zur Generalklausel; R. VON BÜREN/E. MARBACH/P. DUCREY, Immaterialgüter- und Wettbewerbsrecht, 3. Aufl., Bern 2008, N 1169 ff.; J. A. BÜRGI/C. LANG, Momentaufnahme des Lauterkeitsrechts – Kurzdarstellung des BG gegen den unlauteren Wettbewerb unter Einbezug von aktuellen Streitfragen und Abgrenzungsproblemen, recht 1998, 237 ff.; L. DAVID, in: R. von Büren/L. David (Hrsg.), SIWR I/3, Lexikon des Immaterialgüterrechts, Basel 2005, 211 f. (Stichwort Lockvogelwerbung); L. DAVID/R. JACOBS, Schweizerisches Wettbewerbsrecht, 4. Aufl., Bern 2005, N 258 ff.; L. DAVID/M. REUTTER, Schweizerisches Werberecht, 2. Aufl., Zürich 2001, 128 ff.; L. FERRARI HOFER/D. VASELLA, Kommentar zu Art. 2–8 UWG, in: M. Amstutz et. al. (Hrsg.), Handkommentar zum Schweizerischen Privatrecht, Zürich 2007, Art. 3 N 71 ff.; P. GALLI/D. LEHMANN/P. RECHSTEINER, Das öffentliche Beschaffungswesen in der Schweiz, Zürich 1996; P. GALLI/A. MOSER/E. LANG, Praxis des öffentlichen Beschaffungsrechts, 2. Aufl., Zürich 2007; A. GERMANN, Zur Generalklausel des Wettbewerbsgesetzes, SJZ 44 (1944), 285 ff.; R. P. JETZER, Lockvogelwerbung, Die werbepolitisch motivierte Preisunterbietung als unlauterer Wettbewerb, Zürich 1979; R. KNAAK/M. RITSCHER, Recht der Werbung in Europa, Schweiz, 2. Aufl., Basel 1996; H. KÖHLER, in: W. Hefermehl/H. Köhler/J. Bornkamm (Hrsg.), Gesetz gegen den unlauteren Wettbewerb, 28. Aufl., München 2010, § 4 N 10.184 ff.; A. MATTER, Lockvogelproblematik und UWG-Revision, ZSR 1986 I 429 ff.; J. MÜLLER, Einleitung und Generalklausel (Art. 1–2 UWG), in: R. von Büren/L. David (Hrsg.), SIWR V/1, Lauterkeitsrecht, 2. Aufl., Basel 1998, 69 f.; M. PEDRAZZINI/F. PEDRAZZINI, Unlauterer Wettbewerb, UWG, 2. Aufl., Bern 2002, N 6.55 ff.; M. REINERT, Preisgestaltung, in: Schweizerisches und europäisches Wettbewerbsrecht, in: T. Geiser/P. Krauskopf/P. Münch (Hrsg.), Handbücher für die Anwaltspraxis, Band IX, Basel 2005, N 4.118 ff. sowie N 4.221 ff.; W. R. SCHLUEP, Die Werbung im revidierten Lauterkeitsrecht, in: C. Baudenbacher (Hrsg.), Das UWG auf neuer Grundlage, Bern/Stuttgart 1989, 83 ff.; DERS., Über das innere System des neuen schweizerischen Lauterkeitsrechts, in: W. J. Habscheid/H.-J. Hoffmann-Nowotny/W. Linder/A. Meier-Hayoz (Hrsg.), Freiheit und Zwang – Rechtliche, wirtschaftliche und gesellschaftliche Aspekte, FS Giger, Bern 1989, 561 ff.; DERS., Lockvogelpreise und Lockvogelmarken im schweizerischen Recht, in: Prix et marques d'appel en droit comparé, Actes du colloque de Lausanne, Comparativa 7, Genf 1976, 57 ff.; M. SCHWENNINGER, Werbe- und Verkaufsmethoden, in: Schweizerisches und europäisches Wettbewerbsrecht, in: T. Geiser/P. Krauskopf/P. Münch (Hrsg.), Handbücher für die Anwaltspraxis, Band IX, Basel 2005, N 5.70 ff.; M. STREULI-YOUSSEF, Unlautere Werbe- und Verkaufsmethoden, in: R. von Büren/L. David (Hrsg.), SIWR V/1, Lauterkeitsrecht, 2. Aufl., Basel 1998, 79 ff., 132 ff.; G. SUTTER, Das Lockvogelverbot im UWG (Art. 3 lit. f), Bern/Stuttgart/Wien 1993; F. H. THOMANN, Vergleichende Werbung und Lockvogelangebote im Lichte des UWG, BJM 1981, 1 ff., bes. 14 ff.; A. TROLLER, Immaterialgüterrecht, Bde. I und II, 3. Aufl., Basel/Frankfurt a.M. 1983/1985, Bd. II, 942 f.; K. TROLLER, Grundzüge des schweizerischen Immaterialgüterrechts, 2. Aufl., Basel 2005, 360; T. WYLER, Werbung mit dem Preis als unlauterer Wettbewerb, Basel 1990; R. ZÄCH, Schweizerisches Kartellrecht, 2. Aufl., Bern 2005.

I. Normzweck

1 Aus der Vielfalt möglicher Lockvogelsachverhalte erklärt Art. 3 lit. f als Ergebnis eines vieldiskutierten politischen Kompromisses **nur** eine **besonders**

gelagerte Konstellation der Preisunterbietung für unlauter, wozu kumulativ das Vorliegen mehrerer, teilweise kaum justiziabler Merkmale vorausgesetzt wird: Unlauter ist die Täuschung über die Gesamtleistung bzw. Gesamtpreisgestaltung durch Vortäuschung eines preisgünstigen Gesamtangebots durch die wiederholte prominente werbliche Herausstellung eines (Teil-)Angebots, das **unter Einstandspreis verkauft** wird und **exemplarisch** auf das Gesamtangebot und damit die **Leistungsfähigkeit** des Anbieters ausstrahlt. Art. 3 lit. f geht somit davon aus, dass das fragliche Lockvogelangebot im Endeffekt den Absatz anderer Waren, Werke und Leistungen bezweckt als derjenigen, die als Lockvögel dienen, wobei eine – dem Kunden verborgene – **betriebsinterne Quersubventionierung,** die eigentlicher Gegenstand der Täuschung ist, erfolgt. Art. 3 lit. f beschneidet durch Anknüpfung an Angebote in der Werbung die Werbefreiheit, ohne an sich die Preisbildungsfreiheit zu beschränken.

II. Entstehungsgeschichte

Art. 3 lit. f hatte im bis 1988 geltenden UWG 1943 keinen Vorläufer. Das politisch gefühlte Bedürfnis nach einer Bestimmung, die sich Lockvogelangeboten annimmt, war vielmehr **einer der Auslöser der UWG-Novelle von 1986.** Im Zuge des «Lädelisterbens» und werbewirksamen, lockvogelartigen Auftritten von Discountern (namentlich von Denner) in den 1970er-Jahren und im Anschluss an BGE 107 II 277 ff. («Schokoladetafeln») wurde Anfang der 1980er-Jahre der Ruf laut, im Zuge einer UWG-Novelle einen «Lockvogelartikel» in das UWG zu integrieren.

Allerdings konnten diverse Lockvogelsachverhalte schon unter dem Regime des **UWG 1943** erfasst werden[1], so zum einen als **Irreführung** über Art. 1 Abs. 2 lit. b aUWG (der praktisch dem heutigen Art. 3 lit. b entsprach), wenn das angepriesene Lockvogel-Produkt im Laden überhaupt nicht oder nur in ungenügenden Mengen vorhanden war, sofern dies nicht in genügender Weise aus der Werbung hervorging, oder wenn das Produkt zwar in genügender Menge bereitstand, das Personal aber den Kunden auf einen anderen Artikel «abzulenken» versuchte[2]. Unklar war jedoch, ob auch eine Irreführung über die Leistungsfähigkeit bezüglich des Gesamtangebots im Sinne des heutigen Art. 3 lit. f erfasst werden konnte[3]. Zum

---

[1] Vgl. zum Ganzen THOMANN, BJM 1981, 14 ff., inbes. 16 ff. m.w.H. sowie B. VON BÜREN, Kommentar UWG, N 41 ff. zur Generalklausel. Die Botschaft 1934 sah noch einen auf das Submissionswesen beschränkten Spezialtatbestand der Preisunterbietung vor (dazu B. VON BÜREN, Kommentar UWG, N 43 zur Generalklausel). Zur eigentlichen «Preisschleuderei» fand sich dann im aUWG 1943 keine Bestimmung (dazu näher GERMANN, SJZ 40 (1944), 291). Vgl. auch BGE 52 II 370, 381, 57 II 331, 339, und BGE 85 II 443, 450 f., die die grundsätzliche Zulässigkeit des Verkaufs von Waren mit Verlust betonten.
[2] Dazu THOMANN, BJM 1981, 16.
[3] Bejahend THOMANN, BJM 1981, 17; offen gelassen in BGE 107 II 277, 283 ff. («Schokoladetafeln»).

anderen konnten Lockvogelangebote dann als **Herabsetzung** im Rahmen von Art. 1 Abs. 2 lit. a aUWG[4] erfasst werden, wenn ein Lockvogel preismässig zwar als abnormal erkannt wurde, ohne dass dafür plausible Gründe (günstige Einkaufskonditionen, Ausschaltung Zwischenhandel, geringe Gewinnmarge) vorlagen, das Angebot aber auch nicht als Lockvogel durchschaut wurde, und wenn sich diesfalls der Schluss aufdrängte, die übrigen Wettbewerber verlangten zu hohe Preise. Schliesslich waren Fälle von Lockvogelangeboten denkbar, die unter die alte **Generalklausel in Art. 1 Abs. 1 aUWG** subsumiert werden konnten, z.B. bei einem «Anreissen», bspw. unter Anwendung psychologischen Kaufzwangs oder bei Preisunterbietung zum Zwecke der Verdrängung eines Konkurrenten. Weiter erfasst werden konnten die durch Rechtsbruch (Verletzung der Ausverkaufsordnung, Abgabenhinterziehung etc.) ermöglichte Preisunterbietung sowie das Verschleudern von Waren und Leistungen zu Werbezwecken.

4 Der politisch vieldiskutierte, aber auch rechtlich stark umstrittene (Verfassungsrecht; Grundsatz der freien Preisbildung in der Marktwirtschaft) Art. 3 lit. f fand nach **hartem Ringen im Parlament** im vorliegenden Wortlaut Eingang ins UWG[5]. In Art. 3 lit. f **VE-UWG 1980** wurden **zwei alternative Versionen** zur Diskussion gestellt[6]. Die vorberatende Nationalratskommission legte dem Erstrat 1985 einen Mehrheits- sowie einen Minderheitsentwurf der Kommission vor, wobei beide inhaltlich von Art. 3 lit. f E-UWG 1983 abwichen[7]. In beiden Kommissionsentwürfen war das Merkmal der besonderen Hervorhebung in der Werbung enthalten, welches sich zwar noch im VE-UWG 1980 fand, jedoch im E-UWG 1983 fehlte. Ebenso wurde nach intensiver Diskussion am Täuschungserfordernis mitsamt Vermutung festgehalten. Als Bezugspunkt der Täuschungsvermutung bzw. als Voraussetzung von Art. 3 lit. f wurde der Einstandspreis bestimmt, nachdem in Art. 3 lit. f E-UWG 1983 noch auf Tiefpreise abgestellt und der Einstandspreis erst im Rahmen der Täuschungsvermutung berücksichtigt wurde.

5 Ferner wurde der Lockvogelbestimmung mit **Art. 3 lit. f**[bis] **VE-UWG 1980** sowie, nachdem diese in den E-UWG 1983 infolge des negativen Vernehmlassungsresultats keinen Eingang fand, im Rahmen eines Minderheitsentwurfs der vorberatenden NR-Kommission noch eine **Schwesterbestimmung** beiseitegestellt, die sich mit **diskriminierenden Angeboten** im Rahmen des **Missbrauchs der Nachfrage-**

---

[4] Art. 1 Abs. 2 lit. a aUWG entspricht weitgehend dem heutigen Art. 3 lit. a, dazu Art. 3 lit. a N 2.
[5] Vgl. dazu im Detail SUTTER, Lockvogelverbot, 222 ff. und BAUDENBACHER/GLÖCKNER, Kommentar UWG, Art. 3 lit. f N 21 ff. m.w.H.
[6] GRUR Int. 1981, 169 f.; Var. 1 bezog sich auf Tiefpreise und setzte keine besondere Hervorhebung in der Werbung voraus, während Var. 2 den systematischen Verlustpreisverkauf, der eine Täuschung über die Leistungsfähigkeit hinsichtlich des Gesamtsortiments als unlauter qualifizierte, jedoch keine Täuschungsvermutung vorsah. Vgl. zu den div. Entwurfsvarianten MATTER, ZSR 1986 I 439 ff. sowie zu den parlamentarischen Beratungen BAUDENBACHER, Schwerpunkte, 26 f.
[7] Vgl. BBl. 1983 II 1025 f. sowie 1043 ff. (E 1983) sowie Amtl. Bull. NR 1985, 826 (Entwürfe der Kommissionsmehrheit/-minderheit). In Art. 3 lit. f E-UWG 1983 wurde noch Bezug auf Tiefpreise genommen und eine besondere Hervorhebung in der Werbung war nicht vorausgesetzt.

macht befasste[8]. Auf die Aufnahme dieser Bestimmung wurde nach längerer Diskussion im Nationalrat verzichtet. Dies wurde damit begründet, dass die Frage der Diskriminierung durch Marktmacht ein Tatbestand des Kartellrechts sei und prinzipielle Gründe wie die Frage der genügenden verfassungsmässigen Grundlage und der grundsätzlichen Preisbildungsfreiheit als Bestandteil der Vertragsfreiheit dagegen sprachen, ein solches marktmachtunabhängiges Diskriminierungsverbot in das UWG aufzunehmen[9].

Im Schrifttum blieb die Tatsache bisher offenbar unbeachtet, dass die Auslegung von Art. 3 lit. f durch die **ersatzlose Streichung** der **Aus- und Sonderverkaufsvorschriften in Art. 21 f. und 25 aUWG**[10] und den Wegfall der bundesrätlichen Ausverkaufsverordnung auf den 1. November 1995 hin einem neuen Verständnis, insbesondere einer geltungszeitlichen Auslegung unterworfen werden muss. Ähnlich wenig beachtet wird, dass seit Inkrafttreten des **totalrevidierten KG** im Jahre **1996** die grds. Unzulässigkeit von Preisbindungen sowohl im horizontalen wie auch im vertikalen Verhältnis gilt (Art. 5 Abs. 3 und 4 KG)[11].

6

III. Systematik und Verhältnis zu anderen Vorschriften

1. Systematik

Art. 3 lit. f und seine Bedeutung sind im Lichte der gerade auch von UWG und KG unterstützten grundsätzlichen **Preisbildungsfreiheit** zu sehen. Als Ausfluss der Wirtschafts- und der Eigentumsfreiheit sowie der Vertragsfreiheit kann ein Marktteilnehmer die Preise für seine Waren, Werke oder Dienstleistungen grundsätzlich frei festsetzen[12]. Staatliche Schranken für die Preisfestsetzung bestehen nur

7

---

[8] GRUR Int. 1981, 170 (VE-UWG 1980) sowie Amtl. Bull. NR 1985, 832 f. (Entwurf Kommissionsminderheit NR). Die beiden Entwürfe wiesen trotz unterschiedlichen Wortlauts eine ähnliche Stossrichtung auf.

[9] Vgl. Voten NR LÜCHINGER und BR FURGLER in Amtl. Bull. NR 1985, 833 f. BR FURGLER betonte richtigerweise, dass von einem nicht marktmächtigen Anbieter erfolgende Preisdiskriminierungen «nicht als Störfaktor im wirtschaftlichen Ablauf gesehen [werden], da der Betroffene sich wehren kann, indem er ausweicht». Die Frage des Missbrauchs der Marktmacht (bzw. einer marktbeherrschenden Stellung) im Nachfragewettbewerb ist heute über Art. 7 KG erfasst, wobei namentlich auch auf die im Rahmen der KG-Novelle von 2003 erfolgte Ergänzung von Art. 2 Abs. 1bis KG hinzuweisen ist. Mit Letzterer sollte klargestellt werden, dass ein Missbrauch einer marktbeherrschenden Stellung auch nachfrageseitig erfolgen kann und auch Fälle der sog. relativen Marktmacht (strukturellen Abhängigkeit) erfasst sein können. Vgl. dazu näher ZÄCH, Kartellrecht, N 574 ff.

[10] Vgl. dazu DAVID, SIWR I/3, 32.

[11] Dazu auch näher N 7 u. 33.

[12] Dies galt auch schon unter altem Recht (aUWG 1943), vgl. schon BGE 52 II 370, 381, BGE 57 II 331, 339, BGE 71 II 233, 234, BGE 85 II 443, 450 und BGE 107 II 277, 284 («Schokoladeta-

in Ausnahmefällen[13]. Vertragliche Preisabreden sind sowohl im horizontalen wie im vertikalen Verhältnis in der Regel kartellgesetzlich unzulässig[14]. So kann ein Anbieter einerseits frei wählen, wo und zu welchem Preis er eine Ware oder Dienstleistung erwirbt und zu welchem Preis er sie weiterverkauft. Dies gilt insbesondere aus geschäftsmoralischer Sicht[15]. Tiefe Einstandspreise können namentlich durch Ausnützung fremder Vertragsbrüche oder infolge von Parallelimporten aus dem Ausland, insbesondere bei exklusiv oder selektiv vertriebenen Waren oder Leistungen, resultieren. Aus der Preisbildungsfreiheit ergibt sich andererseits das Recht, eine **Mischkalkulation** anzuwenden, also einen Teil des Sortiments unter Einstandspreisen oder sonst mit Verlust anzubieten, in der Hoffnung oder Absicht, diese Verluste in einem anderen, anders kalkulierten Teil des Sortiments wieder wettzumachen (Gedanke der Quersubvention), oder die Preise teilweise oder generell nach einer gewissen Zeit zu erhöhen, etwa nach erfolgreichem Markteintritt oder bei einer Markterholung. Gleichzeitig ist zu bedenken, dass bei Gratisangeboten gerade heute **«gratis» kaum je umsonst** meint und oft entweder «versteckte» Zusatzleistungen zu berücksichtigen sind (z.B. Flugangebote) oder eine Drittfinanzierung, etwa durch Werbung, vorliegt.

2. Verhältnis zu anderen Vorschriften

a) Verhältnis zu anderen Vorschriften des UWG

aa) Art. 3 lit. b sowie lit. i

8   Besteht die Lockvogelwerbemassnahme darin, dass **über** die **vorrätige Menge getäuscht** wird, kommen Art. 3 lit. b bzw. lit. i sowie ggf. Art. 2 zur Anwendung[16]. Dasselbe gilt, wenn die beworbenen Waren, Werke oder Leistungen überhaupt **nicht vorrätig** oder (noch) nicht bzw. nicht mehr im Angebot sind (Scheinangebot). Insofern kann Art. 3 lit. b insbesondere auch solche Angebote erfassen, deren **Verkaufspreise über dem Einstandspreis** liegen. Demgegenüber ist der Anwendungsbereich von Art. 3 lit. f enger. Auch die **Wertreklame** und die **Alleinstellungswerbung** werden von Art. 3 lit. b erfasst, ebenso **Täuschungen**

---

feln») sowie B. VON BÜREN, Kommentar UWG, N 41 ff. zur Generalklausel und MATTER, ZSR 1986 I 449 ff.

[13] Dazu unten, N 20 ff. (Art. 7 KG), N 24 (PüG) und N 29 (staatliche Preisvorschriften).

[14] Art. 5 Abs. 3 und 4 KG, deren Verletzung gemäss Art. 49a Abs. 1 KG bussgeldbewehrt ist.

[15] So richtig REINERT, Preisgestaltung, N 4.226. Aus funktionaler Sicht sind insbesondere die Schranken gemäss Art. 7 KG zu beachten.

[16] Vgl. Art. 3 lit. b N 23 und 43, Art. 3 lit. i N 10 f. sowie Art. 2 N 123. Zum Begriff der Lockvogelwerbung DAVID, SIWR I/3, 211 ff.

über den **Preis** im Rahmen von **Sukzessivlieferungsangeboten**, so etwa das «Anreissen» bei Kaufabonnementen[17].

bb)   Art. 3 lit. a

Im Markt werden oft **Markenartikel**, bei denen Preis- und Qualitätsbewusstsein beim Konsumenten und anderen Abnehmern besonders ausgebildet sind, mit tiefen Preisen beworben, um deren Zugkraftwirkung zu benutzen. Wird den Konkurrenten dabei unterstellt, dass zu hohe Gewinnmargen erzielt oder überrissene Preise verlangt werden, kann damit eine Rufschädigung (Herabsetzung) im Sinne von Art. 3 lit. a verbunden sein[18]. Im Zuge veränderter Konsumentenwahrnehmung dürften derart gelagerte Fälle im heutigen Marktumfeld wohl aber selten vorliegen, da solche Angebote in der Regel weder von der Bezeichnung her noch nach der Art der Durchführung geeignet sind, beim Kunden Gedankengänge auszulösen, die einen Konkurrenten herabsetzen könnten[19]. Dies gilt insbesondere für nicht dauerhafte Angebote. Aber auch bei Dauerpreisaktionen von Markenartikeln über dem Einstandspreis wird der durchschnittliche Abnehmer heute kaum mehr darauf schliessen, dass die Konkurrenz hohe Margen erzielt oder überrissene Preise verlangt, sondern eher darauf, dass das Tiefpreisangebot entweder auf guten Einkaufskonditionen oder -quellen (z.B. in Form zulässiger Parallelimporte), auf höheren Margen im übrigen Sortiment und damit auf einer Form der Quersubventionierung, auf Nachteilen bei anderen Faktoren (Services, Kundenbetreuung, Verkaufsräume) oder aber auf sonstigen Gründen (z.B. zu grosser Vorrat, Verderblichkeit, demodierte Ware) beruht. Tiefpreise können auch dem Goodwill und dem Prestige des Herstellers schaden, was jedoch kaum je im Rahmen von Art. 3 lit. a relevant werden dürfte. Zu beachten ist ferner, dass sich nur die betroffenen Konkurrenten im Sinne von Art. 3 lit. a zur Wehr setzen können, bspw. die entsprechenden Markeninhaber.

9

---

[17] Vgl. etwa den Sachverhalt in HGer AG SMI 1990, 219 ff. («Club-Einstiegsangebot»), auf den jedoch Art. 3 lit. f Anwendung fand.
[18] Vgl. z.B. THOMANN, BJM 1981, 17 f. und BAUDENBACHER/GLÖCKNER, Kommentar UWG, Art. 3 lit. a N 64 f., die in N 65 darauf hinweisen, dass ggf. eine produktkonstante Mischkalkulation den Eindruck erwecken könnte, dass der entsprechende Anbieter effizienter als die Konkurrenz arbeite, was aber vom durchschnittlichen Adressaten meist als Fehlschluss erkannt oder sonst relativiert und deshalb eher nicht als herabsetzend im Sinne von Art. 3 lit. a beurteilt werde.
[19] Vgl. BGE 107 II 277, 284 («Schokoladetafeln»), dazu auch BAUDENBACHER/GLÖCKNER, Kommentar UWG, Art. 3 lit. a N 63 f.

cc) Art. 3 lit. e

10   In Einzelfällen, namentlich bei vergleichenden Warenangeboten, kann ein Lockvogelangebot eine **unlautere Anlehnung** an den Ruf von Waren, Werken oder Leistungen anderer Anbieter darstellen und gemäss Art. 3 lit. e unlauter sein, insbesondere bei Markenartikeln[20].

dd) Art. 3 lit. g

11   Bei **Zugaben** liegt der **Bezugspunkt** der Täuschung **beim Angebot selbst** und nicht zwingend auch bei der allgemeinen Leistungsfähigkeit des Anbieters.[21] In der Praxis dürften sich die Anwendungsbereiche von Art. 3 lit. g und lit. f deshalb kaum überschneiden. Dazu kommt, dass bei zugabebezogenen Täuschungen nicht die qualifizierten Voraussetzungen des Art. 3 lit. f (wie ausgewähltes, wiederholtes Angebot, besondere Hervorhebung in der Werbung, Verkauf unter Einstandspreis) vorliegen müssen. Insofern hat Art. 3 lit. g einen weiteren Anwendungsbereich.

ee) Art. 2 (Generalklausel)

12   Art. 3 lit. f qualifiziert Lockvogelangebote nur unter engen Voraussetzungen als unlauter und damit als unzulässig. Zwar sind sich Lehre und Rspr. einig, dass Art. 3 lit. f bei der Anwendung von Art. 2 **keine eigentliche Sperrwirkung** entfaltet[22]. Fälle, in denen wiederholte Angebote unter Einstandspreis zwar nicht über Art. 3 lit. f, jedoch über Art. 2 als unlauter erfasst werden können, dürften jedoch selten sein.

13   Eine **Preisunterbietung** ist grds. nicht unlauter, sie ist vielmehr **Wesensmerkmal eines freien Marktes** und Ausdruck der Preisgestaltungsfreiheit. Neben dem von Art. 3 lit. f anvisierten Fall ist namentlich in folgenden Fällen eine Anwendung von Art. 2 möglich:

14   – Die im Vorfeld von Art. 7 KG (Missbrauch einer marktbeherrschenden Stellung) anzusiedelnde sog. **Preisschleuderei zum Zwecke der** nachfolgenden **Beherrschung des Marktes** wurde in BGE 85 II 443, 450 f. als unlauter qualifiziert, soweit sie die **Verdrängung von Konkurrenten bezweckt** und ähnlich wie ein Boykott auf eine Verletzung bzw. Vernichtung der wirtschaftlichen Persönlichkeit der Konkurrenten gemäss Art. 28 ZGB hinausläuft. Die praktische Bedeutung dürfte im heutigen Marktumfeld allerdings gering sein, da sie entweder regelmässig grosse Finanzkraft voraussetzen dürfte, von einer

---

[20] Vgl. dazu BAUDENBACHER/GLÖCKNER, Kommentar UWG, Art. 3 lit. f N 154.
[21] Vgl. dazu Art. 3 lit. g N 8 ff.
[22] Vgl. die Hinweise in Art. 2 N 7.

Zurückstufung von Konkurrenten nicht vorschnell ausgegangen werden kann oder aber das künftige Kaufinteresse der Abnehmer durch das «verschleuderte» Angebot leiden wird, was die Preisschleuderei für den Schleuderer nicht attraktiv machen dürfte. Dazu kommt, dass der (aktuelle oder potenzielle) Wettbewerbsdruck aus dem Ausland im Zuge der globalisierten Wirtschaft im heutigen Marktumfeld dem Preisschleuderer oft einen Strich durch die Rechnung machen dürfte. Wird im Rahmen einer Preisschleuderei zum Zwecke der Erhöhung des Marktanteils jedoch eine bereits bestehende **marktbeherrschende Stellung ausgenutzt** und gefestigt (z.B. bei Monopolmissbrauch mit Auswirkung auf benachbarten bzw. nachgelagerten Märkten), kann ein **Missbrauch** gemäss **Art. 7 Abs. 2 lit. d KG** vorliegen.

- Wird mit einem Angebot bezweckt, dass die Abnehmer ihren **künftigen Bedarf vorzeitig decken** und so eine Kaufkrafterschöpfung bzw. **Marktsättigung** eintritt, kann eine Unlauterkeit gemäss Art. 2 nur ausnahmsweise bei Vorliegen weiterer Unlauterkeitsmerkmale vorliegen, da es in einer freien Wettbewerbswirtschaft jedem Marktteilnehmer erlaubt ist, seinen Mitbewerbern mit erlaubten Mitteln zuvorzukommen[23]. **Ausnahmen** sind etwa bei der **massenweisen Gratisabgabe von Waren** denkbar, wenn sie zu einer eigentlichen **Marktverstopfung** führt und insoweit der Wettbewerb als Institut gefährdet wird (dazu sogleich, N 16).

- Die **Verteilung von Werbegeschenken und Mustern** dürfte kaum je unlauter sein, insbesondere wenn nur relativ geringe Mengen in Frage stehen[24]. Soweit die **Gratisabgabe von Originalware** nicht als unlautere Zugabe über Art. 3 lit. g zu erfassen ist oder die Gratisabgabe der betreffenden Ware selbst unzulässig ist[25], dürfte eine Erfassung über die Generalklausel nur unter bestimmten Umständen denkbar sein, etwa wenn eine eigentliche Marktverstopfung bewirkt wird oder andere Unlauterkeitsmerkmale vorliegen[26]. Die Verteilung von werbefinanzierten oder anderweitig drittfinanzierten **Gratiszeitungen** dürfte ebensowenig über Art. 2 zu erfassen sein, soweit damit nicht direkt (nur) die Verdrängung von kostenpflichtigen Zeitungen bezweckt wird[27]. Ohnehin erfolgt beim Anbieter wegen der Drittfinanzierung über Werbung etc. oft auch keine andauernde Verlustzielung.

- Das durch **Verletzung gesetzlicher Bestimmungen** ermöglichte Tiefpreisangebot wird durch die **Fallgruppe des Vorsprungs durch Rechtsbruch** durch Art. 2 erfasst[28]. Zu denken ist an Abgabenverkürzung, die Verletzung von Zoll- und Devisenvorschriften und Konzessions-/Bewilligungsauflagen,

---

[23] Vgl. BGE 85 II 443, 450.
[24] Vgl. Art. 2 N 60 ff., a.M. noch zum alten Recht THOMANN, BJM 1981, 19 und SCHLUEP, Lockvogelpreise, 83. Bei Abgabe in hohen Mengen wird sich der Anbieter tendenziell primär selbst schädigen.
[25] Bspw. im Heilmittelrecht, vgl. Art. 19 AWV.
[26] Dazu Art. 2 N 81.
[27] Vgl. zu Gratiszeitungen auch BAUDENBACHER, Kommentar UWG, Art. 2 N 173 ff.
[28] Vgl. sowie BGE 71 II 233, 234 f. (Verstoss gegen Clearing-Vorschriften).

Schwarzarbeit etc. Werden zur Erzielung des Tiefpreises unzulässig tiefe Löhne bezahlt oder werden sonstige arbeitsrechtliche Bestimmungen verletzt, greift ergänzend **Art. 7** ein[29].

ff) Art. 3 lit. h

18 In seltenen Fällen kann eine Lockvogelaktion eine aggressive **Geschäftsmethode** im Sinne von Art. 3 lit. h darstellen, etwa bei aggressiver Direktansprache (z.b. cold calling), die nicht als eigentliche Werbung zu qualifzieren ist. Da Art. 3 lit. f die **besondere Hervorhebung in der Werbung** vorsieht und sich Art. 3 lit. h nur auf Geschäftsmethoden bezieht, sind die **Anwendungsfelder** der beiden Vorschriften **verschieden**.

gg) Art. 16 ff. und PBV

19 Bei jeglicher **Bewerbung eines Angebots mit Preisangaben**, also auch bei Tiefpreisaktionen, sind die **Vorschriften der Art. 16 ff. und der PBV einzuhalten**[30]. Insbesondere bei Angeboten unter Einstandspreis, die mit notwendigen oder sinnvollen **Zusatzdiensten** ergänzt werden[31], sodass die Gesamtpreisermittlung oft erschwert ist, dürften bezogen auf das Gesamtangebot oft keine Angebote unter Einstandspreis vorliegen, jedoch möglicherweise die Vorschriften über die Preisbekanntgabe verletzt sein. Da die Vorschriften zur Preisbekanntgabe **nur** das **Verhältnis zu Letztverbrauchern** betreffen, kann bei der Ermittlung der Einstandspreise nicht an (an Händler etc.) bekanntgegebene Preise angeknüpft werden[32].

b) Verhältnis zu Vorschriften ausserhalb des UWG

aa) Kartellgesetz (KG)

20 Soweit ein Marktteilnehmer über eine marktbeherrschende Stellung im Sinne von Art. 7 KG verfügt, kann ein kartellgesetzlich verpönter Missbrauch dieser Stellung darin liegen, dass mit **Angeboten unter** den **variablen Kosten**[33] versucht wird, die **marktbeherrschende Stellung** im betreffenden Markt zu stärken oder auf andere Märkte auszudehnen, indem **Mitbewerber vom Markt verdrängt**

---

[29] Vgl. Art. 7 N 2 ff.
[30] Vgl. dazu die Kommentierung zu Art. 16 ff.
[31] Z.B. bei Flugbuchungen in Bezug auf Treibstoffzuschläge, Flughafen- und Gepäckgebühren oder bei Telekom-/Internetzugangsangeboten in Bezug auf verbundene Leistungen.
[32] Art. 24 VE-UWG 1980 sah noch eine Preisbekanntgabpflicht an Wiederverkäufer vor, vgl. GRUR Int. 1981, 172.
[33] Diese können, müssen aber nicht unter dem Einstandspreis liegen.

werden und anschliessend der Preis wieder erhöht wird (was ein sog. Recoupment, d.h. eine zeitlich nachfolgende finanzielle Erholung erlaubt)[34]. In der Regel wird erst eine **Quersubventionierung** in sachlicher oder zeitlicher Hinsicht die Unterbietungen von Konkurrenzpreisen betriebswirtschaftlich lohnenswert machen.

Angebote unter den variablen Kosten bzw. unter Einstandspreisen **zum Zwecke der Erringung einer marktbeherrschenden Stellung** sind demgegenüber nicht kartellgesetzwidrig, da Art. 7 KG in solchen Fällen (noch) nicht greift und einseitiges Verhalten von Marktteilnehmern nur über Art. 7 KG (oder die in solchen Fällen nicht passenden Bestimmungen der Fusionskontrolle in Art. 9 ff. KG) erfasst werden kann. Dies ist jedoch folgerichtig, da erst marktbeherrschenden Unternehmen die Möglichkeit des Recoupments offenstehen dürfte[35]. 21

Inwieweit das KG aufgrund der Novelle 2003 im Rahmen der Neufassung von Art. 4 Abs. 2 (Einfügung des Wortes «Nachfrager») auch auf bloss **«marktstarke» Unternehmen** (relative Marktmacht, «überragende Marktstellung» bzw. strukturelle Abhängigkeit) Anwendung findet, ist eine kontroverse Frage, die letztlich vom konkret definierten Markt, von den in Frage stehenden Marktanteilen, der Marktstruktur und dem Marktverhalten abhängt[36]. Solche «Preisdiktate» durch Nachfrager sind schon konzeptionell nicht im Sinne von Art. 3 lit. f tatbestandsmässig[37]. 22

Dass die Anwendung von Art. 7 KG einer Anwendung von Art. 3 lit. f nicht entgegensteht, ergibt sich aus der **ergänzenden Funktion und Anwendung von KG und UWG** zum Schutze des wirksamen und unverfälschten Wettbewerbs. Insbesondere im Vorfeld marktbeherrschender Stellung können Art. 3 lit. f oder Art. 2 zur Anwendung kommen (Vorfeldthese)[38]. 23

bb) Preisüberwachungsgesetz (PüG)

Soweit das Kartellgesetz auf einen Sachverhalt nicht zur Anwendung kommt, weil eine staatliche Markt- oder Preisordnung besteht (vgl. Art. 3 Abs. 1 lit. a KG), kann der Preisüberwacher bei missbräuchlichen Preisen Empfehlungen abgeben und ggf. missbräuchliche Preiserhöhungen verbieten oder Preissenkungen anordnen (Art. 8 ff. PüG). **Auf missbräuchliche Preisunterbietungen** findet das PüG jedoch **keine Anwendung**. 24

---

[34] Dazu näher ZÄCH, Kartellrecht, N 683 ff. und REINERT, Preisgestaltung, N 4.118 ff.
[35] So auch REINERT, Preisgestaltung, N 4.229.
[36] Explizit durch Art. 7 Abs. 2 lit. d KG erfasst; vgl. dazu näher ZÄCH, Kartellrecht, N 575 ff.
[37] Es fehlt u.a. schon an der Täuschungseignung. Zum Problem des Preisdiktats im Nachfrageverhältnis REINERT, Preisgestaltung, N 4.133 f.
[38] Dazu auch Einl. N 25 und N 14. Zur Vorfeldthese näher REINERT, Preisgestaltung, N 4.226 und BAUDENBACHER, Kommentar UWG, Art. 1 N 69 f. und schon zum aKG 1985 MATTER, ZSR 1986 I 467.

cc) Preisunterbietungen im Vergabewesen (Submissionen)

25 Bei Submissionen kalkuliert ein Anbieter (Submittent) sein **Angebot** zuweilen **zu Verlustpreisen**, sodass seine Selbstkosten nicht gedeckt sind. Art. 3 lit. f wird in solchen Fällen regelmässig nicht anwendbar sein, da mit dem Angebot **in der Regel weder** eine **Täuschung über** die **Leistungsfähigkeit** in Bezug auf das übrige Sortiment bzw. Angebot des Submittenten **noch** eine **besondere Hervorhebung in** der **Werbung** vorliegen dürften und auch **kein wiederholtes Angebot** vorliegt[39]. Ausserdem erschiene ein Abstellen auf den Einstandspreis als schwierig, weil regelmässig ein Bündel von Leistungen (inkl. Arbeitsleistungen) nachgefragt wird. Ein Unterangebot, dessen Preis die Gestehungskosten des Anbieters nicht deckt, ist vor diesem Hintergrund regelmässig zulässig, vorausgesetzt, es erfüllt die Vergabekriterien[40]. Unterangebote können namentlich der Überbrückung von Überkapazitäten oder dem Eindringen in neue Märkte dienen[41]. Sie stehen damit nicht per se im Widerspruch zu den Zielen des Vergaberechts, das eine wettbewerbsorientierte Auftragsvergabe zum Ziel hat und das namentlich nicht bezweckt, bestehende Marktstrukturen zu zementieren[42].

26 Gemäss einem Entscheid des VwGer AG soll es jedoch im Ermessen der Vergabestellen liegen, ein mögliches **Unterpreisangebot auszuschliessen**, um ruinöse Preiskämpfe unter den Anbietern zu verhindern[43]. Je nach den anwendbaren Bestimmungen des Submissionsrechts kann die Vergabestelle jedoch – insbesondere bei ungewöhnlich niedrigeren Angeboten als bei anderen Anbietern – **besondere Erkundigungen** einholen, bspw. die Einhaltung der Teilnahme- oder Vergabebedingungen prüfen[44].

27 **Unterpreisangebote** sind hingegen **unzulässig**, wenn sie **gegen Vorschriften des Wettbewerbsrechts** i.w.S, insbesondere des KG und des UWG, **verstossen**. Mit Bezug auf wettbewerbswidrige Abreden wird dies in den Vorschriften des Vergabe-

---

[39] Anstelle vieler bspw. VwGer ZH vom 27.08.2003 (VB.2002.00384), E. 3e) (nicht in RB 2003 N 50 abgedruckte E.), VwGer SO SOG 1999 Nr. 49, E. 6 und OGer UR RBUR 2002 N 30, E. 8a).

[40] Anstelle vieler VwGer ZH vom 27.8.2003 (VB.2002.00384), E. 3d) sowie die dort aufgeführten kantonalen Entscheide.

[41] Vgl. bspw. VwGer ZH RB 2003 N 50, E. 3e) und VwGer ZG ZGGVP 2002, 120, E. 2b) und OGer UR RBUR 2002 N 30, E. 7d).

[42] So bspw. VwGer ZH RB 2003 N 50, E. 3e) und VwGer ZG ZGGVP 2002, 120, E. 2b).

[43] AGVE 1997, 367, vgl. auch GALLI/MOSER/LANG, Praxis des öffentlichen Beschaffungsrechts, N 543 ff.

[44] VwGer GR vom 6.7.2007 (U-07-40), E. 2, VwGer ZH vom 27.08.2003 (VB.2002.00384) E. 3e), VwGer SO SOG 1999 Nr. 49, E. 6, LGVE 2000 II N 15, E. 2; weitergehend offenbar VwGer ZG ZGGVP 2002, 120, E. 2b), wonach ein Unterangebot im Allgemeinen Anlass zu näherer Prüfung gebe. Vgl. auch Art. XIII GPA.

rechts ausdrücklich festgehalten[45]. Der Grundsatz gilt jedoch auch für andere wettbewerbswidrige Verhaltensweisen[46].

Beruht das Angebot auf der **Verletzung** von **gesamt- oder normalarbeitsvertraglichen Bestimmungen**, der **Unterschreitung** von allfälligen **Mindestlöhnen**, von durch **Steuer- oder Abgabehinterziehungen** bewirkten Einsparungen, von **Verletzungen des Entsendegesetzes** (EntsG) oder dergleichen, wird es regelmässig unlauter im Sinne der Submissionsbestimmungen und im Sinne von **Art. 2** sein (Fallgruppe des Vorsprungs durch Rechtsbruch)[47]. Teilweise ist es Anbietern erlaubt, statt der in den Ausschreibungsunterlagen genannten Fabrikate und Typen andere, gleichwertige Komponenten zu offerieren, was entsprechend bekanntzumachen ist[48]. Ein gemäss **Art. 3 lit. b** unlauteres Unterangebot liegt etwa auch dann vor, wenn der Empfänger des Angebots über einen wesentlichen Punkt, bspw. die Tatsache, dass er Dritten Zusatzkosten für die erbrachten Leistungen in Rechnung stellt, getäuscht wird[49].

28

dd)   Staatliche Preisvorschriften

In einigen Bereichen bestehen **staatliche Preisvorschriften** oder **staatlich genehmigte Tarife** bzw. Gebühren (vgl. Art. 3 Abs. 1 lit. a KG). Zu nennen sind die Arzneimittelpreise im Bereich der Krankenversicherung, Taxitarife, Kaminfeger- oder Notariatsgebühren[50]. Oft handelt es sich hierbei um Höchstpreise (Kaminfeger, Notariate, Gesundheitswesen/Infrastruktur). Soweit diese Vorschriften einen **(Mindest-)Preis zwingend vorschreiben**, kann ihre wettbewerbsrelevante Missachtung einen über **Art. 2** zu erfassenden Vorsprung durch Rechtsbruch darstellen. Daneben können auch Art. 3 lit. f sowie lit. b und andere Fallgruppen von Art. 2 zur Anwendung kommen, wenn deren Voraussetzungen vorliegen.

29

ee)   Preisbildungs- und Transparenzvorschriften

In den Bereichen des Fernmelderechts und der Stromversorgung bestehen **Preisbildungs- und Transparenzvorschriften**, die primär Preismissbräuche in Form zu hoher Preise verhindern wollen, aber im Endeffekt auch auf **Quersub-**

30

---

[45] Vgl. z.B. Art. 11 lit. e BOeB.
[46] Vgl. bspw. VwGer ZH RB 2003 N 50, E. 3e). Dazu auch GALLI/LEHMANN/RECHSTEINER, Öffentliches Beschaffungswesen, N 741 ff.
[47] Vgl. bspw. VwGer GR vom 6.7.2007 (07-40), E. 2, OGer UR RBUR 2002 N 30, E. 7d) sowie GALLI/LEHMANN/RECHSTEINER, Öffentliches Beschaffungswesen, N 726.
[48] Vgl. bspw. VwGer ZH vom 27.8.2003 (VB.2002.00384), E. 3f) unter Hinweis auf § 18 SubmV ZH.
[49] So VwGer BS BJM 2004, 83, E. 4c, wo die Notwendigkeit betont wird, dass der Leistungsbeschrieb in der Ausschreibung präzise und widerspruchsfrei erfolgt (klare, transparente Gestaltung; E. 6 f.).
[50] Vgl. auch STREULI-YOUSSEF, SIWR V/1, 133.

ventionierungsverbote hinauslaufen. Im **Fernmelderecht** ist ein marktbeherrschender Anbieter gemäss Art. 11 Abs. 1 FMG zur Zugangsgewährung zu Fernmeldediensten auf transparente und nicht diskriminierende Weise zu kostenorientierten Preisen verpflichtet. Er muss gemäss Art. 11 Abs. 2 FMG die Bedingungen und Preise für einzelne Zugangsdienstleistungen gesondert ausweisen. Im **Strommarkt** sieht Art. 6 Abs. 3 StromVG eine Pflicht der Verteilnetzbetreiber zur Festlegung und Veröffentlichung eines einheitlichen Elektrizitätstarifs für feste Endverbraucher vor. Dieser ist für ein Jahr fest und nach Netznutzung, Energielieferung, Abgaben und Leistungen an Gemeinwesen aufzuschlüsseln. Art. 10 Abs. 1 StromVG untersagt sodann explizit die Quersubventionierung zwischen dem Netzbetrieb und den übrigen Tätigkeitsbereichen (Entflechtung), was durch spezielle Transparenzvorschriften sichergestellt wird. So ist die Jahres- und die Kostenrechnung jährlich der ElCom vorzulegen (Art. 11 StromVG). Es bestehen spezielle Vorschriften zur Information und Rechnungsstellung gegenüber den Netznutzern (Art. 12 StromVG). Das Netznutzungsentgelt darf die gemäss Art. 15 StromVG anrechenbaren Kosten nicht übersteigen (Art. 14 StromVG). Zur Festlegung der Netznutzungstarife bestehen spezielle Vorgaben (Preisbildungsvorschriften; Art. 14 Abs. 3 StromVG). Ausführungsvorschriften sind in der StromVV enthalten.

ff)   Aus- und Sonderverkäufe

31   Mit ersatzloser Streichung der bis 31. Oktober 1995 geltenden Art. 21 und 22 im Rahmen der **Liberalisierung des Ausverkaufswesens** im Zuge der Swisslex-Novellen sind **Aus- und Sonderverkäufe grundsätzlich zulässig** und keiner Bewilligungspflicht mehr unterworfen. Gegenteilig lautende kantonale Vorschriften sind somit obsolet geworden[51]. Auf Aus- und Sonderverkäufe bezogene Werbemassnahmen und Auskündigungen haben jedoch den **allgemeinen Lauterkeitsmassstäben** der Wahrheit und des Verbots der Irreführung zu entsprechen (v.a. Art. 3 lit. b).

gg)   Ausgewählte spezifische Verbote bzw. Einschränkungen
      der Gratisabgabe von Waren

32   **In gewissen Bereichen** ist die **Gratisabgabe von Waren verboten**. Im Bereich **Alkohol** sieht Art. 41 Abs. 1 lit. g AlkG ein Verbot des Kleinhandels mit gebrannten Wassern (Spirituosen) zu Preisen vor, die keine Kostendeckung gewährleisten. Ausnahmen können nur gestattet werden bei Aufgabe der Geschäftstätigkeit oder aus anderen wichtigen Gründen (Art. 41 Abs. 2 lit. b AlkG). Ebenso ist die Gratisabgabe von gebrannten Wassern allgemein verboten (Art. 41 Abs. 1 lit. k

---

[51]   Vgl. DAVID, SIWR I/3, 32 und oben, N 6.

AlkG). Dasselbe gilt für die Gratisabgabe von **Tabakwaren** und Tabakerzeugnissen mit Ersatzstoffen an Jugendliche unter 18 Jahren (Art. 18 lit. f TabV). Auch im Bereich der **Arzneimittel** wird die Gratisabgabe von Arzneimitteln (Musterabgabe) an sehr einschränkende Voraussetzungen geknüpft. So darf gemäss Art. 10 (Fachwerbung; Abgabe nur «in kleiner Anzahl» zulässig) und Art. 19 (Publikumswerbung) AWV die Bemusterung von Arzneimitteln nur in geringen Mengen erfolgen, wobei ein Verkauf nicht gestattet ist (Gratisabgabe). Die Direktabgabe von Arzneimitteln zum Zwecke der Verkaufsförderung ist mit Ausnahme der Abgabekategorie E unzulässig (Art. 21 Abs. 1 lit. e i.V.m. Abs. 2 AWV).

c) **Verstoss gegen vertragliche Preisbindungen**

Art. 5 KG verbietet sowohl im Horizontalverhältnis (d.h. unter Mitbewerbern; Art. 5 Abs. 3 KG) wie auch im Vertikalverhältnis (Marktgegenseite; Art. 5 Abs. 4 KG) Preisabreden sowie Preisempfehlungen, die de facto bindenden Charakter haben, wobei über Art. 49a Abs. 1 KG gegenüber fehlbaren Unternehmen hohe Bussgelder verhängt werden können[52]. Konsequenterweise kann die **Preisunterbietung unter Verstoss gegen vertragliche Preisbindungen nicht unlauter** sein, ganz abgesehen davon, dass das UWG konzeptionell primär auf Verhaltensweisen ohne unterliegendes Vertragsverhältnis zugeschnitten ist. Es kommt nur zur Anwendung, wenn eine Wettbewerbshandlung vorliegt, was bei Vertragsverletzungen nicht immer bejaht werden kann[53]. Ohnehin wird in vielen Fällen das vertragliche Preisgefüge (bspw. beim Allein- oder Selektivvertrieb) durch Aussenseiter durchbrochen, mit Bezug auf welche eine vertragliche Handhabe von vornherein ausser Betracht fällt, da die Beeinträchtigung relativer Rechte Dritter grds. nicht widerrechtlich ist[54]. 33

Eine Ausnahme ist einerseits im Rahmen von **Art. 8 KG** möglich (bundesrätliche ausnahmsweise Zulassung)[55], andererseits ist derzeit ein **Buchpreisbindungsgesetz** in parlamentarischer Beratung[56]. Ein Verstoss gegen ausnahmsweise zulässige 34

---

[52] Dazu näher anstelle vieler ZÄCH, Kartellrecht, N 454 ff. sowie 464 ff. und REINERT, Preisgestaltung, N 4.2 ff. je m.w.H.
[53] Oft wird schon das Vorliegen einer eigentlichen Wettbewerbshandlung zu verneinen sein, vgl. z.B. BGE 124 III 297, 302 («Dispodrom»), der Äusserungen im Rahmen der Abwicklung eines bereits bestehenden Vertrags betraf.
[54] Vgl. z.B. BGE 114 II 91, 97 ff. («Dior»-Vertriebsbindung). Vgl. zur früheren Rechtslage näher B. VON BÜREN, Kommentar UWG, N 50 f. zur Generalklausel, wobei eine Fortwirkung der Vertragsbindung im Rahmen des UWG auf Aussenseiter nur in Fällen der Schädigungsabsicht bejaht wurde.
[55] Bisher ist kein einziger Fall bekannt. Für die Buchpreisbindung (Sammelrevers) wurde eine ausnahmsweise Zulassung nicht erteilt, vgl. RPW 2007, 391 ff., ebenso im «Musikalienfall», vgl. RPW 1998, 478 ff.
[56] Vgl. den Entwurf über ein Buchpreisbindungsgesetz (BuPG) in BBl 2009, 4163 ff. Ob sich das Parlament tatsächlich für eine Wiedereinführung der Buchpreisbindung ausspricht, wird sich zeigen.

Preisbindungen stellt **primär eine Vertragsverletzung** dar und wird per se noch nicht unlauter sein.

35 Der Verstoss gegen (ggf. allgemeinverbindliche) tarifvertragliche **Lohnvorschriften** und gegen «berufs- oder ortsübliche» Löhne wird ggf. über **Art. 7** erfasst[57].

IV. Tatbestandsvoraussetzungen

36 Art. 3 lit. f qualifiziert «Lockvogelwerbung» nur unter diversen, einschränkenden Voraussetzungen als unlauter und damit als unzulässig. Die folgenden **Merkmale** werden dabei **kumulativ** vorausgesetzt:

1. Ausgangspunkt: Grundsätzliche Preisbildungs- und Kalkulationsfreiheit

37 Die Tatbestandsvoraussetzungen in Art. 3 lit. f sind vor dem **Hintergrund** der grundsätzlichen **Preisbildungsfreiheit** zu sehen[58]. Vor diesem Hintergrund setzt Art. 3 lit. f nicht an der Preisbildung an sich an, sondern an der über die Leistungsfähigkeit des Anbieters täuschenden Werbung in Fällen, in denen Preise unter Einstand offeriert werden.

2. Ausgewählte Waren, Werke oder Leistungen

38 Ein gemäss Art. 3 lit. f unzulässiges Verhalten liegt nur vor, wenn ausgewählte Waren, Werke und Leistungen[59] offeriert werden. **Ausgewählt** heisst, dass vom Angebot nicht das ganze **Sortiment** von Waren etc. des entsprechenden Anbieters erfasst ist, sondern **nur ein Teil** davon. Dies ist insofern konsequent, als Tiefpreisangebote bzw. Angebote unter Einstandspreis, die das gesamte Sortiment betreffen, abgesehen von Aus- oder Räumungsverkäufen betriebswirtschaftlich kaum je einen Sinn ergeben dürften, abgesehen davon, dass dann in der Konsequenz auch keine Täuschung über das restliche Angebot möglich sein dürfte[60]. Das Angebot des gesamten Warensortiments ist demnach nicht unter Art. 3 lit. f erfass-

---

[57] Vgl. N 17 u. 20 ff. sowie Art. 7 N 5.
[58] Dazu näher N 7.
[59] Zum Begriff der Waren, Werke und Leistungen vgl. die Kommentierung bei Art. 3 lit. b N 29 ff.
[60] Vgl. auch A. TROLLER, Immaterialgüterrecht II, 942. Immerhin könnte eine Täuschung aber darin liegen, dass der Kunde zum Schluss kommt, dass sich das Angebot zeitlich unbeschränkt preislich derart günstig darstellt. Allerdings ist dann eine Täuschung deshalb kaum denkbar, weil ihm Preiserhöhungen nicht verborgen bleiben dürften (Preisangabepflicht!), da er ja die tiefen Preise der Vergangenheit kennen wird.

bar, was etwa für Räumungs-, Liquidations- und Konkursverkäufe von Bedeutung sein kann.

Wird das **gesamte Angebot unter Einstandspreisen** beworben und verkauft, greift Art. 3 lit. f nicht. Ggf. kann in solchen Fällen jedoch Art. 2 greifen[61]. Solche Fälle dürften aber – abgesehen von eigentlichen Räumungs- oder Ausverkäufen, bei demodierten bzw. veralteten Waren oder Liquidationen, deren Unlauterkeit bezweifelt werden dürfte – kaum je praxisrelevant sein. Ohnehin wäre regelmässig auch eine Täuschungseignung zu verneinen. 39

3. Wiederholtes Angebot

Tatbestandsmässig sind nur **tatsächlich beworbene Angebote**[62]. Als solche gelten nicht nur eigentliche Offerten im Sinne von Art. 3 ff. OR, sondern auch blosse Auskündigungen und Anpreisungen[63], die obligationenrechtlich ggf. als Einladungen zur Offertstellung verstanden werden können und namentlich im Rahmen von Werbemassnahmen üblich sind. Art. 3 lit. f. will **jeglichen Mitteilungsinhalt** erfassen, der bei einem Adressaten ein konkretes angebotsbezogenes **Kaufinteresse hervorrufen** kann. Insofern kann **auch** eine **mündliche Mitteilung** als Angebot qualifiziert werden, ebenso bspw. die Auslage von Waren auf Wühltischen, sofern damit der Anschein eines Lockvogels erweckt wird[64]. Reine Erinnerungswerbung wird nicht darunterfallen können, da es an einem konkreten Angebot mit Preisangabe fehlt. Bei Werbung und Angeboten ohne Preisangaben wird zu differenzieren sein. Soweit solche gemäss Art. 16 ff. und den Bestimmungen der PBV überhaupt zulässig sind, wird nach den Umständen zu ermitteln sein, ob eine Aussage über einen Teil des Sortiments des werbenden Anbieters erfolgt, die die Leistungsfähigkeit zum Gegenstand hat. 40

Als **wiederholt** im Sinne von Art. 3 lit. f kann zunächst – nach dem Wortlaut – **jedes mehr als einmalige Angebot** von Waren, Werken und Leistungen betrachtet werden. Der Gesetzgeber sprach sich gegen einen Lockvogeltatbestand aus, der die systematische Preisunterbietung zu Verlustpreisen zum Gegenstand hatte[65]. Ein bloss einmaliges Angebot fällt somit klarerweise nicht unter Art. 3 lit. f. Allerdings ist zu differenzieren: Droht nach einmaligem Angebot eine Wiederholung, ist dies 41

---

[61] Vgl. N 12 ff. und BAUDENBACHER/GLÖCKNER, Kommentar UWG, Art. 3 lit. f N 74.
[62] Scheinangebote können ggf. namentlich über Art. 3 lit. b erfasst werden, vgl. auch Art. 3 lit. b N 45 und N 8.
[63] BAUDENBACHER/GLÖCKNER, Kommentar UWG, Art. 3 lit. f N 73.
[64] So BAUDENBACHER/GLÖCKNER, Kommentar UWG, Art. 3 lit. f N 86.
[65] Art. 3 lit. f 2. Var. E VE-UWG 1980; dieses Argument findet sich bei DAVID/JACOBS, Wettbewerbsrecht, N 263. Allerdings wurde gleichzeitig auch auf eine Täuschungsvermutung verzichtet.

an sich noch nicht tatbestandsmässig im Sinne von Art. 3 lit. f[66]. Im Rahmen des Erlasses vorsorglicher Massnahmen (im Rahmen einer Unterlassungsklage) gemäss Art. 14 i.V.m. Art. 28c–28f ZGB kann die Gefahr erstmaliger Wiederholung aber naturgemäss berücksichtigt werden, soweit ein zweites Angebot und damit eine Wiederholung konkret drohen. In der Regel **noch nicht** als **wiederholtes Angebot** kann ein **innert kurzer Frist mehrfach geschaltetes identisches Angebot** gelten, so etwa bei einem an mehreren aufeinanderfolgenden Tagen geschalteten identischen Werbeinserat in periodisch erscheinenden Medien. Irrelevant ist hingegen das «Unlauterkeitspotenzial» des wiederholten Angebots, das bei Angeboten kleinen Umfangs und ohne nennenswerten Anlockeffekt gering sein kann[67].

42   In **zeitlicher Hinsicht** ist fraglich, wie viel Zeit zwischen einem erstmaligen tatbestandsmässigen Angebot und einer Wiederholung liegen muss (Frage der **Kadenz**)[68]. Oft ist der Übergang vom einmaligen zum wiederholten Angebot fliessend und entsprechend problembehaftet. Auszugehen ist vom Eindruck eines Angebots auf den Durchschnittsadressaten. Dabei dürfte oft die Kurzlebigkeit der Angebote bzw. die nur kurzzeitig haftende Erinnerung an Angebote ins Gewicht fallen. Mehrtägige Preisaktionen gleichen Inhalts dürften insofern aber noch nicht als wiederholtes Angebot gelten. Liegt hingegen eine «gewisse Regelmässigkeit» vor, lässt sich eine Wiederholung zweifelsohne sprechen[69].

43   Ferner ist fraglich, ob das **Angebot sich in räumlicher oder personeller Hinsicht** auf einen identischen oder zumindest ähnlichen Kreis beziehen muss, um tatbestandsmässig zu sein. Ist der Kreis der potenziell getäuschten Personen klarerweise ein anderer, kann keine Wiederholung im Sinne von Art. 3 lit. f vorliegen, so bspw. bei Grossdetaillisten mit umfangreichem Filialnetz, die ein regional differenziertes Angebot bewerben. Auch hier kommt es auf die Umstände und den Blickwinkel des Durchschnittsbetrachters an.

44   Es wird **nicht vorausgesetzt**, dass es sich bei der Wiederholung um ein **identisches Angebot** handelt[70]. Es kommt nur darauf an, dass das fragliche, ggf. variierende Angebot **vom gleichen Anbieter** stammt. Ansonsten würde der raffinierte Marktteilnehmer begünstigt, der sein Lockvogelangebot wechselt. Dies ergibt sich gleichzeitig auch daraus, dass der Bezugspunkt die umfassend verstandene Leistungsfähigkeit des werbenden Anbieters ist[71]. Auf diese kann mit identischen, aber genauso gut mit unterschiedlichen Angeboten Bezug genommen werden. Ob auch Angebote

---

[66] Vgl. HGer AG SMI 1990, 219, E. 2, 223 («Club-Einstiegsangebot»), ebenso DAVID/JACOBS, Wettbewerbsrecht, N 262, missverständlich PEDRAZZINI/PEDRAZZINI, UWG, N 6.62; zum Ganzen näher BAUDENBACHER/GLÖCKNER, Kommentar UWG, Art. 3 lit. f N 81 ff.
[67] Dazu MATTER, ZSR 1986 I 456.
[68] Dazu auch BAUDENBACHER/GLÖCKNER, Kommentar UWG, Art. 3 lit. f N 84 m.w.H.
[69] DAVID/JACOBS, Wettbewerbsrecht, N 261. Vgl. auch SUTTER, Lockvogelverbot, 259 ff.
[70] PEDRAZZINI/PEDRAZZINI, UWG, N 6.62 und WYLER, Werbung mit dem Preis, 116. A.M. KNAAK/RITSCHER, Recht der Werbung, N 77.
[71] So PEDRAZZINI/PEDRAZZINI, UWG, N 6.62.

von **wirtschaftlich mit dem Erstanbieter verflochtenen Anbietern** tatbestandsmässig sind, bedarf der Differenzierung. Während **Angebote von Zweigniederlassungen und unternehmensinternen Einheiten** (Divisionen, Abteilungen) ohne weiteres erfasst sind, ist dies bei anderweitig wirtschaftlich verbundenen Unternehmen etc. fraglich. Die Frage stellt sich insbesondere für **Konzerngesellschaften**. Da Art. 3 lit. f aber die Täuschung über die eigene Leistungsfähigkeit zum Gegenstand hat und dabei ein Bezug auf das das betreffende Angebot bewerbende Rechtssubjekt (natürliche oder juristische Person, Kollektivgesellschaft etc.) besteht, dürfte hier eine wirtschaftliche Betrachtungsweise ausser Betracht fallen, es sei denn, diese dränge sich dem Durchschnittsadressaten der fraglichen Werbung aufgrund der Umstände (Marke, Herstellerhinweise, Aufmachung der Ware etc.) auf. Zwar ist eine Quersubventionierung auch im Konzernverhältnis möglich und durchwegs nicht unüblich, doch ginge es zu weit, solche Tatbestände, die wohl ohnehin selten sein dürften, auch über Art. 3 lit. f erfassen zu wollen. Nimmt der Durchschnittsadressat die entsprechende wirtschaftliche Verflechtung hingegen nicht wahr, dürfte es an der Täuschungseignung fehlen.

Wird mit dem Angebot der **Verkauf verderblicher, veralteter oder aus Mode und Trend gefallener (sog. demodierter) Ware** wie bei Ausverkäufen beworben, dürfte eine Tatbestandsmässigkeit i.S.v. Art. 3 lit. f bei genügendem Hinweis auf den Sondercharakter des Angebots schon auf der Ebene der Täuschung ausscheiden[72]. In Fällen von **Räumungs-, Liquidations- und Konkursverkäufen** wird es zudem regelmässig an einer Wiederholung fehlen. 45

Fraglich ist, ob jegliche Angebote in Form der Werbung im Wettbewerb erfasst sind. Zwar ist Art. 3 lit. f von der Entstehungsgeschichte her («Lädelisterben»-Problem) auf den **Detailhandel** ausgerichtet, erfasst jedoch vom Wortlaut her nicht nur diesen, sondern auch den sonstigen **Zwischenhandel**[73]. Ausserhalb des Detailhandels dürfte hingegen eine Täuschungseignung regelmässig zu verneinen sein, abgesehen davon, dass Art. 3 lit. f nur Angebote in Form der Werbung erfasst, nicht aber etwa konkrete Offerten oder die Direktansprache. 46

Ferner sind – zumindest vom insoweit klaren Wortlaut – auch Angebote von **verarbeiteten Produkten (Werke) und von Dienstleistungen** erfasst[74]. Die Anwendbarkeit von Art. 3 lit. f dürfte dabei schwierig und in der Praxis kaum vorstellbar sein, weil für die geleistete Verarbeitung bzw. Arbeit das auf den Handel zugeschnittene Einstandspreiskonzept nicht passt. Wird ein Produkt nur geringfügig bearbeitet, so muss ggf. eine wertende Betrachtung erfolgen, in deren Rahmen der eigene (Arbeits- und Waren-)Aufwand eine «Herausrechnung» erfährt[75]. Der ei- 47

---

[72] Vgl. dazu näher N 71, 74 f. m.w.H.; zum Ganzen näher SUTTER, Lockvogelverbot, 263 f. und 292 f.
[73] Vgl. SUTTER, Lockvogelverbot, 249 f.
[74] Vgl. REINERT, Preisgestaltung, N 4.238, nach welchem auch der Handwerks- und Dienstleistungssektor erfasst ist. A.A. DAVID/JACOBS, Wettbewerbsrecht, N 259 und PEDRAZZINI/PEDRAZZINI, UWG, N 5.56.
[75] Vgl. dazu auch SUTTER, Lockvogelverbot, 258.

gentliche Einstandspreis für die Ausgangsware tritt bei Werken und (Dienst-) Leistungen regelmässig in den Hintergrund. In jedem Fall kann aber von einem Angebot unter Einstandspreis ausgegangen werden, wenn nicht einmal die variablen Kosten gedeckt sind[76]. Preistransparenz und Preisbewusstsein werden bei Werken und Dienstleistungen oft eingeschränkt sein, sodass es oft auch an einer Täuschungseignung fehlen dürfte.

48 Das Angebot wird sich häufig auf **Markenartikel** beziehen, deren Zugkraft ausgenutzt werden kann und bei denen das Preis- und Qualitätsbewusstsein hoch ist[77]. Aber auch bei homogenen Gütern des täglichen Gebrauchs, wie z.B. Grundnahrungsmitteln, bei denen es auf die betriebliche Herkunft bzw. die Marke nicht ankommt, sind Lockvogelangebote im Sinne von Art. 3 lit. f denkbar.

49 Angebote unter Einstandspreis im Konzernverhältnis dürften nicht tatbestandsmässig sein, da Art. 3 lit. f nur das **Angebot an Dritte** betreffen dürfte[78]. Im Rahmen eines konzerninternen Angebots dürfte vielfach ohnehin das Erfordernis der Werbung entfallen, ebenso wohl oft das Rechtsschutzinteresse.

4. Preis unterhalb des Einstandspreises

50   Nur ein Angebot von Waren, Werken oder Leistungen, das unter Einstandspreisen erfolgt, wird von Art. 3 lit. f erfasst. Gemäss Botschaft gilt als Einstandspreis der **Einkaufspreis** (Faktura, Listenpreis), **vermindert um Rechnungsabzüge** (Rabatte, Skonti etc.), wobei **Mehrwertsteuer** und weitere Bezugskosten wie **Fracht-, Versicherungs- oder Zollkosten dazuzuzählen** sind. Als Einstandspreise im Sinne von Art. 3 lit. f dürften auch konzerninterne Einstandspreise Berücksichtigung finden[79].

51 Vom Einstandspreis sind somit namentlich der Einkaufs-, Selbstkosten- und der Verkaufspreis zu unterscheiden[80]. Betriebswirtschaftlich gesprochen fallen sämtliche **Fixkosten** (auch anteilig) **ausser Betracht**, während **nur bestimmte variable Kosten relevant** sind. Ggf. als variable Kosten zu qualifizierende Ausgaben für Werbung, Marketing, Löhne etc. können bei der Berechnung des Einstandspreises

---

[76] A.M. SUTTER, Lockvogelverbot, 258, der erst auf das Fehlen eines Deckungsbeitrags an die allgemeinen Kosten abstellt.
[77] Auf die Bedeutung der Markenartikel im Rahmen des Lockvogelangebots im Sinne von Art. 3 lit. f wird vielfach prominent hingewiesen, vgl. z.B. STREULI-YOUSSEF, SIWR V/1, 134 und 138, K. TROLLER, Immaterialgüterrecht, 360, PEDRAZZINI/PEDRAZZINI, UWG, N 6.63 sowie BAUDENBACHER/GLÖCKNER, Kommentar UWG, Art. 3 lit. f. N 75.
[78] So die Botschaft in BBl 1983 II 1066 und 1084, vgl. auch BAUDENBACHER/GLÖCKNER, Kommentar UWG, Art. 3 lit. f N 76.
[79] Vgl. auch SUTTER, Lockvogelverbot, 257.
[80] Vgl. zu diversen Arten von Preisen (Begriffsschema der Expertenkommission) BBl 1983 II 1045 und BAUDENBACHER/GLÖCKNER, Kommentar UWG, Art. 3 lit. f N 77 ff.

keine Berücksichtigung finden[81]. Einstandspreise sind damit regelmässig noch tiefer als der Verkauf zu variablen Kosten. Sie stellen in jedem Falle Verlustpreise dar.

5. Besondere Hervorhebung durch Werbung

Nur wenn das Lockvogelangebot durch das **Mittel der Werbung** erfolgt, fällt es überhaupt unter Art. 3 lit. f. Der Begriff der Werbung wird im UWG nur bei Art. 13a Abs. 1 und Art. 17 verwendet, aber nicht näher definiert. Zur Definition kann auf das zu Art. 13a Ausgeführte verwiesen werden[82]. Insbesondere ist nicht nur **anonyme** bzw. sich an einen offenen Personenkreis wendende Werbung, sondern **auch Direktwerbung** tatbestandsmässig. 52

In Frage kommt nicht nur die räumlich vom Ort des Angebots (z.B. Verkaufslokal) getrennte Werbung, sondern **auch Werbung** – bspw. mittels Aushang, Ausruf, Schilder, Flyers, Prospekte – **vor Ort** (sog. «point-of-sale»-Werbung). Dies muss unabhängig davon gelten, dass als Lockvogelwerbung im Sinne von Art. 3 lit. f primär Werbung wahrgenommen wird, die einen Kunden in ein bestimmtes Verkaufslokal «lockt». Auch im Verkaufslokal selbst kann das Interesse des Kunden noch beeinflusst und ein Kaufentscheid erst herbeigeführt werden[83]. 53

Angebote, die **nicht über Werbung** erfolgen, also etwa individuelle Direktansprachen, Offerten oder Vertragsverhandlungen, sind jedoch von Art. 3 lit. f **nicht erfasst**. Art. 3 lit. f entfaltet an sich keine Sperrwirkung gegenüber Lockvogelangeboten ohne Werbung, doch können solche Angebote nur dann von Art. 2 erfasst werden, wenn weitere Unlauterkeitsmerkmale vorliegen, was wohl nur selten der Fall sein dürfte. 54

Schliesslich bedarf es der **besonderen Hervorhebung**. Gemeint ist eine **blickfangmässige Aufmachung**[84]. Wird nur der Lockvogel selbst beworben, dürften sich hier kaum Fragen stellen. Fraglich ist, ob es ausreicht, dass sich die besondere Hervorhebung bei Werbung, die sich nicht nur auf einen Lockvogel bezieht, sondern auch das übrige, zu normalem Preis erfolgende Angebot des Anbieters bewirbt, auf die gesamte Werbemassnahme eines Anbieters bezieht oder ob es darauf 55

---

[81] Zur Problematik des Abstellens auf den Einstandspreis näher BAUDENBACHER/GLÖCKNER, Kommentar UWG, Art. 3 lit. f N 778.
[82] Art. 13a N 14 ff. Vgl. auch den Beschrieb des Begriffs und der Formen der kommerziellen Kommunikation in SLK-GS Nr. 1.2 f.
[83] Im Ergebnis gl.M. BAUDENBACHER/GLÖCKNER, Kommentar UWG, Art. 3 lit. f N 86 und PEDRAZZINI/PEDRAZZINI, UWG, N 6.64; a.A. REINERT, Preisgestaltung, N 4.243 sowie SUTTER, Lockvogelverbot, 266 f. und WYLER, Werbung mit dem Preis, 9.
[84] STREULI-YOUSSEF, SIWR V/1, 136; vgl. auch SUTTER, Lockvogelverbot, 267. Diese wird oft in Verbindung mit einem Hinweis auf die ständige Billigpreispolitik des Anbieters stehen (dazu DAVID/JACOBS, Wettbewerbsrecht, N 262).

ankommt, dass der Lockvogel selbst besonders hervorgehoben wird und so aus der gesamten Werbemassnahme hervorsticht. Insofern muss es also allein darauf ankommen, dass der ggf. in einer umfassenden Werbemassnahme (bspw. ganzseitiges Inserat, auf dem mehrere Produkte beworben werden) enthaltene einzelne Lockvogel dem Durchschnittsadressaten ins Auge springt – es muss also auf die **besondere Lockwirkung des konkreten Lockvogels** ankommen[85].

6. *Täuschung des Kunden über die eigene Leistungsfähigkeit oder die der Konkurrenz*

56 Eine **Täuschung über die eigene Leistungsfähigkeit** liegt vor, wenn durch die in Frage stehende Werbung beim Kunden der unrichtige Eindruck entsteht, der Anbieter sei auch in Bezug auf das restliche Angebot so leistungsfähig bzw. preisgünstig, wie es das Lockvogelangebot suggeriert.

57 Eine **Täuschung** liegt dann vor, wenn eine falsche Vorstellung über den Sachverhalt vorliegt. Anzumerken ist, dass das Gesetz von Täuschung und nicht von blosser Irreführung spricht. Es muss also eine dahingehend qualifizierte Irreführung vorliegen, die die Richtigkeit der fraglichen Werbemassnahme zum Gegenstand hat[86]. Eine **blosse Irreführung** reicht noch nicht aus, da die Täuschung eine qualifizierte Irreführung darstellt[87]. Der Kunde muss eine vom Werbenden bewirkte Vorstellung über dessen Leistungsfähigkeit bzw. über diejenigen der Konkurrenz aufweisen.

58 Über die **Leistungsfähigkeit** wird getäuscht, wenn das beworbene Angebot beim Durchschnittskunden zur Fehlvorstellung führt, dass sich das **gesamte (übrige) Angebot preislich** so darstellt **wie** das lockvogelmässig im Sinne von Art. 3 lit. f **beworbene Teilangebot**. Der **Bezugspunkt** ist damit ein **mittelbarer**. Objekt der Täuschung ist nicht das konkrete (Lockvogel-)Angebot, sondern vielmehr die Gesamtleistungsfähigkeit des werbenden Anbieters, die sich auch auf das restliche Sortiment bezieht. Die Lockvogelwerbung bezweckt somit im Endeffekt die **Absatzförderung bei anderen Waren, Werken und Leistungen** als bei den als Lockvogel beworbenen. Bei Täuschung über das konkret beworbene (Teil-)Angebot selbst können namentlich Art. 3 lit. b und Art. 2 greifen, so bei Scheinangeboten, bei der Erweckung falscher Vorstellungen über die vorrätige Menge oder dergleichen.

59 Meist erfolgen derartige Verkäufe zum Zwecke, das Angebot zu erneuern bzw. Platz für neues Angebot zu schaffen. Sie haben also einen genuin betriebswirt-

---

[85] Zum Ganzen näher SUTTER, Lockvogelverbot, 268.
[86] Dazu BAUDENBACHER/GLÖCKNER, Art. 3 lit. f N 91 und DAVID/JACOBS, Wettbewerbsrecht, N 263. A.A. SUTTER, Lockvogelverbot, 269 f.
[87] Hierin liegt ein massgeblicher Unterschied zu allenfalls von Art. 3 lit. a, b und e UWG erfasstem Lockvogelverhalten. Der Begriff der Täuschung ist enger als derjenige der Irreführung.

schaftlichen und wettbewerbsadäquaten Hintergrund, weshalb eine Täuschungseignung regelmässig abzulehnen sein wird, da bzw. soweit das entsprechende Untereinstandspreis-Angebot für den Durchschnittsadressaten auch als solches erkennbar ist[88]. Ebenso ist zu berücksichtigen, dass das **Ausverkaufswesen im Jahre 1995 liberalisiert** wurde und die diesbezüglichen Bestimmungen in Art. 21 f. und der Ausverkaufsverordnung weggefallen sind und Grundnahrungsmittel und diverse Artikel des täglichen Gebrauchs von deren Anwendungsbereich ohnehin ausgenommen waren[89].

Das in Art. 3 lit. f enthaltene **Täuschungserfordernis** erscheint aus heutiger Sicht eher **lebens- und praxisfremd**, wird doch ein Konsument nur in seltenen Fällen den Schluss von der unter Einstandspreisen beworbenen Ware auf ein entsprechend ebenso günstig kalkuliertes Gesamtpreisangebot ziehen. Das Täuschungserfordernis wurde denn auch in der Lehre heftig und zu Recht kritisiert[90]. 60

Alternativ kann auch die **Täuschung über** die **Leistungsfähigkeit der Konkurrenz** erfolgen[91]. Angesichts der Verschärfung des KG seit der Novelle von 1995, der Globalisierung und der Möglichkeit von Parallelimporten dürfte eine derartige Täuschung über die Leistungsfähigkeit Dritter kaum leichthin anzunehmen sein, da selbst bei Markenprodukten kaum je ein relevantes Preisbewusstsein bestehen dürfte, welches Anknüpfungspunkt für eine Täuschung über die Leistungsfähigkeit der Konkurrenz sein könnte. 61

Nur die Täuschung von **Kunden** ist tatbestandsmässig. Der Kundenbegriff ist auch in Art. 10 Abs. 1 anzutreffen. Von der Entstehungsgeschichte und dem Normzweck her sind als Kunden zunächst **Konsumenten** zu nennen. 62

Die Lehre will **andere Marktteilnehmer auf** der **Marktgegenseite**, also etwa Abnehmer auf anderen Marktstufen, wie Importeure, Gross-, Zwischen- oder Detailhändler etc. teilweise nicht erfassen[92]. Dagegen spricht nicht nur das Postulat der Einheit der Rechtsordnung, wonach gleiche Begriffe grundsätzlich gleich zu verstehen sind, sondern auch die Tatsache, dass bei Erfassung von Abnehmern auf anderen Marktstufen kein Ausufern der Bedeutung von Art. 3 lit. f drohen würde, da bei gewerblichen Abnehmern nur in den seltensten Fällen eine Täuschung über die Leistungsfähigkeit vorliegen dürfte. Daran ändert auch nichts, dass der Gesetz- 63

---

[88] Z.T. werden diese Sachverhalte auch auf Stufe der Rechtfertigung aufgegriffen, vgl. auch N 71, 74 f. m.w.H.
[89] Vgl. auch HGer ZH SMI 1980, 160, E. D.1.
[90] Vgl. BAUDENBACHER/GLÖCKNER, Kommentar UWG, Art. 3 lit. f N 106 ff., PEDRAZZINI/PEDRAZZINI, UWG, N 6.66, STREULI-YOUSSEF, SIWR V/1, 139, DAVID/JACOBS, Wettbewerbsrecht, N 264 sowie schon MATTER, ZSR 1986 I 448.
[91] Darin kann gleichzeitig auch eine gemäss Art. 3 lit. a unlautere Herabsetzung liegen, vgl. STREULI-YOUSSEF, SIWR V/1, 137.
[92] DAVID/JACOBS, Wettbewerbsrecht, N 259.

geber beim Erlass von Art. 3 lit. f vorab den Konsumenten vor Augen hatte[93]. Der **Begriff des Kunden** ist somit **gleich wie in Art. 10 Abs. 1** zu verstehen.

64   Eine **Täuschung** – und damit nicht bloss ein Verkauf unter Einstandspreis – wird **vermutet, wenn** der **Verkaufspreis unter** dem **Einstandspreis vergleichbarer Bezüge gleichartiger Waren, Werke oder Leistungen** liegt. Da die Vermutung als Folge die Täuschung fingiert, wird gleichzeitig in einem ersten gedanklichen Schritt ein Verkauf unter Einstandspreis vermutet.

7. Vermutung der Täuschung bei einem Verkaufspreis unter dem Einstandspreis vergleichbarer Bezüge gleichartiger Waren, Werke oder Leistungen

65   Bei einem Verkaufspreis der beworbenen Waren, Werke oder Leistungen unter dem Einstandspreis vergleichbarer Bezüge gleichartiger Waren, Werke oder Leistungen wird gemäss Art. 3 lit. f die Täuschung über die Leistungsfähigkeit vermutet.

66   Als **vergleichbare Bezüge** gelten Bezüge, die in puncto Art, Umfang und Konditionen mit dem Bezug vergleichbar sind, den der werbende Anbieter getätigt hat. Dabei sind insbesondere Mengenrabatte, Prämien, Zuschüsse und Rückerstattungen etc. zu berücksichtigen. Es ist der Preis für **Bezüge hinsichtlich** der **Nachfragemacht mit** dem **Anbieter vergleichbarer Nachfrager** zu ermitteln[94].

67   Teil der Vermutung sind Bezüge **gleichartiger Waren, Werke oder Leistungen**. Eine Identität ist somit nicht gefordert – sie läge bei Werken und Leistungen auch kaum je vor. Die Bezüge müssen sich auf Waren, Werke oder Leistungen beziehen, die den in der Werbung angebotenen **so ähnlich wie möglich** sind[95]. Bei **Markenware** ist in aller Regel von identischer Ware auszugehen. Dem Verkäufer kann es nicht zugemutet werden, den Verkauf unter Wert zu unterlassen, wenn er im Sinne einer Verlustminimierung betriebswirtschaftlich indiziert ist. Bei **Werken oder Leistungen** besteht die Schwierigkeit, dass die Bestimmung gleichartiger Werke und Leistungen angesichts der Angebotsvielfalt und der meist fehlenden Standardisierung schwierig bis unmöglich ist. Ohnehin gibt es bei Werken oder Leistungen

---

[93] In den parlamentarischen Beratungen wurde teilweise explizit ausgeschlossen, dass als Kunde auch andere Marktteilnehmer als Konsumenten gemeint sein sollen. Demgegenüber deutlich das Votum LÜCHINGER (Berichterstatter) in Amtl. Bull. NR 1985, 826.
[94] BAUDENBACHER/GLÖCKNER, Kommentar UWG, Art. 3 lit. f N 113 m.w.H.
[95] Auf den Begriff «gleichartige Leistungen», wie er in Art. 3 Abs. 1 lit. b und c MSchG verwendet wird, kann nicht abgestellt werden (so zu Recht PEDRAZZINI/PEDRAZZINI, UWG, N 6.66 und BAUDENBACHER/GLÖCKNER, Kommentar UWG, Art. 3 lit. f N 115). Näherliegend dürfte eine Analogie zum Marktbegriff in Art. 4 Abs. 2 KG und Art. 11 Abs. 3 lit. a VKU sein, der massgeblich auch auf die Substituierbarkeit (Austausch-/Ersetzbarkeit) abstellt (dazu ZÄCH, Kartellrecht, 538 ff. und ähnlich REINERT, Preisgestaltung, N 4.247).

keinen eigentlichen Einstandspreis, da im Rahmen des Werks oder der Leistung Eigenleistungen (insbesondere Arbeit) notwendig hinzutreten und so die Vergleichbarkeit erschwert wird. Für die Berücksichtigung der Eigenleistungen im Endpreis des Werks oder der Leistung bestehen zudem in aller Regel keine sinnvollen Vorgaben.

Dem beklagten Anbieter verbleiben **drei Verteidigungsmöglichkeiten:** 68

- **Nachweis (Gegenbeweis), dass** der vom Ansprecher geltend gemachte (Verkaufs-)**Preis für gleichartige Bezüge vergleichbarer Waren, Werke oder Leistungen unter dem** im Angebot verwendeten **Verkaufspreis** liegt. Dieser Beweis ist vom Gesetz nicht explizit vorgesehen, muss aber dennoch möglich sein[96]. 69
- **Nachweis des individuellen Einstandspreises**, der unter dem Verkaufspreis liegt. Dies ist der vom Gesetz vorgesehene Weg zur Umstossung der aus der Beweislastumkehr folgenden Täuschungsvermutung. 70
- **Beweis**, dass die **vermutete Täuschung über** die **Leistungsfähigkeit nicht vorliegt**. Dieser Beweis wird schwierig zu erbringen sein. Allerdings muss es dem werbenden Anbieter gestattet sein, Vorkehren zu treffen, die Täuschungseignung durch einen speziellen, für den Durchschnittsadressaten erkennbaren **Hinweis auf den Ausnahmecharakter des Angebots** zu entkräften, sofern es in solchen Fällen nicht schon am Erfordernis der besonderen Hervorhebung in der Werbung gebricht[97]. Zu denken ist an klarstellende Hinweise wie «solange Vorrat reicht», «das Angebot kann aufgrund grosser Nachfrage schon am ersten Tag ausverkauft sein» oder die Nennung der Stückzahl der angebotenen Waren etc. Auch ein Hinweis auf einen «Verkauf unter Einstandspreisen» dürfte die Tatbestandsmässigkeit entfallen lassen. Zweifelhaft dürften Hinweise wie «nicht in jeder Filiale erhältlich» oder «nur in grösseren Filialen» sein, sofern es dem Kunden unmöglich ist zu ermessen, ob er in die «Lockvogelfalle» tappt. Dies folgt an sich schon aus Art. 3 lit. b. Ähnliches gilt beim **Verkauf verderblicher oder aus Mode und Trend gefallener Ware** sowie bei **Räumungs-, Liquidations- und Konkursverkäufen**, sofern auf den Ausnahmesachverhalt in genügender Weise hingewiesen wird und die verwendete Umschreibung den Tatsachen entspricht und nicht 71

---

[96] Ähnlich BAUDENBACHER/GLÖCKNER, Kommentar UWG, Art. 3 lit. f N 124 ff. Für den Anbieter liegt der Vorteil darin, dass er bei diesem Vorgehen seine Kalkulation nicht offenlegen muss. Sofern der individuelle Einstandspreis über dem Verkaufspreis lag, muss die Vermutung allerdings greifen. In der Praxis dürfte dieses Problem kaum je aktuell werden, da der Ansprecher den individuellen Einstandspreis des werbenden Anbieters kaum je wird nachweisen können.

[97] So HGer ZH SMI 1980, 160, E. D.2 («Schokoladetafeln»; Bezeichnung als Aktion weist auf momentanen Vorteil hin), vgl. auch DAVID/JACOBS, Wettbewerbsrecht, N 263, PEDRAZZINI/PEDRAZZINI, UWG, N 6.65 und STREULI-YOUSSEF, SIWR V/1, 135, vgl. kritisch SUTTER, Lockvogelverbot, 303 ff.

zur Täuschung geeignet ist[98]. Bei **Waren mit bestimmbarem Börsen- oder Marktwert** (z.B. Rohstoffe und Rohwaren, Effekten) widerspräche es dem Sinn und Zweck von Art. 3 lit. f, das Vorliegen einer Täuschung zu bejahen, wenn deren Wert unter den Einstandspreis fällt und zum entsprechenden Börsen- oder Marktpreis angeboten wird. Dem Verkäufer kann es nicht zugemutet werden, den Verkauf unter Wert zu unterlassen, wenn er im Sinne einer Verlustminimierung betriebswirtschaftlich indiziert ist.

72   Die **Vermutung** ist nur für die privatrechtliche Anwendung von Art. 3 lit. f von Bedeutung. Sie kann **keine Wirkung im Rahmen** der **Strafbarkeit gemäss Art. 23** entfalten[99].

V. Subjektive Merkmale

73   Auch im Rahmen von Art. 3 lit. f gelten die **allgemeinen Grundsätze**, wonach es auf das Vorliegen **subjektiver Merkmale** (Vorsatz, Fahrlässigkeit, Absicht, Motiv) **nicht ankommen** kann[100]. Subjektive Merkmale sind von Art. 3 lit. f denn auch nicht vorausgesetzt, und die Unlauterkeit wird rein objektiv bewirkt. Es kommt lediglich darauf an, wie die Werbung objektiv wahrgenommen wird. Somit kann es auch auf einen Wiederholungs- oder Täuschungsvorsatz nicht ankommen. Allenfalls kann das Vorliegen subjektiver Merkmale die objektive Unlauterkeit indizieren. Das Vorliegen subjektiver Merkmale (Verschulden oder Bösgläubigkeit) ist aber auf der Rechtsfolgenseite bei der Prüfung von reparatorischen Ansprüchen (Schadenersatz und Genugtuung, Gewinnherausgabe) relevant[101].

VI. Rechtfertigung und Einwendungen des Verletzers

74   Teilweise unter dem Aspekt der Rechtfertigung wird in der Literatur die Möglichkeit abgehandelt, zur **Auslastung von Personal** bzw. **von Überkapazitäten** (d.h. zur Vermeidung von Entlassungen bzw. Kurzarbeit) oder zur **Deckung (zumindest) der variablen Kosten** die Kosten des Unterangebots aus den eigenen Reserven oder aus anderen Geschäftsbereichen (Quersubventionierung) zu finanzieren[102]. Auch bei Art. 3 lit. f gilt, dass die teilweise als Rechtfertigungsgründe aufgeführten Merkmale möglichst schon auf der **Tatbestandsebene zu berücksichtigen**

---

[98] So die Botschaft in BBl 1983 II 1066; vgl. auch SCHWENNINGER, Werbe- und Verkaufsmethoden, N 5.72 (nur «im Einzelfall»).
[99] Vgl. Art. 23 N 10 m.w.H. Vgl. zu beweis- und prozessrechtlichen Fragen, die sich im Rahmen der Verteidigungsmöglichkeiten stellen, N 83 ff.
[100] Vgl. die Kommentierung in Art. 2 N 23 f.
[101] Dazu Art. 9 N 116 ff.
[102] Vgl. z.B. für das Submissionsrecht VwGer GR vom 06.07.07 (U-07-40), E. 2.

sind (kein wiederholtes Angebot bzw. fehlende Täuschungseignung). Ähnliches muss bei Aktivitäten gelten, die dem **Eindringen in neue** (sachliche oder räumliche) **Märkte**, namentlich dem Überwinden von Markteintrittsschranken, dienen, insbesondere auch im Rahmen der **Investitionstätigkeit mit Risikokapital** (sog. offensive Preisunterbietung)[103]. Ebenso wird die **Thematik des Verkaufs sog. «demodierter», verderblicher oder veralteter Ware** unter dem Einstandspreis teilweise bei der Rechtfertigung diskutiert (sog. defensive Preisunterbietung)[104].

Vgl. im Übrigen zur Rechtfertigung und zu Einwendungen des Verletzers die allgemeine Kommentierung in Art. 2 N 117 ff. 75

VII. Rechtsfolgen

Liegt ein gemäss Art. 3 lit. f unlauteres Lockvogelangebot vor, führt dies 76
über Art. 9 zur Möglichkeit der Geltendmachung **negatorischer Ansprüche**, insbesondere auf Unterlassung oder Beseitigung. Es kann auf die Kommentierung zu Art. 9 verwiesen werden.

Weiter kann die Verletzung von Art. 3 lit. f theoretisch zu **reparatorischen Ansprüchen** auf Schadenersatz, Genugtuung oder Gewinnherausgabe (dazu näher Art. 9 N 116 ff.) führen. Dies bedingt den durch die Klagpartei zu erbringenden Nachweis, dass gerade ein gegen Art. 3 lit. f verstossendes Verhalten (Werbeaussage) zur Beeinträchtigung seiner Wettbewerbsstellung und einem daraus resultierenden Schaden etc. geführt hat. 77

Das **Gegendarstellungsrecht** gemäss Art. 28g ff. ZGB steht bei einer im Sinne von Art. 28 ZGB persönlichkeitsverletzenden Lockvogelwerbung theoretisch zur Verfügung, dürfte aber nur in seltenen Konstellationen Anwendung finden[105]. 78

Verträge, die im Zuge von gemäss Art. 3 lit. f unzulässiger «Lockvogelwerbung» geschlossen wurden, können allenfalls auch – bei rechtzeitiger **Willensmangelanfechtung** i.S.v. Art. 23 ff. OR (insbesondere Grundlagenirrtum, Art. 24 Abs. 1 Ziff. 4 OR oder absichtliche Täuschung, Art. 28 OR) – ungültig sein. Dies gilt sowohl für den Kauf des Lockvogels selbst wie auch für einen ggf. daran anschliessenden oder parallel erfolgenden Kauf aus dem übrigen, normal bepreisten Angebot des Anbieters[106]. Ein spezielles **Widerrufsrecht**, wie etwa bei Art. 40a ff. OR für Haustürgeschäfte vorgesehen, steht nicht zur Verfügung. 79

---

[103] Vgl. zu diesem Gedanken aus kartellrechtlicher Sicht REINERT, Preisgestaltung, N 4.122.
[104] Vgl. etwa BAUDENBACHER/GLÖCKNER, Kommentar UWG, Art. 3 lit. f N 94 ff., SUTTER, Lockvogelverbot, 292 ff. und DAVID/JACOBS, Wettbewerbsrecht, N 265 sowie BGE 85 II 443, 451 bei veralteten Waren.
[105] Vgl. Art. 9 N 104 sowie Art. 3 lit. a N 68.
[106] Vgl. zur Anwendung von Art. 19/20 OR Art. 9 N 81.

80 Denkbar ist die Geltendmachung von negatorischen Ansprüchen namentlich durch Mitbewerber auf dem Wege der **vorsorglichen Massnahme**, die gestützt auf Art. 14 i.V.m. Art. 28c–28f ZGB erlassen werden können[107].

81 Ebenfalls denkbar sind **Strafsanktionen** im Sinne von **Art. 23**, sofern Art. 3 lit. f verletzt wird und sowohl Vorsatz vorliegt als auch ein Strafantrag gestellt wurde. Soweit gleichzeitig Vorschriften des Kartellrechts, namentlich **Art. 7 KG**, verletzt werden, können neben die Strafsanktionen auch **Bussgelder** («Belastungen») gemäss Art. 49a Abs. 1 KG hinzutreten, die dem betreffenden Unternehmen belastet werden.

82 Soweit im Rahmen einer gemäss Art. 3 lit. f unzulässigen Lockvogelwerbung auch **Vorschriften zur Preisbekanntgabe** der Art. 16 ff. sowie der PBV verletzt sind, können entsprechende Sanktionen zur Anwendung kommen (vgl. Art. 22 PBV). Dies gilt mutatis mutandis auch für **Verletzungen weiterer verwaltungsrechtlicher Bestimmungen**, auf die oben hingewiesen wurde (N 24 ff.).

VIII. Verfahrensfragen

83 Im Rahmen der in Art. 3 lit. f enthaltenen **Beweislastumkehr** sind **unterschiedlich gelagerte Beweisthemen auseinanderzuhalten**. Einerseits der Beweis der Vermutungsbasis, der dem Ansprecher obliegt. Dieser bezieht sich auf vergleichbare Bezüge gleichartiger Waren, Werke und Leistungen. Andererseits der Nachweis des tatsächlichen Einstandspreises, der dem des Lockvogelangebots im Sinne von Art. 3 lit. f bezichtigten Anbieter obliegt.

84 Der **Beweis der Vermutungsbasis** kann mittels Sachverständigengutachten erfolgen. Allerdings gilt auch hier der Grundsatz der freien Beweiswürdigung; eine Beweismittelbeschränkung besteht nicht. Der Beweis kann auch mittels Zeugenaussagen oder Kalkulationen bzw. Offerten erfolgen. Das Gesetz sieht keine Beweismasserleichterung vor. **Blosses Glaubhaftmachen** der Vermutungsbasis **genügt** deshalb **nicht**, was in Einzelfällen zu problematischen Konsequenzen führen kann.

85 Der **Beweis des tatsächlichen Einstandspreises** bedingt in der Regel die **Offenlegung der Kalkulation** durch den betroffenen Anbieter. Soweit dabei **Geschäftsgeheimnisse** tangiert werden, sieht **Art. 15** die Möglichkeit **prozessualer Vorkehrungen** (Schutzmassnahmen), z.B. Abdecken vor[108]. In den meisten kantonalen Zivilprozessordnungen sind solche Vorkehrungen jedoch bereits heute und unabhängig von Art. 15 vorgesehen. Art. 156 ZPO-CH wird anstelle des bei Erlass der ZPO ausser Kraft tretenden Art. 15 allgemein die Möglichkeit von Schutzmassnahmen zur Wahrung schutzwürdiger Interessen vorsehen.

---

[107] Vgl. HGer AG SMI 1990, 219, E. 2 («Club-Einstiegsangebot»), dazu auch oben, N 41.
[108] Dazu näher Art. 15 N 10 ff.

Dem betroffenen **Anbieter** muss es jedoch in sinngemässer Auslegung auch offenstehen, die **Vermutungsbasis zu entkräften**, d.h. nachzuweisen, dass der Einstandspreis vergleichbarer Bezüge gleichartiger Waren, Werke und Leistungen unter dem Verkaufspreis liegt. Insofern ist jedoch der **Beweis des Gegenteils** vorausgesetzt. Dabei ist denkbar, den Beweis durch Marktforschung bzw. -umfragen oder Expertengutachten zu erbringen. 86

Um den Schwierigkeiten und Unannehmlichkeiten beim Beweis des tatsächlichen Einstandspreises zu entgehen, kann ein Anbieter versuchen, zu **beweisen**, dass gar **keine Täuschung über** seine **eigene Leistungsfähigkeit oder diejenige der Konkurrenz** vorliegt. Dieser Beweis ist jedoch schwierig zu erbringen, wobei allerdings «nur» der Beweis der fehlenden Täuschungseignung zu erbringen ist. 87

Einem Anbieter sollte es ferner aus funktionalen Überlegungen offenstehen, dass im massgebenden Zeitraum **bei einem anderen Anbieter** ein **Kauf** zu einem **Preis unter** dem **konkreten Angebotspreis möglich** war, auch wenn das entsprechende Angebot unter dem tatsächlichen Einstandspreis erfolgt ist (Beweis eines hypothetischen Preises). 88

Im Rahmen der **Aktivlegitimation** sind als Kunden im Sinne von Art. 3 lit. f im Einklang mit dem Kundenbegriff in Art. 10 Abs. 1 nicht nur Konsumenten, sondern auch andere Marktteilnehmer zu verstehen[109]. Auch Mitbewerber sind aktivlegitimiert. Über die spezielle Regelung der Aktivlegitimation in Art. 10 Abs. 2 sind auch Verbände zur Klage legitimiert, wobei sie aber nur negatorische Ansprüche geltend machen können. Vgl. zur Aktivlegitimation im Allgemeinen Art. 9 N 8 ff. 89

Passivlegitimiert zur Geltendmachung von Ansprüchen aus Art. 3 lit. f ist vorab derjenige Marktteilnehmer, der eine gegen Art. 3 lit. f verstossende Werbemassnahme veranlasst bzw. sich erhofft, durch sie wettbewerbsrelevanten (geldwerten) Nutzen zu ziehen und so seine Wettbewerbsposition zu verbessern. Zu beachten ist, dass im Rahmen der Geltendmachung von negatorischen Ansprüchen passivlegitimiert auch all diejenigen Personen sind, die an der Störung mitwirken. Somit sind im Rahmen von Lockvogelangeboten im Sinne von Art. 3 lit. f namentlich auch die die fragliche Werbung aufnehmenden und weiterverbreitenden Medien und die sie gestaltenden Werbeunternehmen passivlegitimiert. Vgl. zur Passivlegitimation im Allgemeinen Art. 9 N 24 ff. 90

Bei **gleichzeitiger Verletzung des KG** sind im Rahmen der privatrechtlichen Geltendmachung von Ansprüchen die **Vorlagepflicht in Art. 15 KG** sowie ggf. **besondere kantonale Zuständigkeitsregeln** zu beachten (z.B. Handelsgerichtsbarkeit). Im Rahmen der verwaltungs-, bussgeld- und strafrechtlichen Geltendmachung des KG sind die Zuständigkeiten der WEKO zu beachten. 91

---

[109] Dazu N 62 f. m.w.H.

92 Bei gleichzeitiger Verletzung von Vorschriften im Bereich des **Submissionswesens** bestehen parallele kantonale oder bundesrechtliche Zuständigkeiten.

93 Die in Art. 3 lit. f enthaltene **Täuschungsvermutung** ist nur für die privatrechtliche Anwendung des UWG von Bedeutung. Sie findet **keine Anwendung im Rahmen der strafrechtlichen Durchsetzung** gemäss Art. 23.

Art. 3 lit. g

Unlautere Werbe- und Verkaufsmethoden und anderes widerrechtliches Verhalten	**Unlauter handelt insbesondere, wer:** g. den Kunden durch Zugaben über den tatsächlichen Wert des Angebots täuscht;
Méthodes déloyales de publicité et de vente et autres comportements illicites	Agit de façon déloyale celui qui, notamment: g. trompe, par des primes, la clientèle sur la valeur effective de son offre;
Metodi sleali di pubblicità e di vendita e altri comportamenti illeciti	Agisce in modo sleale, segnatamente, chiunque: g. inganna, con aggiunte in regalo, la clientela sul valore effettivo dell'offerta;
Unfair Advertising and Sales Methods and Other Unlawful Behaviour	Shall be deemed to have committed an act of unfair competition, anyone who, in particular: g. deceives the customers, by means of gifts, as to the effective value of the offer;

Inhaltsübersicht

		Note	Seite
I.	Normzweck...	1	422
II.	Entstehungsgeschichte..	2	422
III.	Systematik und Verhältnis zu anderen Vorschriften	3	422
IV.	Tatbestandsvoraussetzungen	7	423
	1. Zugabe...	8	424
	a) Begriff	8	424
	b) Jede Ware oder Leistung............................	9	424
	c) Wirtschaftliche Selbständigkeit	11	425
	d) Akzessorietät zu einem entgeltlichen Hauptgeschäft	13	426
	e) Ohne besondere Berechnung.....................	15	427
	f) Abgrenzungen	16	427
	2. Täuschung...	18	429
	a) Täuschung über den tatsächlichen Wert des Angebots............	18	429
	b) Täuschung durch die Zugabe?...................	21	430
	c) Täuschung des Kunden..............................	23	431
V.	Rechtsfolgen	25	431

Literatur

C. BAUDENBACHER (Hrsg.), Lauterkeitsrecht – Kommentar zum Gesetz gegen den unlauteren Wettbewerb (UWG), Basel 2001, Art. 3 lit. g; L. DAVID/R. JACOBS, Wettbewerbsrecht, 4. Aufl., Bern 2005, N 266–272; L. DAVID/M. REUTTER, Schweizerisches Werberecht, 2. Aufl.,

Zürich 2001, 83; J. MEISTER, Wettbewerbsrechtliche Beurteilung des Zugabewesens, Aarau 1954; M. PEDRAZZINI/F. PEDRAZZINI, Unlauterer Wettbewerb – UWG, 2. Aufl., Bern 2002, N 6.71–6.78; R. PEDRETTI, Wettbewerb und Zugabewesen, Bern 1969; W. SCHLUEP, Die Werbung im revidierten Lauterkeitsrecht, in: C. Baudenbacher (Hrsg.), Das UWG auf neuer Grundlage, Bern 1989, 71 ff.; M. STREULI-YOUSSEF, Unlautere Werbe- und Verkaufsmethoden (Art. 3 UWG), in: R. von Büren/L. David (Hrsg.), SIWR V/1, 2. Aufl., Basel 1998, 97–100; T. WYLER, Werbung mit dem Preis als unlauterer Wettbewerb, Basel 1990.

I. Normzweck

1 Art. 3 lit. g stellt eine Konkretisierung des allgemeinen Täuschungs- und Irreführungsverbotes in Art. 3 lit. b dar, die den in der Praxis im Zugabewesen häufig anzutreffenden Fall der Täuschung über den tatsächlichen Wert des Angebots speziell regelt[1].

II. Entstehungsgeschichte

2 Die Regelung der Zugaben wurde erst mit der Revision des UWG im Jahre **1986** Gesetz. Zuvor hatte sich der Gesetzgeber nicht auf eine Regelung einigen können und der Bundesrat seine Verordnungskompetenz gemäss Art. 20 aUWG nicht ausgeschöpft[2]. Nach der Aufhebung der früher üblichen Preisbindung der zweiten Hand[3] gingen die Missbräuche mit Zugaben wesentlich zurück[4]. Dennoch sah sich der Bundesrat bei der Revision des UWG 1986 dazu veranlasst, eine besondere Bestimmung vorzuschlagen, um der Gefahr zu entgehen, dass aufgrund strengerer Bestimmungen in anderen Bereichen (z.B. Lockvogelpolitik) wieder vermehrt auf die Zugaben ausgewichen werden könnte[5].

III. Systematik und Verhältnis zu anderen Vorschriften

3 Art. 3 lit. g regelt das Zugabewesen **keineswegs abschliessend**. Auch die Erwähnung des Begriffs «Zugabe» führt nicht dazu, dass die Zulässigkeit von Zugabeaktionen alleine unter Art. 3 lit. g zu prüfen wäre[6]. Die Anwendung anderer Bestimmungen des UWG bleibt grundsätzlich möglich. Allerdings ist dabei dem

---

[1] BAUDENBACHER/GLÖCKNER, Kommentar UWG, Art. 3 lit. g N 44.
[2] BAUDENBACHER/GLÖCKNER, Kommentar UWG, Art. 3 lit. g N 4; WYLER, Werbung, 128; Botschaft UWG, 1051.
[3] Botschaft UWG, 1010, 1051.
[4] Botschaft UWG, 1051.
[5] Botschaft UWG, 1051 und 1067; krit. WYLER, Werbung, 130 f. und DAVID/JACOBS, Wettbewerbsrecht, N 266 f.
[6] BAUDENBACHER/GLÖCKNER, Kommentar UWG, Art. 3 lit. g N 102.

Umstand Rechnung zu tragen, dass Art. 3 lit. g Zugaben nur dann für unlauter erklärt, wenn sie über den tatsächlichen Wert des Angebots täuschen, und Zugaben demzufolge grundsätzlich erlaubt sind[7]. Diese gesetzgeberische Wertung ist bei der Anwendung anderer Bestimmungen des UWG auf Zugabeaktionen zu berücksichtigen. Diejenige Einflussnahme auf den Käufer, die jeglichem Einsatz von Zugaben eigen ist, kann folglich nicht zur Unlauterkeit unter einer anderen Bestimmung führen[8].

Die von Art. 3 lit. g erfassten Täuschungen können regelmässig **auch unter Art. 3 lit. b** subsumiert werden. Dies steht grundsätzlich auch im Einklang mit der gesetzgeberischen Wertung, sollte Art. 3 lit. g doch nicht einen neuen Irreführungstatbestand schaffen, der nicht bereits von Art. 3 lit. b abgedeckt war[9]. Die Anwendung von Art. 3 lit. b auf sämtliche Zugabeaktionen hätte jedoch zur Folge, dass der schwierig zu fassende Begriff der Zugabe (siehe N 8) letztlich in der Praxis kaum je entscheidrelevant wäre[10]. Dies würde der Wertung des Gesetzgebers, wonach Zugaben grundsätzlich zulässig sein sollen, zuwiderlaufen. Die Anwendung von Art. 3 lit. b auf Zugabeaktionen, die unter Art. 3 lit. g nicht unlauter sind, erscheint deshalb nur angebracht, wenn zusätzliche Elemente gegeben sind, die für die Beurteilung des Sachverhalts unter Art. 3 lit. g nicht relevant sind.

Des Weiteren ist an die Anwendung von **Art. 3 lit. f oder lit. h** zu denken, wenn zur Zugabenproblematik weitere Elemente hinzutreten, etwa wenn die Hauptware und die Zugabe zu Verlustpreisen angeboten werden oder wenn eine Zugabeaktion besonders aggressiv ist[11].

Schliesslich bleibt auch Raum für die Anwendung von **Art. 2**, etwa im Falle einer unsachlichen Beeinflussung im Sinne der Verlockung, wenn eine Täuschung über den tatsächlichen Wert des Angebots nicht vorliegt[12]. Es ist allerdings eine gewisse Zurückhaltung bei der Anwendung der Generalklausel angebracht, soweit die Tatbestandselemente von Art. 3. lit. g nicht erfüllt und keine zusätzlichen Elemente gegeben sind.

IV. Tatbestandsvoraussetzungen

Art. 3 lit. g verbietet die Gewährung von Zugaben nicht schlechthin. Vielmehr ist auch unter dem geltenden UWG anerkannt, dass die Abgabe von Zugaben

---

[7] Botschaft UWG, 1051 und 1067; BAUDENBACHER/GLÖCKNER, Kommentar UWG, Art. 3 lit. g N 101.
[8] BAUDENBACHER/GLÖCKNER, Kommentar UWG, Art. 3 lit. g N 104.
[9] BAUDENBACHER/GLÖCKNER, Kommentar UWG, Art. 3 lit. g N 100.
[10] BAUDENBACHER/GLÖCKNER, Kommentar UWG, Art. 3 lit. g N 100.
[11] BAUDENBACHER/GLÖCKNER, Kommentar UWG, Art. 3 lit. g N 103.
[12] BAUDENBACHER/GLÖCKNER, Kommentar UWG, Art. 3 lit. g N 45.

grundsätzlich zulässig ist[13]. Das Gesetz folgt dementsprechend dem **Missbrauchsprinzip** und erklärt die Gewährung von Zugaben nur dann für unlauter, wenn der Kunde durch die Zugabe über den tatsächlichen Wert des Angebots getäuscht wird[14].

1. Zugabe

a) Begriff

8   Das Gesetz verwendet den Begriff der Zugabe zwar, definiert ihn aber nicht. Es obliegt somit grundsätzlich der Rechtsprechung, den Begriff näher zu bestimmen. In der Praxis fehlt es jedoch an Entscheiden, so dass sich eine weithin anerkannte Definition erst in der Lehre herausgebildet hat. Danach ist als Zugabe «jede **wirtschaftlich selbständige Ware oder Leistung**, die bei einem entgeltlichen Rechtsgeschäft **ohne besondere Berechnung** angeboten oder gewährt wird»[15], zu verstehen. Charakteristisch ist, dass die Abgabe der Zugabe **akzessorisch** zum Abschluss des Hauptgeschäfts ist[16]. Die Zugabe ist eine Form der Wertreklame[17]. Mit der Zugabe wird dem Kunden ein Vorteil angeboten, der ihn bei der Beurteilung des Angebots zu sachfremden Überlegungen und Entscheidungen verleiten kann[18].

b) Jede Ware oder Leistung

9   Zugabe kann jede Ware oder Leistung sein[19]. Als Zugabe qualifiziert etwa auch die Abgabe von Gutscheinen[20]. Die Erscheinungsform ist somit ohne jegliche Bedeutung. Massgeblich ist vielmehr, dass im konkreten Fall die in N 8 genannten drei Elemente gegeben sind: (a) wirtschaftliche Selbständigkeit, (b) Akzessorietät zu einer Hauptleistung und (c) fehlende besondere Berechnung[21].

---

[13]   WYLER, Werbung, 128; STREULI-YOUSSEF, SIWR V/I, 97; DAVID/JACOBS, Wettbewerbsrecht, N 268.
[14]   WYLER, Werbung, 128.
[15]   WYLER, Werbung, 128; PEDRETTI, Zugabewesen, 86; MEISTER, Zugabewesen, 71; BAUDENBACHER/GLÖCKNER, Kommentar UWG, Art. 3 lit. g N 46; STREULI-YOUSSEF, SIWR V/I, 98.
[16]   BAUDENBACHER/GLÖCKNER, Kommentar UWG, Art. 3 lit. g N 46; STREULI-YOUSSEF, SIWR V/I, 98.
[17]   STREULI-YOUSSEF, SIWR V/I, 97; WYLER, Werbung, 129.
[18]   STREULI-YOUSSEF, SIWR V/I, 97.
[19]   BAUDENBACHER/GLÖCKNER, Kommentar UWG, Art. 3 lit. g N 47.
[20]   BGE 117 IV 203, 207 («Halbtax»).
[21]   BAUDENBACHER/GLÖCKNER, Kommentar UWG, Art. 3 lit. g N 48.

Grundsätzlich setzt der Begriff der Zugabe nicht unbedingt einen wirtschaftlichen 10
Wert voraus. Dies gilt allerdings nicht im Rahmen von Art. 3 lit. g, können in der
Regel doch nur Zugaben von relevantem wirtschaftlichem Wert zu Täuschungen
über den tatsächlichen Wert des Angebots führen[22]. Die in der Lehre vertretene
Ansicht, auf den Wert der Zugabe komme es überhaupt nicht an, erscheint deshalb
nicht zutreffend[23]. Richtig ist, dass letztlich allein entscheidend ist, ob die Zugabe
zum Erwerb der Hauptleistung zu motivieren vermag. Dementsprechend kann auch
der durch die angesprochenen Kreise der Zugabe beigemessene ideelle Wert relevant sein[24], wären die angesprochenen Kreise in solchen Fällen doch in der Regel
bereit, für die Zugabe etwas zu bezahlen, so dass dieser (auch) – jedenfalls für die
angesprochenen Verkehrskreise[25] – ein wirtschaftlicher Wert zukommt. So vermögen etwa Sammelkarten oder Sammelbildchen für Jugendliche oder Kinder, deren
objektiver Wert zumindest in Frage gestellt werden kann, durchaus zum Kauf motivieren[26]. Aus den gleichen Überlegungen konnte der Gesetzgeber auf die Festlegung eines Mindestwertes der Zugabe verzichten, wird es bei zu geringem Wert im
konkreten Fall doch stets an der erforderlichen Täuschung fehlen[27]. Zu beachten ist
schliesslich, dass im Einzelfall auch objektiv **gänzlich wertlose** Waren etc. als
Zugaben qualifizieren können, wenn die massgeblichen Verkehrskreise ihnen aufgrund der Anpreisung (fälschlicherweise) einen relevanten wirtschaftlichen Wert
zumessen und mithin eine Täuschung über den Wert der Zugabe vorliegt (siehe
auch N 20)[28].

c) **Wirtschaftliche Selbständigkeit**

«Wirtschaftlich selbständig» ist eine Zugabe, wenn sie mit der Hauptleis- 11
tung **nicht notwendig verbunden** ist. Dabei fällt es in der Praxis teilweise schwer,
Zugaben im Sinne von Art. 3 lit. g von anderen Sachverhalten abzugrenzen, etwa
der Abgabe mehrerer selbständiger Waren zu einem Gesamtpreis[29]. Vorausgesetzt
ist zweierlei: Die Zugabe muss (a) von der Hauptleistung trennbar sein und (b) zu

---

[22] Botschaft UWG, 1067; PEDRAZZINI/PEDRAZZINI, UWG, N 6.74. In BGE 103 IV 213, 217 («Colato-Club»), der das alte Ausverkaufsrecht betraf, entschied das Bundesgericht, dass eine Ware im Wert von weniger als zehn Rappen nicht als Zugabe qualifiziert; siehe auch BGE 90 IV 109, 111 («Taschentücher»).
[23] DAVID/JACOBS, Wettbewerbsrecht, N 271.
[24] PEDRAZZINI/PEDRAZZINI, UWG, N 6.74; STREULI-YOUSSEF, SIWR V/I, 100.
[25] STREULI-YOUSSEF, SIWR V/I, 100.
[26] PEDRAZZINI/PEDRAZZINI, UWG, N 6.76. Siehe auch BGE 103 IV 213 («Colatouclub»).
[27] Botschaft UWG, 1067.
[28] BGE 89 IV 218, 220 («Wertvolles Geschenk»); BAUDENBACHER/GLÖCKNER, Kommentar UWG, Art. 3 lit. g N 79; WYLER, Werbung, 129.
[29] BAUDENBACHER/GLÖCKNER, Kommentar UWG, Art. 3 lit. g N 49. Bei den Gesamtpreisen ist allerdings zu beachten, dass diese unter Umständen das Spezifizierungsgebot in Art. 9, 11 und 14 PBV verletzen: STREULI-YOUSSEF, SIWR V/I, 99.

dieser klar in einem Nebenleistungsverhältnis stehen[30]. Zu weit gehend scheint die Forderung, wonach die Zugabe leistungsfremd sein müsse, mithin also in keinem unmittelbaren Zusammenhang mit der Hauptleistung stehen dürfe[31].

12 Haupt- und Nebenleistung liegen vor, wenn das Verhältnis der Leistungen untereinander nach der Verkehrsauffassung weder als gleichrangig noch als gleichartig beurteilt wird[32]. Letztlich bleibt die Grenzziehung aber schwierig, weshalb die Bildung abstrakter Kategorien nahezu unmöglich ist. So kann etwa das Angebot eines Fahrzeuges mit einem Satz zusätzlicher Reifen die Abgabe mehrerer Waren zu einem Gesamtpreis oder eine Zugabe darstellen. Ob eine Zugabe im Sinne von Art. 3 lit. g vorliegt, hängt letztlich davon ab, ob die weiteren Kriterien erfüllt sind, insbesondere ob die Hauptleistung «ohne besondere Berechnung» der Zugabe angeboten wird. Letztlich bleibt nur, die Frage im **Einzelfall zu beurteilen**. Dabei kann es auch entscheidend auf die Art der Ankündigung und das daraus resultierende Verständnis des Werbeadressaten ankommen[33].

d) Akzessorietät zu einem entgeltlichen Hauptgeschäft

13 Eine Zugabe im Sinne von Art. 3 lit. g liegt nur dann vor, wenn eine Ware oder Leistung **bei Abschluss** eines entgeltlichen Hauptgeschäfts abgegeben oder gewährt wird[34]. Dies bedeutet einerseits, dass das Hauptgeschäft stets entgeltlich sein muss[35]. Andererseits muss die Gewährung der Zugabe akzessorisch zum Abschluss des Hauptgeschäfts sein. Die Zugabe darf folglich – zumindest nach der Verkehrsauffassung – nur erhalten, wer das vorausgesetzte Hauptgeschäft tatsächlich abschliesst[36]. Dabei sind örtlicher und räumlicher Zusammenhang zwischen dem Abschluss des Hauptgeschäfts und dem Erhalt der Zugabe nicht vorausgesetzt, bilden aber gewiss starke Indizien für die Akzessorietät[37]. Auch eine gleichzeitige Abgabe von Hauptware und Zugabe ist nicht begriffsnotwendig[38]. Immerhin ist festzuhalten, dass die Gewährung der Zugabe dem Abschluss des Hauptgeschäftes

---

[30] BAUDENBACHER/GLÖCKNER, Kommentar UWG, Art. 3 lit. g N 50; STREULI-YOUSSEF, SIWR V/I, 98.
[31] PEDRAZZINI/PEDRAZZINI, UWG, N 6.73.
[32] BAUDENBACHER/GLÖCKNER, Kommentar UWG, Art. 3 lit. g N 53.
[33] BAUDENBACHER/GLÖCKNER, Kommentar UWG, Art. 3 lit. g N 55 f.
[34] WYLER, Werbung, 128; MEISTER, Zugabewesen, 53; PEDRETTI, Zugabewesen, 81.
[35] BAUDENBACHER/GLÖCKNER, Kommentar UWG, Art. 3 lit. g N 58; STREULI-YOUSSEF, SIWR V/I, 98.
[36] BAUDENBACHER/GLÖCKNER, Kommentar UWG, Art. 3 lit. g N 59; STREULI-YOUSSEF, SIWR V/I, 98.
[37] BAUDENBACHER/GLÖCKNER, Kommentar UWG, Art. 3 lit. g N 60; STREULI-YOUSSEF, SIWR V/I, 98.
[38] STREULI-YOUSSEF, SIWR V/I, 98; WYLER, Werbung, 128 (Fn. 255).

zeitlich nicht vorausgehen kann, da in diesem Fall die vorausgesetzte Abhängigkeit zwischen Haupt- und Nebengeschäft gerade nicht besteht[39].

Unerheblich ist, ob die Zugabe demjenigen gewährt wird, der das Hauptgeschäft abschliesst, oder **einem Dritten**. Dementsprechend können auch die so genannten Werbeprämien, mit denen z.b. die Anwerbung von Kunden honoriert wird, als Zugaben qualifizieren[40]. 14

e) **Ohne besondere Berechnung**

Zugaben können nur solche Nebenleistungen sein, für die **kein eigener Preis** zu entrichten ist («ohne besondere Berechnung»)[41]. Die Nebenleistung darf folglich wertmässig nicht bzw. nicht erkennbar zur geforderten Geldleistung hinzugerechnet werden[42]. Dies ist nicht mit Unentgeltlichkeit gleichzusetzen: In die Kalkulation des Preises der Ware oder Leistung, die Gegenstand des Hauptgeschäfts ist, oder einer anderen Ware oder Leistung kann die Zugabe durchaus einfliessen[43]. Dies macht die Ankündigung der Zugabe als «gratis», «kostenlos» etc. nicht unlauter, wird die Täuschung über den Preis der Zugabe doch von Art. 3 lit. g zu Recht nicht erfasst[44]. Wenn für die Nebenleistung ein Preis verlangt wird, spielt es grundsätzlich keine Rolle, wie hoch dieser ist: Es liegt nicht eine Zugabe, sondern ein Koppelungsgeschäft vor[45]. Dies kann allerdings dann nicht gelten, wenn der verlangte Preis bloss symbolischen Charakter hat[46] oder nur zum Schein verlangt wird[47]. Ob eine besondere Berechnung der Nebenleistung stattfindet oder nicht, entscheidet sich letztlich nach dem Verkehrsverständnis[48]. 15

f) **Abgrenzungen**

Von den Zugaben abzugrenzen sind: 16

- **Koppelungsgeschäfte**[49]: Bei Koppelungsgeschäften wird die Nebenleistung für den Kunden erkennbar besonders berechnet, entweder offen durch Nen-

---

[39] BAUDENBACHER/GLÖCKNER, Kommentar UWG, Art. 3 lit. g N 60.
[40] BAUDENBACHER/GLÖCKNER, Kommentar UWG, Art. 3 lit. g N 63.
[41] BAUDENBACHER/GLÖCKNER, Kommentar UWG, Art. 3 lit. g N 64.
[42] PEDRAZZINI/PEDRAZZINI, UWG, N 6.73; STREULI-YOUSSEF, SIWR V/I, 98.
[43] BAUDENBACHER/GLÖCKNER, Kommentar UWG, Art. 3 lit. g N 65; STREULI-YOUSSEF, SIWR V/I, 98.
[44] BAUDENBACHER/GLÖCKNER, Kommentar UWG, Art. 3 lit. g N 74.
[45] BAUDENBACHER/GLÖCKNER, Kommentar UWG, Art. 3 lit. g N 64.
[46] Dies dürfte etwa der Fall sein, wenn ein wertvolles Mobiltelefon für einen Franken abgegeben wird.
[47] BAUDENBACHER/GLÖCKNER, Kommentar UWG, Art. 3 lit. g N 64.
[48] BAUDENBACHER/GLÖCKNER, Kommentar UWG, Art. 3 lit. g N 64.
[49] BAUDENBACHER/GLÖCKNER, Kommentar UWG, Art. 3 lit. g N 67 ff.

nung der Einzelpreise (offene Koppelungsangebote) oder verdeckt, aber in einer für den Verkehr klar erkennbaren Weise (etwa indem der Gesamtpreis deutlich über den bekannten Einzelpreisen liegt);
- **Vorspannangebote**[50]: Das Angebot einer Nebenware zu einem extrem günstigen Preis beim Kauf einer Hauptware ist nicht als Zugabe zu qualifizieren, weil ein besonderes Entgelt verlangt wird und die Akzessorietät fehlt, da die Nebenware nur angeboten, nicht aber automatisch mit der Hauptware abgegeben wird;
- **Rabatte**[51]: Rabatten fehlt es an der wirtschaftlichen Selbständigkeit, so dass keine Zugabe vorliegt;
- **Warenproben**[52]: Diese werden abgegeben, um dem Kunden die Erprobung der Waren zu erlauben. Sie stellen nur dann Zugaben dar, wenn sie tatsächlich wirtschaftlich selbständig und akzessorisch zum Abschluss eines entgeltlichen Hauptgeschäfts sind. Das eine oder andere wird häufig nicht der Fall sein;
- **Werbegeschenke**[53]: Diese werden bedingungslos abgegeben, so dass es an der Akzessorietät zu einem entgeltlichen Hauptgeschäft fehlt;
- **Werbeprämien**[54]: Werbeprämien sind Vorteile, mit denen die Anwerbung von Kunden honoriert wird. Ist die Werbeprämie von einem derartigen Wert, dass sie einem Entgelt für die Werbebemühungen gleichkommt, fehlt das Element der Akzessorietät, so dass keine Zugabe vorliegt.

17 Dass die Abgrenzung der Zugaben von anderen Vorteilsgewährungen in der Praxis schwierig sein kann, lässt sich am Beispiel der heute üblichen Angebote der Mobilfunknetzbetreiber illustrieren, beim Abschluss eines Abonnementvertrags ein **Mobiltelefon** stark verbilligt oder gratis zu erwerben. Wird das Mobiltelefon gratis und tatsächlich ohne besondere Berechnung (d.h. ohne Aufschlag bei den Abonnementsgebühren) abgegeben, liegt eine Zugabe vor. Muss für das Mobiltelefon ein reduzierter Preis entrichtet werden, so liegt entweder ein Koppelungsgeschäft oder ein Vorspannangebot vor, die beide nicht in den Anwendungsbereich von Art. 3 lit. g fallen[55].

---

[50] BAUDENBACHER/GLÖCKNER, Kommentar UWG, Art. 3 lit. g N 72; DAVID/JACOBS, Wettbewerbsrecht, N 279.
[51] WYLER, Werbung, 128; a.M. PEDRAZZINI/PEDRAZZINI, UWG, N 6.75 ff.
[52] BAUDENBACHER/GLÖCKNER, Kommentar UWG, Art. 3 lit. g N 62.
[53] BAUDENBACHER/GLÖCKNER, Kommentar UWG, Art. 3 lit. g N 61; WYLER, Werbung, 128 f.
[54] BAUDENBACHER/GLÖCKNER, Kommentar UWG, Art. 3 lit. g N 63.
[55] A.M. scheinbar PEDRAZZINI/PEDRAZZINI, UWG, N 6.76.

2. Täuschung

a) Täuschung über den tatsächlichen Wert des Angebots

Art. 3 lit. g setzt eine **Täuschung über** den tatsächlichen Wert des Angebots voraus. Unklar ist, ob der Wert des Angebots nur die Hauptware[56] oder alle angebotenen Haupt- und Nebenwaren und -leistungen, mithin also das **Gesamtangebot**[57], erfasst. Würde man der ersten Meinung folgen, so hätte dies zur Folge, dass eine Täuschung über den Wert der Zugabe von Art. 3 lit. g nicht erfasst wäre. In der Praxis sind aber sehr wohl Fälle denkbar, in denen der Kunde durch die Anpreisung über den Wert der Zugabe getäuscht wird und er die Hauptware, deren Wert er korrekt beurteilen kann, nur kauft, weil er (fälschlicherweise) glaubt, eine wertvolle Zugabe zu erhalten. Es ist kein Grund ersichtlich, warum diese Konstellation von Art. 3 lit. g nicht erfasst sein sollte[58]. Der Kunde wird den Preis und den Wert der Hauptware nicht isoliert betrachten, sondern den Gesamtwert von Hauptware und Zugabe ins Verhältnis zum Preis setzen, den er (formell für den Erwerb der Hauptware) zu leisten hat.

18

Der tatsächliche **Wert des Angebots** ist gleichzusetzen mit dem (objektiven) Verkehrswert desselben, mithin also dem Preis, den der angesprochene Verkehrskreis bereit wäre, für die angebotenen Waren und Leistungen auf der massgebenden Vertriebsstufe und unter vergleichbaren Bedingungen zu bezahlen[59]. Rein subjektiven Wertzuordnungen seitens des Kunden kann bei der Bestimmung des tatsächlichen Werts des Angebots keine Bedeutung zukommen, da es auf einseitige Vorstellungen des Kunden nicht alleine ankommen kann[60]. Haben die Parteien einen Preis verhandelt und vereinbart, so stellt dieser den subjektiven Verkehrswert dar und eine Täuschung über den tatsächlichen Wert des Angebots im Sinne von Art. 3 lit. g wäre von vornherein ausgeschlossen[61]. Vorbehalten bleibt dabei natürlich der Fall, in dem der Anbieter durch Vorspiegelung falscher Tatsachen oder durch Verschweigen relevanter Tatsachen den Kunden täuscht und dadurch veranlasst, einem überhöhten Preis zuzustimmen.

19

Eine Täuschung über den tatsächlichen Wert des Angebots liegt dann vor, wenn zwischen der Erwartung des Kunden aufgrund der Ankündigung des Angebots[62] und dem realen (objektiven) Wert der erbrachten Leistungen eine **Differenz besteht**[63]. Eine solche Täuschung ist auch dann gegeben, wenn die Zugabe entgegen dem Eindruck, den die Anpreisung des Angebots vermittelt, wertlos ist (Täuschung

20

---

[56] STREULI-YOUSSEF, SIWR V/I, 99.
[57] BAUDENBACHER/GLÖCKNER, Kommentar UWG, Art. 3 lit. g N 73; WYLER, Werbung, 130.
[58] Anders: STREULI-YOUSSEF, SIWR V/I, 99.
[59] BAUDENBACHER/GLÖCKNER, Kommentar UWG, Art. 3 lit. g N 83.
[60] BAUDENBACHER/GLÖCKNER, Kommentar UWG, Art. 3 lit. g N 82.
[61] BAUDENBACHER/GLÖCKNER, Kommentar UWG, Art. 3 lit. g N 82.
[62] Siehe dazu: BGE 103 IV 213, 217 («Colato-Club»); 90 IV 109, 111 («Taschentücher»)
[63] BAUDENBACHER/GLÖCKNER, Kommentar UWG, Art. 3 lit. g N 73.

über den Wert der Zugabe)[64]. Besondere Beachtung verdienen unter diesem Gesichtspunkt Gutscheinsysteme, bei denen der Kunde etwa eine gewisse Anzahl von Punkten sammeln muss, um eine Zugabe (teilweise nach Wahl) zu erhalten: Hier liegt bereits dann eine Täuschung vor, wenn der Kunde den Wert der zu sammelnden Punkte nicht beurteilen kann oder wenn die Erreichung der für die Gewährung einer Zugabe notwendige Punktezahl innert nützlicher Frist nicht oder nur mit unverhältnismässigem Aufwand möglich ist[65]. Dazu bestimmt Grundsatz Nr. 3.8 der **SLK-Grundsätze** (Gratisgutscheine zu Werbezwecken), dass Gutscheine, die zum verbilligten oder kostenlosen Bezug von Waren oder Leistungen berechtigen, auf dem Gutschein selbst die Bedingungen enthalten müssen, zu denen die Waren oder Leistungen erhältlich sind. Fehlen entsprechende Angaben, so darf angenommen werden, dass die Gutscheine unbefristet und ohne Einschränkung eingelöst werden dürfen. Unlauter ist es ebenfalls, wenn mit den Zugaben der Sammlertrieb angesprochen wird (z.B. mit Sportlerkarten, die in Alben gesammelt werden können) und die Vervollständigung dieser Sammlungen einen unverhältnismässig hohen Einsatz verlangt[66].

b) Täuschung durch die Zugabe?

21 Art. 3 lit. g darf nicht dazu missbraucht werden, die Anbieter in der **Freiheit der Preisgestaltung** einzuschränken. Ist es einem Anbieter grundsätzlich erlaubt, seine Produkte oder Leistungen zu Preisen anzubieten, die höher als der objektive Verkehrswert der Produkte sind, so muss dies auch dann gelten, wenn er zusätzlich Zugaben gewährt[67]. Teilweise wird daraus gefolgert, dass nur solche Täuschungen über den Wert des Gesamtangebotes relevant seien, «die gerade von der Zugabe ausgehen»[68]. Diese Einschränkung erscheint als zu weit gehend.

22 Dem Problem kann dadurch Rechnung getragen werden, dass über dem objektiven Verkehrswert liegende Preise dann keine Täuschung im Sinne von Art. 3 lit. g darstellen, wenn dieselben Preise auch in der Vergangenheit ohne Gewährung von Zugaben verlangt wurden. Gleiches gilt, wenn der Preis für die Hauptware bei Gewährung der Zugabe reduziert wird, aber immer noch über dem objektiven Verkehrswert liegt, da lediglich eine (teilweise) Fortführung vorbestandener überhöhter Preise vorliegt. Wird der **Preis für die Hauptware** hingegen gleichzeitig mit oder in der Folge der Gewährung der Zugabe **erhöht**, so liegt eine Täuschung über den tatsächlichen Wert des Angebots vor[69]. Dies gilt in jedem Fall dann, wenn der Preis erstmals über den Verkehrswert des Angebots gehoben wird. Eine Täuschung im

---

[64] BAUDENBACHER/GLÖCKNER, Kommentar UWG, Art. 3 lit. g N 77.
[65] BAUDENBACHER/GLÖCKNER, Kommentar UWG, Art. 3 lit. g N 75 f.
[66] PEDRAZZIN/PEDRAZZINI, UWG, N 6.76.
[67] BAUDENBACHER/GLÖCKNER, Kommentar UWG, Art. 3 lit. g N 84.
[68] BAUDENBACHER/GLÖCKNER, Kommentar UWG, Art. 3 lit. g N 85.
[69] Ähnlich: WYLER, Werbung, 130.

Sinne von Art. 3 lit. g dürfte in der Regel aber auch dann gegeben sein, wenn bereits über dem Verkehrswert liegende Preise bei der Gewährung der Zugabe nochmals angehoben werden. Keine Täuschung liegt hingegen vor, wenn die Preiserhöhung transparent gemacht wird und die Nebenleistung somit nur gegen besondere Berechnung abgegeben wird. In diesem Fall liegt keine Zugabe im Sinne von Art. 3 lit. g vor und die Bestimmung findet keine Anwendung.

c) Täuschung des Kunden

Der Anwendungsbereich des Art. 3 lit. g ist dadurch begrenzt, dass ausschliesslich die Täuschung von Kunden unlauter ist. Der Getäuschte muss demzufolge tatsächlicher oder **zumindest potentieller Abnehmer** des Angebots sein, über dessen tatsächlichen Wert er getäuscht wird. Kunde ist nicht mit (End-) Konsument gleichzusetzen. Vielmehr ist bei sämtlichen Geschäften, bei denen es um den Bezug von Waren, Werken oder Leistungen geht, von einer Kundschaftsbeziehung auszugehen. Dies bedeutet, dass auch «produktmündige» Kunden in den Anwendungsbereich von Art. 3 lit. g fallen können[70]. Deren übliches Fachwissen ist bei der Beurteilung der Frage, ob eine Täuschung des Kunden vorliegt, zu berücksichtigen[71]. 23

Wie bei anderen Tatbeständen ist entgegen dem Wortlaut jedoch nicht vorausgesetzt, dass es tatsächlich zur Täuschung kommt. Es reicht, dass die Zugabe **geeignet ist**, über den tatsächlichen Wert des Angebots zu täuschen[72]. Es ist folglich aus Sicht des Adressaten des Angebots zu beurteilen, ob eine Täuschung bzw. Täuschungsgefahr vorliegt[73]. 24

V. Rechtsfolgen

Die Rechtsfolgen eines Verstosses gegen Art. 3 lit. g ergeben sich aus Art. 9 ff. und Art. 23 UWG. 25

---

[70] Siehe zu Art. 3 lit. i: BGer sic! 1999, 164, E. 7 («Sikkens»).
[71] Siehe zu Art. 3 lit. i implizit: BGer sic! 1999, 164, E. 7 («Sikkens»); AppGer BE sic! 1998, 207, E. 3 («Alzheimermedikament»).
[72] STREULI-YOUSSEF, SIWR V/I, 99.
[73] STREULI-YOUSSEF, SIWR V/I, 99.

Art. 3 lit. h

Unlautere Werbe- und Verkaufsmethoden und anderes widerrechtliches Verhalten	**Unlauter handelt insbesondere, wer:** h. den Kunden durch besonders aggressive Verkaufsmethoden in seiner Entscheidungsfreiheit beeinträchtigt;
Méthodes déloyales de publicité et de vente et autres comportements illicites	Agit de façon déloyale celui qui, notamment: h. entrave la liberté de décision de la clientèle en usant de méthodes de vente particulièrement agressives;
Metodi sleali di pubblicità e di vendita e altri comportamenti illeciti	Agisce in modo sleale, segnatamente, chiunque: h. pregiudica la libertà di decisione della clientela usando metodi di vendita particolarmente aggressivi;
Unfair Advertising and Sales Methods and Other Unlawful Behaviour	Shall be deemed to have committed an act of unfair competition, anyone who, in particular: h. impairs the customer's freedom of decision by using particularly aggressive sales methods;

Inhaltsübersicht

	Note	Seite
I. Normzweck	1	433
II. Entstehungsgeschichte	2	433
III. Systematik und Verhältnis zu anderen Vorschriften	4	434
IV. Tatbestandsvoraussetzungen	5	435
1. Besonders aggressive Verkaufsmethode	5	435
a) Verkaufsmethode	5	435
b) Besondere Aggressivität	9	436
2. Beeinträchtigung der Entscheidungsfreiheit des Kunden	19	440
V. Rechtsfolgen	22	441
VI. Verfahrensfragen	23	441

Literatur

O. ARTER, Lauterkeitsrechtliche Aspekte von Werbung mittels E-Mail, AJP 2004 1067 ff.; C. BAUDENBACHER (Hrsg.), Lauterkeitsrecht – Kommentar zum Gesetz gegen den unlauteren Wettbewerb (UWG), Basel 2001, Art. 3 lit. h; DERS., Suggestivwerbung und Lauterkeitsrecht, Zürich 1978; L. DAVID/R. JACOBS, Wettbewerbsrecht, 4. Aufl., Bern 2005, N 301–326; L. DAVID/M. REUTTER, Schweizerisches Werberecht, 2. Aufl., Zürich 2001, 84–100, 220–223, 256–259; P. FRIEDRICH, Aggressive Werbemethoden in der Schweiz und deren lauterkeitsrechtliche Beurteilung, Zürich 1993; Y. JÖHRI, Werbung im Internet – Rechtsvergleichende, lauterkeitsrechtliche Beurteilung von Werbeformen, Zürich 2000; T. KOLLER, Gewinnversprechen – Schuld- und lauterkeitsrechtliche Aspekte, SKR 2001, 85 ff.; A. KÜHNE, Im Marketing verwendete Erkenntnisse der Psychologie – Einstellung, Motivation und Konsum, in: A. Brunner (Hrsg.), Konsumentenverhalten, Bern 2009, 81 ff.; M. PEDRAZZINI/F. PEDRAZZINI, Unlauterer Wettbewerb – UWG, 2. Aufl., Bern 2002, N 7.05–7.22; S. PUGATSCH, Werberecht für die Praxis, 3. Aufl., Zürich 2007, 37–40; C. SAGER-GLUR, Direktmarketingmethoden, Eine Darstellung unter lauterkeitsrechtlichen Aspekten, Bern 2001; A. SCHWEIZER, Data Mining – ein rechtliches Minenfeld; Rechtliche Aspekte von Methoden des Customer Relationship Management (CRM) wie Data Mining, DIGMA 2001 108 ff.; D. ROSENTHAL, Rechtliche Handhabe gegen Spamming, DIGMA 2002, 80 ff.; W. SCHLUEP, Die Werbung im revidierten Lauterkeitsrecht, in: C. Baudenbacher (Hrsg.), Das UWG auf neuer Grundlage, Bern 1989, 71 ff.; M. C. SENN, Werbung mit E-Mails, sic! 2002, 85 ff.; DERS., Mitteilung der SLK: Neuer Grundsatz zu aggressiven Verkaufsmethoden im Fernabsatz, sic! 2003, 288 ff.; M. STREULI-YOUSSEF, Unlautere Werbe- und Verkaufsmethoden (Art. 3 UWG), in: R. von Büren/L. David (Hrsg.), SIWR V/1, 2. Aufl., Basel 1998, 100–107; P. UHLMANN/R. HÄFLIGER, Die Versendung von Werbebotschaften mittels SMS oder E-Mail: Innovatives Telemarketing oder unlautere Belästigung des Publikums?, SZW 2003, 233 ff.

I. Normzweck

Art. 3 lit. h zielt darauf ab, die **Entscheidungsfreiheit der Kunden** bei der Auswahl von Leistungsangeboten zu schützen[1]. Nicht vom Schutzbereich erfasst ist hingegen das Recht auf eine unangetastete Privatsphäre[2]. Verkaufsgespräche unter psychologischem Kaufzwang gemäss Art. 3 lit. h sind insbesondere deshalb unlauter und widerrechtlich, weil sie die Nachfrage der auf dem Markt angebotenen Waren und Dienstleistungen fehlleiten[3]. Das unlautere Verhalten beeinträchtigt den Wettbewerb und schädigt den Markt dabei in zweifacher Weise: die Kunden unmittelbar durch erzwungene Vertragsabschlüsse und die übrigen Anbieter bestimmter Waren und Dienstleistungen mittelbar durch entsprechenden Umsatzrückgang in unbestimmter Höhe[4].

1

II. Entstehungsgeschichte

Die **Expertenkommission** zur Revision des Bundesgesetzes über den unlauteren Wettbewerb hatte **ursprünglich sehr weitgehend** vorgeschlagen, jede Handlung als unlauter zu qualifizieren, die beim Kunden einen psychischen Zwang zum Geschäftsabschluss bewirkt[5]. Aufgrund erheblicher Kritik fasste der Bundesrat den Anwendungsbereich der Bestimmung in seiner Gesetzesvorlage dann jedoch

2

---

[1] BezGer ZH ZR 1994 Nr. 96, E. 2.3 («Lehrmaterial»).
[2] BAUDENBACHER/GLÖCKNER, Kommentar UWG, Art. 3 lit. h N 14.
[3] BezGer ZH ZR 1994 Nr. 96, E. 2.3.2, 306 f. («Lehrmaterial»).
[4] BezGer ZH ZR 1994 Nr. 96, E. 2.3.2, 306 f. («Lehrmaterial»).
[5] UHLMANN/HÄFLIGER, SZW 2003, 241; BAUDENBACHER/GLÖCKNER, Kommentar UWG, Art. 3 lit. h N 11.

wesentlich enger («aggressive Verkaufs- oder Werbemethoden»)[6]. Auch dieser Vorschlag stiess auf erheblichen Widerstand, und es wurde sogar die gänzliche Streichung der Bestimmung beantragt. Das Parlament strich schliesslich die aggressiven Werbemethoden aus der Vorlage, so dass Art. 3 lit. h in der geltenden Fassung **nur auf aggressive Verkaufsmethoden** Anwendung findet[7]. Zur Begründung wurde angeführt, die Werbefreiheit würde mit der Erfassung von Werbemethoden übermässig eingeschränkt, und ein Verbot aggressiver Werbemethoden wäre schlecht justiziabel, weil der Begriff der Werbemethoden sich nur schwierig abgrenzen lasse[8].

3 Die Bestimmung hat bisher in der Praxis der Gerichte **keine grosse Bedeutung** erlangt, gibt es doch erst wenige einschlägige Entscheide. Dies hat einerseits mit der engen Formulierung zu tun[9]. Andererseits ist sicherlich auch relevant, dass sich der Konsument jeweils nur gegen einen einzelnen Anbieter wehren kann und das Interesse an der Verfolgung von solchen Einzelfällen regelmässig gering ist[10]. Dies zeigt sich auch daran, dass die vom Bundesgericht bisher beurteilten Fälle meist strafrechtlicher Natur waren.

III. Systematik und Verhältnis zu anderen Vorschriften

4 Das Schutzobjekt von Art. 3 lit. h i.V.m. 23 UWG ist weder mit demjenigen von Art. 146 StGB (Betrug) noch mit demjenigen von Art. 157 Ziff. 1 StGB (Wucher) identisch; die drei Bestimmungen stehen zueinander in echter Konkurrenz, wobei echte Idealkonkurrenz gegeben sein kann. Insbesondere ist nicht davon auszugehen, dass der psychologische Kaufzwang nach Art. 3 lit. h UWG vom Tatbestand des Betruges konsumiert wird. Beide Normen bezwecken zwar die Garantie einer mangelfreien Willensbetätigung der Wirtschafts- und Rechtssubjekte. Das Schutzobjekt der erstgenannten Norm geht indessen im Sinne von Art. 1 UWG darüber hinaus und bezweckt die Garantie eines lauteren Wettbewerbs im Sinne einer wirtschaftsverfassungsrechtlichen Institutsgarantie[11].

---

[6] UHLMANN/HÄFLIGER, SZW 2003, 241; STREULI-YOUSSEF, SIWR V/I, 100; BAUDENBACHER/ GLÖCKNER, Kommentar UWG, Art. 3 lit. h N 12; Botschaft UWG, 1009 ff., 1067 f.
[7] UHLMANN/HÄFLIGER, SZW 2003, 241; BAUDENBACHER/GLÖCKNER, Kommentar UWG, Art. 3 lit. h N 12.
[8] StenBull NR 1985, 835 ff., StenBull StR 1986, 421 ff.; BAUDENBACHER/GLÖCKNER, Kommentar UWG, Art. 3 lit. h N 12; STREULI-YOUSSEF, SIWR V/I, 100; KOLLER, SKR 2001, 120 f.
[9] PEDRAZZINI/PEDRAZZINI, UWG, N 7.05.
[10] BAUDENBACHER/GLÖCKNER, Kommentar UWG, Art. 3 lit. h N 5.
[11] BezGer ZH ZR 1994 Nr. 96, E. 2.3.4 («Lehrmaterial»).

IV. Tatbestandsvoraussetzungen

1. Besonders aggressive Verkaufsmethode

a) Verkaufsmethode

Art. 3 lit. h erfasst ausschliesslich Verkaufsmethoden, aber **nicht Werbemethoden**[12]. Aggressive Werbemethoden können unter Umständen nach der Generalklausel (Art. 2) unlauter sein (siehe dort N 48 ff.)[13]. Für die Abgrenzung von Verkaufs- und blosser Werbemethode ist entscheidend, ob der mögliche Abnehmer **persönlich und direkt angesprochen** wird (Verkaufsmethode) oder nicht (Werbemethode)[14]. Die Ansprache kann auch auf dem telefonischen oder schriftlichen Weg erfolgen. Eine persönliche Ansprache von Angesicht zu Angesicht ist nicht notwendig[15].

Das Kriterium der persönlichen Ansprache vermag die Verkaufsmethode von der blossen Werbung abzugrenzen. Allerdings ist damit nicht gesagt, dass manche Verkaufsmethoden gemäss Art. 3 lit. h. nicht auch als Werbung im Sinne anderer Bestimmungen des UWG gelten können. Dies gilt nach der hier vertretenen Ansicht beispielsweise im Falle des Direktmarketings mittels Telefon, bei dem eine Direktansprache des Adressaten zweifelsohne vorliegt[16]. Wird solches **Direktmarketing** flächendeckend oder zumindest systematisch betrieben, so liegt aber in der Regel gleichzeitig Werbung im Sinne von Art. 3 lit. e, so dass etwa im Gespräch kommunizierte Preisvergleiche den dortigen Anforderungen genügen müssen.

Der Begriff *Verkaufs*methode ist nicht technisch zu verstehen. Art. 3 lit. h erfasst **nicht nur den Abschluss von Kaufverträgen**, sondern auch von anderen Rechtsgeschäften, insbesondere von Gebrauchsüberlassungsverträgen[17]. Erfasst werden können auch Vertragsarten, für die im Rahmen des UWG oder des OR spezifische Normen zum Schutz des Kunden bestehen, wie dies etwa beim Konsumkreditver-

---

[12] BGE 132 III 414, 429 («Taxes de pharmacie»); BGer sic! 2003, 354, E. 3.1 («Telefaxverzeichnis»); BGer sic! 2002, 697, E. 4.b.aa («Garantieversand»); OGer ZG ZGGVP 2002, 193, E. 4.2.
[13] KGer ZG SMI 1992, 343, E. 3 («Sweepstake I»); KGer ZG SMI 1992, 346, E. 4.1 («Sweepstake II»); PEDRAZZINI/PEDRAZZINI, UWG, N 7.06 und 7.34; DAVID/JACOBS, Wettbewerbsrecht, N 81 ff.; STREULI-YOUSSEF, SIWR V/I, 100; UHLMANN/HÄFLIGER, SZW 2003, 241; BAUDENBACHER/GLÖCKNER, Kommentar UWG, Art. 3 lit. h N 28.
[14] BGer sic! 2003, 354, E. 3.1 («Telefaxverzeichnis»); BGer sic! 2002, 697, E. 4.b.dd («Garantieversand»); OGer ZG ZGGVP 2002, 193, E. 4.2; SLK-Tätigkeitsbericht 1999, 19; Praxis der SLK, sic! 1999, 608, E. II 3.c («Helvetisches Münzkontor, Göde GmbH»); UHLMANN/HÄFLIGER, SZW 2003, 241 f.; PEDRAZZINI/PEDRAZZINI, UWG, N 7.35; BAUDENBACHER/GLÖCKNER, Kommentar UWG, Art. 3 lit. h N 25; SENN, sic! 2003, 288.
[15] BGer sic! 2003, 354, E. 3.1 («Telefaxverzeichnis»); BGer sic! 2002, 697, E. 4.b.dd («Garantieversand»); OGer ZG ZGGVP 2002, 193, E. 4.2.
[16] Siehe auch PEDRAZZINI/PEDRAZZINI, UWG, N 7.40 ff.
[17] PEDRAZZINI/PEDRAZZINI, UWG, N 7.08; STREULI-YOUSSEF, SIWR V/I, 101; BAUDENBACHER/GLÖCKNER, Kommentar UWG, Art. 3 lit. h N 29.

trag der Fall ist (Art. 3 lit. k–n), da diese besonderen Tatbestände in der Regel die Irreführung betreffen, den Fall der aggressiven Verkaufsmethode also nicht regeln[18].

8 **Nicht vorausgesetzt** ist, dass infolge der besonders aggressiven Verkaufsmethode **tatsächlich ein Rechtsgeschäft** zustande kommt. Vielmehr reicht es aus, dass das Vorgehen an sich dazu geeignet ist, unmittelbar zum Vertragsabschluss zu führen[19].

b) Besondere Aggressivität

9 Es liegt in der Natur des Wettbewerbs, dass die Mitbewerber, die um potentielle Kunden konkurrieren, auf ihr Angebot aufmerksam machen und versuchen, den Kaufentscheid des Kunden zu beeinflussen[20]. **Nicht jedes aggressive Werben um Kunden** ist deshalb unlauter. Art. 3 lit. h sanktioniert nur besonders aggressive Verkaufsmethoden. Dieser unbestimmte Gesetzesbegriff ist, jedenfalls soweit er in Verbindung mit Art. 23 UWG strafrechtlich relevant ist, nicht extensiv auszulegen[21]. Das Erfordernis der besonderen Aggressivität ist eng verbunden mit dem Tatbestandserfordernis der Beeinträchtigung der Entscheidungsfreiheit (siehe N 19)[22]. Ob besondere Aggressivität der Verkaufsmethode gegeben ist, hängt von den konkreten Umständen des einzelnen Falls ab.

10 Unlauter ist vorab die Anwendung unmittelbaren **physischen Zwangs** zur Beeinflussung der autonomen Willensbildung des Kunden. Diese Form der aggressiven Verkaufsmethoden dürfte heute aber nur noch selten vorkommen[23].

11 Unlauter kann aber auch **psychischer oder psychologischer Zwang** sein[24]. Unlauterkeit im Sinne von Art. 3 lit. h liegt etwa vor, wenn der Kunde in eine Lage versetzt wird, in der er sich aus inneren Gefühlen (Angst, Dankbarkeit, Anstand, Peinlichkeit) zu einem Kauf verpflichtet fühlt, weil er sich in einer psychologischen Zwangssituation befindet und somit nicht mehr der frei gebildete Wille für den Vertragsabschluss massgebend ist[25]. Der Adressat wird durch Überraschung, Überrumpelung, Druck, Zwang oder Belästigung in seiner Entscheidungsfreiheit beeinträchtigt: Er schliesst den Vertrag nicht in erster Linie aus Interesse am Vertrags-

---

[18] A.M. PEDRAZZINI/PEDRAZZINI, UWG, N 7.09.
[19] BGer sic! 2003, 354, E. 3.1 («Telefaxverzeichnis»); PEDRAZZINI/PEDRAZZINI, UWG, N 7.02, 7.05, 7.11, 7.18, 7.20, 7.22; PUGATSCH, Werberecht, 37.
[20] BezGer ZR 1994 Nr. 96, E. 2.3.2 («Lehrmaterial»).
[21] BGer sic! 2003, 354, E. 3.3 («Telefaxverzeichnis»).
[22] BAUDENBACHER/GLÖCKNER, Kommentar UWG, Art. 3 lit. h N 33.
[23] BAUDENBACHER/GLÖCKNER, Kommentar UWG, Art. 3 lit. h N 7.
[24] In den psychologischen Aspekten des Kaufzwangs, siehe: KÜHNE, 81 ff.
[25] BGer sic! 2003, 354, E. 3.1 («Telefaxverzeichnis»); BezGer ZR 1994 Nr. 96, E. 2.3.2 («Lehrmaterial»); OGer ZG ZGGVP 2002, 193, E. 4.2; Botschaft UWG, 1009 ff., 1067 f.; BAUDENBACHER/GLÖCKNER, Kommentar UWG, Art. 3 lit. h N 8.

gegenstand ab, sondern vor allem deshalb, weil er sich durch die auf ihn angewandte Methode zum Vertragsabschluss gedrängt oder genötigt fühlt[26].

Dies ist **beispielsweise** der Fall bei **Hinweisen auf** gesundheitliche **Gefährdung** beim Nichterwerb eines Produktes, der Vorspiegelung einer angeblich einmaligen Kaufsgelegenheit, der Ausübung von psychischem Druck bei Verkäufen an der Haustür und auf Werbefahrten oder auf Partys[27]. Ein klassisches Beispiel für Überraschung und Überrumpellung ist die Telefonwerbung mit dem Angebot eines sofortigen Geschäftsabschlusses[28]. Unlauter kann auch die Beeinträchtigung der Entscheidungsfreiheit des Kunden mittels **autoritativen Drucks**, etwa durch den Einsatz von Autoritätspersonen[29], sowie das Ausnützen einer konstitutionellen **Schwäche des Opfers**[30] sein. Als Beispiele werden weiter die **Blossstellung** oder Beleidigung durch Strassenverkäufer oder Moderatoren einer Verkaufsveranstaltung sowie allgemeiner ein aufdringliches und belästigendes Verhalten genannt[31]. So hat die Lauterkeits-Kommission das fünfmalige Anrufen eines Adressaten, um ihn zur Unterzeichnung eines Anzeigenauftrags zu bewegen, obwohl ersichtlich war, dass er das Angebot nicht annehmen wollte, als unzulässige aggressive Verkaufsmethode bewertet[32]. Besonders aggressiv können auch Äusserungen zu Konkurrenzprodukten sein, die beim Adressaten substantielle Zweifel betreffend die (andauernde) Lieferbereitschaft bzw. Leistungsfähigkeit wecken, etwa indem (unberechtigte) Ängste vor Softwareproblemen geweckt und die Kunden damit geradezu in Panik versetzt werden[33]. Zu denken ist des Weiteren an Appelle an **Dankbarkeit** und Anstand, das Inaussichtstellen von Sanktionen oder die **Intensivierung von Ängsten und Schuldgefühlen**[34]. Auch die Verlockung mittels **aleatorischer Reize** kann unter Umständen eine besonders aggressive Verkaufsmethode im Sinne von Art. 3 lit. h sein[35]. Gleiches gilt für

12

---

[26] BGer sic! 2003, 354, E. 3.1 («Telefaxverzeichnis»); SLK-Tätigkeitsbericht 1999, 19; BAUDENBACHER/GLÖCKNER, Kommentar UWG, Art. 3 lit. h N 39 ff.; PEDRAZZINI/PEDRAZZINI, UWG, N 7.17 ff.
[27] BGer sic! 2003, 354, E. 3.1 («Telefaxverzeichnis»); Botschaft UWG 1009 ff., 1067 f.; PEDRAZZINI/PEDRAZZINI, UWG, N 7.46; BAUDENBACHER/GLÖCKNER, Kommentar UWG, Art. 3 lit. h N 88 ff. und 101 ff.; DAVID/JACOBS, Wettbewerbsrecht, N 313 und 318 f.
[28] UHLMANN/HÄFLIGER, SZW 2003, 242; BAUDENBACHER/GLÖCKNER, Kommentar UWG, Art. 3 lit. h N 52 ff.
[29] BezGer ZR 1994 Nr. 96, E. 2.3.2 («Lehrmaterial»).
[30] BezGer ZR 1994 Nr. 96, E. 2.3.2, («Lehrmaterial»).
[31] BAUDENBACHER/GLÖCKNER, SZW 2003, Art. 3 lit. h N 8 und 41 ff.
[32] SLK MediaLex 2009, 254.
[33] HGer SG vom 24.5.2005 (DZ.2002.3), E. 4.c.
[34] BAUDENBACHER/GLÖCKNER, Kommentar UWG, Art. 3 lit. h N 8; PEDRAZZINI/PEDRAZZINI, UWG, N 7.52; STREULI-YOUSSEF, SIWR V/I, 102.
[35] BGer sic! 2003, 354, E. 3.1 («Telefaxverzeichnis»); BGer sic! 2002 697, E. 4.b.ee («Garantieversand»); OGer ZG ZGGVP 2002, 193, E. 4.2; KGer ZG SMI 1992, 343, E. 3 («Sweepstake I»); PEDRAZZINI/PEDRAZZINI, UWG, N 7.48 ff. Siehe auch Kommentierung zu Art. 2, N 51 ff.

Schneeballsysteme[36] und für die mittels Werbeschreiben angekündigte automatische Ausdehnung oder Verlängerung eines Vertrags für den Fall, dass der Adressat eine solche nicht ausdrücklich ablehnt[37]. Schliesslich ist an dieser Stelle auch die ständige **Kundenbeobachtung** (etwa durch systematische Auswertung von Daten über das Einkaufsverhalten, die durch Kundenkarten gewonnen werden), die zu persönlichen und massgeschneiderten Angeboten führt, zu nennen[38].

13 Eine Verkaufsmethode ist unter Umständen auch dann als besonders aggressiv gemäss Art. 3 lit. h zu bewerten, wenn der Absatz durch ein **rechtswidriges Mittel** oder auf rechtswidrige Art und Weise gefördert wird, der Anbieter mithin einen Vorsprung durch Rechtsbruch erlangt[39]. Allerdings ist diesbezüglich eine Rechtswidrigkeit, die alleine in einem Verstoss gegen Treu und Glauben im Sinne der Generalklausel von Art. 2 gründet, nicht ausreichend, wäre doch sonst jede Verkaufsmethode, die im Sinne von Art. 2 UWG gegen Treu und Glauben verstösst und daher rechtswidrig ist, *eo ipso* als besonders aggressiv zu qualifizieren[40].

14 Mangels psychologischen Drucks stellt die **Zusendung von Rechnungen** für die Eintragung in Register keine besonders aggressive Verkaufsmethode dar, sondern erfüllt de lege lata[41] aufgrund einer Irreführung über ein Geschäftsverhältnis zum Adressaten alleine den Tatbestand von Art. 3 lit. b[42] bzw. Art. 2[43]. Hingegen liegt unter Umständen eine besonders aggressive Verkaufmethode vor, wenn auf eine erste Zahlungseinladung eine zweite in Form einer Abmahnung folgt[44].

15 Der für die Anwendung von Art. 3 lit. h erforderliche Druck fehlt auch beim Versenden unerwünschter E-Mails (sog. **Spamming**; siehe dazu nun aber Art. 3 lit. o)[45]. Damit unterscheiden sich solche Praktiken von der **Zusendung unbestellter Ware**, die unter Umständen als besonders aggressive Verkaufsmethoden quali-

---

[36] PEDRAZZINI/PEDRAZZINI, UWG, N 7.44; BAUDENBACHER/GLÖCKNER, Kommentar UWG, Art. 3 lit. h N 98; zur geplanten Einführung eines diesbezüglichen Sondertatbestands siehe Art. 3 lit. r E-UWG.
[37] SLK-Tätigkeitsbericht 2002, 30 und 2003, 20.
[38] SCHWEIZER, DIGMA 2001, 111.
[39] BGer sic! 2003, 354, E. 3.1 («Telefaxverzeichnis»). Siehe auch BAUDENBACHER/GLÖCKNER, Kommentar UWG, Art. 3 lit. h N 71 ff.
[40] BGer sic! 2003, 354, E. 3.4.3 («Telefaxverzeichnis»).
[41] De lege ferenda ist die Einführung eines weiteren Sondertatbestands geplant (siehe Art. 3 lit. q E-UWG).
[42] BGer sic! 2003, 354, E. 3.3 («Telefaxverzeichnis»).
[43] Zum Rückgriff auf Art. 2, siehe Art. 3 lit. b N 58 und Art. 2 N 44. Der Bundesrat plant, mit Art. 3 lit. p und lit. q E-UWG 2009 zwei neue Spezialtatbestände betreffend Angebote für Verzeichniseinträge und Anzeigenaufträge zu schaffen, siehe Art. 2 N 45.
[44] Bezüglich die Einladung zur Verlängerung eines Abonnements: SLK-Tätigkeitsbericht 1998, 24.
[45] BezGer ZH sic! 2003, 619, E. V.1 («Spamming»), der allerdings in einem Strafverfahren erging; ARTER, AJP 2004, 1079; UHLMANN/HÄFLIGER, SZW 2003, 243 f.; SENN, sic! 2002, 89 f., BAUDENBACHER/GLÖCKNER, Kommentar UWG, Art. 3 lit. h N 60 ff. und 66 ff.; PUGATSCH, Werberecht, 39; ROSENTHAL, Digma 2002, 83.

fiziert[46], oder besonders verlockenden Anpreisungen, etwa die Zusicherung eines Gewinns bei einem Gewinnspiel[47]. Immerhin kann die wiederholte Zusendung von Unterlagen für den Direktversand unlauter sein, wenn der Adressat vorgängig, ausdrücklich und nachweislich um die Annullierung der Zustellungen gebeten hat[48]. Für Massenwerbung, die fernmeldetechnisch versendet wird, ist nunmehr auf den neuen **Art. 3 lit. o** zu verweisen.

Die **SLK-Grundsätze** befassen sich mit den aggressiven Verkaufsmethoden lediglich im Zusammenhang mit dem Fernabsatz. **Grundsatz 4.4**[49] hält fest, dass kommerzielle Kommunikationen, die sich mittels persönlicher Adressierung an individuelle Personen richten, im Fernabsatz als Verkaufsmethoden qualifizieren. Inhaltlich folgt der Grundsatz dem **Opt-out-Modell**[50]. Persönlich adressierte Werbung im Fernabsatz gilt danach als aggressiv und damit als unlauter, 16

- wenn der Empfänger im Voraus erklärt hat, keine kommerzielle Kommunikation erhalten zu wollen (z.B. durch Eintrag in der Robinsonliste des Schweizer Direktmarketing Verbandes SDV oder durch Registereintrag mit Sternmarkierung); besteht zwischen Anbieter und Empfänger eine Geschäfts- oder Kundenbeziehung, darf der Anbieter bis auf ausdrücklichen Widerruf das Einverständnis des Abnehmers annehmen,
- wenn der Empfänger nach einer Kontaktnahme erklärt hat, keine kommerzielle Kommunikation mehr erhalten zu wollen (z.B. Refusé per Post, Meldung per E-Mail),
- wenn der Absender Massenwerbung ohne direkten Zusammenhang mit einem angeforderten Inhalt fernmeldetechnisch sendet oder solche Sendungen veranlasst und es dabei unterlässt, vorher die Einwilligung der Kunden einzuholen, den korrekten Absender anzugeben oder auf eine problemlose und kostenlose Ablehnungsmöglichkeit hinzuweisen; wer beim Verkauf von Waren, Werken oder Leistungen Kontaktinformationen von Kunden erhält und dabei auf die Ablehnungsmöglichkeit hinweist, handelt nicht unlauter, wenn er diesen Kunden ohne deren Einwilligung Massenwerbung für eigene ähnliche Waren, Werke oder Leistungen sendet.

In Bezug auf die Werbung mit Rechnungen hält **Grundsatz Nr. 4.6** der Schweizerischen Lauterkeitskommission fest, dass der Gebrauch von Einzahlungskarten, Einzahlungsscheinen oder in sonstiger Weise als Rechnung gestalteten Formularen zu Bestellzwecken unlauter ist, sofern im Text oder in begleitenden Schriftstücken 17

---

[46] BGer sic! 2003, 354, E. 3.4 («Telefaxverzeichnis»); BAUDENBACHER/GLÖCKNER, Kommentar UWG, Art. 3 lit. h N 86 f.
[47] BGer sic! 2003, 354, E. 3.1 («Telefaxverzeichnis»); BGer 6S.677/2001 sic! 2002 697, E. 4.b.ee («Garantieversand»); siehe auch SLK-Tätigkeitsbericht 1999, 19.
[48] SLK-Tätigkeitsbericht 1998, 24 und 2002, 26.
[49] Siehe zur Neufassung dieser Grundsätze: SLK-Tätigkeitsbericht 2002, 26 ff.
[50] SENN, sic! 2003, 288 f. Im Gegensatz dazu gilt im Bereich der fernmeldetechnisch versandten Massenwerbung gemäss Art. 3 lit. o neu das Opt-in-Modell.

nicht unmissverständlich hervorgehoben wird, dass eine blosse Einladung zu einer Bestellung vorliegt. Aus dem Bestellformular hat überdies klar und vollständig hervorzugehen, welche Rechte und Pflichten Anbieter und Abnehmer mit der Bestellung eingehen.

18 In diesem Bereich relevante Selbstregulierungen enthalten auch die **Grundsätze** (Ehrenkodex) des Schweizerischen Direktmarketing Verbands (**SDV**) vom 14. April 2005.

2. Beeinträchtigung der Entscheidungsfreiheit des Kunden

19 Der Tatbestand von Art. 3 lit. h ist nur dann erfüllt, wenn durch die besonders aggressive Verkaufsmethode die Entscheidungsfreiheit des Adressaten beeinträchtigt wird[51]. Aggressive Verkaufsmethoden, die «bloss» die Privatsphäre verletzen, sind von dieser Bestimmung nicht erfasst und fallen allenfalls unter die Generalklausel (dazu Art. 2 N 57 f.)[52]. Die Entscheidungsfreiheit des Kunden ist beeinträchtigt, wenn er seinen **Entscheid** zum Abschluss eines Rechtsgeschäfts **nicht mehr nach sachlich gerechtfertigten Kriterien fällen kann**, sondern von der Gegenseite zum Vertragsabschluss bestimmt wird. Dies ist der Fall, wenn die Verkaufsmethode durch ihre Stärke von vornherein geeignet ist, den normalen kritischen Willen des Adressaten zu überwinden, wobei jeweils der kritische Wille der schwächsten Kategorie von Adressaten ausschlaggebend ist[53]. Der Kunde entscheidet sich mithin für den Abschluss des beworbenen Rechtsgeschäfts, nicht weil er dieses tatsächlich will, sondern weil er sich davon verspricht, sich aus der psychologischen Zwangssituation zu befreien[54]. Als Vergleichsmassstab kann auch die Rechtsprechung zu Art. 28 OR herangezogen werden[55].

20 Entgegen dem durch den Wortlaut vermittelten Eindruck («in seiner Entscheidungsfreiheit beeinträchtigt») genügt es, dass die besonders aggressive Verkaufsmethode zur Beeinträchtigung der Entscheidungsfreiheit des Kunden **geeignet ist**[56]. Nicht vorausgesetzt ist demnach, dass infolge der besonders aggressiven Verkaufsmethode tatsächlich ein Rechtsgeschäft zustande kommt[57]. Die besonders aggressive und

---

[51] BAUDENBACHER/GLÖCKNER, Kommentar UWG, Art. 3 lit. h N 14; PEDRAZZINI/PEDRAZZINI, UWG, N 7.17; UHLMANN/HÄFLIGER, SZW 2003, 241 f.; SLK-Tätigkeitsbericht 1999, 19; Praxis der SLK, sic! 1999, 608, E. II 3.c («Helvetisches Münzkontor, Göde GmbH»).
[52] BAUDENBACHER/GLÖCKNER, Kommentar UWG, Art. 3 lit. h N 15.
[53] PEDRAZZINI/PEDRAZZINI, UWG, N 7.17.
[54] STREULI-YOUSSEF, SIWR V/I, 102.
[55] PEDRAZZINI/PEDRAZZINI, UWG, N 7.15.
[56] BGer sic! 2003, 354, E. 3.1 («Telefaxverzeichnis»); BGer sic! 2002, E. 4.b.cc («Garantieversand»); PEDRAZZINI/PEDRAZZINI, UWG, N 7.18; BAUDENBACHER/GLÖCKNER, Kommentar UWG, Art. 3 lit. h N 38.
[57] BGer sic! 2003, 354, E. 3.1 («Telefaxverzeichnis»); BGer sic! 2002, 697, E. 4.b.cc («Garantieversand»).

zur Beeinträchtigung der Entscheidungsfreiheit des Kunden geeignete Verkaufsmethode ist mithin schon als solche, d. h. unabhängig vom Eintritt eines Erfolgs, unlauter im Sinne von Art. 3 lit. h[58]. Entscheidend ist, dass das Vorgehen an sich dazu geeignet ist, unmittelbar zum Vertragsabschluss zu führen, was auch der Fall sein kann, wenn der Adressat als Offerent auftritt[59].

Der Adressat der Verkaufsmethode muss nicht tatsächlich Kunde des Werbetreibenden sein; es reicht, wenn er **potentiell zum Kundenkreis** gehört[60]. Dabei ist der Begriff Kunde keinesfalls mit (End-)Konsument gleichzusetzen. Vielmehr ist bei sämtlichen Geschäften, bei denen es um den Bezug von Waren, Werken oder Leistungen geht, von einer Kundschaftsbeziehung auszugehen. 21

V. Rechtsfolgen

Die Rechtsfolgen einer Verletzung von Art. 3 lit. h ergeben sich aus Art. 9 ff. und Art. 23. An dieser Stelle sei zudem darauf hingewiesen, dass das UWG die **Auswirkungen auf einen allfällig eingegangen Vertrag** nicht selbst regelt. Art. 20 OR kommt ebenfalls nicht zur Anwendung, da er den Inhalt und nicht das Zustandekommen des Vertrags betrifft. In Frage kommen hingegen Art. 6a OR (Zusendung unbestellter Sachen), Art. 21 OR (Übervorteilung), Art. 28 OR (Täuschung), Art. 29 und 30 OR (Furchterregung) sowie Art. 40a ff. OR (Widerrufsrecht bei Haustürgeschäften und ähnlichen Verträgen), die aber nicht alle von Art. 3 lit. h abgedeckten Sachverhalte erfassen und nicht alle berechtigten Interessen der Kunden zu schützen vermögen[61]. Immerhin gewähren diese Vorschriften dem Betroffenen ein Anfechtungs-, Rücktritts- bzw. Widerrufsrecht, während das UWG diese Rechtsfolgen selbst nicht vorsieht. 22

VI. Verfahrensfragen

Für Verfahrensfragen wird allgemein auf die Kommentierung zu Art. 12–15 verwiesen. Besonders hinzuweisen ist auf **Art. 13a**, der die Möglichkeit einer Beweislastumkehr bezüglich der Richtigkeit von in der Werbung enthaltenen Tatsachenbehauptungen vorsieht. Grundsätzlich findet die Bestimmung bei Verstössen gegen Art. 3 lit. h keine Anwendung, da diese nur Verkaufsmethoden erfasst. Wie ausgeführt, können gewisse Verkaufsmethoden unter Umständen gleichzeitig als Werbung qualifizieren, so dass die Beweislastumkehr greifen kann. Im Einzelnen wird auf die Kommentierung zu Art. 13a verwiesen (N 17). 23

---

[58] BGer sic! 2002, 697, E. 4.b.cc («Garantieversand»).
[59] BGer sic! 2003, 354, E. 3.1 («Telefaxverzeichnis»); BGer 6S.677/2001 sic! 2002, 697, E. 4.b.cc («Garantieversand»).
[60] PEDRAZZINI/PEDRAZZINI, UWG, N 7.05.
[61] STREULI-YOUSSEF, SIWR V/I, 104 ff.

Art. 3 lit. i

Unlautere Werbe- und Verkaufsmethoden und anderes widerrechtliches Verhalten	**Unlauter handelt insbesondere, wer:** i. die Beschaffenheit, die Menge, den Verwendungszweck, den Nutzen oder die Gefährlichkeit von Waren, Werken oder Leistungen verschleiert und dadurch den Kunden täuscht;
Méthodes déloyales de publicité et de vente et autres comportements illicites	Agit de façon déloyale celui qui, notamment: i. trompe la clientèle en faisant illusion sur la qualité, la quantité, les possibilités d'utilisation, l'utilité de marchandises, d'oeuvres ou de prestations ou en taisant les dangers qu'elles présentent;
Metodi sleali di pubblicità e di vendita e altri comportamenti illeciti	Agisce in modo sleale, segnatamente, chiunque: i. inganna la clientela dissimulando la qualità, la quantità, le possibilità d'utilizzazione, l'utilità o la pericolosità di merci, opere o prestazioni;
Unfair Advertising and Sales Methods and Other Unlawful Behaviour	Shall be deemed to have committed an act of unfair competition, anyone who, in particular: i. deceives the customers by concealing the quality, quantity, purpose, benefit or risk of goods, works or services;

Inhaltsübersicht

		Note	Seite
I.	Normzweck	1	443
II.	Entstehungsgeschichte	2	443
III.	Systematik und Verhältnis zu anderen Vorschriften	3	443
IV.	Tatbestandsvoraussetzungen	4	444
	1. Täuschung durch Verschleierung	4	444
	2. Gegenstand der Verschleierung	8	445
	a) Waren, Werke oder Leistungen	8	445
	b) Beschaffenheit von Waren, Werken oder Leistungen	9	445
	c) Menge von Waren, Werken oder Leistungen	10	446
	d) Verwendungszweck von Waren, Werken oder Leistungen	12	446
	e) Nutzen von Waren, Werken oder Leistungen	15	447
	f) Gefährlichkeit von Waren, Werken oder Leistungen	17	448
	3. Täuschung des Kunden	19	448
V.	Rechtsfolgen und Verfahrensfragen	20	448

Literatur

C. BAUDENBACHER (Hrsg.), Lauterkeitsrecht – Kommentar zum Gesetz gegen den unlauteren Wettbewerb (UWG), Basel 2001, Art. 3 lit. i; L. DAVID/R. JACOBS, Wettbewerbsrecht, 4. Aufl,. Bern 2005, N 181–187; M. PEDRAZZINI/F. PEDRAZZINI, Unlauterer Wettbewerb – UWG, 2. Aufl., Bern 2002, N 6.79–6.86; W. SCHLUEP, Die Werbung im revidierten Lauterkeitsrecht, in: C. Baudenbacher (Hrsg.), Das UWG auf neuer Grundlage, Bern 1989, 71 ff.; M. STREULI-

YOUSSEF, Unlautere Werbe- und Verkaufsmethoden (Art. 3 UWG), in: R. von Büren/L. David (Hrsg.), SIWR V/1, 2. Aufl., Basel 1998, 108–110.

I. Normzweck

Art. 3 lit. i richtet sich gegen täuschende Angebotsgestaltungen und Verpackungspraktiken[1]. Die Bestimmung soll die **Angebotstransparenz** und gleichzeitig die Sorgfalt bei der Redaktion von Verkaufsanpreisungen und Produkteinformationen erhöhen[2]. Insgesamt ist der Regelungsgehalt der Bestimmung aber – insbesondere im Verhältnis zu Art. 3 lit. b – wenig transparent, so dass sich ihr Zweck nicht leicht erschliessen lässt[3]. 1

II. Entstehungsgeschichte

Der Tatbestand der Verschleierung hat keine lauterkeitsrechtliche Tradition. Er fand erst mit der Revision des UWG im Jahre **1986** Eingang in das Gesetz[4]. Der Begriff der Verschleierung ist somit historisch wenig geklärt[5]. Die Schwierigkeit, die Tragweite dieses Begriffs zu fassen, zeigt sich unter anderem daran, dass Art. 3 lit. i in der Praxis bislang kaum Bedeutung erlangt hat. 2

III. Systematik und Verhältnis zu anderen Vorschriften

Art. 3 lit. i gehört zur Kategorie der Irreführungstatbestände und ist somit **von Art. 3 lit. b abzugrenzen**[6]. Diese nicht einfach vorzunehmende Abgrenzung ist abhängig vom Verständnis des in Art. 3 lit. b verwendeten Begriffs der Angabe. Die Angabe setzt jedenfalls eine mündliche, schriftliche oder bildliche Äusserung voraus[7]. Insoweit ist allerdings umstritten, ob auch konkludente und unvollständige Angaben, die erst aufgrund ihres Kontextes bzw. aufgrund von zusätzlichen Annahmen auf der Marktgegenseite Fehlvorstellungen hervorrufen, unter Art. 3 lit. b subsumiert werden können (Art. 3 lit. b N 68 ff.). Ein Teil der Lehre fasst den Begriff der Angabe weit[8] und vertritt daher die Ansicht, der gesamte Regelungsgehalt 3

---

[1] Botschaft UWG, 1068.
[2] Botschaft UWG, 1068.
[3] BAUDENBACHER/GLÖCKNER, Kommentar UWG, Art. 3 lit. i N 1.
[4] BAUDENBACHER/GLÖCKNER, Kommentar UWG, Art. 3 lit. i N 24.
[5] BAUDENBACHER/GLÖCKNER, Kommentar UWG, Art. 3 lit. i N 24.
[6] HGer SG v. 25.2.2005 (HG.1999.54 und HG.1999.55), E. 13.2.c; PEDRAZZINI/PEDRAZZINI, UWG, N 6.80.
[7] HGer AG AGVE 1963, 28, 38.
[8] So z.B. SCHMID, Irreführende Werbung, Diessenhofen 1976, 36 Fn. 20.

von Art. 3 lit. i sei bereits von Art. 3 lit. b mit umfasst. Damit stellte Art. 3 lit. i eine **lex specialis** zu Art. 3 lit. b dar, was die Frage aufwirft, ob von Art. 3 lit. i nicht erfasste Fälle noch nach Art. 3 lit. b unlauter sein können oder ob ein qualifiziertes Schweigen gegeben ist. Nach der in diesem Kommentar vertretenen Ansicht ist unter einer **Angabe nur ein Kommunikationsakt** zwischen Werbendem und Adressaten zu verstehen (s. Art. 3 lit. b N 17 ff.), so dass nicht alle unter Art. 3 lit. i zu subsumierenden Fälle auch von Art. 3 lit. b erfasst werden. Insoweit ergänzt dann der Art. 3 lit. i den Art. 3 lit. b im Bereich der Irreführung durch eine reine Tatsachenmanipulation ohne konkludenten Erklärungsinhalt[9]. Zu Überschneidungen und einem Nebeneinander beider Regelungen kommt es dann nur im Bereich der verschleiernden (konkludenten) Angaben[10].

IV. Tatbestandsvoraussetzungen

1. Täuschung durch Verschleierung

4   Art. 3 lit. i setzt voraus, dass der Kunde durch eine Verschleierung der Beschaffenheit, der Menge, des Verwendungszwecks, des Nutzens oder der Gefährlichkeit von Waren, Werken oder Leistungen getäuscht wird. Eine Verschleierung alleine reicht nicht. Das Tatbestandselement der Täuschung dient somit der Abgrenzung des unlauteren vom lauteren Verhalten[11]. Wegen der Notwendigkeit einer Täuschung gehört Art. 3 lit. i in die Kategorie der Irreführungstatbestände[12]. Dabei muss die Täuschung noch nicht tatsächlich eingetreten sein. Der Tatbestand ist bereits bei einer **Gefahr der Täuschung** erfüllt[13]. Der – oftmals nur schwierig zu erbringende – Nachweis einer tatsächlich eingetretenen Täuschung muss also auch unter Art. 3 lit. i nicht erbracht werden.

5   **Verschleiern bedeutet**, dass der Anbieter durch besondere Massnahmen ein in Tat und Wahrheit bestehendes Gefälle zwischen der tatsächlichen und der scheinbaren Leistung verdeckt[14]. Erfasst wird nicht das eigentliche Schaffen der Disparität, sondern erst die Ergreifung zusätzlicher Massnahmen zu ihrer Verdeckung. Beispielsweise kann es zum Schutz des verkauften Produktes gerechtfertigt – oder zumindest nicht ungerechtfertigt – sein, eine überdimensionale Verpackung zu verwenden. Erkennt der Käufer dennoch zweifelsfrei, welche Menge des Produktes

---

[9] DAVID/JACOBS, Wettbewerbsrecht, N 185; BAUDENBACHER/GLÖCKNER, Kommentar UWG, Art. 3 lit. i N 12.
[10] Für eine gleichzeitige Anwendung von Art. 3 lit. b und lit. i, siehe BGer sic! 2009, 46, E. 4–5 («Amt für das Handelsregister»).
[11] Botschaft UWG, 1068; krit. BAUDENBACHER/GLÖCKNER, Kommentar UWG, Art. 3 lit. i N 16.
[12] PEDRAZZINI/PEDRAZZINI, UWG, N 6.80.
[13] PEDRAZZINI/PEDRAZZINI, UWG, N 6.84.
[14] HGer SG v. 25.2.2005 (HG.1999.54 und HG.1999.55), E. 13.2.c; PEDRAZZINI/PEDRAZZINI, UWG, N 6.82.

er erhält, besteht keine Verschleierung. Kann er dies jedoch nicht erkennen, ist die Verschleierung gegeben[15].

Die Verschleierung kann in **mannigfaltiger Art und Weise** erfolgen, etwa durch das Unterlassen von Angaben oder durch die Gestaltung der Verpackung (z.B. Mogelpackungen)[16]. Dabei können an sich korrekte Angaben die Täuschung und damit die Unlauterkeit nicht verhindern, wenn beim Kunden dennoch falsche Vorstellungen über den Inhalt, die Qualität etc. der Waren, Werke oder Leistungen ausgelöst werden[17]. Insgesamt sind die Anforderungen an die Korrektheit der Aussage aber niedriger als etwa bei der vergleichenden Werbung: es ist ausreichend, wenn eine Angabe die Sachlage grundsätzlich korrekt wiedergibt, auch wenn nicht auf sämtliche Eventualitäten hingewiesen wird[18]. 6

Wenig geklärt ist die Frage, welche Elemente in der Praxis zur Verschleierung hinzutreten müssen, damit diese **täuschend** ist, ist die Verschleierung doch gerade auf die Täuschung angelegt. Wie ausgeführt, ist der tatsächliche Eintritt der Täuschung nicht vorausgesetzt. Letztlich kann somit einzig verlangt sein, dass die Verschleierung geeignet ist, den Kunden zu täuschen[19]. Daraus folgt umgekehrt, dass an die Verschleierung an sich keine sehr hohen Anforderungen gestellt werden können, insbesondere nicht an die Eignung zur Täuschung. 7

2. Gegenstand der Verschleierung

a) Waren, Werke oder Leistungen

Für den Begriff der Waren, Werke oder Leistungen wird auf die Kommentierung zu Art. 3 lit. b N 32 ff. verwiesen. Letztlich umfassen die drei Begriffe die gesamte Angebotspalette, die in der Wirtschaft üblich ist. 8

b) Beschaffenheit von Waren, Werken oder Leistungen

Unter den Begriff der Beschaffenheit sind die **Qualität**, aber auch die **Abmessungen** der angebotenen Waren, Werke oder Leistungen zu fassen (siehe zum Begriff der Beschaffenheit auch die Kommentierung zu Art. 3 lit. b N 33. Die Täu- 9

---

[15] Siehe z.B. zur Verschleierung der Beschaffenheit einer Dienstleistung: BGer sic! 2009, 46, E. 5 («Amt für das Handelsregister»).
[16] HGer SG v. 25.2.2005 (HG.1999.54 und HG.1999.55), E. 13.2.c; Botschaft UWG, 1068; PEDRAZZINI/PEDRAZZINI, UWG, N 6.82.
[17] Botschaft UWG, 1068.
[18] BezGer ZH sic! 2003, 624, E. 4.3.2 («Spamming»).
[19] In BGer sic! 2009, 46, E. 5 («Amt für das Handelsregister») differenzierte das Bundesgericht nicht im Einzelnen zwischen Verschleierung und Täuschung.

schung des Kunden kann durch Mogelpackungen erfolgen, etwa wenn Packungen mehrere Bestandteile unterschiedlicher Qualität enthalten, aber nur den qualitativ besten Bestandteil zeigen oder diesen besonders hervorheben[20]. Relevant kann aber auch die blosse Täuschung über die Abmessungen eines Produkts sein, wenn diese für den Kaufentscheid massgeblich sind, obwohl eine Täuschung über Qualität oder Menge im eigentlichen Sinn nicht vorliegt. Schliesslich kann unter den Begriff der Beschaffenheit auch die Kompatibilität mit anderen Produkten fallen.

c) Menge von Waren, Werken oder Leistungen

10 Über die Menge täuscht, wer seine Waren, Werke oder Leistungen in einer Art und Weise ausgestaltet oder anpreist, dass der Kunde meint, eine grössere Menge zu erhalten, als dies tatsächlich der Fall ist. Das prominenteste Beispiel dafür ist sicherlich die **Mogelpackung**, bei der die Gestaltung der Packung einen grösseren als den tatsächlichen Inhalt vortäuscht. Es sind aber auch andere Konstellationen denkbar, etwa wenn in der Anpreisung unübliche Mengenangaben verwendet werden, die beim Kunden – unter Umständen im Zusammenspiel mit der Gestaltung der Verpackung etc. – falsche Vorstellungen über die Menge auslösen[21].

11 Eine Verschleierung der Menge im Sinne von Art. 3 lit. i kann auch vorliegen, wenn durch die **Gestaltung von Bestellformularen** über die tatsächlich abzunehmende Menge im Falle einer Bestellung getäuscht wird[22]. Allerdings wird in diesen Fällen regelmässig auch Art. 3 lit. b erfüllt sein, da hier bereits in der Schaffung des Gefälles zwischen erwartetem und tatsächlichem Preis, und nicht erst in dessen Verschleierung, eine Täuschung liegt.

d) Verwendungszweck von Waren, Werken oder Leistungen

12 Eine relevante Verschleierung des Verwendungszwecks liegt dann vor, wenn keine (einschränkenden oder präzisierenden) Angaben über die Möglichkeiten der Verwendung des angebotenen Produkts gemacht werden, der Kunde aufgrund der Umstände aber davon ausgehen darf, dass eine **bestimmte Verwendung möglich** ist[23]. Allfällige Hinweise auf fehlende Verwendungsmöglichkeiten müssen

---

[20] BAUDENBACHER/GLÖCKNER, Kommentar UWG, Art. 3 lit. i N 17.
[21] So bereitet etwa vielen Leuten der Vergleich von Mengenangaben mit verschiedenen Einheiten erfahrungsgemäss Mühe. Beispielsweise könnten vermutlich viele Konsumenten nicht mit letzter Sicherheit sagen, ob ein Angebot mit einer Mengenangabe von 105 cm³ mehr oder weniger des angebotenen Produktes als das Konkurrenzangebot mit einer Mengenangabe von 1 Liter enthält.
[22] HGer SG v. 25.2.2005 (HG.1999.54 und HG.1999.55), E. 13.2.c.
[23] Z.B. Bewerbung von Modems ohne Hinweis auf eine fehlende bundesrechtliche Bewilligung: BezGer Uster SMI 1996, 160, E. 2.a.bb («Modem»). Siehe auch KGer ZG SMI 1990, 202, E. 4 und 5 («Sauce für Spaghetti Bolognese»).

für den Abnehmer klar ersichtlich sein[24]. Da die Verwendungsmöglichkeiten eng mit der Beschaffenheit eines Produkts zusammenhängen, wird es in der Praxis regelmässig zu Überschneidungen mit dem ersten Teiltatbestand kommen.

Die Anwendung von Art. 3 lit. i setzt **nicht voraus, dass ein Rechtsgeschäft** abgeschlossen wird. Ist dies der Fall, so kann der durch eine Verschleierung des Verwendungszwecks getäuschte Kunde in der Regel Gewährleistungsansprüche geltend machen, wenn der Verwendungszweck des gekauften Produkts nicht den geweckten Erwartungen entspricht[25]. 13

Entgegen der Meinung von BAUDENBACHER/GLÖCKNER[26] erscheint der Sinn der Vorschrift weder per se fraglich noch alleine auf die Verschleierung der mangelnden Verwendbarkeit beschränkt. Vielmehr sind **sämtliche Verschleierungen** des Verwendungszwecks relevant, die zu einer Täuschung des Kunden führen. Dabei ist zu beachten, dass nicht nur die Kunden, sondern auch die Konkurrenten klageberechtigt sind, so dass auch dieser Teilbestimmung eine wichtige Kontrollfunktion zukommt. 14

e) **Nutzen von Waren, Werken oder Leistungen**

Auf den ersten Blick erscheint es wenig einleuchtend, warum ein Wettbewerber den Nutzen seiner Produkte, verstanden als die Gesamtheit der positiven Eigenschaften derselben, sollte verschleiern wollen. Entgegen den Ausführungen von BAUDENBACHER/GLÖCKNER[27] sind aber sehr wohl **Konstellationen denkbar**, in denen dies der Fall ist. Zu denken ist in erster Linie an Fälle, in denen der (wahre) Nutzen eines Produkts absichtlich verschleiert wird, um den Kunden in der (möglicherweise durch andere Umstände begründeten) falschen Vorstellung eines anderen, grösseren Nutzens zu belassen. Ein solches Vorgehen kann zu einer Täuschung des Kunden führen. 15

Die in der Literatur vertretene Ausweitung des Tatbestandes auf die **Vorspiegelung nicht vorhandener Zusatznutzen** erscheint angesichts des möglichen Rückgriffs auf Art. 3 lit. b weder notwendig noch sinnvoll[28]. Im Hinblick auf die strafrechtliche Relevanz von Art. 3 lit. i wäre eine solche Ausdehnung auch kaum zulässig. 16

---

[24] BezGer Uster SMI 1996, 160, E. 2.a.cc und 2.a.dd («Modem»).
[25] BAUDENBACHER/GLÖCKNER, Kommentar UWG, Art. 3 lit. i N 18.
[26] BAUDENBACHER/GLÖCKNER, Kommentar UWG, Art. 3 lit. i N 18 f.
[27] BAUDENBACHER/GLÖCKNER, Kommentar UWG, Art. 3 lit. i N 20.
[28] Anders BAUDENBACHER/GLÖCKNER, Kommentar UWG, Art. 3 lit. i N 22.

f) Gefährlichkeit von Waren, Werken oder Leistungen

17 Die Unlauterkeit der Verschleierung der Gefährlichkeit von Waren, Werken oder Leistungen führt zu einer **Informationspflicht** seitens des Werbetreibenden[29]. Der Informationsstand der Abnehmer soll im sicherheitssensiblen Bereich unabhängig von den Werbeangaben auf einen bestimmten Mindeststandard gebracht werden, so dass Art. 3 lit. i in diesem Bereich ähnliche Vorschriften, etwa des Lebensmittelrechts, ergänzt[30].

18 **Gefährlichkeit** bedeutet mehr als eine bloss unbedeutende Schädigung: obligatorisch sind Angaben, deren Unterlassung im Fall einer Verletzung von Körper, Gesundheit oder anderen Rechtsgütern die zivilrechtliche Haftpflicht begründen[31]. Das Bezirksgericht Zürich führte in seinem Spamming-Entscheid aus, dass bei überwiegend, aber nicht ausschliesslich negativen Reaktionen auf Werbe-E-Mails nicht von Gefährlichkeit im Sinne von Art. 3 lit. i gesprochen werden könne[32].

3. Täuschung des Kunden

19 Der Anwendungsbereich des Art. 3 lit. i ist dadurch begrenzt, dass **ausschliesslich** die Täuschung des **Kunden** unlauter ist. Der Getäuschte muss demzufolge tatsächlicher oder zumindest potentieller Abnehmer der Waren, Werke oder Leistungen sein, deren Beschaffenheit, Menge, Verwendungszweck, Nutzen oder Gefährlichkeit verschleiert wird. Kunde ist nicht mit (End-)Konsument gleichzusetzen. Vielmehr ist bei sämtlichen Geschäften, bei denen es um den Bezug von Waren, Werken oder Leistungen geht, von einer Kundschaftsbeziehung auszugehen. Dies bedeutet, dass die Kunden im Sinne von Art. 3 lit. i oft «produktemündig» sind und über besondere Fachkenntnisse verfügen[33]. Solches Fachwissen ist bei der Beurteilung der Frage, ob eine Täuschung des Kunden vorliegt, zu berücksichtigen[34].

V. Rechtsfolgen und Verfahrensfragen

20 Die Rechtsfolgen eines Verstosses gegen Art. 3 lit. i ergeben sich aus Art. 9 ff. und Art. 23. Da die Verschleierung keine Tatsachenbehauptung i.S.v. Art. 13a darstellt, können sich Beweiserleichterungen für den Kläger allenfalls nach allgemeinen Grundsätzen ergeben.

---

[29] BAUDENBACHER/GLÖCKNER, Kommentar UWG, Art. 3 lit. i N 8.
[30] BAUDENBACHER/GLÖCKNER, Kommentar UWG, Art. 3 lit. i N 8.
[31] BAUDENBACHER/GLÖCKNER, Kommentar UWG, Art. 3 lit. i N 9.
[32] BezGer ZH sic! 2003, 624, E. 4.3.2 («Spamming»).
[33] BGer sic! 1999, 167, E. 7 («Sikkens»).
[34] Implizit BGer sic! 1999, 167, E. 7 («Sikkens»); AppGer BE sic! 1998, 208 f., E. 3 («Alzheimermedikament»).

Art. 3 lit. k–n

Unlautere Werbe- und Verkaufsmethoden und anderes widerrechtliches Verhalten

Unlauter handelt insbesondere, wer:

k. es bei öffentlichen Auskündigungen über einen Konsumkredit unterlässt, seine Firma eindeutig zu bezeichnen oder den Nettobetrag des Kredits, die Gesamtkosten des Kredits und den effektiven Jahreszins deutlich anzugeben;

l. es bei öffentlichen Auskündigungen über einen Konsumkredit zur Finanzierung von Waren oder Dienstleistungen unterlässt, seine Firma eindeutig zu bezeichnen oder den Barzahlungspreis, den Preis, der im Rahmen des Kreditvertrags zu bezahlen ist, und den effektiven Jahreszins deutlich anzugeben;

m. im Rahmen einer geschäftlichen Tätigkeit einen Konsumkreditvertrag oder einen Vorauszahlungskauf anbietet oder abschliesst und dabei Vertragsformulare verwendet, die unvollständige oder unrichtige Angaben über den Gegenstand des Vertrags, den Preis, die Zahlungsbedingungen, die Vertragsdauer, das Widerrufs- oder Kündigungsrecht des Kunden oder über sein Recht zu vorzeitiger Bezahlung der Restschuld enthalten;

n. es bei öffentlichen Auskündigungen über einen Konsumkredit (Bst. k) oder über einen Konsumkredit zur Finanzierung von Waren oder Dienstleistungen (Bst. l) unterlässt, darauf hinzuweisen, dass die Kreditvergabe verboten ist, falls sie zur Überschuldung der Konsumentin oder des Konsumenten führt;

Méthodes déloyales de publicité et de vente et autres comportements illicites

Agit de façon déloyale celui qui, notamment:

k. omet, dans des annonces publiques en matière de crédit à la consommation, de désigner nettement sa raison de commerce, ou de donner des indications claires sur le montant net du crédit, le coût total du crédit et le taux annuel effectif global;

l. omet, dans des annonces publiques en matière de crédit à la consommation portant sur des marchandises ou des services, de désigner nettement sa raison de commerce, ou de donner des indications claires sur le prix de vente au comptant, le prix de vente résultant du contrat de crédit et le taux annuel effectif global;

m. offre ou conclut, dans le cadre d'une activité professionnelle, un contrat de crédit à la consommation ou une vente avec paiements préalables en utilisant des formules de contrat qui contiennent des indications incomplètes ou inexactes sur l'objet du contrat, le prix, les conditions de paiement, la durée du contrat, le droit de révocation ou de dénonciation du client ou sur le droit qu'a celui-ci de payer le solde par anticipation;

n. omet dans des annonces publiques en matière de crédit à la consommation (let. k) ou en matière de crédit à la consommation portant sur des marchandises ou des services (let. l) de signaler que l'octroi d'un crédit est interdit s'il occasionne le surendettement du consommateur;

Metodi sleali di pubblicità e di vendita e altri comportamenti illeciti	Agisce in modo sleale, segnatamente, chiunque: k. omette, in pubblici annunci concernenti il credito al consumo, di designare inequivocabilmente la propria ditta o di indicare chiaramente l'ammontare netto del credito, il costo totale del credito e il tasso annuo effettivo; l. omette, in pubblici annunci concernenti il credito al consumo volto a finanziare beni o servizi, di designare inequivocabilmente la propria ditta o di indicare chiaramente il prezzo in contanti, il prezzo previsto dal contratto di credito e il tasso annuo effettivo; m. offre o conclude, nell'ambito di un'attività d'affari, un contratto di credito al consumo o una vendita a rate anticipate, utilizzando moduli contrattuali che contengono indicazioni incomplete o inesatte sull'oggetto del contratto, il prezzo, le condizioni di pagamento, la durata del contratto, il diritto di revoca o di disdetta del cliente o sul diritto di costui al pagamento anticipato del debito residuo; n. omette, in pubblici annunci concernenti un credito al consumo (lett. k) o un credito al consumo volto a finanziare beni e servizi (lett. l), di segnalare che la concessione del credito al consumo è vietata se causa un eccessivo indebitamento del consumatore;
Unfair Advertising and Sales Methods and Other Unlawful Behaviour	Shall be deemed to have committed an act of unfair competition, anyone who, in particular: k. omits in public advertising in respect of a consumer loan to clearly state his company name or the net amount of the loan, to give clear information on the total cost of the loan and the effective annual interest; l. omits in public advertising in respect of a consumer loan for the financing of goods or services to clearly state his company name or to give clear information on the cash purchase price, the price payable under the loan contract, and the effective annual interest; m. offers or concludes, within the framework of the commercial activities, a consumer loan contract or a prepayment contract using contractual forms containing incomplete or incorrect statements as to the object of the contract, the price, the conditions of payment, the duration of the contract, the customer's right to revoke or terminate the contract or his right of premature payment of the balance due. n. omits in public advertising in respect of a consumer loan (*litera* k) or a consumer loan for the financing of goods or services (*litera* l) to allude to the fact that the grant of loans is prohibited if it leads to over-indebtedness of the consumer;

Inhaltsübersicht

	Note	Seite
I. Zweck der Normen	1	453
II. Entstehungsgeschichte	3	454
III. Systematik und Verhältnis zu anderen Vorschriften	9	456
1. Systematik	9	456
2. Verhältnis zu anderen Vorschriften	11	457

				Note	Seite
	a)	Verhältnis zu anderen Vorschriften des UWG		11	457
		aa)	Art. 2	11	457
		bb)	Art. 3 lit. b	12	457
		cc)	Art. 4 lit. d	13	457
		dd)	Art. 8	14	458
		ee)	Preisbekanntgabevorschriften	15	458
	b)	Verhältnis zu Vorschriften ausserhalb des UWG		16	459
		aa)	KKG	16	459
		bb)	Vorauszahlungsvertragsrecht (Art. 227a ff. OR)	17	459
		cc)	Firmengebrauchspflicht (Art. 954a OR; Art. 326ter StGB)	18	459
		dd)	Kantonales öffentliches Recht	20	460
		ee)	Art. 157 StGB (Wucher)	21	461
IV.	Tatbestandsvoraussetzungen			22	461
1.	Grundvoraussetzung: Konsumkreditvertrag bzw. Vorauszahlungsvertrag			22	461
	a)	Einleitung		22	461
	b)	Konsumkreditvertrag		23	461
		aa)	(Teil)Autonome Begriffsbestimmung?	23	461
		bb)	Arten von Konsumkrediten	27	463
		cc)	Anwendbarkeit von Art. 3 lit. k–n auf sämtliche Konsumkreditverträge?	36	467
	c)	Vorauszahlungskauf		40	468
2.	Inhaltliche Vorgaben für öffentliche Auskündigungen über Konsumkredite			41	469
	a)	Einleitung		41	469
	b)	Öffentliche Auskündigung, welche sich an Konsumenten richtet		45	470
	c)	Angaben bei Barkrediten i.S. des KKG		50	473
		aa)	Eindeutige Bezeichnung der Firma	50	473
		bb)	Angabe über bestimmte Vergleichsgrössen	55	475
		cc)	Warnklausel	58	476
	d)	Angaben bei Waren- und Dienstleistungskrediten (Finanzierungskrediten)		63	478
		aa)	Eindeutige Bezeichnung der Firma	63	478
		bb)	Angabe über bestimmte Vergleichsgrössen	64	478
		cc)	Warnklausel	66	479
	e)	Angaben bei Leasingverträgen und Überziehungskrediten i.S.v. Art. 1 Abs. 2 KKG		67	479
		aa)	Vorbemerkung	67	479
		bb)	Eindeutige Bezeichnung der Firma	69	480
		cc)	Angabe über bestimmte Vergleichsgrössen	70	480
			aaa) Leasingverträge	70	480
			bbb) Überziehungskredite	71	481
		dd)	Warnklausel	72	482

		Note	Seite
3.	Vorgaben hinsichtlich der Verwendung von Vertragsformularen	73	482
a)	Einleitung	73	482
b)	Verwendung eines Vertragsformulars	76	483
c)	Verwendung zum Angebot oder Abschluss eines Konsumkreditvertrages oder Vorauszahlungskaufs	79	484
d)	Verwendung im Rahmen einer geschäftlichen Tätigkeit	80	484
e)	Unvollständige oder unrichtige Angaben	82	485
aa)	Aufzuführende Angaben	82	485
bb)	Unvollständigkeit der Angaben	85	486
cc)	Unrichtigkeit der Angaben	86	486
V.	Rechtfertigung und Einwendungen des Verletzers	88	487
VI.	Rechtsfolgen	89	487
VII.	Verfahrensfragen	93	489

Literatur

P. J. ABBT, Konsumentenschutz und Wettbewerb – Ein Spannungsverhältnis, Zürich 1994; C. BAUDENBACHER (Hrsg.), Lauterkeitsrecht – Kommentar zum Gesetz gegen den unlauteren Wettbewerb (UWG), Basel 2001, Art. 3 lit. k–m; A. BRUNNER, KKG 1–42, in: M. Amstutz et. al. (Hrsg.), Handkommentar zum Schweizerischen Privatrecht, Zürich 2007; R. VON BÜREN/ E. MARBACH/P. DUCREY, Immaterialgüter- und Wettbewerbsrecht, 3. Aufl., Bern 2008, N 1190 ff.; L. DAVID, Werbung für Konsumkredite, in: M. Hess/R. Simmen (Hrsg.), Das neue Konsumkreditgesetz (KKG), Zürich/Basel/Genf 2002, 171 ff.; L. DAVID/R. JACOBS, Schweizerisches Wettbewerbsrecht, 4. Aufl., Bern 2005, N 190, 621 ff.; L. DAVID/ M. REUTTER, Schweizerisches Werberecht, 2. Aufl., Zürich 2001, 339 ff.; L. FERRARI HOFER/ D. VASELLA, Kommentar zu Art. 2–8 UWG, in: M. Amstutz et. al. (Hrsg.), Handkommentar zum Schweizerischen Privatrecht, Zürich 2007, Art. 3 N 106 ff.; H. GIGER, Der Konsumkredit, in: H. Hausheer/H. P. Walter (Hrsg.), Berner Kommentar, Kommentar zum schweizerischen Privatrecht, Band VI Obligationenrecht, 2. Abteilung: Die einzelnen Vertragsverhältnisse, 1. Teilband, 1. Unterteilband, Bern 2007, insbes. Teil II N 803 ff.; M. KOLLER-TUMLER, Konsumkreditverträge nach revidiertem KKG – eine Einführung, in: A. Brunner/M. Rehbinder/ B. Stauder (Hrsg.), Jahrbuch des Schweizerischen Konsumentenrechts 2002, Bern 2003, 3 ff.; P. KRUMMENACHER, Konsumentenleasing, Zur Anwendbarkeit des Konsumkreditgesetzes und zwingender Bestimmungen des Mietrechts auf Konsumentenleasingverträge, Zürich/Basel/Genf 2007; D. LINDER, Das UWG als Ansatz des Konsumentenschutzes – Instrumentalisierung des Lauterkeitsrechts im Hinblick auf den Schutz von Konsumenteninteressen?, Zürich 1994; M. PEDRAZZINI/F. PEDRAZZINI, Unlauterer Wettbewerb, UWG, 2. Aufl., Bern 2002, N 6.88 ff.; S. PUGATSCH, Werberecht für die Praxis, 3. Aufl., Zürich 2007, 165 f.; F. SCHÖBI, Das Bundesgesetz vom 23. März 2001 über den Konsumkredit im Überblick, in: M. Hess/R. Simmen (Hrsg.), Das neue Konsumkreditgesetz (KKG), Zürich/Basel/Genf 2002, 7 ff.; M. SCHWENNINGER, Werbe- und Verkaufsmethoden, in: T. Geiser/P. Krauskopf/P. Münch (Hrsg.), Schweizerisches und Europäisches Wettbewerbsrecht, Basel 2005, 185 ff. N 5.81; B. STAUDER (Hrsg.), Konsumkreditrecht, in: E. A. Kramer (Hrsg.), Konsumentenschutz im Privatrecht, SPR X, Basel 2008, 217 ff.; M. STREULI-YOUSSEF, Unlautere Werbe- und Verkaufsmethoden (Art. 3 UWG), in: R. von Büren/L. David (Hrsg.), SIWR V/1, 2. Aufl., Basel 1998, 110 ff.; A. TROLLER, Immaterialgüterrecht, Bd. II, 3. Aufl., Basel/Frankfurt a.M. 1985, 947 f.

I. Zweck der Normen

Zweck der Art. 3 lit. k–n ist es primär, die Konsumenten vor einem allfälligen Vertragsschluss über die **wesentlichen Gesichtspunkte** des **Konsumkreditvertrages** bzw. des **Vorauszahlungsvertrages zu informieren**[1]. Während sich die Art. 3 lit. k, l und n[2] auf die «**tatsächlichen Gesichtspunkte**» beziehen, nimmt Art. 3 lit. m auch auf die «**rechtlichen Gesichtspunkte**» (z.B. auf das Bestehen eines Widerrufrechtes) Bezug. Durch die Offenlegung dieser Gesichtspunkte soll die Grundlage dafür geschaffen werden, dass die betroffenen Konsumenten eine bewusste und rationale Entscheidung über das Eingehen eines Konsumkreditvertrages bzw. eines Vorauszahlungsvertrages zu treffen vermögen und insbesondere nicht «in den Bann einer Konsumkreditwerbung gezogen ... werden, welche lediglich die Vorteile von Kleinkrediten betont, ohne die Kosten zu erwähnen, welche dem Kreditnehmer daraus entstehen»[3]. Die vorgeschriebenen Angaben über die wesentlichen Eigenschaften des Vertrages sollen aber nicht nur der **Konsumenteninformation**[4] dienen, mithin die Konsumenten vor Irreführung und Täuschung schützen[5], sondern haben auch zum Ziel, die **Markttransparenz** zu gewährleisten und dadurch den Wettbewerb zu stärken[6]. Inwieweit die Art. 3 lit. k–n tatsächlich zur Verfolgung dieser Anliegen beitragen, ist jedoch fraglich[7].

1

Durch die **Statuierung** der **inhaltlichen Vorgaben im UWG** erhoffte sich der Gesetzgeber, die Konsumenten «indirekt» vor der Missachtung dieser Vorgaben schützen zu können: Indem der kreditgebenden Konkurrenz die Möglichkeit eröffnet wurde, gegen reisserische Methoden eines Konkurrenten mit den Mitteln des UWG (Mitbewerberklage i.S. von Art. 9 Abs. 1) vorzugehen, sollten die

2

---

[1] PUGATSCH, Werberecht, 166, spricht von einer «Spezifizierungspflicht», welche Anbieter von Konsumkrediten und Vorauszahlungsverträgen treffe. Kritisch zum Bedeutungszuwachs des Konsumentenschutzes im UWG P. JUNG, Tendenzen im Recht gegen den unlauteren Wettbewerb, in: R. T. Trindade/H. Peter/C. Bovet (Hrsg.), Economie Environnement Ethique, Liber Amicorum Anne Petitpierre-Sauvain, Genf 2009, 201 ff.
[2] Entgegen seinem Wortlaut, bezieht sich auch Art. 3 lit. n auf die tatsächlichen Gesichtspunkte des Konsumkreditvertrages, ist es doch Zweck dieser Norm, aufzuzeigen, dass die Inanspruchnahme von Konsumkrediten zur Überschuldung des Konsumenten führen kann, vgl. N 58 ff.
[3] So BGE 120 IV 287, 295 (Übersetzung gemäss Pra 84, Nr. 177, 571).
[4] Siehe allgemein zur Bedeutung der Konsumenteninformation S. VIGNERON-MAGGIO-APRILE, L'information des consommateurs en droit européen et en droit suisse de la consommation, Genf/Zürich/Basel 2006, 5 ff.
[5] Vgl. BGer 4A_467/2007 und 4A_469/2007, sic! 2008, 454, E. 4.1 («IWC/WMC»).
[6] B. STAUDER, Das Bundesgesetz über den Konsumkredit, AJP 1994, 675 ff., 682.
[7] So wird Markttransparenz durch die Art. 3 lit. k–n nur in bescheidenem Umfang erreicht, siehe N 56; zudem ist fraglich, inwieweit sich Konsumenten bei der Entscheidung über die Eingehung eines Vertrages überhaupt von rationalen Informationen leiten lassen, vgl. hierzu S. VIGNERON-MAGGIO-APRILE, L'information des consommateurs en droit européen et en droit suisse de la consommation, Genf/Zürich/Basel 2006, 500 ff. m.w.Nw.

Konsumenten ohne eigenes Zutun hiervor geschützt werden[8]. Auch Verbandsklagen im Sinne von Art. 10 Abs. 2 lit. a und b wären denkbar. Die Hoffnung des Gesetzgebers auf «indirekten» Schutz der Konsumenten hat sich jedoch als Trugschluss erwiesen[9]. Allgemein ist festzustellen, dass die **Bedeutung** der **Art. 3 lit. k–n** in der **Praxis** bescheiden ist. Die Bestimmungen in Art. 3 lit. k–n weisen eine stark präventive Stossrichtung auf.[10]

II. Entstehungsgeschichte

3   **Seit 1963** enthielt das aUWG Bestimmungen über den unlauteren Wettbewerb im Bereich von Abzahlungs- und Vorauszahlungsverträgen[11]. Ein Missbrauch des Wettbewerbs ergab sich nach Art. 1 Abs. 2 lit. i und lit. k aUWG insbesondere bei verschleierter Werbung mit unklaren Angaben über die Vertragsbedingungen sowie bei Anstiftung zu missbräuchlicher Ausübung des Widerrufs- oder Kündigungsrechts. Zur Bekämpfung der überhitzten Konjunktur erliess der Bundesrat darüber hinaus **Werbebeschränkungen für Konsumkredite**, welche befristet vom 5. Januar 1973 bis zum 31. Dezember 1975 in Kraft waren[12].

4   **1978** legte der Bundesrat den eidgenössischen Räten einen Entwurf betreffend ein Konsumkreditgesetz vor, welcher jedoch in der Schlussabstimmung vom 4. Dezember 1986 verworfen wurde[13]. Der Entwurf sah vor, die oben genannten Bestimmungen des aUWG an das geplante Konsumkreditgesetz anzupassen. Primär sollten die Werbebestimmungen auf den Bereich der Kleinkredite ausgedehnt werden; aber auch eine strengere Beschränkung der Kreditwerbung war vorgesehen[14]. Gleichzeitig zu den sich in die Länge ziehenden parlamentarischen Beratungen über das Konsumkreditgesetz erfolgte **1986** die **Totalrevision des**

---

[8]   So die Botschaft des Bundesrats vom 26. Januar 1960 betreffend den Entwurf zu einem Bundesgesetz über den Abzahlungs- und Vorauszahlungsvertrag, BBl 1960 I 523 ff., 586.

[9]   So DAVID, Werbung, 184, mit dem Hinweis, es sei nur ein Fall (BGE 95 IV 101) bekannt geworden, in welchem ein Konkurrent seinen Mitbewerber wegen Umgehung der lauterkeitsrechtlichen Bestimmungen verzeigt habe. Bei dem BGE 120 IV 187 («Prokredit») zu Grunde liegenden Fall haben die Konsumentenorganisationen «Fédération romande des consommatrices» und «Fédération suisse des consommateurs» Strafantrag gestellt.

[10]   Dies betonen etwa auch PEDRAZZINI/PEDRAZZINI, UWG, N 6.101.

[11]   Eingefügt durch das BG vom 23. März 1962, in Kraft getreten am 1. Januar 1963 (AS 1962, 1047, 1056).

[12]   Art. 1 lit. a–c der Verordnung über die Kleinkredit- und Abzahlungsgeschäfte vom 10.1.1973 (SR 951.911; AS 1973, 88; AS 1975, 2420). Die Verordnung sah u.a. vor, dass weder im Fernsehen noch mittels öffentlicher Plakate geworben werden durfte.

[13]   Vgl. Amtl. Bull. StR 1986, 700.

[14]   Botschaft des Bundesrates an die Bundesversammlung betreffend den Entwurf zu einem Bundesgesetz über den Konsumkredit vom 12. Juni 1978, BBl 1978 II, 485 ff., 603 f.

Lauterkeitsrechts. Im Rahmen dieser Totalrevision entschloss sich der Gesetzgeber, die im Entwurf zum Konsumkreditgesetz vorgesehenen Änderungen des aUWG in die **Art. 3 lit. k–n** zu überführen. Dieser Entschluss beruhte auf der Erwartung, dass das Konsumkreditgesetz von den eidgenössischen Räten angenommen werden würde und sich eine Anpassung der im Lauterkeitsrecht enthaltenen Werbebestimmungen an das Konsumkreditgesetz daher als notwendig erweisen würde. Trotz Verwerfung des Konsumkreditgesetzes, fanden die Art. 3 lit. k–n Eingang in das totalrevidierte UWG. Zudem wurde mit **Art. 3 lit. m** eine Norm betreffend die Verwendung von Vertragsformularen geschaffen, welche vom Nationalrat schon im Rahmen der Beratungen zum Konsumkreditgesetz vorgeschlagen worden war[15].

Am 1. April **1994** trat dann doch noch ein Bundesgesetz über den Konsumkredit in Kraft (**aKKG**)[16]. Im Rahmen dieser Novelle wurden an den Art. 3 lit. k–m **Änderungen** vornehmlich **redaktioneller Art** vorgenommen und wurde zudem ein «offensichtlicher gesetzgeberischer Fehler»[17] berichtigt.

Letztmals wurden die Art. 3 lit. k–m anlässlich der **Totalrevision** des **KKG**, welche am 1. Januar **2003** in Kraft trat[18], redaktionell angepasst. Zudem wurde das KKG mit einer Bestimmung versehen, die festhält, dass sich die Werbung für Konsumkredite nach den Bestimmungen des UWG richte (**Art. 36 KKG**). Überdies wurde mit **Art. 3 lit. n** eine neue, von den eidgenössischen Räten (von der Minderheit der vorberatenden Nationalratskommission) initierte und ausgearbeitete Bestimmung in das UWG eingeführt, gemäss welcher öffentliche Auskündigungen mit dem Hinweis versehen sein müssen, dass die Kreditvergabe verboten ist, wenn sie zur Überschuldung der Konsumentin oder des Konsumenten führt.

Seit 2003 sind zwei **parlamentarische Bestrebungen** zu verzeichnen, die Werbung für Konsumkredite zu verbieten oder einzuschränken. Ihnen war kein Erfolg beschieden[19].

Die Bestimmungen des KKG beruhen auf dem «autonomen Nachvollzug» entsprechender **Vorgaben** der 1987 in Kraft getretenen und 1990 revidierten **Ver-**

---

[15] Amtl. Bull. NR 1982, 97.
[16] Bundesgesetz über den Konsumkredit vom 8. Oktober 1993.
[17] So die Botschaft I über die Anpassung des Bundesrechts an das EWR-Recht vom 27. Mai 1992, BBl 1992 V 1 ff., 180. Neu wurde klargestellt, dass der Bar- und der Gesamtkaufpreis kumulativ – und nicht alternativ – angegeben werden müssen.
[18] AS 2002, 3859.
[19] Parlamentarische Initiative Rossini 06.417 «Verschuldung, Konsumkredit und Kreditkarten» vom 24. März 2006 sowie Motion Studer 07.3570 «Werbeverbot für Kleinkredite» vom 18. September 2007, abrufbar unter http://www.parlament.ch/D/DOKUMENTATION/CURIA-VISTA/Seiten/defaults.aspx (zuletzt besucht am 20. Februar 2010). Der parlamentarischen Initiative wurde keine Folge gegeben, die Motion wurde abgeschrieben.

braucherkredit-Richtlinie der EU[20]. Diese Richtlinie wurde jedoch inzwischen durch die am 11. Juni 2008 in Kraft getretene und bis zum 12. Mai 2010 unzusetzende[21] **Richtlinie 2008/48/EG über Verbraucherkreditverträge**[22] abgelöst. Die neue Richtlinie stellt erweiterte Anforderungen an die Konsumkreditwerbung, indem sie den Katalog der dabei aufzuführenden «Standardinformationen» erweitert[23]. **Ob und inwieweit** diese veränderten Vorgaben der Richtlinie de lege ferenda **Eingang** in das KKG bzw. in das UWG finden werden, ist derzeit noch **unklar**[24].

III. Systematik und Verhältnis zu anderen Vorschriften

1. Systematik

9 Die Bestimmungen von Art. 3 lit. k–n sind als **Konkretisierungen von Art. 2 und Art. 3 lit. b** zu verstehen. Ob ihnen selbständige Bedeutung zukommt, ist fraglich: Der Inhalt der Art. 3 lit. k–n liesse sich auch über Art. 2 bzw. 3 lit. b i.V.m. diversen Bestimmungen des KKG bzw. des Vorauszahlungsvertragsrechts herleiten. Art. 3 lit. k–n stellen aber eine die **Rechtssicherheit bezweckende Konkretisierung bzw. Präzisierung** dar. Soweit sich ansonsten ihr Inhalt nur aus Art. 2 ergibt, kommt ihnen die Zusatzfunktion zu, über Art. 23 eine **Strafbewehrung** herbeizuführen.

10 **Art. 3 lit. k–n regeln** insofern **dieselbe Materie,** als sie allesamt die Pflicht zur Vornahme gewisser inhaltlicher Angaben zum Gegenstand haben. Diese Pflicht bezieht sich allerdings auf **zwei unterschiedliche Tatbestände:** Einerseits auf **öffentliche Auskündigungen** über Konsumkredite (Art. 3 lit. k, l und n), anderseits auf die **Verwendung von Vertragsformularen** im Konsumkredit- und im

---

[20] Richtlinie 87/102/EWG des Rates vom 22. Dezember 1986 zur Angleichung der Rechts- und Verwaltungsvorschriften der Mitgliedstaaten über den Verbraucherkredit (revidiert durch die Richtlinie 90/88/EWG vom 22. Februar 1990), ABl Nr. L 133 vom 12. Februar 1987, 48 ff.
[21] Vgl. Art. 27 und Art. 31 RL 2008/48/EG.
[22] Richtlinie 2008/48/EG des Europäischen Parlaments und des Rates vom 23. April 2008 über Verbraucherkreditverträge und zur Aufhebung der Richtlinie 87/102/EWG des Rates, ABl Nr. L 133 vom 22.05.2008, 66 ff. Die Verbraucher werden zudem auch durch die von den nationalen Gesetzgebern der EU-Mitgliedstaaten umzusetzende Richtlinie 2005/29/EG vor irreführenden Geschäftspraktiken bei der Veröffentlichung von Informationen durch den Kreditgeber geschützt (vgl. Erwägungsgrund 18 zur RL 2008/48/EG).
[23] Vgl. Art. 3 RL 87/102/EWG mit Art. 4 RL 2008/48/EG; näher zum Ganzen F. SCHÖBI, Die neue Verbraucherkreditrichtlinie und das Konsumkreditgesetz, Jusletter vom 1. September 2008.
[24] Gemäss F. SCHÖBI, Die neue Verbraucherkreditrichtlinie und das Konsumkreditgesetz, Jusletter vom 1. September 2008, N 37, drängt sich ein Nachvollzug dieser Richtlinie nicht auf: Art. 4 Richtlinie 2008/48/EG ist von Mitgliedstaaten, die den Kreditgebern in der Werbung Angaben zum effektiven Jahreszins vorschreiben, nicht umzusetzen. Da diese Pflicht gemäss Art. 3 lit. k und Art. 3 lit. l in der Schweiz besteht, entspricht das Schweizer Recht nach SCHÖBI «zum vorneherein den Vorgaben der neuen Verbraucherkredit-RL».

Vorauszahlungsvertragsrecht (Art. 3 lit. m). Sowohl Art. 3 lit. k als auch Art. 3 lit. l betreffen öffentliche Auskündigungen über Konsumkredite, wobei sich diese Normen auf jeweils unterschiedliche Kreditarten[25] beziehen, mithin alternativ anwendbar sind. Die in Art. 3 lit. k bzw. Art. 3 lit. l statuierten inhaltlichen Vorgaben werden durch Art. 3 lit. n ergänzt, welcher die Einfügung eines Überschuldungshinweises bei öffentlichen Auskündigungen über Konsumkredite gebietet. Demgegenüber listet Art. 3 lit. m Punkte auf, die ein Vertragsformular zu enthalten hat, falls es zum Angebot oder Abschluss von Konsumkredit- oder Vorauszahlungsverträgen verwendet wird.

2. Verhältnis zu anderen Vorschriften

a) Verhältnis zu anderen Vorschriften des UWG

aa) Art. 2

Art. 3 lit. k–n sind als **Konkretisierungen der Generalklausel** zu verstehen, denen aber – zumindest ausserhalb des Bereichs der «Werbung» für Barkredite und Finanzierungskredite – kein einschränkender oder abschliessender Charakter zukommt[26]. 11

bb) Art. 3 lit. b

Art. 3 lit. k–n sind als **Konkretisierungen der «kleinen Generalklausel»** in Art. 3 lit. b zu verstehen[27]. Ob ihnen im Verhältnis zu Art. 3 lit. b ein einschränkender oder abschliessender Charakter zukommt, ist fraglich, dürfte aber angesichts der konsumentenschützenden sowie präventiv und pönal orientierten Stossrichtung des KKG und der Art. 3 lit. k–n (i.V.m. Art. 23) zu verneinen sein[28]. 12

cc) Art. 4 lit. d

Wie Art. 3 lit. k–n bezieht sich auch Art. 4 lit. d auf Vorauszahlungs- und Konsumkreditverträge, **regelt** aber einen **anderen Gegenstand:** Diese Bestimmung hält ausdrücklich fest, dass die Verleitung zum Vertragswiderruf und zur Vertragskündigung mit der Absicht, selber mit der Vertragspartei einen Vertrag einzugehen, unlauter ist. Normzweck ist es, als Ausnahmebestimmung zu Art. 4 lit. a, wonach 13

---

[25] Vgl. hierzu N 27 ff.
[26] BK-GIGER, Teil II N 832 hält fest, «dass sämtliche Konsumkreditgeschäfte ohne jegliche Restriktionen ... der Lauterkeitskontrolle von Art. 1 und 2 unterstehen».
[27] STREULI-YOUSSEF, SIWR V/1, 116.
[28] Vgl. auch Art. 3 lit. b N 3 ff., 10.

die Verleitung zur Wahrnehmung gesetzlich oder vertraglich zustehender Rechte (Kündigung, Auflösung, Rücktritt, Willensmangelanfechtung etc.) grds. lauter ist, den Missbrauch des bei beiden Vertragsarten teilweise vorgesehenen Widerrufsrechts (vgl. Art. 16 KKG sowie Art. 228 lit. b OR) ahnden zu können[29].

dd) Art. 8

14 Die Regelung von Art. 3 lit. m weist einen **engen Bezug** zu Art. 8 auf[30]. Der Anwendungsbereich von Art. 3 lit. m ist gegenüber der vorgenannten Norm jedoch eingeschränkt, da die Unlauterkeit nur bei Verwendung von (unvollständigen oder unrichtigen) Angaben spezifischer Art gegeben ist[31]. Ein weiterer Unterschied zwischen Art. 3 lit. m und Art. 8 ergibt sich aus dem Umstand, dass Art. 3 lit. m nicht von unwirksamen Vereinbarungen, sondern «von verbotswidrigen Angaben bzw. gebotswidrigem Verschweigen» ausgeht[32]. Darüber hinaus bezieht sich Art. 3 lit. m auf Vertragsformulare an sich, während sich Art. 8 «lediglich» auf einem Vertrag beigegebene Allgemeine Geschäftsbedingungen (AGB) bezieht.

ee) Preisbekanntgabevorschriften

15 Art. 3 lit. k, l und m enthalten Vorschriften, die eine **Ähnlichkeit mit Preisbekanntgabevorschriften** aufweisen. Darunter zählen die Pflicht zur Angabe der Gesamtkosten des Kredits bzw. Kreditkaufs und des effektiven Jahreszinses (Art. 3 lit. k und l) sowie die Pflicht zur Angabe des Preises im Vertragsformular (Art. 3 lit. m). Deren Verhältnis zu den allgemeinen Preisbekanntgabevorschriften in Art. 16 ff. bzw. der PBV ist kontrovers. Ergibt sich im Einzelfall, dass die PBV auf einen Konsumkredit i.S. des KKG bzw. auf einen Vorauszahlungsvertrag anwendbar ist, stellt sich die Frage, ob die Art. 3 lit. k, l, m und die Normen der PBV kumulativ zur Anwendung gelangen, oder ob die vorgenannten Vorschriften des UWG die PBV derogieren[33].

---

[29] DAVID, Werbung, 193; vgl. Art. 4 N 76.
[30] So auch BAUDENBACHER/GLÖCKNER, Kommentar UWG, Art. 3 lit. m N 5; PEDRAZZINI/PEDRAZZINI, UWG, N 6.100. Zum Verhältnis der Begriffe «Vertragsformular» und «Allgemeine Geschäftsbedingungen» vgl. N 78.
[31] PEDRAZZINI/PEDRAZZINI, UWG, N 6.100.
[32] BAUDENBACHER/GLÖCKNER, Kommentar UWG, Art. 3 lit. m N 7.
[33] In diesem Fall spricht einiges für die von BAUDENBACHER/GLÖCKNER, Kommentar UWG, Art. 3 lit. k N 27 (aufgrund ihrer unterschiedlichen Ziele und Durchsetzungsinstrumentarien) postulierte kumulative Anwendbarkeit, wobei aber Art. 3 lit. k–m als leges speciales den Bestimmungen der PBV vorgehen sollten. Geht es um Mengenangaben, kann zusätzlich Art. 11 MessG relevant werden (Strafdrohung in Art. 22 MessG).

b) Verhältnis zu Vorschriften ausserhalb des UWG

aa) KKG

Das KKG steht mit dem UWG im **Verhältnis wechselseitiger Beeinflussung**: Das KKG enthält keine materiellen Vorschriften betreffend öffentliche Auskündigungen über Konsumkredite, sondern verweist diesbezüglich in Art. 36 KKG auf die Bestimmungen des UWG, womit Art. 3 lit. k, l und n gemeint sind. Die Frage, wann ein Konsumkredit i.S.v. Art. 3 lit. k–n vorliegt, bestimmt sich demgegenüber gemäss der hier vertretenen Auffassung nach den Vorschriften des KKG[34]. Darüber hinaus können Bestimmungen des KKG insbesondere im Rahmen der Anwendung der Generalklausel (Art. 2) von Bedeutung sein (Fallgruppe des Vorsprungs durch Rechtsbruch, Art. 2 N 107 ff.).

16

bb) Vorauszahlungsvertragsrecht (Art. 227a ff. OR)

Art. 3 lit. m bezieht sich nicht nur auf Konsumkredite, sondern **auch auf** den in Art. 227a ff. OR geregelten **Vorauszahlungskauf**. Die durch diese Norm vorgeschriebene Aufführung gewisser zentraler Vertragsgesichtspunkte auf dem Vertragsformular (auch) im Rahmen der Verwendung von Formularen beim gewerblichen Angebot oder Abschluss eines Vorauszahlungskaufes wird bereits durch Art. 227a Abs. 2 OR vorausgesetzt.

17

cc) Firmengebrauchspflicht (Art. 954a OR; Art. 326ter StGB)

Gemäss **Art. 954a OR** muss die im Handelsregister eingetragene Firma bzw. der eingetragene Name «in der Korrespondenz, auf Bestellscheinen und Rechnungen sowie in Bekanntmachungen» vollständig und unverändert angegeben werden (sog. Firmengebrauchspflicht)[35]. Damit wird der Bereich der Werbung bzw. der öffentlichen Auskündigungen, den die Art. 3 lit. k und n anvisierten, gerade nicht mitumfasst. Jedoch sieht der SLK-Grundsatz Nr. 3.1 eine über Art. 954a OR herausgehende allgemeine Firmengebrauchspflicht in der Werbung vor.

18

Gemäss **Art. 326ter Abs. 1 StGB** macht sich strafbar, wer für einen im Handelsregister eingetragenen Rechtsträger oder eine im Handelsregister eingetragene Zweigniederlassung eine Firma verwendet, die mit der im Handelsregister eingetragenen Firma nicht übereinstimmt und die irreführen kann. Unklar ist, ob die unrichtige Verwendung der Firma im Rahmen von Werbung tatbestandsmässig sein

19

---

[34] Vgl. N 23 ff.
[35] Diese Bestimmung ist erst seit 1. Januar 2008 in Kraft. Für die Rechtslage davor vgl. Art. 47 aHRegV. Vgl. auch N 92 sowie Art. 3 lit. d N 86, 92.

kann[36]. Festzuhalten ist jedenfalls, dass der objektive Tatbestand dieser Norm nicht bereits durch eine fehlerhafte Verwendung der Firma erfüllt ist. Diese Verwendung muss vielmehr beim Publikum eine Diskrepanz zwischen der Vorstellung über das Wesen eines Unternehmens und dessen wahrer Identität hervorrufen können[37].

dd) Kantonales öffentliches Recht

20 Gemäss **Art. 6 Abs. 1 ZGB** werden die **öffentlich-rechtlichen Befugnisse der Kantone** durch das Bundeszivilrecht nicht beschränkt. Die Kantone dürfen somit öffentlich-rechtliche Vorschriften erlassen, welche die zivilrechtliche Ordnung (u.a. das UWG und das KKG) ergänzen. Allerdings sind dieser sog. «expansiven Kraft des kantonalen öffentlichen Rechts»[38] Grenzen gesetzt: Gemäss der bundesgerichtlichen Rechtsprechung darf die zu ergänzende Regelung des Bundeszivilrechts nicht abschliessend sein, muss die kantonale öffentliche Regelung einem schützenswerten öffentlichen Interesse entsprechen und darf die kantonale öffentlich-rechtliche Regelung nicht gegen Sinn und Zweck des Bundeszivilrechts verstossen bzw. dieses vereiteln[39]. Zum Schutze der Konsumenten hat der Bundesgesetzgeber hinsichtlich der Konsumkreditwerbung und hinsichtlich der Verwendung von Vertragsformularen im Konsumkreditwesen mit Art. 3 lit. k–n eine abschliessende Regelung getroffen, zumindest sofern ein Konsumkredit i.S. des KKG vorliegt[40]. Dies folgt aus Art. 38 KKG, wonach der Bund die Konsumkreditverträge abschliessend regelt: Die vorgenannte Norm wurde erlassen, um eine Rechtszersplitterung gestützt auf Art. 6 Abs. 1 ZGB zu unterbinden[41]. Der **Bundesgesetzgeber** hat somit in den vorgenannten Bereichen **von seiner Kompetenz** zum Erlass von Massnahmen zum Schutze der Konsu-

---

[36] So offenbar BGE 103 IV 202 ff. in Bezug auf Art. 2 des (aufgehobenen) Bundesgesetzes betreffend Strafbestimmungen zum Handelsregister- und Firmenrecht vom 6. Oktober 1923 (Vorgängernorm von Art. 326ter StGB); a.A. BSK-AMSTUTZ/REINERT, Art. 326ter N 13.
[37] BSK StGB II-AMSTUTZ/REINERT, Art. 326ter N 14; TRECHSEL/VEST, StGB PK, Art. 326ter N 2 verlangen das Vorliegen einer erheblichen Diskrepanz.
[38] Vgl. hierzu P. SPITZ, Das kantonale Recht und seine Berührungspunkte mit dem Privatrecht, in: D. Buser (Hrsg.), Neues Handbuch des Staats- und Verwaltungsrechts des Kantons Basel-Stadt, Basel 2008, 919 ff., 931 f.
[39] Vgl. z.B. BGE 126 III 470.
[40] Umstritten ist, ob unter Beachtung der übrigen Voraussetzungen von Art. 6 Abs. 1 ZGB kantonale öffentlich-rechtliche Vorschriften über Konsumkredite zulässig sind, sofern der Konsumkreditvertrag gemäss Art. 7 KKG vom Anwendungsbereich des KKG ausgenommen ist, vgl. die Nachweise bei KOLLER-TUMLER, Einführung, 13.
[41] So CHK-A. BRUNNER, KKG 1–42 N 16; SCHÖBI, Überblick, 25. Gestützt auf Art. 6 Abs. 1 ZGB hatte der Kanton Neuenburg unter dem Geltungsbereich des aKKG in Art. 12 des règlement d'exécution de la loi sur la police du commerce inhaltliche Vorgaben für die Konsumkreditwerbung aufgestellt. Diese Norm war gemäss bundesgerichtlicher Rechtsprechung mit dem Grundsatz der derogatorischen Kraft des Bundesrechts (Art. 49 Abs. 1 BV) vereinbar, BGE 120 Ia 299.

mentinnen und Konsumenten (Art. 97 BV) **abschliessend Gebrauch** gemacht. Es ist den Kantonen daher verwehrt, zum Schutze der Konsumenten öffentlichrechtliche Regelungen bezüglich der Konsumkreditwerbung und bezüglich der Verwendung von Vertragsformularen im Konsumkreditwesen zu erlassen[42], zumindest sofern sich diese Regelungen auf Konsumkreditverträge i.S. des KKG beziehen.

ee) Art. 157 StGB (Wucher)

Der Straftatbestand des Wuchers betrifft den Anwendungsbereich des UWG und der Art. 3 lit. k–n nur am Rande, da er sich u.a. auch auf die **Zinshöhe eines Kredits** beziehen kann und sich insofern nicht auf Werbemassnahmen bzw. Angaben im Rahmen von Konsumkredit- resp. Vorauszahlungsverträgen oder die Abwicklung von Konsumkredit- resp. Vorauszahlungsverträgen zu beziehen hat. Der zulässige Höchstzinssatz ist in Art. 14 KKG bzw. der darauf gestützten Verordnung des Bundesrats (vgl. Art. 1 VKKG) auf derzeit 15% pro Jahr festgelegt.

21

IV. Tatbestandsvoraussetzungen

1. Grundvoraussetzung: Konsumkreditvertrag bzw. Vorauszahlungsvertrag

a) Einleitung

Die Art. 3 lit. k–n kommen grundsätzlich nur im Vorfeld des Abschlusses eines Konsumkreditvertrages zur Anwendung. Die Ausnahme von diesem Grundsatz bildet Art. 3 lit. m, welcher auch im Vorfeld des Abschlusses eines Vorauszahlungsvertrages zur Anwendung gelangt. Im Folgenden wird auf diese beiden Vertragsarten eingegangen.

22

b) Konsumkreditvertrag

aa) (Teil)Autonome Begriffsbestimmung?

Das KKG definiert den Konsumkreditvertrag in Art. 1 Abs. 1 als Vertrag, durch den eine **kreditgebende Person,** welche diese **Tätigkeit gewerbsmässig** ausübt, einer **Konsumentin oder** einem **Konsumenten** einen **Kredit gewährt oder zu gewähren verspricht.** Für die Anwendbarkeit des KKG – mithin für das Vorliegen eines Konsumkreditvertrages im Sinne des KKG – darf darüber hinaus auch **keine** der in Art. 7 KKG aufgeführten sog. «**Bereichsausnahmen**» vorlie-

23

---

[42] So auch KOLLER-TUMLER, Einführung, 13.

gen⁴³. Neben dieser allgemeinen Definition besteht eine **spezifische Regelung** für die Frage, wann **Leasingverträge** und **Überziehungskredite** als Konsumkredite im Sinne des KKG zu qualifizieren sind: Hierfür müssen die in Art. 1 Abs. 2 KKG normierten Voraussetzungen erfüllt sein⁴⁴; zudem darf nach der ganz h.L. auch hier keine «Bereichsausnahme» gemäss Art. 7 KKG vorliegen⁴⁵. Das KKG findet nur auf Zahlungskredite Anwendung, während sog. reine Haftungskredite (z.b. Garantie, Bürgschaft) diesem Gesetz nicht unterliegen⁴⁶.

24 Im KKG findet sich keine Legaldefinition des Begriffs «Kredit». Genannt werden aber als Formen eines Konsumkredites der Zahlungsaufschub, das Darlehen sowie «ähnliche Finanzierungshilfen»⁴⁷. Unter dem Terminus **Kredit** versteht die h.L. einen wirtschaftlichen Vorgang, nämlich jede Leistung, «die im Vertrauen darauf erbracht wird, dass die – geldliche – Gegenleistung zu einem späteren Zeitpunkt ordnungsgemäss erfolgen wird»⁴⁸.

25 In der Lehre ist **umstritten, ob** der **Begriff des Konsumkreditvertrages** nach Art. 3 lit. k–n insofern **autonom auszulegen** ist, als «nur» auf die Legaldefinition von Art. 1 Abs. 1 KKG resp. die spezifische Regelung von Art. 1 Abs. 2 KKG abzustellen ist⁴⁹, oder ob ein vollständiger Rückgriff auf das KKG zu erfolgen hat

---

⁴³ So unterstehen dem KKG z.B. nicht: Konsumkreditverträge, die zins- oder gebührenfrei gewährt oder zur Verfügung gestellt werden (Art. 7 Abs. 1 lit. c KKG); Konsumkreditverträge, nach denen der Konsument den Kredit entweder innert höchstens drei Monaten oder in nicht mehr als vier Raten innert höchstens zwölf Monaten zurückzahlen muss (Art. 7 Abs. 1 lit. f KKG).
⁴⁴ Vgl. hierzu N 30 ff.
⁴⁵ Es ist umstritten, ob in Bezug auf Leasingverträge, welche die Anforderungen von Art. 1 Abs. 2 lit. a KKG erfüllen, auch die Bereichsausnahmen von Art. 7 KKG zu beachten sind. Grund hierfür ist, dass Art. 8 Abs. 1 KKG, welcher die auf den Leasingvertrag anwendbaren Bestimmungen des KKG auflistet, Art. 7 KKG nicht erwähnt. Für die Beachtung der Bereichsausnahmen KRUMMENACHER, Konsumentenleasing, 42; B. STAUDER, Leasingverträge nach revidiertem KKG, in: A. Brunner/ M. Rehbinder/B. Stauder (Hrsg.), Jahrbuch des Schweizerischen Konsumentenrechts 2002, Bern 2003, 79 ff., 93; BK-GIGER, Teil II N 122. Gegen die Beachtung der Bereichsausnahmen J. ROTH, Leasing im Lichte des revidierten Konsumkreditgesetzes, AJP 2002, 968 ff., 974. Das gleiche Problem stellt sich auch in Bezug auf Überziehungskredite, vgl. Art. 8 Abs. 2 KKG sowie S. KILGUS, Kredit- und Kundenkarten als Zahlungs- und Kreditinstrumente nach revidiertem KKG, in: A. Brunner/ M. Rehbinder/B. Stauder (Hrsg.), Jahrbuch des Schweizerischen Konsumentenrechts 2002, Bern 2003, 127 ff., 137.
⁴⁶ KOLLER-TUMLER, Einführung, 23 m.w.Nw.
⁴⁷ Daraus erhellt, dass nicht nur Darlehen i.S.v. Art. 312 ff. OR als Kredite zu qualifizieren sind.
⁴⁸ STAUDER, SPR X, 234 Fn. 59 m.w.Nw. Eine andere Definition dieses Begriffes postuliert HIGI, vgl. ZK-HIGI, Vorbem. zu Art. 312–318 N 82: «Rechtsgeschäfte (Verträge), bei denen eine Partei (Kreditgeber) auf Zeit Vermögenswerte (Güter oder Werte an Gütern oder Geld) zur wirtschaftlichen Nutzung bzw. Verfügung überlässt, wobei das zeitweilige Überlassen auch in einem zeitweiligen (noch) Belassen bestehen kann ...».
⁴⁹ STREULI-YOUSSEF (SIWR V/1, 1. Aufl., Basel/Frankfurt a.M. 1994, 111) ging ursprünglich davon aus, dass sich der Begriff des Konsumkreditvertrages nach UWG vollständig autonom von der Legaldefinition des KKG bestimmt, vertrat sie doch die Ansicht, grammatikalische und teleologische Überlegungen liessen den Schluss zu, dass Art. 3 lit. k UWG auch auf Angebote zum gewerblichen Gebrauch anwendbar sei. Dieser Argumentation kann nicht gefolgt werden,

und damit auch keine Bereichsausnahme nach Art. 7 KKG vorliegen darf. Die erstgenannte Lehrmeinung stützt sich auf den Wortlaut von Art. 6 aKKG ab, welcher dem heutigen Art. 7 KKG entspricht: In diesem Artikel werde nicht ausdrücklich festgehalten, dass kein Konsumkredit vorliege, falls eine Bereichsausnahme einschlägig sei. Vielmehr sei dann, nach dem Wortlaut von Art. Art. 6 aKKG «bloss» das aKKG nicht anwendbar[50]. Auch seien die Gründe, die im einzelnen Rechtsverhältnis eine Privilegierung im Sinne einer Bereichsausnahme rechtfertigen, bei funktionaler Betrachtung unbeachtlich[51]. Allerdings ist seit Inkrafttreten des neuen Konsumkreditgesetzes zu berücksichtigen, dass Art. 36 KKG – und nur diese Norm – auf die Art. 3 lit. k–n verweist, was im Sinne einer Akzessorietät dafür spricht, nur solche Kredite von Art. 3 lit. k–n erfassen zu lassen, die in den Geltungsbereich des KKG fallen[52].

Ebenfalls zu berücksichtigen ist der Umstand, dass mit Inkrafttreten des aKKG bzw. mit Inkrafttreten des KKG jeweils eine Revision der Art. 3 lit. k–m einherging. Dahinter stand offensichtlich die Absicht des Gesetzgebers, in beiden Erlassen die gleichen Begriffe zu verwenden[53]. Zusammenfassend ist daher festzuhalten, dass ein **Konsumkreditvertrag gemäss Art. 3 lit. k–n** vorliegt, wenn das **Bestehen eines Konsumkreditvertrages** nach der Legaldefinition von Art. 1 Abs. 1 KKG resp. nach der spezifischen Regelung von Art. 1 Abs. 2 KKG **zu bejahen ist und** auch **keine** der in Art. 7 KKG aufgeführten **Bereichsausnahmen zur Anwendung** gelangt.

26

bb) Arten von Konsumkrediten

Das KKG unterscheidet zwischen verschiedenen Arten von Konsumkreditverträgen, nämlich zwischen Barkrediten, Waren- oder Dienstleistungs-

27

---

wie im Zusammenhang mit der Frage, ob die Bereichsausnahmen von Art. 7 KKG im UWG zu berücksichtigen sind, dargelegt wird. Unklar diesbezüglich nun CHK-FERRARI HOFER/VASELLA, Art. 3 UWG N 106, 109, welche einerseits dafürhalten, dass der Begriff des Konsumkredits durch das KKG abschliessend definiert werde und die Art. 3 lit. k–n auf Konsumkreditverträge i.S.v. Art. 1 KKG anwendbar seien, andererseits aber festhalten, Art. 3 lit. k, l und n würden nicht nur die an die Konsumenten gerichtete Werbung erfassen, sondern «jede Werbung von Kreditgebern und Kreditvermittlern».

[50] BAUDENBACHER/GLÖCKNER, Kommentar UWG, Art. 3 lit. l N 8.
[51] BAUDENBACHER/GLÖCKNER, Kommentar UWG, Art. 3 lit. l N 8.
[52] So auch BK-GIGER, Teil II N 823, welcher die Berücksichtigung der Bereichsausnahmen von Art. 7 KKG bei der Prüfung der Frage, ob ein Konsumkredit gemäss Art. 3 lit. k–n vorliegt, als «Selbstverständlichkeit» bezeichnet.
[53] Vgl. M. HESS, Leasing unter dem Bundesgesetz über den Konsumkredit, Eckdaten für die Vertragsgestaltung und Geschäftsabwicklung, in: M. Hess/R. Simmen (Hrsg.), Das neue Konsumkreditgesetz (KKG), Zürich/Basel/Genf 2002, 65 ff., 83 Fn. 41.

krediten (auch Finanzierungskredite genannt), Leasingverträgen und Überziehungskrediten[54].

28 Die **Unterscheidung** zwischen diesen **verschiedenen Kreditarten** ist im Kontext der vorliegenden Kommentierung insofern von **Relevanz**, als unterschiedliche inhaltliche Vorgaben für die Konsumkreditwerbung vorgesehen sind, je nachdem, ob es sich hierbei um eine Werbung für einen Barkredit (vgl. Art. 3 lit. k und lit. n) oder für einen Finanzierungskredit (vgl. Art. 3 lit. l und lit. n) handelt. Zudem ist umstritten, ob das UWG auch inhaltliche Vorgaben hinsichtlich öffentlicher Auskündigungen über Leasingverträge resp. Überziehungskredite statuiert, sofern diese überhaupt dem KKG unterstellt sind, und ob sich Art. 3 lit. m auf sämtliche Arten von Konsumkrediten bezieht. Im Folgenden ist daher kurz auf die unterschiedlichen Kreditarten einzugehen.

29 Charakteristisch für den **Waren- oder Dienstleistungskredit (Finanzierungskredit)** ist, dass es sich hierbei um einen Kredit mit der ausdrücklichen Zweckbestimmung der Finanzierung des Erwerbs von Waren oder Dienstleistungen handelt[55]. Ein Waren- oder Dienstleistungskredit liegt jedenfalls dann vor, wenn der Anbieter der fraglichen Ware oder Dienstleistung gleichzeitig auch als Kreditgeber fungiert. Umstritten ist die Frage, ob ein Finanzierungskredit auch im Rahmen eines Dreiparteiengeschäftes (Kreditgeberin und Anbieterin der Ware oder Dienstleistung fallen auseinander) vorliegen kann, wenn ein Kredit der Finanzierung von Waren oder Dienstleistungen dient bzw. wenn die Kreditgeberin weiss, dass der Kredit zum Erwerb einer bestimmten Sache oder einer bestimmten Dienstleistung verwendet wird[56]. Im Kontext der vorliegenden Kommentierung ist nur darauf hinzuweisen, dass die Kreditgeberin im «Werbestadium» in aller Regel noch gar nicht abzuschätzen vermag, zu welchen Zwecken ein Konsumkredit verwendet werden wird, sofern sie nicht gleichzeitig Anbieterin der fraglichen Ware oder Dienstleistung ist. Daher ist sie gar nicht in der Lage, wie Art. 3 lit. l bei Vorliegen eines Finanzierungskredites verlangt, in einer öffentlichen Auskündigung den Barzahlungspreis aufzuführen. Aus praktischen Gründen kann daher im «Werbestadium» grundsätzlich kein Finanzierungskredit bei einem Dreiparteiengeschäft vorliegen. Es liegt vielmehr ein Barkredit vor.

30 Gemäss Art. 1 Abs. 2 lit. a KKG untersteht ein Leasingvertrag[57] dem KKG (und liegt somit ein **Leasingvertrag i.S. des KKG** vor), wenn (a.) der Leasinggegenstand eine bewegliche Sache ist, (b.) das Leasingobjekt dem privaten Gebrauch des Leasingnehmers dient und (c.) der Leasingvertrag vorsieht, dass die vereinbarten Leasingraten bei einer vorzeitigen Vertragsauflösung erhöht werden. Zudem darf

---

[54] KOLLER-TUMLER, Konsumkreditverträge, 21.
[55] CHK-A. BRUNNER, KKG 1–42 N 77 m.w.Nw.
[56] Vgl. die Nachweise bei BK-GIGER, Teil II N 110 f.
[57] Allgemein zum Begriff des Leasingvertrages BSK OR I-AMSTUTZ/SCHLUEP, Einl. Vor Art. 184 ff. N 81 ff.

nach der ganz h.L. keine «Bereichsausnahme» nach Art. 7 KKG vorliegen[58]. Fraglich ist, ob Konsumentenleasingverträge, die die Kriterien von Art. 1 Abs. 2 lit. a KKG nicht erfüllen, gleichwohl unter das Konsumkreditgesetz fallen, falls die Voraussetzungen der allgemeinen Definition gemäss Art. 1 Abs. 1 KKG erfüllt sind. Zu Recht führt KRUMMENACHER – unter Bezug auf die Entstehungsgeschichte des KKG – hierzu aus, dass Sinn und Zweck von Art. 1 Ab. 2 lit. a KKG nicht darin bestehen, festzulegen, welche Arten von Leasingverträgen auf jeden Fall die Voraussetzung der allgemeinen Definition von Art. 1 Abs. 1 KKG erfüllen; vielmehr ging es darum, klarzustellen, welche Arten von Leasingverträgen dem Gesetz überhaupt unterstehen. Es ist daher davon auszugehen, dass Leasingverträge, welche die Voraussetzungen von Art. 1 Abs. 2 lit. a KKG nicht erfüllen, nicht unter das KKG fallen[59].

Die **Abgrenzung** zwischen einem **Leasingvertrag** und einem **Warenkreditvertrag** kann Schwierigkeiten bereiten. In der Lehre werden hierzu zwei verschiedene Ansätze postuliert: Gemäss der h.L.[60] hat die Abgrenzung nach sachenrechtlichen Kriterien zu erfolgen, so dass das Vorliegen eines Warenkreditvertrages dann zu bejahen ist, wenn nach Parteiübereinkunft bei Vertragsende ein Eigentumsübergang auf den «Leasingnehmer» erfolgt, was sich auch aus den Umständen ergeben kann (z.b. wenn der vertraglich vereinbarte Restwert erheblich von den gängigen Bewertungsrichtlinien abweicht)[61]. Demgegenüber möchte eine andere Lehrmeinung auf die wirtschaftlichen Gegebenheiten des Einzelfalls abstellen, so dass es z.B. denkbar wäre, das Vorliegen eines Warenkredites anzunehmen, falls sich der «Leasingnehmer» zur fast vollständigen Amortisation des Leasingobjektes verpflichtet[62]. Aus Gründen der **Rechtssicherheit** verdient u.E. die erste Variante den Vorzug, insbesondere im Rahmen der strafrechtlichen Geltendmachung über Art. 23 (Bestimmtheitsgebot).

Unter den Terminus **«Überziehungskredite»** werden sowohl Verträge über Kredit- oder Kundenkarten als auch Überziehungskredite auf laufende Konti gefasst.

31

32

---

[58] Vgl. Fn. 45.
[59] Siehe hierzu KRUMMENACHER, Konsumentenleasing, 27 ff.; a.A. B. STAUDER, Leasingverträge nach revidiertem KKG, in: A. Brunner/M. Rehbinder/B. Stauder (Hrsg.), Jahrbuch des Schweizerischen Konsumentenrechts 2002, Bern 2003, 79 ff., 90 f.
[60] Vgl. KRUMMENACHER, Konsumentenleasing, 33 m.w.Nw.
[61] R. SIMMEN, Barkredit und Teilzahlungsverträge unter dem neuen Konsumkreditgesetz, in: M. Hess/R. Simmen (Hrsg.), Das neue Konsumkreditgesetz (KKG), Zürich/Basel/Genf 2002, 35 ff., 46 Fn. 61, 80 f.
[62] KOLLER-TUMLER, Einführung, 22; Beispiel nach KRUMMENACHER, Konsumentenleasing, 32.

33 **Verträge über Kredit- oder Kundenkarten,** nicht aber reine Zahlungskarten (z.B. Debitkarten)[63], unterstehen dem KKG, falls der Vertrag vorsieht, dass der Negativsaldo in Raten beglichen werden kann (sog. **Kreditoption**) und – so die h.L. – keine der Bereichsausnahmen von Art. 7 KKG einschlägig ist (vgl. Art. 1 Abs. 2 lit. b KKG)[64]. Umstritten ist, ob zudem die Kreditoption auch tatsächlich wahrgenommen werden muss. GIGER postuliert diese zusätzliche Voraussetzung mit der Argumentation, dass es ansonsten an einer Kreditierung fehle[65]. Dagegen spricht jedoch der Wortlaut von Art. 1 Abs. 2 lit. b. KKG («Als Konsumkreditverträge gelten auch ... Kredit- und Kundenkarten, wenn sie mit einer Kreditoption verbunden sind») sowie der Umstand, dass bereits mit der Einräumung der Möglichkeit, den Saldo einer Kredit- oder Kundenkarte in Raten zu begleichen, eine Kreditlinie oder -limite eingeräumt wird[66].

Ebenfalls unter das KKG fallen gemäss Art. 1 Abs. 2 lit. b KKG vertraglich vereinbarte Überziehungskredite auf laufende Konti[67], sofern – so die h.L. – keine der Bereichsausnahmen von Art. 7 KKG einschlägig ist.

34 Unter **Überziehungskrediten auf laufende Konti** sind Kredite zu verstehen, die über ein bestehendes Konto abgewickelt werden, auf dem regelmässig Eingänge zu verzeichnen sind und bei denen der Konsument das Recht hat, bis zur Höhe desjenigen Betrages zu verfügen, der der vereinbarten Kreditlimite entspricht[68].

35 Als **Barkredit** ist schliesslich jeder Konsumkreditvertrag i.S. von Art. 1 Abs. 1 KKG zu qualifizieren, welcher nicht unter die restlichen Kreditarten gefasst werden kann.

---

[63] Siehe zur Abgrenzung S. KILGUS, Kredit- und Kundenkarten als Zahlungs- und Kreditinstrumente nach revidiertem KKG, in: A. Brunner/M. Rehbinder/B. Stauder (Hrsg.), Jahrbuch des Schweizerischen Konsumentenrechts 2002, Bern 2003, 127 ff., 131 ff.
[64] Viele Kreditkartenaussteller überlassen es dem Karteninhaber, ob er den in Rechnung gestellten Betrag auf einmal oder ratenweise (gegen einen Zins) bezahlen will, SCHÖBI, Überblick, 13.
[65] BK-GIGER, Teil II N 68.
[66] Vgl. STAUDER, SPR X, 239 m.w.Nw.
[67] Der Wortlaut von Art. 1 Abs. 2 lit. b KKG ist irreführend: Gemeint sind in dieser Bestimmung nicht Überziehungskredite mit Kreditoption, da diese in der Kreditwirtschaft unbekannt sind. Vielmehr bezieht sich Art. 1 Abs. 2 lit. b KKG – in Übereinstimmung mit Art. 8 Abs. 2 KKG und 12 Abs. 1 KKG – auf Überziehungskredite auf laufendem Konto (R. HASELBACH, Überziehungskredit auf laufendem Konto gemäss neuem Konsumkreditgesetz, in: M. Hess/R. Simmen (Hrsg.), Das neue Konsumkreditgesetz (KKG), Zürich/Basel/Genf 2002, 113 ff., 122 f. Fn. 53).
[68] R. HASELBACH, Überziehungskredit auf laufendem Konto gemäss neuem Konsumkreditgesetz, in: M. Hess/R. Simmen (Hrsg.), Das neue Konsumkreditgesetz (KKG), Zürich/Basel/Genf 2002, 113 ff., 122 f.; STAUDER, SPR X, 240, postuliert darüber hinaus als zusätzliche Voraussetzung, dass den Konsumenten das Recht eingeräumt wurde, den Kredit in Teilbeträgen zurückzuzahlen (vgl. aber Fn. 67). Der Begriff «Überziehungskredit auf laufendem Konto» kann nicht mit dem Begriff «Kontokorrent» gleichgesetzt werden: Gemäss der Lehre sind nicht sämtliche Kontokorrente als Überziehungskredite auf laufenden Konti zu qualifizieren. Nicht unter die Überziehungskredite auf laufenden Konti fällt ein Konto, das der reinen Kreditabwicklung dient, selbst wenn dieses in Form eines Kontokorrents mit laufender Rechnung geführt wird (HASELBACH, a.a.O., 123, m.w.Nw.).

cc) Anwendbarkeit von Art. 3 lit. k–n auf sämtliche Konsumkreditverträge?

Unbestritten ist, dass sich die Art. 3 lit. k–n sowohl auf **Barkredite** als auch auf **Finanzierungskredite** betreffend Waren oder Dienstleistungen **beziehen**. 36

Wie bereits festgehalten wurde, ist jedoch **umstritten**, ob die vorgenannten Artikel **auch inhaltliche Vorgaben hinsichtlich öffentlicher Auskündigungen über Leasingverträge** resp. **Überziehungskredite**, soweit diese Kreditarten überhaupt dem KKG unterstehen, statuieren. Den Ausgangspunkt dieser Fragestellung bildet der Umstand, dass Art. 8 KKG seinem Wortlaut nach[69] abschliessend auflistet, welche Bestimmungen des KKG auf die vorgenannten Kreditarten anwendbar sind und Art. 36 KKG – welcher festhält, dass sich die Werbung für Konsumkredite nach dem UWG richtet (womit Art. 3 lit. k–n gemeint sind) – dort nicht aufgeführt wird. Daraus schliesst ein Teil der Lehre, dass Leasingverträge und Überziehungskredite i.S. des KKG nicht unter die Werbebestimmungen der Art. 3 lit. k, l und n fallen sollen, sondern lediglich unter die Generalklausel[70]. Demgegenüber geht ein anderer Teil der Lehre von einem redaktionellen Versehen bei der Erarbeitung von Art. 8 KKG aus, da es nicht Wille des Gesetzgebers gewesen sein könne, «die modernen Formen der Konsumkreditgewährung von der Schutzwirkung des Lauterkeitsrechts auszuschliessen»[71]. 37

Den Anhängern einer restriktiven Anwendung der Art. 3 lit. k, l und n ist insoweit beizupflichten, als dass die dort statuierten inhaltlichen Vorgaben nicht tel quel auf Leasingverträge und Überziehungskredite zugeschnitten sind[72]. Nicht einleuchtend erscheint jedoch, weshalb «kaum» argumentiert werden dürfe, die fehlende Erwähnung von Art. 36 KKG in Art. 8 KKG sei das Ergebnis eines redaktionellen Versehens[73], zumal unbestritten ist, dass die Aufzählung in Artikel 8 KKG, entgegen dem Wortlaut dieser Norm, nicht abschliessend ist[74]. Fehlt es aber an 38

---

[69] Vgl. Art. 8 KKG: «Leasingverträge ... unterstehen *nur* den Artikeln ...» (Art. 8 Abs. 1 KKG); «Konti für Kredit- und Kundenkarten mit Kreditoption sowie Überziehungskredite auf laufendem Konto unterstehen *nur* den Artikeln ...» (Art. 8 Abs. 2 KKG).

[70] DAVID, Werbung, 173 ff.; CHK-FERRARI HOFER/VASELLA, Art. 3 UWG N 108; M. HESS, Leasing unter dem Bundesgesetz über den Konsumkredit, Eckdaten für die Vertragsgestaltung und Geschäftsabwicklung, in: M. Hess/R. Simmen (Hrsg.), Das neue Konsumkreditgesetz (KKG), Zürich/Basel/Genf 2002, 65 ff., 83.

[71] BK-GIGER, Teil II N 826 f.; STAUDER, SPR X, 262; F. KÜNG, Kredit- und Kundenkarten, in: M. Hess/R. Simmen (Hrsg.), Das neue Konsumkreditgesetz (KKG), Zürich/Basel/Genf 2002, 89 ff., 108; implizit auch R. HASELBACH, Überziehungskredit auf laufendem Konto gemäss neuem Konsumkreditgesetz, in: M. Hess/R. Simmen (Hrsg.), Das neue Konsumkreditgesetz (KKG), Zürich/Basel/Genf 2002, 113 ff., 155; unklar CR CO-I-FAVRE-BULLE, Art. 8 LCC N 6.

[72] DAVID, Werbung, 174.

[73] So DAVID, Werbung, 174, mit Hinweis auf die «sehr detailliert formulierten Einschränkungen zum Geltungsbereich des Konsumkreditgesetzes und deren einlässlichen Überprüfung durch die Redaktionskommission des Parlaments».

[74] KRUMMENACHER, Konsumentenleasing, 42; auch DAVID, Werbung, 174, erblickt in Art. 8 KKG Lücken, geht aber davon aus, dass die Lückenhaftigkeit nur bezüglich der Anwendung von

einem ersichtlichen gesetzgeberischen Willen, die wichtigsten Konsumkreditarten vom Anwendungsbereich der Art. 3 lit. k, l und n auszuschliessen, so ist der Nichterwähnung von Art. 36 KKG in Art. 8 KKG – unter Beachtung der sonstigen Lückenhaftigkeit dieser Norm – tatsächlich als redaktionelles Versehen einzustufen. Es spricht deshalb vieles dafür, dass sich die **Art. 3 lit. k, l und n auf sämtliche Arten von Konsumkrediten i.S. des KKG beziehen**[75].

39   DAVID ist weiter der Ansicht, dass Art. 3 lit. m weder auf Leasingverträge noch auf Überziehungskredite zur Anwendung gelangt[76]. Allerdings bezieht sich Art. 36 KKG auf die Konsumkreditwerbung, während Art. 3 lit. m die Verwendung von Vertragsformularen zum Gegenstand hat, somit eine andere Materie regelt. Auch deutet der Wortlaut von Art. 3 lit. m nicht auf einen eingeschränkten Anwendungsbereich hin. Es ist daher davon auszugehen, dass sich auch **Art. 3 lit. m auf sämtliche Arten von Konsumkrediten i.S. des KKG bezieht**[77].

c)   **Vorauszahlungskauf**

40   Beim Vorauszahlungskauf (Art. 227a ff. OR) verpflichtet sich der Käufer einer beweglichen Sache, den Kaufpreis zum Voraus in Teilzahlungen zu entrichten, und der Verkäufer, die Sache dem Käufer nach der Zahlung des Kaufpreises zu übergeben (Art. 227a Abs. 1 OR). Die Sachleistung des Verkäufers soll mithin erst dann erbracht werden, wenn die Entgeltleistung – in zeitlich gestaffelten Teilzahlungen – zum Voraus erbracht worden ist[78]. Der Vorauszahlungsvertrag wird daher auch als «Sparvertrag» bezeichnet, stellt also **einen zum Konsumkreditvertrag gegensätzlichen Vertrag** dar[79]. In der Praxis kommt ihm heute keine Bedeutung mehr zu[80]. Es ist unbestritten, dass sich der Begriff des Vorauszahlungskaufs gemäss UWG nach der Legaldefinition von Art. 227a Abs. 1 OR bestimmt.

Art. 1–7 KKG besteht (anders KRUMMENACHER, Konsumentenleasing, 42, der darlegt, es sei «unbestritten», dass sich z.B. auch die Art. 22 ff. KKG auf Leasingverträge, welche dem KKG unterstellt sind, bezögen).

[75] So auch GIGER, mit dem Hinweis, auch die Voten in den Kommissionssitzungen von National- und Ständerat würden keinen Anhaltspunkt für die Beantwortung dieser Frage geben, BK-GIGER, Teil II N 851; H. MÜNTENER, Ausgewählte Fragen des KKG: «Sanktionen» beim Konsumentenleasing, in: A. Koller (Hrsg.), Leasingrecht – ausgewählte Fragen, Bern 2007, 27 ff., 32.

[76] DAVID, Werbung, 191; vgl. aber auch DAVID, Werbung, 190, wo die Nichtanwendbarkeit von Art. 3 lit. m auf Leasingverträge nicht erwähnt wird.

[77] So auch BK-GIGER, Teil II N 851.

[78] BSK-STAUDER, Bem. zu Art. 227–228 OR N 1.

[79] CHK-A. BRUNNER, Art. 226–228 OR N 1.

[80] BAUDENBACHER/GLÖCKNER, Kommentar UWG, Art. 3 lit. m N 8.

2. Inhaltliche Vorgaben für öffentliche Auskündigungen über Konsumkredite

a) Einleitung

Wie bereits weiter oben festgehalten wurde[81], liegt der primäre Zweck der Art. 3 lit. k, l und n darin, die Konsumenten vor Vertragsschluss über die wesentlichen «tatsächlichen» Eckdaten des Konsumkreditvertrages zu informieren und damit in der Schaffung von **Transparenz**, damit diese im Hinblick auf einen allfälligen Vertragsschluss eine bewusste und rationale Entscheidung zu treffen vermögen. Allgemein – nicht nur im Bereich der Konsumkredite – sind öffentliche Auskündigungen geeignet, eine Produktauswahl nach rationalen Kriterien zu erschweren, da die Produkte darin weniger durch objektiv-sachliche Informationen als mit emotionalen, symbolträchtigen Argumenten vorgestellt werden[82]. Es drängt sich daher die **Frage** auf, **warum der Gesetzgeber gerade bezüglich öffentlicher Auskündigungen über Konsumkredite inhaltliche Vorgaben normiert** und ob dieser Eingriff in die Wirtschaftsfreiheit (Art. 27 BV)[83] zu rechtfertigen ist[84].

41

Ein Argument für die Rechtfertigung des Eingriffs ist darin zu erblicken, dass das Institut des Konsumkredites zwar unbestreitbare Vorteile zeitigt[85], jedoch auch in besonderem Masse geeignet ist, einzelne Konsumenten dazu **zu verführen, über ihre Verhältnisse zu leben**. Dies aufgrund der kaufspsychologisch bedeutsamen «Verniedlichung» des Kaufpreises durch dessen Zerlegung in eine Anzahl kleinerer Teilbeträge, womit der primäre Eindruck der relativ geringfügigen Einzelrate, verbunden mit dem Anreiz sofortigen Besitzerwerbs entsteht[86]. Ein weiteres Argument kann darin erblickt werden, dass die Konsumkreditwerbung eine «**spezifische Aggressivität**»[87] aufweist, was sich aus dem betriebswirtschaftlichen Umstand erklärt, dass die Zeitspanne zwischen Ausleihung und Rückfluss der

42

---

[81] Vgl. N 1 f.
[82] So bereits P. BRÜCKNER, Die informierende Funktion der Wirtschaftswerbung. Probleme und Problemwandel, Berlin 1967, 51 ff.
[83] Durch die Statuierung von Vorgaben betreffend die Werbung wird die Werbefreiheit, welche Bestandteil der Wirtschaftsfreiheit ist (vgl. Einl. N 59), tangiert (vgl. z.B. BGE 125 I 417, 422 f.).
[84] PEDRAZZINI/PEDRAZZINI, UWG, N 6.88, sind der Ansicht, besondere Vorschriften bezüglich öffentlicher Auskündigungen über Konsumkredite seien nicht erforderlich; DAVID/JACOBS, Wettbewerbsrecht, N 622 halten fest, es sei nicht einzusehen, warum in Bezug auf Konsumkredite die allgemeinen Grundsätze des Lauterkeitsrechts anders auszulegen seien als in den übrigen Branchen. Im schweizerischen Recht bestehen produktbezogene Werbevorschriften bezüglich verschiedener Waren und Dienstleistungen, nicht nur bezüglich Konsumkredite. Siehe für eine – allerdings nicht mehr in allen Teilen aktuelle – Übersicht über die produktbezogenen Werbevorschriften PUGATSCH, Werberecht, 115 ff. sowie DAVID/REUTTER, Werberecht, 287 ff.
[85] Es ist vor allem darauf hinzuweisen, dass wirtschaftlich schwächeren Konsumenten auf diese Weise der Zugang zum Markt eröffnet wird, welcher ihnen verschlossen bliebe, würde allein auf ihre momentane finanzielle Leistungsfähigkeit abgestellt, BK-GIGER, Teil I N 11.
[86] DAVID/REUTTER, Werberecht, 339; GUHL/KOLLER, Das Schweizerische Obligationenrecht, 9. Aufl., Zürich 2000, § 41 N 53; CHK-A. BRUNNER, KKG 1–42 N 1.
[87] So BK-GIGER, Teil II N 37.

Darlehensvaluta kurz bemessen ist (hohe Kapitalumschlagshäufigkeit)[88] und die Kreditanbieter somit ihr Kapital laufend neu platzieren müssen, soll es nicht brachliegen. Unter Berücksichtigung dieser Aspekte erweist sich der durch die Art. 3 lit. k, l und n vorgenommene Eingriff in die Wirtschaftsfreiheit der Konsumkreditgeber sowohl als im öffentlichen Interesse liegend als auch als verhältnismässig.

43 Die **inhaltlichen Vorgaben** hinsichtlich öffentlicher Auskündigungen über Konsumkredite können in **drei Kategorien** unterteilt werden: In eine Vorgabe betreffend das Verbot anonymer Werbung («Eindeutige Bezeichnung der Firma»), in eine Vorgabe zur Statuierung einer Warnklausel (Art. 3 lit. n) sowie in mehrere Vorgaben zu detaillierter Werbung[89]. **Fraglich ist,** ob die Art. 3 lit. k, l und n einen **abschliessenden Charakter aufweisen,** oder ob gestützt auf die Generalklausel (Art. 2) im Einzelfall weitere Angaben zu treffen sind[90].

44 Den inhaltlichen Vorgaben gemäss Art. 3 lit. k, l und n ist **unabhängig** davon nachzukommen, ob die Kundschaft bei einer Verletzung dieser Vorgaben einer **Gefahr der Täuschung oder Irreführung** ausgesetzt wäre[91].

b) Öffentliche Auskündigung, welche sich an Konsumenten richtet

45 Im UWG findet sich keine Definition des Begriffs «öffentliche Auskündigung»[92]. Gemäss der Botschaft KKG 1978[93] und der bundesgerichtlichen Rechtsprechung[94] sind darunter «grundsätzlich alle **Werbeveranstaltungen**, die sich **nicht an** einen **klar bestimmten und begrenzten Kreis von Personen richten**» zu subsumieren.

46 Als Ausgangspunkt zur Bestimmung des **Begriffs der Auskündigung i.S.v. Art. 3 lit. k, l und n** dient mithin der Terminus der Werbung. Letzterer Begriff wird

---

[88] BK-GIGER, Teil II N 37.
[89] Vgl. auch STREULI-YOUSSEF, SIWR V/1, 112 f.
[90] Vgl. BK-GIGER, Teil II N 846. Dem von GIGER zitierten BGE 120 IV 287, 295 («Bank Prokredit») kann allerdings nicht entnommen werden, dass es sich bei den Art. 3 lit. k, l und n um eine abschliessende Regelung handelt. Vgl. N 11.
[91] T. WYLER, Werbung mit dem Preis als unlauterer Wettbewerb, Basel/Frankfurt 1990, 132.
[92] Art. 3 der inzwischen aufgehobenen Ausverkaufsverordnung (Verordnung über Ausverkäufe und ähnliche Veranstaltungen vom 14. Dezember 1987, SR 241.1) enthielt den ähnlichen Begriff der «öffentlichen Ankündigung». Denkbar ist daher, die zur Ausverkaufsverordnung entwickelten Grundsätze analog anzuwenden (so STREULI-YOUSSEF, SIWR V/1, 111 f.; das BGer hat allerdings in BGE 120 IV 287 («Bank Prokredit») sowie in BGE 117 IV 364 nicht auf die zur Ausverkaufsverordnung entwickelten Grundsätze verwiesen).
[93] Botschaft des Bundesrates an die Bundesversammlung betreffend den Entwurf zu einem Bundesgesetz über den Konsumkredit vom 12. Juni 1978, BBl 1978 II 485 ff., 606, 608.
[94] BGE 117 IV 364, 365 f., BGE 120 IV 287, 290 («Bank Prokredit»), jeweils mit Verweis auf die Botschaft des Bundesrates an die Bundesversammlung betreffend den Entwurf zu einem Bundesgesetz über den Konsumkredit vom 12. Juni 1978, BBl 1978 II 485 ff.

sowohl im allgemeinen Sprachgebrauch als auch in den Gesetzen uneinheitlich verwendet[95], kann aber als «jegliche an die Marktgegenseite gerichtete Kommunikationsmassnahme gewerblicher Art, ... die bezweckt, eigene Produkte oder Dienstleistungen abzusetzen oder den Absatz von Produkten oder Dienstleistungen von Dritten zu mindern bzw. zu behindern und nachfrageseitig unverlangt ergriffen wird», verstanden werden[96]. Abzugrenzen ist die Werbung einerseits von individuellen Angaben, welche im Rahmen von Vertragsverhandlungen vorgenommen werden[97]. Ebenfalls von der Werbung abzugrenzen sind die sog. Verkaufsmethoden. Gemäss bundesgerichtlicher Rechtsprechung ist für diese Abgrenzung entscheidend, ob der mögliche Abnehmer persönlich und direkt angesprochen wird (Verkaufsmethode) oder nicht (Werbemethode)[98]. Mit Blick auf die gleichgelagerte Schutzbedürftigkeit der Konsumenten sowohl bei einer persönlichen als auch bei einer «unpersönlichen» Ansprache, sollten aber auch flächendeckende oder zumindest systematisch betriebene Verkaufsmethoden (z.B. flächendeckendes oder systematisch betriebenes Direktmarketing mittels Telefon) als Auskündigung qualifiziert werden. Der **Begriff der Auskündigung** i.S.v. Art. 3 lit. k, l und n ist insofern weiter zu fassen als der Begriff der Werbung in seinem herkömmlichen Sinne[99].

Zu berücksichtigen ist aber, dass es bei einer persönlichen und direkten Ansprache von Abnehmern oft fraglich sein dürfte, ob die Ansprache öffentlich (sic!) erfolgt ist und daher als öffentliche Auskündigung unter Art. 3 lit. k, l und n subsumiert werden kann[100]. Weiter ist zu berücksichtigen, dass sich die Art. 3 lit. k, l sowie n gemäss Lehre nicht auf die sog. **reine Erinnerungswerbung** (Werbung, welche sich auf ein bestimmtes Unternehmen oder Marktprodukt bezieht), sondern ausschliesslich auf die «eigentliche Kreditwerbung» bezieht (Werbung, die sich auf eine bestimmte Dienstleistung bezieht)[101]. Das Bundesgericht lässt demgegenüber offen, ob und inwieweit reine Erinnerungswerbung unter den Begriff der Auskündigung zu subsumieren ist[102]. Vielmehr hat es festgehalten, dass eine Auskündigung i.S. des UWG vorliegt, sobald eine Werbung so beschaffen ist, dass sie – und sei es auch nur visuell und implizit – die Vorteile von Kleinkrediten betont (z.B., dass die zum Erwerb von Gütern und Dienstleistungen erforderlichen Mittel auf diese Weise

47

---

[95] Vgl. Einl. N 5.
[96] Vgl. Art. 13a N 17.
[97] Vgl. hierzu Art. 13a N 18.
[98] Vgl. hierzu BGer sic! 2003, E. 3.1 («Telefaxverzeichnis»).
[99] Vgl. Art. 3 lit. h N 6, wonach manche Verkaufsmethoden gemäss Art. 3 lit. h als Werbung im Sinne anderer Bestimmungen des UWG gelten können.
[100] Vgl. N 48.
[101] SCHWENNINGER, Werbe- und Verkaufsmethoden, N 5.81; DAVID, Werberecht, 186; CHK-FERRARI HOFER/VASELLA, Art. 3 UWG N 110; selbstverständlich fällt aber reine Erinnerungswerbung mit unrichtigen oder irreführenden Angaben unter das allgemeine Täuschungsverbot von Art. 3 lit. b UWG.
[102] In diese Richtung auch BK-GIGER, Teil II N 842, der aus BGE 120 IV 287, 295 («Bank Prokredit») folgert, dass «die vom Gesetz verlangten Angaben in der Regel bei einer Erinnerungswerbung ausfallen ...».

einfach beschafft werden können), ohne die Kosten zu erwähnen, welche dem Kreditnehmer daraus erwachsen[103]. So hat das Bundesgericht Plakat- und Zeitungsanzeigen einer Bank, auf welchen ein Bündel von Tausendernoten sichtbar war, die anstelle der Zahl 1000 die Zahl 2000 trugen und auf denen Personen mit der Hand auf diverse Gegenstände zeigten, sowie welche mit dem Slogan «pour un prêt personnel» versehen waren, als (öffentliche) Auskündigungen UWG qualifiziert[104]. Die abstrakte Abgrenzung zwischen reiner Erinnerungswerbung und Kreditwerbung als solche kann für die **Unterstellung von Werbung unter** die **Art. 3 lit. k–n** tatsächlich nicht entscheidend sein. Vielmehr ist von Bedeutung, **ob** die **Werbung explizit oder implizit auf** die **Vorteile von Konsumkrediten hinweist** bzw. dazu animiert, die notwendigen Mittel zur Beschaffung von Konsumgüter über einen Kredit aufzunehmen[105], besteht der Zweck der Art. 3 lit. k, l und n doch darin, eine rationale Entscheidung über den Abschluss eines Konsumkreditvertrages zu ermöglichen, so dass mit der Nennung der Vorteile zugleich auch die Nachteile dieses Institutes darzulegen sind[106].

48 Die **Auskündigung des Konsumkredites** hat **öffentlich** zu erfolgen, damit die Art. 3 lit. k, l und n zur Anwendung gelangen. Diese Voraussetzung ist erfüllt, wenn sich die Werbung nicht an einen klar bestimmten und abgegrenzten Personenkreis richtet[107]. Als Beispiele für eine öffentliche Auskündigung genannt werden z.B. Plakatwerbung, Streuprospekte, Werbung durch Anzeigen in Tageszeitungen, Werbung im Internet oder Werbespots in Radio und Fernsehen sowie Angebote in frei zugänglichen und rege frequentierten Geschäftsräumen[108]. Massenbriefe sollen immer dann als öffentlich betrachtet werden, wenn die Empfängeradressen von einem Adresshändler gekauft werden bzw. einem öffentlichen Verzeichnis entnommen werden, nicht jedoch, wenn die Empfangsadressen auf den Adressen des Kundenstammes beruhen[109]. Konsequenterweise hat dasselbe für per e-mail versandte Konsumkreditwerbung sowie für per Telefon-Direktmarketing vorgenommene Werbung zu gelten.[110]

---

[103] BGE 120 IV 287, 295 («Bank Prokredit»).
[104] BGE 120 IV 287, 288 («Bank Prokredit»).
[105] VON BÜREN/MARBACH/DUCREY, Immaterialgüter- und Wettbewerbsrecht, N 1194.
[106] So auch DAVID/JACOBS, Wettbewerbsrecht, N 624, die nähere Angaben in der Werbung fordern, sobald suggeriert werde, die zur Beschaffung von Konsumgütern erforderlichen Mittel mittels eines Konsumkredites zu erlangen.
[107] Botschaft des Bundesrates an die Bundesversammlung betreffend den Entwurf zu einem Bundesgesetz über den Konsumkredit vom 12. Juni 1978, BBl 1978 II 485 ff., 606, 608; BGE 117 IV 364, 365 f.; BGE 120 IV 287, 290 («Bank Prokredit»), jeweils mit Verweis auf die Botschaft KKG 1978, jeweils mit Verweis auf die Botschaft KKG 1978 III 485 ff., 606, 608.
[108] DAVID, Werbung, 188 f.; BAUDENBACHER/GLÖCKNER, Kommentar UWG, Art. 3 lit. k N 9.
[109] Vgl. DAVID, Werbung, 188.
[110] In Bezug auf per e-mail versandte Konsumkreditwerbung ist zu berücksichtigen, dass der Tatbestand des Art. 3 lit. o UWG auch erfüllt sein kann, wenn die Empfangsadressen der e-mail aus den Adressen des Kundenstammes beruhen (vgl. D. ROSENTHAL/Y. YÖHRI, Handkommentar

Schliesslich ist zu beachten, dass sich die öffentliche **Werbung an (potentielle) Konsumenten**[111] i.S.v. **Art. 3 KKG** («... jede natürliche Person, die einen Konsumkreditvertrag zu einem Zweck schliesst, der nicht ihrer beruflichen oder gewerblichen Tätigkeit zugerechnet werden kann ...») richten muss[112]. Dies ergibt sich aus dem Zweck der Normen, wonach inhaltliche Vorgaben primär darum statuiert werden, um den Konsumenten (sic!) eine rationale Entscheidung über den Abschluss eines Konsumkreditvertrages zu ermöglichen. 49

c) **Angaben bei Barkrediten i.S. des KKG**

aa) Eindeutige Bezeichnung der Firma

Die Pflicht der Kreditgeberin, ihre Firma[113] eindeutig zu bezeichnen, folgt bereits aus Art. 3 lit. b[114]. Die Aufführung dieses Erfordernisses in den Art. 3 lit. k und l hat daher lediglich **klarstellende Funktion**. 50

Durch die eindeutige Bezeichnung der Firma wird den Konsumenten die **zweifelsfreie und mühelose Identifikation der Kreditgeberin** ermöglicht[115]. Damit besteht für (potentielle) Konsumkreditbezüger die Möglichkeit, mit der Kreditgeberin mühelos in Kontakt zu treten[116]. Des Weiteren sollen die Konsumenten durch die zwingende Angabe des (Wohn-)Sitzes der Kreditgeberin auch davor geschützt werden, unbeabsichtigt mit einer ausländischen Kreditgeberin einen Vertrag einzugehen und gegebenenfalls vor einem ausländischen Gericht klagen zu müssen[117]. Diese Problematik wird mittlerweile dadurch entschärft, dass gemäss Art. 14 Abs. 1 LugÜ (i.V.m. Art. 114 Abs. 1 lit. a IPRG) resp. Art. 16 Rev. LugÜ für Verbraucher[118] die Möglichkeit besteht, vor einem Gericht an ihrem 51

---

zum Datenschutzgesetz sowie weiteren, ausgewählten Bestimmungen, Zürich 2008, Art. 3 Bst. o UWG N 19).
[111] Zum Begriff des Konsumenten im UWG sowie zu möglichen Konsumentenleitbildern bzw. -modelle vgl. Art. 1 N 33 ff.
[112] A.A. ohne Begründung CHK-FERRARI HOFER/VASELLA, Art. 3 UWG N 109.
[113] Unter dem Begriff Firma ist der für den Handelsverkehr gewählte Name des Trägers eines Unternehmens zu verstehen (vgl. hierzu A. MEIER-HAYOZ/P. FORSTMOSER, Schweizerisches Gesellschaftsrecht, 10. Aufl., Bern 2007, § 7 N 9 f.).
[114] Vgl. auch SLK-Grundsatz Nr. 3.1. zur «Firmengebrauchspflicht in der Werbung»; a.A. DAVID/ JACOBS, Wettbewerbsrecht, N 190, die dafürhalten, dass in der Werbung die Firma nicht eindeutig bezeichnet werden müsse.
[115] Vgl. BK-GIGER, Teil II N 848.
[116] Vgl. STREULI-YOUSSEF, SIWR, 112; DAVID, Werbung, 190.
[117] DAVID, Werbung, 190; BK-GIGER, Teil II N 848.
[118] Der Begriff des «Verbrauchers» i.S. des LugÜ ist vertragsautonom auszulegen (vgl. EuGH C-464/01, Johann Gruber gegen Bay Wa AG, Slg. 2005, I-439, N 31), entspricht jedoch der Definition des Konsumenten i.S. von Art. 3 KKG. Denn als Verbraucher i.S. des LugÜ ist – in Übereinstimmung mit Art. 3 KKG – eine natürliche Person zu qualifizieren, die einen Vertrag zu einem Zweck schliesst, der nicht ihrer beruflichen oder gewerblichen Tätigkeit zugerechnet

Wohnsitz zu klagen, falls eine Streitigkeit aus einem Verbrauchervertrag nach Art. 13 LugÜ resp. Art. 15 Rev. LugÜ (vgl. im Kontext dieser Kommentierung Art. 13 Ziff. 2 LugÜ bzw. Art. 15 Abs. 1 Rev. LugÜ) vorliegt. Auch das IPRG eröffnet den Konsumenten[119] bei Vorliegen eines Konsumentenvertrages i.S.v. Art. 120 Abs. 1 IPRG die Möglichkeit, an ihrem Wohnsitz eine Klage anzuheben (vgl. Art. 114 Abs. 1 lit. a IPRG).

52 Zu Recht weist GIGER darauf hin, dass der Zweck der **Pflicht zur eindeutigen Bezeichnung der Firma noch weiter zu fassen** ist: Um eine möglichst freie Willensbildung und rationale Entscheidung der Konsumenten zu ermöglichen, muss für diese die Möglichkeit bestehen, den «ökonomischen wie anderweitigen» Stellenwert der Kreditgeberin im Vergleich zur Konkurrenz abschätzen zu können[120]. Entsprechend müssen die Konsumenten in die Lage versetzt werden, Informationen zum Stellenwert der Kreditanbieter zu erlangen.

53 Aus den obigen Ausführungen folgt, dass die Pflicht zur eindeutigen Bezeichnung der Firma zwingend mindestens die **Angabe folgender Punkte** gebietet:

– Firma gemäss Eintrag im Handelsregister.
– Domizil des Hauptsitzes oder des Sitzes einer schweizerischen Zweigniederlassung der Kreditgeberin, inklusive Angabe der geographischen Adresse (Strasse, Hausnummer, Postleitzahl)[121].

54 Geht man zudem mit GIGER von einer extensiven Auslegung dieser inhaltlichen Vorgabe aus, müssen den Konsumenten **auch Informationen** zur Verfügung gestellt werden, die einen **Einblick** in das **Innenleben der Kreditgeberin** ermöglichen (z.B. Angabe der Homepageadresse, falls auf der Homepage das Unternehmen als solches vorgestellt wird)[122].

---

werden kann (vgl. F. POCAR, Erläuternder Bericht zu dem am 30. Oktober 2007 in Lugano unterzeichneten Übereinkommen über die gerichtliche Zuständigkeit und die Anerkennung und Vollstreckung gerichtlicher Entscheidungen in Zivil- und Handelssachen, überarbeiteter Vermerk, N 80, abrufbar unter www.ejpd.admin.ch/etc/medialib/data/wirtschaft/ipr.Par.0032.File.tmp/berpocar-d.pdf, zuletzt besucht am 20. Februar 2010).

[119] Als Konsumenten i.S. des IPRG sind Personen zu qualifizieren, welche die Vertragsleistung zu persönlichem oder familiärem Gebrauch entgegennehmen; diese Leistung darf mithin nicht mit der beruflichen oder gewerblichen Tätigkeit dieser Person im Zusammenhang stehen (ZK IPRG-KOLLER/KREN KOSTKIEWICZ, Art. 120 N 25). Konsumenten i.S.v. Art. 3 KKG sind mithin auch als Konsumenten i.S. des IPRG zu qualifizieren.
[120] BK-GIGER, Teil II N 848.
[121] A.A bezüglich der Pflicht zur Nennung der geographischen Adresse DAVID, Werbung, 190.
[122] BK-GIGER, Teil II N 848.

bb)   Angabe über bestimmte Vergleichsgrössen

Folgende Vergleichsgrössen müssen gemäss Art. 3 lit. k angegeben werden:

- Der **Nettobetrag** des Kredites nach Art. 9 Abs. 2 lit. a KKG. Hierunter ist die Summe zu verstehen, die dem Konsumenten unter Abzug sämtlicher mit der Kreditgewährung verbundenen Nebenkosten zur Deckung seiner Bedürfnisse verbleibt[123].
- Die **Gesamtkosten** des **Kredites**. Gemäss Art. 5 KKG fallen hierunter sämtliche Kosten, inklusive der Zinsen (Art. 6 und 33 KKG) und sonstigen Kosten (Art. 34 KKG), welche der Konsument für den Kredit zu bezahlen hat[124].
- Der **effektive Jahreszins**, dessen Berechnung sich nach der im Anhang 1 zum KKG aufgeführten Formel richtet (vgl. Art. 33 Abs. 1 KKG). Gemäss Art. 6 KKG drückt der effektive Jahreszins die Gesamtkosten des Kredites für den Konsumenten in Jahresprozenten des gewährten Kredites aus.
- Allerdings ist zu berücksichtigen, dass in **gewissen Konstellationen** die **Angabe** eines effektiven Jahreszinses gar **nicht möglich** ist, z.B. bei Festkrediten mit unbestimmter Laufzeit oder bei Rahmenkrediten[125]. Für solche Fälle hält Art. 9 Abs. 2 lit. b KKG fest, dass der Jahreszins[126] anzugeben ist, worunter der Nominalzinssatz zu verstehen ist, mit dem der Kredit im Jahr verzinst wird. Demgegenüber enthält Art. 3 lit. k (wie auch Art. 3 lit. l) keine Ersatzregelung. U.E. sind die Art. 3 lit. k sowie l diesbezüglich lückenhaft, so dass in Fällen, in denen die Angabe eines effektiven Jahreszinses nicht möglich ist, eine möglichst ähnliche Grösse, also zumindest der **Nominalzinssatz,** mit dem der Kredit im Jahr verzinst wird, angegeben werden muss.

Ein Problem hinsichtlich der Aufführung dieser Vergleichsgrössen könnte in dem Umstand erblickt werden, dass die Kreditgeberin in aller Regel Kredite gewährt, welche in Bezug auf Höhe, Dauer und Zinsfuss erheblich variieren und die Kreditgeberin im Werbestadium gar nicht oder zumindest nicht genau wissen kann, «welche Kreditsumme mit welcher Laufzeit ... vom potenziellen Kunden nachgefragt wird»[127]. Selbstverständlich können im Rahmen einer öffentlichen Auskündigung nicht sämtliche Varianten aufgeführt werden. Vielmehr begnügen sich das Bundesgericht und die Lehre mit der **Angabe** eines **aktuellen Zahlenbeispiels**[128], auch wenn durch die Nennung lediglich eines Exempels

---

[123] BK-GIGER, Teil II N 99.
[124] Vgl. CHK-A. BRUNNER, KKG 1–42 N 39; DAVID, Werbung, 185 Fn. 63.
[125] So R. SIMMEN, Barkredit und Teilzahlungsverträge unter dem neuen Konsumkreditgesetz, in: Hess/Simmen (Hrsg.), Das neue Konsumkreditgesetzt (KKG), Zürich/Basel/Genf 2002, 35 ff., 46 Fn. 61; BK-GIGER, Teil II N 100.
[126] Sowie die bei Vertragsschluss in Rechnung gestellten Kosten.
[127] LINDER, Konsumentenschutz, 145.
[128] BGE 120 IV 287, 296; DAVID/REUTTER, Werberecht, 340; DAVID/JACOBS, Wettbewerbsrecht, N 624.

Markttransparenz nur in bescheidenem Rahmen geschaffen werden kann. Damit die (bescheidene) Schaffung von Markttransparenz überhaupt möglich ist, muss das Zahlenbeispiel für die beworbene Kreditart **repräsentativ** sein[129]; dies bedeutet z.B., dass sich der aufgeführte Nettobetrag des Kredites in einem Rahmen zu bewegen hat, für welchen erfahrungsgemäss regelmässig ein nachfrageseitiger Bedarf besteht.

57 Die oben genannten **Vergleichsgrössen** sind **gut sichtbar anzugeben,** d.h., der Konsument muss die Angaben in zumutbarer Weise zur Kenntnis nehmen können[130]. Zwar mag dadurch die Attraktivität einer öffentlichen Auskündigung über einen Kredit erheblich gemindert werden. Dies rechtfertigt es jedoch nicht, von der Erwähnung der gesetzlich vorgeschriebenen Vergleichsgrössen abzusehen[131].

cc) Warnklausel

58 Art. 3 lit. n schreibt vor, dass öffentliche Auskündigungen über Barkredite den Hinweis enthalten müssen, «dass die **Kreditvergabe verboten** ist**, falls sie zur Überschuldung** der **Konsumentin** oder des **Konsumenten führt**». Als überschuldet hat dabei zu gelten, wer im Zeitpunkt des Vertragsschlusses nicht kreditfähig ist[132], d.h. grundsätzlich, wer den Kredit nicht zurückzahlen kann, ohne den nicht pfändbaren Teil des Einkommens nach Art. 93 Abs. 1 SchKG beanspruchen zu müssen (Art. 28 Abs. 2 KKG). Sonderregelungen für die Bestimmung der Kreditfähigkeit gelten in Bezug auf Leasingverträge und Überziehungskredite, sofern diese nach Art. 1 Abs. 2 KKG überhaupt dem Konsumkreditgesetz unterstellt sind (vgl. Art. 29 und 30 KKG).

59 Art. 3 lit. n wird in der Literatur als **Warnklausel** bezeichnet[133]. Solche Klauseln finden sich im schweizerischen Werberecht auch an anderer Stelle, z.B. bezüglich Arzneimitteln in Art. 17 AWV[134] oder bezüglich Tabakwaren in Art. 12 TabV[135]. Vergleicht man Art. 3 lit. n mit den vorgenannten Bestimmungen, fällt auf, dass letztere vor der Gefährlichkeit des beworbenen Produktes warnen, während die Warnklausel im UWG primär auf die (vermeintliche) rechtliche Situation aufmerksam macht[136]. Nur mittelbar findet sich darin die Warnung, dass die Vergabe eines

---

[129] Vgl. Erwägungsgrund 19 der RL 2008/48/EG.
[130] Vgl. auch PUGATSCH, Werberecht, 166.
[131] BGE 120 IV 287, 296.
[132] BK-GIGER, Teil II N 857.
[133] DAVID, Werbung, 192; BK-GIGER, Teil II N 854.
[134] Verordnung vom 17. Oktober 2001 über die Arzneimittelwerbung (SR 812.212.5).
[135] Verordnung vom 27. Oktober 2004 über Tabakerzeugnisse und Raucherwaren mit Tabakersatzstoffen (SR 817.06).
[136] PUGATSCH bezeichnet die durch Art. 3 lit. n statuierte inhaltliche Vorgabe denn auch nicht als «Warnklausel», sondern als «legal line», siehe PUGATSCH, Werberecht, 166.

Konsumkredites zur Überschuldung des Konsumenten führen kann. Insofern stellt Art. 3 lit. n **keine Warnklausel im herkömmlichen Sinne** dar.

Aufgrund des Wortlautes von Art. 3 lit. n ist davon auszugehen, dass die darin enthaltene **Formulierung wortgetreu wiederzugeben** ist, anderslautende Formulierungen mithin unzulässig sind[137]. Obwohl Art. 3 lit. n dies nicht explizit festhält, muss die Warnklausel von den Konsumenten in **zumutbarer Weise zur Kenntnis genommen** werden können[138]. Während bei rein akustischer Werbung (diesbezüglich ist v.a. an Radiowerbung zu denken) die Warnklausel gesprochen werden muss, lässt sich dem Wortlaut von Art. 3 lit. n nicht entnehmen, dass im Rahmen von Fernsehwerbung eine mündliche Wiedergabe der Klausel zu erfolgen hat[139].

60

Der Inhalt der Warnklausel sieht sich in der Literatur **Kritik** ausgesetzt[140]: Es wird vorgebracht, der Warnhinweis sei eher kontraproduktiv, da er den Konsumenten in Sicherheit wiege, weil dieser vielleicht annehmen könnte, «bekannte Schweizer Unternehmen machen nichts Verbotenes»[141]. Zudem wird geltend gemacht, dass in öffentlichen Auskündigungen auf ein «Verbot» hinzuweisen ist, welches rechtlich gar nicht existiert[142]. In der Tat statuiert das KKG kein Verbot, einen Kredit trotz Überschuldung des Konsumenten zu gewähren, sondern hält lediglich fest, dass die Kreditgeberin bei einem Verstoss gegen die Bestimmungen über die Kreditfähigkeitsprüfung die Zinsen und Kosten des Kredits, in qualifizierten Fällen zusätzlich auch den gewährten Kredit selber, verliert (vgl. Art. 32 KKG)[143]. **Art. 3 lit. n vermag** ein **solches Verbot nicht zu statuieren,** da diese Bestimmung aufgrund ihrer systematischen Stellung «nur» die Funktion hat, inhaltliche Angaben für die

61

---

[137] So auch STAUDER, SPR X, 263 Fn. 246, mit folgenden Beispielen: «Nur für kreditfähige Konsumenten» resp. «Wir gewähren nur Kredite, wenn damit keine Überschuldung droht». A.A. F. KÜNG, Kredit- und Kundenkarten, in: M. Hess/R. Simmen (Hrsg.), Das neue Konsumkreditgesetz (KKG), Zürich/Basel/Genf 2002, 89 ff., 110, in Bezug auf die Formulierung «Nur für kreditfähige Konsumenten». Problematisch an dieser Formulierung ist, dass sie nicht explizit darauf hinweist, dass der Bezug eines Konsumkredites zur Überschuldung des Konsumenten führen kann.

[138] DAVID, Werbung, 192, führt auf, wann eine Warnklausel «leicht lesbar ist». Zur Bestimmung der Zumutbarkeit können auch die für die Arzneimittelwerbung geltenden Kriterien (vgl. Art. 17 AWV) analog angewendet werden.

[139] So auch DAVID, Werbung, 193.

[140] Generell kritisch zum Nutzen von Warnklauseln DAVID, Werbung, 193, welcher ausführt, dass Warnklauseln bisher «keinen oder ... keinen nennenswerten Einfluss auf das Konsumverhalten der Bürger haben. Sie stellen sehr oft eine Alibiübung dar, die der Branche zwar nicht besonders weh tut, die Politiker aber zu beruhigen scheint.»

[141] I. EGETER, Leasing und Compliance, in: A. Koller (Hrsg.), Leasingrecht – ausgewählte Fragen, Bern 2007, 57 ff., 75 Fn. 53.

[142] SCHÖBI, Überblick, 23.

[143] Anders, unter dem Geltungsbereich des aKKG, das Recht des Kantons Neuenburgs: In der loi sur la police du commerce (Art. 68) wurde die Gewährung eines Konsumkredites verboten, falls dieser Kredit zu einer Überschuldung des Kreditnehmers führen würde.

Konsumkreditwerbung zu statuieren, nicht jedoch, die im KKG normierte Regelung des Konsumkreditvertrages zu modifizieren[144].

62 **Fraglich** ist, ob ein Weglassen der Warnklausel **nur dann die spezifischen Rechtsfolgen nach UWG** auslösen sollte, **falls** die **Konsumkreditgewährung bei** einem **Konsumenten tatsächlich zur Überschuldung führt,** d.h., der Konsument im Zeitpunkt des Vertragsschlusses nicht kreditfähig war. Mit der Argumentation, Schutzobjekt von Art. 3 lit. n sei der konkrete Konsument bzw. die konkrete Überschuldung, die Abklärung einer etwaigen Überschuldung sei im Zeitpunkt der öffentlichen Auskündigung aber gar nicht möglich, geht GIGER[145] davon aus, dass die spezifischen Rechtsfolgen nur zur Anwendung gelangen, falls im konkreten Fall die Kreditfähigkeit zu verneinen ist. Dieser Argumentation ist entgegenzuhalten, dass die ratio legis von Art. 3 lit. n weiter zu fassen ist, nämlich darin besteht, losgelöst vom Einzelfall vor der «Schuldenfalle Konsumkredit» zu warnen. Mithin kann für die Frage, wann ein Weglassen der Warnklausel die spezifischen Rechtsfolgen nach UWG auszulösen vermag, nicht auf den konkreten Einzelfall abgestellt werden.

d) **Angaben bei Waren- und Dienstleistungskrediten (Finanzierungskrediten)**

aa) Eindeutige Bezeichnung der Firma

63 Gemäss Art. 3 lit. l bezieht sich die **Pflicht zur eindeutigen Bezeichnung** auch auf Finanzierungskredite. Es kann diesbezüglich auf die Ausführungen unter N 50 ff. verwiesen werden.

bb) Angabe über bestimmte Vergleichsgrössen

64 **Folgende Vergleichsgrössen sind** gemäss Art. 3 lit. l im Rahmen einer öffentlichen Auskündigung über Finanzierungskredite **aufzuführen**:

---

[144] Dies zeigt auch die im Rahmen der parlamentarischen Debatte zu Art. 3 lit. n ergangene Äusserung der damaligen Nationalrätin SIMONETTA SOMMARUGA: «Es ist aber verboten, Konsumkredite zu vergeben, wenn diese zur Überschuldung führen ... *Deshalb* brauchen wir den Satz, dass es verboten ist, Konsumkredite abzugeben, sofern diese zur Überschuldung von Konsumenten und Konsumentinnen führen» (Amtl. Bull. NR 2001, 180). Es wurde bei den parlamentarischen Beratungen somit zumindest teilweise davon ausgegangen, dass vor Erlass dieser Norm ein Verbot bestand, Konsumkredite zu gewähren, falls die Vergabe zur Überschuldung des Konsumenten führt.

[145] BK-GIGER, Teil II N 856 f.

- Den **Barzahlungspreis** nach Art. 10 lit. b KKG. Hierunter ist der Preis zu verstehen, den die Konsumenten zu entrichten hätten, wenn er bei Übergabe der Sache resp. der Vornahme der Dienstleistung entrichtet worden wäre[146].
- Der **Preis, der im Rahmen** des **Kreditvertrages zu bezahlen** ist, d.h., der effektiv zu zahlende Preis für die Ware oder Dienstleistung. Durch eine Subtraktion des Barzahlungspreises vom Preis, der im Rahmen des Kreditvertrages zu entrichten ist, kann der Konsument die Gesamtkosten des Kredits ermitteln. Durch die Offenlegung der kreditbedingten Mehrbelastung soll der Kreditnehmer auf die Mehrkosten, die mit einem Finanzierungskredit verbunden sind, aufmerksam gemacht werden[147].
- Der **effektive Jahreszins** resp. der **Jahreszins**. Hierzu kann auf die Ausführungen unter N 55 verwiesen werden.

Im Übrigen ist auf die Ausführungen unter N 56 f. zu verweisen. 65

cc) Warnklausel

Die **Pflicht** zur Wiedergabe der **Warnklausel** besteht gemäss Art. 3 lit. n auch bei öffentlichen Auskündigungen über Finanzierungskredite. Diesbezüglich kann auf die Ausführungen unter N 58 ff. verwiesen werden. 66

e) **Angaben bei Leasingverträgen und Überziehungskrediten i.S.v. Art. 1 Abs. 2 KKG**

aa) Vorbemerkung

Wie bereits festgehalten wurde, ist **umstritten**, ob die Art. 3 lit. k, l sowie n auf Leasingverträge und Überziehungskredite anwendbar sind. Wird diese Frage – wie im Rahmen der vorliegenden Kommentierung[148] – bejaht, so ist zu prüfen, welche inhaltlichen Vorgaben bei öffentlichen Auskündigungen betreffend diese Kreditarten zu erfüllen sind[149]. 67

Ausgangspunkt bildet dabei die Überlegung, dass sich Art. 3 lit. k seinem Wortlaut nach auf öffentliche Auskündigungen über «Konsumkredite» (sic!) bezieht, während sich in Art. 3 lit. l eine Beschränkung auf Finanzierungskredite findet[150]. Aus dem Umstand, dass sich nach Massgabe von Art. 1 Abs. 2 KKG (i.V.m. Art. 7 KKG) unter den Terminus «Konsumkredit» (i.S. des KKG) auch Leasingverträge 68

---

[146] Vgl. BSK OR I-KOLLER-TUMLER, Art. 9 KKG N 7. Umstritten ist, ob Rabatte, Skonti usw. beim Barzahlungspreis zu berücksichtigen sind oder nicht, vgl. hierzu BK-GIGER, Teil II N 115.
[147] BK-GIGER, Teil II N 115.
[148] Vgl. N 36 ff.
[149] Soweit ersichtlich, wird auf diese Problematik in der Literatur nicht eingegangen.
[150] Art. 3 lit. n umfasst demgegenüber sowohl «Konsumkredite» als auch Finanzierungskredite.

und Überziehungskredite subsumieren lassen, könnte geschlossen werden, die inhaltlichen Vorgaben für öffentliche Auskündigungen über diese Konsumkreditarten würden sich nach Art. 3 lit. k und Art. 3 lit. n bestimmen. Allerdings ist zu berücksichtigen, dass sich Leasingverträge und Warenkredite derart ähneln, dass sich die Abgrenzung zwischen diesen beiden Kreditarten mitunter sehr schwierig gestaltet[151]. Demgegenüber weisen die Überziehungskredite eine Ähnlichkeit mit den Barkrediten auf. Es rechtfertigt sich daher, die **inhaltlichen Vorgaben bezüglich öffentlicher Auskündigungen über Leasingverträge mutatis mutandis nach Art. 3 lit. l und Art. 3 lit. n** zu bestimmen, während sich die **Vorgaben bezüglich öffentlicher Auskündigungen über Überziehungskredite mutatis mutandis in Art. 3 lit. k und Art. 3 lit. n** finden.

bb) Eindeutige Bezeichnung der Firma

69 Demzufolge gilt auch bezüglich öffentlicher Auskündigungen über Leasingverträge und Überziehungskredite die **Pflicht zur eindeutigen Bezeichnung der Firma**. Es kann hierzu auf die Ausführungen unter N 50 ff. verwiesen werden.

cc) Angabe über bestimmte Vergleichsgrössen

aaa) Leasingverträge

70 In analoger Anwendung von Art. 3 lit. l sind **folgende Vergleichsgrössen anzugeben:**

– Der **Barzahlungspreis**. Hierunter ist der Barkaufspreis i.S.v. Art. 11 Abs. 2 lit. a KKG zu verstehen[152].
– Art. 3 lit. l schreibt die **Angabe des Preises** vor, «der im Rahmen des Kreditvertrages **zu bezahlen** ist». Ein eigentlicher «Preis» existiert im Bereich der Leasingverträge zwar nicht[153]. Aus dem Zweck der Angabe des effektiv zu zahlenden Preises beim Finanzierungskredit – den Konsumenten soll die «Rentabilität» des Geschäftes offengelegt werden[154] – ergibt sich jedoch, dass bei Leasingverträgen die Anzahl und Höhe der einzelnen Leasingraten sowie

---

[151] Vgl. hierzu N 31.
[152] Zur Ermittlung des Bar*kauf*preises i.S.v. Art. 11 Abs. 2 lit. a KKG siehe STAUDER, SPR X, 266. Gemäss STAUDER muss, falls der Kreditgeber mit dem Leasingobjekt auch Bargeschäfte tätigt, der bei diesen geltende Preis angegeben werden. Demgegenüber haben Kreditgeber, die nur Leasinggeschäfte tätigen, nach STAUDER den Listenpreis des Herstellers oder Importeurs des Leasingobjektes anzugeben, auch wenn es richtiger wäre, als Barkaufpreis den vom Leasinggeber effektiv gezahlten Kaufpreis zu qualifizieren.
[153] DAVID, Werbung, 174.
[154] Vgl. N 64.

die Gesamtsumme sämtlicher Leasingraten anzugeben ist (vgl. Art. 11 Abs. 2 lit. b KKG).
- Der **effektiver Jahreszins,** der sich auch hier nach der im Anhang 1 zum KKG aufgeführten Formel bestimmt[155]. Kann der effektive Jahreszins nach der vorgegebenen Formel gar nicht berechnet werden, ist der **Jahreszins** (d.h. der Nominalzinssatz, mit dem der Kredit im Jahr verzinst wird) anzugeben[156].

bbb) Überziehungskredite

In analoger Anwendung von Art. 3 lit. k sind **folgende Vergleichsgrössen anzugeben:** 71
- Der **Nettobetrag des Kredites** nach Art. 9 Abs. 2 lit. a KKG. Hinsichtlich dessen Bestimmung besteht bei Überziehungskrediten die Problematik, dass der in Anspruch genommene Kreditbetrag nicht von vornherein feststeht, sondern «nur» eine Kreditlimite festgesetzt wird[157]. DAVID ist zuzustimmen, wenn er postuliert, dass bei der Angabe des Nettobetrages des Kredites von der maximalen Ausschöpfung der Kreditlimite auszugehen ist[158].
- Die **Gesamtkosten des Kredites.** DAVID macht geltend, es gebe im Bereich der Überziehungskredite «naturgemäss keine Gesamtkosen des Kredits»[159]. An anderer Stelle weist er jedoch selber darauf hin, dass auch bei Überziehungskrediten Kreditkosten entstehen können und nennt als Beispiele hierfür «Zinsen, Kommissionen, Spesen usw.»[160]. Auch bezüglich der Festlegung der Gesamtkosten des Kredits besteht die Problematik, dass der in Anspruch genommene Kreditbetrag – und mithin auch die Kreditkosten – nicht von vornherein feststehen. Es sind daher die höchstens zu bezahlenden Kreditkosten, unter Annahme der maximalen Ausschöpfung des Kredites, offen zu legen, wobei es der Kreditgeberin frei steht, auf eine allfällige Verminderung der Kosten bei einem geringeren Kreditbezug resp. beschleunigter Rückzahlung hinzuweisen[161].

---

[155] Im Unterschied zum Barzahlungs- und zum Finanzierungskredit wird bei der Berechnung auf den Barkaufpreis des Leasingobjektes, dessen Restwert bei Vertragsende und die Leasingraten abgestellt (vgl. Art. 33 Abs. 4 KKG).
[156] Unklar BK-GIGER, Teil II N 129, der die Aufführung der bei Vertragsschluss in Rechnung gestellten Kosten verlangt, jedoch auch auf die Regelung von Art. 9 Abs. 2 lit. b KKG verweist.
[157] Hiervon abzugrenzen ist die Problematik, dass im Rahmen von Überziehungskrediten die Kreditgeberin unterschiedliche Kreditlimiten gewähren kann. Diesbezüglich genügt es, ein Beispiel aufzuführen, welches auf einer aktuell gewährten, repräsentativen Kreditlimite beruht (vgl. hierzu N 56).
[158] Vgl. DAVID, Werbung, 189.
[159] DAVID, Werbung, 174.
[160] DAVID, Werbung, 189.
[161] DAVID, Werbung, 189.

– Die **Berechnung eines effektiven Jahreszinses** ist bei Überziehungskrediten **nicht möglich,** da hier der effektiv in Anspruch genommene Kreditbetrag gar nicht zum vornherein feststehen kann[162]. Es ist daher in jedem Fall der **Nominalzinssatz,** mit dem der Kredit im Jahr verzinst wird, anzugeben.

dd) Warnklausel

72 In analoger Anwendung von Art. 3 lit. n ist auch bei öffentlichen Auskündigungen über Überziehungskredite und Leasingverträge der **Überschuldungshinweis einzufügen.** Es kann hierzu auf die Ausführungen unter N 58 ff. verwiesen werden.

3. Vorgaben hinsichtlich der Verwendung von Vertragsformularen

a) Einleitung

73 Art. 3 lit. m listet Punkte auf, die bei der Verwendung von Vertragsformularen richtig und vollständig aufzuführen sind, falls solche Formulare beim Angebot oder Abschluss eines Konsumkredit- oder Vorauszahlungsvertrages eingesetzt werden und die Verwenderin im Rahmen einer geschäftlichen Tätigkeit handelt. In dieser Bestimmung ist mithin ein **Fall «positiver Informationslastzuweisung»** an diejenige Partei zu erblicken, die «solches besser und effizienter leisten kann»[163].

74 Der Zweck von Art. 3 lit. m liegt einerseits darin, den Konsumenten zu ermöglichen, sich unmittelbar vor Vertragsschluss **über** ihre **grundlegenden Rechte und Pflichten** zu **informieren.** Damit soll der Vortäuschung einer unzutreffenden Rechtslage aufgrund von Rechtsunkenntnis vorgebeugt werden[164]. Andererseits kann sich der Konsument auch mit den **wesentlichsten «tatsächlichen» Gesichtspunkten des Vertrages** vertraut machen. Durch Art. 3 lit. m soll es den Formularverwendern darüber hinaus **verunmöglicht** werden, mittels unvollständiger Vertragsformulare einen **Wettbewerbsvorteil zu erlangen**[165].

---

[162] So R. HASELBACH, Überziehungskredit auf laufendem Konto gemäss neuem Konsumkreditgesetz, in: M. Hess/R. Simmen (Hrsg.), Das neue Konsumkreditgesetz (KKG), Zürich/Basel/Genf 2002, 113 ff., 131 f.; F. KÜNG, Kredit- und Kundenkarten, in: M. Hess/R. Simmen (Hrsg.), Das neue Konsumkreditgesetz (KKG), Zürich/Basel/Genf 2002, 89 ff., 107.
[163] LINDER, Konsumentenschutz, 146; BK-GIGER, Teil II N 852.
[164] BAUDENBACHER/GLÖCKNER, Kommentar UWG, Art. 3 lit. m N 2, 4. Festzuhalten ist an dieser Stelle, dass das planmässige Ausnutzen der Rechtsunkenntnis für unlauter gehalten wird, BAUDENBACHER/GLÖCKNER, Kommentar UWG, Art. 3 lit. m N 11.
[165] LINDER, Konsumentenschutz, 147.

Art. 3 lit. m statuiert selbst **keine inhaltlichen Vorgaben.** Vielmehr werden sämtliche in diesem Artikel aufgeführten **Informationspflichten an anderer Stelle vorausgesetzt**[166]. Allerdings kann daraus nicht geschlossen werden, dass dieser Artikel nur eine deklaratorische Bedeutung aufweisen würde: Durch das Festhalten der erforderlichen inhaltlichen Angaben im UWG wird den Mitkonkurrenten die Möglichkeit eröffnet, gegen fehlbare Konkurrenten vorzugehen, und es besteht die Möglichkeit, über Art. 9 negatorische und reparatorische Ansprüche durchzusetzen. Selbst wenn der Inhalt von Art. 3 lit. m aus Art. 2 herleitbar ist[167], dient diese Bestimmung zumindest der Rechtssicherheit und droht (i.V.m. Art. 23) strafrechtliche Sanktionen bei Zuwiderhandlung an.

75

b) Verwendung eines Vertragsformulars

In der Praxis operieren Kreditgeber meistens mit vorformulierten «Rohverträgen», welche im Hinblick auf den Einzelfall ergänzt oder teilweise angepasst werden müssen. Ausgehend von dieser Beobachtung, dürfte sich der Begriff des Vertragsformulars auf **Vertragsvorlagen** beziehen, **welche von Fall zu Fall mit individuellen Angaben ergänzt** («ausgefüllt») **werden** (bspw. sog. Templates); dabei ist gleichgültig, ob diese Vorlagen in gedruckter oder in elektronischer Form vorliegen[168].

76

Fraglich ist, ob die **Vertragsformulare zur mehrfachen Benutzung** vorgesehen sein müssen, um vom Geltungsbereich des Art. 3 lit. m umfasst zu werden. BAUDENBACHER/GLÖCKNER halten hierzu fest, dass der Normzweck von Art. 3 lit. m darin zu erblicken sei, der Vortäuschung einer unzutreffenden Rechtslage aufgrund von Rechtsunkenntnis vorzubeugen; des Weiteren merken sie an, dass «nur» das planmässige Ausnutzen von Rechtsunkenntnis für unlauter gehalten werde und die Planmässigkeit bei unrichtigen oder unvollständigen Individualverträgen jedenfalls nicht zu unterstellen sei[169]. Aufgrund dieser Überlegung folgern sie zu Recht, dass Vertragsvorlagen, welche lediglich für einen konkreten Einzelfall konzipiert werden, Art. 3 lit. m nicht unterstehen[170]. Dies ergibt sich auch aus dem Umstand, dass dann kein eigentliches Formular vorliegt, sondern schlicht der Vertragstext.

77

---

[166] BAUDENBACHER/GLÖCKNER, Kommentar UWG, Art. 3 lit. m N 3; vgl. N 83.
[167] Vgl. hierzu N 11.
[168] Vgl. DAVID, Werbung, 190.
[169] Vgl. BAUDENBACHER/GLÖCKNER, Kommentar UWG, Art. 3 lit. m N 4.
[170] BAUDENBACHER/GLÖCKNER, Kommentar UWG, Art. 3 lit. m N 11. Die Bedeutung dieser Frage dürfte in der Praxis minimal sein, sind Vertragsvorlagen doch in aller Regel zur mehrfachen Benutzung vorgesehen.

78 In der Lehre wird geltend gemacht, bei Vertragsformularen müsse es sich nicht zwingend um eigentliche **Allgemeine Geschäftsbedingungen** handeln[171]. Hierzu ist anzumerken, dass die Begriffe «Vertragsformular» und «Allgemeine Geschäftsbedingung» nicht identisch sind, sondern vielmehr voneinander abzugrenzen sind: Der Begriff der Allgemeinen Geschäftsbedingung bezieht sich – im Gegensatz zum Terminus Vertragsformular – nicht auf das Schuldverhältnis i.w.S.; vielmehr werden darunter die von einer Partei einseitig, für den künftigen Abschluss von Verträgen vorformulierten Vertragsklauseln verstanden, welche als grundsätzlich nicht verhandelbare Grundlage des Vertragsabschlusses mit der Gegenpartei dienen[172]. In aller Regel enthalten Vertragsformulare über weite Strecken Allgemeine Geschäftsbedingungen, hinsichtlich derer zu prüfen ist, ob sie für das einzelne Vertragsverhältnis verbindlich sind[173].

c) **Verwendung zum Angebot oder Abschluss eines Konsumkreditvertrages oder Vorauszahlungskaufs**

79 Die verwendeten Vertragsformulare müssen nach der hier vertretenen Auffassung[174] **zur Offerte** oder zum **Akzept** eines **Konsumkreditvertrages i.S. des KKG** oder eines **Vorauszahlungsvertrages nach Art. 227a ff. OR** verwendet werden[175].

d) **Verwendung im Rahmen einer geschäftlichen Tätigkeit**

80 Nach dem Wortlaut von Art. 3 lit. m muss das Vertragsformular «im Rahmen einer geschäftlichen Tätigkeit» eingesetzt werden. Verlangt wird mithin, dass der **Formularverwender** den **Vertrag im Rahmen** seiner **gewerblichen Tätigkeit anbietet oder abschliesst**[176]. Daraus folgt, dass das Erfordernis der Formularverwendung «im Rahmen einer geschäftlichen Tätigkeit» beim Konsumkreditvertrag keine eigenständige Bedeutung aufweist, denn bei Konsumkreditverträgen i.S. des KKG, auf welche sich Art. 3 lit. m bezieht, ist die Kreditgeberin zwingend eine natürliche oder juristische Person, die gewerbsmässig (sic!) Konsumkredite gewährt (vgl. Art. 2 KKG). Anders verhält es sich nur in Bezug auf den praktisch kaum bedeutsamen Vorauszahlungsvertrag, da dort nicht zwischen

---

[171] LINDER, Konsumentenschutz, 146.
[172] Vgl. Art. 8 N 33.
[173] Vgl. Art. 8 N 5 ff. zum Schutz vor nachteiligen Allgemeinen Geschäftsbedingungen aufgrund der Bestimmungen des Obligationenrechts sowie Art. 8 N 30 ff. zum Schutz vor nachteiligen Allgemeinen Geschäftsbestimmungen nach den Regeln über den unlauteren Wettbewerb.
[174] Vgl. zur Frage, ob sich Art. 3 lit. m auf sämtliche Konsumkreditarten bezieht, oben N 36 ff.
[175] BAUDENBACHER/GLÖCKNER, Kommentar UWG, Art. 3 lit. m N 10.
[176] Vgl. BAUDENBACHER/GLÖCKNER, Kommentar UWG, Art. 3 lit. m N 6.

privaten und gewerbsmässigen Vertragsschlüssen unterschieden wird[177]: Durch den Passus «im Rahmen einer geschäftlichen Tätigkeit» wird die Pflicht zum Aufführen gewisser inhaltlicher Angaben bei der Verwendung von Vertragsformularen gemäss Art. 3 lit. m somit lediglich auf gewerbliche «Vorauszahlungs-Verkäufer» bezogen.

Um eine **gleichartige Anwendbarkeit von Art. 3 lit. m auf Konsumkredit- und Vorauszahlungsverträge** zu gewährleisten, muss es sich beim «Vorauszahlungs-Käufer» um einen Konsumenten handeln, somit um eine natürliche Person, die einen Vorauszahlungsvertrag zu einem Zweck abschliesst, der nicht ihrer beruflichen oder gewerblichen Tätigkeit zugerechnet werden kann[178]. Juristische Personen als Endverbraucher (bspw. bei Investitionen bzw. der Beschaffung der Produktionsmittel) sind demnach nicht erfasst. 81

e) Unvollständige oder unrichtige Angaben

aa)   Aufzuführende Angaben

Art. 3 lit. m führt diejenigen inhaltlichen Angaben nicht selbst auf, die in den Vertragsformularen festzuhalten sind. Vielmehr ergibt sich die **Pflicht, bestimmte inhaltliche Angaben** im (schriftlichen) Vertrag **aufzuführen, aus anderen Normen,** namentlich des KKG und des OR[179]. 82

Auf dem Vertragsformular aufzuführen sind folgende Punkte: 83

- Der **Vertragsgegenstand** (vgl. Art. 9 Abs. 2 lit. a und e KKG; Art. 10 lit. a KKG; Art. 11 Abs. 2 lit. a und g KKG; Art. 12 Abs. 2 lit. a KKG; Art. 227a Abs. 2 Ziff. 2 OR)[180].
- Der **Preis** und die **Zahlungsbedingungen**, d.h. die Leistungspflichten auf der Vergütungsseite und ihre Modalitäten (vgl. Art. 9 Abs. 2 lit. b, c, d, f, i KKG; Art. 10 lit. b, c, e KKG; Art. 11 Abs. 2 lit. b–e und g KKG; Art. 12 Abs. 2 lit. b KKG; Art. 227a Abs. 2 Ziff. 3–6 OR)[181].
- Die **Vertragsdauer** (vgl. Art. 227a Abs. 2 Ziff. 4 OR in fine).
- Das **Widerrufsrecht des Kunden** (vgl. Art. 16 KKG; Art. 9 Abs. 2 lit. h KKG; Art. 11 Abs. 2 lit. f KKG; Art. 227a Abs. 2 Ziff. 7 OR).
- Das **Kündigungsrecht des Kunden** (vgl. Art. 227a Abs. 2 Ziff. 8 OR; zudem muss der Kunde auch über die **Möglichkeit zur ausserordentlichen Kündigung aus wichtigem Grund** informiert werden)[182].

---

[177]   BK-GIGER, Art. 227a OR N 10.
[178]   So mutatis mutandis die Definition des Konsumenten in Art. 3 KKG.
[179]   BAUDENBACHER/GLÖCKNER, Kommentar UWG, Art. 3 lit. m N 3, 11.
[180]   Demgegenüber scheint DAVID, Werbung, 191, hierunter die «Vertragsart» zu verstehen, führt er doch hierzu als Beispiele «Darlehensvertrag, Leasingvertrag, Kreditkartenvertrag» auf.
[181]   So BAUDENBACHER/GLÖCKNER, Kommentar UWG, Art. 3 lit. m N 17.
[182]   BAUDENBACHER/GLÖCKNER, Kommentar UWG, Art. 3 lit. m N 20.

– Das **Recht zur vorzeitigen Bezahlung der Restschuld** (vgl. Art. 17 KKG; Art. 9 Abs. 2 lit. g KKG).

84 **Umstritten** ist, ob es sich hierbei um eine **abschliessende Auflistung** handelt[183]. Zwar könnte geltend gemacht werden, dass sich aus der Generalklausel (Art. 2) die Pflicht zum Aufführen weiterer inhaltlicher Angaben ableiten liesse. Allerdings würden dann den Formularverwender unter Umständen lauterkeitsrechtlich weitergehende Pflichten treffen als vertragsrechtlich[184]. Insofern bestehen gute Gründe, von einer Akzessorietät auszugehen und die Auflistung als abschliessend zu betrachten. Dies gilt namentlich vor dem Hintergrund der Strafbewehrung über Art. 23 (Bestimmtheitsgebot).

bb) Unvollständigkeit der Angaben

85 Der Tatbestand von Art. 3 lit. m ist erfüllt, wenn bestimmte inhaltliche Angaben **entgegen** einer ausserhalb von Art. 3 lit. m entspringenden **gesetzlichen Pflicht im Vertragsformular nicht aufgeführt** werden[185].

cc) Unrichtigkeit der Angaben

86 Des Weiteren ist der Tatbestand von Art. 3 lit. m erfüllt, wenn eine im Vertragsformular aufgeführte Angabe «**unrichtig**» ist, nicht aber, falls eine Angabe «unklar» ist[186]. Das Kriterium der Unrichtigkeit bietet keinerlei Probleme, soweit Angaben zu überprüfen sind, deren **(Un-) Korrektheit** sich **objektiv feststellen** lässt (z.B. Frist für die Geltendmachung des Widerrufsrechts)[187].

87 Demgegenüber ist die **Überprüfung** der **Korrektheit** von **Angaben**, bezüglich welcher **kein «objektiver Richtigkeitsmassstab»** besteht (z.B. Vertragsgegenstand, Preis), **problematisch**. Solche Angaben stellen auf den ersten Blick entweder bindende oder unwirksame, nicht jedoch «richtige» oder «unrichtige» Vereinbarungen dar[188]. Sie können nur insoweit «unrichtig» sein, als dass der Inhalt

---

[183] Dagegen wohl DAVID, Werbung, 191; dafür STREULI-YOUSSEF, SIWR V/1, 115; BK-GIGER, Teil II N 852.
[184] Ablehnend daher BAUDENBACHER/GLÖCKNER, Kommentar UWG, Art. 3 lit. m N 3, die an anderer Stelle aber auch festhalten, die Pflicht, bestimmte inhaltliche Angaben zu machen, werde u.a. durch Vorschriften des UWG begründet (BAUDENBACHER/GLÖCKNER, Kommentar UWG, Art. 3 lit. m N 15).
[185] Vgl. auch BAUDENBACHER/GLÖCKNER, Kommentar UWG, Art. 3 lit. m N 15.
[186] So aber ohne Begründung STREULI-YOUSSEF, SIWR, V/1, 115, welche festhält, Art. 3 lit. m richte sich gegen unklare bzw. unvollständige Angaben in Vertragsformularen. Seinem Wortlaut nach bezieht sich Art. 3 lit. m jedoch auf unvollständige und unrichtige Angaben in Vertragsformularen.
[187] Vgl. auch DAVID, Werbung, 192.
[188] So auch BAUDENBACHER/GLÖCKNER, Kommentar UWG, Art. 3 lit. m N 12.

des Formulars von einer allfällig getroffenen (mündlichen oder schriftlichen) Einzelabrede abweicht[189]. Derogiert die Einzelabrede den Inhalt des Vertragsformulars[190], so stellt diese den «Richtigkeitsmassstab» dar und liegen diesfalls im Vertragsformular «unrichtige Angaben» i.S.v. Art. 3 lit. m vor. In aller Regel wird den Konsumenten der Beweis für das Bestehen einer vom Vertragsformular abweichenden (mündlichen) Individualabrede jedoch misslingen, so dass Art. 3 lit. m kaum Schutz vor unrichtigen Angaben, bezüglich derer kein «objektiver Richtigkeitsmassstab» besteht, zu bieten vermag.

V. Rechtfertigung und Einwendungen des Verletzers

Es gelten die allgemeinen Grundsätze[191] und **spezielle Rechtfertigungsgründe drängen sich** in der Praxis **nicht auf.** Insbesondere verbietet sich der Einwand, die Konkurrenz bediene sich gleicher oder ähnlicher Methoden[192] bzw. die angewandten Methoden würden Branchenusanz darstellen[193]. 88

VI. Rechtsfolgen

Liegen die Voraussetzungen von Art. 3 lit. k–n vor, sind im Rahmen von Art. 9 Abs. 1 **negatorische Ansprüchen,** insbesondere auf Unterlassung oder Beseitigung, denkbar (dazu näher Art. 9 N 60 ff.). 89

Die Verletzung von Art. 3 lit. k–n kann ferner zu **reparatorischen Ansprüchen,** also zu Ansprüchen auf Schadenersatz, Genugtuung und/oder Gewinnherausgabe führen (dazu näher Art. 9 N 116 ff.). Allerdings erscheint deren Bedeutung infolge des ausgefeilten, an der Nichtigkeit des fraglichen Konsumkreditvertrags anknüpfenden sowie präventiv und pönal wirkenden Rechtsfolgensystems im KKG (Art. 15 KKG; dazu auch N 90) als gering. Ohnehin dürfte sich bei der Geltendmachung von Schadenersatz- oder Gewinnherausgabeansprüchen die schwierige Frage stellen, **ob und in welcher Höhe Schaden** erlitten bzw. **Gewinn** erzielt wurde und ob dies ursächlich auf die Verletzung von Art. 3 lit. k–n zurückzuführen ist **(Frage des Kausalzusammenhangs)**[194]. 90

---

[189] Vgl. auch BAUDENBACHER/GLÖCKNER, Kommentar UWG, Art. 3 lit. m N 13.
[190] In diesem Zusammenhang ist der Grundsatz des Vorranges der (rechtsgültigen) Einzelabrede vor Allgemeinen Geschäftsbedingungen hinzuweisen (vgl. z.B. BGE 125 III 263, 266 ff.; BSK OR I-BUCHER, Art. 1 OR N 54, der darauf hinweist, dass sich ein Problem der Vertretungsmacht stellen könne, da der Kunde nicht in jedem Falle annehmen dürfe, der «Mann am Schalter» dürfe von den Allgemeinen Geschäftsbedingungen abweichende Vereinbarungen treffen).
[191] Art. 2 N 117 ff.
[192] Zum sog. «unclean hands»-Einwand näher Art. 2 N 124.
[193] Zu diesem Aspekt Art. 2 N 125 f.
[194] Zu diesen sich auch sonst stellenden Problemen näher Art. 9 N 119 ff. sowie N 157 ff.

91 Zu beachten ist überdies die in Art. 15 KKG angeordnete **Nichtigkeitsfolge** bei Verstössen gegen ausgewählte Bestimmungen des KKG, die teilweise auch in Art. 3 lit. k–n Niederschlag gefunden haben. Im Vordergrund steht die Nichtigkeit entsprechender Konsumkreditverträge. Die Folgen der Nichtigkeit und die Modalitäten der Rückabwicklung sind in Art. 15 Abs. 2–4 KKG speziell geregelt[195]. Verfolgt werden vorwiegend präventive, aber auch pönale Zwecke. Soweit nicht schon Art. 15 KKG zur Anwendung kommt, gelangen die allgemeinen Regeln zur Anwendung. Eine analoge Anwendung der Art. 15 Abs. 2–4 KKG dürfte sich aufgrund ihres abschliessenden Charakters verbieten.

92 **Strafsanktionen** im Sinne von Art. 23 sind infolge Verweises auf Art. 3 denkbar, wobei zu beachten ist, dass das KKG selbst keine Strafvorschriften enthält und die «Auslagerung» von Bestimmungen zum Konsumkredit in Art. 3 lit. k–n auch zum Zweck hatte, über das UWG (Art. 23) die strafrechtliche Durchsetzung zu gewährleisten und dabei die gemäss Art. 23 Abs. 2 **breite Strafantragsberechtigung** zur Anwendung kommen zu lassen (gemäss Art. 9 und 10 zur Zivilklage berechtigte Personen). Soweit gleichzeitig Vorschriften über die **Preisbekanntgabe** verletzt werden, kommen ferner je nach Sachverhalt die Straftatbestände bei Verletzung der Preisbekanntgabevorschriften (Art. 24 i.V.m. Art. 16 ff. sowie den Vorschriften der PBV, bei messbaren Gütern und Leistungen sind ferner Art. 11 und Art. 22 MessG beachtlich) in Frage. Ebenso können **konsumentenschutzrechtlich gefärbte Straftatbestände** wie z.B. Verstösse gegen eine Vorschrift des Bundesrats über die Waren- und Dienstleistungsdeklaration (Art. 11 Abs. 1 lit. a i.V.m. Art. 4 KIG) vorliegen, wobei auch eine Strafbarkeit bei blosser Fahrlässigkeit in Frage kommt (Art. 11 Abs. 2 KIG). Schliesslich bedroht Art. 326ter StGB die **Übertretung firmen- und namensrechtlicher Bestimmungen**, so die Verwendung einer falschen, nicht mit der eingetragenen Firma identischen und daher irreführenden, oder einer sonst irreführenden Firma mit Strafe (Busse)[196]. Allerdings ist die Verletzung der Firmengebrauchspflicht in Art. 954a OR (vgl. vormals Art. 47 aHRegV) nicht strafbewehrt und gilt bspw. nicht in der Werbung[197].

---

[195] Dazu näher CHK-A. BRUNNER, KKG 1–42 N 88 ff. sowie BK-GIGER, Teil II N 634 ff. je m.w.H.
[196] Vgl. hierzu N 19.
[197] Allerdings sieht SLK-Grundsatz Nr. 3.1 eine Firmengebrauchspflicht in der Werbung vor, dazu auch N 18 und Art. 3 lit. d N 86, 92.

VII. Verfahrensfragen

Es stellen sich bei der Anwendung von Art. 3 lit. k–n kaum spezifische Fragen. Die **Beweislastumkehr** gemäss **Art. 13a** kann **bei Tatsachenbehauptungen in der Werbung** auch im Anwendungsbereich der Art. 3 lit. k–n zur Anwendung kommen. 93

Ferner sind für die Durchsetzung der Bestimmungen in Art. 3 lit. k–n insbesondere von **Konsumentenschutzorganisationen** gemäss Art. 10 Abs. 2 lit. b angestrengte **Verbandsklagen** denkbar[198]. 94

---

[198] Vgl. z.B. den Nachweis bei LINDER, Konsumentenschutz, 145 f. So haben etwa in BGE 120 IV 287 ff. («Bank Prokredit») die Konsumentenorganisationen «Fédération romande des consommatrices» und «Fédération suisse des consommateurs» Strafantrag gestellt.

Art. 3 lit. o

Unlautere Werbe- und Verkaufs- methoden und anderes widerrecht- liches Verhalten	Unlauter handelt insbesondere, wer: o. Massenwerbung ohne direkten Zusammenhang mit einem ange- forderten Inhalt fernmeldetechnisch sendet oder solche Sendun- gen veranlasst und es dabei unterlässt, vorher die Einwilligung der Kunden einzuholen, den korrekten Absender anzugeben oder auf eine problemlose und kostenlose Ablehnungsmöglich- keit hinzuweisen; wer beim Verkauf von Waren, Werken oder Leistungen Kontaktinformationen von Kunden erhält und dabei auf die Ablehnungsmöglichkeit hinweist, handelt nicht unlauter, wenn er diesen Kunden ohne deren Einwilligung Massenwer- bung für eigene ähnliche Waren, Werke oder Leistungen sendet.
Méthodes déloyales de publicité et de vente et autres comportements illicites	Agit de façon déloyale celui qui, notamment: o. envoie ou fait envoyer, par voie de télécommunication, de la publici- té de masse n'ayant aucun lien direct avec une information demandée et omet de requérir préalablement le consentement des clients, de mentionner correctement l'émetteur ou de les informer de leur droit à s'y opposer gratuitement et facilement; celui qui a obtenu les coor- données de ses clients lors de la vente de marchandises, d'œuvres ou de prestations et leur a indiqué qu'ils pouvaient s'opposer à l'envoi de publicité de masse par voie de télécommunication n'agit pas de façon déloyale s'il leur adresse une telle publicité sans leur consen- tement, pour autant que cette publicité concerne des marchandises, œuvres et prestations propres analogues.
Metodi sleali di pubblicità e di vendita e altri comportamenti illeciti	Agisce in modo sleale, segnatamente, chiunque: o. trasmette o fa trasmettere mediante telecomunicazione pubblicità di massa che non ha relazione diretta con un contenuto richiesto e omet- te di chiedere preliminarmente il consenso dei clienti, di menzionare correttamente il mittente o di indicare la possibilità di opporvisi in modo agevole e gratuito; chi, nell'ambito della vendita di merci, ope- re o prestazioni, ottiene le coordinate dei propri clienti indicando loro che hanno la possibilità di opporsi all'invio di pubblicità di massa mediante telecomunicazione non agisce in modo sleale se trasmette loro, senza il loro consenso, pubblicità di massa per merci, opere e prestazioni proprie analoghe.
Unfair Advertising and Sales Methods and Other Unlawful Behaviour	Shall be deemed to have committed an act of unfair competition, anyone who, in particular: o. sends, via telecommunication, mass advertising which has no direct connection to an enquired content, or causes such sending and omits to either obtain the customer's consent in advance, to state the correct sender, or to refer to a possibility to reject which would be unprob- lematic and free of charge; shall not be deemed to have committed an act of unfair competition, anyone who, having received contact de- tails of customers in the course of selling goods, works or services,

and having informed (them) of the possibility of rejection sends mass advertising to these customers for own similar goods, works or services without their consent.

Inhaltsübersicht Note Seite

I.	Normzweck		1	491
II.	Entstehungsgeschichte		3	492
III.	Systematik und Verhältnis zu anderen Vorschriften		7	493
IV.	Tatbestandsvoraussetzungen		9	494
	1.	Fernmeldetechnische Versendung von Massenwerbung	9	494
		a) Massenwerbung	10	494
		b) Kein direkter Zusammenhang mit einem angeforderten Inhalt	12	495
		c) Fernmeldetechnische Versendung	14	495
	2.	Pflichten des Werbetreibenden	15	496
		a) Einholung der Einwilligung der Kunden	16	496
		b) Angabe des korrekten Absenders	18	497
		c) Hinweis auf problemlose und kostenlose Ablehnungsmöglichkeit	19	497
	3.	Ausnahmetatbestand	20	498
		a) Erhalt von Kontaktinformationen von Kunden beim Verkauf von Waren, Werken oder Leistungen	21	498
		b) Hinweis auf Ablehnungsmöglichkeit	22	499
		c) Zulässigkeit der Massenwerbung für eigene ähnliche Waren, Werke oder Leistungen ohne Einwilligung	23	499
V.	Rechtsfolgen		24	499

Literatur

A. ANDERHUB, Zivilrechtliche Ansprüche gegen den Versand von elektronischer Massenwerbung (Spam), Zürich/St. Gallen 2008; O. ARTER, Lauterkeitsrechtliche Aspekte von Werbung mittels E-Mail, AJP 2004, 1067 ff.; A. DUDLI, Spamming in der Schweiz – Rechtslage und ungelöste Probleme, sic! 2007, 563 ff.; K. FAVRE, Sorgfaltspflichten bei der Datenübertragung, Zürich 2006; D. ROSENTHAL, Rechtliche Handhabe gegen Spamming, DIGMA 2002, 80 ff.; D. ROSENTHAL/Y. JÖHRI, Handkommentar zum Datenschutzgesetz sowie weiteren, ausgewählten Bestimmungen, Zürich 2008; M. C. SENN, Mitteilung der SLK: Neuer Grundsatz zu aggressiven Verkaufsmethoden im Fernabsatz, sic! 2003, 288 ff.; P. UHLMANN/R. HÄFLIGER, Die Versendung von Werbebotschaften mittels SMS oder E-Mail: Innovatives Telemarketing oder unlautere Belästigung des Publikums?, SZW 2003, 233 ff.; D. ZIMMERMANN, Die rechtliche Zulässigkeit von «cold calls» in der Schweiz – Rechtsunsicherheit und widersprüchliche Tendenzen, AJP 2004, 927 ff.

I. Normzweck

Art. 3 lit. o bezweckt den **Schutz der unfreiwilligen Übermittler und Empfänger** fernmeldetechnisch gesendeter Massenwerbung. Zu diesem Zweck räumt die Bestimmung den Empfängern solcher Massenwerbung das Recht ein, [1] darüber mitzubestimmen, ob sie derartige Werbung erhalten wollen[1]. Gleichzeitig soll die Bestimmung verhindern, dass Kommunikationsmittel wie z.B. E-Mail vollständig unbrauchbar werden[2].

2 Obwohl die Bestimmung im Rahmen der Revision des Fernmeldegesetzes im Jahre 2006 Gesetz wurde, findet sich die Regelung der Massenwerbung im UWG, und **nicht im FMG**. Die Botschaft begründete dies damit, dass die Bestimmung in erster Linie die Nutzer (und nicht die Anbieter) von Fernmeldediensten betreffe, wobei die Übermittler der Werbung in Art. 45a FMG ergänzend angesprochen würden[3]. Die Regelung im UWG hat eine Einschränkung des sachlichen Anwendungsbereichs der Bestimmung zur Folge, setzt das UWG doch stets eine Wettbewerbshandlung[4] voraus. Diese Voraussetzung ist etwa bei politischer Werbung oder bei Mitteilungen in hoheitlichen Angelegenheiten nicht gegeben[5]. Andererseits führt die Regelung bei den Spezialtatbeständen des UWG dazu, dass das Spamming auch strafbewehrt ist[6].

II. Entstehungsgeschichte

3 Im Jahre **2001** lancierte Nationalrätin Sommaruga einen parlamentarischen Vorstoss zum Thema elektronische Massenwerbesendungen («Spamming»; 2001 M 00.3393; N 6.10.00, Sommaruga; E 15.3.01)[7]. Sie forderte den Bundesrat auf, «für wirkungsvolle Massnahmen zum Schutz vor unverlangten elektronischen Massenwerbesendungen (‹Spams›) und den damit verbundenen Belästigungen, Persönlichkeitsverletzungen, Kosten und Gefahren für die Benutzer und die Betreiber der Systeme des Internets und anderer Fernmeldesysteme zu sorgen». Mit der Aufnahme von Art. 3 lit. o sollte dieser Motion Folge geleistet[8] und im Übrigen dem geltenden Artikel 13 der EG-Datenschutzrichtlinie[9] Rechnung getragen werden[10].

---

[1] Botschaft FMG, 7991.
[2] Botschaft FMG, 7991.
[3] Botschaft FMG, 7991.
[4] Zu diesem Begriff, siehe Art. 2 N 11 ff.
[5] Siehe eingehend ROSENTHAL/JÖHRI, Art. 3 Bst. o UWG N 8.
[6] Siehe eingehend ROSENTHAL/JÖHRI, Art. 3 Bst. o UWG N 9 ff.
[7] UHLMANN/HÄFLIGER, SZW 2003, 236 f.; ANDERHUB, 44 ff.
[8] Die vom Bundesrat 2001 im Rahmen des Vorentwurfs eines Gesetzes über den elektronischen Geschäftsverkehr vorgeschlagene Ergänzung des UWG mit einem neuen Art. 3 lit. b^{bis} (klare und vollständige Angaben im Fernabsatz) und Art. 6a (Nichteinhaltung von besonderen Informationspflichten im elektronischen Geschäftsverkehr) wurde nicht weiterverfolgt.
[9] Zu den gemeinschaftsrechtlichen Regelungen und zur Rechtslage in Deutschland siehe ARTER, AJP 2004, 1070 ff.
[10] Botschaft FMG, 7966; ROSENTHAL/JÖHRI, Art. 3 Bst. o UWG N 4.

Zur **Rechtfertigung der Gesetzesänderung** wird in der Botschaft angeführt, die 4
Zahl der fernmeldetechnisch gesendeten Massenwerbung nehme weltweit rasant zu,
ohne dass dies von den Empfängern verhindert werden könnte. Die Kosten des
Versands solcher Massenwerbung seien für die Absender – im Gegensatz zu anderen Werbeformen – vernachlässigbar, während sie bei den Übermittlern und den
Empfängern Aufwand verursachten[11]. Diese müssten Übertragungs- und Speicherkapazität bereitstellen und die Folgen von durch Massenwerbung blockierten Kapazitäten tragen. Zudem müssten sie Arbeitszeit für die Handhabung und den Empfang einsetzen. Gegenüber den üblichen Werbeformen erfolge damit eine Umkehr
der Kostenverteilung, der die Empfänger ausgeliefert seien. Ferner habe die Massenwerbung ein Ausmass angenommen, das für die Mehrheit der Empfänger inakzeptabel sei[12].

Der Bundesrat erachtete es als notwendig, die Kunden durch eine Änderung des 5
UWG besser vor fernmeldetechnisch gesendeter Massenwerbung (Spamming[13]) zu
schützen. Er schlug ein so genanntes **Opt-in-Modell**[14] vor, wonach die Absender
solcher Massenwerbung vor dem Versand die Einwilligung der Kundinnen und
Kunden einholen müssen. Die Anbieterinnen von Fernmeldediensten werden zudem verpflichtet, unlautere Massenwerbung zu bekämpfen (Art. 45a FMG)[15].

Die **Gerichte** hatten sich mit der Spamming-Problematik nur selten auseinanderzu- 6
setzen. Das Bezirksgericht Zürich hielt in einem neueren Entscheid fest, dass bei
überwiegend, aber nicht ausschliesslich negativen Reaktionen auf Werbe-E-Mails
das Vorliegen einer besonders aggressiven Verkaufsmethode nicht bejaht werden
könne[16].

III. Systematik und Verhältnis zu anderen Vorschriften

Spamming kann eine aggressive Verkaufsmethode im Sinne von **Art. 3** 7
lit. h darstellen, wenn qualifizierte Umstände vorliegen (siehe die Kommentierung
zu Art. 3 lit. h N 15). Allerdings haben die Gerichte eine gewisse Zurückhaltung
gezeigt, diesen Tatbestand auf Spamming anzuwenden[17]. Hingegen kann Art. 2 nur
dann zur Anwendung kommen, wenn keine erlaubte Verhaltensweise nach Art. 3
lit. o vorliegt und kein Massenversand gegeben ist[18].

---

[11] ARTER, AJP 2004, 1068 f.; ANDERHUB, 6 f.
[12] Botschaft FMG, 7991.
[13] Unter dem Begriff «Spamming» wird ganz allgemein das unaufgeforderte massenhafte Versenden von E-Mails verstanden: ARTER, AJP 2004, 1068.
[14] ARTER, AJP 2004, 1069; UHLMANN/HÄFLIGER, SZW 2003, 233 ff.
[15] Botschaft FMG, 7966.
[16] BezGer ZH sic! 2003, 624, E. 4.3.2 («Spamming»).
[17] BezGer ZH sic! 2003, 624, E. 4.3.2 («Spamming»); ARTER, AJP 2004, 1079; ANDERHUB, 19 ff.
[18] ANDERHUB, 18 f. und 107 ff.

8 Art. 45a FMG verpflichtet die Anbieterinnen von Fernmeldediensten zur **Bekämpfung der unlauteren Massenwerbung** im Sinne von Art. 3 lit. o. Zudem können Kunden gestützt auf Art. 45 Abs. 2 FMG zur Ermittlung unlauterer Massenwerbung von den Anbieterinnen von Fernmeldediensten **Auskunft** über Namen und Adressen der anrufenden Anschlüsse verlangen[19].

IV. Tatbestandsvoraussetzungen

1. Fernmeldetechnische Versendung von Massenwerbung

9 Art. 3 lit. o setzt voraus, dass Massenwerbung fernmeldetechnisch versendet wird. Nur wenn dies der Fall ist, findet die Bestimmung überhaupt Anwendung.

a) Massenwerbung

10 Der Begriff der Massenwerbung ist sehr **weit zu verstehen** und umfasst im Prinzip sämtliche nicht an einen ausgewählten Adressatenkreis gerichtete Werbung[20]. Es muss sich aber in jedem Fall um Werbung im Sinne der Förderung des Absatzes bestimmter Leistungen handeln. Fehlt dieses Element, ist Art. 3 lit. o nicht erfüllt[21]. Der Begriff wird in Art. 3 lit. o letztlich nur durch das zusätzliche Erfordernis der fernmeldetechnischen Übermittlung (dazu N 14) eingeschränkt[22]. Er umfasst insbesondere alle Arten der automatisierten Werbung, die fernmeldetechnisch übermittelt werden (automatisierte Anrufe[23], Fax, SMS, E-Mail usw.)[24]. Nicht erfasst wird hingegen Werbung, die nicht automatisiert ist, sondern einen menschlichen Aufwand erfordert (z.B. persönliche Werbeanrufe)[25]. Dabei bezieht sich die Automatisierung grundsätzlich auf das Versandverfahren (einschliesslich «Verpackung» und «Adresssierung»), nicht aber auf die Sammlung und Auswahl der Adressaten[26]. Dennoch muss das Element der *Massen*werbung stets gegeben sein[27]. Dies ist auch dann der Fall, wenn die Werbebotschaften etwa durch Namensnen-

---

[19] Siehe auch ROSENTHAL/JÖHRI, Art. 3 Bst. o UWG N 1.
[20] Zum Begriff der Werbung, siehe die Kommentierung zu Art. 3 lit. e, N 12.
[21] OGer ZH ZR 2009, Nr. 60, E. 6.3–6.4.
[22] Botschaft FMG, 7991.
[23] Siehe zum Beispiel BVerwG vom 17.10.2007 (A-3323/2007).
[24] ROSENTHAL/JÖHRI, Art. 3 Bst. o UWG N 19; ANDERHUB, 57 ff.
[25] Botschaft FMG, 7991; ROSENTHAL/JÖHRI, Art. 3 Bst. o UWG, N 19; ARTER, AJP 2004, 1081; ANDERHUB, 58 f. Zu individuellen Werbeanrufen («cold calls») siehe ZIMMERMANN, AJP 2004, 927, 932.
[26] ROSENTHAL/JÖHRI, Art. 3 Bst. o UWG N 19.
[27] So ist etwa der Versand einer Werbebotschaft an zwei ausgewählte Personen mittels E-Mail nicht unlauter. Anders ROSENTHAL/JÖHRI, Art. 3 Bst. o UWG N 19.

nung in der Anrede individualisiert sind, sofern die Individualisierung automatisiert erfolgt[28].

Diese Abgrenzung erscheint unter anderem deshalb **gerechtfertigt, weil** die nicht automatisierte Werbung weniger zu den von Art. 3 lit. o ins Auge gefassten Arten des Missbrauchs einlädt. Für diese Arten Werbung genügt weiterhin der allgemeine Grundsatz, wonach die Zusendung unbestellter Werbung unlauter ist, wenn der Adressat sie sich verbeten hat (Opt-out-Modell; dazu Kommentierung zu Art. 3 lit. h N 16)[29]. Diese Regel gilt im Bereich der fernmeldetechnisch gesendeten Werbung gestützt auf Art. 88 Abs. 1 FDV[30]. 11

b)   Kein direkter Zusammenhang mit einem angeforderten Inhalt

Unlauter im Sinne von Art. 3 lit. o ist nur solche Werbung, die nicht in direktem Zusammenhang mit vom Empfänger angeforderten Inhalten gesendet wird[31]. Als Werbung im Zusammenhang mit einem angeforderten Inhalt gilt etwa die **Werbung auf Internetseiten**, muss der Adressat der Werbung doch zuerst selbst aktiv bestimmte Inhalte nachfragen, bevor er der Werbung begegnet. Ebenfalls in diese Kategorie fallen die **Fernseh- und Rundfunkwerbung**, bei denen der Adressat ein bestimmtes Programm wählen muss, um der Werbung ausgesetzt zu sein[32]. 12

Im Gegensatz dazu ist der Adressat bei den erfassten Werbearten **der Werbung ausgesetzt**, ohne dass er selbst aktiv wird. Es genügt der blosse Umstand, dass er über das gewählte Kommunikationsmittel verfügt (Telefon, Fax, E-Mail-Adresse etc.). Dieses Ausgeliefertsein lässt die im Vergleich zu den allgemein geltenden Regeln strengere Vorschrift, wonach die vorgängige Zustimmung des Adressaten vorliegen muss, gerechtfertigt erscheinen. 13

c)   Fernmeldetechnische Versendung

Der Begriff der fernmeldetechnischen Übertragung ist in **Art. 3 lit. c FMG definiert** als elektrisches, magnetisches, optisches oder anderes elektromagnetisches Senden oder Empfangen von Informationen über Leitungen oder Funk. Diese Begriffsbestimmung gilt auch für den Begriff «fernmeldetechnisch senden» in 14

---

[28] ROSENTHAL/JÖHRI, Art. 3 Bst. o UWG N 20.
[29] SLK-Tätigkeitsbericht 1998, 24 und 2002, 26.
[30] Botschaft FMG, 7991; ARTER, AJP 2004, 1081.
[31] Botschaft FMG, 7991. Der vom Parlament vorgesehenen Einschränkung auf Werbung in *direktem* Zusammenhang kommt keine wesentliche Bedeutung zu: ROSENTHAL/JÖHRI, Art. 3 Bst. o UWG N 31.
[32] ROSENTHAL/JÖHRI, Art. 3 Bst. o UWG N 26 ff.; ANDERHUB, 60 ff.

Art. 3 lit. o UWG[33]. Umfasst sind also insbesondere die Kommunikationsformen Telefonie (Festnetz und Mobiltelefon), SMS, Fax, E-Mail, Fernsehen und Radio[34]. Nicht erfasst ist hingegen die gedruckte Werbung aller Art.

2. Pflichten des Werbetreibenden

15 Fällt eine bestimmte Werbung in den Anwendungsbereich von Art. 3 lit. o, so hat der Werbetreibende den dort festgeschriebenen Pflichten (Einholung der Einwilligung des Adressaten; korrekte Absenderangaben; Hinweis auf Widerrufsrecht) **kumulativ nachzukommen**, damit die Werbung lauter ist. Tut er dies nicht, etwa indem er Massenwerbe-E-Mails zwar mit vorheriger Zustimmung der Adressaten versendet, aber in den E-Mails nicht den korrekten Absender angibt, handelt er unlauter[35]. Leider verleitet der leicht missverständlich formulierte Gesetzestext zu falschen Interpretationen[36].

a) Einholung der Einwilligung der Kunden

16 Die erste der drei in Art. 3 lit. o stipulierten positiven Handlungspflichten des Werbetreibenden betrifft die Einwilligung des Kunden: Damit die fernmeldetechnische Zusendung von Massenwerbung überhaupt lauter sein kann, muss der Werbetreibende im Voraus die Einwilligung sämtlicher Adressaten seiner Werbung einholen (**Opt-in-Modell**). Dies gilt grundsätzlich für sämtliche erfassten Werbearten[37].

17 Das Gesetz macht keinerlei Angaben dazu, wie diese Einwilligung einzuholen ist. Dies kann **formlos** geschehen, etwa mündlich oder per Mausklick[38]. Ebenso genügt eine **konkludente** Einwilligung, wobei jedoch alleine aus Stillschweigen oder Nichtreagieren auf die Zustellung von Massenwerbung nicht auf eine solche Ein-

---

[33] ROSENTHAL/JÖHRI, Art. 3 Bst. o UWG N 34; ANDERHUB, 62 ff.
[34] Radio- und Fernsehwerbung wird von Art. 3 lit. o nicht erfasst, da sie nur *im Zusammenhang mit der Anforderung bestimmter Inhalte* durch den Adressaten empfangen wird (siehe N 12). Sie ist jedoch den Regelungen im Radio- und Fernsehgesetz und der dazugehörigen Verordnung (RTVG und RTVV) reglementiert.
[35] ROSENTHAL/JÖHRI, Art. 3 Bst. o UWG N 17; FAVRE, Datenübertragung, 135; ANDERHUB, 80 ff.
[36] So geschehen im Entscheid des Untersuchungsrichteramtes ZG vom 3.9.2007 (2007/1584/LAJ), E. 3; ROSENTHAL/JÖHRI, Art. 3 Bst. o UWG N 17.
[37] Entgegen gewissen Autoren (ARTER, AJP 2004, 1081; DUDLI, sic! 2007, 567) kann Art. 88 Abs. 1 FDV (der Art. 65 Abs. 1 aFDV entspricht), wonach die in einem Verzeichnis aufgeführten Teilnehmer berechtigt sind, eindeutig kennzeichnen zu lassen, dass sie keine Werbung von Dritten erhalten möchten und dass ihre Daten zum Zweck des Direktmarketings nicht weitergegeben werden dürfen, keine davon abweichende Regel im Sinne eines Opt-out-Prinzips entnommen werden.
[38] ROSENTHAL/JÖHRI, Art. 3 Bst. o UWG N 37; ANDERHUB, 67.

willigung geschlossen werden darf[39]. Der Werbetreibende wird gut daran tun, die Einwilligung zu dokumentieren, so dass die schriftliche Einwilligung (auch in elektronischer Form) der häufigste Fall sein wird. Die Einwilligung hat **freiwillig** zu erfolgen[40]. Dies ist insbesondere dann nicht der Fall, wenn den Kunden die Zustimmung in einer Weise abgerungen wird, die als besonders aggressive Verkaufsmethode zu qualifizieren wäre. Zudem muss der konkret zu betrachtende Versand von Massenwerbung von der Einwilligung umfasst sein[41]. Nicht zulässig ist es, die Einwilligung in einer Form einzuholen, die ihrerseits als unlautere Massenwerbung zu qualifizieren wäre[42]. Die Einwilligung **kann jederzeit widerrufen** werden. Diesbezüglich genügt, wenn der Widerruf in der gleichen Form wie die Einwilligung erfolgt. Aus Beweisgründen wird sich auch hier Schriftlichkeit empfehlen.

b) **Angabe des korrekten Absenders**

Lautere Massenwerbung, die fernmeldetechnisch gesendet wird, setzt des Weiteren voraus, dass in der Werbung der korrekte Absender angegeben wird. Dabei ist mit Absender der Auftraggeber der Werbung, nicht der technische Versender gemeint[43]. Dabei sind die **üblichen Angaben vollständig** anzuführen, aus denen die Identität des Auftraggebers klar und ohne weiteres hervorgeht[44]. Sie haben insbesondere die Kommunikation mit dem Absender in der von diesem gewählten Form zu ermöglichen, was etwa bei E-Mail-Werbung die Angabe einer E-Mail-Adresse und bei Fax-Werbung einer Fax-Nummer erfordert. Einer Werbung fehlt beispielsweise der korrekte Absender, wenn sie jeglicher Absenderangabe entbehrt oder die Absenderangabe die Ermittlung ihres Auftraggebers verhindert[45].

18

c) **Hinweis auf problemlose und kostenlose Ablehnungsmöglichkeit**

Die letzte der drei Handlungspflichten des Werbetreibenden betrifft die Ablehnungsmöglichkeit. Werbeadressaten sind jederzeit frei, die Zustellung von fernmeldetechnisch gesendeter Massenwerbung abzulehnen oder eine früher erteilte Einwilligung zu widerrufen. Der Werbetreibende muss den Adressaten der Werbung auf diese Möglichkeit der Ablehnung **bei jedem Kontakt klar und deutlich**

19

---

[39] ROSENTHAL/JÖHRI, Art. 3 Bst. o UWG N 37 und 43 f.
[40] ROSENTHAL/JÖHRI, Art. 3 Bst. o UWG N 38.
[41] ROSENTHAL/JÖHRI, Art. 3 Bst. o UWG N 39.
[42] ROSENTHAL/JÖHRI, Art. 3 Bst. o UWG N 45.
[43] ROSENTHAL/JÖHRI, Art. 3 Bst. o UWG N 48.
[44] ROSENTHAL/JÖHRI, Art. 3 Bst. o UWG N 49; ANDERHUB, 71.
[45] Botschaft FMG, 7991.

hinweisen[46]. Aus der Wendung «problemlos und kostenlos» ergibt sich, dass die Ablehnung für den Adressaten nicht mit Aufwand oder Kosten verbunden sein darf, abgesehen von marginalen und praktisch unvermeidbaren Kosten wie z.B. denen des Internetzugangs beim Versand elektronischer Post[47].

3. Ausnahmetatbestand

20 Werbung ist, auch wenn sie unangefordert ist, nicht grundsätzlich etwas Negatives. Sie erfüllt in der Marktwirtschaft eine wichtige Funktion, indem sie die Marktteilnehmer über die bestehenden Angebote informiert. Die in Art. 3 lit. o Satz 1 vorgesehene Regel erweist sich unter diesem Gesichtspunkt als sehr streng. Insbesondere die Pflicht, vor Zustellung der Werbung die Einwilligung der Adressaten einzuholen, dürfte sich in der Praxis als hohe Schwelle erweisen. Die Bestimmung ist folglich zumindest geeignet, Werbungen zu unterbinden, die bei Berücksichtigung der involvierten Interessen keine Bedenken wecken. **Art. 3 lit. o Satz 2** sieht deshalb gleich selbst eine Ausnahme von der strengen Regelung vor und erweitert damit die Werbemöglichkeiten: Wer für den Abschluss eines Rechtsgeschäfts seine Adresse angegeben hat, dessen Adresse kann für Massenwerbung genutzt werden, wenn er dies nicht abgelehnt hat, nachdem er auf die Ablehnungsmöglichkeit hingewiesen worden ist. Dabei ist zu beachten, dass Satz 2 nur die Frage der Einwilligung abweichend von Satz 1 regelt und die sonstigen Voraussetzungen (korrekter Absender, Hinweis auf die Ablehnungsmöglichkeit) unangetastet lässt[48].

a) Erhalt von Kontaktinformationen von Kunden beim Verkauf von Waren, Werken oder Leistungen

21 Die Ausnahme vom Einwilligungserfordernis setzt vorab voraus, dass der Werbetreibende die Kontaktinformationen des Kunden im Rahmen des Abschlusses eines Rechtsgeschäfts erhielt. Der vom Gesetz verwendete **Begriff «Verkauf» ist weit zu verstehen**, erschiene doch die Einschränkung auf Kaufgeschäfte im rechtlichen Sinne ungerechtfertigt. In Frage kommen grundsätzlich sämtliche Arten von Rechtsgeschäften, solange diese nicht hauptsächlich darauf gerichtet sind, die Kontaktinformationen zu beschaffen. Einschränkend gilt immerhin, dass der Kunde in jedem Fall eine Leistung (Waren, Werke, Dienstleistungen oder anderes) erhalten muss[49]. Fraglich erscheint in dieser Hinsicht, ob die Praxis, sich Kundendaten

---

[46] Botschaft FMG, 7991.
[47] Botschaft FMG, 7991. Zu den einzelnen Kategorien: ROSENTHAL/JÖHRI, Art. 3 Bst. o UWG N 54 ff.; ANDERHUB, 72 ff.
[48] Botschaft FMG, 7992.
[49] ROSENTHAL/JÖHRI, Art. 3 Bst. o UWG N 71.

mittels Veranstaltung von Wettbewerben und Gewinnspielen zu beschaffen, als Rechtsgeschäft im genannten Sinne gelten kann[50]. In diesen Fällen empfiehlt es sich deshalb, nicht nur auf die Ablehnungsmöglichkeit hinzuweisen, sondern sogleich die Einwilligung zur Zusendung von Massenwerbung einzuholen. Sicherlich nicht genügend ist, dass der Adressat bei der Zusendung früherer Massenwerbung von der (tatsächlich bestehenden) Ablehnungsmöglichkeit keinen Gebrauch machte[51].

b) **Hinweis auf Ablehnungsmöglichkeit**

Des Weiteren findet die Ausnahme vom Einwilligungserfordernis nur dann Anwendung, wenn der Kunde bei der Erhebung der Kundeninformationen[52] auf die Ablehnungsmöglichkeit hingewiesen wird. Dieser Hinweis hat **in klarer Formulierung** so zu erfolgen, dass der Kunde bei der Angabe seiner Kontaktinformationen tatsächlich darauf aufmerksam wird. 22

c) **Zulässigkeit der Massenwerbung für eigene ähnliche Waren, Werke oder Leistungen ohne Einwilligung**

Der Ausnahmetatbestand betrifft einerseits nur die Massenwerbung **für eigene Waren** des Werbetreibenden. Damit wird verhindert, dass lauter erhobene Kundeninformationen an Dritte weitergegeben werden. Andererseits bedarf nur die Werbung für «ähnliche Waren, Werke oder Leistungen» nicht der Einwilligung des Kunden. Werbung für Produkte, für die der **Kunde bereits sein Interesse angezeigt** hat, indem er mit dem Werbetreibenden ein diesbezügliches Rechtsgeschäft abschloss, dürfte regelmässig im Interesse des Kunden sein. Hingegen ist der Kunde davor zu schützen, dass er von Werbetreibenden, mit denen er früher kontrahiert hat, mit Werbung über Produkte und Leistungen überschüttet wird, für die er sich nicht interessiert[53]. 23

V. Rechtsfolgen

Die Rechtsfolgen bei einer Verletzung von Art. 3 lit. o entsprechen den üblichen Rechtsfolgen des UWG, weshalb auf die Kommentierung zu Art. 9 ff. und Art. 23 verwiesen werden kann. Zu beachten ist jedoch, dass diese Rechtsbehelfe in 24

---

[50] Ablehnend: ROSENTHAL/JÖHRI, Art. 3 Bst. o UWG N 71 f.
[51] Falsch deshalb: Untersuchungsrichteramt ZG vom 3.9.2007 (2007/1584/LAJ), E. 3. Gleich wie hier: ROSENTHAL/JÖHRI, Art. 3 Bst. o UWG N 16 f.
[52] Dazu eingehend: ROSENTHAL/JÖHRI, Art. 3 Bst. o UWG N 76 ff.
[53] ROSENTHAL/JÖHRI, Art. 3 Bst. o UWG N 83.

der Praxis aus Überlegungen der Verhältnismässigkeit in der Regel wenig geeignet sind[54]. Deshalb könnte in diesem Bereich Klagen von Konsumentenschutzorganisationen gemäss Art. 10 Abs. 2 lit. a vermehrt Bedeutung zukommen. Das Problem der möglicherweise schwierigen oder sogar fehlenden Durchsetzbarkeit bei Massenwerbung aus dem Ausland bleibt aber auch in diesem Fall bestehen[55].

25 Passivlegitimiert ist, wer unlauterere Massenwerbung selbst versendet oder eine solche Versendung veranlasst. Damit ist einerseits der eigentliche Auftraggeber erfasst. Andererseits sind unter den Begriff der Versender auch Gehilfen wie etwa Provider zu verstehen, soweit sie von der unlauteren Tätigkeit Kenntnis haben können und dennoch nicht einschreiten[56].

---

[54] FAVRE, Datenübertragung, 135.
[55] FAVRE, Datenübertragung, 135.
[56] ROSENTHAL/JÖHRI, Art. 3 Bst. o UWG N 91.

Art. 4

Verleitung zu Vertragsverletzung oder -auflösung	Unlauter handelt insbesondere, wer: a. Abnehmer zum Vertragsbruch verleitet, um selber mit ihnen einen Vertrag abschliessen zu können; b. ... c. Arbeitnehmer, Beauftragte oder andere Hilfspersonen zum Verrat oder zur Auskundschaftung von Fabrikations- oder Geschäftsgeheimnissen ihres Arbeitgebers oder Auftraggebers verleitet; d. einen Käufer oder Kreditnehmer, der einen Vorauszahlungskauf oder einen Konsumkreditvertrag abgeschlossen hat, veranlasst, den Vertrag zu widerrufen, oder wer einen Käufer, der einen Vorauszahlungskauf abgeschlossen hat, veranlasst, diesen zu kündigen, um selber mit ihm einen solchen Vertrag abzuschliessen.
Incitation à violer ou à résilier un contrat	Agit de façon déloyale celui qui, notamment : a. incite un client à rompre un contrat en vue d'en conclure un autre avec lui; b. ... c. incite des travailleurs, mandataires ou auxiliaires à trahir ou à surprendre des secrets de fabrication ou d'affaires de leur employeur ou mandant; d. incite un acheteur ou un preneur qui a conclu une vente avec paiements préalables ou un contrat de crédit à la consommation à révoquer ce contrat, ou un acheteur qui a conclu une vente avec paiements préalables à dénoncer celle-ci, pour conclure de son côté un tel contrat avec lui.
Incitamento a violare o a rescindere un contratto	Agisce in modo sleale, segnatamente, chiunque: a. incita il cliente a rescindere un contratto per stipularne uno con lui; b. ... c. induce lavoratori, mandatari o altri ausiliari a rivelare o a spiare segreti di fabbrica o d'affari del loro datore di lavoro o del loro mandante; d. incita il compratore o creditato che ha concluso una vendita a rate anticipate o un contratto di credito al consumo, a revocare il contratto oppure il compratore che ha concluso una vendita a rate anticipate, a disdirla, per stipulare il contratto con lui.
Inducement to Breach or Termination of Contract	Shall be deemed to have committed an act of unfair competition, anyone who, in particular: a. induces a consumer to commit a breach of contract in order to conclude a contract with him; b. ... c. induces employees, agents or other auxiliary persons to betray or pry into the manufacturing or trading secrets of their employer or principal;

d. induces a purchaser or a borrower who has concluded a prepayment or a consumer loan contract to revoke the contract, or induces a purchaser who has concluded a prepayment contract to terminate such, in order to conclude such a contract with him.

Inhaltsübersicht

			Note	Seite
I.	Normzweck		1	504
II.	Entstehungsgeschichte		2	504
III.	Systematik und Verhältnis zu anderen Vorschriften		6	505
	1. Systematik		6	505
	2. Verhältnis zu anderen Vorschriften		17	508
	a)	Verhältnis zu anderen Vorschriften des UWG	17	508
		aa) Art. 6	17	508
		bb) Art. 5	18	509
		cc) Art. 4a	19	509
		dd) Art. 2 (Generalklausel)	20	510
	b)	Verhältnis zu Vorschriften ausserhalb des UWG	29	513
		aa) Art. 41 Abs. 2 OR	29	513
		bb) Verletzung von Pflichten aus dem Arbeits- und Auftragsrecht	30	513
IV.	Tatbestandsvoraussetzungen		33	514
	1. Vorbemerkungen		33	514
	2. Art. 4 lit. a		34	514
	a)	Unlauteres Verhalten: Verleitung	34	514
	b)	Vertragsbruch	40	516
	c)	Abnehmer	48	519
	d)	Subjektives Element: Absicht des Vertragsabschlusses mit der verleiteten Person (Ersatzvertrag)	50	521
	e)	Exkurs: Graumarktbezüge bzw. Parallelimportssachverhalte	57	522
	3. Art. 4 lit. c		63	524
	a)	Vorbemerkungen	63	524
	b)	Unlauteres Verhalten: Verleitung zum Verrat oder zur Auskundschaftung von Fabrikations- oder Geschäftsgeheimnissen	64	525
	c)	Verleitete Personen: Arbeitnehmer, Beauftragte oder andere Hilfspersonen	72	527
	d)	Subjektives Merkmal: Erlangung der Kenntnis eines Fabrikations- oder Geschäftsgeheimnisses	74	528
	4. Art. 4 lit. d		75	528
	a)	Vorbemerkungen	75	528
	b)	Unlauteres Verhalten	76	529
	c)	Subjektives Merkmal: Abschluss eines gleichgelagerten Ersatzvertrags	80	531
V.	Einwendungen des Verletzers		81	531
VI.	Rechtsfolgen		84	532
VII.	Verfahrensfragen		92	535

Literatur

M. ALTENPOHL, Die Durchsetzbarkeit selektiver Vertriebsbindungssysteme gegenüber Aussenseitern nach schweizerischem Recht, AJP 1992, 189 ff.; M. AMSTUTZ/M. REINERT, Art. 162, in: M. A. Niggli/H. Wiprächtiger (Hrsg.), Basler Kommentar, Strafrecht II, 2. Aufl., Basel 2007, 773 ff.; C. BAUDENBACHER (Hrsg.), Lauterkeitsrecht – Kommentar zum Gesetz gegen den unlauteren Wettbewerb (UWG), Basel 2001, Kommentierungen zu Art. 4 sowie Art. 2 N 271 ff.; DERS., Marktstörung durch Ausnutzen fremden Vertragsbruchs zu Lasten selektiver Vertriebssysteme – Für einen Paradigmawechsel in der Rechtsprechung des BGH, in: G. Wild et al. (Hrsg.), FS für Alfred-Carl Gaedertz zum 70. Geburtstag, München 1992, 19 ff.; DERS., Schwerpunkte der schweizerischen UWG-Reform, in: C. Baudenbacher (Hrsg.), Das UWG auf neuer Grundlage, Bern/Stuttgart 1989, 15 ff.; M. BIERI-GUT, Rechtsprobleme beim Absatz auf grauen Märkten, Die Durchsetzbarkeit von Selektivvertriebsverträgen gegenüber Dritten, Zürich 1994; R. BREHM, Art. 41 OR, in: H. Hausheer/H. P. Walter (Hrsg.), Berner Kommentar, Kommentar zum schweizerischen Privatrecht, Das Obligationenrecht, Band VI/1/3/1, Die Entstehung durch unerlaubte Handlungen, Art. 41–61 OR, 3. Aufl., Bern 2006, 1 ff.; B. VON BÜREN, Kommentar zum Bundesgesetz über den unlautern Wettbewerb vom 30. Sept. 1943 unter Einschluss der Ausverkaufsverordnung vom 16. April 1947, Zürich 1957, Generalklausel N 53 ff. und Art. 1 Abs. 2 lit. f und g N 1 ff.; R. VON BÜREN/E. MARBACH/P. DUCREY, Immaterialgüter- und Wettbewerbsrecht, 3. Aufl., Bern 2008, N 1202 ff. sowie N 1219 ff.; R. DÄHLER/P. KRAUSKOPF/M. STREBEL, Aufbau und Nutzung von Marktpositionen, in: T. Geiser/P. Krauskopf/ P. Münch (Hrsg.), Schweizerisches und europäisches Wettbewerbsrecht, Handbücher für die Anwaltspraxis, Band IX, Basel 2005, N 8.60 ff.; L. DAVID/R. JACOBS, Schweizerisches Wettbewerbsrecht, 4. Aufl., Bern 2005, N 341 ff. und 412 ff.; L. DAVID/M. A. REUTTER, Schweizerisches Werberecht, 2. Aufl., Zürich 2001, 276 und 361 f.; P. H. EULAU, Verleitung zum Vertragsbruch und Ausnutzung fremdem Vertragsbruchs, Zürich 1976; L. FERRARI-HOFER/ D. VASELLA, in: M. Amstutz et al. (Hrsg.), Handkommentar zum Schweizer Privatrecht, Zürich 2007, 3567 f. (Kommentierung von Art. 4); M. FRICK, Abwerbung von Personal und Kunden, unter besonderer Berücksichtigung der Abwerbung durch Arbeitnehmer während und nach Beendigung des Arbeitsverhältnisses, Bern 2000; J. GUYET, La distribution sélective en droit suisse, nouveaux développements, SMI 1990, 251 ff.; DERS., in: R. von Büren/L. David (Hrsg.), SIWR V/1, Lauterkeitsrecht, 2. Aufl., Basel 1998, 199 ff. und 223 ff.; R. M. HILTY, Verbot von Parallelimporten – Heimatschutz oder Schildbürgerstreich?, sic! 2000, 231 ff.; E. A. KRAMER, Art. 19/20 OR, in: A. Meier-Hayoz (Hrsg.), Berner Kommentar, Kommentar zum schweizerischen Privatrecht, Das Obligationenrecht, Band VI/1/2/1a, Inhalt des Vertrages, Art. 19–22 OR, Bern 1991, 1 ff.; R. KRASSER, Anmerkungen zu BGE 114 II 91 – Dior, GRUR Int. 1988, 706 ff.; L. MEYER, Das selektive Vertriebssystem, Seine Berührung mit dem KG, UWG, IPR und dem Europa-Recht, Bern 1993; J. MÜLLER, Einleitung und Generalklausel, in: R. von Büren/L. David (Hrsg.), SIWR V/1, Lauterkeitsrecht, 2. Aufl., Basel 1998, 67 ff. und 76 ff.; M. M. PEDRAZZINI, Die Verleitung zum Vertragsbruch nach dem neuen UWG, SMI 1991, 349 ff.; M. M. PEDRAZZINI/F. A. PEDRAZZINI, Unlauterer Wettbewerb, UWG, 2. Aufl., Bern 2002, N 8.01 ff.; R. RUDOLPH, Kontakte zu Kunden des alten Arbeitgebers nach einem Stellenwechsel, ARV 2009, 93 ff.; R. SCHLOSSER, Der Know-How-Vertrag, sic! 1998, 269 ff.; W. R. SCHLUEP, Schuldrechtliche Aspekte der Verleitung zum Vertragsbruch, in: P. Forstmoser (Hrsg.), FS für Max Keller zum 65. Geburtstag, Zürich 1989, 261 ff.; DERS., Wirtschaftsrechtliche Aspekte der Verleitung zum Vertragsbruch, in: F. Dessemontet (Hrsg.), Mélanges Joseph Voyame, Lausanne 1989, 241 ff.; A. K. SCHNYDER, Art. 41 OR, in: H. Honsell/N. P. Vogt/ W. Wiegand (Hrsg.), Basler Kommentar, Obligationenrecht I, 4. Aufl., Basel 2007, 332 ff.; S. TRECHSEL et al. (Hrsg.), Schweizerisches Strafgesetzbuch, Praxiskommentar, Zürich 2008;

A. TROLLER, Immaterialgüterrecht, Bd. II, 3. Aufl., Basel/Frankfurt a.M. 1985, 948 ff.; K. TROLLER, Aperçu de divers problèmes juridiques au sujet de la protection des systèmes de distribution sélective notamment dans le domaine des produits de consommation de luxe, SMI 1987, 23 ff.; DERS., Grundzüge des schweizerischen Immaterialgüterrechts, 2. Aufl., Basel 2005, 362 f.

I. Normzweck

1   Ausgehend vom Grundsatz, dass Verträge nur die Vertragspartner binden, aussenstehende Dritte deshalb einen von Dritten geschlossenen Vertrag nicht verletzen können und entsprechend die Beeinträchtigung vertraglicher Rechte durch Dritte nicht widerrechtlich ist (und damit keine unerlaubte Handlung nach Art. 41 Abs. 1 OR darstellt; Relativität der Verträge), qualifiziert Art. 4 drei verschiedene, speziell gelagerte Konstellationen der **Beeinträchtigung einer Vertragsbeziehung unter Drittpersonen** als **unlauter** und widerrechtlich. Diese sind durch ein Verhalten charakterisiert, das entweder – in den Fällen von Art. 4 lit. a und lit. c – zur Vertragsverletzung oder – im Fall von Art. 4 lit. d – zur Vertragsauflösung verleitet. Die Unlauterkeit besteht in der Störung der betroffenen wettbewerbsrelevanten Vertragsbeziehungen.

II. Entstehungsgeschichte

2   Schon unter der alten, bis 1945 geltenden **Generalklausel** in **Art. 48 aOR** konnten die heute in Art. 4 lit. a und lit. c aufgegriffenen Konstellationen der Verleitung zum Vertragsbruch erfasst werden[1].

3   Im alten **UWG 1943** fanden sich in **Art. 1 Abs. 2 lit. f** (Verleitung zur Geheimnisverletzung) und **k** (Veranlassung zur Auflösung von Konsumentenverträgen)[2] mit dem heutigen Art. 4 vergleichbare Normgehalte (explizite Strafbewehrung in Art. 13 lit. f und k aUWG). Die unter geltendem Recht gemäss Art. 4 lit. a unlautere Verleitung zum Vertragsbruch wurde vom UWG 1943 nicht in einer spezifischen Bestimmung aufgegriffen, fiel aber unter die **Generalklausel** in **Art. 1 Abs. 1 aUWG**[3] und war nicht strafbewehrt.

4   Nur mit geringfügigen redaktionellen Änderungen wurden Art. 1 Abs. 2 lit. f und lit. k aUWG im Rahmen **der Totalrevision des UWG 1986** in Art. 4 lit. c bzw. lit. d übernommen, während mit Art. 4 lit. a der Tatbestand der Verleitung zum

---

[1] Vgl. bspw. Botschaft 1942, 692 ff., sowie BGE 53 II 321, 332, und BGE 52 II 370, 380, sowie BAUDENBACHER/GLÖCKNER, Kommentar UWG, Art. 4 N 2.

[2] Art. 1 Abs. 2 lit. k aUWG wurde durch das Bundesgesetz vom 23. März 1962 per 1. Januar 1963 ins UWG eingefügt, dazu auch BBl 1960 I, 586 f., und AS 1962 1047, 1056.

[3] Vgl. etwa BGE 86 II 108, 112/113 («Eschenmoser»), BGE 95 IV 99, 100 f., sowie BGE 105 IV 307 und BGE 114 II 91, 96 ff. («Dior»).

Vertragsbruch neu explizit in das UWG integriert wurde. Art. 4 war weitgehend unbestritten und der Wortlaut des VE 1980 wurde praktisch unverändert in den Entwurf und schliesslich in das revidierte Gesetz übernommen[4].

Im Zuge der Umsetzung (Ratifikation) des Strafrechtsübereinkommens über Korruption des Europarats mitsamt Zusatzprotokoll[5] wurde die vormals bis 30. Juni 2006 in Art. 4 lit. b aUWG erfasste (aktivseitige) **Privatbestechung** aufgehoben und einer umfassenden Regelung in einer **eigenen Bestimmung**, Art. **4a**, zugeführt (Inkrafttreten am 1. Juli 2007).

III. Systematik und Verhältnis zu anderen Vorschriften

1. Systematik

Die Teilbestimmungen in Art. 4 knüpfen an das **Dogma der Relativität von Verträgen** an, das eine «Verdinglichung» von Verträgen ablehnt. Demnach kommt Verträgen nur relative, «interne» Bedeutung zu, sie binden nur die Vertragsparteien[6]. Ein **Aussenstehender kann** den **(Dritt-)Vertrag** somit **nicht verletzen,** weder direkt (keine Eigenschaft als Vertragspartner) noch indirekt (durch Verleitung eines Vertragspartners zur Vertragsverletzung)[7]. Als Konsequenz kann die **Verletzung eines Drittvertrags** und das **Ausnützen eines durch eine Vertragspartei begangenen Vertragsbruchs** grds. **nicht unlauter** und damit auch nicht widerrechtlich sein.

Zunächst relativiert Art. 41 Abs. 2 OR dieses Dogma, indem für qualifizierte Fälle (absichtliche Unsittlichkeit), die sich nicht notwendigerweise im wirtschaftlichen Wettbewerb abspielen, aber eine Schädigungsabsicht beinhalten müssen, eine Schadenersatzpflicht statuiert wird[8]. Art. 41 Abs. 2 OR deutet somit auf eine **Prävalenz des Schädigungselements** bei der Beeinträchtigung von Vertragsbeziehungen hin.

Art. 4 relativiert besagtes **Dogma der Relativität der Verträge** sodann mit Bedeutung für den wirtschaftlichen Wettbewerb, indem **bestimmte Verhaltensweisen als unlauter** und damit (Art. 2) als widerrechtlich **qualifiziert** werden, die zur

---

[4] Vgl. Art. 3 VE-1980 in GRUR 1981, 170, und zum Vernehmlassungsverfahren Botschaft UWG, 1029. Für die parlamentarischen Beratungen vgl. Amtl. Bull. NR 1985, 841 (Voten LÜCHINGER und M. COTTI). Es wurde gegenüber Art. 3 VE-1980 lediglich in der Überschrift «... oder -auflösung» und in der ersten Zeile das Wort «insbesondere» eingefügt.

[5] Vgl. zum Ganzen die Hinweise in Art. 4a N 12.

[6] BGE 114 II 91, 97 («Dior»); 108 II 305, 312; 102 II 339, 340; 52 II 370, 375 f. und 63 II 21 f., sowie anstelle vieler BK-KRAMER, Allgemeine Einleitung in das Schweizerische OR N 44, sowie BAUDENBACHER/GLÖCKNER, Kommentar UWG, Art. 4 N 1.

[7] Vgl. dazu näher SCHLUEP, FS Keller, 261 ff. m.w.H.

[8] Dazu näher Einleitung N 12 sowie BK-BREHM, Art. 41 N 233.

Verletzung («Bruch») des Drittvertrags führen und damit unerwünschte Implikationen auf die Wettbewerbsbeziehungen der betroffenen Parteien und die Vertragsverhältnisse haben können[9]. Insofern hat Art. 4 sowohl eine – leicht erkennbare und historisch im Vordergrund stehende – **geschäftsmoralische** Komponente als auch eine nicht zu unterschätzende **wettbewerbsfunktionale Komponente**[10]. Das zur Unlauterkeit führende **Unrecht von Art. 4 lit. a** liegt somit in der Störung der Vertragsbeziehungen von Mitbewerbern und der damit verbundenen Bewirkung von Umtrieben, Verzögerungen, Nachteilen und Risiken bei der Geltendmachung der vertragsmässigen Rechte (Prozess- und Insolvenzrisiko, «unnötige», nicht leistungsbedingte Transaktionskosten etc.).

9   Im Ergebnis schützen die Tatbestände von Art. 4 die **Vertragstreue** («pacta sunt servanda») sowie namentlich auch die Loyalität von Angestellten und somit nicht zuletzt die «Planungssicherheit» und die Kontinuität von Geschäftsbeziehungen[11] – dies steht gleichzeitig in einem Spannungsverhältnis zu einem dynamischen Wettbewerb, dessen Unverfälschtheit das UWG ja gerade auch zu fördern bezweckt.

10 Aus Sicht eines einzelnen Wettbewerbsteilnehmers mag die **Bezweckung bzw. Inkaufnahme von Vertragsbrüchen** als Mittel der Absatzförderung zumindest kurzfristig tauglich und gewinnbringend sein. Aus **volkswirtschaftlicher Sicht** erweist sie sich jedoch als **ineffizient** (bzw. kaum je als paretoeffizient), da der Schaden des Vertragspartners der verleiteten Person nicht nur selten geringer sein dürfte als der vom Verletzer erzielte Gewinn, sondern der Vertragspartner infolge der Schwäche des Rechtsdurchsetzungsinstrumentariums (u.a. Beweisschwierigkeiten) seinen Schaden oft nicht in genügender Weise durchsetzen können wird[12].

11 Bei den von Art. 4 erfassten Konstellationen handelt es sich um **verselbständigte Teilnahmedelikte,** die die Verleitung zu einer bestimmten Verhaltensweise einer Drittperson für unlauter und damit für widerrechtlich (Art. 2) erklären. Die **verleitete Person handelt** dabei regelmässig – ausser bei Art. 4 lit. d – vertragswidrig, **nicht** jedoch **per se unlauter**. Im Falle von Geheimnisverletzungen im Sinne von Art. 4 lit. c wird die verleitete Person zudem über Art. 6 erfasst (ausgenommen Fälle, in denen die Kenntnis des Geheimnisses rechtmässig gegeben ist) und han-

---

[9] Dazu instruktiv BGE 133 III 431, 436 ff. («Auf zu neuen Taten»), sowie Einleitung N 17.

[10] Vertiefend BAUDENBACHER/GLÖCKNER, Kommentar UWG, Art. 4 N 4 ff., die darauf hinweisen, dass dem Ziel eines unverfälschten, der Optimierung durch Ressourcenallokation durch Effizienzmaximierung verpflichteten Wettbewerbs(ideals) nicht gedient ist, wenn die Verleitung zu Vertragsverletzungen lauter und zulässig wäre. Vgl. auch die Ausführungen zum geschäftsmoralischen und wettbewerbsfunktionalen Charakter von Art. 4 in BGE 133 III 431, 436 ff. («Auf zu neuen Taten»; primär zu Art. 5).

[11] Vgl. auch SCHLUEP, FS Voyame, 250, und BAUDENBACHER/GLÖCKNER, Kommentar UWG, Art. 4 N 7.

[12] Vgl. SCHLUEP, FS Voyame, 241, und BAUDENBACHER/GLÖCKNER, Kommentar UWG, Art. 4 N 4 ff., bes. N 6 (vgl. z.B. den Fall in BGer 4C.225/2006 sic! 2007, 215, E. 2.5 f. [«Yellowworld II»], einem Abwerbungssachverhalt, wo die Unlauterkeit jedoch infolge der Verletzung von Art. 3 lit. a vorlag).

delt regelmässig auch gesetzeswidrig und macht sich ggf. sogar strafbar (vgl. Art. 321a OR und Art. 162 StGB).

Einige **Voraussetzungen** der Teilbestimmungen von Art. 4 stimmen im Inhalt überein oder sind sich zumindest ähnlich, weshalb diese quasi **vor die Klammer gezogen** werden können. Folgende Erfordernisse sind allen Teilgehalten von Art. 4 im Sinne von **Minimalerfordernissen** gemein[13]: 12

- **Dreiparteien-Konstellation:** Erfordernis des Vorliegens eines (Dritt-) Vertrags zwischen der verleiteten Person und deren Vertragspartner (Geschäftsherr)[14];
- **Verletzung** («Bruch») dieses **(Dritt-)Vertrags durch** die **verleitete Person** (Ausnahme: bei Art. 4 lit. d: kein Vertragsbruch nötig, vertragskonforme Vertragsaufsagung ausreichend);
- Verletzer (Verleiter/Störer/abwerbende Person): In der Regel (aber nicht notwendig) ein **Wettbewerber des Vertragspartners der verleiteten Person** (d.h. des Geschäftsherrn);
- **Absicht der Ausnützung** des allfälligen **Vertragsbruchs** durch Verletzer etc. (Ausnahme: Art. 4 lit. d, wo der Vertragswiderruf bzw. die Vertragskündigung tatsächlich erfolgt sein muss);
- **Absicht** bzw. **Bestreben** des Verletzers, einen **Vorteil** für sich oder einen Dritten zu **erlangen** (Art. 4 lit. a und d: Abschluss eines Ersatzvertrags, Art. 4 lit. c: Verwertung [bzw. Auskundschaftung] eines Geheimnisses).

Die **Erfordernisse variieren** sodann in Bezug auf die **Person des Verleiteten**. So bezieht sich Art. 4 lit. a dem Wortlaut nach nur auf Abnehmer, während sich Art. 4 lit. c auf Arbeitnehmer, Beauftragte und andere Hilfspersonen und Art. 4 lit. d (nur) auf Käufer bzw. Konsumenten bezieht. 13

Fraglich und **umstritten** sind **einige Punkte**[15], so insbesondere, ob der Verletzer in jedem Fall nur ein Mitbewerber des Vertragspartners der verleiteten Person sein kann, ferner ob Art. 4 lit. a nur Abnehmer oder auch andere Personen erfasst, ob Parallelimport-Sachverhalte («Graumarktbezüge») auch von Art. 4 lit. a erfasst werden können, ob bei Art. 4 lit. c schon die Verleitung zur Auskundschaftung (ohne Verrat bzw. Verwertung) ausreichend ist und ob Art. 4 lit. d auch auf vertragliche oder gesetzliche Kündigungs-, Auflösungs- und Widerrufsrechte ausserhalb des Konsumentenkreditbereichs anwendbar ist. Darauf wird nachfolgend einzugehen sein. 14

---

[13] Vgl. auch die Bemerkungen bei BAUDENBACHER/GLÖCKNER, Kommentar UWG, Art. 4 N 11 ff., und GUYET, SIWR V/1, 199 f.
[14] Nachfolgend soll einheitlich die Terminologie Verletzer – verleitete Person – Vertragspartner (der verleiteten Person) verwendet werden. Liegt ein Drittvertrag nicht oder noch nicht vor, kommt die Anwendung von Art. 4 nicht in Frage (vgl. BAUDENBACHER/GLÖCKNER, Kommentar UWG, Art. 4 N 11). Denkbar ist die Anwendung von Art. 2 oder – je nach Art des Verhaltens, dass der Verhinderung von Vertragsabschlüssen dient – Art. 3 (bspw. Herabsetzung, Irreführung).
[15] Vgl. bspw. schon SCHLUEP, FS Voyame, 265 ff.

15   Dass Art. 4 nur einige bestimmt gelagerte Konstellationen erfasst und die daraus folgende **Lückenhaftigkeit** hat zur Folge, dass relativ viel Raum für die Anwendung der **Generalklausel** bleibt. Es sind verschiedene Konstellationen denkbar, die nicht explizit von Art. 4 erfasst werden, deren Unlauterkeit aber zweifelsohne über Art. 2 herbeigeführt werden kann[16].

16   Folgendes Schema gibt eine Übersicht über die Tatbestände von Art. 4:

Art. 4	Unlauteres Verhalten	Verleitete Person	Ziel der Verleitung (Verletzungstatbestand)
lit. a	Verleitung	Abnehmer	Bruch des Vertrags *und* (mind.) Absicht des Abschlusses eines (beliebigen) Ersatzvertrags
lit. c	Verleitung	Arbeitnehmer, Beauftragte und andere Hilfspersonen	Verrat oder Auskundschaftung eines Geheimnisses (str., ob letzteres Verwertungsabsicht voraussetzt)
lit. d	Veranlassung	Konsumenten (Käufer/ Kreditnehmer)	(Tatsächlich erfolgter) Widerruf oder Kündigung *und* (mind.) Absicht des Abschlusses eines identischen bzw. ähnlich gelagerten («solchen») Ersatzvertrags
4a Abs. 1 lit. a	Vorteilsgabe[17]	Arbeitnehmer, Beauftragte und andere Hilfspersonen, Gesellschafter	Pflichtwidriges oder «im Ermessen stehendes» Verhalten im Zusammenhang mit dienstlicher oder geschäftlicher Tätigkeit der verleiteten Person, beschränkt auf den «privaten Sektor»

2.   *Verhältnis zu anderen Vorschriften*

a)   **Verhältnis zu anderen Vorschriften des UWG**

aa)   Art. 6

17   Gemäss Art. 6 handelt unlauter, wer **Fabrikations- oder Geschäftsgeheimnisse,** die er ausgekundschaftet oder sonstwie **unrechtmässig erfahren** hat, verwertet oder anderen mitteilt. Nicht notwendig, aber denkbar ist, dass die Verletzung als Folge der (gemäss Art. 4 lit. c tatbestandsmässigen) Verleitung durch eine Drittperson erfolgt. Auch bei Art. 6 wird die Geheimhaltungspflicht vorausgesetzt und nicht selbst statuiert[18]. Zwischen Art. 4 lit. c und Art. 6 i.V.m. Art. 24 StGB

---

[16]   Vgl. Art. 2 N 72 ff. und 88 ff., und SCHLUEP, FS Voyame, 252 ff., BAUDENBACHER, Kommentar UWG, Art. 2 N 271 ff.

[17]   Anbieten, Versprechen oder Gewähren eines nicht gebührenden Vorteils an verleitete oder sonstige Person.

[18]   GUYET, SIWR V/1, 223 ff.

(Anstiftung) besteht dabei unechte Konkurrenz[19], wobei vieles dafür spricht, dass Art. 4 lit. c als lex specialis vorgeht. **Nicht** von Art. 6 **erfasst** ist der «**blosse**» **Verrat** eines **rechtmässig erfahrenen Geheimnisses**. Dieser stellt regelmässig eine Vertragsverletzung dar[20], wobei UWG-seitig (nur) die Verleitung dazu über Art. 4 lit. c erfasst ist. Insofern qualifiziert Art. 4 lit. c eine selbständige Teilnahmehandlung als unlauter, stellt sie über Art. 23 Abs. 1 unter Strafe und durchbricht damit – strafrechtlich gesprochen – das Akzessorietätsprinzip[21].

bb) Art. 5

Art. 5 schützt **Pläne, Offerten, Berechnungen** (lit. a und b) vor unlauterer Übernahme und weist damit eine ähnliche **vorfeldschutzbezogene Stossrichtung** wie der von Art. 6 und Art. 4 lit. c bezweckte (indirekte) Geheimnisschutz auf[22].

18

cc) Art. 4a

Der Regelungsgegenstand der in Art. 4a geregelten Privatbestechung wurde – was die aktivseitige Privatbestechung betrifft – dem bis 30. Juni 2006 in Kraft stehenden Art. 4 lit. b aUWG entnommen. Auch Art. 4a geht von einer Dreiparteienkonstellation aus, die sich aber gegenüber derjenigen in Art. 4 dadurch unterscheidet, dass **nur die durch Vorteilsgabe herbeigeführte** (bzw. herbeizuführen beabsichtigte) und mit ihr in Zusammenhang (Äquivalenzverhältnis) stehende **Vertragsverletzung** und damit eine speziell anstössige, da sowohl geschäftsmoralisch verpönte als auch wettbewerbsverfälschend wirkende Konstellation des Vertragsbruchs, erfasst wird[23]. Da Art. 4 lit. a sich auf Abnehmer und Art. 4a auf Arbeitnehmer, Beauftragte, Gesellschafter und andere Hilfspersonen bezieht, schliessen sich die beiden Tatbestände in der Regel theoretisch aus. Soweit die pflichtwidrige Hand-

19

---

[19] Vgl. auch Art. 6 N 4 und BAUDENBACHER/GLÖCKNER, Kommentar UWG, Art. 4 N 90 f. Vgl. bspw. KGer VS vom 24.5.2006 (P3 06 7), E. 2a bb zum Verhältnis von Art. 4 lit. c und Art. 6.

[20] Art. 321a Abs. 4 OR bzw. Art. 398 Abs. 1 i.V.m. Art. 321a Abs. 4 OR.

[21] Allerdings macht sich die geheimnisverpflichtete Person nach Art. 162 StGB strafbar, was namentlich auch für Geheimnisverletzungen *nach* Beendigung des Vertragsverhältnisses gilt. Insofern geht die Verleitung gemäss Art. 4 lit. c i.V.m. Art. 23 strafrechtlich betrachtet der Anstiftung zur Geheimnisverletzung i.S.v. Art. 162 StGB i.V.m. Art. 24 StGB vor (BSK StGB II-AMSTUTZ/REINERT, Art. 162 N 33, und BStGer vom 12.06.2007 [SK.2007.3], E. 4).

[22] Vgl. etwa die Fälle in CdJ GE sic! 2000, 714 ff. («Conseil en rémunérations»), und OGer AR sic! 2007, 458 ff. («Explosionsschutzventil»), und HGer SG SGGVP 1997, Nr. 36/84, E. 3a, in denen sowohl die Verletzung von Art. 5 wie auch von Art. 6 bzw. 4 lit. c zur Diskussion standen.

[23] Vgl. BGer 4C.120/2000 sic! 2000, 611, E. 4c («WIR [fig.]»), wo das Angebot von Geld (für «WIR»-Guthaben) WIR-Teilnehmer zum Vertragsbruch verleiten sollte, was weder gegen Art. 4 lit. a noch gegen Art. 2 verstiess (eine Verletzung von Art. 4 lit. b aUWG wurde gar nicht geprüft, wohl weil die WIR-Teilnehmer nicht als Hilfspersonen zu qualifizieren sind).

lung im Verrat oder der Auskundschaftung eines Geheimnisses liegt, stellt Art. 4a Abs. 1 lit. a eine lex specialis gegenüber Art. 4 lit. c dar. Im Unterschied zu den in Art. 4 avisierten Konstellationen wird von Art. 4a Abs. 1 lit. b auch die verleitete Person, also die «passive Seite», vom Unlauterkeitsurteil erfasst, der der Vorteil im Hinblick auf eine Vertragsverletzung versprochen oder gewährt wurde.

dd) Art. 2 (Generalklausel)

20 Art. 4 (und 4a) regeln **Dreiparteienkonstellationen** bzw. in solchen vorkommende typische **wettbewerbsrelevante Beeinträchtigungen einer vorbestehenden Vertragsbeziehung** durch einen Aussenstehenden (Verletzer) **keineswegs abschliessend,** was schon aus dem Normtext (Wort «insbesondere») hervorgeht[24]. Bei diversen Fallgestaltungen ist daher ein Rückgriff auf die Generalklausel möglich und nötig.

21 Die blosse **Verleitung** von Abnehmern bzw. Arbeitnehmern, Beauftragten oder Hilfspersonen **zu vertragskonformem** (bzw. vertragsirrelevantem) **Verhalten**, das deren Vertrag mit dem Arbeitgeber bzw. Auftraggeber etc. nicht verletzt, bspw. zur ordnungsgemässen, vertrags(rechts)konformen Kündigung oder zur Geltendmachung eines Willensmangels, kann nur ausnahmsweise gemäss Art. 2 unlauter sein[25], soweit sie nicht bereits von Art. 4 lit. d erfasst wird[26]. Dies muss selbst im Falle systematischen Vorgehens gelten, mindestens soweit nicht andere unlauterkeitsbegründende Umstände hinzukommen. So ist die **systematische Kündigungshilfe** (bspw. die Abgabe bzw. die Erstellung von individualisierten Kündigungsschreiben) als solche grds. noch nicht unlauter[27]. Dasselbe muss grds. bei **Freistellungs- bzw. Erstattungsversprechen** gelten[28]. Soweit mit ihr aber unlautere Herabsetzungen oder Irreführungen über die Person des Anbietenden (Abwerbenden)

---

[24] Das Wort «insbesondere» wurde erst in Art. 4 lit. a E-UWG 1983 eingefügt, in Art. 3 lit. b VE-UWG 1980 fehlte es noch, obwohl es in der ersten Zeile von Art. 1 Abs. 2 aUWG 1943 noch enthalten war («beispielsweise»), vgl. GRUR Int. 1980, 170, und SCHLUEP, FS Voyame, 252 m.w.H.
[25] Vgl. Art. 2 N 74.
[26] Dazu N 75 ff.
[27] Vgl. N 39 und Art. 2 N 74.
[28] Wenn bspw. der abwerbende Dritte der verleiteten Person verspricht, allfällige Transaktionsgebühren (z.B. Depotwechselgebühren) oder bereits geleistete Entgelte (Anmelde-, Anschluss-/Grundgebühren etc.) zu erstatten und ihm ggf. in einem Rechtsstreit beizustehen. Oft wird sich dies für den abwerbenden Dritten jedoch nicht lohnen, sodass die Problematik in der Praxis nur selten anzutreffen sein wird (so bspw. im Bereich der Vermögensverwaltung oder von Telekomdienstleistungen, wenn der Abschluss langfristiger Verträge bezweckt und versucht wird, die Erstattungsleistung über die Zeit wieder hereinzuholen). Dazu auch BAUDENBACHER/GLÖCKNER, Kommentar UWG, Art. 4 N 85.

verbunden sind, kann sie unlauter sein[29]. Ebenso wenig ist die blosse **Ausnützung von Vertragsbrüchen** unlauter, es sei denn, es treten besondere unlauterkeitsbegründende Umstände hinzu[30].

Nicht von Art. 4 erfasst ist bspw. die **Verleitung** von nicht als «Abnehmer» zu qualifizierenden Marktteilnehmern, also bspw. **von Lieferanten oder Arbeitnehmern zum Vertragsbruch** (ausgenommen die in Art. 4 lit. c vorgesehene Verleitung zur Geheimnisverletzung). Die Wortwahl in Art. 4 lit. a kann nicht zufällig sein, was schon ein Blick auf Art. 4 lit. c zeigt[31]. Die Verleitung von Lieferanten kann gemäss Art. 2 unlauter sein[32]. Soweit Arbeitnehmer, Beauftragte und andere Hilfspersonen zum Vertragsbruch verleitet werden, können – bei Vorteilsannahme – Art. 4a Abs. 1 lit. b oder wiederum die Generalklausel anwendbar sein. 22

Die Thematik der **Verleitung von Lieferanten** kommt in der Praxis in Form von Graumarktbezugssachverhalten vor, d.h. händlerseitige Bezüge von Waren aus «geschlossenen» Vertriebssystemen (bspw. Parallelimportsachverhalte) zum Wiederverkauf[33]: Da es sowohl an der Verleitung wie auch an der Ersatzvertragsabsicht durch den Bezüger fehlt, werden gewöhnliche Graumarktbezugssachverhalte **nicht** von Art. 4 (lit. a) **erfasst**[34]. Die bei Graumarktbezügen typische (und ebenso wenig von Art. 4 erfasste) «blosse» **Ausnützung eines Vertragsbruchs** (bspw. eines in ein Selektivvertriebssystem eingebundenen Händlers) **durch Dritte** ist nur bei **Hinzutreten besonderer Umstände** gemäss Art. 2 unlauter[35]. Solche besonderen Umstände dürften in der Praxis kaum je vorliegen. Sie können bspw. nicht schon im die Qualität und Funktion der Ware nicht beeinträchtigenden Entfernen (Auskratzen) von Kontrollnummern und Codes oder den ggf. nicht zutreffenden Angaben auf der Verpackung («nur bei ausgewählten Vertragshändlern») liegen[36]. Soweit jedoch mit dem Verkauf der parallel importierten Ware bspw. Herabsetzungen oder Irreführungen verbunden sind, kann eine Unlauterkeit vorliegen, dann in der Regel aber schon infolge der Verletzung von Art. 3 lit. a oder lit. b. 23

Die **Personalabwerbung** fällt ebenso wenig in den Anwendungsbereich von Art. 4 lit. a, da Arbeitnehmer einerseits von Art. 4 lit. a nicht erfasst werden und Art. 4 lit. a anderseits nicht greift, soweit die verleitete Person ihren Arbeitsvertrag (oder 24

---

[29] Es kommt dann aber schon eine Unlauterkeit gemäss Art. 3 lit. a, lit. e oder lit. b in Frage. Vgl. den Sachverhalt in BGer 4C.55/2005 sic! 2006, 279, E. 2.7 («Yellowworld I»).

[30] Dazu Art. 2 N 74 u. 88 und BGer 4C.120/2000 sic! 2000, 611, E. 4c («WIR [fig.]»), BGE 114 II 91, 98 ff. («Dior»), und BGE 86 II 108, 118 ff. («Eschenmoser»).

[31] Ebenso PEDRAZZINI/PEDRAZZINI, UWG, N 8.10, die aber auch Lieferanten einbeziehen möchten. Für den Einbezug von Arbeitnehmern trotz klar anderslautendem Wortlaut in Art. 4 lit. a K. TROLLER, Grundzüge Immaterialgüterrecht, 362.

[32] Vgl. Art. 2 N 74.

[33] Dazu näher N 57 ff.

[34] Vgl. N 60 und die Sachverhalte in BGE 114 II 91 («Dior») oder BGE 122 III 469 ff. («Chanel I»).

[35] Vgl. BGE 114 II 91, 102 («Dior»).

[36] Dazu näher Art. 2 N 75.

Auftrag) vertrags(rechts)konform auflöst bzw. beendet[37]. Die Personalabwerbung ist grds. nicht unlauter und kann nur dann über die Generalklausel erfasst werden, wenn zur Abwerbung **besondere Umstände** hinzutreten[38]. Deren Vorliegen kann aber selbst bei «systematischen» Abwerbungen oder bei der Abwerbung von Schlüsselpersonal oder ganzen Equipen nicht per se bejaht werden[39].

25 Eine Unlauterkeit kommt in all diesen Fällen namentlich dann in Frage, wenn die **Beeinträchtigung der Konkurrenz** und damit ein **Schädigungselement im Vordergrund** steht, also wenn bspw. der Abwerbende das abgeworbene Personal gar nicht brauchen kann, sei es in qualitativer (abgeworbene Spezialisten können ihre Spezialkenntnisse an der neuen Stelle gar nicht einsetzen) oder quantitativer Hinsicht (der Abwerbende kann nicht alle der abgeworbenen Arbeitnehmer einsetzen)[40].

26 Auch die **Verleitung zur Lieferverweigerung bzw. zum Boykott** wird nicht von Art. 4 lit. a erfasst, da (und soweit) sie keinen bestehenden Vertrag verletzt[41]. Sie kann ggf. gemäss Art. 2 unlauter sein[42].

27 Besondere Umstände einer **Geheimnisverwertung**, die nicht schon von Art. 4 lit. c oder 6 oder über Art. 162 StGB (ggf. i.V.m. Art. 24 StGB und Art. 2) erfasst werden, können nach Art. 2 unlauter sein, namentlich bei gleichzeitiger Verletzung eines Konkurrenzverbots[43]. Der Rekurs auf die Generalklausel dürfte sich im Rahmen von Geheimnisverletzungen aber auf Ausnahmefälle beschränken[44].

28 Auch die **Betriebsspionage** kann nur über Art. 2 erfasst werden, da Art. 4 lit. c einen Vertragsbruch voraussetzt und ein «Betriebsspion» kaum je vertraglich mit dem Geheimnisherrn verbunden sein wird[45].

---

[37] Zur Personalabwerbung näher Art. 2 N 88 und die Dissertation von FRICK, Personalabwerbung sowie RUDOLPH, ARV 2009, 102 f.
[38] Vgl. bspw. BAUDENBACHER, Kommentar UWG, Art. 2 N 289 ff., PEDRAZZINI/PEDRAZZINI, UWG, N 8.10.
[39] Dazu näher Art. 2 N 88 und bspw. den Fall in OGer ZG sic! 1997, 319, E. 2 und 3 («Berater Vertriebsnetz»).
[40] Zutreffend HGer SG SGGVP 2001, Nr. 47, 146, E. b), und FRICK, Personalabwerbung, 135 f. m.w.H.
[41] Dazu Art. 2 N 85.
[42] Vgl. Art. 2 N 85.
[43] Vgl. Art. 2 N 88 sowie BAUDENBACHER, Kommentar UWG, Art. 2 N 297 ff.
[44] GUYET, SIWR V/1, 225.
[45] Vgl. dazu R. VON BÜREN/MARBACH/DUCREY, Immaterialgüter- und Wettbewerbsrecht, N. 1222. Ohnehin ist zu beachten, dass es einem Konkurrenten bis zu einem gewissen Grad erlaubt sein muss, «sich über allfällige Neuerungen bei der Konkurrenz auf dem laufenden zu halten» (Botschaft 1942, 692).

b) Verhältnis zu Vorschriften ausserhalb des UWG

aa) Art. 41 Abs. 2 OR

Sowohl die **Verleitung** zum Vertragsbruch als auch die **Ausnützung** («Ausbeutung») einer **Vertragsverletzung** kann bei Vorliegen von **«Absicht»** ein sittenwidriges Verhalten gemäss Art. 41 Abs. 2 OR darstellen und eine Schadenersatzpflicht des Dritten begründen[46]. Die Ausdehnung der Haftung über Art. 41 Abs. 2 OR wird jedoch als Ausnahme verstanden, was entsprechende **Zurückhaltung bei dessen Anwendung** gebietet[47]. Ein gemäss Art. 4 unlauteres und vorsätzliches («absichtliches») Verhalten wird regelmässig gleichzeitig auch ein gemäss Art. 41 Abs. 2 OR sittenwidriges Verhalten darstellen. Demgegenüber ist Art. 41 Abs. 2 OR auch auf Verhaltensweisen anwendbar, die nicht als Wettbewerbshandlungen zu qualifizieren sind. Allerdings geht Art. 4 auf der Rechtsfolgenseite insofern weiter, als Art. 9 auch verschuldensunabhängige negatorische Ansprüche zur Verfügung stellt und für reparatorische Ansprüche (Schadenersatz, Genugtuung und Gewinnherausgabe; Art. 9 Abs. 3) fahrlässiges bzw. bösgläubiges Verhalten ausreicht[48].

bb) Verletzung von Pflichten aus dem Arbeits- und Auftragsrecht

In der Praxis denkbar sind diverse Verletzungen arbeitsvertraglicher und auftragsrechtlicher Pflichten, zu denen der Arbeitnehmer verleitet werden kann und die auch von Art. 4 erfasst werden können. Die Verleitung zur Verletzung verschiedener Ausprägungen der **arbeitsvertraglichen Treue- und Sorgfaltspflicht** gemäss Art. 321a OR ist insoweit (auch) von Art. 4 lit. a und c sowie von Art. 4a Abs. 1 lit. a erfasst, als der verleitete Arbeitnehmer wettbewerbsrelevante Vertragspflichten, bspw. **Geheimhaltungspflichten** gegenüber dem Arbeitgeber, verletzt (vgl. auch die besondere Ausprägung in Art. 321a Abs. 4 OR), das Konkurrenzverbot verletzt (Art. 321a Abs. 3 OR) oder Vermögenswerte zur Gewährung von Vorteilen an Dritte entgegennimmt, ohne dass diese dem Arbeitgeber weitergeleitet oder von diesem genehmigt wurden (Art. 321b OR). Die Verletzung nachvertraglicher Treuepflichten, insbesondere von Geheimhaltungspflichten, kann nur über Art. 2 erfasst werden[49].

Ähnliches wie im Arbeitsvertragsrecht (N 30) gilt im **Auftragsrecht** (Art. 394 ff. OR, bes. Art. 398 Abs. 1 OR), das teilweise den arbeitsvertragsrechtlichen Treue-

---

[46] BGE 114 II 91, 98 («Dior»).
[47] BGE 114 II 91, 98 («Dior»), und 124 III 297, 302, vgl. auch BK-BREHM, Art. 41 OR N 255, und BSK OR I-SCHNYDER, Art. 41 N 42 f.
[48] Vgl. bspw. CdJ GE SJ 1980, 343, E. 2b («Kenwood Schumpf AG»), allerdings wohl zu Art. 41 Abs. 2 OR.
[49] Vgl. Botschaft 1942, 692, sowie BGE 64 II 162, 171 ff. («Maag-Zahnräder»).

pflichten vergleichbare Pflichten kennt, bspw. Geheimhaltungs-, Herausgabe- und Rechenschaftspflichten. Allerdings geht die Nähe und Einbindung des Beauftragten zum bzw. gegenüber dem Auftraggeber weniger weit als diejenige des Arbeitnehmers zum bzw. gegenüber dem Arbeitgeber.

32   Während Art. 4 lit. a vom Wortlaut her nur Abnehmer und damit nicht Arbeitnehmer oder Beauftragte erfasst, diese ggf. aber über die Generalklausel in Art. 2 zu erfassen sind, können sich somit mit den **Art. 4 lit. c** (und 4a Abs. 1 lit. a) **bei Wettbewerbsrelevanz** Berührungspunkte insofern ergeben, als die Verleitung zur Verletzung der erwähnten Vertragspflichten unlauter ist und Ansprüche gegen den Verletzer aus Art. 9 denkbar sind bzw. sich dieser ggf. strafbar machen kann (Art. 23 Abs. 1).

IV. Tatbestandsvoraussetzungen

1. Vorbemerkungen

33   Die in **Art. 4 lit. a–d** enthaltenen **Tatbestände** sind **strukturell ähnlich** (vgl. auch schon N 6 ff.), was bei der vorliegenden Kommentierung zu berücksichtigen ist. Art. 4 enthält – im Gegensatz zu Art. 4a – **keine Beschränkung auf** den **privaten Sektor**. Er findet also auch auf Marktteilnehmer **im öffentlichen Sektor Anwendung,** soweit sich diese auf dem Boden des Privatrechts bewegen und eine Wettbewerbshandlung vorliegt[50].

2. Art. 4 lit. a

a) Unlauteres Verhalten: Verleitung

34   Als **Verleitung** kommt zunächst ein Verhalten in Frage, das strafrechtlich i.S. von Art. 24 StGB als **Anstiftung** gilt. Unstreitig erfasst ist somit die Hervorrufung des Vorsatzes auf den Vertragsbruch durch motivierendes Tun, wobei zum Tatentschluss ein Kausal- bzw. Motivationszusammenhang besteht[51]. Der Verleitung wohnt somit ein subjektives Moment inne. Da für eine Begriffsidentität «Anstiftung»-«Verleitung» kein Anlass besteht, muss darüber hinaus – vom Wortlaut her betrachtet – als Verleitung schon **jedes Bestärken in einem bereits gefassten Beschluss** gelten[52].

---

[50]   Dazu Vor Art. 16 ff. N 16 ff.
[51]   Anstelle vieler TRECHSEL, StGB PK, Kommentierung zu Art. 24 StGB, bes. N 1 und 4 f.
[52]   Vgl. CA FR sic! 1999, 159, E. 4a («Sécurité par l'écoute»), sowie BAUDENBACHER/GLÖCKNER, Kommentar UWG, Art. 4 N 16, PEDRAZZINI/PEDRAZZINI, UWG, N 8.15, FRICK, Personalabwerbung, 94 f., und SCHLUEP, FS Keller, 261. Insofern wird also auch die (psychische) Gehil-

Während eine **Schädigungsabsicht nicht vorausgesetzt** ist (vgl. N 56), wohnt der 35
Verleitung ein Unwertelement inne, das auf eine Beeinflussung mit unsachlichen
Überlegungen hindeutet, die eine **Prädominanz der Interessen des Verleitenden**
aufzeigen[53]. Diese werden sich oft schon objektiv anhand der Umstände zeigen.

Nicht als **Verleitung** qualifiziert werden kann die **Anfrage** des (potentiell) Ver- 36
tragsbrüchigen für eine Offerte, da (und soweit) es diesfalls am entscheidenden, d.h.
auslösenden bzw. bestärkenden Moment fehlt[54]. Dasselbe gilt für blosse **Kontaktnahmen**[55]. Erfolgt die Offertanfrage allerdings im Bewusstsein um die Bereitschaft
zum Vertragsbruch und ist sie – bspw. aufgrund des Wortlauts oder der Art der
Unterbreitung – bestärkend, kann eine tatbestandsmässige Verleitung i.S. von Art. 4
lit. a vorliegen. Das blosse **Angebot,** einen **vorteilhaften Vertrag** abzuschliessen,
stellt keine Verleitung dar[56]. Ebenso wenig ist der **blosse Hinweis** auf ein Angebot
eines Dritten in Kenntnis von dessen Vertragsbindung unlauter, selbst wenn er
ungefragt erfolgt. Bei **Graumarktbezugssachverhalten** (bspw. bei Parallelimporten in lückenlosen Selektivvertriebssystemen)[57] wird die von Art. 4 lit. a vorausgesetzte Verleitung somit in aller Regel fehlen. Auch ist der **Hinweis auf** gesetzlich
oder vertraglich vorgesehene **Kündigungs- oder Widerrufsrechte oder** die
Rechts- und Sachlage in Bezug auf die Wahrnehmung von **vertrag(srecht)lichen
(Gestaltungs-)Rechten** (bspw. Hinweis auf Kündigungsmöglichkeiten, Anfechtbarkeit oder Geltendmachung der Nichtigkeit, dazu N 43 f.) noch nicht tatbestandsmässig, selbst wenn er unaufgefordert erfolgt (bspw. in einem Direct-Mailing
oder sonstig individualisierter kommerzieller Kommunikation), solange der Hinweis etc. nicht selbst unlauter ist (irreführende oder herabsetzende Angaben, aggressive Geschäftsmethode, Spamming etc.)[58].

Das Ziel des UWG, den unverfälschten Wettbewerb zu befördern, würde beein- 37
trächtigt, wenn **nachvertraglicher Wettbewerb** über Gebühr beschränkt würde,
sofern jegliche Verleitung zur Wahrnehmung vertragsimmanenter Rechte als unlauter zu qualifizieren wäre[59].

Schon der **Versuch** der Verleitung zum Vertragsbruch kann – ähnlich einer unlau- 38
teren herabsetzenden Äusserung – Kunden bzw. Abnehmer verwirren und ihre

---

fenschaft von Art. 4 lit. a erfasst. Soweit ersichtlich hat sich das BGer dazu bisher noch nicht geäussert.
[53] So zutreffend PEDRAZZINI/PEDRAZZINI, UWG, N 8.15.
[54] BGE 114 II 91, 101 («Dior»), CA FR sic! 1999, 159, E. 4a («Sécurité par l'écoute»; Entscheid im vorsorglichen Massnahmeverfahren), ebenso PEDRAZZINI/PEDRAZZINI, UWG, N 8.15.
[55] CdJ GE sic! 2004, 884, E. 3.2 («Wine Events»).
[56] CdJ GE sic! 2004, 884, E. 3.2 («Wine Events»), sowie schon B. VON BÜREN, Kommentar UWG, Art. 1 N 10 (Erfassung unter der Generalklausel).
[57] Dazu unten N 57 ff.
[58] Vgl. z.B. TC JU sic! 2004, 949, E. 5 («Diatomée»).
[59] Zutreffend und vertiefend BAUDENBACHER/GLÖCKNER, Kommentar UWG, Art. 4 N 82 ff. Vgl. auch schon oben, N 44.

Kaufentschlüsse beeinflussen, sie namentlich auch verzögern oder verhindern[60]. Eine bloss **versuchte Verleitung** fällt aber noch **nicht unter Art. 4 lit. a**[61].

39   Die sog. **Kündigungshilfe** (Hilfe zur Vertragsauflösung) wie auch die mit ihr ggf. verbundene juristische oder administrative Unterstützung (bspw. Formulierung bzw. sonstige Zurverfügungstellung eines Musterkündigungsbriefes oder dessen elektronische Erstellung[62]) wird in der Regel keine Verleitung im Sinne von Art. 4 lit. a darstellen, der auf die Ausübung vertrag(srecht)lich vorgesehener Gestaltungsrechte ohnehin nicht anwendbar ist (N 43). Sie ist auch nicht per se gemäss Art. 2 unlauter, soweit nicht weitere unlautere Elemente hinzutreten[63]. Dies ist grds. auch dann der Fall, wenn die Kündigungshilfe systematisch erfolgt, da sich professionelles Verhalten gerade durch «Systematik» auszeichnet und deshalb nicht per se unlauterkeitsbegründend sein kann. Allerdings kann die Versendung von sog. Musterkündigungsbriefen unlauter sein, wenn sie etwa gemäss Art. 3 lit. a herabsetzende Äusserungen über den Mitbewerber, dessen Kunden abgeworben werden sollen, enthalten[64]. Wird mit der systematischen Kündigungshilfe vorab die Schädigung des Konkurrenten bezweckt, wäre eine Unlauterkeit gemäss Art. 2 hingegen denkbar.

b)   Vertragsbruch

40   Art. 4 lit. a setzt einen Vertragsbruch, d.h. **vertragswidriges Verhalten,** für das der Vertragsbrüchige **keinen vertragsrechtlich legitimen Grund** anführen kann, voraus[65]. Darunter fallen Vertragsverletzungen wie die **«klassischen» Leistungsstörungen,** d.h. Fälle der Nichterfüllung (wegen Unmöglichkeit), des Verzugs oder der Schlechterfüllung (Gewährleistungsfälle und Fälle sog. positiver Vertragsverletzung). Fraglich ist, ob jegliche Vertragsverletzung von Art. 4 erfasst ist oder ob bspw. nur wesentliche bzw. qualifizierte Vertragsverletzungen erfasst

---

[60] Zur Frage, inwieweit darin ein kausal-adäquater Schaden gesehen werden kann, BGer 4C. 84/1999 sic! 2000, 644, E. 3 («Fitnesstudio»).
[61] BGE 114 II 91, 101 («Dior»), und PEDRAZZINI/PEDRAZZINI, UWG, N 8.75.
[62] Vgl. aktuell etwa die entsprechenden Tools auf diversen Internetvergleichsportalen.
[63] Vgl. bspw. CdJ GE sic! 2000, 217, E. 3 («Société fiduciaire»), die die Erstellung einer Kündigung auf Anfrage hin betraf, sowie den Fall in BGer 4C.55/2005 sic! 2006, 277 ff. («Yellowworld I»; ohne direkten Bezug auf Art. 4 lit. a), sowie das Urteil der Vorinstanz, HGer ZH vom 22.12.2004 (HG030041), E. 3.1.3.
[64] Vgl. BGer 4C.55/2005 sic! 2006, 277, E. 6./2.7 («Yellowworld I»). Zur Kündigungshilfe auch Art. 2 N 74.
[65] PEDRAZZINI/PEDRAZZINI, UWG, N 8.14. Der Begriff «Vertragsbruch» ist dem Bundesprivatrecht ausserhalb des UWG soweit ersichtlich fremd – er findet sich auch nicht etwa im Leistungsstörungsrecht des OR. Das Wiener Übereinkommen über Verträge über den internationalen Warenkauf vom 11.4.1980 (SR 0.221.211.1; CISG) kennt zwar den Begriff (und das Konzept) der wesentlichen Vertragsverletzung («fundamental breach of contract», vgl. Art. 25 CISG), was im vorliegenden Kontext aber irrelevant ist.

sein sollen, was das Wort «Vertragsbruch» implizieren könnte. Aus Sicht des Wettbewerbs irrelevante Vertragsverletzungen sind nicht tatbestandsmässig[66]. Vertragsbruch impliziert **Vorsatz** oder zumindest ein Bewusstsein um die Verleitung und den damit bewirkten Vertragsbruch, womit Fälle unverschuldeter oder fahrlässig bewirkter Leistungsstörungen entfallen. Da die Verleitungshandlung auf den vorbestehenden Vertrag häufig direkt oder indirekt Bezug nehmen wird, dürfte regelmässig von vorsätzlicher Begehung auszugehen sein (vgl. auch N 34).

Nicht vorausgesetzt ist, dass der Vertragsbruch de iure oder de facto (wirtschaftlich betrachtet) zur **Vertragsbeendigung** führt, auch wenn dies in der Praxis häufig der Fall sein wird. Unter Art. 4 lit. a fallende Verhaltensweisen werden (nur) dann besonders beeinträchtigend sein, wenn Kundenbeziehungen zum Vertragspartner der verleiteten Person beendet bzw. die Weiterführung der Geschäftsbeziehung erschwert werden, wodurch neuer Umsatz verhindert wird. Dies wird namentlich (aber nicht notwendig) bei Abschluss eines Ersatzvertrags zwischen der verleiteten Person und dem Verletzer der Fall sein[67]. Nicht gebrochen werden kann und daher nicht genügend ist hingegen ein noch nicht abgeschlossener oder ein bereits beendeter Vertrag[68]. 41

Der Vertragsbruch kann sowohl bei **einfachen Schuldverhältnissen** (Zielschuldverhältnisse über Sachleistungen wie Kauf- oder Werkvertrag), die eine einzelne einmalige Leistung vorsehen, als auch bei **Dauerschuld- und Sukzessivlieferungsverträgen** erfolgen[69]. Dienstleistungsverträge (z.B. Aufträge, Versicherungsverträge) sind von Art. 4 lit. a nicht erfasst (der sich die Dienstleistung versprechen lassende Vertragspartner ist kein «Abnehmer») und können von Art. 2 erfasst werden. Die Rechtslage gestaltet sich mutatis mutandis wie nach Art. 4 lit. a, mit der Ausnahme fehlender Strafbewehrung. Während bei Ersteren in praxi nur eine Intervention vor Erbringung der vertraglichen Sachleistung aus ökonomischer Sicht «sinnvoll» ist, für die verleitete Person wegen der Erfüllungsansprüche des Vertragspartners unvorteilhaft sein wird und daher eher selten vorkommen dürfte, wird bei Letzteren für den beeinträchtigten Vertragspartner aus ökonomischer Sicht mehr auf dem Spiel stehen. Gleichzeitig zeigt sich gerade dort die Wichtigkeit «nachvertraglichen» Wettbewerbs (Wettbewerb nach Vertragsabschluss). Dieser wird zwar durch 42

---

[66] So wohl auch PEDRAZZINI/PEDRAZZINI, UWG, N 8.24, die dann einen Vertragsbruch annehmen, wenn das Motiv der Verleitung (Abschluss eines Ersatzvertrags) die Schwere der Verletzung anzeigt. Art. 4 lit. a macht nur dann Sinn, wenn ein Ersatzvertrag erstrebt und möglich ist, was bei geringfügigen Vertragsverletzungen je nach den Umständen gar nicht denkbar ist.
[67] Dazu N 57.
[68] TC JU sic! 2004, 949, E. 4 («Diatomée»). Ebenso wenig erfasst ist die Verleitung zur Verzögerung eines Vertragsabschlusses, wie sie bspw. in BGer 4C.84/1999 sic! 2000, 644 («Fitnessstudio»), vorlag.
[69] Vgl. auch GUYET, SIWR V/1, 201. Von Art. 4 lit. a nicht erfasst ist die Intervention, wenn mehrere verschiedene Verkaufsverträge zeitlich aufeinanderfolgen, es sei denn, die Intervention betreffe einen Vertrag zwischen dem Moment des Vertragsschlusses und seiner Erfüllung (TC JU sic! 2004, 949, E. 4d bb [«Diatomée»]).

die bei Dauerschuldverhältnissen oft vorgesehenen Kündigungsrechte aus wichtigem Grund (bzw. gemäss Art. 404 OR etc.) erleichtert, anderseits dürfte intensiver «nachvertraglicher» Wettbewerb die Tendenz der Anbieter zu möglichst weitgehender Anbindung der Abnehmer über zeitlich lang dauernde Verträge oder bspw. die Einforderung von Grund- bzw. Anmeldegebühren fördern[70].

43 **Nicht** als Vertragsbruch gilt die den Vertragspartner der verleiteten Person (ggf. je nach den Umständen ähnlich stark) benachteiligende **Wahrnehmung von** «vertragsimmanenten», d.h. von **vertrag(srecht)lich vorgesehenen (Gestaltungs-) Rechten und Rechtsbehelfen**[71]. In Frage kommen sowohl gesetzlich vorgesehene Rechte (ius cogens und ius dispositivum) wie auch unter den Parteien vereinbarte (Gestaltungs-)Rechte. Deren Geltendmachung stellt schon per definitionem keine Vertragsverletzung dar. Darunter fallen etwa die Ausübung, Wahrnehmung, Geltendmachung bzw. Erklärung von/des/der[72]:

- Kündigungs- oder Widerrufsrechten (bspw. Art. 226a ff., Art. 335 ff., Art. 545 Abs. 1 Ziff. 6 OR bzw. Art. 40e f. OR), inkl. ausserordentliche Vertragskündigung (bspw. Art. 404 OR)[73],
- Rücktritts (Art. 107 Abs. 2 i.V.m. Art. 109 OR),
- Wandlung (Art. 208 bzw. 368 Abs. 1 OR), Minderung (Art. 205 bzw. Art. 368 Abs. 2 OR), Nachbesserung/-lieferung (Art. 368 Abs. 2 OR),
- Abschlusses eines Aufhebungsvertrags[74],
- Willensmangelanfechtung mit Vertragsrückabwicklung (i.S. der Art. 23 ff. OR),
- (Teil-)Nichtigkeit/Ungültigkeit i.S. von Art. 19 f. OR,
- Übervorteilung i.S. von Art. 21 OR,
- Einreden und Einwendungen (bspw. Verrechnung, Formungültigkeit, Novation, Abtretung, Verjährung, Verwirkung, Wegfall/Widerruf der Stellvertretungsvollmacht etc.)[75].

---

[70] BAUDENBACHER/GLÖCKNER, Kommentar UWG, Art. 4 N 84 f.
[71] Vgl. BGE 129 II 497, 541 («EEF/Watt Suisse AG»), 122 III 469, E. 8a («Chanel I»), und BGE 114 II 91, 99 («Dior»), sowie OGer ZG sic! 1997, 319, E. 2c («Berater-Vertriebsnetz»). Vgl. auch die Aufzählung in Art. 2 N 74.
[72] Vgl. BGE 129 II 497, 541 («EEF/Watt Suisse AG»), 122 III 469, E. 8a («Chanel I»), und BGE 114 II 91, 99 («Dior»), sowie OGer ZG sic! 1997, 319, E. 2c («Berater-Vertriebsnetz»).
[73] Vorbehältlich der von Art. 4 lit. d erfassten Fälle, dazu N 76. Die Auflösung aus wichtigem Grund darf nicht über Art. 4 lit. a erschwert werden können. Vgl. zu Art. 404 OR OGer ZG sic! 1997, 319, E. 2c («Berater-Vertriebsnetz»; obiter dictum), sowie OGer LU sic! 2000, 221, E. 4.3.1. («Vertragsbruch»).
[74] Beim Aufhebungsvertrag erklärt sich der Vertragspartner bereit, den Vertrag aufzulösen, wobei es ihm freistünde, auf den Erfüllungs- bzw. Ausgleichsansprüchen zu beharren, die ihm der fragliche Vertrag gewähren würde. Er hat es in der Hand, im Rahmen des Aufhebungsvertrags für seine finanziellen Interessen besorgt zu sein. Deshalb kann auch die Verleitung zum Abschluss eines Aufhebungsvertrags nicht unlauter sein, mindestens soweit sie nicht selbst an einem Mangel leidet (Täuschung, Grundlagenirrtum).
[75] Vertragseinreden gemäss Art. 82 f. OR, Einwendungen der fehlenden Handlungs- oder Urteilsfähigkeit etc.; vgl. zum Ganzen auch Art. 2 N 74.

Die Erfassung der Verleitung zur Ausübung vertrags(rechts)konformer Rechte über die **Generalklausel** (Art. 2) ist eher abzulehnen, scheint aber zumindest nicht von vornherein als ausgeschlossen, wenn besondere unlauterkeitsbegründende Umstände hinzutreten[76]. 44

Unterbleibt der **Vertragsbruch** trotz Verleitungshandlung, ist Art. 4 lit. a nicht anwendbar[77]. Solange er droht, sind gemäss Art. 9 Abs. 1 lit. a i.V.m. Art. 14 vorsorgliche Massnahmen möglich. Eine Anwendung von Art. 2 auf einen solchen «Versuch» muss entfallen, da die Wettbewerbsrelevanz gering sein wird und der Kreis der Unlauterkeit im Vertragsumfeld nicht zu weit gezogen werden sollte. 45

Die den **Vertragsbruch** – ggf. als Folge einer i.S. von Art. 4 lit. a tatbestandsmässigen Verleitung – **begehende** (verleitete) **Person** handelt grds. nicht unlauter. Art. 4 lit. a bezieht sich nur auf die dazu verleitende Person und qualifiziert nur deren Verhalten als unlauter[78]. Denkbar ist aber, dass die vertragsbrüchige Person ausnahmsweise von der Generalklausel (Art. 2) erfasst wird[79]. 46

Die **Verleitung zum Gesetzes- oder Satzungsbruch** (Verletzung der Statuten oder weiterer Regularien bzw. Reglemente einer juristischen Person oder einer Personengesellschaft oder gesetzlicher Normen, v.a. des Gesellschaftsrechts; z.B. Verleitung zur Verletzung eines Konkurrenzverbots) kann infolge des klaren Wortlauts nicht von Art. 4 lit. a, sondern nur **allenfalls über** die Generalklausel in **Art. 2 erfasst** werden[80]. 47

c) **Abnehmer**

Zielsubjekt des unlauteren Verhaltens ist der «Abnehmer». Damit denkt Art. 4 lit. a an den im vorliegenden Kontext üblichen Fall, dass der Abwerbende 48

---

[76] Vgl. Art. 2 N 74 und N 88, sowie BAUDENBACHER/GLÖCKNER, UWG, Art. 4 N 13 und 82 ff., sowie BAUDENBACHER, UWG, Art. 2 N 286 ff. Ohnehin gilt es auch das Rechtsmissbrauchsverbot gemäss Art. 2 Abs. 2 ZGB zu beachten.
[77] Demgegenüber genügt bei Art. 4a Abs. 1 lit. a schon das Versprechen von Vorteilen, ohne dass es tatsächlich zu einer Vertragsverletzung kommen muss.
[78] Ohnehin muss eine Wettbewerbsrelevanz gegeben sein (Wettbewerbshandlung; vgl. Art. 2 N 11 ff. und 116). Gemäss TC JU sic! 2004, 949, E. 6 («Diatomée») kann dies nur bei Nebenpflichten der Fall sein. Die Nicht- oder Schlechterfüllung einer Hauptleistungspflicht kann nur mittels Vertragsklage geltend gemacht werden. Art. 4a Abs. 1 lit. b qualifiziert demgegenüber auch das Verhalten der einen Vorteil fordernden bzw. erhaltenden vertragsbrüchigen Person als unlauter; vgl. im Zusammenhang mit Art. 4 lit. c auch Art. 6.
[79] Vgl. Art. 2 N 116.
[80] OGer ZH SMI 1991, 247, E. 4 («Aufforderung zum Austritt»; in casu statutenwidriger Austritt verneint); vgl. auch HGer SG sic! 2003, 626, E. 5b («Digitale Kartendarstellung»; Verleitung zur Zerstörung von Aktien-Zeichnungsscheinen und zur Zeichnung von anderen Aktien). Unter dem KG-Regime des aKG 1962 und des aKG 1985 konnte darunter bspw. die Verleitung zum Bruch einer (zulässigen horizontalen) Kartellabsprache fallen, die bspw. in Form eines Vereinsbeschlusses gefasst wurde. Da heute Kartelle grds. unzulässig sind (Art. 5 KG), dürfte der Anwendungsbereich enger sein.

selbst leisten will[81]. Als Abnehmer verstanden werden kann die gesamte **Marktgegenseite,** die potentieller Vertragspartner des Verletzers sein kann. Darunter fallen somit Abnehmer auf **Händlerstufe** wie auch **Letztverbraucher** (Konsumenten), gleichgültig, auf welcher Wirtschaftsstufe sie sich befinden[82]. Nicht selten dürften in der Praxis Fälle vorkommen, in denen ein Lieferant Abnehmer unter Auslassung von (aktuellen oder ehemaligen) Vertragshändlern direkt beliefert, wobei sich dann ggf. auch die Frage einer Entschädigung gemäss Art. 418u OR stellt.

49   **Nicht erfasst** sind hingegen – zumindest vom Wortlaut her – **Lieferanten,** die selbst keine Sachleistung (bzw. jedenfalls nicht diejenige des Verletzers) abnehmen, sondern diese gegenüber der verleitenden Person (Verletzer) selbst erbringen (wollen)[83]. Insoweit können Graumarktbezugs-Sachverhalte nicht von Art. 4 lit. a erfasst werden. Lieferanten können jedoch von Art. 2 erfasst werden. Ebenso wenig sind **Arbeitnehmer, Beauftragte** und andere **Hilfspersonen** als nicht selbständig am wirtschaftlichen Wettbewerb teilnehmende Personen erfasst[84]. Klargestellt werden soll durch die Wahl des Begriffs des Abnehmers offenbar, dass die Stossrichtung des unlauteren Verhaltens in Richtung der Marktgegenseite und nicht der Mitbewerber (Vertragspartner der verleiteten Person) geht – der Drittvertrag muss eine Leistung zum Gegenstand haben, die der Abwerbende selber zu erbringen in der Lage ist[85]. Ebenso sind – zumindest theoretisch – **Mitbewerber** des Verleiters erfasst, wenn sie als Abnehmer qualifiziert werden können[86].

---

[81]   Ähnlich schon PEDRAZZINI/PEDRAZZINI, UWG, N 8.09.
[82]   Vgl. bspw. BGE 114 II 91, 99 («Dior»), und CdJ GE sic! 2000, 646, E. 2b («Climatisation»), sowie die Botschaft UWG 1983, BBl 1983 II 1069.
[83]   A.A. SCHLUEP, FS Voyame, 266 (jedoch zum aUWG, das kein Äquivalent zu Art. 4 lit. a kannte), und PEDRAZZINI/PEDRAZZINI, UWG, N 8.09. BAUDENBACHER/GLÖCKNER, UWG, Art. 4 N 24, erfassen die Lieferanten bei Graumarktbezügen unter Art. 4 lit. a.
[84]   Das Ganze ergibt sich einerseits schon aus dem Erfordernis der Wettbewerbshandlung (vgl. zur Frage, ob und inwiefern der Arbeitsmarkt und damit Handlungen von Arbeitnehmern als Wettbewerbshandlungen zu qualifizieren sind und Arbeitnehmer in der Konsequenz aktivlegitimiert sind, Art. 2 N 13, Art. 9 N 20 f. [Aktivlegitimation], und BezGer [Kommission] Arbon SJZ 2002, Nr. 2, E. 5a [«Drache Sonja»; Wettbewerbshandlung in casu bejaht]). Andererseits kann es auch auf den klaren und bspw. gegenüber Art. 4 lit. c abweichenden Wortlaut in Art. 4 lit. a zurückgeführt werden (vgl. BGer 6B_672/2007, E. 3.2, sowie HGer SG SGGVP 2001, Nr. 47, 146, E. a); a.A. CdJ GE sic! 2000, 714, E. 3a («Conseil en rémunérations»; Zivilrechtsfall), sowie TC NE RJN 1998, 150, E. 3a, sowie PEDRAZZINI/PEDRAZZINI, UWG, N 8.10, und FRICK, Personalabwerbung, 104). Vgl. zur Erfassung der Personalabwerbung durch Art. 2 N 24 oben, die Kommentierung in Art. 2 N 88 m.w.H. sowie die Dissertation von FRICK, Personalabwerbung, bes. 100 ff.
[85]   PEDRAZZINI/PEDRAZZINI, UWG, N 8.09 und GUYET, SIWR V/1, 201. Absprachen unter Mitbewerbern können gemäss Art. 5 KG unzulässig sein.
[86]   Eine Verleitung zum Vertragsbruch eines Mitbewerbers wird eher selten vorliegen, ist aber etwa im Rahmen von Joint-Ventures, Forschungs- und Entwicklungsvereinbarungen und dergleichen denkbar. Zu beachten ist, dass horizontale Absprachen unter Mitbewerbern als Kartelle von Art. 5 KG erfasst werden.

d)   **Subjektives Element: Absicht des Vertragsabschlusses mit der verleiteten Person (Ersatzvertrag)**

Vorausgesetzt ist – nebst der subjektive Elemente aufweisenden Verleitungshandlung (dazu N 34 und 40) – die Bezweckung eines eigenen Vorteils, der bei Art. 4 lit. a in der **Absicht eigenen Vertragsabschlusses** («um selber mit ihnen [den zum Vertragsbruch verleiteten Abnehmern] einen Vertrag abschliessen zu können») liegt. Erst die Absicht, einen solchen **Ersatzvertrag** abzuschliessen, macht die Unlauterkeit der von Art. 4 lit. a erfassten Verhaltensweise aus[87]. 50

Darunter fällt zunächst ein **Vertrag mit identischem oder zumindest ähnlichem Inhalt** wie der verletzte («gebrochene») Vertrag. Einer eigentlichen Substitution bedarf es hingegen nicht[88]. Das Merkmal liegt zunächst dann vor, wenn der beabsichtigte Ersatzvertrag der Befriedigung derselben Kundenbedürfnisse dient[89]. Selbst wenn der **Ersatzvertrag völlig anderer Natur** ist als der gebrochene Vertrag, bleibt Art. 4 lit. a anwendbar, da es nicht darauf ankommen kann, welches die vom Verletzer «geweckten» Bedürfnisse beim von ihm verleiteten Abnehmer sind, da es allein auf die Störung der wettbewerbsrelevanten Vertragsbeziehung zwischen dem Abnehmer und seinem Vertragspartner ankommt[90]. Im Gegensatz zu Art. 4 lit. d («solchen Vertrag») ist denn auch der Wortlaut in Art. 4 lit. a offen. 51

Bei **Graumarktbezugs-Sachverhalten** (bspw. bei Parallelimporten in lückenlosen Selektivvertriebssystemen)[91] tritt der zum Vertragsbruch verleitende Aussenstehende (Verletzer; in der Regel ein Händler) zwar in vertragliche Beziehungen zum verleiteten Händler oder Importeur, doch bezweckt er dabei nicht an die Stelle des Vertragspartners der verleiteten Person (d.h. des Herstellers bzw. Lieferanten) zu treten. Er ist (nur) am Erhalt von (vertragsgebundener) Ware interessiert, also an einem «zusätzlichen» Vertrag. Auf solche Sachverhalte ist Art. 4 lit. a deshalb nicht anwendbar[92]. 52

Andere als im Abschluss eines Ersatzvertrags liegende **Vorteile,** so bspw. die rein finanzielle oder sonstige Besserstellung des Abwerbenden, sind von Art. 4 lit. a **nicht erfasst**. Wird eine (andere) vertragswidrige Handlung vorgenommen und dafür ein geldwerter Vorteil versprochen bzw. entrichtet, kann Art. 4a Abs. 1 lit. a anwendbar sein. Liegt der beabsichtigte Vorteil in der Kenntnisnahme eines Geheimnisses, d.h., bei Verrat oder Auskundschaftung eines Geheimnisses, kann ferner Art. 4 lit. c anwendbar sein. 53

---

[87] PEDRAZZINI/PEDRAZZINI, UWG, N 8.17.
[88] So auch PEDRAZZINI/PEDRAZZINI, UWG, N 8.18, vgl. auch R. VON BÜREN/MARBACH/DUCREY, Immaterialgüter- und Wettbewerbsrecht, N 1206.
[89] PEDRAZZINI/PEDRAZZINI, UWG, N 8.18.
[90] A.A. PEDRAZZINI/PEDRAZZINI, UWG, N 8.18.
[91] Dazu näher N 57 ff.
[92] Vgl. BGE 122 III 469, 483 («Chanel I»).

54 Die **Absicht des Vertragsschlusses durch eine Drittperson,** die nicht mit dem Verletzer identisch ist, kommt zwar nach dem Gesetzeswortlaut nicht in Betracht. Es spricht aus wettbewerbsfunktionaler Sicht jedoch viel dafür, solche Fälle über Art. 4 lit. a oder zumindest über Art. 2 zu erfassen, wenn ein **Naheverhältnis** vorliegt bzw. dies im Rahmen einer wirtschaftlichen Betrachtungsweise geboten erscheint, so etwa im Konzernverhältnis (wobei hier ggf. auch eine faktische Organschaft denkbar ist)[93]. So kann etwa – um ein von GUYET angeführtes Beispiel aufzugreifen – der Ehemann, dessen Ehefrau ein Modeatelier betreibt und der bei einem Warenhaus interveniert, um Aufträge zugunsten seiner Frau «umzuleiten», unlauter handeln[94]. Soweit der Wortlaut und Sinn von Art. 4 lit. a den Einbezug solcher Sachverhalte nicht zulässt, kann zur Vermeidung einer Normspaltung über Art. 2 vorgegangen werden.

55 Ein **tatsächlicher Abschluss** des Ersatzvertrags ist **nicht vorausgesetzt.** Wird er tatsächlich abgeschlossen, bleibt Art. 4 lit. a (umso mehr) anwendbar. Der Gesetzgeber weicht damit in Art. 4 lit. a vom Grundsatz ab, wonach subjektive Merkmale für die Bewirkung der Unlauterkeit entbehrlich sind[95]. Art. 4 lit. a stellt einen **Tatbestand mit «überschiessender Innentendenz»** dar.

56 Weder **vorausgesetzt** noch ausreichend ist hingegen eine **Schädigungsabsicht**[96]. Sie kann jedoch auf der Rechtsfolgenseite bei der Prüfung des Verschuldens bzw. der Bösgläubigkeit berücksichtigt werden. Der Verleitungshandlung wohnt jedoch ein subjektives Element inne (vgl. N 34 und N 40).

e) **Exkurs: Graumarktbezüge bzw. Parallelimportssachverhalte**

57 Der private oder auch gewerbsmässig erfolgende Erwerb von Waren und Leistungen etc. zum Weiterverkauf aus einem **«lückenlosen»,** in der Regel selektiven **Vertriebssystem,** ist grds. **lauter**[97]. Zu denken ist an **«Graumarktbezüge»** und im internationalen Verhältnis namentlich an **Parallelimporte**[98].

58 Zwar kann eine **Unterbindung solcher Importe** gestützt auf das schweizerische **Patentrecht** erfolgen, für das keine bzw. seit 1. Juli 2009 nur die «europaweite»

---

[93] Wohl ähnlich BAUDENBACHER/GLÖCKNER, UWG, Art. 4 N 20.
[94] Das Beispiel wird bei GUYET, SIWR V/1, 200, erwähnt.
[95] Dazu Art. 2 N 23 f., PEDRAZZINI/PEDRAZZINI, UWG, N 8.17, GUYET, SIWR V/1, 200, und BAUDENBACHER/GLÖCKNER, Kommentar UWG, Art. 4 N 22.
[96] Dazu näher PEDRAZZINI/PEDRAZZINI, UWG, N 8.15.
[97] Grundlegend BGE 114 II 91 ff. («Dior»), BGE 122 III 483 ff. («Chanel I»), BGer 4C.120/2000 sic! 2000, 611, E. 4c («WIR [fig.]»), sowie die Dissertation L. MEYER, Das selektive Vertriebssystem: seine Berührung mit dem KG, UWG; IPR und dem Europa-Recht, Bern 1993, allesamt vorwiegend auf Selektivvertriebssysteme bezogen.
[98] Dazu schon oben N 23. BGE 86 II 108 ff. («Eschenmoser») betraf noch einen Fall einer Vertragshändlerbindung bzw. eines Kartells im Binnenverhältnis, die aber nach heutigem Kartellrecht nicht mehr zulässig wäre.

Erschöpfung (EU/EFTA) gilt[99]. Mit Bezug auf **andere Immaterialgüterrechte** ist das Bundesgericht jedoch von einer (regionalen) Erschöpfung ausgegangen, sodass entsprechende Importe nicht auf sie gestützt unterbunden werden können, da und soweit die entsprechende Ware mit Zustimmung des Schutzrechtsinhabers in den Verkehr gebracht wurde und deshalb das subjektive Recht erschöpft ist[100].

Das **Kartellrecht** verbietet grds. vertragliche Verkaufsverbote an Wiederverkäufer (Händlerklauseln). (Nur) in selektiven Vertriebssystemen, die auf qualitativen Kriterien beruhen, ist ein an Vertragshändler gerichtetes vertragliches Verbot des Verkaufs an systemfremde Händler zulässig, nicht aber etwa bei Alleinvertriebsverträgen[101]. Parallelimporte sind aber spätestens seit der KG-Revision von 1995 zulässig, ja «erwünscht». Ziel der KG-Reform war es nicht zuletzt, **Marktabschottungen zu verhindern**. So sind Preisbindungen der zweiten Hand unzulässig (Art. 5 Abs. 4 KG) und seit 2004/2005 sogar bussgeldbedroht (Art. 49a KG). Der Drittvertrag wird nur insofern gestört, als der Aussenstehende den Vertragsbruch des Verleiteten für eigene Zwecke ausnützt. Der Vertragspartner (bspw. Markenhersteller oder dessen Generalimporteur) der verleiteten Person (d.h. des vertragsbrüchigen Händlers) erleidet durch den Vertragsbruch aber keinen direkten Schaden, vielmehr wird der Umsatz und damit in der Regel auch der Gewinn durch den zusätzlichen Verkauf zunächst erhöht. Viele Fälle werden sich jedoch im internationalen Verhältnis abspielen, weil (und soweit) es um die Ausnützung internationaler Preisgefälle und z.T. von Regulierungsdiskrepanzen geht. Der Markenhersteller hat deshalb ein Interesse daran, Parallelimporte aus Ländern zu verhindern, in denen der Verkaufspreis und damit oft auch die Gewinnmarge tiefer liegt als in denjenigen Ländern, in die die entsprechenden Waren oder Leistungen importiert werden. Eine Vielzahl der Verkäufe wäre also ohnehin erfolgt, wenngleich zu schlechteren Konditionen. Gesamtheitlich betrachtet wird sich die Zahl der Verkäufe nicht oder nur in geringem Masse erhöhen, doch kann der Vertragsbruch das Preisgefüge ins Wanken bringen, sowie das Prestige des Markenherstellers in Frage stellen, insbesondere bei beratungs- oder serviceintensiven Waren oder Leistungen.

59

Meist wird es bei Graumarktbezugssachverhalten bzw. Parallelimporten an den **Voraussetzungen von Art. 4 lit. a fehlen:** So sind vom Wortlaut nur Abnehmer, nicht aber Lieferanten erfasst, zudem wird es sowohl an der Verleitung als auch am Erfordernis der Absicht des Abschlusses eines Ersatzvertrags fehlen[102].

60

Die blosse **Ausnützung fremden Vertragsbruchs** (ohne entsprechende Verleitung) wird von Art. 4 lit. a nicht erfasst und ist auch gemäss Art. 2 nur bei **Hinzu-**

61

---

[99] Art. 9a PatG. Zur Rechtslage vor der PatG-Revision 2008 BGE 126 III 129, 138 ff. («Kodak»).
[100] BGE 122 III 469, 471 ff. («Chanel I»; MSchG), BGE 124 III 321, 323 ff. («Nintendo»; URG); zum Designrecht fehlt noch ein Entscheid.
[101] Vgl. Ziff. 8 Abs. 4 sowie Ziff. 12 BekM Vertikalabreden vom 2. Juli 2007. Im Automobilbereich sind weiter gehende Beschränkungen möglich, vgl. Ziff. 13 ff. BekM über die wettbewerbsrechtliche Behandlung von vertikalen Abreden im Kraftfahrzeughandel vom 21. Oktober 2002.
[102] Vgl. N 48 ff., N 34 ff. sowie N 50 ff.

treten besonderer Umstände unlauter, die bei Graumarktbezugssachverhalten nur selten vorliegen dürften[103].

62 Bei Parallelimporten wird sich die **Verletzungshandlung,** d.h. der Verkauf der betreffenden Ware, **in der Regel im Ausland** abspielen und v.a. dort auswirken, sodass infolge des Marktauswirkungsprinzips im IPR (Art. 136 IPRG, dazu Einleitung N 107 ff.) das schweizerische Recht und damit Art. 4 lit. a oder Art. 2 ohnehin nicht anwendbar sein werden. Gemäss Art. 3 Abs. 1 StGB i.V.m. Art. 8 Abs. 1 StGB wäre zwar eine Anwendung des UWG-Strafrechts auf sich im Ausland auswirkende, aber von der Schweiz aus bewirkte Verletzungshandlungen möglich, doch werden die Voraussetzungen von Art. 4 lit. a kaum je vorliegen und ist die Verletzung von Art. 2 nicht strafbewehrt (vgl. Art. 23 Abs. 1).

3.   Art. 4 lit. c

a)   Vorbemerkungen

63   Das **UWG** und damit auch Art. 4 lit. c **schützen Fabrikations- und Geschäftsgeheimnisse** (fortan als Geheimnisse bezeichnet) nur **indirekt**[104]. Bestimmte, auf eine Geheimnisverletzung hinwirkende Verhaltensweisen werden explizit als unlauter qualifiziert[105]. Die **Pflicht zur Geheimhaltung** wird dabei **vorausgesetzt** – an sie wird nur angeknüpft, d.h., sie muss vertraglich vereinbart worden sein, sich aus den Umständen oder aus einer Gesetzesbestimmung ausserhalb des UWG ergeben[106]. Art. 4 lit. c erfasst dabei nur die Teilnahmehandlung der Verleitung zum Verrat oder zur Auskundschaftung, nicht aber etwa den Verrat oder die Auskundschaftung durch die verleitete Person selbst[107].

---

[103] Vgl. bspw. BGE 114 II 91, 98 ff. («Dior»), BGE 122 III 469, 483 («Chanel I»). In Frage kommt aber die Anwendung der Generalklausel (Art. 2), was aber nur bei Hinzutreten besonderer Umstände möglich sein sollte. Dazu näher Art. 2 N 75 m.w.H.

[104] Vgl. allgemein zu Art. 4 lit. c BAUDENBACHER/GLÖCKNER, Kommentar UWG, Art. 4 N 66 ff., PEDRAZZINI/PEDRAZZINI, UWG, N 8.37 ff., sowie GUYET, SIWR V/1, 223 ff.

[105] Vgl. GUYET, SIWR V/1, 223.

[106] Art. 6 N 5 und PEDRAZZINI/PEDRAZZINI, UWG, N 8.47.

[107] Die Auskundschaftung und die ihr nachfolgende Verwertung bzw. die «Mitteilung an andere» wird von der Parallelnorm in Art. 6 erfasst, ebenso ist der in der Praxis im Vordergrund stehende Art. 162 StGB anwendbar. Die praktisch wichtige Geheimnisverletzung in Fällen, in denen das Geheimnis im Rahmen einer Vertragsbeziehung bestimmungsgemäss und damit rechtmässig erfahren und verraten wurde, wird dabei jedoch von Art. 6 nicht miterfasst. In Bezug auf diesen Fall, der in der Regel eine Verletzung vertraglicher bzw. arbeitsrechtlicher (Art. 321a Abs. 4 OR) oder auftragsrechtlicher Bestimmungen (Art. 398 Abs. 1 i.V.m. Art. 321a Abs. 4 OR) darstellen wird und dem verletzten Vertragspartner eine Schadenersatzklage aus Vertrag ermöglicht, stellt Art. 4 lit. c einen verselbständigten Teilnahmetatbestand dar, der mit Art. 162 StGB i.V.m. Art. 24 StGB (Anstiftung) konkurriert. Zum Geheimnisschutz aus Art. 2 vgl. auch Art. 2 N 90.

b) Unlauteres Verhalten: Verleitung zum Verrat oder zur Auskundschaftung von Fabrikations- oder Geschäftsgeheimnissen

Was das unlautere Verhalten, d.h. die **Verleitung** angeht, ist auf das zu Art. 4 lit. a Dargelegte (N 34 ff.) zu verweisen, da die Begriffe identisch zu verstehen sind[108].

64

Verrat an einem Fabrikations- oder Geschäftsgeheimnis kann nur begehen, wer dieses selbst kennt und zur Geheimhaltung verpflichtet ist, sei es durch Vertrag oder Gesetz[109].

65

Eine **Auskundschaftung** liegt vor, wenn die verleitete Person versucht, einem Geheimnis, in welches sie aufgrund ihrer Stellung im Betrieb keinen Einblick hat, auf die Spur zu kommen[110]. Der Begriff der Auskundschaftung ist dem übrigen Bundesprivatrecht fremd, wird aber auch in Art. 6 verwendet und hat dort eine identische Bedeutung (Begriffsidentität)[111]. Das übliche kaufmännische Interesse und die Produktanalyse gelten noch nicht als Auskundschaftung, die Kenntniserlangung muss vielmehr «stark unüblich» sein[112]. Vom Gesetzgeber bewusst **nicht erfasst**[113] ist die Verleitung zur sog. **Betriebsspionage,** da der Verrat oder die Auskundschaftung gemäss Art. 4 lit. c nur von (zur Geheimnisverletzung verleiteten) Arbeitnehmern, Beauftragten und Hilfspersonen des Geheimnisherrn begangen werden kann und bei einer Betriebsspionage das Element des Vertragsbruchs fehlt[114].

66

Ob schon die «blosse» Verleitung zur Auskundschaftung von Art. 4 lit. c erfasst und als unlauter qualifiziert werden soll, wie dies der Wortlaut suggeriert, ist fraglich. Vereinzelt wird gefordert, dass über die Auskundschaftung hinaus mindestens die **Absicht** vorauszusetzen ist, **dass** ein **Verrat** an sich selbst (sich bspw. durch eine Verwertung manifestierend) oder an Dritte **erfolgt**[115]. Dies erscheint sachgerecht, da die blosse Verleitung zur Auskundschaftung kaum je wettbewerbsrelevant ist, wenn nicht ein weiterer Schritt (bspw. Verrat mit Verwertungsgefahr oder Ver-

67

---

[108] Vgl. CdJ GE sic! 2000, 714, E. 4 («Conseil en rémunérations»), wonach derjenige, der durch einen Arbeitnehmer eines Konkurrenten aus eigener Initiative mitgeteilte Geschäftsgeheimnisse verwertet, weder Art. 4 lit. c noch Art. 2 verletzt.
[109] Botschaft 1942, 692, vgl. PEDRAZZINI/PEDRAZZINI, UWG, N 8.41.
[110] Botschaft 1942, 692, vgl. Art. 6 N 22 ff. und PEDRAZZINI/PEDRAZZINI, UWG, N 8.41.
[111] Art. 6 N 22 ff. Allerdings folgt bei Art. 6 (im Gegensatz zu Art. 4 lit. c) aus der Verwendung des Wortes «unrechtmässig», dass eine vertragliche oder wenigstens eine gesetzliche Geheimnispflicht vorliegen muss.
[112] OGer BL SMI 1981, 155, E. 6a, und B. VON BÜREN, Kommentar UWG, Art. 1 Abs. 2 lit. g N 17.
[113] Botschaft 1942, 692, wonach es «jedem Geschäftsmann bis zu einem gewissen Grade möglich sein muss, sich über allfällige Neuerungen bei der Konkurrenz auf dem laufenden zu halten» (!).
[114] Vgl. zur Betriebsspionage N 28 und Art. 2 N 90.
[115] Vgl. BAUDENBACHER/GLÖCKNER, Kommentar UWG, Art. 4 N 74; B. VON BÜREN, Kommentar UWG, 1 Abs. 2 lit. g und f N 9 geht davon aus, dass schon der alte, aber materiell mit Art. 4 lit. c identische Wortlaut in Art. 1 Abs. 2 lit. f aUWG die Absicht des Verrats voraussetzt.

wertung) erfolgt oder zumindest droht[116]. Die Verleitung zum Verrat ist ohnehin von Art. 4 lit. c erfasst[117].

68 Mit Bezug auf die Begriffe des **Fabrikations- und Geschäftsgeheimnisses** kann auf die Kommentierung in Art. 6 N 13 ff. verwiesen werden, da Begriffsidentität vorliegt[118]. Dass der Begriff des **Betriebsgeheimnisses**, wie er etwa in Art. 162 StGB erwähnt wird, nicht aufgeführt ist, bedeutet jedoch nicht, dass bei Art. 4 lit. c (und Art. 6) ein engerer Schutzbereich besteht[119]. Die Geheimhaltungspflicht, an die das UWG anknüpft, kann sich aus dem Privat- oder dem öffentlichen Recht (inkl. Strafrecht) ergeben[120]. Nur unter bestimmten Umständen als Fabrikations- oder Geschäftsgeheimnis zu verstehen sind das Amts-, Berufs-, Forschungs-, Bank- und Revisionsgeheimnis (Art. 320, 321 und 321bis StGB, Art. 47 BankG, Art. 730b Abs. 2 OR).

69 Die von Art. 4 lit. c erfassten Fabrikations- und Geschäftsgeheimnisse müssen der verleiteten Person **aus Vertrag oder Gesetz «auferlegt»** sein[121]. Insofern genügt es, dass die Geheimhaltungsverpflichtung implizit, bspw. auch als Nebenpflicht, Vertragsbestandteil ist bzw. sich aus der Natur der Beziehung zwischen den Vertragspartnern ergibt[122]. Die verleitete Person selbst muss allerdings nicht einer eigenen Geheimhaltungspflicht unterliegen, was dann wesentlich ist, wenn sie die Auskundschaftung selbst vornimmt oder wenn sie ihrerseits einen Arbeitskollegen verleitet[123].

---

[116] Allerdings kann sie den Ausgekundschafteten dazu nötigen, kostenintensive Schutzmassnahmen zu ergreifen, wenn die Auskundschaftung bemerkt wird. Solange die Verratsdrohung nicht beseitigt ist, ist der Angegriffene beeinträchtigt. Vgl. zu Vorbereitungshandlungen Art. 2 N 14.

[117] Die Verleitung zur Verwertung muss a fortiori ebenfalls zumindest i.S.v. Art. 2 unlauter sein, auch wenn sie ggf. – bspw. wenn das Geheimnis durch die Verwertung nicht offenbart (verraten) wird – nicht von Art. 4 lit. c erfasst werden kann und diesfalls eine ärgerliche, aber hinzunehmende Strafbarkeitslücke entsteht.

[118] Es ist eine objektive Geheimnisfähigkeit, ein subjektiver Geheimhaltungswille und eine Geheimfähigkeit vorausgesetzt, wobei von einem Geheimnis auch dann auszugehen ist, wenn seine Eruierung nur in erschwerter Weise möglich ist, da der Verrat diesfalls einen wettbewerbsrelevanten Vorteil darstellt, vgl. Art. 6 N 8 ff., so auch PEDRAZZINI/PEDRAZZINI, UWG, N 8.42.

[119] Der Geheimnisbegriff im UWG ist derselbe wie in Art. 162 StGB, Art. 6 N 8 sowie R. VON BÜREN/MARBACH/DUCREY, Immaterialgüter- und Wettbewerbsrecht, N 1223. Ohnehin ist zu beachten, dass in der Praxis der Geheimnisschutz gemäss Art. 162 StGB im Vordergrund steht (so zu Recht DÄHLER/KRAUSKOPF/STREBEL, Marktpositionen, N 8.64).

[120] GUYET, SIWR V/I, 226 ff. m.w.H.

[121] Vgl. bspw. Art. 321a Abs. 4 OR (Arbeitsvertrag), Art. 398 Abs. 1 i.V.m. Art. 321a Abs. 4 OR (Auftragsrecht) und Art. 51 Abs. 1 URG (unabhängig vom Vorliegen eines Vertragsverhältnisses für Werke i.S. des URG).

[122] Dazu BAUDENBACHER/GLÖCKNER, Kommentar UWG, Art. 4 N 72, und GUYET, SIWR V/1, 227.

[123] Vgl. (leicht missverständlich) PEDRAZZINI/PEDRAZZINI, UWG, N 8.39, sowie schon B. VON BÜREN, Kommentar UWG, Art. 1 lit. g N 10 m.w.H.

Die Verletzung einer **nachvertraglichen Geheimnisverpflichtung** wird nicht von Art. 4 lit. c erfasst[124] – ohnehin ist bei Art. 4 lit. c nicht der Geheimnisschutz Schutzgegenstand (an diesen wird vielmehr erst angeknüpft), sondern der lautere und unverfälschte Wettbewerb, welcher durch das unlautere Verhalten (Verrat oder Auskundschaftung) beeinträchtigt wird. Ein entsprechender Schutz kann sich jedoch aus Art. 162 StGB bzw. der Generalklausel in Art. 2 (i.V.m. Art. 321a Abs. 4 bzw. Art. 340 ff. OR bzw. Art. 162 StGB bei Vorsatz) ergeben[125]. 70

Adressaten von Art. 4 lit. c und damit passivlegitimiert sind namentlich **Wettbewerber** des Geschäftsherrn. **Ein eigentliches Wettbewerbsverhältnis** mit dem Verletzer wird von Art. 4 lit. c jedoch nicht vorausgesetzt[126]. Allerdings muss eine Wettbewerbshandlung vorliegen, das in Frage stehende Verhalten muss sich also auf dem Markt auswirken können – rein private Geheimnisse werden nicht erfasst. 71

c) **Verleitete Personen: Arbeitnehmer, Beauftragte oder andere Hilfspersonen**

Art. 4 lit. c führt als verleitete Personen **Arbeitnehmer, Beauftragte und Hilfspersonen** auf (Geheimnisträger). Die gemäss Art. 4 lit. c tatbestandsmässige Verleitung bezieht sich nur auf vertraglich mit dem Geheimnisherrn verbundene Personen, wobei aber keine Vertragsverletzung vorausgesetzt ist[127]. Die verleitete Person kann, muss aber **nicht selbst einer Geheimhaltungspflicht unterstehen,** d.h. Art. 4 lit. c greift auch, wenn sie das Geheimnis nicht selbst rechtmässig kennt bzw. nicht kennen kann[128]. Mit Bezug auf diese Begriffe besteht **Begriffsidentität zu Art. 4a Abs. 1**[129], wobei zu beachten ist, dass im Unterschied zu Art. 4a **Gesellschafter** nicht ausdrücklich erwähnt werden. Dies (wohl) deshalb, weil sie schon in Art. 4 lit. b aUWG nicht erwähnt wurden und in der Regel kein Interesse an einer 72

---

[124] Botschaft 1942, 692 mit Hinweis auf BGE 64 II 162, 171 ff., und Cour de Cassation Pénale NE SMI 1993, 338, E. 4a («Gravure chimique»). Vgl. auch A. TROLLER, Immaterialgüterrecht II, 951, MARTIN-ACHARD, La Loi fédérale contre la concurrence déloyale du 19 décembre 1986, Lausanne, 1988, 77, sowie K. TROLLER, Grundzüge Immaterialgüterrecht, 363.
[125] Zu dieser Problematik BAUDENBACHER/GLÖCKNER, Kommentar UWG, Art. 4 N 71 f., und PEDRAZZINI/PEDRAZZINI, UWG, N 8.39, zur Anwendbarkeit von Art. 162 StGB im nachvertraglichen Bereich Cour de Cassation Pénale NE SMI 1993, 338, E. 4a («Gravure chimique»).
[126] So auch BAUDENBACHER/GLÖCKNER, Kommentar UWG, Art. 4 N 75 f., a.A. GUYET, SIWR V/1, 225. So ist denkbar, dass das Geheimnis sich auf einen Bestandteil einer Ware oder (Dienst-)Leistung bezieht, der (ggf. völlig) anderen Waren oder (Dienst-)Leistungen (und damit in anderen Märkten) Anwendung finden kann.
[127] PEDRAZZINI/PEDRAZZINI, UWG, N 8.39.
[128] Vgl. PEDRAZZINI/PEDRAZZINI, UWG, N 8.39. Vgl. BGer 6B_495/2007, E. 6.1 («RFID»), wo die Geheimnisverletzung dem neuen Arbeitgeber des Verletzers zugutekommen sollte.
[129] Vgl. GUYET, SIWR V/I, 229: Formelle Bezeichnung nicht entscheidend, sondern «die Frage, ob die Hilfsperson aufgrund der bestehenden internen Geschäftsorganisation Zugang zu vertraulichen Informationen hat und aufgrund aller Umstände zur Geheimhaltung verpflichtet ist».

Geheimnisverletzung zugunsten einer Drittperson aufweisen dürften, da sie sich letztlich infolge der qualifizierten Stellung (Gesellschafterstellung) selbst schädigen. Dies gilt dann nicht, wenn der verleitete Gesellschafter dem Verletzer nahesteht, bspw. mit diesem eine Zusammenarbeit etc. beabsichtigt (dann Erfassung über Art. 2), oder wenn er für die Verletzung einen Vorteil erhält (dann Erfassung über Art. 4a Abs. 1 lit. b).

73   Art. 4 lit. c kann auf Fälle der **Personalabwerbung** anwendbar sein, soweit nicht die Verletzung einer von Art. 2 erfassten nachvertraglichen Geheimnisverpflichtung in Frage steht[130].

d)   **Subjektives Merkmal: Erlangung der Kenntnis eines Fabrikations- oder Geschäftsgeheimnisses**

74   Der **Vorteil,** der im Rahmen von Art. 4 lit. c zu erreichen **beabsichtigt** wird, ist die **Kenntnis** eines **Fabrikations- oder Geschäftsgeheimnisses.** Auch hier muss die Kenntnis nicht tatsächlich erlangt werden, ebenso wenig muss eine Auskundschaftung, ein Verrat oder eine Verwertung erfolgt sein. Es genügt – strafrechtlich gesprochen – der Versuch (Delikt mit überschiessender Innentendenz)[131].

4.   *Art. 4 lit. d*

a)   **Vorbemerkungen**

75   In Abweichung vom Dogma, wonach vertraglichen Beziehungen bloss relativer Charakter zukommt, statuiert Art. 4 lit. d die Unlauterkeit der Veranlassung einer **vertrags(rechts)konformen Vertragsauflösung.** Die Bestimmung ist im Schrifttum teilweise auf heftige Kritik gestossen[132]. Diese scheint insofern berechtigt, als dass – ohne zwingenden Grund bzw. nur mit dürftiger Begründung – ein eigentlicher Einbruch in das System und Zusammenspiel von Verträgen und Wettbewerb und damit in die Ökonomie des Vertrags- und Deliktsrechts erfolgt und dabei dem Konsumenten die Möglichkeit beschränkt wird, einen günstigeren Vertrag abzuschliessen. Andererseits erscheint eine Intensivierung des (nachvertraglichen) Wettbewerbs im Bereich der Konsumentenkreditverträge nicht als erstrebenswertes Ziel, soll doch die Überschuldungsgefahr und damit letztlich der Abschluss von für Konsumenten potentiell nachteiligen, da ggf. zu Überschuldung

---

[130] Vgl. bspw. HGer SG SGGVP 2001, Nr. 47, 146, E. b).
[131] PEDRAZZINI/PEDRAZZINI, UWG, N 8.41.
[132] Vgl. bspw. R. VON BÜREN/MARBACH/DUCREY, Immaterialgüter- und Wettbewerbsrecht, N 1207, der moniert, dass die Bestimmung aus kartellrechtlicher Sicht äusserst fragwürdig sei, da die Aufforderung, den Vertragspartner zu wechseln, zu einem wirksamen Wettbewerb gehöre. Vgl. auch PEDRAZZINI/PEDRAZZINI, UWG, N 8.51.

führenden Konsumentenkreditverträgen an sich bekämpft werden. Art. 4 lit. d bezweckt, den betroffenen vertragsabschliessenden Konsumenten die eingeräumte **Bedenkzeit** (Widerrufsfrist) **ohne** ihre autonome Entscheidung **beeinträchtigende Einflussnahme von Drittpersonen** zur Verfügung zu halten[133]. Zwar scheint die praktische Bedeutung der Bestimmung gering[134], doch darf dies nicht darüber hinwegtäuschen, dass zumindest Konsumkreditverträge in der Praxis sehr häufig vorkommen.

b) Unlauteres Verhalten

Art. 4 lit. d qualifiziert als unlauter die Veranlassung zu bestimmten Arten der (vertragsrechtskonformen und damit legitimen) Vertragsauflösung bei abschliessend aufgezählten Verträgen, an denen Konsumenten beteiligt sind. Seit der Revision 2001 (Inkrafttreten am 1. Januar 2003) bezieht sich Art. 4 lit. d nur noch auf **Vorauszahlungskauf- und Konsumentenkreditverträge** i.S. des KKG[135]. Eine Ausdehnung auf andere Vertragstypen und -arten, bspw. auf Haustürverkäufe (vgl. Art. 40a ff. OR), ist angesichts der **abschliessenden Aufzählung** in Art. 4 lit. d unzulässig. Auf solche Verträge kann hingegen Art. 4 lit. a oder Art. 2 zur Anwendung kommen[136].

76

Art. 4 lit. d bedient sich des Begriffes **«veranlassen»** statt «verleiten»[137]. Dies ist einerseits sachgerecht, da es um die Wahrnehmung von legitimen, vertragsrechtlich zwingend vorgesehenen Gestaltungsrechten, d.h. um etwas Erlaubtes geht und das Wort «verleiten» auf ein unerlaubtes Verhalten hindeutet. Andererseits will der Gesetzgeber damit ausdrücken, dass der Abzahlungs- oder Konsumentenkreditvertrag auch **tatsächlich aufgelöst** werden muss und die blosse folgenlose bzw. nicht als Initialzündung wirkende Aufforderung, also strafrechtlich gesprochen der Ver-

77

---

[133] BAUDENBACHER/GLÖCKNER, Kommentar UWG, Art. 4 N 81, und DAVID/JACOBS, Wettbewerbsrecht, N 349.
[134] Vgl. aber bspw. den Fall in HGer SG SMI 1991, 251 ff. («Autoleasing»), HGer SG SMI 1988, 125, E. 2 («Abwerbung von Leasing-Kunden»), beide noch zu Art. 1 Abs. 2 lit. k aUWG und HGer AG vom 25.10.2006 (HSU.2006.14), E. 5 («Supercard Plus»).
[135] Der Bezug auf «Abzahlungsverträge» wurde im Zuge der Totalrevision des KKG 2001 gestrichen, da die entsprechenden, ohnehin kaum praxisrelevanten (da nur im gewerblichen Bereich anwendbaren) Bestimmungen (Art. 226a ff. OR) aufgehoben wurden, was beim Erlass des KKG 2001 berücksichtigt wurde (vgl. Botschaft KKG, 3157 und 3189).
[136] Dazu ausführlich und zu Recht zurückhaltend (insbes. mit Bezug auf die Notwendigkeit nachvertraglichen Wettbewerbs bei Dauerschuldverhältnissen) BAUDENBACHER/GLÖCKNER, Kommentar UWG, Art. 4 N 82 ff.
[137] Dazu auch BAUDENBACHER/GLÖCKNER, UWG, Art. 4 N 19, und PEDRAZZINI/PEDRAZZINI, UWG, 8.51.

such – im Unterschied zu Art. 4 lit. a und c – dazu noch nicht ausreicht[138]. **Aufgrund des Ausnahmecharakters von Art. 4 lit. d** kann nicht schon die «blosse» Bestärkung im Entschluss, sondern nur dessen eigentliche Bewirkung, also nur die Anstiftung im Strafrechtssinn, erfasst sein. Die von Art. 4 lit. d vorausgesetzte Veranlassung motiviert den Veranlassten zu einem Wechsel des Vertragspartners, wobei keine «besondere – nach Treu und Glauben fragwürdige – Färbung» vorzuliegen braucht[139].

78 Art. 4 lit. d ist bei **Vorauszahlungsverträgen**[140] anwendbar auf die Ausübung des Rechts zum **Widerruf** (Art. 227a Abs. 2 Ziff. 7 OR; Recht, den Verzicht zu erklären) oder zur **Kündigung** (Art. 227f OR; jederzeitiges Kündigungsrecht bis zum Abruf der Ware) durch den entsprechend veranlassten Vorauszahlungskäufer. Beim **Konsumkreditvertrag**[141] bezieht es sich auf das in **Art. 16 KKG** vorgesehene **Widerrufsrecht** des Konsumenten[142]. Damit nicht erfasst ist die Veranlassung zu sonstiger Vertragsauflösung, bspw. die Geltendmachung der Nichtigkeit des Konsumkreditvertrags gemäss Art. 15 KKG, die für den Kreditgeber sehr nachteilig sein wird, ebenso wenig die vorzeitige Rückzahlung gemäss Art. 16 KKG oder die Wahrnehmung bloss vertraglich von den Parteien vereinbarter und nicht schon zwingend vom Recht der Vorauszahlungs- bzw. Konsumkreditverträge vorgesehener Vertragsbeendigungsmöglichkeiten[143]. Art. 4 lit. d erfasst im Interesse des Konsumentenschutzes nur das Hinwirken auf die Geltendmachung der im Wortlaut aufgeführten Gestaltungsrechte bzw. Rechtsbehelfe[144]. Ebenso dürfte Art. 4 lit. d anwendbar sein, wenn bei Vorauszahlungs- oder Konsumkreditverträgen ein sons-

---

[138] HGer AG vom 25.10.2006 (HSU.2006.14), E. 5.1.3 («Supercard Plus»); BAUDENBACHER/ GLÖCKNER, Kommentar UWG, Art. 4 N 81, und PEDRAZZINI/PEDRAZZINI, UWG, N 8.53, a.A. GUYET, SIWR V/1, 200.

[139] HGer AG vom 25.10.2006 (HSU.2006.14), E. 5.1.3 («Supercard Plus»); PEDRAZZINI/PEDRAZZINI, UWG, N 8.53.

[140] Zum Begriff Art. 3 lit. k–n N 39.

[141] Zum Begriff Art. 3 lit. k–n N 22 ff.

[142] Vgl. HGer AG vom 25.10.2006 (HSU.2006.14), E. 5.1 («Supercard Plus»). Gemäss CHK-FERRARI-HOFER/VASELLA, Art. 4 lit. d N 15, soll es sich auf das Recht auf vorzeitige Rückzahlung in Art. 17 KKG beziehen, was aber wahrscheinlich ein Missverständnis ist. Zwischen dem 1. April 1994 und dem 31. Dezember 2002 bestand unter dem Regime des KKG 1993 (vgl. AS 1994, 367 ff.) gar kein Widerrufsrecht, sodass der Verweis nur in Verbindung mit der Geltendmachung des allgemeinen, KKG-unspezifischen Widerrufsrechts für Haustürgeschäfte in Art. 40e OR sinnvoll war (dazu BAUDENBACHER/GLÖCKNER, Kommentar UWG, Art. 4 N 79, und GUYET, SIWR V/1, 207).

[143] Auch das in SLK-GS Nr. 4.3 vorgesehene allgemeine zehntägige Widerrufsrecht bei Fernabsatz (u.a. Telefon- und Internetverkäufe) wird von Art. 4 lit. d nicht miterfasst. Vgl. zum Widerrufsrecht für Telefon- und Internetverkäufe de lege ferenda den Hinweis in Art. 9 N 81 und dortige Fn. 209.

[144] BAUDENBACHER/GLÖCKNER, Kommentar UWG, Art. 4 N 79 und 81.

tiges gesetzliches Widerrufsrecht zur Anwendung kommt, bspw. bei Haustürverkäufen (Art. 40e OR)[145].

Wird ein Konsument, der Vertragspartner eines Vertrags i.S. von Art. 4 lit. d ist, zu einem **eigentlichen Vertragsbruch** verleitet, ist **Art. 4 lit. a** (und nicht Art. 4 lit. d) anwendbar[146]. 79

c) **Subjektives Merkmal: Abschluss eines gleichgelagerten Ersatzvertrags**

Art. 4 lit. d setzt schon vom Wortlaut her die **Absicht** voraus, mit der verleiteten Person einen «solchen», d.h. einen **gleichgelagerten Ersatzvertrag, abzuschliessen**[147].Wie schon bei Art. 4 lit. a ist der tatsächliche Abschluss nicht vorausgesetzt. 80

V. Einwendungen des Verletzers

Vgl. dazu allgemein die Kommentierung in Art. 2 N 117 ff. 81

Schon tatbestandsausschliessende Wirkung, da die **Grenze zur Unlauterkeit konkretisierend,** können **vertragliche Bestimmungen** aufweisen, die der **Drittvertrag** enthält, der auf Verleitung des Verletzers hin verletzt («gebrochen») werden soll. Solche Bestimmungen können sich auf den Gegenstand des Geheimnisschutzes oder die einzuhaltenden Treue- und Loyalitätspflichten beziehen. 82

Eine – in der Praxis wohl selten anzutreffende – **nachträgliche Genehmigung** eines Verletzungssachverhalts gemäss Art. 4 dürfte aufgrund dessen vorwiegend individualschützenden Charakters regelmässig auch die Unlauterkeit entfallen las- 83

---

[145] So BAUDENBACHER/GLÖCKNER, Kommentar UWG, Art. 4 N 79 zum aKKG 1993, das kein Widerrufsrecht vorsah. Da die Wahrnehmung des Widerrufsrechts gemäss Art. 40e f. OR gegenüber demjenigen in Art. 17 KKG dem Konsumenten keinen Vorteil bietet, ist die Frage heute irrelevant.
[146] So auch PEDRAZZINI/PEDRAZZINI, UWG, N 8.53. Zu den Arten des Vertragsbruchs N 40.
[147] Vgl. GUYET, SIWR V/I, 207, und DAVID/REUTTER, Werberecht, 276. Vgl. zum weniger engen Ersatzvertragserfordernis bei Art. 4 lit. a oben N 50 ff. Ob Art. 4 lit. d auch dann Anwendung findet, wenn der Konsument mit dem neuen Vertragspartner, der ihn zur Vertragsauflösung veranlasst hat, keinen dem Vorauszahlungs- oder dem Konsumkreditrecht unterstehenden Vertrag abschliesst, ist fraglich, dürfte aber eher abzulehnen sein, da Art. 4 lit. d aufgrund seines problematischen Charakters eng ausgelegt werden sollte. Sofern dadurch jedoch direkt oder indirekt die Überschuldungsgefahr des betroffenen Konsumenten vergrössert wird, sollte Art. 4 lit. d oder zumindest Art. 2 anwendbar sein, da ansonsten der von Art. 4 lit. d bezweckte Konsumentenschutz leer liefe.

sen, soweit durch die Verletzung nicht eine eigentliche Wettbewerbsverfälschung und damit eine wettbewerbsfunktionale Dimension erreicht wird[148].

VI. Rechtsfolgen

84   Im Unterschied zu anderen UWG-Verletzungen, namentlich zu Irreführungen, zur Hervorrufung von Verwechslungsgefahr bzw. zu Leistungsübernahmen und Herabsetzungen scheint der **praktische Nutzen** der von Art. 9 vorgesehenen **Ansprüche der verletzten Person** in der Regel eher **beschränkt**. Ist die Verleitung erfolgt und erfolgreich, können deren Folgen in der Regel weder rückgängig gemacht noch finanziell angemessen entschädigt werden. Immerhin hilft der über Art. 23 bestehende Strafanspruch manchmal aus präventiver Sicht, d.h. wenn Verletzungen drohen, weiter. Fälle, in denen aufgrund drohender oder fortdauernder Verletzungen (Verleitungen) negatorische Ansprüche geltend gemacht werden, scheinen eher selten[149].

85   Liegen die Voraussetzungen von Art. 4 vor, stehen den nach Art. 9 und 10 berechtigten, in ihren eigenen wirtschaftlichen Interessen bedrohten oder bereits geschädigten Personen **negatorische Ansprüche,** insbesondere auf Unterlassung oder Beseitigung, zu (Art. 9 N 60 ff.)[150]. Diese stehen im Stadium der Gefährdung (drohende bzw. weitergeführte oder weiterwirkende Verleitung) im Vordergrund[151]. Regelmässig in Betracht fallen wird deren Geltendmachung auf dem Weg der **vorsorglichen Massnahmen,** die gestützt auf Art. 14 i.V.m. Art. 28c ff. ZGB erlassen werden können[152]. Es sind speziell gelagerte Konstellationen denkbar, in denen vorsorgliche Massnahmen sinnvoll sind, bspw. bei Dauerverträgen, oder wenn das Angebot einer Ware bzw. Leistung deren Abnehmer zum massenhaften Bruch von

---

[148] Dies wird jedoch nicht in den Fällen des Art. 4 lit. d gelten. Vgl. die explizite Genehmigungsmöglichkeit in Art. 4a Abs. 2.

[149] Vgl. bspw. OGer OW sic! 1999, 454 («Kundendateien I»).

[150] Vgl. auch EULAU, Verleitung zum Vertragsbruch, 185 ff.

[151] PEDRAZZINI/PEDRAZZINI, UWG, N 8.55, schliessen negatorische Ansprüche ausserhalb solcher Gefährdungssituationen aus. In Fällen, in denen die Veranlassung bestimmter Konsumenten zur Vertragsauflösung i.S. von Art. 4 lit. d auch die Gefährdung anderer Konsumentenverträge mitbeinhaltet, dürften letztere mitumfassende Unterlassungs- oder Beseitigungsansprüche möglich sein. Ebenso sollten Ansprüche auf Feststellung oder auf Berichtigung/Urteilspublikation gemäss Art. 9 Abs. 1 lit. c und Abs. 2 möglich sein.

[152] Vgl. immerhin OGer ZG sic! 1997, 319, E. 4 ff. («Berater-Vertriebsnetz»; Fall einer systematischen Abwerbung mit Fortsetzungsgefahr), OGer bzw. KGer OW sic! 1999, 454 ff., E. 5 bzw. 456 ff., E. 4 («Kundendateien I/II»), HGer SG sic! 2003, 626, E. 2–4 («Digitale Kartendarstellung»), CdJ GE SMI 1994, 243, E. 2 («Transfert d'avoirs») und HGer SG SMI 1985, 252, E. 5c («Cotub Miniform»). Ob eigentliche Beschäftigungs- bzw. Abnehmerverbote (i.S. einer Naturalrestitution) möglich sind, ist fraglich, aber wohl aufgrund der einschneidenden und eher unverhältnismässigen Wirkung eher abzulehnen (vgl. dazu EULAU, Verleitung zum Vertragsbruch, 180 ff. sowie 188).

Lizenzverträgen verleitet[153], oder wenn Geheimnisverletzungen drohen. Der Unterlassungsbefehl kann auf das Verbot der Fortsetzung der Abwerbungshandlungen und des Einsatzes widerrechtlich abgeworbener Personen lauten[154].

Weiter führt die Verletzung der Bestimmungen in Art. 4 zu **reparatorischen Ansprüchen** auf Schadenersatz, Genugtuung oder Gewinnherausgabe[155]. Allerdings dürfte die Geltendmachung von Schadenersatzansprüchen bei Verletzungen von Art. 4 wegen Beweisschwierigkeiten selten aussichtsreich sein[156]. Dies dürfte namentlich bei Geheimnisverletzungen gelten, wo sich der Verlust des Geheimnisses und der daraus resultierende Schaden zudem kaum je mit Schadenersatz genügend ausgleichen lassen wird[157].

86

Der in Art. 4 lit. a und c vorausgesetzte Vertragsbruch berechtigt den Vertragspartner des Verleiteten zur **Geltendmachung** der ihm **vertraglich** (d.h. ohnehin und unabhängig von Art. 4) **zustehenden Ansprüche**, also namentlich auch zu **Schadenersatz**[158]. Da der Verletzer nicht Vertragspartner ist, kann gegen ihn nur über Art. 4 und nicht auf vertrag(srecht)licher Basis vorgegangen werden. C.i.c.-Ansprüche des geschädigten Vertragspartners dürften entfallen, da und soweit zwischen ihm und dem Verletzer gar nie ein Vertragsabschluss beabsichtigt war.

87

Soweit die **Durchsetzung vertrag(srecht)licher Ansprüche,** bspw. von Schadenersatzansprüchen, gegenüber den einzelnen (verleiteten) vertragsbrüchigen Personen in Konstellationen der Verleitung zum Vertragsbruch gemäss Art. 4 lit. a **un-**

88

---

[153] Vgl. OGer ZH SMI 1994, 181, E. 3b («Netware»), wobei es aber am Erfordernis der Absicht des Abschlusses eines *Ersatz*vertrags fehlte.

[154] OGer ZG sic! 1997, 319, E. 6 («Berater-Vertriebsnetz»), wo aber das Verbot, Berater der Beschwerdegegnerin überhaupt in irgendeiner Weise zu verpflichten, als zu weit gehend erachtet wurde.

[155] Vgl. aber zur Schadensberechnung den Fall in CdJ GE SMI 1992, 363, E. 9 («Méthode Sogny»), wo sogar Genugtuungsansprüche zugesprochen wurden. Dazu auch näher Art. 9 N 116 ff. sowie UWG-spezifisch EULAU, Verleitung zum Vertragsbruch, 175 ff., 186 und 190. Vgl. BGE 123 III 257, 260 f. zu einer Schadenersatzforderung wegen gegen Art. 321e OR verstossender Personalabwerbung. Denkbar sind gerade bei Geheimnisverletzungen auf Art. 62 ff. OR gestützte Bereicherungsansprüche (Eingriffskondiktion), dazu näher Art. 9 N 215 ff.

[156] Vgl. auch BAUDENBACHER/GLÖCKNER, Kommentar UWG, Art. 4 N 6. Die Beweisschwierigkeiten beziehen sich einerseits auf den Nachweis der unlauteren Handlung und andererseits – akzentuiert – auf den Beweis des Schadens (namentlich dessen Höhe und die Kausalität). Bei Gewinnherausgabeansprüchen bedarf es zudem des Nachweises, dass der herauszugebende Gewinn dem Verletzten «zugewiesen» war, wenn man der sog. Zuweisungstheorie folgt (Art. 9 N 188).

[157] So zutreffend GUYET, SIWR V/1, 226.

[158] Sofern der entstandene Schaden im Sinne der Differenztheorie ermittelbar ist; womöglich nicht liquidiert werden können – als Folge des Schadensbegriffs oder infolge von Beweisschwierigkeiten – Kundenverluste bzw. der Rufschaden/Prestigeverlust. Vgl. dazu auch Art. 9 N 119 ff. m.w.H. Oft ist die Verleitung zum Vertragsbruch vom Versprechen begleitet, den Vertragsbrüchigen von der (Vertragsverletzungs-)Haftung freizustellen. Fraglich ist, ob solche Versprechen gemäss Art. 19/20 OR gültig sind.

zumutbar bzw. **ohne Aussicht auf Erfolg** ist, was namentlich denkbar ist, wenn gleichzeitig viele Personen zum Vertragsbruch verleitet wurden, sind auch «direkt» auf Art. 4 lit. a i.V.m. Art. 9 Abs. 3 gegen den Verletzer, d.h. nicht gegen die verleitete und vertragsbrüchige Person gerichtete deliktische Schadenersatzansprüche denkbar[159]. In Fällen der Vertragsaufsagung gemäss Art. 4 lit. d sind vertragsrechtliche Ansprüche undenkbar, da und soweit die Vertragsaufsagung vertragskonform erfolgt ist, d.h. dem Vertragspartner entgeht durch den Widerruf des Vertragspartners naturgemäss Gewinn (Kreditzinsen) und es entstehen Kosten (Umtriebe etc.), den bzw. die er nur beim Verletzer einfordern kann.

89 Was die **vertragsrechtlichen Rechtsfolgen** des Vertragsbruchs anbelangt, lässt die Unlauterkeit der Verleitungshandlung die **allfällig bewirkte Vertragssituation unberührt**[160]. Dies gilt sowohl für den verletzten («gebrochenen») Vertrag wie auch für den ggf., aufgrund der Verleitung, abgeschlossenen Ersatzvertrag. In Bezug auf ersteren ist das Leistungsstörungsrecht anwendbar. In Bezug auf den Ersatzvertrag gilt, dass sittlich bedenkliche und unlautere Machenschaften im Vorfeld des Vertrags, die sich nicht in dessen Inhalt niederschlagen, diesen nicht sittenwidrig und so nach Art. 19/20 OR nichtig werden lassen[161]. Ebenso wenig ist eine Vertragsauflösung über den Beseitigungsanspruch in Art. 9 Abs. 1 lit. b denkbar – ganz abgesehen davon, dass die vertragsbrüchige Partei kaum je einen Anlass haben wird, den Ersatzvertrag aufzulösen[162]. Zu bedenken ist, dass die Anwendung von Art. 4 (lit. a/d) den tatsächlichen Abschluss eines (Ersatz-)Vertrags zudem gar nicht voraussetzt.

90 Dies gilt grds. auch im Rahmen von **Art. 4 lit. d**[163]. Auch wenn die Verleitung zur Auflösung mit Wirkung für den Verletzer unlauter ist, ist die von der verleiteten Person vorgenommene Auflösungs- oder Widerrufshandlung nicht unlauter und bleibt vertragsrechtlich wirksam. Begriffsnotwendig stellt sie zudem keine Vertragsverletzung dar. Die **Loslösung vom Vertrag** bleibt **gültig** und **verbindlich**. Mit dem Einverständnis des Vertragspartners kann sie zurückgenommen werden.

91 Verstösse gegen Art. 4 sind über Art. 23 **strafbar, wenn Vorsatz und ein Strafantrag** vorliegen. Im Falle der Verleitung zum Geheimnisverrat, d.h. wenn das Geheimnis rechtmässig in Erfahrung gebracht wurde, stellt Art. 4 lit. c ein selbständiges Teilnahmedelikt dar, wobei die Bestrafung aus Art. 4 lit. c mit derjenigen aus

---

[159] Vgl. den Fall in BGer 4C.225/2006 sic! 2007, 215, E. 2.5 f. («Yellowworld II»), wo die Unlauterkeit jedoch auf der Verletzung von Art. 3 lit. a beruhte.

[160] Vgl. bspw. PEDRAZZINI/PEDRAZZINI, UWG, N 8.55 (zu Art. 4 lit. d), BGE 129 III 320, 324 f. («Stadt Zürich/ABZ Recycling AG»); allerdings zu einem Bestechungssachverhalt, vgl. auch Art. 4a N 117).

[161] BGE 129 III 320, 324 («Stadt Zürich/ABZ Recycling AG») unter Verweis (u.a.) auf BK-KRAMER, Art. 19/20 OR N 179. Zum Ganzen auch Art. 4a N 117 m.w.H.

[162] Vgl. PEDRAZZINI/PEDRAZZINI, UWG, N 8.55, sowie Art. 9 N 81.

[163] Vgl. dazu auch PEDRAZZINI/PEDRAZZINI, UWG, N 8.55.

Art. 162 StGB i.V.m. Art. 24 StGB konkurriert. Die verleitete Person kann sich aus Art. 6 oder Art. 162 StGB strafbar machen[164].

VII. Verfahrensfragen

Crux von Art. 4 ist die praktische **Schwierigkeit**, die **Verleitungshandlung zu beweisen**[165]. Die **Anforderungen** an deren Beweis dürfen nicht überspannt werden[166]. Dies kann jedoch angesichts der im Strafrecht geltenden Unschuldsvermutung nur für die Geltendmachung von Art. 4 (namentlich Art. 4 lit. a) auf dem Zivilrechtsweg gelten. 92

Die **Anrufung des Zivilrichters** bei Sachverhalten i.S. von Art. 4 scheint zwar **oft aussichtslos**. Für negatorische Ansprüche wird es meist zu spät sein, soweit nicht ohnehin Beweisschwierigkeiten bestehen. Ggf. kann aber die Geltendmachung eines Schadenersatzanspruches denkbar sein. So zeigt der «**Yellowworld**»-**Fall**[167], dass zumindest in Fällen des Art. 4 lit. a die Bereitschaft der Verletzten, gerichtlich gegen den Verletzer vorzugehen, vorhanden und auch erfolgversprechend sein kann[168]. Dies gilt umso mehr für Abmahnungen und den aussergerichtlichen Bereich. Dabei dürfte es oft auch «nur» darum gehen, den präventiven Effekt auszunutzen, der von einer Abmahnung und ggf. von einer vorsorglichen Verfügung i.S. von Art. 14 ausgeht. Immerhin kann die Fortsetzung der gemäss Art. 4 unlauteren Verhaltensweise zur Strafbarkeit führen (Art. 4 i.V.m. Art. 23 Abs. 1). 93

Im Rahmen der **Aktivlegitimation** stehen als Kläger (Art. 9 f.) bzw. Strafantragssteller (Art. 23 Abs. 2 i.V.m. Art. 9 f.) die **Vertragspartner der verleiteten Personen** im Vordergrund, die zumeist Wettbewerber des Verletzers sein werden. Bei der Verleitung zu Geheimnisverletzungen i.S. von Art. 4 lit. c soll nur der Geheimnisherr aktivlegitimiert sein[169]. 94

Im Rahmen der **Passivlegitimation** stehen als Beklagte die **verleitenden Personen** sowie ggf. die für sie handelnden Organ- und Hilfspersonen im Vordergrund. 95

---

[164] Dazu Art. 6 N 5, vgl. auch N 11.
[165] Vgl. z.B. BGE 114 II 91, 101 f. («Dior»), BGE 122 III 469, 482 f. («Chanel I»), BGer sic! 1998, 569, E. 4 («Donkey Kong Land»); URG), sowie BAUDENBACHER/GLÖCKNER, Kommentar UWG, Art. 4 N 17 f., vgl. auch schon N 10, 86.
[166] Zu diesem Problem ausführlich BAUDENBACHER/GLÖCKNER, Kommentar UWG, Art. 4 N 17 f. m.w.H.; vgl. bspw. CJ GE SMI 1994, 242, E. 2 («Transfert d'avoirs»).
[167] BGer 4C.55/2005 sic! 2006, 277 ff. («Yellowworld I»), und BGer 4C.225/2006 sic! 2007, 215 ff. («Yellowworld II»).
[168] Wobei in casu die Schadenersatzansprüche mit einer Verletzung von Art. 3 lit. a (und nicht von Art. 4 lit. a) begründet wurden (BGer 4C.225/2006 sic! 2007, 215 ff. [«Yellowworld II»]).
[169] BAUDENBACHER/GLÖCKNER, Kommentar UWG, Art. 4 N 77, und GUYET, SIWR V/I, 225 und Fn. 16. Zumindest ist gegen den Willen des Geheimnisherrn erfolgender Rechtsschutz undenkbar, insofern ist die Problematik ähnlich wie bspw. bei Verletzungen von Art. 3 lit. d (vgl. Art. 9 N 221).

Namentlich bei Art. 4 lit. c ist dessen individualschützender Charakter zu berücksichtigen, der dadurch verstärkt wird, dass die betroffenen Parteien den Schutzbereich vertraglich bestimmen bzw. konkretisieren können.

96 Gemäss Art. 4 i.V.m. Art. 23 Abs. 1 können sich **primär nur natürliche Personen strafbar** machen, da die subsidiäre Unternehmensstrafbarkeit des **Art. 102 Abs. 1 StGB** nur zur Anwendung kommt, wenn sich die Tat wegen mangelhafter Organisation keiner bestimmten natürlichen Person zurechnen lässt. Dies gilt aber nur, soweit Art. 102 StGB überhaupt zur Anwendung kommt und nicht allein die verwaltungsstrafrechtliche subsidiäre Unternehmensstrafbarkeit gemäss **Art. 7 VStrR**, auf den Art. 26 verweist, die (nur) in Fällen einer Busse bis CHF 5000.– möglich ist[170]. **Art. 4 lit. a und lit. c durchbrechen das strafrechtliche Akzessorietätsprinzip** und bestrafen als **verselbständigte Teilnahmedelikte** die Teilnahme am Unrecht des Art. 4 lit. a bzw. c (Vertragsbruch bzw. Geheimnisverletzung) unabhängig von der Bestrafung des Vertrags- bzw. des Geheimnisbrüchigen.

---

[170] Dazu Art. 26 N 13.

Art. 4a

Bestechen und sich bestechen lassen

¹ Unlauter handelt, wer:
a. einem Arbeitnehmer, einem Gesellschafter, einem Beauftragten oder einer anderen Hilfsperson eines Dritten im privaten Sektor im Zusammenhang mit dessen dienstlicher oder geschäftlicher Tätigkeit für eine pflichtwidrige oder eine im Ermessen stehende Handlung oder Unterlassung zu dessen Gunsten oder zu Gunsten eines Dritten einen nicht gebührenden Vorteil anbietet, verspricht oder gewährt;
b. als Arbeitnehmer, als Gesellschafter, als Beauftragter oder als andere Hilfsperson eines Dritten im privaten Sektor im Zusammenhang mit seiner dienstlichen oder geschäftlichen Tätigkeit für eine pflichtwidrige oder eine im Ermessen stehende Handlung oder Unterlassung für sich oder einen Dritten einen nicht gebührenden Vorteil fordert, sich versprechen lässt oder annimmt.

² Keine nicht gebührenden Vorteile sind vertraglich vom Dritten genehmigte sowie geringfügige, sozial übliche Vorteile.

Corruption active et passive

¹ Agit de façon déloyale celui qui:
a. aura offert, promis ou octroyé un avantage indu à un employé, un associé, un mandataire ou un autre auxiliaire d'un tiers du secteur privé, en faveur de cette personne ou en faveur d'un tiers, pour l'exécution ou l'omission d'un acte en relation avec son activité professionnelle ou commerciale et qui soit contraire à ses devoirs ou dépende de son pouvoir d'appréciation;
b. en tant qu'employé, en tant qu'associé, en tant que mandataire ou en tant qu'autre auxiliaire d'un tiers du secteur privé, aura sollicité, se sera fait promettre ou aura accepté, en sa faveur ou en faveur d'un tiers, un avantage indu pour l'exécution ou l'omission d'un acte en relation avec activité professionnelle ou commerciale et qui soit contraire à ses devoirs ou dépende de son pouvoir d'appréciation.

² Ne constituent pas des avantages indus ceux qui sont convenus par contrat de même que ceux qui, de faible importance, sont conformes aux usages sociaux.

Corruzione attiva e passiva

¹ Agisce in modo sleale chiunque:
a. offre, promette o procura un indebito vantaggio a un lavoratore, a un associato, a un mandatario o a un altro ausiliario di un terzo nel settore privato, a favore di lui o di terzi, per indurlo a commettere un atto o un'omissione in relazione con le sue attività di servizio o d'affari e contrastante coi doveri d'ufficio o sottostante al suo potere d'apprezzamento;
b. in qualità di lavoratore, associato, mandatario o altro ausiliario di un terzo nel settore privato si fa promettere o accetta, per sé o per terzi, un indebito vantaggio per commettere un atto o un'omissione in relazione con le sue attività di servizio o d'affari e contrastante coi doveri d'ufficio o sottostante al suo potere d'apprezzamento.

To Bribe and to Accept a Bribe	² Non sono indebiti i vantaggi accettati contrattualmente dal terzo né quelli di esigua entità usuali nelle relazioni sociali. ¹ Shall be deemed to have committed an act of unfair competition, anyone who: a. in the private sector, offers, promises or concedes to a third party's employee, partner, agent or other auxiliary person an improper advantage in his or a third party's favour in return for an unlawful or discretionary act or nonfeasance in connection with his official or professional tasks ; b. in the private sector, as a third party's employee, partner, agent or other auxiliary person demands, is promised or accepts an improper advantage for himself or a third party in return for an unlawful or discretionary act or nonfeasance in connection with his official or professional tasks. ² Advantages contractually accepted by the third party as well as insignificant, socially common advantages are not deemed to be improper.

Alter Text in Art. 4 lit. b aUWG, per 1. Juli 2006 aufgehoben:

«Unlauter handelt insbesondere, wer:

sich oder einem andern Vorteile zu verschaffen sucht, indem er Arbeitnehmern, Beauftragten oder anderen Hilfspersonen eines Dritten Vergünstigungen gewährt oder anbietet, die diesen rechtmässig nicht zustehen und die geeignet sind, diese Personen zu pflichtwidrigem Verhalten bei ihren dienstlichen oder geschäftlichen Verrichtungen zu verleiten;»

Inhaltsübersicht

				Note	Seite
I.	Normzweck			1	542
II.	Entstehungsgeschichte			5	543
III.	Systematik und Verhältnis zu anderen Vorschriften			18	547
	1.	Systematik		18	547
		a)	Allgemeines	18	547
		b)	Privatbestechung aus ökonomischer Sicht	24	549
		c)	Das Unrecht der Privatbestechung und die betroffenen Rechtsgüter	26	550
	2.	Verhältnis zu anderen Vorschriften		30	551
		a)	Verhältnis zu anderen Vorschriften des UWG	30	551
			aa) Art. 4 lit. a, c und d	30	551
			bb) Art. 2 (Generalklausel)	32	551
		b)	Verhältnis zu Vorschriften ausserhalb des UWG	38	553
			aa) Art. 41 Abs. 2 OR	38	553
			bb) Art. 33 HMG	39	553

					Note	Seite
		cc)	Aktive und passive Mandats- und Amtsträgerbestechung: Art. 322ter f./Art. 322^{septies} f. StGB		40	554
		dd)	Vorteilszuwendung und -annahme bei Mandats- und Amtsträgern: Art. 322^{quinquies} f. StGB		42	554
		ee)	Ungetreue Geschäftsbesorgung: Art. 158 StGB		43	555
		ff)	Retrozessionen, Vergütungssysteme und Auftragsrecht		45	556
		gg)	Softlaw		47	556
IV.	Tatbestandsvoraussetzungen				48	557
	1.	Aktive Privatbestechung (Art. 4a Abs. 1 lit. a)			49	557
		a)	Vorteilsgeber (bestechende bzw. vorteilsgebende Person, Verletzer)		50	557
		b)	Begünstigte Person: Arbeitnehmer, Gesellschafter, Beauftragte oder andere Hilfspersonen eines Dritten (Hilfsperson)		53	559
		c)	Prinzipal (Dritter/Geschäftsherr)		58	560
		d)	Privater Sektor		60	561
		e)	Zusammenhang mit dienstlicher oder geschäftlicher Tätigkeit (sog. Äquivalenzverhältnis)		66	563
		f)	Pflichtwidrige oder im Ermessen stehende Handlung oder Unterlassung		68	564
		g)	Anbieten, Versprechen oder Gewähren eines nicht gebührenden Vorteils zu eigenen Gunsten oder zugunsten eines Dritten		77	567
		h)	Erheblichkeitsschwelle: Vertraglich genehmigte oder geringfügige, sozial übliche Vorteile (Art. 4a Abs. 2)		82	569
			aa)	Vertraglich vom Dritten genehmigte Vorteile (Einwilligung)	83	569
			bb)	Exkurs: Vertragliche Genehmigung und Retrozessionsproblematik	86	571
			cc)	Geringfügige, sozial übliche Vorteile	93	574
		i)	Fehlende Opportunitätsklausel		94	574
	2.	Passive Privatbestechung (Art. 4a Abs. 1 lit. b)			96	575
		a)	Allgemeines		96	575
		b)	Fordern, Sich-versprechen-Lassen oder Annehmen eines nicht gebührenden Vorteils für sich oder einen Dritten		102	576
		c)	Dritter		104	577
		d)	Keine konkurrierende Unternehmensstrafbarkeit (Art. 102 Abs. 2 StGB)		105	577
V.	Einwendungen des Verletzers				106	577
VI.	Rechtsfolgen				109	578
VII.	Verfahrensfragen				120	582

Literatur (sofern nicht speziell vermerkt zu Art. 4 lit. b bzw. Art. 1 Abs. 2 lit. e aUWG)

S. ABEGGLEN, Retrozession ist nicht gleich Retrozession: Zur Anwendbarkeit von Art. 400 Abs. 1 OR auf Entschädigungen, die an Banken geleistet werden, insbesondere im Fondsvertrieb, SZW 2007, 122 ff.; M. BALMELLI, Die Bestechungstatbestände des schweizerischen

Strafgesetzbuches, Bern 1996; C. BAUDENBACHER (Hrsg.), Lauterkeitsrecht – Kommentar zum Gesetz gegen den unlauteren Wettbewerb (UWG), Basel 2001, Art. 4 N 29 ff. sowie Art. 2 N 292 ff.; P. BÖCKLI, Schweizer Aktienrecht, 4. Aufl., Zürich/Basel/Genf 2009; S. BORNER/ C. SCHWYZER, Internationale Korruption und Globalisierung der Wirtschaft, in: M. Pieth/ P. Eigen, Korruption im internationalen Geschäftsverkehr, Basel/Frankfurt am Main, 1999, 15 ff.; B. VON BÜREN, Kommentar zum Bundesgesetz über den unlautern Wettbewerb vom 30. Sept. 1943 unter Einschluss der Ausverkaufsverordnung vom 16. April 1947, Zürich 1957, Kommentierung zur Generalklausel (Art. 1 Abs. 1 aUWG) N 41 ff.; R. VON BÜREN/ E. MARBACH/P. DUCREY, Immaterialgüter- und Wettbewerbsrecht, 3. Aufl., Bern 2008, N 1208 ff. (zu Art. 4a); N. CAPUS, Landesbericht betreffend gesetzlicher Regelung der Privatbestechung, erstellt mit K.-L. Kunz und P. Keller, in: G. Heine/B. Huber/T. Rose (Hrsg.), Private Commercial Bribery, A Comparison of National and Supranational Legal Studies, Beiträge und Materialien aus dem Max-Planck-Institut für ausländisches und internationales Strafrecht, Freiburg 2003, 435 ff.; DIES., Fighting National and International Corruption by Means of Criminal Law, in: Rapports suisses présentés au XVIème Congrès international de droit comparé, Partie II, Zürich 2002, 633 ff.; R. DÄHLER/P. KRAUSKOPF/M. STREBEL, Aufbau und Nutzung von Marktpositionen, in: T. Geiser/P. Krauskopf/P. Münch (Hrsg.), Schweizerisches und europäisches Wettbewerbsrecht, Handbücher für die Anwaltspraxis, Band IX, Basel 2005, N 8.60 ff.; L. DAVID/R. JACOBS, Schweizerisches Wettbewerbsrecht, 4. Aufl., Bern 2005, N 342 ff.; H. DIEMER/C. KRICK, in: R. Hefendehl/O. Homann (Hrsg.), Münchener Kommentar zum Strafgesetzbuch, Band 4, §§ 263–358 StGB, §§ 1–8, 105, 106 JGG, München 2006; H. DUBS, Die Strafbarkeit der Privatbestechung, in: J.-B. Ackermann et al. (Hrsg.), Wirtschaft und Strafrecht, FS für Niklaus Schmid zum 65. Geburtstag, Zürich 2001, 383 ff.; S. EMMENEGGER, Anlagekosten: Retrozessionen im Lichte der bundesgerichtlichen Rechtsprechung, in: S. Emmenegger (Hrsg.), Anlagerecht, Basel 2007, 59 ff.; DIES., Die Herausgabepflicht des Beauftragten, in: P. Gauch u.a. (Hrsg.), Mélanges en l'honneur de Pierre Tercier, Zürich 2008, 215 ff.; DIES., Die Informationspflichten der Bank bei Anlagegeschäften, in: P. V. Kunz et al. (Hrsg.), Wirtschaftsrecht in Theorie und Praxis, FS für Roland von Büren zum 65. Geburtstag, Basel 2009, 643 ff.; W. FELLMANN, Art. 400 OR, in: H. Hausheer (Hrsg.), Berner Kommentar, Kommentar zum schweizerischen Privatrecht, Das Obligationenrecht, Band VI/2/4, Der einfache Auftrag, Art. 394–406 OR, Bern 1992, 583 ff.; O. A. GERMANN, Concurrence déloyale, Zürich 1945, 100 ff. und 263 ff.; G. GODENZI, Korruptionsbekämpfung: Zusatzsanktionen gegenüber verurteilten juristischen Personen, forumpoenale 2009, 313; H. GRÜNINGER, Steuerrechtliche Entwicklungen (insbesondere im Jahr 2000), SZW 2001, 37 ff.; P. C. GUTZWILLER, Rechtsfragen der Vermögensverwaltung, Zürich 2008; J. GUYET, in: R. von Büren/L. David (Hrsg.), SIWR V/1, Lauterkeitsrecht, 2. Aufl., Basel 1998, 199 ff.; G. HEINE, Korruptionsbekämpfung im Geschäftsverkehr durch Strafrecht?, ZBJV 2002, 533 ff.; DERS., § 299 dStGB, in: A. Schönke/H. Schröder (Hrsg.), Strafgesetzbuch, Kommentar, 27. Aufl., München 2006, 2490 ff.; A. HÉRITIER, Les pots-de-vin, Genf 1981; P. C. HSU, Retrozessionen, Provisionen und Finder's Fees, ZSR-Beiheft 45, Basel 2006; C. HUGUENIN, Art. 19/20 OR, in: H. Honsell/N. P. Vogt/W. Wiegand (Hrsg.), Basler Kommentar, Obligationenrecht I, Art. 1–529 OR, 4. Aufl., Basel 2007, 191 ff.; D. IVANOV, Rechtsgüterschutz und Rechtsgut des Bundesgesetzes gegen den unlauteren Wettbewerb, Bern 2003; D. JOSITSCH, Das schweizerische Korruptionsstrafrecht, Zürich/Basel/Genf 2004; DERS., Der Straftatbestand der Privatbestechung (Art. 4a i.V.m. Art. 23 UWG), sic! 2006, 829 ff. (zu Art. 4a); E. A. KRAMER, Art. 19/20 OR, in: A. Meier-Hayoz (Hrsg.), Berner Kommentar, Kommentar zum schweizerischen Privatrecht, Das Obligationenrecht, Band VI/1/2/1a, Inhalt des Vertrages, Art. 19–22 OR, Bern 1991, 1 ff.; M. LIVSCHITZ, Compliance, Präventive Massnahmen zur Korruptionsbekämpfung im privaten Sektor (gemäss Übereinkommen der UNO gegen Korruption, SZIER 2009, 381 ff.; C. LOMBARDINI/A. MACALUSO, Rétrocessions et rétributions dans le domaine bancaire: une nécessaire mise en perspective, AJP 2008, 180 ff. (zu Art. 4a); A. MACALUSO, Vers un véritable droit pénal suisse des affaires: La nécessité d'une approche centrée sur l'entreprise, SZW 2008, 248 ff.; DERS., La responsabilité pénale de l'entreprise, Zürich 2004; E. MARTIN-ACHARD, La loi fédérale contre la concurrence déloyale du 19 décembre 1986 (LCD), Lausanne 1988, 73 ff.; A. MEIER-HAYOZ/P. FORSTMOSER, Schweizerisches Gesellschaftsrecht, 10. Aufl., Bern 2007; C. MÜLLER, Die Bestechung gemäss Art. 4 lit. b UWG, Bamberg 1997; M. NÄNNI/ H. C. VON DER CRONE, Rückvergütungen im Recht der unabhängigen Vermögensverwaltung: Bemerkungen zu BGE 132 III 460, SZW 2006, 377 ff.; V. NIEHAUS, Strafrechtliche Folgen der «Bestechung» im vermeintlichen Unternehmensinteresse, in: P. Graeff/K. Schröder/S. Wolf (Hrsg.), Der Korruptionsfall Siemens, Baden-Baden 2009, 21 ff.; M. A. NIGGLI, Art. 158 StGB, in: M. A. Niggli/H. Wiprächtiger (Hrsg.), BSK-StGB II, Basel 2007; P. NOBEL/I. STIRNIMANN, Zur Behandlung von Entschädigungen im Vertrieb von Anlagefonds und strukturierten Produkten durch Banken, SZW 2007, 343 ff.; H. OSER/W. SCHÖNENBERGER, Das Obligationenrecht, Erster Halbband: Art. 1–183, in: A. Egger et al. (Hrsg.), Kommentar zum Schweizerischen Zivilgesetzbuch, 2. Aufl., Zürich 1929; M. M. PEDRAZZINI, Die Verleitung zum Vertragsbruch nach dem neuen UWG, SMI 1991, 349 ff.; M. M. PEDRAZZINI/F. A. PEDRAZZINI, Unlauterer Wettbewerb, UWG, 2. Aufl., Bern 2002; M. PIETH, Art. 322ter ff. StGB, in: M. A. Niggli/ H. Wiprächtiger (Hrsg.), BSK-StGB II, Basel 2007; DERS., Die Strafbarkeit der Privatbestechung als neue Herausforderung an die Anwaltschaft, AwR 2007, 195 ff.; DERS./ L. HANDSCHIN/H.-P. BAUER/A. MÜLLER/G. FENNER, Verhaltensregeln für die Verwaltung von Vorsorgeeinrichtungen, Basel Institute on Governance, 2007; DERS./P. EIGEN (Hrsg.), Korruption im internationalen Geschäftsverkehr, Basel/Frankfurt am Main 1999; N. QUELOZ, Le droit suisse dispose-t-il de normes pénales efficaces pour lutter contre la corruption dans le secteur privé?, in: P. Gauch u.a. (Hrsg.), Mélanges en l'honneur de Pierre Tercier, Zürich 2008, 639 ff.; DERS./M. BORGHI/M. L. CESONI (Hrsg.), Processus de corruption en Suisse, Basel/Genf/ München 2000; A. RANSIEK, «Verstecktes» Parteivermögen und Untreue, NJW 2007, 1727 ff.; M. REINERT, Preisgestaltung, in: T. Geiser/P. Krauskopf/P. Münch (Hrsg.), Handbücher für die Anwaltspraxis, Bd. IX, Schweizerisches und europäisches Wettbewerbsrecht, Basel/Genf/ München 2005, 91 ff.; R. RENGIER, Korkengelder und andere Massnahmen zur Verkaufsförderung im Lichte des Wettbewerbs(straf)rechts, in: U. Sieber et al. (Hrsg.), Strafrecht und Wirtschaftsstrafrecht, FS für Klaus Tiedemann zum 70. Geburtstag, Köln 2008, 837 ff.; V. ROBERTO, Die auftragsrechtliche Herausgabepflicht des «Erlangten», ZSR 2009, 15 ff.; DERS., Vertriebsprovisionen: Entschädigung des Beauftragten oder dem Auftraggeber zustehender Vermögenswert?, Jusletter vom 5. Januar 2009; T. RÖNNAU/T. GOLOMBEK, Die Aufnahme des «Geschäftsherrenmodells» in den Tatbestand von § 299 – ein Systembruch im deutschen StGB, ZRP 2007, 193 ff.; H.-J. RUDOLPHI, § 299 dStGB, in: H.-J. Rudolphi/E. Horn/ H.-L. Günther (Hrsg.), SK-StGB, Systematischer Kommentar zum Strafgesetzbuch, Besonderer Teil, §§ 267–358, 6. Aufl., München/Unterschleißheim 2000; U. SAXER, Korruption im Arzneimittelhandel, zum Vorteilsverbot gemäss Art. 33 HMG und dessen Koordination mit Art. 56 Abs. 3 KVG, AJP 2002, 1463 ff.; DERS., Art. 33 HMG, in: T. Eichenberger/U. Jaisli/ P. Richli (Hrsg.), Basler Kommentar, Heilmittelgesetz, Basel 2006, 329 ff.; W. R. SCHLUEP, Wirtschaftsrechtliche Aspekte der Verleitung zum Vertragsbruch, in: F. Dessemontet (Hrsg.), Mélanges Joseph Voyame, Lausanne 1989, 241 ff.; N. SCHMID, Straf- und Einziehungsrechtliche Fragen bei «Schwarzen Kassen» zur Begehung von Bestechungen, AJP 2008, 797 ff.; M. SCHUBARTH, Retrozession und ungetreue Geschäftsbesorgung, in: S. Emmenegger (Hrsg.), Anlagerecht, Basel 2007, 169 ff.; P. SPITZ, Behinderung und subjektive Merkmale im Wettbewerbsrecht unter Berücksichtigung des Kennzeichenrechts, sic! 2006, 520 ff.; A. STEINBEISSER, Die Bestechung von Bediensteten in obligationen-, arbeits-, und wettbewerbsrechtlicher Hinsicht, Basel 1977; G. STRATENWERTH, Schweizerisches Strafrecht Allgemeiner Teil I, Die Straftat, 3. Aufl., Bern 2005; G. STRATENWERTH/F. BOMMER, Schweizerisches Strafrecht Besonderer Teil II, Straftaten gegen Gemeininteressen, 6. Aufl., Bern 2008; G. STRATENWERTH/G. JENNY, Schweizerisches Strafrecht Besonderer Teil I, Straftaten gegen Individualinteressen, 6. Aufl., Bern 2003; C. TAGMANN, Anreize selbstdispensierender Ärzte, Vergünstigungen auszuhandeln – oder: Was Managed Care bewirken kann, Managed Care 4/2004, 22 ff.; P. TERCIER, La corruption et le droit des contrats, SJ 1999 II 225 ff.; K. TIEDEMANN, § 299 dStGB, in: H. W. Laufhütte/R. Rissing-van Saan/K. Tiedemann (Hrsg.), Leipziger Kommentar, Strafgesetzbuch, Bd. 10, §§ 284–305a, 12. Aufl., Berlin 2008, 312 ff.; A. TROLLER, Immaterialgüterrecht, Bd. II, 3. Aufl., Basel/Frankfurt a.M. 1985, 948 f.; K. TROLLER, Grundzüge des schweizerischen Immaterialgüterrechts, 2. Aufl., Basel 2005, 362 f.; S. WIDMER/F. POLTERA, Schmiergelder, Provisionen und Bestechung von fremden Amtsträgern: Straf- und steuerrechtliche Überlegungen, ST 2001, 63 ff.; E. WYSS/H. C. VON DER CRONE, Bestechung bei Vertragsschluss, SZW 2003, 35 ff.; R. ZÄCH, Schweizerisches Kartellrecht, 2. Aufl., Bern 2005.

I. Normzweck

1 Den Tatbeständen der aktiven und passiven Amtsträgerbestechung in Art. 322ter f. StGB nachgebildet, qualifiziert Art. 4a die **Bestechung im privaten Sektor** als unlauter, was über Art. 23 zur Strafbarkeit (auf Antrag) führt. Dies gilt sowohl für die Bestechungshandlung wie auch für die Vorteilsannahme (aktive bzw. passive Privatbestechung; Letzteres auch als Bestechlichkeit bezeichnet).

2 Art. 4a dient zunächst dem **Schutz des Vermögens** einer Drittperson, nämlich des Arbeitgebers, eines Auftraggebers oder einer Gesellschaft (nachfolgend als Prinzipal bezeichnet), der bzw. die in einem Vertragsverhältnis oder einer gesellschaftsrechtlichen Beziehung mit der bestochenen Person (bzw. der zu bestechenden Person; Arbeitnehmer, Gesellschafter, Beauftragter oder eine andere Hilfsperson; nachfolgend als Hilfsperson bezeichnet) steht. Er weist damit eine **geschäftsmoralische und individualschützende Zwecksetzung** auf, indem er an die Verletzung von sich aus Vertrag oder Gesetz ergebenden Treue- bzw. Herausgabepflichten und an die damit verbundene Ausnützung des Vertrauensverhältnisses zum eigenen wirtschaftlichen Vorteil anknüpft.

3 Ferner weist er eine **wettbewerbsfunktionale Zwecksetzung** auf und dient dem **Schutz des unverfälschten Wettbewerbs**. Durch das Versprechen oder Gewähren von Vorteilen beeinflusste, d.h. auf sachfremden Erwägungen beruhende wettbewerbsrelevante Verhaltensweisen und Entscheide werden von Art. 4a als unlauter qualifiziert. Insofern trägt Art. 4a auch dem Gedanken des **Leistungswettbewerbs** Rechnung, wonach die beste Leistung siegen und der Wettbewerb nicht durch leistungs- bzw. sachfremde Momente verfälscht werden soll.

4 Art. 4a hat **vor allem für das Strafrecht Bedeutung**, auch wenn er entsprechend der vorwiegend privatrechtlichen Konzeption des UWG eine privatrechtliche Norm

darstellt, an die das Strafrecht über den Verweis in Art. 23 nur anknüpft. Aufgrund der Wichtigkeit der Verhinderung und der Bekämpfung von Wettbewerbsverfälschungen und zur Angleichung an die Strafbarkeitsstandards in Europa führt die aktive Privatbestechung (Art. 4a Abs. 1 lit. a) über Art. 102 Abs. 2 StGB zudem zur konkurrierenden Strafbarkeit des Unternehmens, für das der Vorteilsgeber tätig ist. Vor diesem Hintergrund wird auch die **präventive Zwecksetzung** von Art. 4a verdeutlicht, was für die exponierten Unternehmen die Notwendigkeit der Sicherstellung einer sorgfältigen Unternehmensorganisation, verbunden mit der Durchführung entsprechender Aufsicht und Kontrolle, mit sich bringt (Compliance).

II. Entstehungsgeschichte

Schon unter der alten **Generalklausel in Art. 48 aOR** konnten Verhaltensweisen erfasst werden, die der heutigen aktiven Privatbestechung entsprachen[1]. Fälle dazu wurden soweit ersichtlich keine bekannt.

Nach **Art. 1 Abs. 2 lit. e aUWG 1943** handelte unlauter, wer «Dienstpflichtigen, Beauftragten oder andern Hilfspersonen eines Dritten Vergünstigungen gewährt oder anbietet, die diesen nicht gebühren und die bestimmt oder geeignet sind, durch pflichtwidriges Verhalten dieser Personen bei ihren dienstlichen oder geschäftlichen Verrichtungen sich oder einem andern Vorteile zu verschaffen». Art. 13 lit. e aUWG sah mit leicht verändertem Wortlaut bei Vorliegen von Vorsatz und Strafantrag die Strafbarkeit der so verstandenen aktiven Privatbestechung vor. Auch zu Art. 1 Abs. 2 lit. e und Art. 13 lit. e aUWG sind soweit ersichtlich keine Fälle bekannt[2].

Art. 1 Abs. 2 lit. e aUWG 1943 wurde im Rahmen der Totalrevision des UWG 1986 **leicht umformuliert** und mit gleicher materieller Tragweite in **Art. 4 lit. b aUWG 1986** übernommen[3]. Art. 4 lit. b aUWG diente dabei auch – ohne dass dies speziell bezweckt gewesen wäre – als **«Lückenfüllernorm»** für Fälle der (aktiven) Bestechung **fremder** Mandats- und Amtsträger[4].

Erfasst wurde mit den beiden vorgenannten Vorgängerbestimmungen **nur** die **aktivseitige Privatbestechung**. Bestrebungen, auch die passivseitige Privatbestechung (Bestechlichkeit) im Wettbewerb bzw. im privaten Sektor zu erfassen, war bis 2004 kein Erfolg beschieden[5].

---

[1] Vgl. ZK-OSER/SCHÖNENBERGER, Art. 48 N 20, anders GERMANN, Concurrence déloyale, 264.
[2] BAUDENBACHER/GLÖCKNER, Kommentar UWG, listen in ihrer Kommentierung keinen einzigen Fall zu Art. 4 lit. b auf.
[3] Vgl. dazu die Botschaft UWG, 1069 und 1094. Art. 4 lit. b entspricht Art. 4 lit. b E-UWG 1983, der wiederum inhaltlich weitgehend Art. 3 lit. b VE-UWG 1980 entsprach (abgedruckt in GRUR Int. 1980, 170).
[4] Dazu BAUDENBACHER/GLÖCKNER, Kommentar UWG, Art. 4 N 32 ff. Art. 322^{septies} StGB schloss diese Strafbarkeitslücke zwischenzeitlich (Inkrafttreten – wie Art. 4a – am 1. Juli 2006).
[5] Vgl. dazu JOSITSCH, sic! 2006, 830 f.

9   Die **Korruption von Amts- und Mandatsträgern,** aber auch die **Privatbestechung** («Schmiergeldzahlungen») und deren Bekämpfung waren spätestens seit den späten **1980er-Jahren** ein vieldiskutiertes Thema in **der internationalen und schweizerischen Politik**[6]. Auch die damit verbundene Thematik der steuerlichen Abzugsfähigkeit von «Schmiergeldern» (als Gewinnungskosten) wurde immer wieder thematisiert und kritisiert[7]. Dazu kam, dass die wettbewerbsrelevante Korruption spätestens mit der Zürcher «Wirteaffäre», aber auch mit anderen Aufsehen erregenden Unregelmässigkeiten («Klärschlammaffäre», «Ticinogate» etc.) die Aufmerksamkeit der Öffentlichkeit auf sich zog[8]. Die **Bekämpfung der Korruption im (internationalen) Geschäftsverkehr** steht somit schon sehr lange auf der internationalen politischen und juristischen Agenda[9].

10   Die Schweiz ratifizierte im Jahre 2000 das **OECD-Übereinkommen** über die Bekämpfung der Bestechung ausländischer Amtsträger im internationalen Geschäftsverkehr vom 17. Dezember 1997[10], an dessen Entstehung sie massgeblich mitgewirkt hatte. Dies hatte die Totalrevision der Bestimmungen zur Mandats- und Amtsträgerbestechung und die Einführung der Unternehmensstrafbarkeit zur Folge (Inkrafttreten: 1. Mai 2000, vgl. Art. 322ter ff. StGB, die u.a. Art. 288 und 315 aStGB ersetzten). Geplant war im Rahmen der Umsetzung auch die Revision der Bestimmung zur Privatbestechung in Art. 4 lit. b aUWG, obwohl die Thematik der Privatbestechung vom Übereinkommen nicht tangiert wurde[11].

11   Im Vernehmlassungsverfahren hatte der diesbezügliche **Vorentwurf 1998** für eine Neuregelung der Privatbestechung einen **schweren Stand**[12]. Mit der eher fehlenden Sensibilisierung für die Thematik korrespondierte die Tatsache, dass im schweizerischen Steuerrecht (Bund und Kantone) Bestechungs- und Schmiergeldzahlungen bis zum 1. Januar 2001 allgemein als Gewinnungskosten von der Steuer absetzbar waren[13]. Der Erlass von Bestimmungen zur Privatbestechung wurde deshalb vom

---

[6] Vgl. JOSITSCH, Korruptionsstrafrecht, 26 ff., und BSK StGB II-PIETH, Vor Art. 322ter N 1 ff.
[7] Vgl. bspw. HÉRITIER, Pots-de-vin, 126 ff., sowie bspw. die diesbezügliche parlamentarische Initiative von NR CAROBBIO in Amtl. Bull. NR 1995, 551 ff.
[8] Vgl. zur Wirteaffäre BezGer ZH SJZ 1996, Nr. 1, sowie OGer ZH ZR 1999, Nr. 42, und zur Klärschlammaffäre BGE 129 III 124 ff. («Stadt Zürich/ABZ Recycling AG») sowie BSK StGB II-PIETH, Vor Art. 322ter N 1 ff. und BALMELLI, Bestechungstatbestände, 259 ff.
[9] Vgl. den historischen Abriss in BSK StGB II-PIETH, Vor Art. 322ter N 1 ff., JOSITSCH, Korruptionsstrafrecht, 43 ff., und bei BALMELLI, Bestechungstatbestände, 34 ff.
[10] SR 0.311.21. Vgl. näher CAPUS, Rapports, 651 ff.
[11] Botschaft OECD-Übereinkommen 1999, 5520 ff.
[12] Dies war v.a. auf die vom Bundesrat vorgesehene Ausgestaltung als Offizialdelikt zurückzuführen. Vgl. zur Entstehungsgeschichte von Art. 4a und zu den völkerrechtlichen Vorgaben JOSITSCH, sic! 2006, 830 ff., CAPUS, Rapports, 645 ff. und BSK StGB II-PIETH, Vor Art. 322ter N 19.
[13] Vgl. GRÜNINGER, SZW 2001, 51, WIDMER/POLTERA, ST 2001, 63 ff. sowie CAPUS, Rapports, 657 f., je m.w.H. Aktuell ist (nur) der Abzug von Bestechungsgeldern an Amtsträger ausgeschlossen, vgl. Art. 27 Abs. 3 und Art. 59 Abs. 2 DBG sowie Art. 10 Abs. 1bis und Art. 25 Abs. 1bis StHG. Schmiergelder i.S. von Art. 4a sind u.U. weiterhin steuerlich abziehbar, vgl.

Bundesrat bis 2003 zurückgestellt, um die Revision der Bestimmungen zur Amtsträgerbestechung nicht zu gefährden[14].

Im Zuge der Ratifikation und Umsetzung des **Strafrechtsübereinkommens über Korruption des Europarats mitsamt Zusatzprotokoll**[15] wurde die Revision der Bestimmung zur Privatbestechung wieder anhand genommen. Der Bundesrat verzichtete angesichts des erheblichen Widerstands auf die Ausgestaltung der Bestimmung als Offizialdelikt[16]. Trotz teilweise grundsätzlicher Bedenken im Vernehmlassungsverfahren gegen eine Umsetzung des Europaratsübereinkommens wurde der **Entwurf des Bundesrats** aus dem Jahre 2004[17] schliesslich **unverändert in Art. 4a übernommen**. Nach der Ratifikation der entsprechenden Übereinkommen trat er per **1. Juli 2006 in Kraft**[18]. Dabei wurde Art. 4a auch in die Auflistung strafrechtsrelevanter UWG-Tatbestände in Art. 23 integriert, während Art. 4 lit. b aUWG aufgehoben wurde. Die Ratifikation der Europaratskonvention hatte auch zur Folge, dass sich die Schweiz regelmässig einer Länderüberprüfung der Europaratskommission «Groupe d'Etats contre la Corruption» (GRECO) unterziehen muss[19].

12

Gleichzeitig wurde der Tatbestand der aktiven Privatbestechung gemäss Art. 4a Abs. 1 lit. a in die Aufzählung **in Art. 102 Abs. 2 StGB** (vormals Art. 100^{quater} Abs. 2 aStGB) **aufgenommen**, womit die **originäre und** mit der Individualstrafbarkeit **konkurrierende Unternehmensstrafbarkeit** begründet wurde. Diese Änderung trat erst – gleichzeitig mit dem Inkrafttreten des revidierten AT StGB (obschon die Vorgängernorm des Art. 100^{quater} Abs. 2 schon auf den 1. Oktober 2002 in Kraft trat!) – per 1. Januar 2007, also ein halbes Jahr nach Art. 4a, in Kraft.

13

Der Gesetzgeber verzichtete darauf, die sog. **«missbräuchliche Einflussnahme»** gemäss Art. 12 des Europaratsübereinkommens umzusetzen, und brachte einen entsprechenden Vorbehalt an[20]. Dies wurde u.a. damit begründet, dass solche Verhaltensweisen nur sehr schwer vom **erlaubten Lobbying** abzugrenzen seien[21].

14

WIDMER/POLTERA, ST 2001, 63 ff. m.w.H., sowie BGer ASA 15, 141, und Kreisschreiben Nr. 3 der ESTV vom 8. November 1946.
[14] Vgl. Botschaft OECD-Übereinkommen 1999, 5521 ff.
[15] Strafrechtsübereinkommen über Korruption des Europarats vom 27. Januar 1999 mitsamt Zusatzprotokoll vom 15. Mai 2003 zu dem Strafrechtsübereinkommen über Korruption (SR 0.311.55 bzw. SR 0.311.551), dazu näher CAPUS, Rapports, 653 f.
[16] Vgl. Botschaft Korruption, 7009, und JOSITSCH, sic! 2006, 830 und 837.
[17] Botschaft Korruption, 7004 ff., sowie 7045.
[18] Art. 2 Ziff. 1 des BB vom 7. Oktober 2005 über die Genehmigung und Umsetzung des Strafrechtsübereinkommens und des Zusatzprotokolls des Europarats über Korruption (SR 0.311.55 und 0.311.551).
[19] Vgl. die Medienmitteilung des Bundesrats vom 17. Juni 2009.
[20] Zum Ganzen Botschaft Korruption, 7013 ff. Vgl. auch QUELOZ, Mélanges Tercier, 643 f.
[21] Vgl. Votum Bundesrat BLOCHER in Amtl. Bull. NR 2005, 1465 f.

15 Ebenso wurde darauf **verzichtet**, eine **spezielle Opportunitätsklausel** in Art. 4a aufzunehmen, wie diese bei der Amtsträgerbestechung in Art. 322^{octies} Ziff. 1 StGB bis zum Inkrafttreten des AT StGB per 1. Januar 2007 bestand[22].

16 Die **UNO-Konvention gegen Korruption** (UNCAC)[23] wurde von der Schweiz bei Auflegung 2003 in Mérida/Mexiko unterzeichnet und am 25. September 2009 ratifiziert[24]. Sie zeichnet sich durch ihren ganzheitlichen und globalen Ansatz, den Detaillierungsgrad der durch die Mitgliedsstaaten zu erlassenden Bestimmungen und die Fixierung der Pflicht zur Rückerstattung unrechtmässig erworbener Vermögenswerte aus. Sie bleibt aber insbesondere im Bereich der Korruption im privaten Sektor unverbindlich, da anlässlich der Verhandlungen kein Konsens erzielt werden konnte[25]. Für deren Umsetzung sind deshalb im Bereich der Privatbestechung und im UWG-Kontext keine weiteren Anpassungen absehbar[26].

17 Die Thematik der Privatbestechung weist auch in jüngster Zeit eine **hohe Aktualität** und Brisanz und eine damit verbundene grosse tagespolitische Beachtung auf[27]. Dasselbe gilt auch für mit der (Privat-)Bestechung verbundene Fragestellungen. So sind etwa die laufenden Bestrebungen zum de lege lata unbefriedigenden und de lege ferenda heiklen und vieldiskutierten **Schutz von sog. «Whistleblowern»**, d.h. von Personen, die Missstände beim Arbeitgeber (bspw. aktive oder passive Privatbestechung) entdecken und den (Straf-)Behörden melden, zu erwähnen[28]. Wie der Bundesrat am 17. Juni 2009 als Reaktion auf eine entsprechende Empfehlung der Europaratskommission GRECO in deren Evaluationsbericht vom 4. Februar 2008, der 13 Empfehlungen enthielt, mitteilte, sollen wegen Korruption verurteilte Unter-

---

[22] Dazu auch JOSITSCH, sic! 2006, 837. Heute findet sich eine allgemein geltende Opportunitätsklausel in Art. 52 StGB (vgl. auch zukünftig Art. 8 f. StPO 2007).

[23] Übereinkommen der Vereinten Nationen gegen Korruption vom 9. Dezember 2003, BBl 2007, 7417 ff. Zur UNCAC auch QUELOZ, Mélanges Tercier, 645.

[24] Vgl. die Botschaft UNO-Übereinkommen gegen Korruption 2007, 7349 ff., sowie die Medienmitteilung des EJPD vom 25. September 2009, abrufbar unter: http://www.bj.admin.ch/bj/de/home/dokumentation/medieninformationen/2009/ref_2009-09-25.html. Dazu näher CAPUS, Rapports, 654.

[25] Art. 12 und 21 der Konvention, vgl. Botschaft UNO-Übereinkommen gegen Korruption 2007, 7350 f. sowie 7372 f. zu den vorbeugenden Massnahmen im privaten Sektor und 7382 f. zur Kriminalisierung und Strafverfolgung im privaten Sektor. Aufgrund des fehlenden Anpassungsbedarfs verzichtete der Bundesrat auf die Durchführung eines Vernehmlassungsverfahrens, strich aber die Bedeutung der Ratifikation hervor (Botschaft UNO-Übereinkommen gegen Korruption 2007, 7351).

[26] Botschaft UNO-Übereinkommen gegen Korruption 2007, 7351, vgl. dazu auch JOSITSCH, sic! 2006, 830 f. in Fn. 21.

[27] Fälle Siemens (2006), MAN (2009) etc.

[28] Vorgesehen ist die Statuierung eines arbeitsrechtlichen Melderechts, das bei berechtigter/ rechtmässiger Meldung die Annahme eines Verstosses gegen die Treuepflicht verneint. Vgl. Art. 321a^{bis} VE-OR 2008, abrufbar unter: http://www.bj.admin.ch/etc/medialib/data/wirtschaft/gesetzgebung/whistleblowing.Par.0004.File.tmp/entw-d.pdf (Entwurf) und http://www.bj.admin.ch/etc/medialib/data/wirtschaft/gesetzgebung/whistleblowing.Par.0001.File.tmp/vn-ber-d.pdf (Bericht). Dazu auch QUELOZ, Mélanges Tercier, 644.

nehmen ferner künftig von **Submissionsverfahren** ausgeschlossen werden können und soll ein **Strafregister für verurteilte juristische Personen geschaffen** werden[29]. Schliesslich wird nach Inkrafttreten der StPO 2007 (am 1. Januar 2011) die Überwachung des Fernmeldeverkehrs in Fällen qualifizierter ungetreuer Geschäftsbesorgung gemäss Art. 158 StGB, womit sich bestimmtgelagerte Fälle der passiven (und ggf. auch aktiven) Privatbestechung erfassen lassen, möglich sein[30]. Hingegen besteht im eigentlichen Bereich der Privatbestechung aus Sicht des Bundesrats kein Änderungsbedarf. So soll Art. 4a Abs. 1 lit. a etwa **nicht** als Verbrechen ausgestaltet werden, um damit **Vortat zur Geldwäscherei** (Art. 305bis StGB) und damit direkter Anknüpfungs- bzw. Bezugspunkt der in der Finanzpraxis bedeutsamen Sorgfaltspflichten, die das Geldwäschereigesetz (GwG; SR 955.0) für Finanzintermediäre statuiert, zu sein[31].

III. Systematik und Verhältnis zu anderen Vorschriften

1. Systematik

a) Allgemeines

Art. 4a folgt dem sog. **Treuebruchmodell** und basiert (damit) **notwendig** auf einer **Dreiparteienkonstellation**. Konkret stellt er auf einen von einer aussenstehenden Person (Vorteilsgeber; «extraneus») initiierten und mit der Gewährung – oder auch schon dem blossen Angebot – eines Vorteils verbundenen Treuebruch einer Hilfsperson (insbes. Arbeitnehmer oder Beauftragter) ab und schützt insoweit Treue- und Loyalitätspflichten, die Letzterer aus Vertrag oder Gesetz gegenüber einem Dritten (Arbeitgeber, Auftraggeber) obliegen (vgl. Art. 321a und 397 f. OR). Zwischen der Vorteilsgewährung und der «Gegenleistung», die in der Regel den Vorteilsgeber bzw. das ihm nahestehende Umfeld begünstigt und gleichzeitig eine Pflichtwidrigkeit oder zumindest eine sachfremd ausgeübte Ermessensausübung darstellt, besteht dabei ein innerer Zusammenhang.

18

---

[29] Die Privatbestechung ist somit nicht miterfasst; vgl. zum Ganzen Medienmitteilung des EJPD, abrufbar unter: http://www.bj.admin.ch/bj/de/home/dokumentation/medieninformationen/2009/ref_2009-06-17.html sowie den Bericht des Bundesrates, abrufbar unter: http://www.bj.admin.ch/etc/medialib/data/kriminalitaet/korruption_greco.Par.0005.File.tmp/ber-br-d.pdf.

[30] Vgl. Medienmitteilung des EJPD, abrufbar unter: http://www.bj.admin.ch/bj/de/home/dokumentation/medieninformationen/2009/ref_2009-06-17.html sowie den Bericht des Bundesrates, bes. 9.4 f., abrufbar unter: http://www.bj.admin.ch/etc/medialib/data/kriminalitaet/korruption_greco.Par.0005.File.tmp/ber-br-d.pdf (künftiger Art. 269 StPO 2007). Zum Verhältnis Art. 158 StGB zu Art. 4a näher N 43 f.

[31] Nach geltendem Recht sind solche Fälle immerhin dann Vortaten zur Geldwäscherei, wenn sie gleichzeitig die Merkmale einer qualifizierten ungetreuen Geschäftsbesorgung gemäss Art. 158 Ziff. 1 Abs. 3 StGB aufweisen.

19 Die Bestimmung zur Privatbestechung wurde bewusst deshalb in das **UWG** und nicht in das StGB integriert, um so die über Art. 9 f. i.V.m. Art. 23 **erweiterte Strafantragsberechtigung** zu aktivieren, nachdem aufgrund negativer Vernehmlassungsergebnisse auf die Ausgestaltung als Offizialdelikt verzichtet werden musste. Ebenfalls bezweckt wurde die **Erfassung der Auslandsbestechung**[32].

20 Einerseits lehnt sich Art. 4a – in Abs. 1 lit. a – an die Grundkonstruktion und die Tatbestände von Art. 4 an, indem **ebenfalls an** eine **Verleitung zur Vertragsverletzung angeknüpft** wird, wobei wesentliche Unterschiede darin bestehen, dass diese bei Art. 4a in qualifizierter Form, nämlich durch das Versprechen oder Gewähren eines Vorteils, erfolgt und dass Art. 4a Abs. 1 lit. b auch die «passive Seite», d.h. die Vertragspflichtverletzung selbst, als unlauter qualifiziert. In diesem speziellen Fall fallen Vertragspflichtverletzung und Wettbewerbshandlung somit regelmässig zusammen[33]. Schliesslich sieht Art. 4a Abs. 2 im Unterschied zu den Tatbeständen des Art. 4 eine an sich – wegen der wettbewerbsfunktionalen Ausrichtung des UWG (Art. 1) und auch von Art. 4a selbst – systemwidrige Einwilligungsmöglichkeit vor[34].

21 Andererseits erfolgt in Bezug auf **Aufbau** und **Wahl der Begrifflichkeit** eine **weitgehende Anlehnung an** die Straftatbestände der **Mandats- und Amtsträgerbestechung** (Art. 322ter StGB und Art. 322^{quater} StGB), was im Rahmen der Anwendung von Art. 4a berücksichtigt werden kann[35]. So ist Art. 4a Abs. 1 lit. b Spiegelbild von Art. 4a Abs. 1 lit. a, dasselbe gilt im Verhältnis von Art. 322^{quater} zu Art. 322ter StGB (passive Bestechung/«Bestechlichkeit»/aktivseitige Bestechung).

22 Im Unterschied zu den Straftatbeständen der Mandats- und Amtsträgerbestechung (Art. 322ter und 322^{quater} StGB) wird die blosse **Vorteilszuwendung und -annahme** (Art. 322^{quinquies} und 322^{sexies} StGB; sog. «Anfüttern» bzw. «Klimapflege») von Art. 4a **nicht erfasst**. Dies beruht auf einem bewussten Entscheid des Gesetzgebers[36] und wird in der Lehre überwiegend und zu Recht begrüsst[37]. Begründet wur-

---

[32] Botschaft Korruption, 7007 f., und JOSITSCH, sic! 2006, 831. Art. 4a ist allerdings nur unter den Voraussetzungen der Art. 3–8 StGB (i.V.m. Art. 333 Abs. 1 StGB) auf Auslandssachverhalte anwendbar, also namentlich dann, wenn der Handlungsort in der Schweiz vorliegt (bspw. Konktaktnahme und Zuwendung bzw. Versprechen des Vorteils), vgl. dazu Art. 23 N 19 ff. Aus privatrechtlicher Sicht vgl. Einleitung N 110, wobei – soweit das Marktortsprinzip gilt – eine Anwendung von Art. 4a auf im Ausland wirksame Bestechungshandlungen bzw. dort eintretende Wettbewerbsverfälschungen eher ausgeschlossen ist.

[33] Vgl. demgegenüber zur Frage, inwieweit Vertragsverletzungen bzw. Vertragshandlungen als Wettbewerbshandlungen qualifiziert werden können BGE 124 III 297, 301 f. («Motor Columbus AG»), und allgemein Art. 2 N 11 ff.

[34] Dazu näher N 82 ff.

[35] Dabei ist zu berücksichtigen, dass bei der Mandats- und Amtsträgerbestechung im Gegensatz zur Bestechung im privaten Sektor (dazu N 22, 33 u. 42) auch die Vorteilszuwendung und -annahme (Art. 322^{quinquies} f. StGB) erfasst sind.

[36] Botschaft Korruption, 7008 f., und JOSITSCH, sic! 2006, 832 und 836.

[37] So z.B. JOSITSCH, sic! 2006, 832.

de dies mit der Unterschiedlichkeit der Rechtsgüter, die die Amts- und Privatbestechung schützen (Schutz des öffentlichen Vertrauens in die Sachlichkeit und Objektivität staatlicher Tätigkeit, im Unterschied zum Schutz des freien Wettbewerbs und der Marktgesetze), dem verminderten Schweregrad der Privatbestechung und der Schwierigkeit der Grenzziehung zwischen «privater und beruflicher Zuwendung»[38].

Als Konsequenz des Treuebruchmodells **ebenso wenig** von Art. 4a **erfasst** wird die **direkte Vorteilsgewährung** an einen Marktteilnehmer sowie die spiegelbildliche Vorteilsannahme durch diesen («direktes Schmieren des Prinzipals»)[39]. Sie stellt gesamthaft (bzw. rückblickend) betrachtet eine (meist zeitlich verschobene oder nicht in Geld erfolgende) Rabattgewährung und damit eine eigentliche Preisreduktion dar. Sie ist denn auch meist ungefährlich und ohne Wirkung auf den Wettbewerb (ausser es ist eine Abgabenhinterziehung damit verbunden) oder dann schon vom Kartellrecht erfasst (z.b. «Kauf» von kartellgesetzwidrigen Wettbewerbsbeschränkungen). Treffend formulierte B. VON BÜREN schon anno 1957: «Der Geschäftsinhaber wird die eigentliche Gegenleistung nicht aus den Augen verlieren. Er lässt sich nicht beeinflussen. Die bessere Leistung siegt»[40].

23

b) Privatbestechung aus ökonomischer Sicht

Aus ökonomischer (allokativer) Sicht **verteuert** die Korruption die **Preise**[41]. Im Endeffekt wird diese Verteuerung auf die Konsumenten abgewälzt.

24

Zudem wird der **Wettbewerb** durch **Marktintransparenz verfälscht,** soweit sich nicht die beste oder günstigste Ware, Leistung etc. durchsetzt, was zugleich die Transaktions- und Opportunitätskosten erhöht[42].

25

---

[38] Vgl. dazu Botschaft Korruption, 7008 f.
[39] Vgl. zur Duldung von Vorteilen durch den Prinzipal auch unten, N 59. Von Art. 4a erfasst ist aber das Schmieren von Organen des Prinzipals, soweit diese ihren Treuepflichten nicht nachkommen und namentlich den erhaltenen Vorteil nicht dem Prinzipal herausgeben, dazu auch N 56.
[40] B. VON BÜREN, Kommentar UWG, Art. 1 Abs. 2 lit. e N 1.
[41] C. MÜLLER, Bestechung gemäss Art. 4 lit. b UWG, 73. Vgl. auch BORNER/SCHWYZER, Internationale Korruption, 25 ff.
[42] Vgl. BALMELLI, Bestechungstatbestände, 30, sowie BAUDENBACHER/GLÖCKNER, Kommentar UWG, Art. 4 N 29, vgl. auch BORNER/SCHWYZER, Internationale Korruption, 25 ff. Allerdings ist Transparenz auf den der Endverbraucherstufe vorgelagerten Marktstufen (Handel) ohnehin kaum gewährleistet (vgl. auch Fn. 95). Je nachdem kann zu grosse Preistransparenz gar gemäss Art. 5 KG kartellrechtlich bedenklich sein (so der Austausch von Informationen über die zukünftige Preispolitik und die Preise).

c) **Das Unrecht der Privatbestechung und die betroffenen Rechtsgüter**

26 Das **Unrecht** und damit die Unlauterkeit der Privatbestechung besteht zunächst in der (potentiellen) **Förderung der wettbewerbsrelevanten Illoyalität («Korrumpierung») der Hilfsperson**, die durch die Ausrichtung oder das Versprechen des Vorteils zum Treuebruch gegenüber ihrem Arbeitgeber (oder Auftraggeber etc.) verleitet wird. Damit ist zunächst eine **geschäftsmoralische Dimension** betroffen. Die Privatbestechung erscheint zudem vorwiegend als individual- bzw. vermögensschutzbezogen[43].

27 Gleichzeitig **verfälscht Privatbestechung den Wettbewerb** bzw. die Marktmechanismen, da sie regelmässig (nicht jedoch notwendig) vereitelt, dass sich das **beste Produkt oder die beste Leistung durchsetzt**[44]. Zudem kommt es zu einer Verteuerung des fraglichen Guts (Ware, Dienstleistung etc.), die letztlich auf den Konsumenten abgewälzt wird[45], womit das dem UWG eigene Ziel der effizienten Ressourcenallokation vereitelt wird, da die **Gesamtkosten erhöht werden**[46]. Auf der Hand liegt dies in Fällen, in denen ein pflichtwidriger oder ermessensverletzender Entscheid getroffen wird. Es trifft aber auch auf den Fall zu, wo die Privatbestechung zu einem ermessenskonformen Entscheid bzw. Verhalten führt, da dafür ja ein (meist geldwerter) Vorteil ausgerichtet werden muss, der an sich unter idealen Verhältnissen nicht ausgerichtet werden müsste und daher einzupreisen ist. Damit ist die **wettbewerbsfunktionale Dimension** angesprochen[47].

28 Zudem vereitelt die Privatbestechung potentiell und oft auch tatsächlich ein «ideales Marktergebnis» durch **Intransparenz** bzw. sachfremde Entscheidung oder führt zumindest zur Verminderung der Transparenz im Markt. Es erfolgt somit eine **Verschleierung von Wettbewerbsparametern**. Je transparenter ein Markt und je transparenter die Wettbewerbsparameter, desto vollkommener die Konkurrenz und desto eher liegt ein unverfälschter Wettbewerb vor. Allerdings besteht **keine umfassende Pflicht zur (Preis-)Transparenz**[48]. So gelten die Preisbekanntgabevorschriften in Art. 16 ff. und in der PBV nur gegenüber Letztverbrauchern, und auch

---

[43] Vgl. zur geschäftsmoralischen Dimension der Privatbestechung auch BAUDENBACHER/GLÖCKNER, Kommentar UWG, Art. 4 N 29, BAUDENBACHER, Kommentar UWG, Art. 2 N 292, und C. MÜLLER, Bestechung gemäss Art. 4 lit. b UWG, 52.

[44] Darin liegt eine Bezugnahme auf die Figur des Leistungswettbewerbs. Vgl. zu diesem Gedanken schon B. VON BÜREN, Kommentar UWG, Art. 1 Abs. 2 lit e N 1, und GERMANN, Concurrence déloyale, 263.

[45] Vgl. schon B. VON BÜREN, Kommentar UWG, Art. 1 Abs. 2 lit. e N 1, wonach letztlich der Konsument geschädigt sei, «auf den die Verteuerung immer abgewälzt wird».

[46] Vgl. N 42.

[47] Vgl. zur wettbewerbsfunktionalen Dimension der Privatbestechung auch BAUDENBACHER/ GLÖCKNER, Kommentar UWG, Art. 4 N 29, BAUDENBACHER, Kommentar UWG, Art. 2 N 292, und C. MÜLLER, Bestechung gemäss Art. 4 lit. b UWG, 52 u. 100.

[48] Eine solche war in Art. 17 E-UWG 1983 (und Art. 24 VE-UWG 1980, dazu GRUR Int. 1980, 171) für «Wiederverkäufer» noch vorgesehen, wurde dann aber nicht übernommen. Vgl. dazu auch Botschaft UWG, 1025, 1033 u. 1036 f. sowie Art. 3 lit. f N 19 Fn. 32.

diesen gegenüber nicht lückenlos[49]. Grosshandelspreise können zudem sogar als Geschäftsgeheimnisse geschützt sein (Art. 321a Abs. 4 OR bzw. Art. 398 OR i.V.m. Art. 162 StGB bzw. Art. 6). Gleichzeitig kann Preistransparenz bei homogenen Gütern zu gleichförmigem Verhalten «statt» zu Preiswettbewerb und ggf. zu gemäss Art. 5 KG wettbewerbsbeschränkenden oder gar -beseitigenden Absprachen führen (bspw. Benzinpreise an Tankstellen).

Die zuletzt erfolgten Überlegungen zeigen klar die **wettbewerbsfunktionale Rolle** der Privatbestechung auf, die schon formal durch die Integration der Bestimmung in das UWG (vgl. Art. 1 und 2) ausgewiesen ist, soweit ersichtlich aber noch immer unterschätzt zu werden scheint. Die Ausgestaltung von Art. 4a als Treuebruch-Tatbestand mindert allerdings die wettbewerbsfunktionale Bedeutung von Art. 4a, was durch die Genehmigungsmöglichkeit in Art. 4a Abs. 2 verdeutlicht wird. 29

2. Verhältnis zu anderen Vorschriften

a) Verhältnis zu anderen Vorschriften des UWG

aa) Art. 4 lit. a, c und d

Art. 4 lit. a, c und d **setzen** im Unterschied zu Art. 4a das **Versprechen oder die Gewährung eines Vorteils nicht voraus.** Ebenso wenig erfassen sie die **verleitete Person.** Alle Tatbestände ausser Art. 4 lit. d erfassen die Verletzung einer vertraglichen oder gesetzlichen Treuepflicht. 30

Art. 4 lit. c bezieht sich zudem auf **Fabrikations- und Geschäftsgeheimnisse.** Besteht die Pflichtverletzung in der Preisgabe eines Geheimnisses und steht diese im Zusammenhang mit einer Vorteilsgabe, dann ist Art. 4a anwendbar. 31

bb) Art. 2 (Generalklausel)

Art. 4a erfasst die unlauteren Dreiparteienkonstellationen mit Vertragsbezug nicht abschliessend. So wäre denkbar, dass über Art. 2 nicht in Art. 4a aufgezählte Personen erfasst werden könnten. Die **Bestechung von Abnehmern oder Lieferanten, Organpersonen** oder **Aktionären** kann aber in der Regel schon von Art. 4a erfasst werden[50]. 32

---

[49] Vgl. die Kommentierung zu Art. 16–19.
[50] Dazu näher N 53 ff.

33 Im Schrifttum finden sich Stimmen, die die **Vorteilszuwendung bzw. -annahme** (sog. Anfüttern/Klimapflege) über Art. 2 erfassen möchten[51]. Angesichts des bewussten und im Zuge der Revision der Amtsträgerbestechung 1999/2000 und der Schaffung von Art. 4a bestätigten **qualifizierten Schweigens des Gesetzgebers** – bewusster Entscheid des Gesetzgebers, sie nicht in Art. 4a einzubeziehen[52] – im Rahmen des Erlasses von Art. 4a zu dieser Konstellation besteht dazu jedoch kein Anlass, mindestens sofern keine besonderen Umstände vorliegen[53]. Dies muss namentlich für **Sponsoring** und **Drittmittelbeiträge** im privaten Sektor gelten[54]. Dass Art. 4a eine **abschliessende Regelung** trifft, zeigt sich auch darin, dass in der ersten Zeile das **Wort «insbesondere»** (bzw. «beispielsweise») **weggelassen** wurde, während es bei den Art. 3 und 4 sowie Art. 4 lit. b aUWG 1986 und Art. 1 Abs. 2 lit. e aUWG 1943 noch enthalten war. Die Frage der Erfassung der Vorteilszuwendung bzw. -annahme über die Generalklausel dürfte kaum praktische Relevanz aufweisen, da eine Bestrafungsmöglichkeit in jedem Fall ausser Betracht fällt.

34 **Ebenso wenig** kann die nicht unter den dem Treuebruchmodell folgenden Art. 4a fallende, auf eine Preisreduktion hinauslaufende **«direkte Bestechung des Prinzipals»**[55] von Art. 2 erfasst werden, da das Unrecht der Privatbestechung vom Gesetzgeber massgeblich im Treuebruch und weniger in der Wettbewerbsverfälschung erblickt wird, was auch aus Art. 4a Abs. 2 hervorgeht. Zur Förderung der Transparenz der Preise dienen die Vorschriften zur Preisbekanntgabe (vgl. Art. 16 ff. und dortige Kommentierung), die jedoch nur gegenüber Letztverbrauchern (Konsumenten) gelten.

35 Allenfalls über Art. 2 erfasst werden kann der sog. **Boykott**, der zu einer Benachteiligung einer Drittperson (Diskriminierung, Liefer- bzw. Abnahmeverweigerung) führen kann, da im Rahmen eines Boykotts kaum je Vorteile an die Boykottierenden gewährt (bzw. angeboten) werden[56].

36 Ggf. über Art. 2 erfasst werden kann hingegen die **passive Bestechung** («Bestechlichkeit») **fremder Mandats- und Amtsträger,** sofern sie sich in der Schweiz auswirkt. Seit 2006 wird diese von Art. 322^{septies} Abs. 2 StGB erfasst. Dies setzt das Vorliegen von Wettbewerbsrelevanz (Wettbewerbshandlung) voraus und ist nur mit

---

[51] BAUDENBACHER/GLÖCKNER, Kommentar UWG, Art. 4 N 61 (unter dem Regime von Art. 4 lit. b aUWG), sowie zurückhaltender JOSITSCH, sic! 2006, 832; dazu auch N 22. Vgl. zur Nichterfassung der Vorteilszuwendung die Botschaft Korruption, 7008 f.
[52] Botschaft Korruption, 7012.
[53] Anders früher, vgl. z.B. BAUDENBACHER, Kommentar UWG, Art. 2 N 294 ff.
[54] Vgl. allerdings zur Behandlung vorgeschobenen Sponsorings oder vorgeschobener Drittmittelbeiträge (mit Blick auf die Amtsträgerbestechung) BSK StGB II-PIETH, Art. 322^{quinquies} N 12.
[55] Dazu N 59.
[56] Zum Boykott näher Art. 2 N 85.

Wirkung für privatrechtliche Ansprüche gemäss Art. 9 relevant, da eine Strafbarkeit über Art. 23 ausgeschlossen ist[57].

Weitere praxisrelevante und wettbewerbsrelevante **Fälle** sind **kaum denkbar.** Ohnehin ist davon auszugehen, dass der Gesetzgeber das Feld der Privatbestechung mit der Revision der Korruptionstatbestände im StGB und im UWG nun weitgehend abgesteckt hat.

37

b) Verhältnis zu Vorschriften ausserhalb des UWG

aa) Art. 41 Abs. 2 OR

Ein gemäss Art. 4a Abs. 1 lit. a in ein fremdes Vertragsverhältnis eingreifendes wettbewerbsrelevantes Verhalten wird regelmässig – soweit Vorsatz («Absicht») vorliegt – auch ein sittenwidriges Verhalten im Sinne von **Art. 41 Abs. 2 OR** darstellen, das zu **Schadenersatzansprüchen** führen kann[58]. Allerdings reichen die von Art. 4a i.V.m. Art. 9 gewährten Ansprüche insofern weiter, als auch negatorische Ansprüche zur Verfügung stehen und über Art. 23 eine strafrechtliche Verantwortlichkeit resultieren kann.

38

bb) Art. 33 HMG

Art. 33 HMG verbietet (und bewehrt mit Strafe, vgl. Art. 87 Abs. 1 lit. b HMG) Personen, die Arzneimittel verschreiben oder solche abgeben, das **Versprechen und Annehmen von geldwerten Vorteilen**[59]. Gemäss Ziff. 3 sind jedoch «geldwerte Vorteile von bescheidenem Wert, die für die medizinische oder pharmazeutische Praxis von Belang sind [oder] handelsübliche und [kumulativ] betriebswirtschaftlich gerechtfertigte Rabatte, die sich direkt auf den Preis auswirken» zulässig. Die Pflicht zur Rabattweitergabe an den Patienten ist umstritten und es bestehen diverse Empfehlungen/Richtlinien des Bundesamts für Sozialversicherungen[60]. Ferner ist die Weitergabe von Vergünstigungen für Leistungserbringer i.S. von Art. 56 bzw. 35 Abs. 2 KVG (selbstdispensierende Ärzte, Spitäler/Spitalärzte, Apotheken, Drogerien) in **Art. 56 Abs. 3 KVG** in Bezug auf Arzneimittel der sog. Spezialitätenliste vorgeschrieben und (in Art. 92 lit. d KVG) mit Strafe bedroht.

39

---

[57] Dies gilt umso mehr, als die (aktive) Bestechung fremder Mandats- und Amtsträger früher über Art. 4 lit. b erfasst werden konnte, dazu N 7 m.w.H.
[58] Vgl. zu Art. 41 Abs. 2 OR auch die Ausführungen in Art. 4 N 29.
[59] Vgl. auch die Beurteilung Swissmedic, Zum Verbot des Versprechens und Annehmens geldwerter Vorteile gemäss Artikel 33 des Heilmittelgesetzes insb. in Zusammenhang mit der Unterstützung der Weiter- und Fortbildung von Medizinalpersonen durch die Pharmaindustrie, Swissmedic Journal 1/2006, 20 ff.
[60] Dazu BSK HMG-SAXER, Art. 33, insbes. N 59 ff. m.w.H.

Problematisch und letzten Endes widersprüchlich[61] ist, dass das Ziel der Kostensenkung im Gesundheitsbereich in der Praxis kaum erreicht werden wird, wenn die Leistungserbringer an den von ihnen erzielten Rabatten und Reduktionen überhaupt nicht partizipieren können, wenn sie die Vergünstigungen vollumfänglich weitergeben müssen[62]. Dies ist de lege lata zwar hinzunehmen, doch scheint das Problem erkannt worden zu sein.

cc) Aktive und passive Mandats- und Amtsträgerbestechung: Art. 322ter f./ Art. 322^{septies} StGB

40   Im StGB untergebracht sind die Tatbestände der aktiven und passiven Mandats- und Amtsträgerbestechung (Art. 322ter StGB und Art. 322^{quater} StGB). Abgesehen vom **Bezug auf Mandats- und Amtsträger,** der den **sachlichen Anwendungsbereich** zu Art. 4a **scheidet,** besteht eine weitgehende Deckungsgleichheit im Tatbestandsaufbau[63]. Die Tatbestände, deren Vorgängernormen (Art. 288 und Art. 315 aStGB) Lücken aufwiesen[64], stehen seit 1. Mai 2000 in revidierter Form in Kraft.

41   Art. 322^{septies} StGB stellt zudem die aktive Bestechung **fremder** Mandats- und Amtsträger unter die Strafandrohung von Art. 322ter StGB, wobei die passive Bestechung (Bestechlichkeit) fremder Mandats- und Amtsträger seit 2006 ebenfalls erfasst wird. Der fremde Mandats- bzw. Amtsträger wird aber regelmässig vom Strafrecht des Staats, für den er die Tätigkeit ausführt, erfasst sein – dies wird denn auch mit dem OECD-Übereinkommen bezweckt.

dd) Vorteilszuwendung und -annahme bei Mandats- und Amtsträgern: Art. 322^{quinquies} f. StGB

42   Bei Mandats- und Amtsträgern wird schon die als «Vorfeldhandlung» zu wertende Vorteilszuwendung und -annahme unter Strafe gestellt (322^{quinquies} f. StGB). Sie **setzt keine pflichtwidrige Verhaltensweise voraus,** vielmehr soll schon die eigentliche «Klimapflege» bzw. das «Anfüttern» verhindert werden[65].

---

[61] Die Vorschriften sollen gerade auch Kostensenkungen im Gesundheitswesen bezwecken.
[62] Vgl. dazu näher, BSK HMG-SAXER, Art. 33 N 58 ff., SAXER, AJP 2002, 1463 ff., und TAGMANN, Managed Care 4/2004, 22 ff.
[63] Dazu auch N 21 f.
[64] Dazu BSK StGB II-PIETH, Vor Art. 322ter N 16 ff.
[65] Vgl. BSK StGB II-PIETH, Art. 322^{quinquies} N 9 ff., und JOSITSCH, Korruptionsstrafrecht, 369 ff. Vgl. zur Erfassung über Art. 2 N 33.

ee) Ungetreue Geschäftsbesorgung: Art. 158 StGB

Eine **passive Privatbestechung** gemäss Art. 4a Abs. 1 lit. b kann zugleich eine ungetreue Geschäftsbesorgung gemäss Art. 158 StGB darstellen und entsprechend strafbar sein. Die Tatbestände sind sich ähnlich, überschneiden sich aber nur teilweise[66]. Während beide eine Pflichtverletzung voraussetzen, setzt Art. 158 StGB einen **Vermögensschaden**, nicht aber notwendigerweise das Versprechen bzw. die Gewährung eines Vorteils voraus, während Art. 4a Abs. 1 lit. b Letzteres, nicht aber Ersteres voraussetzt[67]. Aus strafrechtlicher Sicht ist aufgrund der Verschiedenheit der Rechtsgüter – Art. 158 StGB schützt (nur) Individualinteressen – von **echter Konkurrenz** auszugehen.

43

Ob eine **aktive Privatbestechung** gemäss Art. 4a Abs. 1 lit. a gleichzeitig auch eine ungetreue Geschäftsbesorgung darstellen kann, ist fraglich. Der Vermögensschaden auf Seiten derjenigen Person, die den Vorteil ausrichtet, kann darin liegen, dass die Ausrichtung von Schmiergeldern gegen interne Richtlinien verstösst und einen Rückforderungs- bzw. Schadenersatzanspruch des Geschäftsherrn gegenüber der fehlbaren Organ- oder Hilfsperson begründet[68]. Denkbar ist zudem, dass die Person, die den Vorteil zuwendet, als Teilnehmer (Anstifter oder Gehilfe) am Delikt der Hilfsperson, die die ungetreue Geschäftsbesorgung begeht, strafbar ist[69]. Ob die mit der Ausrichtung des Vorteils allenfalls verbundene Notwendigkeit, «schwarze Kassen» einzurichten, ausreicht, um eine ungetreue Geschäftsbesorgung anzunehmen, ist fraglich[70]. Immerhin können entsprechende Verbuchungen etc. die Tatbestände der Art. 152 StGB (unwahre Angaben über kaufmännische Gewerbe) und Art. 251 StGB (Urkundenfälschung/Falschbeurkundung) und/oder Abgabedelikte erfüllen.

44

---

[66] Vgl. QUELOZ, Mélanges Tercier, 640 ff., CAPUS, Private Commercial Bribery, 444 ff. je m.w.H. Siehe auch BGE 129 IV 124 ff. zum Empfang von Schmiergeldern, das den Empfänger zu vermögensschädigendem Verhalten verleitet (dazu bspw. QUELOZ, Mélanges Tercier, 641), sowie BStGer vom 16.2.2009 (RR.2008.254), E. 4.3/4.4 (Rechtshilfe-Fall), sowie BStGer vom 12.6.2008 (RR.2008.29+30), E. 5.3 (Rechtshilfe-Fall), letztere beide mit Berücksichtigung von Art. 4a Abs. 1 lit. b.

[67] Vgl. zu Art. 158 StGB die Kommentierungen bei TRECHSEL, StGB PK und BSK StGB II-NIGGLI sowie STRATENWERTH/JENNY, BT I, § 19 N 2 ff.

[68] Vgl. zu diesem Ansatz für das deutsche Recht NIEHAUS, Strafrechtliche Folgen, 24 ff.

[69] Vgl. den Fall in BGE 129 IV 124, 126 («Stadt Zürich/ABZ Recycling AG»), in welchem von Gehilfenschaft ausgegangen wurde.

[70] Dies gilt insbesondere dann, wenn das höchste Management die fraglichen Verhaltensweisen duldet. Vgl. zur Einrichtung von schwarzen Kassen SCHMID, AJP 2008, 797 ff. (im Zusammenhang mit dem Siemens-Fall), und für das deutsche Recht NIEHAUS, Strafrechtliche Folgen, 24 ff. m.w.H., RANSIEK, NJW 2007, 1727, sowie BGH NStZ 2007, 704, und BGH NJW 2007, 1760, 1765.

ff) Retrozessionen, Vergütungssysteme und Auftragsrecht

45   Einem Beauftragten (bspw. Bank, Versicherung, Vermögensverwalter, Treuhänder, Anlageberater etc.) obliegen Pflichten zur Transparenz (Rechenschaftspflicht) und zur **Herausgabe** der erlangten **Vorteile an** den **Kunden** (Art. 400 Abs. 1 OR[71]). Die Thematik stellt sich vorwiegend und spätestens seit BGE 132 III 460 ff. im **Vertragsrecht**[72]. Der Fall betraf die Offenlegung und Herausgabe von in der Finanzdienstleistungspraxis (in casu unabhängiger Vermögensverwalter) seit langem allgemein gebräuchlichen Retrozessionen.

46   Die in Verletzung vertraglicher Treuepflichten resultierende Unterlassung der Herausgabe von Vorteilen (bspw. Retrozessionszahlungen) kann das Vorliegen der **aufsichtsrechtlich vorausgesetzten Gewähr** (z.B. Art. 3 Abs. 2 lit. c BankG) in Frage stellen. Die FINMA hat im Rahmen ihrer aufsichtsrechtlichen Befugnisse im Bereich der Finanzdienstleistungen im **FINMA-RS 09/1** die anlagerelevanten Informations- bzw. Offenlegungspflichten konkretisiert[73].

gg) Softlaw

47   Zu nennen sind – ohne Anspruch auf Vollständigkeit – bspw. Richtlinien oder interne Aufsichtsregeln namentlich bei **NGOs**[74] oder **Pharmazieunternehmen**[75], ebenso untersagt bspw. der **Schweizerische Ingenieur- und Architekten-**

---

[71] Dieser gilt über den Verweis in Art. 425 Abs. 1 OR, Art. 418b und Art. 440 Abs. 2 OR auch für andere auftragsähnliche Vertragsverhältnisse.

[72] Dazu N 86 ff.

[73] Das FINMA-RS 09/1 definiert Eckwerte (Mindeststandards) für die Anerkennung von Selbstregulierungen zur Vermögensverwaltung, führt in den N 10 ff. die Pflichten des Vermögensverwalters näher aus (Treue-, Sorgfalts- und Informationspflichten) und konkretisiert in N 27 ff. die Frage der Entschädigung des Vermögensverwalters (vgl. N 31: «Auf Anfrage von seinen Kunden legt der Vermögensverwalter zudem die Höhe bereits erhaltener Leistungen Dritter offen, soweit sie sich einer einzelnen Kundenbeziehung mit vernünftigem Aufwand eindeutig individuell zuordnen lassen [wie z.B. «Finder's Fees» sowie Retrozessionen auf Courtagen und Depotkommissionen]). Vgl. auch den Bericht der EBK (heutige FINMA) mit dem Titel «Anreizsysteme und Interessenkonflikte beim Vertrieb von Finanzprodukten, Aufsichtsrechtliche Sicht», vom September 2008 (EBK-Bericht «Vergütungssysteme»), beides abrufbar unter: www.finma.ch. Zum Ganzen auch EMMENEGGER, FS R. von Büren, 653 ff., und ROBERTO, ZSR 2009, 15 ff. sowie (noch zum EBK-Regime) CAPUS, Private Commercial Bribery, 473 f.

[74] Vgl. bspw. den Hinweis in der Botschaft Korruption, 7010. So hat sich die Organisation «Transparancy International» (NGO) der internationalen Korruptionsbekämpfung verschrieben und in diesem Zusammenhang 2003 die «Geschäftsgrundsätze für die Bekämpfung von Korruption» entworfen (abrufbar unter: http://www.transparency.ch/de/PDF_files/Divers/Business_Principles-allemand.pdf).

[75] Diesbezüglich ist bspw. der Pharma-Codex zu nennen (vgl. dazu Vor Art. 12–15 N 47), der Vorschriften zu Veranstaltungen zur Arzneimittelinformation und -werbung (inbesondere zur Kostenbeteiligung bzw. finanzielle Unterstützung von Teilnehmern und zur Unterstützung von

verein (SIA) seinen Mitgliedern in diversen Verbands-Normenwerken explizit, von Dritten wie Unternehmern oder Lieferanten, persönliche Vergünstigungen entgegenzunehmen[76].

IV. Tatbestandsvoraussetzungen

Es gelten auch bei Art. 4a die **für Art. 4 bestimmenden Grundmerkmale** unlauteren Verhaltens, wobei **zusätzlich** das **Anbieten** oder **Gewähren bzw.** das **Fordern** oder **Annehmen eines Vorteils vorausgesetzt** ist. Durch den Vorteil soll eine Vertragsverletzung der verleiteten (bestochenen) Person bewirkt werden, der dem Vorteilsgeber, der in der Regel ein Mitbewerber des Prinzipals sein wird, einen wettbewerbsrelevanten Vorteil gegenüber seinen Mitbewerbern verschafft. Im Unterschied zu Art. 4 sieht Art. 4a die beidseitige Unlauterkeit vor, d.h. sowohl das Verhalten des Vorteilsgebers (Verleitung in Form des Anbietens oder Gewährens eines Vorteils) wie auch dasjenige der bestochenen Person (Vertragsbruch in Form des Versprechenlassens oder der Entgegennahme eines Vorteils) wird als unlauter und damit als widerrechtlich sowie ggf. als strafbar qualifiziert (aktive bzw. passive Privatbestechung).

48

1. Aktive Privatbestechung (Art. 4a Abs. 1 lit. a)

Der Tatbestand der aktiven Privatbestechung erfasst die Störung der Vertragsbeziehung zwischen dem Prinzipal (Geschäftsherr, Arbeitgeber, Auftraggeber) und seinem Vertragspartner, d.h. der Hilfsperson (Arbeitnehmer, Gesellschafter, Beauftragter, Vertreter), durch den Vorteilsgeber. Folgende Tatbestandselemente werden dabei vorausgesetzt:

49

a) Vorteilsgeber (bestechende bzw. vorteilsgebende Person, Verletzer)

Vorteilsgeber können **natürliche oder juristische Personen** sein[77]. An die Täterqualifikation werden von Art. 4a keine näheren Voraussetzungen geknüpft. In der Praxis von Art. 4a Abs. 1 lit. a erfasst werden zunächst **Wettbewerber** des

50

Forschung und anderen Leistungen im Gesundheitsbereich), zum Sponsoring von klinischen Versuchen und zu Beziehungen zu Patientenorganisationen enthält.

[76] Vgl. Art. 1.4 Abs. 2 diverser Ordnungen.
[77] Aus spezifisch strafrechtlicher Sicht ist bedeutsam, dass als Vorteilsgeber auch Unternehmen (also insbes. juristische Personen) erfasst werden (Art. 102 Abs. 2 StGB konkurrierende, originäre Unternehmensstrafbarkeit, dazu N 105 u. 119 und Art. 26 N 13).

Prinzipals[78]. Zuwendungen durch deren Organpersonen gelten dabei als Zuwendungen der juristischen Person (Art. 55 Abs. 1/2 ZGB), Ähnliches muss für Hilfspersonen im Rahmen deren Zuständigkeitsbereichs gelten.

51 Der Vorteilsgeber braucht aber nicht in Konkurrenz zum Prinzipal zu stehen. Ein **Wettbewerbsverhältnis** ist – schon nach den allgemeinen UWG-Prinzipien[79] – **nicht vorausgesetzt**[80]. Denkbar ist bspw. die Benachteiligung von Akteuren auf anderen Märkten, wenn bspw. die bevorzugte Lieferung eines Bestandteils/Zubehörteils in Frage steht (z.B. Trafo/Elektroteil bei Elektrogeräten), da diesfalls (objektiv) der **Wettbewerb auf einem anderen Markt beeinträchtigt** wird.

52 Die aktive Privatbestechung zielt auf die Erlangung wirtschaftlicher Vorteile im Wettbewerb[81] und setzt somit eine eigentliche Wettbewerbshandlung voraus. Erfasst werden Vorteilsgeber, falls das Versprechen bzw. Gewähren von Vorteilen Wettbewerbsrelevanz aufweist und Auswirkungen auf dem Markt zeitigt bzw. zeitigen kann. Nach den allgemeinen Regeln sind somit nicht nur direkte Mitbewerber, sondern **auch Nichtwettbewerber erfasst**. Ausreichend ist das **Vorliegen einer geschäftsrelevanten Situation**[82]. Bedeutung hat die Thematik – namentlich mit Blick auf die Strafbarkeitsgrenze (!) – etwa für **NGOs** bzw. deren Vertreter. Zwar wollte das Europaratsübereinkommen NGOs und Vereinigungen mit nichtwirtschaftlichem Zweck von seinem Anwendungsbereich ausgeschlossen sehen[83]. Doch hat der Gesetzgeber im Wissen darum auf eine spezielle Regelung (Einschränkung) in Art. 4a verzichtet[84], sodass die allgemeinen Regeln gelten. Soweit die Bestechung eines Mitglieds (Funktionärs) einer NGO oder einer Vereinigung mit nichtwirtschaftlichem Zweck somit Wettbewerbsrelevanz zeitigt (bzw. zu zeitigen geeignet ist; Erfordernis der Wettbewerbshandlung), ist das UWG und damit Art. 4a anwendbar.

---

[78] B. VON BÜREN, Kommentar UWG, Bestechung N 3, BAUDENBACHER/GLÖCKNER, Kommentar UWG, Art. 4 N 38 ff.
[79] Art. 2 N 18.
[80] A.A. noch zu Art. 4 lit. b aUWG und plastisch B. VON BÜREN, Kommentar UWG, Bestechung N 3: «... wer sich mit Trinkgeldern ein besonders schönes Hotelzimmer sichert, besticht nicht.» Vgl. im Zusammenhang mit der Thematik der Anwendung von Art. 4a Abs. 1 auf NGOs, Botschaft Korruption, 7009, wobei Wettbewerbsverhältnis und Wettbewerbshandlung vermischt werden.
[81] Botschaft Korruption, 7024.
[82] JOSITSCH, sic! 2006, 832. Gerade im Fall, dass der Vorteilsgeber selbst den Vertragsabschluss mit dem Prinzipal beabsichtigt, dürfte Letzterer nicht Mitbewerber, sondern Marktgegenseite des Ersteren sein.
[83] Botschaft Korruption, 7010, und Erläuternder Bericht N 53.
[84] Vgl. Botschaft Korruption, 7010.

b) Begünstigte Person: Arbeitnehmer, Gesellschafter, Beauftragte oder andere Hilfspersonen eines Dritten (Hilfsperson)

Schon vom Wortlaut in Art. 4a Abs. 1 lit. a erfasst werden Arbeitnehmer, Gesellschafter, Beauftragte oder andere Hilfspersonen eines Dritten. In Bezug auf die Begriffe der **Arbeitnehmer, Beauftragten und anderer Hilfspersonen** liegt **Begriffsidentität zu Art. 4 lit. c** vor, sodass ohne weiteres auf die Kommentierung zu Art. 4 (lit. c) in Art. 4 N 72 verwiesen werden kann. Die **Bestechung von Abnehmern oder Lieferanten** wird dabei in der Regel durch Art. 4a zu erfassen sein, da Abnehmer oder Lieferanten regelmässig durch Arbeitnehmer oder Beauftragte etc. handeln werden.

53

Gegenüber Art. 4 (und der Vorgängernorm in Art. 4 lit. b aUWG) speziell in Art. 4a Abs. 1 lit. a erwähnt werden **Gesellschafter**[85]. Erfasst werden Gesellschafter der einfachen Gesellschaft (Art. 530 ff. OR), der Kollektiv- und der Kommanditgesellschaft (Art. 552 ff. bzw. Art. 594 ff. OR) sowie der GmbH (Art. 772 ff. OR). Den erwähnten Gesellschaftern obliegt eine namentlich im Konkurrenzverbot verkörperte **Treuepflicht** gegenüber der personenbezogenen Gesellschaft bzw. deren Gesellschaftern (vgl. bspw. Art. 536 und Art. 561 OR sowie auch Art. 803 Abs. 3 OR)[86]. Entscheidend soll nach der Botschaft «allein das Vorhandensein einer Dreiparteienbeziehung [sein], in welcher der Täter mit dem Opfer durch eine allgemeine Treuepflicht verbunden ist»[87]. Demgegenüber nicht als Gesellschafter gelten infolge der Ausgestaltung von Aktiengesellschaften als reine Kapitalgesellschaften ohne gesetzliche Treuepflichten Aktionäre.

54

Es sind in der Praxis Konstellationen denkbar, in denen die **Hilfsperson** eine **Person mit qualifiziertem Sachverstand** ist, so namentlich bei Auftragsverhältnissen in **freien Berufen** (Arzt, Architekt, Anwalt), also durch Art. 4a eine Kunden-, Klienten- bzw. Patientenbeziehung geschützt wird.

55

Die unglücklich gewählte Formulierung **«andere Hilfspersonen eines Dritten»** hindert die Erfassung von Organpersonen juristischer Personen durch Art. 4a nicht, auch wenn deren Verhalten als Verhalten der juristischen Person (des Prinzipals) selbst gilt (Art. 55 ZGB) und deshalb prima facie von einer von Art. 4a nicht erfassten direkten Bestechung des Prinzipals ausgegangen werden könnte. Sie werden in der Regel schon in ihrer Funktion als Arbeitnehmer oder Beauftragte erfasst. Da die Unlauterkeit der von Art. 4a erfassten Verhaltensweise mit dem Treuebruch, d.h. der Nichtherausgabe des Vorteils an den Prinzipal, steht und fällt, werden **auch**

56

---

[85] Vgl. Botschaft Korruption, 7010, JOSITSCH, sic! 2006, 834, sowie BAUDENBACHER/GLOCKNER, Kommentar UWG, Art. 4 N 36 f. (zum alten Recht).

[86] Zwar obliegen auch Genossenschaftern und Vereinsmitgliedern Treuepflichten (vgl. MEIER-HAYOZ/FORSTMOSER, Schweizerisches Gesellschaftsrecht, § 3 N 17), doch dürften diese vom Wortlaut von Art. 4a nicht umfasst sein, weshalb sie nur über Art. 2 erfasst werden können, wobei eine Strafbarkeit entfällt. Vgl. aber N 57.

[87] Botschaft Korruption, 7010.

treuebrüchige **Organpersonen des Prinzipals erfasst**. Den Begriff Hilfsperson in Art. 4a technisch und eng zu verstehen, besteht kein Anlass[88]. Der Unrechtsgehalt des so gelagerten Treuebruchs erscheint als noch grösser (als derjenige von subalternen Angestellten), da und soweit Organpersonen in der Regel weiterreichende Loyalitäts- und Vertrauenspflichten obliegen. Dass ihr Verhalten gemäss Art. 55 ZGB das Verhalten des Prinzipals (juristische Person) selbst darstellt («alter ego»), ändert daran nichts, da als Vertrauensträger i.S.v. Art. 4a nur eine natürliche Person in Frage kommt[89]. Auch Art. 26 (d.h. die dort vorgesehene Anwendung von Art. 6 VStrR für das UWG-Strafrecht) ändert daran nichts (vgl. Art. 26 N 17 ff.).

57   Die **Bestechung von Aktionären** (oder auch von Genossenschaftern oder Vereinsmitgliedern) kann bei Wettbewerbsrelevanz (nur) dann von Art. 4a erfasst sein, wenn diese gleichzeitig als formelle oder faktische Organe des Prinzipals zu betrachten sind. Dann sind Aktionäre wie Organpersonen (d.h. als «Hilfsperson») zu erfassen, wenn sie nicht schon als Arbeitnehmer oder Beauftragte erfasst werden können[90]. Ist der fragliche Aktionär (bloss) Partei eines Aktionärsbindungsvertrags, kann daraus per se noch keine Treuepflicht gegenüber der AG abgeleitet werden. Die Anwendung von Art. 4 lit. a scheidet aus, da dieser vom Wortlaut her nur auf «Abnehmer» anwendbar ist.

c)   **Prinzipal (Dritter/Geschäftsherr)**

58   Der Vertragspartner der Hilfsperson, d.h. deren Arbeit- oder Auftraggeber, wird **in der Regel der Träger eines Unternehmens** (bspw. eine juristische Person) sein, das im Wettbewerb oder zumindest in einer geschäftsrelevanten Situation mit dem Vorteilsgeber steht[91]. Bei juristischen Personen ist der Prinzipal somit der Unternehmensträger. Insbesondere nicht als Prinzipal erfasst werden somit Organpersonen juristischer Personen[92].

59   Wesentliches Element und Tatbestandsvoraussetzung von Art. 4a Abs. 1 ist, dass der Vorteil einem Dritten und nicht dem Prinzipal selbst zukommt. Die **direkte Bestechung des Prinzipals** wird als Folge des Art. 4a charakterisierenden Treuebruchmodells nicht erfasst und läuft auf die **Gewährung eines Rabattes** hinaus[93]. Sie stellt damit wirtschaftlich betrachtet nur eine Preisreduktion dar, die (in der

---

[88] Vgl. BAUDENBACHER/GLÖCKNER, Kommentar UWG, Art. 4 N 36 f., sowie schon SCHLUEP, FS Voyame, 261 f.
[89] C. MÜLLER, Bestechung gemäss Art. 4 lit. b, 107, und JOSITSCH, sic! 2006, 834.
[90] Die Problematik des Stimmenkaufs stellte sich bspw. im Zusammenhang mit der Vergabe der Fussball-Weltmeisterschaft 2006, vgl. die Andeutung in der Botschaft Korruption, 7010.
[91] Dazu JOSITSCH, sic! 2006, 832 und 834.
[92] A.A. offenbar HEINE, ZBJV 2002, 540.
[93] Sie wird meist zeitlich getrennt gewährt und/oder nicht ordnungsgemäss verbucht werden (was zu einer Abgabenverkürzung führen und deshalb unlauter sein kann, vgl. BAUDENBACHER/GLÖCKNER, Kommentar UWG, Art. 4 N 60).

Regel) nicht nach aussen kommuniziert wird. Da die Preisbekanntgabepflicht nur gegenüber Letztverbrauchern gilt, müssen Preise und damit auch Rabatte nicht bekannt gemacht werden[94], auch wenn «geheime» Rabatte den Wettbewerb verfälschen. Allerdings ist vollkommene Transparenz kaum je erzielbar (und auch nicht nötig). Es würde letztlich elementare Institute wie die Vertrags- und Preisbildungsfreiheit wohl über Gebühr einschränken, wenn Rabatte publik gemacht werden müssten.

d) Privater Sektor

Art. 4a ist vom Wortlaut her und damit in Abweichung von den allgemeinen Regeln[95] (und damit auch im Unterschied zu Art. 4 lit. a, c und d) in seiner Anwendung explizit auf den **«privaten Sektor»** beschränkt. Die Botschaft ging nicht näher auf den Begriff ein[96]. 60

Vor dem Hintergrund der Entstehungsgeschichte erkennbar ist, dass Art. 4a von der Konzeption her als **komplementär zu** den Bestimmungen zur **Amtsträgerbestechung** in Art. 322ter ff. StGB im öffentlichen Sektor zu verstehen ist. Die Formulierung bezweckte nicht nur die **Vermeidung von Strafbarkeitslücken,** sondern auch von **Überschneidungen**[97]. 61

Als Ausgangspunkt zu beachten ist, dass die Amtsträgerbestechung gemäss Art. 322ter ff. StGB sowohl von einem institutionellen wie auch von einem **funktionellen Beamtenbegriff** ausgeht. Als Beamte gemäss Art. 110 Abs. 3 StGB erfasst werden und somit in den Bereich der Art. 322ter ff. StGB fallen Personen, die öffentliche Aufgaben erfüllen. Es kommt mithin **nicht auf die Rechtsform,** in der die fraglichen Personen für das Gemeinwesen tätig sind an, sondern darauf, ob eine **öffentliche Aufgabe wahrgenommen** wird[98]. Massgeblich ist also die Funktion der Verrichtungen, wobei die allfällig **privatrechtliche Natur** der betreffenden **Kundenbeziehung daran nichts ändert**[99]. Ob die fragliche Person dabei hoheit- 62

---

[94] Vgl. zur sich nur auf Letztverbraucher (Konsumenten) beziehenden Preisbekanntgabepflicht Art. 16 ff. sowie die Bestimmungen der PBV (siehe Kommentierung zu Art. 16 ff.). Eine auch für andere Marktstufen geltende Preisbekanntgabepflicht fand sich noch in Art. 17 E-UWG 1983, wurde aber vom Parlament nicht ins UWG übernommen.
[95] Vgl. Art. 2 N 11 ff. zum Begriff der Wettbewerbshandlung und Vor Art. 16 ff. N 16 ff. zur Erfassung des Verhaltens der öffentlichen Hand bzw. von Unternehmen der öffentlichen Hand.
[96] Botschaft Korruption, 7007 ff. Auch in der Literatur finden sich erstaunlicherweise kaum/keine Erörterungen.
[97] So wohl auch JOSITSCH, sic! 2006, 830.
[98] JOSITSCH, sic! 2006, 830.
[99] BGE 135 IV 198, 201 f. (SUVA-Fall) mit Verweis auf BSK StGB II-PIETH, Art. 322ter N 4, JOSITSCH, Korruptionsstrafrecht, 314 f., und BALMELLI, Bestechungstatbestände, 103 bzw. 116 ff., sowie auf die Botschaft OECD-Übereinkommen 1999, 5525 f. Vgl. auch BGE 121 IV 216 ff. sowie BGE 118 IV 310 ff.

lich handelt, soll nach der Rspr. und der wohl h.M. **keine Rolle** spielen[100]. Dies ergibt sich schon aus Art. 322^{octies} Ziff. 3 StGB, der klarstellt, dass die Bestimmungen zur Amtsträgerbestechung in Art. 322ter ff. StGB auch auf **«Private, die öffentliche Aufgaben erfüllen»,** anwendbar sind[101]. Es liegt vor diesem Hintergrund zunächst nahe, eine **Negativdefinition** vorzunehmen, nach welcher alles, was infolge des Merkmals der Wahrnehmung einer öffentlichen Aufgabe nicht von der Amtsträgerbestechung erfasst wird, bei Vorliegen einer Wettbewerbshandlung dem privaten Sektor zuzuordnen ist und damit von Art. 4a erfasst wird. Allerdings scheinen dabei Überschneidungen möglich, weil die Qualifikation als öffentliche Aufgabe zumindest eine indirekte Wettbewerbsrelevanz nicht ausschliesst, mindestens soweit das Vorliegen eines Monopols nicht ebenfalls vorausgesetzt wird[102]. Wird somit nicht nur das Vertrauen in die öffentliche Verwaltung (Sachlichkeit und Neutralität) erschüttert, sondern gleichzeitig der Wettbewerb verfälscht, liegt es nahe, aus strafrechtlicher Sicht von echter Konkurrenz auszugehen und aus zivilrechtlicher Sicht auf Art. 9 i.V.m. Art. 4a (bzw. Art. 2 i.V.m. Art. 322ter ff. StGB) gestützte Ansprüche zuzulassen. Dass auch bei der Amtsträgerbestechung von Wettbewerbsrelevanz auszugehen ist, zeigt, dass insbesondere die Bekämpfung der Beeinträchtigung des internationalen Geschäftsverkehrs Regelungsgegenstand des OECD-Übereinkommens und damit der Amtsträgerbestechungsnovelle von 1999 in Art. 322ter ff. StGB ist.

63 So ist nicht ausgeschlossen, dass die Bestechung von Funktionären **öffentlichrechtlicher oder gemischtwirtschaftlicher juristischer Personen** (Körperschaften und Anstalten) oder **sonstiger Einheiten und Abteilungen etc. des Gemeinwesens** neben Art. 322ter ff. auch von Art. 4a oder zumindest von Art. 2 (Vorsprung durch Rechtsbruch) erfasst werden kann[103]. So fällt die **Tätigkeit von Spitalärzten** in den öffentlichen Sektor, es sei denn, sie erfolge auf private Rechnung, kann aber trotz des öffentlichen Aufgabencharakters Wettbewerbsrelevanz aufweisen, da (und soweit) sie in Konkurrenz zu privaten Anbietern (Privatspitäler, Arztpraxen etc.) steht. Dies dürfte mutatis mutandis auch für weitere Einrichtungen, die der öffentlichen Hand gehören bzw. an der diese mitbeteiligt ist, gelten, so bspw. für Elektrizitätswerke, Transportunternehmen der öffentlichen Hand und für die SRG. Die Tä-

---

[100] BGE 135 IV 198 ff. (SUVA-Fall) und anstelle vieler BSK StGB II-PIETH, Art. 322ter N 8.

[101] Zur Abgrenzung Beamte/privater Sektor vgl. auch BStGer vom 6.7.2004 (BK_K 002/04), E. 2.2 («Käseunion»), und BStGer vom 11.12.2007 (SK.2007.8), E. 1.1.2 («SUVA»).

[102] BGE 135 IV 198, 202 (SUVA-Fall), wobei unklar ist, ob das Vorliegen eines Monopols (in casu «Teilmonopol») entscheidrelevant war. Allerdings kann das Verhalten in einem Monopolmarkt wettbewerbsrelevante Auswirkungen auf benachbarte freie Märkte zeitigen (Substitutionswettbewerb). Selbst wenn ein Monopol vorliegt, ist somit Wettbewerbsrelevanz denkbar, so bspw. bei Trinkwasser, das vom Gemeinwesen zur Verfügung gestellt wird, aber auch im Laden von privaten Anbietern erworben werden kann. Ebenso kann bspw. Strom ab dem öffentlichen Netz oder ab privaten Anlagen bzw. Generatoren bezogen werden. Vgl. auch den Fall in BGer 1A.153/2004, E. 4.5 («RUAG»), in dem das BGer sich einer solchen Betrachtungsweise implizit zu verschliessen schien (bei Willkürkognition).

[103] Einfacher stellt sich die Rechtslage ausserhalb von Art. 4a dar, dazu Vor Art. 16 N 16 ff.

tigkeit von **Kantonalbanken** dürfte ohne weiteres dem privaten Sektor zuzuordnen sein, auch wenn die meisten Institute öffentlich-rechtlich konstituiert sind und Mehrheitsbeteiligungen der öffentlichen Hand aufweisen[104], dasselbe muss für den Telekommunikations- und Postsektor gelten, soweit er privatisiert ist. Nur soweit die vorgenannten Einrichtungen und Institutionen eine **öffentliche Aufgabe** wahrnehmen, dabei **hoheitlich auftreten** und die fragliche Tätigkeit dem freien Wettbewerb entzogen ist (Bestehen eines Monopols), dürften nur die Normen zur Amtsträgerbestechung (Art. 322ter ff. StGB) anwendbar sein[105].

Demgegenüber kann Bestechung im **Bereich privatisierter öffentlicher Aufgaben** («liberalisierte Märkte») nur über Art. 4a erfasst werden, weil mit der Privatisierung der öffentliche Aufgabencharakter entfällt[106]. 64

Nicht (bzw. nicht vorrangig) unter dem Aspekt der Beschränkung der Anwendung von Art. 4a auf den privaten Sektor zu behandeln ist die Frage, ob auch die Bestechung von **Angehörigen bzw. Funktionären von NGOs** (bspw. Rotes Kreuz, FIFA, UEFA, IOC) von Art. 4a erfasst wird. Solche Funktionäre erfüllen gerade begriffsnotwendig keine öffentlichen Aufgaben, auch wenn deren Tätigkeit sehr öffentlichkeitsrelevant sein kann. Die Botschaft äussert sich zum Thema wenig überzeugend und eher unklar. So kann es in Bezug auf die Anwendbarkeit von Art. 4a auf Marktteilnehmer nicht darauf ankommen, ob die Dritten gewinnorientiert sind oder nicht oder ob es Schwierigkeiten in der Definition des Marktes gibt[107]. Relevant ist ausschliesslich, ob eine **Wettbewerbshandlung** vorliegt (dazu N 52 und Art. 2 N 11 ff.). 65

e)   **Zusammenhang mit dienstlicher oder geschäftlicher Tätigkeit (sog. Äquivalenzverhältnis)**

Die von Art. 4a erfasste Verhaltensweise ist nur dann unlauter und ggf. strafbar, wenn sie **im Zusammenhang mit der dienstlichen oder geschäftlichen Tätigkeit** des Vertrauensträgers (Hilfsperson) erfolgt[108]. Die Zuwendung von Vor- 66

---

[104] Vgl. auch das Votum MÉNETREY in Amtl. Bull. NR 2005, 1466 anlässlich der parlamentarischen Beratungen im Nationalrat (das aber wohl auf die Amtsträgerbestechung gemünzt war). Käme das Kriterium der Aktienmehrheit bzw. der Kontrolle zur Anwendung, unterfiele die Tätigkeit der Kantonalbanken und der Swisscom jedoch der Amtsträgerbestechung, dazu BSK StGB II-PIETH, Art. 322[septies] N 11 im Zshg. mit der Bestechung fremder Amtsträger.
[105] Vgl. dazu auch BSK StGB II-PIETH, Art. 322ter N 7 ff., und BALMELLI, Bestechungstatbestände, 123 ff.
[106] Vgl. bspw. die Post- und Telekommunikationsdienstleistungen im Nicht-Monopolbereich. Vgl. auch BSK StGB II-PIETH, Art. 322ter N 10 und Art. 322[septies] N 11.
[107] So das in der Botschaft angedeutete Beispiel des Zuspruchs von Fussball-Welt- oder Europameisterschaften oder der Olympiade. Vgl. Botschaft Korruption, 7010.
[108] Eingehend HEINE, ZBJV 2002, 550 ff., vgl. auch JOSITSCH, sic! 2006, 836.

teilen im Privatbereich wird von Art. 4a somit nicht erfasst, was folgerichtig ist, da Konsequenz des Erfordernisses der Wettbewerbshandlung.

67 Vorausgesetzt ist ein **korruptionstechnisches Austauschverhältnis** (Äquivalenzverhältnis/Äquivalenzzusammenhang) im Sinne eines «do ut des»[109]. Hierbei kann eine Anlehnung an die zu Art. 322ter f. StGB entwickelte (Strafrechts-)Dogmatik erfolgen. Dieses wird insbesondere bei nachträglichen Zuwendungen nur sehr schwer zu beweisen sein. Fehlt es oder kann es nicht bewiesen werden, entfällt die Unlauterkeit, da diesfalls eine blosse – von Art. 4a nicht erfasste und auch nicht von Art. 2 zu erfassende – **Vorteilszuwendung bzw. -annahme** vorliegt[110].

f) Pflichtwidrige oder im Ermessen stehende Handlung oder Unterlassung

68 Der Vorteil i.S.v. Art. 4a muss entweder für eine **pflichtwidrige oder** eine **im Ermessen stehende Handlung oder Unterlassung** (pflichtwidrige Verhaltensweise) angeboten oder gewährt werden.

69 Als tatbestandsmässige Verhaltensweisen im Vordergrund stehen **Entscheide**, bspw. derjenige, einen bestimmten Anbieter (mit-) zu berücksichtigen oder zu bevorzugen. Dabei kann es sich um Einzel- oder Gremienentscheide handeln, die in der Praxis häufig zu **Vertragsabschlüssen** führen dürften. Denkbar ist sodann die **Gewährung einer Vorzugsbehandlung** (schnellere Auslieferung von Waren, bessere Aufbewahrung oder Lagerung, etc.) oder die **Diskriminierung von Dritten** (Nichtberücksichtigung, Vertragsverletzungen gegenüber Dritten, bspw. Verzögerung bei der Auftragsbearbeitung, Nichtauslieferung, Lieferung schlechter Qualität etc.). Schon aus dem Erfordernis der Wettbewerbshandlung ergibt sich, dass die Verhaltensweise **Wettbewerbsrelevanz** aufweisen muss, also ihre (aktuelle oder potentielle) Wirkung über die Sphäre der Hilfsperson und deren Arbeitgeber etc. hinaus, bspw. gegenüber Konkurrenten des Arbeitgebers, entfaltet[111].

70 **Pflichtwidrig** ist eine Verhaltensweise, wenn explizite oder implizite vertragliche Pflichten verletzt werden[112]. Im Vordergrund stehen arbeitsvertragliche Pflichten einschliesslich Weisungen und Pflichtenhefte des Arbeitgebers. Daneben kommt

---

[109] Botschaft Korruption, 7012, JOSITSCH, sic! 2006, 836, sowie BSK StGB II-PIETH, Art. 322ter N 43, für den Bereich der Amtsträgerbestechung.

[110] Dazu näher N 22 u. 33. Liegt Vorsatz vor, der sich auch auf die Bezweckung der pflichtwidrigen bzw. im Ermessen stehenden Handlung bezieht, und ging das Angebot dem Empfänger zu, ist der Tatbestand vollendet, vgl. dazu (noch zu Art. 4 lit. b aUWG) BAUDENBACHER/GLÖCKNER, Kommentar UWG, Art. 4 N 48, und PEDRAZZINI/PEDRAZZINI, UWG, N 8.29. Vgl. auch AppGer BS vom 27. Juni 2001 (C gg. M), E. 3.

[111] Dazu Art. 2 N 11 ff.

[112] Vgl. C. MÜLLER, Bestechung gemäss Art. 4 lit. b UWG, 115, BAUDENBACHER/GLÖCKNER, Kommentar UWG, Art. 4 N 50, sowie PEDRAZZINI/PEDRAZZINI, UWG, N 8.24.

auch die Verletzung allgemeiner Pflichten in Frage, bspw. der Sorgfalts- und Treuepflicht des Arbeitnehmers gegenüber seinem Arbeitgeber (Art. 321a OR), der Sorgfaltspflicht des Beauftragten (Art. 397 OR) oder der Sorgfalts- bzw. Treuepflicht unter Gesellschaftern[113]. Damit besteht zum Erfordernis des Vertragsbruchs, wie er in Art. 4 (lit. a und c) vorausgesetzt wird, kein qualitativer Unterschied. Es genügt jede wettbewerbsrelevante Vertragsverletzung[114]. Ferner ist an Verstösse gegen gesetzliche Vorschriften (arbeitsvertragliche, auftrags- oder gesellschaftsrechtliche Pflichten), bindende interne Vorgaben (Statuten, Organisationsreglement, weitere Reglemente und Richtlinien, Beschlüsse etc.) oder Weisungen zu denken.

Bei **im Ermessen stehenden Verhaltensweisen** muss die Hilfsperson über einen Ermessensspielraum verfügen und die Ermessensausübung auf sachfremden Motiven beruhen, um unter Art. 4a zu fallen[115]. Relevant ist, dass sich das Verhalten «nicht auf objektive Kriterien stützt, sondern im Gegenteil durch die Vorteilszuwendung verfälscht wird, was die übrigen Wettbewerbsteilnehmer verletzt, indem es den Wettbewerb verfälscht und damit den Markt beeinträchtigt»[116]. Dies schliesst die Verletzung oder Beeinträchtigung des weit zu verstehenden und im Lichte des Gesellschaftszwecks zu bestimmenden vermögenswerten Interesses des Prinzipals ein.

71

In praxi dürften **Ermessensentscheide im Vordergrund** stehen. Die Botschaft betont, dass ohne Einbezug der Ermessensausübung zahlreiche Bestechungshandlungen nicht erfasst würden[117]. Die für den privaten Sektor eher ungewöhnliche Terminologie beruht auf der Übernahme der bei der Amtsträgerbestechung (Art. 322ter ff. StGB) verwendeten Begrifflichkeit, wo die Differenzierung in pflichtwidrige und im Ermessen stehende Verhaltensweisen vor dem verwaltungsrechtlichen Hintergrund und der Bindung des Verwaltungshandelns an das Gesetz (Legalitätsprinzip) sinnvoll ist[118]. Auch wenn die erwähnte Begrifflichkeit mit Wir-

72

---

[113] Botschaft Korruption, 7012.
[114] Wohl leicht anders PEDRAZZINI/PEDRAZZINI, UWG, N 8.24.
[115] Vgl. Botschaft Korruption, 7012, und HEINE, ZBJV 2002, 548. Vgl. zur Notwendigkeit des Einbezugs des sog. Verkaufs der Ermessensentscheidung BAUDENBACHER/GLÖCKNER, Kommentar UWG, Art. 4 N 50, DUBS, FS Schmid, 390, und C. MÜLLER, Bestechung gemäss Art. 4 lit. b UWG, 113 ff. (alle noch zu Art. 4 lit. b aUWG).
[116] Botschaft Korruption, 7012; es sollen diejenigen Fälle abgedeckt werden, in denen die Hilfsperson «ohne eine ausdrücklich vertragliche Pflicht zu verletzen, auf Grund der Vorteilszuwendung [ihren] Ermessensspielraum zu Gunsten des Bestechers ausübt, zum Beispiel gegen Entschädigung eine bestimmte Offerte unter gleichwertigen wählt».
[117] So die Botschaft Korruption, 7012.
[118] Gebundenes ist ermessensunabhängiges Verhalten. Die Ergänzung um im Ermessen stehende Verhaltensweisen wurde bei der Amtsträgerbestechung notwendig, um eine Strafbarkeitslücke zu schliessen. Unter altem Recht (Art. 288 und 315 aStGB, bis 30. April 2000 in Kraft stehend) waren Ermessensentscheide nicht tatbestandsmässig, vgl. Botschaft OECD-Übereinkommen 1999, 5531, sowie BSK StGB II-PIETH, Art. 322ter N 41, und JOSITSCH, Korruptionsstrafrecht, 365 f.

kung für den privaten Sektor zumindest ungewohnt ist, schadet die mit ihr verbundene Klarstellung jedenfalls nicht[119].

73 Die pflichtwidrige Verhaltensweise kann **bereits erfolgt** sein oder erst **zukünftig erwartet** werden – vorausgesetzt, es besteht ein Äquivalenzverhältnis[120]. Hierbei kann eine Anlehnung an die zu Art. 322ter StGB entwickelte (Strafrechts-)Dogmatik erfolgen[121]. Damit kann auch ein **nachträglich zugewendeter Vorteil** (Belohnung) erfasst und unlauter sein, wenn ein Äquivalenz- bzw. korruptionstechnisches Austauschverhältnis (im Sinne des «do ut des») vorliegt[122]. Liegt ein solches nicht vor oder kann es nicht bewiesen werden, ist zu berücksichtigen, dass die blosse Vorteilsgewährung (oder deren Angebot) von Art. 4a nicht erfasst und damit auch nicht i.V.m. Art. 23 strafbar ist. Dabei ist zu beachten, dass ein nachträglich angebotener oder gewährter Vorteil je nach Sachverhalt auch als im Voraus entrichtete Leistung für eine erwartete künftige Handlung (oder Unterlassung) betrachtet werden kann, was insbesondere bei sukzessiver Begehensweise gilt[123].

74 Ob eine Unlauterkeit gemäss Art. 4a auch dann zu bejahen ist, wenn die **Handlung pflichtgemäss bzw. ermessensfehlerfrei** ist, ist vom Wortlaut der Vorschrift her fraglich. In der Botschaft findet sich zwar eine klare Äusserung dahingehend, dass durch den Begriff der im Ermessen stehenden Handlung «die Fälle abgedeckt werden (sollen), in denen der Arbeitnehmer, Gesellschafter, Beauftragte oder Gehilfe, ohne eine ausdrückliche vertragliche Pflicht zu verletzen, auf Grund der Vorteilszuwendung seinen Ermessensspielraum zu Gunsten des Bestechers ausübt, zum Beispiel **gegen Entschädigung eine bestimmte Offerte unter gleichwertigen wählt**. Relevant ist, dass sich die Wahl nicht auf objektive Kriterien stützt, sondern im Gegenteil durch die Vorteilszuwendung verfälscht wird...»[124]. Auch wenn die Absicht klar ist, ist dennoch fraglich, ob – zumindest aus strafrechtlicher Sicht – dem Legalitätsgrundsatz und dem Bestimmtheitsgebot in genügender Weise entsprochen wird. Das Kriterium der Gleichwertigkeit ist, soweit komplexe oder kombinierte Waren- bzw. Dienstleistungsangebote in Frage stehen, ohnehin nur schwierig zu handhaben.

75 Ob in der Konsequenz der Fall, dass **unter mehreren unterschiedlichen Offerten** die **Beste** gewählt, also insofern pflichtgerecht gehandelt wurde und der entsprechende Anbieter einen Vorteil ausgerichtet hat, nicht von Art. 4a Abs. 1 lit. a

---

[119] Vgl. zur sog. Business Judgment Rule BÖCKLI, Aktienrecht, § 13 N 581 ff.
[120] Das ergibt sich – ähnlich wie schon bei Art. 4 lit. b aUWG – aus der Verwendung der Verben «verspricht», «anbietet» und «gewährt». Von den früheren Normen zur Amtsträgerbestechung (Art. 288/315 aStGB) wurden nur zukünftige Handlungen erfasst («...damit er...»).
[121] Vgl. BSK StGB II-PIETH, Art. 322ter N 34 ff., und JOSITSCH, Korruptionsstrafrecht, 348 ff.
[122] Vgl. zur Problematik der Künftigkeit näher BSK StGB II-PIETH, Art. 322ter N 42 m.w.H.
[123] BSK StGB II-PIETH, Art. 322ter N 42, BALMELLI, Bestechungstatbestände, 209, und JOSITSCH, Korruptionsstrafrecht, 357 ff.
[124] Botschaft Korruption, 7012.

erfasst werden soll und kann, ist zweifelhaft[125]. Zwar erfolgt auch hier ein Treuebruch, doch scheint der Gesetzgeber eine Unlauterkeit abzulehnen, weil der Wettbewerb nicht verfälscht wird[126]. Die beste Leistung hat sich ja durchgesetzt. Solche Fälle dürften zwar selten sein, da hier das Versprechen bzw. die Ausrichtung des Vorteils – mindestens im Rückblick – «gar nicht nötig» schien. Die Ausrichtung des «unnötigen» Vorteils erhöht die Kosten auf Seiten der bestechenden Person. Marktteilnehmer, die gute Leistungen anbieten und sich dessen bewusst sind, werden Bestechungsleistungen nicht nötig haben. Gerade deren Interessen werden durch Wettbewerbsverfälschungen infolge Privatbestechung aber massgeblich beeinträchtigt. Es läge nahe, eine Unlauterkeit auf Seiten des Vorteilsgebers anzunehmen, wenn der Vorteilsgeber im Zeitpunkt des Gewährens bzw. Versprechens des Vorteils im Ungewissen darüber war, ob sein Angebot als bestes den Zuspruch erhalten würde und deshalb subjektiv eine Wettbewerbsverfälschung zumindest in Kauf nahm. Soweit die Hilfsperson ihre Verhaltensweise (Kaufentscheid etc.) nicht vom Vorteil hat beeinflussen lassen und die beste Leistung berücksichtigt hat, wird ihrerseits eine Unlauterkeit gemäss Art. 4a Abs. 1 lit. b entfallen. Sie dürfte jedoch regelmässig vertragsbrüchig sein (Verletzung der Treue- bzw. der Herausgabepflicht).

Beim zuvor (N 74 f.) Dargelegten ist zu berücksichtigen, dass ein Marktteilnehmer **nicht zur Berücksichtigung der besten Leistung verpflichtet** ist, was sich elementar schon aus dem **Grundsatz der Vertragsfreiheit** ergibt[127]. Ganz abgesehen davon ist die Bestimmung der «besten Leistung» – namentlich auch vor dem Hintergrund der Ablehnung der Geltung des Prinzips des Leistungswettbewerbs – ohnehin schwierig bis unmöglich.

g) **Anbieten, Versprechen oder Gewähren eines nicht gebührenden Vorteils zu eigenen Gunsten oder zugunsten eines Dritten**

Von Art. 4a erfasst wird, wer einen nicht gebührenden Vorteil **anbietet, verspricht oder gewährt** (Privatbestechung). Art. 4a verwendet dieselbe Begriff-

---

[125] Wenn strikt vom Wortlaut in Art. 4a Abs. 1 lit. a ausgegangen wird (wie in N 74), dann kann ein solcher Sachverhalt nicht von Art. 4a, sondern nur von Art. 2 erfasst werden – mit der Konsequenz entfallender Strafbarkeit.
[126] Botschaft Korruption, 7012 (e contrario).
[127] Weist ein Marktteilnehmer eine marktbeherrschende Stellung gemäss Art. 7 KG auf, obliegen diesem besondere Pflichten, insbesondere ein Diskriminierungsverbot. Dazu näher anstelle vieler ZÄCH, Kartellrecht, N 673 ff., und REINERT, Preisgestaltung, § 4 N 177 ff. m.w.H. Selbst daraus resultiert aber noch nicht die Pflicht zur Berücksichtigung der besten Leistung.

lichkeit wie Art. 322ter f. StGB. Es steht nichts entgegen, dies bei der Anwendung von Art. 4a zu berücksichtigen[128].

78 **Anbieten** ist das Inaussichtstellen eines gegenwärtigen Vorteils, während **Versprechen** das Inaussichtstellen eines künftigen Vorteils darstellt, wobei es auf die Form nicht ankommt[129]. Auch konkludentes Verhalten genügt, das Angebot muss den Adressaten jedoch erreichen und die Vorteilsausrichtung muss für den Adressaten als möglich erscheinen. Die Annahme des Vorteils ist nicht vorausgesetzt, selbst bei Rückweisung des Angebots durch den Adressaten ist die unlautere Verhaltensweise von Art. 4a Abs. 1 lit. a erfüllt, da insoweit kein Erfolg vorausgesetzt ist und schon der Bestechungsversuch erfasst wird. **Gewähren** bedeutet, dass der Adressat tatsächlich auf das Angebot einsteigen und dieses annehmen muss, wobei dies auch über einen Mittelsmann erfolgen kann[130].

79 Art. 4a konkretisiert den Begriff des Vorteils nicht näher. Als **Vorteile** sind sowohl **materielle wie auch immaterielle Vorteile** denkbar[131]. Erfasst ist somit einerseits die Zuwendung von Bar- oder Buchgeld, die Gewährung von Vergünstigungen, Kommissionen etc. und andererseits die Verschaffung einer Vorzugsbehandlung (z.B. in zeitlicher Hinsicht), die Bevorzugung gegenüber anderen Mitbewerbern oder sonstigen Marktteilnehmern, wenn nicht sogar deren Ausschluss oder sonstige Diskriminierungen. Wird der Vorteil innerhalb eines Unternehmens ausgerichtet, bspw. der «Kauf» einer internen Beförderung, ist aber fraglich, ob eine Wettbewerbshandlung vorliegt[132].

80 **Nicht gebührend** ist ein Vorteil in Anlehnung an die identische Begrifflichkeit in Art. 322ter f. StGB, wenn die **bestochene Person** darauf **keinen Anspruch** (Botschaft: «kein Recht») hat[133]. Damit wird namentlich die **Verletzung von Herausgabepflichten** erfasst, die im Arbeitsrecht (Art. 321b OR) und im Auftragsrecht (Art. 400 Abs. 1 OR) beachtlich sind[134]. Erfasst werden somit **gesetzes- oder vertragswidrige Vorteile** sowie jeder weitere Vorteil, auf den die Hilfsperson sonst

---

[128] Ebenso kann in Bezug auf die Voraussetzung des nicht gebührenden Vorteils auf die Literatur zu Art. 4 lit. b aUWG abgestellt werden, wobei zu berücksichtigen ist, dass dieser enger gefasst war, da der Gesetzeswortlaut von «nicht zustehenden Vergünstigungen» ausging.

[129] JOSITSCH, sic! 2006, 835, STRATENWERTH/BOMMER, BT II, § 60 N 10, und BSK StGB II-PIETH, Art. 322ter N 33.

[130] BSK StGB II-PIETH, Art. 322ter N 33.

[131] Ausführlich HEINE, ZBJV 2002, 544 f., sowie BAUDENBACHER/GLÖCKNER, Kommentar UWG, Art. 4 N 45 ff., und PEDRAZZINI, SMI 1991, 353.

[132] Das Beispiel der beruflichen Besserstellung bringen bspw. PEDRAZZINI/PEDRAZZINI, UWG, N 8.27.

[133] Dazu BAUDENBACHER/GLÖCKNER, Kommentar UWG, Art. 4 N 46, PEDRAZZINI/PEDRAZZINI, UWG, N 8.27, und GUYET, SIWR V/1, 204 f., sowie CdJ GE sic! 2000, 646, E. 2b («Climatisation»).

[134] Vgl. auch HSU, ZSR Beiheft 45, 20, und Botschaft Korruption, 7011.

keinen Anspruch hat[135]. Soweit sich bspw. Retrozessionen[136] im Finanzdienstleistungsbereich als nicht voraussetzungslos ausgerichtete Zahlungen, d.h. als Entschädigungen, bspw. für Beratungsleistungen und die Bündelung der Nachfrage, erweisen, entfällt eine Unlauterkeit gemäss Art. 4a[137]. Aufgrund von Art. 4a Abs. 2 schon in tatbestandsausschliessendem Sinne **nicht** von Art. 4a Abs. 1 **erfasst** werden **sozial übliche Vorteile** oder (alternativ) **vertraglich vom Dritten genehmigte Vorteile** (dazu N 82 ff.).

Art. 4a Abs. 1 stellt sodann klar, dass der **Vorteil entweder für** den **Vorteilsnehmer oder** auch **für** eine **Drittperson bestimmt** sein kann. In der Regel wird der Vorteil der pflichtwidrig handelnden Hilfsperson oder einer ihr nahestehenden oder mit ihr bei wirtschaftlicher Betrachtungweise identischen Drittperson gewährt werden. Die doppelte Verwendung des Begriffs des Dritten in Art. 4a ist irreführend. Während beim ersten Mal («...wer einem Arbeitnehmer, (...) oder einer anderen Hilfsperson eines Dritten...») der Vertragspartner der Hilfsperson gemeint ist, d.h. der Prinzipal, gegenüber dem die Treue- und Herausgabepflicht der Hilfsperson besteht, ist beim zweiten Mal («...oder zu Gunsten eines Dritten...») eine beliebige, vom ersterwähnten Dritten (Prinzipal) gerade notwendig[138] unabhängige Drittperson, also ein «anderer Dritter» (bzw. eben ein «Vierter») gemeint.

81

h) Erheblichkeitsschwelle: Vertraglich genehmigte oder geringfügige, sozial übliche Vorteile (Art. 4a Abs. 2)

UWG-untypisch enthält Art. 4a Abs. 2 sowohl einen tatbestandsausschliessenden Einwilligungstatbestand wie auch eine Erheblichkeitsschwelle. Die Bestimmung ist Art. 322^{octies} Ziff. 2 StGB nachgebildet, dem sie materiell, aber bezogen auf den privaten Sektor, entspricht.

82

aa) Vertraglich vom Dritten genehmigte Vorteile (Einwilligung)

Vertraglich vom Dritten, d.h. dem **Prinzipal genehmigte Vorteile** werden als gebührende Vorteile gemäss Art. 4a Abs. 2 1. Var. nicht von Art. 4a Abs. 1 erfasst. Als genehmigt gelten alle zwischen der Hilfsperson und dem Dritten explizit oder implizit vereinbarten Vorteile. Die **Genehmigung** kann vorgängig – mit

83

---

[135] Vgl. zur Bereicherungsabsicht bei den Aneignungsdelikten des StGB (Art. 137 ff. StGB) STRATENWERTH, AT I, § 13 N 31 ff.
[136] Vgl. zu Retrozessionen und weiteren Vergütungen im Vermögensverwaltungsbereich näher N 45 f. und 86 ff.
[137] LOMBARDINI/MACALUSO, AJP 2008, 196 m.w.H. Vgl. zum Themenkomplex Retrozessionen N 45 f. und 86 ff.
[138] Ansonsten läge eine von Art. 4a nicht erfasste direkte Bestechung des Prinzipals vor (N 34 und N 59).

oder ohne Bezug auf einen konkreten Vorteil – oder **auch nachträglich** erfolgen[139]. Die nachträgliche Genehmigung erscheint prima facie problematisch, da der Prinzipal es damit in der Hand hat, die Grenze der Unlauterkeit sowie bes. der Strafbarkeit sowohl der bestechenden Person wie ggf. auch der Hilfsperson nachträglich zu bestimmen[140]. Allerdings wird Art. 4a ohnhin nur auf Zivilklage bzw. Strafantrag hin zur Anwendung kommen. Damit hat es der Prinzipal ohnehin in der Hand, über die privatrechtlichen Folgen der Unlauterkeit und tatsächliche Bestrafung der Bestechungshandlung zu bestimmen[141].

84 Ob die **nachträgliche Genehmigung** einer Vorteilsgewährung die Anwendung von Art. 4a Abs. 1 ausschliessen könnte, wenn Art. 4a Abs. 2 nicht bestünde, ist wohl abzulehnen[142]. Es ist fraglich, ob die in Art. 4a Abs. 2 1. Var. und die damit de lege lata unmissverständlich zur Anwendung kommende «Genehmigungskonstruktion» sich mit der zweifachen Zwecksetzung von Art. 4a, mit dem sowohl das Vermögen (des Prinzipals) als auch der Wettbewerb (vor Verfälschung) geschützt werden soll, verträgt[143]. Da der Wettbewerb kein individuelles, sondern ein allgemeines Gut ist, ist schon **fraglich, ob** überhaupt eine **Einwilligungsfähigkeit** besteht[144]. Der Schutz des Wettbewerbs vor Verfälschung bezweckt den Schutz aller Marktteilnehmer sowie der Institution Wettbewerb an sich und nicht bloss derjenigen Person, deren Wettbewerbsposition direkt und im Rahmen eines Treuebruchs beeinträchtigt wurde. Solange die Tatsache der **Bestechung** den übrigen Marktteilnehmern **verborgen bleibt,** bleibt der Wettbewerb verfälscht – selbst im Fall dass er offengelegt wird, solange keine eigentliche «Rückabwicklung» erfolgt. Mit der vom Gesetzgeber zur Verfügung gestellten Genehmigungsmöglichkeit schliesst die Einwilligung des Verletzten, also der Verzicht auf den Individualschutz, den Institutionenschutz ausnahmsweise vollständig und zwingend aus. Damit wird die **wettbewerbsfunktionale Dimension** von Art. 4a **(bewusst) eingeschränkt** und der von ihm ausgehende präventive Effekt entsprechend geschwächt. Den übrigen Marktteilnehmern, insbes. den Mitbewerbern, aber auch Verbänden, dem Bund und der Marktgegen-

---

[139] Darauf deutet der bspw. auch in Art. 424 OR (nur) für die nachträgliche Billigung verwendete Begriff der Genehmingung hin. Ebenso JOSITSCH, sic! 2006, 835.
[140] JOSITSCH, sic! 2006, 835. Kritisch C. MÜLLER, Bestechung gemäss Art. 4 lit. b UWG, 111, allerdings wird in solchen Fällen auch kaum je ein Strafantrag gestellt werden bzw. wird er zurückgezogen werden, worauf MÜLLER hinweist.
[141] Fälle, in denen Dritte klagen bzw. Strafantrag stellen, werden in der Praxis mangels Kenntnis des Bestechungssachverhalts kaum vorkommen. Vgl. N 109.
[142] Vgl. C. MÜLLER, Bestechung gemäss Art. 4 lit. b UWG, 111. Die Gefährdung bzw. Verfälschung des Wettbewerbs wird im Zeitpunkt der Genehmigung regelmässig erfolgt sein, mindestens soweit keine Rückabwicklung des Geschäfts erfolgt.
[143] So deutlich die Botschaft Korruption, 7007.
[144] Vgl. C. MÜLLER, Bestechung gemäss Art. 4 lit. b UWG, 111 noch zu Art. 4 lit. b aUWG, der noch keinen Genehmigungstatbestand kannte, mit bedenkenswerten rechtsgutsbezogenen Einwänden.

seite muss in der Konsequenz bei einer Genehmigung ein Vorgehen über Art. 9 f. (ggf. i.V.m. Art. 23) verwehrt bleiben[145].

Die Genehmigungskonstruktion in Art. 4 Abs. 2 ist auch deshalb mangelhaft und aus präventiver Sicht fraglich, weil sie nicht die **Herausgabe der bezogenen Vorteile** an den Prinzipal voraussetzt. Damit besteht die Gefahr, dass die bei juristischen Personen durch Organpersonen auszusprechende Genehmigung ihrerseits in Verletzung der Interessen der juristischen Person (des Prinzipals) ausgesprochen wird, soweit der zugeflossene Vorteil als einseitige voraussetzungslose Zuwendung (Schenkung) und nicht als Gegenleistung (Honorar) für geleistete Dienste, bspw. Aufwandentschädigung, bezeichnet werden kann[146]. Eine Genehmigung wird gerade in den tatsächlich wettbewerbsverfälschenden Fällen, in denen ein günstigeres oder besseres etc. Angebot zugunsten eines teureren oder schlechteren etc. Angebots ausgeschlagen wurde, kaum je im Interesse des Prinzipals sein, wenn der erhaltene Vorteil nicht herausgegeben wird. Aber selbst bei Herausgabe des Vorteils wird der Prinzipal oft trotzdem per saldo geschädigt bleiben, einerseits, wenn er Mehrausgaben, Umtriebe etc. zu gewärtigen hatte, andererseits, wenn der Nachteil (Entgegennahme einer überteuerten oder qualitativ schlechten Leistung) den herauszugebenden Vorteil überwiegt[147]. Die in Art. 4a Abs. 2 vorgesehene Möglichkeit der Genehmigung leidet an gewichtigen **Widersprüchen** und erscheint somit als **systemfremd,** was aber als Folge des bewussten Gesetzgeberentscheids, dem Treuebruchmodell zu folgen, hinzunehmen ist.

bb) Exkurs: Vertragliche Genehmigung und Retrozessionsproblematik

Fraglich und von grosser praktischer Bedeutung ist, ob und inwieweit die Ausrichtung und der Empfang von **Retrozessionen, Kickbacks, Finders Fees** und **Soft Commissions** von Art. 4a erfasst werden kann[148].

Zunächst ist festzuhalten, dass bei der Retrozessionsproblematik die Hilfsperson im Zentrum des Interesses steht, welche die Retrozession ausgerichtet erhält. Vor allem der Erhalt von Retrozessionen ohne deren Weiterleitung bzw. Herausgabe, d.h. Sachverhalte **passivseitiger Privatbestechung** (Art. 4a Abs. 1 lit. b), werden pra-

---

[145] Vgl. zum Verhältnis von Individual- und Institutionenschutz im UWG SPITZ, sic! 2006, 524 f.
[146] Damit verwandt ist die Thematik der vertraglich nicht vorgesehenen Abgangsentschädigungen im Arbeitsrecht.
[147] Schwierig kann zudem schon die Bestimmung der zur Einwilligung kompetenten Person bzw. des dazu befugten Gremiums (bspw. VR, GL, Ausschuss/Committee etc.) sein.
[148] Vgl. zu diesem namentlich im Bereich der Finanzdienstleistungen stark beachteten Thema und zur Rechtslage im Zivilrecht (Art. 400 Abs. 1 OR) die bei LOMBARDINI/MACALUSO, AJP 2008, 180 Fn. 2, erwähnte Literatur.

xisrelevant sein[149]. Die die Ausrichtung von Retrozessionen bezweckende Vorteilsgabe wird demgegenüber nur dann vom Verbot der aktivseitigen Privatbestechung in Art. 4a Abs. 1 lit. a i.V.m. Art. 23 erfasst sein, wenn die vorteilsgebende Person (Verletzer) davon ausging, dass eine Herausgabepflicht bestand und diese verletzt werden würde. Dies wird kaum je zu beweisen sein.

88 Sicher scheint als Ausgangspunkt, dass aus Gründen der Einheit der Rechtsordnung **nicht unlauter** (und damit nicht strafbar) sein kann, **was zivilrechtlich erlaubt** ist. Bei gültigem Verzicht auf die Herausgabe solcher Vorteile wird im Rahmen der von **BGE 132 III 460 ff. zum Auftragsrecht** (Art. 400 OR) in einem die externe Vermögensverwaltung betreffenden Fall[150] aufgestellten Kautelen eine Unlauterkeit i.S.v. Art. 4a entfallen.

89 Eine Unlauterkeit kann gemäss Art. 4a auch dann entfallen, wenn der im Zusammenhang mit einer Vermögensverwaltung etc. versprochene oder ausgerichtete Vorteil gar **keine von Art. 4a erfasste**, d.h. pflichtwidrige bzw. im Ermessen stehende **Verhaltensweise** zum Ziel hatte bzw. bewirkt hat, **kein** von Art. 4a vorausgesetztes **Äquivalenzverhältnis** besteht, der **Vorteil als rechtmässig** betrachtet werden kann oder gemäss Art. 4a Abs. 2 **genehmigt** wurde[151].

90 Ferner wird ein Verstoss gegen das nur für Banken, Effektenhändler und kollektive Anlageformen gemäss KAG als Mindeststandard verbindliche **FINMA-RS 09/1 betreffend Eckwerte zur Vermögensverwaltung** infolge seines auch individual- und wettbewerbsschützenden Charakters wettbewerbsrelevant und damit auch für die UWG-Praxis bedeutsam sein (vgl. auch N 46).

91 Ob auch die der Hilfsperson etc. in **Kenntnis** oder zumindest mit **Duldung des Prinzipals** ausgerichteten (bzw. versprochenen) Vorteile vom Unlauterkeitsurteil des Art. 4a Abs. 1 lit. b erfasst werden, ist fraglich[152]. Die Situation der Hilfsperson ist in der Regel von Interessengegensätzen gekennzeichnet. Die Interessen des Prinzipals können jedenfalls schon dann verletzt oder bedroht sein, wenn die Hilfsperson bei ihren Geschäftsentscheiden und in ihrem sonstigen geschäftsrelevanten Verhalten auf Umsatzparameter fokussiert, da der Prinzipal sich auf den Gewinn konzentrieren wird[153]. Soweit dem Prinzipal die Vorteilszuwendung an die Hilfsperson bekannt war oder sie ihm offengelegt wurde und er sie (noch) nicht explizit

---

[149] Solche Sachverhalte sind denn auch über den Straftatbestand der ungetreuen Geschäftsbesorgung (Art. 158 StGB) erfassbar, dazu anstelle vieler BSK StGB II-NIGGLI, Art. 158 N 104a f., sowie QUELOZ, Mélanges Tercier, 639 ff.

[150] Dazu näher EMMENEGGER, Anlagekosten, 121 ff.

[151] LOMBARDINI/MACALUSO, AJP 2008, 196, ABEGGLEN, SZW 2007, 128 f., HSU, ZSR Beiheft 45, 19 und NOBEL/STIRNIMANN, SZW 2007, 349 ff.

[152] Vgl. zum dt. Wettbewerbsstrafrecht (§ 299 dStGB; dieser sieht keine explizite Genehmigungsmöglichkeit vor und folgt auch nicht dem Treuebruchmodell, knüpft also nicht an eine Pflichtwidrigkeit an) RENGIER, FS Tiedemann, 845 ff. m.w.H.

[153] Zutreffend BAUDENBACHER/GLÖCKNER, Kommentar UWG, Art. 4 N 51, vgl. auch für das dt. Wettbewerbsstrafrecht (§ 299 dStGB) RENGIER, FS Tiedemann, 839 ff. m.w.H.

missbilligt hat (bspw. bei offenen Umsatzprämien) bzw. der Vorteil (noch) nicht eingefordert wurde[154], kann noch nicht von einer Unlauterkeit ausgegangen werden. Jedenfalls muss eine Bestrafung aus Art. 4a Abs. 1 lit. b in einem solchen Fall dann entfallen, wenn das Verbot für die Hilfsperson ex ante nicht klar erkennbar war. In der Konsequenz kann eine Strafbarkeit nur dann in Frage kommen, wenn bei transparent erfolgter Information ein klares Verbot des Vorteilsempfangs erging bzw. die Herausgabe der Vorteile vergeblich verlangt wurde (Funktion des Strafrechts als ultima ratio)[155]. Die **blosse Inkaufnahme** (Eventualvorsatz) sollte hierfür jedenfalls noch **nicht ausreichen** können[156]. Jedenfalls wäre es unbillig, diejenige Person zu bestrafen, die nach Treu und Glauben alles Zumutbare vorgekehrt hat, um eine Genehmigung erhältlich zu machen.

In der Literatur wird mit guten Gründen vorgebracht, dass bei konsequenter «flächendeckender» und undifferenzierter Übertragung der in BGE 132 III 460 ff. für unabhängige Vermögensverwalter aufgestellten Grundsätze auf andere Bereiche und Konstellationen die Gefahr bestünde, dass **im Interesse der Kunden liegende Beratungsdienstleistungen** und die auch mit Vorteilen für die Kundschaft verbundene **Nachfragebündelung nicht genügend honoriert** würden, auch wenn von solchen Entschädigungen falsche, da potentiell kundenschädigende Anreize ausgehen können und die zumindest teilweise Weitergabe von Rabatten an die Kunden nicht garantiert ist[157]. **Retrozessionen** etc. können vor diesem Hintergrund **nicht per se als Vorteilszuwendungen** i.S.v. Art. 4a Abs. 1 **verstanden** werden, auf die kein Anspruch besteht, sondern sind vielfach Entgelt für entsprechende (Beratungsetc.) Dienstleistungen. Allerdings bleibt es beim Problem, dass der Prinzipal (bspw. der Bankkunde/Anleger) über die Tatsache, dass seiner Hilfsperson herausgabepflichtige Zuwendungen zugeflossen sind, informiert werden muss und ein Verzicht nur unter qualifizierten Voraussetzungen möglich ist. Wird er schon gar nicht informiert, kann eine Unlauterkeit i.S.v. Art. 4a Abs. 1 lit. b nicht entfallen[158]. Ob dies

92

---

[154] Ähnlich EMMENEGGER, Anlagekosten, 122.
[155] Ähnlich EMMENEGGER, Anlagekosten, 122 f., die von einem «Graubereich» spricht.
[156] Allenfalls kann ein Blick auf die Rechtslage bei ungetreuer Geschäftsbesorgung (Art. 158 StGB) weiterhelfen, wo die tatbestandsmässige Pflichtverletzung nicht in der unterbliebenen Ablieferung der Retrozessionen, sondern (schon) in der Verletzung der Abrechnungspflicht gesehen wird (SCHUBARTH, Retrozession, 169 f.). Legt der unabhängige Vermögensverwalter den Empfang der Retrozession zwar offen, liefert er sie jedoch nicht ab, liegt in der blossen Nichtablieferung noch keine ungetreue Geschäftsbesorgung. Es liegt somit nahe, den gleichen Schluss auch bei Art. 4a zu ziehen, allerdings mit leicht geänderter Begründung, da bei Art. 4a Abs. 1 (lit. b) das Unrecht wohl erst in der eine Treuepflichtverletzung darstellenden Nichtherausgabe des Vorteils liegt. Gleichzeitig ist zu beachten, dass das in Art. 4a verkörperte Unrecht schon vom Strafmass her und der Ausgestaltung als Antragsdelikt mit nachträglicher Genehmigungsmöglichkeit vom Gesetzgeber als wesentlich geringfügiger eingestuft wurde als dasjenige der ungetreuen Geschäftsbesorgung in Art. 158 StGB.
[157] Dazu ROBERTO, ZSR 2009, 36 ff.
[158] Arglistiges Verschweigen von Kickbacks kann sogar einen Betrug (Art. 146 StGB) darstellen, vgl. BGer 6S.464/2005, E. 3, und BSK StGB II-NIGGLI, Art. 158 N 104a.

auch schon gilt, wenn aus den Umständen oder aus einer «Branchenüblichkeit» auf Retrozessionen geschlossen werden musste, ist hingegen fraglich. Gemäss Bundesgericht darf der Auftrag für den Beauftragten abgesehen vom Honorar weder vor- noch nachteilig sein, was Ausfluss der Treuepflicht ist und Interessenkonflikten vorbeugen will[159]. Es ist nicht zu verkennen, dass in der Retrozessionsdebatte gewichtige ökonomische (Branchen-)Interessen auf dem Spiel stehen.

cc) Geringfügige, sozial übliche Vorteile

93 Art. 4a Abs. 2 2. Var. schliesst die Anwendung von Art. 4a Abs. 1 auf **«geringfügige, sozial übliche Vorteile»** aus und enthält damit eine dem Korruptionsstrafrecht entnommene, der (bundesrechtlichen) Opportunitätsklausel in Art. 322^{octies} Ziff. 2 StGB bei der Mandats- und Amtsträgerbestechung vergleichbare Sozialadäquanzklausel. Der Vorteil muss sowohl geringfügig (absoluter Massstab) wie auch sozial üblich sein (relativer Massstab), wobei beide Merkmale **kumulativ** vorliegen müssen[160]. Diese Ausschlussklausel dürfte von geringer praktischer Bedeutung sein, da sie auf die von Art. 4a nicht erfasste folgenlose (keine pflichtwidrige Handlung voraussetzende) Vorteilszuwendung und -annahme zugeschnitten ist[161]. Es ist ohnehin **fraglich, ob** sie **überhaupt auf** die **(Privat-)Bestechung passt**, da eine Sozialüblichkeit der Entrichtung von Vorteilen zumindest für eine pflichtwidrige, aber wohl auch für eine im Ermessen stehende Verhaltensweise im privaten Sektor in der Schweiz – abgesehen von (nachträglich ausgerichteten) Trinkgeldern – nicht gegeben sein dürfte[162]. Sozial üblich dürften vielmehr nur Geschenke etc. sein, die ohne einen erkennbaren Zusammenhang zu einer unkorrekten Verhaltensweise erfolgen.

i) Fehlende Opportunitätsklausel

94 Im Unterschied zum bis 31. Dezember 2006 in Kraft stehenden, für die Mandats- und Amtsträgerbestechung geltenden Art. 322^{octies} Ziff. 1 aStGB, enthält (und enthielt) Art. 4a Abs. 2 **keine Opportunitätsklausel**[163]. Art. 52 StGB sieht seit Inkrafttreten des revidierten AT StGB am 1. Januar 2007 allgemein vor, dass von der Strafverfolgung oder einer Überweisung an das Gericht abgesehen werden

---

[159] Dazu näher ABEGGLEN, SZW 2007, 124, und NOBEL/STIRNIMANN, SZW 2007, 350.
[160] Dazu näher JOSITSCH, sic! 2006, 835 f.
[161] Botschaft Korruption, 7011.
[162] Vgl. auch die Kritik bei JOSITSCH, sic! 2006, 835, sowie die Erläuterungen in der Botschaft Korruption, 7011.
[163] Art. 322^{octies} Ziff. 1 aStGB entfiel infolge des Inkrafttretens des AT StGB auf den 1. Januar 2007.

bzw. nur ein Schuldspruch ohne Strafe erfolgen kann, wenn ein Strafbedürfnis fehlt, weil Schuld und Tatfolgen geringfügig sind (Art. 52 StGB)[164].

Das Desinteresse an einer Strafverfolgung wird in der Regel zum **Rückzug des Strafantrags** oder zur **Genehmigung des Vorteils** durch den Prinzipal führen, wobei die Strafbarkeit der passiven Privatbestechung auch gestützt auf den als Offizialdelikt konzipierten Tatbestand der ungetreuen Geschäftsbesorgung (Art. 158 StGB) resultieren kann, wenn auf Seiten des Prinzipals ein Vermögensschaden eingetreten ist.

95

2. Passive Privatbestechung (Art. 4a Abs. 1 lit. b)

a) Allgemeines

Die in Art. 4a Abs. 1 lit. b enthaltenen Tatbestandsmerkmale entsprechen konsequenterweise **spiegelbildlich** denjenigen der **aktiven Privatbestechung** in Art. 4a Abs. 1 lit. a. Es kann diesbezüglich auf die obige Kommentierung verwiesen werden (N 49 ff.).

96

Im **Gegensatz zu** den Tatbeständen in **Art. 4** und in Analogie zu den Straftatbeständen der Amtsträgerbestechung (vgl. Art. 322^{quater} StGB) wird nicht allein das **Verhalten** des Verletzers (Vorteilsgebers), sondern **auch der verleiteten Person** (Hilfsperson) erfasst und als **unlauter** qualifiziert.

97

Vor dem Hintergrund der Entstehungsgeschichte erwähnenswert ist, dass auch **Funktionäre von NGOs** dem Verbot der Privatbestechung in Art. 4a Abs. 1 lit. b unterstehen, da es auf eine Gewinnstrebigkeit bzw. kommerzielle Zweckbestimmung nicht ankommt und nur entscheidend ist, ob die Bestechungshandlung Auswirkungen auf den Wettbewerb zeitigen kann (Erfordernis der Wettbewerbshandlung)[165].

98

Gesonderter Betrachtung bedarf nur die unlautere Verhaltensweise. Unlauter gemäss Art. 4a Abs. 1 lit. b handelt, wer den Vorteil **fordert, sich versprechen lässt** oder **annimmt**. Dabei kann zwar ohne weiteres auf die **Auslegung zu Art. 322^{quater} StGB** sowie **zu Art. 315 aStGB** zurückgegriffen werden[166]. Allerdings reicht zivil-

99

---

[164] Vgl. auch zur zukünftig bundesrechtlichen Verankerung des Opportunitätsprinzips Art. 8 f. StPO 2007.
[165] In der Schweiz inkorporierte NGOs werden meist als Vereine oder Genossenschaften konstituiert sein und durch ihre Tätigkeit in bestimmten Fällen (FIFA, UEFA, IOC, Berufs-/Branchenverbände, Konsumentenorganisationen) erheblichen direkten oder indirekten tatsächlichen oder potentiellen Einfluss auf den Wettbewerb in einem oder mehreren Märkten aufweisen. Vgl. Botschaft Korruption, 7009 f., sowie JOSITSCH, sic! 2006, 833.
[166] Vgl. bspw. BSK StGB II-PIETH, Art. 322^{quater} N 3, und Botschaft OECD-Übereinkommen 1999, 5529, jeweils zu Art. 322^{quater} StGB.

rechtlich für die Annahme der Unlauterkeit schon das Vorliegen der objektiven Tatbestandsvoraussetzungen des Art. 4a Abs. 1 lit. b aus[167].

100 Dabei ist vor Augen zu halten, dass es sich bei den Tatbeständen der aktiv- und der passivseitigen Privatbestechung in **Art. 4a Abs. 1 lit. a und lit. b um selbständige Delikte** handelt, die weder zur Annahme der (zivilrechtlich bedeutsamen) Unlauterkeit noch als Voraussetzung der Strafbarkeit das Vorliegen des spiegelbildlichen Teildelikts notwendig voraussetzen. Die Unlauterkeit auf Seiten des potentiellen Vorteilsempfängers (passivseitige Privatbestechung) ist – mindestens mit Blick auf reparatorische Ansprüche und das Strafrecht – unabhängig von derjenigen des potentiellen Verletzers (aktivseitige Privatbestechung), es sind also Fälle unlauteren Verhaltens gemäss Art. 4a Abs. 1 lit. b denkbar, in denen eine Unlauterkeit gemäss Art. 4a Abs. 1 lit. a fehlt und umgekehrt.

101 Wie schon bei Art. 4a Abs. 1 lit. a ist zur Annahme der Tatbestandsmässigkeit und damit zur Bejahung der Unlauterkeit kein Erfolg vorausgesetzt, es **genügt** strafrechtlich gesprochen schon der **Versuch**, d.h. das – ggf. erfolglose – Fordern bzw. Sich-versprechen-Lassen eines Vorteils für eine pflichtwidrige oder im Ermessen stehende Verhaltensweise, soweit dies vom potentiellen Vorteilsgeber entsprechend wahrgenommen wird[168].

b) Fordern, Sich-versprechen-Lassen oder Annehmen eines nicht gebührenden Vorteils für sich oder einen Dritten

102 Den Vorteil **fordert** die Hilfsperson, wenn sie **explizit** oder **implizit (konkludent) erklärt,** dass die von Art. 4a Abs. 1 erfasste **Verhaltensweise** (pflichtwidrige oder im Ermessen stehende Handlung oder Unterlassung) **nur gegen die Entrichtung eines Vorteils** erfolgt[169]. Die Erfüllung der Forderung oder auch nur deren in Aussichtstellung wird nicht vorausgesetzt. Es genügt eine **einseitige empfangsbedürftige Willenserklärung,** wobei zur Würdigung des Erklärungsinhalts auf den konkreten Adressaten abzustellen ist. Ein Vorsatz bzw. ein Bewusstsein der Hilfsperson um die Forderung ist zwar nicht für die Unlauterkeit an sich, jedoch für die Geltendmachung reparatorischer Ansprüche (Fahrlässigkeit genügt) und für die Strafbarkeit gemäss Art. 23 vorausgesetzt. Dabei genügt schon, wenn beim Adressaten der Eindruck entsteht, dass die unzulässige Verhaltensweise bei Ausrichtung des Vorteils **möglicherweise** erfolgt, da die diesfalls bei ihm bewirkte Unsicherheit schon eine Wettbewerbsverfälschung nach sich zieht.

---

[167] Zur Geltendmachung reparatorischer Ansprüche gemäss Art. 9 Abs. 3 genügt das Vorliegen von Fahrlässigkeit bzw. Bösgläubigkeit.
[168] Vgl. auch BAUDENBACHER/GLÖCKNER, Kommentar UWG, Art. 4 N 48. Es liegt ein verselbständigtes Versuchsdelikt vor.
[169] Vgl. auch JOSITSCH, sic! 2006, 835, BALMELLI, Bestechungstatbestände, 153, und BSK StGB II-PIETH, Art. 322^{quater} N 4 für die Amtsträgerbestechung.

Den Vorteil **verspricht** sich, wer **ausdrücklich** oder **konkludent** das **Angebot** eines **späteren Vorteils annimmt** (Akzept)[170], im Unterschied und in Abgrenzung zur blossen tatsächlichen Entgegennahme. Auch hier ist auf den Empfängerhorizont abzustellen. Die **Annahme** des Vorteils liegt bei der Entgegennahme des Vorteils zu eigener Verfügungsgewalt vor[171].

103

c) Dritter

Als Dritter ist der **Vertragspartner der Hilfsperson,** also der Prinzipal, gemeint, gegenüber dem die Treuepflichtverletzung begangen wird bzw. sie sich auswirkt, weil der Vorteil aufgrund der Herausgabepflicht ihm zustünde[172].

104

d) Keine konkurrierende Unternehmensstrafbarkeit (Art. 102 Abs. 2 StGB)

Da die **passive Privatbestechung** gemäss Art. 4a Abs. 1 lit. b **in Art. 102 Abs. 2 StGB unerwähnt** bleibt, kommt eine konkurrierende originäre (kumulative) Unternehmensstrafbarkeit nicht in Frage[173].

105

V. Einwendungen des Verletzers

Für **allgemeine Einwendungen** ist auf die Kommentierung in **Art. 2 N 117 ff.** zu verweisen.

106

Spezifisch ist auf die in **Art. 4a Abs. 2** vorgesehene und schon tatbestandsausschliessende **Bagatellklausel** (geringfügige und sozial übliche Vorteile; N 93) sowie auf die **Genehmigungsmöglichkeit des Prinzipals** hinzuweisen (N 83 ff.).

107

Tendenziell nicht als Einwendung bzw. als Rechtfertigungs- oder Strafmilderungsgrund relevant dürfte die **Durchführung von Compliance-Massnahmen** sein, die je nach Geschäftstätigkeit sinnvoll oder faktisch zwingend sein werden[174]. Wird

108

---

[170] Vgl. auch JOSITSCH, sic! 2006, 835, BALMELLI, Bestechungstatbestände, 153, und BSK StGB II-PIETH, Art. 322^{quater} N 4 für die Amtsträgerbestechung.

[171] Vgl. auch JOSITSCH, sic! 2006, 835, BALMELLI, Bestechungstatbestände, 153, und BSK StGB II-PIETH, Art. 322^{quater} N 4 für die Amtsträgerbestechung. Zum auf die Annahme bezogenen, zur Strafbarkeit gemäss Art. 23 vorausgesetzten Vorsatzerfordernis näher BSK StGB II-PIETH, Art. 322^{quater} N 4, und BALMELLI, Bestechungstatbestände, 155, je m.w.H.

[172] Vgl. für die aktivseitige Privatbestechung N 58 f.

[173] Vgl. auch N 119.

[174] Vgl. dazu etwa LIVSCHITZ, SZIER 2009, 381 ff., und PIETH, AwR 2007, 197 f. Man denke nur an die Auftragsvergabe im Ausland.

Art. 4a trotz der Durchführung von Compliance-Massnahmen verletzt, wird dies oft entweder Ausdruck der betreffenden Unternehmenskultur an sich sein oder zumindest gegen die Eignung und Effizienz der Compliance-Massnahmen sprechen, aber sowohl an der Unlauterkeit als auch an der Strafwürdigkeit nichts ändern – sie können aber bei der Strafzumessung berücksichtigt werden[175].

VI. Rechtsfolgen

109 Bei Verletzung von Art. 4a sind **negatorische Ansprüche** (Art. 9 Abs. 1 und 2) möglich. Sie dürften in der Praxis weniger bedeutsam als bei anderen UWG-Verletzungen und wohl auch kaum je «flächendeckend» nötig sein, wie dies in gewissen Fällen der Verleitung zum Vertragsbruch i.S.v. Art. 4 lit. a möglich sein kann[176]. Der potentiell geschädigte Prinzipal wird von drohenden Verletzungen kaum Kenntnis haben und bestehende bzw. fortwirkende Verletzungen sind kaum denkbar. Insoweit werden negatorische Ansprüche kaum nützlich und effektiv sein. Beseitigungsansprüche können insbesondere nicht zur Auflösung eines allfällig geschlossenen Vertrags des Prinzipals mit einer dritten Person führen[177]. Da auf die Verletzung von Art. 4a gestützte negatorische Ansprüche selten sein dürften, werden auch bei drohenden Verletzungen von Art. 4a mögliche **vorsorgliche Massnahmen** (vgl. Art. 14) selten sein.

110 Weiter kann die Verletzung von Art. 4a zu **reparatorischen Ansprüchen** (Schadenersatz, Genugtuung, Gewinnherausgabe; vgl. Art. 9 Abs. 3)[178] führen. Sie werden in der Praxis infolge von Beweisschwierigkeiten von untergeordneter Bedeutung sein.

111 Primär zu denken ist an **Ansprüche des Prinzipals gegen die fehlbare Hilfsperson,** die die Zuwendung fordert bzw. erhält:

– Der betroffene Prinzipal kann in seinen finanziellen Interessen einerseits dadurch geschädigt sein, als der der Hilfsperson zugewendete und von ihm nicht genehmigte (Art. 4a Abs. 2) **Vorteil nicht abgeliefert** wird (Verletzung der Herausgabepflicht).
– Andererseits kann ein Schaden darin liegen, dass der durch die Bestechungshandlung bewirkte, von der Hilfsperson mit Wirkung für den Prinzipal abgeschlossene **Vertrag** für Letzteren finanziell messbar und beweisbar **ungünstig**

---

[175] Die Problematik stellt sich namentlich auch im Rahmen der Sanktionsbemessung bei Kartellbussgeldern gemäss Art. 49a KG im Kartellrecht.
[176] Vgl. Art. 4 N 85.
[177] Vgl. zum im UWG fehlenden Widerrufsrecht Art. 9 N 81 sowie zu den vertragsrechtlichen Wirkungen der Privatbestechung N 117. Vgl. allgemein zu den negatorischen Ansprüchen Art. 9 N 60 ff.
[178] Dazu allgemein Art. 9 N 118 ff., 179 ff. bzw. 184 ff. sowie spezifisch HÉRITIER, Pots-de-vin, 167 ff.

ist (überteuert, schlechte Ware, schlechte Vertragsbedingungen, sonstige Nachteile).

– Daneben ist **weiterer positiver Schaden** in Form von Kosten für Umtriebe, Rechtsverfolgung und Rettungsaufwand (wegen Reputationsschadens) sowie **entgangener Gewinn** infolge von Umsatzeinbussen wegen Negativpublizität denkbar.

In all diesen Fällen von Ansprüchen des Prinzipals gegen die Hilfsperson stehen vorteilhafte[179] **vertragsrechtliche Herausgabeansprüche** des Prinzipals gestützt auf Art. 321b (Arbeitsvertrag) oder Art. 400 OR (Auftrag) im Vordergrund, die **mit Ansprüchen aus positiver Vertragsverletzung kombiniert** werden können[180]. Es liegt nahe, von einem Schadenersatzanspruch mindestens in Höhe des erhaltenen Vorteils auszugehen[181]. Mit einem **Gewinnherausgabeanspruch** (Art. 9 Abs. 3 i.V.m. Art. 423 Abs. 1 OR) kann der erlangte Vorteil herausverlangt werden[182]. Ansprüche aus UWG stehen im Verhältnis Prinzipal/Hilfsperson gegen die vorteilsgebende Person und umgekehrt im Vordergrund. Mit Bezug auf Art. 9 Abs. 3 gestützte Schadenersatzansprüche des Prinzipals ist fraglich, ob im Verhältnis zur Hilfsperson eine Wettbewerbshandlung vorliegt bzw. ob auch solche Schadenersatzansprüche vom Schutzzweck von Art. 9 erfasst werden[183]. Dasselbe gilt für Gewinnherausgabeansprüche, die auf die Herausgabe der Vorteile an sich gut passten. Diese können **ggf. mit Ansprüchen aus positiver Vertragsverletzung kombiniert** werden, etwa im Fall, dass die Wettbewerbsposition des Prinzipals durch das Verhalten der Hilfsperson beeinträchtigt wurde[184]. 112

Ansprüche des Prinzipals gegen den Vorteilsgeber basierend auf Art. 9 Abs. 3 dürften nach den allgemeinen Grundsätzen ebenfalls denkbar sein. Zu beachten ist, dass die Bestechungshandlung und die Annahme des Vorteils im Rahmen eines bewussten Zusammenwirkens i.S.v. Art. 50 Abs. 1 OR zu einer solidarischen Haftung des Vorteilsgebers mit der Hilfsperson führen werden, wobei Letztere wie gesehen auch aus Vertrag haftet. 113

Reparatorische Ansprüche von **Mitbewerbern** oder anderen Marktteilnehmern gegenüber der Hilfsperson und der vorteilsgebenden Person sind zwar theoretisch denkbar, doch wird der insoweit zu erbringende **Beweis** des Schadens und der Kausalität **kaum zu erbringen** sein. Der **Beweis**, dass ohne Versprechen bzw. Gewährung des Vorteils ihre Wettbewerbsposition verbessert worden wäre, dass bspw. der 114

---

[179] Umkehr der Beweislast in Bezug auf Verschulden (Art. 97 Abs. 1 OR), Verjährung gemäss Art. 127 f. OR sowie Hilfspersonenhaftung gemäss Art. 101 OR.
[180] Das Herausgegebene wird dabei auf den Schadenersatz anzurechnen sein, soweit es sich funktionell um denselben Posten handelt, vgl. dazu BK-PELLMANN, Art. 400 OR N 132 in Bezug auf Schmiergelder. Kritisch zur Herausgabe von Schmiergeldern ROBERTO, ZSR 2009, 28 ff.
[181] So auch ROBERTO, ZSR 2009, 30 m.w.H., vgl. auch HSU, ZSR Beiheft 45, 24.
[182] Dazu näher ROBERTO, ZSR 2009, 30 f. m.w.H. und Art. 9 N 184 ff.
[183] Diesbezüglich eine Wettbewerbshandlung bejahend BAUDENBACHER, Kommentar UWG, Art. 2 N 296.
[184] Vgl. HÉRITIER, Pots-de-vin, 96.

fragliche Auftrag bzw. die Kaufsorder etc. gerade an den klagenden Marktteilnehmer vergeben bzw. abgegeben worden wäre, ist kaum zu führen. Allerdings ist stets ein Anspruch auf Ersatz des **positiven Schadens** denkbar, namentlich bei eigentlichen Vergabeverfahren (bspw. Wettbewerbe, Auktionsverfahren, Roadshows). Undenkbar sind hingegen Gewinnherausgabeansprüche, da ein allfälliger Gewinn (Vorteil) der Hilfsperson nicht (notwendig) auf Kosten der Mitbewerber erzielt wurde und insoweit ein innerer Grund für dessen Zusprechung fehlt. Reparatorische Ansprüche der **Marktgegenseite** sind ebenso wenig **denkbar,** da die Marktgegenseite infolge des Vertragsabschlusses mit dem Prinzipal, zu dem die pflichtwidrige oder im Ermessen stehende Verhaltensweise geführt hat, keinen Schaden haben wird – jedenfalls wird der Beweis, dass der Preis als Folge einer konkreten Privatbestechungshandlung erhöht ist, kaum zu erbringen sein.

115 Soweit die **vorteilsgebende Person** als Hilfs- oder Organperson im Geschäft einer juristischen Person oder als deren Beauftragter etc. gehandelt hat, wird ihr Verhalten der juristischen Person zugerechnet (vgl. Art. 55 ZGB bei Organpersonen), die bei Verletzung entsprechender vertraglicher Pflichten im Innenverhältnis Schadenersatzansprüche geltend machen bzw. Regress nehmen kann[185]. Ein Schaden ist einerseits für Fälle der Reputationsbeschädigung und daraus resultierender Kundenabgänge oder sonstiger Beeinträchtigungen im Geschäftsgang denkbar. Andererseits kann der Bestechungssachverhalt dazu führen und ein Schaden darin liegen, dass das betreffende Unternehmen von der Vergabe von öffentlichen (oder auch gemischt- oder privatwirtschaftlichen) Aufträgen ausgeschlossen wird[186].

116 Auf Art. 62 ff. OR gestützte, vom Verweis in Art. 9 Abs. 3 nicht erwähnte **Bereicherungsansprüche** des Prinzipals gegenüber der Hilfsperson dürften an sich zwar denkbar sein, da infolge der (verletzten) Herausgabepflicht ein eigentlicher Zuweisungsgehalt vorliegt. Im Vordergrund stehen aber vertragliche Ersatz- bzw. Herausgabeansprüche. Je nach Lehrmeinung schliessen vertragsrechtliche Ansprüche bereicherungsrechtliche Ansprüche jedoch aus[187].

117 Was die **vertragsrechtlichen Auswirkungen der Privatbestechung** anbelangt, so ist zu differenzieren:

– Das **Bestechungsversprechen selbst** ist regelmässig aufgrund seines rechtswidrigen bzw. unsittlichen und damit mangelhaften Inhalts gemäss Art. 19/20 OR **nichtig**[188].

---

[185] Für Ansprüche aus Arbeitsrecht Art. 321e OR oder für solche aus Auftragsrecht Art. 398 OR.
[186] Vgl. N 17 zu entsprechenden Revisionsbestrebungen im Bereich des öffentlichen Vergaberechts. Der Beweis eines so gelagerten Schadens wird sehr schwierig zu erbringen sein, da kaum je zu beweisen sein wird, dass es bei Zulassung zum Vergabeverfahren zum Zuschlag gekommen wäre.
[187] Vgl. zum Meinungsstreit anstelle vieler ROBERTO, ZSR 2009, 31 und Fn. 84 m.w.H.
[188] BGE 119 II 380, 384, sowie BK-KRAMER, Art. 19/20 OR N 200, HÉRITIER, Pots-de-vin, 109, TERCIER, SJ 1999 II 243 ff. und STEINBEISSER, Bestechung, 27. Der allfälligen Rückforderung gewährter Vorteile wird Art. 66 OR entgegenstehen, da Schmiergeldversprechen und deren Annahme strafbar sind (Art. 4a Abs. 1 i.V.m. Art. 23) und insofern ein eigentlicher «Gaunerlohn»

- Sog. **Folgeverträge**, d.h. als Folge der Bestechungshandlung abgeschlossene Verträge – im Vordergrund stehen Vertragsschlüsse des Prinzipals mit der vorteilsgebenden Person bzw. ihr nahestehenden Personen –, sind hingegen **nicht** allein aufgrund der Tatsache, dass sie auf unlautere Weise – aufgrund des Versprechens oder der Ausrichtung eines Vorteils – zustandekamen, **nichtig**[189]. Die Bestechungshandlung wirkt sich nicht (notwendig) im Vertragsinhalt aus, sondern betrifft «nur» das Zustandekommen des fraglichen Vertrags.
- Der Folgevertrag kann ggf. infolge von **Willensmängeln** (Art. 23 ff. OR) ungültig sein und angefochten werden, insbesondere bei Vorliegen der Tatbestände der Art. 28–30 OR[190]. Das Vorliegen eines Grundlagenirrtums (Art. 24 Abs. 1 Ziff. 4) wird dann in Betracht fallen, wenn die Vorteilsausrichtung einen (beweisbaren) Einfluss auf den Inhalt, bspw. die Preisgestaltung, hatte, d.h. wenn sich der Willensmangel **auf das Synallagma selbst** bezog und der Irrtum für den Irrenden in quantitativer Sicht bestimmend war[191].
- Dem **Vertragspartner des Prinzipals** wird eine Berufung auf **Art. 19 f. OR** bzw. eine **Willensmangelanfechtung** oft **verwehrt** sein, da (und soweit) er infolge des Abschlusses des Vertrags einerseits kaum je benachteiligt und andererseits das Motiv des Prinzipals zum Abschluss des Vertrags für ihn in der Regel irrelevant sein wird. Ohnehin wird der Vertragspartner des Prinzipals oft selbst in die Bestechungshandlung involviert sein oder zumindest um sie wissen (Aspekt des Rechtsmissbrauchs).

Die **Bestrafung aus Art. 23** setzt nebst der Stellung eines Strafantrags die (eventual-)vorsätzliche Tatbegehung voraus. Bei Vorliegen eines Vermögensschadens wird bei Sachverhalten der **passiven Privatbestechung** regelmässig auch eine 118

---

i.S. der Rspr. vorliegt und sie auch dem Ordre Public widersprechen (BGE 119 II 380, 384). Dazu ROBERTO, ZSR 2009, 28. Vgl. auch BGE 134 III 438 ff. («Resh»; Kartellrecht).

[189] OGer ZH vom 17. September 2002, E.III.2, auszugsweise in SZW 2003, 35 ff., publiziert und von WYSS/VON DER CRONE referiert, BGE 47 II 86, 88f., BGE 102 II 339, 340 f., BGE 119 II 380, 385, HÉRITIER, Pots-de-vin, 145, BSK OR I-HUGUENIN, Art. 19/20 N 39, BK-KRAMER, Art. 19/20 OR N 200, TERCIER, SJ 1999 II 255 ff., STEINBEISSER, Bestechung, 74 ff. sowie CAPUS, Private Commercial Bribery, 465 f. Vgl. auch zur Problematik der Behandlung der Folgeverträge bei kartellgesetzwidrigen Absprachen (bspw. Preisfestsetzungen im Horizontalverhältnis) ZÄCH, Kartellrecht, N 869 ff. Im Kartellrecht wird zu beachten sein, dass sich die kartellgesetzwidrigen Absprachen im Vertragsinhalt niederschlagen können (überhöhter Preis) und deshalb eine Willensmangelanfechtung regelmässig möglich sein dürfte.

[190] Vgl. BGE 129 III 320, 325 ff. («Stadt Zürich/ABZ Recycling AG»; Fall der Amtsträgerkorruption), wobei sich die Frage stellte, was die Auswirkungen von Bestechungszahlungen auf ein Dauerschuldverhältnis (Klärschlammvertrag mit Mindestliefermengen) waren. Die Möglichkeit einer Auflösung (mit Wirkung ex nunc) wurde mangels kausalen Willensmangels verworfen. Zum Ganzen instruktiv WYSS/VON DER CRONE, SZW 2003, 35 ff. m.w.H (zum Entscheid des OGer ZH vom 17. September 2002).

[191] BGE 129 III 320, 329 ff. («Stadt Zürich/ABZ Recycling AG»).

ungetreue Geschäftsführung i.S.v. Art. 158 StGB vorliegen (echte Konkurrenz infolge unterschiedlicher Rechtsgüter)[192].

119 Eine mit der Strafbarkeit natürlicher Personen **konkurrierende,** originäre **Unternehmensstrafbarkeit** besteht gestützt auf Art. 102 Abs. 2 StGB i.V.m. Art. 4a/23 (nur) im Rahmen der **aktiven Privatbestechung** i.S.v. Art. 4a Abs. 1 lit. a (in Kraft seit dem 1. Januar 2007). In Fällen passiver Privatbestechung kann eine subsidiäre Unternehmensstrafbarkeit in Frage kommen, wenn die Tat keiner bestimmten natürlichen Person im Unternehmen zugerechnet werden kann (Art. 102 Abs. 1 StGB i.V.m. Art. 23). Dass keine originäre **Unternehmensstrafbarkeit** möglich ist, erscheint **sachgerecht,** da der Prinzipal als **Folge des Treuebruchmodells** einerseits infolge der Genehmigungsmöglichkeit gemäss Art. 4a Abs. 2 ohnehin über das geschützte Rechtsgut verfügen bzw. einen Strafantrag wieder zurückziehen kann und andererseits im Begehungszeitpunkt regelmässig keine Kenntnis vom Unrecht (Treuebruch) haben wird[193]. Fälle, in denen er um den Treuebruch weiss oder von ihm erfährt und nichts vorkehrt, werden in der Regel als Genehmigung gemäss Art. 4a Abs. 2 zu behandeln sein.

VII. Verfahrensfragen

120 Bei Art. 4a dürfte in der Praxis die **Möglichkeit der Bestrafung im Vordergrund** stehen. Von der Strafbarkeit der Privatbestechung gemäss Art. 4a i.V.m. Art. 23 geht nicht nur ein präventiver Effekt aus, sondern die Möglichkeit der Bestrafung kann im Rahmen der zivilrechtlichen Aufarbeitung (Herausgabe des Vorteils, Schadenersatzansprüche) über den «Hebel» des Rückzugs des Strafantrags von gewichtiger Bedeutung sein.

121 Die gerichtliche Geltendmachung von **zivilrechtlichen Ansprüchen** wird **weniger bedeutsam** sein. Dass Fälle zu Art. 4a (und zu Art. 4 lit. b aUWG) kaum bekannt werden und publizierte Gerichtspraxis fast völlig fehlt, wird nicht zuletzt auch auf die – aktuell noch – **fehlende Bereitschaft** zurückzuführen zu sein, **Art. 4a geltend zu machen,** da die Privatbestechung noch immer verbreitet als «Kavaliersdelikt» verstanden wird und deren Verfolgung nicht in die schweizerische Wirtschaftskultur passt. Jedenfalls scheint die Bereitschaft von privater Seite, Art. 4a durchzusetzen, noch immer eher gering zu sein.

122 Bei Art. 4a stellen sich ähnliche **Beweisschwierigkeiten** wie schon bei Art. 4[194]. Im Besonderen dürfte es bei Art. 4a schwierig sein, die Gewährung des Vorteils (bzw. das diesbezügliche Versprechen oder Fordern) zu beweisen. Zu denken ist jedoch

---

[192] Dazu N 43 und BSK StGB II-Pieth, Art. 322ter N 52. In Fällen «erfolgreicher» Vorteilsgewährung wird bei aktiver Privatbestechung ein tatsächlicher Vermögensschaden oft fehlen bzw. durch den bewirkten Vertragsabschluss «kompensiert» sein.
[193] Vgl. auch die Begründung bei Jositsch, sic! 2006, 834.
[194] Art. 4 N 92.

an die Beweisbeschaffung auf dem Wege strafprozessualer **Zwangsmassnahmen**, bspw. an die Herausgabe von Kontodaten. Allerdings ist in der Praxis mit Bargeldtransaktionen zu rechnen, soweit der Vorteil überhaupt in Geld ausgerichtet wird. Ebenso wird kaum zu beweisen sein, dass die Hilfsperson für den Prinzipal eine ungünstige, jedenfalls nicht die beste Wahl (bspw. Vertragsabschluss) getroffen hat.

Der **Beweis eines Schadens** in Form **entgangenen Gewinns** im Rahmen eines Schadenersatzanspruchs gemäss Art. 9 Abs. 3 dürfte sich – wie allgemein bei UWG-Sachverhalten – schwierig gestalten[195]. Beim Beweis des **positiven Schadens** (bspw. Kosten für Umtriebe und vorprozessuale Anwaltskosten etc.) dürften sich keine für Art. 4a spezifische Probleme stellen und es kann auf das bei Art. 9 N 119 ff. Ausgeführte verwiesen werden. **Genugtuungsansprüche** gestützt auf Art. 4a i.V.m. Art. 9 Abs. 3 dürften nur dann denkbar sein, wenn ein schwerer Reputations- bzw. Imageschaden vorliegt oder mit der Privatbestechung eine unlautere Herabsetzung bzw. Persönlichkeitsverletzung verbunden war, wobei sich der Anspruch dann i.V.m. Art. 3 lit. a oder lit. e ergibt. Mit Bezug auf den **Gewinnherausgabeanspruch** stellt sich v.a. die Frage, ob Empfang und Höhe des erhaltenen Vorteils bewiesen werden können[196]. Immerhin liegt es nahe, mit Bezug auf die Höhe des Schadenersatzanspruchs mindestens – im Sinne einer Rentabilitätsvermutung – von der Höhe des erhaltenen Vorteils auszugehen[197].

123

Im Rahmen der **Aktivlegitimation**[198] im Vordergrund stehen die – auch gemäss Art. 23 i.V.m. Art. 9 f. zur **Stellung des Strafantrags** befugten – **Personen, deren Interessen beeinträchtigt** wurden, d.h. der durch den Treuebruch betroffene **Prinzipal** und die von der Wettbewerbsverfälschung betroffenen **Mitbewerber**, aber auch Verbände gemäss Art. 10 Abs. 2 lit. a und b sowie in den Fällen des Art. 10 Abs. 2 lit. c der Bund (SECO)[199]. Klärungsbedürftig ist die Aktivlegitimation (und damit die Strafantragsberechtigung) der **Marktgegenseite** (Kunden, Konsumenten etc.; vgl. Art. 10 Abs. 1). Allerdings dürften ein konkretes Interesse am Funktionieren des Wettbewerbs im von der Wettbewerbsverfälschung betroffenen Markt und die allfällige Preisverteuerung ausreichen, wurde Art. 4a doch gerade deshalb in das UWG (und nicht in das StGB) eingefügt, um dessen breitere Antragsberechtigung zu aktivieren[200].

124

Im Rahmen der **Passivlegitimation** stehen als Anspruchsgegner die Hilfsperson und die vorteilsgebende Person im Vordergrund[201].

125

---

[195] Dazu näher Art. 9 N 125 ff. m.w.H.
[196] Vgl. dazu näher Art. 9 N 184 ff. m.w.H.
[197] ROBERTO, ZSR 2009, 30 m.w.H.
[198] Dazu allgemein Art. 9 N 8 ff.
[199] Bei Auslandssachverhalten zum Schutz des Ansehens der Schweiz im Ausland; vgl. zur geplanten UWG-Revision und der Erweiterung der Bundesklage gemäss Art. 10 Abs. 3 bis 5 E-UWG 2009 in Botschaft UWG 2009, 6160 ff. und 6180 ff. Dazu auch Art. 10 N 41 ff.
[200] Ähnlich HSU, ZSR Beiheft 45, 23. Dazu N 19.
[201] Vgl. im Übrigen Art. 9 N 24 ff.

126 Art. 4a erfasst Bestechungshandlungen im **In- wie im Ausland,** also insbesondere auch Vorteilszuwendungen an in- oder ausländische Unternehmen bzw. deren Arbeitnehmer, Gesellschafter, Beauftragte oder sonstige Hilfspersonen. Insofern gelten, zumindest aus strafrechtlicher Sicht[202], die allgemeinen Regeln über den räumlichen Anwendungsbereich des StGB (Art. 3–8 StGB), die über Art. 333 Abs. 1 StGB auch auf das UWG-Strafrecht Anwendung finden und neben dem **Erfolgsort** auch an den **Handlungsort** anknüpfen. Aus zivilrechtlicher Sicht kommt Art. 4a nur zur Anwendung, wenn bei Vorliegen eines internationalen Verhältnisses das **Marktauswirkungsprinzip** gemäss Art. 136 IPRG zur Anwendung des schweizerischen Rechts führt, also der schweizerische Markt verfälscht wird[203].

127 Möglich ist eine **strafrechtliche Einziehung** des Vorteils[204]. Eine auf **Art. 10 f. GwG basierte Kontosperre** (sog. «GwG-Arrest») ist bei der Privatbestechung i.S.v. Art. 4a – trotz konkurrierender Unternehmensstrafbarkeit – nicht möglich, da sie kein Verbrechen darstellt und damit nicht Anknüpfungstatbestand der GwG-Vorschriften ist[205].

128 Auch in Bezug auf Art. 4a gilt das Prinzip der **Unteilbarkeit des Strafantrags**[206]. Zu beachten ist aber, dass **Art. 4a** zwei **selbständige Tatbestände** enthält. Der Strafantragssteller hat es somit in der Hand, nur die Strafverfolgung des Vorteilsgebers (aktive Privatbestechung, Art. 4a Abs. 1 lit. a) oder umgekehrt nur diejenige der bestochenen Hilfsperson (Art. 4a Abs. 1 lit. b) in die Wege zu leiten[207].

129 Vgl. zur Verjährung, insbesondere zur vom BGer in BGE 131 IV 83 ff. aufgegebenen Figur der **verjährungsrechtlichen Einheit,** Art. 9 N 222 ff. sowie Art. 27 N 62[208].

---

[202] Ungenau die Botschaft Korruption, 7008, die nicht zwischen privat- und strafrechtlichem räumlichem Anwendungsbereich von Art. 4a UWG differenziert. Vgl. zum internationalen Strafrecht den Fall in SMI 1983 II, 163 ff. («Vuitton»), sowie zur zivilrechtlichen Sicht Einleitung N 106 ff.
[203] Dazu Einleitung N 107 ff.
[204] Dazu bspw. ROBERTO, ZSR 2009, 28 f.
[205] Dazu auch N 17.
[206] Vgl. Art. 23 N 72.
[207] Vgl. dazu Art. 23 N 72.
[208] Vgl. bspw. den Fall in BezGer ZH ZR 1999, 187 ff. («Wirteaffäre»), sowie spezifisch BSK StGB II-PIETH, Vor Art. 322ter ff. N 49.

Art. 5

Verwertung fremder Leistung	**Unlauter handelt insbesondere, wer:** a. ein ihm anvertrautes Arbeitsergebnis wie Offerten, Berechnungen oder Pläne unbefugt verwertet; b. ein Arbeitsergebnis eines Dritten wie Offerten, Berechnungen oder Pläne verwertet, obwohl er wissen muss, dass es ihm unbefugterweise überlassen oder zugänglich gemacht worden ist; c. das marktreife Arbeitsergebnis eines andern ohne angemessenen eigenen Aufwand durch technische Reproduktionsverfahren als solches übernimmt und verwertet.
Exploitation d'une prestation d'autrui	Agit de façon déloyale celui qui, notamment: a. exploite de façon indue le résultat d'un travail qui lui a été confié, par exemple des offres, des calculs ou des plans; b. exploite le résultat du travail d'un tiers, par exemple des offres, des calculs ou des plans, bien qu'il sache que ce résultat lui a été remis ou rendu accessible de façon indue; c. reprend grâce à des procédés techniques de reproduction et sans sacrifice correspondant le résultat de travail d'un tiers prêt à être mis sur le marché et l'exploite comme tel.
Sfruttamento di una prestazione d'altri	Agisce in modo sleale, segnatamente, chiunque: a. sfrutta, senza esserne autorizzato, il risultato affidatogli di un lavoro, per esempio offerte, calcoli o piani; b. sfrutta il risultato del lavoro di un terzo, per esempio offerte, calcoli o piani, benché sappia che gli è stato affidato o reso accessibile senza esserne autorizzati; c. riprende come tale, con mezzi tecnici di riproduzione, senza prestazione personale appropriata, e sfrutta il risultato del lavoro di un terzo, pronto a essere immesso sul mercato.
Exploitation of the Achievements of Others	Shall be deemed to have committed an act of unfair competition, anyone who, in particular: a. without authorization, exploits results of work entrusted to him, for example, tenders, calculations or plans; b. exploits the results of work of a third party, for example, tenders, calculations or plans, although he must know that they have been handed over to him or made available without authorization; c. by means of technical reproduction processes without a commensurate effort of his own, takes the marketable results of work of a third party and exploits them as such.

Inhaltsübersicht

		Note	Seite
I.	Normzweck..	1	587
II.	Entstehungsgeschichte...	4	588
III.	Systematik und Verhältnis zu anderen Vorschriften	6	589

	Note	Seite
IV. Tatbestand der Vorlagenausbeutung: Art. 5 lit. a und b	9	590
1. Fremdes Arbeitsergebnis	9	590
2. Anvertrautsein	15	592
a) Sog. direkte Vorlagenausbeutung (lit. a)	16	592
b) Sog. indirekte Vorlagenausbeutung (lit. b)	17	592
3. Unbefugte Verwertung	19	593
a) Unbefugt	19	593
b) Verwertung	21	593
V. Tatbestand der Übernahme eines marktreifen Arbeitsergebnisses: Art. 5 lit. c	23	594
1. Marktreifes Arbeitsergebnis	23	594
2. Unmittelbare Übernahme und Verwertung	26	595
3. Fehlender angemessener Aufwand	28	596
4. Technische Reproduktionsverfahren	32	598
5. Zeitliche Begrenzung?	35	599
VI. Subjektiver Tatbestand	36	599
VII. Rechtfertigung	37	600
VIII. Verfahrensfragen	38	600
IX. Rechtsfolgen	39	600

Literatur

C. BAUDENBACHER (Hrsg.), Lauterkeitsrecht – Kommentar zum Gesetz gegen den unlauteren Wettbewerb (UWG), Basel 2001, Art. 5 N 1 ff.; M. BERGER, Die Immaterialgüterrechte sind abschliessend aufgezählt (numerus clausus), in: M. Kurer et al. (Hrsg.), Binsenwahrheiten des Immaterialgüterrechts: Festschrift für Lucas David zum 60. Geburtstag, Zürich 1996, 1 ff.; R. VON BÜREN/E. MARBACH/P. DUCREY, Immaterialgüter- und Wettbewerbsrecht, 3. Aufl., Bern 2008; L. DAVID, Ist der numerus clausus der Immaterialgüterrechte noch zeitgemäss?, AJP 1995, 1403 ff.; L. DAVID/R. JACOBS, Schweizerisches Wettbewerbsrecht, 4. Aufl., Bern 2005, N 371 ff. und N 721 ff.; L. FERRARI HOFER/D. VASELLA, Kommentar zu Art. 2–8 UWG, in: M. Amstutz et al. (Hrsg.), Handkommentar zum Schweizerischen Privatrecht, Zürich 2007, Art. 5 UWG N 1 ff.; M. FIECHTER, Der Leistungsschutz nach Art. 5 lit. c UWG, Bern 1992; A. GUBLER, Der Ausstattungsschutz nach UWG, Bern 1991; J. GUYET, Die weiteren Spezialklauseln (Art. 4–8 UWG), in: R. von Büren/L. David (Hrsg.), SIWR V/1, 2. Aufl., Basel 1998, 223 ff.; C. HILTI, Wettbewerbsrechtlicher Leistungsschutz statt Nachbarrechte, Bern 1987; R. M. HILTY, «Leistungsschutz» – made in Switzerland? – Klärung eines Missverständnisses und Überlegungen zum allgemeinen Schutz von Investitionen, in: H.-J. Ahrens/J. Bornkamm/ H. P. Kunz-Hallstein (Hrsg.), Festschrift für Eike Ullmann, Saarbrücken 2006, 643 ff.; E. HOMBURGER/G. RAUBER, Urteilsbesprechung, SZW 1990, 109 ff.; B. JECKLIN, Leistungsschutz im UWG?, Bern 2003; DIES., «Inserate-Klau» im Internet – Anspruch aus Art. 5 lit. c UWG?, Jusletter vom 16. August 2004; A. JENNY, Die Nachahmungsfreiheit, Zürich 1997; M. M. PEDRAZZINI/F. A. PEDRAZZINI, Unlauterer Wettbewerb – UWG, 2. Aufl., Bern 2002, N 9.01 ff.; G. RAUBER, Lauterkeitsrechtlicher Softwareschutz (Allgemeine und softwarespezifische Gedanken zu Art. 5 lit. c UWG), in: F. H. Thomann/G. Rauber (Hrsg.), Softwareschutz, Bern 1998, 59 ff.; P. SPITZ, Überlegungen zum entgangenen Gewinn und zur Gewinnherausgabe im Bereich des gewerblichen Rechtsschutzes, sic! 2007, 795 ff.; M. STREULI-YOUSSEF,

Unlautere Werbe- und Verkaufsmethoden (Art. 3 UWG), in: R. von Büren/L. David (Hrsg.), SIWR V/1, 2. Aufl., Basel 1998, 83 ff.; F. THOUVENIN, Funktionale Systematisierung von Wettbewerbsrecht (UWG) und Immaterialgüterrecht, GWR, Bd. 145, Köln/Berlin/München 2007; A. TROLLER, Immaterialgüterrecht, Bde. I und II, 3. Aufl., Basel/Frankfurt a.M. 1983/1985, Bd. II, 958.

I. Normzweck

Grundsätzlich gilt in der Schweizer Wettbewerbsordnung und damit auch im Lauterkeitsrecht **Nachahmungsfreiheit**[1], d.h. alle nicht sonderrechtlich geschützten Rechtsgüter dürfen von jedermann frei übernommen und sogar gewerblich verwertet werden. Untersagt werden soll jedoch **die missbräuchliche Verschaffung eines Wettbewerbsvorteils** mittels Verwertung eines fremden Arbeitsergebnisses unter ganz bestimmten Voraussetzungen[2]. Damit sollen die von einem funktionierenden Wettbewerb erwarteten Ergebnisse geschützt werden[3]. Die Botschaft hält aber unmissverständlich fest, dass mit der Einführung von Art. 5 weder ein neues Ausschliesslichkeitsrecht erschaffen noch ein solches verlängert werden soll[4]. Es wurde nicht beabsichtigt, das Konzept des numerus clausus der immaterialgüterrechtlich geschützten Güter aufzuweichen. Vielmehr soll mit Art. 5 verhindert werden, dass «der Nachahmer durch die Übernahme fremder Leistungen einen Wettbewerbsvorteil vor dem Leistungserzeuger hat (Ersparnis von Entwicklungsaufwand und Entwicklungskosten), den er durch die Übernahme auf unlautere Art und Weise gewonnen hat»[5]. Ein **eigentlicher wettbewerbsrechtlicher Leistungsschutz wurde damit** jedoch **nicht geschaffen**, da bei Art. 5 nicht der Schutz der Leistung vor Übernahme im Zentrum steht[6]. Aus dem Gesagten und insbesondere der spezifischen Verwendung des Begriffes «Leistungsschutz» im Immaterialgüterrecht folgt, dass in Übereinstimmung mit dem Gesetzestext und entgegen dem Wortlaut im Titel der Bestimmung der Terminus des Arbeitsergebnisses demjenigen der Leistung und damit des Leistungsschutzes vorzuziehen ist[7].

1

---

[1] Vgl. zur Nachahmungsfreiheit THOUVENIN, GWR 2007, 209 ff., mit zahlreichen Hinweisen, insb. in Fn. 521; vgl. auch BERGER, FS David, 1 ff., 7.
[2] BGE 131 III 384, 394 f. m.w.H. («Such-Spider»); JECKLIN, Leistungsschutz, 33, 96, 100 ff., 103, 142 f.; JENNY, Nachahmungsfreiheit, N 53 ff., N 268; HILTI, Leistungsschutz, 79.
[3] Vgl. zum sog. funktionalen Ansatz des UWG Art. 1 N 15 ff.
[4] BOTSCHAFT UWG, 1047 ff.; BGE 131 III 384 («Such-Spider»); a.M. BAUDENBACHER, Kommentar UWG, Art. 5 N 37 und 52, der in der Norm die Anerkennung neuer, «kleiner» Immaterialgüterrechte auf richterlicher Basis sieht.
[5] BOTSCHAFT UWG, 1027; vgl. aber auch JECKLIN, Leistungsschutz, 114 ff., welche die Unlauterkeit in der Zerstörung des Wettbewerbsvorteils des Erstbewerbers erblickt.
[6] BGE 131 III 384, 395 f. («Such-Spider»); BGE 118 II 459, 462 («Just Elvis»); vgl. zum wettbewerbsrechtlichen Leistungsschutz auch HILTY, FS Ullmann, 646 ff., sowie oben Einleitung N 37 f.
[7] So auch PEDRAZZINI/PEDRAZZINI, UWG, N 9.01 und N 9.05; GUYET, SIWR V/1, 180.

2 **Art. 5 lit. a und b** befassen sich mit der Übernahme fremder Arbeitsergebnisse im Rahmen eines vertraglichen oder vorvertraglichen **Vertrauensverhältnisses**[8]: Jemand lässt sich z.b. eine komplexe und aufwendige Offerte unterbreiten und verwirklicht in der Folge den Auftrag basierend auf dieser Offerte selber oder durch einen Dritten[9].

3 **Art. 5 lit. c** will der Möglichkeit entgegenwirken, durch moderne Reproduktionstechniken **marktreife Erzeugnisse Dritter** mit verhältnismässig geringem eigenem Aufwand **nachzuschaffen** und sich durch das Einsparen des erforderlichen Zeit- und Kapitalaufwandes einen ungerechtfertigten Wettbewerbsvorteil gegenüber dem Erstbewerber zu verschaffen[10]. Die Bestimmung hat in letzter Zeit vor allem im Zusammenhang mit der Übernahme von Daten aus dem Internet Relevanz erhalten. Dabei tendieren die Gerichte teilweise dazu, zwei Arten von Schutzkategorien zu schaffen, indem sie davon auszugehen scheinen, dass jemand, der seine Daten im Internet publiziert, seinen Wettbewerbsvorteil selber minimiert[11].

II. Entstehungsgeschichte

4 Unter dem aUWG wurden Fälle der unlauteren Übernahme eines fremden Arbeitsergebnisses unter Art. 1 Abs. 1 (Generalklausel) und Art. 1 Abs. 2 lit. d aUWG subsumiert. Allerdings ergingen nur wenige und in der Sache zurückhaltende Entscheide. Die unmittelbare Übernahme fremder Arbeitsergebnisse wurde nur dann als unlauter beurteilt, wenn **besondere Umstände** vorlagen, welche die Unlauterkeit begründeten[12]. Darüber hinaus verlieh das UWG von 1943 keinen Nachahmungsschutz, der über den gewerblichen Rechtsschutz hinausging. Fälle des Nachpressens von Schallplatten wurden zudem unter **Art. 4 Abs. 2 aURG** beurteilt[13], dem eine wettbewerbsrechtliche Natur zuerkannt wurde und der folgerichtig nach der Schaffung von Art. 5 lit. c UWG aufgehoben wurde.

---

[8] BAUDENBACHER, Kommentar UWG, Art. 5 N 22.
[9] Die ebenfalls in Frage kommenden Anspruchsgrundlagen des vorvertraglichen Verschuldens sowie der Verletzung einer allfälligen Geheimhaltungsvereinbarung sind in der Regel wenig praktikabel und scheitern bei der indirekten Vorlagenausbeutung a priori mangels einer obligatorischen Verbindung zwischen Wissensträger und Wissensempfänger (vgl. dazu auch BAUDENBACHER, Kommentar UWG, Art. 5 N 21 und 34).
[10] Botschaft UWG, 1047 ff., 1070 f.; VON BÜREN/MARBACH/DUCREY, Immaterialgüter- und Wettbewerbsrecht, N 1211; FIECHTER, Leistungsschutz, 147.
[11] So ausdrücklich OGer LU Jusletter vom 2. August 2004 sowie LGVE 2005 I Nr. 25, E. 2.1; kritisch JECKLIN, «Inserate-Klau», 1.
[12] Vgl. zur Judikatur unter dem aUWG BOTSCHAFT UWG, 1021; FIECHTER, Leistungsschutz, 61 ff.; GUYET, SIWR V/1, 181 f.; BAUDENBACHER, Kommentar UWG, Art. 5 N 10 ff.
[13] BGE 85 II 431; BGE 87 II 320.

Dieser Schutz von Arbeitsergebnissen wurde angesichts des Aufkommens neuer Reproduktionstechniken als **unzureichend empfunden** und eine ausdrückliche Regelung als vordringlich angesehen[14]. Weiterhin geahndet werden sollte zudem die missbräuchliche Verwertung von anvertrauten Arbeitsergebnissen, weshalb die Rechtsprechung zu Art. 1 aUWG in diesem Bereich kodifiziert wurde.

III. Systematik und Verhältnis zu anderen Vorschriften

Art. 5 konkretisiert als Spezialtatbestand das allgemeine Verbot unlauteren Wettbewerbsverhaltens in Art. 2. Daraus folgt, dass ein Verhalten zwar unter Art. 5 zulässig, aber gemäss der **Generalklausel** unlauter sein kann. Zu denken ist insbesondere an ein systematisches Vorgehen eines Nachahmers[15]. Allerdings ist die Generalklausel in diesem Fall unter Berücksichtigung der in Art. 5 zum Ausdruck kommenden Wertungen auszulegen, da diese durch einen Rückgriff auf die Generalklausel nicht umgangen werden dürfen[16].

In der Regel ist bei den hier zur Diskussion stehenden Fallkonstellationen auch die Verletzung von Fabrikations- und Geschäftsgeheimnissen (**Art. 6 UWG, Art. 162 StGB**) zu prüfen. Dient das Arbeitsergebnis aufgrund seiner Kennzeichnungskraft als Herkunftshinweis auf den Erzeuger, so kann zudem eine Verletzung von **Art. 3 lit. d UWG** vorliegen.

Überschneidungen ergeben sich auch mit dem **immaterialgüterrechtlichen Leistungsschutz,** da durch Art. 5 in der Form des (marktreifen) Arbeitsergebnisses letztlich ebenfalls eine bestimmte Leistung geschützt wird. Allerdings schützt das **Immaterialgüterrecht** das Ergebnis einer geistigen Leistung als solches, während in Art. 5 eine gegen die Grundsätze des lauteren und unverfälschten Wettbewerbs verstossende Übernahme eines bestimmten Arbeitsergebnisses als widerrechtlich geahndet wird[17].

---

[14] BOTSCHAFT UWG, 1018.
[15] BGE 131 III 384, 369 f. («Such-Spider»).
[16] BGE 133 III 431, 435 («Auf zu neuen Taten»); vgl. zum Verhältnis Generalklausel/Spezialtatbestände im Allgemeinen, Art. 2 N 3 ff. und zum Verhältnis Generalklausel/Art. 5, Art. 2 N 101 ff.
[17] TC VD sic! 2005, 42, E. 6b («Sacs d'engrais»); vgl. zur Abgrenzung Immaterialgüterrecht/ unlauterer Wettbewerb Einleitung N 26 und N 37 f. sowie zur Abgrenzung vom urheberrechtlichen Softwareschutz: RAUBER, Softwareschutz, 83 ff.

IV. Tatbestand der Vorlagenausbeutung: Art. 5 lit. a und b

1. Fremdes Arbeitsergebnis

9 Der Begriff des Arbeitsergebnisses umschreibt die geschützte Leistung und wird im Gesetzestext durch die nachfolgende exemplarische und nicht abschliessende Aufzählung ergänzt: «wie Offerten, Berechnungen oder Pläne»[18]. Von Art. 5 lit. a und b werden **Arbeitsergebnisse vorbereitender Natur** erfasst, welche im Vorfeld der wirtschaftlichen Verwertung einer Leistung anzusiedeln sind, d.h. Entwürfe, Studien, Konzepte und Ähnliches. Dies wird durch das Fehlen des in lit. c enthaltenen Adjektives «marktreif» verdeutlicht[19]. Daraus darf aber m.E. nicht der Umkehrschluss gezogen werden, dass, sobald ein Arbeitsergebnis «marktreif» ist, Art. 5 lit. a und b nicht mehr zur Anwendung gelangen. Handelt derjenige unlauter, der unter Vertrauensbruch Offerten, Berechnungen oder Pläne unbefugt verwertet, so muss dies umso mehr für denjenigen gelten, der dasselbe mit dem bereits zur «Marktreife» entwickelten Arbeitsergebnis tut[20]. Art. 5 lit. a und b UWG schützt aber nur das anvertraute Arbeitsergebnis, d.h. das sich noch nicht auf dem Markt befindende[21], weshalb nur die zwar bereits zur Marktreife entwickelten, aber noch nicht auf dem Markt eingeführten Arbeitsergebnisse von Art. 5 lit. a und b erfasst werden.

10 Geistige Leistungen und insbesondere auch Erfindungen, Entdeckungen oder Know-how können ein Arbeitsergebnis im Sinne des Gesetzes sein[22]. Vorausgesetzt wird allerdings eine **gewisse materielle Erscheinungsform,** was sich aus dem Erfordernis der am Arbeitsergebnis unmittelbar ansetzenden Übernahme ergeben soll[23].

---

[18] BAUDENBACHER, Kommentar UWG, Art. 5 N 26; VON BÜREN/MARBACH/DUCREY, Immaterialgüter- und Wettbewerbsrecht, N 1212; vgl. aber PEDRAZZINI/PEDRAZZINI, UWG, N 9.06, die die Aufzählung angesichts des Ausnahmecharakters der Norm als kategoriell erschöpfend qualifizieren.

[19] BAUDENBACHER, Kommentar UWG, Art. 5 N 26; VON BÜREN/MARBACH/DUCREY, Immaterialgüter- und Wettbewerbsrecht, N 1212; GUYET, SIWR V/1, 213.

[20] A.M. PEDRAZZINI/PEDRAZZINI, UWG, N 9.10.

[21] Vgl. dazu unten N 15 ff.

[22] DAVID/JACOBS, Wettbewerbsrecht, N 373; GUYET, SIWR V/1, 182; PEDRAZZINI/PEDRAZZINI, UWG, N 9.10.

[23] BAUDENBACHER, Kommentar UWG, Art. 5 N 27; VON BÜREN/MARBACH/DUCREY, Immaterialgüter- und Wettbewerbsrecht, N 1212; GUYET, SIWR V/1, 182; offengelassen in BGer 4C.399/1998 sic! 1999, 300, E. 2d) («Siena II»); vgl. zur Lehrmeinung, dass auch unkörperliche Arbeitsergebnisse, insb. Sendungen und Veranstaltungen, erfasst sein sollten FIECHTER, Leistungsschutz, 148 f.; HILTI, Leistungsschutz, 100 f.; GUBLER, Ausstattungsschutz, 176.

Schwieriger dürfte in der Praxis die Abgrenzung von den blossen nicht näher konkretisierten **Ideen, Methoden und Konzepte** sein, die als solche von dieser Bestimmung **nicht erfasst** werden[24].

11

Inhaltlich ist eine **gewisse geistige und/oder materielle Anstrengung** zu fordern, was sich bereits aus dem Begriff «Arbeitsergebnis» ergibt[25]. Nach wohl überwiegender Auffassung ist jedoch **keine besondere Individualität, Eigenart oder Schutzwürdigkeit** im Sinne der immaterialgüterrechtlichen Bestimmungen erforderlich[26]. Dem ist zuzustimmen, da das Lauterkeitsrecht nicht das Produkt einer geistigen Leistung schützt, sondern die Lauterkeit des Wettbewerbs, die auch bei unlauterer Übernahme eines nicht besonders schutzwürdigen Arbeitsergebnisses verletzt sein kann[27].

12

Als Arbeitsergebnisse gemäss Art. 5 lit. a und b wurden beurteilt: Zeichnungen für ein Metallgestell[28], Muster für Stoffdrucke[29], Konstruktionsidee für die Schaffung eines Prototyps[30]; Produktskizzen einer Armbanduhr[31]; Toleranzwert-Datenblätter[32]; Berechnungsblätter im Zusammenhang mit der Entwicklung eines neuen Explosionsschutzventils[33]; Personaldaten[34] sowie Rohdatenformular[35].

13

Haben Parteien ein Arbeitsergebnis in gemeinsamer Anstrengung zusammen entwickelt, so wird es **gemeinsames Gut** und ist kein fremdes Arbeitsergebnis i.S.v. Art. 5[36]. Ebenfalls kein fremdes Arbeitsergebnis verwertet der Arbeitnehmer, der sein **Erfahrungswissen,** welches er während seiner Tätigkeit bei einem Unternehmen erworben hat, nach seinem Fortgang weiter verwendet. Hier fehlt es an der Verwertung eines konkret ausgearbeiteten Produktes[37].

14

---

[24] BGE 122 III 469, 484 betr. den Ruf eines Markenprodukts; TC VD sic! 2005, 42, E. 6b («Sacs d'engrais»); CdJ GE sic! 2004, 884, E. 4.1 («Wine Events»); BOTSCHAFT UWG, 1047 und 1069; PEDRAZZINI/PEDRAZZINI, UWG, N 9.10; GUYET, SIWR V/1, 183, m.w.H. zur Frage, ob die Übernahme solcher Ideen und Methoden Art. 2 UWG verletzt.
[25] BOTSCHAFT UWG, 1069; GUYET, SIWR V/1, 212; BAUDENBACHER, Kommentar UWG, Art. 5 N 24.
[26] BGer 4C.399/1998 sic! 1999, 300, E. 2b) («Siena II»).
[27] A.M. BAUDENBACHER, Kommentar UWG, Art. 5 N 25; vgl. auch DERS., Kommentar UWG, Art. 5 N 37; CHK-FERRARI HOFER/VASELLA, Art. 5 UWG N 3.
[28] BGE 113 II 319.
[29] BGE 90 II 51.
[30] BGE 77 II 263.
[31] BGer 4C.399/1998 sic! 1999, 300, E. 2b) («Siena II»).
[32] AppH BE sic! 2004, 125 («Datenblätter»).
[33] OGer AR sic! 2007, 458, E. 2.2 («Explosionsschutzventil»).
[34] Berufungskammer ZG ZGGVP 2000, E. 3.1.2.
[35] KGer SG vom 17.7.2007 (ZZ.2006.36), E. 3b)cc).
[36] BGer 4C.163/2000 sic! 2001, 331, E. 3 («Kantenanleimmaschine»); BGE 93 II 272, 279.
[37] OGer AR sic! 2007, 458, E. 2.2 («Explosionsschutzventil») m.w.H.; HGer SG SGGVP 1997, Nr. 36; OGer BE vom 29.5.2009 (APH 09 240), E. 3.2; TC VD vom 6.7.2009 (103/2009/DCA), E. V.; vgl. generell zur Lauterkeit der Nutzung von Kundendaten und -kontakten BGE 133 III 431, E. 4.6 («Auf zu neuen Taten»).

2. Anvertrautsein

15 Anvertrautsein setzt nach überwiegender Auffassung voraus, dass das Arbeitsergebnis sich **zur Vertrauthaltung eignet**, d.h. nicht allgemein bekannt ist, ohne aber absolut geheim sein zu müssen[38]. Der Betroffene darf nicht schlechter gestellt sein als irgendein dritter Konkurrent. Art. 5 lit. a und b schützen ein Produkt somit nur während seiner Produktionsphase, nicht mehr aber, wenn es einmal auf dem Markt ist[39].

a) Sog. direkte Vorlagenausbeutung (lit. a)

16 Das Arbeitsergebnis wird im Rahmen von lit. a dem **Verletzer direkt anvertraut**. Die Vertraulichkeit kann **ausdrücklich vereinbart** sein. Sie kann sich aber auch **aus den Umständen** ergeben[40], wobei darauf abgestellt werden kann, ob nach Treu und Glauben eine Vertrauthaltung und damit ein Verbot zur Verwertung ausserhalb des Zwecks der Übergabe erwartet werden durfte[41]. Ein besonderes Vertrauensverhältnis, wie etwa ein Auftragsverhältnis, wird nicht verlangt[42].

b) Sog. indirekte Vorlagenausbeutung (lit. b)

17 Art. 5 lit. b erfasst die Verwertung eines Arbeitsergebnisses trotz Wissenmüssens seitens des Verwerters, dass es ihm **unbefugterweise** überlassen oder zugänglich gemacht worden ist. Erfasst werden sollen die Fälle, in denen dem Verwerter das Arbeitsergebnis nicht direkt vom Erzeuger, sondern **von einem Dritten übergeben** wird, der dazu nicht befugt war, da der Erzeuger der Übergabe weder ausdrücklich noch stillschweigend zugestimmt hat[43]. Nach übereinstimmender

---

[38] JECKLIN, Leistungsschutz, 109; PEDRAZZINI/PEDRAZZINI, UWG, N 9.09; BAUDENBACHER, Kommentar UWG, Art. 5 N 30 f.; GUYET, SIWR V/1, 214; HGer SG vom 25. April 2006 (HG.2003.76), E. II/3.b)aa); OGer BE sic! 2009, 244, E. 3.e («Expo.02-Karte»); anders aber BGer 4C.399/1998 sic! 1999, 300, E. 2g) («Siena II»); vgl dazu auch die Kritik von I. CHERPILLOD, sic! 1999, 302 f.

[39] Entsprechend BezGer ZH sic! 2006, 112, E. XII/3.3 («Plan für Implantate»).

[40] CdJ GE sic! 2000, 714, E. 9a («Conseil de rémunération»).

[41] Vgl. auch GUYET, SIWR V/1, 184, der allerdings m.E. sachfremd von Geheimhaltung spricht. Zur Verwertung von Know-how, das sich ein Franchisenehmer im Rahmen eines Franchisevertrages angeeignet hat CdJ GE sic! 1999, 127, E. 4c («Physiomins»).

[42] BAUDENBACHER, Kommentar UWG, Art. 5 N 29; GUYET, SIWR V/1, 184; BOTSCHAFT UWG, 1069.

[43] BOTSCHAFT UWG, 1070. Vgl. auch KGer GL sic! 2010, 47, E. 6.6 («Spritzgiesssysteme»), wo die interessante Frage offengelassen wurde, ob weiterentwickelte Pläne noch das mit einem Verwertungsverbot belegte fremde Arbeitsergebnis sind.

Auffassung muss es sich auch im Rahmen von lit. b um ein anvertrautes Arbeitsergebnis handeln, auch wenn dies im Wortlaut der Bestimmung nicht erwähnt wird.

Der Zweiterwerber handelt allerdings nur unlauter, wenn er **erkennen konnte,** dass ihm die Unterlagen ohne entsprechende Befugnis des Erzeugers übergeben wurden. Dies kann auch dann der Fall sein, wenn das Arbeitsergebnis offensichtlich das Ergebnis eines grossen Entwicklungsaufwands ist[44]. Bei entsprechenden Hinweisen besteht eine **Nachfragepflicht**[45], weshalb bei Schriftlichkeit eines anzuvertrauenden Arbeitsergebnisses das Anbringen eines Vermerkes zu empfehlen ist. Neben dem Eventualvorsatz soll auch fahrlässige Unkenntnis genügen[46]. Für die strafrechtliche Haftung kann dies allerdings nicht zutreffen, da Art. 23 nur die vorsätzliche Tatbegehung unter Strafe stellt.

3. Unbefugte Verwertung

a) Unbefugt

Unbefugt im Sinne von Art. 5 lit. a und b ist jede Verwertung des Arbeitsergebnisses **ohne entsprechende Erlaubnis** des ursprünglich Berechtigten[47]. Das Verwertungsverbot kann sich aus einem Vertrag oder aus dem Bestehen eines Sonderrechts ergeben[48]. Im vorliegenden Zusammenhang ist ohne Bedeutung, ob ein entsprechender Hinweis auf den Unterlagen («copyright», «Eigentum von ...», etc.) den rechtlichen Tatsachen entspricht. Ein solcher Hinweis bringt unabhängig vom tatsächlichen Bestehen eines sonderrechtlichen Schutzes das Verwertungsverbot zum Ausdruck[49].

Während im Rahmen von lit. a der Verletzer den Vertrauensbruch begeht, ist dies in lit. b die Mittelsperson; zur Rechenschaft gezogen wird aber in beiden Fällen der Verwerter[50].

b) Verwertung

Der Begriff der «Verwertung» ist weit auszulegen. Er umfasst jede Nutzbarmachung des im Arbeitsergebnis verkörperten Wissens und nicht nur das Benüt-

---

[44] KGer SG vom 17. Juli 2007 (ZZ.2006.36), E. 3b)ff).
[45] BAUDENBACHER, Kommentar UWG, Art. 5 N 35.
[46] PEDRAZZINI/PEDRAZZINI, UWG, N 9.14.
[47] VON BÜREN/MARBACH/DUCREY, Immaterialgüter- und Wettbewerbsrecht, N 1212; BAUDENBACHER, Kommentar UWG, Art. 5 N 32.
[48] Vgl. dazu BezGer ZH sic! 2006, 112, E. XIV/3 («Plan für Implantate»).
[49] PEDRAZZINI/PEDRAZZINI, UWG, N 9.11.
[50] Vgl. dazu GUYET, SIWR V/1, 184; die Mittelsperson kann vom ursprünglich Berechtigten in der Regel aus Vertrag belangt werden.

zen der Unterlagen zur Übernahme des Arbeitsergebnisses[51]. Es muss sich allerdings um eine **Wettbewerbshandlung**, d.h. um eine **gewerbliche, respektive wirtschaftliche Nutzung** handeln[52]. Fehlt eine solche, so ist der lautere und unverfälschte Wettbewerb, das Schutzobjekt des UWG, a priori nicht verletzt. Egal ist, ob das Ergebnis der Nutzung auf den Markt gebracht wird oder ob es alleine im Unternehmen des Nutzers diesem einen Wettbewerbsvorteil bringt. Eine Nutzung zu rein privaten Zwecken wird demgegenüber nicht erfasst[53].

22   Ohne Bedeutung ist, ob die Verwertung vom Verletzer selbst oder von einem Dritten vorgenommen wird[54].

V. Tatbestand der Übernahme eines marktreifen Arbeitsergebnisses: Art. 5 lit. c

1. Marktreifes Arbeitsergebnis

23   Mit Arbeitsergebnis ist auch unter Art. 5 lit. c das Resultat einer geistigen oder materiellen Tätigkeit gemeint[55]. Im Unterschied zu lit. a und b wird der Begriff Arbeitsergebnis in Art. 5 lit. c nicht durch Beispiele eingegrenzt. Der Begriff ist deshalb weiter auszulegen als in Art. 5 lit. a und b und umfasst **jede Art von marktfähigen Produkten**[56], so etwa auch Computerprogramme[57], Fachinformationen[58], journalistische Beiträge[59], Immobilieninserate[60] oder der Schriftzug eines

---

[51]   BAUDENBACHER, Kommentar UWG, Art. 5 N 32; so auch Amtsgericht Willisau sic! 2004, 692, E. 4 («Grabstein II»); irrelevant ist bei der Vorlagenausbeutung insbesondere auch, ob der Verletzer bei der Verwertung eigene erfinderische Gedanken einfliessen lässt und/oder eigene Entwicklungsarbeit leistet (HGer AR sic! 2007, 458, E. 2.2 [«Explosionsschutzventil»]).

[52]   VON BÜREN/MARBACH/DUCREY, Immaterialgüter- und Wettbewerbsrecht, N 1211; DAVID/JACOBS, Wettbewerbsrecht, N 375; PEDRAZZINI/PEDRAZZINI, UWG, N 9.03. Die gewerbliche Nutzung wurde verneint in BGer 4C.342/2005, in welchem eine Textpassage aus der klägerischen Werbung zur Illustration einer Werbekritik übernommen wurde.

[53]   GUYET, SIWR V/1, 183; VON BÜREN/MARBACH/DUCREY, Immaterialgüter- und Wettbewerbsrecht, N 1211; BAUDENBACHER, Kommentar UWG, Art. 5 N 33; PEDRAZZINI/PEDRAZZINI, UWG, N 9.03. Vgl. zur Voraussetzung der Wettbewerbsrelevanz im Allgemeinen Art. 2 N 17 ff.

[54]   BAUDENBACHER, Kommentar UWG, Art. 5 N 32.

[55]   BOTSCHAFT UWG, 1070; vgl. dazu N 9 ff.

[56]   BAUDENBACHER, Kommentar UWG, Art. 5 N 39; DAVID/JACOBS, Wettbewerbsrecht, N 378; HILTI, Leistungsschutz, 102; VON BÜREN/MARBACH/DUCREY, Immaterialgüter- und Wettbewerbsrecht, N 1213.

[57]   Vgl. dazu RAUBER, Softwareschutz, 68 ff.; PEDRAZZINI/PEDRAZZINI, UWG, N 9.21.

[58]   ZivGer BS sic! 2004, 490, E. 3b («Arzneimittel-Kompendium»).

[59]   Appellationshof BE sic! 2001, 613, E. 9 («Elektronischer Pressespiegel»).

[60]   BGE 131 III 384 («Such-Spider»); vgl. zur Abgrenzung zum europäischen sui generis Schutzrecht für Datenbanken HILTY, FS Ullmann, 654 f. und 657 f.

Kennzeichens[61]. Gemeint sind Waren und Produkte, **nicht** aber **Dienstleistungen** wie zum Beispiel die Pannenhilfe im Strassenverkehr[62]. Blosse **Ideen und Konzepte** werden auch von Art. 5 lit. c nicht erfasst[63], was sich bereits aus dem Erfordernis der Übernahme durch ein technisches Reproduktionsverfahren ergibt[64]. Für den Schutz unter Art. 5 lit. c ist ohne Bedeutung, ob das Arbeitsergebnis spezialrechtlich geschützt ist oder nicht.

Das Adjektiv «marktreif» schränkt das Schutzobjekt auf **konkrete, ausgearbeitete Produkte** ein, **die wirtschaftlich selbständig verwertbar sind** und für die mithin ein «Markt» besteht[65]. Nach richtiger Auffassung muss das betroffene Produkt allerdings selber nicht für den Markt bestimmt oder käuflich sein, so dass auch selbständig verwertbare Teile (z.B. Gebrauchsanweisung), Zwischenprodukte oder wirtschaftlich verwertbare im Eigengebrauch stehende Datensammlungen und Computerprogramme erfasst werden[66]. 24

Umstritten ist, ob ein Arbeitsergebnis die Marktreife verliert, wenn der Berechtigte dieses nicht mehr vermarktet[67]. Die einmal gegebene Marktreife sollte auch in diesem Fall bestehen bleiben. Zu prüfen ist angesichts des Rückzugs vom Markt allerdings, ob sich eine (zeitliche) Begrenzung des Schutzes daraus ergibt, dass der Erstkonkurrent seine Investitionen amortisiert hat (vgl. N 35). 25

2. Unmittelbare Übernahme und Verwertung

Unlauter ist nur die **Übernahme** des Arbeitsergebnisses als solches, d.h. **in unveränderter Form**. Es ist angesichts des zweideutigen Wortlautes des Gesetzes jedoch umstritten, ob auch die Verwertung «unmittelbar» erfolgen muss[68] oder ob 26

---

[61] HGer SG SGGVP 1999, Nr. 51, E. 5.
[62] BGE 117 II 199, 203 («Touring Garantie»); a.M. wohl FIECHTER, Leistungsschutz, 149.
[63] BOTSCHAFT UWG, 1047; FIECHTER, Leistungsschutz, 148.
[64] BOTSCHAFT UWG, 1070; GUYET, SIWR V/1, 185; PEDRAZZINI/PEDRAZZINI, UWG, N 9.21; vgl. auch BGE 117 II 199, 203 («Touring Garantie»).
[65] GUYET, SIWR V/1, 185; vgl. aber VON BÜREN/MARBACH/DUCREY, Immaterialgüter- und Wettbewerbsrecht, N 1214, der Entwürfen u.U. die Eignung zum marktreifen Arbeitsergebnis zuerkennt, sowie BAUDENBACHER, Kommentar UWG, Art. 5 N 41, der auch Entwürfe und Vorarbeiten als geschützt bezeichnet.
[66] DAVID/JACOBS, Wettbewerbsrecht, N 379; PEDRAZZINI/PEDRAZZINI, UWG, N 9.07 und 9.20; RAUBER, Softwareschutz, 68 ff.; STREULI-YOUSSEF, SIWR V/1, 171; BGE 131 III 384, 389 f. («Such-Spider»); a.M. FIECHTER, Leistungsschutz, 150. Vgl. auch unpublizierter Entscheid des ZivGer BS vom 8. Mai 2007 (P 2004/7), E. 4.2.1, in welchem «Rohdaten» als marktreites Arbeitsergebnis bezeichnet wurden, da diese Daten von einer anderen Firma in Lizenz übernommen wurden.
[67] Bejahend DAVID/JACOBS, Wettbewerbsrecht, N 379; ablehnend PEDRAZZINI/PEDRAZZINI, UWG, N 9.20; BAUDENBACHER, Kommentar UWG, Art. 5 N 42 und 70; FIECHTER, Leistungsschutz, 150; RAUBER, Softwareschutz, 69.
[68] GUYET, SIWR V/1, 186; JECKLIN, Leistungsschutz, 122 f.

von Art. 5 lit. c auch die wirtschaftliche Nutzung des kopierten Arbeitsergebnisses als Grundlage einer eigenen Leistung erfasst wird[69]. Das Bundesgericht hat sich für das Erfordernis der **«unmittelbaren Verwertung»** ausgesprochen, da der Tatbestand nach dem Willen des Gesetzgebers auf die typischen Fälle parasitären Wettbewerbs mit den Mitteln technischer Reproduktionsverfahren zu beschränken sei[70]. Praktische Relevanz erlangt diese Frage vor allem im Bereich der Übernahme von **Computersoftware und Datensammlungen**. Die vom Bundesgericht vertretene Auffassung führt dazu, dass die Unlauterkeit des Kopierens dieser Arbeitsergebnisse entfällt, sobald diese zu eigenen Zwecken bearbeitet werden, auch wenn der eigene Aufwand nicht «angemessen» im Sinne dieser Bestimmung ist. Immerhin lässt das Bundesgericht die Möglichkeit offen, geringfügige Änderungen noch als «unmittelbare Verwertung» zu betrachten[71].

27 Wie bereits im Rahmen von Art. 5 lit. a und b ist unter Verwertung **jede wirtschaftliche Nutzung** zu verstehen[72].

3. Fehlender angemessener Aufwand

28 Unlauter ist die Übernahme eines fremden Arbeitsergebnisses nur dann, wenn sie ohne angemessenen eigenen Aufwand/«sans sacrifice correspondant» erfolgt und dadurch dem Übernehmer einen **ungerechtfertigten Wettbewerbsvorteil** verschafft[73]. In dieser Tatbestandsvoraussetzung kommt am eindeutigsten der wettbewerbsrechtliche Charakter der Norm zum Ausdruck. Sie schränkt die Anwendbarkeit der Norm aber auch massgebend ein, weshalb Art. 5 lit. c in der Vergangenheit nur sehr selten dienstbar gemacht werden konnte[74].

29 Es ist jeweils im Einzelfall zu entscheiden, ob der Aufwand des potentiellen Verletzers im **Verhältnis zum Aufwand des Erstbewerbers** angemessen ist. Zur Beurteilung der Angemessenheit sind dem Übernahmeaufwand des Zweitbewerbers zwei Aufwandkategorien gegenüberzustellen: (i) der tatsächliche Aufwand des Erstbe-

---

[69] FIECHTER, Leistungsschutz, 156; BAUDENBACHER, Kommentar UWG, Art. 5 N 67; RAUBER, Softwareschutz, 78 f.
[70] BGE 131 III 384, 391 («Such-Spider»); wörtlich ebenso BezGer der Sense sic! 2005, 675, E. 4.3.3 («Immobilien-Suchmaschine»). Vgl. zur Abgrenzung zur nachschaffenden Nachahmung OGer BE sic! 2009, 244, E. 3.d («Expo.02-Karte»).
[71] BGE 131 III 384, 391 («Such-Spider»); wörtlich ebenso BezGer der Sense sic! 2005, 675, E. 4.3.3 («Immobilien-Suchmaschine»); vgl. dazu auch CdJ GE vom 10. Oktober 2003 (C/5008/1995, ACJC/1053/03), E. 5.4.4.1.
[72] Vgl. dazu im Allgemeinen N 21 f. sowie zur Frage, ob Art. 5 lit. c UWG auch dann eingreift, wenn die Übernahme und die Verwertung nicht durch die gleiche Person erfolgen RAUBER, Softwareschutz, 79 f., m.w.H.
[73] Vgl. zur Rechtsprechung PEDRAZZINI/PEDRAZZINI, UWG, N 9.37 ff.
[74] Eine Verletzung wurde etwa bejaht in HGer ZH SMI 1992, 122, E. 1; AppH BE sic! 2001, 613, E. 9 («Elektronischer Pressespiegel»); vgl. dazu auch HILTY, FS David, 652 f.

werbers und (ii) der hypothetische auch finanzielle Aufwand, den der Zweitbewerber hätte erbringen müssen, wenn er das Arbeitsergebnis selber nachgeschaffen hätte[75]. Der Übernahmeaufwand ist nur dann unangemessen, wenn er in beiden Vergleichen unangemessen geringer ist als derjenige des Erstbewerbers[76]. Dabei ist laut Bundesgericht der gesamte Aufwand des Übernehmers für die Reproduktion, allfällige Weiterentwicklungen und Varianten zu berücksichtigen[77]. Mit anderen Worten ist eine Übernahme nur dann unlauter, wenn **weder bei der Übernahme** des fremden Arbeitsergebnisses **noch bei der Verwertung** ein angemessener eigener Aufwand betrieben wird[78]. Der derart festgestellte Aufwand ist im Rahmen des ersten Vergleichs mit dem objektiv erforderlichen Aufwand[79] des Erstbewerbers zur Entwicklung und Herstellung des Arbeitsergebnisses[80] ins Verhältnis zu setzen. Die Unlauterkeit der Übernahme fehlt demzufolge auch dann, wenn der Aufwand für die Herstellung des Arbeitsergebnisses derart gering ist, dass im Verhältnis dazu der Aufwand zur Übernahme angemessen erscheint. Unter dem zweiten Vergleich entfällt die Unangemessenheit nur dann, wenn das übernommene Arbeitsergebnis mit geringerem Aufwand hergestellt werden kann, als es der Erstbewerber getan hat[81].

Das Bundesgericht hat sich zudem dafür ausgesprochen, dass zur Bestimmung des Aufwandes des Erstbewerbers das **Ausmass der Amortisation seiner Entwicklungskosten** zu berücksichtigen ist. Damit ist ein Missverhältnis zwischen dem

---

[75] BOTSCHAFT UWG, 1071.
[76] PEDRAZZINI/PEDRAZZINI, UWG, N 9.35. In der Praxis wird jedoch häufig darauf verzichtet, den Aufwand des Zweitbewerbers in Verhältnis zum Aufwand des Erstbewerbers zu setzen. Vielmehr wird bereits bei Vorliegen einer erheblichen Eigenleistung ein angemessener eigener Aufwand angenommen; so etwa Bezirksanwaltschaft Winterthur sic! 2000, 98, E. 4 («TwixTel»), oder KGer SG vom 24. Mai 2005. Demgegenüber zutreffend AppH BE sic! 2001, 613, E. 9 («Elektronischer Pressespiegel»).
[77] BGE 131 III 384, 392 f., m.w.H. («Such-Spider»). Richtigerweise dürften jedoch der Aufwand für die Beschaffung von Reproduktionsgeräten und die Überwindung von allfälligen Kopiersperren nicht mit einzubeziehen sein (BAUDENBACHER, Kommentar UWG, Art. 5 N 54).
[78] BAUDENBACHER, Kommentar UWG, Art. 5 N 53 ff.; FIECHTER, Leistungsschutz, 153 f.; vgl. RAUBER, Softwareschutz, 75 ff.; als «angemessener eigener Aufwand» wurde etwa beurteilt: das manuelle Eintippen von Daten (BezGer Affoltern SMI 1990, 429, 433 ff. [«Eurotax-Tabelle»]; Kantonsgerichtspräsident Schwyz sic! 1997, 143, E. 5c/aa [«Luftdrucktabellen»]); das satzweise elektronische Herauslesen, Aufbereiten und Ergänzen von Daten unter Verwendung von selbstentwickelten programmeigenen Funktionen sowie die Entwicklung einer eigenen Applikation für das Suchen und Auflisten der Daten (Bezirksanwaltschaft Winterthur sic! 2000, 98, E. 4 [«TwixTel»]).
[79] FIECHTER, Leistungsschutz, 154; nicht zu berücksichtigen ist der unnötige Aufwand (BAUDENBACHER, Kommentar UWG, Art. 5 N 55; PEDRAZZINI/PEDRAZZINI, UWG, N 9.33).
[80] Nicht zu berücksichtigen sind jedoch allgemeine Forschungs- und Betriebskosten: BAUDENBACHER, Kommentar UWG, Art. 5 N 54.; RAUBER, Softwareschutz, 74 ff. Vgl. dazu ZivGer BS sic! 2004, 490, E. 3 c) und insb. E. 3d) («Arzneimittel-Kompendium»), wo das Gericht im Rahmen eines Massnahmenentscheides davon ausging, dass bei Datensammlungen, die als Nebenprodukt einer Haupttätigkeit anfallen, nur der Aufwand des Erstbewerbers für die Aufbereitung, in casu zur Online-Publikation, und nicht derjenige für die Gewinnung der Daten berücksichtigt werden darf. Vgl. dazu auch Anmerkungen von M. BERGER, sic! 2004, 497 f.
[81] RAUBER, Softwareschutz, 75.

Aufwand des Erstkonkurrenten und dem Aufwand des Übernehmers zu verneinen, wenn der Erstkonkurrent seine Kosten zum Zeitpunkt der Übernahme bereits amortisiert hat[82].

31 Im Ergebnis ist der fehlende angemessene Aufwand mit dem **Erfordernis** der Verwendung eines **technischen Reproduktionsverfahrens eng verknüpft**. Dieses ist in der Regel dazu geeignet, eine rasche und einfache Übernahme zu ermöglichen; wird demgegenüber kein solches verwendet, so ist der Aufwand ohne weiteres im Sinne dieser Bestimmung angemessen. Zudem fehlt es dann auch an der Unmittelbarkeit der Übernahme[83].

4. Technische Reproduktionsverfahren

32 Art. 5 lit. c fordert die Übernahme durch ein technisches Reproduktionsverfahren. Dieses Erfordernis hängt – wie oben dargelegt – eng mit der Voraussetzung des fehlenden angemessenen eigenen Aufwandes zusammen[84]. Gemeint sind somit **Kopierverfahren,** die es dem Nachahmer ersparen, die ansonsten auch zur Herstellung einer Kopie erforderlichen Schritte zu durchlaufen und dadurch seinen **Aufwand** als **unangemessen gering** erscheinen lassen.

33 **Beispiele** sind etwa das Fotokopieren, Nachpressen, Nachgiessen, Überspielen und Scannen. Welche Kopiermethode unter den Begriff zu fassen ist, wurde vom Gesetzgeber angesichts der technologischen Entwicklung richtigerweise offengelassen und ist jeweils eine Ermessensfrage. Nur die unmittelbare, am Original eines fremden Arbeitsergebnisses anknüpfende Kopiermethode, welche die identische Übernahme ermöglicht, wird von Art. 5 lit. c erfasst[85].

---

[82] BGer 4A.404/2007 sic! 2008, 462, E. 4.3 («Arzneimittel-Kompendium II»); ebenso ZivGer BS vom 8. Mai 2007 (P 2004/7), E. 4.2.2. b) ff. unter Berufung auf BGE 131 III 384, 391 ff. («Such-Spider») und DAVID, AJP 1995, 1403 ff. Zustimmend R. VON BÜREN/H. P. WALTER, ZBJV 2009, 880 ff. Der Entscheid ist im vorliegenden Fall insofern zu bejahen, als die Erstbewerberin ihre Kosten offenbar bereits vor der in Verkehrsetzung des übernommenen Arbeitsergebnisses durch Vergütung seitens Dritter, d.h. anderer als der Abnehmer des Angebots, amortisiert hat, weshalb ein Schutz über Art. 5 lit. c tatsächlich systemwidrig erscheint. Vgl. dazu auch die Anmerkung von C. LAUX, sic! 2008, 465 ff. Es ist m.E. in Zukunft allerdings bei der Anwendung des Amortisationsgedankens Vorsicht angebracht. In weniger eindeutig gelagerten Fällen dürfte es ohne klare Leitlinien für die Gerichte schwierig sein, zu bestimmen, wann ein Marktteilnehmer seinen Entwicklungsaufwand «angemessen» amortisiert hat.
[83] So auch PEDRAZZINI/PEDRAZZINI, UWG, N 9.26; GUYET, SIWR V/1, 186; STREULI-YOUSSEF, SIWR V/1, 172; HILTI, Leistungsschutz, 103 f.; JECKLIN, Leistungsschutz, 127.
[84] Vgl. dazu oben N 28 ff., insbes. N 31.
[85] BAUDENBACHER, Kommentar UWG, Art. 5 N 11 und 47. Verneint in OGer BE sic! 2009, 244, E. 3.d («Expo.02-Karte»).

Nicht als technisches Reproduktionsverfahren wurde die manuelle Eingabe von Daten in einen Computer gewertet[86].

34

5. Zeitliche Begrenzung?

Die Frage, ob der Schutz des Arbeitsergebnisses gemäss Art. 5 lit. c zeitlich begrenzt ist, wurde vom Gesetzgeber bewusst **nicht geregelt**. Die Dauer des Schutzes werde von den Gerichten im Lichte der Generalklausel des UWG beurteilt und entschieden werden müssen[87]. Während die Antwort vom Bundesgericht lange offengelassen wurde[88], ist die Frage in der Lehre umstritten. Die Befürworter einer zeitlichen Begrenzung des Schutzes aus Art. 5 lit. c setzen sich dafür ein, dass die **Dauer des Schutzes mit der Dauer der Kostenamortisation gleichgesetzt** wird[89]. Das Bundesgericht hat sich nun dieser Ansicht angeschlossen und dafür gehalten, dass die Unlauterkeit des Handelns des Übernehmers dann nicht mehr gegeben ist, «wenn es dem Erstkonkurrenten möglich war, die getätigten Investitionen zu amortisieren»[90].

35

VI. Subjektiver Tatbestand

Bereits die objektive Erfüllung der oben erörterten Tatbestandselemente von Art. 5 kann unlauter sein. Nicht erforderlich ist damit grundsätzlich ein Verschulden im Sinne eines vorsätzlichen oder fahrlässigen Verhaltens. Zu beachten ist allerdings, dass die strafrechtlichen Folgen gemäss Art. 23 ff. Vorsatz voraussetzen[91].

36

---

[86] BezGer Affoltern ZR 1989, Nr. 61 («Eurotax I»); OGer ZH SMI 1993, 331 («Eurotax II»); KGer SZ sic! 1997, 143 («Luftdrucktabellen»). Vgl. zur technischen Reproduktion von Computerprogrammen und insb. zur Übernahme durch Abtippen des Quellcodes RAUBER, Softwareschutz, 71 ff., sowie zur Verwendung von Messtechniken BAUDENBACHER, Kommentar UWG, Art. 5 N 50, m.w.H.
[87] Amtl. Bull. NR 1985 I, 842.
[88] BGE 118 III 459, 465 («Just Elvis»).
[89] BAUDENBACHER, Kommentar UWG, Art. 5 N 73 ff.; FIECHTER, Leistungsschutz, 172 ff., insb. 198; HILTY, FS Ullmann, 654, Fn. 50, m.w.H.; vgl. dazu auch oben N 30. A.A. PEDRAZZINI/ PEDRAZZINI, UWG, N 9.45; RAUBER, Softwareschutz, 86; TROLLER, Immaterialgüterrecht II, 958.
[90] BGer 4A.404/2007 sic! 2008, 462, E. 4.2 («Arzneimittel-Kompendium II»).
[91] CdJ GE vom 26.1.2009 (ACJP/28/2009), E. 2.1 in fine.

VII. Rechtfertigung

37   Art. 5 ist angesichts der grundsätzlich geltenden Nachahmungsfreiheit[92] sehr einschränkend formuliert. Es besteht deshalb **wenig Raum** für eine Rechtfertigung eines tatbestandsmässigen Verhaltens[93]. Insbesondere kann ein solches nicht mit dem Argument gerechtfertigt werden, die Übernahme des Arbeitsergebnisses nehme das berechtigte Interesse der Allgemeinheit an der Verhinderung von monopolartigen Rechten wahr. Die Bekämpfung der negativen Folgen von marktbeherrschenden Stellungen ist Gegenstand des Kartellrechts und nicht des Lauterkeitsrechts, weshalb die tatbestandsmässige Übernahme eines Arbeitsergebnisses nicht damit gerechtfertigt werden kann, es handle sich um einen Angriff auf eine Monopolstellung[94]. Zudem ist der Konkurrent in der Regel nicht zur Wahrnehmung der entsprechenden fremden Interessen berechtigt[95].

VIII. Verfahrensfragen

38   Bei der Verwertung fremder Leistung sind **nur die Betroffenen** und nicht alle Branchenmitglieder in ihren wirtschaftlichen Interessen bedroht und verletzt, weshalb auch nur diese zur Klage gemäss Art. 9 **legitimiert** sind[96]. Der Kreis der so Betroffenen schliesst aber neben den Schöpfern und Herstellern auch deren Vertriebspartner und die rechtmässigen Anbieter des Arbeitsergebnisses ein[97].

IX. Rechtsfolgen

39   Die Unlauterkeit eines Verhaltens gemäss Art. 5 löst grundsätzlich die zivilrechtlichen negatorischen und reparatorischen Ansprüche sowie die Feststellungsansprüche gemäss **Art. 9** aus. In der Praxis sind heute drei Methoden anerkannt, den Schaden einer Verletzung von Immaterialgüterrechten zu berechnen: der Nachweis des effektiven oder direkten Schadens, die Lizenzanalogie und das indizweise

---

[92] Vgl. dazu oben N 1.
[93] Vgl. zur Rechtfertigung im Lauterkeitsrecht im Allgemeinen Art. 2 N 117 ff., (VI.), insb. zum Einwand einer Kompensation durch Vorteile (N 123), zum Einwand des Rechtsmissbrauchs (sog. unclean hands) (N 124) und zum Einwand der Branchenüblichkeit (N 125).
[94] Vgl. aber ZivGer BS sic! 2004, 490, E. 3d und E. 3e («Arzneimittel-Kompendium»), mit Anmerkungen von M. BERGER, sic! 2004, 497; siehe auch HOMBURGER/RAUBER, SZW 1990, 109.
[95] Vgl. dazu Art. 2 N 122.
[96] DAVID/JACOBS, Wettbewerbsrecht, N 723; a.M. RAUBER, Softwareschutz, 89. Ebenfalls verneint hat das BezGer ZH in Bezug auf Art. 5 lit. c UWG die Klagelegitimation eines möglichen Kunden (ZR 2003, Nr. 39, E. 2.4).
[97] Anders aber HGer ZH sic! 2001, 658, E. XVI.4.5. («Schmiermittel II»).

Abstellen auf den Gewinn des Verletzers[98]. Soweit Art. 5 im Ergebnis entsprechend dem Immaterialgüterrecht ein Arbeitsergebnis schützt, sollte diese **dreifache Schadenberechnung** auch unter dem Titel von Art. 5 zur Anwendung gelangen[99].

Die vorsätzliche Begehung ist zudem gemäss Art. 23 auf Antrag mit Freiheitsstrafe bis zu drei Jahren oder Geldstrafe strafbewehrt. Die **Strafbestimmungen** des UWG sind allerdings zivilrechtlicher Natur und nach strafrechtlichen Massstäben zu unbestimmt. Sie sind deshalb **restriktiv auszulegen**[100]. 40

---

[98] BGE 132 III 379, 382 («Milchschäumer II»).
[99] Vgl. auch SPITZ, sic! 2007, 806 f.
[100] BGE 122 IV 33, 35; BGE 123 IV 211, 216 («Rinderwahnsinn»); BezGer ZH sic! 2006, 103, E. 2.3–4 («Preisvergleich»).

Art. 6

Verletzung von Fabrikations- und Geschäftsgeheimnissen

Unlauter handelt insbesondere, wer Fabrikations- oder Geschäftsgeheimnisse, die er ausgekundschaftet oder sonst wie unrechtmässig erfahren hat, verwertet oder andern mitteilt.

Violation des secrets de fabrication ou d'affaires

Agit de façon déloyale celui qui, notamment, exploite ou divulgue des secrets de fabrication ou d'affaires qu'il a surpris ou dont il a eu indûment connaissance d'une autre manière.

Violazione di segreti di fabbrica e di affari

Agisce in modo sleale, segnatamente, chiunque sfrutta o comunica ad altri segreti di fabbrica o di affari che ha spiato o di cui è venuto a conoscenza in altro modo illecito.

Violation of Manufacturing or Trading Secrets

Shall be deemed to have committed an act of unfair competition, anyone who, in particular, exploits or discloses manufacturing or trading secrets he has pried or of which he has otherwise obtained undue knowledge.

Inhaltsübersicht

		Note	Seite
I.	Normzweck	1	604
II.	Entstehungsgeschichte	3	605
III.	Verhältnis zu anderen Rechtsnormen	4	605
IV.	Voraussetzungen	8	607
	1. Geheimnis	8	607
	a) Unbekannte Tatsache	9	607
	b) Geheimnisinteresse	11	610
	c) Geheimniswille	12	611
	d) Bezug zum Unternehmen (Fabrikation oder Geschäft)	13	612
	e) Abgrenzung	18	616
	2. Wettbewerbshandlung	21	618
	a) Auskundschaften oder unrechtmässiges Erfahren	22	619
	b) Verwerten	25	621
	c) Mitteilung an andere	28	623
V.	Rechtsfolgen	29	623
VI.	Verfahrensfragen	33	625

Literatur

M. AMSTUTZ/M. NIGGLI, Unrecht im Unrecht? Prolegomenon zum wirtschaftsrechtlichen Verhältnis von Zivil- und Strafrecht am Beispiel von BGE 117 IV 139 ff., AJP 1994, 190 ff.; M. AMSTUTZ/M. REINERT, Art. 162 StGB, in: M. Niggli/H. Wiprächtiger (Hrsg.), Basler Kommentar Strafrecht, 2. Aufl., Basel 2007; C. BAUDENBACHER (Hrsg.), Lauterkeitsrecht – Kommentar zum Gesetz gegen den unlauteren Wettbewerb (UWG), Basel 2001, Art. 6; F. K. BERSINGER, Einzelne Tatbestände aus dem BG über den unlauteren Wettbewerb, Bern 1944; G. BINDSCHEDLER, Der strafrechtliche Schutz wirtschaftlicher Geheimnisse, Bern 1981;

R. E. BLUM/M. PEDRAZZINI, Das schweizerische Patentrecht: Kommentar zum Bundesgesetz betreffend die Erfindungspatente vom 25. Juni 1954, Bern 1957–1975; R. VON BÜREN/ E. MARBACH/P. DUCREY, Immaterialgüter- und Wettbewerbsrecht, 3. Aufl., Bern 2008; F. H. COMTESSE, Begriff und Schutz des Geheimnisses im schweizerischen Strafgesetzbuch, ZStrR 56 (1942), 257 ff.; B. CORBOZ, Les infractions en droit Suisse, Bd. I und II, 2. Aufl., Bern 2002; L. DAVID/R. JACOBS, Schweizerisches Wettbewerbsrecht, 4. Aufl., Bern 2005, N. 401 ff.; J. DERENDINGER, Die Wirtschaftsgeheimnisse im Schweizerischen Wettbewerbsrecht, Basel 1948; F. DESSEMONTET, Le Savoir-faire industriel. Définition et Protection du «Know-how» en droit américain, Genf 1974; J. N. DRUEY, Das Fabrikationsgeheimnis: faktisches Gut oder Rechtsgut. Eine Untersuchung anhand der Praxis des Bundesgerichts, ZSR 1973 I, 451 ff.; DERS., Geheimsphäre des Unternehmens, Basel/Stuttgart 1977; DERS., Information contra Geheimschutz – Abwägung im Einzelfall?, SAG 1984, 104 ff.; DERS., Information als Gegenstand des Rechts. Entwurf einer Grundlegung, Zürich et al. 1995; J. FRICK, Anmerkungen zu OGer LU 03.12.99, sic! 2000, 221 ff.; A. EGGER, Einleitung; das Personenrecht, in: A. Egger/ A. Escher/R. Haab/H. Oser (Hrsg.), Kommentar zum Schweizerischen Zivilgesetzbuch, 2. Aufl., unveränderter Nachdruck, Zürich 1978; J. GUYET, Die weiteren Spezialklauseln (Art. 4–8 UWG), in: R. von Büren/L. David (Hrsg.), SIWR V/1, 2. Aufl. Basel 1998, 223 ff.; C. HURNI, Die Vermögensübertragung im Spannungsfeld zwischen Vermögens- und Unternehmensrecht: vergleichende Studie zu einem neueren Institut des Fusionsgesetzes, Zürich 2008; H. KÖHLER/ J. BORNKAMM (Hrsg.), Gesetz gegen den unlauteren Wettbewerb, 28. Aufl., München 2010; B. V. KOLLER, Der Know-how-Vertrag nach schweizerischem Recht unter besonderer Berücksichtigung der Leistungsstörung und der Vertragsbeendigung, Zürich 1979; M. J. LUTZ, Die gesetzliche und vertragliche Sicherung von Geheimnissen, SMI 1985, 185 ff.; R. MABILLARD, Die gesellschaftsrechtlichen Aspekte der Vertragsverhandlungen, eine Untersuchung der Culpa in Contrahendo, Basel 2004; F. MAGNIN, Know-how et la propriété industrielle, Paris 1974; A. MAIER, Der Schutz von Betriebs- und Geschäftsgeheimnissen im schwedischen, englischen und deutschen Recht, Köln et al. 1998; K. NASTELSKI, Der Schutz des Betriebsgeheimnisses, GRUR 1957, 1 ff.; M. PEDRAZZINI, Unlauterer Wettbewerb – UWG, 1. Aufl., Bern 1992; M. PEDRAZZINI/F. PEDRAZZINI, Unlauterer Wettbewerb – UWG, 2. Aufl., Bern 2002; B. PFISTER, Das technische Geheimnis (Know-how) als Vermögensrecht, München 1974; P. ROUBIER, Le droit de la propriété industrielle, Paris 1954; S. A. ROSS/R. W. WESTERFIELD/ J. F. JAFFE, Corporate Finance, in: R. Romano (Hrsg.), Foundations of Corporate Law, New York 1993; R. SCHLOSSER, Der Know-how-Vertrag, sic! 1998, 269 ff.; E. SCHMIDT, Der strafrechtliche Schutz des Geschäfts- und Betriebsgeheimnisses in den Ländern der Europäischen Gemeinschaft sowie in Österreich und der Schweiz II, in: D. Oehler (Hrsg.), Kölner Studien zur Rechtsvereinheitlichung, Bd. 3, Köln et al. 1978; M. SCHNEIDER, Schutz des Unternehmensgeheimnisses vor unbefugter Verwertung. Eine rechtssystematische Untersuchung, Bern/Stuttgart 1989; M. SCHUBARTH, Art. 162, in: M. Schubarth/P. Albrecht (Hrsg.), Kommentar zum schweizerischen Strafrecht, Besonderer Teil, 2. Band: Artikel 137–172 StGB, Bern 1990; H. SCHULTZ, Einführung in den allgemeinen Teil des Strafrechts, Bd. I, Bern 1982; G. STRATENWERTH, Schweizerisches Strafrecht. Allgemeiner Teil I: Die Straftat, 3. Aufl., Bern 2005; G. STRATENWERTH/G. JENNY, Schweizerisches Strafrecht. Besonderer Teil I: Straftaten gegen die Individualinteressen, 6. Aufl., Bern 2003; G. TEUBNER, Das Recht hybrider Netzwerke, ZHR 2001, 550 ff.; R. TREADWELL, Der Schutz von Geschäfts- und Fabrikationsgeheimnissen im schweizerischen Wettbewerbsrecht, Winterthur 1956; S. TRECHSEL, Schweizerisches Strafgesetzbuch: Praxiskommentar, Zürich 2008; S. TRECHSEL/P. NOLL, Schweizerisches Strafrecht, Allgemeiner Teil I, 6. Aufl., Zürich/Basel/Genf 2004; A. TROLLER, Immaterialgüterrecht, Patentrecht, Markenrecht, Muster- und Modellrecht, Urheberrecht, Wettbewerbsrecht,

Bd. I, 3. Aufl., Basel et al. 1983; A. TROLLER, Il segreto industriale nel sistema sui beni immateriali, Rivista del diritto commerciale 1957, 170 ff.; O. VOGEL/K. SPÜHLER, Grundriss des Zivilprozessrechts und des internationalen Zivilprozessrechts der Schweiz, 8. Aufl., Bern 2006; B. WAGNER, Die Rechtslage in der Schweiz, in: K. Liebl (Hrsg.), Betriebs-Spionage, Begehungsformen – Schutzmassnahmen – Rechtsfragen, Küsnacht 1987, 345 ff.; H. WALDER, Die Kausalität im Strafrecht, ZStrR 93 (1977), 113 ff.; B. WEHRLI, Fabrikations- und Geschäftsgeheimnisse im Zivil- und Strafprozess, Winterthur 1957; O. WENIGER, La protection des secrets économiques et du savoir-faire (Know-how), Renens 1994; R. M. WENNINGER, Die aktienrechtliche Schweigepflicht, Zürich 1983; U. WICKIHALDER, Die Geheimhaltungspflicht des Arbeitnehmers, Bern 2004.

I. Normzweck

1 **Art. 6 vermittelt** zwischen dem Wunsch der Wettbewerbsteilnehmer nach wirtschaftlich nutzbarem Wissensvorsprung und der wirtschaftspolitischen Forderung, technische und kaufmännische Erkenntnisse zwecks optimalen Fortschritts allgemein zugänglich zu machen[1]. Dabei knüpft diese Norm an die faktische Exklusivität des Geheimnisses und die damit verbundene wirtschaftliche Nutzung. Beide bilden für den Wettbewerbsteilnehmer einen Anreiz, eine eigenständige Unternehmenstätigkeit zu entfalten, und letztlich eine Voraussetzung für den funktionierenden Wettbewerb[2]. Allerdings wird das Geheimnis von der Rechtsordnung aufgrund der Forderung nach einem allgemeinen Fortschritt lediglich so lange geschützt, als es die erforderliche Geheimnisqualität besitzt. Ein eigentlicher Anspruch auf ein Geheimnis im Sinne eines subjektiven Geheimnisrechts besteht nicht. Das Geheimnis geniesst als Voraussetzung für den Wettbewerb einen **objektiven Rechtsschutz**[3], begründet aber nicht ein unmittelbares Ausschliesslichkeitsrecht, welches z.B. für immaterielle Güter wie Erfindungen, Werke der Literatur und der Kunst, Marken und Muster oder Modelle gewährt wird. Es bleibt ein unvollständiges Ausschliesslichkeitsrecht, mit dem der Geheimnisherr zwar die exklusive Benützung des Geheimnisses verteidigen kann[4], der allgemeine Fortschritt aber nicht behindert wird.

2 Das Geheimnis geniesst auch deshalb bloss einen immaterialgüterrechtsähnlichen Schutz, weil es nicht nur technische oder kaufmännische Daten beinhaltet, sondern auch allgemeines Wissen, das lediglich im konkreten Kontext seiner Anwendung Schutzwürdigkeit erlangt[5]. Der Geheimnisschutz kann daher im freien Wettbewerb einerseits mit der «*Vertraulichkeit als legitime Kontrollbefugnis des Geheimnis-*

---

[1] BAUDENBACHER/GLÖCKNER, Kommentar UWG, Art. 6 N 3; DRUEY, ZSR 1973 I, 464.
[2] DRUEY, ZSR 1973 I, 464 f.
[3] DRUEY, Information, 165 f., 179; DERS., SAG 1984, 107; AMSTUTZ/REINERT, BSK, Art. 162 StGB N 4; HURNI, Vermögensübertragung, 67, Fn. 279.
[4] TROLLER, Immaterialgüterrecht I, 417; vgl. auch AMSTUTZ/REINERT, BSK, Art. 162 StGB N 5.
[5] TROLLER, Immaterialgüterrecht I, 419; NASTELSKI, GRUR 1957, 2; TREADWELL, Wettbewerbsrecht, 22.

herrn über die Informationsverbreitung»[6] oder andererseits mit den «*immateriellen Ressourcen als Bestandteil der* **Wettbewerbsfähigkeit** *des Geheimnisherrn*»[7] begründet werden. Während Ersteres die Grundlage für Art. 162 StGB bildet, liegt Letzteres dem von Art. 6 gewährten Schutz zu Grunde[8].

II. Entstehungsgeschichte

Obgleich das Bundesgericht[9] schon früh den Geheimnisschutz des Wettbewerbsteilnehmers als Ausfluss des subjektiven Rechts gemäss Art. 28 ZGB schützte, wurde das Fabrikations- und Geschäftsgeheimnis erst 1942 gestützt auf den Erlass von Art. 162 StGB[10] von 1937 im Bundesrecht geregelt[11]. Mit dem Bundesgesetz gegen den unlauteren Wettbewerb (UWG) wurde 1943 das Verwerten und Mitteilen ausgekundschafteter Geheimnisse in wettbewerbsrelevanten Zusammenhängen aus dem Strafgesetzbuch gestrichen und ins neu geschaffene Gesetz[12] aufgenommen[13]. Mit der Revision des **UWG** im Jahre **1986** kam es zu redaktionellen Änderungen beim Geheimnisschutz, doch wurde der Schutzumfang für Fabrikations- und Geschäftsgeheimnisse beibehalten[14].

3

III. Verhältnis zu anderen Rechtsnormen

Innerhalb des UWG werfen **Art. 2 und Art. 4 lit. c** Konkurrenzfragen auf. So können Sachverhalte, die aufgrund des Geheimnisbegriffs nicht den Spezialtatbestand von Art. 6 erfüllen, von der Generalklausel erfasst werden[15]. Insofern besteht unechte Konkurrenz. Art. 4 lit. c stellt das Verleiten von Arbeitnehmern, Beauftragten oder Hilfspersonen zum Verrat oder Auskundschaften von Fabrikations-

4

---

[6] AMSTUTZ/REINERT, BSK, Art. 162 StGB N 7; DRUEY, Grundlegung, 353; AMSTUTZ/NIGGLI, AJP 1994, 190 ff.
[7] TREADWELL, Wettbewerbsrecht, 26; AMSTUTZ/REINERT, BSK, Art. 162 StGB N 7 f.
[8] Im Gegensatz zum Strafrecht, welches den Vertrauensschutz gewährleistet, siehe hiernach N 5.
[9] BGE 23 I 205, 211 ff.; BGE 64 II 162, 169 ff.
[10] BGE 80 IV 22, 32 ff.; BGE 103 IV 277, 284 ff.; GUYET, SIWR V/1, 224; BAUDENBACHER/GLÖCKNER, Kommentar UWG, Art. 6 N 30.
[11] Schweizerisches Strafgesetzbuch vom 21. Dezember 1937, SR 311.0, in Kraft seit dem 1. Januar 1942.
[12] Art. 1 Abs. 2 lit. f und g, Art. 13 lit. f und g aUWG.
[13] Bundesgesetz gegen den unlauteren Wettbewerb vom 30. September 1943, SR 241, in Kraft bis 28. Februar 1988.
[14] Bundesgesetz gegen den unlauteren Wettbewerb vom 19. Dezember 1986, SR 241, in Kraft seit dem 1. März 1988.
[15] Ebenso BAUDENBACHER/GLÖCKNER, Kommentar UWG, Art. 6 N 89; vgl. auch BGE 133 III 431, 434 («Auf zu neuen Taten»); KGer SZ vom 24.10.2006 (ZK 2006 24), E. 4 b) aa); OGer BE vom 29.5.2009 (APH 09 240), E. 3.1.

oder Geschäftsgeheimnissen ihres Arbeit- oder Auftraggebers eigens unter Strafe. Soweit Art. 4 lit. c vom selben Täter erfüllt wird, besteht unechte Konkurrenz[16] und Art. 4 lit. c stellt eine mitbestrafte Vortat von Art. 6 dar[17].

5   Art. 162 StGB schützt ebenfalls das Fabrikations- und Geschäftsgeheimnis, wobei er im Gegensatz zu Art. 6 eine gesetzliche oder vertragliche Geheimhaltungspflicht voraussetzt[18]. Folglich ist die Schnittmenge der beiden Strafnormen bereits auf der Tatbestandsebene erheblich eingeschränkt[19]. Wird indes ein Geheimnis durch eine Geheimhaltungspflicht geschützt, so können Art. 162 StGB und Art. 6 Anwendung finden. Im Hinblick auf die geschützten Rechtsgüter besteht echte Konkurrenz in Form von Idealkonkurrenz[20]. Art. 6 schützt das Interesse am fairen Wettbewerb[21] und bildet somit Grundlage für einen zivilrechtlichen Vermögensschutz, der in Verbindung mit Art. 23 aber auch strafrechtlich ergänzt wird[22].

6   Vertragsparteien können mit einem **Vertrag** zivilrechtliche Geheimhaltungspflichten vereinbaren[23]. Die Verletzung solcher Pflichten fällt nicht unter den Tatbestand von Art. 6, da die entsprechende Vertragspartei die Fabrikations- oder Geschäftsgeheimnisse rechtmässig erfährt. Anders verhält es sich wohl nur in Fällen, da eine vertragliche Verbindung für das Auskundschaften oder unrechtmässige Erfahren weiterer Geheimnisse, die nicht Gegenstand des Vertrags darstellen, ausgenutzt wird[24] oder weitere Geheimnisse nach Wegfallen der vertraglichen Grundlage, z.B. bei Vertragsbeendigung, erfahren werden.

---

[16] STRATENWERTH, AT I, § 18 N 1 ff.; STRATENWERTH/JENNY, BT I, § 22 N 12; BAUDENBACHER/ GLÖCKNER, Kommentar UWG, Art. 6 N 88; siehe auch AMSTUTZ/REINERT, BSK, Art. 162 StGB N 33.

[17] Vgl. aber auch CdJ GE sic! 2000, 714 ff., wonach der Anwendungsbereich von Art. 6 nicht auf Geheimnisse beschränkt ist, die in Verletzung von Art. 4 lit. c erlangt wurden; ebenso KGer VS vom 24.5.2006 (P3 06 7), E. 2 a) bb).

[18] AMSTUTZ/REINERT, BSK, Art. 162 StGB N 17 ff.; STRATENWERTH/JENNY, BT I, § 22 N 6; für Art. 320 und 321 StGB siehe BGE 113 I b 77, 80.

[19] Vgl. STRATENWERTH/JENNY, BT I, § 22 N 12; SCHUBARTH, StGBK, Art. 162 StGB N 24; CORBOZ, Infractions, Art. 162 StGB N 21; AMSTUTZ/REINERT, BSK, Art. 162 StGB N 34.

[20] STRATENWERTH, AT I, § 19 N 4 f., mit dem Beispiel des wirtschaftlichen Nachrichtendienstes gemäss Art. 273 StGB und der Verletzung von Geschäftsgeheimnissen gemäss Art. 162 StGB oder Hinweis auf BGE 101 IV 177, 204; STRATENWERTH, a.a.O., § 19 N 6; a.A. BAUDENBACHER/ GLÖCKNER, Kommentar UWG, Art. 6 N 85 f.; TRECHSEL, BSK, Art. 162 StGB N 11; TREADWELL, Wettbewerbsrecht, 94; SCHNEIDER, Unternehmensgeheimnis, 17; OGer LU SMI 1965, 140; BOTSCHAFT 1942, 711.

[21] AMSTUTZ/REINERT, BSK, Art. 162 StGB N 8; TREADWELL, Wettbewerbsrecht, 28.

[22] GUYET, SIWR V/1, 223; PEDRAZZINI/PEDRAZZINI, UWG, 203 N 10.6.

[23] Z.B. Art. 321a Abs. 4 OR; Art. 418d Abs. 1 OR; Art. 717 Abs. 1 und 730 OR; Art. 464 und 536 OR.

[24] Vgl. (allerdings im Ergebnis offengelassen) BGer 4C.330/2003, E. 4.4.3; ebenso CdJ GE vom 10.10.2003 (C/5008/1995), E. 5.5; vgl. hiernach N 24.

Das Bundesgericht leitete das Fabrikations- und Geschäftsgeheimnis zunächst von Art. **28 ZGB** ab[25]. Dieser Ansatz wurde nach Inkrafttreten des UWG vom Bundesgericht nicht mehr verfolgt[26], wohl aber in der Lehre aufgenommen und dem Unternehmen ein Recht auf Geheimsphäre zuerkannt[27]. Damit verfügen juristische oder natürliche Personen gestützt auf das Persönlichkeitsrecht über ein absolutes Ausschliesslichkeitsrecht. Der Geheimnisschutz wird dadurch grösser[28] und ermöglicht einen effektiven Schutz des unselbständigen Wissens, werden doch sowohl die Verarbeitung als auch die Auswertung unselbständigen Wissens nicht von Art. 6 erfasst. Aber auch für zunehmend komplexer werdende Unternehmensorganisationen ist das absolute Persönlichkeitsrecht effektiver[29].

IV. Voraussetzungen

1. Geheimnis

Der Geheimnisbegriff des UWG entspricht dem des Strafgesetzbuchs[30]. Mangels **Legaldefinition** haben Rechtsprechung und Lehre diesen bestimmt. Das Bundesgericht definiert das Geheimnis seit seinem «Blechstampfmaschinen»-Entscheid[31] als «besondere Kenntnis von Tatsachen, die nicht offenkundig oder allgemein zugänglich sind, an deren Geheimhaltung der Hersteller oder Geschäftsmann ein berechtigtes Interesse hat und die er tatsächlich geheim halten will»[32].

a) Unbekannte Tatsache

Als unbekannt gilt eine Tatsache, solange sie nicht aus einer vom Geheimnisherrn unabhängigen Quelle erfahren werden kann[33], also so lange, wie sie **nicht offenkundig** ist. Offenkundig ist eine Tatsache, wenn sie einer unbestimmbaren

---

[25] BGE 64 II 162, 169; BGE 88 II 319, 322 ff.
[26] Vgl. BGE 103 IV 283; BAUDENBACHER/GLÖCKNER, Kommentar UWG, Art. 6 N 95; vgl. aber auch DRUEY, Grundlegung, 364.
[27] SCHNEIDER, Unternehmensgeheimnis, 89 ff.; DRUEY, Geheimsphäre, 89 ff.; vgl. aber DRUEY, Grundlegung, 364; BINDSCHEDLER, Strafrechtlicher Schutz, 16; DERENDINGER, Wirtschaftsgeheimnisse, 30.
[28] BAUDENBACHER/GLÖCKNER, Kommentar UWG, Art. 6 N 93.
[29] DRUEY, Geheimsphäre, 89 ff.; BAUDENBACHER/GLÖCKNER, Kommentar UWG, Art. 6 N 94.
[30] GUYET, SIWR V/I, 224; KassGer TI vom 23.2.2009 (17.2007.80), E. 3b).
[31] BGE 103 IV 283.
[32] DRUEY, ZSR 1973 I, 468; TROLLER, Immaterialgüterrecht I, 417; DERS., Rivista del diritto commerciale 1957, 170; GUYET, SIWR V/1, 229; PEDRAZZINI/PEDRAZZINI, UWG, 181 N 8.42 ff.; BAUDENBACHER/GLÖCKNER, Kommentar UWG, Art. 6 N 5; BINDSCHEDLER, Strafrechtlicher Schutz, 16; TREADWELL, Wettbewerbsrecht, 12; TROLLER, Immaterialgüterrecht I, 417.
[33] DRUEY, ZSR 1973 I, 468.

Anzahl von Personen bekannt ist[34]. Ausschlaggebend für die Qualifizierung einer Tatsache als unbekannt ist daher nicht die Grösse des Personenkreises, dem die Tatsache bekannt ist, sondern der Zugang zur Tatsache. Solange der Geheimnisherr darüber entscheiden kann, wem die Tatsache zur Kenntnis gebracht wird, hat diese als unbekannt zu gelten[35]. Nicht erforderlich ist, dass die Kenntnis auf einen sehr engen Kreis von Personen beschränkt ist, die durch Vertrag gebunden werden[36]. Vielmehr kann der Geheimnisherr auch Konkurrenten sowie allfällige Wettbewerber als Geheimnisträger einweihen. Dies kann sogar so weit gehen, dass alle bis auf den entscheidenden Konkurrenten in das Geheimnis eingeweiht werden[37]. Der Geheimnisschutz findet allerdings seine Grenze in branchenbekannten Tatsachen, die sich alleine schon aus Gründen der Praktikabilität der Kontrolle des Geheimnisherrn entziehen[38]. Diese Tatsachen dem Geheimnisschutz zu unterstellen, würde bedeuten, den Marktzutritt für allfällige Wettbewerber über Gebühr zu erschweren. Der Geheimnisherr muss demnach in der Lage sein, seine Kontrolle über den Zugang zur Tatsache zu belegen. Dies wird in den meisten Fällen durch entsprechende vertragliche Regelungen geschehen müssen[39].

10 Hängt die Unbekanntheit einer Tatsache zunächst von der Kontrolle des Geheimnisherrn über deren Verbreitung ab, ist die Möglichkeit der selbständigen Entdeckung durch andere als den Geheimnisherrn oder die Geheimnisträger, d.h. die allgemeine **Zugänglichkeit**[40], nicht weniger wichtig. Eine an sich unbekannte Tatsache kann nicht nur durch Bekanntgabe des Geheimnisherrn allgemeine Bekanntheit erlangen, sondern auch durch die unabhängige Entdeckung anderer, was mit zunehmendem Alter des Geheimnisses und allgemein fortschreitender Entwicklung wahrscheinlicher wird. Dementsprechend soll der Geheimnisschutz nur greifen, wenn die Entdeckung einen grossen Aufwand erfordert[41]. Dies bedeutet allerdings nicht, dass der Geheimnisschutz entfällt, sobald eine Tatsache von mehreren Wettbewerbsteilnehmern unabhängig voneinander entdeckt wurde. Solange die einzelnen Wettbewerbsteilnehmer unabhängig voneinander Kenntnis einer Tatsache

---

[34] BAUDENBACHER/GLÖCKNER, Kommentar UWG, Art. 6 N 6; BGE 88 II 319, 322 ff.; 93 II 272, 276 ff.
[35] Sinngemäss BAUDENBACHER/GLÖCKNER, Kommentar UWG, Art. 6 N 7; SCHNEIDER, Unternehmensgeheimnis, 46; BINDSCHEDLER, Strafrechtlicher Schutz, 21; TREADWELL, Wettbewerbsrecht, 14; BERSINGER, Tatbestände, 103; DRUEY, ZSR 1973 I, 451; wohl auch VON BÜREN/ MARBACH, Immaterialgüter- und Wettbewerbsrecht, 269 f.
[36] A.A. PEDRAZZINI, UWG 1992, 165 f.
[37] SCHNEIDER, Unternehmensgeheimnis, 46; BINDSCHEDLER, Strafrechtlicher Schutz, 21; wohl auch BAUDENBACHER/GLÖCKNER, Kommentar UWG, Art. 6 N 8.
[38] BAUDENBACHER/GLÖCKNER, Kommentar UWG, Art. 6 N 8; a.A. BINDSCHEDLER, Strafrechtlicher Schutz, 21.
[39] Nur für vertragliche Regelung BAUDENBACHER/GLÖCKNER, Kommentar UWG, Art. 6 N 9; PEDRAZZINI/PEDRAZZINI, UWG 181 N 8.42 ff.
[40] So BAUDENBACHER/GLÖCKNER, Kommentar UWG, Art. 6 N 10.
[41] VON BÜREN/MARBACH, Immaterialgüter- und Wettbewerbsrecht, 269; BAUDENBACHER/GLÖCKNER, Kommentar UWG, Art. 6 N 10.

erlangt haben, aber eine grössere Anzahl von Konkurrenten dieselbe Kenntnis nicht besitzt, muss der Geheimnisschutz weiterhin wirken[42]. Folglich fordert der Geheimnisschutz keine absolute Unzugänglichkeit der unbekannten Tatsache[43]. Die herrschende Lehre verlangt vielmehr, dass besonderes Expertenwissen und Forschungsarbeit zur Entdeckung der Tatsache nötig sind, um ihr die allgemeine Zugänglichkeit abzusprechen[44]. Die so definierte allgemeine Zugänglichkeit einer Tatsache ist allerdings problematisch, steht sie doch im Widerspruch zur Funktion des Geheimnisschutzes. Art. 6 sollte den Wettbewerbsteilnehmer vor einer unlauteren Erforschung seiner Geheimnisse wie der Betriebsspionage[45] schützen, nicht aber den Fortschritt im Rahmen der Erforschung und Entwicklung von Konkurrenzprodukten behindern. In diesem Sinne kann nicht bereits von einer allgemeinen Unzugänglichkeit der Tatsache gesprochen werden, wenn Produkte von Konkurrenten erforscht und analysiert werden und diese auf Grund ihrer Analyse zu vergleichbaren oder gleichen Ergebnissen gelangen[46]. Der Aufwand der Ermittlung einer Tatsache durch Dritte, sei dies hinsichtlich der Zeit oder der Mittel, kann für den Geheimnischarakter einer Tatsache nicht ausschlaggebend sein. Wendet ein Konkurrent Zeit und Mittel zur Erforschung von Konkurrenzprodukten auf, so ist dies primär ein ökonomischer Entscheid, den er im Rahmen seiner eigenen Kosten-Nutzen-Analyse zu verantworten hat. Ein Geheimnis liegt nur dort vor, wo es mit lauteren Mitteln durch die Konkurrenten nicht in Erfahrung gebracht werden kann. Demzufolge ist der Bundesgerichtspraxis zuzustimmen, wonach eine unbekannte Tatsache immer allgemein zugänglich wird, wenn sie vom Produkt ablesbar ist, das auf den Markt gebracht wurde[47]. Vor der Markteinführung kann indes der Geheimnischarakter der Tatsache anhand des für die Information bezahlten Preises[48] oder deren Originalität[49] festgestellt werden. Wird ein hoher Preis für eine Information bezahlt, so kann davon ausgegangen werden, dass diese im Markt nicht verbreitet ist und daher relativ unbekannt ist. Dies alleine genügt allerdings nicht um den Geheimnischarakter der Information zu begründen, sondern ist lediglich ein Indiz für die Unbekanntheit der Tatsache. Weist die Tatsache eine Originalität auf, auf-

---

[42] TROLLER, Immaterialgüterrecht I, 418; DRUEY, ZSR 1973 I, 468 f.
[43] BAUDENBACHER/GLÖCKNER, Kommentar UWG, Art. 6 N 11; BGE 80 IV 22, 28; GUYET, SIWR V/1, 226; TREADWELL, Wettbewerbsrecht, 23.
[44] BAUDENBACHER/GLÖCKNER, Kommentar UWG, Art. 6 N 11; BINDSCHEDLER, Strafrechtlicher Schutz, 22.
[45] Zum Begriff der Betriebsspionage und seiner fehlenden Kodifikation im positiven Schweizer Recht vgl. WAGNER, Betriebs-Spionage, 348 f.
[46] Nämlich DAVID/JACOBS, Wettbewerbsrecht, N 402; ähnlich für das Know-how PEDRAZZINI/ PEDRAZZINI, UWG, 181 N 8.42 ff., die jedoch auch teilweise einen Schutz des Know-how bejahen, wenn dessen Eruierung durch Dritte zwar möglich, aber zeit- und mittelaufwendig ist.
[47] BGE 88 II 319, 322 ff.; 93 II 272, 276 ff.; 95 II 470, 474 ff.; BezGer ZH sic! 2006, 112 ff. («Plan für Implantate»); GUYET, SIWR V/1, 225; BAUDENBACHER/GLÖCKNER, Kommentar UWG, Art. 6 N 13 ff.
[48] Siehe zur «efficient capital market theory» ROSS/WESTERFIELD/JAFFE, Corporate Finance, 43 ff.; kritisch hierzu BAUDENBACHER/GLÖCKNER, Kommentar UWG, Art. 6 N 12.
[49] DRUEY, ZSR 1973 I, 469 f.

grund der sie nur dem Geheimnisherrn zugeordnet werden kann, muss sie als nicht allgemein zugänglich gelten. Hierbei gilt es jedoch zu beachten, dass für das Erfordernis der Originalität keineswegs eine schöpferische Leistung vorzuliegen hat[50].

b) Geheimnisinteresse

11 Das Geheimhaltungsinteresse verdeutlicht, dass der rechtliche Geheimnisbegriff über eine rein deskriptive Beschreibung des Geheimnisses hinausgeht und nur qualifizierte Geheimnisse als Geheimnisse im Rechtssinne gelten können[51]. Schutzwürdig ist demnach nicht bereits jedes ökonomische Interesse eines Wettbewerbteilnehmers an einem Wissensvorsprung (**subjektives Geheimhaltungsinteresse**), sondern das Interesse der Allgemeinheit am funktionierenden Wettbewerb, wozu insbesondere der Erhalt der Wettbewerbsfähigkeit der Wettbewerbsteilnehmer sowie der freie Marktzutritt allfälliger Wettbewerbsteilnehmer gehört (**objektives Geheimhaltungsinteresse**)[52]. Hieraus ergibt sich, dass ein objektives Geheimhaltungsinteresse nur dann angenommen werden kann, wenn die geheim zu haltende Tatsache das Ergebnis wirtschaftlicher Vorgänge beeinflussen kann[53] und einen wirtschaftlichen Wert hat[54]. Damit setzt zwar das Geheimhaltungsinteresse voraus, dass im Fall der Geheimnisverletzung ein Vermögensschaden entsteht, doch begründet der Vermögensschaden noch nicht ein Geheimhaltungsinteresse. Der Vermögensschaden kann auch bei Verletzung ökonomischer Individualinteressen entstehen, die nicht im Interesse des funktionsfähigen Wettbewerbs liegen[55]. Entgegen der vereinzelt vertretenen Meinung entsteht ein Geheimhaltungsinteresse auch nicht durch die Verletzung einer Geheimhaltungspflicht[56]. Zwar belegt die Geheimhaltungspflicht, dass der Geheimnisherr seine Kontrolle über eine von ihm als geheim zu haltend qualifizierte Tatsache ausgeübt hat, doch kann er damit lediglich ökonomische Individualinteressen, welche nicht als Interessen an einem funktionsfähigen Wettbewerb qualifizieren, schützen. Dabei muss berücksichtigt werden, dass das zufällige Erfahren einer unbekannten Tatsache deren Geheimnischarakter und

---

[50] MAGNIN, Propriété industrielle, 122 ff.; DRUEY, ZSR 1973 I, 470.
[51] SCHNEIDER, Unternehmensgeheimnis, 58; BAUDENBACHER/GLÖCKNER, Kommentar UWG, Art. 6 N 25.
[52] SCHNEIDER, Unternehmensgeheimnis, 58; BINDSCHEDLER, Strafrechtlicher Schutz, 24; TREADWELL, Wettbewerbsrecht, 26; BAUDENBACHER/GLÖCKNER, Kommentar UWG, Art. 6 N 26 f.; OGer BE vom 29.5.2009 (APH 09 240), E. 3.1.
[53] STRATENWERTH/JENNY, BT I, § 22 N 3 m.V. auf BGE 109 Ib 47, 56 ff.; BINDSCHEDLER, Strafrechtlicher Schutz, 24 ff.; SCHNEIDER, Unternehmensgeheimnis, 125; MAIER, Schutz, 280.
[54] BAUDENBACHER/GLÖCKNER, Kommentar UWG, Art. 6 N 27; B. VON BÜREN, Kommentar UWG, Art. 1 UWG N 4.
[55] SCHNEIDER, Unternehmensgeheimnis, 59; BAUDENBACHER/GLÖCKNER, Kommentar UWG, Art. 6 N 28; a.A. TREADWELL, Wettbewerbsrecht, 26 ff.; BINDSCHEDLER, Strafrechtlicher Schutz, 24 ff.; siehe auch BGE 103 IV 283, 284 ff.
[56] A.A. GUYET, SIWR V/1, 226.

folglich den Geheimnisschutz zerstört[57]. Vielmehr ist auch hier das objektive Geheimhaltungsinteresse und somit das Interesse der Allgemeinheit an einem funktionsfähigen Wettbewerb ausschlaggebend, weshalb primär die Mittel, mit denen eine unbekannte Tatsache in Erfahrung gebracht wurde, für das Geheimhaltungsinteresse massgebend sind. Sind die Mittel unlauter, so wird auch hier ein Angriff auf den funktionsfähigen Wettbewerb und demzufolge ein Geheimhaltungsinteresse angenommen werden müssen.

c) **Geheimniswille**

Ein Geheimnis liegt nur dann vor, wenn es **vom Geheimnisherrn gewollt** ist[58]. Der Geheimniswille stellt folglich das voluntative Element dar, ohne das kein Geheimnis im Rechtssinne vorliegt. Dabei ist der Wille des Geheimnisherrn, d.h. der Person, die über das Geheimnis verfügungsberechtigt ist, massgebend[59]. Allerdings bereitet bereits die **Bestimmung des Geheimnisherrn** Probleme. So ist an hierarchische Unternehmen oder flache Organisationsstrukturen zu denken, in denen der Geheimnisschutz nicht mehr zentral gesteuert wird und die einzelnen Organe unmöglich alle Geheimnisse der einzelnen Unternehmenszweige kennen können[60]. Damit wirft die Voraussetzung des bekundeten Geheimhaltungswillens die Frage nach der **Verfügungsberechtigung** über das Geheimnis und damit verbunden die Erkennbarkeit des Geheimhaltungswillens auf. Während die Lehre für einfache Strukturen, insbesondere Individuen als Geheimnisherren, stillschweigend voraussetzt, dass die Verfügungsberechtigung beim einfach erkennbaren Geheimnisherrn liegt, der seinen Geheimhaltungswillen erkennbar machen muss[61], wurden von der Lehre verschiedene Ansätze zwecks Bestimmung der Verfügungsberechtigung und Erkennbarkeit des Geheimhaltungswillens bei komplexeren Organisationsstrukturen entwickelt. So wurde zunächst im Sinne eines *voluntativen Ansatzes* festgehalten, dass der Geheimhaltungswille ausdrücklich bekundet oder aus den Umständen durch konkludentes Verhalten erkenntlich gemacht werden muss[62]. In jedem Fall muss aber der Geheimnisherr handeln. Ein anderer Ansatz, der als *fiktiver Ansatz* bezeichnet werden mag, geht einen Schritt weiter und fingiert den Geheimhaltungswillen, wenn dieser für einen Durchschnittsarbeitnehmer klar sein

12

---

[57] A.A. BAUDENBACHER/GLÖCKNER, Kommentar UWG, Art. 6 N 29 m.V. auf BGE 23 I 205, 211 ff.; BGE 64 II 162, 169.
[58] COMTESSE, ZStrR 56 (1942), 262; AMSTUTZ/REINERT, BSK, Art. 162 StGB N 14; OGer BE vom 29.5.2009 (APH 09 240), E. 3.1.
[59] BINDSCHEDLER, Strafrechtlicher Schutz, 26; B. VON BÜREN, Kommentar UWG, Art. 1 Abs. 2 lit. f und g UWG N 3; BAUDENBACHER/GLÖCKNER, Kommentar UWG, Art. 6 N 16.
[60] AMSTUTZ/REINERT, BSK, Art. 162 N 14; BAUDENBACHER/GLÖCKNER, Kommentar UWG, Art. 6 N 16; für hierarchische Unternehmen TEUBNER, ZHR 2001, 554 ff.
[61] DAVID/JACOBS, Wettbewerbsrecht, N 402 f.
[62] DAVID/JACOBS, Wettbewerbsrecht, N 403; siehe auch die Darstellung bei BAUDENBACHER/GLÖCKNER, Kommentar UWG, Art. 6 N 20.

muss oder wenn die Geheimhaltung in einer bestimmten Situation üblich ist[63]. Dieser Ansatz wird von BAUDENBACHER/GLÖCKNER aufgenommen, wenn sie gestützt auf eine funktionale Auslegung des Geheimnisschutzes von einem «**grundsätzlichen Geheimhaltewillen der Unternehmen**» ausgehen, der in Ausnahmefällen mittels Bestätigung des Offenbarungswillen durchbrochen werden kann[64]. Sie berichtigen damit den methodischen Mangel des fiktiven Ansatzes, der auf die Willensbetätigung als begriffsnotwendiges Element des Geheimnisses verzichtet[65]. Während der voluntative Ansatz nicht überzeugt, weil er zuwenig der Komplexität moderner Unternehmensstrukturen Rechnung trägt und die Situation unberücksichtigt lässt, in welcher der Geheimnisherr nicht handelt und der durchschnittliche Arbeitnehmer nur generell auf den Geheimhaltungswillen schliessen kann, leidet der fiktive Ansatz auch im Fall einer widerlegbaren Vermutung des Geheimhaltungswillens an der für die Begründung des Geheimnisses notwendigen Willensbetätigung. Diese Mängel lassen sich nur beseitigen, wenn mit einem *organisatorischen Ansatz* gefordert wird, dass organisatorische Massnahmen seitens des Unternehmens ergriffen werden, welche einen effektiven Geheimnisschutz gewährleisten und letztlich die Willensäusserungen der Mitarbeiter eines Unternehmens im Rahmen ihres Aufgaben- und Verantwortungsbereichs massgebend sind[66]. In Übereinstimmung mit der Praxis ist daher zu fordern, dass der Geheimhaltungswille durch ausdrückliches oder konkludentes Verhalten wahrnehmbar ist[67].

d) **Bezug zum Unternehmen (Fabrikation oder Geschäft)**

13   Art. 6 schützt entsprechend dem Normzweck nur Geheimnisse, die der **Wettbewerbsfähigkeit von Unternehmen dienen**. Dementsprechend wird der Geheimnisbegriff neben seiner allgemeinen Definition für das UWG zusätzlich eingegrenzt. Als Tatobjekt kommen nicht Geheimnisse jeglicher Art in Frage, son-

---

[63] WENNINGER, Schweigepflicht, 7; COMTESSE, ZStrR 56 (1942), 262; ZK-EGGER, Art. 28 ZGB N 39, mit Hinweis auf die Geschäftsusanzen; kritisch hierzu DRUEY, Geheimsphäre, 185 f.; SCHNEIDER, Unternehmensgeheimnis, 52; BAUDENBACHER/GLÖCKNER, Kommentar UWG, Art. 6 N 22.

[64] BAUDENBACHER/GLÖCKNER, Kommentar UWG, Art. 6 N 24; m.H. auf SCHNEIDER, Unternehmensgeheimnis, 54; WENNINGER, Schweigepflicht, 109 und 111.

[65] BAUDENBACHER/GLÖCKNER, Kommentar UWG, Art. 6 N 22; TREADWELL, Wettbewerbsrecht, 17.

[66] AMSTUTZ/REINERT, BSK, Art. 162 StGB N 14; DRUEY, Grundlegung, 298 ff.; WEHRLI, Fabrikations- und Geschäftsgeheimnis, 1.

[67] BGE 64 II 162, 171 ff.; BGE 83 II 312, 322 ff.; SCHMIDT, Schutz Betriebs- und Geschäftsgeheimnis, 202; DAVID/JACOBS, Wettbewerbsrecht, N 403; BAUDENBACHER/GLÖCKNER, Kommentar UWG, Art. 6 N 18 und 16; LUTZ, SMI 1985, 200; a.A. BINDSCHEDLER, Strafrechtlicher Schutz, 26, der darauf hinweist, dass für die strafrechtliche Beurteilung die äussere Erkennbarkeit des Geheimhaltungswillens nicht massgebend ist.

dern lediglich Unternehmensgeheimnisse[68]. Geschützt sind nur Angaben, die einen Einfluss auf das Geschäftsergebnis des Unternehmens haben können[69]. Dabei ist jedoch gleich festzuhalten, dass im Hinblick auf das geschützte Rechtsgut, der funktionierende Wettbewerb, nicht ausschlaggebend sein kann, ob der unbekannten Tatsache ein Geldwert zukommt[70], auch ist irrelevant, ob es sich bei den Unternehmensgeheimnissen um verwertbare (direkt nutzbare) oder lediglich auswertbare (nicht unmittelbar nutzbare) Tatsachen handelt[71].

Der Gesetzgeber bezeichnet das Unternehmensgeheimnis[72] mit dem **Doppelbegriff Geschäfts- und Fabrikationsgeheimnisse**. Dieser Doppelbegriff ist **problematisch**, weil der Begriff des Geschäftsgeheimnisses Geheimnisse unterschiedlichster Art, insbesondere auch Geheimnisse, die ihrem Wesen nach einem Fabrikationsgeheimnis näher stehen, erfasst[73]. Auch sind geheime Kenntnisse, die nicht im Betrieb eingesetzt, sondern durch Verkauf oder Lizenzgewährung verwertet werden, als Unternehmensgeheimnisse zu qualifizieren, obgleich sie nur schwer unter den Doppelbegriff Fabrikations- und Geschäftsgeheimnisse subsumiert werden können. Der vom Gesetzgeber verwendete Doppelbegriff lässt sich daher nicht gewinnbringend für die Bestimmung des Unternehmensgeheimnisses einsetzen. Vielmehr muss mittels Auslegung sichergestellt werden, dass **sämtliche Unternehmensgeheimnisse**, die technische oder kaufmännische Geheimnisse darstellen, von Art. 6 erfasst werden[74]. Als Unternehmensgeheimnisse müssen einerseits Geheimnisse gelten, die geheimes Wissen beinhalten, das unmittelbar nutzbringend verwendet werden kann, und andererseits Geheimnisse, die Verhältnisse im Unternehmen zum Gegenstand haben, die zu kennen für andere Wettbewerbsteilnehmer wertvoll ist[75]. Die Unternehmensgeheimnisse erfassen daher sowohl selbständige immaterielle Güter als auch unselbständiges Wissen[76]. Beide Gruppen der Unternehmensgeheimnisse werden von Art. 6 geschützt, obgleich sie nicht einheitlich dem Doppelbegriff Fabrikations- und Geschäftsgeheimnisse zugewiesen werden[77].

14

Das Bundesgericht hält fest, dass «Herstellungsanleitungen und -verfahren, die nicht allgemein bekannt und für den Hersteller von grossem Wert sind», zu den

15

---

[68] KOLLER, Know-how-Vertrag, 218 f., der von Betriebsgeheimnissen spricht und darauf hinweist, dass nicht nur Geheimnisse, die in Unternehmen verwendet werden, erfasst sind, weshalb er den Doppelbegriff «technische oder kaufmännische Geheimnisse» vorschlägt.
[69] BGE 103 IV 283, 284; DAVID/JACOBS, Wettbewerbsrecht, N 404; AMSTUTZ/REINERT, BSK, Art. 162 StGB N 15.
[70] AMSTUTZ/REINERT, a.a.O.
[71] BINDSCHEDLER, Schutz wirtschaftlicher Geheimnisse, 18 f.; AMSTUTZ/REINERT, BSK, Art. 162 StGB N 15.
[72] BAUDENBACHER/GLÖCKNER, Kommentar UWG, Art. 6 N 31.
[73] DRUEY, SAG 1984, 107 f.
[74] TROLLER, Immaterialgüterrecht I, 419.
[75] TROLLER, a.a.O.
[76] TROLLER, a.a.O.
[77] DRUEY, ZSR 1973 I, 472.

Fabrikationsgeheimnissen gehören[78]. Das Fabrikationsgeheimnis stellt demnach nur eine von mehreren Arten wirtschaftlicher Geheimnisse dar und kann am ehesten wie die patentrechtliche Erfindung als Anleitung für technisches Handeln umschrieben werden[79]. Dabei handelt es sich typischerweise um Kenntnis, die bei der Herstellung von Produkten verwendet wird und am veräusserten Produkt nicht erkennbar und damit per definitionem geheimfähig ist[80]. Als Beispiele können genannt werden Fabrikationsanleitungen, Herstellungs- und Konstruktionsverfahren, geheime technische Regeln, Zusammensetzung eines Produktes, Konstruktion einer Maschine, Bezugsquellen, Konstruktionspläne, Forschungsergebnisse, Herstellungsverfahren und Herstellungsmittel, technische Tricks etc.[81]. Das Fabrikationsgeheimnis stellt ein selbständiges immaterielles Gut dar, das als Ergebnis einer Arbeitsleistung unabhängig vom Schöpfer frei von Zeit und Ort angewandt werden kann[82]. Es unterscheidet sich lediglich dadurch von der dem Patentrecht zugrunde liegenden Erfindung, dass die Erfindungsqualität im Sinne des Patentrechts nicht vorausgesetzt wird[83].

16 Das Bundesgericht definiert die **Geschäftsgeheimnisse** nicht generell-abstrakt, sondern beschränkt sich auf eine Aufzählung der Tatsachen, welche als Geschäftsgeheimnisse zu qualifizieren sind. Dementsprechend rechnet es «die Kenntnis von Einkaufs- und Bezugsquellen sowie Kenntnisse, die sich auf die Organisation, Preiskalkulation, Werbung und Produktion beziehen», zu den Geschäftsgeheimnissen[84]. Das Geschäftsgeheimnis nimmt in seiner breiten Ausgestaltung gegenüber dem Fabrikationsgeheimnis eine **Auffangfunktion** wahr[85]. Es betrifft Innen- sowie Aussenverhältnisse des Unternehmens, die für Konkurrenten wissenswert sind[86]. Das Geschäftsgeheimnis hat folglich kaufmännische und betriebswirtschaftliche

---

[78] BGE 103 IV 283; vgl. auch CdJ GE vom 10.10.2003 (C/5008/1995), E. 5.5; OGer BE vom 29.5.2009 (APH 09 240), E. 3.1.
[79] DRUEY, SAG 1984, 107 f.; BLUM/PEDRAZZINI, Patentrecht II, Art. 34 PatG N 24; TROLLER, Immaterialgüterrecht I, 549; ROUBIER, Droit de la propriété, 369; PEDRAZZINI/PEDRAZZINI, UWG, 183 N 8.46 f.
[80] PEDRAZZINI/PEDRAZZINI, UWG, 183 N 8.46 f.
[81] BGE 44 II 89, 92; BGE 77 II 263, 269; BGE 93 II 272, 278; BGE 103 IV 283, 284; SCHNEIDER, Unternehmensgeheimnis, 26; WEHRLI, Fabrikations- und Geschäftsgeheimnis, 4; AMSTUTZ/ REINERT, BSK, Art. 162 StGB N 15; TROLLER, Immaterialgüterrecht I, 419; BAUDENBACHER/ GLÖCKNER, Kommentar UWG, Art. 6 N 32.
[82] BAUDENBACHER/GLÖCKNER, Kommentar UWG, Art. 6 N 33; SCHNEIDER, Unternehmensgeheimnis, 30 ff.; BINDSCHEDLER, Strafrechtlicher Schutz, 19; TROLLER, Immaterialgüterrecht I, 419.
[83] TREADWELL, Wettbewerbsrecht, 22; WEHRLI, Fabrikations- und Geschäftsgeheimnis, 3; DRUEY, ZSR 1973 I, 471; BAUDENBACHER/GLÖCKNER, Kommentar UWG, Art. 6 N 33; BGE 103 IV 283, 284 ff.; TROLLER, Immaterialgüterrecht I, 419.
[84] BGE 103 IV 283; vgl. auch HGer SG vom 29.11.2005 (HG.2001.31), E. II.13.c) g); CdJ GE vom 10.10.2003 (C/5008/1995), E. 5.4.
[85] DRUEY, ZSR 1973 I, 471.
[86] TROLLER, Immaterialgüterrecht I, 419; BAUDENBACHER/GLÖCKNER, Kommentar UWG, Art. 6 N 34.

Tatsachen zum Gegenstand[87]. Als weitere Beispiele für Geschäftsgeheimnisse können genannt werden: Tatsachen betreffend die Betriebsorganisation, die Bezugsquellen, die Absatzmöglichkeiten, den Kundenkreis, die Preis- und Rabattpolitik, die Kalkulationen, die allgemeine Geschäftslage sowie künftige geschäftliche Absichten, ein Wunsch, das Marketingkonzept, den Plan zur Lancierung eines Produktes, die Bedingungen einer Offerte, die Verbindung zu einflussreichen Personen, den Unternehmensgewinn, die Marktforschungsberichte, die Kapitalbeteiligung an anderen Unternehmen, den Fehlschlag eines Projektes, das Abwerben von Angestellten der Konkurrenz oder die von Dritten anvertrauten Geheimnisse[88].

Geschäftsgeheimnisse können sowohl **selbständige immaterielle Güter** als auch **unselbständiges Wissen** darstellen[89]. Das Erstere ist für den Geheimnisherrn oder auch Dritte direkt nutzbar und verliert seinen besonderen Wert nicht, wenn es allen Konkurrenten zur Verfügung steht[90]. Das Letztere hingegen stellt nicht unmittelbar anwendbares Wissen dar und ist für die Konkurrenten lediglich auswertbar. Einmal dem Konkurrenten bekannt, verliert dieses Wissen aufgrund seiner Unternehmensbezogenheit seinen besonderen Wert[91]. Die Grenze zwischen selbständigen immateriellen Gütern und unselbständigem Wissen ist innerhalb der Geschäftsgeheimnisse zu ziehen[92]. Diese Unterscheidung ist im Wettbewerbsrecht im Gegensatz zum Strafrecht[93] erheblich, da das UWG nicht das Rechtsgut der Vertraulichkeit schützt, sondern den funktionsfähigen Wettbewerb. SCHNEIDER[94] weist auf die Bedeutung dieser Unterscheidung für den Geheimnisschutz hin[95]. So können die Grundsätze des Immaterialgüterrechts nur auf Geheimnisse Anwendung finden, welche selbständige immaterielle Güter zum Gegenstand haben. Umgekehrt liegt dem Schutz des unselbständigen Wissens das Persönlichkeitsrecht gemäss Art. 28 ZGB zugrunde, und leitet sich der Anspruch auf das alleinige Beherrschen eines Geheimnisses von der der Persönlichkeit zugestandenen Geheimnissphäre ab[96]. Ist die Begründung des Schutzes unselbständigen Wissens im Persönlichkeitsrecht plausibel, so

17

---

[87] TROLLER, Immaterialgüterrecht I, 419; BAUDENBACHER GLÖCKNER, Kommentar UWG, Art. 6 N 34; vgl. auch OGer BE vom 29.5.2009 (APH 09 240), E. 3.1.
[88] DRUEY, ZSR 1973 I, 471; B. VON BÜREN, Kommentar UWG, Art. 1 Abs. 2 lit. f und g UWG N 7; PEDRAZZINI/PEDRAZZINI, UWG, 183 N 8.48 f.; TROLLER, Immaterialgüterrecht I, 419; SCHNEIDER, Unternehmensgeheimnis, 26; DRUEY, Geheimsphäre, 134; TREADWELL, Wettbewerbsrecht, 21; BAUDENBACHER/GLÖCKNER, Kommentar UWG, Art. 6 N 34; BGE 103 IV 283, 284 ff.; vgl. auch für Informationen über Kundenkontakte und Kundenkreis KGer ZG SMI 1991, 253; KGer ZH SMI 1989, 139.
[89] DRUEY, ZSR 1973 I, 472; TROLLER, Immaterialgüterrecht I, 419.
[90] AMSTUTZ/REINERT, BSK, Art. 162 StGB N 15; TROLLER, Immaterialgüterrecht I, 419.
[91] AMSTUTZ/REINERT, BSK, Art. 162 StGB N 15; TROLLER, Immaterialgüterrecht I, 419; BAUDENBACHER/GLÖCKNER, Kommentar UWG, Art. 6 N 35 ff.
[92] DRUEY, ZSR 1973 I, 472.
[93] AMSTUTZ/REINERT, BSK, Art. 162 StGB N 15.
[94] SCHNEIDER, Unternehmensgeheimnis, 43, 102 ff., 30, 40 ff.
[95] Vgl. auch BAUDENBACHER/GLÖCKNER, Kommentar UWG, Art. 6 N 38 ff.
[96] DRUEY, Geheimsphäre, 16 ff., insbesondere für ein Unternehmen vgl. 111 ff.; SCHNEIDER, Unternehmensgeheimnis, 102 ff.; BAUDENBACHER/GLÖCKNER, Kommentar UWG, Art. 6 N 38.

ist die patentrechtliche Analogie für den Schutz selbständiger immaterieller Güter nur sehr beschränkt nutzbar. Zwar muss auch dort gelten, dass nicht als selbständiges immaterielles Gut zu definierendes Wissen grundsätzlich frei ist, doch muss berücksichtigt werden, dass die patentrechtliche Erfindung gemäss Art. 1 Abs. 1 und 2 PatG höhere Anforderungen erfüllen muss[97]. Effektiver ist die Unterscheidung zwischen unselbständigem Wissen und selbständigem immateriellen Gut jedoch hinsichtlich der **Rechtsfolgen** der Geheimnisverletzung bzw. dem Geheimnisschutz. Werden selbständige immaterielle Güter vom Konkurrenten in unberechtigter Weise genutzt, so muss dem Geheimnisherrn immer auch eine Unterlassungsklage zur Verfügung stehen, welche dem Konkurrenten eine weitere Nutzung untersagt[98]. Beim unselbständigen Wissen ist eine Unterlassungsklage wenig hilfreich, besteht doch das primäre Interesse an der Geheimhaltung, die durch eine nachträgliche Unterlassungsklage nicht mehr erreicht werden kann[99]. Es bleibt folglich lediglich die Möglichkeit einer Schadenersatzklage, die allerdings aufgrund der schwierigen Schadensbemessung in praxi eine beinahe unüberwindbare Hürde darstellt[100].

e) **Abgrenzung**

In der Praxis wurde der Begriff **«Know-how»** entwickelt[101], wobei darunter Kenntnisse verstanden werden, die in ihrer gewerblichen Anwendung ein Fabrikationsverfahren darstellen, ohne dass sie als Patent oder Muster qualifiziert werden können[102]. Dabei werden nicht nur technische, sondern auch kaufmännische Kenntnisse vom Know-how-Begriff erfasst[103]. Kennzeichnend für das Know-how ist seine Ausrichtung auf «betriebliche Leistungserstellung»[104]. Es stellt verwertbares Wissen, das von jedermann in einem Fabrikationsverfahren umgesetzt werden

---

[97] Ähnlich BAUDENBACHER/GLÖCKNER, Kommentar UWG, Art. 6 N 38 und 43; TROLLER, Immaterialgüterrecht I, 158 ff.; DRUEY, ZSR 1973 I, 469 ff.; TREADWELL, Unternehmensgeheimnis, 22; BINDSCHEDLER, Strafrechtlicher Schutz, 23.
[98] SCHNEIDER, Unternehmensgeheimnis, 40 ff.; BAUDENBACHER/GLÖCKNER, Kommentar UWG, Art. 6 N 39, die allerdings in Anlehnung an BGE 88 II 319, 323 ff. darauf hinweisen, dass dies kein effizientes Instrument ist.
[99] SCHNEIDER, Unternehmensgeheimnis, 40 ff.
[100] Ähnlich BAUDENBACHER/GLÖCKNER, Kommentar UWG, Art. 6 N 40.
[101] DRUEY, ZSR 1973 I, 472 f.; TROLLER, Immaterialgüterrecht I, 420.
[102] TROLLER, Immaterialgüterrecht I, 421; ähnlich DRUEY, ZSR 1973 I, 472; siehe auch BINDSCHEDLER, Strafrechtlicher Schutz, 32; SCHNEIDER, Unternehmensgeheimnis, 35; BAUDENBACHER/GLÖCKNER, Kommentar UWG, Art. 6 N 41.
[103] BLUM/PEDRAZZINI, Patentrecht II, Art. 34 PatG N 26; TROLLER, Immaterialgüterrecht I, 421; BAUDENBACHER/GLÖCKNER, Kommentar UWG, Art. 6 N 41.
[104] SCHNEIDER, Unternehmensgeheimnis, 35.

kann, und somit ein selbständiges immaterielles Gut dar[105]. Das Know-how ist nicht ausschliesslich auf geheime Tatsachen beschränkt[106], vielmehr ist es «ein **Komplex von Kenntnissen**, die aus der Erfahrung stammen und nicht unbedingt geheim [...] sind»[107]. Es stellt die Gesamtheit technischer und kaufmännischer Kenntnisse dar, die geheim, wesentlich und in geeigneter Form identifizierbar sind[108].

Im Gegensatz zum Geheimnisschutz des UWG gewährt das **Immaterialgüterrecht** einen subjektiven Rechtsschutz[109]. Sowohl dem Immaterialgüterrecht als auch dem Geheimnis – wenn auch nicht ausschliesslich – liegen selbständige immaterielle Güter zu Grunde[110]. Im Vergleich zum Immaterialgüterrecht begründet der Geheimnisschutz lediglich ein unvollkommenes Ausschliesslichkeitsrecht, das sich dadurch unterscheidet, dass der Geheimnisgegenstand nicht offengelegt wird und auf beschränkte Dauer geschützt ist[111]. Daraus folgt, dass der Geheimnisschutz nicht vor einer parallelen Entwicklung schützt und folglich keine normative Nichtanwendungsregel beinhaltet[112]. Ein weiterer Unterschied liegt darin, dass der Patentrechtsschutz eine bestimmte Erfindungsqualität erfordert[113], nicht aber das UWG. 19

Die **Berufserfahrung**, insbesondere auch die Branchenkenntnis, die ein Mitarbeiter im Unternehmen erworben hat, garantiert dem Unternehmen gewiss auch einen Wettbewerbsvorteil[114], dennoch muss das Verfügungsrecht des Unternehmens hieran aufgrund des Persönlichkeitsrechts des Mitarbeiters eingeschränkt werden[115]. Der Schutz der Wettbewerbsfähigkeit eines Unternehmens findet seine Grenze, wo die Wettbewerbsfähigkeit eines Mitarbeiters anfängt. Damit fällt das Wissen oder Können, das an eine Person gebunden ist[116] und sich nicht ausschliesslich auf selbst erarbeitetes Wissen, sondern auf deren Einbindung in die Arbeitsorganisation abstützt, nicht in den Schutzbereich des Unternehmens[117]. Die Abgrenzung zwischen 20

---

[105] SCHNEIDER, Unternehmensgeheimnis, 36; BINDSCHEDLER, Strafrechtlicher Schutz, 33; sinngemäss auch TROLLER, Immaterialgüterrecht I, 421; BAUDENBACHER/GLÖCKNER, Kommentar UWG, Art. 6 N 41.
[106] DRUEY, ZSR 1973 I, 473; SCHLOSSER, sic! 1998, 270; BAUDENBACHER/GLÖCKNER, Kommentar UWG, Art. 6 N 42; PEDRAZZINI/PEDRAZZINI, UWG, 182 N 8.44.
[107] PEDRAZZINI/PEDRAZZINI, UWG, 182 N 8.44.
[108] Ähnlich Art. 1 Abs. 1 lit. i Verordnung (EG) Nr. 772/2004 der Kommission vom 27. April 2004 über die Anwendung von Art. 81 Abs. 3 EG-Vertrag auf Gruppen von Technologietransfer-Vereinbarungen (TT-GVO).
[109] AMSTUTZ/REINERT, BSK, Art. 162 StGB N 5 ff.
[110] Ähnlich BAUDENBACHER/GLÖCKNER, Kommentar UWG, Art. 6 N 43.
[111] TROLLER, Immaterialgüterrecht I, 417; BAUDENBACHER/GLÖCKNER, Kommentar UWG, Art. 6 UWG N 44.
[112] BAUDENBACHER/GLÖCKNER, Kommentar UWG, Art. 6 N 44.
[113] TROLLER, Immaterialgüterrecht I, 158; DRUEY, ZSR 1973 I, 469; TREADWELL, Wettbewerbsrecht, 22; BINDSCHEDLER, Strafrechtlicher Schutz, 23.
[114] BAUDENBACHER/GLÖCKNER, Kommentar UWG, Art. 6 N 45; DRUEY, ZSR 1973 I, 473.
[115] DRUEY, ZSR 1973 I 469.
[116] ROUBIER, Droit de la propriété, 369.
[117] DRUEY, ZSR 1973 I, 473; vgl. auch OGerKom OW sic! 1999, 454 ff, E. 5.b («Kundendateien I»).

Berufserfahrung und schützenswertem Unternehmensinteresse ist indes problematisch[118]. Das Bundesgericht unterscheidet zwischen branchenweitem Wissen und dem besonderen zum Unternehmen gehörenden Wissen[119]. Was jedoch damit gemeint ist, bleibt offen. Die Lehre hat verschiedentlich versucht, diese Interpretationslücke zu füllen[120]. Die Versuche können dahin zusammengefasst werden, dass die dem Unternehmen zuzuordnenden Kenntnisse in dem Mass Geheimnisschutz beanspruchen können, wie sie unternehmensspezifisch und erfolgsrelevant sind[121]. Aber auch dieses Unterscheidungskriterium bleibt vage, weshalb ein Unternehmen für den Schutz der Kenntnisse seiner Mitarbeiter auf vertragliche Regelungen oder strafrechtliche Massnahmen (Art. 162 und 321 StGB) zurückgreifen muss[122].

2. Wettbewerbshandlung

21   Art. 6 bezeichnet «Verrat und Nutzbarmachen», wohingegen Art. 162 StGB «mitteilen und verwerten» als Tathandlungen nennt. Die Begriffspaare werden als Synonyme behandelt[123]. Während aber Art. 162 StGB den Vertrauensbruch ahndet, verfolgt Art. 6 die unrechtmässige Beeinflussung des Wettbewerbs. Seit der Revision des UWG von 1986[124] ist hierzu **kein Wettbewerbsverhältnis** zum Geheimnisherrn erforderlich[125]. Die Tathandlung kann von jedermann begangen werden, also nicht nur von Konkurrenten, insbesondere bei der Weitergabe an Nichtkonkurrenten[126]. Notwendig ist alleine eine Handlung, die **objektiv geeignet ist, den Wettbewerb zu beeinflussen**[127]. Die Abgrenzung zwischen den Begriffen verwerten und mitteilen kann nicht immer eindeutig vorgenommen werden, weshalb der Gesetzgeber auch das blosse Mitteilen neben dem Verwerten ausdrücklich für tat-

---

[118] Siehe die Darstellung bei BAUDENBACHER/GLÖCKNER, Kommentar UWG, Art. 6 N 47 ff.
[119] BGE 103 IV 283, 285.
[120] Zu den einzelnen Versuchen vgl. BINDSCHEDLER, Strafrechtlicher Schutz, 33; TREADWELL, Wettbewerbsrecht, 26 ff.; TROLLER, Immaterialgüterrecht I, 424; KÖHLER/BORNKAMM, Wettbewerbsrecht, § 17 N 34; BAUDENBACHER/GLÖCKNER, Kommentar UWG, Art. 6 N 51.
[121] BAUDENBACHER/GLÖCKNER, Kommentar UWG, a.a.O.
[122] Ähnlich BAUDENBACHER/GLÖCKNER, Kommentar UWG, Art. 6 N 45; siehe aber auch BGE 109 Ib 47, 56; zur Abwerbung vgl. Art. 2 N 88, FRICK, sic! 2000, 221 ff.
[123] AMSTUTZ/REINERT, BSK, Art. 162 StGB N 16 f.; TREADWELL, Wettbewerbsrecht, 41 ff. und 43 ff.
[124] Vgl. hiervor Art. 2 N 2.
[125] Ebenso BAUDENBACHER/GLÖCKNER, Kommentar UWG, Art. 6 N 56; bereits TREADWELL, Wettbewerbsrecht, 30 f. und 40 f.; vgl. auch Botschaft UWG, 1060; für die ältere Auffassung, wonach die unlautere Handlung im Rahmen einer wirtschaftlichen Tätigkeit, das heisst im Streben nach geldwertem Erfolg oder zumindest Unkostendeckung, erfolgen musste siehe BINDSCHEDLER, Strafrechtlicher Schutz, 38; TROLLER, Immaterialgüterrecht II, 1033 ff. und generell für das aUWG B. VON BÜREN, Kommentar UWG, Allg. UWG N 41.
[126] TREADWELL, Wettbewerbsrecht, 40 m.V. auf BOTSCHAFT 1942, 24 und 45.
[127] BAUDENBACHER/GLÖCKNER, Kommentar UWG, Art. 6 N 55.

bestandsmässig erklärt[128]. Immerhin wird klar, dass auch der blosse Geheimnisverrat den Tatbestand erfüllt, kann doch eine Mitteilung von Geheimnissen als Verwertung betrachtet werden, die Mitteilung aber nicht in jedem Fall als unrechtmässige Wettbewerbshandlung qualifiziert werden. In jedem Fall setzen sowohl die Verwertung als auch die Mitteilung eine unrechtmässige Kenntnisnahme der Geheimnisse voraus[129].

a) Auskundschaften oder unrechtmässiges Erfahren

«Wer auf erlaubte Weise von einem Geheimnis Kenntnis erlangt und sich dessen bewusst ist, unterliegt sowohl während der Dauer seines Anstellungsverhältnisses als auch nachher einer Geheimhaltungspflicht nur dann, wenn eine besondere rechtliche Beziehung ihm eine solche auferlegen»[130]. Dies ist nur beim Vorliegen einer ausdrücklichen Vereinbarung der Fall oder «wenn aus den Umständen (Vertragsbestimmungen, Ausbildung des Angestellten, seiner Stellung, seiner Entlöhnung, seines Arbeitsgebietes) geschlossen werden muss, dass die Kenntnisgabe nur unter der Voraussetzung erfolgt, dass der Eingeweihte [...] keinen Gebrauch mach[t]. Fehlt es an einem Geheimnis in diesem Sinne, so ist der Urheber einer originellen Vorrichtung oder eines solchen Verfahrens auf den speziellen Schutz des Patentrechts angewiesen»[131]. Das Geheimnis gemäss Art. 6 wird daher im Hinblick auf den funktionsfähigen Wettbewerb weiter eingegrenzt: Nicht nur muss es sich auf Unternehmensgeheimnisse beziehen, sondern um solche, die **unrechtmässig durch aktives Handeln in Erfahrung gebracht** wurden[132].

22

Wird ein Geheimnis lauter erforscht, so verliert es begriffsnotwendig seinen Geheimnischarakter[133]. Die Tatsache, dass jemand aufgrund vertraglicher Verpflichtung oder aus den Umständen zur Geheimhaltung verpflichtet ist, führt im Gegensatz zur gemäss Art. 162 StGB geschützten Vertraulichkeit[134] im UWG nicht auto-

23

---

[128] Vgl. hiernach N 28; BAUDENBACHER/GLÖCKNER, Kommentar UWG, Art. 6 N 63.
[129] BGE 114 II 91, 100 ff.; BGer 6P.137/2006, E. 6.1.
[130] BGE 88 II 319; vgl. auch BGer 6P.137/2006, E. 6.3.
[131] BGE 88 II 319; zu weit jedoch CdJ GE sic! 2000, 714 ff. («Conseil en rémunérations»), der jedes Geheimnis schützen will, das gegen den Willen des Geheimnisherrn erfahren wurde; vgl. aber sogleich die Differenzierung hiernach N 23 f.
[132] BGer 6P.137/2006, E. 6.3; 4C.330/2003, E. 4.4.1 f.; HGer SG vom 25.4.2006 (HG.2001.31), E. II.3.a); KassGer TI vom 23.2.2009 (17.2007.80), E. 3b).
[133] BGer 6P.137/2006, E. 6.3; BINDSCHEDLER, Strafrechtlicher Schutz, 46 und 50 Fn. 227 und 230; TROLLER, Immaterialgüterrecht II, 972; AMSTUTZ/REINERT, BSK, Art. 162 StGB N 34; WENIGER, Protection, 111 und 222; insbesondere für Konkurrenzverbot im Arbeitsrecht WICKIHALDER, Geheimhaltungspflicht, 138; KGer VD vom 27.4.2009 (N 264).
[134] Art. 162 StGB; AMSTUTZ/REINERT, BSK, Art. 162 StGB N 1 f. und 17; vgl. aber auch BGE 109 Ib 47, 56, wonach Art. 162 StGB nicht zur Anwendung gelangt, wenn der Täter das Geheimnis zu seinem eigenen Vorteil verwendet.

matisch zu einer unrechtmässig erlangten Kenntnis[135]. Das unrechtmässige Erlangen der Kenntnis eines Geheimnisses hängt nicht von einer irgendwie gearteten Geheimhaltungspflicht ab. Vielmehr ist massgebend, ob die Kenntnis in **treuwidriger Weise** und auf eine das Rechtsempfinden verletzende Art erlangt wurde[136]. Diese allgemein gehaltene Formel, welche noch unter dem alten UWG entwickelt wurde, das von einem gegen Treu und Glauben verstossenden Erlangen sprach, hat auch unter dem revidierten UWG Geltung, das von einem unrechtmässigen Erlangen spricht. Der Verweis auf die Unrechtmässigkeit klärt immerhin, dass auch die von einem gutgläubigen Dritten erworbenen Unternehmensgeheimnisse den Beschränkungen des Art. 6 unterliegen, sofern die Unternehmensgeheimnisse ursprünglich unrechtmässig erlangt wurden[137].

24 Unrechtmässigkeit setzt die **Verletzung** einer bestimmten **vertraglichen oder gesetzlichen Pflicht** voraus. Bei den gesetzlichen Pflichten ist an die aufgrund von Art. 28 ZGB geschützte Geheimnissphäre zu denken[138]. Wird ein Unternehmensgeheimnis durch die Verletzung des Persönlichkeitsrechts erlangt, so liegt darin ein Angriff auf die Wettbewerbsfähigkeit des Betroffenen vor, der als unlauter gelten muss. Bei der Verletzung vertraglicher Pflichten ist an Loyalitätspflichten zu denken, wie sie z.B. im Auftrags- und Arbeitsrecht statuiert werden. Wird ein Unternehmensgeheimnis im Widerspruch zu den Loyalitätspflichten bestehender Verträge erlangt, die entsprechend ihrer Funktion Sicherheit im Wettbewerb verschaffen sollen[139], so liegt ein wettbewerbsrechtlich relevantes illoyales Verhalten vor, das einen direkten Angriff auf den funktionsfähigen Wettbewerb darstellt. In solchen Fällen ist auch unter dem UWG das Erlangen von Geheimnissen unter dem Aspekt von Treu und Glauben zu prüfen. Damit ist auch gesagt, dass unselbständiges Wissen, das als Bestandteil des Persönlichkeitsrechts geschützt ist, immer auch unrechtmässig erlangt wurde, wenn der Geheimnisherr dieses nicht offenbart hat[140]. Selbständige immaterielle Güter demgegenüber geniessen nur so weit einen Geheimnisschutz, als dass sie mit unlauteren Mitteln erlangt wurden. Dabei kommen neben der Verletzung von vertraglichen Loyalitätspflichten auch die Verletzung

---

[135] Ähnlich BAUDENBACHER/GLÖCKNER, Kommentar UWG, Art. 6 N 59; BGE 88 II 319; offengelassen in BGer 4C.330/2003, E. 4.4.3; vgl. auch HGer ZH, sic! 2001, 658 ff., E. XVI.4.7 («Schmiermittel»); CdJ GE vom 10.10.2003 (C/5008/1995) E. 5.5; KGer VS vom 24.5.2006 (P3 06 7), E. 2 a) und b).

[136] TREADWELL, Wettbewerbsrecht, 45; ähnlich wohl auch PEDRAZZINI/PEDRAZZINI, UWG, 180 N 8.41.

[137] GUYET, SIWR V/1, 229; TROLLER, Immaterialgüterrecht II, 935 und 959; BAUDENBACHER/ GLÖCKNER, Kommentar UWG, Art. 6 N 62; a.A. PEDRAZZINI/PEDRAZZINI, UWG 1992, 183 f.; vgl. auch DIES., UWG, 180 N 8.41.

[138] DRUEY, Geheimsphäre, 89 ff.; vgl. aber auch OGer AR sic! 2007, 458 ff., E. 2.4 («Explosionsschutzventil»), das Diebstahl oder Hausfriedensbruch als relevenate Strafhandlungen nennt.

[139] MABILLARD, Culpa in Contrahendo, 23 f.; vgl. aber OGer AR sic! 2007, 458 ff., E. 2.4 («Explosionsschutzventil»), wonach das Kopieren von vertraulichen Unterlagen während des Anstellungsverhältnisses kein unrechtmässiges In-Erfahrung-Bringen darstellen soll.

[140] Vgl. CdJ GE sic! 2000, 714 ff. («Conseil en rémunérations»).

anderer gesetzlich geschützter Rechtsgüter, wie z.B. das Eigentum oder Vermögen in Betracht. Demnach wird ein Geheimnis unrechtmässig erfahren, wenn in fremde Geschäftsräume eingedrungen wird oder Geheimnisse unter Vorspielung falscher Tatsachen entlockt werden[141]. Als Beispiel für ein unrechtmässiges Erlangen von Geheimnissen nennt der Gesetzgeber ausdrücklich das Auskundschaften[142]. Der Begriff des Auskundschaftens zeigt, dass der Gesetzgeber treuwidriges In-Erfahrung-Bringen erfassen wollte[143].

b) Verwerten

Die Lehre unterscheidet verschiedene **Verwertungsarten**[144], die im Gegensatz zum strafrechtlichen Vertrauensschutz[145] für den Tatbestand des unlauteren Wettbewerbs relevant sind. Unterschieden wird zwischen der *Verwertung,* die eine unmittelbare Nutzung zum eigenen Vorteil darstellt, die *Auswertung,* welche eine mittelbare Nutzung von geheimen Daten darstellt, und der *Verarbeitung,* bei der die geheimen Informationen mit eigenen oder anderen rechtmässig erlangten Informationen verbunden genutzt werden[146]. Diese Unterscheidung der Tathandlung des Verwertens verdeutlicht, dass dem jeweiligen Unternehmensgeheimnis zukommende Geheimnisschutz massgeblich von der Qualifikation als selbständiges immaterielles Gut abhängt. Während immaterielle Güter unmittelbar genutzt und damit verwertet werden können, kann unselbständiges Wissen nicht direkt verwertet werden. Die Verwertung im Sinne des Art. 6 beschränkt sich somit auf selbständige immaterielle Güter. Das unselbständige Wissen, welches gestützt auf den Art. 6 zugrunde liegenden Geheimnisbegriff zunächst auch als umfassend geschützt erscheint, kann nur ausgewertet werden. Da aber die Auswertung von Daten anderer Wettbewerbsteilnehmer für den Wettbewerb grundsätzlich erforderlich ist, kann eine Auswertung nicht als Handlung betrachtet werden, die objektiv geeignet ist, den Wettbewerb in unlauterer Weise zu beeinflussen[147]. Die Auswertung unrechtmässig erfahrener Unternehmensgeheimnisse erlangt indes durch ihre Verknüpfung mit dem unlauteren In-Erfahrung-Bringen der relevanten Daten eine Qualität, welche die Handlung als objektiv geeignet erscheinen lässt, den Wettbewerb unge-

25

---

[141] SCHNEIDER, Unternehmensgeheimnis, 17; TREADWELL, Wettbewerbsrecht, 45; TROLLER, Immaterialgüterrecht II, 959; BAUDENBACHER/GLÖCKNER, Kommentar UWG, Art. 6 N 58; OGer AR sic! 2007, 458 ff., E. 2.4 («Explosionsschutzventil»).
[142] Ebenso BAUDENBACHER/GLÖCKNER, Kommentar UWG, Art. 6 N 58.
[143] In diesem Sinne auch der Hinweis auf lediglich redaktionelle Änderungen in BOTSCHAFT UWG, 1071.
[144] DRUEY, Geheimsphäre, 229.
[145] AMSTUTZ/REINERT, BSK, Art. 162 StGB N 24.
[146] DRUEY, Geheimsphäre, 229; SCHNEIDER, Unternehmensgeheimnis, 124 ff.
[147] Ähnlich BAUDENBACHER/GLÖCKNER, Kommentar UWG, Art. 6 N 69 m.H. auf BGHZ 36, 77, 80.

rechtfertigt zu beeinflussen[148]. Die Tatsache, dass die Auswertung unselbständigen Wissens nicht der unmittelbaren Erzielung wirtschaftlicher Vorteile zugeordnet werden kann[149], schliesst alleine noch nicht aus, dass die geheimen Daten im Wettbewerb eingesetzt werden können. Die Verwertungsform hängt naturgemäss vom jeweiligen Gegenstand des Geheimnisses ab[150].

26 Problematischer gestaltet sich die Subsumtion im Falle der **Verarbeitung von unrechtmässig erfahrenen geheimen Tatsachen**. Obgleich auch hier von einer Handlung auszugehen ist, die objektiv geeignet ist, den Wettbewerb nachteilig zu beeinflussen, kann zuweilen nicht beurteilt werden, ob die unrechtmässig erlangten geheimen Tatsachen für die Wettbewerbshandlung kausal sind oder ob die eigenen Informationen überwiegen[151]. Dieses Problem der Kausalität kann allerdings gestützt auf das strafrechtliche Prinzip der Risikosteigerung gelöst werden[152]. Demnach kann die Kausalität bejaht werden, wenn der Täter die Situation des betroffenen Rechtsguts im Verhältnis zu einer in der Situation angelegten Bedrohung verschlechtert hat. Relevant ist die Erhöhung des Ausmasses der Rechtsgutverletzung[153]. Folglich wird auch die Verarbeitung unrechtmässig erfahrener Informationen von Art. 6 erfasst[154].

27 Für den Begriff der **Verwertung** gemäss Art. 6 kann allgemein festgehalten werden, dass es sich um eine gewerbliche, d.h. auf einen wirtschaftlichen Vorteil gerichtete Tätigkeit handeln muss[155]. Damit ist eigentlich nur die Verwertung einer natürlichen Person zu privaten Zwecken, vom Anwendungsbereich des Art. 6 ausgeschlossen[156]. Aber auch die Verwendung zu wissenschaftlichen oder ideellen Zwecken kann nicht als tatbestandsmässig gelten, solange einer solchen Verwertung nicht die Qualität einer Wettbewerbshandlung zukommt[157]. Aus der allgemeinen Definition der Verwertung kann auch geschlossen werden, dass die Vernichtung unrechtmässig erlangter Unternehmensgeheimnisse als Verwertung zu gelten

---

[148] Anderer Ansicht wohl BAUDENBACHER/GLÖCKNER, Kommentar UWG, Art. 6 N 69; BGHZ 36, 77, 80.
[149] So gefordert bei SCHNEIDER, Unternehmensgeheimnis, 127 ff.; BAUDENBACHER/GLÖCKNER, Kommentar UWG, Art. 6 N 69.
[150] PEDRAZZINI/PEDRAZZINI, UWG, 190 N 9.11; im Ergebnis auch CdJ GE sic! 2000, 714 ff., E. 4.c («Conseil en rémunérations»).
[151] Im Ergebnis auch BAUDENBACHER/GLÖCKNER, Kommentar UWG, Art. 6 N 70.
[152] Vgl. statt vieler STRATENWERTH, AT I, § 9 N 33.
[153] BGE 83 IV 137, 140 ff.; TRECHSEL/NOLL, AT I, 90, 260 ff.; WALDER, ZStrR 93 (1977), 113 ff.; SCHULTZ, Einführung, 124 ff.; STRATENWERTH, AT I, § 9 N 33.
[154] A.A. BAUDENBACHER/GLÖCKNER, Kommentar UWG, Art. 6 N 70; gl.A. für das Strafrecht AMSTUTZ/REINERT, BSK, Art. 162 StGB N 24.
[155] Vgl. CdJ GE sic! 2000, 714 ff., E. 4.c («Conseil en rémunérations»); BINDSCHEDLER, Strafrechtlicher Schutz, 48; TREADWELL, Wettbewerbsrecht, 41; B. VON BÜREN, Kommentar UWG, Art. 1 Abs. 2 lit. f und g N 18; PEDRAZZINI/PEDRAZZINI, UWG, 190 N 9.11.
[156] PEDRAZZINI/PEDRAZZINI, UWG, 190 N 9.11.
[157] BINDSCHEDLER, Strafrechtlicher Schutz, 48; BAUDENBACHER/GLÖCKNER, Kommentar UWG, Art. 6 N 64.

hat. Durch die Vernichtung relevanter Daten erzielt der Täter einen Wettbewerbsvorteil, der aufgrund der unrechtmässigen Beschaffung der Daten ebenfalls als eine den Wettbewerb objektiv nachteilig beeinflussende Handlung qualifiziert werden kann[158]. Der Begriff «verwerten» setzt nicht zwingend das Erzielen eines Gewinns voraus[159]. Vielmehr ist eine Handlung gefordert, die geeignet ist, den Wettbewerb objektiv zu beeinflussen. Damit setzt die Tathandlung des Verwertens das **Erzielen eines Wettbewerbsvorteils** voraus.

c) Mitteilung an andere

Art. 6 verbietet weiter jede Art der Verbreitung unrechtmässig erfahrener Geheimnisse, «weil sich dies in unlauterer Weise auf die allgemeine Konkurrenzsituation auswirkt und damit auch gegen die Grundsätze der Generalklausel von Art. 2 UWG» verstossen wird[160]. Als Mitteilung an einen anderen gilt jede Offenbarung der geheimen Kenntnisse gegenüber Dritten[161]. Dabei kommt es nicht darauf an, wie das Geheimnis verraten wurde, solange der Detaillierungsgrad eine Verwertung durch den Empfänger möglich werden lässt[162]. Unerheblich ist, ob der Dritte das Geheimnis verwertet[163]. Dabei ist zu berücksichtigen, dass die Weitergabe von unrechtmässig erlangter Kenntnis eine den Wettbewerb zu benachteiligen objektiv geeignete Handlung darstellt[164]. Die Marktposition des Wettbewerbsteilnehmers wird bereits dadurch geschwächt, dass dem Wettbewerbsteilnehmer als Geheimnisherrn die Fähigkeit entzogen wird, die Weitergabe des Geheimnisses ausschliesslich zu bestimmen[165].

28

V. Rechtsfolgen

Das UWG gewährleistet einen **dualen Rechtsschutz**, indem es die Verletzung von Unternehmensgeheimnissen zivil- und strafrechtlich ahndet. Das UWG

29

---

[158] Ähnlich SCHNEIDER, Unternehmensgeheimnis, 131; PFISTER, Technisches Geheimnis, 100; BAUDENBACHER/GLÖCKNER, Kommentar UWG, Art. 6 N 67.
[159] TREADWELL, Wettbewerbsrecht, 43; BINDSCHEDLER, Strafrechtlicher Schutz, 74.
[160] GUYET, SIWR V/1, 230; KassGer TI vom 23.2.2009 (17.2007.80), E. 3d).
[161] AMSTUTZ/REINERT, BSK, Art. 162 StGB N 20; STRATENWERTH/JENNY, BT I, § 22 N 7; TRECHSEL, Art. 162 StGB N 8; PEDRAZZINI/PEDRAZZINI, UWG, 205 N 10.15; BAUDENBACHER/ GLÖCKNER, Kommentar UWG, Art. 6 N 71; TREADWELL, Wettbewerbsrecht, 43 f.
[162] TREADWELL, Wettbewerbsrecht, 39; OGer ZH ZR 1969, 95 und 96.
[163] A.A. PEDRAZZINI/PEDRAZZINI, UWG, 205 N 10.16; siehe auch die Kritik bei BAUDENBACHER/ GLÖCKNER, Kommentar UWG, Art. 6 N 72.
[164] TREADWELL, Wettbewerbsrecht, 44 f.; BAUDENBACHER/GLÖCKNER, Kommentar UWG, Art. 6 N 72.
[165] A.A. PEDRAZZINI/PEDRAZZINI, UWG, 205 N 10.16.

enthält sowohl für den zivil- als auch den strafrechtlichen[166] Rechtsschutz eigene Bestimmungen, weshalb hier nur auf Besonderheiten des Geheimnisschutzes eingegangen wird.

30 **Art. 9** sieht in Abs. 1 lit. a eine Unterlassungs-, in lit. b eine Beseitigungs-, in lit. c eine Feststellungs- und in Abs. 3 eine Schadensersatz- und Genugtuungsklage nach Massgabe des Obligationenrechts vor. Von diesen vier zivilrechtlichen Rechtsschutzinstrumenten sind lediglich die Unterlassungs- und Schadensersatz- bzw. Genugtuungsklage für den Geheimnisschutz effektiv nutzbar[167]. Ist das Geheimnis einmal offenbart, und folglich im Wettbewerb bekannt, hat die **Beseitigungsklage** nur einen **geringen Nutzen**, da der Schaden bereits unwiederbringlich eingetreten ist. In der Folge wird es auch schwierig sein, den bundesgerichtlichen Anforderungen an das Feststellungsinteresse zu entsprechen[168]. Immerhin ist vorstellbar, im Rahmen einer Beseitigungsklage dem Täter mit einer Unterlassungsklage nicht nur die Verwertung eines unrechtmässig in Erfahrung gebrachten Geheimnisses zu verbieten, sondern auch anzuordnen, dieses Geheimnis nicht weiterzuverbreiten. Ein solches Offenbarungsverbot gekoppelt mit einem Nutzungsverbot könnte den unrechtmässigen Eingriff in den Wettbewerb, wenn nicht vollständig, so doch teilweise beseitigen.

31 Mit der **Unterlassungsklage** stellt sich auch die Frage, wie lange dem ein Unternehmensgeheimnis verletzenden Wettbewerbsteilnehmer die Verwertung der unlauter erlangten Kenntnisse verboten werden soll. Ein Teil der Lehre vertritt dabei die Ansicht, dass das Verwertungsverbot unbefristet gelten soll, da eine solche Sonderstrafe mit dem Fehlverhalten des Täters begründet werden könne[169]. Andere Lehrmeinungen weisen demgegenüber darauf hin, dass dadurch mindestens gegenüber dem Täter der Geheimnisschutz zu einem vollkommen Ausschliesslichkeitsrecht mutiere[170] oder dass dem Geheimnisherrn der selbst erarbeitete Vorsprung nicht durch unrechtmässige Aneignung entzogen werden dürfe und ihm sein Aufwand abgegolten werden müsse[171]. Das Bundesgericht hat sich bislang zu dieser Frage nicht geäussert, obgleich es in einem älteren Entscheid ein unbeschränktes Verwertungsverbot aussprach[172]. Obschon zu Recht festgehalten wurde[173], dass durch den Geheimnisverrat die ausschliessliche Verfügung über das Geheimnis gerade verhindert wurde und auch nach einem Verwertungsverbot für den Täter keine aus-

---

[166] Vgl. Art. 9 N 1 ff. und Art. 23 N 1 ff.; insbesondere zu Art. 6 UWG vgl. BGer 6P.137/2006, E. 6.2.
[167] Ebenso BAUDENBACHER/GLÖCKNER, Kommentar UWG, Art. 6 N 80 f.
[168] BGE 110 II 352, 354 ff.; 114 II 253; 116 II 196; 120 II 20, 25; vgl. aber auch 95 II 481, 498 zur Leistungs- (Beseitigungsklage) im Gewand der Feststellungsklage, insbesondere auch VOGEL/SPÜHLER, Zivilprozessrecht, 7. Kapitel N 32, m.H. auf Art. 9 Abs. 1 lit. c UWG.
[169] BAUDENBACHER/GLÖCKNER, Kommentar UWG, Art. 6 N 66 und 73 ff.
[170] BINDSCHEDLER, Strafrechtlicher Schutz, 49; vgl. STRATENWERTH/JENNY, BT I, § 22 N 8.
[171] SCHNEIDER, Unternehmensgeheimnis, 135 ff.
[172] BGE 88 II 319, 323 ff.
[173] BAUDENBACHER/GLÖCKNER, Kommentar UWG, Art. 6 N 66 und 75.

schliessliche Verfügung über das Geheimnis mehr möglich ist, erscheint ein unbefristetes Verwertungsverbot als unverhältnismässig. Der Täter soll, wie von SCHNEIDER ausgeführt wird, dem Geheimnisherrn den durch die unrechtmässige Aneignung entzogenen Wettbewerbsvorsprung primär durch die Abgeltung von dessen Aufwand ausgleichen[174]. Eine Unterlassungsklage erscheint daher lediglich dort und nur so lange als probates Mittel, wie sie dem Geheimnisherrn erlaubt, den durch das Geheimnis erlangten Wettbewerbsvorsprung aufrechtzuerhalten. Denkbar sind Fälle, in denen der Täter Geheimnisse unrechtmässig erfahren hat und diese selbst verwerten kann. In diesen Fällen ist es verhältnismässig, dem Täter die Verwertung dieser Geheimnisse bis zum Zeitpunkt zu untersagen, an dem voraussichtlich ein Konkurrent in vergleichbarer Position sich die Kenntnisse in einem ungestörten Wettbewerb selbständig erarbeitet hätte.

Art. 23 bestimmt, dass, wer vorsätzlich unlauteren Wettbewerb nach Art. 6 betreibt, auf Antrag mit Freiheitsstrafe oder Geldstrafe bestraft wird[175]. Folglich ist nur strafbar, wer ein Unternehmensgeheimnis vorsätzlich, wobei Eventualdolus genügt, verletzt[176]. Die fahrlässige Verletzung genügt für die strafrechtliche Verfolgung nicht. Allerdings ist zu berücksichtigen, dass Art. 6 ein Vergehen und somit einen anstiftungs- und gehilfenschaftsfähigen Tatbestand darstellt[177]. Eine eigenständige Regelung des Anstiftungstatbestandes, wie sie Art. 4 lit. c vorsieht, wäre demnach nach allgemeinen strafrechtlichen Bestimmungen nicht nötig[178]. Antragsberechtigt ist lediglich der Geheimnisherr, dem bis zur Geheimnisverletzung die Verfügungsgewalt darüber zustand[179].

32

VI. Verfahrensfragen

Das UWG enthält eine Reihe von zivil- und strafprozessualen Bestimmungen, weshalb grundsätzlich auf die entsprechende Kommentierung verwiesen wird[180]. Trotzdem sei in der Folge kurz auf geheimnisspezifische Probleme eingegangen.

33

---

[174] SCHNEIDER, Unternehmensgeheimnis, 135 ff.
[175] BGer 6S.684/2001, E. 1.b); BGer 6S.498/1997, E. 5 («Maître»); vgl. auch KGer VS vom 24.5.2006 (P3 06 07), E. 2 a) bb).
[176] Art. 12 StGB; BGE 99 IV 57, 60 ff.; 89 IV 62, 66; BINDSCHEDLER, Strafrechtlicher Schutz, 37; BAUDENBACHER/GLÖCKNER, Kommentar UWG, Art. 6 N 83; vgl. auch BGer 6S.684/2001, E. 1.b); 6S.498/1997, E. 5 («Maître»); zur grundsätzlichen Problematik der strafrechtlichen Grundsätzen genügenden Begriffsbestimmung im UWG vgl. BezGer ZH, sic! 2006, 103 ff., E. 2.3 («Preisvergleich»).
[177] Für das Verhältnis zu Art. 4 lit. c vergleiche Art. 4 N 63.
[178] Vgl. Art. 24 Abs. 1 StGB; STRATENWERTH, AT I, § 13 N 76, 95 ff.
[179] BGE 83 IV 105, 107; vgl. AMSTUTZ/REINERT, BSK, Art. 162 StGB N 27; ähnlich BAUDENBACHER/GLÖCKNER, Kommentar UWG, Art. 6 N 84.
[180] Vgl. Art. 9 N 1 ff.; Art. 10 N 1 ff.; Art. 12 N 1 ff.; Art. 14 N 1 ff.; Art. 23 N 1 ff.

34 Die Zuordnung von Unternehmensgeheimnissen in modernen Organisationsstrukturen bereitet zuweilen Probleme. Die jeweiligen Geheimnisse werden nicht mehr zentral im Unternehmen kontrolliert. Vielmehr finden sich die einzelnen Geheimnisse über das ganze Unternehmen verstreut und werden hauptsächlich von den Personen kontrolliert, die täglich damit arbeiten. **Aktivlegitimiert** bleibt indes das jeweilige Unternehmen bzw. der Unternehmensträger, der selbständig am Wettbewerb teilnimmt. Der jeweils unselbständige Arbeitnehmer kann daher lediglich als Organ für den jeweiligen Unternehmensträger im Rahmen seiner Kompetenzen auftreten[181]. Die organisatorisch ermittelte Geheimniskontrolle wird somit auch im Rahmen der Aktivlegitimation dem Unternehmen zugerechnet.

35 Die **Beweisführung** im Rahmen des Geheimnisschutzprozesses stellt den Geheimnisherrn vor kaum zu überwindende Probleme[182]. Gestützt auf Art. 8 ZGB hat der klagende Geheimnisherr das Geheimnis und dessen Verletzung nachzuweisen. Der Beweis eines Geheimnisses setzt den Beweis des Geheimnisherrn voraus, dass er ausschliessliche Kenntnis über den Geheimnisgegenstand hatte. Folglich hat er in einem «Negativbeweis» darzulegen, dass andere Wettbewerbsteilnehmer keine entsprechende Kenntnis hatten[183]. Zudem muss er mit einem «Ursprungsbeweis» darlegen, dass der Beklagte sich die Kenntnis, welche Gegenstand des Geheimnisses bildet, nicht selbständig erarbeitet hat[184]. Das UWG hat eine ähnliche Problematik im Zusammenhang mit Tatsachenbehauptungen in der Werbung durch Beweislastumkehr[185] gelöst, sieht aber keine vergleichbare Regelung für den Geheimnisschutz vor, weshalb nur auf tatsächliche Vermutungen (praesumptiones hominis) im Rahmen der freien Beweiswürdigung zurückgegriffen werden kann[186]. Tatsächliche Vermutungen bewirken keine Beweislastumkehr, wirken sich aber ähnlich aus, da der Geheimnisherr lediglich Tatsachen beweisen muss, die aufgrund der Lebenserfahrung den Rückschluss auf ein Unternehmensgeheimnis und dessen Übernahme durch den Beklagten zulässt[187]. Tatsächliche Vermutungen sind insbesondere auch für die bei der Verwertung von Unternehmensgeheimnissen angetroffene Kausalitätsproblematik relevant. Dementsprechend hält das Bundesgericht fest, dass «es [...] vielmehr genügen [muss], wenn der Richter in Fällen, wo der Natur der Sache nach ein direkter Beweis nicht geführt werden kann, die Überzeugung gewinnt, dass die überwiegende Wahrscheinlichkeit für einen bestimmten

---

[181] BGE 80 IV 22, 33; PEDRAZZINI/PEDRAZZINI, UWG, 259 N 16.01 ff.
[182] Ähnlich BAUDENBACHER/GLÖCKNER, Kommentar UWG, Art. 6 N 77 ff.; DRUEY, ZSR 1973 I, 470.
[183] BAUDENBACHER/GLÖCKNER, Kommentar UWG, Art. 6 N 77.
[184] DRUEY, ZSR 1973 I, 470.
[185] Vgl. hiernach Art. 13a N 1 ff.
[186] SCHNEIDER, Unternehmensgeheimnis, 141; BAUDENBACHER/GLÖCKNER, Kommentar UWG, Art. 6 UWG N 78 f.; VOGEL/SPÜHLER, Zivilprozessrecht, 10. Kapitel N 50 ff. und 60 ff.
[187] VOGEL/SPÜHLER, Zivilprozessrecht, 10. Kapitel N 50 f.; siehe BGE 108 II 6, 7; AppHof BE sic! 2004, 125 ff., E. 12 («Datenblätter»).

Kausalverlauf spricht»[188]. Die Beweiswürdigung gestützt auf tatsächliche Vermutungen hat zur Folge, dass bei zunehmender Originalität und Komplexität des dargelegten Wissens sowohl die Geheimnisqualität als auch der Ursprung des Wissens als bewiesen zu erachten sind[189].

---

[188] BGE 107 II 273.
[189] Ähnlich SCHNEIDER, Unternehmensgeheimnis, 141; BAUDENBACHER/GLÖCKNER, Kommentar UWG, Art. 6 N 79; DRUEY, ZSR 1973 I, 470.

Art. 7

Nichteinhaltung von Arbeitsbedingungen	**Unlauter handelt insbesondere, wer Arbeitsbedingungen nicht einhält, die durch Rechtssatz oder Vertrag auch dem Mitbewerber auferlegt, oder berufs- oder ortsüblich sind.**
Inobservation des conditions de travail	Agit de façon déloyale celui qui, notamment, n'observe pas les conditions de travail légales ou contractuelles qui sont également imposées à la concurrence ou qui sont conformes aux usages professionnels ou locaux.
Inosservanza di condizioni di lavoro	Agisce in modo sleale, segnatamente, chiunque non rispetta condizioni di lavoro imposte anche al concorrente da norme giuridiche o per contratto o conformi agli usi professionali o locali.
Non-Compliance with Working Conditions	Shall be deemed to have committed an act of unfair competition, anyone who, in particular, does not comply with the statutory or contractual working conditions that are also imposed on competitors or which are customary in a trade or in a place.

Inhaltsübersicht Note Seite

I. Normzweck, Entstehungsgeschichte und Systematik	1	628
II. Tatbestand	2	629
1. Arbeitsbedingungen	2	629
2. Geltung für Mitbewerber	3	630
3. Nichteinhaltung	7	632
4. Wettbewerbsbeeinflussung	8	632
III. Rechtfertigung	9	633

Literatur

G. AUBERT, Discriminations salariales, protection de la personnalité et concurrence déloyale, AJP 1992, 572 ff.; C. BAUDENBACHER (Hrsg.), Lauterkeitsrecht – Kommentar zum Gesetz gegen den unlauteren Wettbewerb (UWG), Basel 2001, Art. 7; A. JOSSI, Unlauterer Wetttbewerb durch Verletzung von Arbeitsbedingungen mit Berücksichtigung verwandter Tatbestände, Bern 1947; M. PEDRAZZINI/F. PEDRAZZINI, Unlauterer Wettbewerb – UWG, 2. Aufl., Bern 2002, N 11.01 ff.; J. GUYET, Die weiteren Spezialklauseln (Art. 4–8 UWG), in: R. von Büren/L. David (Hrsg.), SIWR V/1, 2. Aufl., Basel 1998, 230 f.

I. Normzweck, Entstehungsgeschichte und Systematik

1 Die in der Praxis bislang unbedeutende Vorschrift regelt einen **Sonderfall der Unlauterkeit wegen Rechtsbruchs**. Sie bildet damit zugleich eine nicht abschliessende gesetzliche Anerkennung dieser im Übrigen von Art. 2 (s. dort N. 107 ff.) erfassten Fallgruppe, nach der ein Wettbewerber gegebenenfalls auch für ein rechtswidriges Verhalten verantwortlich ist, das der eigentlichen Wettbewerbs-

handlung vorausgegangen ist und ihm einen unzulässigen Vorsprung gegenüber Mitbewerbern verschafft hat. Auch im deutschen Recht hat sich die Fallgruppe des unzulässigen Vorsprungs durch Rechtsbruch aus einem arbeitsrechtlichen Fall heraus entwickelt[1]. Der Grund hierfür liegt in der zentralen Bedeutung von Einsparungen am Kostenfaktor Arbeit für die Marktposition eines Wettbewerbers. Die Vorschrift, deren auch vorsätzliche Verletzung **nicht strafbar** ist (vgl. Art. 23)[2], ist seit 1943 Bestandteil des UWG und war bis 1986 mit geringfügig anderem Wortlaut in Art. 1 Abs. 2 lit. h aUWG enthalten. Bereits das Berner Warenhandelsgesetz von 1926 enthielt in Art. 9 ein lauterkeitsrechtliches Verbot, das Personal in gesetz- oder vertragswidriger Weise auszunützen. Nach dem Willen des Gesetzgebers soll mit dem Sondertatbestand das **sog. soziale Dumping** auch lauterkeitsrechtlich bekämpft werden[3]. Der Arbeitnehmendenschutz ist allerdings nur ein Reflex der Regelung, da die Arbeitnehmenden anders als Konkurrenten, Kunden und Verbände (hier v.a. Gewerkschaften[4]) nach dem UWG nicht aktivlegitimiert sind (s. Art. 9 N 8 ff.)[5].

II. Tatbestand

1. Arbeitsbedingungen

Art. 7 betrifft ausschliesslich die Nichteinhaltung von Arbeitsbedingungen. Es geht mithin nur um Bedingungen, die hinsichtlich **Art** (z.B. Sicherheit, Hygiene, Schutz von Müttern, Kindern, Jugendlichen und alten Menschen, Kündigungsschutz), **Umfang** (z.B. Arbeitszeit, Pausen, Ruhezeiten, Ferien, Arbeitsmenge) und **Vergütung** (z.B. Zeitlohn, Akkordlohn, Zuschläge für Überzeitarbeit, Boni) die Erbringung von **unselbständigen Dienstleistungen** (Art. 319 ff. OR) für einen Arbeitgebenden betreffen. Adressat der Vorschrift sind ausschliesslich Arbeitgebende. Selbständige Gewerbetreibende oder freiberuflich Tätige, die sich nicht an die ihnen persönlich als selbständig Erwerbende auferlegten Tätigkeitsbedingungen halten, fallen nicht unter Art. 7 (zu den Voraussetzungen der Selbständigkeit s. Art. 2 N 13). Auch die Arbeitnehmenden, die von sich aus Arbeitsbedingungen missachten und sich hierdurch einen Vorteil im Wettbewerb mit anderen Arbeitnehmenden zu verschaffen suchen, fallen nicht unter die Vorschrift, da sie einerseits als sich selbst im Wettbewerb begünstigende Nichtselbständige schon gar

2

---

[1]   RGZ 117, 16 («Tariflohnunterschreitung»).
[2]   Mit Recht krit. PEDRAZZINI/PEDRAZZINI, UWG N 26.02.
[3]   Botschaft 1942, 683, 693.
[4]   BGE 121 III 168, 170 f. («Mindestlohnvorschriften»); BGE 125 III 82, 86 («Arbeitszeitregelung»).
[5]   OGer ZH ZR 1986, Nr. 114 («Gesamtarbeitsvertrag»).

nicht unter das UWG fallen (Art. 2 N 13) und zum anderen der von ihnen begangene Rechtsbruch keine unmittelbare Marktrelevanz aufweist (N 8)[6].

2. Geltung für Mitbewerber

3   Wettbewerbliche Relevanz haben die Arbeitsbedingungen nur dann, wenn sie in vergleichbarer Situation auch für Mitbewerber (zum Begriff Art. 1 N 23 ff.) gelten (auch **sog. Schrankengleichheit**)[7]. Wer lediglich individualvertraglich begründete Arbeitsbedingungen missachtet, verstösst nicht gegen Art. 7, sondern allenfalls beim Hinzutreten weiterer die Unlauterkeit begründender Umstände gegen Art. 2 UWG[8]. Die Arbeitsbedingungen müssen daher nach Art. 7 durch Rechtssatz, überindividuellen Vertrag oder Verkehrssitte auferlegt sein. Dabei genügt es, wenn die Arbeitsbedingungen durch die entsprechenden Regelungen nur indirekt beeinflusst werden, wie dies etwa bei der gesetzlichen Festlegung von Sicherheitsvorschriften, Ladenöffnungszeiten oder Feiertagen der Fall ist[9]. Im Übrigen ist es Sache des Arbeitgebers und Teil seines frei zu bestimmenden Wettbewerbsverhaltens, die Arbeitsbedingungen individuell festzulegen und einzuhalten und damit etwa auch gezielt ungelernte Arbeitnehmer einzustellen und billig zu entlöhnen[10].

4   **Durch Rechtssatz** werden die Arbeitsbedingungen auferlegt, wenn sie kraft Verfassung (z.B. Art. 8 Abs. 3 S. 2 BV[11]), einfachen Gesetzes (z.B. ArG[12], GlG Art. 328 OR), Verordnung (z.B. ArGV 1–5[13], VUV[14]), Richtlinie (z.B. EKAS-

---

[6] Zur generellen Unanwendbarkeit des UWG auf den Wettbewerb am Arbeitsmarkt s. auch Rekurskommission der Staatsanwaltschaft des Kantons Zürich SMI 96, 188, 190.
[7] GERMANN, Unlauterer Wettbewerb, 114.
[8] Ein Beispiel bildet das Abwerben von Mitarbeitern mit dann nicht eingehaltenen Arbeitsbedingungen (vgl. dazu auch Art. 2 N 88).
[9] Die Bezeichnung der sich mittelbar auf die Arbeitsbedingungen auswirkenden Regelungen als sog. externe Arbeitsbedingungen in Abgrenzung zu sog. internen Arbeitsbedingungen (so etwa PEDRAZZINI/PEDRAZZINI, UWG, N 11.06) ist demgegenüber wenig hilfreich, da intern wie extern geltende Arbeitsbedingungen die nach Art. 7 bestehende Voraussetzung der Schrankengleichheit erfüllen.
[10] BGE 86 II, 108, 118 («Eschenmoser»).
[11] Dazu näher AUBERT, AJP 1992, 572, 573 f.
[12] Bundesgesetz vom 13.3.1964 über die Arbeit in Industrie, Gewerbe und Handel – Arbeitsgesetz (SR 822.11).
[13] Verordnung 1 vom 10.5.2000 zum Arbeitsgesetz (SR 822.111); Verordnung 2 vom 10.5.2000 zum Arbeitsgesetz (SR 822.112); Verordnung 3 vom 18.8.1993 zum Arbeitsgesetz (SR 822.113); Verordnung 4 vom 18.8.1993 zum Arbeitsgesetz (SR 822.114); Verordnung 5 vom 28.9.2007 zum Arbeitsgesetz – Jugendarbeitsschutzverordnung (SR 822.115).
[14] Verordnung vom 19.12.1983 über die Verhütung von Unfällen und Berufskrankheiten (SR 832.30).

Richtlinien zur Arbeitssicherheit[15], Richtlinie des EDA über die Anstellung von privaten Hausangestellten durch die Mitglieder des Personals von diplomatischen Missionen etc. in der Schweiz[16]), Gewohnheitsrecht oder Richterrecht auf eidgenössischer, kantonaler oder kommunaler Ebene zwingend gelten. Die Abweichung von dispositivem Recht ist unschädlich.

Ein **Vertrag** kann nur dann schrankengleich geltende Arbeitsbedingungen setzen, wenn er für mehrere miteinander im Wettbewerb stehende Arbeitgeber gilt. Dies ist insbesondere bei allgemeinverbindlichen[17] und bei nicht allgemeinverbindlichen[18] Gesamtarbeitsverträgen i.S.v. Art. 356 ff. OR hinsichtlich ihrer normativen Bestimmungen sowie bei Normalarbeitsverträgen i.S.v. Art. 359 ff. OR der Fall. In Betracht kommen aber auch wirksame Kartellverträge. 5

Die Arbeitsbedingungen können schliesslich auch auf einer berufs- oder ortsspezifischen **Verkehrssitte** (Berufsüblichkeit, Ortsüblichkeit) beruhen (z.b. Branchenempfehlungen, aussergesetzliche regionale Feiertage). Die Übung muss lediglich stark, einhellig und unbestritten befolgt werden[19]. Nach dem Willen des Gesetzgebers sollen hierdurch Lücken geschlossen werden[20]. Die vom Gesetzgeber angeordnete unmittelbare lauterkeitsrechtliche Massgeblichkeit einer blossen Übung ohne normative Kontrolle und Verbindlichkeit begegnet jedoch Bedenken[21], da sie zum einen der auch im Lauterkeitsrecht geltenden Trennung von Sein und Sollen widerspricht sowie einer der Dynamik des Wettbewerbs abträglichen Versteinerung der Wettbewerbsbedingungen Vorschub leistet (s. auch generell zur Bedeutung von Verkehrssitten im Lauterkeitsrecht Art. 2 N 30) und zum anderen auch die Mitbewerber nicht zwingend zur Einhaltung der Übung verpfichtet sind, so dass ihre schrankengleiche Geltung in Frage gestellt werden kann. 6

---

[15] Z.B. Richtlinie Nr. 6508 der Eidgenössischen Koordinationskommission für Arbeitssicherheit über den Beizug von Arbeitsärzten und anderen Spezialisten der Arbeitssicherheit in der Neufassung vom Januar 2007, abrufbar unter https://wwwsapp1.suva.ch/sap/public/bc/its/mimes/zwaswo/99/pdf/06508_d.pdf.
[16] Vgl. dazu CA Genève (CAPH/79/2008) E. 6: Kein Verstoss gegen Art. 7 bei Einhaltung der genannten EDA-Richtlinie.
[17] Siehe dazu das Bundesgesetz vom 28.9.1956 über die Allgemeinverbindlicherklärung von Gesamtarbeitsverträgen – AVEG (SR 221.215.311) sowie im Zusammenhang mit Art. 7 BGE 134 III 11, 13.
[18] Zum Verstoss gegen einen nicht allgemeinverbindlichen Gesamtarbeitsvertrag siehe den Fall BGE 125 III 82, 86 («Arbeitszeitregelung»).
[19] B. VON BÜREN, Kommentar UWG, Art. 1 Abs. 2 lit. h N 4.
[20] KLÖTI, StenBull StR 1943, 46.
[21] Krit. auch JOSSI, Verletzung von Arbeitsbedingungen, 65 und 98 f.

3. Nichteinhaltung

7 Erforderlich ist sodann die objektive Nichteinhaltung der schrankengleich geltenden Arbeitsbedingungen. Ein Verschulden ist nicht erforderlich. Der Umstand, dass den Arbeitnehmenden wegen der Missachtung von Rechtssätzen oder der Unwirksamkeit von Verzichtsvereinbarungen ein Schadenersatz- bzw. Bereicherungsanspruch gegen die Arbeitgeberin zusteht, ändert nichts an der Wettbewerbswidrigkeit des Verhaltens. Denn zum einen werden derartige Ansprüche von den Arbeitnehmenden nicht immer geltend gemacht und zum anderen kann hierdurch weder das unlautere Verhalten (geschäftsmoralische Betrachtung) noch die eingetretene Wettbewerbsverzerrung (funktionale Betrachtung) rückgängig gemacht, sondern allenfalls in der Zukunft wieder ausgeglichen werden.

4. Wettbewerbsbeeinflussung

8 Für Art. 7 gelten darüber hinaus die allgemeinen Anwendungsvoraussetzungen des UWG **nach Art. 2**, so dass ein wirtschafts- und wettbewerbsrelevantes Verhalten erforderlich ist. Ein solches ist nur gegeben, wenn die Nichteinhaltung der Arbeitsbedingungen im Rahmen einer selbständigen Teilnahme am Erwerbsleben zu einem wirtschaftlichen Zweck erfolgt sowie dazu bestimmt oder geeignet ist, eine eigene oder fremde wirtschaftliche Tätigkeit am Markt zu fördern und sich auf die Marktverhältnisse spürbar auszuwirken (dazu allgemein Art. 2 N 17 ff.). **Kein Verstoss** gegen Art. 7 liegt daher in der Nichteinhaltung von Arbeitsbedingungen im **privaten Bereich** oder aus anderen als wettbewerblichen Gründen (z.B. Zahlungsunfähigkeit, Betriebsstörungen, Arbeitskämpfe, Irrtum)[22]. Wird eine Vorschrift auch von *allen* anderen Mitbewerbern missachtet (sog. **Massenübertretung**), fehlt es am erforderlichen Vorsprung eines einzelnen Verletzers und damit an der Wettbewerbsbeeinflussung[23]. Hinsichtlich der Darlegungs- und Beweislast gelten die allgemeinen Grundsätze, wonach lediglich bei Gewerbetreibenden das Handeln zu wirtschaftlichen Zwecken vermutet wird (Art. 2 N 15), im Übrigen aber die Wettbewerbsbeeinflussung vom Kläger darzulegen und zu beweisen ist[24].

---

[22] Wie hier B. VON BÜREN, Kommentar UWG, Art. 1 Abs. 2 lit. h N 1; im Grundsatz auch JOSSI, Verletzung von Arbeitsbedingungen, 38 f.; krit. im Hinblick auf die fehlende, systematisch aber auch nicht erforderliche ausdrückliche Einschränkung im Tatbestand von Art. 7 BAUDENBACHER/ GLÖCKNER, Kommentar UWG, Art. 7 N 18 ff.

[23] Aufgrund einer teleologischen Reduktion der Vorschrift im Ergebnis auch BAUDENBACHER/ GLÖCKNER, Kommentar UWG, Art. 7 N 21; noch weitergehend JOSSI, Verletzung von Arbeitsbedingungen, 68, der die Unlauterkeit bereits dann verneint, wenn eine Norm von der (grossen) Mehrheit der Mitbewerber nicht mehr eingehalten werde.

[24] Wie hier B. VON BÜREN, Kommentar UWG, Art. 1 Abs. 2 lit. h N 1; für eine generelle Beweislastumkehr hingegen JOSSI, Verletzung von Arbeitsbedingungen, 38 f.

III. Rechtfertigung

Das **Einverständnis der Arbeitnehmenden** kann einen Verstoss gegen Art. 7 **nicht** rechtfertigen, da die Vorschrift den unverfälschten Wettbewerb gewährleisten soll und nur mittelbar dem Schutz der Arbeitnehmenden dient[25]. Eine Arbeitgeberin sollte die Missachtung von Arbeitsbedingungen auch dann nicht unter Hinweis auf die Wahrung berechtigter Interessen (v.a. Arbeitsplatzsicherung) rechtfertigen können, wenn sie sich hierdurch aus einer ökonomischen Bedrängnis zu befreien oder strukturelle Nachteile im Wettbewerb auszugleichen versucht, da dies den Schutzzwecken von Art. 7 (Schutz des unverfälschten Wettbewerbs und seiner Auslesefunktion, Schutz vor sozialem Dumping) führen würde[26].

---

[25] So auch bereits JOSSI, Verletzung von Arbeitsbedingungen, 66 f.
[26] A.A. JOSSI, Verletzung von Arbeitsbedingungen, 67 f.

Art. 8

Verwendung missbräuchlicher Geschäftsbedingungen	**Unlauter handelt insbesondere, wer vorformulierte allgemeine Geschäftsbedingungen verwendet, die in irreführender Weise zum Nachteil einer Vertragspartei:** **a. von der unmittelbar oder sinngemäss anwendbaren gesetzlichen Ordnung erheblich abweichen oder** **b. eine der Vertragsnatur erheblich widersprechende Verteilung von Rechten und Pflichten vorsehen.**
Utilisation de conditions commerciales abusives	Agit de façon déloyale celui qui, notamment, utilise des conditions générales préalablement formulées, qui sont de nature à provoquer une erreur au détriment d'une partie contractante et qui: a. dérogent notablement au régime légal applicable directement ou par analogie, ou b. prévoient une répartition des droits et des obligations s'écartant notablement de celle qui découle de la nature du contrat.
Utilizzazione di condizioni commerciali abusive	Agisce in modo sleale, segnatamente, chiunque utilizza, a detrimento di una parte contraente, condizioni commerciali generali preformulate che, in modo fallace: a. derogano notevolmente all'ordinamento legale applicabile direttamente o per analogia, o b. prevedono una ripartizione dei diritti e dei doveri notevolmente in contrasto con quella risultante dalla natura del contratto.
Use of Abusive Conditions of Business	Shall be deemed to have committed an act of unfair competition, anyone who, in particular, makes use of pre-formulated general terms and conditions that, to the detriment of a contracting party, misleadingly: a. deviate considerably from the statutory provisions that apply either directly or by analogy, or b. provide for an allocation of rights and obligations in substantial contradiction with the nature of the contract.

Inhaltsübersicht

	Note	Seite
I. Allgemeines	1	638
1. Wirtschaftlicher Hintergrund und Begriff der Allgemeinen Geschäftsbedingungen	1	638
2. Funktion und Problematik Allgemeiner Geschäftsbedingungen	2	639
II. Schutz vor nachteiligen AGB mittels der Bestimmungen des Obligationenrechts	5	640
1. Konsensanforderungen an den vertraglichen Einbezug von AGB (Abschlusskontrolle)	6	641
a) Kenntnis bzw. nicht schützenswerte Unkenntnis der AGB	6	641
b) Ungewöhnlichkeitsregel	12	644
2. Die Schranke zwingender Gesetzesbestimmungen (Gültigkeitskontrolle)	18	648

			Note	Seite
	3.	Auslegung vertraglich übernommener AGB (Auslegungskontrolle)	24	650
		a) Allgemeines	24	650
		b) Vorrang der Einzelabrede	26	651
		c) Unklarheitsregel *(in dubio contra stipulatorem)* und restriktive Auslegung	27	651
	4.	Fazit: Unzureichender Schutz mangels (offener) Inhaltskontrolle	29	652
III.	Schutz vor nachteiligen AGB nach den Regeln über den unlauteren Wettbewerb		30	653
	1.	Entstehungsgeschichte von Art. 8	30	653
	2.	Normzweck	31	654
IV.	Tatbestandsvoraussetzungen		32	654
	1.	Verwendung vorformulierter, allgemeiner Geschäftsbedingungen	33	655
		a) Begriff der AGB	33	655
		b) Verwendung von AGB	34	656
	2.	Erhebliche Abweichung von der unmittelbar oder sinngemäss anwendbaren gesetzlichen Ordnung	38	658
		a) Gesetzliche Ordnung	39	658
		b) Unmittelbar oder sinngemäss anwendbare Gesetzesnormen	41	659
		c) Erhebliche Abweichung	42	659
	3.	Der Vertragsnatur erheblich widersprechende Verteilung von Rechten und Pflichten	47	661
	4.	Irreführender Charakter der AGB	50	662
	5.	AGB zum Nachteil einer Vertragspartei	53	663
		a) Gegenpartei des AGB-Verwenders als geschütztes Rechtssubjekt	54	664
		b) AGB zum Nachteil der Gegenpartei	55	664
V.	Rechtsfolge		67	667
VI.	Prozessuales		70	669
VII.	Kritik an Art. 8		71	669
VIII.	Verhältnis zum EU-Recht und übrigen Europarecht		73	670
IX.	Ausblick de lege ferenda: UWG-Revision und VVG-Revision		76	671
	1.	UWG-Revision	77	672
	2.	VVG-Revision	85	675
	3.	Das Verhältnis der UWG-Revision zur VVG-Revision	87	676

Literatur

Schweizerisches Recht: V. AEPLI, Zur Inhaltsproblematik allgemeiner Geschäftsbedingungen, dargestellt anhand vorformulierter Klauseln von Banken, ZSR 2000 I, 85 ff.; M BADDELEY, Unterwerfungserklärungen von Athleten – ein Anwendungsfall allgemeiner Geschäftsbedingungen, ZBJV 2008, 357 ff.; C. BAUDENBACHER (Hrsg.), Lauterkeitsrecht – Kommentar zum Gesetz gegen den unlauteren Wettbewerb (UWG), Basel/Genf/München 2001; A. BRUNNER, Allgemeine Geschäftsbedingungen, in: E. Kramer (Hrsg.), Schweizerisches Privatrecht, Band X, Konsumentenschutz im Privatrecht, Basel 2008, 111 ff. (inhaltlich weitgehend identisch mit: DERS., Die Kontrolle Allgemeiner Geschäftsbedingungen in der aktuellen schweizerischen

Lehre und Praxis, ZSR 1999 I, 305 ff.); E. BUCHER, in: H. Honsell/N.P. Vogt/W. Wiegand (Hrsg.), Basler Kommentar, Obligationenrecht I, Art. 1–529 OR, 4. Aufl., Basel/Genf/München 2007; DERS., Wie lange noch Belastung des Kunden mit den Fälschungsrisiken im Bankenverkehr?, recht 1997, 41 ff.; M. P. BÜHRER, AGB-Kollision, «the battle of forms» und weitere Probleme beim Verweis auf Allgemeine Geschäftsbedingungen, Diss. Zürich 1987; R. VON BÜREN/ E. MARBACH/P. DUCREY, Immaterialgüter- und Wettbewerbsrecht, 3. Aufl., Bern 2008, 225 ff.; F. DESSEMONTET, Art. 1 CO, in: L. Thévenoz/F. Werro (Hrsg.), Commentaire romand, Code des obligations I, Genf/Basel/München 2003; DERS., Le contrôle judiciaire des conditions générales, in: La nouvelle loi fédérale contre la concurrence déloyale, Lausanne 1988, 57 ff.; B. DENZLER, Allgemeine Geschäftsbedingungen der öffentlichen Hand – Grenzen des Kleingedruckten, BR 2007, 233 ff.; M. FONTAINE, Les contrats modèles de la CCI, in: E. Philippin/P. Gilliéron/P.-F. Vulliemin J.-T. Michel (Hrsg.), Mélanges en l'honneur de François Dessemontet, Lausanne 2009, 179 ff.; S. FUHRER, Kommentar zu Art. 33 VVG, in: H. Honsell/N. P. Vogt/ A. K. Schnyder (Hrsg.), Basler Kommentar zum Bundesgesetz über den Versicherungsvertrag, Basel 2001; DERS., Aufpassen beim Anpassen – Möglichkeiten und Grenzen der einseitigen Änderung von Versicherungsverträgen, in: H. Honsell/W. Portmann/D. Zobel (Hrsg.), Aktuelle Aspekte des Schuld- und Sachenrechts, Festschrift für Heinz Rey zum 60. Geburtstag, Zürich/Basel/Genf 2003, 409 ff.; A. FURRER, AGB als Stolpersteine in der Vertragsgestaltung: die KMU-Problematik, in: D. Girsberger/J. Schmid (Hrsg.), Rechtsfragen rund um die KMU, Zürich 2003, 69 ff.; DERS., Der Einbezug der Allgemeinen Beförderungsbedingungen beim Kauf eines Fahrscheins, in: J.-B. Ackermann et al. (Hrsg.), Liber amicorum für Dr. Martin Vonplon, Zürich 2009, 139 ff.; P. GAUCH, Die Verwendung «missbräuchlicher Geschäftsbedingungen» – Unlauterer Wettbewerb nach Art. 8 des revidierten UWG, BR 1987, 51 ff.; DERS., Das gesetzliche Vertragstypenrecht der Schuldverträge, in: F. Harrer/W. Portmann/R. Zäch (Hrsg.), Besonderes Vertragsrecht, aktuelle Probleme, Festschrift für Heinrich Honsell zum 60. Geburtstag, Zürich 2002, 3 ff.; DERS., Die Vertragshaftung der Banken und ihre AVB, recht 2006, 77 ff.; P. GAUCH/W. R. SCHLUEP/J. SCHMID, Schweizerisches Obligationenrecht, Allgemeiner Teil, Band I, 9. Aufl., Zürich/Basel/Genf 2008; D. GIRSBERGER, Vertragsrecht und KMU, in: P. Tercier/M. Amstutz (Hrsg.), Gauchs Welt: Recht, Vertragsrecht und Baurecht, Festschrift für Peter Gauch zum 65. Geburtstag, Zürich 2004, 417 ff.; R. GONZENBACH, Konsumenten AGB und kein Ende – oder doch?, recht 1993, 28 ff.; P. GROLIMUND, Aufsichtsrechtliche und vertragsrechtliche Grundlagen für die Überprüfung Allgemeiner Versicherungsbedingungen, HAVE 2007, 154 ff.; J. GUYET, Die weiteren Spezialklauseln (Art. 4–8 UWG), in: R. von Büren/L. David (Hrsg.), Schweizerisches Immaterialgüter- und Wettbewerbsrecht, Band V/1, Lauterkeitsrecht, 2. Aufl., Basel 1998, 235 ff.; A. HENNINGER, Vom Umgang mit AGB, BR 2002, 133 ff.; P. HIGI, Allgemeine Vertragsbestimmungen – Überlegungen zu Gewöhnlichem und Ungewöhnlichem in Recht und Alltag, in: S. Hotz/K. Mathis (Hrsg.), Recht, Moral und Faktizität, Festschrift für Walter Ott, Zürich/St. Gallen 2008, 495 ff.; M. HOCHSTRASSER, Freizeichnung zugunsten und zulasten Dritter, Diss. Zürich 2006; C. HUGUENIN, Obligationenrecht, Allgemeiner Teil, 3. Aufl., Zürich/Basel/Genf 2008; P. HUNGER, Allgemeine Geschäftsbedingungen (AGB) und M-Commerce: Die Zumutbarkeit der Kenntnisnahme von AGB im Spannungsverhältnis zwischen Technologie und Recht, SZW 2002, 161 ff.; P. JÄGGI/P. GAUCH, Zürcher Kommentar zu Art. 18 OR, Obligationenrecht, Band V/1/b, 3. Aufl., Zürich 1980; A. KOLLER, Schweizerisches Obligationenrecht, Allgemeiner Teil, Handbuch des allgemeinen Schuldrechts ohne Deliktsrecht, 3. Auflage, Bern 2009; DERS., Vertragsfloskeln, BR 1989, 24 ff.; T. KOLLER, Einmal mehr: das Bundesgericht und seine verdeckte AGB-Kontrolle, AJP 2008, 943 ff.; DERS., AGB-Kontrolle und UN-Kaufrecht (CISG) – Probleme aus schweizerischer Sicht, in: F. Harrer/W. Portmann/R. Zäch (Hrsg.), Besonderes Vertragsrecht, Aktuelle

Probleme, Festschrift für Heinrich Honsell zum 60. Geburtstag, Zürich 2002, 223 ff.; DERS., Fragen zum Recht der Allgemeinen Geschäftsbeziehungen – dargestellt anhand einer Deckungsausschlussklausel in der Betriebshaftpflichtversicherung, recht 1999, 43 ff.; E. KRAMER, Berner Kommentar, Obligationenrecht, Allgemeine Bestimmungen, Inhalt des Vertrages, Kommentar zu Art. 19–22 OR, Band VI/1/2/1a, Bern 1991; E. KRAMER/B. SCHMIDLIN, Berner Kommentar, Obligationenrecht, Allgemeine Bestimmungen, Allgemeine Einleitung in das schweizerische Obligationenrecht und Kommentar zu Art. 1–18 OR, Band VI/1/1, Bern 1986; M. KUHN, Auslegung von Allgemeinen Versicherungsbedingungen (AVB) unter Mitberücksichtigung von Art. 33 VVG, in: F. Harrer/W. Portmann/R. Zäch (Hrsg.), Besonderes Vertragsrecht, aktuelle Probleme, Festschrift für Heinrich Honsell zum 60. Geburtstag, Zürich 2002, 567 ff.; E. MARTIN-ACHARD, La loi fédérale contre la concurrence déloyale du 19 décembre 1986, Lausanne 1988, 86 ff.; H. MERZ, Vertrag und Vertragsschluss, 2. Aufl., Freiburg 1992; DERS., Massenvertrag und Allgemeine Geschäftsbedingungen, in: Mélanges en l'honneur de Wilhelm Schönenberger, Freiburg 1968, 137 ff.; M. PEDRAZZINI/F. PEDRAZZINI, Unlauterer Wettbewerb – UWG, 2. Aufl., Bern 2002; P. PICHONNAZ, Vers un contrôle amélioré des conditions générales en droit suisse?, Réflexions sur l'art. 20a CO de l'Avant-projet de la Loi sur le contrat d'assurance, in: P. Gauch/F. Werro/P. Pichonnaz (Hrsg.), Mélanges en l'honneur de Pierre Tercier, Genf/Zürich/Basel, 2008, 377 ff.; J. SCHMID, Gewährleistungsbeschränkungen bei Grundstückverkäufen und Art. 8 UWG, in: P. Tercier/R. Hürlimann (Hrsg.), In Sachen Baurecht, Freiburg 1989, 47 ff.; DERS., Freizeichnungsklauseln, in: H. Honsell/W. Portmann/ R. Zäch/D. Zobel (Hrsg.), Aktuelle Aspekte des Schuld- und Sachenrechts, Festschrift für Heinz Rey zum 60. Geburtstag, Zürich/Basel/Genf 2003, 307 ff.; K. F. SCHWAB, Die Übernahme von Allgemeinen Geschäftsbedingungen in elektronisch abgeschlossene Verträge, Diss. Zürich 2001; I. SCHWENZER, Schweizerisches Obligationenrecht, Allgemeiner Teil, 5. Aufl., Bern 2009; W. STICHER, Die Kontrolle Allgemeiner Geschäftsbedingungen als wettbewerbsrechtliches Problem, Diss. St. Gallen 1981; H. STÖCKLI, Verträge und AGB beim Autokauf, in: H. Stöckli/ F. Werro (Hrsg.), Strassenverkehrsrechtstagung 2006, Bern 2006, 1 ff.; L. THÉVENOZ, Les conditions générales des banques – réflexions sur un législateur innommé, in: P. Gauch/F. Werro/ P. Pichonnaz (Hrsg.), Mélanges en l'honneur de Pierre Tercier, Genf/Zürich/Basel 2008, 457 ff.; M. TOLLER, Schuldrechtliche Folgen der Verletzung von Art. 8 UWG, in: A. Kellerhals (Hrsg.), Aktuelle Fragen zum Wirtschaftsrecht, Zürich 1995, 51 ff.; L. TRAN, Le contrôle préventif des conditions générales des contrats de transport des compagnies aériennes suisses, in: J.-P. Dunand/P. Mahon, «Le droit décloisonné», interférence et interdisciplinarité entre droit privé et droit public, Genf/Zürich/Basel 2009, 483 ff.; F. WALTHER, in: F. Kellerhals/N. von Werdt/A. Güngerich (Hrsg.), Gerichtsstandsgesetz, Kommentar zum Bundesgesetz über den Gerichtsstand in Zivilsachen, 2. Aufl., Bern 2005; W. WIEGAND, Die Auslegung allgemeiner Geschäftsbedingungen, in: H. Honsell/R. Zäch et al. (Hrsg.), Privatrecht und Methode, Festschrift für Ernst A. Kramer, Basel 2004, 331 ff.; F. WERRO, L'achat et le leasing d'un véhicule automobile: regard critique sur les conditions générales, in: F. Werro/H. Stöckli (Hrsg.), Journées du droit de la circulation routière, Bern 2006, 1 ff.

Europarecht/EU-Recht/Rechtsvergleichung: A. ALTOP, Regelungen der Allgemeinen Geschäftsbedingungen im Entwurf über das Obligationengesetz, in: R. von Büren/S. Emmenegger/ T. Koller (Hrsg.), Rezeption und Autonomie: 80 Jahre türkisches ZGB, Journées turco-suisse 2006, 53 ff.; M. AMSTUTZ/P. PICHONNAZ/T. PROBST/F. WERRO, Europäisches Privatrecht, Ausgewählte Richtlinien, Bern 2005; D. BOUVERAT, Conditions générales d'affaires: perspectives législatives; Etude du droit suisse à la lumière de droit communautaire et de ses applications en France et en Allemagne, Diss. Neuenburg 2009; C. HUGUENIN JACOBS, Allgemeine Geschäftsbedingungen in der Schweiz im Lichte der neuen EU-Richtlinie über missbräuchliche

Klauseln in Verbraucherverträgen, recht 1995, 85 ff.; D. JUNOD MOSER, Les conditions générales à la croisée du droit de la concurrence et du droit de la consommation, Diss. Genf 2001; E. KRAMER, «Battle of the Forms» – eine rechtsvergleichende Skizze mit Blick auf das schweizerische Recht, in: P. Tercier/M. Amstutz (Hrsg.), Gauchs Welt: Recht, Vertragsrecht und Baurecht, Festschrift für Peter Gauch zum 65. Geburtstag, Zürich 2004, 493 ff.; P. MATT, Das Transparenzgebot in der deutschen AGB-Rechtsprechung: Ein Mittel zur Aktivierung von Art. 8 UWG?, Diss. Basel 1997; K. H. NEUMAYER, Zu Art. 8 des neuen UWG – Eine rechtsvergleichende Analyse, in: P. Forstmoser/A. Heini et al. (Hrsg.), Festschrift für Max Keller zum 65. Geburtstag, Zürich 1989, 727 ff.; T. PROBST, Die Rechtsprechung des Europäischen Gerichtshofes als neue Herausforderung für die Praxis und die Wissenschaft im schweizerischen Privatrecht, BJM 2004, 225 ff; S. SCHENK-ENGELER, Klauselkataloge in einigen neueren europäischen AGB- und Verbraucherschutzgesetzgebungen: Ihre Bedeutung für das schweizerische Recht, Diss. St. Gallen 1993; K. ZWEIGERT/H. KÖTZ, Einführung in die Rechtsvergleichung, 3. Aufl., Tübingen 1996.

I. Allgemeines

1. Wirtschaftlicher Hintergrund und Begriff der Allgemeinen Geschäftsbedingungen

1 Die industrielle Massenproduktion und der grossflächige Absatz von Gütern bzw. Dienstleistungen erfordern den Abschluss einer Vielzahl gleichartiger Verträge zwischen Produzenten, Händlern, Grossanbietern und Endverbrauchern[1]. Da Wirtschaftlichkeitsüberlegungen nicht nur für den eigentlichen Produktionsprozess, sondern auch für die **rechtliche Abwicklung** des Absatzes von Gütern und Dienstleistungen von Bedeutung sind, hat der (schriftliche) Vertragsabschluss bei gleich oder ähnlich sich wiederholenden Geschäften in der Praxis zur Verwendung **vorformulierter Vertragstexte** geführt. Diese von einer Partei **einseitig** und **im Voraus** festgelegten Vertragsbestimmungen, welche nicht Verhandlungsgegenstand bilden und der Gegenpartei typischerweise wenig oder keinen Raum für abweichende Einzelabreden lassen[2], werden meist als **Allgemeine**[3] **Geschäftsbedin-**

---

[1] Vgl. auch MERZ, FS Schönenberger, 138.
[2] BGer 4P.135/2002, E. 3.1 (*«Gewöhnlich dienen die AGB dazu, das Aushandeln von Vertragsbedingungen zu vermeiden; der Vertragspartner soll veranlasst werden, den bereits formulierten und im Formular bereit stehenden Inhalt unverändert zu übernehmen.»*); MERZ, FS Schönenberger, 138; HIGI, FS Ott, 504.
[3] Als *«allgemein»* erscheinen die AGB in zweierlei Hinsicht: Einerseits werden sie nicht bloss für einen konkreten Einzelfall sondern im Hinblick auf eine Mehrzahl künftiger Vertragsabschlüsse ausformuliert und regeln das, was *allen Vertragsabschlüssen gemein* ist, und somit *formularmässig standardisiert* werden kann. Dementsprechend erinnert ihre Formulierung eher an Gesetzesbestimmungen als an typische Vertragsbestimmungen. Anderseits bilden sie – vor allem im Geschäftsverkehr (z.B. allgemeine Lieferungsbedingungen, SIA) – beim konkreten Vertragsabschluss die *subsidiäre Vertragsgrundlage*, soweit im Einzelvertrag keine abweichenden Abreden (Individualabreden) getroffen werden (z.B. spezieller Lieferort).

gungen[4] (AGB) (*conditions générales d'affaires, condizioni commerciali generali*) bezeichnet. In der heutigen Geschäftswelt sind sie so stark verbreitet, dass der schriftliche Abschluss von Verträgen *ohne* Verwendung von AGB nicht mehr die Regel, sondern die Ausnahme darstellt[5]. Der einzeln ausgehandelte «**Individualvertrag**» ist daher in weiten Bereichen von Industrie, Handel und Gewerbe durch den standardisierten «**Massenvertrag**» verdrängt worden[6].

2. Funktion und Problematik Allgemeiner Geschäftsbedingungen

AGB erfüllen im Wirtschaftsleben im wesentlichen **drei Funktionen**: Erstens dienen sie der **Rationalisierung** der Abwicklung des Vertragsabschlusses; zweitens ermöglichen sie die **Spezifizierung** zu wenig branchengerechter bzw. zu unbestimmter oder überhaupt fehlender (dispositiver) Gesetzesbestimmungen (z.B. bei Innominatverträgen oder bei internationalen Verträgen[7]), und drittens stellen sie – im Rahmen der zwingenden Gesetzesbestimmungen – ein Mittel zur **Überwälzung** von **Geschäftsrisiken** auf die Gegenpartei dar[8]. 2

Unter dem rechtspolitischen Aspekt des **Schutzes der schwächeren Partei** – wie ihn namentlich der Konsumentenschutz verfolgt[9] – stellt vor allem die **Risiko-** 3

---

[4] Im *Privatversicherungsbereich* wird meist von «Allgemeinen Versicherungsbedingungen» (AVB) gesprochen. Die Allgemeinen Versicherungsbedingungen haben während langer Zeit insofern eine Sonderbehandlung erfahren, als sie einer *präventiven behördlichen Kontrolle* unterstanden. Mit der Revision des VAG (in Kraft seit 1. Januar 2006) ist diese Kontrolle *weitgehend aufgegeben* worden. Gemäss Art. 4 Abs. 2 lit. r VAG unterstehen neuerdings nur noch die AVB betreffend die *berufliche Vorsorge* und die Zusatzversicherung bei der sozialen *Krankenversicherung* dieser präventiven Kontrolle.

[5] In der Praxis verbreitet sich immer mehr die (Un)Sitte, dass der AGB-Verwender (z.B. Banken, Versicherungen) AGB mit einem *breiten Anwendungsbereich* einsetzt, welche gleichzeitig verschiedene Geschäftssparten abdecken. Dies hat zur Folge, dass auf den konkret abgeschlossenen Vertrag nur *gewisse Teile* der beigelegten oder verwiesenen AGB anwendbar sind. Für den Kunden kann dies zur *unzumutbaren* Situation führen, dass er aus den umfangreichen AGB jene *identifizieren* muss, die auf *seinen konkreten Vertrag effektiv anwendbar* sind. Soweit ersichtlich hat die Rechtsprechung sich mit dieser Problematik noch nicht näher auseinander gesetzt. Sie wird sich überlegen müssen, ob in solchen Fällen nicht im Rahmen der Abschlusskontrolle das Vorliegen einer konsensualen Übernahme der AGB zu verneinen ist, da der Kunde wegen der zahlreichen *geschäftsfremden* Bestimmungen, die für ihn irrelevant sind, letztlich nicht zuverlässig weiss, was der *massgebliche Inhalt* des Angebotes des AGB-Verwenders bzw. des konkret abzuschliessenden Vertrages ist.

[6] Vgl. auch BK-KRAMER/SCHMIDLIN, Art. 1 N 176. – Dies gilt auch in weiten Bereichen des Sports, vgl. BADDELEY, ZBJV 2008, 367 ff.

[7] Je detaillierter bei internationalen Verträgen die AGB sind, desto weniger wichtig wird die Frage des anwendbaren dispositiven Rechts; vgl. auch FONTAINE, Contrats modèles, 179.

[8] Vgl. z.B. SCHWENZER, OR AT, N 44.02; BOUVERAT, Conditions générales d'affaires, 3 f.; FURRER, Stolpersteine, 72; vgl. auch THÉVENOZ, FS Tercier, 547 ff. (betreffend Banken-AGB).

[9] Gemäss Art. 2 erfasst das UWG nicht nur das Verhältnis zwischen Mitbewerbern sondern auch zwischen Anbietern und Abnehmern (Konsumenten).

überwälzung (z.B. Beschränkung oder Wegbedingung der Haftung) durch AGB ein Problem dar[10]. Durch diese werden der schwächeren Partei in unbilliger Weise Risiken überbunden, denen sie praktisch nicht ausweichen kann und die typischerweise zur Risikosphäre der andern Partei gehören, welche solche Risiken effizienter vermeiden bzw. kostengünstiger versichern kann. Ein Ausweichen auf **Konkurrenzprodukte** stellt für die schwächere Partei regelmässig **keine praktikable Lösung** dar, da auch bei diesen Produkten ähnliche oder gar identische AGB zur Verwendung gelangen[11]. Faktisch steht daher die schwächere Partei meist vor der Alternative, entweder die ihr *nachteiligen AGB nolens volens* zu akzeptieren oder auf den Erwerb der benötigten Güter oder Dienstleistungen zu verzichten[12].

4   Diese **faktische Zwangslage** impliziert die Gefahr, dass sich **missbräuchliche AGB** in der Geschäftspraxis zulasten der schwächeren Partei durchsetzen. Dem daraus sich ergebenden Schutzbedürfnis der schwächeren Partei wird im schweizerischen Recht *de lege lata* einerseits durch eine teilweise kreative **Anwendung** der **Bestimmungen des OR** und andererseits durch eine **lauterkeitsrechtliche** Sonderbestimmung in **Art. 8** Rechnung zu tragen versucht.

II. Schutz vor nachteiligen AGB mittels der Bestimmungen des Obligationenrechts

5   Im Rahmen der allgemeinen (sowie teilweise besonderen) Bestimmungen des OR manifestiert sich der Schutz vor nachteiligen AGB in dreierlei Hinsicht: Erstens müssen die **Konsensanforderungen** an den vertraglichen **Einbezug** von AGB erfüllt sein (**Abschlusskontrolle**; nachstehend Ziff. 1); zweitens hat der **Inhalt** von in den Vertrag einbezogenen AGB die Schranken des **zwingenden Rechts** einzuhalten (**Gültigkeitskontrolle**; nachstehend Ziff. 2)[13]; und drittens bestehen

---

[10] Vgl. z.B. BGE 132 III 449, 452 («*Il est cependant habituel que les conditions générales appliquées par la banque ...comportent ... une clause de transfert de risque prévoyant que le dommage résultant d'un faux non décelé est, sauf faute grave de la banque, à la charge du client; par l'effet de cette stipulation, le risque a priori assumé par celle-là est reporté sur celui-ci*»); PEDRAZZINI/PEDRAZZINI, UWG, N 12.06. Vgl. auch (den illustrativen Beitrag von) BUCHER, recht 1997, 41 ff.; HOCHSTRASSER, Freizeichnung, 15 ff.

[11] Vgl. BGE 77 II 154, 158; BAUDENBACHER, Kommentar UWG, Art. 8 N 8 f.; GAUCH/SCHLUEP/SCHMID, OR AT, N 1148 («faktische Beschränkung der Vertragsfreiheit»); SCHWENZER, OR AT, N 44.03; PEDRAZZINI/PEDRAZZINI, UWG, N 12.06; BRUNNER, ZSR 1999 I, 316; GAUCH, recht 2006, 77 f.; BUCHER, recht 1997, 49 ff.

[12] Vgl. auch MERZ, Vertrag, § 2 N 93; A. KOLLER, OR AT, § 23 N 31; HUGUENIN JACOBS, recht 1995, 85; Botschaft UWG, 1051; NEUMAYER, FS Keller, 735 ff.

[13] Die gegenseitige Abgrenzung von *Gültigkeitskontrolle* und (offener) *Inhaltskontrolle* (zur letzteren vgl. unten N 29 ff.) ist nicht evident, da auch für die Gültigkeitskontrolle auf den *Inhalt* der AGB abgestellt werden muss. Vorliegend wird unter dem Gesichtspunkt der *Gültigkeitskontrolle* die Vereinbarkeit von (durch Parteikonsens zum Vertragsinhalt erhobenen) AGB mit dem *zwingenden Recht* behandelt. Erst wenn AGB konsensual übernommen worden sind (*Abschlusskon-*

gewisse **Auslegungsregeln** für durch vertraglichen Konsens gültig einbezogene AGB (**Auslegungskontrolle**; nachstehend Ziff. 3).

1. Konsensanforderungen an den vertraglichen Einbezug von AGB (Abschlusskontrolle)

a) **Kenntnis bzw. nicht schützenswerte Unkenntnis der AGB**

AGB gelten zwischen den Vertragsparteien nur, wenn sie von ihnen (ausdrücklich oder konkludent[14]) «übernommen», d.h. **vereinbart** und damit zum **Vertragsbestandteil** geworden sind[15]. Diese Voraussetzung ist sicherlich erfüllt, wenn die Gegenpartei die AGB tatsächlich **gelesen, verstanden** und (unterschriftlich) **akzeptiert** hat (**Vollübernahme**). Aus dem **Vertrauensprinzip** ergibt sich aber, dass darüber hinaus auch ungelesene (bzw. gelesene aber nicht verstandene) AGB, die auf dem Vertragsdokument selber (typischerweise auf dessen Rückseite) abgedruckt sind oder auf die im unterzeichneten Vertragsdokument ausdrücklich verwiesen wird, **normativ** als vereinbart gelten (**Globalübernahme**)[16]. Das Vertrau-

6

---

trolle) und nicht gegen zwingendes Recht verstossen (Gültigkeitskontrolle), stellt sich das Problem der *Inhaltskontrolle* im eigentlichen Sinn, d.h. erst dann fragt sich, ob gemessen am Gerechtigkeitsgehalt des *dispositiven* Rechts die AGB in stossender Weise die (typischerweise schwächere) Gegenpartei *benachteiligen.*

[14] In der Lehre wird eine konkludente («stillschweigende») Übernahme von AGB vorwiegend für *Unternehmen* und *Kaufleute* im Falle einer *vorbestehenden Geschäftsbeziehung* angenommen, bei *Konsumenten* dagegen meist abgelehnt (vgl. BK-KRAMER/SCHMIDLIN, Art. 1 N 195 ff.; BAUDENBACHER, Kommentar UWG, Art. 8 N 11; SCHWENZER, OR AT, N 45.05; A. KOLLER, OR AT, § 23 N 17; FURRER, Stolpersteine, 75). – Dem ist im Grundsatz zuzustimmen. Es gilt jedoch zu beachten, dass *Kleinunternehmen* nicht selten in einer *ähnlich schwachen Situation* sind wie *Konsumenten,* so dass auch bei ersteren eine stillschweigende Übernahme nur mit Zurückhaltung angenommen werden sollte. Massgeblich sind die konkreten Umstände des Einzelfalls. Vgl. auch SCHWENZER, OR AT, N 44.03; GIRSBERGER, FS Gauch, 419 ff.

[15] BGE 118 II 295, 296; GAUCH/SCHLUEP/SCHMID, OR AT, N 1129 f.; SCHWENZER, OR AT, N 45.01; A. KOLLER, OR AT, § 23 N 13. – Zum Einbezug von AGB in Verträge, welche dem UN-Kaufrecht unterstehen, vgl. T. KOLLER, FS Honsell, 236 ff. – Zu einer analogen Problemlage im Sport, vgl. BGE 133 III 235.

[16] Vgl. BGE 119 II 443, 445; BGE 108 II 416, 418; A. KOLLER, OR AT, § 23 N 18. SCHWENZER, OR AT, N 45.03. – Mit *«Globalübernahme»* ist gemeint, dass eine Partei durch eine (ausdrückliche oder stillschweigende) *allgemeine Erklärung,* die AGB der Gegenpartei (tatsächlich oder normativ) akzeptiert. Der genaue Tragweite des Begriffs ist freilich unklar. Wer die AGB *ungelesen* (tatsächlich oder normativ) akzeptiert, übernimmt diese sicher global. Auf diesen Fall bezieht sich regelmässig die Rechtsprechung (vgl. BGE 119 II 443, 445; 108 II 416, 418 [«Peu importe ... qu'il ait réellement *lu* le texte qu'il a signé»]; BGer 5C.74/2002, E. 2c). Wer die AGB zwar liest, aber sie *nicht versteht,* übernimmt diese wohl ebenfalls global – (so auch HUGUENIN, Obligationenrecht, N 236 [«... nicht im Einzelnen zur Kenntnis genommen, *verstanden* oder beachtet ...»]; GAUCH/SCHLUEP/SCHMID, OR AT, N 1130 [«... nicht überlegt oder in ihrer Tragweite *nicht verstcht.»*]; vgl. auch HIGI, FS Ott, 503, 517.) –, da *«Nichtlesen»* und *«Nichtverstehen trotz Lesens»* im Ergebnis gleichermassen *inhaltliche Unkenntnis* darstellen und nicht als Vollübernahme anzu-

ensprinzip zieht dem normativen Konsens gleichzeitig aber auch gewisse **Grenzen**, namentlich dort, wo aufgrund der konkreten Umstände nach Treu und Glauben nicht angenommen werden kann und darf, die pauschale Übernahme der AGB durch die Gegenpartei erfasse auch Vertragsklauseln, mit denen sie **nicht rechnen konnte bzw. musste**[17].

7 Die Partei, welche die AGB – sei es tatsächlich oder normativ kraft Vertrauensprinzips – (global) akzeptiert hat, muss stets die **Möglichkeit** gehabt haben, **in zumutbarer Weise** von den fraglichen AGB **Kenntnis** zu nehmen[18]. Diese Möglichkeit

---

sehen sind (a.M. offenbar PICHONNAZ, FS Tercier, 390 f., wo das blosse Lesen von AGB als Vollübernahme betrachtet wird). Folgt man dieser Betrachtungsweise – (so auch BGE 109 II 213, 216: «nicht gelesen oder *nicht begriffen*»; BGE 109 II 452, 456: «nicht gelesen oder in ihrer Tragweite *nicht begriffen*»; auch BGer 4A_187/2007, E. 5.4.1) –, so wird in der Praxis eine Vollübernahme (jedenfalls bei Konsumenten) *eher selten* vorkommen, da auch gelesene AGB inhaltlich meist nicht verstanden werden und selbst Rechtskundige nicht selten Zweifel über die Bedeutung gelesener AGB-Bestimmungen haben (vgl. das schöne Beispiel bei HIGI, FS Ott, 525 betreffend die Klausel: «Jede Mitteilung des Kunden gilt als solche des Kunden»). So gesehen wird man von einer *Vollübernahme* praktisch nur dann sprechen können, wenn der AGB-Verwender seine AGB der Gegenpartei *nachweislich erläutert* hat (vgl. BGE 135 III 1, 9; BGer 4A_84/2009, E. 2.1; BGer 4A_291/2009, E. 2.1) und sich demzufolge die Annahme rechtfertigt, dass er diese auch *inhaltlich auch hinreichend erfasst* hat. Da dem Übernehmer im Weiteren nicht zugemutet werden kann, den (negativen) Beweis für das Nichterklären bzw. Nichtverstehen der AGB zu erbringen, wird dieser Beweis vom Verwender zu verlangen sein, welcher infolgedessen die entsprechende Beweislast wird tragen müssen (vgl. BGE 135 III 1, 9; A. KOLLER, OR AT, § 23 N 43; ZR 2005, 167 f.). Im Ergebnis bedeutet dies, dass eine AGB-Vollübernahme – vor allem bei Konsumenten – in der Praxis die Ausnahme von der Regel darstellen dürfte.

[17] Vgl. dazu die Ausführungen zur *Ungewöhnlichkeitsregel*, unten, N 12 ff.
[18] BGE 77 II 154, 156; BGE 100 II 209 f.; GAUCH/SCHLUEP/SCHMID, OR AT, N 1140 ff.; SCHWENZER, OR AT, N 45.02 f. – In der Literatur wird z.T. die Rechtsgrundlage für das Erfordernis der *Zumutbarkeit* in einer *richterlichen Eigenwertung* gesehen, die sich *nicht aus dem Gesetz* ergebe und den Richtern dazu diene, unbillige Ergebnisse zu vermeiden (HIGI, FS Ott, 508). Dies trifft nicht zu. Rechtsgeschäftliche Erklärungen (, wozu auch der Hinweis auf AGB gehört, welche durch Konsens zum Vertragsinhalt erhoben werden sollen,) müssen nach der *Empfangstheorie* (vgl. Art. 3 Abs. 2 OR) der Gegenpartei *zugehen*, d.h. alle Informationen, aus denen sich der *Erklärungsinhalt* in bestimmter (oder zumindest bestimmbarer) Weise ergibt, müssen in den *Einflussbereich des Adressaten* gelangen. Dies bedeutet, dass dort, wo eine Offerte, welche die Informationen über ihren massgeblichen Inhalt *nicht selber enthält*, sondern auf *andere Informationsquellen* verweist, die *ausserhalb des Einflussbereichs* des Adressaten liegen, diese Informationen *zumindest leicht zugänglich* sein müssen, um dem Zugangserfordernis der Empfangstheorie noch (knapp!) zu genügen. Diesen allgemeinen rechtsgeschäftlichen Anforderungen hat auch die Vereinbarung/Übernahme von AGB zu genügen. Das Erfordernis der Zumutbarkeit der Kenntnisnahme von AGB stellt somit *kein richterliches Zusatzerfordernis* aus Billigkeitsgründen dar, sondern vielmehr eine *Abschwächung* der *Empfangstheorie für AGB*, welche eine strengere (und vielleicht auch weitsichtigere) Rechtsprechung kaum vorgenommen hätte. Vgl. auch die Sonderbestimmungen in Art. 3 VVG und Art. 4 PauRG. – Zur Kenntnisnahme der AGB beim Beförderungsvertrag, FURRER, Beförderungsbedingungen, 139 ff.

zur Kenntnisnahme muss namentlich auch beim **elektronischen** Vertragsabschluss gewährleistet sein[19].

Soweit das Gesetz eine «**besondere Vereinbarung**» verlangt, geht die Praxis davon aus, dass eine Regelung in AGB nicht ausreicht, sondern eine **Einzelabrede** im Vertrag erforderlich ist[20]. 8

Ein **Sonderproblem** stellt sich – vor allem im kaufmännischen Verkehr –, wenn beide Parteien je ihre eigenen AGB dem Vertrag zugrunde legen wollen und daraus eine **Kollision von AGB** («**battle of forms**») resultiert (z.b. die der Offerte beiliegenden Lieferbedingungen des Verkäufers kollidieren mit den dem Akzept beigelegten Einkaufsbedingungen des Einkäufers)[21]. Ein Teil der Lehre löst diese Kollision nach der **Theorie des letzten Wortes**, wonach die **letztübersandten** AGB massgeblich sind, sofern der Offerent nicht durch eine antizipierende Abwehrklausel allfällige AGB der Gegenpartei vorsorglich abgelehnt hat[22]. Ein anderer Teil der Lehre geht von einem **Dissens** über die AGB aus, soweit diese inhaltlich nicht übereinstimmen[23]. Massgeblich dürften **folgende Grundsätze** sein[24]: 9

– **Stillschweigen** des Offerenten auf die dem Akzept – als Antwort auf die AGB des Offerenten – beigefügten AGB des Akzeptanten stellt grundsätzlich **keine Übernahme** dieser AGB durch den Offerenten dar[25]. Eine **Ausnahme** ist dort möglich, wo es sich im Lichte früherer Transaktionen oder aufgrund des späteren Verhaltens des Offerenten im Rahmen der Vertragserfüllung[26] auf- 10

---

[19] Art. 10 Abs. 3 der EG-Richtlinie 2000/31 vom 8. Juni 2000 über den elektronischen Geschäftsverkehr hält fest: «*Die Vertragsbestimmungen und die allgemeinen Geschäftsbedingungen müssen dem Nutzer so zur Verfügung gestellt werden, dass er sie speichern und reproduzieren kann*». Vgl. Urteil des deutschen Bundesgerichtshofes vom 14. Juni 2006 (I ZR 75/03), E. I, 1, a; dazu Bemerkungen von ARTER/JÖRG, AJP 2007, 128 ff.; HUNGER, SZW 2002, 161 ff.; SCHWAB, elektronische Verträge, 80 ff. – Siehe auch: GAUCH/SCHLUEP/SCHMID, OR AT, N 1140b; SCHWENZER, OR AT, N 45.06a.

[20] So z.B. im Mietrecht, wo Art. 257a Abs. 2 OR für die Überwälzung der Nebenkosten vom Vermieter auf den Mieter eine «besondere Vereinbarung» verlangt. Gemäss Rechtsprechung des Bundesgerichts genügt ein Hinweis in den AGB diesem gesetzlichen Erfordernis nicht. BGE 135 III 591, 595; BGer 4C.250/2006, E. 1.1; BGer 4C.24/2002, E. 2.4.2. – Bei Art. 33 VVG, welcher für Ausschlüsse von der Versicherungsdeckung eine «bestimmte, unzweideutige Fassung» verlangt, wird diese Konsequenz nicht gezogen, obschon solche Ausschlüsse regelmässig in eher schwer lesbaren bzw. verständlichen AGB stehen.

[21] Vgl. dazu BÜHRER, AGB-Kollisionen, 22 ff.

[22] ZK-JÄGGI/GAUCH, Art. 18 N 469; GAUCH/SCHLUEP/SCHMID, OR AT, N 1735.

[23] SCHWENZER, OR AT, N 45.15; A. KOLLER, OR AT, § 23 N 60 ff. Vgl. auch BK-KRAMER/SCHMIDLIN, Art. 1 N 160; KRAMER, FS Gauch, 493 ff. (aus rechtsvergleichender Sicht), CR CO I-DESSEMONTET, Art. 1 N 48.

[24] Siehe in diesem Zusammenhang auch: Art. 2.1.22 PICC (Principles of International Commercial Contracts 2004).

[25] Vgl. auch A. KOLLER, OR AT, § 23 N 16.

[26] Das spätere Verhalten einer Partei im Rahmen der Vertragserfüllung kann insoweit relevant sein, als es Rückschlüsse auf den Geschäftswillen im *Zeitpunkt des Vertragsabschlusses* erlaubt.

drängt, aufgrund des Vertrauensprinzips auf eine normative Übernahme der AGB des Akzeptanten durch den Offerenten zu schliessen.

11 – Insoweit als die AGB des Offerenten mit den AGB des Akzeptanten **übereinstimmen**, d.h. inhaltlich kongruent sind, ist von einem tatsächlichen **Konsens** über die **inhaltsgleichen Klauseln** in beiden AGB auszugehen (z.B. anwendbares Recht, Schiedsklausel)[27]. Soweit sich dagegen Klauseln in den beiden AGB **inhaltlich widersprechen** (z.B. Haftungsbeschränkungen) oder die AGB keine korrespondierenden Klauseln enthalten, ist von einem **Dissens** der Parteien über die entsprechenden AGB-Klauseln auszugehen. Dieser Dissens hindert als **Partialdissens** das Zustandekommen des Vertrags gemäss Art. 2 Abs. 1 OR grundsätzlich[28] nicht. Ist auf dieser Grundlage ein Vertragsabschluss zu bejahen, so sind die sich aus dem AGB-Partialdissens ergebenden Vertragslücken durch das dispositive Gesetz bzw. durch richterliche Vertragsergänzung zu füllen[29].

b) Ungewöhnlichkeitsregel

12   Wie erwähnt[30] bildet das Vertrauensprinzip nicht nur die **Grundlage** für die (normativ begründete) Globalübernahme ungelesener (bzw. gelesener, aber nicht verstandener) AGB, sondern zugleich auch deren **Schranke**. Wer AGB verwendet, darf nach dem Vertrauensprinzip **nicht** davon ausgehen, dass die Gegenpartei neben gewöhnlichen auch **ungewöhnliche** AGB-Klauseln ohne weiteres zu ihrem Nachteil[31] akzeptiert hätte, wenn sie diese vor Vertragsabschluss gehörig (d.h. nicht bloss pauschal oder sogar überhaupt nicht) zur Kenntnis genommen hätte[32]. Insbesondere bei einer schwachen oder geschäftsunerfahrenen Gegenpartei darf nach dem Vertrauensprinzip nicht einfach (normativ) auf einen entsprechenden Geschäftswillen geschlossen werden.

---

[27] Man spricht diesbezüglich etwa vom Grundsatz der «Kongruenzgeltung». Vgl. KRAMER, FS Gauch, 495.
[28] Totaldissens, d.h. kein Vertragsabschluss wäre anzunehmen, wenn für eine Partei die vollständige Übernahme ihrer eigenen AGB durch die Gegenpartei eine hinreichend klar geäusserte *conditio sine qua non* des Vertragsabschlusses darstellt. Vermutungsweise wird man in der Regel aber davon ausgehen können, dass die Parteien den Vertragsabschluss wollen und dieser nicht an Differenzen über Bestimmungen in den AGB scheitern soll.
[29] Siehe auch KRAMER, FS Gauch, 505.
[30] Siehe oben, N 6.
[31] A. KOLLER, OR AT, § 23 N 48; BGer 4A_84/2009, E. 2.1.
[32] BGE 135 III 1, 7; BGE 119 II 443, 446 (*«La partie qui incorpore des conditions générales dans le contrat, doit s'attendre, d'après le principe de la confiance, à ce que son partenaire contractuel inexpérimenté n'adhère pas à certaines clauses insolites»*); siehe auch BGer 4A_187/2007, E. 5.1; BGE 109 II 452, 456; BK-KRAMER/SCHMIDLIN, Art. 1 N 201 ff.; CR CO I-DESSEMONTET, Art. 1 N 46.

Nach der bundesgerichtlichen Rechtsprechung kann sich regelmässig nur die (für die Gegenpartei **erkennbar**[33]) **schwache** oder **unerfahrene** Partei auf die **Ungewöhnlichkeitsregel**[34] berufen. Als «schwach» gilt dabei auch jene Partei, die zwar wirtschaftlich als leistungsfähig erscheint, aber den AGB mangels Alternativen **nicht ausweichen kann**[35]. Da nun allerdings die eigentliche Crux der AGB gerade im Fehlen von Ausweichmöglichkeiten liegt[36], – insbesondere bei Konsumenten-AGB[37] – stellt dieses (im vorgenannten Sinn interpretierte) Kriterium faktisch keine ernsthafte Einschränkung dar. Mit andern Worten, weil es der Gegenpartei regelmässig an Ausweichmöglichkeiten fehlt, erscheint diese als «schwache» Partei[38].

13

Im Weiteren ist zu beachten, dass auch eine **geschäftserfahrene** Partei, welche die AGB global übernommen hat, durch unübliche oder zweckfremde Klauseln **überrascht** werden kann[39]. Wenn einer geschäftserfahrenen Partei, welche die AGB global übernommen hat, das Vertrauensprinzip (**zu ihren Lasten**) entgegengehalten wird, um die Verbindlichkeit pauschal übernommener AGB zu begründen, so muss konsequenterweise diese Partei das Vertrauensprinzip auch (**zu ihren Gunsten**) anrufen können, wenn sich unter den global übernommenen AGB überraschende

14

---

[33] Der Umstand, dass eine Partei, welche die AGB der Gegenpartei (global) übernimmt, geschäftsunerfahren ist, muss für letztere *erkennbar* sein, da diese sonst keinen Anlass hat, auf ungewöhnliche Klauseln hinzuweisen. Vgl. BGE 109 II 452, 458; BGer 4A_187/2007, E. 5.1. Wann Erkennbarkeit vorliegt, ist freilich wenig geklärt und kann unterschiedlich eng bzw. weit interpretiert werden. So wird man bei Geschäften mit Konsumenten vermutungsweise davon ausgehen können, dass deren Geschäftsunerfahrenheit für den AGB-Verwender ohne weiteres erkennbar ist.

[34] Entwickelt wurde die Ungewöhnlichkeitsregel im Rahmen der Rechtsprechung zu Gerichtsstandsklauseln (vgl. BGE 104 Ia 278, 281; 109 Ia 55, 57). Diese Rechtsprechung wurde alsdann auf andere Vertragsklauseln ausgedehnt (vgl. BGE 109 II 452, 458; SCHWENZER, OR AT, N 45.07; A. KOLLER, OR AT, § 23 N 50. – Bei der Ungewöhnlichkeitsregel handelt es sich um eine «Auslegungsregel» (so aber z.B. ZK-JÄGGI/GAUCH, Art. 18 N 472; AEPLI, ZSR 2000 I, 86), sondern um eine «Konsensregel». Es geht darum, ob eine AGB-Klausel nach dem Vertrauensprinzip durch normativen Konsens zum Vertragsinhalt geworden ist und nicht darum, wie eine zum Vertragsinhalt gewordene AGB-Klausel auszulegen ist.

[35] So das Bundesgericht in BGE 109 II 452, 457 («*Wie bereits erwähnt kann sich in der Regel nur die schwache oder unerfahrene Partei auf die Ungewöhnlichkeitsregel berufen... Als schwächere Partei muss allerdings auch diejenige gelten, welche unabhängig von ihrer wirtschaftlichen Leistungsfähigkeit oder anderen Umständen, die sie als stärkere Partei erscheinen lassen, gezwungen ist, allgemeine Geschäftsbedingungen als Vertragsbestandteil zu akzeptieren, weil sie andernfalls kaum einen Vertragspartner findet.*»). vgl. auch BGE 135 III 1, 7.

[36] Könnte der Erwerber eines Gutes oder einer Dienstleistung auf Anbieter ausweichen, welche ihm die gleiche Leistung zum gleichen Preis aber ohne nachteilige AGB erbringen, wäre das Problem der AGB zu einem guten Teil gelöst. Mit Bezug auf AGB besteht jedoch zwischen den Konkurrenten kein wirksamer Wettbewerb, sei es weil faktische Absprachen vorliegen, sei es weil der Konsument (zeitlich oder fachlich) nicht in der Lage ist, das Benachteiligungspotential konkreter AGB einzuschätzen und mit andern AGB zu vergleichen. – Siehe auch SCHWENZER, OR AT, N 44.03.

[37] Vgl. auch BAUDENBACHER, Kommentar UWG, Art. 8 N 8 f. – Kleine Unternehmen sind oft in einer ähnlich schwachen Lage wie Konsumenten und bedürfen daher ebenfalls des Schutzes.

[38] Vgl. auch T. KOLLER, AJP 2008, 943, 948 f.

[39] So auch GAUCH/SCHLUEP/SCHMID, OR AT, N 1142.

Klauseln finden[40]. So gesehen ist die Geschäfts(un)erfahrenheit der Gegenpartei vor allem relevant, um zu bestimmen, ob bzw. inwieweit der AGB-Verwender die Gegenpartei auf ungewöhnliche Klauseln hätte **aufmerksam** machen bzw. inwieweit ihr solche Klauseln sogar hätten **erläutert** werden müssen (wie z.B. bei Gerichtsstandsklauseln[41]). Soweit nämlich eine geschäftsunerfahrene Gegenpartei auf ungewöhnliche Klauseln in den AGB hingewiesen worden ist, bietet auch ihr die Ungewöhnlichkeitsregel keinen Schutz mehr[42].

15 Als «ungewöhnlich» gilt eine vorformulierte Vertragsklausel, wenn sie nicht nur **individuell-subjektiv**, d.h. für die Gegenpartei aufgrund der – für den AGB-Verwender erkennbar – fehlenden oder ungenügenden Branchen- bzw. Geschäftserfahrung im Moment des Vertragsabschlusses **überraschend** ist, sondern wenn sie zudem **objektiv** einen **geschäftsfremden Inhalt** aufweist, indem sie wesentlich vom dispositiv-gesetzlichen Rahmen des Vertragstyps abweicht oder den Vertragscharakter massgeblich verändert[43]. Auch eine **branchenübliche** Klausel kann somit für eine **branchenfremde** Partei ungewöhnlich sein, wenn die Klausel objektiv erheblich vom dispositiven Gesetz zu ihrem Nachteil abweicht[44]. Dabei bejaht die Rechtsprechung des Bundesgerichts die Ungewöhnlichkeit einer (global) übernommenen Klausel umso eher, je stärker sie die Rechtsstellung der andern Partei beeinträchtigt[45]. So hat das Bundesgericht namentlich folgende Klauseln als unge-

---

[40] Hat z.B. ein Subunternehmer die AGB des Generalunternehmers global übernommen, welche – in Abweichung vom Gesetz (Art. 371 OR) sowie von den SIA-118 (Art. 180) – bestimmen, dass die Verjährung der Gewährleistungsansprüche gegen ihn nicht mit der Ablieferung *seines eigenen Werkes* an den Generalunternehmer sondern erst mit der Ablieferung des *schlüsselfertigen Gesamtwerkes* des Generalunternehmers an den Bauherrn zu laufen beginnt, so muss er sich auf die Ungewöhnlichkeit dieser Klausel berufen können, da er dadurch in überraschender Weise benachteiligt wird, können doch bei einem grösseren Bauwerk mehrere Jahre zwischen den beiden Ablieferungszeitpunkten liegen.

[41] Vgl. BGE 109 Ia 55, 57; 104 Ia 280.

[42] BGE 135 III 225, 227; BGer 4A_187/2007, E. 5.1; BGer Pra 1998, Nr. 9, E. 1b; GAUCH/SCHLUEP/SCHMID, OR AT, N 1142; A. KOLLER, OR AT, § 23 N 42.

[43] BGE 109 II 453, 458 («...*neben der subjektiven Voraussetzung des Fehlens von Branchenerfahrung [müssen] die betreffenden Klauseln objektiv beurteilt einen geschäftsfremden Inhalt aufweisen... Dabei sind unter geschäftsfremden Bestimmungen solche zu verstehen, die zu einer wesentlichen Änderung des Vertragscharakters führen oder in erheblichem Masse aus dem gesetzlichen Rahmen des Vertragstypus fallen*»); BGE 135 III 1, 7; BGer 4A_187/2007, E. 5.1; BGE 119 II 443, 446; BGer 4A_84/2009, E. 2.1; SCHWENZER, OR AT, N 45.07.

[44] BGE 119 II 443, 446; BGer 4A_187/2007, E. 5.1, 5.4.3; BGE 109 II 452, 458; ZK-JÄGGI/GAUCH, Art. 18 N 472. – Insofern trifft es nicht zu, dass die Ungewöhnlichkeitsregel bei *verkehrstypischen* AGB (z.B. Freizeichnung der Haftung) versagt, weil solche Klauseln üblich und damit nicht mehr als «ungewöhnlich» angesehen werden können (vgl. BAUDENBACHER, Kommentar UWG, Art. 8 N 13). Richtig ist indes, dass mit zunehmender Verbreitung einer vorformulierten Vertragsklausel im Geschäftsverkehr es schwieriger wird, im konkreten Einzelfall von Branchen*unkenntnis* auszugehen.

[45] BGE 135 III 225, 227 f.; 135 III 1, 7; BGer 4A_187/2007, E. 5.1; BGer 4A_419/2008, E. 1.3; BGE 119 II 443, 446; BGE 109 II 452, 457. – Darin zeigt sich die vom Bundesgericht praktizierte Verknüpfung bzw. Vermischung von *Abschluss*- und *Inhaltskontrolle*. Das *Ausmass der Benach-*

wöhnlich betrachtet: Bestimmung, wonach ein Kollektiv-Versicherter seinen Taggeldanspruch infolge eingetretener Arbeitsunfähigkeit verliert, wenn er später eine Einzelversicherung abschliesst[46]; Ermächtigung der Bauleitung zur Genehmigung der Schlussrechnung des Unternehmers nach Art. 154 SIA-118[47]; Ausschluss des Kündigungsrechts der Gegenpartei nach einseitiger Vertragsanpassung durch den AGB-Verwender (Versicherung)[48]; Ausschluss der Versicherungsdeckung (Betriebshaftpflichtversicherung) bei Haftung für Temporärbeschäftigte wegen leichten, nicht aber wegen schweren Verschuldens[49]; Deckungsausschluss der Vollkaskoversicherung bei einfacher Verkehrsverletzung[50]; Ermächtigung der Bank zur Auszahlung des Sparheftguthabens ohne Identitätsprüfung[51]; Leistungsreduktion für bereits eingetretenen Versicherungsfall, wenn der Versicherer den Versicherungsvertrag kündigt[52].

Blosse **Vertragsfloskeln**, die von den Parteien unüberlegt (z.B. durch Verwendung eines fremden Vertragsformulars) übernommen worden sind und inhaltlich nicht dem Geschäftswillen der Vertragsparteien entsprechen, werden als **unwirksam** betrachtet, weil sie von keiner Partei wirklich gewollt sind[53]. 16

Die Anwendung der Ungewöhnlichkeitsregel[54] hat zur Folge, dass die fragliche Vertragsklausel für die betroffene Partei – trotz Globalübernahme der (übrigen) AGB – **unwirksam** ist, weil es diesbezüglich am vertraglichen Konsens mangelt[55]. 17

---

teiligung, welche für die Gegenpartei daraus resultiert, dass die AGB vom Gerechtigkeitsgehalt des dispositiven Gesetzes abweichen, ist eigentlich Gegenstand der *Inhaltskontrolle*. Eine unbillige Benachteiligung ist daher weder eine notwendige noch eine hinreichende Bedingung für die Anwendung der Ungewöhnlichkeitsregel im Rahmen der Abschlusskontrolle (vgl. auch GAUCH/SCHLUEP/SCHMID, OR AT, N 114; SCHWENZER, OR AT, N 45.07; HENNINGER, BR 2002, 136; FUHRER, FS Rey, 419). Unter dem Gesichtspunkt der *Abschlusskontrolle* interessiert stattdessen, ob eine AGB-Klausel – gemessen am Vertragstyp bzw. Vertragszweck – als überraschend («ungewöhnlich») zu beurteilen ist. Vgl. auch BK-KRAMER, Art. 19/20 N 279.

[46] BGer 5C.74/2002, E. 2c). Vgl. auch BGer 4A_39/2009, welcher den früheren Entscheid diesbezüglich bestätigt (und in einem andern Punkt) präzisiert. Nota: Ein nicht in der amtlichen Sammlung publizierter Entscheid wird in einem ebensolchen Entscheid präzisiert!
[47] BGE 109 II 452, 458.
[48] BGE 135 III 1, 13.
[49] BGer 4A_187/2007, E. 5.4; vgl. dazu auch T. KOLLER, AJP 2008, 943 ff.
[50] BGE 119 III 443, 446 f.
[51] BGE 116 II 459, 461.
[52] BGE 135 III 225, 228.
[53] Vgl. BGE 107 II 161, 163; GAUCH/SCHLUEP/SCHMID, OR AT, N 1143; BK-KRAMER/SCHMIDLIN, Art. 1 N 211; A. KOLLER, OR AT, § 23 N 55; DERS., BR 1989, 24 ff.; SCHMID, Gewährleistungsbeschränkungen, 50; BOUVERAT, Conditions générales d'affaires, 15.
[54] Vgl. dazu auch § 305c Abs. 1 BGB («*Bestimmungen in Allgemeinen Geschäftsbedingungen, die nach den Umständen, insbesondere nach dem äußeren Erscheinungsbild des Vertrags, so ungewöhnlich sind, dass der Vertragspartner des Verwenders mit ihnen nicht zu rechnen braucht, werden nicht Vertragsbestandteil*»); § 864a ABGB («*Bestimmungen ungewöhnlichen Inhaltes in Allgemeinen Geschäftsbedingungen oder Vertragsformblättern, die ein Vertragsteil verwendet hat, werden nicht Vertragsbestandteil, wenn sie dem anderen Teil nachteilig sind und er mit ihnen auch nach den*

2. *Die Schranke zwingender Gesetzesbestimmungen (Gültigkeitskontrolle)*

18 Die kraft Parteikonsenses zum Vertragsinhalt erhobenen AGB sind – gleich wie Individualabreden – für die Parteien nur insoweit bindend, als sie **nicht** gegen **zwingendes Recht** verstossen[56]. Namentlich folgende Gesetzesbestimmungen können der Verbindlichkeit vereinbarter AGB entgegenstehen:

19 – **Art. 19/20 OR**: Der **Inhalt** von Verträgen bzw. dessen **Vereinbarung** darf nicht widerrechtlich, sittenwidrig oder unmöglich sein bzw. darf nicht gegen die öffentliche Ordnung oder das Persönlichkeitsrecht (Art. 27 ZGB) verstossen[57]. Was für Individualabreden gilt, muss *a fortiori* für AGB gelten. Vorformulierte Vertragsklauseln, welche die vorgenannten Schranken überschreiten, sind daher – gleich wie entsprechende Einzelabreden – **nichtig**. Im Weiteren kann im Kriterium der «Sittenwidrigkeit» bzw. im Verstoss gegen die «öffentliche Ordnung» ein Ansatzpunkt erblickt werden, um auf interpretatorischem Weg zu einer **weitergehenden inhaltlichen AGB-Kontrolle** zu gelangen. Dies z.B. aufgrund der Überlegung, dass eine erhebliche Abweichung vom dispositiven Gesetz, welches vermutungsweise auf einem **gerechten Interessenausgleich** zwischen den Parteien beruht, als Verstoss gegen die «öffentliche Ordnung» betrachtet wird[58]. Die Rechtsprechung hat es indes unterlassen, die Rechtsentwicklung in dieser Richtung voranzutreiben[59].

20 – **Art. 21 OR**: Falls vertraglich übernommene, vorformulierte Vertragsbestimmungen eine **Übervorteilung** des AGB-Übernehmers bewirken, ist der entsprechende Vertrag für ihn (einseitig) unverbindlich[60]. Voraussetzung für eine Übervorteilung ist, dass im Moment des Vertragsabschlusses – in **objektiver** Hinsicht – eine offensichtliche Inäquivalenz zwischen vertraglicher Leistung und Gegenleistung besteht, sowie dass – in **subjektiver** Hinsicht – dieses Missverhältnis die Folge der (bewussten) Ausnützung einer Schwäche (z.B. Notlage, Unerfahrenheit, Leichtsinn) des Übervorteilten durch die Gegenpartei ist. Da AGB in der Geschäftspraxis kaum die eigentlichen **Hauptleistun-**

Umständen, vor allem nach dem äußeren Erscheinungsbild der Urkunde, nicht zu rechnen brauchte; es sei denn, der eine Vertragsteil hat den anderen besonders darauf hingewiesen.»).

[55] BGE 133 III 607, 610 («...ungewöhnlichen [Klauseln muss] hingegen gänzlich die Wirksamkeit versagt werden»); BGE 119 II 443, 446; BGer 4A_54/2009, E. 1 («*Le juge peut dénier d'une manière générale toute validité à une telle clause si elle est inhabituelle ou insolite*»), GAUCH/SCHLUEP/SCHMID, OR AT, N 1141; siehe auch BGE 135 III 1, 13; BGE 109 II 213, 217; BGE 109 II 452, 456. – Vgl. zudem § 305c Abs. 1 BGB; A. KOLLER, OR AT, § 23 N 49.
[56] GAUCH/SCHLUEP/SCHMID, OR AT, N 1138.
[57] BK-KRAMER, Art. 19/20 N 136; GAUCH/SCHLUEP/SCHMID, OR AT, N 638 ff.
[58] Vgl. BK-KRAMER, Art. 19/20 N 158 ff.; HUGUENIN JACOBS, recht 1995, 87 f.
[59] Vgl. BGE 77 II 154, 158; BAUDENBACHER, Kommentar UWG, Art. 8 N 36; WIEGAND, FS Kramer, 331. – Siehe aber immerhin BGE 126 III 388, 391, wo dieses Argument im Rahmen der Auslegungskontrolle verwendet wird.
[60] Zur Relevanz der Willensmängel (Irrtum, Täuschung) bei AGB, vgl. STICHER, AGB, 47 ff.

gen beider Parteien definieren[61], sondern (mehr oder weniger wichtige) vertragliche **Nebenaspekte** regeln, werden einseitige AGB nur **ausnahmsweise**[62] ein offensichtliches Missverhältnis der vertraglichen Leistungen bewirken. Zudem hat die Übervorteilung die Leistungsäquivalenz der vertraglichen Leistungen **insgesamt** im Auge und nicht die stossende Unbilligkeit **einzelner Vertragsklauseln**. Insgesamt bietet daher Art. 21 OR kaum Schutz vor unbilliger Benachteiligung durch AGB[63].

- **Art. 100, 101 Abs. 3, 192 Abs. 3, 199 OR**[64]: Die in der Praxis weit verbreiteten **Haftungsbeschränkungen** bzw. **Haftungsausschlüsse** durch AGB («Freizeichnungsklauseln») sind – gleich wie entsprechende Einzelabreden – ungültig, wenn sie gegen die (zwingenden) Bestimmungen von Art. 100, 101, 192 Abs. 3 oder 199 OR verstossen[65]. So kann beispielsweise die Haftung für grobes (eigenes) Verschulden des AGB-Verwenders durch AGB ebenso wenig ausgeschlossen werden wie durch Einzelabreden[66]. Ähnliche Vorschriften über die Wegbedingung oder Beschränkung der Haftung sind auch in Sondergesetzen zu finden wie z.B. in Art. 40e des Eisenbahngesetzes[67].

21

---

[61] Diesbezüglich sehr weit gehen die AGB (AVB) beim *Versicherungsvertrag*, wo die versicherte Gefahr und die Versicherungsdeckung regelmässig erst in den *AGB* detailliert umschrieben wird. So wird etwa für eine Hausratsversicherung das versicherte Risiko in der *Police* bloss mit Schlagworten wie «Feuer», «Diebstahl», «Wasser» umschrieben. In den AVB finden sich dann längere Listen von Einzelsachverhalten, die zwar unter das Schlagwort fallen, aber dennoch als *nicht versichert ausgeschlossen* werden. Dies bedeutet im Ergebnis, dass ein *essentialia negotii* des Versicherungsvertrags materiell in den AVB steht, welche vom Versicherungsnehmer regelmässig ungelesen bzw. unverstanden global übernommen werden. Unter solchen Verhältnissen einen normativen Konsens anzunehmen ist *fragwürdig*. Vgl. auch A. KOLLER, OR AT, § 23 N 4; MERZ, FS Schönenberger, 154 f.; JUNOD MOSER, Conditions générales, 17 f.

[62] Denkbar ist, dass ein totaler Haftungs- oder Gewährleistungsausschluss praktisch den Vertragszweck unterläuft und damit den wirtschaftlichen Wert der Gegenleistung entscheidend verringert; vgl. auch BK-KRAMER, Art. 21 N 18; A. KOLLER, OR AT, § 14 N 255.

[63] Offenbar a.M. A. KOLLER, OR AT, § 23 N 37. – Zum Verhältnis von Art. 21 OR (einseitige Unverbindlichkeit des Vertrags) zur Sittenwidrigkeit von Art. 20 (Nichtigkeit des Vertrags) siehe BK-KRAMER, Art. 21 N 62 ff. – Die teilweise gehegten Hoffnungen, dass BGE 123 III 292, 298 den Beginn einer offenen Inhaltskontrolle von AGB durch die Rechtsprechung andeute, haben sich bisher nicht erfüllt.

[64] *De lege ferenda* ist auf Art. 57 des Vorentwurfs zur Revision des Haftpflichtrechts hinzuweisen, wonach für Personen- und Umweltschäden sowohl Einzelvereinbarungen als auch Freizeichnungsklauseln in AGB als nichtig erklärt werden. Für übrige Schäden sind Freizeichnungen in AGB ebenfalls nichtig.

[65] Vgl. BGE 132 III 449, 452; SCHMID, FS Rey, 307 ff.

[66] Art. 100 Abs. 1 OR; vgl. BGE 115 II 474, 479; SCHWENZER, OR AT, N 24.04 ff.

[67] Siehe Art. 40e Abs. 1 EBG («Vereinbarungen, welche die Haftpflicht nach diesem Gesetz wegbedingen oder beschränken, sind nichtig»), SR 742.101 – Vgl. dazu das Bundesgesetz über die Änderungen des Transportrechts vom 19. Dezember 2008, BBl 2009, 223. – Im Weiteren Art. 8 PrHG; Art. 37 KKG; Art. 19 PauRG; Art. 8 KHG.

22 – **Art. 21 GestG**: Oft sind in AGB **Gerichtsstandsvereinbarungen** enthalten. Solche – grundsätzlich zulässigen Vereinbarungen – sind ungültig, wenn sie gegen die **(teil-)zwingenden Gerichtsstände** des Konsumenten, des Mieters, des Pächters (von Wohn- oder Geschäftsräumen) oder des Arbeitnehmers als sozial schwächere Partei verstossen[68]. Massgeblich bleibt in diesen Fällen der gesetzliche Gerichtsstand[69]. Die Ungültigkeit von Gerichtsstandsklauseln ist vom Richter von Amtes wegen zu beachten[70].

23 – **Art. 256, 288 OR**: AGB, die zulasten des Mieters oder Pächters, die Pflicht der Gegenpartei zur Überlassung einer gebrauchsfähigen Sache bzw. eines nutzbaren Gutes beschränken, sind nichtig[71]. Infolgedessen kann die dem Mieter bzw. Pächter geschuldete Gebrauchsüberlassung bzw. können die ihm aufgrund von Art. 258 ff. OR zustehenden Rechte aus Nichterfüllung oder Schlechterfüllung (Mängelrechte) nicht gültig durch AGB beschränkt oder wegbedungen werden.

3. Auslegung vertraglich übernommener AGB (Auslegungskontrolle)

a) Allgemeines

24   AGB sind als vereinbarter Vertragsbestandteil grundsätzlich wie Individualabreden zu interpretieren, d.h. namentlich nach dem Vertrauensprinzip und den klassischen Auslegungsregeln[72]. Die Auslegung erfolgt anhand der **konkreten Umstände** des **Einzelfalls**, weshalb die in Deutschland befürwortete (von der Gesetzesinterpretation inspirierte) «einheitliche Auslegung» von AGB in der Schweiz zu Recht überwiegend abgelehnt wird[73].

---

[68] Vgl. auch Art. 2 GestG. WALTHER, GestG-Kommentar, Art. 21 N 9 ff.
[69] GAUCH/SCHLUEP/SCHMID, OR AT, N 1145a und b.
[70] Vgl. Art. 34 Abs. 1 GestG; WALTHER, GestG-Kommentar, Art. 21 N 7.
[71] Vgl. auch GAUCH/SCHLUEP/SCHMID, OR AT, N 1146; A. KOLLER, OR AT, § 23 N 29. – Vgl. auch die ähnliche Bestimmung in Art. 57 Abs. 2 lit. d des Vorentwurfs zur Revision und Vereinheitlichung des Haftpflichtrechts.
[72] Vgl. BGE 135 III 410, 412; BGE 135 III 1, 6; 133 III 607, 610; 133 III 675, 681 f.; 126 III 388, 391; 123 III 118, 121; BGer 4A_291/2009, E. 2.1; BGer 4A_567/2009; BK-KRAMER/SCHMIDLIN, Art. 1 N 218; GAUCH/SCHLUEP/SCHMID, OR AT, N 1241; A. KOLLER, OR AT, § 23 N 68; CR CO I-DESSEMONTET, Art. 1 N 50; ZK-JÄGGI/GAUCH, Art. 18 N 464. Vgl. auch BGer B 89/05, E. 2.4. – Zur Auslegung von AGB in Verträgen, die dem UN-Kaufrecht unterstehen, vgl. T. KOLLER, FS Honsell, 238 f.
[73] Siehe z.B. A. KOLLER, OR AT, § 23 N 68; GAUCH, BR 1987, 52; BK-KRAMER/SCHMIDLIN, Art. 1 N 218 ff; GAUCH/SCHLUEP/SCHMID, OR AT, N 1241; ZK-JÄGGI/GAUCH, Art. 18 N 466; T. KOLLER, FS Honsell, 230; vgl. auch WIEGAND, FS Kramer, 334 (mit weiteren Hinweisen). – Relativierend und tendenziell a.M.: SCHWENZER, OR AT, N 45.08; WIEGAND, FS Kramer, 337 ff. – Zu beachten ist auch BGE 132 III 268, 277, wo bei der Interpretation nach dem Vertrauensprinzip dem Umstand Rechnung getragen wird, dass die umstrittenen AGB vom AGB-Verwender auch für *andere* Vertragsverhältnisse zur Anwendung gelangten.

In Ergänzung zur üblichen Vertragsauslegung haben Lehre und Rechtsprechung für AGB **zwei** spezifische **Auslegungsregeln** entwickelt. Es handelt sich um die Regel des **Vorranges der Einzelabrede** (nachstehend lit. b) sowie um die sog. **Unklarheitsregel** (nachstehend, lit. c).

25

b) Vorrang der Einzelabrede

Individualabreden, die von den AGB abweichen, welche durch Konsens der Parteien zum Vertragsinhalt erhoben worden sind, gehen den AGB vor[74]. Dieser Grundsatz des **Vorrangs** der **Individualabrede**[75] entspricht einerseits methodologisch der (aus der Gesetzesinterpretation stammenden) Maxime *lex specialis derogat legi generali* und gründet anderseits vertrauenstheoretisch in der Überlegung, dass die allgemeinen Vertragsklauseln nicht (mehr) gewollt sind, wenn die Parteien durch Einzelabrede etwas von den AGB Abweichendes vereinbart haben[76]. Wird also in den AGB z.B. die Gewährleistung ausgeschlossen und sichert der Verkäufer dem Käufer gleichzeitig gewisse Eigenschaften des Kaufobjekts individuell zu oder garantiert ihm eine Eigenschaft auch für die Zukunft, so entfaltet der Gewährleistungsausschluss diesbezüglich keine Wirkung[77].

26

c) Unklarheitsregel *(in dubio contra stipulatorem)* und restriktive Auslegung

Führt die Interpretation einer AGB-Bestimmung nach den klassischen Auslegungselementen im konkreten Einzelfall zu keinem schlüssigen Ergebnis, d.h. bleibt die Bedeutung der Bestimmung nach ihrer Auslegung **unklar**[78], so wird sie gemäss dem Grundsatz *in dubio contra stipulatorem* (oder *contra proferentem*) **zulasten jener Partei** interpretiert, die sie **verfasst** bzw. **verwendet** hat[79]. Diese

27

---

[74] Vgl. BGE 135 III 225, 228; 125 III 263, 267; 123 III 35, 44; BGer 4A_419/2008, E. 1.4; BK-KRAMER/SCHMIDLIN, Art. 1 N 210; SCHWENZER, OR AT, N 45.09; A. KOLLER, OR AT, § 23 N 53.

[75] Vgl. auch § 305b BGB, welcher diesen Grundsatz ausdrücklich festhält *(«Individuelle Vertragsabreden haben Vorrang vor Allgemeinen Geschäftsbedingungen»)*; vgl. auch Art. 1342 des italienischen Codice civile sowie die internationalen («soft-law») Bestimmungen: DCFR II.-8:104; PECL 5:104; PICC 2.21.

[76] So auch BK-KRAMER/SCHMIDLIN, Art. 1 N 210; A. KOLLER, OR AT, § 23 N 54.

[77] Vgl. BGE 109 II 24, 25; 122 III 426, 429 f.

[78] Für die Anwendung der Unklarheitsregel genügt es nicht, dass die Auslegung zwischen den Vertragsparteien umstritten ist. Voraussetzung ist vielmehr, dass der Richter aufgrund der Auslegung zu keinem schlüssigen Ergebnis gelangt ist. Vgl. GAUCH/SCHLUEP/SCHMID, OR AT, N 1232. – A. KOLLER versteht die Unklarheitsregel als Dissensregel (A. KOLLER, OR AT, § 23 N 64).

[79] BGE 133 III 607, 610; 124 III 155, 158 *(«Nach der ... Unklarheitsregel sind mehrdeutige Wendungen in vorformulierten Vertragsbedingungen im Zweifel zu Lasten jener Partei auszulegen, die sie verfasst hat»)*; 117 II 609, 621; 115 II 264, 268; 109 II 213, 219; BGer 4A_291/2009,

Regel basiert auf der Überlegung, dass das Risiko unklar formulierter AGB nicht zulasten der sozial schwächeren Partei, sondern zulasten des Verfassers bzw. Verwenders der AGB gehen soll[80]. Daraus resultiert nicht zuletzt ein (erwünschter) ökonomischer Anreiz für den Verfasser, seine AGB möglichst klar und eindeutig zu formulieren.

28 Einzelne Bundesgerichtsurteile befürworten sodann den (eher wenig referierten) Grundsatz der **restriktiven Auslegung** von AGB, die vom **dispositiven Gesetz abweichen**[81]. Dieser Grundsatz impliziert, dass nur Sachverhalte, die eindeutig unter eine vom dispositiven Gesetz abweichende AGB-Klausel fallen (sog. «positive Kandidaten»), nach dieser AGB-Klausel beurteilt werden sollen, nicht aber zweifelhafte Sachverhalte (sog. «neutrale Kandidaten»). Mit andern Worten, AGB, die zulasten der schwächeren Partei vom dispositiven Gesetz abweichen, sollen **restriktiv** und nicht extensiv ausgelegt werden. Ein praktisches Beispiel sind Freizeichnungsklauseln, mit denen die Sachgewährleistung des Grundstückverkäufers wegbedungen (oder beschränkt) wird[82].

4. Fazit: Unzureichender Schutz mangels (offener) Inhaltskontrolle

29 Die allgemeinen (und teilweise besonderen) Bestimmungen des Obligationenrechts bieten der sozial oder wirtschaftlich schwächeren Vertragspartei nur einen **beschränkten Schutz** vor **nachteiligen AGB**. Klar formulierte, nicht überraschende AGB, die deutlich vom dispositiven Gesetz abweichen und in unbilliger Weise Risiken auf die schwächere Partei überwälzen, welche diesen faktisch nicht

---

E. 2.4; MERZ, FS Schönenberger, 152; BK-KRAMER/SCHMIDLIN, Art. 1 N 109 ff., 221; GAUCH/SCHLUEP/SCHMID, OR AT, N 1231 ff; A. KOLLER, OR AT, § 23 N 64; HUGUENIN, Obligationenrecht, N 279. – Vgl. auch § 305c Abs. 2 BGB (*«Zweifel bei der Auslegung Allgemeiner Geschäftsbedingungen gehen zu Lasten des Verwenders.»*); Art. 1370 Codice civile italiano, Art. 1162 Code civil français; Art. 5 (zweiter Satz) EG-Richtlinie 93/13 (*«Bei Zweifeln über die Bedeutung einer Klausel gilt die für den Verbraucher günstigste Auslegung»*).

[80] Diesem Grundgedanken ist auch die Regel in Art. 33 VVG verpflichtet, wonach der Versicherer nicht versicherte Ereignisse *«in bestimmter, unzweideutiger Fassung»* ausschliessen muss, wenn sie von der versicherten Gefahr ausgenommen sein sollen. Vgl. auch BGE 133 III 675, 682; 115 II 264, 268; A. KOLLER, OR AT, § 23 N 67; BSK-FUHRER, Art. 33 VVG N 11 ff.; KUHN, FS Honsell, 567 ff.

[81] BGE 117 II 609, 621 (*«Da das dispositive Recht in der Regel die Interessen der Parteien ausgewogen wahrt, hat die Partei, die davon abweichen will, dies mit hinreichender Deutlichkeit zum Ausdruck zu bringen.»*); 116 II 459, 461; 115 II 474, 479 (*«... dass Abreden, die vom dispositiven Recht abweichen, im Zweifel eng auszulegen sind, namentlich dann, wenn sie die Stellung des Kunden verschlechtern»*). Vgl. auch SCHWENZER, OR AT, N 45.11; A. KOLLER, OR AT, § 23 N 69; ZK-JÄGGI/GAUCH, Art. 18 N 464. – Die *sedes materiae* dieses Grundsatzes findet sich in Art. 33 VVG für Allgemeine Versicherungsbedingungen; vgl. BGE 118 II 342, 345. – Daneben fordern einzelne Urteile, dass Abweichungen vom dispositiven Gesetz «mit hinreichender Deutlichkeit» zum Ausdruck gebracht werden (BGE 133 III 607, 610); siehe auch BGE 133 III 675, 682.

[82] Vgl. SCHMID, Gewährleistungsbeschränkungen, 52.

ausweichen kann, schlüpfen leicht durch das grobmaschige Netz der **obligationenrechtlichen** Abschluss-, Gültigkeits- und Auslegungskontrolle und können gegenüber der schwachen Vertragspartei – nötigenfalls auf dem Rechtsweg – durchgesetzt werden. Dies wird von der herrschenden Lehre zu Recht als **unbefriedigend** erachtet[83]. Erforderlich wäre eine **offene(re) Inhaltskontrolle**, da die vom Bundesgericht im Rahmen der Ungewöhnlichkeitsregel praktizierte verdeckte Inhaltskontrolle[84] nicht zu überzeugen vermag[85]. Einen Schritt in diese Richtung hat der Gesetzgeber in **Art. 8** zu machen versucht[86], ist aber bisher auf halbem Wege stehen geblieben[87].

III. Schutz vor nachteiligen AGB nach den Regeln über den unlauteren Wettbewerb

1. Entstehungsgeschichte von Art. 8

In seiner **Botschaft zur UWG-Revision** von 1983 hatte der Bundesrat unter dem Titel «Verwendung missbräuchlicher Geschäftsbedingungen» für Art. 8 folgende Formulierung vorgeschlagen: «Unlauter handelt insbesondere, wer vorformulierte allgemeine Geschäftsbedingungen verwendet, die zum Nachteil einer Vertragspartei a. von der unmittelbar oder sinngemäss anwendbaren gesetzlichen Ordnung erheblich abweichen oder b. eine der Vertragsnatur erheblich widersprechende Verteilung von Rechten und Pflichten vorsehen»[88]. In der **parlamentarischen Beratung** wurde dieser Text dahingehend modifiziert, dass AGB nur unlauter sein sollen, wenn sie **in irreführender Weise** zum Nachteil einer Vertragspartei von der gesetzlichen Ordnung abweichen bzw. eine der Vertragsnatur erheblich widersprechende Verteilung von Rechten und Pflichten vornehmen[89]. Damit sollte

30

---

[83] BAUDENBACHER, Kommentar UWG, Art. 8 N 22; SCHWENZER, OR AT, N 45.12; GAUCH/SCHLUEP/SCHMID, OR AT, N 1148 ff.; MERZ, FS Schönenberger, 160; HUGUENIN JACOBS, recht 1995, 87.
[84] BGE 109 II 453, 457 («*Inhaltliche Gesichtspunkte können dabei insofern eine Rolle spielen, als eine Anwendung dieser Regel um so eher berechtigt ist, je stärker eine Klausel die Rechtsstellung des Vertragspartners beeinträchtigt.*»). In BGE 135 III 1, 13 f. hat das Bundesgericht die Frage offengelassen, ob zu einer richterlichen Inhaltskontrolle übergegangen werden sollte. – Vereinzelt wird die «verdeckte» Inhaltskontrolle auch als «indirekte» Inhaltskontrolle bezeichnet (so z.B. BRUNNER, Allgemeine Geschäftsbedingungen, 142).
[85] Vgl. GAUCH/SCHLUEP/SCHMID, OR AT, N 1150; BK-KRAMER/SCHMIDLIN, Art. 1 N 208; SCHWENZER, OR AT, N 45.12 f., 46.02.
[86] Vgl. Botschaft UWG, 1072 («*Ein wirksamer Schutz vor unbilligen AGB ist aber nur möglich, wenn auf den Inhalt durchgegriffen wird*»).
[87] So auch A. KOLLER, OR AT, § 23 N 36.
[88] Botschaft UWG, 1094.
[89] Amtl. Bull. SR 1986, 423; Amtl. Bull. NR 1986, 1252 ff.

der lauterkeitsrechtliche Bezug zu Art. 2 unterstrichen werden[90]. Diese Fassung entspricht dem heute (noch) gültigen Gesetzestext[91].

2. Normzweck

31   Der **wettbewerbs- bzw. lauterkeitsrechtliche Ansatz** zur Kontrolle der Verwendung missbräuchlicher AGB setzt beim **Verschleierungs-** und **Überrumpelungsaspekt** an, wonach es Darstellung und Inhalt der AGB sowie oft psychologischer bzw. zeitlicher Druck beim Vertragsabschluss dem schwächeren Vertragspartner massgeblich erschweren, sich ein zuverlässiges Urteil über den effektiven Wert eines Angebots zu bilden bzw. das konkrete Angebot mit Alternativangeboten zu vergleichen[92]. Da das UWG den lauteren Wettbewerb «im Interesse **aller Beteiligten**» gewährleisten will[93], erfasst es auch den Schutz der schwächeren Vertragspartei (namentlich des Konsumenten) vor missbräuchlichen AGB. Allerdings ist zu beachten, dass die **vertragsrechtliche** und die **wettbewerbsrechtliche** Betrachtungsweise sich nicht decken[94], weshalb der UWG-Ansatz aus vertragsrechtlicher Sicht nicht als ideal betrachtet werden kann.

IV. Tatbestandsvoraussetzungen

32   Der (Unlauterkeits-)Tatbestand der «Verwendung missbräuchlicher Geschäftsbedingungen» nennt die **gesetzliche Ordnung** (nachstehend Ziff. 2) sowie die **Vertragsnatur** (nachstehend Ziff. 3) als Referenzkriterien[95], um festzustellen, ob unlauteres Verhalten gegeben ist, wenn durch die **Verwendung von AGB** (nachstehend, Ziff. 1) in **irreführender Weise** (nachstehend Ziff. 4) zum **Nachteil der andern Vertragspartei** (nachstehend Ziff. 5) von diesen Referenzkriterien erheblich abgewichen wird.

---

[90] BAUDENBACHER, Kommentar UWG, Art. 8 N 24; PEDRAZZINI/PEDRAZZINI, UWG, N 12.02.
[91] Vgl. jedoch zu den laufenden Revisionsbestrebungen *de lege ferenda*, unten N 76 ff.
[92] Vgl. Botschaft UWG, 1027, 1053, 1072. – Eine spezialgesetzliche Lösung nach (damaligem) deutschem Muster oder eine Revision des OR wurde seinerzeit von der Expertenkommission als (vorderhand) zu weitgehend abgelehnt. Ähnlich auch der Bundesrat: Botschaft UWG, 1052 f.
[93] Art. 1.
[94] Vgl. BAUDENBACHER, Kommentar UWG, Art. 8 N 37; DESSEMONTET, Contrôle judiciaire, 67.
[95] Vgl. Botschaft UWG, 1073. – Da die rechtspolitische Problematik von AGB vor allem in deren Risikoüberwälzungsfunktion liegt (vgl. oben N 2 f.), bedarf es eines Bezugspunktes, um das *Ausmass* der Risikoüberwälzung zu bestimmen. Dieser Bezugspunkt liegt naheliegenderweise in der *gesetzlichen Regel,* die ohne AGB anwendbar wäre (bzw. trotz AGB zwingend anwendbar ist). Falls keine Gesetzesregel (direkt oder sinngemäss) anwendbar ist und als Referenzmassstab dienen kann, wird auf das Kriterium der *«Vertragsnatur»* zurückgegriffen, um die Unlauterkeit von AGB zu beurteilen.

1. Verwendung vorformulierter, allgemeiner Geschäftsbedingungen

a) Begriff der AGB

Anders als im deutschen Recht[96] hat der schweizerische Gesetzgeber den Begriff der «AGB» **nicht definiert**, sondern setzt ihn stillschweigend voraus[97]. Unter AGB werden üblicherweise die von einer Partei[98] **einseitig**, für den künftigen Abschluss (einer Mehrzahl)[99] von Verträgen **vorformulierten Vertragsklauseln** verstanden[100], welche als grundsätzlich nicht verhandelbare Grundlage («Bedingung» im untechnischen Sinne) des Vertragsabschlusses mit der Gegenpartei die-

33

---

[96] Siehe § 305 Abs. 1 BGB *(«Allgemeine Geschäftsbedingungen sind alle für eine Vielzahl von Verträgen vorformulierten Vertragsbedingungen, die eine Vertragspartei (Verwender) der anderen Vertragspartei bei Abschluss eines Vertrags stellt. Gleichgültig ist, ob die Bestimmungen einen äußerlich gesonderten Bestandteil des Vertrags bilden oder in die Vertragsurkunde selbst aufgenommen werden, welchen Umfang sie haben, in welcher Schriftart sie verfasst sind und welche Form der Vertrag hat. Allgemeine Geschäftsbedingungen liegen nicht vor, soweit die Vertragsbedingungen zwischen den Vertragsparteien im Einzelnen ausgehandelt sind.»).*

[97] Vgl. immerhin den Versuch einer Definition in Art. 10a OR des gescheiterten Entwurfs zur Revision des Konsumenteninformationsgesetzes (abrufbar unter: <www.konsum.admin.ch>, Rubrik «Themen/Archiv/Revision des KIG»).

[98] Ob die Partei die AGB selber ausformuliert hat, oder ob sie z.B. von einem Verband stammen, welchem sie angehört, spielt keine Rolle (so auch PEDRAZZINI/PEDRAZZINI, UWG, N 12.12). Auch paritätisch zwischen Branchenverbänden (z.B. zwischen Hauseigentümerverband und Mieterverband) ausgehandelte Vertragsbedingungen stellen AGB dar, da sie nicht zwischen den vertragsschliessenden Parteien einzeln ausgehandelt werden. Vgl. auch A. KOLLER, OR AT, § 23 N 1; SCHWENZER, OR AT, N 44.01. Gleiches gilt für vorformulierte Vertragstexte, die ein Notar verwendet, welcher von *einer Partei* beigezogen wird. In diesem Fall wird der Notar regelmässig als Hilfsperson/Stellvertreter dieser Partei zu betrachten sein. Falls mehrere Parteien *gemeinsam* einen Notar für den Abschluss eines Vertrags beiziehen, wird es meist an der Einseitigkeit fehlen, da der Notar von beiden Parteien beauftragt ist, also keine Überrumpelungsgefahr besteht und der Notar gegenüber beiden Parteien gleichermassen aufklärungspflichtig ist. Vgl. auch SCHMID, Gewährleistungsbeschränkungen, 57, 66. – Keine AGB stellen dagegen die normativen Bestimmungen von Gesamtarbeitsverträgen dar (Art. 357 Abs. 1 OR), welche *von Gesetzes wegen* als Inhalt des Einzelarbeitsvertrags gelten (vgl. auch PEDRAZZINI/PEDRAZZINI, UWG, N 12.17; ZK-JÄGGI/GAUCH, Art. 18 N 468). Ebenfalls keine AGB sind allgemeinverbindlich erklärte Rahmenmietverträge (vgl. Art. 1, 4 ff. des Bundesgesetzes über Rahmenmietverträge und deren Allgemeinverbindlicherklärung vom 23. Juni 1995, SR 221.213.15).

[99] Obwohl AGB regelmässig für den Abschluss einer *Vielzahl* von Verträgen formuliert werden, genügt der *erstmalige* oder gar *einmalige* Abschluss eines Vertrags. Siehe auch BAUDENBACHER, Kommentar UWG, Art. 8 N 39. Allenfalls wird man verlangen, dass der vorformulierte Text *zum Zwecke* des Abschlusses einer Mehrzahl von Verträgen verfasst worden ist (vgl. auch PICHONNAZ, FS Tercier, 382). Dieses Erfordernis würde aber – ohne gleichzeitige Beweislastumkehr zugunsten der schwächeren Partei – deren Schutz vor missbräuchlichen AGB unnötig erschweren.

[100] Siehe dazu bereits oben N 1; Botschaft UWG, 1073. – Der vom Gesetz verwendete Ausdruck «vorformulierte allgemeine Geschäftsbedingungen» ist insofern nicht sehr glücklich gewählt, da damit der Eindruck erweckt wird, es gebe auch «nicht vorformulierte» AGB, was indes nicht zutrifft. So auch A. KOLLER, OR AT, § 23 N 3; PICHONNAZ, FS Tercier, 382.

nen (sollen)[101]. Solche vorformulierten Geschäftsbedingungen stehen im Gegensatz zu **Individualabreden**, d.h. zu Vertragsbestimmungen, welche die Parteien einzeln **miteinander ausgehandelt** haben[102]. Als Individualabreden gelten auch allfällige **Ergänzungen** oder **Abänderungen** von AGB[103]. Ob die vorformulierten Geschäftsbedingungen auf Vertragsabschlüsse mit Konsumenten oder Kaufleuten abzielen, ist für den Begriff der AGB nicht relevant[104], da beide AGB-Typen unter Art. 8 fallen.

b) **Verwendung von AGB**

34 Die Unlauterkeit einseitig vorformulierter Vertragsbestimmungen setzt voraus, dass die AGB im Geschäftsverkehr bzw. beim Vertragsabschluss tatsächlich zur **Verwendung** gelangen[105]. **Vertragsrechtlich** liegt eine relevante Verwendung von AGB grundsätzlich erst dann vor, wenn sie durch (tatsächlichen oder normativen) Konsens zum **Vertragsinhalt** erhoben worden sind. **Lauterkeitsrechtlich** genügt dagegen bereits die Verwendung von AGB im Geschäftsverkehr **zum Zwecke des Vertragsabschlusses**, auch wenn die AGB schlussendlich **nicht** Vertragsbestandteil werden[106]. Das blosse Verfassen, Drucken und Publizieren von AGB

---

[101] Vgl. etwa Botschaft UWG, 1051 («*Allgemeine Geschäftsbedingungen (AGB) sind Vertragsklauseln, die vom Anbieter in vorformulierten Texten festgelegt werden, um für eine Vielzahl individueller Geschäfte eine standardisierte Ordnung zu schaffen, welche die gegenseitigen Rechte und Pflichten der Partner im voraus möglichst präzis festlegt.*»); GAUCH/SCHLUEP/SCHMID, OR AT, N 1118; SCHWENZER, OR AT, N 44.01; PEDRAZZINI/PEDRAZZINI, UWG, N 12.06.

[102] Vgl. auch Art. 3 Abs. 2 der EG-Richtlinie 93/13 («*Eine Vertragsklausel ist immer dann als nicht im einzelnen ausgehandelt zu betrachten, wenn sie im voraus abgefasst wurde und der Verbraucher deshalb, insbesondere im Rahmen eines vorformulierten Standardvertrags, keinen Einfluss auf ihren Inhalt nehmen konnte.*»); GAUCH/SCHLUEP/SCHMID, OR AT, N 1118; SCHWENZER, OR AT, N 44.01.

[103] BGer 4P.135/2002, E. 3.1; Botschaft UWG, 1073; BAUDENBACHER, Kommentar UWG, Art. 8 N 41; GAUCH/SCHLUEP/SCHMID, OR AT, N 1126b. – Werden einzelne Vertragsklauseln von den Parteien verhandelt, so verlieren sie den Charakter von AGB, wenn ihr ursprünglicher Inhalt verändert wird. Es ist aber auch möglich, eine AGB-Bestimmung als «ausgehandelt» zu betrachten, wenn sie inhaltlich im Ergebnis unverändert bleibt, aber ihre Übernahme infolge von Zugeständnissen bei anderen Klauseln erfolgt ist. Dagegen ist nicht relevant, in welchem *prozentualen Verhältnis* die Anzahl der geänderten Klauseln zur Anzahl der nicht geänderten Klauseln steht. Vielmehr ist massgeblich, ob eine Klausel *Gegenstand von Verhandlungen* bildete und von der Gegenpartei (mit verändertem oder unverändertem) Inhalt schliesslich unter Abwägung des Gesamtergebnisses der Verhandlungen akzeptiert worden ist.

[104] Zur Unterscheidung vgl. BAUDENBACHER, Kommentar UWG, Art. 8 N 8 f.

[105] Das blosse Verfassen, Drucken, Veröffentlichen oder Empfehlen von AGB stellt noch kein unlauteres Verhalten dar, auch wenn die AGB erheblich von der gesetzlichen Ordnung abweichen. Erforderlich ist die Verwendung der AGB im Rahmen eines *konkreten Vertragsabschlusses*.

[106] So ist z.B. die erstmalige Verwendung von AGB, welche (in irreführender Weise) zum Nachteil der Gegenpartei erheblich von der gesetzlichen Ordnung abweichen, die aber von der Gegenpartei zurückgewiesen werden, unlauter, obschon die AGB nicht Vertragsinhalt geworden sind. Unlau-

stellt dagegen auch lauterkeitsrechtlich noch keine relevante Verwendung dar, sondern die AGB müssen im konkreten Fall tatsächlich eingesetzt werden[107].

In welcher konkreten **Form** die Verwendung missbräuchlicher AGB erfolgt (z.B. Abdruck der AGB auf dem Vertragsformular, separates AGB-Dokument als Anhang zum Vertrag), ist nicht wesentlich. Ebensowenig setzt die Verwendung von AGB die **effektive Kenntnis** ihres Inhaltes oder eine besondere **subjektive Gesinnung** des **Verwenders** (z.B. Arglist, Verschleierungs- oder Überrumpelungsabsicht) voraus.

35

Typischerweise werden die AGB vom Anbieter als wirtschaftlich oder sozial stärkere Partei verwendet. Dies ist aber nicht begriffsnotwendig, da Verwender von AGB auch der Nachfrager oder die wirtschaftlich schwächere Partei (z.B. ein Subunternehmer gegenüber dem Generalunternehmer) sein kann. Ausserdem können Verwender von AGB sowohl natürliche als auch juristische Personen (des privaten oder öffentlichen Rechts) sein. Falls beide Parteien je ihre eigenen AGB in die Vertragsverhandlungen einbringen, sind gegebenenfalls auch beide Parteien als Verwender zu betrachten. Zudem ist denkbar, dass keine Partei als Verwender erscheint[108].

36

Ob die Partei, welche AGB verwendet, diese selber verfasst hat, oder ob sie von einem Dritten (z.B. Branchenverband) verfasst worden sind, spielt keine Rolle[109]. Massgeblich ist die **tatsächliche Verwendung** zum Zwecke des Vertragsabschlusses, unabhängig von der eigentlichen Urheberschaft der AGB. Verwender von AGB ist aber stets eine **Vertragspartei**, so dass (nicht einer Partei zurechenbare) Drittpersonen als «Verwender» ausscheiden[110]. Soweit eine Vertragspartei eine Drittperson (namentlich als Vertreter oder Abschlussgehilfen) beizieht und diese für den Vertragsabschluss AGB benutzt, werden deren Handlungen rechtlich jener Vertragspartei zugerechnet, welche die Drittperson beigezogen hat[111].

37

---

ter kann also schon die im Rahmen von Vertragsverhandlungen *vorvertragliche* Verwendung von AGB sein, weshalb der *lauterkeitsrechtliche* Schutz insofern *weiter greift* als der *vertragsrechtliche* Schutz. Vgl. auch Art. 3 lit. m («im Rahmen einer geschäftlichen Tätigkeit einen Konsumkreditvertrag oder Vorauszahlungskauf *anbietet* oder abschliesst...»); OGer TG vom 24. Februar 1993 (mp 97, 23, 25). – A.M. GAUCH, BR 1987, 55 f. (, welcher die effektive Übernahme der AGB in den Vertrag verlangt). – Vom Erfordernis der «Verwendung» der AGB zu unterscheiden ist das Erfordernis der *Benachteiligung* der Gegenpartei (vgl. unten N 53 ff.).

[107] So auch PEDRAZZINI/PEDRAZZINI, UWG, N 12.08.
[108] *Kein* Verwender dürfte vorliegen, wenn beide Parteien unabhängig voneinander zum vornherein davon ausgehen, dass die AGB eines Verbandes (z.B. SIA 102) auf ihr Geschäft zur Anwendung gelangen und sich diskussionslos darauf einigen. Vgl. auch GAUCH, BR 1987, 56. – Gleiches dürfte zutreffen, wenn ein von beiden Parteien beauftragter Notar vorformulierte Vertragstexte für die Beurkundung eines Vertrags zwischen den Parteien verwendet.
[109] Vgl. GAUCH/SCHLUEP/SCHMID, OR AT, N 1152; GAUCH, BR 1987, 52, 56. – Dazu bereits oben, Fn. 98.
[110] Vgl. auch GAUCH, BR 1987, 56.
[111] Vgl. auch Art. 11; SCHMID, Gewährleistungsbeschränkungen, 66.

2. Erhebliche Abweichung von der unmittelbar oder sinngemäss anwendbaren gesetzlichen Ordnung

38 Die Verwendung von AGB **per se** ist nicht unlauter. Erst die AGB-typische **Risikoüberwälzung** auf die Gegenpartei lässt sie zum Problem werden. Zur Feststellung des **Ausmasses** dieser Risikoüberwälzung verweist Art. 8 lit. a in erster Linie auf die (unmittelbar oder sinngemäss anwendbare) **gesetzliche Ordnung** als Prüfungsmassstab.

a) Gesetzliche Ordnung

39 Unter der «gesetzlichen Ordnung» ist die Gesamtheit der (zwingenden und dispositiven) **Gesetzesnormen**, unter Einbezug ihrer Auslegung gemäss bewährter Lehre und Rechtsprechung, zu verstehen[112]. Zur gesetzlichen Ordnung zählen auch **gewohnheitsrechtliche Regeln** sowie **richterrechtlich** *(modo legislatoris)* entwickelte Grundsätze. Dazu gehört auch die Verkehrsübung, soweit das Gesetz auf sie (als mittelbaren Inhalt) verweist[113]. Bei allen Rechtsnormen kann es sich jeweils sowohl um materiellrechtliche als auch prozessrechtliche Regeln (Verfahrens- oder Beweislastregeln) handeln.

40 Der Einbezug **zwingender** Gesetzesbestimmungen in den Referenzmassstab mag auf den ersten Blick überraschen, da AGB, welche gegen zwingendes Recht verstossen, ohnehin nichtig sind und daher zwischen den Parteien keine Wirkung entfalten[114]. Aus **vertragsrechtlicher** Sicht interessiert daher in erster Linie die (grundsätzlich gültige) Abweichung vom **dispositiven** Gesetz[115], welchem vermutungsweise Richtigkeitsgewähr zukommt[116], weshalb Abweichungen vom dispositiven Gesetz mittels AGB eine Risikoüberwälzung auf die schwächere Partei mit sich bringen (können). Aus **wettbewerbsrechtlicher** Sicht sind dagegen auch obligationenrechtlich **ungültige** Vertragsklauseln, die gegen zwingendes Recht verstossen, von Interesse, da diese unlauter sein und infolgedessen Ansprüche aus UWG begründen können[117].

---

[112] Vgl. Botschaft UWG, 1073; BGE 117 II 332, 333; Entscheid der SLK, sic! 1999, 608, 611; BAUDENBACHER, Kommentar UWG, Art. 8 N 44; GAUCH, BR 1987, 54; MARTIN-ACHARD, Concurrence déloyale, 88.
[113] Vgl. z.B. Art. 112 Abs. 2, 394 Abs. 3, 430 Abs. 1 OR; GAUCH, BR 1987, 54.
[114] Vgl. oben zur Gültigkeitskontrolle N 18 ff.
[115] Vgl. BGer 4A_404/2008, E. 5.6.3.2.1 («womit auch ein qualifiziertes Abweichen vom dispositiven Gesetzesrecht erfasst wird»).
[116] Vgl. SCHWENZER, OR AT, N 46.02.
[117] Siehe Art. 9 und 10.

b) Unmittelbar oder sinngemäss anwendbare Gesetzesnormen

Die «gesetzliche Ordnung» als Referenzmassstab zur Bestimmung der Unlauterkeit von AGB ist auf den zu beurteilenden Vertrag entweder **unmittelbar** oder (zumindest) **sinngemäss anwendbar**. Unmittelbare Anwendbarkeit ist bei **Nominatverträgen** gegeben, soweit das gesetzliche Vertragstypenrecht eine einschlägige Regel enthält. Eine sinngemässe Anwendung greift dagegen Platz, wenn das Gesetz bei Nominatverträgen sich als lückenhaft erweist und Bestimmungen eines andern gesetzlichen Vertragstypus analog angewendet werden. Bei **Innominatverträgen** (v.a. bei gemischt-typischen Verträgen, allenfalls auch bei Verträgen *sui generis*) kommt es meist ebenfalls zu einer sinngemässen Anwendung gesetzlicher Bestimmungen[118]. Die Unterscheidung zwischen unmittelbarer und sinngemässer Anwendung sollte allerdings nicht überbetont werden, da sie lediglich klassifikatorischen Charakter hat und insofern eine genaue gegenseitige Abgrenzung entbehrlich ist[119].

41

c) Erhebliche Abweichung

Abweichungen von der gesetzlichen Ordnung in AGB müssen ein gewisses Ausmass erreichen, um lauterkeitsrechtlich relevant zu sein. Das Gesetz fordert deshalb **Erheblichkeit** um klarzustellen, dass geringfügige Abweichungen von der gesetzlichen Ordnung nicht ausreichen, um die Unlauterkeit von AGB zu begründen[120]. Da das Gesetz gleichzeitig das zusätzliche Erfordernis der Irreführung[121] aufstellt, sollten allerdings an die Erheblichkeit nicht allzu hohe Anforderungen gestellt werden, denn letztlich geht es um die Beachtung des Grundsatzes «*de minimis non curat praetor*».

42

Eine erhebliche Abweichung von der gesetzlichen Ordnung ist stets anzunehmen, wenn die AGB gegen **zwingendes** Recht verstossen[122], denn dort hat der Gesetzge-

43

---

[118] Vgl. auch Botschaft UWG, 1073; BAUDENBACHER, Kommentar UWG, Art. 8 N 42 ff.; GAUCH, BR 1987, 54.

[119] Im Entwurf des Bundesrates zur Revision des UWG wird in Art. 8 lit. a denn auch nur noch von der «gesetzlichen Ordnung» gesprochen, unabhängig davon, ob diese unmittelbar oder sinngemäss anwendbar ist.

[120] BGE 117 II 332, 333 («Il ne s'agit pas de n'importe quelle dérogation, car elle suppose une certaine intensité»); vgl. auch DESSEMONTET, Contrôle judiciaire, 74; Entscheid der SLK sic! 1999, 608, 611; Botschaft UWG, 1074 («*Mit der Wendung «erheblich abweichen» wird klargestellt, dass die Abweichung vom dispositiven Recht eine fühlbare Beeinträchtigung des Gleichgewichts bewirken muss, um als unlauter qualifiziert werden zu können.*»).

[121] Siehe nachstehend, N 50 ff.

[122] Gl.M. GAUCH, BR 1987, 53.

ber Grenzen gezogen, die er als so wichtig betrachtet, dass sie nicht privatautonom sollen überschritten werden können[123].

44 Was sodann Abweichungen durch AGB vom **dispositiven** Gesetz anbelangt, beinhaltet das Kriterium der Erheblichkeit sowohl ein qualitatives als auch ein quantitatives Element. In **qualitativer** Hinsicht kann nicht allen dispositiven Gesetzesbestimmungen dasselbe Gewicht zugemessen werden. Wird z.B. in den AGB vom gesetzlichen Erfüllungsort abgewichen oder wird ein Verzugszins von 6% (statt 5%) stipuliert, so dürfte dies für die Gegenpartei in der Regel weniger nachteilig sein als z.b. die vollständige Wegbedingung der Gewährleistung. Je nach den konkreten Umständen sind somit Abweichungen vom dispositiven Gesetz qualitativ mehr oder weniger einschneidend. In **quantitativer** Hinsicht ist zudem das **Ausmass** der Abweichung von der dispositiven Gesetzesregel relevant. So ist z.b. ein vollständiger Haftungsausschluss gravierender als eine betragsmässige Haftungslimite.

45 Bei der Beurteilung der Erheblichkeit ist sowohl das qualitative als auch das quantitative Element einzubeziehen, wobei jeweils auf den **interpretierten Inhalt** (der Vertragsbestandteil gewordenen) AGB abzustellen ist. Unklar formulierte AGB sind nicht gemäss der Unklarheitsregel, d.h. zulasten des AGB-Verwenders (bzw. zugunsten der Gegenpartei) auszulegen. Vielmehr ist bei der Beurteilung der Erheblichkeit einer Abweichung von der gesetzlichen Ordnung die **maximale Benachteiligung** massgebend, die sich durch Interpretation unklar formulierter AGB zulasten der Gegenpartei ergeben kann[124]. Es ist nämlich davon auszugehen, dass der Verwender von AGB im Streitfall den **Interpretationsspielraum**, welchen seine AGB ihm bieten, voll zu seinen Gunsten **auszunutzen** versuchen wird.

46 Unklar ist, ob bzw. inwieweit eine erhebliche Abweichung durch **legitime Interessen** des AGB-Verwenders (oder allenfalls Dritter) **gerechtfertigt** werden kann. In **Ausnahmefällen**, wo die **gesetzliche Lösung keine Richtigkeitsgewähr** für sich in Anspruch nehmen kann (z.B. bei der verfehlten Gefahrtragungsregel in Art. 185 OR), muss es für den AGB-Verwender, ohne Vorwurf der Unlauterkeit, möglich sein, in seinen AGB jene Regel vorzusehen, die eigentlich das Gesetz bei wohlverstandener Interessenabwägung hätte vorsehen sollen[125]. In diesem Ausnahmefall korrigieren die AGB eine missglückte dispositive Gesetzesbestimmung, was nicht

---

[123] *Obligationenrechtlich* ergibt sich die Ungültigkeit (Nichtigkeit) einer AGB-Klausel, die gegen zwingendes Recht verstösst, bereits aus Art. 19/20 OR. Ihre «Unlauterkeit» – mit den entsprechenden lauterkeitsrechtlichen Rechtsfolgen (vgl. Art. 9–11) – ist jedoch erst gegeben, wenn die Voraussetzungen von Art. 8 erfüllt sind. Daher stellt auch eine zivilrechtlich ungültige AGB-Klausel unter dem Gesichtspunkt des Lauterkeitsrechts einen relevanten Diskussionsgegenstand dar.

[124] Vgl. GAUCH, BR 1987, 52.

[125] Siehe auch BAUDENBACHER, Kommentar UWG, Art. 8 N 54 ff. – Eine andere (wenn auch verwandte) Frage, ist jene, ob die Unlauterkeit einer nachteiligen AGB-Klausel durch anderweitige, vom AGB-Verwender im Vertrag gewährte *Vorteile kompensiert* werden kann. Vgl. GAUCH, BR 1987, 53; BAUDENBACHER, Kommentar UWG, Art. 8 N 58. Siehe dazu unten N 55 ff.

unlauter sein kann. Voraussetzung für die Zulassung solcher Ausnahmen ist die (weitgehende) Einigkeit in Lehre und Rechtsprechung, dass eine bestehende Gesetzesnorm missglückt ist.

3. Der Vertragsnatur erheblich widersprechende Verteilung von Rechten und Pflichten

Neben der «gesetzlichen Ordnung» nennt Art. 8 lit. b die **Vertragsnatur** als zweiten Referenzmassstab zur Beurteilung der Unlauterkeit von AGB. Dieses Kriterium wird häufig als subsidiärer Auffangtatbestand verstanden, welcher Lücken vermeiden soll, falls das Kriterium der «gesetzlichen Ordnung» versagt[126]. Am ehesten dürfte Letzteres bei **Verträgen sui generis** der Fall sein. Das gegenseitige Verhältnis der beiden Kriterien ist allerdings wenig geklärt, da lückenfüllendes Richterrecht üblicherweise als Teil der «gesetzlichen Ordnung» verstanden wird. Ausserdem sollte weniger von einem subsidiären als von einem **alternativen** Tatbestand gesprochen werden, da bei einem Nominatvertrag vollständig zweckfremde AGB-Klauseln auf Unvereinbarkeit mit der Vertragsnatur sollen überprüft werden können, ohne vorher eine erhebliche Abweichung von der «gesetzlichen Ordnung» beurteilt bzw. verneint zu haben[127].

47

Was unter dem relativ inhaltsarmen Begriff der **«Vertragsnatur»** zu verstehen ist, sagt der Gesetzgeber nicht[128]. Man wird diesen Begriff primär an der **wirtschaftlichen Zwecksetzung** des **konkreten Vertrags** orientieren und AGB, die der vertraglichen Zwecksetzung **widersprechen**, als potentiell unlauter betrachten[129]. Allerdings werden atypische bzw. dem Vertragszweck widersprechende AGB meist auch ungewöhnlich sein, so dass sie im Falle einer Globalübernahme von AGB bereits aufgrund der Ungewöhnlichkeitsregel (Abschlusskontrolle) unwirksam sind. Die praktische Relevanz der «Vertragsnatur» als Referenzmassstab dürfte daher primär bei der Vollübernahme von AGB zu sehen sein.

48

Der blosse Umstand, dass AGB der «Vertragsnatur» widersprechen, genügt nicht, sondern es muss eine für die Gegenpartei **nachteilige Verteilung von Rechten und Pflichten** damit verbunden sein, welche dem Vertragszweck erheblich zuwider läuft. Mit andern Worten, die Rechtsstellung der Gegenpartei muss durch eine **Beschränkung ihrer Rechte** oder eine **Erweiterung ihrer Pflichten** massgeblich

49

---

[126] Vgl. BGE 117 II 332, 333; Botschaft UWG, 1073; BAUDENBACHER, Kommentar UWG, Art. 8 N 51; DESSEMONTET, Contrôle judiciaire, 76 f.; GAUCH, BR 1987, 54; GAUCH/SCHLUEP/SCHMID, OR AT, N 1153.
[127] Vgl. auch MERZ, Vertrag, § 2 N 96a.
[128] Die Botschaft UWG enthält ebenfalls keine weiterführenden Angaben dazu (BBl 1983 II 1073). – Vgl. auch DESSEMONTET, Contrôle judiciaire, 77 ff.
[129] Siehe BAUDENBACHER, Kommentar UWG, Art. 8 N 53; GAUCH, BR 1987, 54; GAUCH/SCHLUEP/ SCHMID, OR AT, N 1153. – Vgl. auch § 307 Abs. 2, Ziff. 2 BGB.

beeinträchtigt werden[130]. Als **Beurteilungshilfe** kann dabei der Katalog missbräuchlicher Klauseln im Anhang zur EG-Richtlinie 93/13 beigezogen werden[131].

4. Irreführender Charakter der AGB

50   Die erhebliche Abweichung von der «gesetzlichen Ordnung» bzw. die der «Vertragsnatur» erheblich widersprechende Verteilung von Rechten und Pflichten durch AGB, welche von den Parteien zum Vertragsinhalt erhoben worden sind, ist nur dann unlauter, wenn sie **«in irreführender Weise»** (*«de nature à provoquer une erreur»*, *«in modo falace»*) erfolgt[132]. Da dieses Erfordernis im Ingress von Art. 8 steht, gilt es sowohl für den Tatbestand von lit. a als auch für jenen von lit. b[133]. Dies ist mit Blick auf die laufende UWG-Revision insofern von Interesse, als im **Vorentwurf** das Erfordernis der «Treuwidrigkeit» vom Ingress in den Tatbestand von lit. a verschoben worden war, aber im **Entwurf** des Bundesrates dieser (Fort-)Schritt dann wieder rückgängig gemacht worden ist[134].

51   Für die Unlauterkeit von AGB genügt deren (objektive) **Eignung** zur Irreführung[135]. Es ist weder ein **effektiver Irrtum** der Gegenpartei noch eine **Täuschungsabsicht** des AGB-Verwenders erforderlich[136]. Gemäss Gesetz hat zudem nicht die **Verwendung** der AGB irreführend zu sein, also nicht die Art und Weise, wie die AGB in den Vertrag übernommen worden sind, sondern irreführend (d.h. geeignet, bei der Gegenpartei einen Irrtum zu provozieren) haben der **Inhalt** (oder allenfalls die Ausgestaltung) der **AGB selber** zu sein[137]. Unlauter ist also weder die blosse Ver-

---

[130] Vgl. auch GAUCH/SCHLUEP/SCHMID, OR AT, N 1153.
[131] Richtlinie und Anhang sind abgedruckt in: M. AMSTUTZ/P. PICHONNAZ/T. PROBST/F. WERRO, Europäisches Privatrecht, Ausgewählte Richtlinien, Bern 2005, 79 ff.; siehe auch BOUVERAT, Conditions générales d'affaires, 86 ff.
[132] Vgl. BGer 4A_54/2009, E. 1 (*in fine*).
[133] BGE 117 II 332, 333; BGer Pra 1998, Nr. 9, E. 2a.
[134] Siehe dazu unten, N 82 f.
[135] Als (lauterkeitsrechtliche) *Ausnahme* von der (obligationenrechtlichen) Regel (vgl. oben N 24) werden AGB im Rahmen von Art. 8 einheitlich, d.h. losgelöst von den spezifischen Eigenheiten des jeweiligen konkreten Einzelfalls interpretiert. GAUCH/SCHLUEP/SCHMID, OR AT, N 1242; BAUDENBACHER, Kommentar UWG, Art. 8 N 37.
[136] BGer Pra 1998, Nr. 9, E. 2a; GAUCH/SCHLUEP/SCHMID, OR AT, N 1154; MATT, Transparenzgebot, 106; CR CO I-DESSEMONTET, Art. 1 N 63; MARTIN-ACHARD, Concurrence déloyale, 88; DENZLER, BR 2007, 239; widersprüchlich: GUYET, SIWR V/1, 237 («irrtümliche Meinungsbildung» einerseits, «Gefahr eines Irrtums» anderseits).
[137] MATT, Transparenzgebot, 106; PEDRAZZINI/PEDRAZZINI, UWG, N 12.10, 12.12, 12.13; GAUCH, BR 1987, 56; GUYET, SIWR V/1, 237, HENNINGER, BR 2002, 137. Die Marginalie lautet dementsprechend «Verwendung missbräuchlicher Geschäftsbedingungen» und nicht «missbräuchliche Verwendung von Geschäftsbedingungen». – Das Parlament hat mit der Einfügung des Erfordernisses der «Irreführung» allerdings ein Kriterium auf den Vertrags*inhalt* bezogen, welches typischerweise auf den Vertrags*abschluss* gerichtet ist, und damit eine Vermischung zweier unterschiedlicher Aspekte vorgenommen, die inkohärent ist. Vgl. auch NEUMAYER, FS Keller, 734.

wendung der AGB noch die Benachteiligung durch sie als solche, sondern die **mangelnde inhaltliche Transparenz** der sich aus den AGB – als Folge einer erheblichen Abweichung von der gesetzlichen Ordnung oder wegen einer der Vertragsnatur erheblich widersprechenden Verteilung von Rechten und Pflichten – ergebenden **Nachteile** für die Gegenpartei[138]. Die Gefahr der inhaltlichen Irreführung soll sich dabei z.b. aus der komplizierten oder mehrdeutigen Formulierung, der versteckten Platzierung oder der unübersichtlichen graphischen Gestaltung von AGB ergeben[139].

Unklare Formulierungen von AGB werden nun allerdings bereits durch die *in dubio contra proferentem*-Regel erfasst und die versteckte Platzierung bzw. die graphisch unfaire Gestaltung von AGB bildet Gegenstand der Abschlusskontrolle[140], woraus eine unkoordinierte Überschneidung mit den obligationenrechtlichen AGB-Kontrollinstrumenten (Abschluss-, Gültigkeits- und Auslegungskontrolle) resultiert[141]. Zudem hat der Gesetzgeber mit dem Erfordernis der **irreführenden Benachteiligung** formelle und materielle Aspekte vermischt und dadurch letztlich eine effektive Inhaltskontrolle unterlaufen[142]. Es überrascht daher nicht, dass Art. 8 in der Praxis bisher wenig bewirkt hat[143]. 52

5. AGB zum Nachteil einer Vertragspartei

AGB, die erheblich von der gesetzlichen Ordnung abweichen[144] oder eine der Vertragsnatur erheblich widersprechende Verteilung von Rechten und Pflichten vornehmen[145], werden lauterkeitsrechtlich erst dann zum Problem, wenn sie zum **«Nachteil einer Vertragspartei»**[146] sind. Damit knüpft der Gesetzgeber an die Risikoüberwälzungsfunktion von AGB an und bringt den (selbstverständlichen) Grundsatz zum Ausdruck, dass nur AGB, welche die andere Partei (potentiell) **benachteiligen**, eine gesetzgeberische Intervention rechtfertigen. Zwei Fragen sind in diesem Zusammenhang von Interesse: Wer ist **geschütztes Rechtssubjekt** (nachstehend, lit. a) und was ist unter dem Begriff des **«Nachteils»** zu verstehen (nachstehend, lit. b). 53

---

[138] Vgl. A. KOLLER, OR AT, § 23 N 74; MERZ, Vertrag, § 2 N 96a; GAUCH, BR 1987, 56; MATT, Transparenzgebot, 106; SCHWENZER, OR AT, N 46.04; GAUCH/SCHLUEP/SCHMID, OR AT, N 1154 f.; PEDRAZZINI/PEDRAZZINI, UWG, N 12.12.
[139] MERZ, Vertrag, § 2 N 96a; GAUCH/SCHLUEP/SCHMID, OR AT, N 1154; GAUCH, BR 1987, 55.
[140] Vgl. auch A. KOLLER, OR AT, § 23 N 77.
[141] Vgl. auch TOLLER, Schuldrechtliche Folgen, 57.
[142] Vgl. MERZ, Vertrag, § 2 N 93; SCHWENZER, OR AT, N 46.04. – Dies war letztlich wohl der Grundgedanke, welcher hinter der parlamentarischen Modifikation des bundesrätlichen Entwurfs stand.
[143] Vgl. auch die Kritik bei BAUDENBACHER, Kommentar UWG, Art. 8 N 27 ff.; PEDRAZZINI/PEDRAZZINI, UWG, N 12.03.
[144] Art. 8 lit. a.
[145] Art. 8 lit. b.
[146] Art. 8 (Ingress).

a) Gegenpartei des AGB-Verwenders als geschütztes Rechtssubjekt

54 Wenn das Gesetz von AGB «zum Nachteil **einer Vertragspartei**» *(«au détriment d'une partie contractante», «a detrimento di una parte contraente»)*[147] spricht, so ist darunter der **Vertragspartner** derjenigen Partei zu verstehen, welche die AGB verwendet[148]. Mit andern Worten, Schutzsubjekt ist die **Gegenpartei** des AGB-Verwenders[149]. Ob diese Gegenpartei Anbieter oder Abnehmer[150] der vertragstypischen Leistung ist, ob es sich um eine natürliche oder juristische Person (des privaten oder öffentlichen Rechts) handelt bzw. ob sie Konsument oder Kaufmann ist, spielt keine Rolle[151]. Ihr stehen als Verhandlungs- bzw. Vertragspartner gegenüber dem AGB-Verwender die einschlägigen Rechtsansprüche zu, sofern die Unlauterkeit der verwendeten AGB erstellt ist.

b) AGB zum Nachteil der Gegenpartei

55 Als unlauter können nur AGB qualifiziert werden, die für die Gegenpartei **nachteilig** sind, denn vorteilhafte AGB stellen für die Gegenpartei naheliegenderweise kein Problem dar[152]. Ebenso klar ist, dass der AGB-Verwender sich nicht darauf berufen kann, die von ihm selber formulierten oder benutzten AGB würden ihn (versehentlich) benachteiligen[153]. Damit stellt sich die Frage, ob als «Nachteil» die aus den AGB (oder allenfalls aus sämtlichen Vertragsbestimmungen) **insgesamt** resultierende **«Nettobenachteiligung»** zu verstehen ist oder ob jede AGB-Klausel **individuell für sich** betrachtet werden kann bzw. muss.

56 Die UWG-Botschaft aus dem Jahre 1983 vertritt die Auffassung, dass *«in einzelnen Fällen ein Nachteil durch einen bestimmten Vorteil (etwa durch einen deutlich günstigeren Preis) aufgewogen»* werden kann[154]. Ein Teil der Lehre folgt dieser Betrachtungsweise und will die Benachteiligung durch AGB unter Berücksichti-

---

[147] Ibidem.
[148] So auch GAUCH/SCHLUEP/SCHMID, OR AT, N 1152.
[149] Falls sich die AGB zum Nachteil des Verwenders auswirken, so hat er sich dies selber zuzuschreiben und den entsprechenden Nachteil in Kauf zu nehmen. Vgl. ZR 1982, Nr. 42; CR CO I-DESSEMONTET, Art. 1 N 63; PEDRAZZINI/PEDRAZZINI, UWG, N 12.09.
[150] So ist z.B. auch der Verkäufer vor missbräuchlichen AGB des (marktmächtigen) Käufers geschützt.
[151] Vgl. auch GAUCH, BR 1987, 53 f.; MERZ, Vertrag, § 2 N 96a; PEDRAZZINI/PEDRAZZINI, UWG, N 12.09, 12.11.
[152] Siehe auch BAUDENBACHER, Kommentar UWG, Art. 8 N 48.
[153] Vgl. auch Botschaft UWG, 6178.
[154] Botschaft UWG, 1074.

gung des gesamten Vertragsinhalts[155] bzw. der Gesamtheit der AGB[156] beurteilen. Andere schliessen zwar die Preiskompensation aus, lassen aber anderweitige Kompensationen in Anlehnung an das deutsche Recht zu[157]. Das Bundesgericht hat sich zu dieser Frage – soweit ersichtlich – bisher nicht geäussert.

Klar ist zunächst, dass neben den AGB auch die **übrigen Vertragsbestimmungen** zu beachten sind, wenn es darum geht, ob die fraglichen AGB-Klauseln überhaupt Wirkung entfalten, da Individualabreden (z.b. Zusicherung einer Eigenschaft des Kaufgegenstands) den AGB (z.b. generelle Wegbedingung der Gewährleistung) vorgehen. Dieser Aspekt hat indes wenig mit der vorliegend interessierenden Frage zu tun, ob nachteilige AGB dann **nicht unlauter** sind, wenn der AGB-Verwender der Gegenpartei im Vertrag **anderweitige Vorteile** gewährt **(Kompensationsfrage)**[158]. 57

Gegen eine Kompensation von AGB-Nachteilen mit Vorteilen aus anderen Vertragsbestimmungen sprechen *de lege lata* folgende Argumente: 58

– Nach dem Willen des Gesetzgebers setzt Unlauterkeit eine Benachteiligung durch AGB «in irreführender Weise» voraus. Dieses Erfordernis der **Irreführung** läuft tendenziell einer Kompensation zuwider, da diese zu falschen Anreizen führen kann. So wäre es stossend und für die Rechtsordnung problematisch, wenn z.b. irreführendes Verhalten des AGB-Verwenders durch anderweitige Vorteile **legitimiert** werden könnte. Dies stünde in einem **Wertungswiderspruch** zu den Willensmängeln, wo Nachteile, die aus einer täuschungsbehafteten Vertragsklausel resultieren, nicht durch anderweitige vertragliche Vorteile kompensiert werden können, um die Verbindlichkeit der fraglichen Vertragsklausel zu retten bzw. deren Anfechtbarkeit nach Art. 28 OR zu verhindern. 59

– Das Bundesgericht verknüpft in seiner Rechtsprechung die Ungewöhnlichkeitsregel mit dem **Benachteiligungseffekt** einer überraschenden AGB-Klausel, d.h. je nachteiliger eine AGB-Klausel ist, umso eher wird sie als ungewöhnlich qualifiziert[159]. Die Zulassung der Kompensationsmöglichkeit würde bedeuten, dass die Nachteile einer ungewöhnlichen Klausel durch anderweitige vertragliche Vorteile ausgeglichen und damit «per Saldo» zu einer «gewöhnlichen» Klausel würde, welche nicht unlauter wäre. Dies wäre problematisch und in sich widersprüchlich. 60

---

[155] GAUCH/SCHLUEP/SCHMID, OR AT, N 1152; GAUCH, BR 1987, 53; MERZ, Vertrag, § 2 N 96a; PICHONNAZ, FS Tercier, 386; SCHMID, Gewährleistungsbeschränkungen, 68; HENNINGER, BR 2002, 137; wohl ebenfalls PEDRAZZINI/PEDRAZZINI, UWG, N 12.11. – Siehe auch Art. 4:110 Abs. 1 PECL (Principles of European Contract Law).
[156] DESSEMONTET, Contrôle judiciaire, 68; CR CO I-DESSEMONTET, Art. 1 N 67.
[157] BAUDENBACHER, Kommentar UWG, Art. 8 N 49, 55.
[158] Vgl. aber GAUCH, BR 1987, 53.
[159] BGE 135 III 1, 7; BGer 4A_187/2007, E. 5.1; BGE 119 II 443, 446; vgl. oben, N 15.

61 – Das Konzept einer (umfassenden) Kompensation von AGB-Nachteilen mit anderweitigen vertraglichen Vorteilen entspricht der Idee einer **offenen Inhaltskontrolle**, welche die Ausgewogenheit der vertraglichen Abreden **insgesamt** im Vergleich zum richtigkeitsbewährten dispositiven Gesetzesrecht beurteilen will. Eine solche offene Inhaltskontrolle verfolgt das Gesetz *de lege lata* gerade nicht und sollte daher nicht auf dem Umweg der Auslegung eingeführt werden.

62 – Die Beurteilung der Zulässigkeit von AGB nach dem Kriterium der «Nettobenachteiligung» würde zu einer wenig transparenten, richterlichen Bewertung von Vor- und Nachteilen führen und für die Praxis eine erhebliche **Rechtsunsicherheit** mit sich bringen.

63 Trotz dieser Argumente wäre es auf der andern Seite kaum zu rechtfertigen, wenn bei einer AGB-Klausel, welche z.B. das Wandelungsrecht des Käufers wegbedingt, gleichzeitig aber die Verjährung der übrigen Gewährleistungsrechte auf zwei Jahre verlängert[160], bei der Beurteilung der Unlauterkeit nur der nachteilige Verlust des Wandelungsrechts, nicht aber der Vorteil der längeren Verjährungsfrist berücksichtigt würde. Man wird daher das Problem letztlich **differenziert** angehen müssen:

64 – Bei einer **Vollübernahme** von AGB ist die Kompensation von Vor- und Nachteilen grundsätzlich **zuzulassen**, da in diesem Fall die Gegenpartei die einzelnen Bestimmungen zur Kenntnis genommen und in der Regel auch abgewogen hat. Es muss daher beispielsweise zulässig sein, dass der AGB-Verwender verschiedene Preisvarianten mit mehr oder weniger weitgehenden Haftungsbeschränkungen zur Auswahl stellt und die Gegenpartei sich bewusst für eine dieser Varianten entscheidet. Im Rahmen der Kompensation von Vor- und Nachteilen sollten freilich **konkrete AGB-Nachteile** nicht mit bloss **abstrakten AGB-Vorteilen**, die im konkreten Fall keine Wirkung entfalten, ausgeglichen werden können[161]. Zudem sollte der **Beweis** für eine hinreichende Kompensation von AGB-Nachteilen mit anderweitigen Vorteilen dem **AGB-Verwender** obliegen.

65 – Bei einer **Globalübernahme** von AGB ist – insbesondere vor dem Hintergrund der Rechtsprechung des Bundesgerichts zur Ungewöhnlichkeitsregel – *de lege lata* eine Kompensation **nicht zuzulassen**. Andernfalls könnten nachteilige, ungewöhnliche Klauseln durch anderweitige AGB-Vorteile validiert und für die schwächere Partei verbindlich gemacht werden.

---

[160] Vgl. Art. 210 OR (einjährige Verjährungsfrist).
[161] Andernfalls wäre es für den AGB-Verwender möglich, theoretische Vorteile, die kaum je praxisrelevant werden, in die AGB aufzunehmen und dadurch nachteilige AGB, die im konkreten Fall (streit-) entscheidend sind, zu rechtfertigen.

– Im Rahmen einer **offenen Inhaltskontrolle** *de lege ferenda* sollte indessen eine Kompensation von AGB-Nachteilen mit anderweitigen Vorteilen auch bei einer Globalübernahme grundsätzlich zugelassen werden.

66

V. Rechtsfolge

Erweisen sich verwendete AGB aufgrund von Art. 8 als **unlauter**, liegt seitens des AGB-Verwenders ein **widerrechtliches** Verhalten im Sinne der Generalklausel von Art. 2 vor. Welche **konkrete Rechtsfolge** dies für den abgeschlossenen Vertrag bzw. die in den Vertrag übernommenen missbräuchlichen AGB nach sich zieht, sagt das Gesetz nicht und ist vom Bundesgericht – soweit ersichtlich – bisher auch nicht direkt entschieden worden[162]. Die in Art. 9[163] vorgesehenen Unterlassungs-, Beseitigungs- und Feststellungsklagen sind **wettbewerbsrechtlich** ausgerichtet und nicht auf die vertragsrechtliche Problemlage von AGB zugeschnitten. Sie helfen daher der verletzten Vertragspartei nur beschränkt weiter[164]. Gleiches gilt für die allfällige Publikation einer Berichtigung oder eines Urteils[165]. Auch die Klagen auf Schadenersatz, Genugtuung oder Gewinnherausgabe nach den obligationenrechtlichen Bestimmungen sind für die von missbräuchlichen AGB betroffene Vertragspartei wenig zielführend[166]. Die lauterkeitsrechtlich ausgerichteten Rechtsvorkehren sind daher für die schwächere Partei (obligationenrechtlich) letztlich nicht adäquat.

67

---

[162] Vgl. BGE 119 II 448, wo die Frage, ob Art. 8 *von Amtes wegen* zu berücksichtigen ist, offen gelassen wurde. Dennoch ist eine Tendenz zugunsten der Nichtigkeitsfolge erkennbar. Im (nicht in der amtlichen Sammlung publizierten) Urteil 4A_404/2008, E. 5.6.3.2.1. geht das Bundesgericht (unter *Ablehnung der geltungserhaltenden Reduktion*) von *Nichtigkeit* aus. Auch im Kartellrecht hat sich das Bundesgericht bei unzulässigen Wettbewerbsabreden im Sinne von Art. 5 des Kartellgesetzes in BGE 134 III 438, 442, für Nichtigkeit nach Art. 20 OR ausgesprochen. – Vgl. auch SCHWENZER, OR AT, N 46.05.

[163] Für weitere Einzelheiten siehe die Kommentierung zu dieser Bestimmung.

[164] Denkbar ist eine *Klage auf Beseitigung* der «Verletzung der wirtschaftlichen Interessen» (Art. 9 Abs. 1 lit. b) zwecks richterlicher *ex tunc*-Aufhebung der missbräuchlichen AGB (so GAUCH, BR 1987, 57). Dieses Vorgehen wird aber den Interessen der schwächeren Partei (insbesondere den Konsumenten) nicht gerecht und lässt diese faktisch ohne wirksamen Schutz, da ihnen ein Prozessverfahren kaum zugemutet werden kann.

[165] Es ist nicht Aufgabe der schwächeren Partei, ein (für sie günstiges Urteil) im Interesse der Lauterkeit des Wettbewerbs zur Publikation zu bringen. Diese Aufgabe fällt allenfalls den Konsumentenorganisationen zu (Art. 10 Abs. 2 lit. b).

[166] Art. 9 Abs. 3. Allenfalls wird man einen Schadenersatzanspruch auf Beseitigung der missbräuchlichen AGB ins Auge fassen können. Vgl. SCHWENZER, OR AT, N 46.05.

68 Im Einklang mit einem Teil der Lehre und vereinzelter Rechtsprechung[167] ist daher davon auszugehen, dass unlautere und damit nach Art. 2 **widerrechtliche** AGB eines Vertrags als unwirksam, d.h. **nichtig** im Sinne von Art. 19/20 OR zu betrachten sind[168]. Diese Rechtsfolge ist vom Richter **von Amtes wegen** zu beachten[169]. Dadurch wird der schwächeren Partei, welche missbräuchlich benachteiligende AGB übernommen hat, ein adäquater Schutz gewährt. Die Nichtigkeit erfasst nur die als unlauter inkriminierten AGB-Klauseln und stellt als **Teilnichtigkeit** die Gültigkeit der übrigen AGB bzw. des restlichen Vertrags grundsätzlich nicht in Frage[170]. An die Stelle der nichtigen AGB-Bestimmung, treten – jedenfalls bei global übernommenen AGB – die Regeln des **dispositiven Gesetzesrechts**, d.h. von einer **geltungserhaltenden Reduktion** der AGB ist **abzusehen**[171].

69 Eine **strafrechtliche Sanktion** zieht die Verwendung missbräuchlicher AGB **nicht** nach sich, da Art. 8 in Art. 23 nicht aufgeführt ist (qualifiziertes Schweigen des Gesetzgebers)[172]. Dies erscheint sachgerecht, da dem missbräuchlichen Einsatz von AGB mit zivilrechtlichen Mitteln zu begegnen und eine Kriminalisierung solcher Verhaltensweisen nicht angezeigt ist.

---

[167] Siehe z.B. A. KOLLER, OR AT, § 23 N 75 f.; GAUCH/SCHLUEP/SCHMID, OR AT, N 1156 (mit weiteren Hinweisen); MATT, Transparenzgebot, 123 f.; PEDRAZZINI/PEDRAZZINI, UWG, N 12.22 f. (anders noch in der Vorauflage); BAUDENBACHER, Kommentar UWG, Art. 8 N 59. Vgl. auch SCHWENZER, OR AT, N 46.05 (wo missbräuchliche AGB als «unwirksam» betrachtet werden, ohne sich auf eine dogmatische Begründung festzulegen); TOLLER, Schuldrechtliche Folgen, 72; T. KOLLER, recht 1999, 47. – Für Nichtigkeit hat sich auch die Schweizerische Lauterkeitskommission in ihrem Entscheid vom 11. Mai 1999 ausgesprochen (sic! 1999, 608, 612); ebenso das KGer VD RPW 2004, 1213, 1233; nunmehr auch Botschaft UWG, 6179. – Zum Teil wird für *«nullité relative»* plädiert (CR CO I-DESSEMONTET, Art. 1 N 74). – A.M. GAUCH, BR 1987, 57 f. (wonach kein widerrechtlicher *Inhalt*, sondern nur eine widerrechtliche *Vorgehensweise* im Vertragsabschluss vorliege). Vgl. auch die weiteren Hinweise bei GAUCH/SCHLUEP/SCHMID, OR AT, N 1157.

[168] Die lauterkeitsrechtliche Bestimmung von Art. 8 sanktioniert nicht die Art und Weise wie AGB zwischen den Parteien zum Vertragsinhalt erhoben werden, sondern knüpft massgeblich an den *nachteiligen Inhalt* der AGB an, welcher als unbillig betrachtet wird. Unlauterkeit und Benachteiligung bedingen sich gegenseitig. – Die Rechtsfolge der *Nichtigkeit* hat der Gesetzgeber übrigens auch im Mietrecht vorgesehen, falls der Vermieter durch AGB seine Pflichten betreffend die Gebrauchsüberlassung beschränkt oder wegbedingt (Art. 256 Abs. 2 OR).

[169] PEDRAZZINI/PEDRAZZINI, UWG, N 12.23.

[170] Das Argument des AGB-Verwenders, er hätte den Vertrag ohne die ungültigen AGB-Klauseln nicht geschlossen (vgl. Art. 20 Abs. 2 OR), ist zum Schutze der schwächeren Partei nicht zu hören. Vgl. auch BK-KRAMER, Art. 19/20 OR N 378; SCHWENZER, OR AT, N 46.09; PEDRAZZINI/ PEDRAZZINI, UWG, N 12.23; GAUCH/SCHLUEP/SCHMID, OR AT, N 1156, 1156a. – Vgl. auch BGer 4A_404/2008, E. 5.6.2 f. – Siehe auch § 306 BGB; Art. 6 Ziff. 1 EG-Richtlinie 93/13.

[171] Vgl. auch BGer 4A_404/2008, E. 5.6.3.2.1; BK-KRAMER, Art. 19-20 N 377; TOLLER, Schuldrechtliche Folgen, 71.

[172] Vgl. PEDRAZZINI/PEDRAZZINI, UWG, N 12.25.

VI. Prozessuales

Sofern es sich bei der Gegenpartei des AGB-Verwenders um einen **Konsumenten** handelt, stehen die Ansprüche aus Art. 9 nicht nur ihm **selber**, sondern auch den **Konsumentenorganisationen** von regionaler oder gesamtschweizerischer Bedeutung zu[173]. Diese Organisationen haben gemäss Art. 9 Abs. 1 und 2 die Möglichkeit, Klage gegen den Verwender unlauterer AGB einzureichen[174] und dadurch der missbräuchlichen Verwendung von AGB mit juristischen Mitteln entgegenzutreten. Von dieser Klagemöglichkeit hatte sich der Gesetzgeber eine merkliche Verbesserung der Kontrolle von AGB versprochen. Diese Hoffnung hat sich freilich nicht erfüllt, da die Konsumentenorganisationen von ihrem Klagerecht (praktisch) keinen Gebrauch gemacht haben und damit die spezifisch lauterkeitsrechtlichen Kontrollmechanismen kaum Wirkung entfalten konnten.

70

VII. Kritik an Art. 8

Der Versuch, die Problematik der AGB in Art. 8 **lauterkeitsrechtlich** einer adäquaten Lösung zuzuführen, wird in der Lehre weitgehend als gescheitert betrachtet. Stattdessen wird ein **obligationenrechtlicher Ansatz** mit offener Inhaltskontrolle befürwortet[175]. In der Tat ist der bisherige praktische Nutzen von Art. 8 sehr bescheiden ausgefallen, wenn man die spärliche (erfolgreiche) Anwendung dieser Bestimmung in der Rechtsprechung als Massstab nimmt[176]. Zudem hat sich ein subsidiärer Rückgriff auf die Generalklausel von Art. 2 in der Praxis nicht durchzusetzen vermocht[177], so dass der lauterkeitsrechtliche Ansatz zur Kontrolle von AGB letztlich **ohne nennenswerte Wirkung** geblieben ist[178].

71

---

[173] Art. 10 Abs. 2 lit. b.
[174] Für Einzelheiten siehe die nachstehende Kommentierung zu Art. 10.
[175] BAUDENBACHER, Kommentar UWG, Art. 8 N 26 ff.; T. KOLLER, AJP 2008, 943; MERZ, Vertrag, § 2 N 96a («verfehlte Revision»); GAUCH, FS Honsell, 18 f.; DERS., BR 1987, 57, 60; DERS., recht 2006, 85; SCHWENZER, OR AT, N 46.04; GAUCH/SCHLUEP/SCHMID, OR AT, N 1155 (mit weiteren Hinweisen).
[176] *Bejaht* wurde eine Verletzung von Art. 8 in folgenden Entscheidungen: BGE 119 II 443, 447 f. (jedoch bloss als *obiter dictum*); Entscheid der SLK, sic! 1999, 608, 611 ff.; OGer TG vom 24. Februar 1993 (mp 97, 23 ff., nur *obiter dictum*). – *Verneint* wurde eine Verletzung von Art. 8 namentlich in folgenden Entscheidungen: BGE 117 II 232; 122 III 373; BGer Pra 1998, Nr. 9, E. 2b; BGer 4P.52/2000, E. 3b; BGer 5C.237/2000, E. 2c; BGer B 22/00, E. 6; BGer 5C.53/2002, E. 4.3; BGer 5C.134/2002; BGer 5C.259/2003, E. 6; KGer SG GVP 1992 Nr. 19. – *Offen gelassen* im Urteil des BGer 4A_404/2008, E. 5.6.3.2.1.
[177] Zum Verhältnis zwischen Generalklausel (Art. 2) und den Spezialtatbeständen (Art. 3–8): BGE 133 III 431 und Art. 2 N 3 ff.
[178] Siehe auch VON BÜREN/MARBACH/DUCREY, Immaterialgüter- und Wettbewerbsrecht, N 1186; Erläuternder Bericht vom 21. Januar 2009 zur Revision des Bundesgesetzes über den Versicherungsvertrag (VVG), 102.

72 Vor diesem Hintergrund überrascht es nicht, dass auf legislatorischer Ebene **Revisionsbestrebungen** in Gang gekommen sind mit dem Ziel, den Schutz vor missbräuchlichen AGB im schweizerischen Recht zu verbessern. Diese Revisionsarbeiten sind nicht zuletzt im Lichte des EU-Rechts sowie der neueren Tendenz zur Ausformulierung europäischer «soft law»-Regeln zu sehen.

VIII. Verhältnis zum EU-Recht und übrigen Europarecht

73 Die EU hat mit ihrer Richtlinie 93/13/EWG vom 5. April 1993 über missbräuchliche Klauseln in Verbraucherverträgen einen unionsrechtlichen Mindestschutz[179] vor missbräuchlichen Vertragsklauseln geschaffen[180]. Im Unterschied zu Art. 8, welcher auch Unternehmen (z.B. KMU) schützt[181], erfasst die EU-Richtlinie als geschützte Rechtssubjekte nur die **Konsumenten**[182]. Dagegen betrachtet die Richtlinie AGB bereits dann als missbräuchlich, wenn diese «*entgegen dem Gebot von Treu und Glauben zum Nachteil des Verbrauchers ein erhebliches und ungerechtfertigtes Missverhältnis der vertraglichen Rechte und Pflichten der Vertragspartner*»[183] bewirken[184]. Eine spezifische Eignung der AGB zur **Irreführung** verlangt die Richtlinie – im Gegensatz zu Art. 8 – nicht.

74 Seit Inkrafttreten der Richtlinie hat der **Europäische Gerichtshof** (EuGH) sich verschiedentlich in Urteilen (Vorabentscheidungen) zu einzelnen Bestimmungen der Richtlinie präzisierend geäussert[185]. Da im Unterschied zu zahlreichen andern Richtlinien[186] der schweizerische Gesetzgeber die Richtlinie 93/13/EWG durch die

---

[179] Gemäss Art. 8 der Richtlinie können die Mitgliedstaaten im nationalen Recht für die Verbraucher einen *weitergehenden* Schutz vor missbräuchlichen Klauseln vorsehen.
[180] Diese Richtlinie war von den Mitgliedstaaten bis Ende 1994 ins nationale Recht umzusetzen.
[181] Vgl. Erläuternder Bericht, 15 f.
[182] Vgl. Art. 2 lit. b Richtlinie.
[183] Art. 3 Abs. 1 Richtlinie.
[184] Zu beachten ist die Einschränkung in Art. 4 Abs. 2 der Richtlinie, wonach die Inhaltskontrolle weder den Hauptgegenstand des Vertrages noch die Angemessenheit zwischen Preis und Gegenleistung erfasst. Vgl. auch BGer B 160/06, E. 6.2.
[185] Siehe insbesondere: EuGH-Urteil vom 27. Juni 2000 (Rs. C-240/98), *Océano Grupo Editorial SA*, Slg. 2000, I-4963; EuGH-Urteil vom 22. November 2001 (Rs. C-541/99), *Cape Snc gegen Idealservice Srl*, Slg. 2001, I-9049; EuGH-Urteil vom 7. Mai 2002 (Rs. C-478/99), *Kommission gegen Königreich Schweden*, Slg. 2002, I-4147; EuGH-Urteil vom 21. November 2002 (Rs. C-473/00), *Cofidis gegen Fredout*, Slg. 2002, I-10875; EuGH-Urteil vom 1. April 2004 (Rs. C-237/02), *Freiburger Kommunalbauten GmbH* gegen *Hofstetter*, Slg. 2004, I-3403; EuGH-Urteil vom 10. Januar 2006 (Rs. C-302/04), *Ynos gegen Varga*, Slg. 2006, I-371; EuGH-Urteil vom 26. Oktober 2006 (Rs. C-168/05), *Mostaza Claro gegen Centro Móvil Milenium SL*, Slg. 2006, I-10421; EuGH-Urteil vom 7. Juni 2007 (Rs. C-222 bis 225/05), *van der Weerd* et al. gegen *Minister van Landbouw*, Slg. 2007, I-4233; EuGH-Urteil vom 4. Oktober 2007 (Rs. C-429/05), *Rampion gegen Franfinance SA*, Slg. 2007, I-8017.
[186] Vgl dazu PROBST, BJM 2004, 230 ff.

nationale Gesetzgebung **nicht autonom nachvollzogen** hat, ist diese EuGH-Rechtsprechung für die Interpretation von Art. 8 *de lege lata* nicht gleichermassen wegleitend wie bei autonom nachvollzogenen Richtlinien[187]. Dennoch kann sowohl die Richtlinie (z.B. der Klauselkatalog in deren Anhang) als auch die EuGH-Rechtsprechung als **Auslegungshilfe** im Rahmen der Rechtsvergleichung von Nutzen sein und beigezogen werden.

Neben dem EU-Recht sind in jüngerer Zeit auch europarechtliche «Kodifikationen» von «soft law»-Regeln ausgearbeitet worden, die sich u.a. auch mit den AGB befassen. Zu erwähnen sind namentlich die **Principles of International Commercial Contracts** (PICC)[188], die **Principles of European Contract Law** (PECL)[189], der **Vorentwurf** für ein **Europäisches Vertragsgesetzbuch**[190] sowie der **Draft Common Frame of Reference** (DCFR)[191]. Diesen «soft law»-Regeln kommt naturgemäss keine Gesetzeskraft zu, aber sie stellen angesichts ihrer wissenschaftlichen Qualität – auch für die Interpretation des schweizerischen Rechts – eine wertvolle, rechtsvergleichende Erkenntnisquelle dar.

75

IX. Ausblick de lege ferenda: UWG-Revision und VVG-Revision

Die AGB-Problematik ist ein Thema, mit dem sich nicht nur Lehre und Rechtsprechung seit langem intensiv und facettenreich beschäftigen. Auch auf gesetzgeberischer Ebene werden die mit AGB verbundenen Probleme immer wieder diskutiert, wobei sich zur Zeit die Diskussion auf die Revision des **UWG** und des **VVG**[192] konzentriert. Im Sinne eines Ausblicks *de lege ferenda* soll darauf kurz eingegangen werden.

76

---

[187] Vgl. BGE 129 III 235; PROBST, BJM 2004, 236 ff.
[188] Diese UNIDROIT-Grundsätze befassen sich in den Art. 2.1.19 bis 2.1.22 und Art. 4.6 PICC mit AGB (Begriff der AGB, Ungewöhnlichkeitsregel, Vorrang der Einzelabrede, «battle of forms»; *contra proferentem*-Regel).
[189] Art. 2:104 PECL befasst sich mit der Abschlusskontrolle von AGB, Art. 4:110 PECL mit der Inhaltskontrolle und 5.103 PECL mit der *contra proferentem*-Regel.
[190] Der Gandolfi-Vorentwurf behandelt die AGB in Art. 30 Abs. 4 (Katalog ungültiger Klauseln) und Abs. 5 (Inhaltskontrolle nachteiliger AGB) sowie in Art. 33 (Begriff und Gültigkeit der AGB) und Art. 38 (Vorrang der Einzelabrede).
[191] Vgl. den Abschnitt II.-9:401 bis 9:411.
[192] Zu erwähnen sind aber z.B. auch die Empfehlungen der Eidgenössischen Kommission für Konsumentenfragen vom 3. Juni 2003 betreffend Allgemeine Geschäftsbedingungen. Vgl. dazu GIRSBERGER, FS Gauch, 417 ff.

1. UWG-Revision

77   Am 6. Juni 2008 eröffnete der Bundesrat das Vernehmlassungsverfahren zur Änderung des UWG. Dieses Revisionsvorhaben beschlägt u.a. auch die **Allgemeinen Geschäftsbedingungen**. Gemäss **Vorentwurf** soll das heutige Recht dem EU-Recht angenähert werden, indem für Art. 8 E-UWG folgender neuer Wortlaut vorgeschlagen wird:

78   *«Unlauter handelt insbesondere, wer vorformulierte allgemeine Geschäftsbedingungen verwendet, die:*

   a. *in gegen Treu und Glauben verstossender Weise von der unmittelbar oder sinngemäss anwendbaren gesetzlichen Ordnung erheblich abweichen oder*

   b. *eine der Vertragsnatur erheblich widersprechende Verteilung von Rechten und Pflichten vorsehen.»*[193]

79   Nach diesem **Vorentwurfstext** würde somit im Ingress auf das bisherige (von der Lehre kritisierte) Erfordernis der **Irreführung** verzichtet, um der (offenen) **Inhaltskontrolle** zum Durchbruch zu verhelfen, und dadurch dem Richter zu ermöglichen, AGB aufgrund ihres einseitig benachteiligenden Inhalts als unlauter zu erklären[194]. Gleichzeitig würde allerdings in **lit. a** die **Treuwidrigkeit** der Abweichung vom Gesetz als (neues) Erfordernis eingeführt, um den Bezug zum Grundtatbestand von Art. 2, d.h. zur **Unlauterkeit** klarzustellen. Diese Treuwidrigkeit erblickt der Vorentwurf darin, dass die AGB *«irreführend, unklar, verwirrend oder untransparent gestaltet oder formuliert»*[195] sind.

80   Diesbezüglich ist freilich zu beachten, dass die irreführende und unklare Gestaltung bzw. Formulierung von AGB *de lege lata* bereits von der bundesgerichtlichen Rechtsprechung zur **obligationenrechtlichen Abschluss-** und **Auslegungskontrolle** erfasst ist. Hingegen wird der zentralere Aspekt der Überrumpelungsgefahr bzw. der Zwangslage, welcher sich der AGB-Übernehmer typischerweise auch dort ausgesetzt sieht, wo die AGB unmissverständlich und transparent formuliert bzw. gestaltet sind, vom Vorentwurf nicht spezifisch erfasst. Diese Problematik hätte eigentlich bereits *de lege lata* über das Kriterium der Treuwidrigkeit des **Grundtatbestandes** von Art. 2 angegangen werden können – und wohl auch müssen –, was jedoch nicht geschehen ist. Wenn daher der Vorentwurf in lit. a lediglich das Erfordernis der **«Irreführung»** durch jenes der **«Treuwidrigkeit»** ersetzen möchte, ist fraglich, ob dies – ausser einer Neuformulierung des Gesetzestextes – inhaltlich einen wirklichen Fortschritt darstellen würde. Die Gefahr, dass der Vorentwurf sich hier in einer begrifflichen Anpassung ohne wirkliche materielle Verbesserung erschöpfen könnte, ist daher nicht von der Hand zu weisen.

---

[193] BBl 2008, 5361 (mit Verweisung auf die Website <http://www.admin.ch/ch/d/gg/pc/pendent.html>).
[194] Erläuternder Bericht VE-UWG 2008, 9.
[195] Erläuternder Bericht VE-UWG 2008, 18.

Neu und etwas vielversprechender erscheint im Vorentwurf dagegen der **Verzicht auf die Irreführung in lit. b**, womit die Grundlage für eine offene Inhaltskontrolle von AGB geschaffen werden soll. Die praktische Tragweite dieser Bestimmung würde entscheidend von ihrem **Anwendungsbereich** abhängen, denn nur, wenn diese Bestimmung – in Überwindung der bisherigen Betrachtungsweise – **nicht** auf **Innominatverträge** fokussiert bliebe, könnte der UWG-Revisionsvorentwurf bei der rechtlichen Bewältigung der AGB-Problematik einen relevanten Fortschritt erzielen. Die **Auslegung** dieser Bestimmung durch die Praxis wäre daher entscheidend, falls der Vorentwurf Gesetz würde.

81

Letzteres ist nun allerdings eher unwahrscheinlich, da der **bundesrätliche Gesetzesentwurf**[196] diesen Schritt wieder **rückgängig** gemacht hat. Der Bundesrat hat in seiner Botschaft nämlich folgenden Wortlaut für Art. 8 E-UWG vorgeschlagen:

82

«Unlauter handelt insbesondere, wer allgemeine Geschäftsbedingungen verwendet, die in Treu und Glauben verletzender Weise:

a. von der gesetzlichen Ordnung erheblich abweichen; oder

b. ein erhebliches und ungerechtfertigtes Missverhältnis zwischen den vertraglichen Rechten und den vertraglichen Pflichten vorsehen.»[197].

Nach diesem Entwurf würde die **Treuwidrigkeit** in den **Ingress** der Bestimmung zurückverschoben, so dass dieses Kriterium – wie bereits *de lege lata* die **Irreführung** – eine **allgemeine** Tatbestandsvoraussetzung darstellen würde. Da eine Irreführung regelmässig treuwidrig ist, kann sich aus dieser terminologischen Neuformulierung («Treuwidrigkeit» statt «Irreführung») nur dann eine materielle Änderung ergeben, falls die Treuwidrigkeit wesentlich **weiter interpretiert** werden sollte als der bisherige Begriff der «Irreführung». Da nun allerdings diese Interpretationsmöglichkeit aufgrund von Art. 2 bereits *de lege lata* bestanden hat, sind Zweifel angebracht, ob der bundesrätliche Entwurf mit seiner begrifflichen **Umformulierung** einen besseren Schutz vor missbräuchlichen AGB bewerkstelligen könnte[198].

83

Was die **weiteren Änderungen** des bundesrätlichen Entwurfes gegenüber dem Vorentwurf bzw. gegenüber dem bisherigen Gesetzestext betrifft, ergibt sich zusammengefasst Folgendes:

84

– Die einfachere Formulierung im Ingress, wo bloss noch von «allgemeinen Geschäftsbedingungen» statt – pleonastisch – von «**vorformulierten** allgemeinen Geschäftsbedingungen» gesprochen wird, ist zu begrüssen, da sonst der Eindruck entsteht, es gebe auch nicht vorformulierte AGB.

---

[196] BBl 2009, 6193.
[197] BBl 2008, 6193 f.
[198] Da Art. 8 auf die *Unlauterkeit* abstellt und Art. 2 darunter jedes *treuwidrige* Verhalten versteht, wäre es schon *de lege lata* ohne Weiteres möglich gewesen, über den Fall der Irreführung hinaus weiteres treuwidriges Verhalten mit AGB unter Art. 8 («insbesondere») zu fassen.

- Verfehlt ist dagegen die Streichung der Formulierung «**zum Nachteil einer Vertragspartei**» im Ingress des geltenden Gesetzes, da diese Voraussetzung durch Lehre und Rechtsprechung sogleich wieder in den Gesetzestext hineininterpretiert werden müsste. Eine **Benachteiligung** des AGB-Übernehmers bildet eine **notwendige Voraussetzung** für eine offene Inhaltskontrolle von AGB und sollte daher im Gesetzestext zum Ausdruck kommen, wie dies auch in anderen Rechtsordnungen der Fall[199] ist und dem Grundsatz der Transparenz entspricht.

- Sinnvoll ist die Vereinfachung der Formulierung in **Art. 8 lit. a E-UWG**, welcher darauf verzichtet, von der «**unmittelbar oder sinngemäss anwendbaren** gesetzlichen Ordnung» zu sprechen. Es genügt hier der kürzere Begriff der «gesetzlichen Ordnung».

- Zweifelhaft ist der bundesrätliche Entwurf von **Art. 8 lit. b E-UWG** und zwar namentlich aus folgenden Gründen: Erstens würde es (sprachlich) genügen, von «vertraglichen Rechten und Pflichten» zu sprechen statt von «vertraglichen Rechten und den vertraglichen Pflichten». Zweitens ist die neue Formulierung – trotz Anlehnung an Art. 3 Abs. 1 EG-Richtlinie 93/13 – fragwürdig, weil sie den (unbestrittenermassen) unbestimmten Begriff der «**Vertragsnatur**» durch das «**erhebliche und ungerechtfertigte Missverhältnis**» zwischen vertraglichen Rechten und Pflichten ersetzen und dieses Missverhältnis nach dem konturlosen **Grundsatz der Billigkeit** beurteilen will[200]. Im Klartext heisst dies, dass jene AGB nichtig sein sollen, welche der Richter als unbillig empfindet. Es ist indes fraglich, ob ein Richter legitimiert sein kann, nach blossen Billigkeitserwägungen Teile eines von den Parteien abgeschlossenen Vertrags **nichtig** zu erklären[201]. Der Rechtssicherheit ist damit jedenfalls nicht besser gedient als mit der bestehenden gesetzlichen Regelung. Viertens schafft das Kriterium des «erheblichen und ungerechtfertigten Missverhältnisses» nach Art. 8 lit. b UWG-Entwurf potentielle **Kohärenzprobleme** zum «offenbaren Missverhältnis» der **Übervorteilung** nach Art. 21 OR. Es

---

[199] Vgl. z.B. Art. 3 Abs. 1 EG-Richtlinie 93/13 («zum Nachteil des Verbrauchers»); § 307 Abs. 1 BGB («... den Vertragspartner des Verwenders ... unangemessen benachteiligen»), französischer Code de la consommation Art. L. 132-1 Abs. 1 («au détriment du non-professionnel»), § 879 Abs. 3 ABGB («gröblich benachteiligt»), italienischer Codive civile Art. 1341 Abs. 2 («a favore di colui che le ha predisposte» [sc. le clausole]), welche alle eine Benachteiligung des AGB-Übernehmers verlangen.

[200] Vgl. UWG Botschaft, 6179 («Das Missverhältnis zulasten der anderen Vertragspartei muss erheblich und ungerechtfertigt sein, sodass ein Beibehalten der Klausel mit dem Grundsatz der Billigkeit nicht zu vereinbaren ist und daher die Nichtigkeit der Klausel als die angemessene Folge erscheint.»).

[201] Nach der EG-Richtlinie 93/13 wird das richterliche Ermessen, wann AGB als missbräuchlich zu qualifizieren sind, massgeblich durch einen *langen Klauselkatalog* (im Anhang) geleitet. Nach dem Entwurf des Bundesrates fehlt es dagegen vollständig an solchen Leitplanken. Wenn man sich an der EG-Richtlinie orientieren will, sollte dies nicht nur für Art. 3 Abs. 1, sondern auch für Art. 3 Abs. 3 (Verweis auf Anhang) der Richtlinie der Fall sein.

fragt sich, ob es kohärent ist, wenn ein Vertrag, bei welchem die eine Partei die Schwächelage der andern Partei bewusst ausnutzt, um sich einen krassen Vorteil zu verschaffen, bloss mit der Rechtsfolge der **Anfechtbarkeit** belegt wird, während ein Vertrag, bei welchem der AGB-Verwender sich aufgrund einseitiger AGB einen erheblichen Vorteil verschafft, mit der Rechtsfolge der **(Teil)nichtigkeit** sanktioniert wird. Es dürfte schwierig sein, hier Wertungswidersprüche zwischen beiden Normen zu vermeiden, was belegt, dass die AGB-Problematik in erster Linie im OR und nicht im UWG geregelt werden sollte. Insgesamt bestehen somit Bedenken, ob mit dem Revisionstext des bundesrätlichen Entwurfs die AGB-Problematik einer adäquaten Lösung zugeführt werden kann.

2. VVG-Revision

Neben der UWG-Revision ist auch eine **VVG-Revision** hängig, welche die AGB-Problematik im Zusammenhang mit den Allgemeinen Versicherungsbedingungen aufgreift. Im **Vorentwurf** der Expertenkommission zur Totalrevision des VVG vom 31. Juli 2006 war zunächst vorgeschlagen worden, im **Obligationenrecht** einen neuen **Art. 20a OR** einzuführen. Nach diesem Vorschlag wären AGB missbräuchlich und infolgedessen unwirksam gewesen, wenn sie den Vertragspartner **unangemessen benachteiligen**, d.h. wenn eine AGB-Klausel mit **wesentlichen gesetzlichen Grundsätzen** unvereinbar ist[202].

85

Im anschliessenden **Gesetzesentwurf** vom 21. Januar 2009 ist dieser Vorschlag jedoch wieder **fallen gelassen** worden, weil eine generelle Inhaltskontrolle eine Frage des allgemeinen Vertragsrechts darstelle[203] und daher nicht auf dem Wege

86

---

[202] Art. 20a lautet: «*Bestimmungen in vorformulierten Allgemeinen Vertragsbedingungen sind missbräuchlich und unwirksam, wenn sie den Vertragspartner des Verwenders unangemessen benachteiligen. Eine unangemessene Benachteiligung ist namentlich dann anzunehmen, wenn eine Bestimmung mit wesentlichen Grundsätzen der gesetzlichen Regelung, von der zu Lasten des Vertragspartners abgewichen wird, nicht zu vereinbaren ist.*». Vgl. dazu GROLIMUND, HAVE 2007, 145 ff.; PICHONNAZ, FS Tercier, 377 ff.

[203] Zum Teil wird in der Lehre argumentiert (vgl. z.B. PICHONNAZ, FS Tercier, 391), die allfällige Einführung einer Inhaltskontrolle lasse die Ungewöhnlichkeitsregel hinfällig werden. Dies trifft nicht zu. Die *Ungewöhnlichkeitsregel* ist Bestandteil der *Abschlusskontrolle* und will sicherstellen, dass das Vertrauensprinzip auch bei der Übernahme von AGB eingehalten wird, indem eine Globalübernahme nur solche Klauseln erfasst, mit denen der Übernehmer nach Treu und Glauben rechnen musste. Dagegen will die *Inhaltskontrolle* verhindern, dass grundsätzlich gültig vereinbarte AGB zulasten der schwächeren Partei *erheblich vom gerechtigkeitsbewährten, dispositiven Gesetz abweichen*. Beide Kontrollen haben *nebeneinander* Bestand wie z.B. auch § 305c BGB und § 307 BGB belegen. Was ungewöhnlich ist, ist nicht zugleich ohne weiteres unbillig benachteiligend *et vice versa* (vgl. auch MERZ, FS Schönenberger, 151; ZK-JÄGGI/GAUCH, Art. 18 N 472). Am Beispiel erläutert: Wenn in den AGB einer Bank steht, dass der Hypothekarkreditnehmer der Ehefrau des Bankdirektors zum nächsten Geburtstag einen Blumenstrauss im Werte von Fr. 15.- zu schenken hat, so stellt dies eine *ungewöhnliche*, nicht aber eine *erheblich nachtei-*

einer VVG-Revision einzuführen sei[204]. Zudem soll aus Gründen der Gleichbehandlung mit anderen Wirtschaftszweigen sowie der Wettbewerbsneutralität nicht eigens für die Versicherungsbranche eine individuelle Regelung im VVG für allgemeine Versicherungsbedingungen eingeführt werden[205]. Damit ist davon auszugehen, dass im Rahmen der VVG-Revision keine AGB-Regelung erfolgen wird[206].

3. Das Verhältnis der UWG-Revision zur VVG-Revision

87 Was das gegenseitige Verhältnis der beiden parallelen Revisionsvorhaben anbelangt, geht die UWG-Revision davon aus, dass die VVG-Revision durch die neue Fassung von Art. 8 hinfällig werden würde[207]. Mit dem Verzicht auf eine AGB-Regelung im Rahmen der VVG-Revision stellt sich diese Frage jedoch nicht mehr konkret. Für die künftige Rechtsentwicklung im Bereiche der AGB gilt es daher, das **Ergebnis** der **UWG-Revision** abzuwarten.

88 Unabhängig davon ist aber klar, dass das **UWG nicht der richtige Ort** für die Einführung einer allgemeinen **AGB-Inhaltskontrolle** ist. Der Gesetzgeber wird daher nicht umhin kommen, früher oder später eine Regelung im OR selber vorzusehen, da die **Rechtsfolge** der missbräuchlichen Verwendung von AGB eine Frage des **allgemeinen Obligationenrechts** und nicht des Lauterkeitsrechts darstellt[208]. Die richtige Rechtsfolge muss vom Gesetzgeber in Abstimmung mit der *ex officio* Nichtigkeitsfolge bei vertraglichen Verstössen gegen zwingendes Recht[209] und der blossen Anfechtbarkeit bei willensmängelbehafteten Verträgen[210] festgelegt werden. Dabei ist u.a. die Grundsatzfrage von Bedeutung, ob der Schutz vor AGB ein

---

lige Klausel dar. Die Einführung einer Inhaltskontrolle ins OR impliziert daher nicht die Beseitigung der Ungewöhnlichkeitsregel, sondern lediglich deren *Rückführung* auf ihre *eigentliche Funktion* (Konsenskontrolle nach Vertrauensprinzip) unter Aufgabe der verdeckten Inhaltskontrolle, welche das Bundesgericht praktiziert, indem es die (objektive) Ungewöhnlichkeit einer AGB-Klausel massgeblich an deren *Benachteiligungseffekt* orientiert.

[204] Erläuternder Bericht vom 21. Januar 2009 zur Revision des Bundesgesetzes über den Versicherungsvertrag (VVG), 102.

[205] Ibidem. Dies ist ein blosses *Scheinargument*, da die VVG-Revision ja gerade die Einführung einer Regelung im *Obligationenrecht* vorgesehen hatte.

[206] Vgl. auch den Bericht des Eidgenössischen Finanzdepartementes über die Vernehmlassung zur Revision des Bundesgesetzes über den Versicherungsvertrag (VVG) vom Oktober 2009, wo die AGB-Thematik kein relevantes Thema mehr ist. – Die Botschaft des Bundesrates zur VVG Revision soll im Herbst 2010 erscheinen.

[207] Vgl. Erläuternder Bericht VE-UWG 2008, 9 f., 12.

[208] Vgl. auch HUGUENIN JACOBS, recht 1995, 93; PEDRAZZINI/PEDRAZZINI, UWG, N 12.02. – Zur Zeit arbeitet eine repräsentative Gruppe von Rechtswissenschaftern aller Rechtsfakultäten der Schweiz im Rahmen eines SNF-Projekts an einer Revision des Allgemeinen Teils des Obligationenrechts aus wissenschaftlicher Sicht. Nach dem gegenwärtigen Stand der Arbeiten soll eine AGB-Inhaltskontrolle ins OR aufgenommen werden.

[209] Vgl. Art. 19 und 20 OR.

[210] Vgl. Art. 23 ff. OR.

Sonderschutz für **Konsumenten** nach dem Vorbild des EU-Recht sein soll oder ob das Ziel ein **allgemeiner vertragsrechtlicher Schutz** der **schwächeren Vertragspartei** vor Benachteiligung durch Überrumpelung und Ausnützung fehlender, alternativer Vertragsabschlussmöglichkeiten auf dem Markt ist. Auch ein **revidiertes UWG** wird daher keine adäquate Lösung der AGB-Problematik darstellen[211].

---

[211] Das «Argument» der bundesrätlichen Botschaft, es sei «naheliegender» eine Regelung im UWG statt im OR vorzusehen, weil im UWG bereits eine Bestimmung (Art. 8) zu finden sei (BBl 2009, 6165), ist wenig überzeugend. Ein falsch eingeschlagener Weg wird nicht zum richtigen, indem man ihn fortsetzt.

2. Abschnitt: Klageberechtigung

Art. 9

Grundsatz

¹ Wer durch unlauteren Wettbewerb in seiner Kundschaft, seinem Kredit oder beruflichen Ansehen, in seinem Geschäftsbetrieb oder sonst in seinen wirtschaftlichen Interessen bedroht oder verletzt wird, kann dem Richter beantragen:
a. eine drohende Verletzung zu verbieten;
b. eine bestehende Verletzung zu beseitigen;
c. die Widerrechtlichkeit einer Verletzung festzustellen, wenn sich diese weiterhin störend auswirkt.

² Er kann insbesondere verlangen, dass eine Berichtigung oder das Urteil Dritten mitgeteilt oder veröffentlicht wird.

³ Er kann ausserdem nach Massgabe des Obligationenrechts auf Schadenersatz und Genugtuung sowie auf Herausgabe eines Gewinnes entsprechend den Bestimmungen über die Geschäftsführung ohne Auftrag klagen.

Principe

¹ Celui qui, par un acte de concurrence déloyale, subit une atteinte dans sa clientèle, son crédit ou sa réputation professionnelle, ses affaires ou ses intérêts économiques en général ou celui qui en est menacé, peut demander au juge:
a. de l'interdire, si elle est imminente;
b. de la faire cesser, si elle dure encore;
c. d'en constater le caractère illicite, si le trouble qu'elle a créé subsiste.

² Il peut en particulier demander qu'une rectification ou que le jugement soit communiqué à des tiers ou publié.

³ Il peut en outre, conformément au code des obligations, intenter des actions en dommages-intérêts et en réparation du tort moral, ainsi qu'exiger la remise du gain selon les dispositions sur la gestion d'affaires.

Principio

¹ Chi è leso o minacciato da concorrenza sleale nella clientela, nel credito, nella reputazione professionale, negli affari o in genere negli interessi economici può domandare al giudice:
a. di proibire una lesione imminente;
b. di far cessare una lesione attuale;
c. di accertare l'illiceità di una lesione che continua a produrre effetti molesti.

² Può in particolare chiedere che una rettificazione o la sentenza sia comunicata a terzi o pubblicata.

³ Può inoltre, giusta il Codice delle obbligazioni, proporre azioni di risarcimento del danno, di riparazione morale e di consegna dell'utile conformemente alle disposizioni sulla gestione d'affari senza mandato.

| Principle | ¹Whoever, through an act of unfair competition, suffers or is likely to suffer an impairment to his clientele, his credit or his professional reputation, his business or otherwise in his economic interests, may request the judge:
a. to prohibit an imminent infringement;
b. to remove an ongoing infringement;
c. to establish the unlawful nature of an infringement if its consequences still subsist.

²He may, in particular, require that a rectification or the judgement shall be communicated to third parties or be published.

³He may, further, in accordance with the Swiss Code of Obligations, bring an action for damages and redress and may also require the recovery of profits pursuant to the provisions governing conducting business without mandate. |
|---|---|

Inhaltsübersicht　　　　　　　　　　　　　　　　　　　　　　　　　Note　Seite

I. Normzweck.. 1　684
II. Entstehungsgeschichte.. 2　685
III. Systematik und Verhältnis zu anderen Vorschriften .... 6　686
IV. Gemeinsame Voraussetzungen: Aktiv- und Passivlegitimation
　　sowie Rechtsschutzinteresse .... 8　687
　　1. Aktivlegitimation .... 8　687
　　　　a) Begriff und Regelung .... 8　687
　　　　b) Voraussetzungen .... 9　688
　　　　　　aa) Allgemeines .... 9　688
　　　　　　bb) Spezielle Fragestellungen .... 15　690
　　2. Passivlegitimation .... 24　694
　　　　a) Begriff und Regelung .... 24　694
　　　　b) Voraussetzungen .... 28　696
　　　　　　aa) Voraussetzungen bei negatorischen Ansprüchen .... 29　696
　　　　　　bb) Reparatorische Ansprüche .... 31　697
　　　　c) Arten der Passivlegitimation... 32　697
　　　　　　aa) Passivlegitimation durch Tun (sog. Handlungsstörer) .... 32　697
　　　　　　bb) Passivlegitimation durch Unterlassen (sog. Zustandsstörer). 34　698
　　　　d) Sonderfälle der Passivlegitimation .... 37　699
　　　　　　aa) Passivlegitimation von Geschäftsherren und ihren
　　　　　　　　Hilfspersonen... 37　699
　　　　　　bb) Passivlegitimation von juristischen Personen, ihren
　　　　　　　　Organmitgliedern, Gesellschaftern und von
　　　　　　　　Konzerngesellschaften .... 39　700
　　　　　　cc) Passivlegitimation der öffentlichen Hand............... 44　702
　　　　　　dd) Passivlegitimation von Herstellern, Vertriebs- und
　　　　　　　　Transportpersonen... 45　702
　　　　　　ee) Passivlegitimation von Medienschaffenden .... 49　703

				Note	Seite
		ff)	Passivlegitimation der Internetprovider	53	705
		gg)	Passivlegitimation von Wissenschaftlern	55	706
		hh)	Passivlegitimation von unmittelbaren und mittelbaren Besitzern	56	707
	3.	Rechtsschutzinteresse		58	707
V.	Negatorische Ansprüche (Art. 9 Abs. 1 und 2)			60	708
	1.	Anspruch auf Unterlassung (Art. 9 Abs. 1 lit. a)		60	708
		a)	Allgemeines	60	708
		b)	Voraussetzungen	62	708
		c)	Inhalt	65	710
	2.	Anspruch auf Beseitigung (Art. 9 Abs. 1 lit. b)		71	713
		a)	Allgemeines	71	713
		b)	Voraussetzungen	72	713
		c)	Inhalt	73	714
	3.	Anspruch auf Feststellung (Art. 9 Abs. 1 lit. c)		82	718
		a)	Allgemeines	82	718
		b)	Voraussetzungen	85	718
		c)	Verhältnis zur allgemeinen bundesrechtlichen Feststellungsklage	93	721
	4.	Anspruch auf Berichtigung, Mitteilung des Urteils an Dritte und Urteilspublikation (Art. 9 Abs. 2)		94	722
		a)	Allgemeines	94	722
		b)	Berichtigung	102	724
		c)	Mitteilung des Urteils an Dritte	105	725
		d)	Urteilspublikation	106	725
	5.	Keine selbständigen Ansprüche auf Auskunftserteilung		114	727
VI.	Reparatorische Ansprüche (Art. 9 Abs. 3)			116	728
	1.	Anspruch auf Schadenersatz		118	728
		a)	Schaden	119	729
		aa)	Positiver Schaden (damnum emergens)	121	729
		bb)	Entgangener Gewinn (lucrum cessans)	125	731
		cc)	Möglichkeit der Schadensschätzung gemäss Art. 42 Abs. 2 OR	136	735
		dd)	Dreifache Schadensberechnung im UWG	141	737
		aaa)	Allgemeines	141	737
		bbb)	Lizenzanalogie	145	738
		ccc)	Indizweises Abstellen auf den Verletzergewinn	150	740
		ee)	Schadensbemessung	153	741
		b)	Unlauterkeit (Widerrechtlichkeit)	156	742
		c)	Kausalzusammenhang	157	743
		d)	Verschulden	163	744
		e)	Schadenersatzanspruch bei Schuldnermehrheit	173	747
		f)	Schadenersatzanspruch bei Gläubigermehrheit	175	747
		g)	Weitere Aspekte	177	748

			Note	Seite
2.	Anspruch auf Genugtuung		179	748
	a)	Allgemeines	179	748
	b)	Voraussetzungen	180	749
	c)	Inhalt	182	749
	d)	Verhältnis zu anderen Ansprüchen	183	750
3.	Anspruch auf Herausgabe eines Gewinnes		184	750
	a)	Allgemeines	184	750
	b)	Bedeutung des Verweises auf das Recht der Geschäftsführung ohne Auftrag	186	751
	c)	Berechnung des Gewinnes	197	755
	d)	Kausalität	208	758
	e)	Bösgläubigkeit	209	758
	f)	Teilkumulation mit Schadenersatzanspruch	210	759
	g)	Aktiv- und Passivlegimation	211	759
	h)	Gewinnherausgabe bei Gläubigermehrheit	213	760
	i)	Gewinnherausgabe bei Schuldnermehrheit	214	760
4.	Anspruch aus ungerechtfertigter Bereicherung (Art. 62 ff. OR)		215	761
VII.	Einwendungen des Verletzers		220	762
VIII.	Verjährung und Verwirkung		222	763
1.	Verjährung		222	763
	a)	Allgemeines	222	763
	b)	Negatorische Ansprüche (Art. 9 Abs. 1 und 2)	223	763
	c)	Reparatorische Ansprüche (Art. 9 Abs. 3)	224	764
2.	Verwirkung		227	765
IX.	Verfahrensfragen		232	768
1.	Allgemeine Aspekte		232	768
2.	Stufenklage im Besonderen		238	770

Literatur

R. E. AEBI-MÜLLER, Die privatrechtliche Rechtsprechung des Bundesgerichts im Jahr 2005, Personenrecht und Erbrecht, ZBJV 2006, 303 ff.; D. ALDER, Der einstweilige Rechtsschutz im Immaterialgüterrecht, Bern 1993; D. ASCHMANN, Ein Unterlassungsbegehren muss so formuliert sein, dass das Verbot ohne nochmalige materielle Prüfung vollstreckt werden kann, in: M. Kurer et al. (Hrsg.), Binsenwahrheiten des Immaterialgüterrechts: FS für Lucas David zum 60. Geburtstag, Zürich 1996, 287 ff.; R. BÄR, Gründergesellschaft und Vorgesellschaft zur AG, in: H. Merz/W. R. Schluep (Hrsg.), Recht und Wirtschaft heute, Festgabe zum 65. Geburtstag für Max Kummer, Bern 1980, 77 ff.; C. BAUDENBACHER (Hrsg.), Lauterkeitsrecht – Kommentar zum Gesetz gegen den unlauteren Wettbewerb (UWG), Basel 2001, Art. 9 sowie Art. 11 N 1 ff.; DERS., Schwerpunkte der schweizerischen UWG-Reform, in: C. Baudenbacher (Hrsg.), Das UWG auf neuer Grundlage, Bern 1989, 15 ff.; E. BENGTSSON-BÄNZIGER, Der Konsumentenboykott im Wettbewerb, Zürich 2008; B. BERGER/A. GÜNGERICH, Die Prozessführungsbefugnis des Lizenznehmers, recht 2003, 133 ff. [nur zum DesG]; M. BERGER, Durchsetzung der Lizenz gegenüber Dritten, sic! 2005, 163 ff.; B. BODMER, Die allgemeine Feststellungsklage im schweizerischen Privatrecht, Basel 1984; J. BORER, Zivil- und strafrechtliches Vorgehen, in: T. Geiser/P. Krauskopf/P. Münch (Hrsg.), Schweizerisches und europäisches Wettbewerbsrecht, Handbücher für die Anwaltspraxis, Band IX, Basel 2005, N 13.102 ff.; S. BRAUCHBAR, Die Verwirkung im Kennzeichenrecht, unter Berücksichtigung der Regelung in der Europäischen Union, Basel/Genf/München 2001; R. BREHM, in: H. Hausheer/H.P. Walter (Hrsg.), Berner Kommentar, Band VI/1/3/1 (Art. 41–61 OR), 3. Aufl., Bern 2006; R. G. BRINER, Haftung der Internet-Provider für Unrecht Dritter, sic! 2006, 383 ff.; A. BÜHLER/D. RÜETSCHI, Die gerichtliche Anordnung der Übertragung von Domainnamen, in: H. Honsell et al. (Hrsg.), Privatrecht und Methode, FS für E. A. Kramer, Basel 2004, 1005 ff.; B. VON BÜREN, Kommentar zum Bundesgesetz über den unlautern Wettbewerb vom 30. Sept. 1943 unter Einschluss der Ausverkaufsverordnung vom 16. April 1947, Zürich 1957, Kommentierung zu Art. 2 (Ansprüche), Art. 4 (Haftung der Presse), Art. 6 (Urteilsveröffentlichung) und Art. 7 (Verjährung); R. VON BÜREN/E. MARBACH/P. DUCREY, Immaterialgüter- und Wettbewerbsrecht, 3. Aufl., Bern 2008, N 894 ff.; U. BURI, Domain-Namen, in: R. von Büren/L. David (Hrsg.), SIWR III/2, Firmenrecht, Schutz nicht registrierter Kennzeichen, Herkunftsangaben und andere geographische Bezeichnungen, Domain-Namen, 2. Aufl., Basel 2005, 337 ff.; C. CHAPPUIS, La restitution des profits illégitimes, le rôle privilégié de la gestion d'affaires sans mandat en droit privé suisse, Genève 1991; L. DAVID, Markenschutzgesetz, Muster- und Modellgesetz, in: H. Honsell et al. (Hrsg.), Basler Kommentar, 2. Aufl., Basel 1999; DERS., Der Rechtsschutz im Immaterialgüterrecht, in: R. von Büren/L. David (Hrsg.), SIWR I/2, 2. Aufl., Basel 1998, 1 ff., bes. 57 ff., 77 ff. und 105 ff.; L. DAVID/R. JACOBS, Schweizerisches Wettbewerbsrecht, 4. Aufl., Bern 2005, N 561 ff.; L. DAVID/M. REUTTER, Schweizerisches Werberecht, 2. Aufl., Zürich 2001, N 721 ff. und 747 ff.; P. DIGGELMANN, Strafbestimmungen bei Unterlassungsbegehren im Immaterialgüterrecht, SMI 1992, 23 ff.; DERS., Unterlassungsbegehren im Immaterialgüterrecht, SJZ 1992, 26 ff.; T. FISCHER, Schadenberechnung im gewerblichen Rechtsschutz, Urheberrecht und unlauteren Wettbewerb, Basel 1961; D. GESSLER, Informationsbeschaffung mit den Mitteln des Zivilprozesses, SJZ 2004, 434 ff.; T. GÖKSU, Negative Feststellungsklage: ausgewählte Aspekte und neuere Entwicklung, ZZZ 2008/09, 175 ff.; L. GORDON-VRBA, Vielparteienprozesse, Zürich 2007; C. VON GRAFFENRIED, Schadenersatz und Gewinnherausgabe sind als fiktive Lizenzen zu berechnen, in: M. Kurer et. al. (Hrsg.), Binsenwahrheiten des Immaterialgüterrechts: FS für Lucas David zum 60. Geburtstag, Zürich 1996, 225 ff.; H. HAUSHEER/ R. E. AEBI-MÜLLER, Gewinnherausgabe nach Persönlichkeitsverletzung durch Medien – BGE 5C.66/2006 vom 7. Dezember 2006, ZBJV 2007, 341 ff.; W. HEFERMEHL/H. KÖHLER/ J. BORNKAMM (Hrsg.), Gesetz gegen den unlauteren Wettbewerb UWG, 28. Aufl., München 2010; P. HEINRICH, Die Formulierung patentrechtlicher Unterlassungsbegehren, sic! 2006, 48 ff., DERS., PatG/EPÜ Kommentar, Schweizerisches Patentgesetz und Europäisches Patentübereinkommen, Zürich 1998; A. HESS-BLUMER, Teilnahmehandlungen im Immaterialgüterrecht unter zivilrechtlichen Aspekten, sic! 2003, 95 ff.; DERS., Anmerkung zu «Saugeinlagen für Lebensmittel II», sic! 2007, 846 ff.; C. HILTI, Die «ungeschriebene Tatbestandsvoraussetzung» der Bösgläubigkeit – der Anfang vom Ende des Gewinnherausgabeanspruchs?, AJP 2006, 695 ff.; DERS., Immaterialgüterrechtsverletzungen und unlauterer Wettbewerb, in: P. Münch/ T. Geiser (Hrsg.), Schaden-Haftung-Versicherung, Basel/Genf/München 1999, 867 ff.; R. M. HILTY, Lizenzvertragsrecht, Systematisierung und Typisierung aus schutz- und schuldrechtlicher Sicht, Bern 2001, 771 ff.; H. HONSELL/N. P. VOGT/T. GEISER (Hrsg.), Basler Kommentar ZGB I, 3. Aufl., Basel 2006; H. HONSELL/N. P. VOGT/W. WIEGAND (Hrsg.), Basler Kommentar OR I, 4. Aufl., Basel 2007; K. M. HOTZ, Zur Bedeutung des Bundesgesetzes gegen den unlauteren Wettbewerb (UWG) für die Massenmedien, SJZ 1990, 26 ff.; C. HUGUENIN/ R. M. JENNY, Art. 423 OR, in: M. Amstutz et al. (Hrsg.), Handkommentar zum Schweizer

Privatrecht, Zürich/Basel/Genf 2007; R. M. JENNY, Die Eingriffskondiktion bei Immaterialgüterrechtsverletzungen, Zürich/Basel/Genf 2005; DERS., Zum Verletzerzuschlag im schweizerischen Urheberrecht, sic! 2004, 651 ff.; A. JERMANN, Art. 35, in: R. Staub/A. L. Celli (Hrsg.), Designrecht, Zürich 2003; P. KOHLER, Vermögensausgleich bei Immaterialgüterrechtsverletzungen, Zürich 1999; DERS., Gewinnherausgabe bei Patentrechtsverletzungen, sic! 2006, 815 ff.; H.-G. KOPPENSTEINER/E. A. KRAMER, Ungerechtfertigte Bereicherung, 2. Aufl., Berlin/New York 1988; E. A. KRAMER, Die Kausalität im Haftpflichtrecht: Neue Tendenzen in Theorie und Praxis, ZBJV 1987, 289 ff.; P. KÜTTEL, Begriff der Teilnahme nach Art. 50 OR, HAVE 2008, 320 ff.; C. G. LANG, Die kartellzivilrechtlichen Ansprüche und ihre Durchsetzung nach dem schweizerischen Kartellgesetz, Bern 2000; D. LENGAUER, Zivilprozessuale Probleme bei der gerichtlichen Verfolgung von publikumswirksamen Wettbewerbsverstössen, Zürich 1995; P. LEUMANN LIEBSTER, Die Stufenklage im schweizerischen Zivilprozessrecht, Basel 2005; F. LOCHER, Zu den vermögensrechtlichen Folgen von Immaterialgüterrechtsverletzungen nach schweizerischem Recht vor dem Hintergrund neuerer Gerichtsentscheide, GRUR Int. 2007, 275 ff.; E. MARBACH, in: R. von Büren/L. David (Hrsg.), SIWR III/1, Markenrecht, 2. Aufl., Basel 2009; E. MARTIN-ACHARD, La loi fédérale contre la concurrence déloyale du 19 décembre 1986 (LCD), Lausanne 1988; I. MEIER, Grundlagen des einstweiligen Rechtsschutzes, Zürich 1983; B. K. MÜLLER/R. OERTLI, Urheberrechtsgesetz (URG): Bundesgesetz über das Urheberrecht und verwandte Schutzrechte, Bern 2006; T. MÜLLER, Die Passing-on Defense im schweizerischen Kartellzivilrecht, Zürich 2008; P. NOBEL/R. H. WEBER, Medienrecht, 3. Aufl., Bern 2007; A. OTTOFÜLLING, Steht der Geschäftsführer der GmbH in der Gefahr, persönlich auf Unterlassung zu haften?, GmbHR 1991, 304 ff.; M. M. PEDRAZZINI, Die Verwirkung im schweizerischen Kennzeichnungsrecht, GRUR Int. 1984, 502 ff.; M. M. PEDRAZZINI/C. HILTI, Europäisches und schweizerisches Patent- und Patentprozessrecht, 3. Aufl., Bern 2008; M. M. PEDRAZZINI/F. A. PEDRAZZINI, Unlauterer Wettbewerb, UWG, 2. Aufl., Bern 2002, §§ 14, 16 und 17; G. RAUBER, Klageberechtigung und prozessrechtliche Bestimmungen, in: R. von Büren/L. David (Hrsg.), Wettbewerbsrecht, SIWR V/1, 2. Aufl., Basel 1998, 239 ff., 249 ff.; H. REY, Ausservertragliches Haftpflichtrecht, 4. Aufl., Zürich 2008; F. RIKLIN, Schweizerisches Presserecht, Bern 1996; V. ROBERTO, Schadensrecht, Basel 1997; DERS., Schweizerisches Haftpflichtrecht, Zürich 2002; DERS., Schadenersatz, Gewinnabschöpfung und Bereicherungsanspruch bei Immaterialgüterrechtsverletzungen, sic! 2008 Sonderheft, 23 ff.; P. ROHN, Zivilrechtliche Verantwortlichkeit der Internet-Provider nach schweizerischem Recht; Zürich 2004; D. ROSENTHAL, Zivilrechtliche Haftung der Internet-Provider für Unrecht Dritter, sic! 2006, 511 ff.; DERS., Internet-Provider-Haftung – ein Sonderfall?, in: P. Jung (Hrsg.), Aktuelle Entwicklungen im Haftungsrecht, Tagungsband Recht aktuell, Bern 2007, 147 ff.; D. RÜETSCHI, Anmerkung zu «Patty Schnyders Vater», sic! 2007, 440 ff.; P. SCHALTEGGER, Die Haftung der Presse aus unlauterem Wettbewerb, Zürich 1992; R. SCHLOSSER, La péremption en matière de signes distinctifs, sic! 2006, 549 ff.; DERS., Equivalence entre le bénéfice réalisé par l'auteur de l'atteinte et le gain manqué, L'arrêt «SOS Serruriers» livre-t-il les bonnes clés?, sic! 2008, 152 ff.; W. R. SCHLUEP, Die Europaverträglichkeit des schweizerischen Lauterkeitsrechts, in: R. Wägenbaur et al. (Hrsg.), Un droit européen de la concurrence déloyale en formation?, Genève 1994, 67 ff.; DERS., Über Eingriffskondiktionen, in: F. Sturm (Hrsg.), Mélanges Paul Piotet, Bern 1990, 173 ff; J. SCHMID, in: P. Gauch/ J. Schmid (Hrsg.), Zürcher Kommentar, Band V/3a, Geschäftsführung ohne Auftrag, Art. 419–424 OR, 3. Aufl., Zürich 1993; DERS., Die Geschäftsführung ohne Auftrag, Freiburg 1992; I. SCHWENZER, Schweizerisches Obligationenrecht Allgemeiner Teil, 5. Aufl., Bern 2009; DIES., Rechtsverfolgungskosten als Schaden, in: P. Gauch/F. Werro/P. Pichonnaz (Hrsg.), Mélanges en l'honneur de Pierre Tercier, Zürich 2008, 417 ff.; M. SIDLER, Schadensschätzung und Gerechtigkeitsgebot – oder: die Beweismechanik bei ziffernmässig nicht nachweisbaren Schäden, AJP 2005, 535 ff.; P. SPITZ, Haftung für Wettbewerbshandlungen, in: P. Jung (Hrsg.), Aktuelle Entwicklungen im Haftungsrecht, Tagungsband Recht aktuell, Bern 2007, 205 ff.; DERS., Gewinnherausgabe und sonstige Gewinnabschöpfung, Jusletter vom 9. Oktober 2006, N 36 ff.; DERS., Überlegungen zum entgangenen Gewinn und zur Gewinnherausgabe im gewerblichen Rechtsschutz, sic! 2007, 795 ff.; DERS., Die Behinderung im Wettbewerbsrecht – Unter Berücksichtigung des Kennzeichenrechts, sic! 2006, 520 ff.; A. STAEHELIN/ D. STAEHELIN/P. GROLIMUND, Zivilprozessrecht, Zürich 2008; R. STAUB, in: M. Noth/ G. Bühler/F. Thouvenin, Kommentar Markenschutzgesetz (MSchG), Bern 2009, Kommentierungen Vorbemerkungen Art. 52–60 sowie zu Art. 55 und 57 MSchG; W. STIEGER, Verjährung und Verwirkung im Immaterialgüterrecht: Stichworte und Pro Memoria und Hinweise auf Neues, AJP 1993, 626 ff.; H. STÖCKLI, Ansprüche aus Wettbewerbsbehinderung – ein Beitrag zum Kartellzivilrecht, Fribourg 1999; R. M. STUTZ/S. BEUTLER/M. KÜNZI, Designgesetz: Bundesgesetz vom 5. Oktober 2001 über den Schutz von Design, Bern 2006; M. TAUFER, Einbezug von Dritten im UWG, Zürich 1997; A. TROLLER, Immaterialgüterrecht, Bd. II, 3. Aufl., Basel/Frankfurt a.M. 1985, 965 f.; DERS., Das Delikt des unlauteren Wettbewerbs, 1937; K. TROLLER, Grundzüge des schweizerischen Immaterialgüterrechts, 2. Aufl., Basel 2005, 375 ff. und 392 ff.; O. VOGEL/K. SPÜHLER, Grundriss des Zivilprozessrechts und des internationalen Zivilprozessrechts der Schweiz, 8. Aufl., Bern 2006; H. U. VOGT, Sonderzivilrecht für Immaterialgüter – dargestellt anhand der vermögensrechtlichen Folgen von Immaterialgüterrechtsverletzungen, recht 1997, 231 ff.; H. P. WALTER, Das Wettbewerbsverhältnis im neuen UWG, SMI 1992, 169 ff.; DERS., Lizenzanalogie, Verletzerzuschlag und Gewinnabschöpfung im Ausgleichsmechanismus des schweizerischen Immaterialgüterrechts, in: P. V. Kunz/D. Herren/T. Cottier/R. Matteotti (Hrsg.), Wirtschaftsrecht in Theorie und Praxis – Festschrift für Roland von Büren, Basel 2009, 231 ff.; R. H. WEBER, Gewinnherausgabe – Rechtsfigur zwischen Schadenersatz-, Geschäftsführungs- und Bereicherungsrecht, ZSR 1992 I 333 ff.; DERS., Rechtsfragen rund um Suchmaschinen, Zürich/Basel/Genf 2003; R. WEIMAR, Grundprobleme und offene Fragen um den faktischen GmbH-Geschäftsführer, GmbHR 1997, 473 ff.; F. WERRO, Une remise du gain sans gain?, une illustration de l'arbitrage délicat entre liberté et dignité, in: P. Gauch/F. Werro/P. Pichonnaz (Hrsg.), Mélanges en l'honneur de Pierre Tercier, Zürich 2008, 495 ff.; B. WIDMER, Vermögensrechtliche Ansprüche des Inhabers und des Lizenznehmers bei der Verletzung von Immaterialgüterrechten, Basel/Frankfurt a.M. 1985; P. WIDMER, Die einmalige Verletzung eines Unterlassungsanspruchs impliziert Wiederholungsgefahr und begründet die Wiederholungsvermutung, in: M. Kurer et. al. (Hrsg.), Binsenwahrheiten des Immaterialgüterrechts: FS für Lucas David zum 60. Geburtstag, Zürich 1996, 277 ff.; C. WILLI, Markenschutzgesetz (MSchG), Kommentar zum schweizerischen Markenrecht, Zürich 2002; DERS., Die Schutzrechtsverwarnung als immaterialgüterrechtliches Rechtsinstitut, AJP 1999, 1377 ff.; S. WOLF, Der Rechtsirrtum im Privatrecht, Basel/Genf/München 2003; J. J. ZÜRCHER, Der Einzelrichter am Handelsgericht des Kantons Zürich, Einstweiliger und definitiver Rechtsschutz für immaterialgüter- und wettbewerbsrechtliche Ansprüche im summarischen Verfahren, Zürich 1998.

I. Normzweck

1   Art. 9 führt die zivilrechtlichen Ansprüche auf, die der von unlauterem Wettbewerb betroffenen Person bei Verletzung der Bestimmungen in Art. 2 bis 8 UWG offenstehen. Im Gleichklang mit den Gesetzen im Bereich des Immaterialgü-

terrechts enthält er eine **systematisch gegliederte Anspruchsordnung,** die in **Abs. 1 sowie 2** die **negatorischen Ansprüche** auf Unterlassung, Beseitigung und Feststellung sowie den Anspruch auf Berichtigung oder Urteilspublikation und in **Abs. 3** die **reparatorischen Ansprüche** auf Schadenersatz, Genugtuung und Gewinnherausgabe enthält. Er stellt damit den Wettbewerbsteilnehmern eine umfassende Anspruchsordnung zur Verfügung, wobei verschuldensunabhängige negatorische Ansprüche schon bei blosser Bedrohung in wirtschaftlichen Interessen und verschuldensabhängige reparatorische Ansprüche bei deren Verletzung möglich sind. Gleichzeitig umschreibt er zusammen mit Art. 10 die Anspruchsberechtigung bzw. Aktivlegitimation («Klageberechtigung»), die die Bedrohung oder Schädigung der wirtschaftlichen Interessen einer am Wettbewerb teilnehmenden Person voraussetzt.

II. Entstehungsgeschichte

Im Rahmen der alten, von 1912 bis 1945 in Kraft stehenden lauterkeitsrechtlichen Generalklausel des **Art. 48 aOR** standen bei unlauterem Wettbewerb schon vom Gesetzeswortlaut her sowohl negatorische wie auch reparatorische Ansprüche zu Verfügung[1]. Dasselbe galt zudem bereits (bis 1912) unter dem Regime der alten Generalklausel der unerlaubten Handlung in **Art. 50 Abs. 1 aOR,** dem Vorläufer des heutigen Art. 41 Abs. 1 OR, ohne dass dort negatorische Ansprüche explizit erwähnt gewesen wären[2].

Direkte Vorläufer von Art. 9 waren **Art. 2 und 6 aUWG 1943,** die bis auf den Gewinnherausgabeanspruch dieselben Ansprüche enthielten[3].

Gegenüber dem **Regime des aUWG 1943** besteht mit dem heutigen Art. 9 und der dort geregelten Anspruchsordnung inhaltlich weitgehend Deckungsgleichheit. Der Wortlaut von Art. 9 entspricht dem der bundesrätlichen Botschaft in **Art. 9 E-UWG 1983.** Gegenüber dem **VE-UWG 1980** (Art. 8 VE-UWG 1980), der im Stile der Vorgängernorm (Art. 2 aUWG) verfasst war, wurde in Art. 9 Abs. 3 ein

---

[1] Bspw. BGE 42 II 597, 600; vgl. für den im Gesetzestext (abgedruckt in BBl 1911 II 369; vgl. auch Einleitung N 84 Fn. 224) nicht erwähnten Anspruch auf Feststellung BGE 56 II 24, 36.
[2] Vgl. bspw. BGE 37 II 164, 174.
[3] Die Möglichkeit eines «aussergesetzlichen» Gewinnherausgabeanspruches bei UWG-Verstössen wurde vom BGer trotz des Vorbehalts von OR/ZGB in Art. 8 aUWG mit Blick auf die Gesetzgebungsgeschichte (keine Übernahme des noch in Art. 3 E-UWG 1942 vorgesehenen Anspruchs auf Gewinnherausgabe) verneint, BGE 73 II 194, 198 («Gillette») und 79 II 316, 327 f., offengelassen in OGer LU SMI 1994, 318, E. 3c («Louis Vuitton III»), ebenso schon zu Art. 50 aOR bzw. Art. 48 aOR BGE 17 I 126, 140, BGE 25 II 292, 298 und 36 II 598, 602; dazu näher B. VON BÜREN, Kommentar UWG, Art. 2–6 N 23. Art. 3 Abs. 3 E-UWG 1942 (dazu Botschaft 1942, 697 ff.) enthielt zudem eine interessante Regelung, die eine Herausgabe des den Schadenersatzanspruch übersteigenden Gewinnbetrages an den Staat vorsah, jedoch auf grossen Widerstand stiess und vom Parlament gestrichen wurde.

Verweis auf den **Gewinnherausgabeanspruch** eingefügt und die in Art. 8 Abs. 3 VE-UWG 1980 enthaltene Verbandsklage in Art. 10 eingefügt. Die noch in Art. 11 VE-UWG 1980 enthaltene Bestimmung zur «Haftung von Presse und elektronischen Medien» fand weder in den E-UWG 1983 noch in den definitiven Gesetzestext Eingang. Im Übrigen entfiel – was sich aus Art. 2 ergibt – für die Geltendmachung der in Art. 9 erwähnten Ansprüche das **Erfordernis des Wettbewerbsverhältnisses,** was insbesondere auch Ansprüche der bzw. gegen die Marktgegenseite (Kunden, Abnehmer etc.) und gegen sonstige Dritte (bspw. Medien, Wirtschaftsverbände, Konsumentenorganisationen etc.) einschliesst. Der Marktgegenseite (Kunden) standen die negatorischen Ansprüche gemäss Art. 2 Abs. 2 aUWG nur dann zu, wenn sie in ihren wirtschaftlichen Interessen geschädigt wurden, wohingegen Art. 10 Abs. 1 explizit eine **Bedrohung genügen** lässt. Die in Art. 4 aUWG geregelte Sonderordnung der **Haftung der Presse** fand ferner keinen Eingang in das UWG 1986[4]. Der noch in Art. 8 aUWG 1943 enthaltene **Vorbehalt der Anwendung von OR/ZGB** fand zwar noch in Art. 13 VE-UWG 1980 und Art. 16 E-UWG 1983 Eingang, wurde aber schliesslich nicht in den definitiven Gesetzestext aufgenommen[5]. Ebenso findet sich keine **Verjährungsbestimmung** mehr, wie sie noch in Art. 7 aUWG enthalten war und in Art. 12 VE-UWG 1980 vorgeschlagen wurde[6]. Im Rahmen der parlamentarischen Beratungen wurde von einer Minderheit der vorberatenden Kommission die Einfügung eines Absatzes (Abs. 4) zur mutwilligen Klageführung vorgeschlagen, vom Plenum des Nationalrats jedoch verworfen[7].

5   Seit Erlass des UWG 1986 sind in Art. 9 **keine Änderungen** erfolgt und auch im Rahmen des E-UWG 2009 nicht geplant.

III. Systematik und Verhältnis zu anderen Vorschriften

6   Die in Art. 9 Abs. 1 und 2 aufgeführten negatorischen Ansprüche (Abwehransprüche) lehnen sich an diejenigen in den **immaterialgüterrechtlichen Spezialgesetzen,** des **Persönlichkeitsrechts** und des **Kartellrechts** an[8]. Ebenso stimmen die in Art. 9 Abs. 3 enthaltenen reparatorischen Ansprüche (Ausgleichsansprüche) mit denjenigen überein, die auch von den **immaterialgüterrechtlichen Spezialge-**

---

[4] Dazu näher Art. 11 N 3 und Art. 3 lit. a N 2.
[5] Amtl. Bull. NR 1985, 851 (Votum LÜCHINGER, Berichterstatter), unter Hinweis darauf, dass der Vorbehalt eine «Selbstverständlichkeit» darstelle und deshalb auf ihn verzichtet werden könne.
[6] Dazu die Botschaft UWG, 1056 f.
[7] Amtl. Bull. NR 1985, 844 f. Dazu auch N 251.
[8] Vgl. Art. 66 ff. PatG, Art. 52, Art. 55 Abs. 1 und Art. 60 MSchG, Art. 33, Art. 35 Abs. 1 und Art. 40 DesG, Art. 61, Art. 62 Abs. 1 und Art. 66 URG, Art. 28a Abs. 1 und 2 ZGB, Art. 956 Abs. 2 OR (explizit erwähnt ist nur der Anspruch auf Unterlassung) und Art. 12 Abs. 1 lit. a KG (explizit erwähnt sind nur die Ansprüche auf Beseitigung und Unterlassung). Vgl. explizit zur Anlehnung an das Persönlichkeitsrecht die Botschaft in BBl 1985 I 1074.

setzen, dem **Persönlichkeits-** und dem **Kartellrecht** gewährt werden[9]. Ansprüche auf Auskunftserteilung und (zivilrechtliche) Einziehung, wie sie die immaterialgüterrechtlichen Spezialgesetze kennen, sind dem UWG jedoch fremd[10].

Die in Art. 9 erwähnten Ansprüche **schliessen andere Ansprüche nicht aus.** Zu denken ist namentlich an Ansprüche aus Art. 41 Abs. 2 OR (Haftung bei sittenwidriger Schädigung), Art. 62 ff. (ungerechtfertigte Bereicherung), Art. 28 ff. ZGB, soweit gleichzeitig eine Wettbewerbshandlung vorliegt[11]. Zu denken ist ferner an Ansprüche aus culpa in contrahendo (c.i.c.) in Fällen, in denen die Vertragsanbahnung gestützt auf Angaben in der Werbung oder sonstige öffentlich einsehbare Äusserungen erfolgt[12]. Auch Ansprüche aus immaterialgüterrechtlichen Spezialgesetzen treten aufgrund des Verhaltensbezugs des UWG in Konkurrenz zu denjenigen, die Art. 9 aufführt. Die Ansprüche können alternativ, nicht aber kumulativ geltend gemacht werden[13]. Dasselbe gilt für Ansprüche aus Persönlichkeitsrecht[14].

IV. Gemeinsame Voraussetzungen: Aktiv- und Passivlegitimation sowie Rechtsschutzinteresse

1. Aktivlegitimation

a) Begriff und Regelung

Art. 9 Abs. 1 umschreibt die Klageberechtigung und damit die Aktivlegitimation, die auch als Anspruchsberechtigung bezeichnet werden kann. Sie stellt ein **materiellrechtliches Institut** und nicht etwa eine Prozessvoraussetzung dar. Anspruchsberechtigt und aktivlegitimiert ist, wer «durch unlauteren Wettbewerb in seiner Kundschaft, seinem Kredit oder beruflichen Ansehen, in seinem Geschäftsbetrieb oder sonst in seinen wirtschaftlichen Interessen bedroht oder verletzt wird». Mit anderen Worten ist, wer durch unlauteren Wettbewerb i.S.v. Art. 2–8 beein-

---

[9] Vgl. Art. 73 PatG (PatG enthält explizit nur Klage auf Schadenersatz, lässt aber auch Gewinnherausgabeansprüche zu, anstelle vieler BGE 97 II 169 ff. [«Indomethacin»; PatG-Fall]), Art. 55 Abs. 2 MSchG, Art. 35 Abs. 2 DesG, Art. 62 Abs. 2 URG, Art. 28a Abs. 3 ZGB, Art. 956 Abs. 2 OR (explizit erwähnt ist nur der Anspruch auf Schadenersatz) und Art. 12 Abs. 1 lit. b und c KG.

[10] Diese sind bspw. in Art. 66 lit. b und Art. 69 PatG, Art. 55 Abs. 1 lit. c und Art. 57 MSchG, Art. 35 Abs. 1 lit. c bzw. Art. 36 DesG und Art. 62 Abs. 1 lit. c und Art. 63 URG enthalten. Vgl. aus UWG-Sicht N 77 f., N 114 f. sowie N 238 ff.

[11] Zur Bedeutung der bereicherungsrechtlichen Ansprüche speziell N 215 ff.

[12] Vgl. bspw. die Fälle in BGE 132 III 24, 32 (Nebenkosten Mietrecht), und BGer 4C.126/2001, E. 4.4, in denen jedoch die Anwendbarkeit des UWG verneint wurde. Sodann spielen sich Fälle zu Art. 5 im Vorfeld vertraglicher Beziehungen ab.

[13] Dazu näher Einl. N 26 ff.

[14] Dazu Einl. N 18, zum Verhältnis zum Kartellrecht Einl. N 20 ff.

trächtigt wird, gemäss Art. 9 f. anspruchsberechtigt und kann einen Anspruch gemäss Art. 9 geltend machen[15].

b) Voraussetzungen

aa) Allgemeines

9   Zentrale Voraussetzung ist die (eigene) Teilnahme am wirtschaftlichen Wettbewerb und die damit verbundene **Beeinträchtigung in eigenen wirtschaftlichen Interessen**[16]. Erforderlich ist ein **unmittelbares Interesse** daran, die **eigene Stellung** im Wettbewerb mit dem Erfolg der Klage **abzusichern oder zu verbessern**[17]. Aktivlegitimiert ist somit, wer bei Gutheissung der Klage mit grosser Wahrscheinlichkeit eine spürbare wirtschaftliche Besserstellung erfahren könnte. Nur die Beeinträchtigung in wirtschaftlichen Interessen ist relevant, was sich schon aus dem sachlichen Anwendungsbereich des UWG ergibt (Erfordernis der Wettbewerbshandlung).

10   Die Erwähnung der Bedrohung oder Verletzung in der eigenen **Kundschaft,** im **Kredit** oder im **beruflichen Ansehen** sind **exemplikativ als Teilgehalte** der eigenen wirtschaftlichen Interessen zu verstehen und haben somit keine selbständige, sondern lediglich **klarstellende Bedeutung**[18]. Immerhin ist festzuhalten, dass der Schutz der Kundschaft und deren Zuordnung den Wettbewerb gerade verfälschen und eine erhebliche Wettbewerbsbeschränkung darstellen können und deshalb nur in den engen Schranken des Kartellrechts möglich sind[19].

11   In jedem Fall klageberechtigt ist bei **konkurrenzwirksamen Sachverhalten** der direkt betroffene und entsprechend beeinträchtigte Mitbewerber[20]. Die Aktivlegitimation ist jedoch **nicht** (mehr) an eine **direkte Konkurrenzsituation** gebunden, da

---

[15] Instruktiv BGer 4C.342/2005, E. 4.1 («Erdölvereinigung/Saldo»), wo die Aktivlegitimation verneint und die Klage abgewiesen wurde, da sich aus einer verfremdeten Abbildung (Fotomontage mit kleinem Jungen, der auf einen toten Seevogel blickt und in welche die Werbetexte der klagenden Person aus der laufenden Werbekampagne «Heizen mit Öl» eingefügt wurden) keine Vorwürfe gegenüber der klagenden Person (Verein «Erdöl-Vereinigung») ergaben und somit ein genügender Bezug zur klagenden Person fehlte. Ähnlich gelagert BGE 95 II 481, 491 f. («Club Medityrannis»; Personenrecht), und BGer 6S.553/1998 sic! 1999, 173, E. 2b («Chirurgi»; zu Art. 3 lit. a), wo die Aktivlegitimation aber jeweils bejaht wurde.

[16] BGE 126 III 239, 241 f. («berneroberland.ch»), und BGE 123 III 395, 399 f. («Stadtanzeiger Bern»).

[17] BGE 126 III 239, 242 («berneroberland.ch»), unter Hinweis auf RAUBER, SIWR V/1, 255.

[18] Vgl. auch BAUDENBACHER/GLÖCKNER, Kommentar UWG, Art. 9 N 288 ff., BORER, Vorgehen, N 13.102 und PEDRAZZINI/PEDRAZZINI, UWG, § 16.16 ff.

[19] Vgl. zum Schutz und der Zuordnung der Kundschaft aus historischer und dogmatischer Sicht SPITZ, Jusletter vom 9. Oktober 2006, N 25 ff., und aus Sicht vor Bestehen von UWG und KG A. TROLLER, Delikt des unlauteren Wettbewerbs, 18 ff. m.w.H.

[20] DAVID, SIWR I/2, 58.

im 1986 revidierten UWG das Erfordernis des Wettbewerbsverhältnisses entfiel[21]. Erforderlich und hinreichend ist vielmehr, dass die **eigene Stellung im Wettbewerb** durch den behaupteten unlauteren Wettbewerb **verschlechtert** wird[22]. Auch Substitutionswettbewerb und Wettbewerbsdruck aus «entfernten» Märkten kann beachtlich sein. Das Gesagte gilt namentlich bei **publikumswirksamen Sachverhalten** (Werbemassnahmen, wettbewerbsrelevante Äusserungen in den Medien) und soweit **unlauterer Wettbewerb «ungezielt»** erfolgt, bspw. bei gleichmässiger Behinderung der Mitbewerber oder der Marktgegenseite. Zur Bejahung der Aktivlegitimation genügen somit auch bloss **indirekte und mittelbare Beeinträchtigungen,** sofern nur eigene wirtschaftliche Interessen betroffen sind[23].

Voraussetzung ist in jedem Fall, dass ein **Kausalzusammenhang** zwischen dem unlauteren Verhalten des betreffenden Marktteilnehmers und der Beeinträchtigung der eigenen wirtschaftlichen Interessen besteht[24]. Liegt Letzterer nicht vor, weil bspw. ein anderer sachlicher, zeitlicher oder räumlicher Markt betroffen ist und auch kein Substitutionswettbewerb denkbar ist, fehlt es an der Aktivlegitimation und ist die Klage abzuweisen[25].

Da die Aktivlegitimation von der tatsächlichen oder zumindest potentiellen Verschlechterung der eigenen Stellung im Wettbewerb abhängig ist, können nur **im Wettbewerb tatsächlich oder potentiell auftretende Personen** aktivlegitimiert sein. Darunter fallen namentlich:

- **Mitbewerber;**
- Marktteilnehmer auf der **Marktgegenseite,** unabhängig von der Wirtschaftsstufe **inkl. Konsumenten** (vgl. Art. 10 Abs. 1);
- **Übrige Marktteilnehmer,** namentlich **Medien** oder sonstige wettbewerbsrelevant auftretende Dritte;
- Gemäss Art. 10 Abs. 2 speziell legitimierte **Verbände und Organisationen** (lit. a und b) sowie der **Bund** (lit. c), jedoch nur in Bezug auf negatorische Ansprüche gemäss Art. 9 Abs. 1 und 2.

---

[21] Näher zum Verhältnis Aktivlegitimation und Wettbewerbsverhältnis RAUBER, SIWR V/I, 252 ff.
[22] BGer 4C.369/1999, E. 2a («Schmiermittel III»), und BGE 121 III 168, 174 («Buchbinder-GAV»).
[23] BAUDENBACHER/GLÖCKNER, Kommentar UWG, Art. 9 N 292, RAUBER, SIWR V/1, 255 f., BORER, Vorgehen, N 13.103 und MARTIN-ACHARD, Commentaire LCD, 92, wobei Präjudizien hierzu fehlen, einschränkender PEDRAZZINI/PEDRAZZINI, UWG, § 16.14.
[24] RAUBER, SIWR V/1, 255 f.
[25] Vgl. BGer 4C.369/1999, E. 2 («Schmiermittel III»), wo im Zeitpunkt des fraglichen Verhaltens keine Aktivlegitimation der Zweitklägerin (eine in Deutschland domizilierte Vertriebsgesellschaft) vorlag, da diese im in Frage stehenden (räumlichen; schweizerischen) Markt nicht aktiv war. Die Aktivlegitimation der Erstklägerin wurde deshalb verneint, da sie im Zeitpunkt des unlauteren Verhaltens noch gar nicht auf dem schweizerischen Markt aktiv war (d.h. fehlender zeitlicher Markt). In E. 2b deutete das BGer obiter an, dass die Aktivlegitimation aber bejaht werden könnte, wenn die Erstklägerin «in die Wettbewerbsstellung einer damals durch die Handlungen der Beklagten verletzten Marktteilnehmerin eingetreten wäre, etwa durch eine Betriebs- oder Geschäftsübernahme».

14 Aktivlegitimiert sind nur **selbständig im Wettbewerb agierende Personen,** also bspw. Unternehmen, die als Personengesellschaften des OR oder als juristische Personen konstituiert sind, aber auch selbständig Erwerbende (z.B. Einzelunternehmung). Aktivlegitimiert können damit namentlich Warenhersteller und Dienstleistungsanbieter, Produzenten, Importeure und Exporteure (soweit bei internationalen Sachverhalten das UWG nach IPR-Grundsätzen anwendbar ist), Distributoren (Gross-/Zwischen- und Detailhandel), verarbeitendes Gewerbe, Assembler, exklusive und nicht-exklusive Lizenznehmer[26] und Abtretungsgläubiger von Schutzrechten[27] sein. Auch der Lieferant (Zulieferer) ist aktivlegitimiert, da er selbst als Anbieter auftritt. Abnehmer sind als Kunden über Art. 10 Abs. 1 aktivlegitimiert, wobei sowohl gewerbliche Abnehmer wie Konsumenten erfasst sind. Medienunternehmen sind aktivlegitimiert, da und soweit sie am Wettbewerb teilnehmen bzw. den Wettbewerb beeinflussen können[28]. Das **Gemeinwesen und juristische Personen des öffentlichen Rechts** sind aktivlegitimiert, soweit sie privaten Rechtssubjekten gleichgeordnet sind und nicht in Ausübung hoheitlicher Aufgaben im Wettbewerb auftreten[29].

bb)   Spezielle Fragestellungen

15 Bei Sachverhalten des **ergänzenden lauterkeitsrechtlichen Leistungsschutzes** dürfte der Wettbewerbsteilnehmer, der die Leistung anbietet oder nachfragt (Händler, Lizenznehmer, Importeur, Exporteur etc.) in Bezug auf diesen Leis-

---

[26] BGer SMI 1996, 496, E. 3 («Eames»), und BGer 4A.55/2007 sic! 2008, 209, E. 7 («M 6 II»), ebenso HGer SG SMI 1990, 210 ff. («Orio II»), HGer AG sic! 2005, 301, E. 2.1 («Knochenzement») und TC VS SMI 1994, 215 («Comte Verte»); vgl. A. TROLLER, Immaterialgüterrecht II, 993 f. mit Hinweis auf E. FISCHER, Schadenersatz für den nicht-ausschliesslichen Lizenznehmer, GRUR 1980, 374 ff. (wonach der Patentinhaber den Schaden des nicht-ausschliesslichen Lizenznehmers geltend machen kann), R. VON BÜREN/MARBACH/DUCREY, Immaterialgüter- und Wettbewerbsrecht, N 985 f. sowie HILTI, Immaterialgüterrechtsverletzungen, N 18.76. Die Aktivlegitimation des exklusiven Lizenznehmers im UWG war bis 2002 deshalb wichtig, weil sie im Bereich der immaterialgüterrechtlichen Spezialgesetze fehlte. Zur Aktivlegitimation des Lizenznehmers im Immaterialgüterrecht ohne UWG-spezifischen Bezug M. BERGER, sic! 2005, 166 ff. Vgl. bspw. zum aURG BGE 113 II 190, 192 ff. («Le Corbusier»).

[27] Vgl. bspw. OGer BL sic! 2000, 314, E. 1.2 («Arc de Triomphe»), wonach im Rahmen einer indirekten Herkunftsangabe einiges dafür spricht, «die Legitimation zur Klage aus UWG zumindest jenem indirekt Verletzten zuzugestehen, welcher dem direkt Verletzten die Teilnahme am Wettbewerb mittels der Einräumung von Nutzungsbefugnissen an einem absoluten Recht ermöglicht hat», in jedem Fall aber demjenigen, dem die Ansprüche des direkt Verletzten abgetreten wurden.

[28] Vgl. bspw. OGer ZG SMI 1992, 362, E. 3 («Radio Sunshine»; Aktivlegitimation der Radio- und Fernsehgesellschaften SRG und DRS, «da sie am wirtschaftlichen Wettbewerb teilnehmen»).

[29] So bspw. OGer BE sic! 2009, 244, E. 3a («Expo.02-Karte»). Vgl. näher PEDRAZZINI/PEDRAZZINI, UWG, § 16.10 f., sowie Vor Art. 16–20 N 8 und 21, sowie zur Bundesklage gemäss Art. 10 Abs. 2 lit. c Art. 10 N 34 ff.

tungsschutz direkt betreffende Sachverhalte, d.h., wenn kein ausserhalb des Produkts liegender Wettbewerbsverstoss vorliegt, nur dann aktivlegitimiert sein, wenn die Klage nicht gegen den Willen des primär Beeinträchtigten (i.d.R. der Hersteller bzw. die Person, die die Leistung geschaffen hat bzw. daran berechtigt ist) erhoben wird[30]. In Zweifelsfällen ist der Händler etc. dafür beweispflichtig. Sobald bspw. die primär berechtigte Person den gegen ihre Leistung erfolgenden unlauteren Wettbewerb erlaubt oder bewusst duldet[31], muss sich diese Duldung auch der Händler etc. entgegenhalten lassen[32]. Dabei kann es zur Aktivlegitimation auf ein direktes Vertragsverhältnis mit dem Schutzrechtsinhaber oder einen exklusiven Lizenznehmer nicht ankommen. Auch ein Gross- oder Detailhändler ist in seinen wirtschaftlichen Interessen beeinträchtigt, wenn seine Wettbewerbsposition durch gefälschte Waren im Laden vis-à-vis beeinträchtigt wird[33]. Auf die Einräumung einer expliziten vertraglichen Verwertungsbefugnis kann es dabei nicht ankommen[34]. Die Beeinträchtigung der aufgebauten Wettbewerbsposition genügt[35]. Aus prozessualer Sicht wäre die Beibringung einer Einverständniserklärung des Schutzrechtsinhabers oder des exklusiven Lizenznehmers in Bezug auf die Prozessführung sinnvoll[36].

Die **Aktivlegitimation nach UWG** reicht damit sehr **weit**[37]. Sie reicht namentlich **weiter als** diejenige der **immaterialgüterrechtlichen Spezialgesetze,** da sie nicht an die Registrierung (PatG, DesG, MSchG, SoSchG) oder den Bestand (URG/ToG)

---

[30] Ähnlich wohl HILTI, Immaterialgüterrechtsverletzungen, N 18.76 ff. In BGer SMI 1996, 496, E. 3 («Eames»), wurde die Schutzwürdigkeit und Aktivlegitimation der klagenden (wohl exklusiven?) Lizenznehmerin bejaht, da es auf der Hand liege, «dass sie in der wirtschaftlichen Position beeinträchtigt werde, die sie aufgrund der Ermächtigung aufgebaut habe».

[31] Denkbar in Fällen von Nachahmungen etc. im kleinen Stil. Vgl. etwa die Konstellation in HGer BE SMI 1991, 235 ff. («Kopulierende Krokodile»), wo aber keine Duldung vorlag. Je nachdem kann der unlautere Wettbewerb für den Hersteller im Endeffekt auch «lohnenswert» sein, wenn sein eigenes Produkt dadurch in den Blickpunkt des öffentlichen Interesses kommt.

[32] Er kann sich ggf. auf dem Wege des Vertragsrechts gegenüber der primär berechtigten Person schadlos halten, dazu BGer 4A.55/2007 sic! 2008, 209, E. 7.2 («M 6 II»).

[33] Wohl ähnlich DAVID/JACOBS, Wettbewerbsrecht, N 722, und BAUDENBACHER/GLÖCKNER, Kommentar UWG, Art. 9 N 305. Allerdings fehlen soweit ersichtlich einschlägige Präjudizien, vgl. aber HGer ZH sic! 2001, 658, E. XVI.4.5 («Schmiermittel II»); für das deutsche mitbewerberbezogene UWG scheint die Aktivlegitimation auf den Alleinimporteur beschränkt zu sein, BGH GRUR 1991, 223, 224 («Finnischer Schmuck»), und BGH GRUR 1994, 630, 634 («Cartier-Armreif»).

[34] Vgl. BGer 4A.55/2007 sic! 2008, 209, E. 7 («M 6 II»), allerdings von einem exklusiven Lizenzvertragsverhältnis ausgehend, wohl ähnlich WIDMER, Vermögensrechtliche Ansprüche, 60, unklar PEDRAZZINI/PEDRAZZINI, UWG, § 16.08.

[35] BGer SMI 1996, 496, E. 3 («Eames»).

[36] Vgl. auch HILTI, Immaterialgüterrechtsverletzungen, N 18.79.

[37] Dies wird zu Recht von BAUDENBACHER/GLÖCKNER, Kommentar UWG, Art. 9 N 292 f., DAVID/JACOBS, Wettbewerbsrecht, N 722, und RAUBER, SIWR V/1, 255 f. betont.

eines Schutzrechts oder die exklusive Lizenznahme anknüpft[38], sondern an die (blosse) Beeinträchtigung der Wettbewerbsposition. Insoweit kann bspw. ein ausländischer Hersteller oder Exporteur oder ein inländischer Importeur bzw. Händler in seinen eigenen wirtschaftlichen Interessen beeinträchtigt und damit aktivlegitimiert sein, auch wenn das fragliche Schutzrecht in der Schweiz weder auf seinen Namen eingetragen ist noch eine exklusive Lizenz besteht[39], mindestens soweit die Beeinträchtigung nicht durch eine Einwilligung oder bewusste Duldung von Seiten des Schutzrechtsinhabers ermöglicht wurde.

17 Bei **Herkunftsangaben** beurteilt sich die Aktivlegitimation einerseits nach Art. 55 f. MSchG bzw. (verwaltungsrechtlich) über Art. 16 ff. LwG [SR 910.1] bzw. Art. 16 ff GUB/GGA-VO [SR 910.12]. Fehlt diese, kann andererseits mit Bezug auf die ergänzende materiellrechtliche Regelung in Art. 3 lit. b immer noch eine Aktivlegitimation gemäss Art. 9 f. vorliegen[40].

18 Bei Verletzung anderer **lauterkeitsrechtlich relevanter Gesetze** wie dem LG, WSchG, HMG, LMG, RTVG und FMG beurteilt sich die Aktivlegitimation – soweit unlauteres Verhalten im Sinne der Erzielung eines Vorsprungs durch Rechtsbruch (Art. 2) behauptet wird – ebenfalls nach Art. 9 f. Für die verwaltungs- bzw. strafrechtlichen Rechtsschutzmöglichkeiten gelten die einschlägigen verwaltungs- bzw. strafverfahrensrechtlichen Regeln.

19 Auch wer erst beabsichtigt oder sonst daran ist, **in den wirtschaftlichen Wettbewerb einzutreten,** ist aktivlegitimiert, denn der Wettbewerb lebt – namentlich bei hohen Eintrittsschwellen – vom potentiellen Wettbewerbsdruck[41]. Für den Beweis des Vorliegens der Eintrittsabsicht ist die klagende Person beweispflichtig. Der Beweis erfolgt mit Vorteil gestützt auf objektive, sich extern manifestierende Tatsachen. Fraglich kann jedoch sein, ob ein genügendes Rechtsschutzinteresse vorliegt[42]. Wer nicht einmal als potentieller Lieferant eines Produkts in Frage kommt, ist nicht aktivlegitimiert, da und soweit keine konkrete Konkurrenzsituation vorliegt[43]. Auch **konkursite Wettbewerbsteilnehmer** können aktivlegitimiert sein[44].

---

[38] So erst seit 1. Juli 2008 (Inkrafttreten) Art. 75 PatG, Art. 55 Abs. 4 MSchG, Art. 35 Abs. 4 DesG, Art. 62 Abs. 3 URG, wobei aus übergangsrechtlicher Sicht die neue Regelung nur gilt, soweit der Lizenzvertrag seit Inkrafttreten der Novelle am 1. Juli 2008 abgeschlossen oder bestätigt wurde.

[39] Dies gilt insbesondere auch im Rahmen des Kennzeichenschutzes bei nicht (mehr) eingetragenen Kennzeichen (zu beachten ist im internationalen Verhältnis insbesondere auch Art. 6bis PVÜ für notorisch bekannte [und nicht notwendigerweise im Register eingetragene] Marken). Vgl. zum aUWG 1943 bzw. zum aMSchG 1890 B. VON BÜREN, Kommentar UWG, Ansprüche (Art. 2) N 47 m.w.H.

[40] HGer ZH SMI 1996, 298, E. V. («Swiss Chocolate Liquor»).

[41] Anders noch zum aUWG B. VON BÜREN, Kommentar UWG, Ansprüche (Art. 2) N 49 m.w.H.

[42] Vgl. bspw. HGer ZH sic! 2007, 843, E. 3 («Saugeinlagen für Lebensmittel II»).

[43] HGer ZH SMI 1996, 298, E. VIII. («Swiss Chocolate Liquor»).

[44] So zu Recht BAUDENBACHER/GLÖCKNER, Kommentar UWG, Art. 9 N 293.

Lediglich mittelbar am Wettbewerb teilnehmende Personen wie **Aktionäre, Gesellschafter, Beauftragte, Agenten, Holdinggesellschaften, Investoren, Darlehensgeber** etc. sind hingegen **nicht zur Klage legitimiert**, soweit nur eine mittelbare Beeinträchtigung ihrer eigenen Interessen vorliegt[45]. 20

Grds. ebenfalls **nicht aktivlegitimiert** sind **abhängige Beschäftigte** im Rahmen ihrer unselbständigen Erwerbsarbeit, die sie für den am Wettbewerb teilnehmenden Arbeitgeber ausführen, d.h. im Zusammenhang mit der entsprechenden geschäftlichen oder dienstlichen Verrichtung, so etwa Organe oder Hilfspersonen von Wettbewerbsteilnehmern, und zwar unabhängig von der Art der Konstituierung des Arbeitgebers[46]. Sofern jedoch der **Arbeitsmarkt** an sich betroffen ist, auf dem die entsprechenden Organe oder Hilfspersonen sich aktuell oder potentiell bewegen, kann direkte Wettbewerbsrelevanz vorliegen und ist eine entsprechende Aktivlegitimation von unselbständig beschäftigten Personen denkbar[47]. Dasselbe gilt für die **«private» (nicht-gewerbliche) wettbewerbsrelevante Tätigkeit**, soweit das UWG sachlich anwendbar ist, d.h. eine Wettbewerbshandlung vorliegt[48]. Die Aktivlegitimation des Kunden (inkl. Konsumenten) sieht explizit Art. 10 Abs. 1 vor. 21

Bei den **Verbandsklagen** gemäss Art. 10 Abs. 2 lit. a und b genügt zur Bejahung der Aktivlegitimation (und des Rechtsschutzinteresses) die statutarische Befugnis zur Wahrung der wirtschaftlichen Interessen der Mitglieder[49] bzw. der Konsumenten. Die Aktivlegitimation bzw. das Rechtsschutzinteresse ist also dann zu bejahen, wenn die Gutheissung der Klage zur Beförderung des lauteren und unverfälschten Wettbewerbs im wirtschaftlichen Tätigkeits- und Interessenbereich ihrer Mitglieder bzw. im Interessenbereich der Konsumenten, d.h. dort, wo ein Nachfrageinteresse vorliegt, beiträgt. Die Verbände und Konsumentenschutzorganisationen fungieren insoweit als «treuhänderische Wettbewerbshüter» im Interesse ihrer Kreise, aber auch (indirekt) der (übrigen) Beteiligten und der Allgemeinheit. Bei der **Bundesklage** gemäss Art. 10 Abs. 2 lit. c reicht zur Bejahung der Aktivlegitimation und 22

---

[45] Vgl. bspw. BGE 90 IV 39, 42 («Sihl-Pumpen»), sowie BAUDENBACHER/GLÖCKNER, Kommentar UWG, Art. 9 N 305. Die Aktivlegitimation des Hauptaktionärs (nur) mit Bezug auf negatorische Ansprüche bejahend CJ GE SMI 1992, 363, E. 3 («Méthode Sogny»).

[46] Zum Ganzen Art. 2 N 11 ff., bes. 13 ff. m.w.H. Vgl. auch BGE 80 IV 22, 33, und ZR 1995 Nr. 23, E. 2c («Bankier»), sowie PEDRAZZINI/PEDRAZZINI, UWG, § 16.08.

[47] Vgl. BezGer Arbon SJZ 2002, 51, E. 5a («Drache Sonja»). Anders noch (einschränkender) zum aUWG BGE 80 IV 22, 33, OGer ZH SMI 1987, 160, E. 5 («Soziales Dumping»; Aktivlegitimation mangels Wettbewerbsverhältnis abgelehnt) und B. VON BÜREN, Kommentar UWG, Ansprüche (Art. 2) N 45 f. m.w.H. Zum neuen Recht wohl falsch Rekurskommission Staatsanwaltschaft ZH, SMI 1996, 188, E. 2 («Unternehmensschädigende Geschäftsführung»). Mit dem Wegfall des Erfordernisses des Wettbewerbsverhältnisses dürfte die alte Ansicht obsolet sein, umso mehr als dass das UWG den Arbeitsmarkt nicht von der Anwendung ausschliesst (i.Ggs. zum Kartellrecht).

[48] Vgl. aber die (wohl zu) enge Umschreibung in BGer 4P.73/2002 sic! 2002, 694, E. 2.4 («Ferrari»). Zum Erfordernis der Wettbewerbshandlung näher Art. 2 N 11 ff.

[49] BGE 126 III 239, 242 («www.berneroberland.ch»), 121 III 168, 175 («Buchbinder-GAV»), sowie RAUBER, SIWR V/1, 264.

des Rechtsschutzinteresses aus, dass das Ansehen der Schweiz im Ausland beeinträchtigt werden könnte. Ob das Vorliegen dieser Voraussetzungen überhaupt einer zivilgerichtlichen Überprüfung zugänglich ist, erscheint fraglich, da der Entscheid über die Ergreifung dem Bund bzw. dem SECO zusteht und es sich dabei um eine Art «Verwaltungsaufsichtstätigkeit mit den Mitteln des Zivilrechts» handelt[50].

23   Ob ein Anspruchsberechtigter selbst unlauteren Wettbewerb begeht oder begangen hat, berührt die Frage der Aktivlegitimation nicht (keine «Verwirkung»), was namentlich auf die funktionale Dimension des Lauterkeitsrechts zurückzuführen ist. Der sog. «unclean hands»-Einwand ist **irrelevant**[51].

2. Passivlegitimation

a) Begriff und Regelung

24   Passivlegitimiert ist diejenige **Person, die** durch den geltend gemachten lauterkeitsrechtlichen Anspruch **verpflichtet** wird[52]. Die passivlegitimierte Person wird auch als (Wettbewerbs-)Störer oder Verletzer bezeichnet. Obwohl das Vorhandensein einer eigenständigen Anspruchsvoraussetzung suggerierend, genügt für die Passivlegitimation die Verwirklichung der nach einem UWG-Anspruch relevanten Verpflichtungsvoraussetzungen. Insofern ist die Passivlegitimation auch immer abhängig vom jeweils geltend gemachten Anspruch.

25   Die Passivlegitimation ist eine **Frage des materiellen Rechts** und keine prozessuale Frage nach der richtigen Bezeichnung der beklagten Person[53]. Fehlt die Passivlegitimation, wird die Klage durch Sachurteil als unbegründet abgewiesen. Die Frage der Passivlegitimation ist von der prozesstaktischen Frage zu unterscheiden, gegen wen ein Anspruch aus unlauterem Wettbewerb mit den grössten Erfolgsaussichten geltend gemacht werden kann.

26   Im UWG finden sich **keine generellen Bestimmungen** zur Passivlegitimation, weshalb sich diese aus dem richtigen Verständnis der nach Art. 2 bis 8 verbotenen Verhaltensweisen in Verbindung mit den **allgemeinen Prinzipien** richtet, die **für unerlaubte Handlungen** gelten[54]. Allerdings wird durch **Art. 11** ein **Teilbereich** der Passivlegitimation **explizit geregelt** (s. dort). Während sich die Passivlegitimation bei reparatorischen Ansprüchen aufgrund des Verweises in Art. 9 Abs. 3 nach den Anspruchsvoraussetzungen der Art. 41 ff. OR bzw. des Art. 423 OR sowie den allgemeinen Regeln des Obligationenrechts (z.B. zur Teilnahme und Solidarität)

---

[50] Vgl. zur Thematik auch Art. 10 N 41 ff.
[51] Vgl. BGE 129 III 426, 429 f. («Optikerpreise» bzw. «Fielmann/Visilab»), dazu Art. 2 N 124 m.w.H.
[52] OGer LU SMI 1995, 394, E. 4b («Caritas-Bericht II»).
[53] Siehe dazu nur BGer 4C.139/2004 sic! 2004, 430, 431 («CAP»).
[54] BGer 4C.224/2005 sic! 2006, 280, E. 2.2.2 («Agefi/Edipresse»).

richtet (N 31), sind die Grundsätze der Passivlegitimation bei negatorischen Ansprüchen neben Art. 11 aus Art. 9 Abs. 1 und 2 i.V.m. Art. 2 herauszuentwickeln (N 29 f.)[55]. Die immaterialgüterrechtlichen Spezialgesetze und das Persönlichkeitsrecht enthalten keine Bestimmungen zur Passivlegitimation, an die im verhaltensbezogenen und nicht subjektive absolute Rechte schützenden UWG geeignet angeknüpft werden könnte[56]. Auch ansonsten kennen OR/ZGB nur wenige gesetzliche Regelungen zur Passivlegitimation bei negatorischen Ansprüchen, die für das UWG ebenfalls nicht unmittelbar fruchtbar gemacht werden können[57].

Mit dem Verzicht auf die Voraussetzung eines sog. Wettbewerbsverhältnisses zwischen dem Verletzten und dem Störer ist zugleich eine **Ausweitung der Passivlegitimation** im seit 1988 geltenden «neuen» UWG verbunden[58]. Passivlegitimiert ist nunmehr jeder, der ein wettbewerbswidriges Verhalten zeigt, das marktrelevant, marktgeneigt oder wettbewerbsgerichtet ist (näher Art. 2 N 11 ff.)[59], wobei keine Wettbewerbsabsicht vorausgesetzt wird[60]. Es können daher **auch Dritte** wie Redakteure[61], Verleger[62], Herausgeber[63], Rundfunk- und Fernsehanstalten, Provider, Wirtschafts-, Berufs- und Konsumentenschutzverbände[64], Konsumenten[65], Wissenschaftler[66], Testveranstalter[67], Finanzanalysten, Ratingagenturen usw. passivlegitimiert sein (vgl. auch N 49 ff.). **Keine Passivlegitimation** liegt vor, wenn das Verhalten keinerlei Marktrelevanz besitzt, weil es insbesondere allein der **privaten Sphäre** zuzurechnen ist[68]. So begründet etwa auch der nicht wettbewerbsrelevante **schlichte Besitz** von verwechselbaren Waren anders als im Immaterialgüterrecht

27

---

[55] Vgl. demgegenüber zur Rechtslage in Deutschland, wo in direkter und analoger Anwendung von § 1004 BGB allgemeine Grundsätze für die Passivlegitimation bei negatorischen Ansprüchen (sog. Störerhaftung) entwickelt wurden, KÖHLER, Komm dt. UWG, § 8 N 2.2 ff. (mit teils krit. Anm.).

[56] Ähnlich JERMANN, Komm. DesG, Art. 35 N 9.

[57] Beispiele sind Art. 679 ZGB und Art. 59 OR, die eine Passivlegitimation des Grund- bzw. Werkeigentümers begründen, sowie die Art. 926 ff. ZGB betreffend den Besitzstörer; zur Unmöglichkeit einer Verallgemeinerung von Art. 928 ZGB auch BRINER, sic! 2006, 395.

[58] BGer 4C.224/2005 sic! 2006, 280, E. 2.2.2 («Agefi/Edipresse»); Richteramt III BE SJZ 1995 Nr. 38, E. 5.3; RAUBER, SIWR V/1, 269; BAUDENBACHER/GLÖCKNER, Kommentar UWG, Art. 11 N 3.

[59] BGE 120 II 76, 78 («Mikrowellenherd I»), unter Bezugnahme auf SCHLUEP, Europaverträglichkeit, 81.

[60] BGE 120 II 76, 79 («Mikrowellenherd I»); BGer 4C.318/1997 sic! 1999, 576 («Physikzeitschriften»).

[61] BGer 4C.224/2005 sic! 2006, 280, E.2.2.2 («Agefi/Edipresse»); R. VON BÜREN/MARBACH/DUCREY, Immaterialgüter- und Wettbewerbsrecht, N 994.

[62] BGer 4C.224/2005 sic! 2006, 280, E. 2.2.2 («Agefi/Edipresse»).

[63] BGE 103 II 161, 167 («Bieler Zeitung»).

[64] BGer 4C.224/2005 sic! 2006, 280, E. 2.2.2 («Agefi/Edipresse»).

[65] DAVID, SIWR I/2, 69.

[66] BGE 120 II 76, 79 («Mikrowellenherd I»), vgl. auch N 55.

[67] Botschaft UWG, 1065.

[68] BGE 120 II 76, 78 («Mikrowellenherd I»), und für einen Privatsammler BGer 4P.73/2002 sic! 2002, 694, E. 2.4 («Ferrari»).

(vgl. z.B. Art. 55 Abs. 1 lit. c MSchG, Art. 35 Abs. 1 lit. c DesG) für sich noch keine Passivlegitimation. Die in den immaterialgüterrechtlichen Spezialgesetzen vorgesehenen Eigengebrauchsausnahmen sind vom UWG zu respektieren.

b) Voraussetzungen

28 Die Voraussetzungen der Passivlegitimation sind abhängig vom jeweils geltend gemachten Anspruch.

aa) Voraussetzungen bei negatorischen Ansprüchen

29 Die negatorischen Ansprüche nach **Art. 9 Abs. 1 und 2** können im Lauterkeitsrecht gegen jede Person (sog. **Störer**) geltend gemacht werden, die einen Tatbestand des unlauteren Wettbewerbs nach Art. 2 bis 8 UWG verwirklicht hat oder zu verwirklichen droht (näher N 60 ff.)[69]. Ein Verschulden ist hierfür grundsätzlich nicht erforderlich (Art. 2 N 23 f.). Die Passivlegitimation wird derzeit bei allen negatorischen Ansprüchen (Art. 9 Abs. 1 lit. a–c und Abs. 2) nach den gleichen Kriterien beurteilt[70]. Es stellt sich jedoch die Frage, ob nicht vielmehr eine **Differenzierung geboten** ist. Während die Passivlegitimation bei Unterlassungs- und Feststellungsansprüchen eher weit gehandhabt werden kann[71], da es i.d.R. jedermann möglich sein wird, eine bestimmte Verhaltensweise in der Zukunft zu unterlassen[72] oder die blosse Feststellung der Unlauterkeit einer bestimmten Verhaltensweise hinzunehmen, stellen sich gerade bei aktiven Verhaltenspflichten, namentlich im Unterordnungsverhältnis, **Fragen der Möglichkeit und Zumutbarkeit**. So sollte bei Beseitigungs-, Berichtigungs- und Publikationsansprüchen geprüft werden, ob das begehrte Tun der in Anspruch genommenen Person technisch bzw. kompetenzmässig möglich und zumutbar ist[73]. Die Frage der Differenzierung stellt sich namentlich bei Unterordnungsverhältnissen in Unternehmen oder in Unternehmensgruppen. So würde bspw. die Möglichkeit der Gutheissung von Beseitigungsansprüchen gegenüber untergeordneten Hilfspersonen bei unlauterer Wer-

---

[69] BGer 4C.224/2005 sic! 2006, 280, E. 2.2.2 («Agefi/Edipresse»).
[70] So etwa in BGer 4C.361/2005 sic! 2006, 583, E. 3.8.2 («tiq® of Switzerland»); vgl. auch die personenrechtlichen Entscheide BGE 103 II 161, 166 f., und (mit Andeutung einer möglichen Differenzierung) BGE 91 II 401, 409.
[71] Dazu namentlich BGer 4C.361/2005 sic! 2006, 583, E. 3.8.2 («tiq® of Switzerland»).
[72] Da der Unterlassungsanspruch mit einer Ungehorsamsstrafe nach Art. 292 StGB und kantonalem Strafrecht verbunden wird, hat der Betroffene gar keine Wahl, als ggf. eine anderslautende Weisung des Arbeitgebers zu missachten.
[73] Vgl. bspw. OGer LU SMI 1995, 394, E. 4b («Caritas-Bericht II»), wo die Passivlegitimation eines Autors im Rahmen eines Feststellungs- und Unterlassungsanspruchs abgelehnt wurde, da es sich um nach Methodik, Aufbau und Inhalt selbständige Beiträge selbständiger Autoren handelte.

bung oder die Haftung für «gewöhnliche» Hyperlinks im Internet mitsamt der Kostenfolge zu weit führen[74].

Zu unterscheiden ist auch danach, ob die Berichtigung oder Urteilspublikation **selbst vorzunehmen** ist (z.b. bei Passivlegitimation des Trägers eines Medienunternehmens) oder ob diese **bloss zu veranlassen bzw. zu dulden** und dafür die Kosten zu tragen sind. 30

bb) Reparatorische Ansprüche

Bei Klagen auf **Schadenersatz oder Genugtuung** ist der schuldhaft einen Schaden verursachende **Verletzer** passivlegitimiert (vgl. Art. 9 Abs. 3; näher N 116 ff.), beim Anspruch auf **Gewinnherausgabe** enthält Art. 9 Abs. 3 einen Verweis auf Art. 423 OR, dessen Rechtsnatur umstritten ist[75]. 31

c) **Arten der Passivlegitimation**

aa) Passivlegitimation durch Tun (sog. Handlungsstörer)

Als sog. Handlungsstörer ist passivlegitimiert, wer einen Wettbewerbsverstoss durch sein **eigenes Verhalten** (mit-)[76]bewirkt oder für das wettbewerbswidrige **Verhalten eines Dritten** einzustehen hat. Für einen Dritten ist der Handlungsstörer zunächst verantwortlich, wenn er das wettbewerbswidrige Drittverhalten für sich ausnutzt[77]. Die Handlungsstörung kann sich daneben auch aus dem unlauteren Verhalten einer **Hilfsperson** (Art. 11), eines Erfüllungsgehilfen (Art. 101 OR, N 37 f.) oder eines Organs (Art. 55 Abs. 2 ZGB, N 39 f.) ergeben. Der Autor eines selbständigen Teilberichts ist jedoch nicht für den Wettbewerbsverstoss eines Mitautors in einem von ihm nicht zu verantwortenden anderen Berichtsteil passivlegitimiert[78]. 32

Auch **Anstiftung und Beihilfe** zu fremdem Wettbewerbsverstoss begründen die Passivlegitimation als Handlungsstörer[79], sofern die allgemeinen Voraussetzungen dieser Teilnahmeformen gegeben sind. Bei der Anstiftung muss der Störer bei dem Handelnden mithin den Handlungsentschluss mitverursacht und bei der Beihilfe 33

---

[74] Dazu Art. 11 N 18.
[75] Dazu näher N 184 ff
[76] Vgl. zur Passivlegitimation sämtlicher Kartellmitglieder BGE 104 II 209, 212 f. («Weissenburger»).
[77] BGer 4C.361/2005 sic! 2006, 583, E. 3.8.2 («tiq® of Switzerland»); in Betracht kommt hier auch eine Passivlegitimation als Zustandsstörer (N 34 ff.).
[78] OGer LU SMI 1995, 394, E. 4b («Caritas-Bericht II»).
[79] BGer 4C.224/2005 sic! 2006, 280, E. 2.2.2 («Agefi/Edipresse»); BGer 4C.361/2005 sic! 2006 583, E. 3.8.2 («tiq® of Switzerland»); RAUBER, SIWR V/1, 269.

einen mitursächlichen Handlungsbeitrag geleistet haben. Erforderlich ist zudem auch im Bereich der verschuldensunabhängigen negatorischen Ansprüche nach Art. 9 Abs. 1 und Abs. 2, dass der Anstifter oder Gehilfe hinsichtlich der Anstiftung bzw. der Beihilfehandlung sowie des hinreichend konkret sich abzeichnenden und ggf. schuldlos begangenen Wettbewerbsverstosses **vorsätzlich** gehandelt hat[80].

bb) Passivlegitimation durch Unterlassen (sog. Zustandsstörer)

34 Als sog. Zustandsstörer ist passivlegitimiert, wer eine **Wettbewerbsstörung**, für die er nicht bereits als Handlungsstörer verantwortlich ist, **aufrechterhält oder duldet**, obwohl er den wettbewerbswidrigen Zustand in zumutbarer Weise erkennen und beheben könnte. Der Zustandsstörer ist wie auch sonst in Fällen des Unterlassens nur dann passivlegitimiert, wenn er durch sein Unterlassen **qualifizierte Prüfungs- und/oder Eingriffspflichten verletzt**. Es handelt sich um objektive und vom bei reparatorischen Ansprüchen vorausgesetzten Verschulden verschiedene Pflichten (auch als wettbewerbsrechtliche Verkehrssicherungspflichten bezeichnet)[81]. Die Bösgläubigkeit, d. h. das Wissen um einen Wettbewerbsverstoss z.B. nach einer Abmahnung durch einen Betroffenen, ist für die Begründung der Zustandsstörerhaftung nur insofern von Bedeutung, als sich damit die Frage zumutbarer Prüfungspflichten nicht mehr stellt und es nur noch um die Frage des Vorliegens zumutbarer Eingriffsmöglichkeiten geht.

35 Die genaue Reichweite der Prüfungs- und Eingriffspflichten ist letztlich eine Frage der **Abwägung aller Umstände** des Einzelfalls unter dem Gesichtspunkt der Möglichkeit und Zumutbarkeit. Zu berücksichtigen sind insbesondere die folgenden Umstände:

- die im Einzelfall technisch und rechtlich zur Verfügung stehenden **Möglichkeiten** von Prüfung und Eingriff;
- der **Aufwand** für geeignete und erforderliche Prüfungs- bzw. Eingriffsmassnahmen sowie die Möglichkeit, die damit verbundenen Kosten auf Dritte (v.a. Nutzer) abzuwälzen;
- die Vorhersehbarkeit, Art, Bedeutung und Dimension der drohenden **Gefahren** für den lauteren und unverfälschten Wettbewerb;
- berechtigte **Schutzerwartungen Dritter** und deren zumutbare Möglichkeiten des Selbstschutzes;
- der ggf. grundrechtlich geschützte **Nutzen der Tätigkeit** des vermeintlichen Störers für diesen selbst und für die Allgemeinheit sowie allfällige Beein-

---

[80] Von einem Anstifter oder Gehilfen kann allerdings im Rahmen negatorischer Ansprüche nur die Unterlassung der Anstiftungs- bzw. Gehilfentätigkeit verlangt werden, vgl. für den Gehilfen auch BAUDENBACHER/GLÖCKNER, Kommentar UWG, Art. 11 N 5. Allerdings sind Anstifter und Gehilfen solidarisch haftbar für Schadenersatz- und Genugtuungsansprüche aus Art. 9 Abs. 3 UWG.

[81] Vgl. dazu für das deutsche Recht KÖHLER, Komm. dt. UWG, § 8 N 2.16 f.

trächtigungen dieser Tätigkeit durch geeignete und erforderliche Prüfungs- und Eingriffsmassnahmen.

Praktische **Bedeutung** hat die Zustandsstörung insbesondere bei Medienanbietern (N 49 ff.) und Internet-Providern (N 53 f.), wobei die genaue Reichweite der Prüfungs- und Eingriffspflichten umstritten ist. Eine Zustandsstörung kommt ferner etwa dann in Betracht, wenn zunächst zulässige Wettbewerbshandlungen durch Umstandsänderungen ausserhalb des Einflussbereichs des Werbenden unlauter werden[82]. Zustandsstörer ist auch der Pächter eines Hotelbetriebs, der eine vom Eigentümer festgelegte unrichtige Enseigne des Hotels ausnutzt[83], sofern er einen Einfluss auf die Wahl der Enseigne hatte[84] bzw. auf deren Beseitigung hätte hinwirken können. Schliesslich sind die Unternehmensnachfolger, die einen wettbewerbswidrigen Zustand durch Unterlassen aufrechterhalten oder ausnutzen, typische Zustandsstörer[85]. 36

d) Sonderfälle der Passivlegitimation

aa) Passivlegitimation von Geschäftsherren und ihren Hilfspersonen

Die Passivlegitimation des Geschäftsherrn für **negatorische Ansprüche** wird als einzige Frage aus dem Bereich der Passivlegitimation ausdrücklich durch **Art. 11** geregelt. Danach können die Ansprüche gemäss Art. 9 Abs. 1 und Abs. 2 auch gegen den Geschäftsherrn geltend gemacht werden, wenn der unlautere Wettbewerb von Arbeitnehmern oder anderen Hilfspersonen bei ihren dienstlichen oder geschäftlichen Verrichtungen begangen worden ist (näher Art. 11 N 7 ff.). Bei Klagen auf **Schadenersatz oder Genugtuung** bestimmt sich die Passivlegitimation des Geschäftsherrn bzw. (vor-)vertraglichen Schuldners hingegen nach **Art. 9 Abs. 3 i.V.m. Art. 55 bzw. 101 OR**, da Art. 11 insoweit unanwendbar ist. Für Klagen auf **Gewinnherausgabe** enthält Art. 9 Abs. 3 eine Verweisung (nur) auf **Art. 423 OR** (N 184 ff.). 37

Wie sich für negatorische Ansprüche im Umkehrschluss aus Art. 11 bzw. für Ansprüche auf Schadenersatz und Genugtuung aus Art. 55 Abs. 2 OR ergibt, sind neben dem Geschäftsherrn grundsätzlich auch die in Ausübung ihrer dienstlichen oder geschäftlichen Verrichtungen unlauter handelnden **Hilfspersonen selbst** passivlegitimiert (zu Einzelheiten und Einschränkungen Art. 11 N 16 ff.). 38

---

[82] Siehe etwa zu einer Aufklärungspflicht aus sog. Ingerenz Art. 3 lit. b N 70.
[83] BGE 37 II 541, 543 f. («Hotel am Bahnhof»).
[84] Zu dieser in BGE 37 II 541, 543 f., unbeachtet gebliebenen Einschränkung noch HGer BE SMI 1994, 81, E. 1 («Steinbock»).
[85] BAUDENBACHER/GLÖCKNER, Kommentar UWG, Art. 11 N 6.

bb) Passivlegitimation von juristischen Personen, ihren Organmitgliedern, Gesellschaftern und von Konzerngesellschaften

39 Nach **Art. 55 Abs. 2 ZGB** sowie Art. 722, 817 bzw. 899 Abs. 3 OR wird das in Ausübung von geschäftlichen Verrichtungen[86] gezeigte unlautere Verhalten eines formellen[87] oder faktischen[88] Organs der **juristischen Person** als eigenes Verhalten zugerechnet. Die juristische Person ist daher neben dem betreffenden Organmitglied (vgl. Art. 55 Abs. 3 ZGB) passivlegitimiert[89]. Nach einer in der Rechtsprechung vertretenen Ansicht besteht die Passivlegitimation von juristischen Personen jedoch nur für unlautere Wettbewerbshandlungen nach ihrer Entstehung[90], die zumeist die Eintragung in das Handelsregister voraussetzt[91]. Im Gründungsstadium sollte richtigerweise jedoch bereits nach Errichtung der juristischen Person, d. h. nach der Gründungserklärung und der Statutenfeststellung, eine Passivlegitimation der sog. **Vorgesellschaft** in Betracht kommen, da die Vorgesellschaft (z.B. Vor-AG) bereits mit der später durch Eintragung entstehenden Gesellschaft (z.B. AG) identisch ist[92].

40 Nach **Art. 55 Abs. 3 ZGB** sind die **Organpersonen** auch selbst für ihr unlauteres Wettbewerbsverhalten verantwortlich[93]. Dies gilt entgegen dem Wortlaut von Art. 55 Abs. 3 ZGB nicht nur im Falle eines schuldhaften Verhaltens, sondern für jegliches unlautere Tun oder Unterlassen[94]. Zu denken ist etwa an Fälle, in denen

---

[86] Zum funktionellen Zusammenhang zwischen Verrichtung und unlauterer Wettbewerbshandlung näher Art. 11 N 12 f.

[87] Formelle Organe i.S.v. Art. 55 ZGB sind die Exekutivorganmitglieder einer juristischen Person (Verwaltungsratsmitglieder, Direktoren, Geschäftsführer, Verwaltungsmitglieder, Vorstandsmitglieder, Stiftungsratsmitglieder).

[88] Faktische Organe sind Personen, die effektiv an der Bildung und Äusserung des Verbandswillens massgeblich teilhaben, indem sie Organen vorbehaltene Entscheide treffen oder die eigentliche Geschäftsführung besorgen, ohne wirksam als formelles Organmitglied bestellt worden zu sein (vgl. auch Art. 754 Abs. 1 OR: «alle mit der Geschäftsführung ... befassten Personen»); es kann sich etwa um Prokuristen (BGE 68 II 295, 301), die Redaktionsmitglieder einer Zeitung (BGE 72 II 65 f., HGer SG SJZ 2000, 450), den Alleingesellschafter, die Konzernmuttergesellschaft (BGE 132 III 523, 528 f.) oder um ein Verwaltungsratsmitglied der Muttergesellschaft (BGE 128 III 92 ff.) handeln; vgl. auch für das deutsche Immaterialgüterrecht BGH GmbHR 1986, 83 m.w.N.

[89] BGE 56 II 24, 34 («Maggi»); BGer 4C.139/2004 sic! 2004, 430, 431 («CAP»); HGer ZH SMI 1982, 81, E.2 («Testsätze»); ZivGer BS SMI 1991, 225, E. 2 («Bio Kill»).

[90] CdJ GE C/27 817/2002 sic! 2004, 884, 886 («Wine Events»).

[91] Siehe zur Konstitutivwirkung der Handelsregistereintragung z.B. Art. 643 Abs. 1 OR (AG) und Art. 779 Abs. 1 OR (GmbH); anders Art. 52 Abs. 2 ZGB i.V.m. Art. 59 ZGB (öffentlichrechtliche Körperschaften und Anstalten), Art. 60 Abs. 1 ZGB (Idealverein) bzw. Art. 81 Abs. 1 ZGB (kirchliche Stiftungen und Familienstiftungen).

[92] Zur umstr. Rechtsnatur und Identität der Vor-Gesellschaft mit der später entstehenden juristischen Person siehe eingehend BÄR, Festgabe Kummer, 87 ff.

[93] BGer 4C.139/2004 sic! 2004, 430, 431 f. («CAP»); vgl. zur Eigenhaftung von Organpersonen bei Verletzungen des Persönlichkeitsrechts OGer ZH ZR 2005 Nr. 38, E. 4.2; ferner SPITZ, SJZ 2003, 167 ff., und K. TROLLER, Grundzüge Immaterialgüterrecht, 383.

[94] BSK-HUGUENIN, Art. 54/55 ZGB N 31.

eine Organperson den unlauteren Wettbewerb durch die Erteilung von Weisungen selbst aktiv (mit-)bewirkt[95] oder unlauterer Wettbewerb infolge der Verletzung von Organisations- oder Aufsichtspflichten durch Hilfspersonen begangen wird. Die generelle Eigenverantwortlichkeit der Organpersonen ergibt sich indirekt auch aus Art. 11, da diese Vorschrift implizit von der Eigenständigkeit der Wettbewerbshandlung einer Hilfsperson ausgeht (Art. 11 N 16 ff.) und dies erst recht für das Verhalten einer eigenverantwortlich dem Interesse der juristischen Person verpflichteten Organperson gelten muss (Umkehrschluss a maiore ad minus)[96].

Ist eine Personengesellschaft als Geschäftsherrin oder nach Art. 567 Abs. 3 OR für das in Ausübung geschäftlicher Verrichtungen gezeigte Verhalten eines ihrer Gesellschafter verantwortlich, sind auch die anderen **Personengesellschafter** passivlegitimiert. Personengesellschaftern kommt die Passivlegitimation auch für Handlungen zu, die sie in Vertretung der Gesellschaft getätigt haben[97]. 41

Kapitalgesellschafter sind hingegen für die wettbewerbswidrigen Verhaltensweisen ihrer Gesellschaft grundsätzlich nicht verantwortlich[98]. Auch sie sind jedoch zunächst dann passivlegitimiert, **wenn** sie die wettbewerbswidrige Handlung **selbst** unmittelbar oder mittelbar vorgenommen, dazu angestiftet oder sich an ihr als Gehilfe **beteiligt haben**[99]. Ferner können auch Gesellschafter ohne formelle Organstellung als **faktisches Organ** verantwortlich sein, wenn sie massgeblichen Einfluss auf die betreffende Willensbildung der sich wettbewerbswidrig verhaltenden Gesellschaft genommen haben (N 39 mit Fn. 88). Fraglich ist die Störereigenschaft von Kapitalgesellschaftern als faktische Organe allerdings dann, wenn sie nicht aktiv an den in dem von der Gesellschaft betriebenen Unternehmen vorgekommenen Rechtsverletzungen beteiligt waren. Insoweit sollten die Gesellschafter wie ein Geschäftsführer nur bei **Kenntnis** von der drohenden Rechtsverletzung (Erstbegehungsgefahr) bzw. bei nachträglicher **Identifikation** mit der erfolgten Rechtsverletzung (Wiederholungsgefahr) und einer tatsächlich bestehenden Organisationsherrschaft als Störer angesehen werden, da ihnen nur dann der Vorwurf einer Vernachlässigung von Erfolgsabwendungspflichten gemacht werden kann[100]. 42

Wurde der Wettbewerbsverstoss innerhalb eines Konzerns begangen, gilt zunächst der allgemeine Grundsatz, dass **jede Konzerngesellschaft nur für das eigene wettbewerbsrelevante Verhalten verantwortlich** ist. Dieses Verhalten kann jedoch auch in der Anstiftung oder Beihilfe (zugunsten) einer anderen Konzerngesellschaft bestehen (N 33). Daneben kann die Muttergesellschaft im Falle einer 43

---

[95] Zur Unanwendbarkeit von Art. 55 OR in diesem Fall SPITZ, SJZ 2003, 169.
[96] HGer ZH SMI 1982, 81, E. 2 («Testsätze»; PatG-Fall); implizit auch BGer 4C.139/2003 sic! 2004, 430, 431 f. («CAP»).
[97] CdJ GE SMI 1986, 342, E. 1 («Société en nom collectif»).
[98] BGer 4C.224/2005 sic! 2006, 280, 282 («Agefi/Edipresse»).
[99] Vgl. dazu für Gesellschaftsorgane im deutschen Recht BGH GmbHR 1986, 83; OTTOFÜLLING, GmbHR 1991, 307.
[100] Vgl. dazu für die deutsche Geschäftsführerhaftung eingehend BGH GmbHR 1986, 83 ff.; OTTO-FÜLLING, GmbHR 1991, 308 f., und WEIMAR, GmbHR 1997, 479.

Weisungserteilung als Geschäftsherrin nach **Art. 11** (N 37) oder im Falle einer massgeblichen Einflussnahme auf die Willensbildung einer Tochtergesellschaft als deren **faktisches Organ** (N 39) verantwortlich sein. Ist die Aufgabenverteilung in einem Konzern schliesslich **undurchsichtig,** kann zumindest in einem Massnahmeverfahren die Beteiligung der Muttergesellschaft als hinreichend glaubhaft gemacht[101] und ggf. auch in anderen Verfahren als hinreichend dargelegt und bewiesen erscheinen. Die blosse **Nennung** einer anderen Konzerngesellschaft begründet hingegen noch **nicht** deren Passivlegitimation[102].

cc) Passivlegitimation der öffentlichen Hand

44   Sofern die öffentliche Hand bei sog. **fiskalischer Tätigkeit** wie ein Privater am Wettbewerb teilnimmt bzw. diesen zugunsten Dritter beeinflusst[103], gelten für sie die allgemeinen lauterkeitsrechtlichen Regeln zur Passivlegitimation (vgl. auch Art. 61 Abs. 2 OR)[104] und damit auch Art. 11 UWG, Art. 55 ZGB sowie Art. 55 und 101 OR als Zurechnungsnormen[105]. Im (schlicht-)hoheitlichen Handlungsbereich gelten hingegen, sofern das Lauterkeitsrecht überhaupt zur Anwendung gelangt (dazu Art. 2 N 16), die besonderen öffentlich-rechtlichen Regelungen zur Passivlegitimation (vgl. Art. 61 Abs. 1 OR sowie Art. 6 und 59 ZGB).

dd) Passivlegitimation von Herstellern, Vertriebs- und Transportpersonen

45   Ein **Hersteller** ist als Handlungsstörer verantwortlich, wenn das von ihm hergestellte Produkt z.B. infolge einer sklavischen Nachahmung (Art. 2 N 103) oder eines Verstosses gegen das Trennungsgebot (Art. 2 N 42) bereits für sich wettbewerbswidrig ist. Für das unlautere Verhalten seiner Vertriebspartner ist er hingegen nur dann mitverantwortlich, wenn er es veranlasst oder gefördert hat (zu Anstiftung und Beihilfe N 33)[106].

46   **Verstösst** ein **Produkt** gegen das Lauterkeitsrecht, sind neben dem Hersteller auch diejenigen Personen passivlegitimiert, die das Produkt als Importeure, Zwischen-,

---

[101] OGer ZH SMI 1996, 510, E. 2 («70 000 mal günstiger») und OGer LU LGVE 2004 I Nr. 30, E. 7.2. Vgl. Art. 14 N 18 in Fn. 20.
[102] OGer ZH SMI 1995, 399, E. III.3.1 («Züritel»).
[103] BGE 112 II 369, 374 f. («Appenzell»); HGer BE SMI 1994, 81, 82 («Steinbock»); Richteramt III BE SMI 1996, 175, 176 f. («Stadtanzeiger Bern»). Vgl. auch BORER, Vorgehen, N 13.112.
[104] BGE 120 IV 226, 240 («Modem»); HGer BE SMI 1994, 81, E. 1 («Steinbock»); BGer 4C.452/1996 sic! 1997, 38, 39 («Blue Window»); BGer 4C.79/1997 sic! 1998, 91 f. («Stadtanzeiger Bern II»); DAVID, SIWR I/2, 70.
[105] Zum Ganzen auch Vor Art. 16–20 N 16 ff.
[106] BGer 4C.361/2005 sic! 2006, 583, E. 3.8.2 («tiq® of Switzerland»).

Gross- oder Einzelhändler vertrieben haben[107]. Ein Verschulden der Vertriebspersonen ist nur bei der Geltendmachung von Schadenersatzansprüchen erforderlich[108].

Liegt der Wettbewerbsverstoss hingegen **ausserhalb** des **Produkts** (z.B. unlautere Herstellerwerbung oder Vertriebsmethoden), sind die nachgeordneten Vertriebseinheiten hierfür nur bei eigener Beteiligung als Handlungsstörer (N 32 f.) oder dann als Zustandsstörer verantwortlich, wenn sie eine zumutbare Möglichkeit zur Beeinflussung oder Beseitigung der Werbemassnahme hatten (N 34 ff.). 47

Die Passivlegitimation von **Transportpersonen**, d.h. von Frachtführern (inkl. Post und Kurierdienste), Spediteuren und Lagerhaltern ist regelmässig aufgrund der mangelnden Wettbewerbsgerichtetheit ihres Handelns und aufgrund ihrer bloss untergeordneten Hilfsfunktion im Interesse und Dienste der Allgemeinheit zu verneinen[109]. Bei Unklarheiten über den Eigentümer einer transportierten bzw. eingelagerten Ware ist im Zweifel gegen den Absender und den Adressaten vorzugehen[110]. 48

ee) Passivlegitimation von Medienschaffenden

Die in **Art. 4 aUWG** enthaltene Sonderbestimmung zur Passivlegitimation der Presse, die gegen diese gerichtete negatorische Ansprüche praktisch weitgehend verunmöglichte[111], wurde bewusst nicht in das geltende UWG übernommen[112]. Zu beachten ist heute lediglich noch die über den Verweis in Art. 14 geltende Beschränkung vorsorglicher Massnahmen bei periodisch erscheinenden Medien (Presse, Radio, Fernsehen, regelmässige Online-Angebote) durch **Art. 28c Abs. 3 ZGB**, die die Geltendmachung negatorischer Ansprüche in diesem Bereich faktisch stark erschwert[113]. Im Übrigen unterliegen die Medien den **allgemeinen Regeln der Passivlegitimation**. Vorschläge in der Literatur[114] und Motionen betreffend die Wiedereinführung von Medienprivilegien insbesondere im strafrechtlichen Bereich sind bislang nicht Gesetz geworden (Einl N 92). 49

Als Medienschaffende sind alle Personen passivlegitimiert, die an der Erstellung und/oder Verbreitung eines unlauteren Inhalts **als Handlungsstörer** (N 32 f.) oder **Zustandsstörer** (N 34 ff.) bewusst oder unbewusst mitgewirkt bzw. diesen vermit- 50

---

[107] HGer ZH ZR 1950 Nr. 33, E. 6; HGer SMI 1985, 252, E. II. («Cotub Mini-Form»).
[108] BAUDENBACHER/GLÖCKNER, Kommentar UWG, Art. 11 N 10. Beim Gewinnherausgabeanspruch ist Bösgläubigkeit vorausgesetzt, dazu N 196 u. 209.
[109] So wegen ihrer regelmässig untergeordneten Rolle bzw. blossen Hilfsrolle auch BAUDENBACHER/ GLÖCKNER, Kommentar UWG, Art. 11 N 11, bzw. DAVID, SIWR I/2, 66 f. Vgl. auch Vor Art. 16–20 N 24.
[110] DAVID, SIWR I/2, 66.
[111] Dazu B. VON BÜREN, Kommentar UWG, Art. 2–4 N 70.
[112] Botschaft UWG, 1055 f.
[113] Dazu Art. 14 N 41 ff.
[114] Siehe dazu etwa PEDRAZZINI/PEDRAZZINI, UWG, § 17.13.

telt, begünstigt oder befördert haben[115]. In Betracht kommen namentlich der Verfasser bzw. Gestalter eines redaktionellen bzw. werbenden Beitrags[116], der verantwortliche Redakteur, der Informant, der Herausgeber[117], der Betreiber einer Sendeanstalt sowie Vertriebspersonen (z.b. Pressehändler).

51 In der insoweit reichhaltigen Praxis wird zunächst danach **unterschieden,** ob der Medienanbieter mit einer Aussage am **eigenen Medienwettbewerb** (z.B. Berichterstattung über die Absatzzahlen einer konkurrierenden Zeitung) teilnimmt **oder Dritte** im Wettbewerb begünstigt. Bedeutsamer ist jedoch die Unterscheidung zwischen unlauteren Äusserungen im redaktionellen Teil einerseits und im Werbeteil (Anzeigen, Werbeblöcken, Einblendungen) andererseits[118]. Im **redaktionellen Teil** werden generell[119] hohe Anforderungen an die Erarbeitung eigener und die Prüfung fremder Inhalte gestellt[120]. Die Medien geniessen im Bereich des UWG keine «Narrenfreiheit»[121] und haben die anerkannten Regeln der journalistischen Sorgfalt zu beachten[122]. Bei der Verbreitung fremder Inhalte ist weiter danach zu differenzieren, ob sich das Medium diese auch selbst zu eigen macht, diese lediglich weitergibt oder sich von diesen distanziert[123]. Im **Werbeteil** gelten hingegen regelmässig die Grundsätze der Zustandsstörung (N 34 ff.), sodass eine Passivlegitimation von Medienschaffenden neben dem Ersteller und Einlieferer der Werbung[124] nur bei offenkundigen bzw. groben Verstössen gegen das Lauterkeitsrecht in Betracht kommt[125]. Ähnliches gilt bei **Agenturmeldungen**[126] und **Leserbriefen**[127], mindestens soweit diese als solche erkennbar sind.

---

[115] BGer 4C.167/2006, E. 6.1.1 («UEB»).
[116] BGE 117 IV 193, 198 («Bernina»).
[117] Zur Passivlegitimation u.a. eines in den Ferien weilenden Zeitungsherausgebers BGE 103 II 161, 165 ff.
[118] TAUFER, Einbezug von Dritten, 95 ff.; BAUDENBACHER/GLÖCKNER, Kommentar UWG, Art. 11 N 27 ff.; RIKLIN, Presserecht, § 10 N 11; NOBEL/WEBER, Medienrecht, 10 N 115 je m.w.H.
[119] Zur Ablehnung der weiteren Differenzierung zwischen Tagesberichterstattung und rechercheintensiver Berichterstattung (so etwa PEDRAZZINI/PEDRAZZINI, UWG, § 17.13) BAUDENBACHER/GLÖCKNER, Kommentar UWG, Art. 11 N 27; zu Agenturberichten allerdings noch Fn. 126; zur ggf. fehlenden Fortdauer der Wettbewerbsstörung bei tagesaktueller Berichterstattung zudem BGE 68 II 129, 133 («Genossenschaft Hotelplan»).
[120] Vgl. zur Passivlegitimation bei Persönlichkeitsverletzungen in redaktionellen Beiträgen BGE 95 II 481, 486 («Club Medityrannis»); BGE 103 II 161, 165 ff. («Bieler Zeitung»); BGE 133 III 153 («Patty Schnyders Vater»).
[121] PEDRAZZINI/PEDRAZZINI, UWG, § 17.13 unter Hinweis auf CdJ GE SMI 1993, 316 («Filets de perche»).
[122] Siehe dazu nur den Leitentscheid BGE 117 IV 193 ff. («Bernina»).
[123] Vgl. zur unkritischen Kolportierung unlauterer bzw. ehrverletzender Drittäusserungen Art. 3 lit. a N 54 m.w.H.
[124] BGE 117 IV 364, 366.
[125] Dazu auch Einl. N 57 ff.
[126] OGer ZH SJZ 1989 Nr. 59, E. III.
[127] Vgl. zu Persönlichkeitsverletzungen in einem Leserbrief den Fall BGE 106 II 92, 99 ff., in dem der beleidigende Charakter eines Leserbriefs für die Redaktoren «ohne weiteres erkennbar» war.

Die **Meinungs- und Medienfreiheit** (Art. 10 EMRK, Art. 16 f. BV) stehen der 52
Passivlegitimation von Presse, Rundfunk und Fernsehen im Bereich des UWG
nicht entgegen, sind aber bei der Auslegung, insbesondere im Bereich der Zustandsstörung (Reichweite der Prüfungs- und Eingriffspflichten im Einzelfall) zu
berücksichtigen (N 34 ff. sowie Einl. N 57 ff. und 61 ff.)[128]. Da sich der verfassungsrechtliche Schutz der Medien bereits im Abwägungsprozess entfaltet, ist die
verbreitete Aussage, wonach er sich allein auf lautere Inhalte erstrecke[129], wohl nur
im Ergebnis zutreffend[130].

ff) Passivlegitimation der Internetprovider

Auch im Internet gelten die allgemeinen Grundsätze der Passivlegitimation[131]. Die **Anbieter von Inhalten** (sog. Content-Provider) sind daher denselben 53
Grundsätzen unterworfen wie die Medienanbieter (N 49 ff.). Besondere Probleme
bereitet im Internet allerdings die Verantwortlichkeit für die in diesem Medium
typischen Verweisungen durch **Hyperlinks,** die nur dann die Passivlegitimation für
den wettbewerbswidrigen Inhalt einer verlinkten Website begründen, wenn sich der
Verweisende diesen Inhalt ausnahmsweise zu eigen gemacht oder von ihm Kenntnis gehabt hat. Dabei wird die Kenntnis einer unmittelbar verlinkten Website widerleglich vermutet und jedenfalls durch eine Abmahnung begründet[132]. Eine darüber
hinausgehende Pflicht zur Prüfung der verlinkten Inhalte ergibt sich nur bei offensichtlichen Verdachtsmomenten, die etwa in der Person des Anbieters, des Titels
der Website oder der Natur des Angebots begründet sein können. Diese Grundsätze
gelten auch für internetbasierte **Makler- und Auktionsplattformen** (z.B. Ebay,
Ricardo), sodass auch hier zunächst danach zu unterscheiden ist, ob sich die Plattform mit den über sie gemachten (ggf. auch lauterkeitsrechtswidrigen) Angeboten
identifiziert oder nicht[133]. Sofern der Betreiber der Plattform auf Wettbewerbsverstösse aufmerksam (gemacht) wird, hat er die lauterkeitsrechtswidrigen Inhalte
nicht nur zu löschen, sondern – sofern technisch möglich und zumutbar – auch

---

[128] PEDRAZZINI/PEDRAZZINI, UWG, § 17.13, sprechen aufgrund der verfassungsrechtlichen Pflicht zur Berücksichtigung der besonderen Funktion der Medien von einem Medienprivileg im uneigentlichen Sinne.
[129] So aber HOTZ, SJZ 1990, 27, und WALTER, SMI 1992, 178.
[130] Wie hier auch BAUDENBACHER/GLÖCKNER, Kommentar UWG, Art. 11 N 25.
[131] BAUDENBACHER/GLÖCKNER, Kommentar UWG, Art. 11 N 19: «Was offline gilt, gilt auch online.»
[132] So bereits BAUDENBACHER/GLÖCKNER, Kommentar UWG, Art. 11 N 19 unter Hinweis auf entsprechende Differenzierungen im deutschen Recht.
[133] Vgl. dazu für das deutsche Recht LG Köln CR 2001, 417 (Identifikation des Betreibers mit dem über die Plattform «ricardo.de» gemachten Angebot von markenrechtsverletzenden Rolex-Repliken).

präventiv gegen die Wiederholung entsprechender Wettbewerbsverstösse vorzugehen[134].

54 Was die Passivlegitimation der sog. **Service-Provider** anbetrifft, ist zwischen sog. Hosting-Providern und sog. Access-Providern zu unterscheiden. Die sog. **Hosting-Provider,** die fremde Inhalte zur Nutzung im Netz bereithalten, sind dann passivlegitimiert, wenn sie Kenntnis von dem Wettbewerbsverstoss hatten[135] oder dieser für sie offensichtlich[136] hätte sein müssen. Sie können ihre Verantwortlichkeit daher auch für eine unbewusste Verbreitung wettbewerbswidriger Inhalte nicht rundweg mit der Begründung ablehnen, dass ihnen die erforderliche Prüfung unverhältnismässige Umtriebe und Kosten bescheren würde. Andererseits sollte sie bei blossen Vermutungen keine Nachforschungspflicht treffen. Die sog. **Access-Provider,** die lediglich einem Anbieter oder Nutzer von internetbasierten Inhalten den Zugang zum Internet ermöglichen, trifft hingegen grundsätzlich keine Überwachungs- und Nachforschungspflicht im Hinblick auf lauterkeitsrechtswidrige Inhalte. Etwas anderes gilt nur dann, wenn der Access-Provider den Adressaten der Daten bzw. die Daten selbst ausgewählt oder die Daten sogar verändert hat. Werden die Daten aus Effizienzgründen auf einem sog. Proxy-Speicher zwischengespeichert, können Gerichte und Verwaltungsbehörden zudem verlangen, dass lauterkeitsrechtswidrige Daten dort gelöscht werden. Für die **Betreiber von Suchmaschinen** gelten aufgrund der Verwandtschaft ihrer Tätigkeit mit derjenigen der Access-Provider die gleichen Regeln[137].

gg) Passivlegitimation von Wissenschaftlern

55 Die Publikation wissenschaftlicher Arbeiten zu rein akademischen Zwecken (Teilnahme am wissenschaftlichen Diskurs) fällt **mangels Wettbewerbsgerichtetheit nicht** in den **Anwendungsbereich** des **Lauterkeitsrechts**[138]. Werden wissenschaftliche Stellungnahmen jedoch zur **(Anti-)Werbung** eingesetzt, kommt ihnen Wettbewerbsrelevanz zu, sodass ihre Urheber unabhängig davon passivlegitimiert sind, ob sie den Wettbewerb beeinflussen wollten oder nicht[139].

---

[134] Vgl. dazu für das deutsche Recht BGH GRUR 2004, 861, 864 («Rolex/ricardo.de»); krit. für das Schweizer Recht ROSENTHAL, Internet-Provider-Haftung, 176 ff.
[135] Eine Kenntnis kann etwa dann vorliegen, wenn der Host-Provider wie etwa bei moderierten Newsgroups zwangsläufig mit dem Inhalt in Berührung kommt.
[136] Offensichtlich ist der Wettbewerbsverstoss bei grob fahrlässiger Unkenntnis.
[137] WEBER, Suchmaschinen, 144 ff.
[138] Vgl. Art. 2 N 11 ff.
[139] Vgl. bspw. BGE 120 II 76, 78 f. («Mikrowellenherd I»).

hh) Passivlegitimation von unmittelbaren und mittelbaren Besitzern

Der **Mieter oder Pächter** ist als Handlungsstörer für einen unlauteren 56
Gebrauch bzw. eine entsprechende Nutzung des Miet- bzw. Pachtgegenstandes
passivlegitimiert, sofern der unmittelbare Besitzer zumutbare rechtliche Möglichkeiten besitzt, den Lauterkeitsverstoss zu unterlassen oder zu beseitigen[140].

Sofern sich **Vermieter oder Verpächter** nicht ausnahmsweise als Handlungsstörer 57
aktiv an einem Wettbewerbsverstoss der Mieterin bzw. Pächterin beteiligen oder
diesen ausnutzen (N 32 f.), kommt ihre Passivlegitimation lediglich unter den Voraussetzungen der Zustandsstörung in Betracht (N 34 ff.)[141]. Sobald ein Vermieter
oder Verpächter jedoch von einem Wettbewerbsverstoss erfährt, wird es ihm regelmässig aufgrund seiner zivilrechtlichen Ansprüche aus Miete bzw. Pacht möglich und zumutbar sein, gegen diesen vorzugehen und den Mieter bzw. Pächter für
die entstehenden Umtriebe und Kosten haftbar zu machen.

3. Rechtsschutzinteresse

Eine Klage gemäss Art. 9 kann nur gutgeheissen werden, wenn die klagen- 58
de Person über ein schutzwürdiges Interesse am geltend gemachten Rechtsschutz
verfügt (Rechtsschutzinteresse). Es stellt eine Eintretensvoraussetzung und damit
ein prozessrechtliches Erfordernis dar und liegt vor, wenn ein rechtliches oder tatsächliches Interesse an der Klage vorliegt, d.h. wenn die **Gutheissung** der **Klage**
der klagenden Person einen **konkreten eigenen Vorteil** bringt[142]. Die blosse Verschlechterung der Lage der beklagten Person reicht somit nicht aus, auch wenn
diese sich unlauter verhalten hat – nicht vorausgesetzt ist jedoch, dass der unlautere
Vorteil in vollem Umfang dem Ansprecher zufällt[143].

Die Frage des Vorliegens des Rechtsschutzinteresses stellt sich in praxi **vor allem** 59
bei negatorischen Ansprüchen, bes. beim Feststellungsanspruch, wo spezielle

---

[140] HGer BE SMI 1994, 81, E. 1 («Steinbock»), Eigentümerin war eine Gemeinde, vgl. dazu auch Vor Art. 16 ff. N 17 Fn. 37.
[141] So fehlt beispielsweise dem Vermieter einer Schmuckvitrine an einem Messestandplatz, in der verwechselbare Armbanduhren ausgestellt werden, die Passivlegitimation, da ihm entsprechende Überprüfungen nicht zugemutet werden können, vgl. dazu ZivGer BS sic! 2005, 27, E. 3 (obiter dictum zur Rechtslage unter MMG/DesG, auszugsweise abgedruckt im Anhang zu BGer sic! 2005, 23 ff. [«Armbanduhren»]), wonach es eher fraglich sei, ob dem Untervermieter einer Vitrine zugemutet werden könne, besondere Vorkehrungen gegen die Verletzung von Immaterialgüterrechten durch den Untermieter zu treffen.
[142] Vgl. BGer 4C.369/1999, E. 2b («Schmiermittel III»), BGE 120 II 5, 7 f., und BGE 114 II 189, 190.
[143] Ein Wettbewerbsverhältnis dürfte regelmässig vorliegen, nicht aber vorausgesetzt sein.

Voraussetzungen gelten[144]. Bei reparatorischen Ansprüchen liegt der Vorteil in der Zusprechung des Ausgleichs, womit das Vorliegen des Rechtsschutzinteresses evident ist[145]. Deren Gutheissung muss sich nicht notwendigerweise auf das Verhalten der beklagten Person am Markt auswirken[146]. Da zur Aktivlegitimation die Beeinträchtigung eigener wirtschaftlicher Interessen vorausgesetzt ist, ist das Rechtsschutzinteresse als Teil der Aktivlegitimation zu begreifen, die ihrerseits Spiegelbild des materiellen Rechts ist[147].

V. Negatorische Ansprüche (Art. 9 Abs. 1 und 2)

1. Anspruch auf Unterlassung (Art. 9 Abs. 1 lit. a)

a) Allgemeines

60 Die Unterlassungsklage bezweckt die **Unterbindung** einer **bestehenden** oder die **Verhinderung** einer **drohenden Beeinträchtigung** im Wettbewerb, indem das Gericht ein entsprechendes Verbot erlässt und mit Strafe bewehrt.

61 Sie stellt den in der UWG-Praxis **weitaus wichtigsten Rechtsbehelf** dar[148]. Unterlassungsverpflichtungen (Verbote) ergehen meist im Verfahren des **vorsorglichen Rechtsschutzes** (Art. 14), ggf. nach einer Abmahnung.

b) Voraussetzungen

62 Ein rechtlich geschütztes Interesse an einer Unterlassungsklage setzt gemäss Art. 9 Abs. 1 lit. a voraus, dass eine **Verletzung droht** (Verletzungsgefahr)[149].

---

[144] Vgl. bspw. BGer 5C.243/1995 medialex 1996, 156, E. 5 und 6, zu den qualifizierten Erfordernissen bei der Feststellungsklage N 85 ff. Zum Rechtsschutzinteresse und zur bei Unterlassungsklagen relevanten Wiederholungsgefahr HGer AG sic! 2009, 884, E. 4.1 («Caramelköpfli»).

[145] R. VON BÜREN/MARBACH/DUCREY, Immaterialgüter- und Wettbewerbsrecht, N 982.

[146] Vgl. BGer 4C.369/1999, E. 1 und E. 2b («Schmiermittel III»), wo aber die Aktivlegitimation der Zweitklägerin in Bezug auf den Schadenersatzanspruch gemäss Art. 9 Abs. 3 verneint wurde.

[147] Vgl. bspw. BGer 4C.369/1999, E. 2c («Schmiermittel III»).

[148] BAUDENBACHER/GLÖCKNER, Kommentar UWG, Art. 9 N 11.

[149] Vgl. bspw. BGE 109 II 338, 346 («BBC/PPC»). Ob die Verletzungsgefahr im Rahmen der Prüfung des Rechtsschutzinteresses oder als materielle Anspruchsvoraussetzung zu prüfen ist, ist umstritten. Bei Ersterem erfolgte eine Prüfung von Amtes wegen und erginge ein Nichteintretensentscheid, vgl. BAUDENBACHER/GLÖCKNER, Kommentar UWG, Art. 9 N 14 (sowie N 15 zur Problematik des «Wiederauflebens»), JERMANN, Kommentar DesG, Art. 35 N 22, und ZÜRCHER, Einzelrichter, 110, sowie HGer SG sic! 2007, 122, E.III/2 («Staubsauger»), wo die Verletzungsgefahr als Teil des Rechtsschutzinteresses an einer Unterlassung und nicht als eine davon zu trennende materielle Anspruchsvoraussetzung geprüft wurde. In jedem Fall muss dem Nichterledigungsentscheid dieselbe Rechtskraftswirkung zukommen, dazu ZÜRCHER, Einzelrichter, 164.

Insofern wird entweder die Gefahr der Erstbegehung (sog. vorbeugender Unterlassungsanpruch) oder der Wiederholung (sog. Verletzungsunterlassungsanspruch) vorausgesetzt, die im Zeitpunkt des Urteils noch vorliegen muss[150].

Eine **Erstbegehungsgefahr** liegt vor, wenn eine Verletzung ernsthaft zu befürchten ist. Vorausgesetzt ist die Darlegung von Indizien (möglichst) in Form äusserer Tatsachen, die Rückschlüsse auf eine Verletzungsabsicht der beklagten Person bzw. des Gesuchsgegners ermöglichen[151]. Als Indizien sind Werbeankündigungen, Anfragen an Lieferanten und Abnehmer, Auftritte an Messen oder andere Vorbereitungshandlungen denkbar[152]. Es ist zwar keine unmittelbare Bedrohung vorausgesetzt, doch müssen Verletzungen ernstlich zu befürchten sein[153]. Die Erstbegehungsgefahr entfällt schon, wenn die beklagte Person von ihren Anstalten bzw. Vorbereitungshandlungen Abstand nimmt, d.h. wenn die Bedrohungssituation entfällt[154]. 63

Eine **Wiederholungsgefahr** liegt vor, wenn unlauterer Wettbewerb bereits begangen wurde, eine Abmahnung (Verwarnung) ohne Wirkung war oder zwecklos wäre[155]. Sie ist regelmässig zu bejahen, wenn der Verletzer die Rechtswidrigkeit seines Verhaltens bestreitet, da diesfalls dessen künftige Weiterführung im Vertrauen auf dessen Rechtmässigkeit vermutet wird[156]. Die beklagte Person hat diese Vermutung umzustossen[157]. Die Praxis ist strikt. Eine Wiederholungsgefahr wird auch angenommen, wenn der Verletzer zwar im Hinblick auf den Prozess das **beanstandete Verhalten eingestellt** hat, es aber in den Rechtsvorträgen nach wie vor 64

---

[150] BGE 109 II 338, 346 («BBC/PPC»), 124 III 72, 74 («Contra Schmerz»), und BAUDENBACHER/ GLÖCKNER, Kommentar UWG, Art. 9 N 15.
[151] Vgl. BGE 99 II 344, 346 ff. (Patentrecht), und ALDER, Einstweiliger Rechtsschutz, 100.
[152] DAVID, SIWR I/2, 78, BAUDENBACHER/GLÖCKNER, Kommentar UWG, Art. 9 N 20. Dabei ist zu beachten, dass Vorbereitungshandlungen nur dann relevant sind, wenn sie Wettbewerbshandlungen darstellen. Vgl. instruktiv KGer GR vom 08.10.2007 (PZ-07-112), E. 5a, wo die Verbreitung einer herabsetzenden Äusserung i.S.v. Art. 3 lit. a und damit das Vorliegen der Erstbegehung bejaht wurde.
[153] BGE 109 II 338, 346 f. («BBC/PPC»). Strikter wohl BAUDENBACHER/GLÖCKNER, Kommentar UWG, Art. 9 N 18 ff. Gemäss BGE 99 II 344, 346 f. (Patentrecht), genügt schon eine ernstliche Gefahr, wenn eine gewisse Wahrscheinlichkeit für die Absicht der Erstbegehung spricht, die bloss unbestimmte oder entfernte Möglichkeit genügt jedoch nicht.
[154] BAUDENBACHER/GLÖCKNER, Kommentar UWG, Art. 9 N 22.
[155] BGE 124 III 72, 74 («Contra-Schmerz»), und BGE 90 II 51, 59 f. Eingehend zur Wiederholungsgefahr WIDMER, FS David, 277 ff., BAUDENBACHER/GLÖCKNER, Kommentar UWG, Art. 9 N 24 ff., und DAVID, SIWR I/2, 77 ff.
[156] BGE 124 III 72, 74 («Contra-Schmerz»), BGer 4C.169/2004 sic! 2005, 221, E. 1.1 («Limmi II»), BGer 4C.341/2005 sic! 2007, 543, E. 5.4 («Swiss Life» und «La-Suisse.com»; Marken-/Firmen-/ Kennzeichenrecht).
[157] PEDRAZZINI/PEDRAZZINI, UWG, § 15.13. An deren Umstossung sind strenge Anforderungen zu stellen, vgl. BGE 116 II 357, 359 f. («Doxycyclin»; PatG-Fall). Zum Ausschluss der Wiederholungsgefahr eingehend BAUDENBACHER/GLÖCKNER, Kommentar UWG, Art. 9 N 32 ff.

als rechtmässig verteidigt[158]. Dasselbe gilt, wenn die beklagte Person sich weigert, eine unmissverständliche Abstandserklärung abzugeben[159]. Vorausgesetzt ist die Anerkennung des klägerischen Anspruchs, es sei denn, eine Verletzungshandlung kann ausgeschlossen werden oder ist zumindest unwahrscheinlich, bspw. bei Einstellung der Aktivitäten auf dem fraglichen Markt oder bei Absatzförderungsmassnahmen, die eine Einmaligkeit nahelegen[160].

c) Inhalt

65   Unterlassungsklagen enthalten begriffsnotwendig Verpflichtungsanweisungen, die **auf ein Unterlassen gerichtet** sind (Verbote). Sie können namentlich die Bewerbung, die Belieferung, den Verkauf und die Inverkehrssetzung von Waren und Dienstleistungen etc. und die Verbreitung von Äusserungen verbieten. Sie müssen im Interesse der Rechtssicherheit auf das **Verbot eines genau umschriebenen Verhaltens** gerichtet sein (**Bestimmtheitsgebot**)[161] und müssen entsprechend sorgfältig redigiert werden[162]. Die verpflichtete Partei soll erfahren, was sie nicht mehr tun darf, und die Vollstreckungs- oder Strafbehörden müssen wissen, welche Hand-

---

[158] BGer 4C.84/1999 sic! 2000, 644, E. 4 («Fitnessstudio»; in casu wurde dies klägerischerseits nicht behauptet), vgl. auch BGE 116 II 365, 367 f. («Nivea/Jana»). Sehr strikt HGer SG sic! 2007, 122, E. III/5 f. («Staubsauger»), wo selbst die Anerkennung des vorsorglichen Verbots und die einseitige Verpflichtung des Verletzers, die Verletzungshandlungen in der Zukunft zu unterlassen, nicht zur Ablehnung der Wiederholungsgefahr genügten. Vorausgesetzt wurde aufgrund der Umstände vielmehr auch der Abschluss einer förmlichen, vorbehaltslosen Abstandserklärung, wobei allerdings keine Verpflichtung zur Leistung einer Konventionalstrafe notwendig war (in E. III/4 findet sich zudem eine Art Rspr.-Übersicht). Ähnlich strikt auch HGer AG sic! 2009, 884, E. 4.1 und 4.2 («Caramelköpfli»). Weniger strikt KGer GR vom 8.10.2007 (PZ-07-112), E. 5 b, wo eine Wiederholungsgefahr mit abgelehnt worden wäre, wäre eine eindeutige Zusicherung erfolgt, die Äusserungen nicht zu wiederholen.

[159] Eine Unterlassungserklärung muss eindeutig und bedingungslos sein und dem Umfang nach dem Klagebegehren entsprechen, vgl. WILLI, AJP 1999, 1381 sowie allgemein zur Bedeutung von Unterlassungserklärungen STAUB, Komm. MSchG, Art. 55 MSchG N 48. Die Einfügung des Passus «ohne Anerkennung einer Rechtspflicht» vermag insoweit nicht zu genügen. Nicht notwendig hingegen ist die Bewehrung der Abstandserklärung mit Konventionalstrafe. Die Anerkennung eines Unterlassungsbegehrens bedeutet nicht per se die der Prozessthemavereinfachung dienende Anerkennung der Rechtswidrigkeit im Hinblick auf den Schadenersatzanspruch, vgl. MARBACH, Immaterialgüter- und Wettbewerbsrecht, N 948. Das Beharren auf einer Aufbrauchsfrist durch den Verletzer impliziert noch nicht per se das Vorliegen einer Wiederholungsgefahr.

[160] Vgl. bspw. die Verneinung der Wiederholungsgefahr in HGer SG sic! 2003, 609, E. II. 4c) bb) («Mini-Berlusconi»), oder in OGer ZH ZR 2000 Nr. 26, E. 2b («Saldo/K-Tip und Puls-Tip»).

[161] BGE 97 II 92, 93, BGE 107 II 82, 86 f., BGE 131 III 70, 73 f. («Sammelhefter V»; Patentrecht), und BGer 4C.361/2005 sic! 2006, 583, E. 3.3 und 3.5 («tiq® of Switzerland»), sowie BGer 4C.169/2004 sic! 2005, 221, E. 1.3 («Limmi II»), und BGer 4A_103/2008, sic! 2008, 907, E. 10.1 («Botox/Botoina»).

[162] Dazu näher DAVID, SIWR I/2, 79 ff.

lungen sie zu verhindern oder mit Strafe zu belegen haben[163]. Begeht der Verletzer erneut eine unlautere Handlung, haben sie einzig zu prüfen, ob diese tatsächliche Voraussetzung erfüllt ist; dagegen haben sie das Verhalten nicht rechtlich zu qualifizieren[164]. Dem Vollstreckungs- und Strafgericht müssen schwierige Subsumtionen und **eigene rechtliche Wertungen erspart** bleiben, gleichzeitig muss es namentlich auch dem durch das Verbot Verpflichteten im Sinne einer **Orientierungsfunktion** und im Dienste der **Rechtssicherheit** klar ersichtlich sein, welche Verhaltensweisen in Zukunft unzulässig und strafbewehrt sind. Begehren auf Unterlassung, die sich bei der materiellen Beurteilung als an sich begründet, aber zu umfassend formuliert erweisen, sind im Urteil auf das zulässige Mass einzuschränken[165].

Das Verbot muss zwar nicht mit dem konkret erfolgten Verletzungstatbestand deckungsgleich sein, soweit eine Wiederholung einer ähnlichen Verhaltensweise oder eine eigentliche «Umgehung» droht. Insofern kann das Verbot auch allgemein formuliert und das Urteilsdispositiv anhand der Erwägungen ausgelegt werden. Dies ist dann der Fall, wenn die Begehung zwar leicht abgewandelter, aber **in** ihrem **Kern gleicher Verhaltensweisen** droht (sog. Kerntheorie)[166]. In jedem Fall muss die Formulierung des Verbots aber so präzise und bestimmt (konkret) sein, dass die verpflichtete Partei und die Vollstreckungs- oder Strafbehörden durch **blosse tatsächliche Kontrolle** ohne weiteres feststellen können, welche Handlungen gegen das Verbot verstossen[167].

Das Bestimmtheitserfordernis steht somit in einem **Spannungsverhältnis** mit dem Interesse der klagenden Person, den Unterlassungsbefehl möglichst weit zu fassen, um das in Frage stehende bzw. drohende unlautere Verhalten vollumfänglich, auch in seinen möglichen Abwandlungen und Weiterungen, zu erfassen[168]. Die Bewälti-

---

[163] BGE 88 II 209, 240 m.w.H., BGE 131 III 70, 73 f. («Sammelhefter V»; Patentrecht), sowie neulich BGer 4C.169/2004 sic! 2005, 221, E. 1.3 («Limmi II»), und BGer 4A_103/2008, sic! 2008, 907, E. 10.1 («Botox/Botoina»).

[164] BGE 131 III 70, 73 f. («Sammelhefter V»; Patentrecht), BGE 84 II 450, 458; BGer 4C.138/2004 sic! 2005, 663, E. 3 («Haftschicht»; PatG-Fall), BGer 4C.401/2004 sic! 2005, 562, E. 3.1 («Réproduction de vidéocassettes II»; URG-Fall), BGer 4C.169/2004 sic! 2005, 221, E. 1.3 («Limmi II») und BGer 4A_103/2008 sic! 2008, 907, E. 10.1 («Botox/Botoina»).

[165] BGE 107 II 82, 86 f., BGer 4C.169/2004 sic! 2005, 221, E. 1.3 («Limmi II»), und BGer 4A_103/2008, sic! 2008, 907, E. 10.2 («Botox/Botoina»; u.a. unzulässige Verwendung des Adjektivs «dominant»), und HGer ZH ZR 2007 Nr. 9, E. IV («Modesa/Modissa»; «oder sonstwie im informellen Geschäftsverkehr» zu unbestimmt); zurückhaltend bei ungenügend individualisierten Begehren anwaltlich vertretener Parteien bspw. Gerichtskreis VIII Bern-Laupen sic! 2007, 43, E. 8 («Auskunftsdienst»).

[166] BGer 4C.361/2005 sic! 2006, 583, E. 3.3 («tiq® of Switzerland»), unter Verweis auf BGH GRUR 1992, 858 ff., und HEINRICH, sic! 2006, 51 (zum Patentrecht). Zum Ganzen auch näher BAUDENBACHER/GLÖCKNER, Kommentar UWG, Art. 9 N 10 und 41 ff.; vgl. zur Kerntheorie N 69. B. VON BÜREN, Kommentar UWG, Art. 2 N 11, und A. TROLLER, Immaterialgüterrecht II, 1083 f.

[167] BGE 131 III 70, 73 f. («Sammelhefter V»; Patentrecht), und BGer 4C.361/2005 sic! 2006, 583, E. 3.3 («tiq® of Switzerland»).

[168] Vgl. die treffenden Ausführungen bei PEDRAZZINI/PEDRAZZINI, UWG, § 14.14 und bei BAUDENBACHER/GLÖCKNER, Kommentar UWG, Art. 9 N 41.

gung dieses Gegensatzes ist in der **UWG-Praxis** zunehmend zu einem nicht zu unterschätzenden **Problem** geworden.

68 Schwierig ist somit die **Miterfassung sinngemässer Verhaltensweisen,** bspw. bei Äusserungen oder Angaben im Bereich der Werbung[169], aber etwa auch bei herabsetzenden Äusserungen[170] oder bei Nachahmungen von Kennzeichen oder Ausstattungen. Gewisse Verallgemeinerungen und exemplifizierende Zusätze (z.B. «namentlich»/«insbesondere») sind bei der Abfassung der Begehren denkbar und zulässig[171]. Ebenso kann die Umschreibung des Gegenstands des beantragten Unterlassungsbefehls sowohl abstrakt wie auch konkret erfolgen[172].

69 Die blosse **geringfügige Modifikation** eines bereits praktizierten und als unlauter qualifizierten Verhaltens kommt in der Praxis häufig vor, zumal es für den Verletzer naheliegt, sein Verhalten so zu wählen, dass es gerade noch als lauter gilt, d.h. an der Grenze der Unlauterkeit zu operieren. Hier liegt es nahe, der vom BGH praktizierten **«Kerntheorie»** zu folgen, wonach spätere Änderungen einer Verletzungsform von der Urteilswirkung mitumfasst werden, wenn die **Abänderung** den **Kern der Verletzungsform unberührt** lässt[173] und nicht bereits im Urteil eine abstrakte(re) Fassung gewählt wurde[174]. Wesentlich scheint, dass das Vollstreckungsgericht nicht eine neue materielle Beurteilung des Sachverhalts vornehmen muss, sondern dass es bei einem blossen Subsumtionsakt bleibt[175].

70 Unterlassungsbefehle müssen **verhältnismässig** sein, d.h. vom Inhalt nur so weit reichen, als zur Unterbindung des (aktuellen oder drohenden) Störungsverhaltens

---

[169] Vgl. z.B. den Sachverhalt in BGer 4C.361/2005 sic! 2006, 583 ff. («tiq® of Switzerland»)

[170] Vgl. bspw. den Fall in KGer vom 08.10.2007 (GR PZ-07-112), E. 5, und namentlich die in A.2. abgedruckten Rechtsbegehren (Massnahmeentscheid).

[171] Dazu näher BAUDENBACHER/GLÖCKNER, Kommentar UWG, Art. 9 N 45, DAVID, SIWR I/2, 79 ff., und vorwiegend zum Patentrecht HEINRICH, sic! 2006, 48 ff. je m.w.H.; vgl. den Fall in BGer 4C.361/2005 sic! 2006, 583, E. 3.7 («tiq® of Switzerland»), zum Zusatz «namentlich» (in casu für zu unbestimmt befundener Zusatz). Die Formulierung mit dem Verkauf, dem Feilhalten und dem sonstigen Inverkehrbringen» wurde jedoch als noch zulässig erachtet, da sich die Tragweite aus dem Zusammenhang ergab. Ebenso wurde das Abstellen im Verbot «auf die Schweiz oder eine auf die schweizerische Herkunft hinweisende oder sinngemässe Angabe» als genügend bestimmt beurteilt (E. 3.5).

[172] Abstrakt: «Objekte mit den folgenden Merkmalen ...» bzw. «folgende Arten von Verhaltensweisen ...», konkret: «besonders die Objekte gemäss Beilage ...» bzw. «besonders die Äusserungen/ Angaben gemäss Beilage ...» (erstere Beispiele bei HEINRICH, Komm. PatG, 72.12, vgl. auch JERMANN, Komm. DesG, Art. 35 N 26).

[173] So BAUDENBACHER/GLÖCKNER, Kommentar UWG, Art. 9 N 10 mit Hinweis auf BGH GRUR 1989, 445, 446 («Professorenbezeichnung in der Arztwerbung»), und BGH GRUR 1991, 772, 774 («Anzeigenrubrik I»). Vgl. neuerdings auch BGH GRUR 2006, 421, 423 («Markenparfümverkäufer»; MarkenG-Fall). Im Ergebnis ähnlich HGer ZH SMI 1996, 454, 456 («Globus»), wonach bei bloss kleinen Abänderungen von einer Umgehung auszugehen sei.

[174] Dazu N 66.

[175] So plastisch BAUDENBACHER/GLÖCKNER, Kommentar UWG, Art. 9 N 10, vgl. auch DIGGELMANN, SJZ 1992, 26 f.

nötig ist[176]. Grds. gilt der Unterlassungsbefehl **sofort nach Eintritt** der **Rechtskraft**, in der Praxis verbreitet ist auch die Statuierung von **Aufbrauchs-, Erledigungs-** bzw. **Anpassungsfristen**[177].

2. *Anspruch auf Beseitigung (Art. 9 Abs. 1 lit. b)*

a) **Allgemeines**

Der Beseitigungsanspruch dient der Beseitigung des durch die beklagte Person geschaffenen und beseitigungsfähigen Zustands[178]. Er ergeht oft im Rahmen des vorsorglichen Rechtsschutzes und bezweckt die **Aufhebung der Wirkung vergangener** wie auch **gegenwärtiger Verletzungen**. Er wirkt damit abwehrend und **wiederherstellend** zugleich[179]. Insofern bestehen **Berührungspunkte** zum auf **Naturalrestitution** gerichteten und verschuldensabhängigen Schadenersatzanspruch gemäss Art. 9 Abs. 3 i.V.m. Art. 43 Abs. 1 OR[180]. Wie dem Unterlassungsanspruch wohnt auch ihm eine **präventive Wirkung** inne. Er stellt eine Unterart des Unterlassungsanspruchs dar und ist mit diesem dort identisch, wo die Störung im Nichtbeheben eines störenden Zustands, also in einer Unterlassung liegt[181].

71

b) **Voraussetzungen**

Der Beseitigungsanspruch kann gewährt werden, wenn eine **unlautere Verletzung fortbesteht** und **sich weiterhin schädigend auswirkt**[182]. Im Unterschied zum Unterlassungsanspruch setzt er keine Wiederholungsgefahr voraus. Entfällt die Beeinträchtigung, kann der Beseitigungsanspruch nicht mehr gewährt werden.

72

---

[176] Vgl. bspw. HGer ZH sic! 2001, 658, E. XVI. 4.8 («Schmiermittel II»), wo sich der Unterlassungsbefehl nur auf gewisse (unlautere) Aspekte des Vertriebs eines Produkts und nicht gegen das Produkt an sich richten konnte.

[177] Vgl. bspw. HGer ZH ZR 2007 Nr. 9, E. IV, und OGer ZG, zit. in BGer 4C.361/2005, sic! 2006, 583 («tiq® of Switzerland»). Gemäss DAVID, SIWR I/2, 82, ist dabei eine Frist von 30–40 Tagen gebräuchlich. Sie wird im Dispositiv vermerkt. Auch die Befristung des Urteils ist möglich. Bei vergleichsweiser Erledigung einer Streitigkeit wird oft erlaubt, dass der aktuelle Warenvorrat noch veräussert werden kann. Vgl. auch HILTI, Immaterialgüterrechtsverletzungen, N 18.106.

[178] PEDRAZZINI/PEDRAZZINI, UWG, § 14.16, BAUDENBACHER/GLÖCKNER, Kommentar UWG, Art. 9 N 57 ff. m.w.H.

[179] B. VON BÜREN, Kommentar UWG, Ansprüche (Art. 2) N 16.

[180] Vgl. BAUDENBACHER/GLÖCKNER, Kommentar UWG, Art. 9 N 59 ff., und SPITZ, Haftung für Wettbewerbshandlungen, N 17 ff.; vgl. auch das eher problematische «befristete reparatorische Verkaufsverbot» in Gerichtskreis VI Signau-Trachselwald sic! 1999, 124, E. 2 («Kataloge»).

[181] So schon B. VON BÜREN, Kommentar UWG, Ansprüche (Art. 2) N 16.

[182] BAUDENBACHER/GLÖCKNER, Kommentar UWG, Art. 9 N 62 ff.

c) Inhalt

73 Die möglichen Inhalte eines Beseitigungsbefehls sind **nicht** explizit vom UWG **vorgegeben**. Im Vordergrund steht die **Verpflichtung zu aktivem Tun**, das **auf die Beseitigung** der **Verletzung bzw.** ihrer **Folgen gerichtet** ist. Ob die Verpflichtung zur Vornahme bestimmter Massnahmen statthaft ist, ist fraglich[183]. Insofern kommt es primär auf das Resultat, die Beseitigung der Verletzung bzw. deren Folgen an. Wie diese erfolgt, ist der beklagten Person überlassen. In der Praxis ist die Verpflichtung zu bestimmtem Tun jedoch gängig. Nur die Verpflichtung zu «sehr spezifischen» Verhaltensformen erscheint vor dem Hintergrund des auch beim Beseitigungsanspruch zu berücksichtigenden Verhältnismässigkeitsgrundsatzes als unzulässig[184].

74 Als Inhalt eines Beseitigungsbefehls wurden in der **Gerichtspraxis** bspw. die Rücknahme verwechslungsfähiger Etiketten[185], die Herausgabe von Plänen sowie der Rückzug von Prospekten und Katalogen aus dem Verkehr[186], das Überstempeln von (noch nicht ausgelieferten) Zeitschriftenexemplaren mit dem Urteilsdispositiv[187], die Verpflichtung zur Veranlassung der Umteilung einer Telefonnummer und der Umleitung von Anrufen[188], Entfernung einer unzulässigen Bezeichnung auf Schrifttafeln, Werbematerial und Briefpapier[189], die verletzerseitige Verpflichtung zur Anordnung der Entfernung verwechselbarer Kennzeichen an Abnehmer[190] und die Verpflichtung zur Übertragung eines verwechslungsfähigen Domainnames[191], die Verpflichtung eines Verlags zur Publikation eines Leserbriefs[192] und die Anordnung zur Durchführung einer Namensänderung[193] verfügt.

75 Denkbar ist ferner die Anordnung einer **Berichtigung** gegenüber Dritten, ebenso die **Mitteilung des Urteils** (bzw. des Dispositivs) sowie die **Urteilspublikati-**

---

[183] Dazu BAUDENBACHER/GLÖCKNER, Kommentar UWG, Art. 9 N 66 m.w.H. in Fn. 240.
[184] BAUDENBACHER/GLÖCKNER, Kommentar UWG, Art. 9 N 67, darauf hinweisend, dass nur soweit erforderlich in die Rechtsstellung der beklagten Person eingegriffen werden darf (Pflicht zur Wahl des «mildesten Mittels»).
[185] BGE 37 II 164, 174, noch unter der Geltung von Art. 50 aOR 1881 (Vorläufernorm zu Art. 41 OR).
[186] B. VON BÜREN, Kommentar UWG, Ansprüche (Art. 2) N 17 und Botschaft 1942, 696.
[187] Vgl. den in BGE 123 III 354, 355 («Caritas-Studie»), zitierten Entscheid des HGer ZH vom 4. September 1996.
[188] BGE 104 II 58 ff. («Singer/Griner»).
[189] OGer ZG SMI 1987, 134, E. 3 («Lido»).
[190] HGer ZH SMI 1984, 291, E. 5 («Lacoste-Krokodil»).
[191] HGer SG sic! 2003, 348, E. 3d («breco.ch»), dazu auch BURI, SIWR III/2, 388 f. und kritisch STAUB, Komm. MSchG, Art. 55 MSchG N 42. Vgl. demgegenüber BGer 4C.9/2002 sic! 2002, 860, E. 8 («Luzern III»; Namensrecht), wo die Übertragung im Rahmen des Schadenersatzanspruchs im Sinne der Naturalrestitution i.S.v. Art. 43 Abs. 1 OR verfügt wurde. Dazu N 177 m.w.H.
[192] BGE 106 II 92, 101 ff.
[193] CdJ GE SMI 1988, 97, E. 3 («Finortrust»).

on, die in Art. 9 Abs. 2 aufgeführte Unterarten des Beseitigungsanspruchs darstellen[194].

Nicht möglich ist es, den Beseitigungsanspruch auf die Herausgabe, Hinterlegung oder Überweisung von **Geld** zu richten, da dies Gegenstand der reparatorischen Ansprüche gemäss Art. 9 Abs. 3 ist und die Vollstreckung von Geldforderungen im SchKG abschliessend geregelt ist[195].

76

Zwar sieht der **Gesetzestext keinen expliziten Anspruch** auf zivilrechtliche **Einziehung** vor, wie sie diverse immaterialgüterrechtliche Spezialgesetze vorsehen[196]. Die Zulässigkeit wurde in der UWG-Praxis bisher unterschiedlich beurteilt[197]. Allerdings ist nicht ersichtlich, wieso das Gericht als ultima ratio nicht die Einziehung, Unbrauchbarmachung oder Zerstörung eines Gegenstands, der mit unlauterem Wettbewerb in Zusammenhang steht, anordnen können sollte[198]. In der Praxis sind denn auch Fälle bekannt, in denen der Beseitigungsbefehl einer Einziehung funktionell gleichkam[199].

77

Zu beachten ist der Grundsatz der **Verhältnismässigkeit,** denn die Beseitigungsverfügung soll nur so weit gehen, als zur Beseitigung der Beeinträchtigung nötig ist. Bei Kennzeichensachverhalten wird oft die Unsichtbarmachung, bspw. die Unterdrückung, Schwärzung oder das Überkleben eines verwechselbaren Kennzeichens oder aber die Anbringung eines unterscheidungskräftigen Kennzeichens, ausreichen[200]. Von der Praxis wurde auch schon der Export in ein Land, in dem das fragliche Schutzrecht nicht (mehr) existiert,[201] oder die Verwendung ausserhalb des Wettbewerbs zu wohltätigen oder sozialen Zwecken erlaubt[202]. Die Einziehung

78

---

[194] Dazu N 94 ff.
[195] Vgl. bspw. HGer AG sic! 2006, 187, E. 2.2 («Laufrad»; Massnahmeentscheid).
[196] Art. 69 PatG, Art. 57 Abs. 1 MSchG, Art. 36 DesG und Art. 63 URG; vgl. bspw. den markenrechtlichen Entscheid in HGer ZH sic! 2009, 411, E. 2.3.1 («Puma»), wonach Warenrückruf und Einziehung der Vollstreckung eines Unterlassungsanspruchs dienen können, und STAUB, Komm. MSchG, Art. 57 MSchG N 1 ff.
[197] Ablehnend bspw. ZivGer BS SMI 1991, 225, E. 6 («Bio Kill»).
[198] Gl.M. PEDRAZZINI/PEDRAZZINI, UWG, § 14.18, ebenso wohl R. VON BÜREN/MARBACH/DUCREY, Immaterialgüter- und Wettbewerbsrecht, N 949.
[199] So wurden bspw. die Zerstörung von Maschinen (BGE 88 II 319, 323 f. [«Edelsteine»], die Verpflichtung zur Entfernung eines verwechselbaren Wirtshausschildes (HGer BE SMI 1994, 81, E. 2 [«Steinbock»]) angeordnet und erging die Aufforderung (an die beklagte Person) zur Löschung einer Firma im Handelsregister (BGer SJ 1973, 244, E. 8 [«Fides»], oder BGer SMI 1973, 186, E. 3). Denkbar ist ferner die Aushändigung, Vernichtung oder Unbrauchbarmachung von Werbeunterlagen mit irreführendem oder herabsetzendem Inhalt, das Lochen von gefälschten Münzen usw.
[200] Vgl. auch PEDRAZZINI/PEDRAZZINI, UWG, § 14.18, sowie bspw. BGE 84 II 579, 588 («Slip»).
[201] HGer ZH SMI 1984, 291 («Lacoste-Krokodil»), kritisch dazu BAUDENBACHER/GLÖCKNER, Kommentar UWG, Art. 9 N 72, zu Recht darauf hinweisend, dass eine Reimportsmöglichkeit ausgeschlossen werden muss, was heute praktisch kaum mehr durchführbar sein dürfte.
[202] DAVID, SIWR I/2, 88, und R. VON BÜREN/MARBACH/DUCREY, Immaterialgüter- und Wettbewerbsrecht, N 951 unter Hinweis auf Art. 57 Abs. 2 MSchG und Art. 46 TRIPS.

steht nur bei Gegenständen im Vordergrund, die ausschliesslich oder zumindest primär unlauterem Wettbewerb dienen. Wenn die Gegenstände ohne weiteres auch für legale Verwendungszwecke benutzt werden können, ist sie ausgeschlossen[203].

79 Ausfluss des Verhältnismässigkeitsgebots ist auch bei Beseitigungsbefehlen die Möglichkeit der Statuierung von **Aufbrauchs-, Erledigungs-** und **Anpassungsfristen**[204].

80 Muss eine Beseitigungsmassnahme **von bzw. bei Dritten,** die nicht Prozesspartei sind, **durchgeführt** werden, wird die beklagte Partei üblicherweise dazu verpflichtet, diese beim fraglichen Dritten auf eigene Kosten zu veranlassen[205]. Zu denken ist an die Verpflichtung, Abnehmer oder Lieferanten zu Beseitigungsmassnahmen wie bspw. Rückruf, Produktionsstopp, Kennzeichenentfernung, Änderung von Texten oder Angaben etc. oder zur Löschung bzw. Übertragung von Domains oder – nicht allein UWG-spezifisch – zur Löschung oder Änderung von Marken, Firmen oder Namen anzuhalten. Auch eine **direkte Verpflichtung des Dritten,** die Beseitigungsmassnahmen selbst durchzuführen, ohne dass diese Partei des Verfahrens ist, wird für diejenigen Fälle befürwortet, an denen der Dritte am Prozessausgang kein Interesse hat[206]. Ob das Gericht die beklagte Partei dazu anhalten kann, diesbezüglich die Kosten vorzuschiessen, ist fraglich.

81 Das UWG sieht **kein Widerrufsrecht** oder ein sonstiges Recht des Verletzten zur Vertragsaufsagung bzw. -auflösung vor[207], wie es etwa in den Art. 40a ff. OR für Haustürverkäufe oder in § 8 Abs. 1 dt. UWG vorgesehen ist[208]. Im Unterschied zum Kartellrecht (Art. 13 lit. a KG) steht dem Gericht auch nicht die Befugnis zu, Verträge ungültig zu erklären. Von Lehre und Rspr. de lege lata abgelehnt wird in der Konsequenz auch die Möglichkeit, über Art. 9 Abs. 1 lit. b Beseitigung der Störung

---

[203] R. VON BÜREN/MARBACH/DUCREY, Immaterialgüter- und Wettbewerbsrecht, N 950 (primär mit Blick auf die Einziehung im Immaterialgüterrecht).
[204] Dazu näher N 70. Vgl. bspw. den Fall in BGer 4C.101/2005 sic! 2005, 738 ff. («Stoffmuster»; URG-Fall).
[205] Vgl. HGer ZH ZR 2002 Nr. 51, E. 4 b) cc) und 6 («Volvo-Domains»), HGer ZH ZR 2003 Nr. 20, E. 4b («privatebanker-Domains»). Zum Ganzen auch DAVID, SIWR I/2, 87 f., und spezifisch zur Löschung von Internet-Domains BURI, SIWR III/2, 388 ff., und DAVID/REUTTER, Werberecht, 553 sowie N 74. Vgl. auch zum Streitbeilegungsverfahren der Switch und der WIPO Vor Art. 12–15 N 47 und 56.
[206] Dazu DAVID, SIWR I/2, 87, und MEIER, Grundlagen des einstweiligen Rechtsschutzes, 42; vgl. auch den Fall in BGE 106 II 92, 99 ff. («Leserbrief»), wo in einem Klageverfahren die Publikation der Berichtigung eines (persönlichkeitsverletzenden) Leserbriefs in der Weltwoche verfügt wurde, in der fragliche Leserbrief abgedruckt wurde, jedoch gerade nicht von einem Kontrahierungszwang ausgegangen wurde (a.a.O., 102).
[207] Dazu auch näher BAUDENBACHER/GLÖCKNER, Kommentar UWG, Art. 9 N 76, und DAVID/JACOBS, Wettbewerbsrecht, N 753 f.
[208] Demgegenüber sieht etwa SLK-GS Nr. 4.2 Abs. 2 und 4.3 Abs. 2 im Bereich des Fernabsatzes ein Widerrufsrecht vor. Vgl. zum Widerrufsrecht in Deutschland BORNKAMM, Komm. dt. UWG, § 8 N 1.95 ff. m.w.H.

in Form der Vertragsaufsagung/-auflösung anzuordnen[209]. Oft wird bei dem Vertragsabschluss vorangehendem und gegen die Vertragspartei gerichtetem unlauterem Wettbewerb ein **Willensmangel** (Grundlagenirrtum, absichtliche Täuschung, ggf. Drohung; vgl. Art. 23 ff. OR) vorliegen und die Ergreifung der Ungültigkeitsklage oder die Erhebung einer Vertragsklage (auf Wandelung oder Rücktritt, aber auch auf Minderung, Nachbesserung oder Nachlieferung) möglich sein. Eine Berufung auf **(Teil-)Nichtigkeit** des Vertragsinhalts i.S.v. Art. 19/20 OR dürfte in Fällen unlauteren Wettbewerbs (insbes. Irreführungen) jedoch nicht ohne weiteres möglich sein, da das UWG in seinem Verhaltensbezug (Verbot unlauteren Verhaltens) nicht die blosse Existenz widerrechtlicher oder sittenwidriger Vertragsinhalte, sondern die Vertragsentstehung auf unlautere Art – unabhängig vom Inhalt – verhindern will[210]. Das UWG bezweckt die Lauterkeit des Wettbewerbs und betrifft als Sonderdeliktsrecht primär den Bereich der ausservertraglichen Haftung. Es sieht in **Art. 9** ein **abschliessendes Rechtsfolgenregime** vor, das nicht den Abschluss oder den Inhalt des Vertrags betrifft, sondern vielmehr dessen Vorfeld und auch nicht anstelle der Willensmangelvorschriften i.S.v. Art. 23 ff. OR treten soll[211].

---

[209] Vgl. bspw. BORER, Vorgehen, N 13.120. Dies ist insofern nachvollziehbar, als sich der Gesetzgeber mit der Statuierung konsumentenfreundlicher Widerrufsrechte bereits mehrfach schwer getan hat, vgl. zuletzt die Debatte im Nationalrat vom 21. September 2009 zu Widerrufsrechten bei Verkäufen über Telefon und Internet und die diesbezügliche Ergänzung von Art. 40b OR um Telefonverkäufe (Amtl. Bull. NR 2009, 1643 ff.). Der diesbezüglichen parlamentarischen Initiative «Mehr Konsumentenschutz und weniger Missbräuche beim Telefonverkauf» des Ständerats Bonhôte haben der National- und Ständerat in der Herbst- bzw. Sommersession 2009 schliesslich Folge gegeben. De lege ferenda scheint ein Bedürfnis ausgewiesen. Art. 5 VE-KISG 2004 bzw. Art. 4 Abs. 2 E-KIG 2005 sah generell, d.h. unabhängig von der Art des Vertrags bzw. des Vertragszustandekommens, ein Widerrufsrecht im Falle der Verletzung von (auch im UWG zu statuierenden) Informationspflichten vor. Die Revision des KIG wurde aufgrund des negativen Vernehmlassungsresultats im Dezember 2005 vom Bundesrat sistiert (vgl. die Medienmitteilung EVD vom 21. Dezember 2005, abrufbar unter: http://www.konsum.admin.ch/themen/00129/00132/index.html?lang=de). Vor diesem Hintergrund wäre die Statuierung eines Widerrufsrechts durch die Rspr. problematisch, es bedürfte vielmehr einer expliziten Regelung (insbes. auch wegen der anzuwendenden Frist und den Auflösungsmodalitäten). Im UWG-Kontext nicht im Vordergrund stehend, erscheint die Möglichkeit, die beklagte Partei zum Abschluss eines Vertrags zu verpflichten, wie dies bspw. im Kartellrecht möglich ist (Kontrahierungszwang, vgl. Art. 13 lit. b KG).

[210] Dazu auch näher BAUDENBACHER/GLÖCKNER, Kommentar UWG, Art. 9 N 76 sowie Art. 8 N 59. Vgl. bspw. auch BGer B 160/06, E. 6.2.

[211] Ob dies auch bei Verletzung von Art. 8 gilt, ist umstritten, da sich hier die Verletzung der wirtschaftlichen Interessen direkt im Vertragsinhalt auswirkt. Vgl. Art. 8 N 67 m.w.H. Inwiefern das auch bei Wegfall des Irreführungserfordernisses noch gilt (vgl. Art. 8 VE-UWG 2008 sowie Art. 8 E-UWG 2009), ist fraglich.

3. Anspruch auf Feststellung (Art. 9 Abs. 1 lit. c)

a) Allgemeines

82 Die Unlauterkeit eines bestimmten Verhaltens kann gerichtlich festgestellt werden, wenn sich die (aktuelle oder drohende) **Verletzung** der Wettbewerbsposition des Ansprechers **weiterhin störend auswirkt**. Die Feststellungsklage bezweckt die **autoritative Klärung** der **Rechtslage** und ist nicht auf die Verschaffung eines Vollstreckungstitels ausgerichtet[212]. Mit ihr hat ein prozessrechtliches Institut Eingang in das UWG gefunden[213].

83 Art. 9 Abs. 1 lit. c sieht explizit nur die positive Feststellungsklage vor. Erlaubt sind jedoch **auch negative Feststellungen**, d.h., dass ein bestimmtes Verhalten nicht unlauter, d.h. lauter und zulässig, ist[214]. Diese dienen namentlich der Beseitigung von Unsicherheiten, wenn Mitbewerber oder die Marktgegenseite den Vorwurf unlauteren Verhaltens äussern und ggf. mit rechtlichen Schritten drohen.

84 Beim Feststellungsanspruch steht nach der Konzeption des Gesetzgebers (Ausrichtung auf die Beseitigung fortwirkender Störungen) die **Beseitigungsfunktion im Vordergrund**. Soweit die gerichtliche Feststellung der Widerrechtlichkeit eines unlauteren Verhaltens «dem Verletzten Satisfaktion zu verschaffen mag, lässt sie sich [auch] als eine Art ‹geldfremde Genugtuung› auffassen»[215]. Es kann somit **auch** von einer **Genugtuungsfunktion** gesprochen werden. Ferner können ihr präventive Effekte gegenüber der Gegenpartei oder gegenüber Dritten innewohnen, was u.a. die Mitteilung der gutgeheissenen Klage an Dritte voraussetzt. Massgebliches **Ziel** ist die **Rehabilitation des Verletzten**[216].

b) Voraussetzungen

85 Die Feststellungsklage setzt ein schützenswertes **Feststellungsinteresse** voraus. Dieses liegt vor, wenn durch die Verletzung eine unzumutbare, sich schädlich auswirkende **Ungewissheit** oder Gefährdung der Rechtsstellung der klagenden

---

[212] A. STAEHELIN/D. STAEHELIN/P. GROLIMUND, Zivilprozessrecht, § 14 N 25.
[213] Vgl. BAUDENBACHER/GLÖCKNER, Kommentar UWG, Art. 9 N 79 m.w.H.
[214] So schon zur Feststellungsklage gemäss Art. 2 Abs. 1 lit. a aUWG Botschaft 1942, 695, ebenso PEDRAZZINI/PEDRAZZINI, UWG, § 14.38, sowie R. VON BÜREN/MARBACH/DUCREY, Immaterialgüter- und Wettbewerbsrecht, N 936. Zum Problem des sog. «Forum Running» vertiefend A. STAEHELIN/D. STAEHELIN/P. GROLIMUND, Zivilprozessrecht, § 14 N 26 f., sowie BGer 4C.369/2004 sic! 2005, 682, E. 2 («Fehlendes Rechtsschutzinteresse»; negative Feststellungswiderklage).
[215] BGE 123 III 354, 357 («Caritas-Studie»). Vgl. auch PEDRAZZINI/PEDRAZZINI, UWG, § 14.31, und R. VON BÜREN/MARBACH/DUCREY, Immaterialgüter- und Wettbewerbsrecht, N 960 zu den Zwecken der Feststellungsklage.
[216] BGE 123 III 354, 358 («Caritas-Studie»).

Person bzw. eine Ungewissheit in den Rechtsbeziehungen der Parteien besteht[217], deren **Fortsetzung** der Klagpartei **nicht zugemutet** werden kann, weil sie sie in ihrer **Bewegungsfreiheit behindert**[218]. Sie muss durch die Anhebung der Feststellungsklage behoben werden können[219].

86 Ein Feststellungsinteresse kann ferner bestehen, wenn es darum geht, nicht nur die fällige Leistung zu erhalten, sondern die Gültigkeit des ihr zugrundeliegenden Rechtsverhältnisses auch für dessen **künftige Abwicklung** ein für alle Mal feststellen zu lassen, um **widersprüchliche Urteile zu vermeiden**[220].

87 Ein Feststellungsinteresse wird in der Regel bejaht, wenn eine **Urteilspublikation** angestrebt wird[221], da Letztere nur einen sekundären Anspruch darstellt.

88 Die Feststellungsklage entfällt bei **fortbestehenden Störungen**, da diesfalls **Beseitigungsansprüche möglich** sind, es sei denn, die Verletzungshandlung ist zwar beendet, wirkt sich aber weiterhin störend aus (was den eigentlichen Anwendungsbereich der Feststellungsklage gemäss Art. 9 Abs. 1 lit. c ausmacht).

89 Kann eine Leistungsklage angehoben werden, mit der ein vollstreckbares Urteil erlangt werden kann, entfällt in der Regel das Interesse an der Feststellungsklage («Subsidiarität der Feststellungsklage»)[222]. **Neben** einem **Leistungsbegehren** kann sie aber angehoben werden, wenn neben dem erlittenen Schaden **zukünftiger Schaden absehbar** ist oder **droht** (bspw. zur Behebung einer Marktverwirrung), dessen Höhe sich nicht nach Art. 42 Abs. 2 OR abschätzen lässt (sog. Zwischenfeststellungsklage). Diesfalls ist ein **Nachklagevorbehalt** anzubringen[223]. Soll nur

---

[217] BGE 123 III 414, 429; BGer 4C.369/2004 sic! 2005, 682, E. 2.3 («Fehlendes Rechtsschutzinteresse»); BGer 4C.64/2004, E. 3 («Stromspargeräte»).

[218] BGE 135 III 378, 379 ff.; BGE 123 III 414, 429; BGer 4C.369/2004 sic! 2005, 682, E. 2.3 («Fehlendes Rechtsschutzinteresse»); BGer 4C.64/2004, E. 3 («Stromspargeräte»). Vgl. auch BGer 4C.375/2002 sic! 2003, 831, E. 4.2 («unclean hands»).

[219] BGE 123 III 414, 429; BGer 4C.369/2004 sic! 2005, 682, E. 2.3 («Fehlendes Rechtsschutzinteresse»).

[220] BGer 4C.64/2004, E. 3 («Stromspargeräte»), mit Verweis auf BAUDENBACHER/GLÖCKNER, Kommentar UWG, Art. 9 N 118.

[221] Vgl. bspw. OGer BL sic! 2000, 314, E. 1.1 und 1.2 («Arc de Triomphe»), dazu DAVID, SIWR I/2, 96 f. Dies gilt insbesondere dann, wenn nicht auch gleichzeitig ein Unterlassungs- oder Beseitigungsbegehren gestellt wurde, weil bspw. die Störungshandlung beendet ist.

[222] BGE 123 III 49, 52; BGer 4C.369/2004 sic! 2005, 682, E. 2.3 («Fehlendes Rechtsschutzinteresse»); BGer 4C.64/2004, E. 3 («Stromspargeräte»). Dies gilt auch für den Fall, dass gegen eine Leistungsklage eine negative Feststellungswiderklage erhoben wird.

[223] Dazu DAVID, SIWR I/2, 96, BAUDENBACHER/GLÖCKNER, Kommentar UWG, Art. 9 N 185 ff., und BSK-SCHNYDER, Art. 42 OR N 6. Vgl. die Einschränkungen in BGer 4C.64/2004, E. 3 («Stromspargeräte»), wonach die Widerrechtlichkeit künftiger (Wettbewerbs-)Handlungen wie auch der daraus erwachsende Schaden davon abhängen, ob sie eine Wettbewerbsverzerrung zur Folge haben, was wiederum von der Wettbewerbs- und Marktsituation abhängt, die sich im Lauf der Zeit ändern kann. Deshalb kann das beklagtische Verhalten nicht «mittels Feststellungsklage für alle Zukunft mit einem Schadenersatzanspruch in bestimmter Höhe belegt werden».

die **Geltendmachung künftigen Schadens** erleichtert werden, kann die Feststellungsklage alleine angehoben werden und dient der Feststellung der Rechtswidrigkeit des in Frage stehenden Verhaltens[224]. Zur Sicherung der künftigen Schadenersatzforderung dürfte jedoch oft die Durchführung einer vorsorglichen Beweisabnahme im Vordergrund stehen[225]. Die Feststellungsklage dient der autoritativen Klärung der Rechtslage und nicht der Feststellung von Tatsachen. Entsprechend ist sie bspw. von den Hilfsansprüchen auf Auskunftserteilung (z.B. Rechnungslegung) im Rahmen einer Schadenersatzklage zu unterscheiden. Allerdings werden im Rahmen der festzustellenden Rechtslage auch Tatsachenfeststellungen benötigt, die Grundlage des Urteils und auch anderweitig verwendbar sind.

90 Das klägerische Feststellungsinteresse ist **an der Beseitigungsfunktion zu messen**[226]. Der Feststellungsanspruch dient gerade der Beseitigung von Störungen, die von einer abgeschlossenen Störungshandlung ausgegangen und zum Dauerzustand geworden sind, wie sie namentlich bei Presseäusserungen vorliegen können. In solchen Fällen wird der Störungszustand oft «nicht von selbst» verschwinden, sondern eine fortdauernde Beeinträchtigung darstellen – scheinbar vergessene Äusserungen können noch nach Jahren und Jahrzehnten negativ nachwirken[227]. Es geht bei der Klage gemäss Art. 9 Abs. 1 lit. c nach Ansicht des BGer diesfalls darum, einen durch «wettbewerbsverletzende Äusserungen **hervorgerufenen rechtswidrigen Dauerzustand zu beseitigen**»[228].

91 Das **Vorliegen** einer **Wiederholungsgefahr** ist beim Feststellungsanspruch **entbehrlich**[229]. Vorausgesetzt ist eine durch gerichtliche Feststellung beseitigungsfähige, anhaltende Beeinträchtigung («weiterhin störende Auswirkung»), da schon der «blosse» Fortbestand einer Äusserung einen eigenen Störungstatbestand darstellt, der geeignet ist, weiterhin neue Störungswirkungen hervorzurufen. Dies macht einen Nachweis, dass dieser Zustand sich «effektiv oder erneut» störend auswirkt, entbehrlich[230].

---

[224] Ein Zuwarten bis zur definitiven Beseitigung des Störungszustands ist möglich, vgl. DAVID, SIWR I/2, 95.
[225] Dazu Art. 14 N 36 ff.
[226] BGE 123 III 354, 358 («Caritas-Studie») unter Hinweis auf BODMER, Feststellungsklage, 92.
[227] BGE 123 III 354, 359 f. («Caritas-Studie»).
[228] BGE 123 III 354, 358 («Caritas-Studie»), vgl. auch BGE 95 II 481, 498 («Club Medityrannis»).
[229] Vgl. aber BGer 4C.375/2002 sic! 2003, 831, E. 4.2 («unclean hands»; nicht publ. E. von BGE 129 III 426 ff.), wo von einer Art unspezifischen Wiederholungsgefahr ausgegangen wurde, da die beklagte Partei «fonde l'essentiel de sa stratégie commerciale sur les prix qu'elle pratique et se targue, dans ses campagnes publicitaires, d'offrir au consommateur des produits comparables à des prix plus avantageux que ceux de ses concurrents».
[230] BGE 123 III 354, 358 («Caritas-Studie»), der BGE 120 II 371, 373 f. insofern relativierte.

Das Vorliegen eines qualifizierten Feststellungsinteresses ist als **Prozessvoraussetzung von Amtes wegen zu prüfen,** dient der Verhinderung missbräuchlicher und nutzloser Prozessführung, und damit auch der Prozessökonomie[231]. 92

c) Verhältnis zur allgemeinen bundesrechtlichen Feststellungsklage

Die als **prozessrechtliches Institut** früher vorwiegend im kantonalen Prozessrecht ihre Grundlage aufweisende Feststellungsklage hat heute ihre Grundlage nur noch in Art. 9 Abs. 1 lit. c und im ungeschriebenen Bundesrecht in Form der **bundesrechtlichen («eidgenössischen») Feststellungsklage wegen Verletzung oder Gefährdung des Bundesprivatrechts**[232]. Sie dient dem Schutz vor Rechtsgefährdung, während die Klage nach Art. 9 Abs. 1 lit. c einen durch wettbewerbsverletzende Äusserungen hervorgerufenen rechtswidrigen Dauerzustand zu beseitigen beabsichtigt[233]. Sie kommt einerseits in Form der unselbständigen Feststellungsklage zur Beseitigung andauernder Störungen vor, die namentlich den (Haupt-) Anspruch auf Urteilspublikation unterstützt[234]. Andererseits steht weiterhin die sog. selbständige Feststellungsklage zur Verfügung, die die Feststellung erlaubt, ob ein Recht oder Rechtsverhältnis besteht oder nicht[235]. Im Rahmen Letzterer kann auch festgestellt werden, ein bestimmtes Verhalten sei lauter (**eigenständige negative Feststellungsklage**)[236]. Art. 9 Abs. 1 lit. c wird von der Praxis auch der Gehalt dieser ungeschriebenen eidgenössischen Feststellungsklage beigemessen[237]. In der zukünftigen Schweizerischen ZPO ist das Institut der Feststellungsklage in **Art. 88 ZPO-CH** vorgesehen und erlaubt sowohl negative wie positive Feststellungen über 93

---

[231] A. STAEHELIN/D. STAEHELIN/P. GROLIMUND, Zivilprozessrecht, § 14 N 25 (ohne spezifischen Bezug zu Art. 9 Abs. 1 lit. c).

[232] Mit BGE 110 II 352, 354 f., wurde die alte Rspr. geändert. Die Aufnahme der Feststellungsklage in Art. 2 Abs. 1 lit. a aUWG 1943 war die Folge der uneinheitlichen und teilweise ungenügenden Abdeckung des Rechtsschutzbedürfnisses bei (nach beendeten Verletzungen) fortwirkenden Störungen, vgl. die Botschaft 1942, 695 f., und B. VON BÜREN, Kommentar UWG, Art. 2 N 2, vgl. auch die Hinweise bei A. TROLLER, Immaterialgüterrecht II, 966 und in Fn. 2. Zur bundesrechtlichen Feststellungsklage ausführlich BAUDENBACHER/GLÖCKNER, Kommentar UWG, Art. 9 N 98 ff., BORER, Vorgehen, N 13.122, A. STAEHELIN/D. STAEHELIN/P. GROLIMUND, Zivilprozessrecht, § 14 N 20 ff., sowie die Botschaft ZPO, 7289, vgl. auch BGE 135 III 378, 379 ff.

[233] BGE 123 III 354, 358 («Caritas-Studie»), unter Hinweis auf M. KUMMER, Der zivilprozessrechtliche Schutz des Persönlichkeitsrechts, ZBJV 1967, 110.

[234] Vgl. auch BGE 95 II 481, 499 («Club Medityrannis»), und BGer 5C.243/1995 medialex 1996, 156, E. 9; Persönlichkeitsrecht.

[235] BGE 95 II 481, 499 («Club Medityrannis»), und BGE 101 II 177, 189.

[236] Die negative Feststellungsklage ist bspw. in Art. 52 MSchG, Art. 33 DesG, Art. 74 Ziff. 3 PatG, und Art. 61 URG vorgesehen.

[237] Vgl. bspw. BGer 4C.64/2004, E. 4 («Stromspargeräte»).

das Bestehen oder Nichtbestehen von Rechten oder Rechtsverhältnissen[238]. Art. 9 Abs. 1 lit. c wird unverändert beibehalten und bleibt davon unberührt.

4. Anspruch auf Berichtigung, Mitteilung des Urteils an Dritte und Urteilspublikation (Art. 9 Abs. 2)

a) Allgemeines

94 Obwohl herkömmlich als negatorische Ansprüche bezeichnet, kommt den Ansprüchen gemäss Art. 9 Abs. 2 in ihrer praktischen Wirkung ein **Doppelcharakter** zu. Sie wirken zum einen abwehrend, indem sie die **Beseitigung** der im Wettbewerb aufgetretenen **Störung** oder – bei abgeschlossener Störungshandlung – die Beseitigung der **Fortwirkung der Störung** bezwecken. Zum andern können sie für die von der Verletzung betroffenen Personen **Genugtuungsfunktion** aufweisen und am Markt auch eine Art Wiederherstellung des ursprünglichen Zustands bewirken[239]. Ferner nicht zu unterschätzen ist die **präventive Wirkung,** die bes. von einer Urteilspublikation ausgeht (Warnfunktion).

95 Die Ansprüche gemäss Art. 9 Abs. 2 sind **grds. verschuldensunabhängig,** da sie als selbständige Massnahme primär zur Behebung einer Störung bzw. deren allfälliger Fortwirkung dienen, wobei zu beachten ist, dass sie beklagtischerseits zu Kostenfolgen führen können.

96 Vorausgesetzt wird eine unlautere Handlung gemäss Art. 2–8, wobei die **Verletzungshandlung** oder mindestens der **Störungszustand andauern** müssen bzw. eine Unsicherheit im Publikum (fort)bestehen muss. Die Verletzung muss eine gewisse Intensität und Streuwirkung aufweisen, die es rechtfertigt, eine Mitteilung oder Publikation anzuordnen. Das Vorliegen einer **Bedrohungssituation** wie bei der Unterlassungsklage **genügt nicht.** Ob auch bei abgeschlossenen Verletzungshandlungen, die nicht länger fortwirken, noch ein Anspruch gemäss Art. 9 Abs. 2 möglich ist, ist fraglich und entscheidet sich auch danach, ob der Urteilspublikation zusätzlich eine Genugtuungsfunktion beigemessen wird[240].

---

[238] BBl 2008, 40 (Referendumsvorlage), Inkrafttreten am 1. Januar 2011; vgl. Botschaft ZPO, 7289. Da eine UWG-Verletzung ein Rechtsverhältnis begründen kann (Haftung gemäss Art. 9 i.V.m. Art. 2–8), kann die allgemeine bundesrechtliche Feststellungsklage auch im Rahmen von UWG-Sachverhalten geltend gemacht werden, solange die Klärung der Rechtslage notwendig erscheint.

[239] Allerdings begegnen die Gerichte dem Genugtuungscharakter mit Ablehnung oder Zurückhaltung. Vgl. jedoch BGE 131 III 26, 30 f., zur Urteilspublikation als andere Art der Genugtuung (und die Anmerkungen dazu von AEBI-MÜLLER, ZBJV 2006, 307 ff.) zur Ehrverletzung (Art. 28a Abs. 3 ZGB).

[240] Dazu bspw. R. VON BÜREN/MARBACH/DUCREY, Immaterialgüter- und Wettbewerbsrecht, N 943. Ablehnend BGer 4C.101/2005 sic! 2005, 738, E. 3 f. («Stoffmuster»; URG-Fall), unter Hinweis auf BAUDENBACHER/GLÖCKNER, Kommentar UWG, Art. 9 N 142: keine «Anprangerung der unterlegenen Partei».

Die **Kumulation** der Ansprüche gemäss Art. 9 Abs. 2 ist **denkbar,** dürfte aber nur in speziell gelagerten Fällen möglich sein[241].

97

Beim Beizug von Lehrmeinungen und der Praxis zu den ähnlich gelagerten Berichtigungs- und Publikationsansprüchen im Immaterialgüter- und Persönlichkeitsrecht[242] sind die Tatsache, dass das UWG alle am Marktgeschehen Beteiligten schützen will, und die **funktionale Dimension** zu beachten, die im UWG neben den Individualschutz tritt. Dies mag namentlich bei Kundenklagen eine Gutheissung je nach den Umständen schneller zu rechtfertigen[243].

98

Die **Wahl der** in Art. 9 Abs. 2 vorgesehenen Art und Durchführung der Richtigstellung bzw. Publikation, mit der der UWG-Verletzung entgegenzutreten ist, entscheidet sich einerseits nach dem **klägerischen Begehren,** andererseits nach der **Eignung** für die in Frage stehende Verletzung[244]. Mit Art. 9 Abs. 2 vergleichbare Bestimmungen sehen zudem vor, dass **Art und Umfang** der **Veröffentlichung vom Gericht bestimmt** wird[245]. Dasselbe muss für den Zeitpunkt der Mitteilung bzw. Veröffentlichung gelten. Prozessual gesehen folgt daraus, dass bei Fehlen der Voraussetzungen einer beantragten Urteilspublikation auch eine Berichtigung oder die Mitteilung des Urteils (oder umgekehrt) erfolgen kann, wenn der Antrag entsprechend offen gestellt war[246].

99

Gleichzeitig muss es möglich sein, am beantragten **Inhalt** je nach Ausgang des Beweisverfahrens noch **Änderungen oder Präzisierungen** vorzunehmen, sei dies auf Antrag einer der Parteien oder auf Initiative des erkennenden Gerichts[247].

100

---

[241] Vgl. BGE 126 III 209, 216 («Diagnose per Telefon»); dies ist namentlich dann der Fall, wenn die Verletzung auf verschiedenen Kommunikationswegen erfolgt ist, bspw. in Werbeannoncen, handverteilten Flyern und Directmailings.

[242] Vgl. die Ansprüche auf Urteilspublikation in Art. 66 URG, Art. 60 MSchG und Art. 39 DesG; (nur) Art. 28a Abs. 2 ZGB ist gleichlautend wie Art. 9 Abs. 2, vgl. auch den Anspruch in Art. 28g ff. ZGB auf Gegendarstellung.

[243] Vgl. auch PEDRAZZINI/PEDRAZZINI, UWG, § 14.24.

[244] Vgl. BGE 126 III 209, 216 f. («Diagnose per Telefon»; Persönlichkeitsrecht).

[245] Art. 66 URG, Art. 60 MSchG, Art. 39 DesG, vgl. auch schon Art. 6 aUWG 1943. Dies muss angesichts der funktionalen Dimension des UWG auch für UWG-Sachverhalte gelten. Dazu kommt, dass mit der neuen Anspruchsordnung in Art. 9 keine Schlechterstellung des Verletzten (sondern vielmehr eine Angleichung an das verbesserte Persönlichkeitsrecht) bezweckt war. Auf keinen Fall war eine materielle Änderung im Sinne einer Schlechterstellung zu Art. 6 aUWG vorgesehen.

[246] Mindestens wird die Berichtigung als Minus zur Urteilsmitteilung und diese ihrerseits als Minus zur Urteilspublikation gelten. Vgl. z.B. KGer ZG ZGGVP 1995–1996, 59, E. 2.2 (Persönlichkeitsrecht); anders (wohl zu streng) ZivGer BS sic! 2005, 768, E. 3d («Ende des Kabelfernsehens»).

[247] Ob dies schon von Bundesrechts wegen gilt, ist fraglich. In diese Richtung gehend OGer TG RBOG 2005, 156, E. 2, vgl. auch BGE 100 II 177, 180 f. Letztlich ist dies aber eine Materie des kantonalen Zivilprozessrechts (Novenrecht/Klageänderung). Zukünftig werden Art. 227, 229 und 317 ZPO-CH relevant sein.

101 Wie die **kostenmässige Abwicklung** bei kostenpflichtigen Beseitigungsmassnahmen durch Dritte (Urteilspublikationen, Berichtigungen und sonstige Beseitigungsmassnahmen) zu erfolgen hat, wenn der Dritte (bspw. Publikationsmedium) an der Verletzung nicht selbst mitgewirkt hat, ist der Praxis überlassen[248]. Dass der Verletzte diese Kosten vorstrecken muss[249], dürfte wenig sachgerecht sein.

b) Berichtigung

102 Der in Art. 9 Abs. 2 enthaltene **Berichtigungsanspruch** stellt eine **Unterart des Beseitigungsanspruchs** dar. In Art. 2 Abs. 1 lit. c aUWG 1943 war der Berichtigungsanspruch noch als Teil des Beseitigungsanspruchs erwähnt. Er setzt eine schädigende Nachwirkung der Verletzungshandlung (bspw. herabsetzende Äusserung oder irreführende Angabe) voraus und dient damit dem Widerruf unrichtiger oder irreführender Äusserungen oder Angaben[250]. In der Praxis ist er fast bedeutungslos[251].

103 **Gegenstand** der Berichtigung ist der Widerruf bzw. die Rücknahme der unlauteren (bspw. unrichtigen oder irreführenden) Tatsachen, namentlich in Form von Angaben oder Äusserungen[252]. Über die Berichtigung hinausgehende Angaben, bspw. ein sog. «Redaktionsschwanz» wie im Gegendarstellungsrecht gemäss Art. 28k Abs. 2 ZGB, sind nicht vorgesehen und unzulässig.

104 Allerdings ist eine auf Verletzungen durch periodische Medien beschränkte, aber ansonsten unter weniger strikten Voraussetzungen mögliche und schneller zum Erfolg führende **Gegendarstellung** gemäss Art. 28g ff. ZGB möglich, wenn die Persönlichkeitsverletzung gleichzeitig eine Wettbewerbshandlung darstellt[253].

---

[248] Vgl. bspw. BGE 106 II 92, 102 f. («Leserbrief»): Soweit eine Mitwirkung des Publikationsmediums bei der Verletzung in Betracht kommt, kann jedenfalls nicht die (vorläufige) Übernahme der Kosten durch den Verletzten in Frage kommen.
[249] DAVID, Komm. MSchG, Art. 60 N 7. Nahe läge eine Vorschusspflicht des Verletzers, wobei aber unklar bleibt, ob sie zulässig ist und was zu geschehen hat, wenn der Verletzer ihr nicht nachkommt.
[250] Vgl. BAUDENBACHER/GLÖCKNER, Kommentar UWG, Art. 9 N 126 ff., PEDRAZZINI/PEDRAZZINI, UWG, § 14.20 ff., DAVID, SIWR I/2, 92 f., sowie schon B. VON BÜREN, Kommentar UWG, Art. 2–6 N 17. Gegen die Möglichkeit der Berichtigung irreführender Äusserungen BORER, Vorgehen, Rz. 13.123.
[251] Vgl. aber bspw. HGer SG SMI 1994, 364 («Richtigstellung»).
[252] BGer 4P.311/2004 SJ 2005 I, 493, E. 2.3., und HGer SG SMI 1994, 364 («Richtigstellung»).
[253] Art. 14 nimmt das Gegendarstellungsrecht gerade vom Verweis aus, vgl. Art. 14 N 11 und 30, dazu auch BAUDENBACHER/GLÖCKNER, Kommentar UWG, Art. 9 N 174 m.w.H.

c) Mitteilung des Urteils an Dritte

Art. 9 Abs. 2 sieht sodann die **Mitteilung des Urteils an Dritte** vor. Gegenstand der Mitteilung ist im Normalfall das **Urteilsdispositiv,** im Ausnahmefall ist die gleichzeitige Mitteilung der Begründung denkbar. Eine Mitteilung ist dann einer Publikation vorzuziehen, wenn der Adressatenkreis der Störung beschränkt und eruierbar ist und keine eigentliche Marktstörung eingetreten ist, also namentlich bei gezielten Verstössen (bspw. konkurrentenwirksame Sachverhalte). 105

d) Urteilspublikation

Art. 9 Abs. 2 sieht die Möglichkeit der **Urteilspublikation** vor, wie sie sie auch die immaterialgüterrechtlichen Spezialgesetze und das Persönlichkeitsrecht kennen. Dabei handelt es sich um einen sekundären Anspruch, da er die Gutheissung eines andern Anspruchs voraussetzt[254]. Die Urteilspublikation bezweckt die Behebung einer entstandenen Marktverwirrung und dient der Erhaltung oder Wiedergewinnung der Kundschaft des Verletzten[255] oder dem Schutz der Kundschaft bzw. der Warnung einer gesamten Branche[256]. Eine Urteilspublikation kommt nicht nur bei unrichtigen oder irreführenden Tatsachenäusserungen in Betracht und wird namentlich bei publikumswirksamen Sachverhalten in Frage kommen. 106

Die Urteilspublikation setzt eine **Verletzung von Art. 2–8** sowie ein **aktuelles Interesse** voraus. Dieses liegt vor, wenn wiederholte **Verletzungen zu befürchten** sind[257] oder es gilt, beim Publikum eine weiterdauernde Unsicherheit zu klären[258]. Zu berücksichtigen sind namentlich auch eine lange Zeitdauer des Wettbewerbsverstosses und der daraus resultierende Grad an Publizität bzw. Marktverwirrung, 107

---

[254] U.a. auch eine Feststellungsklage (N 87), vgl. BGer 4C.101/2005 sic! 2005, 738, E. 3.2.1 («Stoffmuster»; URG-Fall), mit Verweis auf BAUDENBACHER/GLÖCKNER, Kommentar UWG, Art. 9 N 144 sowie BGE 126 III 209, 216.

[255] BGE 92 II 269, anschaulich CdJ GE sic! 1997, 497, E. 4b («SOS»). Die Veröffentlichung des Urteils darf jedoch nicht als Grundlage einer Werbekampagne dienen, vgl. CJ GE sic! 1999, 297, E. 4 («Pirates»).

[256] HGer BE SMI 1987, 246, E. 4 («Swiss Residence«).

[257] BGer 4C.101/2005 sic! 2005, 738, E. 3 («Stoffmuster»; URG-Fall), und OGer ZH SMI 1987, 104, 111 («Modell Tödi, Made in Japan»). Bloss (erstmalig) drohende Verletzungen reichen nicht aus. Zu verneinen ist ein aktuelles Interesse ferner dann, wenn die Verletzungen schon lange zurückliegen, nur vereinzelt vorkamen und weder in Fachkreisen noch in der Öffentlichkeit Aufsehen erregt haben. Dabei sollte der infolge des Prozesses erfolgende Zeitablauf nur mit Zurückhaltung berücksichtigt werden, namentlich bei Aufsehen erregenden Streitigkeiten, so HGer ZH sic! 1999, 581, E. G e («Rivella/Apiella»). Zum Argument des Zeitablaufs nach Abschluss eines unlauteren Gewinnspiels auch KGer ZG SMI 1992, 346, E. 8 («Sweepstake»); vgl. auch den Fall in OGer ZH sic! 2006, 467, E. 2.3.2 («Zitatrecht II»; URG-Fall).

[258] BGer 4C.139/2003 sic! 2004, 430, E. 7 («CAP»); vgl. die Verneinung nach 8 Jahren Zeitablauf in CdJ GE sic! 2000, 714, E. 17 («Conseil en rémunérations»).

ebenso generalpräventive Überlegungen[259]. Die Urteilspublikation muss **verhältnismässig** sein, was bei der Wahl des Publikationsmittels berücksichtigt werden und eine zeitliche Einschränkung der Ermächtigung nach sich ziehen kann[260]. Reichen andere Mittel aus oder ist die Verletzung gering, so hat eine Urteilsveröffentlichung zu unterbleiben[261].

108 Das Gericht entscheidet über **Art** und **Umfang** der Veröffentlichung. Die **Kosten** werden dem **Verletzer überbunden**. Es scheint sich eine Publikationsverpflichtung im Umfang einer **Viertelseite** eingebürgert zu haben[262]. Die Publikation des Urteils setzt voraus, dass der massgebende Personenkreis auch wirklich erreicht wird. Sie muss deshalb baldmöglichst nach Eintritt der Rechtskraft und möglichst an den **von der UWG-Verletzung betroffenen Personenkreis** wie die UWG-Verletzung gerichtet erfolgen (Art. 28k Abs. 1 ZGB analog)[263].

109 **Gegenstand** der Veröffentlichung ist grds. (nur) das Urteilsdispositiv. Die zusätzliche Veröffentlichung der Begründung kann dann statthaft sein, wenn sich der Gehalt des unlauteren Verhaltens erst aus dem Zusammenspiel des Dispositivs mit den Erwägungen ergibt.

110 Die Urteilspublikation kann auch bei bloss **teilweisem Obsiegen** angeordnet werden, wobei deren Kosten dann nur teilweise dem Verletzer aufgebunden werden können[264]. Auch die beklagte Person kann die Urteilspublikation **widerklageweise** beantragen; diesfalls erfolgt die Publikation auch bei vollständigem Unterliegen der klagenden Person.

111 Die Urteilspublikation ist ein Anspruch, der dem Verletzten bei Gutheissung gegenüber dem Verletzer zusteht. In der Praxis wird das Gericht den **Verletzten** aber oft i.S. einer **Ersatzvornahme** zur Veröffentlichung auf Kosten des Verletzers zur Publikation **ermächtigen** und nicht eine Verpflichtung des Verletzers zur Vornahme der Urteilspublikation statuieren[265].

112 Neben der auf Art. 9 Abs. 2 gestützten zivilrechtlichen Urteilspublikation besteht parallel die **strafrechtliche**, auf **Art. 68 StGB**, (i.V.m. Art. 333 Abs. 1 StGB und

---

[259] BAUDENBACHER/GLÖCKNER, Kommentar UWG, Art. 9 N 150 f., und OGer TG RBOG 2005, 156, E. 1.
[260] BGer 4C.101/2005 sic! 2005, 738, E. 2 und 5 («Stoffmuster»; URG-Fall), BGE 126 III 209, 216 f. (Persönlichkeitsrecht), HGer ZH SMI 1987, 246, 247 («Swiss Residence»), DAVID, SIWR I/2, 99, und BAUDENBACHER/GLÖCKNER, Kommentar UWG, Art. 9 N 150. Oft wird nur eine Publikation in Fachzeitschriften gutzuheissen sein, da bei Publikation in Tageszeitungen eine neuerliche und weiterreichende Marktverwirrung entstehen könnte.
[261] A. TROLLER, Immaterialgüterrecht II, 979, BGer 4A_106/2009, E. 2.1 und HGer BE SMI 1991, 410, E. 3 («Branchenregister»).
[262] Vgl. PEDRAZZINI/PEDRAZZINI, UWG, § 14.26.
[263] CdJ GE sic! 1997, 497, E. 4b («SOS»).
[264] A. TROLLER, Immaterialgüterrecht II, 977 und in Fn. 46 erwähnte Fälle.
[265] Dazu OGer TG RBOG 2005, 156, E. 2 m.w.H. Zum Ganzen auch BORER, Vorgehen, N 13.124.

Art. 23) basierende und nur auf Antrag des Verletzten mögliche Massnahme der **Urteilsveröffentlichung**[266].

Die **Veröffentlichung** eines Urteils **ohne richterliche Ermächtigung** ist grds. möglich und grds. nicht unlauter[267]. Dies gilt insbesondere dann, wenn sich das Bedürfnis nach Veröffentlichung erst nach Abschluss des Beweisverfahrens ergibt oder sonst keine Veranlassung bestand, ein Veröffentlichungsbegehren zu stellen. Selbst wenn ein Veröffentlichungsbegehren beantragt und rechtskräftig abgewiesen wurde, muss eine eigenmächtige, auf eigene Kosten veranlasste Veröffentlichung **nicht per se unlauter** sein. Beim gerichtlichen Veröffentlichungsbegehren geht es um den Erhalt der gerichtlich bestätigten Notwendigkeit der Veröffentlichung (bspw. zur Behebung einer Marktverwirrung) und nicht zuletzt auch um die Überbindung der Kosten auf den Verletzer[268]. Die eigenmächtige Veröffentlichung kann jedoch je nach den Umständen und verfolgtem Zweck ihrerseits namentlich dann eine unlautere Herabsetzung oder Irreführung (Art. 3 lit. a oder b) bedeuten, wenn sie **unverhältnismässig** ist, bspw. wenn eine Namensnennung erfolgt oder sonst eine Beschränkung auf das Notwendige fehlt. In jedem Fall muss es aber **möglich** sein, **interessierte Kreise** (Kunden, Mitbewerber) in möglichst objektiver Weise so weit nötig **über** den **Prozessausgang zu informieren**[269]. 113

5. Keine selbständigen Ansprüche auf Auskunftserteilung

Das UWG gewährt **keine selbständigen** (primären) **Auskunftsansprüche**, die der klagenden Person den ihr (unverschuldeterweise) erschwerten oder unmöglichen Zugang zu beweispflichtigen Tatsachen ermöglichten, die in der Sphäre des Verletzers liegen. Im Immaterialgüterrecht erlauben sie, den Umfang der Verletzung festzustellen, die daran mitwirkenden Personen zu bestimmen (inkl. Herkunft und Weitergabe) und so die gesamte Verletzerkette (Produktion, Absatz) «auszuleuchten» und so (auch) Beweismaterial zur allfälligen späteren Geltendmachung negatorischer oder reparatorischer Ansprüche erhältlich zu machen[270]. Die Auskunftsan- 114

---

[266] Dazu näher Art. 23 N 114. Sie setzt einen Strafantrag, (Eventual-)Vorsatz, unlauteres Verhalten gemäss Art. 3–6 voraus und muss alternativ im Interesse der Öffentlichkeit oder des Strafantragstellers geboten sein, wobei dem mit der Urteilsveröffentlichung einhergehenden sittlichen Vorwurf (Prangerwirkung) Beachtung zu schenken ist.
[267] Restriktiver R. VON BÜREN/MARBACH/DUCREY, Immaterialgüter- und Wettbewerbsrecht, N 956: «meistens unlauter (Art. 3 lit. a)», PEDRAZZINI/PEDRAZZINI, UWG, § 14.29: «nicht zum vorneherein als unlauter».
[268] A.M. PEDRAZZINI/PEDRAZZINI, UWG, § 14.29.
[269] R. VON BÜREN/MARBACH/DUCREY, Immaterialgüter- und Wettbewerbsrecht, N 956.
[270] Vgl. DAVID, SIWR I/2, 104, und R. VON BÜREN/MARBACH/DUCREY, Immaterialgüter- und Wettbewerbsrecht, N 957, sowie Botschaft PatG 2005, 119 f. Vgl. im dt. Recht KÖHLER, Kommentar dt. UWG, § 12 N 2.60 ff. m.w.H.

sprüche der immaterialgüterrechtlichen Spezialgesetze[271] können aber dann im Rahmen von UWG-Sachverhalten geltend gemacht werden, wenn neben dem unlauteren Verhalten auch eine Immaterialgüterrechtsverletzung vorliegt oder droht.

115 **Sekundäre materiellrechtliche oder prozessuale Auskunftsansprüche**, d.h. Hilfsansprüche zur prozessbeförderlichen Durchsetzung eines Hauptanspruchs (z.B. auf Schadenersatz oder Gewinnherausgabe), sind hingegen auch bei UWG-Streitigkeiten möglich, dazu unten N 238 ff. (insbes. zur Stufenklage).

VI. Reparatorische Ansprüche (Art. 9 Abs. 3)

116 Art. 9 Abs. 3 führt die reparatorischen Ansprüche auf. Die von der UWG-Verletzung betroffene Person kann «ausserdem nach Massgabe des Obligationenrechts auf **Schadenersatz** und **Genugtuung** sowie auf **Herausgabe eines Gewinnes** entsprechend den Bestimmungen über die Geschäftsführung ohne Auftrag klagen».

117 Die reparatorischen Ansprüche spielten in der Praxis bis vor kurzem eher eine Nebenrolle, was auf Beweisschwierigkeiten, das damit verbundene Prozess- und Kostenrisiko und eine gewisse «natürliche» Zurückhaltung, gegen Mitbewerber oder die Marktgegenseite vorzugehen, zurückzuführen sein dürfte[272]. Seit einiger Zeit scheint die Geltendmachung reparatorischer Ansprüche jedoch **im Zunehmen begriffen**. Dies legt schon die Anzahl der in den letzten Jahren bekannntgewordenen Fälle vor BGer nahe, aber es dürfte auch Ausdruck einer teilweise geänderten Haltung sein, geldwerten Ausgleich gerichtlich durchzusetzen, wenn auch vielleicht nur mit der Absicht, mindestens einen Vergleich abzuschliessen. Dies wiederum dürfte Folge einer Intensivierung der Absatzförderungsbemühungen und eines teilweise mit harten Bandagen geführten Wettbewerbs auf verschiedensten Märkten sein.

1. Anspruch auf Schadenersatz

118 Art. 9 Abs. 3 verweist für den Schadenersatzanspruch auf das Obligationenrecht, was als **Rechtsgrundverweis** auf Art. 41 ff. OR zu verstehen ist[273].

---

[271] Art. 62 Abs. 1 lit. c URG, Art. 55 Abs. 1 lit. c MSchG, Art. 35 Abs. 1 lit. c DesG und Art. 66 lit. b PatG. Vgl. die Änderungen im Immaterialgüterrecht, die nach Kritik in Lehre und Praxis (vgl. bspw. DAVID, SIWR I/2, 104) im Rahmen der PatG-Novelle 2007 erfolgten und Art. 47 TRIPS umsetzten (Inkrafttreten 1. Juli 2008), dazu Botschaft PatG 2005, 119 f.

[272] Vgl. bspw. A. TROLLER, Immaterialgüterrecht II, 977, HILTI, Immaterialgüterrechtsverletzungen, N 18.1 und 18.30 ff., und BAUDENBACHER/GLÖCKNER, Kommentar UWG, Art. 9 N 188.

[273] BAUDENBACHER/GLÖCKNER, Kommentar UWG, Art. 9 N 178 und 189.

a) Schaden

Schaden stellt eine **unfreiwillige Vermögensverminderung** dar, die im UWG-Kontext auf unlauterem Wettbewerb als schädigendem Ereignis beruht[274]. Die Bestimmung des Schadens erfolgt mittels der **Differenzhypothese:** Der Schaden entspricht der Differenz des Vermögens des Geschädigten nach dem unlauteren Wettbewerb und dem Stand, den das Vermögen hätte, wäre der unlautere Wettbewerb nicht erfolgt[275]. Schadensposten sind sowohl der positive Schaden wie auch der entgangene Gewinn.

Beeinträchtigungen durch Wettbewerbsverstösse führen zwar regelmässig zu **Schäden.** Diese sind jedoch im Unterschied etwa zu Personen- und Sachschäden **meist nicht ziffernmässig nachweisbar**[276]. Deshalb ist die gerichtliche Schätzungsmöglichkeit gemäss Art. 42 Abs. 2 OR in der UWG-Praxis sehr bedeutsam.

aa) Positiver Schaden (damnum emergens)

Positiver Schaden bedeutet die Vermehrung der Passiven oder die Verminderung der Aktiven. In der UWG-Praxis kommt dabei v.a. der sog. **Marktverwirrungsschaden,** der die tatsächlichen Kosten der Behebung einer im Markt entstandenen Verwirrung umfasst (sog. **Rettungsaufwand**), in Frage[277]. Darunter fallen etwa Kosten für erhöhten Marketingaufwand, prozessuale und ausserprozessuale Rechtsverfolgungskosten[278], sowie Kosten für Umtriebe, Ersatz und Mehrarbeit[279].

---

[274] Anstelle vieler BGer 4C.163/2000 sic! 2001, 330, E. 6a («Kantenanleimmaschine»).
[275] Anstelle vieler SCHWENZER, OR AT, N 14.03, und BAUDENBACHER/GLÖCKNER, Kommentar UWG, Art. 9 N 205.
[276] Vgl. BGer 4C.338/1997 sic! 1999, 156, E. 7 («Kamov»), OGer LU SMI 1994, 318, E. 3 f. («Louis Vuitton III»), sowie BAUDENBACHER/GLÖCKNER, Kommentar UWG, Art. 9 N 207, DAVID, SIWR I/2, 116, SPITZ, sic! 2007, 797, DAVID/JACOBS, Wettbewerbsrecht, N 756, und ROBERTO, Haftpflichtrecht, N 696. Es handelt sich regelmässig um indirekte, vom Normzweck erfasste Schäden (Folgeschäden), die aus der unlauteren Beeinflussung (durch Herabsetzungen, Irreführungen, Behinderungen etc.) von Kunden etc. resultieren, deren verändertes Kaufverhalten bei den betroffenen Marktteilnehmern zu Kosten und entgangenem Gewinn führt. Im Fall des Boykotts oder von physischen Behinderungen kann allenfalls von direkter Schädigung gesprochen werden, vgl. BK-BREHM, Art. 41 OR N 246 ff.
[277] Dazu BGer 4C.225/2006 sic! 2007, 215, E. 2 («Yellowworld II»), BGer 4C.52/2007 sic! 2007, 754, E. 4.3 f. («Comcord»; MSchG-Fall), sowie BAUDENBACHER/GLÖCKNER, Kommentar UWG, Art. 9 N 219 ff., und SPITZ, Haftung für Wettbewerbshandlungen, N 39 ff.
[278] Die Grundlage der Prozesskosten liegt (noch) im kantonalen Prozessrecht, vgl. BGE 81 II 534, 543, zukünftig (ab 2011) gilt Art. 95 ff. ZPO-CH, wobei die Kantone weiterhin die Tarife vorgeben. Vgl. zu vorprozessualen Aufwendungen HGer BE vom 18.01.2000 (Nr. 8369), E. IV.3c (vorinstanzlicher Entscheid zu BGer 4C.163/2000 sic! 2001, 330 ff., «Kantenanleimmaschine»; vgl. dortige E. 6b), BGE 133 III 153, 156 f. («Patty Schnyders Vater»; betreffend Kosten des Verfahrens vor dem Presserat), und KassGer SG GVP 2006 Nr. 68 (Sozialversicherungsrecht) sowie BGE 97 II 259, 267, zum Ganzen auch näher BK-BREHM, Art. 41 OR N 89 f., SCHWENZER,

Auch der infolge der Verletzung eingetretene Minderwert des Unternehmens (**Ansehensminderung**) kann unter diesem Titel erstattungsfähig sein, solange er messbar und fortdauernd ist[280]. Oft wird die Ansehensminderung dem Rettungsaufwand entsprechen, was logisch erscheint[281].

122 Ferner kann prima facie nach entgangenem Gewinn aussehender positiver Schaden dann vorliegen, wenn **Verträge** mit Abnehmern, Kunden etc. vorliegen, die seitens des Geschädigten bereits **vollumfänglich erfüllt** wurden[282].

123 Erstattungsfähig sind **nur tatsächlich erlittene Einbussen** (konkreter Schadensbegriff). Eine Marktverwirrung an sich ist noch kein Schaden – jedenfalls können fiktive Kosten für die Behebung nicht gewährt werden[283]. Ebenso wenig kann ein

---

Mélanges Tercier, 421 f., und BAUDENBACHER/GLÖCKNER, Kommentar UWG, Art. 9 N 233 je m.w.H.

[279] Soweit im Zuge der Behebung der Folgen des unlauteren Wettbewerbs nicht Überstunden, Neueinstellungen, Pensenaufstockungen oder auch entgangene Verkaufsabschlüsse etc. nachgewiesen werden können, fehlt es strikte besehen an der Kausalität. Soweit aber anderweitige Arbeit nicht bzw. nur zeitlich später ausgeführt werden konnte, sollten die Kosten erstattungsfähig sein, sofern sie sich nach Arbeitnehmer und Tätigkeit aufschlüsseln lassen, dazu näher SPITZ, Haftung für Wettbewerbshandlungen, N 40 und N 86, und BAUDENBACHER/GLÖCKNER, Kommentar UWG, Art. 9 N 227 ff., vgl. auch DAVID, SIWR I/2, 114, HGer ZH sic! 2001, 41, E. VI.3.3 («70 000 mal günstiger»), und BezGer ZH ZR 2003 Nr. 47, E. XIII.2 («Raubkassetten»); URG-Strafrechtsfall; zu den Rechtsverfolgungskosten der SUISA, Zusprechung eines Pauschalbetrags;

[280] BGer 4C.52/2007 sic! 2007, 754, E. 4.3 f. («Comcord»; MSchG-Fall), sowie BAUDENBACHER/ GLÖCKNER, Kommentar UWG, Art. 9 N 219 ff.

[281] Vgl. den Fall in BGer 4C.52/2007 sic! 2007, 754, E. 4.3 f. («Comcord»; MSchG-Fall), wo (erfolglos) der «Umweg» über die Geltendmachung der Ansehensminderung gewählt wurde, weil die Verletzte im relevanten Markt gar nicht präsent war. Die Verletzte argumentierte, dass sie bei einem Markteintritt wegen der Marktverwirrung einen grösseren Marketingaufwand hätte betreiben müssen, was den Wert der Marke und damit des Produkts vermindere. Für die klägerischen Verkäufe war die unzulässige Kennzeichenverwendung jedoch nicht ausschlaggebend.

[282] BGer 4C.225/2006 sic! 2007, 215, E. 2.4 («Yellowworld II»), wo die bestehenden Verträge vom Verletzten bereits vollumfänglich erfüllt und der geleistete Aufwand buchhalterisch erfasst wurden, weshalb ein positiver Schaden in Form eines Debitorenverlusts vorlag wobei gem. BGer a.a.O., E. 3 die gewöhnlich beim Verletzten entstehenden Debitorenverluste mitzuberücksichtigen sind (dazu auch SPITZ, sic! 2007, 797 in Fn. 15). Zu den Abgrenzungsschwierigkeiten und zum zweifelhaften Wert der Unterscheidung BAUDENBACHER/GLÖCKNER, Kommentar UWG, Art. 9 N 206, und ROBERTO, sic! 2008, Sonderheft, 25.

[283] Vgl. BGer 4C.52/2007 sic! 2007, 754, E. 4.3 f. («Comcord»; MSchG-Fall), HGer ZH sic! 2001, 41, VI.3.3 («70 000 mal günstiger II»), HGer ZH sic! 2001, 658, E. XVIII. («Schmiermittel II»), sowie ROBERTO, sic! 2008, Sonderheft, 25 f. m.w.H. Eine Marktverwirrung stellt primär eine Störung dar, der mit dem Beseitigungsanspruch beizukommen ist. Die Geltendmachung zukünftiger, in der Höhe noch nicht abschätzbarer Kosten, bspw. für die Behebung der Marktverwirrung, kann allenfalls mittels Nachklagevorbehalt bzw. mittels Feststellungsklage gesichert werden, vgl. PEDRAZZINI/PEDRAZZINI, UWG, § 14.45, und SPITZ, Haftung für Wettbewerbshandlungen, N 40 ff. Vgl. aber BGer 4C.64/2004, E. 3 («Stromspargeräte»), wo die Sicherung der Geltendmachung des zukünftigen Schadens mittels Feststellungsklage gerade deswegen verneint wurde, weil es zumutbar war, eine Stufenklage einzureichen. Dazu auch N 89.

sog. **Verletzerzuschlag** für die pauschale Abgeltung von Überwachungskosten berücksichtigt werden[284].

Die Marktverwirrung und die zu ihrer Beseitigung angefallenen Kosten müssen **kausal** zur Verletzungshandlung sein[285]. Marketingaufwendungen, die **ohnehin** zu tätigen sind oder waren, können nicht geltend gemacht werden[286].

124

bb) Entgangener Gewinn (lucrum cessans)

In der **Praxis im Vordergrund** steht bei Schädigungen durch unlauteren Wettbewerb der Ersatz entgangenen Gewinns. Unlauterer Wettbewerb wird in der Regel zu Kundenverlusten (Abwanderungen, Neukundenabnahme) und damit zu Umsatz- und Gewinneinbussen beim Verletzten führen.

125

Entgangener Gewinn ist die unterbliebene Vermehrung der Aktiven bzw. Verminderung der Passiven[287]. Er stellt eine **hypothetische Grösse** dar, deren **konkrete ziffernmässige Berechnung** bei Wettbewerbsverstössen in der Regel **unmöglich** ist[288]. Deshalb ist der entgangene Gewinn regelmässig aufgrund einer **Schätzung** gemäss Art. 42 Abs. 2 OR zu bestimmen.

126

Zu prüfen ist, ob gerade das in Frage stehende unlautere Verhalten zu einem Schaden geführt hat (Frage der **haftungsbegründenden Kausalität**; vgl. N 157 ff.) und wie hoch dieser ausgefallen ist (Quantum; Frage der **haftungsausfüllenden Kausalität**).

127

---

[284] Die Erstattung fiktiver Kosten ist mit dem normativen Schadensbegriff unvereinbar. Vgl. BGE 122 III 463, 465 ff. («Wahlinserat»; URG-Fall). Dazu auch DAVID, SIWR I/2, 114 ff. (bes. Fn. 462 und 465), ROBERTO, sic! 2008, Sonderheft, 25 f., DERS., Schadensrecht, 241 ff., HILTI, Immaterialgüterrechtsverletzungen, N 18.39, und JENNY, sic! 2004, 656 f. je m.w.H. Vgl. jedoch die Praxis zum URG (SUISA-Gebührentarif), bspw. in OGer ZG sic! 2008, 628, E. 5 («Dancing»). Vgl. auch die Ablehnung der «Verdoppelungstheorie» in HGer ZH sic! 2001, 41, E. VI.2.2 («70 000 mal günstiger»).

[285] BGer 4C.52/2007 sic! 2007, 754, E. 4.4 («Comcord»), wo die Existenz eines Marktverwirrungsschadens verneint wurde, weil das betroffene Kennzeichen (Marke) vor der Markteinführung des Produkts der Gegenpartei gar nicht auf dem Markt präsent war.

[286] BGer 4C.163/2000 sic! 2001, 330, E. 6b («Kantenanleimmaschine»). Ferner müssen Werbe-Gegenmassnahmen einen erkennbaren Bezug zur unlauteren Werbung aufweisen, HGer ZH sic! 2001, 41, E. VI.3.3 («70 000 mal günstiger»). Vertiefend BAUDENBACHER/GLÖCKNER, Kommentar UWG, Art. 9 N 224 ff.

[287] Anstelle vieler SCHWENZER, OR AT, N 14.13, und BAUDENBACHER/GLÖCKNER, Kommentar UWG, Art. 9 N 205 f. Die Abgrenzung zum positiven Schaden kann schwierig sein, dazu ROBERTO, sic! 2008, Sonderheft, 25, und BGer 4C.225/2006 sic! 2007, 215, E. 2.4 («Yellowworld II»), vgl. auch N 121 ff.

[288] BGer 4C.338/1997 sic! 1999, 156, E. 7 («Kamov»). Sie wäre allenfalls denkbar, wenn mit dem unlauteren Verhalten ein Monopolmarkt beeinflusst würde. Selbst dann wäre allerdings fraglich, ob die Gewinneinbusse (nur) auf das unlautere Verletzerverhalten zurückzuführen ist.

128 Je komplexer das Marktgeschehen ist und je vielfältiger die Faktoren seiner Beeinflussung sind, desto schwieriger wird naturgemäss der Nachweis einer bestimmten Schädigung[289]. Eine **Vielzahl von Faktoren** kann für einen ausgewiesenen Gewinnrückgang verantwortlich sein[290]. Neben **«internen»** Faktoren (Verkaufszahlen, Umsatz, Gewinnmarge, Liefer-/Produktionsmöglichkeiten beim Verletzten und beim Verletzer) sind auch **«externe»**, von Schädiger und Geschädigtem unabhängige Faktoren (Konjunktur, Marktstruktur, Marktsättigung, Druck von benachbarten Märkten, Eintrittsschwellen, Trends, Verhalten weiterer aktueller und potentieller Marktteilnehmer etc.) zu berücksichtigen, was eine **umfassende Faktorenanalyse** («Gewinnaufteilung») bedingt[291]. Ausgegangen werden kann im Rahmen der Gewinnschätzung vom **wettbewerbswidrigen Effekt** eines unlauteren Verhaltens, wobei prozentual geschätzt werden kann, für wie viel Geld Kunden gerade aufgrund der unlauteren Verhaltensweise (bspw. Werbung) eingekauft hätten[292].

129 Der **Einwand des günstigeren Preises** des Verletzerprodukts ist dabei im Hinblick auf den Schutzzweck des UWG nicht zu berücksichtigen, wenn der günstigere Preis gerade auf das unlautere Verhalten zurückzuführen ist, bspw. wenn Entwicklungs- oder Marketingkosten eingespart wurden[293].

130 Bei **publikumswirksamen UWG-Sachverhalten** (bspw. Irreführungen und Herabsetzungen) ist die Schadenshöhe kaum ermittelbar. So kann schon fraglich sein, wer zu den Verletzten gehört und ob (und wie) sich die Verletzung auf die Kundschaft ausgewirkt hat[294]. Bei **Pirateriewaren** werden die Umsätze und damit der (entgangene) Gewinn der Verletzten oft kaum geschmälert, während sich der Verletzer auf Kosten des Berechtigten einen lukrativen Sekundärmarkt erschliessen kann[295].

131 Sehr **schwierig** gestaltet sich die **Gewinnberechnung** bei UWG-Sachverhalten auch deshalb, weil der in Frage stehende Markt kaum je nur aus den beiden am

---

[289] HGer ZH sic! 2001, 41, E. V.1.3.a («70 000 mal günstiger II»).
[290] BGer 4C.439/1998, E. 2b («70 000 mal günstiger»).
[291] Dazu schon FISCHER, Schadensberechnung, 51 ff., A. TROLLER, Immaterialgüterrecht II, 990 f., BAUDENBACHER/GLÖCKNER, Kommentar UWG, Art. 9 N 245, und SPITZ, sic! 2007, 800 ff. Anschaulich bspw. BGer 4C.52/2007 sic! 2007, 754, E. 4.4 («Comcord»), wo das verletzte Zeichen (Marke) vor der Markteinführung des Produkts der Gegenpartei auf dem Markt gar nicht präsent war, weshalb es auch nicht der Markeninhaberin zugerechnet wurde. Das Produkt wurde vielmehr wegen der technischen Möglichkeiten und Qualitäten gekauft. Dieser Fall zeigt auch, dass zwischen haftungsbegründender und haftungsausfüllender Kausalität kaum unterschieden werden kann und es vielmehr einer wertenden Betrachtung im Rahmen einer Faktorenanalyse bedarf; ferner bspw. KGer SG vom 24.5.2005 (DZ.2002.3), E. 6c.
[292] Es rechtfertigt sich deshalb, eine gewisse Quote des verlorenen Umsatzes als durch die Unlauterkeit verursacht zu schätzen, so HGer ZH sic! 2001, 41, E. VI.2.2 («70 000 mal günstiger II»), bestätigt in BGer 4C. 439/1998, E. 2 («70 000 mal günstiger III»).
[293] So schon A. TROLLER, Immaterialgüterrecht II, 998, vgl. auch N 201. Tendenziell anders jedoch BGE 83 II 154, 165 f. («Blumenhalter»).
[294] Dazu auch DAVID, SIWR I/2, 114.
[295] DAVID, SIWR I/2, 117.

Schadenersatzprozess beteiligten Parteien besteht, wie dies in bestimmt gelagerten Fällen im Immaterialgüterrecht durchaus der Fall sein kann[296]. In der Regel agieren am Markt (oder in benachbarten Märkten) **weitere aktuelle und potentielle Marktteilnehmer,** die – namentlich wenn keine Schutzrechte im Spiel sind – rasch auf ändernde Marktsituationen reagieren können und deren Verhalten bei Wegdenken des unlauteren Verletzerverhaltens kaum ermittelbar ist. Die vom Verletzer erzielten Umsatzzahlen können deshalb bei UWG-Sachverhalten kaum je unkorrigiert übernommen und in vollem Umfang dem Verletzten zugerechnet werden[297].

Denkbar und naheliegend ist auch die bisher im UWG-Schrifttum als solche kaum thematisierte Anwendung der (im Kartellrecht propagierten) **Vergleichsmarktmethode**[298]. Dabei stehen räumliche und zeitliche Vergleichsmärkte im Vordergrund[299], während sachliche Vergleichsmärkte in UWG-Fällen wohl eher weniger in Frage kommen dürften. Sie bietet sich insbesondere dann an, wenn für die Schätzung des entgangenen Gewinns konkretes Zahlenmaterial aus vergleichbaren Märkten vorliegt, das eine Abschätzung des infolge des unlauteren Verhaltens entgangenen Gewinns erlaubt.

132

Ähnlich wie bei der Bestimmung des Gewinnbetrags bei der Gewinnherausgabe[300] ist bei der Berechnung des entgangenen Gewinns zu berücksichtigen, dass – im Rahmen der anzustellenden Hypothese – nur der entgangene Nettogewinn zu erstatten ist, d.h., dass **variable Kosten** vom in Frage kommenden Reinerlös abzuziehen

133

---

[296] Namentlich im Patentrecht kann der Patentinhaber je nach Patent de facto über ein eigentliches Produktmonopol verfügen. Vgl. auch die Ausführungen zur Monopolstellung der Verletzten im Bereich der Schwerlast-Transporthelikopter im Fall BGer 4C.338/1997 sic! 1999, 156, E. 7b («Kamov»).

[297] Vgl. bspw. die Konstellation in BGer 4A_185/2007 sic! 2008, 147 ff. («SOS Serruriers») mit krit. Anm. von SCHLOSSER, sic! 2008, 152 ff., wo der CdJ GE (Vorinstanz) die Gewinnmarge des Verletzten nach Beendigung des Verletzerverhaltens mit dem vom Verletzer erzielten Umsatz multiplizierte, was vom BGer geschützt wurde.

[298] Zur Vergleichsmarktmethode im Kartellrecht näher SPITZ, Haftung für Wettbewerbshandlungen, N 33 m.w.H. Die Vergleichsmarktmethode gilt an sich noch nicht als abstrakte Schadensberechnungsmethode, da (und soweit) sie auf konkrete tatsächliche Zahlen aus der Sphäre des Geschädigten abstellt und darauf basierend eine Schätzung gemäss Art. 42 Abs. 2 OR erlaubt.

[299] Vergleich Umsatz bzw. Gewinn in Absatzgebieten, die nicht vom unlauteren Verhalten betroffen sind mit betroffenen Gebieten sowie Vergleich Umsatz bzw. Gewinn vor und nach dem unlauteren Verhalten. Die zeitliche Vergleichsmarktmethode kann namentlich die Umsätze nach Beseitigung der Verletzung berücksichtigen, vgl. bspw. die Berechnung des CdJ GE in BGer 4A_185/2007 sic! 2008, 147, E. 5.2.2 («SOS Serruriers»). Vgl. auch die Erwähnung räumlicher Vergleichsmärkte in BGer 4C.439/1998, E. 2b («70 000 mal günstiger»). Das indizmässige Abstellen auf den Verletzergewinn (N 150 ff.) könnte im Rahmen dieser Systematik als «personeller Vergleichsmarkt» bezeichnet werden.

[300] Dazu N 197 ff.

sind. Kosten, die ohnehin, d.h. unabhängig vom unlauteren Verhalten im gleichen Umfang angefallen wären, d.h. **Fixkosten,** sind nicht abzuziehen[301].

134 Namentlich bei **Kennzeichenverletzungen** wird die erfolgreiche Geltendmachung von Schadenersatzansprüchen regelmässig schwierig sein, da meist unklar ist, (ob und) inwieweit entgangener Gewinn gerade auf das unlautere Verhalten zurückzuführen ist bzw. auch bei «gerade noch» lauterem Verhalten eingetreten wäre, da das in Frage stehende Kennzeichen **nicht** die **Ware bzw. Leistung an sich ausmacht,** bzw. verkörpert, sondern diese «bloss» kennzeichnet[302]. Oft können Verkäufe auf andere Faktoren wie technische Möglichkeiten, Qualität, individuelle Beratung, Service, Kundenvertrauen oder persönliche Beziehungen zurückzuführen sein[303]. Anders ist dies im Patent-, Design- und Urheberrecht, sofern das **Schutzrecht** das Wesen der Ware oder der Leistung an sich ausmacht bzw. verkörpert und damit selbst faktisch **Objekt des Wettbewerbs** ist und nicht bloss einen unerheblichen Teil davon darstellt.

135 Der Schädiger kann **einwenden,** dass der Schaden auch eingetreten oder geringer ausgefallen wäre, wenn er sich lauter verhalten hätte (Einwand des **rechtmässigen Alternativverhaltens;** vgl. bspw. Art. 55 Abs. 1 i.f. OR)[304]. Ob die Berufung angesichts des Schutzzwecks der UWG-Normen überhaupt statthaft ist, ist fraglich[305]. Im Rahmen einer «Reduktion auf das erlaubte Mass», wie sie bei Verletzungen von Maximalzinsvorschriften oder überlanger Vertragsdauer bekannt ist, von demjenigen Verhalten auszugehen, das gerade noch als zulässig erachtet wird, ist zwar naheliegend (der beste und intensivste Wettbewerb findet oft an der Grenze des Zulässigen statt), jedoch wenig sachgerecht. Das (zwingende) Abstellen auf ein –

---

[301] Anders aber offenbar HGer ZH sic! 2001, 41, E. VI.2.2 («70 000 mal günstiger II»), im Rahmen der Ermittlung der – als Ausgangspunkt der Schätzung gemäss Art. 42 Abs. 2 OR dienenden – Vergangenheitswerte bzgl. Gewinn, wo die Fixkosten «anteilig» abgezogen wurden.Vgl. auch BGer 4C.225/2006 sic! 2007, 215, E. 2.5 f. («Yellowworld II»), wo aber von positivem Schaden ausgegangen wurde, dazu Fn. 282. Vom Ertrag konnten nur diejenigen vertraglich geschuldeten Leistungen abgezogen werden, die der Geschädigten seinen Kunden gegenüber noch nicht erbracht hat bzw. die er eingespart hat. Zum Ganzen näher SPITZ, sic! 2007, 797 m.w.H.

[302] Dazu schon FISCHER, Schadensberechnung, 58. Anders dürfte dies bei gewissen Formmarken sein, bspw. Lego. Vgl. bspw. BGer 4C.52/2007 sic! 2007, 754, E. 4.4 («Comcord»; MSchG-Fall; allerdings zum Marktverwirrungsschaden).

[303] Vgl. bspw. BGer 4C.52/2007 sic! 2007, 754, E. 4.4 («Comcord»; MSchG-Fall).

[304] Für dieses Alternativszenario ist der Schädiger beweispflichtig. Zum Ganzen näher SPITZ, sic! 2007, 800 ff. m.w.H. Vgl. etwa BGer 5C.31/2002, E. 5 («Heim-Affäre»; Persönlichkeitsrecht/ Ehrverletzung; in sic! 2002, 752 nicht abgedruckte E.), BGE 122 III 229, 234 f. (Werkeigentümerhaftung), und BGE 83 II 154, 166 («Blumenhalter»), wo der Einwand berücksichtigt wurde (es ist unklar, ob dies gar von Amtes wegen geschah). Erforderlich ist ein strikter Beweis, d.h., eine analoge Anwendung von Art. 42 Abs. 2 OR verbietet sich; vgl. auch BSK-SCHNYDER, Art. 41 OR N 29a, und BGE 131 III 115, 120 (zur haftungsbegründenden Kausalität).

[305] Vgl. bspw. SCHWENZER, OR AT, N 21.07.

wohl auch nicht einfach zu bestimmendes – objektiviertes Szenario («Normalszenario») erscheint jedoch ebenfalls als problembehaftet[306].

cc) Möglichkeit der Schadensschätzung gemäss Art. 42 Abs. 2 OR

Die geschädigte Person hat den Schaden grds. ziffernmässig nachzuweisen (Art. 42 Abs. 1 OR). Im Bereich des gewerblichen Rechtsschutzes stellt sich der entgangene Gewinn regelmässig als Folgeschaden in Form **einzelner Kundenverluste** und der daraus resultierenden Umsatz- und Gewinneinbussen dar, die sich zum Gesamtschaden in Form entgangenen Gewinns addieren. Der Beweis jedes einzelnen Kundenverlusts und der entsprechenden Folgen auf Umsatz und Gewinn wäre praktisch unmöglich bzw. unzumutbar[307]. Dies gilt insbesondere auch bei publikumswirksamen Herabsetzungen oder Irreführungen, wenn die dadurch hervorgerufene Unsicherheit potentieller Vertragspartner zum Scheitern beabsichtigter Vertragsverhältnisse führen kann[308]. Auch der positive Schaden stellt einen Folgeschaden dar. Die bei UWG-Verletzungen auftretenden Schäden können so in der Regel nur geschätzt werden[309].

136

Das Gericht kann den Schaden gemäss Art. 42 Abs. 2 OR i.V.m. Art. 4 ZGB «mit Rücksicht auf den gewöhnlichen Lauf der Dinge» abschätzen. Erleichtert wird nicht nur die Bestimmung der **Höhe** des Schadens (Quantum; haftungsausfüllende Kausalität), sondern auch, ob überhaupt ein **Schaden eingetreten** ist (haftungsbegründende Kausalität; N 157 ff.)[310]. Im Rahmen der Schadensschätzung gemäss Art. 42 Abs. 2 OR ist es dem Gericht möglich, über Annahmen zu solchen Kundenverlusten und den in der Konsequenz erwachsenden Auswirkungen auf Umsatz und Gewinn beim Verletzten eine Schätzung der Schadenshöhe vorzunehmen oder zumindest auf einen **Mindestschadensbetrag** zu kommen, der höchstwahrscheinlich eingetreten ist, und diesen zuzusprechen[311].

137

---

[306] Dazu BGE 123 III 292, 298 f. («FC Lohn»; Wucher/Mietrecht), und BGer 4A_404/2008, E. 5.6 (zu einem Leasingvertrag), mit Hinweisen zum Diskussionsstand.
[307] Zu diesem Gedanken SPITZ, sic! 2007, 798, vgl. auch BGE 43 II 47, 56 f., und BGer 4C.225/2006 sic! 2007, 215, E. 2.2 («Yellowworld II»).
[308] Vgl. BGer 4C.84/1999 sic! 2000, 644, E. 3 («Lernstudio»).
[309] BGer 4C.388/1997 sic! 1999, 156, E. 7b («Kamov»), und BGer 4C.52/2007 sic! 2007, 754, E. 4.4 («Comcord»; MSchG-Fall), vgl. auch BAUDENBACHER/GLÖCKNER, Kommentar UWG, Art. 9 N 240.
[310] Vgl. BGE 132 III 379, 381, BGE 122 III 219, 221 f. («Spinnerei an der Lorze/Jean Frey-Verlag»), und BGer 4C.52/2007 sic! 2007, 754, E. 4.3 («Comcord»; MSchG-Fall). Das Gericht kann von einer Gewinneinbusse (d.h. von einem Schaden) ausgehen, wenn genügend Anhaltspunkte vorliegen, die nach dem gewöhnlichen Lauf der Dinge auf eine Gewinneinbusse schliessen lassen. Vgl. zum Ganzen anstelle vieler BAUDENBACHER/GLÖCKNER, Kommentar UWG, Art. 9 N 239 ff., sowie sehr kritisch zur Zurückhaltung der Gerichtspraxis zu Art. 42 Abs. 2 OR HILTI, Immaterialgüterrechtsverletzungen, N 18.47 ff.
[311] Vgl. zum Mindestschadensansatz näher SPITZ, sic! 2007, 798 m.w.H.

138 Die Schätzungsmöglichkeit des Art. 42 Abs. 2 OR entbindet den Verletzten nicht davon, den ihm obliegenden **Beweis- und Substantiierungspflichten so weit möglich und zumutbar** und im Rahmen der anwendbaren zivilprozessualen Regeln (Eventualmaxime/Novenrecht) nachzukommen[312]. Art. 42 Abs. 2 OR ermöglicht dem Geschädigten nicht, ohne nähere Angaben Schadenersatz in beliebiger Höhe zu fordern. Vielmehr hat er alle Umstände, die für den Eintritt eines Schadens sprechen und dessen Abschätzen erlauben, so weit zumutbar, zu behaupten und zu beweisen[313]. So muss zunächst die Existenz des Schadens bewiesen werden[314], bevor überhaupt eine Schätzung der Schadenshöhe möglich ist. Die Schätzungsgrundlage ist in genügender Weise zu substantiieren, d.h., es sind Indizien oder sonstige Anhaltspunkte für die Höhe des Schadens anzugeben[315]. Bei einem Mehrprodukt-Unternehmen mit unterschiedlichen Erträgen auf den einzelnen Artikeln genügt bspw. die Angabe des durchschnittlichen Ertrags nicht, auch wenn von der unlauteren Werbung das gesamte Sortiment betroffen ist. In casu musste die klagende Person (Elektronikfachmarkt Dipl. Ing. Fust) dem Gericht eine gattungsbezogene Kalkulation und artikelbezogene Daten einreichen[316].

139 Der Schluss, dass tatsächlich ein **Schaden in** der **behaupteten Grössenordnung** eingetreten ist, muss sich dem Gericht auch bei Anwendung von Art. 42 Abs. 2 OR mit einer **gewissen Überzeugungskraft** aufdrängen, und der Eintritt des geltend gemachten Schadens im behaupteten Umfang darf nicht bloss im Bereich des Möglichen liegen, sondern muss als **«annähernd sicher»** erscheinen[317].

140 Angängig und in der Praxis verbreitet ist die oft «grosszügige», auf Tatbestandsermessen beruhende **Zusprechung** von Schadenersatz bzw. Gewinn **«ex aequo et bono»** (d.h. nach der gerechten und billigen Überzeugung des Gerichts), die Art. 42

---

[312] Zur «Beweismechanik» näher SIDLER, AJP 2005, 535 ff., und BK-BREHM, Art. 42 OR N 46 ff. Vgl. zur Stufenklage im Rahmen des Schadenersatzanspruchs N 241.

[313] BGer 4C. 439/1998, E. 2a («70 000 mal günstiger III»).

[314] Der Schluss von einer UWG-Verletzung auf einen Schaden ist dabei keineswegs zwingend, denn zahlreiche Verletzungen verursachen keinen Schaden, vgl. schon A. TROLLER, Immaterialgüterrecht II, 987.

[315] Bspw. muss der Umfang der unlauteren Werbung in Bezug auf die einzelnen Werbetexte hinreichend konkret behauptet werden, da erst dies erlaubt, den Schaden mit einer hinreichenden Überzeugung zu schätzen. Dies kann ggf. mit Marktbeobachtungen oder Auskunftsbegehren im Rahmen einer Stufenklage erfolgen,vgl. HGer ZH sic! 2001, 41, V.2 («70 000 mal günstiger II»). Die Schätzungsgrundlage muss sich auf die eigenen Verluste beziehen, wobei nicht hilfsweise auf den Verletzergewinn abgestellt werden kann (HGer ZH sic! 2001, 41, VI.2.2 – «70 000 mal günstiger II»).

[316] BGer 4C. 439/1998, E. 2b («70 000 mal günstiger III») und HGer ZH sic! 2001, 41, E. VI.2.2 («70 000 mal günstiger II»): Dem Verletzten wird die Aufstellung einer artikelbezogenen Kalkulation, die über (den eigenen!) Umsatz und Gewinn in der fraglichen Phase Aufschluss gibt, in der Regel möglich und zumutbar sein.

[317] BGE 122 III 219, 221 f. («Spinnerei an der Lorze/Weltwoche Verlag») und BGer 4C. 439/1998, E. 2a («70 000 mal günstiger III»).

Abs. 2 OR erlaubt[318]. Sie kann namentlich dann erfolgen, wenn zur Bezifferung und Schadensschätzung gemäss Art. 42 Abs. 2 (zu) wenig Anhaltspunkte vorliegen[319]. Die Rechtsprechung zur Zusprechung von Schadenersatz «ex aequo et bono» bezieht sich namentlich auch auf den Bereich des Lauterkeitsrechts[320].

dd) Dreifache Schadensberechnung im UWG

aaa) Allgemeines

In der **Praxis des Immaterialgüterrechts** hat sich die sog. **dreifache Schadensberechnung** etabliert, die neben der konkreten auch eine gestützt auf schadens- bzw. schädigerfremde Anhaltspunkte erfolgende Schadensberechnung (bzw. -schätzung) entweder nach der **Lizenzanalogie** oder mittels Abstellen auf den **Verletzergewinn als Indiz** ermöglicht[321]. Allerdings hat sich das BGer bisher im Bereich des Immaterialgüterrechts gegen die Anwendung **«strikt abstrakter» Berechnungsmethoden** ausgesprochen, die eine Zusprechung von Schadenersatz auch dann zuliessen, wenn unklar ist, ob überhaupt eine Schädigung eingetreten ist oder es dem Verletzten möglich gewesen wäre, einen Gewinn zu erzielen[322]. Bei «strikt abstrakter» Anwendung führten die beiden Methoden zur Anerkennung eines fiktiven bzw. normativen Schadens[323].

141

---

[318] Diese von kantonalen Gerichten gemäss Art. 42 Abs. 2 OR vorgenommene Schadensschätzung ist der bundesgerichtlichen freien Überprüfung entzogen, vgl. BGE 128 III 271, 277 (Persönlichkeitsrecht), sowie für das UWG BGer 4C.414/2006, E. 3 («Reinigungs- und Polierstein»), und OGer LU SMI 1994, 318, E. 3f («Louis Vuitton III»). Das BGer kann auf zivilrechtliche Beschwerde hin nur prüfen, ob die kantonale Vorinstanz den Begriff des Schadens verkannt oder gegen Rechtsgrundsätze der Schadensberechnung verstossen hat, vgl. BGE 122 III 219, 221 f. («Spinnerei an der Lorze/Jean-Frey-Verlag»; noch zum Regime unter dem alten OG), und Vor Art. 12–15 N 26. Es zeigen sich Parallelen zur Abschätzung von Überstunden im Rahmen des Arbeitsvertragsrechts, vgl. dazu etwa die Hinweise bei BK-BREHM, Art. 42 OR N 64a.
[319] BAUDENBACHER/GLÖCKNER, Kommentar UWG, Art. 9 N 242 (mit Kritik zur Zurückhaltung der Gerichte), und DAVID, SIWR I/2, 117.
[320] Vgl. z.B. BGE 98 II 325, 334, BGE 84 II 570, 577, sowie weitere bei BK-BREHM, Art. 42 OR N 64 erwähnte Fälle. Vgl. zum UWG bspw. BGE 91 II 17, 24 («La Résidence»), und BGer 4C.414/2006, E. 3 («Reinigungs- und Polierstein»; nicht publ. E. in sic! 2007, 660 ff.), der einen Gewinnherausgabeanspruch betraf, auf den Art. 42 Abs. 2 OR analog anzuwenden ist.
[321] Dazu BGer SMI 1991, 124, E. 4 («Überschrittene Vertretungsmacht»), BGE 132 II 379 ff. («Milchschäumer II»; PatG-Fall) sowie BGer 4C.163/2000 sic! 2001, 330, E. 6 («Kantenanleimmaschine»). Vgl. näher JENNY, Eingriffskondiktion, N 57 ff.
[322] So jedenfalls in BGE 132 III 379, 384 ff. («Milchschäumer»; PatG-Fall). Die Schadensschätzung gemäss Art. 42 Abs. 2 OR gilt demgegenüber als konkrete Schadensberechnungsart, da (und soweit) auf konkrete, schadensbezogene Anhaltspunkte abgestellt wird.
[323] Zum Ganzen näher ROBERTO, sic! 2008, Sonderheft, 24 f., VOGT, recht 1997, 243 ff., und JENNY, Eingriffskondiktion, N 98 ff.

142 Es handelt sich um hierarchisch gleichrangige Methoden. Dem Verletzten steht das **freie Wahlrecht** zu[324].

143 Die **Übertragbarkeit** der Methoden **auf UWG-Sachverhalte** ist differenziert zu beurteilen[325]. So schützen die immaterialgüterrechtlichen Spezialgesetze absolute subjektive Rechte (Marken, Designs, Werke und Leistungen, Patente), wohingegen das UWG nicht (bzw. nicht primär) Leistungen etc. schützt, sondern als verhaltensbezogenes Verbotsgesetz unlauteren Wettbewerb verbietet[326]. Immerhin hat das BGer die Möglichkeit des indizweisen Abstellens auf den Verletzergewinn und die Lizenzanalogie auch schon in UWG-Fällen erwogen[327].

144 Im Rahmen der Schadensberechnung im UWG ist allerdings auch die **Bedeutung** dieser Methoden **zu relativieren**. So kann die Lizenzanalogie im Rahmen des Gewinnherausgabeanspruchs bzw. des Anspruchs aus ungerechtfertigter Bereicherung (Eingriffskondiktion; Lizenzentgelt als ersparte Aufwendung) zum Zuge kommen. Sodann kann der Verletzergewinn auch direkt über Art. 423 Abs. 1 OR beansprucht werden, was umso bedeutsamer ist, seit feststeht, dass mit der Geltendmachung des Gewinnherausgabeanspruchs auch ein Schadenersatzanspruch auf Ersatz des positiven Schadens geltend gemacht werden kann[328]. Zudem kommt bei UWG-Sachverhalten der Faktorenanalyse regelmässig grosses Gewicht zu, was die Bedeutung der Methoden noch mehr relativiert.

bbb) Lizenzanalogie

145 Auch **immaterialgüterrechtlich nicht** schutzfähige oder nicht (mehr) **geschützte Leistungen,** also bspw. Kennzeichen, Ausstattungen oder Geheimnisse bzw. Know-how, können über die Verbotswirkung des UWG oder auf sonstige Art direkt oder reflexmässig **geschützt und lizenzfähig** sein. Dies spricht dafür, mindestens im Bereich des sog. ergänzenden UWG-Leistungsschutzes auch die Schadensberechnung nach der Lizenzanalogie zur Anwendung kommen zu lassen, so-

---

[324] So A. TROLLER, Immaterialgüterrecht II, 987, und SPITZ, sic! 2007, 807.
[325] Vgl. dazu bspw. SPITZ, Haftung für Wettbewerbshandlungen, N 11 ff.
[326] Wie das Kartellgesetz (KG) schützt auch das UWG nicht vor Verlust der Kundschaft (das KG verbietet gar die «Zuordnung»/Zuweisung von Kundschaft, vgl. Art. 5, insbes. Abs. 3 und 4 KG). Vor Erlass des UWG 1943 war über Art. 28 ZGB im Ergebnis ein partieller Schutz der Kundschaft denkbar, da und soweit diese als eine Art Eigentum verstanden oder aber indirekt über das Recht der wirtschaftlichen Persönlichkeit geschützt wurde, dazu näher A. TROLLER, Delikt des unlauteren Wettbewerbs, 18 ff. Ebenso bezog sich Art. 48 aOR auf den Schutz («Besitz») der Kundschaft vor unlauterer Beeinträchtigung.
[327] Vgl. BGer SMI 1991, 124, E. 4d («Überschrittene Vertretungsmacht»), BGer 4C.468/2004 sic! 2006, 284, E. 3 («Saugeinlagen für Lebensmittel»), und BGer 4C.163/2000 sic! 2001, 330, E. 6 («Kantenanleimmaschine»).
[328] BGE 133 III 153, 156 f. («Patty Schnyders Vater»).

weit sie auf einen Sachverhalt passt³²⁹. Dies dürfte dann der Fall sein, wenn es dem Verletzten aufgrund seiner Wettbewerbsposition möglich war, selbst einen Lizenzvertrag abzuschliessen und dafür eine Lizenzgebühr zu erheben³³⁰. Dies wird oft bei Kennzeichensachverhalten der Fall sein³³¹.

In Bezug auf die **Höhe** der hypothetischen Lizenzgebühr kommt ein objektiver Massstab zur Anwendung, d.h. man stellt auf dasjenige ab, was vernünftige Parteien in derselben Position vereinbart hätten³³². Im Sinne einer **Faustregel** kann von **5–10% des Nettoverkaufspreises** ausgegangen werden (Stücklizenz)³³³. 146

Im Vordergrund steht somit die Anwendung der Lizenzanalogie bei **Verletzung von Mitbewerbern**. Bei Verletzung der Marktgegenseite (u.a. Konsumenten) passt sie – auch bei strikt abstrakter Anwendung – nicht. 147

Die Schadensberechnung nach der Lizenzanalogie ist dort von Vorteil, wo **entgangener Gewinn** entweder **kaum abschätzbar**³³⁴ oder bei strikt-konkreter Betrach- 148

---

³²⁹ So in BGer SMI 1991, 124, E. 4 («Überschrittene Vertretungsmacht»). Vgl. schon FISCHER, Schadensberechnung, 85 ff., und A. TROLLER, Immaterialgüterrecht II, 989 ff. (die Anwendung auf den Bereich der Fabrikationsgeheimnisse und des Ausstattungsschutzes betonend), ferner BAUDENBACHER/GLÖCKNER, Kommentar UWG, Art. 9 N 234 ff., PEDRAZZINI/PEDRAZZINI, UWG, § 14.46, R. VON BÜREN/MARBACH/DUCREY, Immaterialgüter- und Wettbewerbsrecht, N 967; vgl. zum ergänzenden Leistungsschutz durch das UWG Einleitung N 37 f. und Art. 2 N 96.

³³⁰ Vgl. die Beschränkung der Anwendbarkeit der Lizenzanalogie in BGE 132 III 379, 382 ff. («Milchschäumer»), auf Fälle, in denen ein Lizenzvertrag über das Schutzrecht hätte abgeschlossen werden können, was bei «klarer Ablehnung» der Lizenzerteilung durch die geschädigte Person im Voraus nicht der Fall sei, weil dann erstellt sei, dass keine Vermögenseinbusse eingetreten sei. Allerdings sollten an den Nachweis des Schadenseintritts auch dann keine überspannten Anforderungen gestellt werden, wenn ein Lizenzverhältnis erstellterweise ausgeschlossen war. Nur wenn die verletzte Person selbst überhaupt nicht in der Lage oder willens ist, ihre Leistung oder das Geheimnis gewerblich zu nutzen, dürfte auch der Schadenseintritt zu verneinen sein. Vgl. auch SPITZ, sic! 2007, 806 f., ähnlich wohl auch BAUDENBACHER/GLÖCKNER, Kommentar UWG, Art. 9 N 234, und A. TROLLER, Immaterialgüterrecht II, 988 f.; vgl. bspw. den Fall in BGH GRUR 1993, 55, 58 («Tschibo/Rolex II»), und BGH GRUR 2006, 143, 145 («Catwalk»; Geschmacksmusterrecht), sowie zum dt. Recht KÖHLER, Komm. dt. UWG, § 9 N 1.42 ff.; anders JENNY, Eingriffskondiktion, N 132 und Fn. 416 m.w.H.; vgl. zum Ganzen aus UWG-Sicht BAUDENBACHER/GLÖCKNER, Kommentar UWG, Art. 9 N 234 ff., und SPITZ, Haftung für Wettbewerbshandlungen, N 46 ff., sowie aus Sicht des Immaterialgüterrechts ROBERTO, sic! 2008, Sonderheft, 25, und WALTER, FS R.von Büren, 237 ff.

³³¹ Vgl. etwa BGer 4C.52/2007 sic! 2007, 754, E. 4.2./4.5 («Comcord»; MSchG-Fall), wo ein Betrag von CHF 5000.– für die vorübergehende Benützung der Marke «Comcord» zugesprochen wurde.

³³² FISCHER, Schadensberechnung, 88 ff., und BAUDENBACHER/GLÖCKNER, Kommentar UWG, Art. 9 N 236, treten dabei für eine Betrachtung ex post ein.

³³³ Zum Ganzen auch A. TROLLER, Immaterialgüterrecht II, 996, DAVID, SIWR I/2, 115 ff., FISCHER, Schadensberechnung, 99, und BAUDENBACHER/GLÖCKNER, Kommentar UWG, Art. 9 N 236. Bei Prestigeobjekten sind auch höhere Sätze denkbar, vgl. KÖHLER, Kommentar dt. UWG, § 9 N 1.43 m.w.H.

³³⁴ Vgl. z.B. den Fall in BGH GRUR 1990, 1008 ff. («Tschibo/Rolex II»).

tung **nur in geringer Höhe** entstanden ist[335], ferner wenn der Verletzer **neue Märkte erschliesst** (bspw. bei Pirateriewaren)[336]. In solchen Fällen kann jedoch ein Gewinnherausgabeanspruch mindestens ebenso zielführend sein.

149 Aus **präventiver Sicht** ist anzumerken, dass die Anwendung dieser Methode potentielle Verletzer kaum abschreckt, da schlimmstenfalls nur eine – eigentlich sowieso geschuldete – Lizenzgebühr zu bezahlen und bspw. auf Zuschläge zu verzichten ist[337].

ccc) Indizweises Abstellen auf den Verletzergewinn

150 Die Schadensberechnung nach dem **Verletzergewinn als Indiz** ist im Rahmen der Schadensschätzung gemäss Art. 42 Abs. 2 OR dann denkbar, wenn im Sinne eines Analogieschlusses gemutmasst werden kann, es wäre dem Verletzten wohl möglich gewesen, den gleichen Gewinn wie der Verletzer zu erzielen, und der Verletzergewinn mit dem eingetretenen Schaden so korreliert, dass er zumindest als Indiz für dessen Umfang geeignet erscheint[338]. Während die Anwendung dieser Methode bei Schutzrechtsverletzungen im Immaterialgüterrecht unter vergleichbar positionierten Mitbewerbern naheliegt[339], ist ihre Relevanz im UWG fraglich. Im Vordergrund stehen Tatbestände des ergänzenden lauterkeitsrechtlichen Leistungs-

---

[335] So in BGer 4C.52/2007 sic! 2007, 754, E. 4 («Comcord»; MSchG-Fall). Gerade in einem so gelagerten Fall ist die Anwendung der Lizenzanalogie als Schadensberechnungsmethode aber diskutabel. Naheliegender ist die dogmatische Verortung der Lizenzanalogie bei der Gewinnherausgabe – allenfalls im Rahmen der Figur der Verlustersparnis (eingesparte Lizenzgebühr) – oder beim Bereicherungsrecht (Figur der Eingriffskondiktion); dazu JENNY, Eingriffskondiktion, N 594 ff.

[336] Dazu DAVID, SIWR I/2, 115.

[337] Ebenso krit. DAVID, SIWR I/2, und BAUDENBACHER/GLÖCKNER, Kommentar UWG, Art. 9 N 234 je m.w.H.

[338] Vgl. HGer BE SMI 1991, 234, E. 5 («Kopulierende Krokodile»), OGer BE sic! 2008, 101, E. III.5 («Lounge Chair»; URG-Straffall), KGer FR SJZ 1969, 297 (gemäss Hinweis bei PEDRAZZINI/PEDRAZZINI, UWG, § 14.46), BGer 4C.163/2000 sic! 2001, 330, E. 6b («Kantenanleimmaschine»; in casu Anwendung abgelehnt), HGer ZH sic! 2001, 41, E. VI.2.2 («70 000 mal günstiger II»), und OGer LU SMI 1994, 318, E. 3f («Louis Vuitton III»). Zur indizweisen Berücksichtigung des Verletzergewinns im UWG schon FISCHER, Schadensberechnung, 106 ff. (in Form der Herausgabe des Verletzergewinns); ferner BAUDENBACHER/GLÖCKNER, Kommentar UWG, Art. 9 N 237, PEDRAZZINI/PEDRAZZINI, UWG, § 14.46, DAVID, SIWR I/2, 116, SPITZ, Haftung für Wettbewerbshandlungen, N 49 ff., und zum dt. Recht, wo im Rahmen des Schadenersatzanspruches der Verletzergewinn beansprucht werden kann, BGH GRUR 2007, 431, E. 21 («Steckverbindergehäuse»), sowie KÖHLER, Kommentar dt. UWG, § 9 N 1.45 ff. m.w.H.

[339] Dies gilt namentlich dann, wenn das Schutzrecht die Leistung oder Ware im Wesentlichen ausmacht und weniger bei Kennzeichensachverhalten. Vgl. bspw. den Fall in BGer 4C.98/2004 sic! 2005, 215, E. 2 («Textilfarben»; PatG-Fall).

schutzes[340]. Ferner ist die Methode auf Sachverhalte beschränkt, in denen **Schädiger und Geschädigter in vergleichbarer Wettbewerbsposition** stehen, also bspw. über eine ähnliche Geschäftstüchtigkeit und ähnliche Strukturen verfügen[341]. Dann wird es dem Geschädigten von seinen Anlagen, seiner Erfahrung und seinen Möglichkeiten und Kapazitäten her am ehesten möglich sein, den in Frage stehenden Gewinn auch selbst zu erzielen[342].

Im Vordergrund steht somit auch hier die Anwendung bei Mitbewerberschädigung und daraus folgend die Einschränkung der **Aktivlegitimation** auf **Mitbewerber** – für Endabnehmer (u.a. Konsumenten) muss sie eher entfallen. 151

Die **praktische Bedeutung** der Methode dürfte **gering** sein, da mit dem Anspruch auf Gewinnherausgabe regelmässig gleich viel oder mehr erlangt werden kann. 152

ee) Schadensbemessung

Die Bemessung des Schadenersatzes erfolgt nach allgemeinen Grundsätzen (Art. 43 f. OR). Die **Reduktionsmöglichkeit** des Art. 43 Abs. 1 OR **bei leichter Fahrlässigkeit** ist heute **in der Praxis irrelevant**[343]. 153

Auf den Schaden anzurechnen sind in Anwendung der Figur der **Vorteilsausgleichung** Vorteile, die kausal auf der Schädigung beruhen (bspw. Mitleidskäufe/Käufe wegen Publizität). Denkbar sind ferner Fälle, in denen die geschädigte Person den **Schaden** bewusst oder unbewusst **auf die Marktgegenseite abwälzen** konnte, bspw. bei unrichtigen oder irreführenden Angaben auf Waren[344]. Es fragt sich, ob dies im Rahmen einer Vorteilsausgleichung zu berücksichtigen ist. Die Frage wird unter dem Stichwort «passing-on Defence» im Kartellrecht vertieft diskutiert, wo 154

---

[340] So etwa in BGer 4C.163/2000 sic! 2001, 330, E. 6 («Kantenanleimmaschine»; Anwendung in casu jedoch abgelehnt; im vorinstanzlichen Entscheid HGer BE vom 18.01.2000 [Nr. 8369], E. IV. 3, wurde der Verletzergewinn bei der Schadensberechnung noch mitberücksichtigt).

[341] Es gibt keinen Erfahrungssatz, dass der entgangene Gewinn gerade dem Gewinn der unlauter handelnden Person entspricht – die Umsatz- und Gewinnentwicklung kann nur ein Anhaltspunkt, nicht aber alleinige Berechnungsgrundlage sein, vgl. HGer ZH sic! 2001, 41, E. VI.2.2 («70 000 mal günstiger II»).

[342] Dieser Einwand bzw. diese Relativierung unterscheidet diese Methode von der Gewinnherausgabe, bei der gerade nicht zu prüfen ist, ob der Verletzte den gleichen Gewinn wie der Verletzer hätte erzielen können, vgl. N 197 ff. und BGer SMI 1991, 124, E. 4 («Überschrittene Vertretungsmacht»), BGE 97 II 169, 176 ff. («Indomethacin»), sowie BGE 98 II 325, 333 (beide zum PatG).

[343] Anstelle vieler ROBERTO, Haftpflichtrecht, N 846 ff., und SCHWENZER, OR AT, N 16.02 f. je m.w.Nw. Vgl. aber noch BGE 36 II 598, 602, BGE 79 II 409, 423 («Lux-Seife»), und AppGer BS BJM 1968, 32, E. 4c (schweres Verschulden berücksichtigt).

[344] Vgl. bspw. BGer 6P.140/2005 («Champagner-Etiketten II»), wo Schaumwein (Sekt) in Verletzung von Art. 64 Abs. 2 MSchG als «Champagner» verkauft wurde, was auch i.S.v. Art. 3 lit. b unlauter ist.

sie grosse Praxisrelevanz aufweist[345]. Soweit die Abwälzung nicht auf eigenen Bemühungen, besonderer Verkaufstüchtigkeit oder speziellen Verkaufskanälen beruht und im Fall, dass die Abwälzung unbewusst erfolgte, dürfte der Einwand im UWG jedoch irrelevant sein[346].

155   Möglich ist die Reduktion des Schadenersatzes bei Verletzung der Obliegenheit zur **Schadensminderung**[347]. Allerdings ist der Verletzte nach Kenntnisnahme der Verletzungshandlung nicht gehalten, diese per Abmahnung oder auf dem Weg des vorsorglichen Rechtsschutzes sofort zu unterbinden[348]. Er kann vielmehr zuwarten und Schadenersatz erst nach erfolgreicher Unterbindung der Verletzungshandlungen geltend machen – mindestens solange nicht eine Duldung vorliegt, die verletzerseitig «vertrauensbegründend» wirkt[349]. Die Schadensminderungsobliegenheit findet ferner ihre Grenze an der Zumutbarkeit[350].

b)   Unlauterkeit (Widerrechtlichkeit)

156   Der Schadenersatzanspruch setzt **unlauteren Wettbewerb i.S.v. Art. 2–8** voraus. Wer unlauter handelt, handelt widerrechtlich (Art. 2). Der Verweis in Art. 9 Abs. 3 auf das OR (Art. 41 ff. OR) stellt einen Rechtsgrundverweis dar, d.h., es erfolgt eine Begründung des Anspruchs über Art. 41 Abs. 1 OR (Schutzgesetzhaftung). Oft kann schon der Nachweis unlauteren Verhaltens schwierig zu erbringen

---

[345] Dazu R. VON BÜREN, SJZ 2007, 192 ff., T. MÜLLER, Passing-on Defense, 274 ff., sowie SPITZ, Jusletter vom 9. Oktober 2006, N 82 ff.

[346] Vgl. den Fall in BGer 6P. 140/2005, E. 5 («Champagner-Etiketten II»). Ist die geschädigte Person Vertragspartner des Verletzers, steht ihr der Weg der Vertragsklage offen. Allgemein zur Urteilsausgleichung ROBERTO, Haftpflichtrecht, N 784 ff., und SCHWENZER, OR AT, N 15.11 ff.

[347] Dazu allgemein ROBERTO, Haftpflichtrecht, N 797 ff., und UWG-spezifisch SPITZ, sic! 2007, 805 f.

[348] In BGer 4C.377/2002 sic! 2003, 822, 4.2 («T-online/tonline.ch»), wurde die Tatsache nicht sofortigen Einschreitens von der Vorinstanz (CdJ GE) aber offenbar haftungsmindernd berücksichtigt.

[349] Vgl. BGE 127 III 357, 364 (zum Auftragsrecht). So wohl auch DAVID/JACOBS, Wettbewerbsrecht, N 762, anders wohl CdJ GE sic! 2000, 596, E. 7 («Crazy Horse/Crazy Horse Paradise») und B. VON BÜREN, Kommentar UWG, Art. 2 N 29. Erscheint das Zuwarten als stossend, ist dies unter dem Aspekt der Schadensminderungsobliegenheit zu berücksichtigen. Zudem kann dem Anspruch immer noch die Rechtsmissbrauchseinrede (Art. 2 Abs. 2 ZGB) entgegengehalten werden.

[350] Vgl. BGer 4C.141/2002 sic! 2003, 438, E. 5.2 («djbobo.ch»), wo der Verletzte (DJ Bobo) nicht gehalten war, sich an der «usurpierten» Domain zu beteiligen, und BGer 4C.225/2006 sic! 2007, 215, E. 3 («Yellowworld II»), wo die Eintreibung der an sich vertraglich geschilderten Entgelte als unzumutbar bezeichnet wurde, da kaum Aussicht auf einen Prozessgewinn bestand (dazu kritisch SPITZ, sic! 2007, 797 Fn. 15); zur Schadensminderungsobliegenheit auch allgemein SCHWENZER, OR AT, N 16.14 ff., sowie UWG-spezifisch SPITZ, Haftung für Wettbewerbshandlungen, N 56 f. sowie sic! 2007, 805 f.

sein³⁵¹. Wurde das in Frage stehende Verhalten vom Verletzten genehmigt, so kann kein Ersatz geltend gemacht werden³⁵².

c) **Kausalzusammenhang**

Der Schaden muss **kausal-adäquat** auf dem unlauteren Wettbewerb beruhen³⁵³. 157

Der **Beweis** der natürlichen Kausalität kann **schwierig** sein³⁵⁴. Oft ist unklar, ob das unlautere Verhalten überhaupt einen Schaden verursacht hat und ob dieser bei der klagenden Person angefallen ist. Hier kommt Art. 42 Abs. 2 OR entgegen, der die Bejahung des Schadenseintritts erlaubt, wenn «sich genügend Anhaltspunkte ergeben, die geeignet sind, auf seinen Eintritt zu schliessen, wobei sich dieser Schluss mit einer gewissen Überzeugungskraft aufdrängen» muss bzw., es muss der Schadenseintritt als **«annähernd sicher»** erscheinen³⁵⁵. Erfolgt das unlautere Verhalten bspw. vor Markteintritt des verletzten Konkurrenten, wird oft die Kausalität fehlen³⁵⁶ – diesfalls können ggf. negatorische Ansprüche hilfreich sein. 158

Die **Adäquanz** stellt eine wertungsmässige Eingrenzung dar. Ihre Prüfung wird **regelmässig problemlos** sein³⁵⁷. Sie kann als Rechtsfrage auch im Verfahren der Beschwerde in Zivilsachen frei überprüft werden und dürfte bei UWG-Sachver- 159

---

³⁵¹ Vgl. bspw. den Fall in BGer 4C.414/2006 sic! 2007, 660 ff. («Reinigungs- und Polierstein»), wo u.a. der Beweis erbracht werden musste, dass das beklagtische Produkt in einer bestimmten, dem klägerischen Produkt ähnlichen Aufmachung zu einem bestimmten Zeitpunkt (in casu nach Erlass eines Beseitigungsbefehls) noch vertrieben wurde.

³⁵² Vgl. bspw. BAUDENBACHER/GLÖCKNER, Kommentar UWG, Art. 9 N 192. Vgl. auch BGer SMI 1991, 124, E. 3b («Überschrittene Vertretungsmacht»), BGer SMI 1996, 241, E. 5a («Silhouette»), und KGer GR vom 06.06.2006 (ZFE 05 4), E. 5b («Formel 1 Wandkalender»).

³⁵³ Anstelle vieler BAUDENBACHER/GLÖCKNER, Kommentar UWG, Art. 9 N 194 f., und SCHWENZER, OR AT, N 19.01 ff.

³⁵⁴ Exemplarisch BGE 133 III 153 ff. («Patty Schnyders Vater»; Persönlichkeitsrecht).

³⁵⁵ Vgl. BGE 132 III 379, 381, 122 III 219, 221 f. («Spinnerei an der Lorze/Jean Frey-Verlag»), BGer 4C. 439/1998, E. 2a («70 000 mal günstiger III»), und 4C.52/2007 sic! 2007, 754, E. 3.3 («Comcord»; MSchG-Fall), wo im relevanten Bereich keine Marktaktivitäten der Schutzrechtsinhabers aktenkundig waren. Zur Bejahung der Kausalität gestützt auf Wahrscheinlichkeitsschlüsse, wenn ein direkter Beweis nach der Natur der Sache nicht geführt werden kann, auch BGE 107 II 269, 273, 113 Ib 420, 424, 115 II 440, 449, und 119 Ib 334, 342 ff. In BGE 133 III 153 ff. («Patty Schnyders Vater»; Persönlichkeitsrecht) wurde die Frage der natürlichen Kausalität gar nicht erörtert (dazu bspw. RÜETSCHI, sic! 2007, 442).

³⁵⁶ Vgl. bspw. BGer 4C.369/1999, E. 2c («Schmiermittel III»), und BGer 4C.52/2007 sic! 2007, 754, E. 4.4 («Comcord»).

³⁵⁷ Vgl. bspw. BGer 4C.84/1999 sic! 2000, 644, E. 3a («Lernstudio»).

halten oft zu bejahen sein. In der Praxis wird das Schwergewicht der Kausalitätsprüfung bisweilen auf die Adäquanz verlagert[358].

160 Kosten bzw. Einbussen, die ohnehin, d.h. auch ohne unlauteres Verhalten angefallen wären (**Ohnehin-Kosten**), fallen mangels Kausalität ausser Betracht. Dies betrifft bspw. allgemeine Überwachungskosten[359], die Fixkosten beim entgangenen Gewinn[360] und je nachdem die Lohnkosten von Arbeitnehmern im Rahmen von Marktentwirrungsmassnahmen[361].

161 Kosten bzw. Einbussen, die auch dann (ganz oder verringert; Letzteres im Rahmen der Schadensberechnung zu berücksichtigen) angefallen bzw. erzielt worden wären, wenn sich der **Verletzer rechtmässig verhalten** hätte, fallen ausser Betracht (vgl. bspw. Art. 55 Abs. 1 i.f. OR). Für das Alternativszenario ist der Verletzer beweispflichtig[362].

162 **Haftungsbegründende** und **haftungsausfüllende Kausalität** sind grds. zu unterscheiden, wobei die Abgrenzung schwierig sein kann[363]. Letztere ist im Rahmen der Faktorenanalyse bei der Schadensberechnung zu prüfen, N 127 ff.

d) Verschulden

163 Schadenersatz setzt Verschulden voraus, wobei gemäss den allgemeinen Regeln (Art. 41 ff. OR) **leichte Fahrlässigkeit genügt** und ein objektivierter Fahrlässigkeitsbegriff gilt. Für die Annahme von Fahrlässigkeit genügt dabei schon ein Mangel an der unter den gegebenen Umständen erforderlichen Sorgfalt[364]. Art und Bedeutung der durch das unlautere Verhalten bewirkten Folgen müssen voraussehbar sein.

164 Bei (reinen Vermögens-)Schäden im Bereich des gewerblichen Rechtsschutzes dürfte der **äussere Erfolg** eines bestimmten Verhaltens **stets beabsichtigt** sein, während ungewiss sein kann, ob gegen die Grundsätze von Treu und Glauben im

---

[358] Instruktiv BGer 4C.84/1999 sic! 2000, 644 («Fitnessstudio»), wo die in Frage stehenden Äusserungen lediglich dazu führten, dass die Adressaten ihre Marktposition anders einschätzten und neue Forderungen stellten. Vgl. auch BGE 122 III 219, 224 f. («Spinnerei an der Lorze/Jean Frey-Verlag»), sowie BGE 83 II 154, 159 und 164 ff. («Blumenhalter»), und BGE 79 II 392, 399. Zur Problematik auch BAUDENBACHER/GLÖCKNER, Kommentar UWG, Art. 9 N 195.
[359] Dazu auch N 123 (Verletzerzuschlag).
[360] Dazu N 133.
[361] Dazu N 121.
[362] Dazu allgemein ROBERTO, Haftpflichtrecht, N 169 ff., SCHWENZER, OR AT, N 21.07, KRAMER, ZBJV 1987, 298 ff., und UWG-spezifisch SPITZ, sic! 2007, 800 f. m.w.H.
[363] Vgl. bspw. in BGer 4C.52/2007 sic! 2007, 754 ff. («Comcord»; MSchG-Fall). Zum Ganzen auch BAUDENBACHER/GLÖCKNER, Kommentar UWG, Art. 9 N 195.
[364] Vgl. BGer 4C.388/1997, sic! 1999, 156, E. 6 («Kamov»), und anstelle vieler SCHWENZER, OR AT, N 22.01 ff., sowie BSK-SCHNYDER, Art. 41 OR N 50.

Wettbewerb verstossen wird bzw. ein Eingriff in eine fremde (vom UWG reflexmässig gewährte) Schutzsphäre erfolgt³⁶⁵.

Wer **gewerblich** am Markt auftritt, hat gegenüber dem sporadisch Auftretenden erhöhte Sorgfaltspflichten³⁶⁶. An **Grossunternehmen** werden gewöhnlich strengere Massstäbe angelegt als an Kleinunternehmen, und dem Hersteller obliegen oft weiter gehende Sorgfaltspflichten als einem Händler³⁶⁷. 165

Bei juristischen Personen erfolgt eine **Wissenszurechnung** («Wissensvertretung») von den Organen auf die juristische Person (Art. 55 Abs. 2 ZGB). Dasselbe gilt auch für qualifizierte Hilfspersonen, mindestens im Rahmen ihrer Zuständigkeit³⁶⁸. 166

Die Bejahung von Verschulden in Form des Eventualvorsatzes liegt insbesondere nach **gerichtlichem Verbot** eines bestimmten Verhaltens³⁶⁹ oder nach erfolgter **Abmahnung** (Verwarnung) nahe³⁷⁰. 167

Bezieht sich das unlautere Verhalten auf immaterialgüterrechtlich geschützte Leistungen etc., ist zu differenzieren. So ist bei **Kennzeichen stets mit Kollisionen zu rechnen,** was mit Bezug auf in schweizerischen Registern eingetragene und damit leicht ersichtliche Marken oder Firmen eine eigentliche **Nachforschungsobliegenheit** nach sich zieht³⁷¹. Dass es schwierig ist, überhaupt geeignete freie Kennzeichen zu finden, entschuldigt nicht³⁷². Dasselbe gilt, wenn auf den fraglichen Leistungen etc. **Schutzrechtsvermerke** (©, ®, Mod. dep., Patentzeichen mit Schweizerkreuz und Patentnummer etc.) angebracht sind³⁷³. Etwas anders präsentiert sich die Situation bei älteren Patenten und Designs, wenn Schutzrechtsvermerke fehlen³⁷⁴. 168

---

³⁶⁵ A. TROLLER, Immaterialgüterrecht II, 979 und 986. Zum Irrtum über die Rechtslage N 171.
³⁶⁶ PEDRAZZINI/PEDRAZZINI, UWG, § 14.49.
³⁶⁷ Dazu schon A. TROLLER, Immaterialgüterrecht II, 979 ff., und DAVID, SIWR I/2, 110.
³⁶⁸ BGE 109 II 338, 341 ff. («BBC/PPC»; betr. Bösgläubigkeit bei einem Verwirkungssachverhalt) und BGer 4A.10/2006 sic! 2006, 868, E. 2.1 («Computereingabe-Fehler»; PatG-Fall).
³⁶⁹ Vgl. BGer 4C.141/2002 sic! 2003, 438, E. 5 («www.djbobo.ch»), und BGer 4A_185/2007 sic! 2008, 147, E. 6.2.2 («SOS Serrruriers»; zu Art. 50 Abs. 1 OR). Bei «Umgehungen» kann je nach den Umständen ein Eventualvorsatz vorliegen, dazu N 66 oben.
³⁷⁰ Vgl. BGer 4C.141/2002 sic! 2003, 438, E. 5 («www.djbobo.ch»). Dazu auch Vor Art. 12–15 N 58 ff.
³⁷¹ Dazu schon A. TROLLER, Immaterialgüterrecht II, 983 ff., vgl. auch BAUDENBACHER/GLÖCKNER, Kommentar UWG, Art. 9 N 201. Vgl. http://www.zefix.ch, zur Firmenrecherche (Dateien der Handelsregisterämter) und http://www.swissreg.ch für Markenrecherchen (Schweiz) sowie http://www.wipo.int/madrid/en/services/madrid_express.htm (internationale Markendatenbank der WIPO). Daneben bieten auch private Unternehmen oder Anwaltskanzleien sowie das IGE Markenrecherchen an.
³⁷² So schon 1957 B. VON BÜREN, Kommentar UWG, Art. 2 N 19, und BGE 73 II 57, 63 («Mido»).
³⁷³ Dazu vertiefend DAVID, SIWR I/2, 109 f. m.w.H., und STAUB, Komm. MSchG, Art. 55 MSchG N 94. Das Zeichen TM gibt jedoch keinen Hinweis auf eine Markenregistrierung.
³⁷⁴ DAVID, SIWR I/2, 110, A. TROLLER, Immaterialgüterrecht II, 983 ff.

169 Bei Sachverhalten, die nur unter die **Generalklausel** (Art. 2) fallen, nicht aber von Art. 3–8 erfasst werden, dürfte Verschulden weniger schnell zu bejahen sein[375].

170 Ein **Irrtum** über den **Sachverhalt** (Tatbestandsirrtum) kann das Verschulden und damit die Haftung auf Schadenersatz theoretisch zwar entfallen lassen. Dies dürfte aber **nur selten** zu bejahen sein, da Verschulden schon bei Fahrlässigkeit anzunehmen ist und ein Irrtum über ein Sachverhaltselement kaum je völlig unvorhersehbar sein dürfte[376].

171 Wenn der Verletzer die Rechtswidrigkeit seines Verhaltens nicht erkannt hat, kann ihn in Ausnahmefällen der **Irrtum über** die **Rechtslage** von der Haftung befreien[377].

172 Im Rahmen der **Geschäftsherrenhaftung** kommt **Art. 55 OR** zur Anwendung, wonach der Geschäftsherr[378] für das **Verhalten** seiner **Hilfspersonen** unabhängig von deren oder seinem eigenen Verschulden haftet, soweit er nicht den Exzeptionsbeweis erbringt[379].

---

[375] Ob Verschulden generell bei Vorliegen der Tatbestände in Art. 3–8 «vermutungsweise» angenommen werden kann, ist eher abzulehnen, so aber zum alten Recht (Art. 1 Abs. 2 lit. a–k aUWG 1943) A. TROLLER, Immaterialgüterrecht II, 986.

[376] Vgl. BAUDENBACHER/GLÖCKNER, Kommentar UWG, Art. 9 N 200 f., SPITZ, Haftung für Wettbewerbshandlungen, N 74, und allgemein (vorwiegend zum Vertrags- bzw. Willensmangelrecht) WOLF, Rechtsirrtum, insbes. 10 ff. (Sachverhaltsirrtum), 4 und 66 ff. (Rechtsirrtum). Ein Sachverhaltsirrtum ist bspw. denkbar über Wettbewerbsparameter, die Richtigkeit von Tatsachen, die Irreführungseignung von Angaben oder Äusserungen, den Eindruck der Durchschnittsadressaten oder die Verkehrsdurchsetzung von Kennzeichen.

[377] Dazu näher A. TROLLER, Immaterialgüterrecht II, 980 f., BAUDENBACHER/GLÖCKNER, Kommentar UWG, Art. 9 N 200 ff., und SPITZ, Haftung für Wettbewerbshandlungen, N 73. Ist die Rechtslage ungewiss, darf nicht nach der günstigeren Variante gehandelt werden. Dies gilt im Besonderen auch für Marktteilnehmer, die sich an der Grenze des im Konkurrenzkampf Zulässigen bewegen. Das Verschulden kann entfallen, wenn zur Annahme der Unlauterkeit des in Frage stehenden Verhaltens keine Anhaltspunkte bestanden, etwa bei lege artis erteiltem Rat durch juristische Experten bei fehlender Sachkunde (es kommen in praxi wohl nur «unvorhersehbare» Praxisänderungen oder eigentliche Lückenfüllungen im Rahmen der Anwendung der Generalklausel in Frage) oder wenn der Schädiger nachweist, dass er «die Rechtslage nach erfolgter Warnung ganz besonders sorgfältig geprüft hat und zur ehrlichen Überzeugung kommen durfte, dass die Warnung unbegründet war» (BGer 4C.141/2002 sic! 2003, 438, E. 5.1 [«www.djbobo.ch»]); vgl. auch BGer 4C.388/1997, sic! 1999, 156, E. 6 («Kamov»), BGE 105 II 209, 212, BGE 82 II 308, 317 f., BGE 39 II 129, 133, sowie auch BGE 92 IV 70, 73 f. (StGB).

[378] In der UWG-Praxis wird dies meist eine juristische Person sein (als Unternehmensträger), vgl. Art. 11 N 7.

[379] Dazu BGE 110 II 456, 460 ff., HGer SG SJZ 2000 Nr. 30, E. c (Redaktor eines Zeitungsverlags in casu aber als faktisches Organ betrachtet), sowie BAUDENBACHER/GLÖCKNER, Kommentar UWG, Art. 9 N 203, und BK-BREHM, Art. 55 OR N 45 ff.

e) Schadenersatzanspruch bei Schuldnermehrheit

Im Rahmen von **Art. 50 Abs. 1 OR** besteht eine Solidarhaftung gemäss Art. 143 Abs. 2 OR von (Mit-)Tätern, Anstiftern und Gehilfen. Vorausgesetzt ist eine gemeinsame Verursachung und ein gemeinsames Verschulden, d.h. ein **schuldhaftes bewusstes Zusammenwirken**, wobei es auf die Beteiligungsform nicht ankommt. Es genügt, dass ein Haftpflichtiger um die Teilnahme eines anderen bei Anwendung der gebotenen Sorgfalt wissen kann. Eine Absprache oder die Kenntnis des Tatbeitrags der anderen ist nicht vorausgesetzt[380]. 173

Im Sinne eines «rechtlich gemeinsamen Verschuldens» gilt dies auch im **Verhältnis juristische Person und Organ**[381]. Das Bestehen eines Vertragsverhältnisses (bspw. Vertriebsvertrag) mit dem Verletzer oder die Tatsache, Teil einer Absatzkette etc. mit dem Verletzer zu sein, reicht dafür per se noch nicht aus, da sich das Bewusstsein auch auf die Unlauterkeit beziehen muss. Liegt dieses jedoch vor, ist jedes Mitglied der Verletzerkette solidarisch haftbar[382]. 174

f) Schadenersatzanspruch bei Gläubigermehrheit

Nur wer **eigenen Schaden** erlitten hat, ist ersatzberechtigt. In Fällen, in denen mehrere Personen geschädigt sind, kann ein jeder nur seinen eigenen Schaden liquidieren, weshalb die Gefahr einer Mehrfachverfolgung nicht bestehen dürfte[383]. 175

Sammelklagen (class-actions) sind dem schweizerischen Recht fremd[384]. Immerhin ermöglichen Prozess- und Organisationsrecht die Zusammenfassung gleichgelagerter Klagen[385]. Ein grosses Problem sind **Durchsetzungsdefizite bei Streuschäden,** 176

---

[380] BGer 4A_185/2007 sic! 2008, 147, E. 6.2 («SOS Serrruriers»; Verhältnis AG/Buchhalter), BGer 4C.85/2003, E. 8.2.2, BGE 115 II 42, 45 f., BGE 104 II 184, 187, BGE 104 II 225, 230 ff., und BGE 90 II 501, 508 f. (Fall eines Boykotts), dazu näher anstelle vieler BK-BREHM, Art. 50 OR N 7 ff., und BSK-SCHNYDER, Art. 50 OR N 1 ff., m.w.H., vgl. auch KÜTTEL, HAVE 2008, 320 ff., und SPITZ, Haftung für Wettbewerbshandlungen, N 95 f.; vgl. zu den verschiedenen Teilnahmeformen N 33 sowie BGE 129 III 588, 590 ff. («Schiffchen-Stickmaschine»; PatG-Fall), HESS-BLUMER, sic! 2003, 95 ff. (Immaterialgüterrecht), und BK-BREHM, Art. 50 OR N 22 ff. (allgemein) m.w.H.

[381] BK-BREHM, Art. 50 OR N 21, vgl. BGer 4A_185/2007, sic! 2008, 147, E. 6.2 («SOS Serruriers»).

[382] A. TROLLER, Immaterialgüterrecht II, 985. Ausreichend zur Bejahung einer Haftung kann bspw. ein auffallend günstiger Preis sein (Pirateriewähre).

[383] Vgl. zur Gefahr der Mehrfachverfolgung näher BAUDENBACHER/GLÖCKNER, Kommentar UWG, Art. 10 N 44 f.

[384] Anders die Rechtslage in den USA sowie teilweise im europäischen Ausland, vgl. SPITZ, Jusletter vom 9. Oktober 2006, N 135, sowie GORDON-VRBA, Vielparteienprozesse, 12 ff. und 87 ff.

[385] Vgl. bspw. Art. 36 Abs. 2 GestG (Verfahrenszusammenlegung bei aktiver Streitgenossenschaft) sowie zukünftig Art. 71 ZPO-CH, dazu Vor Art. 12–15 N 10 und 18.

namentlich im Bagatellbereich[386]. Hier würde sich de lege ferenda eine Abschöpfungsmöglichkeit durch den Bund oder Verbände (ggf. mit Abführungspflicht an den Staat) aufdrängen[387]. Immerhin können schon mit Musterklagen oder Abtretungslösungen Verbesserungen erzielt werden.

g) Weitere Aspekte

177 Neben der Restitution in Geld ist auch eine **Naturalrestitution** i.S.v. **Art. 43 Abs. 1 OR** denkbar. So wurde in Domainname-Fällen schon die **Übertragung** der **Domain** angeordnet[388].

178 Pro memoria ist auf **vertragliche**, UWG-unabhängige **Erfüllungsansprüche** hinzuweisen, die bspw. dann denkbar sind, wenn irreführende Angaben in der Werbung oder in Korrespondenzen zum Vertragsinhalt werden[389].

2. Anspruch auf Genugtuung

a) Allgemeines

179 Der in Art. 9 Abs. 3 aufgeführte und in Art. 49 OR seine Grundlage aufweisende **Genugtuungsanspruch** ist in der UWG-Praxis **kaum bedeutsam**[390].

---

[386] Dazu auch BAUDENBACHER/GLÖCKNER, Kommentar UWG, Art. 10 N 8.
[387] Dabei wären nicht nur der Verfall an den Staat, sondern auch Verteilmechanismen (bspw. sog. Fondslösungen) zugunsten der geschädigten Kunden denkbar. Vgl. etwa § 10 dt. UWG (UWG-Verbandsklage, Abführung des Gewinns nach Kostenabzug an Staat) oder § 34 GWB (subsidiäre Mehrerlösabschöpfung im Kartellrecht).
[388] BGer 4C.9/2002, sic! 2002, 860, E. 8 («luzern.ch III»; nicht publ. E. von BGE 128 III 401 ff.; Namensrecht), BGer 4C.377/2002, sic! 2003, 822, E. 2.3 und E. 3 («T-online/tonline.ch»), BGer 4C.341/2005 sic! 2007, 543, E. 5.5 («swiss-life.com» und «La-suisse.com»), sowie den Fall in BGer 4C.141/2002 sic! 2003, 438 (vgl. E. B, vorinstanzlicher Entscheid durch das KGer NW; «djbobo.ch»). Zur Thematik näher BURI, SIWR III/2, 388 ff., STAUB, Komm. MSchG, Art. 55 MSchG N 99, sowie BÜHLER/RÜETSCHI, FS Kramer, 1015 f. Art. 53 MSchG sieht bspw. explizit (nur) die Übertragung der Markeneintragung vom Usurpator auf den Berechtigten vor. Zur Abgrenzung vom verschuldensunabhängigen Beseitigungsanspruch N 71.
[389] So in Fällen von Gewinnankündigungen, vgl. BGer 4C.261/2001 AJP 2002, 845 ff., mit Anm. von D. RÜETSCHI, 847 ff. Vgl. auch Art. 3 PauRG zu Versprechungen in (Reise-)Prospekten. Zu postalisch versandten «Offiziellen Bekanntmachungen» mit dem Hinweis auf «Gewinnunterlagen» des Kurfürst-Versands KGer ZG SMI 1992, 343 ff. («Sweepstake»): Eine Erfüllungsklage aus Schenkungsversprechen wurde abgewiesen, da kein Anspruch i.S.v. Art. 9 und nur ein suspensiv bedingtes Schenkungsversprechen bezüglich CHF 25 000.– vorlag.
[390] Vgl. aber bspw. BGE 79 II 409 ff. («Lux»), OGer TG SMI 1987, 271, E. 7b («Elektronischer Lecksucher»), CdJ GE SMI 1985, 49 («Killy»), CJ GE SMI 1992, 363, E. 10 («Méthode Sogny») und neuerdings BGer 4A_341/2008 sic! 2009, 345, E. 4 («Steinkirche»; URG-Fall, Genugtuungs-

b) Voraussetzungen

180 Art. 9 Abs. 3 führt den Genugtuungsanspruch i.S. eines Rechtsgrundverweises auf. Vorausgesetzt ist somit neben unlauterem Verhalten i.s.v. Art. 2–8 das Vorliegen **seelischer Unbill** («tort morale»), wobei nur Einwirkungen **besonderer Schwere** erfasst werden[391]. Ebenso vorausgesetzt ist ein Kausalzusammenhang (natürliche und adäquate Kausalität) sowie Verschulden[392]. Der Anspruch steht grds. sowohl dem Mitbewerber wie auch der Marktgegenseite zu[393].

181 Denkbar ist die Ausrichtung einer Genugtuungszahlung somit v.a. in Fällen **schwerer, publikumswirksamer** unlauterer **Herabsetzungen** i.S.v. Art. 3 lit. a oder e[394], die in aller Regel gleichzeitig auch Persönlichkeitsverletzungen i.s.v. Art. 28 ZGB darstellen werden, oder bei **physischen Einwirkungen** i.S.v. Art. 2 (bspw. Wegstossen, Abdrängen, Unterdrucksetzung, Tätlichkeiten)[395]. Auch bei schwerwiegenden Verletzungen von Art. 3 lit. d (Produktepiraterie) kann eine Genugtuung angebracht sein[396].

c) Inhalt

182 Im Vordergrund steht die Ausrichtung einer **Geldzahlung**. Die Bestimmung der Höhe erfolgt in Würdigung aller Umstände des Einzelfalls, wobei Art und Umfang des unlauteren Verhaltens, Ausmass und Nachwirkung sowie die Schwere des Verschuldens zu berücksichtigen sind[397]. In der Praxis kommt auch die Zusprechung eines symbolischen Geldbetrags vor («symbolischer Franken»)[398].

---

anspruch in casu abgelehnt). Vgl. auch die Übersicht über die Rspr. bei DAVID/JACOBS, Wettbewerbsrecht, N 759.

[391] Anstelle vieler ROBERTO, Haftpflichtrecht, N 917 f., sowie zur beruflichen Kreditschädigung BK-BREHM, Art. 49 OR N 60, vgl. auch ZR 1993 Nr. 23, E. 5 («Bankier»), CA TI sic! 2002, E. 11 f. («Ticino: terra d'artisti»; URG-Fall), und die Botschaft Persönlichkeitsrecht, 637 ff. und 680 f.

[392] PEDRAZZINI/PEDRAZZINI, UWG, § 14.55. A.A. BAUDENBACHER/GLÖCKNER, Kommentar UWG, Art. 9 N 248.

[393] So auch PEDRAZZINI/PEDRAZZINI, UWG, § 14.57.

[394] Vgl. dazu auch Art. 3 lit. a N 70.

[395] Vgl. Art. 2 N 72 ff.

[396] Vgl. z.B. den Fall in BezGer Bischofzell SMI 1987, 271 («Elektronischer Lecksucher II», Nachbau eines technischen Geräts, Zusprechung einer Genugtuung von CHF 2500.– ex aequo et bono).

[397] Anstelle vieler BAUDENBACHER/GLÖCKNER, Kommentar UWG, Art. 9 N 253.

[398] De facto handelt es sich dabei um eine Feststellungsklage. In der Praxis wird manchmal auch die Auszahlung (Spende) des Genugtuungsbetrags zugunsten einer wohltätigen Organisation beantragt oder vergleichsweise vereinbart, vgl. DAVID, SIWR I/2, 119 f., sowie bspw. BGE 131 III 480 ff. («Zitatrecht»; Urheberpersönlichkeitsrecht) und BGE 106 II 92 ff. («Leserbrief»; Persönlichkeitsrecht).

d) Verhältnis zu anderen Ansprüchen

183 Oft wird der Verletzte **Genugtuung auf anderem Weg** besser und einfacher (Verschuldenserfordernis) als durch die Ausrichtung einer Geldzahlung erfahren können. Oft wird sie in Form der Urteilspublikation oder -mitteilung, einer Erklärung des Verletzers bzw. einer Berichtigung oder der blossen Feststellung auf geeignetere Weise erfolgen können (Art. 49 Abs. 2 OR)[399]. Insofern ist die Ausrichtung einer eigentlichen Genugtuungszahlung **subsidiär**.

3. Anspruch auf Herausgabe eines Gewinnes

a) Allgemeines

184 Art. 9 Abs. 3 führt neben dem Anspruch auf Schadenersatz und Genugtuung auch den Anspruch auf «Herausgabe eines Gewinnes nach den Regeln über die Geschäftsführung ohne Auftrag» auf. Unter dem aUWG 1943 bestand noch kein Gewinnherausgabeanspruch[400]. In Angleichung an den seit 1984 auch in Art. 28a Abs. 3 ZGB enthaltenen Gewinnherausgabeanspruch wurde im Rahmen der **Totalrevision des UWG 1986 neu** explizit ein Gewinnherausgabeanspruch eingefügt[401]. Auch in die zeitlich danach revidierten bzw. erlassenen immaterialgüterrechtlichen Spezialgesetze (URG, MSchG, DesG) fand er Eingang[402].

185 Der Gewinnherausgabeanspruch besteht **unabhängig vom Vorliegen** eines **Schadens,** also auch wenn dem Ansprecher kein Schaden erwachsen ist[403]. Insofern umschifft er die Beweisschwierigkeiten des Schadenersatzanspruchs[404]. Attraktiv ist er, wenn das unlautere Verhalten die Umsätze und damit den (entgangenen) Gewinn des Verletzers nicht oder nur in geringem Masse tangiert, weil bspw. neue Märkte erschlossen werden[405]. Vorausgesetzt ist jedoch die Verletzung in eigenen wirtschaftlichen Interessen (Art. 9 Abs. 1). Er kann **mit** dem Anspruch auf **Ersatz**

---

[399] Vgl. auch BAUDENBACHER/GLÖCKNER, Kommentar UWG, Art. 9 N 251, PEDRAZZINI/PEDRAZZINI, UWG, § 14.56, und DAVID, SIWR I/2, 121.
[400] Dazu näher N 3.
[401] In der Botschaft UWG 1983 wurde die Verstärkung des Leistungsschutzes betont (vgl. BBl 1983 II 1076). In den parlamentarischen Beratungen war sie völlig unbestritten und wurde mit dem Gleichlauf mit dem Persönlichkeitsrecht begründet, vgl. Votum LÜCHINGER, Amtl. Bull. NR 1985, 841 f.
[402] Art. 55 Abs. 2 MSchG (1992), Art. 62 Abs. 2 URG (1990) und Art. 35 Abs. 2 DesG (2002). Im Patentrecht ist die Gewinnherausgabe in Lehre und Rspr. seit langem anerkannt (anstelle vieler BGE 35 II 643, 660, und BGE 97 II 166, 176).
[403] Vgl. schon A. TROLLER, Immaterialgüterrecht II, 996 (zum Patent-, Muster- und Modell- sowie zum Urheberrecht).
[404] So DAVID, SIWR I/2, 111; allerdings sind Beweise oder zumindest Anhaltspunkte aus der Sphäre des Verletzers beizubringen, was ebenfalls mit Schwierigkeiten verbunden sein kann.
[405] So bspw. bei Pirateriewaren, vgl. N 130, vgl. auch DAVID, SIWR I/2, 117.

des **positiven Schadens** (bspw. Marktverwirrungsschaden; dazu N 121) **kombiniert** («Teilkumulation») werden, nicht jedoch mit dem funktionell gleichgelagerten Anspruch auf entgangenen Gewinn[406].

b) Bedeutung des Verweises auf das Recht der Geschäftsführung ohne Auftrag

Zunächst ist im Rahmen unlauteren Wettbewerbs davon auszugehen, dass als Gegenstand des Verweises regelmässig nur die unechte Geschäftsführung ohne Auftrag gemäss Art. 423 Abs. 1 OR, d.h. die **eigennützige Fremdgeschäftsführung** (auch als «Geschäftsanmassung» bezeichnet), in Frage kommt[407]. 186

Fraglich ist, ob der Verweis in Art. 9 Abs. 3 einen **Rechtsfolgeverweis** darstellt und ein Gewinn nur dann herauszugeben ist, wenn ein eigentliches **«Geschäft» des Verletzten** geführt wurde[408]. Ebenso ist fraglich, ob die Gewinnherausgabe voraussetzt, dass die klagende Person den fraglichen Gewinn selbst hätte erzielen können und ob der Anspruch **auf Mitbewerber eingeschränkt** ist (und ggf. zusätzlich ein «direktes» Konkurrenzverhältnis voraussetzt). 187

In Fällen des **ergänzenden lauterkeitsrechtlichen Leistungsschutzes und** bei **verwandten Tatbeständen**[409] liegt es zwar nahe, die Verwertung der verwechselbaren bzw. übernommenen Leistungen und Waren als Geschäft des Verletzten anzusehen. Allerdings weist das **UWG** gerade keine Positionen bzw. Verwertungsrechte zu – schon gar nicht ausschliesslich – und verleiht bzw. **schützt keine subjektiven Rechte**, sondern bezweckt im Gegenteil (und als «Schwestergesetz» zum KG) den unverfälschten Wettbewerb (Art. 2; funktionale Dimension) und verbietet unlauteres Verhalten. Der Leistungsschutz, der in den Fällen der Art. 5 und 6 besonders deutlich hervorsticht, ist aber immerhin Reflex des Verhaltensbezugs. Wenn ein Gut benützt wird, dessen Gebrauch auch nur indirekt dem Verletzten vorbehalten ist (faktische Exklusivität), spricht viel dafür, den Anspruch auf Gewinnherausgabe anzuerkennen[410]. Aus den **Materialien** ergibt sich zudem, dass in Fällen der Verlet- 188

---

[406] BGE 133 III 153, 156 f. («Patty Schnyders Vater»), und SPITZ, sic! 2007, 797 m.w.H.

[407] Anstelle vieler BAUDENBACHER/GLÖCKNER, Kommentar UWG, Art. 9 N 256 f. m.w.H. Die echte (fremdnützige) Geschäftsführung im Interesse des Geschäftsherrn gemäss Art. 419 ff. OR dürfte bei Sachverhalten unlauteren Wettbewerbs ausscheiden.

[408] Zu dieser Problematik näher SPITZ, sic! 2007, 807 f. m.w.H., ferner BAUDENBACHER/GLÖCKNER, Kommentar UWG, Art. 9 N 257 (Annahme eines originär eigenen Geschäfts), DAVID, SIWR I/2, 120 (Rechtsgrundverweis).

[409] Unlauterer Eingriff in absolute subjektive Rechte (Immaterialgüter-, Namens- und Firmenrechte) oder den sonstigen wettbewerblichen Besitzstand (Fabrikations- und Geschäftsgeheimnisse, Übernahme und Verwertung von Arbeitsergebnissen, Nachahmungen durch Schaffung einer Verwechslungsgefahr). Bejahend für Fabrikationsgeheimnisse A. TROLLER, Immaterialgüterrecht II, 996. Vgl. zum Ganzen auch ZK-SCHMID, Art. 423 OR N 58 ff.

[410] A. TROLLER, Immaterialgüterrecht II, 998 in Fn. 122.

zung von Art. 5 Gewinnherausgabeansprüche ermöglicht werden sollten[411]. Keine Schwierigkeiten ergeben sich, wenn man der vor allem auch im Bereicherungsrecht bedeutsamen **Rechtswidrigkeitstheorie** folgt, wonach eine Gewinnherausgabe schon bei blosser Verletzung einer den Verletzten schützenden Norm möglich ist[412]. Folgt man der **Zuweisungstheorie,** wonach die Gewinnherausgabe die exklusive Zuweisung einer Position an den Verletzten bedingt, wäre eine Gewinnherausgabe im UWG strikte besehen überhaupt unmöglich[413]. Dies wäre schon deshalb problematisch, da der **Verweis** in Art. 9 Abs. 3 diesfalls **leer liefe.**

189 **In anderen Fällen** unlauteren Verhaltens, so in Fällen unlauterer Herabsetzungen (Art. 3 lit. a), Irreführungen (Art. 3 lit. b) oder der Verleitung zum Vertragsbruch (Art. 4 und 4a) wird – selbst bei grosszügiger und UWG-spezifischer Betrachtung – nicht ein Geschäft des Verletzten geführt, sondern es werden dessen Geschäfte beeinträchtigt[414]. Eine **eigentliche Geschäftsführung** ist somit gar **nicht denkbar,** das Verletzerverhalten erschöpft sich in einem Verstoss. Dieser stellt zudem keine Verletzung einer dem Verletzten zugeordneten und vom UWG reflexmässig geschützten Wettbewerbsposition dar. Beim **Eingriff in fremde Vertragsverhältnisse** ist zu prüfen, ob mit der Behinderung in eine geschützte Rechtsposition eingegriffen wird, d.h., ob etwa die relative Position als Gläubiger eines vertraglichen Anspruchs auf Arbeitsleistung oder die gefestigte Aussicht auf Eintritt in eine Kundenbeziehung bereits eine solche Rechtsposition darstellen[415]. In den erwähnten Fällen ist es allerdings denkbar, dass der unlauter handelnde **Verletzer** gezielt auf Kosten eines anderen Wettbewerbsteilnehmers **einen Gewinn erzielt.** Die mittelbare Verletzung der wirtschaftlichen Interessen der klagenden Person kann insoweit zur Bejahung der Anspruchsberechtigung ausreichen. Die Ähnlichkeiten der Konstellation bei der Herabsetzung zur Lage im Persönlichkeitsrecht und namentlich zum **Fall «Patty Schnyders Vater»** (BGE 133 III 153 ff.), in dem es um eine Ehr-

---

[411] Botschaft UWG, 1076. Befürwortend auch A. TROLLER, Immaterialgüterrecht II, 997 f., im Falle dass Leistungen verwechselt werden, deren Benützung im Wettbewerb als Geschäft des Berechtigten gelten kann (vgl. BGE 86 II 270, 283 [aMSchG-Fall], sowie BAUDENBACHER/GLÖCKNER, Kommentar UWG, Art. 9 N 257).

[412] Zur Rechtswidrigkeitstheorie näher SCHLUEP, Mélanges Piotet, 187 ff. (Bereicherungsrecht), SCHMID, Geschäftsführung ohne Auftrag, N 744 ff., WEBER, ZSR 1992 I 350 (Bereicherungsrecht), sowie schon KOPPENSTEINER/KRAMER, Ungerechtfertigte Bereicherung, 72 ff. (im Bereicherungsrecht).

[413] Zur Zuweisungstheorie näher SCHLUEP, Mélanges Piotet, 187 ff. (Bereicherungsrecht), SCHMID, Geschäftsführung ohne Auftrag, N 744 ff., WEBER, ZSR 1992 I 349 (Bereicherungsrecht), sowie schon KOPPENSTEINER/KRAMER, Ungerechtfertigte Bereicherung, 75 ff. (im Bereicherungsrecht).

[414] A. TROLLER, Immaterialgüterrecht II, 998.

[415] Dies dürfte bei (vor-)vertraglich gesicherten Rechtspositionen ausnahmsweise möglich sein (vgl. Art. 2 N 70 ff.), nicht aber bei einer rein tatsächlichen Aussicht auf Erfolg im Wettbewerb. Vgl. den Überblick zu Fällen der Behinderung bei Art. 2 N 72 ff. Vgl. auch den Fall in BGer 4C.298/2005, E. 4, betreffend die Verletzung eines arbeitsvertraglichen Konkurrenzverbots.

verletzung durch den Sonntagsblick ging, liegen auf der Hand[416]. Was im Persönlichkeitsrecht gilt, kann auch im UWG Geltung beanspruchen, umso mehr als dass mit der Neueinfügung des Gewinnherausgabeanspruchs in das UWG im Rahmen der Totalrevision 1986 die Verletztenrechte gestärkt und ein Gleichlauf mit dem (1983 revidierten) Persönlichkeitsrecht erreicht werden sollte[417]. Zudem erscheint die «Kommerzialisierung» des wirtschaftlichen Ehrenschutzes über Art. 3 lit. a weit weniger problematisch als diejenige des gewöhnlichen Persönlichkeitsrechts. Ohnehin werden viele Fälle unlauterer Herabsetzungen gleichzeitig Persönlichkeitsverletzungen darstellen.

Demgegenüber **scheidet** eine **Gewinnherausgabe** dann **aus, wenn** das unlautere Verhalten **keine wirtschaftlichen Interessen der klagenden Person verletzt**, wenn es also weder in die reflexmässig geschützte Wettbewerbsposition eingreift noch gezielt gegen einen Mitbewerber gerichtet wird, also bspw. bei nicht auf die betriebliche Herkunft bezogenen Irreführungen i.S.v. Art. 3 lit. b oder anderen «ungezielten» Verstössen (Art. 3 lit. f–o), da hier eine Geschäftsführung bzw. Gewinnerzielung auf Kosten eines Wettbewerbsteilnehmers auch bei grosszügiger Betrachtung nicht ersichtlich ist. Ohnehin stellen sich selbst in Fällen, in denen unlauteres Verhalten gezielt gegen einen bzw. auf Kosten eines Wettbewerbsteilnehmers erfolgte, bei der Gewinnbestimmung schwierige Fragen (Kausalität, Beweis).

190

Welcher Meinung das BGer folgt, ist unklar. Im soweit ersichtlich einzigen UWG-spezifischen **Entscheid «Kantenanleimmaschine»** lehnte das BGer zwar einen Gewinnherausgabeanspruch im Rahmen von Art. 9 Abs. 3 ab, da die beklagte Person kein fremdes Geschäft geführt habe[418]. Allerdings kann daraus nichts abgeleitet werden, was gegen eine Qualifikation des Verweises als Rechtsfolgeverweis spricht, da es beim in Frage stehenden Verletzerverhalten gewöhnlich um ausservertragliche Sachverhalte geht.

191

---

[416] Der Verletzer führte nicht Vater Schnyders Geschäft. Ein Gewinnherausgabeanspruch wurde trotzdem bejaht. Allerdings liess das BGer dabei die Frage offen, ob es sich beim gleichlautenden Verweis in Art. 28a Abs. 3 ZGB auf die Gewinnherausgabe um einen Rechtsfolgeverweis handelt, und legte vielmehr das Erfordernis der Geschäftsführung weit aus. BGE 133 III 153, 158 f. Dies läuft auf die Annahme eines Rechtsgrundverweises hinaus. Dazu auch RÜETSCHI, sic! 2007, 440 ff., HAUSHEER/AEBI-MÜLLER, ZBJV 2007, 345 f., und WERRO, Mélanges Tercier, 499 f.

[417] Ähnlich DAVID, SIWR I/2, 121, und ZK-SCHMID, Art. 423 OR N 62 f., a.A. BAUDENBACHER/ GLÖCKNER, Kommentar UWG, Art. 9 N 257. Bemerkenswert ist der Fall «Patty Schnyders Vater» auch deshalb, als die II. Zivilabteilung bisher für ihre restriktive und eher «verletzerfreundliche» Haltung bekannt war (bspw. zur Feststellungsklage BGE 120 II 371, 373 f., demgegenüber die I. Zivilabteilung in BGE 123 III 354, 357 ff. [«Caritas-Studie»]). Offenbar fand aber kein Meinungsaustausch zwischen den beiden Abteilungen statt.

[418] BGer 4C.163/2000, sic! 2001, 330, E. 4 f. («Kantenanleimmaschine»). Der Sachverhalt betraf einen eher «untypischen» UWG-Fall, der auch die Verletzung vertraglicher Abmachungen beinhaltete, weshalb auch das geführte Geschäft (Verwertung einer gemeinsam erstellten Maschine nach Beendigung der Zusammenarbeit) nicht fremd war. Vgl. aber auch BGE 45 II 202, 207 ff. (zu Art. 48 aOR), und BGE 77 II 263, 269 f.

192 Andere kürzlich ergangene Entscheide zur Gewinnherausgabe betreffen das **Immaterialgüterrecht,** wo bei Schutzrechtsverletzungen eine Gewinnherausgabe durchwegs möglich ist[419]. Allerdings liegt es nahe, in der Verletzung eines immaterialgüterrechtlichen Schutzrechts eine unechte Geschäftsführung im eigenen Interesse («Geschäftsanmassung») zu sehen, sodass daraus für das grds. verhaltensbezogene UWG wenig abgeleitet werden kann, soweit über die Schutzrechtsverletzung hinaus kein UWG-relevantes Verhalten vorliegt.

193 Im Übrigen stellt sich die **gleiche Problematik im Kartellrecht,** wo der **Verweis in Art. 12 Abs. 1 lit. c KG** auf die Gewinnherausgabe ebenso wenig passt und bei Qualifikation als «reiner» Rechtsgrundverweis **leer liefe**[420]. Namentlich auch mit Blick auf den in Art. 12 Abs. 1 lit. c KG, also im «Schwestergesetz» enthaltenen gleichlautenden Verweis kann der in Art. 9 Abs. 3 enthaltene Verweis somit nicht als «strikter» Rechtsgrundverweis betrachtet werden. Er ist vielmehr vor dem Hintergrund der vom Gesetzgeber 1986 beabsichtigten Erweiterung bzw. Verbesserung des Durchsetzungsinstrumentariums zu sehen[421]. Würde der Verweis in Art. 9 Abs. 3 als Rechtsgrundverweis betrachtet, liefe ausgerechnet der **Schutz vor publikumswirksamen Beeinträchtigungen** leer, bei denen auch ein Schadensbeweis naturgemäss schwer fallen dürfte. Der Nachweis des Gewinns ist in solchen Fällen (bspw. der Irreführung) ohnehin schwierig und die Gefahr uferloser Gewinnherausgaben gering.

194 Der Verweis in Art. 9 Abs. 3 stellt demnach zumindest zum Teil einen **Rechtsfolgeverweis** dar, und der Gewinnherausgabeanspruch ist auch dann zu gewähren, wenn kein fremdes Geschäft geführt wurde, sofern nur die Verletzung der wirtschaftlichen Interessen der klagenden Person erstellt ist bzw. die Verletzung auf Kosten einer unlauter beeinträchtigten Person geht. Dies ist nicht nur mit dem Wortlaut des Verweises vereinbar, sondern trägt auch dem **Grundgedanken** der Gewinnherausgabe Rechnung, wonach **sich Unrecht nicht lohnen** und sie auch pönaler Natur sein soll[422].

195 Ein Anspruch auf Gewinnherausgabe setzt nicht voraus, dass die **klagende Person** den **fraglichen Gewinn selbst** hätte **erzielen** können, weil die Ansprüche auf

---

[419] Vgl. die bei LOCHER, GRUR Int. 2007, 275 ff., und bei SPITZ, sic! 2007, Fn. 2, erwähnten Entscheide.
[420] Dazu näher SPITZ, Jusletter vom 9. Oktober 2006, N 36 ff.
[421] Vgl. SPITZ, Haftung für Wettbewerbshandlungen, N 7 und 85.
[422] Dabei ist zu beachten, dass eine strafrechtliche Einziehung (Art. 70 i.V.m. Art. 73 StGB) nur bei *vorsätzlichen* Verstössen erfolgen kann und sich deshalb in Fällen fahrlässiger bzw. bösgläubiger Verletzungen eine kaum gewollte Sanktionslücke auftun würde. Die in Art. 57 MSchG, Art. 63 Abs. 1 URG, Art. 36 DesG und in Art. 69 PatG vorgesehene zivilrechtliche Einziehung betrifft nicht den Verletzergewinn, sondern nur die Verletzergegenstände bzw. deren Verwertungserlös.

Schadenersatz und auf Gewinnherausgabe **auseinanderzuhalten** sind[423]. Insofern hat die Gewinnherausgabe an den Verletzten auch **pönalen Charakter**[424].

Mittlerweile ist geklärt, dass ein **Gewinnherausgabeanspruch** i.S.v. Art. 423 Abs. 1 OR nur bei **Bösgläubigkeit** zur Anwendung kommt. Im Falle gutgläubigen Verhaltens ist das Erlangte über Art. 62 ff. OR herauszugeben. Eine andere **Frage** ist, ob bei einem Vorgehen über Art. 62 ff. OR der **(gesamte) Gewinn oder** ob **nur** die **Ersparnisbereicherung** (Lizenzgebühr/Nutzungsentgelt) herauszugeben ist[425].

c) Berechnung des Gewinnes

Gewinn ist die auf den unlauteren Wettbewerb zurückzuführende **Vermehrung** der **Aktiven oder Verminderung** der **Passiven** bzw. Verlustverminderung des Verletzers. Er entspricht der **Differenz** zwischen dem Stand, den das **Vermögen des Verletzers** nach dem unlauteren Wettbewerb aufweist, und demjenigen, den es aufwiese, wäre das unlautere Verhalten nicht erfolgt[426].

Herauszugeben ist der **Nettogewinn,** also der auf dem unlauteren Verhalten beruhende Ertrag minus die entsprechenden Kosten[427]. Es gilt mutatis mutandis dasselbe wie bei der Berechnung des entgangenen Gewinns. Zum **Abzug** zugelassen sind nur **Kosten, die auf** dem **unlauteren Verhalten beruhen,** d.h. diejenigen, die bei Wegdenken des unlauteren Verhaltens nicht angefallen wären. Abziehbar sind demnach mit der Ausbringungsmenge variierende Kosten **(variable Kosten)** wie Einkaufspreise, Kosten für Rohmaterial, Provisionen, Speditions- und Lagerkosten, produkt-/leistungsbezogenes Marketing, Lohnkosten und Abgaben (MWSt, Zoll)[428]. Darunter fallen in jedem Fall sog. Individualkosten. Soweit sog. Gemeinkosten zuordenbar sind, können sie ebenfalls abgezogen werden, jedoch nur, wenn sie nicht auch ohne unlauteres Verhalten angefallen wären[429]. Demgegenüber sind

---

[423] So schon BGE 97 II 169, 178 («Indomethacin»; PatG-Fall). Dazu DAVID, SIWR I/2, 117, SPITZ, sic! 2007, 807 ff., eher ablehnend ROBERTO, sic! 2008, Sonderheft, 25.
[424] Den pönalen Charakter betonen etwa auch ROBERTO, sic! 2008, Sonderheft, 27 f., und WERRO, Mélanges Tercier, 508 ff., vgl auch SCHWENZER, OR AT, N 59.17.
[425] Dazu unten, N 219.
[426] Anstelle vieler BGE 134 III 306, 308 («Resonanzetikette II»; PatG-Fall).
[427] Anstelle vieler BGE 134 III 306, 308 («Resonanzetikette II»; PatG-Fall). Zur Gewinnberechnung näher FISCHER, Schadensberechnung, 106 und 111 ff., SPITZ, sic! 2007, 808 f., BAUDENBACHER/ GLÖCKNER, Kommentar UWG, Art. 9 N 263 f., A. TROLLER, Immaterialgüterrecht II, 995 ff., ZK-SCHMID, Art. 423 OR N 102 ff., BSK-WEBER, Art. 423 OR N 14 f., JENNY, Eingriffskondiktion, N 278 ff., KOHLER, sic! 2006, 817.
[428] Anstelle vieler SPITZ, sic! 2007, 802. Inwieweit dem Geschäftsführer für eigene Arbeit eine Vergütung zugestanden wird, ist umstritten und wohl dann zu bejahen, sofern und soweit eine solche üblich ist (vgl. BGE 134 III 306, 310 [«Resonanzetikette II»; PatG-Fall], und CHAPPUIS, Restitution, 55 ff., sowie ZK-SCHMID, Art. 423 OR N 118).
[429] Vgl. SPITZ, sic! 2007, 808, und PEDRAZZINI/HILTI, Patentrecht, 466 ff.

Fixkosten nicht abziehbar, da sie definitionsgemäss ohnehin, d.h. auch ohne die unlautere Wettbewerbshandlung in gleicher Höhe angefallen wären, es sei denn, bestimmte Fixkosten wären allein derjenigen Ware bzw. Leistung zuzuordnen, mit der das unlautere Verhalten in Zusammenhang steht. Auch ein anteilsmässiger Abzug scheidet bei Fixkosten aus, da ansonsten der Verletzer besser gestellt wäre als ohne unlauteren Wettbewerb[430].

199   Bei der Bestimmung des herauszugebenden Gewinns stellen sich ähnliche **Schwierigkeiten** wie bei der Berechung des entgangenen Gewinns. Herauszugeben ist der Gewinnbetrag, der auf dem unlauteren Verhalten beruht. Ob und inwieweit gerade das in Frage stehende unlautere Verhalten zum Gewinn geführt hat (Frage der **haftungsausfüllenden Kausalität**), hängt von verschiedenen Faktoren ab. Neben «internen» Faktoren (Verkaufszahlen, Umsatz, Gewinnmarge, Liefer-/Produktionsmöglichkeiten) sind auch «externe», von Verletzer und Verletzten unabhängige Faktoren (Konjunktur, Marktstruktur, Marktsättigung, Druck von benachbarten Märkten, Eintrittsschwellen, Trends etc.) zu berücksichtigen, was eine **umfassende Faktorenanalyse** bedingt[431]. Namentlich bei Kennzeichenverletzungen wird oft nur ein Teil des erzielten Gewinns auf das unlautere Verhalten zurückzuführen sein, da sie nicht die Ware bzw. Leistung an sich ausmachen, sondern diese «bloss» kennzeichnen[432].

200   Im Gegensatz zur Bestimmung des entgangenen Gewinns (N 125 ff.) muss auch derjenige Gewinnbetrag, der auf Marketingaufwendungen, die Erschliessung neuer Absatzmärkte und -kanäle, spezielle Kenntnisse/Erfahrungen, intensive Beratungs- oder Serviceleistungen oder Weiterentwicklungen etc. des Verletzers zurückzuführen ist, herausgegeben werden, da ansonsten die **Abgrenzung zum Schadenersatz** verwischt und die pönale Natur des Anspruchs ignoriert würde (Unrecht darf sich nicht lohnen)[433].

---

[430] So nun BGE 134 III 306, 310 f. («Resonanzetikette II»; PatG-Fall). A. TROLLER, Immaterialgüterrecht II, 995, FISCHER, Schadensberechnung, 114 f., BAUDENBACHER/GLÖCKNER, Kommentar UWG, Art. 9 N 263, ZK-SCHMID, Art. 423 OR N 118, JENNY, Eingriffskondiktion, N 278 ff., KOHLER, sic! 2006, 817; vgl. bspw. OGer SO SMI 1989, 105, E. 7 («Tausendfüssler»); ein anteiliger Abzug erfolgte jedoch in HGer ZH sic! 2001, 41, E. VI.2.2 («70 000 mal günstiger»; im Rahmen der Berechnung des entgangenen Gewinns), und wird von DAVID, SIWR 1/2, 120, sowie von STAUB, Komm. MSchG, Art. 55 MSchG N 107 propagiert. Vgl. auch zur Rechtslage in Deutschland im Nachgang zur «Gemeinkosten»-Entscheidung (BGH GRUR 2001, 329, 331), BGH GRUR 2007, 431, E. 30 («Steckverbindergehäuse»), sowie KÖHLER, Kommentar dt. UWG, § 9 N 1.50, sowie die Hinweise bei SPITZ, sic! 2007, 802, Fn. 53.

[431] BGE 35 II 643, 660. Zum Ganzen schon FISCHER, Schadensberechnung, 109 f., SPITZ, sic! 2007, 800 ff. sowie 808 f., sowie eingehend Jusletter vom 9. Oktober 2006, N 70 ff. (zum Kartellrecht), HILTI, Immaterialgüterrechtsverletzungen, N 18.68, und ZK-SCHMID, Art. 423 OR N 121 (gemäss welchem der gesamte Gewinn herauszugeben ist, ohne auf Faktoren abzustellen).

[432] Vgl. auch SPITZ, sic! 2007, 801, und A. TROLLER, Immaterialgüterrecht II, 997 m.w.H., und N 134 (beide zum entgangenen Gewinn).

[433] FISCHER, Schadensberechnung, 118 f., und SPITZ, Jusletter vom 9. Oktober 2006, N 72 f. (zum Kartellrecht).

Der **Einwand** des **günstigeren Preises** des Verletzerprodukts ist dabei nicht zu berücksichtigen, wenn der günstigere Preis auf das unlautere Verhalten zurückzuführen ist, bspw. wenn Entwicklungs- oder Marketingkosten eingespart wurden[434]. 201

Bei **zusammengesetzten Vorrichtungen** ist zu prüfen, ob und inwieweit der Verkauf der fraglichen Leistungen und Gegenstände etc. und damit der erzielte Gewinn (alleine) auf den von der Verletzung betroffenen (Bestand-)Teil zurückzuführen ist[435]. 202

Bei sog. **Kombinationseingriffen** ist der Tatsache Rechnung zu tragen, dass der Verletzergewinn auf dem Eingriff in verschiedene Schutzrechte und geschützte Wettbewerbspositionen beruht[436]. 203

Im Unterschied zum (verletztenbezogenen) Schadenersatzanspruch muss dem Verletzer die **Berufung auf** den **Einwand des rechtmässigen Alternativverhaltens verwehrt** bleiben, da sich der Verletzer bewusst für das Unrecht entschieden hat, die Gewinnherausgabe auch einen pönalen Charakter aufweist und sich aus präventiven Überlegungen eine Analoganwendung von Art. 43 Abs. 1 OR nicht aufdrängt[437]. 204

Es kommt nur derjenige Gewinn in Frage, der auf der unlauteren Verhaltensweise beruht. In der Folge ist nur derjenige **Betriebsteil** zu berücksichtigen, der **mit** den **verletzungsbefangenen Waren und Leistungen etc. in Berührung** kam. Die von ihr unberührten Teile sind unberücksichtigt zu lassen[438]. Selbst wenn insgesamt betrachtet kein Gewinn erzielt wurde, ist dennoch der aufgrund der Verletzungshandlung eingesparte Betrag herauszugeben (Ersparnisbereicherung)[439]. 205

Eine **Abschätzung des Gewinns** ist gemäss **Art. 42 Abs. 2 OR analog** möglich, ebenso eine **Zusprechung ex aequo et bono**[440]. 206

---

[434] Ebenso A. TROLLER, Immaterialgüterrecht II, 998.
[435] Bsp. Nachahmungen: Fahrrad mit patentierter Schaltung, Parfümflasche mit raffinierter patentierter oder ästhetischer designgeschützter Zerstäubervorrichtung, Möbel mit design- oder urheberrechtlich geschütztem Element etc. Dazu schon FISCHER, Schadensberechnung, 119 f., und A. TROLLER, Immaterialgüterrecht II, 995 und 999.
[436] FISCHER, Schadensberechnung, 109 ff., ZK-SCHMID, Art. 423 OR N 109, A. TROLLER, Immaterialgüterrecht II, 995 und 999, und BAUDENBACHER/GLÖCKNER, Kommentar UWG, Art. 9 N 263.
[437] Vgl. FISCHER, Schadensberechnung, 117 f., und SPITZ, sic! 2007, 808 f. und Fn. 94 m.w.H., im Ergebnis ähnlich HILTI, Immaterialgüterrechtsverletzungen, N 18.68, KOHLER, sic! 2008, 566, weniger restriktiv JENNY, Eingriffskondiktion, N 289.
[438] Ähnlich A. TROLLER, Immaterialgüterrecht II, 995.
[439] Vgl. ZK-SCHMID, Art. 423 OR N 104, und FISCHER, Schadensberechnung, 106 und 112 f.
[440] BGer 4C.414/2006, E. 3 («Reinigungs- und Polierstein»; nicht in sic! 2007, 660 ff. publ. Erwägung), sowie der vorinstanzliche Entscheid, KGer VS vom 24.10.2005 (C1 05 110), E. 7 und 8 (wobei auf die Umsatzzahlen der Verletzten abgestellt wurde), und ZivGer BS SMI 1991, 225, E. 5 («Bio Kill»). Vgl. auch N 136 ff. und BAUDENBACHER/GLÖCKNER, Kommentar UWG, Art. 9 N 264.

207 Eine analoge Anwendung von **Art. 64 OR** (Einwand der nicht mehr vorhandenen Bereicherung) auf den Anspruch aus Art. 423 Abs. 1 OR entfällt, da der Gewinnherausgabeanspruch Bösgläubigkeit voraussetzt[441].

d) Kausalität

208 Der Gewinnherausgabe- setzt wie der Schadenersatzanspruch **natürliche (bzw. hypothetische) Kausalität** voraus[442]. Wie dort kann die Prüfung der natürlichen (hypothetischen) Kausalität Schwierigkeiten bereiten, da der erzielte Gewinn nicht (allein) auf das unerlaubte Verletzerverhalten zurückzuführen sein muss, sondern andere Umstände mitgewirkt haben können[443]. Die **analoge Anwendung von Art. 42 Abs. 2 OR** erlaubt die Bejahung der Kausalität schon bei Vorliegen überwiegender Wahrscheinlichkeit[444].

e) Bösgläubigkeit

209 Der auf Art. 423 Abs. 1 OR gestützte Gewinnherausgabeanspruch setzt **Bösgläubigkeit** voraus[445]. Vorausgesetzt ist Wissen(-können) um den Eingriff in

---

[441] PEDRAZZINI/PEDRAZZINI, UWG, § 14.54, und BAUDENBACHER/GLÖCKNER, Kommentar UWG, Art. 9 N 264.

[442] Der Nachweis der Adäquanz sich sich erübrigen, da allzu viele Faktoren den Gewinn beeinflussen, DAVID, SIWR I/2, 109, ähnlich auch FISCHER, Schadensberechnung, 108 ff., und PEDRAZZINI/ PEDRAZZINI, UWG, § 14.54.

[443] Dazu schon FISCHER, Schadensberechnung, 108 ff., SPITZ, sic! 2007, 808 f., sowie WERRO, Mélanges Tercier, 501 ff. Vgl. auch die «minimierte» Kausalitätsprüfung in BGE 133 II 153, 162 ff. («Patty Schnyders Vater»).

[444] Vgl. auch ZK-SCHMID, Art. 423 OR N 128.

[445] Vgl. BGE 129 III 422, 425 (Fall einer unberechtigten Vermietung), BGer 4C.290/2005 sic! 2006, 774, E. 3.1 («Rohrschelle III»; PatG-Fall), BGer 4C.101/2003 sic! 2004, 90, E. 6.2 («Logotype»; URG-Fall), und KGer ZG sic! 2009, 43, E. 7.3 («Resonanzetikette IV»; PatG-Fall). In BGE 97 II 169, 178 («Indomethacin»; PatG-Fall), wurde demgegenüber noch betont, dass die Herausgabepflicht in jedem Fall auf Geschäftsanmassung (Art. 423 Abs. 1 OR) beruhe und verschuldensunabhängig sei (anders auch noch BGE 98 II 325, 333 [PatG-Fall], und OGer LU SMI 1994, 318, E. 3c [«Louis Vuitton III»]). Nunmehr ist klargestellt, dass der Anspruch des Verletzten auf Herausgabe des erzielten Gewinnes nur im Falle der Bösgläubigkeit auf Geschäftsanmassung beruht, während der Gutgläubige den aus der Rechtsverletzung erzielten Gewinn nach den Regeln der ungerechtfertigten Bereicherung herauszugeben hat. Zum Anspruch aus Art. 62 ff. OR (Eingriffskondiktion) N 215 ff. Zum Ganzen BSK-WEBER, Art. 423 OR N 8, und ZK-SCHMID, Art. 423 OR N 34 ff., a.A. noch PEDRAZZINI/PEDRAZZINI, UWG, § 14.54, und BAUDENBACHER/ GLÖCKNER, Kommentar UWG, Art. 9 N 262, sowie krit. HILTI, AJP 2006, 695 ff.

einen fremden Rechtskreis, was mit auf die Rechtmässigkeit des Eingriffs bezogener Fahrlässigkeit im Rahmen von Art. 41 Abs. 1 OR vergleichbar ist[446].

f) Teilkumulation mit Schadenersatzanspruch

Gewinnherausgabe- und Schadenersatzansprüche schliessen sich aus, soweit sie funktional vergleichbar sind, d.h. denselben Schadensposten abdecken. Dementsprechend ist (nur) die **gleichzeitige Geltendmachung** des **positiven Schadens** (bspw. Marktverwirrungschaden) und des Anspruchs auf **Gewinnherausgabe** denkbar[447].

210

g) Aktiv- und Passivlegitimation

Aktivlegitimiert sind nur diejenigen Personen, die den Gewinn rechtmässig hätten erzielen dürfen und können bzw. auf deren Kosten er direkt erzielt wurde[448]. In Frage kommen also namentlich **Mitbewerber**[449]. Ob gleichzeitig ein direktes Konkurrenzverhältnis vorausgesetzt ist, ist fraglich. Bei sog. Verletzerketten können sich sehr schwierige Fragen stellen[450]. Ob auch **Kunden** aktivlegitimiert sind, ist entsprechend dem Ausgeführten fraglich[451].

211

Passivlegitimiert zur Gewinnherausgabe ist, **wer** aufgrund des unlauteren Verhaltens den **Gewinn erzielt** hat. Für eine Passivlegitimation bzw. Haftung von Organen oder Hilfspersonen fehlt eine passende Grundlage, da der unmittelbare Gewinn

212

---

[446] Dazu ZK-SCHMID, Art. 423 OR N 21 ff. und 34 ff., HILTI, AJP 2006, 698, und WALTER, FS R. von Büren, 246, wonach Bösgläubigkeit am ehesten der Figur des (Eventual-)Vorsatzes nahekomme.

[447] BGE 133 III 153, 160 («Patty Schnyders Vater»; Persönlichkeitsrecht), ebenso PEDRAZZINI/PEDRAZZINI, UWG, § 14.54, DAVID, SIWR I/2, 121, und SPITZ, Haftung für Wettbewerbshandlungen, N 797, wohl ablehnend BAUDENBACHER/GLÖCKNER, Kommentar UWG, Art. 9 N 182 f.

[448] Vgl. auch ZivGer BS BJM 1992, 262, E. 5 («Biokill»), wo nur die Vertriebsgesellschaft, nicht aber die Markenrechtsinhaberin aktivlegitimiert war.

[449] BAUDENBACHER/GLÖCKNER, Kommentar UWG, Art. 9 N 257, PEDRAZZINI/PEDRAZZINI, UWG, § 14.54, DAVID, SIWR I/2, 106 und 121, sowie ZK-SCHMID, Art. 423 OR N 64.

[450] Vgl. dazu SPITZ, Jusletter vom 9. Oktober 2006, N 92 ff. (zum Kartellrecht) m.w.H.

[451] Vgl. die parlamentarischen Beratungen in Amtl. Bull. NR 1985, 844. Ein Grossteil der Lehre möchte den Gewinnherausgabeanspruch auf Mitbewerber beschränken, anstelle vieler ZK-SCHMID, Art. 423 OR N 97, und BAUDENBACHER/GLÖCKNER, Kommentar UWG, Art. 9 N 257 ff. (implizit). Allerdings schützt das UWG alle Marktteilnehmer vor unlauterem Wettbewerb und weist die Gewinnherausgabe auch einen pönalen Charakter auf. Nicht zu verkennen sind die dogmatischen Probleme einer Anspruchsberechtigung der Marktgegenseite. Es wäre namentlich der Einwand des «windfall profits» genauer zu untersuchen; vgl. zum gleichgearteten Problem im Kartellrecht (Art. 12 KG) SPITZ, Jusletter vom 9. Oktober 2006, N 88, und LANG, Kartellzivilrecht, 115.

einem Unternehmensträger zufällt. Sie wäre unangemessen und scheidet somit aus[452].

h) Gewinnherausgabe bei Gläubigermehrheit

213 Schwierige Probleme stellen sich bei Gläubigermehrheit, wenn das unlautere Verhalten mehrere Personen gleichzeitig beeinträchtigt hat. U.a. stellt sich dabei das Problem der Mehrfachverfolgung[453]. Es ist **nur derjenige Gewinn herauszugeben,** der **auf** dem **unlauteren Eingriff** gegen den jeweiligen Ansprecher **beruht**[454]. Im Einzelfall können sich schwierige Probleme stellen. In jedem Fall darf die Summe der zugesprochenen Einzelgewinne den Totalgewinn nicht überschreiten, was bei Mehrfachverfolgung als wichtiger Anhaltspunkt dienen kann[455].

i) Gewinnherausgabe bei Schuldnermehrheit

214 Beim Gewinnherausgabeanspruch fehlen zur Frage der Haftung bei Schuldnermehrheit eigene Vorschriften. Die auf die Schadenersatzhaftung zugeschnittene **Solidarhaftung** gemäss Art. 50 Abs. 1 OR **passt nicht** bzw. höchstens bis zum Betrag des tatsächlich erlittenen Schadens für den Fall, dass mehrere Beteiligte bewusst zusammengewirkt haben. Für eine Solidarhaftung in Bezug auf den Gewinn anderer Beteiligter besteht keine innere Rechtfertigung, gerade auch wegen des pönalen Charakters der Gewinnherausgabe. Somit kann nur der jeweils von einem Wettbewerbsteilnehmer individuell erzielte Gewinn herausverlangt werden – es besteht also eine (bloss) **anteilsmässige Haftung**[456].

---

[452] Vgl. auch die Ausführungen bei SPITZ, Jusletter vom 9. Oktober 2006, N 127 in Fn. 143 (zur strafrechtlichen Einziehung).

[453] Dazu u.a. BAUDENBACHER/GLÖCKNER, Kommentar UWG, Art. 10 N 44 ff., und SPITZ, Jusletter vom 9. Oktober 2006, N 92 ff. und 105 ff. (zum Kartellrecht) m.w.H.

[454] So auch ZK-SCHMID, Art. 423 OR N 130.

[455] Zum Ganzen auch BAUDENBACHER/GLÖCKNER, Kommentar UWG, Art. 10 N 44 ff., und (aus kartellrechtlicher Sicht) SPITZ, Jusletter vom 9. Oktober 2006, N 108 f. m.w.H., wo zum Schutz des Verletzers u.a. die Möglichkeit der gerichtlichen Hinterlegung des Gesamtgewinns postuliert wird (N 109).

[456] KGer ZG sic! 2009, 39, E. 2.5 («Resonanzetikette III»; PatG-Fall), und BezGer Bülach sic! 2002, 108, E. 4.I («Roxithromycin»; PatG-/MSchG-Fall). Zum Ganzen auch HILTI, Immaterialgüterrechtsverletzungen, N 18.81, BAUDENBACHER/GLÖCKNER, Kommentar UWG, Art. 10 N 44 ff., und STAUB, Komm. MSchG, Art. 55 MSchG N 78. ZK-SCHMID, Art. 423 OR N 129 propagiert bei gemeinsamem schuldhaftem Zusammenwirken die analoge Anwendung von Art. 50 Abs. 1 OR, was aber nur bis zur Höhe eines allfällig entstandenen Schadens gerechtfertigt erscheint.

4. Anspruch aus ungerechtfertigter Bereicherung (Art. 62 ff. OR)

Anders als beim Gewinnherausgabeanspruch **fehlt** in Art. 9 ein **expliziter Verweis** auf das Recht der ungerechtfertigten Bereicherung, auf den unterstützend abgestellt werden könnte (Leerlaufargument)[457]. Dies bedeutet aber nicht per se, dass Bereicherungsansprüche unzulässig wären. Schon in der **Botschaft** zum **aUWG 1942** wurden Ansprüche aus ungerechtfertigter Bereicherung (Art. 62 ff. OR) bei unlauterem Wettbewerb für möglich erachtet[458]. Im Schrifttum finden sich einige Autoren, die sich für die Möglichkeit der Geltendmachung von Bereicherungsansprüchen bei unlauterem Wettbewerb aussprechen[459]. Die Frage ist von Bedeutung, da mit dem Anspruch auch gegen gutgläubige Verletzer vorgegangen werden kann, was über Art. 423 Abs. 1 OR nicht (mehr) möglich ist.

Das BGer hat sich UWG-spezifisch bisher noch nicht geäussert, hat aber in BGE 126 III 69, 72, der eine unberechtigte Untervermietung betraf, die Figur der **Eingriffskondiktion** anerkannt[460]. Gemäss BGer gründet der Anspruch der in absoluten Rechten verletzten Person bzw. bei einem Eingriff in eine fremde Rechtssphäre im Falle der Gutgläubigkeit auf ungerechtfertigter Bereicherung, während er im Falle der Bösgläubigkeit auf Geschäftsanmassung (Art. 423 Abs. 1 OR) beruht[461]. Eine **unmittelbare Vermögensverschiebung** wird **nicht vorausgesetzt,** auszugleichen ist vielmehr die Bereicherung, die der Schuldner gemäss Art. 62 Abs. 1 OR auf Kosten eines andern («aux dépens d'autrui») erlangt hat[462].

Vorausgesetzt ist eine ungerechtfertigte, also bspw. UWG-widrige Bereicherung, wobei fraglich ist, ob ein sogenannter Zuweisungsgehalt verletzt sein muss und ob bzw. inwieweit dieser bei UWG-Verletzungen vorliegt[463]. Allgemein und im Be-

---

[457] Allerdings ist die Geltung von OR/ZGB bei der Anwendung des UWG allgemein vorbehalten, so noch Art. 8 aUWG, zum Ganzen N 4. Zwar finden sich auch in den immaterialgüterrechtlichen Spezialgesetzen keine expliziten Verweise auf Art. 62 ff. OR, doch deren Schutzgegenstand (Immaterialgüterrechte) stellen absolute Rechte dar, die klarerweise erfasst sind.
[458] Botschaft 1942, 695 (zu Art. 2 E-UWG 1942, der keine abschliessende Aufzählung enthielt).
[459] Vgl. dazu grundlegend JENNY, Eingriffskondiktion, bes. N 325 ff., sodann SPITZ, Haftung für Wettbewerbshandlungen, N 99 ff., sowie sic! 2007, 809 m.w.H., ZK-SCHMID, Art. 423 OR N 179 ff., und KOHLER, Vermögensausgleich, 83 ff. und 145 ff. Zum Verhältnis der Gewinnherausgabe zur (Eingriffs-)Kondiktion (im Allgemeinen) anstelle vieler ZK-SCHMID, Art. 423 OR N 179 ff., und WEBER, ZSR 1992 I 333 ff., je m.w.H.
[460] Bestätigt in BGE 129 III 422, 425 (Vermietung durch unberechtigte Person), BGer 4C.101/2003 sic! 2004, 90, E. 6 («Logotype»), und BGer 4C.290/2005 sic! 2006, 774, E. 3.1 («Rohrschelle III»; PatG-Fall).
[461] BGE 129 III 422, 425 (Vermietung durch unberechtigte Person), und BGer 4C.290/2005 sic! 2006, 774, E. 3.1 («Rohrschelle III»; PatG-Fall), BGer 4C.101/2003 sic! 2004, 90, E. 6 («Logotype»); ZK-SCHMID, Art. 423 OR N 94 ff. und 144.
[462] BGE 129 III 422, 425 (Vermietung durch unberechtigte Person), und BGer 4C.290/2005 sic! 2006, 774, E. 3.1 («Rohrschelle III»; PatG-Fall); SCHWENZER, OR AT, N 55.09 und 57.10.
[463] Vgl. bspw. SCHWENZER, OR AT, N 57.02 und 57.07, JENNY, Eingriffskondiktion, N 394 ff., sowie KOPPENSTEINER/KRAMER, Ungerechtfertigte Bereicherung, 81 und 212 f.

sonderen mit Bezug auf UWG-Sachverhalte ist die Problematik ähnlich gelagert wie beim Gewinnherausgabeanspruch, nur dass der Bereicherungsanspruch in Art. 9 Abs. 3 nicht explizit erwähnt wird. In Frage kommt nur die Verletzung solcher UWG-Tatbestände, die als Reflex der Konzeption des UWG als verhaltensbezogenes Verbotsgesetz einem **bestimmten Marktteilnehmer** eine **Rechtssphäre ausschliesslich zuweisen,** sodass das aus einem Eingriff Erlangte als auf Kosten (nur) der betreffenden Person zu werten ist[464]. Nahe liegt die Zuerkennung von Ansprüchen aus Eingriffskondiktion in Fällen des ergänzenden lauterkeitsrechtlichen Leistungsschutzes und bei verwandten Tatbeständen, also im Bereich des **Kennzeichen-/Ausstattungsschutzes** (Art. 3 lit. d), bei der **Übernahme fremder Leistungen** (Art. 5) und bei **Geheimnisverletzungen** (Art. 6). Bei Herabsetzungen, Irreführungen und Verleitung zum Vertragsbruch sowie allgemein bei nicht auf bestimmte konkrete Marktteilnehmer bezogenen Verstössen dürfte ein Anspruch gestützt auf Art. 62 ff. OR abzulehnen sein[465].

218 Wie ein Gewinnherausgabeanspruch dürfte auch ein Bereicherungsanspruch **nur Mitbewerbern zustehen**. Dies ergibt sich auch daraus, dass (nur) das auf Kosten eines andern Erlangte herauszugeben ist, und gilt umso mehr, als ein expliziter Verweis auf den Bereicherungsanspruch in Art. 9 Abs. 3 fehlt.

219 Sodann ist unklar, ob im Rahmen eines Bereicherungsanspruchs – wie im Rahmen von Art. 423 Abs. 1 OR – der **gesamte auf** der **Verletzung beruhende Gewinn** oder **nur** die **erzielte Ersparnis** (Wertersatz), also ein (hypothetisches) Nutzungsentgelt bzw. eine Lizenzgebühr, herauszugeben ist. Einige Autoren sehen bei Gutgläubigkeit, also bei Anwendung von Art. 62 ff., nur die Erstattung Letzterer vor, was aus systematischer Sicht und angesichts der Differenz bei den Rechtsfolgen überzeugt[466]. Bei Gutgläubigkeit kann ferner die **Einrede** der **Entreicherung** (Art. 64 OR) vorgebracht werden.

VII. Einwendungen des Verletzers

220 Zur Geltung der allgemein möglichen **Einwendungen** bzw. Rechtfertigungsgründe kann auf die Kommentierung in Art. 2 N 117 ff. verwiesen werden.

221 Eine besondere Stellung nimmt der Rechtfertigungsgrund der **Einwilligung des Verletzten** ein. Dazu Art. 2 N 120 ff. und N 16. Zwar kann eine von unlauterem Verhalten gemäss Art. 2–8 UWG betroffene Person wirksam auf Rechtsschutz zu seinen Gunsten (auch im Voraus) verzichten. Allerdings schliesst dies durch Dritte

---

[464] Vgl. auch JENNY, Eingriffskondiktion, N 394 ff., SCHWENZER, OR AT, N 57.07, und KOPPENSTEINER/KRAMER, Ungerechtfertigte Bereicherung, 81 und 212 f.
[465] Vgl. die Meinungsübersicht bei JENNY, Eingriffskondiktion, N 399.
[466] Vgl. bspw. JENNY, Eingriffskondiktion, N 525 ff. m.w.H., BSK-WEBER, Art. 423 OR N 11, Vor Art. 419–421 OR N 19 und SCHWENZER, OR AT, N 59.15 ff.

«aufgezwungenen» Rechtsschutz nicht grundsätzlich aus, sofern diese unabhängig vom primär Betroffenen in ihren eigenen wirtschaftlichen Interessen bedroht oder verletzt sind und ein Rechtsschutzinteresse vorliegt. Dies gilt vor allem für negatorische Ansprüche in Form der Kunden- oder Verbandsklage und ist Konsequenz der institutionellen Dimension des UWG und der weit gefassten Aktivlegitimation[467]. Reiner Individualschutz ist dem UWG fremd, selbst bei Verletzung der eher «betriebsbezogenen» Tatbestände der Art. 3 lit. d, Art. 4, 5 oder 6 ist zu beachten, dass das UWG gemäss Art. 1 die Interessen aller Beteiligten sowie den Wettbewerb als Institution schützen soll. Die praktische Relevanz dieser Fragestellung dürfte allerdings gering sein, auch wenn Fälle denkbar sind, namentlich im Bereich der Art. 3 lit. b (irreführende Angaben) und Art. 3 lit. d (Schaffung einer Verwechslungsgefahr).

VIII. Verjährung und Verwirkung

1. Verjährung

a) Allgemeines

Art. 7 aUWG enthielt für Ansprüche aus unlauterem Wettbewerb noch eine eigene Vorschrift (Frist: 1 Jahr relativ, 5 Jahre absolut). Das 1986 erlassene totalrevidierte UWG enthält demgegenüber **keine spezielle Verjährungsvorschrift** mehr[468]. Die Verjährung richtet sich deshalb grds. nach den **allgemeinen Regeln**, die für unerlaubte Handlungen gelten.

222

b) Negatorische Ansprüche (Art. 9 Abs. 1 und 2)

Beim **Unterlassungs-, Beseitigungs-** und **Feststellungsanspruch** gemäss Art. 9 Abs. 1 lit. a–c ist die Frage der **Verjährung** in aller Regel **irrelevant**[469]. Droht keine Verletzung (mehr) bzw. ist die Verletzung beendet und wirkt sie auch nicht mehr fort, wird in der Regel schon das vorausgesetzte **aktuelle Rechtsschutzinteresse fehlen**[470]. Dies gilt an sich auch bei den Ansprüchen auf Publikation oder

223

---

[467] Dazu N 22; zum Verhältnis Individual- und Institutionenschutz näher SPITZ, sic! 2006, 524 f.
[468] Seit Inkrafttreten des UWG 1986 per 1. März 1988 gelten im gesamten Bereich des gewerblichen Rechtsschutzes und des Urheberrechts die gleichen verjährungsrechtlichen Regeln (Art. 60 OR/ Art. 127 ff. OR).
[469] Ähnlich K. TROLLER, Grundzüge Immaterialgüterrecht, 392; gemäss PEDRAZZINI/PEDRAZZINI, UWG, § 14.59, können sie nicht verjähren.
[470] Vgl. PEDRAZZINI/PEDRAZZINI, UWG, § 14.59, und BAUDENBACHER/GLÖCKNER, Kommentar UWG, Art. 9 N 269. Eine Ausnahme könnte die Feststellungsklage zur Sicherung eines künftigen Schadenersatzanspruchs darstellen, vgl. zur Verjährung beim Feststellungsanspruch B. VON BÜREN, Kommentar UWG, Art. 7 N 6.

Berichtigung i.S.v. Art. 9 Abs. 2, da diese primär Störungszustände beheben wollen und der Genugtuungsfunktion in der Gerichtspraxis untergeordnete Bedeutung zukommt. Ansonsten käme wohl Art. 60 OR zur Anwendung (dazu sogleich, N 224).

c) Reparatorische Ansprüche (Art. 9 Abs. 3)

224 Ohne weiteres unterliegen die **reparatorischen Ansprüche** gemäss Art. 9 Abs. 3 der Verjährung, wobei die allgemeinen Verjährungsregeln der unerlaubten Handlung (Art. 41 ff. OR) zur Anwendung kommen. Demnach gilt die relative **einjährige Verjährungsfrist** des **Art. 60 Abs. 1 OR** (absolute Frist: zehn Jahre). Auf den Gewinnherausgabeanspruch gemäss Art. 9 Abs. 3 i.V.m. Art. 423 OR kommt ebenfalls Art. 60 OR (und nicht die Verjährungsvorschrift des Bereicherungsrechts in Art. 67 OR) zur Anwendung[471]. Für allfällige Bereicherungsansprüche gilt Art. 67 OR.

225 Bei **Strafrechtsrelevanz,** d.h., soweit der in Frage stehende unlautere Wettbewerb gemäss Art. 3–6 zugleich ein strafrechtliches Delikt i.S.v. Art. 23 darstellt, kommt über **Art. 60 Abs. 2 OR** (nur) bei unlauterem Wettbewerb gemäss Art. 3–6 die **längere strafrechtliche Verjährungsfrist** des **Art. 97 Abs. 1 lit. c StGB** i.V.m. Art. 333 Abs. 1 und 6 StGB von **sieben Jahren** zur Anwendung. Sie beginnt mit der Begehung der Straftat (Art. 98 StGB). Die Stellung eines **Strafantrags** ist dabei **nicht vorausgesetzt**[472]. Der Anspruchsberechtigte muss diesfalls beweisen, dass objektiv und subjektiv eine strafbare Handlung in Form unlauteren Wettbewerbs gemäss Art. 3–6 vorliegt, was auch den Nachweis voraussetzt, dass (Eventual-)Vorsatz vorliegt und dass die strafbare Handlung kausal-adäquat zu Schaden geführt hat. Ist vor Ablauf der strafrechtlichen Verjährungsfrist gemäss Art. 97 Abs. 3 StGB ein erstinstanzliches (verurteilendes) Urteil ergangen, tritt die Verjährung mit Wirkung für das Strafrecht nicht mehr ein (vgl. Art. 97 Abs. 3 StGB). Dies muss aus Gründen der Einheit der Rechtsordnung insoweit auch für das Privatrecht gelten, wobei ab Vorliegen des Strafurteils wieder die zivilrechtlichen Regeln zur Anwendung kommen[473]. Zu beachten ist, dass das BGer (Kassationshof) die Figur des fortgesetzten Delikts 1990/1991 aufgegeben hat und heute eine differenzierte Betrachtung vornimmt[474].

---

[471] Vgl. BGE 126 III 382, 387 («Programm zur Berechnung von CO_2-Feuerlöschanlagen»; URG-Fall). Soweit eine berechtigte Fremdgeschäftsführung vorliegt – was selten der Fall sein dürfte –, käme die ordentliche zehnjährige Verjährungsfrist von Art. 127 OR zur Anwendung.
[472] BK-BREHM, Art. 60 OR N 70, BGE 96 II 39, 43, und BGE 112 II 79, 86.
[473] BGE 131 III 430, 435 f.; vgl. BSK-DÄPPEN, Art. 60 OR N 14a f.
[474] Vgl. BGE 131 IV 83, 92; BGE 118 IV 325, 327 ff.; BGE 117 IV 408, 412 ff., sowie DAVID, SIWR I/2, 111. Zum Ganzen näher Art. 23 N 72 sowie zur verjährungszivilrechtlichen Behandlung fortgesetzten unlauteren Wettbewerbs N 226.

Auch für **Beginn, Unterbrechung, Stillstand** der **Verjährung** gelten die allgemeinen Regeln gemäss Art. 127 ff. OR. Die Verjährung **beginnt** ab dem Zeitpunkt, in welchem die durch unlauteren Wettbewerb in ihren wirtschaftlichen Interessen beeinträchtigte Person **Kenntnis** vom **Anspruch** (Schaden bzw. Bereicherung/ Gewinn) **und** vom **Schädiger** erhält[475]. Ob die Verjährung mittels Feststellungsklage unterbrochen werden kann, ist fraglich, wohl aber eher zu verneinen[476]. Wird der in Frage stehende unlautere Wettbewerb im Rahmen eines **einheitlichen Willensentschlusses** mehrfach begangen, beginnt die Verjährung mit Bezug auf den Gesamtschaden einheitlich mit Abschluss der letzten Verletzungshandlung zu laufen, da erst dann eine Kenntnis der wesentlichen Elemente des Schadens möglich ist[477]. Davon zu unterscheiden ist die **Dauerbeeinträchtigung**, d.h., wenn eine einmalige Handlung einen Zustand herbeiführt, der dauernd eine Beeinträchtigung darstellt. Solange der entsprechende Zustand andauert, kann die Verjährung nicht zu laufen beginnen[478].

226

2. Verwirkung

Negatorische wie reparatorische Ansprüche unterliegen der Verwirkung. Bei negatorischen Ansprüchen kommt es massgeblich auf das Vorliegen eines Rechtsschutzinteresses an; ist dieses nicht gegeben, stellt sich die Frage der Verwirkung nicht. Bei der Prüfung lauterkeitsrechtlicher Ansprüche kann an die Verwirkung im **Immaterialgüterrecht angeknüpft** werden, mindestens bei Tatbeständen des ergänzenden Leistungsschutzes.[479]. Ausserhalb von Zeichen-

227

---

[475] Zum Erfordernis der Kenntnis des Schadens BGE 126 III 161, 163 ff. (Persönlichkeitsrecht, Pressekampagne): Kenntnis der «Existenz, der Beschaffenheit und der wesentlichen Merkmale». Zum Ganzen näher BK-BREHM, Art. 60 OR N 21 ff., und BSK-DÄPPEN, Art. 60 OR N 6 ff. Der Lauf der Verjährung beginnt spätestens dann, wenn gemäss Art. 42 Abs. 2 OR eine Schadensschätzung möglich ist.
[476] Vgl. DAVID, SIWR I/2, 112 m.w.H.
[477] BGE 86 II 406, 414 ff. («BBC/CGE»; PatG-Fall), vgl. auch BGE 112 II 172, 188 f. (Fall im Anlagefondsrecht; allerdings zu Art. 60 Abs. 2 OR und auf die im Strafrecht mittlerweile aufgegebene Figur des fortgesetzten Delikts abstellend, dazu Art. 23 N 72 und Art. 27 N 62), vgl. aber das obiter dictum in BGer 4C.363/2006, E. 4.1, TC NE sic! 1998, 316, E. 4b («Lanceur de drapeau I»), sowie DAVID, SIWR I/2, 112, und HILTI, Immaterialgüterrechtsverletzungen, N 18.92.
[478] Vgl. schon B. VON BÜREN, Kommentar UWG, Art. 7 N 5, der als (immer noch geltende) Beispiele das Aushängen von verletzender Plakatreklame oder von Ladenschildern, die Einfügung unrichtiger Bezeichnungen in Verzeichnissen anfügt. Zu denken ist auch an verletzende Äusserungen oder Angaben im Internet oder auf Waren bzw. Verpackungen. Die Nähe zum Fortsetzungszusammenhang ist unverkennbar, vgl. auch TC NE sic! 1998, 316, E. 4b («Lanceur de drapeau I»).
[479] Ähnlich wohl schon B. VON BÜREN, Kommentar UWG, Art. 7 N 10. Vgl. schon zur eingeschränkten Übertragbarkeit der zum Kennzeichenrecht entwickelten Rspr. auf das Patentrecht BGer 4A.48/2008 sic! 2008, 820, E. 3.1 («Radiatoren»; PatG-Fall). Die Voraussetzung des wertvollen Besitzstands kann nicht ohne weiteres von der Kennzeichenverletzung auf die Verletzung anderer Immaterialgüterrechte übertragen werden; es ist in PatG-Fällen eine grosszügigere Hand-

verletzungen und Tatbeständen des ergänzenden Leistungsschutzes (inkl. Ausstattungsschutz) wird sich die Frage der Verwirkung aber kaum je stellen[480].

228 Eine Verwirkung setzt **kumulativ** voraus[481]:
- der unlautere Wettbewerb, der namentlich in Form verletzenden Zeichengebrauchs vorliegen kann, muss sich auf dem räumlichen, zeitlichen oder sachlichen Markt **überschneiden**.
- **Überlanges Zuwarten** (Inaktivität) der vom unlauteren Wettbewerb beeinträchtigten Person, ohne dass dafür ein triftiger Grund vorliegt[482].
- **Schaffung** eines **wertvollen Besitzstands** auf Seiten des Verletzers, was eigene Marktaktivitäten impliziert[483]. Dessen Berücksichtigung drängt sich namentlich dann auf, wenn dieser bei Abweisung der Verwirkungseinrede oh-

---

[480] habe angezeigt, da und soweit in guten Treuen Dispositionen für die Produktion und den Absatz von Gütern getroffen wurden, die nicht ohne weiteres rückgängig gemacht werden können; Verwirkung in casu nach Ablauf von 10 Jahren bejaht.
Vgl. aber bspw. HGer BE SMI 1991, 410, E. 2a («Branchenregister»; Verwendung einer irreführenden Bezeichnung).

[481] Zum Verwirkungseinwand namentlich im Kennzeichenrecht vertieft eingehend BRAUCHBAR, Verwirkung, 46 ff., SCHLOSSER, sic! 2006, 549 ff., und STIEGER, AJP 1993, 626 ff. Vgl. auch PEDRAZZINI/PEDRAZZINI, UWG, § 14.61, R. VON BÜREN/MARBACH/DUCREY, Immaterialgüter- und Wettbewerbsrecht, N 1006 ff., BAUDENBACHER/GLÖCKNER, Kommentar UWG, Art. 9 N 273 ff., sowie die Fälle BGer 4C.240/2006 sic! 2007, 287, E. 3.1.1. («Modissa/Modesa»; UWG-Kennzeichenrecht, kein verletzender Zeichengebrauch, da keine räumliche Kollision/ Berührung), BGer 4C.376/2004 sic! 2005, 390, E. 4 («www.maggi.com»), BGer 4C.371/2005 sic! 2006, 500, E. 3 («A./X. AG»/«pain»; Marken-/Franchiserecht, Verwirkung schon nach 2 Jahren bejaht!), HGer AG sic! 2008, 707, E. 5 («SBB-Uhren III»); URG-Fall, Voraussetzungen der Verwirkung bei Schadenersatz-, Gewinnherausgabe- und Bereicherungsansprüchen «liegen höher als bei Unterlassungsansprüchen, da solche Ansprüche bereits durch die Verjährung zeitlich limitiert werden»), BGer 4A.48/2008 sic! 2008, 820, E. 3.1 («Radiatoren»; PatG-Fall); BGE 109 II 338, 340 f. («PPC/BBC»; Kennzeichenrecht), BGE 110 II 387, 389 ff. (Klageverwirkung im alten Aktienrecht), HGer BE SMI 1991, 410, E. 2a («Branchenregister»; Titelschutz, Tolerierung des angefochtenen irreführenden Titels während 15 Jahren, Verwirkungseinwand bejaht).

[482] Eine sofortige prozessuale Intervention dürfte nur selten notwendig sein, ausreichen muss vielmehr schon der Versand einer Abmahnung. Die betroffene Person darf zunächst in guten Treuen die Entwicklung beobachten und analysieren, ob der fragliche unlautere Wettbewerb sie überhaupt beeinträchtigt bzw., ob eine Intervention sinnvoll und zweckmässig ist. Im Sinne einer Faustregel kann davon ausgegangen werden, dass ein Anspruch kaum vor Ablauf von vier Jahren verwirkt, die Verwirkung aber nach Ablauf von acht Jahren meist eingetreten sein dürfte, BGer 4C.371/2005 sic! 2006, 500, E. 3 («A./X. AG»), mit Verweis auf 4C.76/2005 sic! 2005, 883, E. 3.3/3.4 («S 100»; nicht publ. E. von BGE 131 III 581 ff.). Anders noch OGer LU sic! 2002, 176, E. 7 («luzern.ch II»), wo von 5 bzw. 10 Jahren ausgegangen wurde. Zum Ganzen näher MARBACH, SIWR III/1, N 1576 ff., mit Entscheidhinweisen in Fn. 1969, BAUDENBACHER/ GLÖCKNER, Kommentar UWG, Art. 9 N 278 m.w.H., sowie BRAUCHBAR, Verwirkung, 63 ff.

[483] BGer 4C.175/2002, E. 4 (nicht publ. Erwägung von BGE 128 III 441 ff. [«Appenzeller»]; MSchG-Fall). Abzustellen ist dabei auf den Zeitpunkt der erstmaligen Intervention, da ab dieser eine Prüfungspflicht bzw. böser Glaube auf Seiten des Beeinträchtigers vorliegt, nicht auf denjenigen der Klageeinreichung oder des Urteils, vgl. MARBACH, SIWR III/1, N 1588, sowie BRAUCHBAR, Verwirkung, 100 ff.

ne weiteres der klagenden Person zufallen würde oder dieser nutzbar gemacht würde.
- «**Redlichkeit**» des **Verletzers**, d.h. Vorliegen guten Glaubens[484].
- **Kenntnis** des unlauteren Wettbewerbs auf Seiten der verletzten Person; fahrlässige Unkenntnis reicht aus (Art. 2 Abs. 2 ZGB)[485]. Im Betrieb juristischer Personen findet eine Wissens- und Verhaltenszurechnung von «qualifizierten» Mitarbeitern auf den im Wettbewerb auftretenden Unternehmensträger statt[486].

Diese Kautelen, die namentlich im Kennzeichenrecht entwickelt wurden, lassen sich zunächst im Bereich des **lauterkeitsrechtlichen Kennzeichenschutzes** anwenden[487]. Dasselbe gilt für Tatbestände des **Ausstattungsschutzes** und des sonstigen **(ergänzenden) lauterkeitsrechtlichen Leistungs- und Geheimnisschutzes** (Art. 5 und 6). Stets ist jedoch die **funktionale Dimension** des **Lauterkeitsrechts** im Auge zu behalten. Eine Verwirkung sollte namentlich bei Tangierung von Allgemein- oder Verkehrsinteressen nicht leichthin angenommen werden[488]. Zudem ist wie im Patentrecht[489] zu berücksichtigen, dass eine Verwirkung je nach den vom Verletzten getroffenen Dispositionen nicht leichthin anzunehmen ist, was namentlich im Bereich des Ausstattungsschutzes bzw. des ergänzenden lauterkeitsrechtlichen Leistungsschutzes gelten muss. Ein wertvoller und schützenswerter Besitzstand dürfte dann fehlen, wenn unlauteres Verhalten zur Beurteilung ansteht, das gar nicht zur Beeinträchtigung fremder Besitzstände führen kann (z.B. bei Irreführungen gemäss Art. 3 lit. b). 229

Ausnahmsweise soll die Verwirkung auch schon bei **krassem Missverhältnis** der **Interessen** eintreten, selbst wenn auf Seiten der beeinträchtigten Person weder widersprüchliches Verhalten noch allzu langes Zuwarten vorliegt[490]. Ohnehin bleibt die Anwendung des Rechtsmissbrauchsverbots (Art. 2 ZGB) vorbehalten[491]. 230

---

[484] Vgl. für das Markenrecht WILLI, Komm. MSchG, Vor MSchG Art. 52 N 66 und STAUB, Komm. MSchG, Vorbemerkungen Art. 52–60 MSchG N 63, wobei ursprüngliche Bösgläubigkeit (eine nachfolgende) Gutgläubigkeit nicht ausschliessen soll (BGE 81 II 284, 290, «Kompass»).

[485] Diese dürfte namentlich bei eingetragenen identischen oder berühmten Marken oder Firmen per se zu bejahen sein. Gemäss Art. 8 ZGB ist dafür diejenige Person beweispflichtig, die den Verwirkungseinwand vorbringt.

[486] Vgl. dazu BGE 109 II 338, 343 («PPC/BBC»), der ein Grossunternehmen (damalige BBC) betraf.

[487] So auch MARBACH, SIWR III/1, N 1567 in Fn. 1956.

[488] Vgl. auch die Ausführungen von MARBACH, SIWR III/1, N 1592, und HILTI, Immaterialgüterrechtsverletzungen, N 18.93 ff. (bes. Fn. 79), sowie Art. 136 Abs. 2 IPRG, der (noch mit Bezug auf das aUWG 1943) «ausschliesslich gegen betriebliche Interessen des Geschädigten» gerichtete UWG-Verstösse einer anderen Regel unterwirft als andere Verstösse. Vgl. zur Berücksichtigung von Verkehrs- bzw. Allgemeininteressen beim Verwirkungseinwand M. M. PEDRAZZINI, GRUR Int. 1984, 502 ff., und BGE 125 III 193, 204 («Budweiser»).

[489] BGer 4A.48/2008 sic! 2008, 820, E. 3.1 («Radiatoren»). Vgl. Fn. 478.

[490] So R. VON BÜREN/MARBACH/DUCREY, Immaterialgüter- und Wettbewerbsrecht, N 1009, und MARBACH, SIWR III/1, N 1591.

[491] Vgl. bspw. BGE 85 II 120, 130 («Doyle/ Goetz»).

231 Von der Verwirkung zu unterscheiden ist die Frage, ob der vom UWG ergänzend gewährte Leistungsschutz (v.a. über Art. 5) – wie auch das Immaterialgüterrecht – einer **Befristung** unterliegt[492].

IX. Verfahrensfragen

1. Allgemeine Aspekte

232 Bei **Unterlassungs-, Beseitigungs- und Feststellungsklagen** ist das zu unterlassende bzw. das gebotene Verhalten in den **Rechtsbegehren** genau zu umschreiben[493]. Bei den Ansprüchen auf Berichtigung und Urteilspublikation soll es der klagenden Person gestattet sein, die Richtigstellung bzw. Publikation vorerst in nur allgemeiner Form zu beantragen und **nach Durchführung** des **Beweisverfahrens Präzisierungen** vorzunehmen[494].

233 **Unterlassungs- und Beseitigungsansprüche** können sich infolge der **personell beschränkten Rechtskraftwirkung** immer nur auf einen bestimmten Wettbewerbsteilnehmer (die beklagte Partei) beziehen und nicht ein allgemeines Verbot eines bestimmten Verhaltens zum Ziel haben[495]. Einem solchen kann allerdings mittels (positiver) **Feststellungsklage** sehr nahe gekommen werden, wobei sich die Rechtskraftwirkung auch hier – zumindest de iure – nur auf die beklagte Partei bezieht[496]. Da im Urteil (Erwägungen) das fragliche Verhalten umschrieben wird, das als unlauter qualifiziert wird, dürfte die Verhinderung der erneuten Begehung gegenüber Dritten, ggf. im Massnahmeverfahren, oder bei strafrechtlicher Verfolgung (bei Verstössen gegen Art. 3–6, sofern die betroffene Partei vom Urteil Kenntnis hat) bei erneutem Verstoss, ohne weiteres erfolgreich möglich sein, auch wenn nur das Dispositiv an der Rechtskraftwirkung teilnimmt und diese nur gegenüber der beklagten Partei gilt.

234 **Feststellungsbegehren** werden in der Praxis oft **routinemässig neben Unterlassungs- und Beseitigungsbegehren** aufgeführt. Dabei ist zu beachten, dass sich die

---

[492] Dazu näher Art. 5 N 40 m.w.H., vgl. auch Amtl. Bull. NR 1985, 841 f. (Votum LÜCHINGER).
[493] Dazu näher N 65 ff.
[494] Was mit Vorteil durch einen ausdrücklichen Vermerk vorzubehalten ist. Vgl. dazu PEDRAZZINI/ PEDRAZZINI, UWG, § 14.20. Soweit ersichtlich ergibt sich diese Präzisierungsmöglichkeit nicht schon aus Bundesrecht, weshalb sich die Zulässigkeit letztlich nach der anwendbaren Zivilprozessordnung beurteilt, jedoch pragmatisch gehandhabt werden sollte. Vgl. zukünftig Art. 227/229 und Art. 317 ZPO-CH. Auch dem Gericht steht mutatis mutandis die Möglichkeit zu, die Richtigstellung zu präzisieren, BGE 100 II 177, 180 f. ([altes] Persönlichkeitsrecht).
[495] Vgl. zu diesem Problem im Bereich der Haftung von Internetprovidern (namentlich Online-Marktplätzen) D. ROSENTHAL, Internet-Provider-Haftung, N 68 f., vgl. auch HGer ZH SMI 1991, 268, E. 6 («Tabakkartell»), zum Eingreifen vorsorglicher Anordnungen in die Sphäre Dritter.
[496] Vgl. auch HGer ZH SMI 1987, 246, E. 4 («Swiss Residence»), ein Fall einer Kundenklage gemäss Art. 10 Abs. 1.

gleichzeitige Gutheissung eines Unterlassungs- oder Beseitigungsbegehrens und die Gutheissung eines Feststellungsbegehrens oft ausschliessen dürften[497]. Deshalb kann der Verzicht auf die Stellung eines Feststellungsbegehrens aus Gründen der Verminderung des Kostenrisikos naheliegen. Umgekehrt wird ein Feststellungsbegehren bei Gutheissung einer Urteilspublikation regelmässig gutgeheissen[498].

Die **Vollstreckung von Unterlassungs- und Beseitigungsbefehlen**, ggf. auch von gutgeheissenen Ansprüchen gemäss Art. 9 Abs. 2, erfolgt vorwiegend mittels **indirektem Zwang**. Im Vordergrund steht die Androhung der **Ungehorsamsstrafe** gemäss **Art. 292 StGB**[499]. Sie hat von Amtes wegen zu erfolgen[500]. Das kantonale Recht kann andere Arten der Ungehorsamsstrafe vorsehen, wobei auch weiterreichende Zwangsmittel wie bspw. die **Tagesgeldbusse** oder eine der klagenden Person zu entrichtende **Privatstrafe** (astreinte; nur in GE) in Frage kommen[501]. Die Ungehorsamsstrafe gemäss Art. 292 StGB richtet sich bei juristischen Personen (nur) an deren Organe, nicht aber an Hilfspersonen, Beauftragte oder die juristische Person selbst[502]. Je nach Sachlage sind auch **direkter Zwang** (bei unvertretbaren Handlungen; wohl selten in der UWG-Praxis) oder die Durchführung einer **Ersatzvornahme** (bei vertretbaren Handlungen) denkbar.

235

Eine Klage gemäss Art. 9 kann **gleichzeitig** – bspw. aus prozesstaktischen Überlegungen – **gegen mehrere verantwortliche Personen gerichtet werden** (sog. passive Streitgenossenschaft)[503], namentlich auch gegen Organe einer juristischen Person[504]. Sie kann aber auch als Musterklage (zunächst) nur gegen eine Person angehoben werden[505].

236

Die Ansprüche auf **Schadenersatz** und auf **Gewinnherausgabe** gemäss Art. 9 Abs. 3 können wahlweise geltend gemacht werden; insofern besteht ein freies **Wahlrecht** des Verletzten. Die Wahl ist aus prozessualer Sicht rechtsgenüglich vorzubehalten und bis zum Schluss des Beweisverfahrens, d.h. in Kenntnis stufen-

237

---

[497] Dazu DAVID, SIWR I/2, 95 f.
[498] Vgl. N 107.
[499] Zwischen nach Art. 3–6 i.V.m. Art. 23 strafbarem unlauterem Wettbewerb und der Verletzung von Art. 292 StGB besteht Idealkonkurrenz mit der Folge der Strafschärfung gemäss Art. 49 Abs. 1 StGB. Vgl. zu Art. 292 StGB auch Art. 23 N 42 sowie zur Vollstreckung allgemein Vor Art. 12 ff. N 69 f.
[500] Anstelle vieler BGE 104 II 124, 134. Vgl. auch BAUDENBACHER/GLÖCKNER, Kommentar UWG, Art. 9 N 52 ff. m.w.H. zur Sanktionierung. Dabei sollen allfällige kantonale Ungehorsamsstraftatbestände vorgehen, vgl. BGer SMI 1996, 495, 496 («Insoumission»), und BAUDENBACHER/GLÖCKNER, Kommentar UWG, Art. 9 N 54 m.w.H.
[501] Vgl. dazu Art. 12–15 N 69 m.w.H.
[502] Art. 102 StGB ist nicht anwendbar, da Art. 292 StGB einen Übertretungsstraftatbestand darstellt.
[503] BGer 4C.139/2004 sic! 2004, 430, 431 («CAP»); für den Fall einer Persönlichkeitsverletzung auch etwa BGE 133 III 153 ff. («Patty Schnyders Vater»).
[504] Dazu näher HILTI, Immaterialgüterrechtsverletzungen, N 18.80.
[505] DAVID, SIWR I/2, 65; vgl. zur Klage gegen ein Kartellmitglied BGE 104 II 209, 213 («Weissenburger»). Dabei ist der Unterbrechung der Verjährung der (noch) nicht eingeklagten Ansprüche Beachtung zu schenken.

klageweiser geltendgemachter Auskunftsansprüche, auszuüben[506]. Auch mit Bezug auf die Art der **Schadensberechnung** (konkrete Berechnung oder Berechnung nach der Lizenzanalogie oder indizweiser Berücksichtigung des Verletzergewinns) besteht im Rahmen des Schadenersatzanspruchs ein **freies Wahlrecht** der klagenden Person[507].

2. Stufenklage im Besonderen

238   Praktisch bedeutsam ist die Möglichkeit der Geltendmachung reparatorischer Ansprüche (v.a. auf Gewinnherausgabe) mittels **Stufenklage,** wenn zur Anspruchssubstantiierung auf **Beweise** bzw. **Anhaltspunkte** (bspw. Auskünfte/ Informationen/Dokumente/Rechnungslegung) aus der **Sphäre** des **Verletzers** zurückgegriffen werden muss[508]. In deren Rahmen kann ein Begehren um Auskunftserteilung (bspw. Rechnungslegung) mit einer zunächst unbezifferten Forderungsklage auf Leistung des Geschuldeten verbunden werden. Die Bezifferung der Forderungsklage wird dabei nach erfolgter Auskunftserteilung, d.h. sobald sich der Sachverhalt aufgeklärt hat, nach Abschluss des Beweisverfahrens im Rahmen einer Klageänderung «nachgeholt»[509]. Die so gelagerte Stufenklage ist schon von Bundesrechts wegen vorgesehen[510].

239   Im Rahmen einer Stufenklage werden **sekundäre Auskunftsansprüche,** d.h. Hilfsansprüche zur prozessbeförderlichen Durchsetzung eines Hauptanspruchs (z.B. auf Schadenersatz oder Gewinnherausgabe), geltend gemacht. Über sie kann je nach Prozessrecht mittels Teilurteil befunden werden[511]. Sie können sich bei Ansprüchen aus Gewinnherausgabe gemäss Art. 9 Abs. 3 i.V.m. Art. 423 OR aus **materiellem**

---

[506] DAVID, SIWR I/2, 121 f., und HILTI, Immaterialgüterrechtsverletzungen, N 18.131 (mit Beispielen von Rechtsbegehren), vgl. bspw. OGer ZG ZR 1981 Nr. 42, E. II.3. Zur Stufenklage sogleich N 238 ff.
[507] A. TROLLER, Immaterialgüterrecht II, 987, und FISCHER, Schadensberechnung, 33.
[508] Anstelle vieler BAUDENBACHER/GLÖCKNER, Kommentar UWG, Art. 9 N 265 ff. und Art. 13a N 3 ff., HILTI, Immaterialgüterrechtsverletzungen, N 18.132 ff., und A. STAEHELIN/D. STAEHELIN/ P. GROLIMUND, Zivilprozessrecht, § 14 N 6.
[509] Vgl. bspw. BGE 123 III 140, E. 2, und 116 II 215, E. 4, VOGEL/SPÜHLER, Zivilprozessrecht, 7 N 6, HILTI, Immaterialgüterrechtsverletzungen, N 18.136 ff., A. STAEHELIN/D. STAEHELIN/ P. GROLIMUND, Zivilprozessrecht, § 14 N 5 f., sowie LEUMANN LIEBSTER, Stufenklage, bes. 106 ff.
[510] BGE 116 II 215, 219 f.; BGE 123 III 140, 142; BGer 4C.64/2004, E. 3 («Stromspargeräte»). Vgl. auch BGer 4A_36/2009, E. 3.1, zur Abgrenzung des Anwendungsbereichs zur Feststellungsklage: «Wenn der Umfang des Anspruchs ausschliesslich von Dokumenten abhängt, welche die Gegenpartei beibringen kann, besteht kein Grund, mit der Erhebung der [gestuften Leistungs-]Klage zuzuwarten, da die Edition der Dokumente verlangt und der Anspruch nach Abschluss des Beweisverfahrens beziffert werden kann».
[511] Vgl. § 189 Satz 2 ZPO ZH, dazu HGer ZH sic! 2009, 411, E. 2.5.4 («Puma»; MSchG-Fall), vgl. auch den Fall in BGer 4C.290/2005, sic! 2006, 774, E. 1 («Rohrschelle III»; PatG-Fall).

Recht, d.h. aus Art. 2 ZGB bzw. Art. 400 Abs. 1 OR i.V.m. Art. 419 ff. OR, ergeben[512]. Deren Erfüllung ist mittels separatem Rechtsbegehren und nicht bloss mittels der Stellung von Beweisanträgen geltend zu machen[513]. Alternativ können die Auskunftsansprüche ihre Grundlage auch im **Prozessrecht** haben, das **Editionspflichten** der Gegenpartei oder von Dritten speziell vorsehen kann, die über die materiellrechtlichen Auskunftsansprüche hinausgehen können, die vom Bundesrecht gewährt werden[514]. Bei UWG-Streitigkeiten wird jedoch in der Regel ein Vorgehen über die Stufenklage und nicht die Geltendmachung prozessualer Editionspflichten naheliegend sein, da der Inhalt der betreffenden Dokumente meist gerade nicht bekannt sein wird. Zukünftig sollte die Stufenklage ohne weiteres schweizweit einheitlich möglich sein (Art. 85 ZPO-CH)[515].

Bei **Bereicherungsansprüchen** scheint die Praxis die Zulässigkeit der Stufenklage und der Geltendmachung entsprechender Auskunftspflichten wie bei Gewinnherausgabeansprüchen (wohl gestützt auf Art. 2 ZGB) zu bejahen[516]. 240

Ob die Möglichkeit der Auskunftserteilung im Rahmen einer Stufenklage auch bei **Schadenersatzansprüchen** (bspw. aus Art. 2 ZGB) zur Verfügung steht, ist umstritten[517]. Ohnehin ist die Bedeutung hier geringer, da – vor dem Hintergrund der 241

---

[512] BAUDENBACHER/GLÖCKNER, Kommentar UWG, Art. 9 N 265, FISCHER, Schadensberechnung, 44 f. und 107, VOGEL/SPÜHLER, Zivilprozessrecht, 10 N 115 ff., und A. STAEHELIN/ D. STAEHELIN/P. GROLIMUND, Zivilprozessrecht, § 14 N 6 und § 18 N 105 ff., ZK-SCHMID, Art. 423 OR N 123 (Art. 2 ZGB), KOHLER, Vermögensausgleich bei Immaterialgüterrechtsverletzungen, 86 f., und HGer ZH sic! 2009, 411, E. 2.5.2 («Puma»; MSchG-Fall). Die Ableitung aus Art. 400 Abs. 1 OR analog wird jedoch teilweise abgelehnt, vgl. bspw. ZK-SCHMID, Art. 423 OR N 123; a.M. WEBER, ZSR 1992 I 346.

[513] A. STAEHELIN/D. STAEHELIN/P. GROLIMUND, Zivilprozessrecht, § 18 N 110.

[514] Vgl. zur Unterscheidung von materiellen Auskunftspflichten und Editionspflichten BGE 82 II 555, 563 ff., BGer 4C.64/2004, E. 4 («Stromspargeräte»), VOGEL/SPÜHLER, Zivilprozessrecht, 7 N 115 ff., A. STAEHELIN/D. STAEHELIN/P. GROLIMUND, Zivilprozessrecht, § 18 N 105 ff. (bes. N 110 zur Prozesstaktik), GESSLER, SJZ 2004, 434 ff., und LEUMANN LIEBSTER, Stufenklage, 116 ff.

[515] Vgl. bspw. A. STAEHELIN/D. STAEHELIN/P. GROLIMUND, Zivilprozessrecht, § 14 N 6. Aus den Materialien ist bspw. keine Beschränkung auf Gewinnherausgabeansprüche ersichtlich, vgl. Botschaft ZPO, 7287.

[516] Vgl. bspw. BGer 4C.290/2005 sic! 2006, 774, E. 3.1 («Rohrschelle III»; PatG-Fall); dies überzeugt, da auch zur Geltendmachung von Bereicherungsansprüchen Auskünfte aus der Sphäre des Verletzers vonnöten sind und eine grosse Ähnlichkeit mit Gewinnherausgabeansprüchen besteht. Dass Bösgläubigkeit vorausgesetzt ist, sollte daran nichts ändern.

[517] Zustimmend HGer ZH sic! 2001, 41, E. VI.2.2 («70 000 mal günstiger II»), ebenso BGer 4A_142/2007 sic! 2008, 200, E. 6.1 («DVDs»; URG-Fall, in dem aber kantonalrechtliche Editionspflichten gem. Art. 186 Abs. 2 ZPO GE geltend gemacht wurden), ablehnend HGer ZG sic! 2007, 843, E. 4.1 («Saugeinlagen für Lebensmittel II»), allerdings mit wenig überzeugender Begründung und eher veralteten Hinweisen, dazu zu Recht kritisch die Urteilsanmerkung von HESS-BLUMER in sic! 2007, 847 f. (mit umfassender Meinungsübersicht). Befürwortend u.a. schon A. TROLLER, Immaterialgüterrecht II, 987 und 999 f., DAVID, SIWR I/2, 104, BAUDENBACHER/ GLÖCKNER, Kommentar UWG, Art. 9 N 265 und Art. 13a N 3 ff. sowie BORER, Vorgehen, Rz. 13.131 und STAUB, Komm. MSchG, Art. 55 MSchG N 114.

vom BGer propagierten konkreten Schadensberechnungsmethode – Beweise oder zumindest Anhaltspunkte aus der Sphäre der verletzten Person im Vordergrund stehen. Allerdings ist nicht einzusehen, wieso zu deren Ergänzung nicht auch die Beibringung von Beweisen oder Anhaltspunkten aus der Sphäre des Verletzers möglich sein sollte, wenn dies der verletzten Person aus nicht von ihr zu vertretenden Gründen unmöglich oder unzumutbar ist[518]. In jedem Fall sollte es möglich sein, die Erfüllung der Auskunftsansprüche abzuwarten, wenn das Wahlrecht, ob ein Schadenersatz- oder Gewinnherausgabeanspruch geltend gemacht werden soll, noch nicht ausgeübt wurde[519].

242 Auch das Abstellen auf **primäre Auskunftsansprüche** ist denkbar. Solche kennt jedoch nur das **Immaterialgüterrecht,** während sie dem UWG fremd sind[520]. Sie sind nicht zwingend im Rahmen einer Stufenklage geltend zu machen, was je nach Resultat das Kosten- und Prozessrisiko beschränken kann. Die verletzte Person kann das Resultat abwarten und in Kenntnis der Auskunft in einem zweiten Schritt auf Ausgleich (Schadenersatz oder Gewinnherausgabe) klagen.

243 Ein Vorgehen über die Stufenklage und die damit verbundene Geltendmachung von Auskunftsansprüchen ist nur zulässig, wenn die klagende Person **«unverschuldeterweise»** im **Beweisnotstand** ist und sie im Übrigen das ihr Mögliche und Zumutbare getan hat, um ihren Anspruch zu substanziieren. Sie muss der ihr obliegenden Substanzierungspflicht so weit als möglich nachkommen (vgl. Art. 42 Abs. 2 OR).

244 Was die **Nachholung** der **Bezifferung** nach Schluss des Beweisverfahrens anbelangt, sind insoweit die kantonalen Bestimmungen des Zivilprozessrechts zur Klageänderung bzw. zum Novenrecht zu beachten[521].

245 **Gegenstand** der **Auskunft** können je nach Art der unlauteren Verhaltensweise diejenigen Auskünfte aus der Sphäre des Verletzers sein, die für den geltend gemachten Anspruch direkt vonnöten sind, also bspw. die Höhe des Umsatzes, der Gewinnmargen, Gestehungskosten sowie Liefermengen, -zeiten und -preise[522].

---

[518] So auch HESS-BLUMER, sic! 2007, 847 f. m.w.H. Vgl. auch explizit Art. 43 Abs. 1 TRIPS.
[519] So in BGE 133 III 273, 274, und nicht amtl. publ. E. 2.1 («Enter the Matrix»; URG-Fall), KassGer ZH vom 7. Oktober 2008, E. 1.3 («Sammelhefter VII»), und HGer ZH RPW 2006, 730, E. I. («TDC/Swisscom»; KG-Fall). Zum Wahlrecht N 237.
[520] Oben, N 114.
[521] Den Kantonen scheint es unbenommen zu sein, die Klageänderung bzw. Nachholung der Bezifferung nur dann zuzulassen, wenn sie rechtsgenüglich beantragt bzw. vorbehalten wurde (vgl. bspw. ZivGer BS sic! 2005, 762, E. 3b [«Ice Cube»]).
[522] Eher ausser Betracht fällt damit die Angabe der Lieferanten und Abnehmer, vgl. ZivGer BS SMI 1991, 224, E. 6 («Bio Kill»). Dafür bedürfte es – wie in Art. 62 Abs. 1 lit. c URG, Art. 55 Abs. 1 lit. c MSchG und Art. 66 lit. b PatG (neu) seit 1. Juli 2008 explizit vorgesehen und zuvor nur in Art. 35 Abs. 1 DesG vorgesehen – wohl einer spezifischen Anordnung des Gesetzgebers. Ohnehin dürfte deren Angabe zur Berechnung des Gewinns oder des Schadenersatzes irrelevant sein.

Zu beachten ist, dass zur Durchsetzung der (sekundären) Auskunftsansprüche regelmässig keine Zwangsmittel zur Verfügung stehen, die eine direkte Vollstreckung erlauben. Es können also keine Herausgabe- oder Beschlagnahmebefehle ergehen. Bei **unberechtigter Mitwirkungsverweigerung** kann eine negative **Beweiswürdigung** erfolgen, d.h., es kann der klägerischerseits behauptete Sachverhalt als wahr betrachtet werden[523]. 246

Die anbegehrte Auskunft muss **verhältnismässig** sein. Sie kann nur so weit reichen, als der Sachverhalt hinsichtlich der primären Begehren aufgeklärt werden muss[524]. Bereits bekannte Auskünfte oder zugestandene Tatsachen können nicht Gegenstand eines Auskunftsanspruches sein[525]. Berechtigten **Geheimhaltungsinteressen** ist gebührend Rechnung zu tragen[526]. 247

Die benötigte Auskunft kann zudem ggf. auch im Rahmen eines allfälligen **UWG-Strafverfahrens** mittels der Wahrnehmung des **Akteneinsichtsrechts** und weiterer **Mitwirkungsrechte** (Stellung von Ergänzungsfragen, Beweisanträge) erhältlich gemacht werden[527]. 248

In der Praxis kommen – zur Beschränkung des Prozess- und Kostenrisikos – allgemein oder auch im Rahmen von Stufenklagen **Teilklagen** vor, die unter **Vorbehalt** der **Mehrforderung** ergehen[528]. Gleichzeitig kann mit dem Prozess-(kosten)risiko Druck zum Abschluss eines Vergleichs gemacht werden[529]. 249

Scheitert der gemäss Art. 42 Abs. 2 OR erleichterte **Beweis** der **Schadenshöhe** trotz nachgewiesenem Eintritt eines Schadens ganz oder teilweise, besteht je nach der anwendbaren Prozessordnung die Möglichkeit einer **flexiblen Prozesskostenverteilung**[530]. 250

---

[523] Dazu eingehend LEUMANN LIEBSTER, Stufenklage, 201 ff., und HILTI, Immaterialgüterrechtsverletzungen, N 18.139; vgl. auch HGer ZH sic! 2009, 411, E. 2.5.4 («Puma»; MSchG-Fall). Bei materiellrechtlichen Auskunftspflichten, die mittels Teilurteil durchgesetzt werden können, kann die Ungehorsamsstrafe gemäss Art. 292 StGB zur Anwendung gebracht werden, d.h. die Auskunftserteilung kann indirekt durchgesetzt werden.
[524] HGer ZH sic! 2009, 411, E. 2.5.2 («Puma»; MSchG-Fall), wo nur (noch) die Gestehungskosten ungewiss waren. Vgl. auch BGer 4A_142/2007 sic! 2008, 200, E. 6.1 («DVDs»; URG-Fall).
[525] HGer ZH sic! 2009, 411, E. 2.5.2c («Puma»).
[526] Dazu näher die Kommentierung zu Art. 15. Ab 2011 gilt Art. 156 ZPO-CH.
[527] Vgl. zur adhäsionsweisen Geltendmachung von reparatorischen Ansprüchen Art. 27 N 37 ff.
[528] Vgl. bspw. den Fall in BGer 4C.344/2006, E. B (= nicht publ. Erw. von BGE 133 III 189 ff.; «Schmuckschatulle»; DesG-Fall), unter dem Regime der punkto Eventualmaxime strengen ZPO BS. Der Lauf der Verjährung der vorbehaltenen Mehrforderung muss ggf. unterbrochen werden.
[529] HILTI, Immaterialgüterrechtsverletzungen, N 18.89.
[530] Dazu HILTI, Immaterialgüterrechtsverletzungen, N 18.44, vgl. zukünftig explizit Art. 107 Abs. 1 lit. a ZPO-CH für den Fall, dass «die Klage zwar grundsätzlich, aber nicht in der Höhe der Forderung gutgeheissen wurde und diese Höhe vom gerichtlichen Ermessen abhängig oder die Bezifferung des Anspruchs schwierig war».

251 Bei **mutwilligen Klagen** oder auch bei «Einschüchterungsklagen» kann der daraus entstehende **Schaden** auf dem Wege der Parteientschädigung und der Geltendmachung der ausserprozessualen Kosten geltend gemacht werden. Zu Schaden führende mutwillige Klageführung kann zudem selbst gemäss Art. 2 unlauter sein und zu reparatorischen Ansprüchen führen. Soweit vorsorgliche Massnahmen zu Unrecht verfügt wurden, besteht ein separater verschuldensunabhängiger Schadenersatzanspruch gestützt auf Art. 14 i.V.m. Art. 28f Abs. 1 ZGB[531].

---

[531] Dazu Art. 14 N 110 ff.

Art. 10

Klagen von Kunden und Organisationen sowie des Bundes

¹ Die Klagen gemäss Artikel 9 stehen ebenso den Kunden zu, die durch unlauteren Wettbewerb in ihren wirtschaftlichen Interessen bedroht oder verletzt sind.

² Ferner können nach Artikel 9 Absätze 1 und 2 klagen:
a. Berufs- und Wirtschaftsverbände, die nach den Statuten zur Wahrung der wirtschaftlichen Interessen ihrer Mitglieder befugt sind;
b. Organisationen von gesamtschweizerischer oder regionaler Bedeutung, die sich statutengemäss dem Konsumentenschutz widmen;
c. der Bund, wenn er es zum Schutz des Ansehens der Schweiz im Ausland als nötig erachtet und die klageberechtigten Personen im Ausland ansässig sind.

Actions de clients, d'organisations ainsi que de la Confédération

¹ Les actions prévues à l'art. 9 peuvent aussi être intentées par les clients dont les intérêts économiques sont menacés ou lésés par un acte de concurrence déloyale.

² Les actions prévues à l'art. 9, al. 1 et 2, peuvent en outre être intentées par:
a. les associations professionnelles et les associations économiques que leurs statuts autorisent à défendre les intérêts économiques de leurs membres;
b. les organisations d'importance nationale ou régionale qui se consacrent statutairement à la protection des consommateurs;
c. la Confédération, lorsqu'elle le juge nécessaire pour protéger la réputation de la Suisse à l'étranger et que les personnes qui ont le droit d'intenter action résident à l'étranger.

Azioni di clienti, di organizzazioni e della Confederazione

¹ Le azioni previste nell'articolo 9 possono pure essere proposte da clienti minacciati o lesi da concorrenza sleale nei loro interessi economici.

² Le azioni previste nell'articolo 9 capoversi 1 e 2 possono inoltre essere proposte da:
a. associazioni professionali ed economiche autorizzate dai loro statuti a difendere gli interessi economici dei loro membri;
b. organizzazioni d'importanza nazionale o regionale che per statuto si dedicano alla protezione dei consumatori;
c. la Confederazione, se essa ritiene necessario proteggere la reputazione della Svizzera all'estero e se le persone che hanno la legittimazione attiva risiedono all'estero.

Action by Customers, Organisations and the Confederation

¹ Actions under Article 9 may also be brought by customers whose economic interests are threatened or infringed by an act of unfair competition.

² Actions under Article 9 paragraphs 1 and 2 may also be brought by:
a. professional and trade associations whose articles of association authorise them to defend the economic interests of their members;

b. organisations of national or regional significance devoted by their articles of association to consumer protection;
c. the Confederation, if it considers it necessary in order to protect the reputation of Switzerland abroad and on behalf of those living abroad who have the right to bring action.

Inhaltsübersicht

		Note	Seite
I.	Normzweck	1	778
II.	Entstehungsgeschichte	4	779
III.	Systematik und Verhältnis zu anderen Vorschriften	7	781
IV.	Kundenindividualklage (Art. 10 Abs. 1)	17	785
	1. Voraussetzungen	17	785
	a) Eigenschaft der klagenden Person als «Kunde»	17	785
	b) Bedrohung oder Verletzung wirtschaftlicher Interessen	18	786
	2. Bedeutung	19	787
V.	Verbandsklage (Art. 10 Abs. 2 lit. a)	20	788
	1. Voraussetzungen	20	788
	a) Klage einer mitgliedschaftlich organisierten juristischen Person	20	788
	b) Eigenschaft als Berufs- oder Wirtschaftsverband	22	789
	c) Statutarische Befugnis zur Wahrnehmung von wirtschaftlichen Mitgliederinteressen	24	789
	d) Betroffenheit der entsprechenden Mitgliederinteressen	25	790
	e) Geltendmachung von negatorischen Ansprüchen	26	791
	2. Bedeutung	27	791
VI.	Konsumentenschutzorganisationsklage (Art. 10 Abs. 2 lit. b)	28	791
	1. Voraussetzungen	28	791
	a) Eigenschaft als Konsumentenschutzorganisation	28	791
	b) Gesamtschweizerische oder regionale Bedeutung	29	792
	c) Konsumentenschutz als statutarischer Zweck	30	792
	d) Betroffenheit der statutarisch zu schützenden Konsumenteninteressen	31	793
	e) Geltendmachung von negatorischen Ansprüchen	32	793
	2. Bedeutung	33	794
VII.	Bundesklage (Art. 10 Abs. 2 lit. c)	34	794
	1. Voraussetzungen	34	794
	a) Klage durch den Bund	34	794
	b) Erforderlichkeit der Klage zum Schutz des Ansehens der Schweiz im Ausland	35	795
	c) Ansässigkeit von klageberechtigten Personen im Ausland	37	796
	d) Anwendbarkeit des Schweizer Rechts	39	797
	e) Geltendmachung von negatorischen Ansprüchen	40	798
	2. Bedeutung und Ausblick	41	799
VIII.	Verfahrensfragen	45	801

Literatur

C. BAUDENBACHER (Hrsg.), Lauterkeitsrecht – Kommentar zum Gesetz gegen den unlauteren Wettbewerb (UWG), Basel 2001, Kommentierung zu Art. 10; DERS., Probleme der Rechtsverfolgung im schweizerischen Recht des unlauteren Wettbewerbs, GRUR Int. 1980, 344 ff.; M. BERNI, Verbandsklagen als Mittel privatrechtlicher Störungsabwehr, Prozessführung durch Dritte am Beispiel der Verbandsklagen des Lauterkeits- und Kartellrechts, Bern 1992; P. BOIS/ P. SCHWEIZER, La qualité pour agir d'un syndicat, plädoyer 1989, 62 ff.; A. BRUNNER, AVB und Verbandsklage, in: S. Weber/S. Fuhrer (Hrsg.), Retouchen oder Reformen? – Die hängigen Gesetzesrevisionen im Bereich Haftung und Versicherung auf dem Prüfstand, Zürich 2004, 167 ff.; DERS., Neues Konsumentenschutzrecht im revidierten UWG, plädoyer 1990, 36 ff.; B. VON BÜREN, Kommentar zum Bundesgesetz über den unlautern Wettbewerb vom 30. September 1943 unter Einschluss der Ausverkaufsverordnung vom 16. April 1947, Zürich 1957, Art. 2–4 N 52 ff.; R. VON BÜREN/E. MARBACH/P. DUCREY, Immaterialgüter- und Wettbewerbsrecht, 3. Aufl., Bern 2008, N 983 ff.; J. BUSSMANN, Aktivlegitimation im Wettbewerbsrecht, SMI 1969, 312 ff.; L. DAVID, in: R. von Büren/L. David (Hrsg.), SIWR I/2, Der Rechtsschutz im Immaterialgüterrecht, 2. Aufl., Basel 1998, 61 ff. und 130 ff.; DERS., Was soll die Klage des Bundes im UWG?, in: C. Meier-Schatz (Hrsg.), Neue Entwicklungen des UWG in der Praxis, Bern 2002, 151 ff.; L. DAVID/R. JACOBS, Schweizerisches Wettbewerbsrecht, 4. Aufl., Bern 2005, N 16.25 ff.; R. GMÜR, Rechtsschutz aus der Sicht des Konsumenten, ZSR 1988 II, 441 ff.; P. JUNG, Tendenzen im Recht gegen den unlauteren Wettbewerb, in: R. Trigo Trindade/H. Peter/C. Bovet, Liber Amicorum Anne Petitpierre-Sauvain, Economie, Environnement, Ethique, Genf 2009, 201 ff.; E.A. KRAMER, Konsumentenschutz als neue Dimension des Privat- und Wettbewerbsrechts, ZSR 1979 I, 49 ff.; M. KUMMER, Anwendungsbereich und Schutzgut der privatrechtlichen Rechtssätze gegen den unlauteren und freiheitsbeschränkenden Wettbewerb, Bern 1960; D. LENGAUER, Zivilprozessuale Probleme bei der gerichtlichen Verfolgung von publikumswirksamen Wettbewerbsverstössen, Zürich 1995; D. LINDER, Das UWG als Ansatz des Konsumentenschutzes: Instrumentalisierung des Lauterkeitsrechts im Hinblick auf den Schutz von Konsumenteninteressen?, Zürich 1994; E. MARTIN-ACHARD, La loi fédérale contre la concurrence déloyale du 19 décembre 1986 (LCD), Lausanne 1988, 94 ff.; M.M. PEDRAZZINI/F.A. PEDRAZZINI, Unlauterer Wettbewerb, UWG, 2. Aufl., Bern 2002, N 17.06 f.; G. RAUBER, Klageberechtigung und prozessuale Bestimmungen (Art. 9–15 UWG), in: R. von Büren/L. David (Hrsg.), SIWR V/1, Lauterkeitsrecht, 2. Aufl., Basel 1998, 241 ff.; G. ROOS, Das Klagerecht der Berufs- und Wirtschaftsverbände nach dem Bundesgesetz über den unlauteren Wettbewerb, Bern 1947; F. SCHÖBI, Konsumentenschutz, Wo steht die Gesetzgebung Ende 2009?, Jusletter vom 9. November 2009, N 6 ff.; A. STAEHELIN/D. STAEHELIN/ P. GROLIMUND, Zivilprozessrecht nach dem Entwurf für eine Schweizerische Zivilprozessordnung und weiteren Erlassen – unter Einbezug des internationalen Rechts, Zürich 2008; B. STAUDER, Die AGB-Verbandsklage nach dem UWG-Entwurf, in: F. Gilliard (Hrsg.), Konsumentenschutz – wie weiter? Défense des consommateurs: Quel progrès?, Bern 1985, 83 ff.; G. SUTTER, Zum Klagerecht des Staates im UWG, in: A. Brunner/M. Rehbinder/B. Stauder (Hrsg.), Jahrbuch des Schweizerischen Konsumentenrechts 2001, Bern 2002, 145 ff.; P. TERCIER, Die Verbandsklage der Konsumentenorganisationen im Entwurf zum neuen Konsumkreditgesetz, in: H. Giger/W.R. Schluep (Hrsg.), Entwicklungstendenzen im schweizerischen Konsumkreditrecht, Zu den Entwürfen eines neuen Konsumkreditgesetzes, Zürich 1979, 215 ff.; A. TROLLER, Immaterialgüterrecht, Bd. II, 3. Aufl., Basel 1985, 1014 f. und 1017 f.; E. WOLF/H. STOFER, Unlauterer Wettbewerb und Konsumentenschutz, SJZ 1973, 81 ff.

I. Normzweck

1 Art. 10 enthält klarstellende und erweiternde Regelungen zur **Aktivlegitimation** (zum Begriff Art. 9 N 8), um die Effektivität der privatrechtlichen Durchsetzung des Lauterkeitsrechts zu erhöhen. Dabei wirken sich die in Art. 10 statuierten Klageberechtigungen auch auf das UWG-Strafrecht aus, da über Art. 23 Abs. 2 aus der Aktivlegitimation die **Strafantragsberechtigung** folgt (Art. 23 N 73)[1]. Abs. 1 stellt zunächst klar, dass eine Bedrohung oder Verletzung der wirtschaftlichen Interessen, die nach Art. 9 Abs. 1 die Aktivlegitimation für alle negatorischen und reparatorischen UWG-Ansprüche i.S.v. Art. 9 begründet, nicht nur bei Konkurrenten, sondern auch bei Personen der Marktgegenseite («Kunden») vorliegen kann (sog. **Kundenindividualklage;** zu eng auch sog. Konsumentenindividualklage[2]). Mit der Kundenindividualklage wird das Lauterkeitsrecht – zumindest theoretisch – zugleich in den Dienst des individuellen Erwerber- und insbesondere des Konsumentenschutzes gestellt.

2 In Abs. 2 lit. a und lit. b wird darüber hinaus eine Klageberechtigung von Berufs- und Wirtschaftsverbänden sowie von Konsumentenschutzvereinigungen geschaffen, die zwar unabhängig von einer Bedrohung bzw. Verletzung von Interessen des Gesamtverbands und einer individuellen Klageberechtigung einzelner Mitglieder gegeben, andererseits aber auf die negatorischen Ansprüche von Art. 9 Abs. 1 und Abs. 2 beschränkt ist (sog. **altruistische Verbandsklage**)[3]. Die genannten Verbände sollen als «Wettbewerbshüter» die kollektiven Interessen ihrer Mitglieder[4] und der Allgemeinheit wahren, was eine sich daraus reflexmässig ergebende Vertretung von Partikularinteressen mit einschliessen kann (vgl. auch N 25). Darüber hinaus kann die Verbandsklage mit dem Gedanken gerechtfertigt werden, dass die Mitglieder den Verbänden die rechtliche Wahrung ihrer eigenen persönlichen Interessen übertragen haben[5]. So kann sich ein Verband beispielsweise zum Schutz seiner Mitglieder gegen Herabsetzungen oder Boykottaufrufe zur Wehr setzen. Die Vor-

---

[1] Siehe dazu etwa BGE 120 IV 154, 160 («Verein gegen Tierfabriken»); BGE 129 IV 305, 307 («Adressbuchschwindel»).

[2] Zu dieser Bezeichnung nur Botschaft UWG, 1076.

[3] Demgegenüber sieht das deutsche Recht zwar ebenfalls keinen lauterkeitsrechtlichen Verbandsschadenersatzanspruch vor, kennt jedoch zum Ausgleich sog. Streuschäden im Bagatellbereich einen Gewinnabschöpfungsanspruch von Verbänden (§ 10 dUWG), dessen Ertrag der betreffende Verband – ggf. gegen Erstattung seiner (Rechtsverfolgungs-)Aufwendungen – an den Bundeshaushalt abliefern muss (näher KÖHLER, in: W. Hefermehl/H. Köhler/J. Bornkamm [Hrsg.], Gesetz gegen den unlauteren Wettbewerb, 28. Aufl., München 2010, § 9 N 1.11 und § 10 N 1 ff.).

[4] Hier geht es gerade auch um den Schutz der Kleinunternehmer gegen unlauteren Wettbewerb; dazu schon zum alten Recht B. VON BÜREN, Kommentar UWG, Art. 2–4 N 53, und BGE 103 II 294, 301 («Filmgestalter»).

[5] Dazu bereits B. VON BÜREN, Kommentar UWG, Art. 2–4 N 53 ff. m.w.N., und für die Wahrung des Persönlichkeitsrechts der Mitglieder BGE 73 II 65, 67 ff.

schrift beschreitet auf diese Weise einen Mittelweg zwischen der Verbandsklage zur Wahrung eigener Verbandsinteressen und der Popularklage. Sie begründet gleichzeitig eine Alternative zur Sammelklage (N 8)[6].

Schliesslich besteht seit 1992 in **Abs. 2 lit. c** eine ebenfalls auf negatorische Ansprüche beschränkte Klagebefugnis des Bundes zum Schutz des Ansehens der Schweiz im Ausland[7]. Als privatrechtliche Klageberechtigung des Bundes stellt diese sog. **Bundesklage** bislang ein Unikum im Schweizer Recht dar, die als Reaktion insbesondere auf den von der Schweiz aus betriebenen grenzüberschreitenden sog. Adressbuchschwindel (Art. 2 N 44 f.) eingeführt wurde[8].

3

II. Entstehungsgeschichte

Eine **Kundenindividualklage**, die allerdings auf Schadenersatz- und Genugtuungsansprüche beschränkt war, fand sich bereits in Art. 2 Abs. 2 aUWG 1943[9]. Um schon vom Wortlaut her klarzustellen, dass die Kundenklage keine eigentliche Schädigung voraussetzt und sich nunmehr auch auf die negatorischen Ansprüche erstreckt, wurde einerseits das in Art. 10 Abs. 1 E-UWG 1983 statt «geschädigt» vorgeschlagene Wort «verletzt»[10] übernommen und andererseits in Anlehnung an den Entwurf der Expertenkommission[11] im Rahmen der parlamentarischen Beratungen das Wort «bedroht» in die geltende Fassung der Vorschrift eingefügt[12]. Hierdurch wurde dem Umstand Rechnung getragen, dass es für die auf der Marktgegenseite Betroffenen oft schwierig war, eine konkrete Schädigung nachzuweisen. Die im Zuge der Einführung der Kundenklage durch das UWG 1943[13] und ihrer Erweiterung durch das UWG 1986[14] befürchteten «mutwilligen» Klagen sind bis heute ausgeblieben.

4

---

[6] BRUNNER, AVB und Verbandsklage, 167, 171 f.; zum Verzicht auf die Sammelklage in der zum 1.1.2011 in Kraft tretenden ZPO-CH A. STAEHELIN/D. STAEHELIN/GROLIMUND, Zivilprozessrecht, § 13 N 23.
[7] Eingehend dazu G. SUTTER, JKR 2001, 145 ff.
[8] Siehe dazu den Bericht EJPD 1991, 356 ff.
[9] Der Wortlaut von Art. 2 Abs. 2 aUWG beschränkte die Aktivlegitimation auf Kunden, «die durch unlauteren Wettbewerb in ihren wirtschaftlichen Interessen geschädigt sind»; dazu auch B. VON BÜREN, Kommentar UWG, Art. 2–4 N 52 m.w.N.
[10] Nach der Botschaft UWG, 1076, sollte mit der Neuformulierung zwar gerade zum Ausdruck gebracht werden, dass eine Kundenklage auch schon bei blosser Gefährdung wirtschaftlicher Interessen eröffnet sein sollte, doch kam dies in dem neu vorgeschlagenen Wort «verletzt» nur unzureichend zum Ausdruck.
[11] Art. 8 Abs. 2 VE-UWG 1980 enthielt die Wendung «geschädigt oder gefährdet».
[12] Vgl. aus den parlamentarischen Beratungen LÜCHINGER, Amtl. Bull. NR 1985, 844 (zu Art. 9), und M. COTTI, Amtl. Bull. NR 1985, 846.
[13] Dazu B. VON BÜREN, Kommentar UWG, Art. 2–4 N 52 m.w.N.
[14] Siehe dazu die Voten von WEBER und FISCHER, Amtl. Bull. NR 1985, 845 (zu Art. 9).

5 Die **Verbandsklage der Berufs- und Wirtschaftsverbände** nach Art. 10 Abs. 2 lit. a kennt mit Art. 2 Abs. 3 aUWG 1943 ebenfalls eine Vorläuferregelung, die auch auf die Aktivlegitimation von **Konsumentenschutzorganisationen**[15] angewendet wurde. Bis zum Inkrafttreten des UWG 1986 bestand die Verbandsklagebefugnis jedoch nur unter der restriktiven Voraussetzung, dass auch einzelne Mitglieder des Verbandes zur Klage berechtigt waren[16]. Damit blieb die Klagebefugnis «mitgliederlosen» Verbänden wie insbesondere Konsumentenschutzorganisationen bereits vom Ansatz her verwehrt[17]. Für die Konsumentenschutzorganisationen ergab sich zudem die zusätzliche Einschränkung, dass die individuelle Klageberechtigung ihrer Mitglieder anders als diejenige der Mitglieder der (auch) Konkurrenten vertretenden Berufs- und Wirtschaftsverbände noch bis zum UWG 1986 von einer Schädigung abhängig war (N 4). Diese indirekte **Benachteiligung der Konsumentenschutzorganisationen widersprach** spätestens dem 1981 in die **Bundesverfassung** aufgenommenen sog. **Konsumentenschutzartikel,** wonach die Konsumentenschutzorganisationen nicht nur generell mit effektiven Rechtsmitteln (Art. 31^{sexies} Abs. 2 S. 1 aBV; jetzt Art. 97 Abs. 2 S. 1 BV), sondern gerade im Bereich des UWG auch mit den gleichen (Klage-)Rechten wie die Berufs- und Wirtschaftsverbände auszustatten sind (Art. 31^{sexies} Abs. 2 S. 2 aBV; jetzt Art. 97 Abs. 2 S. 2 BV). Daher wurde im Entwurf zur UWG-Totalrevision von 1983 das Klagerecht der Konsumentenschutzorganisationen neben demjenigen der Berufs- und Wirtschaftsverbände (Art. 11 Abs. 2 lit. a E-UWG) noch ausdrücklich in Art. 11 Abs. 2 lit. b E-UWG verankert[18] und für alle Organisationen auf das **Erfordernis einer Klagebefugnis einzelner Mitglieder verzichtet**[19]. Der mit dem Vorschlag der Expertenkommission von 1980[20] übereinstimmende Entwurfstext blieb in den parlamentarischen Beratungen unbestritten[21] und wurde daher wortgleich in Art. 10 Abs. 2 lit. a und b übernommen. Die Ausweitung der kollektiven Klagerechte war ein Hauptanliegen der Revision des UWG von 1986[22].

6 Das Institut der **Bundesklage** hat keinen Vorläufer im aUWG 1943[23]. Eine weitreichende Aktivlegitimation des Bundes wurde **erstmals im Expertenentwurf von 1980** angeregt[24] und in Art. 11 des bundesrätlichen UWG-Entwurfs von 1983[25]

---

[15] Zu deren Aktivlegitimation bereits unter dem aUWG ausdrücklich die Botschaft 1942, 694 f.
[16] Zum Verbandsklagerecht unter dem aUWG 1943 näher A. TROLLER, Immaterialgüterrecht II, 1017 f.
[17] Krit. Botschaft UWG, 1077.
[18] Damit erübrigte sich die Diskussion um die direkte Geltung von Art. 31^{sexies} aBV.
[19] Näher Botschaft UWG, 1077 f.
[20] Art. 8 Abs. 3 lit. a und lit. b VE-UWG 1980.
[21] Amtl. Bull. NR 1985, 845, und SR 1986, 423.
[22] Botschaft UWG, 1076 sowie 1018 f., 1027 f. und 1053 ff.
[23] Vgl. dazu den Hinweis bei A. TROLLER, Immaterialgüterrecht II, 1018 mit Fn. 19, wonach der Gesetzgeber den wirtschaftlichen Wettbewerb nicht einer Polizeikontrolle habe unterstellen wollen.
[24] Art. 9 VE-UWG 1980 lautete: «Ergeben sich in Abklärungen nach Art. 32 Indizien für unlauteren Wettbewerb, so kann der Bund, soweit das öffentliche Interesse an der Gewährleistung des laute-

übernommen. Danach sollten dem Bund die negatorischen UWG-Klagen zustehen, sofern die Abklärungen nach Art. 25 ff. E-UWG 1983, die bei Anzeichen für unlauteren Wettbewerb mit Betroffenheit eines ganzen Wirtschaftszweiges eingeleitet werden konnten, einen entsprechenden Wettbewerbsverstoss bestätigten. Hierdurch sollte den im Allgemeininteresse liegenden wettbewerbsfunktionalen Aspekten des Lauterkeitsrechts die nötige Nachachtung verschafft werden[26]. Für die Bundesklage sollte nach Art. 13 E-UWG 1983 die letzte kantonale Instanz zuständig sein. Die so ausgestaltete Bundesklage stiess jedoch auf erhebliche Vorbehalte und wurde daher auf Empfehlung der vorberatenden Kommission des Nationalrats im Verlaufe der parlamentarischen Beratungen in National- und Ständerat ersatzlos gestrichen[27]. Daher fand eine **eng begrenzte** (N 34 ff.) und mit dem Vorschlag der Expertenkommission von 1980 nicht vergleichbare **Bundesklage erst 1992** als Begleitmassnahme im Zuge einer Änderung des Vermögensstrafrechts Eingang in Art. 10 Abs. 2 lit. c UWG[28] und blieb seither unverändert. Die **Bundesklage soll** jedoch im Rahmen der laufenden UWG-Revision **deutlich erweitert werden** (Art. 10 Abs. 3 E-UWG 2009; näher N 43)[29].

III. Systematik und Verhältnis zu anderen Vorschriften

Aufgrund des weit gefassten Wortlauts von Art. 9 Abs. 1 («Wer ... sonst in seinen wirtschaftlichen Interessen bedroht oder verletzt wird») könnte die **Kundenindividualklage** zumindest in Bezug auf die unternehmerisch tätigen Personen, wenn nicht sogar auf die zu privaten Zwecken handelnden, aber über wirtschaftliche Interessen verfügenden Konsumenten **bereits aus Art. 9** hergeleitet werden. Aus dem unmittelbaren Kontext in Art. 9 Abs. 1[30] und dem Zusammenspiel mit Art. 10 Abs. 1 ergibt sich jedoch, dass der Gesetzgeber glaubte, noch eine eigene, klarstellende Regelung zur generellen Aktivlegitimation von «Kunden» schaffen zu müssen, und in Art. 9 Abs. 1 offenbar nur oder zumindest vorrangig an die Konkur-

7

---

ren Wettbewerbs dies erfordert, die Ansprüche nach Art. 8 Abs. 1 Buchst. a bis c auf dem Klageweg geltend machen.»

[25] Botschaft UWG, 1079.
[26] Botschaft UWG, 1079.
[27] Berichterstatter LÜCHINGER sprach von einer «staatlichen Interventionsordnung» und verwies darauf, dass das UWG eine Privatrechtsgesetzgebung bleiben solle (Amtl. Bull. NR 1985, 847); vgl. auch SR 1986, 423; krit. zur Streichung des allgemeinen Klagerechts des Bundes DAUDEN-BACHER/BANKE, Kommentar UWG, Art. 10 N 6.
[28] Zu den Motiven siehe den Bericht EJPD 1991, 356 ff.; dazu auch G. SUTTER, JKR 2001, 145, 148 ff., und krit. DAVID, Klage des Bundes, 152 ff.
[29] Siehe dazu auch Erläuternder Bericht VE-UWG 2008, 10 und 19 f.
[30] Hier ist von einer Bedrohung bzw. Verletzung «in seiner Kundschaft, seinem Kredit oder beruflichen Ansehen, in seinem Geschäftsbetrieb» und mithin von unternehmerischen Belangen die Rede.

renten des Verletzers und deren spezifische wirtschaftliche Interessen gedacht hat[31]. Eine Kundenindividualklage enthielt früher auch Art. 27 aMSchG; die Vorschrift fand jedoch keinen Eingang in das neue MSchG von 1992. Die Kundenindividualklage konkurriert mit den individuellen (vor)vertraglichen und deliktischen Ansprüchen und Gestaltungsrechten der Erwerber nach **allgemeinem Privatrecht** (Vertragsnichtigkeit, Anfechtung wegen Irrtums, Übervorteilung, Täuschung oder Drohung, Gewährleistungsrechte, Ansprüche aus culpa in contrahendo, Widerrufsrecht, deliktische Haftung bei widerrechtlicher Schadenzufügung)[32]. Insoweit können sich die allgemeinen vertrags- und deliktsrechtlichen Rechtsbehelfe sowie die spezifischen lauterkeitsrechtlichen Ansprüche (Art. 9) wechselseitig ergänzen (näher Einl. N 10 ff.)[33].

8   Die in **Art. 10 Abs. 2 lit. a und lit. b** geregelte altruistische Verbandsklage, mit der der Berufs- bzw. Wirtschaftsverband oder die Konsumentenschutzorganisation aus eigenem Recht kollektive Interessen der Mitglieder oder der Allgemeinheit wahren, ist **zu unterscheiden von:**

- der sog. **Verbandsklage im eigenen Interesse** («egoistische» Verbandsklage), mit der ein Verband bzw. eine Konsumentenschutzorganisation unmittelbar nach Art. 9 und Art. 10 Abs. 1 eigene Interessen als Konkurrent(in) bzw. Person auf der Marktgegenseite wahrnimmt[34]. Die Klage unterliegt den von der Rechtsprechung auch ausserhalb des UWG entwickelten allgemeinen Bedingungen und basiert auf der prinzipiellen Gleichstellung der juristischen mit den natürlichen Personen (Art. 53 ZGB), aus der sich insbesondere ein eigenes Persönlichkeitsrecht der rechtsfähigen Verbände bzw. Organisationen sowie ein Recht auf freie wirtschaftliche Entfaltung ableiten lassen[35]. Eine Organisation, die nur ideelle Ziele verfolgt und/oder nicht gewinnstrebig ist, kann ebenfalls von unlauterem Wettbewerb betroffen sein;
- der **Aktivlegitimation kraft Zession,** bei der der Verband bzw. die Konsumentenschutzorganisation nach einer zumeist treuhänderischen Abtretung von Ansprüchen Betroffener (v.a. Mitglieder) als Zessionar(in) aus eigenem Recht vorgeht und damit Partei ist[36];
- der **Prozessstandschaft**[37], bei der der Verband aufgrund einer gesonderten Ermächtigung ohne eigene Aktivlegitimation fremde Ansprüche im eigenen Namen als Prozesspartei geltend macht, wobei das Schweizer Zivilprozessrecht

---

[31] RAUBER, SIWR V/1, 260; PEDRAZZINI/PEDRAZZINI, UWG, N 16.02.
[32] PEDRAZZINI/PEDRAZZINI, UWG, N 16.25.
[33] Zum Ganzen demnächst eingehend SZABÓ (Basler Dissertation).
[34] Dazu etwa BGE 121 III 168, 174 («Buchbinder-GAV») und BGE 126 III 239, 243 («berneroberland.ch») sowie PEDRAZZINI/PEDRAZZINI, UWG, N 16.28.
[35] BGE 121 III 168, 171 und 174 («Buchbinder-GAV»).
[36] Siehe dazu etwa BGer Pra 1960 Nr. 50, 144, E. 2., und B. VON BÜREN, Kommentar UWG, Art. 2–4 N 56.
[37] RAUBER, SIWR V/1, 249.

nur eine gesetzliche (z.B. Art. 89 ZPO-CH) und nicht auch eine rechtsgeschäftliche Ermächtigung (sog. gewillkürte Prozessstandschaft)[38] anerkennt;
- der **Prozessvertretung,** bei der der Verband fremde Ansprüche aufgrund einer blossen Prozessvollmacht geltend macht und damit selbst nicht Prozesspartei ist[39];
- der **Nebenintervention,** bei der der Verband einem von einem Dritten (zumeist einem Mitglied) geführten Wettbewerbsprozess beitritt[40], wobei dies nur möglich ist, wenn ein rechtserhebliches und nicht rein wirtschaftliches sog. Interventionsinteresse besteht[41].

Die **reparatorischen Ansprüche** i.S.v. Art. 9 Abs. 3 können nur im Rahmen der egoistischen Verbandsklage, der Prozessführung kraft Zession, der Prozessstandschaft und der Prozessvertretung geltend gemacht werden. Streuschäden werden von den Verbänden bzw. Konsumentenschutzorganisationen de lege lata am besten kraft Zession aus eigenem Recht eingeklagt, nachdem sie sich die Ansprüche geschädigter Mitglieder und ggf. Dritter haben abtreten lassen.

Im Gegensatz zu Art. 10 UWG und zu Art. 8 Abs. 2 KG 1985 enthält das geltende **KG 1995/2003** aufgrund seiner Betonung der verwaltungsrechtlichen Durchsetzung des Kartellrechts keine ausdrückliche Regelung zur altruistischen Verbandsklage mehr. Nach h. M. können dennoch alle Verbände, die statutarisch mit der Wahrung der Interessen ihrer Mitglieder betraut wurden, anstelle ihrer Mitglieder zivilrechtlich klagen, sofern die Mitglieder aufgrund ihrer Beteiligung am Wettbewerb selbst nach Art. 12 KG aktivlegitimiert sind[42]. Die zivilrechtliche Klagebefugnis von Verbänden und Organisationen reicht damit in jedem Fall im Lauterkeitsrecht deutlich weiter als im Kartellrecht, da die Konsumentenschutzorganisationen nach Art. 10 Abs. 2 lit. b UWG und die Verbände nach Art. 10 Abs. 2 lit. a auch unab-

---

[38] Siehe dazu nur BGE 78 II 265, 274; A. STAEHELIN/D. STAEHELIN/GROLIMUND, Zivilprozessrecht, § 13 N 26; auch die zum 1.1.2011 in Kraft tretende ZPO-CH wird keine Regelung zur gewillkürten Prozessstandschaft enthalten; das deutsche Zivilprozessrecht kennt hingegen eine gewillkürte Prozessstandschaft, die neben der Ermächtigung aber voraussetzt, dass der Prozessstandschafter an der Prozessführung aufgrund seiner besonderen Beziehungen zu dem(n) Aktivlegitimierten (z.B. gesellschaftsrechtliche Verbindung) ein eigenes schutzwürdiges Interesse an der Rechtsverfolgung hat.
[39] Dazu etwa B. VON BÜREN, Kommentar UWG, Art. 2–4 N 56.
[40] Vgl. dazu stellvertretend für die noch geltenden kantonalen Zivilprozessrechte die ab 1.1.2011 geltenden Art. 74 ff. ZPO-CH.
[41] Hierzu muss die Entscheidung des Rechtsstreits durch ihren Inhalt oder ihre Vollstreckung unmittelbar oder mittelbar auf die Rechtsverhältnisse des Nebenintervenienten rechtlich einwirken können (dazu generell HABSCHEID, Schweizerisches Zivilprozess- und Gerichtsorganisationsrecht, Basel 1990, § 26 N 316); siehe zur Verneinung eines solchen Interesses im Falle eines Verbandes zum Schutz der Ursprungsbezeichnung «Cognac», der dem Schweizer Exklusivvertreter einer Cognacmarke gegen einen potenziellen Verletzer beistehen wollte, OGer SZ SMI 1988, 249, E. 2 («Cognac»).
[42] Zum Diskussionsstand A. HAHN, in: Baker & McKenzie (Hrsg.), Kartellgesetz, Handkommentar, Bern 2007, Art. 12 N 13.

hängig von einer Aktivlegitimation ihrer Mitglieder klagen können. Selbst im Verwaltungsverfahren gewährt Art. 43 Abs. 1 lit. b KG den Berufs- und Wirtschaftsverbänden die Möglichkeit zur Beteiligung nur unter der Voraussetzung, dass sich auch Mitglieder des Verbands oder eines Unterverbands an der Untersuchung beteiligen könnten. Immerhin verfügen die Konsumentenschutzorganisationen im Verwaltungsverfahren nach Art. 26 und 43 Abs. 1 lit. c KG über ein der zivilrechtlichen Aktivlegitimation nach Art. 10 Abs. 2 lit. b UWG vergleichbares Beteiligungsrecht. Ferner können sie nach Art. 21 PüG Beschwerde gegen Verfügungen des Preisüberwachers einlegen.

11 Im **Immaterialgüterrecht** enthält nur **Art. 56 MSchG** eine mit Art. 10 Abs. 2 lit. a und lit. b vergleichbare, aber sachlich eingeschränkte Klageberechtigung von Berufs- und Wirtschaftsverbänden sowie von Konsumentenschutzorganisationen für negatorische Ansprüche zum Schutz von Herkunftsangaben sowie von Garantie- oder Kollektivmarken. Aus **Art. 28 Hs. 1 PatG** ergibt sich zudem die Aktivlegitimation von Verbänden zur Erhebung der Patentnichtigkeitsklage. Das Urheberrecht kennt schliesslich noch die gebündelte Wahrnehmung der finanziellen Interessen der Urheber durch zugelassene Verwertungsgesellschaften **(Art. 40 ff. und passim URG)**. Im Persönlichkeits- und Firmenrecht fehlen Regelungen zur kollektiven Rechtsdurchsetzung gänzlich, was angesichts des bezweckten Individualschutzes aber nicht erstaunlich ist.

12 Im Bereich von Art. 7 kann es zudem zu Überschneidungen mit der konkurrierenden Feststellungsbefugnis nach **Art. 7 GlG** kommen, wonach Organisationen, die nach ihren Statuten die Gleichstellung von Frau und Mann fördern oder die Interessen der Arbeitnehmerinnen und Arbeitnehmer wahren und seit mindestens zwei Jahren bestehen, Geschlechterdiskriminierungen in der Arbeitswelt im eigenen Namen feststellen lassen können.

13 Das **Schweizer Recht erfüllt** mit der auf negatorische Ansprüche beschränkten Regelung in Art. 10 Abs. 2 lit. a und b die **Anforderungen des EU-Rechts**[43], obwohl das Fehlen einer Abschöpfungsmöglichkeit, basierend auf dem Schaden der betroffenen Personen oder dem vom Beeinträchtiger erzielten (Gesamt-)Gewinn, bei sog. Streuschäden im Bagatellbereich (Kollektivschäden) ein Manko darstellt[44].

14 Die Verbesserung der Rechtsdurchsetzung und die Beseitigung der erkannten Regelungsdefizite bildeten zwei der Hauptanliegen der UWG-Revision von 1986[45]. Trotz einiger Verbesserungen bestehen jedoch **nach wie vor erhebliche Vollzugsdefizite** (N 19, 27, 33 und 41), sodass im Rahmen der anstehenden UWG-Revision

---

[43] Zu den unionsrechtlichen Vorgaben an die mitgliedstaatlichen Regelungen zur lauterkeitsrechtlichen Aktivlegitimation siehe Art. 11 RL 2005/29/EG und Art. 5 RL 2006/114/EG sowie zur Aktivlegitimation bei Unterlassungsklagen zum Schutz von Verbraucherinteressen Art. 2 ff. RL 98/27/EG (zum sekundären EU-Lauterkeitsrecht und den Richtlinien-Nachweisen näher Einl. N 167 ff.).
[44] Siehe zu einer möglichen Regelung § 10 dUWG (Fn. 3).
[45] Botschaft UWG, 1053 f.

ein weiterer Ausbau der Klagemöglichkeiten erwogen wird (dazu N 43 f.). Mit dem geltenden Rechtsschutzsystem der Art. 9 und 10 stellt das Schweizer Recht den Verbandsangehörigen der PVÜ (Einl. N 151 ff.) jedoch einen **hinreichend** wirksamen Schutz gegen unlauteren Wettbewerb i.S.v. **Art. 10bis PVÜ** zur Verfügung.

Die **Schweizerische Zivilprozessordnung** (ZPO-CH) wird mit Wirkung vom 1.1.2011 eine an Art. 10 Abs. 2 lit. a und b angelehnte Regelung zur Verbandsklage enthalten, die sachlich auf die (drohende) Verletzung der Persönlichkeit der Angehörigen der von der Organisation vertretenen Personengruppen und auf negatorische Ansprüche i.S.v. Art. 9 Abs. 1 UWG begrenzt sein wird (Art. 89 ZPO-CH). Nach Art. 89 Abs. 3 ZPO-CH bleiben Sonderregelungen wie in Art. 10 Abs. 2 UWG jedoch ausdrücklich vorbehalten. 15

Die **Bundesklage** nach Art. 10 Abs. 2 lit. c kennt **keine Entsprechung** im übrigen Schweizer Privatrecht. Lediglich im ZGB finden sich vereinzelt Klagebefugnisse von Behörden (Art. 78, 106 Abs. 1, 260a Abs. 1 ZGB). Für die prozessuale Geltendmachung der Bundesklage bestehen keine Sonderbestimmungen[46]. 16

IV. Kundenindividualklage (Art. 10 Abs. 1)

1. Voraussetzungen

a) Eigenschaft der klagenden Person als «Kunde»

Art. 10 Abs. 1 verwendet den missverständlichen Begriff des Kunden[47] und meint damit in einem weiteren Sinne die **gesamte aktuelle und potenzielle Marktgegenseite** (zum Begriff der Marktgegenseite eingehend Art. 1 N 30 ff.). Kunden sind somit nicht nur die **Konsumenten**, die als sog. End- bzw. Letztverbraucher Waren oder Dienstleistungen zu persönlichen oder familiären Zwecken erwerben bzw. entgegennehmen[48], sondern auch die **Unternehmer,** die zu ihren (klein)gewerblichen oder freiberuflichen Zwecken Waren oder Dienstleistungen **auf den vorgelagerten Marktstufen** erwerben bzw. entgegennehmen, um sie entweder selbst zu gebrauchen bzw. zu verbrauchen oder weiterzuveräussern[49]. Im Falle eines unlauteren Wettbewerbs auf der Nachfrageseite bilden sogar die **Anbieter,** d.h. alle aktuellen bzw. potenziellen Marktteilnehmer, die zu einer Befriedigung des konkreten Bedarfs der Nachfrager in der Lage sind bzw. realistischerwei- 17

---

[46] Anders noch Art. 13 Abs. 3 E-UWG 1983, der für Bundesklagen die Zuständigkeit der letzten kantonalen Instanz vorsah (Botschaft UWG, 1096).
[47] Zu dem auch in Art. 3 lit. f, lit. g, lit. h, lit. i und lit. o verwendeten Begriff des Kunden siehe generell Art. 1 N 32.
[48] Zum Begriff des Konsumenten siehe generell Art. 1 N 33 ff.
[49] In diesem Sinne auch DAVID, SIWR I/2, 131 f., und RAUBER, SIWR V/1, 260.

se wären, die Marktgegenseite⁵⁰. Da die Aktivlegitimation unabhängig vom wirksamen Zustandekommen eines Vertrags besteht, erfasst der Kundenbegriff in Art. 10 Abs. 1 schliesslich auch **potenzielle** Abnehmer und ggf. Anbieter⁵¹. Alle genannten Personen können auch nebeneinander zur Klage befugt sein, sofern sie jeweils in ihren eigenen wirtschaftlichen Interessen bedroht oder verletzt sind⁵². Die häufig anzutreffenden Kurzbezeichnungen der Klage als Konsumenten(individual)klage⁵³ oder Kunden(individual)klage⁵⁴ sind daher (viel) zu eng.

b) Bedrohung oder Verletzung wirtschaftlicher Interessen

18   Bei der Geltendmachung von **negatorischen Ansprüchen** genügt zur Aktivlegitimation von Personen auf der Marktgegenseite wie bei den Konkurrenten (dazu Art. 9 N 8 ff.) die **blosse Bedrohung** dieser Personen **in ihren wirtschaftlichen Interessen**⁵⁵. Es ist mithin (nur) darzulegen und allenfalls zu beweisen, dass ein konkreter und unmittelbarer Bezug zwischen dem als unlauter zu qualifizierenden Verhalten und den wirtschaftlichen Interessen der Klägerin besteht⁵⁶, wobei wie bei Art. 9 (s. dort N 21) nur der (aktuelle oder potenzielle) Kunde selbst und nicht auch seine Hilfspersonen, Organe oder Familienangehörigen unmittelbar bedroht sind⁵⁷. So ist es insbesondere nicht erforderlich, dass ein Kunde den Erwerbsvertrag bereits abgeschlossen hat⁵⁸ oder dass der Vertragsschluss auf dem unlauteren Wettbewerbsverhalten beruht⁵⁹. Nur bei der Geltendmachung von **reparatorischen Ansprüchen** hat der Kläger darzulegen und allenfalls zu beweisen, dass der in Frage stehende unlautere Wettbewerb bei ihm einen **finanziell messbaren Schaden** verursacht (zum Schadenersatzanspruch des Kunden näher Art. 9 N 118 ff.) bzw. beim Beklagten zu einem **Gewinn** geführt hat (zum Gewinnherausgabeanspruch des Kunden näher Art. 9 N 184 ff.).

---

⁵⁰ Dazu näher Art. 1 N 31.
⁵¹ Siehe nur BezGer ZH sic! 2003, 619, E. 2.3 («Spamming»); DAVID, SIWR I/2, 132 und RAUBER, SIWR V/1, 260 m.w.H.
⁵² Dazu auch BAUDENBACHER/BANKE, Kommentar UWG, Art. 10 N 11, unter Hinweis auf StenBull SR 1943, 49.
⁵³ Dazu etwa Botschaft UWG, 1076; RAUBER, SIWR V/1, 258, und BAUDENBACHER/BANKE, Kommentar UWG, Art. 10 N 1.
⁵⁴ So passim in diesem Kommentar.
⁵⁵ RAUBER, SIWR V/1, 259, und BAUDENBACHER/BANKE, Kommentar UWG, Art. 10 N 7, die in N 8 darauf hinweisen, dass die praktische Relevanz v.a. in der Konsumentenindividualklage bei täuschender Werbung oder aggressiven Geschäftspraktiken liegt, da in solchen Fällen klagende Mitbewerber oft fehlen werden, wobei hier aber vorwiegend die Verbandsklagen im Vordergrund stehen dürften.
⁵⁶ R. VON BÜREN/MARBACH/DUCREY, Immaterialgüter- und Wettbewerbsrecht, N 987.
⁵⁷ Vgl. zu Art. 9 DAVID/JACOBS, Wettbewerbsrecht, N 729.
⁵⁸ DAVID, SIWR I/2, 132.
⁵⁹ R. VON BÜREN/MARBACH/DUCREY, Immaterialgüter- und Wettbewerbsrecht, N 987.

2. Bedeutung

In systematischer Hinsicht handelt es sich bei der in Art. 10 Abs. 1 getroffenen Regelung um eine **Klarstellung,** dass die «Kunden» ebenfalls zu den Bedrohten und Verletzten i.S.v. Art. 9 zählen (dazu bereits N 7) und damit sowohl zur zivilrechtlichen Klage als auch über Art. 23 Abs. 2 zur Stellung eines Strafantrags berechtigt sind. Obwohl Art. 10 Abs. 1 i.V.m. Art. 9 Abs. 3 den «Kunden» im Gegensatz zu den Verbänden und zum Bund für reparatorische Ansprüche aktivlegitimiert und er ihm i.V.m. Art. 9 Abs. 2 im Gegensatz zum allgemeinen Privatrecht die Möglichkeit einer Befriedigung durch Berichtigung oder Urteilspublikation einräumt, hat die Vorschrift **in der Praxis nur geringe Bedeutung** erlangt[60]. Es sind nur wenige Fälle einer (erfolgreichen) Kundenindividualklage bekannt geworden, sofern die Geltendmachung von UWG-Ansprüchen nicht ausnahmsweise im Rahmen eines Vertragsverhältnisses erfolgte[61]. Dies liegt nicht an der Konkurrenz durch die zwar durch das UWG 1986 erweiterte, aber ebenfalls nicht sehr verbreitete Klage durch Konsumentenschutzorganisationen (N 33), sondern hauptsächlich an der regelmässig nur **geringfügigen Betroffenheit** einzelner Personen auf der Marktgegenseite, die vor dem Hintergrund eines zumeist hohen Prozessrisikos die Individualklage **nicht als lohnend erscheinen** lässt[62]. Die unter den reparatorischen Ansprüchen im Vordergrund stehende Schadenersatzklage[63] ist unattraktiv, weil meist entweder kein oder nur ein geringer Schaden entstanden ist (Problematik sog. Streuschäden) und die Voraussetzungen des Anspruchs (Kausalität, Höhe des Schadenersatzes, Verschulden) oft nur schwer darzulegen bzw. zu beweisen sein werden (Art. 9 N 117). Noch seltener wird es zu einer (vorbeugenden) negatorischen Klage von Kunden kommen. Sofern der Kunde den Wettbewerbsverstoss rechtzeitig erkennt, wird er kaum allein aus generalpräventiven Motiven[64] heraus eine Unterlassungs- oder Feststellungsklage erheben, sondern sich darauf einrichten und z.B. einfach vom Vertragsschluss absehen. Hat er hingegen in Unkenntnis des Wettbewerbsverstosses eine Leistung erworben, wird er regelmässig über **vertragsrechtliche Rechtsbehelfe** (N 7) verfügen, die ihm weiter gehende Möglichkeiten als die Beseitigungsklage, mit der er keine Aufhebung des Vertrages erreichen kann

19

---

[60] PEDRAZZINI/PEDRAZZINI, UWG, N 16.26 («eher symbolische Bedeutung»); ein Beispiel aus der Praxis bildet BezGer ZH sic! 2003, 619 («Spamming»).
[61] Dazu auch BAUDENBACHER/BANKE, Kommentar UWG, Art. 10 N 6, mit Hinweis auf HGer ZH SMI 1988, 246 («Swiss Residence»).
[62] MARTIN-ACHARD, LCD, Art. 10 N 1; BAUDENBACHER, GRUR Int. 1980, 347; PEDRAZZINI/ PEDRAZZINI, UWG, N 16.26.
[63] Genugtuungs- und Gewinnabschöpfungsansprüche von Personen auf der Marktgegenseite sind materiellrechtlich an hohe Voraussetzungen gebunden (zur Genugtuung Art. 9 N 180 ff.) bzw. ausgeschlossen (zur Gewinnabschöpfung Art. 9 N 211 ff.).
[64] Solche Motive werden grundsätzlich nur dann vorliegen, wenn die Wettbewerbshandlung ein besonderes Ärgernis bildet und ein Nachahmungseffekt droht wie im Fall von unaufgefordert übersendeten E-Mails; vgl. dazu BezGer ZH sic! 2003, 619 («Spamming»).

(Art. 9 N 81), eröffnen. Von der **Strafantragsberechtigung** haben Personen der Marktgegenseite bislang offenbar **kaum Gebrauch** gemacht[65].

V. Verbandsklage (Art. 10 Abs. 2 lit. a)

1. Voraussetzungen

a) Klage einer mitgliedschaftlich organisierten juristischen Person

20 Als Berufs- oder Wirtschaftsverbände kommen nur in der Schweiz als solche anerkannte (siehe noch N 21) juristische Personen mit mitgliedschaftlicher Organisation in Betracht[66], d.h. insbesondere Vereine sowie Kapitalgesellschaften und Genossenschaften, mangels Mitgliedern jedoch **keine Stiftungen und** mangels Rechtsfähigkeit auch keine **Arbeitsgemeinschaften** in Form der einfachen Gesellschaft[67]. Nach Art. 10 Abs. 2 lit. a kommt es anders als für die Konsumentenschutzorganisationen nach lit. b nicht auf eine zumindest regionale Bedeutung des Verbands an[68]. Entgegen verbreiteter Ansicht[69] können **auch juristische Personen des öffentlichen Rechts** aktivlegitimiert sein, sofern sie ausnahmsweise als sog. Personalkörperschaften über Mitglieder verfügen. Die privatrechtliche Natur des Lauterkeitsrechts als Sonderdeliktsrecht (Einl. N 10 ff.) und die Eingrenzung der Bundesklage (N 34 ff.) stehen dem nicht entgegen, da die Verbände nach Art. 10 Abs. 2 lit. a eine nicht nur im Interesse ihrer Mitglieder liegende allgemeine Wächterfunktion wahrnehmen sollen und diese auch einmal einem öffentlich-rechtlich organisierten Berufs- oder Wirtschaftsverband zukommen kann. Es ist kein Grund ersichtlich, warum der für die Verbandsklage zur Wahrnehmung eigener Wettbewerbsinteressen aktivlegitimierte öffentlich-rechtliche Personenverband dies nicht auch bei der altruistischen Klage sein soll.

21 Sofern der in der Schweiz klagende Verband seinen Sitz in einem **anderen Verbandsstaat der PVÜ** hat bzw. nach dem Recht eines solchen Staates gegründet wurde, verfügt er nach Art. 10ter Abs. 2 PVÜ über dieselben Klagerechte wie ein nach schweizerischem Recht gegründeter Verband mit Sitz in der Schweiz nach Art. 10 Abs. 2 lit. a[70].

---

[65] Ein Beispiel bildet BezGer ZH sic! 2003, 619 («Spamming»).
[66] Enger und nur auf Verbände i.S.v. Art. 60 ZGB abstellend PEDRAZZINI/PEDRAZZINI, UWG, N 16.30.
[67] RAUBER, SIWR V/1, 264.
[68] Dazu bereits B. VON BÜREN, Kommentar UWG, Art. 2–4 N 54; das Erfordernis einer gesamtschweizerischen Bedeutung wäre bei den Berufs- und Wirtschaftsverbänden auch mit Art. 10ter Abs. 2 PVÜ (dazu N 21) unvereinbar.
[69] TC NE SJZ 1960, 174; BAUDENBACHER/BANKE, Kommentar UWG, Art. 10 N 24 mit Fn. 92.
[70] CdJ GE SMI 1989, 118, E. 1 («Tableaux de références aux parfums d'autrui»).

b) Eigenschaft als Berufs- oder Wirtschaftsverband

Berufsverbände vertreten die gemeinsamen und gleichgerichteten wirtschaftlichen Interessen der in ihnen zusammengeschlossenen Berufsangehörigen. Berufsverbände bestehen für einzelne Berufe (z.b. Genfer Anwaltsverband[71]) oder Berufsgruppen (z.b. Schweizerischer Technischer Verband[72], Schweizer Milchproduzenten[73]). Die Mitgliedschaft kann entweder ausschliesslich selbständigen Unternehmern (Gewerbetreibenden, Freiberuflern) oder unselbständig erwerbstätigen Personen (Gewerkschaften und Beamtenorganisationen wie z.b. Travail.Suisse und die in ihr zusammengefassten Einzelgewerkschaften[74]) oder beiden Gruppen zugleich offenstehen[75]. 22

Wirtschaftsverbände nehmen allgemeinwirtschaftliche Interessen von Wirtschaftsteilnehmern wahr. Der Begriff des Wirtschaftsverbands ist damit weiter gefasst als derjenige des Berufsverbands. Wirtschaftsverbände bestehen für einzelne Wirtschaftszweige (z.b. Schweizerische Bankiervereinigung, Schweizer Direktmarketing Verband), Regionen (z.b. Handelskammer beider Basel) und die Gesamtwirtschaft (economiesuisse – Verband der Schweizer Unternehmen, Schweizerischer Arbeitgeberverband). 23

c) Statutarische Befugnis zur Wahrnehmung von wirtschaftlichen Mitgliederinteressen

Die Berufs- und Wirtschaftsverbände müssen durch ihre Statuten zur Wahrnehmung der entsprechenden wirtschaftlichen Interessen der Mitglieder befugt sein. Dies kann sich auch ohne ausdrückliche Ermächtigung aus einer **Auslegung der Statuten** und insbesondere einer allgemein gefassten Zweckklausel ergeben[76]. Die statutarisch zu wahrenden Interessen müssen jedoch (auch) wirtschaftlicher Natur sein und dürfen nicht lediglich sozialer, wissenschaftlicher oder ethischer Natur sein[77]. Da der Verband aus eigenem Recht klagt, ist er **auch ohne Zustimmung seiner Mitglieder** aktivlegitimiert. 24

---

[71] CdJ GE SMI 1990, 394, E. 3 («Ordre des Avocats II»).
[72] BGE 93 II 135 («Ingenieur HTL»).
[73] HGer BE vom 23. Mai 2006 (HG 04 9101), E. 2.
[74] So etwa die Gewerkschaft Druck und Papier in BGE 121 III 168, 174 ff. («Buchbinder-GAV»).
[75] Die sog. Gegnerfreiheit bildet somit keine Voraussetzung der Aktivlegitimation; dazu auch betreffend den Schweizerischen Ingenieur- und Architektenverband (SIA) OGer ZH SMI 1989, 129, E. 2 («Dipl. Architekt HTL»).
[76] Zu hinreichenden Zweckbestimmungen siehe etwa BGE 121 III 168, 170 f. und 175 f. («Buchbinder-GAV»); OGer ZH SMI 1989, 129, E. 2.c («Dipl. Architekt HTL»), und CdJ GE SMI 1990, 394, E. 3 («Ordre des Avocats II»), jeweils im Hinblick auf den statutarischen Zweck der Wahrung der Berufsinteressen.
[77] ROOS, Klagerecht, 55; RAUBER, SIWR V/1, 263 f.

d) Betroffenheit der entsprechenden Mitgliederinteressen

25   Die vom Verband statutarisch wahrzunehmenden wirtschaftlichen Interessen der Verbandsmitglieder müssen ferner durch den in Frage stehenden Wettbewerbsverstoss zumindest bedroht sein[78]. Im UWG 1986 wird eine parallele Aktivlegitimation einzelner Verbandsmitglieder jedoch ausdrücklich nicht mehr vorausgesetzt (sog. direkte Verbandsklage; N 5), sodass die von einer konkreten Bedrohung oder Verletzung einzelner Mitglieder unabhängige Verbandsklage weiter als die Individualklagen nach Art. 9 und Art. 10 Abs. 1 reichen kann. Praktische Bedeutung hat dies namentlich bei **sog. Kollektivvorwürfen** gegen die ganze von dem Verband vertretene (Berufs-)Gruppe, die eine individuelle Betroffenheit einzelner Mitglieder (noch) nicht erkennen lässt[79]. Auf der anderen Seite kann der Verband mit seiner Klage auch die Interessen nur **eines kleinen Teils der Mitglieder** geltend machen, da weder alle Mitglieder noch die Mehrzahl oder ein bedeutender Teil der Mitglieder betroffen sein müssen[80]. In Betracht kommt die Klage sogar bei blosser Betroffenheit der wirtschaftlichen Interessen eines **einzelnen Mitglieds**[81], sofern der Verband nicht nur in dessen Interesse, sondern zugleich in demjenigen von Nichtmitgliedern klagt[82], da dann insoweit eine kollektive Rechtsdurchsetzung gegeben ist und der Natur der Verbandsklage entsprochen wird. Es spielt auch keine Rolle, ob die betroffenen Mitglieder **Konkurrenten** sind oder auf der **Marktgegenseite** stehen. Zwar verweist Art. 10 Abs. 2 generell nur auf Art. 9 Abs. 1 und Abs. 2, doch ist hierdurch nur eine Beschränkung der Klageinhalte, nicht jedoch eine Einschränkung im Hinblick auf die relevanten Mitgliederinteressen intendiert[83]. Im Unterschied etwa zum Verbandsbeschwerderecht gemäss Umweltschutzgesetz besteht keine Karenzfrist[84].

---

[78] BGE 121 III 168, 174 f. («Buchbinder-GAV»), vgl. auch HGer BE vom 23. Mai 2006 (HG 04 9101), E. 2 («Die von der Klägerin wahrgenommenen wirtschaftlichen Interessen ihrer Mitglieder sind ... von den behaupteten unlauteren Handlungen tangiert»); PEDRAZZINI/PEDRAZZINI, UWG, N 16.29.

[79] DAVID, SIWR I/2, 62 f.; vgl. auch den Fall in BGer 6S.553/1998 sic! 1999, 173 («Chirurgi»), dazu auch Art. 3 lit. a N 45.

[80] Wie hier BAUDENBACHER/BANKE, Kommentar UWG, Art. 10 N 26; auch nach CdJ GE RPW 1997, 72, E. 2 («Caisse maladie»), genügt die Betroffenheit eines (in casu überwiegenden) Teils der Mitglieder; a. A. DAVID, SIWR I/2, 62, der dabei allerdings offenbar noch von der alten Gesetzeslage ausgeht.

[81] A.A. BAUDENBACHER/BANKE, Kommentar UWG, Art. 10 N 26.

[82] Zur möglichen Einbeziehung auch von Nichtmitgliederinteressen DAVID, SIWR I/2, 62 f., und im Zusammenhang mit Art. 328 Abs. 1 OR BGE 114 II 345, 347 («Fédération des Travailleurs»).

[83] So auch für die Bundesklage BGE 126 III 198, 200 («Loto Score») mit dem zutreffenden Hinweis, dass ansonsten die altruistische Konsumentenschutzorganisationsklage nach Art. 10 Abs. 2 leerliefe, und RAUBER, SIWR V/1, 263 f.

[84] Art. 55 Abs. 2 USG sieht eine zehnjährige Karenzfrist vor.

e) Geltendmachung von negatorischen Ansprüchen

Die Berufs- und Wirtschaftsverbände sind nach Art. 10 Abs. 2 nur zur Geltendmachung von negatorischen Ansprüchen gemäss **Art. 9 Abs. 1 und Abs. 2** befugt. Reparatorische Ansprüche nach Art. 9 Abs. 3 können nur im Rahmen der egoistischen Verbandsklage, der Prozessführung kraft Zession, der Prozessstandschaft und der Prozessvertretung geltend gemacht werden (N 8). 26

2. Bedeutung

Die praktische Bedeutung und die damit einhergehende präventive Wirkung der Klageberechtigung von Berufs- und Wirtschaftsverbänden ist im Vergleich zu den anderen Klageberechtigungen nach Art. 10 **relativ gross**[85]. Hinzu kommt, dass die Verbände in der Praxis vor dem Hintergrund ihrer Aktivlegitimation auch häufig Abmahnungen und Verfahren vor der Schweizerischen Lauterkeitskommission (Einl. N 78, Vor Art. 12 N 32 ff.)[86] durchführen. 27

VI. Konsumentenschutzorganisationsklage (Art. 10 Abs. 2 lit. b)

1. Voraussetzungen

a) Eigenschaft als Konsumentenschutzorganisation

Konsumentenschutzorganisationen sind als solche in der Schweiz anerkannte juristische Personen, die anders als die Berufs- und Wirtschaftsverbände nicht notwendigerweise über Mitglieder zu verfügen brauchen. Erfasst werden daher neben Vereinen, Kapitalgesellschaften und Genossenschaften[87] **auch Stiftungen**[88] des privaten und des öffentlichen (N 20) Rechts. Bedeutung haben in der Schweiz insbesondere die Stiftung für Konsumentenschutz (SKS, Bern), das Konsumentenforum Schweiz (kf, Zürich), die Fédération romande des consommateurs 28

---

[85] Beispiele aus der Praxis bilden etwa BGE 93 II 135 («Ingenieur HTL»); BGE 121 III 168 («Buchbinder-GAV»); BGE 126 III 239 («berneroberland.ch»); HGer ZH SMI 1991, 268 («Tabakkartell»), und CdJ GE SMI 1990, 394, E. 3 («Ordre des Avocats II»).
[86] Nach Art. 8 SLK-Geschäftsreglement ist jede handlungsfähige Person berechtigt, bei der Kommission Beschwerde gegen Massnahmen der kommerziellen Kommunikation zu führen, zu dieser Popularbeschwerde auch DAVID/JACOBS, Wettbewerbsrecht, N 726.
[87] PEDRAZZINI/PEDRAZZINI, UWG, N 16.33; Genossenschaften zur Sicherung der Versorgung oder zur Erzielung günstiger Einkaufskonditionen stellen jedoch aufgrund ihrer primär wirtschaftlichen Zielsetzung keine Konsumentenschutzorganisationen i.S.v. Art. 10 Abs. 2 lit. b dar (siehe auch N 30).
[88] Botschaft UWG, 1078; MARTIN-ACHARD, LCD, Art. 10 N 2b.

(FRC, Genève) und die Associazione consumatrici della Svizzera Italiana (ACSI, Breganzona)[89].

b) Gesamtschweizerische oder regionale Bedeutung

29   Die klagende Konsumentenschutzorganisation muss über eine gesamtschweizerische oder zumindest innerschweizerisch regionale Bedeutung verfügen. Dabei kann die Tätigkeit lokal begrenzt sein, sofern sie sich **zumindest regional auswirkt**[90]. Das Bedeutungskriterium dient als eine Art «Seriositätsschwelle» zur Abwehr von Missbräuchen[91] und ist im Übrigen nicht zu streng auszulegen[92]. Bei kantonalen Verbänden ist die regionale Bedeutung grundsätzlich zu bejahen[93]. Bei ausländischen Organisationen, die sich vor Schweizer Gerichten weder auf den nur für Verbände und Vereinigungen von Gewerbetreibenden, Herstellern oder Händlern geltenden Art. 10ter Abs. 2 PVÜ noch auf EU-Recht[94] berufen können[95], wird es zumeist an einer derartigen Bedeutung fehlen.

c) Konsumentenschutz als statutarischer Zweck

30   Aus den Statuten muss sich ausdrücklich oder durch Auslegung ergeben, dass sich die klagende Organisation dem Schutz aller oder bestimmter Gruppen (z.B. Mieter, Patienten)[96] von Konsumenten widmet, d.h., ihr statutarischer Zweck auf die (bessere) Information, Beratung oder Interessenvertretung der Konsumenten gerichtet ist[97]. Dabei muss der Konsumentenschutz zwar nicht die einzige, aber doch die **dominierende** und nicht lediglich eine unter anderen bzw. nur reflexartig mitgeförderte **Zielsetzung** der Organisation bilden[98]. So sind etwa Tierschutzorga-

---

[89] Vgl. dazu auch deren gemeinsame Stellungnahme im Vernehmlassungsverfahren des VE-UWG 2008 (näher zu diesem Einl. N 93 ff.) vom 30. September 2008, abrufbar unter: http://www.konsumentenschutz.ch/files/pdfs/vernehmlassungen/08_09_vernehmlassung_uwg_at.pdf.
[90] So auch BAUDENBACHER/BANKE, Kommentar UWG, Art. 10 N 32; ein Beispiel bildet die Konsumenten-Vereinigung Nordwestschweiz (http://www.konsumenten.ch).
[91] Nach PEDRAZZINI/PEDRAZZINI, UWG, N 16.32, soll eine ausufernde Kommerzialisierung des Konsumentenschutzes vermieden werden.
[92] Nach der Botschaft UWG, 1078, soll der Begriff «regional» nicht zu eng ausgelegt werden.
[93] BERNI, Verbandsklagen, 99 m.w.N.
[94] Siehe zu den unionsrechtlichen Vorgaben an die mitgliedstaatlichen Regelungen zur lauterkeitsrechtlichen Aktivlegitimation Fn. 43.
[95] BAUDENBACHER/BANKE, Kommentar UWG, Art. 10 N 34, plädieren allerdings für eine europakompatible «Schliessung der Lücke» in Art. 10 Abs. 2 lit. b.
[96] BGer 6P.235/2006, E. 6.2 («Verein gegen Tierfabriken II»).
[97] Botschaft UWG, 1078; krit. zu dieser Einengung PEDRAZZINI/PEDRAZZINI, UWG, N 16.33.
[98] Botschaft UWG, 1078; BGE 120 IV 154, 162 f. («Verein gegen Tierfabriken I»); BAUDENBACHER/BANKE, Kommentar UWG, Art. 10 N 29.

nisationen[99] und Parteien[100] keine Konsumentenschutzorganisationen. Die Konsumentenschutzorganisation darf auch nicht mit Wirtschaftsverbänden oder Unternehmen verflochten sein, damit die **unabhängige Interessenwahrung** gewährleistet ist und die kollektive Klagebefugnis nicht zu anderen Zwecken missbraucht werden kann[101]. Auch die zur Sicherung der Versorgung oder zur Erzielung günstiger Einkaufskonditionen geschaffenen Organisationen dienen primär einer wirtschaftlichen Zielsetzung und sind daher keine Konsumentenschutzorganisationen i.S.v. Art. 10 Abs. 2 lit. b[102]. Anders als bei den Berufs- und Wirtschaftsverbänden (N 25) kommt es bei den (ggf. mitgliederlosen) Konsumentenschutzorganisationen jedoch nicht auf einen Bezug zu den Mitgliederinteressen an.

d) Betroffenheit der statutarisch zu schützenden Konsumenteninteressen

Die von der Organisation statutarisch wahrzunehmenden Konsumentenschutzinteressen müssen ferner durch den in Frage stehenden Wettbewerbsverstoss **verletzt oder bedroht** sein (vgl. N 25)[103]. Eine parallele Aktivlegitimation einzelner Konsumenten ist nicht (mehr) vorausgesetzt (sog. direkte Verbandsklage; N 5)[104]. Die Organisation kann auch zum Schutz ideeller Konsumenteninteressen tätig werden[105], sofern sich das unlautere Verhalten auf den wirtschaftlichen Wettbewerb auswirkt. An der Betroffenheit von Konsumentenschutzinteressen wird es etwa bei Verstössen gegen Art. 7 fehlen.

31

e) Geltendmachung von negatorischen Ansprüchen

Konsumentenschutzorganisationen sind nach Art. 10 Abs. 2 lit. b ebenfalls nur zur Geltendmachung von **negatorischen** Ansprüchen gemäss Art. 9 Abs. 1 und Abs. 2 befugt (zur Erhebung reparatorischer Klagen auf anderem Wege siehe N 8). Eine altruistische Verbandsklage, mit der der Kollektivschaden der Konsumenten liquidiert oder der Gewinn des Verletzers abgeschöpft[106] werden könnten, zeichnet sich in der Schweiz auch de lege ferenda nicht ab.

32

---

[99] BGE 120 IV 154, 162 f. («Verein gegen Tierfabriken I») und BGer 6P.235/2006, E. 6.1 («Verein gegen Tierfabriken II»): Konsumentenschutz als Nebenzweck, wenn dieser nur die Nebenfolge der angestrebten artgerechten Nutztierhaltung ist.
[100] BERNI, Verbandsklagen, 96.
[101] Botschaft UWG, 1078; BERNI, Verbandsklagen, 96.
[102] BERNI, Verbandsklagen, 95; LENGAUER, Probleme, 90.
[103] Botschaft UWG, 1078.
[104] Statt vieler nur RAUBER, SIWR V/1, 262 f.
[105] RAUBER, SIWR V/1, 262 m.w.N.
[106] Vgl. demgegenüber § 10 dUWG (Fn. 3).

2. Bedeutung

33 Trotz der insbesondere aufgrund verfassungsrechtlicher Vorgaben beseitigten Diskriminierungen (N 5) **erfüllt** die Klage von Konsumentenschutzorganisationen nach wie vor **nicht** die in sie im Zusammenhang mit der Beseitigung des Vollzugsdefizits gesetzten **Erwartungen**[107]. Dies liegt zum einen an ihrer Beschränkung auf negatorische Ansprüche, die den Organisationen die praktisch bedeutsame Möglichkeit zur Abschöpfung von Gewinnen bzw. zum Ausgleich von Streuschäden nimmt (N 2 und 8). Mit der Beseitigungsklage können zudem die von den Konsumenten geschlossenen Verträge nicht aufgelöst bzw. rückgängig gemacht werden (Art. 9 N 81). Allerdings führen die Konsumentenschutzorganisationen in der Praxis vor dem Hintergrund ihrer Klageberechtigung nach Art. 10 Abs. 2 lit. b relativ häufig Abmahnverfahren oder Verfahren vor der Schweizerischen Lauterkeitskommission (Einl. N 78, Vor Art. 12 N 32 ff.)[108] durch. Schliesslich berichten sie auch den Medien von Lauterkeitsverstössen.

VII. Bundesklage (Art. 10 Abs. 2 lit. c)

1. Voraussetzungen

a) Klage durch den Bund

34 Aktivlegitimiert ist nach Art. 10 Abs. 2 lit. c allein die Schweizerische Eidgenossenschaft, die in dem sich nach den allgemeinen Vorschriften vollziehenden Zivilprozess[109] grundsätzlich durch das Staatssekretariat für Wirtschaft **(SECO)** vertreten wird[110]. Da die Klage vom Bund im öffentlichen Interesse erhoben wird, kann er sich nicht auf (verfahrensmässige) Grundrechte berufen[111]. Ausländische Behörden, die sich vor Schweizer Gerichten weder auf den nur für Verbände und Vereinigungen von Gewerbetreibenden, Herstellern oder Händlern geltenden

---

[107] Zu diesen noch unmittelbar nach Inkrafttreten geäusserten Erwartungen MARTIN-ACHARD, LCD, Art. 10 N 2b; vgl. auch zum Ausbleiben der befürchteten «Prozesslawine» BERNI, Verbandsklagen, 99.
[108] Zur Popularbeschwerdemöglichkeit nach Art. 8 SLK-Geschäftsreglement bereits Fn. 86.
[109] Näher G. SUTTER, JKR 2001, 145, 154 ff.; ferner PEDRAZZINI/PEDRAZZINI, UWG, N 16.43; anders noch Art. 13 Abs. 3 E-UWG 1983, der für die damals ursprünglich vorgesehene umfassende Bundesklage die Zuständigkeit der letzten kantonalen Instanz vorsah (Botschaft UWG, 1096).
[110] Art. 1 Abs. 1 der Verordnung über das Klagerecht des Bundes im Rahmen des Bundesgesetzes gegen den unlauteren Wettbewerb vom 17. Februar 1993, SR 241.3; nach Art. 1 Abs. 2 kann die Klageberechtigung «im Einvernehmen mit dem SECO» durch eine andere Amtsstelle des Bundes, die mit der gerügten Materie in einem engeren Konnex steht (z.B. das Bundesamt für Justiz oder das IGE), wahrgenommen werden (vgl. dazu auch den Bericht EJPD 1991, 358).
[111] BGer 1P.759/2001, E. 3.

Art. 10ter Abs. 2 PVÜ noch auf EU-Recht[112] berufen können[113], sind nicht klageberechtigt.

b) Erforderlichkeit der Klage zum Schutz des Ansehens der Schweiz im Ausland

Das unlautere Wettbewerbsverhalten[114] muss das **Ansehen der Schweiz im Ausland gefährden.** Durch einen einmaligen Verstoss wird das Ansehen der Schweiz nur dann beeinträchtigt, wenn er einen grösseren Personenkreis betrifft oder wenn er besonders schwerwiegend ist und einem grösseren Personenkreis bekannt ist bzw. zu werden droht[115]. **Indizwirkung** kommt der Art und Anzahl der bei den in- und ausländischen Behörden der Eidgenossenschaft **eingehenden Beschwerden zu**[116]. Das Ansehen der Schweiz kann nicht nur durch Herabsetzungen und Irreführungen, sondern auch durch die schlichte Bezugnahme auf die Schweiz und insbesondere das Ausnutzen des guten Rufs der Schweiz im Zusammenhang mit einem (sonst) wettbewerbswidrigen Verhalten im Ausland gefährdet werden[117]. Nach dem Wortlaut und Normzweck von Art. 10 Abs. 2 lit. c muss das unlautere Verhalten nicht von der Schweiz ausgehen, sofern nur auf andere Weise ein Bezug zur Schweiz und ihrem Ansehen hergestellt wird[118].

35

Der Bund verfügt nach dem Wortlaut der Vorschrift («wenn er es ... als nötig erachtet») hinsichtlich der Erforderlichkeit über einen **Beurteilungsspielraum,** der vom Gesetz- und Verordnungsgeber nicht weiter eingeengt wird und vom Richter nur auf Ermessensmissbrauch hin zu untersuchen ist[119]. Die gesetzliche Regelung

36

---

[112] Siehe zu den unionsrechtlichen Vorgaben an die mitgliedstaatlichen Regelungen zur lauterkeitsrechtlichen Aktivlegitimation Fn. 43.
[113] BAUDENBACHER/BANKE, Kommentar UWG, Art. 10 N 41, plädieren allerdings für eine europakompatible Anpassung von Art. 10 Abs. 2 lit. c.
[114] Zu den verschiedenen gerade im Zusammenhang mit der Bundesklage relevanten Verhaltensweisen eingehend G. SUTTER, JKR 2001, 145, 161 ff.
[115] Ähnlich auch BAUDENBACHER/BANKE, Kommentar UWG, Art. 10 N 36; G. SUTTER, JKR 2001, 145, 152, nennt als Beispiel für einen schwerwiegenden Verstoss die Vortäuschung eines Geschäftssitzes in der Schweiz durch Finanzdienstleister.
[116] Bericht EJPD 1991, 358; siehe auch HGer ZH SMI 1995, 406 («World Telefax Edition») und Fn. 119.
[117] HGer ZH SMI 1995, 406, E. IV. («World Telefax Edition»), für Wettbewerbsverstösse nach Art. 2 und 3 lit. b.
[118] A.A. offenbar G. SUTTER, JKR 2001, 145, 153.
[119] Vgl. BGer 4 A 106/2009 («Registerhaie») E. 7.5 (insoweit nicht abgedruckt in BGE 136 III 23) wonach «lediglich erforderlich ist, dass der Bund eine Klage zum Schutz des Ansehens der Schweiz im Ausland als nötig erachten darf. Dies ist namentlich der Fall, wenn eine gewisse Anzahl von Anzeigen von Betroffenen aus dem Ausland vorliegt, mithin ein Kritik auslösendes Verhalten von einer gewissen Häufigkeit vorliegt.» Zur Überprüfung blossen Ermessensmissbrauchs BGE 126 III 198, 199 («Loto Score»); RAUBER, SIWR V/1, 266.

missachtet damit die gebotene und noch im Expertenentwurf von 1980[120] gewahrte Trennung zwischen der Aktivlegitimation, die an objektive Kriterien und eine volle Überprüfung durch den Richter gebunden ist, und ihrer Ausübung durch Klage, die in das durch öffentlich-rechtliche Vorschriften mehr oder weniger gebundene Ermessen des Bundes als zivilprozessualem Kläger gestellt ist[121]. Aufgrund des ihm jedenfalls hinsichtlich der Klageerhebung zustehenden Ermessens kann der Bund von der Klagemöglichkeit auch nur dann Gebrauch machen, wenn kein privater Kläger auf den Plan tritt[122]. Dasselbe gilt für die Frage, ob der Bund eine Zivilklage einreichen oder Strafantrag stellen soll.

c) Ansässigkeit von klageberechtigten Personen im Ausland

37 Weiter ist vorausgesetzt, dass der Wettbewerbsverstoss natürliche oder juristische Personen zur Klage berechtigt, die ausserhalb der Schweiz ansässig sind. Die **Klageberechtigung** ist als Frage des materiellen Rechts **lege causae** nach dem aufgrund von Art. 136 IPRG anwendbaren Sachrecht, das nach dem Auswirkungsprinzip in den Fällen der Bundesklage häufig ein ausländisches Lauterkeitsrecht sein wird (N 39), zu bestimmen. Die von Art. 10 Abs. 2 lit. c vorausgesetzte Klageberechtigung der Betroffenen kann sich aber durchaus auch aus dem ausländischen Recht ergeben[123]. Es spielt auch keine Rolle, ob die Klageberechtigten Konkurrenten sind oder auf der Marktgegenseite stehen[124].

38 Der dem Internationalen Privatrecht[125] fremde Begriff der **Ansässigkeit** entstammt dem Internationalen Steuerrecht als Anknüpfungsmerkmal für die unbeschränkte Steuerpflicht[126], sodass er auch in den zahlreichen von der Schweiz abgeschlosse-

---

[120] Art. 11 des bundesrätlichen Entwurfs (Botschaft UWG, 1095) lautete nämlich noch folgendermassen: «... so kann der Bund ... klagen, soweit das öffentliche Interesse ... dies erfordert».
[121] Mehr als ein Ermessen betreffend die Klageerhebung wollte offenbar auch das Eidg. Justiz- und Polizeidepartement dem Bund nicht einräumen (siehe dazu den Bericht EJPD 1991, 358: «Es soll dabei dem Bund überlassen bleiben zu entscheiden, wann eine solche Klage nötig ist.»).
[122] PEDRAZZINI/PEDRAZZINI, UWG, N 16.46, gehen hingegen bereits aufgrund der eng gefassten Voraussetzungen von einer generellen Subsidiarität der Klage aus, die sich so aber nicht aus Art. 10 Abs. 2 lit. c ergibt.
[123] A.A. G. SUTTER, JKR 2001, 145, 153 und 180 f., der jedoch verkennt, dass es bei der Bundesklage nicht um den aus Schweizer Sicht adäquaten Lauterkeitsschutz, sondern um die Verhinderung von Ansehensverlusten der Schweiz durch unlauteren Wettbewerb im Ausland nach dem lediglich noch unter Beachtung von Art. 18 IPRG kollisionsrechtlich anwendbaren Recht geht (insoweit zutreffend BAUDENBACHER/BANKE, Kommentar UWG, Art. 10 N 39).
[124] BGE 126 III 198, 200 («Loto Score»); siehe zur Begründung bereits N 25.
[125] In Art. 20 ff. IPRG werden die Begriffe Wohnsitz, gewöhnlicher Aufenthalt, Niederlassung, Sitz und Staatsangehörigkeit definiert bzw. als Anknüpfungspunkte aufgeführt.
[126] Siehe dazu etwa P. MÄUSLI-ALLENSPACH, Die Ansässigkeit von Gesellschaften im internationalen Steuerrecht, Bern 1993.

nen Doppelbesteuerungsabkommen zu diesem Zwecke definiert wird[127]. Die steuerrechtliche Begriffsbestimmung kann jedoch nicht ohne Weiteres auf Art. 10 Abs. 2 lit. c übertragen werden. Der Begriff ist vielmehr im Lichte des Normzwecks der Vorschrift (Schutz des Ansehens der Schweiz im Ausland durch dort sich auswirkenden unlauteren Wettbewerb) eigenständig auszulegen. Danach ist es im Gegensatz zum Steuerrecht nicht erforderlich, dass die betroffene Person im Ausland ihren Lebens- bzw. Tätigkeitsschwerpunkt hat. Es genügt vielmehr eine für den betreffenden Wettbewerbsverstoss **nicht unerhebliche Präsenz im Ausland.** Eine natürliche Person ist daher im Ausland ansässig, wenn sie dort einen (Zweit-)Wohnsitz oder ihren gewöhnlichen Aufenthalt hat (bei Ansprache als Konsumentin), dort arbeitet (bei Ansprache als Arbeitnehmerin) bzw. dort über eine Niederlassung, Agentur oder Repräsentanz (bei Ansprache als Unternehmerin) verfügt. Eine juristische Person oder klagebefugte Personengesellschaft ist im Ausland ansässig, wenn sie dort ihren realen Hauptverwaltungssitz hat oder wenigstens über eine Zweigniederlassung, Repräsentanz oder Agentur verfügt. Ein rein statutarischer Sitz (sog. formal ausländische Gesellschaft, Domizil- oder Briefkastengesellschaft) ist hingegen nicht ausreichend. Die Tatsache, dass neben Ausländern auch Inländer bzw. dass alle betroffenen Personen auch in der Schweiz oder einige von ihnen nur in der Schweiz ansässig sind, steht der Klagebefugnis des Bundes nicht entgegen, sofern nur das Ansehen der Schweiz im Ausland hinreichend gefährdet ist (vgl. auch noch N 35)[128]. Hintergrund dieser Voraussetzung ist die Befürchtung, dass sich aufgrund der Distanz, des Aufwands und der Risiken kein ausländischer Kläger findet und insofern eine Rechtsschutzlücke besteht.

d) **Anwendbarkeit des Schweizer Rechts**

Die Frage der Aktivlegitimation des Bundes ist als materiellrechtliche Frage eine des anwendbaren Sachrechts. Die Aktivlegitimation nach Art. 10 Abs. 2 lit. c besteht daher nur im Falle der Anwendbarkeit des Schweizer Lauterkeitsrechts. Diese richtet sich **vor Schweizer Gerichten,** deren Zuständigkeit sich grundsätzlich im Anwendungsbereich des LugÜ nach dessen Art. 2 Abs. 1 bzw. Art. 5 Ziff. 3 sowie ausserhalb des Anwendungsbereichs des LugÜ nach Art. 129 und allenfalls Art. 3 IPRG[129] begründet (näher Einl. N 125 ff.), **nach Art. 136 IPRG.** Damit

39

---

[127] Siehe dazu z.B. Art. 4 Abs. 1 des Abkommens zwischen der Schweizerischen Eidgenossenschaft und der Französischen Republik zur Vermeidung der Doppelbesteuerung auf dem Gebiete der Steuern vom Einkommen und vom Vermögen vom 9. September 1966, SR 0.672.934.91: «Im Sinne dieses Abkommens bedeutet der Ausdruck ‹eine in einem Vertragsstaat ansässige Person› eine Person, die nach dem Recht dieses Staates dort auf Grund ihres Wohnsitzes, ihres ständigen Aufenthalts, des Ortes ihrer Geschäftsleitung oder eines anderen ähnlichen Merkmals steuerpflichtig ist.».
[128] RAUBER, SIWR V/1, 267.
[129] Die in HGer ZH SMI 1995, 406, E. III. («World Telefax Edition»), genannten Gründe, wonach die Bundesklage «naheliegenderweise nur in der Schweiz möglich» sei und es dem Bund nicht

gelten vorbehaltlich von Art. 136 Abs. 2 und 3 IPRG das sog. **Auswirkungsprinzip** und die sog. Marktortregel (Art. 136 Abs. 1 IPRG, näher Einl. N 110 ff.). Damit ist Art. 10 Abs. 2 lit. c als Teil des Schweizer Lauterkeitssachrechts an sich nur dann anwendbar, wenn sich der massgebliche unlautere Wettbewerb zumindest auch[130] in der Schweiz auf die Marktverhältnisse auswirkt[131]. Nun liegt es aber in der Natur der für Art. 10 Abs. 2 lit. c relevanten Fälle einer Ansehensbeeinträchtigung der Schweiz im Ausland, dass sich der dieser zugrunde liegende unlautere Wettbewerb häufig nur im Ausland und nicht auch in der Schweiz auswirkt. Dieser kollisionsrechtliche Aspekt wurde offenbar bei Einführung der Bundesklage[132] und teilweise auch bei ihrer Prüfung durch die Gerichte[133] verkannt. Will man vor diesem Hintergrund der Bundesklage nicht einen bedeutsamen Teil ihres Anwendungsbereichs nehmen, bleibt nur die Möglichkeit, Art. 10 Abs. 2 lit. c die implizite kollisionsrechtliche Sonderregel zu entnehmen, wonach in Fällen von Art. 10 Abs. 2 lit. c (Ansehensbeeinträchtigung der Schweiz im Ausland durch ein Wettbewerbsverhalten) entgegen Art. 136 IPRG und unabhängig vom grundsätzlich geltenden Auswirkungsprinzip stets das Schweizer Recht zur Anwendung gelangen soll (Art. 10 Abs. 2 lit. c als lex specialis zu Art. 136 IPRG), bzw. die Regelung zur Aktivlegitimation des Bundes als Eingriffsnorm i.S.v. Art. 18 IPRG zu betrachten[134]. Die zuletzt genannte und auch vom BGer befürwortete Lösung verdient dabei den Vorzug, weil sie die Systematik des IPRG wahrt.

e) Geltendmachung von negatorischen Ansprüchen

40 Wie alle anderen Klagen nach Art. 10 Abs. 2, ist auch die Bundesklage auf die Geltendmachung von negatorischen Ansprüchen gemäss Art. 9 Abs. 1 und Abs. 2 beschränkt. Anders als bei den Verbänden und Organisationen ist es zudem

---

zugemutet werden könne, je eine Einzelklage in all den betroffenen Ländern zu erheben, begründen allerdings keine Unmöglichkeit oder Unzumutbarkeit der Klage im Ausland (zu den anerkennenswerten Gründen etwa CHK-SCHRAMM, Art. 3 IPRG N 4 ff.).

[130] Zur sog. Multistate-Anknüpfung Einl. N 112 ff.
[131] So konsequent PEDRAZZINI/PEDRAZZINI, UWG, N 16.51 ff., die hinsichtlich der massgeblichen Auswirkungen allerdings zu eng allein auf die Ansässigkeit der klageberechtigten Personen im In- oder Ausland abstellen.
[132] Zumindest lässt der Bericht EJPD 1991, 355 ff. hierüber nichts verlauten, obwohl es offenbar ein unveröffentlichtes Gutachten des Bundesamtes für Justiz vom 11.8.1992 zu dieser Frage gab; dazu auch G. SUTTER, JKR 2001, 145, 148 und 179 mit Fn. 149.
[133] HGer ZH SMI 1995, 406 («World Telefax Edition»); in BGE 126 III 198, 201 («Loto Score») wird das Problem allerdings angesprochen.
[134] So auch zum geltenden Recht BGE 136 III 23, 35 ff. («Registerhaie»); G. SUTTER, JKR 2001, 145, 179 f., unter Hinweis auf ein nicht publiziertes Gutachten des Bundesamtes für Justiz vom 11.8.1992 sowie de lege ferenda Art. 10 Abs. 5 E-UWG 2009 (dazu Erläuternder Bericht VE-UWG 2008, 20 und die Botschaft E-UWG 2009, 6182); anders BAUDENBACHER/BANKE, Kommentar UWG, Art. 10 N 39, die dem Bund auch im Falle der Anwendung ausländischen Lauterkeitsrechts nach Art. 136 IPRG die Aktivlegitimation zuerkennen möchten.

nicht Aufgabe des Bundes, reparatorische Klagen als Zessionar, in Prozessvertretung, in Prozessstandschaft oder als Nebenintervenient geltend zu machen (N 8). Lediglich als im Rahmen seines fiskalischen Handelns[135] betroffener Konkurrent oder Kunde kann der Bund daher aus eigenem Recht unmittelbar nach Art. 9 und Art. 10 Abs. 1 zur Geltendmachung von reparatorischen Ansprüchen befugt sein. Soweit der Bund nach Art. 10 Abs. 2 lit. c klagt, gilt der Prozess aufgrund seiner ideellen Zielsetzung (Schutz des Ansehens der Schweiz im Ausland) als eine **nicht vermögensrechtliche Streitigkeit,** was im Rahmen der Rechtsmittelordnung zu berücksichtigen ist[136].

2. Bedeutung und Ausblick

Aufgrund ihrer Beschränkung auf Fälle unlauteren Wettbewerbs mit Auslandsbezug und ihrer engen Schutzrichtung hat die Bundesklage nur eine **geringe praktische Bedeutung**[137]. Immerhin gibt sie dem Bund die Berechtigung, Strafantrag zu stellen (Art. 23 Abs. 2 i.V.m. Art. 10 Abs. 2 lit. c)[138] und sich an internationalen Kooperationen zur Bekämpfung unlauteren Wettbewerbs zu beteiligen[139]. Insgesamt muss die Vorschrift jedoch als **untauglicher Versuch** betrachtet werden, das Ansehen der Schweiz im Ausland mit den Mitteln des nationalen Rechts zu sichern. Dies lässt sich einigermassen zuverlässig weder über eine Sondervorschrift zur Aktivlegitimation des Bundes noch über die Schaffung eines Sondertatbestands im Schweizer UWG[140] erreichen, sondern nur über entsprechende Regelungen und ihre Anwendung im betreffenden ausländischen Recht. Will der Bund hierauf Einfluss nehmen, muss er, wie dies etwa das Recht der Herkunftsbezeichnungen zeigt, entsprechende völkerrechtliche Vereinbarungen treffen.

41

Eine andere Frage ist es, ob die Bundesklage nicht **in veränderter Form ein sinnvolles Instrument zur Bekämpfung inländischer Lauterkeitsrechtsverstösse**

42

---

[135] Zur Verneinung der Aktivlegitimation bei hoheitlichem Handeln OGer ZH ZR 1989 Nr. 79. Vgl. zum Ganzen auch Vor Art. 16 ff. N 16 ff.
[136] Noch zum früheren OG BGE 126 III 198, 200 («Loto Score»). Die zivilrechtliche Beschwerde an das Bundesgericht ist damit stets möglich (Art. 72 i.V.m. Art. 74 e contrario BGG).
[137] Die bekannt gewordenen Fälle betreffen Gewinnspiele (BGE 126 III 198 – «Loto Score») und Registereinträge (BGE 136 III 23 – «Registerhaie»; HGer ZH SMI 1995, 406 – «World Telefax Edition»); zu einigen wenigen weiteren Fällen G. SUTTER, JKR 2001, 145, 167 ff.
[138] Siehe dazu etwa den Fall BGE 129 IV 305, 307; krit. dazu wegen der indirekten Umwandlung eines Antrags- in ein Offizialdelikt DAVID, Klage des Bundes, 158; aus diesem Grund hatte auch noch der Bundesrat ein Strafantragsrecht des Bundes im Zusammenhang mit der Bundesklage abgelehnt (Botschaft UWG, 1086); durch das beschränkte Antragsrecht des Bundes werden die UWG-Tatbestände aber nur zu einem «halben Offizialdelikt», da die Antragstellung auch durch andere Aktivlegitimierte erhalten bleibt (siehe auch Art. 23 N 73).
[139] G. SUTTER, JKR 2001, 145, 164 ff.
[140] Für eine solche Lösung allerdings DAVID, Klage des Bundes, 161 ff., und RAUBER, SIWR V/1, 267.

sein könnte. Es ist fraglich, ob die bestehenden Durchsetzungsdefizite im Lauterkeitsrecht (N 19, 27 und 33) allein durch den Ausbau der aktuellen Verbandsklagemöglichkeiten verringert werden können. Eine fremdnützige Bundesklage widerspräche zwar der sonderdeliktsrechtlichen Natur des Lauterkeitsrechts, doch wird diese von jeher und insbesondere seit der UWG-Revision von 1986 durch wettbewerbsfunktionale Aspekte überlagert (Art. 1 N 15 ff.), die eine Bundesklage zur Verfolgung von Allgemeininteressen durchaus als **systemkonform** erscheinen lassen[141]. Die Führung von Zivilprozessen gehört jedenfalls dann im Rahmen von Art. 10 Abs. 2 lit. c zu den Aufgaben des Bundes, wenn hierdurch Allgemeininteressen entsprochen werden kann, die von den Wettbewerbsteilnehmern und ihren Organisationen nicht hinreichend wahrgenommen werden und – zumindest im Rahmen des geltenden Rechts – auch nicht hinreichend wahrgenommen werden können. Im Vergleich zu einer staatlichen Wettbewerbsaufsicht, die bereits das Schweizer Kartellrecht (Einl. N 24), einige Sonderbereiche des Werberechts (Heilmittel-, Lebensmittel-, Alkohol- und Tabakwerbung sowie Rundfunk- und Fernsehwerbung; Vor Art. 16 N 30 ff.), das Lotterierecht[142] und einige ausländische Lauterkeitsrechte (Einl. N 195 ff.) prägt, würde ein privates Klagerecht des Bundes der privaten Natur des UWG zudem eher entsprechen[143].

43 Die **Bundesklage soll daher** im Zuge der geplanten und am 6. Juni 2008 vom Bundesrat in die Vernehmlassung[144] geschickten UWG-Revision (Einl. N 93 ff.) deutlich **erweitert werden** (Art. 10 Abs. 3 E-UWG 2009)[145]. Der Bund soll danach künftig generell dann klagen und/oder Strafantrag stellen können, wenn Kollektivinteressen bedroht oder verletzt sind. Hierdurch soll der wachsenden Bedeutung öffentlicher Interessen im UWG auch verfahrensmässig Rechnung getragen werden. Der Vorschlag ist grundsätzlich zu begrüssen. Problematisch ist allerdings, dass die Aktivlegitimation des Bundes nach dem Wortlaut von Art. 10 Abs. 3 E-UWG 2009 nicht in vollem Umfang der Nachprüfung durch den Richter unterliegt, sondern nach wie vor vom Ermessen des Bundes abhängig sein soll («wenn er es ... als nötig erachtet»)[146].

44 Der Bundesrat soll **künftig auch** nach Art. 10 Abs. 4 E-UWG 2009 die **Befugnis** erhalten, zum Schutz des öffentlichen Interesses die Öffentlichkeit über unlautere Verhaltensweisen **zu informieren** und dabei die entsprechenden **Firmen zu nennen**. Die Feststellung des Wettbewerbsverstosses in einem Urteil wird mit Recht

---

[141] Botschaft UWG, 1079.
[142] Verstösse gegen das Lotterierecht, zu denen bislang nach Art. 43 Ziff. 1 LV auch noch die Errichtung von sog. Schneeballsystemen gehört (Art. 2 N 53 f.), werden als Offizialdelikte verfolgt.
[143] In diesem Sinne auch schon BAUDENBACHER/BANKE, Kommentar UWG, Art. 10 N 6; vgl. zur Problematik auch Vor Art. 16 ff. N 6 ff.
[144] Der Bericht über das Ergebnis des Vernehmlassungsverfahrens ist abrufbar unter: http://www.news-service.admin.ch/NSBSubscriber/message/attachments/14595.pdf.
[145] Siehe dazu auch Erläuternder Bericht VE-UWG 2008, 10 und 19 f. sowie die Botschaft E-UWG 2009, 6160 ff. und 6180 ff.
[146] Siehe dazu bereits Krit. N 36.

nicht verlangt, da diese zu spät erfolgen würde und es bei der Information um eine Präventivmassnahme geht. Die vorgeschlagene Vorschrift ist aber **unklar bzw. zu eng gefasst**[147].

VIII. Verfahrensfragen

Fehlt es der klagenden Partei an der **Aktivlegitimation** als «Kunde» i.S.v. Art. 10 Abs. 1, ergeht ein Sachurteil, mit dem die Klage als unbegründet abgewiesen wird. Die Klage kann nicht bereits aufgrund eines unter Hinweis auf die fehlende Aktivlegitimation fehlenden Rechtsschutzbedürfnisses als unzulässig **abgewiesen** werden[148]. Dies muss eigentlich auch für die Fälle der Verbands- und der Bundesklage nach Art. 10 Abs. 2 gelten, wenn die Verbände die für ihre Aktivlegitimation erforderlichen organisatorischen Voraussetzungen nicht erfüllen (N 20 ff. bzw. N 28 ff.) oder für den Bund eine unzuständige Stelle agiert, der Bund sein Ermessen im Hinblick auf die Klageerhebung zum Schutz des Ansehens der Schweiz im Ausland fehlerhaft ausgeübt hat bzw. die klageberechtigten Personen nicht im Ausland ansässig sind (N 34 ff.). Demgegenüber wird unter Hinweis auf eine entsprechende Praxis bei der UWG-Verbandsklage in Deutschland teilweise vorgeschlagen, die organisatorischen u. ä. Voraussetzungen der Aktivlegitimation der Verbände und des Bundes von den übrigen Fragen der Begründetheit der Klage zu trennen und als Fragen der Prozessführungsbefugnis zusätzlich zu Prozessvoraussetzungen zu erheben[149]. Dies bietet zwar den prozessökonomischen Vorteil, dass die Gerichte diese Fragen gesondert vorweg prüfen und im negativen Fall die Klage direkt durch Prozessurteil abweisen könnten, ohne weitere Prozessvoraussetzungen prüfen zu müssen[150], lässt sich dogmatisch aber nur schwer rechtfertigen. Ohnehin kann ein Beklagter den Antrag auf Beschränkung des Prozessstoffes auf die Frage der Aktivlegitimation stellen.

45

---

[147] Im juristischen wird anders als im gewöhnlichen Sprachgebrauch unter einer Firma der Handelsname eines Unternehmensträgers verstanden. Bei einem solchen Verständnis wäre die Vorschrift zu eng gefasst, da nicht jeder gegen das UWG Verstossende eine Firma hat und eine Firma auch nicht immer zur Identifikation des Unternehmensträgers durch ein breites Publikum geeignet ist. Sofern der Bundesrat mit der Firma das Unternehmen bzw. seinen Träger als Rechtssubjekt meint, wäre das ebenfalls zu eng, da es auch nicht unternehmenstragende Verletzer gibt. Man müsste also entweder neben der Firma auch noch andere identifizierende Angaben wie Geschäftsbezeichnungen oder bürgerliche Namen zulassen oder die Vorschrift am besten allgemeiner formulieren. So könnte die geplante Vorschrift die «Nennung des Urhebers der Verletzung» vorsehen.

[148] Siehe zu einer unzulässigen Vermengung von Aktivlegitimation und Rechtsschutzinteresse jedoch BGer ZH ZR 1991 Nr. 28 («EC-Karte»).

[149] BAUDENBACHER/BANKE, Kommentar UWG, Art. 10 N 13.

[150] In die Prüfung der weiteren sachlichen Voraussetzungen müssen die Gerichte allerdings auch dann nicht eintreten, wenn sie die Voraussetzungen von Art. 10 Abs. 2 als solche der Begründetheit der Klage betrachten (missverständlich insoweit BAUDENBACHER/BANKE, Kommentar UWG, Art. 10 N 13).

46 Nach Art. 9 und 10 kann es zu einer **Mehrfachverfolgung von Wettbewerbsverstössen** durch verschiedene aktivlegitimierte Kläger in unterschiedlichen Prozessen kommen[151]. Der Verletzer kann wegen der jedenfalls unterschiedlichen Parteien weder den Einwand der anderweitigen Rechtshängigkeit noch der materiellen Rechtskraft erheben. Eine rechtskräftige Verurteilung und ggf. bereits ein hängiges Verfahren können für andere Klageberechtigte jedoch die Fortsetzungs- und Wiederholungsgefahr sowie das Rechtsschutzbedürfnis entfallen lassen (Art. 9 N 58 f. bzw. 64). Die **Prozessökonomie** kann hier jedoch unter den allgemeinen Voraussetzungen eine Verfahrensverbindung oder die Aussetzung eines Verfahrens gebieten[152]. Die Mehrfachverfolgung führt allerdings **nicht zu einer materiellrechtlichen Mehrfachbelastung** des Verletzers, da er einer gegenüber mehreren Gläubigern bestehenden Unterlassungs- oder Beseitigungsverpflichtung durch einfache Unterlassung bzw. Beseitigung nachkommen kann. Bei den reparatorischen Ansprüchen kann jeder Gläubiger nur den Ausgleich des ihm entstandenen Schadens bzw. seines persönlichen Genugtuungsinteresses sowie die Herausgabe des gerade durch einen Eingriff in seine eigenen Rechtspositionen entstandenen Verletzergewinns verlangen[153].

47 Bei Abweisung einer Verbandsklage wird im Rahmen der **Kostenfolgen** zugunsten des Klägers oft zu berücksichtigen sein, dass die **Klageerhebung in guten Treuen** bzw. **auf Veranlassung des Beklagten** erfolgte[154].

---

[151] Dazu bereits zum alten Recht B. VON BÜREN, Kommentar UWG, Art. 2–4 N 54.
[152] Näher dazu LENGAUER, Probleme, 111 ff. und 143 ff.
[153] BAUDENBACHER/BANKE, Kommentar UWG, Art. 10 N 44 f. Dazu näher Art. 9 N 9 ff., 119 ff. und 211.
[154] Vgl. dazu Vor Art. 12–15 N 52 und N 78 sowie dortige Fn. 43.

Art. 11

Klagen gegen den Geschäftsherrn	Ist der unlautere Wettbewerb von Arbeitnehmern oder anderen Hilfspersonen bei dienstlichen oder geschäftlichen Verrichtungen begangen worden, so kann auch gegen den Geschäftsherrn nach Artikel 9 Absätze 1 und 2 geklagt werden.
Actions contre l'employeur	Lorsque l'acte de concurrence déloyale a été commis par un travailleur ou par un autre auxiliaire dans l'accomplissement de son travail, les actions prévues à l'art. 9, al. 1 et 2, peuvent également être intentées contre l'employeur.
Azioni contro il datore di lavoro	Se la concorrenza sleale è stata fatta da un lavoratore o da un altro ausiliario nell'esercizio delle sue incombenze di servizio o d'affari, le azioni previste nell'articolo 9 capoversi 1 e 2 possono essere proposte anche contro il datore di lavoro.
Actions against Principal	Where an act of unfair competition has been committed by an employee or other auxiliary person in course of his service or professional tasks, actions under Article 9 paragraphs 1 and 2 may also be brought against the principal.

Inhaltsübersicht

		Note	Seite
I.	Normzweck.	1	804
II.	Entstehungsgeschichte.	3	805
III.	Systematik und Verhältnis zu anderen Vorschriften.	5	806
IV.	Tatbestand.	7	807
	1. Geschäftsherreneigenschaft des Anspruchgegners.	7	807
	2. Unlauterer Wettbewerb einer untergeordneten Hilfsperson.	8	808
	3. Funktioneller Zusammenhang mit der Verrichtung.	12	809
	4. Geltendmachung eines negatorischen Anspruchs.	14	809
V.	Rechtsfolgen.	15	810
	1. Verantwortlichkeit des Geschäftsherrn.	15	810
	2. Verantwortlichkeit der Hilfsperson.	16	810
VI.	Verfahrensfragen.	20	811

Literatur

C. BAUDENBACHER (Hrsg.), Lauterkeitsrecht – Kommentar zum Gesetz gegen den unlauteren Wettbewerb (UWG), Basel 2001, Kommentierung zu Art. 11; R. BREHM, Berner Kommentar zum schweizerischen Privatrecht, Band VI, Art. 41–61 OR, Bern 2005; B. VON BÜREN, Kommentar zum Bundesgesetz über den unlautern Wettbewerb vom 30. September 1943 unter Einschluss der Ausverkaufsverordnung vom 16. April 1947, Zürich 1957, Art. 2–4 N 62 ff.; R. VON BÜREN/E. MARBACH/P. DUCREY, Immaterialgüter- und Wettbewerbsrecht, 3. Aufl., Bern 2008, N 994 f.; L. DAVID, in: R. von Büren/L. David (Hrsg.), SIWR I/2, Der Rechtsschutz im Immaterialgüterrecht, 2. Aufl., Basel 1998, 65 ff.; L. DAVID/R. JACOBS, Schweizerisches Wettbewerbsrecht, 4. Aufl., Bern 2005, N 732 ff.; H. F. GEERING, Die zivilrechtliche Haftung und die strafrechtliche Verantwortung des Geschäftsherrn und Auftraggebers nach dem Bundesgesetz über den unlauteren Wettbewerb, Basel 1951; H. HONSELL (Hrsg.), OR, Art. 1–529, Kurzkommentar, Basel 2008; E. MARTIN-ACHARD, La concurrence et les tiers, SJ 1991, 33 ff.; M.M. PEDRAZZINI/F.A. PEDRAZZINI, Unlauterer Wettbewerb, UWG, 2. Aufl., Bern 2002, N 17.06 f.; G. RAUBER, Klageberechtigung und prozessuale Bestimmungen (Art. 9–15 UWG), in: R. von Büren/L. David (Hrsg.), SIWR V/1, Lauterkeitsrecht, 2. Aufl., Basel 1998, 241 ff., 271 ff.; F. RIKLIN, Bemerkungen zur Passivlegitimation bei Persönlichkeitsverletzungen durch die Presse, in: Forstmoser et al. (Hrsg.), Die Verantwortlichkeit im Recht, Bd. 1, Zürich 1981, 247 ff.; P. SCHALTEGGER, Die Haftung der Presse aus unlauterem Wettbewerb, Basel 1992; W. SCHLUEP, Die Europaverträglichkeit des schweizerischen Lauterkeitsrechts, in: Un droit européen de la concurrence déloyale en formation, Genève 1994, 67 ff.; P. SPITZ, Haftung für Wettbewerbshandlungen, in: P. Jung (Hrsg.), Tagungsband Recht aktuell 2006 (Aktuelle Entwicklungen im Haftpflichtrecht), Basel 2006 (Edition Weblaw), 94 ff.; DERS., Eigenhaftung von Organ- und Hilfspersonen, SJZ 2003, 165 ff.; M. TAUFER, Einbezug von Dritten im UWG, Zürich 1997; F. WERRO, La Responsabilité civile, Bern 2005.

I. Normzweck

1   Art. 11 regelt als einzige Norm des UWG zwei Teilfragen im Bereich der Passivlegitimation. Sie **stellt** zum einen **klar, dass** die nach **Art. 9 Abs. 1 und Abs. 2** gegebenen negatorischen Ansprüche dem Verletzten **auch gegen den Geschäftsherrn** einer Hilfsperson, die bei ihren dienstlichen oder geschäftlichen Verrichtungen unlauteren Wettbewerb (mit)bewirkt hat, zur Verfügung stehen. Dabei ist im Gegensatz zur Geschäftsherrenhaftung auf Schadenersatz nach Art. 55 Abs. 1 OR ein Exzeptionsbeweis nicht möglich, während auch die Ansprüche nach Art. 9 Abs. 1 und Abs. 2 an kein Verschuldenserfordernis geknüpft sind. Der Grundgedanke der Vorschrift entspricht demjenigen von Art. 55 OR: **Wer** als Geschäftsherr von der Erweiterung seiner Handlungsmöglichkeiten – insbesondere im Rahmen eines Geschäftsbetriebs – durch weisungsgebundene Hilfspersonen **profitiert, soll auch** vollumfänglich für die dadurch bedingten zusätzlichen Risiken **einstehen**[1].

2   Zum anderen ergibt sich im Umkehrschluss aus Art. 11, dass die **Hilfsperson trotz ihrer Weisungsabhängigkeit** grundsätzlich auch selbst als Störerin für die Wettbewerbsverletzung **verantwortlich** gemacht werden kann (zu Einschränkungen N 18).

---

[1] Vgl. nur zu Art. 55 OR BGE 41 II 494, 497 und BGE 50 II 469, 470.

II. Entstehungsgeschichte

Sieht man von kleineren redaktionellen Änderungen ab, befand sich eine identische Regelung bereits in **Art. 3 Abs. 1 aUWG 1943**[2], die damals noch durch den ebenfalls klarstellenden und nunmehr in Art. 9 Abs. 3 aufgegangenen Hinweis in Art. 3 Abs. 2 aUWG ergänzt wurde, dass für die Passivlegitimation bei reparatorischen Ansprüchen die allgemeinen Vorschriften des Obligationenrechts zur Anwendung kämen[3]. Die unter dem aUWG 1943 bestehende Sonderregelung zur Passivlegitimation im Pressebereich (Art. 4 aUWG), die eine **Privilegierung der Presse** gegenüber anderen Massenmedien mit sich brachte[4], wurde bewusst **nicht mehr** in das seit 1986 geltende UWG aufgenommen[5]. Die Aufhebung von Art. 4 aUWG wurde nicht zuletzt durch die **Persönlichkeitsrechtsnovelle** von 1984 vorgezeichnet, die – abgesehen von der Sonderordnung für periodisch erscheinende Medien in Art. 28c Abs. 3 ZGB[6] sowie Art. 28g ff. ZGB – bereits auf eine privilegierte Haftungsregelung für die Medien verzichtete[7]. Die geltende Fassung von Art. 11 entspricht genau dem Wortlaut des bundesrätlichen Entwurfs (Art. 12 E-UWG 1983)[8].

3

Art. 11 soll durch die am 6. Juni 2008 vom Bundesrat in die Vernehmlassung geschickte Revision des UWG (näher Einl. N 93 ff.) nicht angetastet werden[9]. Auch durch die am 1. Januar 2011 in Kraft tretende **Schweizerische Zivilprozessordnung** (ZPO-CH) wird die Vorschrift inhaltlich nicht verändert werden. Ausweislich

4

---

[2] Statt wie in Art. 3 Abs. 1 aUWG von «Angestellten und Arbeitern» ist in Art. 11 nunmehr von «Arbeitnehmern oder anderen Hilfspersonen» die Rede. Etwas missverständlich kleidet Art. 11 den erforderlichen funktionellen Zusammenhang zwischen Verrichtung und Wettbewerbsverstoss (N 12 ff.) nunmehr in die Wendung «bei ... Verrichtungen» statt wie zuvor Art. 3 aUWG in die Wendung «in Ausübung ihrer ... Verrichtungen». Zudem verweist Art. 11 im Gegensatz zu Art. 3 aUWG auch auf den Anspruch auf Berichtigung bzw. Urteilspublikation in Art. 9 Abs. 2 (vgl. dazu auch die Berichterstattung durch LÜCHINGER, StenBull NR 1985, 847).

[3] Siehe zur Beibehaltung dieses Hinweises auch noch den Art. 10 Abs. 2 VE-UWG 1980.

[4] Die Vorschrift enthielt eine an das ebenfalls umstrittene strafrechtliche Pendant in Art. 27 aStGB angelehnte Kaskadenregelung, die vorrangig eine Passivlegitimation des Verfassers bzw. Einsenders, hilfsweise des verantwortlichen Redaktors bzw. Leiters des Anzeigenteils, höchst hilfsweise des Verlegers und zuletzt des Druckers anordnete; krit. zu Art. 4 aUWG und der durch die Vorschrift bedingten Übertragung strafrechtlicher Grundsätze in das Zivilrecht B. VON BÜREN, Kommentar UWG, Art. 2–4 N 70; krit. zur Sonderbehandlung der Presse BAUDENBACHER/ GLÖCKNER, Kommentar UWG, Art. 11 N 23.

[5] Dazu Botschaft UWG, 1055 f.; anders noch Art. 11 VE-UWG 1980, der eine auf elektronische Medien erstreckte Kaskadenordnung von Art. 4 aUWG 1943 zunächst beibehielt; zur Diskussion um sog. Medienprivilegien näher Einl. N 61 ff. mit Fn. 181 und N 92 sowie Art. 9 N 49 ff.

[6] Auf diese Vorschrift verweist auch Art. 14 UWG.

[7] Siehe zur Revision des Persönlichkeitsschutzrechts die Botschaft Persönlichkeitsrecht, 657, und zum angestrebten Gleichlauf zwischen UWG und Persönlichkeitsrecht die Botschaft UWG, 1056.

[8] Botschaft UWG, 1095.

[9] Siehe zur Revision generell Botschaft E-UWG 2009, 6151 ff. sowie Erläuternder Bericht VE-UWG 2008, 1 ff.

des neuen Gliederungstitels vor Art. 9 wird Art. 11 zusammen mit Art. 9 und Art. 10 künftig lediglich zu den prozessrechtlichen Bestimmungen gezählt werden[10], womit verkannt wird, dass es sich bei der Passivlegitimation wie auch der Aktivlegitimation nicht um eine Frage des Verfahrensrechts, sondern des materiellen Rechts handelt.

III. Systematik und Verhältnis zu anderen Vorschriften

5   Art. 11 betrifft allein die Passivlegitimation von Geschäftsherren und (implizit) Hilfspersonen im Bereich der verschuldensunabhängigen **negatorischen Ansprüche** nach Art. 9 Abs. 1 und Abs. 2 (N 60 ff.). Konsequenterweise verzichtet Art. 11 daher auch auf die von Art. 55 Abs. 1 OR im Bereich von Schadenersatz und Genugtuung gewährte Möglichkeit des Exzeptionsbeweises (N 1). Ausserhalb des Anwendungsbereichs von Art. 11 bestimmt sich die Passivlegitimation für negatorische Ansprüche nach allgemeinen Grundsätzen, d.h. nach der subjektiven Reichweite der Tatbestände von Art. 2 bis 8 in Verbindung mit den allgemeinen Grundsätzen der sog. Störerhaftung (Art. 9 N 32 ff.)[11].

6   Bei reparatorischen Ansprüchen auf **Schadenersatz, Genugtuung und Gewinnherausgabe** gilt für die Passivlegitimation **Art. 9 Abs. 3,** der insoweit auf die allgemeinen Regelungen des Obligationenrechts (Art. 41 ff., 423 OR) verweist[12]. Wurde die unlautere Wettbewerbshandlung ausserhalb eines bestehenden Schuldverhältnisses von Hilfspersonen begangen, können Schadenersatz- und Genugtuungsansprüche gegen den Geschäftsherrn daher nur unter den Voraussetzungen von **Art. 55 Abs. 1 OR** (Subordinationsverhältnis, funktioneller Zusammenhang, Misslingen des Exzeptionsbeweises) geltend gemacht werden[13]. Der Exzeptionsbeweis kann dabei nur gelingen, wenn der Geschäftsherr seine Hilfspersonen ordnungsgemäss ausgewählt, instruiert[14] bzw. ausgerüstet[15] und überwacht[16] sowie eine adäquate Betriebsorganisation zur Verfügung gestellt hat. Wurde der unlautere

---

[10] Schlussfassung der Schweizerischen ZPO (ZPO-CH) vom 19.12.2008, Art. 402 ZPO-CH i.V.m. Anhang 1 Ziff. 15 ZPO-CH, BBl 2009, 128.
[11] BGer 4C.224/2005 sic! 2006, 280, E. 2.2.2 («Agefi/Edipresse»).
[12] Art. 9 Abs. 3 wurde als Verweisungsnorm und nicht wie noch Art. 8 aUWG 1943 und Art. 16 E-UWG 1983 (dazu Botschaft UWG, 1079) als Vorbehaltsnorm zugunsten von ZGB und OR ausgestaltet.
[13] DAVID/JACOBS, Wettbewerbsrecht, N 733.
[14] Allgemeine Weisungen zur Vermeidung wettbewerbswidrigen Verhaltens genügen nicht, wenn die Hilfspersonen andererseits durch konkrete Weisungen der Gefahr von Wettbewerbsverstössen ausgesetzt werden (dazu auch BGE 56 II 24, 35 f. [«Maggi»]; BGE 61 II 339, 343 und B. VON BÜREN, Kommentar UWG, Art. 2–4 N 68).
[15] Hierzu gehört etwa auch die hinreichende Ausstattung mit aktueller lauterkeitsrechtlicher Literatur.
[16] So muss etwa eine geplante Werbekampagne von einer kundigen Person auf ihre Vereinbarkeit mit dem Lauterkeitsrecht geprüft werden.

Wettbewerb hingegen im Rahmen eines Vertrages oder eines vorvertraglichen Schuldverhältnisses von Personen begangen, die mit Wissen und Willen des Schuldners eine (vor)vertragliche Pflicht zu erfüllen hatten, so haftet der Schuldner für diese Erfüllungsgehilfen unter den Voraussetzungen von **Art. 101 OR** (funktioneller Zusammenhang, vermutetes Verschulden der Hilfsperson, hypothetische Vorwerfbarkeit). Da der Verweis von Art. 9 Abs. 3 UWG wie derjenige von Art. 28a Abs. 3 ZGB auf **Art. 423 OR** als Rechtsfolgeverweis zu qualifizieren ist[17], erfolgt die Gewinnherausgabe unmittelbar nach Art. 423 OR.

IV. Tatbestand

1. Geschäftsherreneigenschaft des Anspruchgegners

Geschäftsherren sind natürliche oder juristische Personen, die wie insbesondere Arbeitgeber[18] als Einzelpersonen oder als Mitglieder einer Rechtsgemeinschaft einer subordinierten Hilfsperson (N 8) **Weisungen erteilen können**. Zumeist werden die für UWG-Ansprüche passivlegitimierten Geschäftsherren Träger eines Unternehmens sein, müssen dies aber nicht, da auch ausserhalb von Unternehmen die Beschäftigung von untergeordneten Hilfspersonen möglich ist[19]. Träger eines Unternehmens sind die Personen, in deren Namen die unternehmensbezogenen Geschäfte geschlossen werden. Der Geschäftsherr muss nicht persönlich in «seinem» Unternehmen tätig sein. Er kann sich nicht nur bei einzelnen Geschäften, sondern bei der Führung des Unternehmens überhaupt vertreten lassen. Andererseits sind damit die Vertreter (z.B. Eltern, Geschäftsführer, Konkursverwalter, Liquidator, Vormund/Beistand/Beirat) keine Geschäftsherren. Der Geschäftsherr muss seine Geschäfte auch nicht für eigene Rechnung abschliessen und kann daher z.B. als Kommissionär auch für fremde Rechnung handeln[20]. Der Geschäftsherr braucht auch nicht der Inhaber des Geschäftsvermögens zu sein, sodass auch der Pächter[21] oder Nutzniesser eines Unternehmens als Geschäftsherr in Betracht kommt.

7

---

[17] Vgl. zur Qualifikation des Verweises in Art. 28a Abs. 3 ZGB BGE 133 III 153, 157 ff. («Patty Schnyders Vater»), zum Ganzen auch Art. 9 N 186 ff.
[18] BGer 4C.139/2004 sic! 2004, 430, E. 2.1 («CAP»).
[19] Zu eng und allein auf Betriebsinhaber abstellend BAUDENBACHER/GLÖCKNER, Kommentar UWG, Art. 11 N 33.
[20] A.A. und zu eng BAUDENBACHER/GLÖCKNER, Kommentar UWG, Art. 11 N 33.
[21] BGE 37 II 541, 543 f. («Hotel zum Bahnhof»).

2. Unlauterer Wettbewerb einer untergeordneten Hilfsperson

8   Art. 11 setzt voraus, dass der unlautere Wettbewerb i.S.d. Art. 2 bis 8 von Arbeitnehmern oder anderen Hilfspersonen des Geschäftsherrn begangen wurde. **Arbeitnehmer** sind Personen, die auf bestimmte oder unbestimmte Zeit Arbeitsleistungen gegen Entgelt erbringen und dabei in die Arbeitsorganisation des Arbeitgebers eingegliedert und dessen Weisungen unterworfen sind[22]. Arbeitnehmer sind auch Lehrlinge[23], Handlungsreisende[24] und im Betrieb mitarbeitende Ehegatten[25].

9   Die **anderen Hilfspersonen,** von denen Art. 11 spricht, müssen in ähnlicher Weise untergeordnet sein. Vorausgesetzt wird mithin wie bei der Geschäftsherrenhaftung nach Art. 55 Abs. 1 OR, dass eine in einem ökonomisch-organisatorischen **Subordinationsverhältnis** stehende und daher prinzipiell den Weisungen des Geschäftsherrn unterworfene Person gehandelt hat[26].

10 **Selbständige Unternehmer** wie die Betreiber von Werbeagenturen, Rechtsanwaltskanzleien oder Grafikbüros sind hingegen **keine** Hilfspersonen[27]. Eine Herstellerin ist daher nicht nach Art. 11 für einen unabhängigen und für weitere Hersteller tätigen Verkaufsagenten[28] oder einen Lieferanten[29] verantwortlich. Eine Passivlegitimation des «Geschäftsherrn» für unabhängig handelnde Personen kann sich **nur aus Teilnahme** (Anstiftung, Beihilfe)[30] oder aus **Art. 101 OR** ergeben, der auf negatorische Ansprüche analog anwendbar ist. Voraussetzung ist allerdings, dass die Person mit Wissen und Wollen des «Geschäftsherrn» an der Erfüllung einer den Geschäftsherrn treffenden Schuldpflicht mitgewirkt und dabei eine unlautere Wettbewerbshandlung gegenüber dem Gläubiger begangen hat.

11 Auch die **Organmitglieder** einer juristischen Person sind aufgrund ihrer Eigenverantwortlichkeit **keine** Hilfspersonen, obwohl für sie und die juristische Person nach Art. 55 Abs. 2 und Abs. 3 ZGB im Ergebnis Vergleichbares wie für Hilfspersonen und ihre Geschäftsherrn gilt (Art. 9 N 37 f.).

---

[22] Zum Begriff des Arbeitnehmers näher PIETRUSZAK, Kurzkommentar OR, Art. 319 N 2 ff.
[23] BGE 41 II 494, 498 ff.
[24] BGE 58 II 22, 28.
[25] CdJ GE SJ 1952, Nr. 39, 618.
[26] B. VON BÜREN, Kommentar UWG, Art. 2–4 N 65.
[27] B. VON BÜREN, Kommentar UWG, Art. 2–4 N 65.
[28] HGer SG vom 22.11.2005 (HG.2005.61), E. 3b.
[29] Vgl. RGZ 83, 424.
[30] BGer 4C.361/2005 sic! 2006, 583, E. 3.8.2 («tiq® of Switzerland»), vgl. auch Art. 9 N 33.

3. Funktioneller Zusammenhang mit der Verrichtung

Die Hilfsperson muss den Wettbewerbsverstoss sodann in einem unmittelbar funktionellen Zusammenhang mit ihren dienstlichen oder geschäftlichen Verrichtungen verübt haben[31]. Für die **privaten Handlungen** von Arbeitnehmern oder sonstigen Hilfspersonen ist der Geschäftsherr mithin nicht verantwortlich[32]. Obwohl dies von Art. 11 nicht mehr so deutlich wie früher zum Ausdruck gebracht wird[33], ist ein Verhalten lediglich **bei Gelegenheit von dienstlichen oder geschäftlichen Verrichtungen** nach wie vor **nicht** ausreichend[34]. Hierfür sprechen der Wille des Gesetzgebers[35], die Verwandtschaft der Vorschrift mit Art. 55 OR[36] und der Normzweck der Vorschrift (zu diesem N 1), die eine erweiterte Verantwortung nur für diejenigen Wettbewerbshandlungen begründen will, die in einem funktionellen Zusammenhang mit denjenigen Verrichtungen stehen, die der Geschäftsherr einerseits durch Weisungen veranlasst hat und die ihm andererseits zugutekommen.

Ein funktioneller Zusammenhang ist indiziert, wenn die Schädigung in einem **zeitlichen und/oder räumlichen Zusammenhang** mit der Verrichtung steht. Neben diesem äusserlichen Zusammenhang muss ein direkter innerer **Zusammenhang mit den typischen Risiken** der übertragenen Verrichtung bestehen[37]. Nur so wird dem Grundgedanken von Art. 11 Rechnung getragen, dass derjenige, der von der Tätigkeit der Hilfsperson profitiert, auch die sich daraus ergebenden Risiken zu tragen hat. In Fällen eines inneren Risikozusammenhangs ist Art. 11 auch dann anwendbar, wenn die Hilfsperson weisungswidrig gehandelt oder ihre Kompetenzen überschritten haben sollte[38]. Selbst ein vorsätzliches Handeln der Hilfsperson lässt den funktionellen Zusammenhang dann nicht entfallen[39].

4. Geltendmachung eines negatorischen Anspruchs

Art. 11 gilt ausdrücklich nur für die Ansprüche nach **Art. 9 Abs. 1 und Abs. 2**, d.h. die Ansprüche auf Unterlassung (Art. 9 N 60 ff.), Beseitigung (Art. 9 N 71 ff.) und Feststellung (Art. 9 N 82 ff.) einer Wettbewerbsverletzung sowie insbesondere auf Berichtigung (Art. 9 N 102 ff.) und Urteilspublikation (Art. 9 N 106 ff.).

---

[31] Generell krit. zu diesem Zurechnungskriterium H. HONSELL, Schweizerisches Haftpflichtrecht, 4. Aufl., Zürich 2005, § 13 N 16.
[32] BAUDENBACHER/GLÖCKNER, Kommentar UWG, Art. 11 N 35.
[33] Es heisst nun «bei ... Verrichtungen» (Art. 11) statt «in Ausübung ihrer ... Verrichtungen» (Art. 3 aUWG).
[34] So auch BAUDENBACHER/GLÖCKNER, Kommentar UWG, Art. 11 N 35.
[35] Nach der Botschaft UWG, 1079, sollte Art. 3 aUWG inhaltlich unverändert in das neue Recht übernommen werden.
[36] Siehe zu dessen entsprechender Auslegung nur SCHÖNENBERGER, Kurzkommentar OR, Art. 55 N 8.
[37] Vgl. zu Art. 55 OR WERRO, Responsabilité, N 459.
[38] Vgl. zu Art. 55 OR BGE 95 II 93, 106.
[39] Vgl. zu Art. 55 OR BK-BREHM, Art. 55 OR N 27 f.

V. Rechtsfolgen

1. Verantwortlichkeit des Geschäftsherrn

15 Bei Vorliegen der Voraussetzungen von Art. 11 ist der **Geschäftsherr passivlegitimiert** und hat gegenüber dem erfolgreichen Ansprecher die Ansprüche nach Art. 9 Abs. 1 und 2 zu erfüllen (Art. 9 N 60 ff.). Seine Verantwortlichkeit besteht gleichrangig neben derjenigen der Hilfsperson (zu dieser N 16 ff.).[40].

2. Verantwortlichkeit der Hilfsperson

16 Die Eigenverantwortlichkeit der Arbeitnehmer und sonstigen Hilfspersonen wird in Art. 11 zwar nicht direkt geregelt, dort jedoch **vom Wortlaut her vorausgesetzt** («auch»)[41]. Damit ist klargestellt, dass der von der Hilfsperson (mit)bewirkte unlautere Wettbewerb potenziell eine eigenständige Wettbewerbshandlung darstellt und als solche Rechtswirkungen hervorruft, auch wenn das Verhalten im Rahmen einer geschäftlichen Tätigkeit für einen Dritten erfolgt, nur Letzterer im Wettbewerb auftritt und damit nur auf diese Weise der Wettbewerb beeinflusst wird[42].

17 Die Eigenverantwortlichkeit der Hilfspersonen untersteht den allgemeinen Regeln[43]. Sie ist bei **negatorischen Ansprüchen** dann zu bejahen, **wenn die Hilfsperson** unlauteren Wettbewerb selbst **(mit)bewirkt** hat[44]. Im Hinblick auf die Weisungsabhängigkeit von Hilfspersonen wird ihre Passivlegitimation von der h. L. jedoch dann verneint, wenn die betreffende Hilfsperson ohne eigenen Verantwortungsspielraum gehandelt hat und es ihr nicht zugemutet werden konnte, zur Verhinderung oder Milderung des Wettbewerbsverstosses gegen die Weisungen des Geschäftsherrn zu verstossen[45]. Dies erscheint sachgerecht, insbesondere mit Blick auf allfällige Kostenfolgen, die bei den Ansprüchen gemäss Art. 9 Abs. 2 möglich sind. Passivlegitimiert ist die Hilfsperson daher nur, wenn ihr Verhalten nicht auf einer direkten Weisung des Geschäftsherrn beruhte, da dann von einer Art «mittelbaren Täterschaft» auszugehen ist. Erfolgte das eigenverantwortliche Verhalten im Einverständnis mit dem Geschäftsherrn, kann die Hilfsperson dies zwar nicht

---

[40] BGer 4C.139/2004 sic! 2004, 430, E. 2 («CAP»); missverständlich DAVID, SIWR I/2, 69, der von einer primären Bezeichnung der Hilfspersonen als Haftungssubjekte spricht.
[41] So schon zu Art. 4 aUWG die Botschaft 1942, 701.
[42] BAUDENBACHER/GLÖCKNER, Kommentar UWG, Art. 11 N 8 f.
[43] So schon zu Art. 4 aUWG die Botschaft 1942, 701.
[44] BGer 4C.224/2005 sic! 2006, 280, E. 2.2.2 («Agefi/Edipresse»), und BGer 4C.139/2003 sic! 2004, 430, E. 2 («CAP»).
[45] BAUDENBACHER/GLÖCKNER, Kommentar UWG, Art. 11 N 8; DAVID, SIWR I/2, 69 f.; für eine Einschränkung auf die Hilfspersonen mit eigener Entschliessungsmöglichkeit unter «praktischen Gesichtspunkten» auch B. VON BÜREN, Kommentar UWG, Art. 2–4 N 63.

gegenüber dem Verletzten einwenden, im Innenverhältnis jedoch vom Geschäftsherrn Freistellung von den Ansprüchen des Verletzten verlangen[46].

Die erfolgreiche Geltendmachung von Ansprüchen auf **Schadenersatz und Genugtuung** setzt nach Art. 9 Abs. 3 ein Verschulden der am unlauteren Wettbewerb mitwirkenden Hilfsperson voraus. Ein **Gewinnherausgabeanspruch** setzt neben der Bösgläubigkeit der Hilfsperson und einem Kausalzusammenhang (Art. 9 N 184) voraus, dass der beanspruchte Gewinn nicht (allein) beim Geschäftsherrn, sondern (auch) bei der Hilfsperson angefallen ist, woran es in aller Regel fehlen wird[47].

Inwieweit eine Inanspruchnahme von Hilfspersonen **sinnvoll ist,** hängt vom Einzelfall ab[48]. So werden etwa die Klagen auf Berichtigung und Urteilspublikation nach Art. 9 Abs. 2 sinnvollerweise nicht gegen Hilfspersonen gerichtet, was eine Kostentragung durch verantwortliche Hilfspersonen aber nicht ausschliesst (N 20). Eine Bestrafung von Hilfspersonen bei Ungehorsam gegen Unterlassungs- oder Beseitigungsbefehle i.S.v. Art. 292 StGB ist schon von dessen Wortlaut her nicht möglich. Fehlt es an den Tatbestandsvoraussetzungen von Art. 11, bleibt allerdings ohnehin nur die Möglichkeit eines Vorgehens gegen die Hilfsperson.

VI. Verfahrensfragen

Eine Klage gemäss Art. 11 i.V.m. 9 kann, wie auch eine ihr ggf. vorausgehende Abmahnung, **gleichzeitig gegen** den Geschäftsherren und die handelnden Hilfspersonen gerichtet werden (sog. passive Streitgenossenschaft)[49]. Die Ansprüche auf Berichtigung und Urteilspublikation nach Art. 9 Abs. 2 werden mit Vorteil (auch) gegen dasjenige Medium gerichtet, von dem der unlautere Wettbewerb ausging oder das am besten in der Lage ist, die entstandene Marktverwirrung zu beseitigen bzw. die Richtigstellung durchzuführen. Die Kosten dafür können sowohl dem Geschäftsherrn wie den handelnden Hilfspersonen aufgebürdet werden[50]. Zwischen dem nach Art. 11 i.V.m. Art. 9 Abs. 1 und Abs. 2 verantwortlichen Geschäftsherrn und der nach Art. 9 Abs. 1 und Abs. 2 verantwortlichen Hilfsperson besteht (unechte) Solidarität.

---

[46] BAUDENBACHER/GLÖCKNER, Kommentar UWG, Art. 11 N 9.
[47] So schon die Botschaft 1942, 701. Vgl. bspw. KGer VS vom 24. Oktober 2006 (C1 05 110; «Reinigungs- und Polierstein»), E. 8e, dazu auch Art. 9 N 212.
[48] Vgl. auch B. VON BÜREN, Kommentar UWG, Art. 2–4 N 63, der es für unsinnig hält, «je nach Grösse des Verletzers einige Hundert oder Tausend Arbeitnehmer mitzuverklagen».
[49] BGer 4C.139/2004 sic! 2004, 430, E. 2 («CAP»); für den Fall einer Persönlichkeitsverletzung vgl. auch etwa den Fall in BGE 133 III 153 ff. («Patty Schnyders Vater»).
[50] Vgl. Art. 9 N 29 f. und 101 zu den Kostenfolgen bei Ansprüchen gemäss Art. 9 Abs. 2.

3. Abschnitt: Prozessrechtliche Bestimmungen

Vor Art. 12–15

Inhaltsübersicht

		Note	Seite
I.	Allgemeines	1	814
II.	Überblick über wichtige Aspekte des Verfahrens nach den kantonalen Zivilprozessordnungen, ergänzender bundesrechtlicher Vorschriften und Bestimmungen zur Gerichtsorganisation	5	815
III.	Verfahren der Selbstregulierung	32	826
	1. Verfahren vor der Schweizerischen Lauterkeitskommission (SLK)	32	826
	a) Allgemeines	32	826
	b) Organisation	33	826
	c) Tätigkeit/Aufgaben	36	827
	d) Verfahren	37	827
	e) Rechtsmittel	42	829
	f) Sanktionen	43	830
	g) Rechtliche Bedenklichkeit von Sanktionen der SLK?	46	831
	2. Sonstige Verfahren der Selbstregulierung im Bereich des Lauterkeitsrechts	47	831
	3. Staatliche Durchsetzung des Lauterkeitsrechts?	48	833
IV.	Schiedsgerichtsbarkeit und UWG	53	835
V.	Bedeutung aussergerichtlicher Streitbeilegung im Bereich des UWG	57	836
	1. Abmahnung	58	836
	2. Vergleichsweise Erledigung	66	838
VI.	Vollstreckung und Rechtshilfe	69	840
VII.	Ausblick: Verfahrensrecht bei UWG-Streitigkeiten und ZPO-CH	71	840

Literatur

C. BAUDENBACHER (Hrsg.), Lauterkeitsrecht – Kommentar zum Gesetz gegen den unlauteren Wettbewerb (UWG), Basel 2001, Kommentierung Vor Art. 12; B. BERGER/A. GÜNGERICH, Zivilprozessrecht, Bern 2008; J. BORNKAMM, in: W. Hefermehl/H. Köhler/J. Bornkamm (Hrsg.), Gesetz gegen den unlauteren Wettbewerb, 28. Aufl., München 2010; A. BRUNNER, Neues Konsumentenschutzrecht im revidierten UWG, plädoyer 1990, Heft 5, 36 ff.; DERS., Zur Praxis der Schweizerischen Lauterkeitskommission (SLK), recht 2001, 1 ff.; DERS., in: K. Spühler/ L. Tenchio/D. Infanger (Hrsg.), Kommentar zum Bundesgesetz über den Gerichtsstand in Zivilsachen (GestG), Basel 2001; R. VON BÜREN/E. MARBACH/P. DUCREY, Immaterialgüter- und Wettbewerbsrecht, 3. Aufl., Bern 2008, N 1042 ff.; U. BURI, Domain-Namen, in: R. von Büren/ L. David (Hrsg.), SIWR III/2, Firmenrecht, Schutz nicht registrierter Kennzeichen, Herkunftsangaben und andere geographische Bezeichnungen, Domain-Namen, 2. Aufl., Basel 2005, 337 ff.; L. DAVID, in: R. von Büren/L. David (Hrsg.), SIWR I/2, Der Rechtsschutz im Immaterialgüterrecht, 2. Aufl., Basel/Frankfurt a.M. 1998, 1 ff., 46 ff., 141 ff. und 195 ff.; DERS., in: R. von Büren/L. David (Hrsg.), SIWR I/3, Lexikon des Immaterialgüterrechts, Basel 2005; L. DAVID/R. JACOBS, Schweizerisches Wettbewerbsrecht, 4. Aufl., Bern 2005; L. DAVID/

M. A. REUTTER, Schweizerisches Werberecht, 2. Aufl., Zürich 2001; F. HASENBÖHLER, Beweisrecht, vorsorgliche Massnahmen und Schutzschrift, in: T. Sutter-Somm/F. Hasenböhler (Hrsg.), Die künftige Schweizerische Zivilprozessordnung, Zürich/Basel/Genf 2003; P. HEINRICH, Die Formulierung patentrechtlicher Unterlassungsbegehren und -urteile, sic! 2006, 1 ff.; H. HEMPEL, in: K. Spühler/L. Tenchio/D. Infanger (Hrsg.), Kommentar zum Bundesgesetz über den Gerichtsstand in Zivilsachen (GestG), Basel 2001; F. HOFFET, Fragen der subjektiven und objektiven Schiedsfähigkeit, in: A. Kellerhals (Hrsg.), Schiedsgerichtsbarkeit, Zürich 1997; D. HOFMANN/C. LÜSCHER, Le code de procédure civile, Bern 2009; J. HUGI, Der Streitwert im Immaterialgüterrecht, sic! 2000, 250 ff.; C. KÖLZ, Die Zwangsvollstreckung von Unterlassungspflichten im schweizerischen Zivilprozessrecht, Zürich 2007; C. KURTH/ M. BERNET, in: F. Kellerhals/N. von Werdt/A. Güngerich, Kommentar zum Bundesgesetz über den Gerichtsstand in Zivilsachen (GestG), 2. Aufl., Bern 2005; P. LEUMANN LIEBSTER, Die Stufenklage im schweizerischen Zivilprozessrecht, Basel 2005; H. MARTI, Die werbliche Selbstkontrolle in der Schweiz, SMI 1989, 197 ff.; DERS., Schweizerisches Zivilprozessrecht, Zürich 2010; I. MEIER, Zuständigkeit im Immaterialgüter- und Wettbewerbsrecht nach Gerichtsstandsgesetz, sic! 2001, 377 ff.; DERS., Der Vorentwurf für eine Schweizerische Zivilprozessordnung, Zürich 2003; I. MEIER/D. MÜRNER, Stolpersteine in der neuen Schweizerischen Zivilprozessordnung, SJZ 2003, 597 ff.; L. MEYER, Der Streitwert in Prozessen um Immaterialgüterrechte und Firmen, sic! 2001, 559 ff.; M. M. PEDRAZZINI/C. HILTI, Europäisches und schweizerisches Patent- und Patentprozessrecht, 3. Aufl., Bern 2008; G. RAUBER, Klageberechtigung und prozessuale Bestimmungen (Art. 9–15 UWG), in: R. von Büren/L. David (Hrsg.), SIWR V/1, Lauterkeitsrecht, 2. Aufl., Basel 1998, 239 ff.; P. REETZ, in: K. Spühler/L. Tenchio/ D. Infanger (Hrsg.), Kommentar zum Bundesgesetz über den Gerichtsstand in Zivilsachen (GestG), Basel 2001; F. ROMERIO, in: M. Wirth/T. Müller (Hrsg.), Kommentar zum Bundesgesetz über den Gerichtsstand in Zivilsachen, Zürich 2001; T. RÜEDE/R. HADENFELDT, Schweizerisches Schiedsgerichtsrecht nach Konkordat und IPRG, 2. Aufl., Zürich 1993; P. RÜST, Das «Panel» der Europäischen Uhren- und Schmuckmesse – Muster zur Beilegung von Streitigkeiten im gewerblichen Rechtsschutz, SMI 1986, 63 ff.; P. RÜST/A. BRAUN/C. LANZ, Die Praxis des Panels an der «Basel/Europäischen Uhren- und Schmuckmesse», SMI 1992, 29 ff.; W. R. SCHLUEP, Kartellrechtliche Grenzen von warenzeichenrechtlichen Abgrenzungsverträgen (bes. nach Art. 85 EWG-V), GRUR Int. 1985, 534 ff.; M. SCHWEIZER, 5 Jahre SWITCH-Streitbeilegungsverfahren: Fair.ch?, AJP 2009, 971 ff.; M. SCHWENNINGER, Werbe- und Verkaufsmethoden, in: T. Geiser/P. Krauskopf/P. Münch (Hrsg.), Handbücher für die Anwaltspraxis, Bd. IX, Schweizerisches und europäisches Wettbewerbsrecht, Basel 2005; C. M. SENN, Das Verfahren vor der Schweizerischen Lauterkeitskommission, sic! 1999, 697 ff.; DERS., Einleitung: Zur Funktion und Stellung der Schweizerischen Lauterkeitskommission, sic! 1999, 94; A. STAEHELIN/T. SUTTER, Zivilprozessrecht, Basel 1992; A. STAEHELIN/D. STAEHELIN/ P. GROLIMUND, Zivilprozessrecht, Zürich 2008; T. SUTTER-SOMM, Schwerpunkte und Leitlinien des Entwurfs zur Schweizerischen Zivilprozessordnung, in: T. Sutter-Somm/F. Hasenböhler (Hrsg.), Die künftige Schweizerische Zivilprozessordnung, Zürich/Basel/Genf 2003; DERS., Schweizerisches Zivilprozessrecht, Zürich 2007; DERS., Werdegang und Charakteristika der neuen Schweizerischen Zivilprozessordnung, in: R. Stürner et al. (Hrsg.), FS für Dieter Leipold, Tübingen 2009, 753 ff.; K. TROLLER, Grundzüge des schweizerischen Immaterialgüterrechts, 2. Aufl., Basel 2005, 397 ff.; O. VOGEL/K. SPÜHLER, Grundriss des Zivilprozessrechts und des internationalen Zivilprozessrechts der Schweiz, 8. Aufl., Bern 2006; H. U. WALDER-RICHLI, Zivilprozessrecht, 5. Aufl., Zürich 2009; L. WEIHE, Schutz der Verbraucher im Recht der Schiedsgerichtsbarkeit, Frankfurt a.M. 2005; C. WILLI, MSchG: Markenschutzgesetz, Kommentar zum schweizerischen Markenrecht, Zürich 2002; DERS., Die

Schutzrechtsverwarnung als immaterialgüterrechtliches Rechtsinstitut, AJP 1999, 1377 ff.; J. ZÜRCHER, Der Streitwert im Immaterialgüter- und Wettbewerbsrecht, sic! 2002, 493 ff.

I. Allgemeines

1 Das im UWG kodifizierte Lauterkeitsrecht enthält neben vorwiegend materiellrechtlichen auch einige verfahrensrechtliche Bestimmungen. Diese hat der Gesetzgeber zur **einheitlichen und prozessökonomischen Durchsetzung des Lauterkeitsrechts** vorgesehen, was im Rahmen des Erlasses des revidierten UWG 1986 betont wurde[1]. Mit Inkrafttreten des GestG am 1. Januar 2001 wurde die Bestimmung über den Gerichtsstand (Art. 12 Abs. 1 aUWG) aus dem UWG gestrichen. Daneben kommen bis zum Inkrafttreten der Schweizerischen ZPO (ZPO-CH; geplant auf den 1. Januar 2011; vgl. dazu den Ausblick auf die ZPO-CH, unten N 71 ff.) die kantonalen Bestimmungen des Zivilprozessrechts zur Anwendung.

2 Für UWG-Streitigkeiten charakteristisch ist einerseits der **hohe Anteil an Fällen, die aussergerichtlich erledigt** werden (dazu auch N 57 ff.), und anderseits die gleichzeitig – im Vergleich zu anderen Materien des Privatrechts – **grosse Bedeutung des vorsorglichen Rechtsschutzes**. Dazu kommt eine in der Praxis nicht zu unterschätzende Bedeutung der Selbstregulierung bzw. privatrechtlich basierten Kontrolle durch die Schweizerische Lauterkeitskommission (SLK; dazu N 32 ff.).

3 Die Kompetenz zur Regelung der **Gerichtsorganisation und** des **gerichtlichen Verfahrens** steht gemäss Art. 122 Abs. 2 BV den Kantonen zu. Der Bundesgesetzgeber hat im Rahmen der Art. 12 Abs. 2 und Art. 13 marginal und im Interesse einer minimalen Harmonisierung in diese eingegriffen. Seit Inkrafttreten des GestG 2001 wird zudem die **örtliche Zuständigkeit** im interkantonalen Verhältnis auf Bundesstufe geregelt. Die Regelung der **sachlichen und** der **funktionellen Zuständigkeit** verbleibt weiterhin – bis zum Inkrafttreten der (die kantonale Gerichtsorganisation nicht tangierenden) ZPO-CH – bei den **Kantonen**[2].

4 Im **internationalen Verhältnis** kommt das **IPRG** zur Anwendung, das die direkte örtliche Zuständigkeit, das anwendbare Recht, die Anerkennungszuständigkeit bzw. -voraussetzungen und die internationale Schiedsgerichtsbarkeit regelt. Daneben sind **Staatsverträge** zu beachten, insbesondere das LugÜ (vgl. zum Internationalen Zivilprozessrecht im UWG-Kontext Einleitung N 96 ff.).

---

[1] Botschaft UWG, 1027 f. und 1053 f.
[2] Gemäss Art. 4 Abs. 1 ZPO-CH wird diese in kantonaler Kompetenz verbleiben, soweit die ZPO-CH nichts anderes bestimmt. Dazu auch unten, N 71.

II. Überblick über wichtige Aspekte des Verfahrens nach den kantonalen Zivilprozessordnungen, ergänzender bundesrechtlicher Vorschriften und Bestimmungen zur Gerichtsorganisation

Das **zivilprozessuale Verfahren** zur Beurteilung von Ansprüchen gemäss Art. 9 wird durch die **Kantone** geregelt, **soweit keine Bundeskompetenz** besteht bzw. **der Bundesgesetzgeber nicht tätig** geworden ist (vgl. Art. 12–15 und die diesbezügliche Kommentierung). Für das zivilprozessuale Verfahren in den Kantonen und beim Bund sei auf die einschlägigen Bestimmungen des kantonalen Zivilprozess- und Gerichtsorganisationsrechts, auf die Regeln zum bundesgerichtlichen Verfahren (BGG, BZP) hingewiesen sowie auf entsprechende Rspr. und Literatur verwiesen (vgl. Literaturverzeichnis). Zu den Klagen gemäss Art. 9–11 und zur wichtigen Frage der Aktiv- und Passivlegitimation vgl. die diesbezügliche Kommentierung, insbesondere Art. 9 N 8 ff. (Aktivlegitimation) und N 24 ff. (Passivlegitimation).

Einige **Besonderheiten, die bei zivilrechtlichen Streitigkeiten aus unlauterem Wettbewerb** beachtenswert sind, seien nachfolgend kurz hervorgehoben:

Oft stellen sich bei einer Streitigkeit aus unlauterem Wettbewerb auch Rechtsfragen aus anderen, benachbarten Rechtsgebieten und stützen sich die entsprechenden Ansprüche parallel auch auf entsprechende Rechtsnormen (sog. **Anspruchsgrundlagenkonkurrenz,** dazu näher Art. 12 N 7 und 16). Als parallele Anspruchsgrundlagen kommen Bestimmungen der immaterialgüterrechtlichen Spezialgesetze (PatG, DesG, MSchG, URG, ToG, SoSchG), aber auch das Firmen- und das Persönlichkeitsrecht (inkl. Namensrecht) in Frage. Für diese sind oft besondere örtliche, sachliche und funktionale Zuständigkeiten gegeben (dazu näher auch die Kommentierung zu Art. 12).

Die **interkantonale örtliche Zuständigkeit** wird seit dem 1. Januar 2001 durch das GestG geregelt, das auch bei (privatrechtlichen) Streitigkeiten aus unlauterem Wettbewerb zur Anwendung kommt. Dieses sieht folgende Gerichtsstände vor, die bei Streitigkeiten aus unlauterem Wettbewerb in Frage kommen können:

- **(Wohn-)Sitz des Beklagten** (allgemeiner Gerichtsstand; Art. 3 und 25 GestG bzw. Art. 10 und 31 ZPO-CH);
- **Ort des Aufenthalts** bei Beklagten ohne Wohnsitz (Art. 4 GestG bzw. Art. 11 ZPO-CH);
- **Ort der Hauptklage bei Widerklagen,** die mit der Hauptklage in sachlichem Zusammenhang stehen (Art. 6 GestG bzw. Art. 14 ZPO-CH), bzw. Gerichtsstand bei Streitgenossenschaft und objektiver Klagenhäufung;
- **Gerichtsstand am für eine beklagte Partei zuständigen Forum bei Klagenhäufung** (Streitgenossenschaft und [objektiver] Klagenhäufung; Art. 7 GestG; der Gerichtsstand der Klagenhäufung wird aus den Gerichtsstandsbe-

stimmungen entfernt und in Art. 90 ZPO-CH übernommen[3], ebenso wird die Streitgenossenschaft neu in Art. 70 ff. ZPO-CH geregelt);
- **Ort der Niederlassung** für Klagen aus dem Betrieb einer geschäftlichen oder beruflichen Niederlassung oder einer Zweigniederlassung (Art. 5 GestG bzw. Art. 12 ZPO-CH);
- **prorogierter Gerichtsstand** bei schriftlicher Gerichtsstandsvereinbarung (Art. 9 GestG bzw. Art. 17 ZPO-CH; vermutungsweise ausschliesslicher Gerichtsstand); dieser kann unter dem Vorbehalt von Art. 9 Abs. 3 GestG (kein Vorbehalt mehr in der ZPO-CH) für einen bestehenden oder künftigen Rechtsstreit vorgesehen werden. Eine Prorogation ist nicht nur für Ansprüche aus unlauterem Wettbewerb bei unterliegendem Vertragsverhältnis denkbar[4], sondern auch für den klassischen Fall unlauteren Wettbewerbs im ausservertraglichen Bereich, wobei diesfalls eine – in praxi wohl kaum anzutreffende – nachträgliche Gerichtsstandsvereinbarung in Frage kommt;
- Gerichtsstand am **Ort der vorbehaltslosen Einlassung** (Art. 10 GestG bzw. Art. 18 ZPO-CH);
- **(Wohn-)Sitz der geschädigten Person, (Wohn-)Sitz des Beklagten, Handlungs- oder Erfolgsort** bei **Klagen aus unerlaubter Handlung**, worunter auch Ansprüche aus unlauterem Wettbewerb fallen (Art. 25 GestG bzw. Art. 36 ZPO-CH). Im Rahmen der Klagen gemäss Art. 9 Abs. 1 und 2 (negatorische und gemischte Ansprüche) und Art. 9 Abs. 3 (Gewinnherausgabe und Genugtuung) sowie Art. 10 (Verbandsklagen) gilt diejenige Person als geschädigt, die von unlauterem Wettbewerb betroffen ist, unabhängig davon, ob ein Schaden im Rechtssinne bereits eingetreten oder überhaupt denkbar bzw. möglich ist. Eine **drohende Rechtsverletzung genügt**. Ansonsten wäre die auf Unterlassung oder Beseitigung etc. klagende Partei schlechter gestellt als die auf Schadenersatz klagende Partei. Als **Handlungsort** gilt der Ort, an dem die unerlaubte Handlung ganz oder teilweise ausgeführt wurde; blosse Vorbereitungshandlungen begründen keinen Handlungsort. Bei mittels Übermittlungsträgern (Brief, Telefon, Funk, Rundfunk, Fernsehen) begangenen unerlaubten Handlungen liegt der Handlungsort am Einspeisepunkt. Bei unerlaubten Handlungen im Internet ist er dort, wo der Schädiger die Daten in einen Web- oder Mailserver einspeist[5]. Oft wird der Handlungsort mit dem (Wohn-)Sitz des Beklagten zusammenfallen. Ist dies nicht der Fall, tritt der Einspeisepunkt als weiterer Handlungsort hinzu[6]. Als **Erfolgsort** gilt der Ort, an welchem das geschützte Rechtsgut verletzt wurde (Ort der Markteinwirkung). Er-

---

[3] Anders noch Art. 14 E-ZPO, dazu Botschaft ZPO, 7263.
[4] Vgl. zur Frage der Verbindlichkeit von in AGB enthaltenen Gerichtsstandsklauseln MÜLLER/WIRTH, ZH-Kommentar GestG, Art. 22 N 46 m.w.H. Vgl. auch N 54 und Fn. 88.
[5] Handlungsort u.a. am Ort des Serviceproviders, zum Ganzen eingehend KURTH/BERNET, Komm. GestG, Art. 25 N 33 ff. m.w.H., HEMPEL, BSK-GestG, Art. 25 N 22 und ROMERIO, ZH-Kommentar GestG, Art. 25 N 69 ff.
[6] KURTH/BERNET, Komm. GestG, Art. 25 N 36 sowie BGer 8G.43/1999 sic! 1999, 635, E. 2a/b («Lyrics»), und BGE 125 III 346, 351.

folgsorte liegen demnach in dem (räumlichen) Markt, in welchem sich das rechtswidrige Verhalten auf die Marktgegenseite oder die Konkurrenten ausgewirkt hat bzw. (bei Medien) empfangen wird[7]. Bei unlauterem Wettbewerb über Internet kann ein Erfolgsort nur dort liegen, wo mit dem Abruf ein Rechtsgut tatsächlich verletzt wurde[8];
- bei **Massenschäden** zwingend der **Handlungsort** (Art. 27 GestG, dieser Gerichtsstand entfällt mit Erlass der ZPO-CH[9]). Dieser Gerichtsstand ist auf Grossunfälle und Katastrophen und somit weniger auf reine Vermögensschäden zugeschnitten und fällt deshalb eher ausser Betracht[10];
- Art. 28 GestG (bzw. Art. 39 ZPO-CH) behält die Zuständigkeit der Strafgerichte für die Beurteilung der Zivilansprüche vor (**Adhäsionsklagen**)[11]. Diese bestimmt sich nach Art. 346–351 StGB (ggf. – bspw. in den Fällen von Art. 23 f. i.V.m. Art. 3–6 StGB – i.v.m. Art. 333 Abs. 2 StGB[12]) sowie nach den einschlägigen kantonalen (Übertretungs-)Strafbestimmungen und den zugehörigen Verfahrens- bzw. Organisationsordnungen (zum Adhäsionsprozess [Zivilklage] näher Art. 27 N 37 ff.). Zukünftig kommen die Gerichtsstände der Art. 122 ff. StPO 2007 in Frage.

Für **vorsorgliche Massnahmen** ist das Gericht am **Ort der Hauptsachenzuständigkeit** oder am **Ort**, an dem die **Massnahme vollstreckt** werden soll, zwingend zuständig (Art. 33 GestG bzw. Art. 13 ZPO-CH). 9

Bei **subjektiver Klagenhäufung** in Form der **passiven Streitgenossenschaft** ist das für eine beklagte Partei zuständige Gericht für alle beklagten Parteien zuständig (Art. 7 Abs. 1 GestG bzw. Art. 15 Abs. 1 ZPO-CH). Für Fälle der **aktiven Streitgenossenschaft** besteht keine Zuständigkeitsregelung. Art. 36 GestG sieht aber bei sachlichem Zusammenhang die Möglichkeit der Aussetzung (Sistierung) sowie eine Verweisungsmöglichkeit an das zuerst angerufene Gericht vor, wenn dieses mit der Übernahme einverstanden ist (vgl. zukünftig Art. 125 ff. ZPO-CH). 10

In Fällen **objektiver Klagenhäufung,** d.h. für mehrere Ansprüche gegen eine beklagte Partei, welche in einem sachlichen Zusammenhang stehen, worunter auch 11

---

[7] Vgl. BGE 125 III 103, 106 f. sowie näher zum Ganzen A. STAEHELIN/D. STAEHELIN/P. GROLIMUND, Zivilprozessrecht, § 9 N 138 und KURTH/BERNET, Komm. GestG, Art. 25 N 34 ff., je m.w.H., wonach auch ein Erfolgsort der gesamte Schaden eingeklagt werden können muss.
[8] Kriterium der «Ausrichtung», vgl. zum Ganzen A. STAEHELIN/D. STAEHELIN/P. GROLIMUND, Zivilprozessrecht, § 9 N 139, KURTH/BERNET, Komm. GestG, Art. 25 N 38, ROMERIO, ZH-Kommentar GestG, Art. 25 N 81 ff. und HEMPEL, BSK-GestG, Art. 25 N 23, je m.w.H.
[9] Dazu die Botschaft ZPO, 7269 f., wo darauf hingewiesen wird, dass dieser Gerichtsstand für Massenschäden schon bei der Schaffung des GestG umstritten war (Unbestimmtheit des Begriffs «Massenschaden» und Bedürfnis nach Übersichtlichkeit und Klarheit im Zuständigkeitsrecht).
[10] Vgl. auch Botschaft GestG, 2866, wohl ähnlich HEMPEL, BSK-GestG, Art. 27 N 6 f.
[11] Dazu auch Art. 12 N 21.
[12] Vgl. BGE 120 IV 30, 31.

Fälle der **Anspruchsgrundlagenkonkurrenz** fallen[13], ist jedes Gericht zuständig, das für einen der Ansprüche zuständig ist (Art. 7 Abs. 2 GestG [bzw. Art. 15 Abs. 2 ZPO-CH] bzw. schon aus dem Grundsatz iura novit curia). Dies führt dazu, dass bei Streitigkeiten aus unlauterem Wettbewerb über Art. 7 Abs. 2 GestG auch folgende Gerichtsstandsbestimmungen zu beachten sind, die aber im Ergebnis zu keiner Erweiterung der Zuständigkeiten führen:

- für Ansprüche aus unlauterem Wettbewerb im Rahmen von Klagen aus **Persönlichkeitsverletzung**, Begehren um **Gegendarstellung** oder Klagen auf **Namensschutz** (Kennzeichenrecht!) der **(Wohn-)Sitz einer der Parteien** (Art. 12 i.V.m. Art. 7 Abs. 2 GestG bzw. Art. 15 Abs. 2 ZPO-CH);
- für Ansprüche aus unlauterem Wettbewerb im Rahmen von **Konsumentenverträgen** gemäss Art. 22 Abs. 2 GestG (bzw. Art. 32 Abs. 2 ZPO-CH)[14] für Klagen des **Konsumenten** nach Wahl das **Gericht am (Wohn-)Sitz einer der Parteien,** und für **Klagen des Anbieters** am **Wohnsitz des beklagten Konsumenten** (Art. 22 Abs. 1 i.V.m. Art. 7 Abs. 2 GestG bzw. Art. 32 Abs. 1 ZPO-CH i.V.m. Art. 15 Abs. 1 ZPO-CH; kein Vorausverzicht, vgl. Art. 21 GestG bzw. Art. 35 ZPO-CH);
- für Ansprüche aus unlauterem Wettbewerb im Rahmen von Klagen aus **Miete und Pacht unbeweglicher Sachen** das Gericht am **Ort der gelegenen Sache** (Art. 23 Abs. 1 i.V.m. Art. 7 Abs. 2 GestG bzw. Art. 33 ZPO-CH i.V.m. Art. 15 Abs. 1 ZPO-CH), bei landwirtschaftlicher Pacht am Ort der gepachteten Sache (Art. 23 Abs. 2 i.V.m. Art. 7 Abs. 2 GestG bzw. Art. 33 ZPO-CH bzw. Art. 15 Abs. 2 ZPO-CH; kein Vorausverzicht, vgl. Art. 21 GestG bzw. Art. 35 ZPO-CH);
- für Ansprüche aus unlauterem Wettbewerb im Rahmen **arbeitsrechtlicher Klagen** das **Gericht am (Wohn-)Sitz der beklagten Partei** oder am **Ort,** an dem der **Arbeitnehmer gewöhnlich** seine **Arbeit verrichtet** (Art. 24 Abs. 1 i.V.m. Art. 7 Abs. 2 GestG bzw. Art. 34 Abs. 1 ZPO-CH i.V.m. Art. 15 Abs. 2 ZPO-CH; kein Vorausverzicht, vgl. Art. 21 GestG bzw. Art. 35 ZPO-CH); vgl. für Stellensuchende sowie für vorübergehend entsandte Arbeitnehmer die Zuständigkeit gemäss Art. 24 Abs. 2 und 3 GestG i.V.m. Art. 7 Abs. 2 GestG bzw. Art. 34 Abs. 2 ZPO-CH i.V.m. Art. 15 Abs. 2 ZPO-CH (nur noch auf Arbeitsvermittlung bezogen).

---

[13] Dazu REETZ, BSK-GestG, Art. 7 N 23 ff. und A. BRUNNER, BSK-GestG, Art. 22 N 30 ff. Es ist fraglich, ob Art. 7 Abs. 2 GestG neben der örtlichen auch die sachliche bzw. funktionale Zuständigkeit erfasst, vgl. Botschaft GestG, 2848, wonach nur die örtliche Zuständigkeit geregelt wird.

[14] Als Konsumentenverträge gelten «Verträge über Leistungen des üblichen Verbrauchs, die für die persönlichen oder familiären Bedürfnisse des Konsumenten oder der Konsumentin bestimmt sind und von der anderen Partei im Rahmen ihrer beruflichen oder gewerblichen Tätigkeit angeboten werden» (Art. 22 Abs. 2 GestG). Fraglich ist, ob Investitionen (Beschaffung von Arbeitsgeräten, Maschinen, Fuhrpark, Material etc.) gewerblicher Anbieter auch als Konsumentenverträge behandelt werden sollen. Aus Sinn und Zweck des Gesetzes (u.a. Schutz der schwächeren bzw. unerfahrenen Vertragspartei) sollte dies verneint werden.

12 Das GestG sieht – im Unterschied zu Art. 113 IPRG und Art. 5 Ziff. 1 LugÜ im internationalen Verhältnis – **keinen Gerichtsstand des Erfüllungsorts** vor (vgl. aber Art. 31 ZPO-CH, der einen Gerichtsstand am Erfüllungsort im Binnenverhältnis vorsieht), an den bei Ansprüchen aus unlauterem Wettbewerb in Anwendung von Art. 7 Abs. 2 GestG angeknüpft werden könnte. Ebenso **fehlt** – im Unterschied zu Art. 109 IPRG im internationalen Verhältnis – ein **besonderer Gerichtsstand bei Immaterialgüterrechtsverletzungen**.

13 Die **innerkantonale örtliche Zuständigkeit** wird zwar auch vom GestG erfasst (Art. 1 Abs. 1 GestG), doch verbleibt die Kompetenz zur Ordnung der **Organisation** sowie der **sachlichen und funktionellen Zuständigkeit der Zivilgerichte** bei den Kantonen (Art. 122 Abs. 2 BV, vgl. auch 191b Abs. 1 BV). Diese können insbesondere Gerichtsbezirke (Gerichtssprengel) vorsehen oder Spezialgerichte einrichten. So kann in den Kantonen ZH, BE, SG und AG bei Streitigkeiten aus unlauterem Wettbewerb die Zuständigkeit des **Handelsgerichts** gegeben sein[15]. Denkbar ist sodann die fakultative oder obligatorische **Zuständigkeit** und ggf. eine **Abspruchskompetenz des Friedensrichters** – der ausser in BE, BS, NE und JU in allen Kantonen existiert – auch bei Streitigkeiten aus unlauterem Wettbewerb (!), insbesondere bei Konsumentenstreitigkeiten bzw. bei Streitigkeiten aus Konsumentenverträgen[16]. Zudem können für **Konsumenten(vertrags)streitigkeiten** in bestimmten Kantonen spezielle Behörden eingerichtet sein[17].

14 Die Kantone können im Rahmen der sachlichen bzw. funktionellen Zuständigkeit auch für (blosse) UWG-Streitigkeiten eine einzige kantonale Instanz vorschreiben, ohne dass dies von Bundesrechts wegen vorgesehen ist (vgl. Art. 12 Abs. 2)[18]; in den Fällen von **Art. 12 Abs. 2** ist zudem die **(fakultative) sachliche Kompetenz-**

---

[15] AG: generell, unabhängig von Streitwert und davon, ob Handelssache (§ 404 Abs. 1 lit. b ZPO AG); BE: bei Streitwert über CHF 30 000.– (Art. 5 lit. a ZPO BE), bei Anspruchskonkurrenz mit PatG, DesG, MSchG oder KG (Art. 5 lit. c ZPO BE) oder bei handelsrechtlicher Streitsache (Art. 55 GOG BE); SG: generell, «wenn nicht das Bundesrecht ein einfaches und rasches Verfahren vorschreibt» (vgl. Art. 13; Art. 15 lit. d ZPG SG); ZH: bei «Handelsgeschäften», nach Wahl des Klägers in bestimmten Fällen, bei Prorogation und bei «amtlicher Anweisung» (§§ 62 ff. GVG ZH).

[16] Vgl. dazu VOGEL/SPÜHLER, Zivilprozessrecht, 12 N 5 ff. und DAVID, SIWR I/2, 15 und 141 je m.w.H.; bspw. obligatorische Zuständigkeit: LU (§ 5 ZPO LU), BL (§ 2 ZPO BL mit Abspruchskompetenz bis CHF 500.–) sowie für Konsumentenvertragsstreitigkeiten § 2 der VO über das Verfahren im Bereich des Konsumentenschutzes mit Abspruchskompetenz (wohl irrtümlich, da nicht nachgeführt, nur) bis CHF 200.–; AG: fakultativ vor Anrufung HGer (§ 407 ZPO AG), Abspruchskompetenz bis CHF 2000.– (§ 10 ZPO AG); SG: obligatorisch bis CHF 30 000.–, darüber fakultativ neben HGer (§§ 5 und 136 ZPG SG), Möglichkeit des Urteilsvorschlags bis CHF 5000.– (§ 144 ZPG SG); ZH: obligatorisch im Rahmen von § 103 ZPO AG, Abspruchskompetenz bis CHF 500.– (§ 6 Abs. 1 GVG ZH).

[17] Bspw. in TI die «Uffizi di conciliazione per le controversie derivanti da contratti tra consumatori finali e fornitori» gemäss Art. 418a ZPO TI. Vgl. bspw. auch § 6bis EG OR TI, wonach das Vermittlungsverfahren als Schlichtungsverfahren gilt.

[18] Dies gilt namentlich im Rahmen der Handelsgerichtsbarkeit, vgl. Fn. 15.

attraktion bei der einzigen kantonalen Gerichtsinstanz in Verfahren vorgesehen, in denen die Beurteilung durch eine einzige kantonale Gerichtsinstanz bundesrechtlich vorgeschrieben oder in einem Bundesgesetz eine andere (örtliche) Zuständigkeit gegeben ist[19].

15 In einigen Kantonen kommen – teils abhängig vom Streitwert, von der Art der Streitigkeit bzw. dem betroffenen Rechtsgebiet, teils unabhängig davon – **spezielle Verfahrensmodalitäten** wie mündliches Verfahren, Befehlsverfahren[20], summarisches Verfahren oder beschleunigtes Verfahren zur Anwendung. Von Bundesrechts wegen kommt gemäss Art. 13 das einfache und rasche Verfahren bei Streitigkeiten bis zu einem Streitwert von CHF 20 000.– zur Anwendung[21].

16 Auf Streitigkeiten aus unlauterem Wettbewerb kommt regelmässig die **Verhandlungsmaxime** zur Anwendung. Verschiedene Kantone sehen jedoch für bestimmte Klagen aus unlauterem Wettbewerb bzw. für Konsumenten(vertrags)streitigkeiten[22] die Anwendung der **Untersuchungsmaxime** (Sachverhaltsermittlung von Amtes wegen) und weitere verfahrensmässige Privilegierungen vor[23]. Bei nicht rechtskundigen bzw. nicht anwaltlich verbeiständeten Parteien kann eine richterliche Fragepflicht bestehen.

17 Die **Eventualmaxime bzw. das Novenrecht** wird in den Kantonen unterschiedlich gehandhabt[24].

---

[19] Vgl. dazu näher die Kommentierung zu Art. 12, und zum einfachen und raschen Verfahren bzw. zu speziellen Schlichtungsstellen im Sinne von Art. 13 vgl. Art. 13 N 12.

[20] Vgl. namentlich zum Befehlsverfahren, das oft auch in Fällen «klaren Rechtsschutzes» beschritten werden kann (Kantone ZH, LU, UR, SZ, OW, NW, GL, SO, SH, AR, AI, SG und TG und zukünftig gemäss Art. 257 ZPO-CH), DAVID, SIWR I/2, 142 f. und VOGEL/SPÜHLER, Zivilprozessrecht, 12 N 172 ff.

[21] Dazu auch Art. 13 N 17.

[22] Vgl. zum Begriff DAVID, SIWR I/2, 132 f.; die Kantone dürften sich am bundesrechtlichen Konsumentenbegriff orientieren, ohne an diesen gebunden zu sein. Hierbei ist zu konstatieren, dass sich Art. 31^{sexies} Abs. 3 aBV nur auf Konsumentenvertragsstreitigkeiten bezog, Art. 97 Abs. 3 BV nun aber einen «vertragsunabhängigen» Konsumentenschutz vorsieht (vgl. Art. 13 N 3).

[23] Vgl. bspw. BL: Konsumentenstreitigkeiten («Streitigkeiten aus Verträgen zwischen Letztverbrauchern und Anbietern») bis zu einem Streitwert von CHF 8000.– mit speziellen Verfahrensvorschriften, u.a. Anwendung der Untersuchungsmaxime (VO über das Verfahren im Bereich des Konsumentenschutzes, § 1). Vgl. zur Thematik der «sozialen Untersuchungsmaxime» näher SUTTER-SOMM, Zivilprozessrecht, N 315 ff., und A. STAEHELIN, FS Walder, 125 ff., sowie BGE 107 II 233, 236 (Arbeitsrecht), BGE 109 II 291, 293 (Familienrecht) und 118 II 50, 52 (Mietrecht).

[24] Anstelle vieler VOGEL/SPÜHLER, Zivilprozessrecht, 6 N 97 ff. sowie 13 N 46 m.w.H., SUTTER-SOMM, Schwerpunkte VE-ZPO, 20 f. sowie Botschaft ZPO, 7237. Sehr liberal LU und SO (vgl. §§ 98/144/207/252 ZPO LU und §§ 143/296 ZPO SO), eher restriktiv BL und BS (§§ 107/120 ZPO BL sowie §§ 37/58/60/62/79/81/237 ZPO BS).

Diverse weitere **verfahrensmässige Besonderheiten** wie die Zusammenlegung von Verfahren bei gleichem Gerichtsstand, die Möglichkeit der Sistierung und von Prozessstoffbeschränkungen (bspw. auf die Frage der Verjährung, der Verwirkung, die Aktiv- oder Passivlegitimation) sind gemäss den Vorschriften der jeweilig anwendbaren kantonalen Zivilprozessordnung möglich. Art. 36 Abs. 2 GestG erlaubt zudem die Zusammenlegung von konnexen Klagen bei unterschiedlichem (örtlichem) Gerichtsstand (Verweisungsmöglichkeit an das zuerst berufene Gericht bei Konnexität). 18

Die **Streitwertberechnung,** die regelmässig für die sachliche und funktionale Zuständigkeit, die Ergreifung von Rechtsmitteln und die Zusprechung der Kosten ausschlaggebend ist, beurteilt sich nach dem jeweils anwendbaren kantonalen Prozess- bzw. (Gerichts-)Organisationsrecht[25]. Gewisse Kantone kennen das sog. Gravamen-System, wonach (nur noch) auf das abgestellt wird, was vor der Entscheidinstanz noch streitig ist. Für das bundesgerichtliche Verfahren gilt gemäss Art. 51–53 BGG ebenfalls das Gravamen-System. Indizweise wird zur Bestimmung des Streitwerts auf die Vorbringen der Parteien, insbesondere der Klagpartei, abgestellt[26]. In vielen Fällen, namentlich im Rahmen der Geltendmachung von Unterlassungs-, Beseitigungs-, Feststellungs-, Berichtigungs- und Publikationsansprüchen, kann die Berechnung schwierig sein. In solchen Fällen ist der Streitwert abzuschätzen[27]. Immerhin ist festzuhalten, dass Streitigkeiten im Bereich des gewerblichen Rechtsschutzes schnell den Betrag von CHF 50 000.– erreichen (bei sog. «alltäglichen Dutzend-Schutzrechten»)[28] und der Streitwert schliesslich vom Gericht im Rahmen des Verfahrens konkretisiert werden kann; bei Streitigkeiten aus unlauterem Wettbewerb ist der Streitwert identisch mit dem Vorteil, der sich aus der Unterlassung bzw. Beseitigung ergibt, während bei Feststellungsklagen der Streitwert aus dem Wert des Rechtes bzw. des Rechtsverhältnisses resultiert, das in Frage steht[29]. Namentlich bei Streitigkeiten um Domain-Namen sind jedoch auch tiefere Streitwerte als CHF 50 000.– denkbar[30]. 19

---

[25] Vgl. auch ZÜRCHER, sic! 2002, 493, RAUBER, SIWR V/1, 273 sowie detailliert PEDRAZZINI/HILTI, Patentrecht, N 8.85 ff.; MEYER, sic! 2001, 559 ff., bes. die in sic! 2001, 563, abgedruckte Tabelle (jedoch ohne direkten Bezug zum UWG).

[26] KassGer ZH ZR 1995 Nr. 20, 68 f.

[27] Vgl. zur Streitwertberechnung ZÜRCHER, sic! 2002, 493 ff. sowie MEYER, sic! 2001, 559 ff. (nur zu immaterialgüter- und firmenrechtlichen Streitigkeiten). Vgl. auch UWG-spezifisch BGE 82 II 77, 78 ff. (Schätzung Umsatzausfall auf 10 Jahre); BGE 87 II 113, 114 f. («Oil Therm») und BGE 104 II 124, 126 f. («Rossignol Skiwerbung»).

[28] DAVID, SIWR I/2, 29 f. m.w.H.; vgl. neuerdings die CHF-50 000-Praxis bestätigend HGer (Präsident) SG vom 6.1.2009 (HG 2008.104).

[29] DAVID, SIWR I/2, 29 f. m.w.H. Zum Streitwert bei Stufenklagen LEUMANN LIEBSTER, Stufenklage, 223 ff. m.w.H.

[30] Vgl. bspw. OGer (Kommission) OW AbR 2004–2005 Nr. 10, 77, E. 1b.

20 Ähnlich wie in immaterialgüterrechtlichen Prozessen obliegt dem Kläger auch bei Streitigkeiten aus unlauterem Wettbewerb namentlich im Rahmen der Geltendmachung negatorischer Ansprüche (auf Unterlassung, Beseitigung etc.) die **möglichst präzise Abfassung der Rechtsbegehren,** die entsprechend im Urteilsdispositiv Berücksichtigung finden können und letztlich der erfolgreichen Vollstreckung dienen[31].

21 Als **Beweise** stehen bei Streitigkeiten aus unlauterem Wettbewerb **Urkunden** (Dokumente, bspw. Korrespondenz, Werbemassnahmen, Protokolle, Aktennotizen, Entwürfe, Memoranden, E-Mails etc.) und der **Sachverständigenbeweis** (Gutachten; zu denken ist auch an Mittel der Demoskopie, bspw. Marktumfragen) namentlich zum Beweis von Verkehrsauffassungen, der Verkehrsdurchsetzung und zur Analyse der Markt- bzw. Wettbewerbssituation im Vordergrund[32]. Von praktischer Bedeutung können namentlich auch **vorsorgliche Beweisabnahmen** sein (dazu näher Art. 14 N 36 ff.). Der **Zeugenbeweis** wird demgegenüber – wie auch in anderen wirtschaftsrechtlichen Streitigkeiten – tendenziell eher im Hintergrund stehen und namentlich bei gewissen Prozessformen nur ausnahmsweise oder gar nicht beachtlich sein (einfaches und rasches Verfahren gemäss Art. 13, beschleunigte bzw. summarische Verfahren, Befehlsverfahren). Organpersonen einer juristischen Person können in den Kantonen ZH und SZ als Zeugen vernommen werden und gelten ansonsten als Partei. In gewissen Kantonen steht zudem die – von der gewöhnlichen Parteiaussage im Rahmen der Parteibefragung zu unterscheidende – **Beweisaussage der Partei** als Beweis offen[33]. Die Regelung der **Mitwirkungspflicht** und -verweigerung ist in den Kantonen unterschiedlich gestaltet[34]. In gewissen Kantonen besteht die Möglichkeit der Partei, die Aussage ohne Nachteil zu verweigern, wenn diese zu einer strafrechtlichen Selbst- oder Fremdbelastung oder einer (unmittelbaren) zivilrechtlichen Schädigung bzw. Haftpflicht führt[35]. Das **anwaltliche Berufsgeheimnis** (Art. 321 StGB) berechtigt grundsätzlich zur Mitwirkungsverweigerung, soweit dies der Geheimnisschutz erfordert. Dem anderweitig berechtigten **Geheimnisschutz** (z.B. bei Fabrikations-, Geschäfts- und Betriebs-

---

[31] Dazu näher BGE 131 III 70, 73 ff. («Sammelhefter V»), HEINRICH, sic! 2006, 1 ff. (beide vorab zum Patentrecht) sowie Art. 9 N 65 ff. m.w.H.

[32] Vgl. aber die Zurückhaltung des Bundesgerichts im Rahmen der Beurteilung der Verwechslungsgefahr bei der Anwendung von Art. 3 lit. d in BGE 126 III 315, 318 f., dazu näher Art. 3 lit. d N 25 ff.

[33] Vgl. dazu die Hinweise bei VOGEL/SPÜHLER, Zivilprozessrecht, 10 N 168 ff., HASENBÖHLER, Beweisrecht VE-ZPO, 38 ff. m.w.H., sowie in Botschaft ZPO, 7326; in Deutschland existiert das Institut der «Versicherung an Eides statt», das – da in Deutschland strafbewehrt – auch vor schweizerischen Gerichten als Beweis zugelassen werden muss, dessen Überzeugungskraft aber eher als gering einzuschätzen sein dürfte.

[34] Dazu näher anstelle vieler VOGEL/SPÜHLER, Zivilprozessrecht, 10 N 103 f. und 133 ff. m.w.H.

[35] Vgl. VOGEL/SPÜHLER, Zivilprozessrecht, 10 N 135, und de lege ferenda (zu Art. 160 E-ZPO CH) A. STAEHELIN/D. STAEHELIN/P. GROLIMUND, Zivilprozessrecht, § 18 N 72, sowie kritisch MEIER, VE ZPO, 45 f. Es ist fraglich, ob und inwieweit bei Augenscheinen Duldungspflichten bestehen (dürfen), vgl. z.B. § 263 ZPO BE.

geheimnissen oder beim Schutz von Know-how) der Parteien kann gestützt auf entsprechende Bestimmungen des jeweilig anwendbaren kantonalen Zivilprozessrechts oder in analoger Anwendung von Art. 15 Rechnung getragen werden[36]. Eine praktisch wichtige Rolle können materiell- oder formellrechtliche **Editions- und Auskunftspflichten** spielen[37]. Im Falle der unberechtigten Mitwirkungsverweigerung kann das erkennende Gericht eine negative Beweiswürdigung vornehmen. Ggf. kann im Rahmen einer **Stufenklage** zunächst ein **unbeziffertes Forderungsbegehren** gestellt werden, um die Bezifferung nach Erfüllung klägerischer Editionspflichten nachzuholen[38].

Die **Beweislast** richtet sich – mit Ausnahme der von Art. 13a anvisierten Fälle des Beweises der Richtigkeit von Tatsachenbehauptungen in der Werbung (Möglichkeit der Beweislastumkehr) – nach der Regel in Art. 8 ZGB. 22

Der Grundsatz der **freien Beweiswürdigung** kommt dort zur Anwendung, wo er vorgesehen ist. Im Unterschied zu anderen Materien[39] gilt er bei Streitigkeiten aus unlauterem Wettbewerb nicht schon von Bundesrechts wegen – auch nicht bei Verfahren gemäss Art. 13. 23

Wichtig ist die **Unterscheidung zwischen Tatsachenfeststellung und Rechtsfragen,** da Erstere – abgesehen von offensichtlich unrichtiger Feststellung des Sachverhalts oder von Rechtsverletzungen gemäss Art. 95 BGG – der freien Überprüfung durch das Bundesgericht entzogen ist und auf die Sachverhaltsfeststellungen der Vorinstanzen abgestellt wird (Art. 97 Abs. 1 BGG)[40]. 24

Tatfrage ist, ob die rechtserheblichen Tatsachen sich verwirklicht haben. Die Beweiswürdigung ist Tatfrage, insbesondere auch der Schluss aus Indizien. So gelten als Tatfrage bspw. die Frage, ob sich ein Kennzeichen durchgesetzt hat, die Feststellung der Verkehrsauffassung, der Nichtgebrauch eines Kennzeichens (Marke), die Gemeinfreiheit eines Kennzeichens, die Frage der Neuheit bzw. der Originalität bei Formgebungen (Designrecht), die Frage der Verwendung eines urheberrechtlich 25

---

[36] Vgl. dazu näher die Kommentierung zu Art. 15, insbes. N 5 ff., sowie generell DAVID, SIWR I/2, 160 f.; vgl. den Fall in HGer SG vom 29.11.2005 (HG.2001.31), E. 13 f., sowie zukünftig Art. 156 ZPO-CH; zur Problematik der Ausforschung im Rahmen von Pre-Trial-Discovery-Massnahmen im internationalen Verhältnis Einleitung N 148.
[37] Dazu auch näher Art. 9 N 239; vgl. auch Art. 13a N 9. Zum Ganzen auch BAUDENBACHER, Kommentar UWG, Art. 13a N 2 ff. und Art. 9 N 265 f., sowie DAVID, SIWR I/2, 150 ff. m.w.H.
[38] Dazu näher Art. 9 N 238.
[39] Bspw. im Mietrecht (Art. 274d Abs. 3 OR) oder im Arbeitsrecht (Art. 343 Abs. 4 OR), vgl. VOGEL/SPÜHLER, Zivilprozessrecht, 10 N 63 ff.
[40] Zur Unterscheidung von Tat- und Rechtsfragen näher VOGEL/SPÜHLER, Zivilprozessrecht, 13 N 162 ff., PEDRAZZINI/HILTI, Patentrecht, N 18.147 f., sowie die Auflistung zu Art. 63 OG im Register zu den amtlich publizierten Bundesgerichtsentscheiden. Der auf den 1. Januar 2007 ausser Kraft getretene Art. 63 Abs. 2 OG entspricht Art. 97 Abs. 1 BGG. Vgl. auch K. TROLLER, Immaterialgüterrecht, 410 ff. Die Unterscheidung ist auch für Rechtsmittelverfahren in denjenigen Kantonen relevant, die ein strenges Regime im Bereich Eventualmaxime/Novenrecht kennen, vgl. bspw. § 130 Abs. 1 ZPO BL und § 237 f. ZPO BS.

geschützten Werks und Abweichungen/Differenzen gegenüber einem vorhergehenden Projekt, das Vorliegen der Erfindungshöhe (Patentrecht), Expertisen, das Vorliegen von (Gerichts-)Notorietät, die Frage, ob der natürliche Kausalzusammenhang gegeben ist und wie dessen Verlauf sich darstellte, die Feststellung der hypothetischen Kausalität auf der Basis von Beweisen, die Feststellung der Entstehung und des Ausmasses eines Schadens inkl. Schadensschätzung gemäss Art. 42 Abs. 2 OR, die Feststellung der Bedeutung der immateriellen Unbill, wie sich jemand bei einer bestimmten Schutzrechtsverletzung (Patentrecht) verhalten hat, die Feststellung der Gutgläubigkeit, ob eine bestimmte Übung besteht, ob ein (Familien-)Name selten und altehrwürdig ist, Feststellungen über das Wissen und den Willen der Vertragsschliessenden, die Umstände des Vertragsschlusses und der geäusserte Wille der Vertragspartner (subjektive Auslegung), das nachträgliche Verhalten der Parteien, ob und inwiefern sich eine Vertragspartei geirrt hat und der Grad der Erfahrenheit einer Partei bei Vertragsschluss, sowie das Motiv einer Kündigung.

26 **Rechtsfrage** ist die rechtliche Würdigung der Tatsachen, d.h. die Rechtsanwendung gestützt auf die Tatsachenfeststellung, wobei Feststellungen aufgrund allgemeiner Lebenserfahrung Rechtsfragen darstellen. Als Rechtsfrage gelten ferner bspw. die Frage, ob in den Bereichen des Namens-, Markenschutz- oder Lauterkeitsrechts sowie des Design- und Firmenrechts eine Verwechslungsgefahr besteht, ob bei Marken eine Täuschungsgefahr besteht, ob eine patentierbare Erfindung vorliegt, die Frage der Verkehrsgeltung, die Frage, ob eine geschützte Ausstattung oder ein geschütztes Geheimnis vorliegt, die Frage der Sittenwidrigkeit eines Zeichens, einer Qualitäts- oder einer Herkunftsangabe, die Frage des Eindrucks einer Annonce auf den Durchschnittsleser, die Adäquanz eines Kausalzusammenhangs, die Anwendung von Grundsätzen der Schadensberechnung (inkl. konkreter und abstrakter Schadensberechnung), die Bemessung von Schadenersatz und einer Entschädigung auf Genugtuung und die Frage der Aktivlegitimation eines Berufsverbands zur Geltendmachung einer Verletzung des UWG.

27 Von praktischem Interesse kann sodann das **Verhältnis von zivilrechtlichen Streitigkeiten aus unlauterem Wettbewerb zu Verwaltungs- oder Strafverfahren** mit UWG-Relevanz sein. Die Mitwirkung in einem verwaltungs- oder strafrechtlichen Verfahren[41] kann die Beschaffung von Beweisen und deren Einführung und Verwertung in einem Zivilprozess ermöglichen, sofern keine Beweisverwertungsverbote zu beachten sind. Die **adhäsionsweise Geltendmachung von Zivilansprüchen** richtet sich ebenfalls nach dem kantonalen Recht. Oft werden Zivilansprüche aber auf den Zivilweg verwiesen[42]. Eine rechtliche **Bindung des Zivilrich-**

---

[41] Verwaltungsverfahren können namentlich in den Bereichen Lotterie-, Rundfunk-, Lebensmittel- und Heilmittelrecht von praktischer Bedeutung sein, wobei in solchen Verfahren der Übergang zu (verwaltungs-)strafrechtlichen Verfahren (bei welchen oft die Bestimmungen des VStrR zur Anwendung kommen) «fliessend» sein dürfte.

[42] Vgl. dazu auch Art. 27 N 48 sowie DAVID, SIWR I/2, 235, die praktische Bedeutungslosigkeit des Adhäsionsprozesses betonend.

ters an tatsächliche Feststellungen oder rechtliche Erwägungen sowie an das Entscheiddispositiv verwaltungs- oder strafrechtlicher Verfahren besteht nicht (vgl. für zivilrechtliche Vorfragen explizit Art. 53 OR). Ein Zivilrichter wird aber in der Regel nicht ohne Not von Feststellungen, Erwägungen oder Entscheiden einer anderen Gerichts- oder Verwaltungsbehörde abweichen. Dies gilt insbesondere für Behörden mit Spezialkenntnissen.

Bundesrechtliche Bestimmungen über **Gerichtskosten** und **Parteientschädigungen** ausserhalb des bundesgerichtlichen Verfahrens fehlen[43]. Dies gilt auch für die Verfahren gemäss Art. 13 und bei Konsumentenstreitigkeiten gemäss Art. 1 der Verordnung über die Streitwertgrenze (vgl. dazu auch Art. 13 N 20) – in den Verfahren gemäss Art. 13 ist **nicht** schon von Bundesrechts wegen **Kostenlosigkeit** vorgesehen.

28

Unentgeltliche Rechtspflege und Verbeiständung sind in Streitigkeiten aus unlauterem Wettbewerb in Anwendung der dafür allgemein geltenden Grundsätze möglich[44].

29

In Bezug auf **Fristen und Rechtsmittel(-verfahren)** im kantonalen Verfahren kommen die Regeln des kantonalen Zivilprozess- bzw. Gerichtsorganisationsrechts zur Anwendung.

30

Das **bundesgerichtliche Verfahren** wird durch das **BGG** sowie die **BZP** geregelt. Eine **zivilrechtliche Beschwerde** gegen Entscheide aus dem Bereich des unlauteren Wettbewerbs, die per se als vermögensrechtlich zu qualifizieren sind[45], ist ab einem **Streitwert von CHF 30 000.–** möglich (Art. 74 Abs. 1 lit. b BGG), in den Fällen der Annexkompetenz gemäss Art. 12 Abs. 2 unabhängig vom Streitwert[46]. Bei Anspruchsgrundlagenkonkurrenz, d.h., wenn die Streitigkeiten gleichzeitig die Bereiche des Immaterialgüterrechts, des Firmenrechts oder des Persönlichkeits-/Namensrechts betreffen, ist die Beschwerde in Zivilsachen an das BGer unabhängig vom Streitwert in jedem Fall zulässig (Art. 74 Abs. 2 lit. b BGG i.V.m. Art. 12 Abs. 2). Gemäss Art. 51 Abs. 1 BGG wird auf das abgestellt, was vor der Vorinstanz streitig geblieben ist (Gravamen-System). Soweit für Streitigkeiten aus unlauterem Wettbewerb eine handelsgerichtliche Zuständigkeit vorliegt, besteht vorbehaltlich der Fälle der Annexkompetenz gemäss Art. 12 Abs. 2 kein garantierter

31

---

[43] Vgl. dazu anstelle vieler DAVID, SIWR I/2, 30 m.w.H. Bedeutsam dürfte sein, dass auch bei Einstellung oder Anpassung des in Frage stehenden unlauteren Verhaltens eine Wiederholungsgefahr i.S. Art. 9 Abs. 1 lit. a vermutet wird (vgl. Art. 9 N 64), was – je nach kantonalem Kostenrecht – auch im Rahmen der Kostentragung berücksichtigt werden kann (bei Veranlassung zur Prozessführung in guten Treuen durch Gegenpartei, vgl. bspw. zukünftig Art. 107 Abs. 1 lit. b ZPO-CH).

[44] Dazu näher anstelle vieler VOGEL/SPÜHLER, Zivilprozessrecht, 11 N 53 ff. Gemäss st. Rspr. sind juristische Personen nicht anspruchsberechtigt (BGE 131 II 306, 326; vgl. für Kommandit- und Kollektivgesellschaften BGE 116 II 651, 652 ff.).

[45] Vgl. dazu Art. 13 N 17.

[46] Dazu Art. 12 N 35.

zweistufiger Instanzenzug für Streitigkeiten mit einem Streitwert unter CHF 30 000.–, da dies in Art. 74 Abs. 2 BGG nicht vorgesehen ist – es sei denn, es liegt eine **Frage grundsätzlicher Bedeutung** vor (Art. 74 Abs. 2 lit. a BGG). Die Kantone ZH und SG sehen jedoch eine (u.a. auf Willkürkognition beschränkte) Nichtigkeitsbeschwerde an das kantonale Kassationsgericht vor. In jedem Fall ist jedoch eine **subsidiäre Verfassungsbeschwerde** gemäss Art. 113 ff. BGG möglich, im Rahmen derer die Verletzung verfassungsmässiger Rechte gerügt werden kann (u.a. Willkür). **Teil- und Zwischenentscheide** können nur unter strengen Voraussetzungen angefochten werden (Art. 91 bzw. 93 BGG). Zur Anfechtung von Entscheiden im vorsorglichen Massnahmeverfahren Art. 14 N 85 ff.

III. Verfahren der Selbstregulierung

1. Verfahren vor der Schweizerischen Lauterkeitskommission (SLK)

a) Allgemeines

32   Seit 1966 besteht eine ursprünglich auf «klassische Werbung» beschränkte **Selbstkontrolle der Werbebranche.** Heute ist diese institutionalisiert und wird durch die Schweizerische Lauterkeitskommission (SLK) wahrgenommen[47]. Sie setzt sich für die Lauterkeit in der Werbung («kommerzielle Kommunikation») ein. Dabei schlägt sie den Bogen von den Auftraggebenden (Unternehmen) über die Werbeagenturen und die Medien zu den Konsumenten. Diese in der Werbepraxis bedeutsame Kontrolle bezieht sich sowohl auf angeschlossene Verbandsmitglieder[48] wie auch auf Nichtmitglieder («Aussenseiter»). Die SLK ist in der Vergangenheit immer wieder gegen Nichtmitglieder vorgegangen[49].

b) Organisation

33   Die in Zürich domizilierte SLK ist das **ausführende Organ** der 1981 gegründeten **Stiftung** der **Schweizer Werbung für die Lauterkeit in der kommerziellen Kommunikation,** der viele bedeutende Organisationen der schweizerischen

---

[47] SLK-Tätigkeitsbericht 2008, 4 (abrufbar unter: http://www.lauterkeit.ch/pdf/taetigkeit8.pdf); vgl. auch DAVID, SIWR I/2, 52 ff., DAVID/JACOBS, Wettbewerbsrecht, N 720 ff., BRUNNER, recht 2001, 1 ff., SENN, sic! 1999, 697 ff., und BAUDENBACHER/GLÖCKNER, Kommentar UWG, Vor Art. 12 N 8 ff.

[48] Verband der Schweizer Werbewirtschaft (SW) und Fédération romande de publicité et de communication (FRP).

[49] Namentlich im Bereich der Postfachadressenmissbräuche und der nicht existierenden «Firmen» und «Personen» (vgl. bspw. SLK-Tätigkeitsbericht 2008, 20 [abrufbar unter: http://www.lauterkeit.ch/pdf/taetigkeit8.pdf] und SLK-Tätigkeitsbericht 2007, 18 [abrufbar unter: http://www.lauterkeit.ch/pdf/taetigkeit7.pdf]). Vgl. auch BAUDENBACHER/GLÖCKNER, Kommentar UWG, Vor Art. 12 N 9.

Werbebranche und nahestehende Verbände angehören. Sie besteht aus drei paritätisch, mit Werbe-, Medien- und Konsumentenvertretern besetzten Spruchkammern (Art. 3 SLK-Geschäftsreglement, abgedruckt im Anhang III. Nr. 32)[50]. Soweit tunlich, fasst die SLK ihre Empfehlungen in Grundsätzen zusammen (SLK-Grundsätze, abgedruckt im Anhang III. Nr. 30; Art. 1 Abs. 4 SLK-Geschäftsreglement). Derzeit steht eine Totalrevision der Grundsätze an.

Über die Tätigkeit der SLK geben die jährlich erscheinenden **Tätigkeitsberichte** näheren Aufschluss[51]. Die SLK beurteilt jährlich einige Hundert Fälle (derzeit namentlich im Bereich der Gewinnspiele, Registeranmeldungen, des Versandhandels und der sexistischen Werbung) und weist damit eine sehr grosse einschlägige Praxiserfahrung auf. 34

Darüber hinaus amtet die SLK als **Aufsicht über Selbstbeschränkungen** bestimmter Branchen[52]. 35

c) Tätigkeit/Aufgaben

Die SLK-Beschwerdekammer beurteilt dem SLK-Sekretariat unterbreitete Fälle, «sofern es sich um eine Sache handelt, deren **Beurteilung von grundsätzlicher Bedeutung oder besonderer Tragweite** ist und ihr deswegen **präjudizielle Bedeutung** zukommt» (Art. 10 Abs. 1 SLK-Geschäftsreglement), soweit sie sich auf dem Schweizer Markt auswirken oder von der Schweiz aus gestreut werden (bei Anwendung des Rechts des Marktorts, vgl. Art. 11 Abs. 2 SLK-Geschäftsreglement). Fälle, in denen eine Beschwerde offensichtlich zu Unrecht erhoben wurde oder die mutwillig, aussichtslos oder ungenügend begründet sind, werden nicht anhand genommen; dasselbe gilt, wenn der Beschwerdegegner das beanstandete Verhalten einstellt (Art. 9 Abs. 1 SLK-Geschäftsreglement)[53]. 36

d) Verfahren

Ein Verfahren vor der SLK[54] auf Beurteilung einer Massnahme der kommerziellen Kommunikation[55] kann einerseits auf **Anstoss von aussen** mittels Ein- 37

---

[50] Dazu näher BRUNNER, recht 2001, 2 f.; vgl. zur besonderen Sachkunde der SLK näher SCHWENNINGER, Werbe- und Verkaufsmethoden, N 5.100, und die Auflistung der Mitglieder im SLK-Tätigkeitsbericht 2008, 38 (abrufbar unter: http://www.lauterkeit.ch/pdf/taetigkeit8.pdf).
[51] Abrufbar unter: http://www.lauterkeit.ch.
[52] Dazu N 47 unten.
[53] Dies scheint oft der Fall zu sein, vgl. SLK-Tätigkeitsbericht 2008, 28 (abrufbar unter: http://www.lauterkeit.ch/pdf/taetigkeit8.pdf).
[54] Zum Verfahren vor der SLK näher BRUNNER, recht 2001, 3 ff., SENN, sic! 1999, 697 ff., MARTI, SMI 1989, 197 ff., DAVID/JACOBS, Wettbewerbsrecht, N 720 ff., und DAVID, SIWR I/2, 149 f.
[55] Zu den Begriffen Werbung und kommerzielle Kommunikation vgl. Art. 13a N 14 ff.

38 Beim SLK-Beschwerdeverfahren handelt es sich um ein relativ rasches[56] und grundsätzlich kostenloses[57] Verfahren, bei welchem die Offizialmaxime zur Anwendung kommt und die Parteien zur Mitwirkung verpflichtet sind. Beschwerdeführer sind gehalten, eine hinreichende Begründung mitsamt entsprechenden Unterlagen einzureichen. **Tatsachenbehauptungen und -darstellungen** müssen von der beschwerdegegnerischen Partei nachgewiesen werden, bzw. es muss die Herkunft der Information bekannt gegeben werden, da insoweit eine **generelle Beweislastumkehr** Anwendung findet (vgl. Art. 14 Abs. 3 SLK-Geschäftsreglement und SLK-GS Nr. 1.9). Insofern geht das SLK-Geschäftsreglement weiter als die Kann-Bestimmung des Art. 13a[58]. Expertisen und Zeugenbefragungen sowie sonstige umfangreiche Beweisverfahren kommen im SLK-Verfahren nicht zur Anwendung – der Sachverhalt muss sich aus den Parteidarstellungen und deren Beilagen ergeben[59]. Wird das in Frage stehende Verhalten während des Verfahrens eingestellt (oder angepasst), kann trotzdem ein Verstoss festgestellt werden (Art. 17 Abs. 1 SLK-Geschäftsreglement).

39 Prüfungsmassstab ist die **Übereinstimmung mit** den **SLK-Grundsätzen,** den **Internationalen Richtlinien für die Werbepraxis der Internationalen Handelskammer** (IHK-Werberichtlinien) sowie der **Schweizerischen Gesetzgebung** (vgl. Art. 1 Abs. 3 sowie Art. 11 SLK-Geschäftsreglement). Gerügt werden kann somit nicht nur die direkte Verletzung der SLK-Grundsätze. Auch Verstösse gegen das UWG und gegen andere Gesetzesbestimmungen können gerügt werden[60], wenn der Verstoss lauterkeitsrechtliche Relevanz[61] aufweist und den Bereich kommerzieller Kommunikation tangiert. Vertragsrechtliche Fragen oder Fragen aus dem Bereich des Immaterialgüter- oder des Firmenrechts werden demgegenüber nicht behan-

---

[56] Derzeit finden jährlich sechs Sitzungen der Beschwerdekammern (jede der drei Kammern durchschnittlich zweimal jährlich) und zwei Sitzungen des Plenums statt. Eine dringliche(re) Behandlung ist jedoch nicht möglich, vorsorgliche Massnahmen wurden 1993 abgeschafft.
[57] Bei Konkurrentenbeschwerden wird eine nicht erstattbare Gebühr von CHF 500.– erhoben. Soweit eine neutrale Expertise nötig wird, kann das Einverständnis zur Kostentragung durch die Parteien notwendig werden (vgl. Art. 18 Abs. 3 SLK-Geschäftsreglement).
[58] Dazu näher SCHWENNINGER, Werbe- und Verkaufsmethoden, N 5.107 und Art. 13a N 22.
[59] SCHWENNINGER, Werbe- und Verkaufsmethoden, N 5.104.
[60] Heikel ist dies, wenn ein Verhalten gemäss UWG oder anderen Marktgesetzen zulässig ist, jedoch gemäss SLK-GS unzulässig ist, dazu die heftige und im Ansatz berechtigte Kritik bei BAUDENBACHER/GLÖCKNER, Kommentar UWG, Vor Art. 12 N 10 f. mit Beispielen.
[61] Entscheid der SLK vom 16. April 2008 (157/08) betreffend die lauterkeitsrechtliche Relevanz der (nicht dekorativen) Verwendung von Schweizerkreuzen auf Verpackungen (zum WSchG; in casu verneint).

delt[62]. Sachverhalte, die behördlicherseits von Amtes wegen zu verfolgen sind, können hinsichtlich ihrer lauterkeitsrechtlichen Auswirkung in eigener Kompetenz beurteilt werden; die diesbezüglichen **Akten** werden **an die zuständige Verwaltungs- oder Strafbehörde überwiesen** (Art. 12 Abs. 1 und 2 SLK-Geschäftsreglement). In Fällen klaren Rechts kann die Kammer das Verfahren ohne Anhörung des Beschwerdegegners unter Verweis auf ein Präjudiz des Plenums erledigen; Entscheide des Plenums sind von präjudizieller Wirkung, soweit das Plenum in grundsätzlicher und abschliessender Weise über einen Sachverhalt der kommerziellen Kommunikation entschieden hat (Art. 16 SLK-Geschäftsreglement).

Das Verfahren wird in der schweizerischen Amtssprache durchgeführt, in der die beanstandete Massnahme gestreut wird (Art. 13 Abs. 1 SLK-Geschäftsreglement). In der Regel findet ein **einfacher Schriftenwechsel** statt, ohne Replikmöglichkeit des Beschwerdeführers. Noven können bis zur Verhandlung jederzeit eingereicht werden, können aber zu einem neuen Schriftenwechsel führen und so das Verfahren verzögern. Eine persönliche Anhörung der Parteien ist möglich, findet aber selten statt (Art. 15 Abs. 2 SLK-Geschäftsreglement). Die einzelnen Kammern der SLK tagen nur alle paar Monate (derzeit durchschnittlich jeweils zweimal jährlich), weshalb nicht mit einem sehr kurzfristigen Entscheid zu rechnen ist[63]. 40

Ein Beschwerdeführer konnte bis vor Kurzem anonym bleiben und verlor dabei seine Partei- und Rekursrechte. Eine **Anonymität** kann jedoch heute aus rechtsstaatlichen Erwägungen **nicht mehr gewährleistet** werden[64]. 41

e) Rechtsmittel

Als **Rechtsmittel** steht der Rekurs an die Beschwerdekammer (bei Nichtanhandnahme) bzw. an das Plenum (gegen einen Kammerbeschluss) zur Verfügung[65]. Er verfügt über aufschiebende Wirkung, ist schriftlich zu begründen und innert einer zehntägigen (bei Nichtanhandnahme) bzw. 20-tägigen Rekursfrist (ge- 42

---

[62] Vgl. SCHWENNINGER, Werbe- und Verkaufsmethoden, N 5.101 sowie bspw. SLK-Tätigkeitsbericht 2003, 12 (abrufbar unter: http://www.lauterkeit.ch/pdf/taetigkeit3.pdf). Die SLK beurteilt bspw. Angaben auf Verpackungen und Nachahmungen (was sich aus Art. 10 IHK-Richtlinie und SLK-GS Nr. 3.7 [Nachahmungen werblicher Gestaltungen] ergibt, dazu näher DAVID/JACOBS, Wettbewerbsrecht, N 723). Beachtlich ist auch die in SLK-GS Nr. 3.1 statuierte Firmengebrauchspflicht in der Werbung und gemäss SLK-GS Nr. 4.2 im Fernabsatz. Wirkt sich eine aus der Schweiz gestreute Massnahme ins Ausland aus, ist das Recht des Staates massgeblich, auf dessen Markt die Massnahme ihre Wirkung entfaltet (Art. 11 Abs. 2 SLK-Geschäftsreglement), was mit IPR-Grundsätzen im Einklang steht.

[63] SLK-Tätigkeitsbericht 2008, 4 (abrufbar unter: http://www.lauterkeit.ch/pdf/taetigkeit8.pdf), und DAVID/JACOBS, Wettbewerbsrecht, N 728.

[64] Vgl. DAVID/JACOBS, Wettbewerbsrecht, N 727, und (noch zur alten Rechtslage) DAVID, SIWR I/2, 149.

[65] Zum Rekursrecht näher SCHWENNINGER, Werbe- und Verkaufsmethoden, N 5.109.

gen einen Kammerbeschluss) an die Kommission zuhanden des Geschäftsprüfungsausschusses bzw. an das Plenum zu richten. Ermessensfragen können vom Plenum nur bei Missbrauch oder Überschreitung des Ermessens überprüft werden[66].

f) Sanktionen[67]

43   Als Sanktionen nennt das Geschäftsreglement zunächst die **Aufforderung, die beanstandete Massnahme zu unterlassen,** die den Parteien in einem Entscheid mitgeteilt wird (Art. 17 Abs. 1 SLK-Geschäftsreglement).

44   Wird einer rechtskräftigen Aufforderung **nicht Folge geleistet,** so kann die zuständige Kammer **adäquate Sanktionen** beschliessen, die in der Praxis aber eher selten zur Anwendung kommen[68]. Unter anderem kommen gemäss Art. 20 Abs. 2 SLK-Geschäftsreglement in Frage:
- Publikation des Urteils unter voller Namensnennung[69];
- Empfehlung auf Ausschluss aus Fachverbänden;
- Aufforderung an die Werbeträger, die unlautere kommerzielle Kommunikation nicht mehr aufzunehmen;
- Antrag auf Widerruf der Berateranerkennung des Verbands der Schweizer Werbewirtschaft (SW) und der Entzug der Beraterkommissionierung des Verbands Schweizerischer Werbegesellschaften (VSW).

45   Sanktionen werden in der Praxis der SLK **selten ausgesprochen,** da sich die Parteien in aller Regel dem Entscheid «freiwillig» unterziehen[70]. **Weitere mögliche Sanktionen** sind die Einreichung einer Zivilklage gemäss Art. 10 Abs. 2 lit. b, die Stellung eines Strafantrags im Sinne von Art. 10 Abs. 2 lit. b i.V.m. Art. 23 bzw. die Einreichung von Strafanzeigen bei Offizialdelikten wie z.B. Art. 24 oder die

---

[66] SCHWENNINGER, Werbe- und Verkaufsmethoden, N 5.109 und DAVID/JACOBS, Wettbewerbsrecht, N 730.
[67] Einen Überblick über die Tätigkeit der SLK vermitteln die jährlichen Tätigkeitsberichte, die in einer speziellen Rubrik auch über ergriffene Sanktionen Auskunft geben (abrufbar unter: http://www.lauterkeit.ch).
[68] DAVID, SIWR I/2, 53 f.
[69] Seit 2008 werden alle (!) entschiedenen Fälle (soweit nicht schon analoge Fälle zur Diskussion standen) auf der SLK-Website in anonymisierter Weise publiziert, dazu SLK-Tätigkeitsbericht 2008, 6 und 28 (abrufbar unter: http://www.lauterkeit.ch/pdf/taetigkeit8.pdf), was die präventive Wirkung («Prangereffekt») je nach Bereich und Adressaten verstärken dürfte.
[70] SCHWENNINGER, Werbe- und Verkaufsmethoden, N 5.098 sowie 5.110, DAVID, SIWR I/2, 53 f., und DAVID/JACOBS, Wettbewerbsrecht, N 731, wonach die Sanktionen nur gegen Versandhäuser, die vorwiegend Direktwerbung in eigener Regie betreiben, ihre Wirksamkeit vermissen lassen. Vgl. auch SLK-Tätigkeitsbericht 2008, 32 (abrufbar unter: http://www.lauterkeit.ch/pdf/taetigkeit8.pdf).

Überweisung an die zuständige Verwaltungsbehörde (Art. 12 Geschäftsreglement) bei gleichzeitiger Beurteilung durch die SLK[71].

g) Rechtliche Bedenklichkeit von Sanktionen der SLK?

Insbesondere soweit die oben (N 43 ff.) aufgezählten Sanktionen «Aussenseiter» treffen, besteht die Gefahr eines Verstosses der SLK selbst u.a. gegen das UWG (u.a. unlautere Herabsetzung im Sinne von Art. 3 lit. a; ggf. auch gegen Art. 28 ZGB und/oder Art. 173 f. StGB) bzw. gegen **Art. 7 KG** (Missbrauch einer marktbeherrschenden Stellung)[72]. Insbesondere die Öffentlichkeitsarbeit der SLK (Fallpublikationen) fällt ins Gewicht, allerdings nicht zuletzt wegen des guten Rufs der SLK. Daneben verfügt die SLK praktisch nur über Befugnisse, wie sie schon Verbänden oder Konsumenten gemäss Art. 10 oder kraft Satzungsrechts (Ausschluss) zustehen. In Fällen, in denen eine Verletzung der SLK-Grundsätze vorliegt, wo diese über die Vorschriften des UWG hinausgehen[73], dürfte jedoch eine gesteigerte Gefahr der unlauteren Herabsetzung gemäss Art. 3 lit. a oder einer Irreführung gemäss Art. 3 lit. b vorliegen, wenn in SLK-Kommunikationen Marktteilnehmer konkret erkennbar wären und soweit der Anschein erweckt würde, dass gegen geltendes (zwingendes) Recht verstossen wird.

46

2. Sonstige Verfahren der Selbstregulierung im Bereich des Lauterkeitsrechts

In der Praxis bestehen sodann weitere, oft **branchenspezifische Bestimmungen der Selbstregulierung,** die teilweise auch mit einem **Durchsetzungsinstrumentarium bzw. Streitbeilegungsmechanismus** ausgestattet sind. Zu nennen sind (keine abschliessende Aufzählung)[74]:

47

– Streitbeilegungsmechanismen bei Streitigkeiten über **Internet-Domain-Namen:** Für die Endungen (TLDs) «.ch» und «.li» kommt das von der Switch erlassene Verfahrensreglement zur Anwendung[75], für die Endungen (TLDs)

---

[71] Vgl. dazu SCHWENNINGER, Werbe- und Verkaufsmethoden, N 5.110.
[72] Vgl. (zu) kritisch BAUDENBACHER/GLÖCKNER, Kommentar UWG, Vor Art. 12 N 8 («angemasste Fremdkontrolle»).
[73] Bspw. beim Widerrufsrecht im Fernabsatz oder bei der Firmengebrauchspflicht (SLK-GS Nr. 4.3 bzw. Nr. 3.1).
[74] Vgl. etwa (veraltet) MARTI, SMI 1989, 197 ff.
[75] «Verfahrensreglement für Streitbeilegungsverfahren für .ch und .li Domain-Namen» (Version 1.0), https://www.nic.ch/reg/ocView.action?res=/reg/guest/disputes/rules_v1.jsp&plain&request_locale=de. .ch-/.li-Domain-Namen können neu ab 15. Juli 2009 auf www.nic.ch registriert werden. Dazu SCHWEIZER, AJP 2009, 975 ff. Vgl. zur privatrechtlichen Natur des Verhältnisses Registerbetreiber-Internetbenutzer BGE 131 II 162 ff.

«.com», «.net» und «.org» kommt die auf Anstoss durch die WIPO in Genf bei der ICANN geschaffene «Uniform Domain Name Dispute Resolution Policy (UDRP)» zur Anwendung[76]. In Frage kommen die Löschung, die Übertragung der Domain, oder eine Registrierungsänderung;
- für das **Panel der Messe «Basel World»** (vormals Basler Uhren- und Schmuckmesse) kommt ein eigenes «Panel-Reglement» zur Anwendung, das insbesondere die Anordnung der Entfernung von Ausstellungsobjekten oder ggf. die Schliessung des Stands erlaubt[77];
- Durchsetzungsinstrumentarium im Rahmen der Selbstbeschränkung und -regulierung im Bereich der **Alkohol-**[78] und **Tabakwerbung**[79];
- Durchsetzungsinstrumentarium im Rahmen des **Pharmakodexes**[80], wobei auch auf die konsultative Tätigkeit des Pharmakodex-Sekretariats hinzuwei-

---

[76] Vgl. http://www.icann.org/dndr/udrp/ sowie http://arbiter.wipo.int/domains/ bzw. http://www.wipo.int/amc/en/domains/, dazu näher BURI, SIWR III/2, 393 f. m.w.H. und SCHWEIZER, AJP 2009, 971 ff.

[77] Das Panel stellt ein messeinternes Schiedsgremium dar, das sich mit Immaterialgüterrechtsverletzungen während der Messe auseinandersetzt. Dessen Entscheide gewähren innerhalb weniger Stunden vorläufigen Rechtsschutz und sind bloss provisorischer Natur (zwecks Aufrechterhaltung des «Messefriedens»). Es wird auf Beschwerde von Ausstellern oder sich vorgängig dem Panel unterziehenden und dessen Reglement anerkennenden Nichtausstellern tätig. Das Verfahren ist kostenpflichtig. Dazu etwa RÜST, SMI 1986, 63 ff. sowie RÜST/BRAUN/LANZ, SMI 1992, 29 ff. sowie http://www.baselworld.com/go/id/upb/.

[78] Im Bereich der Tabakwerbung wurde 2005 zwischen der «Swiss Cigarette» (stellvertretend für alle Schweizer Fabrikanten von Tabakprodukten) und der SLK eine Vereinbarung abgeschlossen, die Marketingregeln insbesondere im Bereich der Medien, für die Promotion und das Sponsoring, aber auch im Bereich der Verpackung, für den Verkauf und den Vertrieb vorsieht (abrufbar unter: www.lauterkeit.ch). Zur Feststellung von Verstössen gegen die Vereinbarung wurde die SLK als «ausschliessliche Kontrollstelle» eingesetzt, wobei bei rechtskräftig festgestellten «Missachtungen» der Vereinbarung das «Swiss Cigarette»-interne Schiedsverfahren zur Anwendung kommt. Vgl. auch DAVID/REUTTER, Werberecht, 301 f., und SLK-Tätigkeitsbericht 2008, 30 (abrufbar unter: http://www.lauterkeit.ch/pdf/taetigkeit8.pdf).

[79] Im Bereich der alkoholischen Getränke besteht seit Februar 2003 ein von Branchenverbänden (GSM und FSS) erstellter und für ihre Mitglieder bindender «Verhaltenskodex», der kommerzielle Kommunikation ungeachtet des Kommunikationsträgers unter Einschluss von Promotionen erfasst und regelt (abrufbar unter: www.lauterkeit.ch). Die SLK amtet auch hier als Schiedsgericht, dessen rechtskräftiger Schiedsspruch Verbandssanktionen auslösen kann. Die Branche hat sich nebst Beschränkungen der kommerziellen Kommunikation auch Vertriebsbeschränkungen auferlegt. Vgl. auch SLK-Tätigkeitsbericht 2008, 30 (abrufbar unter: http://www.lauterkeit.ch/pdf/taetigkeit8.pdf).

[80] Dieser trat per 1. Januar 2004 an die Stelle des Pharma-Fachwerbungs-Kodexes (PFK) aus dem Jahre 1991 (aktuelle Fassung vom 12. Juni 2008, abrufbar auf der Website der Schweizerischen Gesellschaft für Chemische Industrie (SGCI), http://www.sgci.ch bzw. http://www.sgci.ch/plugin/template/sgci/*/37817). Gemäss Ziff. 53 überwacht eine SGCI-unabhängige Fachperson zusammen mit dem Pharmakodex-Sekretariat die Einhaltung der Bestimmungen des Pharmakodexes, wobei Letzteres namentlich auch Anzeigen behandelt. Es kann Anordnungen treffen und Frist ansetzen zur Ergreifung von Massnahmen bzw. Unterlassung von Verhaltensweisen und im Extremfall eine Überweisung des Falles an die swissmedic veranlassen, wenn «es den Verstoss

sen ist (u.a. auch Herausgabe von Empfehlungen und Antworten auf Fragen zur Kodexinterpretation);

- Ferner bestehen in verschiedenen Bereichen **private oder staatliche Ombuds- bzw. Schlichtungsstellen** oder Dienste, die mittels Information oder Empfehlungen der Streitbeilegung dienen können[81]. Vgl. im übrigen Einleitung N 76 ff., bes. 79 m.w.H. sowie zu den Richtlinien des Schweizer Presserats Art. 3a N 25 und Fn 47.

3. Staatliche Durchsetzung des Lauterkeitsrechts?

De lege ferenda wäre denkbar und wird immer wieder diskutiert – zur Steigerung der Prävention, der Durchsetzungseffizienz und zur Verbesserung namentlich des Konsumentenschutzes – eine **staatliche Behörde** (analog etwa der Wettbewerbskommission im Kartellrecht) mit der Durchsetzung des Lauterkeitsrechts von Amtes wegen zu betrauen[82]. 48

Das **UWG** ist – etwa im Unterschied zum KG – **vorwiegend privatrechtlich konzipiert**. Es enthält – ganz im Unterschied zum KG – nur wenige verwaltungsrechtliche Bestimmungen (Preisbekanntgabe). Insofern ist die Durchsetzung auf privatrechtlichem Wege schon vom Konzept her angelegt. Zudem wurde im Rahmen von Art. 10 Abs. 2 über die Verbandsklagen und die Bundesklage ein breites (privatrechtliches) Instrumentarium geschaffen, das im Ergebnis eine genügende Durchsetzung des UWG ermöglicht. Schliesslich ist eine Strafverfolgung – ausser im Bereich der Preisbekanntgabe (Art. 24) – nur auf Strafantrag hin möglich. Dazu kommt, dass sich mit der **SLK** zumindest im Bereich der kommerziellen Kommunikation eine privatrechtliche Institution mit Erfolg etabliert hat, die in der Praxis ein hohes Ansehen geniesst und deren Stellungnahmen weitgehend befolgt werden. Für einige vom UWG abgedeckte Teilbereiche der Preisbekanntgabe bestehen gleichzeitig **verwaltungsrechtliche Bestimmungen** – so im Bereich des Heil- und Lebensmittelrechts, des Rundfunkrechts und des Lotterierechts, die **officialiter von Verwaltungsbehörden durchgesetzt** werden (vgl. Vor Art. 16–20 N 28 ff.). Diese 49

---

gegen den Pharmakodex auch als mögliches gesundheitspolizeiliches Risiko erachtet» (Ziff. 55 bzw. Ziff. 554.1 Pharmakodex).

[81] Vgl. bspw. die unabhängige Schlichtungsstelle im Telekommunikationsbereich (ombudscom), ein Dienst der BAKOM, der die Adresse der Betreiber von Mehrwertdienstnummern ausfindig machen kann, die Ombudsstelle DRS für Beanstandungen der Programme von Schweizer Radio DRS und des Schweizer Fernsehens, sowie die Ombudsstelle RTV für ausgestrahlte redaktionelle Radio- und TV-Sendungen von in der deutsch- und rätoromanischsprachigen Schweiz domizilierten Sendern (vgl. die Auflistung der SLK auf http://www.lauterkeit.ch/beschwerd.htm).

[82] So praktisch in allen EU- und OECD-Staaten, namentlich auch in den USA, Kanada, Japan und Südkorea, vgl. VE-UWG und Begleitbericht vom 6. Juni 2008 (Erläuternder Bericht SECO zur Änderung des Bundesgesetzes gegen den unlauteren Wettbewerb [UWG]), insbes. 15 f., abrufbar unter: http://www.admin.ch/ch/d/gg/pc/documents/1615/Bericht.pdf. In Italien, Frankreich und Ungarn wurde die Durchsetzung des Lauterkeitsrechts sogar teilweise der Kartellbehörde übertragen.

Argumente sprechen tendenziell gegen die Einrichtung einer staatlichen Behörde, auch wenn namentlich im lauterkeitsrechtlich relevanten Bereich ausserhalb kommerzieller Kommunikation und des Konsumentenschutzes allgemein Schutzlücken vorliegen können.

50 In diesem Zusammenhang von Interesse ist die seinerzeit in **Art. 11 E-UWG 1983** vorgesehene **umfassende Zivilklage des Bundes**. Dem Bund sollten die gleichen Klagen zustehen wie den heute gemäss Art. 10 Abs. 2 lit. a und b klageberechtigten Verbänden. Das Instrument sollte die präventive Wirkung des UWG betonen und den Bestimmungen des revidierten UWG erhöhte Durchschlagskraft vermitteln. Ferner wurden in **Art. 25 ff. E-UWG 1983** Bestimmungen vorgesehen, die es dem Bund erlaubt hätten, bei unlauteren Handlungen von wirtschaftlich bedeutsamer Tragweite von sich aus die **nötigen Abklärungen** zu treffen, wobei den Marktteilnehmern **Auskunftspflichten** oblegen hätten (Art. 26 E-UWG 1983; vgl. auch Vor Art. 16–20 N 6). In den parlamentarischen Beratungen wurden diese Bestimmungen jedoch ersatzlos gestrichen[83]. Eine deutlich abgespeckte Zivilklage des Bundes findet sich nunmehr seit dem 1. August 1992 in Art. 10 Abs. 2 lit. c (siehe näher dort, Art. 10 N 6 und 34 ff.).

51 Im Unterschied zu den immaterialgüterrechtlichen Spezialgesetzen finden sich im UWG **keine Vorschriften zur Hilfeleistung der Zollverwaltung,** die dort seit 1. Juli 2008 in verbesserter Form durchgängig möglich ist. Bei einer Anspruchsgrundlagenkonkurrenz mit Immaterialgüterrecht ist die Hilfeleistung durch die Zollverwaltung möglich[84].

52 Immerhin sind **bestimmte Verbesserungen** der obgenannten Instrumentarien **überlegenswert**. So wäre denkbar, bei in guten Treuen geführten Verbandsklagen gemäss Art. 10 Abs. 2 lit. a und b eine Kostenregelung vorzusehen, die den klagenden Verband nicht einem unnötigen Kostenrisiko aussetzt[85]. Zudem könnte bei (ausgewählten) UWG-Straftatbeständen das Antragserfordernis in Art. 23 gestrichen[86] und das in einigen Kantonen zur Anwendung kommende und den Strafantragsteller benachteiligende Privatklageverfahren, das die Beweisbeschaffung faktisch dem Kläger bzw. Antragsteller überbindet, ausgeschlossen werden. Letzteres wird jedoch mit Inkrafttreten der Schweizerischen StPO (StPO 2007, zum 1. Januar 2011) ohnehin entfallen.

---

[83] Dazu näher Vor Art. 16–20 N 6.
[84] Vgl. dazu näher Art. 27 N 68 ff. sowie anstelle vieler VON BÜREN/MARBACH/DUCREY, Immaterialgüter- und Wettbewerbsrecht, N 1042 ff. m.w.H.
[85] Eine vergleichbare Regel findet sich etwa in Art. 706a Abs. 3 OR. In vielen Kantonen ist eine Kostenverteilung nach Ermessen heute schon vorgesehen.
[86] Bspw. allgemein bei Gewerbsmässigkeit und bei Art. 4a (aktive und passive Privatbestechung) sowie bei Art. 3 lit. k–n (Angaben bei Konsumkrediten).

IV. Schiedsgerichtsbarkeit und UWG

Privatrechtliche Ansprüche aus unlauterem Wettbewerb sind – da sie der Verfügung der Parteien unterliegen[87] – **grundsätzlich schiedsfähig**[88]. Sie können damit unter Ausschluss der staatlichen Gerichtsbarkeit von einem Schiedsgericht beurteilt werden. 53

Die **praktische Bedeutung** der schiedsgerichtlichen Erledigung von privatrechtlichen Ansprüchen im Bereich des unlauteren Wettbewerbs scheint **gering** zu sein. Dies wird darauf zurückzuführen sein, dass Streitigkeiten aus unlauterem Wettbewerb weitgehend ausservertragliche Sachverhalte betreffen und so in praxi nur die nachträglich abgeschlossene Schiedsvereinbarung in Frage kommt. Soweit unlauterer Wettbewerb im Rahmen von Vertragsbeziehungen erfolgt, dürften Ansprüche aus unlauterem Wettbewerb einerseits nur in bestimmten Konstellationen überhaupt denkbar sein[89]. Andererseits wird manchmal fraglich sein, ob die auf einen Vertrag gemünzte Schiedsklausel überhaupt gültig geschlossen wurde und sie sich konkret auch auf deliktsrechtliche Ansprüche bezieht[90]. 54

Die Beurteilung **verwaltungsrechtlicher Bestimmungen** mit lauterkeitsrechtlicher Prägung (dazu Vor Art. 16–20 N 30 ff.) durch Schiedsgerichte ist nicht möglich. Denkbar ist aber deren **vorfrageweise Prüfung** im Rahmen der Beurteilung eines zivilrechtlichen Anspruchs, was insbesondere bei der Fallgruppe des Vorsprungs durch Rechtsbruch (vgl. Art. 2 sowie Art. 3 lit. k–n sowie Art. 7) von Bedeutung sein kann. 55

---

[87] Vgl. Art. 5 SchKonk (Binnenschiedsgerichtsbarkeit) und Art. 177 Abs. 1 IPRG (internationale Schiedsgerichtsbarkeit).

[88] RÜEDE/HADENFELDT, Schiedsgerichtsrecht, 51. Bei *Konsumentenstreitigkeiten* stellt sich die Frage, ob der in Art. 21 Abs. 1 lit. a GestG vorgesehene Ausschluss der (zum Voraus erfolgten) Wahl eines anderen Gerichtsstands zwingend auch die ausschliessliche Absprachzuständigkeit der staatlichen Gerichte vorsieht; vgl. dazu etwa VOGEL/SPÜHLER, Zivilprozessrecht, 2 N 22, die die Zulässigkeit von Schiedsabreden gestützt auf Art. 21 Abs. 1 lit. a GestG verneinen (aber offenbar nur mit Bezug auf Konsumenten*verträge*). Zur schwierigen Frage der Bedeutung ausschliesslicher Gerichtsstände vgl. auch HOFFET, Schiedsfähigkeit, 265 f. Dies hat praktische Relevanz namentlich mit Bezug auf eine allfällig mittels AGB begründete Schiedsgerichtsbarkeit.

[89] Vgl. dazu BGE 124 III 297, 302 («Motor-Columbus AG») sowie Einleitung N 14 ff. und Art. 2 N 11 ff.

[90] Oft dürfte es schon am Schriftformerfordernis (Art. 6 Abs. 1 KSG [zukünftiger Art. 358 ZPO-CH] bzw. Art. 178 Abs. 1 IPRG) oder am Erfordernis der Bestimmtheit des Rechtsverhältnisses fehlen (Art. 4 Abs. 3 KSG [zukünftiger Art. 357 Abs. 1 ZPO-CH] bzw. vgl. Art. 178 Abs. 3 IPRG; vgl. auch den Sachverhalt in BGer 4C.40/2003 sic! 2003, 826, E. 5.4 [«Secrecy agreement»; PatG-Fall]). Besondere Zurückhaltung bei der Bejahung des gültigen Zustandekommens einer Schiedsvereinbarung dürfte bei in AGB enthaltenen Schiedsklauseln angebracht sein, namentlich im nicht gewerblichen Bereich (Unverbindlichkeit ungewöhnlicher AGB-Klauseln). Vgl. dazu auch HGer ZH ZR 1992/1993 Nr. 23, E. 3, sowie OGer SO SOG 1989, Nr. 13, E. 4 (beide ohne UWG-Bezug).

56 Aus **verfahrensrechtlicher Sicht** sind im Rahmen der Binnenschiedsgerichtsbarkeit das **SchKonk** bzw. ab 2011 die **Art. 353–399 ZPO-CH** und diverse Schiedsordnungen (Handelskammern, Swiss Rules) anwendbar[91]. Im Rahmen der internationalen Schiedsgerichtsbarkeit sind die Bestimmungen des IPRG (Art. 176 ff. IPRG) und diverse Schiedsordnungen (u.a. ICC, WIPO, Swiss Rules) sowie für die Vollstreckung von ausländischen Schiedssprüchen ist das **New Yorker Übereinkommen** vom 10. Juni 1958 (SR 0.277.12) zu beachten[92].

V. Bedeutung aussergerichtlicher Streitbeilegung im Bereich des UWG

57 Die Streitbeilegung bei unlauterem Wettbewerb findet relativ häufig auf aussergerichtlichem Wege statt. Neben der **Bedeutung der SLK** und der durch sie erfolgenden Durchsetzung der SLK-Grundsätze (vgl. N 32 ff.) bestehen in der vielfältigen Praxis des unlauteren Wettbewerbs **weitere Arten der Streitbeilegung,** die oft die rasche und kostengünstige Erledigung von Streitigkeiten erlauben. Die nachfolgende Aufzählung ist beispielhaft.

1. Abmahnung

58 Das im UWG und auch in den kantonalen Zivilprozessordnungen regelmässig nicht explizit[93] vorgesehene Institut der **Abmahnung**[94] dürfte das im Rahmen der Praxis des UWG (wie auch im Bereich des Immaterialgüterrechts) am häufigsten gewählte Mittel zur Streiteskalation bzw. -beilegung sein.

59 **Ziel** einer Abmahnung ist die Klärung der tatsächlichen Verhältnisse, die Einstellung oder «Anpassung» der in Frage stehenden Verhaltensweisen durch den Adressaten und ggf. der Abschluss einer Unterlassungs- bzw. Unterwerfungsvereinbarung (vgl. N 66 f.). Bei Kennzeichen oder Ausstattungen kann namentlich auch der Abschluss einer Abgrenzungsvereinbarung bezweckt und sinnvoll sein (dazu N 68). Zur Sicherung der eingegangenen Verpflichtungen dient oft ein Vertragsstrafeversprechen.

---

[91] Die Bestimmungen des SchKonk werden weitgehend unverändert in die ZPO-CH (Art. 353 ff. ZPO-CH) übernommen, vgl. Botschaft ZPO, 7391 ff. und BBl 2009, 104 ff. (Referendumsvorlage), und A. STAEHELIN/D. STAEHELIN/P. GROLIMUND, Zivilprozessrecht, § 29 N 4.

[92] Vgl. A. STAEHELIN/D. STAEHELIN/P. GROLIMUND, Zivilprozessrecht, § 29 N 7. Es sind alle vermögensrechtlichen Ansprüche schiedsfähig (Art. 177 Abs. 1 IPRG).

[93] Vgl. aber bspw. Bestimmungen zur Verlegung der Prozesskosten bei begründetem Anlass zur Klage bzw. bei nicht sofortiger Anerkennung in § 60 ZPO BE und § 59 ZPO JU, dazu auch WILLI, AJP 1999, 1378 (und in Fn. 7).

[94] Teilweise auch als Verwarnung oder Unterlassungsaufforderung bezeichnet.

Inhalt der Abmahnung bildet mit Vorteil die genaue Umschreibung der zu unterlassenden Handlung in tatsächlicher Hinsicht. Die Abmahnung muss es dem Adressaten ermöglichen, sich ein Bild über den Verletzungsvorwurf zu machen. Der zugrunde liegende Sachverhalt ist deshalb möglichst eindeutig und bestimmt anzugeben. Oft erfolgen auch rechtliche Erläuterungen.

Einer Abmahnung kommen je nach Inhalt verschiedene **Wirkungen** zu:

- im Bereich der Kennzeichen (inkl. Ausstattungen) **Vermeidung der Freizeichenbildung,** d.h. Erhalt der Kennzeichnungskraft bzw. der Unterscheidungskraft; dies wirkt der Verwässerung von Kennzeichen entgegen;
- **Schutz vor Verwirkung;** die langfristige bewusste Duldung unlauteren Wettbewerbs kann zur Anspruchsverwirkung führen[95];
- potenzieller **Nachweis der Wiederholungsgefahr,** insbesondere bei Nichtreaktion oder ungenügender Reaktion des Empfängers der Abmahnung, wobei die Umstände des Einzelfalls eine bedeutende Rolle spielen; vergangene Rechtsverletzungen lassen eine Wiederholungsgefahr vermuten, die im Rahmen negatorischer Ansprüche auf Unterlassung i.S.v. Art. 9 Abs. 1 lit. a vorausgesetzt ist[96]. Sie entfällt dann, wenn der Abgemahnte unmissverständlich zu erkennen gibt, die fraglichen Verhaltensweisen in Zukunft zu unterlassen bzw. sein Verhalten aufzugeben oder «anzupassen» (namentlich bei Abgabe eines Vertragsstrafeversprechens), und er dies tatsächlich auch tut[97];
- **Bewirkung der Bösgläubigkeit** (bzw. des Verschuldens) und des diesbezüglichen **Beweises.** Das Vorliegen der Bösgläubigkeit bzw. des Verschuldens ist Voraussetzung zur Geltendmachung reparatorischer Ansprüche (Ansprüche gemäss Art. 9 Abs. 3 auf Schadenersatz, Genugtuung oder Gewinnherausgabe). Bösgläubigkeit bzw. Verschulden hängen jedoch nicht vom Erhalt einer Abmahnung ab;
- **Bewirkung des (Eventual-)Vorsatzes** bzw. diesbezüglicher **Beweis** als Voraussetzung strafrechtlicher Verantwortlichkeit gemäss Art. 23 f. und ggf. weiterer Straftatbestände. Ändert der Empfänger seine Verhaltensweise nicht, nimmt er eine Rechtsverletzung zumindest in Kauf. Zu beachten ist die dreimonatige Strafantragsfrist gemäss Art. 23 i.V.m. Art. 31 StGB.

Rechtliche Schranken der Abmahnung ergeben sich namentlich aus Art. 2 (unlautere Behinderung), 3 lit. a (Herabsetzung, mindestens soweit Dritte von der Abmahnung bzw. vom Abmahnungssachverhalt Kenntnis erhalten) und Art. 3 lit. b (Irreführung) – unabhängig davon, ob die Abmahnung an sich berechtigt oder unberechtigt erfolgt. Ferner kann eine Abmahnung aus kartellrechtlicher Sicht den Missbrauch einer marktbeherrschenden Stellung darstellen (Art. 7 KG) und ggf. gar

---

[95] Vgl. Art. 9 N 227 ff.
[96] Dazu näher WILLI, AJP 1999, 1382; vgl. auch Art. 9 N 64.
[97] Eine Einstellung des Verhaltens ohne Anerkennung einer Rechtspflicht (unpräjudiziell) dürfte in der Regel nicht darunterfallen, da sie nicht vorbehaltlos erfolgt ist, vgl. dazu näher WILLI, AJP 1999, 1381 f.

als Nötigung im Sinne von Art. 181 StGB strafbar sein. **Unlauter** sind insbesondere **offensichtlich unbegründete Abmahnungen,** z.B. bei fehlendem Schutzrecht oder bei offensichtlich fehlender Rechtsverletzung[98]. In Deutschland besteht zu dieser Thematik eine reichhaltige Praxis[99].

63 Aus zivilrechtlicher Sicht ist die **Kenntnis der Abmahnung** im Betrieb juristischer Personen bei Organpersonen über Art. 55 Abs. 2 ZGB dem Unternehmensträger zuzurechnen (sog. Wissenszurechnung). Dasselbe muss für Hilfspersonen gelten, die nach aussen erkennbar die fraglichen Verhaltenweisen mitverantworten oder davon Kenntnis haben, nicht aber für nach aussen erkennbar unzuständige Hilfspersonen[100]. Insofern muss die Abmahnung korrekt adressiert und ihr Zugang beweisbar sein. Ggf. kann auch eine Zurechnung unter Zuhilfenahme des Instituts des Organisationsverschuldens erfolgen.

64 Schwierige Probleme können sich stellen, wenn nach erfolgter Abmahnung das in Frage stehende **Verhalten nur geringfügig abgeändert** wird.

65 Die Abmahnung steht in einem **Spannungsverhältnis zur Geltendmachung von vorsorglichen Ansprüchen** gemäss Art. 14. So muss einem Antrag auf Erlass vorsorglicher Massnahmen keine Abmahnung vorausgehen[101]. Eine Abmahnung ist auch nicht Voraussetzung für Unterlassungs- und Beseitigungsklagen. Da negatorische Ansprüche verschuldensunabhängig durchsetzbar sind, kommt es auf subjektive Elemente (Kenntnis vom Verhalten, Absichten) auf Seiten des Beklagten nicht an. Oft wird es nach erfolgloser Abmahnung aber an der Dringlichkeit für *super-provisorische* Massnahmen fehlen.

2. Vergleichsweise Erledigung

66 Bei Streitigkeiten aus unlauterem Wettbewerb und allgemein im Bereich des gewerblichen Rechtsschutzes haben sich **bestimmte typische Arten vergleichsweiser Erledigung** herausgebildet.

67 Im Rahmen einer **Unterlassungsvereinbarung** (Unterwerfungsvereinbarung)[102] verpflichtet sich eine Partei (Verletzer bzw. Beeinträchtiger), eine gewöhnlich ausschliesslich oder überwiegend von der Gegenpartei ausformulierte Vereinbarung

---

[98] Vgl. WILLI, AJP 1999, 1385 f., der auch die trotz überzeugender Gegenargumente wiederholt vorgetragene Abmahnung oder die systematisch betriebene Abnehmerabmahnung als unlauter qualifiziert. Allerdings kann eine Abmahnung nicht allein deshalb unlauter sein, weil sie in unlauterer Absicht erfolgte, vgl. SPITZ, sic! 2006, 523 und Fn. 27 sowie Art. 3 lit. a N 58, a.M. VASELLA, sic! 2005, 821.
[99] Dazu anstelle vieler BORNKAMM, Kommentar dt. UWG, § 12 N 1.68 ff. m.w.H.
[100] Vgl. BGE 109 II 338, 342 f. («PPC/BBC»).
[101] WILLI, AJP 1999, 1378 m.w.H.
[102] Vgl. etwa DAVID, SIWR I/2, 167 f.

einzuhalten[103], die nicht selten Folge einer Abmahnung ist. Typisch für eine Unterwerfungsvereinbarung ist deren einseitige Verteilung von Rechten und Pflichten, was unter vertrags- und kartellrechtlichen Gesichtspunkten problematisch sein kann[104]. Üblicherweise kommt es zum Abschluss von Unterwerfungsvereinbarungen, wenn die unlautere Verhaltensweise manifest und eine Gutheissung einer Klage absehbar ist oder der Ansprecher sonst – etwa im fraglichen Markt, speziell gegenüber der betreffenden Partei oder aufgrund seiner sonstigen (v.a. finanziellen) Stärke – über eine mächtige Stellung verfügt. Oft kommt es zur Abgabe von Vertragsstrafeversprechen im Widerhandlungsfall und zur Regelung von Kosten- und Entschädigungsfragen. Für die auf Unterlassung etc. verpflichtete Gegenpartei kann ein Vorteil im Entgegenkommen in kosten- bzw. entschädigungsmässiger Sicht, in der Verhinderung allfälliger Negativpublizität (etwa bei einem zivilgerichtlichen Verfahren) oder im (bindenden) Verzicht der Stellung oder im Rückzug eines Strafantrags liegen. Im Unterschied etwa zur Rechtslage in Deutschland ist es in der Schweiz nicht möglich, eine Unterlassungsvereinbarung strafzubewehren.

Namentlich soweit im Rahmen der fraglichen Verhaltensweise (auch) Immaterialgüterrechte oder (sonstige) Kennzeichen tangiert sind, kann eine **Abgrenzungsvereinbarung**[105] naheliegen. Sie kann auch in eine Unterwerfungsvereinbarung integriert werden. Dabei grenzen die betreffenden Parteien den räumlichen oder sachlichen (Produkt- oder Dienstleistungskategorien), allenfalls auch den persönlichen (Abnehmer, Lieferanten, Kunden) oder zeitlichen Anwendungsbereich (z.B. «Übergangsfristen») ab, um Kollisionen der Schutzrechte bzw. der Wettbewerbsbereiche möglichst zu verhindern. Oft wird dem Verletzer bzw. Beeinträchtiger erlaubt, seinen Vorrat aufzubrauchen bzw. zu veräussern, ohne bereits ausgelieferte Waren, Leistungen etc. zurückrufen zu müssen. Auch eine Abtretung von Schutzrechten ist denkbarer Inhalt einer Abgrenzungsvereinbarung. Eine Abgrenzungsvereinbarung darf ihrerseits keine kartellrechtlich unzulässige Absprache im Sinne von Art. 5 KG darstellen[106].

68

---

[103] Sie ist ähnlich, aber nicht zu verwechseln mit der in Deutschland in der Praxis bedeutsamen – allenfalls auch strafbewehrten – Unterwerfungserklärung, die gemäss § 12 dt. UWG möglich ist, dazu näher BORNKAMM, Kommentar dt. UWG, § 12 N 1.101 ff.

[104] Zu beachten sind Art. 23 ff. OR (Willensmangel im Sinne des Grundlagenirrtums, der absichtlichen Täuschung oder der Drohung), Art. 27 ZGB sowie Art. 160 ff. OR (Übermässigkeit der Bindung bzw. der Modalitäten und Höhe der Konventionalstrafe) und Art. 7 KG (Missbrauch einer marktbeherrschenden Stellung).

[105] Vgl. WILLI, Kommentar MSchG, Art. 59 N 33 sowie DAVID, SIWR I/3, 2, und PEDRAZZINI/HILTI, Patentrecht, N 18.97 ff.

[106] Dazu näher SCHLUEP, GRUR Int. 1985, 534 ff. (noch unter dem alten KG-Regime 1962 bzw. 1985).

VI. Vollstreckung und Rechtshilfe

69 Die **Zwangsvollstreckung** von Urteilen auf **Geldzahlung oder Sicherheitsleistung** ist dem Bund vorbehalten und **im SchKG** geregelt. Die Regelung und Durchführung der Zwangsvollstreckung von Urteilen, die auf **andere Leistungen** gerichtet sind, verbleibt – bis zum Erlass und Inkrafttreten der Schweizerischen ZPO – in der **Kompetenz der Kantone.** Im Vordergrund steht die Vollstreckung von Unterlassungs- und Beseitigungsverfügungen. Als Mittel der Vollstreckung kommen die Androhung einer Bestrafung bei Ungehorsam gegen amtliche Verfügungen gemäss Art. 292 StGB im Widerhandlungsfalle, direkter oder indirekter Zwang, namentlich durch Ordnungsbussen, Tagesgeldbussen[107], die Ersatzvornahme bzw. deren Androhung unter Fristansetzung, die richterliche Abgabe einer Willenserklärung sowie ggf. die Umwandlung in Schadenersatz (sog. Taxation) in Frage[108].

70 Im Rahmen der **Rechtshilfe** können gemäss **Art. 335 ZPO-CH** alle **rechtskräftigen Zivilurteile,** die in einem Kanton gefällt wurden, **in der ganzen Schweiz vollstreckt** werden. Dies gilt auch für die Vollstreckung von vorsorglichen Massnahmen. Einzelheiten regelt das Konkordat über die Vollstreckung von Zivilurteilen[109]. Zu Anerkennung und Vollstreckung sowie zur Rechtshilfe im internationalen Verhältnis siehe Einleitung N 143 ff.

VII. Ausblick: Verfahrensrecht bei UWG-Streitigkeiten und ZPO-CH

71 Die ZPO-CH hält sich soweit möglich und sinnvoll an die in den kantonalen Zivilprozessordnungen geläufigen Bestimmungen und Grundsätze. Sie lässt die **Gerichtsorganisation unangetastet** (Art. 122 Abs. 2 BV und Art. 3 ZPO-CH). Dasselbe gilt weitgehend für die sachliche und die funktionelle Zuständigkeit (Art. 4 ZPO-CH). In kontroversen Bereichen weist sie Kompromisscharakter auf.

72 Streitigkeiten aus unlauterem Wettbewerb sind (erst) ab einem Streitwert von CHF 30 000.– zwingend durch eine **einzige kantonale Instanz** zu beurteilen.– Art. 12 Abs. 2 wird ersatzlos gestrichen (Art. 5 Abs. 1 lit. d ZPO-CH; vgl. dazu

---

[107] Vgl. künftig Art. 343 ZPO-CH, dazu N 79. Vgl. aus heutiger Sicht bspw. die Tagesgeldbussen gemäss Art. 306 Abs. 2 ZPO ZH und Art. 294 Abs. 2 ZPO LU sowie die dem Gläubiger zufallende Ordnungsbusse (sog. «Astreinte») gemäss (u.a.) Art. 40 lit. d ZPO GE.

[108] Vgl. VOGEL/SPÜHLER, Zivilprozessrecht, 15 N 29 ff. sowie DAVID, SIWR I/2, 204 ff. (mit wertvollen Hinweisen zur Durchsetzung von Beseitigungs- und Unterlassungsverfügungen und zur Vollstreckung bei Dritten, insbesondere bei Medien). Zum Ganzen auch die Dissertationen von KÖLZ und von PEYER sowie instruktiv BGer 4A_31/2008, E. 3 (Patentrecht).

[109] SR 276. Dasselbe gilt für vorsorgliche Massnahmen, vgl. Art. 14 i.V.m. Art. 28e Abs. 1 ZGB und Art. 70 BGG (zuvor: Art. 83 Abs. 1 BZP).

näher Art. 12 N 37 m.w.H. und Art. 13 N 25). Die Einrichtung von **Handelsgerichten** ist weiterhin möglich und in Grundzügen geregelt, jedoch nicht vorgeschrieben (Art. 6 ZPO-CH).

Was die **Zuständigkeit** im Binnenverhältnis anbelangt, wurden die Zuständigkeitsvorschriften des GestG mit wenigen Änderungen (u.a. Einführung des Gerichtsstands des Erfüllungsorts gemäss Art. 31 ZPO-CH; «... Ort [...], an dem die charakteristische Leistung zu erbringen ist») in Art. 9 ff. ZPO-CH übernommen. Ebenso werden die im Wesentlichen unveränderten **Bestimmungen des SchKonk** Eingang in Art. 353 ff. ZPO-CH finden.

Neu wird zwingend die Beschreitung eines **Schlichtungsverfahrens** vorgesehen sein, was auch bei Streitigkeiten aus unlauterem Wettbewerb gilt (Art. 197 ff. ZPO-CH; Ausnahmen gemäss Art. 199 ZPO-CH, bspw. einvernehmlicher Verzicht bei Streitwert über CHF 100 000.–). Ein zivilgerichtliches Verfahren kann nur bei Vorliegen einer Klagebewilligung in die Wege geleitet werden (Art. 209 ZPO-CH). Bei einem Streitwert bis zu CHF 5000.– erfolgt ein schlichtungsbehördlicher Urteilsvorschlag, der innert 20 Tagen ab Mitteilung abgelehnt werden muss (Art. 210 f. ZPO-CH). Bei einem Streitwert bis CHF 2000.– kann auf Antrag des Klägers hin ein bindendes Urteil erfolgen (Art. 212 ZPO-CH). Eine **Mediation** ist gemäss Art. 213 ff. ZPO-CH anstelle eines Schlichtungsverfahrens gemäss Art. 197/202 ff. ZPO-CH möglich, jedoch nicht zwingend vorgeschrieben.

Bei **vorsorglichen Massnahmen** und **in klaren Fällen** (sofern der Sachverhalt unbestritten oder sofort beweisbar ist und eine klare Rechtslage vorliegt; Art. 257 ZPO-CH) kommt das **summarische Verfahren** gemäss Art. 248 ff. ZPO-CH zur Anwendung. Speziell geregelt wird das Institut der **Schutzschriften** und deren Behandlung (Art. 270 ZPO-CH).

Das **kantonale Rechtsmittelverfahren,** die verschiedenen Rechtsmittel und deren Wirkung sind in Art. 308 ff. ZPO-CH geregelt. Das Rechtsmittel der Berufung (Art. 308 ff. ZPO-CH) ist in vermögensrechtlichen Angelegenheiten dann zulässig, wenn der Streitwert der zuletzt aufrechterhaltenen Rechtsbegehren (nach dem Gravamen-System) mindestens CHF 10 000.– beträgt, ansonsten nur eine Beschwerde (Art. 319 ff. ZPO-CH[110]) möglich ist, wobei u.a. die Festlegung der Fristen den Kantonen zur Regelung überlassen wird.

Das **bundesgerichtliche Verfahren** bleibt – im Rahmen des Erlasses der ZPO-CH nur geringfügig verändert[111] – durch das BGG geregelt.

Was die **Verfahrensgrundsätze, Prozessvoraussetzungen,** das **Beweisrecht** und weitere Aspekte anbelangt, kommt es weitgehend zu einer Kodifikation der bisher

---

[110] Art. 320 ZPO-CH: Beschwerdegründe auf unrichtige Rechtsanwendung und offensichtlich unrichtige Feststellung des Sachverhalts beschränkt.

[111] Vgl. die wenigen Anpassungen des BGG in Art. 402 ZPO-CH bzw. in Anhang 1, Ziff. 2 (Referendumsvorlage ZPO-CH, abgedruckt in BBl 2009, 116 und 119 f.).

in den kantonalen Prozessordnungen vorgesehenen Bestimmungen und Grundsätze. Im Hinblick auf Streitigkeiten aus unlauterem Wettbewerb speziell zu erwähnen sind die folgenden Aspekte:

- Grundsätzlich sind die Verhandlungs- und die Dispositionsmaxime anwendbar (Art. 55 und 58 ZPO-CH). Auch im Bereich des Konsumentenschutzes und bei tiefen Streitwerten kommt die Untersuchungsmaxime nicht zur Anwendung[112]. In den Grenzen von Art. 56 ZPO-CH besteht jedoch eine gerichtliche Fragepflicht;
- Geltung einer moderaten Eventualmaxime und eines moderaten Novenrechts; gemäss Art. 229 ZPO-CH können neue Tatsachen und Beweismittel nur berücksichtigt werden, wenn sie ohne Verzug vorgebracht werden und sie entweder als echte Noven (Art. 229 Abs. 1 lit. a ZPO-CH) oder als unechte Noven zu qualifizieren sind. Im letzteren Fall muss ein früheres Vorbringen «trotz zumutbarer Sorgfalt» nicht möglich gewesen sein (Art. 229 Abs. 1 lit. b ZPO-CH) – davon ausgenommen sind Fälle, in denen kein zweiter Schriftenwechsel angeordnet wurde oder in denen eine Instruktionsverhandlung unterblieb (Art. 229 Abs. 2 ZPO-CH); eine Klageänderung ist nur zulässig, wenn – bei Beurteilung in der gleichen Verfahrensart – der geänderte oder neue Anspruch mit dem bisherigen Anspruch in einem sachlichen Zusammenhang steht oder bei Zustimmung der Gegenpartei (Art. 227 und 230 ZPO-CH);
- Grundsatz des schriftlichen Verfahrens mit Möglichkeit eines zweiten Schriftenwechsels (Art. 220 ff. ZPO-CH);
- Möglichkeit von unbezifferten Forderungsklagen unter den Voraussetzungen von Art. 85 ZPO-CH[113];
- Bestimmungen zum Streitwert in Art. 91 ff. ZPO-CH;
- Regelung der Prozesskosten und der unentgeltlichen Rechtspflege in Art. 95 ff. ZPO-CH; in den Fällen von Art. 107 Abs. 1 ZPO-CH ist eine Abweichung von den Kostengrundsätzen nach Ermessen gestattet u.a. bei Abhängigkeit der Forderungshöhe vom richterlichen Ermessen oder bei schwieriger Bezifferung der Forderungshöhe, bei Veranlassung zur Prozessführung in guten Treuen oder bei anderen besonderen Umständen (Art. 107 ZPO-CH); die Ausgestaltung der Parteientschädigung (Tarif) und der Gerichtsgebühren (unter dem Oberbegriff der «Prozesskosten») sieht die ZPO-CH hingegen nicht vor und überlässt diese den Kantonen (Art. 96 ZPO-CH) – allerdings ist in Schlichtungsverfahren gemäss Art. 197 ff. ZPO-CH eine Parteientschädigung von Bundesrechts wegen ausgeschlossen (Art. 113 Abs. 1 ZPO-CH). Die Kantone können weitere Prozesskostenbefreiungen gemäss Art. 116 ZPO-CH gewähren;

---

[112] In gewissen Kantonen bedeutet dies eine Schlechterstellung (z.B. BL, dazu Fn. 23).
[113] Durch diese Bestimmung sollte für die Zukunft schweizweit einheitlich klargestellt sein, dass die Einreichung einer Stufenklage mit zunächst unbezifferter Forderungsklage möglich ist, vgl. dazu Botschaft ZPO, 7287 (es ist keine Einschränkung bzw. kein Vorbehalt der Anwendbarkeit ersichtlich), zum Ganzen näher Art. 9 N 238 ff.

- Bestimmungen zur unentgeltlichen Rechtspflege in Art. 117 ff. ZPO-CH;
- Bestimmungen zur Prozessleitung, zu den Formen prozessualen Handelns und zu Fristen, Säumnis und Wiederherstellung in Art. 124 ff. ZPO-CH, wobei für Rechtsmittelfristen für kantonale Rechtsmittel gemäss Art. 308 ff. ZPO-CH keine Vorgaben gemacht werden;
- Wahrung schutzwürdiger Interessen (u.a. Geheimhaltungsschutz) gemäss Art. 156 ZPO-CH;
- Grundsatz der freien Beweiswürdigung (Art. 157 ZPO-CH);
- Organpersonen einer juristischen Person werden im Beweisverfahren wie eine Partei und nicht als Zeugen behandelt (Art. 159 ZPO-CH);
- Mitwirkungspflichten und -verweigerungsrechte gemäss Art. 160 ff. ZPO-CH; ein Verweigerungsrecht der Partei in Fällen, in denen eine strafrechtliche Selbstbelastung (bzw. «Strafverfolgung») droht, ist nicht vorgesehen (Art. 166 Abs. 1 lit. a ZPO-CH sieht dies im Unterschied zu Art. 155 lit. a E-ZPO CH nur bei Gefahr der Drittbelastung vor[114]); unberechtigte Mitwirkungsverweigerung der Partei kann zulasten dieser Partei berücksichtigt werden (Art. 162 und 164 ZPO-CH);
- Beweismittel wie bisher aus der kantonalen Praxis bekannt (Zeugnis, Urkunden, Augenschein, Gutachten), zudem Möglichkeit der schriftlichen Auskunft (Art. 190 ZPO-CH) und der Parteiaussage als Beweis unter Straffolge des Art. 306 StGB (Art. 192 ZPO-CH), die bisher nur in wenigen Kantonen möglich war. Bei mutwilliger Leugnung bzw. Verletzung der Wahrheitspflicht ist zudem gemäss Art. 191 Abs. 2 ZPO-CH eine Bestrafung mit Ordnungsbusse bis CHF 2000.– möglich.

Im Bereich der **Vollstreckung** sind Art. 335 ff. ZPO-CH zu erwähnen. Während die **direkte Vollstreckung** durch das SchKG bei Geldleistungen bzw. durch Art. 337 ff. ZPO-CH geregelt ist, ist die **Verpflichtung zu** einem **Tun, Unterlassen oder Dulden** in Art. 343 ZPO-CH erfasst. Das Vollstreckungsgericht kann diesfalls eine Strafdrohung nach Art. 292 StGB, eine Ordnungsbusse von bis zu CHF 1000.– für jeden Tag der Nichterfüllung («Tagesgeldbusse») oder eine Zwangsmassnahme wie die Wegnahme einer beweglichen Sache oder eine Ersatzvornahme anordnen. Eine der Klagepartei zufallende Privatstrafe ist in der ZPO-CH nicht vorgesehen[115]. Die **Verpflichtung zur Abgabe einer Willenserklärung** sieht Art. 344 ZPO-CH vor. Ebenso sieht Art. 345 ZPO-CH eine sog. **Taxation** (Umwandlung der geschuldeten Leistung in Geld) oder Schadenersatz vor, wenn eine Verpflichtung zu einem Tun, Unterlassen oder Dulden nicht erfüllt wird oder eine andere geschuldete Leistung nicht erbracht wird.

---

[114] Dazu MEIER, VE ZPO, 45 f.
[115] Die sog. «Astreinte» gemäss dem Zivilprozessrecht in GE wurde nicht in die ZPO-CH übernommen, vgl. Botschaft ZPO, 7385.

80 Die **Rechtshilfe zwischen schweizerischen Gerichten** wird in Art. 194 ff. ZPO-CH geregelt. So sind direkte Prozesshandlungen (Abhaltung von Sitzungen oder Beweiserhebungen) auch ausserhalb des Kantons des erkennenden Gerichts möglich (Art. 195 ZPO-CH).

81 Das **Inkrafttreten** der ZPO-CH wurde auf den **1. Januar 2011** festgelegt.

Art. 12

Sachzusammenhang

[1] ...

[2] Steht ein zivilrechtlicher Anspruch wegen unlauteren Wettbewerbs im Zusammenhang mit einer zivilrechtlichen Streitigkeit, für die das entsprechende Bundesgesetz eine einzige kantonale Instanz oder andere Gerichtsstände vorsieht, so kann die Klage wegen unlauteren Wettbewerbs auch an diese angehoben werden. Ist eine einzige kantonale Instanz vorgesehen, so ist die Berufung an das Bundesgericht ohne Rücksicht auf den Streitwert zulässig.

Connexité

[1] ...

[2] S'il y a une connexité avec un litige de droit civil découlant d'une loi fédérale qui prévoit une seule instance cantonale ou d'autres fors, l'action en matière de concurrence déloyale peut également être intentée devant cette juridiction ou à ces fors. Lorsqu'une seule instance cantonale est prévue, le recours devant le Tribunal fédéral est recevable indépendamment de la valeur litigieuse.

Connessione

[1] ...

[2] Se è connessa con una controversia civile fondata su una legge federale che prevede un'istanza cantonale unica o altri fori, l'azione civile per concorrenza sleale può anche essere proposta in questa istanza o a questi fori. Se è prevista un'istanza cantonale unica, il ricorso per riforma al Tribunale federale è ammesso senza riguardo al valore litigioso.

Subject Matter Link

[1] ...

[2] Where linked with a civil law dispute under a Federal law stipulating a single Cantonal instance or other court, civil unfair competition actions may also be brought before such instance or court. Where a single Cantonal instance is provided, appeal to the Federal Court shall be admissible irrespective of the value in dispute.

Inhaltsübersicht

		Note	Seite
I.	Normzweck	1	847
II.	Entstehungsgeschichte	2	847
III.	Systematik und Verhältnis zu anderen Vorschriften	5	848
	1. Systematik	5	848
	2. Verhältnis zu anderen Vorschriften	7	848
IV.	Sachliche Zuständigkeit	8	849
V.	Örtliche Zuständigkeit: Gerichtsstand	15	851
VI.	Wahlrecht der Klagpartei	25	855
VII.	Konnexität	26	855
VIII.	Anwendungsbereich	32	858

	Note	Seite
IX. Rechtsmittel an das Bundesgericht	35	859
X. Ausblick: Art. 12 Abs. 2 und ZPO-CH	37	860

Literatur

C. BAUDENBACHER, Lauterkeitsrecht – Kommentar zum Gesetz gegen den unlauteren Wettbewerb (UWG), Basel 2001, Kommentierung zu Art. 12; F. BLUMER, Der Patentverletzungsprozess, in: C. Bertschinger/P. Münch/T. Geiser (Hrsg.), Handbücher für die Anwaltspraxis, Band VI, Schweizerisches und europäisches Patentrecht, Basel 2002; J. BORER, Zivil- und strafrechtliches Vorgehen, in: T. Geiser/P. Krauskopf/P. Münch (Hrsg.), Handbücher für die Anwaltspraxis, Band IX, Schweizerisches und europäisches Wettbewerbsrecht, Basel 2005; B. VON BÜREN, Kommentar zum Bundesgesetz über den unlautern Wettbewerb vom 30. Sept. 1943 unter Einschluss der Ausverkaufsverordnung vom 16. April 1947, Zürich 1957, Art. 5 aUWG N 8 ff.; R. VON BÜREN/E. MARBACH/P. DUCREY, Immaterialgüter- und Wettbewerbsrecht, 3. Aufl., Bern 2008, N 905 ff.; L. DAVID, in: R. von Büren/L. David (Hrsg.), SIWR I/2, Der Rechtsschutz im Immaterialgüterrecht, 2. Aufl., Basel/Frankfurt a.M. 1998, 18 ff.; DERS., Reformauswirkungen des neuen UWG aus der Sicht der Praxis, in: C. Baudenbacher (Hrsg.), Das UWG auf neuer Grundlage, Bern 1989, 99 ff.; L. DAVID/R. JACOBS, Schweizerisches Wettbewerbsrecht, 4. Aufl., Bern 2005, N 736 ff.; M. DIETRICH, in: Homburger-Kommentar zum Schweizerischen Kartellgesetz, Zürich 1997; T. GEISER/P. MÜNCH (Hrsg.), Prozessieren vor Bundesgericht, 2. Aufl., Basel 1998; M. GULDENER, Schweizerisches Zivilprozessrecht, 3. Aufl., Zürich 1979; R. HAUSER/E. SCHWERI, Kommentar zum zürcherischen Gerichtsverfassungsgesetz vom 13. Juni 1976 mit den seitherigen Änderungen, Zürich 2002; C. VON HOLZEN, Die Streitgenossenschaft im schweizerischen Zivilprozess, Basel 2006; H. HONSELL/ N.P. VOGT/A. K. SCHNYDER/S. BERTI (Hrsg.), Basler Kommentar zum schweizerischen Privatrecht, internationales Privatrecht (IPRG), 2. Aufl., Basel 2007; K. M. HOTZ, Zur Bedeutung des Bundesgesetzes gegen den unlauteren Wettbewerb (UWG) für die Massenmedien, SJZ 1990, 26 ff.; F. KELLERHALS/N. VON WERDT/A. GÜNGERICH (Hrsg.), Gerichtsstandsgesetz, Kommentar zum Bundesgesetz über den Gerichtsstand in Zivilsachen, Bern 2005; F. LOCHER, Zum Zivilprozess im Immaterialgüterrecht in der Schweiz: Zuständigkeit, Forum Running, Schiedsfähigkeit – zugleich zur geplanten Revision von Art. 109 IPRG, sic! 2006, 242 ff.; I. MEIER, Zuständigkeit im Immaterialgüter- und Wettbewerbsrecht nach Gerichtsstandsgesetz, in: sic! 2001, 377 ff.; M. A. NIGGLI/P. ÜBERSAX/H. WIPRÄCHTIGER, (Hrsg.), Bundesgerichtsgesetz, Basler Kommentar, Basel 2008; M. M. PEDRAZZINI/F. A. PEDRAZZINI, Unlauterer Wettbewerb, UWG, 2. Aufl., Bern 2002, § 18.05 ff.; G. RAUBER, Klageberechtigung und prozessuale Bestimmungen (Art. 9–15 UWG), in: R. von Büren/L. David (Hrsg.), SIWR V/1, Lauterkeitsrecht, 2. Aufl., Basel 1998, 245; F. ROMERIO, in: M. Wirth/T. Müller (Hrsg.), Kommentar zum Bundesgesetz über den Gerichtsstand in Zivilsachen, Zürich 2001; R. SCHLOSSER, Les Conditions d'octroi des Mesures provisionnelles en matière de propriété intellectuelle et de concurrence déloyale, sic! 2005, 339 ff.; I. SCHWANDER, Das UWG im grenzüberschreitenden Verkehr, in: C. Baudenbacher (Hrsg.), Das UWG auf neuer Grundlage, Bern 1989, 161 ff.; K. SPÜHLER/L. TENCHIO/D. INFANGER (Hrsg.), Kommentar zum Bundesgesetz über den Gerichtsstand in Zivilsachen, Basel/Genf/München 2001; A. STAEHELIN/D. STAEHELIN/ P. GROLIMUND, Zivilprozessrecht, Zürich 2008; A. STAEHELIN/T. SUTTER, Zivilprozessrecht, Zürich 1992; T. SUTTER-SOMM, Der Vorentwurf zur Schweizerischen Zivilprozessordnung im Überblick. Neuerungen und Altbewährtes, BJM 2003, 185 ff.; K. TROLLER, Grundzüge des schweizerischen Immaterialgüterrechts, 2. Aufl., Basel 2005, §§ 68 und 69; O. VOGEL/

K. SPÜHLER, Grundriss des Zivilprozessrechts und des internationalen Zivilprozessrechts der Schweiz, 8. Aufl., Bern 2006; R. WALTER, in: Homburger-Kommentar zum Schweizerischen Kartellgesetz, Zürich 1997; M. WIRTH, in: M. Wirth/T. Müller (Hrsg.), Kommentar zum Bundesgesetz über den Gerichtsstand in Zivilsachen, Zürich 2001.

I. Normzweck

Art. 12 Abs. 2 sieht eine Sonderregelung vor für Klagen aus unlauterem Wettbewerb, die im Zusammenhang mit zivilrechtlichen Streitigkeiten aus Bundesgesetzen, die – **sachlich** – eine einzige kantonale Instanz **oder** – **örtlich** – andere Gerichtsstände vorsehen, geltend gemacht werden. Bezweckt wird damit, für die besonders häufige Konnexität von Klagen aus unlauterem Wettbewerb und «spezialrechtlichen Klagen aus gewerblichem Eigentum durch **Kompetenzattraktion** einen einheitlichen Instanzenzug» zu schaffen[1]. Eine Verfahrenszersplitterung soll vermieden werden.

II. Entstehungsgeschichte

Die in Art. 12 Abs. 2 vorgesehene Kompetenzattraktion fand sich schon in Art. 5 Abs. 2 aUWG. Dabei wurden diejenigen Klagen aufgezählt, für die eine einzige kantonale Instanz vorgesehen ist. Heute übernimmt Art. 12 Abs. 2 den Grundgedanken der alten Regelung und vereinfacht und präzisiert ihn, indem er sich der Verweisungstechnik bedient[2].

Ursprünglich regelte Art. 12 Abs. 1 dieser Bestimmung, der bis Ende 2000 in Kraft stand, den **Gerichtsstand** für Klagen aus unlauterem Wettbewerb: zuständig waren die Gerichte am Wohnsitz bzw. Sitz der beklagten Partei, wie dies schon die Vorgängernorm in Art. 5 Abs. 1 aUWG vorsah[3]. Mit dem Erlass des GestG ist die entsprechende Bestimmung in jenes Regelwerk übertragen worden. Mit der Aufhebung von Abs. 1 ist auch die Marginalie «Gerichtsstand» abgeändert worden[4], weil im UWG keine (direkten) Regeln zum Gerichtsstand mehr enthalten sind.

Art. 12 regelt nunmehr nur noch die Frage nach der sachlichen und örtlichen **Zuständigkeit** für zivilrechtliche Ansprüche gestützt auf unlauteren Wettbewerb für den Fall, dass diese **im Zusammenhang mit anderen zivilrechtlichen Streitigkeiten** erhoben werden, für die das entsprechende Bundesgesetz eine einzige kantonale Instanz oder eine andere Zuständigkeit vorsieht. Vor diesem Hintergrund ist die Marginalie neu als «Sachzusammenhang» formuliert worden. Die Zuständigkeit für

---

[1] Botschaft UWG, 1080, und BGE 125 III 95, 97 («Lego/Kiddy Fun»).
[2] Vgl. Botschaft UWG, 1080.
[3] Wobei diese noch eine subsidiäre Zuständigkeit am Erfolgsort für den Fall vorsah, dass sich der Beklagtenwohnsitz ausserhalb der Schweiz befand.
[4] Aufgehoben durch Anhang Ziff. 14 GestG.

die Beurteilung von Ansprüchen aus unlauterem Wettbewerb kann deshalb sachlich und/oder örtlich von der allgemeinen, nunmehr im GestG formulierten Regel abweichen, wenn solche Ansprüche mit anderen zivilrechtlichen Ansprüchen zusammen geltend gemacht werden, für die ein Bundesgesetz andere zuständigkeitsrechtliche Bestimmungen aufstellt[5].

III. Systematik und Verhältnis zu anderen Vorschriften

1. Systematik

5   Art. 12 Abs. 2 kennt keine Pendants und schreibt als singuläre Vorschrift des schweizerischen Privatrechts mit der Möglichkeit der Kompetenzattraktion einen Mittelweg zwischen einem Eingriff in die Organisations- und Verfahrenshoheit der Kantone (Anordnung einer einzigen kantonalen Instanz) und einer Zersplitterung der Verfahren vor. Teilweise wird die Kompetenzattraktion als verallgemeinerungsfähiges Institut propagiert, dem auch über Art. 12 Abs. 2 hinaus (z.B. innerkantonal oder im internationalen Verhältnis) und ggf. auch in anderen Bereichen als dem UWG (bspw. Persönlichkeits-, Namens- und Firmenrecht) eine übergeordnete Bedeutung zukommt[6]. Dafür spricht vieles, die Thematik wird allerdings – mindestens im Binnenverhältnis – durch Art. 7 Abs. 2 GestG (objektive Klagenhäufung) entschärft (für die Regelung unter der neuen Schweizerischen ZPO-CH vgl. Vor Art. 12–15 N 8).

6   Die Kompetenzattraktion gemäss Art. 12 Abs. 2 umfasst sowohl die **sachliche wie auch die örtliche Zuständigkeit**. Dies ergibt sich durch die Formulierung, wonach «die Klage wegen unlauteren Wettbewerbs auch an diese angehoben werden»[7] kann, wenn das entsprechende Bundesgesetz für den anderen zivilrechtlichen Anspruch «andere Gerichtsstände» vorsieht[8].

2. Verhältnis zu anderen Vorschriften

7   Zu erwähnen ist **Art. 7 Abs. 2 GestG** (zukünftig Art. 15 Abs. 2 ZPO-CH), der im Binnenverhältnis bei objektiver Klagenhäufung (mehrere Ansprüche gegen dieselbe Person) eine Konzentrationsmöglichkeit an einem der verschiedenen möglichen Gerichtsstände vorsieht. Der – von Art. 12 Abs. 2 anvisierte – Fall der Anspruchsgrundlagenkonkurrenz ist ein (spezieller Unter-)Fall der **objektiven Klagenhäufung** (s. auch N 16).

---

[5]   Diese andern Bestimmungen stammen vorab aus dem Gebiet des geistigen Eigentums.
[6]   DAVID, SIWR I/2, 18 ff.
[7]   Vgl. Botschaft UWG, 1080.
[8]   Vgl. Botschaft UWG, 1080.

IV. Sachliche Zuständigkeit

Für Klagen, die sich ausschliesslich auf unlauteren Wettbewerb stützen, gelten die allgemeinen Regeln für die **sachliche Zuständigkeit**. Eine einzige kantonale Instanz ist im Bereich des unlauteren Wettbewerbs nicht schon von Bundesrechts wegen vorgesehen. Die sachliche Zuständigkeit richtet sich somit nach den anwendbaren kantonalen Bestimmungen des Gerichtsorganisations- bzw. Zivilprozessrechts. Dies gilt auch in denjenigen Fällen, in denen der Kläger Ansprüche aus einem Rechtsgrund erhebt, für den – von Bundesrechts wegen – keine einzige kantonale Instanz vorgesehen ist (z.b. Persönlichkeits-, Namens- oder Firmenrecht) und in denen die Gegenseite **einredeweise** (z.b. Verrechnung) **oder mittels einer Widerklage** den Anspruch mit einem Rechtsgrund bestreitet, für den kraft Bundesrecht eine einzige kantonale Instanz vorgesehen ist (z.B. Markenrecht). Auch dann ist es Sache der Kantone zu bestimmen, wie dieses Zusammentreffen gelöst wird; es besteht dafür keine bundesrechtliche Vorgabe[9].

8

Die in Art. 12 Abs. 2 vorgesehene Kompetenzattraktion kommt dann in Frage, wenn ein Bundesgesetz den Kantonen sachlich die Behandlung (nur) durch eine einzige kantonale Instanz vorschreibt und damit in die Verfahrens- und Organisationshoheit der Kantone eingreift. Folgende im vorliegenden Zusammenhang in praxi wesentliche **Bundesgesetze sehen derzeit eine einzige kantonale Instanz vor**[10]:

9

Art. 64 URG[11];
Art. 10 ToG (Verweis auf die Bestimmungen des URG)[12];
Art. 58 MSchG[13];
Art. 37 DesG[14];
Art. 76 PatG[15];
Art. 42 SoSchG[16];
Art. 14 KG[17].

Keine einzige Instanz, obschon dies von der Sache her sinnvoll wäre, sieht das Bundesrecht de lege lata insbesondere für Ansprüche aus Verletzungen von Firmenrecht oder für Vertragsklagen im Zusammenhang mit geistigem Eigentum

10

---

[9] WIRTH, ZH-Kommentar GestG, Art. 6 N 14; GULDENER, Zivilprozessrecht, 107; ZR 1983, Nr. 52.
[10] Daneben enthält Art. 23 KHG eine gleiche Bestimmung.
[11] SR 231.1.
[12] SR 231.2; durch ausdrücklichen Bezug auf die Art. 61 bis 66 URG in Art. 10 ToG ist auch Art. 64 URG durch diesen Verweis erfasst.
[13] SR 232.11.
[14] SR 232.12.
[15] SR 232.14.
[16] SR 232.16.
[17] SR 251.

(Lizenzverträge, Übertragung etc.) vor, ebenso wenig für persönlichkeitsrechtliche (und damit auch namensrechtliche)[18] Streitigkeiten. Soweit das kantonale Recht für firmenrechtliche Streitigkeiten eine einzige Instanz vorsieht[19], läge eine auf eine Analoganwendung von Art. 12 Abs. 2 abgestützte Kompetenzattraktion nahe[20].

11 Soweit (nur) ein **kantonales Gesetz** vorsieht, dass ein bestimmtes Gericht als **einzige kantonale Instanz** handelt, sind die Voraussetzungen von Art. 12 Abs. 2 zumindest von Bundesrechts wegen nicht gegeben und es besteht keine Möglichkeit der Kompetenzattraktion[21].

12 In gewissen Kantonen ist auch für **Ansprüche aus unlauterem Wettbewerb** eine **einzige Instanz** vorgesehen[22]. In solchen Fällen ist die Beschwerde in Zivilsachen an das Bundesgericht unabhängig vom Streitwert zulässig (Art. 12 Abs. 2 letzter Satz)[23]. Erschwert wird die Kompetenzattraktion auch dadurch, dass diverse Kantone **verschiedene Gerichte als einzige Instanz** einsetzen[24]. Inwieweit die (allfällig eingerichteten) **kantonalen Handelsgerichte**[25] für Verfahren aus unlauterem Wettbewerb, in denen Ansprüche einzig auf das UWG gestützt werden, anstelle der ordentlichen Gerichte zuständig sind, bestimmt das jeweilige kantonale Gesetz[26].

13 Ob Art. 12 Abs. 2 auch in **internationalen Verhältnissen** die sachliche Zuständigkeit mittels Kompetenzattraktion ergänzt, ist fraglich, wohl aber zu bejahen[27]. Im Anwendungsbereich des IPRG kann Art. 12 Abs. 2 als innerstaatliches Recht gleicher Stufe (Bundesgesetz) ohne Weiteres anwendbar sein. Dasselbe muss auch im Anwendungsbereich des LugÜ gelten, da dieses nicht die Regelung der sachlichen Zuständigkeit zum Zweck hat. Demnach bestimmt die lex fori die sachliche Zu-

---

[18] Für eine Kompetenzattraktion im Falle des Namensrechts vgl. Kantonsgericht GR vom 4.5.2009, E. II, 1b.

[19] Eine einzige Instanz in firmenrechtlichen Streitigkeiten sehen etwa AG, BE, FR, GE, JU, NE, SG, TG und ZH vor.

[20] Vgl. OGer TG RBOG 2003, Nr. 27, 158, E. 2, und HGer ZH ZR 2004, Nr. 44, E. III.2, worin ein generelles Prinzip der Kompetenzattraktion postuliert wird, wie dies etwa auch DAVID, SIWR I/2, 18 ff., vorschwebt. Vgl. auch OGer BL sic! 1997, 167, E. 1.1 («Wella/Wela»).

[21] Anders OGer TG RBOG 2003, Nr. 27, 158, E. 2, wonach sich die einheitliche Zuständigkeit aus einer (wohl kantonalrechtlichen) Analoganwendung von Art. 12 Abs. 2 ergeben soll. A. M. HAUSER/SCHWERI, Kommentar GVG ZH, § 61 N 38, wonach Art. 12 Abs. 2 nicht zur Anwendung komme, wenn es sich um eine bloss kantonalrechtliche Zuständigkeitsvorschrift handelt. Anders ist dies zu beurteilen, wenn die beklagte Partei sich auf die kantonalrechtliche einzige kantonale Instanz einlässt bzw. dieser Zuständigkeit vorweg zugestimmt hat; vgl. Art. 9 und 10 GestG.

[22] So z.B. in BE, AG, GE, vgl. dazu BAUDENBACHER/GLÖCKNER, Kommentar UWG, Art. 12 N 52.

[23] Dies ergibt sich daraus, dass Sinn und Zweck von Art. 12 Abs. 2 ist, mindestens eine zweistufige Gerichtsbeurteilung vorzusehen, auch wenn nach dem Wortlaut unklar ist, ob die Bestimmung auch für solche Fälle vorgesehen ist.

[24] So z.B. BS: ZivGer (bei KG-Streitigkeiten: AppGer) und ZH: HGer (bei URG-Streitigkeiten: OGer).

[25] Derzeit in den Kantonen AG, BE, SG und ZH.

[26] HAUSER/SCHWERI, Kommentar GVG ZH, § 61 N 76; SG (allgemeine Zuständigkeit bei Streitwert über CHF 30 000.–; Art. 14 und 15 Abs. 1 lit. d ZPG SG).

[27] Vgl. auch SCHWANDER, UWG im grenzüberschreitenden Verkehr, 169, BORER, Zivil- und strafrechtliches Vorgehen, N 13.98, und LOCHER, sic! 2006, 253.

ständigkeit, weshalb Art. 12 Abs. 2 auch hier zur Anwendung kommen kann. Es spricht nichts dagegen, davon auszugehen, dass Art. 12 Abs. 2 auch bei internationalen Verhältnissen eine Kompetenzattraktion ermöglichen will, und zwar unabhängig davon, ob schweizerisches oder ausländisches Recht zur Anwendung kommt.

Für Streitigkeiten bis zu einem Streitwert von CHF 20 000.– und für Streitigkeiten aus unlauterem Wettbewerb ohne Streitwert haben die Kantone gemäss Art. 13 ein **Schlichtungsverfahren** oder ein **einfaches und rasches Prozessverfahren** vorzusehen. Die Klagpartei hat es in der Hand, dieses zu beschreiten, wobei dies allenfalls zu einer anderen sachlichen (bzw. funktionalen) Zuständigkeit führen kann. Für Einzelheiten sei auf die Kommentierung in Art. 13 N 14 und N 22 verwiesen. Ob dann im Rahmen dieser Zuständigkeit bzw. im betreffenden Verfahren auch Ansprüche ausserhalb unlauteren Wettbewerbs (bspw. Immaterialgüterrecht) geprüft werden können, bestimmt sich nach dem entsprechend anwendbaren kantonalen Verfahrensrecht. 14

V. Örtliche Zuständigkeit: Gerichtsstand

Der **Gerichtsstand für Klagen aus unlauterem Wettbewerb** ist – als Fall einer Klage aus unerlaubter Handlung – von Art. 25 GestG erfasst[28]. Während das UWG bis zum Inkrafttreten des GestG im aufgehobenen Absatz 1 von Art. 12 als Gerichtsstand nur den Wohnsitz oder den Sitz der beklagten Partei vorsah, sind solche Klagen jetzt an einer Vielzahl von Gerichtsständen möglich, vgl. dazu die Kommentierung in Vor Art. 12–15 N 8 ff. (Binnenverhältnis) und Einleitung N 125 ff. (internationale Verhältnisse)[29]. 15

Die **örtliche Zuständigkeit** für Klagen wegen unlauteren Wettbewerbs ist nach nicht unumstrittener Ansicht[30] dann eine andere, wenn Ansprüche aus unlauterem Wettbewerb gleichzeitig auch **noch auf andere Rechtsgrundlagen** abgestützt werden (sog. Anspruchsgrundlagenkonkurrenz), für die das diese gewährende Bundesgesetz (derzeit insbesondere das GestG) einen anderen Gerichtsstand vorsieht[31] – unabhängig davon, ob gleichzeitig eine einzige kantonale Instanz zuständig ist (was bspw. bei Klagen aus Persönlichkeitsrecht nicht der Fall ist). Es wird damit eine 16

---

[28] Botschaft GestG, 2864; vgl. dazu MEIER, sic! 2001, 377 ff., sowie die Parallelnorm für internationale Verhältnisse in Art. 129 Abs. 2 IPRG.

[29] Vgl. auch BAUDENBACHER/GLÖCKNER, Kommentar UWG, Art. 12 N 41 ff., zu den altrechtlichen Gerichtsstandsbestimmungen im UWG sowie MEIER, sic! 2001, 377 ff.

[30] BAUDENBACHER/GLÖCKNER, Kommentar UWG, Art. 12 N 49, BORER, Zivil- und strafrechtliches Vorgehen, N 13.97; ablehnend MÜLLER, ZH-Kommentar GestG, Art. 7 N 40. Tatsache ist immerhin, dass im Zuge des Erlasses des GestG nur Abs. 1 und nicht auch der Passus («oder andere Gerichtsstände») in Abs. 2 gestrichen wurde. Der Wortlaut in Art. 12 Abs. 2 bezieht damit weiterhin klarerweise auch die örtliche Zuständigkeit mit ein.

[31] BGE 89 II 422, 426 f.

einheitliche Beurteilung des Sachverhaltes aufgrund aller Rechtsgrundlagen durch das gleiche Gericht angestrebt. Im Falle einer solchen **Konnexität** richtet sich die örtliche Zuständigkeit auch für die Ansprüche aus unlauterem Wettbewerb nach derjenigen des andern Bundesgesetzes, insbesondere des GestG (vgl. dazu Art. 12 Abs. 2); die Ansprüche nach UWG werden in diesem Fall von demjenigen Gericht beurteilt, das die Ansprüche aus dem andern Bundesgesetz beurteilt, was bei Binnensachverhalten schon aufgrund von Art. 7 Abs. 2 GestG (sog. objektive Klagenhäufung) möglich ist, da die Anspruchsgrundlagenkonkurrenz ein Unterfall der objektiven Klagenhäufung darstellt[32].

17 Der **andere Gerichtsstand**, der zu einem Alternativgerichtsstand zum UWG-Gerichtsstand (Art. 25 GestG) führt, muss sich **aus einem Bundesgesetz** ergeben. Im Vordergrund steht dabei heute das seit 2001 in Kraft stehende GestG[33]; im Unterschied zur Rechtslage vor Erlass des GestG existieren daneben derzeit keine weiteren, in anderen Bundesgesetzen vorgesehenen Gerichtsstände mehr[34].

18 Da das GestG für Ansprüche aus Verletzung geistigen Eigentums, des Firmen- und des Namensrechts verglichen mit den Zuständigkeiten bei unerlaubten Handlungen gemäss Art. 25 GestG alternativ am Kläger- oder Beklagtenwohnsitz bzw. am Handlungs- oder Erfolgsort die Zuständigkeiten nicht erweitert, sondern teilweise gar einschränkt (so z.B. im Persönlichkeitsrecht, vgl. Art. 12 GestG), ist die **Bedeutung von Art. 12 Abs. 2 für** die **Bestimmung** der **örtlichen (Annex-)Zuständigkeit** in praxi **gering**[35].

19 Dasselbe gilt bei Vertragsklagen. So sind **Klagen aus besonderen Verträgen** – unter Vorbehalt einer Gerichtsstandsvereinbarung nach Entstehen einer Streitigkeit[36] – an den dafür vorgesehenen Gerichtsständen vorzubringen[37]. Ansprüche aus unlauterem Wettbewerb, die zusammen mit solchen Klagen vorgebracht werden, müssen deshalb zwingend an diesen speziellen Gerichtsständen angebracht werden[38]. Bei Verträgen mit **Konsumenten** stehen nur Gerichtsstände am Wohnsitz oder Sitz einer der Parteien (je nach Klagekonstellation) zur Verfügung, nicht aber der (deliktsrechtliche) Handlungs- oder der Erfolgsort der UWG-rechtlichen Aspek-

---

[32] Vgl. zur Lösung über Art. 7 Abs. 2 GestG näher MÜLLER, ZH-Kommentar GestG, Art. 7 N 23 ff., sowie BSK-MÜLLER, Art. 7 GestG N 30 ff., der aber Art. 12 Abs. 2 jede Bedeutung im Rahmen der örtlichen Zuständigkeit abspricht (N 40).

[33] Vgl. dazu nachstehend N 19 betr. besondere Verträge; aber auch Art. 27 GestG enthält für Massenschäden einen speziellen, von der Grundregel abweichenden Gerichtsstand. Die Bestimmungen des Gerichtsstandsgesetzes werden in die Schweizerische Zivilprozessordnung integriert, ohne dass eine inhaltliche Änderung einträte; vgl. dazu Botschaft ZPO, 7262 ff. (Ziff. 5.2.2).

[34] Vgl. zur früheren Rechtslage z.B. die Übersicht bei STAEHELIN/SUTTER, Zivilprozessrecht, § 8 N 17 ff. Für die Adhäsionsklage nach Inkrafttreten der StPO 2007 vgl. nachstehende N 21.

[35] Im VE GestG waren noch drei Bestimmungen für Klagen aus Immaterialgüter- und Wettbewerbsrecht vorgesehen, dazu ROMERIO, ZH-Kommentar GestG, Art. 25 N 40.

[36] Art. 21 Abs. 2 GestG; Art. 35 Abs. 2 ZPO-CH.

[37] Vgl. dazu Art. 21 ff. GestG.

[38] Es sei denn, nach Entstehen der Streitigkeit werde eine Gerichtsstandsvereinbarung abgeschlossen; vgl. dazu Vor Art. 12–15 N 8.

te[39]. Werden Ansprüche aus **Miete oder Pacht** unbeweglicher Sachen[40] zusammen mit UWG-Ansprüchen geltend gemacht, so sind alle diese Ansprüche am Ort der gelegenen Sache anzubringen[41]. Für **arbeitsrechtliche Klagen** stehen nur die Gerichtsstände am Sitz oder Wohnsitz der beklagten Partei oder am Ort, an dem die Arbeit gewöhnlich verrichtet worden ist, zur Verfügung.

Eine Erweiterung kann bei Vertragsklagen aber insofern stattfinden, als an einem allfällig **vereinbarten**[42] **Gerichtsstand** (Art. 9 GestG) geklagt werden oder die Zuständigkeit aufgrund einer **Einlassung** der beklagten Partei (Art. 10 GestG)[43] entstehen kann. Dann liegt ein Gerichtsstand vor, der allenfalls vom allgemeinen deliktsrechtlichen Gerichtsstand gemäss Art. 25 GestG abweicht und seine Grundlage in einem Bundesgesetz, nämlich dem GestG, hat. Nach der hier vertretenen Auffassung ist damit auch bei dieser Konstellation die Kompetenzattraktion zulässig. Soweit sie sich nicht schon auf Art. 12 Abs. 2 stützen lässt, kommt eine Anwendung von Art. 7 Abs. 2 GestG in Frage.

Adhäsionsklagen[44] sind grundsätzlich Institute des kantonalen (Strafprozess-) Rechts[45] und werden deshalb von der Regel des Art. 12 Abs. 2 nicht erfasst. Lässt ein Kanton solche Adhäsionsklagen zu, so liegt kein «anderer Gerichtsstand» im Sinne von Art. 12 Abs. 2 vor, denn es fehlt schon an der Abstützung auf ein Bundesgesetz[46]. Ein «anderer Gerichtsstand» im Sinne von Art. 12 Abs. 2 liegt aber dann vor, wenn ein Bundesgesetz einen Gerichtsstand für Adhäsionsklagen vorsieht, wie z.b. das OHG[47], oder bei Verfahren, die der BStP (vgl. Art. 210 ff. BStP) unterstehen. Zwar schafft die zukünftige **Schweizerische Strafprozessordnung** (StPO 2007) in Art. 122 ff. StPO 2007 neu einen bundesgesetzlichen Gerichtsstand für Adhäsionsklagen (Zivilklagen), womit dann die Möglichkeit gemäss Art. 12 Abs. 2 ebenfalls gegeben wäre. Allerdings wird Art. 12 Abs. 2 durch die Einführung der Schweizerischen ZPO aufgehoben, sodass sich nach deren Inkrafttreten die

---

[39] Art. 22 GestG, welcher Art. 21 GestG als lex specialis vorgeht. Vgl. dazu näher MÜLLER, ZH-Kommentar GestG, Art. 22 N 12.
[40] Art. 23 GestG.
[41] Bei Ansprüchen aus landwirtschaftlicher Pacht steht zusätzlich auch der Gerichtsstand am Wohnsitz oder Sitz der beklagten Partei zur Verfügung.
[42] BERGER, Kommentar GestG, Art. 9 N 42.
[43] Sofern die Voraussetzungen für eine gültige Gerichtsstandsvereinbarung resp. für eine Einlassung erfüllt sind und das Gesetz nichts anderes vorsieht (z.B. einen zwingenden Gerichtsstand).
[44] Vgl. dazu Art. 28 GestG und Art. 5 Ziff. 4 LugÜ.
[45] Botschaft GestG, 2867; im Bereich des OHG ist sie dagegen bundesrechtlich vorgegeben.
[46] Vgl. Art. 28 GestG, der den Gerichtsstand der Adhäsionsklage lediglich vorbehält. Die (allfällige) örtliche Zuständigkeit des Strafgerichts wird über Art. 340 ff. StGB bestimmt, während die sachliche Zuständigkeit gemäss Art. 339 StGB den Kantonen obliegt.
[47] Bei UWG-Streitigkeiten ist die Anwendbarkeit des OHG zwar theoretisch bei schweren Persönlichkeitsverletzungen im Rahmen einer Wettbewerbshandlung denkbar, dürfte aber praktisch kaum eine Rolle spielen (vgl. zur Voraussetzung der Schwere BGE 120 Ia 157, 163 und zum Erfordernis einer tätlichkeitsähnlichen [d.h. physischen] Einwirkung BGE 128 I 218, 223 f.). Die Verletzung rein finanzieller Interessen einer Person genügt noch nicht zur Anwendbarkeit des OHG (BGE 123 IV 184, 187).

Frage so nicht mehr stellt. Art. 39 ZPO-CH behält neu den Gerichtsstand der Adhäsionsklage vor: Damit können gestützt auf Art. 15 Abs. 2 ZPO-CH alle Ansprüche nach Art. 122 ff. StPO 2007 beim zuständigen Strafgericht geltend gemacht werden. Verweist das Strafgericht die Zivilklage auf den Zivilweg, so gelten die allgemeinen Gerichtsstandsvorschriften.

22 Zur örtlichen Zuständigkeit im **internationalen Verhältnis** vgl. Einleitung N 125 ff.

23 Ob Art. 12 Abs. 2 auch **im internationalen Verhältnis** zur Anwendung kommt, ist fraglich[48]. Namentlich mit Bezug auf die Kompetenzregelung im **IPRG** könnte Art. 12 Abs. 2 aber als lex specialis betrachtet werden[49]. In praxi im Vordergrund stünden bei Bejahung der Anwendbarkeit im internationalen Verhältnis im Anwendungsbereich des IPRG diesfalls über Art. 12 Abs. 2 abzuleitende Annexzuständigkeiten am Sitz der schweizerischen Registerbehörde (subsidiär; Art. 109 Abs. 1 i.f. IPRG; vgl. Art. 109 Abs. 3 i.f. IPRG) und bei Vertragsklagen ggf. gemäss Art. 113 IPRG am Erfüllungsort (subsidiär) bzw. die (in den Grenzen von Art. 114 f. IPRG) vereinbarte Zuständigkeit. In Fällen passiver Streitgenossenschaft bei immaterialgüterrechtlichen Bestandesklagen besteht zudem gemäss der Spezialregel des Art. 109 Abs. 3 IPRG (bzw. Art. 109 Abs. 2 aIPRG)[50] die Möglichkeit einer Verfahrenskonzentration. Die genannten Zuständigkeiten treten alternativ neben die schon für UWG-Streitigkeiten in Frage kommenden Zuständigkeiten bei unerlaubter Handlung gemäss Art. 129 IPRG am Ort des Beklagtenwohnsitzes bzw. der Niederlassung oder am Deliktsort (Handlungs- oder Erfolgsort)[51].

24 Unklar ist auch die Möglichkeit der Kompetenzattraktion gestützt auf Art. 12 Abs. 2 im **euro-internationalen Verhältnis** im Anwendungsbereich des LugÜ. Da davon auszugehen ist, dass das LugÜ eine abschliessende Ordnung der örtlichen Zuständigkeit vorsieht, die nicht unilateral erweitert werden kann, ist eine Anwendung von Art. 12 Abs. 2 eher zu verneinen. Im Übrigen enthält das LugÜ selbst keine Bestimmungen zur Anspruchsgrundlagenkonkurrenz bzw. zur objektiven Klagenhäufung[52]. In praxi im Vordergrund stünden bei Bejahung der Anwendbar-

---

[48] Befürwortend SCHWANDER, UWG im grenzüberschreitenden Verkehr, 169; vgl. auch LOCHER, sic! 2006, 253 in Fn. 89. Im Ergebnis wohl nicht gänzlich verneinend BGE 132 III 579, 582 ff. («Ecofin»).

[49] Vgl. CdJ GE sic! 2000, 652, E. 3 und 4 («Gilet orthopédique»; i.c. aber Unzuständigkeit, da aufgrund von Art. 109 Abs. 1 IPRG die solothurnischen Gerichte am Beklagtenwohnsitz zuständig waren), hier ist die Anwendung von Art. 12 Abs. 2 im Rahmen der Anwendbarkeit des IPRG in Betracht gezogen worden.

[50] Möglichkeit der Verfahrenskonzentration an einem einzigen (erstangerufenen) Gericht. Vgl. die weiter gehende Norm des Art. 6 Ziff. 1 LugÜ bei euro-internationalen Verhältnissen.

[51] Bzw. subsidiär am gewöhnlichen Aufenthaltsort. Vgl. Einleitung N 126.

[52] Vgl. zu den in Frage kommenden Gerichtsständen Einleitung N 125 ff. Der Gerichtsstand für Bestandsklagen im Bereich des Geistigen Eigentums gemäss Art. 16 Ziff. 4 LugÜ dürfte für die Annexkompetenz zudem ohnehin kaum in Frage kommen, da diesbezüglich UWG-Verletzungsklagen im Vordergrund stehen (vgl. aber BGE 132 III 579, 582 ff. [«Ecofin»] sowie Einleitung N 126).

keit der gemäss Art. 12 Abs. 2 ermöglichten Kompetenzattraktion im euro-internationalen Verhältnis – neben der Zuständigkeit am Handlungs- oder Erfolgsort bei unerlaubter Handlung gemäss Art. 5 Ziff. 3 LugÜ[53] – die Zuständigkeit bei Vertragsklagen gemäss Art. 5 Ziff. 1 LugÜ am Erfüllungsort, bei Adhäsionsklagen gemäss Art. 5 Ziff. 4 LugÜ am diesbezüglich innerstaatlich vorgesehenen Gerichtsstand und bei Klagen gemäss Art. 5 Ziff. 5 LugÜ am Ort der (Zweig-)Niederlassung bzw. Agentur.

VI. Wahlrecht der Klagpartei

Bei der Kompetenzattraktion handelt es sich um ein **Recht der Klagpartei**, ihre UWG-Ansprüche zusammen mit den spezialgesetzlichen Ansprüchen geltend zu machen, nicht aber um eine Pflicht. Es steht dem Kläger somit frei, seine Ansprüche aus unlauterem Wettbewerb separat bei demjenigen Gericht geltend zu machen, das nach Art. 25 GestG örtlich und nach der entsprechenden kantonalen Gerichtsorganisation sachlich bzw. funktionell zuständig ist, währenddem die andern Ansprüche (aus geistigem Eigentum etc.) an demjenigen andern Gerichtsstand geltend gemacht werden können, der für diese andern Ansprüche besteht. Ggf. ist dann eines der beiden Verfahren zu sistieren. Art. 12 Abs. 2 ersetzt den Gerichtsstand nach GestG nicht durch einen andern ausschliesslichen Gerichtsstand, sondern hebt lediglich die Ausschliesslichkeit des ordentlichen UWG-Gerichtsstandes auf[54], wenn gleichzeitig andere, im Zusammenhang bestehende zivilrechtliche Ansprüche im Sinne von Art. 12 Abs. 2 geltend gemacht werden. Die beklagte Partei muss sich mit der Wahl der Klagpartei abfinden und hat keinen Behelf dagegen[55]. 25

VII. Konnexität

Für die Anwendbarkeit von Art. 12 Abs. 2 und damit für die Bejahung des Sachzusammenhangs zur Erreichung der gleichen sachlichen Zuständigkeit muss eine **zivilrechtliche Streitigkeit** vorliegen. Darunter sind zunächst alle Bestandes-, Abwehr- und Verletzungsklagen, aber auch die Schadenersatzklagen und Klagen auf Gewinnherausgabe zu verstehen[56]. Bei letzteren gilt dies unabhängig davon, ob 26

---

[53] Vgl. Einleitung N 126 ff.
[54] Botschaft UWG, 1080; BAUDENBACHER/GLÖCKNER, Kommentar UWG, Art. 12 N 50.
[55] Eine gestützt auf kantonale Prozessvorschriften ggf. mögliche Verfahrenszusammenlegung darf das bundesrechtlich in Art. 12 Abs. 2 statuierte Wahlrecht der Klagpartei somit nicht vereiteln. Vgl. zu den sich daraus ergebenden «Steuerungsmöglichkeiten» der Klagpartei und den dabei auftretenden Problemen BAUDENBACHER/GLÖCKNER, Kommentar UWG, Art. 12 N 53.
[56] Die früher noch geführte Diskussion, ob die Schadenersatzklagen auch von der Zuständigkeitsvorschrift erfasst werden oder nicht, ist durch die neue Gesetzgebung im Bereich des Urheberrechts, des Markenrechtes und des Designrechtes im Sinne der Zuständigkeit der gleichen einzi-

das jeweilige Spezialgesetz eine eigene Rechtsgrundlage bietet oder z.B. auf das Obligationenrecht verweist. Nicht als zivilrechtliche Streitigkeit zu qualifizieren sind Verfahren betreffend Registrierung von immaterialgüterrechtlichen Schutzrechten (Patente, Marken, Design usw.). Ebenso wenig gilt das Widerspruchsverfahren im Markenrecht (Art. 31 ff. MSchG) als zivilrechtliche Streitigkeit. In beiden Fällen handelt es sich um verwaltungsrechtliche Verfahren, für die die spezialgesetzlichen Rechtswege zur Anwendung kommen. Ebenfalls nicht als zivilrechtliche Streitigkeit zu betrachten ist schliesslich die zollrechtliche Beschlagnahme im Sinne von Art. 75 ff. URG (diese Bestimmungen sind auch auf das Topographiengesetz anwendbar[57]), Art. 70 ff. MSchG und Art. 46 ff. DesG. Verfahren betreffend die zivilrechtliche Einziehung (Art. 57 MSchG, Art. 36 DesG, Art. 63 URG, Art. 10 ToG [i.V.m. Art. 63 URG], als besonders geregelte Ausprägungen des Beseitigungsanspruches) sowie das gerichtliche Gegendarstellungsverfahren gemäss Art. 28g ff. ZGB gelten jedoch als zivilrechtliche Streitigkeiten. Im Bereich des Kartellrechtes werden nur die Ansprüche aus Wettbewerbsbehinderung gemäss den privatrechtlichen Bestimmungen in Art. 12–17 KG erfasst. Das verwaltungsrechtliche Verfahren im Sinne von Art. 18 ff. KG gilt nicht als zivilrechtliches Verfahren im Sinne von Art. 12 Abs. 2[58]; zwischen einem solchen Verfahren und Ansprüchen aus unlauterem Wettbewerb besteht somit keine Konnexität, welche die Zusammenlegung der Verfahren rechtfertige.

27 Ob die erforderliche **Konnexität** gegeben ist, beurteilt sich **nach dem Klaganspruch**[59] **und dessen Begründung,** nicht nach dem Ergebnis aufgrund des Endentscheides in der Sache selbst[60]. Für die Frage des geforderten Sachzusammenhangs kann auf Art. 6 GestG, Art. 8 IPRG und Art. 6 Ziff. 3 LugÜ verwiesen werden: Erforderlich ist somit ein **sachlich** (z.B. gleicher Lebensvorgang, sog. materielle Konnexität)[61] oder **rechtlich** (z.B. gleicher Vertrag, gleiche ausservertragliche Bestimmungen) **gleicher Grund**[62] für die Ansprüche[63], die zu einer so engen Beziehung führen, dass eine gemeinsame Verhandlung und Entscheidung geboten

---

gen kantonalen Instanz entschieden. Vgl. zum alten Rechtszustand DAVID, SIWR I/2 (1. Aufl. 1992), 14 ff.
[57] Art. 12 ToG.
[58] Art. 39 KG; vgl. dazu DIETRICH, Kommentar KG, Art. 39 N 16 und 19 f.
[59] Das Rechtsbegehren muss sich nicht unbedingt auf einen Anspruch aus einem Gesetz beziehen, für das von Bundesrechts wegen eine einzige kantonale Instanz vorgesehen ist (in der Regel Immaterialgüter- und Wettbewerbsrecht). So ist es auch möglich, dass z.B. gestützt auf Markenrecht der Gegenseite befohlen werden soll, die Firmenbezeichnung zu ändern. Voraussetzung ist allerdings, dass das anwendbare Recht den Anspruch gibt (in casu z.B. Art. 13 Abs. 2 MSchG). Vgl. dazu OGer BL sic! 1997, 167, E. 1.1 («Wella/Wela»).
[60] BGE 122 III 249, 252; OGer TG RBOG 2002, Nr. 25, 143 ff., E. 2.a; OGer LU sic! 1997, 185, E. 8.a («Ice Beer»); BAUDENBACHER/GLÖCKNER, Kommentar UWG, Art. 12 N 53.
[61] DAVID, SIWR I/2, 19.
[62] SPÜHLER, Kommentar GestG, Art. 6 N 10.
[63] Vgl. dazu VON WERDT, Kommentar GestG, Art. 18 N 11 ff.

erscheint. Ziel ist es zu vermeiden, dass in getrennten Verfahren widersprechende Entscheidungen ergehen könnten[64].

In gewissen Grenzen kann die Klagpartei die sachliche Zuständigkeit steuern, was eine **Missbrauchgefahr** in sich birgt[65]. Dies gilt namentlich bei begrenztem Vortrag von Tatsachen. Zu bedenken ist allerdings, dass von Bundesrechts wegen auch schon im kantonalen Verfahren der Grundsatz «iura novit curia» gilt, es also auf die rechtliche Würdigung eines Sachverhalts durch die Parteien nicht ankommt[66]. Ebenso wenig kann es auf die materielle Begründetheit der die Kompetenzattraktion ermöglichenden Klage ankommen. Es reicht aus, wenn ein Anspruch aus einer Materie, für deren Beurteilung eine einzige kantonale Instanz zuständig ist, **ernsthaft in Betracht** fällt[67], zumindest **diskutabel** erscheint[68], **nicht offensichtlich unbegründet** erscheint[69] bzw. «nicht wider besseres Wissen» erfolgt[70]. Die blosse Behauptung eines solchen Anspruches genügt demgegenüber nicht[71]. Bei missbräuchlichem Verhalten muss die Kompetenzattraktion verweigert werden – ein arglistig erschlichener Gerichtsstand vermag keine Kompetenzattraktion gemäss Art. 12 Abs. 2 auszulösen[72]. Eine Kompetenzattraktion im Sinne von Art. 12 Abs. 2 kommt nur dann in Frage, wenn für die andere zivilrechtliche Streitigkeit die örtliche resp. sachliche Zuständigkeit überhaupt gegeben ist[73].

28

Regelfall der Anwendung von Art. 12 Abs. 2 ist die Anspruchsgrundlagenkonkurrenz, d.h. ein spezieller Fall der **objektiven Klagenhäufung**[74] (mehrere Ansprüche des gleichen Klägers).

29

Der Wortlaut der Bestimmung schliesst grundsätzlich die subjektive Klagenhäufung zwar nicht aus. Das Bundesgericht hat jedoch die Anwendbarkeit von Art. 12 Abs. 2 auf die **subjektive aktive Klagenhäufung** (mehrere Kläger in einfacher

30

---

[64] BGer 5C.245/2005 SZZP 2006, 127 ff.; SPÜHLER, Kommentar GestG, Art. 6 N 11.
[65] Zum Ganzen näher BAUDENBACHER/GLÖCKNER, Kommentar UWG, Art. 12 N 53.
[66] BGE 107 II 417, 418 und VOGEL/SPÜHLER, Zivilprozessrecht, 6 N 61. Vgl. auch den Fall in BGer 4C.376/2004 sic! 2005, 390, E. 1.4 («maggi.com»), wonach es nicht darauf ankommt, welche Rechtsgrundlagen tatsächlich zur Anwendung gebracht werden können, sondern darauf, welche Rechtsgrundlagen in Betracht fallen.
[67] HGer ZH ZR 1998, Nr. 12, E. II.
[68] HGer ZH sic! 1997, 65, E. V («Rivella/Apiella»).
[69] OGer LU LGVE 1998 I, Nr. 2; vgl. dazu BAUDENBACHER/GLÖCKNER, Kommentar UWG, Art. 12 N 53.
[70] HGer ZH SMI 1996, 298, E. VI («Swiss Chocolate Liqueur»), darauf hinweisend, dass noch keine gefestigte Praxis zur Aktivlegitimation gemäss Art. 56 MSchG bei Herkunftsangaben vorlag.
[71] HGer ZH ZR 1997, Nr. 4.
[72] Vgl. den Fall in OGer TG RBOG 2002, Nr. 25, 144, E. 2.a.
[73] Vgl. CdJ GE sic! 2000, 652, E. 3 und 4 («Gilet orthopédique»; i.c. Unzuständigkeit, da aufgrund von Art. 109 Abs. 1 aIPRG die solothurnischen Gerichte am Beklagtenwohnsitz zuständig waren).
[74] Vgl. dazu STAEHELIN/SUTTER, Zivilprozessrecht, § 10 N 3.

Streitgenossenschaft[75]) mit dem Hinweis abgelehnt[76], dass ein entsprechend enger Zusammenhang nötig wäre, dessen Intensität der Dritte abschätzen müsste, wenn er nach Art. 12 Abs. 2 klagen wollte. Im Hinblick auf die sich daraus ergebenden praktischen Schwierigkeiten und die für prozessrechtliche Vorschriften verlangte Rechtssicherheit wurde die Möglichkeit der Kompetenzattraktion für die subjektive Klagenhäufung abgelehnt, auch wenn nach der hier vertretenen Meinung durchaus gute Gründe für deren Zulässigkeit sprechen (Prozessökonomie, Vermeidung unbefriedigender Widersprüchlichkeiten; diesbezüglich besteht kein grundlegender Unterschied zur objektiven Klagenhäufung). Teilweise könnte das Problem der Nichtanwendbarkeit von Art. 12 Abs. 2 auf Fälle der subjektiven aktiven Klagenhäufung dadurch gelöst werden, dass zunächst ein Streitgenosse seine Klage bei der zuständigen einzigen kantonalen Instanz einreicht und in der Folge die andern Streitgenossen ihre Klagen an den andern zuständigen Gerichten unter Hinweis auf die erste Klage hängig machen. Gestützt auf **Art. 36 GestG** (vgl. zukünftig Art. 125 ff. ZPO-CH) können dann die Gerichte, bei denen die Folgeklagen hängig sind, das Verfahren aussetzen, bis das erstangerufene Gericht entschieden hat. Alternativ können mit Zustimmung des ersten Gerichtes alle Verfahren von diesem übernommen werden (Verweisung), was im Endergebnis zum gleichen Resultat führt. Allerdings ist das erstangerufene Gericht nicht zur Anhandnahme verpflichtet und kann die Übernahme ablehnen[77]. Insofern spricht vieles für die Anwendbarkeit von Art. 12 Abs. 2 auch auf die aktive subjektive Klagenhäufung. Die bundesgerichtliche Praxis sollte dies jedenfalls nicht unnötig erschweren.

31 **Art. 14 Abs. 1 2. Satz KG** enthält den gleichen Grundgedanken wie Art. 12 Abs. 2. Demnach können andere (als kartell-)zivilrechtliche Ansprüche ebenfalls vor der einzigen kantonalen Instanz in Kartellrechtssachen geltend gemacht werden, wenn sie gleichzeitig mit der Klage geltend gemacht werden und mit ihr sachlich zusammenhängen[78]. Die diesbezüglichen Kautelen entsprechen inhaltlich der Kompetenzattraktion in Art. 12 Abs. 2.

VIII. Anwendungsbereich

32 Die Möglichkeit der Kompetenzattraktion gemäss Art. 12 Abs. 2 muss nicht nur für **ordentliche Verfahren,** sondern auch in Verfahren auf **Erlass von vorsorglichen Massnahmen** zur Verfügung stehen[79]. Dies hat Bedeutung für die

---

[75] VON HOLZEN, Streitgenossenschaft, 174.
[76] BGE 125 II 95, 98 («Lego/Kiddy Fun»).
[77] WIRTH, ZH-Kommentar GestG, Art. 36 N 27. Vgl. dazu im internationalen Verhältnis auch Art. 22 LugÜ.
[78] Vgl. dazu WALTER, Kommentar KG, Art. 14 N 8.
[79] «Juge délégué à l'instruction des causes afférentes aux droits immatériels», TCVS SMI 1991, 102 f., und PEDRAZZINI/PEDRAZZINI, UWG, N 18.11 ff. m.w.H. Die Rechtslage zum neuen UWG hat sich nicht geändert, vgl. dazu BAUDENBACHER/GLÖCKNER, Kommentar UWG, Art. 14 N 16,

Zuständigkeit am Hauptsachengericht, die Art. 33 GestG (alternativ neben der Zuständigkeit am Ort der Vollstreckung) vorsieht[80]. Eine bundesgerichtliche Klärung dieser Frage steht allerdings aus. Art. 5 ZPO-CH sieht dies neu ausdrücklich vor, was zu begrüssen ist.

Bei **internationalen Verhältnissen** kommt bei Anwendbarkeit des LugÜ für die Frage des Sachzusammenhangs Art. 22 LugÜ zur Anwendung, und zwar unabhängig davon, ob schweizerisches oder ausländisches Recht zur Anwendung kommt, da Art. 12 Abs. 2 eine formelle Vorschrift darstellt und als lex fori zur Anwendung kommt. Ob die Kompetenzattraktion gemäss Art. 12 Abs. 2 auch bei Anwendbarkeit ausländischen Rechts gilt, ist unklar[81]. Im IPRG fehlt eine vergleichbare Bestimmung. 33

Ist ein Hauptanspruch schiedsfähig, so sind die Parteien frei, eine **Schiedsklausel** oder eine **Schiedsvereinbarung** abzuschliessen[82]. Trifft dies zu, so können allfällige (Haupt- oder Neben-)Ansprüche aus UWG im Sinne von Art. 12 Abs. 2 ebenfalls dem Schiedsgericht unterbreitet werden, wenn sie von der Schiedsvereinbarung bzw. der Schiedsklausel erfasst werden[83]. 34

IX. Rechtsmittel an das Bundesgericht

Mit Inkrafttreten des BGG auf den 1. Januar 2007 änderte das Rechtsmittelsystem vor Bundesgericht. Die Beschwerde in Zivilsachen, die an Stelle der Berufung trat, ist unabhängig vom Streitwert dann zulässig, wenn ein Bundesgesetz eine einzige kantonale Instanz vorschreibt (Art 74 Abs. 2 lit. b BGG)[84]. Besteht also Konnexität der Ansprüche im Sinne von Art. 12 Abs. 2, so können unter dem Regime des BGG auch die Aspekte betreffend unlauteren Wettbewerb weiterhin **unabhängig vom Streitwert** an das Bundesgericht weitergezogen werden; insofern ändert gegenüber dem bisherigen Zustand diesbezüglich faktisch nichts[85]. Dies muss auch bei Klagen gelten, die (auch) negatorische Rechtsbegehren enthalten und 35

DAVID, SIWR I/2, 173 ff., und TCVS (Juge délégué) SMI 1994, 215, E. 2.; CA FR sic! 1999, 124, E. 1.a), und SCHLOSSER, sic! 2005, 340; vgl. auch die Regelung in Art. 11 Abs. 3 aUWG 1943 für Fälle, in denen der Hauptprozess bereits hängig war, dazu B. VON BÜREN, Kommentar UWG, Art. 11 N 19.

[80] Vgl. zur Zuständigkeit im internationalen Verhältnis KELLERHALS/GÜNGERICH, BE-Kommentar GestG, Art. 33 N 28 ff. sowie Einleitung N 125 ff. und Vor Art. 12–15 N 9 und Art. 14 N 51 ff.

[81] Vgl. dazu BLUMER, Patentrecht, 799.

[82] Dazu Vor Art. 12–15 N 53 ff.

[83] Zur Schiedsfähigkeit von Ansprüchen aus gewerblichen Schutzrechten BRINER, Kommentar IPRG, Art. 177 N 15; für das Kartellrecht WALTER, Kommentar KG, Art. 14 N 21 m.w.H., und zur Schiedsfähigkeit von Ansprüchen aus unlauterem Wettbewerb näher Vor Art. 12–15 N 53 ff.

[84] Vgl. nachstehend N 37 ff., betr. einzige kantonale Instanz in UWG-Sachen gemäss ZPO-CH.

[85] Im Anhang zum BGG (Art. 131 Abs. 2 BGG) wird Art. 12 Abs. 2 nicht dem neuen System angepasst. Sinngemäss muss aber wohl die in Art. 12 Abs. 2 noch erwähnte «Berufung» durch die neurechtliche «Beschwerde» (in Zivilsachen; Art. 72 ff. BGG) ersetzt werden.

gleichzeitig auf **Firmenrecht** und UWG bzw. auf **Persönlichkeits- oder Namensrecht** (Art. 28 ff. bzw. 29 ZGB) und UWG gestützt werden[86], und zwar auch dann, wenn ein Kanton dafür nur eine einzige kantonale Instanz vorsieht (was z.B. für firmenrechtliche Streitigkeiten der Fall sein kann, dazu Fn. 18). Grundgedanke von Art. 12 Abs. 2 Satz 2 und des BGG (vgl. bes. Art. 75 BGG) ist, in jedem Fall die Beurteilung unabhängig vom Streitwert durch zwei Instanzen vorzusehen. Werden hingegen die geltend gemachten Ansprüche **einzig auf UWG** abgestützt, so ist gemäss Art. 74 Abs. 1 lit. b BGG für die Beschwerde grundsätzlich das **Erreichen der Streitwertgrenze** notwendig, die für Fälle unlauteren Wettbewerbs CHF 30 000.– beträgt. Wird diese Streitwertgrenze nicht erreicht, ist die Beschwerde nur zulässig, sofern sich bspw. eine Rechtsfrage von grundsätzlicher Bedeutung stellt[87].

36 **Bundesklagen** gemäss **Art. 10 Abs. 2 lit. c**[88] gelten als nicht vermögensrechtliche[89] zivilrechtliche Streitigkeiten. Die (zivilrechtliche) Beschwerde an das Bundesgericht ist somit streitwertunabhängig stets zulässig[90].

X. Ausblick: Art. 12 Abs. 2 und ZPO-CH

37 Die zukünftige Schweizerische Zivilprozessordnung (ZPO-CH) sieht die **ersatzlose Streichung von Art. 12 (Abs. 2)** vor[91]. Der Gerichtsstand des Sachzusammenhangs fällt damit weg. Allerdings sieht Art. 5 Abs. 1 lit. d ZPO-CH vor, dass Streitigkeiten, die nur aus unlauterem Wettbewerb resultieren, von einer einzigen kantonalen Instanz entschieden werden sollen, sofern der Streitwert mehr als CHF 30 000.– beträgt oder der Bund sein Klagerecht gemäss Art. 10 Abs. 2 lit. c ausübt. Damit dürfte für Klagen, die den genannten Streitwert erreichen, regelmässig die gleiche Zuständigkeit wie für die andern, bereits bis jetzt von einer einzigen

---

[86] Vgl. für das Firmenrecht BGE 100 II 395, 397 («Akademikergesellschaft»; zum aUWG) und für das Persönlichkeitsrecht BGE 110 II 411, 413 («Tosca»; zum aUWG), vgl. auch BGer 4C.396/1999 («astra»). Persönlichkeits- bzw. namensrechtliche negatorische Ansprüche gelten als nicht vermögensrechtlich, weshalb die Beschwerdefähigkeit gemäss Art. 72 Abs. 1 i.V.m. Art. 74 Abs. 1 BGG diesfalls stets gegeben ist (vgl. BGE 127 III 481, 483, BGE 110 II 411, 413 [«Tosca»] und BGE 102 II 161, 165 sowie BSK-RUDIN, Art. 51 BGG N 15 m.w.H.).

[87] Art. 74 Abs. 2 lit. a BGG (die übrigen Ausnahmen von der Streitwertlimite dürften bei UWG-Streitigkeiten nicht zur Anwendung kommen).

[88] Wenn der Bund zum Schutze des Ansehens der Schweiz im Ausland eine solche Klage als nötig erachtet und die klagberechtigten Personen im Ausland ansässig sind. Dies gilt auch im Rahmen der Geltendmachung strafrechtlicher Ansprüche: Art. 23 i.V.m. Art. 9 und 10, vgl. dazu BGE 128 IV 92 ff.

[89] BGE 126 III 198, 200 («Loto Score»): Dem Bund stehen keine pekuniären Ansprüche zu; er verteidigt den Ruf der Schweiz, und die Klage hat somit ein ideelles Ziel.

[90] BGE 126 III 198, 200 («Loto Score»). Auch unter der Geltung des BGG ist ein solcher Entscheid beschwerdefähig (Art. 72 BGG).

[91] Vgl. Anhang 1 Ziff. 15 ZPO-CH (Art. 402 ZPO-CH).

kantonalen Instanz zu entscheidenden Streitigkeiten gegeben sein[92]. Im Übrigen bestimmt gemäss Art. 4 Abs. 1 ZPO-CH weiterhin das kantonale Recht die sachliche und funktionale Zuständigkeit[93], wobei Art. 7 Abs. 2 GestG, der eine Kompetenzattraktion in Fällen der objektiven Klagenhäufung vorsieht, in Art. 15 Abs. 2 ZPO-CH übernommen wird.

Die ZPO-CH **behält** ferner das **System einer einzigen kantonalen Instanz** für die vorstehend (N 9) aufgeführten Bundesgesetze **bei**[94]. Sie verlegt aber die gesetzliche Grundlage dafür in die ZPO-CH. Demgemäss werden die entsprechenden Bestimmungen in den Spezialgesetzen mit dem Inkrafttreten der Schweizerischen ZPO aufgehoben werden[95]. Ansprüche aus Firmenrecht werden ebenfalls durch eine einzige kantonale Instanz entschieden werden[96]. Die im GestG enthaltenen Bestimmungen werden überdies in die ZPO übernommen (bspw. wird Art. 25 GestG neu in Art. 36 ZPO-CH enthalten sein[97]).

38

Eine Änderung bei der Zuständigkeit wird künftig bei **UWG-Streitigkeiten mit einem Streitwert unter CHF 30 000.–** eintreten: Bei dieser Konstellation gibt es den Gerichtsstand des Sachzusammenhangs infolge Streichung von Art. 12 Abs. 2 nicht mehr. Dafür werden die Bestimmungen über ein «vereinfachtes» Verfahren gemäss Art. 243 ff. ZPO-CH zur Anwendung kommen und wird dem Gerichts- ein Schlichtungsverfahren gemäss Art. 197 ff. ZPO-CH vorangehen. Vgl. zum Ganzen auch die Kommentierung in Art. 13 (bes. N 14).

39

---

[92] Allerdings lässt Art. 5 ZPO-CH dem Wortlaut nach offen, ob zwingend immer dieselbe einzige kantonale Instanz zuständig sein muss bzw. ob sie auch ein Gericht erster Instanz sein kann. Vgl. aber Art. 75 Abs. 2 nBGG, der im Rahmen des Inkrafttretens der ZPO-CH ebenfalls geändert wird. Es wird angedeutet, dass die einzige kantonale Instanz eine obere Instanz sein muss, wobei der Bezug des Worts «ausgenommen» in Art. 75 Abs. 2 nBGG nicht eindeutig ist. In der Botschaft ZPO findet sich zur Problematik jedoch nichts (vgl. BBl 2006, 7260, 7370 und 7407), vgl. aber das obiter dictum in BGer 4A_404/2007, E. 1 («... im heutigen Zeitpunkt»). Schon nach geltendem Recht können die Zuständigkeiten divergieren, was z.B. in ZH oder BS der Fall ist (dazu Vor Art. 12–15 N 13 und vorne N 12).

[93] Vgl. dazu Botschaft ZPO, 7259, und SUTTER-SOMM, Vorentwurf zur Schweizerischen Zivilprozessordnung, 185 ff.; Bericht zum Vorentwurf der Expertenkommission, Juni 2003, 21 (letztere beide zu Art. 2 Abs. 1 VE ZPO 2003).

[94] Art. 5 ZPO-CH; neu fallen auch Lizenzstreitigkeiten unter diese ausschliessliche Zuständigkeit: Art. 5 Abs. 1 lit. a ZPO-CH und Botschaft ZPO, 7260.

[95] Vgl. dazu Anhang 1 Ziff. 9–13 und 15 ZPO-CH (Art. 402 ZPO-CH).

[96] Art. 5 Abs. 1 lit. c ZPO-CH.

[97] Dazu auch Vor Art. 12 ff. N 8 ff.

Art. 13

Schlichtungsverfahren oder einfaches und rasches Prozessverfahren	Die Kantone sehen für Streitigkeiten wegen unlauteren Wettbewerbs bis zu einem vom Bundesrat zu bestimmenden Streitwert ein Schlichtungsverfahren oder ein einfaches und rasches Prozessverfahren vor. Dieses Verfahren ist auch auf Streitigkeiten ohne Streitwert anwendbar.
Procédure de conciliation ou procédure judiciaire simple et rapide	Pour connaître des litiges en matière de concurrence déloyale, les cantons prévoient, jusqu'à concurrence d'une valeur litigieuse à fixer par le Conseil fédéral, une procédure de conciliation ou une procédure judiciaire simple et rapide. Cette procédure s'applique également aux contestations sans valeur litigieuse.
Procedura di conciliazione o procedura giudiziaria semplice e rapida	Per le controversie concernenti la concorrenza sleale i Cantoni prevedono, fino a un valore litigioso fissato dal Consiglio federale, una procedura di conciliazione o una procedura giudiziaria semplice e rapida. Questa procedura è applicabile anche alle controversie senza un valore litigioso.
Dispute Resolution Procedure or Simplified and Accelerated Procedure	For disputes in respect of unfair competition, the Cantons shall provide, up to an amount in dispute to be determined by the Federal Council, a dispute resolution or a simplified and accelerated procedure. Such procedure shall also apply to disputes where no amount in dispute is involved.

Inhaltsübersicht

		Note	Seite
I.	Normzweck...	1	863
II.	Entstehungsgeschichte...	2	864
III.	Systematik und Verhältnis zu anderen Vorschriften	5	865
	1. Systematik..	5	865
	2. Verhältnis zu anderen Vorschriften...	6	865
	a) Verhältnis zu anderen Vorschriften des Bundesrechts.....	6	865
	b) Verhältnis zu Vorschriften des kantonalen Zivilprozess- und Gerichtsorganisationsrechts...................................	9	866
IV.	Umsetzung und Anwendung von Art. 13	10	866
	1. Anwendungsbereich...	10	866
	2. Streitwertgrenze...	17	867
	3. Umsetzung durch die Kantone	19	868
	4. Zwingende Beschreitung des Schlichtungsverfahrens?...........	23	871
	5. Direkte Anrufung von Art. 13	24	871
	6. Ausblick: Art. 13 und ZPO-CH...	25	871

Vgl. auch den Abdruck von Art. 1 und 2 der Verordnung über die Streitwertgrenze (SR 944.8) im Anhang III Nr. 27.

Literatur

C. BAUDENBACHER, Lauterkeitsrecht – Kommentar zum Gesetz gegen den unlauteren Wettbewerb (UWG), Basel 2001, Kommentierung zu Art. 13; J. BRÖNNIMANN, Kantonales Konsumentenverfahren, JKR 1999, 28 ff.; DERS., Verfassungsrechtliche Probleme des einfachen und raschen Verfahrens, ZSR 1989 I 351 ff.; S. CHIESA, Azioni civile e disposizione procedurale della nuova legge federale contro la concorrenza sleale, REP 1989, 45 ff.; L. DAVID, in: R. von Büren/L. David (Hrsg.), SIWR I/2, Der Rechtsschutz im Immaterialgüterrecht, 2. Aufl., Basel/ Frankfurt a.M. 1998, 146 ff.; L. DAVID/R. JACOBS, Schweizerisches Wettbewerbsrecht, 4. Aufl., Bern 2005; R. FRANK, Kommentar zur zürcherischen Zivilprozessordnung, Zürich 1997/2000 (Ergänzungsband); DERS., Von der Gesetzgebungslehre zur Gesetzgebungskunst: Kritisches namentlich zur Umsetzung Europäischen Rechts, SJZ 1994, 350 ff.; DERS., Das «einfache und rasche Verfahren» und seine Abarten, SJZ 1988, 21 ff.; R. GMÜR, Rechtsschutz aus der Sicht des Konsumenten, ZSR 1988 II 441 ff.; P. GRESSLY, Das «einfache und rasche Verfahren» im Kanton Solothurn, SJZ 1998, 397 ff.; F. HEYDEN, Prozessbeschleunigung durch konzentrierte Prozessführung (Möglichkeiten und Grenzen im Zürcher Zivilprozess), SJZ 1983, 205 ff.; K. M. HOTZ, Zur Bedeutung des Bundesgesetzes gegen den unlauteren Wettbewerb (UWG) für die Massenmedien, SJZ 1990, 26 ff.; J. HUGI, Der Streitwert im Immaterialgüterrecht, sic! 2000, 250 ff.; L. MEYER, Der Streitwert in Prozessen um Immaterialgüterrechte und Firmen, sic! 2001, 559 ff.; M. M. PEDRAZZINI/F. A. PEDRAZZINI, Unlauterer Wettbewerb, UWG, 2. Aufl., Bern 2002, §§ 19 und 20.17; G. RAUBER, Klageberechtigung und prozessuale Bestimmungen (Art. 9–15 UWG), in: R. von Büren/L. David (Hrsg.), SIWR V/1, Lauterkeitsrecht, 2. Aufl., Basel 1998, 273 ff.; R. RHINOW, in: J. Aubert et al. (Hrsg.), Kommentar zur Bundesverfassung der Schweizerischen Eidgenossenschaft, Basel 1988; A. STAEHELIN, Die bundesrechtlichen Vorschriften über konsumentenrechtliche Streitigkeiten, in: I. Meier/ H. M. Riemer/P. Weimar (Hrsg.), Recht und Rechtsdurchsetzung, FS für H. U. Walder, Zürich 1994, 125 ff.; O. VOGEL/K. SPÜHLER, Zivilprozessrecht, 8. Aufl., Bern 2006.

I. Normzweck

Art. 13 bezweckt eine **Vereinfachung** und **Beschleunigung** sowie damit verbunden die **Reduktion des klägerischen Kostenrisikos** bei Verfahren, die – bis zu einem vom Bundesrat per Verordnung festzulegenden Streitwert (derzeit CHF 20 000.–) – die Behandlung von auf unlauteren Wettbewerb gestützten privatrechtlichen Ansprüchen zum Gegenstand haben. Diese Zwecke können von den Kantonen durch die Einführung besonderer, auch administrativer Schlichtungsstellen oder eines einfachen und raschen Verfahrens vor bestehenden Gerichten bewerkstelligt werden. Beabsichtigt vorwiegend aus **Überlegungen des Konsumentenschutzes,** betrifft diese Bestimmung auch Ansprüche der gewerblich auftretenden Marktgegenseite, von Mitbewerbern und von Verbänden, und zwar – wie im UWG-Kontext üblich – unabhängig vom Vorliegen eines Vertragsverhältnisses.

II. Entstehungsgeschichte

2 Art. 13 kennt **keinen Vorläufer** im UWG 1943. In **Art. 18–21 VE-UWG 1980** waren noch **paritätisch** (aus Produzenten-, Handels- und Konsumentenvertretern) **zusammengesetzte Schlichtungsbehörden** vorgesehen[1]. Im Vernehmlassungsverfahren wurde die Schaffung eines (zwingend vorgeschriebenen) Schlichtungsverfahrens noch mehrheitlich begrüsst. Es wurde aber vorgeschlagen, die Zusammensetzung und Organisation dieser Stellen den Kantonen zu überlassen[2]. Es schien zudem kaum sinnvoll, die Kantone noch zusätzlich mit der zwingenden Schaffung von Schlichtungsstellen zu belasten[3]. Dies führte dazu, dass schliesslich in **Art. 14 E-UWG 1983** der heutige Art. 13 mit identischem Wortlaut enthalten war.

3 Die Einfügung von Art. 13 im Rahmen des Erlasses des UWG 1986 bezweckte – zumindest für Streitigkeiten aus Verträgen zwischen «Letztverbrauchern» und Anbietern[4] – namentlich auch die **Umsetzung des Verfassungsartikels in Art. 31^{sexies} Abs. 3 aBV** (heute Art. 97 Abs. 3 BV; Abstimmungsvorlage vom 14. Juni 1981[5]), der bis zu einem vom Bundesrat zu bestimmenden Streitwert den Kantonen die Einführung eines Schlichtungsverfahrens oder eines einfachen und raschen Prozessverfahrens vorschreibt. Seit dem 1. Januar 2000 sieht Art. 97 Abs. 3 BV die Einführung eines Schlichtungsverfahrens oder eines einfachen und raschen Gerichtsverfahrens für Konsumentenstreitigkeiten schon von Verfassungs wegen vor, und zwar – im Gegensatz zu Art. 31^{sexies} Abs. 3 aBV – unabhängig vom Vorliegen eines Vertragsverhältnisses. Ferner hat der Bundesrat die seit 1988 geltende Streitwertgrenze von CHF 8000.– mit Wirkung ab 1. April 2003 auf CHF 20 000.– erhöht[6].

4 Das Verfahren gemäss Art. 13 wird **teilweise kritisiert**, da es für unbeholfene Konsumenten einige **Fallstricke** bereithält und sich so eher zugunsten der Anbieter denn zugunsten der Konsumenten oder von «unerfahrenen» Mitbewerbern auswirkt[7].

---

[1] Vgl. BAUDENBACHER/GLÖCKNER, Kommentar UWG, bei Art. 13 abgedruckter Text.
[2] Botschaft UWG, 1034.
[3] Botschaft UWG, 1081.
[4] In Art. 97 Abs. 3 i.V.m. Abs. 1 BV ist nur mehr von «Konsumenten» die Rede und wird das Vorliegen eines Vertragsverhältnisses nicht mehr erwähnt, vgl. zur Begrifflichkeit näher Vor Art. 12–15 N 11 und Fn. 14 m.w.H.
[5] Vgl. dazu näher RHINOW, Kommentar aBV, Art. 31^{sexies} vor N 1 (Entstehungsgeschichte).
[6] Anpassung von Art. 2 Streitwert-VO (bzw. Erlass einer neuen Verordnung mit Anpassung in Art. 2).
[7] DAVID/JACOBS, Wettbewerbsrecht, N 739, sowie FRANK, Zivilprozessordnung, § 53 ZPO ZH N 9. Soweit die Zurverfügungstellung von Verfahrenserleichterungen auch für gewerbliche Anbieter oder Abnehmer und für Mitbewerber kritisiert wird, erscheint diese als ungerechtfertigt.

III. Systematik und Verhältnis zu anderen Vorschriften

1. Systematik

Aus dem Gesichtspunkt der Systematik passt Art. 13 in eine Reihe **ähnlicher, teils auch weiter greifender Vorschriften des Bundesprivatrechts**[8], mit denen der Gesetzgeber in verschiedenen Materien in die Verfahrenshoheit der Kantone eingegriffen hat und in denen zwecks Sicherung der (einheitlichen, einfachen und raschen) Anwendung des Bundeszivilrechts die Einführung von Schlichtungsstellen[9] oder des einfachen und raschen Verfahrens[10] vorgesehen wurde. 5

2. Verhältnis zu anderen Vorschriften

a) Verhältnis zu anderen Vorschriften des Bundesrechts

Im **Persönlichkeitsrecht** (Art. 28 ff. ZGB) sind spezifische Verfahrensvorschriften zum **Gegendarstellungsrecht** vorgesehen (Art. 28g ff. ZGB). Diese sehen ebenfalls und zwingend – jedoch mit detaillierteren Vorgaben als in Art. 13 – die Einrichtung eines einfachen und raschen Verfahrens vor. Bei Anspruchsgrundlagenkonkurrenz zwischen Wettbewerbs- und Persönlichkeitsrecht, also in Fällen, in denen sich ein Anspruch sowohl auf Persönlichkeitsrecht wie auf unlauteren Wettbewerb stützt (insbesondere Fälle von Herabsetzungen oder herabsetzenden Anlehnungen im Sinne von Art. 3 lit. a oder Art. 3 lit. e), kann von der Klagpartei bei Tatsachendarstellungen in periodisch erscheinenden Medien (auch) das Verfahren gemäss Art. 28g ff. ZGB beschritten werden (vgl. dazu Art. 3 lit. a N 11 ff. und Art. 14 N 11). 6

Im (verwaltungsrechtlich konzipierten) **markenschutzrechtlichen Widerspruchsverfahren** gemäss Art. 31 ff. MSchG kann eine Überprüfung von UWG-Bestimmungen nicht erfolgen. 7

Für Verstösse gegen das UWG im Bereich der kommerziellen Kommunikation ist namentlich auch das **SLK-Verfahren** zu erwähnen. Primäre Beurteilungsgrundlage stellen die SLK-Grundsätze dar. Dazu näher Vor Art. 12–15 N 32 ff. 8

---

[8] Vgl. die Auflistung bei VOGEL/SPÜHLER, Zivilprozessrecht, 2 N 21 ff.
[9] So namentlich im Bereich des Mietrechts (Art. 274d Abs. 2 OR) und des Gleichstellungsrechts (Art. 11 Abs. 4 GlG).
[10] Etwa im Arbeitsrecht (Art. 343 Abs. 2 OR), im Mietrecht (Art. 274d Abs. 1 OR) oder beim Gegendarstellungsverfahren im Persönlichkeitsschutz (Art. 28g ff. ZGB).

b) **Verhältnis zu Vorschriften des kantonalen Zivilprozess- und Gerichtsorganisationsrechts**

9   Die Kantone können das für Streitigkeiten aus unlauterem Wettbewerb gewählte Verfahren auch für **andere Streitigkeiten** oder für **Streitigkeiten oberhalb der** gemäss Art. 13 geltenden **Streitwertgrenze** für anwendbar erklären.

IV. Umsetzung und Anwendung von Art. 13

1. Anwendungsbereich

10 Schon aus dem Wortlaut von Art. 13 ergibt sich, dass das Verfahren **nicht auf Konsumentenstreitigkeiten beschränkt** ist[11]. Es kann also **auch von gewerblichen Anbietern und Abnehmern** genutzt werden, und zwar unabhängig davon, ob diese als Letztverbraucher (z.B. bei Investitionen oder bei Privatgebrauch) oder auf vorgelagerten Marktstufen (z.B. als Produzenten, Gross- oder Detailhändler, Importeure) auftreten. Schliesslich kann das Verfahren auch von **Verbänden** im Rahmen der Verbandsklagen gemäss Art. 10 Abs. 2 lit. a und b beschritten werden.

11 Art. 13 kommt dabei nicht nur auf lauterkeitsrechtliche Verfahren zur Anwendung, die die **Geltendmachung von ausservertraglichen Ansprüchen** zum Gegenstand haben, sondern **auch auf Vertragsklagen,** und zwar ohne Einschränkung auf sog. Konsumentenverträge. Art. 97 Abs. 3 BV wurde insofern durch Art. 13 erweitert. Die praktische Bedeutung dürfte jedoch gering sein[12]. Auf Konsumentenstreitigkeiten ohne Bezug zum Lauterkeitsrecht kommt ebenfalls ein – allenfalls von Art. 13 verschiedenes – einfaches und rasches Verfahren qua Art. 97 Abs. 3 BV i.V.m. Art. 1 Streitwertgrenze-VO zur Anwendung.

12 Bei **Anspruchsgrundlagenkonkurrenz** (neben einem Anspruch aus UWG liegt z.B. ein Anspruch aus Persönlichkeits- oder Namens- oder Firmenrecht, MSchG, DesG, URG oder PatG vor) enthält Art. 13 keine näheren Vorgaben, wie vorzugehen ist. Denkbar sind demnach sowohl eine Kompetenzattraktion (vergleichbar mit Art. 12 Abs. 2 – bei umgekehrten Vorgaben) oder getrennte Verfahren, ggf. mit Sistierung. Aus Bundesrecht ergibt sich nur, dass der UWG-Anspruch einfach und rasch zu behandeln ist, eine Verfahrenszusammenlegung oder -koordination ist

---

[11] Vgl. DAVID, SIWR I/2, 147, mit Kritik am weiten Anwendungsbereich von Art. 13, RAUBER, SIWR V/1, 273 und BAUDENBACHER/GLÖCKNER, Kommentar UWG, Art. 13 N 3; vgl. auch Botschaft UWG, 1081 f., wo allerdings (beispielhaft und zu eng) nur von «wirtschaftlich schwächeren Mitbewerbern» die Rede ist.

[12] Vgl. dazu näher Einleitung N 14 ff. sowie zur UWG-Relevanz von Vertragsklagen BGE 124 III 297, 302 («Motor-Columbus A.G.»; UWG-Anwendbarkeit in casu verneint).

jedoch nicht vorgeschrieben – sie sollte sich aber aus Sinn und Zweck von Art. 13 ergeben[13].

Unklar ist, ob Art. 13 auf **Verfahren des vorsorglichen Rechtsschutzes** anwendbar ist. Da die Kantone ihre Verfahren des vorsorglichen Rechtsschutzes ohne Ausnahme so ausgestaltet haben dürften, dass sie den Anforderungen an ein einfaches und rasches Verfahren genügen, dürfte die Frage nur von theoretischem Interesse sein. Alles andere dürfte den Vorgaben von Art. 13 und Art. 14 widersprechen. Zu beachten ist jedenfalls, dass gemäss Art. 14 i.V.m. Art. 28c Abs. 2 ZGB nur richterliche Behörden (nicht aber etwa administrative Schlichtungsbehörden) vorsorgliche Verfügungen erlassen dürfen.

13

Bei Streitigkeiten, für die **von Bundesrechts wegen** eine **einzige kantonale Instanz** vorgesehen ist und bei denen deshalb eine Kompetenzattraktion im Sinne von Art. 12 Abs. 2 stattfindet, muss das Verfahren dieser Instanz bis zu einem Streitwert von CHF 20 000.– entweder den Anforderungen von Art. 13 genügen oder muss die Klagpartei alternativ das Verfahren gemäss Art. 13 beschreiten können. Art. 13 geht insoweit vor. Sieht das **kantonale Recht** für Ansprüche aus unlauterem Wettbewerb eine **einzige Instanz** vor (dazu Art. 12 N 12), muss dieses bis zur Höhe der anwendbaren Streitwertgrenze mit Art. 13 konform sein, da das Verfahren gemäss Art. 13 je nach Wahl der Klagpartei zur Anwendung gebracht werden kann (N 23). In Frage kommt in solchen Fällen die Einschaltung eines einfachen und raschen Verfahrens durch die entsprechenden Kantone.

14

Da (bzw. soweit; vgl. N 23) die Beschreitung des Verfahrens gemäss Art. 13 für die Klagpartei fakultativ ist, steht dieses einem allfällig zulässigen **Kompromiss**, einer **Prorogation** oder einem **Schiedsverfahren** nicht per se entgegen[14].

15

Auf **strafrechtliche Verfahren** (inkl. Adhäsionsprozess) ist Art. 13 von vornherein **nicht anwendbar**, da er aufgrund seiner systematischen Einordnung in Art. 12–15 nur auf privatrechtliche Verfahren zur Anwendung kommt.

16

2. Streitwertgrenze

Der Bundesrat ist seinem in Art. 13 UWG enthaltenen Verordnungsauftrag 1987 mit dem Erlass der Streitwertgrenze-VO nachgekommen. Sie wurde 2003 revidiert, wobei der Streitwert von CHF 8000.– auf **CHF 20 000.–** angehoben wurde (Inkrafttreten: 1. April 2003). Die Streitwertgrenze gilt **ohne Rücksicht auf**

17

---

[13] Ähnlich HOTZ, SJZ 1990, 31, mit Bezug auf Ansprüche aus Persönlichkeitsrecht. Vgl. OGer (Kommission) OW in AbR 2004–2005 Nr. 10, 78 (Domainname «x.ch»; UWG/MSchG; Irrelevanz der Gerichtsferien im einfachen und raschen Verfahren auch für MSchG-Ansprüche, für die alleine kein einfaches und rasches Verfahren vorgesehen ist).

[14] Dazu Vor Art. 12–15 N 11 und N 53 ff.

Widerklagebegehren (Art. 1 i.V.m. 2 Streitwertgrenze-VO)[15]. Gemäss Art. 2 Streitwertgrenze-VO ist das Verfahren auch auf alle Streitigkeiten «ohne Streitwert» anwendbar. Da **Streitigkeiten aus unlauterem Wettbewerb stets vermögensrechtlich** sind[16], ist dieser Zusatz bedeutungslos. Insbesondere gelten Klagen, bei denen der Streitwert schwierig feststell- und quantifizierbar ist, nicht als Klagen «ohne Streitwert», ansonsten viele, wenn nicht die meisten UWG-Klagen in das Verfahren gemäss Art. 13 verwiesen würden, was nicht im Sinne des Gesetzgebers sein dürfte[17]. Dies gilt namentlich auch für Feststellungs- und Unterlassungsklagen. Diese für das bundesgerichtliche Verfahren zu Art. 46 OG entwickelte und auf Art. 74 Abs. 1 BGG übertragbare[18] st. Rspr. des BGer sollte auch für kantonale Verfahren gelten[19].

18   Zur **Streitwertberechnung** siehe Vor Art. 12–15 N 19. Bei **Verbandsklagen** ist das Interesse des massgeblichen Verbands (und nicht das kumulierte Interesse all seiner Mitglieder) massgebend, und bei **Konsumentenklagen** muss ein «Allgemeininteresse» abgeschätzt werden[20]. Anderes gilt im Rahmen der **Bundesklage** gemäss Art. 10 Abs. 2 lit. c, die als ideell und deshalb als nicht vermögensrechtlich gilt, «comme la Confédération ne défend pas son propre patrimoine»[21].

3. Umsetzung durch die Kantone

19   Den Kantonen steht bei der Umsetzung von Art. 13 die **Wahl** zu, entweder ein **spezielles Schlichtungsverfahren** oder ein **einfaches und rasches Verfahren**

---

[15] Gemäss ZR 1998 Nr. 35, E. II.3 ist in Fällen einer Widerklage mit einem Streitwert von über CHF 20 000.– diese von der Hauptklage abzutrennen.
[16] St. Rspr. seit BGE 82 II 77, 78 f., zuletzt BGE 126 III 198, 200 («Loto Score»), vgl. auch BGE 104 II 124, 126 («Rossignol-Ski»), HGer SG sic! 2003, 609, E. 2 («Mini-Berlusconi»), KassGer ZH ZR 1995 Nr. 20, E. 4.b («da das [seit 1988] geltende Wettbewerbsrecht nicht mehr an das Persönlichkeitsrecht anknüpft, sondern das Wesen des unlauteren Wettbewerbs vielmehr im Missbrauch des Rechts zum freien wirtschaftlichen Wettbewerb zu sehen ist»), HGer SG SMI 1994, 286, E. 1 («Assura») und BAUDENBACHER/GLÖCKNER, Kommentar UWG, Art. 9 N 6 sowie PEDRAZZINI/PEDRAZZINI, UWG, N 18.14 f.
[17] HGer SG sic! 2003, 609, E. 2.a («Mini-Berlusconi»).
[18] Vgl. BGer 4A_24/2007, E. 1.3 («… Massgebend für das Vorliegen einer vermögensrechtlichen Zivilsache ist, ob der Rechtsgrund des Anspruchs letzten Endes im Vermögensrecht ruht, mit dem Begehren letztlich und überwiegend ein wirtschaftlicher Zweck verfolgt wird …»), unter Anknüpfung an die Rspr. zum mittlerweile aufgehobenen Art. 46 OG.
[19] Vgl. bes. zu § 5 ZPO SO GRESSLY, SJZ 1998, 403 und dortige Fn. 57.
[20] Vgl. PEDRAZZINI/PEDRAZZINI, UWG, N 19.04 und HUGI, sic! 2000, 252.
[21] BGE 126 III 198, 200 («Loto Score»).

einzuführen[22]. Soweit ersichtlich, haben sich alle Kantone für die Einrichtung eines einfachen und raschen Verfahrens entschieden[23].

Weitere explizite bundesrechtliche Vorgaben an das kantonale Verfahren **fehlen**[24]. Den Kantonen steht die **Ausgestaltung des Verfahrens** somit weitgehend **frei**, soweit durch sie nicht Art. 13 vereitelt wird. Ihnen stehen im Übrigen namentlich folgende Möglichkeiten der Ausgestaltung offen[25], die auch in anderen von Bundesrechts wegen vorgeschriebenen «einfachen und raschen» oder sonst «beschleunigten» Verfahren (z. B. bei Streitigkeiten aus Miet- und Arbeitsrecht) vorgesehen sind[26]: 20

- vereinfachte (z.B. Einzelrichter[27]) bzw. fachkundige Zusammensetzung des Gerichts;
- verkürzte Fristen[28] bzw. Peremptorisierungen[29], Erledigungsfristen, Irrelevanz von Gerichtsferien[30], Entscheid aufgrund der Akten und von Parteiaussagen bei Säumnis[31];
- Wegfall bzw. Beschleunigung des Sühnverfahrens[32];

---

[22] Der Spielraum der Kantone ist relativ gross, dazu näher RAUBER, SIWR V/1, 274 und dortige Fn. 11. Das kantonale Recht kann bspw. eine Kautionspflicht auferlegen (KassGer ZH ZR 1995 Nr. 20, 66 f.).

[23] TI bezeichnet bei Streitigkeiten aus unlauterem Wettbewerb den «pretore» unabhängig vom Streitwert als zuständig (Art. 418e ZPO TI), während bei Streitigkeiten aus Konsumentenverträgen eine spezielle Schlichtungsbehörde («Uffici di conciliazione per le controversie derivanti da contratti tra consumatori finali e fornitori») zuständig ist (Art. 418a ZPO TI). Vgl. dazu auch PEDRAZZINI/PEDRAZZINI, UWG, N 19.09 m.w.H., sowie CHIESA, REP 1989, 55 f. (kritisch gegenüber der Einrichtung von Schlichtungsbehörden). Vgl. zur Prozessform des bundesrechtlich vorgegebenen einfachen und raschen Verfahrens anstelle vieler SUTTER-SOMM, Zivilprozessrecht, N 805 ff. mit Beispielen der Ausgestaltung in den Kantonen.

[24] In anderen Rechtsgebieten (insbes. Arbeits- und Mietrecht; vgl. Art. 274d Abs. 2 und Art. 343 Abs. 3 OR) hat der Bundesgesetzgeber weiter gehende Minimalvorschriften erlassen. Namentlich ist es nicht von Bundesrechts wegen kostenlos.

[25] Vgl. dazu insbesondere RHINOW, Kommentar aBV, Art. 31^{sexies} N 87 ff., HEYDEN, SJZ 1983, 205 ff., BRÖNNIMANN, ZSR 1989 I 364 ff., sowie RAUBER, SIWR V/1, 274 ff. (u.a. spezifisch zum Verfahren im Kanton ZH), und KassGer ZH ZR 1995 Nr. 20, E. 2.f.

[26] Vgl. z.B. § 53 Abs. 2 Ziff. 4 ZPO ZH; vgl. SUTTER-SOMM, Zivilprozessrecht, N 805 ff., mit weiteren Beispielen aus Auflistung.

[27] Bspw. Art. 15 lit. d und 176 ZPG SG: Zuständigkeit des Bezirksgerichtspräsidiums anstelle des Handelsgerichts (vgl. HGer SG sic! 2003, 609, E. 1 [«Mini-Berlusconi»]).

[28] Vgl. z.B. § 265 i.V.m. § 259 Abs. 1 aZPO BL.

[29] Vgl. z.B. § 129 Abs. 2 Ziff. 1 ZPO ZH, § 265 i.V.m. § 259 Abs. 1 ZPO BL (bei zweiter Fristerstreckung).

[30] Vgl. z.B. § 140 Abs. 2 aZPO ZH (ausser Kraft), Art. 30 Abs. 3 GOG OW (Irrelevanz von Gerichtsferien).

[31] Vgl. z.B. § 264 Abs. 5 ZPO BL.

[32] Vgl. aber § 102 Abs. 1 i.V.m. § 194 ZPO ZH (kein Wegfall des Friedensrichters!). Art. 33 Abs. 2 lit. d GOG OW (Wegfall).

- obligatorische Mündlichkeit des Verfahrens[33];
- Geltung der Untersuchungsmaxime[34];
- Einschränkungen bei der Zulässigkeit von Beweismitteln[35] (bspw. grundsätzlich(e) Unzulässigkeit des Zeugenbeweises);
- strengere oder mildere Ausgestaltung der Eventualmaxime bzw. des Novenrechts[36];
- Kostenlosigkeit des Verfahrens und Verzicht auf Parteientschädigungen[37];
- Verzicht auf die Pflicht zur Hinterlegung einer Kaution (sog. Kautionsdispens)[38] bzw. von Kostenvorschüssen;
- Vorgaben zur Kostenverteilung (bspw. bei Prozessführung in guten Treuen)[39];
- Unzulässigkeit der gewerbsmässigen Parteivertretung bzw. Zulassung nicht patentierter (gewerbsmässiger) Parteivertreter[40];
- Verzicht auf kantonale Rechtsmittel bzw. Rechtsmitteleinschränkungen[41].

21 Es steht den Kantonen ferner frei, die Anwendung des einfachen und raschen Verfahrens auch auf Streitigkeiten mit einem Streitwert von **über CHF 20 000.–** auszudehnen[42].

22 Die **sachliche und funktionale Zuständigkeit** kann je nach Kanton und nach Streitwert variieren. Oft ist ein Einzelrichter (Gerichtspräsidium) zuständig[43]. In gewissen Kantonen besteht gar eine Abspruchskompetenz des Friedensrichters[44].

---

[33] Vgl. z.B. § 119 Ziff. 1 und 3 ZPO ZH, § 264 Abs. 2 ZPO BL und § 213 Abs. 2 ZPO BS (bei letzteren beiden «in der Regel»). Denkbar ist (dabei) auch die Verwendung von Klageformularen.

[34] Vgl. VOGEL/SPÜHLER, Zivilprozessrecht, 6 N 57 ff. zur Untersuchungsmaxime sowie A. STAEHELIN, FS Walder, 133 f. Soweit ersichtlich hat kein Kanton die Geltung der Untersuchungsmaxime für UWG-Streitigkeiten gemäss Art. 13 vorgesehen (BL nur in Konsumenten*vertrags*streitigkeiten). Vgl. auch Vor Art. 12–15 N 16 und 78 je m.w.H.

[35] Wie z.B. in Art. 281 Abs. 3 ZGB vorgesehen, dazu mit Recht kritisch FRANK, SJZ 1994, 352 und BRÖNNIMANN, ZSR 1989 I 363.

[36] Vgl. z.B. § 141 ZPO ZH (sog. direkter Beweisabnahmebeschluss). Diese können sich insbesondere auch als Reflexwirkung der Anordnung des mündlichen Verfahrens ergeben.

[37] Soweit ersichtlich hat kein Kanton ein solches Verbot vorgesehen, vgl. dazu auch A. STAEHELIN, FS Walder, 134.

[38] Vgl. § 78 Ziff. 2 ZPO ZH. Vgl. zum Kautionsdispens KassGer ZH ZR 1995 Nr. 20 sowie RAUBER, SIWR V/1, 275 in Fn. 15.

[39] Analog der bundesrechtlichen Vorgabe im Aktienrecht in Art. 706a Abs. 3 OR; in den meisten Kantonen existieren ähnlich gelagerte allgemeine Bestimmungen zur Kostenauflegung (vgl. zukünftig Art. 107 Abs. 1 lit. b ZPO-CH).

[40] Vgl. etwa GR, GL und JU, dazu DAVID, SIWR I/2, 147. Dazu auch A. STAEHELIN, FS Walder, 134, und BGE 105 Ia 288, 292.

[41] Vgl. z.B. § 259 ZPO ZH. Solche ergeben sich aber regelmässig schon infolge tiefer Streitwertgrenzen.

[42] RHINOW, Kommentar aBV, Art. 31^{sexies} N 94.

[43] Vgl. z.B. Art. 418e CPC TI.

[44] So etwa im Kanton Basel-Landschaft bei einem Streitwert bis CHF 2000.– oder im Kanton Zürich bei einem Streitwert bis CHF 500.–. Dazu auch Vor Art. 12–15 N 13.

4. Zwingende Beschreitung des Schlichtungsverfahrens?

Die **Kantone müssen** das in Art. 13 vorgesehene **Verfahren** (einfaches und rasches Verfahren oder Einrichtung von Schlichtungsbehörden) **zwingend einrichten,** was sich schon aus Art. 97 Abs. 3 BV (vormals Art. 31^{sexies} Abs. 3 aBV) ergibt. Insofern liegt ein Eingriff des Bundesprivatrechts in die Gerichts- und Verfahrenshoheit der Kantone gemäss Art. 122 Abs. 2 BV (Art. 64 Abs. 2 aBV) vor. Gemäss der Botschaft können die Kantone «*bestimmen, ob das vorgesehene Verfahren obligatorisch oder fakultativ durchgeführt wird*»[45]. Vom Schutzzweck des Art. 13 her kann es (einzig) der **Klagpartei offenstehen, ob** das **Verfahren gemäss Art. 13 beschritten** wird oder nicht, sofern ein Kanton das Verfahren für fakultativ erklärt hat. Ob die Wahlmöglichkeit schon von Bundesrechts wegen vorgegeben ist, ist fraglich, wohl aber zu bejahen[46].

23

5. Direkte Anrufung von Art. 13

Art. 13 ist für Rechtssuchende nur von indirekter Bedeutung, so dass eine **direkte Anrufung** von Art. 13 im Zivilprozess **praktisch ausgeschlossen** sein dürfte. Denkbar ist eine direkte Anrufung höchstens dort, wo eine bestimmte kantonale Verfahrensvorschrift oder eine richterliche Anordnung gegen das Beschleunigungsgebot oder sonst gegen Sinn und Zweck von Art. 13 und damit gegen Bundesrecht verstösst[47]. Sie dürfte infolge des Schutzzwecks von Art. 13 nur der Klagpartei offenstehen.

24

6. Ausblick: Art. 13 und ZPO-CH

Im Rahmen der ZPO-CH soll Art. 13 ersatzlos gestrichen werden[48]. Gemäss Art. 197 ZPO-CH soll dem Entscheidverfahren grundsätzlich – also auch bei Ansprüchen, die sich nicht auf unlauteren Wettbewerb stützen – ein **Schlichtungsversuch** vor einer Schlichtungsbehörde[49] vorausgehen. Ausgenommen vom Schlichtungsversuch sind u.a. nur Streitigkeiten, für die gemäss Art. 5 Abs. 1 ZPO-CH eine einzige kantonale Instanz zuständig ist (lit. a–c: geistiges Eigentum, Kar-

25

---

[45] Botschaft UWG, 1081.
[46] So unter Hinweis auf die Materialien dafür BAUDENBACHER/GLÖCKNER, Kommentar UWG, Art. 13 N 5, wohl ablehnend PEDRAZZINI/PEDRAZZINI, UWG, N 19.07.
[47] Vgl. die bei PEDRAZZINI/PEDRAZZINI, UWG, N 19.03, aufgeführten Fälle.
[48] Vgl. Anhang Ziff. 15 ZPO-CH (Art. 402 ZPO-CH; Referendumsvorlage in BBl 2009, 116 und 129), dazu Botschaft ZPO, 7407 f. und 7345 f.
[49] Als Schlichtungsbehörde kann ein erstinstanzlicher Richter, ein Friedensrichter bzw. Vermittler oder aber eine (nicht gerichtliche) Schlichtungsbehörde amten (Botschaft ZPO, 7328). Von Bundesrechts wegen besteht keine Pflicht, diese bei UWG-Streitigkeiten paritätisch zu besetzen (Art. 200 ZPO-CH e contrario).

tellrecht, Firmenrecht). Gleichzeitig bestimmt Art. 243 ZPO-CH, dass ein «**vereinfachtes Verfahren**», das sich an das bspw. in Art. 13 angeordnete einfache und rasche Verfahren anlehnt[50], neu generell bei sämtlichen **vermögensrechtlichen Streitigkeiten bis** zu einem **Streitwert** von **CHF 30 000.–** zur Anwendung kommen soll. Im Endeffekt wird sich somit in praxi nur wenig ändern – allerdings sind sämtliche Verfahrensmodalitäten dann bindend vom Bundesgesetzgeber vorgeschrieben. Ausgenommen sind gemäss Art. 243 Abs. 3 ZPO-CH Streitigkeiten vor der einzigen kantonalen Instanz und vor einem Handelsgericht. Bei **Streitigkeiten aus unlauterem Wettbewerb** sieht Art. 5 Abs. 1 lit. d ZPO-CH (erst) **ab** einem **Streitwert** von **CHF 30 000.–** zwingend eine **einzige Instanz** vor, womit das Schlichtungsverfahren spätestens dann entfällt. Den Kantonen mit Handelsgerichtsbarkeit steht es offen, für **Streitigkeiten aus unlauterem Wettbewerb** ausschliesslich – also bspw. unabhängig vom Streitwert – die handelsgerichtliche Zuständigkeit vorzusehen[51], so dass das Schlichtungsverfahren dann entfallen kann – und zwar (in den Schranken von Art. 97 Abs. 3 BV!) unabhängig davon, ob eine Konsumentenstreitigkeit vorliegt oder nicht. Ein (einseitiger) **Verzicht** auf den Schlichtungsversuch durch die Klagpartei kann dann erfolgen, wenn die beklagte Partei Sitz oder Wohnsitz im Ausland hat oder der Aufenthaltsort der beklagten Partei unbekannt ist[52].

26 **Unklar** bleibt somit, ob bei **Anspruchsgrundlagenkonkurrenz**, d.h. bei Streitigkeiten, die sich parallel auf unlauteren Wettbewerb sowie geistiges Eigentum und/oder Firmenrecht beziehen (vgl. N 12), im Rahmen der Beurteilung durch die (gemäss Art. 5 Abs. 1 ZPO-CH ausschliesslich zuständige) einzige kantonale Instanz (u.U. Handelsgericht) gleichzeitig auch der Anspruch aus unlauterem Wettbewerb (und bspw. Persönlichkeits- und Namensrecht!) beurteilt werden kann[53] oder ob dafür zwingend das Schlichtungsverfahren und danach auch das vereinfachte Verfahren beschritten werden muss. In der ZPO-CH findet sich bedauerlicherweise keine Bestimmung zur Kompetenzattraktion mehr, wie sie heute in Art. 12 Abs. 2 enthalten ist (vgl. dazu Art. 12 N 39).

27 Dem Kläger dürfte es sicherlich offenstehen, das Schlichtungsverfahren (gemäss Art. 197 ff. ZPO-CH) und danach ein «vereinfachtes» Gerichtsverfahren (gemäss Art. 243 ZPO-CH) zu beschreiten. Ob im Rahmen dieser beiden Verfahrensarten aber auch Ansprüche aus geistigem Eigentum und/oder Firmenrecht beurteilt werden können bzw. müssen, ist unklar. Jedenfalls besteht die **Gefahr**, dass der in Art. 243 Abs. 3 i.V.m. Art. 5 ZPO-CH zum Ausdruck gebrachte **Gedanke der Konzentration bei** einer **besonders sachkundigen Behörde unterlaufen** werden könnte – allerdings nur bei Streitwerten unter CHF 30 000.–. Dem steht **gleichzeitig** die Gefahr gegenüber, dass **Art. 97 Abs. 3 BV verletzt** wird, soweit im Rahmen

---

[50] Vgl. Botschaft ZPO, 7346.
[51] Vgl. Art. 6 Abs. 1 und Abs. 3 lit. a i.V.m. Art. 5 Abs. 1 lit. d ZPO-CH.
[52] Art. 199 Abs. 2 lit. a und b ZPO-CH.
[53] Vgl. Art. 12 N 35 und 39.

von Konsumentenstreitigkeiten (auch) Ansprüche aus unlauterem Wettbewerb geltend gemacht werden und kein einfaches und rasches Verfahren zur Anwendung kommt, das auch dem klägerischen Kostenrisiko Rechnung trägt. Immerhin wurde mit dem Erlass der ZPO-CH in dieser Frage soweit ersichtlich keine Änderung (Verschlechterung) der geltenden Rechtslage bezweckt[54].

Der **Wegfall von Art. 13** und das Inkrafttreten der ZPO-CH erfolgen **per 1. Januar 2011.** 28

---

[54] Vgl. Botschaft ZPO, 7260, wo das Problem nicht explizit erörtert wird.

Art. 13a

Beweislastumkehr

[1] Der Richter kann vom Werbenden den Beweis für die Richtigkeit von in der Werbung enthaltenen Tatsachenbehauptungen verlangen, wenn dies unter Berücksichtigung der berechtigten Interessen des Werbenden und anderer am Verfahren beteiligter Personen im Einzelfall angemessen erscheint.

[2] Der Richter kann Tatsachenbehauptungen als unrichtig ansehen, wenn der Beweis nicht angetreten oder für unzureichend erachtet wird.

Renversement du fardeau de la preuve

[1] Le juge peut exiger que l'annonceur apporte des preuves concernant l'exactitude matérielle des données de fait contenues dans la publicité si, compte tenu des intérêts légitimes de l'annonceur et de toute autre partie à la procédure, une telle exigence paraît appropriée en l'espèce.

[2] Le juge peut considérer des données de fait comme inexactes si les preuves ne sont pas apportées ou sont estimées insuffisantes.

Inversione dell'onere della prova

[1] Il giudice può esigere dall'inserzionista la prova dell'esattezza materiale delle allegazioni di fatto contenute nella pubblicità se, tenuto conto degli interessi legittimi dell'inserzionista e di ogni altra parte nel procedimento, tale esigenza sembra appropriata nel singolo caso.

[2] Il giudice può considerare inesatte le allegazioni di fatto se le prove richieste non sono prodotte oppure sono valutate insufficienti.

Reversal of the Burden of Proof

[1] The judge may require the advertiser to produce evidence of the correctness of the factual statements contained in his advertisements if, taking into account the legitimate interests of the advertiser and of any other party to the procedure, such requirement would appear appropriate.

[2] The judge may hold the factual statement to be incorrect if such evidence is not produced or is deemed inadequate.

Inhaltsübersicht

		Note	Seite
I.	Normzweck	1	875
II.	Entstehungsgeschichte	2	876
III.	Systematik und Verhältnis zu anderen Vorschriften	6	877
	1. Systematik	6	877
	2. Verhältnis zu anderen Vorschriften	7	877
IV.	Voraussetzungen der Anwendung von Art. 13a	11	879
	1. Unrichtige Tatsachenbehauptungen	11	879
	2. Anwendungsbereich: Werbung	14	880
	3. Werbender	20	883
	4. Richterlicher Ermessensspielraum: Ausgestaltung als Kann-Vorschrift	22	884
	5. Anwendbarkeit der Beweislastumkehr über Art. 13a hinaus	24	884
V.	Rechtsfolgen	26	886

	Note	Seite
VI. Verfahrensfragen	27	886
VII. Ausblick: Art. 13a und ZPO-CH	36	889

Literatur

C. BAUDENBACHER, Lauterkeitsrecht – Kommentar zum Gesetz gegen den unlauteren Wettbewerb (UWG), Basel 2001, Kommentierung zu Art. 13a; J. BORNKAMM, in: W. Hefermehl/H. Köhler/J. Bornkamm (Hrsg.), Gesetz gegen den unlauteren Wettbewerb, 28. Aufl., München 2010, bes. § 12 N 2.89 ff. und § 5 N 3.19 ff.; L. DAVID, Beweislastumkehr bei Tatsachenbehauptungen in der Werbung, AJP 1993, 616 ff.; L. DAVID/R. JACOBS, Schweizerisches Wettbewerbsrecht, 4. Aufl., Bern 2005, N 755; H. HAUSHEER/M. JAUN, Die Einleitungsartikel des ZGB, Bern 2003; D. HOFMANN/C. LÜSCHER, Le code de procédure civile, Bern 2009; H. HONSELL/N.P. VOGT/T. GEISER (Hrsg.), Basler Kommentar Zivilgesetzbuch I, 3. Aufl., Basel 2006; T. LETTL, Der lauterkeitsrechtliche Schutz vor irreführender Werbung in Europa, München 2004; I. MEIER, Schweizerisches Zivilprozessrecht, Zürich 2010; M. M. PEDRAZZINI/ F. A. PEDRAZZINI, Unlauterer Wettbewerb, UWG, 2. Aufl., Bern 2002, § 20 und § 13.03; G. RAUBER, Klageberechtigung und prozessuale Bestimmungen (Art. 9–15 UWG), in: R. von Büren/L. David (Hrsg.), SIWR V/1, Lauterkeitsrecht, 2. Aufl., Basel 1998, 276 ff.; H. SCHMID, in: H. Honsell/N. P. Vogt/T. Geiser (Hrsg.), Basler Kommentar zum Privatrecht: Zivilgesetzbuch I, Art. 1–456 ZGB, 3. Aufl., Basel 2006; G. STRATENWERTH/G. JENNY, Schweizerisches Strafrecht, Besonderer Teil I: Straftaten gegen Individualinteressen, 6. Aufl., Bern 2003; M. STREULI-YOUSSEF, Unlautere Werbe- und Verkaufsmethoden, in: R. von Büren/L. David (Hrsg.), SIWR V/1, Lauterkeitsrecht, 2. Aufl., Basel 1998, 79 ff.; K. TROLLER, Grundzüge des schweizerischen Immaterialgüterrechts, 2. Aufl., Basel 2005, 415 f.; H. WOHLFAHRT, Die Umkehr der Beweislast, St. Gallen/Bamberg 1992; T. WYLER, Werbung mit dem Preis als unlauterer Wettbewerb, Basel 1990.

I. Normzweck

Art. 13a **ermöglicht** es dem **Zivilrichter** in Abweichung von der allgemeinen Beweislastregel gemäss Art. 8 ZGB, dem **Werbenden** die **Beweislast für** die **Richtigkeit von Werbeaussagen aufzuerlegen**. Damit kommt sie den Werbeadressaten (Marktgegenseite) und Mitbewerbern entgegen, denen es aus Gründen des fehlenden Einblicks in die Verhältnisse des Marktes oder des Werbenden und wegen des Kostenrisikos in der Regel verwehrt sein dürfte, Werbeaussagen auch nur annähernd auf ihre Richtigkeit hin zu prüfen. Die Norm hat somit auch eine **präventive Stossrichtung**. De facto werden insbesondere die Spitzen- bzw. die Alleinstellungswerbung verunmöglicht, die nicht auf gesicherten Erkenntnissen beruhen und nicht beweisbar sind.

II. Entstehungsgeschichte

2 Art. 13a ist eine **gänzlich neue Bestimmung,** die weder im Vorentwurf von 1980, noch im Entwurf zur UWG-Novelle 1983, noch im UWG 1943 ein Pendant aufwies. Allerdings wurde die heute von Art. 13a statuierte Beweislastumkehr schon unter altem Recht praktiziert, hat doch das Bundesgericht in **BGE 102 II 286, 290** (*«Mössinger/Akad»*) eine von der Vorinstanz in einem Fall der Spitzenstellungswerbung («grösste Fernschule der Schweiz») zur Anwendung gebrachte Beweislastumkehr geschützt, ohne dass im UWG 1943 entsprechende Grundlagen bestanden[1].

3 Die vom Bundesrat zur Umsetzung des am 14. Juni 1981 in einer Abstimmung von Volk und Ständen angenommenen Konsumentenschutzartikels (Art. 31^{sexies} aBV) eingesetzte **Kommission für Konsumentenfragen** schlug die heute in Art. 13a integrierte Beweislastumkehr für Tatsachenbehauptungen in der Werbung vor. Sie wurde jedoch nicht in den Entwurf des KIG von 1986 übernommen, obwohl sie in der Vernehmlassung von vielen begrüsst wurde[2]. Eine Teilrevision des UWG kurz nach Abschluss seiner Totalrevision 1986 wurde jedoch abgelehnt, «da die Entwürfe voraussichtlich erst nach Abschluss der UWG-Revision behandelt werden»[3].

4 Im Rahmen des sog. **Eurolex- (1992)** bzw. **Swisslex-Pakets (1993)** im Zuge einer weitestmöglichen Angleichung schweizerischer Rechtsvorschriften an das EU-Niveau fand sich dann die Vorlage zur Beweislastumkehr bei Tatsachenbehauptungen in der Werbung doch wieder[4]. In der Botschaft wurde darauf hingewiesen, dass das UWG mit Ausnahme besagter Beweislastumkehr die in der Richtlinie 84/450/EWG des Rates vom 10. September 1984 zur Angleichung der Rechts- und Verwaltungsvorschriften der Mitgliedsstaaten über irreführende Werbung[5] gestellten Minimalstandards erfülle; die Beweislastumkehr solle zudem nicht generell für Unlauterkeitstatbestände und nur in Zivilprozessen zur Anwendung kommen[6]. Sie war in den parlamentarischen Beratungen unbestritten und wurde per 1. April 1994 in Kraft gesetzt.

5 Der Wortlaut von Art. 13a entspricht praktisch wortgetreu Art. 6 der Richtlinie 84/450/EWG des Rates vom 10. September 1984 zur Angleichung der Rechts- und Verwaltungsvorschriften der Mitgliedsstaaten über irreführende Werbung (**Werbe-**

---

[1] Vgl. auch KGer SZ SMI 1984, 376, E. 3. («Garantiert tiefste Preise in der Schweiz»). Vgl. dazu illustrativ DAVID, AJP 1993, 616 f.

[2] Sie wurde begrüsst, weil sie «zwar ein Einbruch in das System des schweizerischen Zivilprozessrechts, insbesondere in Artikel 8 ZGB, (…) jedoch für die konkreten, im Gesetzesentwurf vorgesehenen Fälle sachdienlich und daher gerechtfertigt zu sein» scheine (Botschaft KIG, 368 mit Hinweis auf die Stellungnahme aus dem Kanton Luzern).

[3] Botschaft KIG, 368 f.

[4] Zusatzbotschaft I EWR, 178 ff. und 184, und Botschaft Swisslex, 865. Dazu näher DAVID, AJP 1993, 618 f. und RAUBER, SIWR V/1, 276 ff.

[5] ABl. Nr. L 250 vom 19. September 1984, 17. Vgl. Einleitung N 167 und 171 ff.

[6] Zusatzbotschaft I EWR, 178 und 182, sowie Botschaft Swisslex, 865.

richtlinie)[7]. Diese wurde durch die Richtlinie 97/55/EG vom 6. Januar 1997 über vergleichende Werbung ergänzt. Eine Nachführung im UWG fand nicht statt. Seit einer Änderung 2005, die im Rahmen des Erlasses der EU-Richtlinie über unlautere Geschäftspraktiken (Richtlinie 2005/29/EG) erfolgte, schützt die EU-Werberichtlinie (neu als Richtlinie 2006/114/EG, vormals Richtlinie 84/450/EWG bzw. 97/55/EG) nur mehr Gewerbetreibende – sie ist also kein Erlass der EU-Verbraucherschutzgesetzgebung mehr (Art. 1)[8]. Demgegenüber enthält die dem Verbraucherschutz dienende EU-Richtlinie über unlautere Geschäftspraktiken (Richtlinie 2005/29/EG) aus dem Jahr 2005 keine Beweislastumkehr für Tatsachenbehauptungen in der Werbung. Auch diesbezüglich fand keine Nachführung im UWG statt.

III. Systematik und Verhältnis zu anderen Vorschriften

1. Systematik

Art. 13a kann als **singuläre Vorschrift im gesamten Privatrecht** betrachtet werden und ist im Zusammenhang mit dem Ziel seiner Schaffung zu verstehen, die eine **Eurokompatibilität** mit der entsprechenden (damaligen) EG-Werberichtlinie (84/450/EWG) bezweckte[9]. Er stellt gegenüber der allgemeinen Beweislastregel in Art. 8 ZGB eine **Ausnahmenorm** mit auf Tatsachenbehauptungen in der Werbung begrenztem Anwendungsbereich dar. Obwohl Art. 13a im Zuge der Bekämpfung irreführender Werbung erlassen wurde, bezieht er sich nur auf unrichtige, nicht aber auch auf richtige, aber irreführende Tatsachenbehauptungen.

6

2. Verhältnis zu anderen Vorschriften

Gemäss **Art. 8 ZGB** hat, wo das Gesetz es nicht anders bestimmt, derjenige das Vorhandensein einer behaupteten rechtsbegründenden Tatsache zu beweisen, der aus ihr Rechte ableitet. Demgegenüber liegt die Beweislast für rechtsaufhebende bzw. -vernichtende Tatsachen bei derjenigen Partei, die den Untergang des Anspruchs behauptet oder dessen Entstehung oder Durchsetzbarkeit bestreitet[10]. Für

7

---

[7] ABl 1984, Nr. L 250/17. Die genannte Richtlinie wurde 1997 durch die Richtlinie 97/55 zur Änderung der Richtlinie 84/450 über irreführende Werbung zwecks Einbeziehung der vergleichenden Werbung geandert. Art. 6 wurde dahin gehend geändert, dass der Richter nun die Beweislastumkehr neu auch bei vergleichender Werbung vornehmen kann. Vgl. auch Einleitung N 167 sowie 171 ff.
[8] Dazu näher Einleitung N 171 ff.
[9] Art. 15 Abs. 2 DSG sieht im Bereich des Datenschutzes ebenfalls eine singuläre Beweisvorschrift vor.
[10] BGE 130 III 321, 323 f.; BGE 128 III 271, 273 f.

Negativa gilt dasselbe, mindestens soweit sie über positive Sachumstände indirekt bewiesen werden können, wobei die fehlende zumutbare Mitwirkung des Gegners der beweisbelasteten Partei bei der Aufklärung im Rahmen der Beweiswürdigung berücksichtigt werden kann[11]. Das Rechtssprichwort «negativa non sunt probanda» hat insofern keine Geltung. Die Beweislastverteilung wird dann gegenstandslos, wenn das Gericht in Würdigung der vorliegenden Beweise zum Schluss kommt, dass eine Tatsache bewiesen oder widerlegt sei[12]. Vorbehalten ist die gesetzlich vorgesehene **Umkehr der Beweislast,** die der **Gesetzgeber in wenigen Fällen** – darunter Art. 13a – vorgesehen hat[13].

8 Mit dem **Beweismass,** dem **Recht auf den Beweis,** mit der eigentlichen **Beweisführung** und dem **Grundsatz der freien Beweiswürdigung** befasst sich Art. 13a nicht, sodass diesbezüglich die allgemeinen Regeln zur Anwendung kommen.

9 Die in Art. 13a statuierte Beweislastumkehr führt faktisch zu einer **Auskunfts- bzw. Rechtfertigungspflicht** des Werbenden und auferlegt dem Werbenden – im Sinne einer Vorverlagerung – **Aufklärungspflichten.** Auskunftsansprüche sieht das materielle oder formelle Recht in diversen Situationen vor[14]. Allerdings dürften die gemäss Art. 13a zu gebenden Auskünfte nur selten einen **Geheimnisschutz** (vgl. dazu die Kommentierung zu Art. 15) erheischen, da gerade das Faktum, dass die entsprechenden Tatsachen in der Werbung, d.h. anonym und in der Öffentlichkeit, verwendet werden, dagegen spricht.

10 **SLK-GS Nr. 1.9** statuiert für Verfahren vor der SLK eine **generelle Beweislastumkehr** für die Richtigkeit von Werbeaussagen, geht also weiter als Art. 13a[15]. Er bezieht sich jedoch nur auf Werbeaussagen, somit nicht auf alle Formen kommerzieller Kommunikation gemäss SLK-GS Nr. 1.2 und 1.3.

---

[11] BGE 119 II 305 (=Pra 1994, Nr. 224, 739), dazu auch HAUSHEER/JAUN, Kommentar Einleitungsartikel ZGB, Art. 8, 9 und 10 N 56 sowie BSK-SCHMID, Art. 8 ZGB N 72 m.w.H., anders ZivGer BS sic! 2005, 768, E. 3c aa («Ende des Kabelfernsehens?», zur Beweislast betreffend die Absicht der Klägerin künftiger Gebührenerhöhungen, die in der Werbung des Beklagten unterstellt wurde – hier hätte die in Art. 13a vorgesehene Beweislastumkehr richtigerweise angewandt werden müssen).

[12] BGE 130 III 591, 602.

[13] Bspw. Verschuldensbeweis bei Vertragsverletzungen (Art. 97 Abs. 1 OR) oder die in Art. 40e Abs. 3 OR und Art. 222 OR vorgesehenen Fälle.

[14] Dazu näher die Kommentierung in Art. 9 N 239; vgl. auch BAUDENBACHER, Kommentar UWG, Art. 13a N 2 ff.

[15] Dazu DAVID, AJP 1993, 617 (zum alten Art. 9 Ziff. 3 des SLK-Geschäftsreglements). Auch Art. 14 Abs. 3 des aktuellen SLK-Geschäftsreglements; vgl. auch Vor Art. 12–15 N 38.

IV. Voraussetzungen der Anwendung von Art. 13a

1. Unrichtige Tatsachenbehauptungen

Es kann grundsätzlich auf den **Tatsachenbegriff** in der Kommentierung zu Art. 3 lit. a und die dort erfolgenden Erläuterungen zur Unrichtigkeit verwiesen werden (Art. 3 lit. a N 26 ff.)[16]. Auf im Auge des Durchschnittsadressaten nicht als Tatsachen erkannte Äusserungen wie marktschreierische Übertreibungen, Fantasiebezeichnungen und dergleichen kann Art. 13a keine Anwendung finden. Meinungsäusserungen, Kommentare und Werturteile sind einer Wahrheitsprüfung nicht zugänglich und scheiden ebenfalls aus. Soweit sie allerdings zugleich auch Tatsachenbehauptungen enthalten – so etwa bei sog. gemischten Werturteilen – gelten für den Sachbehauptungskern der Aussage die gleichen Grundsätze wie für Tatsachenbehauptungen[17].

Fraglich kann etwa sein, ob eine bestimmte Werbemassnahme eine bestimmte Tatsachenbehauptung enthält. So hat die SLK im Fall *«Pfannen-Trophy»* in Bezug auf die allenfalls unlautere oder sonst unzulässige Verwendung eines Logos mit einem Schweizerkreuz festgehalten, dass allgemeine Aussagen nicht verifiziert werden können, was deshalb zumindest nicht bedeute, die betreffende Werbung würde eine besondere Qualität implizieren[18]. Richtig daran erscheint, dass es auf den **Eindruck der Werbeaussage beim Durchschnittsadressaten** ankommt, wie eine explizite oder implizite Werbemassnahme interpretiert wird, und ob sie als Tatsachenbehauptung aufzufassen ist[19]. Nicht entscheidend ist, wie der Werbende seine Werbebotschaft versteht oder verstanden haben will[20]. Sind bestimmte Tatsachenbehauptungen mehrdeutig, haben grundsätzlich alle möglichen Auslegungen richtig zu sein[21].

Eine Beweislastumkehr gemäss Art. 13a ist nur möglich, wenn die Richtigkeit einer Tatsachenbehauptung in Frage steht, auf die sich die Werbung bezieht, auch wenn Art. 13a bzw. Art. 6 EU-Werberichtlinie von 1984 im Zuge der Bekämpfung irreführender Werbung erlassen wurde. Werbung, die zwar **richtige**, aber ggf. **irreführende Tatsachen** enthält, fällt somit **nicht** in den **Anwendungsbereich von Art. 13a**, auch wenn sie namentlich gemäss Art. 3 lit. a, b oder e unlauter sein kann (da irreführend oder unnötig verletzend). Diesbezüglich gilt die ordentliche Beweislastverteilung gemäss Art. 8 ZGB.

---

[16] Vgl. zur Abgrenzung namentlich BGE 126 III 305, 306 ff. (Personenrecht).
[17] BGE 126 III 305, 308 (zu persönlichkeitsverletzenden Presseäusserungen gemäss Art. 28 Abs. 2 ZGB; Personenrecht) sowie BGE 95 II 484, 494 f. («Club Méditerranée»), vgl. auch Art. 3 lit. a N 27.
[18] SLK in sic! 2004, 737, E. 6.c.
[19] OGer LU vom 15. Januar 2007 (11_06_155.2), E. 8.2 («Profi-Fachmesse»).
[20] STREULI-YOUSSEF, SIWR V/1, 144 sowie OGer LU vom 15. Januar 2007 (11_06_155.2), E. 8.2 («Profi-Fachmesse»).
[21] OGer LU vom 15. Januar 2007 (11_06_155.2), E. 8.3 («Profi-Fachmesse»).

2. Anwendungsbereich: Werbung

14 Der Begriff der **Werbung** wird in Art. 13a **nicht definiert, aber vorausgesetzt**. Ausser in Art. 13a wird er im UWG nicht verwendet – die Marginalie bei Art. 3 spricht von «Werbemethoden», ohne sie aber näher zu definieren. Der Begriff der Werbung wird jedoch vom Bundesrecht an anderen Stellen mehrfach verwendet[22].

15 Art. 13a bezweckte im Rahmen des Swisslex-Pakets 1993 die Umsetzung der EU-Werbe-RL. Somit kann vom **Begriff der Werbung** ausgegangen werden, wie er in **Art. 2 der EU-Werberichtlinie** (heutige Richtlinie 2006/114/EG; damalige Richtlinien 84/450/EWG bzw. 97/55/EG) definiert wird[23]. Als Werbung gilt dabei «jede Äusserung, welche im Rahmen der gewerblichen Tätigkeit erfolgt und zum Ziel hat, den Absatz von Waren oder die Erbringung von Dienstleistungen zu fördern». Es handelt sich dabei um eine recht weite Begriffsbestimmung, da an die Art und Grösse des Adressatenkreises der Werbung keine Anforderungen gestellt werden. Breit ist auch der Begriff der «vergleichenden Werbung» in Präambel Ziff. 6 der Richtlinie 97/55/EG[24].

16 Der in **Art. 2 der EU-Werberichtlinie** definierte Begriff der Werbung ist mit dem sonst im Bundesrecht für spezielle Zwecke verwendeten Begriff prima facie durchaus kompatibel, sodass auf ihn abgestellt werden kann. Ohne Weiteres als Werbung im Sinne von Art. 13a zu qualifizieren ist demnach Werbung im klassischen Sinn (Radio-/TV-Werbespots, Werbeinserate, Werbeplakate, Flyer, Onlinewerbung etc.), die an das breite Publikum gerichtet ist. Darunter fällt auch all dies, was unter dem Begriff der «öffentlichen Auskündung» im Rahmen der bis 1995 in Kraft stehenden Ausverkaufsverordnung und Art. 3 lit. k verstanden wird und wurde. Fraglich ist, ob es dabei darauf ankommen kann, ob die in Frage stehende Werbung an das breite Publikum, an Fachpersonen oder nur an Einzelpersonen gerichtet ist. Eine **Ein-**

---

[22] So etwa im Heilmittelrecht (Art. 31 f. HMG), wobei jedoch keine nähere Umschreibung erfolgt. In Art. 2 AWV werden nur die Begriffe der Fach-, Publikums- und Arzneimittelwerbung umschrieben. Art. 2 lit. a AWV umschreibt die (Arzneimittel-)Werbung als «Massnahmen zur Information, Marktbearbeitung und Schaffung von Anreizen, welche zum Ziel haben, die Verschreibung, die Abgabe, den Verkauf, den Verbrauch oder die Anwendung von Arzneimitteln zu fördern». Im Lebensmittelrecht gehen Art. 18 LMG und Art. 31 LGV von der Anpreisung sowie von Angaben aus, ohne diese näher zu definieren. Art. 2 lit. k RTVG definiert als Werbung «jede öffentliche Äusserung im Programm, welche die Förderung des Abschlusses von Rechtsgeschäften über Waren oder Dienstleistungen, die Unterstützung einer Sache oder Idee oder die Erzielung einer anderen vom Werbetreibenden oder vom Rundfunkveranstalter selbst gewünschten Wirkung zum Zweck hat und gegen Bezahlung oder eine ähnliche Gegenleistung oder als Eigenwerbung verbreitet wird». Vgl. zum Begriff der Werbung auch Einleitung N 5.

[23] Dies ergibt sich nicht nur als Folge des historischen Auslegungselements, sondern auch daraus, dass der Begriff der Werbung und des Werbenden dem UWG ansonsten fremd ist. Zum Begriff der Werbung auch näher Einleitung N 4 ff. m.w.H.

[24] Dazu näher Einleitung N 167 und 171 ff.

schränkung auf Publikumswerbung ist in Art. 13a **nicht vorgesehen**[25]. Auch Fachwerbung und Angaben bzw. Mitteilungsinhalte bei Auslagen in Schaufenstern können daher als Werbung qualifiziert werden.

Fraglich ist, ob auch nicht anonymisierte, individualisierte Absatzförderungsmassnahmen in Formen wie **Direktmarketing, Sponsoring, individuelle Verkaufsförderung und Öffentlichkeitsarbeit** als Werbung im Sinne von Art. 13a zu betrachten sind. Gemäss Nrn. 1.2 und 1.3 SLK-GS gilt Werbung als Teil kommerzieller Kommunikation[26]. Direktmarketing, Sponsoring, Verkaufsförderung und Öffentlichkeitsarbeit werden (nur, aber immerhin) als weitere Arten kommerzieller Kommunikation qualifiziert, nicht aber als Werbung erfasst[27]. Auszugehen ist jedoch – auch in Übereinstimmung mit Art. 2 der EU-Werberichtlinie – von einem **weiten Begriff** der Werbung – der Begriff der Werbung im Sinne von Art. 13a ist nicht notwendig deckungsgleich mit demjenigen der (von Art. 3 lit. h bspw. nicht erfassten) Werbemethode im Sinne von Art. 3, da insoweit eine zweckgerichtete Auslegung angebracht erscheint. Erfasst als Werbung im Sinne von Art. 13a muss demnach jegliche an die Marktgegenseite gerichtete Kommunikationsmassnahme gewerblicher Art (Wettbewerbshandlung) sein, die bezweckt, eigene Produkte oder Dienstleistungen abzusetzen oder den Absatz von Produkten oder Dienstleistungen von Dritten zu mindern bzw. zu behindern, und nachfrageseitig unverlangt ergriffen wird. Da die Irreführungsgefahr bei individualisierten Werbemassnahmen nicht geringer, sondern im Gegenteil oft höher ist, kann auch eine an verschiedene Adressaten (das «breite Publikum») adressierte, unverlangt zugestellte **individualisierte Werbemassnahme**, die denselben oder einen ähnlichen, ggf. unwahren Mitteilungsinhalt aufweist, als Werbung im Sinne von Art. 13a qualifiziert werden[28]. Somit sind auch individualisiertes Direktmailing (auch über Telefon, Telefax, Mobilfunk etc.), Äusserungen im Rahmen von Sponsoringmassnahmen etc. vom Begriff der Werbung in Art. 13a erfasst, soweit es sich um unverlangte «anonyme» Zusendungen handelt. Insofern ist eine differenzierte Betrachtungsweise angebracht, die dem von Art. 13a ins Auge gefassten Umstand Rechnung trägt, dass keine direkte, vom Adressaten erstrebte Kontaktnahme vorliegt, die in Bezug auf

17

---

[25] Dass der Gesetzgeber aber Publikumswerbung von anderer Werbung (z.B. Fachpersonenwerbung) unterscheidet, ergibt sich schon mit Blick auf die Arzneimittelwerbung (vgl. Art. 3 ff. und 14 ff. AWV sowie die Begriffsdefinition in Art. 2 lit. b und c AWV).
[26] Unter kommerzieller Kommunikation ist gemäss Nr. 1.2 SLK-GS «jede Massnahme von Konkurrenten oder Dritten zu verstehen, die eine Mehrheit von Personen systematisch in ihrer Einstellung zu bestimmten Waren, Werken, Leistungen oder Geschäftsverhältnissen zum Zweck des Abschlusses eines Rechtsgeschäftes oder seiner Verhinderung beeinflussen».
[27] Vgl. auch die Erfassung von Direktmarketing durch die IHK-Richtlinien in Kapitel C (Art. C1 ff.).
[28] Vgl. aber Nr. 1.2 SLK-GS, der systematisches Vorgehen gegenüber einer Mehrheit von Personen für die Anwendbarkeit der SLK-GS voraussetzt. Solche individualisierten Werbemassnahmen dürften gleichzeitig als Geschäftsmethoden im Sinne von Art. 3 lit. h zu qualifizieren sein, vgl. BGer 6S.677/2001 sic! 2002, 697, E. 4b («Garantieversand»); vgl. auch BGer 6S.357/2002 sic! 2003, 354, E. 3.1 («Telefaxverzeichnis»; nicht publ. E. von BGE 129 IV 49 ff.). Vgl. auch BAUDENBACHER, Kommentar UWG, Art. 3 lit. h N 27 f.

die Tatsachenbehauptungen eine einfache Nachfrage erlaubte, sondern dass die Stellung der betroffenen Person im Ergebnis derjenigen in der klassischen anonymen Werbesituation entspricht[29]. Ob vor diesem Hintergrund in extremis auch die an eine Einzelperson adressierte Ansprache noch als Werbung gelten kann, muss somit mit Rückgriff auf die Zielsetzungen von Art. 13a in Würdigung der konkreten Umstände ermittelt werden. Ähnliches muss für Strassenwerbung, Haustürgeschäfte, Werbefahrten und Partyverkäufe gelten, soweit hier keine «unkomplizierten» Nachfragen möglich sind. Insofern ist Werbung auch nicht an ein Schriftlichkeitserfordernis gebunden.

18 **Nicht als Werbung** i.S.v. Art. 13a zu qualifizieren sind demgegenüber individuelle Angaben im Rahmen von Vertragsverhandlungen etc., da es hier dem Adressaten zumutbar ist, Nachfragen in Bezug auf Tatsachenangaben zu tätigen, die kaufswesentlich sind. Kommt es dabei zum Abschluss eines Rechtsgeschäfts, stehen insoweit immer noch die Möglichkeiten der Willensmangelanfechtung oder der Geltendmachung von Gewährleistungsansprüchen zur Verfügung. Schwierige Abgrenzungsfragen bleiben allerdings. Ebenso wenig gelten Kommunikationsmassnahmen wie **Medienberichte** (bspw. über Produkte, Dienstleistungen von Fremdanbietern bzw. Tests), die (bzw. soweit sie) nicht bezwecken, den Absatz von (eigenen) Produkten und Dienstleistungen zu fördern oder den Absatz von Drittprodukten und Dienstleistungen zugunsten des Berichtenden zu mindern, als Werbung. Darunter fallen etwa Produktvergleiche in Konsumentensendungen und -zeitschriften[30]. Die Übergänge zu «versteckter Werbung» können jedoch fliessend sein; zu denken ist namentlich an Mediengefässe, die vom Werbenden massgeblich unterstützt bzw. gesponsert werden und Werbebotschaften enthalten können (z.B. Product Placement). Fraglos nicht als Werbung gelten ferner **Angaben auf Waren**, Leistungen etc. selbst[31], es sei denn, im Rahmen einer Werbemassnahme wären solche Angaben lesbar ersichtlich (z.B. bei Abbildungen). Die Ware bzw. Leistung selbst ist grundsätzlich nicht Mittel der Absatzförderung, sondern deren Objekt.

19 Im Zeitpunkt des Erlasses von Art. 13a **1993** bezog sich die **EU-Werberichtlinie (Richtlinie 84/450/EWG) nur** auf **irreführende Werbung**. Vergleichende Werbung wurde nicht miteinbezogen. Art. 6 der Werberichtlinie bezieht sich erst seit 1997 (Erlass der Richtlinie 97/55/EG betreffend vergleichende Werbung) auch auf vergleichende Werbung[32]. Als Werbung im Sinne von Art. 13a gilt jedoch jegliche Werbung, insbesondere **auch vergleichende Werbung**. Einerseits sieht schon der Wortlaut in Art. 13a keine Differenzierung vor, andererseits spricht für eine «Privilegierung» vergleichender Werbung gegenüber sonstiger unrichtiger Werbung kein

---

[29] Vgl. PEDRAZZINI/PEDRAZZINI, UWG, N 7.35, die im Rahmen der Abgrenzung von Geschäfts- zu Werbemethoden bei Art. 3 lit. h ebenfalls eine sachgerechte Differenzierung propagieren.
[30] BGE 129 III 426, 436 f. («Optikerpreise»/«Fielmann/Visilab», dazu DAVID, AJP 2004, 202 ff.) und BGer 4C.170/2006, E. 2.2 (obiter dictum, Frage offengelassen).
[31] Vgl. HGer ZH ZR 2005 Nr. 11, E. 2 («Schaumwein statt Champagner»).
[32] Dazu Einleitung N 174 f.

vernünftiger Grund. Die vergleichende Werbung wird im Gegenteil in Art. 3 lit. e speziell erfasst. Zudem war vor Erlass der EU-Werberichtlinie vergleichende Werbung in vielen Mitgliedstaaten grds. unzulässig (z.B. Deutschland); deren Erlass und der Miteinbezug vergleichender Werbung in Art. 6 EU-Werberichtlinie im Jahr 1997 (in Form der Richtlinie 97/55/EG, heutige Richtlinie 2006/114/EG) bezweckte somit nicht eine Einschränkung, sondern eine unionsweit einheitliche Liberalisierung. In der Schweiz war vergleichende Werbung demgegenüber stets zulässig (vgl. Art. 3 lit. e N 5).

3. Werbender

Art. 13a und die übrigen UWG-Vorschriften konkretisieren nicht, wer als potenziell beweisbelasteter Werbender zu verstehen ist. Auch die EG-Werbe-RL konkretisiert den Begriff des Werbenden nicht. Interessanterweise finden sich dazu auch in Rspr. und Literatur keine näheren Erläuterungen, obwohl die Fragestellung nicht gänzlich unbedeutend ist. Als Werbender kann nur gelten, **wer die Werbung letztlich verantwortet**, d.h., wer sie initiiert, kreiert oder geschaltet hat, um seine eigene wirtschaftliche Stellung (oder die von verbundenen Unternehmen) zu festigen oder auszubauen, und deshalb auch am besten in der Lage ist, über den Wahrheitsgehalt der Werbung Aufschluss zu geben[33]. Der **Werbende** kann deshalb **nicht mit dem Wettbewerbsstörer** nach allgemeinen Grundsätzen (dazu Art. 9 N 32 ff.) **gleichgesetzt werden**. Dies würde faktisch zu unzumutbaren Kontrollpflichten führen und letztlich die Werbung zensurieren. Bedauerlicherweise existieren zu dieser Frage soweit ersichtlich weder gefestigte Lehrmeinungen noch Präjudizien.

20

Keine Werbenden im Sinne von Art. 13a und damit passivlegitimiert sind deshalb mit der Kreation und allfälligen Aufschaltung der Werbung betraute Dritte (Werbeagenturen etc.) sowie das Medium (Medienunternehmen, Marketingunternehmen etc.), in dem die Werbung (ab)gedruckt, ausgestrahlt, verteilt oder online etc. gestellt wird. Begünstigt die in Frage stehende Werbung auch Dritte (was wohl selten der Fall sein dürfte[34]), so sind diese ebenso wenig passivlegitimiert, da sie für die Werbemassnahme nicht verantwortlich sind.

21

---

[33] Ähnlich ist die Lage beim Gegendarstellungsrecht, wo ebenfalls eine eingeschränkte Passivlegitimation gilt, die enger als der Störerbegriff ist, vgl. BGE 113 II 213, 217.

[34] Zu denken ist aber immerhin an vergleichende Werbung oder an die (Teil-)Veröffentlichung von Tests bzw. Vergleichen durch einen primär die eigene Absatzförderung bezweckenden Werbenden, die auch Mitbewerbern zugutekommt.

4. Richterlicher Ermessensspielraum: Ausgestaltung als Kann-Vorschrift

22 Die Ausgestaltung von Art. 13a als Kann-Vorschrift bedeutet, dass ein **weiter richterlicher Ermessensspielraum** besteht. Das Ermessen hat der Richter pflichtgemäss auszuüben. Die pflichtgemässe Ermessensausübung läuft auf eine **Interessenabwägung** hinaus. Art. 13a gibt dabei vor, welche Interessen in jedem Fall zu berücksichtigen sind: Er schreibt die angemessene Berücksichtigung der berechtigten Interessen des Werbenden und anderer am Verfahren beteiligter Personen im Einzelfall vor[35]. Im Rahmen der Rechtslage in Deutschland steht eine Umkehr der Beweislast bzw. die Erleichterung der Darlegungs- und Beweislast dann im Vordergrund, wenn es um die **Aufklärung von Tatsachen** geht, die in den Verantwortungsbereich des Werbenden fallen. Zu denken ist an innerbetriebliche Vorgänge, Alleinstellungs- und Spitzengruppenwerbung und an fachlich umstrittene Behauptungen, insbesondere im Bereich des Gesundheitswesens[36]. Diese Kautelen können ohne Weiteres auch auf die Rechtslage in der Schweiz übertragen werden.

23 Eine Umkehr der Beweislast liegt allgemein dann nahe, wenn **dem Werbenden nähere Auskünfte** zu seinen Tatsachenbehauptungen **ohne Weiteres zumutbar** sind – namentlich soweit keine Geschäftsgeheimnisse betroffen sind, und insbesondere wenn entsprechende Abklärungen für den Werbeadressaten nur mit unverhältnismässigem Aufwand möglich sind. Da der Werbende lediglich bei seinen eigenen Aussagen behaftet wird, dürfte es ihm in vielen Fällen ohne Weiteres zuzumuten sein, diese näher zu verifizieren. Ansonsten stünde es ihm offen, die Werbebotschaft vorsichtiger zu formulieren. Gleichzeitig verdeutlicht dies die präventive Stossrichtung von Art. 13a. Es besteht im Rahmen der Durchführung der Interessenabwägung zudem eine gewisse Vergleichbarkeit mit dem in Art. 15 geregelten Verfahren bei Geheimnisverletzung[37].

5. Anwendbarkeit der Beweislastumkehr über Art. 13a hinaus

24 Fraglich ist die **Analogiefähigkeit** der Vorschrift, also die Frage, ob eine Beweislastumkehr über den Wortlaut von Art. 13a hinaus – etwa bei Angaben und Äusserungen im Rahmen von unlauterem Verhalten, das nicht als Werbung zu qualifizieren ist (insbes. bei Geschäftsmethoden), oder bei Irreführung ohne unrichtige Tatsachenbehauptungen – zulässig ist. Art. 13a ist als singuläre und klar umrissene Ausnahme von der generellen Beweislastregel des Art. 8 ZGB zu verstehen.

---

[35] In BGE 129 III 426 ff. («Optikerpreise»/«Fielmann/Visilab») wurde die Beweislast zwar umgekehrt, allerdings äusserte sich das BGer nicht dazu, dazu kritisch DAVID, AJP 2004, 202 ff., vgl. auch R. VON BÜREN, ZBJV 2005, 266 ff. Dies ist bemerkenswert, da der Unterlassungskläger ein branchenkundiger Konkurrent (Fielmann) und nicht etwa ein Konsument oder ein Verband i.S. von Art. 10 war.
[36] BORNKAMM, Kommentar dt. UWG, § 5 N 3.23 ff. m.w.H.
[37] Dazu näher BAUDENBACHER, Kommentar UWG, Art. 13a N 12.

Vor diesem Hintergrund bedarf die Abweichung von Art. 8 ZGB grundsätzlich einer gesetzlichen Grundlage[38]. Dies wird durch die Ausgestaltung von Art. 13a als Kann-Vorschrift noch verdeutlicht. Dass eine Abweichung von Art. 8 ZGB in Ausnahmefällen denkbar ist, zeigte zwar schon BGE 102 II 286, 290 («Mössinger/Akad») vor Erlass von Art. 13a. Die Ausdehnung der Beweislastumkehr gemäss Art. 13a über seinen Wortlaut hinaus auf weitere Tatbestände unlauteren Wettbewerbs ist aber **grundsätzlich abzulehnen**[39].

Auf **strafrechtliche Verfahren** findet Art. 13a **keine Anwendung**. Dies ergibt sich einerseits schon aus der in Art. 6 EU-Werbe-RL enthaltenen Beschränkung auf «Verfahren vor den Zivilgerichten oder Verwaltungsbehörden» und aus der Einordnung von Art. 13a im privatrechtlichen Teil des UWG. Andererseits käme im Strafrecht wegen der Unschuldsvermutung eine Umkehr der Beweislast aus elementaren rechtsstaatlichen Überlegungen schon gar nicht in Frage. Allerdings sieht der Tatbestand der **üblen Nachrede** in Art. 173 Ziff. 2 StGB einen **Wahrheits- bzw. Gutglaubensbeweis des Beschuldigten** vor, der sich für die beschuldigte Person wie eine Beweislastumkehr auswirkt. Vor diesem Hintergrund liegt es nahe, diese **Beweislastumkehr** bei einer üblen Nachrede im Sinne von Art. 173 Ziff. 2 StGB auch **auf das Privatrecht zu erstrecken** und über Art. 2 zu erfassen – allerdings nur dann, wenn ein (eventual-)vorsätzliches Verhalten im Sinne von Art. 173 Ziff. 2 StGB vorliegt, das zugleich eine Wettbewerbshandlung darstellt[40]. Ansonsten ginge das Strafrecht weiter als das Privatrecht, was der Einheit der Rechtsordnung und dem Ultima-Ratio-Charakter des Strafrechts zuwiderliefe. Da sich eine solche **Erstreckungswirkung nur auf Tatsachenbehauptungen** bezieht, kommt dem Ganzen nur Bedeutung für unlauteres und ehrverletzendes und gleichzeitig herabsetzendes Verhalten zu, das nicht als Werbung qualifiziert werden kann. Zu denken ist etwa an **tatsachenwidrige und zugleich ehrverletzende, herabsetzende Angaben auf Waren und Leistungen oder** in den **Medien**. Das Ganze gilt jedoch unter dem Vorbehalt, dass die in Art. 173 Ziff. 2 StGB angeordnete Beweislastumkehr ihrerseits überhaupt zulässig

25

---

[38] Allerdings ist nicht zu verkennen, dass schon bisher richterliche Beweislastumkehren praktiziert wurden, ohne dass dafür gesetzliche Grundlagen vorlagen. Eine Ausdehnung auf nicht als Werbung zu betrachtende (vgl. N 17 und dortige Fn. 28) Geschäftsmethoden erscheint aber nicht naheliegend, da es hier dem Adressaten angesichts der – wohl regelmässig vorliegenden – direkten Einwirkung regelmässig möglich und zumutbar sein sollte, klärende Nachfragen zu stellen. So andeutungsweise auch HGer ZH ZR 2005 Nr. 11, E. II.2 («Schaumwein statt Champagner»), und KGer GR vom 23.1.2006 (ZF 05 41; vorinstanzlicher Fall zu BGer 4C.170/2006 [«Vergleichender Warentest»]).
[39] So wohl auch BGer 4C.170/2006, E. 2.2 («Vergleichender Warentest»).
[40] BAUDENBACHER/GLÖCKNER, Kommentar UWG, Art. 3 lit. a N 87 f., wollen diese Erstreckung offenbar ohne Einschränkung auf (eventual)vorsätzliches Verhalten generell zulassen. Das BGer scheint sich dieser Tendenz jedoch zu verschliessen, vgl. BGer 4C.167/2006, E. 5.1. Vgl. auch BGE 133 III 323 ff., in welchem das Vorliegen der vom Strafrecht vorgesehenen subjektiven Elemente (Vorsatz) für die Schutzgesetzfunktion im Zivilrecht als konstitutiv erachtet wurde.

ist und namentlich nicht etwa gegen die in Art. 6 Ziff. 2 EMRK garantierte Unschuldsvermutung verstösst[41].

V. Rechtsfolgen

26   Der gemäss Art. 13a **beweisbelastete Werbende** muss die Richtigkeit der in Frage stehenden Tatsachenbehauptung beweisen. Er **trägt** deshalb das Risiko und die **Folgen der Beweislosigkeit**. Dies kann – soweit die weiteren Voraussetzungen eines materiellen UWG-Tatbestands (namentlich Art. 2 und 3) erfüllt sind – zur Gutheissung von Ansprüchen gemäss Art. 9 führen.

VI. Verfahrensfragen

27   Ob die **Klagpartei,** die sich auf Art. 13a berufen will, einen speziellen Antrag (Eventualmaxime!) stellen muss oder die Berufung auf die Rechtsanwendung von Amtes wegen (iura novit curia) möglich ist, ist fraglich. Angesichts des Sinnes und Zwecks der Regelung ist jedoch Letzterem der Vorzug zu geben. Eine Anwendung von Art. 13a **von Amtes wegen,** d.h. ohne Anstoss von seiten der Klagpartei, dürfte indes **abzulehnen** sein, da dies auf eine Einschränkung der Dispositionsmaxime hinausliefe. Es kann dem Betroffenen zugemutet werden, einen entsprechenden **Antrag** zu stellen oder auf sonstige Art und Weise dazu gegenüber dem Gericht den Anstoss zu geben. Eine nicht anwaltlich vertretene unerfahrene Klagpartei kann im Rahmen der richterlichen Fragepflicht «ermuntert» werden, die Richtigkeit der Tatsachenbehauptungen anzuzweifeln[42]. Ferner ist fraglich, ob die blosse klägerseitige **Behauptung** bzw. das blosse Zweifeln an der Richtigkeit der in Frage stehenden Werbung ausreicht, um Art. 13a zur Anwendung zu bringen, oder ob die Unrichtigkeit mindestens glaubhaft zu machen ist. Da sich der Gesetzestext dazu ausschweigt und sich vom Sinn und Zweck von Art. 13a her keine andere Lösung aufdrängt bzw. rechtfertigen liesse, muss es letztlich im Ermessen des Richters liegen, die Beweislast umzukehren[43].

28   Auf Art. 13a können sich neben Mitbewerbern auch die **Marktgegenseite (inkl. Konsumenten und Verbände** i.S.v. Art. 10 Abs. 2 lit. a und b) berufen. Dies gilt

---

[41] Zu diesen Problem anstelle vieler STRATENWERTH/JENNY, StGB BT I, § 11 N 39 m.w.H.
[42] Vgl. zum «sozialen Zivilprozess» die Hinweise in Vor Art. 12–15 N 16 und 78 je m.w.H.
[43] (Wohl) für Glaubhaftmachung (im vorsorglichen Massnahmeverfahren!) HGer SG SGGVP 1997 Nr. 35, 84 und HGer SG vom 21.11.2005 (HG.2005.69; «Saugkraftverlust»/«branchenführende Saugleistung»), E. 3, vgl. DAVID, AJP 1993, 617. Gerade im vorsorglichen Massnahmeverfahren sollte es aber schon genügen, wenn erste, nicht leicht entkräftbare Indizien vorliegen, die die Unrichtigkeit der fraglichen Tatsachenbehauptungen nahelegen, namentlich wenn eine Abmahnung erfolgte. Der Gesuchsgegnerin steht es frei, sofort die Richtigkeit der Tatsachenbehauptung glaubhaft zu machen oder sie gar zu beweisen.

unabhängig davon, dass die EU-Werbe-RL seit der Änderung 2005 keinen Erlass des Konsumentenschutzes mehr darstellt und nur mehr noch den Schutz der Gewerbetreibenden bezweckt (Art. 1 EU-Werbe-RL; vgl. dazu N 5). Einerseits hat sich der Wortlaut von Art. 13a nicht geändert und schliesst – namentlich vor dem Hintergrund der Schutzzwecktrias des UWG in Art. 1 – auch die Marktgegenseite inkl. der Konsumenten ein. Die Entstehungsgeschichte zeigt zudem, dass Art. 13a auch den Konsumenten zugutekommen soll[44]. Anderseits wäre eine dynamische Auslegung gerade im Rahmen der Berücksichtigung EU-rechtlicher Vorgaben problematisch (Grundsatz des autonomen Nachvollzugs).

Die **beklagte Partei** (Werbender) muss bei Anwendung der Beweislastumkehr gemäss Art. 13a die Richtigkeit der in Zweifel gezogenen Tatsache beweisen. Eine allfällige Beweislosigkeit geht zulasten des beweisbelasteten Werbenden[45]. Zur Anwendung kommt dabei grundsätzlich das **Regelbeweismass**[46], d.h., ein Beweis der überwiegenden Wahrscheinlichkeit der Richtigkeit oder blosses Glaubhaftmachen genügt nicht. Insofern wirkt Art. 13a als Zweifelsregel zulasten des Werbenden[47]. Ob bei Tatsachen, deren (Streng-)Beweis unmöglich oder unzumutbar ist, ausnahmsweise überwiegende Wahrscheinlichkeit ausreichen kann, ist eher abzulehnen. Art. 13a bezweckt, Werbung mit unrichtigen Tatsachenbehauptungen zu unterbinden. Gute Gründe für ein Entgegenkommen gegenüber einem Werbenden, der von der Richtigkeit der von ihm in seiner eigenen Werbung geäusserten Tatsachen selbst nicht überzeugt sein kann bzw. darf, sind nicht ersichtlich. Im Falle der Ungewissheit hat die betreffende Werbeäusserung zu unterbleiben. Dies muss gerade auch bei Tatsachen gelten, die ihrer Natur nach nicht streng bewiesen werden können. Zielsetzung von Art. 13a ist die Vermeidung der Irreführung in der Werbung, weshalb Art. 13a **im Ergebnis** dazu führt, dass **nur mit beweisbaren Tatsachen geworben** werden darf.

29

Etwas anderes gilt **bei Negativa** (dazu schon N 7). Hier muss die **Klagpartei** in guten Treuen bei der Sachverhaltsaufklärung **mitwirken** und so weit als möglich und zumutbar zum Beweis des Gegenteils beitragen[48]. Mangelnde Mitwirkung kann zulasten des beweisbelasteten Werbenden berücksichtigt werden.

30

Ob eine gestützt auf Art. 13a zur Anwendung gebrachte Beweislastumkehr in einem **Beweisdekret** ergehen muss und damit von der beklagten Partei (Werbender) als Zwischenentscheid angefochten werden kann, ist ebenfalls fraglich[49]. Art. 13a und das weitere Bundesrecht stellen dazu keine Vorgaben auf, weshalb dies **dem**

31

---

[44] Botschaft EWR, 389 ff.
[45] Vgl. ZlvGer BS stc! 2005, 768, E. 3c aa («Ende des Kabelfernsehens»).
[46] Strengbeweis.
[47] So BAUDENBACHER, Kommentar UWG, Art. 13a N 18 und PEDRAZZINI/PEDRAZZINI, UWG, N 20.16; unklar RAUBER, SIWR V/1, 279.
[48] BGE 119 II 305, 305 f. (= Pra 1994, Nr. 224, 739, E. 1).
[49] Vgl. dazu auch BAUDENBACHER, Kommentar UWG, Art. 13a N 20, gemäss welchem «nach dem Gesetzeswortlaut (...) wohl eine gerichtliche Verfügung notwendig» sei.

kantonalen Recht und **letztlich** der **Gerichtspraxis überlassen** ist. Ergeht aber eine Verfügung, wird diese nach den allgemeinen eingeschränkten Voraussetzungen der Anfechtung von Zwischenverfügungen überprüft werden. Soweit keine separate Beweisverfügung ergeht, kann nur die unrichtige Anwendung von Art. 13a im Rahmen eines Rechtsmittelverfahrens geltend gemacht werden (z.B. Ermessensmissbrauch).

32 Kommt das Gericht in **beweismässiger Hinsicht** zum **Schluss**, dass der **Beweis** der Unrichtigkeit einer Tatsachenbehauptung klägerischerseits **erbracht** wurde, erübrigt sich die Anwendung von Art. 13a. Dies ist namentlich für das bundesgerichtliche Verfahren von Bedeutung, da dort grundsätzlich auf die Tatsachenfeststellungen der Vorinstanz abgestellt wird (Art. 97 Abs. 1 BGG)[50].

33 Im Rahmen der Anwendung von Art. 13a besteht **kein privilegierter Schutz von Fabrikations- und Geschäftsgeheimnissen**. Es kommen vielmehr die bestehenden Schutzvorschriften des kantonalen Rechts bzw. Art. 15 analog (sowie in Zukunft Art. 156 ZPO-CH) zur Anwendung[51]. Sinn und Zweck der Regelung in Art. 13a ist es, den Werbeadressaten in die Lage zu versetzen, die in Frage stehende Werbung richtig zu verstehen, und ihn vor Täuschung zu schützen, was sogar eher für eine zurückhaltende Anwendung der Schutzvorschriften des kantonalen Rechts bzw. gemäss Art. 15 analog spricht.

34 Die in Art. 13a vorgesehene Beweislastumkehr muss über den diesbezüglich zu engen Wortlaut («Der Richter kann ...») im Rahmen einer zweckorientierten, historischen Auslegung[52] auch auf Verfahren gemäss Art. 13 vor **Schlichtungsstellen** anwendbar sein, selbst wenn diese nicht als richterliche Behörden ausgestaltet sein sollten. Bisher hat allerdings kein Kanton Schlichtungsstellen eingerichtet.

35 Im Rahmen des Verfahrens vor der **SLK** (dazu Vor Art. 12–15 N 38) kommt gemäss **SLK-GS Nr. 1.9** eine **generelle Beweislastumkehr** für die Richtigkeit von Tatsachenbehauptungen in der Werbung zur Anwendung[53].

---

[50] Vgl. z.B. BGer 4C.170/2006, E. 2.2. («Vergleichender Warentest»).
[51] Vgl. dazu auch DAVID, AJP 1993, 619. Im Verlauf der parlamentarischen Beratungen sollte auf Vorschlag des Nationalrats ein Passus eingefügt werden, wonach auch bei Umkehr der Beweislast die Fabrikations- und Geschäftsgeheimnisse des Werbenden gewahrt bleiben sollten (Amtl. Bull. NR 1993 [27. April 1993]). Dieser Passus wurde allerdings nicht in das Gesetz übernommen.
[52] Vgl. auch PEDRAZZINI/PEDRAZZINI, UWG, N 20.17 (mit zutreffendem Hinweis, dass Art. 6 der EG-Werberichtlinie die Beweislastumkehr auch für Verfahren vor Verwaltungsbehörden vorsah).
[53] Ebenso in Art. 14 Abs. 3 SLK-Geschäftsreglement: dazu auch N 10 und Vor Art. 12–15 N 38.

VII. Ausblick: Art. 13a und ZPO-CH

Im Rahmen des Erlasses der ZPO-CH wird Art. 13a Abs. 2 ersatzlos gestrichen[54]. Eine materielle Änderung ist damit nicht beabsichtigt, da sich die in Abs. 2 vorgesehene Möglichkeit, Tatsachenbehauptungen als unrichtig anzusehen, wenn der Beweis nicht angetreten oder für unzureichend erachtet wird, fortan aus den einheitlich geltenden Regeln zum Beweisrecht ergeben wird (Grundsatz der freien Beweiswürdigung gemäss Art. 157 ZPO-CH).

36

---

[54] Vgl. Anhang I Ziff. 15 ZPO-CH (Art. 402 ZPO-CH; vgl. die Referendumsvorlage in BBl 2009, 116 und 129).

Art. 14

Vorsorgliche Massnahmen	**Auf vorsorgliche Massnahmen sind die Artikel 28c–28f des Zivilgesetzbuches sinngemäss anwendbar.**
Mesures provisionnelles	Les art. 28c à 28f du code civil suisse s'appliquent par analogie aux mesures provisionnelles.
Provvedimenti cautelari	Gli articoli 28c a 28f del Codice civile svizzero si applicano per analogia ai provvedimenti cautelari.
Preliminary Measures	Articles 28c–28f of the Swiss Civil Code shall apply, in analogy, to preliminary measures.

Inhaltsübersicht

	Note	Seite
I. Normzweck	1	893
II. Entstehungsgeschichte und bevorstehende Änderungen	2	893
III. Systematik und Verhältnis zu anderen Vorschriften	6	894
1. Systematik	6	894
2. Verhältnis zu anderen Vorschriften	7	894
a) Vorschriften zu vorsorglichen Massnahmen des kantonalen Rechts	7	894
b) Vorschriften zu vorsorglichen Massnahmen in immaterialgüterrechtlichen Spezialgesetzen	9	895
c) Vorschriften zu vorsorglichen Massnahmen im Kartellrecht	10	895
d) Vorschriften zu vorsorglichen Massnahmen im Persönlichkeitsrecht	11	895
e) Vorschriften im Firmenrecht	12	896
f) Vorsorgliche Massnahmen in Bezug auf Geldforderungen	13	896
g) Hilfeleistung der Zollverwaltung im Immaterialgüterrecht	14	897
h) Strafrechtliche Vorschriften	15	897
i) SLK-Verfahren	16	897
IV. Voraussetzungen, Inhalte und Änderung/Aufhebung/Wegfall vorsorglicher Massnahmen (Art. 14 i.V.m. Art. 28c ZGB)	17	898
1. Allgemeines	17	898
2. Voraussetzungen für den Erlass von vorsorglichen Massnahmen (Verfügungsanspruch und Verfügungsgrund)	22	899
3. Inhalte vorsorglicher Massnahmen (Art. 28c Abs. 2 Ziff. 1 ZGB)	28	902
4. Vorsorgliche Beweissicherung (Art. 28c Abs. 2 Ziff. 2 ZGB)	36	905
5. Vorsorgliche Massnahmen gegenüber Medien (sog. Medienprivileg; Art. 28c Abs. 3 ZGB)	41	907
6. Änderung und Aufhebung, Wegfall	45	908
V. Das Verfahren bei vorsorglichen Massnahmen (Art. 14 i.V.m. Art. 28d ZGB)	48	909
1. Allgemeines	48	909

---

* Unter Mitarbeit von Dr. Philippe Spitz.

	Note	Seite
2. Örtliche Zuständigkeit	51	910
3. Sachliche und funktionelle Zuständigkeit	61	912
4. Glaubhaftmachen	63	912
5. Rechtliches Gehör (Art. 28d Abs. 1 ZGB)	67	914
6. Superprovisorische Massnahmen (vorläufige Anordnung; Art. 28d Abs. 2 ZGB)	68	915
7. Exkurs: Die Schutzschrift	75	917
8. Sicherheitsleistung (Art. 28d Abs. 3)	78	917
9. Rechtsmittel	85	919
10. Kosten	95	922
VI. Vollstreckung und Prosekution vorsorglicher Massnahmen (Art. 14 i.V.m. Art. 28e ZGB)	96	923
1. Vollstreckbarkeit (Art. 28e Abs. 1 ZGB)	96	923
2. Prosekution (Art. 28e Abs. 2 ZGB)	102	924
VII. Schadenersatz bei Aufhebung vorsorglicher Massnahmen (Art. 14 i.V.m. Art. 28f ZGB)	110	926

Literatur

D. ALDER, Der einstweilige Rechtsschutz im Immaterialgüterrecht, Bern 1993; R. BARBEY, Mesures provisionnelles devant la Cour de Justice dans le droit de la propriété intellectuelle, de la concurrence déloyale et des cartels, SJ 2005 II 335 ff.; C. BAUDENBACHER (Hrsg.), Lauterkeitsrecht – Kommentar zum Gesetz gegen den unlauteren Wettbewerb (UWG), Basel 2001, Art. 14; S.V. BERTI, Vorsorgliche Massnahmen im Schweizerischen Zivilprozessrecht, ZSR 1997, 171 ff.; A. BRINER, Vorsorgliche Massnahmen im schweizerischen Immaterialgüterrecht, Ein Überblick über die neuere Entwicklung, SJZ 1982, 157 ff.; E. BRUNNER, Voraussetzungen für den Erlass vorsorglicher Massnahmen im gewerblichen Rechtsschutz, SMI 1989, 9 ff.; R. VON BÜREN/E. MARBACH/P. DUCREY, Immaterialgüter- und Wettbewerbsrecht, 3. Aufl., Bern 2008, N 1012 ff.; S. CHIESA, Die vorsorglichen Massnahmen im gewerblichen Rechtsschutz gemäss der Tessiner Prozessordnung, SMI 1989, 27 ff.; L. DAVID, Rechtsschutz bei superprovisorischen Verfügungen, in: von LIEBER et al. (Hrsg.), Rechtsschutz, Festschrift zum 70. Geburtstag von Guido von Castelberg, Zürich 1997; DERS., in: R. von Büren/L. David (Hrsg.), SIWR I/2, Der Rechtsschutz im Immaterialgüterrecht, 2. Aufl., Basel/Frankfurt a.M. 1998, 165 ff.; L. DAVID/R. JACOBS, Schweizerisches Wettbewerbsrecht, 4. Aufl., Bern 2005, N 740 ff.; R. ERNST, Die vorsorglichen Massnahmen im Wettbewerbs- und Immaterialgüterrecht, Zürich 1992; C. GÖTZ, Amerikanisches Discovery für Verfahren im Ausland, SJZ 2006, 269 ff.; A. GÜNGERICH, Die Schutzschrift im schweizerischen Zivilprozessrecht: unter besonderer Berücksichtigung der Zivilprozessordnung für den Kanton Bern, Bern 2000; C. GUTMANN, Die Haftung des Gesuchstellers für ungerechtfertigte vorsorgliche Massnahmen, Basel 2006; F. HASENBÖHLER, Beweisrecht, vorsorgliche Massnahmen und Schutzschrift, in: T. Sutter-Somm/ F. Hasenböhler (Hrsg.), Die künftige Schweizerische Zivilprozessordnung: Mitglieder der Expertenkommission erläutern den Vorentwurf, Zürich 2003, 25 ff.; DERS., Die provisorische Verfügung nach basellandschaftlichem Zivilprozessrecht, BJM 1976, 1 ff.; P. HEINRICH, Achtung: Neue Gerichtsstände im Immaterialgüter- und Wettbewerbsrecht, sic! 2000, 659 ff.; S. HERREN, Persönlichkeitsschutz und Kennzeichenrechte auf dem Prüfstand, Jusletter vom 25. September 2006; A. HESS-BLUMER, Die Schutzschrift nach eidgenössischem und zürcherischem Recht, Zürich

2001; M. JAMETTI GREINER, Der vorsorgliche Rechtsschutz im internationalen Verhältnis, ZBJV 1994, 649 ff.; DIES., Grundsätzliche Probleme des vorsorglichen Rechtsschutzes aus internationaler Sicht, in: K. Spühler (Hrsg.), Vorsorgliche Massnahmen aus internationaler Sicht, Zürich 2000, 11 ff.; M. KAUFMANN, Einstweiliger Rechtsschutz, Die Rechtskraft im einstweiligen Verfahren und das Verhältnis zum definitiven Rechtsschutz, Bern 1993; C. LEUENBERGER, Art. 122, in: B. EHRENZELLER/P. MASTRONARDI/K. A. VALLENDER/R. SCHWEIZER (Hrsg.), Die Schweizerische Bundesverfassung: Kommentar, 2. Aufl., Zürich 2008; M. LEUPOLD, Die Nachteilsprognose als Voraussetzung des vorsorglichen Rechtsschutzes, sic! 2000, 265 ff.; DERS., Die Schutzschrift – Grundsätzliches und prozessuale Fragen, AJP 1998, 1076 ff.; M. LUSTENBERGER/M. RITSCHER, Die Schutzschrift: zulässiges Verteidigungsmittel oder verpönte Einflussnahme?, AJP 1997, 515 ff.; I. MEIER, Grundlagen des einstweiligen Rechtsschutzes, Zürich 1983; DERS., Zuständigkeit im Immaterialgüter- und Wettbewerbsrecht nach Gerichtsstandsgesetz, sic! 2001, 377 ff.; A. MEILI, Kommentierung der Art. 28c–28f ZGB [vorsorgliche Massnahmen im Persönlichkeitsrecht], in: H. Honsell/N. P. Vogt/T. Geiser (Hrsg.), Basler Kommentar zum Privatrecht: Zivilgesetzbuch I, Art. 1–456 ZGB, 3. Aufl., Basel 2006; J. MÜLLER, Zur einstweiligen Verfügung im Immaterialgüterrecht, ZBJV 1983, 30 ff.; T. MÜLLER/M. WIRTH, in: T. Müller/M. Wirth (Hrsg.), Kommentar über das Bundesgesetz über den Gerichtsstand in Zivilsachen, Zürich 2001; P. NOBEL/ R.H. WEBER, Medienrecht, 3. Aufl., Bern 2007, insbes. N 150 ff.; F. NYFFELER, Die Schutzschrift, SMI 1995, 83 ff.; M. M. PEDRAZZINI/F. A. PEDRAZZINI, Unlauterer Wettbewerb, UWG, 2. Aufl., Bern 2002, N 15.01 ff.; H. M. RIEMER, Persönlichkeitsrechte und Persönlichkeitsschutz gemäss Art. 28 ff. ZGB im Verhältnis zum Datenschutz-, Immaterialgüter- und Wettbewerbsrecht, sic! 1999, 103 ff.; F. RIKLIN, Schweizerisches Presserecht, Bern 1996, insbes. § 7 N 75 ff.; D. RÜETSCHI, Die Verwirkung des Anspruchs auf vorsorglichen Rechtsschutz durch Zeitablauf, sic! 2002, 416 ff.; P. RÜST, Die Praxis des Panels an der «Basel/Europäischen Uhren- und Schmuckmesse», SMI 1992, 29 ff.; DERS., Das «Panel» der Europäischen Uhren- und Schmuckmesse – Muster zur Beilegung von Streitigkeiten im gewerblichen Rechtsschutz, SMI 1986, 63 ff.; U. SCHENKER, Die vorsorgliche Massnahme im Lauterkeits- und Kartellrecht, Zürich 1984; R. SCHLOSSER, Les Conditions d'octroi des mesures provisionnelles en matière de propriété intellectuelle et de concurrence déloyale, sic! 2005, 339 ff.; DERS., La péremption en matière de signes distintifs, sic! 2006, 549 ff.; P. SPITZ, Haftung für Wettbewerbshandlungen, in: P. Jung (Hrsg.), Aktuelle Entwicklungen im Haftungsrecht, Bern 2007; A. STAEHELIN/D. STAEHELIN/ P. GROLIMUND, Zivilprozessrecht, Zürich 2008, § 22 und § 14; A. STAEHELIN/T. SUTTER, Zivilprozessrecht, Basel 1992, 303 ff.; M. STREULI-YOUSSEF, Zur Dringlichkeit bei vorsorglichen Massnahmen, in: A. DONATSCH et al. (Hrsg.), Festschrift 125 Jahre Kassationsgericht des Kantons Zürich, Zürich 2000, 301 ff.; P. TERCIER, Les mesures provisionnelles en droit des médias, medialex 1995, 28 ff.; K. TROLLER, Grundzüge des schweizerischen Immaterialgüterrechts, 2. Aufl., Basel 2005, 417 ff.; P. TROLLER, Die einstweilige Verfügung im Immaterialgüterrecht, Festschrift OGer LU, ZBJV 1991, 305 ff.; M. TUCHSCHMID, Zur aktuellen Gerichtspraxis betreffend Schutzschriften, Jusletter vom 28. Januar 2008; O. VOGEL, Probleme des vorsorglichen Rechtsschutzes, SJZ 1980, 89 ff.; O. VOGEL/K. SPÜHLER, Grundriss des Zivilprozessrechts und des internationalen Zivilprozessrechts der Schweiz, 8. Aufl., Bern 2006, 12 N 189 ff.; J.-J. ZÜRCHER, Der Einzelrichter am Handelsgericht des Kantons Zürich, Einstweiliger und definitiver Rechtsschutz für immaterialgüter- und wettbewerbsrechtliche Ansprüche im summarischen Verfahren, Zürich 1998.

I. Normzweck

Durch die Gewährung des vorsorglichen Rechtsschutzes soll die **Möglichkeit der Rechtsverwirklichung gesichert** werden, sofern die Gefahr besteht, dass bis zur definitiven Erledigung des Rechtsstreites durch ein rechtskräftiges Urteil eine Situation entsteht, durch die die Durchsetzung des geschützten Anspruchs verunmöglicht, erschwert oder nutzlos wird. Zwecks einheitlicher Anwendung vorsorglicher Massnahmen hat der Gesetzgeber mit Art. 14 i.V.m. Art. 28c–28f ZGB eine schweizweit einheitliche Regelung bereitgestellt.

II. Entstehungsgeschichte und bevorstehende Änderungen

In **Art. 9–12 aUWG** fand sich eine **ausführliche Regelung vorsorglicher Massnahmen,** die die Voraussetzungen (Art. 9), die Sicherheitsleistung (Art. 10), Zuständigkeit (Art. 11), Frist zur Hauptklage (Art. 12) zum Gegenstand hatte und bei Erlass 1943 Vorbildcharakter für das Immaterialgüterrecht aufwies[1]. Art. 13 sah sodann vor, dass, soweit nicht Abweichendes vorgesehen war, das «Schweizerische Zivilgesetzbuch, insbesondere das Obligationenrecht» anwendbar waren. Damit konnte schon unter altem Recht die am 1. Juli 1985 in Kraft getretene Novelle zum Persönlichkeitsrecht in Art. 28 ff. ZGB berücksichtigt werden. In dieser fand sich (in Art. 28c–28f ZGB) eine ausführliche Regelung von vorsorglichen Massnahmen, die fortan als «Grundstock für eine Vereinheitlichung und Konzentration dieses prozessualen Instituts» dienen konnte und sollte[2].

Während sich die Regelung in **Art. 14-17 VE-UWG 1980** noch praktisch unverändert an die Vorgängerregelung in Art. 9–12 aUWG anlehnte[3], führte **Art. 15 E-UWG 1983** den heute in Art. 14 enthaltenen **integralen Verweis auf** die damals ebenfalls im Entwurfsstadium der **Persönlichkeitsschutznovelle** vorgesehenen **Art. 28c–28f ZGB** ein. Flexibilität wird dadurch gewährleistet, dass diese Bestimmungen lediglich sinngemäss anwendbar sind.

Während **Art. 28c Abs. 3 ZGB, der periodisch erscheinenden Medien** zwecks Vermeidung einer «privaten Vorzensur»[4] eine **privilegierte Stellung** einräumt, indem gegen sie vorsorgliche Massnahmen nur unter eingeschränkten Voraussetzungen zulässig sind, vom Verweis in Art. 14 erfasst ist, wurde das im Persönlichkeitsrecht vorgesehene **Recht auf Gegendarstellung** (Art. 28g–28l ZGB) **vom Verweis** ausgeklammert. Gleichzeitig wurde im neuen UWG auf eine allgemeine Sonderstellung der Medien gegenüber Abwehransprüchen verzichtet, wie sie noch in Art. 4 aUWG vorgesehen war. Seit 2001 sieht zudem Art. 33 GestG für das Bin-

---

[1] Vgl. dazu DAVID, SIWR I/2, 171 m.w.H.
[2] Botschaft UWG, 1082.
[3] Vgl. GRUR Int. 1980, 171.
[4] BSK-MEILI, Art. 28c ZGB N 6.

nenverhältnis einen speziellen Massnahmegerichtsstand vor. Bis dahin fehlte eine solche spezielle Zuständigkeitsregelung, denn der mit Erlass des GestG gestrichene Art. 28b ZGB war vom Verweis in Art. 14 nicht erfasst.

5   Mit dem Inkrafttreten der Schweizerischen ZPO (ZPO-CH)[5] werden (neben andern Bestimmungen des UWG) Art. 14 und die Art. 28c–28f ZGB aufgehoben. Die Möglichkeit, vorsorgliche Massnahmen zu verlangen, das dazu führende Verfahren, die Vollstreckung und der Schadenersatz richten sich dann nach den Bestimmungen der ZPO-CH[6]. Dabei kann vorausgeschickt werden, dass **sich in den grossen Linien nichts Grundsätzliches ändert**. Gegenüber der Regelung im UWG sind keine grundsätzlichen Änderungen zu erkennen. Die Zuständigkeitsregelung in Art. 33 GestG wird inhaltlich unverändert in Art. 13 ZPO-CH übernommen, während Art. 37 ZPO-CH neu explizit einen speziellen Gerichtsstand für Schadenersatzklagen bei ungerechtfertigten vorsorglichen Massnahmen vorsieht.

III. Systematik und Verhältnis zu anderen Vorschriften

1.   Systematik

6   Art. 14 bedient sich der **integralen Verweisungstechnik,** indem er auf die Regelung der vorsorglichen Massnahmen im **Persönlichkeitsrecht** (Art. 28c–28f ZGB) verweist. Die Beifügung des Wortes «**sinngemäss**» erlaubt, bei deren Anwendung den Besonderheiten des Lauterkeitsrechts, namentlich dessen Wettbewerbsbezogenheit und der mit ihm bezweckten Sicherung wirtschaftlicher Interessen, Rechnung zu tragen.

2.   Verhältnis zu anderen Vorschriften

a)   Vorschriften zu vorsorglichen Massnahmen des kantonalen Rechts

7   Bei der vorsorglichen Massnahme nach Art. 14 in Verbindung mit Art. 28c–28f ZGB handelt es sich um ein **Institut des Bundesrechts**[7]. Die Kantone sind deshalb nicht mehr frei, weitere Voraussetzungen zu verlangen.

8   Nicht mit vorsorglichen Massnahmen zu verwechseln ist das in einigen Kantonen und in Art. 257 ZPO-CH vorgesehene **Befehlsverfahren** in Fällen klaren Rechtsschutzes, d.h. bei eindeutiger Sach- und Rechtslage[8], bei welchem weder das Be-

---

[5]   BBl 2009, 21.
[6]   Art. 261 ff. ZPO-CH.
[7]   DAVID, SIWR I/2, 173.
[8]   Dazu näher DAVID, SIWR I/2, 142 f.; vgl. auch die Ausführungen zu Art. 253 E-ZPO in der Botschaft ZPO, 7351.

weismass gesenkt wird noch Anordnungen ohne Anhörung der Gegenpartei möglich sind.

b) **Vorschriften zu vorsorglichen Massnahmen in immaterialgüterrechtlichen Spezialgesetzen**

Während sich in **Art. 77–80 PatG eine detaillierte und patentrechtsspezifische Regelung** vorsorglicher Massnahmen findet, nehmen die **übrigen** neueren **immaterialgüterrechtlichen Erlasse** eine **teilspezifische Regelung** vor und verweisen im Übrigen auf die Grundstockregelung vorsorglicher Massnahmen der Art. 28c–28f ZGB[9]. Bei kumulativer Anwendbarkeit der genannten Spezialgesetze und des UWG kann die vorsorglichen Rechtsschutz suchende Partei nach Wahl vorsorgliche Massnahmen nach dem betreffenden Spezialgesetz verlangen. Von Bedeutung ist diese Möglichkeit insbesondere im Hinblick auf **Massnahmen zur Ermittlung der Herkunft** widerrechtlich mit dem Schutzrecht versehener bzw. schutzrechtswidrig hergestellter etc. Gegenstände[10].

9

c) **Vorschriften zu vorsorglichen Massnahmen im Kartellrecht**

Art. 17 Abs. 2 KG bedient sich wie Art. 14 eines sinngemässen Verweises auf die Vorschriften in Art. 28c–28f ZGB. **Überschneidungen** mit vorsorglichen Massnahmen gemäss Art. 14 sind nur **in Einzelfällen** denkbar[11]. Die in Art. 15 KG vorgesehene Vorlagepflicht an die Wettbewerbskommission in Bezug auf die Zulässigkeit von Wettbewerbsbeschränkungen kommt im vorsorglichen Massnahmeverfahren nicht zur Anwendung[12].

10

d) **Vorschriften zu vorsorglichen Massnahmen im Persönlichkeitsrecht**

Art. 14 enthält einen integralen Verweis auf die Regelung vorsorglicher Massnahmen im Persönlichkeitsrecht in Art. 28c–f ZGB, sodass **formell gesehen**

11

---

[9] Art. 65 URG (ggf. i.V.m. Art. 10 Abs. 1 ToG), Art. 59 MSchG, Art. 38 DesG und Art. 43 Sortenschutzgesetz.
[10] Art. 65 Abs. 2 URG (ggf. i.V.m. Art. 10 Abs. 1 ToG), Art. 59 Abs. 2 MSchG, Art. 38 Abs. 2 DesG, Art. 77 Abs. 1 i.V.m. Art. 66 lit. b PatG und Art. 43 Abs. 2 Sortenschutzgesetz. Zudem sind Ansprüche auf Herkunftsermittlung in einzelnen Anspruchsordnungen explizit vorgesehen, vgl. bspw. Art. 55 Abs. 1 lit. c MSchG; demgegenüber sieht das UWG keine derartigen Ansprüche vor.
[11] Vgl. bspw. BGE 108 II 228 ff. («Denner Bier»).
[12] Vgl. z.B. ZivGer BS sic! 2004, 490, E. 3e («Arzneimittel-Kompendium»), HGer AG RPW 1997, 265, E. 4–9, sowie 285, E. 3–5, HGer SG RPW 1999, 324, E. 3–5.

Identität vorliegt. Im Rahmen der gemäss Art. 14 **sinngemässen Anwendung** dieser Vorschriften ist jedoch der wettbewerbsbezogenen und auf die Sicherung wirtschaftlicher Interessen ausgerichteten **Zwecksetzung des UWG** Rechnung zu tragen. Gleichzeitig kann bei kumulativer Anwendbarkeit des Persönlichkeitsrechts und des UWG (namentlich bei unlauteren Herabsetzungen gemäss Art. 3 lit. a bzw. e) das in Art. 28g–28l ZGB geregelte und vom Verweis in Art. 14 nicht erfasste **Gegendarstellungsrecht** zur Anwendung kommen[13].

e) Vorschriften im Firmenrecht

12 Vorsorgliche Massnahmen im Firmenrecht, die an den Unterlassungs- bzw. Beseitigungsanspruch in Art. 956 Abs. 2 OR anknüpfen, beurteilen sich **ausschliesslich nach kantonalem Recht**[14]. Zielen sie auf die **vorläufige Änderung bzw. Aufhebung einer bestehenden Firmeneintragung** ab, sind sie angesichts der Irreversibilität **grundsätzlich unzulässig**[15]. Der vorsorglichen Rechtsschutz suchenden Partei entgegen kommt als superprovisorischer Rechtsbehelf, der keiner richterlichen Überprüfung unterliegt, die **Registersperre** gemäss **Art. 162 HRegV**, durch welche eine bevorstehende Eintragung im Tagesregister gehemmt werden kann. Sie tritt nicht an Stelle einer vorsorglichen Massnahme, sondern ermöglicht den vorsorglichen Rechtsschutz, noch bevor eine (ggf. konstitutiv wirkende) Handelsregistereintragung vorgenommen wird.

f) Vorsorgliche Massnahmen in Bezug auf Geldforderungen

13 Nicht mit einer vorsorglichen Massnahme des UWG, sondern im Rahmen des SchKG gesichert werden können **Ansprüche auf Geldforderungen**. Dafür sind die Mittel des SchKG einzusetzen: Arrest (Art. 271 ff. SchKG), provisorische Pfändung (Art. 77 Abs. 4, 83 Abs. 1, 111 Abs. 5 und 281 Abs. 1 SchKG), Aufnahme eines Güterverzeichnisses (Art. 83 Abs. 1 i.V.m. Art. 162 ff. SchKG) sowie die Aufnahme eines Retentionsverzeichnisses (Art. 283 SchKG). Unzulässig wäre somit insbesondere die vorsorgliche Anordnung einer Gewinnherausgabe[16].

---

[13] Dazu anstelle vieler RIKLIN, Presserecht, § 8 N 1 ff., und NOBEL/WEBER, Medienrecht, N 174 ff.
[14] Vgl. BGE 63 II 397, BGE 73 II 399, KGer ZG ZGGVP 2004, 206, E. 2.3; ZivGer BS sic! 2005, 816, E. 3a («A. Braun/Braunpat»).
[15] KGer FR FZR 2002, 60, E. 5 («Swis Clima/SwissClima»), und DAVID, SIWR I/2, 173 f. Vgl. auch BezGer Zürich sic! 1997, 399, E. 2b («Verein Ms/MS AG»). Anders dürfte ggf. nur zu entscheiden sein, wenn eine Firma erst kurze Zeit im Handelsregister eingetragen ist und wenig Bekanntheit erlangt hat, so Gerichtskreis VIII Bern-Laupen sic! 1998, 72, E. 7 (in casu 4 Monate). Vgl. auch den Fall der vorsorglichen Übertragung einer Internet-Domain in Tribunal d'arrondissement Lausanne sic! 2002, 55, E. VI. («Cofideco.ch»).
[16] Vgl. z.B. HGer AG sic! 2006, 187, E. 2.2. («Laufrad»), sowie generell BGE 86 II 291, 295 ff.

g) Hilfeleistung der Zollverwaltung im Immaterialgüterrecht

Gesetzliche Vorschriften, die die Hilfeleistung der Zollverwaltung zum Gegenstand haben, finden sich nunmehr – seit der Revision des PatG 2007 – **in allen immaterialgüterrechtlichen Spezialgesetzen,** jedoch nicht im UWG (vgl. Vor Art. 12–15 N 51 f.). Sie betrifft sowohl die Ein-, Aus- wie die Durchfuhr entsprechender Waren bzw. Leistungen. Die Beschlagnahme durch die Zollverwaltung kann durch eine vorsorgliche Massnahme des Zivilrichters aufrechterhalten werden[17].

14

h) Strafrechtliche Vorschriften

Die Vorschriften betreffend die strafrechtliche **Einziehung** kommen auch im Rahmen der Strafbestimmungen des UWG zur Anwendung (Art. 23 f. i.V.m. Art. 333 Abs. 1 StGB und Art. 69 ff. StGB; dazu Art. 23 N 99 ff.). Im Rahmen eines Strafverfahrens kann deshalb gestützt auf das jeweilige Strafprozessrecht eine **Beschlagnahme** nicht nur zur Beweissicherung, sondern auch zur Sicherung einer allfällig nachfolgenden Einziehung erfolgen[18].

15

i) SLK-Verfahren

Im SLK-Verfahren sind seit 1995 **vorsorgliche Massnahmen nicht mehr vorgesehen**[19]. Zumal der SLK keine Zwangsmittel zur Verfügung stehen, vermag das Verfahren den vorsorglichen Rechtsschutz nicht zu ersetzen. Die Beschwerde an die SLK stellt auch keine gültige Prosekution einer vorsorglichen Massnahme dar, da es sich bei dieser mangels Schiedsabrede nicht um ein Schiedsgericht i.S.v. Art. 4 des Konkordates über die Schiedsgerichtsbarkeit, resp. von Art. 353 ff. der ZPO-CH (in Kraft ab 1.1.2011) handelt.

16

---

[17] Vgl. bspw. den Fall in BGer 4C.164/2000 sic! 2001, 38 («Diesel [fig.]»; Markenrecht).
[18] Vgl. Art. 46 Abs. 1 lit. a VStrR, Art. 263 Abs. 1 lit. a und d sowie Abs. 3 der neuen schweizerischen StPO (in Kraft ab 1.1.2011).
[19] DAVID, SIWR I/2, 192.

IV. Voraussetzungen, Inhalte und Änderung/Aufhebung/Wegfall vorsorglicher Massnahmen (Art. 14 i.V.m. Art. 28c ZGB)

1. Allgemeines

17 Art. 28c ZGB ist an sich auf die Verletzung von Persönlichkeitsrechten ausgerichtet. Die Anwendung dieser Bestimmung auf das Lauterkeitsrecht ist deshalb dessen Gegebenheiten, namentlich an seine Ausrichtung auf die **Sicherung wirtschaftlicher Interessen,** anzupassen. Anstelle der Verletzung von Persönlichkeitsrechten tritt sinngemäss der **Tatbestand von Art. 9 Abs. 1:** «Wer glaubhaft macht, dass er durch unlauteren Wettbewerb in seiner Kundschaft, seinem Kredit oder beruflichen Ansehen, in seinem Geschäftsbetrieb oder sonst in seinen wirtschaftlichen Interessen bedroht oder verletzt wird oder eine solche Verletzung befürchten muss und dass ihm daraus ein nicht leicht wiedergutzumachender Nachteil droht».

18 **Aktiv- und Passivlegitimation** richten sich nach dem Anspruch, der durch die vorsorgliche Massnahme gesichert werden soll[20].

19 Ein **Rechtsschutzinteresse** am Erlass einer vorsorglichen Massnahme ist sowohl bei drohender (erstmaliger) Rechtsverletzung wie auch bei andauernder Verletzung oder bei Wiederholungsgefahr zu bejahen. Nach schweizerischem Recht kann direkt eine vorsorgliche Massnahme verlangt werden; es ist nicht erforderlich, dass der potenzielle Gesuchsgegner **abgemahnt** und erfolglos zur Abgabe einer sog. **Unterwerfungserklärung** aufgefordert worden wäre[21]. In vielen Fällen wäre die Abmahnung geradezu kontraproduktiv. Hingegen kann die Weigerung, eine solche Unterwerfungserklärung abzugeben, ebenso wie die Bestreitung der Widerrechtlichkeit und die Bestreitung aktenkundiger Tatsachen ein Indiz für das Vorliegen einer Wiederholungsgefahr sein, selbst wenn das verletzende Verhalten (einstweilen) eingestellt worden ist[22].

---

[20] Vgl. dazu Art. 9 N 8 ff. (Aktivlegitimation) und N 24 ff. (Passivlegitimation). Vgl. speziell zur Frage der Passivlegitimation im Massnahmeverfahren, die sich je nach Fallkonstellation und zeitlicher Dringlichkeit für den Gesuchsteller schwierig darstellt, OGer LU LGVE 2004 I Nr. 30, E. 7 (vgl. auch SZW 2005, 317, r46), wo die Passivlegitimation der Konzernmutter angenommen wurde, da unklar war, welche Konzerngesellschaft für einen Werbeslogan verantwortlich war, sowie SPITZ, Haftung für Wettbewerbshandlungen, N 97. Vgl. auch den Fall in BGer 4A_13/2009, E. 2.

[21] BAUDENBACHER/GLÖCKNER, Kommentar UWG, Art. 14 N 19; DAVID, SIWR I/2, 169 ff.; KGer OW SMI 1989, 205, E. 2 a.E. («Auto-Cad II»). Vgl. auch Vor Art. 12–15 N 58.

[22] Dazu grundlegend BGE 124 III 72, 74 f. («Contra-Schmerz»); vgl. auch BGE 116 II 357, 359, HGer ZH SMI 1996, 459, E. auf 460 f. («Red Bull Dog»), und OGer ZG sic! 1997, 319, E. 4 («Berater-Vertriebsnetz»). Keine Wiederholungsgefahr nach öffentlicher Berichtigung, OGer ZH ZR 2000, Nr. 26, E. 2 («Puls-Tipp/K-Tipp»), ebenso, wenn eine erneute Verletzung aus objektiven Gründen unmöglich oder unwahrscheinlich ist, Justizkommission Zug SGGVP 2005, 222, E. 4.

Vorsorgliche Massnahmen sind auch dann möglich, wenn es noch andere zulässige Mittel gäbe, die gleichen Ziele zu erreichen. Die ehemals in Art. 9 Abs. 2 aUWG verlangte **Subsidiarität** der vorsorglichen Massnahme ist mit Einführung des Persönlichkeitsrechtes im Jahre 1985 aufgegeben worden. Infolge des Verweises im UWG auf die Bestimmungen des Persönlichkeitsrechtes gilt dies auch im Bereich des UWG[23].

Vorsorgliche Massnahmen sind nur in dem Umfang zu erlassen, als sie notwendig sind, um den Nachteil abzuwenden (**Verhältnismässigkeitsprinzip**)[24]. Wird das beabsichtigte Ziel mit den beantragten Massnahmen nicht erreicht, so kann die vorsorgliche Massnahme nicht erlassen werden[25]. Allerdings ist es nicht erforderlich, dass das angestrebte Ziel nur mit einer vorsorglichen Massnahme erreicht werden kann.

2. Voraussetzungen für den Erlass von vorsorglichen Massnahmen (Verfügungsanspruch und Verfügungsgrund)

In materieller Hinsicht Ansatzpunkt bei der Beurteilung der beantragten vorsorglichen Massnahme sind **Art. 9 und 10,** welche das Gerüst der **lauterkeitsrechtlichen Anspruchsordnung** darstellen[26]. Der Gesuchsteller hat deshalb einen Anspruch nach Art. 9 oder 10 darzutun. Für dessen Begründung kann er sich auf eine Verletzung der Art. 2 bis 8 berufen, welche den möglichen Wettbewerbsverstoss definieren. Der Gesuchsteller muss dabei glaubhaft[27] machen, dass eine solche Verletzung seiner Rechte bereits eingetreten ist oder aber einzutreten droht (**Verfügungsanspruch**). Verlangt wird somit unter diesem Aspekt eine Erstbegehungsresp. Wiederholungsgefahr der verletzenden Handlung (Massnahmeinteresse)[28]. Dies führt dazu, dass eine geringfügige Änderung des fraglichen Verhaltens in der Regel nicht zum Wegfall des Rechtsschutzinteresses führt[29].

Damit eine vorsorgliche Massnahme erlassen werden kann, muss in prozessualer Hinsicht (**Verfügungsgrund**) zunächst **Dringlichkeit** vorliegen. Eine solche Dringlichkeit ist dann gegeben, wenn das ordentliche Verfahren (bis zur letzten Instanz, soweit ein Rechtsmittel aufschiebende Wirkung hat) klar länger dauert als das

---

[23] DAVID, SIWR I/2, 181 f.; HGer AG SMI 1995, 384, E. 2 («Profilplatten»).
[24] «So viel wie nötig, so wenig wie möglich». Vgl. dazu DAVID, SIWR I/2, 184 f.
[25] Vgl. dazu DAVID, SIWR I/2, 181, und SCHLOSSER, sic! 2005, 350 ff.
[26] BAUDENBACHER/GLÖCKNER, Kommentar UWG, Art. 9 N 1. Vgl. instruktiv den Fall in SMI 1996, 298 ff. («Swiss Chocolate Liqueur»; Aktivlegitimation bei Herkunftsangaben).
[27] Vgl. dazu nachstehend N 63 ff.; BGer SMI 1993, 159, E. 5 («Montres Gucci III»).
[28] OGer ZG sic! 1997, 319, E. 4 («Berater-Vertriebsnetz»); BGE 116 II 357, 359 (für das Patentrecht; der Grundsatz kommt aber auch in Fällen des UWG zur Anwendung). Am Massnahmeinteresse fehlt es bspw., wenn der Gesuchsteller auf dem schweizerischen Markt gar nicht mehr tätig ist (KGer SZ sic! 2009, 79, E. 5a [«Go Fast»]). Vgl. zur Thematik auch Art. 9 N 14 ff.
[29] Vgl. zu diesem Problem näher Art. 9 N 58.

Massnahmeverfahren (sog. **relative Dringlichkeit**)[30]. Bei Streitigkeiten aus unlauterem Wettbewerb wird von einer **Verfahrensdauer von 2–3 Jahren** ausgegangen[31]. Das Zuwarten[32] als solches hebt somit die Dringlichkeit nicht auf; es ergibt sich aus Art. 28d Abs. 2 ZGB klar, dass ein Hinauszögern bzw. die Bewirkung der Dringlichkeit durch den Gesuchsteller selbst grundsätzlich nur im Fall eines Begehrens um Erlass einer superprovisorischen Massnahme zur Abweisung des Gesuches führt[33]. Im Falle einer vorsorglichen Massnahme sieht das Gesetz keinen solchen Vorbehalt vor. An die Dringlichkeit können somit keine hohen Anforderungen gestellt werden. Es können vorsorgliche Massnahmen noch so lange verlangt werden, als die Gefahr der nicht mehr rechtzeitigen oder vollständigen Durchsetzung des Anspruchs besteht, namentlich wenn noch weitere Verletzungen zu befürchten sind[34]. Damit Untätigkeit als rechtsmissbräuchliches Zuwarten qualifiziert wird (womit das Gesuch abgewiesen würde), dürfte es extrem langes Zuwarten brauchen[35].

24 Sodann verlangt das Gesetz die Glaubhaftmachung eines **nicht leicht wiedergutzumachenden Nachteils (Nachteilsprognose)**[36]. Dieser Nachteil muss sich daraus ergeben, dass naturgemäss mit der vorherigen Durchführung des Hauptverfahrens eine Verzögerung eintritt[37]. Im Rahmen der Nachteilsprognose ist eine **Interessenabwägung** vorzunehmen, bei der **auch die Nachteile des Gesuchsgegners mitberücksichtigt** werden, je nachdem ob die Massnahme erlassen oder abgelehnt

---

[30] BGer SMI 1983 II, 148, E. 3 («Urgence»); TA TI SMI 1996, 290, E. 4 («Mendrisiotto»); Gerichtskreis VIII Bern-Laupen sic! 2004, 31, E. 3.12 («FMH/FNH»); Tribunal cantonal VD sic! 2009, 431 ff., E. VII («Ferrari II»), sowie DAVID, SIWR I/2, 178 f., und R. VON BÜREN/MARBACH/DUCREY, Immaterialgüter- und Wettbewerbsrecht, N 1026.

[31] Vgl. HGer SG sic! 2003, 626, E. 3 («Digitale Kartenherstellung»), und HGer SG v. 21.11.2005 (HG.2005.69), E. 6c.

[32] Vgl. z.B. HGer SG v. 22.11.2005 (HG.2005.61), E. 4g («Federkern-Montagemaschine»), wonach bei Beweisschwierigkeiten ein Zuwarten möglich ist, bis ausreichende Beweismittel zur Einleitung eines Massnahmeverfahrens vorliegen.

[33] Vgl. dazu SCHLOSSER, sic! 2005, 357 f., sowie allgemein zur zeitlichen Dringlichkeit und zum Zuwarten DAVID/JACOBS, Wettbewerbsrecht, N 741, und PEDRAZZINI/PEDRAZZINI, UWG, N 15.13 f. m.w.H., sowie Justizkommission Zug ZGGVP 2002, 201, E. 1d, und BGer 5P.342/2000, E. 2 (Beurteilung der Dringlichkeit bei bereits erfolgter Buchpublikation; Persönlichkeitsrecht), wonach die fehlende zeitliche Verfügbarkeit rechtlicher Beratung an Wochenenden und die rechtliche Komplexität der Materie zu berücksichtigen sind; vgl. auch N 74.

[34] OGer LU sic! 2000, 516, E. 9 («www.luzern.ch»).

[35] KGer NW SMI 1989, 205, E. 2 («Auto-Cad II»); TA TI SMI 1991, 278, E. 5 («Serramenti»); für den Fall einer Verwirkung von Unterlassungsansprüchen vgl. BGE 109 II 338, 346 und SCHLOSSER, sic! 2006, 549 ff.

[36] Vgl. dazu SCHLOSSER, sic! 2005, 348 ff., und R. VON BÜREN/MARBACH/DUCREY, Immaterialgüter- und Wettbewerbsrecht, N 1022.

[37] Der nicht leicht wiedergutzumachende Nachteil im Sinne von Art. 28c Abs. 1 ZGB ist Anspruchsvoraussetzung und nicht identisch mit dem rechtlich geschützten Interesse zur Einreichung eines Bundesrechtsmittels (Art. 81 BGG); vgl. dazu BGE 116 Ia 446, 447 zu Art. 87 OG und BGer 5P.342/2000, E. 1b.

wird[38]. Nicht leicht wiedergutzumachen ist dieser Nachteil, wenn er nach Abschluss des ordentlichen Verfahrens möglicherweise nicht oder nicht mehr ermittelt, nur mit Schwierigkeiten bemessen oder ersetzt werden kann[39]. Im Lauterkeitsrecht ist die Höhe eines möglicherweise entstandenen Schadens[40] (z.B. Marktverwirrung oder Imageschaden[41]) normalerweise nur sehr schwer festzustellen, weil die Auswirkungen einer schädigenden Wettbewerbshandlung nicht ohne Weiteres berechnet werden können[42]; insofern entsteht dadurch ein nicht leicht wiedergutzumachender Nachteil, der meistens nur durch eine vorsorgliche Massnahme verhindert werden kann[43]. Soweit Kennzeichen in Frage stehen, ist deren Empfindlichkeit zu berücksichtigen, die zu rascher Schwächung der Kennzeichnungskraft und zu leichter Zerstörung von Goodwill führen kann[44]. Schäden, die durch Geld ausgeglichen werden können, rechtfertigen im Allgemeinen die Anordnung von vorsorglichen Massnahmen nicht. Dabei ist jedoch zu berücksichtigen, dass das UWG – im Gegensatz zu den immaterialgüterrechtlichen Sondergesetzen – neben der individuellen auch eine **funktionale Dimension** aufweist und insbesondere auch den **Schutz des Wettbewerbs im öffentlichen Interesse** bezweckt[45]. Ist die Solvenz des Gesuchgegners fraglich oder die Vollstreckung zweifelhaft, kann die Anordnung einer vorsorglichen Massnahme gerechtfertigt sein[46]. Gleichzeitig kann in solchen Fällen gemäss Art. 28d Abs. 3 ZGB die Anordnung einer Sicherheitsleistung durch den Gesuchsgegner geboten sein[47]. Stehen die Produkte der Parteien des Verfahrens nicht in direktem Wettbewerb, so liegt in der Regel kein nicht wiedergutzumachender Nachteil vor[48]. Das Vorliegen eines Nachteils ist zurückhaltender zu beurteilen,

---

[38] BGE 131 III 473, 476 und BGer 4A_367/2008 sic! 2009, 159, E. 4.2 («Softwarelizenzvertrag II»), vgl. auch schon BGE 108 II 228, 232 f.; näher zur Kontroverse LEUPOLD, sic! 2000, 272 f.

[39] DAVID, SIWR I/2, 180; HGer SG SMI 1990, 205, E. 7 («Lederland»); BezGer Uster SMI 1996, 160, E. 3 («Modem»); OGer ZG sic! 1997, 319, E. 5 («Berater-Vertriebsnetz»), HGer AG SMI 1995, 384, E. 2 («Profilplatten»), und PEDRAZZINI/PEDRAZZINI, UWG, N 15.15 ff.

[40] Zur Frage, ob ein finanzieller Schaden genügt, BGE 108 II 228, 230 ff. («Denner-Bier»; Frage nicht abschliessend beantwortet).

[41] Vgl. dazu KGer OW sic! 1999, 456, E. 4 («Kundendateien II»); LGVE 2004 I Nr. 29, E. 8.2, sowie PEDRAZZINI/PEDRAZZINI, UWG, N 15.16.

[42] Vgl. dazu TA TI sic! 1997, 586, E. 8 («Boitor di S. Avallone & C./Boîtor»); CA FR sic! 1999, 159, E. 5 («Sécurité par l'écoute»).

[43] Vgl. dazu OGer LU LGVE 2004 I Nr. 29; dies gilt auch für den Gewinnherausgabeanspruch, vgl. HGer ZH sic! 2002, 49, E. 3.8 («Red Bull/Red Bat»).

[44] So KGer SZ sic! 1999, 646, E. 4d («Toblerone/Shneider'one»).

[45] Ähnlich Justizkommission Zug ZGGVP 2002, 201, E. 2c, im Rahmen der Arzneimittelwerbung.

[46] BGE 108 II 228, 230 und 232 («Denner-Bier»), CA FR sic! 1999, 159, E. 5 («Sécurité par l'écoute»), und Justizkommission Zug ZGGVP 2005, 222, E. 5b bb.

[47] Vgl. dazu DAVID, SIWR I/2, 184, und BAUDENBACHER/GLÖCKNER, Kommentar UWG, Art. 14 N 46 f.

[48] ALDER, Einstweiliger Rechtsschutz, 86 ff., und KGer FR FZR 2002, 60, E. 4 («Swis Clima/ SwissClima»). Ein solcher dürfte dennoch bestehen, wenn Dritte in den Wettbewerb eingreifen (Konsumentensendungen im Fernsehen usw.).

wenn die vorläufige Vollstreckung einer den (bestehenden) Zustand ändernden Unterlassungspflicht angestrengt wird[49].

25 Ob eine vorsorgliche Massnahme bewilligt werden kann, ist nach der Lage zu beurteilen, wie sie sich im **Entscheidzeitpunkt** darstellt resp. die in die Zukunft wirkt[50].

26 Vorsorgliche Massnahmen erwachsen **nicht** in **materielle Rechtskraft**[51]. Vorbehältlich des Rechtsmissbrauchs[52] können daher abgewiesene Massnahmenbegehren bei Hinzutreten neuer Tatsachen bzw. mit erneuerter Begründung einerseits stets erneut gestellt werden und sind sie andererseits auf Antrag einer Partei abänderbar.

27 Die **Art. 261 ff. ZPO-CH** sehen sowohl für den Verfügungsanspruch wie auch den Verfügungsgrund praktisch die gleichen Voraussetzungen vor wie die (aufzuhebenden) Art. 28c–28f ZGB[53].

3. *Inhalte vorsorglicher Massnahmen (Art. 28c Abs. 2 Ziff. 1 ZGB)*

28 Das schweizerische Recht kennt **keinen Numerus clausus** der möglichen Verfügungsinhalte. Der entscheidende Richter ist auf der Grundlage des Bundesrechts frei im Inhalt der Verfügung, sofern damit das anvisierte Ziel im Rahmen der Rechtsordnung erreicht werden kann[54]. Es kann sich dabei um **Sicherungsmassnahmen** (z.B. Beschlagnahme eines Streitgegenstandes, Verfügungsbeschränkung nach Art. 960 ZGB, vorläufige Eintragung nach Art. 961 ZGB oder das Verbot der Eintragung im Handelsregister nach Art. 162 HRegV), um **Regelungsverfügungen** (z.B. Massnahmen gestützt auf Art. 574 Abs. 3 OR, Bestellung eines Vertreters der Erbengemeinschaft nach Art. 602 Abs. 3 ZGB) oder **Leistungsmassnahmen** (in den vom Gesetz vorgesehenen Fällen) handeln.

---

[49] BGE 108 II 228, 230 f. («Denner-Bier»), TC FR sic! 2003, 694, E. 7 («M6 – Fenêtres publicitaires»), und HGer AG sic! 2006, 187, E. 1.3 («Laufrad»). Die (eher vordergründige) Argumentation in BGE 108 II 228 ist etwas seltsam: Ein vorläufiges Verbot ändert nicht einen Zustand, sondern soll eine Zustandsänderung gerade verhindern; zudem indiziert das Problem der vorläufigen Vollstreckung weniger, an den Nachteil des Gesuchstellers höhere Anforderungen zu stellen, als den Nachteil des Gesuchsgegners miteinzubeziehen. Aus BGE 108 II 228 ist deshalb eher zu schliessen, dass der drohende, nicht wiedergutzumachende Nachteil des Gesuchstellers gegen den andernfalls drohenden, nicht wiedergutzumachenden Nachteil des Gesuchsgegners abzuwägen ist (vgl. dazu E. 2.c., 2. Satz).

[50] HGer SG sic! 2003, 361, E. 11c («Golf.Lifestyle»).

[51] Vgl. bspw. HGer SG SMI 1990, 210, E. 3a («Orio II») und A. STAEHELIN/D. STAEHELIN/GROLIMUND, Zivilprozessrecht, § 22 N 43 f.

[52] Dazu BGer SMI 1993, 159, E. 3b bb («Montres Gucci III»), vgl. zu dieser Thematik BAUDENBACHER/GLÖCKNER, Kommentar UWG, Art. 14 N 86, DAVID, SIWR I/2, 186 f., und PEDRAZZINI/PEDRAZZINI, UWG, N 15.32, je m.w.H.

[53] Art. 261 ff. ZPO-CH.

[54] Procureur Général GE SMI 1993, 190, E. 2 («Casques N»). Vgl. anstelle vieler auch BARBEY, SJ 2005 II 341 ff.

Grundsätzlich soll eine vorsorgliche Massnahme die Hauptsache nicht vorwegnehmen und den Hauptprozess nicht präjudizieren. Insofern sollen die vorsorglichen Massnahmen einen **bewahrenden Inhalt**[55] aufweisen . Zu denken ist an Beschlagnahmen (statt Einziehung)[56], Siegelungen, Inventaraufnahmen, Verfügungsverbote (auch an «Dritte», bspw. Lagerhalter, Spediteure), Registersperren[57], Meldepflichten (betr. Einkäufe oder Importe) usw. Sog. **Befriedigungs- oder Leistungsinhalte** sind aber nicht unbekannt, sodass auch solche Massnahmen vorstellbar sind, wobei von der Sache her dies wohl nur eine ganz kleine Zahl von Fällen betreffen kann[58]; Art. 28c Abs. 2 Ziff. 1 sieht insbesondere vor, dass der Richter eine Verletzung verbieten oder beseitigen kann. Inhaltlich sind derartige Massnahmen auf **Unterlassungs- und Beseitigungsansprüche** beschränkt. Nur in diesen Gebieten ist eine **vorläufige Vollstreckung** möglich[59], da damit der Endentscheid nicht vorweggenommen wird[60]. Vorstellbar sind z.b. Verkaufsverbote, das Verbot, kritische (Werbe-)Aussagen weiter zu tätigen, das Verbot, bestimmte Adressierungselemente (E-Mail-Adressen, Domain Names) zu verwenden, ebenso die Verfügung vorübergehender Aufhebung von störenden Verpflichtungen oder die Begründung von Bezugsverpflichtungen etc. Fraglich ist, ob die vorsorgliche Übertragung eines Domain Name[61] zulässig ist, da sich dafür keine Grundlage in Art. 9 findet und dies auf eine vorläufige Vollstreckung von Schadenersatz (in natura) hinausläuft[62].

29

Regelungsmassnahmen, wie sie namentlich im Familien- oder Gesellschaftsrecht vorkommen, sind demgegenüber in der Praxis des unlauteren Wettbewerbs **kaum denkbar**[63]. Ebensowenig ist – im Gegensatz zum Immaterialgüterrecht[64] – die **vorsorgliche Durchsetzung von Auskunftsansprüchen** (etwa zur Herkunftsermittlung; vgl. N 9) möglich; Auskunftsansprüche sind im UWG nicht vorgesehen,

30

---

[55] Vgl. dazu BAUDENBACHER/GLÖCKNER, Kommentar UWG, Art. 14 N 40 ff.; die Vernichtung behauptetermassen widerrechtlich hergestellter Gegenstände im Massnahmeverfahren ist nicht zulässig, da damit das Hauptverfahren präjudiziert wäre: HGer AG sic! 2006, 187, E. 2.1 und 2.2 («Laufrad»).
[56] Vgl. z.B. OGer OW sic! 1999, 454, E. 3b («Kundendateien I»), und OGer ZH SMI 1994, 68, E. 2.1 f. («Künstler»; Urheberrecht).
[57] Vgl. AppHof BE SMI 1996, 168, E. 7f («Stadtanzeiger Bern»); gemäss DAVID, SIWR I/2, 173 f., soll auch eine vorläufige Firmenänderung möglich sein. Die Möglichkeit der Handelsregistersperre ergibt sich aus Art. 162 ff. HRegV, was bei Kennzeichensachverhalten mit Firmen relevant sein kann.
[58] HGer AG sic! 2006, 187, E. 1.3 («Laufrad»).
[59] Vgl. dazu DAVID, SIWR I/2, 174 f.
[60] Vgl. dazu aber den «Rechtsschutz in klaren Fällen» gemäss dem Befehlsverfahren einiger Kantone, der neu in Art. 257 ZPO-CH aufgenommen wird: Es wird Rechtsschutz in Fällen, in denen der Sachverhalt unbestritten oder sofort beweisbar ist oder in denen die Rechtslage klar ist, gewährt (vgl. Botschaft ZPO, 7351 f.).
[61] Vgl. z.B. Tribunal d'arrondissement Lausanne sic! 2002, 55, E. VI («Cofideco.ch»).
[62] Vgl. BGer 4C.9/2002 sic! 2002, 860, E. 8 m.w.H. («www.luzern.ch III»).
[63] So auch DAVID, SIWR I/2, 173, der auch deren Bedeutungslosigkeit im Lizenzrecht betont, sowie allgemein A. STAEHELIN/D. STAEHELIN/GROLIMUND, Zivilprozessrecht, § 22 N 22 f.
[64] Vgl. dazu R. VON BÜREN/MARBACH/DUCREY, Immaterialgüter- und Wettbewerbsrecht, N 1015.

weshalb sie auch nicht vorsorglich vollstreckt werden können. Abgesehen davon handelt es sich um eine irreversible Massnahme, die nur im Ausnahmefall angeordnet werden darf[65]; weitere Beispiele unzulässiger irreversibler Massnahmen sind Feststellung, Vernichtung oder Verwertung[66]. Obwohl schwer reversibel, ist eine **vorsorgliche Berichtigung** nicht ausgeschlossen[67]. Das die Funktion einer vorläufigen Berichtigung einnehmende Instrument der **Gegendarstellung** gemäss Art. 28g–28l ZGB steht hingegen nicht zur Verfügung, da vom Verweis in Art. 14 nicht erfasst.

31 Der Inhalt der vorsorglichen Massnahme muss **verhältnismässig** sein. Unverhältnismässige Massnahmen[68] können nicht verfügt werden, auch wenn im Übrigen die Voraussetzungen gegeben wären[69]. Es müssen die besondere Schwere der Verletzung auf der einen Seite und die Folgen der Massnahme, sofern sie erlassen wird, auf der andern Seite gegeneinander abgewogen werden[70]. Die Massnahme darf nicht weiter gehen, als zur Abwendung der Gefährdung vernünftigerweise erforderlich ist[71]. Hingegen sind vorsorgliche Massnahmen **nicht subsidiär** in dem Sinne, dass der drohende Nachteil nicht anders abzuwenden sein dürfte[72]. Die vorsorgliche Massnahme darf den Entscheid in der Hauptsache nicht präjudizieren.

32 Der Inhalt einer vorsorglichen Massnahme muss so formuliert sein, dass eine **Vollstreckung** direkt möglich ist. Sind Massnahmebegehren **zu unbestimmt**, dann ist dies nicht mehr möglich, weshalb sie zurückgewiesen werden müssen, soweit der Richter nach seinen prozessualen Regeln nicht eine einschränkende Präzisierung vornehmen kann[73].

---

[65] So wohl auch DAVID/JACOBS, Wettbewerbsrecht, N 744. Vgl. OGer LU LGVE 2004 I Nr. 31, E. 8.

[66] PEDRAZZINI/PEDRAZZINI, UWG, N 15.07 und 15.11, sowie BAUDENBACHER/GLÖCKNER, Kommentar UWG, Art. 14 N 40 ff.; vgl. HGer AG sic! 2006, 187, E. 2.1 und 2.2 («Laufrad»).

[67] Vgl. aber BGE 118 II 369, 372 sowie OGer SO ZBJV 1970, 452, E. auf 454. Vgl. zum Berichtigungsanspruch auch DAVID/JACOBS, Wettbewerbsrecht, N 640, DAVID, SIWR I/2, 174, und NOBEL/WEBER, Medienrecht, N 152 m.w.H.

[68] Vgl. dazu OGer ZH SMI 1995, 139, Regeste («Swica/Swiscare I»), wonach Unverhältnismässigkeit dann vorliegen kann, wenn faktische Irreversibilität der Massnahme (z.B. bei Verbot eines Namens) vorliegt und erhebliche wirtschaftliche Interessen auf den Spiel stehen und wenn die strittige Bezeichnung bereits grosse Beachtung gefunden hat.

[69] HGer ZH SMI 1991, 58, E. IV («Mode Keller»).

[70] OGer LU SMI 1995, 422, E. 6d («Schönheitschirurg I»); vgl. ZivGer BS sic! 2004, 490, 496 («Arzneimittel-Kompendium»), für die Konstellation, in der der Gesuchsteller wahrscheinlich ein marktbeherrschendes Unternehmen ist, sodass der Gesuchsgegner Anspruch auf Belieferung im Sinne von Art. 7 KG haben könnte.

[71] HGer AG SMI 1995, 384, E. 2 i.f. («Profilplatten»).

[72] Dazu näher DAVID, SIWR I/2, 180 f.

[73] BGer 4A_103/2008 sic! 2008, 907, E. 10 («Botox/Botoina II»), Gerichtskreis VIII Bern-Laupen sic! 2002, 258, E. 7 («Werbekonzept»), und HGer SG vom 21.11.2005 (HG.2005.69), E. 7c (abrufbar unter www.gerichte.sg.ch); vgl. zum Bestimmtheitserfordernis wettbewerbsrechtlicher Rechtsbegehren auch Vor Art. 12–15 N 20.

Entsprechend dem Grundsatz «**ne eat iudex ultra petita partium**» kann der Massnahmerichter dem Gesuchsteller nicht mehr gewähren, als er verlangt[74]. 33

Art. 262 ZPO-CH weitet den **Inhalt** von vorsorglichen Massnahmen **aus:** Neben Geboten und Verboten sowie Weisungen an eine dritte Partei sollen **auch Sachleistungen möglich** sein[75]. Insbesondere die Sachleistung dürfte wohl eher beim Rechtsschutz in klaren Fällen (Art. 257 ZPO-CH) zur Anwendung kommen als bei den klassischen vorsorglichen Massnahmen: Mit der Aushändigung einer Sache an die berechtigte Seite wird faktisch der Endentscheid schon vorweggenommen, was der eher bewahrenden Funktion der vorsorglichen Massnahme widerspricht. In der UWG-Praxis dürfte eine vorsorgliche Sachleistung wohl eher selten sein, wenngleich Fälle denkbar sind (Übertragung von Domains oder Kennzeichenrechten). 34

Vorsorgliche Massnahmen können mit Massnahmen zur vorsorglichen Beweisführung **kombiniert** werden, wenn die jeweiligen Voraussetzungen erfüllt sind (vgl. dazu nachstehend N 36 ff.). 35

4. Vorsorgliche Beweissicherung (Art. 28c Abs. 2 Ziff. 2 ZGB)

Das Institut gemäss Art. 28c Abs. 2 Ziff. 2 wird neben der vorsorglichen Massnahme im engeren Sinne auch für die **vorsorgliche Beweissicherung**[76] (Beweis zu ewigem Gedächtnis[77]) eingesetzt. Der Sache nach geht es um die vorsorgliche Feststellung von Tatsachen. In Betracht kommen namentlich die Sicherstellung von Beweismitteln durch Beschlagnahme oder Vervielfältigung und die vorsorgliche Beweisabnahme durch Augenschein, Expertise oder Zeugeneinvernahme[78]. Sie kommen nur in Frage, wenn der Antragsteller nicht in der Lage ist, den Beweis selbst zu führen[79]. Die Möglichkeit einer vorsorglichen Massnahme für die Beweissicherung war in den Kantonen schon bekannt; für den Bereich des Lauterkeitsrechtes stützt sich der Anspruch nun auf Bundesrecht. 36

Die allgemeinen Voraussetzungen für eine vorsorgliche Massnahme müssen dabei den spezifischen Gegebenheiten der Beweissicherung angepasst werden: Der **nicht leicht wiedergutzumachende Nachteil** und damit die Dringlichkeit ist im Beweis- 37

---

[74] Vgl. dazu A. STAEHELIN/SUTTER, § 11 N 4.
[75] Z.B. Wiedererlangung widerrechtlich entzogenen oder vorenthaltenen Besitzes, vgl. Botschaft ZPO, 7354 f. zu Art. 258 E-ZPO CH.
[76] Auch das Bundesrecht gewährt diesen Anspruch in bestimmten Fällen: Art. 204 Abs. 2 OR (Prüfung von beanstandeten Kaufsachen bei Übersendung an einen andern Ort); Art. 367 Abs. 2 OR (Feststellung von Mängeln bei einem Werk); Art. 427 Abs. 1 OR (Prüfung von mangelhaftem Kommissionsgut) und Art. 445 OR (Notverkauf von verderblichen Waren im Frachtvertragsrecht). In diesen Fällen ist grundsätzlich eine Beweisgefährdung nicht Voraussetzung (soweit sich eine solche nicht aus der Sache [z.B. verderbliche Ware] ergibt): BGE 96 II 266, 268.
[77] A. STAEHELIN/SUTTER, Zivilprozessrecht, § 14 N 111.
[78] Dazu näher PEDRAZZINI/PEDRAZZINI, UWG, N 15.06.
[79] KGer ZG SMI 1991, 253, E. 6 («Kundenkontakte»).

verlust zu sehen[80]. Zu Letzterem gehört auch die Möglichkeit der **Vereitelung**[81] der gegen den Gesuchsbeklagten gerichteten vorsorglichen Massnahmen. Das Vorliegen einer Vereitelungsgefahr erheischt regelmässig die superprovisorische Anordnung von Beweissicherungsmassnahmen[82]. Die Verletzung resp. die drohende **Verletzung des Anspruchs,** zumindest aber die Beweisschwierigkeit ist wohl zu behaupten, kann aber nicht der entscheidende Faktor sein; eine günstige Hauptsachenprognose ist nicht Voraussetzung für eine vorsorgliche Beweisführung[83]. Im Gegensatz zur klassischen vorsorglichen Massnahme wird mit der vorsorglichen Beweissicherung in der Regel nicht in die Rechtsstellung der Gegenseite eingegriffen, weshalb für das Gesuch um Erlass einer vorsorglichen Beweisabnahme auf jeden Fall deutlich weniger strenge Voraussetzungen gelten müssen. Die vorsorgliche Beweissicherung darf aber nicht dazu zweckentfremdet werden, einen (nicht vorgesehenen) Anspruch auf vorsorgliche Berichtigung zu ersetzen[84].

38 Gesetzestechnisch müsste der Massnahmerichter, der eine vorsorgliche Beweissicherung gutheisst, dem Gesuchsteller gestützt auf Art. 28e Abs. 2 eine **Frist zu Ansetzung der Klage** setzen[85]. Eine solche Fristansetzung macht jedoch im Bereich der vorsorglichen Beweisführung keinen Sinn; vielmehr muss es dem Gesuchsteller überlassen bleiben, ob und wann er nach erfolgter Beweisabnahme seinen Anspruch weiterverfolgen will. Ein «Dahinfallen» der vorsorglichen Beweisführung ist sowieso nicht mehr möglich. Ein Ausschluss der Beweiswirkung ist gesetzlich nicht vorgesehen und kann nicht in Art. 28e Abs. 2 ZGB hineininterpretiert werden.

39 Die vorsorgliche Beweissicherung (anders als z.B. Begehren um vorsorgliche Anordnung von Unterlassungen usw.) muss auch dann möglich sein, wenn die **unlautere Handlung** zwar **abgeschlossen** ist, aber Gefahr droht, dass die Beweise im Laufe des ordentlichen Verfahrens nicht mehr zur Verfügung stehen[86].

---

[80] AppHof BE sic! 2004, 125, E. 14 («Datenblätter»); eine Hauptsachenprognose für den materiellen Anspruch muss nicht vorgenommen werden.
[81] KGer OW sic! 1999, 456, E. 7 («Kundendateien II»).
[82] KGer OW sic! 1999, 456, E. 7 («Kundendateien II»).
[83] Vgl. auch AppHof BE sic! 2004, 125, E. 8 («Datenblätter»).
[84] Vgl. z.B. OGer LU LGVE 2004 I Nr. 31, E. 8.
[85] In BL verlor der vorsorglich erhobene Beweis seine Beweiskraft, wenn der Gesuchsteller seinen Anspruch nicht innert drei Monaten klageweise geltend gemacht hat; diese Bestimmung ist im Zuge der Revision der ZPO von 1994 gestrichen worden. In BS besteht noch die Vorschrift von § 135 ZPO, wonach das Gericht auf Antrag des Gesuchsgegners dem Gesuchsteller eine Frist ansetzen kann, wenn dieses Begehren durch genügende Gründe unterstützt ist. In der Praxis von BS kommt diese Bestimmung faktisch nicht mehr zur Anwendung: A. STAEHELIN/SUTTER, Zivilprozessrecht, § 14 N 115.
[86] Anders als im Patentrecht, wo Beweissicherungsmassnahmen aufgrund des Gesetzestextes in Art. 77 PatG nur zur Sicherung von Defensivansprüchen zur Verfügung stehen sollen: BGE 114 II 435, 437 f.

Art. 158 ZPO-CH sieht das Institut der vorsorglichen Beweisführung ebenfalls vor, verlangt aber dafür als **Voraussetzung nur** die **Gefährdung des Beweismittels oder** ein **schutzwürdiges Interesse**[87]. Für Verfahren usw. sind auch hier die Bestimmungen über die vorsorglichen Massnahmen anwendbar. Unbeantwortet bleibt auch hier die Frage, ob ein Prosekutionsverfahren notwendig ist oder ob der Entscheid darüber dem Gesuchsteller überlassen werden kann.

40

5. Vorsorgliche Massnahmen gegenüber Medien (sog. Medienprivileg; Art. 28c Abs. 3 ZGB)

Art. 28c Abs. 3 ZGB enthält eine Spezialbestimmung für Medien, sofern das **Medium periodisch erscheint** (insb. Zeitungen, Radio, Fernsehen)[88]. Trifft diese Voraussetzung, die über den Verweis von Art. 14 auch im Bereich des UWG gilt[89], nicht zu, kommen die allgemeinen Bestimmungen gemäss Art. 28c Abs. 1 ZGB zur Anwendung. Diese Sonderregelung beschränkt sich auf das Massnahmerecht; das vormalige, in Art. 4 aUWG verankerte allgemeine Presseprivileg fand keinen Eingang in das UWG von 1986[90].

41

Vorsorgliche Massnahmen gegen ein periodisch erscheinendes Medium müssen zunächst die Voraussetzungen von Abs. 1 von Art. 28c erfüllen; es treten die folgenden Qualifikationen hinzu: Der Nachteil, der sich aus der Verletzung ohne vorsorgliche Massnahme ergeben könnte, muss **besonders schwer sein**[91]; es darf **offensichtlich kein Rechtfertigungsgrund** bestehen, d.h., die Rechtsverletzung durch das Medium muss klar zutage treten[92]; zudem darf die Massnahme **nicht unverhältnismässig** erscheinen[93]. Massnahmeverfahren dürfen nicht einer Zensur gleichkommen, und die journalistische Aussage soll nicht leichthin verhindert wer-

42

---

[87] Z.B. zur Abklärung der Beweis- und Prozessaussichten: Botschaft ZPO, 7315 zu Art. 155. Für Pre-Trial disclosure vgl. GÖTZ, SJZ 2006, 269 ff.

[88] Zum Begriff vgl. BGE 113 II 369, 371. Nicht periodisch erscheinend ist z.B. ein Kinofilm oder ein Buch; bei diesen letzteren Publikationen gelten die allgemeinen Regeln: HERREN, Jusletter vom 25. September 2006, insbesondere N 52 f.

[89] Justizkommission Luzern SMI 1995, 430, E. 5b («Schönheitschirurg II»), sowie OGer LU SMI 1995, 422, E. 5b («Schönheitschirurg I»).

[90] Vgl. BAUDENBACHER/GLÖCKNER, Art. 14 N 54 f., mit Kritik zum Medienprivileg gemäss Art. 14 i.V.m. Art. 28c Abs. 3 ZGB.

[91] Vgl. z.B. BGer 5P.342/2000, E. 1b, und BGE 116 Ia 446, 447; vom Nachteil gemäss Art. 28c Abs. 3 ZGB zu unterscheiden ist der nicht wiedergutzumachende Nachteil als Anfechtungsvoraussetzung im Rechtsmittelverfahren gemass dem damaligen Art. 87 OG (heute Art. 93 Abs. 1 lit. a BGG).

[92] Vgl. dazu Art. 257 ZPO-CH (Rechtsschutz in klaren Fällen, der gewährt wird, wenn der Sachverhalt unbestritten oder sofort beweisbar und die Rechtslage klar ist).

[93] Vgl. dazu eher kritisch BAUDENBACHER/GLÖCKNER, Kommentar UWG, Art. 14 N 52 ff.; Justizkommission Luzern SMI 1995, 430, E. 5b/c («Schönheitschirurg II»). Als aktuelle Fälle seien BGer 5P.254/2002, E. 2.1, und BGer 5P.308/2003 SemJud 2004 I 250, E. 2.2–2.4, genannt.

den können[94]. Diese zusätzlichen Voraussetzungen sind grundsätzlich im Verhältnismässigkeitsprinzip, das auf vorsorgliche Massnahmen ohnehin anwendbar ist, mitenthalten[95]. Mit der speziellen Erwähnung wird zugunsten der periodisch erscheinenden Medien in dem Sinne ein Privileg geschaffen, dass die Hürde zum Erhalt einer vorsorglichen Massnahme gegen ein solches Unternehmen höher als bei den übrigen vorsorglichen Massnahmen sein soll[96]. Die genannten drei qualifizierten Bedingungen sind kumulativ zu verstehen[97]. Sie dürften bei Werbung in vielen Fällen nicht gegeben sein[98].

43 Fraglich ist, ob **Publikationen in elektronischen Medien** vom Schutz von Art. 28c Abs. 3 ZGB sollen profitieren können: Der spezielle Schutz für periodisch erscheinende Medien dürfte wohl hauptsächlich deshalb geschaffen worden sein, um zu verhindern, dass ganze Auflagen von Zeitungen, Zeitschriften wegen eines einzelnen Artikels faktisch eingestampft werden müssen. Diese Situation ist aber im Falle eines elektronischen Mediums nicht oder nur ganz am Rande vorhanden: Ein Artikel in einem solche Medium lässt sich relativ einfach aus der Publikation entfernen, ohne dass daraus Schwierigkeiten im genannten Sinne entstehen könnten. Es wäre deshalb vertretbar, die strengen Anforderungen von Art. 28c Abs. 3 ZGB nicht auf elektronische Medien anzuwenden und es in einem solchen Fall bei den allgemeinen Voraussetzungen für den Erlass von vorsorglichen Massnahmen zu belassen[99].

44 Art. 266 ZPO-CH übernimmt inhaltlich diese Bestimmungen unverändert. Insofern ergibt sich keine Änderung der Rechtslage gegenüber dem geltenden Recht.

6. Änderung und Aufhebung, Wegfall

45 Die Rechtssicherheit erfordert grundsätzlich, dass einmal getroffene Entscheide Bestand haben. Ändern die tatsächlichen oder rechtlichen Verhältnisse im Verlauf des Verfahrens, so können vorsorgliche Massnahmen **abgeändert** oder **aufgehoben** werden, wenn sich nachträglich ergibt, dass die verfügten Massnahmen formell oder materiell unrichtig waren[100]. Die Zuständigkeit für die Änderung oder Aufhebung liegt beim Richter, der mit dem Hauptprozess befasst ist, sobald

---

[94] R. VON BÜREN/MARBACH/DUCREY, Immaterialgüter- und Wettbewerbsrecht, N 1029.
[95] Vgl. vorne, N 21 u. 31.
[96] Die in dieser Bestimmung enthaltenen Voraussetzungen müssen bis zu einer an Sicherheit grenzenden Wahrscheinlichkeit nachgewiesen werden: TC VD SMI 1993, 349, E. 5 («A la manière d'une Mafia II»; auszugsweise publiziert als BGE 118 II 369 ff.).
[97] BGE 118 II 369, 373.
[98] So die Botschaft UWG, 1083.
[99] Vgl. dazu HGer SG sic! 2005, 365 («Anlage-Opfer»). A.A. NOBEL/WEBER, Medienrecht, N 156 bei Internetpublikationen, «soweit ihre Inhalte aktualisiert und erweitert werden und sie nicht z.B. blosse Archivfunktionen erfüllen».
[100] A. STAEHELIN/SUTTER, Zivilprozessrecht, 314; BRUNNER, SMI 1989, 23 f., Botschaft Persönlichkeitsrecht, 670.

der Hauptprozess rechtshängig ist; bis zu diesem Zeitpunkt bleibt der Massnahmerichter für Änderungen usw. zuständig.

Art. 268 Abs. 1 ZPO-CH legt die Möglichkeit der Abänderung oder Aufhebung nunmehr **explizit** fest für den Fall, dass sich die Umstände geändert haben oder sich die vorsorglichen Massnahmen nachträglich als ungerechtfertigt erweisen. 46

Eine vorsorgliche Massnahme **fällt** ohne Weiteres mit dem Eintritt der Rechtskraft des Entscheides im Prosekutionsverfahren **dahin**. Vorbehalten bleiben Konstellationen, in denen die vorsorgliche Massnahme aufrechterhalten bleiben muss, um den Zweck der Massnahme zu gewährleisten, z.B. die Aufrechterhaltung von Sicherungsmassnahmen[101] bis zur Vollstreckung, bis zum Ablauf einer allfälligen Rechtsmittelfrist usw. Art. 268 Abs. 2 ZPO-CH hält diesen Grundsatz nun ausdrücklich fest. 47

V. Das Verfahren bei vorsorglichen Massnahmen (Art. 14 i.V.m. Art. 28d ZGB)

1. Allgemeines

Im Grundsatz wird das Verfahren für den Erlass von vorsorglichen Massnahmen durch **das kantonale Recht** festgelegt. Das Bundesrecht bestimmt lediglich Einzelpunkte (vgl. dazu nachstehend insbesondere N 49). So legen die Kantone die **sachliche und funktionelle Zuständigkeit** fest. Die Verfahrensbestimmungen sind regelmässig in den Zivilprozessordnungen enthalten. In der Regel wird über den Erlass von vorsorglichen Massnahmen in einem summarischen Verfahren entschieden, das mündlich oder schriftlich oder kombiniert mündlich und schriftlich abgehalten werden kann[102]. 48

Das Bundesrecht schreibt in Art. 28d Abs. 1 ZGB ein **kontradiktorisches Verfahren** vor, wenn bestimmt wird, dass der Gesuchsgegner vor Erlass der Massnahme anzuhören ist. Die Einzelheiten bestimmt das kantonale Recht[103]. Es gilt der **Verhandlungsgrundsatz** (vgl. dazu auch Art. 55 ZPO-CH; vgl. jedoch die Ausnahme bei superprovisorischen Verfügungen, dazu N 68 ff.). 49

In der neuen ZPO finden sich die entsprechenden Bestimmungen in **Art. 261–269 ZPO-CH**. Im Grundsatz entsprechen diese Regelungen dem bisherigen Zustand, wobei eine Behandlung im summarischen Verfahren erfolgt (Art. 248 lit. d ZPO- 50

---

[101] A. STAEHELIN/SUTTER, Zivilprozessrecht, 315 f.
[102] DAVID, SIWR I/2, 188.
[103] Die neue Schweizerische ZPO erfasst die vorsorglichen Massnahmen im Rahmen des summarischen Verfahrens, weshalb jene Bestimmungen für das Verfahren zur Anwendung kommen (Art. 248 ff. ZPO-CH). Es muss auch ein kontradiktorisches Verfahren durchgeführt werden.

CH); zu gewissen Fragen sind nun in der ZPO-CH Lösungen enthalten, die vorher von der Praxis entschieden werden mussten.

2. Örtliche Zuständigkeit

51 Die örtliche Zuständigkeit für vorsorgliche Massnahmen (einschliesslich der vorsorglichen Beweissicherung) **in nationalen Verhältnissen** richtet sich nach dem Gerichtsstandsgesetz, insb. Art. 33 GestG. Danach ist dasjenige Gericht örtlich zuständig, das in der Hauptsache zuständig ist[104] oder in dessen Gerichtsbezirk die Massnahme vollstreckt werden soll. Es handelt sich dabei um einen zwingenden Gerichtsstand, von dem die Parteien nicht abweichen können[105], sodass im Anwendungsbereich des GestG[106] weder eine Gerichtsstandsvereinbarung noch eine Einlassung zulässig ist. Art. 13 ZPO-CH übernimmt diese Regelung unverändert.

52 Für Klagen aus unlauterem Wettbewerb steht Art. 25 GestG als **Hauptsachengerichtsstand** im Vordergrund: Neben dem **Sitz oder Wohnsitz der geschädigten oder beklagten Person** kann auch am **Handlungs- oder Erfolgsort** vorgegangen werden[107]. Bei unlauterem Verhalten im **Internet** gilt als Erfolgsort jeder Ort in der Schweiz, von dem aus die Website bestimmungsgemäss abrufbar ist[108].

53 Wird die vorsorgliche Massnahme nach UWG im Zusammenhang mit einer zivilrechtlichen Streitigkeit beantragt, für die das entsprechende Bundesgesetz eine **einzige kantonale Instanz oder andere Gerichtsstände** vorsieht, so kann der Gesuchsteller auch das mit lauterkeitsrechtlichen Ansprüchen begründete Gesuch an diesem andern Gerichtsstand einreichen (Art. 12; vgl. Art. 12 N 32)[109]. Art. 5 Abs. 1 lit. d ZPO-CH sieht nunmehr die Zuständigkeit der einzigen kantonalen Instanz auch in lauterkeitsrechtlichen Streitigkeiten vor, sofern der Streitwert 30 000 Franken übersteigt; Abs. 2 legt die Zuständigkeit der einzigen kantonalen Instanz auch für vorsorgliche Massnahmen vor Rechtshängigkeit der Hauptklage fest.

54 Liegt für die Hauptsache eine **Schiedsvereinbarung** vor[110], so bestimmt sich die Zuständigkeit zum Erlass von vorsorglichen Massnahmen nach dem anwendbaren Schiedsgerichtsrecht. In Binnenstreitigkeiten vor einem Schiedsgericht mit Sitz in der Schweiz regelt Art. 26 Abs. 1 KSG die Frage: Mit Ausnahme der Beweissiche-

---

[104] Art. 25 GestG, vgl. vorne, Art. 12 N 15.
[105] Art. 2 Abs. 2 GestG.
[106] D.h., wenn kein internationales Verhältnis vorliegt: Art. 1 Abs. 1 GestG. Im internationalen Verhältnis richtet sich die örtliche Zuständigkeit nach dem IPRG oder nach den einschlägigen Staatsverträgen, insbesondere dem LugÜ. Für die Abgrenzung des internationalen zum nationalen Verhältnis vgl. MÜLLER/WIRTH, ZH-Kommentar GestG, Art. 33 N 45 f.
[107] Vgl. z.B. HGer AG vom 31.7.2006 (HSU.2006.11), E. 1.1.
[108] MÜLLER/WIRTH, ZH-Kommentar GestG, Art. 25 N 4; OGerPräs LU LGVE 2004 I Nr. 35; vgl. auch Einleitung N 113 ff. und Art. 9 N 53.
[109] CA FR sic! 1999, 124, E. 1a («Vélo Assistance»).
[110] Für die Zulässigkeit: MÜLLER/WIRTH, ZH-Kommentar GestG, Art. 33 N 80 ff.

rungsmassnahmen sind die staatlichen Gerichte zwingend für den Erlass vorsorglicher Massnahmen zuständig; vertragliche Ausnahmen sind somit nicht zulässig. Die örtliche Zuständigkeit wird durch das kantonale Recht bestimmt; in der Regel ist dasjenige Gericht örtlich zuständig, das ohne Schiedsabrede zuständig wäre. Einzig die Kantone Wallis und Neuenburg sehen eine örtliche Zuständigkeit am Sitz des Schiedsgerichtes vor[111]. Insofern gilt grundsätzlich die gleiche Zuständigkeitsordnung wie unter Art. 33 GestG. Die neue **Schweizerische Zivilprozessordnung** erlaubt nun auch den Schiedsgerichten den Erlass von vorsorglichen Massnahmen einschliesslich solcher für die Sicherung von Beweismitteln, wenn die Parteien nichts anderes vereinbart haben[112]. Für die internationalen Schiedsgerichte im Sinne des 12. Kapitels des IPRG vgl. Vor Art. 12–15 N 4, 54 ff.

Eine besondere Form des Schiedsgerichts bildet das **Panel** der internationalen Uhren- und Schmuckmesse **Baselworld**. Dieses bedient sich eines raschen Verfahrens, wobei der Entscheid in zeitlicher und örtlicher Hinsicht nur Wirkung für den Anlass zeitigt und somit Ähnlichkeit mit einer vorsorglichen Massnahme hat[113]. 55

Für **Beweissicherungsmassnahmen** liegt die Zuständigkeit beim **Schiedsgericht** (Art. 27 Abs. 1 KSG), soweit es schon konstituiert ist; vorher ist das staatliche Gericht zuständig. Gestützt auf Art. 3 lit. d KSG hat das obere kantonale Gericht am Sitz des Schiedsgerichtes dieses zu unterstützen, wenn das Schiedsgericht ohne Zwang nicht weiterkommt. Für eine Anwendung von Art. 33 GestG besteht somit kein Raum. 56

Die **Zuständigkeit** des befassten Gerichtes ist **glaubhaft zu machen.** Der Gesuchsteller hat die entsprechenden Tatsachen zu behaupten; es müssen seitens des Gerichtes nicht alle Zweifel behoben sein. 57

Die Gerichtsstandsbestimmung von Art. 33 GestG gilt für Gesuche um vorsorgliche Massnahmen **vor und nach Einleitung des Hauptprozesses;** es ist deshalb möglich, dass eine vorsorgliche Massnahme bei einem andern Richter beantragt wird als dem für den Hauptprozess zuständigen, wenn die Voraussetzungen von Art. 33 GestG erfüllt sind. Es findet somit, anders als im früheren Recht, keine Kompetenzattraktion infolge Rechtshängigkeit des Hauptprozesses mehr statt. 58

Art. 35 GestG (identische Klagen) gilt auch für Verfahren auf Erlass von vorsorglichen Massnahmen, d.h., der später angerufene Richter setzt das Verfahren zunächst aus, bis das zuerst angerufene Gericht über seine Zuständigkeit entschieden hat. Steht die Zuständigkeit des zuerst angerufenen Gerichtes fest, so tritt der zweitangerufene Richter nicht auf das Gesuch ein[114]. 59

---

[111] Für VS: Beschluss betreffend die Inkraftsetzung des Dekrets vom 23. Juni 1971 über den Beitritt des Kantons Wallis zum interkantonalen Konkordat über die Schiedsgerichtsbarkeit vom 27. März 1969; für NE: Art. 5 des Loi sur l'Arbitrage du 5 octobre 1970, RSN 252.1.
[112] Art. 374 ZPO-CH.
[113] Vgl. dazu RÜST, SMI 1992, 29 ff., sowie SMI 1986, 63 ff.
[114] AppHof BE sic! 2003, 976, E. B.3 («Pure Red Cell Aplasia I»).

60 Liegt ein **internationales Verhältnis** vor, so richtet sich die Zuständigkeit nach dem IPRG resp. nach den darin vorbehaltenen völkerrechtlichen Verträgen, insb. nach dem LugÜ[115]. Für Einzelheiten vgl. Einleitung N 96 ff.

3. Sachliche und funktionelle Zuständigkeit

61 Die **sachliche Zuständigkeit** bestimmt sich nach dem kantonalen Recht. In der Regel erlässt ein Einzelrichter vorsorgliche Massnahmen. Ist eine einzige kantonale Instanz[116] sachlich zuständig, so ist in der Regel der Einzelrichter dieser kantonalen Instanz zum Erlass von vorsorglichen Massnahmen auch in UWG-Belangen[117] zuständig.

62 Die **funktionelle Zuständigkeit** richtet sich für die kantonalen Instanzen nach kantonalem Recht; in der Regel geht die Zuständigkeit zum Erlass, zur Abänderung usw. von vorsorglichen Massnahmen mit dem Weiterzug des Hauptverfahrens an die Rechtsmittelinstanz über. Daran dürfte die Schweizerische Zivilprozessordnung nichts ändern. Nach dem **BGG** wird auch das Bundesgericht in Beschwerdeverfahren zum Erlass und zur Abänderung von vorsorglichen Massnahmen zuständig, somit nicht mehr eine kantonale Instanz, wie das unter der Geltung des OG noch der Fall war[118].

4. Glaubhaftmachen

63 Der Gesuchsteller hat glaubhaft zu machen, dass seine Rechte verletzt sind; ein voller Beweis muss nicht erbracht werden. **Glaubhaft zu machen** sind neben der Zuständigkeit, der Aktiv- und Passivlegitimation das eigene Recht, die behauptete verletzende Handlung, der nicht leicht wiedergutzumachende Nachteil[119] und die dringende Gefahr, wenn eine superprovisorische Massnahme verlangt wird[120]. Als **Beweismittel** kommen alle liquiden Beweismittel in Frage[121], und zwar nicht

---

[115] Art. 24 LugÜ.
[116] Für einige kantonale Instanzen nach Bundesgesetzen vgl. Art. 12 N 8 ff.
[117] TC VS SMI 1991, 102, E. 3a («La Bannière»); TC VS SMI 1994, 215, E. 2a («Comte Vert»); CA FR sic! 1999, 124, E. 1 («Vélo Assistance»); sic! 1997, 65, E. V. («Rivella/Apiella»).
[118] Art. 104 BGG (vgl. dazu Art. 58 aOG).
[119] Vgl. dazu OGer OW sic! 1999, 454, E. 7 («Kundendateien I»): Für die Beurteilung einer superprovisorischen Massnahme bedarf es keiner genauen Umschreibung des Schadens, das Glaubhaftmachen eines drohenden Nachteiles genügt.
[120] BGE 104 Ia 408, 412 f.: Es handelt sich dabei im Hinblick auf den Weiterzug an das Bundesgericht um eine prozessuale Frage.
[121] DAVID, SIWR I/2, 191 f. Aufwändige Zeugenbefragungen dürften in der Regel ausgeschlossen sein. Für die Verkehrsdurchsetzung muss glaubhaft gemacht werden, dass ein Zeichen von einem erheblichen Teil der Adressaten im Wirtschaftsverkehr als individualisierender Hinweis auf ein

nur diejenigen, die im Hauptprozess zulässig sind, sondern darüber hinaus auch noch andere, z.b. schriftliche Auskünfte, Affidavits, Kurzgutachten[122] usw.; es findet also keine Beschränkung der Beweismittel statt, mit Ausnahme solcher, die eine wesentliche Verzögerung des Verfahrens mit sich bringen[123]. Im Ergebnis die gleiche Rechtslage gilt unter Art. 254 ZPO-CH. Glaubhaftmachen bedeutet weniger als Beweisen, aber mehr als blosses Behaupten; objektive Anhaltspunkte und eine gewisse Wahrscheinlichkeit für den behaupteten Sachverhalt müssen gegeben sein, auch wenn das Gericht noch mit der Möglichkeit rechnet, dass sich die glaubhaft gemachten Tatsachen nicht verwirklicht haben könnten[124].

Auch der **Gesuchsgegner** kann sich mit der Glaubhaftmachung seiner Einwendungen und Einreden begnügen. Er braucht ebenfalls keinen vollen Beweis zu erbringen[125]. 64

Der Massnahmerichter hat eine summarische Prüfung der Tat- und Rechtsfragen vorzunehmen[126] und das Gesuch gutzuheissen, wenn er zum Schluss kommt, dass der Anspruch einigermassen aussichtsreich[127], mindestens aber (unter Berücksichtigung der Einreden und Einwendungen des Gesuchsgegners) vertretbar ist (**«Hauptsachenprognose»**)[128]. Dabei besteht wohl eine Abhängigkeit zwischen Beweismass und beantragten Massnahmen: Je einschneidender die beantragte Massnahme ist, desto strenger dürfte die Prüfung sein[129]. Der Massnahmerichter hat sich dabei mit 65

---

bestimmtes Unternehmen verstanden wird: BGer 4A_567/2008 sic! 2009, 348 ff., E. 5 («Fairsicherungsberatung/fairsicherung»).
[122] Vgl. z.B. KassGer SG SGGVP 2000 Nr. 53.
[123] HGer SG sic! 2003, 626, E. 4 und 5a («Digitale Kartendarstellung»), wonach aber eidesstattliche Erklärungen unbeachtlich sind.
[124] A. STAEHELIN/D. STAEHELIN/GROLIMUND, Zivilprozessrecht, § 22 N 28, sowie BGE 130 III 321, 325; BGer 4A_103/2008 sic! 2008, 907, E. 4 («Botox/Botoina II»), BGer 4P.64/2003 sic! 2003, 984, E. 3.1 («Pure Red Cell Aplasia II»; Persönlichkeitsrecht), BGer sic! 1997, 277, E. 5a («Blue Window II»), HGer SG sic! 2005, 362, E. 4 («Anlage-Opfer») und Tribunal cantonal VD vom 6.7.2009, E. II und III.
[125] Kantonsgerichtspräsidium NW sic! 2009, 605, E. 3.3 («Estrolith»).
[126] Nichtigerklärungen z.B. von Markeneintragungen können nur im Hauptprozess erfolgen; der Massnahmerichter hat sich mit der Abschätzung der Wahrscheinlichkeit der Nichtigkeit zu begnügen: HGer AG sic! 2005, 377, E. 3.1 («Rot»), BGE 132 III 83, E. 3.2.
[127] BGE 108 II 69, 72 und BGer SMI 1993, 159, E. 5a («Montres Gucci III»), BGE 134 I 83.
[128] KGer OW sic! 1999, 456, E. 2, 458 («Kundendateien II»); auf die Höhe eines allfälligen Schadens beim Gesuchsgegner kann es nicht ankommen. Vgl. dazu DAVID, SIWR I/2, 190. Vgl. BGE 104 Ia 408, 413: Es handelt sich dabei im Hinblick auf den Weiterzug an das Bundesgericht um eine materiellrechtliche Frage. Bei vorsorglichen Vollstreckungsmassnahmen, welche für den Gesuchsgegner in der Regel einschneidende Konsequenzen mit sich bringen, sind an die Hauptsacheprognose höhere Anforderungen zu stellen, als wenn nur die Aufrechterhaltung des tatsächlichen Zustandes verlangt wird: HGer AG sic! 2006, 187, E. 1.3.2 («Laufrad»).
[129] BAUDENBACHER/GLÖCKNER, Kommentar UWG, Art. 14 N 31; HGer SG sic! 2003, 626, E. 5c («Digitale Kartendarstellung»); TC FR sic! 2003, 694, E. 7 («M6 – Fenêtres publicitaires»).

einer vorläufigen rechtlichen Würdigung zu begnügen, da es sonst der Entscheidung in der Sache vorgreifen würde[130].

66 Für die **strengeren Anforderungen** an das Glaubhaftmachen im Falle von **Massnahmebegehren gegen periodisch erscheinende Medien** gemäss Art. 28c Abs. 3 ZGB vgl. vorne N 41 ff.

5. Rechtliches Gehör (Art. 28d Abs. 1 ZGB)

67 Art. 28d Abs. 1 ZGB hält eigentlich etwas Selbstverständliches fest: Der Gesuchsgegner soll sich vor Erlass des Massnahmeentscheides **zum Gesuch äussern** können. Kommt auf das Gesuchsverfahren das mündliche Verfahren zur Anwendung, so besteht ohne Weiteres Anspruch auf Erstattung einer Replik und Duplik. Findet zunächst ein einfacher Schriftenwechsel statt, so muss es statthaft sein, dass Replik und Duplik mündlich erfolgen. Die Verweigerung einer (mündlichen oder schriftlichen) zweiten Stellungnahme erscheint verfassungsrechtlich problematisch, insbesondere vor dem Hintergrund, dass der **Anspruch auf rechtliches Gehör** gemäss Art. 28d Abs. 1 nicht nur für den Gesuchsgegner, sondern auch für den Gesuchsteller gilt, wenn der Gesuchsgegner in seiner Gesuchsantwort Einreden und Einwendungen vorbringt, mit denen sich das Gesuch noch nicht auseinandergesetzt hat[131]. Art. 265 Abs. 2 ZPO-CH sieht jedoch keine Replik vor, wenn keine mündliche Verhandlung stattfindet. Selbst wenn eine mündliche Verhandlung stattfindet, kommt das Öffentlichkeitsprinzip (Art. 6 EMRK, Art. 30 BV) nicht zum Tragen, da es sich beim Entscheid um Erlass (oder Bestätigung im Falle einer superprovisorischen Massnahme) nicht um ein Urteil in einem Erkenntnisverfahren handelt. Art. 54 ZPO-CH ändert daran nichts («Verhandlung» und «Urteil» dieser Bestimmung beziehen sich auf Art. 228 ff. ZPO-CH und nicht auf die Anordnung von vorsorglichen Massnahmen im Sinne von Art. 261 ff. ZPO-CH).[132] Die Kantone können die Öffentlichkeit in einem weiteren Umfang zulassen.

---

[130] BGer 4A_103/2008 sic! 2008, 907, E. 4 («Botox/Botoina II»), und BGE 108 II 69, 72.
[131] Auch nach den Regeln der Eventualmaxime müssen im Gesuch nur die gesuchsstützenden Tatsachen vorgebracht, nicht aber die Einreden und Einwendungen des Gesuchsgegners vorweggenommen werden.
[132] Vgl. dazu aber Entscheid des Obergerichtes TG vom 15.8.2008, teilweise abgedruckt in RBOG 2008, Nr. 38.

6. Superprovisorische Massnahmen (vorläufige Anordnung; Art. 28d Abs. 2 ZGB)

Eine Ausnahme vom kontradiktorischen Verfahren ist möglich für den Fall des **Erlasses von superprovisorischen Massnahmen**[133], d.h., wenn mit der Anhörung des Gesuchsgegners der Zweck der Massnahme vereitelt werden könnte usw.[134] In solchen Situationen kann der Rechtsschutz unter bestimmten Voraussetzungen überfallartig angeordnet und vollzogen werden. 68

Zunächst ist **dringende Gefahr**[135] erforderlich, damit von der Anhörung des Gesuchsgegners abgesehen werden kann. Diese dringende Gefahr kann sich aus zwei Konstellationen ergeben, nämlich einerseits aus der **zeitlichen Dimension**[136], wenn z.B. die Massnahme bei zeitlicher Verzögerung infolge vorheriger Gewährung des rechtlichen Gehörs an den Gesuchsgegner ihr Ziel nicht mehr erreichen könnte (Verbot einer Medienpublikation usw.). Die dringende Gefahr kann sich auch aus der **sachlichen Konstellation** ergeben: Hier würde die Anhörung des Gesuchsgegners zur Vereitelung des Zwecks der Massnahme führen (z.B. Beschlagnahme von Waren usw.). Die «dringende Gefahr» muss eine konkrete, aber nicht notwendigerweise eine aktuelle Gefahr sein. Es muss Gefahr in Verzug sein, welche das überfallartige Vorgehen rechtfertigt[137]. Zu denken ist in diesem Zusammenhang an kurzzeitige Messen oder Ausstellungen, manifeste Vertuschungsgefahr (Verschwinden «heisser Ware» usw.). 69

Art. 28d Abs. 2 ändert lediglich den **Zeitpunkt der Anhörung des Gesuchsgegners,** nicht aber die übrigen Voraussetzungen für den Erlass einer vorsorglichen Massnahme. Daraus abgeleitet ergibt sich, dass die superprovisorisch erlassene vorsorgliche Massnahme nach Anhörung des Gesuchsgegners bereits wieder abgeändert oder aufgehoben werden kann, ohne dass die allgemeinen Voraussetzungen für eine Änderung oder Aufhebung erfüllt sein müssen[138]; das will der Gesetzgeber mit der Verwendung des Begriffes **«vorläufig»** in Art. 28d Abs. 2 aussagen. 70

Es ist Sache des kantonalen Rechts, zu regeln, wie das rechtliche Gehör nach Erlass der superprovisorischen Massnahme gewährt werden soll. Im Normalfall[139] setzt der Richter ein kontradiktorisches Verfahren an: Entweder lädt er direkt in eine sog. 71

---

[133] Es wird hier die Terminologie der Schweizerischen ZPO verwendet (vgl. Art. 265 ZPO-CH). Art. 28d Abs. 2 ZGB verwendet indirekt den Begriff der «vorläufigen Anordnung».
[134] Vgl. z.B. HGer SG SMI 1977, 176, E. 2 («Adidas-Schuhe»).
[135] Die ZPO-CH spricht von «besonderer Dringlichkeit» (Art. 265 Abs. 1 ZPO-CH). In der Sache dürfte dies dasselbe bedeuten wie die dringende Gefahr im Sinne von Art. 28d Abs. 2 ZGB.
[136] BGer 5P.342/2000, E. 2.
[137] Vgl. dazu BAUDENBACHER/GLÖCKNER, Kommentar UWG, Art. 14 N 61 f.; DAVID, SIWR I/2, 182 f.
[138] Z.B. wenn sich die Umstände (wesentlich) geändert haben oder die Massnahme sich nachträglich als ungerechtfertigt erwiesen hat. Vgl. dazu HGer AG SJZ 1968, 43; BJM 1956, 187, E. 3; DAVID, SIWR I/2, 187.
[139] Welcher auch in Art. 265 Abs. 2 ZPO-CH als Einziger vorgesehen ist.

Bestätigungsverhandlung, in der der Gesuchsgegner seinen Standpunkt mündlich vortragen kann, oder er ordnet eine schriftliche Gesuchsantwort an und führt erst dann die mündliche Verhandlung durch[140]. In der Praxis kommt auch es vor, dass der Richter in seinem Massnahmeentscheid dem Gesuchsgegner eine **Einsprachefrist** ansetzt und dass es ohne solche Einsprache gar nicht zu einer Bestätigungsverhandlung kommt. Das Verfahren nimmt dann seinen weiteren Verlauf gemäss Art. 28e Abs. 2 ZGB (Prosekutionsklage).

72 In der Regel erfolgen superprovisorische Massnahmen **vor Rechtshängigkeit eines Hauptverfahrens;** dennoch ist auch die Anordnung einer superprovisorischen Massnahme im Rahmen eines bereits anhängig gemachten Verfahrens denkbar[141].

73 Bei der **Prüfung** des Gesuches um Erlass einer **superprovisorischen Massnahme** hat der Richter **besondere Sorgfalt** anzuwenden, weil er nur die Seite des Gesuchstellers anhören kann. Er muss sich in die Lage des Gesuchsgegners versetzen und überlegen, welches die Einreden und Einwendungen gegen die gestellten Begehren sein könnten, und deren Erfolgschancen gegenüber der Darstellung des Gesuchstellers abwägen[142]. Die grundsätzlich anwendbare Verhandlungsmaxime wird für diesen Verfahrensschritt teilweise durch den Untersuchungsgrundsatz abgelöst.

74 Trotz bestehender dringender Gefahr kann der Richter das Gesuch um Erlass von superprovisorischen Massnahmen dann ablehnen, wenn der Gesuchsteller den Zeitpunkt der Einreichung des Gesuchs **«offensichtlich hinausgezögert»** hat, also wenn die dringende Gefahr in zeitlicher Hinsicht nicht auf die Fallkonstellation als solche, sondern auf das Nichthandeln des Gesuchstellers zurückzuführen ist[143]. In diesem Fall hat der Richter den Erlass der beantragten Massnahme abzulehnen. Weil damit der Anspruch auf Erlass der superprovisorischen Massnahme untergeht, ist die Frage des Rechtsmissbrauchs gründlich zu prüfen; der Richter muss vom Rechtsmissbrauch praktisch überzeugt sein. Es handelt sich bei dieser Bestimmung um einen Anwendungsfall des **Rechtsmissbrauchsverbotes** von Art. 2 Abs. 2 ZGB. Die Sanktion besteht darin, dass die Massnahme ohne Anhörung des Gesuchsgegners nicht erlassen wird[144]. Der Anspruch auf Erlass einer vorsorglichen Massnahme (mit Anhörung des Gesuchsgegners) besteht aber immer noch[145], sofern im Übrigen die Voraussetzungen für den Erlass von vorsorglichen Massnahmen gegeben sind.

---

[140] Ein Entscheid einzig aufgrund der schriftlichen Antwort käme wohl einer Verweigerung des rechtlichen Gehörs für den Gesuchsteller gleich.
[141] Vgl. z.B. KGer SG vom 17.7.2007 (ZZ.2006.36), E. I.3 (abrufbar unter www.gerichte.sg.ch).
[142] Vgl. dazu NYFFELER, SMI 1995, 85.
[143] Einige wenige Tage genügen nicht, vgl. BGer 5P.342/2000, E. 3; vgl. auch HGer SG SGGVP 2000 Nr. 58, E. 3, und Nr. 59, E. 5 (2 resp. 3 Monate zu lang).
[144] Vgl. Botschaft Persönlichkeitsrecht, 679.
[145] DAVID, SIWR I/2, 180.

7. Exkurs: Die Schutzschrift

Eine vorweggenommene mögliche Gegenmassnahme zur Nichtanhörung vor Erlass einer superprovisorischen Massnahme ist die **von der Praxis entwickelte** sog. **Schutzschrift**[146]. Mit ihr will der potenzielle Gesuchsgegner in einem Massnahmeverfahren sicherstellen, dass der Richter Sachverhalt und rechtliche Würdigung aus Sicht des Gesuchsgegners zur Kenntnis nehmen und bei seinem Entscheid berücksichtigen kann.

75

Die Zulässigerklärung und Behandlung von Schutzschriften variiert von Kanton zu Kanton[147]. Das Bundesgericht hat die **Behandlung einer Schutzschrift** ausserhalb eines hängigen oder abgeschlossenen Verfahrens als Petition abgelehnt[148].

76

Art. 270 ZPO-CH sieht nun die **Zulässigkeit von Schutzschriften** vor[149]. Gleichzeitig sind Streitfragen entschieden worden: Die Zustellung an den potenziellen Gesuchsteller erfolgt erst, wenn dieser das Verfahren effektiv eingeleitet hat; die Schutzschrift hat eine Wirkungsdauer von höchstens sechs Monaten und kann nach unbenütztem Ablauf dieser Frist der einreichenden Partei zurückgeschickt werden[150].

77

8. Sicherheitsleistung (Art. 28d Abs. 3)

Kann eine vorsorgliche Massnahme dem Gesuchsbeklagten schaden, hat der Gesuchsteller eine **Sicherheit (Kaution)** zu leisten. Damit kann im Falle, dass die vorsorgliche Massnahme ungerechtfertigterweise erlassen worden ist, der Schadenersatzanspruch gestützt auf Art. 28f ZGB (teilweise) gesichert werden. Der mögliche Schaden[151] besteht zunächst in den Umstellungskosten, die infolge der vorsorglichen Massnahme nötig werden, und sodann auch in Umsatz- bzw. Gewinneinbussen usw., wenn z.B. bestimmte Produkte während der Dauer der

78

---

[146] So z.B. OGer OW sic! 1999, 454, E. 2 («Kundendateien I»); dazu anstelle vieler PEDRAZZINI/PEDRAZZINI, UWG, N 15.27 f., die auch mögliche Anträge auflisten, und R. VON BÜREN/MARBACH/DUCREY, Immaterialgüter- und Wettbewerbsrecht, N 1034 ff.

[147] Vgl. dazu die Übersicht bei DAVID, SIWR I/2, 169 f., PEDRAZZINI/PEDRAZZINI, UWG, N 15.27, und die Übersicht bei GÜNGERICH, Schutzschrift, 24 f., sowie BAUDENBACHER/GLÖCKNER, Kommentar UWG, Art. 14 N 66; LUSTENBERGER/RITSCHER, AJP 1997, 515 f. Vgl. auch TUCHSCHMID, Jusletter vom 28. Januar 2008.

[148] BGE 119 Ia 53, 56 f.; dazu kritisch BAUDENBACHER/GLÖCKNER, Kommentar UWG, Art. 14 N 67 ff.

[149] Dazu näher A. STAEHELIN/D. STAEHELIN/GROLIMUND, Zivilprozessrecht, § 22 N 49 ff.

[150] Vgl. Botschaft ZPO, 7357 f. zu Art. 266 E-ZPO CH. Art. 270 Abs. 3 ZPO-CH spricht von «nicht mehr beachten», was auch ein Belassen beim Gericht erlaubt. Gemäss A. STAEHELIN/D. STAEHELIN/GROLIMUND, Zivilprozessrecht, § 22 N 52, erfolgt der Verlust der Wirkung jedoch von Gesetzes wegen.

[151] Für einen Fall der abgelehnten Kaution vgl. OGer LU SMI 1995, 422, E. 6 und 8 («Schönheitschirurg I»).

Massnahme nicht mehr vertrieben werden können. Zum Schaden im Sinne dieser Bestimmung gehören aber auch die Prozesskosten[152]. Die Kautionspflicht **präjudiziert** die Schadenersatzpflicht in keiner Weise. Letztere wird erst in einem separaten Schadenersatzprozess entschieden.

79 Der Erlass der vorsorglichen Massnahme kann von der **Stellung der Kaution abhängig gemacht** werden, oder es kann die bereits erlassene vorsorgliche Massnahme im Falle der Nichtleistung der Sicherheit innert der gesetzten Frist wieder aufgehoben werden. Die Solvenz des Gesuchstellers ist kein Grund, keine Kaution zu verlangen; die Durchsetzung einer ungesicherten Forderung erfordert einen zusätzlichen, durch die Sicherstellung vermeidbaren Aufwand[153].

80 Die **Sicherheit** kann durch ein Bardepot, durch Hinterlegung von Wertschriften, durch eine Bankgarantie[154] resp. Bankbürgschaft, durch eine Pfandbestellung[155] oder durch Bürgschaft eines Dritten erfolgen[156]. In der Regel behalten die Massnahmeentscheide vor, dass die **Höhe der Sicherheit** im Laufe des Verfahrens angepasst werden kann.

81 Die Kaution kann **ex officio**[157] oder auch auf **Antrag** des Gesuchsgegners verfügt werden. Kein Antrag auf Stellung einer Sicherheit ist vor allem dann erforderlich, wenn eine superprovisorische Massnahme erlassen wird[158] und der Gesuchsbeklagte gar nicht angehört werden kann. Ein erst nach Erlass der Massnahme gestellter Antrag auf Leistung einer Sicherheit bedingt das Vorliegen von echten Noven[159], soweit der Gesuchsgegner vorher die Möglichkeit zur Stellungnahme und Antragstellung hatte.

82 Die **Sicherheit** ist **freizugeben,** wenn im Hauptprozess die vorsorgliche Massnahme rechtskräftig bestätigt oder trotz Scheiterns der Massnahme (im Bestätigungs-

---

[152] Ob dafür der Streitwert ein Ansatzpunkt ist, wie BAUDENBACHER/GLÖCKNER, Kommentar UWG, Art. 14 N 73, dies ausführen, scheint fraglich. Der vom Gesuchsteller festgelegte Streitwert deckt möglicherweise andere Aspekte ab als der Schaden des Gesuchsgegners, wenn sich die Massnahme als ungerechtfertigt erweist.

[153] So ist die Bestimmung von § 243 ZPO BL, wonach von einer Sicherheitsleistung abgesehen werden kann, wenn die Habhaftigkeit des Gesuchstellers ausser Zweifel steht, mit grosser Zurückhaltung anzuwenden.

[154] AppGer BS BJM 1972, 266; OGer BL BJM 1964, 308; vgl. auch den Sachverhalt in BGer 4C.60/2003 sic! 2003, 915, E. C («Becherfarben II»); vgl. auch HASENBÖHLER, BJM 1976, 42.

[155] Wobei die Werthaltigkeit des Pfandes resp. die Bonität des Bürgen abzuklären wäre.

[156] Zur Höhe solcher Sicherheitsleistungen in der Praxis ZÜRCHER, Einzelrichter am HGer ZH, 280. Ein Indiz bildet der Streitwert, wobei der Schaden des Verletzten bzw. der Gewinn des Verletzers nicht damit identisch sein muss.

[157] Justizkommission Luzern SMI 1995, 422, E. 8 («Schönheitschirurg I»).

[158] BGer SMI 1990, 442, E. 3d («Aker»).

[159] Vgl. dazu A. STAEHELIN/SUTTER, Zivilprozessrecht, § 11 N 53 und § 23 N 31 m.w.H. Der Gesuchsgegner kann nach Erlass einer superprovisorischen Verfügung im Einspracheverfahren eine Kaution, wenn noch keine verfügt worden ist, resp. deren Erhöhung verlangen: vgl. BGE 107 III 29, 31 (zum Arrest nach altem Recht).

oder Hauptverfahren) kein Schadenersatz geltend gemacht wird. Bestehen Zweifel darüber, so kann der Gesuchsteller (und Leister der Sicherheit) beim Gericht beantragen, dass dem Gesuchsgegner (und potenziell Geschädigten) Frist zur Einreichung der Schadenersatzklage gesetzt wird, andernfalls die Sicherheit freigegeben wird[160].

Das UWG[161] kennt zwar keine Bestimmung, dass der **Gesuchsgegner** den Erlass einer vorsorglichen Massnahme verhindern oder deren Aufhebung verlangen kann, wenn er seinerseits eine **Sicherheitsleistung erbringt**. Es ist aber davon auszugehen, dass die im Patentrecht[162] vorhandene Bestimmung auch im Bereich des UWG (neben den andern Immaterialgüterrechten) gilt[163]. Allerdings kann dies nur dann eine Rolle spielen, wenn der nicht leicht wiedergutzumachende Nachteil in der fraglichen Solvenz des Gesuchsgegners besteht. Ist der nicht leicht wiedergutzumachende Nachteil anders begründet, so ist die Leistung einer Sicherheit durch den Gesuchsgegner keine adäquate Massnahme[164]. 83

Die **Schweizerische ZPO ändert** an diesem System **grundsätzlich nichts**[165]. Bei superprovisorischen Massnahmen kann (d.h. soll, nach pflichtgemässem Ermessen) der Richter von Amtes wegen eine Kaution verfügen[166]. Nicht angesprochen wird die Frage, ob eine Kaution auch sonst ex officio verfügt werden kann. Der Wortlaut der Bestimmung spricht nicht dagegen, auch wenn in der Botschaft nur vom Antrag des Gesuchsgegners die Rede ist[167]. Art. 261 Abs. 2 ZPO-CH sieht zudem explizit vor, dass auch der Gesuchsgegner zur Abwendung oder nachträglichen Aufhebung der vorsorglichen Massnahme eine Sicherheitsleistung erbringen kann, sofern mit der Sicherheitsleistung das Ziel der vorsorglichen Massnahme erreicht werden kann. 84

9. Rechtsmittel

Gegen **bewilligte superprovisorische Massnahmen** ist seitens des Gesuchsbeklagten nur der **Rechtsbehelf** der Einsprache möglich[168]; ordentliche 85

---

[160] Art. 28f Abs. 3 ZGB.
[161] Weder direkt noch über die Anwendung von Art. 28c ff. ZGB.
[162] Art. 79 Abs. 2 PatG; vgl. dazu BGE 106 II 66, 68.
[163] Vgl. dazu SCHLOSSER, sic! 2005, 361 f. m.w.H.; HGer ZH sic! 1997, 65, E. X. («Rivella/Apiella»); DAVID, SIWR I/2, 185.
[164] Vgl. dazu BGE 103 II 287, 293; HGer ZH sic ! 1997, 65, E. X. («Rivella/Apiella»).
[165] Vgl. Art. 264 ZPO-CH; es werden zusätzlich in Abs. 2 die Haftungsgrundlagen definiert.
[166] Art. 265 Abs. 3 ZPO-CH.
[167] Botschaft ZPO, 7356; OGer OW sic! 1999, 454, E. 2 («Kundendateien I»).
[168] Vgl. oben N 71 sowie Botschaft ZPO, 7356.

Rechtsmittel sind keine gegeben. Erst der Bestätigungsentscheid unterliegt den üblichen Rechtsmitteln[169].

86 Wird ein **Gesuch** um Erlass einer superprovisorischen Massnahme **abgelehnt,** so muss Folgendes gelten: Wird das Gesuch abgelehnt, weil es **an der «dringenden Gefahr»** im Sinne von Art. 28d Abs. 2 ZGB **fehlt,** so muss der Gesuchsteller diesen Entscheid an die nächsthöhere Instanz weiterziehen dürfen, um die Beurteilung dieser Frage überprüfen lassen zu können. Bei diesem Rechtsmittel darf der Gesuchsgegner allerdings nicht einbezogen werden, um den Überraschungseffekt im Falle der Gutheissung des Rechtsmittels nicht zu vereiteln[170]. Wird auch in der Rechtsmittelinstanz die «dringende Gefahr» abgelehnt, so wird das Massnahmeverfahren als kontradiktorisches Verfahren weitergeführt. Beantragt der Gesuchsteller jedoch eventualiter den Erlass einer vorsorglichen Verfügung, wird das Gericht in der Regel das kontradiktorische Verfahren sogleich bei (erstinstanzlicher) Abweisung der superprovisorischen Massnahme einleiten dürfen.

87 Wird das Gesuch abgelehnt, weil die **Voraussetzungen für den Erlass der Massnahme nicht glaubhaft** gemacht worden sind, ist die Interessenlage des Gesuchstellers die gleiche: Er muss die Möglichkeit erhalten, diese vom Erstrichter für ihn negativ entschiedenen Fragen einer Rechtsmittelinstanz ohne Beizug des Gesuchgegners zu unterbreiten. Bejaht die Rechtsmittelinstanz das Bestehen der Voraussetzungen für den Erlass der Massnahme und wird auch die «dringende Gefahr» gutgeheissen, kann die superprovisorische Massnahme erlassen werden. Den Gesuchsteller auf das ordentliche, kontradiktorische Massnahmeverfahren zu verweisen, bedeutete für ihn den Entzug der Möglichkeit, überraschend zu handeln[171].

88 Ein **Entscheid, der eine vorsorgliche Massnahme bewilligt oder ablehnt,** unterliegt den **kantonalrechtlich vorgesehenen Rechtsmitteln** (z.B. kantonalrechtliche Beschwerde, Rekurs) bzw. der Beschwerde gemäss Art. 319 ff. ZPO-CH[172] (vgl. Art. 319 lit. a ZPO-CH).

89 Im **bundesgerichtlichen Verfahren** steht die Anfechtung als Vor- oder Zwischenentscheid mittels **Beschwerde in Zivilsachen** im Vordergrund, wobei vorausgesetzt wird, dass der Entscheid einen nicht wiedergutzumachenden Nachteil bewirkt[173]. Gemäss Art. 98 BGG kommt als Beschwerdegrund einzig die Verletzung

---

[169] Vgl. unten N 93. Die kantonale Praxis lässt teilweise ein ausserordentliches Rechtsmittel gegen die superprovisorische Verfügung zu: OGer ZH SMI 1976, 244, E. 2 (zum alten URG); OGer ZH ZR 1988, Nr. 93. Vgl. dazu auch Art. 100 Abs. 6 BGG.
[170] Vgl. dazu BGE 107 III 29, 31 betr. Arrestbefehl. BAUDENBACHER/GLÖCKNER, Kommentar UWG, Art. 14 N 83, und DAVID, SIWR I/2, 198.
[171] Insofern ist der Meinung von DAVID, SIWR I/2, 198, zu widersprechen.
[172] Als Beschwerdegründe kommen gemäss Art. 320 ZPO-CH unrichtige Rechtsanwendung und offensichtlich unrichtige Feststellung des Sachverhalts in Frage.
[173] Art. 93 Abs. 1 lit. a BGG. Dabei ist vorausgesetzt, dass der Nachteil rechtlicher Natur ist, vgl. z.B. BGE 134 I 83, 86 ff. («Botox/Botoina I»), BGer 4A_452/2008, E. 1, und BGer 4A.453/2007,

verfassungsmässiger Rechte in Frage[174]. Nur ausnahmsweise dürfte ein Endentscheid im Sinne von Art. 90 BGG vorliegen, nämlich wenn eine Massnahme verlangt oder angeordnet wird, die im Hauptprozess nicht überprüft werden kann[175], oder wenn der angefochtene Entscheid ein eigenständiges Verfahren über vorsorgliche Massnahmen abschliesst[176]. Ferner steht sodann die **subsidiäre Verfassungsbeschwerde** nach Art. 113 ff. BGG offen, mit der die Verletzung von verfassungsmässigen Rechten geltend gemacht werden kann. Im Vordergrund steht dabei Art. 9 BV (Schutz vor Willkür und Wahrung von Treu und Glauben).

Soll der Entscheid nur wegen der auferlegten **Sicherheitsleistung angefochten** werden, so ist dagegen ausschliesslich die subsidiäre Verfassungsbeschwerde gemäss Art. 113 ff. BGG möglich, weil es sich beim Entscheid über eine Kaution, die vor einem Zivilprozess und nur für dessen Dauer erlassen worden ist, nicht um eine Zivilsache im Sinne von Art. 72 BGG handelt[177]. 90

Um die Wirkungen einer verfügten vorsorglichen Massnahme nicht ins Leere laufen zu lassen, ist es unabdingbar, dass dagegen eingereichten Rechtsmitteln **keine aufschiebende Wirkung** zukommt resp. dass eine solche Wirkung, soweit sie dem Rechtsmittel von Gesetzes wegen zukommt, im Einzelfall entzogen wird. Unter der Schweizerischen ZPO hat die Berufung gegen vorsorgliche Massnahmen keine aufschiebende Wirkung[178], doch kann die Vollstreckung ausnahmsweise aufgeschoben werden, wenn sie einen nicht leicht wiedergutzumachenden Nachteil bewirkt[179]. Die Beschwerde an das Bundesgericht hat grundsätzlich ebenfalls keine aufschiebende Wirkung[180]. 91

Wird während des Rechtsmittelverfahrens die Hauptklage (Prosekutionsklage) anhängig gemacht, so verbleibt die **Zuständigkeit für die Behandlung des Rechts-** 92

E. 2 (Markenrecht; die Verlängerung des Verfahrens stellt bspw. keinen solchen Nachteil dar), wobei die Rspr. sich an die Praxis zu Art. 87 Abs. 2 OG anlehnt.

[174] Vgl. BGE 134 I 83, 86 f. («Botox/Botoina I») und BGer 4A_367/2008 sic! 2009, 159, E. 2 f. («Softwarelizenzvertrag II»). In Frage kommen die Verletzung des rechtlichen Gehörs (Art. 29 Abs. 2 BV, inkl. Verletzung der Begründungspflicht, dazu der Fall in BGE 134 I 83, 89 ff. [«Botox/Botoina I»]), Willkür in der Rechtsanwendung, willkürliche Tatsachenfeststellung oder Beweiswürdigung. Die entsprechenden Rügen sind präzise vorzubringen und zu begründen, vgl. dazu BGE 133 II 396, 399 und BGer 4A_13/2009, E. 1.1.

[175] Vgl. BGE 134 III 427, 431 f. und BGer 4D_71/2007, E. 1 (zum Urheberrecht). Denkbar wäre dies v.a. bei Regelungsmassnahmen, die für die Dauer des Prozesses endgültig Rechte und Pflichten begründen, vgl. A. STAEHELIN/D. STAEHELIN/GROLIMUND, Zivilprozessrecht, § 22 N 35.

[176] BGE 134 I 83, E. 3.1, und BGer 4A_567/2008, E. 1.

[177] BGE 116 II 94, 95 f. = Pra 1990, Nr. 237, E. 1; das BGG ist in diesem Sinne gleich zu verstehen wie Art. 68 aOG.

[178] Art. 315 Abs. 4 lit. b ZPO-CH.

[179] Art. 315 Abs. 5 ZPO-CH.

[180] Art. 103 BGG.

mittels dennoch bei der Rechtsmittelinstanz[181]. Der Richter der Hauptklage ist nur für die Beurteilung neuer Massnahmebegehren zuständig.

93 Nach der **Schweizerischen ZPO** sind bewilligte superprovisorische Massnahmen nicht rechtsmittelfähig, sondern werden im Einspracheverfahren weiterbehandelt[182]. Bei Abweisung eines Gesuches um Erlass einer superprovisorischen Massnahme sollte die Möglichkeit der Beschwerde bestehen, wenn ein nicht leicht wiedergutzumachender Nachteil droht[183]. Erstinstanzliche Entscheide über vorsorgliche Massnahmen sind in Abhängigkeit vom Streitwert berufungs-[184] oder beschwerdefähig[185]. Die Rechtsmittelordnung des BGG bleibt unverändert.

94 Zu beachten ist, dass **vorsorgliche Massnahmen nicht in materielle Rechtskraft erwachsen können,** also jederzeit auf Antrag einer Partei angepasst oder aufgehoben werden können[186].

10. Kosten

95   Die Auferlegung der **Gerichtskosten und von Parteientschädigungen** im Massnahmeverfahren wird vom kantonalen Recht geregelt. In den meisten Fällen sehen die Kantone vor, dass die Gerichtskosten des Massnahmeverfahrens vorläufig vom Gesuchsteller zu tragen sind und dass über Parteientschädigungen im Hauptprozess entschieden wird[187]. Kommt es nicht zu einem Hauptprozess und können somit diese Kostenfragen dort nicht entschieden werden, so hat der Massnahmerichter in einem separaten Verfahren auf Antrag einer Partei die Kostenfolgen festzulegen[188]. Bei Gegenstandslosigkeit, weil das Verhalten eingestellt wurde, sind die Kosten nach dem mutmasslichen Ausgang des Verfahrens zu verlegen[189].

---

[181] BGE 108 II 65, 68.
[182] Botschaft ZPO, 7356.
[183] Art. 319 lit. b Ziff. 2 ZPO-CH.
[184] Die Berufung nach Art. 308 ZPO-CH ist in vermögensrechtlichen Verfahren nur zulässig, wenn der Streitwert der zuletzt aufrechterhaltenen Rechtsbegehren mindestens CHF 10 000.– beträgt (Art. 308 Abs. 2 ZPO-CH).
[185] Art. 319 lit. a ZPO-CH.
[186] Oben, N 26.
[187] Vgl. dazu instruktiv die Übersichten in BGer 5A_702/2008, E. 3 und 4 (Persönlichkeitsrecht), und OGer LU SMI 1985, 207, E. 6 f.: Kostenverteilung bei Erlass einer einstweiligen Verfügung.
[188] Ein vollstreckbarer Kostenentscheid im Zeitpunkt der Massnahme unter dem Vorbehalt einer Änderung im Haupt- oder einem Separatverfahren, wie dies DAVID, SIWR I/2, 193, vorschlägt, erscheint aufwendiger, vor allem wenn es im Hauptverfahren zu einer ganz anderen Kostenverteilung kommt und die Kosten aus dem Massnahmeverfahren bereits von den Parteien ausgeglichen sind. Das Gericht kann dem im Massnahmeverfahren unterliegenden Gesuchsgegner die Kosten auferlegen, selbst wenn keine Prosekution erfolgt: BGer 5A_702/2008, E. 3.3.
[189] So z.B. Justizkommission Zug, ZGGVP 2005, 222, E. 5b.

VI. Vollstreckung und Prosekution vorsorglicher Massnahmen (Art. 14 i.V.m. Art. 28e ZGB)

1. Vollstreckbarkeit (Art. 28e Abs. 1 ZGB)

Vorsorgliche Massnahmen werden kraft Bundesrechts in der ganzen Schweiz **wie Urteile vollstreckt**[190]. Diese **Gleichstellung von Massnahmeentscheiden mit Urteilen** ergibt sich auch aus dem Konkordat über die Vollstreckung von Zivilurteilen vom 10. März 1977[191] für die diesem Konkordat angehörenden Kantone. Sämtliche Konkordatskantone haben somit Verfahren zur Verfügung zu stellen, um die Durchsetzung der vorsorglichen Massnahmen, die von einem Richter in der Schweiz erlassen worden sind, zu ermöglichen[192]. Mit Inkrafttreten der **Schweizerischen Zivilprozessordnung** wird dieses Konkordat obsolet und muss aufgehoben werden: Gemäss Art. 335 ff. ZPO-CH und Art. 81 Abs. 1 SchKG in der im Zuge der Schweizerischen ZPO angepassten Formulierung haben alle Entscheide eines schweizerischen Gerichtes in allen andern Kantonen dieselbe Geltung, weshalb es keines besonderen Konkordates mehr bedarf.

96

Die **Einreden gegen die Vollstreckung** einer ausserkantonalen vorsorglichen Massnahme beschränken sich auf diejenigen, die nach Art. 81 Abs. 2 SchKG im Falle eines Gesuches um definitive Rechtsöffnung vom Schuldner vorgebracht werden können: nicht richtige Vorladung und keine richtige gesetzliche Vertretung. Die Einrede der örtlichen Unzuständigkeit steht dem Gesuchsbeklagten nicht mehr zur Verfügung[193]. Die Verletzung wesentlicher prozessualer Grundsätze (z.B. rechtliches Gehör) ist im Erkenntnisverfahren zu rügen. Eine Rüge im Vollstreckungsverfahren ist nur dann möglich, wenn es an der gehörigen Ladung und gesetzlichen Vertretung im Erkenntnisverfahren fehlte oder wenn das Urteil nicht zugestellt worden ist[194].

97

Das **Verfahren für die Vollstreckung** des Massnahmeentscheides ist im Übrigen durch das kantonale Recht geregelt. Es dürfte in der Regel das summarische Verfahren zur Anwendung kommen. Dies gilt auch gemäss Art. 339 Abs. 2 ZPO-CH.

98

Örtlich zuständig für Vollstreckungsmassnahmen ist entweder das Gericht am Wohnsitz oder Sitz des Vollstreckungsbeklagten, am Ort, wo die zur Vollstreckung notwendigen Massnahmen zu treffen sind, oder allenfalls am Ort desjenigen Gerichts, das in der Sache entschieden hat. Die Schweizerische Zivilprozessordnung sieht in Art. 267 ZPO-CH vor, dass das Gericht, das die vorsorgliche Massnahme anordnet, auch die erforderlichen Vollstreckungsmassnahmen zu treffen hat. Die

99

---

[190] Vgl. Art. 122 Abs. 1 BV.
[191] Systematische Gesetzessammlung Basel-Stadt, 221.520.
[192] Botschaft Persönlichkeitsschutzrecht, 669.
[193] Art. 37 GestG; auch Art. 81 Abs. 2 SchKG gewährt diese Einrede seit 1997 nicht mehr.
[194] Vgl. dazu LEUENBERGER, Kommentar BV, Art. 122 N 10.

allgemeine Regelung von Art. 339 ZPO-CH dürfte durch die Spezialregelung für die Vollstreckung vorsorglicher Massnahmen derogiert sein.

100 Zur Vollstreckung von vorsorglichen Unterlassungsgeboten stehen die gleichen **Zwangsmittel** zur Verfügung wie im ordentlichen (Haupt-)Verfahren, insbesondere Beschlagnahmen und Bestrafung wegen Ungehorsams im Sinne von Art. 292 StGB (vgl. Vor Art. 12–15 N 69 ff.).

101 Für die **Vollstreckung ausländischer vorsorglicher Massnahmen** vgl. vorne Einleitung N 144.

2. *Prosekution (Art. 28e Abs. 2 ZGB)*

102 Vorsorgliche Massnahmen werden in einem summarischen Verfahren erlassen, die Behauptungen sind bloss glaubhaft zu machen, damit dem Gesuch entsprochen wird. Vorsorgliche Massnahmen haben somit nur vorläufigen Charakter, weshalb der Massnahmeentscheid in einem ordentlichen Prozess, dem **Prosekutions- oder Hauptprozess,** zu überprüfen ist.

103 Ist die vorsorgliche Massnahme nicht in einem bereits laufenden Hauptverfahren ergangen, so bestimmt das Bundesrecht, dass der Massnahmerichter eine Frist von höchstens 30 Tagen[195] setzen muss[196], um die **Hauptklage anhängig** zu machen[197]; die Frist beginnt normalerweise am Tag nach der mündlichen Eröffnung des Entscheides resp. am Tag nach der Zustellung im Falle der schriftlichen Eröffnung[198]. Es handelt sich dabei um eine gesetzliche (Höchst-)Frist. Die Einzelheiten dieses Verfahrens und dessen Einleitung (Friedensrichter usw.) bestimmt das kantonale Recht, ebenso die Frage, welchen Einfluss ordentliche oder ausserordentliche Rechtsmittel haben. Die Frist ist vom Richter anzusetzen, sie kann aber nicht länger als 30 Tage sein; wird keine Frist angesetzt, so gilt die gesetzliche Frist von 30 Tagen. Mangels eines entsprechenden Vorbehaltes gilt diese Regelung auch im Falle einer superprovisorischen Massnahme, unabhängig davon, ob eine Einsprache erfolgt oder nicht. Der Richter kann nicht (vorerst) darauf verzichten oder eine bereits angesetzte Frist z.B. im Falle einer Einsprache wieder aussetzen. Die damit offensichtlich verbundenen Unwägbarkeiten sind aufgrund des Gesetzeswortlautes hinzunehmen. Die ZPO-CH sieht keine solche strikte Regelung mehr vor, sondern überlässt es generell dem Richter, eine Prosekutionsfrist anzusetzen (Art. 263 ZPO-

---

[195] Die Kantone können kürzere Maximalfristen ansetzen: BSK-MEILI, Art. 28e ZGB N 2, und DAVID, SIWR I/2, 192.

[196] Die Fristansetzung ist zwingend: BGE 103 II 69, 72 f., E. 3 und 4; dieser unter dem alten UWG ergangene Entscheid dürfte auch unter dem derzeit geltenden UWG Anwendung finden, da die Bestimmung von Art. 28e Abs. 2 ZGB/Art. 14 in ihrem Sinngehalt nicht verändert worden ist.

[197] Bei ursprünglicher Ansetzung einer kürzeren Frist wäre eine Erstreckung bis auf höchstens 30 Tage denkbar, da es sich um eine durch den Richter angesetzte Frist handelt.

[198] BSK-MEILI, Art. 28e ZGB N 2.

CH). Das Gericht des Hauptverfahrens wird zuständig zum Erlass neuer oder zur Änderung der bestehenden Massnahmen, Letzteres u.u. wenn sich aufgrund des Schriftenwechsels oder einer Beweisaufnahme eine andere Prognose in der Hauptsache ergibt.

Ist die vorsorgliche Massnahme in einem bereits hängigen Verfahren ergangen, so **erübrigt sich die separate Prosekution.** Im bereits hängigen Verfahren werden die Prosekutionsfragen bereits behandelt und entschieden. 104

Die Prosekutionsklage hat die mit der vorsorglichen Massnahme zugesprochenen **Begehren weiterzuverfolgen,** doch soll und muss den Gegebenheiten des definitiven Verfahrens Rechnung getragen werden. Auch Ansprüche, die seit Erlass der vorsorglichen Massnahme untergegangen sind, müssen prosequiert werden, allenfalls mit entsprechend angepassten Begehren[199]. Das Rechtsschutzinteresse insbesondere im Falle einer Unterlassungsklage muss im Zeitpunkt der Urteilsfällung noch vorhanden sein; dieses ist in der Regel anzunehmen, wenn eine vorsorgliche Massnahme prosequiert werden muss und die beklagte Partei die Rechtswidrigkeit der behaupteten unlauteren Handlung nicht ausdrücklich zugesteht[200]. 105

Im Prosekutionsverfahren können auch noch **andere Rechtsbegehren** gestellt werden[201], soweit die Zuständigkeit des angerufenen Gerichtes auch für die anderen Punkte gegeben ist. 106

Wird die **Klage nicht eingereicht,** so fällt die vorsorgliche Massnahme ohne Weiteres dahin und der Gesuchsgegner ist berechtigt, diejenige(n) Handlung(en) vorzunehmen, die ihm mit der Verfügung verboten worden sind. Der Gesuchsteller ist aber frei, die gleichen Massnahmebegehren wieder einzureichen, da mit dem Dahinfallen keine res judicata entsteht[202]. Diese Möglichkeit steht ihm dann nicht mehr zu, wenn er die Hauptklage (ob vor oder erst nach der vorsorglichen Massnahme eingereicht) zurückzieht. Damit entsteht in der Hauptsache res judicata. 107

Die Prosekutionsklage ist beim Zivilrichter anhängig zu machen. Die Einreichung einer **Strafanzeige** resp. (Privat-)**Strafklage** genügt nicht als Prosekutionsklage im Sinne von Art. 28e Abs. 2 ZGB[203]. 108

Gemäss der **Schweizerischen ZPO** findet bei der Prosekutionsklage kein Schlichtungsversuch statt[204]. Es wird eine richterliche, erstreckbare[205] Frist gemäss Art. 263 ZPO-CH angesetzt, die starre Fristregel von 30 Tagen gemäss Art. 28e Abs. 2 ZGB entfällt. 109

---

[199] Vgl. dazu DAVID, SIWR I/2, 195.
[200] BGE 124 II 72, 74 («Contra-Schmerz»).
[201] HGer SG SMI 1990, 210, E. 3a («Orio II»).
[202] Vorbehalten bleibt ein Rechtsmissbrauch: BGer SMI 1993, 159, E. 3b bb («Montres Gucci III»).
[203] BGer SMI 1993, 159, E. 3b aa («Montres Gucci III»).
[204] Art. 198 lit. h ZPO-CH.
[205] Art. 144 Abs. 2 ZPO-CH.

VII. Schadenersatz bei Aufhebung vorsorglicher Massnahmen (Art. 14 i.V.m. Art. 28f ZGB)

110 Ist eine vorsorgliche Massnahme im Bestätigungsverfahren (soweit ein solches stattfindet) oder im Hauptprozess aufgehoben worden, weil sich die Massnahme als unrichtig erwiesen hat, wird der Gesuchsteller gegenüber dem Gesuchsbeklagten **schadenersatz- bzw. gewinnherausgabepflichtig**[206]. Art. 28f Abs. 1 sieht grundsätzlich eine Kausalhaftung vor, die allerdings gemildert ist, indem der Richter von Schadenersatzfolgen absehen oder diese mindern kann, wenn auf Seiten des Gesuchstellers kein oder nur leichtes Verschulden vorliegt (**Kausalhaftung mit Exkulpationsmöglichkeit**).

111 Alle weiteren Punkte eines allfälligen Schadenersatzprozesses werden subsidiär durch die allgemeinen Bestimmungen der **Art. 42 ff. OR** geregelt, so zum Beweis des Schadens, zur Höhe des Schadens, zum Kausalzusammenhang und zur Verjährung[207].

112 Die Schadenersatzklage ist mangels einer Spezialbestimmung[208] an demjenigen **Gerichtsstand** anzubringen, der auf den Hauptanspruch zur Anwendung kommt. Der Ort der Massnahme gemäss Art. 33 GestG kommt auf den Schadenersatzprozess nicht zur Anwendung, da es sich bei diesem nicht mehr um eine vorsorgliche Massnahme, sondern um eine ordentliche Klage handelt. Soweit also die vorsorgliche Massnahme am Ort der (späteren) Vollstreckung gemäss Art. 33 GestG erlassen wurde, besteht an diesem Gerichtsstand kein Gerichtsstand für die Schadenersatzklage; dafür stehen nur diejenigen des Hauptanspruchs zur Verfügung, also bei unlauterem Wettbewerb insbesondere Art. 25 GestG[209]. Der Gerichtsstand für die Hauptsache (Ansprüche aus UWG) ist somit mit jenem für die Schadenersatzklage identisch[210]. Die ZPO-CH regelt die Frage der örtlichen Zuständigkeit im Falle von Schadenersatzklagen wegen ungerechtfertigten vorsorglichen Massnahmen nunmehr in Art. 37: örtlich zuständig ist das Gericht am Wohnsitz oder Sitz der beklagten Partei oder an dem Ort, an dem die vorsorgliche Massnahme angeordnet wurde.

---

[206] Vgl. z.B. BGer 4C.163/2000 sic! 2001, 330, E. 5 f. («Kantenanleimmaschine»), und BGer 4C.164/2000 sic! 2001, 38, E. 3 («Diesel [fig.]»; Markenrecht).

[207] Botschaft Persönlichkeitsrecht, 672. Wird bspw. eine unverhältnismässige vorsorgliche Massnahme vom Gesuchsgegner nicht angefochten, entfällt über Art. 44 OR eine Haftung des Gesuchsstellers (TCVS SMI 1991, 61, E. 7c [«Fourrures Petit»]). Vgl. zu Beweislast/Beweismass bzw. zur Frage der Behandlung eines Klagerückzugs nach Freigabe zollrechtlich beschlagnahmter Ware BGer 4C.164/2000 sic! 2001, 38, E. 3 («Diesel [fig.]»; Markenrecht).

[208] Art. 28f Abs. 2 ZGB ist mit dem Gerichtsstandsgesetz aufgehoben worden, ohne dass dieses eine analoge Regel geschaffen hätte.

[209] Vgl. BSK-MEILI, Art. 28f ZGB N 2.

[210] MÜLLER/WIRTH, ZH-Kommentar GestG, Art. 33 N 89.

Die **sachliche Zuständigkeit** für die Schadenersatzklage wird vom kantonalen Recht geregelt. Es kann, aber muss dies nicht das gleiche Gericht sein; Spezialvorschriften, Streitwert usw. können zu Unterschieden in der sachlichen Zuständigkeit führen. 113

Für die **Freigabe der Sicherheiten** im Falle der Gutheissung im Hauptverfahren und bei unterbliebener Geltendmachung von Schadenersatz vgl. vorne N 82. Wird die Schadenersatzklage gutgeheissen, so ist die Sicherheit auf Antrag dem Berechtigten herauszugeben. 114

Art. 15

Wahrung von Fabrikations- und Geschäftsgeheimnissen

[1] In Streitigkeiten gemäss Artikel 3 Buchstabe f und im Falle von Artikel 13*a* sind die Fabrikations- und Geschäftsgeheimnisse der Parteien zu wahren.

[2] Beweismittel, durch die solche Geheimnisse offenbart werden können, dürfen der Gegenpartei nur soweit zugänglich gemacht werden, als dies mit der Wahrung der Geheimnisse vereinbar ist.

Sauvegarde des secrets de fabrication ou d'affaires

[1] Dans les litiges fondés sur l'art. 3, let. f, et dans le cas prévu à l'art. 13*a*, les secrets de fabrication ou d'affaires des parties seront sauvegardés.

[2] La partie adverse ne pourra avoir accès aux moyens de preuve propres à révéler de tels secrets que dans la mesure où cela est compatible avec leur sauvegarde.

Tutela dei segreti di fabbrica e di affari

[1] Nelle controversie di cui all'articolo 3 lettera f e nel caso dell'articolo 13*a*, devono essere tutelati i segreti di fabbrica e di affari delle parti.

[2] I mezzi probatori atti a rivelare tali segreti possono essere resi accessibili alla controparte soltanto per quanto compatibile con la tutela del segreto.

Safeguarding of Manufacturing and Trading Secrets

[1] In disputes under Article 3 *litera* f, and in the case referred to in Article 13a, the manufacturing and trading secrets of the parties shall be safeguarded.

[2] Evidence by which such secrets may be revealed may only be disclosed to the counterparty as far as such is compatible with the safeguarding of the secrets.

Inhaltsübersicht

		Note	Seite
I.	Normzweck	1	929
II.	Entstehungsgeschichte	3	930
III.	Voraussetzungen	5	930
	1. Lockvogel oder Tatsachenbehauptung in der Werbung	5	930
	2. Fabrikations- und Geschäftsgeheimnisse	8	932
	3. Adressat	9	932
IV.	Rechtsfolgen	10	933
V.	Verfahrensfragen	14	934

Literatur

C. BAUDENBACHER (Hrsg.), Lauterkeitsrecht – Kommentar zum Gesetz gegen den unlauteren Wettbewerb (UWG), Basel 2001, Art. 15; G. BAUMGÄRTEL, «Geheimverfahren» im Zivilprozess zur Wahrung von Geschäftsgeheimnissen nach Schweizer Vorbild?, in: W. F. Lindacher (Hrsg.), Festschrift für Walter J. Habscheid zum 65. Geburtstag, Bielefeld 1989, 1 ff.; L. DAVID/R. JACOBS, Schweizerisches Wettbewerbsrecht, 4. Aufl., Bern 2005; L. DROESE,

Akteneinsicht des Geschädigten in der Strafuntersuchung vor dem Hintergrund zivilprozessualer Informationsinteressen, Zürich 2008; S. EBERHARD, UWG-Rechtsprechung 1989–2001, hrsg. von F. Dessemontet, Lausanne 2002; J. GUYET, Die weiteren Spezialklauseln (Art. 4–8 UWG), in: R. von Büren/L. David (Hrsg.), SIWR V/1, 2. Aufl. Basel 1998, 223 ff.; U. HÄFELIN/ W. HALLER/H. KELLER, Schweizerisches Bundesstaatsrecht, 7. Aufl., Zürich/Basel/Genf 2008; R. HAUSER/E. SCHWERI/K. HARTMANN, Schweizerisches Strafprozessrecht, 6. Aufl., Basel 2005; M. PEDRAZZINI/F. PEDRAZZINI, Unlauterer Wettbewerb – UWG, 2. Aufl., Bern 2002, N. 10.17 ff.; G. RAUBER, Klageberechtigung und prozessrechtliche Bestimmungen, in: R. von Büren/L. David (Hrsg.), SIWR V/1, 2. Aufl. Basel 1998, 280 ff.; R. RHINOW/H. KOLLER/ C. KISS, Öffentliches Prozessrecht und Justizverfassungsrecht des Bundes, Basel 1996; O. VOGEL/K. SPÜHLER, Grundriss des Zivilprozessrechts und des internationalen Zivilprozessrechts der Schweiz, 8. Aufl., Bern 2006.

I. Normzweck

Art. 15 enthält eine prozessuale Schutzbestimmung zur **Wahrung der** **Fabrikations- und Geschäftsgeheimnisse** der Parteien sowie Dritter, die in den meisten kantonalen Prozessordnungen im Rahmen der Urkundenedition bereits verankert ist[1]. Da die Gerichte nur vereinzelt in allgemeiner Form von den kantonalen Prozessordnungen zur Wahrung der Geschäfts- und Fabrikationsgeheimnisse bzw. schutzwürdiger Interessen der Parteien angehalten werden, erschien es dem Gesetzgeber sinnvoll, den allgemeinen Schutz der Geschäfts- und Fabrikationsgeheimnisse im Sinne einer bundesrechtlichen Prozessvorschrift zur Wahrung des materiellen Bundesrechts in das UWG aufzunehmen[2]. Nach Einführung der Beweislastumkehr gemäss Art. 13a wurde Art. 15 durch einen Verweis auf jenen Artikel ergänzt[3]. Damit hielt der Gesetzgeber fest, dass die für die Tatsachenbehauptung in der Werbung geltende Beweislastumkehr nicht zur Offenlegung von Geschäfts- und Fabrikationsgeheimnissen des Beklagten führen darf. Art. 15 begründet folglich einen umfassenden Schutz des Fabrikations- und Geschäftsgeheimnisses im gerichtlichen Verfahren[4]. 1

Damit bewirkt Art. 15 gleichzeitig auch immer eine **Einschränkung des Akteneinsichtsrechts** bzw. des rechtlichen Gehörs. Dies widerspricht dem rechtsstaatlichen Prinzip, wonach das Gericht sich bei seiner Entscheidfindung nicht auf geheime Beweismittel stützen darf, für die einer Partei das verfassungsrechtlich garantierte rechtliche Gehör nicht gewährt wurde[5]. 2

---

[1] VOGEL/SPÜHLER, Zivilprozessrecht, 10. Kapitel N 103.
[2] Vgl. die Regelung der Art. 145 ZPO ZH, Art. 121 ZPO SZ, Art. 141 ZPO OW, Art. 136 ZPO NW, Art. 202 Abs. 4 ZPO FR und Art. 160 ZPO GR; vgl. aber auch nunmehr Art. 156 ZPO-CH; VOGEL/SPÜHLER, Zivilprozessrecht, 10. Kapitel N 105; PEDRAZZINI/PEDRAZZINI, UWG, N 10.17 f.
[3] Amtl. Bull. NR 1993, 756.
[4] PEDRAZZINI/PEDRAZZINI, UWG, N 10.17 f.
[5] Vgl. hiernach N 7.

II. Entstehungsgeschichte

3   Art. 15 wurde auf **Antrag der Nationalratskommission**[6] in das Gesetz aufgenommen. Der Gesetzgeber beabsichtigte damit, Fabrikations- und Geschäftsgeheimnisse der Prozessparteien in Prozessen über Lockvogelaktionen nach Art. 3 lit. f zu wahren. Der Berichterstatter der Nationalratskommission führte dazu aus: «Das kann sowohl dem Kläger wie auch dem Beklagten zu Gute kommen. Der Kläger muss nachweisen, dass der Verkaufspreis des Beklagten unter dem Einstandspreis vergleichbarer Bezüge gleichartiger Artikel liegt. Zu diesem Zwecke muss er unter Umständen seine eigenen Einstandspreise offen legen. Andererseits kann sich der Beklagte durch den Nachweis rechtfertigen, dass seine publizierten Angebotspreise über seinem tatsächlichen Einstandspreis liegen. Damit muss er seine ganzen Kalkulationen offen legen. Für solche Fälle möchten wir das Geschäftsgeheimnis im Prozess gewahrt wissen»[7].

4   In der **neuen schweizerischen Zivilprozessordnung** ist sodann vorgesehen, dass Art. 15 aufgehoben und durch Art. 156 ZPO-CH ersetzt wird[8]. Damit wird der in Art. 15 lediglich für bestimmte Prozesse vorgesehene Geheimnisschutz durch einen Geheimnisschutz für sämtliche Zivilprozesse ersetzt[9].

III. Voraussetzungen

1. Lockvogel oder Tatsachenbehauptung in der Werbung

5   **Art. 15 nennt lediglich** die Streitigkeiten gemäss Art. 3 lit. f und Art. 13a. Diese Beschränkung des Anwendungsbereichs wird in der Lehre **gemeinhin als gesetzgeberisches Versehen erachtet** und auf dem Wege einer systematischen und teleologischen Auslegung auf sämtliche Streitigkeiten des unlauteren Wettbewerbs ausgedehnt[10]. Die Lehre verweist in diesem Zusammenhang auch auf die entsprechenden Bestimmungen im Patent- und Kartellgesetz[11].

---

[6] Amtl. Bull. NR 1985, 851; vgl. Botschaft UWG, 1009 ff.
[7] Amtl. Bull. NR 1985, 851.
[8] Vgl. auch Botschaft ZPO 2006, 7274, 7314.
[9] Vgl. hiernach N 5 ff.
[10] PEDRAZZINI/PEDRAZZINI, UWG, N 10.17 f.; DAVID/JACOBS, Wettbewerbsrecht, N 160; GUYET, SIWR V/I, 223; RAUBER, SIWR V/I, 281; BAUDENBACHER/GLÖCKNER, Kommentar UWG, Art. 15 N 4.
[11] Art. 68 PatG; Art. 16 KG; PEDRAZZINI/PEDRAZZINI, UWG, N 10.17 f.; DAVID/JACOBS, Wettbewerbsrecht, N 160 f.; BAUDENBACHER/GLÖCKNER, Kommentar UWG, Art. 15 N 4 Fn. 9; RAUBER, SIWR V/I, 280 f.

Die Rechtsprechung, wenn auch bislang nur **kantonale Rechtsprechung,** ist der 6
Lehre gefolgt[12]. In einem jüngeren Entscheid hält das Kantonsgericht Nidwalden
fest, dass «aus der Umschreibung, wonach in Streitigkeiten nach Art. 3 lit.
f die Fabrikations- und Geschäftsgeheimnisse der Parteien zu wahren sind, [...] nicht
generell abgeleitet werden [kann], dass in allen anderen UWG-Streitigkeiten die
Fabrikations- und Geschäftsgeheimnisse der Parteien nicht zu wahren wären.
Art. 15 Abs. 2 sieht ausdrücklich vor, dass Beweismittel, durch die solche Geheimnisse offenbart werden können, der Gegenpartei nur soweit zugänglich gemacht
werden dürfen, als dies mit der Wahrung der Geheimnisse vereinbar ist»[13]. Das
Bundesgericht hat sich bislang zum Anwendungsbereich von Art. 15 noch nicht
geäussert, dennoch kann von seiner bisherigen Rechtsprechung abgeleitet werden,
dass der Anspruch auf rechtliches Gehör und auf Akteneinsicht nur überwiegt,
soweit im Verfahren rechtlich geschützte Interessen oder auch lediglich tatsächliche
Interessen verfolgt werden und soweit kantonale Verfahrensvorschriften diesbezüglich Rechte im Verfahren einräumen[14]. Wenn auch nicht einschlägig, so zeigt die
bundesgerichtliche Rechtsprechung, dass die Prozessparteien bereits aus rechtstaatlichen Gründen Anspruch darauf haben, sich mit allen zur Verfügung stehenden
Beweismitteln zu schützen bzw. ihren Anspruch geltend zu machen[15]. Ihre Beweisführung darf nicht dadurch behindert werden, «dass sie Geschäftsgeheimnisse nur
unter in Kaufnahme des Risikos der Offenlegung als Beweismittel verwenden können»[16]. Der allgemein hinter Art. 15 stehende Leitgedanke bleibt daher unverändert,
auch wenn es sich nicht um Tatbestände des Lockvogels oder der Tatsachenbehauptung in der Werbung handelt[17].

Die **ausdehnende Anwendung** des Art. 15 auf Prozesse, die weder Lockvögel 7
noch Tatsachenbehauptungen in der Werbung zum Gegenstand haben, bleibt aus
verfassungsrechtlicher Sicht problematisch. Die Verweigerung der Akteneinsicht stellt, wie hiervor dargelegt[18], einen Eingriff in das verfassungsrechtlich gewährte rechtliche Gehör dar. Nach allgemeiner Praxis und herrschender Lehre sind
Grundrechtseingriffe indes lediglich gestützt auf eine gesetzliche Grundlage und
unter Wahrung der Verhältnismässigkeit sowie der öffentlichen Interessen möglich[19]. Während die Verhältnismässigkeit und die öffentlichen Interessen am Geheimnisschutz[20] unproblematisch sind, muss es zweifelhaft bleiben, ob Art. 15 in
seiner heutigen Fassung als gesetzliche Grundlage für einen Grundrechtseingriff

---

[12] HGer SG vom 29.11.2005 (HG.2001.31), E. II.13.c) f).
[13] KGer NW SMI 1989, 271 («source Code») und EBERHARD, Rechtsprechung, 258; vgl. auch das Urteil der Anklagekammer des Kantons Waadt JdT 1994 III, 102 ff. und EBERHARD, Rechtsprechung, 257 f.
[14] BGE 110 Ia 72; vergleiche auch BGE 110 II 315.
[15] HGer SG vom 29.11.2005 (HG.2001.31), E. II.13.c) f).
[16] RAUBER, SIWR V/I, 281.
[17] RAUBER, SIWR V/I, 281; BAUDENBACHER/GLÖCKNER, Kommentar UWG, Art. 15 N 4.
[18] Vgl. hiervor N 2.
[19] HÄFELIN/HALLER/KELLER, Bundesstaatsrecht, N 302.
[20] Vgl. hiervor Art. 6 N 1.

genügt. Auch wenn mittels systematischer und teleologischer Auslegung der Anwendungsbereich des Art. 15 erweitert wird, so fehlt es der gesetzlichen Regelung an der genügenden Bestimmtheit, soweit es sich nicht um Prozesse über Lockvögel oder Tatsachenbehauptung in der Werbung handelt. Der Geheimnisschutz bleibt in Prozessen mit einem anderen Streitgegenstand auf die Bestimmungen der jeweils zur Anwendung gelangenden **kantonalen Prozessordnung angewiesen**[21].

2. Fabrikations- und Geschäftsgeheimnisse

8   Art. 15 schützt die Fabrikations- und Geschäftsgeheimnisse der Prozessparteien im gerichtlichen Verfahren[22]. Dabei liegt Art. 15 derselbe Begriff des Fabrikations- und Geschäftsgeheimnisses **wie Art. 6** zugrunde, weshalb auf die Ausführungen zu Art. 6 verwiesen werden kann[23].

3. Adressat

9   Art. 15 Abs. 1 bestimmt generell, dass die Fabrikations- und Geschäftsgeheimnisse zu wahren sind, ohne einen persönlichen Anwendungsbereich zu definieren. Art. 15 Abs. 2, wonach offenbarte Geheimnisse der Gegenpartei nur soweit zugänglich gemacht werden dürfen, als dies mit der Wahrung der Geheimnisse vereinbar ist, verdeutlicht immerhin, dass die anderen Prozessparteien nicht Adressaten des Geheimnisschutzes im gerichtlichen Verfahren sind[24]. Folglich richtet sich Art. 15 an alle Personen, die als **Richter oder dessen Hilfsperson** tätig werden. Bei den Hilfspersonen ist insbesondere an vom Gericht beigezogene Experten, die Gerichtsschreiber sowie weiteres Gerichtspersonal zu denken[25]. Mit der vorliegenden Bestimmung wird lediglich das Verhältnis zwischen dem Richter bzw. seinen Hilfspersonen einerseits und den Prozessparteien andererseits geregelt. Die Geheimhaltungspflicht des Richters wie auch seiner Hilfspersonen richtet sich demgegenüber nach den einschlägigen Bestimmungen des öffentlichen Rechts[26].

---

[21] Vgl. in diesem Zusammenhang Art. 156 ZPO-CH, der eine allgemeine Grundlage für die Wahrung schutzwürdiger Interessen einer Partei oder Dritter, wie insbesondere deren Geschäftsgeheimnisse, schafft.
[22] PEDRAZZINI/PEDRAZZINI, UWG, N 10.17 f.
[23] Vgl. Art. 6 N 8 ff., 13 ff.
[24] Ebenso BAUDENBACHER/GLÖCKNER, Kommentar UWG, Art. 15 N 5.
[25] PEDRAZZINI/PEDRAZZINI, UWG, N 10.23 f.; BAUDENBACHER/GLÖCKNER, Kommentar UWG, Art. 15 N 5; DAVID/JACOBS, Wettbewerbsrecht, N 161.
[26] PEDRAZZINI/PEDRAZZINI, UWG, N 10.23 f.

IV. Rechtsfolgen

Im Sinne einer Rechtsfolge bestimmt Art. 15 Abs. 2, dass Fabrikations- und 10
Geschäftsgeheimnisse der Gegenpartei nur **soweit** offenbart werden dürfen, als dies **mit der Wahrung der Geheimnisse vereinbar** ist. Folglich muss der Richter zunächst die eingereichten Beweismittel daraufhin prüfen, ob sie Fabrikations- oder Geschäftsgeheimnisse enthalten[27]. Enthält das eingereichte Beweismittel Fabrikations- oder Geschäftsgeheimnisse, so hat der Richter eine **Abwägung** der Geheimhaltungsinteressen einerseits und dem Grundsatz des rechtlichen Gehörs andererseits **vorzunehmen**[28]. Der Richter hat dabei dem Grundsatz der Verhältnismässigkeit zu folgen und nach Möglichkeit die eingereichten Beweismittel der Gegenpartei ohne Fabrikations- oder Geschäftsgeheimnisse zur Verfügung zu stellen. Hierzu stehen verschiedene Möglichkeiten offen. So können etwa entsprechende Textpassagen abgedeckt werden oder Zusammenfassungen erstellt werden, welche die Inhalte der Beweismittel ohne Geschäfts- und Fabrikationsgeheimnisse wiedergeben[29].

In jedem Fall sollte das Gericht Akten, welche Fabrikations- oder Geschäftsge- 11
heimnisse enthalten, in einem **separaten,** eigens dafür gekennzeichneten Aktenverzeichnis bzw. **Dossier** führen. Dies verhindert auch, dass Geheimnisse, welche noch im erstinstanzlichen Verfahren geschützt wurden, in einem späteren Verfahrensstadium versehentlich der Gegenpartei offengelegt werden[30].

Art. 15 hat lediglich eine **beschränkte Akteneinsicht** der Gegenpartei zur Folge. 12
Die beweispflichtige Partei ist jedoch gestützt auf Art. 15 **nicht von einer** abschliessenden **Beweisführung** und Substantiierung ihrer Behauptungen **befreit**[31]. Sie hat ihre Behauptungen gegenüber dem Gericht abschliessend zu beweisen und zu substantiieren[32].

Das im gerichtlichen Verfahren geschützte Geheimhaltungsinteresse ist **auch nach** 13
Abschluss des Gerichtsverfahrens zu schützen. Insbesondere sind das Urteil und die allenfalls darin enthaltene Begründung so zu verfassen, dass die geschützten Geheimnisse daraus nicht ersichtlich werden[33].

---

[27] RAUBER, SIWR V/I, 282.
[28] PEDRAZZINI/PEDRAZZINI, UWG, N 10.20 ff.; BAUDENBACHER/GLÖCKNER, Kommentar UWG, Art. 15 N 8.
[29] BAUDENBACHER/GLÖCKNER, Kommentar UWG, Art. 15 N 8 und 12 ff.; PEDRAZZINI/PEDRAZZINI, UWG, N 10.20 ff.; RAUBER, SIWR V/I, 282 f.
[30] RAUBER, SIWR V/I, 282; DAVID/JACOBS, Wettbewerbsrecht, N 161.
[31] Kritisch hierzu BAUDENBACHER/GLÖCKNER, Kommentar UWG, Art. 15 N 10 f.
[32] Zur Problematik der Beweisführung im Zusammenhang mit Fabrikations- und Geschäftsgeheimnissen vgl. hiervor Art. 6 N 35.
[33] PEDRAZZINI/PEDRAZZINI, UWG, N 10.20 ff.

V. Verfahrensfragen

14 Die **Umsetzung** von Art. 15 im Gerichtsverfahren ist **problematisch**[34]. Die Probleme beginnen schon damit, dass Art. 15 nicht festhält, ob das Gericht Fabrikations- oder Geschäftsgeheimnisse von Amtes wegen zu schützen hat oder lediglich auf Antrag des Geheimnisherrn. Nicht nur aus Praktikabilitätsgründen können Unternehmensgeheimnisse im gerichtlichen Verfahren **nur auf Antrag** des Geheimnisherrn geschützt werden. Ist es der Geheimnisherr, der über seine Fabrikations- oder Geschäftsgeheimnisse verfügt, so beinhaltet auch die Preisgabe dieser Geheimnisse vor Gericht eine Offenlegung und somit die Aufgabe des Geheimnisschutzes[35]. Das Gericht wird also Fabrikations- oder Geschäftsgeheimnisse nur soweit schützen können, als diese vom Geheimnisherrn im Verfahren klar gekennzeichnet wurden und ihr Schutz ausdrücklich beantragt wurde.

15 Kommt das Gericht nach Prüfung der Ausführungen und Beweismittel des Geheimnisherrn im Verfahren zu dem Schluss, dass es sich um schützenswerte Fabrikations- oder Geschäftsgeheimnisse handelt[36], so hat es sowohl die Rechtschriften als auch die eingereichten Beweismittel auf die besagten Geheimnisse zu durchforsten und entsprechend zu neutralisieren, damit diese der Gegenpartei im gesetzlich vorgesehenen Rahmen[37] zur Verfügung gestellt werden können. Immerhin wird man wohl dem Gericht zugestehen müssen, dass es den Geheimnisherrn als Partei im Verfahren gegebenenfalls dazu anhält, die Beweismittel und Rechtschriften selbst dahin zu kürzen, dass sie keine vom Gericht als schützenswert erachtete Fabrikations- oder Geschäftsgeheimnisse enthalten. So kann der durch den Geheimnisschutz im Prozess **für die Gerichte entstehende Mehraufwand** zumindest ansatzweise in Grenzen gehalten werden[38]. Lediglich wenn ein solches Vorgehen nicht möglich ist, muss das Gericht die eingereichten Akten selbständig bereinigen und allenfalls durch einen unabhängigen Experten bereinigen lassen. Jedoch ist auch hier darauf hinzuweisen, dass das Gericht die vom Geheimnisherrn bereinigten Akten wiederum prüfen muss und wohl eine selbständige Bereinigung vornehmen muss, wenn die Gegenpartei grundsätzliche Einwände gegen die Bereinigung durch den Geheimnisherrn erhebt.

16 In dem Ausmass, in dem Bestimmungen des Verwaltungs- oder Strafverfahrens den Zugang der Gegenpartei zu den Akten des Geheimnisherrn erschweren, wird auch der Geheimnisschutz im entsprechenden Verfahren einfacher. Insoweit ist die gerichtliche Umsetzung des Geheimnisschutzes im Verwaltungs- und Strafverfahren

---

[34] Ebenso BAUDENBACHER/GLÖCKNER, Kommentar UWG, Art. 15 N 12 ff.; a.A. DAVID/JACOBS, Wettbewerbsrecht, N 161.
[35] Vgl. hiervor Art. 6 N 12.
[36] Vgl. hiervor Art. 15 N 8.
[37] Vgl. hiervor Art. 15 N 10.
[38] Siehe den Hinweis auf den beträchtlichen Mehraufwand bei BAUDENBACHER/GLÖCKNER, Kommentar UWG, Art. 15 N 13 f.

im Vergleich zum Zivilprozess, in dem die Akten sämtlichen Prozessparteien zustehen, etwas erleichtert. Allerdings muss auch hier gleich bemerkt werden, dass oft nur die sogenannten Vorverfahren bzw. Verfahren vor Verwaltungsbehörden eine umfassende Geheimhaltung ermöglichen, die wiederum in der Lehre kritisiert wird[39]. Die Umsetzung des Geheimnisschutzes im gerichtlichen Verfahren bleibt somit aufwendig und wohl nicht ohne Rückgriff auf die Mitwirkungspflicht des Geheimnisherrn als Prozesspartei zu bewältigen.

---

[39] Vgl. für den Strafprozess (allerdings kritisch) HAUSER/SCHWERI/HARTMANN, Strafprozessrecht, § 76 N 16 ff. m.H. auf neuere Tendenzen zur Parteiöffentlichkeit; für das Verwaltungsverfahren RHINOW/KOLLER/KISS, Öffentliches Prozessrecht, N 1356; für die Abwägung zwischen Geheimnis- und Einsichtsinteressen DROESE, Akteneinsicht, 121 ff.

3. Kapitel: Verwaltungsrechtliche Bestimmungen

1. Abschnitt: Preisbekanntgabe an Konsumenten

Vor Art. 16–20

Inhaltsübersicht Note Seite

			Note	Seite
I.	Einleitung und Grundlagen		1	939
	1.	Entwicklung	1	939
	2.	Vollzug	6	941
	3.	Öffentliches Recht, Privatrecht, Strafrecht	9	942
II.	Anwendbarkeit des UWG auf die Tätigkeit des Gemeinwesens		16	945
III.	UWG und Verfassungsrecht		25	951
IV.	Verwaltungsrechtliche Bestimmungen im UWG		28	952
V.	Gewerbe- und Handelspolizeirecht des Bundes sowie weitere marktrelevante Bundesvorschriften		30	952
	1.	Allgemeines	30	952
	2.	Lotterien und Glücksspiele sowie Spielbanken	32	954
		a) Lotteriegesetzgebung	32	954
		b) Glücks- und Geschicklichkeitsspiele	40	958
	3.	Lebensmittelrecht	41	959
	4.	Alkohol und Tabak	47	962
	5.	Heilmittelrecht	51	963
	6.	Geografische Herkunftsangaben, insbes. sog. «Swissness»	59	965
	7.	Vorschriften zu Anpreisung, Kennzeichnung und Deklaration	65	971
	8.	Medienrecht	67	973
	9.	Finanzmarkt- und Versicherungsaufsichtsrecht	70	976
	10.	Bestimmungen über Werbung und Schutz von Titeln im Bereich freier Berufe	73	977
	11.	Weitere Erlasse	74	978
	12.	Bundesverwaltungsrecht und (Verwaltungs-)Strafrecht	76	979
VI.	Kantonales Gewerbe- und Handelspolizeirecht sowie weitere lauterkeitsrechtlich relevante Vorschriften der Kantone		78	979
VII.	Bestimmungen zu Rechts- sowie Amtshilfe		85	983

Literatur

Vgl. Literatur zu Art. 16; C. BAUDENBACHER, Lauterkeitsrecht – Kommentar zum Gesetz gegen den unlauteren Wettbewerb (UWG), Basel 2001, N 1 ff., insbesondere Vor Art. 16 N 9; U.R. BEHNISCH, Internationale Amts- und Rechtshilfe im Steuerrecht – Tendenzen, ST 2007, 286 ff.; G. BIAGGINI/P. RICHLI/A. LIENHARD/F. UHLMANN, Wirtschaftsverwaltungsrecht des

---

* Die Autoren danken Frau lic. iur. Andrea Schütz, Assistentin am Lehrstuhl von Prof. F. Uhlmann, für die kompetente Mithilfe.

Bundes, 5. Aufl., Basel/Genf/München 2009; B. VON BÜREN, Kommentar zum Bundesgesetz über den unlautern Wettbewerb vom 30. Sept. 1943 unter Einschluss der Ausverkaufsverordnung vom 16. April 1947, Zürich 1957, Kommentierung zu Art. 17–22 aUWG; R. VON BÜREN/ E. MARBACH/P. DUCREY, Immaterialgüter- und Wettbewerbsrecht, 3. Aufl., Bern 2008, N 1042–1046, N 1100–1103 sowie N 1231 f.; T. CALAME, Lebensmittel und Immaterialgüterrecht, in: T. Poledna/O. Arter/M. Gattiker (Hrsg.), Lebensmittelrecht, Bern 2006, 211 ff.; L. DAVID, in: R. von Büren/L. David (Hrsg.), SIWR I/2, Der Rechtsschutz im Immaterialgüterrecht, 2. Aufl., Basel/Frankfurt a.M. 1998; DERS., in: R. von Büren/L. David (Hrsg.), SIWR I/3, Lexikon des Immaterialgüterrechts, Basel 2005; L. DAVID/R. JACOBS, Schweizerisches Wettbewerbsrecht, 4. Aufl., Bern 2005, N 14–17 sowie N 658–706; L. DAVID/M. A. REUTTER, Schweizerisches Werberecht, 2. Aufl., Zürich 2001; U. EGGENBERGER-STÖCKLI, Arzneimittel-Werbeverordnung, Stämpflis Handkommentar, Bern 2006; B. EHRENZELLER (Hrsg.), Aktuelle Fragen der internationalen Amts- und Rechtshilfe, Schriftenreihe des Instituts für Rechtswissenschaft und Rechtspraxis der Universität SG, Bd. 33, St. Gallen 2005; L. EHRLER, «schweiz.ch» – Anmerkungen zum Expertenentscheid vom 24. Mai 2006, Jusletter vom 17. Juli 2006; T. EICHENBERGER/U. JAISLI/P. RICHLI (Hrsg.), Basler Kommentar Heilmittelgesetz, Basel/Genf/ München 2006; T. EICHENBERGER/M. MARTI/P. STRAUB, Die Regulierung der Arzneimittelwerbung, recht 2003, 225 ff.; W. FELLMANN/G. ZINDEL, Kommentar zum Anwaltsgesetz, Zürich 2005; M. R. FRICK, Werbung für Lebensmittel, in: T. Poledna/O. Arter/M. Gattiker (Hrsg.), Lebensmittelrecht, Bern 2006, 245 ff.; P. GALLI/A. MOSER/E. LANG/E. CLERC, Praxis des öffentlichen Beschaffungsrechts, 1. Bd.: Landesrecht, 2. Aufl., Zürich/Basel/Genf 2007; J. GUYET, Wettbewerbsverwaltungsrecht (Art. 16–22 UWG), in: R. von Büren/L. David (Hrsg.), SIWR V/1, Lauterkeitsrecht, 2. Aufl., Basel 1998, 287–302; U. HÄFELIN/G. MÜLLER/F. UHLMANN, Allgemeines Verwaltungsrecht, 5. Aufl., Zürich 2006; R. JACOBS, Art. 96, in: B. Ehrenzeller/P. Mastronardi/R. Schweizer/K. Vallender (Hrsg.), Die schweizerische Bundesverfassung: Kommentar, Zürich 2008; H. KÖHLER, in: W. Hefermehl/H. Köhler/J. Bornkamm (Hrsg.), Gesetz gegen den unlauteren Wettbewerb, 28. Aufl., München 2010; B. KRAMER, Werbung oder Information? Zur Abgrenzung in der Arzneimittelwerbung, sic! 2007, 489 ff.; F.H. LENOIR/ O.-O. PUDER, Öffentliche Werbung im Sinne der Anlagefondsgesetzgebung, AJP 2006, 981 ff.; E. MARBACH, in: R. von Büren/L. David (Hrsg.), SIWR III/1, Markenrecht, 2. Aufl., Basel 2009; J. D. MEISSER/D. ASCHMANN, Herkunftsangaben und andere geografische Bezeichnungen, in: R. von Büren/L. David (Hrsg.), SIWR III/2, Firmenrecht, Schutz nicht registrierter Kennzeichen, Herkunftsangaben und andere geografische Bezeichnungen, Domain-Namen, 2. Aufl., Basel 2005, 155 ff.; M. MÜLLER, Rechtsschutz gegen Verwaltungsrealakte, in: P. Tschannen (Hrsg.), Neue Bundesrechtspflege, BTJP 2006, Bern 2007, 313 ff.; P. NOBEL/R.H. WEBER, Medienrecht, 3. Aufl., Bern 2007; P. NÜTZI, Rechtsfragen verhaltenslenkender staatlicher Information, Bern 1995; M. M. PEDRAZZINI, Unlauterer Wettbewerb, UWG, 1. Aufl., Bern 1992, 257; M. M. PEDRAZZINI/F. A. PEDRAZZINI, Unlauterer Wettbewerb, UWG, 2. Aufl., Bern 2002, N 2.06, 3.21 f. und 24.01; T. POLEDNA (Hrsg.), Gesundheit und Werbung, Zürich/Basel/Genf 2005; P. POPP, Grundzüge der internationalen Rechtshilfe in Strafsachen, Basel 2001; S. PUGATSCH, Werberecht für die Praxis, 3. Aufl., Zürich 2007; G. RAUBER, Klageberechtigung und prozessuale Bestimmungen (Art. 9–15 UWG), in: R. von Büren/L. David (Hrsg.), SIWR V/1, Lauterkeitsrecht, 2. Aufl., Basel 1998, 239 ff.; R. RHINOW/G. SCHMID/G. BIAGGINI, Öffentliches Wirtschaftsrecht, Basel 1998; P. RIEDER, Kostenrisiko bei Beschwerden an die UBI, medialex 2007, 6 ff.; F. RIKLIN, Schweizerisches Presserecht, Bern 1996, § 4; E. RIVA, Neue bundesrechtliche Regelung des Rechtsschutzes gegen Realakte, Überlegungen zu Art. 25a VwVG, SJZ 2007, 337 ff.; R. SCHAFFHAUSER, Die Urteile «suche.ch» I–III oder Die Suche nach dem geschützten Rechtsgut, Jusletter vom 9. März 2009; R. SCHWOB, Ausbau der Amts- und Rechtshilfe in der Schweiz, SJZ 2001, 169 ff.; P. SPITZ, Das kantonale Recht und seine Berührungspunkte mit dem Privatrecht, in: D. Buser (Hrsg.), Neues Handbuch des Staats- und Verwaltungsrechts des Kantons Basel-Stadt, Basel 2008, 919 ff.; M. STREULI-YOUSSEF, Unlautere Werbe- und Verkaufsmethoden, in: R. von Büren/L. David (Hrsg.), SIWR V/1, Lauterkeitsrecht, 2. Aufl., Basel 1998, 79 ff.; P. STUDER, Das Bundesgericht entzieht der UBI die Kompetenz, «rundfunkrechtliche Persönlichkeitsverletzungen zu ahnden», Jusletter vom 6. Oktober 2008; U. THÖNEN, Politische Radio- und Fernsehwerbung in der Schweiz im Vergleich mit Deutschland, Österreich, Frankreich und Italien, Basler Studien zur Rechtswissenschaft, Reihe B, Bd. 69, Basel 2004; K. TROLLER, Grundzüge des schweizerischen Immaterialgüterrechts, 2. Aufl., Basel 2005, 114–116, 120–127, 353 f. sowie 369; F. UHLMANN, Gewinnorientiertes Staatshandeln, Möglichkeiten und Zulässigkeit gewinnorientierter staatlicher Eigenbetätigung aus wirtschaftsverfassungsrechtlicher Sicht, Diss., Basler Studien zur Rechtswissenschaft, Bd. 52, Basel 1997; S. VOGEL, Der Staat als Marktteilnehmer, Diss., Zürich 2000; R. H. WEBER, Rundfunkrecht, Stämpflis Handkommentar, Bern 2008; DERS. (Hrsg.), Schweizerisches Bundesverwaltungsrecht, Band V: Informations- und Kommunikationsrecht, C. Presse- und Filmverwaltungsrecht, 2. Aufl., Basel/Genf/München 2003, §§ 5 und 6; C. WILLI, Kommentar Markenschutzgesetz, Zürich 2002.

I. Einleitung und Grundlagen

1. Entwicklung

Das UWG ist seit seinem Bestehen – trotz strafrechtsähnlich aufgebauten Spezialtatbeständen – ein **grundsätzlich privatrechtlich konzipiertes und vollzogenes Gesetz**. Während ein Teil der UWG-Tatbestände – aktuell Art. 3–6 – bei Hinzutreten weiterer Voraussetzungen[1] auch strafrechtliche Relevanz aufweisen, war die Bedeutung des verwaltungsrechtlichen Teils des UWG schon immer relativ gering. Im aUWG 1943 fanden sich seit Inkrafttreten am 1. März 1945 noch verwaltungsrechtliche Bestimmungen über **Ausverkäufe und Zugaben** und seit dem 1. Januar 1979 Bestimmungen zur **Preisbekanntgabe**. 1

Die Bestimmungen zu den **Ausverkäufen** (Art. 17–19 aUWG 1943) wurden im Zuge der UWG-Revision 1986 zunächst inhaltlich unverändert in Art. 21 und Art. 22 übernommen, und die diese ausführende Ausverkaufsverordnung des Bundesrats von 1947 wurde 1987 revidiert[2]. Sie enthielt ein verwaltungsrechtliches 2

---

[1] Insbes. Vorsatz- und Strafantragserfordernis bei Art. 23. Vgl. aber auch den Straftatbestand des Art. 24, der bei Verletzung der Preisbekanntgabepflicht an Konsumenten von Amtes wegen durchzusetzen ist und auch eine Strafbarkeit bei Fahrlässigkeit vorsieht. Bis zur Revision des UWG 1943 im Jahr 1986 wurden ausgewählte Tatbestände in Art. 13 aUWG strafrechtlich erfasst.

[2] Verordnung über die Ausverkäufe und ähnliche Veranstaltungen vom 14.12.1987 (AV), AS 1988, 233. Diese ersetzte die gleichnamige Verordnung des Bundesrats vom 16.4.1947, BS 2958 (abgedruckt bei B. VON BÜREN, Kommentar UWG, XVII ff.). Daneben bestanden Empfehlungen des BIGA, vgl. zum Ganzen DAVID, SIWR I/3, 31 f. und PEDRAZZINI, UWG 1992, 257. Die in Art. 22 aUWG vorgesehene Kompetenz zu einer Verordnung zur verwaltungsrechtlichen Regelung des «Zugabewesens» hat der Bundesrat demgegenüber nie ausgeschöpft.

Durchsetzungsinstrumentarium und Strafbestimmungen auf Verordnungsebene[3]. Im Zuge der **Swisslex-Vorlage** wurden die Bestimmungen zu den Ausverkäufen auf den 1. November 1995 schliesslich ersatzlos gestrichen und die Ausverkaufsverordnung aufgehoben[4]. Ziel war die **Liberalisierung des Ausverkaufswesens**[5].

3 Im Bereich der **Zugaben** fand sich in Art. 20 Abs. 2 aUWG 1943 eine materielle Bestimmung. Vom Bundesrat nie umgesetzt wurde die in Art. 20 Abs. 1 aUWG 1943 enthaltene Ermächtigungsbestimmung zum Erlass einer Verordnung «gegen Missbräuche im Zugabewesen» mit Strafbestimmungen[6]. Im Rahmen der UWG-Revision 1986 wurde auf eine verwaltungsrechtliche Regelung der Zugaben verzichtet. Sie hatten angesichts des Wegfalls der Preisbindung der zweiten Hand 1967 ohnehin an Bedeutung verloren[7]. Seit Wegfall der Ausverkaufsvorschriften 1995 hat sich die Situation weiter entschärft, wurden die Ausverkaufsbestimmungen doch nicht selten mittels Zugaben «umgangen». Zugaben werden im geltenden UWG nurmehr durch **Art. 3 lit. g**, der über Art. 23 auch strafrechtliche Relevanz aufweist, erfasst[8].

4 Seit dem 1. Januar 1979 fanden sich in den damaligen Art. 20a–20f aUWG 1943 Bestimmungen zur **Preisbekanntgabe**. Letztere wurden als heutige Art. 16–20 und 24 inhaltlich – bis auf den Wegfall der Strafbarkeit von Versuch und Gehilfenschaft bei Art. 24 (im Gegensatz zum Art. 20e Abs. 3 im UWG von 1978) – unverändert in das am 1. März 1988 in Kraft getretene revidierte UWG integriert. Die Preisbekanntgabe wurde vom Bundesrat im Rahmen der seit 1978 mehrfach angepassten Verordnung über die Bekanntgabe von Preisen (Preisbekanntgabeverordnung; PBV) vom 11. Dezember 1978 detailliert geregelt[9].

5 In den letzten Jahrzehnten stetig und relativ stark **zugenommen** haben hingegen **öffentlich-rechtliche Bestimmungen** ausserhalb des UWG-Gesetzestextes, die **Werbung, Geschäftsmethoden** (Vertrieb etc.) und weitere **Modalitäten der Marktteilnahme** und des **Marktauftritts** regeln. Diese weisen nicht selten **lauter-**

---

[3] Vgl. dazu näher B. VON BÜREN, Kommentar UWG, Art. 17–19 N 70 ff. und PEDRAZZINI, UWG 1992, 267.
[4] Gleichzeitig wurde Art. 3 lit. b um unrichtige oder irreführende Angaben über die «Art der Verkaufsveranstaltung» ergänzt; vgl. zur Revision näher GUYET, SIWR V/1, 299 f., DAVID, SIWR I/3, 31 f. (Stw. Ausverkäufe) und unten N 29.
[5] Vgl. die «Auffangnetze bei Wegfall der verwaltungsrechtlichen Ausverkaufsvorschriften» in Botschaft Liberalisierung Ausverkaufswesen 1994, 454 f. (Ziff. 116), wobei als Auffangvorschriften insbes. Art. 3 lit. a und b sowie lit. f–i sowie die Vorschriften zur Preisbekanntgabe (Art. 16–20 und in der PBV) zu nennen sind.
[6] Botschaft UWG, 1051. Den Kantonen war es möglich, polizeiliche Vorschriften über Zugaben zu erlassen; vgl. zum Ganzen auch B. VON BÜREN, Kommentar UWG, Kommentar zu Art. 20.
[7] Botschaft UWG, 1051 und 1012 m.w.H.
[8] Vgl. auch Art. 17 Abs. 1 PBV: «Bezifferte Hinweise auf Preisreduktionen, Zugaben, Eintausch- und Rücknahmeangebote sowie auf Geschenke und dergleichen werden wie die Bekanntgabe weiterer Preise neben dem tatsächlich zu bezahlenden Preis beurteilt».
[9] Dazu näher die Kommentierung zu Art. 16–19.

keitsrechtliche Relevanz auf. Solche Bestimmungen, die primär anderen Zwecken als der Gewährleistung des lauteren und unverfälschten Wettbewerbs dienen (z.B. Gesundheitsschutz, Sicherheit, Transparenz etc.) und vielfach auch rein ordnungspolitischer Natur sind, finden sich sowohl im Bund, in den Kantonen wie auch auf Gemeindeebene[10]. Es kann deshalb heute durchaus – zumindest in **Teilbereichen** – von einer Art «**Veröffentlichrechtlichung**» **des Lauterkeitsrechts** in Form der Entstehung eines Körpers lauterkeitsrechtlich relevanter Normen im Verwaltungsrecht gesprochen werden[11], der ergänzend neben das UWG tritt, das selbst ein vorwiegend privatrechtlich konzipierter und vollzogener Erlass bleibt.

2. Vollzug

Der **Vollzug** des **UWG** durch eine **staatliche Behörde**[12] – analog der Wettbewerbskommission im Kartellrecht oder dem Preisüberwacher im Bereich des PüG – wird immer wieder diskutiert[13]. Zu nennen ist diesbezüglich die in Art. 11 E-UWG 1983 enthaltene umfassende Bundesklage, die durch die Möglichkeit eigener Abklärungen des Bundes in Art. 25–28 E-UWG 1983 im Fall, dass ein ganzer Wirtschaftszweig von Anzeichen unlauteren Wettbewerbs betroffen ist, ergänzt werden sollte[14]. Sie wurde schliesslich im Rahmen der Beratungen vom Parlament gestrichen, da das UWG eine Privatrechtsgesetzgebung bleiben und eine «staatliche Interventionsordnung» keinen Eingang in das UWG finden sollte[15]. Die Bundesklage fand jedoch auf den 1. August 1992 in «abgespeckter» Form in Art. 10 Abs. 2 lit. c wieder Eingang in das UWG[16].

6

---

[10] Vgl. dazu unten N 30 ff. sowie N 79 ff.
[11] Dies zeigt sich vollzugsbezogen auch an Art. 10 Abs. 2 lit. c, worin dem Bund ein Klagerecht eingeräumt wird, «wenn er es zum Schutz des Ansehens der Schweiz im Ausland als nötig erachtet und die klageberechtigten Personen im Ausland ansässig sind». Das Gemeinwesen als zivilrechtlicher Kläger als Mittel zur Rechtsdurchsetzung ist in der schweizerischen Rechtsordnung kaum anzutreffen.
[12] Die Schweizerische Lauterkeitskommission (SLK) ist keine staatliche, sondern eine privatrechtlich konstituierte Institution und nimmt auch keine staatlichen Aufgaben wahr, auch wenn ihr im Endeffekt durchaus eine vergleichbare Funktion zukommt, soweit ihre Tätigkeit auch «Aussenseiter» einbezieht. Zu ihren Aufgaben und zum Verfahren vgl. oben, Vor Art. 12–15 N 32 ff.
[13] Vgl. etwa BAUDENBACHER, Kommentar UWG, Vor Art. 16 ff. N 2 sowie die Kommentierung in Vor Art. 12–15 N 48 ff. Vgl. auch Botschaft UWG 2009, 6162 ff. sowie Vorentwurf Bundesgesetz gegen den unlauteren Wettbewerb (UWG) und Begleitbericht vom 6. Juni 2008, abrufbar unter: http://www.seco.admin.ch/themen/00645/00653/index.html?lang=de#sprungmarke0_2; Erläuternder Bericht VE-UWG 2008, insbes. 16, sowie die Speaking Notes vom 15.5.2008 von JEAN-DANIEL GERBER zum Thema «Die Marktakteure und ihr Recht auf lautere Angebotsmethoden», 4 (abrufbar unter: http://www.news-service.admin.ch/NSBSubscriber/message/attachments/12005.pdf) und Fn. 18 zum VE-UWG 2008.
[14] Vgl. Botschaft UWG, 1079 und 1085.
[15] Vgl. z.B. Votum LÜCHINGER in Amtl. Bull. SR 1985, 847.
[16] Vgl. dazu die Kommentierung zu Art. 10 N 34 ff.

7 Trotz dem in der Praxis häufigen Vollzug des UWG über Abmahnung, vorsorglichen Rechtsschutz, Strafverfahren und der werberechtlichen Selbstregulierung durch die Schweizerische Lauterkeitskommission (SLK), die auch «Aussenseiter» einbezieht, sind namentlich im Bereich des **Konsumentenschutzes Durchsetzungsdefizite** zu erkennen. Dies sticht umso mehr hervor, als in sensiblen Bereichen (Preisbekanntgabepflicht, Lebensmittel, Heilmittel, Deklarationsvorschriften) die Aufsicht schon heute über Verwaltungsbehörden erfolgt, die Verstösse von Amtes wegen verfolgen. Man kann sich fragen, weshalb gerade für die Vorschriften über die Preisbekanntgabe (Art. 16–20) ein öffentlich-rechtliches Verfahren gewählt wurde, nicht aber (auch) für andere Vorschriften. Ebenso ist nicht zu übersehen, dass heute eine Vielzahl von staatlichen Behörden mit dem Vollzug von Vorschriften befasst sind, welche lauterkeitsrechtliche Relevanz aufweisen[17]. Ein **einheitliches lauterkeitsrechtliches Regelungskonzept fehlt** und ist weder auf der Stufe der Gesetzgebung noch auf der Stufe des Vollzugs zu erkennen oder zu erwarten, wäre aber wünschbar.

8 Daran könnte **de lege ferenda** die Vorlage des Bundesrats (bzw. des SECO) vom 18. November 2009 zu Adressbuchschwindel und Schneeballsystemen etwas ändern[18]. So ist u.a. in Art. 10 Abs. 3 E-UWG 2009 eine **Erweiterung** der **Bundesklage** auch auf **qualifizierte Inlandssachverhalte** (unlautere Verhaltensweisen, die eine Mehrzahl von Personen, Branchenangehörigen oder andere Kollektivinteressen bedrohen oder verletzen) vorgesehen; daneben sieht Art. 10 Abs. 4 E-UWG 2009 eine ausdrückliche **gesetzliche Grundlage zur Information** der **Öffentlichkeit** über unlautere Verhaltensweisen vor, die auch Firmennennungen erlaubt[19]. Am 2. September 2009 legte der Bundesrat die Botschaft zur Änderung des UWG vor (BBl 2009, 6151 ff.). Mit einem Inkrafttreten ist nicht vor 2011 zu rechnen.

3. Öffentliches Recht, Privatrecht, Strafrecht

9 **Rechtsfindung** und **Auslegung** der verwaltungsrechtlichen Bestimmungen des UWG in Art. 16–20, aber auch weiterer öffentlich-rechtlicher Bestimmungen mit lauterkeitsrechtlicher Relevanz[20], gestalten sich zunächst **grundsätzlich** nach den **allgemeinen Maximen und Prinzipien des öffentlichen Rechts**[21]. Das Bun-

---

[17] Vgl. dazu N 30 ff. unten.
[18] Botschaft UWG 2009, 6151 ff.
[19] Vgl. die Botschaft UWG 2009, 6151 ff., den Vorentwurf 2008 (VE-UWG 2008) sowie den Erläuternden Bericht VE-UWG 2008. Vgl. auch die Hinweise in Einleitung N 93 ff., Art. 3 lit. b N 1, Art. 10 N 41 ff. und Art. 27 N 65 und 79.
[20] Vgl. dazu N 30 ff.
[21] Dazu näher anstelle vieler HÄFELIN/MÜLLER/UHLMANN, Allgemeines Verwaltungsrecht, N 217 f. m.w.H.; vgl. allgemein BGE 131 II 710, 715 ff. und als bereichsspezifische Anwendungsfälle BGE 134 II 223, 229 ff. («Seat – autoemocion») zur Bedeutung der geltungszeitlichen Auslegung bei sich veränderndem Werbe- bzw. Sponsoringumfeld sowie BVerwG C-2263/2006, E. 5 («Wo-

desgericht geht auch im öffentlichen Recht von einem Methodenpluralismus aus[22]. Im Gegensatz zum Strafrecht besteht im gewöhnlichen Verwaltungsrecht **kein Analogieverbot**. Allerdings bedürfen Eingriffe in die Rechtsstellung der Privaten, namentlich bei Grundrechtsrelevanz (insbesondere Wirtschaftsfreiheit gemäss Art. 27 BV und Meinungsäusserungs- bzw. Informationsfreiheit/Medienfreiheit gemäss Art. 16 f. BV), in jedem Fall einer hinreichend bestimmten gesetzlichen Grundlage, eines hinreichenden öffentlichen Interesses und der Wahrung des Verhältnismässigkeitsgrundsatzes (Art. 5 BV), was dem Analogieverbot gewisse Schranken setzt. Ferner sind etwa die Preisbekanntgabevorschriften des UWG bzw. der PBV als «verwaltungsrechtliche Konkretisierung» bzw. Flankierung des Irreführungstatbestands in Art. 3 lit. b zu verstehen[23].

Die Frage des **Verhältnisses** der materiellen privatrechtlichen Bestimmungen der **Art. 2–8 zu öffentlich-rechtlichen Bestimmungen mit lauterkeitsrechtlicher Relevanz** stellt sich nicht nur im Verhältnis zwischen den privat- und den verwaltungsrechtlichen Bestimmungen innerhalb des UWG, sondern auch im Verhältnis der Bestimmungen des UWG zu denjenigen von Spezialgesetzen des Bundes, der Kantone und der Gemeinden. Für die Anwendung und Auslegung der Art. 16–19 ist damit allerdings wenig gewonnen. Gewisse Interdependenzen können ausserhalb des UWG namentlich bei Vorschriften zu Werbung und Vertrieb im Rahmen der handels- und gewerbepolizeilichen Gesetzgebung von Bund und Kantonen bestehen. Kantonale öffentlich-rechtliche Bestimmungen dürfen jedoch nicht gegen Sinn und Zweck der (privatrechtlichen) Bestimmungen des UWG verstossen (Art. 6 ZGB), während sich die Bundesgesetzgebung an der Verfassung zu orientieren hat (dazu oben, N 9 und Einleitung N 54 ff.). 10

Die privatrechtlichen Bestimmungen des UWG bilden für die Kantone indessen keine zwingenden Standards, d.h., die **Kantone** können **aus polizeilichen Gründen strengere Vorschriften, namentlich zum Schutz von Treu und Glauben im Geschäftsverkehr,** aufstellen, als sie allein durch lauterkeitsrechtliche Bestimmungen des UWG geboten wären. Das Prinzip der derogatorischen Kraft des Bundesrechts schliesst in Bereichen, welche die Bundesgesetzgebung abschliessend geregelt hat, eine Rechtsetzung durch die Kantone aus. In Sachgebieten, die das Bundesrecht nicht abschliessend behandelt, dürfen die Kantone Vorschriften erlassen, soweit diese nicht gegen den Sinn des Bundesrechts verstossen oder dessen Zweck beeinträchtigen oder vereiteln[24]. **Art. 335 Abs. 1 StGB** behält den **Kantonen** das **Übertretungsstrafrecht** vor, soweit es nicht Gegenstand der Bundesgesetzgebung 11

---

chentabletten»), insbesondere im Hinblick auf die Berücksichtigung von einschlägigen Regelungen der EU (europarechtskonforme Auslegung).

[22] Vgl. BGE 134 V 131, 134; BGE 131 II 13, 31 f.; HÄFELIN/MÜLLER/UHLMANN, Allgemeines Verwaltungsrecht, N 217 f. Vgl. spezifisch für das Lotterierecht (Auslegung der Bestimmung «Umsätze bei Wetten, Lotterien und sonstigen Glücksspielen mit Geldeinsatz»), BGer 2A.558/1997.

[23] Vgl. dazu auch Art. 3 lit. b N 15.

[24] Vgl. BGE 125 I 369, 375; BGE 125 II 56, 58.

ist[25]. Für das **öffentliche Recht** ist namentlich **Art. 6 ZGB** zu beachten, der eine sog. **expansive Kraft des kantonalen Rechts** vorsieht[26].

12 Das UWG schützt lediglich den wirtschaftlichen Wettbewerb und dessen Lauterkeit. **Kantone** dürfen auch **andere Ziele** verfolgen. Zum Beispiel dürfen sie zum Schutz der öffentlichen Sicherheit und Ordnung oder zum Schutz von Passanten gegenüber Gewalt oder Belästigungen Gesetze erlassen[27]. Dass Verstösse gegen öffentlich-rechtliche Vorschriften der Kantone von Amtes wegen, Verletzungen des UWG aber nur auf Antrag bestraft werden, ist eine logische Konsequenz dieses Unterschieds in Bezug auf den Schutzzweck[28]. Kein Raum für kantonale Gesetzgebung besteht dagegen im Bereich der Preisbekanntgabe (Art. 16–20)[29].

13 Aus **verfahrensmässiger Sicht** bestehen **parallele Kompetenzen** der Zivil- und Strafgerichte sowie der Verwaltungsbehörden. Sie alle können grundsätzlich unabhängig voneinander tätig werden. Eine formelle und materielle **Koordinationspflicht,** wie sie die Rechtsprechung für Verwaltungsbehörden untereinander entwickelt hat[30], besteht nicht. Sie scheint aber auch nicht notwendig, da es in der Praxis kaum zu parallelen Verfahren kommt[31]. Im Unterschied etwa zur Vorlagepflicht der Zivilgerichte an die Wettbewerbskommission gemäss Art. 15 KG im Kartellrecht fehlt im Lauterkeitsrecht zudem eine Norm, die das Verhältnis von privat- und verwaltungsrechtlichen Verfahren zum Gegenstand hat. Ebenso besteht **keine rechtliche Bindung** der **Verwaltungsbehörden an Präjudizien der Zivil- und Strafgerichte**. Rein praktisch ist allerdings davon auszugehen, dass Gerichte und Verwaltungsbehörden den Entscheidungen anderer Instanzen über die gleiche oder eine ähnliche Rechtsfrage zumindest informell erhebliche Bedeutung zumessen, somit

---

[25] Vgl. BGE 125 I 369, 375.
[26] Vgl. dazu und zur Relevanz im Bereich des UWG näher SPITZ, Berührungspunkte, 931 ff. und 980 f. m.w.H.
[27] Für ein praktisches Beispiel vgl. etwa BGE 125 I 369 («Scientology»).
[28] Vgl. BGE 125 I 369, 376 f.
[29] Im deutschen Schrifttum wird hingegen die dort geltende PangV (Verordnung zur Regelung der Preisangaben [Preisangabeverordnung]) als nicht abschliessende Regelung des Preisrechts verstanden. Vielmehr könne eine Reihe von Sonderregelungen die PangV ergänzen oder verdrängen, was im Einzelfall aufgrund des jeweiligen Normzwecks zu ermitteln sei (KÖHLER, Wettbewerbsrecht, Vorb PAngV N 8).
[30] Grundlegend BGE 118 Ib 326, 331 ff. («Chrüzlen»). Vgl. heute im Bund das Gesetz über die Koordination und Vereinfachung von Entscheidverfahren vom 18. Juni 1999, AS 1999 3071.
[31] Möglich und vereinzelt sinnvoll erscheint eine Sistierung des Verfahrens, wenn die zeitgleich angerufene Instanz über mehr Sachverstand oder rechtliche Erfahrung zur Beurteilung der Rechtsfrage verfügt als die sistierende Behörde. Hinsichtlich der Beschaffung von Unterlagen aus anderen Verfahren verfügen zumindest die im Bereich von Art. 16 ff. tätigen Verwaltungsbehörden über weitreichende Kompetenzen (Art. 19). Ob die (namentlich für den Zivilprozess interessanten) Akten eines Verwaltungsverfahrens von den Gerichten beigezogen werden können, lässt sich nur im Rahmen der massgebenden Prozessgesetze und einer umfassenden Interessenabwägung beantworten.

also Entscheide von Zivil- oder Strafgerichten **faktisch** eine **präjudizielle Wirkung** entfalten[32]. Es ist anzunehmen, dass zeitlich später entscheidende Instanzen von früher ergangenen einschlägigen Entscheiden nicht «ohne Not» abweichen, auch wenn sie rechtlich nicht dazu verpflichtet sind. Dadurch erfolgt in materieller Hinsicht eine Annäherung zwischen Gerichten und Verwaltungsbehörden. **Identische Begriffe sollten einheitlich ausgelegt** werden, soweit sich dies mit den ihnen innewohnenden Zielsetzungen verträgt[33]. In der UWG-Praxis dürfte sich schliesslich das **Problem** der **Vorfrage** für Verwaltungsbehörden **kaum** stellen.

Beim Vollzug von öffentlichem Recht gilt ferner die **Offizialmaxime,** wonach bei Verdacht von Gesetzesverletzungen **von Amtes wegen einzuschreiten** bzw. ein Verfahren einzuleiten ist. Für das Beweisrecht, die Beweislast, die Möglichkeit der Akteneinsicht, die Zulässigkeit von Verfahrensanträgen und der Ergreifung von Rechtsmitteln gelten die allgemeinen Verfahrensregeln. Während etwa beim Vollzug der Preisbekanntgabevorschriften in Art. 16–19 oder beim Vollzug des Lotteriegesetzes die kantonalen Verfahrensvorschriften zur Anwendung (Art. 20 Abs. 1; vgl. auch Art. 20 N 1) kommen, sind für den Vollzug vieler weiterer Verwaltungserlasse des Bundes spezialgesetzliche Verfahrensvorschriften bzw. je nachdem (direkt oder subsidiär) die Vorschriften des VwVG sowie des BGG einschlägig[34].

14

Im UWG finden sich keine (wohl als verwaltungsrechtlich zu qualifizierenden) Bestimmungen zur **Hilfeleistung der Zollbehörden,** wie sie sich in den immaterialgüterrechtlichen Spezialgesetzen finden. Vgl. dazu auch N 87, Art. 27 N 68 ff. und Art. 3 lit. d N 87.

15

II. Anwendbarkeit des UWG auf die Tätigkeit des Gemeinwesens

Im Gegensatz zum Kartellgesetz (Art. 2 f. KG) finden sich im UWG **keine allgemeinen Bestimmungen über** die **Anwendbarkeit** des Gesetzes **auf die Tätigkeit des Gemeinwesens, insbesondere auch zu dessen Aktiv- und Passivlegitimation.** Die Frage ist deshalb nach allgemeinen Grundsätzen zu beurteilen.

16

Weitgehend unbestritten dürfte sein, dass das Gemeinwesen dort dem UWG unterstellt ist, wo es im Rahmen **privatwirtschaftlicher Tätigkeit** im Privatrechtsver-

17

---

[32] In der Praxis dürfte sich das Problem jedoch nur in seltenen Fällen stellen. Umgekehrt sind Strafgerichte im Rahmen der Anwendung von Art. 292 StGB (Ungehorsam gegen amtliche Verfügungen) befugt, Verfügungen von Verwaltungsbehörden auf ihre Rechtmässigkeit zu überprüfen, nicht jedoch, wenn diese ihrerseits gerichtlich bereits überprüft wurden, vgl. BGE 121 IV 29, 31 f.

[33] Vgl. zur Übernahme von Begriffen und Normen des Privatrechts ins Verwaltungsrecht HÄFELIN/MÜLLER/UHLMANN, Allgemeines Verwaltungsrecht, N 299 ff.

[34] Vgl. z.B. Art. 84 Abs. 1 HMG (VwVG und BGG), Art. 86 Abs. 3 RTVG (VwVG) und Art. 10 KIG (VwVG und BGG). Vgl. auch Art. 52–54 LMG, wonach je nach Sachverhalt und Verfahren kantonale und bundesrechtliche Verfahrensvorschriften zur Anwendung kommen.

kehr als Konkurrent bzw. gegenüber privaten bzw. gewerblichen Anbietern oder Nachfragern gleichgeordnet zu privaten Wettbewerbsteilnehmern «auf dem Boden des Privatrechts» auftritt und der Tatbestand der **Wettbewerbshandlung**[35] erfüllt ist. Je nach Sachverhalt ist es somit **aktiv- oder passivlegitimiert**[36]. Verkauft also beispielsweise ein staatliches Werk Mineralwasser, ist nicht einzusehen, weshalb die Regeln des UWG nicht Anwendung finden sollten[37]. Solche «gewerblichen» Tätigkeiten unterstehen ohne Weiteres dem UWG[38]. Weniger offensichtlich sind Bereiche wie beispielsweise Energie, Gas und Wasser, welche durch ein staatliches Werk sowohl gewerblich wie auch in den traditionellen Formen des öffentlichen Rechts (Verfügungen, Gebühren etc.) erbracht werden können[39].

18 Im Bereich der **Preisbekanntgabe** erfolgt (nur) eine bereichsspezifische Erfassung von Dienstleistungen, die unabhängig davon ist, ob sie vom Gemeinwesen angeboten werden (Art. 10–12 PBV i.V.m. Art. 16 Ziff. 1)[40]. So unterstehen der Preisbe-

---

[35] Dazu Art. 2 N 11.
[36] Dazu näher Art. 9 N 8 ff. (Aktivlegitimation) und Art. 9 N 44 (Passivlegitimation).
[37] Zu diesem Beispiel UHLMANN, Gewinnorientiertes Staatshandeln, 101. Vgl. auch RAUBER, SIWR V/1, 270 m.w.H. sowie HGer BE SMI 1994, 81, E. 1 («Steinbock») mit Bezug auf Schilder (Enseignes) von öffentlich-rechtlichen Betrieben.
[38] Im öffentlichen Recht wird der Begriff der gewerblichen Tätigkeit vor allem im Staatshaftungsrecht verwendet (vgl. Art. 61 Abs. 2 OR; dazu HÄFELIN/MÜLLER/UHLMANN, Allgemeines Verwaltungsrecht, N 2269 ff.). Im Bereich der Wettbewerbsdienste der Post ist das Bundesgericht ohne Weiteres davon ausgegangen, dass dieser Bereich allein dem Privatrecht untersteht, vgl. BGer 4C.55/2005 sic! 2006, 277 ff. («Yellowworld I»). Vgl. zum Ganzen auch BAUDENBACHER, Kommentar UWG, Vor Art. 2 N 5 f.
[39] Stets ist sorgfältig zu prüfen, welche Tätigkeit des Verwaltungsträgers im Vordergrund steht. So wurde dem Kanton AI verwehrt, sich lauterkeitsrechtlich gegen die Verwendung der Bezeichnung «Appenzell» durch einen Gastronomiebetrieb zu wehren, da der Kanton am wirtschaftlichen Wettbewerb nicht beteiligt sei, vgl. BGE 112 II 369, 275 (vgl. aber BGE 72 II 145, 149 [«Peter Surava»] im Bereich des Namensrechts, wo die Aktivlegitimation der Gemeinde Surava bejaht wurde); auch die Veröffentlichung amtlicher Mitteilungen, zu denen staatliche Körperschaften verpflichtet sind, stellt eine hoheitliche Aufgabe dar. Allein durch die Publikation nimmt die Körperschaft am wirtschaftlichen Wettbewerb nicht teil, unabhängig davon, in welcher Rechtsform sie publiziert oder ob sie Private mit der Publikation beauftragt. Fügt sie dem Amtsanzeiger hingegen einen nichtamtlichen Teil bei, der namentlich für die entgeltliche Aufnahme von Inseraten bestimmt ist, so erzeugt sie mit der Konzessionierung des Anzeigenwesens die Voraussetzungen für die Vermarktung ihres werbeattraktiven Anzeigers und ist damit möglicher Inhaber lauterkeitsrechtlicher Ansprüche, BGer 4C.79/1997 sic! 1998, 91 ff. («Stadtanzeiger Bern II»). Gemäss OGer BE sic! 2009, 244, E. 3a («Expo.02-Karte»), ist ein Bundesamt, das im Konkurrenz mit anderen Anbietern geographische Karten vertreibt, aktivlegitimiert. In HGer BE SMI 1994, 81, E. 1 («Steinbock») ging es um eine Gemeinde als Eigentümerin und Beklagte eines Wirtshauses mit einem verwechselbaren Enseigne. Die Passivlegitimation wurde in casu bejaht, da sie in den wirtschaftlichen Wettbewerb eingegriffen hat und dabei nicht hoheitlich tätig war. Vgl. den praktisch gleich gelagerten (namensrechtlichen) Streit um den Domainnamen «luzern.ch», in dem die Stadt Luzern als Klägerin auftrat, OGer LU sic! 2002, 176 ff., insbesondere E. 5.1 («luzern.ch II») sowie den dazugehörigen BGE 128 III 401 ff. sowie auch BGE 128 III 353 ff. («www.montana.ch»; Namensrecht).
[40] Dazu Art. 16 N 17 ff.

kanntgabepflicht zwar Angebote von Schwimmbädern, Eisbahnen und anderen Sportanlagen, von Museen, Messen und Sportveranstaltungen sowie von Bankdienstleistungen und bankähnlichen Dienstleistungen, nicht aber bspw. Angebote im Bereich des Transportgewerbes (öffentlicher Verkehr), der Entsorgung, der Versorgung mit Energie, Wasser und Gas, der Spitäler, die amtliche Tätigkeit allgemein (Gebühren/Tarife) oder Postdienstleistungen[41].

Nach dem vorliegenden Verständnis ist grundsätzlich von einem weiten Anwendungsbereich des UWG auszugehen. Da sich das UWG selbst zur Thematik nirgends explizit oder implizit äussert, ist nicht einzusehen, wieso das UWG die Tätigkeit des Gemeinwesens restriktiver als das «Schwestergesetz» KG erfassen sollte. Es kann daher sinngemäss auf die (weite) Definition von Art. 2 Abs. 1bis KG zurückgegriffen werden, wonach als Normadressaten Unternehmen, d.h. «sämtliche Nachfrager oder Anbieter von Gütern und Dienstleistungen im Wirtschaftsprozess, unabhängig von ihrer Rechts- oder Organisationsform» gelten[42]. Dabei ist **nicht massgebend**, in welcher **Rechts- und Organisationsform** das Gemeinwesen am Markt auftritt; auch wenn für das konkrete **Bezugs- oder Benutzungsverhältnis** das **öffentliche Recht** zur Anwendung kommt[43], muss das Vorliegen einer Wettbewerbshandlung entscheidend sein.

19

Von der unternehmerischen Tätigkeit des Gemeinwesens zu unterscheiden ist die rein **hoheitliche** Tätigkeit des Gemeinwesens, die keine bzw. zumindest nicht primär eine wirtschaftliche Zielsetzung aufweist. Hier ist zu bezweifeln, dass das UWG die Besonderheiten staatlichen Handelns angemessen erfassen kann, und es stehen öffentlich-rechtliche Einschränkungen im Vordergrund. Oft bestehen hier auch Regelungen, die die Implikationen der Tätigkeit des Gemeinwesens auf den Markt und den Wettbewerb explizit vorsehen, begrenzen oder berücksichtigen[44]. Die genaue Grenzziehung dürfte auch mit Blick auf die konkreten Rechtsschutzmöglichkeiten für die Betroffenen festzulegen sein: Dort, wo im öffentlichen Recht hinreichender, spezifischer Rechtsschutz vorhanden ist, besteht kaum ein Bedürfnis nach (konkurrierendem) Rechtsschutz durch das UWG. Dies gilt etwa im Bereich des **Staatshaftungsrechts** (z.B. Haftung für staatliche Information)[45] oder

20

---

[41] Vgl. Art. 10 Abs. 1 lit. f PBV, dazu auch DAVID, SIWR I/2, 71.

[42] So wohl auch JACOBS, Kommentar BV, Art. 96 N 6 m.w.H.

[43] So bspw. beim Bezug von Energie (Elektrizität oder Erdgas) oder Wasser durch die Industriellen Werke Basel (IWB) gemäss § 2 i.V.m. § 22 Abs. 2 und § 23 Abs. 1 des neuen IWB-Gesetzes, in Kraft seit 1. Januar 2010, abrufbar unter: http://www.gesetzessammlung.bs.ch/sgmain/kbchanges.html?http://www.kantonsblatt.ch/artikel/2009/012/200901204001.html.

[44] Vgl. z.B. die Informationskompetenz der Swissmedic in Art. 67 HMG, dazu auch N 55. Zum Ganzen auch BAUDENBACHER, Kommentar UWG, Vor Art. 2 N 5.

[45] BGE 118 Ib 473 ff. betreffend Verantwortlichkeit des Bundes für die Informationstätigkeit der Bundesbehörden im Zusammenhang mit einer durch Käsekonsum hervorgerufenen Listerioseepidemie, gestützt auf Art. 3 VG sowie Art. 3, 9–11 und 27 EpG. Gemäss Art. 67 HMG sorgt die Swissmedic zudem für die Information der Öffentlichkeit «über besondere Ereignisse im Zusammenhang mit Heilmitteln, welche die Gesundheit gefährden». Vgl. zur Einordnung der staatlichen Informationstätigkeit näher NÜTZI, Rechtsfragen, 7 ff., und spezifisch zur staatlichen Schadener-

des **öffentlichen Beschaffungsrechts**[46]. Ebenso können hoheitliche Eingriffe in die Wirtschaftsfreiheit Gegenstand einer öffentlich-rechtlichen Auseinandersetzung sein. Trotz Ausweitung der Rechtsschutzmöglichkeiten[47] schützt die Wirtschaftsfreiheit jedoch nicht oder nur schlecht gegen **konkurrierende Tätigkeiten des Gemeinwesens**[48]. Hier besteht ein Schutzbedürfnis nach dem UWG, und zwar ungeachtet der Rechtsform, deren sich das Gemeinwesen bedient. Dies gilt insbesondere in Fällen, in denen das Gemeinwesen (bzw. seine Einheiten/Abteilungen etc.) über den gesetzlichen Auftrag hinausgeht oder den vom Gesetz belassenen Spielraum ohne Rechtfertigung durch ein öffentliches Interesse wettbewerbsstörend überschreitet[49]. Dies gilt insbesondere deshalb, weil das UWG gemäss Art. 1 die «Interessen aller Beteiligten» und damit auch die Interessen der Allgemeinheit und den Wettbewerb an sich vor Verfälschung schützen will und nicht bloss dem Schutz von Privatinteressen dient.

21 Die (zivilrechtliche) **Aktivlegitimation** bzw. Strafantragsberechtigung des Gemeinwesens bzw. von Verwaltungseinheiten, die hoheitliche Tätigkeiten ausführen, bedarf grundsätzlich einer gesetzlichen Grundlage. Sie ist über Art. 9 bzw. 10 nicht herbeizuführen, weil (und soweit) keine wirtschaftlichen Interessen bedroht oder verletzt sind. Sie ist für bestimmte Auslandssachverhalte in **Art. 10 Abs. 2 lit. c** (nur) für den Bund (SECO) speziell vorgesehen (Bundesklage)[50]. Dasselbe gilt über Art. 23 für die **Strafantragsberechtigung**.

---

satzhaftung aus Art. 9 Abs. 3 251 ff. Vgl. zu Medieninformationen im Bereich der Umweltinformation den Fall SGer BS vom 7. November 2008 (nicht rechtskräftig; vgl. BaZ vom 8. November 2008, 28) betreffend Informationstätigkeit von leitenden Angestellten des kantonalen Amtes für Energie und Umwelt (in casu Äusserungen von Ökobilanz von kompostierbarem Einweggeschirr) und den Parallelfall in AppGer (VerwGer) BS vom 24. August 2006 (773-2005; Letzterer zit. bei SPITZ, Berührungspunkte, 981 in Fn. 286). De lege ferenda soll in Art. 10 Abs. 4 E-UWG 2009 eine rechtliche Grundlage zur Information der Öffentlichkeit über unlautere Verhaltensweisen geschaffen werden, die auch Firmennennungen erlaubt; vgl. die Botschaft UWG 2009, 8533 ff. Diese Bestimmung beantwortet allerdings nicht die Frage, wie Informationstätigkeit des Gemeinwesens aus anderen Gründen UWG-rechtlich zu beurteilen ist. Vgl. zur Relevanz des Staatshaftungsrechts im UWG-Kontext auch DAVID, SIWR I/2, 71, mit Hinweis auf C. HILTI, Zum Anwendungsbereich des neuen Bundesgesetzes gegen den unlauteren Wettbewerb (UWG), SJZ 1989, 129 ff., 131.

[46] Vgl. sogleich unten N 22.

[47] Für den Bund vgl. insbesondere Art. 25a VwVG (Feststellungsverfügungen über Realakte); dazu RIVA, SJZ 2007, 337 ff.; M. MÜLLER, BTJP 2006, 313 ff.

[48] UHLMANN, Gewinnorientiertes Staatshandeln, 198 ff., zur Einordnung des Gemeinwesens als Gewerbegenosse und zum Rechtsschutz bei staatlicher Konkurrenz. Vgl. zum Ganzen näher BIAGGINI/RICHLI/LIENHARD/UHLMANN, Wirtschaftsverwaltungsrecht, § 18 N 29 ff., insbes. N 36 ff. sowie N 62 ff.

[49] RAUBER, SIWR V/1, 270 f. und PEDRAZZINI/PEDRAZZINI, UWG, N 17.04.

[50] Dazu Art. 10 N 34 ff. Vgl. z.B. KGer ZG SMI 1990, 37, E. 5 («IKS»), zur Aktivlegitimation der IKS (Vorgängerin der Swissmedic) zu einer Wettbewerbsklage gegen ein EDV-Unternehmen.

Vorbehalten bleiben ferner in jedem Fall **spezifische öffentlich-rechtliche Vorschriften** des Bundes und der Kantone[51]. So ist beispielsweise das ganze **Beschaffungsrecht** einer eigentlichen Sonderordnung unterworfen worden[52]. Die Lauterkeit des Verhaltens des Gemeinwesens im Beschaffungsprozess orientiert sich entsprechend an den massgebenden kantonalen, interkantonalen, nationalen und internationalen Vorschriften. Für die Anwendung des UWG bleibt kaum Raum[53]; beispielsweise beurteilt sich die Frage, ob Preisverhandlungen nach Eingang der Offerten noch zulässig sind, einzig aufgrund der einschlägigen öffentlich-rechtlichen Vorschriften. In jedem Fall bleibt das Gemeinwesen an den Grundsatz von Treu und Glauben gebunden (Art. 5 Abs. 3 BV), welcher im wirtschaftsrelevanten Bereich allenfalls unter Rückgriff auf die Grundsätze des UWG zu konkretisieren ist. Nicht zufällig verwendet auch Art. 2 den Begriff von Treu und Glauben – allerdings in seiner privatrechtlichen Deutung.

22

Sonderordnungen der Kantone im Bereich ihrer Wirtschaftstätigkeit haben sich immerhin an den Wertentscheidungen des UWG zu orientieren. Kantonale Bestimmungen, welche dem Kanton oder seinen öffentlich-rechtlichen Körperschaften oder Anstalten ein klar lauterkeitswidriges Verhalten gegenüber der Konkurrenz

23

---

[51] Vgl. bspw. BGE 131 II 753 ff. («Raclette») zur Beschwerdelegitimation der Kantone FR, GR und BE im Bereich der GUB/GGA-Verordnung, die verneint wurde, da ein spezialgesetzliches Beschwerderecht fehlte und das Gemeinwesen nicht direkt in seinen eigenen (öffentlichen) Interessen betroffen war.

[52] Vgl. neben dem BoeB die diversen Beschaffungsgesetze der Kantone und die Interkantonale Vereinbarung über das öffentliche Beschaffungswesen (IVöB) vom 15.3.2001. Die IVöB beschränkt sich bewusst auf die Grundzüge des öffentlichen Beschaffungsrechts, während die beteiligten Kantone die erforderlichen Ausführungsbestimmungen erlassen (vgl. Art. 3 IVöB). Am 15.3.2001 ist die Interkantonale Vereinbarung zur Änderung der Vereinbarung über das öffentliche Beschaffungswesen vom 25.11.1994 vom Interkantonalen Organ (InöB) mit Zustimmung der BPUK (Schweizerische Bau-, Planungs- und Umweltschutzdirektoren-Konferenz) abgeschlossen worden. Die Revision der IVöB erfolgte im Hinblick auf das Inkrafttreten der bilateralen Verträge, führte aber auch zu weiteren Änderungen, namentlich hinsichtlich des Schwellenwerts und des Verfahrens. Dem revidierten Konkordat sind zwischenzeitlich mit Ausnahme des Kantons Glarus alle Kantone beigetreten, GALLI/MOSER/LANG/CLERC, Beschaffungsrecht, 29 ff. Im Kontext mit der Revision der IVöB haben die BPUK und die VDK (Konferenz der kantonalen Volkswirtschaftsdirektoren) am 14.9.1995 und 1.12.1995 neue Vergaberichtlinien aufgrund der IVöB genehmigt. Die Mustervorlage für Vergaberichtlinien zur Interkantonalen Vereinbarung über das öffentliche Beschaffungswesen (IVöB) vom 25.11.1994/15.3.2001 (VRöB), abrufbar unter http://www.bpuk.ch, wurde am 2.5.2002 als Modellerlass für die kantonalen Ausführungsbestimmungen neu herausgegeben. Die Vergaberichtlinien sind jedoch nicht verbindlich, da die BPUK und die VDK nicht zuständig sind, verbindliche Vergaberichtlinien zu erlassen, sondern diese Kompetenz dem Interkantonalen Organ zusteht (Art. 4 Abs. 2 lit. b IVöB), vgl. GALLI/MOSER/LANG/CLERC, Beschaffungsrecht, 29 ff. Für Beschaffungen durch den Bund und seine Körperschaften und Anstalten kommen das BG vom 16.12.1994 über das öffentliche Beschaffungswesen (BoeB; SR 172.056.1) und die dazugehörige Verordnung (VoeB; SR 172.056.11) zur Anwendung.

[53] Vgl. aber zur Frage der Anwendbarkeit von Art. 3 lit. f auf den Bereich der Beschaffung und die diesbzgl. Praxis näher Art. 3 lit. f N 25 ff.

gestatten, stehen im Widerspruch zum Grundsatz der derogatorischen Kraft des Bundesrechts[54]. Sie dürfen nicht gegen Sinn und Zweck der (privatrechtlichen) Bestimmungen des UWG verstossen, was sich auch aus Art. 6 ZGB ergibt[55].

24 Soweit das Gemeinwesen im Zuge der Wahrnehmung öffentlicher Aufgaben bzw. im Rahmen des gesetzlichen Auftrags «ohne eigene Interessen» mit unlauterem Verhalten Dritter in Berührung kommt und dieses weiterträgt, begünstigt, ermöglicht etc. (bspw. SBB, Swisscom, [Brief-]Post, Zollämter, Elektrizitätswerke, Strassen etc.), kann die an sich **unbeteiligte, aber in** den **Kontext involvierte Verwaltungseinheit** diesfalls **nicht** als **Partei in** einen **Prozess einbezogen** werden und insofern **nicht passivlegitimiert** sein[56]. Im Vordergrund steht die Abgabe **verbindlicher Anweisungen** an die betreffende Verwaltungseinheit durch das Gericht nach Eintritt der Rechtskraft des Hauptprozesses, wobei allenfalls der Erlass vorsorglicher Massnahmen vorangehen kann[57]. Bei privatisierten bzw. auf Privatrechtsboden agierenden Staatsunternehmen wie der Swisscom, der (Paket-)Post (beide Ex-PTT) und gewissen Elektrizitätswerken sowie Kantonalbanken gelten diesbezüglich die allgemein für Private anwendbaren Regeln[58]. Vgl. zur (in blossem UWG-Kontext

---

[54] Art. 49 Abs. 1 BV.

[55] Inwieweit sich das Gemeinwesen im wirtschaftlichen Wettbewerb eine Vorzugsstellung einräumen kann, beurteilt sich in erster Linie nach kartell- und wirtschaftsverfassungsrechtlichen Gesichtspunkten (Wettbewerbsneutralität), vgl. dazu UHLMANN, Gewinnorientiertes Staatshandeln, 101; in BGE 132 V 6, 16 wurde festgehalten, dass «ein Anspruch auf Wettbewerbsneutralität zwischen staatlichen und privaten Einrichtungen (…) nur [besteht], wenn der Gesetzgeber eine staatliche Tätigkeit den gleichen Regeln unterstellt wie private Betriebe, nicht aber dort, wo der Staat im öffentlichen Interesse eine öffentliche Aufgabe wahrnimmt», in diese Richtung auch schon BGer 2P.67/2004, E. 1.5, wo dies auch in Bezug auf die Unterstützung von Tätigkeiten mit öffentlichen Mitteln betont wird; DAVID/REUTTER, Werberecht, 370 f., halten (bezogen auf Werbung) zur Frage der Gleichstellung von Privaten und Gemeinwesen fest, dass die öffentliche Hand so lange nicht an besondere Werberegeln gebunden sei, als sie nicht als Trägerin hoheitlicher Gewalt auftrete: «So darf sie sich insbesondere der gleichen Methoden wie Private bedienen, wenn sie Angestellte braucht oder Sachen zu vermieten oder zu verkaufen sucht. Aber auch wenn sie als Inhaberin eines Monopols am Wirtschaftsleben teilnimmt, besteht kein Anlass, ihrer Werbung dafür besondere Schranken aufzuerlegen. Selbstverständlich sind Bund, Kantone und Gemeinden ebenso frei wie Private, für die Dienstleistungen der von ihnen betriebenen öffentlichen Unternehmen wie die Schweizerischen Bundesbahnen, die Post, Elektrizitätswerke (…) usw. zu werben und brauchen sich dabei keine besonderen Vorschriften gefallen zu lassen.» Für diese (wichtige) Grundsatzfrage erscheinen die Bestimmungen des UWG nur sekundär.

[56] Vgl. auch den Fall in BGer 4C.338/1997 sic! 1999, 156, E. 4a («Kamov»), wo unlauteres Verhalten in Missachtung einer behördlichen Verfügung in Frage stand, dazu namentlich auch Art. 2 N 107 ff. (Fallgruppe des Vorsprungs durch Rechtsbruch).

[57] Dazu DAVID, SIWR I/2, 72 m.w.H. (auf Verletzungen des Immaterialgüter- und Firmenrechts fokussierend).

[58] Vgl. dazu PEDRAZZINI/PEDRAZZINI, UWG, N 17.04 f., sowie WEBER, AJP 1994, 1455 ff., die auf das Problem hinweisen, dass auf Seiten der «vormaligen Generalmonopolisten» eine erhöhte Gefahr besteht, dass sich diese über deren besondere Stellung und ihre «staatstypischen» (Wettbewerbs-)Vorteile auch gewisse wettbewerbsrelevante Vorteile auf dem freien Markt sichern (was namentlich auch über den in Art. 7 KG enthaltenen Missbrauch einer marktbeherrschenden Stellung, vgl. dazu bspw. BGer 4C.406/1996 sic! 1997, 276 ff. [«Blue Windows II»] sowie auch

nicht vorgesehenen) Hilfeleistung der Zollverwaltung N 15 u. 87, Art. 27 N 68 ff. und Art. 3 lit. d N 87.

III. UWG und Verfassungsrecht

Das UWG bezweckt in Ausführung von Art. 96 Abs. 2 lit. b BV, «den lauteren und unverfälschten Wettbewerb im Interesse aller Beteiligten zu gewährleisten» (Art. 1). Die Zielsetzung des fairen Wettbewerbs deckt sich mit den Grundsätzen der schweizerischen Wirtschaftsordnung in Art. 94 BV. Das UWG leistet zum Gelingen einer wettbewerbsorientierten Privatwirtschaft einen entscheidenden Beitrag, indem es die offenen **verfassungsrechtlichen Grundsätze auf Gesetzesstufe hinreichend konkretisiert** und operabel macht. 25

Das Verfassungsrecht ist seinerseits für das Gesetzesrecht von Bedeutung. Die **Zielsetzung einer wettbewerbsorientierten Wirtschaft** ist **bei** der **Auslegung des UWG zu beachten.** Dies gilt sowohl für die privatrechtlichen wie auch die verwaltungsrechtlichen Bestimmungen des Gesetzes[59]. Im Übrigen sind die Zielsetzungen und Inhalte der Wettbewerbsgesetzgebung auch bei der Anwendung und Auslegung verwaltungsrechtlicher Bestimmungen handels-und gewerbepolizeilicher Art zu berücksichtigen, die gegebenenfalls lauterkeitsrechtliche Relevanz aufweisen können. 26

Für die Auslegung des UWG sind aber nicht nur die wirtschaftsverfassungsrechtlichen Bestimmungen zu beachten. Vielmehr sind namentlich auch grundrechtliche Gewährleistungen wie diejenige der **Meinungsäusserungsfreiheit** und weitere Grundrechte zu beachten[60]. Auch für das UWG gilt der Grundsatz der verfassungskonformen Auslegung[61]. 27

---

schon BGer 4C.452/1996 sic! 1997, 38 ff. [«Blue Windows»] oder ggf. Art. 3 lit. f erfasst werden kann, dazu BGer 4C.452/1996 sic! 1997, 38 ff. [«Blue Windows»]). Zur Passivlegitimation der ehem. PTT-Betriebe im Bereich der Teilnehmeranlagen und Modems BGE 120 IV 240, dazu noch WEBER, AJP 1994, 1455 ff., zur Passivlegitimation der ehem. Telecom PTT BGer 4C.452/1996 sic! 1997, 38 ff. («Blue Windows»); vgl. auch den strafrechtlichen Fall 121 IV 109 ff. («Telefonkiosk»; Verurteilung des ehem. PTT-Direktors R. wegen. Verstosses gg. Art. 197 Ziff. 1 StGB).

[59] In Bezug auf die Berücksichtigung der Medien- und Informationsfreiheit Einleitung N 61 ff. und Art. 3 lit. a N 51 ff., sowie für ein Beispiel zu einer verwaltungsrechtlichen Bestimmung vgl. BGE 112 IV 125, 127 (Hinweise auf «Märte», ausführlich dazu unten Art. 16 N 22, Fn. 60).

[60] Grundlegend BGE 120 II 76, 82 ff. sowie BGE 125 III 185, 189 ff. («Mikrowellenherd II»), vgl. dazu auch Einleitung N 61 ff. Für das Urheberrecht (Zitatrecht) vgl. ausdrücklich BGE 131 III 480, 490 ff., E. 3 («Schweizerzeit»).

[61] Vgl. dazu BGE 123 IV 211, 215 ff. («BSE-Flugblätter»), vgl. auch BGE 125 I 369, 374 ff. («Scientology»).

IV. Verwaltungsrechtliche Bestimmungen im UWG

28 Das UWG wird vorwiegend zivilrechtlich vollzogen, wobei die in Art. 23 f. enthaltenen Strafvorschriften in bestimmten Fällen (Verstösse gegen Art. 3–6, Vorsatz- und Strafantragserfordernis) eine flankierende Funktion einnehmen. Demgegenüber stehen die **verwaltungsrechtlichen Vorschriften des UWG** sowohl von der Gesetzeskonzeption her wie auch in der praktischen Anwendung und Bedeutung **eher im Hintergrund**.

29 Die verwaltungsrechtlichen Bestimmungen des UWG regeln heute einzig noch die Pflicht zur **Preisbekanntgabe**. Für die Einzelheiten zu den massgebenden Bestimmungen, zum Messgesetz und zur PBV wird auf die Kommentierung zu Art. 16–20 verwiesen. Die in Art. 21 f. aUWG enthaltenen Bestimmungen zu Aus- und Sonderverkäufen fielen im Zuge der 1995 erfolgten **Liberalisierung des Ausverkaufswesens** per 1. November 1995 weg. Sie regelten die Zulässigkeit und Durchführung von Sonderverkäufen sowie von Total- und Teilausverkäufen[62]. Den Kantonen ist es somit – im Rahmen einer historischen Auslegung – verwehrt, neue einschränkende Regeln im Bereich der Aus- oder Sonderverkäufe zu erlassen, da ein qualifiziertes Schweigen[63] anzunehmen ist, auch wenn mit Bezug auf die verwaltungsrechtliche Regelung – im Gegensatz zum Zivil- und Strafrecht – nicht von einer abschliessenden Regelung im UWG auszugehen ist[64] und insofern auch kantonale handels- und gewerbepolizeiliche Vorschriften vorbehalten bleiben.

V. Gewerbe- und Handelspolizeirecht des Bundes sowie weitere marktrelevante Bundesvorschriften

1. Allgemeines

30 Diverse Bundesgesetze und gestützt darauf erlassene Verordnungsvorschriften enthalten regelmässig **branchenspezifische Bestimmungen handels- und gewerbepolizeilicher Art**, die **Werbung und Vertrieb im weitesten Sinne erfassen** und somit neben die (vorwiegend privatrechtlichen) Vorschriften des UWG treten können. Diese Vorschriften dienen primär **anderen Zielsetzungen** als der Gewährung des lauteren und unverfälschten Wettbewerbs. Zu nennen sind etwa Vorschriften zum Gesundheitsschutz, zum Kinder- und Jugendschutz, zum Schutz der öffentlichen Sicherheit, Ruhe, Ordnung und Sittlichkeit, zum Schutz der Ästhetik, zum Schutz des Ansehens von Gemeinwesen, Personen und Unternehmen, zum Schutz des Vermögens und gegen Übervorteilung, zum Schutz der Sprache, zur

---

[62] DAVID, SIWR I/3, 31 f.
[63] DAVID, SIWR I/3, 32, und SPITZ, Berührungspunkte, 980 in Fn. 283.
[64] Es fehlte dazu auch eine umfassende Bundeskompetenz.

Gewährleistung der Sachlichkeit und gegen Diskriminierungen[65]. Zu nennen sind ferner Vorschriften, die dem Konsumentenschutz und dabei namentlich der Markttransparenz und Information dienen[66]. Ob diesen Bestimmungen über Art. 2 im Rahmen der Fallgruppe des Vorsprungs durch Rechtsbruch[67] auch **lauterkeitsrechtliche Relevanz** zukommt, ist im Einzelfall zu prüfen und wird oft zu bejahen sein[68]. Lauterkeitsrechtliche Relevanz ist dann zu bejahen, wenn die entsprechenden Vorschriften neben andern Zielsetzungen auch dem Schutz der Konkurrenten oder der Marktgegenseite dienen, also eine **Doppelrelevanz** aufweisen. Sind verwaltungsrechtliche Bestimmungen somit auch dazu bestimmt, das Marktverhalten (Zugang zum und Modalitäten der Teilnahme am Markt) im Interesse der Marktteilnehmer zu regeln («gleich lange Spiesse»), gilt ein Verstoss gegen sie tendenziell auch als unlauter[69]. In diesem Fall können entsprechende Vorschriften gleichsam als Schutzgesetze für bestimmte Marktteilnehmer angerufen werden. Die Verletzung solch lauterkeitsrechtlich relevanter Bestimmungen ist gemäss Art. 2 oder ggf. Art. 7 unlauter und damit widerrechtlich[70].

Sie wird unter der Fallgruppe des sog. **Vorsprungs durch Rechtsbruch** über Art. 2 erfasst, wobei **Rechtsschutzansprüche im Sinne von Art. 9** entstehen können[71]. Möglich ist auch eine Erfassung im Rahmen des allgemeinen Irreführungstatbestands («kleine Generalklausel») in Art. 3 lit. b und weiterer Spezialtatbestände, insbesondere bei Verletzung der Vorschriften über Irreführungen und Täuschungen im Bereich des Heil- oder Lebensmittelrechts. Hingegen soll **ordnungspolitischen**

31

---

[65] Vgl. zur Thematik der bundesrechtlichen Regelung und Beschränkung der Werbung auch das unveröffentlichte Gutachten von F. UHLMANN zuhanden des Verbands Schweizer Werbung SW betreffend «Kompetenz des Bundes zur Regelung von Werbung und Werbebeschränkungen» vom Dezember 2008.
[66] Vgl. auch die Aufzählung bei DAVID/REUTTER, Werberecht, 41 ff.
[67] Dazu Art. 2 N 107 ff.
[68] Zu eng wohl DAVID/JACOBS, Wettbewerbsrecht, N 16 (Kennzeichnungsvorschriften seien rein ordnungspolitisch bedingt und deren Verletzung weise keine lauterkeitsrechtliche Relevanz auf), und PEDRAZZINI/PEDRAZZINI, UWG, 3.21 f., die verwaltungsrechtliche Bestimmungen mit ordnungspolitischem Charakter nicht neben Bestimmungen des UWG anwenden wollen bzw. eine lauterkeitsrechtliche Prägung offenbar verneinen. Vgl. bspw. die Fälle zu HMG/AWV in BGer 2A.106/2007 sic! 2007, 922 ff. («S.O.S. Notfall Bonbons nach Dr. Bach»), AppHof BE sic! 2003, 976 ff. («Pure Red Cell Aplasia I»), HGer AG sic! 2005, 301 ff. («Knochenzement»), und OGer ZG vom 4.2.2004 (JZ 2003/37.64) sowie zum WSchG LG Stuttgart SMI 1985, 98, 101, sowie den Entscheid der SLK vom 16. April 2008 (157/08) betreffend die lauterkeitsrechtliche Relevanz der (nicht dekorativen) Verwendung von Schweizerkreuzen auf Verpackungen (Relevanz in casu verneint). Vgl. zur Relevanz des WSchG auch SLK sic! 2004, 737, E. 3b («Pfannentrophy»), wo ein Verstoss gg. das WSchG festgestellt wurde, aber die Meinung vertreten wurde, es sei nicht Sache der SLK, über die strafrechtlichen Konsequenzen zu urteilen.
[69] BGer 4C.338/1997 sic! 1999, 156, E. 4a («Kamov»); vgl. auch näher DAVID/JACOBS, Wettbewerbsrecht, N 14 ff., und den Entscheid der SLK vom 16. April 2008 (157/08) betreffend die lauterkeitsrechtliche Relevanz der (nicht dekorativen) Verwendung von Schweizerkreuzen auf Verpackungen (Relevanz in casu verneint).
[70] Vgl. dazu näher die Kommentierung zu Art. 2 N 107 ff. und Art. 7 N 1 ff.
[71] Dazu Art. 2 N 107 ff.

und wettbewerbsneutralen Bestimmungen eine lauterkeitsrechtliche Relevanz im Regelfall nicht zukommen[72]. Allerdings ist nicht zu verkennen, dass der Verstoss gegen bestimmte ordnungspolitische Bestimmungen dem gegen sie verstossenden Marktteilnehmer grosse Vorteile bzw. einen Vorsprung gegenüber den sich korrekt verhaltenden Mitbewerbern verschaffen kann[73]. Dann kann im Einzelfall eine lauterkeitsrechtliche Relevanz aus dem Vorsprungsgedanken abgeleitet werden[74].

2. Lotterien und Glücksspiele sowie Spielbanken

a) Lotteriegesetzgebung

32 **Gewinnspiele** sind ein **beliebtes Mittel der Absatzförderung und Werbung,** da sie den Spieltrieb ausnützen. Zu nennen sind **Preisausschreiben** bzw. (Werbe-)Gewinnspiele oder auch sog. **Sweepstakes**[75]. Die Gesetzgebung über Glücksspiele und Lotterien ist gemäss Art. 106 BV Sache des Bundes, wobei Glücksspiele durch das Spielbankengesetz (SBG) und Lotterien sowie ähnliche Gewinnspiele im Sinne einer lex specialis[76] durch das **Lotteriegesetz** (LG) geregelt werden. Die Regelungskompetenz von Geschicklichkeitsspielen verbleibt demgegenüber bei den Kantonen. Die Durchsetzung der Lotteriegesetzgebung erfolgt vorab auf dem **Strafrechtsweg.**

33 Eigentliche **Lotterien** sind **grundsätzlich verboten** (Art. 1 LG)[77]. Erlaubt und dabei einer Bewilligungspflicht unterstellt sind Lotterien ausnahmsweise nur dann,

---

[72] So DAVID/JACOBS, Wettbewerbsrecht, N 16.
[73] A.M. mit Bezug auf ordnungspolitische Normen DAVID/JACOBS, Wettbewerbsrecht, N 16, und ihnen folgend PEDRAZZINI/PEDRAZZINI, UWG, § 3.21. Dabei wird verkannt, dass auch ordnungspolitische Normen grundsätzlich wettbewerbskonform sein müssen (vgl. die Grundsätze der Wirtschaftsordnung gemäss Art. 94 ff. BV und die Wirtschaftsfreiheit in Art. 27 BV) und damit auch dem unverfälschten Wettbewerb dienen (können). Deren Verletzung kann deshalb im Rahmen der Fallgruppe des Vorsprungs durch Rechtsbruch von Art. 2 erfasst werden. Selbst die Verletzung ordnungspolitischer Normen, die der regionalen oder sektoralen Strukturpolitik dienen und damit interventionistischen Charakter aufweisen können (bspw. die Zuweisung von Kontingenten, Auflagen bei Bewilligungen und Konzessionen, vgl. dazu RHINOW/SCHMID/BIAGGINI, Öffentliches Wirtschaftsrecht, § 3.54 ff.), kann gegebenenfalls über Art. 2 erfasst werden, vgl. Art. 2 N 107 ff. und BGer 4C.338/1997 sic! 1999, 156, E. 4a («Kamov»).
[74] Vgl. dazu Art. 2 N 107 ff.
[75] Bei diesen auch Vorabverlosungen genannten Spielen bzw. Veranstaltungen sind die Gewinner im Voraus bestimmt, wobei der Teilnahmeschein etc. an den Veranstalter retourniert werden muss (vgl. auch SLK-GS Nr. 3.9 Ziff. 2 sowie zu postalisch versandten «Offiziellen Bekanntmachungen» mit dem Hinweis auf «Gewinnunterlagen» des Kurfürst-Versands KGer ZG SMI 1992, 343 ff. [«Sweepstake»], sowie KGer ZG SMI 1992, 346 ff. [«Sweepstakes II»]).
[76] BGer 2A.529/2006 sic! 2007, 654, E. 3.2 («Equity Yield Note»).
[77] Den Lotterien gleichgestellt sind Preisausschreiben und Wettbewerbe, an denen nur nach Leistung eines Einsatzes oder Abschluss eines Rechtsgeschäftes teilgenommen werden kann und bei denen der Erwerb oder die Höhe der ausgesetzten Gewinne wesentlich vom Zufall oder von Umständen abhängt, die der Teilnehmer nicht kennen kann.

wenn sie gemeinnützigen oder wohltätigen Zwecken dienen (Art. 3 sowie Art. 5 ff. LG)[78].

Um zulässig zu sein, dürfen **Werbegewinnspiele** somit nicht unter den Begriff (und das faktische Verbot) der Lotterie fallen, die ihrerseits von sog. lotterieähnlichen Veranstaltungen[79], d.h. von Lotterien, die bei einem «Unterhaltungsanlass» veranstaltet werden, deren Gewinn nicht in Geldbeträgen besteht (sog. Tombolas)[80], und von gewerbsmässigen Wetten[81] abzugrenzen ist. 34

Die praktische Anwendung der Lotteriegesetzgebung führt für den Konsumenten im Ergebnis dazu, dass die **Teilnahme** an solchen (Werbe-)Gewinnspielen **grundsätzlich frei von Kaufzwang** sein muss. Im Einzelnen liegt eine **verbotene bzw.** 35

---

[78] De facto besteht in der Schweiz im Bereich der «Grosslotterien» (Lotterieplansummen von mehr als CHF 100 000.–) ein Monopol der Interkantonalen Landeslotterie (unter dem Logo «Swiss-Los» in der Deutschschweiz und im Tessin auftretend) bzw. der Loterie Romande (in der Romandie inkl. FR und VS), ähnlich auch VON BÜREN/MARBACH/DUCREY, Immaterialgüter- und Wettbewerbsrecht, N 1100. Zur Zulässigkeit des Monopols für Lotterien vgl. BGer ZBl 2000, 215 ff.; zur Zulassung eines Lotterieprojekts von Umweltschutz- und Entwicklungshilfeorganisationen in Konkurrenz zur Interkantonalen Landeslotterie, BGer ZBl 2003, 593 ff., anders das Verwaltungsgericht ZH (ZBl 1999, 428 ff.) und das deutsche Verfassungsgericht (EuGRZ 2006, 189, 194 ff.). Eine 2001 anhand genommene Revision des Lotteriegesetzes wurde vom Bundesrat 2004 sistiert. Die Kantone mussten bis Januar 2006 Mängel im Lotteriewesen beheben. In diesem Rahmen haben die Kantone mittels interkantonaler Vereinbarung die «comlot» als Bewilligungs- und Aufsichtsbehörde eingesetzt, die als Aufgabe namentlich die Vermeidung übermässigen Suchtpotenzials bei in der Schweiz angebotenen Lotterien und Wetten und auch die Bekämpfung der illegalen Glücksspielangebote im Lotterie- und Wettbereich hat. Der Bundesrat nahm am 30.5.2008 einen Kurzbericht des EJPD entgegen. Darin wurde festgehalten, dass noch keine abschliessende Beurteilung über die von den Kantonen im Bereich der Lotterien und Wetten ergriffenen Massnahmen zur Beseitigung der Mängel und Missstände möglich sei. Folglich beauftragte der Bundesrat das EJPD, die Situation bis 2011 eingehend zu evaluieren. Die Revision des Lotteriegesetzes bleibt weiterhin sistiert, vgl. Medienmitteilung EJPD vom 30. Mai 2008, abrufbar unter: http://www.bj.admin.ch/bj/de/home/dokumentation/medieninformationen/2008/ref_2008-05-30.html.

[79] Vgl. dazu Art. 43 Lotterieverordnung (LV); dazu näher unten, N 36.

[80] Die Ausgabe der Lose, die Losziehung und die Ausrichtung der Gewinne muss ferner «im unmittelbaren Zusammenhang mit dem Unterhaltungsanlass erfolgen», Art. 2 LG, zur Abgrenzung zu Lotterien eingehend BGE 135 IV 102, 107 ff. zu einer «Super-Lotto-Veranstaltung» eines Hotels, wonach nur Vereine an gelegentlichen Unterhaltungsanlässen Lottos durchführen dürfen, um damit ihre Kassen aufzustocken, oder Lottoveranstaltungen im Zusammenhang mit Betriebs- oder Familienfesten erlaubt sind (Bestätigung in BGE 106 IV 150, 152 ff. begründeten Rspr.). Die Kantone können die Ausrichtung von Tombolas verbieten oder sonst regeln (z.B. durch Einführung einer Bewilligungspflicht; vgl. dazu näher STREULI-YOUSSEF, SIWR V/1, 186 f.).

[81] Vgl. dazu Art. 33 f. LG. Die Kantone können gewerbsmässige Wetten am Totalisator, d.h. unter Ausschluss des Spielrisikos des Veranstalters, erlauben (Art. 34 LG; vgl. auch STREULI-YOUSSEF, SIWR V/1, 188). Die Teilnahme an ausländischen Wetten und an Internetwetten ist nach der Gerichtspraxis hingegen zulässig, vgl. z.B. die Hinweise bei http://www.bj.admin.ch/bj/de/home/themen/gesellschaft/lotterien_und_wetten/wetten.html.

bewilligungspflichtige[82] **Lotterie** dann vor und ist ein entsprechendes Werbegewinnspiel etc. unzulässig, wenn gemäss Art. 1 LG **kumulativ** die folgenden vier **Voraussetzungen** erfüllt sind[83]:

- Leistung eines **Einsatzes**[84] oder Abschluss eines Rechtsgeschäfts; dies bedeutet in der Praxis, dass die Teilnahme an einem Gewinnspiel **frei von Kaufzwang** sein muss. Dies ist dann der Fall, wenn ein Interessent die Möglichkeit hat, mit oder ohne Einsatz mit gleichen Gewinnchancen am Wettbewerb teilzunehmen (alternative Gratisteilnahme)[85]. Dabei kommt es auf die Wahrnehmung des Durchschnittsadressaten an – er darf nicht das Gefühl haben, eine Leistung erbringen zu müssen oder bei Erbringung einer Leistung bessere Gewinnchancen zu haben. Der Wettbewerb muss für das Durchschnittspublikum ohne Weiteres und unmissverständlich als Gratisveranstaltung erkennbar sein[86]. Besteht der Eindruck, der Abschluss eines Rechtsgeschäfts (Bestellung von Waren oder [Dienst-]Leistungen) wirke sich positiv auf die Gewinnchancen aus oder lasse diese erst entstehen, ist diese Voraussetzung erfüllt[87]. Nicht als Einsatz gelten gemäss st. Rspr. Portokosten und Übermittlungskosten in normaler Höhe, die für die Freimachung einer Teilnahmekarte oder die sonstige Übermittlung der Lösung (z.B. mit Telefax) erbracht werden müssen. Hingegen gilt etwa die Notwendigkeit, eine Mehrwertdienst-Telefonnummer benutzen zu müssen, als Einsatz. Zulässig ist jedoch bspw. das Angebot, wahlweise auch eine solche in Anspruch nehmen zu können, sofern die Gewinnaussichten gleich gut sind.

---

[82] Lotterien zu gemeinnützigen oder wohltätigen Zwecken (Art. 5 ff. LG) und Lotterien, die als «Tombolas» bezeichnet werden können (Art. 2 LG), sind vom Verbot gemäss Art. 1 LG ausgenommen und unterliegen der Bewilligung durch die Kantone, vgl. bspw. BGer 6B_690/2008 sic! 2009, 439, E. 2.3 und 3.2 («Super-Lotto»). Verboten sind sodann lotterieähnliche Unternehmungen (vgl. Art. 43 LV) und teilweise gewerbsmässige Wetten (z.B. Pferde- und Fussballwetten; Art. 33 LG). Diese können aber unter gewissen Umständen ebenfalls von den Kantonen bewilligt werden (Art. 34 LG). Vgl. auch SLK-GS Nr. 3.9 Ziff. 1.

[83] Anstelle vieler BGE 132 IV 76 ff., BGE 125 IV 213 ff. und BGE 99 IV 25 ff.; vgl. auch BAUDENBACHER/GLÖCKNER, Kommentar UWG, Art. 2 N 53 ff. und DAVID/JACOBS, Wettbewerbsrecht, N 78 u. 320 ff.

[84] Der Anbieteranteil der Anrufgebühr für eine 156er-Telefonnummer (heutige 090x-Mehrwertdienstnummern mit Anbieteranteil) stellt einen Einsatz im Sinne von Art. 1 LG dar, vgl. OGer ZH sic! 1998, 217 ff. («Telefonlotto»); vgl. auch BGer 2A.11/2006 sic! 2006, 685 ff., E. 3.1.2 («Nummernwiderruf»): Widerruf von Mehrwertdienstnummern wegen unzulässigen Gewinnspielen; BGer 6P.104/2006 sic! 2007, 47 ff., E. 4.3, 4.4 («TV-Gewinnspiele»); BGer 6B.218/2007 sic! 2008, 59 ff., E. 3.1–4.2 («TV-Gewinnspiele II»).

[85] BGE 132 II 240, 242 ff., BGE 125 IV 213, 216 («Schweizer Illustrierte») sowie schon BGE 99 IV 25, 28 ff.

[86] BGer 2A.11/2006 sic! 2006, 685, E. 3.2 («Nummernwiderrruf»), mit Ausführungen zur Spezifizierungspflicht aus Sicht der PBV bei Mehrwertdienstnummern. Vgl. auch SLK-GS Nr. 3.9 Ziff. 2.

[87] BGE 124 IV 73, 75 («Werbegewinnspiel»).

- **Zufall** bei der Auswahl der Gewinner und der Höhe der Gewinne (aleatorisches Element); ein solcher liegt vor, wenn der oder die Gewinner durch die Ziehung von Losen oder Nummern oder mit einem ähnlichen auf Zufall gestellten Mittel ermittelt wird[88]. Dem Zufall gleichgestellt ist die Beantwortung naheliegender Fragen, deren Antwort sich etwa aus dem Teilnahmeschein selbst ergibt, da die Geschicklichkeit des Teilnehmers dann nicht mehr als wesentlich erscheint[89]. Gewinnspiele, bei denen die Beantwortung von Fragen auf Können, Wissen, Geschicklichkeit oder Erfahrung beruht, fallen jedoch nicht unter das Lotteriegesetz. Sie können aber ggf. unter die Spielbankengesetzgebung fallen (vgl. auch Art. 43 Ziff. 3 LV). Die Geschicklichkeit muss jedenfalls nicht mehr wesentlich sein[90].
- **Planmässigkeit;** Planmässigkeit im Sinne des Lotteriegesetzes liegt vor, wenn der Veranstalter sein eigenes Verlust- oder Spielrisiko ausschliesst, sich also nicht dem Zufall unterwirft und für die Gewinne eine (Höchst-)Grenze vorliegt[91]. Wird jedem Teilnehmer ein Gewinn versprochen, ohne dass die Zahl der Teilnehmenden (und damit der Gewinne) feststeht, fehlt es an der Planmässigkeit[92].
- Inaussichtstellung eines vermögenswerten Vorteils **(Gewinn)**; darunter fallen auch Kleinstgewinne, nicht jedoch Auszeichnungen, Prämierungen oder Urkunden. Der Veranstalter hat wahre und klare Aussagen zu den Gewinnen zu machen und muss einer Gefahr der Irreführung vorbeugen[93].

Liegen nicht alle vier vorgenannten Voraussetzungen vor, kann immer noch eine **lotterieähnliche Veranstaltung** vorliegen (wenn der **Erwerb oder** die **Höhe des Gewinns** nur «**wesentlich**», d.h. weder ausschliesslich noch entscheidend vom **Zufall abhängt**), die aber gemäss Art. 43 Ziff. 2 LV i.V.m. Art. 56 Abs. 2 LG einer Lotterie gleichgestellt ist[94]. Eine lotterieähnliche Veranstaltung ist zulässig, wenn

36

---

[88] Anstelle vieler schon BGE 85 I 168, 175 ff. sowie PUGATSCH, Werberecht, 154 f.
[89] Vgl. bspw. BezGer SG SJZ 1985 Nr. 9, 46 («Goldfeuerzeug-Aktion»), wonach das aleatorische Element auch gegeben ist, wenn die Gewinnaussicht in hohem Masse vom Verkaufserfolg und vom regelkonformen Verhalten der Nachfolgeteilnehmer abhängig ist.
[90] SLK-GS Nr. 3.9 Ziff. 1.
[91] BGE 99 IV 25, 33, BGE 123 IV 175, 181 f. und BGE 123 IV 225, 230 sowie STREULI-YOUSSEF, SIWR V/1, 181 ff., und PUGATSCH, Werberecht, 154 f., je m.w.H. Das Merkmal der Planmässigkeit bezieht sich auf das Spielrisiko und nicht auf das wirtschaftliche Risiko, vgl. OGer ZH sic! 1998, 217 ff. («Telefonlotto»).
[92] BGer 2A.529/2006 sic! 2007, 654, E. 7.2 und 7.3 («Equity Yield Note»).
[93] STREULI-YOUSSEF, SIWR V/1, 180 m.w.H.
[94] Vgl. BGE 98 IV 293, 300 und BGE 85 I 168, 177 sowie STREULI-YOUSSEF, SIWR V/1, 184, m.w.H. und PUGATSCH, Werberecht, 156 f.

an ihr ohne Einsatz teilgenommen werden kann[95]. **Wetten** sind (nur) **verboten,** soweit sie **gewerbsmässig** getätigt werden[96].

37 Andernfalls kann die Veranstaltung ggf. als Glücksspiel der **Spielbankengesetzgebung** unterliegen (dazu sogleich N 40). **Schneeballsysteme** werden den gemäss Art. 1 LG grundsätzlich verbotenen Lotterien gleichgestellt (Art. 43 Ziff. 1 LV)[97]. Gewisse Kantone verbieten sie zudem – unnötigerweise – explizit[98]. Ebenso sind stets die Anforderungen des UWG zu beachten, insbesondere dürfen keine tatsachenwidrigen oder irreführenden Angaben benutzt werden[99].

38 Die Kantone haben mittels interkantonaler Vereinbarung die «**comlot**» als **Bewilligungs- und Aufsichtsbehörde** eingesetzt[100].

39 Steigende Tendenz weisen **im Ausland veranstaltete Internetgewinnspiele mit Geldeinsatz** (Lotterien und Wetten etc.) auf, an denen die **Teilnahme auch von der Schweiz aus möglich** ist. Ihre Sanktionierung durch das Strafrecht stösst auf erhebliche Schwierigkeiten, obwohl sie gemäss Art. 8 StGB angesichts des schweizerischen Erfolgsorts zwar möglich wäre. Sie scheitert an der faktischen Unmöglichkeit des Zugriffs bzw. der effektiven Unterbindung durch schweizerische Behörden[101].

b) **Glücks- und Geschicklichkeitsspiele**

40 **Glücksspiele** können nur in konzessionierten Spielbanken (Grand Casinos und Kursäle) betrieben werden, wobei die telekommunikationsgestütze Durchführung (bspw. Internet) verboten ist (Art. 5 SBG; SR 935.52). Dabei ist die Planmässigkeit das entscheidende Kriterium, um sie von Lotterien und lotterieähnlichen

---

[95] BGer 6B.218/2007 sic! 2008, 59, E. 3.1–4.2 («TV-Gewinnspiele II»).
[96] BGer 2A.529/2006 sic! 2007, 654, E. 8.2/8.3 («Equity Yield Note»), wonach die Ausübung des Berufs des Buchmachers in der Schweiz verboten sein soll (Art. 33 f. LG). Vgl. zu Internetwetten auch BGer 6B_422/2007 sic! 2008, 379 ff. («Internet-Wettautomaten»).
[97] Vgl. neu auch Art. 3 lit. r E-UWG 2009, dazu Art. 2 N 53 ff. Zur «progressiven Kundenwerbung» nach dem Schneeballprinzip und zum sog. Multilevelmarketing auch Art. 2 N 57 und BAUDENBACHER/GLÖCKNER, Kommentar UWG, Art. 2 N 59 ff., sowie BezGer SG SJZ 1985 Nr. 9, 45 («Goldfeuerzeug-Aktion»), und BezGer Bülach SMI 1990, 443 ff. («GEM Collection»). Auch «Schenkkreise» sind vom Lotterieverbot erfasst, vgl. BGE 132 IV 76 ff. (schon die blosse Information über den Ablauf des Schenkkreises ist strafbar – die blosse Leistung eines Einsatzes ist hingegen straffrei).
[98] Vgl. auch Art. 3 lit. r E-UWG 2009, der ein explizites Verbot von Schneeballsystemen vorsieht, dazu N 8 und Botschaft UWG 2009, 6176 f.
[99] Vgl. auch SLK-GS Nr. 3.9, Ziff. 2.
[100] Dazu N 6 ff. oben.
[101] Vgl. den umgekehrt gelagerten Fall in BGE 126 III 198 ff. («Loto Score»; Versand von Lottoscheinen nach Frankreich).

Unternehmungen zu unterscheiden[102]: Der Betreiber kann bei Glücksspielen sein Verlustrisiko nicht beschränken, sondern es nur aufgrund einer Wahrscheinlichkeitsrechnung begrenzen[103]. Glücksspiele im Sinne des Bundesgesetzes über Glücksspiele und Spielbanken (SBG) sind gemäss der – im Vergleich zum alten Recht (Art. 2 Abs. 2 aSBG) unveränderten – gesetzlichen Definition Spiele, bei denen gegen Leistung eines Einsatzes ein Geldgewinn oder ein anderer geldwerter Vorteil in Aussicht steht, der ganz oder überwiegend vom Zufall abhängt (Art. 3 Abs. 1 SBG)[104]. Bei **Geschicklichkeitsspielen** tritt anstelle des Glücks die Geschicklichkeit des Spielers, von dem der Gewinnentscheid in «unverkennbarer Weise» abhängt (Art. 63 Spielbankenverordnung; VSBG). Ihre Zulässigkeit beurteilt sich nach kantonalem Recht (vgl. z.B. Art. 6 Abs. 3 SBG), wobei Art. 63 VSBG und Art. 1 Glücksspielverordnung (GSV) die Abgrenzung zum Glücksspiel näher regeln[105]. Die Spielbankengesetzgebung untersteht der **Bundesaufsicht,** die durch die **Spielbankenkommission** (ESBK) des Bundes vollzogen wird, die auch das Bewilligungswesen verwaltet. Geschicklichkeitsspiele stehen unter der Aufsicht der Kantone. Glücks- oder Geschicklichkeitsspiele sind zur Absatzförderung eher ungeeignet.

3. Lebensmittelrecht

Im Bereich der Gesetzgebung zu **Lebensmitteln und Gebrauchsgegenständen**[106] finden sich verstreut Bestimmungen, die auch lauterkeitsrechtliche Re- 41

---

[102] Vgl. BGE 133 II 68 ff. («Equity Yield Note»; auch in Pra 2007 Nr. 136 und sic! 2007, 654 ff., publiziert): Das Bundesgesetz betreffend die Lotterien und die gewerbsmässigen Wetten stellt gegenüber dem Bundesgesetz über Glücksspiele und Spielbanken lex specialis dar (E. 3.2); vgl. BGer 6B_422/2007 sic! 2008, 379 ff. («Internet-Wettautomaten»), wonach Wetten Glücksspiele im verfassungsrechtlichen Sinn darstellen (E. 4), deren Durchführung nach Art. 38 und 42 Lotteriegesetz strafbar ist (E. 5.1–5.3.3).

[103] BGE 99 IV 25, 31 ff., insbesondere 33 ff.

[104] Zur Definition des Glücksspiels und zu seiner Abgrenzung zum Geschicklichkeitsspiel näher schon BGE 99 IV 25, 31 ff. und BGer SMI 1987, 162, E. 2 («Deckelispiel»).

[105] Vgl. z.B. BVerwG vom 18. März 2008 (B-506/2008) zu «Texas Hold'em»-Pokerturnieren ausserhalb von Casinos, bestätigt in BGer 2C_309/2008.

[106] Als Gebrauchsgegenstände gelten u.a. Verpackungsmaterial, Kleidungsstücke, Mittel zur Körperpflege wie namentlich Kosmetika sowie Spielzeuge, vgl. Art. 5 LMG und Art. 30 ff. LGV. Zu den Vorschriften der LGV mit lauterkeitsrechtlicher Relevanz gehören etwa Art. 10 LGV (Täuschungsverbot), Art. 11 LGV (Abgabe und Anpreisungsbeschränkung für alkoholische Getränke), Art. 11a LGV (Anpreisungsbeschränkung für Säuglingsanfangsnahrung), Art. 14 ff. LGV (Stoffe und Zusätze), Art. 26 ff. LGV (Kennzeichnung von Lebensmitteln), Art. 31 (Kennzeichnung, Anpreisung und Verpackung Gebrauchsgegenstände), Art. 34 LGV (Anforderungen an Bedarfsgegenstände), Art. 35 f. LGV (Definition, Anforderung und Verpackung von kosmetischen Mitteln) etc.; vgl. allgemein zur Werbung für Lebensmittel FRICK, Werbung für Lebensmittel, 245 ff., und PUGATSCH, Werberecht, 115 ff. und 143 ff.

levanz aufweisen (können)[107]. So sieht **Art. 18 LMG**[108] für Lebensmittel ein **Täuschungsverbot** vor, das in **Art. 10 LGV**[109] näher ausgeführt wird[110]. Für den Bereich der Gebrauchsgegenstände sehen diverse Verordnungen des EDI Bestimmungen über die Anpreisung und Kennzeichnung vor.

42 Lebensmittel und Gebrauchsgegenstände dürfen sodann nicht mit sog. **Heilanpreisungen** versehen bzw. angepriesen werden[111]. So ist es verboten, einem Lebensmittel oder einem Gebrauchsgegenstand Eigenschaften zur Vorbeugung, Behandlung oder Heilung einer menschlichen Krankheit oder als Schlankheitsmittel zuzuschreiben oder einen entsprechenden Eindruck entstehen zu lassen[112]. Gemäss Art. 10 Abs. 2 lit. d LGV sind auch Aufmachungen verboten, die einem Lebensmittel bzw. einem Gebrauchsgegenstand den **Anschein eines Heilmittels** geben[113]. Gleichzeitig

---

[107] Vgl. BGer 2A.593/2005 sic! 2007, 222 ff. («Physiogel»): zum Verbot bei Kosmetika unter Bezugnahme auf Krankheiten Werbung zu betreiben (E. 5.5); BGer 2A.213/2006 sic! 2007, 225 ff. («Colgate Dentagard»): Bei Zahn- und Mundpflegemitteln darf auf der Verpackung auf zahnmedizinische Eigenschaften hingewiesen werden und die Äskulap-Natter abgebildet sein, sofern sie in Zusammenhang mit zulässigen Hinweisen auf zahnmedizinische Eigenschaften gestellt wird (Art. 31 LGV).

[108] Bundesgesetz vom 9.10.1992 über Lebensmittel und Gebrauchsgegenstände (Lebensmittelgesetz, LMG, SR 817.0).

[109] Lebensmittel- und Gebrauchsgegenständeverordnung vom 23.11.2005 (LGV, SR 817.02).

[110] Dazu näher FRICK, Werbung für Lebensmittel, 260 ff; vgl. bspw. VerwGer BL sic! 2001, 337 ff. («Original Alpen(r) Muesli»): Zur Beurteilung, ob eine Bezeichnung i.S.v. Art. 18 LMG täuschend ist, wird auf die mutmassliche Erwartung eines durchschnittlich informierten, aufmerksamen und verständigen Durchschnittsverbrauchers abgestellt (E. 4b–d); BGer 2A.307/2006 sic! 2007, 387 ff. («Ramseier Süssmost – ohne Zuckerzusatz»); BGer 2A.357/2002 («Denrées alimentaires biologiques»): Lebensmittel, die Spuren gentechnisch veränderter Organismen enthalten, können unter bestimmten Voraussetzungen dennoch als biologische Erzeugnisse bezeichnet werden (Art. 18 LMG, Art. 22b LMV und Art. 3 lit. c Bio-Verordnung). Zu Art. 18 Abs. 3 LMG auch BGer 2C_506/2008 sic! 2009, 423, E. 5.3 («AOC Genève»).

[111] Vgl. BGer 2A.106/2007 sic! 2007, 922 ff. («S.O.S. Notfall Bonbons nach Dr. Bach»): Der Name verleiht dem Produkt den Anschein eines Heilmittels; BGer 2A.374/2003 sic! 2004, 880 ff. («Hilfe gegen Heisshunger»): Eine Lebensmittelwerbung, welche den Anschein eines Heilmittels erzeugt, stellt eine Täuschung i.S.v. Art. 18 Abs. 2 LMG dar. Zulässig ist jedoch eine allgemeine gesundheitsbezogene Werbung, soweit diese auf vertretbaren Tatsachen beruht und zu keinen Täuschungen Anlass gibt; BGer 2A.693/2005 («Therapy»); KGer BL vom 30.4.2008 (810 07 319; zum Shampoo «Alpecin»; abrufbar unter: http://www.baselland.ch/010-htm.309874.0.html) zur Abgrenzung von Pflege- zu Heilmitteln, dazu auch BGer 2C_590/2008 sic! 2009, 365, E. 2.3/2.4 («Alpecin»). Entscheidend ist, dass der Anwendungsbereich des Lebensmittel- und der Heilmittelgesetzgebung klar auseinandergehalten werden muss und ein öffentliches Interesse an der klaren Abgrenzung von kosmetischen Mitteln einerseits und Heilmitteln anderseits besteht (Art. 31 LGV, Art. 5 lit. b LMG).

[112] Art. 10 Abs. 2 lit. c LGV (Lebensmittel) und Art. 31 Abs. 3 LGV (Gebrauchsgegenstände); vgl. auch Art. 18 LMG (Täuschungsverbot).

[113] BGer 2.A62/2002 sic! 2002, 615 ff. («Badezusatz»): Eine klare Trennung von Lebensmittel- und Heilmittelrecht ist nicht möglich. Die Lebensmittelbehörden können gemäss Verordnung über Gebrauchsgegenstände Werbung untersagen, die einem Gebrauchsgegenstand Heilwirkung zuschreibt, auch wenn vom Gebrauchsgegenstand keine Gefahr für die öffentliche Gesundheit ausgeht (E. 3). Aussagen, welche einem Badezusatz eine wohltuende Wirkung bei Erkältungsgefahr

wird in Art. 10 Abs. 3 LGV eine Verordnungskompetenz des EDI begründet zur Regelung der Grenzen zulässiger Anpreisungen. Das EDI ist dieser u.a. mit der Verordnung über die Kennzeichnung und Anpreisung von Lebensmitteln (LKV; SR 817.022.21) nachgekommen. Spezifische Vorschriften zu Kennzeichnung und Anpreisung von Lebensmitteln und Gebrauchsgegenständen finden sich sodann in diversen weiteren bereichsspezifischen Ausführungsverordnungen des EDI[114].

Art. 19 LMG verbietet ferner die **Nachahmung** von Lebensmitteln (Abs. 1) und die Schaffung einer **Verwechslungsgefahr** (Abs. 2). **Angaben** auf **und** die **Kennzeichnung** von Lebensmitteln sind in Art. 20 ff. LMG und in Art. 26 ff. der gestützt darauf erlassenen LGV geregelt, während Art. 31 LGV die Kennzeichnung, Anpreisung und Verpackung von Gebrauchsgegenständen weitgehend vergleichbar verordnet. Auch hier besteht eine Verordnungskompetenz des EDI. 43

Praktisch wichtig ist zudem die **Abgrenzung von Lebensmitteln** und Gebrauchsgegenständen **von Heilmitteln,** insbesondere weil bei Letzteren noch strengere Werbe- und Vertriebsvorschriften gelten[115]. Dabei kommt es primär darauf an, wie ein Produkt präsentiert wird und ob die Heilwirkung im Vordergrund steht. Wird ein Produkt nicht ausdrücklich als Heilmittel in den entsprechenden Verfahren auf den Markt gebracht und in diesem Sinne «angepriesen», gelten die Regeln des Lebensmittelrechts[116]. 44

Zuständig zum **Vollzug** sind einerseits Bundesbehörden, so das Bundesamt für Gesundheit (BAG) oder die Eidgenössische Alkoholverwaltung, andererseits auch kantonale Behörden (Lebensmittelkontrollstellen, Kantonale Laboratorien, Kantonsarzt, Kantonsapotheker etc.). 45

---

und Muskelkater zusprechen, sprengen die Grenzen einer erlaubten gesundheitsbezogenen Werbung, weil der Eindruck entsteht, es handle sich um ein teilweise vorbeugendes Mittel (E. 4).

[114] Vgl. Vorschriften betreffend Kennzeichnung und Anpreisung in: Verordnung des EDI vom 23.11.2005 über Zuckerarten, süsse Lebensmittel und Kakaoerzeugnisse (SR 817.022.101); Verordnung des EDI vom 23.11.2005 über Trink-, Quell- und Mineralwasser (SR 817.022.102); Verordnung des EDI vom 23.11.2005 über Speziallebensmittel (SR 817.022.104); Verordnung des EDI vom 23.11.2005 über Lebensmittel tierischer Herkunft (SR 817.022.108); Verordnung des EDI vom 23.11.2005 über alkoholische Getränke (SR 817.022.110).

[115] Stichworte Functional Food und gesundheitsfördernde Sportgeräte. Vgl. zur Abgrenzung BGE 127 II 91, 95 ff. («Kuh-Lovely-Werbung»; ergangen noch unter dem Regime der inzwischen aufgehobenen Lebensmittelverordnung [LMV]). Im Bereich der Gebrauchsgegenstände war bis zum Erlass der LGV 2005 Art. 3 Abs. 2 GebrV zu beachten, der aber über keine genügende gesetzliche Grundlage im LMG verfügte (dazu BGer 2A.47/2000 [«Schlank-Crème»]). BGer 2C_590/2008 sic! 2009, 365, E. 2.3/2.4 («Alpecin»): Während gesundheitsbezogene Hinweise erlaubt sind, sind Hinweise auf positive Eigenschaften gegen Krankheiten unzulässig. Zur Abgrenzung näher FRICK, Werbung für Lebensmittel, 260 ff.

[116] BGE 127 II 91, 95 ff. («Kuh-Lovely-Werbung»).

46 Inwieweit Spielraum für weitere gesundheitspolizeilich (u.a. Jugendschutz) motivierte Werbe- und Abgabebeschränkungen im Bundesverwaltungsrecht (bspw. betreffend kalorienreiche oder besonders süsse Nahrung) besteht, ist fraglich[117].

4. Alkohol und Tabak

47 Die Alkohol- und Tabakgesetzgebung enthält die Lebensmittelgesetzgebung ergänzende und verschärfende Bestimmungen, namentlich **Werbebeschränkungen und -verbote**[118]. So ist im Bereich der **Alkoholika** Werbung für **gebrannte Wasser** (Spirituosen) nur erlaubt, sofern sie sich unmittelbar auf das Produkt und seine Eigenschaften bezieht (Art. 42b Abs. 1 AlkG) – Erinnerungswerbung ist demnach verboten (vgl. auch Art. 42b Abs. 3 lit. g AlkG)[119]. Preisvergleichende Angaben und das Versprechen von Zugaben oder ähnlichen Vergünstigungen sind verboten (Art. 42b Abs. 2 AlkG), ebenso Wettbewerbe, bei denen gebrannte Wasser als Werbeobjekte oder Preis dienen oder ihr Erwerb Teilnahmebedingung ist (Art. 42b Abs. 4 AlkG). In Art. 42b Abs. 3 AlkG finden sich sodann weitere Werbeverbote für gebrannte Wasser: So ist z.B. die Werbung in Radio und Fernsehen, in und an öffentlichen Verkehrsmitteln, auf Sportplätzen und an Sportveranstaltungen und an Veranstaltungen, an denen vorwiegend Kinder und Jugendliche teilnehmen bzw. die vorwiegend für diese bestimmt sind, verboten[120]. Für **andere alkoholische Getränke** als gebrannte Wasser (u.a. Wein und Bier) gelten etwas weniger strenge Werbevorschriften, die sich im Lebensmittelrecht finden: So ist gemäss Art. 11 Abs. 3 LGV Werbung für alkoholische Getränke verboten, soweit sie sich «speziell an Jugendliche unter 18 Jahren richtet und diese zum Konsum veranlasst»[121].

48 Speziell zu erwähnen sind ferner **Abgabebeschränkungen** für **alkoholische Getränke** (Alterslimite für Abgabe: 16 Jahre, Alterslimite für zielgerichtete Anpreisung/Werbung 18 Jahre; vgl. etwa Art. 11 LGV), die primär dem Gesundheitsschutz und dem Schutz Heranwachsender vor übermässigem Alkoholkonsum dienen. Ferner muss Werbung für Alkohol im Voraus von der Eidgenössischen Alkoholverwaltung genehmigt werden. Die Verordnung des EDI über alkoholische Getränke (SR 817.022.110) sieht in Art. 3 und 82 ff. Vorschriften betreffend Kennzeichnung von alkoholischen Getränken vor, während die Werbung in

---

[117] Dazu auch N 83 (Fn. 229).
[118] Vgl. dazu näher PUGATSCH, Werberecht, 135 ff., und DAVID/REUTTER, Werberecht, 295 ff.
[119] Vgl. z.B. BVerwGer A-1336/2006 sic! 2009, 186 ff. («Verbotene Alkoholwerbung») zu Werbung und Sponsoring für gebrannte Wasser.
[120] Vgl. FRICK, Werbung für Lebensmittel, 251 ff.
[121] Zu Art. 4 GetränkeV, Art. 11 LGV und Art. 1, 42b AlkG: VerwG ZH sic! 2008, 229 ff. («Red Bull Kick 80 Vodka Aperitif»): Anforderungen der Lebensmittelgesetzgebung an den Vertrieb von Alkoholika, welche spezifisch Jugendliche ansprechen. Vgl. zur Alkoholwerbung im Fernsehen Fn. 184.

Art. 4 näher geregelt wird. Die **Alkoholindustrie** hat sich ferner zu weiter gehenden **Selbstbeschränkungen** in Werbung und Vertrieb verpflichtet[122].

In der **Tabakgesetzgebung** sind ähnliche Vorschriften vorgesehen (vgl. die Vorschriften zur Kennzeichnung, insbesondere zu Warnhinweisen in Art. 11 ff. und die Bestimmungen zum Täuschungsschutz, zur Werbung und zur Abgabe in Art. 17 ff. TabV)[123]. **Swiss Cigarette** hat sich zudem in einer **Vereinbarung mit** der **Schweizerischen Lauterkeitskommission** zu weiter gehenden Werbe- und Vertriebsbeschränkungen (insbesondere Jugendschutz) verpflichtet[124].

49

Die Gesetzgebung zu Alkohol und Tabak wird durch **meist schärfere** (bzw. durch v.a. in letzter Zeit verschärfte) **Vorschriften der Kantone,** die sich auf die Herrschaft der Kantone über Grund und Boden (Allmendgesetzgebung) und die kantonalen Kompetenzen im Bereich der Gewerbe- und Gesundheitspolizei stützt, ergänzt, die v.a. die Plakatwerbung auf öffentlichem Grund und von (öffentlich einsehbarem) Privatgrund aus sowie im Bereich der Kinos betreffen[125].

50

5. Heilmittelrecht

Im Bereich des **Heilmittelrechts** finden sich im Heilmittelgesetz (HMG) **qualifizierte Voraussetzungen für** die **Werbung und für Preisvergleiche bei Arzneimitteln und Medizinprodukten.** Zur Anwendung kommen Art. 31 f. HMG[126] sowie Bestimmungen der gestützt darauf erlassenen Arzneimittel-Werbeverordnung[127](AWV). Unterschieden wird in Fach- und Publikumswerbung (zur Abgrenzung: Art. 2 lit. b und c, 4 sowie 15 AWV). Für die **Publikumswerbung** gelten strengere Vorschriften als für die **Fachwerbung**[128]. Erstere ist nur gestattet für Arz-

51

---

[122] Verhaltenskodex der Schweizerischen Vereinigung der Markenspirituosen (GSM) vom 7.2.2003 mit Anpassungen vom 26.4.2006 und vom 23.6.2006 (abrufbar unter: http://www.lauterkeit.ch/pdf/verhaltensk.pdf).
[123] Vgl. zur Alkohol- und Tabakwerbung auch SLK-GS Nr. 5.9.
[124] Vereinbarung der Swiss Cigarette und der SLK betreffend Selbstbeschränkungen der Zigarettenindustrie in der Werbung vom 25.4.2005 (abrufbar unter: http://www.lauterkeit.ch/pdf/vereinbarung.pdf). Zu den (bildlichen) Warnhinweisen für Tabakprodukte vgl. http://www.bag.admin.ch/themen/drogen/00041/00612/03652/index.html?lang=de.
[125] Dazu unten, N 79 ff., insbesondere N 83. Vgl. dazu die Übersichtstabelle in Monitor Nr. 24 vom Dezember 2008, 2, abrufbar unter: http://www.sw-ps.ch.
[126] Bundesgesetz über Arzneimittel und Medizinalprodukte vom 15.12.2000 (Heilmittelgesetz, HMG, SR 812.21).
[127] Verordnung vom 17.10.2001 über die Arzneimittelwerbung (Arzneimittel-Werbeverordnung, AWV, SR 812.212.5). Vgl. EICHENBERGER/MARTI/STRAUB, recht 2003, 225 ff., die Kommentierung der AWV in EGGENBERGER-STÖCKLI, Arzneimittel-Werbeverordnung, sowie PUGATSCH, Werberecht, 121 ff.
[128] Vgl. BGer 6B_147/2007 sic! 2008, 56 ff. («Neurodermitis») zu einer eventualvorsätzlichen Widerhandlung gegen das Verbot der Publikumswerbung für verschreibungspflichtige Arzneimittel; BGer 2A.787/2006 sic! 2008, 141 ff. («Migräne und Sport») zum Verbot der indirekten Werbung für Arzneimittel; BGer 2A.607/2005 sic! 2007, 126 ff. («Schmerzlinderung») zu den

neimittel der Verkaufskategorien C–E gemäss der Arzneimittelverordnung (AMV), d.h. für nicht verschreibungspflichtige Arzneimittel. Entsprechende Werbung bedarf der Bewilligung durch die Swissmedic (Art. 23 AWV). Zu erwähnen ist u.a. der **Pflichthinweis** gemäss Art. 17 AWV für Arzneimittel der Verkaufskategorien C und D und die Auflistung unzulässiger Werbearten und -elemente namentlich aus Gründen des Schutzes der Arzneimittelanwender in Art. 21 f. AWV. Die werberechtlichen Bestimmungen kommen dann zur Anwendung, wenn von Werbemassnahmen (Plakaten, Inseratekampagnen) angesprochene Kreise einen **direkten oder indirekten Bezug auf bestimmte Arzneimittel** (bspw. Nennung/Abbildung des Arzneimittels, des Wirkstoffs, der therapeutischen Gruppe oder Nennung der Zulassungsinhaberin und Indikation) erkennen können[129].

52 Auch für die **Bemusterung** (Abgabe von Mustern) gelten spezielle Vorschriften (Art. 10 und 19 AWV). Von praktischer Relevanz sind bspw. auch die Einschränkungen der Swissmedic bei der Durchführung und namentlich dem **Sponsoring** von klinischen Versuchen und von Praxiserfahrungsberichten (PEBs)[130].

53 Über die in Art. 4a (Privatbestechung) bestehende allgemeine Regelung der Privatbestechung hinausgehend[131] ist im Arzneimittelbereich sodann das **Versprechen und Annehmen geldwerter Vorteile** gemäss **Art. 33 HMG** verboten. Davon ausgenommen sind geldwerte Vorteile von bescheidenem Wert und Rabatte, die handelsüblich und betriebswirtschaftlich gerechtfertigt sind – was u.a. sogar zur Pflicht des Arztes führt (vgl. Art. 56 Abs. 3 KVG), Rabatte an Patienten weiterzugeben[132].

54 Für **Medizinprodukte** (zum Begriff Art. 4 Abs. 1 lit. b HMG) gelten ähnliche Vorschriften, so Pflichten zur Produktinformation und Kennzeichnung in Art. 7 f.

Voraussetzungen der Rechtmässigkeit der Heilmittelwerbung; BGer 2A.63/2006 sic! 2007, 129 ff. («Relpax») zur Arzneimittelwerbung durch indirekte Bezugnahme; BGer 2A.20/2007 («Love Card») zum Werbecharakter einer Rabattkarte für den Bezug eines rezeptpflichtigen Medikaments (zur Absatzförderungsabsicht als Voraussetzung der Arzneimittelwerbung auch B. KRAMER, sic! 2007, 489 ff.); BVGer C-4173/2007 sic! 2009, 892, E. 6.3 und 6.4 («Passwortschutz») zur Zugangsbeschränkung durch Passwortschutz bei Fachwerbung im Internet, AppHof BE sic! 2003, 976 ff. («Pure Red Cell Aplasia I»): zur lauterkeitsrechtlichen Relevanz der Verletzung von Bestimmungen der Verordnung über die Arzneimittelwerbung (E. E/3a, b, c, d, e); vgl. zudem HGer AG sic! 2005, 301 ff. («Knochenzement»): Die Vorschriften der AWV gelten auch für Medizinprodukte und sind von lauterkeitsrechtlicher Relevanz. Die Produktbeschreibung eines Medizinalproduktes ist irreführend, wenn sie sich auf unveröffentlichte Studien bezieht, ohne allfällige Nachteile oder die klinische Anwendung des Medizinproduktes aufzuzeigen (E. 3.4.4).

[129] Vgl. z.B. BGer 6B_147/2007 sic! 2008, 56, E. 3.1/3.2 («Neurodermitis»), BGer 2A.787/2006 sic! 2008, 141, E. 3, 5 und 6 («Migräne und Sport»), sowie die einschlägigen Informationen, Anleitungen und Merkblätter, abrufbar unter: http://www.swissmedic.ch.

[130] Vgl. dazu bspw. VKlin, SR 812.214.2, sowie die einschlägigen Anleitungen und Merkblätter, abrufbar unter: http://www.swissmedic.ch.

[131] Vgl. dazu Art. 4a N 77 ff. und 102 f.

[132] Vgl. dazu BSK-SAXER, Art. 33 HMG N 58 ff. und Art. 4a N 39 je m.w.H.

MepV¹³³ und in Art. 21 MepV zur Werbung (Verbot der Irreführung hinsichtlich Anwendung, Leistungsfähigkeit und Wirksamkeit sowie Verbot der Publikumswerbung für verschreibungspflichtige Medizinprodukte; vgl. die Grundlage in Art. 51 HMG).

Die Verletzung der Bestimmungen des HMG kann **verwaltungsrechtliche Sanktionen** zeitigen (Art. 66 HMG), die bis zum Bewilligungsentzug für das entsprechende Heilmittel oder sogar zur Betriebsschliessung reichen. Überdies sorgt die Swissmedic gemäss Art. 67 HMG für die **Information der Öffentlichkeit** «über besondere Ereignisse im Zusammenhang mit Heilmitteln, welche die Gesundheit gefährden», was in den Wettbewerb eingreifen kann¹³⁴. 55

Die Verletzung von Bestimmungen zur Werbung in Art. 31–33 HMG ist gemäss Art. 87 Abs. 1 lit. c HMG als Übertretung **strafbar**, wobei auch die fahrlässige Begehung strafbar ist (Art. 87 Abs. 3 HMG). Im Übrigen kann bei Verletzung der übrigen HMG-Bestimmungen eine Strafbarkeit nach Art. 86 f. HMG vorliegen. 56

Zuständig für den **Vollzug** der Vorschriften in Art. 31–33 HMG ist gemäss Art. 82 HMG i.V.m. Art. 24 AWV die Swissmedic in Bern. Art. 83 HMG sieht daneben verschiedene Vorbehalte für die Kantone vor¹³⁵. In verfahrensmässiger Hinsicht sind die Vorschriften des VwVG anwendbar, soweit sich keine abweichenden Vorschriften im HMG finden (Art. 84 Abs. 1 HMG). 57

Praktisch wichtig ist die **Abgrenzung** von **Lebensmitteln** und Gebrauchsgegenständen zu **Arzneimitteln** und Medizinprodukten¹³⁶. 58

6. Geografische Herkunftsangaben, insbes. sog. «Swissness»

Eine besondere Stellung nehmen sodann speziell geregelte (geografische) Herkunftsangaben ein, die als Herkunftshinweise und je nachdem gleichzeitig auch als Qualitäts-, Inhalts- oder Beschaffenheitsangaben verstanden werden oder bestimmt sind¹³⁷. 59

---

¹³³ Medizinalprodukteverordnung vom 17. Oktober 2001 (MepV, SR 812.213).
¹³⁴ Dazu näher N 20 (und dortige Fn. 45).
¹³⁵ Gemäss Art. 83 Abs. 1 lit. a HMG erfüllen die Kantone die Vollzugsaufgaben, die ihnen das HMG überträgt. Vereinzelt überträgt auch der Bundesrat den Kantonen Aufgaben (so z.B. in Art. 24 Abs. 2 Medizinalprodukteverordnung [MepV, SR 812.213]). Art. 83 Abs. 1 lit. b HMG überträgt den Kantonen sodann eine subsidiäre Zuständigkeit für alle Vollzugsaufgaben, die das Gesetz nicht ausdrücklich dem Bund überträgt. Darunter fallen namentlich der Erlass der kantonalen Gebührenverordnung, des Organisations- und Verfahrensrechts für die kantonale Heilmittelkontrolle sowie die Umschreibung der sachlichen Anforderungen für den Betrieb einer Abgabestelle (vgl. Botschaft HMG, 3559; BSK-RICHLI, Art. 83 HMG N 3 ff.).
¹³⁶ Dazu N 44.
¹³⁷ Zum Thema allgemein MARBACH, SIWR III/1, N 378 ff., sowie dort zitierte Literatur, MEISSER/ ASCHMANN, SIWR III/2, 155 ff., ferner PUGATSCH, Werberecht, 80 ff., sowie instruktiv zum

60 Einerseits sind (**geografische**) **Herkunftsangaben** in **Art. 47–51 MSchG,** also in einem privatrechtlichen Erlass geregelt, wobei das Durchsetzungsinstrumentarium des MSchG zur Verfügung steht[138]. Dieser Schutz ist lauterkeitsrechtlicher Art und setzt keine Registrierung oder andere behördliche Handlungen voraus[139]. Eine Durchsetzung von Amtes wegen ist nicht vorgesehen – das Gemeinwesen (Bund, Kantone, Gemeinden, öffentlich-rechtliche Körperschaften und Anstalten) kann aber auf privatrechtlichem Wege seine Rechte geltend machen, soweit es von unzulässigen Herkunftsangaben betroffen ist. Die Klageberechtigung bestimmt sich nach Art. 55 MSchG, wobei im Rahmen von Art. 56 MSchG – analog zur Regelung in Art. 10 Abs. 2 – auch **Verbandsklagen** vorgesehen sind. Eine spezifische Bundesklage wie in Art. 10 Abs. 2 lit. c besteht jedoch nicht. Art. 64 MSchG sieht sodann spezielle **Strafbestimmungen** zum Schutz von Herkunftsangaben vor, wobei ein Strafantragserfordernis besteht. Bei gewerbsmässiger Begehung erfolgt die Verfolgung von Amtes wegen (Art. 64 Abs. 2 MSchG). Zur Verfügung steht sodann insbesondere die 2007/8 ergänzte Möglichkeit zur **Hilfeleistung durch** die **Zollverwaltung,** die u.a. neu auch die Durchfuhr erfasst und in vielen weiteren Einzelheiten ergänzt wurde (Art. 70 ff. MSchG)[140].

61 Andererseits sieht das **Landwirtschaftsgesetz** (LwG; SR 910.10) spezielle Bestimmungen zum Schutz landwirtschaftlicher und landwirtschaftlich verarbeiteter Erzeugnisse vor. Der Name eines Ortes, einer Gegend oder einer traditionellen Bezeichnung kann in ein vom Bundesamt für Landwirtschaft geführtes Register eingetragen werden. Die diesbezüglichen Details sind in den Art. 5 ff. der sog. **GUB/GGA-Verordnung** (SR 910.12) geregelt[141]. Der Schutzumfang geschützter

---

[138] Schutz im Ausland das Handbuch für Schweizer Vertretungen im Ausland zu «Der Schutz schweizerischer Herkunftsangaben» in der Fassung vom 22. September 2005 und spezifisch zum Bereich Lebensmittel CALAME, Lebensmittel und Immaterialgüterrecht, 211 ff.

[138] Vgl. bspw. BGer 4C.361/2005 («tiq® of Switzerland»), Herkunftstäuschung (i.S.v. Art. 3 lit. b UWG und Art. 47 MSchG) bei Verwendung des Firmensitz-Landes «Schweiz» für ausländische Uhren.

[139] WILLI, Kommentar MSchG, Vor Art. 47 N 9.

[140] Zur Hilfeleistung der Zollverwaltung auch Art. 27 N 68 ff. sowie die Botschaft PatG 2005, 120 ff.

[141] Vgl. BGer 2A.153/2006 («Emmentaler»): Geschützte Ursprungsbezeichnung für Emmentaler Käse (Art. 4 Abs. 3 Stresa-Abkommen, Art. 17 Abs. 1, 2 lit. d GUB/GGA-Verordnung); BGer 2A.515/2006 («Försterkäse»): Funktionelle Zuständigkeit im Rechtsschutzverfahren bezüglich der GUB/GGA-Verordnung und Abgrenzung zum Rechtsmittelweg nach Landwirtschaftsrecht; BVerwG vom 21.9.2007 (B-1519/2007) («Försterkäse II»): Legitimation einer Sortenorganisation in Verfahren des landwirtschaftsrechtlichen Ausstattungsschutzes, (Art. 14 Abs. 1, 16 Abs. 7 LwG, Art. 17 Abs. 3 lit. b, c GUB/GGA-Verordnung); TC VD vom 25.11.2005 (COO3.008718-188/2005) («Torino»): zum Verhältnis UWG und MSchG; BGer 2A.496/2006; BGer 2A.497/2006 («Raclette II»): La dénomination «Raclette» ne peut être enregistrée comme apellation d'origine protégée (Art. 14 Abs. 1 lit. d und 16 Abs. 1–3 LwG, Art. 2 Abs. 1 und 2 GUB/GGA-Verordnung); BGer 4C.332/2006 («Rama Cremefine»): Kein Verstoss gegen Lauterkeitsrecht durch die Bezeichnung eines Mischproduktes aus Milchbestandteilen und pflanzli-

Ursprungsbezeichnungen und von geografischen Angaben richtet sich nach Art. 16 Abs. 6 f. LwG[142]. Geschützt werden Ursprungsbezeichnungen (AOC) und geografische Angaben, mit denen bestimmte Herkunfts-, Eigenschafts- und/oder Qualitätsvorstellungen oder ein bestimmtes Ansehen verbunden werden. Demgegenüber sind reine Gattungsbezeichnungen nicht geschützt (Art. 16 Abs. 3 Satz 2 LwG). Für Herkunftsangaben bei Wein bestehen spezielle Vorschriften in der Weinverordnung (vgl. Art. 19 ff. Weinverordnung; SR 916.140)[143]. Sodann bestehen mit diversen Ländern staatsvertragliche Vereinbarungen über geografische Herkunftsangaben[144]. Solche Vorschriften stellen eine **Ergänzung und Konkretisierung von Art. 3 lit. b auf verwaltungsrechtlicher Ebene** dar.

Die **Verwendung von Hoheitszeichen wie** des **Schweizerkreuzes** und der **Wappen sowie Fahnen der Kantone, der Bezirke, Kreise und Gemeinden auf Produkten** (de lege lata aber nicht bei Dienstleistungen!) in der diesbezüglichen Werbung und in Anzeigen, Prospekten, Geschäftsschildern und -papieren ist durch das Wappenschutzgesetz (WSchG; SR 232.21) geregelt[145]. Sie ist mit Ausnahme der

62

---

chen Fetten als «Rama Cremefine» (Art. 3 lit. b, d, e und 2 UWG); vgl. auch RK EVD vom 2.12.2003 («Walliser Roggenbrot»): zu Art. 16 Abs. 3 LwG und Art. 4 GUB/GGA-Verordnung.

[142] RKGE vom 21.4.2006 (MA-Wi 38/03) («Sbrinz fig./sbrinz fig.»): landwirtschaftsrechtlich geschützte Ursprungsbezeichnungen (Art. 16 Abs. 6 LwG) bilden markenrechtlich Gemeingut.

[143] Verordnung vom 14.11.2007 über den Rebbau und die Einfuhr von Wein (Weinverordnung, SR 916.140). Vgl. bspw. RKGE sic! 2004, 940 ff. («Château de Saint-Saphorin sur Morges») und BGer 2C_506/2008 sic! 2009, 423 ff. («AOC Genève»).

[144] Dazu Einleitung N 159. Vgl. auch das Gegenrechtserfordernis beim Schutz von Wappen und Zeichen des Auslands in Art. 10 WSchG. Vgl. Madrider Abkommen über die Unterdrückung falscher oder irreführender Herkunftsangaben auf Waren (MHA) vom 14. April 1891 (SR 0.232.111.13), revidiert in Lissabon am 31.10.1958; Staatsvertrag zwischen der Schweiz und Deutschland über den Schutz von Herkunftsangaben und anderen geographischen Bezeichnungen, abgeschlossen am 7.3.1967 (SR 0.232.111.191.36); gleich konzipierte Staatsverträge über den Schutz von Herkunftsangaben und anderen geografischen Bezeichnungen zwischen Schweiz, Spanien, Frankreich, Ungarn, Portugal, Tschechoslowakei (SR 0.232.111.191.36 ff.); Stresaer Käseabkommen, welchem nur wenige Staaten beigetreten sind, u.a. die Schweiz (SR 0.817.142.1) und Österreich, nicht aber bspw. Deutschland; Staatsvertrag zwischen der Schweiz und Belgien bzw. der Schweiz und Luxemburg vom 26.8.1929 mit Meistbegünstigungsklausel und Schutz von Herkunftsbezeichnungen für Käse (SR 0.946.291.721); Handelsabkommen zwischen der Schweiz und Mexiko mit Meistbegünstigungsprinzip und Schutz von geografischen Herkunftsangaben (SR 0.946.295.631); vgl. auch die Bestimmungen der PVÜ und des TRIPS, dazu Einleitung N 151 ff. bzw. 154 f.

[145] Vgl. RKGE sic! 2005, 587 ff. («Chevrolet-Emblem»): Ein Zeichen gilt als öffentliches Wappen und kann als Marke nicht eingetragen werden, wenn es an Beziehungen zum Gemeinwesen oder an die Herkunft aus dem Gebiet des Gemeinwesens denken lässt, dessen Hoheitszeichen im Markenbild verwendet wird; vgl. auch WIPO-Expertenentscheid betreffend Domain-Name «schweiz.ch» vom 24.5.2006, Jusletter vom 12. Juni 2006, und EHRLER, Jusletter vom 17. Juli 2006, welcher sich gegen die Anwendbarkeit des WSchG im vorliegenden Fall ausspricht; BGer 6S.127/2002 («www.bundesgericht.ch»), betreffend Reservierung des Domainnamens «www.bundesgericht.ch» als Verstoss gegen das Wappenschutzgesetz; zum strafrechtlichen Schutz gemäss Art. 270 StGB, BGer 8G.32/2003: Ein Titelbild eines Buches mit einem über das

Verwendung in Anzeigen, Prospekten, Geschäftsschildern und -papieren – sofern kein Verstoss gegen die guten Sitten vorliegt[146] (vgl. Art. 3 Abs. 1 WSchG sowie Art. 2 f. und 5 WSchG) – grundsätzlich verboten und gemäss Art. 13 WSchG bei vorsätzlicher Begehung strafbar. Eine Ausnahme wird bei «**rein dekorativem**» **Gebrauch des Schweizerkreuzes** und weiterer Wappen und Fahnen auf Produkten gemacht (bspw. für kunstgewerbliche Artikel und Souvenirartikel, aber auch etwa auf Kleidungsstücken und Accessoires), sofern damit keine eigentliche Herkunftsangabe verbunden ist[147]. Soweit ersichtlich wird das im WSchG enthaltene und an sich klare Verbot der **Verwendung des Schweizerkreuzes** auf Produkten und in der Werbung nicht mehr durchgesetzt, mindestens sofern damit keine Irreführung über die (schweizerische) Herkunft verbunden ist[148]. **Wappen und andere Zeichen des Auslands** werden – soweit Gegenrecht gehalten wird – vom Schutz des WSchG mit umfasst (Art. 10 WSchG)[149]. Daneben gilt – ohne Rücksicht auf das Gegenrechtserfordernis – auch hier ein Irreführungsverbot (Art. 11 WSchG), das bei Wettbewerbshandlungen auch schon aus Art. 3 lit. b folgt. Für den Schutz von Namen und Zeichen des **Roten Kreuzes** sowie der **UNO** und **anderer zwischenstaatlicher Organisationen** gelten Sonderbestimmungen in speziellen Bundesgesetzen[150].

Schweizerkreuz gelegten Hakenkreuz aus Goldbarren stellt keinen tätlichen Angriff auf das Schweizerkreuz dar, vgl. NZZ vom 7.5.2003 (Nr. 104), 16.

[146] Worunter insbesondere eine Irreführung über die geografische Herkunft, den Wert oder andere Eigenschaften (bspw. Qualität) fällt, was sich bei Wettbewerbshandlungen auch aus Art. 3 lit. b ergibt, vgl. Art. 3 Abs. 2 lit. a und Art. 5 Abs. 2 lit. a WSchG.

[147] Dazu die Rechtsauskunft des EJPD in PMMBl 20/1981 I 16, BGE 83 IV 109, 110, KGer GR SJZ 1958 Nr. 83, DAVID/REUTTER, Werberecht, 136 f., sowie WILLI, Kommentar MSchG, Vor Art. 47 N 15 m.w.H.

[148] Vgl. z.B. den Entscheid der SLK vom 16. April 2008 (Nr. 157/08) («Schweizerkreuze auf Verpackungen und in der Werbung») oder SLK sic! 2004, 737, E. 3b («Pfannentrophy»). Die Verwendung des Begriffes «Schweiz» oder eines gleichbedeutenden Zeichens wie das Schweizerkreuz wird durch den SLK-Grundsatz Nr. 2.1 geregelt. Der Gebrauch ist unlauter, wenn nicht zumindest in der Schweiz eine Verarbeitung stattgefunden hat, welche wertmässig mindestens 50% der totalen Produktionskosten beträgt. Beim Grundsatz Nr. 2.1 handelt es sich um eine eigentliche lauterkeitsrechtliche Konkretisierung des wappenschutzrechtlichen Verbots der Benutzung der Schweizerfahne auf Waren und Warenverpackungen. Die Frage, wann ein Produkt die Bezeichnung «of Switzerland» verwenden darf, hat zu Diskussionen geführt. Die Kontroverse wurde ausgelöst durch eine Beschwerde gegen die Firma Juvena, welche auf den Packungen die Marke «of Switzerland» führte, obschon das Produkt in Deutschland hergestellt wurde. Die SLK hat die Beschwerde abgewiesen, vgl. Das Kreuz mit dem Kreuz, abrufbar unter: http://www.lauterkeit.ch/fall10.htm.

[149] Vgl. RKGE sic! 2004, 600 ff. («Newberry»); BGer 4A_101/2007 sic! 2008, 52 ff. («Doppeladler [fig.]»).

[150] BG vom 25.3.1954 betreffend den Schutz des Zeichens und des Namens des Roten Kreuzes (SR 232.22) und BG vom 15.12.1961 zum Schutz von Namen und Zeichen der Organisation der Vereinten Nationen und anderer zwischenstaatlicher Organisationen (SR 232.23) und Art. 11 (Wappen) des Abkommens zwischen dem Schweizerischen Bundesrat und der Internationalen Föderation der Rotkreuz- und Rothalbmond-Gesellschaften zur Festlegung der rechtlichen Stellung der Internationalen Föderation in der Schweiz (abgeschlossen und in Kraft getreten am

Die **Verwendung des Hinweises auf** die **Schweiz** bzw. die Benützung des Schweizer Namens bzw. eines entsprechenden gemeinwesenbezogenen Herkunftshinweises bei Produkten und Dienstleistungen wird von der Rspr. als zulässig erachtet, sofern u.a. die Bestandteile aus schweizerischer Fabrikation ohne Berücksichtigung der Kosten für das Zusammensetzen mindestens 50% des Wertes des Produkts ausmachen[151]. Sofern mit dem Hinweis ersichtlich keine bestimmte Herkunft signalisiert werden soll, sind solche Hinweise jedoch möglich[152]. Diese Kautelen sind auch in einer speziellen branchenspezifischen Regelung in der **Verordnung über** die **Benützung des Schweizer Namens für Uhren** (SR 232.119) enthalten[153]. Die Herkunftsbezeichnung für Käse ist auf internationaler Ebene speziell geregelt[154].

63

Eine Revisionsvorlage zur in der Praxis bedeutenden Thematik des Schweizbezugs ist unter dem Titel **«Gesetzgebungsprojekt Swissness»** vorgelegt worden[155]. Die Gesetzesrevision soll mehr Klarheit und Rechtssicherheit für den Gebrauch der Bezeichnung «Schweiz» und des Schweizerkreuzes auf Waren und für Dienstleistun-

64

29.11.1996, SR 0.192.122.51); vgl. BGer 4A_79/2008 betreffend missbräuchliche Verwendung des Zeichens des Roten Kreuzes.

[151] PUGATSCH, Werberecht, 82, sowie Botschaft WSchG, 602.

[152] PUGATSCH, Werberecht, 81 f., nennt etwa die Bezeichnung von Möbeln, Rosenmarken und Pflanzennamen nach Städten als Beispiel.

[153] Vgl. zur Verwendung des Wortes «Schweiz» auch SLK-GS Nr. 2.1.

[154] Stresa-Abkommen von 1951 (SR 0.817.142.1); vgl. dazu sowie zu weiteren internationalen Abkommen über Herkunftsangaben (u.a. PVUe, TRIPS, MHA sowie bilaterale Abkommen mit Deutschland, Frankreich, Spanien, Portugal, Ungarn sowie mit Tschechien und der Slowakei sowie das Landwirtschaftsabkommen zwischen der Schweiz und der EG) und Vorgaben, bei denen das Ursprungslandsprinzip im Vordergrund steht, WILLI, Kommentar MSchG, Vor Art. 47 N 45 ff., sowie Einleitung N 150 ff., bes. N 155 und N 159.

[155] Der Bundesrat hat am 28.11.2007 das Vernehmlassungsverfahren zum Gesetzgebungsprojekt «Swissness» eröffnet, welches auf zwei parlamentarische Vorstösse (Postulat HUTTER [06.3056] und FETZ [06.3174]) zurückgeht, vgl. Medienmitteilung EJPD vom 15.11.2006, abrufbar unter: http://www.ige.ch/d/jurinfo/j108.shtm. Nach Auswertung der Vernehmlassungsresultate hat der Bundesrat am 25. März 2009 entschieden, im Rahmen des Gesetzgebungsprojekts auch Lebensmittel zu erfassen, vgl. Medienmitteilung EJPD vom 25.3.2009, abrufbar unter: http://www.ige.ch/d/jurinfo/j108.shtm. Am 18. November 2009 wurde die bundesrätliche Botschaft präsentiert (BBl 2009, 8533 ff.). Vgl. auch Bericht des Bundesrates betreffend Schutz der Bezeichnung «Schweiz» und des Schweizerkreuzes vom 15.11.2006 in Erfüllung der Postulate 06.3056 HUTTER («Schutz der Marke Schweiz») und 06.3174 FETZ («Verstärkung der Marke Made in Switzerland»); vgl. Erläuternder Bericht Schutz der Herkunftsbezeichnung Schweiz und des Schweizerkreuzes («Swissness-Vorlage» vom 28.11.2007, abrufbar auf der Website des IGE http://www.ige.ch/d/jurinfo/documents/j1080/d.pdf). Es sind sowohl Anpassungen im MSchG geplant wie auch die Totalrevision des WSchG (plus neu auch des LMG/LwG); vgl. dazu den Vorentwurf des Bundesgesetzes zum Schutz des Schweizerwappens und anderer öffentlicher Zeichen (Wappenschutzgesetz, WSchG), abrufbar unter: http://www.ige.ch/d/jurinfo/documents/j10805d.pdf und Vorentwurf des Bundesgesetzes über den Schutz von Marken und Herkunftsangaben (Markenschutzgesetz, MSchG), abrufbar unter: http://www.ige.ch/d/jurinfo/documents/j10806d.pdf.

gen schaffen. Gegen Missbräuche im In- und Ausland soll strenger vorgegangen werden. Im **MSchG** sollen deshalb neu **Kriterien zur genaueren Bestimmung der geografischen Produktherkunft festgelegt** werden. Diese präziseren Kriterien dienen der Transparenz der von den Produzenten angeführten Herkunftsangaben. Die Waren werden in drei Gruppen gegliedert: Naturprodukte, verarbeitete Naturprodukte und industrielle Produkte. Dabei wird die schweizerische Herkunft der Waren anhand von zwei kumulativ zu erfüllenden Voraussetzungen bestimmt: Einerseits wird bei allen Waren verlangt, dass die Herkunft den Ort bezeichnet, wo **mindestens 60% der Produktionskosten anfallen**[156]. Anderseits gibt es für jede der drei Warengruppen ein zusätzliches kennzeichnendes Kriterium, welches die Beziehung umschreibt, welche zwischen der Ware und dem Herkunftsort vorliegen muss[157]. Zusätzlich soll das **Wappenschutzgesetz** (WSchG) insofern revidiert werden, als Wappen (Schweizerkreuz in einem Wappenschild) der Eidgenossenschaft nur von dieser selbst oder von ihren Einheiten verwendet werden dürfen. Hingegen ist die Verwendung von Schweizer Fahnen und des Schweizerkreuzes jedermann gestattet, der die Voraussetzungen zur Verwendung der Bezeichnung «Schweiz» erfüllt. Neu soll dies nicht nur für Dienstleistungen, sondern auch für Produkte gelten. Ergänzend wird der Schutz der öffentlichen Wappen verstärkt, insbesondere werden die strafrechtlichen Sanktionen verschärft, indem sie den Sanktionen in den übrigen Bereichen des Immaterialgüterrechts angepasst werden[158]. Der Revisionsentwurf des MSchG erteilt neu dem IGE die Befugnis, in der Schweiz gegen missbräuchliche Herkunftsangaben Strafanzeige einzureichen[159]. Zum **Schutz der geografischen Angaben im Ausland** soll zusätzlich ein **nationales Register** für geografische Angaben **für nicht landwirtschaftliche Waren** geschaffen werden, welches vom IGE geführt werden soll[160]. Durch die zusätzliche Registrierungsmöglichkeit wird der Schutz für geografische Angaben offiziell für alle Produkte anerkannt. Die Gesetzesvorlage sieht zudem vor, dass alle in einem schweizerischen Register eingetragenen Ursprungsbezeichnungen und geografischen Angaben wie

---

[156] Art. 48c E-MSchG 2009. Für Naturprodukte hängt das massgebende Kriterium von der Art des Produktes ab. Bei verarbeiteten Naturprodukten muss mindestens 80% des Gewichts der Rohstoffe aus der Schweiz stammen (Art. 48a E-MSchG 2009). Die vom Bundesrat ursprünglich vorgeschlagene generelle Schwelle von 60% wurde von der Wirtschaft mehrheitlich unterstützt, wobei aber diverse Vorbehalte angebracht wurden, vgl. Schutz der «Marke Schweiz»: Zur Swissness-Vorlage des Bundesrats, Dossierpolitik economiesuisse vom 26.3.2008, Nr. 5, 2, abrufbar unter: http://www.economiesuisse.ch/web/de/PDF%20Download%20Files/dosspol_swissness_20080326.pdf.

[157] Erläuternder Bericht zur «Swissness-Vorlage», 3 und Botschaft Swissness, 8589 ff.

[158] Erläuternder Bericht zur «Swissness-Vorlage», 3 f. und Botschaft Swissness, 8608 f.

[159] Art. 64 Abs. 3 E-MSchG 2009.

[160] Vgl. Art. 50a E-MSchG 2009. Heute besteht die Möglichkeit zum Registereintrag lediglich für landwirtschaftliche Erzeugnisse und verarbeitete landwirtschaftliche Erzeugnisse – die entsprechenden Ursprungsbezeichnungen und geografischen Angaben können beim Bundesamt für Landwirtschaft eingetragen werden –, für Weine, deren Eintragung in die Kompetenz der Kantone fällt, sowie für waldwirtschaftliche Erzeugnisse und deren Verarbeitungsprodukte, welche Gegenstand des Entwurfs zur Änderung des Waldgesetzes sind.

auch die kantonal geschützten Weinbezeichnungen oder ausländische Weinbezeichnungen, welche die gesetzlichen Vorgaben der Schweiz erfüllen, als Garantie- oder Kollektivmarke eingetragen werden können. Gleiches gilt für geografische Angaben, die in einer Verordnung des Bundesrates[161] oder in einer vergleichbaren ausländischen Ordnung geregelt sind. Der Registerauszug für Ursprungsbezeichnungen und für geografische Angaben sowie die Einführung einer Garantie- bzw. Kollektivmarke sollen die Erlangung und Durchsetzung des Schutzes für den nunmehr klar identifizierbaren Rechtsinhaber im Ausland vereinfachen[162]. Ferner sollen nach dem Willen des Bundesrats auch **Lebensmittel** in das Gesetzgebungsprojekt einbezogen werden, wobei bei Lebensmitteln in Form verarbeiteter Naturprodukte künftig **mindestens 80% des Gewichts der Rohstoffe aus** der **Schweiz** stammen sollen, wenn sie als Schweizer Produkt ausgelobt werden[163].

7. Vorschriften zu Anpreisung, Kennzeichnung und Deklaration

Eine **Reihe von bundesrechtlichen Vorgaben** widmen sich – neben den Bestimmungen zur Preisbekanntgabe in Art. 16–19 und in der Preisbekanntgabeverordnung (PBV) – der Anpreisung, Kennzeichnung[164] und Deklaration von Produkten (bzw. deren Verpackungen) und Dienstleistungen. Deren **lauterkeitsrechtliche Relevanz** ist dabei **fraglich** – wohl aber jedoch nicht pauschal zu verneinen[165]. Folgende Bestimmungen sind zu nennen: 65

- Bestimmungen zu **Mass und Gewicht** im Bundesgesetz über das Messwesen[166].
- Bestimmungen zur **Information** der **Konsumenten** im Konsumenteninformationsgesetzes (KIG) und der darauf beruhenden Gesetzgebung[167].

---

[161] Zum Beispiel in der heutigen «Swiss made»-Verordnung für Uhren: Verordnung über die Benützung des Schweizer Namens für Uhren vom 23.11.1971, SR 232.119.
[162] Erläuternder Bericht zur «Swissness-Vorlage», 3 f. und Botschaft Swissness, 8602 ff.
[163] Vgl. BBl 2009, 8533 ff. sowie die Medienmitteilungen EJPD vom 18.11.2009 sowie vom 25.03.2009, beide abrufbar unter: http://www.ige.ch/d/jurinfo/j108.shtm.
[164] Zum lauterkeitsrechtlichen Kennzeichnungsschutz die Kommentierung zu Art. 3 lit. d und insbesondere BGer 4P.222./2006 («Maltesers/Kit Kat Pop Choc»): mittelbare Verwechslungsgefahr von Ausstattungen trotz klar unterscheidbarer Produktbezeichnungen; vgl. BGer 4C.240/2006 («Modissa/Modesa»): Schutz für Kennzeichen mit lokaler Verkehrsgeltung; BGer 4A_467/2007 und 4A_469/2007 («IWC/WMC»): Der lauterkeitsrechtliche Kennzeichenschutz erfasst nicht nur direkte warenbezogene, sondern auch mittelbare oder indirekte Verwechslungen.
[165] Vgl. dazu N 30 f. und Art. 2 N 107 ff.
[166] Vgl. Art. 11 (Angabepflicht) des Bundesgesetzes über das Messwesen vom 9.6.1977 (SR 941.20).
[167] Vgl. Art. 1, 2, 3 und 4 des Bundesgesetzes über die Information der Konsumentinnen und Konsumenten vom 5.10.1990 (Konsumenteninformationsgesetz, KIG, SR 944.0).

- Bestimmungen zur **Deklaration** in der Deklarationsverordnung[168] und weiteren Ausführungsvorschriften, die bestimmte Angaben im offenen Verkauf und bei Fertigpackungen[169] vorschreiben.
- Bestimmungen im Bereich der **technischen Handelshemmnisse:** Bestimmungen über die Beschriftung von Produkten gehören zu den technischen Vorschriften (Art. 3 lit. b Ziff. 1 THG[170]), weshalb sich als weitere Interpretationshilfe ein Blick auf die Rechtslage in der EU rechtfertigt (BGer 2A.213/2006 [«Colgate Dentagard mit Naturkräutern»]).
- Bestimmungen des **Chemikalienrechts:** zu erwähnen sind namentlich die der ehemaligen Giftgesetzgebung entnommenen Vorschriften zu Verpackung, Kennzeichnung und Bewerbung von Chemikalien im ChemG[171], in der ChemV[172] und der Verordnung des EDI über die Einstufung und Kennzeichnung von Stoffen[173].
- Zusätzliche[174] Bestimmungen im Bereich **Landwirtschaft und Lebensmittel:** Geflügelkennzeichnungsverordnung[175], Bio-Verordnung[176], landwirtschaftliche Deklarationsverordnung[177]. Diesen Bestimmungen ist typisch, dass sie den weit zu verstehenden Schutz der Gesundheit der Konsumenten, deren Information und die Transparenz bezwecken. Daneben haben sie auch eine lauterkeits-

---

[168] Verordnung über das Abmessen und die Mengendeklaration von Waren in Handel und Verkehr vom 8.6.1998 (Deklarationsverordnung, SR 941.281).
[169] Verordnung über die technischen Vorschriften betreffend die Mengenangaben auf industriellen Fertigpackungen vom 12.6.1998 (SR 941.281.1).
[170] Bundesgesetz über die technischen Handelshemmnisse vom 6.10.1995 (THG, SR 946.51).
[171] Vgl. Art. 7 (Informationspflicht gegenüber Abnehmerinnen und Abnehmern) des Bundesgesetzes vom 15.12.2000 über den Schutz vor gefährlichen Stoffen und Zubereitungen (Chemikaliengesetz, ChemG, SR 813.1).
[172] Vgl. Art. 35 ff. (Verpackung, Kennzeichnung und Sicherheitsdatenblatt) der Verordnung über den Schutz vor gefährlichen Stoffen und Zubereitungen vom 18.5.2005 (Chemikalienverordnung, ChemV, SR 813.11).
[173] Vgl. Verordnung des EDI über die Einstufung und Kennzeichnung von Stoffen vom 28.6.2005 (SR 813.112.12), welche sich auf Art. 9 ChemV stützt.
[174] Vgl. unter N 42 u. 61 bezüglich der Verordnung des EDI über die Kennzeichnung und Anpreisung von Lebensmitteln vom 23.11.2005 (LKV; SR 817.022.21) und die Verordnung über den Schutz von Ursprungsbezeichnungen und geografischen Angaben für landwirtschaftliche Erzeugnisse und verarbeitete landwirtschaftliche Erzeugnisse vom 28.5.1997 (GUB/GGA-Verordnung, SR 910.12), sowie die Verordnung des EVD über die Mindestanforderungen an die Kontrolle der geschützten Ursprungsbezeichnungen und geografischen Angaben vom 11.6.1999 (Verordnung über die Kontrolle der GUB und GGA, SR 910.124).
[175] Art. 2 (Kennzeichnung) der Verordnung über die Kennzeichnung von Geflügelfleisch in Bezug auf die Produktionsmethode vom 23.11.2005 (Geflügelfleischkennzeichnungsverordnung, GKZV, SR 916.342).
[176] Art. 2 und 17 ff. der Verordnung über die biologische Landwirtschaft und die Kennzeichnung biologisch produzierter Erzeugnisse und Lebensmittel vom 22.9.1997 (Bio-Verordnung, SR 910.18).
[177] Verordnung über die Deklaration für landwirtschafliche Erzeugnisse aus in der Schweiz verbotener Produktion vom 26.11.2003 (Landwirtschaftliche Deklarationsverordnung, LDV, SR 916.51) und Verordnung des BLW über die von der Deklarationspflicht befreiten Länder nach landwirtschaftlicher Deklarationsverordnung vom 2.12.2003 (LDV-Länderliste, SR 916.511).

rechtliche Komponente, da sie den Marktauftritt, v.a. wichtige Aspekte der Präsentation bzw. Kennzeichnung von Produkten oder Dienstleistungen regeln und damit auch deren Bewerbung beeinflussen.

Zuständig für den **Vollzug** sind einerseits Bundesbehörden[178], andererseits parallel auch kantonale Behörden[179].   66

8. Medienrecht

Auch im **Medienrecht** (elektronische Medien) finden sich Bestimmungen, die lauterkeitsrechtliche Relevanz aufweisen und gegebenenfalls neben den Bestimmungen des UWG zur Anwendung kommen bzw. diese ergänzen[180]. So schreibt   67

---

[178] Der Vollzug des KIG obliegt dem Bundesrat. Er erlässt Ausführungsvorschriften und kann für den Vollzug der Vorschriften die betroffenen Organisationen der Wirtschaft und der Konsumenten beiziehen, vgl. Art. 13 KIG.

[179] So obliegt z.b. der Vollzug des BG über das Messwesen dem Bundesamt für Metrologie (METAS). Der Bundesrat kann für Aufgaben auf dem Gebiet des Messwesens, welche der Kantone nicht vollziehen, Stellen schaffen oder Institutionen beiziehen, und er regelt deren Beziehung zum METAS, vgl. Art. 16. In Art. 13 des entsprechenden Gesetzes wird den Kantonen die Aufgabe der Eichung der im Handel und Verkehr benützten und bereitgehaltenen Messmittel und die Kontrolle der Angaben von Mengen und Preisen in Handel und Verkehr unter Vorbehalt von Art. 16 Abs. 2 zugewiesen. In Art. 31 ChemG wird der Vollzug des Gesetzes den Kantonen übertragen, soweit nicht der Bund zuständig ist. In Art. 101 ChemV werden Bestimmungen betreffend die Zusammenarbeit zwischen kantonalen und eidgenössischen Vollzugsbehörden festgehalten. Der Vollzug der Bio-Verordnung obliegt dem Bundesamt für Landwirtschaft nach der Landwirtschaftsgesetzgebung, sofern keine Lebensmittel betroffen sind (vgl. Art. 33 Bio-Verordnung). Die Organe der kantonalen Lebensmittelkontrolle vollziehen die Verordnung gemäss der Lebensmittelgesetzgebung (Art. 34 Bio-Verordnung).

[180] Vgl. auch Art. 4 RTVG (Mindestanforderungen an Programminhalt); zum Sachgerechtigkeitsgebot vgl. BGer medialex 2007, 208 ff.; zum Verbot pornografischer Werbespots, vgl. BGE 133 II 136 ff., medialex 2007, 156 ff.; BGer 2A.563/2006 sic! 2007, 718 ff. («Lovers TV»): unzulässige Fernsehwerbung für zulässige Handypornografie; BGer 2C_335/2007 sic! 2008, 283 ff. («Pascal Corminboeuf»): Verletzung der Programmbestimmungen durch ein ausgesprochen positives Porträt im Vorfeld einer Wahl; BGer 2A.74/2007 sic! 2007, 812 ff. («Alte Falle, neue Masche»): zum journalistischen Fairnessgebot und der Manipulation des Publikums; BGer 2A.283/2006 sic! 2007, 359 ff. («Nutzlose Schulmedizin»): Ein Konsumentenmagazin darf angriffig und dem anwaltschaftlichen Journalismus verpflichtet sein; BGer medialex 2005, 226 ff.: journalistische Sorgfaltspflichten bei anwaltschaftlichem Journalismus (Art. 4 aRTVG; entspricht weitgehend Art. 4 Abs. 2 RTVG); BGer plädoyer 2006, 80 ff., sic! 2006, 574 ff.: Programmrechtskonformität eines satirischen Beitrags; UBI medialex 2004, 235 ff.: Werbespot mit esoterischem Inhalt (Art. 15 Abs. 1 lit. d aRTVV, Art. 11 Ziff. 2 EÜGF); UBI medialex 2005, 235 ff.: interdiction d'une publicité à caractère humanitaire (Art. 4 aRTVG, Art. 15 aRTVV); UVEK medialex 2004, 59 ff: geklärte Zuständigkeitsabgrenzung von UBI und BAKOM (Art. 18 Abs. 5 aRTVG; dessen Teilgehalte werden heute in Art. 10 RTVG geregelt); BAKOM medialex 2003, 112 ff: BAKOM beansprucht Kompetenz in Fragen politischer Werbung (Art. 18 Abs. 5 aRTVG); UBI VPB 62/2003, Nr. 2002: keine wesentlichen Fakten unterschlagen (Art. 4 Abs. 1 aRTVG); UBI medialex 2003, 58 ff: Public Relations und Programmrecht (Art. 4 aRTVG,

Art. 9 RTVG[181] für Werbung die deutliche Trennung vom übrigen Programm vor (sog. **Trennungsgebot**), damit sie als solche eindeutig erkennbar und von redaktionellen Beiträgen zu unterscheiden ist. Unterbrecherwerbung ist nur für Sendungen von über 90 Minuten Dauer und nur einmal pro Sendung möglich. **Politische**[182] **und religiöse Werbung**[183] ist **verboten**, ebenso **Werbung für alkoholische Getränke**[184] **und Tabak**. Ferner bestehen spezielle Bestimmungen zum Jugendschutz und zum Verbot von **unterschwelliger Werbung** sowie von **Schleichwerbung**[185] (Art. 13 RTVG, Art. 20 Abs. 3 und Art. 21 Abs. 3 RTVV[186] sowie Art. 10 Abs. 3 RTVG). In Art. 9 ff. RTVG sowie Art. 12 ff. RTVV hat der Bundesrat Vorschriften zur Kennzeichnung und Einfügung der Werbung sowie zu Werbedauer und -anteil sowie weitere Detailvorschriften erlassen. Der Bereich der Zuwendungen an Veranstalter durch Sponsoren (sog. **Sponsoring**) wird durch Art. 12 RTVG sowie Art. 21 RTVV geregelt[187]. Zu erwähnen sind insbesondere auch die Sponsoring-Richtlinien

---

Art. 15 Abs. 2 aRTVV); UBI, medialex 2004, 174 ff.: Vermummte in «10 vor 10». Allgemein zum Medienwerberecht in elektronischen Medien WEBER, Rundfunkrecht, Kommentierung zu Vorbemerkungen zu Art. 9–14 RTVG sowie zu Art. 9–14 RTVG, NOBEL/WEBER, Medienrecht, 8 N 115 ff., und PUGATSCH, Werberecht, 167 ff.

[181] Bundesgesetz über Radio und Fernsehen vom 24.3.2006 (RTVG, SR 784.40).

[182] Vgl. BGer medialex 2005, 109 ff. und plädoyer 2005, 68 ff.: Werbespot ohne politischen Bezug (Art. 18 Abs. 5 aRTVG), EGMR medialex 2001, 158 ff.: Dieser stellte eine Verletzung von Art. 10 EMRK durch die Schweiz fest, weil das Bundesgericht einen Werbespot gegen Tierfabriken als unzulässige politische Werbung bezeichnet hatte; UBI medialex 2003, 241 ff: Tragweite des Verbots politischer Werbung im Fernsehen (Art. 18 Abs. 5 aRTVG, Art. 10 EMRK); weiterführende Literatur: THÖNEN, Politische Radio- und Fernsehwerbung.

[183] EGMR medialex 2003, 171 ff., plädoyer 2003, 88 ff. Verbot religiöser Werbung respektiert Meinungsfreiheit (Art. 9 und 10 EMRK).

[184] BAKOM sic! 2003, 113 ff.: Spot im Schweizer Werbefernsehen von SAT.1 verletzt Alkoholwerbeverbot des Art. 18 Abs. 5 aRTVG. Seit 1. Februar 2010 gilt eine Lockerung des Verbots der Alkoholwerbung im national ausgestrahlten Fernsehen (Zulässigkeit der Werbung in Radio und Fernsehen für Wein und Bier), um die in den eidgenössischen Räten kontrovers gerungen wurde.

[185] Vgl. Verfügung des Bundesamtes für Kommunikation (BAKOM) vom 9.9.2005, medialex 2005, 237 ff.: Das BAKOM beanstandete in einem Aufsichtsentscheid ungenügende Sponsorentransparenz, Schleichwerbung und unzulässige Heilmittelwerbung in der Gesundheitssendung «Gesundheit Sprechstunde»; vgl. UBI Jusletter vom 30. Juni 2008, betreffend Schweizer Fernsehen, bestätigt in BVGer A-3364/2008, E. 4 («Alinghi»): Die UBI hat eine Beschwerde gegen die Berichterstattung des Schweizer Fernsehens über den America's Cup 2007 gutgeheissen. Das auf Mikrofonen gut sichtbare Alinghi-Logo stellte unzulässige unentgeltliche Schleichwerbung und damit eine Verletzung des Sachgerechtigkeitsgebots dar; vgl. BAKOM medialex 2005, 166 f.: «Traumjob» verletzt Schleichwerbungs- und Sponsoringbestimmungen (Art. 19 Abs. 2 und 3 aRTVG [wird heute weitgehend von Art. 12 RTVG umfasst], Art. 15 Abs. 2 aRTVV); vgl. BAKOM medialex 2004, 175 ff: unerlaubte Werbung bei Music Star (Art. 18 Abs. 1 und 19 Abs. 2 aRTVG, Art. 11 Abs. 1bis und 15 Abs. 2 aRTVV).

[186] Radio- und Fernsehverordnung vom 9.3.2007 (RTVV, SR 784.401).

[187] Zum Sponsoring vgl. BVerwG medialex 2007, 196 ff.: Jahresangabe als werbende Äusserung, und BVerwGer A-563/2007 («Montres Breguet S.A.») und BGer 2C.643/2007 sic! 2008, 800 ff. («Montres Breguet – Depuis 1775") sowie BVerwGer A-3364/2008 (betreffend «Alinghi»-Sponsoring durch UBS). Vgl. noch den Entscheid des Bundesrats in SMI 1991, 291, wonach es

des BAKOM[188]. Erwähnenswert ist ferner die **Unabhängige Beschwerdeinstanz** (UBI), die zuständig für die Behandlung von Beschwerden über den Inhalt redaktioneller Sendungen ist[189], und das Europäische Übereinkommen vom 5. Mai 1989 über das grenzüberschreitende Fernsehen (EÜGF, SR 0.784.405).

Im **Fernmelderecht**[190] von Bedeutung sind z.B. Art. 6 lit. b[191], Art. 11 Abs. 2[192], Art. 12a[193], Art. 12b[194], Art. 31[195], Art. 45a FMG[196].

68

Zuständig für den **Vollzug** ist das BAKOM, soweit es um technische Belange geht (vgl. Art. 86 Abs. 1 RTVG), sowie die Unabhängige Beschwerdeinstanz (UBI), soweit die Behandlung von Beschwerden über den Inhalt redaktioneller Sendungen in Frage steht (Art. 82 ff. RTVG)[197]. In verfahrensmässiger Hinsicht sind die Vorschriften des **VwVG** anwendbar, vorbehältlich abweichender Vorschriften im

69

---

nicht unlauter ist, wenn sich der Veranstalter eines regionalen Fernsehprogramms Einnahmen durch Sponsoring verschafft.

[188] «Sponsoring-Richtlinien BAKOM» datierend vom Juni 1999 bzw. April 2007 (abrufbar unter: http://www.bakom.ch/themen/radio_tv/), vgl. zum aktuellen Sponsoringverständnis näher BGE 134 II 223, 227 ff. («Seat – autoemocion») sowie BGE 134 II 223 («Celebrations»).

[189] Zu den Voraussetzungen der Legitimation zur Anfechtung eines UBI-Entscheid, vgl. BGer medialex 2008, 90 ff. und BGer 2C_190/2009 sic! 2010, 82, E. 1 und 3.2 («Berichterstattung über Meinungsumfragen»); vgl. RIEDER, Kostenrisiko, 6 ff. Vgl. zur Kompetenzabgrenzung UBI/BAKOM im Bereich der Programmaufsicht und der weiteren rundfunkrechtlichen Regeln, die 2006 revidiert wurden (Inkrafttreten am 1.4.2007), STUDER, Jusletter vom 6. Oktober 2008, bes. N 1 ff. sowie BGer 2C_89/2008 sic! 2009, 22 ff. («Brustvergrösserung») und BGer 2C_542/2007(«Fuente Alamo»; noch zum alten Recht).

[190] Vgl. Fernmeldegesetz vom 30.4.1997 (FMG, SR 784.10).

[191] Worin festgehalten ist, dass die Fernmeldedienstanbieterinnen und -anbieter das anwendbare Recht, namentlich das RTVG und die entsprechenden Ausführungsbestimmungen einhalten müssen.

[192] Darin werden die marktbeherrschenden Anbieterinnen und -anbieter von Fernmeldedienstleistungen verpflichtet, die Bedingungen und Preise für ihre einzelnen Zugangsdienstleistungen gesondert auszuweisen. Vgl. auch die entsprechenden Nutzungsbedingungen des BAKOM.

[193] Worin der Bundesrat die Anbieterinnen und Anbieter von Fernmeldedienstleistungen verpflichtet, die Transparenz der Preise für die Teilnehmerinnen und Teilnehmer zu gewährleisten. Der Bundesrat kann diese zudem verpflichten, Informationen über die Qualität der von ihnen angebotenen Fernmeldedienste zu veröffentlichen.

[194] Darin ist die Ermächtigung des Bundesrats festgehalten, im Bereich der Mehrwertdienste Vorschriften gegen den Missbrauch und für die Preisbekanntgabe zu erlassen.

[195] Gemäss dieser Bestimmung kann der Bundesrat technische Vorschriften über das Anbieten, das Inverkehrbringen und die Inbetriebnahme von Fernmeldeanlagen festlegen, insbesondere hinsichtlich grundlegender fernmeldetechnischer Anforderungen sowie der Konformitätsbewertung, Konformitätsbeschreibung, Konformitätserklärung, Kennzeichnung, Anmeldung und Nachweispflicht (Art. 3 des BG vom 6.10.1995 über die technischen Handelshemmnisse).

[196] Gemäss dieser Bestimmung werden die Anbieterinnen und Anbieter von Fernmeldedienstanlagen verpflichtet, unlautere Massenwerbung (i.S.v. Art. 3 lit. o UWG) zu bekämpfen. Der Bundesrat kann die zur Bekämpfung geeigneten und erforderlichen Massnahmen bestimmen.

[197] Vgl. BGE 133 II 136, 139 f. («Lovers TV») sowie BGE 126 II 21, 23 ff. («Schlossgold-Werbung») zur komplizierten altrechtlichen Abgrenzung der Zuständigkeiten zwischen BAKOM und UBI.

RTVG oder im FMG sowie in der Ausführungsgesetzgebung (Art. 86 Abs. 3 RTVG und Art. 24 Abs. 3 FMG[198]).

9. Finanzmarkt- und Versicherungsaufsichtsrecht

70 Diverse Bestimmungen des Kapitalmarktrechts sehen **Einschränkungen bei der Werbung** sowie **zwingende Inhaltsangaben** vor[199]. Zu verweisen ist etwa auf Art. 1 Abs. 4 BankG[200] (Schutz der Begriffe «Bank» und «Bankier») und der diesen ausführenden Art. 3 BankV[201]. Die Strafvorschriften in Art. 46 Abs. 1 lit. d und e BankG (Strafvorschriften zum Schutz der Begriffe «Bank», «Bankier» und «Sparen» bzw. Schutz vor irreführenden Angaben in der Werbung), Art. 48 BankG (Strafbestimmung zum Schutz vor Kreditschädigung der Banken oder Pfandbriefzentralen) sind mit Erlass des FINMAG per 1. Januar 2009 aufgehoben worden, in Frage kommt deshalb «nur» noch eine Erfassung über Art. 3 lit. b oder den (verwaltungsrechtlichen) Gewährsartikel (Art. 3 Abs. 2 lit. c BankG)[202]. Ferner ist auf Art. 10 Abs. 7 BEHG[203] (Schutz des Begriffs «Effektenhändler») zu verweisen. Im KAG[204] finden sich ähnliche Vorschriften zu kollektiven Anlageformen.

71 Ferner ist auf **Bewilligungs- und Unterstellungspflichten** hinzuweisen.

72 Zuständig für den **Vollzug** ist die Eidgenössische Finanzmarktaufsicht (FINMA), die per 2009 an die Stelle der EBK, des BPV und der KSt GwG getreten ist[205]. In verfahrensmässiger Hinsicht sind die Vorschriften des VwVG anwendbar, soweit

---

[198] Gemäss dieser Bestimmung betreffend Konzessionserteilung kann der Bundesrat für das erstinstanzliche Verfahren betreffend die öffentliche Ausschreibung und für das Beschwerdeverfahren namentlich zur Beurteilung der Eingaben und zur Wahrung von Geschäftsgeheimnissen von den folgenden Bestimmungen des Bundesgesetzes vom 20.12.1986 über das Verwaltungsverfahren (VwVG, SR 172.021) abweichen: lit. a: Feststellung des Sachverhaltes (Art. 12 VwVG), lit. b: Mitwirkung der Parteien (Art. 13 VwVG), lit. c: Akteneinsicht (Art. 26–28 VwVG), lit. d: rechtliches Gehör (Art. 30 und 31 VwVG), lit. e: Eröffnung und Begründung von Verfügungen (Art. 34 und 35 VwVG). In Art. 24 Abs. 4 wird zudem festgehalten, dass im Verfahren betreffend die öffentliche Ausschreibung die verfahrensleitenden und anderen Zwischenverfügungen nicht selbständig durch Beschwerde anfechtbar sind.

[199] Vgl. z.B. DAVID/REUTTER, Werberecht, 333 ff. (noch Berücksichtigung der Änderungen i.R. des FINMAG-Erlasses, BBl 2007, 4625 ff.).

[200] Bundesgesetz über die Banken und Sparkassen vom 8.11.1934 (Bankengesetz, BankG, SR 952.0).

[201] Verordnung über die Banken und Sparkassen vom 17.5.1972 (Bankenverordnung, BankV, SR 952.02).

[202] Vgl. auch Art. 10 Abs. 2 lit. d BEHG.

[203] Bundesgesetz über die Börsen und den Effektenhandel vom 24.3.1995 (Börsengesetz, BEHG, SR 954.1).

[204] Bundesgesetz über die kollektiven Kapitalanlagen vom 23.6.2006 (Kollektivanlagegesetz, KAG, SR 951.31).

[205] Vgl. zum Ganzen auch Botschaft Finanzmarktaufsichtsgesetz, 2829 ff., und Entwurf zum Bundesgesetz über die Eidgenössische Finanzmarktaufsicht, BBl 2006, 2917 ff., SR 632.91.

sich keine abweichenden Vorschriften in den jeweiligen Spezialgesetzen finden (vgl. Art. 53 f. FINMAG[206], Art. 34 aBEHG[207], Art. 141 aKAG[208] und Art. 83 und 84 VAG[209]). In Art. 53 f. FINMAG werden das Verfahren und der Rechtsschutz gegen Verfügungen der FINMA geregelt[210].

10. Bestimmungen über Werbung und Schutz von Titeln im Bereich freier Berufe

Freie Berufe[211] wie derjenige des Rechtsanwalts[212], des Architekten[213] oder der (universitär ausgebildeten) Medizinalpersonen[214] und Psychologen[215] unterlie-   73

---

[206] Gemäss Art. 53 FINMAG richtet sich das Verfahren nach dem VwVG. Die Anfechtung von Verfügungen der FINMA richtet sich gemäss Art. 54 FINMAG nach den Bestimmungen über die Bundesrechtspflege. Die FINMA ist zur Beschwerde gegen Entscheide des Bundesverwaltungsgerichts an das Bundesgericht berechtigt (Art. 54 Abs. 2 FINMAG).

[207] Art. 34 aBEHG trat per 31. Dezember 2008 ausser Kraft und es sind Art. 53 f. FINMAG anwendbar, vgl. Fn. 206.

[208] Art. 141 Abs. 1 aKAG trat per 31. Dezember 2008 ausser Kraft und es ist Art. 53 f. FINMAG anwendbar, vgl. Fn. 206.

[209] Art. 83 des Bundesgesetzes betreffend die Aufsicht über Versicherungsunternehmen vom 17. Dezember 2004 (Versicherungsaufsichtsgesetz, VAG, SR 961.01) trat per 31. Dezember 2008 ausser Kraft und es sind Art. 53 f. FINMAG anwendbar, vgl. Fn. 206. Art. 84 VAG enthält Bestimmungen über die Tarifverfügungen und verweist auf Art. 36 VwVG.

[210] Für die Anfechtung von Verfügungen der FINMA stehen zwei Instanzen (Bundesverwaltungsgericht und Bundesgericht) zur Verfügung. Die erste Rechtsmittelinstanz, das Bundesverwaltungsgericht, wird insbesondere auch die Angemessenheit der Entscheide überprüfen (vgl. Art. 49 VwVG), vgl. Botschaft Finanzmarktaufsichtsgesetz, 2892 f. Das Bundesverwaltungsgericht legt sich aber praxisgemäss in Ermessensfragen eine gewisse Zurückhaltung auf (vgl. kritisch FELLER RETO/MÜLLER MARKUS, Die Prüfzuständigkeit des Bundesverwaltungsgerichts – Probleme in der praktischen Umsetzung, ZBl 2009, 442 ff.

[211] Bislang gab es in der Schweiz keine einheitliche Definition des Begriffs der freien Berufe. Erstmals Klarheit brachte der Bericht «Freie Berufe in der Schweiz» des Bundesrates in Erfüllung des Postulats CINA vom 19.12.2003. Ziel dieses Berichts war es, die charakteristischen Merkmale der freien Berufe herauszuarbeiten, sie zu definieren, die zur Definition passenden Berufe zu bestimmen und die Rolle der freien Berufe in der Schweizer Wirtschaft aufzuzeigen.

[212] Vgl. z.B. Art. 12 lit. d des Bundesgesetzes über die Freizügigkeit der Anwältinnen und Anwälte vom 23.6.2000 (Anwaltsgesetz, BGFA, SR 935.61).

[213] Der Bundesrat hat sich, trotz entsprechenden Vorstössen aus den Reihen gewisser Architekturverbände, im November 2004 gegen ein Architektengesetz ausgesprochen, Pressemitteilung November 2004, abrufbar unter: http://www.admin.ch/cp/d/41a45a3b_1@fwsrvg.html.

[214] Bundesgesetz über die universitären Medizinalberufe vom 23.6.2006 (Medizinalberufegesetz, MedBG, SR 811.11), vgl. Art. 5 (Eidg. Diplome und Weiterbildungstitel), Verordnung über Diplome, Ausbildung, Weiterbildung und Berufsausübung in den universitären Medizinalberufen vom 27.6.2007 (SR 811.112.0), vgl. Art. 12 (Berufsbezeichnung); Allgemeine Medizinalprüfungsverordnung vom 19.11.1980 (AMV, SR 811.112.1), vgl. Art. 44.

[215] Zu den Gesetzgebungsarbeiten zum Psychologieberufegesetz (PsyG), welches ebenfalls Bestimmungen über den Titelschutz beinhaltet, vgl. Erläutender Bericht des Bundesamts für Gesundheit (BAG) zum Vorentwurf für ein Bundesgesetz über die Psychologieberufe vom Mai 2005 und Be-

gen speziellen Werbebestimmungen und Bestimmungen zum **Titelschutz,** die über Art. 3 lit. c auch vom UWG erfasst sind[216]. Bestimmungen über Werbung in bestimmten Berufen oder Branchen und zum Schutz von Berufen (Titelschutz) können auch dem Standesrecht sowie aus verbandsmässig organisierter Selbstregulierung entnommen werden[217]. Zu erwähnen sind auch die Bestimmungen über die Produktwerbung für Medizinpersonen im Rahmen der privatrechtlichen Selbstregulierung[218].

11. Weitere Erlasse

74   Als weitere bundesverwaltungsrechtliche Erlasse mit Bestimmungen, die allenfalls lauterkeitsrechtliche Relevanz aufweisen, sind zu nennen:

– Regelungen zum **Schutz der Arbeitnehmenden** im Arbeitsgesetz (ArG) in Bezug auf die Gesundheit, die Arbeits- und Ruhezeit sowie Sonderschutzpflichten für jugendliche Arbeitnehmende, Schwangere und (stillende) Mütter, Arbeitnehmende mit Familienpflichten; auf das ArG und seine Bestimmungen nimmt insbesondere auch Art. 7 Bezug[219].
– **Strassenverkehrs- und Transportrecht** (v.a. Strafrecht): vgl. Art. 99 SVG (diverse Widerhandlungen), Art. 95 ff. Signalisationsverordnung zu sog. Strassenreklamen (SSV; SR 741.21) und Art. 69 f. Verordnung über die tech-

---

richt des Bundesamts für Gesundheit über die Ergebnisse des Vernehmlassungsverfahrens zum Psychologieberufegesetz vom Dezember 2006, abrufbar unter: http://www.bag.admin.ch/themen/berufe/00994/01028/index.html?lang=de sowie die Botschaft des Bundesrates zum Psychologieberufegesetz, abrufbar unter: http://www.bag.admin.ch/themen/berufe/00994/index.html?lang=de.

[216] Dazu die Kommentierung zu Art. 3 lit. c. Auch die Berufsbezeichnung des Patentanwalts soll in Zukunft geschützt werden, vgl. Art. 1 lit. a und lit. c Patentanwaltsgesetz 2008 (Referendumsvorlage in BBl 2009 2013 ff., Inkrafttreten noch unbestimmt). Die beiden Gesetzesvorlagen sollen eine effektive sowie qualitativ hochstehende Beratung und Rechtsprechung in Patentsachen sicherstellen, vgl. Medienmitteilung des EJPD vom 7.12.2007, Botschaft Patentanwaltsgesetz, 407 ff. Seit 1. März 2010 ist das Bundespatentgerichtsgesetz (SR 173.41) in Kraft, das BPatGer wird seine Arbeit voraussichtlich ab 1.1.2011 aufnehmen.

[217] Das anwaltliche Standesrecht regelt die Anforderungen, die nach Auffassung der Anwaltsverbände an die korrekte Berufsausübung des Anwaltes gestellt werden, vgl. FELLMANN/ZINDEL, Kommentar zum Anwaltsgesetz (BGFA), Art. 12 N 113 ff.; BGE 106 Ia 103 ff., 107; BGE 108 Ia 319. Zu erwähnen sind etwa die Richtlinien des SAV, die der Vereinheitlichung von Berufsregeln auf schweizerischer Ebene dienen, vgl. Schweizerische Standesregeln SAV vom 10.6.2005. Der SAV verleiht seit 2006 den Titel «Fachanwalt SAV/Fachanwältin SAV» für diverse Gebiete, vgl. das Reglement Fachanwalt/Fachanwältin SAV (Regl FA).

[218] SLK-GS Nr. 2.4.

[219] Vgl. insbesondere Art. 7 N 1 zum Verhältnis zu den Bestimmungen des ArG.

nischen Anforderungen an Strassenfahrzeuge zu Aufschriften und Bemalungen sowie zu Werbung auf Strassenfahrzeugen (VTS; SR 741.41)[220].
- **Gewerbe der Handelsreisenden** etc.: Das Bundesrecht stellt dazu im 2001 erlassenen und anstelle des alten BG über die Handelsreisenden getretenen BG über das Gewerbe der Reisenden (SR 943.1) Minimalanforderungen auf, die die Kantone ergänzen können (dazu N 83).
- **Beschaffungswesen,** soweit es um Beschaffungen des Bundes, seiner Verwaltungseinheiten und seiner öffentlich-rechtlichen Anstalten sowie weiterer öffentlich- oder auch privatrechtlicher Organisationen geht (vgl. Art. 2 BG über das öffentliche Beschaffungswesen [BöB]; SR 172.056.1).
- **Vorschriften zu technischen Einrichtungen und Geräten** und sonstige sicherheitsrelevante Vorschriften betreffend Waren oder Dienstleistungen (u.a. BG über die Sicherheit von technischen Einrichtungen und Geräten; [STEG; SR 819.1] sowie das **Kriegsmaterial-** und das **Güterkontrollgesetz** [KMG bzw. GKG; SR 514.51 bzw. 946.202] jeweils mitsamt Ausführungsgesetzgebung).

Hinzuweisen ist an dieser Stelle auch auf **internationale Abkommen,** vgl. dazu Einleitung N 150 ff. 75

12. Bundesverwaltungsrecht und (Verwaltungs-)Strafrecht

Die Verletzung bundesverwaltungsrechtlicher Bestimmungen kann regelmässig auch strafrechtliche Folgen zeitigen. Viele Bundeserlasse sehen bei Rechtsverletzungen auch Straffolgen vor, indem entsprechende **Strafbestimmungen** enthalten sind. Dazu auch Art. 23 N 48. 76

Soweit dies im entsprechenden Erlass explizit vorgesehen ist bzw. der **Vollzug** der entsprechenden Bestimmungen **durch Bundesbehörden** erfolgt[221], – findet ganz oder teilweise das **VStrR Anwendung.** 77

VI. Kantonales Gewerbe- und Handelspolizeirecht sowie weitere lauterkeitsrechtlich relevante Vorschriften der Kantone

Die **Kompetenz** zur Regelung des Schutzes des lauteren und unverfälschten Wettbewerbs steht dem **Bund** zu (Art. 96 Abs. 2 lit. b BV). Sie wurde grundsätzlich mit dem Erlass des UWG 1943 (Totalrevision 1986) **ausgeschöpft.** Das 78

---

[220] Vgl. z.B. den Fall in BGer 6B_435/2008 und SCHAFFHAUSER, Jusletter vom 9. März 2009, bes. 9 ff. zur Zulässigkeit der Werbung («Reklame») an Strassen bzw. im Strassenverkehr in Art. 6 SVG, Art. 98 SSV und Art. 69 f. VTS.

[221] Art. 1 VStrR.

UWG regelt diesen Themenbereich in privat- und (kern-)strafrechtlicher Sicht abschliessend.

79 Den **Kantonen** bleibt es jedoch unbenommen, **verwaltungs- oder übertretungsstrafrechtliche Bestimmungen** aufzustellen, die den Schutz von Treu und Glauben im Geschäftsverkehr bezwecken und somit einen ähnlichen Schutzzweck wie das UWG aufweisen[222]. Eine Quelle kantonaler Regelungen ist die **allgemeine Polizeibefugnis** der Kantone. Die Wahrung von öffentlicher Ordnung und Sittlichkeit ist in erster Linie eine kantonale Aufgabe.

80 Zu den polizeilichen Interessen gehört anerkanntermassen die Wahrung von **Treu und Glauben im Geschäftsverkehr**[223]. In einem weiteren Sinn gehören zu den polizeilichen Interessen auch der Jugend- und der Gesundheitsschutz.

81 **Art. 22 aUWG 1943** behielt ausdrücklich noch «**gewerbe- und handelspolizeiliche Vorschriften** der Kantone, insbesondere diejenigen gegen unlauteres Geschäftsgebaren» vor, die auch den Erlass von **Übertretungsstraftatbeständen** einschloss[224]. Dies war Ausdruck der polizeilich begründeten kantonalen Einschränkungen der Handels- und Gewerbefreiheit in Art. 31 Abs. 2 aBV (bzw. der heutigen Wirtschaftsfreiheit gemäss Art. 27 BV), die im Laufe der Zeit jedoch immer mehr durch bundesrechtliche Polizeibestimmungen erfolgten. Der Vorbehalt gilt noch heute und ergibt sich auch aus Art. 27 i.V.m. Art. 94 BV (Art. 31 Abs. 2 aBV) und Art. 335 StGB, auch wenn er im UWG 1986 nicht explizit enthalten ist[225]. Das Bundesgericht stellte fest, dass das **UWG keine abschliessende Regelung der Zulässigkeit von Werbe- und Geschäftsmethoden** vorsehe und insbesondere nur die Unlauterkeit im wirtschaftlichen Wettbewerb – erfasst über die sog. Wettbewerbshandlung – erfasse. Ergänzungen zum Schutz der öffentlichen Ordnung und Sicherheit oder von Passanten gegenüber Gewalt und Belästigungen sind laut Bundesgericht möglich[226]. **Massstab** für ergänzende Bestimmungen der Kantone ist insbesondere die bundesverfassungsrechtlich gewährleistete **Wirtschaftsfreiheit** gemäss Art. 27 BV.

---

[222] Vgl. z.B. BGE 82 IV 47, 52, wo auf die Vorbehalte zugunsten kantonalen Rechts in Art. 31 Abs. 2 aBV (wirtschaftspolizeiliche Beschränkungen der Handels- und Gewerbefreiheit) und Art. 335 StGB verwiesen wird.

[223] Vgl. statt vieler HÄFELIN/MÜLLER/UHLMANN, Allgemeines Verwaltungsrecht, N 545 f. und 2439 f., so z.B. Bewilligungserfordernis und gesetzliche Bestimmungen über den Preis für die Heirats- und Wohnungsvermittlung, Gesetzesbestimmungen über das Aufstellen von Spielautomaten, Anwaltsgesetz, Bankengesetz, Gesetzgebung im Reisendengewerbe. Entscheid betreffend öffentliche Sicherheit und Treu und Glauben im Geschäftsverkehr beim Entscheid über die Bewilligung für Taxiunternehmen, vgl. BGE 121 I 129 ff.

[224] Dazu B. VON BÜREN, Kommentar UWG, Kantonales Recht (Kommentierung zu Art. 22) N 1 ff., und SPITZ, Berührungspunkte, 931 ff.

[225] Vgl. Botschaft UWG, 1089 f.

[226] BGE 125 I 369, 375 f. («Scientology»).

Mehrere Kantone haben **eigentliche Gewerbe- bzw. Handelspolizeigesetze** erlassen[227]. In anderen Kantonen finden sich gewerbe- und handelspolizeiliche Bestimmungen wiederum in verschiedenen Erlassen verstreut, namentlich auch in Form von Übertretungsstraftatbeständen. Daneben finden sich auch sozialpolitisch oder ordnungspolitisch motivierte Vorschriften, die den Marktzugang und den Marktauftritt regeln. Den entsprechenden Bestimmungen der Kantone und Gemeinden kommt im Vergleich zu denjenigen im Bund **zunehmend weniger Gewicht** zu. Trotzdem ist ihre Bedeutung für die Praxis nicht zu unterschätzen. Abgesehen von den aus Bundesrecht abgeleiteten Regelungs- und Vollzugsbefugnissen ist insbesondere auf folgende Bereiche hinzuweisen:

82

- **Werbeverbote und -beschränkungen bei Aussenwerbung**[228], d.h. bei Werbung auf öffentlichem Grund oder auf Privatgrund, der öffentlich einsehbar ist[229] (u.a. Plakatwesen, Allmendgesetzgebung, Ortsbild- und Denkmalschutz), bei öffentlichen Vorführungen (Kino, Vorträge, Ausstellungen) und in der Presse[230]. Solche Vorschriften können **allgemeiner** (Ortsbildschutz) **oder spezifischer Art** (z.B. Jugendschutz, d.h. Alkohol und Tabak) sein.
- **Vorschriften, die** das am 1. Januar 2003 in Kraft getretene **BG über das Gewerbe der Reisenden ausführen** und dessen **Mindestanforderungen ergänzen**
- Vorschriften über **Märkte und Messen,** namentlich auch die Standzuteilung
- Vorschriften zum (kantonalen) **öffentlichen Beschaffungswesen**[231]
- Vorschriften über (kantonale) wettbewerbsrelevante **Subventionen**
- Polizeiliche Vorschriften (namentlich Bewilligungspflichten und Vorschriften über Titel für **diverse Tätigkeiten bzw. Berufe** wie Treuhandgewerbe, Privatnotare, Makler, Privatdetektive, Auktionare, Occasionshandel, Bergführer,

---

[227] Vgl. z.B. VD (Loi sur l'exercice des activités économiques vom 31. Mai 2005, RSV 930.01), VS (Gesetz über die Gewerbepolizei vom 8. Februar 2007; SGS 930.1) und JU (Loi sur les activités économiques du 26 septembre 2007, RSJU 930.1).

[228] Dies betrifft über die kantonalen Baugesetze auch privaten Grund, wobei entsprechende Werbebeschränkungen in der Regel keine lauterkeitsrechtliche Zielsetzung aufweisen (vgl. allerdings dazu BGE 128 I 295 ff.). Vgl. die Übersichtstabelle in Monitor Nr. 24 vom Dezember 2008, 2, abrufbar unter: http://www.sw-ps.ch und oben N 50. Vgl. auch PUGATSCH, Werberecht, 176 ff., und SPITZ, Berührungspunkte, 931 ff. und 980 f. m.w.H.

[229] Vgl. dazu etwa BGE 128 I 295 ff. («Genf») bezüglich Werbung für Tabak und für Getränke mit einem Alkoholgehalt von mehr als 15 Volumenprozenten auf öffentlichem Grund sowie auf privatem Grund, der vom öffentlichen Grund her einsehbar ist, sowie neuerdings BGE 135 II 39 ff. zum Plakatmonopol und dazugehörigen Nebenpflichten sowie zum Verhältnis zum öffentlichen Beschaffungsrecht.

[230] Im Bereich der Werbung ist der Bund abgesehen von der Befugnis zum Erlass von allgemeinen privat- und kernstrafrechtlichen Werbevorschriften im UWG (Art. 3/23) generell nur im Bereich von Radio und Fernsehen, Heil- und Lebensmitteln und speziell im Bereich von Alkohol, Tabak und Giften bzw. Chemikalien befugt; vgl. zu Werbevorschriften im Bereich Presse und Film auch WEBER, Informations- und Kommunikationsrecht, § 6 N 48 ff. DAVID, SIWR I/3, 31 f. (Stw. Ausverkäufe).

[231] Vgl. N 22 und Fn. 49. Vgl. zum Verhältnis zu Art. 3 lit. f dortige N 25 ff.

Skilehrer, Heirats- und Partnervermittlung, privates Sicherheits- und Wachpersonal, Kosmetiker, Physiotherapeuten)[232]
- Vorschriften über die **Abgabe von alkoholischen Getränken und Tabak**, die die Vorschriften im AlkG und in der TabV in einschränkendem Sinne ergänzen[233]
- Vorschriften über Werbe- und Abgabebeschränkungen bei weiteren Lebensmitteln[234]
- Vorschriften über **Ladenöffnungszeiten und Ruhetage**, die die Regelung im ArG des Bundes ausführen und teilweise (Familienbetriebe) ergänzen
- Vorschriften über **kantonale Monopole** (u.a. Salzregal, Bergbau, Elektrizität, Gas, Wasser, Kabelnetze, Gebäudeversicherung, Kaminfegerwesen, Plakatwesen) und Konzessionen
- Vorschriften über **Jagd und Fischerei**
- Vorschriften zum **Gastgewerbe**[235]
- Vorschriften zum **Taxigewerbe**[236]
- Vorschriften im Bereich der **Erziehung und der Ausbildung** (u.a. Kinderkrippen und Privatschulen)

83 Das kantonale oder kommunale Recht hat dabei höherrangiges Recht, namentlich die bundesverfassungsrechtlich garantierte **Wirtschaftsfreiheit** (Art. 27 BV) und die auch auf kommerzielle Kommunikation anwendbare Meinungsäusserungs-, Informations- und Medienfreiheit (Art. 10 EMRK) zu beachten. Von Bedeutung ist sodann die ggf. über das BGBM gewährte Freizügigkeit. Die Erlasse einiger Kantone enthielten lange noch **teilweise obsolete Bestimmungen** zu Aus- und Sonderverkäufen oder anderen mittlerweile vom Bund geregelten Bereichen[237]. Eine abschliessende Regelung auf Bundesstufe liegt etwa im Bereich der Zugaben und

---

[232] Vgl. in diesem Zusamenhang die bundesrechtliche Regelung der universitären Medizinalberufe im BG über die universitären Medizinalberufe (MedBG; SR 811.11; vgl. auch oben, N 73), namentlich den Titelschutz (Art. 5 und 58 MedBG), Bewilligungsvoraussetzungen (Art. 36 MedBG), die bundesrätliche Ausdehnungskompetenz (Art. 2 Abs. 2 MedBG) sowie die Übergangsbestimmung für kantonalrechtlich anerkannte Chiropraktoren (Art. 66 Abs. 1 MedBG), vgl. ebenso die weniger weit gehende Regelung im Bereich der freien Anwälte im BG über die Freizügigkeit der Anwältinnen und Anwälte (BGFA; SR 935.61). Gemäss BGer 2C.367/2008 sic! 2009, 190, E. 2.1/3 («Zahnklinik»), verbleibt den Kantonen die Regelungskompetenz für Zusatzbezeichnungen für medizinische Praxen.
[233] Vgl. auch N 47 ff.
[234] Vgl. den Hinweis in Monitor Nr. 24 vom Dezember 2008, 1 (geplantes Verbot von Werbung für Süsswaren [«Junkfood»], Automobile und Kredite), abrufbar unter: http://www.sw-ps.ch.
[235] Vgl. dazu betreffend Preisangaben das Merkblatt des SECO «Preisbekanntgabe und Werbung für die Hotellerie und die Restauration» vom Juni 2009, abrufbar unter: http://www.seco.admin.ch/themen/00645/00654/01453/index.html?lang=de, vgl. dazu Anhang Art. 16 N 30.
[236] Hier können detaillierte Einzelbestimmungen über die Art und Weise der Preisberechnung und der Preisangabe bestehen. Vgl. auch Art. 10 Abs. 1 lit. f PBV.
[237] Vgl. z.B. VS (Art. 12–14a Gesetz über die Handelspolizei, das jedoch durch das Gesetz über die Gewerbepolizei vom 8. Februar 2007 aufgehoben wurde [Art. 34 des Gesetzes über die Gewerbepolizei; SGS 930.1]).

Ausverkäufe vor[238]. Noch bis vor wenigen Jahren bestanden in einigen Kantonen gewerbepolizeiliche Erlasse alten Zuschnitts[239], die noch vor dem Inkrafttreten des UWG am 1. März 1945 erlassen wurden und eine umfassende verwaltungsrechtliche Erfassung des unlauteren Wettbewerbs enthielten. Diese wurden aber spätestens seit Inkrafttreten des UWG 1943 am 1. März 1945 (mindestens teilweise) obsolet[240].

Zuständig für den **Vollzug** sind die **Kantone,** deren Verfahrensgesetze zur Anwendung kommen. Der Rechtsmittelweg führt in der Regel über die kantonalen Verwaltungsbehörden und -gerichte. Als letzte Instanz kann mittels Beschwerde in öffentlich-rechtlichen Angelegenheiten oder subsidiärer Verfassungsbeschwerde das Bundesgericht angerufen werden (Art. 82 ff./Art. 113 ff. BGG). 84

VII. Bestimmungen zu Rechts- sowie Amtshilfe

Dem «Grenzgebiet» zwischen Verwaltungsverfahrens- und Strafverfahrensrecht zuzuordnen ist die Frage nach der **Möglichkeit und Pflicht zur Rechts- und Amtshilfe** in UWG- und weiteren lauterkeitsrechtlich relevanten Belangen. Vgl. dazu näher Art. 27 N 72 ff. 85

Zur **Hilfeleistung durch die Zollverwaltung** Art. 3 lit. d N 87 und Art. 27 N 68 ff. 86

---

[238] Den Kantonen ist es namentlich verwehrt, Bewilligungspflichten für Aus- und Sonderverkäufe einzuführen, «Wartefristen» aufzuerlegen oder Gebühren einzuführen (vgl. Art. 23 f. aUWG); vgl. auch GUYET, SIWR V/1, 288. Vgl. zum verbleibenden Instrumentarium («Auffangnetz»), das das UWG und die PBV bereitstellen, Botschaft Liberalisierung Ausverkaufswesen 1994, 454 f., Ziff. 116, und DAVID, SIWR I/3, 31 f. (Stw. Ausverkäufe).
[239] Vgl. bspw. die Übersicht bei B. VON BÜREN, Kommentar UWG, Vor Art. 17–19, 220 f.
[240] Vgl. dazu auch B. VON BÜREN, Kommentar UWG, Art. 22 N 7 ff. und dort zitierte Entscheide.

Art. 16

Pflicht zur Preisbekanntgabe

[1] Für Waren, die dem Konsumenten zum Kaufe angeboten werden, ist der tatsächlich zu bezahlende Preis bekannt zu geben, soweit der Bundesrat keine Ausnahmen vorsieht. Ausnahmen sind insbesondere aus technischen oder Sicherheitsgründen zulässig. Dieselbe Pflicht besteht für die vom Bundesrat bezeichneten Dienstleistungen.

[2] Der Bundesrat regelt die Bekanntgabe von Preisen und Trinkgeldern.

[3] Für messbare Güter und Leistungen gelten zudem die Bestimmungen von Artikel 11 des Bundesgesetzes vom 9. Juni 1977 über das Messwesen.

Obligation d'indiquer les prix

[1] Sauf exceptions prévues par le Conseil fédéral, le prix à payer effectivement pour les marchandises offertes au consommateur doit être indiqué. Des exceptions sont notamment admissibles pour des raisons techniques ou de sécurité. La même obligation s'applique aux prestations de services désignées par le Conseil fédéral.

[2] Le Conseil fédéral règle l'indication des prix et des pourboires.

[3] En outre, les dispositions de l'art. 11 de la loi fédérale du 9 juin 1977 sur la métrologie s'appliquent aux biens et services mesurables.

Obbligo d'indicare i prezzi

[1] Per le merci offerte ai consumatori devono essere indicati i prezzi da pagare effettivamente, salve le eccezioni previste dal Consiglio federale. Eccezioni sono in particolare ammissibili per motivi tecnici o di sicurezza. Lo stesso obbligo sussiste per le prestazioni di servizi designate dal Consiglio federale.

[2] Il Consiglio federale disciplina l'indicazione dei prezzi e delle mance.

[3] Ai beni e servizi misurabili sono inoltre applicabili le disposizioni dell'articolo 11 della legge federale del 9 giugno 1977 sulla metrologia.

Obligation to Announce Prices

[1] Save for exceptions to be laid down by the Federal Council, the effective price to be paid for goods offered to the consumer must me announced. Exceptions may be permitted, in particular, for technical reasons or reasons of safety. The same obligation shall apply to services designated by the Federal Council.

[2] The Federal Council shall regulate the announcement of prices and of tips.

[3] In addition, the provisions of Article 11 of the Federal Measuring Act of 9 June 1977 shall apply to measurable goods and services.

Inhaltsübersicht

		Note	Seite
I.	Gesetzliche Grundlagen	1	986
	1. Systematik	1	986
	2. Verhältnis zu anderen Vorschriften	2	986
	3. Verordnungen	4	987
II.	Preisbekanntgabe für Waren und Dienstleistungen	8	990
	1. Normzweck	8	990
	2. Anwendungsbereich	9	991
	a) Pflicht zur Preisbekanntgabe beim Angebot von Waren	10	991
	aa) Voraussetzungen der Pflicht zur Warenpreisbekanntgabe	10	991
	bb) Ausnahmen von der Pflicht zur Warenpreisbekanntgabe	15	993
	b) Pflicht zur Preisbekanntgabe beim Angebot von Dienstleistungen	17	993
	3. Inhalt der Preisbekanntgabe	20	995
	a) Waren	20	995
	b) Dienstleistungen	26	997
	c) Trinkgelder	27	998
	d) Verpflichtete Personen	28	998
Anhang zu Art. 16 ff.		30	999
Skizze Preisbekanntgabe (Anhang II)			1129

Literatur

C. BAUDENBACHER (Hrsg.), Lauterkeitsrecht – Kommentar zum Gesetz gegen den unlauteren Wettbewerb (UWG), Basel 2001, Art. 16; L. DAVID/R. JACOBS, Wettbewerbsrecht, 4. Aufl., Bern 2005, N 211 ff., N 249 ff. und N 658 ff.; L. DAVID/M. REUTTER, Werberecht, 2. Aufl., Zürich 2001, 118 f., 147 ff.; J. FELDGES, Konsumentenschutz durch private Normen, Schweizer Schriften zum Handels- und Wirtschaftsrecht, Bd. 99, Zürich 1987; P. FRIEDRICH, Aggressive Werbemethoden in der Schweiz und deren lauterkeitsrechtliche Beurteilung, Zürich 1993; J. GLÖCKNER, Europäisches Lauterkeitsrecht, Europäisches Wirtschaftsrecht, Bd. 38, München 2006; J. GUYET, Wettbewerbsverwaltungsrecht (Art. 16–22 UWG), in: R. von Büren/L. David (Hrsg.), SIWR V/1, 2. Aufl., Basel 1998, 287 ff.; U. HÄFELIN/G. MÜLLER/F. UHLMANN, Allgemeines Verwaltungsrecht, 5. Aufl., Zürich 2006; C. HANDIG, Harmonisierung des Lauterkeitsrechts in der EU, Österreichische Schriftenreihe zum gewerblichen Rechtsschutz, Urheber- und Medienrecht (ÖSGRUM), Bd. 34, Wien 2006; W. HEFERMEHL/H. KÖHLER/J. BORNKAMM (Hrsg.), Gesetz gegen den unlauteren Wettbewerb, 28. Aufl., München 2010, § 6 dt. UWG; J. KESSLER/H. W. MICKLITZ, Die Richtlinie 2005/29/EG über unlautere Geschäftspraktiken im binnenmarktinternen Geschäftsverkehr zwischen Unternehmen und Verbrauchern, Betriebs-Berater (BB), BB-Special 13, Heft 49 (2005), 1 ff.; M. LINGENBERG, Die Richtlinie 97/55/EG des Europäischen Parlaments und des Rates zur Änderung der Richtlinie 84/450/EWG über irreführende Werbung zwecks Einbeziehung der vergleichenden Werbung, Berliner Beiträge zur Rechtswissenschaft, Bd. 14, Berlin 2005; A. OHLY, Irreführende vergleichende Werbung, GRUR 2003, 641 ff.; M. M. PEDRAZZINI/F. A. PEDRAZZINI, Unlauterer Wettbewerb – UWG, 2. Aufl., Bern 2002, N 3.21 f. und N 22.01 ff.; S. PUGATSCH, Werberecht für die Praxis, 3. Aufl., Zürich 2007; P. RICHLI, Verletzt die Aufforderung zum «Markten» die Preisbekanntgabepflicht?, recht 1987, 141 ff.; R. SACK, Irreführende und vergleichende Werbung, GRUR

2004, 89 ff.; M. SCHLEMMER, Die Europäisierung des UWG, Rostocker Schriften zum Wirtschaftsrecht, Bd. 2, Hamburg 2005; W. SCHLUEP, Die Europaverträglichkeit des Schweizerischen Lauterkeitsrechts, Vortrag, gehalten am 10. September 1993 im Rahmen der ASEC im Centre de droit comparé et européen de l'université de Lausanne, 69 ff.; G. SUTTER, Die Preisbekanntgabepflicht als Instrument der Konsumenteninformation, JKR 1999, 199 ff.; M. TOLLER, Die Preisüberwachung als Mittel der schweizerischen Wettbewerbspolitik, Zürich 1983; T. WYLER, Werbung mit dem Preis als unlauterer Wettbewerb, Basel 1990.

I. Gesetzliche Grundlagen

1. Systematik

1   Art. 16 bildet den ersten Artikel im 3. Kapitel über die **verwaltungsrechtlichen Bestimmungen** (Art. 16–22). Von den verwaltungsrechtlichen Bestimmungen gilt nur noch der erste Abschnitt (Preisbekanntgabe an Konsumenten, Art. 16–20), während die Bestimmungen über **Ausverkäufe und ähnliche Veranstaltungen** im Rahmen der Revision vom 24. März 1995 aufgehoben wurden[1]. Innerhalb des noch geltenden Abschnitts über die Preisbekanntgabe an Konsumenten betrifft Art. 16 die eigentliche Pflicht zur **Preisbekanntgabe**, Art. 17 die **Preisbekanntgabe in der Werbung** und Art. 18 das **Verbot der irreführenden Preisbekanntgabe**. Art. 19 und 20 regeln Auskunftspflicht und Vollzug.

2   Art. 16–20 stehen teilweise in engem Verhältnis zu den **privatrechtlichen Bestimmungen** des Gesetzes. So erfüllt beispielsweise die irreführende Preisangabe gemäss Art. 18 auch den Tatbestand nach Art. 3 lit. b[2]. Abgesichert werden die verwaltungsrechtlichen Bestimmungen durch entsprechende Strafandrohungen in Art. 24.

2. Verhältnis zu anderen Vorschriften

3   Verwaltungsrechtliche Bestimmungen mit Bezug zum UWG finden sich nicht nur in Art. 16 ff. Vielmehr unterliegen Herstellung, Vermarktung und Verkauf privater Güter sowie das Angebot von Dienstleistungen einem dichten Netz wirtschaftsverwaltungsrechtlicher Regelungen, die in der Regel bereichsspezifisch gegliedert sind (Lebensmittel, Heilmittel, Chemikalien, Banken, Versicherungen

---

[1]   AS 1995, 4086. Zu den aufgehobenen Bestimmungen über Ausverkäufe und ähnliche Veranstaltungen vgl. Vor Art. 16 ff. N 29. Zur Frage, ob die Kantone nach der Aufhebung der bundesrechtlichen Bestimmungen in diesem Bereich Recht setzend tätig sein dürfen, vgl. GUYET, SIWR V/1, 288 und Vor Art. 16 ff. N 29.
[2]   Zwischen verwaltungs- und privatrechtlichen Bestimmungen ist Konkordanz zu schaffen (vgl. dazu allgemein Vor Art. 16 ff. N 10 ff.).

etc.)[3]. Von den Bestimmungen ausserhalb des UWG mit **allgemeinem Charakter** ist insbesondere **Art. 11 Bundesgesetz über das Messwesen (Messgesetz)** vom 9. Juni 1977[4] mit den dazugehörigen Vollziehungsverordnungen[5] zu nennen[6], worin die Preisangabepflicht für messbare Güter oder messbare Leistungen besonders geregelt wird[7]. Eine Informationspflicht über den zu bezahlenden Preis besteht auch im Abzahlungsrecht, das früher in den Art. 226a ff. OR enthalten war und heute im KKG[8] geregelt ist. Auch das KIG[9] enthält eine Deklarationspflicht, welche die Konsumentinnen und Konsumenten über die «konsumwesentlichen Eigenschaften der einzelnen Verkaufsgegenstände informiert».

3. Verordnungen

Auf Verordnungsstufe wird die (knappe) gesetzliche Regelung in Art. 16–20 durch die **Verordnung über die Bekanntgabe von Preisen (Preisbekanntgabeverordnung, PBV)** vom 11. Dezember 1978 näher ausgeführt. Die PBV stützt sich dabei sowohl auf die verwaltungsrechtlichen Bestimmungen des UWG als auch auf Art. 11 Messgesetz.

Die Regelung auf Gesetzes- und Verordnungsstufe wird durch eine Vielzahl von sog. **Informationsblättern** des Staatssekretariats für Wirtschaft (SECO) einer für die Wirtschaftsteilnehmer leicht handhabbaren Konkretisierung zugeführt. Verfügbar sind einerseits eine (allgemeine) «Wegleitung für die Praxis» zur PBV vom April 2007[10] sowie meist branchenspezifische Informationsblätter in den Bereichen Arzneimittel, Autoleasingangebote, Bank- und bankähnliche Dienstleistungen, Blumen und Pflanzen, Textilpflegebetriebe, Coiffeurgewerbe, Korrekte Mengen und Preisangeben, Doppelte Preisdeklaration Schweizer Franken/Euro, Entsorgungsbeiträge inkl. dazugehörige Geräteliste, Fernmeldedienste und entgeltliche Mehrwertdienste, Garagengewerbe, Handgeknüpfte Orientteppiche, Heimelektronik, Hotellerie und Gastgewerbe, Mobiltelefone in Verbindung mit Mobile-

---

[3] Vgl. dazu Vor Art. 16 ff. N 30 ff.
[4] SR 941.20.
[5] Vgl. Verordnung vom 15. Juli 1970 über verbindliche Angaben im Handel und Verkehr mit messbaren Gütern (Deklarationsverordnung, SR 941.281), Deklarationsverordnung des EJPD vom 25. Oktober 1972 (Technische Vorschriften, SR 941.281.1).
[6] Verweise in Art. 16 Abs. 3 UWG und Art. 9 Abs. 2 PBV.
[7] Vgl. dazu hinten N 4, 12. Auf Art. 11 Messgesetz wird in Art. 16 Abs. 3 UWG ausdrücklich verwiesen.
[8] Bei Unterbleiben der nötigen Angaben ist der Konsumkreditvertrag nichtig (vgl. Art. 15 KKG).
[9] Vgl. Art. 2 Abs. 1 lit. a KIG.
[10] Ersetzt wurde damit die «Anleitung für Praktiker vom Oktober 1996», die ihrerseits die «Empfehlungen des BIGA vom 1. März 1988 betreffend den Vollzug der Verordnung vom 11. Dezember 1978 über die Bekanntgabe von Preisen» abgelöst hatte.

Abonnement, Personenwagenreifen, Reiseangebote, Taxigewerbe und Zahnärzte[11]. Es ist nicht auszuschliessen, dass der Dienstleistungskatalog der PBV erweitert wird[12].

6 Die Kompetenz des Eidgenössischen Volkswirtschaftsdepartements zum Erlass von Informationsblättern («Weisungen und Kreisschreiben») wird in Art. 23 Abs. 2 PBV ausdrücklich festgehalten. Als Verwaltungsverordnungen[13] binden diese Informationsblätter grundsätzlich nur die Verwaltungsbehörden, nicht aber die Gerichte[14]. Rein faktisch lassen sich aber kaum Differenzen zwischen Gerichts- und Verwaltungspraxis feststellen[15], so dass die Informationsblätter ein hohes Mass an Rechtssicherheit schaffen, aber durchaus auch Fragen offenlassen.

7 Im europäischen Recht[16] wird den Konsumenten seit dem ersten Verbraucherschutzprogramm von 1975 ein «Recht auf Information» zugesprochen[17], welches auch Angaben über den Preis beinhaltet. Die Richtlinie 98/6/EG[18] führte zu einer Harmonisierung der Preisdeklarationspflicht in den europäischen Mitgliedstaaten[19]. Im Vergleich zwischen den Preisbekanntgabevorschriften der EU und der Schweiz[20] erscheint das schweizerische Recht konsumentenfreundlicher. Während bei der Preisdeklaration für Waren beide Rechtsordnungen weitgehend gleich sind,

---

[11] Vgl. dazu die unter N 30 aufgelisteten Informationsblätter.
[12] Motion 02.3766 «Preisbekanntgabepflicht auch für Dienstleistungen» von Simonetta Sommaruga, eingereicht im Nationalrat am 13. Dezember 2002 und am 17. Dezember 2004 abgeschrieben; siehe auch Stellungsnahme des Bundesrates vom 26. Februar 2003 , abrufbar unter: http://www.parlament.ch/D/Suche/Seiten/geschaefte.aspx?gesch_id=20023766 (besucht am 21. April 2010): Der Bundesrat ist sich bewusst, dass «die Gefahr einer gewissen Willkür» besteht, dass einige Dienstleistungen im PBV-Katalog aufgenommen werden und andere nicht. Er rechtfertigt dies damit, dass «im Gegensatz zu Waren nicht alle Dienstleistungen gleichermassen standardisierbar und spezifizierbar sind, um generell ihre obligatorische Preisbekanntgabe vorschreiben zu können». Im Rahmen einer Vernehmlassung zur neuesten Revision des UWG wurde vorgeschlagen, alle Dienstleistungen der Preisbekanntgabe zu unterstellen, vgl. N 19.
[13] Zu Begriff und Bedeutung vgl. HÄFELIN/MÜLLER/UHLMANN, Verwaltungsrecht, N 34 ff.
[14] Vgl. etwa BGE 132 II 240, 247 («Nummernwiderruf») m.w.H.
[15] So auch BAUDENBACHER/GLÖCKNER, Kommentar UWG, Vor Art. 16 ff. N 11.
[16] Zum Sekundären EU-Wettbewerbsrecht siehe eine Auflistung der wettbewerbsrelevanten Richtlinien bei HEFERMEHL/KÖHLER/BORNKAMM, Wettbewerbsrecht, Einl. dt. UWG N 3.41 ff.
[17] Vgl. ABl. C 92 vom 25. April 1975, 1, erneuert in ABl. C 133, vom 3. Juni 1981, 1.
[18] Richtlinie 98/6/EG des Europäischen Parlaments und des Rates vom 16. Februar 1998 über den Schutz der Verbraucher bei der Angabe der Preise der ihnen angebotenen Erzeugnisse (ABl. L 080 vom 18. März 1998, 27 ff.).
[19] Vgl. zur Harmonisierung in den einzelnen Mitgliedstaaten: Mitteilung der Kommission an den Rat und das Europäische Parlament vom 21. Juni 2006 über die Umsetzung der Richtlinie 98/6/EG des Europäischen Parlaments und des Rates vom 16. Februar 1998 über den Schutz der Verbraucher bei der Angabe der Preise der ihnen angebotenen Erzeugnisse. KOM (2006) 325 endgültig, abrufbar auch unter: http://ec.europa.eu/consumers/con_int/sate_shop/price_ind/comm_21062006_en.pdf (besucht am 21. April 2010).
[20] Allgemein zur Europaverträglichkeit des schweizerischen Lauterkeitsrechts SCHLUEP, Europaverträglichkeit, 69 ff.

fehlt es im Recht der Europäischen Union, abgesehen von einzelnen spezifischen Bereichen (z.B. Pauschalreisen[21], Verbraucherkredite[22], Fernabsatz von Finanzdienstleistungen[23], grenzüberschreitende Überweisungen[24] und Timesharing[25]), an einer Preisbekanntgabepflicht für Dienstleistungen. Durch die «Richtlinie zur Angabe der Preise»[26] werden Händler verpflichtet, den Verkaufspreis und den Preis je Masseinheit auf allen Erzeugnissen[27], die sie den Konsumentinnen und Konsumenten zum Verkauf anbieten, anzugeben. Diese Bestimmung beabsichtigt die Verbesserung der Verbraucherinformation und die Erleichterung von Preisvergleichen. Der Verkaufspreis muss deutlich, gut erkennbar und gut leserlich sein[28]. Wird in der Werbung der Verkaufspreis erwähnt, so muss auch der Preis je Masseinheit angegeben werden[29]. Dieser vorgeschriebene spezifische Werbeinhalt muss zudem den allgemeinen Anforderungen der Richtlinie über unlautere Geschäftspraktiken 2005/29/EG[30] genügen. Werden die angebotenen Erzeugnisse im losen Zustand

---

[21] Richtlinie 90/314/EWG des Rates vom 13. Juni 1990 über Pauschalreisen (ABl. L 158 vom 23. Juni 1990, 59 ff.).

[22] Richtlinie 2008/48/EG des Europäischen Parlaments und des Rates vom 23. April 2008 über Verbraucherkreditverträge und zur Aufhebung der Richtlinie 87/102/EWG des Rates, ABl. L 133 vom 22. Mai 2008, 66 ff.

[23] Richtlinie 2002/65/EG des Europäischen Parlaments und des Rates vom 23. September 2002 über den Fernabsatz von Finanzdienstleistungen an Verbraucher und zur Änderung der Richtlinie 90/619/EWG des Rates und der Richtlinie 97/7/EG und 98/27/EG, ABl. L 271 vom 9. Oktober 2002, 16 ff.

[24] Richtlinie 97/5/EG des Europäischen Parlaments und des Rates vom 27. Januar 1997 über grenzüberschreitende Überweisungen, ABl. L 43 vom 14. Februar 1997, 25 ff.; diese Richtlinie wurde per 30. Oktober 2008 aufgehoben und abgelöst durch die Richtlinie 2007/64/EG des Europäischen Parlaments und des Rates vom 13. November 2007 über Zahlungsdienste im Binnenmarkt, zur Änderung der Richtlinien 97/7/EG, 2002/65/EG, 2005/60/EG und 2006/48/EG sowie zur Aufhebung der Richtlinie 97/5/EG, ABl. L 319 vom 5. Dezember 2007, 1 ff.

[25] Richtlinie 94/47/EG des Europäischen Parlaments und des Rates vom 26. Oktober 1994 zum Schutz der Erwerber im Hinblick auf bestimmte Aspekte von Verträgen über den Erwerb von Teilnutzungsrechten an Immobilien, ABl. L 280 vom 29. Oktober 1994, 83 ff.

[26] Richtlinie 98/6/EG des Europäischen Parlaments und des Rates vom 16. Februar 1998 über den Schutz der Verbraucher bei der Angabe der Preise der ihnen angebotenen Erzeugnisse, ABl. L 080 vom 18. März 1998, 27 ff.

[27] Die Richtlinie 98/6/EG enthält zwar keine Definition des Begriffs «Erzeugnisse», der Begriff wird aber so ausgelegt, dass nur bewegliche Sachen, nicht aber Dienstleistungen erfasst sind. In mehreren EU-Staaten wird die Richtlinie dennoch auch auf Dienstleistungen angewendet, vgl. Mitteilung der Kommission an den Rat und das Europäische Parlament über die Umsetzung der Richtlinie 98/6/EG des Europäischen Parlaments und des Rates vom 16. Februar 1998 über den Schutz der Verbraucher bei der Angabe der Preise der ihnen angebotenen Erzeugnisse, Brüssel, 21. Juni 2006 (KOM [2006] 325 endgültig), abrufbar auch unter: http://ec.europa.eu/consumers/cons_int/safe_shop/price_ind/comm_21062006_en.pdf, (besucht am 21. April 2010).

[28] Vgl. Art. 4 Abs. 1 der Richtlinie 98/6/EG.

[29] Vgl. Art. 3 Abs. 4 der Richtlinie 98/6/EG.

[30] Richtlinie 2005/29/EG des Europäischen Parlaments und des Rates über unlautere Geschäftspraktiken im binnenmarktinternen Geschäftsverkehr zwischen Unternehmern und Verbrauchern und zur Änderung der Richtlinie 84/450/EWG des Rates, der Richtlinien 97/7/EG, 98/27/EG und 2002/65/EG des Europäischen Parlaments und des Rates sowie der Verordnung (EG) 2006/2004

zum Verkauf angeboten, so muss nur der Preis je Masseinheit aufgeführt werden[31]. Es existiert zudem keine Bestimmung betreffend die Angabe mehrerer Preise, d.h. von Einführungs-, Reduktions- oder Vergleichspreisen. Die Ankündigung irreführender Vergleichspreise fällt allenfalls unter die Richtlinie über irreführende und vergleichende Werbung (2006/114/EG[32]) oder ebenfalls unter die Richtlinie über unlautere Geschäftspraktiken (2005/29/EG[33]).

II. Preisbekanntgabe für Waren und Dienstleistungen

1. Normzweck

8   Die Bestimmungen über die Preisbekanntgabe dienten bei ihrer Einführung in den Siebzigerjahren in erster Linie der **Inflationsbekämpfung**[34], zunächst in Form der Preisüberwachungsbeschlüsse von 1972 und 1975[35]. Die Preisanschreibe-

---

des Europäischen Parlaments und des Rates vom 11. Mai 2005 (ABl. L 149 vom 11. Juni 2005, 22 ff.). Ziel dieser Richtlinie ist es, «durch Angleichung der Rechts- und Verwaltungsvorschriften der Mitgliedstaaten über unlautere Geschäftspraktiken, die die wirtschaftlichen Interessen der Verbraucher beeinträchtigen, zu einem reibungslosen Funktionieren des Binnenmarkts und zum Erreichen eines hohen Verbraucherschutzniveaus beizutragen» (Art. 1). HANDIG, Harmonisierung, 29 kritisiert, dass die Richtlinie die Preisangabepflicht nicht regelt. Ausführlich zur «Lauterkeitsrichtlinie» vgl. HANDIG, Harmonisierung, 28 und 72 ff. und KESSLER/MICKLITZ, Richtlinie 2005/29/EG, 1 ff.

[31] Vgl. Art. 3 Abs. 3 der Richtlinie 98/6/EG. Stellt die Verpflichtung, den Preis je Masseinheit anzugeben, für manche Einzelhandelsgeschäfte und für bestimmte Arten mobiler Geschäfte eine übermässige Belastung dar, so können die einzelstaatlichen Behörden bestimmen, dass die Verpflichtung, den Preis von Produkten je Masseinheit anzugeben, während einer Übergangszeit nicht gilt, vgl. Art. 6 der Richtlinie 98/6/EG.

[32] Die Richtlinie über irreführende Werbung vom 10. September 1984 (84/450/EWG), geändert durch die Richtlinie vom 6. Oktober 1997 (97/55/EG) zwecks Einbeziehung der vergleichenden Werbung, und geändert durch die Richtlinie über unlautere Geschäftspraktiken vom 11. Mai 2000 (2005/29/EG) wurde inzwischen abgelöst durch die Richtlinie 2006/114/EG (dazu Einl. N 171 f.). Ausführlich zum persönlichen und sachlichen Anwendungsbereich der Richtlinie 97/55/EG siehe LINGENBERG, Richtlinie 97/55/EG, 37 ff. und SCHLEMMER, Europäisierung, 82 ff. Umfassende Ausführungen zur Richtlinie über irreführende und vergleichende Werbung bei GLÖCKNER, Europäisches Lauterkeitsrecht, 20 ff.; OHLY, GRUR 2003, 641 ff. und SACK, GRUR 2004, 89 ff.

[33] Richtlinie 2005/29/EG des Europäischen Parlaments und des Rates über unlautere Geschäftspraktiken im binnenmarktinternen Geschäftsverkehr zwischen Unternehmern und Verbrauchern und zur Änderung der Richtlinie 84/450/EWG des Rates, der Richtlinien 97/7/EG, 98/27/EG und 2002/65/EG des Europäischen Parlaments und des Rates sowie der Verordnung (EG) 2006/2004 des Europäischen Parlaments und des Rates vom 11. Mai 2005, ABl. L 149 vom 11. Juni 2005, 22 ff. (dazu Einl. N 171 f.).

[34] SUTTER, JKR 1999, 202 m.w.H.; zur Entstehungsgeschichte vgl. BAUDENBACHER/GLÖCKNER, Kommentar UWG, Art. 16 N 1.

[35] Vgl. Verordnung betreffend die Überwachung der Preise, Löhne und Gewinne vom 10. Januar 1973 (AS 1973, 80), Art. 3 und 4; Verordnung betreffend die Anschrift der Detailpreise vom

pflicht wurde nach Ablauf der erwähnten Bundesbeschlüsse in das UWG übernommen[36]. Die Zielsetzung der Inflationsbekämpfung ist in den Hintergrund getreten, wenn nicht gar obsolet geworden. Im Vordergrund steht nach heutigem Verständnis der Gesichtspunkt der **Markttransparenz**[37]. Gemäss der Zweckbestimmung von Art. 1 PBV soll erreicht werden, «dass Preise klar und miteinander vergleichbar sind und irreführende Preisangaben verhindert werden». Die Preisangabe schützt Konsumentinnen und Konsumenten vor dem Abschluss nachteiliger Geschäfte und die Konkurrentinnen und Konkurrenten vor dem unlauteren Entzug potentieller Kundschaft. Die Preisbekanntgabe steht im Interesse (der Lauterkeit) des Wettbewerbs schlechthin[38]. Der Schutz der Konsumentinnen und Konsumenten erfolgt auch dadurch, dass sie sich nicht beim Verkäufer nach dem Preis erkundigen müssen und sich dadurch zum Kauf verpflichtet fühlen[39].

2. Anwendungsbereich

Hinsichtlich der Reichweite der Pflicht zur Preisbekanntgabe hat man zwischen Waren und Dienstleistungen zu unterscheiden (Art. 16 Abs. 1 S. 1, 2 bzw. S. 3 UWG; siehe dazu auch Vor Art. 16 N 18). 9

a) Pflicht zur Preisbekanntgabe beim Angebot von Waren

aa) Voraussetzungen der Pflicht zur Warenpreisbekanntgabe

Die Preisbekanntgabe gilt für «Waren, die dem Konsumenten zum Kaufe angeboten werden» (Art. 16 Abs. 1 UWG). Zur Bestimmung des Anwendungsbereichs ist somit die Bedeutung der Begriffe «Waren», «Konsumenten» und «Angebot zum Kauf» zu klären: 10

Unter **Waren** im Sinne von Art. 16 Abs. 1 UWG sind in Abgrenzung zu den nur beschränkt der Preisbekanntgabe unterstellten Dienstleistungen **alle Gegenstände** zu verstehen, welche im Rahmen eines Kaufvertrages oder eines vergleichbaren Geschäfts erworben werden können[40]. Der Warenbegriff ist aufgrund der fehlenden 11

---

12. Juni 1973 (AS 1973, 998); Verordnung über die Bekanntgabe von Detailpreisen vom 31. März 1976 (AS 1976, 846).
[36] TOLLER, Preisüberwachung, 51.
[37] Vgl. Botschaft 1977, 161 ff., insbes. 172; WYLER, Werbung, 35, spricht von polizeirechtlichen Zwecken im Interesse von Treu und Glauben im Handels- und Geschäftsverkehr.
[38] BGE 113 IV 36, 39; 108 IV 120, 123: «Nachdem die Preisanschreibepflicht anfänglich als Instrument der Preisüberwachung hauptsächlich der Sichtbarmachung von Preisbewegungen diente, kam ihr im Lauf der Jahre eine zusätzliche Bedeutung zu als Beitrag zur Lauterkeit der Werbung, zum Schutz der Wettbewerber und der Konsumenten ...».
[39] Vgl. BAUDENBACHER/GLÖCKNER, Kommentar UWG, Art. 16 N 3.
[40] Zum Begriff des Kaufs vgl. unten N 13.

12 Gemäss Art. 2 Abs. 2 PBV sind **Konsumentinnen und Konsumenten** «Personen, die Waren oder Dienstleistungen für Zwecke kaufen, die nicht im Zusammenhang mit ihrer gewerblichen oder beruflichen Tätigkeit stehen». Entscheidend für die Abgrenzung ist der Bezug zur gewerblichen Tätigkeit, nicht die Frage des Endverbrauchs. Wer Waren verarbeitet, verändert, sie für den Wiederverkauf erwirbt oder im Rahmen einer gewerblichen Tätigkeit auch nur verbraucht, ist kein Konsument[42]. Nicht zu den (privaten) Konsumenten im Sinne von Art. 16 und Art. 2 Abs. 2 PBV gehören juristische Personen mit wirtschaftlichem Zweck[43]. Werden Güter und Dienstleistungen zum gewerblichen Zweck angeboten, bieten indessen die zivilrechtlichen Vorschriften des UWG, insbesondere Art. 3 lit. a, b und e UWG, Schutz gegen unrichtige oder irreführende Preisangaben[44]. Der (ältere) Begriff des «Letztverbrauchers» gemäss Art. 11 Abs. 3 Messgesetz stimmt trotz möglicher Deutung im Sinne eines (privaten oder gewerblichen) Endkonsumenten mit demjenigen des (privaten) Konsumenten im Sinne von Art. 16 und Art. 2 Abs. 2 PBV überein. Die sprachliche Differenz beruht auf historischen Gründen.

13 Die Pflicht zur Preisbekanntgabe gilt für Waren, die Konsumentinnen und Konsumenten **«zum Kauf angeboten»** werden (Art. 16 Abs. 1). Dabei ist nicht nur eine eigentliche Offerte im Sinne des allgemeinen Vertragsrechts gemeint, welche beim Kauf notwendigerweise den Preis enthält (Art. 2 Abs. 1 u. Art. 3 i.V.m. Art. 184 Abs. 1 OR). Erfasst werden vielmehr auch Handlungen im Vorfeld des Vertragsschlusses wie die Auslage im Schaufenster oder Aufforderungen zur Offertstellung[45]. Entscheidend ist nicht die zivilrechtliche Qualifikation, sondern die faktische Möglichkeit zum Abschluss von entsprechenden Rechtsgeschäften.

Nicht erfasst von der Pflicht zur Preisbekanntgabe wird **Werbung** (Art. 17)[46]. Diese grenzt sich vom Angebot zum Kauf im Sinne von Art. 16 dadurch ab, dass zwischen Werbung und beworbenem Produkt kein räumlicher Zusammenhang besteht. Die «Wegleitung für die Praxis» zur PBV spricht denn auch von Werbung «im Unterschied zum Ladengeschäft und zum Schaufenster»[47]. Wird in der Werbung indessen der Preis bekannt gegeben, so müssen die Vorschriften der Art. 16 und 17

---

[41] So BAUDENBACHER/GLÖCKNER, Kommentar UWG, Art. 16 N 12 unter Verweis auf den Schutzzweck von UWG und PBV. Ausnahmen zur Preisbekanntgabepflicht aus technischen Gründen (Art. 7 Abs. 2 PBV) bleiben vorbehalten.
[42] Vgl. GUYET, SIWR V/1, 290; WYLER, Werbung, 38.
[43] PEDRAZZINI/PEDRAZZINI, UWG, N 23.06.
[44] WYLER, Werbung, 38.
[45] Vgl. ausführlich BAUDENBACHER/GLÖCKNER, Kommentar UWG, Art. 16 N 3 u. 8 f.
[46] Vgl. dazu ausführlich BAUDENBACHER/GLÖCKNER, Kommentar UWG, Art. 17 N 1 f.; WYLER, Werbung, 36.
[47] PBV-Wegleitung SECO 2007, 14.

sowie der PBV im Interesse der Preiswahrheit und -klarheit berücksichtigt werden (vgl. auch Art. 15 PBV)[48].

Unter den **Begriff des «Kaufs»** im Sinne von Art. 16 fallen nicht nur Kaufverträge im Sinne von Art. 184 ff. OR. Erfasst werden auch «Rechtsgeschäfte mit wirtschaftlich gleichen Wirkungen» wie Abzahlungsverträge, Mietkaufverträge, Leasingverträge etc. (Art. 2 Abs. 1 lit. b PBV)[49]. Der verwaltungsrechtliche Tatbestand geht damit weiter als ein rein zivilrechtliches Verständnis[50]. 14

bb) Ausnahmen von der Pflicht zur Warenpreisbekanntgabe

Gemäss Art. 16 Abs. 1 Satz 2 kann der Bundesrat Ausnahmen von der Pflicht zur Preisbekanntgabe **«insbesondere aus technischen und Sicherheitsgründen»** vorsehen. Art. 7 Abs. 2 und 3 PBV bestimmen, dass gewisse Waren nicht angeschrieben werden müssen, sondern eine Bekanntgabe des Preises in anderer leicht zugänglicher und gut lesbarer Form genügt, z.B. durch Regalanschrift oder Auflage von Katalogen. Die Ausnahme betrifft einerseits Antiquitäten, Kunstgegenstände, Orientteppiche, Pelzwaren, Uhren, Schmuck und andere Gegenstände aus Edelmetallen mit einem Preis von über CHF 5000.– (Art. 7 Abs. 3 PBV), andererseits Waren, deren direkte Anschrift «wegen der Vielzahl preisgleicher Waren oder aus technischen Gründen nicht zweckmässig» erscheint (Art. 7 Abs. 2 PBV). Genau genommen handelt es sich bei Art. 7 Abs. 2 u. 3 PBV nicht um Ausnahmen von der Pflicht zur Preisbekanntgabe, sondern um Erleichterungen bei den Modalitäten der Anschrift. 15

Ausgenommen von der Pflicht zur Preisbekanntgabe sind Waren, die an **Versteigerungen** verkauft werden (Art. 3 Abs. 3 PBV). Die Ausnahme erklärt sich «aus der besonderen Natur der Versteigerung»[51]. 16

b) **Pflicht zur Preisbekanntgabe beim Angebot von Dienstleistungen**

Im Gegensatz zu Waren unterstehen Dienstleistungen der Pflicht zur Preisbekanntgabe **nur dann, wenn dies gesetzlich** ausdrücklich vorgesehen ist. Zuständig dafür ist der Bundesrat (Art. 16 Abs. 1 Satz 3), welcher in **Art. 10 PBV** die entsprechenden Dienstleistungen aufgeführt hat. Unter die Pflicht zur Preisbekanntgabe fallen namentlich Coiffeurdienstleistungen (Art. 10 Abs. 1 lit. a PBV), Dienst- 17

---

[48] Art. 13 ff. PBV; unten Art. 17 N 4 u. 9.
[49] Vgl. auch WYLER, Werbung, 38.
[50] BAUDENBACHER/GLÖCKNER, Kommentar UWG, Art. 16 N 10 Fn. 34 kritisieren zu Recht, dass dadurch das systematische Verhältnis der Bestimmungen von Art. 2 Abs. 1 lit. b und d, Art. 3 Abs. 2 und Art. 10 PBV kaum mehr nachvollziehbar ist.
[51] BGE 116 IV 371, 376; vgl. zu diesem Entscheid auch Art. 17 N 9 Fn. 12.

leistungen in Gastgewerbe und Hotellerie (Art. 10 Abs. 1 lit. c PBV), Dienstleistungen von Fitnessinstituten, Schwimmbädern, Eisbahnen und anderen Sportanlagen (Art. 10 Abs. 1 lit. e PBV), Taxifahrten (Art. 10 Abs. 1 lit. f PBV), Dienstleistungen im Unterhaltungsgewerbe (Art. 10 Abs. 1 lit. g PBV), Kurse (Art. 10 Abs. 1 lit. m PBV), Pauschalreisen (Art. 10 Abs. 1 lit. n PBV), verschiedene Dienstleistungen im Fernmeldebereich (Art. 10 Abs. 1 lit. p u. q PBV) und im Bankbereich (Art. 10 Abs. 1 lit. r PBV) sowie zahnärztliche Dienstleistungen (Art. 10 Abs. 1 lit. t PBV). Die Liste folgt keiner bestimmten Systematik, sondern orientiert sich an den aktuellen Bedürfnissen des Konsumentenschutzes unter Berücksichtigung spezialgesetzlicher Regelungen (z.B. Versicherungen). Sie deckt sich teilweise mit den **Informationsblättern** des Staatssekretariats für Wirtschaft (SECO)[52], womit den Eigenheiten der Branche auf Stufe von Verwaltungsverordnungen Rechnung getragen werden kann. Die **entgeltlichen Mehrwertdienste** haben in Art. 11a und Art. 11b PBV bereits auf Verordnungsstufe eine eigentliche Sonderregelung erfahren[53]. Für den genauen Anwendungsbereich der Preisbekanntgabepflicht für die entsprechenden Dienstleistungen sind die Informationsblätter des Staatssekretariats für Wirtschaft (SECO) zu konsultieren.

18 Im Übrigen gelten auch für Dienstleistungen die allgemeinen Voraussetzungen der Preisbekanntgabepflicht nach Art. 16 Abs. 1 S. 1, so dass auch diese Pflicht nur gegenüber Konsumentinnen und Konsumenten (zum Begriff s. Art. 2 Abs. 2 PBV und N 12) zum Tragen kommt. Die Überlegungen zum Angebot der Ware (N 16 f.) gelten sinngemäss für das Angebot der entsprechenden Dienstleistung.

19 Im Rahmen einer Vernehmlassung zu einer Revision des UWG wurde vorgeschlagen, die allgemeine Preisbekanntgabepflicht auch auf Dienstleistungen anzuwenden. Ausnahmen sollte der Bundesrat vorsehen können[54]. Am 19. Dezember 2008 verzichtet der Bundesrat jedoch auf eine generelle Unterstellung der Dienstleitungen unter die Preisbekanntgabepflicht (vgl. Pressemitteilung des EVD vom 19. Dezember 2008).

---

[52] Für Dienstleistungen betreffend Fitnessinstitute, Schwimmbäder, Eisbahnen und andere Sportanlagen sowie für Dienstleistungen im Unterhaltungsgewerbe und für Kurse gibt es keine Informationsblätter des SECO.

[53] Vgl. dazu BGE 128 IV 177; BGE 132 II 240 («Nummernwiderruf»); PUGATSCH, Werberecht, 159 f.; Art. 13 Abs. 1bis PBV (Werbung).

[54] Vorentwurf Bundesgesetz gegen den unlauteren Wettbewerb (UWG) und Begleitbericht vom 6. Juni 2008, abrufbar unter: http://www.seco.admin.ch/themen/00645/00653/index.html?lang= de#sprungmarke0_25, (besucht am 21. April 2010); Erläuternder Bericht SECO zur Änderung des Bundesgesetzes gegen den unlauteren Wettbewerb (UWG) abrufbar unter: http://www.admin.ch/ch/d/gg/pc/documents/1615/Bericht.pdf, (besucht am 21. April 2010).

3. Inhalt der Preisbekanntgabe

a) Waren

Für Waren, die unter die Pflicht zur Preisbekanntgabe fallen, ist der «tatsächlich zu bezahlende Preis» (**Detailpreis**) anzugeben (Art. 3 Abs. 1 PBV). Handelt es sich dabei um eine messbare Ware[55], ist der **Grundpreis** anzugeben (Art. 5 Abs. 1 PBV). Vorverpackte Ware muss beide Preise enthalten (Art. 5 Abs. 2 PBV). So muss beispielsweise auf einem Yoghurtbecher à 180 g der Detailpreis von CHF 1.10 sowie der Grundpreis von 100 g/CHF –.61 angegeben werden[56]. Für gewisse standardisierte Masseinheiten genügt der Detailpreis (Art. 5 Abs. 3 lit. b–d PBV). Die PBV sieht weitere Ausnahmen von der doppelten Preisbekanntgabe für Detail- und Grundpreise vor[57].

20

Der Preis ist «durch Anschrift an der Ware selbst oder unmittelbar daneben» bekannt zu geben (Art. 7 Abs. 1 PBV). Er muss «leicht sichtbar und gut lesbar» sein (Art. 8 Abs. 1 PBV). Es dürfen keine Zweifel darüber bestehen, auf welche Ware sich der Preis bezieht (Art. 9 Abs. 1 PBV). Die Preisangabe hat grundsätzlich in **Landeswährung** zu erfolgen. Die zusätzliche Bekanntgabe in Euro ist zulässig[58].

21

Der Preis auf der Ware muss klar **bestimmt** sein. Hinweise auf ein mögliches Entgegenkommen des Verkäufers («Feilschen») sind gemäss BGE 112 IV 125 unzulässig[59]. Ob eine solche Strenge aus Gründen des Konsumentenschutzes tatsächlich

22

---

[55] «Messbare Waren sind solche, deren Detailpreis üblicherweise nach Volumen, Gewicht, Massen, Länge oder Fläche bestimmt wird» (Art. 6 Abs. 1 PBV).
[56] Beispiel aus PBV-Wegleitung SECO 2007, 4.
[57] Vgl. Art. 5 Abs. 3 lit. a PBV (Stückverkauf), Art. 5 Abs. 3 lit. e PBV (Kombinationspackungen), Art. 5 Abs. 3 lit. f PBV (Konserven), Art. 5 Abs. 3 lit. g u. h PBV (Unter- resp. Überschreiten gewisser Mindest- und Höchstpreise) und Art. 5 Abs. 3 lit. i PBV (Gastgewerbe); DAVID/REUTTER, Werberecht, 147 ff., 150 f.
[58] Zu den Einzelheiten vgl. «Merkblatt zur doppelten Preisdeklaration Schweizer Franken/Euro» des Staatssekretariats für Wirtschaft (SECO) vom 21. November 2001.
[59] Das betreffende Unternehmen verwendete auf Plakaten im Innern des Geschäftslokals unter anderem folgende Slogans: «Wär besser määrtet, kauft günschtiger i. Mir hälfe Dir derby.» – «Wär fröhlich isch, cha au no määrte.» – «Den Tagestiefstpreis verhandeln Sie mit uns.» – «Verlangen Sie im Laden den Tages-Tiefstpreis, es lohnt sich.» Der Entscheid wurde in der Lehre unterschiedlich aufgenommen: RICHLI, recht 1987, 141 ff., kritisiert, dass sich das Bundesgericht einer ausschliesslich grammatikalischen Auslegung bediente, ohne die teleologische oder verfassungskonforme Auslegung zu berücksichtigen. Sinn und Zweck der Preisbekanntgabepflicht würden darin liegen, die Interessen des Kunden zu schützen. Diese seien nicht verletzt, wenn er über die bekannt gegebenen Preise noch verhandeln kann. Er sieht ausserdem im Verbot, von den bekannt gegebenen Preisen nach unten abzuweichen, eine unverhältnismässige Beschränkung der Wirtschaftsfreiheit und der damit verbundenen Vertragsfreiheit. Eine solche Beschränkung ist seines Erachtens weder aus lauterkeitsrechtlichen noch konsumentenpolitischen Argumenten zu rechtfertigen und stehe auch offensichtlich im Widerspruch zu den heutigen Geschäftsusanzen. WYLER, Werbung, 52 f., weist darauf hin, dass die Preisbekanntgabepflicht nicht nur den Schutz der Konsumenten, sondern auch der Konkurrenten bezweckt, und begrüsst den Entscheid des BGer im Interesse der Markttransparenz. Er stellt aber klar, dass lediglich die *Werbung* mit der

geboten ist, erscheint fraglich[60]. «Der Hinweis auf eine Verhandlungsbereitschaft» seitens des Verkäufers nimmt dem Käufer die Scheu vor Preisverhandlungen. Überdies dürften sich in gewissen Branchen solche Hinweise eingebürgert haben (z.B. Autooccasionshandel). Unter dem Aspekt der Markttransparenz ist die strenge Praxis des Bundesgerichts allerdings nicht zu beanstanden[61]. Die Preisangabe bezweckt, dass sich Konsumentinnen und Konsumenten vor Ort unverbindlich und ohne Nachfrage – erst recht nicht durch ein eigentliches «Feilschen» – einen Überblick über die Preissituation verschaffen können[62].

23 Die Preisangabe muss **öffentliche Abgaben** enthalten (Art. 4 Abs. 1 PBV)[63]. Bei Preisanpassungen infolge Änderung des Mehrwertsteuersatzes besteht eine Übergangsfrist von drei Monaten (Art. 4 Abs. 1bis PBV). Nicht zwingend erscheint das Verbot, öffentliche Abgaben ausdrücklich auszuweisen, solange der letztlich zu bezahlende Detailpreis für Konsumentinnen und Konsumenten klar zu Tage tritt[64].

Möglichkeit des «Marktens» verboten ist, im Einzelfall aber Preisdiskussionen zwischen Kunden und Verkäufern aufgrund der Vertragsfreiheit zulässig bleiben müssen. Allgemein zur Bekanntgabe von Rabatten vgl. Art. 4 Abs. 2 PBV.

[60] Dies auch dann, wenn man wie in BGE 132 II 240, 249 f. («Nummernwiderruf») und BGE 128 IV 177, 182 von einer hohen Schutzbedürftigkeit gewisser Konsumentinnen und Konsumenten ausgeht (vgl. dazu hinten N 25).

[61] Aus wettbewerbsrechtlicher bzw. kartellrechtlicher Sicht kann Transparenz bei homogenen Gütern zur Preisgleichheit bzw. -anpassung führen.

[62] Daran ändert sich auch nichts, dass unbezifferte Hinweise auf Preisreduktionen in der Werbung zulässig sind. Der Verkäufer wird dadurch nicht von der Bekanntgabepflicht gemäss Art. 16 UWG und Art. 3 Abs. 1 PBV befreit (BGE 112 IV 125, 127 f.).

[63] Mit der Änderung der PBV vom 21. Januar 2004 (AS 2004, 827), in Kraft seit 1. Januar 2005, wurde präzisiert, dass dazu auch die sog. vorgezogenen Entsorgungsbeiträge (VEB) gehören und diese im Detailpreis inbegriffen sein müssen. Vgl. im Einzelnen Ziff. 4 Informationsblatt des SECO vom 1. Juni 2005 zur Verordnung vom 14. Januar 1998 über die Rückgabe, die Rücknahme und die Entsorgung elektrischer und elektronischer Geräte, vgl. Art. 16 N 30, abrufbar unter: http://www.seco.admin.ch/themen/00645/00654/01453/index.html?lang=de (besucht am 21. April 2010).
Für Reiseangebote hat das Staatssekretariat für Wirtschaft (SECO) unlängst (in Fettdruck) Folgendes festgehalten: «Der tatsächlich zu bezahlende Preis versteht sich als der Gesamtpreis einer Reise oder eines Angebots inklusive öffentliche Abgaben, Hafen- und Flughafentaxen, Ein- und Ausreisetaxen, Sicherheitsgebühren, Treibstoffzuschläge und sonstige nicht individuell verursachte oder nicht frei wählbare Zuschläge» (Informationsblatt «Preisbekanntgabe und Werbung für Reiseangebote» vom 1. Juni 2006, Ziff. 5.1).
Damit soll laut Presseinformation des Staatssekretariats für Wirtschaft (SECO) vom 16. Dezember 2005 der Praxis entgegengewirkt werden, dass «der tatsächlich vom Kunden zu bezahlende Preis den im Inserat hervorgehobenen Preis letztlich oft um ein Mehrfaches übersteigt».

[64] Gemäss BAUDENBACHER/GLÖCKNER, Kommentar UWG, Art. 16 N 19 Fn. 45, wäre ein Zusatz für den Schweizer Markt «incl. MWSt» als «Werbung mit Selbstverständlichkeiten» zu beurteilen. Dem steht ein gewisses staatspolitisches Interesse gegenüber, dass Bürgerinnen und Bürger Umfang und Höhe staatlicher Abgaben kennen. Auch unter dem Aspekt der Markttransparenz (Preisbildung) ist eine Bekanntgabe staatlicher Abgaben grundsätzlich wünschenswert. Überdies wenden sich eine Vielzahl von Warenangeboten sowohl an Konsumentinnen und Konsumenten wie auch an Wiederverkäufer; ebenso kann der Mehrwertsteuersatz unterschiedlich sein und dadurch den Kaufentscheid beeinflussen. In der Praxis wird der Zusatz soweit ersichtlich toleriert.

Insbesondere beim Versandhandel können zum Kaufpreis **Nebenkosten** hinzukommen, wenn die Ware versendet wird[65]. Da beim Fernabsatz die Werbung die einzige Möglichkeit darstellt, die Güter kennen zu lernen, verlangt die Schweizerische Lauterkeitskommission[66], dass über die vorgestellten Waren, Werke und Leistungen in qualitativer und quantitativer Hinsicht besonders klare und genaue Angaben gemacht werden[67]. Insbesondere müssen der Preis angegeben werden sowie Einzelheiten über die Zahlung und Lieferung (wie Lieferkosten- und Lieferfristen)[68]. Obwohl die Versandware gewöhnlich von Lieferscheinen oder Fakturen begleitet wird, auf welchen die Mengen- und Grundpreisangaben angegeben sind, sieht die PBV keine ausdrückliche entsprechende Erleichterung vor, die Angabe nicht auch auf der Ware selbst anbringen zu müssen[69].

24

An die Einhaltung der Modalitäten der Preisbekanntgabe wird ein **strenger Massstab** gelegt. Den Konsumentinnen und Konsumenten sind diesbezüglich keinerlei eigene Anstrengungen oder gar eigentliche Denksportaufgaben zuzumuten. Für Mehrwertdienstleistungen[70] hat das Bundesgericht festgehalten, dass es bei den entsprechenden Regelungen darum gehe, «potentielle Kunden zu schützen, die selbst zur Lösung von einfachen Rechenaufgaben [Multiplikation mit zehn] nicht in der Lage seien»[71]. Abzustellen sei nicht auf den «durchschnittlichen, sondern gerade auch auf den nicht besonders gewandten und deswegen verstärkt schutzwürdigen Konsumenten»[72].

25

b)   Dienstleistungen

Bei den der Preisbekanntgabe unterstellten Dienstleistungen kann der Preis nicht an der Ware selbst oder unmittelbar daneben erfolgen. Als Surrogat müssen die Preise in Preislisten, Katalogen etc. angegeben werden, welche «leicht zugänglich und gut lesbar» sind (Art. 11 Abs. 1 PBV). Für das Gastgewerbe (Art. 11 Abs. 2 u. 3 PBV) sowie für bestimmte Fernmeldedienstleistungen (Mehrwertdiens-

26

---

[65]   FELDGES, Konsumentenschutz, 37.
[66]   SLK-Grundsätze, Nr. 4.2.
[67]   Zur Spezifizierung des Produkts in der Werbung vgl. unten Art. 17 N 7 f.
[68]   Vgl. auch Punkt 3.2 des Ehrenkodex des Schweizerischen Versandhandels vom 29. Mai 1998, abrufbar unter: http://www.vsv-versandhandel.ch/files/cms/tiny/ehrenkodex.pdf, (besucht am 21. April 2010): Das Angebot muss demnach klare Angaben darüber enthalten, ob die Porto- und Verpackungskosten oder andere Lieferkosten im Preis inbegriffen sind oder zusätzlich in Rechnung gestellt werden.
[69]   DAVID/REUTTER, Werberecht, 252. Zu denken ist immerhin an Art. 7 Abs. 2 PBV, wonach die Preisangabe in anderer leicht zugänglicher und gut lesbarer Form bekannt gegeben werden darf, «wenn die Anschrift an der Ware selbst ... aus technischen Gründen nicht zweckmässig ist».
[70]   Dabei geht es oft um sog. «Erwachsenenunterhaltung» oder «Telefonsex», vgl. dazu die Sonderbestimmungen in Art. 11a u. 11b sowie Art. 13 Abs. 1bis PBV.
[71]   BGE 132 II 240, 249 f. («Nummernwiderruf»); BGE 128 IV 177, 182.
[72]   BGE 132 II 240, 249 f. («Nummernwiderruf»).

te, Art. 11a und Art. 11b PBV) bestehen auf Verordnungsstufe weitere Vorschriften. Einzelheiten der Preisangabe für Dienstleistungen sind auch den entsprechenden **Informationsblättern** des Staatssekretariats für Wirtschaft (SECO) zu entnehmen, worin den Eigenheiten von Dienstleistungen und Branche Rechnung getragen werden kann[73]. Gemäss Art. 10 Abs. 1 PBV ist bei den der Preisbekanntgabe unterstellten Dienstleistungen der «tatsächlich zu bezahlende Preis» anzugeben. Diese Formulierung stimmt mit dem Detailpreis für Waren gemäss Art. 3 Abs. 1 überein. Auch sonst folgt die Preisbekanntgabepflicht für Dienstleistungen sinngemäss derjenigen für Waren[74].

c) **Trinkgelder**

27 Trinkgelder müssen im Preis inbegriffen sein oder deutlich als solche bezeichnet werden (Art. 12 Abs. 1 PBV). Die Formulierung «Trinkgeld nicht inbegriffen» ohne Bezifferung der Höhe ist unzulässig (Art. 12 Abs. 2 PBV). Korrekt sind die Bezeichnungen «Trinkgeld inbegriffen» oder z.B. «15% Trinkgeld nicht inbegriffen»[75]. Systematisch stehen die Vorschriften über das Trinkgeld unter dem 3. Kapitel «Dienstleistungen» **(Art. 10–12 PBV)**. Es liegt dabei nahe, die gleichen Regeln auf den Verkauf von Waren anzuwenden; auch dort sind Trinkgelder möglich und zum Teil üblich (beispielsweise beim Kauf von Benzin an bedienten Tankstellen)[76].

d) **Verpflichtete Personen**

•28 Gemäss **Art. 20 PBV** ist «der Leiter von Geschäften aller Art» verpflichtet, seine Preise vorschriftsgemäss bekannt zu geben und seine Waren und Dienstleistungen vorschriftsgemäss zu bewerben. Damit ist der **Geschäftsinhaber** oder die Geschäftsinhaberin gleichermassen gemeint wie die **Geschäftsführung und die Filialleitung**[77]. Diese Zuordnung ist in erster Linie für die Strafbestimmung in

---

[73] Vgl. oben N 5. Zu den Einzelheiten der Regelungen für Dienstleistungen vgl. neben den Informationsblättern des Staatssekretariats für Wirtschaft (SECO) SUTTER, JKR 1999, 214 ff.

[74] Vgl. etwa Art. 4 Abs. 1 u. 1bis gegenüber Art. 10 Abs. 2 und 3 PBV (öffentliche Abgaben) oder die Anschrift in Schweizer Franken und in Euro (vgl. oben N 21–23).

[75] Beispiele aus PBV-Wegleitung, 10.

[76] Trinkgelder bei Dienstleistungen decken in der Regel eine mit der Ware verbundene Dienstleistung ab (z.B. Einfüllen von Benzin).

[77] PEDRAZZINI/PEDRAZZINI, UWG, N 23.07 und WYLER, Werbung, 38 f.; BAUDENBACHER/GLÖCKNER, Kommentar UWG, Art. 16 N 15 erachten diese Bestimmung im lauterkeitsrechtlichen Kontext als nicht unproblematisch. Nach ihnen soll dadurch keinesfalls die allgemeine Regel über die Passivlegitimation, d.h. die lauterkeitsrechtliche Störerhaftung, derogiert werden. Bei einer Widerhandlung gegen die Preisbekanntgabevorschrift haftet primär der jeweilige Unternehmensträger im Sinne von Art. 9 ff. UWG und kann sich nicht mit einem Pflichtverstoss des jeweiligen Leiters exkulpieren.

Art. 24 UWG von Bedeutung. Da die Bestimmungen der PBV zum Nebenstrafrecht gehören, kann das Strafgesetzbuch (StGB) ergänzend angewendet werden. Zu beachten ist in diesem Zusammenhang auch Art. 26, wonach für Widerhandlungen in Geschäftsbetrieben Art. 6 f. VStrR anwendbar sind. Art. 6 Abs. 1 VStrR verdeutlicht, dass Personen sich auch dann strafbar machen, wenn sie für eine juristische Person handeln. Gemäss Art. 7 VStrR kann von einer Verfolgung abgesehen werden, wenn die Busse von höchstens CHF 5000.– in Aussicht steht und die Ermittlung der nach Art. 6 verantwortlichen Personen Untersuchungsmassnahmen bedingen, die im Hinblick auf die verwirkte Strafe unverhältnismässig wären. Mit dem Verweis in Art. 26 UWG wird deutlich, dass das UWG die materiellen Voraussetzungen für die Verantwortlichkeit durch Beauftragte und dergleichen nicht selber regelt, sondern vollumfänglich auf Art. 6 f. VStrR verweist[78]. Der Verweis von Art. 26 bezieht sich sowohl auf das UWG wie auch auf die PBV.

Im Weiteren sind auch der **Hersteller** oder die Herstellerin, der **Importeur** oder die Importeurin und der **Grossist** oder die Grossistin gemäss **Art. 18 PBV** verpflichtet, die gesetzlichen Bestimmungen über die irreführende Preisbekanntgabe zu beachten, soweit sie sich mit Preislisten oder -katalogen direkt an den Konsumenten richten[79].

29

Anhang zu Art. 16 ff.

Informationsblätter des Staatssekretariats für Wirtschaft (SECO[80]):

30

Korrekte Mengen- und Preisangaben, Informationsbroschüre für den Handel des SECO und METAS (Bundesamt für Metrologie) vom Oktober 2008.
Preisbekanntgabe für Arzneimittel, Informationsblatt des SECO vom 1. Oktober 2001.
Preisbekanntgabe und Werbung für Autoleasingangebote, Informationsblatt des SECO vom 1. April 1991.
Preisbekanntgabe und Werbung: Bank- und bankähnliche Dienstleistungen, Informationsblatt des SECO vom 1. Januar 2006 (ersetzt Informationsblatt vom 1. November 1999).
Preisbekanntgabe von Blumen und Pflanzen, Informationsblatt des SECO vom 1. Dezember 1983.
Preisbekanntgabe in Textilpflegebetrieben (vormals chemische Reinigungsbetriebe), Informationsblatt des SECO vom 10. Mai 1982.
Preisbekanntgabe im Coiffeurgewerbe, Informationsblatt des SECO vom 1. November 1982.
Merkblatt des SECO zur doppelten Preisdeklaration Schweizer Franken/Euro vom 21. November 2001.
Informationsblatt des SECO vom 1. Juni 2005 zur Verordnung vom 1. Juli 1998 über die Rückgabe, die Rücknahme und die Entsorgung elektrischer und elektronischer Geräte.

---

[78] BAUDENBACHER/GLÖCKNER, Kommentar UWG, Art. 26 N 2.
[79] SUTTER, JKR 1999, 211.
[80] Abrufbar unter: http://www.seco.admin.ch/themen/00645/00654/01453/index.html?lang=de (besucht am 21. April 2010).

Liste der Geräte, die unter die VREG fallen (Art. 2 Abs. 3) / Stand: Januar 2005.
Preisbekanntgabe und Werbung für Fernmeldedienste und auf Fernmeldediensten aufbauende Mehrwertdienste, Informationsblatt des SECO vom 1. Juni 2004 (ersetzt Informationsblatt vom 1. November 1999).
Preisbekanntgabe im Garagengewerbe, Informationsblatt des SECO vom 10. Mai 1987.
Preisbekanntgabe und Werbung für handgeknüpfte Orientteppiche, Informationsblatt des SECO vom 1. Oktober 1989.
Preisbekanntgabe für den Sektor «Heimelektronik», Informationsblatt vom 15. August 1989 (ersetzt Informationsblatt vom 25. Februar 1983).
Preisbekanntgabe in der Hotellerie und dem Gastgewerbe, Informationsblatt des SECO vom 10. Mai 1982.
Preisbekanntgabe und Werbung für telefonische Mehrwertdienste, Informationsblatt des SECO vom 1. Juni 2004.
Werbung mit Preisreduktionen auf Mobiltelefonen in Verbindung mit Abschluss eines Mobile-Abonnements, Informationsblatt des SECO vom 1. Juli 2000.
Preisbekanntgabe und Werbung für Personenwagenreifen, Informationsblatt vom 1. Oktober 1997 (ersetzt das Informationsblatt vom 10. Februar 1981).
Preisbekanntgabe und Werbung für Reiseangebote, Informationsblatt des SECO vom 1. Juni 2006 (ersetzt das Informationsblatt vom 1. November 1999).
Preisbekanntgabe im Taxigewerbe, Informationsblatt des SECO vom 10. September 1982.
Preisbekanntgabe für zahnärztliche Dienstleistungen, Informationsblatt des SECO vom 1. Juni 2004.

Art. 17

Preisbekanntgabe in der Werbung	Werden Preise oder Preisreduktionen in der Werbung angezeigt, so richtet sich deren Bekanntgabe nach den vom Bundesrat zu erlassenden Bestimmungen.
Indication des prix dans la publicité	Lorsque des prix ou des réductions de prix sont mentionnés dans la publicité, leur indication doit être conforme aux règles édictées par le Conseil fédéral.
Indicazione dei prezzi nella pubblicità	Se nella pubblicità sono menzionati prezzi o riduzioni di prezzo, la loro indicazione è soggetta alle disposizioni emanate dal Consiglio federale.
Announcement of Prices in Advertising	Where prices or price reductions are shown in advertising, such announcement shall comply with the provisions to be enacted by the Federal Council.

Inhaltsübersicht

		Note	Seite
I.	Anwendungsbereich	1	1001
II.	Spezifizierung und Bezifferung	6	1003

Literatur

Vgl. Art. 16 und K.-H. FEZER, Diskriminierende Werbung – Das Menschenbild der Verfassung im Wettbewerbsrecht, Juristen-Zeitung (JZ) 1998, 265 ff.; H. MARTI/P. WIDMER/P. PROBST, Recht in Marketing und Kommunikation, 4. Aufl., Bern 2004; M. SCHWENNINGER/M. SENN/ A. THALMANN, in: L. David (Hrsg.), Werberecht, Zürich 1999, 26 ff.; M. C. SENN, Kommerzielle Äusserungen im Schutze der Meinungsäusserungsfreiheit, sic! 1999, 111 ff.

I. Anwendungsbereich

Art. 17 bildet einen Teil der **verwaltungsrechtlichen Bestimmungen** des Gesetzes[1]. Er hat die **Preisbekanntgabe in der Werbung** zum Gegenstand, wobei im Wesentlichen auf die Regelung auf Verordnungsstufe verwiesen wird (Art. 13–15 PBV).

Unter **Werbung** «ist jede Massnahme von Konkurrenten oder Dritten zu verstehen, die eine Mehrheit von Personen systematisch in ihrer Einstellung zu bestimmten Waren, Werken, Leistungen oder Geschäftsverhältnissen zum Zweck des Abschlusses eines Rechtsgeschäftes oder seiner Verhinderung beeinflussen»[2]. Basierend auf

---

[1] Vgl. dazu ausführlich Art. 16 N 1 ff.
[2] SLK-Grundsätze, Nr. 1.2; vgl. DAVID/REUTTER, Werberecht, 7 ff.; GUYET, SIWR V/1, 294; SCHWENNINGER/SENN/THALMANN, Werberecht: Kommentierte Textausgabe, 26; vgl. zur Definition der Werbung auch oben Art. 13a N 14 ff. Auf gesetzlicher Stufe findet sich eine Definition in

Erkenntnissen der modernen Marketingtheorie versteht man unter Werbung ein Instrument der unternehmerischen Kommunikation[3].

3 Im vorliegenden Zusammenhang grenzt sich Werbung vom Angebot zum Kauf nach Art. 16 dadurch ab, dass zwischen Werbung und beworbenem Produkt kein **räumlicher Zusammenhang** bestehen muss[4]. Keine Rolle für den Anwendungsbereich der Preisbekanntgabe in der Werbung spielt hingegen die Unterscheidung zwischen Waren und Dienstleistungen, wie sie Art. 3 ff. und Art. 10 PBV zu Grunde liegt.

4 **In der Werbung müssen keine Preise angegeben werden.** Werbung ohne jeden Preisbezug ist zulässig und verbreitet. Werden jedoch Preise verwendet, so untersteht die Preisangabe den Bestimmungen des Gesetzes (namentlich dem Verbot irreführender Preisangaben im Sinne von Art. 18) und der PBV. Überdies muss bei Mehrwertdiensten im Sinne von Art. 10 Abs. 1 lit. q PBV der Preis pro Minute in gleicher Schriftgrösse wie die Telefonnummer angegeben werden (Art. 13 Abs. 1bis PBV).

Art. 2 lit. a AWV oder in Art. 2 lit. k RTVG: «Als Werbung gilt jede öffentliche Äusserung zur Förderung des Abschlusses von Rechtsgeschäften über Waren oder Dienstleistungen, zur Unterstützung einer Sache oder Idee oder zur Erzielung einer anderen vom Werbetreibenden gewünschten Wirkung, wofür dem Werbetreibenden gegen Bezahlung oder eine ähnliche Gegenleistung Sendezeit zur Verfügung gestellt wird.» Vertragsrechtlich kann Werbung auch als unverbindliches Angebot definiert werden, indem sie alles umfasst, was nicht als Antrag (Offerte im Sinne des Obligationenrechts) zu qualifizieren ist (MARTI/WIDMER/PROBST, Marketing und Kommunikation, 39 f.). Auf europäischer Ebene sind eine Definition der Werbung in Art. 2 lit. a Richtlinie 2006/114/EG des Europäischen Parlaments und des Rates vom 12. Dezember 2006 über irreführende und vergleichende Werbung (ABl. 2006 L 376/21 vom 27. Dezember 2006) und eine Begriffsbestimmung in der Mediendienste-RL (Kapitel I, Begriffsbestimmungen, Art. 1 lit. i Richtlinie 89/552/EWG des Rates zur Koordinierung bestimmter Rechts- und Verwaltungsvorschriften der Mitgliedstaaten über die Bereitstellung audiovisueller Mediendienste vom 3. Oktober 1989, ABl. 1989 L 298/23 vom 17. Oktober 1989; geändert durch Richtlinie 2007/65/EG) enthalten. Auf internationaler Stufe kann der von der Internationalen Handelskammer (ICC) erlassene International Code of Advertising Practice beigezogen werden Darin ist zwar keine eigentliche Definition der Werbung enthalten, aber es wird darin festgehalten, dass der Begriff der Werbung im weitesten Sinn ausgelegt werden soll und alle Arten werblicher Ankündigung für wirtschaftliche Güter und Dienstleistungen unabhängig vom verwendeten Werbeträger beinhaltet, abrufbar unter http://www.iccwbo.org/uploadedFiles/ICC/policy/marketing/Statements/ICC%20Consolidated%20Code%20of%20Marketing%20and%20Advertising%20Practice%20in%20German.pdf (besucht am 21. April 2010).

[3] Vgl. FEZER, Juristen-Zeitung (JZ) 1998, 267; zur Grundrechtskonkurrenz (Wirtschafts- vers. Meinungsäusserungsfreiheit) bei der Werbung ausführlich SENN, sic! 1999, 111 ff. Vgl. auch oben Art. 13a N 17.

[4] Vgl. dazu Art. 16 N 14.

Entscheidend für den Begriff des Preises ist seine **Bezifferung**[5]. Nicht als Preisangaben in der Werbung gelten **abstrakte Umschreibungen** ohne Zahlen[6], z.B. «Preishit», «Preisabschläge», «supergünstige Preise» etc.[7]. Für solche Angaben kommen die gesetzlichen Bestimmungen über die Preisbekanntgabe nicht zur Anwendung, natürlich aber die übrigen Bestimmungen zum Schutz des lauteren Wettbewerbs[8].

Heikler ist die Verwendung **bezifferter Hinweise auf Preisreduktionen**. Gemäss dem Staatssekretariat für Wirtschaft (SECO) ist die Angabe eines ziffernmässig genannten, einheitlichen Reduktionssatzes zulässig, wenn die Produktegruppe präzise bestimmt wird (z.b. «20% Rabatt auf allen Damen-, Herren- und Kinderschuhen»)[9]. Eine Preisangabe der Produkte ist in diesen Fällen nicht notwendig. Unzulässig sind dagegen Hinweise auf Reduktionen wie «bis 92% Rabatt» oder «bis 10 Franken billiger»; in diesen Fällen wären die Preismässigungen ungenau beziffert und müssten anhand (spezifizierter) Detailpreise präzisiert werden[10].

5

II. Spezifizierung und Bezifferung

Im Gegensatz zu Waren, welche durch die Preisangabe auf oder unmittelbar neben dem Produkt hinreichend **spezifiziert** werden, fehlt ein solcher Bezug in der Werbung. Eine Preisangabe ist nur aussagekräftig, wenn klar ist, auf welches Produkt sie sich bezieht. Dementsprechend muss aus der Preisbekanntgabe «deutlich hervorgehen, auf welche Ware und Verkaufseinheit oder auf welche Art, Einheit und Verrechnungssätze von Dienstleistungen» sie sich bezieht (Art. 14 Abs. 1 PBV). Verlangt wird eine Umschreibung der Ware nach «Marke, Typ, Sorte, Qualität und Eigenschaften» (Art. 14 Abs. 2 PBV).

6

---

[5] Vgl. Art. 13 Abs. 1 PBV, worin von «Preisen ... oder bezifferten Hinweisen auf Preisrahmen oder Preisgrenzen» gesprochen wird.
[6] WYLER, Werbung, 40 spricht von «abstrakter Preisinformation».
[7] SUTTER, JKR 1999, 225; WYLER, Werbung, 40. Anbieter werben auch oft mit dem «tiefsten Preis». Dabei ist es aber so, dass die Werbenden beim Nachweis von noch billigeren Offerten dem Käufer lediglich den Kaufpreisunterschied zurückerstatten. Solche Versprechen sind jedoch oft problematisch, da andere Anbieter selten über genau die gleiche Ware verfügen. Zudem erwartet der Konsument bei einer solchen Werbung tatsächlich den tiefsten Preis im Verhältnis zur Konkurrenz und nicht bloss eine Rückerstattungsgarantie (zu Recht kritisch DAVID/JACOBS, Wettbewerbsrecht, N 250).
[8] So verneinte das Bundesgericht die Anwendung der verwaltungsrechtlichen Bestimmungen über die Preisbekanntgabe in einem Fall, wo mit dem Slogan «70 000 mal günstiger» in allgemeiner Weise und ohne konkreten Bezug zu einzelnen Waren für ein Elektrogeschäft geworben wurde. Die Zulässigkeit der Werbung wurde dagegen nach Art. 3 lit. b UWG beurteilt, BGer 4C.439/1998 Pra 2001 Nr. 118, E. 1b ff.
[9] PBV-Wegleitung SECO 2007, 23 mit zitiertem Beispiel.
[10] PBV-Wegleitung SECO 2007, a.a.O. mit zitierten Beispielen.

7   Zu **Abbildungen** hält Art. 14 Abs. 3 PBV lediglich fest, dass sich die entsprechenden Preisangaben darauf zu beziehen haben (Art. 14 Abs. 3 PBV). Abbildungen muss aber auch die Funktion zukommen können, die verbale Umschreibung nach Art. 14 Abs. 2 PBV zu ersetzen, wenn dadurch die hinreichende Spezifizierung des Produkts oder von Teilen desselben gewährleistet ist.

8   Gemäss Art. 13 Abs. 1 PBV müssen in der Werbung verwendete Preisangaben die «tatsächlich zu bezahlenden Preise» wiedergeben. Diese Formulierung stimmt mit Art. 3 Abs. 1 PBV (Waren) und Art. 10 Abs. 1 PBV (Dienstleistungen) überein. Für die korrekte **Bezifferung** in der Werbung ist somit auf die entsprechenden Bestimmungen der Preisbekanntgabe zurückzugreifen. Dies gilt etwa bei der Angabe des Detailpreises unter Einrechnung öffentlicher Abgaben (Art. 4 Abs. 1 PBV und Art. 10 Abs. 2 PBV) oder bei Preisangaben in Euro[11]. Weniger klar erscheint, ob auch weitere Bestimmungen aus der allgemeinen Pflicht zur Preisbekanntgabe in den Bereich der Werbung übertragen werden können, beispielsweise die Pflicht zur Angabe des Grundpreises (Art. 5 f. PBV)[12]. Unzweifelhaft ist dagegen, dass die Bestimmungen über **irreführende Preisangaben** (Art. 18) in der Werbung gelten (Art. 15 PBV)[13].

9   Beim Hinweis auf einen **Preisrahmen** (z.B. «Uhren von CHF 190.– bis CHF 400.–») muss in der Werbung sowohl die unterste als auch die oberste Stufe des Preisrahmens angegeben werden. Bei einer **Preisgrenze** (z.B. «Uhr ab CHF 50.–») ist jedoch die Nennung der untersten Preisgrenze ausreichend. Es wird jedoch bei Preisrahmen wie auch bei Preisgrenzen verlangt, dass die angegebenen Preise im Sinne von Art. 14 PBV spezifiziert werden[14].

---

[11] Vgl. dazu Art. 16 N 14 und 20.

[12] Zu Recht wurde in BGE 116 IV 371, 377, entschieden, dass für Art. 13 PBV sinngemäss auch die Ausnahme von Art. 3 Abs. 3 PBV (Steigerungskäufe) Anwendung finden muss und damit ein zum Voraus naturgemäss nicht bekannter Steigerungspreis verlangt werden kann, da sonst jegliche Preishinweise in der Werbung für Versteigerungen ausgeschlossen wären. Solche Preise unterstehen aber selbstverständlich den Bestimmungen über irreführende Preisangaben (BGE 116 IV 371, 377).

[13] So auch PEDRAZZINI/PEDRAZZINI, UWG, N 23.16; BAUDENBACHER/GLÖCKNER, Kommentar UWG, Art. 17 N 7. In diesem Zusammenhang Anwendung findet aber auch die zivilrechtliche Bestimmung über den unlauteren Wettbewerb von Art. 3 lit. b UWG, die u.a. das Gebot der Preiswahrheit und Preisklarheit schützen will (vgl. dazu Art. 3 lit. b N 15 u. 46 ff.). So hat das Bundesgericht, in Bestätigung eines Entscheids des Handelsgerichts des Kantons Aargau, die Zulässigkeit der werblichen Bezeichnung einer Kreditkarte als «Gratis-Kreditkarte» sowohl im Hinblick auf Art. 3 lit. b als auch auf Art. 17 UWG geprüft. Die Bezeichnung wurde weder als falsch noch als irreführend und im Einklang mit der entsprechenden Vorschrift über die Preisbekanntgabe (Art. 10 Abs. 1 lit. r PBV) betrachtet, BGer 4P.321/2006 sic! 2007, 840 ff. («Supercardplus»).

[14] WYLER, Werbung, 40, mit weiteren Beispielen; PBV-Wegleitung SECO 2007, 15.

Art. 18

Irreführende Preisbekanntgabe	Es ist unzulässig, in irreführender Weise: a. Preise bekannt zu geben; b. auf Preisreduktionen hinzuweisen oder c. neben dem tatsächlich zu bezahlenden Preis weitere Preise aufzuführen.
Indication de prix fallacieuse	Il est interdit d'user de procédés propres à induire en erreur pour: a. indiquer des prix; b. annoncer des réductions de prix ou c. mentionner d'autres prix en sus du prix à payer effectivement.
Indicazioni fallaci di prezzi	È vietato, usando procedimenti che possono indurre in errore: a. indicare prezzi; b. annunciare riduzioni di prezzo o c. menzionare altri prezzi oltre a quelli pagabili effettivamente.
Misleading Announcement of Prices	It shall be prohibited to do following in a misleading manner: a. announce prices, b. announce price reductions or c. mention other prices in addition to the price to be effectively paid.

Inhaltsübersicht

		Note	Seite
I.	Irreführende Preisbekanntgabe	1	1006
	1. Grundlagen	1	1006
	2. Anwendungsbereich	2	1006
II.	Preisvergleiche	4	1007
	1. Grundsatz	4	1007
	2. Selbstvergleich	7	1009
	3. Vergleich mit Dritten	9	1010

Literatur

Vgl. Art. 16, 17 und C. BAUDENBACHER, Die Revision des schweizerischen UWG, GRUR Int. 1981, 162 ff.; DERS., Suggestivwerbung und Lauterkeitsrecht, Zürich 1978; D. KRIMPHOVE, Europäisches Werberecht, München 2002; M. WERNLI/I. ROMY/E. WOLLMANN GAUTIER, UWG: Gesetz, Materialien, Rechtsprechung, in: F. Dessemontet (Hrsg.), Publication Centre du droit de l'entreprise de l'Université de Lausanne (CEDIDAC) 13, Lausanne 1989; S. WIRTH, Vergleichende Werbung in der Schweiz, den USA und der EG, Zürich 1993.

I. Irreführende Preisbekanntgabe

1. Grundlagen

1 Die irreführende Angabe von Preisen ist unzulässig. Dieses Verbot ergibt sich bereits aus Art. 3 lit. b und im Falle von Preisvergleichen mit Dritten aus Art. 3 lit. e[1]. Inhaltlich ist zwischen den verwaltungs- und privatrechtlichen Bestimmungen Konkordanz zu schaffen[2]. Die Bestimmungen über die irreführende Preisbekanntgabe gelten sowohl für das Angebot zum Kauf (Art. 16) wie auch für die Werbung (Art. 17)[3]. Keine Rolle spielt in der Regel die Frage, ob die Preisbekanntgabe Waren oder Dienstleistungen betrifft.

2. Anwendungsbereich

2 Eine Irreführung über den Preis liegt zunächst vor, wenn nicht der «tatsächlich zu bezahlende Preis» gemäss Art. 16 angegeben wird[4]. Wer beispielsweise bei der Angabe von Flugpreisen die notwendigen öffentlichen Abgaben unterschlägt, wird in der Regel sowohl gegen die Pflicht zur Preisbekanntgabe (Art. 16 f.) verstossen wie auch Konsumentinnen und Konsumenten über den tatsächlichen Preis irreführen. Art. 16 und Art. 18 sind in diesem Sinne gleichgerichtet.

3 Art. 18 geht aber über die Preisbekanntgabe nach Art. 16 f. hinaus. Erfasst werden dabei nicht nur Tatbestände irreführender Preisvergleiche (Art. 18 lit. b und c)[5], sondern auch die Irreführung, welche den Begriff des Preises selbst betrifft. So wird unter dem Begriff «Fabrikpreis» der Preis verstanden, welcher die Herstellerin oder der Hersteller vom wiederverkaufenden Unternehmen verlangt. Wird die Ware nicht selbst produziert, so kann der Preis nur dann als «Fabrikpreis» bezeichnet werden, wenn von Konsumentinnen und Konsumenten tatsächlich der Einstandspreis verlangt wird[6].

---

[1] Zum Preisvergleich vgl. hinten N 4 ff. sowie Art. 3 lit. e N 43.
[2] Vgl. dazu unten Art. 3 lit. b N 15 und N 48 sowie Vor Art. 16 N 10 ff.
[3] Vgl. ausdrücklich Art. 15 PBV.
[4] Der Begriff des «tatsächlich zu bezahlenden Preises» findet sich in Art. 3 Abs. 1 (Angebot von Waren), Art. 10 Abs. 1 (Angebot von Dienstleistungen) und Art. 13 Abs. 1 PBV (Werbung).
[5] Vgl. dazu hinten N 4 ff.
[6] Vgl. etwa DAVID/JACOBS, Wettbewerbsrecht, N 212. Preissenkungen dürfen auch nicht als eigenes Entgegenkommen des Detaillisten dargestellt werden, wenn die Ermässigungen auf Preisreduktionen der Herstellerin oder des Herstellers zurückzuführen sind (vgl. ApGer BS BJM 1954, 213 ff.).

II. Preisvergleiche

1. Grundsatz

Die Angabe von Vergleichspreisen anderer Anbieter ist in der Schweiz 4 «seit jeher grundsätzlich zulässig»[7]. Preisvergleiche schaffen Markttransparenz. Sie dienen der Information der Öffentlichkeit, helfen den Konsumentinnen und Konsumenten bei der Auswahl ihrer Produkte[8] und stimmen somit mit der Zielsetzung von Art. 16 ff. überein[9]. Voraussetzung dafür ist jedoch, dass der Preisvergleich aussagekräftig ist und die Konsumentinnen und Konsumenten nicht irreführt[10]. Im europäischen Recht ist vergleichende Werbung zulässig, wenn «wesentliche und nachprüfbare Umstände» verglichen werden[11].

Irreführung liegt in der Regel vor, wenn unwahre Angaben verwendet werden. 5 Doch auch wahre Angaben können irreführend sein, wenn diese ungenau, unwesentlich oder unvollständig verwendet werden und deshalb geeignet sind, bei einem nicht unerheblichen Teil des Publikums falsche Vorstellungen hervorzurufen[12].

---

[7] Vgl. BGE 125 III 286, 288; BGE 104 II 124, 127; 102 II 292, 293; 94 IV 34, 38; Botschaft UWG, 1063; aus jüngerer Vergangenheit BezGer ZH sic! 2006, 103, E. 4.2 («Preisvergleich»), jeweils mit weiteren Hinweisen; vgl. zu den unterschiedlichen Äusserungen der Lehre BAUDENBACHER, GRUR Int. 1981, 164; BAUDENBACHER, Suggestivwerbung, 143; FELDGES, Konsumentenschutz, 37; WIRTH, Vergleichende Werbung, 128.

[8] BGE 129 III 426, 433.

[9] Zur Zielsetzung von Art. 16 ff. vgl. Art. 16 N 8.

[10] BAUDENBACHER/GLÖCKNER, Kommentar UWG, Art. 18 N 2 stellen diesbezüglich die Rechtmässigkeit von Art. 16 PBV in Frage. Die Bestimmung würde zusätzliche Voraussetzungen für die Zulassung von Preisvergleichen aufstellen, die über die gesetzliche Ermächtigungsgrundlage hinausgehen würden. Dem ist entgegenzuhalten, dass der Bundesgesetzgeber dem Bundesrat generell weit reichende Verordnungskompetenzen eingeräumt hat.

[11] Im Gegensatz dazu dürfen nach schweizerischem Recht unter Umständen auch atypische und sogar subjektive Merkmale miteinander verglichen werden (SCHWENNINGER/SENN/THALMANN, Werberecht: Kommentierte Textausgabe, 61 f.).
Mit der Richtlinie 97/55/EG des Europäischen Parlaments und des Rates vom 6. Oktober 1997 zur Änderung der Richtlinie 84/450/EWG über irreführende Werbung zwecks Einbeziehung der vergleichenden Werbung (ABl. L 290 vom 6. Oktober 1997, 18 ff.) nahm der europäische Gesetzgeber den Tatbestand der «vergleichenden Werbung» in das europäische Wirtschaftsrecht auf. Generelles Ziel der Richtlinie 97/55/EG i.V.m. der Richtlinie 84/450/EWG (inzwischen ersetzt durch Richtlinie 2006/114/EG) ist eine europaweite Harmonisierung nationaler Vorschriften zur vergleichenden Werbung, um Wettbewerbs- und Handelshemmnisse auf dem Europäischen Binnenmarkt zu beseitigen (KRIMPHOVE, Europäisches Werberecht, 77 ff.). Weiterführend zur vergleichenden Werbung nach Erlass der Richtlinie 97/55/EG HEFERMEHL/KÖHLER/BORNKAMM, Wettbewerbsrecht, § 6 dt. UWG N 3 ff.; GLÖCKNER, Europäisches Lauterkeitsrecht, 20 ff.; OHLY, GRUR 2003, 641 ff.; SACK, GRUR 2004, 89 ff.; LINGENBERG, Richtlinie 97/55/EG, 37 ff. und SCHLEMMER, Europäisierung, 82 ff.

[12] Unter Umständen sind die Kalkulationsgrundlagen des Preisvergleiches anzugeben, vgl. BGE 125 III 286, 289 mit ausführlichen Hinweisen; BGE 104 II 124, 127; 43 II 87. Es ist zudem unzulässig, den Preis eines Spezialangebotes mit einem so genannten Normalpreis zu vergleichen, ohne auf die Besonderheit des Angebots aufmerksam zu machen vgl. BGE 129 III 426, 434 f.

Dies ist etwa der Fall, «wenn mit unwesentlichen Vergleichsfaktoren operiert, wesentliche Tatsachen dagegen verschwiegen werden»[13]. Gemäss Bundesgericht stellt die Gegenüberstellung der früheren Ladenpreise mit den Ausrufspreisen bei einer Versteigerung einen unzulässigen Preisvergleich dar[14].

6   Aus der Ankündigung muss die Art des Preisvergleiches ersichtlich sein. Für Publikum und Konkurrenz soll klar sein, ob sich die Anbieterin oder der Anbieter mit eigenen vorher oder nachher gültigen Preisen (Selbstvergleich) oder mit jenen der Konkurrenz (Vergleich mit Dritten) vergleicht[15]. Ein blosses Durchstreichen des Preises[16] gibt ungenügend Auskunft darüber, welche Preise verglichen werden, weshalb eine Ergänzung z.B. «vorher – jetzt», «neu – alt», «jetzt – später», «mein Preis – Konkurrenzpreis» usw. notwendig ist[17]. Die oder der Werbende ist bis zur Publikation des Preisvergleiches verantwortlich, dessen Richtigkeit zu überwachen[18].

---

[13] BGE 129 III 426, 434; vgl. auch schon BGE 55 II 178.
[14] BGE 116 IV 371. Trotz der Anmerkung des Teppichhändlers, dass die Ausrufspreise keine definitiven Preise darstellen, sah das Bundesgericht in dieser Reklame einen irreführenden Preisvergleich. Es war der Ansicht, dass das Publikum nicht bemerken würde, dass der Ausrufspreis keine Anhaltspunkte für den eigentlich zu bezahlenden Preis bietet (vgl. dazu auch WIRTH, Vergleichende Werbung, 53). Die Auffassung des Bundesgerichts erscheint als sehr streng (zum Massstab vgl. auch Art. 17 N 9 insbesondere Fn. 12).
[15] Art. 16 Abs. 2 PBV; vgl. AppGer BS BJM 2006, 334, wo festgehalten wird: «Es wird deutlich, dass es dem Appellanten selbst gar nicht um die Verwendung echter Selbstvergleiche gegangen ist, sondern dass er Kunden den Kauf eines ‹Schnäppchens› unter irgend einem Titel hat schmackhaft machen wollen. Zu diesem Zweck hat er nicht näher erklärte Preisvergleiche verwendet und dieses Institut recht eigentlich missbraucht». Zum Selbst- und Drittvergleich vgl. unten N 7 f. (Selbstvergleich) und 9 ff. (Drittvergleich).
[16] Die Angabe von durchgestrichenen Preisen in einem *Katalog* neben den niedrigeren Preisen, zu denen die Artikel jetzt verkauft werden, stellt keine unlautere Handlung dar. Leserinnen und Leser erkennen, dass dieses Vorgehen nur dazu dient, die (eigenen) alten Preise ersichtlich zu machen (BGE 96 I 699); vgl. auch WERNLI/ROMY/WOLLMANN GAUTIER, UWG: Gesetz, Materialien, Rechtsprechung zu Art. 18, 624. Vorschriften, die durchgestrichene Preise prinzipiell untersagten, wären mit der Wirtschaftsfreiheit nicht vereinbar (BGE 96 I 699, 701).
[17] SUTTER, JKR 1999, 228.
[18] WIRTH, Vergleichende Werbung, 51. Der Vergleich muss einerseits am Erhebungstag und andererseits am Tag der Veröffentlichung des preisvergleichenenden Inserates zutreffen (OGer ZH ZR 1952, Nr. 38, 67: «Wer eine solche Preisvergleichung in der Presse veröffentlicht, hat daher sorgfältig zu prüfen, ob die darin enthaltenen Angaben der Wahrheit entsprechen. Dabei kann es nicht genügen, dass sie an dem der Preisvergleichung zu Grunde liegenden Stichtage der Wahrheit entsprechen, sie haben es auch am Tage der Veröffentlichung zu sein, denn die Publikation einer überholten Preisvergleichung kann ebenso einen Verstoss gegen Treu und Glauben darstellen wie eine von vornherein unrichtige Preisvergleichung»).

2. Selbstvergleich

Die Preise von Waren und Dienstleistungen können mit dem eigenen Angebot der Verkäuferin oder des Verkäufers verglichen werden (Selbstvergleich im weiteren Sinne). Dabei kann sich der Vergleich auf ein früheres Angebot (Selbstvergleich im engeren Sinne, Art. 16 Abs. 1 lit. a PBV) oder ein späteres Angebot (Einführungspreis[19], Art. 16 Abs. 1 lit. b PBV) beziehen. Unter den Selbstvergleich (im engeren Sinne) fallen auch Rabatte, Eintauschaktionen etc., da darin auf ein früheres eigenes Angebot Bezug genommen wird (Art. 17 Abs. 1 PBV).

7

Preisvergleiche müssen aussagekräftig sein. Dies wird bei Selbstvergleichen dadurch gewährleistet, dass der eigene Vergleichspreis in sinnvoller Relation zum tatsächlich zu bezahlenden Preis stehen muss. Konkret verlangt Art. 16 Abs. 3 PBV, dass der Vergleichspreis nur «während der Hälfte der Zeit bekannt gegeben werden [darf], während der er gehandhabt wurde beziehungsweise gehandhabt werden wird, längstens jedoch während zwei Monaten»[20]. Eine Flasche Wein mit einem Aktionspreis von CHF 9.95, welche während vier Wochen zu diesem Preis verkauft und beworben wird, muss also vorher mindestens acht Wochen zum angegebenen Vergleichspreis verkauft worden sein[21]. Für rasch verderbliche Waren bestehen Sonderregeln (Art. 16 Abs. 4 PBV)[22].

8

---

[19] Nach DAVID/REUTTER, Werberecht, N 119, auch *«Subskriptionspreis»* genannt. WYLER, Werbung, 46 ff., schenkt dem Einführungspreis besondere Beachtung, stellt aber ebenfalls fest, dass es sich dabei lediglich um eine besondere Variante des Selbstvergleichs handelt. SUTTER, JKR 1999, 229 ff., teilt den Einführungspreis in eine selbständige Kategorie ein, sieht aber im Einführungspreis «einen in die Zukunft gerichteten Selbstvergleich».

[20] Sog. Halbierungsregel (DAVID/JACOBS, Wettbewerbsrecht, N 252). Sinn der Bestimmung ist es, den Konsumenten keine Preisvorteile zu suggerieren, die effektiv gar nicht mehr vorliegen (dazu PUGATSCH, Werberecht, 164). Gemäss SCHWENNINGER/SENN/THALMANN, Werberecht: Kommentierte Textausgabe, 63, können die kantonalen Vollzugsbehörden in der Praxis allerdings kaum überprüfen, wie lange sich das Produkt zum ursprünglichen Preis im Sortiment befunden hat. Dem ist immerhin Art. 16 Abs. 2 Satz 2 PBV entgegenzuhalten, wonach die Korrektheit des Vergleichs durch die Anbieterin oder den Anbieter glaubhaft zu machen ist.

[21] Vgl. die instruktiven Beispiele aus PBV-Wegleitung SECO 2007, 19.

[22] Schnell verderbliche Waren (Frischprodukte und Schnittblumen) dürfen, wenn sie mindestens während eines halben Tages gehandhabt wurden, noch bis zum Abend des folgenden Tages als Vergleichspreis bekannt gegeben werden (Art. 16 Abs. 4 PBV). Die frühere Ausnahmebestimmung in Art. 16 Abs. 3 aPBV, wonach für «modische Bekleidung und Schuhe» Vergleichspreise «bis Ende der laufenden Saison, jedoch höchstens während vier Monaten angegeben werden durften, wenn sie unmittelbar vorher während mindestens zweier Monate tatsächlich gehandhabt wurden», wurde ersatzlos gestrichen (WYLER, Werbung, 45).

3. Vergleich mit Dritten

9 Preisvergleiche mit Dritten (Konkurrenzvergleiche) sind grundsätzlich erlaubt, müssen aber aussagekräftig sein[23]. Verhindert werden soll, dass sich eine Anbieterin oder ein Anbieter nur mit den teuersten Angeboten, den Preisen nicht vergleichbarer Produkte oder den Preisen einer Konkurrentin oder eines Konkurrenten ausserhalb des relevanten Marktgebietes vergleicht[24]. Entsprechend fordert Art. 16 Abs. 1 lit. c PBV für Konkurrenzvergleiche, dass «andere Anbieter im zu berücksichtigenden Marktgebiet die überwiegende Menge gleicher Waren oder Dienstleistungen tatsächlich zu diesem Preis anbieten». Die verwendeten Angaben müssen belegt werden können (Art. 16 Abs. 2 PBV). Im Gegensatz zum Selbstvergleich ist die mögliche Vergleichsdauer beim Vergleich mit Dritten nicht befristet[25]. Ein Vergleichspreis darf aber nur so lange praktiziert werden, als die Voraussetzungen dazu erfüllt sind. Mit einer Stichtagangabe kann verhindert werden, auf einen nicht mehr zutreffenden Vergleich behaftet zu werden[26].

10 Die Konkurrenzpreise müssen sich zunächst auf die «gleichen Waren und Dienstleistungen» beziehen. Dabei kann es nicht um eigentliche Identität gehen; Preisvergleiche wären sonst im Bereich des Interbrand-Wettbewerbs kaum möglich[27]. Gefordert wird vielmehr, dass Waren oder Leistungen, deren Preise verglichen werden, «mengen- und qualitätsmässig miteinander vergleichbar», aber nicht gleichartig sind[28]. Unlängst findet sich allerdings auch eine Äusserung des Bundesgerichts, welche restriktiver erscheint[29].

---

[23] Vgl. oben N 4.
[24] SUTTER, JKR 1999, 230.
[25] WYLER, Werbung, 46. Vgl. zu den Sorgfaltspflichten bei Preisvergleichen auch oben N 6, Fn. 18.
[26] SUTTER, JKR 1999, 230. Bei Lebensmitteln dürften Preisvergleiche bereits nach einem Monat nicht mehr aktuell sein (DAVID/REUTTER, Werberecht, N 118). Gemäss Bundesgericht sind beim Preisvergleich unter Umständen auch die Kalkulationsfaktoren anzugeben, um Täuschungen zu vermeiden (BGE 125 III 286, 289; BGE 104 II 124, 133).
[27] In dieser praktisch wichtigen Frage ist die PBV-Wegleitung SECO 2007, 21, m.E. zu kurz ausgefallen; so auch BAUDENBACHER/GLÖCKNER, Kommentar UWG, Art. 18 N 9.
[28] BGE 125 III 286, 289. Vgl. dazu kritisch WIRTH, Vergleichende Werbung, 51; zustimmend WYLER, Werbung, 47 f., mit der Forderung, dass der Werbetreibende angibt, bei welchen genau bezeichneten Produkten er für sich in Anspruch nimmt, günstiger als seine Konkurrenten anzubieten. Eine ausführliche Beschäftigung mit der Problematik fand im Entscheid OGer ZH sic! 1997, 588 ff. («Denner-Preisvergleich») statt, wonach ein Preisvergleich im Sinne von Art. 16 Abs. 2 lit. c PBV nicht nur bezüglich identischer, sondern auch bezüglich gleichartiger Waren zulässig ist. Der Begriff «gleichartige Waren» wird dort definiert als «Waren, von etwa gleicher Qualität, wenn diese demselben Bedarf oder derselben Zweckbestimmung dienen» (OGer ZH sic! 1997, 589, E. III c [«Denner-Preisvergleich»]). Im gleichen Entscheid wurde festgehalten, dass beim Vergleich mit Konkurrenzpreisen auch mehrere Vergleichspreise genannt werden dürften, was die Preistransparenz fördere (OGer ZH sic! 1997, 590, E. IV b [«Denner-Preisvergleich»]). Auch können im selben Inserat sowohl Vergleichspreise der Konkurrenz als auch ein eigener Sonderpreis bekannt gegeben werden, sofern nicht der eigene Sonderpreis in irreführender Weise in Be-

Als massgebendes «Marktgebiet» gilt das Gebiet, innerhalb dessen Konsumentinnen und Konsumenten gewöhnlich bestimmte Waren einkaufen oder Dienstleistungen beziehen. Zur Bestimmung des relevanten Marktgebiets sind verschiedene Faktoren massgebend, namentlich die Gattung der offerierten Waren oder Dienstleistungen, das Einzugsgebiet und der Ort, an welchem die Werbung erschienen ist (lokales, regionales, nationales Medium)[30]. Beispielsweise werden Artikel des täglichen Bedarfs in einem kleineren Gebiet gekauft als ausgefallenere Ware[31]. 11

Umstritten ist, auf welchen Anteil an Anbieterinnen und Anbietern und auf welchen Anteil an Produkten sich der Preisvergleich beziehen muss. Diesbezüglich muss mit Blick auf den Gesetzeswortlaut («... überwiegende Menge ...») nicht die Zahl der Anbieterinnen und Anbieter, sondern der Umfang der verkauften Waren ausschlaggebend sein[32]. Falls diesbezüglich verlässliche Zahlen fehlen, muss eine realistische Schätzung zulässig sein[33]. 12

Die Behauptung des «billigsten Preises»[34] ist problematisch, sofern sie wahrheitswidrig oder nicht aussagekräftig ist. Letzteres beispielsweise deshalb, weil gar keine vergleichbaren Produkte auf dem Markt sind. Problematisch erscheint die Behauptung des günstigsten Angebots auch dann, wenn damit nur ein Rückgabe- 13

---

ziehung zum Normalpreis der Konkurrenz gesetzt wird (OGer ZH sic! 1997, 591, E. IV c [«Denner-Preisvergleich«]).

[29] BGE 132 III 414, 426 f. («Taxes de pharmacie»): «Au demeurant, on ne comparera que ce qui est comparable. Cela vaut en particulier pour les comparaisons des prix, lesquelles ne sont admissibles que lorsqu'elles portent sur des quantités et qualités identiques; ...»

[30] SUTTER, JKR 1999, 231; SCHWENNINGER/SENN/THALMANN, Werberecht: Kommentierte Textausgabe, 59.

[31] WIRTH, Vergleichende Werbung, 50.

[32] Wie hier SUTTER, JKR 1999, 230; kritisch WIRTH, Vergleichende Werbung, 51, mit der Forderung, dass deutlich mehr als die Hälfte der Anbieterinnen und Anbieter den Vergleichspreis verlangen müssen.

[33] Entsprechend formuliert auch Art. 18 Abs. 2 Satz 2 PBV, dass die Voraussetzungen für die Verwendung von Vergleichspreisen «glaubhaft zu machen» sind.

[34] Nach WIRTH, Vergleichende Werbung, 48 ff., ist zu unterscheiden zwischen *Superlativwerbung*, bei welcher für ein Produkt mit der Verwendung der höchsten Steigerungsform eines Adjektivs, dem Superlativ (Bsp.: «billigste Preis», «tiefste Preis») geworben wird, und der *Komparativwerbung*, bei welcher die erste adjektivische Steigerungsform (der Komparativ) verwendet wird (Bsp.: «X. ist immer günstiger», «billiger als bei der Konkurrenz»). WIRTH erachtet die Superlativwerbung als weniger heikel, da der Adressat vor vornherein die nötigen Abstriche mache und die Aussage als werbliche Übertreibung sehe, während die Komparativwerbung eine direkte Relation zu konkurrierenden Waren herstelle und die Frage nach dem weniger preiswerten Angebot aufwerfe. Ausführlich zu den Grundsätzen der Superlativwerbung vgl. BGE 129 III 426, 434 f.: Wenn die Superlativwerbung konkrete und objektiv überprüfbare Aussagen beinhaltet, so wird sie nach Art. 3 lit. e UWG beurteilt und muss richtig sein; vgl. dazu Art. 3 lit. e N 46 ff. Werden hingegen Wertungen, subjektive Willensäusserungen oder erkennbare Übertreibungen benutzt, (wie beispielsweise: «das Muss», «das Beste vom Besten», «der beste Geruch der Welt» etc.) so handelt es sich dabei um marktschreierische Reklamen, welche nicht nach Art. 3 lit. e beurteilt werden.

recht oder die Erstattung der Differenz auf ein möglicherweise vorhandenes billigeres Angebot gemeint ist[35]. Möglich muss es dagegen sein, vom billigsten Angebot zu sprechen, sofern die Botschaft vom Publikum ohne Mühe als werbliche Übertreibung verstanden wird[36]. Dies ist in aller Regel nicht der Fall, wenn Begriffe wie «garantiert» o.ä. verwendet werden[37].

---

[35] Vgl. dazu DAVID/JACOBS, Wettbewerbsrecht, N 250.

[36] Als irreführend wurde z.B folgender Slogan vom Zürcher Obergericht beurteilt: «70 000 mal günstiger», OGer ZH SMI 1996, 513. Dazu wurde festgehalten: «Indem sodann eine konkrete Zahl (70 000) von der Beklagten in ihre Werbung eingeführt wurde, hat sie sich dabei behaften zu lassen, dass ein quantitativ messbares Element besteht, dessen Aussage – einschliesslich des Wahrheitsgehaltes – relevant und überprüfbar ist. Dabei versteht sich dem simplifizierenden Charakter einer Werbebotschaft entsprechend –, dass nicht nachzuprüfen ist, ob eine solche Zahl allenfalls in einer gewissen Bandbreite «gerundet» wurde. Entscheidend ist aber, dass sich eine solche quantitative Angabe auf für den Konsumenten wesentliche Aspekte des Angebots beziehen und in dieser Aussage korrekt sein muss». Das Bundesgericht hat dagegen die Frage der Irreführung beim gleichen Slogan offen gelassen, dabei aber festgehalten, dass «der Slogan vom durchschnittlichen Adressaten schon wegen der Grösse der runden Zahl kaum als wahre Aussage im Sinne eines Preisvergleichs verstanden werden dürfte», BGer 4C.439/1998 Pra 2001 Nr. 118, E. 1d.

[37] Vgl. Kantonsgericht SZ SMI 1984, 376 ff.: «Garantiert tiefste Preise der Schweiz», dazu WIRTH, Vergleichende Werbung, 53. Vgl. auch BGE 94 IV 34: Ein Anbieter von Radioapparaten warb mit folgender Aussage: «Billigste Preise der Schweiz» und darunter: «Seit 13 Jahren 20–40% Rabatt im ersten Discounthaus der Schweiz». In der Anzeige waren unterschiedliche Markenradios mit ihrem Nettopreis abgedruckt. Beim Publikum wurde damit der Eindruck erweckt, dass es sich beim Anbieter um den effektiv billigsten Anbieter der genannten und gezeigten Geräte handeln würde. Dies traf aber nur schon im Verhältnis zur Anzeigestellerin nicht zu. Als werbliche Übertreibung oder marktschreierische Werbung konnte die besagte Werbung nicht eingestuft werden. Die Werbung war offensichtlich darauf ausgerichtet, den Eindruck der Wahrhaftigkeit zu erwecken.

Art. 19

Auskunftspflicht

¹ Die zuständigen Organe der Kantone können Auskünfte einholen und Unterlagen verlangen, soweit es die Abklärung des Sachverhalts erfordert.

² Der Auskunftspflicht unterstehen:
a. Personen und Firmen, die Konsumenten Waren zum Kauf anbieten oder solche Waren herstellen, kaufen oder damit Handel treiben;
b. Personen und Firmen, die Dienstleistungen anbieten, erbringen, vermitteln oder in Anspruch nehmen;
c. Organisationen der Wirtschaft;
d. Organisationen von gesamtschweizerischer oder regionaler Bedeutung, die sich statutengemäss dem Konsumentenschutz widmen.

³ Die Auskunftspflicht entfällt, wenn nach Artikel 42 des Bundesgesetzes über den Bundeszivilprozess die Aussage verweigert werden kann.

⁴ Bestimmungen der Kantone über das Verwaltungs- und Strafverfahren bleiben vorbehalten.

Obligation de renseigner

¹ Dans la mesure où l'établissement des faits l'exige, les organes compétents des cantons peuvent demander des renseignements et requérir des documents.

² Sont soumises à l'obligation de renseigner:
a. les personnes et entreprises qui offrent des marchandises au consommateur, les produisent ou en font le commerce ou les achètent;
b. les personnes et entreprises qui offrent des services, les fournissent, les procurent ou en font usage;
c. les organisations de l'économie;
d. les organisations d'importance nationale ou régionale qui se consacrent statutairement à la protection des consommateurs.

³ L'obligation de renseigner est levée si les déclarations peuvent être refusées en vertu de l'art. 42 de la loi fédérale de procédure civile fédérale du 4 décembre 1947.

⁴ Les dispositions cantonales concernant la procédure administrative et la procédure pénale sont réservées.

Obbligo d'informare

¹ Gli organi competenti dei Cantoni possono chiedere informazioni e esigere documenti in quanto necessario per l'accertamento dei fatti.

² Sottostanno all'obbligo d'informare:
a. le persone e le ditte che offrono merci al consumatore o le producono, ne fanno commercio o le acquistano;
b. le persone e le ditte che offrono servizi, li forniscono, li procurano o ne fanno uso;

c. le organizzazioni dell'economia;
d. le organizzazioni d'importanza nazionale o regionale che per statuto si dedicano alla protezione dei consumatori.

³ L'obbligo d'informare decade se la deposizione può essere rifiutata giusta l'articolo 42 della legge del 4 dicembre 1947 di procedura civile federale.

⁴ Rimangono salve le disposizioni cantonali di procedura amministrativa e penale.

Obligation to Provide Information

¹ Where establishment of the facts so requires, the competent authorities of the Cantons may obtain information and require documentation.

² The obligation to provide information shall apply to:
a. persons and undertakings offering goods to consumers, producing such goods, purchasing them, or trading in them;
b. persons and undertakings offering, providing, procuring or retaining services;
c. business organisations;
d. organisations of national or regional significance devoted by their articles of association to consumer protection.

³ The obligation to provide information shall not apply in those cases where statements can be refused under Article 42 of the Federal Act on the Federal Civil Procedure.

⁴ The Cantonal provisions on administrative and criminal procedure shall be reserved.

Inhaltsübersicht

		Note	Seite
I.	Auskunftspflicht	1	1015
	1. Sachlicher Anwendungsbereich	1	1015
	2. Persönlicher Anwendungsbereich	2	1015
II.	Grenzen der Auskunftspflicht	3	1015

Literatur

Vgl. Art. 16.

I. Auskunftspflicht

1. Sachlicher Anwendungsbereich

Gemäss Art. 19 Abs. 1 können die zuständigen kantonalen Organe[1] Auskünfte einholen und Akten anfordern, «soweit es die Abklärung des Sachverhalts erfordert». Der «Sachverhalt» muss sich auf Tatbestände nach Art. 16–18 beziehen; Art. 19 sieht nicht eine allgemeine Ermittlungstätigkeit der Behörden im Bereich des unlauteren Wettbewerbs vor[2]. Im Ermessen der Behörden liegt dagegen die Entscheidung, welche Akten sie zur Aufklärung des Sachverhalts anfordern. Es können relevante Angaben wie «Einstandspreise, Selbstkostenpreise und Umsätze des Detailhandels usw.»[3] herangezogen werden.

2. Persönlicher Anwendungsbereich

Die Auskunftspflicht betrifft alle Träger von Unternehmen, Wirtschaftsorganisationen sowie Konsumentenschutzorganisationen mit gesamtschweizerischer oder regionaler Bedeutung[4]. Der persönliche Anwendungsbereich der Auskunftspflicht geht weiter als bei der Preisbekanntgabepflicht und ermöglicht der Behörde, sich ein vollständiges Bild über den Sachverhalt zu machen[5].

II. Grenzen der Auskunftspflicht

Die Ausnahmen zur Auskunftspflicht richten sich nach Art. 42 BZP und ferner nach kantonalem Verwaltungs- und Strafverfahrensrecht (Art. 19 Abs. 3 und 4)[6].

---

[1] Adress- und Telefonliste der zuständigen kantonalen Behörden für den Vollzug der Verordnung vom 11. Dezember 1978 über die Bekanntgabe von Preisen (PBV), herausgegeben vom SECO, abrufbar unter: http://www.seco.admin.ch/themen/00645/00654/index.html?lang=de (besucht am 21. April 2010).
[2] BAUDENBACHER/GLÖCKNER, Kommentar UWG, Art. 19 N 3 ff. mit Hinweisen auf die Gesetzessystematik.
[3] Botschaft 1977, 171.
[4] Vgl. GUYET, SIWR V/1, 291.
[5] Vgl. BAUDENBACHER/GLÖCKNER, Kommentar UWG, Art. 19 N 2; PEDRAZZINI/PEDRAZZINI, UWG, N 23.29.
[6] GUYET, SIWR V/1, 291; PEDRAZZINI/PEDRAZZINI, N 23.30.

Art. 20

Vollzug	¹ **Der Vollzug obliegt den Kantonen, die Oberaufsicht dem Bund.** ² **Der Bundesrat erlässt die Ausführungsbestimmungen.**
Exécution	¹ L'exécution incombe aux cantons, la haute surveillance à la Confédération. ² Le Conseil fédéral édicte les dispositions d'exécution.
Esecuzione	¹ L'esecuzione compete ai Cantoni, l'alta vigilanza alla Confederazione. ² Il Consiglio federale emana le disposizioni esecutive.
Execution	¹ Execution shall be the responsibility of the Cantons and surveillance that of the Confederation. ² The Federal Council shall enact the implementing provisions.

Inhaltsübersicht

		Note	Seite
I.	Vollzug und Oberaufsicht	1	1016
II.	Rechtsetzungskompetenzen des Bundesrates	3	1017

Literatur

Vgl. Art. 16

I. Vollzug und Oberaufsicht

1 Gemäss Art. 20 UWG obliegt es den Kantonen, die Vorschriften der Preisbekanntgabe (Art. 16–18) zu vollziehen. Die kantonalen Behörden sind mit der Überwachung der vorschriftsgemässen Durchführung betraut und melden Widerhandlungen den zuständigen Instanzen (Art. 22 Abs. 1 PBV). Das Verfahren richtet sich dabei nach kantonalem Recht (Art. 22 Abs. 2 PBV).

2 Der Bund übt die Oberaufsicht im Sinne von Art. 20 Abs. 1 UWG i.V.m Art. 23 Abs. 1 PBV durch das Eidgenössische Volkswirtschaftsdepartement aus, welches die Überwachung dem SECO (früher BIGA) delegiert hat. Der Bund hat aufgrund seiner im UWG vorgesehenen Kompetenz zum Erlass von Ausführungsbestimmungen die PBV geschaffen. Gestützt auf die in Art. 23 Abs. 2 PBV bekräftigte allgemeine Vollzugskompetenz hat das SECO Informationsblätter zu einzelnen Waren, Dienstleistungen oder Sonderproblemen sowie die (allgemeine) Wegleitung für die Praxis zur PBV vom April 2007 herausgegeben[1].

---

[1] Vgl. dazu Art. 16 N 30.

II. Rechtsetzungskompetenzen des Bundesrates

Durch die Delegation der Verordnungskompetenz in Art. 20 Abs. 2 UWG wird dem Bundesrat ein «sehr weiter Ermessensspielraum»[2] eingeräumt. Dieser Spielraum ergibt sich auch aus den materiellen Bestimmungen, beispielsweise aus Art. 17, welcher praktisch eine Blankodelegation für den Bundesrat darstellt. Dabei darf allerdings nicht übersehen werden, dass der Bundesrat an die Wertungen des Gesetzgebers an anderer Stelle im UWG, namentlich in Art. 3, gebunden bleibt[3].

3

Die PBV und allfällig weitere vom Bundesrat erlassene Verordnungen können vom Bundesgericht akzessorisch überprüft werden. Allerdings prüft das Gericht mit Blick auf Art. 190 BV (Anwendungsgebot von Bundesgesetzen) nur, ob sich der Bundesrat an die Grenzen der ihm im Gesetz eingeräumten Befugnisse gehalten hat. Räumt die gesetzliche Delegation dem Bundesrat einen weiten Ermessensspielraum für die Regelung auf Verordnungsstufe ein, ist dieser für das Bundesgericht nach Art. 191 BV verbindlich. Das Gericht darf nicht sein eigenes Ermessen an die Stelle jenes des Bundesrats setzen, sondern kann lediglich prüfen, ob die Verordnung den Rahmen der dem Bundesrat delegierten Kompetenzen offensichtlich sprengt oder sich aus anderen Gründen als gesetzes- oder verfassungswidrig erweist[4]. Mit Blick auf das im Gesetz angelegte weite Ermessen des Verordnungsgebers erscheinen die Anfechtungsmöglichkeiten somit eingeschränkt.

4

---

[2] WYLER, Werbung, 37.
[3] Zum Verhältnis zwischen zivil- und verwaltungsrechtlichen Bestimmungen vgl. vorne Art. 16 N 1 f.
[4] Vgl. BGE 131 II 271, 275; BGE 131 II 735, 740; BGE 129 II 249, 263; BGE 128 IV 177, 181; BGE 126 II 283 ff., 290 etc.

Art. 21–22

Aufgehoben durch Ziff. I des BG vom 24. März 1995 (AS 1995 4086; BBl 1994 III 442).

Abrogés par le ch I de la LF du 24 mars 1995 (RO 1995 4086; FF 1994 III 449).

Abrogati dal n. 1 della LF del 24 mar. 1995 (RU 1995 4086; FF 1994 III 403)

[repealed]

1 Art. 21 enthielt die Grundlage für die Bewilligungspflicht für Ausverkäufe und ähnliche Veranstaltungen sowie für konkretisierende bundesrätliche Ausführungsbestimmungen (Ausverkaufsordnung; AVO) und regelte die Grundsätze der Bewilligungserteilung. Art. 22 listete die «Befugnisse der Kantone» im Bereich von Ausverkäufen und ähnlichen Veranstaltungen auf (Vorbehalt des kantonalen Übertretungsstrafrechts und Befugnis zur Gebührenerhebung für Bewilligungen). Die beiden Bestimmungen entsprachen im Wesentlichen den entsprechenden Bestimmungen des UWG 1943.

2 Im Zuge der Liberalisierung des Ausverkaufswesens wurden die Bestimmungen per 1. November 1995 aufgehoben (vgl. dazu Einleitung N 56, 70 und 91, Art. 3 lit. f N 6, 31 und 59, Vor Art. 16–20 N 2 und 29 sowie Art. 28 N 2).

4. Kapitel: Strafbestimmungen

Art. 23

Unlauterer Wettbewerb	[1] Wer vorsätzlich unlauteren Wettbewerb nach Artikel 3, 4, 4a, 5 oder 6 begeht, wird auf Antrag mit Freiheitsstrafe bis zu drei Jahren oder Geldstrafe bestraft. [2] Strafantrag stellen kann, wer nach den Artikeln 9 und 10 zur Zivilklage berechtigt ist.
Concurrence déloyale	[1] Quiconque, intentionnellement, se rend coupable de concurrence déloyale au sens des art. 3, 4, 4a, 5 ou 6 est, sur plainte, puni d'une peine privative de liberté de trois ans au plus ou d'une peine pécuniaire. [2] Peut porter plainte celui qui a qualité pour intenter une action civile selon les art. 9 et 10.
Concorrenza sleale	[1] Chiunque, intenzionalmente, si rende colpevole di concorrenza sleale ai sensi degli articoli 3, 4, 4a, 5 o 6 è punito, a querela di parte, con una pena detentiva sino a tre anni o con una pena pecuniaria. [2] Può sporgere querela chiunque è legittimato all'azione civile secondo gli articoli 9 e 10.
Unfair Competition	[1] Whoever intentionally commits an act of unfair competition within the meaning of Articles 3, 4, 4a, 5 or 6 shall be liable, upon request, to imprisonment or a fine of up to 100'000 francs. [2] A criminal complaint may be filed by anyone entitled to bring an action under Articles 9 and 10.

Inhaltsübersicht

	Note	Seite
I. Normzweck	1	1023
II. Entstehungsgeschichte	3	1023
III. Systematik und Verhältnis zu anderen Vorschriften	5	1024
1. Systematik und Abstimmungsprobleme mit den zivilrechtlichen UWG-Regelungen	5	1024
a) Auslegung	7	1024
aa) Allgemeines	7	1024
bb) Restriktive Auslegung?	9	1025
b) Irrelevanz zivilrechtlicher Vermutungen und Beweislastregeln im UWG-Strafrecht	10	1026
c) Verweis in Art. 23 Abs. 2	11	1026
2. Verhältnis zu anderen Vorschriften	12	1026
a) (Subsidiäre) Geltung der Bestimmungen des Allgemeinen Teils des StGB gemäss Art. 333 Abs. 1 StGB	12	1026
aa) Allgemeines	12	1026
bb) Deliktsnatur	16	1027

					Note	Seite
			aaa)	Vergehen	16	1027
			bbb)	Gefährdungsdelikt	18	1028
		cc)	Räumlicher Geltungsbereich		19	1028
		dd)	Versuchsstrafbarkeit		22	1029
		ee)	Verwirklichung durch Unterlassen?		26	1030
		ff)	Täterschaft und Teilnahme		29	1031
			aaa)	Täterschaft	31	1032
			bbb)	Teilnahme	33	1033
		gg)	Medienstrafrecht		35	1033
	b)	Konkurrenzen			38	1035
		aa)	StGB-Straftatbestände		42	1036
		bb)	Straftatbestände in immaterialgüterrechtlichen Spezialgesetzen		44	1038
		cc)	Übriges Nebenstrafrecht		48	1040
IV.	Tatbestandsvoraussetzungen				50	1040
	1.	Verhalten gemäss Art. 3–6			50	1040
		a)	Keine umfassende Strafbewehrung		50	1040
		b)	Objektive Tatbestandsmerkmale im Besonderen		51	1041
	2.	Vorsatz			54	1041
		a)	Differenzierung zwischen Art. 23 und 24 UWG		54	1041
		b)	(Eventual-)Vorsatz		55	1042
		c)	Tatbestandsirrtum		62	1044
	3.	Besondere subjektive Tatbestandsmerkmale			67	1045
	4.	Strafantrag			69	1045
		a)	Allgemeines		69	1045
		b)	Die einzelnen Berechtigten		73	1048
		c)	Sonderprobleme aufgrund des Verweises in Art. 23 Abs. 2		75	1049
		d)	Absehen von der Strafverfolgung resp. Einstellung des Verfahrens trotz Antrag		76	1050
V.	Rechtfertigung				77	1050
VI.	Schuldausschluss / Strafmilderung wegen Verbotsirrtums				80	1051
	1.	Allgemeines			80	1051
	2.	Spezifisch zur Vermeidbarkeit resp. Unvermeidbarkeit			82	1051
	3.	Unvermeidbarkeit bei anwaltlicher Beratung?			87	1052
VII.	Verfahrensfragen				89	1053
VIII.	Rechtsfolgen				90	1053
	1.	Strafen			91	1054
		a)	Strafrahmen: Freiheitsstrafe bis zu drei Jahren oder Geldstrafe		91	1054
		b)	Strafzumessung		96	1054
	2.	Massnahmen			98	1054
		a)	Einziehung		99	1055
			aa)	Sicherungseinziehung (Art. 69 StGB)	100	1055
			bb)	Einziehung von Vermögenswerten (Art. 70 f. StGB)	106	1057

			Note	Seite
	cc)	Hinweis: zivilrechtliche Einziehung und Hilfeleistung durch die Zollverwaltung	113	1058
	b)	Urteilsveröffentlichung (Art. 68 StGB)	114	1059
	c)	Berufsverbot (Art. 67 f. StGB)	116	1059
3.	Strafregistereintrag		117	1059
4.	Hinweis: Verwaltungssanktionen		119	1060
IX.	Praktische Bedeutung		120	1060

Literatur

C. BAUDENBACHER (Hrsg.), Lauterkeitsrecht – Kommentar zum Gesetz gegen den unlauteren Wettbewerb (UWG), Basel 2001, Vor Art. 2, Art. 3 lit. a), Art. 6, Vor Art. 23 ff. und Art. 23; C. BLUMENTHAL, Der strafrechtliche Schutz der Marke, Bern 2002; B. VON BÜREN, Kommentar zum Bundesgesetz über den unlautern Wettbewerb vom 30. Sept. 1943 unter Einschluss der Ausverkaufsverordnung vom 16. April 1947, Zürich 1957; R. VON BÜREN/J. BÜRGI, Medienberichterstattung und UWG – Erforderliche Kurskorrekturen nach dem «Mikrowellenherd»-Entscheid aus Strassburg?, SZW 1999, 283 ff.; R. VON BÜREN/E. MARBACH/P. DUCREY, Immaterialgüter- und Wettbewerbsrecht, 3. Aufl., Bern 2008; L. DAVID, in: R. von Büren/ L. David (Hrsg.), SIWR I/2, Der Rechtsschutz im Immaterialgüterrecht, 2. Aufl., Basel/ Frankfurt a.M. 1998, 213 ff.; H. DAVID, Die strafrechtlichen Bestimmungen gegen den unlauteren Wettbewerb im Vorentwurf Germann zu einem Bundesgesetz gegen den unlauteren Wettbewerb und im Entwurf zum schweizerischen Strafgesetzbuch, ZStrR 1929, 92 ff.; L. DAVID/R. JACOBS, Schweizerisches Wettbewerbsrecht, 4. Aufl., Bern 2005; P. DIGGELMANN, Strafbestimmungen bei Unterlassungsbegehren im Immaterialgüterrecht, SMI 1992, 23 ff.; A. DONATSCH, Strafrecht III, Delikte gegen den Einzelnen, 9. Aufl., Zürich 2008; A. DONATSCH/B. TAG, Strafrecht I, Verbrechenslehre, 8. Aufl., Zürich 2006; A. DONATSCH/ W. WOHLERS, Strafrecht IV, Delikte gegen die Allgemeinheit, 3. Aufl., Zürich 2004; T. EICHENBERGER/U. JAISLI/P. RICHLI, (Hrsg.), Basler Kommentar, Heilmittelgesetz, Basel 2006; K.-H. FEZER (Hrsg.), Lauterkeitsrecht: Kommentar zum Gesetz gegen den unlauteren Wettbewerb (UWG), Bd. 2, 2. Aufl. München 2010; G. FIOLKA, Bemerkungen zu BGE 124 IV 73, AJP 1998, 1368 ff.; J. GUYET, Wettbewerbsstrafrecht (Art. 23–27 UWG), in: R. von Büren/ L. David (Hrsg.), SIWR V/1, Lauterkeitsrecht, 2. Aufl., Basel 1998, 303 ff.; U. HÄFELIN/ W. HALLER/H. KELLER, Schweizerisches Bundesstaatsrecht, 7. Aufl., Zürich 2008; J. HUBER, Concours idéal et concours imparfait, JdT IV 1958, 79 ff.; A. IMBACH, Die Bekämpfung des unlautern Wettbewerbes nach Luzerner Recht unter Anführung der internationalen Bekämpfung, sowie der Gesetzgebung des Bundes und der übrigen Kantone, Bern 1929; D. IVANOV, Rechtsgüterschutz und Rechtsgut des Bundesgesetzes gegen den unlauteren Wettbewerb (UWG), Bern 2003; W. JOECKS/K. MIEBACH (Hrsg.), Münchener Kommentar zum Strafgesetzbuch, Bd. 4, München 2006; D. JOSITSCH, Der Straftatbestand der Privatbestechung, sic! 2006, 829 ff.; E. A. KRAMER, Juristische Methodenlehre, 3. Aufl., Bern 2010; M. KUMMER, Die Vollstreckung des Unterlassungsurteils durch Strafzwang, in: H. Walder/S. Trechsel (Hrsg.), Lebendiges Strafrecht, Festgabe zum 65. Geburtstag von Hans Schultz, Bern 1977, 377 ff.; F. LOCHER, Neuerungen im Immaterialgüter-Strafrecht, sic! 2008, 601 ff.; P. LOGOZ, Commentaire du Code Pénal Suisse, Partie Spéciale, Bd. I, Neuchâtel 1955; J. P. MÜLLER/M. SCHEFER, Grundrechte in der Schweiz, 4. Aufl., Bern 2008; M. A. NIGGLI/C. SCHWARZENEGGER, Strafbare Handlungen im Internet, SJZ 2002, 61 ff.; M. A. NIGGLI/H. WIPRÄCHTIGER (Hrsg.), Basler

Kommentar, Strafrecht I, Art. 1–110 StGB, Jugendstrafgesetz, 2. Aufl., Basel 2007; DIES. (Hrsg.), Basler Kommentar, Strafrecht II, Art. 111–392 StGB, 2. Aufl., Basel 2007; M. Noth/ G. Bühler/F. Thouvenin, Markenschutzgesetz (MSchG), Bern 2009; M. M. PEDRAZZINI/ F. A. PEDRAZZINI, Unlauterer Wettbewerb, UWG, 2. Aufl., Bern 2002, N 25.01 ff.; R. RHINOW/M. SCHEFER, Schweizerisches Verfassungsrecht, 2. Aufl., Basel 2009; C. RIEDO, Der Strafantrag, Basel 2004; DERS., Zur Strafantragsberechtigung bei Eingriffen in Immaterialgüterrechte, insbesondere bei Patentrechtsverletzungen, sic! 2004, 549 ff.; F. RIKLIN, Kaskadenhaftung – quo vadis?, medialex 2000, 199 ff.; DERS., Schweizerisches Presserecht, Bern 1996; DERS., Schweizerisches Strafrecht, Allgemeiner Teil I, Verbrechenslehre, 3. Aufl., Zürich 2007; DERS. Strafrechtliche Aspekte der Anwendung des neuen UWG auf Medienschaffende, AJP 1993, 620 ff.; M. RITSCHER, Der strafrechtliche Schutz des geistigen Eigentums und des lauteren Wettbewerbs, ZStrR 1998, 26 ff.; C. ROXIN, Strafrecht Allgemeiner Teil, Bd. I, 4. Aufl., München 2006; U. SAXER, Die Anwendung des UWG auf ideelle Grundrechtsbetätigungen: eine Problemskizze, AJP 1993, 604 ff.; DERS., UWG und Medienberichterstattung – Eine Bestandesaufnahme nach 10 Jahren Praxis, in: C. Meier-Schatz (Hrsg.), Neue Entwicklungen des UWG in der Praxis, Bern 2002, 22 ff.; D. SCHLEIMINGER/C. METTLER, Strafbarkeit der Medienverantwortlichen im Falle von Rassendiskriminierung, AJP 2000, 1039 ff.; N. SCHMID (Hrsg.), Kommentar Einziehung, Organisiertes Verbrechen, Geldwäscherei, Bd. 1, 2. Aufl., Zürich 2007; M. SCHUBARTH, Grundfragen des Medienstrafrechtes im Lichte der neueren bundesgerichtlichen Rechtsprechung, ZStrR 1995, 141 ff.; M. SCHUBARTH/P. ALBRECHT, Kommentar zum schweizerischen Strafrecht, Schweizerisches Strafgesetzbuch Besonderer Teil, Bd. 2, Bern 1990; H. SCHULTZ, Die unerlaubte Veröffentlichung – ein Pressedelikt?, ZStrR 1991, 273 ff.; V. SCHWANDER, Das Schweizerische Strafgesetzbuch, 2. Aufl., Zürich 1964; C. SCHWARZENEGGER/M. HUG/D. JOSITSCH, Strafrecht II, Strafen und Massnahmen, 8. Aufl., Zürich 2007; K. SEELMANN, Strafrecht Allgemeiner Teil, 4. Aufl., Basel 2009; P. SPITZ, Haftung für Wettbewerbshandlungen, in: P. Jung (Hrsg.), Aktuelle Entwicklungen im Haftungsrecht, Bern 2007, N 102 ff.; W. STAEHELIN, Das Bundesgesetz betreffend die Lotterien und die gewerbsmässigen Wetten vom 8. Juni 1923 als Strafgesetz, Zürich 1941; R. STAUB/ A. CELLI (Hrsg.), Designrecht, Kommentar zum Bundesgesetz über den Schutz von Design, Zürich 2003; G. STRATENWERTH, Schweizerisches Strafrecht Allgemeiner Teil I, Die Straftat, 3. Aufl., Bern 2005; DERS., Schweizerisches Strafrecht Allgemeiner Teil II, Strafen und Massnahmen, 2. Aufl., Bern 2006; G. STRATENWERTH/G. JENNY, Schweizerisches Strafrecht Besonderer Teil I, Straftaten gegen Individualinteressen, 6. Aufl., Bern 2003; G. STRATENWERTH/ W. WOHLERS, Schweizerisches Strafgesetzbuch, Handkommentar, 2. Aufl., Bern 2009; R. M. STUTZ/S. BEUTLER/M. KÜNZI, Designgesetz, Handkommentar, Bern 2006; M. TAUFER, Einbezug von Dritten im UWG, Zürich 1997; J. TEITLER, Die strafrechtlichen Bestimmungen im Entwurf zu einem Bundesgesetz über den unlauteren Wettbewerb, SJZ 1934/35, 291 ff.; S. TRECHSEL [et al.], Schweizerisches Strafgesetzbuch, Praxiskommentar, Zürich 2008; S. TRECHSEL/P. NOLL, Schweizerisches Strafrecht Allgemeiner Teil, 6. Aufl., Zürich 2004; A. TROLLER, Immaterialgüterrecht, Bd. II, 3. Aufl., Basel/Frankfurt a.M. 1985.

I. Normzweck

Art. 23 ist zugleich **Ausgangspunkt und Kernbestimmung des UWG-Strafrechts**, welches seinerseits zum **Nebenstrafrecht** gehört[1]. Vorsätzliche Verstösse gegen die Art. 3–6 sind auf Antrag strafbar.

Die Straftatbestände des UWG bezwecken den **Schutz vermögensbezogener Individualinteressen** und dienen auch dem **Institutionenschutz** und damit mittelbar der Allgemeinheit[2]: Dies ergibt sich zum einen aus der Bestimmung von Art. 1 (Schutz des lauteren und unverfälschten Wettbewerbs), welche auch im Zusammenhang mit der Strafbewehrung der Art. 3–6 massgebend ist, zum anderen aus der zivilrechtlichen Klagebefugnis, auf welche Art. 23 Abs. 2 für die Strafantragsberechtigung verweist und die u.a. eine Verbands- und Bundesklage (Art. 10 Abs. 2[3]) kennt[4].

II. Entstehungsgeschichte

Vorläufer von Art. 23 war die Bestimmung von **Art. 13 aUWG**, welche sich nicht der Verweisungstechnik bediente, sondern das strafbare Verhalten durch (bisweilen auch ungenaue bzw. unvollständige) Wiederholung der materiellrechtlichen Bestimmungen des aUWG 1943 umschrieb[5]. Schon Art. 13 aUWG war als Vergehen mit Antragserfordernis ausgestaltet, wobei – wie gemäss heutigem Art. 23 – eine Strafbarkeit nur bei Vorsatz in Frage kam.

Vor Erlass des aUWG 1943 war für den strafrechtlichen Schutz im interessierenden Bereich zunächst im Wesentlichen auf verschiedenste **kantonale Regelungen**[6] sowie nach Inkrafttreten des gesamtschweizerischen StGB im Jahre 1942 auf die **Art. 161 f. aStGB**[7] abzustellen.

---

[1] BAUDENBACHER/GLÖCKNER, Kommentar UWG, Vor Art. 23 ff. N 11; PEDRAZZINI/PEDRAZZINI, UWG, N 25.01; STRATENWERTH, AT I, § 4 N 19.
[2] Siehe dazu generell Art. 1 N 15 ff. und 22 ff.
[3] Siehe dazu Art. 10 N 20 ff.
[4] Siehe zum Strafantrag N 69 ff.
[5] BAUDENBACHER/GLÖCKNER, Kommentar UWG, Art. 23 N 1.
[6] Botschaft 1934, 518 f.; TEITLER, SJZ 1934/35, 291. Zu den einzelnen kantonalen Regelungen ausführlich H. DAVID, ZStrR 1929, 92 ff. Vgl. aber auch das Bundesgesetz über die Strafbestimmungen zum Handelsregister- und Firmenrecht vom 23.10.1923, abgedruckt in AS 1924, 37 ff.; siehe dazu etwa IMBACH, Die Bekämpfung des unlautern Wettbewerbes, 69 f.
[7] Abgedruckt in AS 1938, 797. Das aUWG 1943 hat diese StGB-Wettbewerbsdelikte sodann aufgehoben (Art. 161 aStGB) resp. stark modifiziert (Art. 162 aStGB); vgl. Art. 21 aUWG (abgedruckt in AS 1945, 7) sowie Botschaft 1942, 671 f.

III. Systematik und Verhältnis zu anderen Vorschriften

1. Systematik und Abstimmungsprobleme mit den zivilrechtlichen UWG-Regelungen

5 Art. 23 verknüpft das Strafrecht mit dem Zivilrecht. Dieser Nexus darf aber nicht zur Vernachlässigung strafrechtlicher Besonderheiten führen: Es gibt grundsätzlich gerade **kein Sonderstrafrecht lauterkeitsrechtlicher Prägung**. Die strafrechtlichen Grundprinzipien müssen auch dann gelten, wenn es sich um Strafnormen innerhalb eines zivilrechtlich konzipierten Erlasses handelt[8].

6 Dass das UWG **Strafrecht** und **Zivilrecht** vollumfänglich zufriedenstellend miteinander kombiniert, darf mitunter durchaus bezweifelt werden[9]. Aus der **Verknüpfung** der beiden Rechtsgebiete in ein und demselben Erlass ergeben sich insbesondere folgende **Sonderprobleme**[10]:

a) Auslegung

aa) Allgemeines

7 Für die Auslegung des UWG-Strafrechts gelten zunächst die allgemeinen strafrechtlichen Regeln. Zentral ist das **Legalitätsprinzip** nach Art. 1 StGB, wonach für jede Strafbarkeit eine ausdrückliche gesetzliche Grundlage notwendig ist (nulla poena sine lege)[11]; daraus ergibt sich insbesondere die **Unzulässigkeit von Analogieschlüssen** (Ähnlichkeitsschlüssen) **in malam partem**[12]. Die Abgrenzung von zulässiger Auslegung und unzulässiger (analogieweiser) Schaffung neuer Straftatbestände ist fliessend und kann deshalb schwierig sein[13]. Von der schweizerischen Rechtsprechung und Lehre wird das strafrechtliche Analogieverbot freilich nur in aufgeweichter Form[14] vertreten, indem nicht bereits der Gesetzeswortlaut, sondern erst der Sinn des Gesetzes die Grenze der Auslegung darstellt[15]. Dass ein

---

[8] Vgl. auch RIEDO, Strafantrag, 270.
[9] Im Zusammenhang mit der Strafantragsberechtigung nach Art. 23 Abs. 2 grundlegend RIEDO, Strafantrag, 255 ff., 270.
[10] Vgl. zusätzlich N 19 ff. zur Möglichkeit des Auseinanderfallens der räumlichen Geltungsbereiche von Straf- und Zivilrecht.
[11] DONATSCH/TAG, Verbrechenslehre, 29; RIKLIN, Verbrechenslehre, § 2 N 2; TRECHSEL/NOLL, Strafrecht AT, 52.
[12] BezGer ZH sic! 2006, 103, 106 («Preisvergleich»); RIKLIN, Verbrechenslehre, § 2 N 12.
[13] BGE 116 IV 134, 138.
[14] KRAMER, Juristische Methodenlehre, 40 Fn. 22.
[15] BGE 87 IV 115, 118; BGE 95 IV 68, 73; BGE 116 IV 134, 136; BezGer ZH sic! 2006, 103, 106 («Preisvergleich»); BSK-POPP/LEVANTE, Art. 1 StGB N 25; STRATENWERTH, AT I, § 4 N 29; kritisch SEELMANN, Strafrecht AT, 29; ebenso eher kritisch («nicht unproblematisch») DONATSCH/TAG, Verbrechenslehre, 38.

Verhalten strafwürdig ist, bedeutet jedoch nicht eo ipso Kongruenz mit dem Sinn eines Strafgesetzes[16].

Dass das UWG generell **grundrechtskonform**, d.h. insbesondere unter Berücksichtigung der relevanten ideellen Freiheitsrechte der BV[17] und der EMRK[18], auszulegen ist[19], entspricht allgemeinen Grundsätzen[20]. 8

bb)   Restriktive Auslegung?

Aufgrund des strafrechtlichen Bestimmtheitsgebotes legt die heutige Praxis – auf Anregung und im Einklang mit der herrschenden Meinung – die eigentlich auf das Zivilrecht zugeschnittenen UWG-Bestimmungen im strafrechtlichen Kontext **restriktiv**[21] aus[22]. Entwickelt und diskutiert wurde dieser Ansatz soweit ersichtlich jedoch bisher nur anhand von Art. 23 i.V.m. Art. 3 lit. a[23], wo die Restriktion, gestützt auf die romanischen Gesetzestexte, in der engen Auslegung des Wortes «herabsetzt» («dénigre» resp. «denigra») erblickt wird. Eine solche restriktive, zu einer potenziellen **Normspaltung im Verhältnis Strafrecht – Zivilrecht** führende, strafrechtliche Auslegung des UWG überzeugt jedoch nach der hier vertretenen Auffassung nicht: Das Merkmal des Herabsetzens im Rahmen von Art. 3 9

---

[16] BGE 116 IV 134, 139. Allgemein zu den Gefahren in diesem Zusammenhang STRATENWERTH, AT I, § 4 N 30.
[17] Art. 16 f. BV.
[18] Art. 10 EMRK.
[19] BGE 123 IV 211, 216; BGer 6S.858/1999 Pra 2002, 635, 255; BezGer ZH SJZ 1994, 178, 183; OGer ZH sic! 2000, 30, 31 f.; BezGer ZH sic! 2006, 103, 104 («Preisvergleich»); SAXER, UWG und Medienberichterstattung, 45 ff.; DERS., AJP 1993, 604, 606 f.; vgl. auch R. VON BÜREN/BÜRGI, SZW 1999, 283, 295 ff.
[20] Zur verfassungs- und völkerrechtskonformen Auslegung im Allgemeinen HÄFELIN/HALLER/KELLER, Bundesstaatsrecht, N 148 ff.; RHINOW/SCHEFER, Verfassungsrecht, N 548 ff.
[21] Zum Begriff der restriktiven Interpretation im Allgemeinen KRAMER, Juristische Methodenlehre, 62.
[22] Vgl. etwa BGE 122 IV 33, 35 f. m.w.H.; BGE 123 IV 211, 216; BGer 6S.858/1999 Pra 2002, 235, 254; BGer 6S.357/2002 sic! 2003, 354, 354 f. («Telefaxverzeichnis»); BezGer ZH SJZ 1994, 178, 183; BezGer ZH sic! 2006, 103, 106 («Preisvergleich»); BezGer ZH sic! 2008, 307 («Online-Branchenverzeichnis»); PEDRAZZINI/PEDRAZZINI, UWG, N 26.03 f. m.w.H.; SAXER, UWG und Medienberichterstattung, 49; RIKLIN, Presserecht, § 10 N 24; SCHUBARTH, ZStrR 1995, 141, 153; TAUFER, Einbezug von Dritten im UWG, 187 f. Kritisch BAUDENBACHER/GLÖCKNER, Kommentar UWG, Art. 23 N 3 f. Näher zum Bestimmtheitsgebot im UWG-strafrechtlichen Kontext RIKLIN, AJP 1993, 620, 622 f.
[23] Näher zu Art. 23 i.V.m. Art. 3 lit. a etwa RITSCHER, ZStrR 1998, 26, 57 ff. In BGer 6S.357/2002 sic! 2003, 354, 355 («Telefaxverzeichnis») hielt das Bundesgericht fest, Art. 3 lit. b enthalte keinen unbestimmten Rechtsbegriff, der restriktiv ausgelegt werden könnte, wobei vorerst wohl offen bleiben dürfte, ob diese Aussage als eine Art Relativierung des restriktiven Ansatzes zu deuten sein könnte.

lit. a ist vielmehr, im Interesse einer einheitlichen Rechtsordnung, auch im zivilrechtlichen Kontext restriktiv auszulegen[24].

b) Irrelevanz zivilrechtlicher Vermutungen und Beweislastregeln im UWG-Strafrecht

10 Die Vermutungen und Beweislastregeln der **Art. 3 lit. f** und **13a** sind mitunter mit strafprozessualen Grundprinzipien unvereinbar und im Strafprozess folglich unanwendbar[25].

c) Verweis in Art. 23 Abs. 2

11 Problematisch ist die Verbindung von Strafrecht und Zivilrecht z.T. auch im Zusammenhang mit Art. 23 Abs. 2, wo für die **Strafantragsberechtigung** auf die zivilprozessualen Bestimmungen der Art. 9 und 10 verwiesen wird[26].

2. Verhältnis zu anderen Vorschriften

a) (Subsidiäre) Geltung der Bestimmungen des Allgemeinen Teils des StGB gemäss Art. 333 Abs. 1 StGB

aa) Allgemeines

12 Nach **Art. 333 Abs. 1 StGB** ergänzen die Bestimmungen des Allgemeinen Teils des StGB die nebenstrafrechtlichen Bundesgesetze, sofern diese keine eigene Regelung aufstellen. Das UWG enthält nur wenige Aussagen für den strafrechtlichen Kontext, sodass dem StGB hier eine wichtige Rolle zukommt.

13 Konkret äussert sich Art. 23 zu den jeweiligen Tatbestandsmerkmalen und zur Strafantragsberechtigung – in diesen beiden Fällen durch die Verwendung von Verweisen auf den zivilrechtlichen Teil des Gesetzes –, sodann zum Vorsatzerfordernis[27] sowie zum Strafmass[28]. Im Zusammenhang mit der Strafantragsberechti-

---

[24] Gleicher Meinung BAUDENBACHER/GLÖCKNER, Kommentar UWG, Art. 23 N 4; siehe ferner Art. 3 lit. a N 29. Eine restriktive Auslegung der Sondertatbestände im zivilrechtlichen Kontext ist für das UWG umso mehr vertretbar, als hier (freilich eben nur für das Zivilrecht) gegebenenfalls bei Bedarf auf die Generalklausel (Art. 2) zurückgegriffen werden kann; siehe dazu Art. 2 N 5.
[25] Vgl. dazu ausführlich BAUDENBACHER/GLÖCKNER, Kommentar UWG, Art. 23 N 5 ff.
[26] Siehe dazu N 75.
[27] Dieses ergibt sich bereits aus der allgemeinen Bestimmung von Art. 12 Abs. 1 StGB.

gung kommt es zu einer wichtigen Abweichung[29] von den Bestimmungen des Allgemeinen Teils des StGB: Art. 23 Abs. 2 i.V.m. Art. 9 f. modifiziert Art. 30 Abs. 1 StGB hinsichtlich der Antragsberechtigten[30].

In anderen wichtigen Bereichen erfolgt keine Modifikation. So ist namentlich für den **räumlichen Geltungsbereich**[31], den **Vorsatz**[32], **Täterschaft und Teilnahme**[33], den **Versuch**[34] sowie die **Verjährung**[35] auf die einschlägigen Bestimmungen des Allgemeinen Teils des StGB abzustellen. Auch ist es das StGB, welches aufgrund der allgemeinen Regel von Art. 10 Abs. 3 StGB festlegt, dass es sich bei Art. 23 um ein **Vergehen** handelt[36].

14

Eine Anwendung des **VStrR** scheidet – abgesehen vom Verweis auf die Art. 6 und 7 VStrR in Art. 26[37] – aus, da dieses Gesetz gemäss Art. 1 VStrR dann zur Anwendung kommt, wenn die Verfolgung und Beurteilung von Widerhandlungen einer Verwaltungsbehörde des Bundes übertragen ist. Dies ist nach Art. 27 im UWG-Strafrecht gerade nicht der Fall[38].

15

bb) Deliktsnatur

aaa) Vergehen

Art. 23 ist ein Vergehen (vgl. Art. 10 Abs. 3 StGB). Daraus ergeben sich insbesondere folgende Konsequenzen:

16

– Eine versuchte Anstiftung zu Art. 23 ist straflos, da sich **Art. 24 Abs. 2 StGB** nur auf Verbrechen bezieht.

---

[28] Die (indirekte) Benennung der Tatbestandsmerkmale und die Angabe des Strafmasses per se stellen freilich insofern einen Sonderfall dar, als hier auf jeden Fall mangels Regelung im Allgemeinen Teil des StGB eine Regelung im UWG notwendig war.

[29] Vgl. im Übrigen Art. 26 N 10 ff. zum Verhältnis zwischen den StGB-Regeln über Organ- und Unternehmenshaftung (Art. 29, 102 f. StGB) und Art. 6 f. VStrR i.V.m. Art. 26.

[30] BSK-RIEDO, Art. 30 StGB N 33d; siehe näher N 73. Für die Strafantragsberechtigung im Immaterialgüterstrafrecht, RIEDO, sic! 2004, 549 ff.

[31] Siehe N 19 ff.
[32] Siehe N 54 ff.
[33] Siehe N 29 ff.
[34] Siehe N 22 ff.
[35] Siehe Art. 27 N 56 ff.
[36] Siehe N 16 f.
[37] Siehe Art. 26 N 6 ff.
[38] Daran soll gemäss Erläuterndem Bericht VE-UWG 2008, 13, auch in Zukunft festgehalten werden.

– UWG-Straftaten sind keine tauglichen Vortaten für den Geldwäschereitatbestand (**Art. 305bis StGB**)[39]. Auch hier kommen nur Verbrechen in Betracht.

17 Anders als bei Übertretungen[40] bestehen bei Vergehen keine Besonderheiten im Zusammenhang mit der Strafbarkeit von **Versuch** (Art. 22 f. StGB) und **Gehilfenschaft** (Art. 25 StGB)[41].

bbb) Gefährdungsdelikt

18 Wettbewerbsverstösse sind Gefährdungsdelikte: Es genügt schon die blosse **abstrakte Eignung zur Wettbewerbsbeeinflussung**[42].

cc) Räumlicher Geltungsbereich

19 In Ermangelung einer speziellen Regelung im UWG selbst ist für die räumliche Geltung[43] des UWG-Strafrechts via Art. 333 Abs. 1 StGB auf die Art. 3–8 StGB abzustellen[44]. Im Vordergrund steht hier das durch das **Ubiquitätsprinzip** (Art. 8 StGB) konkretisierte **Territorialprinzip** (Art. 3 Abs. 1 StGB[45]): Danach gilt schweizerisches Strafrecht, wenn sich entweder der **Ausführungs- oder** der **Er-**

---

[39] Dies gilt auch für die von Art. 23 erfasste Privatbestechung gemäss Art. 4a, während die Bestechungsdelikte im Zusammenhang mit Amtsträgern (Art. 322ter f. StGB) dagegen Verbrechen und damit im Zusammenhang mit Art. 305bis StGB von Relevanz sind. Ebenso Verbrechen – und somit taugliche Vortaten – finden sich in den immaterialgüterrechtlichen Spezialgesetzen: Art. 81 Abs. 3 PatG; Art. 67 Abs. 2, 69 Abs. 2 URG; Art. 41 Abs. 2 DesG; Art. 61 Abs. 3, 62 Abs. 2, 63 Abs. 4, 64 Abs. 2 MSchG.

[40] Siehe Art. 24 N 13.

[41] BAUDENBACHER/GLÖCKNER, Kommentar UWG, Vor Art. 23 ff. N 18; L. DAVID/JACOBS, Wettbewerbsrecht, 223.

[42] RIKLIN, Presserecht, § 10 N 6. Vgl. auch BGE 120 II 76, 78; BGE 124 III 297, 302; BGE 126 III 198, 202; BGer 6B.272/2008 sic! 2009, 46, 47 («Amt für das Handelsregister»); CdJ GE vom 26.1.2009 (ACJP/28/2009), E. 2.1; ferner BAUDENBACHER/GLÖCKNER, Kommentar UWG, Art. 3 lit. a N 3; R. VON BÜREN/BÜRGI, SZW 1999, 283, 293 f.; MÜLLER/SCHEFER, Grundrechte, 396; SAXER, AJP 1993, 604, 604 f. Vgl. aber auch Hertel vs. Switzerland, Urteil des Europäischen Gerichtshofs für Menschenrechte v. 25.8.1998, Nr. 59/1997/843/1049, § 49, sowie SAXER, UWG und Medienberichterstattung, 45. Siehe im Übrigen auch Art. 2 N 11 ff.

[43] Vom räumlichen Geltungsbereich zu unterscheiden ist die Frage nach dem Gerichtsstand, d.h., welche Behörde innerstaatlich in concreto zuständig ist. Hier sind die Art. 340 ff. StGB zu berücksichtigen. Vgl. STRATENWERTH, AT I, § 5 N 25.

[44] BGer SMI 1987, 267, 269 («Elektronischer Lecksucher II»); BGE 124 IV 73, 75 f. (vgl. dazu die Anmerkung FIOLKA, AJP 1998, 1368 ff.); KGer SZ EGVSZ 2005, 52, 54; BAUDENBACHER, Kommentar UWG, Vor Art. 2 N 66; R. VON BÜREN/MARBACH/DUCREY, Immaterialgüter- und Wettbewerbsrecht, N 1080; RIEDO, Strafantrag, 261 m.w.H.

[45] GerKom Unterrheintal SG SMI 1986, 141, 141 f. («Nachgeahmte Bauelemente II»).

folgsort auf schweizerischem Hoheitsgebiet befindet[46]. Der räumliche Geltungsbereich des UWG-Zivilrechts bestimmt sich nach anderen Regeln[47].

In Sachverhalten mit **internationalem Bezug** ist somit je ein **örtlicher Geltungsbereich** des **Lauterkeitsstraf-** und ein solcher des **Lauterkeitszivilrechts** zu unterscheiden, wobei diese sich **nicht immer decken**[48]: Nimmt jemand in der Schweiz (unlautere) Handlungen vor, welche sich ausschliesslich im Ausland auswirken[49], so ist dieser Sachverhalt nach Art. 136 Abs. 1, 2 IPRG was die zivilrechtlichen Ansprüche anbelangt nicht nach schweizerischem UWG zu beurteilen[50], das schweizerische Strafrecht ist aber räumlich anwendbar, da sich der Handlungsort in der Schweiz befindet[51]. 20

Dieser **Bruch zwischen Strafrecht und Zivilrecht** führt zu einer Komplikation im Hinblick auf die Strafantragsberechtigung nach Art. 23 Abs. 2[52]. 21

dd) Versuchsstrafbarkeit

Da es sich bei Art. 23 um ein Vergehen (Art. 10 Abs. 3 StGB) handelt, ist die versuchte Begehung nach **Allgemeinem Teil des StGB** strafbar (Art. 22 f. StGB i.V.m. Art. 333 Abs. 1 StGB[53]). 22

Praxis und Lehre stellen für den Beginn der Ausführung beim Versuch auf die sog. **Schwellentheorie** ab, wonach zur Ausführung der Tat jede Tätigkeit zählt, «die nach dem Plan, den sich der Täter gemacht hat, auf dem Weg zum Erfolg den letzten entscheidenden Schritt darstellt, von dem es in der Regel kein Zurück mehr gibt, 23

---

[46] DONATSCH/TAG, Verbrechenslehre, 49 ff.; RIKLIN, Verbrechenslehre, § 8 N 24 ff.; SEELMANN, Strafrecht AT, 30; STRATENWERTH, AT I, § 5 N 5 ff.; TRECHSEL/NOLL, Strafrecht AT, 59 f. Vgl. – im Markenschutz-Kontext – auch BGE 110 IV 108, 110 betr. in der Schweiz gelegenen Zollfreilagern.
[47] Näher Einl. N 107 ff.
[48] KGer SZ EGVSZ 2005, 52, 55; R. VON BÜREN/MARBACH/DUCREY, Immaterialgüter- und Wettbewerbsrecht, N 1080.
[49] Z.B. (unlautere) Werbe- und Verkaufsmethoden, welche sich ausschliesslich gegen Kunden im Ausland richten (vgl. BGE 124 IV 73, 76); ferner aber auch Herstellung von ausschliesslich zum Export bestimmten (UWG-widrigen) Gegenständen (Beispiel nach BGer SMI 1987, 267, 269 [«Elektronischer Lecksucher II»]).
[50] Da sich die in Frage stehenden Handlungen weder auf den schweizerischen Markt auswirken (Art. 136 Abs. 1 IPRG) noch die Niederlassung des Geschädigten in der Schweiz gelegen ist (Art. 136 Abs. 2 IPRG); vorbehalten bleibt aber allenfalls Art. 133 Abs. 3 IPRG (via Art. 136 Abs. 2 IPRG); vgl. nur R. VON BÜREN/MARBACH/DUCREY, Immaterialgüter- und Wettbewerbsrecht, N 1073 ff., sowie näher Einl. N 107 ff.
[51] BGE 124 IV 73, 75 ff.
[52] Siehe dazu N 75.
[53] Vgl. etwa für eine versuchte Begehung von Art. 5 CdJ GE vom 26.1.2009 (ACJP/28/2009), E. 2.

es sei denn wegen äusserer Umstände, die eine Weiterverfolgung der Absicht erschweren oder verunmöglichen»[54].

24 Neben dem Normalfall eines tauglichen Versuchs ist auch ein «normaler» **untauglicher Versuch** gemäss Art. 22 Abs. 1 Variante 3 StGB denkbar[55]. Hier wird es in praxi jedoch wohl meist an einem Strafantrag fehlen, ganz abgesehen davon, dass erforderliche Beweise schwierig zu erbringen sein dürften.

25 Je nachdem, wie weitgehend der Täter seinen Tatplan bereits verwirklicht hat, ist der Versuch **unbeendet** oder **beendet**[56]. Von dieser Unterscheidung hängen die Anforderungen an einen allfälligen (zu Strafmilderung oder Absehen von Strafe führenden) **Rücktritt** (Art. 23 Abs. 1 StGB) ab; tätige Reue, d.h. ein aktiver Beitrag des Täters, wird nur beim beendeten Versuch verlangt[57]. Ist, wie insbesondere bei Art. 3, kein Erfolg vorausgesetzt[58], so scheidet ein Rücktritt vom beendeten Versuch aus; es gäbe hier nichts, was sich noch durch tätige Reue rückgängig machen liesse[59].

ee) Verwirklichung durch Unterlassen?

26 Dem Gedanken eines subsidiären Unterlassens[60] folgend gelangt man für Art. 23 i.V.m. Art. 3–6 zur Annahme von **Handlungsdelikten**[61]. Dies, obwohl diverse UWG-Tatbestände neben einem Handlungs-, quasi wesensinhärent, auch

---

[54] Vgl. nur etwa BGE 99 IV 151, 153; BGE 131 IV 100, 104; ständige Praxis seit BGE 71 IV 205, 211; RIKLIN, Verbrechenslehre, § 17 N 27 ff.; SEELMANN, Strafrecht AT, 115 ff.; STRATENWERTH, AT I, § 12 N 30 ff.; TRECHSEL/NOLL, Strafrecht AT, 182 ff.

[55] Allgemein etwa DONATSCH/TAG, Verbrechenslehre, 142 ff.; die hier verwendete Terminologie vorgebend SEELMANN, Strafrecht AT, 120 f. Vgl. auch N 65 m.w.H.

[56] Zur Abgrenzung DONATSCH/TAG, Verbrechenslehre, 126 f.; SEELMANN, Strafrecht AT, 126; STRATENWERTH, AT I, § 12 N 55 ff.; TRECHSEL/NOLL, Strafrecht AT, 180, 187 f.

[57] DONATSCH/TAG, Verbrechenslehre, 139 ff.; RIKLIN, Verbrechenslehre, § 17 N 37 ff.; SEELMANN, Strafrecht AT, 126 f.; STRATENWERTH, AT I, § 12 N 54 f.; TRECHSEL/NOLL, Strafrecht AT, 186 f., 189 f.

[58] Vgl. für Art. 23 i.V.m. Art. 3 lit. b sowie Art. 3 lit. h BGer 6S.677/2001 sic! 2002, 697, 699 («Garantieversand»); für Art. 13 lit. d aUWG GerKom Unterrheintal SG SMI 1986, 140, 143 («Elektronischer Lecksucher II»).

[59] Allgemein BSK-JENNY, Art. 23 StGB N 14; STRATENWERTH, AT I, § 12 N 69.

[60] Vgl. etwa BGE 115 IV 199, 203; BGE 120 IV 265, 271; BGE 122 IV 145, 146; SEELMANN, Strafrecht AT, 97 ff.; TRECHSEL/JEAN-RICHARD, StGB PK, Art. 11 N 6; STRATENWERTH, AT I, 418 f. N 2; TRECHSEL/NOLL, Strafrecht AT, 246 ff.; differenzierend DONATSCH/TAG, Verbrechenslehre, 293.

[61] Nicht von echten Unterlassungsdelikten. Vgl. zu diesem Begriff allgemein DONATSCH/TAG, Verbrechenslehre, 288, 293 ff.; RIKLIN, Verbrechenslehre, § 19 N 2 f.; SEELMANN, Strafrecht AT, 92; STRATENWERTH, AT I, § 14 N 3 ff.; TRECHSEL/NOLL, Strafrecht AT, 241 f. Vgl. im Übrigen bereits den Wortlaut der Art. 3–6: «unlauter handelt».

ein Unterlassungsmoment beinhalten[62]; entscheidend ist hier, dass immer auch ein Handlungsmoment vorhanden ist (z.B. Verwenden eines Titels bei Art. 3 lit. c, Vergleichen bei Art. 3 lit. e, Verschleiern bei Art. 3 lit. i), an welches angeknüpft werden kann[63]. Dies gilt konsequenterweise auch dann, wenn das UWG explizit davon spricht, dass der Täter bestimmte Bezeichnungen, Angaben oder Hinweise «unterlässt» (Art. 3 lit. l, k, n): Um hier überhaupt unterlassen zu können, bedarf es mit der öffentlichen Auskündigung einer Veröffentlichung, d.h. einer Handlung[64].

Wie dies **Art. 11 StGB** nunmehr ausdrücklich zu positivieren versucht, können aber Handlungsdelikte des Besonderen Teils des StGB prinzipiell[65] auch durch Unterlassen verwirklicht werden; dies gilt über Art. 333 Abs. 1 StGB auch für Art. 23. Die praktische Relevanz, ja bereits die Möglichkeit der Verwirklichung von UWG-Tatbeständen durch (unechtes) Unterlassen erscheint jedoch mitunter zweifelhaft, ist es doch fraglich, ob die durch das UWG im Zusammenhang mit der Tathandlung verwendeten Tätigkeitswörter auf ein Unterlassen anwendbar sind[66].

27

Vgl. zur aus **Art. 6 VStrR** (i.V.m. Art. 26) folgenden **(Unterlassungs-)Strafbarkeit des Geschäftsherrn** Art. 26 N 23 ff.

28

ff) Täterschaft und Teilnahme

Den allgemeinen Grundsätzen entsprechend sind auch im Lauterkeitsstrafrecht die Beteiligungsformen Täterschaft und Teilnahme zu unterscheiden. Voneinander abgegrenzt werden sie heute unbestrittenermassen mit Hilfe des Gesichtspunkts der sog. **Tatherrschaft**[67]: Täter ist, wer als Herr über den zur Tatbestandsverwirklichung führenden Geschehensablauf erscheint[68], wer das Geschehen kraft zweckgerichteter Steuerung beherrscht hat[69]. Unter Tatherrschaft

29

---

[62] So ist etwa die Verwendung eines unzutreffenden Titels oder einer unzutreffenden Berufsbezeichnung (Art. 3 lit. b bzw. c) denknotwendig mit der Unterlassung der Verwendung der korrekten Bezeichnung verbunden. Jeder, der unrichtig vergleicht (Art. 3 lit. e), unterlässt einen richtigen Vergleich und jeder, der verschleiert (Art. 3 lit. h), unterlässt die Herstellung klarer Bedingungen.
[63] Siehe allgemein etwa den Fall BGE 121 IV 10, 14. Vgl. im Übrigen hier auch den Begriff der sog. Doppelrelevanz, SEELMANN, Strafrecht AT, 98.
[64] So für Art. 3 lit. k und l auch SCHULTZ, ZStrR 1991, 273, 276.
[65] Es bedarf dann jedoch besonderer zusätzlicher Merkmale, insbesondere einer sog. Garantenstellung des Täters.
[66] Allgemein zur Problematik der sog. Untätigkeitsdelikte STRATENWERTH, AT I, § 14 N 33; im Zusammenhang mit Art. 3 lit. b zumindest nicht explizit ablehnend BGer 6P.1/2006, E. 1.4, generell die Möglichkeit einer unechten Unterlassung bei schlichten Tätigkeitsdelikten ablehnend DONATSCH/TAG, Verbrechenslehre, 297; im Grundsatz ebenso TRECHSEL/JEAN-RICHARD, StGB PK, Art. 11 N 2.
[67] Zu allfälligen zusätzlichen Erfordernissen STRATENWERTH, AT I, § 13 N 14 ff.
[68] STRATENWERTH, AT I, § 13 N 11.
[69] STRATENWERTH, AT I, § 13 N 12; vgl. auch DONATSCH/TAG, Verbrechenslehre, 168.

ist somit der «final lenkende, gestaltende Einfluss der ‹Schlüsselfigur› auf die Deliktsverwirklichung[70]» zu verstehen.

30 Im Zusammenhang mit Täterschaft und Teilnahme ist zu beachten, dass die allgemeinen Regeln im UWG-Kontext bisweilen durch das **Medienstrafrecht** des StGB (Art. 28 f., Art. 322 f. StGB) modifiziert werden[71].

aaa) Täterschaft

31 Bei der Täterschaft sind je nach Ausprägung der Tatherrschaft verschiedene Formen zu unterscheiden: unmittelbare Täterschaft, Mittäterschaft und mittelbare Täterschaft[72].

– Wer alle objektiven und alle subjektiven Merkmale in eigener Person erfüllt ist **unmittelbarer Täter**[73]. Ihm kommt die Handlungsherrschaft zu[74].
– Ist die Tatherrschaft auf mehrere Täter verteilt, welche aufgrund eines gemeinsamen Tatentschlusses[75] handeln, so liegt **Mittäterschaft** vor. Die Tatherrschaft ist hier eine sog. funktionelle[76], d.h., der Tatbeitrag jedes Mittäters ist für die Ausführung des Delikts so wesentlich, dass sie mit ihm steht oder fällt[77].
– **Mittelbare Täterschaft** liegt vor, wenn sich ein Hintermann (mittelbarer Täter) zur Begehung von Art. 23 eines anderen (Tatmittler) bedient, bei welchem ein Defekt – im UWG-Kontext wohl meistens das Fehlen des Vorsatzes infolge Tatbestandsirrtums oder ein Schuldausschluss infolge unvermeidbaren Verbotsirrtums – vorliegt[78]. Die Tatherrschaft besteht hier in der Wissens- oder Willensherrschaft des Hintermanns[79].

32 Zur sog. **Geschäftsherrenhaftung** vgl. Art. 26 N 23 ff.

---

[70] SEELMANN, Strafrecht AT, 134.
[71] TAUFER, Einbezug von Dritten im UWG, 177. Siehe zum StGB-Medienstrafrecht sogleich N 35 ff.
[72] SEELMANN, Strafrecht AT, 134.
[73] RIKLIN, Verbrechenslehre, § 18 N 4; SEELMANN, Strafrecht AT, 133; STRATENWERTH, AT I, § 13 N 19.
[74] SEELMANN, Strafrecht AT, 134.
[75] Dazu DONATSCH/TAG, Verbrechenslehre, 169 f.; SEELMANN, Strafrecht AT, 141 f.; STRATENWERTH, AT I, § 13 N 52 ff.
[76] SEELMANN, Strafrecht AT, 134; STRATENWERTH, AT I, § 13 N 61.
[77] Vgl. nur BGE 120 IV 265, 271.
[78] Allgemein zur mittelbaren Täterschaft DONATSCH/TAG, Verbrechenslehre, 181 ff.; RIKLIN, Verbrechenslehre, § 18 N 24 ff.; SEELMANN, Strafrecht AT, 135 ff.; STRATENWERTH, AT I, § 13 N 20 ff.; TRECHSEL/NOLL, Strafrecht AT, 207 ff.
[79] SEELMANN, Strafrecht AT, 134.

bbb) Teilnahme

Die strafbaren Teilnahmeformen sind Anstiftung und Gehilfenschaft. 33
- **Anstifter** ist, wer beim Haupttäter vorsätzlich den Entschluss zur Begehung der Tat hervorruft (Art. 24 Abs. 1 StGB)[80]. Erforderlich ist eine psychische oder geistige Einwirkung auf den Täter[81]. Es ergeben sich hier für das UWG-Strafrecht grundsätzlich keine Besonderheiten; so ist etwa derjenige Anstifter, der einen anderen davon überzeugt, den Umsatz durch unlautere Äusserungen, Werbung oder Nachahmungen zu steigern.
- Art. 25 StGB definiert die **Gehilfenschaft** als das vorsätzliche Hilfeleisten zur Haupttat. Gemäss Bundesgericht ist dies «jeder kausale Beitrag, der die Tat fördert, so dass sich diese ohne Mitwirkung des Gehilfen anders abgespielt hätte[82]». Der Gehilfe unterstützt die Haupttat physisch oder psychisch[83], diese steht oder fällt aber nicht mit der erbrachten Hilfe[84]. Es handelt sich somit um eine Mitwirkung in untergeordneter Weise[85]. Die Erscheinungsformen im UWG-Kontext sind vielfältig[86], möglich ist z.B. eine entsprechende Unterstützung bei der Verwertung nach Art. 5 lit. a[87].

Bei **Art. 4** und **Art. 4a** handelt es sich um **selbständige Teilnahmedelikte**[88]. 34

gg) Medienstrafrecht

Je nach von Art. 23 erfasstem UWG-Tatbestand kommen die **medienrechtlichen Sonderbestimmungen des StGB** (Art. 28 f., 322, 322bis StGB) zum Tragen[89]. 35

---

[80] SEELMANN, Strafrecht AT, 147; STRATENWERTH, AT I, § 13 N 98.
[81] Vgl. nur BGE 127 IV 122, 127 f.; DONATSCH/TAG, Verbrechenslehre, 149; RIKLIN, Verbrechenslehre, § 18 N 45; SEELMANN, Strafrecht AT, 147; STRATENWERTH, AT I, § 13 N 101.
[82] BGE 120 IV 265, 272.
[83] Zur psychischen Gehilfenschaft insbesondere DONATSCH/TAG, Verbrechenslehre, 162 f.; RIKLIN, Verbrechenslehre, § 18 N 33; STRATENWERTH, AT I, § 13 N 119.
[84] SEELMANN, Strafrecht AT, 144.
[85] BGE 98 IV 83, 85; RIKLIN, Verbrechenslehre, § 18 N 32; STRATENWERTH, AT I, § 13 N 115.
[86] Vgl. etwa BGE 84 IV 39, 43 f. (noch im Zusammenhang mit Art. 13 lit. b aUWG); BezGer ZH SMI 1996, 448, 451 («Chanel-Produkte»).
[87] Wobei hier bei einem Extraneus eine Täterschaft mangels Sonderpflicht ohnehin ausscheidet; vgl. dazu im Allgemeinen STRATENWERTH, AT I, § 13 N 16.
[88] Für Art. 13 lit. f aUWG TROLLER, Immaterialgüterrecht II, 1013. Für Art. 322ter StGB BSK-PIETH, Art. 322ter StGB N 51; ferner im Zusammenhang mit Art. 322^{quater} StGB DONATSCH/ WOHLERS, Delikte gegen die Allgemeinheit, 523. Vgl. für die Korruptionsstraftatbestände des StGB auch BGer 6B.402/2008, E. 2.2.2 m.w.H. Siehe im Übrigen auch die selbständigen Teilnahmedelikte nach Art. 66 lit. d PatG sowie Art. 41 Abs. 1 lit. b DesG.

36 Art. 28 Abs. 1 StGB statuiert bei medial verbreiteten strafbaren Inhalten als Grundsatz die **primäre Strafbarkeit des jeweiligen Autors**[90]. Nur falls Letzterer nicht ermittelbar ist, in der Schweiz nicht vor Gericht gestellt werden kann oder die Veröffentlichung ohne sein Wissen oder gegen seinen Willen stattgefunden hat, greift die subsidiäre Verantwortlichkeit gemäss Art. 28 Abs. 2, 3 StGB (**Kaskadenhaftung**).

37 Anwendbar sind die Art. 28 f. StGB bei durch Veröffentlichung in einem Medium begangenen Mediendelikten.

- Eine **Veröffentlichung** hat stattgefunden, wenn die in Frage stehende Äusserung einem grösseren, nicht durch persönliche Beziehungen verbundenen Personenkreis zugänglich ist[91].
- Das StGB enthält keine Legaldefinition des Begriffs des Mediums. In Lehre und Rechtsprechung wird allgemein von einem **weiten Medienbegriff** ausgegangen[92]. Einen Anknüpfungspunkt bildet hier Art. 17 BV[93]. Erfasst sind verschiedenste physische und elektronische Kommunikationsmittel[94], d.h. neben Druckschriften in jeder Form der Vervielfältigung[95] insbesondere etwa Radio und Fernsehen, CD-ROMs und Teletext[96]. Unter die Art. 28 f. StGB fällt insbesondere auch das Internet[97]. Ein Medium i.S.v. Art. 28 f. StGB ist in der Lage, Gedanken rasch und weitreichend zu verbreiten[98]. Anders als Art. 28g Abs. 1 ZGB für das Gegendarstellungsrecht kennt das Medienstrafrecht kein Periodizitätserfordernis[99].

---

[89] BGE 117 IV 364, 365 f. im Zusammenhang mit Art. 3 lit. l; DONATSCH/TAG, Verbrechenslehre, 199; RIKLIN, Verbrechenslehre, § 20 N 7; DERS., Presserecht, § 10 N 5; SCHULTZ, ZStrR 1991, 273, 276 f.; STRATENWERTH, AT I, § 13 N 168; TAUFER, Einbezug von Dritten im UWG, 178; TRECHSEL/JEAN-RICHARD, StGB PK, Art. 28 N 7; TRECHSEL/NOLL, Strafrecht AT, 237.

[90] STRATENWERTH, AT I, § 13 N 165.

[91] RIKLIN, Verbrechenslehre, § 20 N 4 m.w.H. Weiter gehend DONATSCH/TAG, Verbrechenslehre, 197 f.

[92] BGE 128 IV 53, 65 (hier noch ausschliesslich auf den Begriff der «Presse» bezogen); BSK-ZELLER, Art. 28 StGB N 33.

[93] STRATENWERTH, AT I, § 13 N 167; BSK-ZELLER, Art. 28 StGB N 32 (Letzterer z.T. differenzierend).

[94] DONATSCH/TAG, Verbrechenslehre, 197.

[95] STRATENWERTH, AT I, § 13 N 167. Zum Begriff der «Presse» etwa RIKLIN, Verbrechenslehre, § 20 N 6 m.w.H.

[96] RIKLIN, Verbrechenslehre, § 20 N 3.

[97] RIKLIN, Verbrechenslehre, § 20 N 3; STRATENWERTH, AT I, § 13 N 167; i.E. ebenso TRECHSEL/JEAN-RICHARD, StGB PK, Art. 28 N 3; DONATSCH/TAG, Verbrechenslehre, 197, Letztere allerdings den Begriff «Internet» in diesem Zusammenhang ablehnend; kritisch NIGGLI/SCHWARZENEGGER, SJZ 2002, 61.

[98] SCHULTZ, ZStrR 1991, 273, 277; BSK-ZELLER, Art. 28 StGB N 33.

[99] So fallen etwa einmalige Plakat- oder Flugblattaktionen zwar unter das Medienstrafrecht (BGE 128 IV 53; Botschaft Medienstraf- und Verfahrensrecht, 549; BSK-ZELLER, Art. 28 StGB N 33, 35 f.), sind aber nicht gemäss Art. 28g Abs. 1 ZGB gegendarstellungsfähig, da nicht periodisch erscheinend.

- Ein **Mediendelikt** liegt gemäss Art. 28 Abs. 1 StGB vor, wenn sich die strafbare **Handlung in der Veröffentlichung** in einem Medium «**erschöpft**». Dies ist dann der Fall, wenn das Delikt mit der Veröffentlichung als solcher, allenfalls noch verbunden mit der Kenntnisnahme durch Dritte, vollendet ist[100]. In Frage kommen hier im UWG-Kontext insbesondere die publikumswirksamen werberechtlich motivierten Tatbestände von Art. 3[101].
Zu beachten ist jedoch, dass das Bundesgericht in einem in der Lehre überwiegend kritisch aufgenommenen[102] Entscheid[103] diejenigen Bestimmungen vom Anwendungsbereich des Medienstrafrechts ausnehmen möchte, deren Zweck gerade die Verhinderung entsprechender Veröffentlichungen ist[104]. Auch wenn das Urteil den Ausschluss explizit nur für die Art. 135, 197 und 261bis Abs. 4 StGB ausspricht, so bleibt insbesondere in Anbetracht der Weite des bundesgerichtlichen Kriteriums die künftige Linie der Rechtsprechung zumindest schwierig vorhersehbar. Dies führt, abgesehen von dogmatischen Bedenken, zu Rechtsunsicherheit[105].

b) Konkurrenzen

Verwirklicht **ein Täter mehrere Straftatbestände** oder **mehrmals denselben Straftatbestand**, so geben die strafrechtlichen Konkurrenzregeln eine Antwort auf die Frage, aufgrund welcher Bestimmungen er tatsächlich zu bestrafen ist[106].

38

- Bei der **unechten Konkurrenz** treten einzelne Straftatbestände hinter andere zurück und sind somit für die Strafe grundsätzlich unbeachtlich[107].

---

[100] STRATENWERTH, AT I, § 13 N 168; STRATENWERTH/WOHLERS, StGB Handkommentar, Art. 28 N 3.

[101] BGE 117 IV 364, 365 f. im Zusammenhang mit Art. 3 lit. l; BSK-ZELLER, Art. 28 StGB N 50; DONATSCH/TAG, Verbrechenslehre 199; RIKLIN, Verbrechenslehre, § 20 N 7; DERS., Presserecht, § 10 N 5; bejahend für Art. 3 lit. f, g und i, ablehnend für Art. 3 lit. h SCHULTZ, ZStrR 273, 276 f.; STRATENWERTH, AT I, § 12 N 168; TRECHSEL/JEAN-RICHARD, StGB PK, Art. 28 N 7; TRECHSEL/NOLL, Strafrecht AT, 237.

[102] Etwa DONATSCH/TAG, Verbrechenslehre, 200; RIKLIN, Verbrechenslehre, § 20 N 10; RIKLIN, medialex 2000, 199; SCHLEIMINGER/METTLER, AJP 2000, 1039; STRATENWERTH, AT I, § 13 N 168; a.M. TRECHSEL/JEAN-RICHARD, StGB PK, Art. 28 N 7.

[103] BGE 125 IV 206, 211 f.

[104] So insbesondere für Art. 135 StGB bereits vor Ergehen des Urteils u.a. SCHULTZ, ZStrR 1991, 273, 278 f., auf welchen sich BGE 125 IV 206, 212 dann auch explizit bezog.

[105] Allgemein BSK-ZELLER, Art. 28 StGB N 53.

[106] SEELMANN, Strafrecht AT, 170. Für die Massnahmenkonkurrenz gelten mit Art. 56a StGB andere Regeln; vgl. STRATENWERTH, AT I, 478 N 2; DERS., AT II, § 8 N 45 ff.

[107] Dazu allgemein RIKLIN, Verbrechenslehre, § 22 N 17 ff.; SEELMANN, Strafrecht AT, 171 ff.; STRATENWERTH, AT I, § 18.

- Bei einem **echten Konkurrenzverhältnis**[108] tritt keiner von mehreren verwirklichten Straftatbeständen zurück; sie alle sind für die Strafe von Relevanz. Es kommt nach Art. 49 Abs. 1 StGB zu einer Strafschärfung.

39 Ausgangsfrage in Konkurrenzsituationen ist jeweils, ob unechte Konkurrenz vorliegt. Hier kann vereinfachend insbesondere darauf abgestellt werden, **welche Rechtsgüter** von den konkurrierenden Straftatbeständen **geschützt** werden[109].

40 Konkurrieren können die lauterkeitsstrafrechtlichen Tatbestände insbesondere mit **Tatbeständen des StGB** sowie Strafbestimmungen der **immaterialgüterrechtlichen Spezialgesetze** und des **Bundesverwaltungsrechts**.

41 Eine sog. **Deliktseinheit kraft Gesetzes** in der Form der **Gewerbsmässigkeit**[110], wie sie das StGB z.T. im Besonderen Teil kennt (z.B. Art. 139 Ziff. 2, Art. 144bis Ziff. 2 Abs. 2, Art. 146 Abs. 2 StGB) und wie sie auch im Immaterialgüterstrafrecht verbreitet ist[111], kennt das UWG nicht.

aa) StGB-Straftatbestände

42 Praktisch relevant geworden sind bisher soweit ersichtlich insbesondere die folgenden Konkurrenzkonstellationen zwischen StGB und UWG[112]:

- Für das Verhältnis zwischen **Betrug** (Art. 146 StGB) und dem UWG-Strafrecht ist das Obergericht des Kantons Zürich von unechter Konkurrenz ausgegangen, wobei das StGB vorgehen solle, wenn der Unrechtsgehalt des unlauteren Wettbewerbs im konkreten Fall nicht über jenen des Betrugs hinausgeht[113].
Im Zusammenhang mit Art. 23 i.V.m. Art. 3 lit. b ist jedoch festzuhalten, dass dieser Bestimmung bei betrügerischem Verhalten insbesondere gerade dann praktische Bedeutung zukommt, wenn die Voraussetzungen von Art. 146 StGB

---

[108] Dazu allgemein RIKLIN, Verbrechenslehre, § 22 N 2 ff.; SEELMANN, Strafrecht AT, 175 ff.; STRATENWERTH, AT I, § 19.
[109] Vgl. für die Spezialität HUBER, JdT 1958 IV 79, 86; ferner: CdJ GE SJ 1987, 51, 58.
[110] STRATENWERTH, AT I, § 19 N 22.
[111] Art. 81 Abs. 3 PatG; Art. 67 Abs. 2, 69 Abs. 2, 69a Abs. 2 URG; Art. 41 Abs. 2 DesG; Art. 61 Abs. 3, 62 Abs. 2, 63 Abs. 4, 64 Abs. 2 MSchG.
[112] Vgl. B. VON BÜREN, Kommentar UWG, Art. 13 ff. N 33; GUYET, SIWR V/1, 308 f.; PEDRAZZINI/PEDRAZZINI, UWG, N 26.28.
[113] OGer ZH ZR 93 (1994), Nr. 96, 317 (im Zusammenhang mit Art. 3 lit. h). Vgl. auch TRECHSEL/CRAMERI, StGB PK, Art. 146 N 41. Dagegen für echte Konkurrenz eintretend – mit dem Argument unterschiedlicher Schutzgüter – die Vorinstanz im vorgehend genannten Fall, BezGer ZH ZR 93 (1994), Nr. 96, 307; ebenso infolge unterschiedlicher geschützter Rechtsgüter für echte Konkurrenz (Tateinheit) im Zusammenhang mit einer analogen Konkurrenzsituation nach deutschem Recht etwa: FEZER-RENGIER, UWG, § 16 N 113; a.M. aber Münchener Kommentar StGB-HEFENDEHL, § 263 N 804 (unechte Konkurrenz mit Vorrang von § 263 StGB).

nicht erfüllt sind, mithin also gar keine Konkurrenzsituation vorliegt: Die UWG-Vorschrift fungiert als Auffangtatbestand, wenn Art. 146 StGB mangels Vermögensschadens, Täuschung oder Arglist ausscheidet[114].

- Die **Warenfälschung** (Art. 155 StGB) steht zum UWG in einem echten Konkurrenzverhältnis[115]. In Frage kommt hier insbesondere Art. 23 i.V.m. Art. 3 lit. d oder Art. 5.

- Zwischen dem Tatbestand der **Kursmanipulation** (Art. 161bis StGB) und dem UWG (Art. 3 lit. a und lit. b) besteht ein unechtes Konkurrenzverhältnis, Vorrang kommt dem UWG zu[116].

- Das Verhältnis zwischen der **Verletzung des Fabrikations- oder Geschäftsgeheimnisses** (Art. 162 StGB) und Art. 23 i.V.m. Art. 6 ist umstritten[117]. Einerseits wird für Spezialität des UWG votiert[118], andererseits soll jeweils einzelfallweise die höhere Strafe angewendet werden[119]. Nach einer dritten Ansicht ist Art. 6 ohnehin nur dann anwendbar, wenn es an einem Verrat i.S.v. Art. 162 StGB fehlt[120].
Denkbar ist auch eine Konkurrenz mit Art. 23 i.V.m. Art. 5 lit. a sowie lit. b[121].
Ein Sonderproblem ergibt sich für die **Anstiftung zum Geheimnisbruch:** Hier enthält Art. 23 i.V.m. Art. 4 lit. c eine Regelung, welche gegen Art. 162 StGB i.V.m. Art. 24 StGB abzugrenzen ist[122].

- Die strafrechtlichen **Ehrverletzungsdelikte** (Art. 173 f. StGB) konkurrieren echt mit Art. 23 i.V.m. Art. 3 lit. a und lit. e[123].

---

[114] BGer 6S.184/2003, E. 1.2.2; BGer 1A.261/2004, E. 4.5.
[115] Vgl. BezGer ZH sic! 2006, 112, 113 f. («Plan für Implantate»); BAUDENBACHER/GLÖCKNER, Kommentar UWG, Art. 23 N 24; BSK-WEISSENBERGER, Art. 155 StGB N 47; TRECHSEL/ CRAMERI, StGB PK, Art. 155 N 17; Botschaft GAFI, 6280.
[116] TAUFER, Einbezug von Dritten im UWG, 186 f., sieht das UWG als lex specialis.
[117] Ausführlich BSK-AMSTUTZ/REINERT, Art. 162 StGB N 34.
[118] BStGer SK.2007.3, E. 4, 4.2; BAUDENBACHER/GLÖCKNER, Kommentar UWG, Art. 6 N 85; DONATSCH, Delikte gegen den Einzelnen, 321; TRECHSEL/JEAN-RICHARD, StGB PK, Art. 162 N 11; TAUFER, Einbezug von Dritten im UWG, 185 (Letzterer allerdings ohne Benennung der Art unechter Konkurrenz).
[119] STRATENWERTH/JENNY, BT I, § 22 N 12; wohl ebenso SCHUBARTH/ALBRECHT, Kommentar zum schweizerischen Strafrecht, Art. 162 N 24.
[120] Eingehend BSK-AMSTUTZ/REINERT, Art. 162 StGB N 34, Beantwortung der Frage der Konkurrenz «nur über den jeweiligen Tatbestand dieser Vorschriften». Vgl. im Übrigen bereits Art. 6 N 5.
[121] BezGer ZH sic! 2006, 112, 115 f. («Plan für Implantate») sieht das UWG hier als lex specialis.
[122] Für den Vorrang der UWG-Regelung votierend CourCassPén NE SMI 1993, 338, 340 f.; BStGer SK.2007.3, E. 4; BSK-AMSTUTZ/REINERT, Art. 162 StGB N 33; LOGOZ, Commentaire du Code Pénal Suisse, 204 (allerdings noch im Zusammenhang mit Art. 13 lit. f aUWG); TAUFER, Einbezug von Dritten im UWG, 185. STRATENWERTH/JENNY, BT I, § 22 N 12, befürworten dagegen wiederum die Anwendung der im Einzelfall höheren Strafdrohung.
[123] RITSCHER, ZStrR 1998, 26, 60; BSK-RIKLIN, Art. 173 StGB N 36, und Art. 174 StGB N 9; TAUFER, Einbezug Dritter im UWG, 185 f.; TRECHSEL/LIEBER, StGB PK, Art. 173 N 31, und

- Zwischen dem Tatbestand des **wirtschaftlichen Nachrichtendienstes** nach Art. 273 StGB und Art. 23 i.V.m. Art. 6 besteht echte Konkurrenz[124].
- Zwischen dem **Ungehorsam gegen amtliche Verfügungen** (Art. 292 StGB) und Art. 23 besteht infolge der unterschiedlichen geschützten Rechtsgüter ein echtes Konkurrenzverhältnis[125].

43 Für bisher nicht praktisch relevant gewordene Konkurrenzsituationen sollte zumindest **als Leitlinie** ausschlaggebend sein, welche Rechtsgüter die jeweiligen Tatbestände schützen: So sollte ein (nur) Individualinteressen schützender StGB-Straftatbestand[126] im Normalfall[127] nicht eine UWG-Strafnorm verdrängen können, welche neben dem (individuellen) Konkurrenten- und Konsumentenschutz auch institutionell dem Schutz des lauteren und unverfälschten Wettbewerbs dient[128]. Als Konsequenz dürfte – je nach in Frage stehenden Bestimmungen und der Situation im konkreten Einzelfall – **entweder ein Vorrang des UWG oder echte Konkurrenz** anzunehmen sein.

bb) Straftatbestände in immaterialgüterrechtlichen Spezialgesetzen

44 Auch die immaterialgüterrechtlichen Spezialgesetze enthalten Strafbestimmungen: Zu nennen sind etwa Art. 66–71 und 81–86 **PatG**, Art. 67–73 **URG**, Art. 41–45 **DesG** sowie Art. 61–69 **MSchG**[129].

45 Beachtung erfährt vor allem das Verhältnis zwischen den Strafnormen des **MSchG** und denjenigen des **UWG**[130]. Hier ist zunächst danach zu fragen, ob es um eine

---

Art. 174 N 7. A.M. hinsichtlich Art. 174 StGB OGer ZH SJZ 66 (1970), 24, 25 f.: Vorrang des UWG (allerdings noch im Zusammenhang mit Art. 13 lit. a aUWG); vgl. auch BAUDENBACHER/ GLÖCKNER, Kommentar UWG, Art. 23 N 25: Vorrang des UWG, falls die Behauptungen primär dazu bestimmt waren, den Mitbewerber im wirtschaftlichen Wettbewerb zu schädigen.

[124] BSK-HOPF, Art. 273 StGB N 22. Vgl. auch BGer 6B.200/2009, E. 6.1 sowie BStGer SK 2008.7, E. 2, 3.

[125] BGE 79 II 409, 420 ff. (bezüglich Art. 13 aUWG); TC VD SMI 1984, 391, 392 («Vuitton II» [bezüglich Art. 13 aUWG]); CdJ GE SJ 1987, 51, 59 (bezüglich Art. 13 aUWG); BSK-RIEDO/BONER, Art. 292 StGB N 26; L. DAVID, SIWR I/2, 215 f.; DIGGELMANN, SMI 1992, 23, 25; KUMMER, Die Vollstreckung des Unterlassungsurteils durch Strafzwang, 388; TRECHSEL/ VEST, StGB PK, Art. 292 N 20. Für die analoge Situation im Zusammenhang mit dem DesG etwa STUTZ/BEUTLER/KÜNZI, Designrecht, Art. 35 N 54 m.w.H.

[126] Wie etwa die meisten Tatbestände des Vermögensstrafrechts; vgl. IVANOV, Rechtsgüterschutz, 198.

[127] Zu beachten ist jedoch den allgemeinen Regeln entsprechend je nach der durch die in Frage stehenden Tatbestände angedrohten Strafe die Figur der sog. Sperrwirkung des milderen Gesetzes; dazu im Allgemeinen STRATENWERTH, AT I, § 18 N 13.

[128] Siehe dazu Art. 1 N 15 ff. und 22 ff.

[129] Vgl. ferner auch Art. 11 ToG sowie Art. 48–51 SoSchG.

rechtsgültig nach MSchG geschützte, eingetragene Marke geht[131]. Ist dies nicht der Fall, so scheidet eine Anwendung des MSchG ohnehin aus, stellt sich mithin also gar keine Konkurrenzsituation[132]. Konkurrieren – im Zusammenhang mit einer gültigen Markenregistrierung[133] – MSchG und UWG, so ist strafrechtlich grundsätzlich von einem unechten Konkurrenzverhältnis auszugehen, wobei **das UWG vom MSchG verdrängt wird**[134].

Der grundsätzliche Vorrang des MSchG infolge unechter Konkurrenz bedeutet aber **nicht, dass eine Anwendung des UWG absolut ausgeschlossen** wäre: 46

- Kann der Täter für die Verletzung des MSchG nicht bestraft werden, so kann nach Ansicht des Bundesgerichts auf den UWG-Schutz zurückgegriffen werden[135]. Einem milderen MSchG-Tatbestand kommt bei dieser ausnahmsweise nach dem UWG erfolgenden Bestrafung Sperrwirkung zu[136].
- Bei Vorliegen vom MSchG nicht erfasster typischer Unlauterkeitselemente kann es zu einer ergänzenden Anwendung des UWG (echte Konkurrenz zum MSchG) kommen[137].

Die für das Verhältnis zwischen UWG und MSchG angestellten Überlegungen können **mutatis mutandis** auch auf das Verhältnis zwischen den **anderen immaterialgüterrechtlichen Spezialgesetzen** und dem UWG übertragen werden[138]. 47

---

[130] Jedoch vorwiegend im Hinblick auf die jeweiligen zivilrechtlichen Bestimmungen; vgl. BLUMENTHAL, Der strafrechtliche Schutz der Marke, 274. Siehe zum Problem im zivilrechtlichen Kontext Einl. N 26 ff.

[131] BLUMENTHAL, Der strafrechtliche Schutz der Marke, 280.

[132] Zur Anwendbarkeit des UWG in solchen Fällen sowie zur Sperrwirkung des MSchG BLUMENTHAL, Der strafrechtliche Schutz der Marke, 280 ff. Vgl. auch BGE 117 IV 45, 46.

[133] Ferner ist zu beachten, dass das MSchG in Art. 64 auch den Gebrauch unzutreffender Herkunftsangaben (vgl. Art. 47 ff. MSchG) unter Strafe stellt.

[134] Für Spezialität eintretend BGE 82 IV 204; BGE 117 IV 45, 46; BGE 117 IV 475, 476; ferner OGer ZH SMI 1988, 230, 233 («Lacoste»); vgl. auch Noth/Bühler/Thouvenin (Hrsg.), RÜETSCHI, MSchG, Art. 61 N 41; Konsumtion annehmend BLUMENTHAL, Der strafrechtliche Schutz der Marke, 282 f. m.w.H. BAUDENBACHER/GLÖCKNER, Kommentar UWG, Art. 23 N 22, kritisieren dagegen die Annahme von Spezialität und bejahen «allenfalls Subsidiarität», was ihres Erachtens dazu führen muss, dass das UWG «hilfsweise anwendbar» bleibt.

[135] BGE 117 IV 475, 477 f.; OGer ZH SMI 1988, 230, 233 f. («Lacoste»); jeweils im Zusammenhang mit einem verjährten Strafrechtsbehelf des MSchG. Zu dieser Konstellation kann es de lege lata nicht mehr kommen, da sich MSchG und UWG hinsichtlich der Verjährung nicht mehr unterscheiden; vgl. dazu auch BLUMENTHAL, Der strafrechtliche Schutz der Marke, 280 f. Denkbar ist diese Situation aber weiterhin aufgrund der für UWG und MSchG jeweils unterschiedlich ausgestalteten Strafantragsberechtigung, so wohl auch BAUDENBACHER/GLÖCKNER, Kommentar UWG, Art. 23 N 22. Vgl. allgemein zur sog. Anwendbarkeit des nachrangigen Gesetzes STRATENWERTH, AT I, § 18 N 14; ferner auch SCHWANDER, StGB, N 318.

[136] BGE 117 IV 475, 478 f.

[137] BLUMENTHAL, Der strafrechtliche Schutz der Marke, 283 (jedoch eine Sperrwirkung von Art. 62 Abs. 1 MSchG befürwortend und eine Asperation gemäss Art. 49 Abs. 1 StGB beim Nebeneinander von Art. 61 Abs. 1 MSchG und Art. 23 i.V.m. Art. 3 lit. d ablehnend).

cc) Übriges Nebenstrafrecht

48 Strafrechtlichen Schutz gewähren auch Bestimmungen namentlich des **Heil-** und **Lebensmittel-** sowie des **Industrie-** und **Gewerberechts**[139]. Zu erwähnen sind insbesondere die Art. 86–90 HMG[140], Art. 47–51 LMG[141] und Art. 38–45 LG.

49 Zu allenfalls gleichzeitig erfüllten strafbewehrten UWG-Tatbeständen ist infolge der jeweils unterschiedlichen primär geschützten Rechtsgüter in der Regel von einem **echten Konkurrenzverhältnis** auszugehen[142].

IV. Tatbestandsvoraussetzungen

1. Verhalten gemäss Art. 3–6

a) Keine umfassende Strafbewehrung

50 Strafbar ist nur eine (vorsätzliche) Verletzung der **Art. 3–6**. Nicht in Art. 23 erwähnt – und somit nicht strafbewehrt – sind folglich die Art. 2, 7 und 8. Eine Strafbarkeit scheitert hier bereits formal am strafrechtlichen Legalitätsprinzip (Art. 1 StGB, nulla poena sine lege) resp. am strafrechtlichen Analogieverbot zulasten des Beschuldigten[143].

– Die **fehlende Strafbewehrung von Art. 2** ist **unumstritten:** Zu unbestimmt ist die Vorschrift, um dem aus Art. 1 StGB abgeleiteten Bestimmtheitsgebot genügen zu können[144]. Die Nichterfassung von Art. 2 ist aber auch Ausdruck eines subsidiär konzipierten Strafrechts[145].

– Die – de lege lata unumstössliche – **Nichterfassung der Art. 7 und 8** stösst in der Lehre auf **Kritik**[146]: Im Zusammenhang mit Art. 8 wird darauf hingewiesen, dass der Verzicht auf Strafbewehrung verständlich gewesen wäre,

---

[138] Für das DesG explizit ZÜLLIG, Designrecht, Art. 41 N 42; vgl. auch STUTZ/BEUTLER/KÜNZI, Designrecht, Art. 41 N 21.
[139] Für Hinweise auf entsprechende Rechtsprechung SPITZ, Haftung für Wettbewerbshandlungen, N 105.
[140] Vgl. insbesondere Art. 87 Abs. 1 lit. b i.V.m. Art. 32 Abs. 1 lit. b HMG.
[141] Vgl. insbesondere Art. 48 Abs. 1 lit. h und lit. k LMG.
[142] So explizit für Art. 87 HMG BSK-SUTER, Art. 87 HMG N 64; im LG-Kontext für die Situation vor Erlass des aUWG 1943 bereits STAEHELIN, Lotterien, 125 f.
[143] BAUDENBACHER/GLÖCKNER, Kommentar UWG, Vor Art. 23 ff. N 12. Vgl. zum Analogieverbot in malam partem im Strafrecht bereits N 7.
[144] BezGer ZH ZR 88/1989, Nr. 25, 68 f.; BezGer ZH sic! 2008, 307 («Online-Branchenverzeichnis»); BAUDENBACHER/GLÖCKNER, Kommentar UWG, Art. 23 N 2; PEDRAZZINI/PEDRAZZINI, UWG, N 26.03.
[145] BezGer Hinwil sic! 2001, 212 («barcodedrucker»).
[146] BAUDENBACHER/GLÖCKNER, Kommentar UWG, Art. 23 N 2; PEDRAZZINI/PEDRAZZINI, UWG, N 26.02; TAUFER, Einbezug von Dritten im UWG, 176; vgl. auch L. DAVID, SIWR I/2, 214.

wenn denn die Bestimmung, wie ursprünglich vom Bundesrat vorgesehen, als Statuierung einer offenen Inhaltskontrolle realisiert worden wäre. Dabei hätte es sich um eine generalklauselartige, eigenständige Regelung gehandelt, welche sich insofern von den strafbewehrten UWG-Bestimmungen unterschieden hätte. Dieses Argument lässt sich jedoch in Anbetracht der Abschwächung von Art. 8 durch das vom Parlament eingefügte Irreführungserfordernis nicht mehr ins Feld führen[147].

b) Objektive Tatbestandsmerkmale im Besonderen

51 Vorzuliegen hat zunächst die objektive Seite einer der Bestimmungen von Art. 3–6. Die objektiven Tatbestandsmerkmale kennzeichnen das verbotene Verhalten nach aussen[148]. Im spezifischen UWG-Kontext handelt es sich dabei regelmässig um ein **Tatobjekt** (z.B. bei Art. 3 lit. a «andere, ihre Waren, Werke, Leistungen, deren Preise oder ihre Geschäftsverhältnisse») und eine bestimmte **Tathandlung** (z.B. bei Art. 6 «verwertet oder andern mitteilt»).

52 Ebenfalls zum objektiven Tatbestand gehört das Merkmal der **Täterqualifikation** bei den Sonderdelikten[149]. Hier kann nur Täter sein, wem die entsprechende Sonderpflicht obliegt. Als **UWG-Sonderdelikte** sind Art. 23 i.V.m. Art. 4a Abs. 1 lit. b (passive Privatbestechung[150]) sowie – infolge des Erfordernisses des Anvertrautseins – Art. 23 i.V.m. Art. 5 lit. a[151] anzusehen.

53 Fehlt es an einem (oder mehreren) objektiven Tatbestandsmerkmal(en), so kommt allenfalls der **Versuch** einer Begehung in Frage[152].

2. Vorsatz

a) Differenzierung zwischen Art. 23 und 24

54 Nach Art. 23 kann sich nur der **Vorsatztäter** schuldig machen[153], was sich schon (über Art. 333 Abs. 1 StGB) aus der allgemeinen Regel von Art. 12 Abs. 1 StGB ergibt. Demgegenüber erfasst Art. 24 auch die **Fahrlässigkeit**[154].

---

[147] BAUDENBACHER/GLÖCKNER, Kommentar UWG, Art. 23 N 2. Vgl. nun aber zur geplanten Änderung von Art. 8 im Rahmen der laufenden UWG-Revision Art. 8 N 77 ff.
[148] STRATENWERTH, AT I, § 9 N 1.
[149] Dazu allgemein DONATSCH/TAG, Verbrechenslehre, 96 f., RIKLIN, Verbrechenslehre, § 9 N 20 ff.; STRATENWERTH, AT I, § 9 N 5; TRECHSEL/NOLL, Strafrecht AT, 80 f.
[150] Vgl. dazu nur JOSITSCH, sic! 2006, 829, 833 f. (die beteiligten Personen bei Art. 4a als «Extraneus» sowie «Vertrauensträger» benennend).
[151] BGer 6S.684/2001, E. 1b, vergleicht die Bestimmung mit Art. 138 Ziff. 1 Abs. 2 StGB.
[152] Siehe N 22 ff. und 65.
[153] BGE 120 IV 32, 36.

b) (Eventual-)Vorsatz

55 Vorsatz liegt vor, wenn der Täter «die Tat mit Wissen und Willen ausführt» (Art. 12 Abs. 2 Satz 1 StGB). Der Vorsatz muss sich auf alle objektiven Tatbestandsmerkmale beziehen[155].

56 Je nach Ausprägung von Wissens- und Willenskomponente werden verschiedene Arten des Vorsatzes unterschieden, wobei der sog. **Eventualvorsatz,** die die Mindestanforderungen an den Vorsatz beinhaltende Form[156], für das UWG-Strafrecht praktisch von grosser Bedeutung ist: Da Art. 23 die fahrlässige Begehung nicht kriminalisiert, stellt diese leichteste Form[157] des Vorsatzes die Grenze der Strafbarkeit dar[158]. Nach Art. 12 Abs. 2 Satz 2 StGB handelt derjenige mit Eventualvorsatz, der die **Verwirklichung der Tat für möglich hält** (Wissen) und **in Kauf nimmt** (Willen)[159].

57 Der Annahme eines Eventualvorsatzes steht nicht entgegen, dass der Erfolg dem Täter allenfalls unerwünscht ist, ebenso ist keine Billigung erforderlich[160].

58 Für die wissensseitig erforderliche Bedeutungskenntnis genügt, dass der Täter weiss, dass sein Verhalten rechtlich problematisch ist[161]. Unter welche Straftatbestände in welchem Erlass genau sein Verhalten zu subsumieren ist, muss ihm nicht klar sein (sog. **Parallelwertung in der Laiensphäre)**[162].

59 Bei Fehlen eines Geständnisses nimmt das Bundesgericht eine **Gesamtwürdigung aller Umstände** vor: Je grösser das Risiko der Tatbestandsverwirklichung und je schwerer die Sorgfaltspflichtverletzung, umso eher ist anzunehmen, der Täter habe

---

[154] Kritisch zur Differenzierung L. DAVID/JACOBS, Wettbewerbsrecht, 223. Zur Fahrlässigkeitsstrafbarkeit bei Art. 24 siehe Art. 24 N 25 ff.
[155] Vgl. nur BGer 6S.498/1997 sic! 1998, 93, 94 («Maître»).
[156] SEELMANN, Strafrecht AT, 47.
[157] RIKLIN, Verbrechenslehre, § 16 N 26.
[158] Vgl. für ein vorsichtiges Vorgehen des Bundesgerichts etwa BGer 6S.858/1999, E. 6b, im Zusammenhang mit Äusserungen, welche sowohl als im Sinne von Art. 23 i.V.m. Art. 3 lit. a tatbestandsmässig als auch anders aufgefasst werden können. Ausführlich auch Einzelrichter in Strafsachen des Bezirks Bülach SMI 1995, 410, 411 ff. («Fabrikpreise»).
[159] Vgl. dazu bereits vor Einführung der entsprechenden Legaldefinition BGer SMI 1996, 499, 501 («Konkurs-Verleumdung»); BGer 6S.83/1997 sic! 1997, 314 («Testsiegel II»); BGer 6S.677/2001, E. 5 a).
[160] Vgl. nur BGE 133 IV 1, 3 f.; BGE 133 IV 9, 16; BGE 133 IV 222, 225. Nicht von Art. 23 erfasste bewusste Fahrlässigkeit liegt erst dann vor, wenn der die Möglichkeit der Tatbestandsverwirklichung erkennende Täter pflichtwidrig auf das Ausbleiben des Erfolgs vertraut; vgl. bereits Art. 12 Abs. 3 Satz 1 Variante 2 StGB. Ferner etwa wiederum BGE 131 IV 1, 3; BGE 133 IV 9, 16.
[161] BGer 6S.677/2001, E. 5 b) bb).
[162] DONATSCH/TAG, Verbrechenslehre, 110 f.; RIKLIN, Verbrechenslehre, § 13 N 62, § 16 N 7; STRATENWERTH, AT I, § 9 N 66 ff.; TRECHSEL/NOLL, Strafrecht AT, 107.

die Tatbestandsverwirklichung in Kauf genommen; das Gericht darf mitunter **vom Wissen des Täters auf seinen Willen schliessen**[163].

Eventualvorsatz liegt im UWG-Kontext nahe, wenn der Täter ein Verhalten fortsetzt, im Hinblick auf welches zuvor eine **Abmahnung** (Verwarnung)[164], eine entsprechende **vorsorgliche Verfügung**[165] oder ein **Beschluss der SLK**[166] ergangen ist. Ebenso für Eventualvorsatz spricht die **Unsicherheit** über die Unrichtigkeit von Angaben bzw. (Tatsachen-)Äusserungen, ohne darüber Abklärungen zu treffen[167].

60

Gemäss **Art. 5 lit. b** macht sich strafbar, wer «ein Arbeitsergebnis eines Dritten (…) verwertet, **obwohl er wissen muss,** dass es ihm unbefugterweise überlassen oder zugänglich gemacht worden ist». Diese Wendung begegnet leicht anders auch in StGB-Tatbeständen[168]. Umstritten ist, ob es sich um einen blossen (unnötigen) Hinweis auf die Strafbarkeit des Eventualvorsatzes oder eine Beweisregel handelt, welche die Bejahung von Vorsatz erlaubt, wenn der Täter die einschlägigen Verdachtsgründe kannte[169] – im Zusammenhang mit Art. 5 lit. b hinsichtlich des unbefugten Charakters der Überlassung oder des Zugänglichmachens.

61

---

[163] Vgl. etwa BGer 6S.83/1997 sic! 1997, 314, 314 f. («Testsiegel II»), wo das Bundesgericht im Zusammenhang mit Art. 23 i.V.m. Art. 3 lit. b festhielt: «Dem Beschwerdeführer war (…) bekannt, dass die Abbildung des Testsiegels (…) zusammen mit Vermerken des genannten Inhalts ein erhebliches Risiko begründet, dass der Leser das Testsiegel mit einem angepriesenen Produkt (…) in Verbindung bringt.» Siehe ferner auch BGE 133 IV 222, 225 ff., wo das Bundesgericht bei einem Werbeverbot gemäss HMG insbesondere zuungunsten der Beschwerdeführerin, d.h. für Eventualvorsatz, deren mehrjährige Erfahrung mit Fachwerbung für pharmazeutische Produkte berücksichtigte. Diese Aussage ist mutatis mutandis auch im UWG-Kontext im Zusammenhang mit Erfahrung mit Werbung – und deren rechtlichem Rahmen – zu beachten. Ferner BGer 6S.677/2001, E. 5 a). Im Allgemeinen DONATSCH/TAG, Verbrechenslehre, 117; STRATENWERTH, AT I, § 9 N 102; TRECHSEL/NOLL, Strafrecht AT, 101 f.

[164] BezGer AG sic! 1997, 312, 313 («Testsiegel I»); L. DAVID, SIWR I/2, 220; L. DAVID/JACOBS, Wettbewerbsrecht, 223; PEDRAZZINI/PEDRAZZINI, UWG, N 26.05; TAUFER, Einbezug von Dritten im UWG, 183. Heikle Abgrenzungsfragen können sich stellen, wenn nach Abmahnung das Verhalten unpräjudiziell und nur geringfügig abgeändert wird, ohne dass der Abmahnung voll entsprochen würde.

[165] KGer SG sic! 2003, 116, 124 («Mummenschanz»).

[166] BGer 6S.677/2001, E. 5 b); wobei in casu aber die Kenntnis des Täters von den entsprechenden Beschlüssen nicht erwiesen war.

[167] AppGer BS BJM 1996, 88, 92. Vgl. auch BGer SMI 1996, 499, 503 («Konkurs-Verleumdung»).

[168] So etwa in Art. 160 StGB und Art. 144bis Ziff. 2 StGB, in beiden Fällen «weiss oder annehmen muss».

[169] Vgl. nur BSK-WEISSENBERGER, Art. 144bis StGB N 66; STRATENWERTH/JENNY, BT I, § 20 N 19 m.w.H. Vgl. im Übrigen für die zivilrechtliche Anspruchsdurchsetzung KGer GL sic! 2010, 47, 51 («Spritzgiesssysteme»), wonach «(…) das Wissenmüssen oder das grobfahrlässige Nichtwissen genügt».

c) Tatbestandsirrtum

62 Beim Tatbestandsirrtum, der eine Unterkategorie des Sachverhaltsirrtums darstellt[170], irrt der Täter zu seinen Gunsten[171] **über objektive Tatbestandsmerkmale resp. deren Vorliegen,** wobei deren blosse Unkenntnis[172], d.h. die unvollständige Vorstellung vom Sachverhalt[173], bereits genügt. Der Irrtum kann sich auch auf normativ gefärbte Tatbestandsmerkmale[174] beziehen[175].

63 Für die Behandlung des Irrtums gilt **Art. 13 Abs. 1 StGB**[176], d.h., der Täter ist **nach seiner Vorstellung zu beurteilen.** In Bezug auf die tatsächlich vorliegenden Tatbestandsmerkmale schliesst der Tatbestandsirrtum den Vorsatz aus. Erfüllt der Täter seiner Vorstellung nach einen leichteren Tatbestand, so ist er jedoch nach diesem strafbar[177]. Dass Abs. 2 von Art. 13 StGB bei fahrlässigem Irrtum eine Fahrlässigkeitshaftung statuiert, ist im Zusammenhang mit Art. 23 nicht von Relevanz, da hier, anders als bei Art. 24, Fahrlässigkeit straflos bleibt[178]. Dies bedeutet, dass dem Tatbestandsirrtum in der UWG-Praxis entscheidende Bedeutung zukommt, da sein Vorliegen über die **Grenze der Strafbarkeit** bestimmt.

64 **Vielerlei Möglichkeiten** des Tatbestandsirrtums sind im UWG-Kontext **denkbar.** So schliesst, um nur ein Beispiel zu nennen, der Tatbestandsirrtum den Vorsatz etwa bei demjenigen aus, der im Zusammenhang mit Art. 3 lit. a irrtümlich von der Richtigkeit von Äusserungen ausgeht[179].

65 Irrt der Täter zu seinen Ungunsten über objektive Tatbestandsmerkmale resp. deren Vorliegen, so liegt ein gemäss Art. 22 Abs. 2 Variante 3 StGB strafbarer **untauglicher Versuch** vor[180].

---

[170] STRATENWERTH, AT I, § 9 N 75. Ebenfalls ein nach Art. 13 StGB zu behandelnder Sachverhaltsirrtum ist der Erlaubnistatbestandsirrtum (irrige Annahme einer unrechtsausschliessenden Sachlage), dessen Vorliegen zu einem Schuldausschluss führt.
[171] DONATSCH/TAG, Verbrechenslehre, 125; RIKLIN, Verbrechenslehre, § 13 N 74.
[172] STRATENWERTH, AT I, § 9 N 77.
[173] TRECHSEL/JEAN-RICHARD, StGB PK, Art. 13 N 2.
[174] Zum Begriff RIKLIN, Verbrechenslehre, § 13 N 61; STRATENWERTH, AT I, § 9 N 66.
[175] TRECHSEL/JEAN-RICHARD, StGB PK, Art. 13 N 5. Zur Abgrenzung zwischen Tatbestandsirrtum und Verbotsirrtum im Zusammenhang mit normativen Tatbestandsmerkmalen etwa DONATSCH/TAG, Verbrechenslehre, 276 f.; ROXIN, Strafrecht AT, § 12 N 100 ff.
[176] Vgl. dazu DONATSCH/TAG, Verbrechenslehre, 125 f.; RIKLIN, Verbrechenslehre, § 13 N 70 f.; SEELMANN, Strafrecht AT, 49; STRATENWERTH, AT I, § 9 N 78 f.
[177] RIKLIN, Verbrechenslehre, § 13 N 71; STRATENWERTH, AT I, § 9 N 78.
[178] Vgl. SCHUBARTH, ZStrR 1995, 141, 152 f.
[179] Hier blieben freilich noch die anderen Varianten von Art. 3 lit. a von Relevanz, d.h., der Vorsatz könnte allenfalls dennoch bezüglich «irreführender» oder «unnötig verletzender» Tatsachen vorliegen.
[180] RIKLIN, Verbrechenslehre, § 13 N 74; SEELMANN, Strafrecht AT, 85; STRATENWERTH, AT I, § 9 N 78 ff.; siehe dazu bereits N 24. Vgl. aber zur grundsätzlich straflosen irrigen Annahme einer täterschaftlichen Qualifikation (sog. untaugliches Subjekt) STRATENWERTH, AT I, § 12 N 47 ff.

Irrt der Täter nicht über Tatsachen, sondern über Rechtssätze[181], so handelt es sich um einen die Schuldebene beschlagenden **Verbotsirrtum** gemäss Art. 21 StGB[182]. 66

3. Besondere subjektive Tatbestandsmerkmale

Anders als der Vorsatz weisen allfällige **besondere subjektive Tatbestandsmerkmale** kein Gegenstück im objektiven Tatbestand auf[183] («überschiessende Innentendenz»)[184]. 67

Zu erwähnen ist in diesem Zusammenhang jedoch nur die **Absicht, selbst** mit dem Abnehmer resp. Käufer oder Kreditnehmer einen **Vertrag zu schliessen** (Art. 4 lit. a, d)[185]. Weitere besondere subjektive Tatbestandsmerkmale – wie etwa die bei Delikten gegen Individualinteressen oft vorausgesetzte Bereicherungsabsicht[186] – sind im UWG nicht vorgesehen. 68

4. Strafantrag

a) Allgemeines

Art. 23 ist ein **Antragsdelikt** (Abs. 1: «auf Antrag»)[187]. Abs. 2 konkretisiert die Strafantragsberechtigung[188] durch Verweis auf die Art. 9 und 10. Für den Kreis der Antragsberechtigten, nicht aber für die übrigen Modalitäten des Antrags[189], stellt das UWG somit eine Art. 30 StGB vorgehende Sonderregelung auf[190]. 69

---

[181] RIKLIN, Verbrechenslehre, § 13 N 57.
[182] Siehe N 80 ff.
[183] STRATENWERTH, AT I, § 9 N 115.
[184] SEELMANN, Strafrecht AT, 54 f.
[185] BAUDENBACHER/GLÖCKNER, Kommentar UWG, Vor Art. 23 ff. N 16. Siehe dazu im zivilrechtlichen Kontext näher Art. 4 N 50 ff., 80.
[186] Vgl. nur etwa Art. 137 Ziff. 1, Art. 138 Ziff. 1, Art. 139 Ziff. 1 oder Art. 146 Abs. 1 StGB.
[187] Kritisch L. DAVID/JACOBS, Wettbewerbsrecht, 220.
[188] Die Formulierung von Art. 23 Abs. 2 ist insofern unglücklich, als hier von einem «Können» gesprochen wird, richtigerweise geht es darum, wer antragsberechtigt ist; vgl. RIEDO, Strafantrag, 256. Siehe auch DERS., Strafantrag, 135 ff., zu den Begriffen Antragsrecht, Antragsberechtigung und Antragsbefugnis.
[189] Hier gelten die Art. 31–33 StGB.
[190] BSK-RIEDO, Art. 30 StGB N 33d.

70 Anders als bei Art. 23 bedarf es bei **Art. 24** keines Strafantrags, es handelt sich somit um ein **Offizialdelikt**. Diese Differenzierung zwischen den beiden Bestimmungen ist z.T. auf Kritik gestossen[191].

71 Beim Strafantrag handelt es sich nicht um ein Tatbestandsmerkmal, sondern um eine **Prozessvoraussetzung**[192].

72 Es gelten folgende allgemeine Grundsätze:

- Die **Antragsfrist** beträgt **drei Monate** und beginnt an dem Tag, an welchem der Antragsberechtigte Kenntnis von der Person des Täters und der Tat[193] erlangt (Art. 31 StGB).
- Der Strafantragssteller hat den Sachverhalt darzustellen, muss ihn aber **nicht rechtlich würdigen**. Reicht ein Rechtsunkundiger eine Strafanzeige ein, so wünscht er damit, dass eine Bestrafung erfolge[194].
- Ein Strafantrag **gegen unbekannt** ist möglich[195].
- Bei einer Mehrheit von strafrechtlich Beteiligten richtet sich der Strafantrag immer gegen alle (Art. 32 StGB, **Unteilbarkeit des Strafantrags in persönlicher Hinsicht**)[196]. Bei einem nicht gegen alle Beteiligten gerichteten Strafantrag trifft die zuständige Behörde eine Belehrungspflicht hinsichtlich dieses Grundsatzes. Beharrt der Antragsteller auch nach der Belehrung darauf, bestimmte Personen auszunehmen, so ist der Antrag ungültig[197]. Zu einer Durchbrechung des Grundsatzes der Unteilbarkeit kommt es, soweit – wie beispielsweise beim Tatbestand der Verleitung zum Geheimnisverrat (Art. 4 lit. c) – ein selbständiges Teilnahmedelikt vorliegt[198].

---

[191] BAUDENBACHER/GLÖCKNER, Kommentar UWG, Vor Art. 23 ff. N 8 f.; L. DAVID, SIWR I/2, 218 f.; L. DAVID/JACOBS, Wettbewerbsrecht, 223; vgl. auch PEDRAZZINI/PEDRAZZINI, UWG, N 26.29.

[192] So herrschende Lehre und Rechtsprechung; vgl. etwa BGE 98 IV 143, 146; BGer 6S.184/2003, E. 4.2.3; B. VON BÜREN, Kommentar UWG, Art. 13 ff. N 13; DONATSCH/TAG, Verbrechenslehre, 403; STRATENWERTH, AT I, § 8 N 29; RIKLIN, Verbrechenslehre, § 21 N 24; differenzierend RIEDO, Strafantrag, 65 ff.

[193] Die Kenntnis der Tat ist ungeschrieben; vgl. BGer 6B.451/2009, E. 1.2; BGer 6S.244/2003, E. 2; BSK-RIEDO, Art. 31 StGB N 5 m.w.H.; TRECHSEL/JEAN-RICHARD, StGB PK, Art. 31 N 3 m.w.H.

[194] Dazu BGE 115 IV 1, 2 f.; BGer 6S.677/2001, E. 6 b).

[195] Vgl. nur BSK-RIEDO, Art. 30 StGB N 39 m.w.H.

[196] Vgl. nur CourCassPén NE SMI 1993, 338, 339 f. («Gravure chimique»); BSK-RIEDO, Art. 31 StGB N 1 ff., 10; RIEDO, Strafantrag, 501 f.; TRECHSEL/NOLL, Strafrecht AT, 301. Dies gilt namentlich auch im Privatstrafklageverfahren: BGE 121 IV 150, 151 f.; BSK-RIEDO, Art. 32 StGB N 25; RIEDO, Strafantrag, 509; näher zum Privatstrafklageverfahren im Allgemeinen Art. 27 N 15 f.

[197] BGE 121 IV 150, 152 f.; BAUDENBACHER/GLÖCKNER, Kommentar UWG, Art. 23 N 18; TRECHSEL/ NOLL, Strafrecht AT, 301.

[198] Noch zum alten Recht (Art. 13 lit. f aUWG) TROLLER, Immaterialgüterrecht II, 1012 f. Zur analogen Situation im Immaterialgüterrecht L. DAVID, SIWR I/2, 214, sowie RITSCHER, ZStrR 1998, 26, 46. Spezifisch für das DesG ZÜLLIG, Designrecht, Art. 41 N 46 ff. m.w.H.; STUTZ/ BEUTLER/KÜNZI, Designrecht, Art. 41 N 68 f.

- Verwirklicht ein Täter verschiedene Delikte, so «kann der Antragsberechtigte die Bestrafung des Täters nur unter bestimmten tatsächlichen oder rechtlichen Aspekten verlangen (...)»[199]. D.h., er kann aus mehreren in Frage kommenden Antragsdelikten auswählen oder anlässlich einer Strafanzeige wegen eines Offizialdelikts auf die Verfolgung daneben einhergehender Antragsdelikte verzichten (**Teilbarkeit des Strafantrags in sachlicher Hinsicht**)[200]. Der Wille des Antragsberechtigten ist in diesem Zusammenhang nach den allgemeinen Grundsätzen für die Auslegung rechtserheblicher Erklärungen zu bestimmen[201]. Auch hier bedarf es des Korrektivs einer behördlichen Aufklärungs- und Belehrungspflicht in unklaren Fällen[202].
- Ein **Rückzug des Antrags** kann erfolgen, «solange das Urteil der zweiten kantonalen Instanz noch nicht eröffnet ist» (Art. 33 Abs. 1 StGB).
- Auch für die Frage, ob resp. wann mehrere tatsächliche Handlungen rechtlich zu einer Einheit zusammengefasst werden können, womit u.a. die Strafantragsfrist[203] erst mit dem letzten Teilakt für alle Teilakte einheitlich beginnen würde, gelten die allgemeinen strafrechtlichen Regeln. Das Bundesgericht hat hier früher unter bestimmten Voraussetzungen unter dem Oberbegriff der sog. **verjährungsrechtlichen Einheit**[204] eine solche Zusammenfassung zugelassen[205], hat diese auf der Konstruktion eines fortgesetzten Delikts[206] basierende Rechtsfigur jedoch nunmehr **aufgegeben**[207]. Können mehrere Handlungen nicht aufgrund anderer Kriterien – wie insbesondere eine einfache oder natürliche Handlungseinheit[208] – als Einheit angesehen werden, so beginnt die Antragsfrist gesondert für jede einzelne Handlung zu laufen.

---

[199] BGE 115 IV 1, 3.
[200] BGE 85 IV 73, 75; BGE 115 IV 1, 3; BGer 6S.306/2003, E. 2.1; BSK-RIEDO, Art. 30 StGB N 41; BSK-RIEDO, Art. 32 StGB N 10 m.w.H.; RIEDO, Strafantrag, 502 ff. m.w.H.
[201] BGE 115 IV 1, 3 f. In BGer 6S.306/2003, E. 2, hat das Bundesgericht im Zusammenhang mit einer Strafanzeige wegen Art. 303 StGB (Offizialdelikt) einen Verzicht auf einen Strafantrag wegen UWG-Verstössen angenommen. In BGer 6S.677/2001, E. 6 b), wurde dagegen festgehalten, eine Strafanzeige wegen «Betrugs» (Art. 146 StGB als Offizialdelikt) sei grundsätzlich als Strafantrag wegen UWG-Delikten zu verstehen, wenn sich ergibt, dass das geschilderte Verhalten nicht einen StGB-, sondern möglicherweise einen UWG-Verstoss darstellt. Vgl. auch TRECHSEL/ JEAN-RICHARD, StGB PK, Vor Art. 30 N 8.
[202] BSK-RIEDO, Art. 32 StGB N 11.
[203] Ebenso die Verjährungsfrist, siehe dazu Art. 27 N 62.
[204] Der Begriff bezieht sich – entgegen der missverständlichen Terminologie – auch auf die Antragsproblematik; vgl. BGE 131 IV 83, 92; BGE 118 IV 325, 327 ff.; STRATENWERTH, AT I, § 19 N 21.
[205] BAUDENBACHER/GLÖCKNER, Kommentar UWG, Vor Art. 23 ff. N 25; RIKLIN, Verbrechenslehre, § 22 N 37; SEELMANN, Strafrecht AT, 178 f.; STRATENWERTH, AT I, § 19 N 17 ff.
[206] RIKLIN, Verbrechenslehre, § 22 N 33 f.; STRATENWERTH, AT I, § 19 N 13 ff.
[207] BGE 131 IV 83, 92 ff. Offenbar anders grundsätzlich – freilich ohne Bezugnahme auf BGE 131 IV 83 – OGer BE vom 14.8.2007 (SK-Nr. 2006/386), E. 7.
[208] Dazu SEELMANN, Strafrecht AT, 176 f.; STRATENWERTH, AT I, § 19 N 9 f.; zu den hier weiterhin bestehenden Möglichkeiten BGE 131 IV 83, 94.

b)　Die einzelnen Berechtigten

73　Die Strafantragsberechtigung steht aufgrund des Verweises in Art. 23 Abs. 2 folgenden Personenkreisen zu:

- Jedermann, der durch unlauteren Wettbewerb **in seinen eigenen wirtschaftlichen Interessen beeinträchtigt**[209] («bedroht oder verletzt») wird (Art. 9 Abs. 1 i.V.m. Art. 23 Abs. 2)
  Dass für eine zivilrechtliche Klage nach Art. 9 Abs. 1 eine blosse Bedrohung der eigenen wirtschaftlichen Interessen ausreicht, ändert nichts an den allgemeinen strafrechtlichen Kriterien zum Beginn der Ausführung beim Versuch[210]. Strafantragsberechtigt ist man nur im Hinblick auf eine Tat, die zumindest in das Versuchsstadium eingetreten ist[211].
- **Kunden** (Art. 10 Abs. 1 i.V.m. Art. 23 Abs. 2)
  Die Strafantragsberechtigung des Kunden in diesem Zusammenhang wird durch das Bundesgericht **weit** gehandhabt: Antragsberechtigt ist bereits, wer «vom Anbieter im Hinblick auf den erhofften Abschluss eines Geschäfts direkt angesprochen wurde»[212], d.h. auch, wer den in Frage stehenden Erwerb gar nicht in Erwägung zieht[213].
- **Berufs- und Wirtschaftsverbände** (Art. 10 Abs. 2 lit. a i.V.m. Art. 23 Abs. 2[214])
- **Konsumentenschutzorganisationen** (Art. 10 Abs. 2 lit. b i.V.m. Art. 23 Abs. 2[215])
- **Bund** (Art. 10 Abs. 2 lit. c i.V.m. Art. 23 Abs. 2[216])
  Die 1992 mit der Klageberechtigung nach Art. 10 Abs. 2 lit. c eingeführte Strafantragsberechtigung des Bundes war bei Erlass des revidierten UWG vom Bundesrat 1983 noch abgelehnt worden[217]. Der UWG-Verstoss wird durch die Antragsberechtigung des Bundes in den entsprechenden Konstellationen in der Tat zu einem **«halben Offizialdelikt»**, d.h., der Bund kann bestimmen, dass es zu einer Strafverfolgung kommen soll, ein entsprechender Verzicht des Bundes ist aber irrelevant, sofern ein Privater seinerseits einen Strafantrag einreicht[218]. Zur

---

[209] So der von RIEDO, Strafantrag, 257, 259, gebildete Oberbegriff.
[210] Siehe dazu N 23.
[211] RIEDO, Strafantrag, 259 f.
[212] BGer 6S.677/2001 sic! 2002, 697, 699 («Garantieversand»); BGer 6S.329/2003, E. 2.2.
[213] RIEDO, Strafantrag, 263.
[214] Vgl. dazu Art. 10 N 20 ff.
[215] Vgl. BGE 120 IV 154, 161 ff.; BGer 6P.235/2006, E. 6; ferner Art. 10 N 28 ff.
[216] Vgl. dazu Art. 10 N 34 ff.
[217] Vgl. Botschaft UWG, 1055, 1086. In diesem Zusammenhang von der Befürchtung sprechend, die Grenze zwischen Offizial- und Antragsdelikten könnte verwischt werden, BAUDENBACHER/GLÖCKNER, Kommentar UWG, Vor Art. 23 ff. N 6.
[218] RIEDO, Strafantrag, 267.

Stellung des Antrags sowie zur Vertretung des Bundes im Strafverfahren ist grundsätzlich das **Staatssekretariat für Wirtschaft (SECO)** befugt[219]. Grosse praktische Bedeutung hat die Antragsberechtigung des Bundes bisher jedoch nicht erlangt[220].

Handelt es sich um einen vorwiegend **Individualinteressen** schützenden UWG-Straftatbestand, so soll nur deren **Träger antragsberechtigt** sein; angeführt werden hier etwa die Art. 4 lit. c und 6[221].

74

c) Sonderprobleme aufgrund des Verweises in Art. 23 Abs. 2

Die Verzahnung von Straf- und Zivilrecht führt im Zusammenhang mit der Strafantragsberechtigung zu Schwierigkeiten:

75

– Erstens kann der **unterschiedliche räumliche Anwendungsbereich** von UWG-Strafrecht und UWG-Zivilrecht[222] problematisch sein: Ist das UWG-Strafrecht räumlich anwendbar, so darf eine allfällige räumliche Unanwendbarkeit des schweizerischen UWG-Zivilrechts[223] – an welches das Strafrecht für die Antragsberechtigung anknüpft – nicht zur Verneinung der strafrechtlichen Antragsberechtigung führen. Es kommt zu einem hinzunehmenden Bruch zwischen Strafrecht und Zivilrecht[224].

– Zweitens stellt sich die Frage, ob und gegebenenfalls wie sich eine allfällige **Verwirkung des Zivilanspruchs** auf die Strafantragsberechtigung auswirkt. Nach Ansicht des Bundesgerichts kann nach Verwirkung des Zivilanspruchs kein Strafantrag mehr gestellt werden[225].

---

[219] Art. 1 Abs. 1 der Verordnung über das Klagerecht des Bundes im Rahmen des Bundesgesetzes über den unlauteren Wettbewerb vom 17.2.1993 (SR 241.3).

[220] RIEDO, Strafantrag, 268, mit Rechtsprechungsnachweisen. Wird die zivilrechtliche Bundesklage ausgeweitet, wie von Art. 10 Abs. 3 E-UWG 2009 vorgesehen (siehe dazu Art. 10 N 43), so wird sich dies via Art. 23 Abs. 2 auch auf die Strafantragsberechtigung des Bundes auswirken. Vgl. auch Art. 27 N 36 zur geplanten Bestimmung von Art. 23 Abs. 3.

[221] BGE 83 IV 105, 106 f.; BGE 102 IV 145, 151 f.; BAUDENBACHER/GLÖCKNER, Kommentar UWG, Art. 23 N 16; RIEDO, Strafantrag, 258. Inwiefern diese Einschränkung unter dem 1986 revidierten geltenden UWG zu beachten ist, ist mitunter zumindest zweifelhaft, schützt das UWG nach Art. 1 doch in jedem Fall auch das Funktionieren des lauteren und unverfälschten Wettbewerbs (vgl. Art. 1 N 9 ff.); dies gilt grundsätzlich auch im Bereich des Geheimnisschutzes.

[222] Siehe dazu N 19 f.

[223] Vgl. zu dieser Möglichkeit bereits N 20; es handelt sich um Fälle, in denen sich in der Schweiz vorgenommene (unlautere) Handlungen ausschliesslich im Ausland auswirken.

[224] RIEDO, Strafantrag, 261 f. m.w.H.

[225] BGE 102 IV 145, 152 f.; PEDRAZZINI/PEDRAZZINI, UWG, N 26.09. A.M. RIEDO, Strafantrag, 269 f.

d) **Absehen von der Strafverfolgung resp. Einstellung des Verfahrens trotz Antrag**

76 Trotz Vorliegen eines Strafantrags können die kantonalen Strafverfolgungsbehörden u.U. von der Einleitung eines Verfahrens absehen resp. dessen Einstellung verfügen (Verzicht auf Strafverfolgung),
- je nach Kanton gestützt auf das sog. **Opportunitätsprinzip**[226] oder
- nach den **Art. 52–54 StGB**[227].

V. Rechtfertigung

77 Besonderes Augenmerk gilt im UWG-Kontext dem Rechtfertigungsgrund der sog. **Wahrnehmung berechtigter Interessen**[228], Notwehr und Notstand kommt dagegen bloss geringe Praxisrelevanz zu[229].

78 Bei der Wahrnehmung berechtigter Interessen wird ein **sozial erwünschter oder gebilligter Zustand** unter Eingriff in andere geschützte Interessen **hergestellt**[230]. Gerechtfertigt wird hier, wenn «die Tat ein zur Erreichung des berechtigten Ziels notwendiges und angemessenes Mittel ist, sie insoweit den einzig möglichen Weg darstellt und offenkundig weniger schwer wiegt als die Interessen, welche der Täter zu wahren sucht»[231]. Voraussetzung muss dabei immer sein, dass es sich nicht um einen de lege lata bereits abschliessend geregelten Konflikt handelt[232].

79 Im UWG-Kontext kann der Rechtfertigungsgrund der Wahrnehmung berechtigter Interessen insbesondere bei der **Beurteilung journalistischer Tätigkeiten**[233] anhand des Massstabs von Art. 3 lit. a oder lit. e von Relevanz sein[234].

---

[226] Vgl. insbesondere zu den Grenzen eines Opportunitätsprinzips im UWG-Zusammenhang BGE 120 IV 38, 42 f. Ferner BSK-RIEDO, Art. 30 StGB N 69a m.w.H.; PEDRAZZINI/PEDRAZZINI, UWG, N 26.20.
[227] Im Zusammenhang mit dem Verzicht auf die Weiterverfolgung sind diese Bestimmungen im Übrigen auch Ausdruck des Opportunitätsprinzips; vgl. BSK-RIKLIN, Vor Art. 52 ff. StGB N 13. Allgemein SCHWARZENEGGER/HUG/JOSITSCH, Strafen und Massnahmen, 62 ff.; STRATENWERTH, AT II, § 7 N 3 ff.
[228] TAUFER, Einbezug von Dritten im UWG, 182. Allgemein DONATSCH/TAG, Verbrechenslehre, 254 ff.; TRECHSEL/NOLL, Strafrecht AT, 137 ff.; RIKLIN, Verbrechenslehre, § 14 N 70 ff.; STRATENWERTH, AT I, § 10 N 58 ff.
[229] TAUFER, Einbezug von Dritten im UWG, 181 f.
[230] STRATENWERTH, AT I, § 10 N 59.
[231] So etwa BGE 127 IV 122, 135; BGE 134 IV 216, 226; BGer 6B.225/2008 sic! 2009, 154, 155 («Versicherungsberater»).
[232] BGE 120 IV 208, 213 m.w.H.
[233] Geschützt etwa durch die Art. 16 f. BV und Art. 10 EMRK.
[234] Vgl. etwa BGE 118 IV 153, 160 ff.; siehe ferner auch die Ausführungen bei Art. 3 lit. a N 65 sowie Art. 2 N 122 und Art. 3 lit. b N 86.

VI. Schuldausschluss / Strafmilderung wegen Verbotsirrtums

1. Allgemeines

Auf der Schuldebene stellt sich in der UWG-Praxis insbesondere die Frage, ob ein Verbotsirrtum vorliegt. Bei **Unvermeidbarkeit** schliesst dieser die Schuld aus (Art. 21 Satz 1 StGB), bei Vermeidbarkeit kommt es zu einer Strafmilderung (Art. 21 Satz 2 StGB). 80

Ein sich im Verbotsirrtum befindlicher Täter kennt zwar den unrechtsbegründenden Sachverhalt – womit ein Sachverhaltsirrtum ausscheidet – ihm **fehlt** hingegen das **Bewusstsein der Rechtswidrigkeit**[235]. Entweder nimmt der Täter irrig an, sein Verhalten werde von der Verbotsnorm nicht erfasst (sog. direkter Verbotsirrtum) oder er sieht sein Verhalten als durch einen in Wahrheit nicht existenten Rechtfertigungsgrund gedeckt an (sog. indirekter Verbotsirrtum)[236]. In der UWG-Praxis kommt v.a. ein **direkter Verbotsirrtum** in Frage. 81

2. Spezifisch zur Vermeidbarkeit resp. Unvermeidbarkeit

Bei der Beurteilung der Vermeidbarkeit ist das **Bundesgericht streng**[237]: Unvermeidbar ist der Irrtum grundsätzlich nur dann, «wenn sich auch ein gewissenhafter Mensch hätte in die Irre führen lassen»[238]. Beim direkten Verbotsirrtum wird etwa «eigenes Nachdenken» oder die «Einholung von Auskünften» verlangt[239]. 82

Vermeidbar ist der Irrtum, «wenn der Täter selbst an der Rechtmässigkeit seines Verhaltens zweifelt oder hätte Zweifel haben müssen (…) oder wenn er weiss, dass eine rechtliche Regelung besteht, er sich über deren Inhalt und Reichweite aber nicht genügend informiert (…). Entsprechendes gilt, wenn er durch die zuständige Behörde ausdrücklich auf die Rechtslage hingewiesen worden ist (…) oder sich über behördliche Anordnungen hinwegsetzt»[240]. 83

---

[235] STRATENWERTH, AT I, § 11 N 46; TRECHSEL/NOLL, Strafrecht AT, 164. Vgl. etwa auch – das LG betreffend – BGer 6B.422/2007 sic! 2008, 379, 380 f. («Internetwettautomaten»).
[236] DONATSCH/TAG, Verbrechenslehre, 276; SEELMANN, Strafrecht AT, 83; STRATENWERTH, AT I, § 11 N 48 f.
[237] Vgl. die detaillierten Übersichten bei DONATSCH/TAG, Verbrechenslehre, 279 ff.; LOCHER, sic! 2008, 601, 604 f.; STRATENWERTH, AT I, § 11 N 55 ff.; TRECHSEL/NOLL, Strafrecht AT, 166 ff.
[238] BGE 75 IV 150, 153; BGE 98 IV 293, 303.
[239] BGE 99 IV 185, 186; BGE 120 IV 208, 215; BGer 6S.256/2002, E.6; BezGer Bülach sic! 2002, 108, 110 («Roxithromycin»).
[240] BGE 120 IV 208, 215; vgl. allgemein STRATENWERTH, AT I, § 11 N 56.

84 Für Unvermeidbarkeit sprechen ein **früherer Freispruch** im Hinblick auf einen gleichen Sachverhalt[241] sowie **ständige behördliche Duldung**[242].

85 Relevanz für die Frage der Vermeidbarkeit des Verbotsirrtums kommt im UWG-Kontext insbesondere auch den **zivilrechtlichen Rechtsbehelfen** – je nachdem, ob der Kläger mit ihnen durchdringt oder nicht – sowie **Abmahnungen**[243] zu.

86 Als **Grundsatz** gilt auch im Lauterkeitsstrafrecht realistischerweise meistens «error iuris nocet». Ein Marktteilnehmer muss die Gesetze kennen, ihn trifft auch eine Nachforschungspflicht resp. eine Pflicht zum Einholen von Auskünften. Dabei sollten jedoch infolge des heterogenen Adressatenkreises des UWG[244] auch die **Umstände des Einzelfalls,** insbesondere die konkreten Kenntnisse und Möglichkeiten des Täters, mit einbezogen werden: Von einer hochspezialisierten Werbeagentur, welche womöglich über einen eigenen Rechtsdienst verfügt, wird man bessere Rechtskenntnisse verlangen können als von einer Lokalzeitung. Schliesslich sollte die verhältnismässig geringere Bekanntheit der (nebenstrafrechtlichen) UWG-Normen – im Gegensatz zu kernstrafrechtlichen Bestimmungen – im Ergebnis dazu führen, dass Unvermeidbarkeit nicht allzu restriktiv angenommen wird. Es ist anerkannt, dass dem **direkten Verbotsirrtum im Nebenstrafrecht** eine **grössere Bedeutung** zukommt[245].

3. Unvermeidbarkeit bei anwaltlicher Beratung?

87 Gerade im Lauterkeits(straf)recht stellen sich schliesslich Fragen im Zusammenhang mit der **Auswirkung anwaltlicher Beratung auf die Bewertung der Vermeidbarkeit des Irrtums**[246], wird doch insbesondere im Zusammenhang mit einer nebenstrafrechtlichen Spezialmaterie wie dem UWG das vom Bundesgericht verlangte «Einholen von Auskünften»[247] häufig in einer Beratung durch einen entsprechend spezialisierten Anwalt bestehen. Das Bundesgericht bejaht die Unver-

---

[241] BGE 91 IV 159, 165; BGE 99 IV 185, 186.
[242] Dazu TRECHSEL/JEAN-RICHARD, StGB PK, Art. 21 N 9 m.w.H.
[243] Vgl. jedoch in diesem Zusammenhang auch BGer 4C.141/2002 sic! 2003, 438, 442 («www.djbobo.ch»), wo, freilich im zivilrechtlichen MSchG-Zusammenhang, festgehalten wurde, dass auch nach erfolgter Warnung noch von Unvermeidbarkeit ausgegangen werden könne, «falls der Schädiger die Rechtslage in der Folge besonders sorgfältig geprüft hat und zur ehrlichen Überzeugung kommen durfte, dass die Warnung unbegründet war».
[244] Siehe dazu Art. 2 N 18.
[245] SEELMANN, Strafrecht AT, 83; STRATENWERTH, AT I, § 11 N 48; vgl. auch DONATSCH/TAG, Verbrechenslehre, 282 f.; RIKLIN, Verbrechenslehre, § 15 N 56.
[246] Vgl. die thematisch verwandten Entscheide BGE 129 IV 6, 18 f. im Zusammenhang mit Rechtsauskünften durch die Umweltschutzorganisation Greenpeace sowie BGE 121 IV 109, 126 bezüglich einer Rechtsauskunft des Rechtsdiensts der PTT.
[247] Siehe oben Fn. 239.

meidbarkeit beim sich infolge falscher Rechtsberatung im Verbotsirrtum befindlichen Täter im Allgemeinen unter drei Voraussetzungen[248]:

- Es muss sich um eine Rechtsfrage von «besonderer Natur» und «erhöhter Kompliziertheit» handeln,
- der Rechtsberater muss sich zu demjenigen Sachverhalt geäussert haben, welcher sodann auch tatsächlich verwirklicht wird, und
- das in Frage stehende Gutachten muss alle rechtlichen Gesichtspunkte prüfen, welche auch der Täter kennen musste.

Die Rechtsprechung befindet sich hier in einem **Dilemma** – zum einen kann sie nicht Unmögliches verlangen, zum anderen darf sie die anwaltliche Beratung nicht zum «Persil-Schein» werden lassen[249] bzw. im entsprechenden Fall Unvermeidbarkeit nicht stets bejahen, denn das entsprechende Missbrauchspotenzial liegt auf der Hand. Entscheidende Bedeutung muss deswegen den **konkreten Umständen des Einzelfalls** zukommen.

VII. Verfahrensfragen

Vgl. dazu die Kommentierung zu Art. 27, namentlich auch zur geplanten Bestimmung von Art. 23 Abs. 3 (Art. 27 N 36).

VIII. Rechtsfolgen

Sind die Voraussetzungen von Art. 23 i.V.m. einem Tatbestand der Art. 3–6 erfüllt, so kommen neben und unabhängig von allfälligen zivilrechtlichen Sanktionen (Art. 9) strafrechtliche Sanktionen zur Anwendung: **Strafen** entsprechend dem Strafrahmen nach Art. 23 Abs. 1 sowie – bei Vorliegen der entsprechenden Voraussetzungen – **Massnahmen** (vgl. Art. 56–73 StGB).

---

[248] BGE 98 IV 293, 303; vgl. auch LOCHER, sic! 2008, 601, 605 Fn. 27 m.w.H (allerdings ohne Nennung des ersten bundesgerichtlichen Kriteriums); STRATENWERTH, AT I, § 11 N 56.
[249] Vgl. L. DAVID, SIWR I/2, 221, sowie BGE 92 IV 70, 73 f.

1. Strafen

a) Strafrahmen: Freiheitsstrafe bis zu drei Jahren oder Geldstrafe

91 Das UWG differenziert für den Strafrahmen nicht zwischen den einzelnen Tatbeständen der Art. 3–6 (i.V.m. Art. 23), sondern statuiert einen **einheitlichen Strafrahmen**[250].

92 Angedroht wird **Freiheitsstrafe** (Art. 40 f. StGB) bis zu drei Jahren oder **Geldstrafe** (Art. 34–36 StGB)[251].

93 Die Geldstrafe wird nach dem **Tagessatzsystem** berechnet (Art. 34 StGB; höchstens 1 080 000 Franken[252]).

94 Bei Vorliegen der entsprechenden Voraussetzungen können sowohl Geldstrafe als auch Freiheitsstrafe **bedingt** (Art. 42 StGB) oder **teilbedingt** (Art. 43 StGB) ausgesprochen werden[253].

95 Via Art. 333 Abs. 1 StGB kann bei Zustimmung des Täters auch die Sanktion der **gemeinnützigen Arbeit** (Art. 37–39 StGB) relevant werden.

b) Strafzumessung

96 Die Strafzumessung erfolgt nach den **Art. 47–55a StGB** (i.V.m. Art. 333 Abs. 1 StGB[254]).

97 Bei der Bestrafung wegen UWG-widriger Äusserungen ist deren Zahl bei der Strafzumessung zu berücksichtigen[255].

2. Massnahmen

98 Im UWG-Strafrecht erlangen insbesondere die folgenden Massnahmen praktische Bedeutung:

---

[250] BAUDENBACHER/GLÖCKNER, Kommentar UWG, Art. 23 N 12.
[251] Vgl. die Übersicht über die in der Praxis bei UWG-Verstössen ausgesprochenen Strafen bei BAUDENBACHER/GLÖCKNER, Kommentar UWG, Art. 23 N 13.
[252] Die Höchstzahl an Tagessätzen beträgt gemäss Art. 34 Abs. 1 StGB 360, die Höchstsumme für einen Tagessatz liegt bei 3000 Franken (Art. 34 Abs. 2 StGB).
[253] Vgl. zusätzlich die gemeinsamen Bestimmungen gemäss Art. 44–46 StGB.
[254] Vgl. nur etwa BStGer SK.2008.7, E. 2 ff.
[255] BGE 117 IV 193, 202.

a) Einziehung

Zu unterscheiden sind die **Sicherungeinziehung** (Art. 69 StGB) und die **Einziehung von Vermögenswerten** (Art. 70 f. StGB)[256].　99

aa) Sicherungseinziehung (Art. 69 StGB)

Die in Art. 69 StGB vorgesehene Sicherungseinziehung, über Art. 333 Abs. 1 StGB auch auf das UWG-Strafrecht anwendbar[257], bezweckt im Ergebnis den «Schutz bzw. die Sicherung der Allgemeinheit vor i.w.S. gefährlichen Gegenständen»[258]. Die Massnahme hat **sicherheitspolizeilichen Charakter**[259].　100

Den allgemeinen Bestimmungen des StGB-Massnahmenrechts entsprechend muss der Grundsatz der **Verhältnismässigkeit** gewahrt sein (Art. 56 Abs. 2 StGB).　101

Art. 69 StGB setzt kumulativ einen tauglichen Gegenstand, ein Gefährdungsmoment sowie eine taugliche Anlasstat voraus:　102

– Nach Art. 69 StGB können nur **körperliche Sachen** eingezogen werden, nicht aber Vermögenswerte[260]. Im UWG-Strafrecht kommt namentlich eine sicherheitshalber erfolgende Einziehung derjenigen Sache in Frage, deren Herstellung oder Beschaffenheit etc. das UWG verletzt[261]. Möglich ist auch die Einziehung der Mittel, mit welchen sie hergestellt wurde (z.B. Fälschungsinstrumente und -vorlagen). Zu denken ist an Fälle im Zusammenhang mit dem lauterkeitsrechtlichen (sog. ergänzenden) Leistungsschutz[262]. Die Sicherungseinziehung ist aber auch bei unlauterem Werbematerial (z.B. Flugblätter, Plakate) von Relevanz.

---

[256] Für das Verhältnis zwischen Beschlagnahme und Einziehung etwa TRECHSEL/JEAN-RICHARD, StGB PK, Vor Art. 69 N 4 f. Für eine Beschlagnahme im Hinblick auf eine allfällige Einziehung im LG-Kontext vgl. die Fälle BGer 6P.104/2006 sic! 2007, 47 («TV-Gewinnspiele»), sowie BGer 6B.218/2007. Vgl. ferner auch Art. 71 Abs. 3 StGB (Sicherung der Durchsetzung der Ersatzforderung).

[257] Anders das URG, welches eine Beschränkung der Anwendbarkeit von Art. 69 StGB enthält: Art. 72 URG statuiert, dass ausgeführte Werke der Baukunst nicht gemäss Art. 69 StGB eingezogen werden können. Vgl. für das Immaterialgüterstrafrecht ferner Art. 69 PatG, Art. 44 DesG und Art. 68 MSchG; allgemein dazu LOCHER, sic! 2008, 601, 606; MSchG-spezifisch Noth/Bühler/Thouvenin (Hrsg.), RÜETSCHI, MSchG, Art. 68 N 2 ff. Vgl. ferner etwa auch Art. 43 LG und Art. 16 Abs. 2 WSchG.

[258] BSK-BAUMANN, Art. 69 StGB N 2.

[259] SCHMID, Einziehung, § 1 N 26; SCHWARZENEGGER/HUG/JOSITSCH, Strafen und Massnahmen, 202.

[260] SCHMID, Einziehung, § 1 N 22 f.; STRATENWERTH, AT II, § 13 N 58.

[261] Siehe etwa die Fallkonstellation in BGE 130 IV 143; für das Immaterialgüterstrafrecht LOCHER, sic! 2008, 601, 606.

[262] BAUDENBACHER/GLÖCKNER, Kommentar UWG, Vor Art. 23 ff. N 21.

- Vorzuliegen hat eine **konkrete Gefährdung**[263] der Sicherheit von Menschen, der Sittlichkeit oder der öffentlichen Ordnung durch den einzuziehenden Gegenstand, wobei in praxi im UWG-Kontext die Gefährdung der **öffentlichen Ordnung** im Vordergrund steht[264].
- Als Anlasstat bedarf es grundsätzlich einer **tatbestandsmässigen und rechtswidrigen Straftat**[265]. Insbesondere ist nicht erforderlich, dass der Täter schuldhaft gehandelt hat oder bestraft werden kann[266]. Der Gesetzestext bringt dies durch die Wendung «ohne Rücksicht auf die Strafbarkeit einer bestimmten Person» zum Ausdruck. Ein sog. **selbständiges Einziehungsverfahren**, falls in der Schweiz kein Strafverfahren wegen der Anlasstat geführt wird, ist somit zulässig[267].

103 Das Gericht kann die eingezogenen Gegenstände **unbrauchbar** machen[268] oder **vernichten**[269] lassen (Art. 69 Abs. 2 StGB), zu beachten ist das Verhältnismässigkeitsprinzip[270]. Wird der Gegenstand nicht vernichtet oder gänzlich unbrauchbar gemacht, so ist den rechtmässig bestehenden Eigentums- sowie anderen dinglichen Rechten Dritter Geltung zu verschaffen[271]. An letzter Stelle kommt es – sofern beantragt – nach Art. 73 Abs. 1 lit. b StGB zur Verwendung zugunsten des Geschädigten[272].

---

[263] BSK-BAUMANN, Art. 69 StGB N 13; vgl. ferner BGE 130 IV 143, 149 f., sowie SCHMID, Einziehung, § 1 N 59.

[264] Für Plagiate im Immaterialgüterstrafrecht allgemein LOCHER, sic! 2008, 601, 606. Zu beachten ist hier, dass das Bundesgericht (BGE 114 IV 6, 7) im MSchG-Kontext entschieden hat, der blosse Eigengebrauch einer MSchG-widrigen Uhr, ohne dass der Entschluss zu einem Wiederinverkehrbringen bestünde, gefährde die öffentliche Ordnung nicht (ebenso OGer LU LGVE 2006 I Nr. 56, E. 3).

[265] BSK-BAUMANN, Art. 69 StGB N 7; LOCHER, sic! 2008, 601, 606; SCHMID, Einziehung, § 1 N 29, 33; STRATENWERTH/WOHLERS, StGB Handkommentar, Art. 69 N 2. Keine Anlasstat ist erforderlich bei der Variante des «Bestimmens»; vgl. etwa BGE 127 IV 203, 207; kritisch STRATENWERTH, AT II, § 13 N 65 m.w.H.

[266] Vgl. nur Chambre d'Accusation GE sic! 2006, 426, 428 («Confiscation et destruction»); ferner SCHMID, Einziehung, § 1 N 34 ff. Somit muss bei Art. 23 auch kein Strafantrag vorliegen, damit eingezogen werden kann; vgl. für das Immaterialgüterstrafrecht LOCHER, sic! 2008, 601, 606; allgemein STRATENWERTH/WOHLERS, StGB Handkommentar, Art. 69 N 2.

[267] BSK-BAUMANN, Art. 69 StGB N 15; L. DAVID, SIWR I/2, 233; SCHMID, Einziehung, § 1 N 80.

[268] Z.B. die Entfernung UWG-widriger Etiketten oder Kennzeichen oder die Streichung herabsetzender Passagen; vgl. allgemein SCHMID, Einziehung, § 1 N 74 m.w.H.

[269] Vgl. in diesem Zusammenhang etwa CdJ GE SMI 1996, 286 («Comtet II»), wo im MSchG-Kontext festgehalten wurde, dass eine Vernichtung dann zu erfolgen hat, wenn die Marke nicht ohne Beschädigung entfernt werden kann. Für das Markenrecht explizit weitgehend Art. 68 MSchG; für das Designrecht Art. 44 DesG.

[270] SCHMID, Einziehung, § 1 N 72. Das Verhältnismässigkeitsprinzip kann auch sog. Ersatzmassnahmen wie etwa die Kennzeichnung eines Gegenstands als Fälschung gebieten; vgl. SCHMID, Einziehung, § 1 N 75.

[271] Ungeschrieben; vgl. STRATENWERTH, AT II, § 13 N 77 ff.

[272] STRATENWERTH, AT II, § 13 N 80 ff.

Auch ohne Erwähnung im Gesetz ist eine **Verwertung** möglich: Der Erlös kommt 104
in erster Linie, in der Höhe des jeweiligen Rechts, allfälligen dinglich Berechtigten
zu, sodann dem Geschädigten und in letzter Linie dem Verurteilten[273].

Schliesslich kommt auch die **Verwahrung** durch den Staat in Betracht[274]. 105

bb) Einziehung von Vermögenswerten (Art. 70 f. StGB)

Die Einziehung von Vermögenswerten begegnet einerseits als primärer 106
Ausgleichsmechanismus in Form der Naturaleinziehung nach Art. 70 StGB (sog.
Ausgleichseinziehung[275]), andererseits als subsidiärer Ausgleichsmechanismus in
Form der Ersatzforderung (Art. 71 StGB, sog. **Ersatzeinziehung**[276]), falls keine
bestimmten Vermögenswerte vorhanden sind[277].

Was die Anlasstat anbelangt, so muss diese **mindestens tatbestandsmässig und** 107
rechtswidrig sein[278]. Auch hier besteht die Möglichkeit einer sog. **selbständigen**
Einziehung[279].

Der Begriff des **Vermögenswerts** meint alle wirtschaftlichen Vorteile, die sich 108
rechnerisch erfassen lassen[280]. Es geht zum einen um die Vermögenswerte, welche
durch eine Straftat erlangt worden sind, zum anderen um diejenigen, welche dazu
bestimmt waren, eine Straftat zu veranlassen oder zu belohnen[281]. Einzuziehen nach

---

[273] STRATENWERTH, AT II, § 13 N 84.
[274] Dazu kommt es ohnehin, solange Anspruchsberechtigungen Dritter noch ungeklärt sind; vgl. STRATENWERTH, AT II, § 13 N 85. Ferner auch SCHMID, Einziehung, § 1 N 78, der von einer «Zwischenlösung» spricht.
[275] SCHWARZENEGGER/HUG/JOSITSCH, Strafen und Massnahmen, 207 ff.; STRATENWERTH, AT II, § 13 N 86 ff.
[276] SCHWARZENEGGER/HUG/JOSITSCH, Strafen und Massnahmen, 212 ff.; STRATENWERTH, AT II, § 13 N 119 ff.
[277] Vgl. Art. 71 Abs. 1 StGB: «Sind die der Einziehung unterliegenden Vermögenswerte nicht mehr vorhanden (...)». Vgl. die Fallkonstellationen bei SCHWARZENEGGER/HUG/JOSITSCH, Strafen und Massnahmen, 212 f.
[278] BGE 125 IV 4, 6. Fraglich ist hier ist jedoch mitunter, ob noch weitere Voraussetzungen erforderlich sind; vgl. etwa SCHMID, Einziehung, § 2 N 25 ff., differenzierend STRATENWERTH, AT II, § 13 N 91 f. sowie STRATENWERTH/WOHLERS, StGB Handkommentar, Art. 70 N 4. Spezifisch zur Frage des Strafantrags BGE 129 IV 305, 311 ff. Zu den Varianten des Bestimmtseins und der Belohnung STRATENWERTH, AT II, § 13 N 102 m.w.H.
[279] Vgl. BGer 6S.68/2004, E. 6.2 (im Zusammenhang mit der Ausgleichseinziehung). Für das Immaterialgüterstrafrecht LOCHER, sic! 2008, 601, 608 f. Allgemein BSK-BAUMANN, Art. 70/71 StGB N 20 m.w.H.; STRATENWERTH/WOHLERS, StGB Handkommentar, Art. 70 N 14.
[280] STRATENWERTH, AT II, § 13 N 87; ausführlich SCHMID, Einziehung, § 2 N 17 ff.
[281] Vgl. zu den verschiedenen Varianten ausführlich SCHMID, Einziehung, § 2 N 29 ff.; STRATENWERTH, AT II, § 13 N 90 ff.

Art. 70 StGB sind sowohl der **Originalwert** als auch die **Surrogate**[282], solange sie im Vermögen des Täters oder des Begünstigten **eindeutig bestimmbar** sind[283].

109 Der Umfang der Einziehung gemäss den Art. 70 f. StGB wird vom Bundesgericht grundsätzlich nach dem sog. **Bruttoprinzip** berechnet[284]: Danach kann vom UWG-widrig erzielten Erlös der damit verbundene Aufwand (z.B. Material-, Transport-, Marketing- oder Personalkosten) nicht abgezogen werden[285].

110 **Drittrechte** können sowohl der Ausgleichs- (Art. 70 Abs. 2 StGB[286]) als auch der Ersatzeinziehung (Art. 71 Abs. 1 StGB i.V.m. Art. 70 Abs. 2 StGB[287]) entgegenstehen. Einen weiteren Ausschlussgrund kennt Art. 71 Abs. 2 StGB für die voraussichtliche Uneinbringlichkeit der Ersatzforderung und die ernstliche Behinderung der Wiedereingliederung des Betroffenen[288].

111 Die Einziehung nach Art. 70 StGB ist **subsidiär zur Restitution**, d.h. der Herausgabe an den Verletzten[289].

112 Auch in den Fällen von Art. 70 f. StGB kann es auf entsprechendes Verlangen hin zu einer **Verwendung zugunsten des Geschädigten** kommen (Art. 73 Abs. 1 lit. b, c StGB).

cc) Hinweis: zivilrechtliche Einziehung und Hilfeleistung durch die Zollverwaltung

113 Eine zivilrechtliche Einziehung kennt das UWG nicht[290]. Ebenso wenig ist die Hilfeleistung durch die Zollverwaltung vorgesehen[291].

---

[282] BGE 126 I 97, 105 ff.; BSK-BAUMANN, Art. 70/71 StGB N 40 m.w.H.; LOCHER, sic! 2008, 601, 607; SCHMID, Einziehung, § 2 N 48 ff.; SCHWARZENEGGER/HUG/JOSITSCH, Strafen und Massnahmen, 209; STRATENWERTH, AT II, § 13 N 95.

[283] BGE 126 I 97, 107; LOCHER, sic! 2008, 601, 607.

[284] BGE 124 I 6, 9; vgl. aber auch BGer 6B_697/2009, E. 2. Die Frage ist im Übrigen mitunter umstritten; vgl. dazu anstelle vieler ausführlich BSK-BAUMANN, Art. 70/71 StGB N 32 f. m.w.H; SCHMID, Einziehung, § 2 N 55 ff.; STRATENWERTH, AT II, § 13 N 111 ff.; STRATENWERTH/WOHLERS, StGB Handkommentar, Art. 70 N 12.

[285] LOCHER, sic! 2008, 601, 607.

[286] Dazu ausführlich SCHMID, Einziehung, § 2 N 77 ff.

[287] Siehe dazu SCHMID, Einziehung, § 2 N 112 f.

[288] Dazu ausführlich SCHMID, Einziehung, § 2 N 115 ff.

[289] Vgl. den letzten Halbsatz von Art. 70 Abs. 1 StGB. TRECHSEL/JEAN-RICHARD, StGB PK, Art. 70 N 9; SCHMID, Einziehung, § 2 N 66; SCHWARZENEGGER/HUG/JOSITSCH, Strafen und Massnahmen, 207; STRATENWERTH, AT II, § 13 N 116.

[290] Siehe Art. 9 N 6. Vgl. jedoch z.B. Art. 69 PatG, Art. 63 URG, Art. 36 DesG und Art. 57 MSchG.

[291] Vgl. dazu Art. 27 N 68 ff.

b) Urteilsveröffentlichung (Art. 68 StGB)

Nach Art. 68 StGB i.V.m. Art. 333 Abs. 1 StGB kann bei Verstössen gegen Art. 23[292] die Veröffentlichung des Urteils angeordnet werden[293]. Die Publikation muss (alternativ) im öffentlichen Interesse, im Interesse des Verletzten oder des Antragsberechtigten geboten sein[294]. Infolge des vom Strafrecht gemachten sittlichen Vorwurfs ist von der Publikation von Strafurteilen grundsätzlich **zurückhaltender** Gebrauch zu machen als von derjenigen von Zivilurteilen[295]. 114

Eine Berichtigung wie bei Art. 9 Abs. 2 im UWG-Zivilrecht gibt es im UWG-Strafrecht nicht. 115

c) Berufsverbot (Art. 67 f. StGB)

Bei Verstössen gegen Art. 23[296] kann ein Berufsverbot ausgesprochen werden, wenn der Täter den Verstoss in Ausübung eines Berufs, Gewerbes oder Handelsgeschäfts verübt hat, er zu einer Freiheitsstrafe von über sechs Monaten oder einer Geldstrafe von mindestens 180 Tagessätzen verurteilt worden ist und die Gefahr weiteren Missbrauchs besteht[297]. 116

3. Strafregistereintrag

Beim Strafregistereintrag, der vom Betroffenen in praxi in der Regel wie eine Sanktion empfunden wird, handelt es sich nicht um eine Strafsanktion im technischen Sinne. Zu einer Strafe oder Massnahme führende Verurteilungen wegen Verstössen gegen Art. 23[298] sind nach **Art. 366 Abs. 2 lit. a StGB**[299] grundsätzlich[300] (unabhängig von deren Höhe) in das Strafregister einzutragen. 117

---

[292] Anders bei Art. 24; vgl. Art. 24 N 35.
[293] Zur geringen praktischen Relevanz vgl. L. DAVID/JACOBS, Wettbewerbsrecht, 224; ferner auch PEDRAZZINI/PEDRAZZINI, UWG, N 26.25.
[294] Langer Zeitablauf seit der Verletzungshandlung kann das Interesse des Geschädigten an der Veröffentlichung entfallen lassen; vgl. OGer ZH sic! 2002, 253, 257 («Levi's Jeans»); ebenso für die analoge zivilrechtliche Sanktion R. VON BÜREN/MARBACH/DUCREY, Immaterialgüter- und Wettbewerbsrecht, N 954. Allerdings sollte dabei der institutionellen Dimension des UWG und auch des UWG-Strafrechts Rechnung getragen werden, sodass ein Wegfall des Interesses an der Publikation zumindest nicht leichthin anzunehmen ist.
[295] BAUDENBACHER/GLÖCKNER, Kommentar UWG, Vor Art. 23 ff. N 22; L. DAVID, SIWR I/2, 234.
[296] Anders bei Art. 24; vgl. Art. 24 N 35.
[297] Allgemein SCHWARZENEGGER/HUG/JOSITSCH, Strafen und Massnahmen, 195 ff.; STRATENWERTH, AT II, § 13 N 14 ff.
[298] Andere Modalitäten gelten im Zusammenhang mit Verstössen gegen Art. 24; vgl. Art. 24 N 35.
[299] Vgl. auch Art. 3 ff. VOSTRA-Verordnung.
[300] Nicht aber bei Einschlägigkeit von Art. 9 lit. c VOSTRA-Verordnung.

118 Für die Entfernung des Eintrags gelten die Regeln von **Art. 369 StGB** sowie **Art. 12 VOSTRA-Verordnung**.

4. *Hinweis: Verwaltungssanktionen*

119 UWG-widriges Verhalten kann je nach konkreter Fallgestaltung auch Verwaltungssanktionen gemäss den einschlägigen Erlassen zur Folge haben. Zu denken ist hier etwa an die an Unternehmen gerichteten Bestimmungen des **FMG**[301], **KG**[302] oder **RTVG**[303].

IX. Praktische Bedeutung

120 Das Lauterkeitsstrafrecht steht was praktische Relevanz und wissenschaftliche Durchdringung anbelangt, zweifelsohne **im Schatten der zivilrechtlichen Dimension** des UWG[304].

121 Eine gewisse **präventive Wirkung** der Strafbewehrung ist jedoch nicht von der Hand zu weisen[305]. Die praktische Bedeutung des Lauterkeitsstrafrechts – insbesondere im Zusammenhang mit Art. 23 i.V.m. Art. 3 lit. a – dürfte tendenziell eher im Steigen begriffen sein[306].

---

[301] Art. 60 FMG.
[302] Art. 49a ff. KG.
[303] Art. 90 RTVG.
[304] So auch L. DAVID, SIWR I/2, 218; GUYET, SIWR V/1, 305; TAUFER, Einbezug von Dritten im UWG, 187. Zu möglichen Gründen PEDRAZZINI/PEDRAZZINI, UWG, N 26.29.
[305] GUYET, SIWR V/1, 305; mitunter relativierend PEDRAZZINI/PEDRAZZINI, UWG, N 26.20.
[306] PEDRAZZINI/PEDRAZZINI, UWG, N 26.30, stellen allgemein für «die letzten Jahre (...) ein gesteigertes Bedürfnis nach strafrechtlicher Sanktionierung von Wettbewerbsverletzungen» fest. Vgl. zu Art. 23 i.V.m. Art. 3 lit. a etwa BGE 122 IV 33; 123 IV 211; BGer 6S.858/1999 Pra 2002, 235; BezGer ZH SJZ 1994, 178, 183; BezGer ZH sic! 2008, 307 («Online-Branchenverzeichnis»); ferner auch RITSCHER, ZStrR 1998, 26, 57 ff.

Art. 24

Verletzung der Pflicht zur Preisbekanntgabe an Konsumenten

¹ Wer vorsätzlich:
a. die Pflicht zur Preisbekanntgabe (Art. 16) verletzt;
b. den Vorschriften über die Preisbekanntgabe in der Werbung (Art. 17) zuwiderhandelt;
c. in irreführender Weise Preise bekannt gibt (Art. 18);
d. die Auskunftspflicht im Zusammenhang mit der Preisbekanntgabe (Art. 19) verletzt;
e. den Ausführungsvorschriften des Bundesrates über die Preisbekanntgabe (Art. 16 und 20) zuwiderhandelt,
wird mit Busse bis zu 20 000 Franken bestraft.

² Handelt der Täter fahrlässig, so ist die Strafe Busse.

Violation de l'obligation d'indiquer les prix au consommateur

¹ Quiconque, intentionnellement:
a. viole l'obligation d'indiquer les prix (art. 16);
b. contrevient aux prescriptions sur l'indication des prix dans la publicité (art. 17);
c. indique des prix de manière fallacieuse (art. 18);
d. ne satisfait pas à l'obligation de renseigner en vue de l'établissement des faits (art. 19);
e. contrevient aux dispositions d'exécution édictées par le Conseil fédéral au sujet de l'indication des prix (art. 16 et 20),
est puni de l'amende jusqu'à 20 000 francs.

² Si l'auteur a agi par négligence, la peine sera l'amende.

Violazione dell'obbligo d'indicare i prezzi al consumatore

¹ Chiunque, intenzionalmente,
a. disattende l'obbligo di indicare i prezzi (art. 16);
b. contravviene alle prescrizioni sull'indicazione dei prezzi nella pubblicità (art. 17);
c. indica prezzi in modo fallace (art. 18);
d. disattende l'obbligo di informare in materia d'indicazione dei prezzi (art. 19);
e. contravviene alle prescrizioni esecutive del Consiglio federale in merito all'indicazione dei prezzi (art. 16 e 20),
è punito con una multa sino a 20 000 franchi.

² Se l'autore ha agito per negligenza, la pena è della multa.

Infringement of Obligation to Announce Prices to the Consumer

¹ Whoever intentionally:
a. infringes the obligation to announce prices (Article 16);
b. infringes the requirements concerning the announcement of prices in advertising (Article 17);
c. announces prices in a misleading manner (Article 18);
d. infringes the obligation to provide information in relation to the announcement of prices (Article 19);

e. infringes the implementing provisions enacted by the Federal Council as regards the announcement of prices (Article 16 and 20), shall be liable to a fine of up to 20 000 francs.

[2] Where the offender has acted by negligence, the penalty shall be a fine.

Inhaltsübersicht

		Note	Seite
I.	Normzweck	1	1063
II.	Entstehungsgeschichte	3	1063
III.	Systematik und Verhältnis zu anderen Vorschriften	5	1063
	1. Systematik	5	1063
	2. Verhältnis zu anderen Vorschriften	9	1065
	a) Allgemeines	9	1065
	b) Deliktsnatur und sich daraus ergebende Konsequenzen	12	1065
	c) Verwirklichung durch Unterlassen?	19	1066
	d) Hinweis: Art. 24 Abs. 1 lit. d und «nemo tenetur»?	20	1066
IV.	Tatbestandsvoraussetzungen	21	1067
	1. Verletzung der Art. 16–20 UWG oder der PBV/Täterkreis	21	1067
	2. Vorsatz (Abs. 1) oder Sorgfaltspflichtverletzung (Abs. 2)	24	1068
	a) Vorsatz	24	1068
	b) Sorgfaltspflichtverletzung: Fahrlässigkeit	25	1068
	3. Kein Strafantragserfordernis bei Art. 24	28	1069
V.	Rechtfertigung	29	1069
VI.	Schuldausschluss/Strafmilderung wegen Verbotsirrtums	30	1069
VII.	Verfahrensfragen	31	1069
VIII.	Rechtsfolgen	32	1069
	1. Allgemeines	32	1069
	2. Spezifika bei Übertretungen	35	1070

Literatur

Siehe die Literaturangaben zu Art. 23.
Zusätzlich: C. BAUDENBACHER (Hrsg.), Lauterkeitsrecht – Kommentar zum Gesetz gegen den unlauteren Wettbewerb (UWG), Basel 2001, Vor Art. 16 ff., Art. 19 und Art. 24; J. GUYET, Wettbewerbsverwaltungsrecht (Art. 16–22 UWG), in: R. von Büren/L. David (Hrsg.), SIWR V/1, Lauterkeitsrecht, 2. Aufl., Basel 1998, 287 ff.; H. SCHULTZ, Einführung in den Allgemeinen Teil des Strafrechts, Bd. 1, 4. Aufl., Bern 1982; S. TRECHSEL, Bankgeheimnis – Steuerstrafverfahren – Menschenrechte, ZStrR 2005, 256 ff.

I. Normzweck

Der Übertretungstatbestand[1] von Art. 24 ermöglicht die strafrechtliche Ahndung von – vorsätzlichen (Abs. 1) sowie fahrlässigen (Abs. 2) – Verstössen gegen bestimmte Normen des UWG-Preisbekanntgaberechts (Art. 16–19) sowie der PBV[2]. Art. 24 ist somit das auf das Lauterkeitsverwaltungsrecht bezogene Pendant zu der die zivilrechtlichen Tatbestände strafbewehrenden Bestimmung von Art. 23.

Art. 24 hat bisher – soweit ersichtlich – die Praxis nicht in grösserem Ausmass beschäftigt[3].

II. Entstehungsgeschichte

Art. 24 entspricht weitgehend der Bestimmung von Art. 20e aUWG[4]; anlässlich der letzten UWG-Totalrevision wurden hier überwiegend bloss redaktionelle Änderungen vorgenommen[5]. Nicht übernommen wurde allerdings die Strafbarkeit von Versuch und Gehilfenschaft[6].

Vgl. zu Änderungen der angedrohten Strafe N 32 f.

III. Systematik und Verhältnis zu anderen Vorschriften

1. Systematik

Wie Art. 23 bedient sich auch Art. 24 der Verweistechnik, wobei diese hier, im Unterschied zu Art. 23, auf zwei verschiedene Arten begegnet: Während sich die lit. a–d von Abs. 1 (in Art. 23 entsprechender Weise) jeweils auf die einzeln benannten verwaltungsrechtlichen Bestimmungen des UWG (Art. 16–19) beziehen, erfasst Abs. 1 lit. e pauschal Verstösse gegen die PBV[7], welche ihrerseits wiederum in Art. 21 PBV auf das UWG Bezug nimmt[8].

---

[1] Vgl. Art. 103 StGB sowie N 12 ff.
[2] BAUDENBACHER/GLÖCKNER, Kommentar UWG, Art. 24 N 1.
[3] BAUDENBACHER/GLÖCKNER, Kommentar UWG, Art. 24 N 1. Vgl. aber aus der bundesgerichtlichen Rechtsprechung etwa BGE 116 IV 371, BGE 128 IV 177 sowie noch zur Vorgängernorm Art. 20e aUWG BGE 113 IV 36. Aus der kantonalen Praxis vgl. etwa KGer BL vom 2.6.2009 (100 08 1211/SUB).
[4] Abgedruckt in AS 1978 II 2058 f. Vgl. ferner Botschaft 1977, 174 (noch mit anderen Höchststrafen).
[5] Botschaft UWG, 1087; GUYET, SIWR V/1, 296.
[6] Art. 20e Abs. 3 aUWG: «Versuch und Gehilfenschaft sind strafbar.» Vgl. auch N 13.
[7] BAUDENBACHER/GLÖCKNER, Kommentar UWG, Art. 24 N 1; DAVID, SIWR I/2, 217.
[8] Die PBV verweist in Art. 21 auch auf das MessG. Ebenso auf das MessG Bezug genommen wird im Übrigen in Art. 16 Abs. 3.

6 Art. 24 Abs. 1 lit. e statuiert eine Strafe für Verhaltensweisen, welche im UWG selbst keine genaue Regelung erfahren[9]. Es handelt sich um ein sog. **Blankett**[10], welches durch eine derartige Verteilung von Tatbestand (verbotene Verhaltensweise) und Rechtsfolge (Strafe) auf verschiedene Rechtsakte charakterisiert wird[11]. Dabei können zwei Formen unterschieden werden, je nachdem, ob es sich um gleichrangige Akte handelt (unechtes Blankett) oder nicht (echtes Blankett)[12]. Art. 24 Abs. 1 lit. e stellt eine **echte Blankettstrafnorm** dar: Die Rechtsfolge der Strafdrohung befindet sich im UWG, d.h. auf Gesetzesebene, das verbotene Verhalten wird dagegen auf Verordnungsstufe (PBV) umschrieben.

7 Keine Blankettstrafnormen im Sinne der aufgezeigten Begriffsbestimmung sind hingegen die lit. a, c und d von Art. 24 Abs. 1 (sowie auch Art. 23[13]), da hier Tatbestand und Rechtsfolge innerhalb desselben Erlasses verteilt sind und nur die Zusammenfassung zu einer einzigen Norm unterblieben ist[14].

8 Das echte Blankett von Art. 24 Abs. 1 lit. e ist auf Kritik gestossen: Zu inkohärent sei das sich aus der Verknüpfung mehrerer Erlasse ergebende Bild, eine logische Anordnung fehle[15]. Daraus wird zum einen die rechtsstaatliche Bedenklichkeit eines solchen gesetzgeberischen Ansatzes abgeleitet[16], da die Gefahr bestehe, dass Voraussetzungen und Grenzen der Strafbarkeit unklar seien[17]. Zum anderen wird angemerkt, die Erfüllung eines derartigen komplexen Verordnungstatbestands sei schwierig nachzuweisen und bei der Anwendung könne es zur Herausbildung unerwünschter kantonaler Verschiedenheiten kommen[18].

---

[9] Ebenso Art. 24 Abs. 1 lit. b. Freilich muss auch für Art. 16 (erfasst durch Art. 24 Abs. 1 lit. a) konkretisierend auf die PBV zurückgegriffen werden.
[10] BAUDENBACHER/GLÖCKNER, Kommentar UWG, Art. 24 N 1; DAVID, SIWR I/2, 217 f.
[11] Allgemein zum Blankett RIKLIN, Verbrechenslehre, § 1 N 14; SCHULTZ, Einführung, 57; SCHWANDER, StGB, N 21. Im Zusammenhang mit Art. 292 StGB BSK-RIEDO/BONER, Art. 292 StGB N 8 m.w.H.; DONATSCH/WOHLERS, Delikte gegen die Allgemeinheit, 334; TRECHSEL/VEST, StGB PK, Art. 292 N 1; STRATENWERTH/JENNY, BT I, § 51 N 2.
[12] RIKLIN, Verbrechenslehre, § 1 N 14; SCHWANDER, StGB, N 21.
[13] A.M. im Zusammenhang mit Art. 23 offenbar RIEDO, Strafantrag, 270.
[14] Vgl. allgemein RIKLIN, Verbrechenslehre, § 1 N 14 sowie SCHWANDER, StGB, N 21.
[15] GUYET, SIWR V/1, 306.
[16] DAVID, SIWR I/2, 218.
[17] Allgemein SCHULTZ, Einführung, 57. Vgl. ferner zur analogen Problematik im Zusammenhang mit der durch Art. 292 StGB strafbewehrten Verfügung BSK-RIEDO/BONER, Art. 292 StGB N 49 m.w.H; TRECHSEL/VEST, StGB PK, Art. 292 N 7. Zum Problem des Verhältnisses zwischen Art. 18 UWG und Art. 16 PBV BAUDENBACHER/GLÖCKNER, Kommentar UWG, Art. 24 N 1; DIESELBEN, Kommentar UWG, Art. 18 N 2.
[18] DAVID, SIWR I/2, 217 f.

2. Verhältnis zu anderen Vorschriften

a) Allgemeines

Auch im Zusammenhang mit Art. 24 gelten über Art. 333 Abs. 1 StGB subsidiär die Bestimmungen des Allgemeinen Teils des StGB[19].

Anders als bei Art. 23 sind bei Art. 24 zusätzlich die Art. 103–109 StGB sowie Art. 12 Abs. 3 StGB von spezifischer Bedeutung:

- Bei Übertretungen sind stets zuerst die **Spezialregeln der Art. 103–109 StGB** massgeblich. Enthalten sie keine Abweichungen gegenüber dem Ersten Teil des StGB (Art. 1–102a StGB), so gilt dieser auch für die Übertretungen (Art. 104 StGB).
- **Art. 12 Abs. 3 StGB** äussert sich zum Fahrlässigkeitsvorwurf und ist deswegen im Zusammenhang mit Art. 24 Abs. 2 heranzuziehen.

Der Verweis auf die Art. 6 f. VStrR durch Art. 26 gilt auch im Zusammenhang mit Art. 24[20].

b) Deliktsnatur und sich daraus ergebende Konsequenzen

Da Art. 24 als Sanktion eine Busse vorsieht, handelt es sich gemäss Art. 103 StGB um eine **Übertretung**[21].

Im Wesentlichen hat diese Klassifikation zur Folge, dass sowohl die **Gehilfenschaft** zu Art. 24 als auch die **versuchte Verwirklichung** des Tatbestands infolge Fehlens einer entsprechenden ausdrücklichen Anordnung **straflos** bleiben (vgl. Art. 105 Abs. 2 StGB[22]), anders als dies noch das aUWG vorgesehen hatte[23]. Das vom Bundesrat vorgeschlagene Festhalten an der entsprechenden Sonderregelung von Art. 20e Abs. 3 aUWG[24] wurde im Rahmen der Revision 1983 vom Parlament abgelehnt[25]. Die Anstiftung (Art. 24 Abs. 1 StGB) zu Art. 24 ist dagegen den allgemeinen Grundsätzen entsprechend strafbar (Art. 105 Abs. 2 StGB e contrario).

---

[19] GUYET, SIWR V/1, 308; PEDRAZZINI/PEDRAZZINI, UWG, N 27.01; siehe auch Art. 23 N 12, 14.
[20] PEDRAZZINI/PEDRAZZINI, UWG, N 27.05.
[21] BAUDENBACHER/GLÖCKNER, Kommentar UWG, Vor Art. 23 ff. N 17; DAVID, SIWR I/2, 220; GUYET, SIWR V/1, 307; PEDRAZZINI/PEDRAZZINI, UWG, N 27.09.
[22] BAUDENBACHER/GLÖCKNER, Kommentar UWG, Vor Art. 23 ff. N 18; DAVID/JACOBS, Wettbewerbsrecht, 223; GUYET, SIWR V/1, 307 ff.; PEDRAZZINI/PEDRAZZINI, UWG, N 27.06.
[23] Siehe bereits N 3.
[24] Art. 31 Abs. 2 des bundesrätlichen Entwurfs: «Versuch und Gehilfenschaft sind strafbar.», abgedruckt in Botschaft UWG, 1099.
[25] Vgl. Voten COTTI und LÜCHINGER, Amtl. Bull. NR 1985, 859 f.; Votum STEINER, Amtl. Bull. SR 1986, 428.

14 Wie bei Art. 23[26] kommt auch im Zusammenhang mit Art. 24 die Bestimmung von **Art. 24 Abs. 2 StGB** (versuchte Anstiftung) nicht zur Anwendung, da es hier eines Verbrechens bedarf.

15 Art. 24 ist auch keine taugliche Vortat im Hinblick auf **Art. 305bis StGB**[27].

16 Ebenso unanwendbar im Zusammenhang mit Übertretungen sind die **Art. 102 f. StGB** (Art. 105 Abs. 1 StGB).

17 Die Unterscheidung zwischen Vergehen (Art. 23) und Übertretung (Art. 24) hat schliesslich auch **strafprozessuale Konsequenzen:** Oftmals sieht das kantonale Recht vor, dass die erstinstanzliche Behandlung von Übertretungen Verwaltungsbehörden obliegt, während bei Vergehen von Anfang an Strafverfolgungsbehörden und Gerichte zum Zug kommen[28]. DAVID steht dieser Unterscheidung im Zusammenhang mit Immaterialgüterrechtsverletzungen (in einem weiten Sinne) kritisch gegenüber: Diese gehörten «in die Hände versierter Strafverfolgungsbehörden», damit sich auch eine einheitliche Praxis bilden könne[29].

18 Zu auf der Deliktsnatur beruhenden Abweichungen von Art. 23 im Hinblick auf die Rechtsfolgen siehe N 35.

c) Verwirklichung durch Unterlassen?

19 Anders als Art. 23[30] sanktioniert Art. 24 auch echtes Unterlassen[31].

d) Hinweis: Art. 24 Abs. 1 lit. d und «nemo tenetur»?

20 Eine Strafbewehrung von Auskunftspflichten kann mitunter im Zusammenhang mit dem Schutz vor Selbstbelastung («nemo tenetur») problematisch sein[32].

---

[26] Siehe Art. 23 N 16.
[27] Für Art. 23 siehe Art. 23 N 16.
[28] DAVID, SIWR I/2, 220. Vgl. auch Art. 17 Abs. 1 der künftigen Schweizerischen Strafprozessordnung: «Bund und Kantone können die Verfolgung und Beurteilung von Übertretungen Verwaltungsbehörden übertragen.»
[29] DAVID, SIWR I/2, 220, 225.
[30] Siehe Art. 23 N 26.
[31] So wohl DAVID, SIWR I/2, 217 im Zusammenhang mit Art. 24 Abs. 1 lit. d.
[32] Vgl. etwa für das Steuerstrafrecht TRECHSEL, ZStrR 2005, 256 ff.

IV. Tatbestandsvoraussetzungen

1. Verletzung der Art. 16–20 UWG oder der PBV/Täterkreis

Strafbar macht sich, wer einen derjenigen Tatbestände verwirklicht, auf welche Art. 24 Abs. 1 verweist. Dabei ist zu unterscheiden: 21
- Verstösse gegen die **Preisbekanntgabepflicht** nach den Art. 16–18 sowie der PBV (Art. 24 Abs. 1 lit. a, b, c und e)
- Verletzung der **Auskunftspflicht** nach Art. 19 (Art. 24 Abs. 1 lit. d[33])

Bei Art. 24 handelt es sich um ein **Sonderdelikt**, d.h., gegen die Bestimmung kann nicht jedermann verstossen[34]. Wem die erforderliche Täterqualifikation zukommt, ergibt sich daraus, wer bekanntgabe- resp. auskunftspflichtig ist: 22

- Für die Art. 16–18 sowie die PBV-Tatbestände (Preisbekanntgabepflicht) ist auf **Art. 20 PBV** abzustellen, der auf «Leiter von Geschäften aller Art» Bezug nimmt[35].
- Auskunftspflichtig sind gemäss der Aufzählung in **Art. 19 Abs. 2** Personen und Firmen, die Konsumenten Waren zum Kauf anbieten oder solche Waren herstellen (lit. a), Personen und Firmen, die Dienstleistungen anbieten, erbringen, vermitteln oder in Anspruch nehmen (lit. b), sowie Organisationen der Wirtschaft (lit. c) und bestimmte Konsumentenschutzorganisationen (lit. d). Die persönliche Reichweite der Auskunftspflicht ist somit bedeutend weiter gefasst als diejenige der Preisbekanntgabepflicht[36].

Von der Frage nach dem Kreis der Bekanntgabe- resp. Auskunftspflichtigen ist die Frage nach dem **Geltungsbereich der PBV** zu unterscheiden. Hier ist auf **Art. 2 PBV** abzustellen[37]. 23

---

[33] Auch die Auskunftspflicht steht freilich im systematischen Zusammenhang der Preisbekanntgabepflicht; vgl. BAUDENBACHER/GLÖCKNER, Kommentar UWG, Art. 19 N 4.
[34] Im Zusammenhang mit Art. 23 vgl. Art. 23 N 52.
[35] Siehe dazu Art. 16 N 28 f.
[36] BAUDENBACHER/GLÖCKNER, Kommentar UWG, Art. 19 N 2.
[37] Näher dazu Art. 16 N 9 ff.

2. Vorsatz (Abs. 1) oder Sorgfaltspflichtverletzung (Abs. 2)

a) Vorsatz

24 Für den Vorsatz gilt das zu Art. 23 Gesagte[38], mit der Ausnahme, dass der Eventualvorsatz bei Art. 24 nicht die Grenze der Strafbarkeit darstellt, weil nach Art. 24 Abs. 2 auch die fahrlässige Verwirklichung strafbar ist[39]. Da jedoch nur bei vorsätzlicher Begehung in Abweichung von Art. 106 Abs. 1 StGB eine Busse von über 10 000 Franken ausgesprochen werden kann[40], sich die beiden Bestimmungen mithin, was die mögliche Höchststrafe anbelangt, also unterscheiden, kommt der Frage nach dem Vorliegen von Vorsatz auch hier praktische Relevanz zu.

b) Sorgfaltspflichtverletzung: Fahrlässigkeit

25 Anders als Art. 23 kann Art. 24 auch fahrlässig verwirklicht werden[41]. Dass dies Art. 24 Abs. 2 explizit sagt, ist den allgemeinen Grundsätzen entsprechend notwendig (vgl. Art. 12 Abs. 1 StGB i.V.m. Art. 104 StGB).

26 Die Erfassung des Fahrlässigkeitsvorwurfs – wie sie bereits die Vorgängernorm Art. 20e aUWG enthalten hatte – war in den parlamentarischen Beratungen umstritten[42], wurde schliesslich aber beibehalten, insbesondere zur Vermeidung von Beweisschwierigkeiten[43].

27 Die Fahrlässigkeit definiert das Gesetz in Art. 12 Abs. 3 StGB (i.V.m. Art. 104 StGB); konstituierendes Element des Fahrlässigkeitsvorwurfs ist die Sorgfaltspflichtverletzung[44].

---

[38] Siehe Art. 23 N 54 ff.
[39] Anders als bei Art. 23 (vgl. Art. 23 N 63) kann somit im Zusammenhang mit Sachverhaltsirrtümern bei Art. 24 die Bestimmung von Art. 13 Abs. 2 StGB relevant werden.
[40] Art. 24 Abs. 1 statuiert einen Höchstbetrag von 20 000 Franken.
[41] BAUDENBACHER/GLÖCKNER, Kommentar UWG, Vor Art. 23 ff. N 17; DAVID, SIWR I/2, 221; DAVID/JACOBS, Wettbewerbsrecht, 223; PEDRAZZINI/PEDRAZZINI, UWG, N 27.02.
[42] Vgl. die Voten COTTI, Amtl. Bull. NR 1986, 1258; STEINER, Amtl. Bull. SR 1986, 428; ZBINDEN, Amtl. Bull. NR 1985, 861. Kritisch zur Erfassung des Fahrlässigkeitsvorwurfs de lege lata DAVID, SIWR I/2, 221; vgl. ferner auch die Kritik zur diesbezüglichen Differenzierung zwischen den Art. 23 und 24 bei DAVID/JACOBS, Wettbewerbsrecht, 223.
[43] Vgl. die Voten FURGLER und LÜCHINGER, Amtl. Bull. NR 1985, 861; so auch bereits die Botschaft UWG, 1087.
[44] Siehe zum Fahrlässigkeitsdelikt allgemein DONATSCH/TAG, Verbrechenslehre, 321 ff.; RIKLIN, Verbrechenslehre, § 16 N 33 ff.; SEELMANN, Strafrecht AT, 154 ff.; STRATENWERTH, AT I, § 16; TRECHSEL/NOLL, Strafrecht AT, 267 ff.

3. Kein Strafantragserfordernis bei Art. 24

Die Prozessvoraussetzung eines Strafantrags ist hier – im Gegensatz zu Art. 23[45] – entbehrlich, es handelt sich bei Art. 24 um ein **Offizialdelikt**[46]. 28

V. Rechtfertigung

Es gilt dasselbe wie im Zusammenhang mit Art. 23[47]. 29

VI. Schuldausschluss/Strafmilderung wegen Verbotsirrtums

Es gilt dasselbe wie im Zusammenhang mit Art. 23[48]. 30

VII. Verfahrensfragen

Vgl. die Kommentierung zu Art. 27. 31

VIII. Rechtsfolgen

1. Allgemeines

Die von Art. 24 angedrohte Sanktion ist **Busse** bis zu 20 000 Franken bei Vorsatz (Abs. 1[49]) resp. bis zu 10 000 Franken bei Fahrlässigkeit (Abs. 2 i.V.m. Art. 333 Abs. 1 StGB i.V.m. Art. 106 Abs. 1 StGB)[50]. 32

Im Zuge der 2007 in Kraft getretenen Revision des Allgemeinen Teils des StGB wurde die bis zu diesem Zeitpunkt durch Art. 24 Abs. 1 neben der Busse angedrohte Haftstrafe gestrichen[51]. 33

---

[45] Siehe zum Antragserfordernis bei Art. 23 ausführlich Art. 23 N 69 ff.
[46] BAUDENBACHER/GLÖCKNER, Kommentar UWG, Art. 24 N 1; DAVID/JACOBS, Wettbewerbsrecht, 222 f.; GUYET, SIWR V/1, 305 ff.; PEDRAZZINI/PEDRAZZINI, UWG, N 27.04.
[47] Siehe Art. 23 N 77 ff.
[48] Siehe Art. 23 N 80 ff.
[49] Erhöhung des Höchstbetrags durch das UWG im Einklang mit Art. 106 Abs. 1 StGB.
[50] Zu beachten ist in diesem Zusammenhang, dass Art. 20e Abs. 2 aUWG auch bei Fahrlässigkeit eine Busse von 20 000 Franken angedroht hatte.
[51] Vgl. Art. 333 Abs. 3 StGB; BSK-WIPRÄCHTIGER, Art. 333 StGB N 24; Botschaft Änderung Strafgesetzbuch 1998, 2155.

34 Anders als bei der Geldstrafe kommt bei der Busse nicht das durch die StGB-Revision 2007 neu geschaffene Tagessatzsystem (Art. 34 Abs. 1, 2 StGB[52]), sondern das sog. Geldsummensystem gemäss Art. 106 Abs. 3 StGB zur Anwendung[53]. Primäres Bemessungskriterium ist das Verschulden, sekundär sind die finanziellen Verhältnisse des Täters massgebend[54].

2. Spezifika bei Übertretungen

35 Die Klassifikation als Übertretung hat Auswirkungen auf die Rechtsfolgen:
- Gemäss Art. 105 Abs. 1 StGB kann eine Strafe **weder bedingt noch teilbedingt** ausgesprochen werden.
- Bei der Strafart der **gemeinnützigen Arbeit** modifiziert Art. 107 StGB die für Verbrechen und Vergehen geltenden Regelungen der Art. 37–39 StGB.
- Ein **Berufsverbot** und eine **Urteilsveröffentlichung** können im Zusammenhang mit Übertretungen nur dann angeordnet werden, wenn das Gesetz dies ausdrücklich vorsieht (Art. 105 Abs. 3 StGB[55]). Letzteres ist im Zusammenhang mit Art. 24 nicht der Fall, womit diese Massnahmen hier ausscheiden.
- Besonderheiten ergeben sich schliesslich im Zusammenhang mit dem **Strafregistereintrag:** Für Übertretungen gelten nicht dieselben Regeln wie für Verbrechen und Vergehen[56]. Art. 366 Abs. 2 lit. b StGB stellt im Zusammenhang mit Übertretungen dem Bundesrat anheim, per Verordnung festzulegen, welche Urteile in das Strafregister eingetragen werden. Art. 9 lit. d VOSTRA-Verordnung statuiert den Grundsatz der Nichteintragung, welcher durch Art. 3 Abs. 1 lit. c und d derselben Verordnung durchbrochen wird.

---

[52] BSK-DOLGE, Art. 34 StGB N 27 ff.; SCHWARZENEGGER/HUG/JOSITSCH, Strafen und Massnahmen, 112 ff; SEELMANN, Strafrecht AT, 185; STRATENWERTH, AT II, § 2 N 3 ff.
[53] BSK-HEIMGARTNER, Art. 106 StGB N 1; BSK-WIPRÄCHTIGER, Art. 333 StGB N 24; STRATENWERTH, AT II, § 2 N 29; STRATENWERTH/WOHLERS, StGB Handkommentar, Art. 106 N 1.
[54] BSK-HEIMGARTNER, Art. 106 StGB N 20.
[55] Ebenso freiheitsentziehende Massnahmen.
[56] Vgl. Art. 23 N 117.

Art. 25

[1] Aufgehoben durch Ziff. I des BG vom 24. März 1995 (AS 1995 4086; BBl 1994 III 442).

[1] Abrogé par le ch. I de la LF du 24 mars 1995 (RO 1995 4086; FF 1994 III 449).

[1] Abrogato dal n. I della LF del 24 mar. 1995 (RU 1995 4086; FF 1994 III 403).

[repealed]

Art. 25 stellte die **Verletzung** der Bestimmungen der **Ausverkaufsordnung** (AV SR 241.1) in Art. 21 aUWG unter **Übertretungsstrafe** (Haft oder Busse bis zu CHF 20 000.–), wobei auch die fahrlässige Tatverwirklichung strafbar war (Busse). Er wurde im Zuge der **Liberalisierung des Ausverkaufswesens** per 1. November 1995 aufgehoben[1].

---

[1] AS 1995 4086; vgl. zur Liberalisierung des Ausverkaufswesens auch Vor Art. 16 ff. N 2 und 29.

Art. 26

Widerhandlungen in Geschäftsbetrieben	Für Widerhandlungen in Geschäftsbetrieben, durch Beauftragte und dergleichen sind die Artikel 6 und 7 des Verwaltungsstrafrechtsgesetzes vom 22. März 1974 anwendbar.
Infractions commises dans une entreprise	Les art. 6 et 7 de la loi fédérale du 22 mars 1974 sur le droit pénal administratif s'appliquent aux infractions commises dans une entreprise, par un mandataire, etc.
Infrazioni commesse nell'azienda	Alle infrazioni commesse nell'azienda da mandatari e simili si applicano gli articoli 6 e 7 della legge federale del 22 marzo 1974 sul diritto penale amministrativo.
Infringements Committed Within an Undertaking	Articles 6 and 7 of the Federal Act on Administrative Criminal Law of 22 March 1974 shall apply to infringements committed within an undertaking, by agents and the like.

Art. 6 VStrR

Widerhandlungen in Geschäftsbetrieben, durch Beauftragte u. dgl. 1. Regel	*¹ Wird eine Widerhandlung beim Besorgen der Angelegenheiten einer juristischen Person, Kollektiv- oder Kommanditgesellschaft, Einzelfirma oder Personengesamtheit ohne Rechtspersönlichkeit oder sonst in Ausübung geschäftlicher oder dienstlicher Verrichtungen für einen andern begangen, so sind die Strafbestimmungen auf diejenigen natürlichen Personen anwendbar, welche die Tat verübt haben.* *² Der Geschäftsherr, Arbeitgeber, Auftraggeber oder Vertretene, der es vorsätzlich oder fahrlässig in Verletzung einer Rechtspflicht unterlässt, eine Widerhandlung des Untergebenen, Beauftragten oder Vertreters abzuwenden oder in ihren Wirkungen aufzuheben, untersteht den Strafbestimmungen, die für den entsprechend handelnden Täter gelten.* *³ Ist der Geschäftsherr, Arbeitgeber, Auftraggeber oder Vertretene eine juristische Person, Kollektiv- oder Kommanditgesellschaft, Einzelfirma oder Personengesamtheit ohne Rechtspersönlichkeit, so wird Absatz 2 auf die schuldigen Organe, Organmitglieder, geschäftsführenden Gesellschafter, tatsächlich leitenden Personen oder Liquidatoren angewendet.*
Infractions commises dans une entreprise 1. Règle	*¹ Lorsqu'une infraction est commise dans la gestion d'une personne morale, d'une société en nom collectif ou en commandite, d'une entreprise individuelle ou d'une collectivité sans personnalité juridique ou de quelque autre manière dans l'exercice d'une activité pour un tiers, les dispositions pénales sont applicables aux personnes physiques qui ont commis l'acte.*

---

* Ich danke Herrn lic.iur. Daniel Schaffner, wissenschaftlicher Assistent an der Juristischen Fakultät der Universität Basel, für wertvolle Hinweise zum ersten Manuskript des Textes.

²*Le chef d'entreprise, l'employeur, le mandant ou le représenté qui, intentionnellement ou par négligence et en violation d'une obligation juridique, omet de prévenir une infraction commise par le subordonné, le mandataire ou le représentant ou d'en supprimer les effets, tombe sous le coup des dispositions pénales applicables à l'auteur ayant agi intentionnellement ou par négligence.*

³*Lorsque le chef d'entreprise, l'employeur, le mandant ou le représenté est une personne morale, une société en nom collectif ou en commandite, une entreprise individuelle ou une collectivité sans personnalité juridique, l'al. 2 s'applique aux organes et à leurs membres, aux associés gérants, dirigeants effectifs ou liquidateurs fautifs.*

Infrazioni commesse nell'azienda
1. Regola

¹ *Se l'infrazione è commessa nella gestione degli affari di una persona giuridica, di una società in nome collettivo o in accomandita, di una ditta individuale o di una comunità di persone senza personalità giuridica, o altrimenti nell'esercizio di incombenze d'affari o di servizio per terze persone, le disposizioni penali si applicano alle persone fisiche che l'hanno commessa.*

² *Il padrone d'azienda, il datore di lavoro, il mandante o la persona rappresentata che, intenzionalmente o per negligenza, in violazione di un obbligo giuridico, omette di impedire un'infrazione del subordinato, mandatario o rappresentante ovvero di paralizzarne gli effetti, soggiace alle disposizioni penali che valgono per l'autore che agisce intenzionalmente o per negligenza.*

³ *Se il padrone d'azienda, il datore di lavoro, il mandante o la persona rappresentata è una persona giuridica, una società in nome collettivo o in accomandita, una ditta individuale o una comunità di persone senza personalità giuridica, il capoverso 2 si applica agli organi, ai membri degli organi, ai soci preposti alla gestione, alle persone effettivamente dirigenti o ai liquidatori colpevoli.*

Art. 7 VStrR

2. Sonderordnung bei Bussen bis zu 5000 Franken

¹ *Fällt eine Busse von höchstens 5000 Franken in Betracht und würde die Ermittlung der nach Artikel 6 strafbaren Personen Untersuchungsmassnahmen bedingen, die im Hinblick auf die verwirkte Strafe unverhältnismässig wären, so kann von einer Verfolgung dieser Personen Umgang genommen und an ihrer Stelle die juristische Person, die Kollektiv- oder Kommanditgesellschaft oder die Einzelfirma zur Bezahlung der Busse verurteilt werden.*

² *Für Personengesamtheiten ohne Rechtspersönlichkeit gilt Absatz 1 sinngemäss.*

2. Réglementation pour les amendes n'excédant pas 5000 francs

¹ *Lorsque l'amende entrant en ligne de compte ne dépasse pas 5000 francs et que l'enquête rendrait nécessaire à l'égard des personnes punissables selon l'art. 6 des mesures d'instruction hors de proportion avec la peine encourue, il est loisible de renoncer à poursuivre ces*

	personnes et de condamner à leur place au paiement de l'amende la personne morale, la société en nom collectif ou en commandite ou l'entreprise individuelle.
	² *L'al. 1 est applicable par analogie aux collectivités sans personnalité juridique.*
2. *Ordinamento speciale per multe fino a 5000 franchi*	¹ *Se la multa applicabile non supera i 5000 franchi e se la determinazione delle persone punibili secondo l'articolo 6 esige provvedimenti d'inchiesta sproporzionati all'entità della pena, si può prescindere da un procedimento contro dette persone e, in loro vece, condannare al pagamento della multa la persona giuridica, la società in nome collettivo o in accomandita o la ditta individuale.*
	² *Ll capoverso 1 si applica per analogia alle comunità di persone senza personalità giuridica.*

Inhaltsübersicht

	Note	Seite
I. Normzweck	1	1076
II. Entstehungsgeschichte	3	1077
III. Systematik und Verhältnis zu anderen Vorschriften	6	1078
1. Systematik	6	1078
2. Verhältnis zu anderen Vorschriften	10	1079
a) Verhältnis zur Organ- und Vertreterhaftung gemäss Art. 29 StGB	10	1079
b) Verhältnis zur Unternehmensstrafbarkeit (Art. 102 StGB)	11	1080
c) Strafbarkeit der Medien (Art. 28 StGB)	14	1081
d) Regelungen in weiteren Bundesgesetzen	15	1082
IV. Tatbestandsvoraussetzungen	17	1082
1. Täterprinzip (Art. 6 Abs. 1 VStrR)	17	1082
2. Geschäftsherrenhaftung (Art. 6 Abs. 2, 3 VStrR)	23	1084
a. Art. 6 Abs. 2 VStrR	23	1084
b. Art. 6 Abs. 3 VStrR	35	1089
3. Subsidiäre Verbandsstrafbarkeit (Art. 7 VStrR)	37	1089
V. Rechtfertigung und Schuldausschluss	43	1091
VI. Rechtsfolgen	44	1091
VII. Verfahrensfragen	45	1092

Literatur (Auswahl)

Siehe die Literaturangaben zu Art. 23.

Zusätzlich: M. AMSTUTZ/M. REINERT, in: M. A. Niggli/H. Wiprächtiger (Hrsg.), Basler Kommentar (BSK), Strafrecht II, Art. 111–392 StGB, 2. Aufl., Basel 2007, Kommentierung zu Art. 326bis StGB; C. BAUDENBACHER (Hrsg.), Lauterkeitsrecht – Kommentar zum Gesetz gegen den unlauteren Wettbewerb (UWG), Basel 2001, Art. 26; C. BERTOSSA, Unternehmensstrafrecht – Strafprozess und Sanktionen, Bern 2003; C. BLUMENTHAL, Der Strafrechtliche Schutz der Marke, Bern 2002; P. BÖCKLI, Zur Garantenhaftung des Vorgesetzten im Verwaltungsstrafrecht, namentlich bei Steuerstrafen, ZStrR 1980, 73 ff.; B. VON BÜREN, Kommentar zum Bundesgesetz über den unlautern Wettbewerb vom 30. Sept. 1943 unter Einschluss der Ausverkaufsverordnung vom 16. April 1947, Zürich 1957, Strafrechtlicher Schutz, N 25 ff.; U. CASSANI, Sur qui tombe le couperet due droit pénal? Responsabilité personnelle, responsabilité hiérarchique et responsabilité de l'entreprise, in: L. Thévenoz/C. Bovet (Hrsg.), Journée 2008 de droit bancaire et financier (jdbf-2008), Zürich 2008, 53 ff.; L. DAVID, Der Rechtsschutz im Immaterialgüterrecht, in: R. von Büren/L. David (Hrsg.), SIWR I/2, 2. Aufl., Basel/Frankfurt a.M. 1998, 222 f.; L. DAVID/R. JACOBS, Schweizerisches Wettbewerbsrecht, 4. Aufl., Bern 2005, N 747; A. DIETRICH, Strafrechtliche Organ- und Vertreterhaftung, Basel 1991; A. DONATSCH/B. TAG, Strafrecht I, Verbrechenslehre, 8. Aufl., Zürich 2006, 362 ff.; M. FORSTER, Die strafrechtliche Verantwortlichkeit des Unternehmens nach Art. 102 StGB, Bern 2006, insbes. 57 ff. und 256 ff.; S. FREI, Verantwortlichkeit des Verwaltungsrats aus strafrechtlicher Sicht, Zürich 2004; P. GRAVEN, La responsabilité pénale du chef de l'entreprise et de l'entreprise elle-meme, SJ 1985, 497 ff.; A. GARBARSKI/A. MACALUSO, La responsabilité de l'entreprise et de ses organes dirigeants à l'épreuve du droit pénal administratif, AJP 2008, 833 ff.; A. GARBARSKI, La responsabilité civile et pénale des organes dirigeants de sociétés anonymes, Genf/Zürich/Basel 2006; J. GUYET, Wettbewerbsstrafrecht (Art. 23–27 UWG), in: R. von Büren/L. David (Hrsg.), SIWR V/1, Lauterkeitsrecht, 2. Aufl., Basel 1998, 311 f.; K. HAURI, Verwaltungsstrafrecht (VStrR), Motive – Doktrin – Rechtsprechung, Bern 1998, Kommentierung zu Art. 6 und 7 VStrR; G. HEINE, Straftäter Unternehmen: Das Spannungsfeld von StGB, Verwaltungsstrafrecht und Steuerstrafrecht, recht 2005, 1 ff.; DERS., Die strafrechtliche Verantwortlichkeit von Unternehmen, Baden-Baden 1995; T. KRÄUCHI, Aktuelle Aspekte im Verhältnis des Verwaltungsstrafrechts zum Strafgesetzbuch, LeGes 2004, 120 ff.; D. KRAUSS, Probleme der Täterschaft im Unternehmen, plädoyer 1/1989, 40 ff.; F. LOCHER, Neuerungen im Immaterialgüter-Strafrecht, sic! 2008, 605 f.; S. H. LÜTOLF, Strafbarkeit der juristischen Person, Zürich 1997; A. MACALUSO, Vers un véritable droit pénal suisse des affaires: La nécessité d'une approche centrée sur l'entreprise, SZW 2008, 248 ff.; DERS., La responsabilité pénale de l'entreprise – principes et commentaire des Art. 100^{quater} et $100^{quinquies}$ CP, Genf/Zürich/Basel 2004; L. MOREILLON, La responsabilté pénale des organes d'une personne morale, ZStrR 1999, 325 ff.; M. A. NIGGLI/D. GFELLER, in: M. A. Niggli/H. Wiprächtiger (Hrsg.), Basler Kommentar (BSK), Strafrecht I, Art. 1–110 StGB, Jugendstrafgesetz, Kommentierung zu Art. 102, 2. Aufl., Basel 2007; DIES., Strafrechtliche Verantwortung im Konzern, in: M. A. Niggli/M. Amstutz (Hrsg.), Verantwortlichkeit im Unternehmen: zivil- und strafrechtliche Perspektiven, Basel 2007, 151 ff.; M. OERTLE, Die Geschäftsherrenhaftung im Strafrecht, Zürich 1996; M. M. PEDRAZZINI/F. A. PEDRAZZINI, Unlauterer Wettbewerb, UWG, 2. Aufl., Bern 2002, § 26.14; W. R. PFUND, Das neue Verwaltungsstrafrecht des Bundes, unter besonderer Berücksichtigung des Steuerstrafrechts, ASA 1973/1974, 161 ff.; DERS., Der Entwurf eines Bundesgesetzes über das Verwaltungsstrafrecht, ZBl. 1973, 58 ff.; D. RÜETSCHI, in: M. Noth/G. Bühler/F. Thouvenin, Kommentar Markenschutzgesetz (MSchG), Bern 2009, Kommentierung zu Art. 67; N. SCHMID, Einige Aspekte der strafrechtlichen Verantwortung von Gesellschaftsorganen, ZStrR 1988, 156 ff.; B. SCHÜNEMANN, Besondere persönliche Verhältnisse und Vertreterhaftung im Strafrecht, ZSR 1978 I 131 ff.; K. SEELMANN, Unternehmensstrafbarkeit: Ursachen, Paradoxien und Folgen, in: J.-B. Ackermann/A. Donatsch/J. Rehberg (Hrsg.), Wirtschaft und Strafrecht, FS für Niklaus Schmid zum 65. Geburtstag, Zürich 2001, 169 ff.; M. SCHUBARTH, in: M. Schubarth/P. Albrecht (Hrsg.), Kommentar zum Schweizerischen Strafrecht, Besonderer Teil, 2. Band: Delikte gegen das Vermögen Art. 137–172, Bern 1990, Kommentar zu Art. 172 aStGB, 331 ff.; DERS., Zur strafrechtlichen Haftung des Geschäftsherrn, ZStrR 1976, 370 ff.; R. SCHWOB, Verwaltungsstrafrecht des Bundes I, SJK Nr. 1286, Genf 1987; P. SPITZ, Strafrechtliche Produkthaftung – Übertragbarkeit zivilrechtlicher Betrachtungsweisen? Unter besonderer Berücksichtigung der Organisationsverantwortung in Straf- und Zivilrecht, Basel/Frankfurt a.M. 2001, insbes. 19 ff. und 246 ff.; DERS., Haftung für Wettbewerbshandlungen, in: P. Jung (Hrsg.), Aktuelle Entwicklungen im Haftungsrecht, Bern und Zürich/Basel/Genf 2007, N 107; G. STRATENWERTH, Schweizerisches Strafrecht Allgemeiner Teil I, Die Straftat, 3. Aufl., Bern 2005, § 14 N 28; DERS., Qualifizierte Veruntreuung und Organhaftung, ZStrR 1979, 90 ff.; G. STRATENWERTH/W. WOHLERS, Schweizerisches Strafgesetzbuch, Handkommentar, 2. Aufl., Bern 2009, Kommentierungen zu Art. 29, Art. 102 f., Art. 179^{sexies} und Art. 326bis StGB; B. A. SUTER, in: Thomas Eichenberger et al. (Hrsg.), Basler Kommentar zum Heilmittelgesetz, Basel 2006, Kommentierung zu Art. 89 HMG; S. TRECHSEL/ M. JEAN-RICHARD, in: S. Trechsel et al. (Hrsg.), Schweizerisches Strafgesetzbuch, Praxiskommentar, Zürich 2008, Kommentierungen zu Art. 29, Art. 102 f., Art. 179^{sexies} und Art. 326bis StGB; H. VEST, Die strafrechtliche Garantenpflicht des Geschäftsherrn, ZStrR 1988, 288 ff.; P. WEISSENBERGER, in: M. A. Niggli/H. Wiprächtiger (Hrsg.), Basler Kommentar, Strafrecht I, Art. 1–110 StGB, Jugendstrafgesetz, 2. Aufl., Basel 2007, Kommentierung zu Art. 29 StGB; H. WIPRÄCHTIGER, Strafbarkeit des Unternehmers, AJP 2002, 754 ff.; W. WOHLERS, Die Strafbarkeit des Unternehmens, SJZ 2000, 381 ff.; DERS., Die Strafbarkeit des Unternehmens – Art. 102 StGB als Instrument zur Aktivierung individualstrafrechtlicher Verantwortlichkeit, in: M. A. Niggli et al. (Hrsg.), Festschrift für Franz Riklin, Zürich/Basel/Genf 2007, 287 ff.; P. ZAPPELLI, La responsabilité pénale des organes d'une personne morale, ZStrR 1988, 190 ff.; L. ZÜLLIG/A. L. CELLI, in: R. Staub/A. L. Celli (Hrsg.), Designrecht, Kommentar zum Bundesgesetz über den Schutz von Design, Zürich 2003, Kommentierung zu Art. 42 DesG.

I. Normzweck

1 Mittels des Verweises in Art. 26 auf zwei ausgewählte Vorschriften des Verwaltungsstrafgesetzes des Bundes, die Art. 6 und 7 VStrR, sollte bei Erlass des UWG 1986 eine **Vereinheitlichung** und **systematische Neuordnung** der Bestimmungen über **Widerhandlungen in Geschäftsbetrieben** nach den Grundsätzen des modernen Strafrechts bezweckt werden[1]. Damit erfahren die allgemeinen Vorschriften gemäss Art. 333 Abs. 1 StGB in der entsprechenden Materie eine partielle Erweiterung, die den Zurechnungsproblemen bei in Geschäftsbetrieben erfolgenden Widerhandlungen begegnen will.

2 Art. 6 VStrR sieht die Anwendung der in Frage kommenden Strafbestimmungen des UWG auf die die Tat verübende(n) Person(en) vor, obwohl die Tätigkeit im Interesse einer anderen Person ausgeführt wurde, hält damit an sich eine Selbstverständlichkeit fest (Abs. 1) und erklärt neben dieser direkt handelnden Person auch – im Sinne eines die herkömmlichen Teilnahmeformen ergänzenden Konstrukts – den **Geschäftsherrn** für **strafbar** (Abs. 2 und 3). Art. 7 VStrR stellt eine Bestimmung dar, die in Bagatellfällen bei Vorliegen eines «Ermittlungsnotstands» eine **subsidiäre Verbandsstrafbarkeit** vorsieht.

---

[1] Botschaft UWG, 1088, sowie Lüchinger (Berichterstatter), StenBull NR 1985, 862, und Steiner, StenBull StR 1986, 428.

II. Entstehungsgeschichte

Art. 26 in Bezug auf den Verweis auf Art. 6 VStrR materiell weitgehend entsprechende Pendants fanden sich schon im aUWG 1943, wobei diese noch über verschiedene Artikel verstreut waren (Art. 14, 15 und 18 Abs. 3 aUWG). Wie in anderen **älteren Erlassen** wurde die «**Geschäftsherrenhaftung**» im aUWG noch **teilweise explizit und enger geregelt**[2]. Die **ergänzende Bestrafung des Geschäftsherrn** für betriebstypische Delikte der Untergebenen wurde in **Art. 14 aUWG** explizit vorgesehen, war aber auch schon nach allgemeinen Grundsätzen möglich[3]. Ebenso sah **Art. 15 aUWG** eine **Anwendung** dieser Grundsätze **auf juristische Personen** und Handelsgesellschaften explizit vor. Eine Bestrafung des Geschäftsherrn bei blosser Fahrlässigkeit war nicht möglich, hingegen konnte der Geschäftsherr bspw. gem. Art. 15 aUWG auch für blosse Unterlassungen bestraft werden[4]. Demgegenüber enthielt der im Rahmen der Einfügung der Preisbekanntgabevorschriften ins UWG (damalige Art. 20a–20f) ab 1. Januar 1979 in Kraft stehende **Art. 20e Abs. 4** einen **Verweis auf Art. 6 VStrR**[5]. Eine **Unternehmensstrafbarkeit** bzw. ein **Verweis auf Art. 7 VStrR** war im bis zum 29. Februar 1988 geltenden UWG 1943 jedoch **nicht vorgesehen**.

3

Auch im 1986 erlassenen neuen UWG trat die **Geschäftsherrenhaftung** gemäss Art. 6 Abs. 2 und 3 VStrR zur Haftung der direkt handelnden Person als eine Art neuer Beteiligungsform vielmehr **ergänzend** hinzu und nicht an deren Stelle[6]. Die **Bestrafung der direkt handelnden,** meist untergebenen **Person** («persönliche Verantwortung») war hingegen unabhängig von deren hierarchischer Stellung in einem Geschäftsbetrieb schon immer möglich und stellte eine **Selbstverständlichkeit** dar[7]. Die erwähnten Art. 14 und 15 aUWG enthielten keine Bestimmung, wie sie Art. 6 Abs. 1 VStrR enthält. Die Anwendung der Strafbestimmungen auf die die Tat verübenden Personen im Geschäftsbetrieb war vielmehr eine Selbstverständlichkeit[8].

4

---

[2] Vgl. Art. 14, 15 und 18 Abs. 3 aUWG, Art. 23 MessG, Art. 100 Ziff. 2 Abs. 1 SVG, Art. 42 Abs. 2 aGSchG, Art. 19 Abs. 2 und 3 aKMG (dazu BGE 122 IV 103, 126 ff., sowie auch zur Vorgängernorm BGE 96 IV 155, 174 ff.) und Art. 45 LG. Diese Bestimmungen liessen eine Bestrafung des Geschäftsherrn wegen blosser Fahrlässigkeit teilweise nicht zu. In älteren Gesetzen war manchmal noch eine solidarische Haftung der juristischen Person für die dem Täter auferlegten Bussen und Kosten vorgesehen, vgl. Botschaft VStrR, 997 f., und Art. 15 aUWG.

[3] BGE 96 IV 155, 174 ff.

[4] Der Gesetzeswortlaut enthielt die Wendung «... oder hätten handeln sollen», anders aber bspw. der Wortlaut in Art. 45 LG («... die handelnden Organe oder Gesellschafter strafbar»), wobei aber gemäss BGer 6S.677/2001, E. 2c («Garantieversand»), auch Unterlassungen erfasst sind.

[5] Die Aufnahme des Verweises auf Art. 6 VStrR wurde in der Botschaft nicht begründet (vgl. Botschaft 1977, 171).

[6] Vgl. auch B. VON BÜREN, Kommentar UWG, Strafrechtlicher Schutz, N 27.

[7] B. VON BÜREN, Kommentar UWG, Strafrechtlicher Schutz, N 29, und BGE 74 IV 169, 170.

[8] Vgl. auch B. VON BÜREN, Kommentar UWG, Strafrechtlicher Schutz, N 28.

5   Nach **Erlass des VStrR 1974,** das Bestimmungen zur Geschäftsherrenhaftung (Art. 6 VStrR) und zur subsidiären Unternehmensstrafbarkeit (Art. 7 VStrR) enthielt, ging der Gesetzgeber auch **in anderen neueren Erlassen** dazu über, sich **der Verweistechnik** zu bedienen[9]. Interessanterweise dienten die Bestimmungen zur Geschäftsherrenhaftung in Art. 14 und 15 aUWG für die Bestimmungen der Art. 6 Abs. 2 und 3 VStrR als Vorbild[10]. Während sich in Art. 42 Abs. 1 VE-UWG 1980 nur ein Verweis auf Art. 6 VStrR fand, wurde in Art. 35 E-UWG 1983 auch ein zusätzlicher Verweis auf Art. 7 VStrR integriert, ohne dass dies speziell erläutert wurde[11].

III.   Systematik und Verhältnis zu anderen Vorschriften

1.   Systematik

6   Mittels des Verweises in Art. 26 auf Art. 6 und 7 VStrR werden die allgemeinen **Vorschriften des AT StGB ergänzt** (Art. 333 Abs. 1 StGB):

7   – Die gemäss Art. 6 Abs. 1 VStrR vorgeschriebene Anwendung der Strafbestimmungen auf diejenige(n) Personen, die die Straftat im Rahmen des Betriebs eines Geschäfts «für einen anderen» verübt haben, ist Ausdruck des **Täterprinzips** bzw. der Verursachungstheorie[12]. Art. 6 Abs. 1 VStrR weist zwar eine Ähnlichkeit mit der in Art. 29 StGB vorgesehenen Pflichtenübertragung auf, bezieht sich jedoch nicht nur (oder speziell) auf Sonderpflichten, sondern auf Allgemeinpflichten und ist auf sämtliche für das Unternehmen handelnden Personen anwendbar. Demgegenüber bezweckt Art. 29 StGB (nur) die Übertragung strafbegründender oder straferhöhender Sonderpflichten, d.h. bei Sonderdelikten[13] auf Organpersonen oder zumindest auf Personen mit selbständigen Entscheidungsbefugnissen, und schliesst damit Strafbarkeitslücken, soweit die vom Gesetz verlangte täterschaftliche Qualifikation nur bei der juristischen Person vorliegt[14].

8   – Zum anderen schaffen Art. 6 Abs. 2 und 3 VStrR die **Möglichkeit der ergänzenden Bestrafung des Geschäftsherrn** für betriebstypische Delikte von Untergebenen. Im allgemeinen Strafrecht ist die Figur der sog. **Geschäftsherrenhaftung** seit langem von der Rspr. des BGer anerkannt und im Schrifttum akzeptiert, auch wenn es an einer allgemeinen expliziten Grundlage im StGB

---

[9]   Vgl. z.B. Art. 67 MSchG, Art. 42 DesG, Art. 71 URG, Art. 62 Abs. 1 USG, Art. 73 GSchG, Art. 49 LMG.
[10] Vgl. Botschaft VStrR, 1005 (zu Art. 5 E-VStrR 1971).
[11] Vgl. GRUR Int. 1980, 173, und Botschaft UWG, 1088 und 1100.
[12] HAURI, Kommentar VStrR, Art. 6 N 4, und BezGer ZH ZR 1989, Nr. 25, E. 1.1.3b.
[13] Bspw. Schuldnereigenschaft i.S. der Art. 163–171bis StGB oder Arbeitgebereigenschaft der juristischen Person (vgl. BGE 100 IV 38, 40 ff.).
[14] SCHUBARTH, Komm. StGB 1990, Art. 172 N 1.

fehlt[15]. Insofern verkörpern Art. 6 Abs. 2 und Abs. 3 VStrR, auf die Art. 26 verweist, zunächst nur ein allgemeines Prinzip, das teilweise auch in speziellen Strafbestimmungen des Nebenstrafrechts kodifiziert ist[16]. Strafbar als Geschäftsherr (so die etwas altertümliche Bezeichnung) macht sich, wer es in Verletzung einer Rechtspflicht unterlässt, (UWG-)Widerhandlungen von untergebenen Personen abzuwenden[17]. Die allgemeine Geschäftsherrenhaftung kann eine **Haftung für Unterlassen** darstellen[18], kann aber auch auf die Verletzung von **Organisations- und Aufsichtspflichten** und damit auf **aktives Tun** abstellen[19]. Sie betrifft nicht nur die hierarchisch zuoberst stehenden Personen, d.h. Organpersonen, sondern auch sonstige Kaderpersonen mit selbständigen Entscheidungsbefugnissen bzw. eigenständigen Zuständigkeitsbereichen[20].

– Mit Bezug auf die von **Art. 7 VStrR** statuierte **subsidiäre Unternehmensstrafbarkeit für Bagatellfälle** bestand bis vor kurzem, bis zum Inkrafttreten von Art. 102 StGB am 1. Oktober 2003, bei langjähriger Geltung des Grundsatzes «societas delinquere non potest» kein Pendant im AT StGB[21]. 9

2. Verhältnis zu anderen Vorschriften

a) Verhältnis zur Organ- und Vertreterhaftung gemäss Art. 29 StGB

Die in Art. 6 Abs. 1 VStrR vorgesehene **Anwendung** der **einschlägigen Strafbestimmungen auf** die **für** eine **andere Person handelnde Person** und die damit einhergehende Pflichtenübertragung bzw. -zurechnung wird seit der AT-StGB-Novelle von 2002 (in Kraft seit dem 1. Januar 2007) nunmehr mit Wirkung für den gesamten Bereich des StGB und gemäss Art. 333 Abs. 1 StGB auch für das 10

---

[15] BGE 105 IV 172, 175, sowie BGE 106 IV 20, 22. Vgl. bspw. BGE 121 IV 109, 119 ff. («Telekiosk»), der Gehilfenschaft durch Unterlassen thematisiert.

[16] Vgl. bspw. Art. 45 LG. Zum Verhältnis von Art. 6 Abs. 2 VStrR zur allgemeinen Geschäftsherrenhaftung näher SPITZ, Organisationshaftung, 19 ff. m.w.H. Vgl. BGE 96 IV 155, 176 («Oerlikon Bührle»), und BGE 122 IV 103, 126 ff. («Von Roll»), die sich auf explizite Geschäftsherrenhaftungstatbestände des Nebenstrafrechts bezogen (bspw. Art. 18 Kriegsmaterialbeschluss 1949 [KMB] bzw. Art. 19 aKMG 1973).

[17] Eine eigentliche Garantenpflicht wie bei der allgemeinen Geschäftsherrenhaftung scheint damit, mindestens vom Wortlaut her, nicht vorausgesetzt zu sein, vgl. dazu STRATENWERTH, AT I, § 14 N 28.

[18] So die Fälle in BGE 96 IV 155, 176 («Oerlikon Bührle»), und BGE 122 IV 103, 128 f. («Von Roll»), BGE 105 IV 172, 175, sowie BGE 106 IV 20, 22.

[19] So die Fälle in BGE 121 IV 10, 14 ff., bes. 14 («Hebebühnenfall»), BGE 125 IV 9, 12 f., und BGE 126 IV 13, 17 ff.

[20] Vgl. bswp. BGE 126 IV 13, 17 ff., der die Haftung eines SBB-Betriebsdisponenten für einen Unfall mit Todesfolge im Zusammenhang mit einem Eisenbahnkranwagen betraf.

[21] Dazu anstelle vieler BSK StGB I-NIGGLI/GFELLER, Art. 102 N 9, sowie LÜTOLF, Strafbarkeit, 93 ff.

Nebenstrafrecht in Art. 29 StGB angeordnet. Die Neuregelung ist jedoch beschränkt auf **strafbegründende und straferhöhende Sonderpflichten** bzw. besondere Deliktsmerkmale und mit der Marginalie «Vertretungsverhältnisse» umschrieben[22]. Die in Art. 29 StGB vorgesehene Pflichtenübertragung ist auf Organe, Personen mit selbständigen Entscheidungsbefugnissen oder «tatsächliche Leiter» beschränkt. Demgegenüber erfasst Art. 6 Abs. 1 VStrR auch subalterne(re)s Personal, das vorwiegend ausführende Tätigkeiten vornimmt, ohne selbst über Entscheidungsspielräume zu verfügen, hat also einen umfassenderen Anwendungsbereich.

b) Verhältnis zur Unternehmensstrafbarkeit (Art. 102 StGB)

11 In Bezug auf die Unternehmensstrafbarkeit galt bis vor kurzem im schweizerischen Strafrecht der Grundsatz, dass nur natürliche Personen strafbar sind und juristische Personen und andere Personengesamtheiten nicht straffähig sind («societas delinquere non potest»)[23]. Ausnahmen von diesem Grundsatz fanden sich im Steuerstrafrecht, in Art. 7 VStrR und im kantonalen Recht. Dies änderte sich ab dem 1. Oktober 2003, als die **kernstrafrechtliche Unternehmensstrafbarkeit** (damaliger Art. 100^{quater} f. aStGB, heute: Art. 102 und 102a StGB, Letzterer zukünftig Art. 112 StPO 2007) in Kraft trat.

12 **Keine Unternehmensstrafbarkeit i.S.v. Art. 102 StGB** besteht beim Übertretungsstraftatbestand im Bereich der Preisbekanntgabe in **Art. 24,** da nur Verbrechen und Vergehen als Anknüpfungsstraftatbestände von Art. 102 StGB dienen (Art. 105 Abs. 1 StGB).

13 Nach Inkrafttreten der kernstrafrechtlichen Unternehmensstrafbarkeit (heutige Art. 102 und 102a StGB, damalige Art. 100^{quater} f. aStGB; Art. 102a StGB wird zukünftig in Art. 112 StPO 2007 übernommen) am 1. Oktober 2003 ist **unklar,** wie im UWG-Kontext die **Anwendungsbereiche** der **Art. 7 VStrR** und **Art. 102 StGB auszuscheiden** sind. Das Problem ist, dass bei der Einführung der kernstrafrechtlichen Unternehmensstrafbarkeit der Erwähnung von Art. 7 VStrR in Art. 26 UWG nicht Rechnung getragen wurde. Es stellt sich deshalb die Frage, ob Art. 102 Abs. 1 StGB (vormals Art. 100^{quater} Abs. 1 aStGB) auch auf Art. 23 anwendbar ist:

---

[22] Dazu auch GARBARSKI/MACALUSO, AJP 2008, 834 ff. Vgl. zur direkt nur beschränkt, bis und mit 1994 nur auf Betreibungsdelikte in Art. 163–170 und 147 aStGB und ab 1995 auf übrige Vermögensdelikte (Art. 137–171 aStGB) anwendbaren Vorgängernorm in Art. 172 aStGB bspw. M. SCHUBARTH, Komm. StGB 1990, Art. 172 N 1 ff., und DIETRICH, Organ- und Vertreterhaftung, 101 ff. Gemäss BGE 100 IV 38, 41 f., konnte der in der Art. 172 aStGB verkörperte Gedanke der Pflichtenzurechnung auch in anderen Gebieten (in casu im Bereich des Ausländerrechts) zum Zuge kommen, für die Art. 172 aStGB keine direkte Anwendung fand.

[23] Vgl. anstelle vieler BSK StGB I-NIGGLI/GFELLER, Art. 102 N 9 ff., sowie LÜTOLF, Strafbarkeit, 93 ff.

- Die Frage wird im Bereich der **konkurrierenden Unternehmensverantwortlichkeit** gemäss Art. 102 Abs. 2 StGB durch die explizite (abschliessende) Aufzählung der in Frage kommenden Straftatbestände entschieden: Im UWG-Kontext wird (nur) die **aktive Privatbestechung** gemäss **Art. 4a Abs. 1 lit. a** erwähnt.
- Fraglich ist das Verhältnis von Art. 7 VStrR und Art. 102 StGB, d.h., ob mit Bezug auf alle **anderen UWG-Straftatbestände** (Art. 3, 4, 5 und 6 i.V.m. Art. 23) neben der subsidiären Unternehmensstrafbarkeit gemäss Art. 7 VStrR auch diejenige in Art. 102 StGB zur Anwendung kommt. Der Gesetzgeber hat das Problem weder gesetzlich geregelt noch – soweit ersichtlich – bedacht[24]. Eine Mehrheit der Autoren geht davon aus, dass beide Arten der Unternehmensstrafbarkeit zur Anwendung kommen bzw. die Strafverfolgungsbehörde die Wahl hat, welche Bestimmung sie anwenden will[25].

c) **Strafbarkeit der Medien (Art. 28 StGB)**

Die in **Art. 28 StGB** vorgesehene **Strafbarkeit der Medien** sieht für den Fall, dass eine strafbare Handlung durch Veröffentlichung in einem Medium begangen wird und sich in dieser Veröffentlichung erschöpft, die alleinige Bestrafung des Autors vor. Subsidiär ist die Bestrafung des verantwortlichen Redaktors bzw. derjenigen Person gemäss Art. 322bis StGB vorgesehen, die für die Veröffentlichung verantwortlich ist (Publikator)[26]. Art. 28 StGB geht Art. 26 als **lex specialis** vor[27].

14

---

[24] Vgl. Botschaft Änderung Strafgesetzbuch 1998, 2136, bes. 2143.

[25] Zur Kontroverse mit differenzierenden Betrachtungen FORSTER, Verantwortlichkeit, 256 ff. Für die Anwendung von Art. 102a Abs. 1 StGB z.B. HEINE, recht 2005, 7 ff., GARBARSKI/ MACALUSO, AJP 2008, 743 ff., LOCHER, sic! 2008, 606, KRÄUCHLI, LeGes 2004, 126 f.; a.M. SCHMID, recht 2003, 223 f., und MACALUSO, Résponsabilité pénale, N 1133 ff. Die Frage des Verhältnisses von Art. 102 StGB und Art. 7 VStrR wurde in BGer 6B_256/2007, E. 2.2, offengelassen. Gegen eine konkurrierende bzw. wahlweise Anwendbarkeit spricht, dass sich Art. 7 VStrR im ersten Abschnitt des zweiten Titels des VStrR befindet, der (materiellstrafrechtliche) «Allgemeine Vorschriften» auflistet, die gemäss Art. 2 VStrR (vgl. auch Art. 333 Abs. 1 StGB) den Vorschriften des StGB AT vorgehen. Obwohl sich der Gesetzgeber im Rahmen des Erlasses der Unternehmensstrafbarkeit gemäss Art. 102 StGB für sich ergebenden Anpassungsprobleme bewusst war (vgl. die Regelung in Art. 333 Abs. 2–6 StGB), wurde auf eine spezielle Regelung verzichtet, was als qualifiziertes Schweigen gedeutet werden könnte, umso mehr, als dass es für die Erweiterung der Strafbarkeit einer klaren Bestimmung bzw. eines klaren Verweises bedürfte, vgl. auch SPITZ, Haftung für Wettbewerbshandlungen, N 107.

[26] Zu Art. 28 StGB die Kommentierungen von TRECHSEL/JEAN-RICHARD, StGB PK, Art. 28 und BSK StGB I-ZELLER, Art. 28.

[27] Vgl. den Fall in OGer BE v. 26. April 2002, E. II.3 («Schlossgold Werbespot») zu Art. 27 aStGB.

d) Regelungen in weiteren Bundesgesetzen

15 **Verweise auf Art. 6 und 7 VStrR** finden sich **auch** in den Strafbestimmungen **weiterer Bundesgesetze,** so in diversen immaterialgüterrechtlichen Spezialgesetzen[28] und in diversen verwaltungsrechtlichen Erlassen des Bundes, die lauterkeitsrechtliche Relevanz aufweisen[29].

16 In **Art. 45 LG** findet sich eine «weniger ausführliche»[30] Vorschrift zur Geschäftsherrenhaftung aus dem Jahre 1923: Werden Widerhandlungen gegen das LG «im Geschäftsbetriebe einer juristischen Person oder Gesellschaft begangen, so sind die handelnden Organe und Gesellschafter strafbar». Sie ist damit explizit nur auf Handlungen zugeschnitten, soll aber gemäss BGer auch für Unterlassungen[31] gelten. Im **Patentgesetz** findet sich zwar keine Norm zur Geschäftsherrenhaftung, aber sie gelangt auch im Patentgesetz nach den allgemeinen Regeln zur Anwendung[32]. Gemäss Art. 66 lit. d PatG wird zudem im Rahmen eines selbständigen Teilnahmedelikts bestraft, wer an den Tatbeständen der Art. 66 lit. a–c PatG «mitwirkt, ihre Begehung begünstigt oder erleichtert». Eine gewisse Ähnlichkeit zur in Art. 6 Abs. 2 und 3 VStrR vorgesehenen Geschäftsherrenhaftung besteht auch mit der in **Art. 179^{sexies} Ziff. 2 StGB** enthaltenen Regelung, die das Inverkehrbringen und Anpreisen von widerrechtlichen Zwecken dienenden Abhör-, Ton- und Bildaufnahmegeräten unter Strafe stellt.

IV. Tatbestandsvoraussetzungen

1. Täterprinzip (Art. 6 Abs. 1 VStrR)

17 Art. 6 Abs. 1 VStrR bestimmt, dass beim Besorgen der Angelegenheiten eines Geschäftsbetriebs (bspw. einer juristischen Person) «für andere» verübte Widerhandlungen die in Frage kommenden Strafbestimmungen auf diejenigen natürlichen Personen anwendbar sind, die die Tat verübt haben. Er ist damit Ausdruck des **Täterprinzips**[33]. Dass die Person, die die Widerhandlung verübt hat, für eine andere Person gehandelt hat und diese häufig den unrechtmässigen Nutzen aus

---

[28] So etwa in Art. 71 URG, Art. 67 MSchG und Art. 42 DesG.
[29] Vgl. etwa Art. 31 ff. i.V.m. Art. 89 HMG und Art. 48 i.V.m. Art. 49 LMG sowie Art. 102 Abs. 1 RTVG i.V.m. Art. 1 VStrR.
[30] BGer 6S.677/2001, E. 2c («Garantieversand»).
[31] BGer 6S.677/2001, E. 2c («Garantieversand»).
[32] Dazu LOCHER, sic! 2008, 605 f. Dies bedeutet gleichzeitig, dass mangels Verweis auf Art. 7 VStrR über Art. 333 Abs. 1 StGB u.a. die subsidiäre Unternehmensstrafbarkeit gemäss Art. 102 Abs. 1 StGB gilt.
[33] Botschaft VStrR, 997, und PFUND, ASA 1973/1974, 175.

solchen Widerhandlungen zieht[34], hindert die Bestrafung der im geschäftsrelevanten Interesse handelnden natürlichen Personen nicht, und Letztere untersteht «dennoch» der entsprechenden Strafbestimmung. Nach nicht unumstrittener Ansicht verkörpert Art. 6 Abs. 1 VStrR ein allgemeines Prinzip[35].

Die Strafbarkeit der die Widerhandlung verübenden Person erfolgt ohne Rücksicht auf **deren hierarchische Stellung bzw. organisatorische Zugehörigkeit**. Erfasst von Art. 6 Abs. 1 VStrR werden alle Personen, die geschäftliche oder dienstliche Verrichtungen für eine andere Person (Geschäftsbetrieb) ausführen. Sie ist also – im Unterschied zur Regelung zur Geschäftsherrenhaftung in Art 6 Abs. 2 und 3 VStrR und zur Pflichtenübertragung gemäss Art. 29 StGB – nicht etwa auf Organpersonen oder Personen mit selbständigen Entscheidungsbefugnissen beschränkt, sondern erfasst auch bloss ausführende Tätigkeiten verrichtende Hilfspersonen[36]. Allerdings wird bei diesen Personen eine Bestrafung aus Art. 23 mangels Vorsatz oder weil sie objektiv nur Teilhandlungen ausführ(t)en oft entfallen. Denkbar ist aber deren Bestrafung als Gehilfen[37]. 18

Art. 6 Abs. 1 VStrR ist nur anwendbar, sofern und soweit die Widerhandlung beim **Besorgen der Angelegenheiten einer juristischen Person** oder einer Kollektiv- oder Kommanditgesellschaft, einer Einzelfirma[38] oder Personengesamtheiten ohne Rechtspersönlichkeit[39] oder «sonst **in Ausübung geschäftlicher oder dienstlicher Verrichtungen** für einen andern» begangen wurde. Vorausgesetzt ist somit ein funktioneller Zusammenhang, wobei im UWG-Zusammenhang eine Wettbewerbsrelevanz vorliegen muss (Erfordernis der Wettbewerbshandlung). 19

Art. 6 Abs. 1 VStrR wendet – im Gegensatz zur verwandten Norm des Art. 29 StGB – **Allgemeinpflichten** auf beliebige, eine Widerhandlung in einem Geschäftsbetrieb verübende Personen an[40]. Im UWG-Zusammenhang handelt es sich dabei um wettbewerbsrelevante Allgemeinpflichten. Art. 6 Abs. 1 VStrR kennt somit keine Beschränkung auf strafbegründende bzw. -erhöhende Sonderpflichten 20

---

[34] Vgl. Botschaft VStrR, 997.
[35] HAURI, VStrR, Art. 6 N 4, PFUND, ZBl 1973, 62, PFUND, ASA 1973/1974, 175, und TRECHSEL, StGB PK, Art. 326bis N 1; a.M. DIETRICH, Organ- und Vertreterhaftung, 120 ff. (zum anders gelagerten Art. 172 aStGB), und BSK StGB II-AMSTUTZ/REINERT, Art. 326bis N 2. Da es sich bei den von Art. 6 Abs. 1 VStrR erfassten Pflichten um allgemeine, nicht spezifisch (nur) auf juristische Personen bezogene bzw. nicht um strafbegründende oder -erhöhende Sonderpflichten handelt, wird auch keine Norm benötigt, die diese Pflichten auf die die Straftat direkt verübenden Personen überträgt.
[36] Vgl. auch GARBARSKI/MACALUSO, AJP 2008, 834 ff. m.w.H. Art. 6 Abs. 1 VStrR erfasst demnach auch Kaderpersonal wie Abteilungs- oder Niederlassungsleiter oder Bereichsverantwortliche, vgl. bspw. BGE 117 IV 203 ff., 120 IV 365 ff. und BezGer ZH ZR 1989, Nr. 25, E. 1.1.3b.
[37] Vgl. bspw. HAURI, VStrR, Art. 6 N 1, und BGE 80 IV 22, 33, sowie BezGer ZH SMI 1996, 448 («Chanel-Produkte»).
[38] Heute: Einzelunternehmen, vgl. auch den Hinweis bei Art. 29 StGB.
[39] Zu denken ist insbesondere an die einfache Gesellschaft (Art. 530 ff. OR).
[40] Vgl. zu Allgemeinpflichten näher SPITZ, Organisationshaftung, 250 ff.

bzw. besondere Deliktsmerkmale[41]. Schon aus Art. 11 ergibt sich (zumindest für das Zivilrecht), dass die UWG-Verhaltensnormen auch auf Personen Anwendung finden, die für andere, namentlich – mit Art. 6 VStrR gesprochen – für Geschäftsbetriebe bzw. – aus zivilrechtlicher Sichtweise – für juristische Personen, Personengesellschaften oder für eine andere natürliche Person wettbewerbsrelevant handeln.

21 Da sich die Vorschriften zur Preisbekanntgabe in Art. 16 ff. gemäss Art. 20 PBV auf «Geschäftsleiter»/«Leiter von Geschäften aller Art» beziehen, können die entsprechenden Pflichten auch nur diesen Personen zugerechnet werden. Die Anwendung der Strafbestimmung von Art. 24 auf untergeordnete Mitarbeiter bzw. Hilfspersonen dürfte demnach infolge des klaren Wortlauts entfallen.

22 Die **separate Erwähnung von «Beauftragten» im Wortlaut von Art. 26** erscheint einerseits als Tautologie, da Beauftragte schon von Art. 6 Abs. 1 VStrR erfasst werden[42]. Andererseits erfassen Art. 6 Abs. 2 und 3 VStrR die ihnen gegenüber weisungspflichtigen Vertragspartner und Art. 7 VStrR subsidiär die juristischen Personen bzw. Personengesellschaften oder -gesamtheiten. Sie verdeutlicht immerhin, dass auch Dritte von Art. 6 VStrR betroffen sein können. Als solche Dritte können **auch juristische Personen verstanden** werden. Dies kann etwa im Bereich der Werbung relevant sein. Ferner sind Untergebene und Vertreter erfasst («und dergleichen»).

2. Geschäftsherrenhaftung (Art. 6 Abs. 2, 3 VStrR)

a. Art. 6 Abs. 2 VStrR

23 Art. 6 Abs. 2 VStrR ist als gesetzliche Positivierung – in Form eines echten Unterlassungsdelikts – der auch im allgemeinen Strafrecht vom BGer in ständiger Rechtsprechung angewendeten[43] und in der Literatur teilweise kritisierten[44] Figur der sog. **Geschäftsherrenhaftung** zu verstehen[45]. Unklar ist, ob Art. 6 Abs. 2 VStrR den Anwendungsbereich gegenüber der allgemeinen ungeschriebenen Geschäftsherrenhaftung ausweitet oder einschränkt[46]. Es ist eher von Ersterem auszugehen. Ob neben Art. 6 Abs. 2 VStrR auch die allgemeinen Regeln zur Täterschaft und Teilnahme zur Anwendung kommen, ist fraglich, wohl aber zu bejahen[47].

---

[41] Dazu schon N 7.
[42] In ähnlicher Weise ist bspw. in Art. 67 MSchG und Art. 42 DesG von «Widerhandlungen (...) durch Untergebene, Beauftragte oder Vertreter ...» die Rede, während Art. 71 URG die Vertretenen zwar nicht erwähnt, jedoch «oder dergleichen» aufführt.
[43] BGE 96 IV 155 ff. und 122 IV 103 ff.
[44] Vgl. anstelle vieler KRAUSS, plädoyer 1/1989, 45 sowie VEST, ZStrR 1988, 308 ff.
[45] BGer 6S.677/2001, E. 2c («Garantieversand»).
[46] Dazu näher SPITZ, Organisationshaftung, 19 ff., und HEINE, recht 2005, 4.
[47] Vgl. bspw. BGE 101 IV 344, 347 f.

Als **Geschäftsherren** gelten gemäss der gesetzlichen Aufzählung «Arbeitgeber, Auftraggeber oder Vertretene», nicht aber bspw. (Gross-)Aktionäre, Darlehensgeber, Investoren. 24

Naheliegend ist, dass als Geschäftsherr die jeweils **hierarchisch höchstgestellte natürliche Person** im betreffenden Geschäftsbetrieb gilt[48]. Bei dieser wird jedoch oft – v.a. wenn sie nicht mit der operativen Leitung der Geschäfte betraut ist – der zur Strafbarkeit vorausgesetzte Vorsatz fehlen. Ob Art. 6 Abs. 2 VStrR zusätzlich auf **Kaderpersonen in tieferen Chargen** anwendbar ist, ist fraglich[49]. Ohnehin könnten diese gemäss den von Art. 6 Abs. 2 VStrR insoweit wohl nicht derogierten allgemeinen Grundsätzen erfasst werden[50]. Als Geschäftsherr in Frage kommen nicht nur im selben Geschäftsbetrieb tätige Personen. Auch ausserhalb desselben tätige **Drittpersonen** können Geschäftsherr im Sinne der Bestimmung sein, was sich aus dem Hinweis auf Beauftragte ergibt. Der Begriff des Geschäftsherrn ist somit nicht auf Arbeitgeber beschränkt und damit weiter als derjenige in Art. 55 OR. 25

Der Geschäftsherr ist durch Art. 6 Abs. 2 VStrR, aber auch schon durch die zivilrechtliche Geschäftsherrenhaftung in Art. 55 OR und gesellschaftsrechtliche Organisations- und Aufsichtspflichten zur Beachtung der Rechtsordnung und damit auch des UWG-relevanten Strafrechts gehalten, in seinem Betrieb alles vorzukehren, um Widerhandlungen gegen das UWG und die Verwirklichung der diesbezüglichen Betriebsgefahr zu verhindern **(Organisationspflicht)**. Der Geschäftsherr wird der ihm obliegenden Organisationspflicht in der Regel durch **Sorgfalt** in der **Auswahl** und der **Instruktion von Mitarbeitern**, deren **Überwachung** und eine **geeignete Betriebsorganisation** (u.a. Compliance-Massnahmen) genügen[51]. Diese z.B. schon aus Art. 716a Abs. 1 Ziff. 5 OR im Aktienrecht für das Zivilrecht statuierte Pflicht wird mittels Art. 6 Abs. 2 VStrR auf das Strafrecht übertragen. 26

Art. 6 Abs. 2 VStrR **statuiert** selbst **keine Garantenpflicht,** sondern **setzt** das Bestehen einer qualifizierten **(Rechts-)Pflicht zur Abwendung von Widerhandlungen** vielmehr **voraus**[52]. Abzuwenden sind allerdings nur **betriebstypische Gefahren**[53]. Diese bestehen im UWG-Kontext in der **Verwirklichung von UWG-** 27

---

[48] So OGer LU LGVE 1991 I 85, 86, wobei der von der Konzernleitung weisungsabhängige Niederlassungsleiter wegen Teilnahme zu bestrafen ist. Ebenso KGer SG sic! 2003, 116, E. II.3 («Mummenschanz»; URG-Fall). In BGE 117 IV 203 ff. wurde ein Marketingdirektor, der für eine Inserateaktion verantwortlich war, aus Art. 6 Abs. 1 VStrR (und nicht aus Art. 6 Abs. 2 bzw. 3 VStrR) bestraft, ohne nähere Angaben BGer 6S.357/2002 («Telefaxverzeichnisse»).
[49] Bejahend GARBARSKI/MACALUSO, AJP 2008, 836 f.
[50] Vgl. bspw. den Fall in BGE 126 IV 13, 17 ff., wo es aber nur zu einer Strafbarkeit wegen fahrlässiger Deliktsbegehung kam (Art. 117, Art. 125 Abs. 1 und Art. 238 Abs. 2 StGB).
[51] Vgl. SPITZ, Organisationspflicht, 296 ff., DONATSCH/TAG, Strafrecht I, 368 ff., WIPRÄCHTIGER, AJP 2002, 758 ff., und UWG-spezifisch BAUDENBACHER/GLÖCKNER, Kommentar UWG, Art. 26 N 5.
[52] Eine allgemeine Aufsichtspflicht genügt nicht, so BÖCKLI, ZStrR 1980, 88 f. und 96 f. Dazu auch SPITZ, Organisationshaftung, 20, und GARBARSKI/MACALUSO, AJP 2008, 837 f. m.w.H.
[53] VEST, ZStrR 1988, 309 f., und BGer 6S.311/2005, E. 4.3; siehe auch WIPRÄCHTIGER, AJP 2002, 762 Fn. 61.

Straftatbeständen gemäss Art. 23 f., d.h., bezweckt wird die Verhinderung von Verstössen gegen Art. 3–6 oder die Vorschriften betreffend die Preisbekanntgabe (Art. 16–20 sowie PBV), was Wettbewerbsrelevanz voraussetzt[54]. Erfasst sind dabei Gefahren, die von der typischen Betriebstätigkeit ausgehen. Bemerkenswert ist, dass es sich im UWG-Kontext nicht um auf die Vermeidung physischer Beeinträchtigungen (Körper- und Sachschäden) abzielende Verkehrssicherungspflichten handelt, sondern die Abwendung von (reinen) Vermögensschäden bezweckt wird.

28 Die in Art. 6 Abs. 2 VStrR statuierte **Geschäftsherrenhaftung tritt neben** die in Art. 6 Abs. 1 VStrR erwähnte **Verantwortlichkeit der Person,** die die Widerhandlung selbst verübt hat. Sie ist unabhängig von deren Bestrafung, hängt also nicht davon ab, ob eine Strafverfolgung gegen eine untergeordnete Person eingeleitet wird bzw. deren Bestrafung erfolgt. In vielen Fällen werden die direkt handelnden Personen entweder – mangels Kenntnis des gesamten Sachverhalts und der Zusammenhänge bzw. weil sie bloss ausführende Tätigkeiten verrichten – vorsatzlos handeln (als Werkzeuge; mittelbare Täterschaft des Geschäftsherrn) oder aber, namentlich infolge Arbeitsteiligkeit, objektiv nur Teilhandlungen ausführen bzw. überblicken, abgesehen davon, dass ihnen in der Regel keine selbständigen Entscheidungsbefugnisse zukommen und sie deshalb das Verhalten des Geschäftsbetriebs nicht oder nur beschränkt selbst beeinflussen können. Deswegen oder aufgrund mangelhafter Betriebsorganisation wird die Zurechnung der Tat oft unmöglich sein. Dies gilt namentlich auch dann, wenn eine Bestrafung möglich wäre, aber bspw. eine Strafverfolgung unterbleibt. Daran ändert nichts, dass der (bei Art. 23 vorausgesetzte) **Strafantrag unteilbar** ist, also nicht etwa auf den Geschäftsherrn oder die Hilfsperson(en) beschränkt werden könnte.

29 Die Anordnung, wonach der gemäss Art. 6 Abs. 2 VStrR handelnde bzw. unterlassende Geschäftsherr der **gleichen Strafdrohung wie** die **direkt handelnde Person** untersteht, schliesst demnach eine Bestrafung als Gehilfe oder Anstifter aus[55]. Die Verletzung der von Art. 6 Abs. 2 VStrR vorausgesetzten Rechtspflicht begründet somit stets den **Vorwurf der Täterschaft,** sei es in Form der Mittäterschaft, der mittelbaren Täterschaft oder im Bereich der Fahrlässigkeitsdelinquenz der Nebentäterschaft[56].

30 Die in Art. 6 Abs. 2 VStrR statuierte Geschäftsherrenhaftung gilt nur in Bezug auf die Verübung von Widerhandlungen durch **untergeordnete Mitarbeiter,** denen gegenüber im Rahmen eines Subordinationsverhältnisses ein **Weisungsrecht** be-

---

[54] Im Ergebnis wohl ähnlich BLUMENTHAL, Strafrechtlicher Schutz der Marke, 444.
[55] BAUDENBACHER/GLÖCKNER, Kommentar UWG, Art. 26 N 5. Eine Beteiligung am Unterlassungsdelikt ist ohnehin kaum denkbar, vgl. anstelle vieler SEELMANN, AT, 152, und STRATENWERTH, AT I, § 15 N 9 ff. und § 15 N 13. Dazu kommt, dass der Anstifter gemäss Art. 24 Abs. 1 StGB der gleichen Strafdrohung wie der Täter unterliegt.
[56] BAUDENBACHER/GLÖCKNER, Kommentar UWG, Art. 26 N 5. Vgl. zur Strafbarkeit des Geschäftsherrn als Gehilfe (durch Unterlassung) BGE 121 IV 109, 119 ff. («Telekiosk»), wo Art. 6 VStrR nicht zur Anwendung kam.

steht, **nicht** aber **gegenüber gleich- oder übergeordneten Personen**[57]. Dabei ist eine faktische bzw. wirtschaftliche Betrachtungsweise angebracht, was bspw. im Konzernverhältnis beachtlich sein kann.

Im Rahmen der Arbeitsteiligkeit im Geschäftsbetrieb kommt der (ursprünglich im Strassenverkehrsrecht entwickelte) **Vertrauensgrundsatz** zur Anwendung[58]. Demnach kann sich ein Geschäftsherr im Rahmen der betrieblich sinnvollen und regelmässig notwendigen Arbeitsteilung darauf verlassen, dass sich Mitarbeiter ordnungsgemäss verhalten, soweit keine gegenteiligen Anhaltspunkte vorliegen[59]. 31

Bei der Abgrenzung der unternehmensinternen **Verantwortungsbereiche** (Zuständigkeiten) ist der **Kongruenz von Pflicht und Recht** Beachtung zu schenken[60]. Korrespondiert eine Pflicht bzw. Zuständigkeit nicht mit dem Recht bzw. den Handlungsmöglichkeiten (in Form der Handlungsmacht), so muss die Pflichtenanordnung relativiert betrachtet werden[61]. Umgekehrt ist einer allfälligen «**Einmischung**» in fremde Tätigkeits- und Zuständigkeitsbereiche als Ausdruck tatsächlicher Handlungsmacht und Zuständigkeit Rechnung zu tragen[62]. 32

Soweit der Geschäftsherr Widerhandlungen seiner Untergebenen nicht schon über die Einrichtung einer sorgfältigen Betriebsorganisation **verhindert** hat («abzuwenden»), ist es ihm alternativ auch möglich, es «**in seinen Wirkungen aufzuheben**» (Art. 6 Abs. 2 2. Var VStrR i.V.m. Art. 26), um so der Strafbarkeit zu entgehen. Dadurch wird eine **nachtatliche Handlungspflicht** («Wiedergutmachungspflicht») statuiert, die sich nicht schon aus den allgemeinen ungeschriebenen Grundsätzen der Geschäftsherrenhaftung ergibt[63]. Aus diesem Grund wird denn bei der Geschäftsherrenhaftung gemäss Art. 6 VStrR auch von einer neuen Beteiligungsform gesprochen[64]. Strenggenommen kann eine Straftat in ihren Wirkungen nicht aufgehoben werden bzw. kommt – (nur) bei Straftaten gegen Individualinteressen – höchstens die Erstattung des Schadens bzw. die Herausgabe des Gewinns, allenfalls auch die Bezahlung einer Genugtuung in Betracht. Denkbar ist aber auch, dass der Geschäftsherr dadurch Wiedergutmachung leistet, dass er eine Berichtigung veröffentlicht (z.B. dem Geschädigten eine Berichtigungswerbung finanziert), arbeits- 33

---

[57] BGE 113 IV 68, 75, BGer 6S.677/2001, E. 2b («Garantieversand»), und OGer AG AGVE 1993 Nr. 43, E. 2, sowie SPITZ, Organisationshaftung, 22, und GARBARSKI/MACALUSO, AJP 2008, 837. Kritisch zum Erfordernis eines Subordinationsverhältnisses BSK StGB II-AMSTUTZ/REINERT, Art. 326bis N 19 m.w.H.

[58] Vgl. z.B. BGE 120 IV 301, 310, und SPITZ, Organisationshaftung, 48 ff.

[59] Vgl. BGE 120 IV 252, 253 f., für das Strassenverkehrsrecht und BGE 120 IV 300, 310, betreffend die Arbeitsteilung in einem (Produktions-)Betrieb sowie eingehend STRATENWERTH, AT I, § 16 N 48 ff. m.w.H.

[60] Dazu näher SPITZ, Organisationshaftung, 330.

[61] Vgl. BGer 6S.677/2001, E. 2c, («Garantieversand») zu Art. 45 LG, wonach die Organe die ihnen bekannten Widerhandlungen «nach Möglichkeit» zu verhindern haben.

[62] Zur Thematik der «Einmischung» näher SPITZ, Organisationshaftung, 320.

[63] Vgl. SPITZ, Organisationshaftung, 20, und PETER, ZStrR 1974, 339.

[64] BÖCKLI, ZStrR 1980, 90 und 93 f.

rechtliche Massnahmen (Verweis, Kündigung, fristlose Kündigung) gegen die fehlbare Person ausspricht oder anderweitige Massnahmen zur Abmilderung des Taterfolgs trifft – auch wenn dadurch je nach Art der Beeinträchtigung die Wirkungen der Straftat nie vollumfänglich aufgehoben werden dürften, weshalb die Bestrafung des Geschäftsherrn kaum entfallen kann. Angesichts der wettbewerbsfunktionalen Dimension des UWG kann eine Strafbarkeit des Geschäftsherrn dann nicht entfallen, wenn die wettbewerbsbezogenen Beeinträchtigungen über rein individuelle Beeinträchtigungen hinausgehen und die Massnahmen die im Markt eingetretene Wettbewerbsverfälschung unberührt lassen. Art. 6 Abs. 2 VStrR statuiert hingegen **keine Anzeigepflicht**[65].

34 Setzt der Anknüpfungsstraftatbestand Vorsatz voraus – also bspw. Art. 23 Abs. 1 i.V.m. Art. 3–6 oder Art. 24 Abs. 1, muss dies auch für eine Bestrafung im Sinne der Geschäftsherrenhaftung gemäss Art. 6 Abs. 2 VStrR gelten. **Bei Vorsatzdelikten** setzt die **Geschäftsherrenhaftung** somit **Vorsatz** voraus, während **bei Fahrlässigkeitsdelikten Fahrlässigkeit** genügt[66]. Bei Widerhandlungen gemäss **Art. 23** kann sich demnach nur der sich **vorsätzlich** UWG-widrig verhaltende Geschäftsherr strafbar machen. Zwar erscheint der Wortlaut in Art. 6 Abs. 2 VStrR diesbezüglich missverständlich[67], doch kann die Haftung des Geschäftsherrn nicht weiter gehen als diejenige des direkt die Widerhandlung verübenden Täters. Die Bestrafung aufgrund fahrlässigen Verhaltens des Geschäftsherrn ist somit nur im Rahmen von Art. 24 Abs. 2 denkbar[68]. Untätigbleiben bei **nachträglicher tatsächlicher Kenntnisnahme** der Widerhandlung reicht u.U. – wenn die Beeinträchtigung andauert oder fortwirkt – für eine Bestrafung aus, was der Wortlaut («oder in ihren Wirkungen aufzuheben») impliziert[69].

---

[65] BÖCKLI, ZStrR 1980, 92, und SPITZ, Organisationshaftung, 22. Ob der Geschäftsherr einer Strafbarkeit entgehen kann, wenn er Strafanzeige gegen den Täter einreicht, ist umstritten, wohl aber abzulehnen, vgl. HAURI, VStrR, 17, BÖCKLI, ZStrR 1980, 92, und SPITZ, Organisationshaftung, 22.
[66] Dies wurde schon in den parlamentarischen Beratungen hervorgestrichen, so Munz, StenBull StR, 578 (zu Art. 5 E-VStrR). A.M. wohl KRAUSS, plädoyer 1/1989, 48. Zum Ganzen auch SPITZ, Organisationshaftung, 23 m.w.H.
[67] SPITZ, Organisationshaftung, 23.
[68] Vgl. demgegenüber BGer 6S.677/2001, E. 2c («Garantieversand»), zu Art. 45 LG, wonach die Organe nur «die ihnen bekannten Widerhandlungen» zu verhindern haben.
[69] Vgl. SPITZ, Organisationshaftung, 22, PFUND, ZBl 1973, 63, und PETER, ZStrR 1974, 339, sowie die Verdeutlichung im Wortlaut von Art. 326bis Abs. 2 StGB; soweit die strafbare Handlung andauert bzw. ihre Wirkungen fortwirken (z.B. bei Publikationen im Internet, Vertrieb einer verwechselbaren oder identischen Ware oder über eine gewisse Zeit praktizierte Werbe- oder Verkaufsmethoden), kann ab Kenntnisnahme durch den Geschäftsherrn ein tatrelevanter Vorsatz vorliegen und damit eine Strafbarkeit in Frage kommen.

b. Art. 6 Abs. 3 VStrR

Art. 6 Abs. 3 VStrR hat die Funktion, die **in Abs. 2 statuierte Geschäftsherrenhaftung** bei juristischen Personen (bzw. Kollektiv- oder Kommanditgesellschaften, Einzelfirmen oder Personengesamtheiten ohne Rechtspersönlichkeit) auf bestimmte leitende Personen (Organe, geschäftsführende Gesellschafter, tatsächlich leitende Personen und Liquidatoren) **anwendbar zu machen** und so deren strafrechtliche Verantwortlichkeit zu ermöglichen. Ansonsten ist auf das zu Art. 6 Abs. 2 VStrR (N 23 ff.) Gesagte zu verweisen. Auch bei Art. 6 Abs. 3 VStrR tritt die Bestrafung des Geschäftsherrn **ergänzend** neben eine allfällige Bestrafung der unmittelbar die Widerhandlung verübenden Person (dazu schon N 28). 35

Indem Art. 6 Abs. 3 VStrR explizit Bezug auf **«tatsächlich leitende Personen»** nimmt, ist – im Übrigen auch mit Wirkung für Art. 6 Abs. 2 VStrR – klargestellt, dass eine **faktische Betrachtungsweise** geboten ist. Erfasst werden sollen nicht vorgeschobene Verwaltungsräte, Geschäftsführer, Direktoren oder eigentliche Strohmänner, sondern diejenige(n) Person(en), die die entsprechende juristische Person bzw. Personengesellschaft oder -gesamtheit tatsächlich leitet (bzw. leiten) und als **formelle oder faktische Organe** über wesentliche Entscheidungsbefugnisse verfügen[70]. 36

3. Subsidiäre Verbandsstrafbarkeit (Art. 7 VStrR)

Im Rahmen der **arbeitsteiligen Betriebsorganisation** kann die Lokalisierung der strafrechtlichen Verantwortlichkeit im Rahmen der Strafverfolgung namentlich in grösseren Betrieben auf praktische Schwierigkeiten stossen. Vor diesem Hintergrund statuiert Art. 7 VStrR für Fälle, in denen eine **Busse von höchstens CHF 5000.– in Betracht** kommt (Bagatellfälle) und die Ermittlung der strafbaren Person(en) diesbezüglich **unverhältnismässige Untersuchungsmassnahmen** bedingen würde («Ermittlungsnotstand»), die **ersatzweise Bestrafung der juristischen Person** (bzw. Kollektiv- oder Kommanditgesellschaft oder Einzelfirma) anstelle der eigentlich verantwortlichen Individualperson(en). 37

Art. 7 VStrR ist damit als Anwendungsfall des **Opportunitätsprinzips** zu verstehen, der den ohnehin bereits gelebten **Realitäten der Strafverfolgungspraxis Rechnung trägt** und damit einen Kompromiss zwischen Opportunitäts- und Verhältnismässigkeitsprinzip darstellt[71]. In **Bagatellfällen** wird somit der Abbruch der Ermittlungen aus verfahrensökonomischen Gründen ermöglicht, da ohnehin nur ein beschränkter Wille zur Strafverfolgung vorliegen wird und nur beschränkte Ressourcen zur Verfügung stehen werden. Käme Art. 7 VStrR in solchen Fällen nicht 38

---

[70] SPITZ, Organisationshaftung, 321 ff.
[71] VEST, ZStrR 1988, 290, Fn. 4.

39 Bei der Frage, ob eine Bestrafung nach Art. 7 VStrR das Vorliegen einer durch eine bestimmte (einzelne) Person begangenen Straftat bedingt, also eine **Akzessorietät** gegeben sein muss, gehen die Meinungen auseinander[73]. Da dieses Problem aber von Art. 7 VStrR nicht adressiert wird und der Wortlaut diesbezüglich offen ist, ist nicht von einer Akzessorietät auszugehen und kann Art. 7 VStrR als Modell einer strafrechtlichen Verantwortlichkeit für ein nicht notwendigerweise auch einer bestimmten Individualperson zurechenbares Organisationsverschulden begriffen werden[74].

zur Anwendung, wären die Ermittlungen in einem konkreten Fall im Endeffekt kaum erfolgversprechender[72].

40 Ob eine Busse bis höchstens CHF 5000.– in Frage kommt, ist in **objektivierter Weise** zu bestimmen[75]. Ob und wie dies möglich sein soll, ist fraglich und umstritten. In der Praxis ist die Annahme des so gearteten Bagatellcharakters etwa dann naheliegend, wenn bei einem Verstoss gegen Preisbekanntgabevorschriften im Sinne von Art. 24 Abs. 2 (in Form der fahrlässigen Begehung) objektive Umstände die Annahme eines Vorsatzes ausschliessen, etwa die Unklarheit der Rechtslage[76]. Ob Art. 7 VStrR auch dann zur Anwendung kommen kann, wenn statt einer Busse eine **Geldstrafe von höchstens CHF 5000.–** in Betracht fällt, dürfte schon aufgrund des Wortlauts zu verneinen sein. Der Gesetzgeber hat es versäumt, Art. 7 VStrR bei Erlass des revidierten AT StGB 2002 entsprechend zu ergänzen oder in Art. 333 Abs. 2 ff. StGB eine Ergänzung vorzunehmen.

41 In der **Praxis** besteht auf Seiten der Ermittlungsbehörde ein **weiter Ermessensspielraum** mit Bezug auf die Frage, ob die Ermittlung der nach Art. 6 VStrR strafbaren Personen im Hinblick auf die verwirkte Strafe **unverhältnismässige Untersuchungsmassnahmen** bedingen würde[77]. Bei blosser Geringfügigkeit des Delikts verbietet sich die Anwendung von Art. 7 VStrR[78]. Die Ermittlung der strafbaren

---

[72] Ähnlich ZÜLLIG/CELLI, DesG, Art. 42 DesG N 8 in fine.
[73] Zum Meinungsstreit näher FORSTER, Verantwortlichkeit, 57 ff. m.w.H.
[74] SPITZ, Organisationshaftung, 26, vgl. auch FORSTER, Verantwortlichkeit, 58 f. Namentlich bei Vorsatzdelikten (also Art. 23) ist die Frage eher theoretischer Natur.
[75] BGer 6S.488/2005, E. 4 (zu Art. 63 aMWSTV), und OGer BE v. 26. April 2002, E. 4 («Schlossgold Werbespot»), in welchem die SRG gestützt auf Art. 7 VStrR wegen der Ausstrahlung verbotener Alkoholwerbung zu einer Busse verurteilt wurde; vgl. auch PETER, ZStrR 1977, 358 m.w.H. (Ableitung des Verschuldens aus den Begleitumständen); BAUDENBACHER/GLÖCKNER, Kommentar UWG, Art. 26 N 7, sprechen von einer Betrachtungsweise «ex ante». Dies erscheint widersprüchlich, da bei der Strafzumessung immer auch konkrete und subjektive Faktoren einfliessen. Ähnlich die Kritik bei SPITZ, Organisationshaftung, 26 in Fn. 98.
[76] So BAUDENBACHER/GLÖCKNER, Kommentar UWG, Art. 26 N 7.
[77] Dazu näher BGer 6B_256/2007, E. 2.2, sowie HAURI, VStrR, Art. 7 N 8. Vgl. bspw. den Fall in VPB 1979, Nr. 104, 480, 484. ZÜLLIG/CELLI, DesG, Art. 42 DesG N 8, weisen zudem mit Recht darauf hin, dass «sich die Strafbehörden erfahrungsgemäss ohnehin von Seiten derjenigen missbraucht [fühlen], die das Strafverfahren zur Unterstützung der angestrebten Geltendmachung von zivilrechtlichen Ansprüchen einleiten».
[78] OGer BE v. 26. April 2002, E. 4 («Schlossgold Werbespot»).

Personen in einem Geschäftsbetrieb kann gerade dadurch erschwert sein, dass den betroffenen Personen aufgrund der Selbstbelastungsfreiheit ein Auskunftsverweigerungsrecht zusteht und dann Art. 7 VStrR anwendbar ist[79]. Allerdings dürfte der Beweis des unternehmensbezogenen Vorsatzes ohne den – meist wohl schon eine Zurechnung gemäss Art. 6 Abs. 1 VStrR an eine oder mehrere natürliche Personen erlaubende und damit die Anwendung von Art. 7 VStrR ausschliessende – Beweis des Wissens um die straftatrelevanten Umstände und des Wollenselements, kaum möglich sein, weshalb die Anwendung von Art. 7 VStrR auf Vorsatzdelikte, also bspw. auf Art. 23 sowie auf Art. 24 Abs. 1, kaum praxisrelevant sein dürfte. Anders als bei der allgemeinen kernstrafrechtlichen Unternehmensstrafbarkeit gemäss Art. 102 Abs. 1 StGB kommt also eine (subsidiäre) Bestrafung des Unternehmens schon in Frage, wenn die Ermittlung der strafbaren Personen zwar an sich möglich und «nur» mit unverhältnismässigem Aufwand verbunden ist.

Die Anwendung von **Art. 6 Abs. 1 VStrR schliesst** die **Anwendung von Art. 7 VStrR nicht aus**[80]. Art. 7 VStrR kann nämlich schon dann zur Anwendung kommen, wenn von der Verfolgung einer von mehreren nach Art. 6 VStrR strafbaren Personen abgesehen wurde, weil sie unverhältnismässige Untersuchungsmassnahmen bedingen würde. Soweit dem – wohl stets eruierbaren – Geschäftsherrn (Art. 6 Abs. 2 bzw. 3 VStrR) die gemäss Art. 6 Abs. 2 oder 3 VStrR vorausgesetzten Deliktsmerkmale, insbesondere vorsätzliches Verhalten, nachgewiesen werden können, dürfte Art. 7 VStrR nur neben Art. 6 Abs. 1 VStrR, nicht aber neben Art. 6 Abs. 2 bzw. Abs. 3 VStrR anwendbar sein. Eine «doppelte» Bestrafung des Geschäftsherrn (der Organperson und der juristischen Person bzw. Personengesellschaft bzw. -gesamtheit) würde Sinn und Zweck von Art. 7 VStrR widersprechen. 42

V. Rechtfertigung und Schuldausschluss

Spezielle Rechtfertigungs- oder Schuldausschlussgründe sind im Rahmen von Widerhandlungen im Geschäftsbetrieb nicht auszumachen. Vgl. im Übrigen die Kommentierung zu Art. 23. 43

VI. Rechtsfolgen

Die Anwendung von Art. 6 führt zur Bestrafung der die Widerhandlung (direkt bzw. eigenhändig) verübenden Person (Abs. 1) sowie des Geschäftsherrn (Abs. 2 und 3) nach den Strafbestimmungen, «die für den entsprechend handelnden Täter gelten», d.h. von Art. 23 Abs. 1 (i.V.m. Art. 3–6) bzw. Art. 24. Art. 7 VStrR sieht die Bestrafung des fraglichen Geschäftsbetriebs mit einer Busse von höchstens 44

---

[79] So wohl im Fall, der OGer BE v. 26. April 2002, E. 4 («Schlossgold Werbespot»), zugrunde lag.
[80] Vgl. dazu auch PETER, ZStrR 1977, 358, und HAURI, VStrR, Art. 7 N 8 f.

CHF 5000.– vor, wobei ebenfalls auf die Strafdrohung im Anknüpfungsstraftatbestand abzustellen ist. Es kann somit auf die dortige Kommentierung verwiesen werden (Art. 23 N 90 ff. und Art. 24 N 33).

VII. Verfahrensfragen

45 Die Anwendung von **Art. 6 VStrR** wirft keine besonderen verfahrensmässigen Fragen auf. Der Verweis auf Art. 6 VStrR bedeutet jedenfalls **nicht die Möglichkeit der Verdachtsstrafe**, da es den Strafverfolgungsbehörden obliegt, das Vorliegen einer Straftat nachzuweisen, wobei die Unschuldsvermutung gilt (Art. 32 Abs. 1 BV/Art. 6 Ziff. 2 EMRK)[81]. Vielmehr muss für eine Bestrafung aus Art. 6 Abs. 2 oder 3 VStrR nachgewiesen werden, dass im Unternehmen eine strafbare Tat erfolgt ist, für die der Geschäftsherr zur Verantwortung gezogen werden kann (Anlasstat), wobei die Feststellung der Tatbestandsmässigkeit und der Rechtswidrigkeit genügen muss. Nicht erforderlich ist, dass die Tat einer konkreten (natürlichen) Person zugeordnet werden kann, vielmehr ist ausreichend, dass (irgend)eine natürliche Person die Tat begangen hat[82]. Dies ergibt sich aus der in Art. 7 VStrR enthaltenen Wertung, die auch bei Art. 6 Abs. 2 bzw. 3 VStrR Anwendung finden kann.

46 Als Voraussetzung der **Anwendung von Art. 7 VStrR** muss der Strafrichter zunächst **prüfen**, ob als **Strafmass für** die **konkrete Tat** eine **Busse von nicht über CHF 5000.–** in Frage käme. Dies ist naturgemäss schwierig, weil die auszufällende Strafe massgeblich auch von Strafzumessungsüberlegungen geprägt ist, die individueller Natur sind. Auszugehen ist deshalb von einem «objektivierten» Täterbegriff[83]. Da nicht vom Verweis umfasst, kommt diesbezüglich Art. 8 VStrR (verwaltungsstrafrechtliche Bestimmung zur erleichterten Strafzumessung) absurderweise gerade nicht zur Anwendung.

47 Die **Verfahrensbestimmungen zur Unternehmensstrafbarkeit** (gemäss Art. 102 StGB) in **Art. 102a StGB** kommen (nur) dann zur Anwendung, wenn entweder eine **aktive Privatbestechung** gemäss Art. 4a Abs. 1 lit. a in Frage steht (konkurrierende originäre Unternehmensstrafbarkeit; Art. 102 Abs. 2 StGB) oder – soweit Art. 102 Abs. 1 StGB bei UWG-Delikten anwendbar ist (dazu N 13 und Fn. 33) – wenn die Tat infolge eines **Organisationsmangels** keiner bestimmten natürlichen Person zugerechnet werden kann.

---

[81] Vgl. zur Diskussion, ob Art. 6 Abs. 2 VStrR eine Verdachtsstrafe erlaubt, BÖCKLI, ZStrR 1980, 88 ff., SCHUBARTH, ZStrR 1976, 379, sowie SPITZ, Organisationshaftung, 20 ff. je m.w.H.

[82] Vgl. zu Beweisproblemen bei der Anwendung von Art. 6 Abs. 2 VStrR SPITZ, Organisationshaftung, 24 f. m.w.H.

[83] Dazu schon N 39.

Nicht zu unterschätzen ist bei Widerhandlungen im Geschäftsbetrieb und dem Versuch der Straforgane, die Verantwortlichkeiten abzuklären und festzustellen, die **Thematik der Selbstbelastungsfreiheit** (Aussageverweigerung)[84]. 48

Gemäss Art. 27 Abs. 1 ist die **Strafverfolgung (inkl. Beurteilung) Sache der Kantone** (für Details siehe dortige Kommentierung), wobei die Bestimmungen der kantonalen Strafprozessordnungen bzw. ab 1. Januar 2011 die Bestimmungen der StPO 2007 zur Anwendung kommen. Der in Art. 26 enthaltene Verweis auf das VStrR erfasst nur Art. 6 und 7 VStrR. 49

---

[84] Dazu näher SCHMID, recht 2003, 217 ff. m.w.H.

Art. 27

Strafverfolgung

¹ **Die Strafverfolgung ist Sache der Kantone.**

² **Die kantonalen Behörden teilen sämtliche Urteile, Strafbescheide und Einstellungsbeschlüsse aus dem Bereich der Preisbekanntgabe an Konsumenten unverzüglich und unentgeltlich in vollständiger Ausfertigung der Bundesanwaltschaft zuhanden des Eidgenössischen Volkswirtschaftsdepartements mit.**

Poursuite pénale

¹ La poursuite pénale incombe aux cantons.

² Les autorités cantonales communiquent en expédition intégrale, immédiatement et sans frais, les jugements, les prononcés administratifs et les ordonnances de non-lieu en matière d'indication des prix au consommateur au Ministère public de la Confédération, à l'intention du Département fédéral de l'économie.

Perseguimento penale

¹ Il perseguimento penale spetta ai Cantoni.

² Le autorità cantonali comunicano al Ministero pubblico della Confederazione, all'attenzione del Dipartimento federale dell'economia pubblica, in copia integrale, immediatamente e gratuitamente tutte le sentenze, tutti i decreti penali e tutte le decisioni di non doversi procedere in materia di indicazione dei prezzi ai consumatori.

Criminal Prosecution

¹ Criminal prosecution shall be the responsibility of the Cantons.

² The Cantonal authorities shall communicate in full, immediately and free of charge, judgements, administrative penal decisions and discontinuance orders regarding the announcement of prices to consumers to the Office of the Federal Prosecutor of Switzerland for the attention of the Federal Department of Economic Affairs.

Inhaltsübersicht

		Note	Seite
I.	Normzweck	1	1096
II.	Entstehungsgeschichte	2	1096
III.	Systematik und Verhältnis zu anderen Vorschriften	4	1097
IV.	Verfahren (ausgewählte Aspekte)	7	1098
	1. Zuständige Behörden	7	1098
	2. Verfahren(sarten)	12	1099
	a) Verfahren auf öffentliche Anklage/Strafbefehlsverfahren nach kantonalem Strafprozessrecht	13	1099
	b) Privat(straf)klageverfahren	15	1100
	c) Verfahren gemäss StPO 2007	17	1100

---

* Ich danke Herrn lic.iur. Daniel Schaffner, wissenschaftlicher Assistent an der Juristischen Fakultät der Universität Basel, für wertvolle Hinweise zum ersten Manuskript des Textes.

	Note	Seite
d) Verfahren bei Unternehmensstrafbarkeit (Art. 102a StGB bzw. Art. 112 StPO 2007)	22	1102
e) Verhältnis Strafverfolgung UWG-Straftatbestände und andere wettbewerbsrelevante Straf- und Verwaltungssanktionstatbestände	26	1103
3. Stellung der geschädigten Personen (Strafantragssteller; Privatklägerschaft) im Besonderen	31	1105
a) Allgemein	31	1105
b) Stellung im Strafpunkt	34	1105
c) Stellung im Zivilpunkt: Adhäsionsweise Geltendmachung von Zivilansprüchen (Zivilklage)	37	1106
4. Rechtsmittelwege	51	1110
5. Verjährung	56	1112
6. Mitteilungspflicht gemäss Abs. 2	63	1113
7. Hilfeleistung durch die Zollverwaltung	68	1115
8. Amts- und Rechtshilfe in UWG-Strafsachen	72	1116
a) Nationale Amts- und Rechtshilfe	72	1116
b) Internationale Amts- und Rechtshilfe	73	1116

Literatur

C. BAUDENBACHER (Hrsg.), Lauterkeitsrecht – Kommentar zum Gesetz gegen den unlauteren Wettbewerb (UWG), Basel 2001, Art. 27; J. BORER, Zivil- und strafrechtliches Vorgehen, in: T. Geiser/P. Krauskopf/P. Münch (Hrsg.), Schweizerisches und europäisches Wettbewerbsrecht, Basel 2005, N 13.135 ff.; G. BÜHLER, in: M. Noth/G. Bühler/F. Thouvenin (Hrsg.), Kommentar Markenschutzgesetz (MSchG), Bern 2009, Vorbemerkungen Art. 70–72h und Kommentierung in Art. 70 ff.; B. VON BÜREN, Kommentar zum Bundesgesetz über den unlautern Wettbewerb vom 30. Sept. 1943 unter Einschluss der Ausverkaufsverordnung vom 16. April 1947, Zürich 1957, Strafrechtlicher Schutz, N 18 ff.; L. DAVID, in: B. K. Müller/R. Oertli (Hrsg.), Handkommentar zum Urheberrechtsgesetz (URG), Bern 2006, Kommentierung zu Art. 72; DERS., Der Rechtsschutz im Immaterialgüterrecht, in: R. von Büren/L. David (Hrsg.), SIWR I/2, 2. Aufl., Basel 1998, 213 ff.; DERS., Hilfeleistung der Zollverwaltung zum Schutz des geistigen Eigentums, SMI 1995, 207 ff.; L. DAVID/M. REUTTER, Schweizerisches Werberecht, 2. Aufl., Zürich 2001; P. GOLDSCHMID, Kommentierte Textausgabe zur Schweizerischen Strafprozessordnung vom 5. Oktober 2007, Bern 2008; C. GSTÖHL, Geheimnisschutz im Verfahren der internationalen Rechtshilfe in Strafsachen, Bern 2008, 396 f.; J. GUYET, Wettbewerbsstrafrecht (Art. 23–Art. 27 UWG), in: R. von Büren/L. David (Hrsg.), SIWR V/1, Lauterkeitsrecht, 2. Aufl., Basel 1998, 310; F. LOCHER, Neuerungen im Immaterialgüter-Strafrecht, sic! 2008, 601 ff.; R. HAUSER/E. SCHWERI/K. HARTMANN, Schweizerisches Strafprozessrecht, 6. Aufl., Basel 2005; M. HYZIK, in: R. Staub/A. L. Celli (Hrsg.), Designrecht, Kommentar zum Bundesgesetz über den Schutz von Design, Zürich 2003, Art. 46 ff.; D. JOSITSCH, Grundriss des schweizerischen Strafprozessrechts, Zürich/St. Gallen 2009; N. OBERHOLZER, Grundzüge des Strafprozessrechts, 2. Aufl., Bern 2005; M. M. PEDRAZZINI/F. A. PEDRAZZINI, Unlauterer Wettbewerb, UWG, 2. Aufl., Bern 2002, §§ 26.17 ff. und 26; M. PIETH, Schweizerisches Strafprozessrecht, Basel 2009; G. PIQUEREZ, Traité de procédure pénale suisse, Zürich 2006; J. REHBERG, Zum zürcherischen Adhäsionsprozess, in: P. Forstmoser/H. Giger et al. (Hrsg.), Festschrift für Max Keller zum 65. Geburtstag, Zürich 1989, 627 ff.; F. RIKLIN, Die Strafprozessrechtsreform in der Schweiz, GA 2006, 495 ff.; D. RÜETSCHI, in: M. Noth/G. Bühler, F. Thouvenin (Hrsg.), Kommentar Markenschutzgesetz (MSchG), Bern 2009, Vorbemerkungen Art. 61–69 und Kommentierung in Art. 61 ff.; N. SCHMID, Strafprozessrecht, 4. Aufl., Zürich 2004; DERS., Handbuch des schweizerischen Strafprozessrechts, Zürich/St. Gallen 2009; DERS., Schweizerische Strafprozessordnung (StPO), Praxiskommentar, Zürich/St. Gallen 2009; DERS. (Hrsg.), Kommentar Einziehung – Organisiertes Verbrechen – Geldwäscherei, Bd. I, 2. Aufl., Zürich 2007; DERS., Strafrechtliche Beschlagnahme und die besonderen Möglichkeiten des Geschädigten nach Art. 59 Ziff. 1 Abs. 1 letzter Satzteil StGB sowie Art. 60 StGB, in: N. Schmid/ J.-B. Ackermann, Wiedererlangung widerrechtlich entzogener Vermögenswerte mit Instrumenten des Straf-, Zivil-, Vollstreckungs- und internationalen Rechts, Zürich 1999; P. SPITZ, Prävention und Prozessrecht – die Compliance an einer Wegscheide, Jusletter vom 30. Juni 2008 (= aktualisierte Version der in S. Wolf/M. Mona/M. Hürzeler [Hrsg.], Prävention im Recht, Basel 2008 publizierten Version); DERS., Haftung für Wettbewerbshandlungen, in: P. Jung (Hrsg.), Aktuelle Entwicklungen im Haftungsrecht, Bern 2007, N 108; R. R. STADLER/M. EBNETER, Zollmassnahmen gegen Schutzrecht verletzende Importe, AJP 2009, 954 ff.; B. A. SUTER, BSK-HMG, Basel 2006, Kommentierung zu Art. 86–90; M. THOMMEN, in: M. A. Niggli/P. Uebersax/H. Wiprächtiger (Hrsg.), Basler Kommentar zum Bundesgerichtsgesetz, Basel 2008, Kommentierung zu Art. 81 BGG; S. TRECHSEL et al. (Hrsg.), Schweizerisches Strafgesetzbuch, Praxiskommentar, Zürich 2008, Kommentierungen zu Art. 2 und 69 f. StGB; A. TROLLER, Immaterialgüterrecht II, 3. Aufl., Basel/Frankfurt a.M. 1985; K. TROLLER, Grundzüge des schweizerischen Immaterialgüterrechts, 2. Aufl., Basel 2005, 375 ff.; L. ZÜLLIG/A.L. CELLI, in: R. Staub/A. L. Celli (Hrsg.), Designrecht, Kommentar zum Bundesgesetz über den Schutz von Design, Zürich 2003.

I. Normzweck

1 Art. 27 **delegiert** die Kompetenz zur **Strafverfolgung** (inkl. Beurteilung) **an** die **Kantone** und auferlegt den mit der Strafverfolgung betrauten kantonalen Behörden im Interesse der einheitlichen Durchsetzung des UWG eine auf den Bereich der Preisbekanntgabe beschränkte **Mitteilungspflicht** an die Bundesanwaltschaft, um so deren **Beschwerderecht** bzw. dasjenige des EVD zu aktivieren und auf diesem Weg die **einheitliche Durchsetzung des Rechts der Preisbekanntgabe** zu gewährleisten.

II. Entstehungsgeschichte

2 Art. 27 Abs. 1 ist aus dem UWG 1943 (dortiger Art. 16 aUWG) **unverändert übernommen** worden. Die Mitteilungspflicht an die Bundesanwaltschaft wurde unter dem Regime des aUWG 1943 in der bundesrätlichen Verordnung zur Preisbekanntgabe und zum Ausverkaufswesen statuiert, wodurch das damals in Art. 266 und 270 Abs. 2 aBStP vorgesehene Beschwerderecht des Bundesanwalts aktiviert wurde (vgl. Art. 265 Abs. 1 aBStP). Im Zuge der Liberalisierung des Ausverkaufswesens 1995 wurde die diesbezügliche Mitteilungspflicht gegenstandslos und in Art. 27 Abs. 2 aufgehoben.

Im 1986 totalrevidierten UWG entfiel der noch in Art. 22 Abs. 2 aUWG enthaltene **Vorbehalt des kantonalen Übertretungsstrafrechts.** Damit wurde allerdings **keine Änderung der Rechtslage bezweckt,** denn die entsprechende kantonale Kompetenz ergibt sich seit dem Inkrafttreten des StGB im Jahre 1942 aus Art. 335 Abs. 1 StGB – Art. 22 aUWG wies insoweit bloss deklarativen Charakter auf.

3

III. Systematik und Verhältnis zu anderen Vorschriften

Art. 27 Abs. 1 führt aus, was gemäss Art. 338 StGB für Widerhandlungen gegen das StGB gilt. Da Art. 338 StGB nicht automatisch auch für das Nebenstrafrecht und damit das UWG gilt, weil Art. 333 Abs. 1 StGB nur den Allgemeinen Teil auch auf das Nebenstrafrecht für anwendbar erklärt, kommt der **Kompetenzdelegation konstitutiver Charakter** zu. Wie in Art. 338 StGB explizit ausgeführt, umfasst die Strafverfolgung auch die Beurteilung der in Frage stehenden Straftatbestände (vgl. Art. 123 Abs. 2 BV; Grundsatz der kantonalen Beurteilung). Auch die **immaterialgüterrechtlichen Sondergesetze** sehen in Art. 73 Abs. 1 URG, Art. 69 MSchG, Art. 45 DesG, Art. 85 Abs. 1 PatG und Art. 51 SoSchG die Strafverfolgung und Beurteilung durch die Kantone vor. Sie sind grundsätzlich als Antragsdelikte ausgestaltet und werden nur zum Teil von Amtes wegen verfolgt[1]. Nur bei Übertretungen gemäss Art. 70 URG erfolgt die Verfolgung durch ein Bundesorgan (IGE) und nur Art. 85 Abs. 2 PatG sieht eine Art. 27 Abs. 2 entsprechende Mitteilungspflicht vor. In einigen Kantonen kommt zudem das **Privatklageverfahren** zur Anwendung, was meist nicht von Vorteil für den Strafantragssteller/Zivilkläger ist (Beweisbeibringung).

4

In gewissen Bereichen des **wettbewerbsrelevanten Bundesverwaltungsrechts** erfolgt die **Strafverfolgung von Amtes wegen** und durch **Bundesbehörden,** wobei dann das **VStrR** zur Anwendung kommt[2].

5

Auf die in Art. 27 Abs. 2 statuierte **Mitteilungspflicht** von Entscheiden im Bereich der Preisbekanntgabe wird mit Bedeutung für kantonale Rechtsmittelverfahren in Art. 266 lit. c BStP und für das bundesgerichtliche Verfahren in Art. 81 Abs. 2 BGG Bezug genommen. In der Konsequenz wird der Bundesanwaltschaft in diesem Bereich die Befugnis zur Ergreifung von Rechtsmitteln zugesprochen (dazu näher N 63 ff.). Eine das Beschwerderecht der Bundesanwaltschaft oder anderer Behörden aktivierende Mitteilungspflicht kennen auch andere Bundesgesetze, die

6

---

[1] Bei gewerbsmässiger Begehung, Art. 67 Abs. 2 sowie 69 Abs. 2 URG, Art. 61 Abs. 3, Art. 62 Abs. 2 und 63 Abs. 4, Art. 64 Abs. 2 MSchG und Art. 41 Abs. 2 DesG oder sonst: Art. 70 URG, Art. 65 MSchG. Die Strafvorschriften des WSchG werden hingegen von Amtes wegen verfolgt (nicht aber etwa unzutreffende Herkunftsangaben, vgl. Art. 64 MSchG).

[2] Dazu N 29.

wettbewerbsrelevante Strafbestimmungen enthalten und bei denen die Strafverfolgung den Kantonen übertragen ist[3].

IV. Verfahren (ausgewählte Aspekte)

1. Zuständige Behörden

7 Die **Kantone** sind gemäss Art. 27 Abs. 1 für die **Strafverfolgung** und nach Art. 123 Abs. 2 BV für die **Organisation** der **kantonalen Strafgerichte und die Rechtsprechung in Strafsachen** zuständig, sofern das Gesetz nichts anderes vorsieht (vgl. zukünftig auch Art. 2 und 22 ff. StPO 2007). Verstösse gegen Art. 23 werden von den kantonalen Strafverfolgungsbehörden untersucht und zur Anklage gebracht bzw. im Strafbefehlsverfahren erledigt und von den kantonalen Strafgerichten beurteilt[4].

8 Art. 27 delegiert damit die **sachliche und funktionelle Zuständigkeit und Organisation** der Strafverfolgungsbehörden an die **Kantone**. Mit Inkrafttreten der **StPO 2007** (am 1. Januar 2011) wird das sog. **Staatsanwaltschaftsmodell** vorgesehen, wobei Strafverfolgungsbehörden die Staatsanwaltschaften, die Polizei und die Übertretungsstrafbehörden darstellen[5]. Ermittlungen und Anklage sind demnach künftig einheitlich von einer Staatsanwaltschaft durchzuführen (Verzicht auf das Untersuchungsrichtermodell).

9 Im Bereich der **Preisbekanntgabe** erfolgt die Strafverfolgung beim als Übertretungsstrafbestand ausgestalteten Art. 24 regelmässig durch kantonale **Verwaltungsbehörden** und nicht durch die Staats- oder Bezirksanwaltschaften oder Untersuchungsrichter etc.[6].

10 Das UWG verzichtet darauf, die Kompetenz zur Strafverfolgung bei Widerhandlungen im Bereich der Einfuhr, Durchfuhr oder Ausfuhr der **Eidgenössischen Zollverwaltung** zu übertragen[7].

11 Die **örtliche Zuständigkeit** zur **Verfolgung und Beurteilung** («Gerichtsstände») bestimmen sich nach den Art. 340–344a StGB (bzw. zukünftig nach den Art. 31–38 StPO 2007), wobei der Gerichtsstand des Begehungsortes im Vordergrund steht (Art. 340 StGB). Bei Mediendelikten liegt der Gerichtsstand am Sitz des betreffenden Medienunternehmens sowie (zusätzlich) am Wohnort des Autors (Art. 341

---

[3] Vgl. bspw. Art. 85 Abs. 2 PatG und Art. 52 Abs. 1 LG.
[4] In den beiden (einzigen) Kantonen mit Wirtschaftsstrafgerichten (BE und FR) sind diese nicht für UWG-Delikte zuständig.
[5] Vgl. Art. 12 StPO 2007.
[6] Dazu DAVID, SIWR I/2, 220, DAVID/JACOBS, Wettbewerbsrecht, N 740 und Art. 17 Abs. 1 StPO 2007.
[7] Vgl. bspw. Art. 50 Abs. 2 LMG.

StGB)[8]. Bei Verfahren gegen Unternehmen gemäss Art. 102 StGB wird künftig der Gerichtsstand am Sitz des Unternehmens sein (Art. 36 Abs. 2 StPO 2007). U.U. kann ein Gerichtsstandsverfahren gemäss Art. 345 StGB (bzw. zukünftig Art. 39–42 StPO 2007) zur Anwendung kommen[9]. Dabei ist zu beachten, dass die UWG-Straftatbestände Tätigkeitsdelikte sind und insofern die (gemäss Art. 340 Abs. 1 StGB ohnehin nur subsidiäre) Zuständigkeit am Erfolgsort fraglich ist[10].

2. Überblick über die Verfahren

Gemäss **Art. 123 Abs. 1 BV** ist die Gesetzgebung auf dem Gebiet des Strafrechts und des **Strafprozessrechts Sache des Bundes.** Bis zum Inkrafttreten der StPO 2007 (per 1. Januar 2011) sind die Kantone zuständig für das Strafprozessrecht (nachträglich derogatorische Bundeskompetenz). 12

a) Verfahren auf öffentliche Anklage und Strafbefehlsverfahren nach kantonalem Strafprozessrecht

Das UWG-Strafrecht wird in den Kantonen unterschiedlich vollzogen. In den meisten Kantonen kommt das Verfahren auf öffentliche Anklage zur Anwendung, das aber oft zugunsten eines **Strafbefehlsverfahrens** zurücktritt[11]. Je nach Kanton kommen unterschiedliche Verfahrensregeln und Zuständigkeiten zur Anwendung[12]. Die Verfolgung und Beurteilung von Widerhandlungen gegen Art. 24 erfolgt regelmässig in speziellen Übertretungsstrafverfahren. 13

Für die **Durchführung** der **Ermittlungs- und Untersuchungsmassnahmen** ist je nach der anwendbaren kantonalen Gerichts- und Behördenorganisation ein Untersuchungsrichter (Statthalter, Verhörrichter) oder die Staats- bzw. Bezirksanwaltschaft zuständig, die sich zudem auf die Unterstützung durch die Polizei bzw. durch Untersuchungsbeamte verlassen können. 14

---

[8] Vgl. bspw. BGE 114 IV 181, 184 («Blick II»).
[9] Vgl. zur örtlichen Zuständigkeit DAVID, SIWR I/2, 226 ff., LOCHER, sic! 2008, 610, und TC VS SMI 1983, 163 («Louis Vuitton»), sowie BGer 8G.43/1999, sic! 1999, 635 («Lyrics»; URG-Fall; Ausführungsort bei URG-Internetdelikt am Ort der Dateneinspeisung und nicht am Betriebsort des Servers).
[10] Vgl. bspw. ZÜLLIG/CELLI, Kommentar DesG, Art. 45 N 2, und GerKomm Unterrheintal SMI 1986, 141, E. 4 («Nachgeahmte Bauelemente II»).
[11] Dazu näher N 18 f.
[12] Vgl. dazu näher HAUSER/SCHWERI/HARTMANN, Strafprozessrecht, § 86 N 1 ff., SCHMID, Strafprozessrecht, N 909 ff., und OBERHOLZER, Strafprozessrecht, N 1383 ff. Vgl. BGE 120 IV 38, 42 («Peintures pour bateaux»), zu bundesrechtlichen Grenzen der systematischen Weigerung, UWG-Verletzungen gestützt auf das Opportunitätsprinzip zu verfolgen.

b) Privat(straf)klageverfahren

15   In einigen Kantonen kommt (noch) das sog. **Privat(straf)klageverfahren** zur Anwendung, sei es generell für UWG-Straftatbestände oder allgemein bei Antragsdelikten oder geringfügigen Delikten[13]. Es unterscheidet sich je nach Ausgestaltung vom ordentlichen Strafprozess in der Regel dadurch, dass nicht eine staatliche Strafverfolgungsbehörde (Untersuchungsrichter, Staats- oder Bezirksanwaltschaft) mit der Durchführung des Ermittlungsverfahrens betraut ist, sondern die **Abklärung** des **Sachverhalts inkl.** Beibringung der **Beweise** dem Strafantragsteller obliegt, welcher dabei die Hilfe des Strafrichters oder der Staatsanwaltschaft in Anspruch nehmen kann[14]. Das Privat(straf)klageverfahren ist dabei stark – je nach Kanton – den **Regeln des Zivilprozesses** angelehnt.

16   Die **StPO 2007** verzichtet auf ein gesondertes Privat(straf)klageverfahren und unterstellt die Durchsetzung des UWG-Strafrechts in Art. 23 und Art. 24 den **allgemeinen strafprozessualen Regeln**[15].

c) Verfahren gemäss StPO 2007

17   Ab dem 1. Januar **2011** werden Strafverfahren grds. schweizweit einheitlich nach den Bestimmungen der **StPO 2007** geführt werden.

18   Wie schon in der heutigen UWG-Praxis wird dabei auch zukünftig oft das **Strafbefehlsverfahren** zur Anwendung kommen[16]. Unter dem Regime der StPO 2007 kommt es gemäss Art. 352 Abs. 1 lit. a–d zur Anwendung, wenn die Staatsanwaltschaft eine Busse, eine Geldstrafe von höchstens 180 Tagessätzen, gemeinnützige Arbeit von höchstens 720 Stunden oder eine Freiheitsstrafe von höchstens 6 Monaten für ausreichend hält[17]. Vorausgesetzt ist, dass die beschuldigte Person den Sachverhalt eingestanden hat oder dass dieser anderweitig geklärt ist. Für den

---

[13] Generell bei UWG-Straftatbeständen bspw. in BS, AG, TG, GR (Stand Dezember 2009), bei Geringfügigkeit bspw. in SH und SO und bei Antragsdelikten, also auch bei UWG-Straftaten, in VS. Gewisse Kantone sehen bei Antragsdelikten einen Aussöhnungsversuch beim Friedensrichter vor (bspw. in UR obligatorisch und in SO fakultativ). Vgl. bspw. HAUSER/SCHWERI/HARTMANN, Strafprozessrecht, § 88 N 1 ff., und DAVID, SIWR I/2, 228 f.

[14] Vgl. bspw. §§ 143 ff. StPO BS (Abklärung durch Staatsanwalt in Fällen gemäss § 144 Abs. 1 StPO BS möglich), §§ 162 ff. StPO GR, §§ 181 ff. StPO AG und §§ 171 ff. StPO TG. Vgl. bspw. den Fall in AppGer BS BJM 2005, 327 ff., im Bereich der Preisbekanntgabe bzw. Art. 3 lit. b i.V.m. Art. 23, in dem es auch zu einer Hausdurchsuchung kam.

[15] Vgl. Botschaft StPO, 1111 f.

[16] Vgl. dazu näher HAUSER/SCHWERI/HARTMANN, Strafprozessrecht, § 86 N 1 ff., SCHMID, Strafprozessrecht, N 909 ff., und OBERHOLZER, Strafprozessrecht, N 1383 ff.

[17] Vgl. dazu die Botschaft StPO, 1289 ff. zu Art. 355 ff. E-StPO 2006, RIKLIN, GA 2006, 505 f., und PIETH, Strafprozessrecht, 193 ff. Diese Einschätzung ist nicht zu verwechseln mit dem konkreten Antrag zum Strafmass. Im Strafbefehlsverfahren kann eine Einziehung in unbeschränkter Höhe erfolgen (PIETH, Strafprozessrecht, 193).

Verletzer ist das Strafbefehlsverfahren insofern von Vorteil, als die Durchführung einer **öffentlichen Gerichtsverhandlung entfällt,** da der Strafbefehl als «Urteilsvorschlag» von der Staatsanwaltschaft erlassen wird. Erfolgt eine Einsprache, kommt es zu einer – grds. öffentlichen – strafgerichtlichen Beurteilung. Im Rahmen eines Strafbefehlsverfahrens kann auch die **Beurteilung der Zivilklage** sowie die Einziehung und ggf. die **Zusprechung der einzuziehenden Vermögens- oder Sachwerte** (Art. 73 StGB) erfolgen[18].

Das zukünftige **Strafbefehlsverfahren gemäss Art. 352 ff. StPO 2007** läuft wie folgt ab: 19

– Erlass eines Strafbefehls durch die Staatsanwaltschaft unter den Voraussetzungen gemäss Art. 352 StPO 2007 (siehe schon N 18);
– Möglichkeit der Einsprache binnen 10 Tagen seit Zustellung durch die betroffene Person, weitere Betroffene[19] oder die jeweilige Ober- bzw. Generalstaatsanwaltschaft des Bundes bzw. der Kantone (soweit vorgesehen; Art. 354 StPO 2007);
– Möglichkeit der Erweiterung der Beweisabnahme im Fall der Einsprache durch die Staatsanwaltschaft (Art. 355 StPO 2007);
– Entscheid, ob Festhalten an Strafbefehl, Verfahrenseinstellung, Erlass eines neuen Strafbefehls oder Anklage beim zuständigen erstinstanzlichen Gericht (Art. 355 Abs. 3 StPO 2007);
– Verfahren vor dem erstinstanzlichen kantonalen Gericht (Art. 356 StPO 2007).

Soweit in Verfahren gemäss StPO 2007 das Strafbefehlsverfahren nicht zur Anwendung kommt (bzw. kommen kann), kommt es zum **Verfahren auf öffentliche Anklage** (durch die Staatsanwaltschaft) gemäss Art. 324 ff. StPO 2007. Im Rahmen der Art. 358 ff. StPO 2007 steht ein sog. abgekürztes Verfahren zur Verfügung. 20

Bei **Übertretungsstrafsachen,** also bspw. bei Art. 24 betreffenden Sachverhalten, kommt das in **Art. 357 StPO 2007** geregelte sog. **Übertretungsstrafverfahren** zur Anwendung. Demgemäss haben die zur Strafverfolgung und Beurteilung eingesetzten Verwaltungsbehörden die Befugnisse der Staatsanwaltschaft, wobei sich das Verfahren sinngemäss nach den Vorschriften über das Strafbefehlsverfahren in Art. 352 ff. StPO 2007 richtet. Ist der Übertretungsstraftatbestand nicht erfüllt, so stellt die Übertretungsstrafbehörde das Verfahren mit einer kurzen Begründung ein. 21

---

[18] PIETH, Strafprozessrecht, 193, LOCHER, sic! 2008, 609 f. Vgl. zukünftig Art. 352 Abs. 2 StPO 2007 sowie bspw. auch § 135 Abs. 3 StPO BS, der den Entscheid über Zivilforderungen im Strafbefehlsverfahren vorsieht.
[19] Darunter dürften in der UWG-Praxis in ihren eigenen wirtschaftlichen Interessen bedrohte oder verletzte Personen fallen, die gemäss Art. 23 Abs. 2 i.V.m. Art. 9 f. zum Strafantrag berechtigt sind.

d) **Verfahren bei Unternehmensstrafbarkeit (Art. 102a StGB bzw. Art. 112 StPO 2007)**

22 In Fällen der Verletzung von **Art. 4a Abs. 1 lit. a** (aktive Privatbestechung) kommt die konkurrierende **originäre Unternehmensstrafbarkeit** gemäss Art. 102 Abs. 2 StGB zum Zuge, während in den anderen Fällen der Verletzung von Art. 3–6 i.V.m. Art. 23 eine Bestrafung des Unternehmens nur dann, d.h. **subsidiär** erfolgen kann, wenn gemäss Art. 102 Abs. 1 StGB die strafbare Tat infolge Organisationsmangels keiner natürlichen Person zugerechnet werden kann[20]. Eine Bestrafung gemäss Art. 7 VStrR kommt nur in Frage, wenn (nur) eine Busse bis zu CHF 5000.– in Betracht fällt und die Ermittlung der nach Art. 6 VStrR strafbaren Personen unverhältnismässige Untersuchungsmassnahmen bedingen würde[21].

23 Den **Besonderheiten** des **Verfahrens gegen Unternehmen** im Rahmen von Art. 102 StGB wird in **Art. 102a StGB** (vormals Art. 100^{quinquies} aStGB; vgl. zukünftig Art. 112 StPO 2007) Rechnung getragen. Demnach wird das Unternehmen in einem Strafverfahren von einer einzigen Person vertreten, die uneingeschränkt zur Vertretung in zivilrechtlichen Angelegenheiten befugt ist. Wird gegen den Vertreter des Unternehmens «wegen des gleichen oder eines damit zusammenhängenden Sachverhalts eine Strafuntersuchung eröffnet», so hat das Unternehmen oder subsidiär die Verfahrensleitung (Staatsanwaltschaft) eine andere Vertretung, notfalls auch eine Drittperson zu bezeichnen. Damit soll der Selbstbelastungsfreiheit Genüge getan werden[22]. Art. 102a Abs. 1 und Abs. 3 wird ab 1. Januar 2011 inhaltlich unverändert **in Art. 112 Abs. 1 bis 3 StPO 2007 überführt**. Zudem wird ein neuer Absatz (Abs. 4) hinzugefügt, der die Möglichkeit einer Zusammenlegung der Strafverfahren in Fällen vorsieht, in denen ein Verfahren sowohl gegen ein Unternehmen wie auch gegen eine natürliche Person geführt wird und im Zusammenhang mit der Zuständigkeitsnorm in Art. 36 Abs. 2 StPO 2007 zu sehen ist. Art. 102a Abs. 2 StGB, der die Stellung des Unternehmensvertreters als Beschuldigter und der anderen Personen im Unternehmen (als Auskunftspersonen) zum Gegenstand hat, wird in Art. 178 lit. g StPO 2007 überführt[23].

24 In Bezug auf **Zwangsmassnahmen** sieht Art. 265 Abs. 2 lit. c StPO 2007 vor, dass für das Unternehmen keine Herausgabepflicht besteht, wenn es sich durch die Herausgabe selbst derart belasten würde, dass es strafrechtlich verantwortlich gemacht werden könnte (vgl. auch Art. 285 Abs. 2 StPO 2007 für Bankbeziehungen). Allerdings sind Untersuchungen/Durchsuchungen gemäss Art. 241 ff. StPO 2007 mög-

---

[20] Ob Art. 102 Abs. 1 StGB überhaupt zur Anwendung kommt, ist fraglich, da Art. 26 (nur) auf Art. 7 VStrR verweist, dazu Art. 26 N 13. Da Art. 24 als Übertretungsstrafbestand ausgestaltet ist, scheidet eine Unternehmensstrafbarkeit gemäss Art. 102 StGB aus.
[21] Dazu Art. 26 N 37 ff.
[22] Dazu näher PIETH, Strafprozessrecht, 203 ff., zu Recht unter Hinweis auf Interessenkonflikte, die in der Praxis nicht zu unterschätzen sein dürften.
[23] Dazu kritisch PIETH, Strafprozessrecht, 203 f.

lich, d.h. bspw. Hausdurchsuchungen und die Durchsuchung von Aufzeichnungen. Insofern besteht eine Duldungspflicht[24].

In Fällen der **Unternehmensstrafbarkeit** gemäss **Art. 7 VStrR** wird Art. 112 StPO 2007 ebenfalls anwendbar sein, da er nicht explizit auf Fälle der Unternehmensstrafbarkeit gemäss Art. 102 StGB beschränkt ist[25]. Im VStrR finden sich keine weiteren Vorschriften, abgesehen davon, dass sich der Verweis auf das VStrR in Art. 26 gerade nur auf die Art. 6 und 7 bezieht. 25

e) **Verhältnis Strafverfolgung UWG-Straftatbestände und andere wettbewerbsrelevante Straf- und Verwaltungssanktionstatbestände**

Soweit bei **wettbewerbsrelevanten Straftatbeständen ausserhalb des UWG** die Strafverfolgung und Beurteilung durch die Kantone erfolgt (bspw. im Immaterialgüter-, Lebensmittel-, Lotterie- oder Messwesenstrafrecht sowie bei Delikten wie Art. 146, 152, 155 und Art. 161–162 StGB), gilt beim Zusammentreffen mehrerer Straftaten der **Grundsatz der Verfahrenseinheit** durch die beschuldigte Person (vgl. Art. 340 bzw. Art. 344 Abs. 1 StGB bzw. zukünftig Art. 29 f. StPO 2007). 26

Widerhandlungen gegen **solche wettbewerbsrelevanten Strafbestimmungen ausserhalb des UWG** (dazu Art. 23 N 42 ff.) können je nach der vom Bund gesetzlich vorgesehenen Kompetenzzuweisung durch Bundesbehörden verfolgt und beurteilt werden: 27

Hinzuweisen ist einerseits auf **Art. 337 Abs. 2 StGB** (Art. 340bis Abs. 2 aStGB), der bestimmt, dass im **Bereich der Wirtschaftskriminalität** die Möglichkeit der **Bundesanwaltschaft** besteht, die Verfolgungskompetenz bei Verbrechen nach dem zweiten Titel (des zweiten Buchs) des StGB (Art. 137 ff., strafbare Handlungen gegen das Vermögen) an sich zu ziehen und ein Ermittlungsverfahren zu eröffnen. Dies ist im UWG-Zusammenhang bspw. bei Sachverhalten des Betrugs (Art. 146 StGB) oder der ungetreuen Geschäftsbesorgung mit Bereicherungsabsicht (Art. 158 Ziff. 1 Abs. 3 StGB) denkbar[26]. Die Beurteilung erfolgt dann durch das **Bundesstrafgericht** (Bundesgerichtsbarkeit; Art. 337 Abs. 3 StGB, zukünftig Art. 24 28

---

[24] Art. 113 StPO 2007. Vgl. zum Schutz der Anwalts- bzw. Verteidigerkorrespondenz Art. 264 StPO 2007, PIETH, Strafprozessrecht, 124 und SPITZ, Prävention und Prozessrecht, N 18 ff.
[25] Vgl. Art. 1 Abs. 1 StPO 2007 sowie die Botschaft StPO, 1166 ff., die aber keine entsprechenden Hinweise enthält.
[26] Die Möglichkeit entfällt aber bspw. bei unwahren Angaben über kaufmännische Gewerbe (Art. 152 StGB), bei (gewöhnlicher oder gewerbsmässiger) Warenfälschung (Art. 155 StGB), beim Ausnützen der Kenntnis vertraulicher Tatsachen (Art. 161 StGB), bei der Kursmanipulation (Art. 161bis StGB) oder bei der Verletzung von Betriebs-, Geschäfts- oder Fabrikationsgeheimnissen (Art. 162 StGB) sowie – da nur der zweite Titel (des zweiten Buchs) des StGB vom Verweis umfasst ist – im Bereich des gesamten wettbewerbsrelevanten Strafrechts ausserhalb des StGB (bspw. Immaterialgüterstrafrecht).

Abs. 3 StPO 2007). Sind gleichzeitig Vergehen gemäss Art. 23 i.V.m. Art. 3–6 oder bspw. des Immaterialgüterstrafrechts zu verfolgen, können diese ebenfalls von der Bundesanwaltschaft behandelt und vom Bundesstrafgericht beurteilt werden. Ohnehin kann die Bundesanwaltschaft ein Ermittlungsverfahren gemäss Art. 337 Abs. 2 StGB (zukünftig Art. 24 Abs. 2 StPO 2007) nur eröffnen, wenn nicht schon eine kantonale Strafverfolgungsbehörde mit der Sache befasst ist. Zukünftig ist eine Rückdelegation an die Strafverfolgungsbehörden der Kantone möglich (Art. 25 Abs. 2 StPO 2007). Anwendbar sind die Verfahrensvorschriften der BStP. Ab Inkrafttreten der StPO 2007 wird die BStP aufgehoben und kommen auf die Strafverfolgung durch die Bundesanwaltschaft und die Bundesgerichtsbarkeit die Vorschriften der StPO 2007 zur Anwendung[27].

29 Andererseits können **Bundesverwaltungsbehörden** Widerhandlungen gegen lauterkeitsrelevante **Strafvorschriften des Verwaltungsrechts des Bundes** verfolgen und beurteilen. Dies gilt bspw. im Bereich des Vollzugs des HMG/AWV, des LMG (soweit der Vollzug durch die Zollverwaltung erfolgt, Art. 50 Abs. 2 LMG i.V.m. Art. 128 Zollgesetz; Sachverhalte der Einfuhr, Durchfuhr und Ausfuhr), des RTVG (Art. 102 Abs. 1 RTVG), des FMG (Art. 52–55 FMG), des KIG sowie des SBG (vgl. Art. 1 sowie Art. 21 Abs. 1 VStrR), wobei die **Verfahrensvorschriften des VStrR** zur Anwendung kommen (Art. 1 VStrR). Die zuständige Bundesverwaltungsbehörde ermittelt und erlässt einen Strafbescheid (Art. 62 ff. VStrR), der der Einsprache unterliegt (Art. 67 ff. VStrR)[28], sofern sie das Verfahren nicht einstellt. Der Einspracheentscheid kann innert zehn Tagen beim kantonalen Strafgericht angefochten werden. Die von der Straf- bzw. Einziehungsverfügung betroffene Person kann die Beurteilung durch das kantonale Strafgericht verlangen (Art. 72 ff. VStrR). Ein Überspringen des Einspracheverfahrens ist möglich (Art. 71 VStrR). Sind in einer Strafsache sowohl die Zuständigkeit der beteiligten Verwaltung als auch Bundesgerichtsbarkeit oder kantonale Gerichtsbarkeit gegeben, so kann das Departement, dem die beteiligte Verwaltung angehört, die **Vereinigung der Strafverfolgung** in der Hand der bereits mit der Sache befassten Strafverfolgungsbehörde anordnen, sofern ein enger Sachzusammenhang besteht und die Strafverfolgungsbehörde der Vereinigung vorgängig zugestimmt hat (Art. 20 Abs. 3 VStrR).

30 Denkbar sind sodann **Verwaltungssanktionsverfahren** gemäss Art. 90 Abs. 1 lit. c RTVG bei Verletzung der Vorschriften über Werbung und Sponsoring bzw. gemäss Art. 60 FMG bei Verstössen gegen das Fernmelderecht. Diese werden separat von allfälligen Strafverfahren von der zuständigen Aufsichtsbehörde (Bakom) nach den allgemeinen Bestimmungen der Bundesrechtspflege, d.h. gemäss VwVG (vgl. Art. 86 Abs. 3 RTVG und Art. 1 VwVG), beurteilt.

---

[27] Vgl. Art. 446 Abs. 1 und Anhang I StPO 2007 sowie Art. 1 Abs. 1 StPO 2007.
[28] Soweit nicht durch die Verwaltungsbehörde eine Überweisung an das kantonale Strafgericht (Art. 21 Abs. 1 VStrR) oder durch den Bundesrat an das Bundesstrafgericht (Art. 21 Abs. 3 VStrR) erfolgt.

3. Stellung der geschädigten Person im Besonderen

a) Allgemein

Strafantragssteller (Geschädigte) verfügen über umfangreiche **Partei- und Mitwirkungsrechte**. Diese stehen ihnen derzeit, bis zum Inkrafttreten der StPO 2007, je nach Kanton unter dem Titel des Anzeigestellers, Privatklägers, Opfers oder Geschädigten zu, wobei eine **formale Konstitution als Privatkläger** nicht in allen Kantonen nötig ist. 31

Zukünftig sind Strafantragssteller gemäss Art. 115 Abs. 2 StPO 2007 stets als **Geschädigte** zu betrachten. Gleichzeitig führt die Stellung des Strafantrags zur **Konstituierung als Privatklägerschaft** (Art. 118–121 StPO 2007)[29]. 32

Nachfolgend soll kurz die Stellung der Strafantragssteller unter dem Regime der StPO 2007 dargestellt werden: 33

b) Stellung im Strafpunkt

Die Strafantragssteller (Geschädigten) verfügen – gemäss Art. 104 Abs. 1 lit. b StPO 2007 gilt die Privatklägerschaft als Partei – über folgende **Mitwirkungsrechte:** 34

- Akteneinsichtsrecht;
- Teilnahme an Verfahrenshandlungen (Einvernahmen, weitere Beweiserhebungen);
- Stellung von Beweisanträgen;
- Beizug eines Rechtsbeistands;
- Recht auf Äusserung zur Sache und zum Verfahren;
- Adhäsionsweise Geltendmachung von Ersatzforderungen (sog. Zivilklage; dazu sogleich N 37 ff.);
- Ergreifung von Rechtsmitteln (dazu sogleich N 51 ff.).

Die Wahrnehmung der gemäss Art. 117 StPO 2007 vorgesehenen und relativ gut ausgebauten **Parteirechte als Opfer scheidet aus,** da UWG-Straftaten nicht in den Anwendungsbereich des OHG fallen[30]. Ohnehin passen die Opferrechte gemäss 35

---

[29] Art. 118 StPO 2007 ist insofern undeutlich, als mit der blossen Stellung des Strafantrags nicht erklärt werden muss, ob neben der Beteiligung am Strafverfahren auch gleichzeitig adhäsionsweise privatrechtliche Ansprüche geltend gemacht werden (d.h. eine Zivilklage erfolgt). Es liegt deshalb nahe, dass die Staatsanwaltschaft nach Eröffnung des Vorverfahrens auf die Möglichkeit hinzuweisen hat, dass neben der Strafklage auch eine Zivilklage möglich ist (Art. 118 Abs. 4 StPO 2007 per analogiam).

[30] Gemäss Art. 1 Abs. 1 OHG (zukünftig Art. 114 Abs. 1 StPO 2007) gilt (nur) als Opfer, wer durch eine Straftat in seiner körperlichen, sexuellen oder psychischen Integrität unmittelbar beeinträchtigt worden ist.

36 OHG nur beschränkt zu UWG-Straftaten. Immerhin ist insbesondere auf die zukünftig privilegierte, in diesem Punkt an den OHG-Standard angepasste Geltendmachung von Adhäsionsansprüchen (vgl. Art. 38 OHG bzw. Art. 126 StPO 2007, dazu sogleich N 37 ff.) hinzuweisen.

36 Gemäss Art. 23 Abs. 3 E-UWG 2009 soll klargestellt werden, dass der **Bund** im Strafverfahren künftig die **Rechte eines Privatklägers** innehat (Art. 118 ff. StPO 2007; vgl. auch Art. 10 Abs. 2 lit. c i.V.m. Art. 23 Abs. 2)[31].

c) **Stellung im Zivilpunkt: Adhäsionsweise Geltendmachung von Zivilansprüchen (Zivilklage)**

37 Die Geltendmachung von Zivilansprüchen im Strafprozess stellt ein kostengünstiges und relativ effizientes Mittel zur Wahrnehmung der vermögenswerten Interessen der Geschädigten dar. Es besteht die Möglichkeit, **Zivilansprüche adhäsionsweise** beim zuständigen Strafgericht geltend zu machen (Adhäsionsklage bzw. Zivilklage)[32]. Art. 28 GestG (zukünftig Art. 39 ZPO-CH) behält die Zuständigkeit des Strafgerichts für die Beurteilung der Zivilansprüche ausdrücklich vor.

38 Dabei kommen die die Verfolgung von Zivilansprüchen massgeblich erleichternden Bestimmungen in Art. 38 des **Opferhilfegesetzes** (OHG) jedoch nicht zur Anwendung, da es sich bei den UWG-Straftatbeständen in praxi nicht um Delikte gegen die körperliche, sexuelle oder psychische Integrität handelt (Art. 1 Abs. 1 OHG) und UWG sowie OHG eher konträre Interessen schützen[33]. **Art. 126 StPO 2007** dehnt aber immerhin die Anwendbarkeit der **OHG-Vorschriften** in Art. 38 OHG zur zwingenden Beurteilung der **Zivilansprüche** zumindest dem Grundsatz nach **neu** auf **alle Zivilklagen** aus, was auch im UWG-Kontext vorteilhaft ist.

39 Die Strafverfolgungsbehörden sind zur **Anordnung vorsorglicher Massnahmen** nicht kompetent[34]. Allerdings kann eine Beschlagnahme zum Zweck der späteren Einziehung und allfälligen Zusprechung an die geschädigte Person (Art. 73 StGB)

---

[31] Vgl. Botschaft UWG 2009, 6184 f. sowie 6195.
[32] Vgl. dazu bspw. HAUSER/SCHWERI/HARTMANN, Strafprozessrecht, § 38 N 12 ff.
[33] Selbst bei aggressiven Geschäftsmethoden gemäss Art. 3 lit. h dürfte kaum je eine derartige Eingriffsintensität vorliegen, dass eine Anwendung des OHG möglich wäre. Zu denken ist bspw. an den «Fuss in die Tür», an Anrempeln oder Wegdrängen/Fernhalten oder ein eigentliches Aufdrängen von Flugblättern oder Werbemustern. Vgl. bspw. BGE 129 IV 197, 201, zum tätlichen Angriff auf ein schweizerisches (Hoheits-)Zeichen, wobei die Anwendbarkeit des OHG verneint wurde.
[34] Vgl. bspw. KGer SG sic! 2003, 116, E. II.3b («Mummenschanz»), zu einem vorsorglichen Massnahmeverfahren, das einem Strafverfahren vorangig, wobei die Widerhandlung gegen das einstweilige Verbot zur Annahme eines Eventualvorsatzes führte.

angeordnet werden[35]. Nur der Zivilrichter verfügt über eine entsprechende Kompetenz (Art. 14).

Parallele UWG-Straf- und Zivilverfahren sind denkbar, wenngleich in der Praxis soweit ersichtlich kaum anzutreffen[36]. Soweit mit Bezug auf einen fraglichen Straftatbestand (bspw. Art. 3–6) in gleicher Sache ein Zivilverfahren hängig ist, wird das Strafgericht das **Verfahren** mit Vorteil bis zum Vorliegen eines rechtskräftigen Zivilurteils **aussetzen** (Sistierung), ohne dazu verpflichtet zu sein[37]. Zu beachten ist dabei jedoch, dass im UWG-Zusammenhang kein **Ruhen der Verjährung** vorgesehen ist[38].

40

Im Rahmen einer Adhäsionsklage können **Schadenersatz und Genugtuungsansprüche** gemäss Art. 9 Abs. 3 geltend gemacht werden. Soweit es das kantonale Recht vorsieht können auch **Gewinnherausgabeansprüche** geltend gemacht werden (so bspw. auch im Rahmen der zukünftigen Art. 122 ff. StPO 2007).

41

Die **Ausgestaltung des Adhäsionsprozesses** variiert je nach Kanton stark. Dies betrifft schon die Frage, ob und wann sich ein **Zivilkläger konstituieren** muss. **Beweisergänzungen** können in der Regel bis zum Schluss des Beweisverfahrens und die **Begründung** und **Bezifferung** der Forderung kann (noch) im Parteivortrag (Plädoyer) erfolgen[39].

42

Zukünftig **erhebt die Staatsanwaltschaft** die zur Beurteilung der Zivilklage **erforderlichen Beweise,** soweit das Verfahren dadurch nicht wesentlich erweitert oder verzögert wird, wobei die Beweiserhebung von der Leistung eines Kostenvorschusses abhängig gemacht werden kann (Art. 313 StPO 2007).

43

Die Gutheissung einer Ersatzforderung kommt nach den Regeln der zukünftig geltenden **StPO 2007**[40], aber als Richtschnur auch aktuell nach der jeweilig bis zum Inkrafttreten der StPO 2007 anwendbaren kantonalen Strafprozessordnung nur in Frage, soweit:

44

---

[35] Dabei können sowohl vom Verletzer als auch von Dritten stammende Gegenstände beschlagnahmt werden (Art. 263 Abs. 1 StPO 2007; vgl. DAVID, SIWR I/2, 229 f., DERS., URG-Kommentar, Art. 72 N 6 ff., und BGE 84 IV 84, 86, sowie BGer 6S.184/2003 sic! 2004, 344, E. 4.2.1 [«Telefaxverzeichnis II»]).

[36] Die Stellung eines Strafantrags dürfte regelmässig zur Einstellung des fraglichen Verhaltens führen, sodass die Geltendmachung der in der Privatrechtspraxis im Vordergrund stehenden negatorischen Ansprüche gemäss Art. 9 Abs. 1 lit. a und/oder lit. b in der Regel entbehrlich ist.

[37] So explizit Art. 66 Abs. 1 MSchG, Art. 86 Abs. 1 PatG und Art. 43 Abs. 1 DesG; jeweils im Falle der Nichtigkeitsklage oder -einrede, im Fall von Art. 43 Abs. 1 DesG auch im Falle der Klage oder Einrede der Nichtverletzung. Auch der umgekehrte Fall (Sistierung Zivilverfahren) ist in der Praxis denkbar, vgl. bspw. BGer 4A_492/2008, E. B.

[38] Dies wird bspw. von Art. 66 Abs. 3 MSchG, Art. 86 Abs. 2 PatG und Art. 43 Abs. 3 DesG explizit vorgegeben.

[39] Vgl. bspw. §§ 119, 143 ff. StPO BS.

[40] Vgl. bspw. RIKLIN, GA 2006, 508.

- eine **Straftat** vorliegt (objektiver und subjektiver Tatbestand sowie Rechtswidrigkeit)[41];
- der **Ersatzanspruch auf die Straftat zurückzuführen** ist («Ableitung aus Straftat»; d.h. die Straftat zu einer vermögensmässigen Einbusse [Schaden] oder seelischer Unbill auf Seiten des Geschädigten geführt hat; Kausalität/Motivationszusammenhang), d.h. dass ein **Anspruch gemäss Art. 9 f.** besteht[42];
- bei Straftaten, die im Rahmen des **Betriebs eines Unternehmens** erfolgen, kann der Ersatzanspruch gegen den Geschäftsherrn (also den Unternehmensträger selbst; Art. 11 e contrario) oder auch gegen die strafrechtlich relevant mitwirkende(n) Organ- oder Hilfsperson(en) gerichtet (Art. 11) werden. Eine Bestrafung im Rahmen der Geschäftsherrenhaftung (Art. 6 VStrR i.V.m. Art. 26 und Art. 3–6) reicht dabei aus. Richtet sich ein Anspruch gegen das Unternehmen, das selbst infolge der nur subsidiären Unternehmensstrafbarkeit in Art. 102 Abs. 1 StGB nicht bestraft wird, muss die Zusprechung einer Ersatzforderung jedoch trotzdem erfolgen können, da und soweit das Verhalten der fraglichen Hilfs- oder Organperson(en) dem Geschäftsherr zugerechnet werden kann. Dabei ist dem rechtlichen Gehör des Unternehmens genügend Rechnung zu tragen;
- die **Ansprüche** hinreichend begründet und beziffert sind[43].

45 Im Rahmen der Beurteilung der Zivilklage kann zugleich eine **Zusprechung** der der Einziehung unterliegenden Gegenstände (bzw. von deren Verwertungserlös) bzw. Vermögenswerte **zugunsten der geschädigten Person** gemäss **Art. 73 StGB** – unter Anrechnung auf die Ersatzforderung – erfolgen[44].

---

[41] Art. 126 Abs. 1 StPO 2007, wobei ein Entscheid über die Zivilklage auch bei Freispruch, nicht aber im Strafbefehlsverfahren möglich ist (Art. 126 Abs. 2 lit. a StPO 2007). Vgl. bspw. BGer 6P.183/2001, E. 5 («Garantieversand»). Die Handlung braucht nicht (im Strafrechtssinne) schuldhaft verübt worden zu sein, vgl. BGE 129 IV 305, 310 («Telefaxverzeichnis II»).

[42] Die zivilrechtliche Ersatzberechtigung ist an engere Voraussetzungen geknüpft als die Strafantragsberechtigung, was sich u.a. schon aus Art. 10 Abs. 2 ergibt (Verbands- bzw. Bundesklage nur zur Geltendmachung negatorischer Ansprüche).

[43] Art. 126 Abs. 2 lit. b StPO 2007. Es besteht die Tendenz, dass Strafgerichte den Zivilanspruch im Zweifel auf den Zivilweg verweisen, vgl. BAUDENBACHER/GLÖCKNER, Kommentar UWG, Vor Art. 12 N 12, und DAVID, SIWR I/2, 235, sowie bspw. den Fall in BGer 6B_494/2009.

[44] Dazu Art. 23 N 103 und OGer BE sic! 2008, 101 E. 4 f. («Lounge Chair»; URG-Fall), sowie LOCHER, sic! 2008, 609. Unklar ist, ob das von Art. 73 Abs. 1 StGB vorausgesetzte Schadenserfordernis der Durchsetzung eines Anspruchs auf Gewinnherausgabe gemäss Art. 9 Abs. 3 auf dem Wege der Zusprechung gemäss Art. 73 StGB entgegensteht, was dann relevant ist, wenn der Verletzergewinn nicht dem Schaden (in Form entgangenen Gewinns) entspricht, sondern höher ist. Es wäre unbillig, wenn ein zulasten eines Strafantragsstellers erzielter Gewinn zwar vom Staat eingezogen werden könnte (Art. 70 f. StGB), dem Beeinträchtigten jedoch nicht (bzw. nur bis zur Höhe des erlittenen Schadens) zugesprochen werden könnte (befürwortend BSK StGB I-BAUMANN, Art. 73 N 6 und 8). Ob diesbezüglich schon eine Auskündigung an den Verletzten i.S. von Art. 70 Abs. 1 2. Var. StGB möglich ist, ist fraglich, da am Verletzergewinn keine dingli-

Bei der **Sicherungseinziehung** (Art. 69 StGB) unterliegenden Gegenständen besteht demgegenüber **kein Anspruch der Geschädigten**[45]. Zu beachten ist, dass eine Sicherungseinziehung (dazu Art. 23 N 100) auch dann erfolgen kann, wenn im Strafpunkt ein Freispruch erfolgt. Soweit ersichtlich können auch im **selbständigen Einziehungsverfahren** Zivilansprüche geltend gemacht werden[46].

Was das **Verhältnis** der strafrechtlichen Beschlagnahme bzw. der an sie ggf. anschliessenden Einziehung oder Zusprechung **zum Pfändungs- und Konkursbeschlag** und der entsprechenden Verwertung und Verteilung gemäss SchKG anbelangt, ist **Art. 44 SchKG** zu beachten[47]. Wenn die beschlagnahmten und einzuziehenden bzw. zuzusprechenden Gegenstände bzw. Vermögenswerte mit der Straftat in einem Zusammenhang stehen (sei es als Originalwerte oder auch als echte oder unechte Surrogate), **geht** die **strafrechtliche Beschlagnahme** bzw. eine daran anknüpfende anschliessende Einziehung (Art. 70 StGB) oder Zusprechung (Art. 73 StGB) dem **Konkurs- oder Pfändungsbeschlag vor** (Art. 44 SchKG); das Vorzugsrecht besteht jedoch nicht bei Ersatzeinziehungen, wenn die ersatzweise beschlagnahmten und einzuziehenden Vermögenswerte sich nicht als Originalwerte oder Surrogate bestimmen lassen[48].

Soweit Ersatzansprüche vom Strafgericht nicht gutgeheissen werden, gelten sie als nicht beurteilt und werden **auf den Zivilweg verwiesen**[49]. Das Zivilgericht ist an das Urteil des Strafgerichts nicht gebunden (Art. 53 OR)[50]. Die Verweisung auf den Zivilweg bedeutet nicht, dass die Ersatzforderungen unbegründet sind. Die Zusprechung auf dem Zivilweg ist infolge weniger strenger Anspruchsvoraussetzungen[51] stets denkbar. Zumindest faktische Bindung dürfte den tatsächlichen Feststellungen und der Würdigung der objektiven Seite der Tatbestände in Art. 3–6 zukommen. Nach der Verweisung auf den Zivilweg kommt die verjährungsrechtliche Privilegierung des Art. 60 Abs. 2 OR nur zum Zuge, wenn klägerischerseits bewiesen werden kann, dass ein Straftatbestand erfüllt wurde und daraus ein Schaden (oder seelische Unbill) resultierte[52].

---

che Berechtigung besteht (dazu TRECHSEL/JEAN-RICHARD, Praxiskommentar, Art. 70 N 9). In BGE 123 IV 145, 147 ff., sprach sich das Bundesgericht für den Einbezug von Genugtuungsforderungen in Art. 60 aStGB aus, obwohl schon dieser nur den Begriff «Schaden» enthielt, wobei allerdings Überlegungen des Opferschutzes eine massgebliche Rolle spielten.

[45] BGE 130 IV 143, 151 («Einziehung von Le Corbusier-Möbeln»), Ablehnung der Beschwerdelegitimation im Verfahren vor BGer (nach OG/BStP).
[46] Zur selbständigen Einziehung Art. 23 N 102 u. 107 sowie zum selbständigen Einziehungsverfahren gemäss Art. 376 ff. StPO 2007 PIETH, Strafprozessrecht, 208 ff.
[47] Vgl. bspw. BGE 120 IV 365, 367 f. (im Anwendungsbereich des VStrR).
[48] BGE 126 I 97, 108 f., und BGer 6S.68/2004, E. 3.1; vgl. TRECHSEL/JEAN-RICHARD, Praxiskommentar, Vor Art. 69 N 5 sowie Art. 70 N 8 und 10, SCHMID, Möglichkeiten, 27 ff., je m.w.H.
[49] Vgl. bspw. zukünftig Art. 126 Abs. 2 und 3 StPO 2007.
[50] Vgl. bspw. HAUSER/SCHWERI/HARTMANN, Strafprozessrecht, § 38 N 18a.
[51] Kein Vorsatzerfordernis (Fahrlässigkeit/Bösgläubigkeit genügt), Beweismass, nicht nur Verletzungen der Art. 3–6 können beurteilt werden, sondern auch Verletzungen der Art. 2, 7 und 8.
[52] Dazu näher BK-BREHM, Art. 60 OR N 73 ff. m.w.H.

49 Der Strafantragsteller kann den **Strafantrag zurückziehen,** solange das Urteil der zweiten Instanz noch nicht eröffnet ist (Art. 33 StGB). Dies ermöglicht bzw. erleichtert eine **vergleichsweise Einigung** mit dem Verletzer, namentlich auch die Berücksichtigung reparatorischer Ansprüche gemäss Art. 9 Abs. 3 (oder ggf. aus Vertrag).

50 Vgl. zu den Rechtsmitteln hienach, N 51 ff.

4. Rechtsmittelwege

51 Im Bereich der Strafverfolgung und -gerichtsbarkeit im Rahmen von Art. 23 und Art. 24 kommen die **kantonalen Verfahrensvorschriften** zur Anwendung.

52 Die der be-/angeschuldigten bzw. verurteilten Person, der Strafverfolgungsbehörde und der geschädigten Person bzw. dem Strafantragsteller zur Verfügung stehenden Rechtsmittel beurteilen sich nach den im **kantonalen Recht** vorgesehenen Bestimmungen sowie im **bundesgerichtlichen Verfahren** nach **Art. 78 ff./90 ff. BGG.** Für Vor- und Zwischenentscheide (Verfügungen, Beschlüsse sowie Verfahrenshandlungen), z.B. über Zwangsmassnahmen bestehen besondere Rechtsmittelordnungen und Zuständigkeiten (bspw. bei einem Verfahrensgericht oder einer Rekurskammer).

53 **Zukünftig** gelten für das **Rechtsmittelverfahren** im **Kanton Art. 379 ff. StPO 2007** (kantonale Beschwerde: Art. 393 ff. StPO 2007 sowie kantonale Berufung: Art. 398 ff. StPO 2007), das **bundesgerichtliche Verfahren** beurteilt sich weiterhin nach **Art. 78 ff./90 ff. BGG.**

54 Speziell einzugehen ist auf die dem **Strafantragsteller** (Zivil-/Privatkläger) zukünftig unter dem Regime der StPO 2007 zur Verfügung stehenden Rechtsmittel[53]:

– Mit Bezug auf den **Strafpunkt** kann nur ein **Freispruch,** nicht aber ein Entscheid hinsichtlich der ausgesprochenen Sanktion (inkl. Schuldspruch bei gleichzeitigem Absehen von Strafe) angefochten werden[54]. Im Fall von Übertretungen i.S.v. Art. 24 steht die **Beschwerde** (Art. 393–397 i.V.m. Art. 398 Abs. 4 StPO 2007) oder im Fall von Vergehen gemäss Art. 23 die **Berufung** (Art. 398–409 StPO 2007) offen[55]. Die **Einstellung des Verfahrens** kann der Strafantragssteller innert 10 Tagen bei der Beschwerdeinstanz anfechten (Art. 322 Abs. 2 StPO 2007).

---

[53] Vgl. bspw. auch LOCHER, sic! 2008, 613 f.
[54] Art. 382 Abs. 2 StPO 2007.
[55] Im Fall, dass neben Übertretung nach Art. 24 auch Vergehen (oder Verbrechen) gemäss Art. 23 bzw. anderen Bundesgesetzen Gegenstand des erstinstanzlichen Hauptverfahrens bildeten, kann eine Berufung erfolgen (Art. 398 Abs. 4 StPO 2007).

- Beschränkt sich die Berufung auf den **Zivilpunkt,** so wird das erstinstanzliche Urteil nur so weit überprüft, als es das am Gerichtsstand anwendbare Zivilprozessrecht vorsehen würde (Art. 398 Abs. 5 StPO 2007)[56]. Es kommt deshalb ab Inkrafttreten der ZPO-CH (per 1. Januar 2011) im Binnenverhältnis zur Anwendung der Regelung in der ZPO-CH[57].

Entscheide letzter kantonaler Instanzen[58] können mit der **Beschwerde in Strafsachen** an das Bundesgericht weitergezogen werden. Es sind die Bestimmungen der **Art. 78 ff.** BGG anwendbar, wobei mit Bezug auf das Beschwerderecht des Strafantragstellers (Zivilklägers) insbesondere gilt, was folgt:

- Vorausgesetzt ist die **Teilnahme am vorinstanzlichen Verfahren** (soweit vorgesehen) und ein **rechtlich geschütztes Interesse** an der Änderung oder Aufhebung des angefochtenen Entscheids (Art. 81 Abs. 1 lit. a und b BGG).
- Im **Strafpunkt:** Ein Recht zur Beschwerde (in Strafsachen) besteht nur für die Privatstrafklägerschaft nach Art. 81 Abs. 1 lit. b Ziff. 4 BGG, d.h., soweit sie «nach dem kantonalen Recht die Anklage ohne Beteiligung der Staatsanwaltschaft vertreten hat». Erfolgte demgegenüber eine Beteiligung[59] der Staatsanwaltschaft, so besteht im Strafpunkt ein Beschwerderecht nur «soweit es um das Strafantragsrecht als solches geht» (Art. 81 Abs. 1 lit. b Ziff. 6 BGG), da eine im UWG-Kontext geschädigte Person nicht als Opfer i.S.v. Art. 81 Abs. 1 lit. b Ziff. 5 BGG (i.V.m. Art. 1 Abs. 1 OHG) gilt[60].
- Im **Zivilpunkt** besteht nur ein Recht zur Beschwerde in Strafsachen, «wenn diese [Zivilansprüche] zusammen mit der Strafsache zu behandeln sind» (Art. 78 Abs. 2 lit. a BGG), also nur für die Privatstrafklägerscchaft i.S.v. von Art. 81 Abs. 1 lit. b Ziff. 4 BGG. Ein Recht zur Beschwerde in Zivilsachen besteht nicht, da diese nur gegen «Entscheide in Zivilsachen» möglich ist (Art. 72 Abs. 1 BGG).

---

[56] Die Verweisung von Zivilansprüchen auf den Zivilweg kann nicht mit Berufung angefochten werden, vgl. Art. 398 Abs. 5 StPO und Botschaft StPO, 1314.
[57] Es gilt für eine (zivilrechtliche) Berufung eine Streitwertgrenze von CHF 10 000.–, ansonsten ist nur eine Beschwerde möglich (mit eingeschränkten Beschwerdegründen; vgl. Art. 308 Abs. 2 bzw. Art. 319 ff. ZPO-CH).
[58] Zu bedenken ist, dass bspw. ZH die Kassationsbeschwerde an das KassGer ZH kennt, vgl. § 428 ff. StPO ZH.
[59] Von einer Beteiligung der Staatsanwaltschaft ist wohl nur auszugehen, wenn diese «eigenständig» das Verfahren führte, also nicht in Fällen, in denen die Staatsanwaltschaft (bspw. auf Geheiss des zuständigen Strafgerichts) einzig den Beweisanträgen der Privatklägerschaft nachging.
[60] Die fehlende Beschwerdemöglichkeit der geschädigten Person bestätigend BGer 6B_540/2009, E. 1.6 und 1.7. Vgl. bspw. BGE 133 IV 228, E. 2, BGer 6B_948/2008, E. 1, sowie BGer 6B_888/2008, E. 1.

55 Es besteht zudem ein spezielles **Beschwerderecht der Bundesanwaltschaft** in Fällen von Verstössen gegen die Vorschriften über die Preisbekanntgabe in Art. 16–20 sowie den Bestimmungen der PBV, da insofern an die Mitteilungspflicht in Art. 27 Abs. 2 angeknüpft wird (Art. 81 Abs. 2 1. Var. BGG; dazu N 63 ff.).

5. Verjährung

56 Im UWG fehlt eine Vorschrift zur strafrechtlichen Verjährung[61]. Zur Anwendung kommen deshalb gemäss Art. 333 Abs. 1 StGB die **allgemeinen strafrechtlichen Verjährungsbestimmungen** der **Art. 97 f. StGB** (Verfolgungsverjährung) und 99 f. StGB (Vollstreckungsverjährung). Im Hinblick auf die **Rechtsnatur** der strafrechtlichen Verjährung ist **umstritten,** ob es sich um ein Institut des materiellen Rechts oder des Prozessrechts handelt[62]. Grosse praktische Bedeutung kommt diesem Lehrstreit allerdings nicht zu[63].

57 Die **Fristen** der **Verfolgungsverjährung** betragen für Widerhandlungen gemäss Art. 23 **sieben Jahre** (Art. 97 Abs. 1 lit. c StGB) resp. je nach ausgesprochener Strafe 15 oder fünf Jahre (Art. 99 Abs. 1 lit. d, e StGB). Die Verjährung ist für Übertretungen (bspw. Art. 24) in **Art. 109 StGB** speziell geregelt. Sowohl die Verfolgungs- als auch die Vollstreckungsverjährung betragen danach drei Jahre. Für den Beginn der Verjährung ist in beiden Fällen auf die Art. 98 und 100 StGB abzustellen[64].

58 Ist vor Ablauf der Verjährungsfrist ein **erstinstanzliches Urteil ergangen,** so tritt **keine Verfolgungsverjährung mehr** ein (Art. 97 Abs. 3 StGB)[65].

59 Die strafrechtliche Verfolgungsverjährung **beginnt** mit dem **Zeitpunkt der Tatausführung** (Art. 98 lit. a StGB) bzw., wenn sie zu verschiedenen Zeiten ausgeführt wurde, an dem Tag, an dem die **letzte Tätigkeit ausgeführt** wurde (Art. 98 lit. b StGB). Bei Dauerdelikten – also namentlich bei Werbe- oder Pressekampagnen, Vertrieb nachgeahmter Ausstattung oder andauerndem Behinderungsverhalten –

---

[61] Schon im aUWG 1943 waren keine Vorschriften zur strafrechtlichen Verjährung vorgesehen, während Art. 37 E-UWG 1983 noch eine spezielle Bestimmung zur strafrechtlichen Verjährung vorsah, Botschaft UWG, 1088 sowie 1100 f.; vgl. dazu BAUDENBACHER/GLÖCKNER, Kommentar UWG, Vor. Art. 23 ff. N 24.

[62] STRATENWERTH, AT II, § 7 N 24; BSK StGB I-MÜLLER, Vor Art. 97 N 40–45 m.w.H.

[63] BSK StGB I-MÜLLER, Vor Art. 97 N 45. Bei grenzüberschreitender Delinquenz wendet jeder Staat – soweit nach den eigenen Vorschriften zur Strafverfolgung und Beurteilung zuständig – sein eigenes Verjährungsrecht an, wie er auch nur seine eigenen Strafrechtsbestimmungen anwendet. Zur Bedeutung der Verjährung im Rechtshilferecht vgl. Art. 5 Abs. 1 lit. c IRSG.

[64] Für Übertretungen BSK StGB I-HEIMGARTNER, Art. 109 StGB N 11, 14.

[65] Dies gilt auch bei Übertretungen und im Strafbefehlsverfahren, vgl. BGer 6B_186/2009, E. 2.

beginnt die Verjährung an demjenigen Tag, an welchem das strafbare Verhalten aufhört (Art. 98 lit. c StGB)[66].

Für **Straftaten,** die vor Inkrafttreten der neuen allgemeinen Verjährungsbestimmungen in Art. 97 f. StGB am **1. Oktober 2002** verübt wurden oder bis danach Wirkungen entfalteten, können über das **Privileg** der **lex mitior** (Art. 2 Abs. 2 StGB) die alten Verjährungsvorschriften (Art. 70 und Art. 72 Abs. 2 aStGB) zur Anwendung kommen. Es gilt das Recht, dessen Anwendung zum tiefsten Strafmass führt und damit im Endeffekt für den Täter am günstigsten ist[67]. 60

Im Zivilrecht erlangt die strafrechtliche Verjährungsregelung Relevanz im Zusammenhang mit **Art. 60 Abs. 2 OR**[68]: Die längere strafrechtliche Verjährungsfrist gilt danach auch für den aus dem Delikt entstandenen Zivilanspruch, der adhäsionsweise[69] oder selbständig[70] geltend gemacht werden kann. 61

Mehrere, ein andauerndes pflichtwidriges Verhalten bildende strafbare Handlungen verjähren alle einzeln, sofern sie nicht aus einem anderen Gesichtspunkt als Handlungseinheit erscheinen[71]. Die **Rechtsfiguren** der **verjährungsrechtlichen Einheit** infolge andauernden pflichtwidrigen Verhaltens bzw. des **Fortsetzungszusammenhangs** wurden vom Bundesgericht 2005 bzw. 1990 **aufgegeben**[72]. 62

6. Mitteilungspflicht gemäss Abs. 2

Die in Abs. 2 vorgesehene Pflicht zur **Mitteilung** von **Entscheiden** (Urteile, Strafbescheide der Verwaltungsbehörden und Einstellungsbeschlüsse) im Bereich der Preisbekanntgabe (Art. 16 ff. sowie PBV) aktiviert das in Art. 266 lit. c BStP vorgesehene **Recht** (Beschwerdelegitimation) der **Bundesanwaltschaft** zur Ergreifung von **Rechtsmitteln im kantonalen Verfahren.** Ebenso wird das in Art. 81 Abs. 2 1. Var. BGG (vormals Art. 270 lit. d BStP[73]) vorgesehene **Recht** (Beschwerdelegitimation) der **Bundesanwaltschaft** zur Ergreifung der **Beschwerde in Strafsachen** gemäss Art. 78 ff. BGG an das Bundesgericht ausgelöst[74]. Dies 63

---

[66] Vgl. dazu auch BGE 131 IV 83, 94 (zu Art. 71 lit. c aStGB).
[67] Vgl. BGE 129 IV 49, 50 f. («Telefaxverzeichnis»), sowie BGer 6B_92/2008, E. 1.
[68] Dazu ausführlich die Kommentierung Vor Art. 12 bis 15 bzw. zu Art. 9.
[69] Siehe dazu unten N 37 ff.
[70] Siehe dazu oben Art. 9 N 225.
[71] Vgl. dazu etwa SEELMANN, AT, 77 ff.; STRATENWERTH, AT I, § 19 N 1 ff.
[72] BGE 131 IV 83, 90 ff. Die Figur des sog. Fortsetzungszusammenhangs wurde schon in BGE 116 IV 121, 121 ff., aufgegeben. Vgl. zur verjährungsrechtlichen Einheit BGE 120 IV 6, 9 f., BGer 6S.184/2003 sic! 2004, 344, E. 1.2 («Telefaxverzeichnis II») sowie BGer 6S.158/2005, E. 1.2 f. Zur Verjährung allgemein BSK StGB I-P. MÜLLER, Kommentierung zu Art. 97 ff. und spezifisch zu Bestechungssachverhalten bzw. zur verjährungsrechtlichen Einheit BSK StGB II-PIETH, Art. 322ter N 48 f. m.w.H.
[73] Ausser Kraft seit 1.1.2007.
[74] Vgl. Botschaft UWG, 1088.

hat praktische Bedeutung namentlich bei Einstellungen oder dem Verzicht auf die Strafverfolgung i.S.v. Art. 52 StGB (Opportunitätsprinzip in Bagatellfällen) und bewirkt eine Art **«indirekte nachträgliche Bundesaufsicht»** im Bereich der Preisbekanntgabe[75]. Demgegenüber verfügt die Bundesverwaltung, namentlich das zur Aufsicht im Bereich der Preisbekanntgabe zuständige Eidgenössische Volkswirtschaftsdepartement (EVD) bzw. das SECO selbst über kein Beschwerderecht[76].

64 **Zukünftig** sind die erwähnten Beschwerdemöglichkeiten mit Wirkung für das kantonale Verfahren in Art. 381 Abs. 4 lit. a StPO 2007 und mit Wirkung für das bundesgerichtliche Verfahren in Art. 81 Abs. 2 BGG vorgesehen.

65 **Ausserhalb der Preisbekanntgabe** existiert **weder** ein **Beschwerderecht** des Bundesanwalts noch sonstiger Bundesbehörden. Den kantonalen Untersuchungsbehörden (Staatsanwaltschaften, Untersuchungsrichterämter, Statthalterämter etc.) steht ein Beschwerderecht im Rahmen des jeweilig anwendbaren kantonalen Prozessrechts zu[77]. Hat der Bund (handelnd durch das SECO) auf dem Weg der **Bundesklage** gemäss Art. 10 Abs. 2 lit. c Strafantrag gestellt, stehen ihm dieselben Parteirechte wie einem gewöhnlichen Antragssteller zu, was in Art. 23 Abs. 3 E-UWG 2009 neu ausdrücklich festgehalten werden soll (Rechte eines Privatklägers)[78].

66 Die fraglichen Entscheide sind **unverzüglich** und **unentgeltlich** in **vollständiger Ausfertigung** der Bundesanwaltschaft zuhanden des eidgenössischen Volkswirtschaftsdepartements mitzuteilen. Unverzüglich dürfte eine Zustellung dann sein, wenn sie mindestens gleichzeitig wie diejenige an die Parteien erfolgt. Mit vollständiger Ausfertigung dürfte die Zustellung des motivierten Urteils, d.h. des Urteilsdispositivs, mitsamt Begründung (Motivation) gemeint sein[79]. Sinn und Zweck von Art. 27 Abs. 2 ist die Möglichkeit der rechtzeitigen Wahrnehmung des Beschwerderechts, das der Bundesanwaltschaft bzw. dem EVD (SECO) im Bereich der Preisbekanntgabe zusteht. Art. 3 Ziff. 8 der Mitteilungsverordnung sieht die Mitteilung direkt (nur) an das SECO vor[80].

67 Künftig sieht Art. 27 Abs. 2 E-UWG 2009 eine **allgemeine Mitteilungspflicht** vor, d.h. die bisherige Beschränkung auf den Bereich der Preisbekanntgabe entfällt.

---

[75] Diese faktische Oberaufsicht ist jedoch nicht mit derjenigen gemäss Art. 258 f. BStP zu verwechseln.
[76] EVD-intern ist das Staatssekretariat für Wirtschaft (SECO) für den Bereich der Preisbekanntgabe zuständig. Den Entscheid, ein Rechtsmittel bzw. die Beschwerde in Strafsachen in einem konkreten Fall zu ergreifen, trifft die Bundesanwaltschaft in Absprache mit dem EVD (bzw. dem SECO), weil Letzterem die Entscheide etc. von der Bundesanwaltschaft weiterzuleiten sind («...zuhanden...»).
[77] Vgl. dazu bspw. HAUSER/SCHWERI/HARTMANN, Strafprozessrecht, N 4.
[78] Dazu N 31 ff., insbes. N 36. Botschaft UWG 2009, 6184 f. sowie 6195.
[79] Vgl. zur Urteilseröffnung und -zustellung (zukünftig) Art. 84 ff. i.V.m. Art. 351 Abs. 3 StPO 2007.
[80] SR 312.3. Entscheide im Bereich des Immaterialgüterrechts sind an das Institut für Geistiges Eigentum einzusenden (vgl. Art. 3 Ziff. 3–7 Mitteilungsverordnung).

Gleichzeitig gilt sie sowohl gegenüber der Bundesanwaltschaft als **auch (neu) direkt** gegenüber dem **Eidgenössischen Volkswirtschaftsdepartement**[81].

7. Hilfeleistung durch die Zollverwaltung

Im UWG fehlen von jeher Bestimmungen **zur Hilfeleistung** durch die **Zollverwaltung**, wie sie die **immaterialgüterrechtlichen Spezialgesetze** (PatG. MSchG, DesG und URG; ebenso SoSchG und ToG) allesamt vorsehen[82]. Aufgrund dieser Bestimmungen können schutzrechtsverletzende Gegenstände von den Zollbehörden beschlagnahmt und ggf. vernichtet werden. Bei Bedarf kann im Rahmen der Ein-, Aus- oder Durchfuhr von Waren eine nach den allgemein anwendbaren strafprozessualen Grundsätzen mögliche Beschlagnahme erfolgen. Bei UWG-Sachverhalten kann die Möglichkeit der Hilfeleistung durch die Zollverwaltung praxisrelevant sein, wenn gleichzeitig Verletzungen immaterialgüterrechtlicher Schutzrechte vorliegen oder drohen. 68

Die Zollbehörden können die **Zurückbehaltung von Waren** für zunächst 3 Werktage verfügen, um dem Schutzrechtsinhaber, dem klageberechtigten Lizenznehmer oder einer sonstig berechtigten Person die Stellung des Antrags auf Hilfeleistung zu ermöglichen[83]. Anschliessend kann die von der Zurückbehaltung betroffene Person vorsorgliche Massnahmen erwirken, wobei die Zurückbehaltung höchstens weitere 10 Werktage dauern kann. Möglich ist aber auch, die zollrechtliche Zurückbehaltung durch eine strafrechtliche Beschlagnahme aufrechtzuhalten bzw. zu «prosequieren»[84]. 69

Seit der **PatG-Revision 2007** (Inkrafttreten 1. Juli 2008) wird neu über Art. 86a ff. PatG (sowie Art. 70 ff. MSchG, Art. 46 ff. DesG und Art. 75 ff. URG) klargestellt, dass namentlich auch der – weiterhin nicht strafbare und zivilrechtlich in gewissen Schranken zulässige – **Privatgebrauch** sowie (neben der Ein- und Ausfuhr) auch die **Durchfuhr** von gewerblich hergestellten schutzrechtsverletzenden Waren erfasst werden[85]. Die im Rahmen der Hilfeleistung der Zollverwaltung beschlag- 70

---

[81] Botschaft UWG 2009, 6185 sowie 6195.
[82] Vgl. DAVID, SIWR I/2, 266 ff., HYZIK, in: Staub/Celli, Kommentar DesG, Art. 46 ff., VON BÜREN/ MARBACH/DUCREY, Immaterialgüterrecht, N 1042 ff., und K. TROLLER, Immaterialgüterrecht, § 65. Dies ist verständlich, da das UWG keinen (direkten) Leistungsschutz bezweckt und vielmehr unlautere Verhaltensweisen verbietet (dazu Einleitung N 37 f.). Zu beachten ist immerhin, dass sie auch für Herkunftsangaben gemäss Art. 47 MSchG gilt (Art. 70 Abs. 1 MSchG).
[83] Vgl. Art. 86a PatG, Art. 30 Abs. 2 MSchG, Art. 46 Abs. 2 DesG und Art. 75 Abs. 2 URG; zum Ganzen näher Botschaft PatG 2005, 120 f. und BÜHLER, Komm. MSchG, Kommentierung zu Art. 70 ff. MSchG.
[84] Chambre d'accusation GE sic! 2006, 426, E. OCA in fine («Confiscation et destruction»). Vgl. auch den Fall in BGer 4C.164/2000 sic! 2001, 38 («Diesel [fig.]»).
[85] Vgl. zur Einfuhr von schutzrechtsverletzenden Gegenständen zum Privatgebrauch im Markenrecht BGE 114 IV 6, 7 («Rolex Imitation»), allerdings nur zur strafrechtlichen Einziehung, sowie

nahmte Ware kann auf schriftlichen Antrag der verletzten betroffenen Person vernichtet werden, wobei die Antragstellung dem «Anmelder, Besitzer oder Eigentümer» der Ware mitzuteilen ist und dieser der Vernichtung zuzustimmen hat (Zustimmungsfiktion bei nicht expliziter Ablehnung).

71 Auch wenn eine Hilfeleistung durch die Zollverwaltung in der Praxis – trotz Möglichkeit eines (ersten) Eingreifens von Amtes wegen – in der Regel nur auf Antrag der Betroffenen und eher relativ selten, aber doch, soweit ersichtlich, in zunehmendem Masse durchgeführt wird, kann sie in Fällen eigentlicher **Produktpiraterie** von **nicht zu unterschätzender Bedeutung** sein[86].

8. Amts- und Rechtshilfe in UWG-Strafsachen

a) Nationale Amts- und Rechtshilfe

72 Mangels expliziter Grundlagen im UWG beurteilt sich die Amtshilfe im Binnenverhältnis nach den **allgemeinen Grundsätzen,** d.h. namentlich nach den Art. 349 ff. StGB, die zukünftig weitgehend unverändert in Art. 43 ff. StPO 2007 übernommen werden[87].

b) Internationale Amts- und Rechtshilfe

73 In Frage kommen **de lege lata** nur Massnahmen der internationalen **Rechtshilfe,** also der Hilfeleistung unter Justizbehörden bzw. der Strafverfolgungsorgane. Mangels ausdrücklicher gesetzlicher Grundlagen **scheidet** eine internationale **Amtshilfe,** also der direkte Informationsaustausch zwischen Verwaltungsbehörden, wie sie z.B. im Bereich des Heilmittelrechts (Art. 64 HMG), der Börsende-

---

Chambre d'accusation NE sic! 2006, 873, E. 3 («Contrefaçons de montres»). Zu den Privatgebrauchsausnahmen vgl. Art. 19 Abs. 1 lit. a und Art. 20 Abs. 2 und 3 URG sowie Art. 9 Abs. 1 lit. a PatG.

[86] Vgl. bspw. den Fall in BGer 4C.164/2000 sic! 2001, 38 («Diesel [fig.]»), wo es um 1730 Jeans ging (die Markenrechtsverletzung blieb infolge Klagerückzugs nach Erlass der Beschlagnahme jedoch unbeurteilt).

[87] Vgl. auch die Ausführungen in der Botschaft StPO, 1144 ff. Art. 21 VE-UWG 2006 (Ambush-Marketing-Vorlage) sah noch eine explizite Grundlage zur nationalen Amtshilfe vor. Weder im VE-UWG 2008 noch im aktuellen E-UWG 2009 findet sich jedoch eine Grundlage zur nationalen Amtshilfe. Die Bestimmungen des Datenschutzes, d.h. namentlich des DSG, kommen zur Anwendung, soweit es nicht um hängige Verfahren geht. In den meisten Kantonen fehlen allgemeine Grundsätze zur Datenbearbeitung bei hängigen Verfahren (vgl. Botschaft StPO, 1159, zu Art. 93–97 E-StPO 2006). Zukünftig richtet sich der Datenschutz nach Art. 95–99 StPO 2007.

likte (Art. 38 BEHG), des Kulturgüterschutzes (Art. 22 KGTG) und neu v.a. im Bereich der direkten Steuern existiert, **aus**[88].

Eine Rechtshilfe kann allgemein nach dem **Bundesgesetz über die Internationale Rechtshilfe in Strafsachen** (IRSG)[89] erfolgen, wobei allfällige Staatsverträge zu beachten sind und ggf. vorgehen (vgl. Art. 1 Abs. 1 IRSG). 74

Das **Strafrechtsübereinkommen des Europarats über Korruption vom 27. Januar 1999** enthält Bestimmungen zur internationalen Zusammenarbeit und Rechtshilfe (Art. 25 f. des Abkommens), die sich auch auf die in Art. 4a erfasste aktive und passive Privatbestechung (Art. 7 f. des Abkommens) beziehen, jedoch nur unwesentlich über den vom IRSG gesteckten Rahmen hinausgehen[90]. Das OECD-Abkommen sieht zwar ebenfalls rechtshilferelevante Bestimmungen (Art. 9 f. des Abkommens) vor, betrifft aber die Privatbestechung nicht bzw. nur am Rande[91]. Auch das **Übereinkommen der Vereinten Nationen gegen Korruption** vom 31. Oktober 2003 (UNCAC) sieht Massnahmen zur internationalen Zusammenarbeit inkl. Rechtshilfe vor (Art. 43 ff. des Abkommens), die sich auch auf die in Art. 4a erfasste aktive und passive Privatbestechung (Art. 21 des Abkommens) beziehen, die aber auch nur unwesentlich über den vom IRSG gesteckten Rahmen hinausgehen[92]. 75

Für UWG-Delikte liegen jedoch **keine weiteren spezifischen staatsvertraglichen Grundlagen** für eine internationale (Strafrechts-)Rechtshilfe vor. So äussern sich weder die Staatsverträge im Bereich der Herkunftsangaben noch die Bestimmungen der PVÜ zur Rechtshilfe[93]. Hingegen sind allgemeine multilaterale Rechtshilfeverträge wie bspw. namentlich das Europäische Übereinkommen über Rechtshilfe in Strafsachen mit Zusatzprotokollen sowie bspw. der bilaterale Rechtshilfevertrag mit den Vereinigten Staaten auch auf UWG-Delikte anwendbar, ohne jedoch UWG-spezifische Bestimmungen aufzuweisen[94]. Eine ausschliesslich auf **Comity-Überlegungen** basierte internationale Amts- oder Rechtshilfe verbietet sich[95]. 76

Die **Straftatbestände gemäss Art. 3–6 i.V.m. Art. 23** stellen allesamt gemäss IRSG **rechtshilfefähige Delikte** dar. Sie fallen insbesondere nicht unter die Ausschlussklausel des Art. 3 Abs. 3 IRSG für handels- oder wirtschaftspolitische 77

---

[88] Vgl. zur Rechtslage de lege lata den Begleitbericht VE Ambush-Marketing, 8, sowie der Begleitbericht des SECO zum VE-UWG 2008 (insbes. Art. 22 VE-UWG 2008)
[89] SR 351.1.
[90] SR 0.311.55. Art. 26 des Abkommens sieht jedoch das «unverzügliche Bearbeiten der Ersuchen» vor.
[91] SR 0.311.21. Vgl. Botschaft OECD-Übereinkommen 1999, 5513 ff.
[92] SR 0.311.56.
[93] Vgl. zu diesen Verträgen Einleitung N 99, 151 ff.
[94] EUeR (SR 0.351.1 ff.) bzw. RVUS (SR 0.351.933.6 und 0.351.933.66). Dazu auch anstelle vieler HAUSER/SCHWERI/HARTMANN, Strafprozessrecht, § 21 N 1.
[95] Eine Amts- oder Rechtshilfe gestützt auf das EG-Assoziierungsabkommen von 1972 entfällt ebenso.

Massnahmen, da sie wirtschaftspolizeilicher Natur sind[96]. In Frage kommen insbesondere Massnahmen der sog. kleinen bzw. akzessorischen Rechtshilfe (Beweismassnahmen, Zwangsmassnahmen wie Hausdurchsuchung und Beschlagnahme, Zeugenbefragungen, vgl. Art. 63 ff. IRSG). Eine Auslieferung ist gemäss Art. 35 IRSG zwar möglich, dürfte in der Praxis aber kaum je in Frage kommen.

78 Theoretisch möglich ist auch eine (akzessorische) **Rechtshilfe** im Rahmen von **Widerhandlungen gegen Art. 24**, obwohl es sich nur um einen Übertretungsstraftatbestand handelt, da die wirtschafts- bzw. handelspolitische Ausschlussklausel in Art. 3 Abs. 3 IRSG nicht greifen dürfte. Die Rechtshilfe in Bagatellfällen, d.h. in Fällen, in denen die Bedeutung der Tat die Durchführung des Verfahrens nicht rechtfertigt, wird jedoch im Rahmen von Art. 4 IRSG verweigert.

79 De **lege ferenda** ist auf Art. 21 f. E-UWG 2009 (i.V.m. Art. 3 lit. p, q und r E-UWG 2009 zu Adressbuchschwindel und Schneeballsystemen) hinzuweisen, welche die **Zusammenarbeit** mit **inländischen Behörden** und mit **internationalen Organisationen und Gremien** sowie zur **gegenseitigen Datenbekanntgabe** zum Gegenstand haben[97]. In der Vernehmlassung sind diese Bestimmungen unangefochten geblieben. Während der Bereich der internationalen Rechtshilfe unberührt bleiben soll (dazu N 73), soll **Art. 22 E-UWG 2009** zukünftig eine **internationale Amtshilfe** («Datenbekanntgabe») ermöglichen. Die für den Vollzug des UWG zuständigen Bundesbehörden (SECO) sollen ausländischen Behörden und internationalen Organisationen oder Gremien Daten über Personen (inkl. Namensnennung) bekannt geben können, soweit die Datenempfänger Gegenrecht halten und sie die Daten nur zur Bekämpfung unlauteren Geschäftsgebarens bearbeiten (Spezialitätsvorbehalt)[98]. Die Amtshilfe ist auf Fälle **grenzüberschreitenden unlauteren Geschäftsgebarens** beschränkt, also auf Sachverhalte im internationalen Verhältnis[99]. Die geplante Bestimmung ist vergleichbar mit diversen bestehenden Bestimmungen in anderen Bundesgesetzen[100]. Gleichzeitig sollen gemäss Art. 21 E-UWG 2009 Grundlagen für die **internationale Zusammenarbeit** geschaffen werden, wobei insbesondere auch der Abschluss von Staatsverträgen bezweckt wird (Abs. 2). Obwohl Letztere nicht (primär) dem Individualschutz dienen sollen, wird

---

[96] Vgl. Botschaft IRSG, 479, vgl. auch den Begleitbericht VE Ambush-Marketing, 8.
[97] Abrufbar unter http://www.admin.ch/ch/d/ff/2009/6193.pdf; vgl. schon zu Art. 21 VE-UWG 2008 http://www.news-service.admin.ch/NSBSubscriber/message/attachments/12275.pdf; vgl. auch Erläuternder Bericht VE-UWG 2008.
[98] Bei internationalen Organisationen und Gremien entfällt gemäss Art. 22 Abs. 3 E-UWG 2009 das Gegenrechtserfordernis, vgl. Botschaft UWG 2009, 6183 f. und 6195. Die Kriterien in Art. 22 Abs. 1 lit. a–d E-UWG 2009 erscheinen noch etwas vage und konkretisierungsbedürftig.
[99] Botschaft UWG 2009, 6163.
[100] So bspw. Art. 64 HMG, Art. 38 BEHG, Art. 22 KGTG, Art. 7 EmbG.

eine individualschutzbezogene Amtshilfe in Zukunft unter den Prämissen von Art. 22 E-UWG 2009 möglich sein[101].

Ähnliche Amtshilfe-Bestimmungen waren schon in **Art. 22 VE-UWG 2006** (sog. Ambush-Marketing-Vorlage des SECO vom 16. Mai 2006[102]) vorgesehen, die im damaligen Vernehmlassungsverfahren von 2006 kaum auf Resonanz und noch weniger auf Ablehnung gestossen waren[103]. Auch die Art. 21 f. E-UWG 2009 wurden im Rahmen des **Vernehmlassungsverfahrens 2008/2009 überwiegend befürwortet**[104]. Mit einem Inkrafttreten ist nicht vor Mitte 2011 zu rechnen.

80

---

[101] Erläuternder Bericht VE-UWG 2008, 21. Wo genau die Grenzen einer solchen Amtshilfe angesichts des einen Individualschutz nicht per se ausschliessenden Wortlauts von Art. 22 VE-UWG 2008 in der Praxis gezogen werden sollen, ist fraglich. Vgl. die Botschaft UWG 2009, 6171.

[102] «Anpassung des Bundesgesetzes gegen den unlauteren Wettbewerb (UWG) im Zusammenhang mit der Durchführung der Fussball-Europameisterschaften 2008»); abrufbar unter http://www.news-service.admin.ch/NSBSubscriber/message/attachments/8190.pdf sowie den Begleitbericht auf http://www.news-service.admin.ch/NSBSubscriber/message/attachments/8191.pdf.

[103] Vgl. die Publikation des SECO «Ergebnis des Vernehmlassungsverfahrens» vom 30. Oktober 2006, 12 f., abrufbar unter http://www.news-service.admin.ch/NSBSubscriber/message/attachments/4700.pdf sowie die entsprechende Pressemitteilung des EVD vom 22. November 2006, abrufbar unter http://www.seco.admin.ch/aktuell/00277/01164/01980/index.html?lang=de&msg-id=8453.

[104] Botschaft UWG 2009, 6170.

5. Kapitel: Schlussbestimmungen

Art. 28

Aufhebung bisherigen Rechts	Das Bundesgesetz vom 30. September 1943 über den unlauteren Wettbewerb wird aufgehoben.
Abrogation du droit fédéral	La loi fédérale du 30 septembre 1943 sur la concurrence déloyale est abrogée.
Diritto previgente: abrogazione	La legge federale del 30 settembre 1943 sulla concorrenza sleale è abrogata.
Repeal of Previous Law	The Federal Act on Unfair Competition of 30 September 1943 is hereby repealed.

Literatur

C. BAUDENBACHER (Hrsg.), Lauterkeitsrecht – Kommentar zum Gesetz gegen den unlauteren Wettbewerb (UWG), Basel 2001, Art. 28; B. VON BÜREN, Kommentar zum Bundesgesetz über den unlautern Wettbewerb vom 30. Sept. 1943 unter Einschluss der Ausverkaufsverordnung vom 16. April 1947, Zürich 1957, Kommentierung zu den Schlussbestimmungen (Art. 21 f. aUWG).

1   Art. 28 sah die **Aufhebung des bisherigen Rechts** (also des aUWG 1943) im Rahmen des Inkrafttretens des 1986 total revidierten UWG am 1. Januar 1988 vor.

2   Im Übrigen wurden seit Inkrafttreten des UWG am 1. Januar 1988 folgende Bestimmungen **aufgehoben**[1]:

– **Ausverkaufsbestimmungen** (Art. 21 f., Art. 25 sowie **Ausverkaufsverordnung** vom 14. Dezember 1987 (AV)[2]: Aufhebung per 1. November 1995: Liberalisierung des Ausverkaufswesens[3];

– **Gerichtsstandsregelung** (Art. 12 Abs. 1): Aufhebung per 1. Januar 2001: Erlass des GestG[4];

– Art. 4 lit. b aUWG, der (nur) die **aktive Privatbestechung** erfasste: **Aufhebung** per 1. Juli 2006: Die Materie erfuhr im gleichzeitig neu eingefügten Art. 4a eine umfassende, auch die passive Privatbestechung erfassende Regelung[5].

---

[1] Vgl. zu den seit dem Inkrafttreten am 1. März 1988 erfolgten Änderungen Einleitung N 91.
[2] aSR 241.1.
[3] AS 1995, 4086, 4088, vgl. auch BBl 1994 III 442 ff.; dazu näher Vor Art. 16 ff. N 1 f. und 29.
[4] AS 2000, 2355, 2371, vgl. auch BBl 1999, 2829 ff.; dazu näher Art. 12 N 15 ff.
[5] AS 2004, 2371, 2372, vgl. auch Botschaft Korruption, 6983 ff., dazu näher Art. 4a N 7 ff.

Im Unterschied zum per 1. März 1988 ausser Kraft getretenen Art. 22 aUWG 1943 wurde für das geltende Recht auf einen besonderen Hinweis betreffend des **Verhältnisses zum kantonalen Recht** verzichtet[6]. Der Vorbehalt kantonalen Rechts ergibt sich ohnehin aus Art. 27 i.V.m. Art. 94 (insbes. Abs. 4) BV (Art. 31 Abs. 2 aBV) für das öffentliche Recht und aus Art. 335 StGB (insbes. der in Abs. 1 enthaltene Vorbehalt des kantonalen Übertretungsstrafrechts) für das Strafrecht[7]. 3

Im Rahmen der Aufhebung des aUWG 1943 wurde **auf eine spezielle Regelung des zeitlichen Anwendungsbereichs verzichtet** (kein UWG-Intertemporalrecht), ebenso bei nachfolgenden Aufhebungen einzelner UWG-Bestimmungen. In Bezug auf den zeitlichen Geltungsbereich gilt somit den allgemeinen Regeln entsprechend, was folgt: 4

- Für **privatrechtliche Bestimmungen** des UWG gilt übergangsrechtlich die allgemeine intertemporale Regelung in Art. 1 ff. SchlT ZGB[8];
- Mit Bezug auf das **UWG-Strafrecht** ist gemäss Art. 2 Abs. 1 StGB i.V.m. Art. 333 Abs. 1 StGB ein Rückwirkungsverbot in Bezug auf schärferes neues Recht beachtlich. Zugunsten des Täters kann das mildere Recht hingegen rückwirkend angewandt werden (**lex mitior**; Art. 2 Abs. 2 i.V.m. Art. 333 Abs. 1 StGB)[9];
- Für das **intertemporale Verwaltungsrecht** gelten die allgemeinen verwaltungsrechtlichen Regeln, die sich an die Regelung der Art. 1 ff. SchlT ZGB anlehnen[10].

Als Beispiele für **spezielle, wettbewerbsrelevante Übergangsregelungen** ausserhalb des UWG können die «Schlussbestimmung zur Änderung vom 20. Juni 2003» im KG (einjährige «Übergangsfrist» für Kartellbussgelder), Art. 52 Abs. 1 DesG (auf Basis des MMG eingetragene Muster und Modelle unterstehen dem neuen Recht) und Art. 25a AWV (Übergangsfristen für bestimmte Arten der Arzneimittelwerbung) erwähnt werden. 5

---

[6] Vgl. Botschaft UWG, 1089.
[7] Vgl. dazu Vor Art. 16–20 N 79 ff. und Art. 27 N 3, je m.w.H.
[8] Zum intertemporalen Recht im UWG-Kontext BGE 114 II 91, 94 («Dior»), sowie auch BGE 130 III 636 ff., nicht amtl. publ. E.1 («Schmuckanhänger»); zum MMG/DesG, wobei Art. 52 Abs. 1 DesG anwendbar war).
[9] Dazu anstelle vieler TRECHSEL/JEAN-RICHARD, Praxiskommentar, Art. 2 N 6, sowie BGE 120 IV 287, 290 («Öffentliche Auskündigung»).
[10] HÄFELIN/MÜLLER/UHLMANN, Allgemeines Verwaltungsrecht, 5. Aufl., Zürich 2006, N 310 ff. m.w.H.

Art. 29

Referendum und Inkrafttreten	[1] **Dieses Gesetz untersteht dem fakultativen Referendum.** [2] **Der Bundesrat bestimmt das Inkrafttreten.**
Référendum et entrée en vigueur	[1] La présente loi est sujette au référendum facultatif. [2] Le Conseil fédéral fixe la date de l'entrée en vigueur.
Referendum ed entrata in vigore	[1] La presente legge sottostà al referendum facoltativo. [2] Il Consiglio federale ne determina l'entrata in vigore.
Referendum and Entry Into Force	[1] This Act shall be subject to an optional referendum. [2] The Federal Council shall determine the entry into force.

Literatur

C. BAUDENBACHER (Hrsg.), Lauterkeitsrecht – Kommentar zum Gesetz gegen den unlauteren Wettbewerb (UWG), Basel 2001, Art. 29; B. VON BÜREN, Kommentar zum Bundesgesetz über den unlautern Wettbewerb vom 30. Sept. 1943 unter Einschluss der Ausverkaufsverordnung vom 16. April 1947, Zürich 1957, Allgemeines sowie Schlussbestimmungen (Art. 21 und Art. 23 aUWG).

1 Das 1986 total revidierte UWG trat nach unbenutztem Ablauf der Referendumsfrist am 1. Januar 1988 in Kraft. Die **Ergreifung des Referendums** wurde **von keiner politischen oder wirtschaftlichen Kraft erwogen** – im Unterschied zum aUWG 1943, das in der Referendumsabstimmung vom 20. Oktober 1944 nur knapp angenommen wurde[1].

2 Auch gegen sämtliche **seit 1986 erfolgten Änderungen** wurde **kein Referendum** ergriffen.

3 **Verschiedene Änderungsvorhaben scheiterten** jedoch bereits **im Vorentwurfs- bzw. Vernehmlassungsstadium,** so zuletzt im Jahre 2006 die Vorlage zum sog. Ambush-Marketing[2].

---

[1] Dazu näher B. VON BÜREN, Kommentar UWG, Allgemeines N 32.
[2] Vgl. dazu sowie zu weiteren gescheiterten Revisionen Einleitung N 92.

Anhang I–IV

Inhaltsverzeichnis

Anhang I: Konkordanztabelle aUWG/UWG 1127

Anhang II: Pflicht zur Preisbekanntgabe 1129

Anhang III: Rechtsquellen
  I. Internationale Übereinkommen 1131
    1. Pariser Verbandsübereinkunft zum Schutze
       des gewerblichen Eigentums – PVÜ 1131
       Pariser Übereinkunft zum Schutz des gewerblichen Eigentums
       revidiert in Lissabon am 31. Oktober 1958
       (SR 0.232.03 / Stand am 6. Juni 2006) 1134
       Pariser Übereinkunft zum Schutz des gewerblichen Eigentums
       revidiert in Stockholm am 14. Juli 1967
       (SR 0.232.04 / Stand am 7. April 2009) 1137
    2. Abkommen über handelsbezogene Aspekte der Rechte
       an geistigem Eigentum – TRIPS
       (SR 0.632.20 Anhang 1C / Stand am 20. November 2008) 1141
    3. Übereinkommen der Vereinten Nationen gegen Korruption
       (SR 0.311.56 / Stand am 18. Dezember 2009) 1147
  II. Autonomes Schweizer Recht 1148
    4. Bundesverfassung der Schweizerischen Eidgenossenschaft – BV
       (SR 101 / Stand am 27. September 2009) 1148
    5. Schweizerisches Zivilgesetzbuch – ZGB
       (SR 210 / Stand am 1. Februar 2010) 1149
    6. Bundesgesetz über den Schutz von Marken und Herkunftsangaben –
       MSchG (SR 232.11 / Stand am 1. August 2008) 1153
    7. Bundesgesetz zum Schutz öffentlicher Wappen und anderer
       öffentlicher Zeichen – WSchG(SR 232.21 /
       Stand am 1. August 2008) 1155
    8. Bundesgesetz über Kartelle und andere Wettbewerbsbeschränkungen – KG (SR 251 / Stand am 1. Januar 2009) 1157
    9. Bundesgesetz über das Internationale Privatrecht – JPRG
       (SR 291 / Stand am 1. Januar 2010) 1160
    10. Bundesgesetz über die gebrannten Wasser – ALUG
       (SR 680 / Stand am 1. Juni 2008) 1163
    11. Fernmeldegesetz – FMG (SR 784.10 / Stand am 1. August 2008) 1165
    12. Verordnung über Fernmeldedienste – FMV
       (SR 784.101.1 / Stand am 1. Januar 2010) 1166
    13. Bundesgesetz über Radio und Fernsehen – RTVG
       (SR 784.40 / Stand am 1. Februar 2010) 1167
    14. Radio- und Fernsehverordnung – RTVV
       (SR 784.401 / Stand am 1. April 2010) 1170
    15. Bundesgesetz über Arzneimittel und Medizinprodukte – HMG
       (SR 812.21 / Stand am 1. Juli 2009) 1176

Inhaltsverzeichnis Anhang I–IV

    16. Verordnung über die Arzneimittelwerbung – AWV
        (SR 812.212.5 / Stand am 1. Juli 2007) 1177
    17. Bundesgesetz über Lebensmittel und Gebrauchsgegenstände – LMG
        (SR 817.0 / Stand am 1. April 2008) 1185
    18. Lebensmittel- und Gebrauchsgegenständeverordnung – LGV
        (SR 817.02 / Stand am 1. Mai 2009) 1187
    19. Verordnung über Tabakerzeugnisse und Raucherwaren mit Tabak-
        ersatzstoffen – TabV (SR 817.06 / Stand am 1. Januar 2009) 1191
    20. Bundesgesetz über die Landwirtschaft – LwG
        (SR 910.1 / Stand am 1. Januar 2010) 1195
    21. Verordnung über den Schutz von Ursprungsbezeichnungen und
        geographischen Angaben für landwirtschaftliche Erzeugnisse und
        verarbeitete landwirtschaftliche Erzeugnisse – GUB/GGA-VO
        (SR 910.12 / Stand am 1. Januar 2008) 1198
    22. Bundesgesetz betreffend die Lotterien und die gewerbsmässigen
        Wetten – LG (SR 935.51 / Stand am 1. August 2008) 1199
    23. Verordnung zum Bundesgesetz betreffend die Lotterien und
        die gewerbsmässigen Wetten – LV
        (SR 935.511 / Stand am 1. August 2008) 1200
    24. Bundesgesetz über das Messwesen – MessG
        (SR 941.20 / Stand am 1. Januar 2007) 1201
    25. Verordnung über die Bekanntgabe von Preisen – PBV
        (SR 942.211 / Stand am 1. Januar 2010) 1202
    26. Bundesgesetz über die Information der Konsumentinnen und
        Konsumenten – KIG (SR 944.0 / Stand am 27. November 2001) 1210
    27. Verordnung über die Streitwertgrenze in Verfahren
        des Konsumentenschutzes und des unlauteren Wettbewerbs
        (SR 944.8 / Stand am 25. März 2003) 1211
III. Revisionsvorhaben im Schweizer Lauterkeitsrecht
    28. Vernehmlassungsentwurf des Bundesrates für eine Revision
        des UWG vom 6. Juni 2008 (VE-UWG 2008) 1212
    29. E-UWG 2009 1216
IV. Erlasse der Selbstregulierung
    30. Grundsätze Lauterkeit in der kommerziellen Kommunikation
        der Schweizerischen Lauterkeitskommission (SLK-Grundsätze) 1219
    31. Richtlinien des Schweizer Presserats 1233
    32. Geschäftsreglement Lauterkeit in der kommerziellen Kommunikation
        der Schweizerischen Lauterkeitskommission 1235
V. Erlasse der EU
    33. Richtlinie 2005/29/EG 1243
    34. Richtlinie 2006/114/EG 1261

Anhang IV: Rechtsprechungsübersicht
    Rechtsprechung der Bundesgerichte ab 1997 1269
    Kantonale Rechtsprechung ab 1997 1290

Anhang I

Konkordanztabelle UWG/aUWG

Tatbestand	UWG	aUWG
Zweck	1	–
Generalklausel	2	1 Abs. 1
Herabsetzung	3 lit. a	1 Abs. 2 lit. a
Irreführung (unrichtige oder irreführende Angaben)	3 lit. b	1 Abs. 2 lit. b
Unzutreffende Titel	3 lit. c	1 Abs. 2 lit. c
Herbeiführung einer Verwechslungsgefahr	3 lit. d	1 Abs. 2 lit. d
Vergleich (u.a. vergleichende Werbung)	3 lit. e	
Lockvogelangebot (wiederholtes Angebot unter Einstandspreis)	3 lit. f	
Zugaben	3 lit. g	20
Aggressive Verkaufsmethoden	3 lit. h	
Konsumkredite (unklare Angaben)	3 lit. k	(1 Abs. 2 lit. i)[1]
Konsumkredite zur Finanzierung von Waren und Dienstleistungen (unklare Angaben)	3 lit. l	
Vertragsformulare bei Konsumkredit und Vorauszahlungsvertrag	3 lit. m	
Konsumkredite (Unterlassung Warnhinweis)	3 lit. n	
Massenwerbung («Spamming»)	3 lit. o	
Verleitung zum Vertragsbruch	4 lit. a	
Verleitung zum Geheimnisverrat	4 lit. c	1 Abs. 2 lit. f
Veranlassung zum Widerruf oder Kündigung von Vorauszahlungsverträgen und Konsumkrediten	4 lit. d	(1 Abs. 2 lit. k)[2]
Aktive und passive Bestechung	4a	(1 Abs. 2 lit. e)[3]
Unbefugte Verwertung anvertrauter Arbeitsergebnisse	5 lit. a	
Verwertung unbefugt überlassener Arbeitsergebnisse	5 lit. b	
Übernahme von Arbeitsergebnissen	5 lit. c	
Verletzung von Geheimnissen	6	1 Abs. 2 lit. g
Nichteinhaltung von Arbeitsbedingungen	7	1 Abs. 2 lit. h
Verwendung missbräuchlicher Geschäftsbedingungen (AGB)	8	
Zivilrechtliche Ansprüche	9	1 Abs. 1 u. 6
Negatorische Ansprüche	9 Abs. 1	2 Abs. 1 lit. a–c

---

[1] Betraf die «Abzahlungshilfe» (vgl. Art. 3 lit. k in der Fassung, die bis 1. Januar 2003 in Kraft stand).

[2] Betraf Abzahlungs- und Vorauszahlungsverträge sowie Kleinkredite (vgl. Art. 4 lit. d in der Fassung, die bis 1. Januar 2003 in Kraft stand).

[3] Betraf nur die aktive Privatbestechung (vgl. Art. 4 lit. b in der Fassung, die bis 30. Juni 2006 in Kraft stand).

Konkordanztabelle UWG/aUWG

Tatbestand	UWG	aUWG
Urteilspublikation und Berichtigung	9 Abs. 2	6 (vgl. auch 20f)S
Reparatorische Ansprüche	9 Abs. 3	2 Abs. 1 lit. d u. e
Aktivlegitimation		
– Grundsatz	9 Abs. 1	2 Abs. 1
– des Kunden	10 Abs. 1	2 Abs. 2
– von Berufs- und Wirtschaftsverbänden	10 Abs. 2 lit. a	2 Abs. 3
– von Konsumentenschutzorganisationen	10 Abs. 2 lit. b	
– Bund (Bundesklage)	10 Abs. 2 lit. c	
Passivlegitimation		
– des Geschäftsherrn	11	3
– der Presse	–	4
Gerichtsstand		
– allgemeiner	(12 Abs. 1)[4]	5 Abs. 1
– Sachzusammenhang (Kompetenzattraktion)	12 Abs. 2	5 Abs. 2
Einfaches und rasches Verfahren / Schlichtungsverfahren	13	
Beweislastumkehr bei Werbung	13a	
Vorsorgliche Massnahmen	14	9-12
Wahrung von Geheimnissen im Prozess	15	
Verjährung	–	7
Verweis auf ZGB / OR	9 Abs. 3	8
Pflicht zur Preisbekanntgabe	16–20	20a
Preisbekanntgabe in der Werbung	17	20b
Irreführende Preisbekanntgabe	18	20c
Auskunftspflicht Preisbekanntgabe	19	20d
Vollzug Preisbekanntgabe	20	20g
Ausverkäufe und ähnliche Veranstaltungen	21–22 (aufgehoben)	17–19
– Bewilligungspflicht	21 (aufgehoben)	17
– Befugnisse der Kantone	22 (aufgehoben)	19
Strafbestimmungen	23–27	13–16
– Unlauterer Wettbewerb	23	13
– Preisbekanntgabe	24	20e
– Ausverkaufsvorschriften	25 (aufgehoben)	18
Widerhandlungen in Geschäftsbetrieben	26	15
Strafverfolgung	27	16
– Verantwortlichkeit des Geschäftsherrn	26	14
– Juristische Personen	26	15

---

[4] Art. 12 Abs. 1 UWG wurde mit Inkrafttreten des GestG aufgehoben (vgl. Art. 12 N 3).

Anhang II
Pflicht zur Preisbekanntgabe

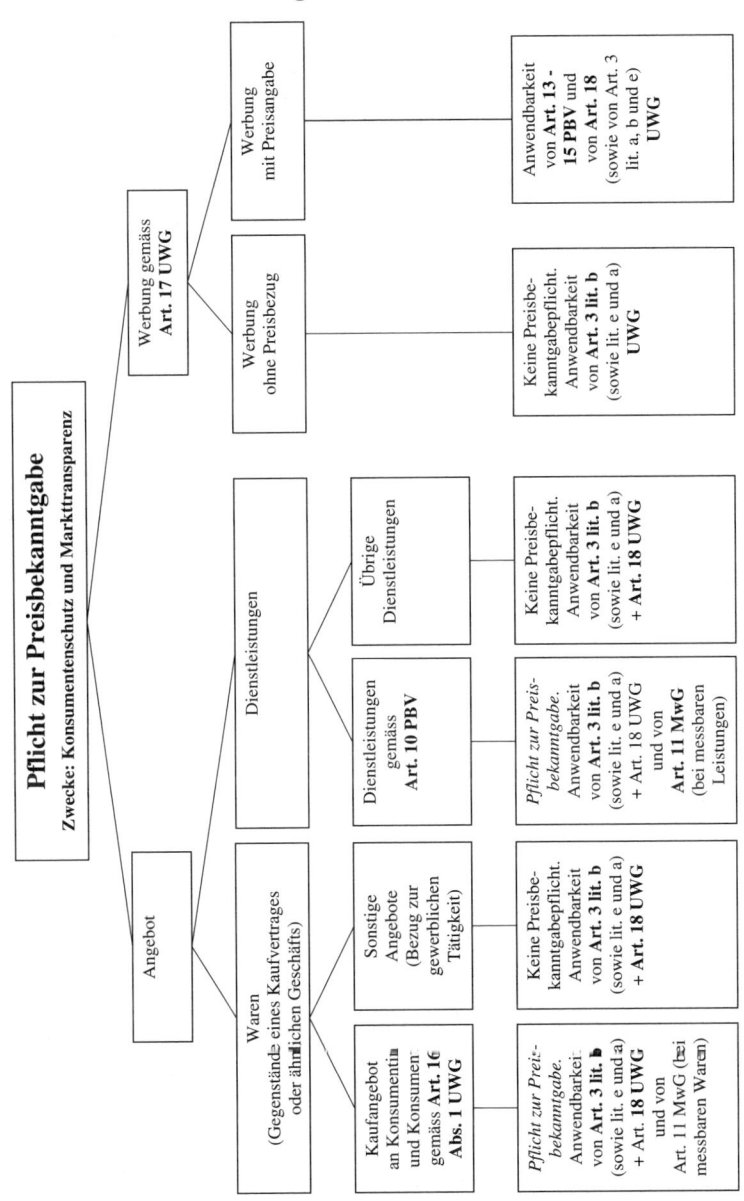

Anhang III

I. Internationale Übereinkommen

1. Pariser Verbandsübereinkunft zum Schutze des gewerblichen Eigentums

Pariser Verbandsübereinkunft zum Schutze des gewerblichen Eigentums revidiert in London am 2. Juni 1934
(SR 0.232.02 / Stand am 6. Juni 2006)

Art. 1

(1) Die Länder, auf welche die gegenwärtige Übereinkunft Anwendung findet, bilden einen Verband zum Schutz des gewerblichen Eigentums.

(2) Der Schutz des gewerblichen Eigentums hat zum Gegenstand die Erfindungspatente, die Gebrauchsmuster, die gewerblichen Muster oder Modelle, die Fabrik- oder Handelsmarken, den Handelsnamen und die Herkunftsbezeichnungen oder Ursprungsbenennungen sowie die Unterdrückung des unlauteren Wettbewerbs.

(3) Das gewerbliche Eigentum versteht sich in seiner weitesten Bedeutung und bezieht sich nicht nur auf Gewerbe und Handel im eigentlichen Sinne des Wortes, sondern ebenso auf das Gebiet der Landwirtschaft und der Gewinnung der Bodenschätze und auf alle Fabrikate oder Naturprodukte, zum Beispiel Weine, Getreide, Tabakblätter, Früchte, Vieh, Mineralien, Mineralwasser, Bier, Blumen, Mehl.

(4) Unter den Erfindungspatenten sind inbegriffen die von den Gesetzgebungen der Verbandsländer zugelassenen verschiedenen Arten gewerblicher Patente, wie Einführungspatente, Verbesserungspatente, Zusatzpatente und -bescheinigungen usw.

Art. 2

(1) Die Angehörigen eines jeden der Verbandsländer geniessen in allen andern Ländern des Verbandes in Bezug auf den Schutz des gewerblichen Eigentums die Vorteile, welche die betreffenden Gesetze den Einheimischen gegenwärtig gewähren oder in Zukunft gewähren werden, und zwar unbeschadet der durch die gegenwärtige Übereinkunft besonders vorgesehenen Rechte. Demgemäss haben sie den gleichen Schutz wie die Einheimischen und dieselben gesetzlichen Rechtsmittel gegen jeden Eingriff in ihre Rechte, unter Vorbehalt der Erfüllung der Bedingungen und Förmlichkeiten, welche die innere Gesetzgebung den Einheimischen auferlegt.

(2) Jedoch darf der Genuss irgendeines der Rechte des gewerblichen Eigentums für die Verbandsangehörigen keinesfalls von der Bedingung abhängig gemacht werden, dass sie einen Wohnsitz oder eine Niederlassung in dem Lande haben, wo der Schutz beansprucht wird.

(3) Ausdrücklich vorbehalten bleiben die Bestimmungen eines jeden der Verbandsländer über das gerichtliche und das Verwaltungsverfahren und die Zuständigkeit sowie über die Domizilerwählung oder die Bestellung eines Vertreters, welche nach den Gesetzen über das gewerbliche Eigentum erforderlich sein sollten.

Art. 8

Der Handelsname soll in allen Verbandsländern, ohne Verpflichtung zu seiner Hinterlegung oder Eintragung, geschützt werden, gleichviel, ob er Bestandteil einer Fabrik- oder Handelsmarke bildet oder nicht.

Art. 9

(1) Jedes widerrechtlich mit einer Fabrik- oder Handelsmarke oder mit einem Handelsnamen versehene Erzeugnis ist bei der Einfuhr in diejenigen Verbandsländer, in welchen diese Marke oder dieser Handelsname Anspruch auf gesetzlichen Schutz hat, mit Beschlag zu belegen.

(2) Die Beschlagnahme ist auch in dem Lande vorzunehmen, in welchem die widerrechtliche Anbringung stattgefunden hat, oder in dem Lande, in welches das Erzeugnis eingeführt worden ist.

(3) Die Beschlagnahme erfolgt gemäss der innern Gesetzgebung jedes Landes auf Antrag der Staatsanwaltschaft oder einer andern zuständigen Behörde oder einer beteiligten Partei, sei diese eine natürliche oder eine juristische Person.

(4) Die Behörden sind nicht gehalten, die Beschlagnahme im Falle der Durchfuhr zu bewirken.

(5) Wenn die Gesetzgebung eines Landes die Beschlagnahme bei der Einfuhr nicht zulässt, so soll das Einfuhrverbot oder die Beschlagnahme im Innern des Landes an deren Stelle treten.

(6) Wenn die Gesetzgebung eines Landes weder die Beschlagnahme bei der Einfuhr noch das Einfuhrverbot, noch die Beschlagnahme im Innern des Landes zulässt, so treten, solange die Gesetzgebung nicht entsprechend geändert ist, an Stelle dieser Massnahmen die Klagen und Rechtsbehelfe, welche das Gesetz dieses Landes in einem solchen Falle den Einheimischen zusichert.

Art. 10

(1) Die Bestimmungen des vorstehenden Artikels sind auf jedes Erzeugnis anwendbar, welches als Herkunftsbezeichnung fälschlich den Namen eines bestimmten Ortes oder Landes trägt, falls diese Bezeichnung mit einem ersonnenen oder in betrügerischer Absicht entlehnten Handelsnamen verbunden ist.

(2) Als beteiligte Partei, handle es sich um eine natürliche oder juristische Person, ist in jedem Fall jeder Produzent, Fabrikant oder Handeltreibende anzuerkennen, welcher an der Produktion oder Fabrikation des Erzeugnisses oder am Handel mit demselben beteiligt ist und in dem fälschlich als Herkunftsort bezeichneten Ort, oder in der Gegend, in der dieser Ort liegt, oder in dem fälschlich bezeichneten Land, oder in dem Land, wo die falsche Herkunftsangabe verwendet wird, niedergelassen ist.

Art. 10bis

(1) Die Verbandsländer sind gehalten, den Verbandsangehörigen einen wirksamen Schutz gegen unlautern Wettbewerb zu sichern.

(2) Unlauterer Wettbewerb ist jede Wettbewerbshandlung, welche gegen die anständigen Gepflogenheiten in Gewerbe oder Handel verstösst.

(3) Namentlich sollen untersagt werden:
1. alle Handlungen, welche geeignet sind, auf irgendeine Weise eine Verwechslung mit der Niederlassung, den Erzeugnissen oder der gewerblichen oder kaufmännischen Tätigkeit eines Konkurrenten hervorzurufen;

2. die falschen Angaben im Geschäftsverkehr, welche geeignet sind, den Ruf der Niederlassung, der Erzeugnisse oder der gewerblichen oder kaufmännischen Tätigkeit eines Konkurrenten herabzusetzen.

Art. 10ter

(1) Die Verbandsländer verpflichten sich, den Angehörigen der andern Verbandsländer geeignete Rechtsbehelfe zu sichern, um alle in den Artikeln 9, 10 und 10bis bezeichneten Handlungen wirksam zu unterdrücken.

(2) Sie verpflichten sich ausserdem, Massnahmen zu treffen, um den Verbänden und Vereinigungen, welche die beteiligten Industriellen, Produzenten oder Handeltreibenden vertreten und deren Bestehen den Gesetzen ihres Landes nicht zuwiderläuft, das Auftreten vor Gericht oder vor den Verwaltungsbehörden zum Zweck der Unterdrückung der in den Artikeln 9, 10 und 10bis bezeichneten Handlungen in dem Mass zu ermöglichen, wie es das Gesetz des Landes, in dem der Schutz beansprucht wird, den Verbänden und Vereinigungen dieses Landes gestattet.

Beitrittsländer: Libanon, Neuseeland, Sri Lanka

Pariser Übereinkunft zum Schutz des gewerblichen Eigentums revidiert in Lissabon am 31. Oktober 1958
(SR 0.232.03 / Stand am 6. Juni 2006)

Art. 1

(1) Die Länder, auf die diese Übereinkunft Anwendung findet, bilden einen Verband zum Schutz des gewerblichen Eigentums.

(2) Der Schutz des gewerblichen Eigentums hat zum Gegenstand die Erfindungspatente, die Gebrauchsmuster, die gewerblichen Muster oder Modelle, die Fabrik- oder Handelsmarken, die Dienstleistungsmarken, den Handelsnamen und die Herkunftsangaben oder Ursprungsbezeichnungen sowie die Unterdrückung des unlauteren Wettbewerbs.

(3) Das gewerbliche Eigentum wird in der weitesten Bedeutung verstanden und bezieht sich nicht allein auf Gewerbe und Handel im eigentlichen Sinn des Wortes, sondern ebenso auf das Gebiet der Landwirtschaft und der Gewinnung der Bodenschätze und auf alle Fabrikate oder Naturerzeugnisse, zum Beispiel Wein, Getreide, Tabakblätter, Früchte, Vieh, Mineralien, Mineralwässer, Bier, Blumen, Mehl.

(4) Zu den Erfindungspatenten zählen die von den Gesetzgebungen der Verbandsländer zugelassenen verschiedenen Arten gewerblicher Patente, wie Einführungspatente, Verbesserungspatente, Zusatzpatente, Zusatzbescheinigungen usw.

Art. 2

(1) Die Angehörigen eines jeden der Verbandsländer geniessen in allen übrigen Ländern des Verbandes in Bezug auf den Schutz des gewerblichen Eigentums die Vorteile, welche die betreffenden Gesetze den eigenen Staatsangehörigen gegenwärtig gewähren oder in Zukunft gewähren werden, und zwar unbeschadet der durch diese Übereinkunft besonders vorgesehenen Rechte. Demgemäss haben sie den gleichen Schutz wie diese und die gleichen Rechtsbehelfe gegen jeden Eingriff in ihre Rechte, vorbehaltlich der Erfüllung der Bedingungen und Förmlichkeiten, die den eigenen Staatsangehörigen auferlegt werden.

(2) Jedoch darf der Genuss irgendeines Rechts des gewerblichen Eigentums für die Verbandsangehörigen keinesfalls von der Bedingung abhängig gemacht werden, dass sie einen Wohnsitz oder eine Niederlassung in dem Land haben, in dem der Schutz beansprucht wird.

(3) Ausdrücklich bleiben vorbehalten die Vorschriften der Gesetzgebung eines jeden der Verbandsländer über das gerichtliche und das Verwaltungsverfahren und die Zuständigkeit sowie über die Wahl des Wohnsitzes oder die Bestellung eines Vertreters, die etwa nach den Gesetzen über das gewerbliche Eigentum erforderlich sind.

Art. 8

Der Handelsname wird in allen Verbandsländern, ohne Verpflichtung zur Hinterlegung oder Eintragung, geschützt, gleichgültig ob er einen Bestandteil einer Fabrik oder Handelsmarke bildet oder nicht.

Art. 9

(1) Jedes widerrechtlich mit einer Fabrik- oder Handelsmarke oder mit einem Handelsnamen versehene Erzeugnis ist bei der Einfuhr in diejenigen Verbandsländer, in denen diese Marke oder dieser Handelsname Anspruch auf gesetzlichen Schutz hat, zu beschlagnahmen.

(2) Die Beschlagnahme ist auch in dem Land vorzunehmen, in dem die widerrechtliche Anbringung stattgefunden hat, oder in dem Land, in das das Erzeugnis eingeführt worden ist.

(3) Die Beschlagnahme erfolgt gemäss der inneren Gesetzgebung jedes Landes auf Antrag entweder der Staatsanwaltschaft oder jeder anderen zuständigen Behörde oder einer beteiligten Partei, sei diese eine natürliche oder eine juristische Person.

(4) Die Behörden sind nicht gehalten, die Beschlagnahme im Fall der Durchfuhr zu bewirken.

(5) Lässt die Gesetzgebung eines Landes die Beschlagnahme bei der Einfuhr nicht zu, so tritt an die Stelle der Beschlagnahme das Einfuhrverbot oder die Beschlagnahme im Inland.

(6) Lässt die Gesetzgebung eines Landes weder die Beschlagnahme bei der Einfuhr noch das Einfuhrverbot noch die Beschlagnahme im Inland zu, so treten an die Stelle dieser Massnahmen bis zu einer entsprechenden Änderung der Gesetzgebung diejenigen Klagen und Rechtsbehelfe, die das Gesetz dieses Landes im gleichen Fall den eigenen Staatsangehörigen gewährt.

Art. 10

(1) Die Bestimmungen des vorhergehenden Artikels sind im Fall des unmittelbaren oder mittelbaren Gebrauchs einer falschen Angabe über die Herkunft des Erzeugnisses oder über die Identität des Erzeugers, Herstellers oder Händlers anwendbar.

(2) Als beteiligte Partei, mag sie eine natürliche oder juristische Person sein, ist jedenfalls jeder Erzeuger, Hersteller oder Händler anzuerkennen, der sich mit der Erzeugung oder Herstellung des Erzeugnisses befasst oder mit ihm handelt und in dem fälschlich als Herkunftsort bezeichneten Ort oder in der Gegend, in dieser Ort liegt, oder in dem fälschlich bezeichneten Land oder in dem Land, in dem die falsche Herkunftsangabe verwendet wird, seine Niederlassung hat.

Art. 10bis

(1) Die Verbandsländer sind gehalten, den Verbandsangehörigen einen wirksamen Schutz gegen unlauteren Wettbewerb zu sichern.

(2) Unlauterer Wettbewerb ist jede Wettbewerbshandlung, die den anständigen Gepflogenheiten in Gewerbe oder Handel zuwiderläuft.

(3) Insbesondere sind zu untersagen:
1. alle Handlungen, die geeignet sind, auf irgendeine Weise eine Verwechslung mit der Niederlassung, den Erzeugnissen oder der gewerblichen oder kaufmännischen Tätigkeit eines Wettbewerbers hervorzurufen;
2. die falschen Behauptungen im geschäftlichen Verkehr, die geeignet sind, den Ruf der Niederlassung, der Erzeugnisse oder der gewerblichen oder kaufmännischen Tätigkeit eines Wettbewerbers herabzusetzen;
3. Angaben oder Behauptungen, deren Verwendung im geschäftlichen Verkehr geeignet ist, das Publikum über die Beschaffenheit, die Art der Herstellung, die wesentlichen Eigenschaften, die Brauchbarkeit oder die Menge der Waren irrezuführen.

Art. 10ter

(1) Um alle in den Artikeln 9, 10 und 10bis bezeichneten Handlungen wirksam zu unterdrücken, verpflichten sich die Verbandsländer, den Angehörigen der anderen Verbandsländer geeignete Rechtsbehelfe zu sichern.

(2) Sie verpflichten sich ausserdem, Massnahmen zu treffen, um den Verbänden und Vereinigungen, welche die beteiligten Gewerbetreibenden, Erzeuger oder Händler vertreten und deren Bestehen den Gesetzen ihres Landes nicht zuwiderläuft, das Auftreten vor Gericht oder vor den Verwaltungsbehörden zum Zweck der Unterdrückung der in den Artikeln 9, 10 und 10bis bezeichneten Handlungen in dem Mass zu ermöglichen, wie es das Gesetz des Landes, in dem der Schutz beansprucht wird, den Verbänden und Vereinigungen dieses Landes gestattet.

Beitrittsländer: Argentinien, Bahamas, Malta, Nigeria, Philippinen, Sambia, Tansania

Pariser Übereinkunft zum Schutz des gewerblichen Eigentums revidiert in Stockholm am 14. Juli 1967
(SR 0.232.04 / Stand am 7. April 2009)

Art. 1 [Errichtung des Verbandes – Bereich des gewerblichen Eigentums]

1) Die Länder, auf die diese Übereinkunft Anwendung findet, bilden einen Verband zum Schutz des gewerblichen Eigentums.

2) Der Schutz des gewerblichen Eigentums hat zum Gegenstand die Erfindungspatente, die Gebrauchsmuster, die gewerblichen Muster oder Modelle, die Fabrik- oder Handelsmarken, die Dienstleistungsmarken, den Handelsnamen und die Herkunftsangaben oder Ursprungsbezeichnungen sowie die Unterdrückung des unlauteren Wettbewerbs.

3) Das gewerbliche Eigentum wird in der weitesten Bedeutung verstanden und bezieht sich nicht allein auf Gewerbe und Handel im eigentlichen Sinn des Wortes, sondern ebenso auf das Gebiet der Landwirtschaft und der Gewinnung der Bodenschätze und auf alle Fabrikate oder Naturerzeugnisse, zum Beispiel Wein, Getreide, Tabakblätter, Früchte, Vieh, Mineralien, Mineralwässer, Bier, Blumen, Mehl.

4) Zu den Erfindungspatenten zählen die nach den Rechtsvorschriften der Verbandsländer zugelassenen verschiedenen Arten gewerblicher Patente, wie Einführungspatente, Verbesserungspatente, Zusatzpatente, Zusatzbescheinigungen usw.

Art. 2 [Inländerbehandlung für Angehörige der Verbandsländer]

1) Die Angehörigen eines jeden der Verbandsländer geniessen in allen übrigen Ländern des Verbandes in Bezug auf den Schutz des gewerblichen Eigentums die Vorteile, welche die betreffenden Gesetze den eigenen Staatsangehörigen gegenwärtig gewähren oder in Zukunft gewähren werden, und zwar unbeschadet der durch diese Übereinkunft besonders vorgesehenen Rechte. Demgemäss haben sie den gleichen Schutz wie diese und die gleichen Rechtsbehelfe gegen jeden Eingriff in ihre Rechte, vorbehaltlich der Erfüllung der Bedingungen und Förmlichkeiten, die den eigenen Staatsangehörigen auferlegt werden.

2) Jedoch darf der Genuss irgendeines Rechts des gewerblichen Eigentums für die Verbandsangehörigen keinesfalls von der Bedingung abhängig gemacht werden, dass sie einen Wohnsitz oder eine Niederlassung in dem Land haben, in dem der Schutz beansprucht wird.

3) Ausdrücklich bleiben vorbehalten die Rechtsvorschriften jedes der Verbandsländer über das gerichtliche und das Verwaltungsverfahren und die Zuständigkeit sowie über die Wahl des Wohnsitzes oder die Bestellung eines Vertreters, die etwa nach den Gesetzen über das gewerbliche Eigentum erforderlich sind.

Art. 8 [Handelsnamen]

Der Handelsname wird in allen Verbandsländern, ohne Verpflichtung zur Hinterlegung oder Eintragung, geschützt, gleichgültig ob er einen Bestandteil einer Fabrik- oder Handelsmarke bildet oder nicht.

Art. 9 [Marken, Handelsnamen: Beschlagnahme des mit einer Marke oder einem Handelsnamen widerrechtlich versehenen Erzeugnisses bei der Einfuhr]

1) Jedes widerrechtlich mit einer Fabrik— oder Handelsmarke oder mit einem Handelsnamen versehene Erzeugnis ist bei der Einfuhr in diejenigen Verbandsländer, in denen diese Marke oder dieser Handelsname Anspruch auf gesetzlichen Schutz hat, zu beschlagnahmen.

2) Die Beschlagnahme ist auch in dem Land vorzunehmen, in dem die widerrechtliche Anbringung stattgefunden hat, oder in dem Land, in das das Erzeugnis eingeführt worden ist.

3) Die Beschlagnahme erfolgt gemäss den innerstaatlichen Rechtsvorschriften jedes Landes auf Antrag entweder der Staatsanwaltschaft oder jeder anderen zuständigen Behörde oder einer beteiligten Partei, sei diese eine natürliche oder eine juristische Person.

4) Die Behörden sind nicht gehalten, die Beschlagnahme im Fall der Durchfuhr zu bewirken.

5) Lassen die Rechtsvorschriften eines Landes die Beschlagnahme bei der Einfuhr nicht zu, so tritt an die Stelle der Beschlagnahme das Einfuhrverbot oder die Beschlagnahme im Inland.

6) Lassen die Rechtsvorschriften eines Landes weder die Beschlagnahme bei der Einfuhr noch das Einfuhrverbot noch die Beschlagnahme im Inland zu, so treten an die Stelle dieser Massnahmen bis zu einer entsprechenden Änderung der Rechtsvorschriften diejenigen Klagen und Rechtsbehelfe, die das Gesetz dieses Landes im gleichen Fall den eigenen Staatsangehörigen gewährt.

Art. 10 [Herkunftsangaben: Beschlagnahme des mit einer falschen Herkunftsangabe versehenen Erzeugnisses bei der Einfuhr]

1) Die Bestimmungen des Artikels 9 sind im Fall des unmittelbaren oder mittelbaren Gebrauchs einer falschen Angabe über die Herkunft des Erzeugnisses oder über die Identität des Erzeugers, Herstellers oder Händlers anwendbar.

2) Als beteiligte Partei, mag sie eine natürliche oder juristische Person sein, ist jedenfalls jeder Erzeuger, Hersteller oder Händler anzuerkennen, der sich mit der Erzeugung oder Herstellung des Erzeugnisses befasst oder mit ihm handelt und in dem fälschlich als Herkunftsort bezeichneten Ort oder in der Gegend, in der dieser Ort liegt, oder in dem fälschlich bezeichneten Land oder in dem Land, in dem die falsche Herkunftsangabe verwendet wird, seine Niederlassung hat.

Art. 10bis [Schutz gegen unlauteren Wettbewerb]

1) Die Verbandsländer sind gehalten, den Verbandsangehörigen einen wirksamen Schutz gegen unlauteren Wettbewerb zu sichern.

2) Unlauterer Wettbewerb ist jede Wettbewerbshandlung, die den anständigen Gepflogenheiten in Gewerbe oder Handel zuwiderläuft.

3) Insbesondere sind zu untersagen:
 1. alle Handlungen, die geeignet sind, auf irgendeine Weise eine Verwechslung mit der Niederlassung, den Erzeugnissen oder der gewerblichen oder kaufmännischen Tätigkeit eines Wettbewerbers hervorzurufen;
 2. die falschen Behauptungen im geschäftlichen Verkehr, die geeignet sind, den Ruf der Niederlassung, der Erzeugnisse oder der gewerblichen oder kaufmännischen Tätigkeit eines Wettbewerbers herabzusetzen;

3. Angaben oder Behauptungen, deren Verwendung im geschäftlichen Verkehr geeignet ist, das Publikum über die Beschaffenheit, die Art der Herstellung, die wesentlichen Eigenschaften, die Brauchbarkeit oder die Menge der Waren irrezuführen.

Art. 10ter [Marken, Handelsnamen, Herkunftsangaben, Schutz gegen unlauteren Wettbewerb: Rechtsbehelfe – Klagerecht von Vereinigungen]

1) Um alle in den Artikeln 9, 10 und 10bis bezeichneten Handlungen wirksam zu unterdrücken, verpflichten sich die Verbandsländer, den Angehörigen der anderen Verbandsländer geeignete Rechtsbehelfe zu sichern.

2) Sie verpflichten sich ausserdem, Massnahmen zu treffen, um den Verbänden und Vereinigungen, welche die beteiligten Gewerbetreibenden, Erzeuger oder Händler vertreten und deren Bestehen den Gesetzen ihres Landes nicht zuwiderläuft, das Auftreten vor Gericht oder vor den Verwaltungsbehörden zum Zweck der Unterdrückung der in den Artikeln 9, 10 und 10bis bezeichneten Handlungen in dem Mass zu ermöglichen, wie es das Gesetz des Landes, in dem der Schutz beansprucht wird, den Verbänden und Vereinigungen dieses Landes gestattet.

Beitrittsländer: Albanien, Algerien*, Andorra, Angola, Antigua und Barbuda, Argentinien[1], Armenien*, Aserbaidschan, Australien[1][2], Bahamas[1], Bahrain, Bangladesch*, Barbados, Belarus*, Belgien, Belize, Benin, Bhutan, Bolivien, Bosnien und Herzegowina, Botsuana, Brasilien[1][2]*, Bulgarien[3], Burkina Faso, Burundi, Chile, China*, China-Hongkong[4], China-Macau[5], Costa Rica, Côte d'Ivoire, Deutschland, Dominica, Dschibuti, Dänemark[3], Dänemark-Färöer, Ecuador*, El Salvador, Estland, Finnland[1][2], Frankreich, Frankreich-Französisch Guyana, Frankreich-Französisch Polynesien, Frankreich-Französische Süd- und Antarktisgebiete, Frankreich-Guadeloupe, Frankreich-Martinique, Frankreich-Neukaledonien, Frankreich-Réunion, Frankreich-St. Pierre und Miquelon, Frankreich-Wallis und Futuna, Gabun, Gambia, Georgien*, Ghana, Grenada, Griechenland, Guatemala*, Guinea, Guinea-Bissau, Guyana, Haiti, Heiliger Stuhl, Honduras, Indien*, Indonesien[1][2]*, Irak*, Iran*, Irland[3], Island[1][2], Israel[3], Italien, Jamaika, Japan[1][2], Jemen*, Jordanien, Kambodscha, Kamerun, Kanada[1][2], Kasachstan*, Katar, Kenia, Kirgisistan*, Kolumbien, Komoren, Kongo (Brazzaville), Kongo (Kinshasa), Korea (Nord-), Korea (Süd-), Kroatien, Kuba*, Laos*, Lesotho*, Lettland, Libanon[1]*, Liberia, Libyen*, Liechtenstein, Litauen, Luxemburg, Madagaskar, Malawi, Malaysia, Mali, Malta[1], Marokko, Mauretanien, Mauritius, Mazedonien, Mexiko, Moldau*, Monaco, Mongolei*, Montenegro, Mosambik, Namibia, Nepal, Neuseeland[1], Neuseeland-Cook-Inseln[1], Neuseeland-Niue[1], Neuseeland-Tokelau[1], Nicaragua*, Niederlande, Niederlande-Aruba, Niederlande-Niederländische Antillen, Niger, Norwegen, Oman*, Pakistan, Panama, Papua-Neuguinea, Paraguay, Peru, Philippinen[1], Polen, Portugal, Portugal-Macau, Ruanda, Rumänien[3]*, Russland[3]*, Sambia[1], San Marino, Saudi-Arabien, Schweden[1][2], Schweiz[3], Senegal[3], Serbien, Seychellen, Sierra Leone, Simbabwe, Singapur, Slowakei, Slowenien, Spanien, Sri Lanka[1], St. Kitts und Nevis, St. Lucia*, St. Vincent und die Grenadinen, Sudan, Suriname, Swasiland, Syrien*, São Tomé und Príncipe, Südafrika*, Tadschikistan*, Tansania[1], Thailand*, Togo, Tonga, Trinidad und Tobago, Tschad, Tschechische Republik, Tunesien*, Turkmenistan*, Türkei[1][2], Uganda, Ukraine*, Ungarn[3]*, Uruguay, Usbekistan*, Venezuela, Vereinigte Arabische Emirate, Vereinigte Staaten[1][2]*, Vereinigtes Königreich[3], Vereinigtes Königreich-Insel Man, Vietnam[6]*, Zentralafrikanische Republik, Zypern, Ägypten*, Äquatorialguinea, Österreich

---

[1] Ratifikation der Art. 13–30
[2] Ratifikation der Art. 1–12
[3] In Anwendung von Art. 20.2)a) der Verbandsübereinkunft sind die Art. 1–12 für diesen Staat entweder am 26. April 1970 (drei Monate nach der Hinterlegung der zehnten Ratifikations- oder Beitrittsurkunde) oder aber am 19. Mai 1970 (drei Monate nach der Hinterlegung der elften Ratifikations- oder Beitrittsurkunde) in Kraft getreten, je nachdem er die seinerzeit von ihm bestrittene Gültigkeit des Beitrittes der Deutschen Demokratischen Republik anerkannt oder nicht. Die Art. 13–30 der Verbandsübereinkunft sind für diesen Staat am 26. April 1970 in Kraft getreten.

[4] Vom 16. November 1977 bis zum 30. Juni 1997 war das Übereinkommen auf Grund einer Ausdehnungserklärung des Vereinigten Königreichs in Hongkong anwendbar. Seit dem 1. Juli 1997 bildet Hongkong eine Besondere Verwaltungsregion (SAR) der Volksrepublik China. Auf Grund der chinesischen Erklärung vom 6. Juni 1997 ist das Übereinkommen seit dem 1. Juli 1997 auch in der SAR Hongkong anwendbar.
[5] Auf Grund einer Erklärung der Volksrepublik China vom 30. November 1999 ist das Übereinkommen seit dem 20. Dezember 1999 auf die Besondere Verwaltungsregion (SAR) Macau anwendbar.
[6] Anwendungserklärung
*Vorbehalte und Erklärungen

2. Abkommen über handelsbezogene Aspekte der Rechte an geistigem Eigentum
(SR 0.632.20 Anhang 1C / Stand am 20. November 2008)

Teil I
Allgemeine Bestimmungen und Grundsätze

Art. 1 Art und Umfang der Verpflichtungen

1. Die Mitglieder setzen die Bestimmungen dieses Abkommens um. Die Mitglieder können in ihr Recht einen umfassenderen Schutz als den in diesem Abkommen geforderten aufnehmen, sofern dieser Schutz dem Abkommen nicht zuwiderläuft; sie sind dazu aber nicht verpflichtet. Es steht den Mitgliedern frei, die geeignete Methode für die Umsetzung der Bestimmungen des Abkommens in ihr eigenes Rechtssystem und in ihre eigene Rechtspraxis festzulegen.

2. Der Begriff «geistiges Eigentum» im Sinne dieses Abkommens umfasst alle Arten des geistigen Eigentums, die Gegenstand der Abschnitte 1–7 von Teil II sind.

3. Die Mitglieder gewähren den Staatsangehörigen der anderen Mitglieder die in diesem Abkommen vorgesehene Behandlung.[1] In bezug auf das betreffende Recht an geistigem Eigentum sind unter den Staatsangehörigen der anderen Mitglieder diejenigen natürlichen oder juristischen Personen zu verstehen, welche die Voraussetzungen für die Schutzfähigkeit der Pariser Verbandsübereinkunft (1967), der Berner Übereinkunft (1971), des Rom-Abkommens und des Vertrags über den Schutz des geistigen Eigentums an integrierten Schaltkreisen erfüllen würden, wenn alle Mitglieder der WTO Mitglieder dieser Übereinkünfte wären.[2] Ein Mitglied, das von den in Artikel 5 Absatz 3 oder in Artikel 6 Absatz 2 des Rom-Abkommens vorgesehenen Möglichkeiten Gebrauch macht, nimmt eine Notifikation gemäss diesen Bestimmungen an den Rat für handelsbezogene Aspekte der Rechte an geistigem Eigentum («Rat für TRIPS») vor.

---

[1] «Staatsangehöriger» im Sinne dieses Abkommens ist im Fall eines eigenen Zollgebiets, das Mitglied der WTO ist, eine natürliche oder juristische Person, die ihren Wohnsitz oder eine tatsächliche und effektive gewerbliche oder geschäftliche Niederlassung in diesem Zollgebiet hat.

[2] In diesem Abkommen bedeutet «Pariser Verbandsübereinkunft» die Pariser Verbandsübereinkunft zum Schutz des gewerblichen Eigentums; «Pariser Verbandsübereinkunft (1967)» bedeutet die Stockholmer Fassung dieser Übereinkunft vom 14. Juli 1967 (SR **0.232.04**). «Berner Übereinkunft» bedeutet die Berner Übereinkunft zum Schutz von Werken der Literatur und Kunst; «Berner Übereinkunft (1971)» bedeutet die Pariser Fassung dieser Übereinkunft vom 24. Juli 1971 (SR **0.231.15**). «Rom-Abkommen» bedeutet das am 26. Oktober 1961 (SR **0.231.171**) in Rom angenommene Internationale Abkommen über den Schutz der ausübenden Künstler, der Hersteller von Tonträgern und der Sendeunternehmen. «Vertrag über den Schutz des geistigen Eigentums an integrierten Schaltkreisen» (IPIC-Vertrag) bedeutet den am 26. Mai 1989 in Washington angenommenen Vertrag über den Schutz des geistigen Eigentums an integrierten Schaltkreisen. «WTO-Abkommen» bedeutet das Abkommen zur Errichtung der Welthandelsorganisation.

Art. 2 Übereinkünfte über geistiges Eigentum

1. In bezug auf die Teile II, III und IV dieses Abkommens befolgen die Mitglieder die Artikel 1–12 sowie 19 der Pariser Verbandsübereinkunft (1967).

2. Die Teile I–IV dieses Abkommens setzen die nach der Pariser Verbandsübereinkunft, der Berner Übereinkunft, dem Rom-Abkommen und dem Vertrag über den Schutz des geistigen Eigentums an integrierten Schaltkreisen bestehenden Verpflichtungen der Mitglieder untereinander nicht ausser Kraft.

Art. 3 Inländerbehandlung

1. Die Mitglieder gewähren den Staatsangehörigen der anderen Mitglieder eine Behandlung, die diese gegenüber ihren eigenen Staatsangehörigen in bezug auf den Schutz[1] des geistigen Eigentums nicht benachteiligt, vorbehaltlich der bereits in der Pariser Verbandsübereinkunft (1967), der Berner Übereinkunft (1971), dem Rom-Abkommen oder dem Vertrag über den Schutz des geistigen Eigentums an integrierten Schaltkreisen vorgesehenen Ausnahmen. In bezug auf die ausübenden Künstler, die Hersteller von Tonträgern und die Sendeunternehmen gilt diese Verpflichtung nur für die in diesem Abkommen vorgesehenen Rechte. Ein Mitglied, dass von den in Artikel 6 der Berner Übereinkunft (1971) oder in Artikel 16 Absatz 1 Buchstabe b des Rom-Abkommens vorgesehenen Möglichkeiten Gebrauch macht, nimmt eine Notifikation nach diesen Bestimmungen an den Rat für TRIPS vor.

2. Die Mitglieder dürfen in bezug auf Gerichts- und Verwaltungsverfahren, einschliesslich der Bestimmung einer Zustellungsanschrift und der Bestellung eines Vertreters im Hoheitsbereich eines Mitglieds, von den nach Absatz 1 zulässigen Ausnahmen nur Gebrauch machen, wenn diese notwendig sind, um die Einhaltung von Gesetzen und sonstigen Vorschriften sicherzustellen, die mit den Bestimmungen dieses Abkommens nicht unvereinbar sind, und wenn diese Praktiken nicht so angewandt werden, dass sie versteckte Handelsbeschränkungen darstellen.

---

[1] Im Sinne der Artikel 3 und 4 schliesst «Schutz» die Angelegenheiten ein, welche die Verfügbarkeit, den Erwerb, den Umfang, die Aufrechterhaltung und die Durchsetzung der Rechte an geistigem Eigentum betreffen, sowie diejenigen Angelegenheiten, welche die Ausübung der in diesem Abkommen ausdrücklich behandelten Rechte an geistigem Eigentum betreffen.

Art. 4 Meistbegünstigung

In Bezug auf den Schutz des geistigen Eigentums werden alle Vorteile, Vergünstigungen, Vorrechte oder Befreiungen, die ein Mitglied den Staatsangehörigen eines anderen Landes gewährt, unmittelbar und bedingungslos den Staatsangehörigen aller anderen Mitglieder gewährt. Von dieser Verpflichtung ausgenommen sind Vorteile, Vergünstigungen, Vorrechte und Befreiungen, die von einem Mitglied gewährt werden und

a) die sich aus internationalen Übereinkünften über Rechtshilfe oder Vollstreckung ableiten, die allgemeiner Art sind und sich nicht vor allem auf den Schutz des geistigen Eigentums beschränken;

b) die im Einklang mit den Bestimmungen der Berner Übereinkunft (1971) oder des Rom-Abkommens gewährt werden, die zulassen, dass die gewährte Behandlung nicht von der Inländerbehandlung, sondern von der in einem anderen Land gewährten Behandlung abhängig gemacht wird;

c) die sich auf die in diesem Abkommen nicht vorgesehenen Rechte der ausübenden Künstler, der Hersteller von Tonträgern und der Sendeunternehmen beziehen;

d) die sich aus internationalen Übereinkünften über den Schutz des geistigen Eigentums ableiten, die vor Inkrafttreten des WTO-Abkommens in Kraft getreten sind, vorausgesetzt, dass diese Übereinkünfte dem Rat für TRIPS notifiziert werden und keine willkürliche oder ungerechtfertigte Diskriminierung der Staatsangehörigen der anderen Mitglieder darstellen.

Abschnitt 3: Geographische Angaben

Art. 22 Schutz geographischer Angaben

1. Geographische Angaben im Sinne dieses Abkommens sind Angaben, die eine Ware als aus dem Hoheitsgebiet eines Mitglieds oder aus einer Region oder aus einem Ort in diesem Hoheitsgebiet stammend kennzeichnen, wenn eine bestimmte Qualität, ein bestimmter Ruf oder ein anderes bestimmtes Merkmal der Ware im wesentlichen seinem geographischen Ursprung zuzuschreiben ist.

2. In bezug auf geographische Angaben sehen die Mitglieder die rechtlichen Mittel vor, mit denen die beteiligten Parteien folgendes untersagen können:

   a) die Verwendung eines Hinweises in der Bezeichnung oder der Aufmachung einer Ware, der auf eine hinsichtlich des geographischen Ursprungs der Ware die Öffentlichkeit irreführende Weise angibt oder nahelegt, dass die betreffende Ware ihren Ursprung in einem anderen geographischen Gebiet als dem wahren Ursprungsort hat;

   b) jede Verwendung, die unlauteren Wettbewerb im Sinne von Artikel 10bis der Pariser Verbandsübereinkunft (1967) darstellt.

3. Die Mitglieder lehnen von Amts wegen, sofern ihre Rechtsvorschriften dies zulassen, oder auf Antrag einer beteiligten Partei die Eintragung einer Marke, die eine geographische Angabe enthält oder aus ihr besteht, für Waren, die ihren Ursprung nicht in dem angegebenen Gebiet haben, ab oder erklären sie für ungültig, wenn die Verwendung der Angabe in der Marke für solche Waren im betreffenden Mitgliedstaat geeignet ist, die Öffentlichkeit hinsichtlich des wahren Ursprungsorts irrezuführen.

4. Der Schutz nach den Absätzen 1, 2 und 3 kann auch gegen geographische Angaben angewandt werden, die zwar hinsichtlich des Ursprungsgebiets, der Ursprungsregion oder des Ursprungsorts der Waren dem Buchstaben nach wahr sind, in der Öffentlichkeit aber den falschen Eindruck hervorrufen, dass die Waren ihren Ursprung in einem anderen Gebiet haben.

Art. 23 Zusätzlicher Schutz für geographische Angaben für Weine und Spirituosen

1. Die Mitglieder sehen die rechtlichen Mittel vor, mit denen die beteiligten Parteien untersagen können, dass geographische Angaben zur Kennzeichnung von Weinen für Weine verwendet werden, die ihren Ursprung nicht in dem durch die betreffende geographische Angabe bezeichneten Ort haben, oder dass geographische Angaben zur Kennzeichnung von Spirituosen für Spirituosen verwendet werden, die ihren Ursprung nicht in dem durch die betreffende geographische Angabe bezeichneten Ort haben, selbst wenn der wahre Ursprung der Waren angegeben oder die geographische Angabe in der Übersetzung verwendet oder von Ausdrücken wie «Art», «Typ», «Stil», «Imitation» oder ähnlichem begleitet wird.[1]

2. Die Eintragung einer Marke für Weine, die eine geographische Angabe enthält oder aus ihr besteht, durch die Weine gekennzeichnet werden, oder einer Marke für Spirituosen, die eine geographische Angabe enthält oder aus ihr besteht, durch die Spirituosen gekennzeichnet werden, wird in bezug auf Weine oder Spirituosen, die diesen Ursprung nicht haben, von Amtes wegen, sofern die Rechtsvorschriften des Mitglieds dies zulassen, oder auf Antrag einer beteiligten Partei abgelehnt oder für ungültig erklärt.

3. Im Fall gleichlautender geographischer Angaben für Weine wird für jede Angabe vorbehaltlich des Artikels 22 Absatz 4 Schutz gewährt. Die Mitglieder legen die konkreten Bedingungen fest, unter denen die betreffenden gleichlautenden Angaben voneinander abgegrenzt werden, und berücksichtigen dabei, dass die betroffenen Produzenten angemessen behandelt und die Konsumenten nicht irregeführt werden.

4. Um den Schutz geographischer Angaben für Weine zu erleichtern, werden im Rat für TRIPS Verhandlungen über die Errichtung eines multilateralen Systems der Notifikation und der Eintragung geographischer Angaben für Weine geführt, die in den am System beteiligten Mitgliedstaaten schutzfähig sind.

---

[1] Abweichend von Artikel 42 Satz 1 können die Mitglieder in bezug auf diese Verpflichtungen statt dessen die Durchsetzung durch Verwaltungsmassnahmen vorsehen.

Art. 24   Internationale Verhandlungen; Ausnahmen

1. Die Mitglieder vereinbaren, in Verhandlungen einzutreten, die darauf abzielen, den Schutz einzelner geographischer Angaben nach Artikel 23 zu verstärken. Ein Mitglied kann sich nicht auf die Absätze 4–8 berufen, um die Führung von Verhandlungen oder den Abschluss zweiseitiger oder mehrseitiger Vereinbarungen zu verweigern. Die Mitglieder sind bereit, im Rahmen der Verhandlungen die Weitergeltung dieser Bestimmungen für einzelne geographische Angaben in Betracht zu ziehen, deren Verwendung Gegenstand der Verhandlungen war.

2. Der Rat für TRIPS überprüft die Umsetzung der Bestimmungen dieses Abschnitts; die erste Überprüfung findet innerhalb von zwei Jahren nach Inkrafttreten des WTO-Abkommens statt. Alle Fragen, welche die Einhaltung der sich aus diesen Bestimmungen ergebenden Verpflichtungen betreffen, können dem Rat zur Kenntnis gebracht werden; dieser konsultiert auf Antrag eines Mitglieds ein oder mehrere Mitglieder zu den Fragen, bei denen es nicht möglich war, durch zweiseitige oder mehrseitige Konsultationen zwischen den betroffenen Mitgliedern eine befriedigende Lösung zu finden. Der Rat trifft die Massnahmen, die vereinbart worden sind, um das Funktionieren dieses Abschnitts zu erleichtern und die Erreichung seiner Ziele zu fördern.

3. Bei der Umsetzung dieses Abschnitts behalten die Mitglieder den Schutz geographischer Angaben, der im betreffenden Mitgliedstaat unmittelbar vor Inkrafttreten des WTO-Abkommens bestand, mindestens bei.

4. Dieser Abschnitt verpflichtet ein Mitglied nicht, die fortgesetzte und gleichartige Verwendung einer bestimmten geographischen Angabe eines anderen Mitglieds, durch die Weine oder Spirituosen gekennzeichnet werden, im Zusammenhang mit Waren oder Dienstleistungen durch seine Staatsangehörigen oder Gebietsansässigen zu untersagen, wenn sie diese geographische Angabe im Hoheitsgebiet des Mitglieds für dieselben oder verwandte Waren oder Dienstleistungen ohne Unterbrechung entweder a) vor dem 15. April 1994 mindestens zehn Jahre lang oder b) vor diesem Tag gutgläubig verwendet haben.

5. Wurde eine Marke gutgläubig angemeldet oder eingetragen oder wurden Rechte an einer Marke durch gutgläubige Benutzung erworben,

   a) bevor diese Bestimmungen in diesem Mitgliedstaat im Sinne von Teil VI Anwendung finden oder

   b) bevor die geographische Angabe in ihrem Ursprungsland geschützt ist,

so dürfen die zur Umsetzung dieses Abschnitts getroffenen Massnahmen die Eintragungsfähigkeit oder die Gültigkeit der Eintragung einer Marke oder das Recht auf Benutzung einer Marke nicht aufgrund der Tatsache beeinträchtigen, dass die Marke mit einer geographischen Angabe identisch oder ihr ähnlich ist.

6. Dieser Abschnitt verpflichtet ein Mitglied nicht, seine Bestimmungen auf eine geographische Angabe eines anderen Mitglieds für Waren oder Dienstleistungen anzuwenden, für welche die einschlägige Angabe identisch mit dem Ausdruck ist, der im Hoheitsgebiet des Mitglieds in der Alltagssprache die übliche Bezeichnung dieser Waren und Dienstleistungen ist. Dieser Abschnitt verpflichtet ein Mitglied nicht, seine Bestimmungen auf eine geographische Angabe eines anderen Mitglieds für

Erzeugnisse des Rebstocks anzuwenden, für welche die einschlägige Angabe identisch mit der üblichen Bezeichnung einer Rebsorte ist, die bei Inkrafttreten des WTO-Abkommens im Hoheitsgebiet des Mitglieds besteht.

7. Die Mitglieder können vorsehen, dass ein nach diesem Abschnitt im Zusammenhang mit der Benutzung oder der Eintragung einer Marke gestellter Antrag innerhalb von fünf Jahren einzureichen ist, nachdem die entgegenstehende Verwendung der geschützten Angabe in diesem Mitglied allgemein bekannt geworden ist oder nachdem die Marke in diesem Mitgliedstaat eingetragen worden ist, sofern die Marke zu diesem Zeitpunkt veröffentlicht ist, falls dieser Zeitpunkt vor dem Zeitpunkt liegt, an dem die entgegenstehende Verwendung in diesem Mitgliedstaat allgemein bekannt geworden ist, sofern die geographische Angabe nicht bösgläubig verwendet oder eingetragen wird.

8. Dieser Abschnitt beeinträchtigt nicht das Recht einer Person, im geschäftlichen Verkehr ihren Namen oder den Namen ihres Geschäftsvorgängers zu verwenden, sofern dieser Name nicht in einer die Öffentlichkeit irreführenden Weise verwendet wird.

9. Nach diesem Abkommen besteht keine Verpflichtung, geographische Angaben zu schützen, die in ihrem Ursprungsland nicht oder nicht mehr geschützt sind oder in diesem Land ungebräuchlich geworden sind.

Art. 39

1. Zur Gewährleistung eines wirksamen Schutzes gegen unlauteren Wettbewerb entsprechend Artikel 10bis der Pariser Verbandsübereinkunft (1967) schützen die Mitglieder vertrauliche Informationen nach Massgabe von Absatz 2 und dem Staat oder den staatlichen Stellen vorgelegte Angaben nach Massgabe von Absatz 3.

2. Natürliche und juristische Personen haben die Möglichkeit zu untersagen, dass Informationen, die sich rechtmässig in ihrer Verfügungsgewalt befinden, ohne ihre Zustimmung in einer gegen die redliche Geschäftspraxis verstossenden Weise[1] Dritten preisgegeben oder von diesen erworben oder verwendet werden, solange diese Informationen

a) in dem Sinne geheim sind, dass sie weder in ihrer Gesamtheit noch in der genauen Anordnung und Zusammenstellung ihrer Bestandteile den Angehörigen der Kreise, die sich normalerweise mit den betreffenden Informationen befassen, allgemein bekannt oder leicht zugänglich sind;

b) einen Marktwert haben, weil sie geheim sind; und

c) Gegenstand von den Umständen entsprechenden Geheimhaltungsmassnahmen durch die Person gewesen sind, in deren Verfügungsgewalt sie sich rechtmässig befinden.

3. Schreiben die Mitglieder als Voraussetzung für die Marktzulassung von pharmazeutischen oder agrochemischen Erzeugnissen, in denen neue chemische Stoffe verwendet werden, die Vorlage vertraulicher Testergebnisse oder sonstiger Angaben vor, deren Erstellung erhebliche Anstrengungen erfordert, so schützen sie diese Angaben vor unlauterer gewerblicher Verwendung. Darüber hinaus schützen die Mitglieder diese Angaben vor Preisgabe, sofern diese nicht zum Schutz der Öffentlichkeit notwendig ist oder sofern nicht Massnahmen zum Schutz der Angaben vor unlauterer gewerblicher Verwendung getroffen werden.

---

[1] Im Sinne dieser Bestimmung wird unter «eine gegen die redliche Geschäftspraxis verstossende Weise» zumindest eine Verhaltensweise wie Vertragsverletzung, Verletzung der Geheimhaltungspflicht und Verleitung hierzu verstanden, die den Erwerb vertraulicher Informationen durch Dritte einschliesst, die wussten oder grob fahrlässig nicht wussten, dass eine solche Verhaltensweise beim Erwerb eine Rolle spielte.

Geltungsbereich des Abkommens am 20. November 2008

Vertragsstaaten: Albanien, Angola, Antigua und Barbuda, Argentinien, Armenien, Australien, Bahrain, Bangladesch, Barbados, Belgien, Belize, Benin, Bolivien, Botsuana, Brasilien, Brunei, Bulgarien, Burkina Faso, Burundi, Chile, China, China-Hongkong[1], China-Macau[2], China-Taiwan (Chinesisches Taipei)[3], Chinesisches Taipei (Taiwan)[3], Costa Rica, Côte d'Ivoire, Deutschland, Dominica, Dominikanische Republik, Dschibuti, Dänemark, Ecuador, El Salvador, Estland, Europäische Gemeinschaft (EG/EU/EWG), Fidschi, Finnland, Frankreich, Gabun, Gambia, Georgien, Ghana, Grenada, Griechenland, Guatemala, Guinea, Guinea-Bissau, Guyana, Haiti, Honduras, Indien, Indonesien, Irland, Island, Israel, Italien, Jamaika, Japan, Jordanien, Kambodscha, Kamerun, Kanada, Kap Verde, Katar, Kenia, Kirgisistan, Kolumbien, Kongo (Brazzaville), Kongo (Kinshasa), Korea (Süd-), Kroatien, Kuba, Kuwait, Lesotho, Lettland, Liechtenstein, Litauen, Luxemburg, Madagaskar, Malawi, Malaysia, Malediven, Mali, Malta, Marokko, Mauretanien, Mauritius, Mazedonien, Mexiko, Moldau, Mongolei, Mosambik, Myanmar, Namibia, Nepal, Neuseeland, Nicaragua, Niederlande, Niederlande-Niederländische Antillen, Niger, Nigeria, Norwegen, Oman, Pakistan, Panama, Papua-Neuguinea, Paraguay, Peru, Philippinen, Polen, Portugal, Ruanda, Rumänien, Salomoninseln, Sambia, Saudi-Arabien, Schweden, Schweiz, Senegal, Sierra Leone, Simbabwe, Singapur, Slowakei, Slowenien, Spanien, Sri Lanka, St. Kitts und Nevis, St. Lucia, St. Vincent und die Grenadinen, Suriname, Swasiland, Südafrika, Tansania, Thailand, Togo, Tonga, Trinidad und Tobago, Tschad, Tschechische Republik, Tunesien, Türkei, Uganda, Ukraine, Ungarn, Uruguay, Venezuela, Vereinigte Arabische Emirate, Vereinigte Staaten, Vereinigtes Königreich, Vietnam, Zentralafrikanische Republik, Zypern, Ägypten, Österreich

[1] Vom 1. Januar 1995 bis zum 30. Juni 1997 war Hong Kong ein Gründungsmitglied der Welthandelsorganisation (WTO) in seiner Eigenschaft als Kronkolonie des Vereinigten Königreichs. Seit dem 1. Juli 1997 bildet Hong Kong eine Besondere Verwaltungsregion (RAS) der Volksrepublik China und behält den Status eines gesonderten Zollgebiets. Hong Kong bleibt Mitglied der WTO unter der Bezeichnung Hong Kong, China.

[2] Vom 1. Januar 1995 bis zum 19. Dezember 1999 war Macao ein Gründungsmitglied der Welthandelsorganisation (WTO) als Kolonie Portugals. Am 20. Dezember 1999 wurde Macau eine Besondere Verwaltungsregion (RAS) der Volksrepublik China. Macau bleibt Mitglied der WTO unter dem Namen Macau, China.

[3] Seit dem 1. Januar 2002 ist das gesonderte Zollgebiet Taiwan, Penghu, Kinmen, und Matsu (chinesisches Taipei) Mitglied der Welthandelsorganisation (WTO) unter dem Namen chinesisches Taipei.

Anhang III SR 0.311.56 / Stand am 18. Dezember 2009

3. Übereinkommen der Vereinten Nationen gegen Korruption (SR 0.311.56 / Stand am 18. Dezember 2009)

Art. 21 Bestechung[1] im privaten Sektor

Jeder Vertragsstaat zieht in Erwägung, die erforderlichen gesetzgeberischen und sonstigen Massnahmen zu treffen, um folgende Handlungen, wenn sie im Rahmen wirtschaftlicher, finanzieller oder geschäftlicher Tätigkeiten vorsätzlich begangen werden, als Straftaten zu umschreiben:

a) das unmittelbare oder mittelbare Versprechen, Anbieten oder Gewähren eines ungerechtfertigten Vorteils an eine Person, die ein Unternehmen im privaten Sektor leitet oder in irgendeiner Eigenschaft für ein solches tätig ist, für diese Person selbst oder für eine andere Person als Gegenleistung dafür, dass sie unter Verletzung ihrer Pflichten eine Handlung vornimmt oder unterlässt;

b) das unmittelbare oder mittelbare Fordern oder Annehmen eines ungerechtfertigten Vorteils durch eine Person, die ein Unternehmen im privaten Sektor leitet oder für ein solches tätig ist, für sich selbst oder für eine andere Person als Gegenleistung dafür, dass sie unter Verletzung ihrer Pflichten eine Handlung vornimmt oder unterlässt.

---

[1] Deutschland, Österreich: Bestechung und Bestechlichkeit

Beitrittsländer: Afghanistan, Albanien, Algerien*, Angola, Antigua und Barbuda, Argentinien, Armenien, Aserbaidschan*, Australien, Bahamas*, Bahrain, Bangladesch*, Barbados, Belarus, Belgien*, Benin, Bhutan, Bolivien, Bosnien und Herzegowina, Brasilien, Brunei*, Bulgarien, Burkina Faso, Burundi, Chile, China*, China-Hongkong, China-Macau, Costa Rica, Côte d'Ivoire, Deutschland, Dominikanische Republik, Dschibuti, Dänemark[1], Ecuador, El Salvador*, Europäische Union*, Fidschi, Finnland, Frankreich, Gabun, Georgien*, Ghana, Griechenland*, Guatemala, Guinea, Guinea-Bissau, Guyana, Haiti, Honduras, Indien, Indonesien*, Irak, Iran*, Irland, Israel*, Italien, Jamaika, Japan, Jemen*, Jordanien, Kambodscha, Kamerun, Kanada*, Kap Verde, Kasachstan*, Katar*, Kenia, Kirgisistan, Kolumbien*, Komoren, Kongo (Brazzaville), Korea (Süd-), Kroatien, Kuba*, Kuwait*, Laos*, Lesotho, Lettland, Libanon, Liberia, Libyen, Liechtenstein, Litauen, Luxemburg, Madagaskar, Malawi, Malaysia*, Malediven, Mali, Malta*, Marokko, Mauretanien, Mauritius, Mazedonien, Mexiko, Moldau*, Mongolei, Montenegro, Mosambik*, Myanmar, Namibia, Nepal, Neuseeland, Nicaragua, Niederlande[2]**, Niger, Nigeria, Norwegen, Pakistan*, Palau, Panama*, Papua-Neuguinea, Paraguay*, Peru, Philippinen, Polen, Portugal, Ruanda, Rumänien, Russland*, Sambia, Saudi-Arabien, Schweden, Schweiz, Senegal, Serbien, Seychellen, Sierra Leone, Simbabwe, Singapur*, Slowakei, Slowenien, Spanien*, Sri Lanka, Sudan, Swasiland, Syrien, São Tomé und Príncipe, Südafrika*, Tadschikistan, Tansania, Thailand, Timor-Leste, Togo, Trinidad und Tobago, Tschechische Republik, Tunesien*, Turkmenistan, Türkei, Uganda, Ukraine, Ungarn, Uruguay, Usbekistan*, Venezuela*, Vereinigte Arabische Emirate*, Vereinigte Staaten*, Vereinigtes Königreich, Vereinigtes Königreich-Britische Jungferninseln, Vereinigtes Königreich-Guernsey, Vereinigtes Königreich-Insel Man, Vereinigtes Königreich-Jersey, Vietnam*, Zentralafrikanische Republik, Zypern, Ägypten, Äthiopien*, Österreich

---

[1] Die Konvention gilt nicht für die Färöer und Grönland.
[2] Für das Königreich in Europa.
* Vorbehalte und Erklärungen
** Einwendungen

II. Autonomes Schweizer Recht

4. Bundesverfassung der Schweizerischen Eidgenossenschaft (SR 101 / Stand am 27. September 2009)

Art. 96 Wettbewerbspolitik

[1] Der Bund erlässt Vorschriften gegen volkswirtschaftlich oder sozial schädliche Auswirkungen von Kartellen und anderen Wettbewerbsbeschränkungen.

[2] Er trifft Massnahmen:
   a. zur Verhinderung von Missbräuchen in der Preisbildung durch marktmächtige Unternehmen und Organisationen des privaten und des öffentlichen Rechts;
   b. gegen den unlauteren Wettbewerb.

Art. 97 Schutz der Konsumentinnen und Konsumenten

[1] Der Bund trifft Massnahmen zum Schutz der Konsumentinnen und Konsumenten.

[2] Er erlässt Vorschriften über die Rechtsmittel, welche die Konsumentenorganisationen ergreifen können. Diesen Organisationen stehen im Bereich der Bundesgesetzgebung über den unlauteren Wettbewerb die gleichen Rechte zu wie den Berufs- und Wirtschaftsverbänden.

[3] Die Kantone sehen für Streitigkeiten bis zu einem bestimmten Streitwert ein Schlichtungsverfahren oder ein einfaches und rasches Gerichtsverfahren vor. Der Bundesrat legt die Streitwertgrenze fest.

5. Schweizerisches Zivilgesetzbuch (SR 210 / Stand am 1. Februar 2010)

Art. 28[1]

II. Gegen Verletzungen

1. Grundsatz

[1] Wer in seiner Persönlichkeit widerrechtlich verletzt wird, kann zu seinem Schutz gegen jeden, der an der Verletzung mitwirkt, das Gericht anrufen.

[2] Eine Verletzung ist widerrechtlich, wenn sie nicht durch Einwilligung des Verletzten, durch ein überwiegendes privates oder öffentliches Interesse oder durch Gesetz gerechtfertigt ist.

---

[1] Fassung gemäss Ziff. I des BG vom 16. Dez. 1983, in Kraft seit 1. Juli 1985 (AS **1984** 778 782; BBl **1982** II 636).

Art. 28a[1]

2. Klage

a. Im Allgemeinen[2]

[1] Der Kläger kann dem Gericht beantragen:
1. eine drohende Verletzung zu verbieten;
2. eine bestehende Verletzung zu beseitigen;
3. die Widerrechtlichkeit einer Verletzung festzustellen, wenn sich diese weiterhin störend auswirkt.

[2] Er kann insbesondere verlangen, dass eine Berichtigung oder das Urteil Dritten mitgeteilt oder veröffentlicht wird.

[3] Vorbehalten bleiben die Klagen auf Schadenersatz und Genugtuung sowie auf Herausgabe eines Gewinns entsprechend den Bestimmungen über die Geschäftsführung ohne Auftrag.

---

[1] Eingefügt durch Ziff. I des BG vom 16. Dez. 1983, in Kraft seit 1. Juli 1985 (AS **1984** 778 782; BBl **1982** II 636).
[2] Fassung gemäss Ziff. I des BG vom 23. Juni 2006 (Schutz der Persönlichkeit gegen Gewalt, Drohungen oder Nachstellungen), in Kraft seit 1. Juli 2007 (AS **2007** 137 139; BBl **2005** 6871 6897).

Art. 28c[1]

3. Vorsorgliche Massnahmen

a. Voraussetzungen[2]

[1] Wer glaubhaft macht, dass er in seiner Persönlichkeit widerrechtlich verletzt ist oder eine solche Verletzung befürchten muss und dass ihm aus der Verletzung ein nicht leicht wiedergutzumachender Nachteil droht, kann die Anordnung vorsorglicher Massnahmen verlangen.

[2] Das Gericht kann insbesondere:
1. die Verletzung vorsorglich verbieten oder beseitigen;
2. die notwendigen Massnahmen ergreifen, um Beweise zu sichern.

³ Eine Verletzung durch periodisch erscheinende Medien kann das Gericht jedoch nur dann vorsorglich verbieten oder beseitigen, wenn sie einen besonders schweren Nachteil verursachen kann, offensichtlich kein Rechtfertigungsgrund vorliegt und die Massnahme nicht unverhältnismässig erscheint.

---

¹ Eingefügt durch Ziff. I des BG vom 16. Dez. 1983, in Kraft seit 1. Juli 1985 (AS **1984** 778 782; BBl **1982** II 636).
² Fassung gemäss Ziff. I des BG vom 23. Juni 2006 (Schutz der Persönlichkeit gegen Gewalt, Drohungen oder Nachstellungen), in Kraft seit 1. Juli 2007 (AS **2007** 137 139; BBl **2005** 6871 6897).

Art. 28d¹

b. Verfahren

¹ Das Gericht gibt dem Gesuchsgegner Gelegenheit, sich zu äussern.

² Ist es jedoch wegen dringender Gefahr nicht mehr möglich, den Gesuchsgegner vorgängig anzuhören, so kann das Gericht schon auf Einreichung des Gesuchs hin Massnahmen vorläufig anordnen, es sei denn, der Gesuchsteller habe sein Gesuch offensichtlich hinausgezögert. Diese Einschränkung gilt nicht bei vorläufigen Massnahmen zum Schutz gegen Gewalt, Drohungen oder Nachstellungen.²

³ Kann eine vorsorgliche Massnahme dem Gesuchsgegner schaden, so kann das Gericht vom Gesuchsteller eine Sicherheitsleistung verlangen; dies gilt nicht für vorsorgliche Massnahmen zum Schutz gegen Gewalt, Drohungen oder Nachstellungen.³

---

¹ Eingefügt durch Ziff. I des BG vom 16. Dez. 1983, in Kraft seit 1. Juli 1985 (AS **1984** 778 782; BBl **1982** II 636).
² Zweiter Satz eingefügt durch Ziff. I des BG vom 23. Juni 2006 (Schutz der Persönlichkeit gegen Gewalt, Drohungen oder Nachstellungen), in Kraft seit 1. Juli 2007 (AS **2007** 137 139; BBl **2005** 6871 6897).
³ Fassung gemäss Ziff. I des BG vom 23. Juni 2006 (Schutz der Persönlichkeit gegen Gewalt, Drohungen oder Nachstellungen), in Kraft seit 1. Juli 2007 (AS **2007** 137 139; BBl **2005** 6871 6897).

Art. 28e¹

c. Vollstreckung

¹ Vorsorgliche Massnahmen werden in allen Kantonen wie Urteile vollstreckt.

² Vorsorgliche Massnahmen, die angeordnet werden, bevor die Klage rechtshängig ist, fallen dahin, wenn der Gesuchsteller nicht innerhalb der vom Gericht festgesetzten Frist, spätestens aber innert 30 Tagen, Klage erhebt.

---

¹ Eingefügt durch Ziff. I des BG vom 16. Dez. 1983, in Kraft seit 1. Juli 1985 (AS **1984** 778 782; BBl **1982** II 636).

Art. 28f¹

d. Schadenersatz

¹ Der Gesuchsteller hat den durch eine vorsorgliche Massnahme entstandenen Schaden zu ersetzen, wenn der Anspruch, für den sie bewilligt worden ist, nicht zu Recht bestanden hat; trifft ihn jedoch kein oder nur ein leichtes Verschulden, so kann das Gericht Begehren abweisen oder die Entschädigung herabsetzen.

² ...²

³ Eine bestellte Sicherheit ist freizugeben, wenn feststeht, dass keine Schadenersatzklage erhoben wird; bei Ungewissheit setzt das Gericht Frist zur Klage.

---

¹ Eingefügt durch Ziff. I des BG vom 16. Dez. 1983, in Kraft seit 1. Juli 1985 (AS **1984** 778 782; BBl **1982** II 636).
² Aufgehoben durch Anhang Ziff. 2 des Gerichtsstandsgesetzes vom 24. März 2000 (SR **272**).

Art. 28*g*¹

4. Recht auf Gegendarstellung

a. Grundsatz²

¹ Wer durch Tatsachendarstellungen in periodisch erscheinenden Medien, insbesondere Presse, Radio und Fernsehen, in seiner Persönlichkeit unmittelbar betroffen ist, hat Anspruch auf Gegendarstellung.

² Kein Anspruch auf Gegendarstellung besteht, wenn über öffentliche Verhandlungen einer Behörde wahrheitsgetreu berichtet wurde und die betroffene Person an den Verhandlungen teilgenommen hat.

---

¹ Eingefügt durch Ziff. I des BG vom 16. Dez. 1983, in Kraft seit 1. Juli 1985 (AS **1984** 778 782; BBl **1982** II 636).
² Fassung gemäss Ziff. I des BG vom 23. Juni 2006 (Schutz der Persönlichkeit gegen Gewalt, Drohungen oder Nachstellungen), in Kraft seit 1. Juli 2007 (AS **2007** 137 139; BBl **2005** 6871 6897).

Art. 28*h*¹

b. Form und Inhalt

¹ Der Text der Gegendarstellung ist in knapper Form auf den Gegenstand der beanstandeten Darstellung zu beschränken.

² Die Gegendarstellung kann verweigert werden, wenn sie offensichtlich unrichtig ist oder wenn sie gegen das Recht oder die guten Sitten verstösst.

---

¹ Eingefügt durch Ziff. I des BG vom 16. Dez. 1983, in Kraft seit 1. Juli 1985 (AS **1984** 778 782; BBl **1982** II 636).

Art. 28*i*¹

c. Verfahren

¹ Der Betroffene muss den Text der Gegendarstellung innert 20 Tagen, nachdem er von der beanstandeten Tatsachendarstellung Kenntnis erhalten hat, spätestens jedoch drei Monate nach der Verbreitung, an das Medienunternehmen absenden.

² Das Medienunternehmen teilt dem Betroffenen unverzüglich mit, wann es die Gegendarstellung veröffentlicht oder weshalb es sie zurückweist.

---

¹ Eingefügt durch Ziff. I des BG vom 16. Dez. 1983, in Kraft seit 1. Juli 1985 (AS **1984** 778 782; BBl **1982** II 636).

Art. 28k[1]
d. Veröffentlichung

[1] Die Gegendarstellung ist sobald als möglich zu veröffentlichen, und zwar so, dass sie den gleichen Personenkreis wie die beanstandete Tatsachendarstellung erreicht.

[2] Die Gegendarstellung ist als solche zu kennzeichnen; das Medienunternehmen darf dazu nur die Erklärung beifügen, ob es an seiner Tatsachendarstellung festhält oder auf welche Quellen es sich stützt.

[3] Die Veröffentlichung der Gegendarstellung erfolgt kostenlos.

---

[1] Eingefügt durch Ziff. I des BG vom 16. Dez. 1983, in Kraft seit 1. Juli 1985 (AS **1984** 778 782; BBl **1982** II 636).

Art. 28l[1]
e. Anrufung des Gerichts

[1] Verhindert das Medienunternehmen die Ausübung des Gegendarstellungsrechts, verweigert es die Gegendarstellung oder veröffentlicht es diese nicht korrekt, so kann der Betroffene das Gericht anrufen.

[2] ...

[3] Das Gericht entscheidet unverzüglich aufgrund der verfügbaren Beweismittel.

[4] Rechtsmittel haben keine aufschiebende Wirkung.

---

[1] Eingefügt durch Ziff. I des BG vom 16. Dez. 1983, in Kraft seit 1. Juli 1985 (AS **1984** 778 782; BBl **1982** II 636).
[2] Aufgehoben durch Anhang Ziff. 2 des Gerichtsstandsgesetzes vom 24. März 2000 (SR **272**).

Art. 29
III. Recht auf den Namen

1. Namensschutz

[1] Wird jemandem die Führung seines Namens bestritten, so kann er auf Feststellung seines Rechtes klagen.

[2] Wird jemand dadurch beeinträchtigt, dass ein anderer sich seinen Namen anmasst, so kann er auf Unterlassung dieser Anmassung sowie bei Verschulden auf Schadenersatz und, wo die Art der Beeinträchtigung es rechtfertigt, auf Leistung einer Geldsumme als Genugtuung klagen.

6. Bundesgesetz über den Schutz von Marken und Herkunftsangaben (SR 232.11 / Stand am 1. August 2008)

Art. 47 Grundsatz

[1] Herkunftsangaben sind direkte oder indirekte Hinweise auf die geographische Herkunft von Waren oder Dienstleistungen, einschliesslich Hinweisen auf die Beschaffenheit oder auf Eigenschaften, die mit der Herkunft zusammenhängen.

[2] Geographische Namen und Zeichen, die von den massgebenden Verkehrskreisen nicht als Hinweis auf eine bestimmte Herkunft der Waren oder Dienstleistungen verstanden werden, gelten nicht als Herkunftsangabe im Sinne von Absatz 1.

[3] Unzulässig ist der Gebrauch:

    a. unzutreffender Herkunftsangaben;

    b. von Bezeichnungen, die mit einer unzutreffenden Herkunftsangabe verwechselbar sind;

    c. eines Namens, einer Adresse oder einer Marke im Zusammenhang mit Waren oder Dienstleistungen fremder Herkunft, wenn sich daraus eine Täuschungsgefahr ergibt.

[4] Regionale oder lokale Herkunftsangaben für Dienstleistungen werden als zutreffend betrachtet, wenn diese Dienstleistungen die Herkunftskriterien für das betreffende Land als Ganzes erfüllen.

Art. 48 Herkunft von Waren

[1] Die Herkunft einer Ware bestimmt sich nach dem Ort der Herstellung oder nach der Herkunft der verwendeten Ausgangsstoffe und Bestandteile.

[2] Zusätzlich kann die Erfüllung weiterer Voraussetzungen verlangt werden, namentlich die Einhaltung ortsüblicher oder am Ort vorgeschriebener Herstellungsgrundsätze und Qualitätsanforderungen.

[3] Die Kriterien sind im Einzelfall nach Massgabe ihres Einflusses auf den Ruf der betreffenden Waren zu bestimmen; entspricht eine Herkunftsangabe den Usanzen, so wird ihre Richtigkeit vermutet.

Art. 49 Herkunft von Dienstleistungen

[1] Die Herkunft einer Dienstleistung bestimmt sich nach:

    a. dem Geschäftssitz derjenigen Person, welche die Dienstleistung erbringt;

    b. der Staatsangehörigkeit der Personen, welche die tatsächliche Kontrolle über die Geschäftspolitik und Geschäftsführung ausüben; oder

    c. dem Wohnsitz der Personen, welche die tatsächliche Kontrolle über die Geschäftspolitik und Geschäftsführung ausüben.

[2] Zusätzlich kann die Erfüllung weiterer Voraussetzungen verlangt werden, namentlich die Einhaltung üblicher oder vorgeschriebener Grundsätze für das Erbringen der Dienstleistung oder die traditionelle Verbundenheit derjenigen Person, welche die Dienstleistung erbringt, mit dem Herkunftsland.

[3] Die Kriterien sind im Einzelfall nach Massgabe ihres Einflusses auf den Ruf der betreffenden Dienstleistungen zu bestimmen; entspricht eine Herkunftsangabe den Usanzen, so wird ihre Richtigkeit vermutet.

Art. 50 Besondere Bestimmungen

Wenn das allgemeine Interesse der Wirtschaft oder einzelner Branchen es rechtfertigt, kann der Bundesrat die Voraussetzungen näher umschreiben, unter denen eine schweizerische Herkunftsangabe für bestimmte Waren oder Dienstleistungen gebraucht werden darf. Er hört vorher die beteiligten Kantone und die interessierten Berufs- und Wirtschaftsverbände an.

Art. 51 Produzentenkennzeichen

Wenn die Interessen einer Wirtschaftsbranche es erfordern, kann der Bundesrat vorschreiben, dass auf den Waren dieser Wirtschaftsbranche ein Produzentenkennzeichen anzubringen ist.

7. Bundesgesetz zum Schutz öffentlicher Wappen und anderer öffentlicher Zeichen (SR 232.21 / Stand am 1. August 2008)

Art. 2

¹ Es ist untersagt, die nachgenannten Zeichen zu geschäftlichen Zwecken, namentlich als Bestandteile von Fabrik- oder Handelsmarken, auf Erzeugnissen oder auf der Verpackung von Erzeugnissen anzubringen, die zum Vertrieb als Ware bestimmt sind:

1. die Wappen der Eidgenossenschaft oder der Kantone, solche Wappen darstellende Fahnen, das eidgenössische Kreuz, charakteristische Bestandteile von Kantonswappen oder andere Zeichen, die mit den genannten verwechselt werden können;
2. die Worte «Schweizerwappen», «Schweizerkreuz» oder andere Angaben, die auf das eidgenössische Wappen oder Kreuz, auf das Wappen eines Kantons oder auf charakteristische Bestandteile von Kantonswappen hinweisen.

² Zulässig ist:

a. die Benutzung der in Absatz 1 genannten Bild- und Wortzeichen durch die Eidgenossenschaft, die Kantone, Bezirke, Kreise und Gemeinden und durch Unternehmungen dieser Gemeinwesen;

b. die Benutzung von Marken, die ein in Absatz 1 genanntes Bild- oder Wortzeichen enthalten und von der Eidgenossenschaft oder einem Kanton als Kollektivmarken hinterlegt worden sind, durch Angehörige derjenigen Kreise von Produzenten, Industriellen oder Handeltreibenden, für welche die Kollektivmarken bestimmt sind;

c. allgemein die Verwendung des eidgenössischen Kreuzes als Bestandteil des schweizerischen Patentzeichens gemäss den bundesgesetzlichen Bestimmungen über die Erfindungspatente.

Art. 3

¹ Die in Artikel 2 Absatz 1 genannten Bild- und Wortzeichen dürfen auf Geschäftsschildern, Anzeigen, Prospekten oder Geschäftspapieren angebracht oder in anderer nicht unter Artikel 2 Absatz 1 fallender Weise benutzt werden, sofern die Benutzung nicht gegen die guten Sitten verstösst.

² Als Verstoss gegen die guten Sitten ist namentlich anzusehen die Benutzung:

a. die geeignet ist zur Täuschung über geographische Herkunft, Wert oder andere Eigenschaften von Erzeugnissen, über die Nationalität des Geschäftes oder über geschäftliche Verhältnisse des Benutzers, wie namentlich über angebliche amtliche Beziehungen zur Eidgenossenschaft oder zu einem Kanton;

b. die eine Missachtung der in Artikel 2 Absatz 1 genannten Zeichen darstellt;

c. durch einen im Ausland niedergelassenen Ausländer.

Art. 4

[1] Andere als die in Artikel 2 Absatz 1 Ziffer 1 genannten Hoheitszeichen sowie die Kontroll- oder Garantie-Zeichen und -Stempel der Eidgenossenschaft und der Kantone dürfen, auch ohne Fälschungsabsicht, nicht so nachgemacht oder nachgeahmt werden, dass die Gefahr der Verwechslung mit den wirklichen Zeichen oder Stempeln besteht.

[2] Ausgenommen sind Nachmachungen oder Nachahmungen von Kontroll- oder Garantie-Zeichen und -Stempeln, wenn sie zur Bezeichnung von Erzeugnissen dienen, die sich von denen gänzlich unterscheiden, für welche die wirklichen Kontroll- oder Garantie-Zeichen und -Stempel bestimmt sind. Enthalten diese ein eidgenössisches oder kantonales Hoheitszeichen oder ein Bezirks-, Kreis- oder Gemeindewappen, so bleiben die Verbotsbestimmungen der Artikel 2, 3, 4 Absatz 1 sowie des Artikels 5 Absätze 1 und 2 vorbehalten.

8. Bundesgesetz über Kartelle und andere Wettbewerbsbeschränkungen (SR 251 / Stand am 1. Januar 2009)

Art. 1 Zweck

Dieses Gesetz bezweckt, volkswirtschaftlich oder sozial schädliche Auswirkungen von Kartellen und anderen Wettbewerbsbeschränkungen zu verhindern und damit den Wettbewerb im Interesse einer freiheitlichen marktwirtschaftlichen Ordnung zu fördern.

Art. 2 Geltungsbereich

[1] Das Gesetz gilt für Unternehmen des privaten und des öffentlichen Rechts, die Kartell- oder andere Wettbewerbsabreden treffen, Marktmacht ausüben oder sich an Unternehmenszusammenschlüssen beteiligen.

[1bis] Als Unternehmen gelten sämtliche Nachfrager oder Anbieter von Gütern und Dienstleistungen im Wirtschaftsprozess, unabhängig von ihrer Rechts- oder Organisationsform.[1]

[2] Das Gesetz ist auf Sachverhalte anwendbar, die sich in der Schweiz auswirken, auch wenn sie im Ausland veranlasst werden.

---

[1] Eingefügt durch Ziff. I des BG vom 20. Juni 2003, in Kraft seit 1. April 2004 (AS **2004** 1385 1390; BBl **2002** 2022 5506).

Art. 3 Verhältnis zu anderen Rechtsvorschriften

[1] Vorbehalten sind Vorschriften, soweit sie auf einem Markt für bestimmte Waren oder Leistungen Wettbewerb nicht zulassen, insbesondere Vorschriften:

a. die eine staatliche Markt- oder Preisordnung begründen;

b. die einzelne Unternehmen zur Erfüllung öffentlicher Aufgaben mit besonderen Rechten ausstatten.

[2] Nicht unter das Gesetz fallen Wettbewerbswirkungen, die sich ausschliesslich aus der Gesetzgebung über das geistige Eigentum ergeben. Hingegen unterliegen Einfuhrbeschränkungen, die sich auf Rechte des geistigen Eigentums stützen, der Beurteilung nach diesem Gesetz.[1]

[3] Verfahren zur Beurteilung von Wettbewerbsbeschränkungen nach diesem Gesetz gehen Verfahren nach dem Preisüberwachungsgesetz vom 20. Dezember 1985[2] vor, es sei denn die Wettbewerbskommission und der Preisüberwacher treffen gemeinsam eine gegenteilige Regelung.

---

[1] Satz eingefügt durch Ziff. I des BG vom 20. Juni 2003, in Kraft seit 1. April 2004 (AS **2004** 1385 1390; BBl **2002** 2022 5506).

[2] SR **942.20**

Art. 4 Begriffe

[1] Als Wettbewerbsabreden gelten rechtlich erzwingbare oder nicht erzwingbare Vereinbarungen sowie aufeinander abgestimmte Verhaltensweisen von Unternehmen gleicher oder verschiedener Marktstufen, die eine Wettbewerbsbeschränkung bezwecken oder bewirken.

[2] Als marktbeherrschende Unternehmen gelten einzelne oder mehrere Unternehmen, die auf einem Markt als Anbieter oder Nachfrager in der Lage sind, sich von andern Marktteilnehmern (Mitbewerbern, Anbietern oder Nachfragern) in wesentlichem Umfang unabhängig zu verhalten.[1]

[3] Als Unternehmenszusammenschluss gilt:

   a. die Fusion von zwei oder mehr bisher voneinander unabhängigen Unternehmen;

   b. jeder Vorgang, wie namentlich der Erwerb einer Beteiligung oder der Abschluss eines Vertrages, durch den ein oder mehrere Unternehmen unmittelbar oder mittelbar die Kontrolle über ein oder mehrere bisher unabhängige Unternehmen oder Teile von solchen erlangen.

---

[1] Fassung gemäss Ziff. I des BG vom 20. Juni 2003, in Kraft seit 1. April 2004 (AS **2004** 1385 1390; BBl **2002** 2022 5506).

Art. 5 Unzulässige Wettbewerbsabreden

[1] Abreden, die den Wettbewerb auf einem Markt für bestimmte Waren oder Leistungen erheblich beeinträchtigen und sich nicht durch Gründe der wirtschaftlichen Effizienz rechtfertigen lassen, sowie Abreden, die zur Beseitigung wirksamen Wettbewerbs führen, sind unzulässig.

[2] Wettbewerbsabreden sind durch Gründe der wirtschaftlichen Effizienz gerechtfertigt, wenn sie:

   a. notwendig sind, um die Herstellungs- oder Vertriebskosten zu senken, Produkte oder Produktionsverfahren zu verbessern, die Forschung oder die Verbreitung von technischem oder beruflichem Wissen zu fördern oder um Ressourcen rationeller zu nutzen; und

   b. den beteiligten Unternehmen in keinem Fall Möglichkeiten eröffnen, wirksamen Wettbewerb zu beseitigen.

[3] Die Beseitigung wirksamen Wettbewerbs wird bei folgenden Abreden vermutet, sofern sie zwischen Unternehmen getroffen werden, die tatsächlich oder der Möglichkeit nach miteinander im Wettbewerb stehen:

   a. Abreden über die direkte oder indirekte Festsetzung von Preisen;

   b. Abreden über die Einschränkung von Produktions-, Bezugs- oder Liefermengen;

   c. Abreden über die Aufteilung von Märkten nach Gebieten oder Geschäftspartnern.

[4] Die Beseitigung wirksamen Wettbewerbs wird auch vermutet bei Abreden zwischen Unternehmen verschiedener Marktstufen über Mindest- oder Festpreise sowie bei Abreden in Vertriebsverträgen über die Zuweisung von Gebieten, soweit Verkäufe in diese durch gebietsfremde Vertriebspartner ausgeschlossen werden.[1]

---

[1] Eingefügt durch Ziff. I des BG vom 20. Juni 2003, in Kraft seit 1. April 2004 (AS **2004** 1385 1390; BBl **2002** 2022 5506).

Art. 6 Gerechtfertigte Arten von Wettbewerbsabreden

[1] In Verordnungen oder allgemeinen Bekanntmachungen können die Voraussetzungen umschrieben werden, unter denen einzelne Arten von Wettbewerbsabreden aus Gründen der wirtschaftlichen Effizienz in der Regel als gerechtfertigt gelten. Dabei werden insbesondere die folgenden Abreden in Betracht gezogen:

   a. Abreden über die Zusammenarbeit bei der Forschung und Entwicklung;
   b. Abreden über die Spezialisierung und Rationalisierung, einschliesslich diesbezügliche Abreden über den Gebrauch von Kalkulationshilfen;
   c. Abreden über den ausschliesslichen Bezug oder Absatz bestimmter Waren oder Leistungen;
   d. Abreden über die ausschliessliche Lizenzierung von Rechten des geistigen Eigentums;
   e.[1] Abreden mit dem Zweck, die Wettbewerbfähigkeit kleiner und mittlerer Unternehmen zu verbessern, sofern sie nur eine beschränkte Marktwirkung aufweisen.

[2] Verordnungen und allgemeine Bekanntmachungen können auch besondere Kooperationsformen in einzelnen Wirtschaftszweigen, namentlich Abreden über die rationelle Umsetzung von öffentlich-rechtlichen Vorschriften zum Schutze von Kunden oder Anlegern im Bereich der Finanzdienstleistungen, als in der Regel gerechtfertigte Wettbewerbsabreden bezeichnen.

[3] Allgemeine Bekanntmachungen werden von der Wettbewerbskommission im Bundesblatt veröffentlicht. Verordnungen im Sinne der Absätze 1 und 2 werden vom Bundesrat erlassen.

---

[1] Eingefügt durch Ziff. I des BG vom 20. Juni 2003, in Kraft seit 1. April 2004 (AS **2004** 1385 1390; BBl **2002** 2022 5506).

Art. 7 Unzulässige Verhaltensweisen marktbeherrschender Unternehmen

[1] Marktbeherrschende Unternehmen verhalten sich unzulässig, wenn sie durch den Missbrauch ihrer Stellung auf dem Markt andere Unternehmen in der Aufnahme oder Ausübung des Wettbewerbs behindern oder die Marktgegenseite benachteiligen.

[2] Als solche Verhaltensweisen fallen insbesondere in Betracht:

   a. die Verweigerung von Geschäftsbeziehungen (z.B. die Liefer- oder Bezugssperre);
   b. die Diskriminierung von Handelspartnern bei Preisen oder sonstigen Geschäftsbedingungen;
   c. die Erzwingung unangemessener Preise oder sonstiger unangemessener Geschäftsbedingungen;
   d. die gegen bestimmte Wettbewerber gerichtete Unterbietung von Preisen oder sonstigen Geschäftsbedingungen;
   e. die Einschränkung der Erzeugung, des Absatzes oder der technischen Entwicklung;
   f. die an den Abschluss von Verträgen gekoppelte Bedingung, dass die Vertragspartner zusätzliche Leistungen annehmen oder erbringen.

Art. 8 Ausnahmsweise Zulassung aus überwiegenden öffentlichen Interessen

Wettbewerbsabreden und Verhaltensweisen marktbeherrschender Unternehmen, die von der zuständigen Behörde für unzulässig erklärt wurden, können vom Bundesrat auf Antrag der Beteiligten zugelassen werden, wenn sie in Ausnahmefällen notwendig sind, um überwiegende öffentliche Interessen zu verwirklichen.

9. Bundesgesetz über das Internationale Privatrecht (SR 291 / Stand am 1. Januar 2010)

Art. 109[1]

I. Zuständigkeit

[1] Für Klagen betreffend die Gültigkeit oder die Eintragung von Immaterialgüterrechten in der Schweiz sind die schweizerischen Gerichte am Wohnsitz des Beklagten zuständig. Hat der Beklagte keinen Wohnsitz in der Schweiz, so sind die schweizerischen Gerichte am Geschäftssitz des im Register eingetragenen Vertreters oder, wenn ein solcher fehlt, diejenigen am Sitz der schweizerischen Registerbehörde zuständig.

[2] Für Klagen betreffend Verletzung von Immaterialgüterrechten sind die schweizerischen Gerichte am Wohnsitz des Beklagten oder, wenn ein solcher fehlt, diejenigen an seinem gewöhnlichen Aufenthaltsort zuständig. Überdies sind die schweizerischen Gerichte am Handlungs- und Erfolgsort sowie für Klagen aufgrund der Tätigkeit einer Niederlassung in der Schweiz die Gerichte am Ort der Niederlassung zuständig.

[3] Können mehrere Beklagte in der Schweiz belangt werden und stützen sich die Ansprüche im Wesentlichen auf die gleichen Tatsachen und Rechtsgründe, so kann bei jedem zuständigen Richter gegen alle geklagt werden; der zuerst angerufene Richter ist ausschliesslich zuständig.

---

[1] Fassung gemäss Anhang Ziff. 5 des BG vom 22. Juni 2007, in Kraft seit 1. Juli 2008 (AS **2008** 2551 2567; BBl **2006** 1).

Art. 110

II. Anwendbares Recht

[1] Immaterialgüterrechte unterstehen dem Recht des Staates, für den der Schutz der Immaterialgüter beansprucht wird.

[2] Für Ansprüche aus Verletzung von Immaterialgüterrechten können die Parteien nach Eintritt des schädigenden Ereignisses stets vereinbaren, dass das Recht am Gerichtsort anzuwenden ist.

[3] Verträge über Immaterialgüterrechte unterstehen den Bestimmungen dieses Gesetzes über das auf obligationenrechtliche Verträge anzuwendende Recht (Art. 122).

Art. 111

III. Ausländische Entscheidungen

[1] Ausländische Entscheidungen betreffend Immaterialgüterrechte werden in der Schweiz anerkannt, wenn sie:

    a. im Staat ergangen sind, in dem der Beklagte seinen Wohnsitz hatte; oder

    b. am Handlungs- oder Erfolgsort ergangen sind und der Beklagte keinen Wohnsitz in der Schweiz hatte.[1]

[2] Ausländische Entscheidungen betreffend Gültigkeit oder Eintragung von Immaterialgüterrechten werden nur anerkannt, wenn sie im Staat ergangen sind, für den der Schutz beansprucht wird, oder wenn sie dort anerkannt werden.

---

[1] Fassung gemäss Anhang Ziff. 5 des BG vom 22. Juni 2007, in Kraft seit 1. Juli 2008 (AS **2008** 2551 2567; BBl **2006** 1).

Art. 129[1]

I. Zuständigkeit

1. Grundsatz

[1] Für Klagen aus unerlaubter Handlung sind die schweizerischen Gerichte am Wohnsitz des Beklagten oder, wenn ein solcher fehlt, diejenigen an seinem gewöhnlichen Aufenthaltsort zuständig. Überdies sind die schweizerischen Gerichte am Handlungs- oder Erfolgsort sowie für Klagen aufgrund der Tätigkeit einer Niederlassung in der Schweiz die Gerichte am Ort der Niederlassung zuständig.

[2] Können mehrere Beklagte in der Schweiz belangt werden und stützen sich die Ansprüche im Wesentlichen auf die gleichen Tatsachen und Rechtsgründe, so kann bei jedem zuständigen Richter gegen alle geklagt werden; der zuerst angerufene Richter ist ausschliesslich zuständig.

[1] Fassung gemäss Anhang Ziff. 5 des BG vom 22. Juni 2007, in Kraft seit 1. Juli 2008 (AS **2008** 2551 2567; BBl **2006** 1).

Art. 132

II. Anwendbares Recht

1. Im Allgemeinen

a. Rechtswahl

Die Parteien können nach Eintritt des schädigenden Ereignisses stets vereinbaren, dass das Recht am Gerichtsort anzuwenden ist.

Art. 133

b. Fehlen einer Rechtswahl

[3] Wird durch eine unerlaubte Handlung ein zwischen Schädiger und Geschädigtem bestehendes Rechtsverhältnis verletzt, so unterstehen Ansprüche aus unerlaubter Handlung, ungeachtet der Absätze 1 und 2, dem Recht, dem das vorbestehende Rechtsverhältnis unterstellt ist.

Art. 136

c. Unlauterer Wettbewerb

[1] Ansprüche aus unlauterem Wettbewerb unterstehen dem Recht des Staates, auf dessen Markt die unlautere Handlung ihre Wirkung entfaltet.

[2] Richtet sich die Rechtsverletzung ausschliesslich gegen betriebliche Interessen des Geschädigten, so ist das Recht des Staates anzuwenden, in dem sich die betroffene Niederlassung befindet.

[3] Artikel 133 Absatz 3 ist vorbehalten.

Art. 137

d. Wettbewerbsbehinderung

[1] Ansprüche aus Wettbewerbsbehinderung unterstehen dem Recht des Staates, auf dessen Markt der Geschädigte von der Behinderung unmittelbar betroffen ist.

² Unterstehen Ansprüche aus Wettbewerbsbehinderung ausländischem Recht, so können in der Schweiz keine weitergehenden Leistungen zugesprochen werden als nach schweizerischem Recht für eine unzulässige Wettbewerbsbehinderung zuzusprechen wären.

Art. 157
2. Namens- und Firmenschutz

² Ist eine Gesellschaft nicht im schweizerischen Handelsregister eingetragen, so richtet sich der Schutz ihres Namens oder ihrer Firma nach dem auf den unlauteren Wettbewerb (Art. 136) oder nach dem auf die Persönlichkeitsverletzung anwendbaren Recht (Art. 132, 133 und 139).

10. Bundesgesetz über die gebrannten Wasser (SR 680 / Stand am 1. Juni 2008)

Art. 41[1]

IV. Kleinhandel

1. Handelsverbote

[1] Verboten ist der Kleinhandel mit gebrannten Wasser

  g. zu Preisen, die keine Kostendeckung gewährleisten, ausgenommen behördlich angeordnete Verwertungen;

[2] Die zuständige Behörde kann jedoch Ausnahmen bewilligen für

  a. den Ausschank auf allgemein zugänglichen Strassen und Plätzen bei öffentlichen Veranstaltungen;

  b. den Verkauf zu nicht kostendeckenden Preisen bei der Aufgabe der Geschäftstätigkeit oder aus anderen wichtigen Gründen;

  c. die unentgeltliche Abgabe zu Werbezwecken an einen unbestimmten Personenkreis auf Messen und Ausstellungen, an denen der Lebensmittelhandel beteiligt ist.

---

[1] Fassung gemäss Ziff. I des BG vom 19. Dez. 1980, in Kraft seit 1. Jan. 1983 (AS **1982** 694 700; BBl **1979** I 53).

Art. 42*b*[1]

VI. Beschränkung der Werbung

[1] Die Werbung für gebrannte Wasser darf in Wort, Bild und Ton nur Angaben und Darstellungen enthalten, die sich unmittelbar auf das Produkt und seine Eigenschaften beziehen.

[2] Preisvergleichende Angaben oder das Versprechen von Zugaben oder anderen Vergünstigungen sind verboten.[2]

[3] Verboten ist die Werbung für gebrannte Wasser

  a. in Radio und Fernsehen;

  b. in und an öffentlichen Zwecken dienenden Gebäuden oder Gebäudeteilen und auf ihren Arealen;

  c. in und an öffentlichen Verkehrsmitteln;

  d. auf Sportplätzen sowie an Sportveranstaltungen;

  e. an Veranstaltungen, an denen vorwiegend Kinder und Jugendliche teilnehmen oder die vorwiegend für diese bestimmt sind;

  f. in Betrieben, die Heilmittel verkaufen oder deren Geschäftstätigkeit vorwiegend auf die Gesundheitspflege ausgerichtet ist;

  g. auf Packungen und Gebrauchsgegenständen, die keine gebrannten Wasser enthalten oder damit nicht im Zusammenhang stehen.

⁴ Es dürfen keine Wettbewerbe durchgeführt werden, bei denen gebrannte Wasser als Werbeobjekt oder Preis dienen oder ihr Erwerb Teilnahmebedingung ist.

---

[1] Eingefügt durch Ziff. I des BG vom 19. Dez. 1980, in Kraft seit 1. Jan. 1983, mit Ausnahme von Abs. 3 Bst. b, c, d und g, die am 1. Jan. 1985 in Kraft treten (AS **1982** 694 700; BBl **1979** I 53)
[2] Fassung gemäss Ziff. I des BG vom 4. Okt. 1996, in Kraft seit 1. Febr. 1997 (AS **1997** 379 389; BBl **1996** I 369).

11. Fernmeldegesetz (SR 784.10 / Stand am 1. August 2008)

Art. 45 Auskunft

[1] Die Kundin oder der Kunde kann von der Anbieterin von Fernmeldediensten Auskunft über die für die Rechnungsstellung verwendeten Daten verlangen, insbesondere über die Adressierungselemente, den Zeitpunkt der Verbindung und das geschuldete Entgelt.

[2] Wer diese Daten zur Ermittlung missbräuchlich hergestellter Verbindungen oder unlauterer Massenwerbung benötigt, kann von der Anbieterin von Fernmeldediensten Auskunft über Namen und Adressen der anrufenden Anschlüsse verlangen.[1]

---

[1] Fassung gemäss Ziff. I des BG vom 24. März 2006, in Kraft seit 1. April 2007 (AS **2007** 921 939; BBl **2003** 7951).

Art. 45a[1] Unlautere Massenwerbung

[1] Die Anbieterinnen von Fernmeldediensten bekämpfen die unlautere Massenwerbung (Art. 3 Bst. o des BG vom 19. Dez. 1986[2] gegen den unlauteren Wettbewerb).

[2] Der Bundesrat kann die zur Bekämpfung geeigneten und erforderlichen Massnahmen bestimmen.

---

[1] Eingefügt durch Ziff. I des BG vom 24. März 2006, in Kraft seit 1. April 2007 (AS **2007** 921 939; BBl **2003** 7951).
[2] SR **241**

12. Verordnung über Fernmeldedienste (SR 784.101.1 / Stand am 1. Januar 2010)

Art. 88 Verzeichnisse

[1] Die in einem Verzeichnis aufgeführten Kundinnen und Kunden sind berechtigt, eindeutig kennzeichnen zu lassen, dass sie keine Werbemitteilungen von Dritten erhalten möchten und dass ihre Daten zu Zwecken der Direktwerbung nicht weitergegeben werden dürfen.

[2] Die Anbieterin eines elektronischen Verzeichnisdienstes kann:

a. den Kundinnen und Kunden Mechanismen zur Informationssuche zur Verfügung stellen, die insbesondere die Anzeige einer nach Rubriken geordneten Liste von Berufsleuten ermöglichen;

b. die Kundinnen und Kunden das gesamte Verzeichnis auf der Suche nach Informationen durchsehen lassen.

[3] Die Kopien von Online-Verzeichnissen müssen den internationalen Normen und den Vorschriften des BAKOM entsprechen; die Anbieterin eines solchen Verzeichnisses muss die notwendigen Massnahmen treffen, damit keine Kopien in Bestimmungsländer gelangen, die nicht über ein mit der Schweiz vergleichbares Niveau des Schutzes von Personendaten verfügen.

[4] Die Anbieterin eines Online-Verzeichnisses muss die geeigneten technischen und organisatorischen Massnahmen treffen, um zu verhindern, dass der Inhalt einer Eintragung oder eines Teils des Verzeichnisses durch Unbefugte geändert oder gelöscht wird.

13. Bundesgesetz über Radio und Fernsehen (SR 784.40 / Stand am 1. Februar 2010)

Art. 2 Begriffe

In diesem Gesetz bedeuten:

k. *Werbung*: jede öffentliche Äusserung im Programm, welche die Förderung des Abschlusses von Rechtsgeschäften über Waren oder Dienstleistungen, die Unterstützung einer Sache oder Idee oder die Erzielung einer anderen vom Werbetreibenden oder vom Rundfunkveranstalter selbst gewünschten Wirkung zum Zweck hat und gegen Bezahlung oder eine ähnliche Gegenleistung oder als Eigenwerbung verbreitet wird;

Art. 9 Erkennbarkeit der Werbung

[1] Werbung muss vom redaktionellen Teil des Programms deutlich getrennt und als solche eindeutig erkennbar sein. Der Bundesrat kann diejenigen Formen der Werbung, welche die Trennung oder die Erkennbarkeit gefährden, untersagen oder besonderen Bestimmungen unterwerfen.

[2] Ständige Programmmitarbeiterinnen und -mitarbeiter des Veranstalters dürfen in seinen Werbesendungen nicht mitwirken. Die lokalen und regionalen Veranstalter mit beschränkten finanziellen Mitteln sind von dieser Beschränkung ausgenommen.

Art. 10 Werbeverbote

[1] Unzulässig ist Werbung für:

a. Tabakwaren;

b.[1] alkoholische Getränke, die dem Alkoholgesetz vom 21. Juni 1932[2] unterstehen; der Bundesrat erlässt zum Schutz der Gesundheit und der Jugend weitere Einschränkungen;

c. ...[3]

d. politische Parteien, für Personen, die politische Ämter innehaben oder dafür kandidieren sowie für Themen, welche Gegenstand von Volksabstimmungen sind;

e. religiöse Bekenntnisse und die sie vertretenden Institutionen und Personen.

[2] Unzulässig sind:

a. Werbung für Heilmittel nach Massgabe des Heilmittelgesetzes vom 15. Dezember 2000[4];

b. Verkaufsangebote für sämtliche Heilmittel und medizinischen Behandlungen.

[3] Unzulässig sind Schleichwerbung und unterschwellige Werbung.

[4] Unzulässig ist Werbung, welche:

a. religiöse oder politische Überzeugungen herabmindert;

b. irreführend oder unlauter ist;

c. zu einem Verhalten anregt, welches die Gesundheit, die Umwelt oder die persönliche Sicherheit gefährdet.

[5] Der Bundesrat kann zum Schutz der Gesundheit und der Jugend weitere Werbesendungen als unzulässig erklären.

---

[1] Fassung gemäss Ziff. I des BG vom 25. Sept. 2009, in Kraft seit 1. Febr. 2010 (AS **2010** 371 372; BBl **2008** 9105).

[2] SR **680**

[3] Aufgehoben durch Ziff. I des BG vom 25. Sept. 2009, mit Wirkung seit 1. Febr. 2010 (AS **2010** 371 372; BBl **2008** 9105).

[4] SR **812.21**

Art. 11 Einfügung und Dauer der Werbung

[1] Werbung muss grundsätzlich zwischen einzelne Sendungen eingefügt und in Blöcken gesendet werden. Der Bundesrat bestimmt, wann von diesem Grundsatz abgewichen werden kann. Abweichungen dürfen den Gesamtzusammenhang und den Wert der betroffenen Sendung nicht beeinträchtigen.

[2] Werbung darf grundsätzlich nicht mehr als 15 Prozent der täglichen Sendezeit eines Programms sowie 20 Prozent der Sendezeit einer Stunde beanspruchen. Der Bundesrat regelt die Ausnahmen.

[3] Bei der Regelung der Abweichungen von den Grundsätzen nach den Absätzen 1 und 2 berücksichtigt der Bundesrat namentlich die folgenden Kriterien:

a. die Leistungsaufträge der Veranstalter;

b. die wirtschaftliche Lage von Radio und Fernsehen;

c. die grenzüberschreitende Konkurrenz;

d. die internationalen Werberegelungen;

e. die Anliegen des Publikums

Art. 12 Sponsoring

[1] Inhalt und zeitliche Ansetzung von gesponserten Sendungen liegen in der alleinigen Verantwortung des Programmveranstalters. Dieser sorgt dafür, dass der Sponsor die Sendung nicht in einer Weise beeinflusst, welche die redaktionelle Unabhängigkeit beeinträchtigt.

[2] Werden Sendungen oder Sendereihen ganz oder teilweise gesponsert, so müssen die Sponsoren am Anfang oder am Schluss jeder Sendung genannt werden.

[3] Gesponserte Sendungen dürfen weder zum Abschluss von Rechtsgeschäften über Waren oder Dienstleistungen der Sponsoren oder von Dritten anregen noch Aussagen werbenden Charakters über Waren und Dienstleistungen enthalten.

[4] Sendungen dürfen nicht von Sponsoren finanziert werden, die zur Hauptsache Produkte herstellen oder verkaufen oder Dienstleistungen anbieten, für welche Werbung nach Artikel 10 verboten ist. Im Heilmittelbereich tätige Unternehmen dürfen Sendungen sponsern, sofern dabei keine unter Werbeverbot stehenden Produkte genannt oder gezeigt werden und auch nicht auf eine andere Weise eine Werbewirkung für diese Produkte entsteht.

[5] Nachrichtensendungen und Sendungen zum politischen Zeitgeschehen sowie Sendungen und Sendereihen, die mit der Ausübung politischer Rechte in Bund, Kantonen und Gemeinden zusammenhängen, dürfen nicht gesponsert werden.

Art. 13 Schutz von Minderjährigen

[1] Werbung, die sich an Minderjährige richtet oder in der Minderjährige erscheinen, darf weder deren mangelnde Lebenserfahrung ausnützen noch sie in ihrer körperlichen und seelischen Entwicklung beeinträchtigen. Der Bundesrat erlässt entsprechende Vorschriften zur Gestaltung der Werbung.

[2] Sendungen für Kinder dürfen nicht durch Werbung unterbrochen werden.

[3] Verkaufsangebote dürfen sich nicht an Minderjährige richten.

[4] Zum Schutz der in Absatz 1 erwähnten Anliegen schliesst der Bundesrat bestimmte Formen des Sponsorings von Kindersendungen aus.

Art. 14 Besondere Bestimmungen für die SRG

[1] In den Radioprogrammen der SRG ist Werbung verboten. Der Bundesrat kann Ausnahmen für die Eigenwerbung vorsehen.

[2] ...[1]

[3] Der Bundesrat kann die Werbung und das Sponsoring in den Radio- und Fernsehprogrammen der SRG und im übrigen publizistischen Angebot, das zur Erfüllung ihres Programmauftrags notwendig ist und aus den Empfangsgebühren finanziert wird (Art. 25 Abs. 3 Bst. b), ganz oder teilweise einschränken.

---

[1] Aufgehoben durch Ziff. I des BG vom 25. Sept. 2009, mit Wirkung seit 1. Febr. 2010 (AS **2010** 371 372; BBl **2008** 9105).

14. Radio- und Fernsehverordnung
(SR 784.401 / Stand am 1. April 2010)

Art. 11 Begriffe
(Art. 10 Abs. 3 und Art. 2 Bst. k und o RTVG)

¹ Nicht als Werbung gelten namentlich:
- a. Hinweise auf das Programm, in welchem sie ausgestrahlt werden;
- b. Hinweise auf konkrete Sendungen in anderen Programmen des gleichen Unternehmens, die inhaltlich in direktem Zusammenhang mit der Sendung stehen, in welcher sie ausgestrahlt werden;
- c. ohne Gegenleistung ausgestrahlte Hinweise auf Begleitmaterialien, die inhaltlich in direktem Zusammenhang mit der Sendung stehen, in welcher sie ausgestrahlt werden;
- d. kurze Spendenaufrufe für gemeinnützige Organisationen, sofern eine Gegenleistung an den Veranstalter höchstens die Produktionskosten deckt.

² Schleichwerbung ist die Darstellung werbenden Charakters von Waren, Dienstleistungen oder Ideen in redaktionellen Sendungen, insbesondere gegen Entgelt.

³ Nicht als Sponsoring einer Sendung gilt deren Koproduktion durch natürliche und juristische Personen, die im Radio- oder Fernsehbereich oder in der Produktion audiovisueller Werke tätig sind.

Art. 12 Erkennbarkeit der Werbung
(Art. 9 RTVG)

¹ Werbung muss vom redaktionellen Programmteil durch ein besonderes akustisches beziehungsweise optisches Erkennungssignal getrennt sein. Im Fernsehen ist dabei der Begriff «Werbung» zu verwenden.

¹bis Wird im Fernsehen ein Werbespot bis 10 Sekunden Länge nach Artikel 18 Absatz 1 einzeln ausgestrahlt, so kann ausnahmsweise auf ein Erkennungssignal verzichtet werden, wenn der Werbespot durchgehend und deutlich erkennbar mit dem Begriff «Werbung» gekennzeichnet ist.[1]

² In sich geschlossene Werbesendungen im Fernsehen, welche länger als 60 Sekunden dauern, müssen durchgehend und deutlich erkennbar als Werbung gekennzeichnet sein.

³ In sich geschlossene Werbesendungen am Radio, die nicht eindeutig als solche erkennbar sind, dürfen nicht länger als 60 Sekunden dauern.

⁴ In der Werbung lokaler oder regionaler Radioveranstalter, deren Versorgungsgebiet weniger als 150 000 Einwohner und Einwohnerinnen ab 15 Jahren umfasst, dürfen Programmmitarbeitende mitwirken, wenn sie keine Nachrichtensendungen oder Sendungen zum politischen Zeitgeschehen moderieren. Dasselbe gilt für lokale oder regionale Fernsehveranstalter, deren Versorgungsgebiet weniger als 250 000 Einwohner und Einwohnerinnen ab 15 Jahren umfasst.

---

[1] Eingefügt durch Ziff. I der V vom 12. März 2010, in Kraft seit 1. April 2010 (AS **2010** 965).

Art. 13 Werbung auf geteiltem Bildschirm
(Art. 9 Abs. 1 und 11 Abs. 1 RTVG)

¹ Werbung darf während der Ausstrahlung des redaktionellen Programms auf einem Teil des Bildschirms eingefügt werden, sofern:

   a. die Fläche, die der Werbung dient, eine Einheit bildet, an den Bildschirmrand grenzt, den redaktionellen Inhalt optisch nicht trennt und nicht mehr als einen Drittel der Bildschirmfläche bedeckt;
   b. die Werbung durch klar sichtbare Grenzen und eine unterschiedliche optische Ausgestaltung vom redaktionellen Programm getrennt ist und dauernd durch den deutlich lesbaren Schriftzug «Werbung» gekennzeichnet wird;
   c. die Werbung sich auf eine optische Darstellung beschränkt.

² Unzulässig ist die Werbung auf geteiltem Bildschirm in Nachrichtensendungen und Sendungen zum politischen Zeitgeschehen, in Kindersendungen sowie während der Übertragung von Gottesdiensten.

³ Die Werbung auf geteiltem Bildschirm wird der Werbezeit im Sinne von Artikel 19 angerechnet.

Art. 14 Interaktive Werbung
(Art. 9 Abs. 1 RTVG)

¹ Hat das Publikum durch Aktivierung eines am Bildschirm eingeblendeten Signets die Möglichkeit, aus dem Programm in ein interaktives Werbeumfeld zu wechseln, so sind folgende Voraussetzungen zu erfüllen:

   a. Nach der Aktivierung muss das Publikum darauf hingewiesen werden, dass es das Fernsehprogramm verlässt und in ein kommerzielles Umfeld gelangt.
   b. Im Anschluss an den Hinweis nach Buchstabe a muss das Publikum den Eintritt in das kommerzielle Umfeld bestätigen.
   c. Die der Bestätigung unmittelbar folgende Oberfläche darf keine Werbung für Produkte oder Dienstleistungen enthalten, für welche nach Artikel 10 Absätze 1 und 2 RTVG ein Werbeverbot besteht.

² Wird das Signet, das in das interaktive Werbeumfeld führt, im redaktionellen Teil des Programms eingeblendet, so gelten für das eingeblendete Signet die Bestimmungen von Artikel 13.

Art. 15 Virtuelle Werbung
(Art. 9 Abs. 1 RTVG)

¹ Virtuelle Werbung ist die Veränderung des zu verbreitenden Signals, indem am Ort der Aufnahme bestehende Werbeflächen durch andere ersetzt werden.

² Virtuelle Werbung ist unter folgenden Bedingungen zulässig:

   a. Die zu ersetzende Werbefläche steht in Zusammenhang mit einem von Dritten organisierten öffentlichen Ereignis.
   b. Ersetzt wird eine am Ort der Aufnahme bestehende unbewegliche Werbefläche, die von Dritten eigens für dieses Ereignis aufgestellt wurde.
   c. Die auf dem Bildschirm sichtbare Werbung darf nur dann bewegte Bilder verwenden, wenn die ersetzte Werbefläche bereits bewegte Bilder enthielt.

d. Am Anfang und am Ende der betreffenden Sendung muss darauf hingewiesen werden, dass die Sendung virtuelle Werbung enthält.

[3] Unzulässig ist die virtuelle Werbung in Nachrichtensendungen und Sendungen zum politischen Zeitgeschehen, in Kindersendungen sowie während der Übertragung von Gottesdiensten.

[4] Die Artikel 9 und 11 RTVG sind nicht anwendbar.

Art. 16 Werbung für alkoholische Getränke
(Art. 10 Abs. 1 Bst. b und c RTVG)

[1] Die Ausgestaltung der Werbung für alkoholische Getränke hat folgende Regeln zu beachten:

a. Werbung für alkoholische Getränke darf sich nicht eigens an Minderjährige richten.

b. Niemand, der das Aussehen eines Minderjährigen hat, darf mit dem Konsum alkoholischer Getränke in Zusammenhang gebracht werden.

c. Der Konsum von alkoholischen Getränken darf nicht mit körperlicher Leistung oder mit dem Lenken von Fahrzeugen in Verbindung gebracht werden.

d. Alkoholischen Getränken darf keine therapeutische, anregende oder beruhigende Eigenschaft zugesprochen werden und sie dürfen nicht als Mittel zur Lösung persönlicher Probleme dargestellt werden.

e. Werbung für alkoholische Getränke darf nicht zum unmässigen Konsum von Alkohol ermutigen oder Abstinenz oder Mässigung in einem negativen Licht erscheinen lassen.

f. Der Alkoholgehalt darf nicht betont werden.

[2] Vor, während und nach Sendungen, die sich an Kinder oder Jugendliche richten, darf keine Werbung für alkoholische Getränke ausgestrahlt werden.

[3] Verkaufsangebote für alkoholische Getränke sind unzulässig.

[4] In Programmen, die einem Werbeverbot für alkoholische Getränke unterliegen, darf Werbung für ein alkoholfreies Produkt keine Werbewirkung für alkoholhaltige Getränke erzeugen. Namentlich müssen sich Handlung, Aussagen zum Produkt und zum Hersteller, Gestaltungselemente, Hintergründe und Personen von jenen unterscheiden, welche in der werblichen Kommunikation für alkoholhaltige Getränke desselben Herstellers verwendet werden. Das beworbene Produkt muss im Handel erhältlich sein.

Art. 17 Politische Werbung
(Art. 10 Abs. 1 Bst. d RTVG)

[1] Als politische Partei gilt eine an Volkswahlen teilnehmende Gruppierung.

[2] Als politische Ämter gelten Ämter, die in Volkswahlen vergeben werden.

[3] Das Werbeverbot für Themen, welche Gegenstand einer Volksabstimmung sind, gilt ab dem Zeitpunkt der Bekanntgabe des Abstimmungstermins durch die zuständige Behörde.

Art. 18[1] Einfügung der Werbung
(Art. 11 Abs. 1 RTVG)

[1] Werbespots dürfen zwischen Sendungen und bei der Übertragung von Sportveranstaltungen einzeln gesendet werden.

[2] Folgende Sendungen dürfen für jeden programmierten Zeitraum von mindestens 30 Minuten einmal mit Werbung unterbrochen werden:

a. Kinospielfilme;
b. Fernsehfilme, unter Vorbehalt von Serien, Reihen und Dokumentarfilmen;
c. Nachrichtensendungen und Sendungen zum politischen Zeitgeschehen.

[3] Kindersendungen und Übertragungen von Gottesdiensten dürfen nicht mit Werbung unterbrochen werden.

[4] Für alle anderen Sendungen, insbesondere für Serien, Reihen und Dokumentarfilme, gelten keine Einschränkungen.

[5] Bei der Übertragung von Anlässen, die Pausen enthalten, ist zusätzlich zu Absatz 2 das Einfügen von Werbung in den Pausen erlaubt.

[6] In Sendungen, die aus eigenständigen Teilen bestehen, ist das Einfügen von Werbung nur zwischen diesen Teilen zulässig.

[7] Für nicht konzessionierte Radioprogramme sowie für nicht konzessionierte Fernsehprogramme, die nicht im Ausland empfangen werden können, gelten keine Einschränkungen bei der Einfügung der Werbung mit Ausnahme der Einschränkung nach Absatz 3.

---

[1] Fassung gemäss Ziff. I der V vom 12. März 2010, in Kraft seit 1. April 2010 (AS **2010** 965).

Art. 19[1] Dauer der Werbung

(Art. 11 Abs. 2 RTVG)

[1] Werbespots dürfen höchstens 15 Prozent der täglichen Sendezeit und höchstens zwölf Minuten innerhalb einer natürlichen vollen Stunde beanspruchen.

[2] Für nicht konzessionierte Radioprogramme sowie für nicht konzessionierte Fernsehprogramme, die nicht im Ausland empfangen werden können, gelten keine Einschränkungen bezüglich der Werbedauer.

---

[1] Fassung gemäss Ziff. I der V vom 12. März 2010, in Kraft seit 1. April 2010 (AS **2010** 965).

Art. 20[1] Sponsornennung

(Art. 12 Abs. 2 und 3 sowie 13 Abs. 4 RTVG)

[1] Gesponserte Sendungen sind als solche zu kennzeichnen. Dazu können insbesondere der Name, das Firmenemblem oder ein anderes Symbol, Produkte und Dienstleistungen des Sponsors verwendet werden.

[2] Jede Sponsornennung muss einen eindeutigen Bezug zwischen Sponsor und Sendung herstellen.

[3] Die Sponsornennung darf nicht unmittelbar zum Abschluss von Rechtsgeschäften über Waren oder Dienstleistungen anregen, insbesondere nicht durch verkaufsfördernde Hinweise auf diese Waren oder Dienstleistungen.

[4] Während der Ausstrahlung einer Fernsehsendung darf in knapper Form an das Sponsoringverhältnis erinnert werden (Insert). Pro zehn Minuten Sendezeit ist ein Insert pro Sponsor zulässig. In Kindersendungen sind Inserts unzulässig.

---

[1] Fassung gemäss Ziff. I der V vom 12. März 2010, in Kraft seit 1. April 2010 (AS **2010** 965).

Art. 21[1] Produkteplatzierung

(Art. 9 Abs. 1, 12 Abs. 3 und 13 Abs. 4 RTVG)

[1] Waren und Dienstleistungen, die ein Sponsor zur Verfügung stellt, dürfen in die Sendung integriert werden (Produkteplatzierung). Die Produkteplatzierung unterliegt den Bestimmungen über das Sponsoring, soweit dieser Artikel keine abweichenden Regelungen aufstellt.

[2] Produkteplatzierungen sind nicht zulässig in Kindersendungen, Dokumentarfilmen und religiösen Sendungen, ausser der Sponsor stellt lediglich Waren oder Dienstleistungen von untergeordnetem Wert insbesondere als Produktionshilfen oder Preise kostenlos zur Verfügung und leistet kein zusätzliches Entgelt.

[3] Auf Produkteplatzierungen muss am Anfang und am Ende der Sendung sowie nach jeder Werbeunterbrechung eindeutig hingewiesen werden. Für Produkteplatzierungen, Produktionshilfen und Preise von untergeordnetem Wert bis 5000 Franken genügt ein einmaliger Hinweis.

[4] Von der Kennzeichnungspflicht nach Absatz 3 ausgenommen sind Kinospiel-, Fernseh- und Dokumentarfilme, die:

    a. nicht vom Veranstalter selbst oder von einem Unternehmen, das dieser beherrscht, produziert oder in Auftrag gegeben wurden;

    b. vom Veranstalter an unabhängige Filmschaffende in Auftrag gegeben und von ihm zu weniger als 40 Prozent mitfinanziert wurden (Koproduktionen).

---

[1] Fassung gemäss Ziff. I der V vom 12. März 2010, in Kraft seit 1. April 2010 (AS **2010** 965).

Art. 22 Zusätzliche Werbe- und Sponsoringbeschränkungen in den Programmen der SRG

[1] In den Fernsehprogrammen der SRG dürfen Sendungen nach Artikel 18 Absatz 1 einmal durch Werbung unterbrochen werden, wenn sie länger als 90 Minuten dauern.

[2] In den Fernsehprogrammen der SRG dürfen:

    a. Werbespots und länger dauernde Werbeformen zusammen höchstens 8 Prozent der täglichen Sendezeit betragen;

    b. zwischen 18 und 23 Uhr Werbespots und länger dauernde Werbeformen zusammen höchstens 12 Minuten innerhalb einer natürlichen vollen Stunde betragen;

    c. während des übrigen Tages Werbespots höchstens 12 Minuten innerhalb einer natürlichen vollen Stunde betragen.

[3] Werbung auf geteiltem Bildschirm und virtuelle Werbung sind unzulässig, ausser bei der Übertragung von Sportveranstaltungen.

[4] Die Ausstrahlung von Verkaufssendungen ist unzulässig.

[5] Die SRG darf in ihren Radioprogrammen Eigenwerbung ausstrahlen, sofern diese überwiegend der Publikumsbindung dient.

[6] Hinweise auf Anlässe, für welche die SRG eine Medienpartnerschaft eingegangen ist, können als Eigenwerbung ausgestrahlt werden, sofern sie überwiegend der Publikumsbindung dienen und die Medienpartnerschaft nicht zum Zwecke der Finanzierung des Programms abgeschlossen wurde. Eine Medienpartnerschaft liegt vor, wenn zwischen dem Programmveranstalter und dem Organisator eines öffentlichen Anlasses eine Zusammenarbeit besteht, wobei der Programmveranstalter sich verpflichtet, auf den Anlass im Programm hinzuweisen und dafür mit Vorteilen vor Ort und ähnlichen Leistungen entschädigt wird.

Art. 23 Werbung und Sponsoring im übrigen publizistischen Angebot der SRG

(Art. 14 Abs. 3 RTVG)

Im Übrigen publizistischen Angebot der SRG, das neben den Radio- und Fernsehprogrammen zur Erfüllung des Programmauftrags notwendig ist und aus den Empfangsgebühren finanziert wird (Art. 25 Abs. 3 Bst. b RTVG), sind Werbung und Sponsoring unzulässig, mit folgenden Ausnahmen:

a. Im Programm ausgestrahlte gesponserte Sendungen, die zum Abruf bereitgehalten werden, müssen mit der dazugehörigen Sponsornennung angeboten werden.

b. Sendungen, die zum Abruf bereitgehalten werden und Werbung auf geteiltem Bildschirm oder virtuelle Werbung enthalten, dürfen unverändert angeboten werden.

c. Im Teletextdienst sind Werbung und Sponsoring zugelassen. Es gelten sinngemäss die für die Programme der SRG anwendbaren Werbe- und Sponsoringbestimmungen des RTVG und dieser Verordnung; Einzelheiten werden in der Konzession geregelt.

d. In der Konzession können weitere Ausnahmen vorgesehen werden für Angebote, die in Zusammenarbeit mit nicht gewinnorientierten Dritten entstehen, sowie bezüglich Eigenwerbung.

15. Bundesgesetz über Arzneimittel und Medizinprodukte (SR 812.21 / Stand am 1. Juli 2009)

Art. 31 Grundsatz

[1] Grundsätzlich zulässig ist:
  a. Werbung für alle Arten von Arzneimitteln, sofern sie sich ausschliesslich an Personen richtet, die diese Arzneimittel verschreiben oder abgeben;
  b. Publikumswerbung für nicht verschreibungspflichtige Arzneimittel.

[2] Der Bundesrat regelt die Voraussetzungen für die Bekanntgabe von Preisvergleichen für verschreibungspflichtige Arzneimittel.

[3] Er kann zum Schutz der Gesundheit und zum Schutz gegen Täuschung die Werbung für bestimmte Arzneimittel oder Arzneimittelgruppen beschränken oder verbieten sowie für die grenzüberschreitende Werbung Bestimmungen erlassen.

Art. 32 Unzulässige Werbung

[1] Unzulässig ist Werbung:
  a. die irreführend ist oder der öffentlichen Ordnung und den guten Sitten widerspricht;
  b. die zu einem übermässigen, missbräuchlichen oder unzweckmässigen Einsatz von Arzneimitteln verleiten kann;
  c. für Arzneimittel, die in der Schweiz nicht in Verkehr gebracht werden dürfen.

[2] Unzulässig ist Publikumswerbung für Arzneimittel, die:
  a. nur auf ärztliche Verschreibung abgegeben werden dürfen;
  b. Betäubungsmittel oder psychotrope Stoffe im Sinne des Betäubungsmittelgesetzes vom 3. Oktober 1951[1] enthalten;
  c. nach ihrer Zusammensetzung und Zweckbestimmung so beschaffen sind, dass sie ohne ärztliches Tätigwerden für die entsprechende Diagnose, Verschreibung oder Behandlung nicht verwendet werden können;
  d. häufig missbraucht werden oder zu Gewöhnung und Abhängigkeit führen können.

Art. 33 Versprechen und Annehmen geldwerter Vorteile

[1] Personen, die Arzneimittel verschreiben oder abgeben, und Organisationen, die solche Personen beschäftigen, dürfen für die Verschreibung oder die Abgabe eines Arzneimittels geldwerte Vorteile weder gewährt noch angeboten noch versprochen werden.

[2] Personen, die Arzneimittel verschreiben oder abgeben, und Organisationen, die solche Personen beschäftigen, dürfen für die Verschreibung oder die Abgabe von Arzneimitteln geldwerte Vorteile weder fordern noch annehmen.

[3] Zulässig sind jedoch:
  a. geldwerte Vorteile von bescheidenem Wert, die für die medizinische oder pharmazeutische Praxis von Belang sind;
  b. handelsübliche und betriebswirtschaftlich gerechtfertigte Rabatte, die sich direkt auf den Preis auswirken.

Anhang III   SR 812.212.5 / Stand am 1. Juli 2007

16. Verordnung über die Arzneimittelwerbung (SR 812.212.5 / Stand am 1. Juli 2007)

Art. 1 Gegenstand und Geltungsbereich[1]

[1] Diese Verordnung regelt die Fach- und die Publikumswerbung für verwendungsfertige Arzneimittel (Arzneimittel) der Human- und der Veterinärmedizin.

[1bis] Sie gilt sinngemäss auch für die Fach- und die Publikumswerbung für Transplantatprodukte nach Artikel 3 Buchstabe d des Transplantationsgesetzes vom 8. Oktober 2004[2].[3]

[2] Sie gilt nicht für:
- a. das Packungsmaterial und die Arzneimittelinformation;
- b. Verkaufskataloge und Preislisten, sofern diese keine medizinischen Angaben über Arzneimittel enthalten;
- c. Informationen allgemeiner Art über die Gesundheit oder über Krankheiten, sofern sich diese weder direkt noch indirekt auf bestimmte Arzneimittel beziehen.

---

[1] Fassung gemäss Anhang 7 Ziff. 3 der Transplantationsverordnung vom 16. März 2007, in Kraft seit 1. Juli 2007 (SR **810.211**).
[2] SR **810.21**
[3] Eingefügt durch Anhang 7 Ziff. 3 der Transplantationsverordnung vom 16. März 2007, in Kraft seit 1. Juli 2007 (SR **810.211**).

Art. 2 Begriffe

Im Sinne dieser Verordnung gilt als:
- a. Arzneimittelwerbung: alle Massnahmen zur Information, Marktbearbeitung und Schaffung von Anreizen, welche zum Ziel haben, die Verschreibung, die Abgabe, den Verkauf, den Verbrauch oder die Anwendung von Arzneimitteln zu fördern;
- b. Publikumswerbung: Arzneimittelwerbung, welche sich an das Publikum richtet;
- c. Fachwerbung: Arzneimittelwerbung, die sich an zur Verschreibung, Abgabe oder zur eigenverantwortlichen beruflichen Anwendung von Arzneimitteln berechtigte Fachpersonen richtet.

Art. 3 Adressatenkreis der Fachwerbung

Die Adressatinnen und Adressaten der Fachwerbung sind:
- a. Ärztinnen und Ärzte, Zahnärztinnen und Zahnärzte sowie Tierärztinnen und Tierärzte;
- b. Apothekerinnen und Apotheker;
- c. Drogistinnen und Drogisten;
- d. weitere Personen, die nach den Artikeln 24 und 25 HMG zur Abgabe von Arzneimitteln berechtigt sind.

Art. 4 Arten von Fachwerbung

Als Fachwerbung für Arzneimittel gelten insbesondere:
- a. Anzeigen in Fachzeitschriften und anderen Drucksachen für Fachpersonen;
- b. Werbung auf Gegenständen;

c. Werbung mittels Einsatz von audiovisuellen Mitteln und anderen Bild-, Ton- und Datenträgern und Datenübermittlungssystemen, wie zum Beispiel im Internet;

d. Werbung anlässlich von Promotionsveranstaltungen oder wissenschaftlichen Kongressen;

e. Durchführung und finanzielle Unterstützung von Verkaufsförderungstagungen;

f. Repräsentationsaufwand an wissenschaftlichen Kongressen und Promotionsveranstaltungen;

g. Aussendungen und Promotionsmaterial;

h. Besuche von Arzneimittelvertretern und Arzneimittelvertreterinnen;

i. Lieferungen von Arzneimittelmustern.

Art. 5 Anforderungen an die Fachwerbung

[1] Alle Angaben in der Fachwerbung müssen im Einklang mit der vom Schweizerischen Heilmittelinstitut (Institut) zuletzt genehmigten Arzneimittelinformation stehen; insbesondere dürfen nur vom Institut genehmigte Indikationen und Anwendungsmöglichkeiten beworben werden.

[2] Ist die Arzneimittelinformation noch nicht veröffentlicht, so muss die Zulassungsinhaberin der Fachwerbung den vollständigen Inhalt der vom Institut zuletzt genehmigten Arzneimittelinformation beifügen.[1]

[3] Die Fachwerbung muss in ihren Aussagen genau, ausgewogen, sachlich zutreffend und belegbar sein. Die Aussagen dürfen nicht irreführend sein. Die Belege müssen den Fachpersonen auf Anfrage zur Verfügung gestellt werden.

[4] Die Werbung muss als solche erkennbar sein. Werbung und redaktionelle Beiträge sind deutlich zu trennen.[2]

[5] Die Werbeaussagen müssen auf dem aktuellen Stand der wissenschaftlichen Erkenntnis beruhen und diesen widerspiegeln. Sie dürfen nur auf klinische Versuche Bezug nehmen, die nach den Anforderungen der Guten Praxis der Klinischen Versuche (GPKV) durchgeführt und publiziert oder zur Publikation angenommen sind. Diese Publikationen müssen wortgetreu, vollständig und mit genauer Quelle zitiert werden. In der Fachwerbung ist darauf hinzuweisen, dass die Fachpersonen beim Unternehmen eine vollständige Kopie des Prüfungsberichts anfordern können.[3]

[6] Ein Arzneimittel, eine Indikation, eine Dosierung, eine galenische Form oder eine Packung darf während eines Jahres nach der Erstzulassung in der Schweiz als «neu» angepriesen werden. Aus der Information muss deutlich hervorgehen, worauf sich dieses Attribut bezieht.[4]

---

[1] Fassung gemäss Ziff. I 4 der V vom 18. Aug. 2004 (AS **2004** 4037).
[2] Fassung gemäss Ziff. I 4 der V vom 18. Aug. 2004 (AS **2004** 4037)
[3] Fassung gemäss Ziff. I 4 der V vom 18. Aug. 2004 (AS **2004** 4037).
[4] Fassung gemäss Ziff. I 4 der V vom 18. Aug. 2004 (AS **2004** 4037).

Art. 6 Informative Werbung

Mindestens folgende Angaben müssen in der jeweiligen Werbung enthalten sein:

a. der Präparatename (Marke);

b. die Wirkstoffe mit der Kurzbezeichnung (DCI/INN oder Bezeichnung der neusten Ausgabe der Pharmakopöe; bei deren Fehlen andere, allgemein anerkannte und vom Institut genehmigte Kurzbezeichnungen);

c. der Name und die Adresse der Zulassungsinhaberin;

d. mindestens eine Indikation oder Anwendungsmöglichkeit sowie die Dosierung und die Art der Anwendung;

e. eine Zusammenfassung der Anwendungseinschränkungen, der unerwünschten Wirkungen und der Interaktionen;

f. die Abgabekategorie;

g.[1] der Hinweis, dass ausführliche Informationen der Packungsbeilage oder der Publikation der Arzneimittelinformation zu entnehmen sind, unter genauer Angabe der Fundstelle;

h. die Absetzfristen bei Tierarzneimitteln für Tiere, die der Lebensmittelgewinnung dienen.

Art. 7 Vergleichende Werbung

[1] Aussagen zu Vergleichen mit anderen Arzneimitteln sind nur zulässig, wenn sie wissenschaftlich korrekt sind und sich auf Studien abstützen, welche die Anforderungen von Artikel 5 Absatz 5 erfüllen.

[2] Werden zum Vergleich Studien herangezogen, die bei Humanarzneimitteln auf Experimenten in vitro oder am Tier resp. bei Tierarzneimitteln nicht auf Experimenten am Zieltier beruhen, so muss dies offen dargelegt werden.

Art. 8 Erinnerungswerbung

Werden in der Werbung für Arzneimittel keine Aussagen über die Anwendung, sondern lediglich Angaben zu den Indikationen im Sinne eines Hinweises auf die therapeutische Kategorie des Arzneimittels gemacht, so kann auf die Angaben nach Artikel 6 Buchstaben d, e und h verzichtet werden.

Art. 9 Markenwerbung

Soll die Werbung lediglich eine Marke in Erinnerung rufen, so dürfen nur der Präparatename oder zusätzlich der Name der Zulassungsinhaberin sowie die Wirkstoffe erwähnt werden.

Art. 10 Musterpackungen

[1] Musterpackungen dürfen nur in kleiner Anzahl und auf schriftliche Anforderung abgegeben werden.

[2] Sie müssen folgenden Anforderungen genügen:

a.[1] Die Musterpackung muss deutlich sichtbar und dauerhaft als «Gratismuster» gekennzeichnet sein. Sie muss die erforderlichen Angaben und Texte auf Behälter und Packungsmaterial sowie eine genehmigte Packungsbeilage enthalten. Bei Arzneimitteln, die ohne Packungsbeilage in Verkehr gebracht werden dürfen, muss die Musterpackung die erforderlichen Angaben auf dem Behälter und dem Packungsmaterial enthalten.

b. Mit der Musterpackung muss die vom Institut zuletzt genehmigte Arzneimittelinformation abgegeben werden. Ist letztere im Arzneimittel-Kompendium, im Tierarzneimittel-Kompendium oder in einer vom Institut als gleichwertig anerkannten Publikation bereits veröffentlicht, so genügt der Hinweis auf diese Publikation.

c. Musterpackungen dürfen nicht grösser sein als die kleinste im Handel befindliche Originalpackung.

[3] Musterpackungen dürfen nicht verkauft werden.

[4] Für die Abgabe von Musterpackungen, die psychotrope Substanzen oder Betäubungsmittel enthalten, bleiben die Bestimmungen der Betäubungsmittelverordnung vom 29. Mai 1996[2] vorbehalten.

⁵ Die Zulassungsinhaberin stellt sicher, dass über die Abgabe von Musterpackungen Buch geführt wird.

---

¹ Fassung gemäss Ziff. I 4 der V vom 18. Aug. 2004 (AS **2004** 4037).
² SR **812.121.1**

Art. 11 Wissenschaftliche Kongresse und Promotionsveranstaltungen

¹ Der Repräsentationsaufwand im Zusammenhang mit wissenschaftlichen Kongressen oder Promotionsveranstaltungen muss in einem vertretbaren Rahmen bleiben und in Bezug auf den Hauptzweck der Veranstaltung von untergeordneter Bedeutung sein.

² Er darf sich nicht auf Personen beziehen, welche nicht zur Verschreibung, Abgabe oder zur eigenverantwortlichen beruflichen Anwendung von Arzneimitteln berechtigte Fachpersonen sind.

Art. 12 Arzneimittelvertreterinnen und -vertreter

¹ Die Zulassungsinhaberin gewährleistet, dass Arzneimittelvertreterinnen und -vertreter angemessen ausgebildet sind und über ausreichende Kenntnisse verfügen, um über die Arzneimittel umfassend informieren zu können. Die Arzneimittelvertreterinnen und -vertreter stützen ihre Auskünfte auf die wissenschaftliche Literatur und die vom Institut zuletzt genehmigte Arzneimittelinformation und legen letztere vor.

² Sie sind verpflichtet, der zuständigen Stelle der Zulassungsinhaberin laufend alle fachlichen Informationen zu übermitteln, die sie bei ihrer Tätigkeit erfahren, insbesondere Berichte über unerwünschte Wirkungen oder Interaktionen.

Art. 13 Unzulässige Fachwerbung

Die Werbung darf nicht:
  a. den Ausdruck «sicher» verwenden, ausgenommen in Verbindung mit einer sachgerechten Qualifikation;
  b. angeben, ein Arzneimittel habe keine unerwünschten Wirkungen und es sei gefahrlos oder unschädlich;
  c. den Anschein erwecken, es handle sich um einen redaktionellen Beitrag;
  d. angeben, das betreffende Humanarzneimittel erzeuge keine Gewöhnung.

Art. 14 Gegenstand der Publikumswerbung

Publikumswerbung ist nur erlaubt für Arzneimittel der Verkaufskategorien C, D und E nach der Arzneimittelverordnung vom 17. Oktober 2001¹, es sei denn, sie werde durch gesetzliche Bestimmungen eingeschränkt oder verboten.

---

¹ SR **812.212.21**

Art. 15 Arten von Publikumswerbung

Als Publikumswerbung gelten:
  a. Anzeigen in Zeitungen, Zeitschriften und Büchern, Prospekte, Plakate, Rundbriefe usw.;
  b. Werbung auf Gegenständen;

c. Anpreisungen mittels Einsatzes audiovisueller Mittel und anderer Bild-, Ton- und Datenträger und Datenübermittlungssysteme, wie zum Beispiel im Internet;

d. Anpreisungen anlässlich von Hausbesuchen und Vorträgen vor Laien;

e. Anpreisungen in Arztpraxen, Tierarztpraxen sowie an den Abgabestellen (Schaufenster, Behälter für Verkaufsware usw.);

f. die Abgabe von Mustern.

Art. 16 Anforderungen an die Publikumswerbung

[1] Alle Angaben in der Publikumswerbung müssen im Einklang mit der vom Institut zuletzt genehmigten Arzneimittelinformation stehen; insbesondere dürfen nur vom Institut genehmigte Indikationen oder Anwendungsmöglichkeiten beworben werden. Bei Arzneimitteln ohne Packungsbeilage gilt der zuletzt genehmigte Text auf der äusseren Packung.

[2] Die Werbung muss das Arzneimittel in Wort, Bild und Ton sachlich zutreffend und ohne Übertreibung darstellen.

[3] Die Werbung muss als solche erkennbar sein. Werbung und redaktionelle Beiträge sind deutlich zu trennen.

[4] Ein Arzneimittel, eine Indikation, eine Dosierung, eine galenische Form oder eine Packung darf während eines Jahres nach der Erstzulassung in der Schweiz als «neu» angepriesen werden. Aus der Information muss deutlich hervorgehen, worauf sich dieses Attribut bezieht.

[5] Arzneimittel der Abgabekategorien C und D müssen in der Werbung eindeutig als Arzneimittel dargestellt werden. Die Werbung für diese Arzneimittel muss mindestens folgende Angaben enthalten:

a. den Präparatenamen (Marke) und den Namen der Zulassungsinhaberin;

b. mindestens eine Indikation oder Anwendungsmöglichkeit;

c. eine ausdrückliche und gut lesbare Aufforderung, die Packungsbeilage (bzw. die Angaben auf der äusseren Packung bei Arzneimitteln ohne Packungsbeilage) zu lesen. Für die Werbung in den elektronischen Medien sowie im Kino gelten die Bestimmungen von Artikel 17;

d. die Absetzfristen bei Tierarzneimitteln für Tiere, die der Lebensmittelgewinnung dienen.

Art. 17[1] Pflichthinweis bei Werbung für Arzneimittel der Abgabekategorien C und D in elektronischen Medien

[1] Bei Fernsehspots sowie Kinowerbung muss am Schluss ein Hinweis mit folgendem Standtext eingeblendet werden: «Dies ist ein Arzneimittel. Lassen Sie sich von einer Fachperson beraten und lesen Sie die Packungsbeilage» (bzw. «die Angaben auf der Packung» für Arzneimittel ohne Packungsbeilage). Dieser Hinweis muss gut lesbar auf neutralem Hintergrund in einer Schriftblockgrösse von mindestens einem Drittel des Gesamtbildes, bei der Kinowerbung mindestens in der für Untertitel üblichen Schriftgrösse eingeblendet und gleichzeitig gut verständlich gesprochen werden. Bei der stummen Werbung genügt die Einblendung des Hinweises.

[2] Bei Radiospots muss am Schluss ein Hinweis mit folgendem Wortlaut eingeschaltet werden: «... (Präparatename) ist ein Arzneimittel. Lassen Sie sich von einer Fachperson beraten und lesen Sie die Packungsbeilage» (bzw. «die Angaben auf der Packung» für Arzneimittel ohne Packungsbeilage). Dieser Hinweis muss gut verständlich gesprochen werden.

³ Bei Werbung auf elektronischen Anzeigetafeln muss am Schluss folgender Standtext eingeblendet werden: «Dies ist ein Arzneimittel. Lassen Sie sich von einer Fachperson beraten und lesen Sie die Packungsbeilage» (bzw. «die Angaben auf der Packung» für Arzneimittel ohne Packungsbeilage). Dieser Hinweis muss gut lesbar auf neutralem Hintergrund in einer Schriftblockgrösse von mindestens einem Drittel der Anzeige während mindestens fünf Sekunden eingeblendet werden.

---

[1] Fassung gemäss Ziff. I 4 der V vom 18. Aug. 2004 (AS **2004** 4037).

Art. 18 Markenwerbung

[1] Soll die Werbung lediglich eine Marke in Erinnerung rufen, so darf nur der Präparatename oder zusätzlich der Name der Zulassungsinhaberin erwähnt werden.

[2] Bei der Kinowerbung sowie in Radio- und Fernsehspots ist Markenwerbung nicht zulässig.

Art. 19 Muster

[1] Muster, die dem Publikum abgegeben werden, müssen deutlich sichtbar und dauerhaft als «Gratismuster» gekennzeichnet sein. Sie müssen den Anforderungen des Instituts an die Angaben und Texte auf Behältern und Packungsmaterial entsprechen.[1]

[2] Muster für Humanarzneimittel dürfen höchstens eine empfohlene Tagesdosis enthalten.

[3] Muster von Arzneimitteln der Abgabekategorien C und D dürfen dem Publikum nur von den entsprechenden Abgabestellen abgegeben werden. Sie dürfen nicht zur Selbstbedienung angeboten werden.

[4] Muster dürfen nicht verkauft werden.

---

[1] Fassung gemäss Ziff. I 4 der V vom 18. Aug. 2004 (AS **2004** 4037).

Art. 20 Beschränkung der Publikumswerbung für bestimmte Humanarzneimittel[1]

Werbung in Radio und Fernsehen für alkoholhaltige Humanarzneimittel zur oralen Einnahme ist nur zugelassen, wenn diese in der maximalen Einzelgabe nach der empfohlenen Dosierung weniger als 0,5 g reinen Alkohol enthalten.

---

[1] Fassung gemäss Ziff. I 4 der V vom 18. Aug. 2004 (AS **2004** 4037).

Art. 21 Unzulässige Publikumswerbung

[1] Unzulässig ist insbesondere:
   a. das Bewerben von Indikationen oder Anwendungsmöglichkeiten, für die es eine ärztliche oder eine tierärztliche Diagnose oder Behandlung braucht;
   b. jede aufdringliche, marktschreierische Werbung;
   c. Werbung, die den Anschein erweckt, es handle sich um einen redaktionellen Beitrag;
   d. das Entgegennehmen von Arzneimittelbestellungen anlässlich von Hausbesuchen, Ausstellungen, Vorträgen, Werbefahrten und dergleichen sowie auf Grund von adressierter Direktwerbung;
   e. die direkte Abgabe von Arzneimitteln zum Zwecke der Verkaufsförderung;

f. das Abgeben von Gutscheinen für Arzneimittel;
g. jede Aufforderung zur Kontaktnahme mit der Zulassungsinhaberin;
h.[1] die Durchführung von Wettbewerben.

[2] Die Bestimmungen nach Absatz 1 Buchstaben b sowie d–h gelten nicht für Arzneimittel der Abgabekategorie E.[2]

---

[1] Fassung gemäss Ziff. I 4 der V vom 18. Aug. 2004 (AS **2004** 4037).
[2] Fassung gemäss Ziff. I 4 der V vom 18. Aug. 2004 (AS 2004 4037).

Art. 22 Unzulässige Werbeelemente

Werbung darf nicht:

a. eine ärztliche oder eine tierärztliche Untersuchung oder einen chirurgischen Eingriff als überflüssig erscheinen lassen, insbesondere indem sie eine Diagnose anbietet oder eine Behandlung auf dem Korrespondenzweg empfiehlt;

b. eine garantierte Wirkung des Arzneimittels versprechen oder behaupten, dieses habe keinerlei unerwünschte Wirkungen;

c. die Erwartung wecken, die Wirkung des Arzneimittels entspreche einer anderen Behandlung oder derjenigen eines anderen Arzneimittels oder sei ihnen überlegen;

d. die Erwartung wecken, der Zustand eines gesunden Menschen oder eines gesunden Tieres verbessere sich durch die Verwendung des Arzneimittels;

e. die Befürchtung wecken, der Zustand eines gesunden Menschen oder eines gesunden Tieres verschlechtere sich ohne die Anwendung des Arzneimittels;

f. sich ausschliesslich oder hauptsächlich an Kinder und Jugendliche richten;

g. wissenschaftliche Veröffentlichungen, klinische Studien, Gutachten, Zeugnisse oder Empfehlungen von Wissenschaftlerinnen und Wissenschaftlern, von im Gesundheitswesen tätigen Personen, von bekannten Persönlichkeiten oder von medizinisch-pharmazeutischen Laien erwähnen oder sich auf solche beziehen;

h. Personen in der Berufskleidung von Medizinalpersonen, Drogistinnen und Drogisten oder medizinischen Hilfspersonen oder bei der Ausübung berufsspezifischer medizinischer Tätigkeiten zeigen;

i. irreführende, fiktive oder nicht anerkannte Titel oder Auszeichnungen verwenden;

j. das Arzneimittel einem Lebensmittel oder einem Futtermittel, einem Pflegeprodukt oder anderen Gebrauchsgegenständen gleichsetzen;

k. angeben oder andeuten, die Sicherheit oder Wirksamkeit des Arzneimittels sei darauf zurückzuführen, dass es sich um ein «Naturprodukt» oder dergleichen handle;

l. mit der Beschreibung oder der Darstellung einer Krankengeschichte zu einer falschen Selbstdiagnose oder zu einer falschen Diagnose durch die Tierhalterin oder den Tierhalter verleiten;

m. in missbräuchlicher, Besorgnis erregender oder irreführender Weise bildliche Darstellungen verwenden von Veränderungen, die der menschliche oder der tierische Körper oder Teile davon auf Grund von Krankheiten oder Körperschäden oder auf Grund der Wirkung eines Arzneimittels erlitten haben;

n. die Zahl der behandelten Personen oder der behandelten Tiere angeben;

o. Wendungen gebrauchen, die Angst erzeugen können;

p. erwähnen, dass das Arzneimittel zugelassen ist.

Art. 23 Vorkontrolle

[1] Werbung für Arzneimittel der Abgabekategorien C und D im Radio, am Fernsehen und im Kino sowie Publikumswerbung nach Artikel 15 Buchstaben a und c für Analgetika, Schlafmittel und Sedativa, Laxantia sowie für Anorexika müssen dem Institut vor dem Erscheinen zur Bewilligung vorgelegt werden.[1]

[2] Das Institut kann eine Zulassungsinhaberin, welche schwer oder wiederholt gegen die Bestimmungen über die Arzneimittelwerbung verstösst, verpflichten, ihm während einer angemessenen Dauer sämtliche Entwürfe für die geplante Werbung in der vom Institut bezeichneten Form vor dem Erscheinen zur Begutachtung und Genehmigung vorzulegen.

---

[1] Fassung gemäss Ziff. I 4 der V vom 18. Aug. 2004 (AS **2004** 4037).

Art. 24 Verstösse gegen die Bestimmungen über die Arzneimittelwerbung

[1] Jede Person oder Organisation kann dem Institut Tatsachen melden, von denen sie vermutet, sie würden gegen die Bestimmungen über die Arzneimittelwerbung verstossen.

[2] Das Institut geht vermuteten Verstössen von sich aus nach.

Art. 25 Interne Kontrollmassnahmen der Zulassungsinhaberin

[1] Die Zulassungsinhaberin bezeichnet eine Person, welche für die Werbung für die von ihr in Verkehr gebrachten Arzneimittel verantwortlich ist.

[2] Diese Person muss über eine naturwissenschaftliche, medizinische oder über eine andere angemessene fachliche Ausbildung oder Erfahrung verfügen.

[3] Sie hat folgende Aufgaben:

a. Sie vergewissert sich, dass die Arzneimittelwerbung den Bestimmungen entspricht.

b. Sie sorgt dafür, dass die Anforderungen des Instituts unverzüglich und vollständig befolgt werden.

c. Sie liefert dem Institut auf Verlangen alle geforderten Unterlagen und Informationen.

d. Sie stellt sicher, dass ihre Arzneimittelvertreterinnen und -vertreter zweckmässig ausgebildet sind und die Verpflichtungen nach dieser Verordnung einhalten.

e. Sie bewahrt eine Ausfertigung jeder verbreiteten Arzneimittelwerbung während sechs Monaten nach deren letzter zweckbestimmter Verwendung auf und führt ein Verzeichnis aller Empfängerinnen und Empfänger, der Verbreitungsart und des Datums der ersten Verbreitung.

Art. 25d^1 Übergangsbestimmungen

[1] Werbung auf elektronischen Anzeigetafeln, die Artikel 17 Absatz 3 nicht entspricht, darf noch bis 31. Oktober 2004 ausgestrahlt werden.

[2] Muster, die vor dem In-Kraft-Treten der neuen Bestimmung von Artikel 10 Absatz 2 Buchstabe a und Artikel 19 Absatz 1 hergestellt wurden, dürfen längstens bis 30. Juni 2005 vertrieben werden.

---

[1] Eingefügt durch Ziff. I 4 der V vom 18. Aug. 2004 (AS **2004** 4037).

Art. 26 Inkrafttreten[1]

Diese Verordnung tritt am 1. Januar 2002 in Kraft.

---

[1] Eingefügt durch Ziff. I 4 der V vom 18. Aug. 2004 (AS **2004** 4037).

17. Bundesgesetz über Lebensmittel und Gebrauchsgegenstände (SR 817.0 / Stand am 1. April 2008)

Art. 18 Täuschungsverbot

[1] Die angepriesene Beschaffenheit sowie alle andern Angaben über das Lebensmittel müssen den Tatsachen entsprechen.

[2] Anpreisung, Aufmachung und Verpackung der Lebensmittel dürfen den Konsumenten nicht täuschen.

[3] Täuschend sind namentlich Angaben und Aufmachungen, die geeignet sind, beim Konsumenten falsche Vorstellungen über Herstellung, Zusammensetzung, Beschaffenheit, Produktionsart, Haltbarkeit, Herkunft, besondere Wirkungen und Wert des Lebensmittels zu wecken.

Art. 19 Nachahmung und Verwechslung

[1] Lebensmittel dürfen nicht zur Täuschung nachgeahmt oder in täuschender Weise hergestellt, behandelt, abgegeben, gekennzeichnet oder angepriesen werden.

[2] Waren, die keine Lebensmittel sind, dürfen nicht so gelagert, abgegeben, gekennzeichnet oder angepriesen werden, dass sie mit Lebensmitteln verwechselt werden können.

Art. 20 Auskunftspflicht und Bezeichnung

[1] Wer Lebensmittel abgibt, informiert Abnehmer auf Verlangen über ihre Herkunft (Produktionsland), ihre Sachbezeichnung und Zusammensetzung (Zutaten) sowie über die weiteren nach Artikel 21 vorgeschriebenen Angaben.[1]

[2] Wer vorverpackte Lebensmittel abgibt, informiert auf der Packung über die Sachbezeichnung und Zusammensetzung in mengenmässig absteigender Reihenfolge.

[3] Zusammen mit der Sachbezeichnung können andere Bezeichnungen verwendet werden, sofern diese die Konsumenten nicht täuschen.

[4] Auf die Sachbezeichnung kann verzichtet werden, sofern die Lebensmittelart ohne weiteres erkennbar ist.

---

[1] Fassung gemäss Anhang Ziff. 3 des BG vom 6. Okt. 1995 über die technischen Handelshemmnisse, in Kraft seit 1. Juli 1996 (SR **946.51**).

Art. 21 Besondere Kennzeichnung

[1] Der Bundesrat bestimmt, ob dem Konsumenten weitere Angaben, namentlich über Haltbarkeit, Aufbewahrungsart, Herkunft (Ort, Hersteller, Importeur oder Verkäufer), Produktionsart, Zubereitungsart, besondere Wirkungen, Warnaufschriften sowie Nährwert zu machen sind. Er kann besondere Vorschriften erlassen über die Kennzeichnung fertig zubereiteter Speisen auf Menükarten.

[2] Er kann überdies Vorschriften erlassen über die Kennzeichnung zum Schutz:
  a. der Gesundheit, vor allem zum Schutz von besonders gesundheitsgefährdeten Menschen;
  b. vor Täuschung, vor allem für Bereiche, in denen Konsumenten auf Grund der Ware oder der Art des Handels besonders leicht getäuscht werden können.

[3] Der Bundesrat regelt die Kennzeichnung von Lebensmitteln, denen Stoffe zugesetzt worden sind, die als lebensnotwendig oder physiologisch nützlich erachtet werden (Vitamine, Spuren- und Mengenelemente).

[4] Der Bundesrat legt die Voraussetzungen fest, denen die Lebensmittel entsprechen müssen, wenn sie mit dem Hinweis auf die spezifischen Anbauarten (insbesondere integrierter, biologischer Anbau) angepriesen werden; es kann sich um die Anerkennung privatrechtlicher Zulassungskriterien handeln.

18. Lebensmittel- und Gebrauchsgegenständeverordnung (SR 817.02 / Stand am 1. Mai 2009)

Art. 10 Täuschungsverbot

[1] Für Lebensmittel verwendete Bezeichnungen, Angaben, Abbildungen, Umhüllungen, Verpackungen, Umhüllungs- und Verpackungsaufschriften, die Arten der Aufmachung und die Anpreisungen müssen den Tatsachen entsprechen beziehungsweise dürfen nicht zur Täuschung namentlich über Natur, Herkunft, Herstellung, Produktionsart, Zusammensetzung, Inhalt und Haltbarkeit der betreffenden Lebensmittel Anlass geben.

[2] Verboten sind insbesondere:

a. Angaben über Wirkungen oder Eigenschaften eines Lebensmittels, die dieses nach dem aktuellen Stand der Wissenschaft gar nicht besitzt oder die wissenschaftlich nicht hinreichend gesichert sind;

b. Angaben, mit denen zu verstehen gegeben wird, dass ein Lebensmittel besondere Eigenschaften besitzt, obwohl alle vergleichbaren Lebensmittel dieselben Eigenschaften aufweisen; erlaubt sind Hinweise auf:

1. die für eine Lebensmittelgruppe geltenden Vorschriften (z.B. betreffend umweltgerechter Produktion, artgerechter Tierhaltung oder Lebensmittelsicherheit),

2. Eigenschaften, welche die einer bestimmten Lebensmittelgruppe zugehörenden Produkte aufweisen;

c. Hinweise irgendwelcher Art, die einem Lebensmittel Eigenschaften der Vorbeugung, Behandlung oder Heilung einer menschlichen Krankheit oder als Schlankheitsmittel zuschreiben oder die den Eindruck entstehen lassen, dass solche Eigenschaften vorhanden sind; erlaubt sind Hinweise auf die Wirkung von Zusätzen essenzieller oder ernährungsphysiologisch nützlicher Stoffe zu Lebensmitteln aus Gründen der Volksgesundheit (Art. 18);

d. Aufmachungen irgendwelcher Art, die einem Lebensmittel den Anschein eines Heilmittels geben;

e. Angaben, welche darauf schliessen lassen, dass ein Lebensmittel einen Wert hat, welcher über seiner tatsächlichen Beschaffenheit liegt;

f. Angaben oder Aufmachungen irgendwelcher Art, die zu Verwechslungen mit Bezeichnungen führen können, die nach der GUB/GGA-Verordnung vom 28. Mai 1997[1], nach einer analogen kantonalen Gesetzgebung oder nach einem völkerrechtlichen Vertrag mit der Schweiz geschützt sind;

g. bei alkoholischen Getränken: Angaben, die sich in irgendeiner Weise auf die Gesundheit beziehen;

h. bei bewilligungspflichtigen Produkten: Hinweise mit Werbecharakter auf die durch das BAG erteilte Bewilligung.

[3] Das EDI regelt die Grenzen zulässiger Anpreisungen.

---

1 SR 910.12

Art. 11 Abgabe- und Anpreisungsbeschränkungen für alkoholische Getränke

[1] Alkoholische Getränke dürfen nicht an Kinder und Jugendliche unter 16 Jahren abgegeben werden. Vorbehalten bleiben die Bestimmungen der Alkoholgesetzgebung.

² Alkoholische Getränke müssen so zum Verkauf angeboten werden, dass sie von alkoholfreien Getränken deutlich unterscheidbar sind. Am Verkaufspunkt ist ein gut sichtbares Schild anzubringen, auf welchem in gut lesbarer Schrift darauf hingewiesen wird, dass die Abgabe alkoholischer Getränke an Kinder und Jugendliche verboten ist. Dabei ist auf die nach Absatz 1 sowie nach der Alkoholgesetzgebung geltenden Mindestabgabealter hinzuweisen.

³ Jede Anpreisung alkoholischer Getränke, die sich speziell an Jugendliche unter 18 Jahren richtet, ist untersagt. Verboten ist insbesondere die Werbung:

    a.   an Orten und Veranstaltungen, die hauptsächlich von Jugendlichen besucht werden;

    b.   in Publikationen, die sich hauptsächlich an Jugendliche wenden;

    c.   auf Gegenständen, die hauptsächlich Jugendliche benutzen;

    d.   auf Gegenständen, die an Jugendliche unentgeltlich abgegeben werden.

⁴ Das EDI erlässt dazu ergänzende Bestimmungen.

Art. 11a[1] Anpreisungsbeschränkungen für Säuglingsanfangsnahrung

¹ Die Werbung für Säuglingsanfangsnahrung darf nur in der Säuglingspflege gewidmeten Veröffentlichungen und in wissenschaftlichen Publikationen erscheinen und darf nur wissenschaftliche und sachbezogene Informationen enthalten. Diese Information darf nicht implizieren oder suggerieren, dass Flaschennahrung der Muttermilch gleichwertig oder überlegen ist.

² Es darf keine Werbung in Einzelhandelsgeschäften geben, welche die Konsumentinnen und Konsumenten durch Verteilung von Proben oder mit anderen Werbemitteln wie besonderen Auslagen, Rabattmarken, Zugabeartikeln, Sonderangeboten, Lockartikeln oder Koppelungsgeschäften direkt auf Einzelhandelsebene zum Kauf von Säuglingsanfangsnahrung anregt.

³ Das Verteilen kostenloser oder verbilligter Erzeugnisse, Proben oder anderer Werbegeschenke an die Öffentlichkeit oder an schwangere Frauen, Mütter und deren Familienmitglieder ist untersagt, sei es direkt oder indirekt über das Gesundheitsvorsorgewesen.

---

[1]   Eingefügt durch Ziff. I der V vom 7. März 2008 (AS **2008** 789).

Art. 26 Vorverpackte Lebensmittel

¹ Wer vorverpackte Lebensmittel abgibt, muss den Konsumentinnen und Konsumenten angeben:

    a.   die Sachbezeichnung;

    b.   die Zusammensetzung (Zutaten);

    c.   die Haltbarkeit;

    d.   die Herkunft;

    e.   die Anwendung gentechnischer oder besonderer technologischer Verfahren bei der Herstellung (z.B. Bestrahlung);

    f.   Hinweise zur sachgemässen Verwendung.

² Das EDI kann vorschreiben, dass Lebensmittel mit zusätzlichen Angaben gekennzeichnet werden müssen.

³ Die Angaben müssen angebracht werden:

    a.   an gut sichtbarer Stelle;

    b.   in leicht lesbarer und unverwischbarer Schrift.

⁴ Sie müssen in mindestens einer Amtssprache abgefasst sein. Sie können ausnahmsweise nur in einer andern Sprache abgefasst sein, wenn die Konsumentinnen und Konsumenten in der Schweiz dadurch genügend und unmissverständlich über das Lebensmittel informiert werden.

⁵ Das EDI regelt, wie die Angaben im Einzelnen zu erfolgen haben. Es kann Ausnahmen vorsehen sowie Anforderungen an die Aufmachung sowie an die Umhüllung und Verpackung vorschreiben.

⁶ Das EDI kann festlegen, dass:

    a. die Verwendung ernährungs- oder gesundheitsbezogener Angaben im Zusammenhang mit Lebensmitteln dem BAG vor der Abgabe des betreffenden Lebensmittels an die Konsumentinnen und Konsumenten gemeldet werden muss;

    b. das BAG über die wissenschaftliche Begründung einer Angabe nach Buchstabe a zu informieren ist.[1]

---

[1] Eingefügt durch Ziff. I der V vom 7. März 2008 (AS **2008** 789).

Art. 27 Offen angebotene Lebensmittel

¹ Über offen angebotene Lebensmittel sowie über Lebensmittel, die in Restaurants, Spitälern, Betriebskantinen und ähnlichen Einrichtungen angeboten werden, ist in gleicher Weise zu informieren wie über vorverpackte Lebensmittel.

² Auf schriftliche Angaben kann verzichtet werden, wenn die Information der Konsumentinnen und Konsumenten auf andere Weise gewährleistet ist.

³ Das EDI regelt:

    a. welche Angaben in jedem Fall schriftlich erforderlich sind;

    b. wie diese Angaben im Einzelnen zu erfolgen haben.

Art. 28 Rohstoffe, Zwischenprodukte und Halbfabrikate

Die Angaben über Rohstoffe, Zwischenprodukte und Halbfabrikate müssen so gehalten sein, dass die daraus hergestellten Lebensmittel gesetzeskonform zusammengesetzt und gekennzeichnet werden können.

Art. 29 Angaben über den Nährwert

¹ Lebensmittel dürfen mit Angaben über den Nährwert versehen werden.

² Das EDI:

    a. regelt, wie eine Nährwertkennzeichnung auszugestalten ist;

    b. kann bei bestimmten Lebensmitteln Angaben über den Nährwert vorschreiben.

Art. 31 Kennzeichnung, Anpreisung und Verpackung

¹ Die Angaben über Gebrauchsgegenstände, ihre Anpreisung und Verpackung müssen so gestaltet sein, dass keine Gefahr einer gesundheitsschädigenden Verwendung des Gebrauchsgegenstandes besteht.

² Die Angaben müssen angebracht werden:

    a. an gut sichtbarer Stelle;

    b. in leicht lesbarer und unverwischbarer Schrift;

    c. in mindestens einer Amtssprache.

[3] Hinweise irgendwelcher Art auf eine krankheitsheilende, -lindernde oder -verhütende Wirkung von Gebrauchsgegenständen (z.B. medizinische oder therapeutische Eigenschaften, desinfizierende oder entzündungshemmende Wirkungen, ärztliche Empfehlungen) sind verboten.

[4] Bei Zahn- und Mundpflegemitteln sind Hinweise auf kariesverhütende sowie auf andere zahnmedizinisch vorbeugende Eigenschaften erlaubt, wenn sie wissenschaftlich belegt werden können.[1]

[5] Das EDI regelt:
- a. welche Angaben erforderlich sind;
- b. wie die Angaben auszugestalten und anzubringen sind;
- c. welche Anforderungen Aufmachung und Verpackung erfüllen müssen.

---

[1] Fassung durch Ziff. I der V vom 7. März 2008 (AS **2008** 789).

19. Verordnung über Tabakerzeugnisse und Raucherwaren mit Tabakersatzstoffen (SR 817.06 / Stand am 1. Januar 2009)

Art. 11 Kennzeichnungspflicht

Packungen von Tabakerzeugnissen und von Raucherwaren mit Tabakersatzstoffen müssen bei der Abgabe an Konsumentinnen und Konsumenten folgende Angaben aufweisen:[1]

a.[2] die Sachbezeichnung nach Artikel 2 Absatz 1 Buchstabe a der LKV[3];

b. die Firmenbezeichnung nach Artikel 16 Absatz 1 Buchstabe b des Bundesgesetzes vom 21. März 1969[4] über die Tabakbesteuerung oder die von der Oberzolldirektion zugeteilte Reversnummer;

c. das Produktionsland, sofern dieses nicht aus der Angabe nach Buchstabe b ersichtlich ist;

d. bei farbmattierten Erzeugnissen: den Hinweis «farbmattiert»;

e. bei Zigaretten: den Teer-, den Nikotin- und den Kohlenmonoxidgehalt;

f. die allgemeinen und die ergänzenden Warnhinweise.

---

[1] Fassung gemäss Ziff. I der V vom 26. Nov. 2008, in Kraft seit 1. Jan. 2009 (AS **2008** 6141).
[2] Fassung gemäss Anhang 2 Ziff. II 3 der Lebensmittel- und Gebrauchsgegenständeverordnung vom 23. Nov. 2005, in Kraft seit 1. Jan. 2006 (SR **817.02**).
[3] SR **817.022.21**
[4] SR **641.31**

Art. 11a[1] Sachbezeichnung für Raucherwaren mit Tabakersatzstoffen

Packungen von Raucherwaren mit Tabakersatzstoffen müssen folgende Sachbezeichnung aufweisen:

a. *auf Deutsch:* «Produkte auf pflanzlicher Basis, ohne Tabak»;

b. *auf Französisch:* «Produits à base de plantes, sans tabac»;

c. *auf Italienisch:* «Prodotti a base di erbe, senza tabacco».

---

[1] Eingefügt durch Ziff. I der V vom 26. Nov. 2008, in Kraft seit 1. Jan. 2009 (AS **2008** 6141).

Art. 12 Warnhinweise

[1] Jede Packung von Tabakerzeugnissen, die zum Rauchen bestimmt sind, muss einen allgemeinen und einen ergänzenden Warnhinweis tragen.

[2] Die allgemeinen Warnhinweise lauten:

a. «Rauchen ist tödlich.»;

b. «Rauchen fügt Ihnen und den Menschen in Ihrer Umgebung erheblichen Schaden zu.».

[3] Die ergänzenden Warnhinweise lauten:

a. «Wenn Sie rauchen, sterben Sie früher.»;

b. «Rauchen führt zu Verstopfung der Blutgefässe und verursacht Herzinfarkte und Hirnschläge.»;

c. «Rauchen verursacht tödlichen Lungenkrebs.»;

d. «Rauchen in der Schwangerschaft schadet Ihrem Kind.»;

e. «Schützen Sie Kinder – Rauchen Sie nicht in ihrer Anwesenheit!»;
f. «Medizinische Fachpersonen helfen Ihnen, das Rauchen aufzugeben.»;
g. «Rauchen macht sehr schnell abhängig.»;
h. «Wer das Rauchen aufgibt, verringert das Risiko tödlicher Herz- und Lungenerkrankungen.»;
i. «Rauchen führt zu Krebs der Mundhöhle.»;
j. «Hier finden Sie Hilfe, um das Rauchen aufzugeben: 0848 000 181 / www.rauchenschadet.ch.»;
k. «Rauchen kann zu Durchblutungsstörungen führen und verursacht Impotenz.»;
l. «Rauchen lässt Ihre Haut altern.»;
m. «Rauchen kann das Sperma schädigen und schränkt die Fruchtbarkeit ein.»;
n. «Rauch enthält Benzol, Nitrosamine, Formaldehyd und Blausäure.».

[4] Die Warnhinweise sind abwechselnd so zu verwenden, dass sie gleich häufig auf den Packungen erscheinen.

[5] Die ergänzenden Warnhinweise müssen mit Farbfotografien oder anderen Abbildungen kombiniert werden, welche die gesundheitlichen Folgen des Rauchens darstellen und erklären. Das Eidgenössische Departement des Innern (EDI) legt in einer Verordnung die Abbildungen und ihre Kombination mit den ergänzenden Warnhinweisen fest. Es kann bestimmen, dass zusätzliche visuelle Hinweise zur Tabakprävention (z.B. Logos, Telefonnummer, Internetseite) angebracht werden müssen.

[6] Jede Packung von Tabakerzeugnissen, die nicht zum Rauchen bestimmt sind, muss folgenden Warnhinweis tragen: «Dieses Tabakerzeugnis kann Ihre Gesundheit schädigen und macht abhängig.».

[7] Jede Packung von Raucherwaren mit Tabakersatzstoffen muss die Warnhinweise nach den Absätzen 2 und 3, ausgenommen den Warnhinweis nach Absatz 3 Buchstabe g «Rauchen macht sehr schnell abhängig.», tragen.[1]

---

[1] Eingefügt durch Ziff. I der V vom 26. Nov. 2008, in Kraft seit 1. Jan. 2009 (AS 2008 6141).

Art. 13[1] Ort, Form und Sprache der Angaben

[1] Die Angaben nach den Artikeln 11 und 11a müssen an gut sichtbarer Stelle und in leicht lesbarer und unverwischbarer Schrift auf die Packungen aufgedruckt werden. Bei anderen Erzeugnissen als Zigaretten dürfen sie mit nicht entfernbaren Aufklebern angebracht werden.

[2] Die Angaben nach Artikel 11 Buchstaben a–d und 11a müssen in mindestens einer Amtssprache, die Angaben nach Artikel 11 Buchstaben e und f in allen Amtssprachen, in der Reihenfolge Deutsch, Französisch, Italienisch, angebracht werden.

---

[1] Fassung gemäss Ziff. I der V vom 26. Nov. 2008, in Kraft seit 1. Jan. 2009 (AS **2008** 6141).

Art. 14 Ort und Grösse der Schadstoffangaben

[1] Der Teer-, der Nikotin- und der Kohlenmonoxidgehalt von Zigaretten müssen auf einer Schmalseite der Zigarettenpackung aufgedruckt werden.

[2] Diese Angaben müssen mindestens 15 Prozent dieser Fläche einnehmen.

Art. 15 Ort und Grösse der Warnhinweise

[1] Der allgemeine Warnhinweis und der Warnhinweis nach Artikel 12 Absatz 6 müssen angebracht werden:

a. auf der am ehesten ins Auge fallenden Breitseite der Packung; und

b. auf jeder im Einzelhandelsverkauf verwendeten Mehrfachverpackung, ausser auf einer durchsichtigen Hülle.

[2] Der ergänzende Warnhinweis muss auf der anderen Breitseite angebracht werden.

[3] Der allgemeine Warnhinweis muss mindestens 35 Prozent, der ergänzende Warnhinweis mindestens 50 Prozent der Fläche der jeweiligen Breitseite einnehmen.

[4] Die Warnhinweise dürfen nicht an einer Stelle angebracht sein, an der sie beim Öffnen der Packung zerstört oder entfernt werden.

[5] Ist eine Verpackung von anderen Tabakerzeugnissen als Zigaretten an der am ehesten ins Auge fallenden Breitseite grösser als 75 cm^2, so müssen die Warnhinweise eine Fläche von mindestens 26,25 cm^2 auf jeder Breitseite aufweisen.

Art. 16 Gestaltung der Schadstoffangaben und Warnhinweise

[1] Der Wortlaut der Angaben zum Teer-, zum Nikotin- und zum Kohlenmonoxidgehalt und der Wortlaut der Warnhinweise müssen wie folgt angebracht werden:

a. in Helvetica, fett, schwarz auf weissem Hintergrund und in Kleinbuchstaben, ausser wo die Rechtschreibung Grossbuchstaben verlangt;

b. zentriert auf der für den Wortlaut bestimmten Fläche parallel zur Oberkante der Packung;

c. optisch getrennt von den anderen Amtssprachen;

d.[1] umrandet mit einem schwarzen Rahmen von mindestens 3 mm und höchstens 4 mm Breite, der in keiner Weise die Lesbarkeit des Warnhinweises oder sonstiger Angaben beeinträchtigt; auf Tabakerzeugnissen nach Artikel 12 Absatz 6 muss kein Rahmen angebracht werden.

[2] Das EDI kann für die Kombinationen der ergänzenden Warnhinweise mit Abbildungen von den Gestaltungsanforderungen bei der Schriftfarbe und der Ausrichtung des Wortlautes abweichen, wenn damit eine optimale Darstellung von Wortlaut und Abbildung erreicht werden kann.

---

[1] Fassung gemäss Ziff. I der V vom 7. März 2008 (AS **2008** 1187).

Art. 17 Täuschungsschutz

[1] Alle Bezeichnungen, Angaben und Abbildungen, die auf der Packung, in Inseraten oder in der Werbung für Tabakerzeugnisse verwendet werden, müssen den Tatsachen entsprechen. Sie dürfen nicht zur Täuschung über Natur, Herkunft, Herstellung, Zusammensetzung, Produktionsart oder Wirkung Anlass geben.

[2] Anpreisungen für Tabakerzeugnisse, die sich in irgendwelcher Weise auf die Gesundheit beziehen, sind verboten.

[3] Begriffe, Namen, Marken und figurative oder sonstige Zeichen, die den Eindruck erwecken, dass ein bestimmtes Tabakerzeugnis weniger schädlich als andere sei (z.B. «leicht», «ultraleicht» oder «mild»), dürfen auf der Verpackung von Tabakerzeugnissen nicht verwendet werden.

Art. 18 An Jugendliche gerichtete Werbung

Werbung für Tabakerzeugnisse und für Raucherwaren mit Tabakersatzstoffen, die sich speziell an Jugendliche unter 18 Jahren (Jugendliche) richtet, ist untersagt. Verboten ist insbesondere die Werbung:

a. an Orten, wo sich hauptsächlich Jugendliche aufhalten;

b. in Zeitungen, Zeitschriften oder andern Publikationen, die hauptsächlich für Jugendliche bestimmt sind;

c. auf Schülermaterialien (Schulmappen, Etuis, Füllfederhaltern usw.);

d. mit Werbegegenständen, die unentgeltlich an Jugendliche abgegeben werden, wie T-Shirts, Mützen, Fähnchen, Badebällen;

e. auf Spielzeug;

f. durch unentgeltliche Abgabe von Tabakerzeugnissen und Raucherwaren mit Tabakersatzstoffen an Jugendliche;

g. an Kultur-, Sport- oder anderen Veranstaltungen, die hauptsächlich von Jugendlichen besucht werden.

Art. 19 Abgabe von Zigaretten

Zigaretten müssen vorverpackt sein und dürfen nur in Packungen von mindestens 20 Stück an Konsumentinnen und Konsumenten abgegeben werden.

20. Bundesgesetz über die Landwirtschaft (SR 910.1 / Stand am 1. Januar 2010)

Art. 14 Allgemeines

[1] Im Interesse der Glaubwürdigkeit und zur Förderung von Qualität und Absatz kann der Bundesrat Vorschriften über die Kennzeichnung von landwirtschaftlichen Erzeugnissen und deren Verarbeitungsprodukten erlassen, die:

   a. nach bestimmten Verfahren hergestellt werden;
   b. andere spezifische Eigenschaften aufweisen;
   c. aus dem Berggebiet stammen;
   d. sich aufgrund ihrer Herkunft auszeichnen;
   e.[1] unter Verzicht auf bestimmte Verfahren hergestellt werden oder spezifische Eigenschaften nicht aufweisen.

[2] Die Kennzeichnung dieser Produkte nach diesen Vorschriften ist freiwillig.

[3] Vorbehalten bleiben die Bestimmungen der Gentechnik- und der Lebensmittelgesetzgebung.[2]

[4] Der Bund kann für die in den Artikeln 14–16 vorgesehenen Kennzeichnungen Symbole definieren. Ihre Verwendung ist fakultativ.[3]

[5] In Absatzförderungskampagnen mit Massnahmen nach Artikel 12 ist die Verwendung dieser Symbole obligatorisch.[4]

---

[1] Eingefügt durch Anhang Ziff. 8 des Gentechnikgesetzes vom 21. März 2003, in Kraft seit 1. Jan. 2004 (SR **814.91**).
[2] Fassung gemäss Anhang Ziff. 8 des Gentechnikgesetzes vom 21. März 2003, in Kraft seit 1. Jan. 2004 (SR **814.91**).
[3] Eingefügt durch Ziff. I des BG vom 22. Juni 2007, in Kraft seit 1. Jan. 2008 (AS **2007** 6095 6107; BBl **2006** 6337).
[4] Eingefügt durch Ziff. I des BG vom 22. Juni 2007, in Kraft seit 1. Jan. 2008 (AS **2007** 6095 6107; BBl **2006** 6337).

Art. 15 Herstellungsverfahren, spezifische Produkteeigenschaften

[1] Der Bundesrat regelt:

   a. die Anforderungen, denen die Produkte sowie die Herstellungsverfahren, insbesondere solche mit ökologischer Ausrichtung, genügen müssen;
   b. die Kontrolle.

[2] Erzeugnisse dürfen nur dann als aus biologischem Landbau stammend gekennzeichnet werden, wenn der gesamte Betrieb biologisch bewirtschaftet wird. Der Bundesrat kann namentlich für Betriebe mit Dauerkulturen Ausnahmen gewähren, soweit die Integrität der biologischen Wirtschaftsweise und deren Kontrollierbarkeit dadurch nicht beeinträchtigt werden.[1]

[3] Der Bundesrat kann Richtlinien privater Organisationen anerkennen, wenn sie die Anforderungen nach Absatz 1 Buchstabe a enthalten.

[4] Der Bundesrat kann Kennzeichnungen für ausländische Produkte anerkennen, wenn sie auf gleichwertigen Anforderungen beruhen.

---

[1] Fassung gemäss Ziff. I des BG vom 22. Juni 2007, in Kraft seit 1. Jan. 2008 (AS **2007** 6095 6107; BBl **2006** 6337).

Art. 16 Ursprungsbezeichnungen, geographische Angaben

[1] Der Bundesrat schafft ein Register für Ursprungsbezeichnungen und geographische Angaben.

[2] Er regelt insbesondere:

   a. die Eintragungsberechtigung;
   b. die Voraussetzungen für die Registrierung, insbesondere die Anforderungen an das Pflichtenheft;
   c. das Einsprache- und das Registrierungsverfahren;
   d. die Kontrolle.

[3] Eingetragene Ursprungsbezeichnungen oder geographische Angaben können nicht zu Gattungsbezeichnungen werden. Gattungsbezeichnungen dürfen nicht als Ursprungsbezeichnungen oder als geographische Angaben eingetragen werden.

[4] Wenn ein Kantons- oder Ortsname in einer Ursprungsbezeichnung oder einer geographischen Angabe verwendet wird, ist sicherzustellen, dass die Registrierung mit einer allfälligen kantonalen Regelung übereinstimmt.

[5] Eingetragene Ursprungsbezeichnungen und geografische Angaben können nicht als Marke für Erzeugnisse eingetragen werden, wenn ein Tatbestand von Absatz 7 erfüllt ist.[1]

[6] Wer Namen einer eingetragenen Ursprungsbezeichnung oder einer geografischen Angabe für gleiche oder gleichartige landwirtschaftliche Erzeugnisse oder deren Verarbeitungsprodukte verwendet, muss das Pflichtenheft nach Absatz 2 Buchstabe b erfüllen. Diese Verpflichtung gilt nicht für die Verwendung von Marken, die mit einer ins Register eingetragenen Ursprungsbezeichnung oder geografischen Angabe identisch oder ähnlich sind und welche gutgläubig hinterlegt oder eingetragen oder an denen Rechte durch gutgläubige Benutzung erworben wurden:

   a. vor dem 1. Januar 1996; oder
   b. bevor der Name der eingetragenen Ursprungsbezeichnung oder geografischen Angabe nach diesem Gesetz oder auf Grund einer anderen Rechtsgrundlage geschützt worden ist, sofern für die Marke keine der im Markenschutzgesetz vom 28. August 1992[2] vorgesehenen Gründe für Nichtigkeit oder Verfall vorliegen.[3]

[6bis] Bei der Beurteilung, ob die Verwendung einer gutgläubig erworbenen Marke gemäss Absatz 6 rechtmässig ist, ist insbesondere zu berücksichtigen, ob eine Täuschungsgefahr oder ein Verstoss gegen den lauteren Wettbewerb vorliegt.[4]

[7] Eingetragene Ursprungsbezeichnungen und geographische Angaben sind insbesondere geschützt gegen:

   a. jede kommerzielle Verwendung für andere Erzeugnisse, durch die der Ruf geschützter Bezeichnungen ausgenutzt wird;
   b. jede Anmassung, Nachmachung oder Nachahmung.

---

[1] Fassung gemäss Ziff. I des BG vom 20. Juni 2003, in Kraft seit 1. Jan. 2004 (AS **2003** 4217 4232; BBl **2002** 4721 7234).
[2] SR **232.11**
[3] Fassung gemäss Ziff. I des BG vom 20. Juni 2003, in Kraft seit 1. Jan. 2004 (AS **2003** 4217 4232; BBl **2002** 4721 7234).
[4] Eingefügt durch Ziff. I des BG vom 20. Juni 2003, in Kraft seit 1. Jan. 2004 (AS **2003** 4217 4232; BBl **2002** 4721 7234).

Art. 16a^1 Hinweise auf Eigenschaften oder Produktionsmethoden

[1] Landwirtschaftliche Erzeugnisse und deren Verarbeitungsprodukte dürfen mit Hinweisen auf Eigenschaften oder Produktionsmethoden, welche sich aus Vorschriften (umweltgerechte Produktion, ökologischer Leistungsnachweis oder artgerechte Tierhaltung) ergeben, oder mit Hinweisen auf diese Vorschriften versehen werden.

[2] Die Hinweise müssen insbesondere den Vorschriften über den Täuschungsschutz im Bereich des Lebensmittelrechtes entsprechen.

---

[1] Eingefügt durch Ziff. I des BG vom 24. März 2006, in Kraft seit 1. Okt. 2006 (AS **2006** 3861 3862; BBl **2004** 7069 7083).

Art. 16b^1 Verteidigung der Ursprungsbezeichnungen und geografischen Angaben auf internationaler Ebene

[1] Der Bund unterstützt Branchen-, Produzenten- oder Verarbeiterorganisationen bei der Verteidigung der schweizerischen Ursprungsbezeichnungen und geografischen Angaben auf internationaler Ebene.

[2] Er kann einen Teil der Verfahrenskosten übernehmen, die den schweizerischen Vertretungen im Ausland auf Gesuch von Branchen-, Produzenten- oder Verarbeiterorganisationen zur Verteidigung von Ursprungsbezeichnungen und geografischen Angaben entstehen.

---

[1] Eingefügt durch Ziff. I des BG vom 22. Juni 2007, in Kraft seit 1. Jan. 2008 (AS **2007** 6095 6107; BBl **2006** 6337).

21. Verordnung über den Schutz von Ursprungsbezeichnungen und geographischen Angaben für landwirtschaftliche Erzeugnisse und verarbeitete landwirtschaftliche Erzeugnisse (GUB/GGA-Verordnung; SR 910.12 / Stand am 1. Januar 2008)

Art. 2[1] Ursprungsbezeichnung

[1] Als Ursprungsbezeichnung kann der Name einer Gegend, eines Ortes oder in Ausnahmefällen eines Landes eingetragen werden, der dazu dient, ein landwirtschaftliches Erzeugnis oder ein verarbeitetes landwirtschaftliches Erzeugnis zu bezeichnen, das:

a. aus der entsprechenden Gegend, dem entsprechenden Ort oder dem entsprechenden Land stammt;

b. seine Qualität oder seine Eigenschaften überwiegend oder ausschliesslich den geografischen Verhältnissen einschliesslich der natürlichen und menschlichen Einflüsse verdankt; und

c. in einem begrenzten geografischen Gebiet erzeugt, verarbeitet und veredelt wurde.

[2] Traditionelle Bezeichnungen für landwirtschaftliche Erzeugnisse oder verarbeitete landwirtschaftliche Erzeugnisse, welche die Voraussetzungen nach Absatz 1 erfüllen, können als Ursprungsbezeichnungen eingetragen werden.

---

[1] Fassung gemäss Ziff. I der V vom 14. Nov. 2007, in Kraft seit 1. Jan. 2008 (AS **2007** 6109).

Art. 3[1] Geografische Angabe

[1] Als geografische Angabe kann der Name einer Gegend, eines Ortes oder in Ausnahmefällen eines Landes eingetragen werden, der dazu dient, ein landwirtschaftliches Erzeugnis oder ein verarbeitetes landwirtschaftliches Erzeugnis zu bezeichnen:

a. das aus der entsprechenden Gegend, dem entsprechenden Ort oder dem entsprechenden Land stammt;

b. dessen besondere Qualität, Ansehen oder eine andere Eigenschaft auf diesen geografischen Ursprung zurückgeführt werden kann; und

c. das in einem begrenzten geografischen Gebiet erzeugt, verarbeitet oder veredelt wurde.

[2] Traditionelle Bezeichnungen für landwirtschaftliche Erzeugnisse oder verarbeitete landwirtschaftliche Erzeugnisse, welche die Voraussetzungen nach Absatz 1 erfüllen, können als geografische Angaben eingetragen werden.

---

[1] Fassung gemäss Ziff. I der V vom 14. Nov. 2007, in Kraft seit 1. Jan. 2008 (AS **2007** 6109).

Art. 4 Gattungsbezeichnung

[1] Eine Gattungsbezeichnung kann nicht als Ursprungsbezeichnung oder geografische Angabe eingetragen werden.

[2] Als Gattungsbezeichnung gilt der Name eines Erzeugnisses, der sich zwar auf den Ort oder die Gegend bezieht, wo das betreffende Erzeugnis ursprünglich hergestellt oder vermarktet wurde, der jedoch zur allgemein üblichen Bezeichnung für das Erzeugnis geworden ist.

[3] Bei der Entscheidung, ob ein Name zur Gattungsbezeichnung geworden ist, sind alle massgeblichen Faktoren zu berücksichtigen, namentlich die Meinung von Produzenten und Konsumenten, insbesondere jener Region, aus welcher der Name stammt.[1]

---

[1] Fassung gemäss Ziff. I der V vom 14. Nov. 2007, in Kraft seit 1. Jan. 2008 (AS **2007** 6109).

22. Bundesgesetz betreffend die Lotterien und die gewerbsmässigen Wetten (SR 935.51 / Stand am 1. August 2008)

Art. 1
A. Lotterieverbot

[1] Die Lotterien sind verboten.

[2] Als Lotterie gilt jede Veranstaltung, bei der gegen Leistung eines Einsatzes oder bei Abschluss eines Rechtsgeschäftes ein vermögensrechtlicher Vorteil als Gewinn in Aussicht gestellt wird, über dessen Erwerbung, Grösse oder Beschaffenheit planmässig durch Ziehung von Losen oder Nummern oder durch ein ähnliches auf Zufall gestelltes Mittel entschieden wird.

Art. 2
B. Beschränkung des Lotterieverbots

[1] Das Lotterieverbot erstreckt sich nicht auf Lotterien, die bei einem Unterhaltungsanlass veranstaltet werden, deren Gewinne nicht in Geldbeträgen bestehen und bei denen die Ausgabe der Lose, die Losziehung und die Ausrichtung der Gewinne im unmittelbaren Zusammenhang mit dem Unterhaltungsanlass erfolgen (Tombola).

[2] Diese Lotterien unterstehen ausschliesslich dem kantonalen Recht und können von ihm zugelassen, beschränkt oder untersagt werden.

Art. 3
C. Ausnahmen vom Lotterieverbot

Vom Verbot ausgenommen sind die gemeinnützigen oder wohltätigen Zwecken dienenden Lotterien (Art. 5 ff.) und die Prämienanleihen (Art. 17 ff.), soweit deren Ausgabe und Durchführung erlaubt sind.

Art. 4
D. Verbotene Handlungen

Untersagt sind die Ausgabe und die Durchführung einer durch dieses Gesetz verbotenen Lotterie. Die Durchführung einer Lotterie umfasst die dem Lotteriezweck dienenden Handlungen, wie die Ankündigung oder Bekanntmachung einer Lotterie, die Ausgabe der Lose, die Empfehlung, das Feilbieten, die Vermittlung und den Verkauf von Losen, Coupons oder Ziehungslisten, die Losziehung, die Ausrichtung der Gewinne, die Verwendung des Ertrages.

23. Verordnung zum Bundesgesetz betreffend die Lotterien und die gewerbsmässigen Wetten
(SR 935.511 / Stand am 1. August 2008)

Art. 43[1]

Den Lotterien sind gleichgestellt:

1. alle Veranstaltungen, bei denen das Schneeballsystem (Lawinen-, Hydra-, Gella- oder Multiplexsystem) zur Anwendung kommt.

   Eine solche Veranstaltung liegt vor, wenn die Lieferung von Waren, die Ausrichtung von Prämien oder andere Leistungen zu Bedingungen in Aussicht gestellt werden, die für die Gegenpartei des Veranstalters nur dann einen Vorteil bedeuten, wenn es ihr gelingt, weitere Personen zum Abschluss gleicher Geschäfte zu veranlassen;

2. Preisausschreiben und Wettbewerbe jeder Art, an denen nur nach Leistung eines Einsatzes oder nach Abschluss eines Rechtsgeschäftes teilgenommen werden kann und bei denen der Erwerb oder die Höhe der ausgesetzten Gewinne wesentlich vom Zufall oder von Umständen abhängig ist, die der Teilnehmer nicht kennt;

3. die Aufstellung und der Betrieb von Verkaufs- sowie von Spielapparaten, die weder Geld noch geldvertretende Gegenstände abgeben, sofern es wesentlich vom Zufall abhängt, ob der gegen Leistung eines Einsatzes oder bei Abschluss eines Rechtsgeschäftes in Aussicht gestellte Gewinn anfällt oder von welcher Art oder von welchem Wert er ist.

---

[1] Fassung gemäss Art. 1 des BRB vom 10. Mai 1938, in Kraft seit 1. Juli 1938 (AS **54** 237).

24. Bundesgesetz über das Messwesen
(SR 941.20 / Stand am 1. Januar 2007)

Art. 11 Angabepflicht

[1] Wer in Handel und Verkehr messbare Güter oder messbare Leistungen anbietet, hat beim Angebot die Menge in gesetzlichen Einheiten anzugeben. Bei aufeinander folgenden Lieferungen messbarer Güter oder andauernden Leistungen ist bei jeder Abrechnung die betreffende Menge anzugeben.

[2] In Handel und Verkehr sind Rechtsgeschäfte ohne Mengenangaben (wie Stück-, Pauschal- oder Blockverkauf) über messbare Güter oder Leistungen nur dann zulässig, wenn diese Angaben die Abwicklung des Geschäftes in unzumutbarer Weise erschweren würden.

[3] Wer Letztverbrauchern Güter offen oder verpackt und wer messbare Leistungen anbietet, ist verpflichtet Mengen und Preise zu nennen und deren Vergleichbarkeit durch die Grundpreisangabe zu gewährleisten. Der Bundesrat kann Normen festsetzen, deren Einhaltung von der Pflicht zur Grundpreisangabe befreit. Letztverbraucher sind alle natürlichen oder juristischen Personen, die Güter zu ihrem persönlichen Gebrauch erwerben. Nicht als Letztverbraucher gelten Personen, die Waren gewerbsmässig erwerben, um sie zu bearbeiten, zu verarbeiten oder an Dritte weiterzuverkaufen.

[4] Verpackungen dürfen nicht über die Menge ihres Inhalts täuschen.[1]

[5] Der Bundesrat regelt die Einzelheiten. Er kann Füllmengenvorschriften und Verpackungsnormen aufstellen, darf jedoch auf diesem Weg nicht in die Preisbildung eingreifen.

[6] Der Bundesrat kann in besonderen Fällen Ausnahmen von der Angabepflicht verfügen.

---

[1] Fassung gemäss Ziff. I des BG vom 18. Juni 1993, in Kraft seit 1. Jan. 1994 (AS **1993** 3149 3151; BBl **1993** I 805).

25. Verordnung über die Bekanntgabe von Preisen (SR 942.211 / Stand am 1. Januar 2010)

Art. 1 Zweck

Zweck dieser Verordnung ist, dass Preise klar und miteinander vergleichbar sind und irreführende Preisangaben verhindert werden.

Art. 2 Geltungsbereich

[1] Die Verordnung gilt für:

a. das Angebot von Waren zum Kauf an Konsumenten[1]

b. Rechtsgeschäfte mit Konsumenten mit wirtschaftlich gleichen oder ähnlichen Wirkungen wie der Kauf, beispielsweise Abzahlungsverträge, Mietkaufverträge, Leasingverträge und mit Kaufgeschäften verbundene Eintauschaktionen (kaufähnliche Rechtsgeschäfte);

c. das Angebot der in Artikel 10 genannten Dienstleistungen;

d. die an Konsumenten gerichtete Werbung für sämtliche Waren und Dienstleistungen.

[2] Konsumenten sind Personen, die Waren oder Dienstleistungen für Zwecke kaufen, die nicht im Zusammenhang mit ihrer gewerblichen oder beruflichen Tätigkeit stehen.[2]

---

[1] Ausdruck gemäss Ziff. I der V vom 14. Dez. 1987, in Kraft seit 1. März 1988 (AS **1988** 241). Diese Änderung ist im ganzen Erlass berücksichtigt.

[2] Fassung gemäss Ziff. I der V vom 28. April 1999, in Kraft seit 1. Nov. 1999 (AS **1999** 1637).

Art. 3 Bekanntgabepflicht

[1] Für Waren, die dem Konsumenten zum Kauf angeboten werden, ist der tatsächlich zu bezahlende Preis in Schweizerfranken (Detailpreis) bekanntzugeben.

[2] Die Bekanntgabepflicht gilt auch für kaufähnliche Rechtsgeschäfte.

[3] Sie gilt nicht für Waren, die an Versteigerungen, Auktionen und ähnlichen Veranstaltungen verkauft werden.

Art. 4 Öffentliche Abgaben, vorgezogene Entsorgungsbeiträge, Vergünstigungen[1]

[1] Überwälzte öffentliche Abgaben sowie vorgezogene Entsorgungsbeiträge müssen im Detailpreis inbegriffen sein.[2]

[1bis] Bei Änderung des Mehrwertsteuersatzes muss innert drei Monaten nach deren Inkrafttreten die Preisanschrift angepasst werden. Die Konsumenten sind während dieser Frist mit einem gut sichtbaren Hinweis darüber in Kenntnis zu setzen, dass in der Preisanschrift die Steuersatzänderung noch nicht berücksichtigt ist.[3]

[2] Vergünstigungen wie Rabatte, Rabattmarken oder Rückvergütungen, die erst nach dem Kauf realisiert werden können, sind gesondert bekanntzugeben und zu beziffern.

---

[1] Fassung gemäss Ziff. I der V vom 21. Jan. 2004, in Kraft seit 1. Juni 2005 (AS **2004** 827).

[2] Fassung gemäss Ziff. I der V vom 21. Jan. 2004, in Kraft seit 1. Juni 2005 (AS **2004** 827).

[3] Eingefügt durch Ziff. I der V vom 28. April 1999, in Kraft seit 1. Nov. 1999 (AS **1999** 1637).

Art. 5 Bekanntgabepflicht

[1] Für messbare Waren, die dem Konsumenten zum Kauf angeboten werden, ist der Grundpreis bekanntzugeben.

[2] Für vorverpackte Ware sind Detail- und Grundpreis bekanntzugeben.

[3] Der Grundpreis muss nicht angegeben werden bei:

a. Verkauf per Stück oder nach Stückzahl;

b. Verkauf von 1, 2 oder 5 Liter, Kilogramm, Meter, Quadratmeter oder Kubikmeter und ihrer dezimalen Vielfachen und Teile;

c. Behältern mit einem Nenninhalt von 25, 35, 37,5, 70, 75 und 150 cl;

d. Fertigpackungen mit einem Nettogewicht oder einem Abtropfgewicht von 25, 125, 250 und 2500 g;

e. Kombinationspackungen, Mehrteilpackungen und Geschenkpackungen;

f. Lebensmittelkonserven, die aus einer Mischung von festen Produkten bestehen, sofern die Gewichte der Bestandteile angegeben werden;

g.[1] Waren in Fertigpackungen, deren Detailpreis nicht mehr als 2 Franken beträgt;

h. Waren in Fertigpackungen, deren Grundpreis je Kilogramm oder Liter bei Lebensmitteln 150 Franken und bei den übrigen Waren 750 Franken übersteigt;

i. gastgewerblichen Betrieben.

---

[1] Fassung gemäss Ziff. I der V vom 14. Dez. 1987, in Kraft seit 1. März 1988 (AS **1988** 241).

Art. 6 Messbare Waren und Grundpreis

[1] Messbare Waren sind solche, deren Detailpreis üblicherweise nach Volumen, Gewicht, Masse, Länge oder Fläche bestimmt wird.

[2] Als Grundpreis gilt der dem Detailpreis zugrundeliegende Preis je Liter, Kilogramm, Meter, Quadratmeter, Kubikmeter oder eines dezimalen Vielfachen oder eines dezimalen Teiles davon.

[3] Wird bei Lebensmittelkonserven in Anwendung von Artikel 18 der Deklarationsverordnung vom 15. Juli 1970[1] das Abtropfgewicht angegeben, bezieht sich der Grundpreis auf das Abtropfgewicht.

---

[1] [AS **1970** 937, **1972** 1723 2742, **1978** 2074, **1986** 1924; SR **817.02** Art. 440 Ziff. 3]. Siehe heute die V vom 8. Juni 1998 (SR **941.281**).

Art. 7 Anschrift

[1] Detail- und Grundpreise müssen durch Anschrift an der Ware selbst oder unmittelbar daneben (Anschrift, Aufdruck, Etikette, Preisschild usw.) bekanntgegeben werden.

[2] Sie können in anderer leicht zugänglicher und gut lesbarer Form bekanntgegeben werden (Regalanschrift, Anschlag von Preislisten, Auflage von Katalogen usw.), wenn die Anschrift an der Ware selbst wegen der Vielzahl preisgleicher Waren oder aus technischen Gründen nicht zweckmässig ist.

[3] Die Bekanntgabe nach Absatz 2 ist auch zulässig für Antiquitäten, Kunstgegenstände, Orientteppiche, Pelzwaren, Uhren, Schmuck und andere Gegenstände aus Edelmetallen, wenn der Preis 5000 Franken übersteigt.[1]

---

[1] Eingefügt durch Ziff. I der V vom 14. Dez. 1987, in Kraft seit 1. März 1988 (AS **1988** 241).

Art. 8 Sichtbarkeit und Lesbarkeit

[1] Detail- und Grundpreise müssen leicht sichtbar und gut lesbar sein. Sie sind in Zahlen bekanntzugeben.

[2] Insbesondere müssen in Schaufenstern die Detailpreise, bei Waren, die offen verkauft werden, die Grundpreise von aussen gut lesbar sein.

Art. 9 Spezifizierung

[1] Aus der Bekanntgabe muss hervorgehen, auf welches Produkt und welche Verkaufseinheit sich der Detailpreis bezieht.

[2] Die Menge ist nach dem Bundesgesetz vom 9. Juni 1977 über das Messwesen anzugeben.

[3] Weitergehende Bestimmungen über die Spezifizierung in anderen Erlassen bleiben vorbehalten.

Art. 10 Bekanntgabepflicht

[1] Für Dienstleistungen in den folgenden Bereichen sind die tatsächlich zu bezahlenden Preise in Schweizerfranken bekanntzugeben:

- a. Coiffeurgewerbe;
- b. Garagegewerbe für Serviceleistungen;
- c. Gastgewerbe und Hotellerie;
- d. Kosmetische Institute und Fusspflege;
- e.[1] Fitnessinstitute, Schwimmbäder, Eisbahnen und andere Sportanlagen;
- f. Taxigewerbe;
- g. Unterhaltungsgewerbe (Theater, Konzerte, Kinos, Dancings und dgl.), Museen, Ausstellungen, Messen sowie Sportveranstaltungen;
- h. Vermietung von Fahrzeugen, Apparaten und Geräten;
- i. Wäschereien und chemische Reinigungsbetriebe (Hauptverfahren und Standardartikel);
- k. Parkieren und Einstellen von Autos;
- l. Fotobranche (standardisierte Leistungen in den Bereichen Entwickeln, Kopieren, Vergrössern);
- m.[2] Kurswesen;
- n.[3] Pauschalreisen;
- o.[4] die mit der Buchung einer Reise zusammenhängenden und gesondert in Rechnung gestellten Leistungen (Buchung, Reservation, Vermittlung);
- p.[5] Fernmeldedienste nach dem Fernmeldegesetz vom 30. April 1997;
- q.[6] Dienstleistungen wie Informations-, Beratungs-, Vermarktungs- und Gebührenteilungsdienste, die über Fernmeldedienste erbracht oder angeboten werden, unabhängig davon, ob sie von einer Anbieterin von Fernmeldediensten verrechnet werden;
- r.[7] die Kontoeröffnung, -führung und -schliessung, den Zahlungsverkehr im Inland und grenzüberschreitend, Zahlungsmittel (Kreditkarten) sowie den Kauf und Verkauf ausländischer Währungen (Geldwechsel);
- s.[8] Teilzeitnutzungsrechte an Immobilien;
- t.[9] zahnärztliche Dienstleistungen.

[2] Überwälzte öffentliche Abgaben müssen im Preis enthalten sein.

³ Bei Änderung des Mehrwertsteuersatzes muss innert drei Monaten nach deren Inkrafttreten die Preisanschrift angepasst werden. Die Konsumenten sind während dieser Frist mit einem gut sichtbaren Hinweis darüber in Kenntnis zu setzen, dass die Steuersatzänderung in der Preisanschrift noch nicht berücksichtigt ist.[10]

[1] Fassung gemäss Ziff. I der V vom 28. April 1999, in Kraft seit 1. Nov. 1999 (AS **1999** 1637).
[2] Eingefügt durch Ziff. I der V vom 28. April 1999, in Kraft seit 1. Nov. 1999 (AS **1999** 1637).
[3] Eingefügt durch Ziff. I der V vom 28. April 1999, in Kraft seit 1. Nov. 1999 (AS **1999** 1637).
[4] Eingefügt durch Ziff. I der V vom 28. April 1999, in Kraft seit 1. Nov. 1999 (AS **1999** 1637).
[5] Eingefügt durch Ziff. I der V vom 28. April 1999, in Kraft seit 1. Nov. 1999 (AS **1999** 1637).
[6] Eingefügt durch Ziff. I der V vom 28. April 1999 (AS **1999** 1637). Fassung gemäss Art. 107 der V vom 9. März 2007 über Fernmeldedienste (SR **784.101.1**).
[7] Eingefügt durch Ziff. I der V vom 28. April 1999, in Kraft seit 1. Nov. 1999 (AS **1999** 1637).
[8] Eingefügt durch Ziff. I der V vom 28. April 1999, in Kraft seit 1. Nov. 1999 (AS **1999** 1637).
[9] Eingefügt durch Ziff. I der V vom 21. Jan. 2004, in Kraft seit 1. Juni 2004 (AS **2004** 827).
[10] Eingefügt durch Ziff. I der V vom 28. April 1999, in Kraft seit 1. Nov. 1999 (AS **1999** 1637).

Art. 11 Art und Weise der Bekanntgabe

¹ Preisanschläge, Preislisten, Kataloge usw. müssen leicht zugänglich und gut lesbar sein.

¹ᵇⁱˢ ...[1]

² Aus der Bekanntgabe muss hervorgehen, auf welche Art und Einheit der Dienstleistung oder auf welche Verrechnungssätze sich der Preis bezieht.

³ In gastgewerblichen Betrieben muss aus der Bekanntgabe des Preises für Spirituosen, Liköre, Apéritifs, Wein, Bier, Mineralwasser, Süssgetränke, Obst-, Frucht- und Gemüsesäfte sowie für kalte Milch und kalte Milchmischgetränke usw. hervorgehen, auf welche Menge sich der Preis bezieht.

⁴ In Betrieben, die gewerbsmässig Personen beherbergen, ist der Preis für die Übernachtung mit oder ohne Frühstück, für Halb- oder Vollpension dem Gast bei seiner Ankunft mündlich oder schriftlich bekanntzugeben und in den Gästezimmern anzuschlagen.

[1] Eingefügt durch Ziff. I der V vom 28. April 1999 (AS **1999** 1637). Aufgehoben durch Ziff. I der V vom 21. Jan. 2004, mit Wirkung seit 1. Juni 2004 (AS **2004** 827).

Art. 11a[1] Art und Weise der Preisbekanntgabe für entgeltliche Mehrwertdienste

¹ Bei Dienstleistungen nach Artikel 10 Absatz 1 Buchstabe q, deren Grundgebühr oder deren Preis pro Minute zwei Franken übersteigt, darf dem Konsumenten nichts in Rechnung gestellt werden, dessen Preis ihm nicht zuvor zumindest in der Sprache des Dienstangebotes unmissverständlich und kostenlos angekündigt worden ist. Zwischengeschaltete Fixgebühren sowie die Kosten bei Einweisung in eine Warteschlaufe bei 090x-Nummern oder Kurznummern sind unabhängig von ihrer Höhe anzukündigen.[2]

² Für die Dauer der Tarifansage dürfen dem Konsumenten jedoch belastet werden:[3]
   a. die Verbindungsgebühren bei Anrufen auf normale Teilnehmernummern;
   b. allfällige Mobilfunkgebühren.

[3] Die Grundgebühr, zwischengeschaltete Fixgebühren sowie die Tarifierung pro Minute dürfen erst fünf Sekunden nach Abschluss der Tarifansage ausgelöst werden.

[4] Übersteigen die fixen Gebühren zehn Franken oder der Preis pro Minute fünf Franken, so darf die Dienstleistung dem Konsumenten nur belastet werden, wenn dieser die Annahme des Angebots ausdrücklich bestätigt hat.[4]

[5] Bei Dienstleistungen, die über Internet- oder Datenverbindungen angeboten werden, dürfen dem Konsumenten nur Leistungen in Rechnung gestellt werden, deren Preis ihm zuvor in gut sichtbarer und deutlich lesbarer Schrift bekannt gegeben worden ist und deren Angebot er ausdrücklich angenommen hat.[5]

---

[1] Eingefügt durch Ziff. I der V vom 21. Jan. 2004, in Kraft seit 1. Juni 2004 (AS **2004** 827).
[2] Fassung gemäss Art. 107 der V vom 9. März 2007 über Fernmeldedienste (SR **784.101.1**).
[3] Fassung gemäss Art. 107 der V vom 9. März 2007 über Fernmeldedienste (SR **784.101.1**).
[4] Fassung gemäss Art. 107 der V vom 9. März 2007 über Fernmeldedienste (SR **784.101.1**).
[5] Fassung gemäss Art. 107 der V vom 9. März 2007 über Fernmeldedienste (SR **784.101.1**).

Art. 11b^1 **Art und Weise der Preisbekanntgabe bei Mehrwertdiensten, die pro Einzelinformation abgerechnet werden**

[1] Bei Dienstleistungen nach Artikel 10 Absatz 1 Buchstabe q, die auf einer Anmeldung des Konsumenten beruhen und eine Mehrzahl von Einzelinformationen (wie Text- und Bildmittteilungen, Audio- oder Videosequenzen) auslösen können (sog. Push-Dienste), müssen dem Konsumenten vor der Aktivierung des Dienstes kostenlos und unmissverständlich auf seinem mobilen Endgerät bekannt gegeben werden:[2]

    a. eine allfällige Grundgebühr;

    b. der Preis pro Einzelinformation;

    c. das Vorgehen zur Deaktivierung des Dienstes;

    d.[3] die maximale Anzahl der Einzelinformationen pro Minute.

[2] Gebühren dürfen erst erhoben werden, nachdem der Konsument die Angaben nach Absatz 1 erhalten und die Annahme des Angebots ausdrücklich auf seinem mobilen Endgerät bestätigt hat.[4]

---

[1] Eingefügt durch Ziff. I der V vom 21. Jan. 2004, in Kraft seit 1. Juni 2004 (AS **2004** 827).
[2] Fassung gemäss Art. 107 der V vom 9. März 2007 über Fernmeldedienste (SR **784.101.1**).
[3] Eingefügt durch Art. 107 der V vom 9. März 2007 über Fernmeldedienste (SR **784.101.1**).
[4] Eingefügt durch Art. 107 der V vom 9. März 2007 über Fernmeldedienste (SR **784.101.1**).

Art. 12 Trinkgeld

[1] Das Trinkgeld muss im Preis inbegriffen oder deutlich als Trinkgeld bezeichnet und beziffert sein.

[2] Hinweise wie «Trinkgeld inbegriffen» oder entsprechende Formulierungen sind zulässig. Hinweise wie «Trinkgeld nicht inbegriffen» oder entsprechende Formulierungen ohne ziffernmässige Bezeichnung sind unzulässig.

[3] Es ist unzulässig, Trinkgelder über den bekanntgegebenen Preis oder das ziffernmässig bekanntgebene Mass hinaus zu verlangen.

Art. 13 Preisbekanntgabe in der Werbung

[1] Werden in der Werbung Preise aufgeführt oder bezifferte Hinweise auf Preisrahmen oder Preisgrenzen gemacht, so sind die tatsächlich zu bezahlenden Preise bekanntzugeben.

[1bis] Werden in der Werbung die Telefonnummer oder sonstige Zeichen- oder Buchstabenfolgen einer entgeltlichen Dienstleistung nach Artikel 10 Absatz 1 Buchstabe q publiziert, so sind dem Konsumenten die Grundgebühr und der Preis pro Minute bekannt zu geben.[1] Kommt ein anderer Tarifablauf zur Anwendung, so muss die Taxierung unmissverständlich bekannt gegeben werden. Die Preisinformationen nach diesem Absatz müssen in mindestens der gleichen Schriftgrösse bekannt gegeben werden wie die beworbene Mehrwertdienstnummer.[2]

[2] Hersteller, Importeure und Grossisten können Richtpreise bekanntgeben.[3]

---

[1] Fassung gemäss Art. 107 der V vom 9. März 2007 über Fernmeldedienste (SR **784.101.1**).
[2] Eingefügt durch Ziff. I der V vom 28. April 1999 (AS **1999** 1637). Fassung gemäss Ziff. I der V vom 21. Jan. 2004, in Kraft seit 1. Juni 2004 (AS **2004** 827).
[3] Fassung gemäss Ziff. I der V vom 28. April 1999, in Kraft seit 1. Nov. 1999 (AS **1999** 1637).

Art. 14 Spezifizierung

[1] Aus der Preisbekanntgabe muss deutlich hervorgehen, auf welche Ware und Verkaufseinheit oder auf welche Art, Einheit und Verrechnungssätze von Dienstleistungen sich der Preis bezieht.

[2] Die Waren sind nach Marke, Typ, Sorte, Qualität und Eigenschaften zu umschreiben.[1]

[3] Die Preisangabe muss sich auf die allenfalls abgebildete oder mit Worten bezeichnete Ware beziehen.

[4] Weitergehende Bestimmungen über die Spezifizierung in anderen Erlassen bleiben vorbehalten.

---

[1] Fassung gemäss Ziff. I der V vom 28. April 1999, in Kraft seit 1. Nov. 1999 (AS **1999** 1637).

Art. 15[1] Irreführende Preisbekanntgabe

Die Bestimmungen über die irreführende Preisbekanntgabe (Art. 16–18) gelten auch für die Werbung.

---

[1] Fassung gemäss Ziff. I der V vom 14. Dez. 1987, in Kraft seit 1. März 1988 (AS **1988** 241).

Art. 16[1] Bekanntgabe weiterer Preise

[1] Neben dem tatsächlich zu bezahlenden Preis darf der Anbieter einen Vergleichspreis bekanntgeben, wenn:
    a. er die Ware oder die Dienstleistung unmittelbar vorher tatsächlich zu diesem Preis angeboten hat (Selbstvergleich);
    b. er die Ware oder die Dienstleistung unmittelbar danach tatsächlich zu diesem Preis anbieten wird (Einführungspreis); oder
    c. andere Anbieter im zu berücksichtigenden Marktgebiet die überwiegende Menge gleicher Waren oder Dienstleistungen tatsächlich zu diesem Preis anbieten (Konkurrenzvergleich).

[2] Aus der Ankündigung muss die Art des Preisvergleichs (Selbstvergleich, Einführungspreis oder Konkurrenzvergleich) hervorgehen. Die Voraussetzungen für die Verwendung von Vergleichspreisen sind vom Anbieter auf Verlangen glaubhaft zu machen.

³ Der Vergleichspreis nach Absatz 1 Buchstaben a und b darf während der Hälfte der Zeit bekanntgegeben werden, während der er gehandhabt wurde beziehungsweise gehandhabt werden wird, längstens jedoch während zwei Monaten.

⁴ Preise für schnell verderbliche Waren dürfen, wenn sie während eines halben Tages gehandhabt wurden, noch während des folgenden Tages als Vergleichspreis bekanntgegeben werden.

⁵ Katalog-, Richtpreise und dergleichen sind nur dann als Vergleichspreise zulässig, wenn die Voraussetzungen nach Absatz 1 Buchstabe c erfüllt sind.

---

¹ Fassung gemäss Ziff. I der V vom 28. April 1999, in Kraft seit 1. Nov. 1999 (AS **1999** 1637).

Art. 17 Hinweise auf Preisreduktionen

¹ Bezifferte Hinweise auf Preisreduktionen, Zugaben, Eintausch- und Rücknahmeangebote sowie auf Geschenke und dergleichen werden wie die Bekanntgabe weiterer Preise neben dem tatsächlich zu bezahlenden Preis beurteilt.¹

² Für solche Hinweise gilt die Pflicht zur Preisbekanntgabe sowie zur Spezifizierung im Sinne dieser Verordnung. Ausgenommen sind Hinweise auf mehrere Produkte, verschiedene Produkte, Produktegruppen oder Sortimente, soweit für sie der gleiche Reduktionssatz gilt.

³ Absatz 2 gilt für Dienstleistungen sinngemäss.²

---

¹ Fassung gemäss Ziff. I der V vom 14. Dez. 1987, in Kraft seit 1. März 1988 (AS **1988** 241).
² Eingefügt durch Ziff. I der V vom 14. Dez. 1987, in Kraft seit 1. März 1988 (AS **1988** 241).

Art. 18¹ Hersteller, Importeure und Grossisten

¹ Die Bestimmungen über die irreführende Preisbekanntgabe gelten auch für Hersteller, Importeure und Grossisten.

² Hersteller, Importeure und Grossisten dürfen Konsumenten Preise oder Richtpreise bekanntgeben oder für Konsumenten bestimmte Preislisten, Preiskataloge und dergleichen zur Verfügung stellen, sofern die betreffenden Preise im zu berücksichtigenden Marktgebiet für die überwiegende Menge tatsächlich gehandhabt werden.

---

¹ Fassung gemäss Ziff. I der V vom 28. April 1999, in Kraft seit 1. Nov. 1999 (AS **1999** 1637).

Art. 19¹

¹ Aufgehoben durch Ziff. I der V vom 23. Aug. 1995 (AS **1995** 4186).

Art. 20

Die Pflicht zur vorschriftsgemässen Bekanntgabe von Preisen und zur vorschriftsgemässen Werbung im Sinne dieser Verordnung obliegt dem Leiter von Geschäften aller Art.

Art. 21[1]

Widerhandlungen gegen diese Verordnung werden nach den Bestimmungen des Bundesgesetzes vom 19. Dezember 1986 gegen den unlauteren Wettbewerb und des Bundesgesetzes vom 9. Juni 1977 über das Messwesen bestraft.

[1] Fassung gemäss Ziff. I der V vom 14. Dez. 1987, in Kraft seit 1. März 1988 (AS **1988** 241).

Art. 22 Vollzug

[1] Die zuständigen kantonalen Stellen überwachen die vorschriftsgemässe Durchführung dieser Verordnung und verzeigen Verstösse den zuständigen Instanzen.

[2] Das Verfahren richtet sich nach kantonalem Recht.

Art. 23 Oberaufsicht durch den Bund

[1] Der Bund führt die Oberaufsicht. Sie wird durch das Eidgenössische Volkswirtschaftsdepartement ausgeübt.

[2] Das Eidgenössische Volkswirtschaftsdepartement kann Weisungen und Kreisschreiben gegenüber den Kantonen erlassen, von den Kantonen Informationen und Unterlagen einverlangen und Verstösse bei den zuständigen kantonalen Instanzen anzeigen.

[3] Das Eidgenössische Volkswirtschaftsdepartement kann mit den betroffenen Branchen und interessierten Organisationen Gespräche über die Preisbekanntgabe führen.

Art. 24 Änderung bisherigen Rechts

1. Die Allgemeine Verordnung vom 11. April 1961[1] über geschützte Warenpreise wird wie folgt geändert:

Art. 4

...

2. Der Bundesratsbeschluss vom 24. Juli 1951[2] betreffend Überwälzung der Warenumsatzsteuer wird wie folgt geändert:

Titel

...

Art. 1

...

[1] [AS **1961** 269. AS **1999** 295 Art. 8 Bst. a]
[2] [AS **1951** 708]

Art. 25 Inkrafttreten

Diese Verordnung tritt am 1. Januar 1979 in Kraft.

26. Bundesgesetz über die Information der Konsumentinnen und Konsumenten (SR 944.0 / Stand am 27. November 2001)

Art. 1

Dieses Gesetz bezweckt, die objektive Information der Konsumentinnen und Konsumenten (Konsumenten) zu fördern durch:

- a. Vorschriften über die Waren- und Dienstleistungsdeklaration;
- b. Finanzhilfen an Konsumentenorganisationen.

Art. 2 Grundsätze

[1] Liegt es im Interesse der Konsumenten, so sind in vergleichbarer Form zu deklarieren:

- a. die wesentlichen Eigenschaften der zum Kauf oder Gebrauch angebotenen Waren;
- b. der wesentliche Inhalt der vom Bundesrat bezeichneten Dienstleistungen.

[2] Wer solche Waren in Verkehr bringt oder solche Dienstleistungen anbietet, ist zur Deklaration verpflichtet.

[3] Ausländische Deklarationen sind anzuerkennen, wenn sie mit den inländischen vergleichbar sind.

[4] Das Geschäfts- und Fabrikationsgeheimnis bleibt gewahrt.

[5] Vorbehalten bleibt die Kennzeichnungspflicht nach andern Bundesvorschriften.[1]

[6] Die Deklarationen erfolgen in den Amtssprachen des Bundes.

---

[1] Fassung gemäss Anhang Ziff. II 10 des Heilmittelgesetzes vom 15. Dez. 2000, in Kraft seit 1. Jan. 2002 (SR **812.21**).

Art. 3 Privatrechtliche Vereinbarungen

Die betroffenen Organisationen der Wirtschaft und der Konsumenten vereinbaren, welche Waren deklariert werden müssen. Sie vereinbaren auch die Anforderungen an Form und Inhalt der Deklarationen über diese Waren und die vom Bundesrat bezeichneten Dienstleistungen. Sie berücksichtigen dabei die internationalen Normen sowie den Grundsatz der Nichtdiskriminierung.

Art. 4 Verordnungen des Bundesrates

Der Bundesrat kann nach Anhören der betroffenen Organisationen der Wirtschaft und der Konsumenten die Deklaration durch Verordnung regeln, wenn:

- a. innert angemessener Frist keine Vereinbarung zustande gekommen ist oder
- b. eine Vereinbarung unzureichend erfüllt wird.

27. Verordnung über die Streitwertgrenze in Verfahren des Konsumentenschutzes und des unlauteren Wettbewerbs (SR 944.8 / Stand am 25. März 2003)

Art. 1 Konsumentenschutzverfahren

Für Streitigkeiten aus Verträgen zwischen Konsumentinnen und Konsumenten und Anbieterinnen und Anbietern bis zu einem Streitwert von 20 000 Franken sehen die Kantone ein Schlichtungsverfahren oder ein einfaches und rasches Prozessverfahren vor. Der Streitwert bemisst sich nach der eingeklagten Forderung, ohne Rücksicht auf Widerklagebegehren.

Art. 2 Verfahren wegen unlauteren Wettbewerbs

Artikel 1 gilt für Streitigkeiten wegen unlauteren Wettbewerbs sinngemäss. Dabei ist das Verfahren auch auf Streitigkeiten ohne Streitwert anwendbar.

Art. 3 Aufhebung bisherigen Rechts

Die Verordnung vom 14. Dezember 1987[1] über die Streitwertgrenze in Konsumentenschutzverfahren wird aufgehoben.

Art. 4 Inkrafttreten

Diese Verordnung tritt am 1. April 2003 in Kraft.

III. Revisionsvorhaben im Schweizer Lauterkeitsrecht

28. Vernehmlassungsentwurf des Bundesrates für eine Revision des UWG vom 6. Juni 2008 (VE-UWG 2008)

Bundesgesetz
gegen den unlauteren Wettbewerb
(UWG)

Vorentwurf Vernehmlassung

Änderung vom ....

Die Bundesversammlung der Schweizerischen Eidgenossenschaft,
nach Einsicht in die Botschaft des Bundesrates vom ....[1]
beschliesst:

I

Das Bundesgesetz vom 19. Dezember 1986[2] *gegen den unlauteren Wettbewerb (UWG) wird wie folgt geändert:*

Art. 3a Angebote für Registereinträge (neu)

Unlauter handelt insbesondere, wer:

    a. für Eintragungen in Verzeichnisse, wie Branchen-, Telefon-, Marken- oder ähnliche Register, mit Korrekturangeboten, Offertformularen oder Ähnlichem wirbt oder solche Eintragungen unmittelbar anbietet, ohne in grossen Buchstaben, an gut sichtbarer Stelle und in verständlicher Sprache hinzuweisen auf:
       1. die Entgeltlichkeit des Angebots,
       2. die Laufzeit des Vertrages,
       3. den Gesamtpreis entsprechend der Laufzeit, und
       4. die Verbreitung und Form der Publikation;

    b. für Eintragungen nach Buchstabe a Rechnungen verschickt, ohne vorgängig einen entsprechenden Auftrag erhalten zu haben.

Art. 3b Schneeballsysteme (neu)

[1] Unlauter handelt insbesondere, wer die Lieferung von Waren, die Ausrichtung von Prämien oder andere Leistungen zu Bedingungen in Aussicht stellt, die für die Gegenpartei im Wesentlichen dann einen Vorteil bedeuten, wenn es ihr gelingt, weitere Personen anzuwerben (Schneeball-, Lawinen- oder Pyramidenprinzip).

---

[1] BBl **2008** .....
[2] SR 241

schnell und unkontrollierbar erhöhen kann und zusätzlich mindestens zwei der nachfolgenden Kriterien erfüllt sind:

    a. Die Teilnehmer erhalten für die Anwerbung von neuen Teilnehmern einen vermögensrechtlichen Vorteil.
    b. Die Teilnehmer müssen eine Eintrittsinvestition leisten.
    c. Die Teilnehmer erhalten Provisionen auf den Umsätzen ihrer untergeordneten Teilnehmer.
    d. Die Teilnehmer haben kein Recht, die nicht verkauften Produkte gegen Erstattung des Erwerbspreises zurückzugeben.
    e. Die Struktur des Systems oder die Berechnung der Provisionen ist unklar.
    f. Der Eigenverbrauch der Teilnehmer wird für die Provisionsberechnung herangezogen.

Art. 8

Unlauter handelt insbesondere, wer vorformulierte allgemeine Geschäftsbedingungen verwendet, die:

    a. in gegen Treu und Glauben verstossender Weise von der unmittelbar oder sinngemäss anwendbaren gesetzlichen Ordnung erheblich abweichen; oder

    b. eine der Vertragsnatur erheblich widersprechende Verteilung von Rechten und Pflichten vorsehen.

Art. 10 Abs. 2 Bst. c und Abs. 3 - 5 (neu)

[2] Ferner können nach Artikel 9 Absätze 1 und 2 klagen:

    c. *Aufgehoben*

[3] Nach Artikel 9 Absätze 1 und 2 kann auch der Bund klagen, wenn er es zum Schutz des öffentlichen Interesses als nötig erachtet, namentlich wenn:

    a. das Ansehen der Schweiz im Ausland bedroht oder verletzt ist und die in ihren wirtschaftlichen Interessen betroffenen Personen im Ausland ansässig sind; oder
    b. die Interessen einer Mehrzahl von Personen oder einer Gruppe von Angehörigen einer Branche oder andere Kollektivinteressen bedroht oder verletzt sind.

[4] Soweit der Schutz des öffentlichen Interesses es erfordert, kann der Bundesrat unter Nennung der entsprechenden Firmen die Öffentlichkeit über unlautere Verhaltensweisen informieren.

[5] Bei Klagen des Bundes ist dieses Gesetz im Sinne von Artikel 18 des Bundesgesetzes vom 18. Dezember 1987[3] über das internationale Privatrecht zwingend anzuwenden.

---

[3] SR **291**

Aufgehoben

Art. 16 Pflicht zur Preisbekanntgabe

[1] Für Waren und Dienstleistungen, die dem Konsumenten zum Kauf angeboten werden, ist der tatsächlich zu bezahlende Preis bekannt zu geben.

[2] Der Bundesrat regelt die Bekanntgabe von Preisen und Trinkgeldern. Er kann dabei insbesondere aus technischen oder aus Sicherheitsgründen Ausnahmen von der Pflicht zur Preisbekanntgabe vorsehen.

3 Vorbehalten bleiben Spezialregelungen zur Preisbekanntgabe in anderen Erlassen des Bundes, insbesondere für messbare Güter und Leistungen die Bestimmungen von Artikel 11 des Bundesgesetzes vom 9. Juni 1977[4] über das Messwesen.

Gliederungstitel vor Art. 21
3a. Kapitel: Zusammenarbeit mit ausländischen Aufsichtsbehörden

Art. 21 (neu) Zusammenarbeit

[1] Die für den Vollzug dieses Gesetzes zuständigen Bundesbehörden können mit den zuständigen ausländischen Behörden sowie mit internationalen Organisationen oder Gremien zusammenarbeiten und insbesondere Erhebungen koordinieren, sofern:

- a. dies zur Bekämpfung unlauteren Geschäftsgebarens erforderlich ist; und
- b. die ausländischen Behörden, internationalen Organisationen oder Gremien an das Amtsgeheimnis gebunden sind oder einer entsprechenden Verschwiegenheitspflicht unterliegen.

[2] Der Bundesrat kann Staatsverträge über die Zusammenarbeit mit ausländischen Aufsichtsbehörden zur Bekämpfung unlauteren Geschäftsgebarens abschliessen.

Art. 22 (neu) Datenbekanntgabe

[1] Die für den Vollzug dieses Gesetzes zuständigen Bundesbehörden können ausländischen Behörden und internationalen Organisationen oder Gremien Daten über Personen und Handlungen bekannt geben, namentlich über:

- a. Personen, die an einem unlauteren Geschäftsgebaren beteiligt sind;
- b. Werbeschreiben sowie sonstige Unterlagen, die ein unlauteres Geschäftsgebaren dokumentieren;
- c. die finanzielle Abwicklung des Geschäfts;
- d. gesperrte Postfächer.

[2] Sie können die Daten bekannt geben, wenn die Datenempfänger zusichern, dass sie:

---

[4] SR **941.20**

b. die Daten nur zur Bekämpfung unlauteren Geschäftsgebarens bearbeiten.

³ Handelt es sich beim Datenempfänger um eine internationale Organisation oder ein internationales Gremium, so können die Daten bekannt gegeben werden, auch wenn nicht Gegenrecht gewährt wird

Art. 23 Abs. 1 und 3 (neu)

¹ Wer vorsätzlich unlauteren Wettbewerb nach den Artikeln 3, 3a, 3b, 4, 4a, 5 oder 6 begeht, wird auf Antrag mit Freiheitsstrafe bis zu drei Jahren oder mit Geldstrafe bestraft.

³ Der Bund hat die vollen Parteirechte und kann Rechtsmittel einlegen.

Art. 27 Abs. 2

² Die kantonalen Behörden teilen sämtliche Urteile, Strafbescheide und Einstellungsbeschlüsse unverzüglich und unentgeltlich in vollständiger Ausführung dem Eidgenössischen Volkswirtschaftsdepartement mit.

II

¹ Dieses Gesetz untersteht dem fakultativen Referendum.
² Der Bundesrat bestimmt das Inkrafttreten.

29. E-UWG 2009

Bundesgesetz *Entwurf*
gegen den unlauteren Wettbewerb
(UWG)

Änderung vom ...

Die Bundesversammlung der Schweizerischen Eidgenossenschaft,
nach Einsicht in die Botschaft des Bundesrates vom 2. September 2009[1],
beschliesst:

I

Das Bundesgesetz vom 19. Dezember 1986[2] gegen den unlauteren Wettbewerb (UWG) wird wie folgt geändert:

Art. 3 Bst. p, q und r (neu)

Unlauter handelt insbesondere, wer:

- p. mittels Offertformularen, Korrekturangeboten oder Ähnlichem für Eintragungen in Verzeichnisse jeglicher Art oder für Anzeigenaufträge wirbt oder solche Eintragungen oder Anzeigenaufträge unmittelbar anbietet, ohne in grosser Schrift, an gut sichtbarer Stelle und in verständlicher Sprache auf Folgendes hinzuweisen: die Entgeltlichkeit und den privaten Charakter des Angebots, die Laufzeit des Vertrags, den Gesamtpreis entsprechend der Laufzeit sowie die geografische Verbreitung, die Form, die Mindestauflage und den spätesten Zeitpunkt der Publikation;
- q. für Eintragungen in Verzeichnisse jeglicher Art oder für Anzeigenaufträge Rechnungen verschickt, ohne vorgängig einen entsprechenden Auftrag erhalten zu haben;
- r. jemandem die Lieferung von Waren, die Ausrichtung von Prämien oder andere Leistungen zu Bedingungen in Aussicht stellt, die für diesen hauptsächlich durch die Anwerbung weiterer Personen einen Vorteil bedeuten und weniger durch den Verkauf oder Verbrauch von Waren oder Leistungen (Schneeball-, Lawinen- oder Pyramidensystem).

Art. 8 Verwendung missbräuchlicher Geschäftsbedingungen

Unlauter handelt insbesondere, wer allgemeine Geschäftsbedingungen verwendet, die in Treu und Glauben verletzender Weise:

---

[1] BBl **2009** 6151
[2] SR **241**

a. von der gesetzlichen Ordnung erheblich abweichen; oder

b. ein erhebliches und ungerechtfertigtes Missverhältnis zwischen den vertraglichen Rechten und den vertraglichen Pflichten vorsehen.

Art. 10 Abs. 2 Bst. c und Abs. 3–5 (neu)

² Ferner können nach Artikel 9 Absätze 1 und 2 klagen:

c. *Aufgehoben*

³ Nach Artikel 9 Absätze 1 und 2 kann auch der Bund klagen, wenn er es zum Schutz des öffentlichen Interesses als nötig erachtet, namentlich wenn:

a. das Ansehen der Schweiz im Ausland bedroht oder verletzt ist und die in ihren wirtschaftlichen Interessen betroffenen Personen im Ausland ansässig sind; oder

b. die Interessen mehrerer Personen oder einer Gruppe von Angehörigen einer Branche oder andere Kollektivinteressen bedroht oder verletzt sind.

⁴ Soweit der Schutz des öffentlichen Interesses es erfordert, kann der Bundesrat unter Nennung der entsprechenden Firmen die Öffentlichkeit über unlautere Verhaltensweisen informieren.

⁵ Bei Klagen des Bundes ist dieses Gesetz im Sinne von Artikel 18 des Bundesgesetzes vom 18. Dezember 1987[3] über das internationale Privatrecht zwingend anzuwenden.

Gliederungstitel vor Art. 16

3. Kapitel: Verwaltungsrechtliche Bestimmungen

Gliederungstitel vor Art. 21

3a. Kapitel: Zusammenarbeit mit ausländischen Aufsichtsbehörden

Art. 21 (neu) Zusammenarbeit

¹ Die für den Vollzug dieses Gesetzes zuständigen Bundesbehörden können mit den zuständigen ausländischen Behörden sowie mit internationalen Organisationen oder Gremien zusammenarbeiten und insbesondere Erhebungen koordinieren, sofern:

a. dies zur Bekämpfung unlauteren Geschäftsgebarens erforderlich ist; und

b. die ausländischen Behörden, internationalen Organisationen oder Gremien an das Amtsgeheimnis gebunden sind oder einer entsprechenden Verschwiegenheitspflicht unterliegen.

² Der Bundesrat kann Staatsverträge über die Zusammenarbeit mit ausländischen Aufsichtsbehörden zur Bekämpfung unlauteren Geschäftsgebarens abschliessen.

---

[3] SR **291**

Art. 22 (neu) Datenbekanntgabe

¹ Die für den Vollzug dieses Gesetzes zuständigen Bundesbehörden können im Rahmen der Zusammenarbeit gemäss Artikel 21 ausländischen Behörden und internationalen Organisationen oder Gremien Daten über Personen und Handlungen bekannt geben, namentlich über:

- a. Personen, die an einem unlauteren Geschäftsgebaren beteiligt sind;
- b. den Versand von Werbeschreiben sowie sonstige Unterlagen, die ein unlauteres Geschäftsgebaren dokumentieren;
- c. die finanzielle Abwicklung des Geschäfts;
- d. die Sperrung von Postfächern.

² Sie können die Daten bekannt geben, wenn die Datenempfänger zusichern, dass sie Gegenrecht halten und die Daten nur zur Bekämpfung unlauteren Geschäftsgebarens bearbeiten. Artikel 6 des Datenschutzgesetzes vom 19. Juni 1992[4] bleibt vorbehalten.

³ Handelt es sich beim Datenempfänger um eine internationale Organisation oder ein internationales Gremium, so können sie die Daten auch ohne Gegenrecht bekannt geben.

Art. 23 Abs. 3 (neu)

³ Der Bund hat im Verfahren die Rechte eines Privatklägers.

Art. 27 Abs. 2

² Die kantonalen Behörden teilen sämtliche Urteile, Strafbescheide und Einstellungsbeschlüsse unverzüglich und unentgeltlich in vollständiger Ausführung der Bundesanwaltschaft und dem Eidgenössischen Volkswirtschaftsdepartement mit.

II

¹ Dieses Gesetz untersteht dem fakultativen Referendum.

² Der Bundesrat bestimmt das Inkrafttreten.

---

[4] SR **235.1**

Anhang III SLK – Grundsätze

IV. Erlasse der Selbstregulierung

30. Grundsätze Lauterkeit in der kommerziellen Kommunikation der Schweizerischen Lauterkeitskommission (SLK-Grundsätze)

Grundsätze Lauterkeit in der kommerziellen Kommunikation

April 2008

Schweizerische Lauterkeitskommission
Lauterkeit in der kommerziellen Kommunikation

Schweizerische Lauterkeitskommission
Lauterkeit in der kommerziellen Kommunikation
Commission Suisse pour la Loyauté
Loyauté dans la communication commerciale

Kappelergasse 14
Case postale 2744
8022 Zürich
T 0900 211 001
CHF 1.– / Min.
F 044 211 80 18
info@lauterkeit.ch
www.lauterkeit.ch

Inhalt

Die Schweizerische Lauterkeitskommission ist das ausführende Organ der Stiftung der Schweizer Werbung für die Lauterkeit in der kommerziellen Kommunikation, der alle bedeutenden Organisationen der schweizerischen Kommunikationsbranche angehören.

Die Kommission stützt sich in ihrer Arbeit unter Berücksichtigung der Richtlinien der Internationalen Handelskammer auf die vorliegenden Grundsätze, die die schweizerischen Vorschriften aufgrund von Gesetzgebung und Rechtsprechung spezifisch berücksichtigen.

1. **Geltungs- und Anwendungsbereiche** 4
   1.1 Geltungsbereich und Anwendungsregeln 4
   1.2 Begriff der kommerziellen Kommunikation 4
   1.3 Formen der kommerziellen Kommunikation 4
   1.4 Politische Propaganda 5
   1.5 Gemeinnützige und religiöse Propaganda 5
   1.6 Direktwerbung/Direktmarketing 5
   1.7 Transnationale kommerzielle Kommunikation 5
   1.8 Verantwortlichkeit für die Werbeaussage 5
   1.9 Beweislast 5

2. **Unzulässige Aussagen**
   2.1 Verwendung des Begriffs «Schweiz» 6
   2.2 Verwendung akademischer Titel 6
   2.3 Verwendung des Begriffs «invalid» 7
   2.4 Verwendung von Medizinalpersonen 7

3. **Grundlagen**
   3.1 Firmengebrauchspflicht in der Werbung 8
   3.2 Persönlichkeits- und Datenschutz 9
   3.3 Durchführung und Kommunikation von Tests 9
   3.4 Ausländische Gutachten und dergleichen 10
   3.5 Vergleichende Werbung 10
   3.6 Werbung mit Selbstverständlichkeiten 12
   3.7 Nachahmung werblicher Gestaltungen 12
   3.8 Gratis-Gutscheine zu Werbezwecken 12
   3.9 Gewinnspiele oder Publikumswettbewerbe 13
   3.10 Garantierte Rückgabemöglichkeit 15
   3.11 Geschlechterdiskriminierende Werbung 15
   3.12 Trennung zwischen redaktioneller Information und kommerzieller Kommunikation 16

4. **Vorschriften für Direktmarketing**
   4.1 Fernabsatz 18
   4.2 Informationspflichten beim Fernabsatz 18
   4.3 Bestätigung und Widerruf beim Fernabsatz 18
   4.4 Aggressive Verkaufsmethoden im Fernabsatz 19
   4.5 Geschäftsabschluss ohne Bestellung 20
   4.6 Werbung mit Rechnungen 20

5. **Vorschriften für einzelne Branchen**
   5.1 Carfahrten zu Werbezwecken 21
   5.2 Werbung für Finanzinstitute 21
   5.3 Werbung für Heimarbeit 21
   5.4 Werbung von Lehrinstituten 22
   5.5 Promotionen von Medien im Werbemarkt 22
   5.6 Werbung für Registereintragungen 22
   5.7 Werbung für quasikosmetische/medizinische Erzeugnisse und Methoden 23
   5.8 Werbung für Schmuck und Edelmetalle 24
   5.9 Werbung für Tabakwaren und alkoholische Getränke 26
   5.10 Werbung für konzessionspflichtige Erzeugnisse 27
   5.11 Werbung für Versicherungen 27
   5.12 Werbung für Heirat 27

Anhang III SLK – Grundsätze

1. Geltungs- und Anwendungsbereiche

Geltungsbereich und Anwendungsregeln

Grundsatz Nr. 1.1

1. Geltungsbereich

a) Diese Grundsätze bezwecken die Beachtung fairer Geschäftspraktiken in der kommerziellen Kommunikation; sie dienen damit der Vertrauensbildung der Öffentlichkeit in die kommerzielle Kommunikation.

b) Kommerzielle Kommunikation soll rechtmässig, wahrheitsgemäss und nicht diskriminierend sein sowie den Grundsätzen von Treu und Glauben im Geschäftsverkehr entsprechen.

2. Anwendungsregeln

Für die Beurteilung einer kommerziellen Kommunikation sind insbesondere folgende Kriterien zu berücksichtigen:
– das Verständnis der massgebenden Zielgruppe
– der Gesamteindruck
– die Grundaussage
– die Art des beworbenen Produktes
– der Charakter des Mediums
– der Vergleich zur dargestellten Wirklichkeit
– ironische Aussagen oder Parodien sind entsprechend ihrem Charakter auszulegen
– die aktuelle und tatsächlich herrschende Auffassung über Ethik, Sitte und Moral in der Gesellschaft

Begriff der kommerziellen Kommunikation

Grundsatz Nr. 1.2

Unter kommerzieller Kommunikation¹ ist jede Massnahme von Konkurrenten oder Dritten zu verstehen, die eine Mehrheit von Personen systematisch in ihrer Einstellung zu bestimmten Waren, Werken, Leistungen oder Geschäftsverhältnissen zum Zweck des Abschlusses eines Rechtsgeschäftes oder seiner Verhinderung beeinflussen.

Formen der kommerziellen Kommunikation

Grundsatz Nr. 1.3

Kommerzielle Kommunikation umfasst sämtliche Formen von Werbung, Direktmarketing, Sponsoring, Verkaufsförderung und Öffentlichkeitsarbeit.

¹ Im Folgenden wird neben dem Begriff kommerzielle Kommunikation der umgangssprachliche Ausdruck Werbung synonym verwendet.

Politische Propaganda

Grundsatz Nr. 1.4

Kommerzielle Kommunikation ist politische Propaganda nur, soweit sie wirtschaftliche Fragen beinhaltet. Werden solche Fragen jedoch Gegenstand einer Abstimmung, so sind sie der politischen Propaganda zuzuordnen und zwar während der Zeitdauer von der Bekanntgabe des Abstimmungsdatums bis einen Tag nach erfolgter Abstimmung.

Gemeinnützige und religiöse Propaganda

Grundsatz Nr. 1.5

Gemeinnützige und religiöse Propaganda gilt nicht als kommerzielle Kommunikation.

Grundsatz Nr. 1.6

Soweit religiöse oder gemeinnützige Organisationen eine kommerzielle Tätigkeit betreiben, haben diese die Grundsätze der werblichen Lauterkeit zu beachten.

Direktwerbung/ Direktmarketing

Grundsatz Nr. 1.7

Direktmarketing umfasst alle Massnahmen gegenüber ausgewählten, physisch nicht anwesenden Personen, um diese über Angebote von Waren und Dienstleistungen in Kenntnis zu setzen, unabhängig davon, ob eine Anfrage vorliegt.

Transnationale kommerzielle Kommunikation

Grundsatz Nr. 1.8

Für die Beurteilung einer Massnahme der kommerziellen Kommunikation ist das Recht des Staates massgeblich, auf dessen Markt die Massnahme ihre Wirkung entfaltet.

Verantwortlichkeit für die Werbeaussage

Grundsatz Nr. 1.9

Die Verantwortung für die Richtigkeit und Rechtmässigkeit der Werbeaussage liegt beim Auftraggeber.

Berater haften für die Rechtmässigkeit einer Werbeaussage.

Auftragnehmer und Mittler haben die übernommenen Aufträge mit der nötigen Sorgfalt auszuführen und haften bei Vorsatz oder grober Fahrlässigkeit.

Beweislast

Grundsatz Nr. 1.9

Jeder Werbetreibende muss die Richtigkeit seiner Werbeaussagen beweisen können.

2. Unzulässige Aussagen

Verwendung des Begriffs «Schweiz»

Grundsatz Nr. 2.1

Die Verwendung des Begriffs «Schweizer Ware» oder eine gleichlautende Bezeichnung in der Werbung ist unlauter, mit Ausnahme für

1. Einheimische Produkte

2. Fabrikate,

- soweit sie zu 100 % in der Schweiz hergestellt werden,
- soweit sie in der Schweiz zu neuen Produkten mit mehrheitlich anderen typischen Merkmalen und mit einem völlig verschiedenen Gebrauchsnutzen umgestaltet werden,
- soweit eine sonstige Verarbeitung in der Schweiz wertmässig mindestens 50 % der totalen Produktionskosten (Rohmaterialien, Halbfabrikate, Zubehörteile, Löhne, Fabrikationsgemeinkosten) ausmacht.

Ein Handels-, Fabrikations- oder sonst wie nach kaufmännischen Grundsätzen geführtes Unternehmen darf sich in der Werbung nur dann als «Schweizerisch» oder gleichbedeutend bezeichnen, wenn es (vorbehältlich der Einzelfirmen mit einem Jahresumsatz von weniger als Franken 100'000.--) in der Schweiz als Firma im Handelsregister eingetragen ist und in dem beworbenen Bereich in der Schweiz eine Tätigkeit ausübt.

Verwendung akademischer Titel

Grundsatz Nr. 2.2

Die Verwendung ausländischer, akademischer Titel in der Werbung ist unlauter, sofern nicht nachgewiesen werden kann, dass zur Erlangung eine vergleichbare Voraussetzung wie in der Schweiz erfüllt werden musste.

Verwendung des Begriffs «invalid»

Grundsatz Nr. 2.3

Als «invalid» werden im Zusammenhang mit Werbemassnahmen Personen verstanden, die infolge angeborener oder später entstandener körperlicher, geistiger oder seelischer Schäden in ihrer Erwerbstätigkeit so stark behindert sind, dass sie bei der Abgabe der ihnen noch möglichen wirtschaftlichen Leistungen auf die Wohltätigkeit der Abnehmer angewiesen sind.

Verwendung von Medizinalpersonen

Grundsatz Nr. 2.4

In der Werbung für Erzeugnisse, Vorrichtungen und Methoden, die der staatlichen Kontrolle nicht unterstehen, aber mit der Gesundheit in Verbindung gebracht werden, ist es nicht gestattet, auf Medizinalpersonen oder anderweitig technisches Fachpersonal als Referenzen oder medizinisch hinzuweisen, um dem beworbenen Erzeugnis den Anschein eines Heilmittels oder eines heilmittelähnlichen Produktes zu geben.

Anhang III   SLK – Grundsätze

3. Grundlagen

Firmengebrauchspflicht in der Werbung

Grundsatz Nr. 3.1

Sämtliche Unternehmen sind gehalten, im Geschäftsverkehr die im Handelsregister eingetragene Firmenbezeichnung vollständig und unverändert zu benutzen. Nicht zum Handelsregistereintrag verpflichtete Einzelunternehmen müssen ausnahmslos in der Firmenbezeichnung den Familiennamen des Inhabers angeben.

Kurzbezeichnungen, Logos, Geschäftsbezeichnungen und Enseignes sowie ähnliche Angaben dürfen nur zusammen mit der eingetragenen Firmenbezeichnung verwendet werden.

Unlauter sind alle Angaben, die geeignet sind, das Publikum über wesentliche, tatsächliche oder rechtliche Verhältnisse des Anbieters, seiner Firma, seiner Geschäftsbezeichnung, seines Wohnsitzes oder Sitzes sowie seiner Herkunft irrezuführen oder zu täuschen. Dies gilt insbesondere für:

– Die Verwendung einer Firmenbezeichnung, die mit der im Handelsregister eingetragenen nicht übereinstimmt.
– Änderungen oder Weglassungen am Wortlaut der Firma, wie das Weglassen des Familiennamens des Inhabers bei Einzelfirmen.
– Die Verwendung von Enseignes oder sonstigen Geschäftsbezeichnungen anstelle von Firmenbezeichnungen (z.B. korrekt: Esoterik AG, Madame Tamara; unlauter Madame Tamara).
– Die Verwendung einer irreführenden Bezeichnung für ein im Handelsregister nicht eingetragenes Unternehmen (z.B. Müller Söhne oder Schmid + Sutter, die ein eintragungspflichtige Kollektivgesellschaft beinhalten).
– Die Irreführung über den Firmensitz von nicht im Schweizer Handelsregister eingetragenen ausländischen Unternehmen (z.B. Registered Trust Ltd, Postfach, 8048 Zürich).
– Die Nichtangabe des Sitzes der Hauptniederlassung bei Zweigniederlassungen oder blossen Betriebsstätten ausländischer Unternehmen.

Persönlichkeits- und Datenschutz

Grundsatz Nr. 3.2

1. Persönlichkeitsschutz

Es ist unlauter, in der kommerziellen Kommunikation ohne ausdrückliche Zustimmung Name, Abbild, Aussage oder Stimme einer identifizierbaren Person zu verwenden. Als Abbild gilt jede Darstellung (auch durch Zeichnung, Karikatur, Gemälde oder Double). Auf die Rechte der Angehörigen eines Verstorbenen ist angemessen Rücksicht zu nehmen.

2. Testimonials und Referenzen

Testimonials sind subjektive Aussagen von natürlichen Personen über ihre Erfahrungen mit bestimmten Produkten (Waren oder Dienstleistungen). Sie haben sich auf Angaben zum Produkt zu beschränken. Sie müssen hinsichtlich ihres Inhalts und Urhebers belegt werden können.

Jeder Hinweis auf Personen soll wahr und nicht irreführend sein. Die Bezugnahme auf fiktive Personen hat selbst dann zu unterbleiben, wenn über die Fiktion keine Unklarheit bestehen kann.

3. Datenschutz

a) Bearbeitungsgrundsatz: Personendaten dürfen nur zu dem Zweck bearbeitet werden, der bei der Beschaffung angegeben wurde, aus den Umständen ersichtlich oder gesetzlich vorgesehen ist; Personendaten müssen sachlich zutreffen.

b) Transparenzgrundsatz: Personendaten müssen stets mit der Herkunftsangabe der ursprünglichen Datensammlung gekennzeichnet sein.

Durchführung und Kommunikation von Tests

Grundsatz Nr. 3.3

1. Unter «Tests» wird das Feststellen einer oder mehrerer Eigenschaften eines bestimmten Erzeugnisses, Verfahrens oder einer Dienstleistung nach einem vorgeschriebenen geeigneten Verfahren verstanden.

SLK – Grundsätze — Anhang III

2. Die Durchführung von Tests und die Kommunikation von Testergebnissen hat unter den Gesichtspunkten der

   - Neutralität,
   - Objektivität,
   - Sachlichkeit und
   - Transparenz

   zu erfolgen.

   Hinsichtlich der Objektivität gelten die Gebote der Wahrheit (Täuschungsverbot), der Klarheit (Irreführungsverbot), der Vollständigkeit und der Nachvollziehbarkeit.

3. Die Durchführung von Tests oder die Kommunikation von Testergebnissen ist unlauter, wenn sie die vorstehenden Voraussetzungen nicht erfüllen.

4. Im Übrigen gelten die «Richtlinien für Tests».

Ausländische Gutachten und dergleichen

Grundsatz Nr. 3.4

Der Hinweis auf ausländische Gutachten und dergleichen in der kommerziellen Kommunikation ist unlauter, soweit diese in der Schweiz nicht verifizierbar sind.

Vergleichende Werbung

Grundsatz Nr. 3.5

Die vergleichende Werbung gilt als unlauter, sofern sie mittels unrichtiger, irreführender oder unnötig verletzender Äusserungen oder in unnötig anlehnender Weise mit anderen, ihren Waren, Werken, Leistungen oder deren Preisen vergleicht.

1. **Unrichtig ist eine Äusserung, wenn**

   - die verglichenen Waren oder Leistungen nicht vergleichsfähig sind, d.h. einen umfassenden und abschliessenden sachlichen Vergleich nicht ermöglichen,
   - der Bezugnahme nicht identische oder zumindest nicht vergleichbare – im System- oder Warenvergleich nicht austauschbare oder vertretbare – Elemente zugrunde gelegt werden,
   - die Angaben den Tatsachen, wie sie das Publikum versteht, nicht entsprechen,
   - die Bezugnahme fälschlicherweise als umfassend und abschliessend dargestellt wird.

2. **Irreführend ist eine Äusserung, wenn**

   - die Angabe Tatsachen unterdrückt, die nach den Erwartungen des Publikums im Zusammenhang mit der Äusserung ebenfalls gesagt werden müssten,
   - die Bezugnahme dem durchschnittlichen Verständnis des Empfängers nicht Rechnung trägt,
   - lediglich einzelne Vor- und Nachteile miteinander verglichen werden und die übrigen Elemente nicht identisch sind.

3. **Unnötig verletzend ist eine Äusserung, wenn**

   - ihr Inhalt unerlaubt laut, d.h. für sachliche Aufklärung der Abnehmerschaft nicht nötig ist,
   - ihr Zweck unerlaubt ist, d.h. mehr als für die Erstellung der Markttransparenz nötig in die Persönlichkeit des oder der Mitbewerber eingreift,
   - sie statt das beworbene Erzeugnis oder die beworbene Leistung zu rühmen, das verglichene Produkt oder die verglichene Leistung in direkter Weise herabsetzt.

4. **Unnötig anlehnend ist eine Äusserung,**

   - die sich den guten Namen oder den Ruf eines anderen zunutze macht,
   - Erfolgt die Äusserung systematisch oder wiederholt, wird ihr eine unnötige Anlehnung vermutet.

Anhang III — SLK – Grundsätze

Werbung mit Selbstverständlichkeiten

Grundsatz Nr. 3.6

Jede Werbung, die für einzelne Waren, Werke oder Leistungen bestimmte Eigenschaften hervorhebt, ist irreführend und damit unlauter, wenn diese Eigenschaften für die meisten dieser Waren, Werke und Leistungen ohnehin zutreffen, üblich oder vorgeschrieben sind.

Nachahmung werblicher Gestaltungen

Grundsatz Nr. 3.7

1. Eine Nachahmung ist dann gegeben, wenn das Original in wesentlichen Teilen übernommen wird.

   Als Originale gelten kommerzielle Kommunikation sowie Waren, Werke und Leistungen anderer, die vorbestanden haben.

2. Entsteht durch die Nachahmung eine Verwechslungsgefahr oder ist die Nachahmung unnötig anlehnend, so ist sie unlauter.

Gratis-Gutscheine zu Werbezwecken

Grundsatz Nr. 3.8

Gutscheine, die zum verbilligten oder kostenlosen Bezug von Waren oder Leistungen berechtigen, müssen auf dem Gutschein selbst die Bedingungen enthalten, zu denen die Waren oder Leistungen erhältlich sind.

Fehlen entsprechende Angaben, so darf angenommen werden, dass die Gutscheine unbefristet und ohne Einschränkung eingelöst werden dürfen.

Gewinnspiele oder Publikumswettbewerbe

Grundsatz Nr. 3.9

1. Anforderungen gemäss Lotterierecht

Gewinnspiele und Publikumswettbewerbe sind unzulässig, sofern sie folgende vier Merkmale kumulativ aufweisen:

– Abschluss eines Rechtsgeschäftes (Zwang zum Vertragsabschluss, also zur Vereinbarung einer vertraglichen Leistung, was auch bei einem Kauf auf Probe oder Besicht zutrifft) oder Leistung eines vermögensrechtlichen Einsatzes (geldwerte Leistung des Teilnehmers auch in Form von Umtriebsentschädigungen, Spesen-, Versand- und andere Anteile, zusätzlich zu den effektiven Porto- und Übermittlungskosten) als Teilnahmevoraussetzung.

– Gewährung eines vermögenswerten Vorteils als Gewinn,

– Ermittlung der Gewinner oder der Höhe der Gewinne durch überwiegenden Zufall (Verlosung), so dass die Geschicklichkeit des Teilnehmers nicht mehr wesentlich erscheint,

– Planmässigkeit des Spiels oder Wettbewerbs, indem der Veranstalter sein Spielrisiko ausschliesst.

2. Anforderungen gemäss Lauterkeitsrecht

Unlauter handelt insbesondere, wer den Teilnehmer an einem Spiel oder Wettbewerb irreführt, so durch

– *Spielanlagen*, die den Teilnehmer im Unklaren darüber lassen, ob ein Kauf für die Teilnahme nötig ist, oder glauben lassen, ein Kauf würde die Gewinnchancen erhöhen,

– *Vorabverlosungen* (Sweepstake), bei denen namentlich aufgeführten Personen ausgesetzte Gewinne in Aussicht gestellt werden, sofern der Veranstalter weiss oder wissen könnte, dass den genannten Personen die ausgesetzten Gewinne nicht zugeteilt worden sind, wobei die Gewinnzuteilung durch technische Vorrichtungen oder beauftragte Dritte dem Veranstalter zuzurechnen ist,

SLK – Grundsätze — Anhang III

- *Preise*, die nicht in der Abstufung ihres Wertes aufgelistet werden, teilweise Wertangaben enthalten, teilweise nicht oder die bei einem Verkaufswert unter Fr. 100.– als wertvoll bezeichnet werden;

- *Gewinnversprechen*, die schlagwortartig angepriesen und nur an optisch untergeordneter Stelle relativiert werden, anstatt durch Hervorheben des Textes in ähnlich prägnanter Form an anderer Stelle unmissverständlich klarmachen, unter welchen Voraussetzungen der Teilnehmer welchen Preis in welcher Veranstaltung erhält;

- *Teilnahmebedingungen*, die verlangen, dass die Teilnahmeerklärung auf einem Formular für eine verbindliche oder probeweise Bestellung eingereicht wird, sofern auf dem gleichen Formular nicht unmissverständlich die wahlweise oder chancengleiche Teilnahme auch ohne verbindliche oder probeweise Bestellung erwähnt wird;

- *Teilnahmeerklärungen*, bei denen die Teilnahmeerklärung auf unterschiedlichen Formularen, nur mit der Bestellkarte ohne spezielle Rubrik für die Teilnahme ohne Bestellung, mittels verschiedenartigen Umschlägen oder Frankaturen zu erfolgen hat.

- Als Verkaufspromotion stellt ein Gewinnspiel oder Wettbewerb eine aggressive Verkaufsmethode dar und ist unlauter, sofern der Veranstalter die Entscheidungsfreiheit des Teilnehmers beeinträchtigt, insbesondere durch

- Ausnutzung der Dankbarkeit des Teilnehmers, indem dem Teilnehmer bereits bei früheren Gewinnspielen oder Auslosungen ein Gewinn angeboten oder ausgerichtet worden ist;

- Appell an den Anstand, indem dem Teilnehmer trotz Wegbedingung einer Bestellung nahe gelegt wird, zu bestellen.

Garantierte Rückgabemöglichkeit

Grundsatz Nr. 3.10

Jede Anpreisung, die die Rückgabe eines Produktes innert einer bestimmten Frist in Aussicht stellt, ist unlauter, sofern sie nicht folgende Anforderungen erfüllt:

1. Wird die Rückgabe ohne nähere Bedingungen oder in genereller Weise durch Wendungen wie z.B. «bei Nichtgefallen zurück» und dergleichen angeboten, so muss das unbeschädigte Produkt unter gleichzeitiger Rückerstattung der entrichteten Kaufsumme Zug um Zug ohne jegliche Abzüge und ohne Vorbehalt zurückgenommen werden.

2. Ist die Rücknahme an gewisse Bedingungen gebunden, so müssen diese klar und allgemein verständlich in der Werbung genannt werden. Der Empfänger ist lediglich angehalten, das Fehlen dieser Bedingungen glaubhaft zu machen.

3. Die Rückgabefrist für Produkte mit einer zugesicherten Eigenschaft oder Wirkung muss so bemessen sein, dass dem Empfänger die Überprüfung und Beurteilung dieser Eigenschaft oder Wirkung effektiv möglich ist.

4. Werden Waren auf Probe oder auf Besicht oder zur freien Prüfung angeboten, ist deutlich zu machen, wer die Rücksendekosten übernimmt und wie die Retournierung zu erfolgen hat.

5. Ansichtssendungen, die in Sukzessiv- oder Teillieferungen angepriesen werden, müssen unmissverständlich die Zahl der Lieferungen und den Preis der einzelnen sowie der gesamten Lieferungen angeben.

Geschlechterdiskriminierende Werbung

Grundsatz Nr. 3.11

1. Werbung, die ein Geschlecht diskriminiert, indem sie die Würde von Frau oder Mann verletzt, ist unlauter.

2. Geschlechterdiskriminierende Werbung liegt insbesondere vor, wenn

- Männern oder Frauen stereotype Eigenschaften zugeschrieben werden und damit die Gleichwertigkeit der Geschlechter in Frage gestellt wird;

- Unterwerfung oder Ausbeutung dargestellt oder zu verstehen gegeben wird, dass Gewalt oder Dominanzgebaren tolerierbar seien;
- das Kindes- und Jugendalter nicht mit erhöhter Zurückhaltung respektiert wird;
- zwischen der das Geschlecht verkörpernden Person und dem beworbenen Produkt kein natürlicher Zusammenhang besteht;
- die Person in rein dekorativer Funktion als Blickfang dargestellt wird;
- eine unangemessene Darstellung von Sexualität vorliegt.

Grundsatz Nr. 3.12

Trennung zwischen redaktioneller Information und kommerzieller Kommunikation

1. Kennzeichnung und Erkennbarkeit von kommerzieller Kommunikation

Kommerzielle Kommunikation, gleichgültig in welcher Form sie erscheint oder welchen Werbeträger sie benutzt, soll als solche eindeutig erkennbar und vom übrigen Inhalt klar getrennt sein. Wird sie in Werbeträgern veröffentlicht, die gleichzeitig Nachrichten und Meinungen publizieren, muss sie so gestaltet und gekennzeichnet sein, dass sie als bezahlte Einschaltung klar erkennbar ist.

2. Verbot von Schleichwerbung

Unentgeltliche redaktionelle Veröffentlichungen, die auf Unternehmen, ihre Produkte (Waren oder Dienstleistungen) hinweisen, dürfen nicht die Grenze zur Schleichwerbung überschreiten. Eine Überschreitung liegt insbesondere vor, wenn die Veröffentlichung über ein begründetes öffentliches Interesse oder das Informationsinteresse des Medienkonsumenten hinausgeht.

3. Verbot der Koppelung von kommerzieller Kommunikation mit redaktionellen Beiträgen

Es ist unlauter, im Interesse der Akquisition von kommerziellen Aufträgen redaktionelle Beiträge zuzusichern oder kommerzielle Aufträge vom Entgegenkommen im redaktionellen Teil abhängig zu machen.

4. Sponsoring von redaktionellen Beiträgen

Sponsoring von redaktionellen Beiträgen ist unlauter, sofern für den Medienkonsumenten nicht erkennbar ist, welche Teile der Publikation gesponsert sind und wer der Sponsor ist.

5. Product Placement

Die Abbildung oder Nennung von Produkten sowie Firmen- und Markenbezeichnungen in redaktionellen Beiträgen gegen Entgelt oder ähnliche Gegenleistungen ist unlauter, soweit dies für das Publikum nicht transparent gemacht wird.

6. Beilagen

Beilagen oder Sonderseiten, deren Zustandekommen von einem entsprechenden Anzeigenaufkommen abhängt, sind durch eine vom übrigen redaktionellen Teil abweichende Gestaltung zu kennzeichnen. Der Kopf dieser Seiten ist mit den Wörtern «Sonderseite», «Sonderbeilage» oder «Verlagsbeilage» zu versehen. Ausserdem sind sie in einem separaten Impressum der Herausgeber und die verantwortliche Redaktion aufzuführen.

7. PR-Botschaften auf bezahltem Raum

PR-Botschaften können auch auf bezahltem Raum, d.h. als Inserate veröffentlicht werden. Um die Unterscheidung gegenüber dem Redaktionsteil sicherzustellen, sollen solche PR-Botschaften klar ersichtlich als «Werbe- oder Publireportage» bzw. als «Anzeige» oder «Inserat» bezeichnet werden.

4. Vorschriften für Direktmarketing

Fernabsatz

Grundsatz Nr. 4.1

Fernabsatz ist kommerzielle Kommunikation, die mit Hilfe eines oder mehrerer Kommunikationsmittel einen Vertragsabschluss ohne physische Anwesenheit der Parteien ermöglicht (Distanzgeschäft). Als Kommunikationsmittel kommen insbesondere die (herkömmliche oder elektronische) Post, Kurierdienste, Telefon, Telefax, Television, Radio oder Internet in Frage.

Informationspflichten beim Fernabsatz

Grundsatz Nr. 4.2

Der kommerzielle Zweck der Informationen über Waren und Dienstleistungen muss eindeutig klar und verständlich sowie den verwendeten Fernkommunikationstechniken angepasst sein.

Jede Art von Fernabsatz ist unlauter, sofern nicht die folgenden Informationen gegeben werden:

- Identität des Anbieters (Name, Firma, Adresse, Deckadressen und Postfachnummern genügen nicht);
- wesentliche Eigenschaften;
- Preis;
- Gültigkeitsdauer des Angebotes;
- Einzelheiten über Zahlung und Lieferung (wie Lieferkosten, Lieferfristen) und Erfüllung;
- Rückgabemöglichkeit oder Widerrufsrecht;
- Garantie und Kundendienst.

Bestätigung und Widerruf beim Fernabsatz

Grundsatz Nr. 4.3

Sofern der Abnehmer nicht ausdrücklich darauf verzichtet oder die Leistung des Abnehmers Fr. 100.– übersteigt, ist die Bestellung schriftlich zu bestätigen, bevor die Ware zugestellt oder die Dienstleistung ausgeführt wird.

Die Frist des Widerrufs- und Rückgaberechts von 7 Tagen beginnt bei Waren mit dem Tag ihres Eingangs, bei Dienstleistungen mit dem Tag des Vertragsabschlusses.

Aggressive Verkaufsmethoden im Fernabsatz

Grundsatz Nr. 4.4

1. Verkaufsmethoden im Fernabsatz sind kommerzielle Kommunikationen, die sich mittels persönlicher Adressierung an individuelle Personen richten.

2. Sie gelten als aggressiv und damit als unlauter,

- wenn der Empfänger im voraus erklärt hat, keine kommerzielle Kommunikation erhalten zu wollen (z.B. durch Eintrag in der Robinsonliste des Schweizer Direktmarketing Verbandes SDV oder durch Registereintrag mit Sternmarkierung); besteht zwischen Anbieter und Empfänger eine Geschäfts- oder Kundenbeziehung, darf der Anbieter bis auf ausdrücklichen Widerruf das Einverständnis des Abnehmers annehmen.

- wenn der Empfänger nach einer Kontaktnahme erklärt hat, keine kommerzielle Kommunikation mehr erhalten zu wollen (z.B. Refusé per Post, Meldung per Email),

- wenn der Absender Massenwerbung ohne direkten Zusammenhang mit einem angeforderten Inhalt fernmeldetechnisch sendet oder solche Sendungen veranlasst und es dabei unterlässt, vorher die Einwilligung der Kunden einzuholen, den korrekten Absender anzugeben oder auf eine problemlose und kostenlose Ablehnungsmöglichkeit hinzuweisen; wer beim Verkauf von Waren, Werken oder Leistungen Kontaktinformationen von Kunden erhält und dabei auf die Ablehnungsmöglichkeit hinweist, handelt nicht unlauter, wenn er diesen Kunden ohne deren Einwilligung Massenwerbung für eigene ähnliche Waren, Werke oder Leistungen sendet.

Anhang III SLK – Grundsätze

Geschäftsabschluss ohne Bestellung

Grundsatz Nr. 4.5

Jeder Geschäftsabschluss mittels Nachnahme ist unlauter, wenn

1. keine eindeutige Bestellung vorliegt,
2. gemäss OR 6 wegen der besonderen Natur des Geschäfts eine ausdrückliche Bestellung nicht zu erwarten ist,
3. es sich um eine Ansichtssendung handelt, oder
4. eine Rückgabemöglichkeit vorgesehen ist.

Werbung mit Rechnungen

Grundsatz Nr. 4.6

Der Gebrauch von Einzahlungskarten, -scheinen oder in sonstiger Weise als Rechnung gestalteten Formularen zu Bestellzwecken ist unlauter, sofern im Text oder in begleitenden Schriftstücken nicht unmissverständlich hervorgehoben wird, dass blosse Einladung zu einer Bestellung vorliegt.

Aus dem Bestellformular hat klar und vollständig hervorzugehen, welche Rechte und Pflichten Anbieter und Abnehmer mit der Bestellung eingehen.

5. Vorschriften für einzelne Branchen

Carfahrten zu Werbezwecken

Grundsatz Nr. 5.1

Einladungen zu Carfahrten mit Werbeschau, Werbevorträgen und Verkauf oder Bestellaufnahme für die beworbenen Produkte sind unlauter, wenn sie nicht deutlich als solche deklariert werden. Sie dürfen den Empfänger über den eigentlichen Zweck der Veranstaltung nicht irreführen. Aus den Einladungen muss ferner hervorgehen, für welche Produkte (Waren oder Dienstleistungen) geworben wird.

Werbung für Finanzinstitute

Grundsatz Nr. 5.2

Der Ausdruck «Bank» darf in der Werbung nur im Zusammenhang mit Unternehmen verwendet werden, die eine Bewilligung der Eidgenössischen Bankenkommission haben.

Der Begriff «Sparen» im Zusammenhang mit Spareinlagen oder dergleichen darf in der Werbung nur von Banken benutzt werden, die zur Entgegennahme solcher Einlagen berechtigt sind und darüber öffentlich Rechnung ablegen.

Die Bezeichnung «Anlagefonds» oder ähnliche Wendungen sind in der Werbung ausschliesslich für ein Vermögen reserviert, das von den Anlegern zum Zweck gemeinschaftlicher Kapitalanlagen aufgebracht und von der Fondsleitung nach dem Grundsatz der Risikoverteilung für Rechnung der Ausleger verwaltet wird. Für die Aufnahme der Geschäftstätigkeit bedarf die Fondsleitung einer staatlichen Bewilligung.

Werbung für Heimarbeit

Grundsatz Nr. 5.3

Jede Werbung, die für die Überlassung von Unterlagen für die Heimarbeit eine Vorauszahlung oder -leistung verlangt, ist unlauter.

Der Auftraggeber für Heimarbeit muss sich in der Werbung mit vollständiger Adresse identifizieren.

SLK – Grundsätze

Werbung von Lehrinstituten

Grundsatz Nr. 5.4

Aus der Werbung von Lehrinstituten soll deutlich hervorgehen, dass deren Kurse

1. am betreffenden Lehrinstitut direkt zum Erwerb eines staatlichen oder anerkannten Diploms oder Fähigkeitsausweises führen können, oder
2. nur auf Prüfungen vorbereiten, die vom betreffenden Lehrinstitut selbst nicht abgenommen werden.

Promotion von Medien im Werbemarkt

Grundsatz Nr. 5.5

1. Werbung mit Auflagezahlen (gedruckte Periodika)

a) WEMF/SW-beglaubigte Auflage
Unter dem Begriff «Auflage» wird die von der WEMF AG für Werbemedienforschung beglaubigte Auflage verstanden. Grundlage sind die von der paritätischen «Kommission für Auflage und Verbreitung» (KAV) festgelegten «Bestimmungen über die Durchführung der WEMF/SW-Auflagebeglaubigung in der Schweiz».

b) Notariell beglaubigte Auflage
Notarielle Beglaubigungen müssen sich in allen Fällen nach den o.a. «Richtlinien» der KAV richten.

2. Werbung mit Daten der Medienforschung

Wenn immer möglich sollen Daten aus den aktuellen, offiziellen Medienforschungen verwendet werden. Werden andere Daten verwendet, so müssen die wesentlichen Parameter den üblichen marktforscherischen Qualitätskriterien entsprechen (Sampling, Fallzahlen etc.).

Die Datenquelle und die zugrunde gelegten Auswertungskriterien (geographische Gebiete, einbezogene Medien, Altersklassen etc.) sind eindeutig zu deklarieren.

Werbung für Registereintragungen

Grundsatz Nr. 5.6

Jede Werbung für Eintragungen in Adressbüchern und Registern ist unlauter, wenn

1. aus den Geschäftsbedingungen nicht deutlich hervorgeht, welche Eintragungen kostenlos und welche kostenpflichtig sind,
2. der Anbieter belegbare Auskünfte über Ausmass und Art der Verbreitung der Publikation verweigert.

Werbung für quasikosmetische/-medizinische Erzeugnisse und Methoden

Grundsatz Nr. 5.7

Jede werbliche Anpreisung von Erzeugnissen und Methoden, die der Körperpflege und -hygiene sowie dem Wohlbefinden dienen, ist unlauter, sofern sie nicht den nachstehenden Richtlinien nachkommt:

1. Die Werbung hat das Erzeugnis oder die Methode klar zu umschreiben und darf keine Angaben enthalten, die den Anschein krankheitsheilender oder -verhütender, schmerzstillender oder schlaffördernder Wirkung erweckt.

2. Die Werbung darf nicht den Eindruck erwecken, dass mit dem Einsatz dieser Erzeugnisse und Methoden Hautfalten, Glatzen, Pigmentflecken dauernd beseitigt, Büsten gestrafft oder vergrössert und Hautfalten sowie anatomische Missbildungen oder andere irreversible Tatbestände dauernd rückgängig gemacht werden könnten.

3. Jede Anpreisung ist zu unterlassen, die eine dauernde Gewichtsabnahme ohne gleichzeitige Nahrungskontrolle, d.h. Diät und körperliche Bewegung glaubhaft machen will. Das gleiche gilt für die Anpreisung von Erzeugnissen und Methoden für die Entwicklung und Erhaltung von Muskeln ohne dauerndes körperliches Training.

4. Personen oder Situationen vor und nach der Behandlung dürfen nur wiedergegeben werden, wenn sie unter gleichen Bedingungen hinsichtlich Position, Massstab und Aufmachung sowie Dekor, Aufnahmewinkel, Beleuchtung und dergleichen aufgenommen worden sind oder dargestellt werden, sowie wenn sie sich weder phototechnischer noch anderer Vorkehren bedienen mit dem Zweck, die Abbildung vor der Behandlung nachteilig zu verändern oder die Wiedergabe nach der Behandlung zu verschönern.

Grundsatz Nr. 5.8

1. Edelsteine, Schmucksteine, Perlen

a) Edelsteine sind Brillant, Saphir, Smaragd und Rubin, d.h. Mineralien, die ohne Zutun des Menschen in natürlichen Vorkommen entstanden sind. Alle anderen Mineralien werden als Schmucksteine bezeichnet. Ein Teil davon (z.B. Berylle) wurden früher Halbedelsteine genannt, was unzutreffend und deshalb irreführend ist.

b) Perlen sind natürliche Gebilde, die zufällig im Inneren von Mollusken (Muscheln) abgesondert werden und ohne menschliches Zutun entstehen.

c) Der Begriff «echt» / «edel» ist synonym mit «natürlich» und bezieht sich ausschliesslich auf Substanzen, die ohne menschliche Einflussnahme in der Natur entstanden sind. In der Werbung dürfen nur natürliche Edelsteine, Schmucksteine und Perlen mit «echt», «edel», «natürlich» oder gleichbedeutend bezeichnet werden.

d) Künstliche Farbveränderungen von Edel- und Schmucksteinen sind anzugeben.

2. Andere Steine und Kulturperlen

a) Synthetische Steine sind kristallisierte und rekristallisierte Produkte, deren Herstellung ganz oder teilweise durch den Menschen veranlasst wurde. Sie sind als solche zu bewerben. Imitationen sind Nachahmungen von natürlichen Steinen oder Fantasieprodukte, die ganz oder teilweise von Menschen hergestellt worden sind. Sie imitieren die Wirkung, die Farbe und das Aussehen natürlicher Edelsteine oder synthetischer Steine oder von Perlen und sind in der Werbung als solche oder als Similisteine zu benennen.

b) Zucht- oder Kulturperlen sind Gebilde, deren Entstehung ganz oder teilweise durch menschliches Einwirken auf die Innenschale der produktiven Mollusken veranlasst wurde. Sie sind als Zucht- oder Kulturperlen zu spezifizieren.

c) Aus zwei oder mehreren Teilen zusammengesetzte Steine und Kulturperlen müssen als «zusammengesetzt» bezeichnet werden. In diesem Zusammenhang verwendete Begriffe wie Dublette, Triplette haben vor der Artbezeichnung zu stehen.

d) Künstliche Produkte, die ganz oder teilweise unter Zutun des Menschen veranlasst oder erzeugt wurden, sind als solche zu bezeichnen.

3. Edelmetalle

a) Edelmetalle sind Gold, Silber und Platin roh oder in Form von Schmelzprodukten (Goldbarren) oder Schmelzgut (Abfälle aller Art). Die Schmelzprodukte sind mit dem tatsächlichen Feingehalt sowie mit einem Schmelzer- und Prüfzeichen zu bezeichnen.

b) Edelmetallwaren sind Fertigprodukte aus Edelmetallen, auch in Verbindung mit anderen Stoffen (z.B. Edelsteine, Glas, Holz), nicht aber in Verbindung mit unedlen Metallen. Sie müssen eine gesetzliche Feingehaltsangabe und eine Verantwortlichkeitsmarke aufweisen. Uhrgehäuse aus Edelmetall müssen zudem mit einer amtlichen Garantiepunze gestempelt sein.
Zulässige Feingehalte (in Tausendstel):
Gold: 750 (= 18 Karat)
585 (= 14 Karat)
375 (nur für Uhrgehäuse)
Silber: 925 und 800
Platin: 950

c) Doubléwaren (auch «Plaquéwaren» genannt) sind Waren aus unedlem Metall, die auf galvanischem oder mechanischem Weg mit einer Schicht aus den vorgenannten Edelmetallen überzogen worden sind (Ausnahme: galvanische Versilberungen). Minimaldicke der Veredlung: 8 Mikron. Der Mindestfeingehalt ist ebenfalls vorgeschrieben. Doubléwaren sind mit der entsprechenden Bezeichnung (z.B. Doublé G 10 Mikron) und einer Verantwortlichkeitsmarke zu versehen. Feingehaltsangaben sind verboten.

d) Ersatzwaren sind Waren aus unedlem Metall mit einem Edelmetallüberzug unter 8 Mikron oder Waren aus Edelmetall, die den vorgeschriebenen Mindestfeingehalt nicht erreichen. Sie können als «vergoldet», «versilbert» oder «verplatiniert» bezeichnet werden.

SLK – Grundsätze

Angaben des Feingehalts und der Dicke der Edelmetallschicht sind verboten. Phantasienamen wie «Gome», «Neco», «Dica», u.a.m. dürfen für Waren mit einem niedrigen Goldgehalt (8-10 Karat) verwendet werden.

4. Gemeinsame Bestimmungen

Sämtliche Bezeichnungsvorschriften gelten nicht nur für die Gegenstände selber, sondern auch für die Werbung aller Art, Etiketten, Verpackungen, Garantiescheine, Rechnungen, usw.

Das Hausieren mit den in diesem Grundsatz aufgeführten Waren, sowie mit Uhren, ist verboten.

Werbung für Tabakwaren und alkoholische Getränke

Grundsatz Nr. 5.9

1. Untersagt ist jede Werbung für Tabakwaren und alkoholische Getränke, die sich speziell an Jugendliche unter 18 Jahren (Jugendliche) richtet und bezweckt, diese zum Konsum von Tabakwaren und Alkohol zu veranlassen. Verboten ist insbesondere die Werbung:

   - an Orten, wo sich hauptsächlich Jugendliche aufhalten,
   - in Zeitungen, Zeitschriften oder anderen Publikationen, die hauptsächlich für Jugendliche bestimmt sind,
   - auf Schülermaterialien (Schulmappen, Etuis, Füllfederhalter, usw.),
   - mit Werbegegenständen, die unentgeltlich an Jugendliche abgegeben werden, wie T-Shirts, Mützen, Fähnchen, Badebälle,
   - auf Spielzeug,
   - durch unentgeltliche Abgabe von Tabakwaren und alkoholischen Getränken an Jugendliche,
   - an Kultur-, Sport- oder anderen Veranstaltungen, die hauptsächlich von Jugendlichen besucht werden.

2. Die Werbung für gebrannte Wasser richtet sich nach Art. 42 b des Alkoholgesetzes.

Werbung für konzessionspflichtige Erzeugnisse

Grundsatz Nr. 5.10

Die werbliche Anpreisung von konzessionspflichtigen Erzeugnissen (insbesondere der Übermittlungstechnik) zu einem Gebrauch der von der zuständigen Konzessionsbehörde nicht bewilligt ist, gilt als unlauter, soweit nicht in der gleichen Werbung unmissverständlich auf den beschränkten oder auf den unzulässigen Gebrauch hingewiesen wird oder dies aus dem übrigen Zusammenhang klar ersichtlich ist.

Werbung für Versicherungen

Grundsatz Nr. 5.11

Die Verwendung des Begriffs «Versicherung» in der Werbung ist unlauter, wenn die nachgenannten Anforderungen nicht kumulativ erfüllt sind:

1. Vorliegen eines Risikos oder einer Gefahr,
2. Leistung des Versicherten (Prämie),
3. Leistung des Versicherers im Versicherungsfall,
4. Selbständigkeit der Operation,
5. Kompensation der Risiken nach den Gesetzen der Statistik – planmässiger Geschäftsbetrieb.

Versicherungen dieser Art dürfen nur von Unternehmen betrieben werden, die im Besitz einer staatlichen Konzession sind.

Werbung für Heirat

Grundsatz Nr. 5.12

Die Werbung mit Portraits in der Ich-Form für Heirat oder Partnervermittlung durch professionelle Vermittlungsinstitute oder von diesen beauftragten Personen, die nicht selbst Interessenten sind, ist unlauter.

31. Richtlinien des Schweizer Presserats

Ziff. 1 der «Erklärung der Pflichten»

Sie halten sich an die Wahrheit ohne Rücksicht auf die sich daraus für sie ergebenden Folgen und lassen sich vom Recht der Öffentlichkeit leiten, die Wahrheit zu erfahren.

Richtlinie 1.1 Wahrheitssuche

Die Wahrheitssuche stellt den Ausgangspunkt der Informationstätigkeit dar. Sie setzt die Beachtung verfügbarer und zugänglicher Daten, die Achtung der Integrität von Dokumenten (Text, Ton und Bild), die Überprüfung und die allfällige Berichtigung voraus. Diese Aspekte werden nachfolgend unter den Ziffern 3, 4 und 5 der «Erklärung der Pflichten» behandelt.

Ziff. 5 der «Erklärung der Pflichten»

Sie berichtigen jede von ihnen veröffentlichte Meldung, deren materieller Inhalt sich ganz oder teilweise als falsch erweist.

Richtlinie 7.5 Unschuldsvermutung

Bei der Gerichtsberichterstattung ist der Unschuldsvermutung Rechnung zu tragen. Nach einer eventuellen Verurteilung haben Journalistinnen und Journalisten auf die Familie und die Angehörigen der / des Verurteilten, wie auch auf die Resozialisierungschancen Rücksicht zu nehmen.

Richtlinie 7.7 Nichteröffnung, Einstellung und Freispruch

Wenn eine Person in ein Gerichtsverfahren verwickelt ist, welches mit Nichteröffnung, Einstellung oder Freispruch erledigt wird, muss die Art und Weise der entsprechenden Berichterstattung in einem angemessenen Verhältnis zur ursprünglichen Präsentation des Falles stehen. Wenn der Name der betroffenen Person genannt wurde oder diese sonstwie identifizierbar war, ist bei der Berichterstattung über den Gerichtsentscheid diesem Umstand angemessen Rechnung zu tragen.

Ziff. 10 der «Erklärung der Pflichten»

Sie vermeiden in ihrer beruflichen Tätigkeit als Journalistinnen und Journalisten jede Form von kommerzieller Werbung und akzeptieren keinerlei Bedingungen von seiten der Inserentinnen und Inserenten.

Richtlinie 10.1 Trennung zwischen redaktionellem Teil und Werbung

Die deutliche Trennung zwischen redaktionellem Teil bzw. Programm und Werbung ist für die Glaubwürdigkeit der Medien unabdingbar. Inserate und Werbesendungen sind gestalterisch vom redaktionellen Beiträgen klar abzuheben. Sofern sie nicht optisch/akustisch eindeutig als solche erkennbar sind, müssen sie explizit als «Anzeigen», «Werbung», «Werbereportagen», «Werbespots» oder durch andere dem Publikum geläufige vergleichbare Begriffe deklariert werden. Journalistinnen und Journalisten dürfen diese Abgrenzung nicht durch Einfügen von Schleichwerbung in der redaktionellen Berichterstattung unterlaufen.

Richtlinie 10.2 Sponsoring, Koppelung von redaktionellen Berichten und Werbung

Bei gesponserten Medienberichten sind der Name des Sponsors transparent zu machen und die freie Themenauswahl und -bearbeitung durch die Redaktion zu gewährleisten. Redaktionelle Beiträge (z.b. «begleiten-de» redaktionelle Berichterstattungen), die als «Gegenleistung» zu Inseraten und Werbesendungen veröffent-licht werden, sind unzulässig.

Richtlinie 10.3 Lifestyle-Berichte; Nennung von Marken und Produkten

Die Freiheit der Redaktion bei der Auswahl der redaktionellen Themen in Bereichen wie «Lifestyle» oder «Ratgeber» ist zu gewährleisten. Die berufsethischen Regeln erfassen auch Berichte, die Konsumgüter und Dienstleistungen vorstellen.

Die unkritische oder hochlobende Präsentation von Konsumgegenständen, die häufiger als nötige Nennung von Produkte- oder Dienstleistungsmarken und die blosse Wiedergabe von Werbeslogans im redaktionellen Text gefährden die Glaubwürdigkeit des Mediums und der Journalistinnen und Journalisten.

32. Geschäftsreglement Lauterkeit in der kommerziellen Kommunikation der Schweizerischen Lauterkeitskommission

Geschäftsreglement
Lauterkeit in der kommerziellen Kommunikation

Règlement
Loyauté dans la communication commerciale

1.1.2005

Schweizerische Lauterkeitskommission
Lauterkeit in der kommerziellen Kommunikation
Commission Suisse pour la Loyauté
Loyauté dans la communication commerciale

Kappelergasse 14
Postfach/
Case postale 2744
8022 Zürich
T 044 211 79 22
F 044 211 80 18
info@lauterkeit.ch
www.lauterkeit.ch

Schweizerische Lauterkeitskommission
Lauterkeit in der kommerziellen Kommunikation
Commission Suisse pour la Loyauté
Loyauté dans la communication commerciale

SLK – Geschäftsreglement   Anhang III

I. Aufgabe, Sitz und Zusammensetzung der Kommission

Artikel 1

Aufgabe

1 In Erfüllung ihres Stiftungszweckes (Art. 2 und 8 des Stiftungsstatus) setzt die Stiftung der Schweizer Werbung für die Lauterkeit in der kommerziellen Kommunikation die Schweizerische Lauterkeitskommission ein.

2 Die Kommission übernimmt die Befugnisse und Aufgaben der vom Verband der Schweizer Werbewirtschaft SW (früher Schweizerischer Reklame-Verband) gemeinsam mit der Fédération romande de publicité et de communication FRP 1966 gegründeten und vom Verband der Schweizer Werbewirtschaft SW seither administrierten Kommission gleichen Namens.

3 Die Kommission hat die ihr unterbreiteten Massnahmen der kommerziellen Kommunikation auf ihre Übereinstimmung mit den Internationalen Richtlinien für die Werbepraxis der Internationalen Handelskammer sowie mit der schweizerischen Gesetzgebung zu prüfen.

4 Stellt die Kommission einen Verstoss fest, schafft sie in geeigneter Weise Abhilfe. Soweit tunlich, fasst sie ihre Empfehlungen in Grundsätzen zusammen.

Artikel 2

Sitz

Die Kommission hat ihren Sitz am Domizil der Stiftung.

Artikel 3

Zusammensetzung

1 Die Kommission besteht aus:
a. 1 neutralen Präsidenten/in und 1 neutralen Vizepräsidenten/in,
b. 3 Fachleuten, je aus dem Kreis der Werbeauftraggeber, der Werbeberater und der Medienanbieter,
c. 3 Medienschaffenden/PR-Fachleuten,
d. 3 Delegierten der schweizerischen Konsumentenschaft.

2 Im Verhinderungsfall werden Präsident/in durch Vizepräsident/in vertreten.

3 Auf eine angemessene Vertretung der Landesteile und Sprachregionen der Schweiz ist Rücksicht zu nehmen.

4 Die Kommission kann Fachleute mit beratender Stimme beiziehen.

I. Mission, siège et composition de la Commission

Article 1

Mission

1 Conformément à son but (art. 2 et 8 des statuts), La Fondation de la Publicité Suisse pour la Loyauté dans la communication commerciale institue la Commission Suisse pour la Loyauté.

2 La Commission reprend les compétences et les tâches de la commission du même nom, créée en 1966 par l'Association de la Publicité Suisse PS (anciennement Association Suisse de Publicité), en compagnie de la Fédération romande de publicité, et administrée depuis lors par l'Association de la Publicité Suisse PS.

3 La Commission a pour tâche de déterminer si les mesures de communication commerciale qui lui sont soumises sont conformes au Code international de pratiques loyales en matière de publicité, édicté par la Chambre de commerce internationale, et à la législation suisse.

4 Dès lors qu'elle constate une infraction à ces prescriptions, la Commission y remédie de façon adéquate. Autant que possible, elle consigne ses recommandations sous forme de règles.

Article 2

Siège

La Commission a son siège au domicile de la Fondation.

Article 3

Composition

1 La Commission se compose de:
a. 1 président(e) neutre et 1 vice-président(e) neutre,
b. 3 spécialistes de chacun des 3 groupes de la publicité, annonceurs, conseils et fournisseurs,
c. 3 professionnels des médias ou des relations publiques,
d. 3 délégués des consommateurs suisses.

2 En cas d'empêchement, le (la) président(e) est remplacé(e) par le (la) vice-président(e).

3 La composition de la Commission doit dûment prendre en compte les régions géographiques et linguistiques de la Suisse.

4 La Commission peut faire appel à des spécialistes ayant voix consultative.

Anhang III | SLK – Geschäftsreglement

Artikel 4

Wahl

Präsident/in, Vizepräsident/in und die 9 Mitglieder der Kommission werden vom Stiftungsrat für eine Amtsdauer von 3 Jahren gewählt; Wiederwahl ist zulässig.

II. Organisation, Beschlussfassung und Sekretariat

Artikel 5

Zuständigkeit und Organisation

1 Das Plenum der Kommission wählt die Kammern und deren Vorsitzende, genehmigt den Tätigkeitsbericht, behandelt Rekurse gegen Entscheide der Kammern, stellt Grundsätze für die Praxis auf und erledigt alle Angelegenheiten, die aufgrund dieses Reglements nicht ausdrücklich den Kammern, dem Geschäftsprüfungsausschuss oder dem Sekretariat zugewiesen sind.

2 Zur Behandlung der einzelnen Beschwerden werden drei Kammern bestehend aus jeweils 1 Delegierten der Werbung, der Medienschaffenden/PR-Fachleute und der Konsumenten bestellt. Diese entscheiden über Beschwerden, soweit diese nicht bereits vom Sekretariat erledigt wurden, erlassen die Sanktionsverfügungen, redigieren allfällige Veröffentlichungen und sind dafür besorgt, dass den Sanktionen Nachachtung verschafft wird.

3 Der Geschäftsprüfungsausschuss, bestehend aus Kommissionspräsident/in, Vizepräsident/in und den Kammervorsitzenden, überwacht die Tätigkeit des Sekretariats, behandelt Rekurse gegen Verfügungen des Sekretariats und Beschwerden gegen die Geschäftsführung des Sekretariats.

4 Das Sekretariat befindet über die Anhandnahme von Beschwerden und kann Verfahren trennen oder vereinigen.

Artikel 6

Beschlussfassung

1 Die Kommission fasst ihre Beschlüsse und trifft ihre Wahlen mit der Mehrheit der anwesenden Mitglieder, wobei der/dem Präsidentin/Präsidenten der Stichentscheid zukommt.

2 Die Kammern und der Geschäftsprüfungsausschuss treffen ihre Entscheide mit dem einfachen Mehr. Die Mitglieder haben ihre Stimme abzugeben, wobei den Vorsitzenden der Stichentscheid zufällt.

3 Die Beschlussfassung auf schriftlichem Weg ist zulässig, dazu bedarf es der Mehrheit der Mitglieder.

Article 4

Élections

Les président(e), vice-président(e) et 9 membres de la Commission sont élus par le Conseil de la Fondation pour un mandat renouvelable de 3 ans.

II. Organisation, décisions et Secrétariat

Article 5

Compétence et organisation

1 Le Plenum de la Commission constitue les Chambres et désigne leur président, approuve le rapport annuel, traite les recours déposés contre les arrêts des Chambres, établit des principes à respecter dans la pratique publicitaire et se saisit de toutes les affaires que le présent règlement n'attribue pas expressément aux Chambres, au Bureau de contrôle ou au Secrétariat.

2 Trois Chambres, composées chacune de trois membres représentant respectivement la publicité, les professionnels des médias ou des relations publiques et les consommateurs, statuent sur les plaintes dont le traitement n'a pas pu être bouclé par le Secrétariat, arrêtent les sanctions à prendre, rédigent les publications éventuelles et veillent à ce que les sanctions soient respectées.

3 Le Bureau de contrôle, composé du (de la) président(e) de la Commission du (de la) vice-président(e) et des présidents des Chambres, supervise les activités du Secrétariat, traite les recours contre les décisions de ce dernier et les plaintes concernant sa manière de conduire les affaires.

4 Le Secrétariat statue sur la recevabilité des plaintes et peut dissocier ou réunir les procédures.

Article 6

Décisions

1 La Commission prend ses décisions et résolutions à la majorité simple des voix des membres présents, celle du (de la) président(e) étant prépondérante.

2 Les Chambres et le Bureau de contrôle prennent leurs arrêts à la majorité simple. Leurs membres sont tenus de se prononcer. En cas d'égalité des voix, celle du (de la) président(e) est prépondérante.

3 Décisions et résolutions peuvent être prises par écrit, à la majorité des membres.

SLK – Geschäftsreglement   Anhang III

Sekretariat	**Artikel 7** Das Sekretariat besteht aus der/dem vom Stiftungsrat zu ernennenden Sekretär/in sowie den weiteren Mitarbeitenden.	*Secrétariat*	**Article 7** Le Secrétariat se compose du (de la) secrétaire, nommé(e) par le Conseil de la Fondation, et de son personnel.
	III. Einleitung und Zuständigkeit		**III. Engagement de la procédure et compétence**
	Artikel 8		**Article 8**
Legitimation	Jede handlungsfähige Person ist berechtigt, bei der Kommission Beschwerde gegen Massnahmen der kommerziellen Kommunikation zu führen.	*Légitimité des plaintes*	Toute personne apte à exercer ses droits est habilitée à déposer auprès de la Commission une plainte contre des mesures de communication commerciale.
	Artikel 9		**Article 9**
Anhandnahme	1 Das Sekretariat nimmt das Verfahren nicht anhand, wenn	*Recevabilité*	1 Le Secrétariat déclare une plainte non recevable si
	a. die Beschwerde offensichtlich zu Unrecht erhoben wurde, mutwillig, aussichtslos oder ungenügend begründet ist,		a. la plainte est manifestement injustifiée, arbitraire, vouée à ne pas aboutir ou insuffisamment fondée,
	b. die beschwerdegegnerische Partei die beanstandete Massnahme der kommerziellen Kommunikation einstellt,		b. la partie défenderesse cesse la communication commerciale incriminée,
	c. gemäss Art. 18 Abs. 2 keine Bearbeitungsgebühr entrichtet wurde.		c. la participation aux frais de procédure, exigible en vertu de l'article 18, alinéa 2, n'a pas été versée.
	2 Das Sekretariat orientiert schriftlich die beschwerdeführende Partei; die Nichtanhandnahme des Sekretariats unterliegt in jedem Fall der nachträglichen Genehmigung durch den Geschäftsprüfungsausschuss.		2 Le Secrétariat informe par écrit la partie plaignante de la non-entrée en matière; dans tous les cas, cette décision est soumise à l'approbation ultérieure du Bureau de contrôle de la Commission.
	Artikel 10		**Article 10**
Eintreten	1 Auf die Beschwerde wird eingetreten, sofern es sich um eine Sache handelt, deren Beurteilung von grundsätzlicher Bedeutung oder besonderer Tragweite ist und ihr deswegen eine präjudizielle Wirkung zukommt.	*Entrée en matière*	1 Une plainte est examinée dans la mesure où il s'agit d'une question dont le jugement a un caractère de principe ou une portée particulièrement vaste, qui lui conférent un effet de jurisprudence.
	2 Über das Nichteintreten entscheidet die Kammer endgültig.		2 La décision définitive de non-recevabilité est du ressort de la Chambre.
	Artikel 11		**Article 11**
Zuständigkeit und anwendbares Recht	1 Vorbehaltlich der Zuständigkeit staatlicher oder anderer Instanzen beurteilt die Lauterkeitskommission Fälle, die sich auf dem Schweizer Markt auswirken und deren Tatbestandsmässigkeit unter die Internationalen Richtlinien oder die nationalen Grundsätze sowie die Praxis der Lauterkeitskommission fallen.	*Compétence et droit applicable*	1 Sous réserve de compétence d'instances officielles, étatiques ou autres, la Commission Suisse pour la Loyauté examine les cas qui se répercutent sur le marché suisse et qui relèvent du Code international de pratiques loyales en matière de publicité ou des règles nationales correspondantes ainsi que de la pratique de la Commission Suisse pour la Loyauté.

Anhang III SLK – Geschäftsreglement

Artikel 12 / Article 12

2 Wirkt sich eine aus der Schweiz gestreute Massnahme der kommerziellen Kommunikation ins Ausland aus, ist für die Beurteilung der Massnahme das Recht des Staates massgeblich, auf dessen Markt die Massnahme ihre Wirkung entfaltet.

3 Auf Antrag leitet das Sekretariat die Beanstandung an den Werbetreibenden in der Schweiz und an die zuständige Behörde weiter.

2 Si une mesure de communication commerciale en provenance de Suisse exerce ses effets à l'étranger, elle est à examiner en fonction de la législation du pays étranger en question.

3 Sur demande, le Secrétariat transmet la plainte à l'annonceur incriminé en Suisse et aux autorités compétentes.

Anzeigen an Verwaltungs- und Strafbehörden / Communication aux autorités administratives et pénales

Artikel 12 / Article 12

1 Ist der beanstandete Sachverhalt von Amtes wegen zu verfolgen, wird das Sekretariat die Akten unter Angabe der in Frage kommenden Vorschriften an die zuständige Verwaltungs- oder Strafbehörde überweisen, die die notwendigen Vorkehren aufgrund der Offizialmaxime zu treffen hat.

2 Offizialdelikte können jedoch hinsichtlich ihrer lauterkeitsrechtlichen Auswirkung in eigener Kompetenz überprüft werden.

3 Soweit Antragsdelikte vorliegen, kann in jedem Verfahrensstadium Strafantrag gestellt werden.

1 Si une cause doit être poursuivie d'office, le Secrétariat transmet le dossier, avec indication des prescriptions applicables, aux autorités administratives ou pénales compétentes qui sont appelées à prendre les mesures qui s'imposent sur la base de leur mandat officiel.

2 La Commission peut cependant examiner de sa propre compétence du point de vue de leur loyauté des délits poursuivis d'office par le ministère public.

3 Dans les cas de délits poursuivis sur plainte, une poursuite pénale peut être requise à tous les stades de la procédure.

Sprache / Langue

Artikel 13 / Article 13

1 Das Verfahren wird in der schweizerischen Amtssprache durchgeführt, in der die beanstandete Massnahme gestreut wird.

2 Aufgrund der Mitwirkungspflicht obliegt es den Parteien, ihre Eingaben in der entsprechenden Sprache abzufassen. Im Verstoss gegen diese Pflicht kann die Einstellung des Verfahrens oder Anerkennung der Beschwerdegründe nach sich ziehen.

3 Die Verhandlungssprache bei Verwendung einer anderen Sprache bestimmt endgültig das Sekretariat.

1 La procédure se déroule dans la langue nationale suisse dans laquelle la communication commerciale incriminée est distribuée.

2 En vertu de leur devoir de coopération, il revient aux parties de rédiger les pièces versées au dossier dans la langue voulue. Le non-respect de cette obligation peut entraîner la clôture de la procédure ou de la reconnaissance des motifs de la plainte.

3 En cas d'utilisation d'une autre langue, le Secrétariat décide en dernier ressort de la langue de procédure.

IV. Durchführung des Verfahrens / IV. Déroulement de la procédure

Schriftenwechsel / Dépôt des pièces

Artikel 14 / Article 14

1 Beschwerden sind mit hinreichender Begründung und mit den entsprechenden Unterlagen dem Sekretariat einzureichen; sie sind beförderlich zu behandeln.

2 Das Sekretariat gibt, unter Vorbehalt von Art. 9, der beschwerdegegnerischen Partei bzw. den für die kommerzielle Kommunikation Verantwortlichen umgehend von der eingegangenen Beschwerde Kenntnis und räumt eine Frist zur Stellungnahme ein.

1 La plainte, accompagnée de l'énoncé des motifs qui la fondent et des pièces justificatives requises, doit être adressée au Secrétariat qui est chargé de s'en occuper avec diligence.

2 Le Secrétariat donne immédiatement connaissance de la plainte reçue à la partie défenderesse ou aux responsables de la communication commerciale incriminée, sous réserve des dispositions de l'article 9, et leur impartit un délai pour présenter leur point de vue.

1239

3 Es ist Sache der beschwerdegegnerischen Partei, die von ihr behaupteten oder dargestellten Tatsachen nachzuweisen oder die Herkunft der Information bekannt zu geben.

4 Wünscht die beschwerdegegnerische Partei Anträge zu stellen, die Gegenstand einer eigenen Beschwerde abgeben, so ist nach Art. 8ff vorzugehen.

Artikel 15

Abklärungen

1 Das Sekretariat veranlasst von sich aus alle erforderlichen Abklärungen.

2 Die Parteien können von der Kammer persönlich angehört werden.

Artikel 16

Grundsatzfragen und klares Recht

1 Soweit das Plenum in grundsätzlicher und abschliessender Weise über einen Sachverhalt der kommerziellen Kommunikation entschieden hat, ist der Entscheid von präjudizieller Wirkung, ungeachtet der am Verfahren beteiligten Parteien.

2 In Fällen klaren Rechts kann die Kammer das Verfahren ohne Anhörung der beschwerdegegnerischen Partei unter Verweis auf das Präjudiz erledigen.

3 Soweit ein grundsätzlicher Sachverhalt noch nicht vom Plenum auf seine tatbestandesmässige Unlauterkeit hin präjudiziell beurteilt worden ist, kann eine Kammer aus eigener Initiative die Sache dem Plenum zur Beurteilung unterbreiten.

Artikel 17

Entscheid

1 Erachtet die Kammer den Fall für genügend abgeklärt, so fällt sie ihren Entscheid, wobei sie an die Anträge der Parteien nicht gebunden ist. Ein Verstoss kann sie selbst dann festgestellt werden, wenn die beanstandete Massnahme eingestellt worden ist. Dauert die Massnahme an, so wird die fehlbare beschwerdegegnerische Partei aufgefordert, die beanstandete Massnahme zu unterlassen.

2 Der Entscheid wird den Parteien mit einer kurzen, schriftlichen Begründung unter Angabe der mitwirkenden Kammermitglieder vom Sekretariat mitgeteilt.

3 Das Sekretariat kann Verfahren trennen oder vereinigen. Ruft die beschwerdegegnerische Partei die staatlichen Gerichte zum Entscheid an, so kann das zuständige Organ das Verfahren bis zum Entscheid des staatlichen Gerichts sistieren.

3 Il incombe à la partie défenderesse d'apporter la preuve des faits qu'elle avance ou de fournir la source de ses informations.

4 Si la partie défenderesse entend déposer des conclusions fournissant matière à une plainte de sa part, elle est tenue de respecter les dispositions des articles 8 et suivants.

Article 15

Compléments d'information

1 Le Secrétariat a charge de réunir tous les éléments nécessaires à l'examen du cas.

2 Les parties peuvent être entendues personnellement par la Chambre saisie de leur cas.

Article 16

Questions de principe et droit incontestable

1 Dans la mesure où le Plenum a rendu un arrêt de principe ou définitif sur une affaire concernant la communication commerciale, sa décision a une portée préjudicielle, quelles que soient les parties impliquées.

2 Dans les cas juridiquement incontestables, la Chambre peut clore la procédure sans procéder à l'audition de la partie défenderesse, en se référant à la jurisprudence.

3 Lorsque le Plenum n'a pas encore tranché préjudiciellement sur la déloyauté de principe d'un état de fait donné, la Chambre saisie peut transmettre d'office le cas au Plenum pour décision.

Article 17

Arrêt

1 Dès lors qu'elle s'estime suffisamment éclairée sur le cas qui lui est soumis, la Chambre rend son arrêt, sans égard aux conclusions des parties. Une infraction au Code peut être constatée même si la communication commerciale incriminée a cessé. Si cela n'est pas le cas, la partie défenderesse est sommée de le cesser.

2 Le Secrétariat notifie l'arrêt aux parties par un bref énoncé écrit des considérants et leur cite les membres de la Chambre qui l'a pris.

3 Le Secrétariat a la faculté de réunir ou de dissocier des procédures. Si la partie défenderesse fait appel aux tribunaux civils pour trancher son cas, l'organe compétent peut décider de suspendre la procédure en attendant que la justice se soit prononcée.

Anhang III — SLK – Geschäftsreglement

Kosten

4 Lässt sich die beschwerdegegnerische Partei auf das Verfahren nicht ein, so wird aufgrund der Akten entschieden.

Artikel 18

1 Das Verfahren ist grundsätzlich kostenlos.

2 Richtet sich die Beschwerde gegen eine Konkurrentin der beschwerdeführenden Partei, so hat die beschwerdeführende Partei vor Anhandnahme des Verfahrens eine Bearbeitungsgebühr von CHF 500.– zu bezahlen. Unabhängig vom Ausgang des Verfahrens verbleibt diese Gebühr der Kommission und ist im Verfahren vor der Schweizerischen Lauterkeitskommission nicht auf die Beschwerdegegnerin abwälzbar.

3 Erfordert die Abklärung des Tatbestandes neutrale Expertisen, so kann deren Anordnung vom Einverständnis einer der Parteien zur Kostentragung abhängig gemacht werden.

V. Rechtsmittel

Rekurs

Artikel 19

1 Jeder Beschwerdepartei steht das Rekursrecht zu wie folgt:

a. Innert 10 Tagen ab Zustellung der Nichtanhandnahme des Sekretariats (Art. 9). Der Rekurs ist an die Kommission zuhanden des Geschäftsprüfungsausschusses zu richten, der in der Sache neu entscheidet.

b. Innert 20 Tagen ab Zustellung des Kammerbeschlusses in den Fällen von Willkür. Der Rekurs ist an das Plenum der Kommission zu richten, das den angefochtenen Entscheid durch Bestätigung oder Aufhebung erledigen kann. Bei Aufhebung des Entscheides kann das Plenum einen neuen Entscheid fällen oder das Verfahren zur Neubeurteilung an die zuständige Kammer zurückweisen.

2 Für den Rekursentscheid tritt die betroffene Kammer in den Ausstand.

3 Der Rekurs ist innert der Rekursfrist schriftlich zu begründen unter Angabe der Rekursgründe; die Rekursfrist ist nicht erstreckbar.

4 Ist die Rekursfrist versäumt oder fehlt es an der gehörigen Substantiierung der Rekursgründe, kann die/der Kommissionspräsident/in den Rekurs mit kurzer Begründung endgültig zurückweisen.

5 Dem Rekurs kommt aufschiebende Wirkung zu.

---

4 Si la partie défenderesse refuse d'entrer en matière, la Commission tranchera le cas au vu du dossier.

Frais

Article 18

1 La procédure est en principe gratuite.

2 Si la plainte est dirigée contre un concurrent de la partie plaignante, cette dernière doit verser, avant l'ouverture de la procédure, une participation aux frais de CHF 500.—. Quelle que soit l'issue de la procédure, cette somme reste acquise à la Commission Suisse pour la Loyauté et ne peut pas être mise à la charge de la partie défenderesse.

3 Si l'élucidation du cas requiert des expertises neutres, celles-ci peuvent être soumises à la prise en charge par l'une des parties.

V. Voies de recours

Recours

Article 19

1 Chaque partie peut faire recours comme suit:

a. dans les 10 jours à dater de la notification de non-entrée en matière par le Secrétariat (art. 9), en s'adressant à la Commission, à l'attention du Bureau de contrôle qui prend un nouvel arrêt.

b. dans les 20 jours à dater de la notification, contre l'arrêt d'une Chambre jugé arbitraire, auprès du Plenum de la Commission, lequel peut confirmer ou casser cet arrêt; s'il le casse, il peut rendre un nouvel arrêt ou renvoyer le cas à la Chambre compétente pour un nouvel examen.

2 La Chambre saisie de l'affaire ne prend pas part à la décision sur le recours.

3 Le recours doit être présenté par écrit, avec l'énoncé des motifs invoqués; le délai de recours n'est pas extensible.

4 Si le délai de recours est dépassé ou s'il manque les preuves matérielles nécessaires pour justifier le recours, le (la) président(e) de la Commission peut rejeter le recours moyennant une brève justification.

5 Le recours a un effet suspensif.

1241

VI. Sanktionen und Berichterstattung

Artikel 20

Sanktionen

1 Wird einer rechtskräftigen Aufforderung gemäss Art. 17 nicht Folge geleistet, so kann die zuständige Kammer adäquate Sanktionen beschliessen, die von Fall zu Fall festzulegen sind.

2 Als Sanktionen kommen unter anderem in Frage:

a. Die Publikation des Entscheides unter voller Namensnennung,
b. die Empfehlung auf Ausschluss aus Fachverbänden,
c. die Aufforderung an die Werbeträger, die als unlauter befundene kommerzielle Kommunikation nicht mehr aufzunehmen,
d. der Antrag auf Widerruf der Berateranerkennung SW und Entzug der Beraterkommissionierung VSW.

Artikel 21

Berichterstattung

1 Über die Tätigkeit veröffentlicht die Kommission alljährlich einen zusammenfassenden Bericht, wobei sie dafür sorgt, dass die Namen der für die Massnahme Verantwortlichen abgedeckt werden.

2 Die Kommission kann Dritten auf Widerruf hin erlauben, Entscheide von allgemeinem Interesse in Form von Zusammenfassungen unter Wahrung berechtigter Ansprüche der Parteien auf Anonymität zu erfassen und den am Werbebereich wissenschaftlich oder praktisch interessierten Fachkreisen zugänglich zu machen.

VII. Schluss und Übergangsbestimmungen

Artikel 22

Inkrafttreten

1 Das vorliegende Reglement tritt am 1. Januar 2005 in Kraft.

2 Beschwerden, die vor dem Inkrafttreten dieses Reglements bei der Kommission anhängig gemacht worden sind, werden noch nach dem alten Reglement (Ausgabe 1997) beurteilt.

Artikel 23

Genehmigung

Dieses Reglement ist auf Antrag des Stiftungsrates vom Eidgenössischen Departement des Innern als Stiftungsaufsicht genehmigt worden.

VI. Sanctions et rapport

Article 20

Sanctions

1 Si une sommation ayant force contraignante aux termes de l'article 17 n'est pas respectée, la Chambre compétente peut décider les sanctions adéquates, à prendre cas par cas.

2 Entrent, entre autres, en ligne de compte les sanctions suivantes:

a. publication de l'arrêt avec mention de l'identité complète du sanctionné,
b. recommandation d'exclusion aux associations professionnelles,
c. invitation aux supports de publicité à ne plus accepter de diffuser la communication commerciale condamnée,
d. demande de révocation de la reconnaissance PS de conseil en publicité et la suppression de la commission de conseil ASSP.

Article 21

Rapport

1 La Commission publie chaque année un rapport résumant son activité, en veillant à ce que les responsables d'une communication condamnée ne soient pas identifiables.

2 La Commission peut permettre, jusqu'à nouvel ordre, à des tiers de réunir sous forme de recueils des arrêts d'intérêt général pris par elle, à condition que soit respecté le légitime droit à l'anonymat de ceux-ci à la disposition des milieux professionnels pour lesquels le droit de la publicité présente un intérêt scientifique ou pratique.

VII. Dispositions finales et transitoires

Article 22

Entrée en vigueur

1 Le présent règlement entre en vigueur le 1er janvier 2005.

2 Les plaintes déposées avant l'entrée en vigueur du présent règlement seront encore traitées selon l'ancien règlement (de 1997).

Article 23

Autorisation

Sur demande du Conseil de la Fondation, le Département fédéral de l'intérieur, en sa qualité d'organe de surveillance, a autorisé le présent règlement.

Anhang III

RL 2005/29/EG

V. Erlasse der EU

33. Richtlinie 2005/29/EG

L 149/22   DE   Amtsblatt der Europäischen Union   11.6.2005

RICHTLINIE 2005/29/EG DES EUROPÄISCHEN PARLAMENTS UND DES RATES

vom 11. Mai 2005

über unlautere Geschäftspraktiken im binnenmarktinternen Geschäftsverkehr zwischen Unternehmen und Verbrauchern und zur Änderung der Richtlinie 84/450/EWG des Rates, der Richtlinien 97/7/EG, 98/27/EG und 2002/65/EG des Europäischen Parlaments und des Rates sowie der Verordnung (EG) Nr. 2006/2004 des Europäischen Parlaments und des Rates (Richtlinie über unlautere Geschäftspraktiken)

(Text von Bedeutung für den EWR)

DAS EUROPÄISCHE PARLAMENT UND DER RAT DER EUROPÄISCHEN UNION —

gestützt auf den Vertrag zur Gründung der Europäischen Gemeinschaft, insbesondere auf Artikel 95,

auf Vorschlag der Kommission,

nach Stellungnahme des Europäischen Wirtschafts- und Sozialausschusses ([1]),

gemäß dem Verfahren des Artikels 251 des Vertrags ([2]),

in Erwägung nachstehender Gründe:

(1) Nach Artikel 153 Absatz 1 und Absatz 3 Buchstabe a des Vertrags hat die Gemeinschaft durch Maßnahmen, die sie nach Artikel 95 erlässt, einen Beitrag zur Gewährleistung eines hohen Verbraucherschutzniveaus zu leisten.

(2) Gemäß Artikel 14 Absatz 2 des Vertrags umfasst der Binnenmarkt einen Raum ohne Binnengrenzen, in dem der freie Verkehr von Waren und Dienstleistungen sowie die Niederlassungsfreiheit gewährleistet sind. Die Entwicklung der Lauterkeit des Geschäftsverkehrs innerhalb dieses Raums ohne Binnengrenzen ist für die Förderung grenzüberschreitender Geschäftstätigkeiten wesentlich.

(3) Die Rechtsvorschriften der Mitgliedstaaten in Bezug auf unlautere Geschäftspraktiken unterscheiden sich deutlich voneinander, wodurch erhebliche Verzerrungen des Wettbewerbs und Hemmnisse für das ordnungsgemäße Funktionieren des Binnenmarktes entstehen können. Im Bereich

der Werbung legt die Richtlinie 84/450/EWG des Rates vom 10. September 1984 über irreführende und vergleichende Werbung ([3]) Mindestkriterien für die Angleichung der Rechtsvorschriften im Bereich der irreführenden Werbung fest, hindert die Mitgliedstaaten jedoch nicht daran, Vorschriften aufrechtzuerhalten oder zu erlassen, die einen weiterreichenden Schutz der Verbraucher vorsehen. Deshalb unterscheiden sich die Rechtsvorschriften der Mitgliedstaaten im Bereich der irreführenden Werbung erheblich.

(4) Diese Unterschiede führen zu Unsicherheit darüber, welche nationalen Regeln für unlautere Geschäftspraktiken gelten, die wirtschaftlichen Interessen der Verbraucher schädigen, und schaffen viele Hemmnisse für Unternehmen wie Verbraucher. Diese Hemmnisse verteuern für die Unternehmen die Ausübung der Freiheiten des Binnenmarkts, insbesondere, wenn Unternehmen grenzüberschreitend Marketing-, Werbe- oder Verkaufskampagnen betreiben wollen. Auch für Verbraucher schaffen solche Hemmnisse Unsicherheit hinsichtlich ihrer Rechte und untergraben ihr Vertrauen in den Binnenmarkt.

(5) In Ermangelung einheitlicher Regeln auf Gemeinschaftsebene könnten Hemmnisse für den grenzüberschreitenden Dienstleistungs- und Warenverkehr oder die Niederlassungsfreiheit im Lichte der Rechtsprechung des Gerichtshofs der Europäischen Gemeinschaften gerechtfertigt sein, sofern sie dem Schutz anerkannter Ziele des öffentlichen Interesses dienen und diesen Zielen angemessen sind. Angesichts der Ziele der Gemeinschaft, wie sie in den Bestimmungen des Vertrags und im sekundären Gemeinschaftsrecht über die Freizügigkeit niedergelegt sind, und in Übereinstimmung mit der in der Mitteilung der Kommission „Folgedokument zum Grünbuch über kommerzielle Kommunikationen im Binnenmarkt" genannten Politik der Kommission auf dem Gebiet der kommerziellen Kommunikation sollten solche Hemmnisse beseitigt werden. Diese Hemmnisse können nur beseitigt werden, indem in der Gemeinschaft einheitliche Regeln, die ein hohes Verbraucherschutzniveau gewährleisten, festgelegt und bestimmte Rechtsbegriffe geklärt werden.

([1]) ABl. C 108 vom 30.4.2004, S. 81.
([2]) Stellungnahme des Europäischen Parlaments vom 20. April 2004 (ABl. C 104 E vom 30.4.2004, S. 260), Gemeinsamer Standpunkt des Rates vom 15. November 2004 (ABl. C 38 E vom 15.2.2005, S. 1) und Standpunkt des Europäischen Parlaments vom 24. Februar 2005 (noch nicht im Amtsblatt veröffentlicht). Beschluss des Rates vom 12. April 2005.

([3]) ABl. L 250 vom 19.9.1984, S. 17. Richtlinie geändert durch die Richtlinie 97/55/EG des Europäischen Parlaments und des Rates (ABl. L 290 vom 23.10.1997, S. 18).

(6) Die vorliegende Richtlinie gleicht deshalb die Rechtsvorschriften der Mitgliedstaaten über unlautere Geschäftspraktiken einschließlich der unlauteren Werbung an, die die wirtschaftlichen Interessen der Verbraucher unmittelbar und dadurch die wirtschaftlichen Interessen rechtmäßig handelnder Mitbewerber mittelbar schädigen. Im Einklang mit dem Verhältnismäßigkeitsprinzip schützt diese Richtlinie die Verbraucher vor den Auswirkungen solcher unlauteren Geschäftspraktiken, soweit sie als wesentlich anzusehen sind, berücksichtigt jedoch, dass die Auswirkungen für den Verbraucher in manchen Fällen unerheblich sein können. Sie erfasst und berührt nicht die nationalen Rechtsvorschriften in Bezug auf unlautere Geschäftspraktiken, die lediglich die wirtschaftlichen Interessen von Mitbewerbern schädigen oder sich auf ein Rechtsgeschäft zwischen Gewerbetreibenden beziehen; die Mitgliedstaaten können solche Praktiken, falls sie es wünschen, unter uneingeschränkter Wahrung des Subsidiaritätsprinzips im Einklang mit dem Gemeinschaftsrecht weiterhin regeln. Diese Richtlinie erfasst und berührt auch nicht die Bestimmungen der Richtlinie 84/450/EWG über Werbung, die für Unternehmen, nicht aber für Verbraucher irreführend ist, noch die Bestimmungen über vergleichende Werbung. Darüber hinaus berührt diese Richtlinie auch nicht die anerkannten Werbe- und Marketingmethoden wie rechtmäßige Produktplatzierung, Markendifferenzierung oder Anreize, die auf rechtmäßige Weise die Wahrnehmung von Produkten durch den Verbraucher und sein Verhalten beeinflussen können, die jedoch seine Fähigkeit, eine informierte Entscheidung zu treffen, nicht beeinträchtigen.

(7) Diese Richtlinie bezieht sich auf Geschäftspraktiken, die in unmittelbarem Zusammenhang mit der Beeinflussung der geschäftlichen Entscheidungen des Verbrauchers in Bezug auf Produkte stehen. Sie bezieht sich nicht auf Geschäftspraktiken, die vorrangig anderen Zielen dienen, wie etwa bei kommerziellen, für Investoren gedachten Mitteilungen, wie Jahresberichten und Unternehmensprospekten. Sie bezieht sich nicht auf die gesetzlichen Anforderungen in Fragen des guten Sittens und des Anstands, die in den Mitgliedstaaten sehr unterschiedlich sind. Geschäftspraktiken wie beispielsweise das Ansprechen von Personen auf der Straße zu Verkaufszwecken können in manchen Mitgliedstaaten aus kulturellen Gründen unerwünscht sein. Die Mitgliedstaaten sollten daher im Einklang mit dem Gemeinschaftsrecht in ihrem Hoheitsgebiet weiterhin Geschäftspraktiken aus Gründen der guten Sitten und des Anstands verbieten können, auch wenn diese Praktiken die Wahlfreiheit des Verbrauchers nicht beeinträchtigen. Bei der Anwendung dieser Richtlinie, insbesondere der Generalklauseln, sollten die Umstände des Einzelfalles umfassend gewürdigt werden.

(8) Diese Richtlinie schützt unmittelbar die wirtschaftlichen Interessen der Verbraucher vor unlauteren Geschäftspraktiken im Geschäftsverkehr zwischen Unternehmen und Verbrauchern. Sie schützt somit auch mittelbar rechtmäßig handelnde Unternehmen vor Mitbewerbern, die sich nicht an die Regeln dieser Richtlinie halten, und gewährleistet damit einen lauteren Wettbewerb in dem durch sie koordinierten Bereich. Selbstverständlich gibt es andere Geschäftspraktiken, die zwar nicht den Verbraucher schädigen, sich jedoch nachteilig für die Mitbewerber und gewerblichen Kunden auswirken können. Die Kommission sollte sorgfältig prüfen, ob auf dem Gebiet des unlauteren Wettbewerbs über den Regelungsbereich dieser Richtlinie hinausgehende gemeinschaftliche Maßnahmen erforderlich sind, und sollte gegebenenfalls einen Gesetzgebungsvorschlag zur Erfassung dieser anderen Aspekte des unlauteren Wettbewerbs vorlegen.

(9) Diese Richtlinie berührt nicht individuelle Klagen von Personen, die durch eine unlautere Geschäftspraxis geschädigt wurden. Sie berührt ferner nicht die gemeinschaftlichen und nationalen Vorschriften in den Bereichen Vertragsrecht, Schutz des geistigen Eigentums, Sicherheit und Gesundheitsschutz im Zusammenhang mit Produkten, Niederlassungsbedingungen und Genehmigungsregelungen, einschließlich solcher Vorschriften, die sich im Einklang mit dem Gemeinschaftsrecht auf Glücksspiele beziehen, sowie die Wettbewerbsregeln der Gemeinschaft und die nationalen Rechtsvorschriften zur Umsetzung derselben. Die Mitgliedstaaten können somit unabhängig davon, wo der Gewerbetreibende niedergelassen ist, unter Berufung auf den Schutz der Gesundheit und der Sicherheit der Verbraucher in ihrem Hoheitsgebiet für Geschäftspraktiken Beschränkungen aufrechterhalten oder einführen oder diese Praktiken verbieten, beispielsweise in Zusammenhang mit Spirituosen, Tabakwaren und Arzneimitteln. Für Finanzdienstleistungen und Immobilien sind aufgrund ihrer Komplexität und der ihnen inhärenten ernsten Risiken detailliertere Anforderungen erforderlich, einschließlich positiver Verpflichtungen für die betreffenden Gewerbetreibenden. Deshalb lässt diese Richtlinie im Bereich der Finanzdienstleistungen und Immobilien das Recht der Mitgliedstaaten unberührt, zum Schutz der wirtschaftlichen Interessen der Verbraucher über ihre Bestimmungen hinauszugehen. Es ist nicht angezeigt, in dieser Richtlinie die Zertifizierung und Angabe des Feingehalts von Artikeln aus Edelmetall zu regeln.

(10) Es muss sichergestellt werden, dass diese Richtlinie insbesondere in Fällen, in denen Einzelvorschriften über unlautere Geschäftspraktiken in speziellen Sektoren anwendbar sind auf das geltende Gemeinschaftsrecht abgestimmt ist. Diese Richtlinie ändert daher die Richtlinie 84/450/EWG, die Richtlinie 97/7/EG des Europäischen Parlaments und des Rates vom 20. Mai 1997 über den Verbraucherschutz bei Vertragsabschlüssen im Fernabsatz ([1]), die Richtlinie 98/27/EG des Europäischen Parlaments und des Rates vom 19. Mai 1998 über Unterlassungsklagen zum Schutz der Verbraucherinteressen ([2]) und die Richtlinie 2002/65/EG des Europäischen Parlaments und des Rates vom 23. September 2002 über den Fernabsatz von Finanzdienstleistungen an Verbraucher ([3]). Diese Richtlinie gilt dementsprechend nur insoweit, als keine spezifischen Vorschriften des Gemeinschaftsrechts vorliegen, die spezielle

---

([1]) ABl. L 144 vom 4.6.1997, S. 19. Richtlinie geändert durch die Richtlinie 2002/65/EG (ABl. L 271 vom 9.10.2002, S. 16).
([2]) ABl. L 166 vom 11.6.1998, S. 51. Richtlinie zuletzt geändert durch die Richtlinie 2002/65/EG.
([3]) ABl. L 271 vom 9.10.2002, S. 16.

Aspekte unlauterer Geschäftspraktiken regeln, wie etwa Informationsanforderungen oder Regeln darüber, wie dem Verbraucher Informationen zu vermitteln sind. Sie bietet den Verbrauchern in den Fällen Schutz, in denen es keine spezifischen sektoralen Vorschriften auf Gemeinschaftsebene gibt, und untersagt es Gewerbetreibenden, eine Fehlvorstellung von der Art ihrer Produkte zu wecken. Dies ist besonders wichtig bei komplexen Produkten mit einem hohen Risikograd für die Verbraucher, wie etwa bestimmten Finanzdienstleistungen. Diese Richtlinie ergänzt somit den gemeinschaftlichen Besitzstand in Bezug auf Geschäftspraktiken, die den wirtschaftlichen Interessen der Verbraucher schaden.

(11) Das hohe Maß an Konvergenz, das die Angleichung der nationalen Rechtsvorschriften durch diese Richtlinie hervorbringt, schafft ein hohes allgemeines Verbraucherschutzniveau. Diese Richtlinie stellt ein einziges generelles Verbot jener unlauteren Geschäftspraktiken auf, die das wirtschaftliche Verhalten des Verbrauchers beeinträchtigen. Sie stellt außerdem Regeln über aggressive Geschäftspraktiken auf, die gegenwärtig auf Gemeinschaftsebene nicht geregelt sind.

(12) Durch die Angleichung wird die Rechtssicherheit sowohl für Verbraucher als auch für Unternehmen beträchtlich erhöht. Sowohl die Verbraucher als auch die Unternehmen werden in die Lage versetzt, sich an einem einzigen Rechtsrahmen zu orientieren, der auf einem klar definierten Rechtskonzept beruht, das alle Aspekte unlauterer Geschäftspraktiken in der EU regelt. Dies wird zur Folge haben, dass die durch die Fragmentierung der Vorschriften über unlautere, die wirtschaftlichen Interessen der Verbraucher schädigende Geschäftspraktiken verursachten Handelshemmnisse beseitigt werden und die Verwirklichung des Binnenmarktes in diesem Bereich ermöglicht wird.

(13) Zur Erreichung der Ziele der Gemeinschaft durch die Beseitigung von Hemmnissen für den Binnenmarkt ist es notwendig, die in den Mitgliedstaaten existierenden unterschiedlichen Generalklauseln und Rechtsgrundsätze zu ersetzen. Das durch diese Richtlinie eingeführte einzige, gemeinsame generelle Verbot umfasst daher unlautere Geschäftspraktiken, die das wirtschaftliche Verhalten der Verbraucher beeinträchtigen. Zur Förderung des Verbrauchervertrauens sollte das generelle Verbot für unlautere Geschäftspraktiken sowohl außerhalb einer vertraglichen Beziehung zwischen Gewerbetreibenden und Verbrauchern als auch nach Abschluss eines Vertrags und während dessen Ausführung gelten. Das generelle Verbot wird durch Regeln über die beiden bei weitem am meisten verbreiteten Arten von Geschäftspraktiken konkretisiert, nämlich die irreführenden und die aggressiven Geschäftspraktiken.

(14) Es ist wünschenswert, dass der Begriff der irreführenden Praktiken auch Praktiken, einschließlich irreführender Werbung, umfasst, die den Verbraucher durch Täuschung davon abhalten, eine informierte und deshalb effektive Wahl zu treffen. In Übereinstimmung mit dem Recht und den Praktiken der Mitgliedstaaten zur irreführenden Werbung unterteilt diese Richtlinie irreführende Praktiken in irreführende Handlungen und irreführende Unterlassungen. Im Hinblick auf Unterlassungen legt diese Richtlinie eine bestimmte Anzahl von Basisinformationen fest, die der Verbraucher benötigt, um eine informierte geschäftliche Entscheidung treffen zu können. Solche Informationen müssen nicht notwendigerweise in jeder Werbung enthalten sein, sondern nur dann, wenn der Gewerbetreibende zum Kauf auffordert; dieses Konzept wird in dieser Richtlinie klar definiert. Die in dieser Richtlinie vorgesehene vollständige Angleichung hindert die Mitgliedstaaten nicht daran, in ihren nationalen Rechtsvorschriften für bestimmte Produkte, zum Beispiel Sammlungsstücke oder elektrische Geräte, die wesentlichen Kennzeichen festzulegen, deren Weglassen beim Kauf eine Aufforderung zum Kauf rechterheblich wäre. Mit dieser Richtlinie wird nicht beabsichtigt, die Wahl für die Verbraucher einzuschränken, indem die Werbung für Produkte, die anderen Produkten ähneln, untersagt wird, es sei denn, dass diese Ähnlichkeit eine Verwechslungsgefahr für die Verbraucher hinsichtlich der kommerziellen Herkunft des Produkts begründet und daher irreführend ist. Diese Richtlinie sollte das bestehende Gemeinschaftsrecht unberührt lassen, das den Mitgliedstaaten ausdrücklich die Wahl zwischen mehreren Regelungsoptionen für den Verbraucherschutz auf dem Gebiet der Geschäftspraktiken lässt. Die vorliegende Richtlinie sollte insbesondere Artikel 13 Absatz 3 der Richtlinie 2002/58/EG des Europäischen Parlaments und des Rates vom 12. Juli 2002 über die Verarbeitung personenbezogener Daten und den Schutz der Privatsphäre in der elektronischen Kommunikation (¹) unberührt lassen.

(15) Legt das Gemeinschaftsrecht Informationsanforderungen in Bezug auf Werbung, kommerzielle Kommunikation oder Marketing fest, so werden die betreffenden Informationen im Rahmen dieser Richtlinie als wesentlich angesehen. Die Mitgliedstaaten können die Informationsanforderungen in Bezug auf das Vertragsrecht oder mit vertragsrechtlichen Auswirkungen aufrechterhalten oder erweitern, wenn dies aufgrund der Mindestklauseln in den bestehenden gemeinschaftlichen Rechtsakten zulässig ist. Eine nicht erschöpfende Auflistung solcher im Besitzstand vorgesehenen Informationsanforderungen ist in Anhang II enthalten. Aufgrund der durch diese Richtlinie eingeführten vollständigen Angleichung werden nur die nach dem Gemeinschaftsrecht vorgeschriebenen Informationen als wesentlich für die Zwecke des Artikels 7 Absatz 5 dieser Richtlinie betrachtet. Haben die Mitgliedstaaten auf der Grundlage von Mindestklauseln Informationsanforderungen eingeführt, die über das hinausgehen, was im Gemeinschaftsrecht geregelt ist, so kann das Vorenthalten dieser Informationen einem irreführenden Unterlassen nach dieser Richtlinie nicht gleich. Die Mitgliedstaaten können demgegenüber, sofern dies nach dem gemeinschaftsrechtlichen Mindestklauseln zulässig ist, im Einklang mit dem Gemeinschaftsrecht strengere Bestimmungen aufrechterhalten oder einführen, um ein höheres Schutzniveau für die individuellen vertraglichen Rechte der Verbraucher zu gewährleisten.

(¹) ABl. L 201 vom 31.7.2002, S. 37.

(16) Die Bestimmungen über aggressive Handelspraktiken sollten solche Praktiken einschließen, die die Wahlfreiheit des Verbrauchers wesentlich beeinträchtigen. Dabei handelt es sich um Praktiken, die sich der Belästigung, der Nötigung, einschließlich der Anwendung von Gewalt, und der unzulässigen Beeinflussung bedienen.

(17) Es ist wünschenswert, dass diejenigen Geschäftspraktiken, die unter allen Umständen unlauter sind, identifiziert werden, um größere Rechtssicherheit zu schaffen. Anhang I enthält daher eine umfassende Liste solcher Praktiken. Hierbei handelt es sich um die einzigen Geschäftspraktiken, die ohne eine Beurteilung des Einzelfalls anhand der Bestimmungen der Artikel 5 bis 9 als unlauter gelten können. Die Liste kann nur durch eine Änderung dieser Richtlinie abgeändert werden.

(18) Es ist angezeigt, alle Verbraucher vor unlauteren Geschäftspraktiken zu schützen; der Gerichtshof hat es allerdings bei seiner Rechtsprechung im Zusammenhang mit Werbung seit dem Erlass der Richtlinie 84/450/EWG für erforderlich gehalten, die Auswirkungen auf einen fiktiven typischen Verbraucher zu prüfen. Dem Verhältnismäßigkeitsprinzip entsprechend und um die wirksame Anwendung der vorgesehenen Schutzmaßnahmen zu ermöglichen, nimmt diese Richtlinie den Durchschnittsverbraucher, der angemessen gut unterrichtet und angemessen aufmerksam und kritisch ist, unter Berücksichtigung sozialer, kultureller und sprachlicher Faktoren in der Auslegung des Gerichtshofs als Maßstab, enthält aber auch Bestimmungen zur Vermeidung der Ausnutzung von Verbrauchern, deren Eigenschaften sie für unlautere Geschäftspraktiken besonders anfällig machen. Richtet sich eine Geschäftspraxis speziell an eine besondere Verbrauchergruppe wie z. B. Kinder, so sollte die Auswirkung der Geschäftspraxis aus der Sicht eines Durchschnittsmitglieds dieser Gruppe beurteilt werden. Es ist deshalb angezeigt, in die Liste der Geschäftspraktiken, die unter allen Umständen unlauter sind, eine Bestimmung aufzunehmen, mit der an Kinder gerichtete Werbung zwar nicht völlig untersagt wird, mit der Kinder aber vor unmittelbaren Kaufaufforderungen geschützt werden. Der Begriff des Durchschnittsverbrauchers beruht dabei nicht auf einer statistischen Grundlage. Die nationalen Gerichte und Verwaltungsbehörden müssen sich bei der Beurteilung der Frage, wie der Durchschnittsverbraucher in einem gegebenen Fall typischerweise reagieren würde, auf ihre eigene Urteilsfähigkeit unter Berücksichtigung der Rechtsprechung des Gerichtshofs verlassen.

(19) Sind Verbraucher aufgrund bestimmter Eigenschaften wie Alter, geistige oder körperliche Gebrechen oder Leichtgläubigkeit besonders für eine Geschäftspraxis oder das ihr zugrunde liegende Produkt anfällig und wird durch diese Praxis voraussichtlich das wirtschaftliche Verhalten nur dieser Verbraucher in einer für den Gewerbetreibenden vernünftigerweise vorhersehbaren Art und Weise wesentlich beeinflusst, muss sichergestellt werden, dass diese entsprechend geschützt werden, indem die Praxis aus der Sicht eines Durchschnittsmitglieds dieser Gruppe beurteilt wird.

(20) Es ist zweckmäßig, die Möglichkeit von Verhaltenskodizes vorzusehen, die es Gewerbetreibenden ermöglichen, die Grundsätze dieser Richtlinie in spezifischen Wirtschaftsbranchen wirksam anzuwenden. In Branchen, in denen es spezifische zwingende Vorschriften gibt, die das Verhalten von Gewerbetreibenden regeln, ist es zweckmäßig, dass aus diesen auch die Anforderungen an die berufliche Sorgfalt in dieser Branche ersichtlich sind. Die von den Urhebern der Kodizes auf nationaler oder auf Gemeinschaftsebene ausgeübte Kontrolle hinsichtlich der Beseitigung unlauterer Geschäftspraktiken könnte die Inanspruchnahme der Verwaltungsbehörden oder Gerichte unnötig machen und sollte daher gefördert werden. Mit dem Ziel, ein hohes Verbraucherschutzniveau zu erreichen, könnten Verbraucherverbände informiert und an der Ausarbeitung von Verhaltenskodizes beteiligt werden.

(21) Personen oder Organisationen, die nach dem nationalen Recht ein berechtigtes Interesse geltend machen können, müssen über Rechtsbehelfe verfügen, die es ihnen erlauben, vor Gericht oder bei einer Verwaltungsbehörde, die über Beschwerden entscheiden oder geeignete gerichtliche Schritte einleiten kann, gegen unlautere Geschäftspraktiken vorzugehen. Zwar wird die Beweislast vom nationalen Recht bestimmt, die Gerichte und Verwaltungsbehörden sollten aber in die Lage versetzt werden, von Gewerbetreibenden zu verlangen, dass sie den Beweis für die Richtigkeit der von ihnen behaupteten Tatsachen erbringen.

(22) Es ist notwendig, dass die Mitgliedstaaten Sanktionen für Verstöße gegen diese Richtlinie festlegen und für deren Durchsetzung sorgen. Die Sanktionen müssen wirksam, verhältnismäßig und abschreckend sein.

(23) Da die Ziele dieser Richtlinie, nämlich durch Angleichung der Rechts- und Verwaltungsvorschriften der Mitgliedstaaten über unlautere Geschäftspraktiken die durch derartige Vorschriften verursachten Handelshemmnisse zu beseitigen und ein hohes gemeinsames Verbraucherschutzniveau zu gewährleisten, auf Ebene der Mitgliedstaaten nicht ausreichend erreicht werden können und daher besser auf Gemeinschaftsebene zu erreichen sind, kann die Gemeinschaft im Einklang mit dem in Artikel 5 des Vertrags niedergelegten Subsidiaritätsprinzip tätig werden. Entsprechend dem in demselben Artikel genannten Verhältnismäßigkeitsprinzip geht diese Richtlinie nicht über das für die Beseitigung der Handelshemmnisse und die Gewährleistung eines hohen gemeinsamen Verbraucherschutzniveaus erforderliche Maß hinaus.

(24) Diese Richtlinie sollte überprüft werden um sicherzustellen, dass Handelshemmnisse für den Binnenmarkt beseitigt und ein hohes Verbraucherschutzniveau erreicht wird. Diese Überprüfung könnte zu einem Vorschlag der Kommission zur Änderung dieser Richtlinie führen, der eine begrenzte Verlängerung der Geltungsdauer der Ausnahmeregelung des Artikels 3 Absatz 5 vorsehen und/oder

Änderungsvorschläge zu anderen Rechtsvorschriften über den Verbraucherschutz beinhalten könnte, in denen die von der Kommission im Rahmen der verbraucherpolitischen Strategie der Gemeinschaft eingegangene Verpflichtung zur Überprüfung des Besitzstands zur Erreichung eines hohen gemeinsamen Verbraucherschutzniveaus zum Ausdruck kommt.

(25) Diese Richtlinie achtet die insbesondere in der Charta der Grundrechte der Europäischen Union anerkannten Grundrechte und Grundsätze —

HABEN FOLGENDE RICHTLINIE ERLASSEN:

KAPITEL 1
ALLGEMEINE BESTIMMUNGEN

Artikel 1
Zweck der Richtlinie

Zweck dieser Richtlinie ist es, durch Angleichung der Rechts- und Verwaltungsvorschriften der Mitgliedstaaten über unlautere Geschäftspraktiken, die die wirtschaftlichen Interessen der Verbraucher beeinträchtigen, zu einem reibungslosen Funktionieren des Binnenmarkts und zum Erreichen eines hohen Verbraucherschutzniveaus beizutragen.

Artikel 2
Definitionen

Im Sinne dieser Richtlinie bezeichnet der Ausdruck

a) „Verbraucher" jede natürliche Person, die im Geschäftsverkehr im Sinne dieser Richtlinie zu Zwecken handelt, die nicht ihrer gewerblichen, handwerklichen oder beruflichen Tätigkeit zugerechnet werden können;

b) „Gewerbetreibender" jede natürliche oder juristische Person, die im Geschäftsverkehr im Sinne dieser Richtlinie im Rahmen ihrer gewerblichen, handwerklichen oder beruflichen Tätigkeit handelt, und jede Person, die im Namen oder Auftrag des Gewerbetreibenden handelt;

c) „Produkt" jede Ware oder Dienstleistung, einschließlich Immobilien, Rechte und Verpflichtungen;

d) „Geschäftspraktiken im Geschäftsverkehr zwischen Unternehmen und Verbrauchern" (nachstehend auch „Geschäftspraktiken" genannt) jede Handlung, Unterlassung, Verhaltensweise oder Erklärung, kommerzielle Mitteilung einschließlich Werbung und Marketing eines Gewerbetreibenden, die unmittelbar mit der Absatzförderung, dem Verkauf oder der Lieferung eines Produkts an Verbraucher zusammenhängt;

e) „wesentliche Beeinflussung des wirtschaftlichen Verhaltens des Verbrauchers" die Anwendung einer Geschäftspraxis, um die Fähigkeit des Verbrauchers, eine informierte Entscheidung zu treffen, spürbar zu beeinträchtigen und damit den Verbraucher zu einer geschäftlichen Entscheidung zu veranlassen, die er andernfalls nicht getroffen hätte;

f) „Verhaltenskodex" eine Vereinbarung oder ein Vorschriftenkatalog, die bzw. der nicht durch die Rechts- und Verwaltungsvorschriften eines Mitgliedstaates vorgeschrieben ist und das Verhalten der Gewerbetreibenden definiert, die sich in Bezug auf eine oder mehrere spezielle Geschäftspraktiken oder Wirtschaftszweige auf diesen Kodex verpflichten;

g) „Urheber eines Kodex" jede Rechtspersönlichkeit, einschließlich einzelner Gewerbetreibender oder Gruppen von Gewerbetreibenden, die für die Formulierung und Überarbeitung eines Verhaltenskodex und/oder für die Überwachung der Einhaltung dieses Kodex durch alle diejenigen, die sich darauf verpflichtet haben, zuständig ist;

h) „berufliche Sorgfalt" der Standard an Fachkenntnissen und Sorgfalt, bei denen billigerweise davon ausgegangen werden kann, dass der Gewerbetreibende sie gegenüber dem Verbraucher gemäß den anständigen Marktgepflogenheiten und/oder dem allgemeinen Grundsatz von Treu und Glauben in seinem Tätigkeitsbereich anwendet;

i) „Aufforderung zum Kauf" jede kommerzielle Kommunikation, die die Merkmale des Produkts und den Preis in einer Weise angibt, die den Mitteln der verwendeten kommerziellen Kommunikation angemessen ist und den Verbraucher dadurch in die Lage versetzt, einen Kauf zu tätigen;

j) „unzulässige Beeinflussung" die Ausnutzung einer Machtposition gegenüber dem Verbraucher zur Ausübung von Druck, auch ohne die Anwendung oder Androhung von körperlicher Gewalt, in einer Weise, die die Fähigkeit des Verbrauchers zu einer informierten Entscheidung wesentlich einschränkt;

k) „geschäftliche Entscheidung" jede Entscheidung eines Verbrauchers darüber, ob, wie und unter welchen Bedingungen er einen Kauf tätigen, eine Zahlung insgesamt oder teilweise leisten, ein Produkt behalten oder abgeben oder ein vertragliches Recht im Zusammenhang mit dem Produkt ausüben will, unabhängig davon, ob der Verbraucher beschließt, tätig zu werden oder ein Tätigwerden zu unterlassen;

l) „reglementierter Beruf" eine berufliche Tätigkeit oder eine Reihe beruflicher Tätigkeiten, bei der die Aufnahme oder Ausübung oder eine der Arten der Ausübung direkt oder indirekt durch Rechts- oder Verwaltungsvorschriften an das Vorhandensein bestimmter Berufsqualifikationen gebunden ist.

Artikel 3
Anwendungsbereich

(1) Diese Richtlinie gilt für unlautere Geschäftspraktiken im Sinne des Artikels 5 zwischen Unternehmen und Verbrauchern vor, während und nach Abschluss eines auf ein Produkt bezogenen Handelsgeschäfts.

(2) Diese Richtlinie lässt das Vertragsrecht und insbesondere die Bestimmungen über die Wirksamkeit, das Zustandekommen oder die Wirkungen eines Vertrags unberührt.

(3) Diese Richtlinie lässt die Rechtsvorschriften der Gemeinschaft oder der Mitgliedstaaten in Bezug auf die Gesundheits- und Sicherheitsaspekte von Produkten unberührt.

(4) Kollidieren die Bestimmungen dieser Richtlinie mit anderen Rechtsvorschriften der Gemeinschaft, die besondere Aspekte unlauterer Geschäftspraktiken regeln, so gehen die Letzteren vor und sind für diese besonderen Aspekte maßgebend.

(5) Die Mitgliedstaaten können für einen Zeitraum von sechs Jahren ab dem 12. Juni 2007 in dem durch diese Richtlinie angeglichenen Bereich nationale Vorschriften beibehalten, die restriktiver oder strenger sind als diese Richtlinie und zur Umsetzung von Richtlinien erlassen wurden und die Klauseln über eine Mindestangleichung enthalten. Diese Maßnahmen müssen unbedingt erforderlich sein, um sicherzustellen, dass die Verbraucher auf geeignete Weise vor unlauteren Geschäftspraktiken geschützt werden und müssen zur Erreichung dieses Ziels verhältnismäßig sein. Im Rahmen der nach Artikel 18 vorgesehenen Überprüfung kann gegebenenfalls vorgeschlagen werden, die Geltungsdauer dieser Ausnahmeregelung um einen weiteren begrenzten Zeitraum zu verlängern.

(6) Die Mitgliedstaaten teilen der Kommission unverzüglich die auf der Grundlage von Absatz 5 angewandten nationalen Vorschriften mit.

(7) Diese Richtlinie lässt die Bestimmungen über die Zuständigkeit der Gerichte unberührt.

(8) Diese Richtlinie lässt alle Niederlassungs- oder Genehmigungsbedingungen, berufsständischen Verhaltenskodizes oder andere spezifische Regeln für reglementierte Berufe unberührt, damit die strengen Integritätsstandards, die die Mitgliedstaaten den in dem Beruf tätigen Personen nach Maßgabe des Gemeinschaftsrechts auferlegen können, gewährleistet bleiben.

(9) Im Zusammenhang mit „Finanzdienstleistungen" im Sinne der Richtlinie 2002/65/EG und Immobilien können die Mitgliedstaaten Anforderungen stellen, die im Vergleich zu dem durch diese Richtlinie angeglichenen Bereich restriktiver und strenger sind.

(10) Diese Richtlinie gilt nicht für die Anwendung der Rechts- und Verwaltungsvorschriften der Mitgliedstaaten in Bezug auf die Zertifizierung und Angabe des Feingehalts von Artikeln aus Edelmetall.

Artikel 4
Binnenmarkt

Die Mitgliedstaaten dürfen den freien Dienstleistungsverkehr und den freien Warenverkehr nicht aus Gründen, die mit dem durch diese Richtlinie angeglichenen Bereich zusammenhängen, einschränken.

KAPITEL 2
UNLAUTERE GESCHÄFTSPRAKTIKEN

Artikel 5
Verbot unlauterer Geschäftspraktiken

(1) Unlautere Geschäftspraktiken sind verboten.

(2) Eine Geschäftspraxis ist unlauter, wenn

a) sie den Erfordernissen der beruflichen Sorgfaltspflicht widerspricht

und

b) sie in Bezug auf das jeweilige Produkt das wirtschaftliche Verhalten des Durchschnittsverbrauchers, den sie erreicht oder an den sie sich richtet oder des durchschnittlichen Mitglieds einer Gruppe von Verbrauchern, wenn sich eine Geschäftspraxis an eine bestimmte Gruppe von Verbrauchern wendet, wesentlich beeinflusst oder dazu geeignet ist, es wesentlich zu beeinflussen.

(3) Geschäftspraktiken, die voraussichtlich in einer für den Gewerbetreibenden vernünftigerweise vorhersehbaren Art und Weise das wirtschaftliche Verhalten nur einer eindeutig identifizierbaren Gruppe von Verbrauchern wesentlich beeinflussen, die aufgrund von geistigen oder körperlichen Gebrechen, Alter oder Leichtgläubigkeit im Hinblick auf diese Praktiken oder die ihnen zugrunde liegenden Produkte besonders schutzbedürftig sind, werden aus der Perspektive eines durchschnittlichen Mitglieds dieser Gruppe beurteilt. Die übliche und rechtmäßige Werbepraxis, übertriebene Behauptungen oder nicht wörtlich zu nehmende Behauptungen aufzustellen, bleibt davon unberührt.

(4) Unlautere Geschäftspraktiken sind insbesondere solche, die

a) irreführend im Sinne der Artikel 6 und 7

oder

b) aggressiv im Sinne der Artikel 8 und 9 sind.

(5) Anhang I enthält eine Liste jener Geschäftspraktiken, die unter allen Umständen als unlauter anzusehen sind. Diese Liste gilt einheitlich in allen Mitgliedstaaten und kann nur durch eine Änderung dieser Richtlinie abgeändert werden.

Abschnitt 1
Irreführende geschäftspraktiken

Artikel 6
Irreführende Handlungen

(1) Eine Geschäftspraxis gilt als irreführend, wenn sie falsche Angaben enthält und somit unwahr ist oder wenn sie in irgendeiner Weise, einschließlich sämtlicher Umstände ihrer Präsentation, selbst mit sachlich richtigen Angaben den Durchschnittsverbraucher in Bezug auf einen oder mehrere der nachstehend aufgeführten Punkte täuscht oder ihn zu täuschen geeignet ist und ihn in jedem Fall tatsächlich oder voraussichtlich zu einer geschäftlichen Entscheidung veranlasst, die er ansonsten nicht getroffen hätte:

a) das Vorhandensein oder die Art des Produkts;

b) die wesentlichen Merkmale des Produkts wie Verfügbarkeit, Vorteile, Risiken, Ausführung, Zusammensetzung, Zubehör, Kundendienst und Beschwerdeverfahren, Verfahren und Zeitpunkt der Herstellung oder Erbringung, Lieferung, Zwecktauglichkeit, Verwendung, Menge, Beschaffenheit, geografische oder kommerzielle Herkunft oder die von der Verwendung zu erwartenden Ergebnisse oder die Ergebnisse und wesentlichen Merkmale von Tests oder Untersuchungen, denen das Produkt unterzogen wurde;

c) den Umfang der Verpflichtungen des Gewerbetreibenden, die Beweggründe für die Geschäftspraxis und die Art des Vertriebsverfahrens, die Aussagen oder Symbole jeder Art, die im Zusammenhang mit direktem oder indirektem Sponsoring stehen oder sich auf eine Zulassung des Gewerbetreibenden oder des Produkts beziehen;

d) der Preis, die Art der Preisberechnung oder das Vorhandensein eines besonderen Preisvorteils;

e) die Notwendigkeit einer Leistung, eines Ersatzteils, eines Austauschs oder einer Reparatur;

f) die Person, die Eigenschaften oder die Rechte des Gewerbetreibenden oder seines Vertreters, wie Identität und Vermögen, seine Befähigungen, seinen Status, seine Zulassung, Mitgliedschaften oder Beziehungen sowie gewerbliche oder kommerzielle Eigentumsrechte oder Rechte an geistigem Eigentum oder seine Auszeichnungen und Ehrungen;

g) die Rechte des Verbrauchers einschließlich des Rechts auf Ersatzlieferung oder Erstattung gemäß der Richtlinie 1999/44/EG des Europäischen Parlaments und des Rates vom 25. Mai 1999 zu bestimmten Aspekten des Verbrauchsgüterkaufs und der Garantien für Verbrauchsgüter ([1]) oder die Risiken, denen er sich möglicherweise aussetzt.

(2) Eine Geschäftspraxis gilt ferner als irreführend, wenn sie im konkreten Fall unter Berücksichtigung aller tatsächlichen Umstände einen Durchschnittsverbraucher zu einer geschäftlichen Entscheidung veranlasst oder zu veranlassen geeignet ist, die er ansonsten nicht getroffen hätte, und Folgendes beinhaltet:

a) jegliche Art der Vermarktung eines Produkts, einschließlich vergleichender Werbung, die eine Verwechslungsgefahr mit einem anderen Produkt, Warenzeichen, Warennamen oder anderen Kennzeichen eines Mitbewerbers begründet;

b) die Nichteinhaltung von Verpflichtungen, die der Gewerbetreibende im Rahmen von Verhaltenskodizes, auf die er sich verpflichtet hat, eingegangen ist, sofern

i) es sich nicht um eine Absichtserklärung handelt, sondern um eine eindeutige Verpflichtung handelt, deren Einhaltung nachprüfbar ist,

und

ii) der Gewerbetreibende im Rahmen einer Geschäftspraxis darauf hinweist, dass er durch den Kodex gebunden ist.

Artikel 7
Irreführende Unterlassungen

(1) Eine Geschäftspraxis gilt als irreführend, wenn sie im konkreten Fall unter Berücksichtigung aller tatsächlichen Umstände und der Beschränkungen des Kommunikationsmediums wesentliche Informationen vorenthält, die der durchschnittliche Verbraucher je nach den Umständen benötigt, um eine informierte geschäftliche Entscheidung zu treffen, und die somit einen Durchschnittsverbraucher zu einer geschäftlichen Entscheidung veranlasst oder zu veranlassen geeignet ist, die er sonst nicht getroffen hätte.

([1]) ABl. L 171 vom 7.7.1999, S. 12.

(2) Als irreführende Unterlassung gilt es auch, wenn ein Gewerbetreibender wesentliche Informationen gemäß Absatz 1 unter Berücksichtigung der darin beschriebenen Einzelheiten verheimlicht oder auf unklare, unverständliche, zweideutige Weise oder nicht rechtzeitig bereitstellt oder wenn er den kommerziellen Zweck der Geschäftspraxis nicht kenntlich macht, sofern er sich nicht unmittelbar aus den Umständen ergibt, und dies jeweils einen Durchschnittsverbraucher zu einer geschäftlichen Entscheidung veranlasst oder zu veranlassen geeignet ist, die er ansonsten nicht getroffen hätte.

(3) Werden durch das für die Geschäftspraxis verwendete Kommunikationsmedium räumliche oder zeitliche Beschränkungen auferlegt, so werden diese Beschränkungen und alle Maßnahmen, die der Gewerbetreibende getroffen hat, um den Verbrauchern die Informationen anderweitig zur Verfügung zu stellen, bei der Entscheidung darüber, ob Informationen vorenthalten wurden, berücksichtigt.

(4) Im Falle der Aufforderung zum Kauf gelten folgende Informationen als wesentlich, sofern sie sich nicht unmittelbar aus den Umständen ergeben:

a) die wesentlichen Merkmale des Produkts in dem für das Medium und das Produkt angemessenen Umfang;

b) Anschrift und Identität des Gewerbetreibenden, wie sein Handelsname und gegebenenfalls Anschrift und Identität des Gewerbetreibenden, für den er handelt;

c) der Preis einschließlich aller Steuern und Abgaben oder in den Fällen, in denen der Preis aufgrund der Beschaffenheit des Produkts vernünftigerweise nicht im Voraus berechnet werden kann, die Art der Preisberechnung sowie gegebenenfalls alle zusätzlichen Fracht-, Liefer- oder Zustellkosten oder in den Fällen, in denen diese Kosten vernünftigerweise nicht im Voraus berechnet werden können, die Tatsache, dass solche zusätzliche Kosten anfallen können;

d) die Zahlungs-, Liefer- und Leistungsbedingungen sowie das Verfahren zum Umgang mit Beschwerden, falls sie von den Erfordernissen der beruflichen Sorgfalt abweichen;

e) für Produkte und Rechtsgeschäfte, die ein Rücktritts- oder Widerrufsrecht beinhalten, das Bestehen eines solchen Rechts.

(5) Die im Gemeinschaftsrecht festgelegten Informationsanforderungen in Bezug auf kommerzielle Kommunikation einschließlich Werbung oder Marketing, auf die in der nicht erschöpfenden Liste des Anhangs II verwiesen wird, gelten als wesentlich.

Abschnitt 2

Aggressive geschäftspraktiken

Artikel 8

Aggressive Geschäftspraktiken

Eine Geschäftspraxis gilt als aggressiv, wenn sie im konkreten Fall unter Berücksichtigung aller tatsächlichen Umstände die Entscheidungs- oder Verhaltensfreiheit des Durchschnittsverbrauchers in Bezug auf das Produkt durch Belästigung, Nötigung, einschließlich der Anwendung körperlicher Gewalt, oder durch unzulässige Beeinflussung tatsächlich oder voraussichtlich erheblich beeinträchtigt und dieser dadurch tatsächlich oder voraussichtlich dazu veranlasst wird, eine geschäftliche Entscheidung zu treffen, die er andernfalls nicht getroffen hätte.

Artikel 9

Belästigung, Nötigung und unzulässige Beeinflussung

Bei der Feststellung, ob im Rahmen einer Geschäftspraxis die Mittel der Belästigung, der Nötigung, einschließlich der Anwendung körperlicher Gewalt, oder der unzulässigen Beeinflussung eingesetzt werden, ist abzustellen auf:

a) Zeitpunkt, Ort, Art oder Dauer des Einsatzes;

b) die Verwendung drohender oder beleidigender Formulierungen oder Verhaltensweisen;

c) die Ausnutzung durch den Gewerbetreibenden von konkreten Unglückssituationen oder Umständen von solcher Schwere, dass das Urteilsvermögen des Verbrauchers beeinträchtigt, worüber sich der Gewerbetreibende bewusst ist, um die Entscheidung des Verbrauchers in Bezug auf das Produkt zu beeinflussen;

d) belastende oder unverhältnismäßige Hindernisse nichtvertraglicher Art, mit denen der Gewerbetreibende den Verbraucher an der Ausübung seiner vertraglichen Rechte zu hindern versucht, wozu auch das Recht gehört, den Vertrag zu kündigen oder zu einem anderen Produkt oder einem anderen Gewerbetreibenden zu wechseln;

e) Drohungen mit rechtlich unzulässigen Handlungen.

Anhang III

KAPITEL 3

VERHALTENSKODIZES

Artikel 10

Verhaltenskodizes

Diese Richtlinie schließt die Kontrolle — die von den Mitgliedstaaten gefördert werden kann — unlauterer Geschäftspraktiken durch die Urheber von Kodizes und die Inanspruchnahme solcher Einrichtungen durch die in Artikel 11 genannten Personen oder Organisationen nicht aus, wenn entsprechende Verfahren vor solchen Einrichtungen zusätzlich zu den Gerichts- oder Verwaltungsverfahren gemäß dem genannten Artikel zur Verfügung stehen.

Die Inanspruchnahme derartiger Kontrolleinrichtungen bedeutet keineswegs einen Verzicht auf einen Rechtsbehelf vor einem Gericht oder einer Verwaltungsbehörde gemäß Artikel 11.

KAPITEL 4

SCHLUSSBESTIMMUNGEN

Artikel 11

Durchsetzung

(1) Die Mitgliedstaaten stellen im Interesse der Verbraucher sicher, dass geeignete und wirksame Mittel zur Bekämpfung unlauterer Geschäftspraktiken vorhanden sind, um die Einhaltung dieser Richtlinie durchzusetzen.

Diese Mittel umfassen Rechtsvorschriften, die es Personen oder Organisationen, die nach dem nationalen Recht ein berechtigtes Interesse an der Bekämpfung unlauterer Geschäftspraktiken haben, einschließlich Mitbewerbern, gestatten,

a) gerichtlich gegen solche unlauteren Geschäftspraktiken vorzugehen

und/oder

b) gegen solche unlauteren Geschäftspraktiken ein Verfahren bei einer Verwaltungsbehörde einzuleiten, die für die Entscheidung über Beschwerden oder für die Einleitung eines geeigneten gerichtlichen Verfahrens zuständig ist.

Jedem Mitgliedstaat bleibt es vorbehalten zu entscheiden, welcher dieser Rechtsbehelfe zur Verfügung stehen wird und ob das Gericht oder die Verwaltungsbehörde ermächtigt werden soll, vorab die Durchführung eines Verfahrens vor anderen bestehenden Einrichtungen zur Regelung von Beschwerden, einschließlich der in Artikel 10 genannten Einrichtungen, zu verlangen. Diese Rechtsbehelfe stehen unabhängig davon zur Verfügung, ob die Verbraucher sich im Hoheitsgebiet des Mitgliedstaats, in dem der Gewerbetreibende niedergelassen ist, oder in einem anderen Mitgliedstaat befinden.

Jedem Mitgliedstaat bleibt vorbehalten zu entscheiden,

a) ob sich diese Rechtsbehelfe getrennt oder gemeinsam gegen mehrere Gewerbetreibende desselben Wirtschaftssektors richten können

und

b) ob sich diese Rechtsbehelfe gegen den Urheber eines Verhaltenskodex richten können, wenn der betreffende Kodex der Nichteinhaltung rechtlicher Vorschriften Vorschub leistet.

(2) Im Rahmen der in Absatz 1 genannten Rechtsvorschriften übertragen die Mitgliedstaaten den Gerichten oder Verwaltungsbehörden Befugnisse, die sie ermächtigen, in Fällen, in denen sie diese Maßnahmen unter Berücksichtigung aller betroffenen Interessen und insbesondere des öffentlichen Interesses für erforderlich halten,

a) die Einstellung der unlauteren Geschäftspraktiken anzuordnen oder ein geeignetes gerichtliches Verfahren zur Anordnung der Einstellung der betreffenden unlauteren Geschäftspraxis einzuleiten,

oder

b) falls die unlautere Geschäftspraxis noch nicht angewandt wurde, ihre Anwendung jedoch bevorsteht, diese Praxis zu verbieten oder ein geeignetes gerichtliches Verfahren zur Anordnung des Verbots dieser Praxis einzuleiten,

auch wenn kein tatsächlicher Verlust oder Schaden bzw. Vorsatz oder Fahrlässigkeit seitens des Gewerbetreibenden nachweisbar ist.

Die Mitgliedstaaten sehen ferner vor, dass die in Unterabsatz 1 genannten Maßnahmen im Rahmen eines beschleunigten Verfahrens mit

— vorläufiger Wirkung

oder

— endgültiger Wirkung

getroffen werden können, wobei jedem Mitgliedstaat vorbehalten bleibt zu entscheiden, welche dieser beiden Möglichkeiten gewählt wird.

Außerdem können die Mitgliedstaaten den Gerichten oder Verwaltungsbehörden Befugnisse übertragen, die sie ermächtigen, zur Beseitigung der fortdauernden Wirkung unlauterer Geschäftspraktiken, deren Einstellung durch eine rechtskräftige Entscheidung angeordnet worden ist,

a) die Veröffentlichung dieser Entscheidung ganz oder auszugsweise und in der von ihnen für angemessen erachteten Form zu verlangen;

b) außerdem die Veröffentlichung einer berichtigenden Erklärung zu verlangen.

(3) Die in Absatz 1 genannten Verwaltungsbehörden müssen

a) so zusammengesetzt sein, dass ihre Unparteilichkeit nicht in Zweifel gezogen werden kann;

b) über ausreichende Befugnisse verfügen, um die Einhaltung ihrer Entscheidungen über Beschwerden wirksam überwachen und durchsetzen zu können;

c) in der Regel ihre Entscheidungen begründen.

Werden die in Absatz 2 genannten Befugnisse ausschließlich von einer Verwaltungsbehörde ausgeübt, so sind die Entscheidungen stets zu begründen. In diesem Fall sind ferner Verfahren vorzusehen, in denen eine fehlerhafte oder unsachgemäße Ausübung der Befugnisse durch die Verwaltungsbehörde oder eine fehlerhafte oder unsachgemäße Nichtausübung dieser Befugnisse von den Gerichten überprüft werden kann.

Artikel 12
Gerichte und Verwaltungsbehörden: Begründung von Behauptungen

Die Mitgliedstaaten übertragen den Gerichten oder Verwaltungsbehörden Befugnisse, die sie ermächtigen, in den in Artikel 11 vorgesehenen Verfahren vor den Zivilgerichten oder Verwaltungsbehörden

a) vom Gewerbetreibenden den Beweis der Richtigkeit von Tatsachenbehauptungen im Zusammenhang mit einer Geschäftspraxis zu verlangen, wenn ein solches Verlangen unter Berücksichtigung der berechtigten Interessen des Gewerbetreibenden und anderer Verfahrensbeteiligter im Hinblick auf die Umstände des Einzelfalls angemessen erscheint,

und

b) Tatsachenbehauptungen als unrichtig anzusehen, wenn der gemäß Buchstabe a verlangte Beweis nicht angetreten wird oder wenn er von dem Gericht oder der Verwaltungsbehörde für unzureichend erachtet wird.

Artikel 13
Sanktionen

Die Mitgliedstaaten legen die Sanktionen fest, die bei Verstößen gegen die nationalen Vorschriften zur Umsetzung dieser Richtlinie anzuwenden sind, und treffen alle geeigneten Maßnahmen, um ihre Durchsetzung sicherzustellen. Diese Sanktionen müssen wirksam, verhältnismäßig und abschreckend sein.

Artikel 14
Änderung der Richtlinie 84/450/EWG

Die Richtlinie 84/450/EWG wird wie folgt geändert:

1. Artikel 1 erhält folgende Fassung:

„Artikel 1

Zweck dieser Richtlinie ist der Schutz von Gewerbetreibenden vor irreführender Werbung und deren unlautere Auswirkungen sowie die Festlegung der Bedingungen für zulässige vergleichende Werbung."

2. Artikel 2 wird wie folgt geändert:

— Die Nummer 3 erhält folgende Fassung:

„3. ‚Gewerbetreibender' jede natürliche oder juristische Person, die im Rahmen ihrer gewerblichen, handwerklichen oder beruflichen Tätigkeit handelt, und jede Person, die im Namen oder Auftrag des Gewerbetreibenden handelt;".

— Folgende Nummer wird angefügt:

„4. ‚Urheber eines Kodex' jede Rechtspersönlichkeit, einschließlich einzelner Gewerbetreibender oder Gruppen von Gewerbetreibenden, die für die Formulierung und Überarbeitung eines Verhaltenskodex und/oder für die Überwachung der Einhaltung dieses Kodex durch alle diejenigen, die sich darauf verpflichtet haben, zuständig ist."

3. Artikel 3a erhält folgende Fassung:

„*Artikel 3a*

(1) Vergleichende Werbung gilt, was den Vergleich anbelangt, als zulässig, sofern folgende Bedingungen erfüllt sind:

  a) Sie ist nicht irreführend im Sinne der Artikel 2 Nummer 2, Artikel 3 und Artikel 7 Absatz 1 der vorliegenden Richtlinie oder im Sinne der Artikel 6 und 7 der Richtlinie 2005/29/EG des Europäischen Parlaments und des Rates vom 11. Mai 2005 über unlautere Geschäftspraktiken im binnenmarktinternen Geschäftsverkehr zwischen Unternehmen und Verbrauchern (*);

  b) sie vergleicht Waren oder Dienstleistungen für den gleichen Bedarf oder dieselbe Zweckbestimmung;

  c) sie vergleicht objektiv eine oder mehrere wesentliche, relevante, nachprüfbare und typische Eigenschaften dieser Waren und Dienstleistungen, zu denen auch der Preis gehören kann;

  d) durch sie werden weder die Marken, die Handelsnamen oder andere Unterscheidungszeichen noch die Waren, die Dienstleistungen, die Tätigkeiten oder die Verhältnisse eines Mitbewerbers herabgesetzt oder verunglimpft;

  e) bei Waren mit Ursprungsbezeichnung bezieht sie sich in jedem Fall auf Waren mit der gleichen Bezeichnung;

  f) sie nutzt den Ruf einer Marke, eines Handelsnamens oder anderer Unterscheidungszeichen eines Mitbewerbers oder der Ursprungsbezeichnung von Konkurrenzerzeugnissen nicht in unlauterer Weise aus;

  g) sie stellt nicht eine Ware oder eine Dienstleistung als Imitation oder Nachahmung einer Ware oder Dienstleistung mit geschützter Marke oder geschütztem Handelsnamen dar;

  h) sie begründet keine Verwechslungsgefahr bei den Gewerbetreibenden, zwischen dem Werbenden und einem Mitbewerber oder zwischen den Warenzeichen, Warennamen, sonstigen Kennzeichen, Waren oder Dienstleistungen des Werbenden und denen eines Mitbewerbers.

(*) ABl. L 149 vom 11.6.2005, S. 22."

4. Artikel 4 Absatz 1 erhält folgende Fassung:

„(1) Die Mitgliedstaaten stellen im Interesse der Gewerbetreibenden und ihrer Mitbewerber sicher, dass geeignete und wirksame Mittel zur Bekämpfung der irreführenden Werbung und zur Gewährleistung der Einhaltung der Bestimmungen über vergleichende Werbung vorhanden sind. Diese Mittel umfassen Rechtsvorschriften, die es den Personen oder Organisationen, die nach dem nationalen Recht ein berechtigtes Interesse am Verbot irreführender Werbung oder an der Regelung vergleichender Werbung haben, gestatten,

  a) gerichtlich gegen eine solche Werbung vorzugehen

  oder

  b) eine solche Werbung vor eine Verwaltungsbehörde zu bringen, die zuständig ist, über Beschwerden zu entscheiden oder geeignete gerichtliche Schritte einzuleiten.

Es obliegt jedem Mitgliedstaat zu entscheiden, welches dieser Mittel gegeben sein soll und ob das Gericht oder die Verwaltungsbehörden ermächtigt werden sollen, vorab die Durchführung eines Verfahrens vor anderen bestehenden Einrichtungen zur Regelung von Beschwerden, einschließlich der in Artikel 5 genannten Einrichtungen, zu verlangen.

Es obliegt jedem Mitgliedstaat zu entscheiden,

  a) ob sich diese Rechtsbehelfe getrennt oder gemeinsam gegen mehrere Gewerbetreibende desselben Wirtschaftssektors richten können

  und

  b) ob sich diese Rechtsbehelfe gegen den Urheber eines Verhaltenskodex richten können, wenn der betreffende Kodex der Nichteinhaltung rechtlicher Vorschriften Vorschub leistet."

5. Artikel 7 Absatz 1 erhält folgende Fassung:

„(1) Diese Richtlinie hindert die Mitgliedstaaten nicht daran, Bestimmungen aufrechtzuerhalten oder zu erlassen, die bei irreführender Werbung einen weiterreichenden Schutz der Gewerbetreibenden und Mitbewerber vorsehen."

Artikel 15
Änderung der Richtlinien 97/7/EG und 2002/65/EG

1. Artikel 9 der Richtlinie 97/7/EG erhält folgende Fassung:

„*Artikel 9*
Unbestellte Waren oder Dienstleistungen

Angesichts des in der Richtlinie 2005/29/EG des Europäischen Parlaments und des Rates vom 11. Mai 2005 über unlautere Geschäftspraktiken im binnenmarktinternen Geschäftsverkehr zwischen Unternehmen und Verbrauchern (*) festgelegten Verbots von Praktiken bezüglich unbestellter Waren oder Dienstleistungen treffen die Mitgliedstaaten die erforderlichen Maßnahmen, um den Verbraucher von jedweder Gegenleistung für den Fall zu befreien, dass unbestellte Waren geliefert oder unbestellte Dienstleistungen erbracht wurden, wobei das Ausbleiben einer Reaktion nicht als Zustimmung gilt.

(*) ABl. L 149 vom 11.6.2005, S. 22."

2. Artikel 9 der Richtlinie 2002/65/EG erhält folgende Fassung:

„*Artikel 9*

Angesichts des in der Richtlinie 2005/29/EG des Europäischen Parlaments und des Rates vom 11. Mai 2005 über unlautere Geschäftspraktiken im binnenmarktinternen Geschäftsverkehr zwischen Unternehmen und Verbrauchern (*) festgelegten Verbots von Praktiken bezüglich unbestellter Waren oder Dienstleistungen und unbeschadet der Rechtsvorschriften der Mitgliedstaaten über die stillschweigende Verlängerung von Fernabsatzverträgen, soweit danach eine stillschweigende Verlängerung möglich ist, treffen die Mitgliedstaaten Maßnahmen, um die Verbraucher für den Fall, dass unbestellte Waren geliefert oder unbestellte Dienstleistungen erbracht wurden, von jeder Verpflichtung zu befreien, wobei das Ausbleiben einer Antwort nicht als Zustimmung gilt.

(*) ABl. L 149 vom 11.6.2005, S. 22."

Artikel 16
Änderung der Richtlinie 98/27/EG und der Verordnung (EG) Nr 2006/2004

1. Der Anhang Nummer 1 der Richtlinie 98/27/EG erhält folgende Fassung:

„1. Richtlinie 2005/29/EG des Europäischen Parlaments und des Rates vom 11. Mai 2005 über unlautere Geschäftspraktiken im binnenmarktinternen Geschäftsverkehr zwischen Unternehmen und Verbrauchern (ABl. L 149 vom 11.6.2005, S. 22)."

2. Im Anhang der Verordnung (EG) Nr. 2006/2004des Europäischen Parlaments und des Rates vom 27. Oktober 2004 über die Zusammenarbeit zwischen den für die Durchsetzung der Verbraucherschutzgesetze zuständigen nationalen Behörden (¹) wird folgende Nummer angefügt:

„16. Richtlinie 2005/29/EG des Europäischen Parlaments und des Rates vom 11. Mai 2005 über unlautere Geschäftspraktiken im binnenmarktinternen Geschäftsverkehr zwischen Unternehmen und Verbrauchern (ABl. L 149 vom 11.6.2005, S. 22)."

Artikel 17
Information

Die Mitgliedstaaten treffen angemessene Maßnahmen, um die Verbraucher über die nationalen Bestimmungen zur Umsetzung dieser Richtlinie zu informieren, und regen gegebenenfalls Gewerbetreibende und Urheber von Kodizes dazu an, die Verbraucher über ihre Verhaltenskodizes zu informieren.

Artikel 18
Änderung

(1) Die Kommission legt dem Europäischen Parlament und dem Rat spätestens am 12. Juni 2011 einen umfassenden Bericht über die Anwendung dieser Richtlinie, insbesondere von Artikel 3 Absatz 9, Artikel 4 und Anhang I, den Anwendungsbereich einer weiteren Angleichung und die Vereinfachung des Gemeinschaftsrechts zum Verbraucherschutz sowie, unter Berücksichtigung des Artikels 3 Absatz 5, über Maßnahmen vor, die auf Gemeinschaftsebene ergriffen werden müssen, um sicherzustellen, dass ein angemessenes Verbraucherschutzniveau beibehalten wird. Dem Bericht wird erforderlichenfalls ein Vorschlag zur Änderung dieser Richtlinie oder anderer einschlägiger Teile des Gemeinschaftsrechts beigefügt.

(2) Das Europäische Parlament und der Rat streben gemäß dem Vertrag danach, binnen zwei Jahren nach Vorlage eines Vorschlags der Kommission nach Absatz 1 geeignete Maßnahmen zu treffen.

Artikel 19
Umsetzung

Die Mitgliedstaaten erlassen und veröffentlichen bis zum 12. Juni 2007 die Rechts- und Verwaltungsvorschriften, die erforderlich sind, um dieser Richtlinie nachzukommen. Sie setzen die Kommission davon und von allen späteren Änderungen unverzüglich in Kenntnis.

(¹) ABl. L 364 vom 9.12.2004, S. 1.

Anhang III

Sie wenden diese Vorschriften ab dem 12. Dezember 2007 an.
Wenn die Mitgliedstaaten diese Vorschriften erlassen, nehmen sie in den Vorschriften selbst oder durch einen Hinweis bei der amtlichen Veröffentlichung auf diese Richtlinie Bezug. Die Mitgliedstaaten regeln die Einzelheiten der Bezugnahme.

Artikel 21
Adressaten

Diese Richtlinie ist an die Mitgliedstaaten gerichtet.

Artikel 20
Inkrafttreten

Diese Richtlinie tritt am Tag nach ihrer Veröffentlichung im *Amtsblatt der Europäischen Union* in Kraft.

Geschehen zu Straßburg am 11. Mai 2005.

In Namen des Europäischen Parlaments	Im Namen des Rates
Der Präsident	Der Präsident
J. P. BORRELL FONTELLES	N. SCHMIT

ANHANG I

GESCHÄFTSPRAKTIKEN, DIE UNTER ALLEN UMSTÄNDEN ALS UNLAUTER GELTEN

Irreführende Geschäftspraktiken

1. Die Behauptung eines Gewerbetreibenden, zu den Unterzeichnern eines Verhaltenskodex zu gehören, obgleich dies nicht der Fall ist.

2. Die Verwendung von Gütezeichen, Qualitätskennzeichen oder Ähnlichem ohne die erforderliche Genehmigung.

3. Die Behauptung, ein Verhaltenskodex sei von einer öffentlichen oder anderen Stelle gebilligt, obgleich dies nicht der Fall ist.

4. Die Behauptung, dass ein Gewerbetreibender (einschließlich seiner Geschäftspraktiken) oder ein Produkt von einer öffentlichen oder privaten Stelle bestätigt, gebilligt oder genehmigt worden sei, obwohl dies nicht der Fall ist, oder die Aufstellung einer solchen Behauptung, ohne dass den Bedingungen für die Bestätigung, Billigung oder Genehmigung entsprochen wird.

5. Aufforderung zum Kauf von Produkten zu einem bestimmten Preis, ohne dass darüber aufgeklärt wird, dass der Gewerbetreibende hinreichende Gründe für die Annahme hat, dass er nicht in der Lage sein wird, dieses oder ein gleichwertiges Produkt zu dem genannten Preis für einen Zeitraum und in einer Menge zur Lieferung bereitzustellen oder durch einen anderen Gewerbetreibenden bereitstellen zu lassen, wie es in Bezug auf das Produkt, den Umfang der für das Produkt eingesetzten Werbung und den Angebotspreis angemessen wäre (Lockangebote).

6. Aufforderung zum Kauf von Produkten zu einem bestimmten Preis und dann

    a) Weigerung, dem Verbraucher den beworbenen Artikel zu zeigen,

    oder

    b) Weigerung, Bestellungen dafür anzunehmen oder innerhalb einer vertretbaren Zeit zu liefern,

    oder

    c) Vorführung eines fehlerhaften Exemplars

    in der Absicht, stattdessen ein anderes Produkt abzusetzen („bait-and-switch"-Technik).

7. Falsche Behauptung, dass das Produkt nur eine sehr begrenzte Zeit oder nur eine sehr begrenzte Zeit zu bestimmten Bedingungen verfügbar sein werde, um so den Verbraucher zu einer sofortigen Entscheidung zu verleiten, so dass er weder Zeit noch Gelegenheit hat, eine informierte Entscheidung zu treffen.

8. Verbrauchern, mit denen der Gewerbetreibende vor Abschluss des Geschäfts in einer Sprache kommuniziert hat, bei der es sich nicht um eine Amtssprache des Mitgliedstaats handelt, in dem der Gewerbetreibende niedergelassen ist, wird eine nach Abschluss des Geschäfts zu erbringende Leistung zugesichert, diese Leistung anschließend aber nur in einer anderen Sprache erbracht, ohne dass der Verbraucher eindeutig hierüber aufgeklärt wird, bevor er das Geschäft tätigt.

9. Behauptung oder anderweitige Herbeiführung des Eindrucks, ein Produkt könne rechtmäßig verkauft werden, obgleich dies nicht der Fall ist.

Anhang III

10. Den Verbrauchern gesetzlich zugestandene Rechte werden als Besonderheit des Angebots des Gewerbetreibenden präsentiert.

11. Es werden redaktionelle Inhalte in Medien zu Zwecken der Verkaufsförderung eingesetzt und der Gewerbetreibende hat diese Verkaufsförderung bezahlt, ohne dass dies aus dem Inhalt oder aus für den Verbraucher klar erkennbaren Bildern und Tönen eindeutig hervorgehen würde (als Information getarnte Werbung). Die Richtlinie 89/552/EWG (¹) bleibt davon unberührt.

12. Aufstellen einer sachlich falschen Behauptung über die Art und das Ausmaß der Gefahr für die persönliche Sicherheit des Verbrauchers oder seiner Familie für den Fall, dass er das Produkt nicht kauft.

13. Werbung für ein Produkt, das einem Produkt eines bestimmten Herstellers ähnlich ist, in einer Weise, die den Verbraucher absichtlich dazu verleitet, zu glauben, das Produkt sei von jenem Hersteller hergestellt worden, obwohl dies nicht der Fall ist.

14. Einführung, Betrieb oder Förderung eines Schneeballsystems zur Verkaufsförderung, bei dem der Verbraucher die Möglichkeit vor Augen hat, eine Vergütung zu erzielen, die hauptsächlich durch die Einführung neuer Verbraucher in ein solches System und weniger durch den Verkauf oder Verbrauch von Produkten zu erzielen ist.

15. Behauptung, der Gewerbetreibende werde demnächst sein Geschäft aufgeben oder seine Geschäftsräume verlegen, obwohl er dies keineswegs beabsichtigt.

16. Behauptung, Produkte könnten die Gewinnchancen bei Glücksspielen erhöhen.

17. Falsche Behauptung, ein Produkt könne Krankheiten, Funktionsstörungen oder Missbildungen heilen.

18. Erteilung sachlich falscher Informationen über die Marktbedingungen oder die Möglichkeit, das Produkt zu finden, mit dem Ziel, den Verbraucher dazu zu bewegen, das Produkt zu weniger günstigen Bedingungen als den normalen Marktbedingungen zu kaufen.

19. Es werden Wettbewerbe und Preisausschreiben angeboten, ohne dass die beschriebenen Preise oder ein angemessenes Äquivalent vergeben werden.

20. Ein Produkt wird als „gratis", „umsonst", „kostenfrei" oder Ähnliches beschrieben, obwohl der Verbraucher weitere Kosten als die Kosten zu tragen hat, die im Rahmen des Eingehens auf die Geschäftspraktik und für die Abholung oder Lieferung der Ware unvermeidbar sind.

21. Werbematerialien wird eine Rechnung oder ein ähnliches Dokument mit einer Zahlungsaufforderung beigefügt, die dem Verbraucher den Eindruck vermitteln, dass er das beworbene Produkt bereits bestellt hat, obwohl dies nicht der Fall ist.

22. Fälschliche Behauptung oder Erweckung des Eindrucks, dass der Händler nicht für die Zwecke seines Handels, Geschäfts, Gewerbes oder Berufs handelt, oder fälschliches Auftreten als Verbraucher.

23. Erwecken des fälschlichen Eindrucks, dass der Kundendienst im Zusammenhang mit einem Produkt in einem anderen Mitgliedstaat verfügbar sei als demjenigen, in dem das Produkt verkauft wird.

(¹) Richtlinie 89/552/EWG des Rates vom 3. Oktober 1989 zur Koordinierung bestimmter Rechts- und Verwaltungsvorschriften der Mitgliedstaaten über die Ausübung der Fernsehtätigkeit (ABl. L 298 vom 17.10.1989, S. 23). Geändert durch die Richtlinie 97/36/EG des Europäischen Parlaments und des Rates (ABl. L 202 vom 30.7.1997, S. 60).

Aggressive Geschäftspraktiken

24. Erwecken des Eindrucks, der Verbraucher könne die Räumlichkeiten ohne Vertragsabschluss nicht verlassen.

25. Nichtbeachtung der Aufforderung des Verbrauchers bei persönlichen Besuchen in dessen Wohnung, diese zu verlassen bzw. nicht zurückzukehren, außer in Fällen und in den Grenzen, in denen dies nach dem nationalen Recht gerechtfertigt ist, um eine vertragliche Verpflichtung durchzusetzen.

26. Kunden werden durch hartnäckiges und unerwünschtes Ansprechen über Telefon, Fax, E-Mail oder sonstige für den Fernabsatz geeignete Medien geworben, außer in Fällen und in den Grenzen, in denen ein solches Verhalten nach den nationalen Rechtsvorschriften gerechtfertigt ist, um eine vertragliche Verpflichtung durchzusetzen. Dies gilt unbeschadet des Artikels 10 der Richtlinie 97/7/EG sowie der Richtlinien 95/46/EG ([1]) und 2002/58/EG.

27. Aufforderung eines Verbrauchers, der eine Versicherungspolice in Anspruch nehmen möchte, Dokumente vorzulegen, die vernünftigerweise nicht als relevant für die Gültigkeit des Anspruchs anzusehen sind, oder systematische Nichtbeantwortung einschlägiger Schreiben, um so den Verbraucher von der Ausübung seiner vertraglichen Rechte abzuhalten.

28. Einbeziehung einer direkten Aufforderung an Kinder in eine Werbung, die beworbenen Produkte zu kaufen oder ihre Eltern oder andere Erwachsene zu überreden, die beworbenen Produkte für sie zu kaufen. Diese Bestimmung gilt unbeschadet des Artikels 16 der Richtlinie 89/552/EWG über die Ausübung der Fernsehtätigkeit.

29. Aufforderung des Verbrauchers zur sofortigen oder späteren Bezahlung oder zur Rücksendung oder Verwahrung von Produkten, die der Gewebetreibende geliefert, der Verbraucher aber nicht bestellt hat (unbestellte Waren oder Dienstleistungen); ausgenommen hiervon sind Produkte, bei denen es sich um Ersatzlieferungen gemäß Artikel 7 Absatz 3 der Richtlinie 97/7/EG handelt.

30. Ausdrücklicher Hinweis gegenüber dem Verbraucher, dass Arbeitsplatz oder Lebensunterhalt des Gewerbetreibenden gefährdet sind, falls der Verbraucher das Produkt oder die Dienstleistung nicht erwirbt.

31. Erwecken des fälschlichen Eindrucks, der Verbraucher habe bereits einen Preis gewonnen, werde einen Preis gewinnen oder werde durch eine bestimmte Handlung einen Preis oder einen sonstigen Vorteil gewinnen, obwohl:

    — es in Wirklichkeit keinen Preis oder sonstigen Vorteil gibt,

    oder

    — die Möglichkeit des Verbrauchers, Handlungen in Bezug auf die Inanspruchnahme des Preises oder eines sonstigen Vorteils vorzunehmen, in Wirklichkeit von der Zahlung eines Betrags oder der Übernahme von Kosten durch den Verbraucher abhängig gemacht wird.

([1]) Richtlinie 95/46/EG des Europäischen Parlaments und des Rates vom 24. Oktober 1995 zum Schutz natürlicher Personen bei der Verarbeitung personenbezogener Daten und zum freien Datenverkehr (ABl. L 281 vom 23.11.1995, S. 31). Geändert durch die Verordnung (EG) Nr. 1882/2003 (ABl. L 284 vom 31.10.2003, S. 1).

ANHANG II

BESTIMMUNGEN DES GEMEINSCHAFTSRECHTS ZUR REGELUNG DER BEREICHE WERBUNG UND KOMMERZIELLE KOMMUNIKATION

Artikel 4 und 5 der Richtlinie 97/7/EG

Artikel 3 der Richtlinie 90/314/EWG des Rates vom 13. Juni 1990 über Pauschalreisen ([1])

Artikel 3 Absatz 3 der Richtlinie 94/47/EG des Europäischen Parlaments und des Rates vom 26. Oktober 1994 zum Schutz der Erwerber im Hinblick auf bestimmte Aspekte von Verträgen über den Erwerb von Teilzeitnutzungsrechten an Immobilien ([2])

Artikel 3 Absatz 4 der Richtlinie 98/6/EG des Europäischen Parlaments und des Rates vom 16. Februar 1998 über den Schutz der Verbraucher bei der Angabe der Preise der ihnen angebotenen Erzeugnisse ([3])

Artikel 86 bis 100 der Richtlinie 2001/83/EG des Europäischen Parlaments und des Rates vom 6. November 2001 zur Schaffung eines Gemeinschaftskodexes für Humanarzneimittel ([4])

Artikel 5 und 6 der Richtlinie 2000/31/EG des Europäischen Parlaments und des Rates vom 8. Juni 2000 über bestimmte rechtliche Aspekte der Dienste der Informationsgesellschaft, insbesondere des elektronischen Geschäftsverkehrs, im Binnenmarkt („Richtlinie über den elektronischen Geschäftsverkehr") ([5])

Artikel 1 Buchstabe d der Richtlinie 98/7/EG des Europäischen Parlaments und des Rates vom 16. Februar 1998 zur Änderung der Richtlinie 87/102/EWG des Rates zur Angleichung der Rechts- und Verwaltungsvorschriften der Mitgliedstaaten über den Verbraucherkredit ([6])

Artikel 3 und 4 der Richtlinie 2002/65/EG

Artikel 1 Nummer 9 der Richtlinie 2001/107/EG des Europäischen Parlaments und des Rates vom 21. Januar 2002 zur Änderung der Richtlinie 85/611/EWG des Rates zur Koordinierung der Rechts- und Verwaltungsvorschriften betreffend bestimmte Organismen für gemeinsame Anlagen in Wertpapieren (OGAW) zwecks Festlegung von Bestimmungen für Verwaltungsgesellschaften und vereinfache Prospekte ([7])

Artikel 12 und 13 der Richtlinie 2002/92/EG des Europäischen Parlaments und des Rates vom 9. Dezember 2002 über Versicherungsvermittlung ([8])

Artikel 36 der Richtlinie 2002/83/EG des Europäischen Parlaments und des Rates vom 5. November 2002 über Lebensversicherungen ([9])

([1]) ABl. L 158 vom 23.6.1990, S. 59.
([2]) ABl. L 280 vom 29.10.1994, S. 83.
([3]) ABl. L 80 vom 18.3.1998, S. 27.
([4]) ABl. L 311 vom 28.11.2001, S. 67. Richtlinie zuletzt geändert durch die Richtlinie 2004/27/EG (ABl. L 136 vom 30.4.2004, S. 34).
([5]) ABl. L 178 vom 17.7.2000, S. 1.
([6]) ABl. L 101 vom 1.4.1998, S. 17.
([7]) ABl. L 41 vom 13.2.2002, S. 20.
([8]) ABl. L 9 vom 15.1.2003, S. 3.
([9]) ABl. L 345 vom 19.12.2002, S. 1. Richtlinie geändert durch die Richtlinie 2004/66/EG des Rates (ABl. L 168 vom 1.5.2004, S. 35).

Artikel 19 der Richtlinie 2004/39/EG des Europäischen Parlaments und des Rates vom 21. April 2004 über Märkte für Finanzinstrumente (¹)

Artikel 31 und 43 der Richtlinie 92/49/EWG des Rates vom 18. Juni 1992 zur Koordinierung der Rechts- und Verwaltungsvorschriften für die Direktversicherung (mit Ausnahme der Lebensversicherung) (²) (Dritte Richtlinie Schadenversicherung)

Artikel 5, 7 und 8 der Richtlinie 2003/71/EG des Europäischen Parlaments und des Rates vom 4. November 2003 betreffend den Prospekt, der beim öffentlichen Angebot von Wertpapieren oder bei deren Zulassung zum Handel zu veröffentlichen (³)

(¹) ABl. L 145 vom 30.4.2004, S. 1.
(²) ABl. L 228 vom 11.8.1992, S. 1. Richtlinie zuletzt geändert durch die Richtlinie 2002/87/EG des Europäischen Parlaments und des Rates (ABl. L 35 vom 11.2.2003, S. 1).
(³) ABl. L 345 vom 31.12.2003, S. 64.

Anhang III

RL 2006/114/EG

34. Richtlinie 2006/114/EG

27.12.2006 | DE | Amtsblatt der Europäischen Union | L 376/21

RICHTLINIE 2006/114/EG DES EUROPÄISCHEN PARLAMENTS UND DES RATES

vom 12. Dezember 2006

über irreführende und vergleichende Werbung

(kodifizierte Fassung)

(Text von Bedeutung für den EWR)

DAS EUROPÄISCHE PARLAMENT UND DER RAT DER EUROPÄISCHEN UNION —

gestützt auf den Vertrag zur Gründung der Europäischen Gemeinschaft, insbesondere auf Artikel 95,

auf Vorschlag der Kommission,

nach Stellungnahme des Europäischen Wirtschafts- und Sozialausschusses (¹),

gemäß dem Verfahren des Artikels 251 des Vertrags (²),

in Erwägung nachstehender Gründe:

(1) Die Richtlinie 84/450/EWG des Rates vom 10. September 1984 über irreführende und vergleichende Werbung (³) ist mehrfach in wesentlichen Punkten geändert worden (⁴). Aus Gründen der Übersichtlichkeit und Klarheit empfiehlt es sich, sie zu kodifizieren.

(2) Die in den Mitgliedstaaten geltenden Vorschriften gegen irreführende Werbung weichen stark voneinander ab. Da die Werbung über die Grenzen der einzelnen Mitgliedstaaten hinausreicht, wirkt sie sich unmittelbar auf das reibungslose Funktionieren des Binnenmarktes aus.

(3) Irreführende und unzulässige vergleichende Werbung ist geeignet, zur Verfälschung des Wettbewerbs im Binnenmarkt zu führen.

(4) Die Werbung berührt unabhängig davon, ob sie zum Abschluss eines Vertrags führt, die wirtschaftlichen Interessen der Verbraucher und der Gewerbetreibenden.

(5) Die Unterschiede zwischen den einzelstaatlichen Rechtsvorschriften über Werbung, die für Unternehmen irreführend ist, behindern die Durchführung von Werbekampagnen, die die Grenzen eines Staates überschreiten, und beeinflussen so den freien Verkehr von Waren und Dienstleistungen.

(6) Mit der Vollendung des Binnenmarktes ist das Angebot vielfältig. Da die Verbraucher und Gewerbetreibenden aus dem Binnenmarkt den größtmöglichen Vorteil ziehen können und sollen, und da die Werbung ein sehr wichtiges Instrument ist, mit dem überall in der Gemeinschaft wirksam Märkte für Erzeugnisse und Dienstleistungen erschlossen werden können, sollten die wesentlichen Vorschriften für Form und Inhalt der Werbung einheitlich sein und die Bedingungen für vergleichende Werbung in den Mitgliedstaaten harmonisiert werden. Unter diesen Umständen sollte dies dazu beitragen, die Vorteile der verschiedenen vergleichbaren Erzeugnisse objektiv herauszustellen. Vergleichende Werbung kann ferner den Wettbewerb zwischen den Anbietern von Waren und Dienstleistungen im Interesse der Verbraucher fördern.

(7) Es sollten objektive Mindestkriterien aufgestellt werden, nach denen beurteilt werden kann, ob eine Werbung irreführend ist.

(8) Vergleichende Werbung kann, wenn sie wesentliche, relevante, nachprüfbare und typische Eigenschaften vergleicht und nicht irreführend ist, ein zulässiges Mittel zur Unterrichtung der Verbraucher über ihre Vorteile darstellen. Der Begriff „vergleichende Werbung" sollte breit gefasst werden, so dass alle Arten der vergleichenden Werbung abgedeckt werden.

(9) Es sollten Bedingungen für zulässige vergleichende Werbung vorgesehen werden, soweit der vergleichende Aspekt betroffen ist, mit denen festgelegt wird, welche Praktiken der vergleichenden Werbung den Wettbewerb verzerren, die Mitbewerber schädigen und die Entscheidung der Verbraucher negativ beeinflussen können. Diese Bedingungen für zulässige vergleichende Werbung sollten Kriterien beinhalten, die einen objektiven Vergleich der Eigenschaften von Waren und Dienstleistungen ermöglichen.

(10) Werden in der vergleichenden Werbung die Ergebnisse der von Dritten durchgeführten vergleichenden Tests angeführt oder wiedergegeben, so sollten die internationalen Vereinbarungen zum Urheberrecht und die innerstaatlichen Bestimmungen über vertragliche und außervertragliche Haftung gelten.

(11) Die Bedingungen für vergleichende Werbung sollten kumulativ sein und uneingeschränkt eingehalten werden. Die Wahl der Form und der Mittel für die Umsetzung dieser Bedingungen sollte gemäß dem Vertrag den Mitgliedstaaten überlassen bleiben, sofern Form und Mittel noch nicht durch diese Richtlinie festgelegt sind.

(¹) Stellungnahme vom 26. Oktober 2006 (noch nicht im Amtsblatt veröffentlicht).
(²) Stellungnahme des Europäischen Parlaments vom 12. Oktober 2006 (noch nicht im Amtsblatt veröffentlicht) und Beschluss des Rates vom 30. November 2006.
(³) ABl. L 250 vom 19.9.1984, S. 17. Zuletzt geändert durch die Richtlinie 2005/29/EG des Europäischen Parlaments und des Rates (ABl. L 149 vom 11.6.2005, S. 22).
(⁴) Siehe Anhang I Teil A.

1261

RL 2006/114/EG

Anhang III

(12) Zu diesen Bedingungen sollte insbesondere die Einhaltung der Vorschriften gehören, die sich aus der Verordnung (EG) Nr. 510/2006 des Rates vom 20. März 2006 zum Schutz von geographischen Angaben und Ursprungsbezeichnungen für Agrarerzeugnisse und Lebensmittel (¹), insbesondere aus Artikel 13 dieser Verordnung, und den übrigen Gemeinschaftsvorschriften im Bereich der Landwirtschaft ergeben.

(13) Gemäß Artikel 5 der Ersten Richtlinie 89/104/EWG des Rates vom 21. Dezember 1988 zur Angleichung der Rechtsvorschriften der Mitgliedstaaten über die Marken (²) steht dem Inhaber einer eingetragenen Marke ein Ausschließlichkeitsrecht zu, das insbesondere einschließt, Dritten im geschäftlichen Verkehr die Benutzung eines identischen oder ähnlichen Zeichens für identische Produkte oder Dienstleistungen, gegebenenfalls sogar für andere Produkte, zu untersagen.

(14) Indessen kann es für eine wirksame vergleichende Werbung unerlässlich sein, Waren oder Dienstleistungen eines Mitbewerbers dadurch erkennbar zu machen, dass auf eine ihm gehörende Marke oder auf seinen Handelsnamen Bezug genommen wird.

(15) Eine solche Benutzung von Marken, Handelsnamen oder anderen Unterscheidungszeichen eines Mitbewerbers verletzt nicht das Ausschließlichkeitsrecht Dritter, wenn sie unter Beachtung der in dieser Richtlinie aufgestellten Bedingungen erfolgt und nur eine Unterscheidung bezweckt, durch die Unterschiede objektiv herausgestellt werden sollen.

(16) Personen oder Organisationen, die nach dem nationalen Recht ein berechtigtes Interesse an der Angelegenheit haben, sollten die Möglichkeit besitzen, vor Gericht oder bei einer Verwaltungsbehörde, die über Beschwerden entscheiden oder geeignete gerichtliche Schritte einleiten kann, gegen irreführende und unzulässige vergleichende Werbung vorzugehen.

(17) Die Gerichte oder Verwaltungsbehörden sollten die Befugnis haben, die Einstellung einer irreführenden oder einer unzulässigen vergleichenden Werbung anzuordnen oder zu erwirken. In bestimmten Fällen kann es zweckmäßig sein, irreführende und unzulässige vergleichende Werbung zu untersagen, noch ehe sie veröffentlicht worden ist. Das bedeutet jedoch nicht, dass die Mitgliedstaaten verpflichtet sind, eine Regelung einzuführen, die eine systematische Vorabkontrolle der Werbung vorsieht.

(18) Freiwillige Kontrollen, die durch Einrichtungen der Selbstverwaltung zur Unterbindung irreführender und unzulässiger vergleichender Werbung durchgeführt werden, können die Einleitung eines Verwaltungs- oder Gerichtsverfahrens entbehrlich machen und sollten deshalb gefördert werden.

(¹) ABl. L 93 vom 31.3.2006, S. 12.
(²) ABl. L 40 vom 11.2.1989, S. 1. Geändert durch den Beschluss 92/10/EWG (ABl. L 6 vom 1.1.1992, S. 35).

(19) Zwar wird die Beweislast vom nationalen Recht bestimmt, die Gerichte und Verwaltungsbehörden sollten aber in die Lage versetzt werden, von Gewerbetreibenden zu verlangen, den Beweis für die Richtigkeit der von ihnen behaupteten Tatsachen zu erbringen.

(20) Die Regelung der vergleichenden Werbung ist für das reibungslose Funktionieren des Binnenmarktes erforderlich, und eine Aktion auf Gemeinschaftsebene ist daher notwendig. Eine Richtlinie ist das geeignete Instrument, da sie einheitliche allgemeine Prinzipien festlegt, es aber den Mitgliedstaaten überlässt, die Form und die geeignete Methode zu wählen, um diese Ziele zu erreichen. Sie entspricht dem Subsidiaritätsprinzip.

(21) Die vorliegende Richtlinie sollte die Verpflichtungen der Mitgliedstaaten hinsichtlich der in Anhang I Teil B genannten Fristen für die Umsetzung der dort genannten Richtlinien in innerstaatliches Recht und für die Anwendung dieser Richtlinien unberührt lassen —

HABEN FOLGENDE RICHTLINIE ERLASSEN:

Artikel 1

Zweck dieser Richtlinie ist der Schutz von Gewerbetreibenden vor irreführender Werbung und deren unlauteren Auswirkungen sowie die Festlegung der Bedingungen für zulässige vergleichende Werbung.

Artikel 2

Im Sinne dieser Richtlinie bedeutet

a) „Werbung" jede Äußerung bei der Ausübung eines Handels, Gewerbes, Handwerks oder freien Berufs mit dem Ziel, den Absatz von Waren oder die Erbringung von Dienstleistungen, einschließlich unbeweglicher Sachen, Rechte und Verpflichtungen, zu fördern;

b) „irreführende Werbung" jede Werbung, die in irgendeiner Weise — einschließlich ihrer Aufmachung — die Personen, an die sie sich richtet oder die von ihr erreicht werden, täuscht oder zu täuschen geeignet ist und die infolge der ihr innewohnenden Täuschung ihr wirtschaftliches Verhalten beeinflussen kann oder aus diesen Gründen einen Mitbewerber schädigt oder zu schädigen geeignet ist;

c) „vergleichende Werbung" jede Werbung, die unmittelbar oder mittelbar einen Mitbewerber oder die Erzeugnisse oder Dienstleistungen, die von einem Mitbewerber angeboten werden, erkennbar macht;

d) „Gewerbetreibender" jede natürliche oder juristische Person, die im Rahmen ihrer gewerblichen, handwerklichen oder beruflichen Tätigkeit handelt, und jede Person, die im Namen oder Auftrag des Gewerbetreibenden handelt;

e) „Urheber eines Kodex" jede Rechtspersönlichkeit, einschließlich einzelner Gewerbetreibender oder Gruppen von Gewerbetreibenden, die für die Formulierung und Überarbeitung eines Verhaltenskodex und/oder für die Überwachung der Einhaltung dieses Kodex durch alle diejenigen, die sich darauf verpflichtet haben, zuständig ist.

Artikel 3

Bei der Beurteilung der Frage, ob eine Werbung irreführend ist, sind alle ihre Bestandteile zu berücksichtigen, insbesondere in ihr enthaltene Angaben über:

a) die Merkmale der Waren oder Dienstleistungen wie Verfügbarkeit, Art, Ausführung, Zusammensetzung, Verfahren und Zeitpunkt der Herstellung oder Erbringung, die Zwecktauglichkeit, Verwendungsmöglichkeit, Menge, Beschaffenheit, die geographische oder kommerzielle Herkunft oder die von der Verwendung zu erwartenden Ergebnisse oder die Ergebnisse und wesentlichen Bestandteile von Tests der Waren oder Dienstleistungen;

b) den Preis oder die Art und Weise, in der er berechnet wird, und die Bedingungen unter denen die Waren geliefert oder die Dienstleistungen erbracht werden;

c) die Art, die Eigenschaften und die Rechte des Werbenden, wie seine Identität und sein Vermögen, seine Befähigungen und seine gewerblichen, kommerziellen oder geistigen Eigentumsrechte oder seine Auszeichnungen oder Ehrungen.

Artikel 4

Vergleichende Werbung gilt, was den Vergleich anbelangt, als zulässig, sofern folgende Bedingungen erfüllt sind:

a) Sie ist nicht irreführend im Sinne der Artikel 2 Buchstabe b, Artikel 3 und Artikel 8 Absatz 1 der vorliegenden Richtlinie oder im Sinne der Artikel 6 und 7 der Richtlinie 2005/29/EG des Europäischen Parlaments und des Rates vom 11. Mai 2005 über unlautere Geschäftspraktiken im binnenmarktinternen Geschäftsverkehr zwischen Unternehmen und Verbrauchern (Richtlinie über unlautere Geschäftspraktiken) (¹);

b) sie vergleicht Waren oder Dienstleistungen für den gleichen Bedarf oder dieselbe Zweckbestimmung;

c) sie vergleicht objektiv eine oder mehrere wesentliche, relevante, nachprüfbare und typische Eigenschaften dieser Waren und Dienstleistungen, zu denen auch der Preis gehören kann;

d) durch sie werden weder die Marken, die Handelsnamen oder andere Unterscheidungszeichen noch die Waren, die Dienstleistungen, die Tätigkeiten oder die Verhältnisse eines Mitbewerbers herabgesetzt oder verunglimpft;

e) bei Waren mit Ursprungsbezeichnung bezieht sie sich in jedem Fall auf Waren mit der gleichen Bezeichnung;

f) sie nutzt den Ruf einer Marke, eines Handelsnamens oder anderer Unterscheidungszeichen eines Mitbewerbers oder der Ursprungsbezeichnung von Konkurrenzerzeugnissen nicht in unlauterer Weise aus;

g) sie stellt nicht eine Ware oder eine Dienstleistung als Imitation oder Nachahmung einer Ware oder Dienstleistung mit geschützter Marke oder geschütztem Handelsnamen dar;

h) sie begründet keine Verwechslungsgefahr bei den Gewerbetreibenden, zwischen dem Werbenden und einem Mitbewerber oder zwischen den Warenzeichen, Warennamen, sonstigen Kennzeichen, Waren oder Dienstleistungen des Werbenden und denen eines Mitbewerbers.

Artikel 5

(1) Die Mitgliedstaaten stellen im Interesse der Gewerbetreibenden und ihrer Mitbewerber sicher, dass geeignete und wirksame Mittel zur Bekämpfung der irreführenden Werbung vorhanden sind, und gewährleisten die Einhaltung der Bestimmungen über vergleichende Werbung.

Diese Mittel umfassen Rechtsvorschriften, die es den Personen oder Organisationen, die nach dem nationalen Recht ein berechtigtes Interesse am Verbot irreführender Werbung oder an der Regelung vergleichender Werbung haben, gestatten,

a) gerichtlich gegen eine solche Werbung vorzugehen

oder

b) eine solche Werbung vor eine Verwaltungsbehörde zu bringen, die zuständig ist, über Beschwerden zu entscheiden oder geeignete gerichtliche Schritte einzuleiten.

(2) Es obliegt jedem Mitgliedstaat zu entscheiden, welches der in Absatz 1 Unterabsatz 2 genannten Mittel gegeben sein soll und ob das Gericht oder die Verwaltungsbehörden ermächtigt werden sollen, vorab die Durchführung eines Verfahrens vor anderen bestehenden Einrichtungen zur Regelung von Beschwerden, einschließlich der in Artikel 6 genannten Einrichtungen, zu verlangen.

Es obliegt jedem Mitgliedstaat zu entscheiden,

a) ob sich diese Rechtsbehelfe getrennt oder gemeinsam gegen mehrere Gewerbetreibende desselben Wirtschaftssektors richten können

und

b) ob sich diese Rechtsbehelfe gegen den Urheber eines Verhaltenskodex richten können, wenn der betreffende Kodex der Nichteinhaltung rechtlicher Vorschriften Vorschub leistet.

(¹) ABl. L 149 vom 11.6.2005, S. 22.

(3) Im Rahmen der in den Absätzen 1 und 2 genannten Vorschriften übertragen die Mitgliedstaaten den Gerichten oder Verwaltungsbehörden Befugnisse, die sie ermächtigen, in Fällen, in denen sie diese Maßnahmen unter Berücksichtigung aller betroffenen Interessen und insbesondere des Allgemeininteresses für erforderlich halten,

a) die Einstellung einer irreführenden oder unzulässigen vergleichenden Werbung anzuordnen oder geeignete gerichtliche Schritte zur Veranlassung der Einstellung dieser Werbung einzuleiten,

oder

b) sofern eine irreführende oder unzulässige vergleichende Werbung noch nicht veröffentlicht ist, die Veröffentlichung aber bevorsteht, die Veröffentlichung zu verbieten oder geeignete gerichtliche Schritte einzuleiten, um das Verbot dieser Veröffentlichung anzuordnen.

Unterabsatz 1 soll auch angewandt werden, wenn kein Beweis eines tatsächlichen Verlustes oder Schadens oder der Absicht oder Fahrlässigkeit seitens des Werbenden erbracht wird.

Die Mitgliedstaaten sehen vor, dass die in Unterabsatz 1 bezeichneten Maßnahmen nach ihrem Ermessen im Rahmen eines beschleunigten Verfahrens entweder mit vorläufiger oder mit endgültiger Wirkung getroffen werden.

(4) Die Mitgliedstaaten können den Gerichten oder Verwaltungsbehörden Befugnisse übertragen, die es diesen gestatten, zur Ausräumung der fortdauernden Wirkung einer irreführenden oder unzulässigen vergleichenden Werbung, deren Einstellung durch eine rechtskräftige Entscheidung angeordnet worden ist,

a) die Veröffentlichung dieser Entscheidung ganz oder auszugsweise und in der von ihnen für angemessen erachteten Form zu verlangen;

b) außerdem die Veröffentlichung einer berichtigenden Erklärung zu verlangen.

(5) Die in Absatz 1 Unterabsatz 2 Buchstabe b genannten Verwaltungsbehörden müssen

a) so zusammengesetzt sein, dass ihre Unparteilichkeit nicht in Zweifel gezogen werden kann;

b) ausreichende Befugnisse haben, die Einhaltung ihrer Entscheidungen wirksam zu überwachen und durchzusetzen, sofern sie über die Beschwerden entscheiden;

c) in der Regel ihre Entscheidungen begründen.

(6) Werden die in den Absätzen 3 und 4 genannten Befugnisse ausschließlich von einer Verwaltungsbehörde ausgeübt, sind die Entscheidungen stets zu begründen. In diesem Fall sind Verfahren vorzusehen, in denen eine fehlerhafte oder unsachgemäße Ausübung der Befugnisse durch die Verwaltungsbehörde oder eine ungerechtfertigte oder unsachgemäße Unterlassung, diese Befugnisse auszuüben, von den Gerichten überprüft werden kann.

Artikel 6

Diese Richtlinie schließt die freiwillige Kontrolle irreführender oder vergleichender Werbung durch Einrichtungen der Selbstverwaltung oder die Inanspruchnahme dieser Einrichtungen durch die in Artikel 5 Absatz 1 Unterabsatz 2 genannten Personen oder Organisationen nicht aus, unter der Bedingung, dass entsprechende Verfahren vor solchen Einrichtungen zusätzlich zu den in Artikel 5 Absatz 1 Unterabsatz 2 genannten Gerichts- oder Verwaltungsverfahren zur Verfügung stehen. Die Mitgliedstaaten können diese freiwillige Kontrolle fördern.

Artikel 7

Die Mitgliedstaaten übertragen den Gerichten oder Verwaltungsbehörden Befugnisse, die sie ermächtigen, in den in Artikel 5 genannten Verfahren vor den Zivilgerichten oder Verwaltungsbehörden

a) vom Werbenden Beweise für die Richtigkeit von in der Werbung enthaltenen Tatsachenbehauptungen zu verlangen, wenn ein solches Verlangen unter Berücksichtigung der berechtigten Interessen des Werbenden und anderer Verfahrensbeteiligter im Hinblick auf die Umstände des Einzelfalls angemessen erscheint, und bei vergleichender Werbung vom Werbenden zu verlangen, die entsprechenden Beweise kurzfristig vorzulegen;

sowie

b) Tatsachenbehauptungen als unrichtig anzusehen, wenn der gemäß Buchstabe a verlangte Beweis nicht angetreten wird oder wenn er von dem Gericht oder der Verwaltungsbehörde für unzureichend erachtet wird.

Artikel 8

(1) Diese Richtlinie hindert die Mitgliedstaaten nicht daran, Bestimmungen aufrechtzuerhalten oder zu erlassen, die bei irreführender Werbung einen weiterreichenden Schutz der Gewerbetreibenden und Mitbewerber vorsehen.

Unterabsatz 1 gilt nicht für vergleichende Werbung, soweit es sich um den Vergleich handelt.

(2) Diese Richtlinie gilt unbeschadet der Rechtsvorschriften der Gemeinschaft, die auf die Werbung für bestimmte Waren und/oder Dienstleistungen anwendbar sind, sowie unbeschadet der Beschränkungen oder Verbote für die Werbung in bestimmten Medien.

(3) Aus den die vergleichende Werbung betreffenden Bestimmungen dieser Richtlinie ergibt sich keine Verpflichtung für diejenigen Mitgliedstaaten, die unter Einhaltung der Vorschriften des Vertrags ein Werbeverbot für bestimmte Waren oder Dienstleistungen aufrechterhalten oder einführen, vergleichende Werbung für diese Waren oder Dienstleistungen zuzulassen; dies gilt sowohl für unmittelbar ausgesprochene Verbote als auch für Verbote durch eine Einrichtung oder Organisation, die gemäß den Rechtsvorschriften des Mitgliedstaats für die Regelung eines Handels, Gewerbes, Handwerks oder freien Berufs zuständig ist. Sind diese Verbote auf bestimmte Medien beschränkt, so gilt diese Richtlinie für diejenigen Medien, die nicht unter diese Verbote fallen.

(4) Diese Richtlinie hindert die Mitgliedstaaten nicht daran, unter Einhaltung der Bestimmungen des Vertrags Verbote oder Beschränkungen für die Verwendung von Vergleichen in der Werbung für Dienstleistungen freier Berufe aufrechtzuerhalten oder einzuführen, und zwar unabhängig davon, ob diese Verbote oder Beschränkungen unmittelbar auferlegt oder von einer Einrichtung oder Organisation verfügt werden, die nach dem Recht der Mitgliedstaaten für die Regelung der Ausübung einer beruflichen Tätigkeit zuständig ist.

Artikel 9

Die Mitgliedstaaten teilen der Kommission den Wortlaut der wichtigsten innerstaatlichen Rechtsvorschriften mit, die sie auf dem unter diese Richtlinie fallenden Gebiet erlassen.

Artikel 10

Die Richtlinie 84/450/EWG wird unbeschadet der Verpflichtungen der Mitgliedstaaten hinsichtlich der in Anhang I Teil B genannten Fristen für die Umsetzung der dort genannten Richtlinien in innerstaatliches Recht und für die Anwendung dieser Richtlinien aufgehoben.

Verweisungen auf die aufgehobene Richtlinie gelten als Verweisungen auf die vorliegende Richtlinie und sind nach Maßgabe der Entsprechungstabelle in Anhang II zu lesen.

Artikel 11

Diese Richtlinie tritt am 12. Dezember 2007 in Kraft.

Artikel 12

Diese Richtlinie ist an alle Mitgliedstaaten gerichtet.

Geschehen zu Straßburg am 12. Dezember 2006.

In Namen des Europäischen Parlaments	Im Namen des Rates
Der Präsident	*Der Präsident*
J. BORRELL FONTELLES	M. PEKKARINEN

ANHANG I

TEIL A

Aufgehobene Richtlinie mit ihren nachfolgenden Änderungen

Richtlinie 84/450/EWG des Rates

(ABl. L 250 vom 19.9.1984, S. 17)

Richtlinie 97/55/EG des Europäischen Parlaments und des Rates

(ABl. L 290 vom 23.10.1997, S. 18)

Richtlinie 2005/29/EG des Europäischen Parlaments und des Rates   nur Artikel 14

(ABl. L 149 vom 11.6.2005, S. 22)

TEIL B

Fristen für die Umsetzung in innerstaatliches Recht und Anwendungsfristen

(gemäß Artikel 10)

Richtlinie	Umsetzungsfrist	Anpassungsdatum
84/450/EWG	1. Oktober 1986	—
97/55/EG	23. April 2000	—
2005/29/EG	12. Juni 2007	12. Dezember 2007

Anhang III

ANHANG II

ENTSPRECHUNGSTABELLE

Richtlinie 84/450/EWG	Vorliegende Richtlinie
Artikel 1	Artikel 1
Artikel 2 einleitende Worte	Artikel 2 einleitende Worte
Artikel 2 Nummer 1	Artikel 2 Buchstabe a)
Artikel 2 Nummer 2	Artikel 2 Buchstabe b)
Artikel 2 Nummer 2a	Artikel 2 Buchstabe c)
Artikel 2 Nummer 3	Artikel 2 Buchstabe d)
Artikel 2 Nummer 4	Artikel 2 Buchstabe e)
Artikel 3	Artikel 3
Artikel 3a Absatz 1	Artikel 4
Artikel 4 Absatz 1 Unterabsatz 1 Satz 1	Artikel 5 Absatz 1 Unterabsatz 1
Artikel 4 Absatz 1 Unterabsatz 1 Satz 2	Artikel 5 Absatz 1 Unterabsatz 2
Artikel 4 Absatz 1 Unterabsatz 2	Artikel 5 Absatz 2 Unterabsatz 1
Artikel 4 Absatz 1 Unterabsatz 3	Artikel 5 Absatz 2 Unterabsatz 2
Artikel 4 Absatz 2 Unterabsatz 1 einleitende Worte	Artikel 5 Absatz 3 Unterabsatz 1 einleitende Worte
Artikel 4 Absatz 2 Unterabsatz 1 erster Gedankenstrich	Artikel 5 Absatz 3 Unterabsatz 1 Buchstabe a
Artikel 4 Absatz 2 Unterabsatz 1 zweiter Gedankenstrich	Artikel 5 Absatz 3 Unterabsatz 1 Buchstabe b
Artikel 4 Absatz 2 Unterabsatz 1 letzte Worte	Artikel 5 Absatz 3 Unterabsatz 2
Artikel 4 Absatz 2 Unterabsatz 2 einleitende Worte	Artikel 5 Absatz 3 Unterabsatz 3
Artikel 4 Absatz 2 Unterabsatz 2 erster Gedankenstrich	Artikel 5 Absatz 3 Unterabsatz 3
Artikel 4 Absatz 2 Unterabsatz 2 zweiter Gedankenstrich	Artikel 5 Absatz 3 Unterabsatz 3
Artikel 4 Absatz 2 Unterabsatz 2 letzte Worte	Artikel 5 Absatz 3 Unterabsatz 3
Artikel 4 Absatz 2 Unterabsatz 3 einleitende Worte	Artikel 5 Absatz 4 einleitende Worte
Artikel 4 Absatz 2 Unterabsatz 3 erster Gedankenstrich	Artikel 5 Absatz 4 Buchstabe a
Artikel 4 Absatz 2 Unterabsatz 3 zweiter Gedankenstrich	Artikel 5 Absatz 4 Buchstabe b
Artikel 4 Absatz 3 Unterabsatz 1	Artikel 5 Absatz 5
Artikel 4 Absatz 3 Unterabsatz 2	Artikel 5 Absatz 6
Artikel 5	Artikel 6
Artikel 6	Artikel 7
Artikel 7 Absatz 1	Artikel 8 Absatz 1 Unterabsatz 1
Artikel 7 Absatz 2	Artikel 8 Absatz 1 Unterabsatz 2
Artikel 7 Absatz 3	Artikel 8 Absatz 2
Artikel 7 Absatz 4	Artikel 8 Absatz 3
Artikel 7 Absatz 5	Artikel 8 Absatz 4
Artikel 8 Absatz 1	—
Artikel 8 Absatz 2	Artikel 9
—	Artikel 10
—	Artikel 11
Artikel 9	Artikel 12
—	Anhang I
—	Anhang II

Anhang IV

Rechtsprechung der Bundesgerichte ab 1997

Datum	Aktenzeichen bzw. Amtliche Sammlung	Fundstellen	Kurztitel	Zitierte Artikel
2009				
20.11.2009	BVerwG A-5335/2009			3 lit. h
12.10.2009	BGer 4A_205/2009			UWG MSchG
08.10.2009	BGer 4A_315/2009			3 lit. d
01.10.2009	BGE 136 III 23 BGer 4A_106/2009		Registerhaie	2 3 lit. b 9 Abs. 1 9 Abs. 2 10 Abs. 1 10 Abs. 2 lit. c IPRG
27.08.2009	BGer 6B_200/2009			23
05.06.2009	BVerwG A-4307/2008	sic! 2009, 866 ff.	Postdienstkonzession La Poste	UWG PG VPG MSchG OR
26.05.2009	BGE 135 III 446 BGer 4A_86/2009	sic! 2009, 793 ff. AJP 2009, 1190 ff.	Maltesers/Kit Kat Pop Choc II	2 3 lit. d 3 lit. e
20.04.2009	BGer 4A_54/2009			8
09.03.2009	BGer 4A_529/2008	sic! 2009, 607 ff.	Produits cosmétiques	9 MSchG
23.02.2009	BGer 4A_567/2008	sic! 2009, 348 ff.	Fairsicherungs-beratung/fair-sicherung	2 3 lit. d 14 ZGB 28c MSchG 59
16.02.2009	BVerwG A-6437/2008			3 lit. o FMG FMV
10.02.2009	BGer 6B_70/2009			UWG URG

1269

Datum	Aktenzeichen bzw. Amtliche Sammlung	Fundstellen	Kurztitel	Zitierte Artikel
05.02.2009	BStGer SK.2008.7			4 lit. c 23 StGB
09.01.2009	BStGer BG.2008.25			4a 23
2008				
29.12.2008	BStGer RR.2008.186			4a 23
18.12.2008	BGer 4A_404/2008			8 lit. a
27.11.2008	BGer 4A_313/2008			1 2 ZGB 28 ff.
14.11.2008	BGer 4A_367/2008	sic! 2009, 159 ff.	Softwarelizenz-vertrag III	9 Abs. 1 14 URG 65 Abs. 1 ZGB 28c Abs. 1
06.11.2008	BGer 4A_452/2008			14
14.10.2008	BGer 4A_253/2008			3 MSchG
08.10.2008	BGer 6B_272/2008	sic! 2009, 46 ff.	Amt für das Handelsregister	2 3 lit. b 3 lit. d 3 lit. i 23
06.10.2008	BGer 4A_325/2008			3 lit. a
07.07.2008	BGer 4A_103/2008	sic! 2008, 907 ff.	Botox/Botoina II	2 3 lit. d 3 lit. e 14 (i.V.m. ZGB 28c)
12.06.2008	BStGer RR.2008.29+30			4a Abs. 2 lit. b i.V.m. 23 StGB
30.05.2008	BGer 4C.82/2007	sic! 2008, 732 ff.	Gmail	2 MSchG
19.05.2008	BGer 4A_120/2008			8

Datum	Aktenzeichen bzw. Amtliche Sammlung	Fundstellen	Kurztitel	Zitierte Artikel
17.04.2008	BGer 6B_824/2007			1 2 3 lit. a 13
15.04.2008	BGer 6B_672/2007			2 4 lit. a 4 lit. c 23
09.04.2008	BGer 6B_495/2007			4 lit. c 23
21.02.2008	BGer 1B_41/2008			23
13.02.2008	BGE 134 III 166 BGer 4A_404/2007	sic! 2008, 462 ff.	Arzneimittel-Kompendium II	2 5 lit. c 12 URG
12.02.2008	BGer 4A_481/2007	sic! 2008, 450 ff.	Adressbuch-schwindel	2 3 lit. a 3 lit. b IPRG
08.02.2008	BGer 4A_467/2007 BGer 4A_469/2007	sic! 2008, 454 ff.	IWC/WMC	2 3 lit. b 3 lit. d 3 lit. e 9 Abs. 1 MSchG
07.02.2008	BGer 4D_71/2007			14 URG
04.02.2008	BGE 134 III 205 BGer 4A_288/2007	sic! 2008, 445 ff.	Bagues	2 3 lit. d IPRG DesG
29.01.2008	BGer 4A_254/2007	sic! 2008, 524 ff.	Profi-Pleitier	3 lit. a 9 14
29.01.2008	BGer 4A_438/2007			8
16.01.2008	BVerwG B-5709/2007			3 lit. c MSchG

Datum	Aktenzeichen bzw. Amtliche Sammlung	Fundstellen	Kurztitel	Zitierte Artikel
2007				
20.11.2007	BGE 134 I 83 BGer 4A.221/2007 BGer 4P.239/2006	sic! 2008, 234 ff.	Botox/Botoina	3 lit. b 3 lit. d MSchG
12.11.2007	BGE 134 III 92 BGer 4A.263/2007			14
08.11.2007	BGE 134 III 11 BGer 4A.256/2007			7
07.11.2007	BGer B.160/2006			8
05.10.2007	BGer 1A.61/2007			23
20.09.2007	BGer 4A.185/2007	sic! 2008, 147 ff.	SOS Serruriers	9 Abs. 3 12 23 MSchG/LPM
29.08.2007	BGer 4A.55/2007	sic! 2008, 209 ff.	M6 II	2 9 Abs. 1 12 URG/LDA DesG/LDes
24.08.2007	BGer 6B.228/2007			3 lit. a 23
23.08.2007	BGer 6B.218/2007	sic! 2008, 59 ff.	TV-Gewinnspiele II	23 LG LV
17.07.2007	BGer 1C.138/2007	CaS 2007, 353 ff.		23
09.07.2007	BGE 133 IV 222 BGer 6B_147/2007	sic! 2008, 56 ff.	Neurodermitis	23 HMG
12.06.2007	BStGer SK.2007.3			4 lit. c 6 23
11.06.2007	BGer 4A.85/2007			12 MSchG/LPM
16.05.2007	BGer 4C.171/2006	sic! 2007, 649 ff.	Stauffer	3 lit. a 11
16.05.2007	BGer 4C.167/2006 BGer 4C.169/2006			3 lit. a 11 13a

Datum	Aktenzeichen bzw. Amtliche Sammlung	Fundstellen	Kurztitel	Zitierte Artikel
16.05.2007	BGer 4P.115/2006 BGer 4P.117/2006 BGer 4P.123/2006			3 lit. a
15.05.2007	BGer 4P.321/2006	sic! 2007, 840 ff. sic! 2008, 158 ff. JdT 2007 I 182 ff.	Supercardplus	2 3 lit. b 14 17
14.05.2007	BGer 4C.52/2007	sic! 2007, 754 ff.	Comcord	9 Abs. 3 MSchG
07.05.2007	BStGer PR.2007.36			4a 23
07.05.2007	BStGer PR.2007.37			4a 23
27.04.2007	BGE 133 III 431 BGer 4C.67/2007	sic! 2007, 758 ff. JdT 2007 I 194 ff. SJ 2007 I 562 f.	Auf zu neuen Taten …	2 4 lit. a 5 lit. a 6 9 Abs. 1
04.04.2007	BGer 4C.439/2006	sic! 2007, 623 ff.	Eurojobs	2 3 lit. d MSchG IPRG LugÜ
14.03.2007	BGer 4C.414/2006			9 Abs. 3
20.02.2007	BGer 6P.235/2006			10 Abs. 2 lit. a 10 Abs. 2 lit. b 23
02.02.2007	BGer 1P.837/2006			23
01.02.2007	BGer 6P.88/2006			3 lit. c 23
08.01.2007	BGE 133 III 189 BGer 4C.344/2006	sic! 2007, 546 ff. JdT 2007 I 197 ff.	Schmuckschatulle	3 lit. b MSchG DesG IPRG
2006				
22.12.2006	BGer 1P.584/2006			3 lit. a 3 lit. b 9 Abs. 3 23

Datum	Aktenzeichen bzw. Amtliche Sammlung	Fundstellen	Kurztitel	Zitierte Artikel
21.12.2006	BGer 4P.222/2006	sic! 2007, 374 ff.	Maltesers (fig.)/ Kit Kat Pop Choc	2 3 lit. a 3 lit. d 14 MSchG
20.12.2006	BGer 4C.332/2006	sic! 2007, 384 ff.	Rama Cremefine	2 3 lit. b 3 lit. d 3 lit. e
07.12.2006	BGE 133 III 153 BGer 5C.66/2006	sic! 2007, 434 ff.	Patty Schnyders Vater	9 Abs. 3
27.11.2006	BGer 6P.27/2006			5 lit. a 23
23.11.2006	BGer 6P.137/2006			2 3 4 5 6 7 23 26
02.11.2006	BGer 6S.54/2006			5 lit. a 23
24.10.2006	BGer 4P.200/2006			14 MSchG
13.10.2006	BGer 4C.240/2006	sic! 2007, 287 ff.	Modissa/Modesa	2 3 lit. d
27.09.2006	BGer 4C.143/2006	sic! 2007, 115 ff.	Fédération suisse de pédicure	2 3 lit. c 3 lit. d 9
27.09.2006	BGer 4P.111/2006			3 lit. c 3 lit. d
20.09.2006	BGer 4C.225/2006	sic! 2007, 215 ff.	Yellowworld II	2 3 lit. a 4 lit. a 9 Abs. 3
08.09.2006	BGE 132 III 770 BGer 4A.13/2006	sic! 2007, 204 ff.	Colorado (fig.) II	3 lit. b MSchG

Datum	Aktenzeichen bzw. Amtliche Sammlung	Fundstellen	Kurztitel	Zitierte Artikel
28.08.2006	BGer 4C.170/2006	sic! 2007, 218 ff.	Vergleichender Warentest	2 3 lit. a 3 lit. b 3 lit. e 13a
05.07.2006	BGer 6P.9/2006			5 URG
23.06.2006	BGer 2A.607/2005	sic! 2007, 126 ff.	Schmerzlinderung	2 3 lit. b
09.06.2006	BGer 6P.1/2006			3 lit. b 23
24.05.2006	BGer 6S.79/2006			23 BG Schutz öff. Wappen/LPAP
05.05.2006	BGE 132 III 579 BGer 4C.329/2005	sic! 2006, 658 ff. JdT 2006 I 351 ff. SJ 2006 I 442 ff.	Ecofin/Ecofin	2 9 MSchG IPRG LugÜ
27.04.2006	BGE 132 II 290 BGer 2A.40/2006	sic! 2006, 574 ff.	SpiderCatcher	1
13.04.2006	BGE 132 II 240 BGer 2A.11/2006	sic! 2006, 685 ff.	Nummernwiderruf	2 PBV
27.03.2006	BGE 132 III 414 BGer 4C.363/2005	Pra 2007 Nr. 45 sic! 2006, 590 ff. JdT 2006 I 359 f.	Taxes de pharmacie	2 3 lit. a 3 lit. b 3 lit. e 3 lit. f 3 lit. h
27.03.2006	BGer 4P.285/2005			2 3 lit. b 3 lit. e 3 lit. f 3 lit. h
02.03.2006	BGer 4C.371/2005			3 lit. d 12 MSchG

Datum	Aktenzeichen bzw. Amtliche Sammlung	Fundstellen	Kurztitel	Zitierte Artikel
22.02.2006	BGer 4C.361/2005	sic! 2006, 583 ff.	tiq® of Switzerland	3 lit. b 9 Abs. 1 11 MSchG
07.02.2006	BGer 1P.635/2005			5 23
06.02.2006	BGer 1A.3/2006			3 lit. b 23
24.01.2006	BGer 4C.308/2005			3 lit. b 9 MSchG
11.01.2006	BGer 4C.342/2005			3 lit. a 5 lit. c
09.01.2006	BGer 1P.687/2005			23
03.01.2006	BGer 4C.298/2005			9 Abs. 3
2005				
19.12.2005	BGE 132 III 379 BGer 4C.337/2005	sic! 2006, 488 ff. JdT 2006 I 338 ff. SJ 2006 I 472 ff.	Milchschäumer II	9 Abs. 3 URG PatG MSchG DesG
15.12.2005	BGer 4C.295/2005	sic! 2006, 420 ff.	Pension équestre	1 2 3 lit. a 9 12
15.12.2005	BGer 4P.223/2005			3 lit. a 9
12.12.2005	BGer 4C.224/2005	sic! 2006, 280 ff. SJ 2006 I 274 ff.	Agefi/Edipresse	1 2 3 lit. a 9 Abs. 1 10 11
08.12.2005	BGer 4C.304/2005			3 lit. d 12 SoSchG/LPOV

Datum	Aktenzeichen bzw. Amtliche Sammlung	Fundstellen	Kurztitel	Zitierte Artikel
09.11.2005	BGer 1A.199/2005			3 lit. b 3 lit. c 23
09.11.2005	BGer 5P.226/2005			13
07.11.2005	BGE 131 III 572 BGer 4C.120/2005	AJP 2006, 607 ff.		3 lit. d MSchG
27.10.2005	BGer 4C.468/2004	sic! 2006, 284 ff.	Saugeinlagen für Lebensmittel	9 Abs. 3
26.10.2005	BGer 1P.402/2005			3 lit. a
13.10.2005	BGer 4C.55/2005	sic! 2006, 277 ff.	Yellowworld	2 3 lit. a 4 lit. a
02.10.2005	BGer 6P.75/2005 BGer 6S.212/2005			9
05.09.2005	BGer 4C.169/2005			3 lit. d
31.08.2005	BGE 132 III 24 BGer 4C.177/2005	MRA 2005, 169 ff.		3 lit. b
09.08.2005	BGer 4C.111/2005	sic! 2006, 28 ff.	Mobili Le Corbusier	9 Abs. 3 URG/LDA
18.07.2005	BGer 5P.241/2005			3 lit. a
30.06.2005	BGE 131 III 581 BGer 4C.76/2005	sic! 2005, 883 ff. JdT 2005 I 422 ff.	S100	2 3 lit. b 3 lit. d 9 MSchG IPRG
24.06.2005	BGer 6P.37/2005	sic! 2006, 43 f.	Ars Intermedia	2 3 lit. d 23 URG
22.06.2005	BGE 131 III 480 BGer 4C.393/2004	JdT 2005 I 390 ff.		9 Abs. 3 URG
02.06.2005	BGer 4C.101/2005	sic! 2005, 738 ff.	Stoffmuster	2 9 Abs. 2 9 Abs. 3 URG
27.04.2005	BGer 1P.126/2005			2 3 lit. b

Datum	Aktenzeichen bzw. Amtliche Sammlung	Fundstellen	Kurztitel	Zitierte Artikel
21.04.2005	BGer 4C.44/2005			2 4 lit. d
12.04.2005	BGer 1P.111/2005			3 lit. a 23 URG
08.04.2005	BGer 5C.60/2004			10 Abs. 2 lit. c
01.04.2005	BGer 2P.74/2004			3 lit. c
01.04.2005	BGer 4P.12/2005 BGer 4C.22/2005			3 lit. d MSchG/LPM
29.03.2005	BGer 1P.197/2005			3 lit. a
02.03.2005	BGer 4C.431/2004	sic! 2005, 463 ff.	C'est bon la vie!	2 3 lit. d 12 MSchG/LPM
02.03.2005	BGer 4P.311/2004	SJ 2005 I 492 ff.		3 lit. b 3 lit. d 9 Abs. 2 14
04.02.2005	BGE 131 III 384 BGer 4C.336/2004	sic! 2005, 593 ff. JdT 2005 I 434 ff. SJ 2005 I 428 ff.	Such-Spider	2 3 lit. d 5 lit. c
26.01.2005	BGer 1P.393/2004			9 Abs. 3 URG
25.01.2005	BGer 4C.369/2004	sic! 2005, 682 ff.	Fehlendes Rechtsschutzinteresse	9 Abs. 1 MSchG
25.01.2005	BGer 1A.261/2004			3 lit. b 23
21.01.2005	BGer 4C.376/2004	sic! 2005, 390 ff. JdT 2005 I 429 ff.	Maggi/ www.maggi.com	2 12 MSchG
04.01.2005	BGer 1P.471/2004			3 lit. a 23
2004				
10.12.2004	BGE 131 I 223 BGer 2P.4/2004	SJZ 2005, 267 ff.		8
19.11.2004	BGer 1P.536/2004			23
08.11.2004	BGer 4C.31/2004	sic! 2005, 200 ff.	Riesen	2 3 lit. d MSchG

Datum	Aktenzeichen bzw. Amtliche Sammlung	Fundstellen	Kurztitel	Zitierte Artikel
05.11.2004	BGer 1P.443/2004			3 lit. d BG Schutz öff. Wappen/LPAP
06.10.2004	BGE 130 IV 143 BGer 6S.173/2004	sic! 2005, 485 ff. JdT 2006 IV 75 ff.	Einziehung von Le Corbusier-Möbeln	2 3 lit. b 3 lit. d 9 Abs. 1 18 23 24 URG
06.10.2004	BGer 4C.258/2004	sic! 2005, 123 ff.	Yello/Yellow Access AG (fig.)	3 lit. d MSchG
08.09.2004	BGer 4C.169/2004	sic! 2005, 221 ff.	Limmi II	3 lit. d 9 Abs. 1 MSchG
08.09.2004	BGer 4P.95/2004			9 Abs. 1 MSchG
07.09.2004	BGer 1A.153/2004			3 lit. b 4 lit. b → 4a 23
13.07.2004	BGE 130 III 636 BGer 4C.28/2004			3 lit. d DesG MMG
15.06.2004	BGer 5C.259/2003			8
10.06.2004	BGE 130 III 645 BGer 4C.32/2004	sic! 2005, 23 ff.	Armbanduhren	2 3 lit. d DesG MMG
07.06.2004	BGer 4C.64/2004			3 lit. c 3 lit. d 5 lit. a 5 lit. c 9 Abs. 1
04.06.2004	BGer 4C.51/2004	sic! 2004, 688 ff.	Prestige	5 DesG/LDes
04.06.2004	BGer 6P.125/2003	sic! 2004, 882 ff.	Jahrmarktveranstaltung	3 lit. a 23
02.06.2004	BGer 4C.238/2003			3 lit. b

Datum	Aktenzeichen bzw. Amtliche Sammlung	Fundstellen	Kurztitel	Zitierte Artikel
05.05.2004	BGer 4C.197/2003	sic! 2004, 767 ff.	Lernstudio	2 3 lit. d MSchG
15.04.2004	BGer 4C.330/2003			2 3 lit. a 3 lit. d 5 lit. a 5 lit. b 5 lit. c 6 12 URG/LDA
15.04.2004	BGer 4P.244/2003			2
02.04.2004	BGer 4P.271/2003			3 lit. d
16.03.2004	BGer 4P.218/2003			3 5 lit. b 5 lit. c 9 Abs. 3 23
20.02.2004	BGE 130 III 353 BGer 4C.276/2003			1
15.01.2004	BGE 130 II 83 BGer 2A.419/2003			3 lit. b LMG
07.01.2004	BGer 7B.249/2003	Pra 2004 Nr. 103		8
2003				
24.11.2003	BGer 6S.329/2003			3 lit. b 9 Abs. 1 10 23
30.10.2003	BGer 1A.181/2003			3 lit. d LPAP
21.10.2003	BGer 6S.350/2003			3 lit. d 23 URG/LDA
20.10.2003	BGer 4C.199/2003			3 lit. d
10.10.2003	BGer 6S.306/2003			2 3 lit. a 9 Abs. 1 23

Datum	Aktenzeichen bzw. Amtliche Sammlung	Fundstellen	Kurztitel	Zitierte Artikel
08.10.2003	BGer 1P.342/2003			3 lit. d
06.10.2003	BGer 6P.93/2003			3 lit. a
06.10.2003	BGer 6S.244/2003			1 3 lit. a 23
16.09.2003	BGE 129 IV 305 BGer 6S.184/2003	sic! 2004, 344 ff. SJ 2004 I 98 ff.	Telefaxverzeichnis II	3 lit. b 3 lit. h 10 Abs. 2 lit. c 23
05.09.2003	BGer 4C.149/2003	sic! 2004, 41 ff.	Integra	3 lit. d MSchG
04.09.2003	BGer 4C.139/2003	sic! 2004, 430 ff.	CAP	1 2 3 lit. d 9 Abs. 2 11 12 MSchG/LPM
04.09.2003	BGer 4P.97/2003			2 12 MSchG/LPM
14.07.2003	BGer 4C.121/2003	sic! 2004, 44 ff.	Knoblauchpresse II	2 3 lit. d DesG URG
02.07.2003	BGE 129 III 514 BGer 4C.46/2003	sic! 2003, 892 ff. JdT 2003 I 372 ff.	Lego III (3D)	2 3 lit. d MSchG IPRG
02.07.2003	BGer 4C.60/2003	sic! 2003, 915 ff.	Becherfarben II	2 3 lit. d 14
17.06.2003	BGE 129 II 497 BGer 2A.520/2002	Pra 2005 Nr. 39 sic! 2004, 129 ff. AJP 2004, 1007 ff.	Ouverture du marché de l'électricité	4 lit. a
06.06.2003	BGer 4P.64/2003	sic! 2003, 984 ff.	Pure Red Cell Aplasia II	2 14

Datum	Aktenzeichen bzw. Amtliche Sammlung	Fundstellen	Kurztitel	Zitierte Artikel
19.05.2003	BGer 4C.377/2002	sic! 2003, 822 ff. JdT 2004 I 318 ff.	T-Online/tonline.ch	2 3 lit. d 9 Abs. 3 MSchG/LPM
02.05.2003	BGE 129 III 426 BGer 4C.375/2002	Pra 2004 Nr. 54 sic! 2003, 831 ff. AJP 2004, 200 ff. SJ 2003 I 462 ff.	Unclean hands	2 3 lit. e 9 Abs. 1
02.05.2003	BGer 4P.241/2002			3 lit. b 9 13a
01.05.2003	BGer 4C.31/2003	sic! 2004, 325 ff.	Integra/Wintegra	3 lit. d MSchG
17.03.2003	BGE 129 III 353 BGer 4C.343/2002	sic! 2003, 593 ff. AJP 2003, 1090 ff. JdT 2003 I 382 ff. SJZ 2003, 333 f.	Puls	1 2 3 lit. d 9 Abs. 1 MSchG
03.03.2003	BGer 4C.353/2002	sic! 2003, 750 ff.	Betonaufbereitungsanlage	1 2 9 Abs. 1 9 Abs. 3
07.02.2003	BGer 4C.126/2001			9 Abs. 3
08.01.2003	BGE 129 IV 124 BGer 6S.712/2000	JdT 2005 IV 112 ff.		4 lit. b → 4a
08.01.2003	BGer 6S.711/2000			4 lit. b → 4a
2002				
18.12.2002	BGE 129 IV 49 BGer 6S.357/2002	sic! 2003, 354 ff. JdT 2006 IV 43 ff.	Telefaxverzeichnis	1 2 3 lit. a 3 lit. b 3 lit. h 9 Abs. 1 9 Abs. 2 10 Abs. 2 lit. c 23 26
28.11.2002	BGer 4P.135/2002			8

Datum	Aktenzeichen bzw. Amtliche Sammlung	Fundstellen	Kurztitel	Zitierte Artikel
18.11.2002	BGer 4P.192/2002			3 lit. d 14 MSchG
16.10.2002	BGer 4C.162/2002			3 lit. d MSchG
24.09.2002	BGer 4C.34/2002	sic! 2003, 337 ff.	Schlumpagner	9 Abs. 2
17.09.2002	BGer 5C.134/2002			8
26.07.2002	BGE 128 IV 201 BGer 6S.129/2002	JdT 2005 IV 57 ff.		3 lit. d 23 URG
23.07.2002	BGE 128 III 353 BGer 4C.25/2002	Pra 2003 Nr. 3 sic! 2002, 766 ff. SJ 2003 I 1 ff.	Montana.ch II	3 lit. d
23.07.2002	BGE 128 III 401 BGer 4C.9/2002	sic! 2002, 860 ff.	luzern.ch III	3 lit. d 9
16.07.2002	BGer 4C.165/2001	sic! 2003, 142 ff.	Experteam AG/Xperteam Management Consultants AG	3 lit. d
11.07.2002	BGE 128 IV 177 BGer 6S.114/2002			2 3 lit. b 16 17 20 24
26.06.2002	BGer 4P.73/2002	sic! 2002, 694 ff.	Ferrari	1 14
06.06.2002	BGer 5C.53/2002	HAVE 2003, 330 ff.		8
15.05.2002	BGer 5C.31/2002	sic! 2002, 752 ff.	Heim-Affäre	2
11.04.2002	BGer 4C.357/2001	sic! 2002, 605 ff.	KWC	2 3 lit. d MSchG/LPM
03.04.2002	BGE 128 III 224 BGer 4C.369/2001	sic! 2002, 530 ff. JdT 2002 I 526 ff.	Wache AG/ Die Wache	3 lit. d 9

Datum	Aktenzeichen bzw. Amtliche Sammlung	Fundstellen	Kurztitel	Zitierte Artikel
16.03.2002	BGer 6S.677/2001	sic! 2002, 697 ff.	Garantieversand	1 2 3 lit. b 3 lit. h 23 26 IPRG
16.03.2002	BGer 6P.183/2001			2 3 lit. b 3 lit. h 23
27.02.2002	BGE 128 IV 92 BGer 6S.701/2001	Pra 2003 Nr. 77		3 lit. b 3 lit. c 3 lit. i 10 Abs. 2 lit. a 10 Abs. 2 lit. b 10 Abs. 2 lit. c 23 27
30.01.2002	BGE 128 III 146 BGer 4C.142/2001	sic! 2002, 434 ff. JdT 2002 I 495 ff. SJZ 2002, 237 f.	VW/Audi-Spezialist	1 3 lit. d MSchG
30.01.2002	BGer 1P.23/2002			23
18.01.2002	BGer 6S.684/2001			3 4 5 lit. a 6 23
2001				
19.12.2001	BGer 4C.111/2001	sic! 2002, 428 ff.	Orfina (fig.)/Orfina	3 lit. d MSchG
10.12.2001	BGer 1P.759/2001			10 Abs. 2 lit. c 23
27.11.2001	BGer 6S.541/2001			3 lit. a 5 lit. a
06.11.2001	BGer 4C.199/2001 BGer 4P.137/2001	sic! 2002, 162 ff.	Audi III	3 lit. d MSchG/LPM Pariser Überein- kunft/CUP

Anhang IV

Datum	Aktenzeichen bzw. Amtliche Sammlung	Fundstellen	Kurztitel	Zitierte Artikel
05.10.2001	BGer 4C.171/2001			3 lit. d MSchG
26.09.2001	BGer 4C.88/2001			8
24.09.2001	BGer 1P.153/2001			2 3 lit. a 14
16.08.2001	BGer 6S.858/1999 BGer 6P.31/2001	Pra 2002 Nr. 47 sic! 2001, 754 ff.	Zeitungsberichte II	1 2 3 lit. a 23
20.07.2001	BGE 127 III 481 BGer 5C.166/2000	sic! 2001, 732 ff. JdT 2002 I 426 ff. SJZ 2001, 499	Prominentenportrait	9 Abs. 1
19.07.2001	BGer 4P.146/2001	sic! 2002, 38 ff.	Iam	3 lit. d 14 MSchG/LPM
07.06.2001	BGer 4C.51/2001	sic! 2002, 47 f.	CannaBioland (fig.) II	3 lit. d MSchG
09.05.2001	BGer 6S.853/2000			9
11.04.2001	BGer 4C.369/1999 BGer 4C.379/1999			2 3 lit. e 9 Abs. 1 9 Abs. 3
04.04.2001	BGer 4C.392/2000	sic! 2001, 408 ff.	Jaguar (fig.)/Jaguar	3 lit. d MSchG
27.03.2001	BGer B.22/2000			8
15.03.2001	BGer 4C.387/2000	SJ 2001 I 525 ff.		3 lit. a 4 lit. a
28.02.2001	BGer 4C.266/2000 BGer 4P.208/2000			2 3 lit. d 12 MSchG/LPM
19.02.2001	BGer 4P.291/2000	sic! 2001, 317 ff.	Central Perk	1 2 MSchG
15.02.2001	BGer 5C.237/2000			8
15.02.2001	BGer 1P.757/2000			3 lit. b 3 lit. d 23

Rechtsprechungsübersicht Anhang IV

Datum	Aktenzeichen bzw. Amtliche Sammlung	Fundstellen	Kurztitel	Zitierte Artikel
05.01.2001	BGer 4C.163/2000	sic! 2001, 330 ff.	Kantenanleimmaschine	2 5 lit. a 5 lit. c 9 Abs. 1 9 Abs. 3 14
05.01.2001	BGer 4P.103/2000			2
04.01.2001	BGer 5C.130/2000			8
2000				
21.12.2000	BGer 5C.194/2000			8
05.12.2000	BGer 4C.439/1998	Pra 2001 Nr. 118		2 3 lit. a 3 lit. b 3 lit. e 9 Abs. 3 17
10.11.2000	BGer 4C.190/2000			5 PatG/LBl
13.09.2000	BGer 4C.205/2000	sic! 2000, 807 ff.	Gratisagenda	2 3 lit. a
26.07.2000	BGer 4C.109/2000 BGer 4P.77/2000	sic! 2000, 712 ff.	Club de l'Economie	2 3 lit. a 3 lit. d 9 Abs. 3
20.07.2000	BGer 4C.120/2000	sic! 2000, 611 ff.	WIR (fig.)	2 3 lit. b 3 lit. d 4 lit. a 14 Abs. 1 MSchG
18.07.2000	BGE 126 III 315 BGer 4C.316/1999	sic! 2000, 618 ff.	Rivella (fig.)/ Apiella III	1 2 3 lit. d MSchG
18.07.2000	BGer 4C.42/2000	Pra 2001 Nr. 13		3 lit. d MSchG
18.07.2000	BGer 4C.142/2000			5 lit. c

Datum	Aktenzeichen bzw. Amtliche Sammlung	Fundstellen	Kurztitel	Zitierte Artikel
11.07.2000	BGE 127 III 33 BGer 4C.306/1999	Pra 2001 Nr. 180 sic! 2001, 123 ff. JdT 2001 I 340 ff. SJ 2001 I 179 ff.	Brico (fig.)	1 3 lit. d MSchG/LPM
05.07.2000	BGer 6P.36/2000			1 2 3 lit. a 3 lit. b 3 lit. e 23
29.06.2000	BGer 4P.52/2000			3 lit. b 3 lit. l 8
16.06.2000	BGer 4C.79/2000			3 lit. d MSchG
13.06.2000	BGer 4C.86/2000			5 MSchG/LPM URG/LDA
02.05.2000	BGE 126 III 239 BGer 4C.450/1999	sic! 2000, 403 ff. JdT 2000 I 543 ff.	berneroberland.ch	1 2 3 lit. d 9 Abs. 1 9 Abs. 2 10 Abs. 2 lit. a
26.04.2000	BGer 1P.175/2000			23 PatG/LBI
13.04.2000	BGer 4C.84/1999	sic! 2000, 644 ff.	Fitnessstudio	3 lit. a 9 Abs. 1
14.03.2000	BGer 4C.206/1999	sic! 2000, 399 ff.	Avia AG/Aviareps Airline Management GmbH	2 3 lit. d
28.02.2000	BGE 126 III 198 BGer 4C.461/1999	Pra 2001 Nr. 34 sic! 2000, 318 ff. SJ 2000 I 337 ff. SZIER 2002, 397 ff.	Loto Score	1 2 9 Abs. 1 9 Abs. 2 10 Abs. 1 10 Abs. 2 lit. b 10 Abs. 2 lit. c IPRG

Rechtsprechungsübersicht Anhang IV

Datum	Aktenzeichen bzw. Amtliche Sammlung	Fundstellen	Kurztitel	Zitierte Artikel
15.02.2000	BGer 4C.396/1999	sic! 2000, 397 ff.	Astra Pharmaceutica AG/Astra (Schweiz) AG	3 lit. d
1999				
30.06.1999	BGE 125 I 369	JdT 2000 I 826 ff.		2 3 lit. g 3 lit. h 3 lit. i 23
03.06.1999	BGE 125 III 286 BGer 4C.318/1997	sic! 1999, 576 ff. JdT 1999 I 452 ff.	Physikzeitschriften	1 2 3 lit. e
18.03.1999	BGer 4C.399/1998	sic! 1999, 300 ff.	Siena II	3 lit. d 5 lit. a 5 lit. b 5 lit. c
02.03.1999	BGE 125 III 185 BGer 4C. 359/1998	sic! 1999, 310 ff. JdT 2000 I 232 ff.	Mikrowellenherd II	3 lit. a 9 Abs. 1
15.02.1999	BGE 125 III 193 BGer 4C.254/1998	sic! 1999, 432 ff. JdT 1999 I 436 ff.	Budweiser	3 lit. d MSchG
1998				
31.12.1998	BGE 125 III 95 BGer 4C.296/1998	sic! 1999, 314 ff.	Lego	12 IPRG
08.12.1998	BGE 124 IV 262 BGer 6S.553/1998	sic! 1999, 173 f.	Chirurgi	1 2 3 lit. a 23
06.11.1998	BGer 4C.62/1997	sic! 1999, 164 ff.	Sikkens	2 3 lit. b 3 lit. i
25.08.1998	BGer 4C.338/1997	sic! 1999, 156 ff.	Kamov	1 2
20.07.1998	BGE 124 III 321 BGer 4C.45/1998	sic! 1998, 569 ff. AJP 1999, 108 ff. RPW 1998, 486 ff. SJ 1999 I 75 ff.	Donkey Kong Land	2 4 lit. a URG
03.07.1998	BGer 6S.324/1997	SJZ 1998, 446		3 lit. a 23

Datum	Aktenzeichen bzw. Amtliche Sammlung	Fundstellen	Kurztitel	Zitierte Artikel
30.01.1998	BGE 124 I 34 BGer 1P.464/1997	sic! 1998, 298 f.	Moonlight	23 URG
08.01.1998	BGE 124 III 72 BGer AC.208/1997	sic! 1998, 213 ff. JdT 1998 I 329 ff.	Contra Schmerz	1 2 3 lit. a 9 Abs. 1 14
1997				
07.11.1997	BGE 123 IV 211 BGer 6S.298/1996	sic! 1998, 211 ff. JdT 1998 I 340 ff.	Rinderwahnsinn	1 2 3 lit. a 23
17.09.1997	BGer 6S.498/1997	sic! 1998, 93 f.	Maître	3 lit. d 4 6 23
13.08.1997	BGE 123 III 395 BGer 4C.79/1997	sic! 1998, 91 f. SJZ 1998, 24	Stadtanzeiger Bern II	9 Abs. 1
08.07.1997	BGE 123 III 354 BGer 4C.480/1996	sic! 1997, 592 ff. JdT 1998 I 333 ff.	K-Tip	3 lit. a 9 Abs. 1
04.06.1997	BGer 4C.516/1996	sic! 1997, 493 ff.	Anne Frank	3 lit. c MSchG
19.03.1997	BGer 6S.83/1997	sic! 1997, 314 f.	Testsiegel II	3 lit. b 23
10.02.1997	BGer 4C.406/1996	sic! 1997, 278 f.	Blue Window III	3 lit. f KG
22.01.1997	BGer 4C.406/1996	sic! 1997, 276 ff.	Blue Window II	3 lit. f KG

Kantonale Rechtsprechung ab 1997

Datum	Aktenzeichen	Fundstellen	Kurztitel	Zitierte Artikel
2009				
20.07.2009	OGer ZH	ZR 2009 Nr. 60		3 lit. o 23
17.07.2009	VerwG GR U 09 47			5 lit. a
06.07.2009	TC VD CM09.019675 103/2009/DCA			2 5 14
02.06.2009	KGer BL 100 08 1211/SUB			1 2 3 lit. b 16 Abs. 1 17 24 Abs. 1 lit. b PBV
29.05.2009	OGer BE APH 09 240			1 2 5 6 9 Abs. 1 14
26.05.2009	KGer GL ZG.2007.00236	sic! 2010, 47 ff.	Spritzgiesssysteme	2 5 lit. a 5 lit. b 9 IPR/IZVR
15.05.2009	TC VD 372			1 5 lit. a
04.05.2009	KGer GR ZFE 08 3			12 Abs. 2 IPRG MSchG
27.04.2009	TC VD 264			4 lit. a 4 lit. c 6 23 StGB 162
31.03.2009	AppGer TI 12.2008.135			3 lit. a 4 lit. a

Datum	Aktenzeichen	Fundstellen	Kurztitel	Zitierte Artikel
23.02.2009	KassGer TI/KGer TI 17.2007.80 17.2007.81			1 2 6 23 Abs. 1
12.02.2009	AppGer FR AS 2007-132			UWG URG
26.01.2009	CdJ GE P/10451/2005 – ACJP/28/2009			1 2 5 lit. c 23 StGB 22 Abs. 1
14.01.2009	TC VD CM08.032409	sic! 2009, 431 ff.	Ferrari II	2 3 lit. d 3 lit. e 14 MSchG
06.01.2009	HGer SG HG.2008.104			1 2 3 lit. d 5 lit. c 13 14
2008				
11.12.2008	VerwG FR FR 602 2008-129			3 lit. f
25.11.2008	KGer FR 102 2008-5 & 16	sic! 2009, 869 ff.	Dépôt frauduleux	3 lit. b 3 lit. d MSchG
12.11.2008	Gerichtskreis VIII Bern-Laupen Z 083917	sic! 2009, 356 ff.	Plastic-Clogs	2 3 lit. d
03.11.2008	HGer AG HSU.2008.15	sic! 2009, 419 ff.	Beutelsuppen	2 3 lit. d
29.10.2008	OGer LU 01 08 6	sic! 2009, 351 ff.	Obrist	3 lit. d MSchG
19.09.2008	CdJ GE C/1900/2008 – ACJC/1115/2008			3 lit. d ZGB OR

Rechtsprechungsübersicht Anhang IV

Datum	Aktenzeichen	Fundstellen	Kurztitel	Zitierte Artikel
18.09.2008	TC VD CM08.023643-122/2008	sic! 2009, 803 ff.	Plastic-Clogs II	1 3 lit. d DesG
15.08.2008	OGer TG ZR.2008.37			14
07.07.2008	KGer SZ GP 2008 20 und 21	sic! 2009, 79	Go Fast	3 lit. d 12 14 MSchG
19.06.2008	CdJ GE C/4090/2008 – ACJC/756/2008			2 3 lit. a 14 ZGB 28
16.06.2008	HGer AG HOR.2007.33	sic! 2009, 884 ff.	Caramelköpfli	9 Abs. 1 lit. a
26.05.2008	KGer NW PP 08 27	sic! 2009, 609 ff.	Estrolith	14
08.05.2008	OGer BE APH 04 4621 V1JUD	sic! 2009, 244 ff.	Expo.02-Karte	1 2 5 lit. a 5 lit. b 5 lit. c 9 Abs. 1 URG
05.05.2008	Juridiction des prud'hommes (Genf) C/25553/2006-5 Cour d'appel CAPH/79/2008			7
18.04.2008	CdJ GE C/4829/2004 – ACJC/525/2008			3 lit. d MSchG
09.04.2008	HGer SG HG.2005.123	sic! 2009, 178 ff.	Staubsauger II	3 lit. b
30.01.2008	Cour d'appel des prud'hommes (Genf) C/27178/2006-5			7 9

Anhang IV — Rechtsprechungsübersicht

Datum	Aktenzeichen	Fundstellen	Kurztitel	Zitierte Artikel
2007				
14.12.2007	CdJ GE ACJC/1565/2007	sic! 2009, 82 ff.	SFG	3 lit. d MSchG OR
12.10.2007	CdJ GE C/3231/2007 – ACJC/1222/07	sic! 2008, 441 ff.	Bearbull Degroof Banque Privée S.A./BBAM S.A.	3 lit. d 9 Abs. 1
08.10.2007	KGer GR PZ 07 112			2 3 lit. a 9 Abs. 1 14
03./04.09.2007	KGer GR ZFE 05 3			Art. 9 Abs. 2 PatG URG
03.09.2007	Untersuchungsrichteramt des Kantons Zug 2007/1584/LAJ			3 lit. o 23
17.08.2007	ZivGer BS P 2005/161	sic! 2008, 359 ff.	A. Braun/Braunpat II	3 lit. d MSchG
16.08.2007	OGer BE 2007/73	sic! 2008, 101 ff.	Lounge Chair	9 Abs. 3 23 URG
14.08.2007	OGer BE 2006/386			5 23
11.08.2007	OGer BE 2006/386			5 9 23
17.07.2007	KGer SG ZZ.2006.36			5 lit. a 5 lit. b 5 lit. c 14 URG
06.07.2007	VerwG GR U-07-40			3 lit. f
25.06.2007	HGer ZH HG060341/U/dz		Yellowworld III	2 3 lit. a 9 Abs. 3

1293

Datum	Aktenzeichen	Fundstellen	Kurztitel	Zitierte Artikel
27.03.2007	OGer ZH SB060569/U/gk			3 lit. a 9 Abs. 1 10 23
06.03.2007	KGer AI	sic! 2007, 917 f.	MFC Merchant Bank S.A./MFC Finanz GmbH	1 2 3 lit. b 3 lit. d 9 Abs. 1 MSchG
15.01.2007	OGer LU 11 06 155			2 3 lit. b 3 lit. d 13a 14
09.01.2007	KGer GR ZF 06 54			8
2006				
14.12.2006	HGer SG HG.2001.31			1 2 5 9 Abs. 3 MSchG
25.10.2006	HGer AG HSU.2006.14/ds/tv			2 3 lit. b 3 lit. i 4 lit. d 14
24.10.2006	KGer SZ ZK 2006 24			2 3 lit. f 4 lit. a 4 lit. c 4 lit. d 5 6 9 Abs. 1 9 Abs. 2 11

Datum	Aktenzeichen	Fundstellen	Kurztitel	Zitierte Artikel
24.10.2006	KGer VS C1 05 110			3 lit. d 9 Abs. 1 9 Abs. 3 11 14 IPRG LugÜ
09.10.2006	KGer SG ZZ.2006.36 (DZ.2006.1)	SGGVP 2006 Nr. 79		UWG
08.09.2006	AppGer TI 10.2001.32 10.2002.23	sic! 2008, 122 ff.	Polo by Ralph Lauren	3 lit. d 9 Abs. 1 9 Abs. 2 MSchG
29.08.2006	HGer SG HG.2005.123	sic! 2007, 122 ff.	Staubsauger	3 lit. b 9
31.07.2006	HGer AG HSU.2006.11/ac/tv			2 3 lit. d 9 Abs. 1 12 MSchG
13.06.2006	OGer LU 01 05 21	sic! 2007, 185 ff.	Scherkopf (3D)/Remington	2 3 lit. d MSchG
06.06.2006	KGer GR ZFE 05 4	sic! 2007, 364 ff.	Formel-1-Kalender	5 lit. b 5 lit. c 9 Abs. 3 URG IPRG
29.05.2006	KGer GR ZFE 05 2			3 lit. d 9 Abs. 1 MSchG IPRG LugÜ
24.05.2006	TC VS P3 06 7			4 6 23

1295

Datum	Aktenzeichen	Fundstellen	Kurztitel	Zitierte Artikel
23.05.2006	HGer BE HG 04 9101/STH/ STC			2 3 lit. b 3 lit. d 3 lit. e 9 Abs. 1 10 Abs. 2 lit. a
10.05.2006	OGer LU KA 06 39	LGVE 2006 I Nr. 55		23
08.05.2006	Gerichtskreis VIII Bern-Laupen Z 06 2011 GFA	sic! 2007, 43 ff.	Auskunftsdienst	3 lit. b 3 lit. i 14
05.05.2006	HGer ZH	ZR 2007 Nr. 9		3 lit. d 9 Abs. 1
26.04.2006	ZivGer BS			DesG LugÜ
25.04.2006	HGer SG HG.2003.76			2 3 lit. a 3 lit. e 5 lit. c 6
23.03.2006	OGer ZH LK060002/Z02	sic! 2006, 851 ff.	PMS	12 URG
15.03.2006	Cour civile NE	RJN 2006, 113 ff.		2 3 lit. c 3 lit. d 10 Abs. 2 lit. a
06.03.2006	BezGer ZH	sic! 2008, 307	Online-Branchenverzeichnis	2 3 lit. a 9 Abs. 1 9 Abs. 2 9 Abs. 3 10 23
23.01.2006	KGer GR ZF 05 41			3 lit. e 13a
2005				
27.12.2005	OGer LU 11 05 144	LGVE 2006 I Nr. 24		3 lit. a LugÜ
16.12.2005	OGer ZH LB40109/U			9 Abs. 3

Datum	Aktenzeichen	Fundstellen	Kurztitel	Zitierte Artikel
29.11.2005	HGer SG HG.2001.31			2 5 lit. a 9 Abs. 1 9 Abs. 3 13a 15 MSchG
25.11.2005	TC VD CO03.008718-188/2005	sic! 2008, 113 ff.	Torino	2 3 lit. d 9 Abs. 1 9 Abs. 2 MSchG
22.11.2005	HGer SG HG.2005.61			2 3 lit. a 3 lit. b 11 14
21.11.2005	HGer SG HG.2005.69			3 lit. b 9 13a 14
06.11.2005	KGer GR ZF 05 33			2 3 lit. d
13.10.2005	Justizkommission Zug	ZGGVP 2005, 222 ff.		14
12.09.2005	KGer SZ RK2 2005 83	EGVSZ 2005, 52 ff.		23 27 IPRG
30.08.2005	OGer AR O2S 04 4	sic! 2007, 458 ff.	Explosionsschutzventil	5 lit. a 5 lit. b 6 23
23.08.2005	HGer AG			9 Abs. 3 PatG
23.08.2005	HGer ZH HG040173			3 lit. a
23.08.2005	BezGer ZH GG040064/U	sic! 2006, 112 ff.	Plan für Implantate	4 lit. c 5 lit. a 5 lit. b 6 23

Datum	Aktenzeichen	Fundstellen	Kurztitel	Zitierte Artikel
16.08.2005	HGer SG HG.20054.53			2 3 lit. d LugÜ IPRG
15.07.2005	HGer AG HSU.2005.13	sic! 2006, 187 ff.	Laufrad	2 3 lit. d 14 URG DesG
01.07.2005	Cour d'appel de la juridiction des prud'hommes du canton de Genève C/26085/2002-4			9 Abs. 3
02.06.2005	KGer ZG	ZGGVP 2005, 180 ff.		2
01.06.2005	AppGer BS	BJM 2006, 327 ff.		2 3 lit. b 3 lit. d 3 lit. e 17 18 23 24
24.05.2005	KGer SG DZ.2002.3			2 3 lit. a 3 lit. d 3 lit. e 3 lit. h 5 lit. c 9 Abs. 3 URG
19.05.2005	OGer LU 11 04 129	CaS 2005, 388 ff. LGVE 2005 I Nr. 2		8
18.05.2005	TC VS C2 05 21	sic! 2007, 108	Wine City	2 9 14 MSchG
09.05.2005	AppGer FR A1 2004-39			5 lit. c 9 Abs. 3

Datum	Aktenzeichen	Fundstellen	Kurztitel	Zitierte Artikel
02.05.2005	OGer TG SW.2005.2	RBOG 2005 Nr. 42		3 lit. a
29.04.2005	BezGer ZH GR050022	sic! 2006, 103 ff.	Preisvergleich	1 2 3 lit. a 3 lit. e 4 5 6 17 23
26.04.2005	BezGer ZH GG040310/U	sic! 2006, 23 ff.	Grupo de danças	3 lit. b 3 lit. d 3 lit. e 23 URG IPRG
30.03.2005	HGer AG SU.2004.00035	sic! 2005, 667 ff.	Fruchtdessert	2 3 lit. d 3 lit. e 14
30.03.2005	HGer SG HG.2004.78			3 lit. a 9 Abs. 1
10.03.2005	ZivGer BS P 2003/222	sic! 2006, 143 ff. sic! 2005, 821 ff.	www.tax-info.ch/www.info-tax.ch	2 3 lit. d 9 Abs. 1
02.03.2005	ZivGer BS V 2005 107	sic! 2005, 816 ff.	A. Braun/Braunpat	3 lit. d 14 MSchG
25.02.2005	HGer SG HG.1999.54 HG.1999.55			3 lit. b 3 lit. h 3 lit. i
11.02.2005	HGer SG HG.2002.23			9 Abs. 1 9 Abs. 3
24.01.2005	BezGer der Sense (FR) PZ 04-506	sic! 2005, 675 ff.	Immobilien-Suchmaschine	2 5 lit. c URG
20.01.2005	OGer TG Z1.2004.2	RBOG 2005 Nr. 18		9 Abs. 2

Datum	Aktenzeichen	Fundstellen	Kurztitel	Zitierte Artikel
03.01.2005	HGer AG OR.2003.00069			2 4 lit. a MSchG
2004				
29.12.2004	KGer ZG ES 2004 365	sic! 2005, 481 ff.	Dove/Flair	2 3 lit. d
22.12.2004	HGer AG SU.2004.00012	sic! 2005, 377 ff.	Rot	3 lit. d 3 lit. e 14 MSchG
22.12.2004	HGer ZH HG030041/U/bl			2 3 lit. a 4 lit. a 9 Abs. 3
25.11.2004	HGer AG	sic! 2005, 301 ff.	Knochenzement	3 lit. a 3 lit. b 3 lit. e 9 Abs. 1
25.11.2004	HGer SG HG.2004.92	sic! 2005, 362 ff.	Anlage-Opfer	3 lit. a 14
19.11.2004	AppGer BS 302/2004/SAS/CHI			3 lit. d URG
16.11.2004	HGer BE HG 03 9018/MAT/BAD			2 3 lit. d IPRG MSchG
16.11.2004	OGer LU 21 03 204			23
15.11.2004	HGer ZH HG020374/U/ei	ZR 2006 Nr. 37		2 3 lit. a 9 Abs. 1 9 Abs. 3
04.11.2004	OGer OW	AbR 2004-2005 Nr. 10		13 MSchG
29.10.2004	HGer ZH HE040011	sic! 2005, 288 ff.	aim (fig.)/scalis	3 lit. d MSchG
16.09.2004	ZivGer BS P 2002/218	sic! 2005, 768 ff.	Ende des Kabelfernsehens?	3 lit. e 9 Abs. 1 9 Abs. 2

Anhang IV — Rechtsprechungsübersicht

Datum	Aktenzeichen	Fundstellen	Kurztitel	Zitierte Artikel
09.09.2004	OGer ZH LK030001/U			5 lit. c URG
15.07.2004	OGer LU 11 04 85	LGVE 2004 I Nr. 29 LGVE 2004 I Nr. 30		2 3 lit. b 3 lit. e 11 14
14.07.2004	OGer LU 11 02 168	LGVE 2005 I Nr. 25		2 5 lit. a 5 lit. b 5 lit. c
09.06.2004	ZivGer BS P 2002 68	sic! 2005, 762 ff.	Ice Cube	3 lit. d DesG MMG
01.06.2004	Tribunal du district de Sion	RVJ 2005, 247 ff.		2 3 lit. b 3 lit. l 9 Abs. 1 14
14.05.2004	HGer SG	SGGVP 2004 Nr. 48		5 lit. c MSchG
20.04.2004	HGer ZH HG020030	sic! 2004, 871 ff. ZR 2005 Nr. 13	Johanniter (fig.)/Johanniter II	3 lit. b 3 lit. d MSchG SoSchG
19.03.2004	CdJ GE C/27'817/2002 – ACJC/376/2004	sic! 2004, 884 ff.	Wine Events	3 lit. d 4 lit. a 5 9 Abs. 1 11 MSchG
17.03.2004	KGer ZG	ZGGVP 2004, 206 ff.		14
12.02.2004	OGer LU 01 03 9	LGVE 2004 I Nr. 31 ZBJV 2005, 199 f.		14
12.02.2004	TC VD	RPW 2004, 1213 ff.		8
05.02.2004	Amtsgericht Willisau 21 03 11/12/13	sic! 2004, 692 f.	Grabsteine II	5 lit. b 23
30.01.2004	OGer SH 60/2003/16	ABSH 2004, 115 ff.		2 3 lit. f

1301

Rechtsprechungsübersicht　　　　　　　　　　　　　　　　　　　　　　　　Anhang IV

Datum	Aktenzeichen	Fundstellen	Kurztitel	Zitierte Artikel
29.01.2004	HGer ZH	ZR 2004 Nr. 66		3 lit. a LugÜ
20.01.2004	Zivilgerichtspräsidium BS V 2003 2290	sic! 2004, 490 ff.	Arzneimittel-Kompendium	1 2 5 lit. c 14 URG
2003				
03.11.2003	HGer ZH	ZR 2004 Nr. 44		3 lit. d 12 IPRG LugÜ
27.10.2003	KGer GR ZF 03 32			3 lit. b
10.10.2003	CdJ GE C/5008/1995			2 3 lit. a 3 lit. d 5 lit. a 5 lit. b 5 lit. c 6 9 Abs. 3
04.09.2003	Mietgericht Uster	MRA 2003, 145 ff.		3 lit. b 3 lit. f 9 Abs. 1 9 Abs. 3
02.09.2003	AppHof BE S-324/II/2003	sic! 2004, 125 ff.	Datenblätter	5 6 14
02.09.2003	CdJ GE C/29775/2002			3 lit. b 3 lit. c 5 lit. b 5 lit. c 9 Abs. 1 9 Abs. 2 9 Abs. 3 13 23
27.08.2003	VerwG ZH VB.2002.00384	BEZ 2003 Nr. 48		3 lit. f

Datum	Aktenzeichen	Fundstellen	Kurztitel	Zitierte Artikel
20.08.2003	TC JU	sic! 2004, 949 ff. RJJ 2003, 216 ff.	Diatomée	2 3 lit. a 4 lit. a
18.08.2003	OGer ZH LA030001/U			4 lit. a 6
19.06.2003	SGer BS SG 2002/562			3 lit. d URG
18.06.2003	HGer ZH	ZR 2005 Nr. 11		3 lit. b 13a
11.06.2003	AppGer FR	RFJ 2004, 30 ff.		3 lit. b 3 lit. d 9 Abs. 2
11.06.2003	Gerichtskreis VIII Bern-Laupen Z 03 2628	sic! 2004, 31 ff.	FMH/FNH	2 3 lit. d 3 lit. e 9 Abs. 1 14 MSchG
14.05.2003	HGer ZH HE030002	sic! 2003, 727 ff.	Freitag/Dörr	2 3 lit. d DesG
08.05.2003	KGer ZG A3 20026	sic! 2004, 586 ff.	IVF HARTMANN AG/IVF Immobilien, Verwaltungs und Finanz AG	3 lit. d MSchG
08.05.2003	TC VS C1 02 1	sic! 2005, 42 ff.	Sacs d'engrais	3 lit. d 5 lit. a 5 lit. c MSchG
29.04.2003	HGer SG	SGGVP 2003 Nr. 57		2 9 Abs. 3 URG
28.03.2003	HGer SG HG.2002.17	sic! 2003, 796 ff.	Alpha-Training	2 3 lit. b 3 lit. d 5 MSchG URG
27.03.2003	OGer TG			2 3 lit. d

Datum	Aktenzeichen	Fundstellen	Kurztitel	Zitierte Artikel
24.03.2003	TC FR A2 2002-85	sic! 2003, 694 ff. RFJ 2003, 59 ff.	M6 - Fenêtres publicitaires	9 14 URG/LDA
26.02.2003	AppHof BE S-0016/1/2003	sic! 2003, 976 ff.	Pure Red Cell Aplasia I	2 14
18.02.2003	OGer TG Z1.2002.4	RBOG 2003 Nr. 27		12
14.02.2003	CdJ GE c/30126/2001 – ACJC/174/2003	sic! 2003, 587 ff.	Bearbull	2 3 lit. d MSchG
14.02.2003	OGer UR OG V 01 23	RBUR 2002 Nr. 30		2 3 lit. f
05.02.2003	OGer LU 12 01 5	sic! 2003, 731 ff.	Knoblauchpresse	1 2 3 lit. b 3 lit. d URG DesG
09.01.2003	OGer TG ZBR.2002.25	RBOG 2003 Nr. 15		2
2002				
17.12.2002	HGer ZH HG 000095	sic! 2003, 331 ff. ZR 2003 Nr. 23	Lego II (3D)	2 MSchG IPRG
06.12.2002	BezGer ZH GR020021	sic! 2003, 619 ff. ZR 2003 Nr. 39	Spamming	2 3 lit. b 3 lit. c 3 lit. d 3 lit. h 3 lit. i 5 lit. c 9 Abs. 1 10 Abs. 1 23
06.12.2002	VerwG SG	BR 2003, 155 f. SGGVP 2002 Nr. 33		2 7
05.12.2002	Amtsstatthalteramt Willisau ASW 00 814 02	sic! 2004, 663 ff.	Grabsteine I	3 lit. d 5 lit. b 23 URG

Datum	Aktenzeichen	Fundstellen	Kurztitel	Zitierte Artikel
21.11.2002	OGer TG SBO.2002.9	RBOG 2003 Nr. 23		3 lit. b 3 lit. d
08.11.2002	HGer SG HG.2002.31	sic! 2003, 361 ff. SGGVP 2002 Nr. 58	Golf.Lifestyle	3 lit. d 5 lit. a 5 lit. c
08.11.2002	HGer ZH HG020045/Z04/	sic! 2003, 722 ff.	Lichtschalter	2 DesG MMG
10.10.2002	Justizkommission Zug	ZGGVP 2002, 201 ff.		14
02.10.2002	HGer ZH	ZR 2003 Nr. 20		2 3 lit. b 9 Abs. 1
20.09.2002	HGer SG HG.2002.32	sic! 2003, 626 ff.	Digitale Kartendarstellung	2 3 lit. a 3 lit. e 3 lit. h 4 14
17.09.2002	OGer LU	RPW 2002, 757 ff.		2 9 Abs. 3 12
29.08.2002	KGer ZG A3 2001/101	sic! 2003, 504 ff.	Metro	3 lit. d 3 lit. e 9 Abs. 2 MSchG
27.08.2002	VerwG ZH VB.2002.00384	RB 2003 Nr. 50		3 lit. f
12.07.2002	HGer BE 8924/SF	sic! 2003, 144	Iba AG/IBA net AG	3 lit. d
03.07.2002	Berufungskammer Strafgericht Zug	ZGGVP 2002, 193 ff.		2 3 lit. h 23 26
25.06.2002	HGer SG HG.2001.37	sic! 2003, 348 ff. SGGVP 2002 Nr. 57	breco.ch	1 2 3 lit. d 9 Abs. 1 MSchG
24.06.2002	KGer GR ZF 02 23	PKG 2002 Nr. 6		3 lit. d

Datum	Aktenzeichen	Fundstellen	Kurztitel	Zitierte Artikel
19.06.2002	KGer SG ST.2002.8-SK3	sic! 2003, 116 ff.	Mummenschanz	3 lit. b 3 lit. d 23 26 URG
19.06.2002	ZivGer BS P 1999/569	sic! 2003, 217 ff. sic! 2003, 266 ff.	Elektronischer Pressespiegel II	5 lit. c URG IPRG
06.06.2002	OGer TG Z1.2001.4	sic! 2002, 683 ff. RBOG 2002 Nr. 25	eMarket.ch	2 3 lit. d 12 MSchG
23.04.2002	VerwG ZG	ZGGVP 2002, 120 ff.		3 lit. f
14.03.2002	HGer SG HG.2001.63	sic! 2003, 609 ff. SGGVP 2002 Nr. 59	Mini-Berlusconi	2 3 lit. a 9 Abs. 1 13
19.02.2002	OGer TG Z1.2001.3	sic! 2002, 612 ff. RBOG 2002 Nr. 10	Automarken - Domain Grabbing	2 3 lit. d MSchG
08.02.2002	OGer ZH UN010113/U			2 3 lit. b 16 20 24 PBV
25.01.2002	VerwG BS	BJM 2004, 83 ff.		3 lit. b 3 lit. f
2001				
18.12.2001	HGer ZH	ZR 2002 Nr. 51		2 9 Abs. 1
13.12.2001	OGer LU AR 0018	LGVE 2002 I Nr. 49		8
13.12.2001	OGer ZH LK000004/UF	sic! 2002, 342 ff.	Sofa mit Kreuznaht	3 lit. d URG
14.11.2001	Gerichtskreis VIII Bern-Laupen Z 01 5249	sic! 2002, 258 ff.	Werbekonzept	2 3 lit. d 14

Datum	Aktenzeichen	Fundstellen	Kurztitel	Zitierte Artikel
13.11.2001	OGer LU 11 01 13	sic! 2002, 176 ff. LGVE 2002 I Nr. 29	luzern.ch II	2 3 lit. d 9
30.10.2001	CdJ GE OCA/311/01			3 lit. b 3 lit. c 3 lit. i 10 Abs. 2 lit. c
19.10.2001	HGer ZH HE010012	sic! 2002, 49 ff.	Red Bull/Red Bat II	14 MSchG
18.10.2001	TC JU			5 lit. a 23
02.10.2001	Gerichtskreis VIII Bern-Laupen Z 014719	sic! 2001, 806 ff.	Perna (fig.)	2 3 lit. d MSchG
17.09.2001	OGer ZH SB010159	sic! 2002, 253 ff.	Levi's Jeans	3 lit. b 23 MSchG
31.08.2001	KGer FR A2 67/01	sic! 2001, 815 ff. FZR 2002, 60 ff.	Swis Clima/SwissClima	3 lit. b 3 lit. d 14 MSchG
27.08.2001	KassGer NE	RJN 2001, 100 ff.		2 4 lit. c
23.07.2001	Tribunal d'arrondissement de Lausanne PP01.008721	sic! 2002, 55 ff.	Cofideco.ch	2 3 lit. b 3 lit. d IPRG
21.06.2001	AppGer BS 320/2000/SAS/so			2 4 lit. b → 4a
14.06.2001	HGer ZH	ZR 2003 Nr. 9		3 lit. b
13.06.2001	HGer SG	SGGVP 2001 Nr. 47		2 4 lit. a 4 lit. c
21.05.2001	AppHof BE I-0299/I/00	sic! 2001, 613 ff.	Elektronischer Pressespiegel	2 5 lit. c 9 Abs. 1 URG
17.04.2001	OGer TG SBR.2000.41			3 lit. b 3 lit. h 23

Datum	Aktenzeichen	Fundstellen	Kurztitel	Zitierte Artikel
10.04.2001	HGer AG OR.2000.00033	sic! 2001, 532 ff.	Meta-Tags	2 3 lit. d 9 Abs. 1 MSchG
06.04.2001	Tribunal du district de Sion	RVJ 2001, 251 ff.		2 3 lit. d 9 Abs. 3
28.03.2001	HGer BE 8754			4 lit. a 5 lit. a
22.03.2001	HGer SG	SJZ 2002, 612 f. SGGVP 2001 Nr. 46		2 3 lit. d 9 Abs. 1 10
01.02.2001	KGer FR	FZR 2001, 330 ff.		2 3 lit. a 23
23.01.2001	AppGer BS 1027/1999/PRD/so			3 lit. b
2000				
04.12.2000	Amtsgericht Luzern-Stadt	SJZ 2001, 102 ff.		3 lit. d 9 Abs. 1
17.11.2000	HGer BE 8729	sic! 2002, 44 ff.	CannaBioland (fig.) I	2 3 lit. d 9 Abs. 1 MSchG
17.11.2000	OGer LU 01 00 9	LGVE 2000 I Nr. 28		12 MSchG
31.10.2000	HGer SG	SGGVP 2000 Nr. 59		14
21.09.2000	OGer LU V 00 203	LGVE 2000 II Nr. 15		3 lit. f 7
23.08.2000	BezGer Hinwil U/E/GR000004	sic! 2001, 212 ff.	barcodedrucker.ch	2 3 lit. b 3 lit. d 23 MSchG
22.06.2000	OGer ZH LK980009	sic! 2001, 504 ff.	Tripp Trapp II	2 URG
23.05.2000	OGer LU 11 00 35	sic! 2000, 516 ff. LGVE 2000 I Nr. 29	www.luzern.ch	2 3 lit. d 14

Datum	Aktenzeichen	Fundstellen	Kurztitel	Zitierte Artikel
19.05.2000	CdJ GE C/18'457/1999 – ACJC/566/2000	sic! 2000, 652 f.	Gilet orthopédique	12 IPRG LugÜ
18.05.2000	HGer SG	SGGVP 2000 Nr. 58		14
17.05.2000	KGer SG DZ.1998.2-K3	sic! 2001, 491 ff.	Tripp Trapp I	2 9 Abs. 3 IPRG URG
09.05.2000	HGer AG SU.2000.00003	sic! 2000, 624 ff.	Swisslawyers	2 3 lit. d 12 IPRG
05.05.2000	HGer SG	SGGVP 2000 Nr. 38 SJZ 2000, 450 ff.		9 Abs. 3
05.05.2000	OGer ZH SB980259/S1//jv			23
02.05.2000	OGer BL 52-99/350	sic! 2000, 393 ff.	hotmail.ch II	3 lit. d MSchG
02.05.2000	OGer BS	BJM 2000, 237 ff.		3 lit. d 12 MSchG
20.03.2000	KassGer SG	SGGVP 2000 Nr. 53		14
17.03.2000	CdJ GE C/472/1999 – ACJC/319/2000	sic! 2000, 596 ff.	Crazy Horse/Crazy Horse Paradise	2 3 lit. d 9 Abs. 1 9 Abs. 3 MSchG
17.03.2000	CdJ GE C/22246/1992 – ACJC/334/2000	sic! 2000, 714 ff.	Conseil en rémunérations	2 3 lit. a 4 lit. a 4 lit. c 5 lit. a 5 lit. b 6 9 Abs. 1 9 Abs. 2 9 Abs. 3 URG
16.02.2000	VerwG AG	AGVE 2000, 279 ff.		3 lit. a
08.02.2000	HGer SG	SGGVP 2000 Nr. 57		14

Datum	Aktenzeichen	Fundstellen	Kurztitel	Zitierte Artikel
04.02.2000	Berufungskammer Strafgericht Zug	ZGGVP 2000, 165 f.		5 lit. a 23
18.01.2000	HGer BE 8369			2 3 lit. d 5 lit. a 5 lit. c 9 Abs. 1 9 Abs. 3 14
1999				
17.12.1999	CdJ GE C/11631/1996 – ACJC/1391/1999	sic! 2000, 646 ff.	Climatisation	1 2 4 lit. a 4 lit. b → 4a
03.12.1999	OGer LU 11 99 10	sic! 2000, 221 ff.	Vertragsbruch	1 2 3 lit. a 3 lit. d 4 lit. a 4 lit. b → 4a 4 lit. c 6
02.12.1999	HGer ZH v/o HG 980 307	sic! 2000, 291 ff.	Jeryl Lynn	3 lit. b MSchG
16.11.1999	OGer BL Verf. 52-97/974 A 97/230	sic! 2000, 314 ff.	Arc de Triomphe	3 lit. d 9 Abs. 1 9 Abs. 3 MSchG
27.10.1999	Bezirksanwaltschaft Winterthur Az/1999/001238	sic! 2000, 98 f.	TwixTel	5 lit. c URG
15.09.1999	Gerichtskreis VII Konolfingen Z 99 567	sic! 2000, 22 ff.	Ihr Gourmet Bäcker	12 14 MSchG LugÜ
08.09.1999	CdJ GE C/28'391/1998 – ACJC/889/1999	sic! 2000, 107 ff.	Hermès -- sac Birkin	9 MSchG

Datum	Aktenzeichen	Fundstellen	Kurztitel	Zitierte Artikel
08.09.1999	CdJ GE C/7'921/1998 – ACJC/899/1999	sic! 2000, 217 ff.	Société fiduciaire	2 3 lit. h 4 lit. a
31.08.1999	OGer LU 11 99 55	sic! 2000, 215 f.	Bootsfahrschule	2 3 lit. a 3 lit. b 3 lit. d 9 Abs. 1 MSchG
23.08.1999	HGer SG	SGGVP 1999 Nr. 51		3 lit. d 5 lit. c MSchG
23.08.1999	HGer ZH U1/O/HG980505	sic! 2000, 598 ff.	Helvetic Tours (fig.)/Helvetia Airlines AG	3 lit. d MSchG
18.08.1999	HGer ZH U/O/HG 960359	sic! 2001, 658 ff.	Schmiermittel II	2 3 lit. d 4 lit. a 5 lit. c 6 9 PatG
18.08.1999	OGer LU 11 99 34	LGVE 1999 I Nr. 15		1 2 3 lit. a 9 Abs. 3 IPRG LugÜ
21.07.1999	OGer ZH	ZR 2000 Nr. 26		3 lit. a 3 lit. b 9 Abs. 1 14
08.07.1999	HGer ZH U/O/HG970259	sic! 2000, 307 ff.	Chanel III	2 3 lit. d 3 lit. e 9 Abs. 1 MSchG

Datum	Aktenzeichen	Fundstellen	Kurztitel	Zitierte Artikel
29.06.1999	HGer ZH HG 960545	sic! 1999, 581 ff.	Rivella/Apiella II	1 2 3 lit. d 3 lit. e 9 Abs. 2 MSchG
18.06.1999	OGer ZH S1/1999	sic! 2000, 30 ff.	Zeitungsberichte	3 lit. a 23
26.05.1999	KGer SZ 195/99 GP	sic! 1999, 646 f.	Toblerone/Shneider'one	3 lit. d 14 MSchG
12.05.1999	BezGer Unterrheintal (SG)			3 lit. h
03.05.1999	Bezirksgerichtskommission Arbon (TG)	SJZ 2002, 51 ff.		2 3 lit. a
16.04.1999	CdJ GE C/1'618/1998 – ACJC/423/1999	sic! 1999, 561 ff.	Compagnie Bancaire/CBG Compagnie Bancaire Genève	1 2 3 lit. d MSchG IPRG
15.03.1999	Gerichtskreis VIII Bern-Laupen Z 98 4596	sic! 2000, 24 ff.	Artprotect.ch	2 MSchG
24.02.1999	Schätzungskommission Solothurn	SOG 1999 Nr. 49		2 3 lit. f
08.02.1999	KGer OW P98/034	sic! 1999, 456 ff.	Kundendateien II	14
22.01.1999	HGer BE 8601	sic! 1999, 451 ff.	Boss	1 2 3 lit. d 9 Abs. 1 MSchG
04.01.1999	KGer SG ZZ.1998.150-P3 (3ZV.1998.43)	sic! 1999, 248 ff.	Computerprogramme	5 URG
1998				
23./24.11.1998	Gerichtskreis VIII Bern-Laupen SV 1998 0543	sic! 1999, 167 ff.	Gelbe Lebensversicherungen	3 lit. a

Datum	Aktenzeichen	Fundstellen	Kurztitel	Zitierte Artikel
23.11.1998	HGer ZH U/O/HG 960540	sic! 1999, 138 ff. RPW 1998, 683 ff. ZR 1998 Nr. 112	Kodak	2 PatG IPRG
06.11.1998	HGer ZH HG960278	sic! 2001, 41 ff. ZR 2001 Nr. 31	70'000 mal günstiger II	3 lit. b 3 lit. e 21
21.10.1998	Obergerichtskommission Obwalden ZB 98/032	sic! 1999, 454 ff. AbR 1998-1999 Nr. 21	Kundendateien I	2 4 lit. a 6 12 14
14.10.1998	AppGer FR A2 85/98	sic! 1999, 159 ff.	Sécurité par l'écoute	2 4 lit. a 12 14 URG
09.10.1998	CdJ GE C/7920/1998	sic! 1999, 287 ff.	NGL Cleaning Technology S.A./Cleaning Technology Diffusion sàrl	3 lit. d
09.10.1998	CdJ GE C/35'052/1997	sic! 1999, 297 ff.	Pirates	3 lit. a 3 lit. e 9 Abs. 2
08.09.1998	HGer ZH U/O/HG970279	sic! 1999, 303 ff.	Brockenhaus	3 lit. a 3 lit. b 3 lit. d 3 lit. i 9
10.08.1998	Gerichtskreis VI Signau-Trachselwald Z 98 5 SAM	sic! 1999, 174 ff.	Kataloge	9 Abs. 1 9 Abs. 3
24.06.1998	OGer LU 01 98 6	LGVE 1998 I Nr. 2		3 lit. d 12 14 URG
19.06.1998	CdJ GE C/33'502/1997 – ACJC/717/1998	sic! 1999, 127 ff.	Physiomins	2 3 lit. d 5 lit. a MSchG

1313

Datum	Aktenzeichen	Fundstellen	Kurztitel	Zitierte Artikel
29.04.1998	AppHof BE 97 II 98	sic! 1999, 269 ff.	Sion 2006	2 14 MSchG
09.04.1998	AppGer FR A2 9/98	sic! 1999, 124 ff. RFJ 1998, 326 ff.	Vélo Assistance	3 lit. d 12 MSchG
09.04.1998	HGer SG HP 6/1998, 2194d	RPW 1999, 324 ff.		3 lit. a 12 14
25.03.1998	Chambre d'accusation Neuchâtel	RJN 1998, 150 ff.		2 4 lit. a 4 lit. b → 4a
1997				
25.11.1997	HGer SG	SGGVP 1997 Nr. 35		3 lit. b 13a 18
24.11.1997	AppHof BE 428/II/97	sic! 1998, 207 ff.	Alzheimermedikament	3 lit. a 3 lit. b 3 lit. i 14
20.11.1997	OGer LU 01 97 9/292	sic! 1998, 178 ff.	Kontenrahmen KMU	2 9 URG
19.11.1997	Cour de cassation pénale Neuchâtel	RJN 1997, 170 ff.		1 2 3 lit. h 23
30.10.1997	AppHof BE 390/IV/97	sic! 1998, 59 ff.	Montres CFF II	3 lit. d MSchG
29.09.1997	Gerichtskreis VIII Bern-Laupen SV 1997 0248	sic! 1998, 54 ff.	SBB Uhren I	1 2 3 lit. d 9 Abs. 1 14 MSchG

Anhang IV   Rechtsprechungsübersicht

Datum	Aktenzeichen	Fundstellen	Kurztitel	Zitierte Artikel
26.09.1997	HGer SG	SGGVP 1997 Nr. 36		2 4 lit. c 5 lit. a 5 lit. b 5 lit. c 14
12.09.1997	Gerichtskreis VIII Bern-Laupen SV 1997 0282	sic! 1998, 72 ff.	König Mineralöl AG/Kronen Mineralöl GmbH	1 3 lit. d 14
05.09.1997	CdJ GE C/17'404/1995 – ACJC/1'085/1997	sic! 1998, 66 ff.	SOS Assistance/SOS Evasan	3 lit. b 3 lit. d MSchG
05.09.1997	CdJ GE C/15'413/1996 – ACJC/1'080/1997	sic! 1998, 69 ff.	Bistrot du boucher/Restaurant la boucherie	3 lit. d
22.08.1997	AppHof BE 193/II/97	sic! 1997, 573 ff.	Butterverpackung II	2 3 lit. d 3 lit. e MSchG
23.05.1997	CdJ GE C/31185/1996 – ACJC/656/1997	sic! 1997, 497 ff.	SOS	2 3 lit. b 3 lit. d 9 Abs. 1 9 Abs. 2 9 Abs. 3
09.05.1997	HGer AG	RPW 1997, 285 ff.		3 lit. a 12 14
24.04.1997	OGer ZH S3/B/O/UN970024	sic! 1997, 588 ff. ZR 1997 Nr. 55	Denner-Preisvergleich	1 3 lit. e 17 18 24 PBV
23.04.1997	TC FR CI 35/96-9147	sic! 1997, 488 ff.	Loewe Opta/Loewe S.A.	3 lit. d MSchG PVÜ/CUP IPRG/LDIP

1315

Datum	Aktenzeichen	Fundstellen	Kurztitel	Zitierte Artikel
22.04.1997	HGer AG	RPW 1997, 265 ff.		3 lit. a 12 14
18.04.1997	Gerichtskreis VIII Bern-Laupen SV 1997 0098	sic! 1997, 570 ff.	Butterverpackung I	2 3 lit. d MSchG
09.04.1997	HGer ZH	ZR 1998 Nr. 12		3 lit. d 12 MSchG
02.04.1997	Gerichtskreis VIII Bern-Laupen SV970014	sic! 1997, 409 ff.	Winkeleisen	14 PatG
14.03.1997	BezGer ZH U/EU970086	sic! 1997, 399 ff.	Verein Ms/MS AG	14
04.03.1997	Gerichtskreis VIII Bern-Laupen SV 0001-97	sic! 1997, 402 ff.	Yogaverband/Yogagesellschaft	3 lit. d
28.02.1997	CdJ GE	RPW 1997, 88 ff.		2 3 lit. a 14
21.02.1997	TC NE 331	sic! 1998, 316 ff.	Lanceur de drapeau I	5 lit. c 9 Abs. 3
07.01.1997	OGer BL A 95/229	sic! 1997, 167 ff. BJM 1998, 99 ff.	Wella/Wela	3 lit. d 12 MSchG
06.01.1997	CdJ GE	RPW 1997, 72 ff.		2 3 lit. a 9 10 Abs. 2 lit. a 12 14

Sachregister / Index

A

Abfangen von Kunden 2 N 72 ff.;
4 N 48; siehe auch Behinderung
Abgrenzungsvereinbarung
Vor Art. 12–15 N 68
Abhängig Beschäftigte;
siehe Arbeitnehmende
Ablehnung von Massenwerbung
3 lit. h N 16; 3 lit. o N 19 ff.
Abmahnung
– Aggressive Verkaufsmethode
3 lit. h N 14
– Bedeutung im UWG
Vor Art. 12–15 N 58 ff.
– Eventualvorsatz 23 N 60
– Inhalt Vor Art. 12–15 N 60
– Rechtliche Schranken
Vor Art. 12–15 N 62
– Unberechtigte Abmahnung
2 N 92; 3 lit. a N 58;
Vor Art. 12–15 N 62
– Verbotsirrtum 23 N 85
– Voraussetzung für Erlass
vorsorglicher Massnahmen?
Vor Art. 12–15 N 65; 14 N 19
– Wirkungen Vor Art. 12–15 N 61
*Abmessungen einer Ware als Teil
der Beschaffenheit* 3 lit. i N 9
Abnehmer;
siehe auch Marktgegenseite
– Abfangen 2 N 73
– Aktivlegitimation 9 N 14
– Begriff 1 N 32; 4 N 48 f.
– Potentieller Abnehmer
3 lit. g N 23
– Verleitung zum Vertragsbruch
2 N 74; 4 N 48 f.
Absatzbehinderung;
siehe Behinderung
Abschlusskontrolle von AGB;
siehe auch Allgemeine Geschäftsbedingungen

– Geschäftsunerfahrene Gegenpartei 8 N 13 f.
– Globalübernahme 8 N 6, 64
– Kenntnis der AGB 8 N 6 f.
– Partialdissens 8 N 11
– Ungewöhnlichkeitsregel
8 N 12 ff.
– Unwirksamkeit ungewöhnlicher
AGB 8 N 17
– Vertragsfloskeln 8 N 16
– Vertrauensprinzip 8 N 6
– Vollübernahme 8 N 6, 63
Absenderangabe 3 lit. o N 15, 18
Absichtliche sittenwidrige Schädigung
Einl N 12; 3 lit. d N 86; 4 N 7, 29;
4a N 38
Absolute Rechtsposition 3 lit. d N 47
Abtretung von Immaterialgüterrechten 3 lit. d N 87
Abtretungsgläubiger von Schutzrechten 9 N 14
Abwerben von
– Kunden 2 N 72 ff.; 4 N 48 f.
– Mitarbeitern
2 N 88; 4 N 22, 24, 73
*Adhäsionsweise Geltendmachung
von Zivilansprüchen*
– Ausgestaltung des Adhäsionsprozesses 27 N 34 f.
– Bindung des Zivilrichters
an das Urteil des Strafrichters?
Vor Art. 12–15 N 27
– Geltung von Art. 12 Abs. 2
UWG 12 N 21
– Gutheissung der Ersatzforderung 27 N 44
– Rückzug des Strafantrags
27 N 49
– im selbständigen Einziehungsverfahren 27 N 46
– Vergleich 27 N 49

1317

- Verweisung auf den Zivilrechtsweg 27 N 48
- Zusprechung der Einziehung unterliegenden Gegenstände 27 N 45 ff.

Adressat der Geheimhaltungspflicht 15 N 9

Adressat von Werbemassnahmen; siehe Werbeadressat

Adressbuchschwindel 2 N 44 f.; 3 lit. b N 46, 58; 10 N 3

AGB; siehe Allgemeine Geschäftsbedingungen

Aggressive Geschäftspraktiken
- Aufdringlichkeit, grobe 3 lit. e N 49
- Begriff 2 N 48
- Belästigung 2 N 58 ff.
- Drohung 2 N 50; 3 lit. h N 12
- bei Einsatz eines rechtswidrigen Mittels 3 lit. h N 13
- Europäische Union Einl N 176 f.
- Gewaltausübung 2 N 50
- Kundenbeeinflussung 2 N 49 ff.; 3 lit. h N 1 ff.; 3 lit. o N 7
- Laienwerbung 2 N 57
- Nachahmungsgefahr 2 N 59
- Nötigung 2 N 50

Agreement on Trade-Related Aspects of Intellectual Property Rights; siehe TRIPS

Akronyme 3 lit. d N 54

Akteneinsicht
- Einschränkung 15 N 2, 12
- Erlangung von Auskünften 9 N 248
- Verwaltungsverfahren Vor Art. 16–20 N 14

Aktive Privatbestechung; siehe auch Privatbestechung
- Anbieten eines Vorteils 4a N 78
- Äquivalenzverhältnis 4a N 66 f.
- Begünstigte Person 4a N 53 ff.
- Erheblichkeitsschwelle 4a N 82
- im Ermessen stehende Handlung oder Unterlassung 4a N 71
- Gewähren eines Vorteils 4a N 78
- Pflichtwidrige Handlung oder Unterlassung 4a N 70
- Privater Sektor 4a N 60 ff.
- Versprechen eines Vorteils 4a N 78
- Vorteilsgeber 4a N 50 ff.

Aktivlegitimation
- Abhängig Beschäftigte 9 N 21
- Begriff 9 N 8
- Berufsverbände; siehe Verbandsklage
- Bund; siehe Bundesklage
- Fabrikations- und Geschäftsgeheimnis 6 N 34
- Gemeinwesen 9 N 14; Vor Art. 16–20 N 17 ff.
- Geschichte 9 N 2 ff.; 10 N 4 ff.
- Gewinnherausgabeanspruch 9 N 211
- Herkunftsangaben 9 N 17
- Immaterialgüterrechtliche Spezialgesetze 9 N 16
- Internationale Sachverhalte Einl N 137
- Juristische Personen des öffentlichen Rechts 9 N 14
- Konkursite Wettbewerbsteilnehmer 9 N 19
- Konsumenten; siehe Kundenindividualklage
- Konsumentenschutzorganisation; siehe Konsumentenschutzorganisationsklage
- Kunden; siehe Kundenindividualklage
- Marktgegenseite; siehe Kundenindividualklage
- Medien 9 N 14
- Mitbewerber 9 N 11

1318

Sachregister / Index

- Selbständige Wettbewerbsteilnehmer 9 N 14
- Systematik 10 N 7 ff.
- Verbandsklage; siehe dort
- Verfahrensfragen 10 N 45 ff.
- Verwechslungsgefahr 3 lit. d N 84
- Voraussetzungen 9 N 9 ff.
- Vorsorgliche Massnahmen 14 N 18
- Wirtschaftsverbände; siehe Verbandsklage

Akzessorietät der Zugabe 3 lit. g N 8 f., 16

Alkoholwerbung
- Schutz bestimmter Personen 2 N 67
- Selbstbeschränkung und Selbstregulierung Vor Art. 12–15 N 47
- Verstoss gegen Werbebeschränkungen 2 N 114
- Werbebeschränkungen und -verbote Vor Art. 16–20 N 47 ff.

Allgemeine Geschäftsbedingungen
- Abgrenzung zum Vertragsformular 3 lit. k–n N 78
- Abschlusskontrolle 8 N 6 ff.; siehe auch dort
- Abweichung von gesetzlicher Ordnung 8 N 38 ff.
- Auslegungskontrolle 8 N 24 ff.; siehe auch dort
- Battle of forms; siehe dort
- Begriff 8 N 1, 33
- Benachteiligung der Gegenpartei 8 N 53 ff.
- Dissens über AGB 8 N 11
- Einzelabrede 8 N 8
- Entstehungsgeschichte von Art. 8 UWG 8 N 30
- Erheblichkeit der Abweichung vom Gesetz 8 N 42 ff.
- Form der AGB 8 N 35
- Freizeichnungsklauseln 8 N 21
- Funktionen 8 N 3 f.
- Gerichtsstandsvereinbarung 8 N 22
- Globalübernahme 8 N 6, 65
- Gültigkeitskontrolle 8 N 18 ff.; siehe auch dort
- Individualvertrag 8 N 1
- Inhaltskontrolle (offene) 8 N 29, 66
- Irreführung durch AGB 8 N 50 ff.
- Kollision von AGB 8 N 9
- Kompensation nachteiliger AGB 8 N 55 ff.
- Konsumentenorganisation 8 N 70
- Kritik an Art. 8 UWG 8 N 71 f.
- Lauterkeitsrechtliche Kontrolle 8 N 30 ff.
- Massenvertrag 8 N 1
- Nichtigkeit 8 N 67
- Normzweck von Art. 8 UWG 8 N 31
- Obligationenrechtliche Kontrolle 8 N 5 ff., 29
- Problematik 8 N 3 f.
- Restriktive Auslegung von AGB 8 N 28
- Rechtsfolge von Art. 8 UWG 8 N 67 ff.
- Revision UWG Einl N 93, 95; 8 N 77 ff.; siehe auch UWG-Revision AGB
- Revision VVG 8 N 85 ff.
- Richtlinie 93/13/EWG 8 N 73
- Risikoüberwälzung 8 N 38 ff.
- Soft law 8 N 75
- Strafrechtliche Sanktion 8 N 69
- Tatbestandsvoraussetzungen von Art. 8 UWG 8 N 32 ff.
- Theorie des letzten Wortes 8 N 9
- Übervorteilung 8 N 20, 84

1319

- Überwälzung von Geschäftsrisiken 8 N 2
- Ungewöhnlichkeitsregel 8 N 12 ff.; siehe auch dort
- Unklarheitsregel 8 N 12 ff.
- Vertragsfloskel 8 N 16
- Vertragsnatur widersprechende Verteilung von Rechten und Pflichten 8 N 47 ff.
- Vertrauensprinzip 8 N 6
- Verwendung von AGB 8 N 33 ff.
- Vollübernahme 8 N 6, 64
- Vorrang der Einzelabrede 8 N 26
- Wirtschaftlicher Hintergrund 8 N 1

Allgemeininteressen 1 N 46

Allmend
- Anwerben auf Allmend 2 N 59
- Publikumswerbung auf Allmend Vor Art. 16–20 N 82

Alternativcharakter von Leistungen 3 lit. e N 40

Alternative Gestaltungen 3 lit. d N 67 ff.

Altruistische Verbandsklage; siehe Verbandsklage

Ambush Marketing Einl N 92; 2 N 106; 3 lit. b N 21; 3 lit. e N 42

Amtshilfe in UWG-Strafsachen
- Internationale Amtshilfe 27 N 73 ff.
- Nationale Amtshilfe 27 N 72

Analogieverbot 2 N 5; Vor Art. 16–20 N 9; 23 N 7

Anbieter 1 N 31; siehe auch Marktgegenseite

Anbringen einer unterscheidungskräftigen Marke 3 lit. d N 44

Anerkennung und Vollstreckung ausländischer Urteile Einl N 143 f.

Anfechtung Einl N 15

Anfechtungsrecht 3 lit. h N 22

Angabe
- Abgrenzung vom Kaufappell 3 lit. b N 27
- Abgrenzung von der Marktschreierei 3 lit. b N 27
- Abgrenzung vom Werturteil 3 lit. b N 26 ff.
- Ambush Marketing Einl N 92; 3 lit. b N 21
- über Anlass bzw. Natur des Angebots 3 lit. b N 55 f.
- Begriff 3 lit. b N 17 ff.; 3 lit. i N 3
- Beweisbarkeit 3 lit. b N 26
- durch Dritten 3 lit. b N 25
- Formgestaltung 3 lit. b N 18
- Gegenstand 3 lit. b N 29 ff.
- über Geschäftsbeziehung 3 lit. b N 58
- über Geschäftsverhältnisse 3 lit. b N 57 f.
- Inhaberbezogene 3 lit. b N 30 f.
- Leistungsbezogene 3 lit. b N 32 ff.
- Mündliche 3 lit. b N 18
- Nachahmung 3 lit. b N 22
- Preisbezogene 3 lit. b N 46 ff.
- Schriftliche 3 lit. b N 18
- Schweigen als Angabe 3 lit. b N 24
- Ungenaue, nebensächliche oder unvollständige Angaben 3 lit. e N 24
- Unterlassen von Angaben 3 lit. i N 6
- Visuelle 3 lit. b N 18
- Werbeangaben 3 lit. i N 17
- Zugabe als Angabe 3 lit. b N 20

Angebot
- Ankündigung des Angebots 3 lit. g N 20
- unter Einstandspreis/Selbstkosten 1 N 18; 2 N 7, 79 ff.; 3 lit. b N 50; 3 lit. f N 1, 50 f.

- Gesamtangebot 2 N 62; 3 lit. b N 53; 3 lit. g N 12, 18
- Gestaltung des Angebots 3 lit. i N 1
- Koppelungsangebot 3 lit. g N 16
- Lockvogelangebot; siehe dort
- Palette des Angebots 3 lit. i N 8
- Spezialangebot 3 lit. e N 44
- Transparenz des Angebots 3 lit. i N 1
- Verkehrswert des Angebots 3 lit. g N 22
- Wiederholtes Angebot 3 lit. f N 40 ff.

Angebot
Angebote für Registereinträge 2 N 44 f.; 3 lit. b N 46, 58
Angst, Ausnutzung 2 N 65
Anlehnung
- Ambush Marketing Einl N 92; 2 N 106
- Anlehnende Herabsetzung 3 lit. a N 6
- Begriff 2 N 104
- Formen 2 N 104
- an Konkurrenzprodukte 3 lit. e N 14
- Unlauterkeitskriterien 2 N 105
- Unnötige Anlehnung bei Vergleich 3 lit. e N 36 ff.

Anmassung von
- Auszeichnungen 3 lit. b N 30, 33, 57
- Berufsbezeichnungen und Titeln 3 lit. c N 1 ff.
- Schutzrechten 3 lit. b N 42

Annähern 3 lit. e N 39
Anpreisung 3 lit. g N 18
Anruf
- Aggressive Werbung 2 N 58 f.
- Automatisierte Anrufe 2 N 59; 3 lit. o N 10
- Getarnte Werbung 2 N 41
- Europäische Union Einl N 177

Anschwärzen 3 lit. a N 29
Ansprüche
- Negatorische 3 lit. d N 82
- Reparatorische 3 lit. d N 83
- Vertragliche 3 lit. d N 88

Anspruchsgrundlagenkonkurrenz Vor Art. 12–15 N 7; 12 N 7, 16
Anstand 3 lit. h N 12
Antrag 15 N 14
Anwendbares Recht Einl N 107 ff.
Anwendung des UWG neben dem Immaterialgüterrecht
- Ausdehnende Anwendung 15 N 7
- Autonome Anwendung Einl N 33
- Ergänzende Anwendung Einl N 33
- Exklusive Anwendung Einl N 33
- Kumulative Anwendung Einl N 33
- Selbständige Anwendung Einl N 33
- Unabhängige Anwendung Einl N 45

Anzapfen 2 N 94
Appelle an Mitleid etc. 2 N 65
Arbeitnehmende
- Abwerbung 2 N 88; 4 N 22, 24, 73
- Aktivlegitimation 9 N 21
- Bestechung 4a N 53
- Passivlegitimation 11 N 16 ff.
- Verleitung zum Vertragsbruch 2 N 88; 4 N 22, 24

Arbeitsbedingungen
- Begriff 7 N 2
- Berufsübliche 7 N 6
- Geltung für Mitbewerber 7 N 3 ff.
- Gesetzliche 7 N 4
- Nichteinhaltung 7 N 1 ff., 7

1321

- Ortsübliche 7 N 6
- Rechtfertigung der Nichteinhaltung 7 N 9
- Sonderfall des Rechtsbruchs 7 N 1
- Vertragliche 7 N 5

Arbeitsergebnis
- Anvertrautes 5 N 9, 15 ff.
- Entwurf als Arbeitsergebnis? 5 N 9
- Erfindung als Arbeitsergebnis? 5 N 10
- Fremdes 5 N 14
- Geheimes 5 N 15
- Gemeinsames 5 N 14
- Herkunftshinweis auf den Erzeuger 5 N 7
- Idee als Arbeitsergebnis? 5 N 11, 23
- Know-how als Arbeitsergebnis? 5 N 10
- Konzepte als Arbeitsergebnis 5 N 11
- Marktreifes Arbeitsergebnis 5 N 9, 23 ff.
- Methode als Arbeitsergebnis 5 N 11
- Offerte als Beispiel für Arbeitsergebnis 5 N 9
- Plan als Beispiel für Arbeitsergebnis 5 N 9
- Schutzzeitraum 5 N 35
- als solches 5 N 26
- Studie als Arbeitsergebnis? 5 N 9
- Übernahme eines Arbeitsergebnisses 5 N 29
- Unbefugte Verwendung 5 N 19
- Unkörperliches 5 N 10 Fn. 23
- Unmittelbare Verwendung 5 N 26
- Verwertung 5 N 19, 21 f., 26 f.

Arbeitsrecht
- Gerichtsstand bei Anspruch aus UWG und Arbeitsrecht 12 N 19
- Verletzung 7 N 7

Architekt
- Bezeichnungsschutz 3 lit. c N 3; Vor Art. 16–20 N 73
- Werberecht Vor Art. 16–20 N 73

Arzneimittelvertrieb
- Rechtsbruch 2 N 114
- Selektiver Vertrieb 2 N 75; siehe auch selektives Vertriebssystem

Arzneimittelwerbung
- Europäische Union Einl N 183
- Heilmittelrecht Vor Art. 16–20 N 51 ff.
- Irreführung 3 lit. b N 28, 61, 71

Assembler 9 N 14
ästhetisch bedingte Gestaltungselemente 3 lit. d N 71 f.
Audiovisuelle Mediendienste, Europäische Union Einl N 179 ff.
Aufdringlichkeit, grobe 3 lit. e N 49
Aufforderung zur Kündigung; siehe Kündigung
Aufkaufen von Konkurrenzware 2 N 76
Aufklärungspflicht 3 lit. b N 70 ff.
Aufmerksamkeitswerbung Einl N 65; 2 N 15, 65
Auftraggeber
- Identität des Auftraggebers 3 lit. o N 18
- Passivlegitimation 3 lit. o N 25

Aufwand
- Angemessener 5 N 26, 28 ff.
- Eigener 5 N 28 ff.

Ausbeutung
- Allgemeine Unlauterkeitskriterien 2 N 98 ff.
- Begriff 2 N 95

Sachregister / Index

- und geschäftsmoralischer Ansatz 1 N 14
- Nachahmung 2 N 101 ff.
- Nachahmungsfreiheit 2 N 98
- Nachschaffung 2 N 103
- Planmässigkeit 2 N 99
- Schutzfristen 2 N 100
- Unmittelbare Übernahme 2 N 99, 102; 5 N 26
- Unredliche Kenntniserlangung 2 N 99
- Verhältnis zum Immaterialgüterrecht 2 N 96 f.
- Verwechslungsgefahr 2 N 99

Ausflugsfahrten
2 N 41, 61; 3 lit. h N 12

Ausgewählte Waren, Werke oder Leistungen 3 lit. f N 38 f.

Auskunftsansprüche;
siehe auch Stufenklage
- Bestimmungen des gewerblichen Rechtsschutzes und Urheberrechts 3 lit. d N 87
- Primäre 9 N 242
- Sekundäre materiellrechtliche oder prozessuale 9 N 115, 239
- Selbständige 9 N 114
- Vorsorgliche Durchsetzung 14 N 30

Auskunftspflicht im Verwaltungsverfahren
- Grenzen der Auskunftspflicht 19 N 3
- Persönlicher Anwendungsbereich 19 N 2
- Sachlicher Anwendungsbereich 19 N 1

Ausländisches Lauterkeitsrecht
Einl N 189 ff.; siehe auch einzelne Länder

Auslegung des Lauterkeitsrechts
- Funktionale 1 N 15 ff., 19 ff.
- Generalklausel 2 N 25 ff.

- Geschäftsmoralische 1 N 10 ff., 19 ff.
- Gespaltene Auslegung Einl N 81; 2 N 54
- Immaterialgüterrechtliche Wertungen Einl N 32
- im Lichte der Generalklausel 2 N 6
- Restriktive Auslegung im strafrechtlichen Kontext? 23 N 9
- Selbstregulierungserlasse Einl N 77
- des UWG-Strafrechts 23 N 7 ff.
- Verfassungskonforme Einl N 58; 3 lit. a N 51; Vor Art. 16–20 N 26
- der verwaltungsrechtlichen Bestimmungen des UWG Vor Art. 16–20 N 9

Auslegungskontrolle von AGB;
siehe auch Allgemeine Geschäftsbedingungen
- in dubio contra stipulatorem/ proferentem 8 N 27
- Interpretation von AGB 8 N 24
- Restriktive Auslegung von AGB 8 N 28
- Unklarheitsregel 8 N 27
- Vorrang der Individualabrede 8 N 26

Ausnützen von
- Angst 2 N 65
- Dankbarkeit 3 lit. h N 12
- Fremdem Vertragsbruch 2 N 74
- Gefühlen 2 N 63 ff.; 3 lit. h N 11 f.
- Leichtgläubigkeit 2 N 67
- Mitleid 2 N 65
- Rechtsgefälle 2 N 115
- Schuldgefühlen 3 lit. h N 12
- Spiellust 2 N 51, 61
- Trägheit 2 N 68
- Unbeholfenheit 2 N 67
- Unerfahrenheit 2 N 67

Ausschliesslichkeitsrecht
  Einl N 37; 5 N 1
Aussenwerbung Vor Art. 16–20 N 83
Aussergerichtliche Streitbeilegung
  – Abmahnung; siehe dort
  – Vergleichsweise Erledigung
    Vor Art. 12–15 N 66 ff.; siehe
    auch Unterlassungsvereinbarung
    und Abgrenzungsvereinbarung
Äusserung
  – Begriff 3 lit. a N 26
  – Gemischte Äusserung bzw.
    Werturteil 3 lit. a N 27
  – Irreführender Charakter der
    Äusserung 3 lit. a N 37 ff.
  – Kolportierung von Drittäusserungen 3 lit. a N 54
  – von Rechtsauffassungen
    3 lit. a N 57
  – Relevanz einzelner Äusserungen
    3 lit. a N 33
  – Tatsache 3 lit. a N 27
  – Unrichtigkeit der Äusserung
    3 lit. a N 35 f.
  – Werturteil 3 lit. a N 27
Ausspielungen 2 N 51 ff.
Ausstattung
  – Begriff 3 lit. d N 57
  – Farbkonzept 3 lit. d N 57
  – Gesamterscheinungsbild
    3 lit. d N 59
  – Geschäftspapiere 3 lit. d N 57
  – Ladeneinrichtungen 3 lit. d N 57
  – Schriftzüge 3 lit. d N 57
  – Verpackungsform 3 lit. d N 57
  – Warenform 3 lit. d N 57
  – Werbeunterlagen 3 lit. d N 57
Ausstattungsschutz 3 lit. d N 5
Ausverkaufswesen
  – Abschliessende Regelung auf
    Bundesstufe
    Vor Art. 16–20 N 84
  – Ausverkäufe und ähnliche
    Veranstaltungen 16 N 1
  – Liberalisierung des Ausverkaufswesens Einl N 91; 3 lit. b
    N 2, 55; 3 lit. f N 31; Vor
    Art. 16–20 N 2, 29; Art. 25 N 1
Auswertung 6 N 25
Auswirkungsorte Einl N 110 Fn. 293
Auszeichnung, Irreführung über
  3 lit. b N 30, 33, 57; 3 lit. c N 10
Autoritätsperson
  2 N 57; 3 lit. h N 12

B

Bagatellschwelle
  2 N 17, 19, 112; 3 lit. b N 84
Bank 3 lit. b N 30 mit Fn. 50;
  Vor Art. 16–20 N 70
Bankier Vor Art. 16–20 N 70
Barkredit
  – Begriff 3 lit. k–n N 35
  – Inhaltliche Vorgaben Werbung
    3 lit. k–n N 50 ff.
Barzahlungspreis Kredit
  3 lit. k–n N 64, 70
Baselworld, Panel der Messe
  Vor Art. 12–15 N 47; 14 N 55
Battle of forms
  – Dissens 8 N 9
  – Problem 8 N 9
  – Partialdissens 9 N 11
  – Theorie des letzten Wortes
    8 N 9
Bedarfsdeckung, vorzeitige
  3 lit. f N 15
Beeinflussung von Kunden 2 N 35 ff.
Befehlsverfahren 14 N 8
Beförderung von Kunden 2 N 62
Behinderte
  – als Werbeadressaten 1 N 40
  – als Werbeträger 2 N 65
Behinderung
  – Absatzbezogene 2 N 72 ff.
  – Allgemeine Unlauterkeitskriterien 2 N 70 f.
  – Angebotsbedingungen
    2 N 79 f.

Sachregister / Index

- Begriff 2 N 69
- Betriebsbezogene 2 N 86 ff.
- Boykott 2 N 85
- und funktionaler Ansatz 1 N 18
- Herabsetzung 2 N 86, 91 f.
- Kennzeichenbezogene 2 N 93
- Konkurrentenschutz 2 N 69
- Kundenbezogene 2 N 72 ff.
- Lockvogelangebot 2 N 80
- Missbrauch der Nachfragemacht 2 N 94
- Nachfragebezogene 2 N 84
- Produktbezogene 2 N 76
- Rufschädigung 2 N 91 f.
- Spezialtatbestände 2 N 69
- Subjektives Element 2 N 70
- Unberechtigte Vorwürfe 2 N 92
- Unternehmensbezogene 2 N 86 ff.
- Verhältnismässigkeitsprüfung 2 N 70
- Vertriebsbezogene 2 N 78
- Vertriebssystem 2 N 75
- Werbebehinderung 2 N 77

Bekanntheitsgrad, Ausnutzung 2 N 95 ff.; 3 lit. e N 36 f.
Belästigung 2 N 58 ff.; 3 lit. h N 11
Belgisches Lauterkeitsrecht Einl N 195 f.
Bemusterung Vor Art. 16–20 N 52
Bereicherungsanspruch 9 N 215 ff.
Berichtigungsanspruch 9 N 94 ff., 102 ff.
Berufsbezeichnung
- Begriff 3 lit. c N 5 ff.
- Kompetenzvermutung 3 lit. c N 10
- Unzutreffende Verwendung 3 lit. c N 8 ff.

Berufserfahrung 6 N 20
Berufsverbände 2 N 18; 10 N 22
Berufsverbot 23 N 116; 24 N 35
Beschaffenheit 3 lit. b N 33; 3 lit. i N 4, 9, 12, 19

Beschaffungsrecht
Vor Art. 16–20 N 22
Beschaffungswesen
Vor Art. 16–20 N 74
Beschlagnahme
- im Rahmen der UWG-Strafbestimmungen 14 N 15
- durch die Zollverwaltung (Immaterialgüterrecht) 14 N 14

Beschwerde in Zivilsachen; siehe bundesgerichtliches Verfahren
Beseitigungsanspruch
- Allgemeines 9 N 71
- Anpassungsfrist 9 N 79
- Aufbrauchsfrist 9 N 79
- Dritte 9 N 80
- Erledigungsfrist 9 N 79
- Inhalt 9 N 73 ff.
- Inhalt vorsorglicher Massnahmen 14 N 29
- Verhältnismässigkeit 9 N 78 f.
- Voraussetzungen 9 N 72
- Widerrufsrecht 9 N 81
- Zivilrechtliche Einziehung 9 N 77

Besondere Hervorhebung durch Werbung 3 lit. f N 52 ff.
Bestechung; siehe auch Vorteilsgewährung und -annahme
- Abgabe oder Verschreibung von Arzneimitteln 4a N 39
- Absichtliche sittenwidrige Störung 4a N 38
- von Aktionären 4a N 57
- Aktive Privatbestechung; siehe dort
- von Angehörigen bzw. Funktionären von NGOs 4a N 65
- Auslandsbestechung 4a N 19
- im Bereich privatisierter öffentlicher Aufgaben 4a N 64
- Direkte Bestechung des Prinzipals 4a N 34, 59

1325

- von Funktionären öffentlich-rechtlicher oder gemischtwirtschaftlicher juristischer Personen oder sonstiger Einheiten des Gemeinwesens 4a N 63
- Mandats- und Amtsträgerbestechung; siehe dort
- Passive Privatbestechung; siehe dort
- Privatbestechung; siehe dort
- Privater Sektor; siehe Privatbestechung
- Retrozessionen 4a N 45 f., 86 ff.
- Ungetreue Geschäftsbesorgung 4a N 43

Bestellformular, Gestaltung 3 lit. i N 11
Betriebliche Identität 3 lit. d N 1
Betriebsgeheimnis 4 N 68
Betriebsspionage 6 N 10
Betrug (Art. 146 StGB) 3 lit. h N 4; 23 N 42
Beweis
- Beweis für die Richtigkeit; 13a N 1 ff.
- Beweislast Vor Art. 12–15 N 22
- Beweislastumkehr; siehe dort
- Beweismass im Massnahmeverfahren 14 N 63 f.
- Beweismittel Vor Art. 12–15 N 21
- Beweissicherung, vorsorgliche; siehe dort
- Beweiswürdigung Vor Art. 12–15 N 23
- Geheimnisschutzprozess 6 N 35; 15 N 12
- Internationale Sachverhalte Einl N 139
- nach ZPO-CH Vor Art. 12–15 N 78

Beweislastumkehr
- Anwendbarkeit über Art. 13a hinaus? 13a N 24 f.
- Aufklärungspflichten des Werbenden 13a N 9
- Beweis für die Richtigkeit von Tatsachenbehauptungen 3 lit. e N 64; 13a N 1 ff.
- Richterlicher Ermessensspielraum 13a N 22 f.
- im Strafverfahren? 3 lit. f N 93; 13a N 25; 23 N 10
- im Verfahren vor der Schweizerischen Lauterkeitskommission 13a N 10
- Verhältnis 13a UWG zu Art. 8 ZGB 13a N 7
- Voraussetzungen der Anwendung von Art. 13a 13a N 11 ff.
- betreffend das Vorliegen einer Täuschung über Leistungsfähigkeit 3 lit. f N 83 ff.

Beweissicherung, vorsorgliche
- Fristansetzung bei Gutheissung 14 N 38
- Inhalt 14 N 36
- Kombination mit vorsorglichen Massnahmen 14 N 35
- Voraussetzungen 14 N 37, 39
- nach ZPO-CH 14 N 40
- Zuständigkeit des Schiedsgerichts 14 N 56

Bezug zum Unternehmen 6 N 13
Bilaterale Wettbewerbsverstösse Einl N 116 f.
Blankettstrafnorm 24 N 5 ff.
Blickfangwerbung 3 lit. b N 60, 83
Blossstellung 3 lit. h N 12
Boykott 2 N 78, 85, 122
Branchennähe 3 lit. d N 42
Branchenübung/-üblichkeit 1 N 12, 14, 20; 2 N 30, 125 f.

Briefkastenwerbung
- Belästigung 2 N 59
- Täuschung über den Werbecharakter 2 N 41

Britisches Lauterkeitsrecht
Einl N 211 f.

Buchpreisbindungsgesetz
3 lit. f N 34

Bulgarisches Lauterkeitsrecht
Einl N 197 f.

Bundesgerichtliches Verfahren
Vor Art. 12–15 N 31, 77

Bundesgesetz über das Messwesen (Messgesetz) 16 N 3

Bundesgesetz über die Information der Konsumentinnen und Konsumenten (KIG)
3 lit. e N 9, 57; 16 N 3

Bundesgesetz über Radio und Fernsehen (RTVG)
Einl N 5 f.; 2 N 42 f., 64; 3 lit. a N 23; 17 Fn. 2

Bundesgesetze Einl N 70 ff.

Bundesklage
- gemäss Art. 11 E-UWG 1983 Vor Art. 12–15 N 50
- Bedeutung 10 N 41
- Beschwerde 12 N 36
- Geschichte 10 N 6
- Internationale Sachverhalte Einl N 137
- Negatorische Ansprüche 10 N 40
- Revision 10 N 43; Vor Art. 16–20 N 8
- als nicht vermögensrechtliche Streitigkeit 12 N 36
- Voraussetzungen 10 N 34 ff
- Zweck 10 N 3

Bundeskompetenz für das Lauterkeitsrecht Einl N 55 f.

Busse 6 N 32; 24 N 32 ff.

C

Code of Advertising and Marketing Communication Practice (ICC-Code) Einl N 78, 160

Computerprogramm 5 N 23 f., 26

D

Dänisches Lauterkeitsrecht
Einl N 199 f.

Dankbarkeit, Ausnutzung
3 lit. h N 12

Datensammlung, Übernahme
5 N 24, 26, 29 Fn. 78

Datenschutz
- Europäische Union Einl N 177
- Getarnte Erhebung von Kundendaten 2 N 47

Deklarationspflichten nach KIG
16 N 3

Deliktsort Einl N 127

Deliktsrecht und Lauterkeitsrecht
Einl N 10 ff., 84

Delokalisierender Zusatz
3 lit. b N 39

Demodierte Ware, Verkauf
3 lit. f N 45, 71

Demoskopische Gutachten
- Ermittlung des Verkehrsverständnisses 3 lit. b N 62, 66, 89; 3 lit. d N 33, 77; Vor Art. 12–15 N 21
- Getarnter Werbecharakter 2 N 41

Designrecht Einl N 44

Detailpreis 16 N 20

Deutsches Lauterkeitsrecht
Einl N 201 f.

Dienstleistungsanbieter 9 N 14

Direktansprache 3 lit. h N 6

Direktmarketing 3 lit. h N 6

Direktversand 3 lit. h N 15

Diskriminierungsverbot
2 N 28, 82, 94

Distributoren, Aktivlegitimation
9 N 14

1327

Domainname
- Abfangen von Kunden 2 N 73
- Abwehrrecht 3 lit. d N 64
- Behinderung 2 N 93
- Beseitigungsanspruch
  9 N 74, 80
- Irreführung 3 lit. b N 38
- Naturalrestitution durch Übertragung 9 N 177
- Schutz 3 lit. d N 62 ff.
- Streitbeilegungsmechanismen Vor Art. 12–15 N 47
- Verwechslung 3 lit. d N 62 ff.
- Vorsorgliche Massnahmen 14 N 29

Doppelkontrolle (UWG, KG)
Einl N 25

Dreidimensionalität des Lauterkeitsrechts 1 N 22 ff.

Dreifache Schadensberechnung; siehe Schadensberechnung, dreifache

Dringlichkeit, relative (Verfügungsgrund) 14 N 23

Drittäusserungen
- Entbehrlichkeit eines Wettbewerbsverhältnisses 2 N 18
- Irreführung 3 lit. a N 39
- Kolportierung von Drittäusserungen 3 lit. a N 27, 54

Drittbegünstigung 3 lit. e N 54, 60

Drittinteressen 1 N 46 f.

Druck
- Autoritativer Druck 3 lit. h N 12
- Physischer Zwang 3 lit. h N 11
- Psychologischer Zwang
  3 lit. h N 12

Drückerkolonnen 2 N 65

Durchschnittsadressat einer Wettbewerbshandlung
- Massgeblichkeit für die Beurteilung von Irreführungsgefahren 3 lit. b N 62 f.; 3 lit. e N 24, 26 f., 43

- Massgeblichkeit für die Beurteilung von Verwechslungsgefahren 3 lit. d N 31

Durchsetzung des Wettbewerbsrechts
- durch Konkurrenten 9 N 9 ff.
- durch Kunden 10 N 17 ff.
- durch den Staat
  Vor Art. 12–15 N 48 ff.
- durch Verbände 10 N 20 ff.

E

Eingriffskondiktion 3 lit. d N 85

E-Mail
- Absenderangabe 3 lit. o N 18
- Aggressive Verkaufsmethoden
  3 lit. h N 15
- Belästigung 2 N 59
- Europäische Union Einl N 177
- Getarnte Werbung 2 N 41
- Massenwerbung 3 lit. o N 1 ff.
- Spamming 2 N 59; 3 lit. o N 1 ff.
- Verschleierung der Gefährlichkeit 3 lit. i N 18

Effektiver Jahreszins
  3 lit. k–n N 55, 64, 70 f.

EU-Datenschutzrichtlinie 3 lit. o N 3

Ehrenkodex
- des Schweizerischen Direktmarketing Verbands
  3 lit. h N 18
- des Schweizerischen Versandhandels 16 Fn. 69

*Ehrverletzungsdelikte
(Art. 173 ff. StGB)*
- Konkurrenz zu den UWG-Delikten 23 N 42
- im Verhältnis zur (unlauteren) Herabsetzung 3 lit. a N 18 ff.

Eigentumsgarantie Einl N 68

Einfaches und rasches Prozessverfahren
- Anwendung auf Verfahren mit einem Streitwert von über CHF 20 000? 13 N 21

- Ausgestaltung des Verfahrens
  13 N 19 f.
- Direkte Anrufung von Art. 13 im Zivilprozessverfahren?
  13 N 24
- Funktionale Zuständigkeit
  13 N 22
- Kantonale Umsetzung 13 N 19
- Sachliche Zuständigkeit 13 N 22
- Streitwertgrenze 13 N 17 f.
- Wahlrecht der Klagpartei
  13 N 23

Einführungspreis 3 lit. e N 45
Eingriffskondiktion 9 N 216
Einkaufsverhalten 3 lit. h N 12
Einlassung 12 N 20
Einstandspreis; siehe Angebot unter Einstandspreis
Einstweiliger Rechtsschutz; siehe vorsorgliche Massnahmen
Eintritt in den wirtschaftlichen Wettbewerb 9 N 19
Einwilligung
- Einwilligung in aggressive Verkaufsmethoden 3 lit. h N 16
- Einwilligung in Massenwerbung 3 lit. o N 16 f.
- als Rechtfertigungsgrund
  2 N 120; 9 N 221; 3 lit. a N 65; 7 N 9; 9 N 221

Einwirkung auf
- Kennzeichen 2 N 93
- Konkurrenzware 2 N 76
- Kontrollnummern 2 N 75
- Mitarbeiter 2 N 87 f.
- Produktionsmittel 2 N 87
- Vertragsverhältnisse
  Einl N 17; 2 N 74 f.
- Werbung anderer 2 N 77

Einziehung
- Einziehung von Vermögenswerten 23 N 106 ff.
- Selbständige Einziehung
  23 N 107
- Selbständiges Einziehungsverfahren 23 N 102
- Sicherungseinziehung
  23 N 100 ff.
- im Strafverfahren
  14 N 15; 23 N 99 ff.
- im Zivilverfahren 3 lit. d N 87

Einzige kantonale Instanz
- im Bereich des unlauteren Wettbewerbs 12 N 8 ff.
- Revision durch ZPO-CH
  Vor Art. 12–15 N 72; 12 N 37 f.

Elektronische Post
  2 N 59; 3 lit. o N 19

Elektronischer Geschäftsverkehr
- Belästigung 2 N 59
- Europäische Union Einl N 178
- Gescheiterte Revision Einl N 92
- Netiquette Einl N 160

EMRK Einl N 57, 61 f., 68, 69

Enseigne
- Behinderung 2 N 93
- Irreführung und Täuschung
  3 lit. b N 14, 38, 57
- Verwechslungsgefahr
  3 lit. d N 51

Entdeckung 5 N 10

Entgangener Gewinn
- Bedeutung in der Praxis 9 N 125
- Einwand des günstigeren Preises
  9 N 129
- Faktorenanalyse 9 N 128
- Fixkosten 9 N 133
- Gewinnberechnung bei UWG-Sachverhalten 9 N 126 ff.
- Rechtmässiges Alternativverhalten 9 N 135
- Variable Kosten 9 N 133

Entscheidungsfreiheit des Kunden
- Beeinträchtigung
  3 lit. h N 1, 19 f.
- Kundenbeeinflussung 2 N 35 ff.

Entwicklungsaufwand 5 N 1, 29 f.
Entwurf als Arbeitsergebnis? 5 N 9

Erfahren von Geheimnissen
- In-Erfahrung-Bringen
  6 N 24 f.
- Unrechtmässiges Erfahren
  6 N 22

Erfahrungsgüter
  1 N 41; 2 N 62; 3 lit. b N 62

Erfindung als Arbeitsergebnis
  5 N 10

Erfolgsort Einl N 127

Ergänzender lauterkeitsrechtlicher Schutz von Immaterialgüterrechten
  Einl N 33, 51; 2 N 95 ff.

Erinnerungsbild 3 lit. d N 32

Ermessen
- des Bundes bei Anhebung der Bundesklage 10 N 36
- Privatbestechung 4a N 71 f.
- Richterliches
  Einl N 75; 3 lit. a N 41; 3 lit. d N 14, 35; 13a N 22 f.

Ersatzteilgeschäft
  3 lit. d N 73; 3 lit. e N 40

Estnisches Lauterkeitsrecht
  Einl N 203 f.

EU-Kompatibilität des Schweizer Lauterkeitsrechts
  Einl N 186; 10 N 13

Europäische Menschenrechtskonvention; siehe EMRK

Europäische Union, Lauterkeitsrecht
- Aggressive Geschäftspraktiken
  Einl N 176 f.
- Argumentationshilfe
  Einl N 188
- Arzneimittel Einl N 183
- Audiovisuelle Mediendienste
  Einl N 179 ff.
- Datenschutz Einl N 177
- Dienstleistungsfreiheit
  Einl N 165 f.
- Einfluss auf das Schweizerische Recht Einl N 185 ff.
- E-Mail Einl N 177
- Fernsehrichtlinie Einl N 179 ff.
- Grundfreiheiten Einl N 162 ff.
- Herkunftslandprinzip
  Einl N 178, 179
- Irreführungsschutz
  Einl N 171 ff.
- Kompatibilität des Schweizer Rechts Einl N 186; 10 N 13
- Kompetenz Einl N 161
- Komplexität Einl N 170
- Lebensmittel Einl N 182
- Preisvergleiche 18 N 4
- Produktspezifische Regelungen
  Einl N 182 ff.
- Richtlinien Einl N 167
- Schutzzwecke Einl N 169
- Spamming Einl N 177
- Tabak Einl N 184
- Unlautere Geschäftspraktiken
  (UGP-RL) Einl N 171 ff.
- Unternehmerschutz
  Einl N 169
- Verbraucherschutz
  Einl N 169
- Vergleichende Werbung
  Einl N 174 ff.
- Vergleichspreise 16 N 7
- Verordnungen Einl N 168
- Warenverkehrsfreiheit
  Einl N 163 f.
- Werberecht, spezifisches
  Einl N 178 ff.
- Zersplitterung Einl N 161
- Ziele Einl N 161, 169

Europäischer Wirtschaftsraum (EWR)
  Einl N 161

Europäisches Recht 16 N 7; 18 N 4

Exklusive Anwendung des Lauterkeitsrechts Einl N 33

Exklusivität, faktische 6 N 1

Expertenkommission 3 lit. h N 2

Expertenwissen 6 N 10

Exporteure, Aktivlegitimation 9 N 14

F

Fabrikationsgeheimnis;
siehe auch Geheimnis
- Auskundschaftung 2 N 90
- Begriff 6 N 15
- Staatsverträge Einl N 156

Fabrikpreis 3 lit. b 50; 18 N 3
Fachwerbung 3 lit. b N 61;
Vor Art. 16–20 N 51
Fahne Vor Art. 16–20 N 62
Fahrlässigkeit 24 N 25 ff.
Faktorenanalyse 9 N 128
Fallreihen
- Arten 2 N 33 ff.
- Funktion 2 N 9, 33
- Kriterien 2 N 34

Fax; siehe Telefaxwerbung
Fernabsatz 3 lit. h N 16
Fernmeldedienst
- Absenderangabe 3 lit. o N 18
- Fernmelderecht
  Vor Art. 16–20 N 68
- Fernmeldetechnische
  Versendung 3 lit. o N 14
- Opt-in-Modell 3 lit. o N 16
- Pflicht zur Bekämpfung
  unlauterer Massenwerbung
  3 lit. o N 5, 8
- Preisbekanntgabe 16 N 26
- Versendung von Massenwerbung 3 lit. o N 9 ff.
- Zugangsgewährung 3 lit. f N 30

Fernsehen
- Audiovisuelle Mediendienste
  Einl N 179
- Fernsehwerbung Einl N 5, 179, 181; 3 lit. o N 12, 14
- Fernsehrichtlinie
  Einl N 103, 167, 179
- Massenwerbung 3 lit. o N 14
- Mediendelikt 23 N 37
- Medienprivileg 14 N 41 ff.
- Passivlegitimation von Fernsehgesellschaften 9 N 27, 49 ff.

- Streudelikte Einl N 112
- Trennungsgebot 2 N 42 f.
- Vorsorgliche Massnahmen
  14 N 41 ff.

Feststellungsklage
- Feststellungsinteresse 9 N 85 ff.
- Negative Feststellungsklage
  9 N 84
- Verhältnis der lauterkeitsrechtlichen zur allgemeinen Feststellungsklage 9 N 93
- Voraussetzungen 9 N 85 ff.
- Zweck 9 N 82, 84

Finanzhilfen an Konsumentenorganisationen 3 lit. e N 9, 57
Finanzierungskredit
- Begriff 3 lit. k–n N 29
- Inhaltliche Vorgaben Werbung
  3 lit. k–n N 63 ff.

Finanzmarktrecht
Vor Art. 16–20 N 70 ff.
Finnisches Lauterkeitsrecht
Einl N 205 f.
Firma und Handelsname
- Abfangen von Kunden 2 N 73
- Eindeutige Bezeichnung
  3 lit. k–n N 50 ff.
- Firmengebrauch
  3 lit. d N 49; 3 lit. k–n N 18, 92
- Firmenkontinuität
  3 lit. b N 75, 86
- Firmenrecht und Lauterkeitsrecht Einl N 19
- Handelsregistereintrag
  3 lit. d N 49
- Irreführung 3 lit. b N 31
- Kennzeichenbehinderung
  2 N 93
- Klagen gestützt auf UWG und
  Firmenrecht 12 N 35
- Namen von Genossenschaften
  3 lit. d N 49
- Namen von Geschäftsinhabern
  3 lit. d N 49

1331

- Namen von Handelsgesellschaften 3 lit. d N 49
- Namen von Stiftungen 3 lit. d N 49
- Namen von Vereinen 3 lit. d N 49
- Pariser Verbandsübereinkunft (PVÜ) Einl N 152; 3 lit. d N 50
- Schutz von Firma und Handelsname 3 lit. d N 49 f.
- Verwechslung 3 lit. d N 49 f.
- Vorläufige Änderung bzw. Aufhebung der Eintragung 14 N 12

Fiskalisches Handeln des Staates 2 N 16
Forschungsarbeit 6 N 10
Fotokopien 5 N 33
Französisches Lauterkeitsrecht Einl N 207 f.
Freie Berufe
- Schutz von Berufsbezeichnungen
- Werbung Einl N 72; Vor Art. 16–20 N 73

Freihandelsabkommen Schweiz-EWG 1972 Einl N 159
Freizeichenbildung 3 lit. d N 60
Fremder Vertragsbruch, Ausnutzung 2 N 74
Funktionaler Ansatz des Lauterkeitsrechts 1 N 15 ff., 19 ff.
Funktionell bedingte Gestaltungselemente 3 lit. d N 69 f.
Furchterregung
- Aggressive Werbung 2 N 65; 3 lit. h N 11
- Anfechtung 3 lit. h N 22

G

Garantieversprechen
- Best-/Tiefst-Preisgarantie 2 N 62; 3 lit. b N 50
- Erfolgsgarantie 3 lit. b N 45
- Geld-zurück-Garantie 2 N 61
- Koppelung 2 N 61
- Produktgarantie 3 lit. b N 33

Gastgewerbe 16 N 26
GATS Einl N 158
GATT 1947/1994 Einl N 158
Gebot der Klarheit und Wahrheit 2 N 39; 3 lit. b N 1, 48, 59; 3 lit. e N 55 f.
Gebot der Nachvollziehbarkeit 3 lit. e N 16, 55 f.
Gebot der Vollständigkeit 3 lit. e N 55 f.
Gebräuche 1 N 12, 14, 20; 2 N 30, 125 f.
Gebrauchsgegenstände 3 lit. d N 90
Gebrauchsüberlassungsverträge 3 lit. h N 7
Gefährdungsdelikt 23 N 18
Gefährlichkeit 3 lit. i N 4, 17 ff.
Gefängnis oder Busse 6 N 32
Gefühlsbetonte Werbung 2 N 63 ff.; 3 lit. b N 79; 3 lit. h N 11 f.
Gegendarstellung 3 lit. a N 13, 68; 14 N 4, 11, 30
Geheimhaltungspflicht
- Verletzung nachvertraglicher Geheimnisverpflichtung 4 N 70
- Zivilrechtliche Geheimhaltungspflichten 6 N 6

Geheimnis; siehe auch Fabrikationsgeheimnis bzw. Geschäftsgeheimnis
- Begriff 6 N 8 ff.
- Betriebsgeheimnis 4 N 68
- Bezug zum Unternehmen 6 N 13
- Faktische Exklusivität des Geheimnisses 6 N 1
- Geheimhaltungsinteresse 6 N 11
- Geheimhaltungsverpflichtung 4 N 70; 6 N 6
- Geheimnisherr 6 N 12
- Geheimnisinteresse 6 N 11
- Geheimniswille 6 N 12

- Geheimsphäre des Unternehmens, Recht auf 6 N 7
- Immaterialgüterrechtsähnlicher Schutz 6 N 2
- Mitteilung an Dritte 6 N 28
- Persönlichkeitsrecht 6 N 7
- Strafbarkeit bei Verletzung 6 N 3, 5; 23 N 42
- Subjektives Geheimnisrecht 6 N 1
- Unternehmensgeheimnis 6 N 13 f.
- Verleitung zur Auskundschaftung/zum Verrat 2 N 88; 4 N 64 ff.; siehe auch dort
- Vertragliche Geheimhaltungspflicht 6 N 6

Geldwerte Vorteile
Vor Art. 16–20 N 53

Gemeinfreiheit; siehe Gemeingut

Gemeingut
- Ausstattungshinweise 3 lit. d N 17
- Begriff 3 lit. d N 16 ff.
- Beschaffenheitsangaben 3 lit. d N 17
- Einfache Zeichen 3 lit. d N 16
- Formhinweise 3 lit. d N 17
- Gattungsbezeichnungen 3 lit. d N 17
- Grundfarben 3 lit. d N 16
- Grundformen 3 lit. d N 16
- Sachbezeichnungen 3 lit. d N 17
- Unmittelbare Herkunftsangaben 3 lit. d N 17

Gemeinnützige Zielsetzung des Wettbewerbshandelns 2 N 14, 16

Gemeinwesen
- Aktiv und Passivlegitimation 9 N 14; Vor Art. 16–20 N 17 ff.
- Anwendbarkeit des UWG auf die Tätigkeit des Gemeinwesens Art. 2 N 16; Vor Art. 16–20 N 16 ff.

Gemischte Äusserung 3 lit. a N 27, 35

Genauigkeit 3 lit. e N 51

General Agreement on Tariffs and Trade Einl N 158

Generalklausel
- Allgemeine Unlauterkeitsvoraussetzungen 2 N 10 ff.
- als Auffangtatbestand 2 N 1, 3 ff.
- Bagatellschwelle 2 N 17
- Deliktische Einl N 84
- Fallreihen 2 N 9, 33 ff.
- Geschichte Einl N 84; 2 N 2
- Interessen der Beteiligten 2 N 26
- Konkretisierungen 2 N 25 ff.
- Tatbestand 2 N 9 ff.
- Täuschungsverbot 2 N 3
- Treu und Glauben 2 N 20 ff.
- Verhältnismässigkeitsprinzip 2 N 28, 70, 105
- Wettbewerbsbeeinflussung 2 N 11 ff.
- Widerrechtlichkeit 2 N 20
- und Zugabewesen 3 lit. g N 6
- Zusammenspiel mit den Spezialtatbeständen 2 N 3 ff., 27

Genugtuungsanspruch
- Effektivität für Geheimnisschutz 6 N 30
- Inhalt 9 N 182
- Voraussetzungen 9 N 180 f.

Geografische Herkunftsangaben
Vor Art. 16–20 N 59 ff.

Geografische Nähe 3 lit. d N 43

Gerichtliche Zuständigkeit 3 lit. d N 76

Gerichtsberichterstattung 3 lit. a N 56

Gerichtsstand
- Gerichtsstandsvereinbarung bei internationalen Sachverhalten Einl N 130

1333

– bei Klagen aus unlauterem
Wettbewerb
12 N 15 ff.; 14 N 52
– bei Klagen aus UWG und
Arbeitsrecht 12 N 19
– bei Klagen aus UWG und
Miete/Pacht 12 N 19
– bei Klagen aus UWG und
Konsumentenvertragsrecht
12 N 19
– bei Anspruchsgrundlagenkonkurrenz 12 N 16 ff.
– nach aUWG 12 N 3
– der Hauptsache 14 N 52
– bei Schadenersatzklage wegen
Aufhebung vorsorglicher Mass-
nahmen 14 N 112
– Vereinbarung 12 N 20
– bei vorsorglichen Massnahmen
14 N 51 ff.
– nach ZPO-CH
Vor Art. 12–15 N 73
Geringfügige, sozial übliche Vorteile
4a N 79, 93
Gesamtangebot
2 N 62; 3 lit. b N 53; 3 lit. g N 18
Gesamterscheinungsbild
– Irreführung 3 lit. b N 60
– Verwechslung 3 lit. d N 32, 59
Gesamtkosten Kredit
3 lit. k–n N 55, 71
Gesamtpreis 3 lit. g N 16
Geschäftsbezeichnung 3 lit. d N 51
Geschäftsführung, Verpflichtung zur
Preisbekanntgabe 16 N 28
Geschäftsführung ohne Auftrag,
Bedeutung des Verweises
Art. 9 Abs. 3 UWG 9 N 186 ff.
Geschäftsgebaren Einl N 3; 2 N 10
Geschäftsgeheimnis;
siehe auch Geheimnis
– Auffangfunktion 6 N 16
– Auskundschaftung 2 N 90
– Begriff 6 N 16

– Immaterialgut 6 N 17
– Staatsverträge Einl N 156
Geschäftsherr
– Begriff 11 N 7 ff.; 26 N 24 f., 36
– Nachtatliche Handlungspflicht
26 N 33
– Organisationspflicht
des Geschäftsherrn 26 N 26
– Passivlegitimation
9 N 37; 11 N 1, 5 f., 7 ff.
Geschäftsherrenhaftung; siehe auch
Geschäftsherr
– im allgemeinen Strafrecht
26 N 8
– Art. 6 Abs. 2 VStrR 26 N 23 ff.
– Art. 6 Abs. 3 VStrR 26 N 35 ff.
– Geeignete Betriebsorganisation
26 N 26
– Nachtatliche Handlungspflicht
26 N 33
– Organisationspflicht
des Geschäftsherrn 26 N 26
– Sorgfalt in der Auswahl von
Mitarbeitern 26 N 26
– Sorgfalt in der Instruktion von
Mitarbeitern 26 N 26
– Sorgfalt in der Überwachung
von Mitarbeitern 26 N 26
– Subjektiver Tatbestand 26 N 34
– Verdachtsstrafe? 26 N 45
– Verhältnis von Art. 6 Abs. 2
VStrR zur allgemeinen
Geschäftsherrenhaftung 26 N 23
– Vertrauensgrundsatz 26 N 31
Geschäftsideen 3 lit. d N 61
Geschäftsinhaber, Pflicht zur Preis-
bekanntgabe 16 N 28
Geschäftsmoralischer Ansatz
des Lauterkeitsrechts
1 N 10 ff., 19 ff.
Geschäftspraktiken Einl N 3, 171 ff.
Geschicklichkeitsspiel
2 N 51 ff.; Vor Art. 16–20 N 40
Geschmackszensur 1 N 14; 2 N 66

Gesellschafter
- Bestechung 4a N 54

Gesetz gegen den unlauteren Wettbewerb; siehe UWG, UWG 1943 bzw. UWG 1986

Gesetzeswidrigkeit
- Lebensmittelgesetzgebung 3 lit. d N 20
- Schutzfähigkeit bei Gesetzeswidrigkeit 3 lit. d N 20
- Wappenschutzgesetz 3 lit. d N 20
- Zeichen 3 lit. d N 20

Gespaltene Auslegung Einl N 81; 2 N 54

Gestaltung
- Alternative Gestaltungen 3 lit. d N 67 ff.
- Werbliche Gestaltung 3 lit. d N 57 ff.; 3 lit. e N 37, 41

Gestaltungselemente
- Ästhetisch bedingte Gestaltungselemente 3 lit. d N 71 f.
- Technisch bzw. funktionell bedingte Gestaltungselemente 3 lit. d N 69 f.
- Technische Wirkungen 3 lit. d N 69

Gesundheit
- Arzneimittelwerbung; siehe dort
- Gefährdung 3 lit. h N 12
- Health claims Einl N 168, 182; 3 lit. b Fn. 74; Vor Art. 16–20 N 42
- Heilmittel; siehe dort

Getarnte Werbung 2 N 41 ff.

Gewährleistungsansprüche 3 lit. i N 13

Gewerbe- und Handelspolizeirecht Vor Art. 16–20 N 79 ff.

Gewinnberechnung bei Gewinnherausgabeanspruch
- Einwand des günstigeren Preises 9 N 201
- Einwand des rechtmässigen Alternativverhaltens 9 N 204
- Fixkosten 9 N 198
- Kombinationseingriffe 9 N 203
- Variable Kosten 9 N 198
- Zusammengesetzte Vorrichtungen 9 N 202

Gewinnherausgabeanspruch
- Aktivlegitimation 9 N 211
- Allgemeines 9 N 184 f.
- Bedeutung des Verweises auf das Recht der Geschäftsführung ohne Auftrag 9 N 186 ff.
- Bösgläubigkeit 9 N 209
- Gewinnberechnung 9 N 197 ff.; siehe auch dort
- Gläubigermehrheit 9 N 213
- Kausalität 9 N 208
- Passivlegitimation 9 N 212
- Schuldnermehrheit 9 N 214
- Teilkumulation mit Schadenersatzanspruch 9 N 210

Gewinnspiele
- Aggressive Werbemethode 2 N 55, 61; 3 lit. h N 15; 3 lit. o N 21
- zur Beschaffung von Kundendaten 3 lit. o N 21
- Irreführung 3 lit. b N 32, 45
- Lotteriegesetzgebung Vor Art. 16–20 N 32 ff.

Glaubhaftmachen (Beweismass) 14 N 63 f.

Gläubigermehrheit
- Gewinnherausgabeansprüche bei Gläubigermehrheit 9 N 213
- Schadenersatzansprüche bei Gläubigermehrheit 9 N 175 f.

Gleichstellungsgesetz 7 N 4; 10 N 12

Glücksspiel Vor Art. 16–20 N 40

Goodwill eines fremden Markenprodukts 3 lit. e N 40

Gratisabgabe von Originalware 3 lit. f N 16

Gratisabgabe von Waren
- Alkohol 3 lit. f N 32
- Arzneimittel 3 lit. f N 32
- Tabakwaren 3 lit. f N 32

Gratisangebot 2 N 81; 3 lit. b N 47, 53; siehe auch Gesamtangebot und Koppelung

Gratiszeitungen 3 lit. f N 16

Graumarktbezug
4 N 23, 36, 52, 57 ff.

Griechisches Lauterkeitsrecht
Einl N 209 f.

Grossbritannien, Lauterkeitsrecht
Einl N 211 f.

Grossist, Pflicht zur Preisbekanntgabe 16 N 29

Grundfreiheiten (EU) Einl N 162 ff.

Grundpreis 16 N 20

Grundrechte
- Abwehrfunktion Einl N 57
- Eigentumsgarantie Einl N 68
- Hertel-Entscheide Einl N 62
- Kommunikationsgrundrechte Einl N 61 ff.
- Massstabsfunktion Einl N 58; 2 N 28
- Menschenwürde Einl N 60; 1 N 12, 46; 2 N 66, 115
- Schutzfunktion Einl N 58
- Verfahrensgrundrechte Einl N 69
- Wirtschaftsfreiheit Einl N 59
- Wissenschaftsfreiheit Einl N 67

Grundrechtskonkurrenz 17 Fn. 3

Grundsätze der Schweizerischen Lauterkeitskommission
Einl N 78; 2 N 30

Gültigkeitskontrolle
- Art. 19, 20 OR 8 N 19
- Art. 21 OR 8 N 20
- Art. 100, 101 OR 8 N 21
- Art. 192, 199 OR 8 N 21
- Art. 256, 288 OR 9 N 23

Gutachten
- Demoskopisches 3 lit. a 77; 3 lit. d N 77
- Gekauftes 3 lit. b N 25
- Sachverständigengutachten 3 lit. d N 70; 3 lit. f N 84, 86

Gutglaubensbeweis
3 lit. a N 66, 75; 13a N 25

Gutschein
- Gutscheinsysteme 3 lit. g N 20
- Irreführung über die Leistungsvoraussetzungen 2 N 61
- Täuschung über tatsächlichen Wert des Angebots 3 lit. g N 20
- als Zugabe 3 lit. g N 9

H

Haftung im Anzeigen- bzw. Werbegeschäft 3 lit. a N 55, 9 N 118 ff.

Handelshemmnisse Einl N 158

Handelsname; siehe Firma

Handelsregister
- Eintragung der Firma 3 lit. d N 49
- Irreführung im Zusammenhang mit Handelsregistereintrag 2 N 44 f.
- Registersperre 14 N 12

Handlungsort Einl N 127

Handlungsstörer 9 N 32 f.

Hauptleistung und Zugabe 3 lit. g N 11 ff.

Hauptsachenprognose 14 N 9

Haustürwerbung
- Belästigung 2 N 59; 3 lit. h N 12
- Tarnung des Werbecharakters 2 N 41

Headhunting 2 N 88

Health claims Einl N 168, 182; 3 lit. b Fn. 74; Vor Art. 16–20 N 42

Heilanpreisung; siehe health claims

Heilmittel; siehe auch Arzneimittelwerbung
- Abgrenzung zum Lebensmittel Vor Art. 16–20 N 44

- Aufklärungspflicht 3 lit. b N 71
- Heilmittelrecht
  Vor Art. 16–20 N 51 ff.

Herabsetzung
- Anlehnende Herabsetzung
  2 N 105; 3 lit. a N 6
- Ausbeutung 2 N 99
- Behinderung 2 N 86, 91 f.
- von Berufsgruppen oder
  Branchen 3 lit. a N 45
- Eignung zur 3 lit. a N 29 ff.
- Herabsetzender Vergleich
  2 N 83
- Konkurrenz mit Irreführungsverbot 3 lit. b N 12
- Relevanz einzelner Äusserungen
  3 lit. a N 33
- Unnötige Herabsetzung 3 lit. a
  N 40 ff.; 3 lit. e N 29 ff.
- Vergleichende Herabsetzung
  3 lit. a N 6
- Verletzung in der Form
  3 lit. e N 39

Herkunftsangabe
- Aktivlegitimation 9 N 17
- Arbeitsergebnis als Herkunftshinweis auf den Erzeuger 5 N 7
- Begriff 3 lit. b N 34
- Bestimmung des Herkunftsortes
  3 lit. b N 40
- Betriebliche 3 lit. b N 38
- Delokalisierender Zusatz
  3 lit. b N 39
- Einfache 3 lit. b N 36
- Gattungsbezeichnung, Abgrenzung von der 3 lit. b N 39
- Geografische
  Einl N 155; 3 lit. b N 35
  Kollektivberechtigung
  3 lit. b N 41
- Pseudo-Herkunftsangabe
  3 lit. b N 40
- Qualifizierte 3 lit. b N 36

- Relokalisierender Zusatz
  3 lit. b N 39
- Staatsverträge Einl N 155, 159
- Ursprungsbezeichnung
  3 lit. b N 37

Herkunftslandprinzip
  Einl N 102, 178, 179

Hersteller
- Passivlegitimation 9 N 45
- Pflicht zur Preisbekanntgabe
  16 N 29

Hertel-Entscheidungen Einl N 62

Hilfeleistung durch die Zollverwaltung 3 lit. d N 87; Vor Art. 12–15
  N 51; 14 N 14; Vor Art. 16–20
  N 60; 27 N 68 ff.

Hilfsperson
- Begriff 11 N 8 ff.
- Passivlegitimation
  9 N 38; 11 N 2, 16 ff.

Hoheitliches Handeln
  2 N 16; 3 lit. o N 2

Homo oeconomicus 1 N 37; 2 N 63

Hyperlink 2 N 42

I

*ICC-Code of Advertising and
Marketing Communication
Practice* Einl N 78, 160

Idee als Arbeitsergebnis?
  5 N 11, 23

Ideelle Zielsetzung eines Wettbewerbsverhaltens 2 N 14, 16

Ideeller Wert der Zugabe
  3 lit. g N 10

Identität, betriebliche 3 lit. d N 1

IHK-Werberichtlinien; siehe Internationale Richtlinien für die Werbepraxis der Internationalen Handelskammer

Imagewerbung Einl N 65; 2 N 15, 65

Immaterialgüterrecht Einl N 26 ff.;
  2 N 95 ff.; 5 N 1, 8, 12; 6 N 19;
  9 N 16; 14 N 9

Importeur
- Aktivlegitimation 9 N 14
- Pflicht zur Preisbekanntgabe
  16 N 29

Inflation
- Bekämpfung 16 N 8
- Werbung mit Inflationsangst
  2 N 65

Information
- Objektive und fachgerechte
  Information 3 lit. e N 57
- der Öffentlichkeit
  Vor Art. 16–20 N 8, 55

Informationsblätter des Staatssekretariats für Wirtschaft (SECO)
16 N 5, 17, 26, 30

Informationspflicht
3 lit. b N 70 f.; 3 lit. i N 17

Inhalt der Preisbekanntgabe
- Dienstleistungen 16 N 26
- Trinkgelder 16 N 27
- Verpflichtete Personen
  16 N 28 f.
- Waren 16 N 20 ff.

Interessen der Beteiligten
1 N 22 ff.; 2 N 26, 32

Interessenabwägung
- Behinderung 2 N 70 f.
- Beweislastumkehr 13a N 22 f.
- Nachteilsprognose 14 N 24
- Verwechslungsschutz
  3 lit. d N 34

Internationale Handelskammer (ICC)
Einl N 160

Internationale Rechtshilfe in Zivilsachen
- Geschäftsgeheimnisse
  Einl N 146
- «fishing expeditions»
  Einl N 148
- «pre-trial-discovery»-Verfahren
  Einl N 148

Internationale Richtlinien für die Werbepraxis der Internationalen Handelskammer (IHK-Werberichtlinien)

Internationale Sachverhalte (IPR/IZVR)
- Aktivlegitimation Einl N 137
- Akzessorische Anknüpfung
  Einl N 118
- Anerkennung und Vollstreckung
  ausländischer Urteile
  Einl N 143 f.
- Anwendbares Recht
  Einl N 107 ff.
- Auswirkungsort
  Einl N 110 Fn. 293
- Beweisrecht Einl N 139
- Bilaterale Wettbewerbsverstösse
  Einl N 116 f.
- Deliktsort Einl N 127
- Eingriffsnormen Einl N 119
- Einwirkung Einl N 110
- Erfolgsort Einl N 127
- Gerichtsstandvereinbarung
  Einl N 130
- Geschäftsgeheimnisse
  Einl N 146
- Handlungsort Einl N 127
- Herkunftslandprinzip
  Einl N 102
- Internationale Rechtshilfe
  in Zivilsachen; siehe dort
- Klagerecht des Bundes
  Einl N 137
- Marktort Einl N 110
- Multistate-Delikte (Streudelikte)
  Einl N 112 ff.
- Passivlegitimation Einl N 137
- Rechtswahl Einl N 118
- Schiedsvereinbarung Einl N 130
- Vorsorglicher Rechtsschutz
  Einl N 131, 141
- Zuständigkeit Einl N 125 ff.;
  siehe auch dort

Sachregister / Index

Internationales Lauterkeitsrecht;
  siehe internationale Sachverhalte
Internationales Rechtsgefälle 2 N 115
Internationale Zuständigkeit
  – Kompetenzattraktion
    12 N 23 f., 33
  – Übersicht Einl N 125
  – Vorsorgliche Massnahmen
    14 N 60
Internet
  – Domainnamen; siehe dort
  – Hyperlinks 2 N 42; 3 lit. a N 55
  – Impressumspflicht 3 lit. b N 30
  – Netiquette Einl N 160
  – Massenwerbung 3 lit. o N 3, 12
  – Meta Tags 2 N 73
  – Multistate-Delikte (Streudelikte)
    Einl N 112 ff.
  – Provider, siehe dort
  – Suchmaschinen 2 N 73; 9 N 54
  – Trennungsgebot 2 N 42
  – Übernahme 5 N 3
  – Werbung 3 lit. o N 12
Irisches Lauterkeitsrecht Einl N 213 f.
Irreführung; siehe Täuschung und
  Irreführung
Irreführungsquote 3 lit. b N 66
Irrtum
  – Anfechtung Einl N 15
  – Erwecken eines Irrtums
    3 lit. e N 24
  – über die Rechtslage 9 N 171;
    siehe auch Verbotsirrtum
Italienisches Lauterkeitsrecht
  Einl N 215 f.

J
Journalistische Ungenauigkeiten
  3 lit. a N 60
Jubiläumswerbung
  2 N 62, 79; 3 lit. b N 57

K
Kampfpreisunterbietung 2 N 80
Kantonale Organe 19 N 1

Kantonales Verwaltungs- und Strafverfahrensrecht 19 N 3
Kartell der Konvention
  Einl N 77; 1 N 20; 2 N 30
Kartellrecht
  – Berührungspunkte mit dem Lauterkeitsrecht Einl N 20; 2 N 27
  – Beurteilungsmassstab Einl N 23
  – Doppelkontrolle Einl N 25
  – Gemeinsamkeiten mit dem Lauterkeitsrecht Einl N 20
  – Konnexität zwischen Ansprüchen aus weiterem Zivilrecht
    und Kartellrecht 12 N 31
  – Rechtsnatur Einl N 24
  – Schutzzweck Einl N 22
  – Unterschiede zum Lauterkeitsrecht Einl N 21 ff.
  – Verhältnis zum Lauterkeitsrecht
    Einl N 25
  – Vorfeldthese Einl N 25
  – Vorsorgliche Massnahmen
    14 N 10
Kaskadenhaftung 23 N 36
Katalogpreise 3 lit. e N 45
Kauf
  – Begriff 16 N 14
  – Verkaufsmethode
    3 lit. h N 5 ff.
  – Vorspiegelung einer einmaligen
    Kaufsgelegenheit 3 lit. h N 12
Kaufzwang, psychologischer
  3 lit. h N 4
Kaution (vorsorgliche Massnahmen);
  siehe Sicherheitsleistung
Kennzeichen
  – Akronyme 3 lit. d N 54
  – Anlehnung 2 N 104 ff.
  – Ausstattung und werbliche
    Gestaltung 3 lit. d N 57 ff.
  – Behinderung 2 N 93
  – Betriebliche Identität 3 lit. d N 1
  – Dienstleistungskennzeichen
    3 lit. d N 11

- Domainnamen
  3 lit. d N 11, 62 ff.
- Einwirkung auf 2 N 93
- Enseigne und sonstige
  Geschäftsbezeichnungen
  3 lit. d N 51
- Etiketten 3 lit. d N 11
- Firma und Handelsnamen
  3 lit. d N 49 f.
- Irreführung
  3 lit. b N 12, 14, 31, 57, 74
- Kategorien 3 lit. d N 46 ff.
- Kennzeichnungskraft; siehe dort
- Konzepte und Geschäftsideen
  3 lit. d N 61
- Marke 3 lit. d N 47 f.
- Massnahmen i.s.v.
  3 lit. d 3 lit. d N 11
- Name 3 lit. d N 52 f.
- sonstige Namen oder Ausstattungen 3 lit. d N 11
- nicht registriertes Kennzeichen
  3 lit. d N 57
- Rufausbeutung 2 N 104 ff.
- Schutz 3 lit. d N 1
- Slogans 3 lit. d N 11, 55
- Titel 3 lit. d N 56
- Unternehmenskennzeichen
  3 lit. d N 11
- Verwechslungsgefahr
  3 lit. d N 25 ff.
- Warenkennzeichen 3 lit. d N 11
- Werbekonzepte 3 lit. d N 11
- Zeitschriftentitel 3 lit. d N 11

Kennzeichnungskraft
- Fehlende Kennzeichnungskraft
  3 lit. d N 13
- Kennzeichnungskraft aufgrund Verkehrsdurchsetzung
  3 lit. d N 15
- Originäre Kennzeichnungskraft
  3 lit. d N 13 f.

Kettenbrief 2 N 53

Kinder
- als Nötiger 2 N 50
- als Werbeadressaten Einl N 180;
  1 N 40; 2 N 67; 3 lit. b N 61

Klagebefugnis; siehe Aktivlegitimation

Klagenhäufung
- Objektive 12 N 7, 29
- Subjektive 12 N 30

Klarheit des Wettbewerbsverhaltens
2 N 39; 3 lit. b N 1, 48, 59; 3 lit. e N 55 f.

Know-how
- Abgrenzung zum Geheimnis
  6 N 18
- als Arbeitsergebnis? 5 N 10

Kombinationsangebote;
siehe Koppelungen

Kommunikation
- Kommerzielle Kommunikation
  Einl N 3; 3 lit. e N 24, 41;
  3 lit. h N 16
- Kommunikationsakt 3 lit. i N 3
- Kommunikationsformen
  3 lit. o N 14
- Kommunikationsmittel
  3 lit. o N 1, 13

Komparativwerbung 18 Fn. 34

Kompatibilität
- Irreführung 3 lit. b N 33
- Kompatibilitätsinteresse
  3 lit. d N 73
- Werbung mit Kompatibilität
  3 lit. e N 40; 3 lit. i N 9

Kompetenzattraktion
- Anwendungsbereich 12 N 32 ff.
- Erlass von vorsorglichen Massnahmen 12 N 32
- im internationalen Verhältnis
  12 N 13, 23 f., 33
- ordentliches Verfahren 12 N 32
- Rechtsmittel an das Bundesgericht 12 N 35
- Revision ZPO-CH 12 N 37 ff.

- Schiedsklausel (Schiedsvereinbarung) 12 N 34
- Umfang 12 N 6
- Wahlrecht der Klagepartei 12 N 25
- Zweck bei UWG-Klagen 12 N 1

Konkludente Einwilligung 3 lit. o N 17

Konkurrent; siehe Mitbewerber

Konkurrenzen (Straftatbestände) 23 N 38 ff.

Konkurrenzprodukt
- Äusserung zu Konkurrenzprodukten 3 lit. h N 12
- Ersatz für ein Konkurrenzprodukt 3 lit. e N 40

Konkurrenzverbot 3 lit. d N 88

Konkurrenzvergleich 3 lit. e N 45; 18 N 9

Konkursverkauf 3 lit. f N 71

Konnexität zwischen Ansprüchen aus UWG und weiterem Zivilrecht 12 N 16, 26 ff.

Konstitutionelle Schwäche des Opfers 3 lit. h N 12

Konsument; siehe auch Marktgegenseite
- Aktivlegitimation; siehe Kundenindividualklage
- Begriff 1 N 33 ff.
- Besondere Schutzbedürftigkeit 1 N 40
- Entscheidungsverhalten 1 N 38, 41
- Leitbilder 1 N 37 ff.; 2 N 29, 35
- Preisangabe 16 N 12

Konsumenteninformation Einl N 91, 92; 3 lit. e N 9, 57; 16 N 3

Konsumentenschutz Einl N 95; 1 N 33 ff.; 3 lit. e N 57; Vor Art. 16–20 N 7; 16 N 8, 22

Konsumentenschutzorganisationen
- Aktivlegitimation; siehe Konsumentenschutzorganisationsklage
- Begriff 10 N 28
- Bekämpfung von Massenwerbung 3 lit. o N 24
- Finanzhilfen an 3 lit. e N 9, 57
- Vergleichstests 3 lit. e N 54, 57, 59
- Wettbewerbshandlungen 2 N 18

Konsumentenschutzorganisationsklage
- Abgrenzungen 10 N 8
- Altruistische Natur 10 N 2, 8
- Bedeutung 10 N 33
- Geschichte 10 N 5
- Negatorische Ansprüche 10 N 32
- Reparatorische Ansprüche 10 N 9
- Voraussetzungen 10 N 28 ff.

Konsumkredite
- Aggressive Verkaufsmethoden 3 lit. h N 7
- Anwendbarkeit von Art. 3 lit. k–n UWG 3 lit. k–n N 36 ff.
- Arten 3 lit. k–n N 27
- Barkredit 3 lit. k–n N 35
- Begriff 3 lit. k–n N 23
- Finanzierungskredit 3 lit. k–n N 29
- Leasingvertrag 3 lit. k–n N 30
- Preisbekanntgabe 16 N 3
- (Teil-)Autonome Begriffsbestimmung? 3 lit. k–n N 25 f.
- Überziehungskredit 3 lit. k–n N 32
- Veranlassung Vertragsauflösung 4 N 75 ff.
- Verhältnis von Art. 3 lit. k–n zu anderen Vorschriften 3 lit. k–n N 15 f., 20

- Werbung; siehe Öffentliche Auskündigung über Konsumkredite
Kontaktinformationen 3 lit. o N 21 f.
Kontradiktorisches Verfahren 14 N 49
Kontrollnummern
  - Unlautere Anbringung 2 N 75
  - Unlautere Entfernung 2 N 75
Konvention 2 N 30, 125 f.
Konzepte
  - als Arbeitsergebnis 5 N 11
  - Schutz von 3 lit. d N 61
Kopien 5 N 32 f.
Kopieverfahren 5 N 32 f.
Koppelung 2 N 55, 61, 62; 3 lit. b N 47; 3 lit. e N 36; 3 lit. g N 15 f.
Korruptionsbekämpfung Einl N 91; 4a N 1 ff.
Kostenamortisation 5 N 30, 35
Kredit
  - Barzahlungspreis 3 lit. k–n N 64, 70
  - Begriff 3 lit. k–n N 24
  - Effektiver Jahreszins 3 lit. k–n N 55, 64, 70 f.
  - Gesamtkosten 3 lit. k–n N 55, 71
  - Konsumkredit; siehe dort
  - Nettobetrag 3 lit. k–n N 55, 71
  - Nominalzinssatz 3 lit. k–n N 55, 64
Kumulative Anwendung des Lauterkeitsrechts Einl N 33
Kunde; siehe auch Marktgegenseite
  - Beeinflussung 2 N 35 ff.
  - Beförderung 2 N 62
  - Gruppe auf der Marktgegenseite 1 N 32
  - Produktmündigkeit 3 lit. g N 23; 3 lit. i N 19
  - Täuschung 3 lit. i N 19
  - Verleitung zum Vertragsbruch 2 N 74; 4 N 48 f.

Kundenbeobachtung, ständige 3 lit. h N 12
Kundendaten, verdeckte Erhebung 2 N 47; 3 lit. o N 21
Kundenindividualklage
  - Bedeutung 10 N 7, 19
  - Begriff 10 N 1
  - Geschichte 10 N 4
  - Voraussetzungen 10 N 17 f.
Kundeninformationen 3 lit. o N 23
Kundenkarte 3 lit. h N 12
Kündigung
  - Hilfe bei 2 N 74; 4 N 21, 39
  - Verleitung zur 2 N 44, 74; 4 N 21, 39
Kundschaftsbeziehung 3 lit. g N 23; 3 lit. h N 21; 3 lit. i N 19
Kursmanipulation (Art. 161bis StGB) 23 N 42

L

Lädelisterben 3 lit. f N 2
Ladenöffnungszeiten Vor Art. 16–20 N 83
Laienwerbung 2 N 57
Landeswährung 16 N 21
Landwirtschaft Vor Art. 16–20 N 65
Landwirtschaftsgesetz Vor Art. 16–20 N 61
Lauterkeitsrecht
  - Ausländisches Einl N 189 ff.; siehe auch einzelne Länder
  - Auslegung; siehe dort
  - Bundesgesetze Einl N 70 ff.
  - Bundeskompetenz Einl N 55 f.
  - Charakteristika Einl N 80 ff.
  - Dynamik Einl N 9
  - Europäische Union Einl N 161 ff.
  - Europakompatibilität Einl N 186; 10 N 13
  - Geschichte Einl N 84 ff.
  - Heterogenität Einl N 8

- Internationales; siehe internationale Sachverhalte (IPR/IZVR)
- Kantonales Recht Einl N 56
- Prinzipien Einl N 80 ff.
- Öffentliches Lauterkeitsrecht; siehe dort
- Rechtsquellen Einl N 54 ff.
- Richterrecht Einl N 75
- Schiedsgerichtsbarkeit Vor Art. 12–15 N 53 ff.
- Schutznormcharakter Einl N 11
- Sonderdeliktsrecht Einl N 10
- Staatliche Durchsetzung? Vor Art. 12–15 N 48 ff.
- Standort im Schweizer Recht Einl N 8 ff.
- Strafrecht; siehe dort
- Supranationales der EU Einl N 161 ff.; siehe auch Europäische Union
- Tendenzen Einl N 95
- Transnationales Einl N 150 ff.
- Unlauterkeit; siehe dort
- UWG; siehe dort
- UWG 1943; siehe dort
- UWG 1986; siehe dort
- Verhältnis zum allgemeinen Privatrecht Einl N 10 ff.; 10 N 7
- Verhältnis zum Deliktsrecht Einl N 10 ff., 84
- Verhältnis zum Immaterialgüterrecht Einl N 26 ff.
- Verhältnis zum kantonalen Recht 28 N 3
- Verhältnis zum Kartellrecht Einl N 20 ff.
- Verhältnis zum Markenrecht Einl N 39 ff.; 3 lit. d N 47 f.
- Verhältnis zum Patentrecht Einl N 51
- Verhältnis zum Persönlichkeitsrecht Einl N 18, 84
- Verhältnis zum Strafrecht Einl N 53, 95
- Verhältnis zum Unternehmensrecht Einl N 19
- Verhältnis zum Vertragsrecht Einl N 14 ff.; 10 N 7
- Verhältnis zum Wirtschaftsverwaltungsrecht Einl N 53, 95
- Verordnungen Einl N 73 f.
- Völkerrecht Einl N 150 ff.
- Wesen Einl N 8

Leasingvertrag
- Begriff 3 lit. k–n N 30
- Inhaltliche Vorgaben für Werbung 3 lit. k–n N 67 ff.

Lebensmittel(werbung)
- Abgrenzung vom Heilmittel Vor Art. 16–20 N 44
- Europäische Union Einl N 182
- Nachahmungsverbot 3 lit. d N 90
- Health claims (Heilanpreisung) Einl N 168, 182; 3 lit. b Fn. 74; Vor Art. 16–20 N 42
- Irreführung 3 lit. b N 15, 71
- Werberecht Vor Art. 16–20 N 41 ff.

Legalitätsprinzip 23 N 7, 50
Leichtgläubigkeit, Ausnutzung 2 N 67
Leistungsfähigkeit 3 lit. h N 12
Leistungsmassnahmen (Inhalte vorsorglicher Massnahmen) 14 N 28
Leistungsschutz, lauterkeitsrechtlicher Einl N 26 ff., 37; 2 N 95 ff.
Leistungswettbewerb Einl N 85; 1 N 13, 29; 2 N 69; 3 lit. e N 29
Lettisches Lauterkeitsrecht Einl N 217 f.
Letztverbraucher 16 N 12
Liberalisierung des Ausverkaufswesens 3 lit. f N 31; Vor Art. 16–20 N 29
Liechtensteinisches Lauterkeitsrecht Einl N 219 f.

Sachregister / Index

Lieferanten
- Aktivlegitimation 9 N 14
- Verleitung zum Vertragsbruch 4 N 22 f.; siehe auch Graumarkt

Lieferbereitschaft 3 lit. h N 12
Lieferfristen 16 N 24
Lieferkosten 16 N 24
Link 2 N 42
Liquidationsverkauf 3 lit. f N 71
Litauisches Lauterkeitsrecht
  Einl N 221 f.
Lizenzanalogie bei der Schadensberechnung 9 N 141, 145 ff.
Lizenznehmer
- Aktivlegitimation
  3 lit. d N 89; 9 N 14
- Passivlegitimation 3 lit. d N 89

Lockvogelangebot
- Angebot unter Einstandspreis
  3 lit. f 1 ff.
- Behinderung 2 N 80
- Funktionaler Ansatz des UWG
  1 N 18
- Geheimnisschutz 15 N 5
- Herabsetzung 3 lit. a N 9
- Irreführung 3 lit. b N 11, 44, 54
- Rufschädigung 2 N 91
- Systematische Erfassung im UWG 2 N 7, 80; 3 lit. b N 11;
  3 lit. f N 8 ff.
- Täuschungsvermutung
  3 lit. f N 65 ff.

Lotterie
- Aggressive Geschäftspraktiken
  2 N 51 ff.
- Begriff Vor Art. 16–20 N 36 f.
- Gesetzgebung
  Vor Art. 16–20 N 32 ff.
- Revision Lotteriegesetz
  Einl N 92

Lotterieähnliche Veranstaltung
  Vor Art. 16–20 N 36

Luxemburgisches Lauterkeitsrecht
  Einl N 223 f.

M

Mandats- und Amtsträgerbestechung
- Fremde Mandats- und Amtsträger 4a N 36
- Straftatbestände 4a N 40 f.

Marke
- Absolute Rechtsposition
  3 lit. d N 47
- Anmassung 3 lit. b N 42
- Begriff 3 lit. d N 47
- Irreführung 3 lit. b N 14, 38
- Verwechslung 3 lit. d N 25 ff.

Markenartikel
- Irreführende Anpreisung
  3 lit. b N 33
- Sonderangebot/Lockvogel
  2 N 79, 91

Markenrecht und Lauterkeitsrecht
  Einl N 39 ff.; 2 N 95 ff.; 3 lit. d
  N 47 f.; 23 N 45 ff.

Marktbeherrschende Stellung 5 N 37
Marktführerschaft 3 lit. e N 36, 46
Marktgebiet 18 N 11
Marktgegenseite
- Aktivlegitimation;
  siehe Kundenindividualklage
- Begriff 1 N 30
- Interessen 1 N 44
- Mitglieder 1 N 30 ff.
- Schiedsrichterfunktion
  1 N 17; 3 lit. b N 1

Marktort Einl N 110
Marktposition
- Schutzwürdige 3 lit. d N 23 f.

Marktschreierei
  3 lit. b N 27; 3 lit. e N 47

Markttransparenz
- Angabe von Vergleichspreisen
  18 N 4 ff.
- Erstellung der Markttransparenz
  3 lit. e N 34
- Zielsetzung Preisbekanntgabe
  16 N 8, 22

Marktverhalten 3 lit. e N 58

Marktverstopfung 2 N 81
Massenartikel, Zulässigkeit der Nachahmung 3 lit. d N 74
Massenwerbung
– Ausnahmetatbestand
  3 lit. o N 23
– Bekämpfung durch Fernmeldedienste 3 lit. o N 8
– für eigene ähnliche Waren, Werke oder Leistungen
  3 lit. o N 23 ff.
– Einholung der Einwilligung der Kunden 3 lit. o N 16 ff., 23
– E-Mails 3 lit. o N 15
– Fernmeldetechnische Versendung 3 lit. h N 15 f.
– Missbrauchsgefahr 3 lit. o N 11
– Pflichten des Werbetreibenden
  3 lit. o N 15 ff.
– Schutz der Empfänger
  3 lit. o N 1
– Spamming Einl N 91; 2 N 41;
  3 lit. h N 15; 3 lit. i N 18; 3 lit. o N 2, 5 ff.
Mediation Vor Art. 12–15 N 74
Medien; siehe auch Fernsehen und Rundfunk
– Aktivlegitimation 9 N 14
– Boykottaufruf 2 N 85
– Europäische Union
  Einl N 179 ff.
– Freiheit 3 lit. a N 51
– Grundrechte Einl N 61 ff.
– Herabsetzung durch Medien
  3 lit. a N 50 ff.
– Hertel-Entscheide Einl N 62, 92
– Interessenberücksichtigung
  1 N 22, 47
  Konsumententipp 2 N 43
– Markttransparenz durch Medientätigkeit 3 lit. a N 50 f.
– Medienprivileg Einl N 92;
  3 lit. a N 50 ff., 65; 9 N 49;
  14 N 41 ff.

– Meinungsäusserungs- und Medienfreiheit
  Einl N 61 ff.; 3 lit. a N 51 f.
– Passivlegitimation 9 N 49 ff.
– Presserat 2 N 30
– Publikation in elektronischen Medien 14 N 43
– Revision ZPO-CH 14 N 44
– Strafbarkeit
  23 N 30, 35 ff.; 26 N 14
– Tätigkeit der Medien
  3 lit. a N 4
– Trennungsgebot 2 N 42
– Verfassungskonforme Auslegung des Lauterkeitsrechts
  3 lit. a N 51, 53
– Vorsorgliche Massnahmen gegen periodisch erscheinende Medien 14 N 4, 41 ff.
– Wahrnehmung berechtigter Interessen 2 N 122
– Wettbewerbshandlungen
  2 N 18
– Wettbewerbsverhältnis, Entbehrlichkeit 2 N 18
Medienrecht
– Verhältnis zu
  Art. 3 lit. a 3 lit. a N 23
– Werbung und Vertrieb
  Vor Art. 16–20 N 67 ff.
Medizinalpersonen
Vor Art. 16–20 N 73
Medizinprodukte Vor Art. 16–20 N 54
Mehrdeutigkeit 3 lit. b N 60
Mehrfachpackung 2 N 62
Mehrwertdienste 1 N 40; 2 N 55; 3 lit. b N 51; 16 N 17, 25
Mehrwertsteuer 16 N 3
Mehrwertsteuersatz 16 N 23
Meinungsäusserungsfreiheit
  Einl N 61 ff.; 3 lit. a N 51;
  Vor Art. 16–20 N 27
Meinungsumfrage; siehe demoskopische Gutachten

Meistbegünstigungszusagen 2 N 62
Menge, Verschleierung
  3 lit. i N 4, 10, 19
Menschenrechte
  Einl N 57 ff.; 2 N 28
Menschenwürde Einl N 60; 1 N 12,
  46; 2 N 66, 115
Meta-Tags
  2 N 73; siehe auch Behinderung
Methode als Arbeitsergebnis
  5 N 11
Missbrauchsgefahr (Kompetenz-
  attraktion) 12 N 28
Missbrauchsprinzip
  3 lit. e N 16; 3 lit. g N 7
Mitbewerber
  – Aktivlegitimation 9 N 11
  – Arten 1 N 24 ff.
  – Begriff 1 N 23
  – Verhältnis zwischen Mitbewerbern 3 lit. e N 58
  – Wirtschaftliche Interessen
    1 N 28
Mitleid, Ausnutzung 2 N 65
Mitteilung des Urteils an Dritte
  9 N 94 ff., 105
Model Provisions on Protection
  Against Unfair Competition
  (WIPO) Einl N 160
Mogelpackung
  3 lit. b N 23; 3 lit. i N 6, 9 f.
Monopol
  1 N 5, 17; 2 N 18, 100; 5 N 37
Moralvorstellungen 2 N 30, 125 f.
Multi-Level-Marketing 2 N 53, 57
Multistate-Delikte (Streudelikte)
  Einl N 112 ff.
Multiplikatoreffekt Einl N 10
Muster; siehe Warenprobe
Musterberühmung 3 lit. b N 42
Musterbrief für Kündigung 4 N 39
Musterklage 9 N 176, 236
Muster- und Modellrecht;
  siehe Designrecht

N
Nachahmung; siehe auch Anlehnung
  und Ausbeutung
  – Absicht 3 lit. d N 27
  – Begriff 2 N 101
  – Dauer des Nachahmungsschutzes 5 N 35
  – Freiheit 3 lit. d N 68
  – Irreführung 3 lit. b N 22
  – von Lebensmitteln
    Vor Art. 16–20 N 43
  – Nachahmungsfreiheit
    2 N 98; 5 N 1
  – Nachschaffung 2 N 103
  – Schutz gegen Nachahmung
    3 lit. d N 1; 5 N 1 ff.
  – Sklavische Nachahmung
    2 N 103; 3 lit. d N 65 f., 69
  – Systematische Nachahmung
    3 lit. d N 66
  – Technisches Reproduktionsverfahren
    3 lit. d N 65; 5 N 23, 31 ff.
  – Unmittelbare Übernahme
    2 N 102
  – Unnötig anlehnende Nachahmung 3 lit. e N 41
Nachfragemacht, Missbrauch 2 N 94
Name
  – Behinderung 2 N 93
  – Fantasiename 3 lit. d N 52
  – Guter Name 3 lit. e N 41
  – Homonyme 3 lit. d N 53
  – Irreführung 3 lit. b N 30
  – Nachname 3 lit. d N 52
  – Name von Stiftungen
    3 lit. d N 52
  – Name von Vereinen 3 lit. d N 52
  – Rechtsmittel bei Klagen gestützt
    auf UWG und Namensrecht
    12 N 35
  – Umgang mit zusätzlichen
    Vorschriften des Firmenrechts
    3 lit. d N 53

Sachregister / Index

- Verwechslungsgefahr
  3 lit. d N 52
- Vorname 3 lit. d N 52

Naturschutz; siehe Umweltschutz
Nebenkosten, Preisangabe 16 N 24
Nebenleistung 3 lit. g N 15
Nebenleistungsverhältnis 3 lit. g N 11
Nebenstrafrecht 16 N 28
Negativa non sunt probanda
  3 lit. e N 64
Negatorische Ansprüche
- Auskunftsansprüche 9 N 114 f.
- Berichtigungsansprüche
  9 N 94 ff., 102 ff.
- Beseitigungsansprüche
  9 N 71 ff.; 14 N 29;
  siehe auch dort
- Feststellungsansprüche
  9 N 82 ff.; siehe auch dort
- Mitteilung des Urteils an Dritte
  9 N 94 ff., 105
- Passivlegitimation 9 N 29 f.
- Unterlassungsansprüche
  9 N 60 ff.; siehe auch dort
- Urteilspublikation
  9 N 94 ff., 106 ff.
- Verfahren 9 N 232 ff.
- Verjährung 9 N 223
- Verwirkung 9 N 227 ff.

Nemo tenetur 24 N 20
Netiquette Einl N 160
Nettobetrag Kredit 3 lit. k–n N 55, 71
Neutralität
- des Staates im Wettbewerb
  Art. 2 N 16
- von Tests 3 lit. e N 55 f.

Nicht wieder gut zu machender Nachteil 14 N 24
Niederländisches Lauterkeitsrecht
  Einl N 225 f.
Nominalzinssatz 3 lit. k–n N 55, 64
Normalpreis 3 lit. e N 44
Normspaltung 23 N 9

*Normzweck der Preisbekanntgabe
  für Waren und Dienstleistungen*
  16 N 8
Nötigung 2 N 50
Notstand 2 N 121
Notwehr 2 N 121
Nulla poena sine lege; siehe Legalitätsprinzip
Numerus clausus der Immaterialgüterrechte Einl N 29
Nutzen, Irreführung
  3 lit. b N 33; 3 lit. i N 4, 15, 19

O

Oberaufsicht 20 N 1
Objektive Nachprüfbarkeit
- Angaben 3 lit. b N 26 f.
- Spitzenstellungswerbung
  3 lit. e N 47
- Äusserungen 3 lit. a N 27

Objektivität von Vergleichstests
  3 lit. e N 51, 56 f.
*OECD-Übereinkommen über die
  Bekämpfung der Bestechung ausländischer Amtsträger im internationalen Geschäftsverkehr vom
  17. Dezember 1997* 4a N 10
Öffentliche Abgaben 16 N 23
Öffentliche Auskündigung Einl N 5
*Öffentliche Auskündigung über
  Konsumkredite*
- Begriff 3 lit. k–n N 45 f., 48 f.
- Inhaltliche Vorgaben
  3 lit. k–n N 41 ff.
- Kreditwerbung 3 lit. k–n N 47
- Reine Erinnerungswerbung
  3 lit. k–n N 47

Öffentliches Lauterkeitsrecht
- Bedeutungszuwachs
  Einl N 95; Vor Art. 16–20 N 5
- Preisbekanntgabe 16 N 1 ff.
- Verwaltungsrechtliche Regelungen 3 lit. e N 10; Vor Art. 16–20
  N 28 ff.; 16 N 1, 4; 17 N 1

Öffentliche Werbung Einl N 6

1347

*Offerte als Beispiel für Arbeits-
  ergebnis* 5 N 9
Opt-in-Modell 2 N 59; 3 lit. o N 5, 16
Opt-out-Modell 2 N 59; 3 lit. h N 16;
  3 lit. o N 11, 19 ff.
Ordnungspolitische Bestimmungen
  Vor Art. 16–20 N 31
*Organ- und Vertreterhaftung
  (Art. 29 StGB)* 26 N 7, 10
Originalität 3 lit. d N 13
Österreichisches Lauterkeitsrecht
  Einl N 227 f.

P

Parallelimporte
  2 N 91; 4 N 23, 36, 52, 57 ff.
Pariser Verbandsübereinkunft
  Einl N 151 ff.; 1 N 14; 2 N 21, 93;
  3 lit. b N 35; 3 lit. d N 50; 10 N 14
*Parteientschädigung (Massnahme-
  verfahren)* 14 N 95
Parteiwerbung 2 N 16
Partyverkäufe 3 lit. h N 12
Passive Privatbestechung; siehe auch
  Privatbestechung
  – Annehmen 4a N 103
  – Äquivalenzverhältnis 4a N 66 f.
  – Erheblichkeitsschwelle 4a N 82
  – im Ermessen stehende Handlung
    oder Unterlassung 4a N 71
  – Fordern eines Vorteils
    4a N 102
  – Konkurrierende Unternehmens-
    strafbarkeit? 4a N 105
  – Pflichtwidrige Handlung oder
    Unterlassung 4a N 70
  – Privater Sektor 4a N 60 ff.
  – Sich-Versprechen-Lassen
    4a N 103
  – Vorteil, nicht gebührender
    4a N 80, 102 f.
Passivlegitimation
  – Passivlegitimation des Auftrag-
    gebers 3 lit. o N 25
  – Begriff 9 N 24 ff.

– Besitzer 9 N 56 f.
– Gemeinwesen
  9 N 44; Vor Art. 16–20 N 17 ff.
– Geschäftsherr
  9 N 37; 11 N 1, 5 f., 7 ff.
– Gewinnherausgabeansprüche
  9 N 212
– Handlungsstörer 9 N 32 f.
– Hersteller 9 N 45
– Hilfsperson
  9 N 38; 11 N 2, 16 ff.
– Internationale Sachverhalte
  Einl N 137
– Juristische Personen 9 N 39
– Kapitalgesellschafter 9 N 42
– Konzern 9 N 43
– Medien 9 N 49 ff.
– Negatorische Ansprüche
  9 N 29 f.; 11 N 5
– Öffentliche Hand 9 N 44
– Organmitglieder 9 N 40
– Personengesellschafter 9 N 41
– Presse 9 N 49 ff.; 11 N 3
– Provider 9 N 53 f.
– Reparatorische Ansprüche
  9 N 31; 11 N 6
– Systematik 11 N 5 f.
– Transportpersonen 9 N 48
– Verfahrensfragen
  9 N 236; 11 N 20
– Vermieter 9 N 57
– Vertriebspersonen 9 N 46 f.
– bei Verwechslungsgefahr
  3 lit. d N 84
– Voraussetzungen 9 N 28 ff.
– Vorsorgliche Massnahmen
  14 N 18
– Wissenschaftler 9 N 55
– Zustandsstörer 9 N 34 ff.
Patentberühmung
  Einl N 52; 3 lit. b N 42
Patentrecht
  – Verhältnis zum Lauterkeitsrecht
    Einl N 51

- Vorsorgliche Massnahmen
  14 N 9
Personalabwerbung
2 N 88; 4 N 22, 24, 73
Persönlichkeitsrecht
- Novelle des Persönlichkeitsrechts 14 N 2 f.
- Rechtsmittel bei Klagen gestützt auf UWG und Persönlichkeitsrecht 12 N 35
- Verhältnis zum Lauterkeitsrecht Einl N 18, 84
- Verwechslungsgefahr 3 lit. d N 45
- Vorsorgliche Massnahmen 14 N 11
Persönlichkeitsverletzung und unlautere Herabsetzung 3 lit. a N 12
Physischer Druck 2 N 48 ff.
Piraterietatbestände 3 lit. d N 92
Plan als Beispiel für Arbeitsergebnis 5 N 9
Politische Werbung 2 N 16; 3 lit. o N 2; Vor Art. 16–20 N 67
Polnisches Lauterkeitsrecht Einl N 229 f.
Portugiesisches Lauterkeitsrecht Einl N 231 f.
Postwurfsendungen; siehe Briefkastenwerbung
Powershopping 2 N 56
Präjudizien
2 N 9; siehe auch Richterrecht
Preisarten
- Angabe beim Vergleich 3 lit. e N 44
- Detailpreis 16 N 20
- Einführungspreis 3 lit. e N 45
- Fabrikpreis 3 lit. b N 50; 18 N 3
- Gesamtpreis 3 lit. g N 16
- Grosshandelspreis 3 lit. b N 50
- Grundpreis 16 N 20
- Katalogpreis 3 lit. e N 45
- Liquidationspreis 3 lit. b N 50

- Rahmenpreis 17 N 10
- Richtpreis 3 lit. e N 45
- Selbstkostenpreis 3 lit. b N 50
- Subskriptionspreis 18 Fn. 19
- Verlustpreis 3 lit. b N 50

Preisbekanntgabe
- Abbildungen in der Preisangabe 17 N 8
- Abstrakte Umschreibungen 17 N 5
- Anforderungen an die Verständlichkeit 16 N 25
- beim Angebot von Waren 16 N 8, 10
- Ausnahmen von der Pflicht zur Warenpreisbekanntgabe 16 N 15 f.
- Bestimmtheit der Preisangabe 16 N 22
- Dienstleistungen 16 N 8, 17, 26
- Doppelte Preisbekanntgabe 16 N 20
- Durchgestrichene Preise 18 Fn. 16
- in Euro 16 N 21
- in Landeswährung 16 N 21
- Gegenleistungsbezug 3 lit. b N 49
- Geschichte Vor Art. 16–20 N 4
- Inhalt; siehe Inhalt der Preisbekanntgabe
- Irreführende Preisangabe 3 lit. b N 46 ff.; 17 N 9; 18 N 1
- Klarheit und Wahrheit 2 N 39; 3 lit. b N 1, 48, 59; 3 lit. e N 55 f.
- Modalitäten 16 N 25
- Nebenkosten 16 N 24
- Preisrahmen 17 N 10
- Preisreduktion 3 lit. b N 52; 16 Fn. 63; 17 N 6
- Preisvergleich 3 lit. b N 50; 3 lit. e N 45

- Sicherheitshindernisse 16 N 15
- Spezifizierung und Bezifferung 17 N 7
- Strenger Massstab 16 N 25
- Systematik des Gesetzes 16 N 1
- Technische Hindernisse 16 N 15
- Verbot der irreführenden Preisbekanntgabe 16 N 1
- Verhältnis von Art. 16 zu anderen Vorschriften 16 N 2 f.
- Vollzug der Vorschriften 20 N 1
- in der Werbung 16 N 1; 17 N 1 ff.
- Zielsetzung 16 N 8, 22

Preisbindung
- Buchpreisbindungsgesetz 3 lit. f N 34
- Verstoss gegen vertragliche 3 lit. f N 33 ff.
- der zweiten Hand 3 lit. g N 2

Preisgestaltung
- Angebot unter Einstandspreis/Selbstkosten 1 N 18; 2 N 7, 79 ff.; 3 lit. b N 50
- Einführungspreis 3 lit. e N 45
- Freiheit 2 N 61; 3 lit. g N 21; 3 lit. f N 7, 37
- Gesamtpreis 3 lit. g N 16
- Klarheit und Wahrheit 2 N 39; 3 lit. b N 1, 48, 59; 3 lit. e N 55 f.
- Lockvogelangebot; siehe dort
- Preisgarantien 2 N 62; 3 lit. b N 50
- Preisschleuderei 3 lit. f N 14
- Rabatt 2 N 60 f.; 3 lit. b N 53
- Richtpreise 3 lit. e N 45
- Selbstkostenpreis 3 lit. b N 50
- Staatliche Preisvorschriften 3 lit. f N 29
- Subskriptionspreis 18 Fn. 19
- Verlustpreis 3 lit. b N 50
- Vorschriften betreffend Preisbildung 3 lit. f N 30
- in der Werbung 17 N 9

Preisgrenze 17 N 10
Preis-Leistungs-Verhältnis 3 lit. e N 46
Preisrahmen 17 N 10
Preisreduktion 3 lit. b N 52; 16 Fn. 63; 17 N 6; 18 Fn. 16
Preisschleuderei 3 lit. f N 14
Preisunterbietung
- Behinderung 2 N 80
- Vergabewesen 3 lit. f N 25 ff.

Preisvergleich 3 lit. b N 50; 3 lit. e N 37, 43 ff.; 18 N 4
Presse; siehe Medien
Presserat 2 N 30
Prioritätsprinzip
- Gebrauchspriorität 3 lit. d N 21
- Interessenabwägung 3 lit. d N 22
- Registereintrag 3 lit. d N 21
- Verzicht auf die Anwendung des Prioritätsprinzips 3 lit. d N 22
- Zeichenbenutzung 3 lit. d N 21

Privatbestechung; siehe auch Vorteilsgewährung und -annahme
- Aktive; siehe dort
- Ansprüche aus positiver Vertragsverletzung 4a N 112
- Bereicherungsansprüche 4a N 116
- Compliance-Massnahmen als Einwendung? 4a N 108
- Direkte Bestechung des Prinzipals 4a N 34, 59
- Geringfügige, sozial übliche Vorteile 4a N 79, 93
- Geschäftsmoralische Dimension 4a N 26
- Gewinnherausgabeanspruch 4a N 112
- Intransparenz 4a N 28

- Konkurrierende Unternehmensstrafbarkeit 4a N 13
- Massnahmen gegen wegen Korruption verurteilte Unternehmen 4a N 17
- Nachträglich zugewendeter Vorteil 4a N 73
- Negatorische Ansprüche 4a N 109
- Passive; siehe dort
- Reparatorische Ansprüche 4a N 110 f., 114
- Treuebruchmodell 4a N 18
- Unrecht der Bestechung und betroffene Rechtsgüter 4a N 26 ff.
- Unternehmensstrafbarkeit 4a N 105, 119
- Vertragsrechtliche Auswirkungen 4a N 112, 117
- Vorteile, nicht gebührende 4a N 80, 102 f.
- Wettbewerbsfunktionale Dimension 4a N 27
- Wettbewerbsfunktionale Zielsetzung 4a N 29

Privatsphäre
- Antastbarkeit 3 lit. h N 1, 19
- Schutz 2 N 36, 58 ff.
- keine Wettbewerbshandlung 2 N 16

Product Placement 2 N 43

Produktbezogene Behinderung 2 N 76; siehe auch Behinderung

Produktinformationen 3 lit. i N 1

Produktpiraterie 3 lit. d N 92

Prominentenwerbung 2 N 46; 3 lit. b N 26

Prosekution (vorsorgliche Massnahmen) 14 N 102 ff.

Provider
- Haftung für Herabsetzungen 3 lit. a N 55

- Passivlegitimation 3 lit. o N 25; 9 N 53 f.

Prozesskosten (Massnahmeverfahren) 14 N 95

Prüfzeichen 3 lit. b N 74

Psychischer Druck 2 N 48 ff.

Psychologen Vor Art. 16–20 N 73

Publikumswerbung
- Aggressivität 2 N 49
- auf Allmend Vor Art. 16–20 N 82
- Arzneimittelwerbung 3 lit. b N 28
- Einschränkung von Art. 13a auf Publikumswerbung? 13a N 16
- Qualifizierte Bestimmungen des HMG und der AWV Vor Art. 16–20 N 51
- Verkehrsauffassung 3 lit. b N 61

PVÜ Einl N 151 ff.; 1 N 14; 2 N 21, 93; 3 lit. b N 35; 3 lit. d N 50; 10 N 14

Pyramidenstrukturen; siehe Schneeballsystem

Q

Qualität 3 lit. b N 33; 3 lit. i N 9

Quersubventionierungsverbote 3 lit. f N 30

R

Rabatt
- Abgrenzung von der Zugabe 3 lit. g N 16
- Arzneimittelvertrieb 4a N 39; Vor Art. 16–20 N 53
- Gewährung 2 N 60 ff.
- Irreführung 3 lit. b N 53

Raclette Vor Art. 16–20 Fn. 139

Radio; siehe Rundfunk

Rassistische Werbung 2 N 66

Räumlicher Geltungsbereich des UWG Einl 107 ff.; 23 N 19 ff., 75

Räumungsverkauf; siehe Sonderverkäufe

Rechtfertigung
- Branchenüblichkeit 2 N 125 f.
- Compliance-Massnahmen
  4a N 108
- Einwilligung 2 N 120; 3 lit. a
  N 65; 7 N 9; 9 N 221
- Genehmigung
  4 N 83; 4a N 83 ff.
- Gutglaubensbeweis 3 lit. a N 66
- Notstand 2 N 121
- Notwendigkeit der Anlehnung
  3 lit. e N 39
- Notwehr 2 N 121; 3 lit. a N 65
- Rechtsmissbrauch 2 N 124
- Selbsthilfe 2 N 121
- auf Tatbestandsebene 2 N 118;
  3 lit. b N 85; 3 lit. f N 74;
  4 N 82; 5 N 19 f.
- Unclean hands-Einwand
  2 N 124; 3 lit. e N 61
- Verhältnismässige Herabsetzung
  3 lit. a N 40; 3 lit. e N 31
- Wahrnehmung berechtigter Interessen 2 N 122; 3 lit. a N 65;
  3 lit. b N 86; 5 N 37

Rechtliches Gehör
- Einschränkung im Interesse des
  Geheimnisschutzes 15 N 2, 10
- Vorsorgliche Massnahmen
  14 N 67, 69, 71, 97

Rechtsanwalt
  3 lit. c N 3, 5; Vor Art. 16–20 N 73

Rechtsbruch
- Arbeitsbedingungen 7 N 1 ff.
- Ausnutzung eines internationalen Rechtsgefälles 2 N 115
- Begriff 2 N 107
- Fälle 2 N 114 ff.
- Funktionaler Ansatz 1 N 18
- Lauterkeitsrechtliche Relevanz
  2 N 108 ff.; Vor Art. 16–20
  N 30
- Normverstoss 2 N 114 f.
- Preisvorschriften 3 lit. f N 29

- Tiefpreisangebot 3 lit. f N 17
- Unlauterkeit 2 N 113
- Unzutreffende Begriffsverwendung 3 lit. b N 64
- Verbesserung der Wettbewerbsposition 2 N 111 f.
- Verkaufsmethode 3 lit. h N 13
- Vertragsverletzung 2 N 116
- Verwaltungsrecht
  Vor Art. 16–20 N 30 f.

*Rechtsetzungskompetenzen
des Bundesrates* 20 N 3
Rechtsfindung Vor Art. 16–20 N 9
Rechtsfrage 3 lit. d N 77;
  Vor Art. 12–15 N 24, 26
Rechtsgefälle, Ausnutzung 2 N 115
Rechtshilfe in UWG-Strafsachen
- Nationale Rechtshilfe 27 N 72
- Internationale Rechtshilfe
  27 N 73 ff.

Rechtsmissbrauchseinwand 2 N 124
Rechtsmittel
- Bundesgerichtliches Verfahren
  Vor Art. 12–15 N 77
- gemäss ZPO-CH
  Vor Art. 12–15 N 76 f.

Rechtsschutz
- Dualer Rechtsschutz 6 N 29
- Klare Fälle Vor Art. 12–15 N 75
- Objektiver Rechtsschutz 6 N 1

Rechtsschutzinteresse
- Erlass vorsorglicher Massnahmen 14 N 19
- Negatorische und reparatorische
  Ansprüche 9 N 58 f.

Rechtswahl bei internationalen Sachverhalten Einl N 118
Regalmiete 2 N 78
Regelungsmassnahmen 14 N 30
Registereinträge, Angebote für
  2 N 44 f.; 3 lit. b N 46, 58
Registersperre (Art. 162 HregV)
  14 N 12

Sachregister / Index

Reklame; siehe Werbung und Wertreklame
Relativität von Verträgen
- Art. 41 Abs. 2 OR 4 N 7
- Grundsatz 4 N 6
- Relativierung 4 N 7 f., 15 f.
- Sittenwidrige Schädigung 4 N 7

Religionsgemeinschaften 2 N 16
Religiöse Werbung
Vor Art. 16–20 N 67
Relokalisierender Zusatz 3 lit. b N 39
Reparatorische Ansprüche
- Bereicherungsansprüche 9 N 215 ff.
- Genugtuungsansprüche 9 N 179 ff.; siehe auch dort
- Gewinnherausgabeansprüche 9 N 184 ff.; siehe auch dort
- Passivlegitimation 9 N 31; 11 N 6
- Schadenersatzansprüche 9 N 118 ff.; siehe auch dort
- Stufenklage 9 N 238 ff.
- Verfahren 9 N 232 ff.
- Verjährung 9 N 224 ff.; siehe auch dort
- Verwirkung 9 N 227 ff.

Retrozessionen 4a N 45 f., 86 ff.
Richterliches Ermessen 3 lit. a N 41; 3 lit. d N 14, 35; 13a N 22 f.
Richterrecht Einl N 75, 81; 2 N 33 f.
Richtlinien der Europäischen Union
- Allgemeiner Überblick Einl N 167, 171 ff.
- Richtlinie 93/13/EWG vom 5.4.1993 über missbräuchliche Klauseln in Verbraucherverträgen 8 N 73 f.
- Richtlinie 2005/29/EG (unlautere Geschäftspraktiken) Einl N 171 ff.
- Richtlinie 2006/114/EG (irreführende und vergleichende Werbung) Einl N 171 ff.; 3 lit. e N 7; 13a N 5
- Richtlinie 2007/65/EG (Fernsehtätigkeit) Einl N 179 ff.

Richtlinien des Presserats 2 N 30; 3 lit. a N 25
Richtpreise 3 lit. e N 45
Robinsonliste 2 N 59; 3 lit. h N 16
Rotes Kreuz Vor Art. 16–20 N 62
Rücktrittsrecht Einl N 15; 3 lit. h N 22
Rufausbeutung 3 lit. d N 68; 3 lit. e N 39 ff.; siehe auch Anlehnung
Rufschädigung 2 N 91 f.; 3 lit. a N 29 ff.
Ruhetage Vor Art. 16–20 N 83
Rumänisches Lauterkeitsrecht Einl N 233 f.
Rundfunk
- Audiovisuelle Mediendienste Einl N 179
- Massenwerbung 3 lit. o N 14
- Mediendelikt 23 N 37
- Medienprivileg 14 N 41 ff.
- Passivlegitimation von Rundfunkgesellschaften 9 N 27, 49 ff.
- Rundfunkwerbung Einl N 5, 179, 181; 3 lit. o N 12, 14
- Streudelikte Einl N 112
- Trennungsgebot 2 N 42 f.
- Vorsorgliche Massnahmen 14 N 41 ff.

Russisches Lauterkeitsrecht Einl N 235f.

S

Sachleistungen 14 N 34
Sachlichkeitsgebot 2 N 63; 3 lit. e N 52, 55
Sammelbildchen 3 lit. g N 10
Sammelkarten 3 lit. g N 10
Sammlertrieb 3 lit. g N 20

Sanktionen
- Drohung 3 lit. h N 12
- Privatrecht 9 N 1 ff.
- Selbstregulierung (SLK) Vor Art. 12–15 N 43 ff.
- Strafrecht 3 lit. d N 92; 23 N 1 ff.; 24 N 1 ff.
- Verwaltungssanktionen 23 N 119

Schadenersatzansprüche
- Ansehensminderung 9 N 121
- Einwand des günstigeren Preises 9 N 129
- Entgangener Gewinn 9 N 125 ff.; siehe auch dort
- Faktorenanalyse 9 N 128
- Fixkosten 9 N 133
- Geheimnisverletzung 6 N 30
- Gläubigermehrheit 9 N 175 f.
- Kausalzusammenhang 9 N 157 ff.
- Positiver Schaden 9 N 121 ff.
- Rechtmässiges Alternativverhalten 9 N 135
- Rettungsaufwand 9 N 121
- Schaden 9 N 119 ff.
- Schadensbemessung 9 N 153 ff.; siehe auch dort
- Schadensberechnung, dreifache 9 N 141 ff.; siehe auch dort
- Schadensschätzung 9 N 136 ff.
- Schuldnermehrheit 9 N 173 f.
- Unlauterkeit 9 N 156
- Variable Kosten 9 N 133
- Verletzung eines Geheimnisses 6 N 30
- Verschulden 9 N 163 ff.; siehe auch dort
- Widerrechtlichkeit 9 N 156

Schadensbemessung
- Abwälzung auf die Marktgegenseite 9 N 154
- Obliegenheit der Schadensminderung 9 N 155
- Reduktionsmöglichkeit 9 N 153
- Vorteilsausgleichung 9 N 154

Schadensberechnung, dreifache
- Freies Wahlrecht 9 N 142
- Lizenzanalogie 9 N 141, 145 ff.
- Verletzergewinn als Indiz 9 N 141, 150 ff.

Schadensschätzung 9 N 136 ff.
Scheinangebot 3 lit. b N 45
Schenkkreis 2 N 53
Schiedsgerichtsbarkeit
- Bedeutung im Lauterkeitsrecht Vor Art. 12–15 N 53 ff.
- Kompetenzattraktion 12 N 34
- Panel der Messe «Baselworld» Vor Art. 12–15 N 47; 14 N 55
- Schiedsvereinbarung/-klausel Einl N 130; 12 N 34
- Verfahrensregeln Vor Art. 12–15 N 56
- Vorsorgliche Massnahmen 14 N 54 ff.

Schiedsrichterfunktion der Marktgegenseite 1 N 17; 3 lit. b N 1
Schleichwerbung 2 N 43; Vor Art. 16–20 N 67
Schlichtungsverfahren
- Direkte Anrufung von Art. 13 im Zivilprozess? 13 N 24
- Kantonale Umsetzung 13 N 19
- Wahlrecht der Klagpartei 13 N 23
- Zwingendes Schlichtungsverfahren unter ZPO-CH Vor Art. 12–15 N 74

Schmarotzertum; siehe Anlehnung
Schneeballsystem Einl N 93, 95; 2 N 53 f.; 3 lit. h N 12
Schockwerbung 2 N 65
Schuldgefühl, Ausnutzung 3 lit. h N 12
Schuldnermehrheit
- Gewinnherausgabeansprüche bei 9 N 214

Sachregister / Index

- Schadenersatzansprüche bei 9 N 173 f.
Schutznormcharakter des UWG Einl N 11
Schutzobjekt des UWG 1 N 2 ff.
Schutzschrift
- Inhalt 14 N 75 f.
- Revision durch ZPO-CH 14 N 77
Schutzsubjekte des UWG 1 N 22 ff.
Schutzwürdige Marktposition 3 lit. d N 23 f.
Schwächen des Umworbenen 2 N 67 ff.
Schwedisches Lauterkeitsrecht Einl N 237 f.
Schweizer Direktmarketing Verband (SDV) Einl N 79; 3 lit. h N 16, 18
Schweizerische Lauterkeitskommission (SLK); siehe auch Selbstregulierung
- Grundsätze Lauterkeit in der kommerziellen Kommunikation Einl N 78
- Organisation Vor Art. 12–15 N 33
- Problematik der Selbstregulierung Vor Art. 12–15 N 46
- Rechtsmittel gegen Entscheide der SLK Vor Art. 12–15 N 42
- Sanktionen Vor Art. 12–15 N 43 ff.
- Tätigkeit/Aufgaben Vor Art. 12–15 N 36
- Verfahren vor der SLK Vor Art. 12–15 N 37 ff.; 13a N 35
- Vorsorgliche Massnahmen im SLK Verfahren 14 N 16
Schweizerische Public Relations Gesellschaft Einl N 79
Schweizerische Zivilprozessordnung; siehe Zivilprozessordnung
Schweizerkreuz Vor Art. 16–20 N 62

Selbständigkeit
- Wettbewerbshandlung 2 N 13
- Zugabe 3 lit. g N 11 f.
Selbstbestimmung 2 N 36; 3 lit. b N 1
Selbsthilfe 2 N 121; 3 lit. e N 61
Selbstregulierung
- Alkohol- und Tabakwerbung Vor Art. 12–15 N 47
- Bedeutung Einl N 77
- Domain-Namen Vor Art. 12–15 N 47
- Grundsätze des Schweizerischen Direktmarketing Verbands 3 lit. h N 18
- Ombuds- bzw. Schlichtungsstellen Vor Art. 12–15 N 47
- Panel der Messe «Baselworld» Vor Art. 12–15 N 47
- Pharmakodex Vor Art. 12–15 N 47
- Schweizerische Lauterkeitskommission (SLK); siehe dort
- Verbände Einl N 78 f.
- Vor- und Nachteile Einl N 76
- Zertifizierung Einl N 79
Selbstvergleich 3 lit. e N 45; 18 N 7
Selektives Vertriebssystem
- Eindringen 2 N 75; 4 N 23, 36, 52, 57 ff.
- Irreführung über Zugehörigkeit 3 lit. b N 57
- Parallelimport 2 N 91; 4 N 23, 36, 52, 57 ff.
- Preisbindung 3 lit. f N 33
Sexistische Werbung 2 N 66
Sicherheitsleistung (vorsorgliche Massnahmen)
- Anfechtung 14 N 90
- Freigabe 14 N 82
- Gestellung 14 N 80
- Inhalt 14 N 78 ff.
Sicherungsmassnahmen 14 N 20, 31
Sicherung von Ansprüchen auf Geldforderungen 14 N 13

1355

Sittenwidrige Schädigung Einl N 12;
3 lit. d N 86; 4 N 7, 29; 4a N 38
Sittenwidrigkeit
   Einl N 12; 2 N 21; 3 lit. d N 20
Sklavische Nachahmung
 – Abgrenzung zu einer systematischen Nachahmung 3 lit. d N 66
 – Definition 3 lit. d N 65
 – Generalklausel 2 N 103
 – Technisches Reproduktionsverfahren 3 lit. d N 65 f.;
   5 N 23, 32 ff.
 – Zulässigkeit 3 lit. d N 65, 69
SLK-Grundsätze
 – Allgemein Einl N 78; 2 N 30
 – Grundsatz 1.2 Einl N 3; 2 N 11 mit Fn. 22, N 17 mit Fn. 42
 – Grundsatz 1.4 2 N 16 Fn. 35
 – Grundsatz 1.5 2 N 14 Fn. 29, N 16 mit Fn. 36
 – Grundsatz 3.1 3 lit. k–n N 18
 – Grundsatz 3.2 2 N 46 mit Fn. 106; 3 lit. a N 24; 3 lit. b N 26 mit Fn. 32
 – Grundsatz 3.3
   3 lit. e N 55; 3 lit. a N 24
 – Grundsatz 3.4 3 lit. e N 55
 – Grundsatz 3.5 3 lit. e N 19, 27, 34, 41; 3 lit. a N 24
 – Grundsatz 3.7 2 N 101; 3 lit. e N 41; 3 lit. d N 91
 – Grundsatz 3.8
   2 N 61; 3 lit. g N 20
 – Grundsatz 3.9 2 N 55
 – Grundsatz 3.11 2 N 66
 – Grundsatz 3.12 2 N 42 f.
 – Grundsatz 4.4
   2 N 59; 3 lit. h N 16
 – Grundsatz 4.6
   3 lit. b 58; 3 lit. h N 17
 – Grundsatz 5.1 2 N 61
SLK-Testrichtlinien
   Einl N 78; 3 lit. e N 56
Slogans 3 lit. d N 55

Slowakisches Lauterkeitsrecht
   Einl N 239 f.
Slowenisches Lauterkeitsrecht
   Einl N 241 f.
SMS 3 lit. o N 10, 14
Software 5 N 23 f., 26
Sonderbeilage 2 N 42
Sonderdelikt 23 N 52; 24 N 22
Sonderverkäufe 3 lit. b N 55; 3 lit. f N 6, 31, 71; Vor Art. 16–20 N 29, 83
Sozialdumping 7 N 1
Spamming Einl N 91; 2 N 41; 3 lit. h N 15; 3 lit. i N 18; 3 lit. o N 2, 5 ff.
Spanisches Lauterkeitsrecht
   Einl N 243 f.
Sparen Vor Art. 16–20 N 70
Spezialtatbestände
 – Allgemeine Unlauterkeitsvoraussetzungen 2 N 10 ff.
 – Legalitätsgrundsatz 2 N 5
 – Rückwirkung auf die Generalklausel 2 N 5, 7
 – Sperrwirkung 2 N 7
 – Strafbarkeit 23 N 50
 – Vorrang 2 N 4
Spiellust, Ausnutzung 2 N 51, 61
Sponsoring Einl N 181; 2 N 42, 106; 3 lit. b N 21, 32; Vor Art. 16–20 N 67
Sport
 – Ambush-Marketing bei Sportveranstalungen
   2 N 106; 3 lit. b N 21
 – Doping 2 N 114
 – Sporttitel 3 lit. c N 4
 – Vergleich mit dem wirtschaftlichen Wettbewerb 1 N 8
 – Werbeverbote
   Vor Art. 16–20 N 47
 – als Wettbewerbshandlung
   2 N 14, 16
Sprachgebrauch 3 lit. b N 64

Staatliche Preisvorschriften
3 lit. f N 29
Standardartikel, Irrelevanz des Herstellers 3 lit. d N 74
Stellung der geschädigten Personen im Strafverfahren
- im Strafpunkt 27 N 34 ff.
- im Zivilpunkt; siehe adhäsionsweise Geltendmachung von Zivilansprüchen

Stellvertretender Immaterialgüterschutz durch UWG Einl N 34
Spitzenstellungswerbung
3 lit. b N 80 ff.; 3 lit. e N 46 ff.
Spürbarkeit
2 N 17, 19, 112; 3 lit. b N 84
Staatliche Wettbewerbsverstösse
2 N 16
Standort des Lauterkeitsrechts
Einl N 8 ff.
Stilbildung 3 lit. d N 60
Störer
- Begriff 9 N 24
- Handlungsstörer 9 N 32 f.
- Zustandsstörer 9 34 ff.

Strafantrag
- Allgemeine Grundsätze 23 N 72
- Antragsfrist 23 N 72
- Einstellung des Verfahrens 23 N 76
- Prozessvoraussetzung 23 N 71
- Rückzug des Antrages 23 N 72
- Strafantragsberechtigung 10 N 1; 23 N 73 f.
- Teilbarkeit des Strafantrags in sachlicher Hinsicht 23 N 72
- Unteilbarkeit des Strafantrags in persönlicher Hinsicht 23 N 72
- Verwirkung des Zivilanspruchs 23 N 75

Strafprozessrecht; siehe Strafverfahren

Strafrecht
- Bedeutung im Lauterkeitsrecht Einl N 83, 95
- Geschäftsherrenhaftung; siehe dort
- Gespaltene Auslegung Einl N 81; 2 N 54
- Legalitätsgrundsatz Einl N 81; 2 N 5; 3 lit. b N 6; 3 lit. i N 16; 4a N 74; 23 N 7, 50
- Organ- und Vertreterhaftung (Art. 29 StGB) 26 N 7, 10
- Sanktionierung bei Verwechslungsgefahr 3 lit. d N 92
- Strafbarkeit der Medien 23 N 30, 35 ff.; 26 N 14
- Strafverfahren; siehe dort
- Subjektive Tatbestandsmerkmale 2 N 23 f.
- Täterprinzip; siehe dort
- Übertretungsstrafrecht Einl N 56
- Unternehmensstrafbarkeit; siehe dort
- Subsidiäre Verbandsstrafbarkeit; siehe dort

Strafrechtsübereinkommen über Korruption des Europarats
4a N 12, 14
Strafregistereintrag
23 N 117 f.; 24 N 35
Strafverfahren
- Amts- und Rechtshilfe 27 N 72 ff.
- Einziehung; siehe dort
- Funktionelle Zuständigkeit 27 N 8 f.
- Geschädigte Personen; siehe Stellung der geschädigten Personen im Strafverfahren
- Hilfeleistung durch die Zollverwaltung 27 N 68 ff.
- Mitteilung von Entscheidungen 27 N 63 ff.
- Örtliche Zuständigkeit 27 N 11

- Privat(straf)klageverfahren 27 N 15 f.
- Rechtsmittel 27 N 51 ff.
- Rückzug Strafantrag 27 N 49
- Sachliche Zuständigkeit 27 N 8 f.
- gemäss Schweizerischer Strafprozessordnung 27 N 17 ff.
- Strafbefehlsverfahren 27 N 18 f.
- Übertretungsstrafverfahren 27 N 21
- Unternehmensstrafbarkeit 27 N 22 ff.
- Verfahren auf öffentliche Anklage 27 N 13 f.
- Vergleich 27 N 49
- Verhältnis strafrechtliche Beschlagnahme zum Pfändungs- und Konkursbeschlag 27 N 47
- Verhältnis der verschiedenen Strafverfolgungsgrundlagen 27 N 26 ff.
- Verjährung 27 N 56 ff.; siehe auch dort
- Zivilklage; siehe adhäsionsweise Geltendmachung von Zivilansprüchen
- Zuständige Behörden 27 N 7 ff.

Streudelikte (Multistate-Delikte) Einl N 112 ff.

Studie als Arbeitsergebnis? 5 N 9

Stufenklage; siehe auch Auskunftsansprüche
- bei Bereicherungsansprüchen 9 N 240
- Funktion 9 N 238 f.
- bei Gewinnherausgabeansprüchen 9 N 240
- Primäre Auskunftsansprüche 9 N 242
- bei Schadenersatzansprüchen 3 lit. d N 79; 9 N 241 f.
- Sekundäre Auskunftsansprüche 9 N 239
- Zulässigkeit 9 N 240, 243, 247

Strassenverkäufer 3 lit. h N 12

Strassenwerbung 2 N 59

Streitwert
- Berechnung Vor Art. 12–15 N 19; 13 N 18
- Einfaches und rasches Verfahren bzw. Schlichtungsverfahren 13 N 17, 21

Subjektiver Tatbestand
- Absichten 3 lit. d N 75
- Bedeutung 2 N 23 f.
- Besondere subjektive Tatbestandsmerkmale 23 N 67 f.
- Motive 3 lit. d N 75
- Nachahmungsabsicht 3 lit. d N 75

Subjektive Willensäusserung 3 lit. e N 47

Subliminale Werbung 2 N 41 ff., 64; Vor Art. 16–20 N 67

Subsidiäre Verbandsstrafbarkeit
- Anwendbarkeit von Art. 7 VStrR 26 N 40 ff.
- Verhältnis von Art. 7 VStrR und Art. 102 StGB 26 N 13
- Zweck 26 N 38

Subsidiäre Verfassungsbeschwerde Vor Art. 12–15 N 31; 14 N 89 f.; Vor Art. 16–20 N 84

Subskriptionspreis 18 Fn. 19

Suchgüter 1 N 41; 3 lit. b N 62

Suchmaschinen 2 N 73; 9 N 54

Suggestivwerbung 2 N 63 ff.; 3 lit. b N 26, 79

Superlativwerbung 3 lit. b 80 ff.; 3 lit. e N 46; 18 Fn. 34

Superprovisorische Massnahmen
- Inhalt 14 N 68 ff.
- Rechtsmittel 14 N 85 ff.
- Revision durch ZPO-CH 14 N 93

Supranationales Lauterkeitsrecht;
    siehe Europäische Union
Sweepstakes Vor Art. 16–20 N 32
Swisslex-Gesetzgebungspaket
    Einl N 91
Swissness Vor Art. 16–20 N 59 ff.
Systematische Nachahmung 3 lit. d
    N 66; siehe auch Nachahmung

T
Tabakwerbung
– Europäische Union Einl N 184
– Schutz bestimmter Personen
    2 N 67
– Selbstbeschränkung und Selbstregulierung
    Vor Art. 12–15 N 47
– Verstoss gegen Werbebeschränkungen 2 N 114
– Verwaltungsrecht
    Vor Art. 16–20 N 47 ff.
Tatbestandsirrtum 23 N 62 ff.
Täterprinzip
– Begriff 26 N 17
– Verhältnis zwischen Art. 6 Abs. 1 VStrR und Art. 29 StGB 26 N 7, 10
Täterschaft und Teilnahme
– Anstiftung 23 N 33; 24 N 13
– Gehilfenschaft 23 N 33; 24 N 13
– Mittäterschaft 23 N 31
– Mittelbare Täterschaft 23 N 31
– Selbständige Teilnahme
    23 N 34, 72
– Täterschaft 23 N 29
– Unmittelbare Täterschaft
    23 N 31
Tatfrage 3 lit. d N 77; Vor Art. 12–15
    N 24 f.
Tatsache
– Behauptung in der Werbung
    15 N 5
– Herabsetzende Äusserung
    3 lit. a N 27
– Manipulation 3 lit. i N 3

– Unbekannte Tatsachen 6 N 9
– Unterdrückung 3 lit. e N 27
– Wesentliche Tatsachen
    3 lit. e N 24
Tatsachenkern 3 lit. a N 35
Täuschung und Irreführung, Allgemeines
– Bedeutung Einl N 82
– Beeinflussung des Wettbewerbs
    3 lit. b N 84; 3 lit. c N 10
– Begriffe der Täuschung und Irreführung 2 N 39 ff.; 3 lit. b
    N 59 ff.; 3 lit. c N 8 f.
– Beschwerdeverfahren
    3 lit. b N 89
– Beweislast 3 lit. b N 88
– Europäische Union
    Einl N 171 ff.
– Fallgruppen 3 lit. b N 67 ff.
– Geschichte 3 lit. b N 2
– Kaufappell 3 lit. b N 27
– Klarheit und Wahrheit 2 N 39; 3
    lit. b N 1, 48, 59; 3 lit. e N 55 f.
– Marktschreierei 3 lit. b N 27
– Rechtfertigung 3 lit. b N 30
– Rechtsfolgen 3 lit. b N 85 f.
– Übertreibung 3 lit. b N 27
– Werturteil 3 lit. b N 26 ff.
– Zweck 3 lit. b N 1
Täuschung und Irreführung, Arten
– Mehrdeutigkeit der Angabe
    3 lit. b N 60, 78
– Richtige Angaben
    3 lit. b N 67 ff.
– Richtig gestellte Angaben
    3 lit. b N 65, 76
– Schweigen als Irreführung
    3 lit. b N 24, 68 ff.
– Umstandsänderungen
    3 lit. b N 75
– Unklare Angaben
    3 lit. b N 78
– Unrichtige Angaben
    3 lit. b N 59

- Unrichtig gewordene Angaben
  3 lit. b N 75
- Unvollständige Angaben
  3 lit. b N 68 ff.
- Zweitbedeutung, irreführende
  3 lit. b N 77

Täuschung und Irreführung, Gegenstände
- Arzneimittelwerbung
  3 lit. b N 28
- Auszeichnungen
  3 lit. b N 30, 33, 57; 3 lit. c N 10
- Berufsbezeichnung
  3 lit. c N 5 ff.
- Beschaffenheit
  3 lit. b N 33; 3 lit. i N 9
- Bestellformulare, täuschende Gestaltung 3 lit. i N 11
- Blickfang 3 lit. b N 60, 83
- Domain 3 lit. b N 38
- Eigenschaften der Leistung
  3 lit. b N 32 ff.
- Eigenschaften des Inhabers
  3 lit. b N 30
- Eigenschaften des Unternehmens 3 lit. b N 57
- Entgeltlichkeit 3 lit b N 47
- Garantien 3 lit. b N 45, 50
- Gefährlichkeit 3 lit. b N 33; 3 lit. i N 4, 17 ff.
- Gegenleistungsbezug
  3 lit. b N 49
- Geschäftsbeziehungen
  3 lit. b N 57 f.
- Geschäftsverhältnisse
  3 lit. b N 30, 57 f.; 3 lit. h N 14
- Gutscheinsysteme 3 lit. g N 20
- Herkunftsangaben
  3 lit. b N 34 ff.; siehe auch dort
- Herstellungsverfahren
  3 lit. b N 33
- Inhaberbezogene Angaben
  3 lit. b N 86; 3 lit. c N 1 ff.

- Kennzeichen
  3 lit. b N 12, 14, 41, 57, 74
- Leistungsbedingungen
  3 lit. b N 44 f.
- Leistungsfähigkeit
  3 lit. b N 30; 3 lit. f N 56 ff.
- Mengenangabe 3 lit. b N 43
- Mogelpackung
  3 lit. b N 23; 3 lit. i N 6, 9 f.
- Name 3 lit. b N 30
- Natur des Angebots 3 lit. b N 56
- Preis 3 lit. b N 46 ff.
- Preissenkungen 3 lit. b N 52
- Prüfzeichen 3 lit. b N 74
- Qualität der Leistung
  3 lit. b N 33
- Rabatte 3 lit. b N 53
- Rechtsform 3 lit. b N 87
- Registereinträge, Angebote für
  2 N 44 f.; 3 lit. b N 46, 58
- Sitz 3 lit. b N 30
- Titel 3 lit. b N 30; 3 lit. c N 1 ff.
- Verfügbarkeit 3 lit. b N 44
- Umfang des Angebots
  3 lit. g N 18
- Werbecharakter 2 N 41
- Zugehörigkeit zu einem renommierten Unternehmen
  3 lit. b N 57; 3 lit. e N 39
- Zusatznutzen 3 lit. i N 16

Täuschung und Irreführung, Sonderfälle und Systematik
- Ambush Marketing
  2 N 105; 3 lit. b N 21
- Generalklausel 2 N 39 ff.
- Herabsetzung mit irreführendem Charakter 3 lit. a N 37 ff.;
  3 lit. b N 12; siehe auch dort
- Irrtumsanfechtung Einl N 15
- Konkurrenzen 2 N 3, 39 ff.; 3 lit. b N 3 ff., 12; 3 lit. c N 1 f.; 3 lit. e N 8; 3 lit. f N 8 ff.; 3 lit. g N 4; 3 lit. i N 3 f.
- Lockvogel 3 lit. b N 11, 44, 54

Sachregister / Index

- Mogelpackung 3 lit. b N 23; 3 lit. i N 6, 9 f.
- Nachahmung 3 lit. b N 22
- Registereinträge, Angebote für 2 N 44 f.; 3 lit. b N 46, 58
- Scheinangebot 3 lit. b N 45
- Sonderverkauf 3 lit. b N 55
- Spitzenstellungswerbung 3 lit. b N 80 ff.
- Suggestivwerbung 2 N 63 ff.; 3 lit. b N 26, 79
- Tests 3 lit. e N 55 ff.
- Vergleichende Werbung 3 lit. e N 16 ff., 55 f.
- Verhältnis zum Strafrecht 3 lit. b N 16
- Verhältnis zum Verwaltungsrecht 3 lit. b N 15
- Verschleierung 3 lit. i N 2, 4 ff., 11 f., 14, 17
- Zugabe 3 lit. b N 20; 3 lit. g N 20

Täuschung und Irreführung, Unlauterkeit
- Angabe 3 lit. b N 17 ff.; siehe auch dort
- Aufklärungspflicht 3 lit. b N 70 ff.
- Durchschnittsverständnis 3 lit. b N 62 f.
- Eignung zur Täuschung 3 lit. g N 24; 3 lit. i N 7
- Gesamtbetrachtung 3 lit. b N 60
- Irreführungsquote 3 lit. b N 66
- Meinungsumfrage 3 lit. b N 62, 89
- Rechtfertigung 3 lit. b N 30
- Sprachgebrauch 3 lit. b N 64
- Wettbewerbsbeeinflussung 3 lit. b N 84
- Verkehrsverständnis 3 lit. b N 59 ff.; 3 lit. e N 21, 26

Technisch bedingte Gestaltungselemente 3 lit. d N 69 f.

Technische Handelshemmnisse Vor Art. 16–20 N 65

Technische Reproduktionsverfahren 3 lit. d N 65; 5 N 23, 31 ff.

Telefaxwerbung
- Adressbuchschwindel 2 N 44 f.; 3 lit. b N 58
- Belästigung 2 N 59
- Fernmeldetechnische Versendung 3 lit. o N 14
- Massenwerbung 3 lit. o N 10, 13, 18
- Täuschung über Geschäftsbeziehung 2 N 44 f.; 3 lit. b N 58

Telefonwerbung
- Belästigung 2 N 59; 3 lit. o N 13 f.
- Besonders aggressive Verkaufsmethoden 3 lit. h N 12
- als öffentliche Auskündigung? 3 lit. k–n N 45
- Persönliche Werbeanrufe 3 lit. o N 10
- Täuschung über den Werbecharakter 2 N 41

Territorialprinzip 23 N 19
Test; siehe Vergleichstest
Testimonials 2 N 45; 3 lit. b N 26
Titel
- Begriff 3 lit. c N 3 ff.
- Kompetenzvermutung 3 lit. c N 10
- von Medienerzeugnissen, Schutz aus UWG 3 lit. d N 56
- Unzutreffende Verwendung 3 lit. c N 8 ff.
- Verwaltungsrechtlicher Schutz von Titeln Vor Art. 16–20 N 73

Tombola 2 N 52
Topoikataloge 2 N 32
Trägheit, Ausnutzung 2 N 68
Transnationales Lauterkeitsrecht Einl N 150 ff.

1361

Transparenz
- Förderung durch Meinungsäusserung 3 lit. a N 50 f.
- Förderung durch Vergleich 3 lit. e N 5
- des Marktes 1 N 5; 3 lit. a N 51; 3 lit. k–n N 1
- Preisangaben 3 lit. f N 30
- Vergleichstests 3 lit. e N 55
- Verbot der getarnten Werbung 2 N 41 ff.
- Verbot von Verschleierungen 3 lit. i N 1 ff.
- Verwässerungsverbot 3 lit. b N 69
- Werbung für Registereinträge 2 N 45

Trendsetter 3 lit. e N 36
Trennungsgebot 2 N 42; Vor Art. 16–20 N 67
Treu und Glauben
- im Geschäftsverkehr Einl N 56; Vor Art. 16–20 N 11, 81
- Lauterkeitsrechtliche Treuwidrigkeit Einl N 11, 12, 56; 2 N 20 ff.

Treueprämie 2 N 42
Trinkgelder 16 N 27
TRIPS Einl N 154 ff.; 3 lit. b N 35, 39
Trittbrettfahrer 3 lit. d N 60; siehe auch Anlehnung
Tschechisches Lauterkeitsrecht Einl N 245 f.

U
Übermittler 3 lit. o N 1 f.
Übermittlung, fernmeldetechnische 3 lit. o N 10
Übernahme eines marktreifen Arbeitsergebnisses
- Begriff des Arbeitsergebnisses 5 N 23
- Dienstleistungen 5 N 23
- Fehlender angemessener Eigenaufwand 5 N 28 ff.
- Marktreife 5 N 24 f.
- Technische Reproduktionsverfahren 5 N 23, 31 ff.
- Unmittelbare Übernahme 5 N 26 f.

Überrumpelung 3 lit. h N 11 f.
Überspielen 5 N 33
Übertragung
- Fernmeldetechnische 3 lit. o N 14
- Immaterialgüterrechtliche 3 lit. d N 87

Übertreibung, erkennbare 3 lit. b N 27; 3 lit. e N 47, 49
Übertretungsstrafrecht Einl N 56
Übervorteilung (Art. 21 OR) 3 lit. h N 22
Überwachung der Preisbekanntgabe 20 N 1
Überziehungskredit
- Begriff 3 lit. k–n N 33
- Inhaltliche Vorgaben an die Werbung 3 lit. k–n N 67 ff.
- Überziehungskredite auf laufende Konti 3 lit. k–n N 34
- Verträge über Kredit- oder Kundenkarten 3 lit. k–n N 33

UBI (Unabhängige Beschwerdeinstanz) Vor Art. 16–20 N 67
Ubiquitätsprinzip 23 N 19
Uhren Vor Art. 16–20 N 63
Ukrainisches Lauterkeitsrecht Einl N 247 f.
Umwegthese Einl N 29 ff.; 2 N 96
Umweltschutz
- Boykott 2 N 85
- Werbung mit Umweltbelangen 2 N 65; 3 lit. b N 33, 78
- Wettbewerbsfremder Gesichtspunkt 1 N 10, 17, 46

Unabhängige Beschwerdeinstanz (UBI) Vor Art. 16–20 N 67
Unberechtigte Abmahnung 2 N 92; 3 lit. a N 58

Sachregister / Index

Unberechtigte Vorwürfe 2 N 92
Unclean hands-Einwand
  2 N 124; 3 lit. e N 61; 9 N 23
Unerfahrenheit, Ausnutzung von
  2 N 67; 3 lit. b N 61
Ungarisches Lauterkeitsrecht
  Einl N 249 f.
Ungehorsam gegen amtliche Verfügungen (Art. 292 StGB) 23 N 42
Ungerechtfertigte Bereicherung
  3 lit. d N 85; 9 N 215 ff.
Ungewöhnlichkeitsregel (AGB)
  – Anwendungsbereich 8 N 13 f.
  – Rechtsprechung 8 N 15
Unlauterkeit
  – Konkretisierungen 2 N 25 ff.
  – Mehrfache 2 N 8
  – Private Handlungen 2 N 16
  – Rechtsfolgen 2 N 128
Unnötigkeit der
  – Anlehnung 3 lit. e N 36 ff.
  – Herabsetzung 3 lit. e N 29 ff.
UNO-Konvention gegen Korruption (UNCAC) 4a N 16
Unrichtigkeit
  – der Äusserung 3 lit. a N 35 f.
  – Beweislast 3 lit. e N 64
  – des Vergleichs 3 lit. e N 18 ff.
Unterlassen
  – Schweigen
    3 lit. b N 24, 68 ff.; 3 lit. i N 6
  – Strafbarkeit 23 N 26 ff.; 24 N 19
  – Verschleierung 3 lit. i N 6
  – als Wettbewerbshandlung
    2 N 10
  – Zustandsstörung 9 N 34 ff.
Unterlassungsanspruch
  – Allgemeines 9 N 60 f.
  – Anpassungsfrist 9 N 70
  – Aufbrauchsfrist 9 N 70
  – Bestimmtheitsgebot 9 N 65
  – Erledigungsfrist 9 N 70
  – Erstbegehungsgefahr 9 N 63
  – Inhalt 9 N 65 ff.

  – Inhalt vorsorglicher Massnahmen 14 N 29
  – Kerntheorie 9 N 66, 69
  – Miterfassung sinngemässer Verhaltensweisen 9 N 68
  – bei Verletzung des Fabrikations- und Geschäftsgeheimnisses
    6 N 30 f.
  – Verletzungsgefahr 9 N 62
  – Voraussetzungen 9 N 62 ff.
  – Wiederholungsgefahr 9 N 64
Unterlassungsklage; siehe Unterlassungsanspruch
Unterlassungsvereinbarung (Unterwerfungsvereinbarung)
  Vor Art. 12–15 N 67
Unternehmensgeheimnis 6 N 14
Unternehmensstrafbarkeit
  – Konkurrierende Unternehmensverantwortlichkeit 26 N 13
  – Privatbestechung
    4a N 105, 119
  – Strafverfahren 27 N 22 ff.
  – Subsidiäre; siehe subsidiäre Verbandsstrafbarkeit
  – Verhältnis von Art. 7 VStrR und Art. 102 StGB 26 N 13
Unterscheidungskraft
  3 lit. d N 13; 3 lit. e N 37
Unterschwellige Werbung
  2 N 41 ff., 64; Vor Art. 16–20 N 67
Unterwerfungserklärung
  – Ausschluss der Erstbegehungs-/Wiederholungsgefahr 9 N 63 f.
  – Streitbeilegung durch
    Vor Art. 12–15 N 67 f.
  – Voraussetzung für Erlass vorsorglicher Massnahmen?
    14 N 19
Urheberrecht Einl N 47
Ursprungsbezeichnung 3 lit. b N 37
Urteilsveröffentlichung 9 N 94 ff., 106 ff.; 23 N 114 f.; 24 N 35

1363

UWG-Revision AGB
- Gesetzesentwurf des Bundesrats
  8 N 82 ff.
- Kritik Gesetzesentwurf
  8 N 83 ff., 88
- Kritik Vorentwurf 8 N 79 ff.
- Vorentwurf 8 N 77 ff.

UWG 1943
- Allgemeines Einl N 85 f.
- Aufhebung 28 N 1

UWG 1986
- Aufbau Einl N 70
- Entstehung Einl N 87
- Gescheiterte Revisionen
  Einl N 92
- Inkrafttreten 29 N 1
- Neuerungen
  Einl N 898; 1 N 1; 2 N 2
- Referendum 29 N 1 f.
- Regelungsgegenstand
  Einl N 2 ff.
- Revision 1992 (Klagerecht
  des Bundes) Einl N 2 ff.
- Revision 1994 (Swisslex-Paket)
  Einl N 91
- Revision 1995 (Aufhebung
  Ausverkaufsrecht)
  Einl N 91; 3 lit. b N 2, 55
- Revision 2006 (Korruptions-
  bekämpfung)
  Einl N 91; 4a N 12 ff.
- Revision 2007 (Spamming)
  Einl N 91; 3 lit. o N 2 ff.
- Revisionsentwurf 2009
  Einl N 93 ff.; 2 N 45, 54
- Schutzobjekt Einl N 1; 1 N 2 ff.
- Schutzsubjekte 1 N 22 ff.
- Standort im Schweizer Recht
  Einl N 8 ff.
- Zeitlicher Anwendungsbereich
  28 N 4
- Zielsetzung
  Einl N 80; 1 N 1 ff.; 2 N 1

V

*Veranlassung zu vertragsrechts-
konformer Vertragsauflösung*
- Anwendungsbereich von
  Art. 4 lit. d UWG 4 N 78
- Begriff der Veranlassung 4 N 77
- Unlauterkeit? 4 N 75 ff.

Verarbeitung 6 N 25

Verbände
- Aktivlegitimation; siehe Ver-
  bandsklage
- Nebenintervention 10 N 8
- Prozessstandschaft 10 N 8
- Prozessvertretung 10 N 8
- Werbewirtschaft Einl N 78 f.
- Wettbewerbshandlungen
  2 N 15, 18
- als Zessionar 10 N 8

Verbandsklage
- Abgrenzungen 10 N 8
- Aktivlegitimation 9 N 22
- Altruistische Natur 10 N 2, 8
- Bedeutung 10 N 27
- EU-Kompatibilität 10 N 13
- Geschichte 10 N 5
- Immaterialgüterrecht 10 N 11
- Kartellrecht 10 N 10
- Markenschutzrecht
  Vor Art. 16–20 N 60
- Negatorische Ansprüche
  10 N 26
- PVÜ 10 N 21
- Reparatorische Ansprüche
  10 N 9
- Voraussetzungen 10 N 20 ff.

Verbotsirrtum
- Abmahnung 23 N 85
- Haftungsbefreiung 9 N 171
- Direkter/indirekter Verbots-
  irrtum 23 N 81
- Schuldausschluss bzw. Straf-
  milderung 23 N 80 ff.
- Unvermeidbarkeit bei anwalt-
  licher Beratung? 23 N 87 f.

Sachregister / Index

- Unvermeidbarkeit bzw. Vermeidbarkeit 23 N 82 ff.
Verderbliche Ware, Verkauf
3 lit. f N 45, 71
Vereine, Werbung für gemeinnützige Vereine 2 N 16
Vereinigungen; siehe Verbände bzw. Vereine
Vereitelungsgefahr (vorsorgliche Massnahmen) 14 N 37
Verfahren der Selbstregulierung; siehe Selbstregulierung
Verfahrensdauer bei UWG-Streitigkeiten 14 N 23
Verfahrensregeln zur Testdurchführung 3 lit. e N 56
Verfassungskonforme Auslegung 2 N 28; 3 lit. a N 51
Verfügungsanspruch (vorsorgliche Massnahmen) 14 N 22
Verfügungsberechtigung über Geheimnis 6 N 12
Verfügungsgrund (vorsorgliche Massnahmen) 14 N 23
Vergabewesen, Preisunterbietung 3 lit. f N 25 ff.
Vergleichbare Bezüge
- Begriff 3 lit. f N 66
- Gleichartigkeit 3 lit. f N 67
Vergleichende Werbung, Allgemeines
- Begriff des Vergleichs
  3 lit. e N 11 ff.
- Europäische Union
  Einl N 174 ff.
- Fallgruppe 2 N 83
- Förderung der Markttransparenz
  3 lit. e N 5
- Gefahren 3 lit. e N 3
- Geschichte 3 lit. e N 5 ff.
- Spezialerlasse 3 lit. e N 9
- Verhältnis zur Irreführung
  3 lit. b N 7, 9, 39, 50, 68, 82;
  3 lit. e N 8

- Verhältnis zur Verschleierung
  3 lit. i N 6
Vergleichende Werbung, Arten
- Anlehnung 3 lit. e N 14, 36 ff.; siehe auch dort
- Preisvergleich
  3 lit. e N 37, 43 ff.; 18 N 9
- Selbstvergleich
  3 lit. e N 45; 18 N 7
- Spitzenstellungswerbung
  3 lit. e N 46 ff.
- Vergleichstests; siehe dort
Vergleichende Werbung, Unlauterkeit
- Fehlende Nachvollziehbarkeit
  3 lit. e N 16
- Fehlende Vergleichbarkeit
  3 lit. e N 19 f., 43
- Irreführende Vergleiche
  3 lit. e N 23 ff.
- Massstab 3 lit. e N 17, 21
- Unklare Vergleiche 3 lit. e N 24
- Unnötige Anlehnung
  3 lit. e N 36 ff.
- Unnötige Herabsetzung
  3 lit. a N 6; 3 lit. e N 29 ff.
- Unrichtige Vergleiche
  3 lit. e N 18 ff.
- Unvollständigkeit
  3 lit. e N 24, 51
- Unwesentliche Vergleichsfaktoren 3 lit. e N 24; 18 N 5
- Wettbewerbsfremde Vergleichsparameter 3 lit. e N 32
Vergleichstest
- Anforderungen gemäss KIG
  3 lit. e N 57
- Irreführung 3 lit. b N 25, 33, 81
- Kommentierung 3 lit. e N 53
- zur Konsumenteninformation
  3 lit. e N 57
- Regeln für die Testdurchführung
  3 lit. e N 51, 56
- Schleichwerbung 2 N 43

1365

- Spitzenstellungswerbung
  3 lit. b N 81
- Systematik der einschlägigen
  Regelungen 3 lit. a N 7
- Testanlage 3 lit. e N 56
- Testinstitutionen 3 lit. e N 54
- Tragweite des Vergleichsergebnisses 3 lit. e N 52
- Verantwortung für Genauigkeit
  3 lit. e N 51
- Veröffentlichung
  3 lit. e N 50 f., 54, 56, 59 f.

Verhalten im Wettbewerb 2 N 10

Verhältnismässigkeitsprinzip
- Anlehnung 2 N 70
- Anwendung der Generalklausel
  2 N 29
- Behinderung 2 N 105
- Unnötige Herabsetzung
  3 lit. e N 31
- Vorsorgliche Massnahmen
  14 N 21, 31, 42

Verjährung, Strafrecht
- Beginn 27 N 57
- Dauerdelikte 27 N 57
- Fristen 27 N 57

Verjährung, Zivilrecht
- Beginn 9 N 226
- Dauerbeeinträchtigung 9 N 226
- Fortgesetztes Delikt 9 N 226
- Negatorische Ansprüche
  9 N 224 ff.
- Längere strafrechtliche
  Verjährung 9 N 225
- Stillstand 9 N 226
- Unterbrechung 9 N 226

Verkaufsanlass, Irreführung über
3 lit. b N 55

Verkaufsfahrten
2 N 41, 61; 3 lit. h N 12

Verkaufsmethode
- Begriff
  Einl N 4, 7; 3 lit. h N 5 ff.
- Besondere Aggressivität 2 N 49;
  3 lit. h N 1 ff.; 3 lit. o N 6 f., 17

Verkaufsveranstaltung 3 lit. h N 12

Verkehrsauffassung; siehe Verkehrsverständnis

Verkehrsdurchsetzung 3 lit. d N 15

Verkehrskreise; siehe auch Verkehrsverständnis
- Alte Menschen
  1 N 40; 3 lit. b N 61
- Ausländer 1 N 40; 3 lit. b N 61
- Behinderte 1 N 40
- Fachkreise 3 lit. b N 61; 3 lit. d
  N 31; Vor Art. 16–20 N 51
- Berufskreise 3 lit. d N 31
- Durchschnittsadressat
  3 lit. d N 31; 3 lit. e N 26, 38
- Kinder und Jugendliche
  Einl N 180; 1 N 40; 2 N 67;
  3 lit. b N 61
- Publikumswerbung 3 lit. b N 28,
  61; Vor Art. 16–20 N 51
- Regionales Publikum
  3 lit. b N 61
- Soziale Gruppen 3 lit. b N 61

Verkehrssitte
1 N 12, 14, 20; 2 N 30, 125 f.

Verkehrsverständnis 3 lit. b N 59 ff.;
3 lit. d N 31; 3 lit. e N 21, 26;
3 lit. g N 12; siehe auch Verkehrskreise

*Verkehrswert, Täuschung über den
Wert des Angebots* 3 lit. g N 18 ff.

Verleitung zum Satzungsbruch 4 N 47

*Verleitung zur Auskundschaftung/
zum Verrat von Geheimnissen;*
siehe auch Geheimnis
- Auskundschaftung 4 N 6
- Subjektives Merkmal 4 N 74
- Unlauterkeit der «blossen» Verleitung zur Auskundschaftung?
  4 N 67
- Verleitete Personen 4 N 72 f.

Verleitung zum Vertragsbruch
- Abnehmer 4 N 48 f.
- Arbeitnehmer 4 N 22, 24
- Kündigungshilfe
  2 N 74; 4 N 21, 39
- Lieferanten 4 N 22 f.
- Subjektive Voraussetzungen
  4 N 50 ff.
- Verleitung 4 N 34 ff.
- Vertragsbruch 4 N 40 ff.

Verletzergewinn als Indiz für Schadenshöhe 9 N 141, 150 ff.

Verletzung von Dienstpflichten, Verhältnis zu Art. 4 UWG 4 N 30 ff.

Verletzung von Geheimnissen, siehe Geheimnis

Verlockungen
- Aleatorische Anreize
  3 lit. h N 12
- Kundenbeeinflussung mittels
  2 N 60

Verordnungsrecht
- Arzneimittelwerbung
  3 lit. e N 9
- Europäische Union Einl N 168
- Finanzhilfen an Konsumentenorganisationen 3 lit. e N 9, 57
- Preisbekanntgabe 3 lit. e N 9;
  16 N 4 f., 17, 27 ff.
- Überblick Einl N 73 f.

Verpackung
- Ähnlichkeit 3 lit. d N 41
- Deklarationsvorschriften
  Vor Art. 16–20 N 65
- Gestaltung 3 lit. i N 6, 10
- als konkludente Äusserung
  3 lit. b N 18
- Mehrfachpackung 2 N 62
  Mogelpackung
  3 lit. b N 23; 3 lit. i N 6, 9 f.

Versandhandel 16 N 24

Verschleierung
  3 lit. i N 2, 4 ff., 11 f., 14, 17

Verschulden
- Abmahnung 9 N 167
- Anbringen von Schutzvermerken 9 N 168
- Irrtum über den Sachverhalt
  9 N 170
- Irrtum über die Rechtslage
  9 N 171
- Mass der Sorgfaltspflicht
  9 N 165
- Nachforschungsobliegenheit
  9 N 168
- Sachverhalte der Generalklausel
  9 N 169
- Straftatbestände 23 N 54 ff.,
  80 ff.; 24 N 24 ff., 30
- Voraussetzung Schadenersatzanspruch 9 N 163 ff.
- Wissenszurechnung bei juristischen Personen 9 N 166

Versender
- Passivlegitimation bei der unlauteren Massenwerbung
  3 lit. o N 25
- Technischer Versender
  3 lit. o N 18

Versicherungsaufsichtsrecht
  Vor Art. 16–20 N 70 ff.

Versteigerung
- Preisangabe 16 N 16
- Umgekehrte 2 N 56

Versuch 23 N 22 ff., 65; 24 N 13

Verträge über Kredit- oder Kundenkarten; siehe Überziehungskredit

Vertragsauflösung 9 N 81

Vertragsbruch; siehe Verleitung zum Vertragsbruch

Vertragsformular
- und Allgemeine Geschäftsbedingungen 3 lit. k–n N 78
- Begriff 3 lit. k–n N 76 f.
- Bestellformular, Gestaltung
  3 lit. i N 11

- Inhaltliche Vorgaben
  3 lit. k–n N 75, 82 ff.
- Unrichtige Angaben
  3 lit. k–n N 86 f.
- Unvollständige Angaben
  3 lit. k–n N 85

Vertragsrecht und Lauterkeitsrecht
Einl N 14 ff.; 10 N 7
Vertrauensgüter 1 N 41; 3 lit. b N 62
Vertrauensschutz 2 N 99, 103
Vertriebssystem
- Ausschliesslichkeitsbindungen
  2 N 78
- Eindringen
  2 N 75; 4 N 23, 36, 52, 57 ff.
- Irreführung über Zugehörigkeit
  3 lit. b N 57
- Parallelimport
  2 N 91; 4 N 23, 36, 52, 57 ff.
- Preisbindung 3 lit. f N 33

Verwaltungsrecht; siehe Öffentliches Lauterkeitsrecht
Verwechslungsgefahr
- Begleitumstände 3 lit. d N 26
- Begriff 3 lit. d N 25 ff.
- Beurteilungskriterien
  3 lit. d N 31 ff.
- Leistungen des täglichen
  Bedarfs 3 lit. d N 31
- Mittelbare Verwechslungsgefahr
  3 lit. d N 29
- Normzweck 3 lit. d N 1
- Objektive Schaffung
  3 lit. d N 75
- Präsentation 3 lit. d N 40
- Rechtsfrage 3 lit. d N 33
- Reine Wortzeichen 3 lit. d N 32
- Schriftbild 3 lit. d N 32
- Spezialprodukte 3 lit. d N 31
- Unmittelbare Verwechslungsgefahr 3 lit. d N 28
- Unternehmensverwechslung
  3 lit. d N 28

- Verhältnis zum Irreführungsverbot 3 lit. b N 12; 3 lit. d N 9, 12
- Verhältnis von Art. 3 lit. d
  UWG zu anderen Vorschriften
  3 lit. d N 6 ff.
- Vertragliche Ansprüche
  3 lit. d N 88
- Weitere Verwechslungsgefahr
  3 lit. d N 30
- Wort/Bildzeichen 3 lit. d N 32
- Wortklang 3 lit. d N 32
- Wortsinn 3 lit. d N 32
- Zeichenvergleich 3 lit. d N 26
- Zeichenverwechslung
  3 lit. d N 28

Verwendbarkeit
- Irreführung 3 lit. b N 33
- Verschleierung
  3 lit. i N 4, 12 ff., 19

Verwertung
- Arbeitsergebnis
  5 N 19, 21 f., 26 f.
- Fabrikations- oder Geschäftsgeheimnis 6 N 25
- Unbefugte Verwendung eines
  Arbeitsergebnisses 5 N 19
- Unmittelbare Verwendung
  Arbeitsergebnis 5 N 26
- Verbot 5 N 16, 19

Verwirkung
- Kenntnis des unlauteren Wettbewerbs 9 N 228
- Redlichkeit des Verletzers
  9 N 228
- Schaffung eines wertvollen
  Besitzstandes 9 N 228
- Überlanges Zuwarten 9 N 228

Völkerrecht Einl N 54, 150 ff.
Vollstreckung
- Anerkennung und Vollstreckung
  ausländischer Urteile
  Einl N 143 f.
- Beseitigungsbefehl 9 N 235

Sachregister / Index

- Interkantonale
  Vor Art. 12–15 N 70
- Mittel Vor Art. 12–15 N 69
- Unterlassungsbefehl 9 N 235
- Vorsorgliche Massnahmen
  14 N 29, 32, 96 ff.
- ZPO-CH
  Vor Art. 12–15 N 79

Vorauszahlungskauf
- Angaben bei Verwendung
  Vertragsformular
  3 lit. k–n N 82 ff.
- Begriff 3 lit. k–n N 40
- Veranlassung Vertragsauflösung
  4 N 75 ff.

Vorlagenausbeutung
- Direkte 5 N 16
- Indirekte 5 N 17 f.

Vorsatz
- Differenzierung zwischen
  Art. 23 und 24 UWG 23 N 54
- als Unlauterkeitskriterium
  Art. 2 N 23 f.
- Voraussetzungen des (Eventual-)Vorsatzes
  23 N 55 ff.; 24 N 24

Vorsorgliche Massnahmen
- Abgrenzung Befehlsverfahren
  14 N 8
- Abmahnung als Voraussetzung?
  Vor Art. 12–15 N 65; 14 N 19
- Änderung und Aufhebung
  14 N 45 ff.
- Aktivlegitimation 14 N 18
- Anwendbarkeit von Art. 13?
  13 N 13
- Berichtigung, vorsorgliche
  14 N 30
- Ersatzansprüche nach Änderung
  und Aufhebung 14 N 110 ff.
- Funktionelle Zuständigkeit
  14 N 48, 62; siehe auch Zuständigkeit, funktionelle
- Glaubhaftmachen 14 N 63 ff.
- Hauptsachenprognose 14 N 65
- im Immaterialgüterrecht
  14 N 9
- Inhalte 14 N 28 ff.
- Internationale Zuständigkeit
  14 N 60
- Materielle Rechtskraft
  14 N 26, 49
- Medien als Gegenpartei
  14 N 4, 41 ff.
- Nachteilsprognose 14 N 24
- Öffentlichkeitsprinzip 14 N 67
- Örtliche Zuständigkeit
  14 N 51 ff., 60; siehe auch
  Zuständigkeit, örtliche
- Passivlegitimation 14 N 18
- Prosekution 14 N 102 ff.
- Rechtsmittel 14 N 85 ff.
- Rechtsschutzinteresse am Erlass
  14 N 19
- Sachliche Zuständigkeit
  14 N 48, 61; siehe auch Zuständigkeit, sachliche
- Schadenersatz 14 N 110 ff.
- Sicherheitsleistung 14 N 78 ff.
- Subsidiarität 14 N 20, 31
- Superprovisorische Massnahmen; siehe dort
- Verfahren 14 N 48 ff.
- Verfügungsanspruch 14 N 22
- Verfügungsgrund 14 N 23
- Verhältnis Bundesrecht und
  kantonales Recht 14 N 7
- Verhältnismässigkeit 14 N 49
- Verhandlungsgrundsatz bei
  Anhörung 14 N 49
- Vollstreckung
  14 N 29, 32, 96 ff.
- Wegfall 14 N 47
- ZPO-CH Vor Art. 12–15 N 76;
  14 N 27, 34, 46, 50
- Zuständigkeit
  14 N 48, 51 ff., 61 ff.
- Zweck 14 N 1

1369

Vorspannangebot
– Abgrenzung von den Zugaben 3 lit. g N 16
– Lauterkeit? 2 N 60 ff.
Vorspannwerbung; siehe Anlehnung
Vorspiegelung
– Vorspiegelung einer angeblich einmaligen Kaufsgelegenheit 3 lit. h N 12
– Vorspiegelung nicht vorhandener Zusatznutzen 3 lit. i N 16
Vorsprung durch Rechtsbruch; siehe Rechtsbruch
Vorteilsgewährung und -annahme
– Amts- und Mandatsträger 4a N 42
– Bedeutung der Generalklausel 4a N 33
– Begriff des Vorteils 4a N 79
– Erheblichkeitsschwelle 4a N 82 ff.
– Nachträgliche Genehmigung 4a N 84
– Genehmigte Vorteile 4a N 83 ff.
– Unanwendbarkeit von Art. 4a UWG 4a N 22 f.
– Vorteile, nicht gebührende 4a N 80
Vorteilskompensation 2 N 123; 3 lit. b N 86; 8 N 56 ff.
VStrR
– Anwendung im strafrechtlichen Bereich 23 N 15
– Anwendung im verwaltungsrechtlichen Bereich 16 N 28

W
Wahrheit
– Beweis 3 lit. e N 46; 13a N 1 ff.
– Relativität des Wahrheitsbegriffs 3 lit. a N 35
– Vergleich 3 lit. e N 18 ff.
– des Wettbewerbsverhaltens 2 N 39; 3 lit. b N 1, 48, 59

Wahrnehmung berechtigter Interessen 2 N 122; 3 lit. b N 86; 5 N 37; 23 N 77 ff.
Wappenschutz
Vor Art. 16–20 N 62, 64
Ware
– Demodierte Ware 3 lit. f N 45, 71
– Gleichartige Waren 3 lit. e N 43
– Herabsetzung 3 lit. a N 47
– Irreführung 3 lit. b N 32
– Messbare Waren 16 Fn. 56
– Preisbekanntgabe 16 N 11
– Zugabe als wirtschaftlich selbständige Ware 3 lit. g N 8
Warenfälschung (Art. 155 StGB)
23 N 42
Warenhersteller, Aktivlegitimation
9 N 14
Warenprobe
– Abgrenzung von Zugaben 3 lit. g N 16
– Konformität der Ware 3 lit. b N 33
– Zulässigkeit der Verteilung 2 N 62, 81; 3 lit. f N 16
Warentests; siehe Vergleichstest
Warenverkehrsfreiheit (EU/EWR)
Einl N 163 f.
Warnklausel
– Inhalt 3 lit. k–n N 58 f.
– Rechtsfolgen bei fehlender Warnklausel 3 lit. k–n N 62
– Wortgetreue Wiedergabe 3 lit. k–n N 60
Weglassen einer Marke 3 lit. d N 44
Wegleitung zur PBV 16 N 5
Werbeadressat; siehe auch Verkehrskreise
– Massenwerbung 3 lit. o N 10
– Möglichkeit zur Ablehnung von Massenwerbung 3 lit. o N 19
Werbeanrufe; siehe Telefonwerbung

Sachregister / Index

Werbebehinderung 2 N 77; siehe auch Behinderung
Werbebrief; siehe Briefkastenwerbung
Werbecharakter, Täuschung über 2 N 41 ff.
Werbe-E-Mails 2 N 59; 3 lit. i N 18; 3 lit. o N 6
Werbefahrten 2 N 41, 61; 3 lit. h N 12
Werbefreiheit Einl N 59, 61 ff.; 3 lit. k–n N 40 f.
Werbegeschenke; siehe auch Wertreklame
 – Abgrenzung zu Zugaben 3 lit. g N 16
 – Verteilung 2 N 60 ff.; 3 lit. f N 16
Werbender 3 lit. o N 17, 23; 13a N 20 f.
Werbepathos 3 lit. e N 47
Werbeprämie 3 lit. g N 14, 16
Werbeschreiben 3 lit. h N 12
Werbeverbote 2 N 67
Werbewirtschaft Einl N 78 f.
Werbliche Gestaltung 3 lit. d N 57 ff.; 3 lit. e N 37, 41
Werbung
 – Alleinstellungswerbung 3 lit. b N 80 ff.; 3 lit. e N 46
 – Alkoholwerbung; siehe dort
 – Aussenwerbung Vor Art. 16–20 N 83
 – Automatisierte Werbung 3 lit. o N 10 f.
 – Begriff der Werbung Einl N 5 f.; 3 lit. e N 12; 13a N 14 ff.; 17 N 2
 – Besondere Hervorhebung durch Werbung 3 lit. f N 52 ff.
 – Beweispflicht des Werbenden 13a N 1 ff.
 – Bundesverwaltungsrecht Vor Art. 16–20 N 30 ff.
 – E-Mail-Werbung 2 N 59; 3 lit. o N 18
 – Fachwerbung Vor Art. 16–20 N 51
 – Fax-Werbung 2 N 59; 3 lit. o N 18
 – Fernsehwerbung; siehe Fernsehen
 – Gedruckte Werbung 3 lit. o N 14
 – für gemeinnützige Vereine 2 N 16
 – Haustürwerbung 2 N 59
 – Konsumkredite; siehe dort
 – Massenwerbung; siehe dort
 – Pathetische Werbung 3 lit. e N 47
 – Politische Werbung 2 N 16; 3 lit. o N 2; Vor Art. 16–20 N 67
 – Preisbekanntgabe 16 N 13; 17 N 1 ff.
 – Publikumswerbung; siehe dort
 – Religiöse Werbung 2 N 16; Vor Art. 16–20 N 67
 – Rundfunkwerbung, siehe Rundfunk
 – Schleichwerbung Vor Art. 16–20 N 67
 – mit Selbstverständlichkeiten 3 lib. b N 77; 16 Fn. 65
 – Spitzenstellungswerbung 3 lit. b N 80 ff.; 3 lit. e N 46 ff.
 – Strassenwerbung 2 N 59
 – Subliminale Werbung 2 N 41 ff., 64; Vor Art. 16–20 N 67
 – Suggestivwerbung 2 N 63 ff.; 3 lit. b N 26, 79
 – Superlativwerbung 3 lit. b N 80 ff.; 3 lit. e N 46; 18 Fn. 34
 – Tabakwerbung; siehe dort
 – Telefonwerbung; siehe dort
 – mit Umweltbelangen 2 N 65

1371

- Unbestellte Werbung
  3 lit. o N 11
- Unnötig ablehnende Werbung
  3 lit. e N 36
- Unterschwellige Werbung
  2 N 41 ff., 64; Vor Art. 16–20
  N 67
- Vergleichende Werbung;
  siehe dort
- Vorspannwerbung; siehe Anlehnung
- Werbung für Dritte 2 N 18;
  3 lit. b N 25; 3 lit. e N 54

Wert
- Ideeller Wert 3 lit. g N 10
- Wert des Angebots
  3 lit. g N 19 f.
- Wert des Gesamtangebotes
  3 lit. g N 21
- Wirtschaftlicher Wert
  3 lit. g N 10

Wertreklame
- Fallgruppe unlauteren Wettbewerbs 2 N 60 ff.; 3 lit. f N 16
- Zugabe als Wertreklame
  3 lit. g N 8

Werturteil
- Gemischtes Werturteil
  3 lit. a N 27, 35; 13a N 11
- Reklamehafte Übertreibung
  3 lit. e N 47
- Unterscheidung zwischen Tatsache und Werturteil
  3 lit. a N 27; 3 lit. b N 26

Wettbewerb
- Beeinflussung
  2 N 11 ff.; 3 lit. b N 84; 7 N 8
- Behinderungswettbewerb
  2 N 69 ff.; 3 lit. e N 29
- als Entdeckungsverfahren 1 N 6
- Funktionen 1 N 16
- Funktionierender Wettbewerb
  6 N 1
- Funktionsbedingungen 1 N 5, 17

- Informierter 1 N 5
- Kaufkraftwettbewerb 1 N 27
- Lauterer 1 N 10 ff.
- Leistungswettbewerb
  Einl N 85; 1 N 4, 13, 29; 2 N 69;
  3 lit. e N 29
- Potentieller 1 N 4
- auf rechtswidrigen Märkten
  2 N 17
- als Schutzobjekt des UWG
  1 N 2 ff.
- Substitutionswettbewerb
  1 N 4, 25
- Unverfälschter 1 N 4 f., 15 ff.
- Verdrängungswettbewerb 1 N 7
- Wertneutralität 1 N 16
- Wirtschaftlicher 1 N 2 ff.

Wettbewerbsbeeinflussung
  2 N 11 ff.; 3 lit. b N 84; 7 N 8
Wettbewerbsfähigkeit von Unternehmen 6 N 13
Wettbewerbshandlung 2 N 11 ff.
Wettbewerbsneutrale Bestimmungen
  Vor Art. 16–20 N 31
Wettbewerbsrechtlicher Kennzeichenschutz 3 lit. d N 1 ff.
Wettbewerbsrechtlicher Leistungsschutz 5 N 1 ff.
Wettbewerbsverhältnis 2 N 18
Wettbewerbsvorteil
- Grundsatz der Nachahmungsfreiheit 5 N 1
- Rechtsbruch 2 N 111 f.
- Ungerechtfertigter 5 N 1, 21, 28

Whistleblower 4a N 17
Widerrufsrecht
- Haustürgeschäfte 3 lit. h N 22
- im UWG? 9 N 81
- Widerruf der Einwilligung in Massenwerbung 3 lit. o N 17, 19

Wiederholtes Angebot 3 lit. f N 40 ff.
Wirtschaftlicher Nachrichtendienst (Art. 273 StGB) 23 N 42
Wirtschaftlicher Wert 3 lit. g N 10

Sachregister / Index

Wirtschaftlicher Wettbewerb
  1 N 2 ff.
Wirtschaftsfreiheit Einl N 59; 3 lit. d
  N 45; Vor Art. 16–20 N 84
Wirtschaftsverbände
  – Aktivlegitimation; siehe Verbandsklage
  – Verhaltenskodizes Einl N 76 ff.
  – Wettbewerbshandlung
    2 N 15, 18
Wissenschaft
  – Publikation wissenschaftlicher Erkenntnisse
    Einl N 62; 3 lit. a N 59
  – Wettbewerbshandlung
    2 N 16, 18
  – Wissenschaftsfreiheit
    Einl N 62, 67
World Intellectual Property Organization (WIPO) Einl N 160
Wucher (Art. 157 Ziff. 1 StGB)
  3 lit. h N 4

Z

Zahlungseinladung 3 lit. h N 14
Zeitliche Begrenzung des Schutzes von Arbeitsergebnissen 5 N 35
Zielsetzung des UWG
  Einl N 80; 1 N 2 ff.; 2 N 1, 26
Zivilprozessordnung (ZPO-CH)
  – Allgemeiner Überblick
    Vor Art. 12–15 N 71 ff.
  – Beweisrecht
    Vor Art. 12–15 N 78; 14 N 40
  – Einzige kantonale Instanz
    Vor Art. 12–15 N 72; 12 N 37 f.
  – Geheimnisschutz 15 N 4
  – Gerichtsstand
    Vor Art. 12–15 N 73
  – Inkrafttreten
    Vor Art. 12–15 N 81
  – Klage gegen Geschäftsherrn
    11 N 4
  – Kompetenzattraktion
    12 N 37 ff.

  – Medienprivileg 14 N 44
  – Prozessvoraussetzungen
    Vor Art. 12–15 N 78
  – Rechtshilfe
    Vor Art. 12–15 N 79
  – Rechtsmittel
    Vor Art. 12–15 N 76 f.
  – Schutzschrift 14 N 77
  – Superprovisorische Massnahmen 14 N 93
  – Verbandsklage 10 N 15
  – Verfahren bei UWG-Streitigkeiten
    Vor Art. 12–15 N 71 ff.
  – Verfahrensgrundsätze
    Vor Art. 12–15 N 78
  – Vollstreckung
    Vor Art. 12–15 N 79
  – Vorsorgliche Massnahmen
    Vor Art. 12–15 N 76; 14 N 27, 34, 40, 46, 50
  – Wahrung von Fabrikations- und Geschäftsgeheimnissen 15 N 4
  – Zwingendes Schlichtungsverfahren Vor Art. 12–15 N 74
Zivilprozessrecht; siehe Zivilverfahren
Zivilverfahren
  – Auskunftsansprüche; siehe dort
  – Aussergerichtliche Streitbeilegung; siehe dort
  – Beweisrecht; siehe Beweis und Beweislastumkehr
  – Bundesgerichtliches Verfahren
    Vor Art. 12–15 N 31, 77
  – Bundesklage; siehe dort
  – Einfaches und rasches Prozessverfahren; siehe dort
  – Einlassung 12 N 20
  – Einzige kantonale Instanz; siehe dort
  – Feststellungsklage; siehe dort
  – Gerichtsstand; siehe dort

- gemäss den kantonalen Zivilprozessordnungen
  Vor Art. 12–15 N 5 ff.
- Klagenhäufung; siehe dort
- Kompetenzattraktion; siehe dort
- Mitteilung des Urteils an Dritte
  9 N 94 ff., 105
- Parteientschädigung im Massnahmeverfahren 14 N 95
- Passive Streitgenossenschaft
  9 N 236
- Prozesskosten (Massnahmeverfahren) 14 N 95
- Rechtliches Gehör; siehe dort
- Rechtsbegehren 9 N 232 ff.
- Rechtsfrage 3 lit. d N 77;
  Vor Art. 12–15 N 24, 26
- Rechtsmittel; siehe dort
- Rechtsschutzinteresse;
  siehe dort
- Schiedsgerichtsbarkeit;
  siehe dort
- Schlichtungsverfahren;
  siehe dort
- Streitwert; siehe dort
- Stufenklage
  9 N 238 ff.; siehe auch dort
- Tatfrage 3 lit. d N 77;
  Vor Art. 12–15 N 24 f.
- Urteilsveröffentlichung
  9 N 94 ff., 106 ff.; 23 N 114 f.;
  24 N 35
- Vollstreckung von Unterlassungs- und Beseitigungsbefehlen 9 N 235
- Vorsorgliche Beweissicherung;
  siehe Beweissicherung, vorsorgliche
- Vorsorgliche Massnahmem;
  siehe dort und superprovisorische Massnahmen
- gemäss ZPO-CH; siehe Zivilprozessordnung

Zollverwaltung
  3 lit. d N 87; Vor Art. 16–20 N 60
ZPO-CH; siehe Zivilprozessordnung
Zubehörgeschäft 3 lit. d N 73
Zugabe
- Akzessorität zu einem entgeltlichen Hauptgeschäft
  3 lit. g N 13
- Begriff der Zugabe
  3 lit. g N 8 ff.
- Erscheinungsformen der Zugabe
  3 lit. g N 9
- Geschichte der Regelung
  3 lit. g N 2; Vor Art. 16–20 N 3
- Gewährung
  2 N 60; 3 lit. g N 3, 7
- Ideeller Wert 3 lit. g N 10
- Mindestwert der Zugabe
  3 lit. g N 10
- Missbrauchsprinzip 3 lit. g N 7
- Systematik und Verhältnis
  zu anderen Vorschriften
  3 lit. g N 3 ff.
- Täuschung und Irreführung
  3 lit. b N 10, 20; 3 lit. g N 18 ff.,
  21 f.
- Wirtschaftliche Selbständigkeit
  3 lit. g N 11 f.
Zunftwesen Einl N 84
Zusendung
- Fernmeldetechnische
  3 lit. o N 16
- Rechnungen 3 lit. h N 14
- Unbestellte Ware
  2 N 59; 3 lit. h N 15, 22
Zuständigkeit
- Funktionelle Vor Art. 12–15
  N 13 f.,71 f.; 13 N 22; 14 N 48,
  62
- Gerichtliche 3 lit. d N 76
- Internationale Sachverhalte
  Einl N 125 ff.
- Kompetenzattraktion 12 N 1 ff.

- Örtliche Vor Art. 12–15 N 8 ff., 73; 12 N 15 ff., 23 f., 33, 51 ff.
- Sachliche Vor Art. 12–15 N 13 f.; 12 N 8 ff.; 13 N 22; 14 N 48, 61
- Vorsorgliche Massnahmen 14 N 48, 51 ff.

Zustandsstörer 9 N 34 ff.

Zwangslage
- Aggressive Geschäftspraktiken 2 N 48 ff.; 3 lit. h N 1 ff.
- Physischer Zwang 2 N 50; 3 lit. h N 10
- Psychischer Zwang 2 N 50 ff.; 3 lit. h N 4, 11 f., 19

Zweck des UWG
- Objektive Schutzzwecke 1 N 2 ff.;
- Subjektive Schutzzwecke 1 N 22 ff.
- Zweckartikel Einl N 85, 88; 1 N 1 ff.